ENCICLOPEDIA
GARZANTI
DI FILOSOFIA

ENCICLOPEDIA GARZANTI DI FILOSOFIA

REDAZIONI
GARZANTI

Prima edizione: ottobre 1981
Nuova edizione riveduta e aggiornata: settembre 1993

ISBN 88-11-50460-0

La nuova edizione 1993 dell'Enciclopedia Garzanti di Filosofia è opera delle Redazioni Garzanti *con la consulenza generale di* Gianni Vattimo *in collaborazione con* Maurizio Ferraris *e* Diego Marconi

Redazione e coordinamento: Angela Di Luciano • *Segreteria*: Angela Federico

Consulenti alle singole sezioni: *filosofia, epistemologia, logica e linguistica*: Maurizio Ferraris e Diego Marconi • *psicologia* e *psicoanalisi*: Paulo Barone • *antropologia culturale*: Ugo Fabietti • *religioni e teologia*: Mario Cuminetti • *sociologia*: Luciano Gallino

*Collaboratori alle voci**: Giuseppe Alberigo (*G. Al.*) • Angelina Alberigo Nicora (*A. Al. Ni.*) • René Amacker • Leonardo Amoroso (*L. Am.*) • Marilena Andronico (*M. An.*) • Maria Ignazia Angelini (*I. An.*) • Federico Avanzini • Luca Bagetto (*L. B.*) • Piero Bairati (*P. Ba.*) • Giovanni Balconi • Giuseppe Barile • Paulo Barone • Alessandro Bausani • Ermanno Bencivenga • Mario Bendiscioli (*M. Be*) • Paolo Beonio Brocchieri • Sergio Bernini (*S. Be.*) • Andrea Bixio (*A. Bi.*) • Giuliano Boccali (*G. Bo.*) • Giampiero Bof (*G. B.*) • Lamberto Boni • Massimo Bonola • Andrea Bonomi • Paola Borgna (*P. Bo.*) • Pier Cesare Bori (*P.C. Bo.*) • Nynfa Bosco (*N. Bo.*) • Cristina Burani (*C. Bu.*) • Marco Buzzoni (*M. Bu.*) • Giuseppe Cantillo • Gianni Carchia (*G. Ca.*) • Adriano Carugo • Paolo Casalegno (*P. Ca.*) • Roberto Casati (*R. Ca.*) • Giampiero Cavaglià • Walter Cavini (*W. Ca.*) • Massimo Cellerino • Leonardo Ceppa (*L. Ce.*) • Guglielmo Cinque (*G. Ci.*) • Simonetta Ciolli (*S. Ci.*) • Caterina Conio (*C. Co.*) • Sergio Cremaschi • Renato Cristin • Mario Cuminetti (*M. Cu.*) • Flavio Piero Cuniberto • Franca D'Agostini (*F. D'A.*) • Maria Luisa Dalla Chiara (*M. L. D. C.*) • Alessandro Dal Lago (*A. D. L.*) • Amalia De Maria • Roberta De Monticelli (*R. De Mo.*) • Anna De Pace • Luciano Di Pietra • Carlo Ernst (*C. Er.*) • Ugo Fabietti (*U. Fa.*) • Graziella Federici Vescovini • Franco Ferrari • Maurizio Ferraris (*M. Fe.*) • Ferruccio Franco-Repellini • Elio Franzini • Francesco Fusillo (*F. Fu.*) • Anna Elisabetta Galeotti (*A. E. G.*) • Luciano Gallino (*L. Ga.*) • Franco Garelli • Alessandro Ghisalberti (*A. Gh.*) • Ugo Giacomini (*U. Gia.*) • Sergio Givone (*S. Gi.*) • Tonino Griffero (*T. Gr.*) • Giambruno Guerrerio • Giovanni Jervis • Furio Jesi (*F. J.*) • Alessandro Klein • Pietro Kobau (*P. Ko.*) • Stephan Körner (*S. Kö.*) • Nunzio La Fauci • Patrizia Landucci (*P. La.*) • Sergio Landucci (*S. La.*) • Valeria La Via • Mario G. Lombardo (*M.G. Lo.*) • Riccardo Luccio (*R. Lu.*) • Claudio Luzzati • Ida Magli (*I. Ma.*) • Massimo Marcocchi (*M. Ma.*) • Diego Marconi (*D. Ma.*) • Sadi Marhaba (*S. Ma.*) • Richard Martin (*R. Mar.*) • Silvia Marzano • Riccardo Massa (*R. Ma.*) • Marco Mazzoleni (*Ma. Ma.*) • Marco Messeri (*M. Me.*) • Alberto Mioni • Francesco Moiso (*F. Mo.*) • Maria Moneti (*M. Mo.*) • Silvia Montefoschi (*S. Mo.*) • Luigi Moraldi • Sergio Moravia (*Se. Mo.*) • Massimo Mori • Maurizio Mori (*Ma. Mo.*) • Enrico Moriconi • Angelica Mucchi Faina • Massimo Mugnai (*M. Mu.*) • Sandro Nannini (*S. Na.*) • Giancarlo Noce • Roberto Osculati • Carlo Ossola • Alessandro Pagnini • Adriano Palma • Piero Enrico Palmero • Paolo Parrini (*P. Pa.*) • Mario Perniola • Cesare Pianciola (*C. Pi.*) • Renata Pisu (*R. Pi.*) • Claudio Pizzi (*C. Piz.*) • Andrea Poma (*A. Po.*) • Gian Luca Potestà (*G.L. Po.*) • Carlo Prevignano (*C. Pr.*) • Giulia Raboni • Marco Ravera • Franco Rella (*F. Re.*) • Emilio Renzi • Lorenzo Renzi • Giuseppe Riconda (*G. Ri.*) • Pietro Rizzi • Emanuele Ronchetti • Giorgio Rovida (*G. Ro.*) • Giuseppe Ruggieri (*G. Ru.*) • Roberto Salizzoni • Fulvio Salza • Marco Santambrogio (*M. Sa.*) • Mirella Savoretti Brini • Sergio Scamuzzi (*S. Sc.*) • Pietro Scarduelli • Maurizio Sciuto (*M. Sc.*) • Massimo Scotti • Emanuela Scribano (*E. Sc.*) • Antonio Alberto Semi (*A. A. S.*) • Carlo Sini (*C. Si.*) • Roberto Torzini (*R. To.*) • Mario Trevi (*M.Tr.*) • Ugo Maria Ugazio • Gabriele Usberti (*G. Us.*) • Marzio Vacatello (*M. Va.*) • Gianni Vattimo (*G. Va.*) • Federico Vercellone (*F. Ve.*) • Valerio Verra (*V. Ve.*) • Claudio Vicentini • Marco Vozza (*M. Vo.*)

* Tra parentesi le sigle dei collaboratori che hanno firmato le voci più importanti.

L'edizione 1981 fu realizzata dalle Redazioni Garzanti *con la consulenza generale di* Gianni Vattimo
Redazione e coordinamento: Lamberto Boni
Redattori: Franca de Dominicis, Alberto Riganti, Tiziano Rossi • *Segreteria*: Elsa Tinelli
Consulenti alle singole sezioni: *filosofia*: Walter Cavini • Alessandro Ghisalberti • Sergio Landucci • Maria Moneti • Carlo Sini • Valerio Verra • *epistemologia*: Paolo Parrini • *logica*: Sergio Bernini • *linguistica*: Carlo Prevignano • *psicologia e psicoanalisi*: Sadi Marhaba • *pedagogia*: Riccardo Massa • *antropologia culturale*: Ida Magli • *religioni e teologia*: Paolo De Benedetti • *sociologia*: Luciano Gallino

Progetto grafico: Angelo Bollini

Uniformazione e revisione delle bozze: Silvana Violi

Coordinamento EDP e fotocomposizione: Annino Stoppa, Mario Tremolada

Premessa

Il titolo di quest'opera, in cui la filosofia è accostata a logica, linguistica, epistemologia, pedagogia, psicologia, psicoanalisi, sociologia, antropologia culturale, religioni e teologia, non ha solo la funzione di indicare sommariamente quel che i lettori possono trovare nel libro; ne esprime anche sinteticamente l'ispirazione e l'impostazione caratteristica. È infatti impossibile oggi (ma è un oggi profondamente connesso con tutta la storia della cultura dell'Occidente) isolare la filosofia dal complesso di quelle «scienze umane» (una dizione peraltro impropria, che ha radici neokantiane e positivistiche) che sono state e sono ancora i suoi termini di riferimento essenziali, i suoi interlocutori privilegiati. Tale legame, che definisce l'essenza della filosofia nella nostra cultura, tocca anche profondamente la natura e i contenuti di queste discipline con cui essa è in contatto: discipline a loro volta impensabili senza un riferimento alla filosofia, della quale in molti casi sono state, nel passato, parti o aspetti, acquistando poi un'autonomia che non può tuttavia configurarsi come una separazione, soprattutto se queste discipline non vogliono perdere la loro criticità, riducendosi a pura registrazione di dati di fatto.

Proprio lo sforzo di rendere esplicito e operante, al livello delle scelte metodiche e dell'elaborazione dei contenuti, il rapporto costitutivo tra filosofia e «scienze umane» rappresenta la caratteristica essenziale di questa enciclopedia e il suo legame con la cultura di oggi. Questa cultura, anche a opera dell'intensificato influsso dei mezzi di comunicazione di massa (che non hanno solo esercitato un'azione di livellamento verso il basso, ma hanno anche arricchito e complicato enormemente la quantità di nozioni in circolazione), usa ormai un vocabolario estremamente composito, nel quale, molto più forse che nozioni di origine tecnica o scientifica, dominano terminologie filosofiche, psicoanalitiche, sociologiche ecc. Muovendo da una base di rigorosa esattezza tecnica, e dall'esigenza di costituire uno strumento di consultazione rapido anche per gli specialisti, l'enciclopedia ha inteso tener presente il complesso linguaggio corrente della cultura contemporanea, fornendo all'utente medio di tale linguaggio (al lettore dei supplementi culturali dei giornali, per intenderci, e a ogni persona in qualche modo interessata alla cultura) uno strumento di decifrazione e di arricchimento. La struttura enciclopedica è stata utilizzata non solo per coprire, mediante la rete dell'ordine alfabetico, un campo vastissimo di termini, nozioni, nomi di autori, di movimenti spirituali, ma anche e soprattutto per rendere, nella fitta rete circolare dei rimandi (→) tra una voce e l'altra, il carattere stratificato, composito, effettivamente interdisciplinare, del linguaggio concettuale che di fatto tutti parliamo. Il rapporto con la tradizione tecnica delle singole discipline in questione è stato tuttavia mantenuto sempre come base: l'enciclopedia non è un dizionario, registra e spiega quei termini che hanno comunque una ascendenza indicabile nelle opere dei filosofi, dei sociologi, degli psicologi ecc. Essa non descrive, dunque, oggetti (la società, la psiche, i popoli primitivi ecc.) ma registra, spiega e chiarisce i concetti che le singole scienze hanno adoperato di fatto nel loro tentativo di afferrare i diversi campi della realtà. Questo spiega anche la scelta metodologica principale a cui ci si è attenuti nella trattazione di concetti e termini specifici (per es.: materia e forma, progresso, inconscio, tabù ecc.): dopo una definizione lessicale generalissima, si è sempre indicato, dovunque è stato possibile, l'origine dell'uso tecnico (filosofico, sociologico, psicologico ecc.) della parola, e se ne è ricostruita la storia nelle sue tappe principali attraverso le opere degli autori che l'hanno improntata in modo più decisivo. Per ciò che riguarda gli autori (e soprattutto i più grandi: Platone, Aristotele, Agostino, Cartesio, Kant, Hegel, per citarne alcuni) l'esigenza di chiarezza ed esattezza è stata risolta in una esposizione che segue molto analiticamente le opere principali (nel caso di Kant, per esempio, le tre *Critiche*) con un'ampiezza difficilmente ritrovabile anche nei manuali specialistici.

Al di là della scelta culturale espressa nel titolo, e dei generali criteri metodologici di esattezza specialistica e di accessibilità al pubblico delle persone di cultura, le trattazioni delle singole discipline si sono ispirate a prospettive diverse, proprie di ciascun campo, e sono state elaborate dalla redazione insieme con gli specialisti dei vari settori con l'intento di adottare, senza alcun pregiudizio storicistico, le prospettive critiche più autorevoli.

Tale impostazione ha consentito a questa enciclopedia di rimanere sostanzialmente immune dalla soggezione alle mode. Ciò le ha conferito una generale capacità di tenuta, che ha reso possibile, un decennio dopo la prima edizione, un aggiornamento radicato su un solido impianto di base. In questi anni la situazione della filosofia e delle scienze umane non ha subito grandi sconvolgimenti; ha tuttavia conosciuto diversi sviluppi che andavano colti e registrati. Sono stati quindi apportati gli interventi resi indispensabili dal passare del tempo, specialmente per quanto concerne biografia e bibliografia dei filosofi. Sono state inoltre operate tutte quelle modifiche che parevano opportune dal punto di vista della più agevole utilizzabilità dell'opera. Ma soprattutto sono state aggiunte ex novo circa 500 voci: oltre a un certo numero di lemmi dedicati ad autori che sono diventati rilevanti nel panorama delle varie discipline negli ultimi anni, si tratta di numerose parole della terminologia specifica delle varie discipline (per es.: elenchos, gioco linguistico, idealtipo, indicale, mesotes, metessi, setting ecc...) che si incontrano spesso nei testi di filosofia o di altre scienze umane e per le quali viene indicato (talvolta solo con un rapido rinvio) non soltanto il significato ma l'autore o la scuola di pensiero da cui il termine è stato principalmente improntato. Accanto a questo ampliamento nella direzione della terminologia tecnica, un altro nutrito gruppo di lemmi nuovi è dedicato all'illustrazione di grandi insiemi tematici: per es., individualismo, intelligenza artificiale, identità-differenza, metaetica, postmoderno, società civile-stato, teoria-prassi e simili. Per quanto riguarda ancora i termini tecnici, una particolare attenzione è stata rivolta a quelli connessi con la logica, la filosofia del linguaggio di impianto analitico, l'epistemologia, che nella tradizione filosofica italiana moderna hanno una storia più recente e tendono a rappresentare ancora una difficoltà per gli studiosi giovani e meno giovani che si sono formati nelle nostre scuole e università.

A quest'ultima specifica esigenza rispondono anche due delle *appendici* — una sezione che costituisce la novità assoluta di questa edizione — e cioè quelle dedicate all'illustrazione sintetica delle notazioni logiche e dei sistemi di assiomi. Le altre appendici, e cioè quelle dedicate al principale *data base* di argomento filosofico (il *Philosopher's Index* che si produce a Bowling Green, Ohio), alla cronologia generale, alle riviste filosofiche e al panorama generale degli strumenti di lavoro per chi si occupa di filosofia (dai manuali alla bibliografia di base sulle varie epoche della storia della filosofia e sulle varie discipline filosofiche) sono tutte intese ad accrescere l'ambito e i modi di utilizzabilità dell'opera. Con l'auspicio di farne, almeno per quanto riguarda la disciplina principale, la filosofia, un vero e proprio manuale che, senza forse volersi sostituire (ma chissà) ai testi scolastici correnti, sia a livello liceale sia a livello universitario, può diventare un illuminante *companion* per chiunque, a scuola e fuori scuola, voglia accostarsi a quel *corpus* di testi senza eguali che costituisce la filosofia dell'occidente e che ha ancora un posto così fondamentale in ciò che chiamiamo cultura.

[illegible] d'importo e analogo [illegible], che nella tradizione filosofica italiana [illegible] storia [illegible] ancora una difficoltà per gli studiosi, giovani e meno giovani che si sono formati nelle nostre scuole e università.

A quest'ultima [illegible] esigenza rispondono anche [illegible] una sezione [illegible] di questa edizione [illegible] quelle dedicate [illegible] nelle edizioni italiane dei sistemi di [illegible] storia. Inoltre appendici, e cioè quelle dedicate al principale [illegible] di argomento filosofico di [illegible] come che si produce a [illegible] generale e alle [illegible] anche al [illegible] generale degli strumenti di lavoro per chi si occupa di filosofia (dizionari [illegible]) [illegible] sulle varie epoche della storia della filosofia e sulle varie discipline filosofiche) sono state [illegible] ad [illegible] quanto la disciplina [illegible] la filosofia [illegible] proprio manuale che, senza [illegible] della filosofia [illegible] testi [illegible] la filosofia [illegible] fondamentale a ciò che chiamiamo cultura.

Abbagnano, Nicola (Salerno 1901 - Milano 1990), filosofo italiano. Allievo di A. Aliotta, docente in varie università, ha lavorato sia come storico della filosofia (*Storia della filosofia*, 1946-50) sia come teorico. È stato uno dei primi a svolgere in Italia i temi dell'esistenzialismo, contribuendo in tal modo al superamento della predominante influenza idealistica. Dopo la guerra, ha accentuato l'interesse per il pragmatismo e lo strumentalismo anglo-americano. Una sintesi tra queste correnti e la tematica esistenzialistica può considerarsi la sua proposta di un *esistenzialismo positivo*, che agli esiti nichilistici di altri autori della scuola contrappone una nozione dell'esistenza come *possibilità di essere*, che l'uomo realizza, sempre rischiosamente, con l'uso della ragione intesa come capacità di inventare tecniche. Opere principali: *La struttura dell'esistenza* (1939); *Introduzione all'esistenzialismo* (1942); *Esistenzialismo positivo* (1948).

abduzione, ragionamento sillogistico che si differenzia dall'induzione e dalla deduzione per la sua minore capacità dimostrativa. Aristotele indicava con abduzione, in greco *apagōghè*, il → sillogismo in cui la premessa maggiore è certa, quella minore incerta; la conclusione ha dunque una certezza inferiore o uguale alla premessa minore (per es.: «tutto ciò che non perisce non può essere un oggetto materiale; l'uomo ha un'anima immortale; dunque l'anima dell'uomo non è un oggetto materiale»).

In epoca moderna, Ch.S. Peirce ha chiamato 'abduzione' la mossa inferenziale con cui si passa da certi fatti osservati alla supposizione di un principio generale che li spiega: un esempio è la teoria cinetica dei gas come ipotesi avanzata per spiegare le uniformità empiriche relative ai gas (come la Legge di Boyle). L'abduzione non è una semplice generalizzazione (come l'→ induzione) perché l'ipotesi esplicativa congetturata non è sullo stesso piano dei fenomeni che deve spiegare.

Abelardo, Pietro (Pallet, Nantes, 1079 - Châlon-sur-Saône 1142), filosofo e teologo francese. Discepolo di Roscellino a Tours, di Guglielmo di Champeaux a Parigi, di Anselmo di Laon, divenne maestro di logica a Parigi e a Melun, e in seguito di logica e teologia alla scuola cattedrale di Parigi. Innamoratosi di Eloisa, sua giovane allieva, Abelardo la sposò in segreto (1119-20), dopo aver avuto da lei un figlio, Astrolabio. Questa unione provocò la reazione del canonico Fulberto, zio di Eloisa, che fece evirare Abelardo. Eloisa e Abelardo si separarono per abbracciare la vita religiosa, ma si scambiarono un fitto carteggio epistolare che con la *Historia calamitatum mearum*, in cui Abelardo narra le sue drammatiche vicende sentimentali, è fra i massimi testi autobiografici medievali.

Delle opere filosofiche di Abelardo si ricordano la logica *Ingredientibus* e la logica *Nostrorum petitioni sociorum* (che sono delle glosse agli scritti logici di Porfirio e di Boezio), la *Dialectica* e l'*Ethica seu liber Scito teipsum*; di natura teologica sono invece la grande *Introductio ad theologiam*, la *Theologia christiana*, il *Sic et non*, il *Dialogus inter iudaeum, philosophum et christianum*. Abelardo concepisce la logica come la scienza che stabilisce la verità o la falsità del discorso e le assegna un posto autonomo rispetto alla grammatica e alla retorica. Su queste basi, egli riprende in modo nuovo il problema degli universali, distaccandosi dal puro nominalismo di Roscellino, che riduceva i concetti a meri suoni fisici articolati (*flatus vocis*), e dal realismo estremo di Guglielmo di Champeaux, che attribuiva all'universale una realtà extramentale identica a quella posseduta nell'intelletto. Per Abelardo, nella realtà non c'è nulla di universale; l'universalità è il frutto di un'operazione mentale con cui si prendono in considerazione gli aspetti o *status* in cui le cose individuali convengono per similitudine, prescindendo (*abstrahendo*) dagli aspetti differenti. L'universale è quindi una *vox significativa* o *sermo*, una rappresentazione mentale carica di significatività verso la realtà esterna.

In campo teologico, l'applicazione che Abelardo fa dell'analisi logica alla riflessione sul dato rivelato segna l'avvio della teologia sistematica. Nel *Sic et non* egli esamina diversi casi in cui le autorità patristiche e conciliari sono in contrasto fra loro e, per risolvere le questioni controverse, propone di mettere in atto una ricerca personale, la sola capace di portare alla scoperta della verità. Tale applicazione del metodo socratico alla teologia è all'origine del metodo scolastico, così come prevalse nei secc.

XIII-XVI, nel quale alla soluzione della *quaestio* si arriva attraverso lo studio delle posizioni favorevoli (*videtur quod sic*) e contrarie (*sed contra*) alla tesi enunciata. Abelardo non intende con ciò screditare l'autorità o sottomettere la fede alla ragione; egli difende costantemente la superiorità del dato rivelato, mentre invoca la dialettica per definire le questioni non chiaramente stabilite dalla Sacra Scrittura. Storicamente rilevante anche la posizione abelardiana in etica: Abelardo afferma che il criterio della moralità degli atti non è fissato dalla sola norma esteriore, ma anche dalla coscienza, dall'intenzione con cui il soggetto compie un'azione: buono è solo l'atto che sia rettamente inteso e voluto come tale.

abito-abitudine, termini aristotelici. «Abito» deriva dal latino *habitus* che traduce il greco *héxis*. In senso transitivo, designa l'atto del possedere (*échein*) qualcosa e coincide con la categoria aristotelica dell'avere (*Categorie* 4; e per i significati di «avere», *Categorie* 15; inoltre *Metafisica* V 20, V 23, 1022*b* 4-10); in quanto avere formale (avere una forma) è il contrario di *stérēsis* o privazione (*Metafisica* X 4, 1055*b* 12-13). In senso intransitivo (riflessivo), l'abito è un modo di essere (in gr. *hoútōs échein*: stare, comportarsi in un certo modo), in particolare è un modo di reagire costante a qualcosa, per es. reagire bene o male di fronte alle passioni (Aristotele, *Etica nicomachea* II 5, 1105*b* 26-27); ed è quindi un'abilità o condizione necessaria per fare (o subire) qualcosa. In questa seconda accezione, abito è associato a disposizione (*diáthesis*; cfr. già Platone, *Filebo* 11*d* 4) ed è una qualità della sostanza corporea o mentale: l'abito è una disposizione stabile e duratura, che resiste ai mutamenti, come per es. il sapere o la virtù, a differenza delle disposizioni transitorie o discontinue, come la malattia o il piacere (*Categorie* 8, 8*b* 25 - 9*a* 15; *Metafisica* V 20, 1022*b* 10-12). Mentre gli abiti speculativi, come le scienze, si formano per lo più tramite l'insegnamento e richiedono tempo ed esperienza, gli abiti pratici, come le virtù morali, si acquisiscono invece attraverso l'abitudine (*Etica nicomachea* II 1, 1103*a* 15-20, X 9).
«Abitudine» (in gr. *éthos*) è l'attività (*enérgheia*) che porta a compimento un abito pratico, cioè il modo di sentire e agire proprio di un individuo, il suo *éthos* o carattere. L'abitudine non è un'attività né secondo natura, come le sensazioni, né contro natura, come la violenza, ma è «cosa simile alla natura» (*Retorica* I 11, 1370*a* 7-8), poiché sviluppa in noi tramite l'esercizio alcune potenze implicite nella nostra natura e ne fa abiti costanti, cioè una «seconda natura», una naturalezza acquisita (*Etica nicomachea* II 1, 1103*a* 20 - 1103*b* 25). Abitudine, *éthos*, è anche sinonimo di consuetudine o familiarità (*synétheia*) e semanticamente è imparentato con *ēthos*, in origine «sede abituale», quindi «carattere» di una persona, da cui etica o condotta abituale di un individuo (Platone, *Leggi* VII 792*e* 2; Aristotele, *Etica nicomachea* II 1, 1103*a* 17-19). *W. Ca.*

Abraham, Karl (Brema 1877 - Berlino 1925), psicoanalista tedesco. Assistente di E. Bleuler all'ospedale psichiatrico Burghölzli di Zurigo, nel 1907 incontrò Freud, e nello stesso anno si trasferì a Berlino. A lui si deve l'introduzione della psicoanalisi in Germania con la fondazione dell'Istituto internazionale di psicoanalisi (1910). Polemico con tutti coloro che si allontanarono dalla ortodossia freudiana, e particolarmente con Jung, Abraham ha lasciato contributi importanti allo studio delle nevrosi narcisistiche. In *Differenze psicosessuali fra isteria e dementia praecox* (1908) sostenne che la chiave di lettura di quest'ultima fosse da ricercarsi nella teoria della libido, attribuendo così un'importanza solo secondaria ai disturbi nelle funzioni dell'Io: la psicosi non è altro che una regressione a uno stadio libidico autoerotico; di qui l'apparente incurabilità degli psicotici, e la loro non disponibilità al transfert. Delle sue varie pubblicazioni sulla psicosi maniaco-depressiva, l'ultima e più completa è *Tentativo di una storia evolutiva della libido sulla base della psicoanalisi dei disturbi psichici* (1924), in cui la psicosi maniaco-depressiva viene connessa a una frustrazione orale precoce (concetto ripreso da Melanie Klein e da D. Winnicott). L'analisi approfondita del rapporto fra le fasi libidiche e la formazione del carattere portò Abraham a ulteriori specificazioni: nella fase orale si distinguerebbero il succhiare e il mordere; in quella anale il distruggere-espellere e il dominare-trattenere; in quella genitale una fase fallica (con investimento parziale) e una genitale adulta (con investimento oggettuale). In *Sogno e mito* (1909) Abraham applicò per la prima volta il metodo psicoanalitico alla mitologia, strada sulla quale lo seguirono T. Reik e O. Rank. Il sogno e il mito sono entrambi prodotti della fantasia il cui scopo è l'appagamento di un desiderio infantile inconscio.

abreazione, in psicoanalisi, termine che indica la scarica emozionale, espressa verbalmente, che in condizioni normali consente al soggetto la liberazione da un → affetto attualmente o potenzialmente patogeno, collegato al ricordo di un fatto traumatico (il neologismo tedesco *abreagieren* fu coniato da J. Breuer e Freud verso il 1893, nel contesto dei loro studi sull'isteria). In una prima fase Freud ritenne che l'abreazione, scopo finale del metodo → catartico, avesse di per se stessa valore terapeutico, indipendentemente dalla presa di coscienza, da parte del soggetto, del significato dell'affetto liberato. Egli giunse a una interpretazione più differenziata del processo terapeutico, ma il concetto di abreazione non venne da lui abbandonato, e tutt'oggi si rivela necessario alla comprensione di nozioni quali il transfert e l'→ *acting out*.

acatalessia (in gr. *akatalepsía*, non comprensione), termine usato dagli scettici per indicare l'impossibilità di comprendere il vero. L'acatalessia veniva contrapposta al criterio stoico dell'assenso (in gr. *katálepsis*), risolvendosi teoreticamente come sospensione del giudizio, praticamente come → atarassia.

Accademia, scuola fondata da Platone in un luogo poco distante dai giardini dedicati all'eroe Academo, nei pressi di Atene; essa divenne poi l'istituzione nella quale la dottrina platonica veniva conservata e riesaminata alla luce degli sviluppi successivi della filosofia. È generalmente accettata la divisione in tre fasi: Accademia antica, di mezzo e nuova (387 a.C. - 529 d.C.). Nell'*Accademia antica* l'oggetto della ricerca fu costituito dai problemi posti da Platone: partendo da un'indagine centrata sull'uomo, si giunse, in base agli ultimi sviluppi del suo pensiero, a un'accentuazione dei problemi matematici, con un riavvicinamento al pitagorismo, contro cui si rivolse in particolare la critica aristotelica. Nell'*Accademia di mezzo*, con Arcesilao di Pitane (315-241 a.C.), la problematica della scuola si orientò su una critica della teoria stoica della conoscenza che, portando alle estreme conseguenze la svalutazione platonica della esperienza sensibile, finì per dar vita a posizioni probabilistiche e in alcuni casi scettiche. La reazione a questi atteggiamenti cominciò ad affermarsi nell'*Accademia nuova* con Filone di Larissa (secc. II-I a.C.). Accusando l'Accademia di mezzo d'aver tradito quella antica, si procedette ad una restaurazione del dogmatismo che, attribuendo un valore gnoseologico all'evidenza, condusse a una forma di eclettismo specialmente in etica, fino all'affermazione della continuità fra l'Accademia antica e le scuole stoica e peripatetica. Antioco di Ascalona promosse l'orientamento sincretistico che preparò l'ultima fioritura del pensiero antico nel neoplatonismo.

Accademia fiorentina o platonica o careggiana, centro di studi platonici che fiorì nella villa di Careggi donata nel 1462 da Cosimo de' Medici a Marsilio Ficino perché vi studiasse e traducesse i testi di Platone e della tradizione neoplatonica. Alle riunioni dell'Accademia, che si tennero oltre che a Careggi anche a Camaldoli, alla corte medicea e agli Orti Oricellari, presero parte, fra gli altri, il Poliziano, Giovanni Pico della Mirandola, L.B. Alberti, Giuliano e Lorenzo de' Medici. Decaduta dopo la morte di Ficino e di Lorenzo, l'Accademia fu sciolta nel 1522 perché molti fra i suoi membri erano implicati nella congiura contro il cardinale Giulio de' Medici. La speculazione dell'Accademia fiorentina è dominata da Marsilio Ficino e dal suo tentativo di conciliare platonismo e cristianesimo.

accidente (in gr. *symbebēkós*, da *symbáinein*, accadere insieme; in lat. *accidens*), termine aristotelico. Esso indica innanzitutto «ciò che appartiene a una cosa e si può dire vero di essa, ma non necessariamente né per lo più»: *accidentale* è per es. la scoperta di un tesoro da parte di chi scava per piantare un albero; infatti questo non accade né sempre (o necessariamente) né per lo più (*Metafisica* V 30, 1025*a* 14 sgg.; cfr. VI 2, 1026*b* 2 sgg.). In altro senso, Aristotele distingue fra proprietà *accidentali* (occasionali) e proprietà essenziali (persistenti o eterne) di un ente: gli accidenti sono «quanto appartiene a ciascuna cosa per sé, ma non rientra nella sua essenza (*ousía*)» (*Metafisica* V 30, 1025*a* 30-32). Accidentali infine si dicono anche le categorie o predicati della sostanza (*ousía*): qualità, quantità, relazione, azione, passione, dove, quando, avere, essere in una certa posizione (Aristotele, *Categorie* 4; *Metafisica* V 7, 1017*a* 7-30).

accomodamento, termine usato da J. Piaget per indicare il mutamento che avviene negli schemi mentali del bambino in seguito al suo → adattamento alle nuove esperienze provocate dall'impatto con l'ambiente. Sempre in Piaget, l'accomodamento si contrappone all'→ assimilazione.

acculturazione, termine entrato a far parte del lessico tecnico dell'antropologia culturale (e della sociologia) negli ultimi decenni per indicare il fenomeno di trasformazione e adattamento di società che vengono a contatto con altre culture. Tale trasformazione è più evidente in società di modeste dimensioni che si trovano a confronto con società più grandi, più potenti, tecnologicamente più progredite; ma se i mutamenti acculturativi sono più notevoli nel gruppo più piccolo, cioè nella cultura subordinata, dei cambiamenti si verificano anche nella cultura predominante. L'acquisizione di elementi culturali non è comunque mai un fatto meccanico: le società selezionano gli elementi estranei assimilando solo quelli che si adattano ai modelli dominanti della loro cultura e sottoponendoli a modifiche spesso considerevoli.

Achillini, Alessandro (Bologna 1463-1512), filosofo italiano. Seguace dell'averroismo, insegnò a Bologna e a Padova e si interessò anche di anatomia. In seguito alle critiche mossegli da P. Pomponazzi, abbandonò l'interpretazione rigida del → monopsichismo averroista, finendo con l'ammettere una stretta unione fra l'unico intelletto e l'anima cogitativa. Circa i rapporti fede-ragione, si attenne all'insegnamento degli averroisti latini del sec. XIII, secondo il quale le verità di fede hanno il primato su quelle razionali. Opere principali: *Quodlibeta de intelligentiis* (1494); *De orbibus* (1498); *De elementis* (1505).

Aconcio, Jacopo o Giacomo Aconcio (Trento fra il 1492 e il 1520 - Londra 1566 o 1567), filosofo italiano. Dopo aver trascorso qualche anno presso la corte asburgica a Vienna, dove si avvicinò alle posizioni luterane e valdesiane, riparò in Svizzera (1557), e qui nel 1558 pubblicò il *De Methodo*, trattato di logica e di epistemologia assai vicino allo spirito del razionalismo rinascimentale precartesiano. Nel 1559 emigrò in Inghilterra, dove ottenne il favore della regina Elisabetta, che gli affidò incarichi di ingegnere militare e impresario di bonifiche. Mantenne però i contatti con i circoli protestanti di Londra e di altri paesi, e pubblicò nel 1564 i *Satanae Stratagemata*, in cui condannava l'intolleranza e la violenza esercitate non solo dalla chiesa cattolica, ma anche da quelle protestanti.

acosmismo (dal gr. *kósmos*, con alfa privativo), termine introdotto da Hegel (*Enciclopedia*, par. 50) per definire il sistema di Spinoza (in opposizione all'accusa di ateismo) come dottrina che nega l'esistenza separata del mondo risolvendolo nell'unica sostanza divina. Sul piano gnoseologico, il termine è usato per indicare ogni concezione che neghi l'esistenza di una realtà esterna rispetto al soggetto conoscente.

acroamatico (dal gr. *akroáomai*, ascolto), termine che qualificava l'insegnamento di Aristotele riservato ai discepoli: *acroamatiche*, o *esoteriche* (in gr. *esōterikós*, interno), furono dette le sue lezioni, che, pubblicate da Andronico di Rodi nel sec. I a.C., ci sono pervenute integralmente. *Essoteriche* (in gr. *exōterikós*, esterno) sono invece le opere destinate da Aristotele alla divulgazione scritta, appartenenti per lo più al periodo giovanile (ne restano solo pochi frammenti).

acting out, espressione inglese (derivata dal tedesco *agieren* usato da Freud in senso transitivo) che nel linguaggio psicoanalitico indica le azioni etero- o auto-aggressive, intense e di breve durata, non consapevoli, tanto che in esse, successivamente, il soggetto si riconosce a stento. Tali azioni vengono interpretate dallo psicoanalista come sostitutive del ricordo di eventi passati (→ rimozione), e possono aver luogo tanto nel corso della seduta psicoanalitica quanto al di fuori di essa; nel primo caso l'acting out, al contrario del transfert, è interpretabile come un tentativo di rottura del rapporto analitico; nel secondo caso il paziente «agisce» nel contesto quotidiano le pulsioni suscitate in lui dal rapporto con l'analista. Sinonimo di acting out è «passaggio all'atto» (in francese *passage à l'acte*).

adaequatio rei et intellectus, formula filosofica che esprime la concezione realistica della verità come accordo o «corrispondenza» tra la realtà e la sua immagine linguistica e concettuale. Tale formula, coniata da Isacco Ben Salomon Israeli (vissuto tra l'850 e il 950), sintetizza la concezione della verità espressa da Aristotele nella *Metafisica*, con le parole seguenti: «Dire di ciò che esiste che non esiste, o di ciò che non esiste che esiste, è falso, mentre dire di ciò che esiste che esiste, e di ciò che non esiste che non esiste, è vero». Tale concezione, ripresa nel medioevo da Tommaso d'Aquino, è largamente presente nella filosofia moderna e contemporanea. La si ritrova in ogni posizione razionalistica (Leibniz, Hegel), ma anche nella filosofia analitica, come corrispondenza del linguaggio alla realtà. Anche A. → Tarski riteneva che la sua concezione della verità costituisse un'esplicitazione rigorosa della concezione «classica», cioè corrispondentista.

adattamento, in psicologia clinica, sociale e dell'età evolutiva, il risultato delle condotte mediante cui l'individuo si adegua al proprio ambiente (famiglia, scuola, contesto sociopolitico ecc.); quando questo risultato è negativo, si parla di «disadattamento». Nella storia della psicologia generale, il concetto di adattamento ha avuto un'importanza centrale nella scuola di Chicago (→ funzionalismo), sviluppatasi negli Stati Uniti tra la fine del sec. XIX e l'inizio del XX e di orientamento evoluzionistico, secondo la quale i processi mentali (dal più semplice al più complesso, qual è la coscienza) sono accomunati dal loro essere adattivi, cioè dal fatto che garantiscono la sopravvivenza dell'individuo nei confronti dell'ambiente.
In psicologia sperimentale, si parla di «adattamento sensoriale» quando la sensibilità di un recettore viene modificata in seguito a una stimolazione continuativa o, viceversa, al ridursi o al cessare della stimolazione; nel primo caso l'adattamento sensoriale è chiamato «negativo», perché la sensibilità dei recettori si riduce: per es., ci adattiamo ai rumori della strada fino a non sentirli più; nel secondo caso, l'adattamento sensoriale è chiamato «positivo», perché la sensibilità dei recettori aumenta: per es., gli occhi diventano particolarmente sensibili alla luce quando si passa da un ambiente molto illuminato a un ambiente oscuro.
Sempre in psicologia sperimentale, per «livello di adattamento» H. Helson intende il criterio quantitativo che il soggetto adotta per esprimere valutazioni discriminative (di peso, luminosità ecc.).
In psicoanalisi, Freud parla di «adattabilità culturale» riferendosi agli individui capaci di trasformare in pulsioni sociali le pulsioni egoistiche. Nel 1930 F. Alexander ha introdotto le nozioni di «adattamento alloplastico» e di «adattamento autoplastico»: il primo è un insieme di risposte che modificano l'ambiente, il secondo invece è un insieme di risposte che modificano il soggetto stesso che le esprime; i meccanismi di → difesa costituiscono il più importante esempio di adattamento autoplastico.

adattamento, in sociologia designa il processo attraverso cui una collettività, mediante rapporti dinamici di scambio con il suo ambiente

sociale e/o naturale, mira a garantirsi le condizioni di sopravvivenza e riproduzione.
Della nozione di adattamento, introdotta in sociologia per spiegare l'evoluzione sociale con evidente riferimento alla teoria darwiniana dell'evoluzione per selezione naturale, sono stati enfatizzati aspetti diversi: ora l'adattamento, collegato più o meno esplicitamente all'idea di progresso, è stato visto come lotta per l'esistenza e la sopravvivenza; ora è stato colto come un tipo di relazione sociale tra individui e tra gruppi o come un processo sociale generale e fondamentale. Diversa è l'accezione secondo cui l'adattamento è l'accomodamento eteronomo di una entità a una situazione che la sovrasta; tale significato divenne predominante nella sociologia americana di inizio secolo, e su di esso si svilupparono i programmi di intervento dell'ingegneria sociale. Infine l'adattamento è stato teorizzato come equilibrio di tipo economico tra sistemi o tra sistema e ambiente, in maniera non dissimile dall'equilibrio del consumatore dell'economia marginalista; si tratta tuttavia di una semplificazione del funzionalismo di T. Parsons, che aveva individuato nell'adattamento uno dei quattro imperativi funzionali necessari alla sopravvivenza di ogni sistema sociale. La funzione di adattamento, secondo Parsons, è realizzata dall'insieme di attività che procurano, in un rapporto di scambio con un ambiente mutevole che esclude l'idea di aggiustamento passivo del soggetto, risorse generali utilizzabili dal sistema. A livello della società l'adattamento costituisce lo scopo primario dell'organizzazione economica.
Il dibattito sul tema dell'adattamento è stato ravvivato negli anni Settanta dalla → sociobiologia, che propone un programma di ricerca sulle basi evolutive del comportamento sociale umano. Si vedano a questo proposito: Y.A. Cohen, *L'uomo in adattamento. Il retroterra bisociale* (1974); E.D. Wilson, *Sociobiologia. La nuova sintesi* (1975); D.P. Barash, *Sociobiologia e comportamento* (1977); J. Lopreato, *Evoluzione e natura umana* (1984). Un'ipotesi alternativa alla sociobiologia è avanzata da L. Gallino (*L'attore sociale*, 1987), che considera la nozione di adattamento come stato pluridimensionale, da osservarsi a diversi livelli e in tempi differenti, di un'entità sistemica che va specificata di volta in volta: l'individuo, ma anche sistemi intraindividuali, gruppi, sistemi sociali e culturali, etnie, popolazioni, società globali. È il circuito coevolutivo di sistemi sociali, tecnologici e simbolici (considerati mezzi di adattamento) che spiega l'aumento del grado di adattamento della specie umana.

Addison, Joseph (Londra 1672-1719), filosofo inglese. Fondò il quotidiano «Spectator» (pubblicato dal marzo 1711 al dicembre 1712), che riportava esclusivamente notizie di costume e cultura. Fra il giugno e il luglio 1712 undici fascicoli del giornale furono dedicati ai *Piaceri dell'immaginazione*. Curati da Addison, i testi rivelavano un approccio al problema dell'immaginazione dal punto di vista del ricettore, per l'epoca inconsueto. L'immaginazione è una facoltà intermedia tra il senso e l'intelletto, che genera in noi dei piaceri, i quali possono essere primari, provocati da oggetti che si offrono direttamente al nostro sguardo, o secondari, richiamati dalla memoria e variamente combinati. Su questa base Addison distingue anche la natura e l'arte, connettendo l'una ai piaceri primari e l'altra a quelli secondari. La bellezza vera e propria, quella che permea l'immaginazione di un «compiacimento segreto», può tuttavia essere offerta solo dalla natura. L'arte infatti, pur potendo a volte essere «fine e delicata come la natura», non avrà mai la sua magnificenza d'insieme.

Adelardo di Bath (attivo fra il 1107 e il 1146), scienziato e filosofo inglese. *De eodem et diverso* e *Quaestiones naturales* sono le sue opere principali, molto note nel medioevo e fino al Cinquecento. Rivolgendosi a un nipote-discepolo, egli difende una visione realistica della realtà, echeggiando la polemica del dotto Giovanni di Salisbury contro i verbalismi dei logici (→ cornificiani), e analizza una serie di temi scientifici, dal problema delle maree a quello del vuoto in natura. Contrario al ricorso ad autorità citate come dogmi («l'autorità è un inutile giogo»), egli rivendica il ruolo della ragione come criterio di verità. Adelardo è, inoltre, l'autore della prima traduzione in latino pervenutaci degli *Elementi* di Euclide, condotta su una versione araba (1120 ca), oltre che traduttore di opere arabe di aritmetica, astronomia, astrologia e alchimia.

Adler, Alfred (Vienna 1870 - Aberdeen 1937), psicoanalista austriaco. Incontrò nel 1902 Freud, di cui rimase fedele allievo solo fino al 1911, anno in cui, a causa di profondi dissensi teorici, egli si staccò dal maestro, fondando la Società di psicologia individuale. Fino all'avvento del nazismo fu consulente del governo austriaco per i problemi dell'istruzione. Opere principali: *Prassi e teoria della psicologia individuale* (1918) e *Il temperamento nevrotico* (1919).
Già durante il periodo di collaborazione con Freud, Adler aveva intuito il ruolo che una inferiorità organica poteva avere sulla vita psichica dell'individuo, e da questa prima ipotesi nacque il concetto di pulsione aggressiva quale principio dell'energia psichica; per Adler, infatti, il movente istintuale principale è un'aggressività che compensi il senso di inferiorità nei confronti dei propri simili. Nel 1911 abbandonò completamente la teoria freudiana degli istinti e della libido, proponendo che il riferimento psicoanalitico alla sessualità fosse inteso esclusivamente in senso metaforico:

quindi l'invidia del pene, attribuita da Freud alle donne come fattore nevrogeno, non sarebbe altro che l'invidia della preminenza maschile nella civiltà occidentale; parimenti, la nevrosi maschile rappresenterebbe una «protesta virile», una sovracompensazione nei confronti di un sentimento di inadeguatezza. Gli individui si sentono inadeguati e imperfetti, e per compensazione si autoingannano creandosi uno «stile di vita» che costituisce essenzialmente una modalità esistenziale tesa al raggiungimento di una superiorità nei confronti degli altri. La psicoterapia, quindi, consiste in una libera discussione su di un piano paritetico fra l'analista e il paziente con l'intento di individuare il momento inconscio in cui il paziente ha «organizzato» questo autoinganno da cui discende il suo «stile di vita» fittizio e nevrotico. Adler diede molta importanza all'educazione e all'interesse per i problemi sociali quali elementi per una formazione non nevrotica dell'individuo. Per le sue idee sociali e per la sua motivata convinzione che le difficoltà psicologiche dell'individuo risalgano in ultima analisi a fattori storici e culturali, egli viene considerato il precursore delle revisioni «politiche» e marxiste della psicoanalisi.

Adorno, Theodor Wiesengrund (Francoforte 1903 - Visp, Svizzera, 1969), filosofo tedesco. È stato, insieme a M. Horkheimer, la figura di maggior rilievo della scuola di → Francoforte. Negli anni Trenta i contributi di Adorno sulla «Zeitschrift für Sozialforschung» sono di sociologia della musica (*Sulla posizione sociale della musica*, 1932; *Sul Jazz*, 1936; *Sul carattere di feticcio in musica e la regressione dell'ascolto*, 1939; *Frammento su Wagner*, 1939). Questi saggi - preceduti da una intensa attività di critico musicale iniziata da Adorno meno che ventenne - fondono l'analisi formale con una interpretazione sociologica radicale. La relazione tra i due piani è resa possibile, secondo Adorno, dalla concezione della società come «totalità in sé antagonistica» che si manifesta nelle più piccole cellule della composizione musicale. Questo presupposto di analisi ispira tutta la sua produzione e viene esteso agli altri campi di indagine: la filosofia, la morale, la letteratura, mettendo a frutto la lezione di W. → Benjamin, per l'analisi di materiali apparentemente irrilevanti, quella di G. → Lukács, per la nozione di totalità, e quella di Hegel, per il momento negativo della dialettica (il rovesciarsi delle determinazioni).

Decisiva è, a partire dagli anni Quaranta, la collaborazione con Horkheimer. Le società occidentali sono caratterizzate da forme di dominio impersonale (il rapporto di merce, l'organizzazione tecnologica, l'industria culturale), ma anche da fenomeni di violento rigetto verso tutti i gruppi non integrati nella «società amministrata». Il fenomeno dell'antisemitismo risulta allora centrale per la comprensione delle società di massa, in quanto le forme d'identità collettiva si basano non tanto su ideologie quanto su strutture della personalità dominate da profonde ambivalenze pulsionali, nel senso chiarito da Freud. In *Dialettica dell'illuminismo* (1947), primo frutto di questa collaborazione, Horkheimer e Adorno avanzano l'ipotesi che l'intero processo di rischiaramento in cui il mondo moderno si riconosce sia fondato su un rapporto di dominio verso la natura, che produce il capovolgimento della ragione in mito e della civiltà in barbarie. Mostrando il carattere strumentale della ragione, Horkheimer e Adorno tentano un'autocritica della razionalità occidentale, estesa alle stesse scienze fisiche, in quanto forniscono il modello di ogni altra forma di razionalità. Adorno cercherà nella sua tarda *Dialettica negativa* (1966) di chiarire in che modo il pensiero razionale possa, con i propri mezzi, liberarsi da questa ipoteca del dominio, senza ricadere nell'esaltazione di una unità immediata e pre-logica tra l'uomo e la natura. In questo tentativo Adorno utilizza elementi della dialettica hegeliana ma è profondamente critico sia verso di essa sia verso la fenomenologia husserliana e verso l'ontologia heideggeriana (*Sulla metacritica della gnoseologia*, 1956; *Il gergo dell'autenticità*, 1964).

Le tesi di *Dialettica dell'illuminismo* si ripropongono nelle due opere principali pubblicate da Adorno in Germania dopo la fine della guerra. La *Filosofia della musica moderna* (1949) mostra come la liberazione della musica contemporanea da tutti i vincoli dell'armonia tonale rappresenti, anch'essa, una tappa nel processo di introduzione di un vincolo rigido nella tecnica seriale della dodecafonia. L'esito aporetico della musica di A. Schönberg testimonia della via senza uscita imboccata dall'arte, che o si nega (ratificando l'ipotesi hegeliana dell'arte come cosa del passato), oppure ricorre a modelli puramente neoclassici e restaurativi. In *Minima Moralia* (1951) Adorno innesta nella tradizione dei moralisti classici l'analisi della vita quotidiana della società di massa, mostrando le forme di ideologia inconsapevole e le contraddizioni sociali che modellano ogni gesto. Accanto alla ricca produzione musicologica (*Saggio su Wagner*, 1952; *Mahler*, 1960; *Berg*, 1968; e varie raccolte di scritti musicali), Adorno ha pubblicato numerosi saggi di critica letteraria, di teoria della letteratura e di estetica, raccolti in *Note sulla letteratura* (4 voll., 1958-74); postumo è uscito *Teoria estetica* (1970). *M. Va.*

adozionismo o adozianismo, nome di diverse eresie cristologiche aventi in comune la tendenza a vedere in Cristo il figlio adottivo di Dio. In seguito al battesimo o, secondo altri, in seguito alla resurrezione, Cristo sarebbe stato in certo senso divinizzato, ottenendo dallo Spirito Santo il potere di fare miracoli, senza per questo diventare Dio. L'adozionismo per la prima volta si affermò a Roma nel sec. II, a opera di Teodoto di Bisanzio, come un tentativo, prima delle definizioni dogmatiche del concilio di Nicea (325), di rendere fra loro compatibili la divinità del Cristo e il monoteismo. Un'altra eresia adozionistica sorse in Spagna nel sec. VIII a opera di Elipando, arcivescovo di Toledo, e di Felice, vescovo di Urgel.

Aezio (Celesiria, odierna Beqa'a, inizio sec. IV - Costantinopoli 367), teologo ariano. Fondò una setta estremista, che poi fu detta degli aeziani. Allievo, in Antiochia, di maestri ariani, propose un neoarianesimo (→ arianesimo) radicale, chiamato anomismo dal nucleo centrale della dottrina: posto che l'essenza divina coincide con l'*agennēsía* (in gr. «l'essere ingenerato»), solo il Padre è Dio, e il Figlio è da Lui fondamentalmente dissimile (in gr. *anómoios*). In tale teoria, in cui si esprimeva chiaramente il tentativo di una drastica interpretazione razionalistica del dogma trinitario, erano presenti sia l'utilizzazione delle categorie logiche aristoteliche sia la concezione gerarchica delle essenze cara alla metafisica neoplatonica. Frammenti della sua opera *Sulla fede* sono conservati da Epifanio.

afasia, disturbo consistente nella incapacità o nella difficoltà a produrre simboli linguistici, e a ritradurre in significati i simboli linguistici. L'afasia è sempre conseguenza della incapacità a funzionare, o del difettoso funzionamento, di una delle zone della corteccia cerebrale deputate al linguaggio. Tra le varie forme di afasia (studiate clinicamente a partire da A.R. → Lurija) la più comune è l'afasia *motoria*, o di Broca: il soggetto è incapace di parlare, pur comprendendo abbastanza bene il linguaggio degli altri. Nell'afasia *sensoriale* o di Wernicke, invece, l'eloquio è fluente, ma è difettosa (o manca del tutto) la comprensione del linguaggio altrui, e anche del proprio, che risulta disturbato da neologismi e spostamenti di vocaboli di cui il soggetto non si rende conto. L'afasia si associa in genere a qualche grado di *alessia* (incapacità a leggere) e di *agrafia* (incapacità a scrivere) e talora a disturbi complessi della rappresentazione del proprio corpo nello spazio.
Da ricordare il contributo di R. Jakobson allo studio sistematico dell'interrelazione tra la disgregazione del linguaggio (esemplificata dai vari tipi di afasia) e l'acquisizione del linguaggio nei bambini (→ psicolinguistica).

affettività, termine che indica la sfera psichica dei sentimenti e delle emozioni, solo astrattamente distinguibile dalla sfera intellettiva e da quella motoria. Agli esordi della psicologia scientifica W. Wundt elabora una «teoria tridimensionale dei sentimenti», secondo la quale questi ultimi presentano tre dimensioni organizzate in modo dicotomico: piacere-dispiacere, eccitamento-inerzia, tensione-rilassamento. Nello strutturalismo di E.B. → Titchener gli stati affettivi vengono considerati in analogia con gli elementi sensoriali, dato che tanto i primi quanto i secondi tendono a diminuire d'intensità se ripetuti: per es., se ascoltiamo molte volte di seguito un brano musicale di nostro gradimento, lo stato affettivo di piacere tende a scomparire in modo progressivo. Gli stati affettivi, secondo Titchener, posseggono solo gli attributi della *qualità*, dell'*intensità* e della *durata*, e mancano dell'attributo della *chiarezza*: se ci concentriamo sulle idee o sulle immagini mentali è possibile renderle progressivamente più chiare, mentre se ci concentriamo sugli stati affettivi giungiamo a dissolverli o a contraffarli.
Il funzionalismo ha definito gli stati affettivi in base al loro valore adattivo alle situazioni esterne, in tale prospettiva la timidezza, per es., è considerata una condotta adattiva ai fini di evitare le conseguenze dell'ansia. In psichiatria E. Bleuler individuò nei disturbi dell'affettività, e in particolare nell'incoerenza tra manifestazione affettiva e situazione reale, il sintomo fondamentale della schizofrenia. Quanto alla psicologia sperimentale, essa abbandona il campo generico dell'affettività ed elabora una serie di teorie delle → emozioni.
La psicoanalisi, infine, ridefinisce l'affettività a partire dalla dimensione inconscia e dalle sue leggi, preferendo il termine più specifico di «affetto» a quello considerato troppo generico di affettività. Con «affetto» si indica l'espressione qualitativa della quantità di energia pulsionale. Esso può essere piacevole o spiacevole, generico o specifico, acuto o diffuso; diversamente dalle emozioni, l'affetto implica un nesso con le rappresentazioni. Fin dal 1895 Freud, riferendosi al sintomo isterico, parla di «affetto bloccato», che compare quando a un fatto traumatico non segue una scarica appropriata. Egli individua nella conversione (→ isteria), nello spostamento (→ ossessione) e nella trasformazione (→ angoscia-ansia) le tre principali modalità di metamorfosi dell'affetto; e rintraccia nell'affetto e nella rappresentazione le due forme distinte nelle quali si manifesta ogni pulsione, ponendo la eventuale separazione fra le due a fondamento del meccanismo della rimozione. Nel 1915 Freud riprende la nozione di affetto in un contesto metapsicologico, differenziandola dal concetto di «importo o somma d'affetto». Mentre quest'ultimo costituisce il substrato quantitativo dell'energia pulsionale, l'affetto ne sarebbe l'espressione qualitativa, soggettiva. Sempre in psicoanalisi, W. Stekel con l'espressione «affetto mascherato» fa riferimento a quei comportamenti in apparenza affettuosi che nascondono in realtà sentimenti profondamente ostili (→ formazione reattiva).

Per quanto riguarda la → psicologia analitica, Jung definì l'affetto uno stato di sentimento di natura sia fisiologica sia psicologica, capace di provocare un disturbo nel decorso delle rappresentazioni; e lo distinse, per motivi di ordine pratico, dal sentimento, giacché quest'ultimo può essere una funzione di cui la volontà si serve a suo piacimento.

affetto, → passione.

affezione, lo stato in cui si trova qualunque soggetto che subisca un'azione o una modificazione. L'affezione non implica di per sé una situazione negativa, né riguarda esclusivamente la sfera emotiva: essa comprende un'area assai ampia e indeterminata, che coincide con la categoria aristotelica del «patire». In questo senso il termine fu molto usato da Kant, che chiamò affezioni «le rappresentazioni nei cui confronti lo spirito si comporta passivamente» (*Antropologia*, par. 7).

agape, termine biblico (rarissimo nella letteratura greca) che a differenza dei termini simili (*filótēs*, *érōs*) indica il puro amore di Dio, la sua donazione gratuita («per grazia») all'uomo. Nel giudaismo rabbinico agape — che precedentemente connotava anche il rapporto sessuale e i legami di sangue — viene a definire esclusivamente l'atteggiamento di Dio verso l'uomo. In seguito, nei testi cristiani indica l'intero contenuto della fede (Gv. 3,16): Dio è puro amore, totale donazione che suscita nell'uomo credente una risposta simile (I Gv. 4, 16-19).

Il concetto di agape è radicalmente opposto a quello di eros (A. Nygren, *Eros e agape. La nozione cristiana dell'amore e le sue trasformazioni*, 1930), in quanto il primo esclude ogni desiderio, ogni aspirazione a ciò che non è ancora posseduto: l'agape può essere solo donata da Dio, mentre l'eros nasce dall'egocentrismo umano. La tradizione cristiana, sotto l'influsso dell'ellenismo, ha invece cercato una sintesi fra questi due tipi di amore: *caritas* indica, già in Agostino, il dono (agape), ma anche il desiderio (eros). L'agape viene così progressivamente assorbita dall'eros che la sottomette, e l'amore cristiano diventa, durante tutto il medioevo, la ricerca del bene, la ricerca di se stessi (*amor sui*); lontano dalla nozione originaria propria del Nuovo Testamento.

Agazzi, Rosa (Volongo, Cremona, 1866-1951), pedagogista ed educatrice italiana. Diresse, con la sorella Carolina (Volongo 1870-1945), il «nuovo asilo» di Mompiano. Le Agazzi rifiutarono il nozionismo e incoraggiarono le attività individuali dei bambini, concedendo libero sfogo alle loro forme di vita spontanea; tale operosità individuale era naturalmente regolata dalle esigenze della vita in comune e stimolata da un materiale didattico talvolta raccolto o fabbricato dalla maestra e dai bambini stessi, che sostituiva quello precostituito dei «doni» fröbeliani (F.W. → Fröbel). I fanciulli venivano così abituati ad affinare le capacità creative ed estetiche e a sviluppare il loro grado di socializzazione. Le opere principali di Rosa Agazzi sono: *Manuale di lavoro educativo* (1899); *Come intendo il museo didattico nell'educazione dell'infanzia e della fanciullezza* (1922); *Guida per le educatrici dell'infanzia* (1932).

aggressione (intraspecifica e interspecifica), → etologia.

aggressività, carattere specifico del comportamento o delle fantasie dirette all'etero o all'autodistruzione, oppure all'autoaffermazione in un contesto competitivo; la prima di queste due accezioni prevale in psicoanalisi e in psichiatria, mentre la seconda, più vicina all'etimologia del termine (dal lat. *adgredior*, mi muovo in avanti), prevale in psicologia. In realtà, quello dell'aggressività è un tema complesso che sfugge a definizioni univoche poiché il suo significato varia a seconda dell'ambito disciplinare (dall'→ etologia alla biologia, alla psicologia, alla scienza della politica) in cui è studiato. Nel pensiero di Freud si rintracciano due interpretazioni ben distinte dell'aggressività; nella prima, anteriore al 1920 e alla pubblicazione di *Al di là del principio di piacere*, Freud parla di condotte e tendenze aggressive in relazione all'ambivalenza, al transfert, ai motti di spirito e al complesso d'Edipo, ma si oppone all'idea di una pulsione aggressiva specifica; nella seconda interpretazione, quella definitiva, egli introduce il concetto di → pulsione di morte.

Quanto alla psicologia sperimentale, essa riprende l'antica osservazione, fatta propria anche dal primo Freud, che fa dipendere l'aggressività dalla → frustrazione, e la sottopone a molteplici verifiche, la più nota delle quali rimane a tutt'oggi quella compiuta da J. Dollard, L.W. Doob, N.E. Miller, O.H. Mowrer, R.R. Sears nel 1939. Utilizzando in una prospettiva psicologica alcuni concetti di derivazione freudiana, questi autori giungono alle seguenti conclusioni: *1*) ogni frustrazione tende a determinare un'aggressione diretta contro l'agente della frustrazione stessa; il livello della condotta aggressiva varia in ragione diretta della rilevanza della frustrazione, la quale a sua volta varia in funzione di tre fattori: la forza della motivazione, il grado d'interferenza sul percorso che conduce allo scopo, e il numero delle condotte motivate e frustrate; *2*) la condotta aggressiva può essere inibita; l'inibizione varia col variare della punizione che il soggetto si aspetta come conseguenza della condotta aggressiva; *3*) l'aggressività può essere spostata verso persone o oggetti che non coincidono con l'agente frustrante, e questo spostamento avviene quando l'agente frustrante non è direttamente attaccabile e l'inibizione dell'aggressività è particolarmente elevata: è questo il caso del bambino che, rimproverato dai genitori, rompe gli oggetti che si trova a portata di mano, o dell'adul-

to che, umiliato da un superiore, umilia a sua volta un inferiore; *4*) l'autoaggressività sopravviene quando l'individuo si considera l'agente frustrante e quando l'aggressione diretta è inibita dall'individuo stesso anziché da circostanze esterne; *5*) ogni atto aggressivo rappresenta una catarsi che riduce la probabilità di nuovi atti aggressivi.
In psicologia sociale, lo studio dell'aggressività interpersonale comincia con il lavoro di K. Lewin, R. Lippitt e R.K. White *Forme di comportamento aggressivo in contesti sociali costruiti sperimentalmente* (1939); in particolare, questi autori dimostrarono che i membri di un gruppo retto da un leader autoritario tendono, al contrario dei membri di un gruppo retto da un leader democratico, a scaricare la loro aggressività su una singola vittima o capro espiatorio. Sempre in psicologia sociale, un'altra ricerca spesso citata è quella condotta nel 1963 da A. Bandura, D. Ross e S.A. Ross (*Imitazione di modelli aggressivi proposti attraverso film*), la quale appurò che i bambini imparano con facilità le specifiche tecniche aggressive degli adulti. Nella psicologia della personalità, molti test proiettivi (in particolare il Rorschach, il TAT e il test del disegno) evidenziano l'aggressività esplicita o latente e talora riescono a individuarne gli oggetti specifici. Nella psicologia individuale di Adler l'aggressività è interpretata come una espressione della «volontà di potenza», diretta al superamento dei sentimenti d'inferiorità. L'aggressività occupa un posto importante anche nel pensiero di Melanie Klein, che ha studiato soprattutto le fantasie aggressive rivolte verso la madre nei primi anni di vita. Nella psicoterapia infantile la «terapia di giuoco» ha lo scopo di liberare l'aggressività all'interno di una situazione appositamente costruita, determinando in tal modo un miglioramento nella condotta del soggetto. In psichiatria l'aggressività costituisce una delle componenti di alcune sindromi, e in particolare delle psicosi a sfondo persecutorio. Studi recenti come quello di P. Karli, *L'uomo aggressivo* (1987), tendono a interpretare la condotta aggressiva come una strategia di rapporto con la realtà piuttosto che come una necessità fissata dalla natura una volta per tutte.

agiografia, lo studio della vita, delle opere e del culto dei santi (dal gr. *hághios*, santo, e *gráphō*, scrivo). I primi documenti agiografici cristiani risalgono al periodo delle persecuzioni (Atti dei Martiri); dopo la pace costantiniana (313) lo sviluppo del culto dei martiri, insieme a quello dei primi «confessori» (asceti, monaci), diede origine a un'abbondante produzione agiografica con intenti edificanti, il cui valore storico però è molto scarso. Nel medioevo l'agiografia acquistò un carattere sempre più fantastico, dando luogo a una copiosa fioritura di leggende, tra le quali sono celebri la *Legenda aurea* di Iacopo da Varagine (sec. XIII) nel mondo latino e il *Synaxárion* di Simeone Metafraste (sec. X) in quello greco. L'agiografia come scienza comincia solo nel sec. XVII per merito soprattutto del gesuita fiammingo H. Rosweyde (m. 1629), il quale pubblicò la raccolta delle *Vitae patrum* (Anversa, 1615), e della società dei bollandisti (così detta dal fondatore, il gesuita belga J. Bolland, 1596-1665), cui si deve la pubblicazione, tuttora in corso, dei monumentali *Acta sanctorum*. In quest'ultimo significato di studio critico che scevera le notizie storiche da quelle leggendarie riguardanti i santi, il termine agiografia equivale a quello di agiologia.

agnosticismo, termine coniato nel 1869 dal naturalista inglese T.H. Huxley per designare l'atteggiamento di chi si astiene dal pronunciarsi su problemi irresolubili dal punto di vista scientifico. Al di fuori dell'ambito specifico in cui sorse, si è soliti utilizzare il termine per designare ogni posizione o dottrina secondo cui la ragione deve sospendere il proprio giudizio quando si trova davanti a problemi metafisici o religiosi, per la cui soluzione sarebbe necessario oltrepassare i limiti naturali della conoscenza umana.

agorafobia, → fobia.

agostinismo, movimento dottrinale che si ispira al pensiero di sant'Agostino, cui si rifecero tutti i pensatori più noti dell'alto medioevo: Gregorio Magno, Scoto Eriugena, Anselmo d'Aosta, i mistici del sec. XII, Abelardo e i maestri della scuola di san Vittore. Nel sec. XIII l'agostinismo venne messo in crisi dall'ingresso in Occidente della filosofia aristotelica: una nutrita corrente di pensatori, soprattutto francescani, difesero l'agostinismo, sia pure interpretato secondo gli schemi del neoplatonismo arabo (*agostinismo avicennizzante*). Fra le tesi dell'agostinismo nel sec. XIII spiccano la conciliabilità di fede e ragione, la conoscibilità naturale di Dio, la negatività del male, l'illuminazione intellettuale dell'uomo, la presenza delle immagini trinitarie nell'universo, la necessità della grazia per la salvezza. L'insegnamento di Agostino sull'origine e sulla natura della società civile e dei suoi rapporti con la chiesa com'è esposto nel *De civitate Dei* è all'origine dell'*agostinismo politico*, che ha orientato in senso teocratico il pensiero medievale. Nel 1256 venne riconosciuta da Alessandro IV una federazione di piccoli gruppi di eremiti (ordine degli agostiniani), i cui maggiori esponenti furono Egidio Romano (m. 1316) e Gregorio da Rimini (m. 1358). Questi diede vita a una corrente di agostinismo rigido, che sottolineò i contenuti più polemici degli scritti antipelagiani di Agostino (la teoria della predestinazione e quella della dannazione dei bambini) e che ispirò le posizioni radicali di J. Wycliffe, J. Hus, Lutero e altri riformatori del Cinquecento. Nei secc. XVI e XVII i giansenisti tornarono ad accentuare alcuni temi pessimistici agostiniani sull'uomo, come la profonda corruzione conseguente al peccato originale e l'inderogabile necessità della grazia per la salvezza. Si sviluppò la controversia sul rapporto fra la grazia e il libero arbitrio: alle posizioni del gesuita Luis de Molina (1535-1600), che prediligeva l'insegnamento agostiniano più favorevole al contributo della libertà umana nella salvezza, si contrappose il domenicano D. Báñez (1528-1604), rigido assertore della priorità assoluta della grazia sul libero arbitrio. Nel pensiero contemporaneo alcune risonanze agostiniane sono componenti fondamentali dello spiritualismo cristiano e dell'esistenzialismo religioso.

Agostino, Aurelio (Tagaste, oggi Souk-Ahras, 354 - Ippona, oggi Annaba, 430), teologo e filosofo, padre della chiesa latina; santo. Compì gli studi a Madaura, Tagaste e Cartagine, nell'ambiente intellettuale proprio dell'Africa romana, in cui la cultura classica e la stessa lingua latina erano diventate patrimonio comune dei ceti colti, dando anche risultati originali sul piano letterario. Insegnante di retorica prima a Tagaste (373) e a Cartagine (374-383), passò poi a Roma e a Milano, dove ottenne la cattedra municipale di retorica. Durante il soggiorno milanese (384-387) Agostino maturò la conversione al cristianesimo, che si compì in seguito all'abbandono del manicheismo, cui aveva aderito per nove anni. L'incontro con il vescovo di Milano, Ambrogio, gli permise di accedere a una esegesi allegorica della Sacra Scrittura e di approfondire la conoscenza della filosofia neoplatonica; in seguito alla lettura di alcuni trattati di Plotino e di Porfirio sostenne l'esistenza del mondo intelligibile, contro ogni riduzione materialistica e scettica. Le ulteriori tappe verso la conversione finale al cristianesimo furono il distacco dalla donna con la quale egli viveva da quattordici anni e dalla quale aveva avuto un figlio, Adeodato, e la decisione di abbandonare la professione di retore (386). Agostino decise contemporaneamente di dedicarsi allo studio approfondito della filosofia: le sue opere più propriamente filosofiche furono scritte in una rapida successione cronologica, dal 386 al 391, prima che egli si facesse sacerdote.

• *Le opere filosofiche.* A Cassiciacum, piccolo centro della Brianza (novembre 386-marzo 387), Agostino si fece animatore di dibattiti filosofici nella cerchia ristretta di alcuni discepoli, amici e parenti, e dalle discussioni nacquero quattro opere: *Contra academicos*, *De beata vita*, *De ordine*, *Soliloquia*. Le prime tre costituiscono un tentativo di appropriarsi i grandi temi della filosofia classica, da quello gnoseologico a quello morale, a quello teleologico. Agostino stabilisce la validità della ragione, confutando le istanze dello scetticismo dell'Accademia: l'accademico o non è sapiente, o dà l'assenso alla propria sapienza, sa cioè di essere sapiente; anche nel dubbio di sbagliare non viene meno la certezza dell'autocoscienza (*si fallor, sum*). Alla scoperta dell'autocoscienza si accompagna l'analisi delle verità inconfutabili della dialettica e della matematica, che si inscrivono nell'ambito della ricerca di fondo di cui il filosofo, secondo Agostino, è investito: la verità non è fine a se stessa, ma la si ricerca per avere la felicità. Siccome anche la religione ha come scopo il conseguimento della felicità, ne segue che fede e ragione si trovano in una prospettiva di convergenza e collaborazione.

Ritornato a Milano per ricevere il battesimo (primavera del 387), Agostino proseguì nelle ricerche filosofiche, elaborando l'ambizioso progetto di una enciclopedia delle arti liberali. Incominciò dalla grammatica (*De grammatica*, opera non pervenutaci), continuò con i primi cinque libri del *De musica*, per poi abbandonare il progetto, considerato ormai troppo dispersivo in rapporto al problema di fondo che lo assorbiva sempre di più, quello della ricerca continua e totale di Dio. Agostino preferì perciò soffermarsi a discutere sulla natura e sul destino dell'uomo (*De immortalitate animae*), con una minuziosa anatomia dell'esperienza interiore, ispirata dal neoplatonismo plotiniano.

Alla fine del 387 e nei primi mesi del 388 egli soggiornò a Roma, in attesa di fare ritorno in Africa; la sua attenzione continuò a essere rivolta ai grandi temi dell'antropologia: nel *De quantitate animae* approfondisce il problema dell'origine dell'anima e le ragioni per cui l'anima è stata unita a un corpo; nel *De libero arbitrio* affronta il tema del male in tutte le sue implicazioni: il male in sé, essendo pura privazione del bene, per Agostino non esiste; esistono però il male fisico, da ricondurre alla limitatezza costitutiva degli enti finiti, e il male morale, cioè il peccato, che risulta da una scelta moralmente indebita da parte della volontà libera dell'uomo. Raggiunta l'Africa (388), Agostino trascorse altri tre anni impegnato nella ricerca filosofica. Nel *De magistro* sviluppò le implicazioni pedagogiche dell'insegnamento della verità: il vero maestro non pretende di essere l'inventore della verità, ma ne è solo il trasmettitore, tanto più capace, quanto più sa stimolare nello scolaro la passione per la ricerca. In questo periodo l'ottica di Agostino va però assumendo tratti sempre più marcatamente spiritualistici; la sua stessa polemica antimanichea (*De Genesi contra manichaeos*), se da un lato è volta a respingere ogni ipotesi dualistica nella spiegazione del mondo, dall'altro non riesce a espungere un pessimismo di fondo nei confronti della materia; cresce l'insistenza di Agostino sulla contrapposizione della «carne» allo «spirito», che fa della prima un ostacolo al progresso del secondo. La stessa sensibilità — come egli precisa nel sesto libro del *De musica* (ultimato in questo periodo) — non appartiene al corpo, ma all'anima: la sensazione è un'azione dell'anima per mezzo del corpo, è come un inizio del pensiero, il primo grado dell'attività spirituale. Nel *De vera religione* (390) Agostino arriva alla conclusione che non abbandonerà più: l'oggetto della ricerca filosofica è lo stesso essere divino manifestatosi nel Verbo incarnato; non si deve perciò parlare di due ricerche parallele, ma la vera filosofia coincide con la vera religione.

• *La polemica antiereticale.* Sacerdote nel 391, pochi anni dopo, Agostino venne eletto vescovo di Ippona (395): da questo momento il suo impegno intellettuale riguardò prevalentemente la discussione di problemi teologici e pastorali, in polemica con i principali movimenti religiosi che contrastavano le posizioni della chiesa di Roma. Contro il donatismo, movimento diffuso particolarmente in Africa e favorevole a una chiesa di uomini perfetti dalla quale fossero esclusi i peccatori, Agostino afferma (*Psalmus contra partem Donati*, *De baptismo contra donatistas*) che la chiesa è una società visibile, comprendente anche i non santi, e che l'efficacia dei sacramenti non dipende dalla moralità di chi li amministra. Contro il pelagianesimo, sostenitore di una concezione ottimistica della natura umana, ritenuta capace di operare direttamente il bene, egli insiste (*De peccatorum meritis et remissione et de baptismo parvulorum*, *De natura et gratia*) sulla presenza del peccato originale in ogni uomo e sulla necessità della grazia per meritare la salvezza. Sollecitato da più persone a fornire pareri su argomenti teologici e pastorali, Agostino ha lasciato numerose altre opere di contenuto religioso, che egli stesso cercò di riordinare, illustrandone motivi e intenzioni nelle *Retractationes*, singolare catalogo ragionato dei propri scritti.

• *Le «Confessiones».* Caratteristici, anche per il loro genere letterario, sono i tredici libri delle *Confessiones* (dal lat. *confiteri* nel senso di «celebrare» la gloria di Dio), scritti tra il 397 e il 401. In quest'opera, finissima e appassionata autobiografia che si presenta sotto la forma della preghiera e del ringraziamento a Dio e si conclude con un commento ai primi capitoli della Genesi, Agostino insiste sull'idea della provvidenza come artefice della storia: l'irresistibilità della grazia divina precede ogni merito umano; l'intelletto umano non può sondare i criteri per cui Dio sceglie gli eletti e permette che il resto dell'umanità si perda nella dannazione. A due temi filosofici è dedicata una trattazione ampia e originale nelle *Confessiones*: a quello della memoria (libro X) e a quello del tempo (libro XI). Nella memoria dell'uomo, oltre ai ricordi degli avvenimenti passati, sono custoditi le nozioni elementari e i primi principi delle scienze, come pure il desiderio della felicità; in tal modo Agostino fa propria la dottrina platonica del conoscere come ricordare. Motivata da un'analoga istanza di interiorizzazione è anche la critica agostiniana alla dottrina peripatetica del tempo inteso come misura del moto degli astri: il tempo è «distensione dell'animo», pura rilevazione soggettiva che situa all'interno della coscienza la successione degli avvenimenti passati (tramite la memoria), futuri (tramite l'attesa) e presenti (tramite l'attenzione).

• *I grandi temi teologici.* Le ultime opere di Agostino trattano i grandi temi teologici della Trinità, della creazione e della storia della salvezza. Il *De Trinitate* (15 libri, 399-419) costituisce il punto di arrivo della patristica latina sul piano della speculazione trinitaria. Per spiegare il mistero delle tre persone divine, Agostino ricorre ad analogie presenti nelle creature e nello spirito dell'uomo, le cui facoltà sono segnate dall'impronta della triade divina. Le tre persone sussistono nell'unica natura e si distinguono fra loro per le diverse relazioni che si esprimono nella vita intima di Dio: Dio padre, nel pensare, genera interiormente la propria sapienza o Verbo; una relazione d'amore lega la mente pensante al suo logos. Analogamente, nell'uomo il pensiero (*mens*), la conoscenza (*notitia*) e l'amore (*amor*) sono i passaggi ineludibili di una piena attività spirituale. Tutte le opere di Dio procedono dall'unità della sostanza divina e sono pertanto comuni alle tre persone; il mondo è stato creato dal nulla e ha come fine la manifestazione della liberalità e della gloria della Trinità. La creazione non riguarda tuttavia la costituzione dei singoli enti: Dio crea direttamente la materia prima, la quale contiene in sé le *rationes primordiales*, ossia le essenze di tutte le cose allo stato germinale, che si svilupperanno nel corso delle generazioni. Scritto tra il 413 e il 426, il *De civitate Dei* (22 libri) è l'opera che ha maggiormente impegnato Agostino negli ultimi anni di vita. Si tratta di uno scritto occasionato da ragioni apologetiche, e precisamente dalla necessità di rispondere all'accusa, rivolta dai pagani al cristianesimo, di essere il principale responsabile della rovina dell'impero romano. Dopo avere criticato i culti idolatrici, che non offrono la felicità terrena né la vita eterna, Agostino sviluppa una teologia della storia: due città, generate rispettivamente dall'amore dell'uomo verso se stesso (la *civitas terrena*) e dall'amore verso Dio (la *civitas Dei*), si contendono il dominio della terra, ed entrambe aspirano alla pace. La città terrena mira a una pace che coincide con il benessere temporale, mentre la città celeste aspira a una pace eterna, quella che si raggiunge dopo la morte con il pieno possesso di Dio nella visione beatifica. Nello svolgimento della storia i contorni delle due città non sono però nettamente distinguibili: la chiesa non coincide con la città di Dio, poiché all'interno della chiesa convivono buoni e cattivi, così come la città

terrena non si identifica con alcuna entità politica determinata. La separazione netta fra le due città avviene nella vita ultraterrena, per essere definitivamente sancita col giudizio universale.
L'influsso degli scritti di Agostino, determinante sul piano dogmatico, politico e pedagogico, si estende sull'intero arco della filosofia e teologia medievale, sulla riforma luterana, sul giansenismo e sullo spiritualismo contemporaneo (→ agostinismo). *A. Gh.*

Agrippa (sec. I a.C.), filosofo greco, rappresentante dell'ultima fase del pensiero scettico. Le scarse notizie sulla sua opera le abbiamo da Sesto Empirico (negli *Schizzi pirroniani*). Agrippa aggiunse cinque modi (*tropi*) alle dieci cause della relatività di ogni conoscenza classificate da Enesidemo, di cui fu contemporaneo. Questi fattori di dubbio sono: la differenza fra i modi di vita e fra le credenze dei singoli individui; l'impossibilità sistematica di fondare un giudizio su una prova assoluta, che non ne richieda un'altra; la relatività dell'oggetto percepito rispetto al soggetto percipiente e agli altri oggetti; l'indimostrabilità delle ipotesi universali usate dai dogmatici per formulare evidenze che interrompessero il processo all'infinito; il *diállēlos*, o circolo vizioso, per cui si dà come già dimostrato ciò che è da dimostrare.

Agrippa di Nettesheim, Heinrich Cornelius (Colonia 1486 - Grenoble 1535), filosofo e alchimista tedesco. Avviatosi dapprima alla carriera militare, si dedicò poi agli studi umanistici e scientifici, coltivando in modo particolare l'alchimia e l'astrologia e interessandosi di teologia. Insegnò in diverse università europee: a Pavia, nel 1515, istituì un'accademia per lo studio delle scienze occulte. Il suo insegnamento innovatore e spregiudicato gli attirò l'ostilità del mondo accademico e negli ultimi anni della sua vita fu costretto a cambiare continuamente residenza e professione. Nelle due opere più celebri, il *De occulta philosophia* (1510) e il *De incertitudine et vanitate scientiarum* (1527), Agrippa sostiene un umanesimo magico-astrologico, in cui assegna alla magia il compito di dominare la natura. In conformità alla tradizione cabalistica (→ qabbalah), egli elabora una tripartizione dell'universo in mondo intelligibile, mondo celeste e mondo fisico o degli elementi: questi tre mondi si reggono su leggi proprie, pur avendo una disposizione gerarchica, secondo una gradualità decrescente, informata al principio della luce, che è quello proprio dell'intelligibilità. Secondo Agrippa, tale struttura dell'universo può essere colta adeguatamente solo attraverso la fede e la contemplazione mistica.

Ahura Mazdā, → mazdeismo.

Ajdukiewicz, Kazimierz (Tarnopol 1890 - Varsavia 1963), filosofo ed epistemologo polacco. Studiò all'università di Leopoli, avendo per maestri K. Twardowki, J. Łukasiewicz, W. Sierpiński. Fu il fondatore della rivista *Studia logica*. Tra i risultati più importanti del suo lavoro nel campo della semantica vanno ricordati: *a*) la formulazione rigorosa di una teoria della «connessità sintattica», che enuncia le condizioni affinché un'espressione composta, formata da espressioni semplici dotate di significato, possa a sua volta essere dotata di significato e appartenere a una definita «categoria semantica»; *b*) la definizione del significato di un'espressione *E*, appartenente a un linguaggio formalizzato, come l'insieme di tutte le espressioni di quel linguaggio sinonime di *E*. Tenendo ferma la distinzione operata da G. Frege fra senso e riferimento, Ajdukiewicz ritiene che il significato di un'espressione debba essere distinto dall'immagine a essa associata e che il vocabolario e le regole della sintassi non siano sufficienti a definire univocamente un linguaggio.
La concezione epistemologica di Ajdukiewicz si è sviluppata in connessione con le sue dottrine semantiche. Fin verso la prima metà degli anni Trenta, la sua speculazione epistemologica fu caratterizzata dalla tesi del *convenzionalismo radicale*, secondo la quale l'esperienza non determina in maniera univoca la nostra descrizione scientifica del mondo, quest'ultima essendo condizionata anche dalla scelta di un apparato concettuale. Per Ajdukiewicz alcuni di questi apparati non sono intertraducibili e almeno in alcuni casi la conoscenza scientifica si sviluppa o cresce proprio mediante il succedersi di intelaiature concettuali di questo tipo. In seguito, però, Ajdukiewicz estese la sua concezione originaria del linguaggio a strutture che, essendo prive di regole assiomatiche, non contengono neppure enunciati analitici; e la considerazione di questi linguaggi lo portò a sostenere la tesi dell'*empirismo radicale*, per cui tutta la conoscenza è costituita da enunciati empiricamente rivedibili. Negli ultimi anni della sua attività speculativa, Ajdukiewicz finì per orientarsi verso un'epistemologia pluralistica secondo la quale il compito dell'epistemologo non consiste nella difesa di una particolare posizione epistemologica compresa tra le due posizioni estreme del convenzionalismo e dell'empirismo radicali, bensì nell'elaborazione e nella comprensione del numero più ampio possibile di teorie del linguaggio e della conoscenza, al fine di dar conto degli sviluppi passati del sapere scientifico e di anticipare quelli futuri.
Opere principali: *Sulla metodologia delle scienze deduttive* (1921), *Linguaggio e conoscenza* e *Logica pragmatica* (postume, 1965).

Alain, pseudonimo di Émile-Auguste Chartier (Mortagne-au-Perche, Orne, 1868 - Le Vésinet, Parigi, 1951), saggista e filosofo francese. L'aspetto più caratteristico del pensiero di Alain è l'insistenza sulla ineliminabilità dei dati oggettivi da parte del pensiero, in diretta polemica con l'idealismo e con il romanticismo. Uno sviluppo di questa tematica si trova nelle opere da lui dedicate al problema estetico: *Sistema delle arti* (1920), *Ragionamenti sull'estetica* (1923), *Venti lezioni sulle belle arti* (1931). In questi testi Alain individua nel «fantasticare» il fondamento dell'opera d'arte, ma sottolinea, in funzione antiromantica, l'aspetto tecnico-esecutivo del fare artistico: il bello non esiste nella mente dell'artista, ma è esclusivamente una qualità dei *prodotti* dell'artista stesso. La giusta misura espressiva di Alain si trova nel genere del *propos*, saggio breve e vivace in cui la minuta occasione di partenza (un dato di cultura, un fatto di costume) offre lo spunto per un discorso stilisticamente impeccabile alternante moralità, considerazioni filosofiche, spunti polemici o utopistici, osservazioni critiche, notazioni erudite, reminiscenze autobiografiche ecc. All'interno di questa vasta produzione si ricordano: *Elementi di una dottrina radicale* (1925); *Ragionamenti sull'educazione* (1932); *Ragionamenti sulla religione* (1938); inoltre due raccolte di scritti vari, *Cento e uno ragionamenti* (cinque serie, 1908-20) e *Schizzi di Alain* (postuma, 1963 e sgg.).

Alano di Lilla (Lilla 1125 ca - Cîteaux, Côte-d'Or, 1203), teologo, filosofo e letterato francese. Formatosi alla scuola di Chartres, insegnò a Parigi e a Montpellier. Nelle opere filosofico-letterarie, *De planctu naturae* (in prosa e versi) e *Anticlaudianus* (in versi), Alano concepisce la natura secondo la dottrina, di ispirazione platonica, della scuola di → Chartres, e la raffigura allegoricamente come la portatrice dell'armonia e dell'ordine stabiliti dal creatore, ma continuamente violati dagli uomini che cedono ai vizi. I suoi modelli letterari sono desunti da Boezio (*De consolatione philosophiae*) e Platone (*Timeo*) e dalla mistica ebraica (in particolare l'allegoria del carro nell'*Anticlaudianus*).
Come teologo, Alano rivendica alla teologia una dignità pari a quella delle altre scienze: le verità teologiche sono ricavate per deduzione da alcuni principi o *regulae fidei*, con un procedimento rigoroso. Le sue opere teologiche fondamentali sono: *Regulae de sacra theologia*; *Summa «Quoniam homines»*; *Contra haereticos*, scritta per confutare le dottrine degli albigesi, dei valdesi, degli ebrei e degli arabi.

Albert, Hans (Colonia 1921), metodologo tedesco delle scienze sociali. Professore dal 1963 di sociologia e filosofia della scienza presso l'università di Mannheim, ha introdotto nell'ambiente culturale tedesco il «razionalismo critico», ossia quel complesso di concezioni filosofiche elaborate fin dagli anni Trenta soprattutto da K. Popper. Mentre, però, Popper aveva concepito il «razionalismo critico» in polemica con le correnti filosofiche di stampo neopositivistico e analitico, Albert, in altro contesto culturale, se ne è servito soprattutto per contrastare quella che egli stesso chiama la «ideologia tedesca», con ciò intendendo un atteggiamento filosofico di cui sarebbero «padri fondatori» Hegel e Heidegger e principali esponenti pensatori e gruppi di pensatori anche diversi fra loro quali gli esistenzialisti, i sostenitori di dottrine di stampo ermeneutico (H.G. Gadamer, K.O. Apel ecc.), taluni teologi protestanti (segnatamente R. Bultmann e J. Moltmann), i teorici della scuola di Francoforte. Il punto di origine della polemica albertiana è da individuare nel cosiddetto «Positivismusstreit», cioè nel dibattito sulla logica delle scienze sociali seguito in Germania, tra il 1963 e il 1965, al congresso di Tubinga della Società tedesca di sociologia (1961), nel corso del quale si erano fronteggiate le due relazioni di Popper e Adorno. I caratteri fondamentali del razionalismo critico nella versione di Albert sono indicati nella sua opera più sistematica, *Per un razionalismo critico* (1968). Sul piano gnoseologico esso sostituisce all'idea della fondazione del sapere, tipica della gnoseologia classica, quella del controllo critico; il che comporta, in luogo del dogmatismo e dell'infallibilismo, una tesi di fallibilismo per ogni possibile istanza, in luogo del monismo teorico, il pluralismo e la ricerca di punti di vista alternativi, in luogo della passività, la costruzione e l'esperimento. Sul piano metodologico, esso abolisce ogni dualismo fra le scienze e segnatamente quello famoso, di origine storicistica e poi ripreso dalle correnti ermeneutiche, fra «scienze dello spirito» e «scienze della natura». Di Albert vanno anche ricordati *Difesa del razionalismo critico* (1971) e *Costruzione e critica. Saggi per una filosofia del razionalismo critico* (1972).

Alberti, Leon Battista (Genova 1404 - Roma 1472), architetto, scultore, pittore, teorico dell'arte. Discendente di una ricca famiglia fiorentina costretta all'esilio, studiò a Padova e a Bologna, lavorando a Mantova, Rimini e soprattutto Roma, presso la corte papale di Niccolò V. Modello dell'uomo rinascimentale, versatile e curioso, si dedicò ai problemi teorici della pittura (*De pictura*, 1435) e dell'architettura (*De re aedificatoria*, 1450-52, fortemente ispirato alle idee di Vitruvio). La nozione fondamentale di queste sue opere è il bello, che, definito come armonia, struttura omogenea delle parti e perfetta proporzione, prende il nome del termine latino *concinnitas*, richiamando la 'simmetria' greca e la 'consonanza' dei medievali. La bellezza è una proprietà oggettiva delle cose non un elemento soggettivo: l'artista non dovrà limitarsi a riprodurre l'aspetto esteriore della natura, bensì seguirà le leggi e l'ordine che la natura stessa indica, finalizzando il suo lavoro alla costruzione di opere dotate di «convenienza», cioè di mutuo accordo delle parti. Tutte le arti, comprese la musica e la poesia, aspirano alla bellezza. Ma soltanto la pittura, la scultura e l'architettura sono per Alberti in grado di raggiungere il bello poiché, in virtù della loro proporzione, cioè della costruzione di determinati rapporti numerici fra le parti, procurano un «piacere meraviglioso». Il disegno è l'elemento fondamentale di queste arti, in quanto permette di dominarne la materia costruendo un ordine dato dal perfetto adattare e congiungere linee e angoli. In questo senso, il disegno è l'elemento attivo prodotto dall'ingegno dell'artista, che lo caratterizza e rende possibile la trasformazione del progetto in compiuta forma artistica.

Alberto di Sassonia detto Albertus Parvus (attivo dal 1351 al 1390), filosofo tedesco. Scolaro di Buridano, collega di N. Oresme, insegnò le arti a Parigi e fu primo rettore dello Studio delle arti di Vienna, da lui fondato per volontà di papa Urbano v e Rodolfo iv d'Asburgo; fu vescovo di Halberstadt (Sassonia) dal 1366. Nella *Logica perutilis* e nelle *Quaestiones* sulla logica di Occam, Alberto di Sassonia fa passare attraverso la disamina del terminismo e della matematica una filosofia naturale antiaristotelica, al cui centro stanno i nuovi concetti di gravità, moto, impeto. Nelle *Quaestiones super octo libros physicorum* e nelle *Quaestiones in libros de coelo et mundo* Alberto abbandona la teoria aristotelica dei «luoghi naturali» ed estende la teoria dell'→ *impetus* anche alla spiegazione del moto dei gravi in caduta libera: l'impeto viene inteso come una «gravità accidentale», che si aggiunge alla gravitazione naturale dei corpi e ne intensifica la velocità.

Alberto Magno (Lauingen 1205 ca - Colonia 1280), filosofo e teologo tedesco; santo. Fu tra i primi pensatori medievali ad affermare l'autonomia del sapere filosofico e scientifico dalla teologia. Studiò a Bologna e a Padova; nel 1223 entrò nell'ordine domenicano. Insegnò teologia all'università di Parigi (dove ebbe fra gli allievi Tommaso d'Aquino) dal 1244 al 1248; poi insegnò nello studio teologico dei domenicani di Colonia. Fra le sue opere filosofiche spiccano i grandi *Commentari*, redatti in forma di parafrasi, alle opere filosofiche e scientifiche di Aristotele, ad alcuni scritti di Boezio e al *corpus dionisianum* (→ Dionigi Areopagita); hanno carattere teologico il *Tractatus de natura boni*, la *Summa de creaturis*, il commento alle *Sentenze* di Pietro Lombardo e la *Summa theologiae*.

Ispirandosi al modello dell'enciclopedia filosofico-scientifica di Avicenna, Alberto incorpora al pensiero di Aristotele tutta la tradizione scientifica dell'antichità e del mondo arabo; sul piano filosofico, l'aristotelismo albertino è imbevuto di dottrine neoplatoniche. Assertore della possibilità di una teologia razionale, egli elabora delle prove che inducono l'esistenza di Dio partendo dall'esperienza sensibile, mediante il principio di causa. Dio è visto poi come l'intelletto agente universale, in cui sono contenute le idee, ossia le specie di tutte le cose create, che si configurano come le forme universali preesistenti alle cose (*universale ante rem*). In virtù dell'atto creativo divino, queste forme si riscontrano nella materia, individualizzate nelle singole cose (*universale in re*), da cui l'intelletto umano, attraverso l'astrazione, le separa quando elabora i concetti universali (*universale post rem*): questa soluzione al problema degli → universali, successivamente denominata realismo moderato, venne accettata anche da san Tommaso.

Alberto definisce aristotelicamente l'anima dell'uomo come la forma sostanziale del corpo, ma aggiunge che l'anima è anche una forma spirituale; l'uomo è perciò l'unico caso in cui una forma pura sia presente in un corpo organico, dotata di diverse potenze, alcune delle quali (vegetativa e sensitiva) esercitano la loro attività in dipendenza dal corpo. Riguardo all'intelletto agente, Alberto esclude che esso sia separato dall'anima, trattandosi di una facoltà necessaria per spiegare il formarsi della conoscenza intellettiva. Opponendosi in tal modo al → monopsichismo degli interpreti arabi di Aristotele, Alberto rivendica la molteplicità degli intelletti, e quindi garantisce l'immortalità delle anime intellettive dei singoli uomini.

albigesi, eretici medievali, così chiamati da Albi (Linguadoca), principale centro, con Tolosa, della loro attività. Costituivano il ramo provenzale dell'eresia dei → catari.

alchimia, disciplina teorica e applicata che, attraverso lo studio di presunte corrispondenze, affinità, influssi fra ogni componente visibile e invisibile del cosmo, si proponeva di giungere alla trasmutazione di metalli vili (per es. il piombo) in metalli nobili (innanzitutto l'oro) e, simultaneamente, alla trasmutazione fisica e psichica dello studioso-operatore (l'alchimista) da una condizione di umanità «vile» a una di umanità «nobile» o «aurea». Nel linguaggio alchemico il passaggio di un metallo o di un uomo dalla condizione «vile» a quella «nobile» significa una maturazione verso la pienezza della propria essenza segreta, una rigenerazione, al compimento della quale ogni metallo diverrebbe il metallo per eccellenza (l'oro) e ogni uomo l'uomo per eccellenza, emancipato (come l'oro) da impurità, corruttibilità, durata limitata di vita.

• *Origini e caratteristiche del pensiero alchemico.* Studi e pratiche del tipo ora descritto sono documentati sia in Occidente sia in Oriente; è però impossibile stabilire se si tratti di un'unica tradizione diffusasi presso culture diverse da un unico punto di partenza, o non piuttosto (come parrebbe più probabile) di forme di pensiero affini ma geneticamente autonome. Le prime, sicure testimonianze scritte di ricerche alchemiche risalgono ai secc. III-IV d.C. sia in Occidente (testi in greco, provenienti dall'Egitto) sia in Oriente (testi indiani e cinesi). Si suppone che questi documenti rispecchino fasi alquanto tardive di una dottrina (o di diverse dottrine) che, dato il suo costante carattere esoterico, potrebbe essere stata a lungo trasmessa solo oralmente da pochi maestri a pochi discepoli. In Occidente le testimonianze scritte accennano spesso a una remotissima origine egizia (donde l'ipotetica etimologia della parola: dall'egizio *keme*, terra nera, per il tramite dell'arabo *alkimyâ*); ma questi accenni possono essere ricondotti alla tradizione che, a partire dalla cultura greca classica, riconobbe nell'Egitto antico e nei suoi sacerdoti il luogo e i depositari delle conoscenze segrete per eccellenza. Gli alchimisti, d'altronde, considerando la propria dottrina scienza sacra, unica vera modalità di conoscenza dell'universo, ne configurano le origini mediante racconti mitologici di rivelazioni elargite da un dio o comunque da personaggi extraumani.

In Occidente l'alchimia fu detta «arte ermetica», «magisterio ermetico», perché, secondo una tradizione di presunta origine ellenistica, il primo maestro di tale dottrina sarebbe stato Ermete Trismegisto (figura mitologica di sapiente, in cui si fondevano il dio egizio Theut e il greco Hermes). In questo contesto gnostico e neoplatonico l'alchimia è un dono divino, positivo ma pericoloso come ogni conoscenza e capacità operativa che ponga gli uomini in rapporto con il sacro: donde responsabilità gravi, ardue capacità di essere moralmente e ritualmente all'altezza di rivelazioni circa la vera struttura del cosmo, che potrebbero (per debolezza o per errore) essere strumentalizzate a favore del caos e del male. Secondo altre tradizioni, collegate all'esoterismo ebraico-cristiano e islamico, l'alchimia sarebbe nata dalla rivelazione dei segreti del cosmo fatta da alcuni angeli a donne con cui essi si unirono (così narra il *Libro di Enoc*, apocrifo biblico), o dagli angeli «caduti» agli uomini resi bruti dopo il peccato originale (Bartolomeo da Parma, sec. XIII). In questo contesto di esoterismo ebraico, cristiano e islamico, l'alchimia venne presentata dai suoi adepti come una restituzione agli uomini — per via di sapere e di *saper fare*, *saper operare* — della condizione primordiale di Adamo: colui che (prima del peccato originale) diede nome a molti elementi del cosmo e ne fu conoscitore e padrone (Genesi 1, 26, 28; 2, 19). Nello stesso tempo, il fatto che angeli «tentati» o «caduti» ne siano i rivelatori conferisce all'alchimia una peculiare ambiguità fra scienza sacra-divina e scienza sacra-diabolica. Nelle tradizioni ebraiche, cristiane, islamiche, l'alchimia oscilla fra dottrina di redenzione e di ritorno all'Eden perché l'incontro fra rivelazione e devozione perfetta elimina le conseguenze del peccato originale, e dottrina di redenzione antinomica, mediante reiterata trasgressione: solo chi ripete il peccato di Adamo, chi torna a gustare il frutto proibito della conoscenza, chi dà ascolto agli angeli caduti, potrà nuovamente accedere alla condizione di umanità «aurea» dell'Eden.

• *L'alchimia nella storia del pensiero occidentale.* A partire dall'alto medioevo, dapprima nell'ambito della cultura araba (testi di Geber o Giābir al-Sūfī, Rāzi, al-Fārābī) e poi anche in quello cristiano (R. Bacone, Arnaldo di Villanova, Raimondo Lullo, Jean de Meung, N. Flamel), l'alchimia si presentò come una filosofia della natura contrassegnata da due aspetti fondamentali: la *segretezza* e la presenza costante di un *momento operativo* di fianco a quello teoretico. L'alchimia era, e rimase nei secoli successivi, un'«arte», «scienza» o «magisterio» di carattere squisitamente esoterico: obiettivo dell'alchimista è riuscire a far coincidere in «nozze mistiche» (a proposito delle quali fu usato un linguaggio simbolico di tono accentuatamente sessuale) i segreti che costituiscono le essenze dei corpi apparentemente inanimati (metalli, astri) con il segreto che costituisce l'essenza individuale e sovraindividuale di ciascun uomo e della specie umana nella sua interezza. Segreto significa, in questa accezione, verità che è tale proprio perché è oggettivamente estranea al linguaggio della comunicazione, al linguaggio profano: donde, da parte dell'alchimista, lo sforzo di scoprire dentro di sé e nei propri rapporti con la natura gli elementi di un linguaggio sacro che non comunica nulla, ma che *dice* le cose, pronuncia l'essenza delle cose, il vero nome (dunque l'essenza segreta) dell'io e delle componenti della natura. Tale sforzo, mirante all'immissione del proprio io segreto (della propria vera essenza) nella circolazione universale dei segreti della natura, non solo implica un indispensabile momento operativo (le pratiche di laboratorio, in cui si è riconosciuta una preistoria della chimica e della fisica sperimentali), ma tende a eliminare la distinzione fra teoresi e operazione pratica; nell'alchimia vi è una tendenza costante a considerare momento gnoseologico per eccellenza l'istante in cui l'operatore manipola materialmente minerali, metalli, liquidi, gas. Le varie operazioni di laboratorio, eseguite d'altronde secondo uno schema rituale, sono — paradossalmente — operazioni *linguistiche*: si chiama per nome (il vero nome segreto) un metallo, per il fatto stesso di manipolarlo; e si chiama per nome (il vero nome segreto) il proprio io, per il fatto stesso di compiere l'operazione rituale della manipolazione.

Durante il rinascimento (con Paracelso, G.B. Della Porta, J. Dee) questi aspetti dell'alchimia si orientarono più nettamente in direzione di interventi tecnici di trasformazione del reale-profano, sebbene non venisse a cadere l'istanza

primaria ed esoterica di conoscenza sacra. Dopo le controversie che opposero l'alchimista R. Fludd al padre Mersenne, a Keplero e a Gassendi, variamente sostenitori di una ragione scientifica non occulta, e dopo il *Chimico scettico* (1660) di R. Boyle, che segna la divaricazione fra alchimia e chimica rivendicando a quest'ultima limiti razionali, linguaggio chiaro, attività assolutamente estranee al rito, la vitalità dell'alchimia è tuttavia documentata dall'imponente mole di manoscritti alchemici di Newton, il quale del resto, in termini perfettamente accettabili da un alchimista, riconobbe innanzitutto una legge «sacra», un segreto divino, nella gravitazione universale.
Dal punto di vista epistemologico, la riscoperta del pensiero alchemico non come preistoria della chimica, ma come modalità autonoma di rapporti gnoseologici fra uomo e natura, ebbe luogo dopo il tramonto dell'illuminismo (l'*Encyclopédie* affermava che le operazioni dell'alchimia «quando sono meglio conosciute, perdono quel che di strano e rientrano nel novero delle operazioni della chimica»: vol. I, 1751). La scienza del romanticismo nutrì grande interesse per l'alchimia come ambito di linguaggio comune (dunque di conoscenza e di rigenerazione) fra uomo e natura. In tempi più recenti, il pensiero alchemico è stato stimolo e punto di riferimento (di volta in volta dichiarato o taciuto) delle riflessioni di filosofi quali M. Merleau-Ponty (specialmente nella *Fenomenologia della percezione*, 1945) e G. Bachelard. In particolare nel *Materialismo razionale* (1953), Bachelard offre della chimica un modello omologo a quello dell'alchimia: la scienza (nella fattispecie, la chimica) è «progresso psichico», l'operazione materiale non può non essere anche un processo spirituale.
Bachelard pone nettissime distinzioni di metodo fra alchimia e chimica, ma, nutrito di psicoanalisi, mantiene come termine di riferimento *Psicologia e alchimia* (1944) di Jung, secondo il quale il linguaggio simbolico dell'alchimia sarebbe determinato da nitidi affioramenti delle strutture profonde e costanti, archetipiche, della psiche umana, e il magistero alchemico che elaborò tale linguaggio sarebbe una sistematica ricognizione negli strati più profondi della psiche, al fine (più o meno consapevole) della rigenerazione dell'io: della restituzione dell'io alla sua interezza entro l'universalmente umano. *F. J.*

Alcmeone di Crotone (sec. VI a.C.), filosofo e naturalista greco. Presunto allievo di Pitagora, ne riprese i temi accentuandone il dualismo: il reale si comporrebbe di caratteri contrastanti (bene e male, finito e infinito ecc.). Maggiore originalità presenta il suo pensiero medico-naturalistico: ad Alcmeone viene attribuita la scoperta dei nervi ottici, della tromba di Eustachio, e soprattutto l'aver posto nel cervello, e non nel cuore, la sede dell'intelletto. Scrisse un'opera *Sulla natura*, che è andata perduta.

Alcuino (York 735 - Tours 804), erudito anglosassone. Frequentò e poi diresse la scuola episcopale di York, fino a quando, nel 786, fu chiamato da Carlo Magno a curare la riforma degli studi nell'impero carolingio (capitolare *de scholis*, 789) e, in particolare, a dirigere la *Schola Palatina*, che divenne il centro della rinascita culturale dell'Europa. Dal 796 alla morte fu abate di Tours. L'attività di Alcuino si svolse prevalentemente in ambito pedagogico: scrisse manuali per l'insegnamento (ci sono rimasti il *De grammatica*, il *De orthographia*, la *Dialectica* e un frammento del *De musica*) e promosse il rinnovamento della didattica grammaticale, ripristinando un uso più corretto del latino. Il *Dialogus de rhetorica et virtutibus*, dove l'interlocutore del maestro è lo stesso Carlo Magno, illustra l'utilità delle discipline dialettiche per i compiti della vita civile, mentre polemizza con l'uso sofistico della dialettica stessa. Un ricco *Epistolario* documenta l'ampiezza degli interessi di Alcuino e l'attenzione con cui egli seguì e organizzò la ripresa degli studi nei centri monastici dell'impero. In ambito filologico ed esegetico, è soprattutto importante la sua revisione commentata della Bibbia, che costituì la *Biblia Alcuini* o *Caroli Magni* riconosciuta come testo di base per oltre tre secoli. In teologia, l'opera di Alcuino non presenta una particolare originalità speculativa. Il *De fide Sanctae et individuae Trinitatis* e le *XXXVIII quaestiones de Trinitate* comprendono in massima parte l'esposizione del pensiero di altri autori. Riprendendo temi agostiniani, egli sostiene l'inconoscibilità dell'essenza divina e spiega il dogma trinitario a partire dalla triplice natura dell'anima umana. Alla costituzione dell'anima è anche dedicata l'opera *De animae ratione* (forse il più originale tra gli scritti di Alcuino), nella quale viene delineata una teoria della sensazione fondata sull'attività del soggetto senziente.

Alembert, Jean-Baptiste Le Rond d' (Parigi 1717-1783), matematico, scienziato e filosofo francese. Educato nel giansenista Collège des Quatre-Nations, si segnalò subito per la grande versatilità nel campo della matematica e delle scienze, divenendo membro dell'Académie des sciences (*Sulla rifrazione dei corpi solidi*, 1739; *Sul calcolo infinitesimale*, 1740; *Trattato di dinamica*, 1742; *Riflessioni sulla causa generale dei venti*, 1744; *Ricerche sulla precessione degli equinozi*, 1749; *Ricerche su differenti punti importanti del sistema del mondo*, 1754; ecc.). Entrato in rapporto con vari esponenti della cultura illuministica, allargò il raggio dei propri interessi, indagando problemi relativi alla gnoseologia sensistica (nella linea Locke-Condillac), all'epistemologia delle scienze naturali, alla morale, alla politica e alla storia (*Miscellanea di letteratura, storia e filosofia*,

pubblicata dapprima nel 1753 e più volte ampliata, con l'aggiunta, nel 1759, del volume dedicato agli *Elementi di filosofia o principi delle conoscenze umane*).
Ma la fama di d'Alembert filosofo e illuminista è affidata principalmente al contributo fornito alla grande impresa dell'*Enciclopedia*, di cui fu condirettore insieme a Diderot dal 1751 al 1758. Per l'*Enciclopedia*, oltre a numerose voci (*Attrazione, Cartesianesimo, Copernico, Cortigiano, Dinamica, Elementi delle scienze, Fortuito, Geometria, Ginevra, Gravitazione, Newtonianesimo, Sperimentale* ecc.), d'Alembert scrisse il celebre *Discorso preliminare*, nel quale espose i principi informatori della grande opera collettiva e la concezione illuministica dei rapporti tra intellettuali, società e stati (su questo stesso tema scrisse anche un *Saggio sui rapporti tra intellettuali e potenti*, 1753). Nel *Discorso* d'Alembert traccia un quadro genetico della conoscenza e quindi una genealogia delle scienze, della morale e della politica in relazione al formarsi e al progressivo evolversi della società umana. Inoltre traccia un quadro dell'albero delle scienze, ossia dei rapporti tra le varie branche del sapere, in omaggio a quell'«esprit systémathique» che sempre guidò la sua ricerca di scienziato inducendolo a cercare principi via via più generali sotto i quali riunire i risultati parziali delle singole scienze. L'«esprit systémathique» non va confuso con l'«esprit de système», del quale è anzi la diretta antitesi: il primo mira a sintesi sempre più comprensive tra le scienze in base alle loro connessioni reali, il secondo (che fu oggetto della critica di Condillac nel *Trattato dei sistemi*) sovrappone all'esperienza costruzioni arbitrarie dedotte da ipotesi non verificate.

Alessandria, scuola filologica di, scuola ermeneutica dell'età ellenistica fiorita intorno al Museo di Alessandria, la grande biblioteca fondata dal diadoco Tolomeo Filadelfo intorno al 280 a.C. La necessità di raccogliere ed di emendare i manoscritti, accertandone la lezione originaria e escludendo interpolazioni e corruzioni, portò nell'ambito della scuola alla elaborazione del metodo *storico-grammaticale*, il cui più celebre assertore fu Aristarco di Samotracia (217 ca - 143 ca a.C.), quinto bibliotecario del Museo, editore di Esiodo, Archiloco, Pindaro, Anacreonte, dei tragici e soprattutto di Omero. Proprio nella emendazione dei poemi omerici Aristarco elaborò il principio di base del metodo storico-grammaticale, quello secondo cui la miglior guida nell'uso e nella correzione dei testi tramandati di un autore è il *corpus* dei suoi stessi scritti; sicché, dove è possibile, le difficoltà di comprensione incontrate nella lettura andrebbero spiegate riferendosi ad altri luoghi del medesimo autore. A Pergamo, l'altra grande scuola filologica ellenistica, prevalse invece il criterio della interpretazione *allegorica* (→ allegoria), le cui metodiche vennero sviluppate, sulla base della filosofia stoica, da Cratete di Mallo (200 ca - 140 ca a.C.).

Alessandria, scuola teologica di, espressione con cui si è soliti indicare, soprattutto sulla base di notizie di Eusebio, una istituzione di studi teologici ed esegetici cristiani (*Didaskalêion*) fondata nella seconda metà del sec. II da Panteno e controllata dalla gerarchia cattolica dell'antica metropoli egizia. A Panteno sarebbe succeduto Clemente, a questi Origene e poi via via altri illustri maestri (Dionigi, Teognosto, Pierio ecc.). In realtà si può parlare di una situazione del genere solo a partire da Origene; prima di lui si ebbero esclusivamente scuole private d'insegnamento cristiano. Ultimo grande rappresentante della scuola fu Didimo il Cieco, nella seconda metà del sec. IV. Dopo di lui iniziò una rapida decadenza, favorita anche, al tempo della crisi monofisita (→ monofisismo), dalla reazione dell'elemento copto contro la cultura ellenica.
Caratteristica fondamentale della scuola alessandrina fu l'impostazione di pensiero in senso platonico, applicata con maggior rigore di quanto non si fosse fatto prima in ambito cristiano. Da tale impostazione fu influenzata l'esegesi della Sacra Scrittura, tesa a ricercare, al di là del senso letterale, il senso spirituale più profondo con sistematica applicazione del metodo allegorico. In cristologia si manifestò nella scuola un interesse sempre più esclusivo per il Logos, cioè per l'aspetto divino di Cristo, a scapito della sua umanità. Venuto a mancare il contributo dei grandi maestri, capaci di mantenere tale impostazione nei limiti della ortodossia, si arriverà in questo senso al monofisismo.
In ambito ascetico e morale, soprattutto i primi maestri (Clemente, Origene) propugnarono l'esigenza di trascendere il grado elementare d'istruzione che ogni cristiano acquisiva prima del battesimo, per giungere a una conoscenza più profonda del mistero cristiano (cioè alla «gnosi» intesa in senso ortodosso) mediante lo studio della Scrittura.

alessandrismo, corrente della filosofia rinascimentale che fa propria l'interpretazione di Aristotele proposta da Alessandro di Afrodisia, contrapponendola a quella elaborata da san Tommaso e comunemente accettata dalla chiesa (→ aristotelismo). Alla polemica fra alessandristi da un lato, e averroisti e tomisti dall'altro, parteciparono figure di primo piano nella cultura rinascimentale, tra cui A. Nifo, T. Caetano e P. Pomponazzi. Le tesi di quest'ultimo, in particolare, espresse nel *De immortalitate animae* (1516), trovarono larga eco nella cultura italiana dell'epoca e furono riprese da pensatori come S. Porzio, J. Zabarella e C. Cremonini.

Alessandro di Afrodisia (secc. II-III), filosofo greco. È considerato il maggior commentatore antico di Aristotele; insegnò filosofia aristotelica ad Atene tra il 198 e il 211. Alessandro interpreta la teoria aristotelica secondo la quale gli universali esistono come tali solo nell'atto del pensiero, sostenendo che essi non hanno neppure un'esistenza indipendente dall'atto del pensiero; in tal modo prefigura una soluzione del problema di tipo nominalistico. Originale la sua interpretazione della teoria di Aristotele circa i rapporti tra anima e intelletto. Egli muove dalla distinzione di tre intelletti: l'intelletto possibile o passivo (la capacità, insita nel corpo, di sviluppare la ragione); l'intelletto abituale o acquisito (il possesso dei concetti acquisiti per esperienza); l'intelletto agente o attivo, esterno all'uomo. Identifica poi quest'ultimo con l'intelletto che pensa eternamente se stesso, cioè Dio, facendone quindi una forma separata, che sussiste indipendentemente dalla materia, dal corpo dell'uomo. Tale teoria, separando l'intelletto attivo (universale e immortale) dall'intelletto passivo (personale e materiale), porta a negare l'immortalità dell'anima individuale. Le posizioni di Alessandro furono riprese dalla filosofia italiana del rinascimento (→ alessandrismo).

Alessandro di Hales (Hales, Gloucester, 1185 ca - Parigi 1245), teologo e filosofo inglese. Già maestro di teologia all'università di Parigi, nel 1231 entrò nell'ordine francescano, divenendo così il primo frate minore titolare di cattedra all'università parigina. Fu il primo ad adottare come manuale i libri delle *Sententiae* di Pietro Lombardo, di cui redasse un'ampia *Glossa*, con la formulazione di *quaestiones* vicine a quelle della più matura esegesi scolastica. Il suo nome è legato a una monumentale *Summa theologiae*, completata da alcuni discepoli, che raccoglie la teologia di tradizione agostiniana e neoplatonica (Anselmo, la scuola di san Vittore) con molti riferimenti ai testi aristotelici da poco tradotti in latino. Alessandro sostiene sia la dimostrazione cosmologica dell'esistenza di Dio sia quella ontologica; segue Agostino nell'idea della creazione diretta del tempo; espone la teoria dell'ilemorfismo universale, per la quale tutti gli esseri creati sono composti di materia e forma, anche le sostanze spirituali (la cui materia è diversa da quella delle sostanze corporee). La conoscenza deriva dal processo di astrazione, messo in atto dall'intelletto nei confronti dei dati sensibili, secondo la psicologia aristotelica; ma l'intelletto partecipa, mediante un'illuminazione divina, anche della conoscenza delle realtà spirituali presenti nelle *rationes aeternae*, secondo l'insegnamento della gnoseologia agostiniana.

Alexander, Franz (Budapest 1891 - Palm Springs, California, 1964), psicoanalista statunitense di origine ungherese. Professore di psichiatria nell'università dell'Illinois e fondatore dell'Istituto di psicoanalisi di Chicago (1931), si occupò a lungo dei problemi inerenti alla formazione professionale degli psicoanalisti, fornendo contributi relativi al concetto di controtransfert, inteso come coinvolgimento emotivo dell'analista nella situazione terapeutica. Adottando la tecnica dell'«analisi ridotta», ha abbreviato i tempi della terapia freudiana. Ma il suo nome è legato soprattutto alla psicosomatica, di cui, estendendo i principi psicoanalitici al di là del loro ambito iniziale, è stato il principale ideatore. Opera principale: *Medicina psicosomatica: i suoi principi e le sue applicazioni* (1950).

Alexander, Jeffrey C. (Milwaukee, Wisconsin, 1947), sociologo americano. Allievo di T. Parsons, è considerato uno dei maggiori teorici della sociologia contemporanea. Esponente di primo piano del «neo-funzionalismo», è attualmente professore all'università di California Los Angeles (UCLA). Secondo Alexander, l'approccio sociologico multidimensionale — della cui necessità solo Parsons è stato cosciente — costituisce la forma del pensare sociologico in grado di rendere conto della pluralità dei punti di vista e degli elementi in gioco, della loro differenziazione e dell'impossibilità di ridurli gli uni agli altri, e tuttavia della loro costante interazione realizzata attraverso connessioni non predeterminate, anche se strutturate. Una «nuova sintesi» nel campo della teoria sociologica mirante a una sociologia multidimensionale sarebbe in grado di esprimere la complessità della dinamica sociale meglio delle teorie parziali. A questo scopo Alexander sviluppa un quadro concettuale (neo-funzionalismo) in cui il riferimento agli elementi materiali non è mai separato dai sistemi culturali e dalla personalità; la contingenza viene riferita al processo sistemico; la critica della società è svolta all'interno di una comprensione sfaccettata della differenziazione sociale; la teoria del conflitto è sempre intrecciata con quelle dell'integrazione e della solidarietà societaria.
Tra le sue varie opere: *Logica teoretica in sociologia* (1982-83); *Venti lezioni. La teoria sociologica dalla Seconda Guerra Mondiale in poi* (1987); *L'azione e i suoi ambienti. Verso una nuova sintesi* (1988); *Teoria sociologica e mutamento sociale* (1990).

Alexander, Samuel (Sydney 1859 - Manchester 1938), filosofo inglese. Riprendendo i temi dell'evoluzionismo spenceriano riletto alla luce della relatività einsteiniana, sostenne che spazio e tempo non sono, come voleva Kant, forme pure della sensibilità umana, ma caratteri costitutivi della realtà stessa. Nell'universo il tempo è il divenire stesso, lo spazio è l'origine della materia; nell'uomo lo spirito è determinato dal tempo, il corpo dallo spazio. La reciproca tensione evoluzionistica di uomo e cosmo viene definita da Alexander come eterna ricerca della «deità». Tra le sue opere, le più importanti sono *Spazio, tempo e deità* (1920) e *Spinoza e il tempo* (1921).

alfabeto, insieme finito di significanti visivi o grafemi o lettere (→ significante), usati per rappresentare l'insieme finito di suoni consonantici e vocalici di una lingua (→ scrittura). Nei sistemi formali o di riscrittura (*rewriting systems*) o combinatori, alfabeto è l'insieme finito dei simboli usati per costruire stringhe o sequenze di simboli (o codice-messaggio).

Alfarabi, → Fārābī, al-.

algebra, termine che deriva dal vocabolo arabo *al-giabr*, col probabile significato di «reintegrazione, completamento», riferentesi alle possibilità di trasformazione delle equazioni in vista della loro risoluzione. Da «teoria delle equazioni numeriche» il termine algebra viene sempre più a significare, dal sec. XIX in poi, «teoria delle *strutture algebriche*», ovvero delle collezioni di oggetti dalla natura non necessariamente specificata sui quali sono definite operazioni e relazioni le cui caratteristiche sono imposte assiomaticamente. Tale ampliamento di prospettive ebbe inizio con i lavori dei britannici G. Peacock (1791-1858), A. De Morgan (1806-1871), W.R. Hamilton (1805-1877), G. Boole (1815-1864), A. Cayley (1821-1895), e del tedesco H. Grassmann (1809-1877). Lo sviluppo dell'algebra, che in questo senso è più propriamente detta *algebra astratta*, è uno dei maggiori responsabili, assieme ad altri fenomeni quali la scoperta delle geometrie non euclidee e gli studi di geometria proiettiva, del pieno maturarsi del metodo assiomatico e formale tipico del pensiero matematico moderno.

• *Algebre di classi.* Strutture algebriche *concrete*, vale a dire consistenti di una collezione di oggetti di ben specificata natura, basate su una collezione di *classi* (→ classe) sulle quali sono definite operazioni interpretabili come specifiche operazioni insiemistiche. Un rilevante esempio di algebra di classi è l'*algebra delle classi*, ovvero la struttura algebrica, che è un'algebra di Boole, ove le operazioni +, ·, ′, sono rispettivamente interpretate come la riunione, l'intersezione e il complemento tra insiemi. Per interessi di tipo logico-algebrico le algebre di classi assumono importanza nella problematica della *rappresentazione* delle algebre, cioè dell'associazione alle strutture algebriche, e in particolare alle strutture logico-algebriche, di corrispondenti algebre concrete, nel nostro caso algebre di classi.

• *Algebra della logica.* Investigazione dei sistemi logici intesi come particolari strutture algebriche. Iniziata da Boole, ha il suo compimento nell'opera sistematica di E. Schröder (1841-1902). L'odierna algebra della logica ha tra i suoi concetti fondamentali la nozione di algebra di Lindenbaum, ovvero una tecnica molto generale di associazione ai sistemi logico-dimostrativi di significative strutture algebriche i cui oggetti sono classi di formule tra loro equivalenti.

algoritmo (da *al-Khuwārizmī*, matematico arabo del sec. IX), prescrizione di carattere meccanico per la risoluzione di problemi tratti da un dato ambito. Funzione primaria dell'algoritmo è quella di assolvere la mente umana dall'impiego di creatività nella ricerca della soluzione di dati problemi. È un algoritmo, per es., l'usuale procedimento che si applica per il calcolo della somma aritmetica di due interi in notazione decimale. Essenziali, per avere un algoritmo, sono l'*uniformità* di esso rispetto all'intera classe dei problemi in questione (esso deve cioè consistere di un'unica prescrizione generale) e l'*effettività* del risultato, vale a dire la raggiungibilità di questo in un numero finito di passi. Connessa con quest'ultima condizione è la richiesta che la prescrizione generale sia formulata in un numero finito di parole. La teoria generale degli algoritmi nasce negli anni Trenta in connessione col problema logico-matematico della precisazione rigorosa del concetto di *operazione effettiva* o *computabile*. Tale campo di ricerche, oltre che dai lavori di E.L. Post e A.M. → Turing, fu caratterizzato in maniera determinante dallo sviluppo della teoria delle funzioni ricorsive (→ ricorsività) a opera di J. Herbrand, K. Gödel e S.C. Kleene e della logica combinatoria di H.B. Curry e A. Church.

alienazione, in filosofia, termine che si usa soprattutto in riferimento a Hegel e a Marx e indica lo stato di estraniazione dello spirito da se stesso. Tale estraniazione si verifica, per Hegel, in quanto la realtà spirituale si pone come oggetto, dando origine alla natura; l'oggettività della natura deve essere superata dialetticamente (→ Aufhebung) dall'attività con cui lo spirito si appropria il mondo, sia praticamente (con il lavoro) sia teoricamente (con le attività spirituali come arte, religione, filosofia). Feuerbach e Marx hanno modificato l'uso hegeliano del termine. Per Feuerbach, alienazione è l'atto con cui l'uomo si crea una divinità perfetta e le si sottomette, risolvendo così illusoriamente i conflitti e i limiti della propria condizione. Marx a sua volta ritiene che alienazione non sia qualunque oggettivazione dello spirito in una realtà esterna e materiale; solo quando l'oggettivazione avviene nel quadro dei rapporti capitalistici di produzione si parla propriamente di alienazione. In tale situazione, il mondo degli oggetti prodotti dall'uomo tende a costituirsi come mondo di merci, che non ha più la sua ragion d'essere nel soddisfare i bisogni dei produttori, ma si sviluppa secondo leggi proprie, estranee a questi bisogni (il valore di scambio si sostituisce al valore d'uso).

Il pensiero marxista contemporaneo ha per lo più mantenuto questa nozione di alienazione (come in G. Lukács, che le affianca quella di reificazione); alcuni pensatori marxisti, come

L. Althusser, l'hanno però rifiutata, in quanto vedono in essa un cedimento di Marx all'umanesimo e all'idealismo.

Aliotta, Antonio (Palermo 1881 - Napoli 1964), filosofo italiano. Tenne la cattedra di filosofia teoretica alle università di Padova (1913-19) e di Napoli (1919-51). Influenzato dal pragmatismo di W. James e G.H. Mead, fu uno dei principali critici dell'idealismo italiano, al quale contrappose un ampio lavoro di diffusione dei risultati della scienza e della filosofia della scienza contemporanee. Al centro del suo pensiero è il concetto di sperimentazione: a tutti i campi dell'attività umana vanno applicati le procedure di scoperta e i criteri di verifica che guidano la prassi scientifica. Opere principali: *La reazione idealistica contro la scienza* (1912); *Relativismo e idealismo* (1922); *Il sacrificio come significato del mondo* (1946); *Il relativismo, l'idealismo e la teoria di Einstein* (1948).

alleanza, nel linguaggio biblico, il patto tra la comunità di Israele e Dio (in lat. *testamentum*). Secondo la Bibbia, le alleanze religiose sono quattro, sancite tutte per iniziativa di Dio: alleanza con Adamo e con tutta l'umanità da lui discendente, con Noè e con l'umanità postdiluviana, con Abramo e con i suoi discendenti, con le dodici tribù di Israele all'uscita dall'Egitto. Le prime due sono universali, le altre particolari: con queste Dio si assumeva la protezione del popolo discendente da Abramo, assegnandogli particolari doveri.

Un'idea fondamentale basata sull'alleanza e affermata spesso nella Bibbia (pure nel Nuovo Testamento) è che Dio resta sempre fedele alla sua parola e non abbandonerà mai il «suo» popolo, anche se, a motivo delle infedeltà, lo ridurrà a un piccolo «resto». In questa prospettiva, tutta la storia dell'antico Israele si configura come sequenza di vittorie, di benessere e di fortuna (se fedele all'alleanza), di sconfitte, persecuzioni e sfortune (se infedele). In un momento particolarmente drammatico (l'epoca della sconfitta e della prigionia sotto Nabucodonosor) due profeti (Geremia ed Ezechiele) si convinsero che il popolo non sarebbe mai stato fedele all'alleanza e pronosticarono una «nuova» alleanza (la quinta), accompagnata dal ritorno degli esuli e dal rinnovamento interiore del popolo. Alle soglie del Nuovo Testamento gli → esseni costituivano una comunità detta della «nuova alleanza», ricollegandosi forse all'ideale profetico. Il Nuovo Testamento annuncia la nuova, eterna, universale alleanza (la quinta, secondo la Bibbia cristiana), sancita con una nuova vittima, un nuovo sangue, un nuovo mediatore, e fondata su una nuova legge (Ebrei 8-9).

allegoria (dal gr. *állos*, altro, e *agoréuein*, parlare), procedimento retorico ed esegetico attraverso cui un testo, o un'immagine, esprime un concetto o un senso riposto, non immediatamente intelligibile e diverso dal significato letterale.

Una dottrina e una pratica dell'interpretazione allegorica si ritrova già agli albori del pensiero greco: gli dei e gli eroi di Omero, le cui gesta urtano spesso contro le convinzioni morali correnti, sono interpretati (da pensatori quali Senofane, Teagene di Reggio, Metrodoro di Lampsaco) come figure degli elementi del cosmo, o delle varie parti del corpo umano, o di stati d'animo e atteggiamenti spirituali. Aristotele vede nell'allegoria una «metafora continuata»: le narrazioni dei poeti richiedono un'interpretazione capace di svelare le significazioni nascoste.

Nelle opere dei Padri della chiesa dei primi secoli, in particolare presso gli autori della scuola teologica di → Alessandria, l'allegoria diventa un procedimento esegetico che permette al cristiano di comprendere il significato spirituale della Sacra Scrittura. Lo stesso problema fondamentale di conciliare il Nuovo e l'Antico Testamento viene risolto con l'allegoria: nelle narrazioni veterotestamentarie si individuano significati che prefigurano quelli richiamati dai testi neotestamentari e consentono di tracciare una visione unitaria della storia della salvezza. Su questa linea si muovono le teorizzazioni medievali dei «quattro sensi» della Scrittura, dove il senso allegorico è inserito in un sistema esegetico insieme col senso letterale, morale e anagogico (→ anagogia). In tale prospettiva, la lettura allegorica è possibile solo nell'ambito della storia della salvezza; e, quindi, solo entro quell'istituzione che quella storia rappresenta e svolge sulla terra, cioè nella chiesa. Si comprende allora come la riforma protestante dovesse rappresentare un grave colpo per l'allegorismo dell'esegesi scritturale: se non c'è più l'autorità della chiesa a fissare i codici dell'interpretazione allegorica, tale interpretazione va abbandonata. Il principio ermeneutico luterano, riassunto nel motto *sola Scriptura*, privilegia l'interpretazione letterale; l'allegoria ridiventa per conseguenza una figura retorica delimitata. Tuttavia la condanna luterana dell'allegorismo non rappresenta affatto la fine del metodo allegorico: la religiosità barocca è tutta un fiorire di letture «spirituali» della Scrittura, che si sviluppano soprattutto nel mondo protestante parallelamente al proliferare delle diverse sette.

Sia a causa della diffidenza che manifestano nei confronti di essa i teologi protestanti, sia a causa del generale processo di secolarizzazione che caratterizza i primi secoli dell'età moderna, anche e soprattutto nel campo delle arti e della letteratura, l'allegoria tende a diventare un procedimento interpretativo (e anche produttivo) che si propaga al di fuori del puro ambito esegetico-scritturale.

La spiritualità barocca rappresenta infatti un terreno fertile di sviluppo dell'allegoria anche nell'ambito della poesia. Il successivo classicismo settecentesco, invece, prepara le basi per la svalutazione che l'allegoria subisce nell'estetica e nelle teorie artistiche moderne. A Goethe risale la decisiva distinzione fra simbolo e allegoria: l'allegoria è il particolare inteso solo come «emblema ed esempio dell'universale»; mentre nel simbolo si scorge l'universale nel particolare, che lo incarna totalmente in sé: e questa «è propriamente la natura della poesia» (*Massime e riflessioni*). La svalutazione dell'allegoria a favore del simbolo è tipica di un'estetica classicistica. Con la dissoluzione del classicismo, che teoricamente si compie a partire dalla metà dell'Ottocento, e poi con le avanguardie artistiche del Novecento, si assiste a una rivalutazione dell'allegoria. Contro l'immobile quiete di un mondo di forme «rotonde» e compiute, le avanguardie novecentesche scoprono la valenza positiva della disarmonia, della dissonanza intesa appunto come essenza «allegorica» dell'arte, che per natura richiama *oltre* l'opera: è questo lo spirito che, annunciato potentemente da E. Bloch in *Lo spirito dell'utopia* (1918), viene svolto più specificamente in riferimento all'allegorismo dell'arte barocca da W. Benjamin in *Il dramma barocco tedesco* (1928), uno degli scritti essenziali sul tema.

allucinazione, percezione di oggetti o segnali che non esistono nel campo sensoriale del soggetto, ma che vengono nondimeno ritenuti reali. Le allucinazioni possono essere visive, uditive e, meno frequentemente, olfattive, tattili, viscerali, genitali; sono quasi esclusivamente sintomi di psicosi. Quelle visive si verificano in concomitanza di un disturbo dello stato di coscienza vigile: in uno stato di crepuscolo, di torpore, o di confusione mentale, il soggetto vede persone o cose che non esistono; ne è esempio il *delirium tremens* degli alcolisti. Le allucinazioni uditive (si tratta in genere di «voci») costituiscono il più frequente disturbo psicosensoriale e possono essere presenti in una varietà di disturbi mentali: sintomo tipico della schizofrenia, esse risultano quasi sempre compatibili con uno stato di coscienza lucida e vigile.

allucinogeni, sostanze che agiscono sul sistema nervoso centrale producendo distorsioni percettive (soprattutto visive) e sintomi psichici che presentano affinità con quelli della psicosi schizofrenica. Per quest'ultimo motivo sono detti *psicotomimetici*; sono anche noti come *psicodislettici* e come *psichedelici*. L'uso socialmente sancito di tali sostanze era ed è presente in varie culture cosiddette primitive, specialmente in contesti rituali e per scopi religiosi: sciamani e stregoni masticano o inalano sostanze allucinogene per cadere in *trance* ed entrare in contatto con esseri soprannaturali. Gli indiani delle regioni meridionali del Nordamerica consumano il *peyotl* (un cactus il cui principale principio attivo è la mescalina), il quale, per la sua capacità di produrre visioni, è diventato oggetto di culto, divinità vegetale. Tale culto, probabilmente originario del Messico, si diffuse poi fra gli indiani delle praterie, raggiungendo la sua acme nel sec. XIX.

alone, effetto di, in psicologia, espressione con cui si indica la tendenza, nel valutare una persona in rapporto a un suo determinato tratto o atteggiamento o rendimento (per es. in campo scolastico o nella selezione professionale), a lasciarsi influenzare da un'impressione generale oppure da tratti o atteggiamenti o rendimenti privi di rapporti reali con quello che è oggetto diretto della valutazione. I test obiettivi mirano, fra l'altro, a evitare l'effetto di alone, che appartiene alla più vasta categoria degli errori della diagnosi psicologico-clinica.

alterità, sinonimo di diversità; è infatti il contrario dell'identità, e come tale è presentata da Platone (nel *Sofista*) quale uno dei cinque «generi sommi». In tal modo Platone rifiuta l'identificazione dell'*essere* con l'*identità*, propria dell'eleatismo, riconoscendo l'attributo dell'essere alla molteplicità delle idee, fra le quali vige quindi la relazione dell'alterità reciproca. Aristotele distingue fra la mera alterità, intesa come diversità nel senso più ampio, e la «differenza», che è quella diversità che intercorre fra cose appartenenti a un medesimo genere. Nella filosofia moderna, la nozione di alterità è presente nella logica di Hegel; per il quale il «qualcosa», o Essere determinato qualitativamente, è in una relazione di negatività con l'«altro» da sé, e questo suo *non* esser l'altro da cui differisce ne costituisce la limitatezza; ma ogni «qualcosa» è anche destinato a farsi altro, ossia ad «alterarsi», incessantemente, mutando le proprie qualità in un processo all'infinito (è quel che avviene alle cose materiali nei processi chimici).

alternativa, ragionamento per, ragionamento, detto anche argomento della distinzione dei casi, che consiste nel ritenere incondizionatamente vero ciò che vale in tutti i possibili casi. Supponiamo per es. che i casi possibili siano solo due, *A*, *B*, e che *C* valga sia sotto l'ipotesi *A* sia sotto l'ipotesi *B*: allora *C* vale *tout court*. Per il concetto di alternativa nel senso di connettivo logico, → disgiunzione.

Althusius, Johannes (Diedenshausen 1557 - Emden 1638), filosofo tedesco. È considerato il fondatore della teoria del contratto sociale (→ contrattualismo). Docente di diritto all'università di Herborn, Althusius nella sua opera principale, *Politica methodice digesta atque exemplis sacris et profanis illustrata*, sostiene il fondamento contrattualistico dello stato, e definisce la politica come arte finalizzata alla costituzione e al mantenimento della vita sociale. Egli affermava così, per la prima volta, l'autonomia della scienza politica, ma ne riconduceva i presupposti alla naturale disposizione «simbiotica», ossia associativa, del genere umano. Ciò differenzia le tesi di Althusius da quelle del giusnaturalismo posteriore, che postulavano l'elaborazione razionale di una società fondata sull'adeguazione alla natura, mentre egli si limitava a rintracciare, pur non evitando argomenti etici e teologici, l'attitudine sociale dell'uomo. Nella sua dottrina dello stato, Althusius ne sviluppa soprattutto l'aspetto democratico: il sistema statale è costituito da un'articolazione di comunità diverse, i cui poteri dipendono dalla sovranità popolare.

Althusser, Louis (Algeri 1918 - Parigi 1990), filosofo francese. Si impose all'attenzione del mondo filosofico nel 1965 con una raccolta di saggi suoi (*Per Marx*) e un'altra scritta in collaborazione con alcuni allievi (*Leggere il Capitale*), che accesero in campo marxista un dibattito filosofico, e anche politico, diffusosi per lo più nei termini di un'alternativa fra «strutturalismo» e «storicismo» o «umanismo». La sua tesi principale è che, nel concreto dell'attività teorica e politica di Marx, Lenin, Mao, la dialettica di Hegel, funzionale com'è a una concezione finalistica e lineare della società e della storia, risulta sostanzialmente inutilizzabile: i suoi termini pertanto vanno abbandonati (negazione della negazione ecc.) o ridefiniti (contraddizione). In *Leggere il Capitale* la nozione di «modo di produzione» è intesa quale fulcro di una teoria scientifica, elaborata soprattutto nella grande opera marxiana, la quale rivoluzionerebbe a un tempo l'economia e la storia e, quanto allo stesso Marx, comporterebbe una rottura epistemologica rispetto alle sue posizioni giovanili, umanistiche. Sul piano filosofico, tale teoria implica, secondo Althusser, un'epistemologia caratterizzata dal ricorso drastico alla distinzione di scienza e ideologia e dalla proposta della nozione di «pratica teorica», o produzione di conoscenze, in chiave antipragmatistica e antiempiristica. Altre opere: *Montesquieu, la politica e la storia* (1959); *Lenin e la filosofia* (1969); *Umanismo e stalinismo* (1973); *Elementi di autocritica* (1974); nonché l'autobiografia scritta durante la lunga degenza in una clinica psichiatrica dopo l'omicidio della moglie, e uscita postuma nel 1992.

altro, nella filosofia antica e medievale ciò che si oppone all'identità (→ *alterità*). La nozione di altro è stata largamente tematizzata nel nostro secolo nel quadro di una critica del *cogito* cartesiano inteso come soggetto chiuso su se stesso e incurante del mondo e dell'altro uomo. Affrontato da Husserl nelle *Meditazioni cartesiane* (1929-31, parr. 22 e sgg.) come esperienza dell'estraneo in opposizione all'accusa di solipsismo mossa alla fenomenologia trascendentale, il problema dell'altro rispetto al *cogito* soggettivo era già stato sollecitato da Heidegger in *Essere e tempo* (1927): «Lo stare a sentire costituisce (...) l'aprimento esistenziale dell'Esserci al con-essere con gli altri. Il sentire è l'apertura primaria e autentica dell'Esserci al suo poter-essere più proprio, come ascolto della voce dell'amico che ogni Esserci porta con sé» (par. 34), e si sarebbe sviluppato nella riflessione sul linguaggio come sede della intersoggettività sia nella successiva riflessione di Heidegger sia nella filosofia di H.G. → Gadamer. In una prospettiva parzialmente diversa, E. Levinas (*Totalità e infinito*, 1961; *Umanesimo dell'altro uomo*, 1972; *Altrimenti che essere o al di là dell'essenza*, 1974) ha ravvisato in Husserl e in Heidegger un'impostazione che privilegia in modo unilaterale l'interesse gnoseologico, poggiato sul fraintendimento del vero ruolo filosofico del concetto di altro; il solipsismo può essere superato solo quando si ponga il cominciamento della filosofia non nel *cogito*, ma nell'altro uomo, inteso come istanza che, prima che teoretica, è etica, rinviando alla categoria della responsabilità. Nella tesi di Levinas convergono, oltre a una originale rielaborazione di alcuni motivi fenomenologici (il ruolo della passività come fenomenologicamente anteriore a quello dell'attività) e di elementi desunti dalla spiritualità ebraica e cristiana (il messianesimo come attesa dell'avvento dell'altro e la concezione del divino come totalmente altro rispetto all'uomo), alcuni tratti caratteristici della cultura novecentesca, e anzitutto la valorizzazione etnologica dell'alterità culturale nel quadro di una critica dell'eurocentrismo (C. Lévi-Strauss), la ricerca di un altro rispetto alla razionalità (come negli studi di M. Foucault sulla storia della follia), e, in ambito psicoanalitico, la tematizzazione dell'inconscio come altro rispetto alla coscienza.

amalriciani, denominazione dei seguaci di → Amalrico di Bène.

Amalrico di Bène (morto a Parigi nel 1200 ca), filosofo e teologo francese. Venne accusato di eresia e i suoi scritti furono bruciati in seguito alle condanne del sinodo parigino del 1210 e del IV concilio Lateranense (1215). Elementi delle sue dottrine si ricavano dalle esposizioni di suoi avversari (Garnier de Rochefort) e dai documenti dei processi. Egli sostenne un tendenziale panteismo, che veniva fatto risalire al *De divisione naturae* di Giovanni Scoto Eriugena: Dio è l'essenza di tutte le creature, le quali non sono che sue «manifestazioni» (*teofanie*). Da queste posizioni i seguaci di Amalrico (detti amalriciani) svilupparono una visione ottimistica della storia: l'epoca dello Spirito Santo ha avuto inizio; la presenza di Dio nel cosmo assicura la vittoria del bene sul male e rende inutile il ricorso a qualsiasi prescrizione di ordine morale o sacramentale; e la fede va sostituita dallo studio delle arti liberali (trivio e quadrivio).

ambientalismo, categoria concettuale largamente usata nella storia della psicologia in riferimento alle teorie che attribuiscono grande o

esclusiva importanza ai fattori ambientali (fisici, chimici, biologici, familiari, sociali) nella genesi e nella strutturazione delle condotte animali e umane. La teoria psicologica ambientalistica più radicale è quella comportamentistica (→ comportamentismo) di J. Watson, ripresa e approfondita da B. Skinner, secondo la quale l'organismo è totalmente plastico e passivo, ed emette risposte solo se e quando viene sollecitato dalle situazioni-stimolo ambientali. La psicologia sperimentale contemporanea, con la grossa eccezione del → cognitivismo, è ambientalistica nella misura in cui privilegia lo studio dell'apprendimento rispetto allo studio degli altri processi psichici. Ambientalistica in senso lato è la psicologia della Gestalt secondo la quale il distribuirsi delle forze nel campo è determinato dal solo gioco d'interazione fra le forze stesse, senza che mai intervenga a dirigerle un qualsivoglia principio specifico, quale un «io attivo».
A quelle ambientalistiche si contrappongono le teorie psicologiche innatistiche, quali la teoria degli istinti specifici di W. Mac Dougall, la tipologia di W. Sheldon e l'etologia di K. Lorenz, che attribuiscono la massima importanza all'azione dei fattori ereditari nella genesi e nella strutturazione delle condotte. La psicoanalisi freudiana, la teoria piagetiana dello sviluppo mentale e l'etologia post-lorenziana offrono, ciascuna nel proprio ambito e in termini diversi, una soluzione intermedia fra l'ambientalismo e l'innatismo. In psicologia sociale, la contrapposizione fra ambientalismo e innatismo è densa di implicazioni ideologiche: si pensi al dibattito, particolarmente vivo negli Stati Uniti, relativo all'ereditarietà o meno della superiorità intellettuale di alcuni gruppi etnici rispetto ad altri.
In epoca più recente, e fuori dell'ambito psicologico, ambientalismo è venuto a indicare la nuova sensibilità, teorica e politica, nei confronti della tutela dell'ambiente naturale.

ambiente, l'insieme delle condizioni che influiscono sulla vita degli individui: il concetto ha rilevanza sul piano fisico-naturale, biologico, psicologico ecc. La teoria che l'ambiente fisico (in particolare, il clima) determini diversi temperamenti negli uomini era già presente nel pensiero antico, per es. in Ippocrate. Nei secc. XVI-XVIII conobbe un particolare successo per la spiegazione della varietà di organizzazione sociale e politica fra i vari popoli. Nello *Spirito delle leggi* (1748), Montesquieu sostiene, per es., che il dispotismo politico e la schiavitù sono pressoché inevitabili nei climi torridi, mentre il clima temperato rende possibili tanto la monarchia quanto la repubblica. In polemica con Montesquieu, C.-A. Helvétius in *Dello Spirito* (1758) sostenne un determinismo ambientale ancora più rigido, ma intendendo l'ambiente in senso sociale e politico: è l'«educazione» diversa a plasmare gli uomini, che altrimenti per natura sono tutti uguali, ed essa dipende dai diversi modi di organizzazione politica della società.
In sede biologica, sull'ambiente naturale quale determinante fondamentale è fondata la teoria evoluzionistica di P.-A. de Lamarck. Contro di essa prevalse poi la teoria evoluzionistica fondata da Darwin. Contemporaneamente, il determinismo ambientale (con riferimento tanto all'ambiente naturale quanto all'ambiente sociale) risorgeva — per la spiegazione dei prodotti culturali umani — nell'ambito del positivismo. Particolarmente indicativa al riguardo è la posizione di H. Taine, con la *Filosofia dell'arte* (1865).
Nel nostro secolo questa problematica è passata alle varie scienze, biologiche e umane. La più consistente comparsa della nozione in filosofia è data dall'*Um-welt* (mondo-ambiente) in *Essere e tempo* (1927) di Heidegger.

ambivalenza, compresenza nel medesimo soggetto di desideri o idee o sentimenti fra loro antitetici (in modo particolare della coppia amore-odio) nei confronti del medesimo oggetto. Introdotto da E. Bleuler (1910) per definire uno dei sintomi fondamentali della schizofrenia, il concetto di ambivalenza venne ripreso da Freud in relazione allo studio del transfert (*La dinamica del transfert*, 1912) e circoscritto al piano dell'affettività. Approfondendo un'indicazione freudiana, K. Abraham nel 1924 applicò il concetto di ambivalenza alle fasi dell'evoluzione libidica (→ fase): assente all'inizio della fase orale, corrispondente alla suzione, l'ambivalenza compare solo con l'oralità sadica, raggiunge l'apice nella fase anale, prosegue in quella fallica e scompare quando s'instaura l'amore genitale oggettuale. Secondo Melanie Klein, che a sua volta si riallaccia ad Abraham, ogni pulsione è intrinsecamente ambivalente.

Ambrogio (Treviri 339 ca - Milano 397), scrittore latino cristiano, padre della chiesa; santo. Di nobile famiglia (*gens* Aurelia), fu educato a Roma e raggiunse presto il vertice della carriera amministrativa come governatore dell'Italia settentrionale. Nel 374 si adoperò per sedare i tumulti scoppiati a Milano per la successione del vescovo filoariano Aussenzio: la sua opera fu così apprezzata dalla popolazione che proprio lui fu eletto vescovo. Notevoli soprattutto la sua attività antiariana — che, sulle tracce di Ilario, portò all'eliminazione pressoché totale dell'→ arianesimo dall'Italia —, e il suo atteggiamento d'indipendenza di fronte all'imperatore, culminato nella penitenza imposta a Teodosio in seguito alla strage di Tessalonica (390). La sua influenza personale fu determinante per la conversione di Agostino, che fu da lui battezzato (387) e che lo definì «eccellente dispensatore di Dio, venerato da me come padre».
Nel campo delle lettere Ambrogio si dedicò ai

generi più disparati, con diverso successo: in ambito teologico (*De fide* in cinque libri, *De Spiritu Sancto* in tre libri) fu poco originale, e si limitò a far conoscere in Occidente le dottrine della teologia greca più aggiornata, soprattutto quelle di Didimo e dei Cappadoci (Basilio, Gregorio di Nazianzo, Gregorio di Nissa). La sua esegesi allegorizzante e spiritualista (*Exaëmeron, De Paradiso, De Abraham, Expositio Evangelii secundum Lucam* ecc.) è quasi totalmente tributaria delle fonti (Basilio, Filone, Origene); di suo, l'autore mette solo l'interesse esortativo e morale, soprattutto là dove sono da biasimare gli eccessi dell'avidità e il cattivo uso delle ricchezze. Più personale Ambrogio si mostra in campo disciplinare e ascetico: nei tre libri *De officiis ministrorum*, in cui (sul modello ciceroniano) si danno norme di vita morale cristianamente impostate, e in vari trattatelli che esaltano l'ideale della verginità.

amidismo, religione diffusa in Giappone che si incentra sul culto di Amida, epiteto del Buddha divenuto poi nome proprio dell'essere misericordioso che presiede al paradiso della «Terra pura». L'amidismo comprende diverse confessioni o sette, la più antica delle quali venne fondata nel 1124 da Ryōnin, che insegnò un tipo di devozione basata sulla continua invocazione del nome di Amida. Un'altra scuola, detta della «Terra pura», fondata da Hōnen (1133-1212) e tuttora esistente, accentuò ulteriormente la necessità della fede in Amida, anche a scapito delle pratiche di disciplina mentale, che il fondatore ritenne troppo difficili e non più adatte ai tempi. Una sua ramificazione, fondata da Shinran, discepolo di Hōnen, e chiamata *jōdō shinsshū* (che significa «la vera setta jōdō»), ebbe orientamento antimonastico e anticulturale: per ottenere la salvezza bastava invocare anche una sola volta, con fede, il nome di Amida, Dio benevolo che viene in soccorso a tutti, anche ai più tenaci peccatori. Si arrivò persino ad affermare che neppure la fede era necessaria, in quanto legata all'attività della mente umana: è questa la posizione della setta chiamata *ji*, fondata da Ippen nel 1276, che propone una dottrina paragonabile a quella luterana della salvezza per sola grazia.

Ammonio Sacca (180 ca, presso Alessandria - 242), filosofo greco. È considerato il fondatore del → neoplatonismo. Affidò la sua dottrina esclusivamente all'insegnamento orale; insegnò ad Alessandria ed ebbe come discepoli Plotino, Cassio Longino, Erennio, l'Origene platonico e l'Origene cristiano. Il suo pensiero, in cui confluirono i contributi più stimolanti delle filosofie anteriori (Platone in primo luogo, e poi Aristotele), seguiva un'ispirazione mistico-religiosa; perciò fu detto l'«istruito da Dio».

amnesia, incapacità parziale o totale di ricordare eventi del proprio passato prossimo o remoto, e persino la propria identità. Compare in varie sindromi quali la paralisi progressiva e le psicosi senili, o in seguito a traumi fisici e psichici; in quest'ultimo caso è spesso selettiva. L'*amnesia infantile* è un fenomeno normale che investe gli eventi accaduti nei primi cinque anni di vita; secondo Freud, essa è determinata dalla rimozione relativa alla sessualità infantile, e permane fino all'attenuarsi del complesso edipico.

anabattisti, termine indicante i membri di quei movimenti radicali che, nel contesto della riforma protestante (sec. XVI), promossero un'azione di rinnovamento religioso i cui motivi di contestazione sfociarono anche in istanze economiche e politico-sociali. Sottolineando decisamente il principio dell'illuminazione divina, gli anabattisti concepivano la chiesa come assemblea dei professanti, cioè come comunità dei credenti che il Signore ha rigenerato mediante lo Spirito. Tale convinzione escludeva il battesimo degli infanti, in quanto incapaci delle esperienze spirituali e della personale adesione alla fede proprie di colui che si sente salvato dalla grazia divina: per questo i loro avversari (i cattolici e le grandi confessioni protestanti) parlavano, a loro proposito, di un «ribattezzamento» o, con vocabolo tratto dal greco, di «anabattismo». La dottrina teologica degli anabattisti comportava, sul piano etico, l'affermazione dell'amore e della non-violenza (talora unite alla pratica del comunismo); altra costante era il rifiuto di ammettere l'intervento dell'autorità politica o civile nelle questioni della religione cristiana. L'interesse fondamentale degli anabattisti era, comunque, quello della salvezza, alla quale veniva spesso associato un vivo senso dell'attesa apocalittica della fine, dell'avvento del regno di Dio o di un rinnovamento assoluto del mondo. Il ripudio del papato, dell'organizzazione chiesastica e sociale del tempo e del diritto di proprietà erano altri motivi diffusi, e si accompagnavano a una posizione critica nei confronti delle chiese stesse della riforma protestante. A seconda delle diverse contingenze e dei diversi indirizzi dottrinali, tutto ciò si manifestava in forme di pacifismo ma anche, talvolta, in moti rivoluzionari.

L'anabattismo fu un movimento operante essenzialmente nei territori imperiali d'Europa. Già in concomitanza con la prima attività riformatrice di Lutero, si era avuta l'esperienza, più spiritualistica che non propriamente anabattista, dei cosiddetti «profeti di Zwickau»: loro ispiratore fu N. Storch, ma un ruolo preminente venne ben presto assunto dall'ex prete e predicatore luterano Th. Müntzer (1490-1525). Perseguitati dall'autorità civile e dalle grandi confessioni cristiane, sospinti dalla mutevole situazione economica e politica (la guerra dei contadini in Germania), gli anabattisti si diffusero sotto diverse forme per buona parte dell'Europa: l'anabattismo settario e pacifista, prevalente in Svizzera, e le tendenze millenaristiche, prevalenti in Germania, si trovarono commisti nel confuso movimento attivo nella Germania settentrionale e nei Paesi Bassi. Qui, dopo tragiche vicende, finì col prevalere la tendenza pacifista e non violenta per l'azione dell'olandese Menno Simons (1496-1561), i cui seguaci furono chiamati mennoniti e costituirono elemento di passaggio ai battisti.

anaclitica, depressione, espressione introdotta da R. Spitz (*Studio psicoanalitico del bambino*, 1946) per designare un quadro clinico che compare nei bambini piccoli, e comprende: progressiva difficoltà e assenza di contatto affettivo, diminuzione di peso con disturbi digestivi, diminuzione e poi scomparsa della mimica, arresto dello sviluppo psichico, letargismo. La sindrome insorge quando la madre (o la persona che la rappresenta) interrompe il rapporto affettivo con il bambino dopo che questo rapporto si è sviluppato per almeno i primi sei mesi di vita.

anagogia, uno dei quattro procedimenti esegetici (letterale, allegorico, morale e anagogico) adottati nella patristica e nella scolastica. L'anagogia implica che gli eventi narrati nella Bibbia siano interpretati in senso mistico e contemplativo oppure come anticipazioni degli avvenimenti escatologici: per es., la resurrezione di Cristo come «modello» della resurrezione futura di tutti i fedeli.

analisi didattica, trattamento psicoanalitico al quale si sottopone chi intende svolgere la professione di psicoanalista. Fin dal 1912 (*Consigli al medico sul trattamento psicoanalitico*) Freud afferma che «chiunque voglia praticare delle analisi su altri deve prima sottoporsi a un'analisi compiuta da una persona sperimentata». Istituzionalizzata nel 1922 dal congresso dell'Associazione psicoanalitica internazionale, l'analisi didattica ha trovato il suo più convinto sostenitore in S. Ferenczi, la cui linea interpretativa è condivisa dalla maggioranza degli psicoanalisti contemporanei. Secondo questa linea, l'analisi didattica non ha tanto lo scopo di insegnare al soggetto «come si fa ad analizzare», quanto quello di fargli prendere consapevolezza nel modo più completo possibile delle sue dinamiche personali, e di permettergli in conseguenza di controllarle nel migliore dei modi in relazione a se stesso e ai suoi futuri pazienti. In questa prospettiva, l'analisi didattica non si contrappone all'analisi terapeutica, di cui anzi rappresenta un caso particolarmente approfondito.

analisi esistenziale, indirizzo psicopatologico e in misura minore psicoterapeutico inaugurato da L. → Binswanger e fondato sulle tesi filosofiche dell'esistenzialismo, soprattutto heideggeriano, e della fenomenologia husserliana. Il termine tedesco è *Daseinsanalyse*, letteralmente «analisi dell'esserci», dove l'«esserci» definisce l'aspetto caratteristico dell'esistenza umana secondo Heidegger. Analizzare l'«esserci», che è anche e inscindibilmente «essere con» l'altro da sé (come nella relazione d'amore o d'amicizia o di ostilità ecc.), significa, in campo psicopatologico, analizzare i modi di essere fondamentali della malattia mentale intesa come possibilità umana. In quanto fenomenologica, quest'analisi mira a «comprendere» le forme irripetibili della patologia individuale, e pertanto si contrappone al nosologismo della psichiatria organicistica classica.

analisi fattoriale, in psicologia, → test.

analisi-sintesi, i due metodi fondamentali e complementari della conoscenza, regolarmente associati e contrapposti nella filosofia moderna da Cartesio in poi. Sia di analisi sia di sintesi aveva già parlato Aristotele, ma in un senso diverso: l'analisi era il procedimento che scomponeva il ragionamento nei sillogismi, questi nelle loro figure, e le figure nelle proposizioni (*Analitici primi*, I, 32), mentre la sintesi era il rapporto di unione di soggetto e predicato nella proposizione, e anche l'atto intellettuale che realizza quel rapporto (*L'anima*, III, 6). Questi caratteri rispettivi di scomposizione e composizione vengono riferiti da Cartesio ai procedimenti conoscitivi: l'analisi è il procedimento che mostra la dipendenza degli effetti dalle loro cause, mentre la sintesi ripercorre e ricostruisce i rapporti individuati dall'analisi (Seconde risposte, in appendice alle *Meditazioni metafisiche*). Nella dicotomia cartesiana, la sintesi ha soprattutto un valore espositivo, mentre il compito euristico è affidato all'analisi. La *Logica di Port-Royal*, sulla scorta dell'*Arte della persuasione* di B. Pascal, identificherà il metodo sintetico con i procedimenti dimostrativi che caratterizzano il metodo assiomatico, ponendo così le premesse per una sua rivalutazione. In uno scritto «precritico» del 1764 (*Studio sull'evidenza dei principi della teologia naturale e della morale*), Kant interpretò analisi e sintesi come modi di operare su concetti: il metodo sintetico, che caratterizza le matematiche, costruisce concetti mediante definizioni che collegano arbitrariamente concetti più semplici, mentre il metodo analitico, tipico della filosofia, cerca di cogliere, per suddivisione, i tratti caratteristici di un concetto già dato, però confusamente. Anche nei *Prolegomeni ad ogni futura metafisica che voglia presentarsi come scienza* (5) il metodo analitico parte dal dato e ricerca il fondamento della sua possibilità, mentre il metodo sintetico procede nel verso opposto, dai principi alla possibilità di ciò che è dato. Si deve osservare che questa distinzione *non* corrisponde alla dicotomia kantiana tra giudizi analitici e giudizi sintetici (→ analitici - sintetici, giudizi): il metodo analitico può far uso di giudizi sintetici, e viceversa. Il termine sintesi è poi usato costantemente da Kant per

riferirsi all'attività unificante dell'intelletto e della ragione, e anche al risultato di quell'attività (l'esperienza stessa è «sintesi secondo concetti dell'oggetto dei fenomeni in generale», *Critica della ragion pura*, Analitica dei principi, II, 11). A partire da questo suo uso kantiano, il termine sintesi ebbe grande fortuna nell'idealismo e nello spiritualismo, dove significò sempre un'attività o atto unificante, spirituale, razionale o intellettuale a seconda dei casi. Sull'analisi, intesa come procedimento che distingue gli elementi e le relazioni che costituiscono l'oggetto a cui esso si applica, gli idealisti si divisero: Schelling la rifiuterà a vantaggio dell'intuizione, mentre Hegel la ritenne un momento necessario (caratteristico dell'«intelletto») sulla via della «ragione», che coglie l'oggetto nella sua totalità viva e concreta, ma mantenendogli la complessità rivelata dall'analisi.
Nel nostro secolo, il concetto di analisi compare nella denominazione stessa di alcune esperienze culturali o indirizzi di pensiero fondamentali: la *psicoanalisi*, che applica metodi analitici a contenuti e processi psichici riconducendoli a rapporti e principi primari o comunque più semplici; l'*analisi esistenziale* di Heidegger, che coglie le strutture necessarie della situazione dell'uomo nel mondo; l'*analisi intenzionale* di Husserl, che si rivolge al mondo dei contenuti di coscienza per individuare i modi tipici in cui esso si organizza; la *filosofia* → *analitica*, che si propone di analizzare gli enunciati caratteristici di un campo d'esperienza o di un livello di descrizione della realtà, mostrando la loro derivabilità da enunciati più semplici o comunque meno problematici.

analisi transazionale, → Berne, Eric

analitica, termine con cui Aristotele designa quella scienza che a partire dagli stoici si chiamerà logica. Essa «risolve» i discorsi degli uomini nei loro elementi costitutivi e nelle loro strutture formali, onde controllarne la validità. In particolare, sono intitolati *Analitici* i libri dell'*Organon* dedicati allo studio dei sillogismi: gli *Analitici primi* studiano il sillogismo in generale, e gli *Analitici secondi* il sillogismo «apodittico», contrapposto a quello «dialettico». A questa tradizione si ricollega Kant, intitolando rispettivamente *Analitica* e *Dialettica* due sezioni che si ritrovano in tutte e tre le sue *Critiche*. Per *Analitica* Kant intende lo studio degli elementi a priori della conoscenza intellettuale (categorie e relativi «principi»), della moralità (imperativo categorico), dell'esperienza estetica (nozioni del bello e del sublime) e della teleologia (nozione della finalità interna degli organismi viventi). Kant inaugura però anche un altro uso del termine «analitico», che poi è rimasto corrente, in contrapposizione a «sintetico» (→ analitici - sintetici, giudizi).

analitica, filosofia, espressione designante un indirizzo della filosofia novecentesca (affermatosi inizialmente in Polonia, nei paesi di cultura anglosassone e nei paesi scandinavi, e diffusosi durante gli ultimi decenni anche nel continente europeo) che considera la ricerca filosofica come un'indagine di tipo scientifico. Possono ritenersi caratteristiche generali di tale atteggiamento speculativo: la propensione a un lavoro di chiarificazione minuziosa piuttosto che alla costruzione di ampie sintesi speculative; l'uso di tecniche rigorose di esposizione e di argomentazione; infine, la tendenza a un'impostazione dei problemi filosofici quanto più possibile «oggettiva», dal che scaturisce anche un'accentuata attenzione per i fatti del linguaggio, sia di quello scientifico e formalizzato o formalizzabile (empiristi logici e altri ideal-linguisti: M. Schlick, R. Carnap, Y. Bar-Hillel, J. Myhill, D. Davidson, R.M. Martin ecc.) sia di quello comune (comun-linguisti delle scuole di Oxford e di Cambridge: il cosiddetto secondo Wittgenstein, G. Ryle, J.O. Wisdom, J.L. Austin, P.F. Strawson, G.J. Warnock, F. Waismann, J. Urmson ecc.).
Atteggiamenti «analitici» più o meno marcati sono rintracciabili, anche in gran parte dei filosofi del passato: si pensi, per es., ai dialoghi «socratici» di Platone, a certe indagini capillari presenti in Aristotele, al lavoro compiuto dagli empiristi moderni e segnatamente da Hume, e infine all'opera di Herbart, il quale, contro la tendenza alla costruzione di «grandi sistemi», già in età post-kantiana assegnava, almeno programmaticamente, alla filosofia il più modesto compito di analizzare le nozioni del senso comune e delle scienze particolari, sì da metterne in rilievo le latenti contraddizioni e quindi, attraverso l'eliminazione di queste ultime, ricostruirle razionalmente. Ciò che contraddistingue però la filosofia analitica come indirizzo di pensiero è l'accento in qualche modo esclusivo posto sull'opera di analisi, ossia la tendenza a risolvere in essa tutto quanto il lavoro della filosofia. In questo senso, le sue origini sono da rintracciare in certi aspetti dell'opera di G.E. Moore e di altri pensatori inglesi della prima metà del Novecento (C.D. Broad, J. Cook Wilson, H.A. Prichard, H.H. Price ecc.), nell'atomismo logico di B. Russell (che questi presenta come un sistematico sviluppo delle tesi avanzate da Wittgenstein nel *Tractatus logico-philosophicus*) e nell'attività logico-filosofica dei primi esponenti della scuola di Leopoli-Varsavia, nata dall'insegnamento di K. Twardowski. Così, per esempio, G.E. Moore, nella sua opera maggiore, i *Principia Ethica* (1903), sviluppa un modello di ricerca che esonera la filosofia morale da scopi pratici (esortatori o prescrittivi), impegnandola invece in un lavoro di chiarificazione delle categorie del discorso etico; H. Reichenbach (massimo esponente del Circolo di Berlino) già nei primi anni Venti, discutendo

il significato filosofico della teoria della relatività, assegnava alla filosofia, e in particolare all'epistemologia, il compito di scoprire i principi alla base della conoscenza scientifica mediante il «metodo dell'analisi logica» delle teorie scientifiche; un decennio dopo, M. Schlick, considerato uno dei «padri fondatori» del positivismo logico, nello scritto *La svolta della filosofia* (1930) individuava in tale disciplina non una scienza, ossia un sistema di conoscenze, ma un sistema di «atti», mediante il quale si chiarisce o si determina il «senso» degli enunciati; alle sue parole fanno eco quelle di Carnap, per il quale il discorso filosofico consiste semplicemente nell'analisi logica del linguaggio (scientifico); in tempi più recenti, un autore come P.F. Strawson, in *Individui. Saggio di metafisica descrittiva* (1959), seguendo un suggerimento di J.L. Austin, ha contrapposto la «metafisica descrittiva», che si limita a descrivere la struttura effettiva del nostro pensiero, alla «metafisica correttiva», tipica della filosofia tradizionale, la quale invece si propone di produrre una struttura concettuale migliore.
Fra i vari indirizzi della filosofia analitica merita una particolare attenzione l'analisi del linguaggio comune (per la corrente del positivismo logico, si veda → empirismo logico). Tale corrente ha avuto i suoi centri propulsori nelle università di Oxford e Cambridge, e si distingue dalle varie posizioni ideal-linguistiche in quanto sostiene che l'oggetto principale dell'opera di analisi deve essere costituito non dai linguaggi «artificiali» o «regimentati», costruiti secondo precise regole formali e idonei a certi ambiti del discorso scientifico, ma appunto dal linguaggio quale si presenta nell'esperienza di ogni giorno. I comun-linguisti, pertanto, da un lato sottolineano la molteplicità di aspetti presenti nel linguaggio (il quale non è quindi riducibile alla sua sola funzione descrittivo-denotativa), e dall'altro studiano i vari tipi di discorso (etico, estetico, religioso ecc.; prescrittivo, imperativo, valutativo ecc.) e le relative logiche e grammatiche. A Cambridge, negli anni Trenta, ha esercitato un notevole influsso sull'analisi del linguaggio comune l'insegnamento del secondo → Wittgenstein. In questa fase del suo pensiero, infatti, il filosofo austriaco, rivedendo le posizioni del *Tractatus logico-philosophicus*, orienta l'analisi del linguaggio secondo la grammatica delle categorie d'uso delle espressioni linguistiche, per cui il significato delle varie espressioni del linguaggio è dato adesso dal loro uso ordinario. L'impiego del linguaggio, dal quale dipende il significato, consiste in un insieme di attività multiformi e intrecciantisi sia reciprocamente sia con altri tipi di attività sociale e fra esse non è legittimo né cercare un'«essenza» comune, né privilegiarne una come primaria.
Anche nell'ambito di questa particolare corrente del movimento analitico non sono mancate però difformità di vedute. Dalle posizioni del secondo Wittgenstein prende per es. una qualche distanza J.A. Wisdom, per il quale le asserzioni filosofiche tradizionali, pur con il loro carattere paradossale e la loro forma logicamente illusoria, consentono tuttavia di portare alla luce proprietà e distinzioni che nel linguaggio comune rimanevano nascoste. Vanno segnalate anche le posizioni di G. Ryle e di Austin. Ryle assegna all'analisi del linguaggio comune, accanto alla funzione negativa di dissolvere gli equivoci filosofici, quella positiva di permettere l'elaborazione di una sorta di «geografia logica» dei concetti, ovvero una rappresentazione di essi che ne fissi i confini e le reciproche relazioni. Invece Austin (e con lui altri esponenti della scuola di Oxford) si è posto come scopo l'elaborazione di una sorta di «fenomenologia linguistica» consistente in un sistematico inventario degli usi delle diverse espressioni del linguaggio; solo dopo questo lavoro preliminare sarebbe possibile cimentarsi in un tentativo di soluzione dei problemi filosofici tradizionali.
È da menzionare, quale propaggine del movimento analitico, la corrente cosiddetta della «filosofia esatta» (*Exact Philosophy*, secondo la denominazione dello statunitense R. Montague), costituitasi a Vienna nel 1968 nel corso del XIV Congresso internazionale di filosofia. Tale corrente, raccolta intorno al fisico, epistemologo e filosofo di origine argentina M. Bunge, si distingueva dalle forme contemporanee di filosofia analitica da un lato per il proposito di portare avanti la tendenza logicizzante e matematizzante dell'empirismo logico, e dall'altro per l'abbandono di ogni forma di chiusura programmatica e l'apertura alla trattazione di temi (per es. quelli etici e quelli metafisici) a suo avviso rifiutati o trascurati dai neopositivisti. Fra gli studiosi che hanno partecipato ai primi convegni organizzati sotto l'egida della *Exact Philosophy*, vanno ricordati H. Leblanc, N.D. Belnap jr., W.S. Hatcher, R. Tuomela, B. van Fraassen, H.N. Castañeda. *S. Ci.*
• *Nuovi orientamenti.* Nel corso degli anni Settanta e Ottanta si è molto consolidato il processo di diffusione della filosofia analitica, ed essa costituisce ormai la tradizione dominante nel mondo anglosassone. Il termine stesso ha assunto un significato più lato, mentre il senso di specificità e di netta contrapposizione ad altre tradizioni si è attenuato; anche all'interno della filosofia analitica molti contrasti risultano superati. Oggi, per es., ha rilievo molto minore la divergenza tra gli ideali metodologici modellati sulle scienze logico-matematiche e fisiche di B. Russell, di Wittgenstein (nel periodo del *Tractatus Logico-Philosophicus*) e dei neoempiristi da un lato, e dall'altro il rifiuto della

scuola oxoniense del linguaggio comune di ridurre l'analisi filosofica a una «ricostruzione» dei concetti entro il linguaggio artificiale della logica. Inoltre, fallito ormai da tempo il tentativo dei neoempiristi di dimostrare che la metafisica e la filosofia tradizionale sono prive di senso, sono venute acquistando un peso sempre maggiore le tesi in un certo senso opposte di epistemologi come Th. → Kuhn e di altri influenzati da K. Popper e da Wittgenstein, secondo cui la conoscenza scientifica presuppone inevitabilmente un'ontologia e una metafisica. Si avverte così un senso di continuità piuttosto che di rottura rispetto alla tradizione filosofica e particolarmente rispetto all'empirismo classico.

L'analisi del linguaggio naturale si è sviluppata in direzioni molteplici: le teorie di Austin sugli atti linguistici hanno trovato un naturale prolungamento in una vera e propria teoria del significato linguistico a opera di P. → Grice e nelle analisi cosiddette di → pragmatica, in una forma in cui non emergono più ragioni di opposizione (ma solo di diversità) rispetto ai programmi di formalizzazione logica. Inoltre, si è creato un clima più favorevole all'analisi formale del linguaggio naturale in seguito sia ai nuovi orientamenti della linguistica chomskyana, sia al nuovo interesse dimostrato dai logici per il linguaggio naturale, non più visto come uno strumento di espressione imperfetto, da sostituire con un più perfezionato linguaggio artificiale, bensì come un fenomeno da studiare anche con l'aiuto di strumenti logico-matematici. In questa direzione, il cosidetto «programma di Montague» ha rappresentato il tentativo più ambizioso di impiegare tutta la strumentazione della logica modale per elaborare una semantica formale della lingua inglese (→ grammatica di Montague).

Una delle ragioni teoriche più significative del mutamento del clima intellettuale si trova forse nell'affermazione, nel corso degli anni Settanta (col significativo contributo di D. → Davidson), delle tesi di un allievo americano di Carnap, W.V.O. → Quine. Con *Due dogmi dell'empirismo* (1951) e *Parola e oggetto* (1960), Quine aveva sottoposto a una critica serrata la venerabile distinzione tra verità analitiche e verità sintetiche: anche se esistono differenze di *uso* delle proposizioni, non esiste nessun criterio rigoroso per operare la distinzione tra le proposizioni, considerate in sé. L'idea stessa che la filosofia consista in un'*analisi* concettuale e si collochi su un piano diverso da quello delle conoscenze scientifiche positive presupponeva qualche distinzione di genere. Risulta ora impossibile separare nettamente i diversi piani del discorso, e si cancellano quindi molte dicotomie tradizionali della filosofia: da quella che separa le scienze empiriche dalla matematica e dalla logica, a quella che distingue il metodo dal contenuto della conoscenza. La filosofia è concepita come un prolungamento della ricerca scientifica e non come un'analisi dei suoi metodi. Tutto ciò, insieme con la scoperta delle difficoltà che il progetto incontra di fondare le verità della logica sulla *convenzione*, rende impraticabile l'idea stessa di una *fondazione* della conoscenza, in particolare della conoscenza scientifica. Si verifica con Quine una confluenza nell'empirismo di motivi tipici del pragmatismo americano; tale influsso è percepibile anche nei principali filosofi statunitensi della generazione successiva, come per es. H. → Putnam.

Si pone a questo punto il problema se nella filosofia analitica così trasformata si dia ancora una sostanziale unità teorica. Recentemente diversi autori (tra cui l'americano R. → Rorty, M. → Dummett di Oxford e il berlinese E. → Tugendhat) hanno dato risposte diverse e difficilmente conciliabili. Si va tuttavia affermando l'idea che le radici di questa tradizione filosofica siano da ricercarsi in G. → Frege e quindi nella filosofia di lingua tedesca degli ultimi decenni del secolo scorso. Non è tanto all'invenzione della logica moderna da parte di Frege che risale l'atto di nascita della filosofia analitica (perché anzi la sua utilità nell'analisi è stata messa in discussione), bensì ad alcune sue tesi filosofiche generali che hanno l'effetto di sostituire la filosofia del linguaggio all'ontologia o alla teoria della conoscenza nel ruolo di primo capitolo di tutta la filosofia: si tratta in particolare dell'idea che compito primario della filosofia sia l'analisi del pensiero, e al tempo stesso che il pensiero sia nettamente distinto dal processo psicologico e individuale di pensare e sia invece essenzialmente ciò che si può comunicare nel linguaggio. Un'altra idea cruciale, anch'essa risalente a Frege, è che gli oggetti propri della nostra conoscenza (così come della credenza e di ogni altro atteggiamento intenzionale) siano i significati delle proposizioni, i quali sono precisamente ciò che egli chiama i pensieri. In questo modo emerge una convergenza, nelle problematiche se non nelle soluzioni, della filosofia analitica con talune correnti della filosofia «continentale», in particolare con la fenomenologia husserliana (almeno nelle sue prime fasi) e persino con la filosofia di Heidegger. Altri autori sostengono che l'unità della filosofia analitica è data solo da uno stile comune e da una comune preoccupazione per la chiarezza e la cogenza dimostrativa dell'argomentazione, poiché anche la centralità del linguaggio per la filosofia analitica sarebbe in gran parte venuta meno, così come l'interesse più o meno esclusivo per le questioni di metodo. In una lista di quelli che appaiono oggi i problemi centrali della filosofia, Th. → Nagel ha elencato prima lo scetticismo, poi il problema delle altre menti (come sappiamo che esistono altre menti oltre alla nostra?) e quello del rapporto tra mente e corpo, e solo al quarto posto il problema del significato linguistico. Le sei voci successive dello stesso elenco (tra cui il libero arbitrio e il problema della giustizia) riguardano la sfera etica, un campo in cui la prospettiva analitica ha subìto profonde trasformazioni ed è ormai lontana dall'impostazione quasi esclusivamente metateorica degli anni Venti e Trenta. *M. Sa.*

analitici-sintetici, giudizi, distinzione introdotta da Kant nella *Critica della ragion pura* per definire due tipi di giudizio con i quali si designano due diverse operazioni dell'intelletto. Sono analitici i giudizi in cui il predicato «appartiene al soggetto come qualcosa che vi è contenuto (implicitamente)»: per es. «I corpi sono estesi», oppure «Gli scapoli sono uomini»; essi non comportano alcun accrescimento di conoscenza: sono puramente *esplicativi*, in quanto non fanno che analizzare nelle sue parti componenti il concetto espresso dal soggetto. Sono invece sintetici i giudizi in cui il predicato «si trova interamente al di fuori del concetto» espresso dal soggetto, «sebbene stia in connessione con il medesimo»: per es. «I corpi sono pesanti». I giudizi sintetici comportano quindi accrescimento di conoscenza, cioè sono *estensivi*, in quanto «aggiungono al concetto del soggetto un predicato che in quello non era pensato, e non era deducibile con nessuna analisi» (*Critica della ragion pura*, Introduzione, sez. IV). A tale distinzione Kant ne collega una seconda: quella tra giudizi a priori e giudizi a posteriori (→ a priori - a posteriori).

In età postkantiana, la distinzione tra giudizi analitici e sintetici è stata sostenuta o criticata ora con argomenti di tipo psicologico, desunti da questa o da quella teoria della mente e dei processi di pensiero, ora con argomenti di tipo puramente logico (così, per es., G. Frege ha parlato delle verità analitiche come di quelle asserzioni la cui dimostrazione richiede solo l'intervento di leggi logiche generali e di definizioni). Nella filosofia del Novecento essa è tornata prepotentemente alla ribalta soprattutto con l'affermarsi dell'empirismo logico, che ha tra le sue più importanti tesi, da un lato, la negazione dell'esistenza di giudizi o di asserti sintetici a priori, e, dall'altro, l'affermazione che tutte le asserzioni vere a priori sono asserzioni di tipo analitico. Negli anni successivi all'affermazione dell'epistemologia dell'empirismo logico, la distinzione analitico - sintetico è stata criticata da diversi autori, fra i quali M.G. White, N. Goodman e, soprattutto, W.V.O. Quine. Quest'ultimo, nel saggio *Due dogmi dell'empirismo* (1951), nega che si sia riusciti a indicare criteri capaci di condurre a una sicura individuazione delle pretese asserzioni analitiche e giunge a teorizzare un «empirismo senza dogmi», secondo il quale non esistono asserzioni prive di contenuto empirico e vere unicamente in virtù del significato delle parole che vi compaiono (negazione dell'esistenza di verità analitiche e del fondamento linguistico delle verità logico-matematiche). Proprio per far fronte a questo tipo di critiche (sulla cui validità non si è ancora raggiunta una valutazione unanime) R. Carnap ha sostenuto l'opportunità di impostare il problema dell'analiticità con metodologie distinte, a seconda che i giudizi studiati siano formulati in una lingua artificiale o naturale. Al fine di definire l'analiticità delle lingue artificiali, Carnap introduce *postulati di significato*, ossia postulati che, pur non fornendo alcuna regola di designazione per le costanti predicative, definiscono relazioni logiche di incompatibilità tra le proprietà designate dai predicati stessi. Riguardo alle lingue naturali, Carnap riconosce chiaramente la natura pragmatica del problema. In questa prospettiva, la nozione di analiticità di un enunciato viene relativizzata non solo alla lingua ma anche al parlante e all'emissione dell'enunciato stesso. Uno sviluppo dell'impostazione carnapiana si può considerare la definizione di analiticità in termini di *convenzioni di linguaggio* proposta da D.K. Lewis. Alla originaria formulazione kantiana della distinzione analitico - sintetico si è invece di recente rifatto il linguista J.J. Katz, che ha cercato di offrirne una caratterizzazione formalmente precisa mediante gli strumenti della grammatica generativa di derivazione chomskiana (→ generativismo).

analogia (dal gr. *análogos*, che ha relazione, simile), nel linguaggio scientifico dei greci, termine che indicava una proporzione matematica, cioè l'uguaglianza di due rapporti. Con Platone passa a indicare la teoria epistemologica secondo la quale tra le cose corrono nessi corrispondenti a quelli che corrono fra gli enti matematici. Dopo Aristotele, e in particolare nella logica scolastica, analogia indica un tipo di predicazione diverso dall'univocità e dall'equivocità: è detto analogo il termine che si predica di più soggetti, con un contenuto in parte uguale e in parte diverso. Tale è, per es., il termine «sano» attribuito all'uomo, alla medicina e al colorito: il contenuto identico è il riferimento alla salute, mentre varia il modo di esprimere tale riferimento (l'uomo ha la salute, la medicina cura la salute, il colorito indica la salute). Si hanno due tipi fondamentali di analogia: di attribuzione (o di rapporto) e di proporzionalità (o di uguaglianza di due rapporti, come in una equazione). L'analogia è propria in primo luogo del concetto di ente e delle nozioni trascendentali della tradizione scolastica (uno, vero, buono), che si predicano di tutte le realtà, ma in modo diverso; tale dottrina (*analogia entis*) fu sviluppata soprattutto da Alberto Magno, da Tommaso d'Aquino e dal tomismo, mentre venne respinta da altri autori medievali, fra cui

Duns Scoto e Occam, che preferirono parlare di univocità dell'ente. Un concetto peculiare di analogia come *coincidentia oppositorum* è presente in Cusano, mentre, fra i moderni, Keplero, Galileo e Kant fanno dell'analogia una semplice figura logica, priva di rimandi ontologici, e la intendono come uguaglianza di rapporti. In tale accezione il termine è usato anche nella logica contemporanea. Con *analogia fidei* si intende invece la possibilità di usare categorie filosofiche e termini del linguaggio umano per esprimere i contenuti sovrannaturali della rivelazione; essa è stata respinta da Mosè Maimonide fra i medievali e da K. Barth fra i contemporanei, autori che negano l'esistenza di similitudini fra Dio e il mondo, mentre è alla base della teologia sistematica.

anamnesi (dal gr. *anámnēsis*, reminiscenza), termine platonico. Presupposto dell'anamnesi è la dottrina della preesistenza dell'anima rispetto alla vita del corpo. In uno stadio prenatale l'anima fu in contatto con il mondo ideale, di cui conserva un ricordo velato. Con l'anamnesi l'uomo recupera quella visione originaria e riconosce le forme intelligibili, o idee. Proveniente dalla tradizione religiosa orfico-pitagorica, la dottrina dell'anamnesi è adottata da Platone per dimostrare, nel *Fedone*, la tesi dell'immortalità dell'anima e per spiegare la formazione della conoscenza filosofica e scientifica: la perfetta conoscenza delle nozioni matematiche è resa possibile non dai sensi, i cui dati sono inadeguati e imperfetti, ma dall'anamnesi, che consente all'anima di ritrovare in sé la verità di cui è da sempre in possesso.

anancasmo, idea o comportamento ripetitivo e coatto (dal gr. *anankázein*, forzare, costringere): → ossessione.

anapodittico, il contrario di → apodittico, quindi ciò che non è suscettibile di dimostrazione, ma neppure ne necessita, risultando evidente di per sé. Per Aristotele tali sono i principi da cui muovono le dimostrazioni, a cominciare dai principi supremi, comuni a ogni ragionamento, di non contraddizione e del terzo escluso. Altrimenti, di dimostrazione in dimostrazione, si procederebbe all'infinito, e questo equivarrebbe all'impossibilità del conoscere scientifico. Per gli stoici, invece, ogni ragionamento è riducibile all'uno o all'altro dei seguenti schemi anapodittici, intuitivamente evidenti (a differenza del sillogismo aristotelico), che ci sono stati tramandati da Sesto Empirico e da Diogene Laerzio: *1)* se *A*, allora *B*; ma *A*; dunque *B*; *2)* se *A*, allora *B*; ma non *B*; dunque non *A* ; *3)* se non *A*, allora *B*; ma *A* ; dunque non *B*; *4)* o *A* o *B*; ma *A*; dunque non *B*; *5)* o *A* o *B*; ma non *B*; dunque *A*.

anarchismo, movimento intellettuale e politico sviluppatosi nel sec. XIX. Una storia del pensiero anarchico potrebbe avere origini molto antiche se, sulla base delle formulazioni dottrinali prodotte nel clima culturale della prima rivoluzione industriale e dei processi di accentramento e burocratizzazione dello stato moderno, si volessero rinvenire antecedenti nella filosofia greca, nei movimenti religiosi medievali o nella pubblicistica razionalista dei secc. XVII e XVIII. La suggestione delle facili analogie non deve tuttavia indurre a far coincidere il ribellismo antiautoritario e il comunitarismo ereticale con alcuni loro omologhi dell'età dell'industrializzazione, dalla funzione storica significativamente diversa. Le dottrine anarchiche vere e proprie si sviluppano nell'Ottocento; anche se difficilmente riconducibili a un'unica matrice teorica (loro punti di riferimento sono il razionalismo settecentesco e il liberismo economico, l'idealismo assoluto e il positivismo evoluzionistico), esse si presentano come radicale rifiuto del sistema economico capitalistico e della sua organizzazione statuale, in nome della credenza in un «ordine naturale», del quale sono parte la famiglia e la società, contrapposto a qualsiasi costruzione politica o forma organizzativa non liberamente concordata, cioè frutto dell'artificio o della violenza. Per P.A. Kropotkin, «gran parte dell'ordine che regna fra gli uomini non è effetto del governo. Ha le sue origini nei principi della società e nella naturale costituzione degli uomini».

Pertanto, l'introduzione dell'eguaglianza e della giustizia tra gli uomini diventa restaurazione dell'armonia sociale violata dalle istituzioni. Come scrive P. → Proudhon, «la giustizia è la stella centrale che governa la società» e «come l'uomo cerca la giustizia nell'eguaglianza, così la società cerca l'ordine nell'anarchia». L'antistatalismo si accompagna al rifiuto della religione e delle chiese come forme di alienazione dell'uomo, in quanto da esse trae origine lo spirito autoritario che poi si determina nelle istituzioni politiche; ma al tempo stesso permangono latenti nell'anarchismo categorie di interpretazione storica di tipo religioso (per es., la costante denuncia della società capitalistica come nuova Babilonia), che affiorano esplicitamente in Tolstoj, nella lettura del messaggio del Cristo come negazione dello stato, nell'anarchismo come vera religione, punto di approdo del mutamento sociale da attuare mediante una rivoluzione spirituale. Il tolstoismo e le forme di non violenza sono tuttavia soltanto una delle componenti del pensiero anarchico, più noto invece per la mitologia della rivoluzione come atto violento e liberatorio, della rivoluzione che «come la Nemesi degli antichi... avanza con il passo cupamente rimbombante del destino» (Proudhon) ed è opera di un movimento spontaneo delle masse, non di gruppi politici organizzati, giacché in questo caso comporterebbe nuove forme di imposizione e di dittatura. Di qui un'attività rivoluzionaria esclusivamente rivolta al mutamento della struttura economica e delle forme sociali, radicalmente scettica quanto all'efficacia degli strumenti politici, ancorché democratici e parlamentari («Ai poteri politici,» scrive Proudhon, «sostituiremo le forze economiche»). Su questo piano, la rivoluzione francese e il concetto di sovranità della nazione, con la sostituzione dello stato di diritto alla monarchia di antico regime, sono considerati (per es., da M. Stirner) come semplice trapasso da una schiavitù imposta a una schiavitù legittimata dal riconoscimento popolare. Il suffragio è per gli anarchici la tirannia del numero; la rappresentanza è una delega insindacabile di parte della libertà, che crea caste professionali sempre perpetuanti lo status costituito e la separazione tra governanti e governati. L'antistatalismo comporta inoltre il superamento della proprietà privata capitalistica, sia pure concepito in modo non univoco: abolizione della coercizione mediante una «equa distribuzione delle ricchezze» e con il contributo di ciascuno alla produzione comune, per W. Godwin; per Proudhon, «la proprietà è un furto», ma anche, come è meno noto, «la proprietà è libertà»: il suo attacco è infatti rivolto al monopolio e allo sfruttamento, al sistema della distribuzione più che a quello della produzione, in nome di una società nuova composta da liberi produttori-proprietari uniti dal mutualismo e dall'associazionismo; per M.A. → Bakunin, l'anarchismo si accompagna invece al collettivismo; per Kropotkin, esso si accompagna al comunismo. La vita sociale, senza costrizioni e coercizioni, deve fondarsi su rapporti volontari liberamente stipulati: questo concetto di fondo è costante in tutte le posizioni anarchiche, dal decentramento e dal localismo di Godwin alla critica proudhoniana del contrattualismo di Rousseau (anziché un contratto unico, che si trasforma in imposizione, una complessa rete di accordi rispettosi della eterogeneità della vita sociale, una federazione di «gruppi naturali» costituita dal basso in modo egualitario). Il federalismo libertario, quindi, è concepito come strumento di emancipazione, ma forse implica anche la visione mitica di una società precapitalistica di comunità contadine e artigiane. Non sarebbe questo l'unico elemento arcaicizzante di una ideologia composita, che ha tuttavia alimentato anche fautori e interpreti (politici o letterari) appartenenti ad ambiti culturali assai diversi e, almeno in apparenza, inconciliabili. *G. Ro.*

Anassagora (Clazomene, Asia Minore, 496 ca - Lampsaco, Asia Minore, 428 ca a.C.), filosofo greco. Della sua opera *Sulla natura* ci restano 22 frammenti che rivelano l'influenza di Anassimene, Parmenide, Zenone e forse Empedocle. Già noto per le sue originali dottrine, nel 462 venne dalla Ionia ad Atene, dove tenne scuola per trent'anni e introdusse lo studio della filosofia. Furono suoi discepoli Euripide, Archelao e forse Socrate. Pericle lo accolse nella sua cerchia e lo protesse. Nel 432 subì un processo per empietà per aver sostenuto teorie contrarie alla tradizione sui corpi celesti e per aver negato l'esistenza degli dei. L'accusa, mossa dagli ambienti conservatori, mirava a colpire uno dei più tipici esponenti dell'audace politica democratica del circolo di Pericle, aperto alle novità culturali e a un razionalismo che preludeva all'età della sofistica. Anassagora fuggì allora a Lampsaco, dove tenne ancora scuola. Come Empedocle e gli atomisti, Anassagora è un pluralista. Egli ammette la tesi parmenidea della omogeneità e unità del tutto (nulla nasce o perisce, ma tutto si unisce o si separa, poiché la totalità delle cose è sempre eguale a se stessa). Non ammette però che l'essere sia immobile e privo di determinazioni. La totalità dell'essere è originariamente una mescolanza caotica (*mîgma*) in cui stanno tutti i principi o «semi» qualitativi e infinitamente divisibili di cui saranno costituiti i vari corpi. (Aristotele li chiamò «omeomerie»: particelle similari.) L'organizzazione del *mîgma* è opera dell'intelletto (*noûs*), materia più leggera e sottile che, non essendo mescolata agli altri semi, tutti li governa con intelligenza. Platone e Aristotele riconobbero ad Anassagora il merito di aver così introdotto nella natura un principio finalistico. Il *noûs* ripartisce i semi in proporzioni diverse nelle varie cose, in modo che in ogni punto dell'universo tutte le qualità siano sempre rappresentate («tutto è in tutto», il che spiega i fenomeni naturali di trasformazione e di assimilazione); l'uomo però, «per la debolezza dei sensi», coglie solo le qualità dei semi quantitativamente prevalenti («ciò che appare è un fenomeno di ciò che non si vede con gli occhi»). Inoltre il *noûs* guida il movimento degli astri, che non sono divinità, ma «fuoco, terra e pietre». Anassagora diede grande impulso alla ricerca naturalistica, fondata, come egli diceva, sull'esperienza, la memoria e la tecnica. Gli sono anche attribuite la spiegazione razionale delle eclissi e della respirazione dei pesci, e ricerche sull'anatomia del cervello.

Anassimandro (Mileto 610/609-547/546 a.C.), scienziato e filosofo greco. Seguace di Talete, gli succedette a capo della scuola → ionica. Probabilmente fu maestro di Senofane e di Pitagora. Della sua opera *Della natura* ci rimane un solo frammento. Dalle testimonianze dossografiche posteriori (Aristotele, Simplicio, Aezio) sappiamo che a principio dell'universo Anassimandro pone l'*ápeiron* (l'illimitato): mescolanza originaria, eterna e infinita di tutte le cose. Da esso si generano gli elementi per progressiva separazione e opposizione dei contrari: caldo e freddo, secco e umido ecc. La visione del mondo di Anassimandro riflette una cosmologia pessimistica: la separazione dall'indefinito originario degli esseri generati, in opposizione tra di loro, genera la lotta e l'ingiustizia. Essi debbono perire ritornando nel Tutto indistinto, da dove verranno nuovamente generati. La tradizione attribuisce ad Anassimandro il primo modello geometrico della struttura dell'universo: la terra (di cui disegnò la prima carta) è un cilindro che occupa il centro comune di più cerchi, su cui si trovano, rispettivamente, le stelle, la luna e il sole.

Anassimene di Mileto (Mileto 586 ca - 528 ca a.C.), filosofo greco. Appartenne alla scuola → ionica; fu forse uditore di Anassimandro. Principio di tutte le cose è per Anassimene l'*aria*, sostanza mobile, infinitamente estesa ma ben definita qualitativamente. Il differenziarsi dei vari elementi dall'unica sostanza è spiegato da Anassimene in base al duplice processo per cui l'aria si modifica: *rarefacendosi*, essa dà origine al fuoco; *condensandosi*, genera progressivamente i venti, le nuvole, l'acqua, la terra, la pietra. Anassimene formula così una riduzione delle differenze qualitative a differenze quantitative: ciò che varia e differisce è soltanto la densità dell'unico principio. L'intero processo generativo si ripete per infiniti cicli cosmici, dando luogo contemporaneamente a diversi e infiniti mondi. Della sua opera *Sulla natura* ci è giunto un solo frammento.

Anceschi, Luciano (Milano 1911), filosofo e critico letterario italiano. Allievo di A. Banfi a Milano e poi professore di Estetica a Bologna, Anceschi ha posto le basi di una scuola di ispirazione fenomenologica che ha dato un importante contributo al dibattito filosofico sull'arte in Italia dopo Croce. Numerosi sono i suoi scritti di carattere teorico (*Autonomia ed eteronomia dell'arte*, 1933; *Progetto di una sistematica dell'arte*, 1962; *Gli specchi della poesia*, 1989), critico (*Le poetiche del Novecento in Italia*, 1961; *Le istituzioni della poesia*, 1968) e storico (*Barocco e Novecento*, 1960; *Da Bacone a Kant*, 1972). La teoria estetica di Anceschi si sviluppa innanzitutto come metodologia: per cogliere l'arte nella sua dialettica di autonomia e di eteronomia, cioè tanto nella sua intima legalità, quanto nel suo pieno inserimento nella vita, è necessario sospendere le risposte tradizionali alla domanda «che cos'è l'arte?». Prendendo in considerazione la riflessione critica dell'artista, le allusioni e i modi della sua poetica, si individuano le «istituzioni» della poesia, cioè le condizioni culturali e di tradizione che contribuiscono alle scelte espressive. Si possono poi confrontare istituzioni di epoche diverse: l'affinità tra quelle del barocco e quelle dell'avanguardia novecentesca costituisce una tesi caratteristica dell'opera storica di Anceschi.

Andronico di Rodi (sec. I a.C.), filosofo greco. Peripatetico, capo della scuola aristotelica dal 78 al 47, condusse, sulla base della raccolta curata dal grammatico e bibliotecario Tirannione, la prima edizione completa delle opere filosofiche e scientifiche, raggruppate per materia, di Aristotele e Teofrasto. Risale a lui il titolo di *Metafisica* attribuito all'opera di Aristotele comprendente i 14 libri relativi alla filosofia prima che, nella sua edizione, seguiva i libri della *Fisica* (*metà tà physikà*) dando dunque alla definizione un significato esclusivamente tecnico-bibliografico.

anfibolia (in gr. *amphibolía*, ambiguità), originariamente, ambiguità di tipo sintattico, dovuta cioè alla costruzione equivoca di un'espressione o di una frase, tale che il senso ne risulta oscuro e interpretabile in modi diversi od opposti: per es. l'espressione «la paura dei nemici» può significare sia la paura che si ha dei nemici (cosiddetto genitivo oggettivo), sia la paura che i nemici hanno di noi (genitivo soggettivo); e la frase «Lucia disse a Mario di darle il suo gatto» ha un senso diverso a seconda che «suo» sia riferito a Lucia oppure a Mario. In greco e in latino l'anfibolia caratteristica è quella delle frasi all'infinito che hanno soggetto e oggetto entrambi all'accusativo: per es. «*Aio te, Aeacida, Romanos vincere posse*» («Dico che tu, Eacida, vincerai i Romani»; «Dico che i Romani ti vinceranno, Eacida»), detto enigmaticamente dalla Pizia a Pirro (Ennio, *Annales* VI, 186).

Aristotele considera l'anfibolia un paralogismo o fallacia sofistica *in dictione* dipendente dalla difettosa costruzione grammaticale, distinta dall'*omonimia* o equivocità lessicale di un termine che può significare due o più cose (*Confutazioni sofistiche* 4, 165*b* 23sgg.). In Kant, l'anfibolia designa invece un'ambiguità di tipo concettuale ed è termine tecnico della *Critica della ragion pura*, dove è introdotto in appendice all'Analitica trascendentale. L'anfibolia riguarda i concetti di riflessione, cioè consiste nell'uso equivoco di identità e differenza, accordo e contrasto, interno ed esterno, materia e forma, quando tali concetti siano riferiti non ai fenomeni, ma all'«oggetto puro» dell'intelletto (come avviene, secondo Kant, nel sistema di Leibniz, «che intellettualizzò le apparenze» a differenza di Locke che «aveva sensualizzato tutti quanti i concetti dell'intelletto»). L'anfibolia trascendentale è dunque un «inganno della riflessione trascendentale» dovuto alla «confusione dell'uso empirico dell'intelletto con l'uso trascendentale».

angelo, messaggero o servo degli dei o di Dio (in gr. *ánghelos*, inviato). Nella tradizione biblica l'esistenza degli angeli non è oggetto di un insegnamento positivo, ma è presupposta come un dato culturale. Nell'Antico Testamento essi sono presentati come esseri che formano le schiere celesti attorno al trono di Dio, o come suoi messaggeri; fa eccezione la figura dell'«angelo del Signore», che si identifica con Dio stesso. Nel Nuovo Testamento, che accenna pure a una loro caduta, appaiono in momenti particolari della vita di Gesù e all'inizio della vita della chiesa. A partire dal medioevo gli angeli sono concepiti quali esseri creati, personali, «puri spiriti» e si compie una combinazione tra i dati biblici e la cosmologia aristotelica, identificando con gli angeli le intelligenze motrici delle sfere celesti. La suddivisione degli angeli in nove «cori» (angeli, arcangeli, principati, potestà, virtù, dominazioni, troni, cherubini, serafini) risale ai padri della chiesa ed è codificata nel *De coelesti hierarchia* di Dionigi Areopagita. Secondo alcuni orientamenti teologici contemporanei, l'angelologia biblica va interpretata come un modo di esprimere, nelle forme proprie della mentalità e della cultura religiosa dell'epoca, la fede nell'intervento provvidenziale e molteplice di Dio a favore dell'uomo. Gli angeli quali messaggeri si trovano anche nell'islamismo, che dipende dalle concezioni bibliche, mentre nel mazdeismo le figure più importanti di angeli sono entità cosmologico-etiche (*ameshaspenta*, santi immortali) e numerose altre ipostasi di antichi dei, anime e concetti.

Angiulli, Andrea (Castellana, Bari, 1837 - Roma 1890), filosofo e pedagogista italiano. Allievo di B. Spaventa, si distaccò dall'idealismo del maestro, tentando di formulare una «filosofia positiva» lontana sia dalla «religione dell'Umanità» di Comte sia dall'agnosticismo di Spencer. La ricerca filosofica deve muovere dai fenomeni e dall'esperienza, evitando il dogmatismo metafisico, ma anche la negazione scettica dell'oggettività. In pedagogia, Angiulli tese a privilegiare gli aspetti tecnici dell'educazione, sostenendo, fra l'altro, che la formulazione di qualsiasi metodo didattico non può prescindere dai dati della ricerca antropologica e sociologica. Opera filosofica principale: *La filosofia e la ricerca positiva* (1868); tra le opere pedagogiche: *La pedagogia, lo stato e la famiglia* (1876), *La filosofia e la scuola* (1888).

anglicanesimo, termine con cui si indica quel movimento religioso che, nella dottrina e nella prassi, fa capo alla chiesa anglicana, o meglio, alla «comunione anglicana», come complesso di chiese (nelle Isole britanniche e altrove, soprattutto nelle zone di espansione coloniale inglese) che sono appunto in comunione con la sede primaziale arcivescovile di Canterbury. Anche un breve richiamo alla sua storia mostra quanto sia difficile una definizione astratta dei contenuti dottrinali dell'anglicanesimo: è infatti una storia in cui istanze politiche, esigenza di continuità con il passato, attrazione del protestantesimo continentale si scontrano e si compongono variamente. Al 1534 risale l'Atto di supremazia di Enrico VIII, che consacra lo scisma con Roma; nel 1549, a opera dell'arcivescovo Th. Cranmer (1489-1556), esce la prima edizione del *Libro della preghiera comune* [*Book of Common Prayer* o *Prayer Book*], testo liturgico ufficiale imposto con l'*Atto di uniformità*; nel 1553 sono pubblicati *I Quarantadue articoli* (*Trentanove* dal 1563), base dottrinale della chiesa anglicana. Il periodo 1649-1658 (epoca di Cromwell) segna il trionfo del puritanesimo e la repressione delle tendenze anglocattoliche, affermatesi precedentemente con W. Laud (1573-1645), arcivescovo di Canterbury; nel 1689 Guglielmo III d'Orange, chiamato al trono inglese dopo la reazione antipuritana di Carlo II e Giacomo II, instaura principi di tolleranza religiosa. Nel 1736 il teologo J. Butler pubblica *Analogia fra religione naturale e rivelata*. Nel 1738 avviene la «conversione» di J. Wesley (1703-1791), da cui prende le mosse il → metodismo, con le sue istanze antidottrinarie e di attivismo sociale; nel 1795 il metodismo si separa definitivamente dalla chiesa anglicana; nel 1833 inizia a Oxford il movimento anglocattolico, il cui momento culminante è il passaggio al cattolicesimo di J.H. Newman (1801-1890); nel 1928 la revisione del *Book of Common Prayer* viene bocciata dal parlamento; nel 1976 la Convocazione della chiesa decide in linea di principio la possibilità di conferire il sacerdozio alle donne - decisione poi sancita nel 1992.

Da questi pochi elementi già emergono i molteplici termini di riferimento e le intricate linee di sviluppo dell'anglicanesimo. È indubbio che temi dottrinali della «Protesta» (nelle diverse accezioni di Lutero, Calvino, Zwingli, Bucero) sono assunti e tradotti nella sempre autorevole formulazione dei *Trentanove articoli* (il rapporto con lo stato, la giustificazione, il riferimento alle Scritture, la nozione stessa di chiesa, l'Eucaristia, la predestinazione). Questi motivi vengono elaborati e, in casi estremi (puritanesimo, metodismo), generano espressioni ormai estranee alla matrice originaria; ma essi trovano spesso, in forma più moderata, spazio e composizione all'interno dell'anglicanesimo stesso. Per altri versi, l'istanza romano-cattolica è tuttora attiva nella chiesa anglicana (→ anglocattolicesimo). E ancora: se l'istanza evangelica (anzi, talvolta «biblicistica») è forte, essa non oscura mai quella «umanistica», che sfocia, per es., nello spazio concesso alla concezione della «religione naturale» in J. Butler (1692-1752), o al liberalismo teologico di S.T. Coleridge (1772-1834), o al socialismo cristiano di Ch. Kingsley (1829-1875), oppure, ultimamente, agli interventi più spericolati di J.A.T. Robinson, vescovo di Woolwich. Questa latitudine degli spazi di comunione dell'anglicanesimo ha trovato espressione anche nella stratificazione della chiesa anglicana in *High Church* (Chiesa alta), conservatrice, cattolicheggiante nel ritualismo; *Low Church* (Chiesa bassa), di tendenza pietista, con forte preoccupazione evangelico-sociale; e, si può aggiungere, *Broad Church* (Chiesa larga), aperta soprat-

tutto al liberalismo teologico e alle tendenze sociali sopra citate. Tali partizioni hanno però oggi perso di peso dinanzi a situazioni pastorali totalmente nuove (scristianizzazione, secolarizzazione, sincretismo).
Il contributo dell'anglicanesimo alla storia moderna del cristianesimo è ricco e complesso: l'esperienza secolare della ricerca di una «via media» tra le diverse tendenze interne ha consentito all'anglicanesimo di assumere un ruolo di primo piano nel movimento ecumenico; la «questione sociale» vi ha trovato, sin dal sec. XVIII, vivace attenzione e varietà di soluzioni; sul piano scientifico, a parte gli apporti nell'ambito della filosofia della religione (e, recentemente, dell'analisi del linguaggio religioso), l'*humus* anglicano, con le sue componenti di fedeltà alla tradizione antica e di disponibilità alla modernità, ha favorito la ricerca biblica, patristica, liturgica, con risultati importanti e tuttora validi, a partire dalla fine del secolo scorso (per es., per l'Antico Testamento, S.R. Driver; per il Nuovo Testamento, F.J. Hort e B.F. Westcott; per i padri della chiesa, J.B. Lightfoot). Non va dimenticata la straordinaria opera di diffusione del testo biblico, soprattutto da parte della British and Foreign Bible Society, dal 1804. *P.C. Bo.*

anglocattolicesimo, movimento dottrinale e liturgico sviluppatosi, dalla prima metà del sec. XIX, nell'ambito della Chiesa alta anglicana. Si caratterizza per un'interpretazione dell'anglicanesimo in senso cattolicizzante, secondo la «via media» elaborata inizialmente da H.J. Newman (movimento di Oxford), e si rifà a talune idee di teologi anglicani del Sei e Settecento. L'anglocattolicesimo, che esprime un'esigenza particolarmente viva negli ambienti ecclesiastici anglicani, riafferma in particolare la continuità della successione apostolica, l'importanza della vita sacramentale, del culto eucaristico e mariano, della tradizione liturgica, la validità dell'ideale monastico e religioso; ha inoltre uno spiccato orientamento ecumenico, soprattutto nei riguardi delle chiese cattolico-romana e cristiano-orientale. Tra i suoi esponenti vanno ricordati lord C.L.W. Halifax, lo scrittore T.S. Eliot e l'arcivescovo A.M. Ramsey. *P.C. Bo.*

angoscia, termine introdotto nella tradizione filosofica da Kierkegaard con l'opera *Il concetto dell'angoscia* (1844): con tale concetto egli designa lo stato dell'uomo di fronte all'esistenza, che gli si presenta come possibilità indeterminata in cui si cela sempre l'alternativa della morte. A tale situazione di angoscia esistenziale l'uomo può rispondere fondamentalmente in due modi: con il suicidio, negazione radicale di ogni possibilità, o con la fede, attraverso la quale l'uomo fa appello alla sorgente stessa di ogni possibilità. La nozione di angoscia è stata sviluppata, nella filosofia del Novecento, da Heidegger, che la concepisce come il sentimento della mancanza di alternative che caratterizza l'esistenza umana in quanto «essere per la morte», e quindi come sentimento dell'impossibilità di ogni progetto umano. L'unica prospettiva dell'uomo in tale condizione è l'accettazione, per mezzo di una scelta positiva, del proprio destino ineluttabile: la necessità si trasforma così in libertà. Un'analoga concezione dell'angoscia come sentimento negativo dell'impossibilità che sta alla radice dell'esistenza è riscontrabile in K. Jaspers e in J.-P. Sartre.

angoscia - ansia, emozione negativa caratterizzata dal timore di pericoli imminenti nei confronti dei quali si avverte dolorosamente la propria impotenza; è associata a manifestazioni somatiche quali dispnea, accelerazione del battito cardiaco, contrazioni della muscolatura liscia ecc. In tedesco esiste l'unico termine *Angst* e in inglese l'unico termine *anxiety*; in italiano, invece, possono essere usati intercambiabilmente «ansia» e «angoscia»; va tuttavia precisato che spesso gli psichiatri italiani parlano di «ansia» in riferimento agli aspetti puramente psichici di quest'emozione, e di «angoscia» in riferimento alle sue manifestazioni somatiche, soprattutto quando queste ultime sono molto vistose; e che gli psicoanalisti italiani quasi sempre traducono con «angoscia» l'*Angst* di Freud, mentre in psicologia i nostri autori usano il termine «ansia».
• *L'angoscia nella psicoanalisi.* Freud attribuisce molta importanza all'angoscia, e ne fornisce un'interpretazione psicogena, al contrario delle vecchie teorie somatogene che ne attribuivano la causa al malfunzionamento del sistema neurovegetativo. Inizialmente Freud concepisce l'angoscia come la risultante soggettiva di una tensione libidica accumulata ma non scaricata. In questa prima fase, fra il 1893 e il 1895, egli definisce il quadro clinico della «nevrosi d'angoscia» (angoscia delle vertigini, angoscia provocata nelle donne dal coitus interruptus, angoscia provocata dall'astinenza sessuale ecc.), la inquadra fra le → nevrosi attuali e la distingue sul piano sintomatico dalla → nevrastenia, in cui manca il predominio dell'angoscia, e dall' → isteria, a differenza della quale la nevrosi d'angoscia da un lato non privilegia oggetti specifici e d'altro lato deriva dall'accumulazione di un'eccitazione sessuale che si esprime direttamente sul piano sintomatico senza un processo intermedio di elaborazione psichica. In una seconda fase, intorno al 1915, Freud individua il prototipo dell'angoscia dell'adulto nella reazione del neonato all'esperienza traumatica della nascita, ovvero della separazione dalla madre come oggetto amato.
Nel 1926, infine, in *Inibizione, sintomo e angoscia*, Freud sottopone le sue precedenti teorie dell'angoscia a una revisione generale, aggiungendo al ruolo della libido il ruolo della difesa

dell'Io e del Super-Io, e definisce le tre nozioni di «angoscia di fronte a una situazione reale», «angoscia automatica» e «segnale d'angoscia». La prima deriva da un effettivo pericolo esterno, e si contrappone all'angoscia derivante dalle pulsioni interne all'individuo. L'angoscia automatica e il segnale d'angoscia si contrappongono l'una all'altro, sebbene ambedue siano risposte dell'Io all'aumento della tensione pulsionale e ambedue vadano riportate alla condizione di impotenza psichica e biologica del neonato. L'angoscia automatica insorge quando l'individuo è sopraffatto da un afflusso di stimolazioni endogene o esogene che, per il loro numero eccessivo e/o per la loro troppo elevata intensità, non riesce a controllare e scaricare; rappresenta in altri termini un insuccesso della difesa, e compare per esempio negli incubi notturni. Viene anche chiamata «angoscia primaria», in rapporto alla situazione traumatica derivante dalla perdita dell'oggetto amato nel primo anno e mezzo di vita; il suo prototipo è l'angoscia di castrazione. Quanto al segnale d'angoscia, esso è caratteristico delle psiconevrosi, e ha una funzione preventiva e protettiva contro l'insorgere della nevrosi automatica, cioè mediante un affetto non eccessivamente doloroso avverte l'Io della minaccia rappresentata da una forma di angoscia automatica precedentemente vissuta dall'Io stesso in modo passivo e molto doloroso; per es. è il segnale d'angoscia che ci fa svegliare prima che un sogno diventi incubo.

Dopo Freud gli psicoanalisti hanno ulteriormente e in vari modi specificato il termine angoscia. In particolare, Karen Horney parla di «angoscia di base» riferendosi ai sentimenti di insicurezza e di ostilità reattiva verso l'ambiente sociale derivanti dal rapporto patologico fra l'individuo e i suoi genitori; e Melanie Klein parla di «angoscia depressiva» e di «angoscia persecutoria» in età infantile: la prima consiste nella paura di perdere o danneggiare l'oggetto amato, e predomina nella «posizione depressiva», mentre la seconda, derivante dal travaglio della nascita, è relativa alle minacce incombenti sul bambino, e predomina nella «posizione paranoide-schizoide» (→ paranoia).

• *L'ansia nella psicologia.* L'interesse degli psicologi per l'ansia si è sviluppato dopo quello degli psicoanalisti, e a differenza di questi ultimi essi ne hanno affrontato lo studio in una prospettiva non tanto esplicativa quanto descrittiva, cioè hanno cercato di definirla in termini operativi rigorosi e di coglierne le interrelazioni con le altre manifestazioni della personalità. Nella storia della psicologia l'ansia occupa un posto di primo piano nel sistema di J. Watson, che la interpreta come una delle emozioni fondamentali del neonato, matrici di tutto il successivo repertorio emozionale dell'adulto. Sebbene introspettivamente l'ansia (relativa a un pericolo indeterminato) sia diversa dalla paura (relativa a un pericolo ben definito), le concomitanti fisiologiche della prima (in particolare l'accresciuta secrezione dell'ormone epinefrina da parte delle ghiandole surrenali) sembrano essere identiche a quelle della seconda. Gli esperimenti sull'uomo, limitati da ovvie ragioni di ordine etico, mirano principalmente ad appurare i «livelli di tolleranza» all'ansia. Sugli animali di laboratorio, invece, sono state condotte molte ricerche, che si avvalgono soprattutto della «nevrosi sperimentale», generatrice di uno stato d'ansia permanente; si è potuto per es. dimostrare che le femmine di ratto rese ansiose trasmettono l'ansia ai loro piccoli fin dal periodo della gravidanza. In → etologia l'ansia occupa un posto importante nella teoria dell'*imprinting*. In psicologia dell'età evolutiva i cognitivisti (→ cognitivismo) interpretano l'«ansia di fronte agli estranei» (fenomeno normale e transitorio che insorge nel bambino verso gli otto mesi di vita) come indice di un più ampio processo di sviluppo che implica l'acquisizione della capacità di effettuare discriminazioni percettive fra i lineamenti familiari dei genitori e quelli non familiari, sebbene simili, delle altre persone. In psicologia della personalità generalmente si distingue l'ansia patologica da quella normale, che ha una funzione positiva in quanto incentivo dell'attività e della crescita personale. Infine, in psicologia differenziale esistono molte «scale di ansia», come quella di G.S. Mandler e S.B. Sarason (1952) e quella di R. Alpert e R.N. Haber (1960), composte di diversi *items*, standardizzate su vaste popolazioni e controllate sul piano della validità. *S. Ma.*

anima, termine di origine latina (da *anima*, che ha la stessa radice del gr. *ánemos*, vento, e lo stesso senso di *spiritus*, in gr. *pnêuma*, aria, soffio, respiro) che indica convenzionalmente il principio dell'attività cosciente dell'uomo e, più in generale, il principio della vita di ogni vivente. L'indagine antropologica ha rivelato che nelle civiltà cosiddette primitive esiste la concezione dell'anima intesa soprattutto come principio vitale. Tale principio può essere materializzato e identificato con organi o parti del corpo (per es., il grasso delle reni presso indigeni dell'Australia) o con il respiro, l'ombra ecc., oppure può essere identificato con un oggetto o un animale, che si configura così come «anima esterna»; nozione quest'ultima presente in varie forme sia nella cultura primitiva sia nella favolistica europea. La concezione dell'anima come principio distinto in qualche modo dal corpo e a esso sopravvivente è propria di molte dottrine religiose antiche, quali l'orfismo, le religioni babilonese, egiziana, iranica; in alcune religioni orientali, come nel buddhismo e nel brahmanesimo, si ammette anche una trasmigrazione delle anime (→ metempsicosi).

Il pensiero filosofico e religioso cristiano accentua la distinzione dell'anima dal corpo e tende a concepire l'uomo come risultante da due principi, l'uno materiale (il corpo) e l'altro spirituale (l'anima). Le antropologie prefilosofiche dei popoli indoeuropei, invece, non insistono sull'interpretazione dualistica dell'uomo: in Omero il termine *psychē* non significa l'anima contrapposta al corpo, ma il soffio vitale che alla morte fuoriesce dal corpo e continua a vivere come ombra inconsistente. Anche nell'antropologia ebraica veterotestamentaria l'uomo è inteso unitariamente: l'anima è designata prevalentemente con *nèfesh*, termine che indica sia la vita vegetativa, sia la vita spirituale (la conoscenza e i sentimenti religiosi) e che ha un significato molto vicino a quello di *rûach* (respiro, soffio); entrambi i termini designano l'unica forza vitale cui si riferiscono le manifestazioni dell'uomo aventi un carattere spirituale, sensitivo e vegetativo. Anche i corrispondenti termini neotestamentari escludono una visione dualistica fra corpo e anima: alla *psychē* (anima) si attribuiscono i sentimenti dell'appetito «concupiscibile» (gioia e tristezza); allo *pnêuma* (spirito) si attribuiscono i sentimenti dell'appetito «irascibile» (ira, pazienza, dolcezza).

La concezione dualistica dell'uomo compare per la prima volta in modo netto in Platone, che intende l'anima come un principio di natura diversa dai corpi, affine al mondo delle idee, preesistente al corpo e immortale. La stessa concezione, mediata dalle riflessioni stoiche e neoplatoniche, è fatta propria dalla maggioranza dei padri della chiesa, in particolare da Agostino, che definisce l'anima come «una sostanza dotata di ragione, destinata a reggere il corpo»: essendo una sostanza indipendente dal corpo, è logico che l'anima non debba morire alla morte di quest'ultimo, ma continui a vivere sino alla resurrezione finale, quando essa riprenderà il corpo. Una forte critica all'antropologia platonica è svolta da Aristotele, per il quale l'anima va intesa come forma (*entelécheia*) del corpo, ossia come il principio determinatore e specificatore del corpo, al quale dà la vita. Poiché i fenomeni della vita suppongono determinate operazioni costanti e nettamente differenziate, l'anima deve avere, secondo Aristotele, capacità o funzioni o parti che presiedano a queste operazioni: l'anima *vegetativa* presiede alla generazione, alla nutrizione e alla crescita; l'anima *sensitiva* presiede all'attività sensitiva e al movimento; l'anima *intellettiva* o *razionale* presiede alla conoscenza, alla deliberazione e alla scelta. Le tre anime non sono separate, ma semplicemente distinte, come esige l'istanza unitaria della dottrina psicologica di Aristotele, la quale ha il merito di superare il dualismo, anche se pone una nuova difficoltà: in che rapporto sta l'anima intellettiva con le altre? È nota la risposta aristotelica: l'intelletto, essendo il principio per cui l'uomo conosce e riflette, non è mescolato al corpo, ma è per natura separato, immortale, «divino». Aristotele non stabilisce però se tale intelletto sia individuale o no, e in quali rapporti stia con le parti sensibili e con l'atteggiamento morale dell'uomo. Alcuni aristotelici, sottolineando la strettissima unità e l'inseparabilità di corpo e anima, giungono a negare l'immortalità dell'anima propria del singolo uomo (Alessandro d'Afrodisia e Averroè), mentre altri rivendicano l'immortalità personale (Temistio e Avicenna).

A Tommaso d'Aquino si deve il tentativo di sistemare organicamente la teoria aristotelica e, in particolare, lo sforzo di conciliare la teoria dell'anima come forma del corpo con la visione platonico-cristiana dell'anima sostanza: l'anima intellettiva è l'unica forma sostanziale dell'uomo, è perciò l'unico principio dell'essere dell'uomo. Non vi sono in lui un'anima vegetativa e un'anima sensitiva distinte da quella intellettiva, perché quest'ultima, in quanto più perfetta, può assolvere le funzioni delle forme inferiori: le manifestazioni corporee sono esplicazioni e realizzazioni della vita specificamente umana. Per Tommaso, tuttavia, l'anima è anche una sostanza spirituale, perché è una forma *sussistente*, la quale, a differenza dalle altre forme che attivano la materia, ha un essere in proprio e non partecipa soltanto all'essere del singolo, come dimostra il fatto che l'anima ha delle attività (la conoscenza di tutti i corpi, la conoscenza degli universali e l'autocoscienza) cui il corpo non partecipa.

Nel rinascimento riemergono le due posizioni antagoniste: i platonici sostengono la spiritualità e l'immortalità dell'anima (Marsilio Ficino), mentre gli aristotelici, seguendo Alessandro d'Afrodisia e Averroè, la negano (P. Pomponazzi). Nella filosofia moderna si insiste sempre meno sull'unitarietà dell'uomo, in favore di un rinnovato dualismo: in Cartesio la dualità di corpo (*res extensa*) e anima (*res cogitans*) è radicale, perché il primo esiste e funziona in forza di principi propri, puramente materiali, mentre la seconda è coscienza pura, costituisce la quintessenza dell'uomo e, come tale, potrebbe esistere anche senza il corpo. La distinzione corpo-anima viene assolutizzata nell'occasionalismo di Malebranche (che vede nel pensiero e nella volontà delle mere occasioni perché Dio agisca sul corpo) e nella teoria dell'armonia prestabilita di Leibniz. La critica di Hume al dualismo razionalista si fonda su una visione dell'anima come un fascio di fatti o eventi psichici in perpetuo flusso e movimento; da qui deriva la successiva interpretazione materialistica, che intende i fenomeni della coscienza come il riflesso interiore dei processi fisiologici (parallelismo psicofisico).

La critica post-idealistica del concetto di spirito come opposto o negazione del corpo ha rilanciato, nel Novecento, un discorso filosofico sull'anima come principio vitale e non puramente spirituale-razionale; l'anima è qui un principio inconsapevole, notturno e naturale, che si contrappone non al corpo, ma allo spirito come principio astratto (L. Klages, *Lo spirito come antagonista dell'anima*, 3 voll., 1929-32).

anima bella, espressione già presente nella tradizione neoplatonica e che assume un significato preciso nel saggio *Grazia e dignità* (1793) di F. Schiller, dove è definita come caratteristica di chi realizzi una perfetta moralità per ispirazione spontanea, senza alcuna lotta con le passioni. Il termine di riferimento critico è il rigorismo dell'etica di Kant: «sublime» è l'atteggiamento di chi si sottometta alle leggi morali, o agli imperativi della ragione, in contrasto con le proprie tendenze naturali; mentre l'anima bella esegue la virtù per inclinazione, senza sforzo. La fortuna della nozione di anima bella nella cultura tedesca del primo Ottocento è legata al clima romantico, nel quale viene a caricarsi di toni misticheggianti. Come tale, essa viene presentata criticamente nelle «Confessioni di un'anima bella», VI libro degli *Anni di noviziato di Wilhelm Meister* di Goethe. Analogamente, nella *Fenomenologia dello spirito* Hegel dedica un'intera sezione («La coscienziosità; l'anima bella, il male e il suo perdono») alla denuncia della presunzione narcisistica e dello sterile contemplativismo che egli individua come caratteristiche dell'anima bella, contrapponendovi un'etica dell'operosità nella società e nella storia.

anima del mondo, nozione che, dalle antiche cosmologie mitiche d'origine orientale, è passata nel pensiero greco attraverso il *Timeo* di Platone: il mondo è da considerare come un «grande animale», onde render conto della universale fertilità e vitalità che vi si riscontra, e quindi gli deve essere stata congiunta un'anima dal Demiurgo. Gli stoici identificano l'anima del mondo con Dio, da loro inteso come immanente al mondo. Per Plotino, l'anima del mondo sta a mezzo fra l'Intelletto, dal quale procede così come questo procede dall'Uno (Dio), e il mondo materiale, a cui essa dà ordine. Presente soltanto in certe zone del pensiero medievale, come la scuola di Chartres, la nozione ebbe grande fortuna nel contesto del pensiero magico che domina il rinascimento: essa infatti ben si prestava a render conto delle corrispondenze che s'immaginavano fra i vari ordini della realtà (per es., fra i pianeti, i minerali e i temperamenti degli uomini ecc.). Una ultima eco se ne avrà nella filosofia romantica della natura (per es., nell'opera di Schelling); ma nel frattempo la nozione era definitivamente tramontata dal pensiero europeo, con lo sviluppo della nuova scienza della natura, nel sec. XVII.

animali, → etica applicata.

animismo, termine introdotto dall'antropologo evoluzionista E.B. Tylor (*Cultura primitiva*, 1871) per indicare la primitiva (e anche primordiale, per l'analogia fra «primitivo» e «primordiale» che contraddistingue l'evoluzionismo) forma minimale di religione, consistente nella credenza che tutte le creature viventi, le piante e gli oggetti possiedono un principio vitale chiamato *anima*. La matrice psicologica delle credenze animistiche sarebbe individuabile nel sogno (ma anche nel sonno, nella malattia e nella morte, cioè in tutte le situazioni in cui l'anima sembra distaccarsi dal corpo), un'esperienza da cui il primitivo trarrebbe la convinzione di possedere un *alter ego*, un «doppio» che vive una vita diversa da quella del corpo, e lo attribuirebbe, per estensione, agli animali e agli oggetti inanimati. Tale teoria, molto discussa, e abbandonata in seguito la sua dipendenza dall'evoluzionismo, ha posto però le premesse per il concetto di proiezione ripreso poi da W. Wundt e da E. Durkheim, in base al quale è l'uomo che pone la → potenza, e dunque la trascendenza, riflettendo su se stesso, anziché trarre il senso della potenza dall'esterno (come pensava il *naturismo*) e cioè con la personificazione e adorazione delle forze naturali.

Anniceri di Cirene (fine sec. IV a.C.), filosofo greco. Sviluppò all'interno della scuola cirenaica (o cirenaici) una dottrina etica altruistica: i piaceri spirituali, che si fondano sulla *simpatia* verso i propri simili, hanno maggior valore di quelli sensibili, meno stabili e duraturi; Anniceri si contrapponeva in ciò all'etica degli altri cirenaici, Teodoro l'Ateo ed Egesia, in particolare.

anomia, termine di origine greca (alfa privativo e *nómos*, legge) che designa una situazione in cui le norme che regolano una società appaiono oggettivamente inadeguate alla loro funzione, oppure cessano di essere espressione di un valore e perdono quindi di efficacia. Secondo E. Durkheim (*La divisione del lavoro sociale*, 1893; *Il suicidio*, 1897), il concetto di anomia è correlabile al passaggio da una società a solidarietà meccanica (scarso grado di divisione del lavoro sociale, con rappresentazioni collettive che svolgono una efficace funzione integratrice) a società a solidarietà organica (alto grado di divisione del lavoro, diffusa articolazione di funzioni e ruoli sociali, presenza di un sistema di norme che integra nella «coscienza collettiva» i desideri illimitati dei singoli e i conflitti di interessi tra i gruppi). L'accentuazione del grado di divisione del lavoro sociale, o divisione «anomica» del lavoro, può provocare una situazione in cui il processo di produzione delle nuove funzioni sociali risulta più rapido del processo di produzione delle norme e dei valori capaci di integrarle nella coscienza collettiva. Lo stato anomico della società, il suo disinte-

grarsi per effetto della crisi di legittimità dei valori e delle norme che l'avevano tenuta coesa, si riflette in uno stato particolare degli individui: nel suicidio (più propriamente nella sua forma anomica) è possibile cogliere — secondo Durkheim — la concentrazione dei motivi di disadattamento prodotti dalla disintegrazione sociale capace di portare alla disintegrazione della personalità.
In R.K. Merton (*Teoria e struttura sociale*, 1957) si ha un approfondimento teorico del problema dell'anomia che costituisce uno dei pilastri della scuola struttural-funzionalistica nordamericana che per un quarto di secolo ha dominato la sociologia. Secondo Merton, l'anomia nasce dal fatto che in determinate società si generalizzano e vengono interiorizzate forti spinte al raggiungimento di fini che sono propri di classi o strati dominanti. L'anomia appare dunque come una frattura nella struttura culturale che sarà evidentemente subita da coloro che, pur interiorizzando i fini della classe o dello strato dominante, non avranno alcuna possibilità di vederli soddisfatti. A questa frattura tali soggetti reagiranno dando luogo a una gamma di reazioni differenziate. Si avranno così i *conformisti*, che accettano i fini e possono usufruire dei mezzi; gli *innovatori*, che accettano i fini ma rifiutano i mezzi e ne pretendono di nuovi; i *ritualisti*, che accettano i mezzi ma non più i fini; i *rinunciatari*, che passivamente non accettano né i mezzi né i fini; i *ribelli*, che rifiutano fini e mezzi ma per propugnare un altro assetto sociale. In questa tipologia tutti i non conformisti sono considerati devianti e la devianza risulta un adattamento conseguente alla situazione anomica.

Anselmo d'Aosta o di Canterbury (Aosta 1033 - Canterbury 1109), filosofo e teologo; santo. Fu abate del monastero del Bec in Normandia (1078) e arcivescovo di Canterbury dal 1093 alla morte. Nel *Monologion* Anselmo elabora delle dimostrazioni a posteriori dell'esistenza di Dio, basate sull'analisi della gradualità delle perfezioni presenti nelle cose sensibili (bontà, grandezza, essere). Nel *Proslogion* è invece contenuto il celebre argomento → ontologico, una dimostrazione a priori dell'esistenza di Dio che parte dalla constatazione che tutti gli uomini concepiscono Dio come «l'essere di cui non si può pensare nulla di maggiore». Tale essere esiste dunque almeno nella mente; ma è assurdo che esista solo nella mente, perché si può pensare un essere siffatto che esista sia nella mente sia nella realtà, e questo sarebbe maggiore del precedente. Per evitare la contraddizione è dunque necessario dire che l'essere di cui non si può pensare il maggiore esiste tanto nel pensiero quanto nella realtà. La validità di questo argomento venne contestata da un contemporaneo, il monaco Gaunilone, il quale nel *Liber pro insipiente* sostenne che dalla definizione di Dio come essere di cui non si può pensare nulla di maggiore non se ne può ricavare l'esistenza, come dal concetto di un'isola perfettissima non si può dedurre la sua esistenza reale. A questa critica Anselmo rispose rilevando che solo nel caso dell'essere perfettissimo è lecito affermare che l'esistenza reale è una perfezione che gli compete necessariamente: diversamente, tale essere non sarebbe il perfettissimo.
Circa i rapporti tra fede e ragione, Anselmo nel *Monologion* assegna alla ragione il compito di tradurre la certezza della fede in evidenza razionale (*intelligo ut credam*); nelle opere successive egli modifica il suo atteggiamento e afferma che è necessario mettere il contenuto della fede a fondamento dell'indagine razionale. La soluzione anselmiana al problema degli → universali consiste in un realismo di stampo platonico, per il quale le vere essenze delle cose coincidono con le idee esemplari contenute nella mente del creatore; nelle opere logiche di Anselmo (*De veritate*, *De grammatico*) sono inoltre contenute rilevanti anticipazioni circa le teorie del significato, della supposizione e dell'appellazione.

Anselmo di Laon (Laon 1050 ca - 1117), teologo e filosofo francese. Le sue *Sententiae* sono raccolte di testi dei padri della chiesa, suddivisi per temi (Dio, la creazione, la libertà, l'uomo ecc.), argomentati con prove razionali. Con questa opera egli introdusse in teologia un nuovo genere; le *Sententiae* precorrono le grandi raccolte sistematiche di Abelardo e Pier Lombardo. Maestro nella scuola cattedrale di Laon, Anselmo ebbe come discepoli Guglielmo di Champeaux, Abelardo e Gilberto Porretano.

ansia, → angoscia - ansia.

antenati, in antropologia, i morti — generalmente di sesso maschile — che appartengono a una famiglia e per estensione a un gruppo, e che, attraverso un processo di depersonificazione, perdono le loro caratteristiche malefiche personali per entrare a far parte di una realtà trascendente e indeterminata, diventando *eroi* o *fondatori culturali*. Gli aspetti utili per il gruppo che assume il morto-antenato variano a seconda dei singoli contesti culturali: così, per es., presso gli australiani, l'antenato, in forma umana, animale o vegetale, diviene colui che ha dato origine ai beni utili e all'organizzazione clanica (→ clan e → totemismo). In certe aree africane, invece, il culto degli antenati è un modo di adorare il principio di continuità ereditaria, rappresentato da quegli individui che, in una generazione, si sono particolarmente distinti.

anticipazione (in gr. *prólēpsis*, prolessi; in lat. *anticipatio*), termine col quale gli stoici e gli epicurei indicano i concetti generali di genere e specie (*énnoiai*; *communes notitiae rerum*), mediante i quali i dati dell'esperienza vengono «anticipati» dalla mente (Diogene Laerzio VII, 1, 54). F. Bacone, alle *anticipationes naturae* derivanti da un affrettato e soggettivo procedimento induttivo dell'esperienza delle realtà naturali, oppone la *interpretatio naturae*, conoscenza rigorosa e scientifica della realtà oggettiva (*Novum Organum* I, 26). Con «anticipazioni della percezione» Kant designa nella *Logica trascendentale* il secondo gruppo di principi sintetici a priori dell'intelletto (→ a priori - a posteriori), per cui «in tutti i fenomeni il reale, che è oggetto della sensazione, ha una quantità intensiva, cioè un grado» (*Critica della ragion pura* V, 1, II, c. II, sez. 3, 2), intendendo con ciò significare che mentre la sensazione non può essere anticipata, ed è data solo a posteriori, la proprietà di avere un grado è deducibile a priori, può essere anticipata.

Anticristo, personaggio che, secondo la tradizione apocalittica, si opporrà e si sostituirà a Cristo prima della fine del mondo, perseguiterà i credenti, sedurrà molti con prodigi e potenza e sarà poi annientato da Cristo stesso nel suo ritorno trionfale che segnerà la conclusione della storia. Mentre gli accenni contenuti nell'Antico Testamento (il Gog e Magog di Ezechiele, le quattro bestie di Daniele) e nel Nuovo (1 Giovanni 2, 18; Apocalisse 11 e sgg.) non permettono di parlare di una dottrina biblica dell'Anticristo, forse simbolo personificato di tutto ciò che si oppone al regno di Dio, la letteratura apocrifa e la leggenda medievale hanno cercato di completarne e individuarne figura, gesta e significati; secondo alcune fonti, l'Anticristo ucciderà il profeta Elia ritornato e sarà accolto come messia dagli ebrei (antisemitismo della tradizione apocalittica). L'Anticristo fu variamente ravvisato in singoli personaggi (Nerone, Giuliano l'Apostata, Attila, Maometto, Federico II, Lutero, che a sua volta lo identificò con il papato), oppure in istituzioni o tendenze (la chiesa romana, l'ateismo ecc.). Nella filosofia tra Otto e Novecento si è parlato dell'Anticristo sia in contesti apocalittici (V.S. Solov'ëv, *Tre dialoghi*, 1899), sia nel quadro di una polemica anticristiana (Nietzsche, *L'Anticristo. Maledizione del cristianesimo*, 1888).

Antifonte (Atene, seconda metà del sec. V a.C.), filosofo e matematico greco. In filosofia, Antifonte sviluppò una netta contrapposizione fra convenzione e natura, giudicando gli impulsi naturali dell'individuo come più importanti delle leggi che regolano la comunità; la natura diveniva così un punto di riferimento stabile, in opposizione al relativismo di Gorgia e di Protagora. In matematica egli fu, secondo la testimonianza di Aristotele, il primo a tentare di risolvere il problema della quadratura del cerchio. Delle opere a lui attribuite (*Sulla verità*, *Sulla concordia*, *Lo statista*, *Sull'interpretazione dei sogni*) si conservano scarsi frammenti.

antinomia (dal gr. *antí*, contro, e *nómos*, norma, legge), termine con cui si indica la contraddizione fra due proposizioni filosofiche, ambedue ugualmente dimostrabili (*tesi* e *antitesi*). Kant chiama *antinomie della ragion pura* quattro coppie di proposizioni fra loro contraddittorie, relative alla cosmologia: *1*) Il mondo è limitato nel tempo e nello spazio. - Il mondo è illimitato nel tempo e nello spazio. *2*) Nel mondo tutto è semplice - Nel mondo tutto è composto. *3*) Il divenire è libero - Il divenire è necessario. *4*) Esiste un essere necessario - Non esiste nulla di necessario. Secondo Kant, le antinomie sono dovute a un'indebita applicazione delle categorie dell'intelletto sul piano noumenico (→ noumeno), dove peraltro non si danno giudizi scientifici.
In logica il termine antinomia designa un enunciato tale che sia la sua affermazione sia la sua negazione implicano una contraddizione (→ paradosso).

antinomismo, termine del linguaggio teologico usato per indicare la dottrina della radicale superiorità della grazia e dell'evangelo sulla «legge» (in gr. *nómos*), in particolare su quella dell'Antico Testamento. Il vocabolo sembra sia stato creato da Lutero nel corso della polemica contro Johann Agricola (1539): Agricola sosteneva la totale inutilità, per il credente, della legge antica, da tale principio derivando l'indipendenza della vita religiosa dalla morale; Lutero, pur tenendo saldo il rifiuto opposto alla credibilità della legge, sosteneva l'inseparabilità di legge e di evangelo. Nella *Formula di concordia* (elaborata nel 1577 per porre fine alle divergenze teologiche tra le varie correnti luterane) prevalse la dottrina, cara a Melantone e a Lutero, del «triplice uso della legge»: per grazia, questa può essere guida alla cognizione di sé, mezzo di correzione per gli empi e regola di vita. La concezione cattolica circa i rapporti fra legge ed evangelo fu fissata dal concilio di Trento, secondo cui Gesù Cristo, oltre che salvatore, è pure legislatore, e il giusto, salvato nella fede, deve osservare i comandamenti di Dio e della chiesa.

Antiochia, scuola di, denominazione non già di una istituzione ufficiale (come la scuola di Alessandria), bensì di un complesso di maestri cristiani attivi ad Antiochia tra la fine del sec. IV e la metà del V, accomunati fra loro da esplicita tendenza antialessandrina. Si vuole far risalire tale impostazione al martire Luciano d'Antiochia, vissuto nella seconda metà del sec. III. All'inizio del sec. IV è evidente in Eustazio, vescovo di Antiochia, una reazione contro l'eccessivo allegorismo della esegesi alessandrina: ma di vera e propria applicazione sistematica di criteri esegetici in tal senso si può parlare soltanto con Diodoro di Tarso, negli ultimi decenni del sec. IV. All'allegoria alessandrina egli oppose la *theoria*, che pur non rinunciando a scorgere in molteplici punti della Scrittura un significato spirituale al di là di quello letterale, applicava però questo criterio con molto maggiore prudenza e parsimonia di quanto non facessero gli esegeti alessandrini. I suoi criteri furono ancor più rigidamente seguiti da Teodoro di Mopsuestia, e influenzarono anche Giovanni Crisostomo, più interessato all'esegesi di carattere morale, e Teodoreto di Ciro, ultimo grande rappresentante di questo indirizzo. All'accentuazione del significato letterale del testo sacro rispetto a quello spirituale corrispondeva in cristologia una più piena valorizzazione della umanità di Cristo, non senza difficoltà nello spiegare il modo in cui umanità e divinità potevano coesistere in un unico soggetto. In questa difficoltà fu implicato soprattutto Nestorio, le cui posizioni suscitarono la reazione dell'alessandrino Cirillo.

Antioco di Ascalona (Ascalona, Palestina, tra il 140 e il 130 a.C. - 67 ca a.C.), filosofo greco. Frequentò all'Accademia nuova le lezioni di Filone di Larissa e, divenuto scolarca, ebbe come allievo Cicerone, tra il 79 e il 78. Antioco è considerato il fondatore della cosiddetta quinta Accademia (una fase ulteriore dell'Accademia nuova), poiché tentò di superare definitivamente l'indirizzo scettico della scuola proponendo un ritorno all'antico dogmatismo platonico. In polemica con il probabilismo del suo maestro Filone (nello scritto *Sosos*), egli sostiene che senza riferirsi a una certezza assoluta non è neppure possibile stabilire la probabilità: è dunque necessario un criterio di verità, e Antioco lo individuava nella concordia dei filosofi. Il rifiuto dell'indirizzo scettico, più che in una restaurazione delle tesi platoniche, si risolveva così in una dottrina eclettica di prevalente impostazione stoica, che doveva caratterizzare la linea teorica successiva dell'Accademia.

antipsichiatria, corrente di pensiero sorta all'interno della psichiatria e delle psicoanalisi europee e nordamericane negli anni Sessanta, come critica radicale del concetto di malattia mentale e delle forme correnti di trattamento dei malati (manicomi, terapie farmacologiche, normalizzazione della devianza). Pur senza negare l'esistenza di stati di disagio e di sofferenza psicologica, sostenne che nella grande maggioranza dei casi si trattasse non di malattie organiche, disfunzioni o disturbi, ma di condizionamenti psicologici e ambientali o il frutto di contraddizioni sociali.

I principali esponenti sono stati: in Gran Bretagna R.D. Laing e D. Cooper, in Francia F. Guattari, negli Stati Uniti soprattutto T. Szasz, in Italia F. Basaglia. Pur tenendo conto delle differenze teoriche a volte essenziali tra i suddetti autori — un merito dell'antipsichiatria è consistito nell'opera di denuncia nei confronti dei presupposti «ideologici», con cui si tratta la malattia mentale. Nella proposta di ricontestualizzazione collettiva della follia — dalla famiglia alla società — l'antipsichiatria raggiunge, allo stesso tempo, il suo vertice e il suo limite teorico, giacché, estendendo a dismisura i suoi confini, la malattia mentale finisce col dissolversi come problema specifico.

Antistene (Atene 436 ca - 366 ca a.C.), filosofo greco. Allievo di Gorgia e discepolo di Socrate, fondò la scuola cinica (→ cinici), così chiamata perché soleva raccogliersi nel Cinosarge, ginnasio ateniese. Antistene nega l'oggettività esistenziale del concetto socratico, riducendolo a soggettivo prodotto della riflessione umana sulle cose esterne e disgregando quindi il valore dell'idea platonica: suo è il celebre motto «vedo il cavallo, non la cavallinità». Ne consegue una forma di nominalismo, per cui la conoscenza delle cose è limitata al puro nome, il quale, essendo unico e proprio per ciascun oggetto, vieta di formulare predicazioni, ossia giudizi. Sul piano morale, l'orientamento di Antistene è in due direzioni: da una parte verso l'attivismo, simboleggiato nella figura di Eracle, cioè verso uno strenuo impegno individuale nella pratica della virtù; dall'altra verso un ritorno allo stato di natura, in cui l'uomo tende a liberarsi dai bisogni che eccedono le necessità della sopravvivenza.

antitesi, → dialettica.

antitrinitari, nella storia del cristianesimo, i negatori del dogma trinitario. Il termine indica sia i contestatori delle tesi sulla Trinità definite nel credo niceno-costantinopolitano (381) sia, più specificamente, quei riformatori protestanti del sec. XVI che respingevano la dottrina trinitaria (e quindi cristologica) della chiesa antica, mantenuta invece dalle nuove chiese luterana, calvinista, anglicana. In taluni, come il tedesco H. Denck, il piemontese G. Biandrata, i senesi L. e F. Socini, il francese J. Bodin, prevale l'esigenza razionalistica della concezione unitaria di Dio; in altri, come nel medico spagnolo M. Serveto e in S. Castellione, è più accentuata la prospettiva mistico-religiosa di un Dio uno, fonte dell'essere, padre delle sue creature.

Con l'insistente richiamo all'interpretazione filologico-morale della Bibbia, il cristianesimo è inteso dagli antitrinitari come una norma di vita che vuole l'unità dei credenti sia nella dottrina sia soprattutto nella pratica dell'amore fraterno, sull'esempio e secondo le ammonizioni del Cristo. In siffatto rilievo del momento etico-affettivo e comunitario della vita cristiana, quale chiesa di fratelli senza gerarchie, gli antitrinitari si incontravano con gli anabattisti, essi pure combattuti dalle chiese riformate. Gli antitrinitari trovarono rifugio prima in Polonia e in Transilvania, e, più tardi, anche nelle Province Unite dei Paesi Bassi, da cui si diffusero poi nell'America anglosassone sotto il nome di unitariani.

antropofagia, consumazione di carne umana. Tale pratica, documentata in numerose società (nell'America meridionale, fra i tupinamba; nelle Antille, fra i caribi; in Africa, fra gli ashanti, gli aro del delta del Niger e i baja del Camerun; in Melanesia), aveva di solito un valore prevalentemente rituale, e soltanto di rado scopi puramente alimentari. L'interpretazione dell'antropofagia in senso prevalentemente rituale è stata sostenuta soprattutto dalla scuola di L. Frobenius, e in particolare da K. Volhard (1939). M. Harris (1979) ha però sottolineato nelle sue ricerche la motivazione innanzitutto fisiologica di forme di antropofagia che ebbero luogo (nelle culture precolombiane) per ovviare a carenze proteiche: anche in questi casi, tuttavia, l'antropofagia era preceduta da un momento rituale sacrificale. Gli individui fatti oggetto di pratiche cannibaliche appartenevano solitamente a tre categorie: colpevoli di infrazioni alle norme del gruppo, parenti e nemici. In alcune società i figli del defunto erano tenuti a consumare alcune parti della salma per acquisire i poteri del genitore e realizzare simbolicamente la successione. Più frequente l'antropofagia nei confronti del nemico; mangiare il nemico significa trarre forza dal suo annientamento.

antropologia culturale, disciplina che studia le culture dei vari gruppi umani. Nel sec. XVIII la parola antropologia veniva usata per indicare lo studio delle caratteristiche fisico-organiche e razziali dell'uomo, studio oggi definito antropologia fisica. Si distingue dalla etnologia (ma non in tutti i paesi), dalla quale è, almeno in parte, derivata, perché, mentre l'etnologia studia in particolare le società primitive, l'antropologia culturale, collegata all'archeologia, alla linguistica, alla psicologia, alla storia, può studiare tutte le culture, anche le più complesse.

• *Dai precursori all'evoluzionismo.* Anche se possono considerarsi precursori sia dell'etnologia sia dell'antropologia molti storici e viaggiatori (da Erodoto a Strabone, da Cesare a Tacito, da Chuang Tsè a Marco Polo), questa è un'analogia impropria, in quanto la vera ricerca antropologica si contraddistingue non per la descrizione dei costumi dei popoli «diversi» dall'osservatore — descrizione che non è mai mancata perché gli uomini notano sempre con sorpresa, con curiosità o con timore le differenze con altri uomini — ma per l'accento posto sulle differenze e sulle somiglianze come problema per la conoscenza di se stessi e quindi dell'uomo in quanto genere unitario. Negli ultimi anni del Settecento gli «idéologues» e la società degli Observateurs de l'homme, in Francia, mettono a punto le prime ricerche metodiche, inchieste e questionari, con l'esplicita volontà di studiare, mettendoli in correlazione, i diversi fenomeni in cui è coinvolto l'uomo: ambiente geografico, biologia, fisiologia, psicologia, linguaggio. Una volontà che nasce dall'atteggiamento di consapevolezza sempre più critica dell'europeo nei confronti di se stesso e della propria storia, malgrado la presenza dell'idea di progresso. Tuttavia l'antropologia si sviluppa nel sec. XIX in coincidenza con l'affermazione del positivismo e dell'evoluzionismo nella cultura europea, e contemporaneamente a una disciplina affine: la sociologia. Con questa, anzi, in alcuni paesi come in Francia, sarà spesso unificata, sia per il medesimo contesto economico-politico in cui nascono (lo sviluppo industriale, l'espansione del capitalismo, la spartizione del mondo fra le grandi potenze), sia per l'ansia di conoscere il più possibile le culture «primitive» prima che queste scompaiano a causa del colonialismo.

Le scoperte degli archeologi, nella prima metà dell'Ottocento, avevano rivelato che, in tempi remoti, gli europei erano vissuti in condizioni tecniche rudimentali e apparentemente simili a quelle dei selvaggi contemporanei, e che, quindi, il passato dell'uomo e i periodi evolutivi erano stati assai più lunghi di quanto non si fosse mai creduto in base alla Bibbia. Gli evoluzionisti ne deducono che i primitivi contemporanei rappresentano uno stadio arcaico di sviluppo e che tutta l'umanità è passata ed è destinata a passare attraverso fasi o «stati» successivi (stato selvaggio, barbarie, civiltà), legati l'uno all'altro in una sequenza di progresso naturale. Alla base della concezione evoluzionistica, e del metodo comparativo a essa inevitabilmente legato, vi era il presupposto dell'unità psichica dell'uomo, che trovava la sua conferma nella somiglianza delle soluzioni tecniche per la sopravvivenza, adottate dai vari popoli, primordiali e primitivi, e che portava con sé l'evidente conclusione della superiorità della civiltà occidentale, dato che si riteneva, erroneamente, che tutti gli altri aspetti della cultura: religione, arte, linguaggio, strutture parentale e sociale, fossero correlati allo stadio di sviluppo tecnico-economico. Nel periodo che va dalla fine del Settecento al 1859, anno di pubblicazione dell'*Origine delle specie* di Darwin, l'antropologia evoluzionistica si sviluppa con un ritmo sempre più intenso, con gli studi di linguistica (F. De Volney, W. von Humboldt, F. Bopp), con le raccolte sistematiche e comparative dei documenti etnografici di G. Klemm (*Storia universale della cultura dell'umanità*, 1843) e di Th. Waitz (*Antropologia dei popoli selvaggi*, 1859). Klemm enuncia la sequenza culturale in tre tempi (cacciatori-pescatori, allevatori, agricoltori) che durerà fin quasi ai nostri giorni e lo svolgimento in tre stadi della storia dello sviluppo dell'umanità. Waitz, invece, pone l'accento sulla psicologia dei popoli, tentando di mettere in luce, con la comparazione, le leggi dello psichismo. Il problema dell'evoluzione dell'umanità, delle sue istituzioni, della sua cultura, diventa così il centro d'interesse di tutti gli studiosi, che si applicano a ipotizzare le origini e le cause dell'evoluzione della famiglia e dell'organizzazione sociale: J.J. Bachofen (*Il diritto matrilineare*, 1861); J.F. Mc Lennan (*Il matrimonio primitivo*, 1865); F.B. Tylor (*La cultura primitiva*, 1871); H.L. Morgan (*La società antica*, 1877).

• *Il superamento dell'evoluzionismo.* Verso la fine del sec. XIX e gli inizi del XX si sviluppano, in opposizione all'evoluzionismo, il diffusionismo e il particolarismo storico. Fin dal 1896 F. Boas contesta l'abuso del metodo comparativo e la legittimità delle conclusioni che Morgan aveva tratto dalla comparazione di elementi culturali osservati in società diverse ma ritenute «simili» (come, per es., le società preistoriche e quelle primitive attuali): non soltanto le somiglianze non implicano un'origine comune, ma soprattutto non è lecito inferire che società che presentino delle somiglianze si trovino allo stesso livello evolutivo. Qualsiasi storia per congetture non permette, secondo Boas, la deduzione di leggi generali. I diffusionisti, invece, quali E. Graebner (*Il metodo dell'etnologia*, 1911) e W. Schmidt (*L'origine dell'idea di Dio*, 1926), oppongono alla visione lineare della storia culturale una visione policentrica: vari centri di origine avrebbero dato vita, attraverso fenomeni migratori, alle attuali culture. Nasce così quello che sarà uno dei problemi più discussi: il rapporto fra metodo antropologico e metodo storico. Fra gli allievi di Boas sono R. Lowie (*La società primitiva*, 1920) e soprattutto A.L. Kroeber a mettere in rilievo come ogni cultura sia il risultato di un «processo» storico, dalle implicazioni così complesse che è impossibile dedurre regolarità o leggi (*La natura della cultura*, 1952).

D'altra parte lo sviluppo contemporaneo, negli Stati Uniti, della psicologia e della psicoanalisi indirizza altri antropologi, fra cui molti allievi di Boas, a ricercare il rapporto fra personalità individuale e cultura e fa nascere la scuola di «personalità-cultura». Mentre E. Sapir (*Il linguaggio*, 1921), Margaret Mead (*L'adolescenza in Samoa*, 1928), R. Benedict (*Modelli di cultura*, 1934), A. Kardiner (*L'individuo e la società*, 1939) tendono a mettere in luce il condizionamento che i singoli modelli culturali esercitano sulla personalità di base dei membri del gruppo, facendo rilevare per la prima volta come questo influisca, al di là di qualsiasi dato biologico, anche sul tipo maschile e femminile, B. Malinowski, con i suoi studi sulle isole Trobriand, tende a dimostrare la non universalità del complesso di Edipo, ed elabora una teoria della cultura (*Teoria scientifica della cultura*, 1944), detta funzionalismo, in cui ogni tratto culturale ha una funzione indispensabile nell'insieme della società, che quindi può essere studiata solo sincronicamente come un tutto. Lo studio delle istituzioni sociali come irriducibili ai fatti psicologici individuali era già stato elaborato in Francia da E. Durkheim (*Le forme elementari della vita religiosa*, 1912) e ripreso poi da M. Mauss con la sua definizione di «fatto sociale totale» (*Saggio sul dono*, 1924). A Durkheim si ispira in parte anche la scuola funzionalista inglese, il cui massimo esponente è A.R. Radcliffe-Brown (*Scienza naturale della società*, 1948). Qui, però, strutture e funzioni vengono risolte dall'insieme dei rapporti sociali, al punto che la vita della società coincide col funzionamento stesso della struttura. Vanno perse, così, sia la cultura sia la storia, che diventano fattori non necessari alla spiegazione della società, intesa come un sistema statico di funzioni.

• *Strutturalismo e neoevoluzionismo.* Fra le teorie che privilegiano lo studio sincronico rispetto a quello diacronico, oltre al funzionalismo, emerge lo strutturalismo, che rinuncia anch'esso alla ricerca storica, indotto però non tanto dalla impossibilità di documentazione sul passato delle culture primitive, quanto, come in C. Lévi-Strauss, dalla fiducia in strutture inconsce, comuni a tutti gli uomini, che darebbero origine ai fenomeni culturali coscienti. L'analisi strutturale di Lévi-Strauss, che si avvale di tecniche specifiche, mutuate dalla linguistica, ha dato notevoli risultati nello studio dei sistemi di parentela (*Le strutture elementari della parentela*, 1949), e nell'interpretazione dei miti (*Mitologica*, 1964 e sgg.). Nel secondo dopoguerra, tuttavia, nonostante il prevalere del funzionalismo e dello strutturalismo, emergono sia negli Stati Uniti sia in Francia nuovi indirizzi che studiano i fenomeni di trasformazione culturale e gli aspetti dinamici e conflittuali delle società. Il neoevoluzionismo (o ecologia culturale) ha i suoi massimi esponenti in L. White (*La scienza della cultura*, 1949) e in J. Steward (*Teoria del mutamento culturale*, 1955), i quali ripropongono una teoria degli stadi di sviluppo in base ai sistemi tecnoeconomici, che vengono considerati come fattori determinanti. White, in particolare, sostiene che il grado di evoluzione culturale è definibile in relazione alla quantità di energia *pro capite* di cui una società dispone; mentre Steward propone l'ipotesi di un evoluzionismo multilineare, in base al quale, laddove si abbiano, in distinte regioni del mondo, condizioni tecnoeconomiche analoghe, si registrerebbero anche regolarità e parallelismi nei modelli di comportamento sociali e culturali. Negli anni Sessanta e Settanta gli antropologi sono andati abbandonando l'analisi sincronica delle strutture sociali per centrare le loro ricerche sugli aspetti dinamici delle società primitive, sollecitati anche dallo stato sempre più teso e conflittuale in cui si svolgono oggi i rapporti fra le più varie culture, e dalla volontà di verificare in qualche modo le ipotesi marxiane. In questo campo si possono citare G. Balandier (*Antropologia politica*, 1969); E. Leach (*Sistemi politici della Birmania*, 1954); M. Godelier (*Antropologia e marxismo*, 1973) e C. Meillassoux (*L'economia della savana*, 1975). Intanto, mentre gli antropologi tendono a utilizzare alcuni strumenti tipici delle scienze esatte (modelli statistici e matematici), molte altre discipline vengono sollecitate dal metodo antropologico e dal concetto di cultura, quali la linguistica, la storia delle religioni, l'etologia, la sociobiologia, la psichiatria, nonché la storia (si pensi, in Francia, agli studi di F. Braudel e J. Le Goff). *I. Ma.*

• *Nuovi orientamenti.* Gli ultimi decenni sono stati caratterizzati dal tendenziale declino di paradigmi come il funzionalismo, il neoevoluzionismo, lo strutturalismo, e della prospettiva marxista. Ciò ha spesso indotto a parlare di «crisi» degli studi antropologici, quando non, addirittura, di dissoluzione e di «morte» dell'antropologia. In realtà si è assistito allo sviluppo di indirizzi di indagine che cercano ispirazione in altri ambiti del sapere. Dei molteplici orientamenti attuali se ne indicheranno solo alcuni, quali lo studio del rapporto tra norme e comportamento (l'*interazione sociale*), l'analisi dei sistemi locali di conoscenza (l'*etnoscienza*) e lo studio della cultura da un punto di vista semiotico (la *prospettiva interpretativa*).

Già negli anni Cinquanta aveva avuto inizio una revisione costruttiva degli assunti di base del funzionalismo, sviluppata soprattutto nell'area britannica. E. Leach e F. Barth, i rappresentanti più importanti di questa tendenza, concordavano nel criticare la concezione delle società in equilibrio tipica del funzionalismo. Tanto Leach quanto Barth hanno lavorato in Medio Oriente e nel Sudest asiatico, quindi in contesti etnografici molto diversi da quelli tradizionalmente prescelti dagli antropologi di ispirazione funzionalista — che solitamente compiono ricerche presso gruppi isolati e di ridotte dimensioni. A Barth, in particolare si deve lo sviluppo della prospettiva *transazionale*, la quale tende a considerare le norme sociali come il risultato «medio» di scelte e strategie messe in pratica dall'→ attore sociale. Si tratta di un modo nuovo di accostarsi alla problematica dello scarto tra norme e comportamenti rispetto alla tradizione funzionalista. Questo scarto, considerato dai funzionalisti come effetto di una trasgressione della norma, corrispondente a sua volta a una istituzione determinata, appare ora come processo dinamico, suscettibile a sua volta di dare vita a nuove norme e a regole diverse di comportamento sociale. Particolarmente rappresentativi di questo approccio sono i lavori di Barth dedicati allo studio della definizione di gruppo etnico come *Gruppi etnici e confini* (1969), e del cambiamento dei valori e delle norme come effetto di mutamenti nelle strategie di adattamento economico e politico (*Sohar: cultura e società in una città dell'Oman*, 1983). In questa scia si situano anche i lavori di quegli antropologi più giovani, che hanno rivalutato la dimensione processuale delle dinamiche sociali, rifacendosi alle teorie di E. Goffman sulle relazioni «faccia a faccia».

Nello stesso periodo negli Stati Uniti si sviluppava un nuovo indirizzo, l'*etnoscienza* o *antropologia cognitiva*. Alcuni antropologi e linguisti avevano intrapreso lo studio dei sistemi di → classificazione del mondo animale e vegetale tipici di popolazioni extraeuropee, mettendone in evidenza il carattere puramente speculativo e non, come si faceva sino ad allora, quello esclusivamente pratico. Il termine «etnoscienza» viene in questo caso a designare lo studio di come una determinata etnìa produca una specifica categorizzazione del mondo naturale e sociale. Questa prospettiva, ripresa dallo stesso C. → Lévi-Strauss (*Il pensiero selvaggio*, 1962), porterà alla considerazione della logica interna a ciascun sistema di classificazione, ossia delle regole che presiedono alla sua articolazione. Il pieno sviluppo dell'etnoscienza, si ha però con l'avvio dello studio di regole della categorizzazione del mondo in relazione al linguaggio in cui tale categorizzazione viene espressa. Particolarmente significativi sono stati, in questo senso, gli studi di W. Goodenough e di F. Lounsbury sulle terminologie di parentela, in cui si è tentato di mettere in evidenza i criteri fondamentali di costituzione di tali terminologie riconducendoli a pochi principi di base («analisi componenziale»). Un altro campo di sviluppo dell'etnoscienza è stato quello della strutturazione della percezione del mondo fisico. A questo riguardo lo studio di B. Berlin e P. Key, *I termini base del colore. La loro universalità e evoluzione* (1969), avanza la teoria secondo cui i termini utilizzati per indicare i colori seguono sempre e ovunque uno stesso modello. L'assunto implicito di questo lavoro è che i modi di classificazione dei colori, e di altri aspetti del mondo fisico, rispecchiano il funzionamento di principi mentali innati. Una critica risoluta a queste posizioni viene da quegli antropologi (cfr. M. Sahlins, *Colori e culture*, 1976) che invece, per quanto riguarda il modo in cui i membri di una società percepiscono il mondo e categorizzano l'esperienza, tendono a dare maggiore importanza ai fattori culturali differenziali acquisiti dall'individuo nel suo processo di inculturazione.

Contrapposto all'indirizzo cognitivista è quello che si rifà a un'idea della cultura come entità semiotica. Con il termine «semiotico» non si deve però intendere un livello di costituzione dei fenomeni culturali che si risolve nella semplice natura segnica di questi ultimi, dove ciascun fenomeno è legato ad altri in costellazioni di significati ottenuti da un certo numero di combinatorie, sulla forma della linguistica strutturale. Definendo la cultura come entità semiotica si intende piuttosto qualificare quest'ultima come un «campo di comunicazione» entro il quale vengono prodotti e riprodotti sempre nuovi significati in un gioco infinito di interpretazioni. L'approccio semiotico allo studio della cultura va sotto il nome di «antropologia interpretativa», il cui più noto rappresentante è l'antropologo americano C. → Geertz. L'obiettivo principale di questo indirizzo è conoscere come i membri di una determinata società, o comunità, conferiscano senso alla loro esperienza nel mondo. Gli antropologi interpretativi rifiutano qualunque forma di «fondazionalismo» e adottano una prospettiva «costruttivista», secondo la quale la realtà dell'oggetto etnografico nasce dall'interazione tra il soggetto dell'inchiesta (un soggetto interpretante) e l'antropologo che interpreta le interpretazioni altrui. L'antropologia, che a questo punto viene assimilata all'etnografia in quanto pratica già di per sé «interpretante, si presenta così come «interpretazione di interpretazioni». Resta largamente estraneo a questa prospettiva lo studio del cambiamento culturale e quindi di come si trasformino le interpretazioni che costituiscono l'oggetto d'indagine. Ciò non perché gli antropologi di tendenza interpretativa non ritengano che le culture sono degli aggregati di significato costituitisi nel tempo attraverso scarti, aggiunte, scelte e rifiuti, ma piuttosto perché non si pongono il problema di come il comportamento possa modificare esso stesso le regole su cui poggia il sistema di significati caratteristici di una cultura. Indicazioni in questo senso si hanno invece nei più recenti lavori di F. Barth (*Sohar: cultura e società in una città dell'Oman*, 1983) e di R. Wagner (*L'invenzione della cultura*, 2ª ed., 1981). *U. Fa.*

antropologia filosofica, espressione di cui si può indicare l'origine in M. Scheler, che ha sintetizzato la sua concezione al riguardo in *Il posto dell'uomo nel cosmo* (1927). Il termine antropologia nel senso di «dottrina dell'uomo» aveva avuto uno specifico uso filosofico già con Kant (*Antropologia pragmatica*, 1798) e poi, nella prima metà dell'Ottocento, con L. Feuerbach, per la critica della religione (*L'essenza del cristianesimo*, 1841): «ridurre la religione ad antropologia» significa mostrare come le determinazioni che gli uomini hanno attribuito a Dio siano in realtà determinazioni proprie alla loro stessa «essenza», da essi inconsciamente alienate in un ente trascendente immaginario. Di qui era derivato anche l'uso del termine da parte di Marx nei *Manoscritti economico-filosofici* del 1844. L'espressione «antropologia filosofica» è invece, come si è detto, tipica del Novecento. Dopo che nella seconda metà dell'Ottocento era nata l'antropologia fisica come scienza nell'ambito della zoologia, e dopo lo sviluppo della psicologia, dell'etnologia e della sociologia, la filosofia non aveva più nell'uomo un oggetto d'indagine suo proprio, com'era avvenuto per il passato. La nascita dell'antropologia filosofica segna il riconoscimento di questo fatto e insieme la volontà di non rinunciare a una sintesi e reinterpretazione delle conoscenze fornite dalle nuove scienze. Per Scheler, l'uomo è l'essere capace di «dire di no» all'impulso istintivo; a confronto degli altri animali, è un asceta; e questa rottura coincide con la nascita d'una dimensione nuova rispetto a quella della vita: lo «spirito». Successivamente, questo progetto è stato ripreso da pensatori (fra gli altri, H. Plessner, A. Gehlen, Th. Litt ecc.) che hanno rifiutato le conclusioni di Scheler, tacciandole di metafisica, ma hanno confermato l'idea che tratto essenziale dell'uomo sia comunque la rottura con l'istinto, appoggiandola ai risultati delle ricerche biologiche.

antropomorfismo, la tendenza a rappresentarsi la natura e l'operare della divinità in analogia con la natura e l'operare degli uomini. Già Senofane aveva individuato e criticato questa tendenza: anche gli animali, se immaginassero degli dei, li immaginerebbero a loro somiglianza, come fanno gli uomini (ed. Diels, fr. 14). La critica antica dell'antropomorfismo è diretta particolarmente contro le caratteristiche morali attribuite agli dei dalla mitologia omerica, come si vede nella *Repubblica* di Platone; ed essa verrà ripresa da Agostino e dagli altri padri della chiesa. Erede anche delle esigenze razionali della cultura greca, il pensiero teologico ebraico e cristiano ha sempre respinto ogni attribuzione a Dio di corpo e di organi umani. Più complesso è, invece, l'antropomorfismo spirituale, ossia l'attribuzione alla divinità di pensieri, sentimenti, volizioni analoghi a quelli umani: sembra, infatti, così connesso allo sforzo umano di intendere Dio come spirito che senza di esso sarebbe quasi impossibile concepire lo stesso Dio delle religioni monoteistiche.

Il maggior critico dell'antropomorfismo è, nel sec. XVII, Spinoza. Egli giudica grossolanamente antropomorfica l'immagine d'un Dio legislatore e giudice, e così d'un Dio che si proponga alcunché, scelga, voglia ecc.; ritiene poi addirittura assurdo che si distinguano in Dio l'intelletto e la volontà e si attribuisca una priorità a quello rispetto a questa, come se Dio seguisse delle norme ideali volte a guidare la sua attività (*Ethica*, parte I e *Appendice*). Quest'ultima concezione era stata contestata anche da Cartesio, ma da un punto di vista contrario a quello di Spinoza: anziché per affermare la necessità dell'attività di Dio, per affermarne l'assoluta libertà e arbitrarietà. Tanto Cartesio e Spinoza, poi, quanto i protagonisti della rivoluzione scientifica del sec. XVII criticano l'antropomorfismo anche in un senso più ampio, corrispondente all'incirca a quello che in seguito sarebbe stato chiamato «animismo»: essi lo individuano non soltanto nel pensiero magico, che nel rinascimento aveva conosciuto grandissima fortuna, ma anche, seppure in forma attenuata, nella fisica di tradizione aristotelica, per il finalismo che la caratterizza e per tutta una serie di metafore che ne conseguono, a proposito dell'operare della natura («la natura non fa nulla invano», «la natura ha orrore del vuoto» ecc.). Sostanzialmente in questi termini la critica dell'antropomorfismo è stata proseguita dall'illuminismo. Originale è, invece, la posizione di L. Feuerbach (*L'essenza del cristianesimo*, 1841), che nell'antropomorfismo vede la prova della genesi meramente umana dei miti e dello stesso fatto religioso: il contenuto della religione è dato, secondo Feuerbach, da determinazioni e aspirazioni tutte umane, alienate e proiettate in un ente trascendente.

antroposofia, → Steiner, Rudolf.

apagogia, termine, derivato dal greco *apagōghḗ*, che designa il procedimento sillogistico dell'→ abduzione.

apatia (in gr. *apátheia*, impassibilità, assenza di passioni: da *páthos* con alfa privativo), termine tipico degli stoici, che identificavano nello stato apatico la condizione di maggiore serenità dell'anima. L'apatia si contrapponeva all'→ atarassia epicurea, che implicava la rinuncia a intervenire nel mondo esterno: dal momento che le passioni sono, secondo gli stoici, il segno della *passività* dell'uomo, l'apatia, come liberazione da esse, non determina la cessazione di ogni attività, ma l'inizio di un'attività razionale, libera dall'eccesso disordinato dei sentimenti.

ápeiron, → Anassimandro.

Apel, Karl Otto (Düsseldorf 1922), filosofo tedesco. Già professore all'università di Francoforte, è autore di una serie di studi sulla storia della nozione di linguaggio nella cultura europea (*Il linguaggio in Nicola Cusano*, 1955; *L'idea di lingua nella tradizione dell'umanesimo da Dante a Vico*, 1963), e di ricerche teoriche concentrate intorno al problema della comunicazione (*Trasformazione della filosofia*, 1973; *La controversia su spiegazione e comprensione*, 1979). In queste ultime ha elaborato, spesso in contatto con J. Habermas, la proposta di una «trasformazione semiotica del kantismo», trasformazione alla quale tende, secondo lui, gran parte della filosofia del Novecento. A partire da Ch.S. Peirce (*Il cammino di pensiero di Charles Sanders Peirce*, 1975) e, per altri versi, da Heidegger e dal cosiddetto secondo Wittgenstein, è diventato chiaro, secondo Apel, che l'a priori da cui Kant faceva dipendere la possibilità della conoscenza e dell'universalità della scienza non è una struttura profonda della ragione, ma è il linguaggio. Il linguaggio però non è soltanto l'insieme delle lingue storicamente date; esso può funzionare perché è retto a propria volta da un a priori che è, dice Apel, l'a priori della «comunità illimitata della comunicazione». Questo a priori si svela nel fatto che nessuno può usare un linguaggio, e dunque fare esperienza, se non rispondendo idealmente dell'osservanza delle regole del linguaggio davanti a una comunità di parlanti. La comunità illimitata (cioè aperta idealmente a tutti i parlanti) della comunicazione funziona in Apel anche come principio dell'etica: giacché, mentre da un lato non si può non presupporre la possibilità di comunicare con tutti, dall'altro si constata di fatto che tale comunicazione è spesso impedita da molteplici fattori (sociali, economici, psicologici, di pregiudizio ecc.). L'eliminazione di questi ostacoli della comunicazione si delinea così come compito etico, che può concretarsi sia nella «critica dell'ideologia» (del tipo di quella inaugurata dalla scuola di → Francoforte) sia nella psicoanalisi (che diventa una sorta di modello per ogni forma di interazione sociale) sia nella politica vera e propria.

Su questa base, che risente profondamente della sua formazione neokantiana, Apel ritiene di poter proporre una sintesi tra i risultati della filosofia analitica anglosassone e quelli dell'esistenzialismo europeo continentale. *G. Va.*

Apocalisse, titolo di parecchie opere caratteristiche di un genere letterario, detto appunto apocalittico, diffuso nel giudaismo dal sec. II a.C. sino al II d.C.: il contenuto di tali opere è in prevalenza costituito da pretese rivelazioni (in gr. *apokálypsis*, rivelazione) sul futuro ultimo, risalenti a grandi personaggi del passato, note dapprima solo a cerchie di iniziati, e finalmente rese pubbliche. Caratteristici ne sono sia gli schemi compositivi (per i quali gli avvenimenti preannunciati si concatenano secondo un rigido determinismo) sia la sovrabbondanza di simboli misteriosi, di speculazioni numeriche, di immagini impressionanti. Al genere apocalittico appartengono apocrifi dell'Antico Testamento (tra i quali il libro di Enoch, il IV libro di Esdra), parti dell'Antico Testamento (Daniele, Isaia 24-27, Ezechiele 38-39 ecc.) e del Nuovo (Marco 13, Luca 21, Matteo 10 e 24) e soprattutto l'Apocalisse canonica.

È questo l'ultimo libro del canone neotestamentario, attribuito, con il quarto Vangelo, a Giovanni apostolo, non senza contestazioni tanto della critica recente quanto di quella antica. Le molteplici allusioni storiche che in esso appaiono inducono a fissarne la composizione verso il 95 d.C. L'Apocalisse si presenta nella forma di sette lettere inviate alle comunità cristiane dell'Asia (assunte a simbolo dell'intera cristianità) per ammonire, consolare, rafforzare la fede nelle difficoltà dell'ora presente. Segue la visione della corte celeste e di un libro con sette sigilli, che solo l'Agnello (Cristo) può aprire: alla loro apertura si manifestano eventi straordinari. Poi sette trombe annunciano eventi escatologici, e Giovanni ha sette visioni (la donna e il dragone, la bestia che sale dal mare, la bestia che sale dalla terra ecc.). Quindi sette angeli versano da altrettante coppe flagelli sulla Terra, e infine appare il Verbo di Dio su un cavallo bianco, si compie il millennio escatologico, ha luogo il giudizio finale e si realizza la nuova creazione, culminante nella discesa dal cielo della Gerusalemme celeste. Nella forma spesso difficilmente districabile di un linguaggio carico di simboli e di figure, che sembrano spezzarne persino la struttura grammaticale, gli schemi stilistici e i procedimenti compositivi costruiscono un complesso unitario non solo sul piano letterario, ma anche teologico. Nelle vicende della chiesa del sec. I, cui l'autore continuamente allude, sono delineati i tratti di una teologia della storia, di cui Dio e Cristo appaiono principio e fine, e la chiesa rappresenta la realtà empirica della vittoria che Dio ha celebrato sul maligno che dominava il mondo. La storia è interpretata dunque alla luce della escatologia, la quale acquista a sua volta precisa dimensione storica.

apocatastasi, la reintegrazione, alla fine dei tempi, di ogni cosa creata. Il termine greco *apokatástasis*, già usato nella letteratura ellenistica con molteplici accezioni, assunse nello stoicismo il significato della ciclica «restituzione», o «ristabilimento», dell'universo; nel neoplatonismo fu inteso come la «liberazione dell'anima». Nel Nuovo Testamento (Atti 3, 20) apocatastasi significa «reintegrazione» o nuova creazione messianica di tutte le cose. Nel sec. III d.C. Origene, assumendo il concetto nel proprio sistema, lo intendeva come riconciliazione con Dio dell'intera creazione, compresi Satana e la morte. Tale dottrina fu accolta da alcuni teologi e padri orientali (per es. da Gregorio Nisseno) e, nonostante la condanna del II concilio di Costantinopoli (553), da diversi grandi teologi posteriori quali Scoto Eriugena e F. Schleiermacher.

apodittico, propriamente, dimostrativo (in gr. *apodeiktikós*). Aristotele distingue i *sillogismi apodittici*, che muovono da premesse di accertata verità e costituiscono quindi conoscenze dotate del crisma della scientificità, dai *sillogismi dialettici*, che muovono da premesse soltanto probabili. Kant intese apodittico come sinonimo di «necessario», comprendendovi quindi anche l'intuitivamente certo, oltre che il dimostrato; e questo significato si è poi diffuso.

apofantico, aggettivo usato da Aristotele per qualificare gli enunciati che possono essere o veri o falsi. Sono tali gli enunciati dichiarativi («Socrate è saggio», «Ogni uomo è saggio»), ma non le domande, i comandi ecc., frasi dotate di significato alle quali però non ha senso attribuire verità o falsità.

apofatico - catafatico, coppia di termini adottati nella logica di Aristotele come specificazioni del discorso enunciativo. Catafatico indica l'affermazione, apofatico la negazione (*Dell'espressione*, 17 o 25-26). I due termini furono poi utilizzati in ambito prevalentemente teologico. Per Dionigi Areopagita, Giovanni Scoto Eriugena e i neoplatonici medievali che si ispirano alle loro opere, la teologia affermativa (o catafatica) costruisce un discorso positivo riguardo a Dio in quanto gli attribuisce al grado sommo tutte le perfezioni appartenenti al mondo creato. La teologia negativa (o apofatica) dichiara invece l'impossibilità di affermare alcunché di positivo su Dio, in quanto ritiene che non possa esservi alcuna analogia fra gli attributi del finito e quelli dell'infinito. Per la teologia negativa Dio è Nulla, perché i caratteri della sua esistenza sfuggono a ogni sforzo di definizione umana.

apollinarismo, eresia cristologica iniziata dal vescovo Apollinare di Laodicea il Giovane (310 ca-390), un teologo formatosi alla scuola di Antiochia. Per salvaguardare la divinità della persona di Cristo negata dall'arianesimo, Apollinare sostenne che il Verbo divino si è unito in Gesù Cristo a un'umanità incompleta, priva cioè dell'anima razionale, di cui tiene il posto; l'incarnazione sarebbe quindi una semplice assunzione del corpo e non dell'integra natura umana.

Tale dottrina prelude al → monofisismo, il cui nome riecheggia la celebre formula *mía phýsis* (una natura) di Apollinare.

L'apollinarismo ebbe una notevole diffusione e fu seguito anche da alcuni vescovi, una parte dei quali, portando alle estreme conseguenze la dottrina del maestro, sostennero la consustanzialità (*synousiōsis*) della carne di Cristo alla sua divinità, onde furono detti «sinusiasti». Condannato da vari sinodi e represso dall'imperatore Teodosio, l'apollinarismo scomparve intorno al 420.

apollineo - dionisiaco, termini introdotti nell'uso filosofico da → Nietzsche in *La nascita della tragedia* (1872) per indicare la componente serena, armonica, luminosa dello spirito greco espressa esemplarmente dalla figura del dio Apollo, in opposizione e integrazione alla componente passionale, dolorosa, oscura espressa esemplarmente dalla figura del dio Dioniso.

Apollonio di Tiana (30/40 d.C.), filosofo greco. Diffuse l'insegnamento di Pitagora in varie città dell'impero romano e fondò una scuola neopitagorica a Efeso. Di lui ci sono pervenute scarse notizie. Non integralmente attendibili sono quelle contenute nella *Vita di Apollonio* scritta a scopo apologetico da Filostrato Maggiore su invito di Giulia Domna, moglie di Settimio Severo, che intendeva opporre la figura del filosofo a quella del Cristo, esaltandola come quella di un taumaturgo e profeta. Scrisse una *Vita di Pitagora* (perduta) che costituì la fonte delle opere omonime di Porfirio e Giamblico. Le numerose lettere che ci sono state tramandate sotto suo nome sono di dubbia autenticità.

apologetica, ramo della teologia che si occupa della «difesa» delle verità religiose di fronte ad avversari che le negano in tutto o in parte. L'atteggiamento apologetico si ritrova in particolare in tutte le tradizioni monoteistiche (giudaismo, cristianesimo, Islam), ognuna delle quali si propone come depositaria della rivelazione piena e definitiva e ritiene che la ragione stessa possa confermare l'adesione al proprio credo. Anzi, proprio perché, nelle grandi tradizioni sopra citate, viene assunta anche l'esigenza razionale, si può dire che una dimensione apologetica è presente in tutta la teologia, in quanto questa non si limita a illustrare, ma intende fondare e «giustificare» l'atto di fede e la verità di fede in base a vari procedimenti probatori (soprattutto con il ricorso all'analogia). D'altro canto la stessa apologetica è già teologia, giacché essa non pretende di sostituire o di provocare l'atto di fede, ma solo di accompagnarlo e agevolarlo. Per questo in ambito cattolico si preferisce oggi l'espressione «teologia fondamentale».
L'itinerario apologetico è essenzialmente identico: dall'esistenza di Dio alla verità della rivelazione, alla chiesa (o analoga istituzione) come depositaria autentica dell'«ortodossia». Attraverso la storia, l'apologetica cristiana ha però subito varie trasformazioni. Nei primi secoli, da un lato essa, contro i pagani, assumeva gli argomenti dell'apologetica giudaica (cfr. Filone, e gli stessi libri sapienziali della Bibbia) per la dimostrazione del monoteismo e della rivelazione biblica (per es. il *Contra Celsum* di Origene); dall'altro, rimproverava agli ebrei (cfr. vari *Adversus Iudaeos*) di non vedere in Cristo il compimento delle profezie contenute nell'Antico Testamento e la pienezza della rivelazione divina (argomentazione già presente nel Nuovo Testamento). In genere il ricorso alle Scritture è molto ampio, quando si tratta di controversie con ebrei o con eretici, e l'uso di una argomentazione puramente razionale è limitato. L'apologetica medievale (per es. la *Summa contra Gentiles* di Tommaso d'Aquino) si confronta soprattutto con l'islamismo, mentre quella moderna deve aprire nuovi fronti nella polemica tra le varie confessioni cristiane e nello scontro con le varie forme di critica della religione.
La radicalizzazione delle obiezioni obbliga l'apologetica a misurarsi con strumenti diversi, dalla filologia alle varie scienze della natura e dell'uomo, per sostenere i propri capisaldi. Essi sono comunque rimasti per lungo tempo, nella tradizione cattolica, sostanzialmente gli stessi: le profezie (che preannunciano il Cristo), i miracoli (che ne provano la divinità), la persistenza della chiesa attraverso i secoli. Sull'efficacia di tali argomenti le posizioni sono assai discordi: la teologia più tradizionale e il magistero anche recente (cfr. il «giuramento antimodernista», 1910) chiedono maggior fiducia nel loro valore probatorio di quanta gli orientamenti teologici più radicali siano disposti ad accordare. Sotto l'influenza della teologia biblica si vede oggi nei miracoli e nelle profezie più una illustrazione del significato della missione di Gesù (guarire, illuminare, risuscitare...) che una dimostrazione irrefutabile della sua divinità, mentre in genere il contatto con la teologia protestante induce a una separazione più netta tra i due ambiti, razionale e di fede. La tendenza è dunque verso una certa svalutazione dell'apologetica, non in senso anti-intellettualistico, ma a favore di una assunzione nel cuore stesso della teologia delle domande fondamentali cui un tempo l'apologetica era deputata a rispondere in via preliminare: il senso dell'opzione religiosa in genere, la validità di una particolare scelta a favore, per es., di Gesù di Nazareth, e successivamente, di una scelta, per es., cattolica o protestante. *P.C.Bo.*

aporia, propriamente (in gr. *aporía* da *aporêin*, «essere incerto»), «passaggio impraticabile», «strada senza uscita»: nella filosofia greca il termine designa la mancanza d'una soluzione, dato un problema, per il fronteggiarsi di soluzioni reciprocamente incompatibili che tuttavia si presentino come parimenti solide. In questo senso, aporetiche sono spesso le conclusioni dei dialoghi giovanili di Platone, quelli maggiormente fedeli al metodo di filosofare di Socrate. Nell'uso moderno, il termine ha generalmente un significato più drastico: esso indica una difficoltà che si presenta come insolubile, derivata da determinate premesse. In questo senso, dimostrare che una dottrina implica un'aporia (porta per es. a una contraddizione o a un'antinomia) è il miglior metodo di confutazione.

Aporti, Ferrante (San Martino dall'Argine, Mantova, 1791 - Torino 1858), pedagogista italiano. Creò e diffuse scuole per bambini note come «Asili d'infanzia», il cui programma era ispirato alle tesi di J.H. → Pestalozzi e ad alcune esperienze pedagogiche britanniche. Il metodo educativo di Aporti annette grande importanza al gioco, come rivelatore del carattere del fanciullo, e al lavoro manuale. Opere principali: *Manuale di educazione e ammaestramento per le scuole infantili* (1833); *Guida per i fondatori e direttori delle scuole infantili* (1836); *Cenni sull'indole propria delle scuole infantili* (1837); *Elementi di pedagogia* (1847).

a posteriori, → a priori - a posteriori.

apostolo, termine neotestamentario designante l'inviato di Gesù. Rifacendosi a una stabile istituzione del tardo giudaismo, che nell'apostolo (dal gr. *apostéllein*, inviare) riconosce la dignità dell'inviante, il Nuovo Testamento riconosce apostoli coloro che Gesù ha inviato come suoi missionari e rappresentanti, con il compito specifico di annunciare il vangelo del Regno e di amministrare i sacramenti (in particolare il battesimo e la cena). Essi saranno i testimoni della morte e della risurrezione del Signore; e il compimento della loro missione, alla quale li abiliterà lo Spirito di Cristo, li porrà a fondamento del nuovo popolo di Dio, quali punti di riferimento e criterio stabile della fede in Gesù, sino alla parusia, la seconda venuta di Cristo. Per questo, il titolo e la funzione di apostolo sono riconosciuti in particolare ai Dodici (simbolicamente rinvianti alle dodici tribù del popolo eletto), anche se non in maniera esclusiva. Paolo, dalle cui lettere emerge la più compiuta comprensione teologica dell'apostolato, rivendicherà a sé, nel senso più proprio, titolo e funzione di apostolo; e come esercizio dell'apostolato suo specifico intenderà l'impegno della sua vita e il suo servizio alla chiesa. La forma, la stabilità, la permanenza nella chiesa di questa funzione apostolica, e del primato che tra gli apostoli il Nuovo Testamento attribuisce a Pietro, sono oggetto di divergenti interpretazioni tra le confessioni cristiane.

apparato psichico, o apparato mentale, espressione con cui Freud designa l'organizzazione interna dello psichismo in sottostrutture (Es, Io, Super-Io) che presiedono, secondo un ordine precostituito, alla trasformazione dell'energia psichica dallo stato libero iniziale a quello legato, e al meccanismo degli investimenti e controinvestimenti (→ investimento-controinvestimento). La funzione dell'apparato psichico è eminentemente omeostatica, cioè consiste nel mantenere costantemente l'energia psichica al suo livello più basso. Il concetto di apparato psichico, che rimanda alla metapsicologia, costituisce forse il più chiaro esempio dell'influenza esercitata su Freud dalla psicologia fisicalistica della seconda metà dell'Ottocento, e in particolare dalla concezione meccanicistica secondo cui l'arco riflesso trasmette integralmente l'energia inizialmente ricevuta. E difatti le analogie cui Freud ricorre per spiegare il funzionamento dell'apparato psichico sono prevalentemente di natura fisica (così nell'*Interpretazione dei sogni*, 1900, e nel *Compendio di psicoanalisi*, 1938), anche se talora compaiono (*Al di là del principio di piacere*, 1920) analogie di tipo biologico. Il concetto di apparato psichico non va inteso in senso realistico, bensì come «modello»: esso vuole solo essere utile a designare processi psichici altrimenti non rappresentabili.

apparenza, nel pensiero antico, nozione contrapposta in genere a quella di verità e identificata con l'«opinione» e la «sensibilità». Lungi dal rivelare o manifestare alcunché, l'apparenza è occultatrice; di contro all'assolutezza della verità, è relativa. Dalla posizione rigidissima di Parmenide, a questo riguardo, si passa a quella assai più complessa di Platone, per il quale l'apparenza sensibile ha anche un rapporto di «somiglianza» con la realtà vera, costituita dalle «idee» (→ mimesi). Per gli scettici, poi, come già per i sofisti, la conoscenza umana è irrimediabilmente confinata nell'apparenza soggettiva; il che rende impossibile alcuna conoscenza indubitabile. Il filosofo antico che rifiuta di considerare in blocco l'apparenza come sempre vera o sempre ingannevole è Aristotele, il quale distingue fra le apparenze che non corrispondono alla realtà (per es. i sogni) e quelle che sono invece inizi di conoscenza. La ricerca scientifica sulla natura muove infatti, per Aristotele, dall'osservazione delle cose «come si presentano», per poi risalire alla scoperta delle loro cause.

Il pensiero cristiano riprende, a seconda delle sue diverse correnti, ora la concezione platonica, in genere mediata attraverso il neoplatonismo, ora quella aristotelica; ma s'incontra talora (per es. in Scoto Eriugena) anche una nozione di apparenza come «manifestazione»: il mondo sensibile, in quanto creato da Dio, è manifestazione di Dio stesso.

La problematica dell'apparenza torna a essere centrale nel pensiero moderno; in particolare, ma non esclusivamente, con l'empirismo. Per un verso, la contrapposizione fra come le cose appaiono agli uomini e come esse sono in sé, indipendentemente dal loro rapporto con la soggettività umana, è imposta dal → meccanicismo, con la distinzione fra le qualità sensibili (colori, calore, odori ecc.), meramente soggettive, e le determinazioni oggettive delle cose, di carattere quantitativo. Per un altro verso, gli sviluppi dell'astronomia e dell'ottica richiedono la spiegazione dei «movimenti apparenti» degli astri, in contrasto con quelli effettivi che a essi corrispondono, e rispettivamente delle false visioni determinate da rifrazione e riflessione. L'alternativa filosofica che attraversa il pensiero dei secc. XVII e XVIII è se, una volta riconosciute le possibili illusioni della percezione e l'intrinseca soggettività delle sensazioni, una conoscenza assoluta della realtà sia accessibile all'intelletto umano (come ritengono Cartesio, Malebranche, Spinoza e più moderatamente Leibniz) o se esso non sia invece destinato a rimanere entro un orizzonte di apparenze. Questa seconda è la soluzione dell'empirismo, da Hobbes in poi; e verrà condivisa, e anzi irrigidita, da Kant, con la sua distinzione fra le cose in sé e i fenomeni (*Critica della ragion pura*, sez. «Del principio della divisione di tutti gli oggetti in fenomeni e noumeni»). Siffatta soluzione richiedeva la distinzione fra due sensi diversi della nozione di apparenza, che

Kant esprime ricorrendo a due termini distinti: *Schein*, per indicare la mera parvenza illusoria, e *Erscheinung*, per indicare il → fenomeno, che è insieme il fondamento e il limite di tutta la conoscenza umana. La nostra esperienza è fenomenica, per Kant, perché dipende dalla struttura della nostra facoltà conoscitiva (in particolare dalla forma spazio-temporale della sensibilità), e non può quindi attingere l'«in sé» delle cose.

In un significato oggettivistico è intesa la *Erscheinung* da Hegel: non come ciò che è condizionato dalla struttura della soggettività umana, bensì come il manifestarsi, di fatto, dell'«essenza». Nella *Scienza della logica* l'essenza si oppone all'«essere», e l'*Erscheinung* rappresenta appunto la mediazione fra questi due termini; finché non venga considerato come manifestazione dell'essenza, infatti, l'essere rimane pura immediatezza. L'interpretazione della fenomenicità come «rivelazione di essenze» (ma in un significato diverso dalla nozione hegeliana di «essenza» e senza il tema dialettico della mediazione) è il programma stesso della fenomenologia di → Husserl, che Heidegger ha ulteriormente accentuato in senso antisoggettivistico. *S. La.*

appercezione, termine introdotto da Leibniz per indicare la → percezione autoconsapevole. Mentre l'atto percettivo appartiene a ogni sostanza naturale o monade, l'appercezione caratterizza solo l'anima ragionevole, o spirito, dell'uomo, che alla memoria animale aggiunge gli atti riflessivi e astrattivi, o ragionamenti (*Monadologia*, par. 29-30). Il termine venne ripreso da Kant per indicare l'attività della coscienza in quanto essa deve poter accompagnare tutte le sue rappresentazioni. In particolare Kant chiama *appercezione empirica* la coscienza che accompagna ogni singola rappresentazione; e *appercezione pura* (o *originaria*) «quella autocoscienza che, in quanto produce la rappresentazione: *io penso* — la quale deve poter accompagnare tutte le altre ed è una e identica in ogni coscienza, — non può più essere accompagnata da nessun'altra rappresentazione». Tale autorappresentazione del pensiero non appartiene alla sensibilità, ma è «un atto della spontaneità» del soggetto sul quale si fonda la possibilità a priori del conoscere intellettivo. Ne deriva che l'appercezione pura rende possibile «l'unità trascendentale dell'autocoscienza», cioè il riferimento unitario del molteplice delle rappresentazioni empiriche all'Io puro o autocoscienza pensante (*Critica della ragion pura, Analitica dei concetti*, par. 16).

Di appercezione hanno parlato anche Maine de Biran, J.F. Herbart (*Psicologia come scienza*, 1824-25) e W. Wundt (*Lineamenti di una psicologia fisiologica*, 1893).

appetizione, il moto di un essere finalizzato al soddisfacimento di un appetito, ossia (nella terminologia aristotelica e scolastica) di una tendenza verso il proprio bene. Secondo Tommaso d'Aquino, così come gli appetiti possono essere ignoti o conosciuti, anche l'appetizione può dirigersi verso un fine consapevole (*intellectivus*: il bene conosciuto con l'intelletto; *sensitivus*: quello conosciuto con i sensi) oppure determinarsi come moto inconsapevole. Per Leibniz, poiché l'intero universo è orientato finalisticamente, anche il passaggio da una percezione all'altra avviene, nella monade, in base a un'appetizione interna.

apprendimento, processo psichico mediante cui l'esperienza modifica il comportamento animale o umano. L'apprendimento può essere di tipo complesso e coinvolgere le funzioni psichiche superiori, cioè l'intelligenza e la creatività; in questo caso si parla di «apprendimento cognitivo», con esclusivo riferimento ai soggetti umani e, secondo alcuni autori, ai mammiferi superiori. Ma l'apprendimento non è soltanto complesso e di tipo cognitivo, e lo testimoniano le innumerevoli ricerche sperimentali svolte dagli psicologi comportamentisti (→ comportamentismo) sulle forme più semplici di apprendimento, quelle riconducibili all'«apprendimento meccanico» inerenti al → condizionamento rispondente o pavloviano (→ Pavlov) e al condizionamento operante. La caratteristica principale di queste forme di apprendimento semplice è che esse risultano valide sostanzialmente nello stesso modo e con la stessa intensità in tutti gli organismi provvisti di sistema nervoso, per quanto rudimentale. Fra questi due estremi (apprendimento meccanico e apprendimento cognitivo) esistono alcuni gradi intermedi di complessità, messi in luce soprattutto dalle ricerche degli etologi e sistematizzati soprattutto da L.P. Thorpe.

Comparsa sullo scenario psicologico internazionale all'inizio del secolo, grazie alle minuziose ricerche sperimentali sul condizionamento svolte da Pavlov e da V. Bechterev, la nozione di apprendimento ha rivestito nella psicologia moderna un ruolo superiore a quello di qualsiasi altra nozione psicologica, perché in essa i comportamentisti hanno voluto trovare la chiave esplicativa di *tutto* il comportamento animale e umano: dalle sue espressioni più semplici (come le emozioni) fino a quelle più complesse (come le condotte simboliche e linguistiche). Oggi, per quanto spodestata dal suo ruolo egemone, la nozione di apprendimento continua a mantenere una precisa rilevanza in ambito psicologico, soprattutto in rapporto alle sue implicazioni didattico-applicative e in rapporto alla messa in luce dei meccanismi neurofisiologici e biochimici che sottendono le varie forme di apprendimento. Per quanto concerne il primo punto, bisogna almeno ricordare da un lato la rivoluzione, rispetto all'insegnamento tradizionale, determinata dalla comparsa negli anni Cinquanta delle «macchine per insegnare», introdotte da B.F. Skinner come applicazione dei principi del condizionamento operante e oggi divenute assai sofisticate grazie all'ausilio dell'elettronica (istruzione programmata); e d'altro lato va ricordato l'apporto sistematico e inedito allo studio dei processi dell'apprendimento *reale* nell'ambito scolastico (in quanto contrapposto allo studio tradizionale nelle condizioni asettiche e artificiose del laboratorio) da parte degli esponenti (come Gagné) della nuova → psicopedagogia.

apprendimento, curva di, grafico che registra i livelli di prestazione di un soggetto nel corso di prove successive cui egli è sottoposto, e dal quale è possibile inferire il grado di apprendimento verbale (per esempio di una lingua) o motorio (per esempio di un esercizio ginnico). Quasi sempre nella curva di apprendimento, che viene utilizzata in psicologia sperimentale e soprattutto in psicologia applicata, l'ascissa riporta i valori numerici relativi all'esercizio (numero delle prove, tempo impiegato nell'eseguirle) e l'ordinata riporta i valori numerici relativi alla prestazione (numero degli errori commessi dal soggetto, quantità degli elementi appresi). In psicologia applicata, la curva di apprendimento venne usata per la prima volta in maniera sistematica nel 1897 da W.L. Bryan e N. Harter, che studiarono per un anno l'aumento nel rendimento di apprendisti telegrafisti, ai quali i messaggi venivano trasmessi sempre più rapidamente. Quando il progresso nell'apprendimento è inizialmente rapido e progressivamente sempre più lento, fino al raggiungimento di un livello di prestazione uniforme, si ottiene una curva accelerata negativamente: viceversa, si ottiene una curva accelerata positivamente quando il progresso nell'apprendimento è inizialmente molto lento, e aumenta gradualmente fino al raggiungimento di un livello di prestazione ottimale. Spesso le curve individuali presentano delle irregolarità sotto forma di «ripiani»: nel corso di un determinato numero di prove la curva ascendente diventa orizzontale, e nel corso delle prove successive riprende il moto ascensionale; in questi casi l'apprendimento subisce un arresto che sembra corrispondere a una sorta di «pausa di recupero» richiesta dall'organismo. Nel caso in cui l'apprendimento avviene per → condizionamento, la curva è accelerata negativamente e assume una forma caratteristica a *S*. Nel caso in cui l'apprendimento è attribuibile a una sopravvenuta insight (→ Gestaltpsycologie), la curva presenta all'inizio un segmento progressivamente ascendente, che corrisponde alla fase delle «prove ed errori», e di colpo si raddrizza in verticale giungendo al piano terminale.

a priori - a posteriori, distinzione la cui origine è connessa al riconoscimento di una diversità intercorrente fra l'ordine dell'essere e l'ordine del sapere empirico. Aristotele è il primo a introdurre le due espressioni per indicare «ciò che è anteriore e più noto per natura» e «ciò che è anteriore e più noto per noi»; egli intende riferirsi con la prima definizione a ciò che è più lontano dalla sensazione (l'universale) e con la seconda a ciò che ad essa è più vicino (gli individui). Di qui anche la terminologia medievale (araba e scolastica), secondo la quale la dimostrazione a priori, o dimostrazione *propter quid* o perfetta, è quella che procede dalle cause agli effetti: da ciò che è primo secondo natura, o assolutamente, a ciò che è primo per noi; mentre la dimostrazione a posteriori, o dimostrazione *quia* o imperfetta, è quella che procede dagli effetti alle cause: da ciò che è primo per noi a ciò che è primo secondo natura.

Nel senso appena specificato le due espressioni sono usate fino al sec. XVII, quando, per opera di Locke e del successivo empirismo inglese, ma anche del razionalismo post-lockiano di Leibniz, esse vengono ad assumere un significato connesso a quello antico e medievale, ma più ampio: l'a priori passa a designare gli elementi della conoscenza che sono indipendenti dall'esperienza (per es., le verità dell'aritmetica e della geometria); l'a posteriori passa a designare le conoscenze raggiungibili attraverso l'esperienza sensibile e su di essa in qualche modo fondate. Per Leibniz, queste ultime sono le «verità di fatto» in contrapposizione alle «verità di ragione», e per Hume sono i «dati di fatto» in contrapposizione alle «relazioni di idee».

La sistemazione «canonica» della dottrina moderna della distinzione a priori - a posteriori si ha con l'opera di Kant (*Critica della ragion pura*), che risulta di fondamentale importanza per la comprensione del passaggio alle trattazioni contemporanee. In Kant l'a posteriori viene definito come ciò che, derivando dall'esperienza, non gode degli attributi della universalità e necessità; l'a priori, viceversa, è concepito come l'elemento formale della conoscenza (spazio, tempo, categorie ecc.) che, in quanto indipendente dall'esperienza, è contrassegnato da una validità universale e necessaria rispetto agli oggetti del mondo empirico. Combinando, poi, la distinzione a priori - a posteriori con quella analitico-sintetica, Kant viene a proporre una tripartizione dei giudizi che — attraverso una distinzione, entro il dominio dell'a priori, di una parte analitica e di una parte sintetica — porta a parlare di giudizi analitici, di giudizi sintetici a priori e di giudizi sintetici a posteriori (→ analitici - sintetici, giudizi). Nonostante il suo inserimento nella dimensione logico-trascendentale del problema della conoscenza, la nozione kantiana di a priori rimane legata alla problematica mentalistica ed innatistica precedente. Al riguardo è importante ricordare come essa sia stata progressivamente depurata da ogni incrostazione di tipo psicologistico nell'ambito di certe riprese tardo-ottocentesche della gnoseologia trascendentale, tanto in Germania (→ neokantismo) quanto in Inghilterra, ove il giovane B. Russell comincerà il suo *Saggio sui fondamenti della geometria* (1897) proprio introducendo una distinzione fra il piano della soggettività psichica e il dominio dell'a priori, caratterizzato, a sua volta, come l'insieme di tutti quei concetti e di quei postulati «che sono necessari perché la conoscenza sia resa possibile» (par. 3).

Nel pensiero filosofico del Novecento, oltre alla cosiddetta interpretazione pragmatica dell'a priori dello statunitense C.I. Lewis (secondo la quale l'a priori sarebbe da ravvisare nelle componenti definitorie e convenzionali del discorso scientifico), sono soprattutto da ricordare: la concezione fenomenologico-husserliana, fortemente influenzata dalle dottrine logiche di B. Bolzano e dalla rielaborazione brentaniana della tradizionale tematica dell'intenzionalità degli atti di coscienza; e la concezione neoempiristica sorta da una riflessione sulla portata filosofica delle più importanti acquisizioni scientifiche nei campi della logica, della matematica e della fisica tra la fine dell'Ottocento ed i primi decenni del Novecento (logicismo fregeano-russelliano, teoria della relatività, meccanica quantistica). Per Husserl l'a priori è radicato in una specifica intuizione eidetica che ci pone in presenza di essenze universali (per es. *il* giallo o *il* numero due), allo stesso modo in cui l'intuizione sensibile ci pone in presenza di oggetti individuali (come una particolare cosa gialla o una particolare coppia di oggetti). Delle proposizioni a priori fondate su tale intuizione eidetica, l'esempio più rilevante è costituito dalle leggi logico-matematiche, a proposito delle quali Husserl parla di una ontologia *formale* come «scienza eidetica dell'oggetto in generale» (*Idee per una fenomenologia pura e per una filosofia fenomenologica*, 1913). A questa ontologia formale si affiancano poi molteplici ontologie *regionali*, ciascuna delle quali si fonda su un a priori detto *materiale* e costituisce una scienza a priori di questa o quella zona o «regione» della realtà (per es., della sfera degli oggetti materiali, oppure dei fenomeni di coscienza e così via). Tanto a questa tesi dell'a priori materiale quanto, e soprattutto, alla teoria kantiana dei giudizi sintetici a priori si oppone la concezione elaborata dagli empiristi logici. Per questi autori, gli sviluppi delle scienze fisiche e logico-matematiche successivi alla formulazione della gnoseologia trascendentale avrebbero mostrato il carattere sintetico a posteriori oppure tautologico-analitico di quei principi che Kant aveva considerato sintetici a priori.

aprosessia (dal gr. *próxesis*, attenzione, con alfa privativo), incapacità di mantenere l'→ attenzione.

araba, filosofia, denominazione complessiva della produzione filosofica scritta in lingua araba da autori musulmani (arabi, persiani, turchi), ebrei e (raramente) cristiani. Fin dai primi anni dopo l'egira (622) e la morte di Maometto (632), il movimento islamico si trovò di fronte al problema di interpretare le direttive teologiche fondamentali del Corano. Nacque così il *kalām* (sec. I dell'egira) come disciplina che metteva al servizio delle credenze religiose gli argomenti di ragione, nella convinzione che fede e ragione fossero conciliabili; i seguaci del kalām furono detti *mutakallimūm* («ragionatori»). Nell'impero conquistato dagli arabi (Egitto, Siria e Persia) da tempo si erano consolidate tendenze culturali diverse, con una accentuata diffusione del pensiero greco (risale ai secc. V-VI una prima traduzione siriaca delle opere di Aristotele); accadde così che, con l'introduzione nella cultura araba della dialettica greca, nel sec. IX nacque una vera e propria filosofia araba. Il primo pensatore arabo che si riallacciò esplicitamente alla filosofia greca fu al-Kindi (m. 872), che fiorì a Baghdad in epoca abbaside e scrisse commenti ad Aristotele. Un primo tentativo di conciliare in modo sistematico l'aristotelismo e il neoplatonismo con la teologia islamica venne compiuto da al-Farabi (870-950): egli concepì l'intelletto attivo aristotelico come ultima emanazione divina, che agisce sia sugli intelletti umani sia sulla materia; intese inoltre Dio come l'essere necessario, che produce tutte le cose necessariamente, per la semplice conoscenza che ha di se stesso. Il necessitarismo e il determinismo di al-Farabi furono accentuati da Avicenna (980-1037), per il quale tutto ciò che esiste in atto è necessario, e quindi il mondo deriva necessariamente da Dio; l'intelletto attivo è l'ultima delle intelligenze separate, che procedono da Dio secondo una gerarchia emanativa di perfezione decrescente, ed esercita la sua azione fisica e psicologica sul mondo sublunare.

Al necessitarismo reagì al-Ghazālī (1058-1111), che sostenne la libertà dell'iniziativa di Dio, affermando contemporaneamente il primato della fede e della teologia mistica sul razionalismo dei filosofi. Nel sec. XII il centro intellettuale dell'islamismo si spostò in Spagna, dove si affermarono Avempace (m. 1138), autore di scritti logici e psicologici, e Averroè (1126-1198), il celebre commentatore di Aristotele. In polemica con il fideismo di al-Ghazālī, Averroè riprese il concetto avicenniano della necessità nel mondo divino e umano: l'universo è una manifestazione necessaria ed eterna della natura di Dio (e questo sarebbe a suo avviso l'insegnamento di Aristotele). L'intelletto, attivo e passivo, è unico per tutta la specie umana, necessario ed eterno; le anime

dei singoli uomini sono perciò mortali e acquisiscono le loro conoscenze grazie alla collaborazione temporanea con l'unico intelletto.
Nella seconda metà del sec. XIV, quando la cultura araba era ormai in fase di decadenza, fiorì la speculazione di Ibn-Khaldūn, considerato il precursore della moderna filosofia della storia per l'interpretazione che diede della storia della civiltà islamica come governata dal concetto di *aṣabiyya* («affinità»), un legame insieme di sangue e di cultura, tale da determinare il corso e lo sviluppo degli avvenimenti. Per l'influsso della filosofia araba sul pensiero occidentale → averroismo. *A. Gh.*

Arcesilao di Pitane (Pitane, Eolia, 315 ca a.C. - 241 a.C.), filosofo greco. La sua dottrina, affidata unicamente alla tradizione orale, ci è nota dalle testimonianze di Cicerone e di Sesto Empirico. È ritenuto il fondatore della → Accademia di mezzo, cui conferì un orientamento scettico che non si collegava però allo scetticismo pirroniano, ma si proponeva di riprendere le istanze più radicalmente dialettiche del pensiero socratico, in polemica contro il dogmatismo stoico. In base alla coscienza del non-sapere interno a ogni forma di conoscenza, Arcesilao sostenne che ogni criterio di verità è illusorio, propugnando un atteggiamento critico nei confronti dell'evidenza e l'astensione dal giudizio; soltanto in campo etico la sospensione del giudizio (*epoché*) deve essere evitata: l'uomo sceglie ed è moralmente responsabile anche se il criterio della sua scelta non ha garanzie assolute di verità.

archḗ, termine greco che designa il principio, l'origine, e che nell'uso filosofico trova precisa formulazione a partire da Platone e Aristotele. Il concetto implica due forme di priorità: in riferimento al valore (ciò che viene prima per importanza), e in riferimento al tempo (ciò che precede nell'ordine dell'evoluzione, la causa prima), secondo il duplice significato del verbo da cui deriva (*árchein*: «essere il primo» e «essere a capo, guidare»). Seguendo l'uso platonico, Aristotele (*Metafisica* V 1) distingue fra *archḗ* come principio d'essere o causa prima (*ratio essendi*) e *archḗ* come principio del conoscere (*ratio cognoscendi*). In questo secondo senso, sono *archái* le premesse delle dimostrazioni.

Archelao di Mileto (V-IV sec. a.C.), filosofo greco. Discepolo di Anassagora e presunto maestro di Socrate, cercò di conciliare le teorie di Anassagora e di Anassimene: il principio unificatore delle cose è una sostanza-mente (come il *noûs* di Anassagora) la cui condensazione e rarefazione origina i corpi (come accade per l'aria primordiale di Anassimene).

archetipo, in filosofia, termine usato nella tarda antichità per indicare l'idea platonica, ossia il modello originario (in gr. *archétypon*) delle forme di cui le cose sensibili sono semplici copie (il termine platonico era *parádeigma*). La teoria degli archetipi venne sviluppata soprattutto da Plotino e da Proclo: gli archetipi erano i materiali con cui Dio aveva creato dapprima il cosmo noetico o mondo delle idee e sul cui modello aveva poi formato il mondo sensibile. Per questi connotati teologici la teoria degli archetipi è stata accolta dai padri della chiesa e adattata alla concezione cristiana: sant'Ambrogio delinea la contrapposizione dell'uomo come immagine a Dio come archetipo; per sant'Agostino (che ne parla come «idea principalis» nell'opera *De diversis quaestionibus*) gli archetipi sono gli infiniti modi in cui Dio pensa la natura divina o il logos, e questi modi di pensiero costituiscono i modelli delle cose create e la condizione della loro intelligibilità. È ancora all'orizzonte platonico che si riallaccia Kant nella distinzione tra una «natura archetipa», cioè originaria, quale sarebbe voluta dalla ragione se questa potesse determinarla interamente; e una «natura ectipa», che è l'effetto possibile della natura archetipa nelle cose esistenti.
Per il concetto di archetipo in Jung si veda → psicologia analitica.

Archimede (Siracusa 287-212 a.C.), matematico e fisico greco. Dopo aver studiato ad Alessandria con i successori di Euclide, visse prevalentemente nella città natale al servizio di Ierone II. Secondo la tradizione, fu ucciso accidentalmente da un soldato romano durante il saccheggio di Siracusa. Archimede si occupò di geometria, di idrostatica, di meccanica. In geometria perfezionò il metodo di esaustione, inventato da Eudosso e utilizzato da Euclide per misurare figure geometriche irregolari, trasformandolo in un procedimento che anticipava per via meccanica i metodi del calcolo infinitesimale. In idrostatica, la sua fama è legata al *principio di Archimede*, per cui un corpo immerso in un fluido riceve una spinta dal basso verso l'alto pari al peso del fluido spostato. In meccanica, Archimede studiò il funzionamento della leva, e fonti non certe gli attribuiscono l'invenzione degli specchi ustori che, concentrando i raggi del sole, incendiarono la flotta romana che assediava Siracusa.
L'importanza di Archimede nella storia del pensiero scientifico consiste soprattutto nell'influenza da lui esercitata sulla formazione e lo sviluppo del metodo matematico quantitativo, che doveva affermarsi in fisica all'inizio dell'età moderna, e nel rilievo dato all'induzione e all'empiria contro i metodi deduttivi prevalenti nella scienza classica. Nello scritto *Metodo sui teoremi meccanici* (ritrovato nel 1906) Archimede illustra infatti come fosse pervenuto alle sue più importanti scoperte geometriche non attraverso i procedimenti rigorosamente dimostrativi esposti nei suoi trattati, ma ricorrendo a considerazioni meccaniche, ossia confrontando il peso di un numero indefinito di

elementi di una figura geometrica con quello di elementi simili di un'altra figura.

Archita (Taranto 430 ca - 360 ca a.C.), filosofo greco. Appartenne alla scuola pitagorica. Gli sono attribuiti scritti riguardanti diversi rami del sapere: dalla politica alla fisica, dalla matematica alla filosofia. Fra le idee più originali di Archita, di cui esistono testimonianze, si ricordano il tentativo di applicare alla musica procedimenti di natura matematica e la dimostrazione dell'impossibilità di esprimere il numero irrazionale con numeri frazionari. Dal punto di vista filosofico sembra che, anche per l'influsso esercitato su di lui dal pensiero di Platone, Archita abbia accentuato la componente idealistica del pitagorismo, soprattutto per quanto concerne la natura soprasensibile dei numeri.

Ardigò, Roberto (Casteldidone, Cremona, 1828 - Mantova 1920), filosofo italiano. Dopo aver compiuto gli studi nel seminario di Mantova, fu ordinato sacerdote nel 1851; nel 1863 fu nominato canonico della cattedrale di Mantova e, tre anni dopo, professore di filosofia nel liceo di quella città. Una profonda crisi spirituale lo indusse ad abbandonare l'abito sacerdotale (1871). Nel 1881 ottenne l'incarico di professore di storia della filosofia all'università di Padova, che mantenne fino al 1909. Morì suicida.

Ardigò contribuì in misura determinante a introdurre nella filosofia italiana della fine del sec. XIX i temi fondamentali del positivismo europeo, venendo così a scontrarsi con la cultura spiritualistica dominante. Al pari di altri positivisti italiani, come A. Gabelli e P. Villari, cercò di utilizzare il metodo positivo per un ritorno alla concretezza dell'esperienza, dimostrando come essa sia il fondamento necessario per qualsiasi costruzione teorica e come i suoi limiti non siano superabili dall'atto spirituale. In *La psicologia come scienza positiva* (1870), che rappresenta l'atto di nascita della psicologia scientifica in Italia, sono contenute le linee fondamentali del suo pensiero. Il metodo di Ardigò è molto simile a quello di A. Spencer, sebbene nella *Dottrina spenceriana dell'inconoscibile* (1899) egli muova al filosofo inglese una critica essenziale: non esiste alcun elemento che sia al di là delle possibilità di conquista dell'uomo; l'inconoscibile, che per Spencer è un'astrazione metafisica fuori dell'ordine empirico, è in realtà solo un limite del pensiero umano, e può sempre essere affrontato attraverso il metodo sperimentale. Conseguente al pensiero filosofico è la pedagogia di Ardigò. In *La scienza dell'educazione* (1893) egli sostiene la necessità di fondere nel processo educativo, che ha come scopo l'acquisizione di abitudini e di abilità sociali non possedute dall'individuo fin dalla nascita, il metodo intuitivo diretto e il metodo intuitivo indiretto. Il primo è quello «per cui, senza guida di alcuno e coll'aiuto dei sensi, si impara a conoscere le cose»; il secondo si richiama al patrimonio culturale e scientifico accumulato nel tempo dall'umanità.

Le opere fondamentali di Ardigò, oltre a quelle citate, sono: *La formazione naturale nel fatto del sistema solare* (1877); *La morale dei positivisti* (1879); *Relatività della logica umana* (1881); *Il fatto psicologico della percezione* (1882); *Sociologia* (1886); *L'unità della coscienza* (1898).

area culturale, concetto elaborato nel 1895 da O.T. Mason per identificare e classificare i gruppi tribali dell'America settentrionale e meridionale, e ripreso poi da C. Wissler e da A.L. Kroeber. Secondo Wissler (*Gli indiani d'America*, 1917) un'area culturale, che potrebbe essere individuata anche soltanto in base al tipo specifico e prevalente di alimentazione (bisonte, salmone, agricoltura intensiva ecc.), è caratterizzata da particolari elementi: alloggi, utensili, vasellame, ma anche forme di organizzazione sociale e credenze religiose. Le popolazioni di quell'area possono differire tra loro, ma possiedono comunque, in maggiore o minore misura, tali elementi. Le popolazioni che li possiedono tutti costituiscono il centro dell'area: le altre popolazioni presentano un numero di tratti inversamente proporzionale alla loro distanza dal centro geografico dell'area. Quelle che vivono ai bordi dell'area presentano culture miste o marginali. Il tentativo di descrizione delle varie aree culturali attraverso la compilazione, proposta da Kroeber, di elenchi di particolari caratteristiche (fino a seimila) si è però dimostrato insufficiente a spiegare le somiglianze e le differenze fra le varie realtà etnologiche (→ diffusionismo).

Arendt, Hannah (Hannover 1906 - New York 1975), filosofa tedesca. Formatasi nelle università di Marburgo, Friburgo e Heidelberg, ebbe come maestri Heidegger, R. Bultmann e K. Jaspers. Di origini ebraiche, nel 1933 emigrò in Francia, per poi trasferirsi negli Stati Uniti nel 1940. I suoi principali interessi si sono orientati sull'agire politico, inteso come dimensione pubblica dell'esistenza umana. In *Le origini del totalitarismo* (1951), la Arendt ricostruisce il processo storico che ha condotto alle dittature europee e alla seconda guerra mondiale; i momenti decisivi di tale processo (antisemitismo, imperialismo e trasformazione plebiscitaria delle democrazie) sono interpretati come effetti di una complessiva spoliticizzazione della cultura moderna. *Vita activa* (1958) propone l'elaborazione in termini filosofici del contrasto tra un tipo ideale di comunità politica — la *pólis* greca al tempo di Pericle — e la decadenza dell'agire politico nel pensiero occidentale. Benché nella contrapposizione tra Grecia e modernità si avvertano influssi heideggeriani, la Arendt rifiuta l'esito anti-mondano dell'ultima filosofia di Heidegger.

L'agire, per la Arendt, definisce l'essere umano come essere-con-gli-altri: l'identità umana non si costituisce nell'intimità della coscienza soggettiva e neppure nella società (intesa come sfera dei bisogni, del lavoro e della riproduzione), ma piuttosto nella sfera pubblica. La Arendt ha delineato quest'antropologia politica in numerosi saggi e contributi: *Sulla rivoluzione* (1963) analizza soprattutto gli esiti perversi delle rivoluzioni americana e francese, cioè il passaggio dalla libertà pubblica al dominio della società amministrata e dello stato; *Tra passato e futuro* (1961) e altri saggi estendono la critica della modernità a problemi come la storia, l'autorità e la tradizione; *Ebraismo e modernità* (1978, postumo), e, soprattutto, *Rahel Varnhagen* (1958), biografia di una eroina della Berlino romantica, interpretano l'ebraismo moderno come scisso tra l'aspirazione all'assimilazione sociale e la fuga nell'interiorità, aspetto proprio di una più ampia tendenza del mondo moderno alla polarizzazione tra coscienza soggettiva e sfera sociale.
Favorevole a una cultura ebraica laica e tollerante, la Arendt si è spesso trovata in contrasto con le comunità ebraiche ortodosse, a partire dal controverso reportage sul caso Eichmann, *La banalità del male* (1963). Negli ultimi anni della sua riflessione, ha operato una rivalutazione della vita contemplativa; in *La vita della mente*, opera rimasta incompiuta e uscita postuma nel 1978, l'esperienza spirituale viene articolata in tre attività fondamentali: pensare, volere e giudicare. Pur senza rinunciare al ruolo preminente dell'agire nella definizione dell'identità umana, la Arendt esprime un certo scetticismo nei confronti della possibilità di una esperienza politica autenticamente libertaria nella società di massa. Questo atteggiamento è ribadito anche nel ciclo di *Lezioni sulla filosofia politica di Kant* (1982, postumo), in cui la dimensione pubblica dell'esistenza non è più individuata nell'agire politico, ma nel giudizio, vale a dire nella capacità di saper osservare lo «spettacolo del mondo».

argomentazione, teoria dell', teoria elaborata dal filosofo Ch. → Perelman.

argomento, qualsiasi ragionamento con cui si cerchi di rendere plausibile una tesi e di farla accogliere come vera. Il termine è più o meno sinonimo di 'argomentazione', salvo che mentre 'argomentazione' designa anche l'attività dell'argomentare, argomento indica soltanto le specifiche strutture discorsive in cui l'attività dell'argomentare si concretizza.
Per una certa tradizione razionalistica, il modello cui ogni argomento dovrebbe avvicinarsi il più possibile è quello della → dimostrazione che, muovendo da premesse vere e riconosciute come tali, conduce alla conclusione attraverso una serie di passaggi inferenziali validi (cioè tali da garantire la conservazione della verità). Lo studio sistematico delle forme di inferenza valida è il compito tradizionalmente assegnato alla → logica. Di fatto, solo di rado gli argomenti usati in filosofia e nelle scienze sono riconducibili al modello della dimostrazione intesa nel modo descritto. Più spesso si incontrano argomenti che intendono solo conferire a una tesi un certo grado di probabilità (→ abduzione, → induzione, → probabilità), o comunque presentarla come plausibile, magari mediante il ricorso a strategie discorsive che sfuggono a una codificazione precisa. Particolarmente delicato è il problema del tipo di argomento con cui si possono giustificare o respingere i giudizi di valore, ai quali, secondo molti filosofi, non è attribuibile verità o falsità. Un tentativo recente di reperire in questo campo criteri di razionalità svincolati dal modello dell'argomento dimostrativo è costituito dalla cosiddetta «teoria dell'argomentazione» di Ch. → Perelman.
Nel lessico filosofico, il termine argomento ricorre spesso accompagnato da un aggettivo o da altra espressione qualificativa per indicare un ragionamento che, formulato da questo o quel filosofo, ha acquisito particolare notorietà ed è stato oggetto di ampie discussioni. A titolo di esempio, si possono ricordare: l'«argomento del terzo uomo», menzionato da → Platone nel *Parmenide* e da Aristotele nella *Metafisica*, rivolto contro la dottrina platonica delle idee; l'«argomento dominante», su cui → Diodoro Crono fondava il suo determinismo; e ancora, l'«argomento → cosmologico» e l'«argomento → ontologico», celebri tentativi di dimostrare l'esistenza di Dio.
In matematica si dicono argomenti di una funzione gli oggetti per i quali la funzione è definita, cioè gli oggetti ai quali la funzione associa un valore. Per estensione, in logica matematica si chiamano argomenti di un predicato gli oggetti cui si può applicare (veridicamente o falsamente) il predicato in questione. Questa estensione dell'uso del termine è giustificata dal fatto che un predicato può essere concepito come una funzione i cui valori sono il vero o il falso.

arianesimo, vasto movimento eretico dell'antichità cristiana che prende il nome dal suo fondatore, il prete di Alessandria Ario (256-336). L'insegnamento di Ario e la lunga lotta religiosa che ne seguì vanno collocati in un clima di forti tensioni teologiche e politiche. Sul fronte teologico, il problema era quello di una più precisa comprensione del rapporto che unisce il Padre e il Verbo incarnato. Le dispute suscitate da tale problema s'inserirono poi nel gioco politico, dopo l'assunzione del cristianesimo a religione ufficiale dell'impero. La dottrina ariana, mentre sottolinea l'assoluta unicità e trascendenza di Dio, sorgente non originata di tutta la realtà, vede nel Figlio una creatura di ordine superiore, assegnandogli la funzione di

organo della creazione e dell'attività cosmica. Il Figlio, come tutte le creature, è generato dal Padre nel senso che è «fatto» da lui; anche se è chiamato Dio, egli non è veramente Dio se non in quanto partecipa della grazia; il Figlio dunque non è della stessa sostanza del Padre.
Nel 325 il concilio di Nicea, voluto da Costantino in vista dell'unità dell'impero, decretò l'approvazione del «simbolo» niceno, in cui tutte le formulazioni ariane erano respinte e si affermava la consustanzialità del Padre e del Figlio. L'arianesimo ebbe una ripresa sotto la guida di Eusebio di Nicomedia e, tra il 337 e il 361, godette anche dell'appoggio dell'imperatore Costanzo. Ma poi, anche in seguito all'editto di Teodosio sanzionante l'ortodossia di stato (380), l'arianesimo sparì lentamente nell'impero romano e si diffuse presso i popoli germanici, dove sopravvisse fino al sec. VII.

Arimane, → mazdeismo.

Aristarco di Samo (sec. III a.C.), filosofo e scienziato greco. Discepolo di Stratone di Lampsaco, aderì all'orientamento scientifico-naturalistico che questi aveva conferito alla scuola peripatetica. La sua fama è dovuta principalmente alla formulazione dell'ipotesi eliocentrica (in seguito abbandonata dall'astronomia classica a favore del geocentrismo tolemaico). Di Aristarco ci resta l'opera *Sulle grandezze e distanze del Sole e della Luna*.

Aristippo di Cirene (Cirene 435 - 366 a.C.), filosofo greco. Stabilitosi ad Atene, entrò nella cerchia degli amici di Socrate. In seguito peregrinò per le città greche, soggiornando per un certo periodo a Corinto e a Siracusa, dove avrebbe conosciuto Platone. Le sue opere sono andate interamente perdute. Secondo una tradizione, affermatasi nell'antichità, sarebbe il fondatore della scuola cirenaica (→ cirenaici), una delle scuole socratiche minori, i cui esponenti avrebbero seguito un ideale di vita basato sul piacere. Le testimonianze dossografiche posteriori (Eusebio) dubitano però che Aristippo abbia fondato una vera e propria scuola e ritengono che l'edonismo sia stato teorizzato da sua figlia Arete e dal nipote Aristippo il Giovane.

Aristone di Chio (sec. III a.C.), filosofo greco. Discepolo di Zenone, abbandonò la scuola stoica per fondarne una propria nel Cinosarge. Ci sono giunti scarsi frammenti di sue opere dal titolo *Lezioni*, *Paragoni*, *Repliche alle critiche di Alexino*. Aderendo alle critiche mosse alla morale stoica dagli accademici, Aristone abbracciò un'interpretazione delle dottrine di Zenone ispirata in parte a Socrate e in parte ai cinici, secondo la quale il primato spetta ai principi etici, mentre non hanno alcuna rilevanza le indagini intorno all'essenza della realtà o alla natura dell'uomo.

Aristotele (Stagira 384 - Calcide 322 a.C.), filosofo greco. È, con Platone, la figura che ha dominato tutto il corso della storia della filosofia dall'antichità all'età moderna, almeno fino a Kant. Nel suo pensiero, la filosofia si configura per la prima volta come una scienza inserita in un sistema globale del sapere; di tale sistema, la filosofia, nella sua accezione specifica di metafisica, sta al culmine, e assegna alle altre scienze i loro confini e le loro connessioni.
• *La vita e le opere.* Aristotele era figlio di un medico del re di Macedonia. Nel 367 entrò nella scuola di Platone ad Atene, e vi rimase fino alla morte del maestro, avvenuta nel 347. In quell'anno, lasciò Atene per Atarneo e per Mitilene (isola di Lesbo), dove si dedicò a ricerche di carattere biologico. Nel 343-42 Filippo di Macedonia lo incaricò di sovrintendere all'educazione del figlio Alessandro (il futuro Alessandro Magno); dopo che Alessandro divenne re, nel 335, Aristotele tornò ad Atene fondandovi la sua scuola, detta il Liceo, perché aveva sede in un luogo sacro ad Apollo licio, o anche «peripato», per il viale di passeggio che la circondava (in greco *peripatêin* significa «passeggiare»). Nel 323, alla morte di Alessandro, si affermò ad Atene il partito antimacedone; Aristotele lasciò di nuovo la città, ritirandosi a Calcide nell'isola Eubea, dove morì nel 322.
Il *corpus* delle opere aristoteliche che oggi conosciamo raccoglie esclusivamente i cosiddetti scritti → *acroamatici* o *esoterici* (non destinati al pubblico); tutto un altro gruppo di scritti, gli *essoterici* (quelli cioè destinati alla circolazione pubblica, che avevano un andamento letterariamente più costruito), sono andati perduti. Ciò è dipeso probabilmente anche dal destino delle opere acroamatiche, le quali, dopo la morte del maestro, furono a lungo dimenticate. Secondo la tradizione, la biblioteca di Aristotele che conteneva i manoscritti venne portata dall'erede Neleo nella Troade (Asia Minore), dove, per evitare che cadesse in mano al re di Pergamo, fu nascosta in una cantina, da cui la disseppellì, nel sec. I a.C., un bibliofilo dilettante di filosofia, Apellicone di Teo, che la portò ad Atene; qui fu requisita da Silla che la trasferì a Roma, dove l'erudito Andronico di Rodi sistemò le opere di Aristotele nell'ordine in cui oggi le conosciamo. La messa in circolazione degli scritti acroamatici fece passare in secondo piano le opere essoteriche che allora si conoscevano, al punto che queste furono dimenticate e non ci sono state tramandate se non attraverso testimonianze e citazioni di altri autori.
Il *corpus* comprende quattro gruppi di opere: un gruppo di scritti di logica, noti sotto il titolo di *Organon* (strumento): *Categorie*, *Interpretazione*, *Analitici primi*, *Analitici secondi*, *Topici*, *Confutazioni sofistiche*; un gruppo di scritti di filosofia della natura o fisica: *Fisica*, *Il cielo*, *Nascita e morte*, *Meteorologia*, *Storia degli animali*, *Generazione degli animali*, *Parti degli animali*, *Movimento degli animali*, *Locomozione degli animali*, *L'anima*, *Il senso*, *La me-*

moria; i quattordici libri raccolti sotto il titolo di *Metafisica*, chiamati così perché, nella serie ordinata da Andronico, essi venivano «dopo» (in gr. *metá*) gli scritti di fisica; opere morali, politiche, di poetica e di retorica: *Etica eudemea*, *Etica nicomachea* (dette così dai nomi dei primi editori), *Grande etica* (la cui autenticità è discussa), *Politica*, *Poetica*, *Retorica*, *Costituzione degli ateniesi*. A queste opere, vanno aggiunti una serie di scritti dubbi e apocrifi (tra cui per es. la *Retorica ad Alessandro*) e vari scritti storici, naturalistici, etici. Lo studio e il commento di queste opere ha costituito, nell'antichità, nel medioevo e nei primi secoli dell'età moderna, uno degli aspetti più rilevanti dell'attività di tutte le scuole filosofiche.

• *La critica del platonismo e il problema dell'evoluzione del pensiero aristotelico.* L'originalità di Aristotele rispetto al suo maestro Platone consiste nel fatto che, proseguendo del resto anche l'insegnamento platonico, egli concepì la filosofia non più come esercizio di sapienza, come innalzamento dell'anima alle idee e quindi anche come ascesi, bensì come un'attività scientifica articolata in un sistema di discipline distinte, e mirante ad abbracciare tutti gli aspetti della realtà. Questa nuova concezione della filosofia è resa possibile in Aristotele da una critica del platonismo, che egli intraprende già negli anni in cui studia con Platone all'Accademia. Sull'evoluzione dei rapporti di Aristotele con le dottrine di Platone si fonda la cronologia degli scritti aristotelici proposta da W. Jaeger, il quale, in un famoso libro del 1923 (*Aristotele. Prime linee di una storia della sua evoluzione spirituale*), propose la tesi secondo cui Aristotele sarebbe partito da un accentuato idealismo platonico, evolvendo poi verso una posizione di sempre più spiccato interesse per lo studio empirico della natura. Questa tesi è ancor oggi accettata, almeno in linea generale. Tra gli scritti aristotelici giovanili, tuttavia, andati perduti ma di cui si conosce titolo e contenuto, accanto a opere nettamente platoniche (come il *Protrettico*, *La filosofia*, l'*Eudemo*, tutti scritti essoterici), vi erano due opere, una *Sulle idee* e una *Sul bene*, le quali contenevano già in germe le critiche al platonismo che Aristotele avrebbe sviluppato poi nella *Metafisica*. In particolare, nello scritto *Sulle idee* Aristotele negava che le idee, in quanto essenze e forme delle cose, possano sussistere separate dalle cose stesse, come voleva Platone, e proponeva di pensarle piuttosto come i predicati comuni degli enti di una stessa specie, inseparabili da questi. Sebbene la cronologia degli scritti aristotelici sia stata irrimediabilmente oscurata dall'ordine sistematico in cui la sua opera ci è stata tramandata da Andronico, il problema di distinguere diverse fasi nei suoi rapporti con Platone si pone in modo ineludibile, giacché spesso, anche all'interno della stessa opera (per es. di singoli libri della *Metafisica*), Aristotele enuncia posizioni contrastanti nei confronti della dottrina platonica delle idee, che in altri passi sembra condividere fedelmente. Nei decenni recenti, le tesi interpretative di Jaeger sono state discusse e rivedute soprattutto alla luce della constatazione che anche la dottrina di Platone non è un blocco unitario, ma presenta diversi momenti e sviluppi, di modo che il problema dell'evoluzione del pensiero aristotelico si complica in rapporto all'articolazione interna del pensiero platonico.

• *La «filosofia prima» e il sistema del sapere.* Il sistema del sapere elaborato da Aristotele si fonda sulla concezione della realtà che egli espone nella *Metafisica*. Quest'opera in quattordici libri non è un lavoro organico, ma un insieme di trattati in cui spesso si trovano riprese e ripetizioni. Pur nell'evidente disorganicità, la *Metafisica* ha un suo filo conduttore. Aristotele muove dal problema di che cosa significhi «sapere» nel senso più pieno del termine, e passa in rassegna le risposte date dai filosofi del passato (libro I); discute poi le difficoltà che si oppongono alla ricerca della verità (libro II) e vari dubbi sulla scienza (libri III-IV), e fornisce una sorta di vocabolario filosofico su alcuni termini chiave (libro V). Dopo questa parte che si può considerare introduttiva, delinea il sistema delle scienze e la posizione della «filosofia prima» (o metafisica) tra di esse (libro VI); affronta quindi i temi centrali della metafisica, cioè la nozione di sostanza (libri VII-VIII), quelle di potenza e atto (libro IX) e il rapporto fra l'uno e i molti (libri X-XI); nel libro XII dà una trattazione completa delle diverse sostanze, con particolare riguardo alla sostanza soprasensibile, cioè a Dio. Nei libri XIII-XIV critica la dottrina platonica delle idee ed espone la sua teoria dei numeri.

Sapere significa per Aristotele conoscere le cause e i principi; solo così si possiede conoscitivamente il reale. Il sapere supremo è quello che sa in qualche modo tutte le cose, perché possiede le cause e i principi supremi da cui tutto dipende. I principi primi non sono quelli che fanno sì che le cose siano qualificate in un modo piuttosto che in un altro, bensì i principi che determinano il puro e semplice essere delle cose: la «filosofia prima» studia i principi primi dell'*essere in quanto essere*. Nel libro VI, Aristotele distingue le scienze in teoretiche, pratiche (che concernono le azioni e i comportamenti dell'uomo) e poietiche (che concernono le produzioni di oggetti, cioè la tecnica: *poiētikós* rimanda a *poiêin*, fare, produrre). Tra le scienze teoretiche, la matematica studia i principi dell'essere inteso come quantità; la fisica studia l'essere in quanto divenire, mutamento; la filosofia prima o metafisica studia l'essere in quanto essere. In tutti gli enti c'è una struttura di base che costituisce il loro essere; tale struttura è più

chiaramente visibile là dove essa non si mescola alla quantità materiale o al movimento: ecco perché la filosofia prima è anche chiamata da Aristotele *teologia*; il suo oggetto privilegiato è l'ente che non ha né quantità né movimento, cioè la sostanza divina (libro VI, 1).
Tutto il resto della *Metafisica* si svolge lungo le due linee così annunciate: lo studio dell'essere in generale, e lo studio della sostanza divina. Per quanto riguarda il primo aspetto, le nozioni centrali che Aristotele elabora sono quelle di sostanza e accidente, potenza e atto, materia e forma. Sostanza (in gr. *ousía*) è l'entità (il termine è il sostantivo astratto corrispondente al participio presente di essere, in gr. *ón*, ente); che cosa ciò significhi si capisce se si riferisce «sostanza» al termine correlativo «accidente» (in gr. *symbebēkós*): quest'ultimo indica una determinazione dell'essere che può darsi solo in quanto accade a qualcosa d'altro, appunto alla sostanza; la quale invece non inerisce mai in altro. Sulla base di questa distinzione, Aristotele cataloga i vari modi di darsi dell'essere in dieci categorie: la prima è la sostanza, le altre nove sono tutte le possibili determinazioni accidentali di essa (per es. la qualità, la quantità ecc.). La distinzione tra sostanza e accidente è anche distinzione di un sostrato (in gr. *hypokéimenon*) stabile, che permane nel mutare delle determinazioni accidentali. È questa la base della spiegazione aristotelica del divenire, contro la negazione di esso proposta dalla scuola eleatica, negazione che non risultava confutata definitivamente neanche da Platone. Nella spiegazione del divenire, alla distinzione di sostanza e accidente si sovrappone quella tra materia e forma: il nucleo stabile della sostanza, che permane nel mutare delle determinazioni, è la materia, la quale, come accade per esempio nella produzione tecnica (il legno dell'albero diventa il legno della sedia), può perdere una determinata forma e assumerne altre. La forma è ciò che fa sì che un certo ente sia quello che è; in questo senso, coincide con l'essenza. La sostanza, però, non è pura essenza, ma sempre un «insieme» (*sýnolon*) di materia e forma (→ ilemorfismo). Le varie forme che possono successivamente determinare una materia facendone una sostanza non sono mai completamente assenti da tale materia. Non qualunque forma si può infatti imporre a qualunque materia: prima di avere *attualmente* una certa forma, la materia deve possederla *in potenza*, e il divenire è così sempre un passaggio dalla potenza all'atto.
Sulla distinzione tra potenza e atto si fonda la teologia aristotelica esposta nel libro XII della *Metafisica*. Ciò che è in potenza, infatti, può passare all'atto solo sotto l'azione di qualcosa che è già in atto (un corpo freddo si scalda per azione di un corpo già caldo). Ciò rende necessario postulare, per spiegare il movimento del mondo, l'esistenza di un *primo motore*; il quale, poiché deve essere sempre in atto (altrimenti abbisognerebbe di un altro ente per essere posto in atto), non può che essere immobile, eterno e immutabile; e per essere eterno, il motore immobile deve anche essere immateriale, giacché la materia e i suoi elementi sono soggetti a mutamento e a corruzione. Se non è materiale, la sua essenza non potrà consistere altro che nello stesso pensiero: Dio è così per Aristotele motore immobile, immateriale, pensiero che pensa solamente se stesso (è «pensiero di pensiero»).
• *Il mondo del movimento: la fisica.* Come scienza delle strutture più generali dell'essere la metafisica permette anche di delineare un quadro completo dei principi, o cause, in base a cui un ente si determina in ciò che è. Ogni ente ha sempre una materia e una forma; ma l'unità di questi due elementi deve essere prodotta da qualcos'altro, almeno in tutti gli enti soggetti a divenire; di ogni ente si deve indicare anche la causa motrice (o efficiente) e la causa finale (lo scopo che muove la causa motrice a produrre il suo effetto). Una scienza degli enti che costituiscono il mondo del divenire deve indicare le loro cause materiali, formali, efficienti e finali. La suddivisione delle quattro cause non è sempre applicata rigidamente da Aristotele, che spesso contrappone la prima alle altre tre intese unitariamente; è piuttosto un principio di metodo per dare una descrizione sistematica del *movimento* del mondo, che per es. a Platone non sembrava suscettibile di alcuna spiegazione rigorosa.
L'universo è concepito da Aristotele come un mondo finito, chiuso entro la sfera, o cielo, delle stelle fisse, che sono corpi incorruttibili, mossi solo da movimento circolare. Al di là di questo cielo vi è solo il motore immobile; sotto al cielo delle stelle fisse vi sono i vari cieli del Sole, dei pianeti, e infine della Luna, che si muovono tutti di moto circolare. Nella regione sublunare, cioè tra la Luna e il centro della Terra, si muovono gli elementi dotati di movimento rettilineo: verso il basso vanno la terra e l'acqua, verso l'alto l'aria e il fuoco. In questa regione, che Aristotele studia nella *Meteorologia* e in *Nascita e morte*, si nasce e si muore perché gli elementi, per il loro movimento rettilineo, possono incontrarsi e separarsi, determinando la nascita e la dissoluzione delle cose. Nascita e morte sono mutamenti sostanziali; altri tipi di mutamento sono l'accrescimento e la diminuzione, oppure l'alterazione delle qualità. Attraverso l'individuazione delle quattro cause, tutti questi tipi di mutamento sono inquadrati in un ordine rigoroso che la ragione può descrivere. Questa teoria completa del movimento costituisce il contenuto della *Fisica*. Ma nella fisica come scienza rientra secondo Aristotele tutta la conoscenza della natura, cui sono dedicate le

grandi opere sugli animali. Gli animali sono sostanze molto complesse, soggette a tutti i tipi di movimento, con parti appositamente deputate all'esecuzione dei movimenti. Negli organismi animali, Aristotele distingue parti omogenee (o *omoiomere*), per es. il sangue, e parti non omogenee (*anomoiomere*), come la testa. Le parti omoiomere entrano nella composizione delle anomoiomere, e con la loro presenza o assenza costituiscono le grandi classi degli animali: per es. quella degli animali dotati di sangue e quella degli animali senza sangue.

La psicologia, esposta nel trattato *Sull'anima*, è per Aristotele una parte della biologia: l'anima è definita come «l'atto primo del corpo naturale che ha la vita in potenza». Come atto primo (*entelécheia*), l'anima è il principio che dà l'essere; non è dunque una realtà separabile dal corpo, ma è lo stesso essere vivente in quanto vivente. L'anima per Aristotele è tripartita: essendo essa il principio della vita, e manifestandosi la vita a tre livelli fondamentali, vegetativo (nascita, nutrizione, crescita), sensitivo (sensazione e movimento) e intellettivo (conoscenza e decisione), si dovrà parlare di anima vegetativa, sensitiva e intellettiva. Ben evidenziata risulta la tipicità della funzione intellettiva, ossia della «parte dell'anima, con cui essa conosce e pensa», presente solo negli uomini. Aristotele distingue tra intelletto potenziale («perché diventa tutte le cose») e intelletto attivo («perché produce tutte le cose»); quest'ultimo, di cui si dice che è «separato», «immortale ed eterno», si configura come una realtà sostanziale capace di fondare l'attività astrattiva e quella deduttiva del conoscere umano: le forme universali sono contenute in potenza nelle sensazioni e nelle immagini della fantasia; l'intelletto, in potenza rispetto alla conoscenza di tutte le forme, è anche attività, capacità di conoscere attualmente le forme trasformate in concetti. Le discussioni dei commentatori, soprattutto medievali e rinascimentali (→ alessandrismo), hanno cercato di stabilire se l'immortalità che appartiene all'intelletto attivo si possa attribuire anche all'anima individuale o no.

• *La logica.* La complessa costruzione della metafisica e della fisica aristotelica comporta un metodo, che Aristotele chiarisce nelle sue opere logiche. In queste opere, dopo una trattazione che può considerarsi introduttiva e che analizza i termini (*Categorie*) e le proposizioni (*Interpretazione*) — per es. la differenza tra proposizioni contrarie e proposizioni contraddittorie ecc. — Aristotele studia: la struttura sillogistica comune a tutti i ragionamenti coerenti, formalmente validi (*Analitici primi*); i requisiti perché un ragionamento, oltre che formalmente corretto, sia anche vero (*Analitici secondi*); i caratteri dei ragionamenti formalmente corretti ma che, per qualche ragione (per es., perché le premesse dei sillogismi non sono certe), non rispondono a tutti i requisiti di una dimostrazione scientifica (*Topici*, *Confutazioni sofistiche*).

Il risultato più rilevante della logica aristotelica è la dottrina del → sillogismo, che egli riteneva lo schema di ogni inferenza valida. Aristotele definisce e classifica tutte le forme valide di sillogismo; distingue inoltre i sillogismi veri da quelli puramente corretti. Un sillogismo corretto, infatti, giunge alla verità solo se è stata provata la verità delle premesse. Per dimostrare la verità delle premesse si può ricorrere ad altri sillogismi; ma questo processo non può andare all'infinito. Occorre perciò che vi siano alcuni principi supremi per sé evidenti, che non abbisognano di dimostrazione: sono i principi di identità, di non contraddizione, del terzo escluso.

Di notevole importanza per la storia della logica è anche la dottrina aristotelica dei concetti. Un concetto ha una estensione (l'ambito di cose a cui si applica) e una comprensione (il complesso delle note che lo caratterizzano); estensione e comprensione sono in proporzione inversa. In rapporto al grado di comprensione o di estensione, i concetti sono detti «predicabili» o «universali», e sono raggruppati in cinque classi: possono esprimere il *genere* di un oggetto, la sua *specie*, la *differenza specifica*, le *proprietà* e gli *accidenti*. In rapporto al loro contenuto, invece, i concetti si raggruppano in dieci «predicamenti» o «categorie», cioè la sostanza e i vari tipi di accidenti.

• *Il sapere e il mondo umano. Etica e politica.* La logica si applica nel suo senso più pieno e rigoroso al campo di quelle che Aristotele chiama le scienze teoretiche (fisica, matematica, metafisica). Il mondo della storia e della cultura è oggetto invece delle scienze pratiche e poietiche, nelle quali non si raggiunge mai una certezza dimostrativa, ma si parte sempre da opinioni e situazioni storiche concrete. Aristotele non pretende di costruire un'etica e una politica dedotte da puri principi razionali, come aveva preteso Platone; ma nemmeno pensa di abbandonare il campo delle azioni umane, della vita sociale, e quello dell'arte e della retorica, al puro arbitrio. In questo campo — come egli asserisce nell'*Etica nicomachea* — bisogna esigere il grado di certezza che è compatibile con la mobilità e varietà delle vicende umane (→ *phrónēsis*). Proprio per il suo sforzo di condurre un discorso razionale su realtà che non si lasciano ridurre alla dimostratività scientifica questo aspetto del pensiero di Aristotele ha suscitato di recente nuova attenzione, da parte di filosofi interessati al metodo delle scienze umane (H.G. → Gadamer).

Nell'*Etica nicomachea*, Aristotele procede anzitutto all'individuazione del fine che deve guidare l'agire dell'uomo. Questo fine è la felicità (libro I, cap. 2); la quale non risiede però nei piaceri sensibili, che l'uomo ha in comune con gli animali, né nella ricchezza, che è solo mezzo. Felicità, per l'uomo, significa esercizio dell'attività che gli è più propria, cioè della vita intellettiva (libro I, cap. 5-6). L'esercizio dell'intelligenza, tuttavia, non esclude che si goda moderatamente dei piaceri sensibili e degli altri beni come le ricchezze, purché ciò non ostacoli la contemplazione del vero. Su questa base, Aristotele sviluppa la sua teoria delle virtù. Esse si distinguono in virtù dianoetiche (a cui è dedicato il sesto libro dell'*Etica nicomachea*) e virtù etiche; le prime riguardano l'esercizio dell'intelligenza, le seconde il rapporto dell'intelligenza con la sensibilità e gli affetti. Tutte le virtù sono *abiti* (→ abito-abitudine), cioè disposizioni ad agire in un certo modo, che si acquisiscono attraverso l'insegnamento e la ripetizione. Caratteristica della virtù è il fatto di attenersi al *giusto mezzo* (→ mesótēs) tra eccessi opposti: non si tratta però di un'astratta media matematica (che si ricollegherebbe al pitagorismo della tarda etica platonica), ma di una misura rapportata sempre ai singoli individui e alle loro esigenze. Anche nella *Politica*, Aristotele rivela lo stesso atteggiamento di apertura ai dati della tradizione, della cultura e del senso comune. Nei vari libri dell'opera, il cui ordine non corrisponde peraltro all'ordine cronologico di composizione, il filosofo mostra il fondamento naturale della società politica nella famiglia e nella società civile (libro I); nega però che, posto ciò, si possa indicare una volta per tutte qual è l'ordine razionale migliore per uno stato, come aveva ritenuto di fare Platone (libro II); la teoria politica deve fondarsi su una indagine oggettiva delle varie forme di governo storicamente attestate (Aristotele, del resto, aveva raccolto e studiato, con l'aiuto dei discepoli, le costituzioni di ben 158 stati grandi e piccoli). Le forme di governo vengono distinte in democratiche, aristocratiche e monarchiche. A parte le degenerazioni possibili di ciascuna, non si può dire in astratto quale di queste forme di governo sia la migliore: ogni forma di governo è buona se chi governa mira al bene dei governati. Aristotele, anche in considerazione della situazione di Atene (dove si trattava di comporre la tradizione democratica con il dominio macedone), propende personalmente per una forma di governo misto, che preveda sia l'intervento democratico dei cittadini, sia l'autorità di un monarca.

• *Poetica e retorica.* Anche in questo campo, come in quello etico e politico, l'atteggiamento aristotelico risulta realistico e aperto ai dati della tradizione e della cultura comune, opposto dunque all'idealismo e al moralismo platonici. È noto che Platone, nella *Repubblica*, aveva valutato negativamente la mimesi o imitazione artistica della natura, sostenendo che essa avrebbe il solo effetto di allontanare gli uomini dalla contemplazione della verità; e aveva considerato la retorica soltanto come l'arte dei sofisti, capace di far apparire vero ciò che tale non è. Aristotele fa invece largo posto alla retorica, proprio nel quadro di una visione della realtà umana che tiene conto del ruolo del verosimile e del probabile nella vita sociale. Anche più marcatamente antiplatonica è la *Poetica*, una delle opere aristoteliche che hanno più durevolmente influenzato la cultura successiva fino all'età moderna. La *Poetica* constava in origine di due libri, uno solo dei quali, quello sulla tragedia, ci è stato tramandato. L'arte e la poesia, secondo Aristotele, sono imitazione della natura; nel caso della tragedia, ciò che è imitato, cioè rappresentato, sono le azioni umane. La vicenda narrata nella tragedia non è verità storica; ma, in quanto rappresenta l'andamento delle cose umane secondo verisimiglianza e necessità — cioè secondo le leggi universali del loro accadere, — la poesia è «più filosofica della storia». Proprio in virtù dell'ordine razionale in cui presenta le azioni umane, facendo emergere tale ordine anche là dove tutto sembra casuale e inspiegabile (si pensi per es. alla vicenda di Edipo), la tragedia può produrre quella che Aristotele chiama la *catarsi*, ossia la purificazione delle passioni nell'animo degli spettatori. Chi assiste alla tragedia, infatti, prova pietà (per l'eroe, che apparentemente non merita i mali che gli accadono) e terrore (per se stesso, al pensiero che potrebbe capitargli la medesima sorte); ma una volta che, nello scioglimento della vicenda tragica, i fatti hanno una spiegazione razionale, pietà e terrore vengono acquietati. Questa è tuttavia solo una tra le interpretazioni proposte del concetto di catarsi, poco chiarito nei testi di Aristotele; esso è stato spesso letto in chiave psicologistica (come sfogo liberatorio delle emozioni), o idealisticamente inteso come purificazione delle passioni e dei sentimenti attraverso la contemplazione disinteressata propria dell'arte. Mediante la catarsi, la tragedia (e forse l'arte in generale) è riscattata dalla condanna platonica, che la considerava priva di verità e pericolosa per l'equilibrio affettivo dell'uomo. L'aspetto estetico del pensiero aristotelico è forse oggi il più presente nella cultura, in tutte le dottrine che parlano dell'opera d'arte e dei prodotti culturali in termini di struttura. Ma si tratta solo delle ultime propaggini di una vastissima influenza che si è esercitata soprattutto nella cultura medievale, sia latina sia araba, e che resta viva nella tradizione della teologia e filosofia scolastica ancora presente nella dottrina della chiesa cattolica (→ aristotelismo). *G. Va.*

aristotelismo, termine che designa sia il sistema filosofico-scientifico di Aristotele, sia i movimenti dottrinali che ripresero e svilupparono il pensiero di Aristotele nelle diverse epoche. La sistemazione della filosofia aristotelica fu curata dai primi discepoli del maestro, che furono detti «peripatetici» perché solevano tenere le discussioni passeggiando nel portico alberato della scuola: Teofrasto, Eudemo di Rodi, Aristosseno e Dicearco continuarono a mantenere aperti i due filoni dell'aristotelismo, quello speculativo e quello naturalistico; con Stratone di Lampsaco, discepolo di Teofrasto, cominciò a prevalere l'indirizzo naturalistico. L'interesse della scuola peripatetica si spostò successivamente sulla filologia, con Andronico di Rodi (sec. I a.C.), e più tardi sulla scienza: sono noti i nomi di Galeno (130-200 d.C.) nel campo della medicina e di Claudio Tolomeo (attivo tra il 120 e il 150 d.C.) in quello dell'astronomia. Il periodo di massima diffusione dell'aristotelismo scientifico coincise con l'interpretazione materialistica della filosofia aristotelica data da Alessandro di Afrodisia (sec. III d.C.), definito il «secondo Aristotele» per la chiarezza dei suoi *Commentari*. Gli ultimi interpreti di Aristotele nell'età antica furono neoplatonici: Porfirio di Tiro (233-305), Temistio (320-390), Simplicio e Giovanni Filopono (entrambi vissuti nel sec. VI), tutti seguaci del neoplatonismo, scrissero diversi *Commentari* ad Aristotele, in cui ripresero l'interpretazione spiritualistica.

La complessità dell'aristotelismo antico si riscontra anche in quello medievale: le varie interpretazioni di Aristotele, sia arabe sia latine, furono spesso in contrasto fra loro. Fra i pensatori arabi, che conobbero da sempre le opere di Aristotele, Avicenna (980-1037) scrisse una parafrasi del pensiero aristotelico in chiave neoplatonica; a tale interpretazione si oppose Averroè (1126-1198), che si sforzò di presentare il vero aristotelismo, senza preoccuparsi di conciliarlo con il platonismo o con l'ortodossia religiosa. L'ingresso di Aristotele nel mondo latino (tra la fine del sec. XII e la prima metà del XIII) avvenne grazie all'attività degli studiosi che tradussero le sue opere dal greco o dall'arabo in latino, e provocò una crisi nell'ambiente dottrinale prevalentemente teologico. Nel 1210 e nel 1215 furono emanati dall'autorità ecclesiastica divieti di leggere pubblicamente, all'università di Parigi, la *Metafisica* e la *Fisica* di Aristotele: divieti che decaddero solo intorno al 1240. Alla corrente dottrinale d'ispirazione aristotelica che si veniva formando con Alberto Magno, Tommaso d'Aquino e Ruggero Bacone, si contrappose subito una corrente d'ispirazione platonico-agostiniana (Guglielmo d'Alvernia, Alessandro di Hales e Bonaventura), che giudicava incompatibile l'aristotelismo con il pensiero cristiano. Solo nel sec. XIV, soprattutto a opera di Occam e in seguito alla netta distinzione degli ambiti fra filosofia e teologia, si poté valorizzare in pieno l'aristotelismo, liberato dai residui di platonismo.

Durante i secc. XV e XVI, l'aristotelismo continuò a orientare gli studi universitari di tutta l'Europa; in Italia ebbe come principali esponenti P. Pomponazzi, J. Zabarella, C. Cremonini. Sempre nel periodo umanistico e rinascimentale apparvero nuove traduzioni degli scritti di Aristotele, più accurate di quelle medievali, e vennero apportate aggiunte al *corpus* aristotelico: l'*Etica eudemea* e la *Meccanica* furono tradotte per la prima volta, mentre grande importanza fu data alla *Retorica* e alla *Poetica*. I primi attacchi all'aristotelismo vennero dalla filosofia della natura: Paracelso, B. Telesio, F. Patrizi e Giordano Bruno incominciarono a proporre opposti sistemi di cosmologia e di filosofia della natura, finché Galileo e gli altri fisici del sec. XVII determinarono l'abbandono definitivo della visione scientifica aristotelica, in favore della nuova scienza. Nei secoli successivi, l'influsso di Aristotele continuò nel campo biologico (sino al sec. XIX) e in quello della metafisica; ad Aristotele si rifanno le diverse correnti della filosofia neoclassica contemporanea e, in primo luogo, il pensiero cattolico con la neoscolastica.

aritmetica, in generale, teoria dei numeri; in particolare, teoria dei numeri naturali. Le basi razionali dell'antica scienza mediorientale dei numeri furono poste dalla scuola pitagorica, ma il pensiero matematico greco in generale si caratterizza come prettamente geometrico e riguarda i numeri più come indici di grandezze che in quanto oggetti di autonoma natura. Ci sono del tutto ignote le motivazioni storiche che condussero Diofanto (sec. III d.C.) a specifici interessi algebrico-aritmetici e alla composizione di un'opera intitolata *Aritmetica*; la traduzione latina (sec. XVI) dei libri superstiti dell'*Aritmetica* avviò quel generale e a tutt'oggi ininterrotto moto d'interessi per l'indagine delle proprietà dei numeri, prescindente da ogni esigenza del calcolo, che caratterizza l'aritmetica.

Fra le grandi conquiste del pensiero matematico ottocentesco si conta l'*aritmetizzazione dell'analisi*; essa consiste nella riduzione, tramite strumenti molto generali di carattere logico-insiemistico, di tutta l'aritmetica, ivi compresa la teoria numerica del → continuo, alle sole nozioni concernenti i numeri naturali. Con l'aritmetizzazione dell'analisi, che ebbe tra i maggiori artefici i tedeschi R. Dedekind e G. Cantor (1872), il problema di una fondazione, ovvero giustificazione razionale, della matematica tende a concentrarsi attorno a due questioni: il concetto di numero naturale e l'uso degli strumenti logico-insiemistici. Come importante tentativo di teorizzazione di questi ultimi, e di fondazione logica del concetto di numero naturale, appare assai rilevante l'opera di G. Frege.

Per il problema della *non-contraddittorietà* dell'aritmetica si veda D. → Hilbert.

arminiani, seguaci del teologo riformatore olandese Jacobus Arminius (Jakob Harmensz, 1560-1609), avversario del rigido predestinazionismo che era professato dalla chiesa calvinista; il movimento si sviluppò principalmente in seno ad ambienti aristocratici e borghesi, sensibili alla tradizione umanistica erasmiana. Detti anche rimostranti per la «rimostranza» con cui, nel 1610, proposero agli stati generali il riconoscimento della legittimità della loro dottrina (affermante che il volere dell'uomo è libero, che Cristo morì per tutti e non solo per gli eletti, e che la predestinazione non è anteriore al peccato), gli arminiani vennero combattuti dai seguaci di F. Gomar, rigorosamente fedeli a Calvino (→ gomarismo). Furono sopraffatti quando, con l'appoggio dello statolder Maurizio di Orange-Nassau (che li sospettava di intesa con gli spagnoli), i gomaristi e altri teologi calvinisti non olandesi riuscirono a farli condannare nel sinodo di Dordrecht (1618-19). Dispersi e perseguitati, ottennero la libertà di culto nel 1630, e la piena tolleranza solo nel 1795.

armonia prestabilita, → Leibniz, Gottfried Wilhelm.

Arnauld, Antoine (Parigi 1612 - Bruxelles 1694), filosofo e teologo francese detto il Grande Arnauld. In campo teologico, è una delle personalità centrali del → giansenismo: dottore alla Sorbona (1641), ne fu espulso nel 1656 perché, appunto, giansenista. Tuttavia fu lui a elaborare la celebre distinzione «di diritto e di fatto» circa le proposizioni condannate da Roma in Giansenio, e formulò la teoria del «silenzio rispettoso» verso l'autorità ecclesiastica, che rese possibile la cosiddetta «pace della chiesa» (1669-77). In seguito, Arnauld polemizzò contro il lassismo in morale e contro le ingerenze della monarchia nella chiesa francese.

In filosofia, il pensiero di Arnauld si inserisce nella riflessione seicentesca sul significato e la portata del razionalismo, che egli si propone di conciliare con le verità di fede. Arnauld tentò di superare il dualismo cartesiano fra mondo dell'estensione (la materia) e pensiero, assimilando il *cogito* all'interiorità agostiniana: la percezione materiale e l'idea come modificazione dell'anima umana sono la stessa cosa, e muta soltanto il punto di vista da cui si considerano; di conseguenza, la distinzione tra la realtà materiale e la realtà ideale delle cose è solo frutto di astrazione. Arnauld diffuse il cartesianesimo dando avvio alla scuola di Port-Royal: la logica non è più intesa da lui come un'arte del ragionamento, ma come la forma del pensiero in generale, che comprende tutte le funzioni dell'intelletto (concepire, ragionare, giudicare, classificare); pertanto, le prescrizioni della logica non sono regole formali, ma condizioni che certificano la verità delle nostre conoscenze e insieme ci consentono di acquisirne altre (Logica di → Port-Royal). Arnauld sottopone anche il linguaggio a un analogo processo di identificazione con la ragione: sotto le strutture superficiali della lingua esistono i fondamenti del parlare, che sono identici a quelli del pensare; di conseguenza, la grammatica non dev'essere descrittiva, ma esplicativa, deve cioè ricercare la struttura razionale che sta alla base del linguaggio empirico. In questo rilievo dato alla struttura attuale e razionale del linguaggio a scapito del suo spessore storico, alcuni studiosi hanno individuato importanti analogie con la linguistica contemporanea.

Opere principali: *Quarte obiezioni* (1640); *Della comunione frequente* (1643); *Grammatica generale e ragionata* (1660, in collaborazione con C. Lancelot); *Logica, o arte del pensare* (1662, in collaborazione con P. Nicole); *Trattato delle idee vere e false* (1683).

Aron, Raymond (Parigi 1905-1983), filosofo e sociologo francese. Stretto collaboratore di Ch. De Gaulle, dal 1945 insegnò all'Ecole nationale d'administration e all'Institut d'études politiques. Occupatosi inizialmente della sociologia e dello storicismo tedeschi, ha sottolineato gli aspetti relativi e contingenti della storicità. Secondo Aron, la storia non è retta da leggi necessarie, e di conseguenza non si può parlare di «obiettività storica» in senso stretto: l'obiettività delle scienze storiche è solamente metodologica, e quindi relativa; di qui, la polemica di Aron contro il marxismo come dottrina che pretende di riconoscere nella storia una legge assoluta. In campo sociologico e politico, Aron si è occupato di problemi di storia della sociologia, del conflitto tra democrazia e totalitarismo e della responsabilità degli intellettuali di sinistra nella società contemporanea. Tra le sue opere: *Introduzione alla sociologia tedesca contemporanea* (1935); *Introduzione alla filosofia della storia* (1938); *La società industriale* (1962); *Le tappe del pensiero sociologico* (1967); *Pensare la guerra* (1978). Postumi sono stati pubblicati: l'autobiografia *Memorie. Cinquanta anni di riflessioni politiche* (1983) e *Gli ultimi anni del secolo* (1984).

ars combinatoria, espressione con cui Leibniz (*De arte combinatoria*, 1666) designa il suo progetto di una metodologia in grado di dimostrare le verità acquisite (*ars demonstrandi*) e di scoprire verità nuove (*ars inveniendi*) mediante la semplice combinazione e permutazione di nozioni ritenute primitive. Secondo Leibniz, l'ars combinatoria richiede due condizioni: che sia possibile scomporre le idee complesse in idee semplici mediante un'analisi esaustiva; che si possa comporre una lingua scientifica universalmente valida, un «alfabeto del pensiero umano», i cui simboli si correlino nello stesso modo dei pensieri (*characteristica universalis*). La combinazione delle idee deve avvenire secondo regole fisse (*calculus ratiocinator*), simili a quelle della matematica: questa

consente di calcolare le quantità, quello potrebbe calcolare ciò che appartiene al «potere dell'immaginazione». I segni artificiali della *characteristica universalis* sono determinati in modo tale che il calcolo logico complessivo rifletta la struttura stessa del reale.
Un progetto analogo era già presente in Raimondo Lullo (→ *ars magna*) e in filosofi e alchimisti dei secc. XVI e XVIII (Agrippa di Nettesheim, A. Kircher, P. Gassendi, G. Dalgarno); il concetto di sapere come artificio e calcolo, che compare negli scritti di Hobbes, ebbe anche molta importanza nella riflessione leibniziana. Sull'ars combinatoria lavoreranno i seguaci di Leibniz (Ch. Wolff, J.H. Lambert). La logica formale moderna riconosce un debito nei suoi confronti.

ars magna, il sistema ideato nel sec. XIII da Raimondo Lullo (*Ars compendiosa inveniendi veritatem seu ars magna et maior*) per collegare meccanicamente, anche con l'ausilio di tavole e figure, concetti fondamentali in modo da esaurire ogni combinazione logica possibile e acquisire un sapere universale. Pressoché dimenticata dopo Lullo, l'ars magna fu ripresa, in connessione a pratiche occulte e alchemiche, nei secc. XVI-XVII e infine, con il nome di → ars combinatoria, da Leibniz.

arte, → estetica.

articolo di fede, nella teologia cattolica, ogni verità proposta dal magistero ecclesiastico come contenuta nella rivelazione divina. Nella teologia protestante, si sogliono chiamare «articoli fondamentali» le formulazioni di quelle verità di fede alle quali bisogna aderire per ottenere la salvezza personale. Nel protestantesimo le più note raccolte di articoli di fede sono gli *Articoli di Smalcalda*, scritti da Lutero nel 1537, e i *Trentanove articoli* o *Articoli di fede anglicana* promulgati nel 1563 dalla regina Elisabetta I: essi definiscono dottrina e prassi della chiesa anglicana nella sua peculiare sintesi di calvinismo teologico, episcopalismo luterano e liturgismo cattolico. Ne diede un'interpretazione cattolicizzante J.H. Newman (1841).

arti liberali, le discipline comprese nei programmi didattici dell'antichità e del medioevo. La denominazione di *artes liberales*, ossia proprie degli uomini liberi, fu introdotta da autori latini, in contrapposizione alle *artes serviles*, proprie degli schiavi.
Il numero delle arti liberali, già fissato in nove da Varrone, fu portato a sette da Marziano Capella (*De nuptiis Mercurii et Philologiae*, V sec. d.C.): grammatica, retorica, dialettica, aritmetica, geometria, musica e astronomia. Successivamente si distinsero due gruppi: grammatica, retorica e dialettica vennero assegnate al gruppo letterario, denominato *trivium*; le altre quattro costituirono il gruppo scientifico, il *quadrivium*.
Scuole delle arti liberali furono detti nel medioevo i centri dove si impartivano le conoscenze del sapere profano, preparatorio allo studio della teologia; esse durarono sino alla fine del sec. XII, quando, con il sorgere delle università, si trasformarono nelle «facoltà delle arti».

ascesi, termine riferito originariamente all'ambito atletico (in gr. *áskesis*, esercizio, allenamento in vista di una prova) e che assume in Platone significato morale: presupposta una visione dualistica dell'uomo, composto di anima e corpo, la pratica ascetica permette all'anima di liberarsi da tutto ciò che è corporeo e di elevarsi al mondo ideale originario (*Fedone*, 66b e sgg.). La valenza morale è determinante anche per gli stoici, per i quali l'ascesi è l'esercizio di astinenza necessario a chiunque voglia raggiungere il controllo dei pensieri e delle passioni.
Tale aspetto etico è presente anche nel cristianesimo, in una prospettiva rivolta al trascendente. Per Clemente Alessandrino e Origene l'ascesi conduce all'unione con Dio nella contemplazione mistica, attraverso il superamento degli ostacoli mondani. Rientrano pertanto nell'ascesi — in quanto pratica di conversione — sia la meditazione, la preghiera, l'esercizio della virtù, sia forme talora assai rigorose di mortificazione fisica. Nel medioevo il concetto mantiene il suo valore essenziale, anche se il termine è usato raramente, dal momento che viene fatto coincidere con «vita monastica». Nella storia della spiritualità cristiana non sono mancate deviazioni della pratica ascetica, spinte talora fino all'eresia (per es. nel montanismo); l'ascesi è sempre stata considerata tuttavia un mezzo fondamentale di formazione, purificazione ed espiazione; le sue forme più alte erano, oltre al monachesimo, il martirio e la verginità. Svalutata, per ragioni teologiche, dalla riforma protestante, l'ascesi ha in realtà ispirato l'etica di molte confessioni evangeliche, dal puritanesimo al pietismo.
Al di fuori del cristianesimo, si possono scorgere espressioni di ascetismo in molteplici esperienze etiche e religiose — in alcune antiche comunità «monastiche» ebraiche (esseni, terapeuti), in alcune confraternite islamiche, nelle religioni dell'India e dell'Estremo Oriente — anche se le motivazioni teoriche non sono in genere riconducibili a una dottrina unitaria, e meno ancora al modello cristiano.

Ascoli, Graziadio Isaia (Gorizia 1829 - Milano 1907), linguista italiano. Autodidatta, si formò scientificamente tra il 1845 e il 1865: in quel ventennio, cioè, in cui in Europa si elaborava la prima sistemazione della grammatica comparativa. Nel 1861 ottenne a Milano la cattedra di grammatica comparata e lingue orientali, che su sua proposta prese la denominazione di storia comparata delle lingue classiche e neolatine. Nel 1873 fondò e iniziò a dirigere una rivista, l'«Archivio glottologico italiano», che doveva suscitare e orientare la maggiore (e la migliore) parte della successiva ricerca linguistica in Italia. I suoi scritti principali sono: *Studi ario-semitici* (1865), con cui cercò di dimostrare che le lingue indoeuropee e semitiche avevano origine comune; *Corsi di glottologia* (1870), l'opera che, enunciando la teoria delle tre serie di suoni velari indoeuropei, gli conquistò fama internazionale; il *Proemio* (1873) nel primo volume dell'«Archivio glottologico italiano», con cui, mettendo in evidenza il nesso fra la lingua e la vita politica e civile, interveniva nella «questione della lingua» e affermava la necessità, contro il rischio di un formalismo fiorentineggiante, di diffondere innanzitutto l'attività intellettuale; i *Saggi ladini* (1873), con cui dimostrò l'esistenza di un dominio dialettale autonomo, fino allora non riconosciuto. Ascoli fu soprattutto attento ai fenomeni di frazionamento dialettale e di bilinguismo, e ai legami storici fra lingue e popolazioni. In questa prospettiva egli elaborò la sua teoria del sostrato, secondo la quale una popolazione che cambia di lingua porta nella seconda abitudini articolatorie della prima, in modo che dall'emergere di certi fenomeni (per es. nelle lingue neolatine) è possibile appurare in quali aree vi fossero un tempo popolazioni di lingua celtica, poi latinizzate.

aseità, la condizione di un essere che esiste di per sé, senza bisogno di trarre da altro la propria esistenza. Già presente nella patristica per indicare la natura di Dio, il concetto si collega, nella scolastica, alla prova ontologica di sant'Anselmo, che considerava l'esistenza di Dio come costitutiva della sua essenza. In Cartesio (*Principia philosophiae*) e in Spinoza l'aseità appartiene alla sostanza; ma Spinoza, affermando l'esistenza di una sostanza unica, di natura divina, riconduce il concetto alla definizione teologica medievale.

aspirazione, livello di, nozione introdotta in psicologia sperimentale dalla scuola di K. Lewin. Indica il risultato che il soggetto, nel corso di una propria condotta motivata, ritiene di poter conseguire.

assenso, atto volontario per cui l'intelletto aderisce alla rappresentazione di un oggetto. Questo significato dell'assenso risale agli stoici, per i quali esso costituisce uno stadio della conoscenza ulteriore rispetto alla semplice percezione, perché implica un giudizio. La duplice natura, percettiva e volontaria, dell'assenso, fu utilizzata da san Tommaso per distinguere le conoscenze naturali (che risultano dalla semplice percezione di un'evidenza sensibile o razionale) dalle conoscenze rivelate, che richiedono un assenso esplicito e volontario. L'accentuazione della componente volontaristica dell'assenso condusse Occam a collegarlo all'errore: l'evidenza non richiede assenso, che interviene quando si vuole conferire o negare evidenza a qualcosa. Questa accezione si trasmise nella filosofia moderna: così, per Cartesio, Spinoza e Locke l'assenso è un atto della volontà con cui essa afferma o nega le idee che l'intelletto le presenta.

asserzione, atto linguistico con il quale ci si impegna circa la verità di un enunciato. Particolarmente nitida la distinzione tracciata da G. Frege tra il pensiero (*Gedanke*) espresso da un enunciato, che possiamo afferrare mentalmente anche senza avere nessuna opinione circa il suo essere vero o falso, il giudizio (*Urteil*), cioè l'atto mentale con il quale attribuiamo verità a un pensiero, e l'asserzione (*Behauptung*), che consiste nell'usare un enunciato per comunicare ad altri che il pensiero da questo espresso è giudicato vero. Per indicare che un enunciato esprime un pensiero giudicato vero, e quindi per indicare che l'enunciato in questione viene asserito, Frege introduce nella sua ideografia un segno apposito: un trattino verticale che diventerà poi, nella simbologia di B. Russell, il segno. Wittgenstein nel *Tractatus* critica quest'uso, perché, afferma, «una proposizione non può enunciare, di se stessa, che è vera», laddove il segno di asserzione suggerisce proprio questo.

Nella teoria degli atti linguistici di J. Searle, l'asserzione è considerata un tipico esempio di atto illocutivo. Un errore filosofico piuttosto comune è, secondo Searle, l'"errore dell'asserzione', che consiste nel confondere le condizioni per un'asserzione appropriata con il significato di certe parole occorrenti in un enunciato asserito (come quando, dal fatto che è innaturale asserire '*So* che sto provando dolore', si traggono conclusioni circa il significato di 'sapere').

assimilazione, termine usato da J. Piaget per indicare il processo mediante il quale il bambino incorpora nei propri preesistenti schemi mentali gli oggetti e gli eventi dell'ambiente esterno. L'assimilazione trasforma attivamente le percezioni, che a questa trasformazione non oppongono resistenza, al contrario di quanto avviene nel processo denominato da Piaget → accomodamento. Nel loro continuo alternarsi, l'assimilazione e l'accomodamento costituiscono rispettivamente il momento deduttivo e il momento induttivo dell'adattamento alla realtà.

assiologia (dal gr. *áxios*, valido, degno), dottrina dei valori. L'assiologia fa riferimento, in genere, a una gerarchia ideale, fondata metafisicamente, alla quale deve tendere l'ordine dei valori umani per assimilarsi a essa quanto più è possibile.

assioma, termine che, letteralmente, significa «ciò che è degno di considerazione, ciò che è ritenuto giusto» (in gr. *axiōma*). Nella filosofia greca ricorre con due significati fondamentali.

Nel primo, canonizzato da Aristotele e divenuto poi predominante, l'assioma è «quel principio che deve essere necessariamente posseduto da chi vuol apprendere alcunché», o anche «la proposizione prima da cui parte la dimostrazione». Nel secondo significato, introdotto dagli stoici, l'assioma è invece «ciò che è vero o falso». Pertanto, mentre per gli stoici gli assiomi sono enunciati passibili di un determinato valore di verità, per Aristotele essi si identificano con gli enunciati dotati del carattere di evidenza immediata e necessità, carattere che impone la loro accettazione come base del ragionamento in ogni contesto e in ogni scienza. Per il valore del termine in logica, si veda → assiomatica.

assioma di scelta, → Zermelo, Ernst.

assiomatica o teoria del metodo assiomatico, l'insieme delle questioni concernenti la metodologia delle teorie assiomatiche. Si è soliti distinguere il metodo assiomatico in *contenutistico* (o antico) e *formale* (o moderno). Il primo risale al matematico greco Euclide, il secondo nasce e si afferma nel sec. XIX. Secondo l'approccio assiomatico contenutistico, in una teoria vengono fissati alcuni concetti, riconosciuti come immediatamente intelligibili, detti concetti *basilari*, e alcune proposizioni particolarmente evidenti, dette *assiomi*. Ogni altro concetto della teoria è ottenuto per definizione a partire dai concetti basilari e ogni altra proposizione vera della teoria è ottenuta, mediante argomentazioni dimostrative, dagli assiomi. In tali argomentazioni si richiede il diretto riferimento alle proprietà intuitive dei concetti basilari.

Nel sec. XIX la scoperta delle nuove geometrie non euclidee (→ euclidea e non euclidee, geometrie) e proiettive e la nascita dell'algebra astratta (→ algebra) posero in crisi la concezione degli assiomi come proposizioni evidenti. Con l'opera *I fondamenti della geometria* (1899), di D. Hilbert, si ebbe il primo compiuto esempio di applicazione della metodologia assiomatica formale. Secondo questo approccio, la funzione degli assiomi è quella di assolvere la mente da ogni riferimento all'intuizione circa i concetti basilari della teoria. Gli assiomi, che devono includere tutte le possibili ipotesi concernenti i concetti basilari, danno di questi una definizione *implicita*. Tutte le proposizioni della teoria devono essere ottenute, a partire dagli assiomi, per pure dimostrazioni *logiche*. Una teoria assiomatica organizzata secondo il metodo contenutistico è *fondata* dalla stessa evidenza degli assiomi. Una fondazione delle teorie assiomatiche organizzate secondo il metodo moderno è data dall'esibizione di un argomento a favore della *non-contraddittorietà* dei loro assiomi.

associazione, termine con cui in sociologia si qualifica un gruppo umano che si sia costituito per la realizzazione di fini determinati dandosi un'organizzazione adeguata, più o meno complessa. Data l'estrema varietà degli interessi presenti all'interno di una società, la classificazione delle associazioni in base al tipo di interesse risulta spesso o molto generica o troppo specifica. Un altro criterio di classificazione, più preciso, può fondarsi sul grado di organizzazione.

Le associazioni costituite sulla base di interessi economici sono di solito articolate in una precisa struttura funzionale al raggiungimento dei fini (elemento che le avvicina alle organizzazioni vere e proprie) e i loro membri sono oggetto di prescrizioni di ruolo definite. Nelle associazioni di tipo culturale o ricreativo, invece, assumono maggiore importanza altre caratteristiche, come il coinvolgimento e l'impegno, mentre la struttura organizzativa e la definizione dei ruoli sono minori o quasi inesistenti. In tutti i casi, l'appartenenza a un'associazione comporta l'accettazione di alcune norme e di una struttura di autorità. Da ciò nasce spesso, specie nelle associazioni di tipo politico, la tendenza alla formazione di un'oligarchia interna (un gruppo dirigente che diventa inamovibile), in contrasto con i fini di partecipazione e democrazia per cui l'associazione è stata costituita.

associazione libera, successione di pensieri che affiorano alla coscienza spontaneamente, o a partire da un determinato elemento, e che il soggetto esprime senza porre in atto alcun controllo o censura. È un metodo psicoanalitico di importanza essenziale, elaborato in modo diverso da Freud e da Jung. Come si è detto, le associazioni libere possono essere del tutto spontanee, e in questo caso coincidono con quella che nella psicoanalisi freudiana si indica come «regola fondamentale» cui il paziente deve cercare di attenersi nel corso delle sedute; oppure esse muovono da un elemento iniziale, che può essere una rappresentazione qualsiasi: soprattutto un'immagine onirica nell'approccio freudiano, e una parola induttrice in quello junghiano. Lo scopo di questa tecnica terapeutica è in ogni caso che il paziente produca un materiale psichico profondo che consenta di evidenziare le sue difese inconsce.

associazionismo, concezione filosofica, e poi anche psicologica, secondo cui ogni evento mentale complesso è costituito da molteplici elementi irriducibili di origine sensoriale, fra loro combinati in virtù di «leggi associative»; il numero e la natura di queste leggi sono variamente definiti nei diversi indirizzi associazionistici.

Nella cultura occidentale l'associazionismo ha una storia molto lunga. Platone, per primo, in un passo del *Fedone* illustra mediante esempi due leggi associative, quelle della contiguità e della somiglianza fra idee. Aristotele osserva che un'idea tende a richiamarne alla mente

un'altra, ed enuncia quelle che per lungo tempo rimarranno le tre leggi fondamentali dell'associazione: somiglianza, contrasto, contiguità nel tempo o nello spazio.
Dopo molti secoli l'associazionismo assume una importanza centrale nella filosofia empiristica inglese: Hobbes e Locke affermano che tutte le conoscenze derivano da impressioni sensoriali semplici, fra loro legate dal processo associativo; Berkeley applica il principio associativo alla percezione visiva; Hume spiega la percezione della causalità mediante il principio della contiguità temporale; D. Hartley, nelle *Osservazioni sull'uomo* (1749), sistematizza la dottrina associazionistica, mantenendo come unica legge quella della contiguità, ed estendendone la validità, al di là dell'ambito tradizionale delle sensazioni e delle idee, all'ambito dei movimenti del corpo, dell'immaginazione, dell'emozione, dell'attività volontaria e dei sogni. Negli anni successivi J. Mill porta all'estremo l'elementismo o molecolarismo implicito nell'associazionismo, e interpreta i processi associativi in termini meccanicistici, assegnando alla mente una posizione di assoluta passività di fronte al loro svolgersi. Contro questo meccanicismo, J.S. Mill afferma il ruolo attivo della mente nella trasformazione delle esperienze elementari in esperienze complesse, e introduce il concetto di una «chimica mentale» in cui il prodotto finale è qualitativamente diverso da ciascuna delle componenti interagenti; e Th. Brown individua nelle condizioni specifiche e transitorie dell'organismo un fattore determinante nel processo di formazione delle associazioni, e aggiunge alle tre leggi classiche altre nove leggi associative da lui denominate secondarie (la frequenza, la durata e la vividezza degli eventi mentali ecc.).
Dopo Kant, del resto, la cui concezione della mente come organizzatrice mediante la «sintesi a priori» rappresenta un'aperta confutazione dell'associazionismo, quest'ultimo aveva abbandonato il terreno filosofico e si era spostato sempre più verso il terreno della nuova psicologia scientifica. In questo processo di avvicinamento vanno ricordati i contributi di A. Bain, che per la prima volta assimila il concetto di associazione a quello di apprendimento, di H. Taine, che diffonde l'associazionismo nei paesi di lingua francese, e di H. Spencer, il teorico per eccellenza dell'evoluzionismo, il quale enuncia il principio secondo cui le associazioni più volte ripetute tendono a diventare ereditarie, cosicché le esperienze apprese da una generazione possono diventare istintive nella generazione successiva. Nell'opera di W. Wundt, il criterio associazionistico viene utilizzato per spiegare i nessi fra le sensazioni elementari.
Ma è soprattutto con gli esperimenti condotti da H. Ebbinghaus, G.E. Müller, I.P. Pavlov, V.M. Bechterev ed E.L. Thorndike, fra il 1885 e il 1910, che l'associazionismo diventa una teoria scientifica. Ebbinghaus affronta con criteri associazionistici lo studio sperimentale della → memoria, cioè, per la prima volta nella storia della psicologia scientifica, di un processo mentale superiore; in particolare, per misurare il grado di apprendimento mnestico egli adotta il principio della frequenza delle associazioni, ossia calcola il numero delle ripetizioni necessarie per memorizzare liste di sillabe senza senso. Le ricerche di Ebbinghaus vengono proseguite da Müller, il quale, integrando la sperimentazione oggettiva con i resoconti introspettivi (→ introspezione) dei soggetti, evidenzia la partecipazione attiva di questi ultimi nella formazione delle associazioni e nel processo di apprendimento, mediante quelli che egli chiama «atteggiamenti consci», e in particolare scopre che la mente tende a organizzare e a conferire un significato, onde memorizzarle, persino alle sillabe senza senso. Quanto al russo Pavlov, scopritore del → condizionamento, egli adotta il principio dell'associazione per frequenza, ma lo trasferisce completamente dall'ambito soggettivistico delle sensazioni, delle idee e della memoria al nuovo ambito oggettivistico e sperimentalistico delle secrezioni ghiandolari esterne; e contemporaneamente un altro russo, Bechterev, compie ricerche sperimentali del medesimo tipo sulle reazioni dei muscoli striati.
Come Pavlov, lo statunitense Thorndike effettua esperimenti in chiave associazionistica sull'apprendimento degli animali, e in particolare dei pulcini e dei gatti, avvalendosi di un dispositivo da lui inventato, la «puzzle box»: le sue ricerche culminano nella pubblicazione del classico *L'intelligenza animale: studio sperimentale dei processi associativi negli animali* (1898). Quindi, seguendo una strada diversa rispetto a Pavlov, Thorndike estende i criteri associazionistici allo studio del bambino e dell'adolescente, ed elabora una teoria associazionistica generale su base sperimentale, da lui denominata *connessionismo* per differenziarla dall'associazionismo della tradizione filosofica. In quanto postula che apprendere significa connettere e che la mente null'altro è se non un articolatissimo sistema di connessioni, e in quanto individua quale scopo dello psicologo sperimentalista quello di scoprire le specifiche connessioni d'intensità variabile esistenti fra gli stimoli ambientali e le risposte manifeste dell'organismo, la teoria di Thorndike è la precorritrice più diretta delle contemporanee e nordamericane «teorie dell'apprendimento» (→ comportamentismo), tutte focalizzate sulla formazione, sullo sviluppo e sulla dissoluzione dei nessi associativi; inoltre, poiché considera insoddisfacenti le leggi dell'associazione per contiguità e per frequenza, Thorndike enuncia nel 1905 la famosissima «legge dell'effetto», se-

condo la quale «ogni atto che, in una determinata situazione, produce soddisfazione, finisce coll'essere associato a tale situazione; e pertanto, quando essa si ripresenta, il relativo atto ha maggiori probabilità di ripetersi rispetto al passato. Al contrario, ogni atto che, in una determinata situazione, produce insoddisfazione, finisce coll'essere dissociato da tale situazione; e pertanto, quando essa si ripresenta, il relativo atto ha minori probabilità di ripetersi rispetto al passato».
Tra la fine del sec. XIX e l'inizio del XX gli psicologi funzionalisti (→ funzionalismo) adottano in parte i criteri associazionistici, ma, diversamente dagli associazionisti veri e propri, essi non fanno dell'apprendimento l'unico oggetto di studio. L'associazionismo vigente in Austria e in Germania alla fine dell'Ottocento costituisce una delle matrici concettuali della psicoanalisi, sebbene Freud tenda ad attenuarne la componente meccanicistica, come risulta in particolare dal suo *Progetto per una psicologia scientifica* (1895). *S. Ma.*

assoluto, termine che risale al participio passato del verbo latino *absolvere*, in cui si possono già individuare significati molteplici, da quello giudiziario di prosciogliere da un'accusa, a quello più generico di sciogliere o liberare da riferimenti o condizioni, a quello, infine, di portare a compimento qualcosa (ancor oggi si dice «assolvere un compito»). Così, già negli studi latini di grammatica e di retorica il termine *absolutus* indica ciò che è dotato di un senso o di una funzione sintattica in sé compiuti o un'azione giunta a compimento rispetto a un'azione semplicemente «incoativa» (nome assoluto, aggettivo assoluto, caso assoluto, verbo assoluto). Nella filosofia medievale, anche sulla scorta del *De hypotheticis syllogismis* (520 d.C. ca) di Boezio, dove si distingue tra il predicare «assolutamente» o «condizionatamente» la necessità o la possibilità di qualcosa (I, VI), si sviluppa un'ampia discussione logico-linguistica sul valore assoluto o meno di termini ed elementi del discorso e della proposizione. Ma è a Nicola Cusano (*De docta ignorantia*, 1440) che si fa risalire l'attribuzione al termine di una valenza teologico-metafisica peculiare, per cui esso viene riservato propriamente a Dio, nel senso che Dio solo è assoluto o, viceversa, non possono esserci potenza, atto, forma che siano assoluti e non siano Dio.
In Kant «assoluto» si oppone a «condizionato», per indicare quell'incondizionato che viene pensato nelle tre idee della ragione: l'anima, il mondo, Dio (*Critica della ragion pura*, Dialettica trascendentale, Concetti della ragion pura, sez. II). È però nell'idealismo tedesco che il termine, sostantivato in «l'Assoluto» (*das Absolute*), viene a occupare un posto centrale nell'ambito di un dibattito speculativo in cui, proprio in rapporto alla concezione dell'Assoluto, si verifica una profonda divaricazione tra i grandi esponenti dell'idealismo stesso: Fichte, Schelling e Hegel. Fichte mantiene il significato kantiano, ma trasferisce l'assolutezza all'«Io puro», che per Kant aveva invece soltanto una funzione formale quale principio ordinatore dell'esperienza. L'Io di Fichte è assoluto in quanto è esso a «porre» tanto se stesso, con un atto libero, quanto il suo contrario, il Non-Io o natura, che è necessario affinché l'Io possa esplicare la propria attività. L'assolutezza dell'Io è quindi la sua originarietà e infinitezza: un operare che non presuppone un essere (al contrario che nella metafisica tradizionale e nella mentalità comune) ma è esso produttore d'ogni oggettività attraverso un processo di autolimitazione. Questa è la teoria di Fichte negli scritti anteriori al 1800; successivamente, egli tornerà a una posizione più tradizionale, tendendo a identificare l'Assoluto con Dio. Intanto, Schelling aveva attribuito l'assolutezza (sempre nel senso di originaria incondizionatezza) non all'Io soltanto, ma all'unità indifferenziata, o «identità», dell'Io e della natura; altrimenti, secondo Schelling, non si spiegherebbe la natura, così come non si riuscirebbe a spiegare la coscienza muovendo dalla natura soltanto. Di conseguenza, la distinzione fra la natura e l'Io non è originaria, né prodotta dall'Io stesso, bensì determinata dalla prevalenza che nella prima ha l'attività reale, oggettiva, inconscia, e nel secondo l'attività ideale, soggettiva, conscia. Poiché la differenza deriva dalla prevalenza di un'attività sull'altra, esse sono sempre compresenti entrambe; e anche questa sproporzione quantitativa viene meno nell'Assoluto; il che non si può cogliere però con la ragione discorsiva, bensì solo con l'«intuizione intellettuale». Ma anche Schelling muterà presto posizione, inoltrandosi verso una concezione teistica dell'Assoluto.
Al concetto impersonale dell'Assoluto si mantiene fedele, invece, Hegel; il quale elabora la propria concezione in opposizione a Schelling. Nella *Prefazione* della *Fenomenologia dello spirito*, Hegel accusa di misticismo la concezione dell'Assoluto come indeterminatezza («una notte in cui tutte le vacche sono nere»); e si propone di determinarne la struttura attraverso una nuova logica. Rispetto a questa, la *Fenomenologia dello spirito* è un'introduzione necessaria: attraverso la critica delle varie posizioni che la coscienza umana può assumere o ha assunto sul rapporto fra sé e il mondo (naturale e storico) si apre infine la prospettiva del «sapere *assoluto*», cioè di un superamento della dualità di soggettività e oggettività. Nell'unità di questi due opposti consiste dunque l'assolutezza anche per Hegel; ma non si tratta più di un'unità indifferenziata, giacché il sapere assoluto si realizza solo articolandosi e sviluppandosi, sia come logica (scienza del pensiero pu-

ro) sia come filosofia del reale, cioè della natura e dello spirito. Tanto al culmine della logica quanto al culmine del reale si ritrova l'Assoluto: come «Idea assoluta» nel primo caso e come «spirito assoluto» nel secondo. L'Idea, con cui si conclude la *Scienza della logica*, è assoluta in quanto raccoglie in sé la totalità delle determinazioni concettuali (o categorie) sviluppatesi lungo tutta la *Logica* come «pensieri oggettivi»; però essa è ancora manchevole, astratta, finché non si consideri anche il rapporto fra siffatte determinazioni e il mondo, in cui esse si realizzano. E al culmine del reale, secondo l'esposizione dell'*Enciclopedia delle scienze filosofiche*, le attività culturali superiori (arte, religione, filosofia) rappresentano la conoscenza che lo spirito acquisisce dell'Assoluto: non più l'Assoluto com'è «in sé», dunque, ma coscientemente consaputo. In particolare, la filosofia è sapere assoluto ormai realizzato, perché è costituita da tutt'intero il sistema che s'è venuto sviluppando. La concezione hegeliana dell'Assoluto è pertanto caratterizzata peculiarmente dalla sistematicità; e questa richiede non soltanto unità, ma anche articolazione interna e sviluppo. Hegel si contrappone quindi a chi pensi l'Assoluto quale mera «origine»: al contrario, l'Assoluto è piuttosto un risultato, realizzazione che implica il proprio divenire. Tuttavia, l'immagine che meglio rende l'Assoluto di Hegel è quella d'un circolo, in cui la fine coincide col principio.

Dopo l'idealismo tedesco, la problematica dell'Assoluto è scomparsa dal pensiero filosofico, tranne che ovviamente nelle correnti ispirate all'idealismo, e prescindendo dal caso in cui con tale termine si indichi Dio. L'Assoluto è caratterizzato da H. Spencer come l'«Inconoscibile», in un significato che deriva quindi, seppur assai mediatamente, da quello kantiano.

Assunto, Rosario (Caltanisetta 1915), filosofo italiano. Allievo e collaboratore di P. Carabellese, ha insegnato Estetica all'università di Urbino e poi Storia della filosofia italiana all'università di Roma. È autore di varie opere di estetica nelle quali si intrecciano proposta teorica e ricostruzione storica: *Forma e destino*, 1957; *L'integrazione estetica*, 1959; *La critica d'arte nel pensiero medievale*, 1962; *Stagioni e ragioni nell'estetica del Settecento*, 1967; *Il paesaggio e l'estetica*, 1973; *La città di Anfione e la città di Prometeo*, 1983. Assunto da una parte, seguendo la lezione di Schelling, afferma la filosoficità dell'arte, che mostra autonomamente tutto quello che la filosofia dimostra. Dall'altra, a proposito del rapporto tra arte e scienza, sostiene l'importanza di conciliare Prometeo e Orfeo, di riscoprire cioè la comunanza di arte e scienza riconducendole entrambe alla condizione della natura, nella quale la conformità al fine costatato dalla scienza si costituisce come bellezza. Esplicitando queste premesse teoriche Assunto legge in una prospettiva filosofica le vicende della poesia, dell'arte, della natura, della scienza, della società, ricostruendo ampi contesti culturali, in particolare nel medioevo, nel Settecento, nel mondo contemporaneo.

astratto-concreto, rispettivamente ciò a cui conduce e ciò da cui muove il procedimento di → astrazione. A partire da Boezio assume una posizione centrale nella filosofia la questione del genere di realtà proprio delle entità astratte. Il dibattito sugli universali, con le diverse posizioni realistiche, concettualistiche e nominalistiche, nasce nel medioevo e non cessa neppure oggi di sollecitare l'attenzione dei filosofi.

A tale prima questione tuttavia se n'è venuta successivamente intrecciando una seconda, relativa alla natura del concreto. La filosofia anteriore all'idealismo tedesco ha in generale interpretato il concreto come un mondo di entità individuali logicamente ed essenzialmente indipendenti tra loro, per quanto causalmente connesse le une alle altre, e indipendenti dall'intelligenza che le pensa. A partire dall'idealismo tedesco si è sviluppata tuttavia una polemica ricorrente contro tale immagine del concreto. Già Fichte asserisce il carattere astratto della pura esistenza indipendente dal pensiero. Ma è con Hegel che questa polemica si dispiega interamente. Coerentemente con la ridefinizione dell'idealismo come tesi della idealità del finito, Hegel sostiene che l'individuo finito, isolato e indipendente dall'universale, che è oggetto della comprensione scientifica, è solo un astratto e fittizio presupposto di quell'atteggiamento epistemico unilaterale, che egli denomina *intelletto* e considera solo un momento preliminare della scienza vera e propria (*Enciclopedia*, par. 164): per Hegel «il vero è l'intero» (Pref. alla *Fenomenologia dello spirito*).

La dottrina dell'*universale concreto* è al centro anche del neoidealismo novecentesco. Per Croce il concreto si identifica col *concetto*, che nella sua piena verità è accessibile solo alla filosofia, e che deve essere distinto accuratamente dagli pseudo-concetti generalizzanti delle scienze empiriche. Per G. Gentile realmente concreto è solo l'*atto puro del pensare*, il pensiero pensante in opposizione al pensiero pensato, che è astratto se è considerato isolatamente dall'esperienza spirituale. Ma la polemica contro l'idea tradizionale del concreto investe anche correnti di pensiero novecentesche non caratterizzate in senso strettamente idealistico. H. Bergson identifica il concreto con la *durata* in cui consiste la vita della coscienza e giudica astratto il tempo spazializzato della scienza. M. Blondel considera concreta solo la totalità degli individui nella loro reciproca interazione. E non troppo diversamente anche un dichiarato realista come N. Hartmann giudica concreta solo la connessione reale della totalità. D'altra parte, la convinzione che sia necessario sottrarre il concetto del concreto (*die Sache selbst*) ai pregiudizi dell'immagine del mondo costruita dalle scienze naturali è centrale anche per la filosofia fenomenologica di Husserl e dei suoi scolari.

astrazione, procedimento mediante il quale l'intelletto umano ricava concetti universali dalla conoscenza di oggetti individuali, prescindendo dalle loro caratteristiche spaziotemporali. Il vocabolo si ricollega al latino *abstractio*, che è a sua volta un calco del greco *apháiresis*. Conosciuta dai più antichi filosofi greci, la dottrina dell'astrazione ha ricevuto un'elaborazione sistematica da Aristotele, cui si rifà la distinzione di Boezio, accettata dalla tradizione filosofica medievale, dei tre gradi di astrazione: l'astrazione fisica, che prescinde dalle note individuanti, ma non dalla materia sensibile; l'astrazione matematica, che prescinde dalle note materiali sensibili, ma non dalle proprietà intelligibili della materia, connesse con l'estensione; l'astrazione metafisica, che prescinde anche dall'estensione, per considerare l'ente solo in quanto ente.

Nella tradizione aristotelico-scolastica, l'astrazione è opera dell'intelletto, nei suoi due momenti di passività e di attività: l'intelletto possibile o passivo riceve il fantasma trasmessogli dai sensi; l'intelletto agente o attivo libera il fantasma dai riferimenti spazio-temporali e ne astrae la specie intelligibile, la quale, unendosi come forma all'intelletto possibile, dà luogo all'atto conoscitivo vero e proprio. L'astrazione è quindi intesa come un processo di produzione dell'intelligibile o universale.

La possibilità che l'astrazione giunga a cogliere essenze universali è stata criticata radicalmente dall'empirismo moderno, soprattutto con Berkeley e Hume; per essi, nel processo astrattivo accade semplicemente che l'intelletto assume determinate rappresentazioni particolari come simboli di altre rappresentazioni particolari. Nella costruzione della filosofia trascendentale, Kant usa esplicitamente il procedimento astrattivo, intendendolo come un modo di «isolare», riconoscendoli nella loro purezza, gli elementi a priori della conoscenza (forme a priori della sensibilità e dell'intelletto) dai loro contenuti. In tal modo, l'astrazione serve bensì a Kant per l'elaborazione della filosofia, ma la conoscenza dell'oggettività si dà solo attraverso la sintesi a priori, che è l'applicazione delle forme a priori ai dati sensibili.

Nella filosofia dell'Otto e del Novecento, l'astrazione non ha mai, salvo rari casi, il senso aristotelico-scolastico; essa è intesa prevalentemente nel modo che Ch. S. Peirce ha chiamato *prescissivo*, nel senso che la conoscenza si esercita isolando determinati aspetti delle cose e prendendoli in esame tematicamente. All'astrazione prescissiva, Peirce contrappone l'astrazione *ipostatica*, che invece consiste nel produrre entità astratte, come gli enti matematici. Un significato particolare ha assunto l'astrazione (e l'aggettivo «astratto») in Hegel e nella tradizione idealistica: nella logica hegeliana essa è bensì l'atto con cui si forma il concetto, nel quale risiede la verità della cosa (di modo che si ha in Hegel una sorta di ripresa del significato aristotelico del termine), ma il concetto, in quanto è la verità della cosa, è per Hegel il vero concreto, mentre astratta e priva di verità è chiamata ogni realtà assunta nella sua immediatezza finita, al di fuori dell'articolazione dialettica che la lega al tutto.

astrologia, studio degli astri (nel senso generale di corpi meteorici) che presuppone un loro influsso o comunque un loro stretto rapporto con le caratteristiche congenite e con le vicende degli uomini, con le prerogative e le trasformazioni di ogni elemento della natura terrestre. Specialmente nelle sue fasi più antiche, questo studio si inquadrò nell'ambito di culti degli astri come divinità o manifestazioni di divinità.

• *Dall'antichità al medioevo.* Presumibilmente maturata nelle culture del Medio e Vicino Oriente antico (Mesopotamia, Persia, Egitto), l'astrologia sembra aver presentato fin dalle origini aspetti interrelati magico-religiosi e scientifici. Nelle religioni delle culture citate numerose divinità erano concepite come astri che causano ogni fenomeno del mondo. Secondo una tradizione documentata a partire dal sec. II d.C. (testi ermetici), ma sicuramente molto più antica e già riconoscibile per alcuni accenni nei materiali mesopotamici (sec. XIV a.C.), le influenze negative o positive provenienti dalle divinità astrali agirebbero sull'uomo e sui metalli, intervenendo nelle trasformazioni previste dall'→ alchimia, dunque nelle procedure di passaggio (dell'uomo e dei metalli) da una condizione «vile» a una «nobile» o «aurea». Entro questa tradizione venne determinandosi la teoria detta dei «decani». Suddivisi i 360° del circolo zodiacale in dodici parti uguali di 30° o «case», contraddistinte ciascuna da un «segno» (nome di costellazione compresa in quella porzione di cielo), ogni «casa» fu considerata composta di tre «decani», tre parti uguali di 10°, e si attribuì al passaggio degli astri-divinità in ciascun «decano» una determinata influenza sugli uomini e sulla natura terrestre.

Queste dottrine astrologiche, giunte nel mondo latino per il tramite della cultura ellenistica, si incontrarono con le concezioni stoiche della natura, e contribuirono alla genesi di una cosmologia o metafisica della natura quale ordine razionale, scandito dal moto degli astri: fato o destino, se esteso alla vita dell'uomo. Come teoria matematica dei moti planetari, l'astrologia ebbe grande parte nella concezione stoica

della ciclicità del divenire: eterno ritorno di ogni evento, dovuto al ritorno delle medesime posizioni degli astri (allo scadere di ciascun «grande anno»). Posidonio di Apamea, maestro di Cicerone, esercitò un'influenza decisiva nel permeare di elementi astrologici la cosmologia stoica, sviluppando la teoria del fato astrologico o necessità astrale.
Di contro a questa impostazione stoica, deterministica (per cui l'astrologia è scienza matematica che spiega razionalmente la causalità necessaria di tutti gli eventi a partire dal moto dei corpi meteorici), si affermò anche un'altra teoria, d'impronta neoplatonica (Plotino, *Enneade* II, libro III), in base alla quale i moti degli astri non sarebbero cause *necessarie* degli eventi, ma solo segni o indizi significativi di eventi *possibili*. È questa l'impostazione del pensiero astrologico che probabilmente prevalse nel medioevo, determinando la nascita di una teoria pratico-speculativa mirante a stabilire le regole di previsione di «possibili» eventi contingenti: tale, dunque, da permettere all'astrologo di elaborare un oroscopo (di prevedere, in base al calcolo matematico dei moti degli astri, la maggiore o minore probabilità dell'accadere di determinati eventi). L'*Introduzione all'astrologia* di Abū Ma'shar (sec. IX), la *Teoria dei pianeti* di al-Kindī (sec. IX), il *Libro della sapienza* di Abraham Ibn Ezra (1092-1167) documentano nella cultura arabo-ebraica dell'alto medioevo un'estrema attenzione per le componenti astronomico-matematiche dell'astrologia, e nello stesso tempo una disponibilità costante ad ammettere che solo l'astrologo-mago, l'astrologo iniziato ai segreti del sovrasensibile, possa interpretare correttamente i risultati dell'indagine scientifica.
Dal mondo arabo-ebraico l'astrologia passò nel mondo latino per il tramite del testo arabo-latino di Picatrix (sec. XI) sulla teoria dei «decani», e degli scritti di Ruggero Bacone, di Alberto Magno, di Pietro d'Abano. In questi autori la conoscenza-previsione astrologica si configurò secondo una teoria logica delle cause astrali come «segni» di eventi. Secondo le dichiarazioni esplicite di Bacone e di Pierre d'Ailly, l'astrologia è scienza del probabile, non dell'inevitabile: l'evento è prevedibile sulla base di un concetto di causa che è indizio o condizione sufficiente a produrlo.
• *Dal rinascimento all'età contemporanea.* Nel rinascimento l'astrologia conservò e accentuò il suo carattere ambiguo, fra religione-magia (per influenza crescente dei testi ermetici, e recupero dell'antico in chiave esoterica) e cosmologia materialista (grazie alla riscoperta dello stoicismo). Essa, d'altronde, subì critiche violente dal punto di vista delle chiese cristiane, cattolica e riformata. Pico della Mirandola rifiutò la conciliazione, proposta dai maestri medievali, tra l'astrologia e la teologia cristiana secondo l'interpretazione neoplatonica dei moti astrali come cause seconde, strumentali, o «segni», della divinità. Inquietante per la chiesa cattolica e per le chiese riformate, come rinascita del politeismo (si vedano gli studi di A. Warburg sulla sopravvivenza degli dei grecoromani nella mitologia astrologica rinascimentale), l'astrologia fu condannata da parte cattolica come superstizione contraria al libero arbitrio, ma anche da parte luterana (da Lutero stesso, in opposizione a Melantone) come versione pagana del «servo arbitrio» prossima all'idolatria.
Nel quadro moderno della scienza post-galileiana, e in particolare nell'ambito del positivismo ottocentesco, l'astrologia fu attaccata in nome del concetto di «legge» necessaria, dunque di previsione infallibile, estraneo alle radici neoplatoniche dell'astrologia come studio delle presumibili, enigmatiche latenze dell'eventualità «più probabile». Posta fra parentesi la componente squisitamente mistico-religiosa della conoscenza astrologica, in anni recenti la materia è stata indagata mediante la verifica statistica: i risultati di un sondaggio su 25.000 dati di nascita europei hanno portato alla constatazione di una precisa uniformità di vicende umane «corrispondenti» a situazioni astrologiche. Resta da vedere fino a che punto la valutazione dei dati (dell'uniformità dei dati) sia attendibile: fino a che punto questa valutazione trovi conferma davvero legittima nella psicologia del profondo di Jung, per cui l'astrologia è dottrina dei tipi astrologici, capace di rendere consce le motivazioni inconsce della tipologia simbolica generale della psiche collettiva. Secondo tale orientamento, l'astrologia sarebbe una teoria psicologica dei segni planetari, intesi come archetipi dell'«universalmente umano»: dunque una simbolica che, percepita nella sua interezza, sarebbe in relazione stretta con l'«interiore», con la verità segreta e «profonda» dell'essere umano. *F.J.*

atarassia (in gr. *ataraxía*, imperturbabilità), termine già presente in Democrito ma che assunse un significato tecnico nelle scuole postaristoteliche. Per gli epicurei l'atarassia è un piacere catastematico (stabile), consistente nella privazione di desiderio e paura, così come l'*aponía* (da *pónos*, dolore, con alfa privativo) è il piacere catastematico del corpo, cioè la privazione del dolore fisico. Per gli stoici essa è invece un distacco radicale dalle passioni e da ogni forma di interesse soggettivo. Se nello stoicismo e nell'epicureismo l'atarassia appare come una disposizione etica primaria, presso gli scettici e i neo-accademici essa risulta invece conseguente alla «sospensione del giudizio» (in gr. *epochê*): si deve praticare l'atarassia perché non si conosce la natura di ciò che si desidera o si teme.

ateismo, posizione di chi nega l'esistenza di

Dio o di una realtà trascendente l'uomo. Già nell'antica Grecia alcuni sofisti (Diagora di Melo, Crizia, Protagora) avevano negato l'esistenza degli dei (ateismo teorico), mentre Epicuro sostenne che l'uomo deve agire come se gli dei non ci fossero (ateismo pratico). Nell'età medievale, fondamentalmente cristiano-teocentrica, non si registrano fenomeni di ateismo, che invece compare in alcune correnti rinascimentali e soprattutto illuministiche: tra i più espliciti propugnatori di ateismo sono il barone d'Holbach, J. de La Mettrie, C.A. Helvétius. Nell'Ottocento, sono atei i filosofi della sinistra hegeliana (Feuerbach, Marx) e i seguaci del positivismo (Comte, Le Dantec), i quali negano l'esistenza di un essere immateriale ed eterno.

Nel mondo contemporaneo l'ateismo si diffonde enormemente, anche sotto la forma di → agnosticismo, e perde il carattere negativo di atteggiamento deviante rispetto alla presunta norma espressa dal teismo; i sostenitori del neopositivismo e del marxismo lo ritengono la condizione essenziale per operare l'edificazione di un vero umanesimo storico, che sottragga l'uomo all'alienazione derivante dall'ammissione di Dio. Da parte dei fautori del teismo, vengono date diverse interpretazioni del fenomeno: secondo alcuni pensatori (J. Maritain, H. De Lubac), l'ateismo è un errore dovuto alla svalutazione della metafisica operata dalla filosofia moderna e alla mitizzazione del sapere scientifico positivo; secondo altri teologi, quali D. Bonhoeffer e G. Ebeling, l'ateismo può essere considerato un fenomeno positivo in quanto coincida con l'abbandono di una concezione troppo «filosofica» e perciò inadeguata di Dio (il «Dio tappabuchi» di Bonhoeffer) per lasciare spazio invece al Dio della fede rivelatosi liberamente in Gesù Cristo. L'ateismo sarebbe perciò il vero volto del «mondo diventato adulto», nel quale il cristiano vede uno stimolo per recuperare l'originalità dei valori della fede.

Atene, scuola di, → Accademia.

ātman, termine filosofico-religioso sanscrito indicante primariamente lo spirito, il soffio, l'anima. Nel senso più generico designa il sé, vale a dire la più intima essenza di ogni uomo e di ogni cosa. Nella filosofia indiana del *vedānta*, dalle *Upaniṣad* in poi, ātman è l'essenza sostanziale, causa ultima di tutto l'universo, e viene perciò identificato con il *brahman*. Per distinguere il sé individuale delle creature dal sé assoluto, o brahman, sono state anche introdotte le espressioni *jīvātman* (sé particolare degli esseri viventi) e *paramātman*, o ātman supremo. Alcuni filosofi non dualisti sostengono che tale distinzione è valida soltanto sul piano empirico. Altri invece mantengono costante la distinzione affermando che le singole anime formano il «corpo» del brahman e che al brahman sono simili, ma non identiche, da lui create o anche a lui coeterne. L'istanza monistica di un solo ātman universale è presente nella filosofia che si ispira allo śivaismo del Kashmir, e perfino nel buddhismo del Grande Veicolo o *mahayāna*. L'ātman viene allora concepito come la realtà che soggiace all'intero universo, come coscienza universale che si irradia e si riflette ovunque.

atomismo, corrente filosofica greca fondata da → Leucippo e sviluppata da → Democrito. Contemporaneo al platonismo, l'atomismo riprende temi eleatici (→ eleatica, scuola), in una prospettiva pluralistica: come l'Uno parmenideo, gli atomi sono ingenerati e incorruttibili; ma essi sono infiniti e dotati di movimento. Introducendo la pluralità e il moto, l'atomismo può fornire una spiegazione materialistica della totalità del reale: ogni essere risulta infatti dall'aggregazione degli atomi, che sono qualitativamente uguali, ma differiscono per forma, grandezza e posizione. Avversato da Platone e da Aristotele, l'atomismo sarà ripreso da Epicuro e, attraverso di lui, dal poeta latino Lucrezio.

atomismo logico, denominazione data da B. → Russell alla propria filosofia nelle *Lezioni sull'atomismo logico* del 1918. Nello sviluppo del pensiero russelliano, questa è la fase in cui più marcato è l'influsso di L. → Wittgenstein, le cui idee, nonostante il *Tractatus logico-philosophicus* sia apparso solo nel 1921, erano già note a Russell attraverso i contatti personali.

L'uso del termine «atomismo» intende sottolineare l'adesione ad una metafisica pluralistica in cui le entità complesse possono essere analizzate in termini di costituenti semplici; mentre l'aggettivo «logico» esprime la convinzione che la struttura ontologica della realtà sia riflessa dall'articolazione di un linguaggio logicamente perfetto. Entro un tale linguaggio è possibile distinguere nettamente, afferma Russell, fra proposizioni le cui condizioni di verità sono riducibili a quelle di proposizioni più elementari, e proposizioni per le quali una riduzione del genere non è praticabile. Le proposizioni di questo secondo tipo sono dette «proposizioni atomiche». Le proposizioni atomiche vere descrivono «fatti atomici», cioè fatti non scomponibili in altri più semplici. I fatti atomici consistono nell'inerire di una proprietà ad un dato sensoriale (o nel vigere di una relazione fra dati sensoriali): in questo modo Russell cerca di identificare ciò che è logicamente e ontologicamente inanalizzabile con ciò che è gnoseologicamente prioritario. Le proposizioni complesse, che possono essere pensate come combinazioni vero-funzionali di proposizioni atomiche, descrivono fatti complessi, riconducibili al sussistere o meno di certi fatti atomici. Il quadro è complicato dall'esistenza delle proposizioni generali e da quelle esprimenti «atteggiamenti proposizionali», per le quali la riduci-

bilità vero-funzionale a proposizioni atomiche appare problematica.
Talvolta il termine «atomismo logico» viene impiegato anche per designare la metafisica del *Tractatus*, sebbene Wittgenstein non ne abbia mai fatto uso.

attaccamento, teoria dell', → Bowlby, John.

atteggiamento, termine che in psicologia indica la disposizione, in ciascun individuo, a produrre determinate risposte simboliche apprese nell'ambiente familiare e sociale, e relative a oggetti, situazioni, persone o gruppi. Diversamente dall'«opinione», che esprime ciò che si crede esser vero, l'atteggiamento esprime ciò che si è disposti a fare; e molte ricerche empiriche hanno dimostrato che le opinioni e gli atteggiamenti di un medesimo individuo non sono fra loro direttamente correlati. Gli atteggiamenti si manifestano tanto in termini verbali quanto in termini comportamentali, e possono essere permanenti oppure transitori, e conformi oppure indipendenti rispetto a quelli del gruppo sociale e culturale cui il soggetto appartiene. In psicologia sociale e differenziale, si ricorre a questionari le cui domande non si riferiscono mai in modo diretto ed esplicito agli atteggiamenti che si intendono porre in evidenza.

attenzione, termine che in psicologia indica la regolazione selettiva (cioè escludente tutte le altre condotte) di una determinata condotta psichica, semplice o complessa (percettiva, mnestica, intellettiva ecc.). In rapporto all'attenzione percettiva (→ percezione), studiata in psicologia sperimentale, si parla di *campo dell'attenzione*, internamente differenziato in una zona centrale particolarmente chiara o «fuoco», e in una zona periferica progressivamente meno chiara quanto più è lontana dal fuoco; e si definisce *estensione dell'attenzione* il numero di oggetti che il soggetto sperimentale è in grado di percepire in situazione tachistoscopica.
Sul piano comportamentale, l'attenzione percettiva è caratterizzata dalla *reazione d'attesa*, che ha lo scopo di selezionare fra le stimolazioni in arrivo una stimolazione particolare, e che si esprime nell'adattamento dei recettori (per es. nell'orientamento degli occhi), nell'adattamento posturale generale (come nella posizione di agguato dell'animale), e nell'aumento della tensione muscolare di tutto l'organismo (per es., chi scrive a macchina in un ambiente rumoroso e pertanto distraente è portato a battere sui tasti con più forza del normale).
Sul piano psicofisiologico, l'attenzione è concomitante alla scomparsa delle onde alfa sul tracciato elettroencefalografico, e alla comparsa di ritmi più rapidi, meno ampi e meno regolari; inoltre, sembra che un elevato livello di attenzione richieda un elevato livello di → attivazione. In psicologia applicata vi sono test che misurano l'*attenzione concentrata* e test che misurano l'*attenzione diffusa*: nel primo caso il soggetto deve premere un tasto non appena percepisce un determinato stimolo che compare ogni volta nella stessa parte del suo campo percettivo; nel secondo caso egli deve premere tasti diversi, perché ogni volta diversi sono gli stimoli provenienti dall'insieme del suo campo percettivo; i rendimenti nei due tipi di test non sono fra loro direttamente correlati. In psicopatologia sperimentale i disturbi dell'attenzione interessano la sua acutezza, la sua continuità e la sua flessibilità; si chiama *aprosessia* l'incapacità di mantenere desta l'attenzione. Come per primo rilevò E. Bleuler, il deterioramento dell'attenzione costituisce uno dei sintomi principali della schizofrenia, e sembra in essa collegato al deterioramento dell'affettività. Nella depressione il campo dell'attenzione si restringe al massimo, mentre nell'eccitazione maniacale è esaltata e mobile.

attenzione fluttuante, espressione che indica l'atteggiamento con cui l'analista deve ascoltare l'analizzato, cercando di non privilegiare soggettivamente alcun elemento del discorso di quest'ultimo. Costituisce il corrispettivo dell'→ associazione libera. Questa regola fondamentale dell'analisi è stata enunciata e teorizzata da Freud soprattutto nei *Consigli al medico per il trattamento psicoanalitico* (1912).

attitudine, termine usato in psicologia applicata per indicare la predisposizione individuale a svolgere con maggiore o minore efficacia un determinato compito. Le attitudini si riferiscono all'intera gamma delle potenzialità psichiche umane, e pertanto possono essere di tipo psicomotorio, percettivo, verbale, mnestico, concettuale e così via; inoltre, è possibile delimitarle in modo molto specifico, distinguendo per es. l'attitudine al ragionamento deduttivo dall'attitudine al ragionamento induttivo. Generalmente le attitudini sono determinate da una complessa interazione fra fattori costituzionali e fattori acquisiti nel corso dello sviluppo individuale; tuttavia certe attitudini, come quelle percettive, sembrano relativamente indipendenti dai processi di apprendimento, mentre altre, come l'attitudine al ragionamento astratto, sembrano particolarmente dipendenti da questi ultimi. Normalmente le capacità attitudinali, soprattutto quelle relative a compiti non verbali, basate su fattori percettivi e richiedenti prontezza di esecuzione, raggiungono il livello massimo intorno ai 25-30 anni e successivamente diminuiscono in modo abbastanza rapido («deterioramento fisiologico»); al contrario, quelle che implicano l'uso del linguaggio si rivelano molto resistenti nel tempo, e tendono a diminuire solo dopo i 60 anni. Le attitudini costituiscono l'oggetto principale dei test, che le misurano sia in quanto tali sia in quanto componenti dell'intelligenza, come nell'analisi fattoriale secondo il metodo di L.L. Thurstone.

attivazione, termine usato in psicofisiologia, prevalentemente nello studio dell'emozione e della motivazione, per indicare un processo nervoso centrale dipendente dalle modificazioni del tono della corteccia cerebrale in seguito a stimolazioni provenienti dalla formazione reticolare. L'attivazione si riferisce alle variazioni d'intensità della risposta comportamentale, indipendentemente dalla direzione di quest'ultima. Come sinonimo di «vigilanza», caratterizza la prontezza nella risposta a situazioni-stimolo non prevedibili.

attivismo, l'insieme delle dottrine, dei metodi, dei movimenti e delle esperienze di rinnovamento educativo sviluppatisi dalla prima metà del Novecento, con l'intento di promuovere, in polemica con l'educazione umanistica tradizionale, la partecipazione attiva dei giovani al processo di apprendimento e di soddisfarne i bisogni concreti sulla base di determinati progetti operativi.

L'espressione «scuola attiva» venne usata per la prima volta da P. Bovet nel 1917, e deve ad A. Ferrière la sua diffusione. Il nucleo teorico più coerente è costituito dallo strumentalismo di J. Dewey: la scuola deve essere un luogo in cui l'intelligenza e le altre funzioni adattive dell'individuo si sviluppano come insieme di mezzi per risolvere problemi di vita pratica, e per realizzare esperienze sociali di tipo democratico. Dalla pedagogia di Dewey derivarono i metodi didattici di W.H. Kilpatrick, di C. Washburne e di H. Parkhurst, che diedero origine negli Stati Uniti a un movimento chiamato di «educazione progressiva» per il suo impegno di miglioramento sociale. La componente europea dell'attivismo può essere fatta risalire al movimento delle «scuole nuove», sorte verso la fine dell'Ottocento in Inghilterra (la prima fu fondata da C. Reddie ad Abbotsholme) e sviluppatesi poi in Francia (l'*École des roches* di E. Demolins), in Germania (i *Landerziehungsheime* o «case di educazione in campagna» di E. Lietz e G. Wyneken, la «scuola del lavoro» di G. Kerschensteiner) e in Italia (la «Rinnovata» di G. Pizzigoni e la «scuola serena» di M. Boschetti Alberti). Si trattava in genere di esperienze educative caratterizzate da istituzioni collegiali, spesso situate a contatto con la natura, che resero possibile il collegamento tra lo studio e varie attività comunitarie di tipo manuale, artistico, sportivo e ricreativo. In campo extrascolastico lo spirito e i metodi dell'educazione nuova si manifestarono soprattutto nello «scoutismo» di R. Baden-Powell.

L'attivismo in senso specifico è tuttavia legato alle applicazioni scolastiche della psicologia evolutiva. Un primo apporto venne dalla «pedagogia scientifica» di M. Montessori, e più ancora da quella di O. Decroly, con il suo concetto di «metodo globale» e i suoi «centri di interesse». Poi, il funzionalismo di E. Claparède, con la sua esigenza di un insegnamento individualizzato, e specialmente l'epistemologia genetica di J. Piaget, fecero dell'attivismo una teoria pedagogica dotata di adeguati fondamenti scientifici. Un posto importante per l'elaborazione di specifiche tecniche didattiche e per l'avvio di un movimento di cooperazione degli insegnanti occupa l'opera di C. Freinet. In Italia l'attivismo ha tardato ad affermare, a causa del fascismo, il proprio carattere laico e progressista. Ciò è avvenuto solo dopo il 1945 — e con un'accentuazione della matrice deweyana — grazie a E. Codignola, a L. Borghi, a F. De Bartolomeis e ad A. Visalberghi.

atto (in gr. *érgon*, *enérgeia*, *entelécheia*; in lat. *actus*: attività, attualità), termine aristotelico. Un ente è «in atto» quando possiede la propria perfezione o determinazione rispetto a ciò che è «in potenza» quando ne è ancora privo. Benché cronologicamente ciò che è in potenza preceda ciò che è in atto, dal punto di vista della perfezione l'atto ha il primato sulla potenza, poiché è ragion d'essere e finalità rispetto a ciò che è ancora imperfetto e in divenire (Aristotele, *Metafisica* V 7, 1017a 35 sgg.; IX 1-9). Nella metafisica aristotelica Dio è atto puro, in quanto forma pienamente realizzata e priva di potenzialità (Aristotele, *Metafisica* XII 6-10).

atto linguistico, atto di uso del linguaggio da parte di un parlante (scrivente ecc.); secondo J.L. Austin, il solo fenomeno linguistico *reale*, e come tale l'unico oggetto della filosofia del linguaggio. La nozione fu introdotta da Austin nelle conferenze *Come fare cose con le parole* (scritte tra il 1951 e il 1955). Compiendo un atto linguistico (per es. proferendo le parole «Ti assicuro che verrò domani») si compiono contemporaneamente tre atti distinti: un atto *locutivo* (e cioè l'atto *di* dire quelle determinate parole), un atto *illocutivo* (l'atto che si compie *nel* dire quella frase: nel nostro caso l'assunzione di un impegno, che Austin chiama un atto *commissivo*) e un atto *perlocutivo*, cioè un'azione sull'interlocutore, che ha su di lui determinati effetti (per es. quello di spaventarlo, o di rallegrarlo, o di preoccuparlo). A sua volta, l'atto locutivo o locuzione ha tre aspetti: *fonetico* (la produzione di una sequenza di suoni), *fatico* (la produzione di parole e frasi in quanto appartenenti ad una specifica lingua, determinata da un lessico e una grammatica), e *retico* (l'uso di quelle parole o frasi con un determinato senso e riferimento). Austin — come molti altri in seguito — era particolarmente interessato agli atti illocutivi e alla nozione di *forza illocutiva* di un enunciato (che assorbiva la nozione di performatività, introdotta e poi abbandonata da lui stesso; → performativo-constativo). Egli distinse cinque classi di enunciati, in base alla loro forza illocutiva: verdettivi, come le sentenze; esercitivi, come le nomine; commissivi (per es. le promesse); comportativi, come le scuse;

espositivi, come le dimostrazioni. Una tassonomia parzialmente diversa sarebbe stata proposta in seguito da J. → Searle, che ha dato molti contributi alla teoria degli atti linguistici. La teoria ha avuto numerose applicazioni, sia nella descrizione del linguaggio, come componente di una teoria → pragmatica, sia in filosofia, come parte o modello di una teoria dell'azione.

atto mancato, → lapsus.

attore sociale, qualsiasi individuo considerato quale componente di sistemi sociali e agente in conformità alle norme e alle aspettative che convergono su di lui in quanto occupa una determinata posizione sociale. In questo senso l'espressione designa il soggetto di un ruolo, e rinvia alla diffusissima metafora del *theatrum mundi*, secondo la quale la vita è un teatro in cui ciascun individuo recita la sua parte rispetto all'età, al sesso, alla cultura e subcultura di appartenenza (il termine *ruolo* in effetti è la contrazione del latino *rotulus*, il rotolo sul quale l'attore nell'antichità leggeva in scena la propria parte).

Ogni teoria sociologica incorpora un'immagine più o meno esplicita dell'attore sociale; in particolare non si dà teoria dell'→ azione sociale senza un sottostante modello dell'attore, o, in termini convenzionali, un'immagine dell'uomo.

La teoria dell'attore è strettamente collegata alla teoria dell'azione; senza la prima, infatti, la teoria dell'azione rischia di rimanere nei confini di una teoria di campo. In alcuni scritti di T. Parsons (*La struttura dell'azione sociale*, 1937; *Verso una teoria generale dell'azione*, in collaborazione con E.A. Shils, 1951) possono essere rinvenuti i primi passi verso la costruzione di una teoria dell'attore sociale intimamente connessa con la teoria dell'azione; la concezione dell'attore ivi contenuta oscilla tra un polo volontaristico, che vede nell'individuo un organizzatore degli elementi del sistema d'azione, e un polo deterministico, che vede nell'uomo un mero esecutore di ruoli. A tale proposito si veda l'opera di F. Bourricaud *L'individualismo istituzionale. Saggi sulla sociologia di Talcott Parsons* (1977). La convinzione che non si possa studiare l'azione sociale facendo a meno di una concezione dell'agente come soggetto multiplo, dotato di livelli e di stratificazioni interne, e dell'azione come processo complesso, ha condotto negli anni Ottanta alla cosiddetta «riscoperta del soggetto», in reazione a un'immagine di *homo sociologicus* di cui alcune correnti hanno sistematicamente sottovalutato la riflessività e l'intenzionalità. Significativi in questo senso sono gli scritti dei sociologi italiani F. Alberoni, A. Ardigò e L. Gallino.

In particolare Gallino (*L'attore sociale*, 1987) mira alla costruzione di una teoria dell'attore, vale a dire una teoria globale del soggetto agente dotata di capacità previsiva, nella convinzione che essa rappresenti un elemento insostituibile nell'analisi della riproduzione socioculturale e biopsichica. Tale intento porta a collegare tra loro ambiti disciplinari diversi, quali le scienze cognitive, la sociobiologia, la psicologia del profondo e la sociologia dell'azione.

attributo, nella tradizione filosofica neoplatonica e scolastica, denominazione specifica di ognuno dei nomi di Dio con i quali l'intelletto umano cerca di esprimere le sue ineffabili perfezioni: unità, bontà, verità, onnipotenza ecc. Cartesio estende l'uso del termine, identificandogli attributi con le qualità delle sostanze infinite: «Allorché io penso più genericamente che questi modi o qualità sono nella sostanza, senza considerarli diversamente che come delle dipendenze di tale sostanza, li chiamo *attributi*.» (*Principia philosophiae* I par. 56). Spinoza intende per attributo «ciò che l'intelletto percepisce della sostanza come costituente l'essenza di essa» (*Ethica* I, def. 4), riferendoli all'unica sostanza divina. Gli attributi di essa sono infiniti, ma la mente umana ne conosce solo due, pensiero ed estensione.

attualismo, la dottrina filosofica di G. → Gentile, fondata sulla creatività dell'«atto» del pensiero pensante. Ebbe il maggior seguito, nella cultura e nell'insegnamento universitario, fino al 1930 circa, allorché alcuni seguaci di Gentile passarono allo spiritualismo cristiano e altri si avvicinarono al pensiero di B. Croce. Fra i primi, A. Carlini (1878-1959), e A. Guzzo (1894-1986); fra i secondi, G. De Ruggiero (1888-1948) e A. Omodeo (1889-1946). Più fedeli al maestro rimasero invece G. Saitta (1881-1965) e V. Fazio-Allmayer (1885-1958). Particolare successo ebbe l'attualismo nel campo della pedagogia, che d'altronde Gentile identificava con la filosofia stessa, in quanto concepiva quest'ultima non come astratta teoria, ma come l'attività e produttività infinita dello spirito, che si realizza per eccellenza nel rapporto educativo. Esponenti dell'attualismo pedagogico furono L. Lombardo Radice ed E. Codignola.

Aufhebung, termine tedesco difficilmente traducibile (in italiano si ricorre in genere a «superamento») perché ha un duplice senso: «conservare, mantenere», e insieme «metter fine, toglier via». Proprio per la compresenza di significati contrari in un'unica parola, Hegel la assume a designazione della → dialettica, per indicare cioè una negazione che non sia nullificazione o abolizione. L'Aufhebung si ha allorché una determinazione concettuale venga pensata in unità con il suo opposto (*Scienza della logica*).Questa unità è il concreto logico: altrimenti, finché si pretenda di pensare una determinazione concettuale isolatamente, essa vien resa astratta. Tutta la logica di Hegel è costruita su un tale schema: dalla coppia Essere-Nulla, che trovano la loro verità nel «divenire» e poi nell'«Essere determinato», fino alla coppia soggettività-oggettività, che trovano la loro verità nell'Idea assoluta. L'Aufhebung implica quindi il riconoscimento dell'opposizione quale struttura fondamentale della logicità e del mondo; e significa riduzione delle determinazioni concettuali reciprocamente opposte a «momenti», intendendosi con ciò che esse non hanno verità indipendentemente l'una dall'altra, per l'appunto. L'Aufhebung è pertanto, per Hegel, l'operazione tipica della «ragione», in contrasto con l'intellettualismo, consentendo di riconoscere la dialetticità obiettiva del pensiero e del reale. Dopo Hegel, il termine è presente solo presso i filosofi che da lui traggono ispirazione.

Aufklärung, termine tedesco che significa «rischiaramento, chiarificazione»: → illuminismo.

Aureolo, Pietro, nome italianizzato di Pierre d'Auriole (Gourdon, Cahors, 1280 ca - Avignone o Aix 1322), filosofo e teologo francese. Appartenne all'ordine francescano e insegnò a Bologna (1312), Tolosa (1314) e Parigi (1318-21). Convinto della necessità di giungere a una concezione filosofica rigorosa, elaborata secondo il metodo scientifico di Aristotele e libera da ogni contaminazione con il platonismo, Aureolo criticò le dottrine gnoseologiche e metafisiche dei maestri del sec. XIII. Sostenne, infatti, una sorta di concettualismo secondo il quale i concetti universali hanno uno statuto soltanto intenzionale, sono cioè presenti nell'intelletto, ma non rimandano a un corrispondente oggetto extra-mentale, dato che nella realtà esistono soltanto individui. Oltre a un commento alle *Sententiae* di Pietro Lombardo, le sue opere principali sono: *Tractatus de paupertate et de usu paupere rerum*; *Quodlibeta*.

Aurobindo Ghosh (Calcutta 1872 - Pondicherry 1950), filosofo indiano. Studiò in Inghilterra, partecipò alle lotte politiche indiane, e si ritirò poi a Pondicherry, in un *āśram* (eremo), creando con i discepoli una comunità religiosa che si ispirava ai principi della sua filosofia e che sopravvisse alla sua morte. Tale filosofia, spiritualistico-evoluzionistica, ebbe diffusione e successo anche fuori dell'India. I numerosi scritti di Aurobindo riflettono un sincretismo di cultura orientale e di alcune filosofie occidentali (soprattutto quelle di F.H. Bradley e H. Bergson). Secondo Aurobindo, la vocazione dell'uomo consiste nel realizzare la comunione con la divina potenza, la *śakti*, che agisce nel cosmo, e nel raggiungere stati sopramentali o di supercoscienza.

Austin, John Langshaw (Lancaster 1911 - Oxford 1960), filosofo inglese. Fu docente di filosofia morale a Oxford dal 1952. Esperto del pensiero di Leibniz nonché raffinato conoscitore della filosofia greca e in particolare delle opere morali di Aristotele, è generalmente considerato uno dei maggiori esponenti della filosofia → analitica contemporanea e più precisamente di quella corrente di essa che va sotto il nome di «analisi del linguaggio comune» o «Oxford-Cambridge Philosophy». Anche per Austin alla filosofia si deve assegnare, almeno primariamente e forse addirittura esclusivamente, il compito di chiarificare e analizzare le forme e i concetti del linguaggio quotidiano e ordinario. La sua posizione si distingue da quella del secondo Wittgenstein in quanto, mentre per quest'ultimo l'analisi del linguaggio comune è un veicolo per la dissoluzione dei problemi filosofici tradizionali, per Austin l'analisi del linguaggio comune e la determinazione precisa delle distinzioni che sono incorporate nel nostro uso del linguaggio è piuttosto una risposta alle domande filosofiche, o, almeno, l'inizio di una risposta. Nel saggio *Una giustificazione per le scuse* (1956-57) Austin teorizzò il suo metodo, che venne considerato esemplare da molti filosofi inglesi fin verso la fine degli anni Sessanta. Il linguaggio comune «ci trasmette l'esperienza e l'acume di molte generazioni di uomini»: le distinzioni e le articolazioni concettuali a cui il linguaggio comune è pervenuto hanno un'alta probabilità di essere più adeguate di quelle che un qualsiasi filosofo può inventarsi in un pomeriggio di lavoro al suo tavolino — che, come nota Austin, è il principale metodo di risoluzione delle questioni concettuali, cioè filosofiche, alternativo all'analisi del linguaggio. Tuttavia, il linguaggio comune incorpora anche «superstizioni, errori e fantasie»: dunque non è l'ultima parola, anche se è certamente la prima. Personalmente, Austin era soprattutto interessato alla terminologia connessa con l'etica: quindi, ad esempio, gli avverbi che descrivono il rapporto tra la persona e le sue azioni ('deliberatamente', 'intenzionalmente', 'involontariamente' ecc.); ma si deve anche ricordare la sua analisi della nozione di verità (con cui cercò di dare sostanza all'idea di verità come corrispondenza). Il suo contributo più durevole è però rappresentato dalla teoria dei performativi (→ performativo-constativo) e poi degli atti linguistici (→ atto linguistico), con cui Austin intese tracciare alcune distinzioni fondamentali (anzitutto, tra ciò che si dice e ciò che si *fa* dicendo qualcosa) e dare un quadro teorico all'analisi del linguaggio. In vita, Austin pubblicò solo articoli, poi raccolti in *Saggi filosofici* (1961); postumi sono usciti anche *Come fare cose con le parole* (1962) e *Senso e sensibilia* (1962).

autarchia (in gr. *autárkeia*, autosufficienza), termine presente già nei presocratici; in tutta la filosofia greca conserva, accanto al significato di autosufficienza materiale, quello di un adattamento alla realtà che, radicato solidamente nella natura (*phýsis*), possa preservare dall'instabilità del caso (*týchē*). Strettamente collegata all'ideale del saggio, l'autarchia è un elemento indispensabile dell'eudemonia (gr. *eudaimonía*, felicità).

autismo, mancanza parziale o totale di rapporto psichico con la realtà esterna. Il soggetto autistico è ripiegato su se stesso, e non è interessato ad avere contatti con gli altri; la sua vita psichica è dominata dall'affettività, e si esprime in fantasie, sogni a occhi aperti, deliri e allucinazioni in cui svolgono un ruolo determinante i processi primari o inconsci (→ processo primario). È difficile, e forse non è possibile, stabilire gli esatti confini fra l'autismo normale e quello patologico. Quando è totale e continuativo, l'autismo rappresenta uno dei sintomi fondamentali della schizofrenia, come fu messo in luce inizialmente da E. Bleuler. L'isolamento autistico, quando è associato a disturbi del linguaggio come l'inversione pronominale e alla predilezione per i giochi altamente ripetitivi, nonché ad altri sintomi patologici, costituisce il tratto caratteristico di una sindrome denominata da L. Kanner (*Disturbo autistico del contatto affettivo*, 1943) «autismo infantile precoce». Diversamente da Kanner e in genere dagli psichiatri europei, gli psichiatri americani assimilano alla schizofrenia infantile questa forma di autismo; ma a favore della tesi di Kanner parla fra l'altro il fatto che l'autismo infantile precoce, al contrario della schizofrenia infantile, si manifesta fin dal primo anno di vita. B. Bettelheim (*La fortezza vuota*, 1967) ha fornito un'interpretazione psicoanalitica dell'autismo infantile, avvicinandolo al narcisismo, nel quale la libido è investita sull'Io anziché sugli oggetti.

autoanalisi, nella psicoanalisi, indagine di sé che un soggetto compie utilizzando alcuni dei metodi psicoanalitici, come per es. l'associazione libera e l'analisi dei sogni. Le scoperte psicoanalitiche furono dovute in gran parte all'autoanalisi intrapresa da Freud. L'autoanalisi non sostituisce, ma prosegue il processo suscitato dall'→ analisi didattica.

autoattualizzazione, o autorealizzazione, termine che, in vari indirizzi strettamente imparentati della psicologia contemporanea, indica la tendenza costitutiva dell'individuo a tradurre in atto tutte le sue potenzialità, tanto sul piano interno della maturazione psichica e soprattutto emozionale, quanto sul piano esterno dell'attività. Derivato dal pensiero junghiano, e pertanto connotato in senso antifreudiano, il concetto di autoattualizzazione è presente soprattutto nella teoria della personalità di K. Goldstein, nella terapia non direttiva di C. Rogers e nella psicologia umanistica di A.H. Maslow.

autocoscienza, → coscienza.

autoctisi, nella filosofia di G. → Gentile, l'atto del pensiero che pone se stesso.

autonomia (dal gr. *autonoméia*, da *autónomos*, composto di *autòs*, «stesso» e *nómos*, «legge»: «che si governa da sé»). In uso sin dall'età classica in ambito politico e giuridico, il termine venne a qualificarsi anche in senso filosofico in Kant, dove (*Critica della ragion pratica*, I, par. 8, teor. IV) designa la capacità della ragione umana di darsi da se stessa la legge morale, senza derivarla da alcunché né d'inferiore (desideri, interessi) né di superiore (Dio). Se le regole del proprio agire vengono invece derivate da altro che non sia la ragione, si ha eteronomia. In tal modo, Kant riprende, trasferendolo sul terreno morale, un concetto che già Rousseau aveva avanzato sul terreno politico: per Rousseau, la democrazia era quella forma costituzionale in cui il cittadino è sovrano, in quanto partecipe del potere legislativo, e contemporaneamente suddito, in quanto vincolato all'osservanza della legge; analogamente, per Kant la moralità è la sottomissione alla legge che con la ragione l'uomo dà a se stesso. L'autonomia della ragion pratica è per Kant la libertà in senso positivo, o in senso propriamente morale, per cui essa non è arbitrio ma presuppone la libertà in senso negativo (o «libertà trascendentale»), come indipendenza della volontà umana dalle condizioni fenomeniche, cioè da una determinazione necessaria da parte delle inclinazioni sensibili. Questa è la condizione che rende possibile la scelta fra l'autonomia e l'eteronomia, e quindi il merito o la colpa morali.

autoriferimento, o autoreferenzialità, in sociologia, proprietà attribuita da un osservatore a un sistema sociale, in forza della quale le azioni del sistema stesso appaiono costantemente orientate a mantenere indenne il suo piano organizzativo, ovvero la sua struttura profonda, in presenza di variazioni intervenute nell'ambiente e che il sistema interpreta come disturbo o minaccia. Nato sul terreno dell'epistemologia evoluzionistica (→ scienza, filosofia della), questo concetto ha trovato significative applicazioni nella teoria dei sistemi sociali. Il maggior studioso di questo campo è il sociologo tedesco N. → Luhmann, che, dopo avere definito le condizioni generali di applicabilità dell'autoriferimento alla teoria sociologica, lo ha usato nella trattazione dei sistemi sociali (*Sistemi sociali. Fondamenti di una teoria generale*, 1984), e in particolare nel sistema scienza (*La scienza della società*, 1990).

Secondo la teoria dei sistemi autoreferenziali, uno sviluppo dei sistemi mediante differenziazione avviene solo tramite autoriferimento: vale a dire che, nella costituzione dei loro elementi e nelle loro operazioni elementari, i sistemi fanno riferimento a loro stessi (a elementi e a operazioni del loro sistema, e alla unità di questo). Perché ciò avvenga i sistemi devono produrre e utilizzare una descrizione di se stessi; essi devono essere capaci di servirsi al loro interno della differenza tra sistema e ambiente come orientamento e come principio per la produzione di informazioni. Le varie forme di autoriferimento individuate da Luhmann sono unite da una comune idea di fondo: l'autoriferimento è un correlato della pressione esercitata dalla complessità del mondo. Non è possibile rappresentare, trattare, controllare in maniera adeguata la complessità del mondo, perché ciò produrrebbe di pari passo un aumento di tale complessità, in una regressione infinita, che invece l'autoriferimento evita.

I sistemi formati mediante autoriferimento di base si dicono autopoietici; essi sono sistemi chiusi, cioè utilizzano per la propria riproduzione unità già costituite entro il sistema. La teoria dei sistemi autopoietici viene trasportata da Luhmann nell'ambito dei sistemi sociali assumendo che gli elementi di cui questi ultimi sono composti non possono avere alcuna durata, e quindi devono essere continuamente riprodotti dal sistema stesso. Tale costrizione all'autonomia deriva dal fatto che il sistema, in qualsiasi ambiente, cesserebbe di esistere se non fornisse agli effimeri elementi di cui è composto capacità di connessione, e quindi senso, e non li riproducesse. Nella prospettiva dell'autoriferimento ciascun sistema sociale ha dunque come scopo primario la propria autoconservazione. In questo quadro l'azione viene considerata come costituita entro i sistemi sociali, attraverso la comunicazione e l'attribuzione, quale riduzione della complessità e indispensabile autosemplificazione del sistema; il rapporto uomo-sistemi sociali viene inteso come rapporto di interpenetrazione tra sistemi autopoietici.

La società, infine, è il sistema per il quale non esiste alcun sistema che lo comprenda, e per il quale di conseguenza non è possibile nessuna comprensione dall'esterno, ma solo autoosservazione, autodescrizione e autochiarimento delle proprie operazioni.

autorità, termine con cui si indica un insieme di qualità riconosciute che fanno capo a un'istituzione, o anche a una persona cui i singoli individui si assoggettano consensualmente per realizzare determinate finalità sociali.

L'indagine sul significato generale del concetto può essere fatta risalire a Platone. Tuttavia soltanto con la nascita degli stati nazionali la riflessione sulla nozione di autorità si separa da implicazioni di ordine divino o naturale. *Il Principe* (1513) di Machiavelli e il *Leviatano* (1651) di Hobbes propongono per la prima volta una nozione moderna e laica di autorità, concepita come l'insieme delle prerogative sociali e giuridiche che permettono l'esercizio del potere. La necessità di superare e controllare le lotte e le divisioni, che fatalmente caratterizzano l'ordine naturale dell'umanità, legittima per Hobbes l'edificazione di un'autorità politica intesa come controllo incondizionato delle istituzioni statali sulla società. Contro l'assolutismo hobbesiano, Locke, nei *Due trattati sul governo* (1690), pone per la prima volta le basi di quella visione costituzionale e liberale dell'autorità destinata a influenzare non solo le teorie politiche dell'illuminismo, ma anche gran parte del pensiero liberal-borghese fino a B. Constant. Secondo tale impostazione, libertà e uguaglianza formali, in quanto diritti originari e naturali dell'uomo, non solo condizionano l'esercizio dell'autorità, ma ne costituiscono il fondamento. Ancora contro ogni impostazione assolutistica, Rousseau, nel *Contratto sociale* (1762), teorizza il concetto di un'autorità che non è più prerogativa di un potere politico sovraordinato ai cittadini, ma emanazione della «volontà generale».

Nel sec. XIX le riflessioni di Hegel sullo stato e di Comte sull'ordine sociale assegnano all'autorità il compito irrinunciabile di guida del progresso umano. Nella prospettiva del materialismo storico Marx fornisce invece un'immagine dell'autorità intesa come il dominio cui la classe operaia è sottoposta dalle leggi del modo di produzione capitalistico: autorità è principalmente quella esercitata dall'imprenditore sui lavoratori, solo formalmente e giuridicamente liberi. Nel 1893 E. Durkheim, nella *Divisione del lavoro sociale*, riproporrà indirettamente un concetto di autorità connesso con «la necessità di regolamentazione» dei rapporti sociali. Nelle società caratterizzate da «solidarietà organica», indotta dalla progrediente divisione del lavoro, l'autorità tende sempre più a identificarsi con regole di funzionamento complessivo e non più con un potere centralizzato di tipo militare.

Col procedere dell'industrializzazione il concetto di autorità sembra legarsi sempre più alle esigenze tecnico-organizzative del funzionamento della società moderna. In *Economia e società* (1922) M. Weber sostiene che l'incremento della razionalità sociale, nelle sue forme tecniche e burocratiche, impone agli individui l'inserimento disciplinato nei meccanismi amministrativi e statuali della società industriale: l'incremento della razionalità postula quello dell'autorità. Weber distingue tre tipi puri di autorità (ma il termine più appropriato sarebbe «dominio»): *legale*, cioè legittimata da un sistema di leggi formali decretate particolarmente per regolare il modo di vivere e raggiungere le mete designate; *tradizionale*, ossia legittimata dalla tradizione; *carismatica*, cioè legittimata da straordinarie caratteristiche del capo, che lo rendono responsabile di una missione. In un quadro teorico riferentesi sia a Marx che a Freud, M. Horkheimer, H. Marcuse, E. Fromm in *Studi sull'autorità e la famiglia* (1936) e T.W. Adorno in *La personalità autoritaria* (1950) hanno denunciato la degenerazione dell'autorità in autoritarismo, connesso alle esigenze di espansione e rafforzamento del capitalismo avanzato nelle istituzioni economiche, statuali e familiari. Negli indirizzi sociologici contemporanei, in genere, l'autorità è considerata indispensabile al funzionamento di qualsiasi organizzazione complessa (azienda, partito, sindacato) poiché ne abbrevia i tempi di risposta alle sollecitazioni ambientali (N. Luhmann).

avalutatività, in generale, l'assenza nel corso dell'indagine di giudizi di valore; essa implica che il ricercatore eviti «valutazioni» ideologiche relative all'oggetto d'indagine. Questo uso del termine è stato introdotto da M. → Weber, per il quale il compito delle scienze sociali è di esplicitare il «significato» dei valori che guidano le scelte sociali, senza peraltro assumerli come criterio di giudizio.

Nell'epistemologia contemporanea, le possibilità che i valori deviino le procedure e i risultati della ricerca è spesso un argomento dei sostenitori dell'inammissibilità di una conoscenza scientifica della società, in particolare idealisti, spiritualisti e fenomenologi. Anche per i marxisti la scienza non può mai essere avalutativa — in primo luogo la scienza borghese — perché essa è guidata, consapevolmente o inconsapevolmente, da interessi di classe. Per contro, filosofi e metodologi della scienza di orientamento neopositivistico e pragmatistico come E. Nagel e A. Kaplan, economisti e sociologi come G. Myrdal, hanno bensì ammesso il condizionamento delle scienze sociali e naturali da parte degli interessi (più che dei valori) dei ricercatori, ma anche l'esistenza di meccanismi istituzionali e di procedure di controllo interne alle ricerche, con cui si evita che scelte di valore conducano ad asserzioni scorrette o invalide.

avatāra, termine sanscrito che significa «discesa» o incarnazione divina nel mondo. La tradizione indiana conosce diversi tipi di avatāra, i più antichi dei quali, forse di origine totemica, sono simboli cosmogonici, successivamente assunti dal viṣṇuismo a significare differenti avatāra del dio Viṣṇu, intesi come successivi interventi divini nel mondo. Secondo la tradizione, Dio si incarna quando il mondo è in pericolo, per la protezione dei buoni e la punizione dei malvagi. Il numero degli avatāra è generalmente fissato a dieci, ma alcuni testi ne annoverano assai di più. I nomi delle dieci incarnazioni classiche sono: Matsya (pesce), Kūrma (tartaruga), Varāha (cinghiale), Narasiṃha (uomo-leone), Vāmana (nano), Paraśu-Rāma e Rāma, Kṛṣṇa, Buddha e Kalkin. I primi cinque di questi avatāra sono di tipo mitologico; gli altri, di carattere «epico», storico ed escatologico. Il Buddha, in particolare, esprime l'esigenza dell'induismo di incorporare nel suo vasto pantheon tutte le figure storico-profetiche dell'India.

Avempace (Saragozza, fine sec. XI - Fez 1139), nome con cui è noto nell'Occidente latino il filosofo arabo spagnolo Ibn Bagia (Abū Bakr Muḥammad ibn Yaḥya). Sotto gli Almoravidi, ebbe incarichi politici e fu incarcerato per eresia. Nel suo scritto principale, *Il regime del solitario*, rimasto incompiuto, Avempace elaborò una filosofia imperniata sulla contemplazione delle realtà intelligibili come unica fonte della felicità umana. Egli vi disegna una figura di saggio come straniero nella società imperfetta in cui vive, e modello di cittadino di una società ideale naturale, dove non saranno necessari né medici né giudici né teologi. Importante fu l'identificazione da lui fatta fra la prima intelligenza emanata da Dio e l'intelletto agente dell'aristotelismo. Altri scritti rilevanti sono: la *Lettera di addio*, in cui difende le possibilità della ragione di contro alle istanze del misticismo; e il *Trattato sull'anima*. Ad Avempace si ispirò Ibn Ṭufayl.

Avenarius, Richard (Parigi 1843 - Zurigo 1896), filosofo tedesco. Studente e poi professore a Lipsia, fu chiamato nel 1887 all'università di Zurigo, dove insegnò fino alla morte. Avenarius si fece conoscere, oltre che attraverso la sua rivista «Vierteljahrschrift für wissenschaftliche Philosophie», con l'opera *Filosofia come pensiero del mondo secondo il principio del minimo sforzo* (1876), in cui si trova enunciata l'idea fondamentale secondo la quale il solo principio regolativo di tutti i fenomeni, fisici o psichici, è un principio di economia detto appunto «del minimo sforzo». La validità di questo principio è incompatibile con i dualismi, di soggetto e oggetto, pensiero e realtà, postulati dalla metafisica tradizionale, ma anche con l'idea spenceriana secondo cui i processi evolutivi vanno nel senso di un aumento della differenziazione e dell'eterogeneità: secondo Avenarius, tutti i fenomeni tendono invece alla semplificazione e alla riduzione all'omogeneo. La conoscenza stessa è guidata da un principio di semplificazione e riduzione a unità, in vista di un migliore equilibrio tra organismo e ambiente. Queste idee furono rielaborate nella grande opera *Critica dell'esperienza pura* (1888-90), grazie alla quale Avenarius si guadagnò, soprattutto dopo la morte, il merito di aver anticipato teorie sviluppate indipendentemente da E. Mach e da W. Schuppe, e influì sulle discussioni gnoseologiche del primo Novecento, specialmente in Francia.

In essa è ripresa l'idea del valore economico, cioè pratico, della conoscenza e anche della scienza: i concetti attraverso cui le scienze descrivono la realtà non ne riproducono la struttura ultima, e quindi non hanno valore di verità, ma sono strumenti di riorganizzazione dell'esperienza, la cui funzione è di migliorare l'esecuzione del compito adattivo proprio dell'organismo umano. Reale in senso assoluto è solo l'esperienza pura, né soggettiva né oggettiva, né psichica né fisica: l'Io stesso non è che un aggregato, relativamente stabile, di elementi d'esperienza. Spetta alla filosofia recuperare l'esperienza pura, attraverso la critica delle concrezioni concettuali, filosofiche e scientifiche che la occultano: la filosofia è critica dell'esperienza (di qui il nome di → empiriocriticismo dato all'indirizzo di Avenarius), e in ciò continua a svolgere il compito in nome del quale si era in passato rivolta contro mitologie, religioni e metafisiche: le astrazioni filosofiche e scientifiche sono l'ultima metafisica da cui l'esperienza è imprigionata. La posizione di Avenarius consiste dunque in un positivismo radicale che rivolge alcuni assunti di fondo del positivismo (primato epistemico delle sensazioni, relativismo epistemologico, intento antimetafisico) contro qualsiasi concettualizzazione, anche positivistica, che non si dichiari meramente strumentale rispetto all'esperienza. *D. Ma.*

Averroè (Córdoba 1126 - Marrakech 1198), nome con cui è noto nell'Occidente latino il filosofo e scienziato arabo spagnolo Muḥammad ibn Aḥmad Muḥammad ibn Rushd. Di illustre famiglia, studiò diritto e medicina, filosofia greca e astronomia, e, grazie all'appoggio di Ibn Tufail, entrò nella corte almohade di Marrakech e ricoprì diverse cariche pubbliche. Verso il 1195 fu esiliato, le sue dottrine vennero condannate e fu vietato lo studio della sua filosofia. Poco prima della morte, venne però riabilitato e accolto a corte.

Averroè è celebre per i suoi commentari sugli scritti aristotelici, che in Occidente gli valsero l'appellativo di «Commentatore» per antonomasia. Sono pervenuti tre tipi di commento: il *Grande commento* (dopo il 1180), in cui egli spiega frase per frase il testo aristotelico; il *Medio*, in cui si limita a chiarire complessivamente il testo, e il *Commento piccolo o parafrasi* (1169-78), in cui riassume il testo aristotelico, che non viene riportato. Commentò anche, fra l'altro, la *Repubblica* di Platone. Tra gli scritti originali, vanno ricordati: *La distruzione della distruzione*, in cui difende la filosofia dalle accuse di al-Ghazālī; i trattati teologici *Esposizione dei metodi di dimostrazione relativi ai dogmi della religione* e *Trattato decisivo ed esposizione della convergenza che esiste tra la legge religiosa e la filosofia*, ignorati dai latini; opuscoli sull'intelletto e la sostanza del mondo; infine, una grande opera di argomento medico, nota in Europa come *Colligeto*, termine che ricalca l'arabo *al-Kuliyyāt* (libro delle generalità).

Per lungo tempo Averroè è stato considerato un fautore della teoria della doppia verità; in realtà questa dottrina non si trova nelle sue opere. Egli sostiene infatti che esiste un'unica verità, quella raggiunta dai filosofi, i quali esigono sempre rigorose dimostrazioni fondate sul rapporto causale, quindi assolutamente necessarie. I teologi disputano su argomenti probabili, di tipo dialettico, mentre la maggioranza degli uomini si accontenta di discorsi esortativi, retorici, quali sono quelli del Corano. Averroè respinge la teoria avicenniana della derivazione del mondo da Dio per emanazione: il mondo è eterno, come è eterna la materia, intesa quale pura indeterminazione contenente in germe tutte le forme. Inoltre egli confuta la psicologia di Avicenna, ritenendola non conforme all'insegnamento di Aristotele e insufficiente a spiegare l'universalità della scienza. Averroè sostiene infatti che sia l'intelletto agente sia l'intelletto possibile sono unici, sono separati dai corpi e coincidono con l'intelligenza motrice della decima sfera; solo questa è immateriale e perciò immortale, mentre i singoli uomini sono mortali. La conoscenza individuale è possibile in quanto le immagini ottenute attraverso i sensi sono rese intelligibili dall'azione dell'intelletto separato. La scienza, non l'ascesi mistica, è ricongiungimento a Dio. Per la cospicua influenza di Averroè sulla cultura dell'Occidente latino si veda la voce seguente.

averroismo, termine designante il pensiero filosofico e scientifico di Averroè e della sua scuola. Le tesi più caratteristiche dell'averroismo sono: la subordinazione della fede alle verità di ragione, la quale è l'unico organo idoneo ad acquisire conoscenze scientifiche; l'eternità della materia e del mondo; l'unicità dell'intelletto possibile per tutti gli uomini, tesi nota anche col nome di → monopsichismo. Nel mondo arabo l'averroismo ebbe una diffusione limitata, mentre maggiori seguaci ebbe presso gli ebrei e nel mondo latino, dove, intorno al 1270, si formò un indirizzo filosofico noto come *averroismo latino*. Gli iniziatori di questo movimento, denominati *averroistae* dai loro stessi contemporanei, sono Sigieri di Brabante, Boezio di Dacia, Bernieri di Nivelles e Gosvin de la Chapelle. I seguaci di questo movimento concordano con l'esegesi di Aristotele fatta da Averroè circa il monopsichismo e l'eternità del mondo, ma si distaccano dal commentatore arabo a proposito dei rapporti tra fede e ragione: fra i due ambiti non c'è contrapposizione, ma separazione, nel senso che le verità razionali possono anche essere in contrasto con quelle rivelate, senza che ciò comporti la loro invalidazione. Questa posizione fu osteggiata dalla maggior parte dei pensatori del tempo, in particolare da Bonaventura e da Tommaso d'Aquino, che vedevano in essa il pericolo di cadere in una sorta di doppia verità; in realtà gli averroisti latini affermavano il primato della fede sulla ragione e distinguevano nettamente i principi, i mezzi e gli ambiti da cui derivano le conclusioni divergenti.

Una ripresa dell'averroismo latino si ebbe in Italia, particolarmente a Bologna, nel sec. XIV, a opera di un folto gruppo di maestri della facoltà delle arti, fra i quali sono noti Taddeo da Parma, Angelo d'Arezzo, Anselmo da Como,

Matteo da Gubbio e Giacomo da Piacenza. Durante il rinascimento, all'aristotelismo materialistico di Pietro Pomponazzi, favorevole all'interpretazione di Aristotele data da → Alessandro di Afrodisia, si contrappose un gruppo di seguaci dell'averroismo, sostenitori dell'esegesi aristotelica del commentatore arabo; alcuni di essi (come Alessandro Achillini e Agostino Nifo) giunsero a sostenere che Averroè non aveva mai negato l'immortalità dell'anima.

Avesta, termine che significa «testo fisso» o «base» (in medio persiano *apastak*), contrapposto a «commento» (*zand*). L'*Avesta* è il testo sacro dello zoroastrismo, o → mazdeismo, per il quale il suo contenuto ha valore di rivelazione divina. La redazione finale dell'opera, in un dialetto iranico detto appunto avestico, è successiva al sec. IV d.C.; in essa si trovano tracce di una tradizione orale precedente e sono compresi scritti più antichi la cui datazione è incerta. Il testo attuale è diviso in quattro parti (cui s'aggiungono alcuni frammenti residui di parti disperse): lo *Yasna*, raccolta di preghiere per l'offerta agli dei, che comprende i diciassette inni (*Gāthā*) che costituiscono il nucleo più antico dell'*Avesta* e probabilmente risalgono allo stesso Zarathustra; il *Visprat*, raccolta di liturgie festive; il *Vidēvdāt*, che comprende norme per la purificazione sacerdotale; il *Khvartak apastak* [*Piccola Avesta*], una versione ridotta dell'*Avesta*, con norme di vita e testi liturgici per i profani, tra cui gli *Yasht*, inni in onore di alcune divinità. In complesso, la lacunosità e l'estrema oscurità del testo accentuano le discussioni e i dissensi tra gli studiosi nell'interpretazione e nella traduzione di moltissimi passi dell'opera, il cui studio resta ancora aperto.

Avicebron o Avencebrol o Avicebrol (Málaga 1020 ca - Valencia 1058 o 1069 ca), nome con cui era designato dai filosofi cristiani medievali Shelomoh ben Jehudah ibn Gabirol, filosofo e poeta ebreo spagnolo. Scrisse in arabo opere gnomiche e filosofiche tra le quali la *Scelta di perle*, collana di sentenze morali, e *La fonte della vita*, che lo rese famoso anche nell'Occidente latino, dove egli era ritenuto un filosofo arabo cristiano. L'opera fu tradotta in ebraico da Shem Tov ibn Falaquera e in latino da Domenico Gundisalvi col titolo *Fons vitae*: fu anzi la scoperta, nel secolo scorso, di questa traduzione che permise di identificare l'Avicebron degli scolastici con il poeta ebreo ibn Gabirol, ritenuto fino ad allora una diversa persona. Nella *Fonte della vita* Avicebron espone, in forma di dialogo, la tesi che tutte le sostanze create sono composte di materia e forma («ilemorfismo universale»), comprese l'anima intellettiva e le sostanze spirituali. Questa dottrina, che esercitò enorme influenza sulla scolastica cristiana, fu respinta da Tommaso d'Aquino, e accettata invece dalla scuola francescana (Alessandro di Hales, Bonaventura). In ebraico, Avicebron scrisse poesie d'amore e composizioni religiose: la più nota è la *Corona reale*, che svolge una lunga meditazione sugli attributi divini, e si conclude con una preghiera penitenziale.

Avicenna (Afshana, Buchara, 980 - Hamadān 1037), nome con cui è noto nell'Occidente latino il filosofo e scienziato persiano Abū'Alī al-Husayn ibn Sīnā. Fra i suoi scritti, i principali sono il *Canone* e il *Libro della guarigione* (in lat. *Liber sufficientiae*). Il primo, in cui Avicenna riuscì a coordinare i principi medici di Ippocrate e di Galeno con le teorie biologiche di Aristotele, è una grande enciclopedia medica in cinque libri; tradotto in Occidente, esercitò un influsso enorme nelle facoltà di medicina, che lo adottarono come testo di insegnamento fino al sec. XVI. Il secondo costituisce una vera e propria enciclopedia filosofica dell'aristotelismo, divisa in quattro parti: logica, fisica, matematica e metafisica.

Nel pensiero di Avicenna la realtà è il risultato di un processo emanativo che parte da Dio e comprende le sottostanti intelligenze celesti secondo una rigida concatenazione causale. Il processo si arresta alla decima e ultima intelligenza, il *Dator formarum* secondo la traduzione latina, che è principio delle anime umane e del mondo sublunare ed è anche intelletto agente dell'umanità. Il singolo uomo possiede un intelletto possibile che elabora i dati sensibili e riceve le nozioni presenti nell'intelletto agente. Non partecipando del processo emanativo, l'intelletto possibile, ossia l'anima umana, è solo un frammento di intelligenza; dotata di immortalità, essa aspira a ricongiungersi con il Sommo Bene. Nell'opera tarda *Direttive e rilievi*, Avicenna accentua il valore della conoscenza come gnosi e identificazione con l'essenza divina; nella partizione della materia, la mistica sostituisce la matematica. Anche nel *Libro di scienza*, un compendio scritto in persiano, Avicenna modifica significativamente l'ordine delle scienze, ponendo al primo posto logica e metafisica. Il rigoroso emanatismo (coinvolgente anche l'essere supremo nella necessità del flusso che crea il mondo), l'eternità del mondo che esso implica, e certe dottrine esoteriche che Avicenna professò coi discepoli, lo misero in contrasto con i teologi ortodossi musulmani.

avidyā, una delle categorie fondamentali del pensiero filosofico indiano. Letteralmente, in sanscrito significa «ignoranza», «nescienza», ed è contrapposta al termine *vidyā*, «sapienza» e «scienza». Nella tradizione dello *yoga* e del *sāṃkhya*, l'avidyā è una delle cause che offuscano l'essere puro. Ma anche nella tradizione del → *vedānta* l'avidyā assume la valenza di categoria cosmica e ha funzione causante, soprattutto nei riguardi del → *saṃsāra*, o trasmigrazione. L'avidyā, talvolta, viene a essere un equivalente della → *māyā*, o della *prakrti* (natura), talvolta invece un semplice attributo di quest'ultima.

avventismo, termine designante alcune sette cristiane che professano l'attesa di una prossima seconda «venuta» (in latino *adventus*) di Gesù (→ millenarismo). L'avventismo ebbe inizio con la predicazione dell'agricoltore battista del Massachusetts W. Miller (1782-1849), che annunciò la «fine dei tempi» per il 1843. Delusi nella loro aspettativa, i suoi seguaci (chiamati «milleriti» o «secondavventisti») si dispersero; ma Miller continuò la sua predicazione affermando che il giudizio divino era già cominciato anche se la sua manifestazione, da parte di Cristo, sarebbe avvenuta in un futuro imprecisato. Tale tesi fu adottata nella conferenza generale di Albany (1845), che può essere considerata l'atto di nascita degli «avventisti evangelici». Nel 1846 il gruppo, detto più tardi degli «avventisti del settimo giorno» o «sabbatisti», cominciò a osservare il sabato quale giorno festivo, organizzandosi nel 1863 in chiesa autonoma.

Gli avventisti, benché non abbiano un credo rigidamente definito, si caratterizzano dottrinalmente per una rigorosa adesione alla lettera della Bibbia, la concezione simbolica della Cena, il battesimo impartito per immersione agli adulti e l'assoluta santificazione del sabato; inoltre praticano l'offerta delle decime. Credono che ci sarà una resurrezione per i giusti, mentre gli ingiusti risorgeranno alla fine del millennio, dopo l'«avvento»; allora la terra diventerà per sempre «la patria dei santi del Signore».

Axelos, Kostas (Atene 1924), filosofo francese di origine greca. Già impegnato nella resistenza antitedesca nelle file del Partito comunista, raggiunse la Francia nel 1945 e vi compì studi di filosofia, svolgendo poi attività di ricerca e di insegnamento presso l'Ecole Pratique des Hautes Etudes e alla Sorbona. Redattore della rivista «Arguments» (1957-62), fondò e diresse l'omonima collana presso l'Editions de Minuit. Traduttore in francese di Heidegger e di G. Lukács, Axelos si richiama anzitutto al pensiero «aurorale» di Eraclito (*Eraclito e la filosofia*, 1962), la cui concezione dell'«erranza» e del divenire anticipa motivi essenziali del pensiero e dell'esperienza moderni. La riflessione di Axelos (cui si devono, tra l'altro, contributi su *Marx pensatore della tecnica*, 1962, e su altri aspetti del pensiero tedesco contemporaneo) converge intorno a un'idea di totalità come orizzonte problematico, frammentato nelle prospettive molteplici della storia e segnato, nell'età della tecnica planetaria (*Verso un pensiero planetario*, 1964), da una sempre più complessa interazione tra pensiero e mondo. La categoria intorno alla quale si definisce una possibile ricomposizione delle prospettive (o degli «orizzonti del mondo») è però quella di «gioco». Al tema del gioco è dedicato infatti un gruppo di opere (*Il gioco del mondo*, 1969; *Per un'etica problematica*, 1972; *Contributo alla logica*, 1977) in cui l'analisi dei giochi logico-linguistici sfocia nell'idea di una combinatoria universale, che, destituendo di rilevanza le singole prospettive locali, favorisca una ritrovata saggezza.

Ayer, Alfred Jules (Londra 1910-1989), filosofo inglese. Si formò in stretto contatto con l'empirismo logico, di cui contribuì a diffondere le idee con la sua opera più nota: *Linguaggio, verità e logica* (1936). In essa Ayer adotta la distinzione introdotta da Hume tra asserzioni che enunciano relazioni fra idee e asserzioni che esprimono giudizi di fatto, e pone a fondamento della propria analisi il principio neoempiristico di verificazione secondo il quale un'asserzione sintetica non è dotata di significato se non è possibile stabilire, in base all'osservazione, la sua verità o la sua falsità. Ayer passa quindi a esaminare i tipi di asserzione (o di giudizio) che caratterizzano una serie di discipline filosofiche, criticandole dal punto di vista adottato. Così, le asserzioni della metafisica, che non sono né analitiche (non esprimono relazioni fra idee) né sintetiche (non enunciano giudizi di fatto), vanno considerate prive di significato; i giudizi di valore dell'etica e dell'estetica sono «espressioni di emozioni», non autentiche asserzioni; gli asserti a priori della logica e della matematica, a sua volta considerata come una mera estensione della logica stessa (logicismo), sono una sottoclasse delle asserzioni analitiche: essi sono quindi veri in virtù del solo significato delle parole che costituiscono il vocabolario logico-matematico, e la spiegazione della loro validità universale e necessaria non esige più il ricorso alla teoria kantiana dei giudizi sintetici a priori. In questo modo si dissolve tutta una serie di oggetti caratteristici dell'indagine filosofica, e il fine di tale indagine viene posto da Ayer nell'analisi dei problemi lasciati irrisolti dalla ricerca scientifica: la filosofia finisce per identificarsi con la logica o metodologia delle scienze.

Dopo gli anni Quaranta, con la messa in discussione delle tesi fondamentali dell'empirismo logico e con il progressivo affermarsi dell'analisi del linguaggio comune legata all'insegnamento del secondo Wittgenstein (→ analitica, filosofia), Ayer prese una certa distanza dal suo iniziale empirismo, avvicinandosi alle posizioni sostenute a Oxford e a Cambridge dagli analisti del linguaggio ordinario. A questa fase del suo pensiero appartiene il maggior numero delle sue opere: *I fondamenti della conoscenza empirica* (1940); *Saggi filosofici* (1954); *Il problema della conoscenza* (1956); *Il concetto di persona e altri saggi* (1963); *Bilancio filosofico* (1973); *La filosofia del Novecento* (1982).

azienda, in sociologia, il complesso delle persone e dei mezzi coordinati per l'esercizio di una impresa, ossia di un'attività organizzata a proprio rischio per produrre o scambiare beni e servizi. Impresa e azienda non sono quindi sinonimi: molte imprese non sono aziende (per es. un banco di vendita al mercato, una bottega artigiana senza lavoranti); un'azienda che cessa di essere un'impresa, cioè di avere un fine economico e di sopportare qualche tipo di rischio, diventa un'organizzazione d'altro tipo (per es. un ente assistenziale mascherato, come talune industrie statali), pur conservando la medesima apparenza esterna.

La sociologia dell'azienda nasce in Germania con l'opera di G. Briefs (1931) nell'ambito di una «filosofia» dell'impresa che W. Rathenau aveva inteso come istituzione in cui le decisioni non erano attributo del solo imprenditore o dirigente a capo dell'azienda, ma risultato di un processo decisionale coinvolgente molte persone e gruppi per altri versi in conflitto (dirigenti e tecnici di sezioni diverse dell'organizzazione aziendale, lavoratori e sindacati, autorità esterne all'azienda). I concetti di azienda e di impresa erano già stati distinti ai primi del Novecento da T. Veblen. Per Veblen l'impresa diventa azienda quando la sua direzione passa dalla mano dei proprietari, degli imprenditori fondatori, a quella dei manager. Analizzando tale momento negli Stati Uniti tra le due guerre mondiali, altri studiosi (A.A. Berle e G.C. Means) rilevarono che per i dirigenti la continuità della struttura diventava l'obiettivo della gestione, al posto della massimizzazione del profitto: l'obiettivo aziendale cioè si associava o prevaleva su quello di impresa.

La sociologia dell'azienda fondata da questi autori sviluppa l'analisi della differenziazione della funzione imprenditoriale nelle organizzazioni economiche (W. Sombart), dell'autorità e del conflitto nei rapporti tra direzione e lavoratori e tra singoli gruppi professionali interni all'azienda (R. Bendix), della struttura delle imprese e della loro strategia (C. Chandler). Il suo filone più moderno e strettamente aziendalistico considera l'azienda come sistema sociale aperto a un ambiente da cui riceve risorse e vincoli, e a cui restituisce non solo prodotti ma fattori di trasformazione sociale. Tale concezione dell'azienda è emersa da indagini sui problemi di insediamento di grandi imprese in nuove aree, sulla loro potenzialità modernizzatrice. La dinamica dei gruppi interni all'azienda, la loro organizzazione, i processi decisionali interni individuano vere e proprie classi sociali distinte da diverse funzioni svolte in azienda che si riverberano sul resto della società in seguito al loro peso sempre più rilevante: di qui le ricerche di molti sociologi sugli attributi e i comportamenti socioculturali e politici di operai, impiegati, tecnici, quadri intermedi, dirigenti, svolte a partire dalla loro condizione lavorativa in fabbrica, considerata determinante per la loro identità sociale.

Tra i contributi più recenti volti all'approfondimento e alla critica della sociologia dell'azienda occorre ricordare l'analisi dell'industrializzazione di piccola impresa (A. Bagnasco, *La costruzione sociale del mercato. Studi sullo sviluppo di piccola impresa in Italia*, 1988); l'esame delle innovazioni organizzative che hanno condotto allo sviluppo del concetto di impresa-rete, considerato il fondamento di una concezione post-tayloristica e post-burocratica delle scienze organizzative e del lavoro (F. Butera, *Il castello e la rete. Impresa, organizzazioni e professioni nell'Europa degli anni '90*, 1990). L'importanza dell'impresa nell'orientare lo sviluppo economico, in quanto soggetto storico che codetermina le proprie forme e il proprio ambiente, è stata studiata da G. Sapelli in *L'impresa come soggetto storico* (1990).

azione, una delle categorie di Aristotele (→ categoria). In questo senso generalissimo, il suo contrario è la «passione», cioè il subire alcunché. Principio fondamentale della metafisica aristotelica, e in genere della metafisica classica, è che l'azione presuppone l'«essere»: esser eventualmente agente, rispetto a qualcosa, è un predicato d'una sostanza. Nella terminologia scolastica, l'azione viene detta «atto secondo», per distinguerla dall'«atto primo», che è l'atto nel senso metafisico di «forma», in opposizione alla «potenza».

Una concezione opposta si affermerà solo nel primo Ottocento, in clima romantico: letterariamente è espressa da Goethe, nel *Faust*, con l'asserto «In principio era l'azione»; filosoficamente è espressa da Fichte, col «primo principio» della *Dottrina della scienza*: l'Io assoluto non è infatti una sostanza, o comunque un ente, bensì pura attività, come «posizione» in primo luogo di se stesso, e poi del contrario di sé, il non-Io, onde l'Io possa agire contro di questo e così continuamente riaffermarsi. Una concezione intermedia fra le due è che non si dia sostanza senza azione, o che nell'agire consista l'essenza della sostanza. L'hanno sostenuta, nel sec. XVII, sia Spinoza, a proposito dell'unica sostanza che ammetteva Dio in quanto «essenza attuosa», sia Leibniz, a proposito delle molteplici sostanze create (→ monade).

L'azione propriamente umana è distinta da Aristotele (*Etica nicomachea*, libro VI) in due grandi tipi: la *póiēsis* o produzione di qualcosa di oggettivo, che permane oltre di essa, che risulta autonomo rispetto all'agente; e la *prâxis*, cioè il comportamento pratico, che non si risolve nella produzione di oggetti. In effetti, tutte le qualificazioni specificamente morali, positive o negative, si riferiscono alle azioni intese in questo secondo senso, che è poi il senso prevalente che la parola «azione» ha nelle lingue europee. Nella tradizione scolastica, per es. da san Tommaso, la *póiēsis* aristotelica era resa col termine di *actio transiens* («che passa», o termina, in altro), in opposizione all'*actio immanens*. A proposito delle azioni volontarie, poi, san Tommaso distingue l'azione *elicita*, cioè prodotta immediatamente dalla volontà, che è quindi l'atto stesso del volere o volizione, e l'azione *comandata* dalla volontà, cioè l'attività fisica che realizza quanto voluto.

Nel pensiero moderno, a partire da Hobbes e Locke, è stata dominante la concezione dell'azione propriamente umana come un comportamento fisico che abbia per «causa» un atto di volontà. Anche Kant condivide questa concezione: la volontà umana è libera dalla causalità naturale, ma è a sua volta un tipo particolare di principio causale, anche se incondizionato («causalità attraverso la libertà»).

azione, filosofia dell', in senso lato, ogni filosofia che vede nell'azione il momento di accesso alla certezza e alla verità. La tesi kantiana del «primato della ragion pratica» e quella fichtiana che pone in una intuizione intellettuale d'ordine pratico la via d'accesso all'assoluto, ne costituiscono il precorrimento in ambito illuministico e romantico. In senso specifico, la formula si applica a indirizzi filosofici contemporanei che si caratterizzano per il richiamo decisivo all'azione, pur differenziandosi per il modo di concepire l'azione stessa. Così si parla di filosofia dell'azione (e per taluni questa sola corrente di pensiero è qualificabile propriamente come tale) per un orientamento filosofico di ispirazione religiosa che ha i suoi rappresentanti in un gruppo di filosofi francesi: L. Ollé Laprune, M. Blondel, L. Laberthonnière. Per Blondel è soltanto nell'azione che si disvela il vero significato della vita: l'azione, concepita in modo tale che in essa si ritrovano solidali tutti gli aspetti tradizionalmente attribuiti alla spiritualità umana, manifesta il contrasto fondamentale fra volontà volente e volontà voluta: la prima è sempre insoddisfatta dalle proprie realizzazioni e si pone come esigenza necessaria dell'infinito, impossibile a soddisfarsi sul piano dell'immanenza; la sua analisi concreta apre così la via a una giustificazione della fede religiosa. L. Laberthonnière contrappone all'intellettualismo greco, che vede in Dio l'idea suprema e l'archetipo della natura, il realismo cristiano, che concepisce Dio come azione suprema che vivifica con la sua presenza l'azione umana.

In una prospettiva più ampia, può considerarsi una filosofia dell'azione il pragmatismo, in quanto sostiene che per stabilire il significato e il valore di verità delle nostre idee è necessario riferirsi alle azioni o ai comportamenti pratici che esse ispirano. Caratteristica degli indirizzi pragmatici è una certa consapevolezza della struttura e dei limiti dell'azione umana: non così accade in quelle forme estreme di questa filosofia che celebrano l'azione al di là di ogni limite fattuale e strutturale, nella sua capacità di autogiustificarsi mediante la creazione di miti che con le energie che suscitano ne condizionano il successo ultimo. Esempio di questa posizione si può considerare, nell'ambito della filosofia politica, il pensiero di G. Sorel, che giunge su questa via a operare una rielaborazione irrazionalistica del marxismo.

azione, teoria dell', espressione designante l'insieme di studi sul concetto di azione umana condotti nell'ambito della filosofia analitica a partire dalla fine degli anni Cinquanta. Alla discussione hanno partecipato da un lato filosofi neo-wittgensteiniani come G.E. Anscombe (*L'intenzione*, 1957), A.I. Melden (*L'azione libera*, 1961), A. Kenny (*Azione, emozione e volontà*, 1963), C. Taylor (*La spiegazione del comportamento*, 1964), G.H. von → Wright (*Spiegazione e comprensione*, 1971); dall'altro loro avversari teorici quali A. Goldman (*Teoria dell'azione umana*, 1970), P.M. Churchland (*Il carattere logico della spiegazione delle azioni*, 1970), A. Danto (*Filosofia analitica dell'azione*, 1973), D. → Davidson (*Azioni ed eventi*, 1980), M. Brand (*Intendere e agire*, 1984); e inoltre filosofi come R. Chisholm (*Libertà e azione*, 1966) e R. Taylor (*Azione e scopo*, 1966). Le domande sottese a tali studi sono essenzialmente due: come *definire* le azioni umane distinguendole dai movimenti corporei involontari? Qual è la struttura logica delle *spiegazioni* delle azioni umane? La prima domanda, a sua volta, si sdoppia nei seguenti quesiti: quando facciamo qualcosa che ha molteplici conseguenze, *quante* azioni compiamo? Se è l'intenzionalità a distinguere le azioni dai movimenti corporei, quale relazione intercorre tra un'intenzione e l'azione corrispondente? Riguardo al primo quesito, i «particolaristi» (soprattutto Goldman) hanno sostenuto che, se per es. accendo la luce premendo l'interruttore, compio due azioni (l'una «generata» dall'altra): quella di premere l'interruttore e quella di accendere la luce. Per i «riduzionisti», invece, compio una sola azione descritta in due modi differenti. Tra i riduzionisti, tuttavia, alcuni, come Davidson, hanno affermato che le azioni in sé, poiché sono eventi (più precisamente, movimenti del corpo dell'agente), sono indipendenti dalle loro varie descrizioni. Altri, come la Anscombe e von Wright, hanno sostenuto invece che un movimento corporeo è un'azione solo se viene descritto come intenzionale: dunque tale descrizione è parte costitutiva dell'azione stessa. Questo contrasto si è ripercosso anche sulle risposte al secondo quesito. I «causalisti» (Davidson, Danto, Goldman, Brand) hanno pensato che le azioni siano movimenti corporei *causati* da eventi o stati mentali quali desideri, credenze e intenzioni. Gli «intenzio-

nalisti» (Melden, von Wright) invece — sulla scorta della critica di Wittgenstein e G. Ryle al dualismo cartesiano di mente e corpo — hanno ritenuto che le intenzioni attribuite a un agente, lungi dall'essere eventi che accadono nella sua mente, siano solo modi socialmente condivisi di intendere il suo comportamento alla luce di un determinato contesto. Tra un'intenzione e l'azione corrispondente c'è un nesso concettuale, analogo a quello che lega un significato a un segno; pertanto, se si ammette con Hume che una causa è logicamente indipendente dal suo effetto, è logicamente impossibile che un'azione sia causata dall'intenzione di compierla.
Per le stesse ragioni i causalisti e gli intenzionalisti hanno dato risposte opposte anche al problema della spiegazione delle azioni umane: per gli uni le spiegazioni sono causali al pari di quelle degli eventi naturali; per gli altri (in particolare von Wright) tra le ragioni mediante le quali spieghiamo un'azione e l'azione stessa intercorre un nesso non causale ma concettuale, ricostruibile come una determinata forma di sillogismo pratico. Tra le spiegazioni delle azioni umane date sia nella vita quotidiana, sia nelle scienze storico-sociali e le spiegazioni degli eventi naturali, intercorre perciò una differenza di struttura logica analoga a quella che lo → storicismo tedesco ha posto tra lo «spiegare» e il «comprendere».
I causalisti, a loro volta, si dividono in tre gruppi: secondo alcuni le spiegazioni delle azioni sono non solo causali, ma → nomologiche; secondo Davidson invece gli eventi mentali possono essere causa di azioni (anche se non esistono leggi psicologiche universali che connettano la mente al corpo) purché tali eventi, sotto un'altra descrizione — presumibilmente neurologica — siano nomologicamente connessi ai movimenti corporei da essi causati: è questa la dottrina del cosiddetto *monismo anomalo*. Infine, Churchland e R. Taylor hanno sostenuto che le azioni sono sì causate, ma non da eventi mentali, bensì dall'agente stesso, in quanto soggetto libero, mediante una forma di «causalità dell'agente» (immanente al soggetto), nettamente distinta dalla «causalità transitiva» che intercorre tra eventi naturali. *S. Na.*

azione sociale, azione umana che si svolge tenendo conto di (ed essendo modificata da) azioni di altre persone; che ha un significato sia per chi la compie sia per gli altri; che dipende anche dal significato che le attribuiscono gli altri. Così M. Weber (*Economia e società*, 1922) caratterizza il concetto, accentuando gli aspetti soggettivi dell'azione sociale. Alle origini della sociologia c'è anche un'altra definizione di azione sociale, quella di E. Durkheim, che ne mette in rilievo gli aspetti oggettivi, istituzionali: l'azione sociale consiste in «modi di agire, pensare e sentire, esterni all'individuo e dotati di un potere coercitivo in virtù del quale gli si impongono» (*Le regole del metodo sociologico*, 1895). Un collegamento tra le due definizioni è stato elaborato negli studi di T. Parsons (*La struttura dell'azione sociale*, 1937, e *Il sistema sociale*, 1951) in base alla costatazione che le interazioni e i significati in esse presenti tendono a stabilizzarsi in forme definite, in istituzioni e sistemi socioculturali identificabili, come per es. il matrimonio e la famiglia, l'autorità e le organizzazioni, i governi e i sistemi politici. La loro forza sta nell'integrazione che in essi si attua tra motivazioni psicologiche dell'azione sociale, rapporti sociali stretti con l'azione sociale, valori, norme, simboli che identificano e danno significato all'azione sociale. L'azione sociale si presenta quindi a più livelli, e non solo nella coscienza collettiva, come pensava Durkheim, ma nello stesso individuo agente.
Fondato così il carattere sociale dell'azione, molti sociologi ne hanno proposto classificazioni generali: V. Pareto e Weber, per es., hanno fatto riferimento ai mezzi e ai fini dell'azione. Secondo Pareto sono logiche le azioni che istituiscono un rapporto tra il fine e il mezzo, non logiche quelle non spiegate da questo rapporto. Su queste ultime verte la ricerca del sociologo: l'ideologia è, per es., uno dei principali motivi di azione non logica. D'altra parte, secondo Weber, è proprio il calcolo razionale di adeguamento tra mezzi e fini il tipo di azione sociale che si diffonde nella società moderna e la caratterizza. Secondo lo stesso autore, altri tipi fondamentali di azione sociale sono l'azione sociale tradizionale, determinata da un'abitudine acquisita dall'uso, dal costume, tipica delle società tradizionali e della vita quotidiana, e l'azione sociale affettiva, determinata da affetti ed emozioni, tipica dei momenti di intensa partecipazione individuale e collettiva. Weber distinse anche l'agire razionale rispetto allo scopo dall'agire razionale rispetto al valore, individuando nel conflitto tra le due razionalità il limite della possibilità di decidere tra scopi contrastanti facendo riferimento a un valore. Diverso il problema al quale rispondono le tipologie di F. Tönnies e Parsons: per loro si tratta d'individuare le variabili ultime dell'azione sociale nel mutamento sociale. Le società si caratterizzano, secondo Tönnies, in riferimento a modi di azione comunitari, solidaristici, organici oppure societari, individualistici, meccanici. La teoria generale di Parsons si fonda inoltre sull'individuazione di alternative fondamentali dell'orientamento del soggetto dell'azione sociale.
Negli ultimi decenni maggiore attenzione è stata dedicata all'azione sociale come condotta e come interazione. Una certa diffusione ha avuto la concezione proposta da F. Znaniecki (*Azione sociale*, 1936): l'azione sociale come un fatto creativo e adattivo non è determinata uni-

camente né dalla situazione né dal fine, ma rappresenta piuttosto un adattamento progressivo di progetti, anticipazioni di possibilità, verso fini spesso determinati dai mezzi disponibili, secondo criteri di efficienza (bilancio dello scopo raggiungibile con risorse date) più che di efficacia (mobilitazione delle risorse indispensabili a un fine dato). Il carattere interattivo e intersoggettivo dell'azione sociale e dei suoi significati è stato teorizzato da A. Schutz (*Saggi sociologici*, 1945) e dai sociologi di orientamento fenomenologico. Uno sbocco della teoria dell'azione sociale classica può essere considerato la teoria dei sistemi sociali, definiti appunto come interazioni regolari istituzionalizzate in organizzazioni, associazioni, ruoli, gruppi (W. Buckley, *Sociologia e teoria dei sistemi*, 1968). I potenziali contributi degli approcci neosistemici allo studio dell'azione sociale sono oggetto del volume curato da N. Addario, *Teorie dei sistemi e teorie dell'azione* (1989).

Elaborando una sociologia azionalista A. Touraine (*Sociologia dell'azione*, 1965; *Produzione della società*, 1973) sostiene che la società è definita dalla sua storicità e dalla sua capacità di prodursi da se stessa, attraverso l'azione dei gruppi sociali, le lotte e i dibattiti, le pressioni e i negoziati. Con *Il ritorno dell'attore sociale* (1984) Touraine individua l'unità dell'analisi sociologica nel soggetto, a partire dal quale è possibile costruire un quadro generale di una sociologia dell'azione lontana tanto dal soggettivismo quanto dall'oggettivismo. Contributi di rilievo in questa direzione, accomunati, pur all'interno di quadri teorici diversi, dall'esigenza di riportare l'attore sociale al centro di una sociologia dell'azione lontana tanto dalla sociologia strutturale quanto dall'individualismo metodologico, sono venuti da M. Crozier ed E. Friedberg (*Attore sociale e sistema*, 1977), A. Giddens (*La costituzione della società*, 1984), L. Gallino (*L'attore sociale*, 1987).

Allo studio dell'azione sociale dal punto di vista dell'individualismo metodologico ha concorso notevolmente l'opera di R. Boudon, che in *Effetti «perversi» dell'azione sociale* (1977) studia l'aggregazione e la composizione delle azioni sociali individuali a cui sono riconducibili anche i fenomeni sociali macrostrutturali. Nell'ambito di un rinnovato interesse della sociologia contemporanea per la teoria parsonsiana dell'azione sociale, occorre segnalare in particolare la rivisitazione che di essa hanno fatto J.C. Alexander (*La ricostruzione moderna del pensiero classico: Talcott Parsons*, 1983; *L'azione e i suoi ambienti: verso una nuova sintesi*, 1988) e R. Münch (*Teoria dell'azione: verso una nuova sintesi, procedendo oltre Parsons*, 1987). Criticando l'eccessiva enfasi posta da Parsons sulle norme sociali come regolatrici dell'azione, Alexander ripropone il programma di una sociologia multidimensionale dell'azione sociale. Münch procede a una ricostruzione razionale e all'estensione della teoria volontaristica dell'azione, che propone una originale lettura: il concetto di interpenetrazione tra differenti sistemi viene colto come nucleo della teoria parsonsiana, considerata capace di integrare dialetticamente normativismo e utilitarismo.

Un contributo allo studio dell'azione sociale viene, infine, da F. Crespi (*Azione sociale e potere*, 1989), il quale, riprendendo temi della fenomenologia e dell'ermeneutica, sottolinea il nesso tra azione e situazione esistenziale e il carattere precategoriale dell'agire, ovvero la sua relativa irriducibilità a ogni forma di determinazione simbolica.

Baader, Benedikt Franz Xaver von (Monaco 1765-1841), filosofo tedesco. Dopo studi di medicina e mineralogia si avvicinò alla filosofia della religione, che dal 1826 insegnò all'università di Monaco. Gli scritti giovanili di Baader diedero inizio alla filosofia romantica della natura (*Sul quadrato pitagorico*, 1798; *Sulla fondazione dell'etica per mezzo della fisica*, 1813; *Sul lampo come padre della luce*, 1815). Opponendosi all'interpretazione meccanicistica della fisica newtoniana avanzata da Kant nel 1786, Baader recupera la tradizione alchimistico-neoplatonica che considera la natura come un rivestimento esterno o essoterico di forze interne o esoteriche. La natura è anzitutto corporeità, principio simbolico della terra come peso e individuazione. In secondo luogo, è processo che scaturisce dal contrasto tra forze repulsive e attrattive (fuoco e acqua). Infine, la natura è trascendenza verso l'anima o l'idea (aria).

A questo schema Baader riconduce i fenomeni magnetici, elettrici e chimici, nonché il sonnambulismo e i fenomeni occulti, oggetto in quegli anni di vivaci discussioni. L'interpretazione neoplatonica della natura conduce Baader a una ripresa della qabbalah, dello gnosticismo, della mistica medievale, e soprattutto di Paracelso, Eckhart, J. Böhme e L.-C. de Saint-Martin. Il processo della natura assume allora i tratti di un dramma cosmico-religioso che ha al centro l'uomo, la sua caduta nella corporeità-peccato e la sua redenzione attraverso il Cristo. Baader svolse questa tematica in opere singolari, di forma aforistica e intessute di simboli e analogie (*Fermenta cognitionis*, 6 voll., 1822-25; *Dogmatica speculativa*, 1827-28, e numerosi scritti occasionali ristampati in *Opere complete*, 16 voll., 1851-60). Il suo pensiero è oggi considerato come la massima espressione del romanticismo cattolico; esso influenzò i contemporanei (Jacobi, Schelling, Schleiermacher, Novalis, Deutinger e la scuola cattolica di Tubinga) e poi Kierkegaard e Berdjaev. Particolarmente importante fu il sodalizio di idee con Jacobi e Schelling per le reciproche influenze e la comune critica al razionalismo dialettico hegeliano (*Revisione dei filosofemi della scuola hegeliana*, 1839), anche se del primo criticò la riduzione della religione a fede e sentimento, e del secondo non condivise la tendenza panteista a trasferire in Dio l'«oscuro fondamento» della materia. Le idee sociali di Baader furono critiche verso l'industrialismo liberistico e volte a un recupero del primato politico della chiesa che precorre alcuni temi della neoscolastica.

babismo, comunità religiosa di origine persiana, che prende nome dall'arabo *bāb*, «porta», titolo assunto nel 1844 dal fondatore Sayyid 'Alī Muḥammad (Shiraz 1819 - Tabriz 1850), a designare la propria missione di «porta», cioè di intermediario tra gli uomini e il dodicesimo *imām* occulto, e di inauguratore di un nuovo ciclo profetico dopo quello di Maometto. Il Bāb fondava la propria missione su una critica alla dottrina islamica tradizionale della «fine del mondo», che egli sostituiva con quella ciclico-progressiva delle rivelazioni divine, presente pure nel Corano: per «fine del mondo», cioè, egli intendeva soltanto la fine di una «dispensazione» o manifestazione profetica. La nuova religione fondata dal Bāb ha per libro sacro, in sostituzione del Corano, i due *Bayān* («dichiarazioni») del Bāb, uno in arabo e uno in persiano: in essi si instaura una nuova legge profetica e si annuncia la venuta di «colui che Dio manifesterà» in un'epoca imprecisata, ma che alcuni testi fanno pensare prossima. Un discepolo del Bāb, Bahā' Allāh, si proclamò l'attesa manifestazione divina annunciata dal maestro, e fondò il → bahaismo.

Bachelard, Gaston (Bar-sur-Aube, Champagne, 1884 - Parigi 1962), filosofo francese. Insegnò alla Sorbona dal 1940 al 1954, esercitando una larga influenza. Bachelard si oppone sia al positivismo sia allo spiritualismo: del primo rifiuta la tendenza a ridurre il sapere scientifico a dati logici astratti; al secondo contesta l'indifferenza per la tecnica. Per Bachelard, la natura specifica della scienza e il suo rapporto con la filosofia devono essere posti in stretta relazione con le problematiche storiche, tecniche, sociali e psicologiche che favoriscono od ostacolano l'evoluzione scientifica. In base a questa «epistemologia storica», la scienza è una pluralità irriducibile di saperi e di tecniche concrete (cioè un «razionalismo applicato»); in secondo luogo, il progresso scientifico non va considerato come uno svolgimento lineare e unitario, essendo caratterizzato da fratture non prevedibili; infine, il sapere scientifico procede per approssimazioni continue, e ogni nuova acquisizione comporta la negazione delle precedenti (la «filosofia del no»).
L'interesse di Bachelard per gli aspetti concreti che concorrono alla genesi della scoperta scientifica si riflette non solo nella storicizzazione della scienza, ma anche negli studi che egli condusse sull'immaginario e la fantasticheria. L'immaginario costituisce sia una forma di conoscenza più profonda di quella tecnico-scientifica (perché attinge a quegli stati dello spirito umano che questa non riesce a modificare), sia il fondamento intuitivo delle concezioni che, mediate e razionalizzate, entreranno a far parte del patrimonio scientifico. Bachelard ha dedicato pertanto numerosi scritti all'esame di alcuni temi fantastici particolarmente significativi e ricorrenti nell'inconscio individuale e collettivo, attestati dall'arte e dalla poesia (l'acqua, il fuoco, lo spazio ecc.).
Tra le sue opere di epistemologia: *L'intuizione dell'istante* (1932); *Il nuovo spirito scientifico* (1934); *La formazione dello spirito scientifico* (1938); *La filosofia del no* (1940); *Il razionalismo applicato* (1949); *L'attività razionalista della fisica contemporanea* (1951); *Il materialismo razionale* (1953). Studi sull'immaginario: *La psicoanalisi del fuoco* (1938); *L'acqua e i sogni* (1943); *La poetica dello spazio* (1957); *La poetica della rêverie* (1961).

Bachofen, Johann Jakob (Basilea 1815-1887), storico svizzero delle religioni e del diritto. Di famiglia patrizia, studiò a Basilea, quindi a Berlino (1835-37) e a Gottinga (1837-38). Orientato dapprima verso la filologia classica e la storia (seguì a Berlino le lezioni di A. Böckh, L. Ranke, e soprattutto F.C. Savigny), si dedicò poi in particolare alla giurisprudenza; fu professore di diritto romano all'università di Ginevra (1841) e poco dopo (1842) intraprese la carriera di magistrato. Visse sempre a Basilea, piuttosto isolato; unica celebre eccezione furono i suoi rapporti con Nietzsche.
Pur coltivando anche studi di storia del diritto in senso stretto, Bachofen si avvalse di vastissime conoscenze filologiche e archeologiche per tentare una ricostruzione della storia delle culture e delle religioni antiche, che prendeva le mosse dai risultati dell'indagine romantica sul mito e sul simbolo (G.F. Creuzer, F. Schelling, J.J. Görres) per giungere a esiti di grande originalità anticipatrice. Questa attività gli costò l'ostracismo dei filologi e degli storici accademici del suo tempo, che lo ignorarono o lo accusarono di arbitrii dilettanteschi; la vera riscoperta di Bachofen è avvenuta a partire dagli anni Venti.
Con il *Saggio sul simbolismo funerario degli antichi* (1859), Bachofen pose le basi metodologiche del suo lavoro: dallo studio del materiale archeologico trasse stimolo alla definizione del concetto di simbolo «riposante in se stesso», simbolo che non rappresenta altro che sé e che, rappresentando sé, attinge alla verità metafisica incarnata nella storia. Il mito, il quale aduna simboli nelle sue forme, è dunque per Bachofen al tempo stesso immagine mediata di

una verità trascendente e riflesso delle forme sociali e degli eventi della storia. Con l'opera *Il diritto materno*, nota anche come *Il matriarcato* (1861), Bachofen affrontò, attraverso l'analisi di simboli e miti, quella che egli presumeva essere la morfologia fondamentale e primordiale della storia. Partendo per la prima volta dalla disamina di tutte le testimonianze antiche circa la ginecocrazia, egli vide la storia dell'antichità come una successione di fasi in cui dapprima sarebbe prevalso l'elemento materno (e con esso il diritto naturale, la comunità dei beni, la promiscuità sessuale, i simboli della terra e dell'acqua) e in seguito l'elemento paterno (e con esso il diritto positivo, la proprietà privata, la monogamia, i simboli celesti). Il limite di questa teoria consiste nel suo fondamentale evoluzionismo, per cui Bachofen, sulla base di una documentazione storico-sociale insufficiente e comunque discutibile, supponeva l'esistenza di una primitiva fase di potere e di supremazia delle donne, alla quale peraltro attribuiva i caratteri di uno «stato di natura» coincidente con lo «stato selvaggio», con un «prima» animalesco della civiltà. Le intuizioni di Bachofen sul mito e sul simbolo, che si lasciano radicalmente alle spalle il classicismo winckelmanniano, sono state tuttavia il lievito di gran parte delle ricerche moderne più acute su questi temi: la loro rivalutazione è stata operata sia da destra (L. Klages, A. Bäumler), in armonia del resto con l'atteggiamento profondamente conservatore che Bachofen ebbe in politica, sia da sinistra (innanzitutto W. Benjamin, ma già K. Marx e F. Engels). *F. J.*

Bachtin, Michail (Orel, Russia, 1895 - Mosca 1975), critico letterario e filosofo russo. Dopo la laurea in filologia romanza lavorò come insegnante a Vitebsk, ove strinse amicizia con Pavel Medvedev e Valentin Volosinov. Venne arrestato durante le prime purghe staliniane, nel 1929, e inviato al confino in Siberia, da dove tornò libero nel 1936. Dal 1945 al 1961 insegnò a Saransk, in Moldavia, e solo nel 1971 gli fu concesso di risiedere a Mosca.

La riflessione di Bachtin prende le mosse dal concetto di *dialogo*, e dalla conseguente polemica nei confronti delle impostazioni di ricerca da lui definite «monologiche»: una cultura si svela solo agli occhi di un'altra cultura, così come un senso svela le sue profondità solo se si incontra ed entra in contatto con un altro senso. Tra essi si instaura una sorta di dialogo che supera la chiusura e la unilateralità, aprendo la possibilità di nuovi orizzonti significativi.

Queste considerazioni generali vengono applicate da Bachtin ai problemi dell'arte e, in particolare, alle questioni della cultura popolare e della teoria del romanzo, ritenuto il luogo privilegiato di possibili contesti dialogici. Le opere d'arte possono spezzare le frontiere della loro epoca costruendo quel tempo dialogico che Bachtin chiama *tempo grande*: l'opera vive nel futuro nella misura in cui ha assorbito in sé i problemi della sua contemporaneità e del suo passato. Compito dell'estetica è allora comprendere l'ambito dialogico in cui si costituiscono le nuove forme di visione artistica e mettere in luce i vari processi storici, sociali, intersoggettivi che sono alla base dell'opera.

I principali scritti estetici di Bachtin sono raccolti nei volumi *Estetica e romanzo* (1975) e *L'autore e l'eroe nell'attività estetica* (1979). Di grande rilievo risultano anche, pur nel loro prevalente interesse letterario, *Dostoevskij* (1963) e *L'opera di Rabelais e la cultura popolare* (1965).

Bacone, Francesco, nome italianizzato di Francis Bacon (Londra 1561-1626), uomo di stato e filosofo inglese. Figlio di sir Nicholas Bacon, lord cancelliere della regina Elisabetta, fu educato al Trinity College di Cambridge e destinato alla carriera diplomatica. Fu in Francia al seguito dell'ambasciatore inglese. Ritornato in patria per la morte del padre, si diede all'avvocatura e alla politica e ben presto fu eletto al parlamento. Quando il conte di Essex, suo protettore, fu accusato di tradimento, Bacone non esitò ad accettare dalla regina l'incarico di condurre il processo contro di lui. Attaccato per questo dai suoi nemici, si difese invocando il proprio lealismo monarchico. Con l'ascesa al trono di Giacomo I, Bacone fece una rapidissima carriera raggiungendo le cariche di lord guardasigilli e poi di lord cancelliere, con i titoli di barone di Verulamio e visconte di Sant'Albano.

Sostenitore di una monarchia forte contro il parlamento, si attirò l'odio e l'inimicizia di molti: allorché Giacomo I convocò il parlamento per l'imposizione di nuove tasse, Bacone fu messo sotto accusa per corruzione nell'esercizio delle sue funzioni. Avendo riconosciuto gli addebiti mossigli, ebbe condonata la prigione; in compenso gli furono interdetti i pubblici uffici, per cui si ritirò a vita privata dedicandosi solo ai suoi studi. Per tutta la vita accarezzò un vasto progetto di indagine della natura, che prevedeva la costruzione di strumenti tecnici per il dominio del mondo naturale; ma attese invano da Giacomo I i finanziamenti necessari all'impresa: il re non lo seguì su questa strada, né comprese il senso della sua concezione politica di uno stato forte, moderno, accentratore, antifeudale.

Bacone fu scrittore fecondissimo e di successo, grazie anche alla chiarezza del suo stile. Le sue opere principali sono raccolte nella *Instauratio magna*, così ripartita: vol. I, *Il progresso della conoscenza* (1605, poi rielaborato come *De dignitate et augmentis scientiarum*, 1623); vol. II, *Novum organum* (1620); vol. III, tomo I, *Historia naturalis et experimentalis* (1622), tomo II, *Silva silvarum* (postumo, 1627, con in appendice l'operetta utopica *La Nuova Atlantide*). A queste vanno aggiunti i *Saggi* (1625).

• *Il «Novum Organum»*. Condizione per l'«instauratio magna», ossia per il dominio dell'uomo sulla natura, è anzitutto una chiara teorizzazione del metodo sperimentale. A essa sono dedicate un po' tutte le opere di Bacone, ma soprattutto il *Novum Organum*, che fin dal titolo mostra l'intenzione polemica nei confronti del sapere e della logica tradizionali, individuati sostanzialmente nella dottrina di Aristotele. Al sapere speculativo e alla logica classica Bacone oppone un sapere pratico operativo e una logica adeguata: il metodo sperimentale induttivo che muove per gradi all'universale e da esso a nuovi particolari, contrapposto al metodo sillogistico deduttivo che, partendo immediatamente dall'universale e traendo da esso i criteri del giudizio particolare, è sterile e non fa progredire il sapere, ma serve unicamente alla sistemazione ed esposizione del già noto. La logica sillogistico-deduttiva è utile nelle dispute, per strappare il consenso dell'avversario, ma è del tutto incapace di «espugnare la natura». D'altra parte, un metodo che faccia della sola esperienza lo strumento del conoscere è altrettanto incapace di fornire una scienza: l'esperienza passiva, frammentaria e occasionale non serve a nulla; essa deve essere guidata da un metodo e soprattutto deve essere «provocata» attivamente sulla base di ipotesi già formulate.

• *La dottrina degli «idola»*. Il *Novum Organum* consta di una «pars destruens» e una «pars construens»: la prima è volta a sgombrare il campo dalle principali fonti di errore, gli «idola», che Bacone distingue in quattro classi. *1*) Gli *idola tribus*, ossia gli errori comuni al genere umano che provengono da alcune disposizioni naturali della mente dell'uomo, dalla sua limitatezza, dalla tendenza a cercare sempre regolarità e uniformità nella natura anche dove non esistono, dall'inclinazione a fare «anticipazioni» ossia a formulare giudizi non ancora forniti di riprova sperimentale. *2*) Gli *idola specus*, ossia gli errori che si annidano nella «caverna» che ogni uomo porta dentro di sé (la caverna come luogo simbolico dell'errore, della tenebra: l'origine di quest'immagine è nella *Repubblica* di Platone): i raggi della luce, la verità delle cose, vengono deformati in ogni uomo secondo deviazioni particolari che gli sono proprie e sono relative al suo carattere, alle sue particolari abitudini, all'educazione che ha ricevuto, alle passioni da cui è dominato. *3*) Gli *idola fori*, ossia gli errori che derivano dall'uso del linguaggio, dalla vita sociale: nel linguaggio e nell'ambiguità che esso comporta risiedono innumerevoli possibilità di incomprensione, di equivoco, di assurdità. *4*) Infine, gli *idola theatri*, gli errori derivanti dall'influenza e dal dominio che esercitano sulle menti umane le teorie antiche e tradizionalmente affermate, le figure di grande autorità e prestigio, i grandi filosofi: gli uomini insomma non hanno il coraggio di pensare autonomamente e di sottoporre a critica gli eventuali errori tramandati dalla tradizione e accreditati dall'autorità.

• *La dottrina delle «tabulae»*. Occorre dunque riconoscere questa quadruplice fonte di inganno e liberare la mente da tutte le sue disposizioni fallaci; solo a questo punto si potrà procedere verso la seconda parte, quella positiva, del metodo, verso la costruzione delle tavole della scienza. Si procederà anzitutto alla costruzione delle *tabulae presentiae*, raccogliendo tutti i casi in cui ricorre un determinato fenomeno che si sta indagando (per es. il calore, la luce ecc.). A queste prime tavole si aggiungeranno le *tabulae absentiae*, che raccolgono tutti i casi nei quali, pur in presenza di condizioni simili a quelle in cui si era riscontrato il fenomeno, esso è assente. In terzo luogo si raccolgono i risultati nelle tavole comparative o dei gradi, raffrontando l'aumento o la diminuzione di intensità di un dato fenomeno e paragonando tra loro fenomeni diversi. A questo punto si può procedere alla «vendemmia», cioè alla formulazione di un'ipotesi interpretativa sulla natura del fenomeno studiato. Essa dovrà a sua volta essere suffragata per mezzo di altri aiuti come le «istanze prerogative», che consistono nell'indicazione dei casi in cui il fenomeno si presenta, per così dire, più puro che in altri. Fra di esse, particolarmente importanti sono le «istanze cruciali» (o di crocevia), in base alle quali si deve decidere tra due divergenti interpretazioni del fenomeno. Dopo la «prima vendemmia», ossia dopo aver formulato la prima ipotesi, che ha valore provvisorio, si procede alla verificazione o falsificazione dell'ipotesi stessa attraverso l'esperimento, e infine alla riformulazione dell'ipotesi sulla base dei risultati sperimentali. Fine della ricerca così ordinata è la determinazione della «forma» o causa del fenomeno. Questa dottrina delle forme è una delle più controverse di Bacone: il procedimento scientifico dovrebbe mirare alla determinazione esatta di un complesso di forme e qualità («differenza vera») e alla precisazione delle leggi in base alle quali operano («natura naturante», «fonte di emanazione»). Componendo e scomponendo questa natura si potrà poi riprodurle e produrne di nuove in varie combinazioni, imitando il processo della natura.

• *Il progresso scientifico e la storia dell'umanità.* È stato giustamente notato che questa concezione ancora qualitativa della natura, vicina in un certo senso ad Aristotele e agli alchimisti, emarginava Bacone dalla grande rivoluzione scientifica allora in atto, nella quale prevaleva la determinazione di costanti nei rapporti quantitativi, non già la ricerca e definizione della qualità dei fenomeni. D'altra parte, la sua concezione della verifica sperimentale colloca Bacone a pieno titolo nell'atteggiamento scientifico moderno. Occorre inoltre sottolineare il grande interesse di Bacone per la traduzione pratico-operativa delle conquiste scientifiche e la sua utopia di un mondo in costante progresso, dominato dalla scienza al servizio dell'uomo e dalla conquista tecnologica del mondo naturale.

Per quanto attiene alla considerazione della storia in generale, Bacone ha inaugurato quella teoria del cammino del genere umano come progresso dall'infanzia («mondo antico») alla maturità («mondo moderno») alla quale si sono richiamate quasi tutte le filosofie della storia dell'età moderna. *M. Mo.*

Bacone, Ruggero, nome italianizzato di Roger Bacon (Ilchester, Dorsetshire, 1214 ca - 1292 Oxford ?), filosofo e teologo inglese. Studiò a Oxford e a Parigi; dal 1240 al 1247 insegnò all'università parigina. Intorno al 1250 entrò nell'ordine francescano. Quando nel 1265 divenne papa Guido Fulcodi (Clemente IV), Bacone si propose di preparargli un programma di riforma degli studi; in diciotto mesi scrisse così i suoi lavori filosofici più importanti: *Opus maius*, *Opus minus*, *Opus tertium*, parti di un'opera enciclopedica destinata ad abbracciare tutto il sapere. Clemente IV morì nel 1268, e la riforma rimase lettera morta. Nel 1277 furono condannate alcune tesi di Bacone relative all'astrologia, e il filosofo venne imprigionato. In carcere compose il *Compendium studii theologiae* (1292).

La concezione del sapere di Bacone è contenuta soprattutto nell'*Opus maius*. Le scienze sono ordinate in modo da costituire una completa giustificazione razionale del cristianesimo; e Dio ha rivelato ai primi uomini non solo le verità religiose e morali, ma anche quelle scienze che risultano indispensabili alla composizione delle verità rivelate e all'organizzazione della vita individuale e sociale. Bacone ammette così un'illuminazione primitiva, comune ai profeti e ai filosofi, contenente la legge e la filosofia. Ci sono altri due tipi di illuminazione: quella universale, coincidente con l'azione dell'intelletto agente, identificato con Dio, e quella speciale, di tipo interiore e mistico, riservata a pochi. Bacone fonda il suo metodo scientifico sullo studio delle lingue e sull'osservazione dell'esperienza, di cui egli tratta in numerosi scritti dedicati alla fisica, all'astronomia e alla matematica.

bahaismo, religione fondata dal persiano Mīrzā Husayn 'Alī Nūrī (1817-1892), detto Bahā' Allāh, che verso il 1852 dichiarò di essere l'attesa manifestazione divina preannunciata dal Bāb (→ babismo). I suoi principi sono l'assoluta trascendenza di Dio, manifestantesi nella creazione (eterna) e nei profeti, e l'unità delle religioni: la verità religiosa non è assoluta, ma relativa alle varie epoche, ciascuna iniziata da «rivelazioni divine» fra le quali si accettano quelle di Abramo, Mosè, Gesù, Maometto, Zarathustra ecc. Tutte le religioni sono pertanto vere nella loro essenza, ma le loro leggi pratiche cambiano secondo i tempi. Larga parte hanno nel programma del bahaismo le motivazioni sociali e umanitarie, come la creazione di una unità mondiale su basi religiose, l'abolizione dei pregiudizi razziali, nazionalistici e di classe, l'uguaglianza tra i sessi, la promozione dell'istruzione per tutti, della giustizia sociale e della pace. Il bahaismo, che si considera del tutto indipendente dall'Islam, non ha culto né gerarchia, ma prescrive la preghiera quotidiana, riunioni di letture sacre all'inizio dei 19 mesi in cui è diviso l'anno, e digiuno di 19 giorni (cioè un mese). Oltre al *Libro santissimo* [*Kitāb al-Aqdas*], scritto dal fondatore, sono usate anche le scritture di altre religioni. L'organo supremo *bahā'ī* è la Casa universale di giustizia elettiva, che risiede a Haifa (Israele), dove si trovano i luoghi santi e le tombe dei primi maestri.

baianismo, orientamento teologico che fa capo a Michele Baio (1513-1589) e che rappresenta storicamente il sostrato dottrinale del giansenismo. Richiamandosi a un'interpretazione rigida del pensiero agostiniano, il baianismo scorge nello stato dell'uomo prima del peccato originale una condizione di integrità naturale che consente alla creatura di elevarsi alla partecipazione della natura divina, mentre, dopo la caduta, il libero arbitrio, profondamente corrotto, non è capace naturalmente che di peccato né può compiere alcuna buona opera senza la grazia divina. Di conseguenza, dopo il peccato la creatura è soggetta a una duplice dilettazione (concezione fondamentale nel baianismo): o alla cupidità viziosa, per cui ama il mondo, o alla carità, per cui ama Dio, venendo la carità all'uomo unicamente da Dio e da Cristo mediatore. Rimasto relegato negli ambienti universitari di Lovanio, dove Baio aveva operato, il baianismo venne ripreso e diffuso più tardi da Giansenio nell'*Augustinus* (1640).

Bain, Alexander (Aberdeen 1818-1903), filosofo e psicologo scozzese. Seguace dell'associazionismo di J.S. Mill, cercò di accentuarne il rigore descrittivo proponendo come modello la metodologia delle scienze naturali. Si occupò anche di logica, di etica e di educazione. Opere maggiori: *Il senso e l'intelletto* (1855); *Le emozioni e la volontà* (1859), *L'educazione come scienza* (1878). Bain fondò la prima rivista di psicologia e filosofia, intitolata «Mind».

Bakunin, Michail Aleksandrovič (Prjamukhino, Tver, 1814 - Berna 1876), uomo politico russo, teorico dell'anarchismo. Dalla filosofia classica tedesca e dal socialismo francese trasse spunti per una visione della storia e della politica di una asistematica originalità, che si espresse contraddittoriamente in un'attività rivolu-

zionaria che, tra il 1848 e il 1871, passò dal panslavismo democratico all'anarchismo. Assunto come essenziale, dalla dialettica rivoluzionaria della sinistra hegeliana, il momento della negatività, in una concezione della storia quale manifestazione dell'«eterno spirito che distrugge e annienta solo perché è la fonte imperscrutabile ed eternamente creatrice di tutta la vita», Bakunin riprese da L. Feuerbach il concetto di alienazione religiosa come fondamento della negazione della libertà da parte di ogni autorità umana («Se Dio esiste, l'uomo è schiavo»), negazione che trovava la sua compiuta espressione nello stato. Monarchia o repubblica, autoritaria o democratica, ogni forma statuale doveva considerarsi violazione della «legge dell'uguaglianza, condizione suprema della libertà e dell'umanità». Non diverso era il giudizio che esprimeva sullo stato detto «popolare» da alcune tendenze del socialismo, o sulla marxiana dittatura del proletariato, fase di transizione verso l'estinzione dello stato stesso: si trattava, secondo Bakunin, di una ripresa della tradizione giacobina destinata ad approdare al dispotismo di «una classe sfruttatrice e privilegiata, la burocrazia».
Corollario dell'antistatalismo era la distruzione del supporto dello stato, ossia della proprietà privata dei mezzi di produzione, con l'instaurazione del principio della proprietà collettiva. Pertanto, la rivolta contro la struttura economica e sociale esistente (atto spontaneo di plebi rurali e di ceti sradicati, «quasi vergini di ogni civiltà borghese», più che movimento organizzato di classe operaia moderna) era concepita da Bakunin come negazione delle alienazioni e riassunzione da parte dell'uomo della propria umanità. Questa rivolta in nome della libertà non poteva che dare inizio a un nuovo regime contrattuale rispettoso dell'autonomia dei singoli e dei gruppi: il federalismo libertario di nuclei associati sul piano locale, regionale, mondiale (idea, questa, che Bakunin riprendeva da P.-J. Proudhon), superando e annientando le frontiere politiche e nazionali, rappresentava, contro le imposizioni dall'alto, l'«unità nella diversità», lo stadio prossimo di un'evoluzione positiva dallo stato animale alla solidarietà, dato che la vera libertà dell'uomo deve consistere nell'obbedienza a leggi sociali riconosciute come tali, non stabilite da una volontà estranea, divina o umana (*Stato e anarchia*, 1873). Quindi, la solidarietà e la libertà come «essenza del genere umano». *G. Ro.*

Baldwin, James (Columbia, South Carolina, 1861 - Parigi 1934), psicologo e filosofo statunitense. Fece numerosi viaggi in Europa e soggiornò a Lipsia presso il laboratorio di psicologia di W. Wundt. Le sue ricerche più interessanti, relative alle fasi dello sviluppo infantile e ai processi di socializzazione, sono esposte in *Lo sviluppo mentale nel bambino e nella specie* (1896) e in *Storia della mente* (1898). Pubblicò anche un *Manuale di psicologia* (1889-92) e, in collaborazione, un *Dizionario di filosofia e psicologia* (1901-05). Organizzò laboratori di psicologia in alcune università americane e fondò numerose riviste che ebbero notevole importanza nello sviluppo della psicologia (tra esse la «Psychological Review»). Come filosofo, si sforzò di integrare nell'unità della contemplazione estetica del mondo i punti di vista parziali delle scienze della vita (scienze genetiche) e delle scienze fisiche (scienze agenetiche).

Balint, Michael (Budapest 1886 - Londra 1970), psicoanalista ungherese. Compì gli studi di medicina a Budapest e a Berlino e fu per diversi anni direttore dell'Istituto Psicoanalitico Ungherese. Trasferitosi in Inghilterra nel 1939 ed entrato nella Società Britannica di Psicoanalisi, si occupò degli aspetti psicologici della pratica medica (*Medico, paziente e malattia*, 1957; *Tecniche psicoterapeutiche in medicina*, 1961), dei quali si era interessato sin dal periodo ungherese. Balint propugnò la necessità di occuparsi del paziente nella sua globalità, superando i limiti dell'approccio specialistico che pone distinzioni rigide fra terapia del corpo e terapia della psiche.
Per quanto riguarda la tecnica del trattamento psicoanalitico, egli — seguendo il pensiero del suo maestro S. Ferenczi — sottolineò le componenti relazionali della situazione analitica, spostando l'attenzione sulla coppia terapeutica nel suo complesso e prendendo in considerazione i desideri, i bisogni e i transfert multipli di entrambi i protagonisti della situazione analitica. Interessato alle fasi primitive della vita psichica e al problema del narcisismo, Balint elaborò i concetti di «amore primario», ossia il desiderio di essere amati totalmente e incondizionatamente, che è il desiderio fondamentale manifestato nel transfert (*L'amore primario, i confini inesplorati tra biologia e psicoanalisi*, 1972), e di «difetto di base» (*The basic fault*, 1968), termine con il quale Balint indica un disturbo precoce delle → relazioni oggettuali.

Bally, Charles (Ginevra 1865-1947), linguista svizzero. Succedette, nel 1913, a F. de Saussure alla cattedra di linguistica generale, grammatica comparata e sanscrito dell'università di Ginevra, che lasciò nel 1939. Con A. Séchehaye, curò l'edizione del *Corso di linguistica generale* (1916) di Saussure. Quale principale esponente della scuola di Ginevra, Bally animò fin dalla fondazione la Société genevoise de linguistique e collaborò ai «Cahiers F. de Saussure», rivista della scuola fin dal 1941. L'influenza di Saussure non gli impedì di seguire una linea indipendente di ricerche, dedicate alla funzione espressiva del linguaggio; «stilistica» era per Bally precisamente lo studio delle risorse espressive della *parole* (→ *langue-parole*). Il suo metodo d'indagine, esposto dapprima nel breve *Compendio di stilistica* (1905), poi nei due volumi del *Trattato di stilistica francese* (1909), mira anzitutto a enucleare i rapporti che esistono tra la parola e il pensiero, e tra gli «elementi intellettuali e quelli affettivi» che si uniscono tanto nel pensiero quanto nell'espressione linguistica dei parlanti. La stessa tematica sta alla base della prima parte della sua *Linguistica generale e linguistica francese* (1932), in cui definisce la forma logica elementare della «frase esplicita» valida per l'analisi e la valutazione linguistica di tutti i possibili enunciati. Secondo questa definizione, la frase esplicita è sempre costituita da un *dictum* (il contenuto semantico dell'enunciazione) e da un *modus* (modalità dell'enunciazione, come «domanda», «ingiunzione» ecc.): d'altra parte, Bally propone di distinguere ancora nella frase, secondo una prospettiva più generale della tradizionale distinzione tra soggetto e predicato, il *tema* (l'argomento a proposito del quale ha luogo l'enunciazione) e il *commento* (ciò che si dice del tema).

Balthasar, Hans Urs von (Lucerna 1905 - Basilea 1988), teologo svizzero. Partito da una formazione letteraria, si applicò in seguito a studi filosofici e patristici con E. Przywara e H. De Lubac (importanti le sue monografie su Massimo il Confessore e Origene). La «gloria» (*Herrlichkeit*) è il tema della riflessione teologica di Balthasar, e nella sua opera principale, *Gloria. Una estetica teologica* (1961-65), essa viene spiegata tramite il concetto trascendentale di bellezza. Avendo il suo luogo peculiare nell'amore, la bellezza consente di porre un nesso fra → agape e bello, trascesi poi nella rivelazione del Logos. Mediante tale via, assolutamente personale, Balthasar volle evitare i pericoli sia del confinare Dio in una trascendenza inaccessibile, sia del volerlo coinvolgere nella storicità del mondo in modo tale da ridurre la teologia ad antropologia. Su questo punto si mosse la sua polemica con la teologia di K. → Rahner, la cui impostazione antropologica, strettamente dipendente dalla filosofia trascendentale, rischia di condurre — secondo von Balthasar — a una eccessiva umanizzazione del cristianesimo.

Báñez, Domingo (Valladolid 1528 - Medina del Campo, Valladolid, 1604), teologo spagnolo. Domenicano, fu professore a Salamanca dal 1577 al 1600. Fra le sue opere va ricordato il grande commento alla *Summa theologiae* di san Tommaso. Báñez è celebre per la polemica con il gesuita Luis de Molina, nella quale difese la libertà di Dio e la sua azione come causa prima, sostenendo la premozione o predeterminazione fisica: l'influsso della causalità divina non si limita a una determinazione formale delle azioni della creatura, ma le predetermina nella loro struttura fisica. Nell'ordine sovrannaturale, Báñez afferma che la grazia di Dio precede ogni azione meritoria, e che la predestinazione alla salvezza è decisa da Dio indipendentemente dai meriti della creatura.

Banfi, Antonio (Vimercate, Milano, 1886 - Milano 1957), filosofo italiano. Allievo di P. Martinetti, Banfi si formò prevalentemente sui testi della filosofia tedesca tra Ottocento e Novecento. Fu anzi uno dei primi a far conoscere in Italia il neokantismo della scuola di Marburgo, la fenomenologia di Husserl, il pensiero di G. Simmel e di M. Scheler. In seguito accostò anche il pensiero inglese e americano. Tale apertura di letture e di interessi gli consentì di mantenere posizioni indipendenti nei confronti non solo dello spiritualismo, ma anche del neoidealismo italiano. Successivamente uno stesso atteggiamento critico lo condusse ad aderire al marxismo come proposta sia filosofica sia politica (*Saggi sul marxismo*, postumi, 1960). Ispirandosi liberamente al pensiero tedesco contemporaneo, Banfi ha elaborato una filosofia di tipo razionalistico, nella quale peraltro la ragione non è un principio delle categorie rigidamente prefissate, bensì una funzione critico-universalizzante, volta per un verso a superare le conoscenze parziali e a comporle in strutture gnoseologiche più organiche, ma attenta per l'altro a denunciare e a respingere ogni generalizzazione dogmatica. Su questi presupposti Banfi e la sua scuola hanno svolto un'importante attività nei diversi campi del sapere, dall'estetica alla pedagogia, dall'ambito più specificamente teoretico alle scienze etico-antropologiche e sociali: una testimonianza significativa è costituita dalla rivista «Studi filosofici», che Banfi diresse dal 1940 al 1949. Opere principali: *La filosofia e la vita spirituale* (1922); *Principi di una teoria della ragione* (1926); *L'uomo copernicano* (1950); *La ricerca della realtà* (2 voll., postuma, 1959). Di grande rilievo sono anche varie raccolte di saggi sul pensiero moderno e contemporaneo, sull'arte e l'estetica, sulla scuola e la società.

Baralipton, nome che indica uno dei modi validi del → sillogismo.

Baratono, Adelchi (Firenze 1875 - Genova 1947), filosofo italiano. Docente di filosofia teoretica nelle università di Cagliari, Milano e Genova, fu dapprima influenzato dal positivismo, e si avvicinò in seguito al criticismo kantiano. Contro l'assolutizzazione del soggetto presente nel neoidealismo italiano, Baratono afferma la radicale alterità di soggetto e oggetto, che non possono mai venire realmente unificati dal pensiero. Il mondo sensibile ha quindi un'esistenza e un valore indipendenti dalle valutazioni del soggetto conoscente. Il luogo in cui questa autonomia del sensibile si realizza appieno è l'arte, dove l'oggetto è dotato di una significazione immediata e anteriore al giudizio etico e teoretico. Tra le sue opere: *Fondamenti di psicologia sperimentale* (1906); *Critica* *e pedagogia dei valori* (1918); *Il mondo sensibile, introduzione all'estetica* (1934); *Arte e poesia* (1945).

Barbara, nome che indica uno dei modi validi del → sillogismo.

Barbaro, Ermolao (Venezia 1453 o 1454 - Roma 1493), umanista e filosofo italiano. Fu ambasciatore della Serenissima e nel 1491 venne creato patriarca di Aquileia. Nel 1475-76 commentò le opere morali di Aristotele nell'università di Padova; tradusse il *Commento* aristotelico di Temistio e la *Retorica* del grande filosofo greco. La cura filologica nella lettura dei testi lo portò a osteggiare le interpretazioni arabe e medievali della filosofia peripatetica e a proporre, contro gli averroisti e in polemica anche con Ficino e Pico, un rinnovamento degli studi aristotelici. La sua opera più nota è *Castigationes Plinianae* (1492-93), una raccolta di *epistolae* fondamentale per lo studio della cultura umanistica; scrisse inoltre *Carmina*, *Orationes* e i trattati *De coelibatu* (1472) e *De officio legati* (1488?).

Barié, Giovanni Emanuele (Milano 1894-1956), filosofo italiano. Allievo di P. Martinetti, fu professore di filosofia teoretica nell'università di Milano. Tema costante del pensiero di Barié è la riduzione dell'essere all'immanenza, sia attraverso una ripresa di temi kantiani e leibniziani (*Oltre la Critica*, 1929; *La spiritualità dell'essere e Leibniz*, 1933), sia in polemica con l'interpretazione gentiliana di Hegel. L'essere è per Barié l'atto autonomo e atemporale del pensiero (io trascendentale) che nel suo autoporsi si specifica come io psicologico e temporalmente finito, cioè come mediazione tra essere e divenire. La posizione di Barié, denominata «neotrascendentalismo» (*L'io trascendentale*, 1948; *Il concetto trascendentale*, postumo, 1957), costituisce la più coerente elaborazione delle tendenze monistiche e immanentistiche dell'idealismo italiano del Novecento.

Baroco, nome che indica uno dei modi validi del → sillogismo.

Barth, Fredrick, (Oslo 1928), antropologo norvegese. All'immagine di una struttura sociale concepita come risultato di interazioni tra individui e gruppi modellate su norme istituzionali (A.R. → Radcliffe-Brown) Barth sostituisce quella di una rete di rapporti generati da «scelte» e «strategie» messe in atto dagli attori sociali. Di grande rilievo è, in questa prospettiva, lo sforzo di definire su nuove basi concettuali la nozione di → gruppo etnico, inteso come la risultante di molteplici processi di interazione tra gruppi di origini diverse. La dimensione del cambiamento — che Barth privilegia al pari di altri studiosi (per es. E.R. → Leach e la sua scuola), dai quali tuttavia si discosta per le premesse metodologiche e teoriche — ha costituito il nodo centrale anche degli studi più recenti, dedicati alle società caratterizzate dalla compresenza di più gruppi etnici. Le opere principali sono *Leadership politica presso gli Swat Pathan* (1959); *Nomadi della Persia meridionale* (1960); *Modelli di organizzazione sociale* (1964); *Gruppi etnici e confini* (1969); *Processo e forma nella vita sociale* (1981); *Sohar. Cultura e società in una città dell'Oman* (1983).

Barth, Karl (Basilea 1886-1968), teologo svizzero. Dopo undici anni di ministero pastorale (con una certa milizia politica nell'ambito socialdemocratico), fu docente di teologia a Gottinga (1921), Münster (1925) e Bonn (1930). Privato della cattedra in Germania nel 1935 per il suo impegno nella chiesa → confessante antinazista, si trasferì a Basilea, dove insegnò fino al 1962.

È l'esperienza pastorale a porre a Barth il problema fondamentale della sua teologia, quello della predicazione. Nel commento alla *Lettera ai romani* (1919, ed. rielaborata 1922) egli risponde a tale questione con una critica radicale alla cosiddetta teologia liberale, che era incentrata sui nessi che legano il cristianesimo alle migliori espressioni della cultura e della religiosità occidentali. Insieme con altri rappresentanti della «teologia dialettica» o «teologia della → crisi» (E. Thurneysen, F. Gogarten, R. Bultmann, E. Brunner) e sensibile anche alle suggestioni di Kierkegaard, Dostoevskij, F. Overbeck, J.C. Blumhardt, Barth procede a un recupero dell'ispirazione fondamentale della riforma, che egli radicalizza nel senso del rigetto non solo delle opere, come fondamento della giustificazione, ma della religione stessa, come «elevazione dell'uomo al divino». Compito della teologia è parlare di Dio, ma ciò è possibile solo intendendo la *theologia crucis* come una condanna di ogni parlare umano su Dio e vedendo in Gesù la parola — l'unica possibile — che Dio dice all'uomo a proposito di se stesso. Tutto lo sviluppo del pensiero e dell'opera di Barth si può leggere a partire da queste fondamentali intuizioni. Così il suo lavoro del 1931 su sant'Anselmo, *Fides quaerens intellectum*, una sorta di confutazione dell'*analogia entis* e di apologia della «prova ontologica» dell'esistenza di Dio, come unica possibile, all'interno beninteso della fede stessa. Così la grande impresa della *Dogmatica ecclesiale* (iniziata nel 1932, ma rimasta incompiuta), in cui tutta la teologia viene riesposta, con ampia discussione delle fonti, a partire dalla premessa fondamentale, la rivelazione di Dio in Gesù, e dal rifiuto di ogni discorso analogico in sede teologica. Così anche le prese di posizione politiche: il rifiuto del nazismo (a lui principalmente si deve la *Confessione* o *Dichiarazione di Barmen* del 1934, in cui si afferma, contro le tentazioni nazionalsocialistiche presenti anche tra i cristiani, che «Gesù Cristo... è l'unica parola di Dio che dobbiamo ascoltare»). Così infine il suo rifiuto di rigettare aprioristicamente il comuni-

smo, e le sue ultime aperture, sia pur problematiche, nei confronti del cattolicesimo, che si andava rinnovando con il concilio Vaticano II: aperture in cui egli testimonia della più grande libertà nei confronti della tradizione teologica e culturale protestante.
La risonanza dell'opera di Barth fu straordinaria, e negli anni Cinquanta (in Italia, nel decennio seguente) la sua riflessione rappresentò un importante punto di riferimento anche per la teologia cattolica più avanzata. Il suo indirizzo non fu tuttavia mai universalmente accettato neppure nell'ambito della teologia protestante tedesca. Sin dagli anni Venti e Trenta E. Brunner propugnava un «punto d'aggancio» tra natura e grazia, R. Bultmann assumeva come punto di riferimento della sua proposta di «demitizzazione» la moderna antropologia, D. Bonhoeffer rinfacciava a Barth il «positivismo della rivelazione»: tutta la critica barthiana si esercita contro la filosofia religiosa «liberale», ma il suo ultimo, acritico risultato, è, secondo Bonhoeffer, l'accettazione e la giustificazione del patrimonio dogmatico del protestantesimo ortodosso. L'importanza dell'eredità barthiana sembra perciò da ravvisarsi, più che nella grande opera di ricostruzione dogmatica, nello spirito critico di fondo che restituiva libertà alla ricerca teologica e ai credenti, nei momenti del rischio mortale, cioè del compromesso con la cultura politica dell'età dei fascismi: spirito critico e libertà che egli non cessava di esercitare nei confronti di tutti gli «idoli» proposti dalle tradizioni culturali e religiose. Particolarmente importante e salutare era poi per la teologia cattolica, dopo il «trionfalismo» che segnò l'epoca di Pio XII, l'acquisizione — attraverso l'opera di Barth — della consapevolezza di una necessaria distinzione fra Cristo e la chiesa, realtà storica sempre carente e perciò sempre riformabile. *P.C. Bo.*

Barthélemy-Saint-Hilaire, Jules (Parigi 1805-1895), uomo politico e filosofo francese. Fu professore di filosofia greca e latina al Collège de France e membro dell'Académie des sciences morales et politiques. Nonostante gli studi aristotelici, Barthélemy-Saint-Hilaire sviluppò il proprio pensiero a partire dalla filosofia platonica, integrandola con elementi desunti da Cartesio. Ne risulta una filosofia spiritualistica, incentrata sulla concezione dell'uomo come entità scissa in due principi: il corpo e lo spirito. Solo lo spirito è il principio della conoscenza poiché solo ad esso è dato di riconoscersi come pensiero; in tale riconoscimento, ossia nella riflessione, esso precisa la propria natura e istituisce le proprie leggi. La riflessione è dunque il fondamento e il metodo della filosofia. Il pensiero di Barthélemy-Saint-Hilaire è esposto nelle *Prefazioni* alla *Traduzione generale di Aristotele* (1848-92) e in vari saggi, tra i quali: *Sulla logica di Aristotele* (2 voll., 1838); *Maometto e il Corano* (1865); *La filosofia nel suo rapporto con la scienza e la religione* (1889).

Basaglia, Franco (Venezia 1924-1980), psichiatra italiano. Direttore dell'Ospedale Psichiatrico di Gorizia, e in seguito di quello di Parma e di Trieste, Basaglia fu il maggior rappresentante del movimento antipsichiatrico (→ antipsichiatria) in Italia. Contribuì al rinnovamento della psicopatologia a partire dall'impostazione della psichiatria fenomenologica e tentò una trasformazione radicale dell'assistenza manicomiale. Rifiutando l'idea stessa di trattamento coatto o imposto d'autorità, Basaglia ritenne che alla base del disturbo mentale andassero rintracciati i condizionamenti e le contraddizioni sociali, e che perciò la guarigione presupponesse il superamento dell'alienazione. Di qui pure, la denuncia del carattere repressivo, ideologico e tutt'altro che scientifico delle istituzioni psichiatriche. Tra i suoi lavori si ricordano: *L'istituzione negata* (1968); *Scritti, I: 1953-1968* (postumo, 1981); *Scritti, II: 1968-1980* (postumo, 1982).

Basch, Victor (Budapest 1863 - Neyron, Ain, 1944), filosofo francese. Insegnò storia della filosofia in varie università e fu professore di estetica alla Sorbona dal 1918. Ebbe il merito di introdurre nella filosofia francese i temi dell'estetica di orientamento kantiano e del pensiero tedesco dell'inizio del secolo, in particolare il concetto di → *Einfühlung*, termine che egli tradusse come «simpatia simbolica». Rifacendosi a Kant, Basch sostiene che la sfera estetica si costituisce in base agli stati d'animo dell'artista («potere estetico») e a quelli di chi contempla l'opera («simpatia» o «sentimento estetico»), e adotta una concezione psicologistica dell'arte, per la quale propone un'analisi sperimentale sulla via indicata da T.G. Fechner. Egli introdusse inoltre in Francia la distinzione tra estetica e → *Kunstwissenschaft* o scienza dell'arte: quest'ultima mira non a teorizzazioni filosofiche, ma a costruire un sistema generale delle arti fondandosi sui concreti processi artistici e sulla storia della loro evoluzione. Opere principali: *Saggio critico sull'estetica di Kant* (1896); *Le grandi correnti dell'estetica tedesca contemporanea*, in «La filosofia tedesca del sec. XIX» (1912); *Saggi di estetica, filosofia e letteratura* (1934).

Basedow, Johann Bernhard (Amburgo 1723 - Magdeburgo 1790), pedagogista tedesco. Diede vita al «filantropismo», movimento pedagogico che si rifaceva alle fondamentali idee illuministiche del cosmopolitismo, del razionalismo, dell'umanitarismo. Nella concezione del filantropismo la scuola, sottratta all'influenza della chiesa e affidata allo stato come garante dei principi illuminati e riformatori, dovrebbe realizzare uno stato di felicità per tutti gli uomini attraverso l'educazione. Compito educativo fondamentale è difendere e preservare le tendenze spontanee dei fanciulli, che sono naturalmente buone. L'educazione religiosa, spogliata di ogni idea di rivelazione e di ogni atteggiamento di intolleranza, deve fornire soltanto un sostegno teorico alla vita morale. Basedow tentò di concretizzare queste teorie, esposte nella *Relazione ai filantropi e ai potenti sulle scuole, sugli studi e il loro influsso sul pubblico benessere* (1768), con la fondazione, a Dessau, di un istituto «per futuri maestri e giovani dai 6 ai 18 anni», il «Philantropinum» (1774). In esso si sforzò di liberare l'insegnamento dallo schematismo tradizionale, riconciliando tra loro natura, vita, scuola. A questo scopo nel 1774 raccolse e rifuse alcuni suoi scritti precedenti nel *Manuale elementare o raccolta metodica delle conoscenze necessarie all'istruzione della gioventù*, una sorta di enciclopedia elementare riccamente illustrata. Le sue idee innovatrici furono però aspramente osteggiate e fraintese: il «Philantropinum» conobbe un periodo di rapida decadenza, finché nel 1793 cessò di esistere. Il suo modello fu poi seguito da altri istituti fondati in Germania e in Svizzera.

Basilide (sec. II d.C.), dottore gnostico. Fu attivo ad Alessandria d'Egitto e scrisse varie opere andate perdute, fra cui un «Vangelo secondo Basilide» e 24 libri di *Exegetica* sui Vangeli. Vari frammenti autentici tramandati da Clemente Alessandrino rivelano il profondo pessimismo che animava Basilide nella considerazione del male universale, e la sua coscienza della radicale peccaminosità dell'anima umana: ogni uomo ha intrinseca disposizione al peccato, cui la mancanza di occasione può impedire di tradursi in atto, ma che nondimeno assoggetta l'uomo alla colpa e al male e lo rende bisognoso di espiazione. In *Contro le eresie* di Ireneo e nella *Confutazione di tutte le eresie* di Ippolito si trovano due notizie sulla dottrina di Basilide in netto contrasto fra loro. Più generica la prima, secondo cui Basilide afferma l'emanazione di 365 cieli, l'ultimo dei quali, il nostro, governato da un Dio inferiore, il Dio dell'Antico Testamento; più originale la seconda notizia, che perciò ha buone probabilità di rimontare allo stesso Basilide: tutto deriva per gradi successivi da un primordiale non essere.

Basilio (Cesarea di Cappadocia 330 ca - 379), dottore della chiesa greca; santo. Fratello di Gregorio di Nissa, si formò ad Atene e a Costantinopoli; nel 358 si ritirò in solitudine monastica con Gregorio Nazianzeno. Dal 364 fu attivo nella vita pastorale e nel 370 divenne vescovo di Cesarea. Nel pensiero di Basilio confluiscono elementi stoici e neoplatonici (l'*Esamerone*, commentario del racconto biblico della creazione, e la giovanile *Esortazione ai giovani sul modo di trar profitto dalle lettere classiche* sono testimonianze importanti sull'uso della cultura classica in ambito cristiano). L'influsso di Origene viene filtrato da Basilio ma, e nella sostanza, pienamente recepito (anche mediante la giovanile compilazione della *Filocalia*, antologia origeniana che avrà poi ampia circolazione, nonostante la condanna di Origene). La Bibbia viene letta e interpretata in riferimento alle esigenze di un cristianesimo ascetico, mistico, culminante in un monachesimo contemplativo, ma anche attivo nel servizio fraterno (gli scritti ascetici, i *Moralia*, sono essenzialmente una compilazione di testi biblici, ordinati sotto temi rispondenti alle varie esigenze della «milizia» cristiana, soprattutto ma non esclusivamente monastica). Il culto riceve con Basilio una sistemazione esemplare e durevole (a Basilio la chiesa greca fa risalire un abbondante materiale liturgico, anche se è difficile ricostruire oggi con precisione l'apporto specificamente basiliano).
L'interesse per la sua figura si è ultimamente assai ravvivato. La teologia ortodossa più avanzata ha considerato l'atteggiamento intellettuale di Basilio nelle dispute trinitarie (di cui sono principale testimonianza *Sullo Spirito Santo* e i tre libri *Contro Eunomio*) come un esempio di teologia negativa, «apofatica» (che rifiuta cioè di spingere oltre certi limiti l'uso dell'analogia per penetrare nel mistero trinitario), e di valorizzazione del ruolo dello Spirito nell'ecclesiologia. Più in generale, nel rilievo dato alla Bibbia da Basilio si tende oggi a individuare una sorta di evangelismo *ante litteram*.

Bastian, Adolf (Brema 1826 - Port of Spain, Trinidad, 1905), medico ed etnologo tedesco. Come medico di bordo, fu in Africa, in Australia, in Perú, in Messico e in California. Avendo osservato la presenza di credenze comuni a popoli troppo lontani fra loro per avere dei contatti, giunse alla conclusione che tutti gli esseri umani sono accomunati da una fondamentale unità psichica. Ogni società possiede, secondo Bastian, un proprio complesso di «idee elementari» dotato di caratteri specifici (Bastian parla di «province geografiche» omogenee al loro interno); le forme e le combinazioni particolari assunte da tali idee nei diversi contesti naturali si diffonderebbero poi grazie alle migrazioni e ai contatti interculturali. Per queste sue affermazioni, può essere annoverato fra i padri del → diffusionismo. Opera principale: *L'uomo nella storia* (3 voll., 1860).

Bastide, Roger (Nîmes 1898 - Parigi 1974), sociologo e antropologo francese. Le sue indagini si sono orientate prevalentemente verso i fenomeni di sincretismo religioso propri di certi gruppi etnici (neri d'America); ha condotto ricerche in Brasile negli anni Quaranta, a Recife e a San Paolo. Nelle sue analisi della società Bastide distingue due tipi di causalità: quella interna, che rappresenta la dinamica intrinseca dell'organizzazione sociale, e quella esterna, che è costituita dall'incontro fra civiltà diverse.

Nell'ambito delle religioni afroamericane ha dedicato particolare attenzione ai fenomeni di possessione, interpretandoli come strumenti terapeutici per il superamento delle tensioni e del disadattamento. Bastide può dunque essere collocato fra gli studiosi che hanno contribuito allo sviluppo di una etnopsichiatria capace di collegare le manifestazioni «patologiche» al loro contesto culturale. Opere principali: *Elementi di sociologia religiosa* (1936); *Sociologia delle malattie mentali* (1965); *Antropologia applicata* (1971).

Bataille, Georges (Billom, Puy-de-Dôme, 1897 - Parigi 1962), saggista francese. Il suo contributo alla filosofia consiste nella radicalizzazione del concetto di negativo (cui Bataille attribuisce il significato di trasgressione e di eccesso, sottraendolo a ogni superamento dialettico) e nell'elaborazione di una pratica e di un pensiero del non-sapere, opposti alla fenomenologia e al sapere assoluto hegeliani. La trilogia *Summa ateologica* (1943-45), composta dai volumi *L'esperienza interiore*, *Il colpevole* e *Su Nietzsche*, descrive un'esperienza di spossessamento del soggetto e di violazione di tutti i limiti estranea tanto alla tradizione mistica quanto a quella filosofica. In *La parte maledetta* (1949) è sviluppata la teoria di un'«economia generale» che si occupa dei fenomeni derivanti dall'eccesso di energie (il dono, il sacrificio ecc.) e perciò si contrappone all'economia ristretta il cui oggetto sono la produzione e lo scambio delle ricchezze. Interessanti sono anche le considerazioni di Bataille sul desiderio, che investono sia l'ambito dell'estetica (*La letteratura e il male*, 1957) sia quello dell'erotismo (*L'erotismo*, 1957, e *Le lacrime di Eros*, 1961). Animatore e direttore di importanti riviste («Documents», 1929-30; «Acéphale», 1936-39; «Critique», dal 1946), Bataille ha svolto un ruolo di rilievo nel dibattito culturale sul surrealismo e sull'esistenzialismo e ha esercitato un influsso considerevole nella genesi dello strutturalismo filosofico francese per la sua critica radicale della soggettività.

Bateson, Gregory (Granchester, Inghilterra, 1904 - San Francisco 1980), psichiatra e antropologo americano. Studiò biologia e antropologia a Cambridge (ove divenne *fellow* del St. John's College), quindi zoologia alla Harvard University. Compì ricerche sul campo in Nuova Guinea e in Indonesia, cercando di spiegare il rapporto tra cultura e natura, tra biologia e storia; frutto di questi studi sono due libri: *Naven* (1936), dedicato allo studio di una cerimonia iniziatica degli iatmul, una tribù della Nuova Guinea, e *Il carattere balinese* (1942), un'analisi antropologica condotta su materiale fotografico. Si occupò quindi di psichiatria, e al suo nome è legata la teoria del → doppio legame, un'ipotesi esplicativa della schizofrenia che venne ripresa dalla scuola psichiatrica di Palo Alto e per certi aspetti da R. Laing. In campo psichiatrico Bateson non si limitò a considerare la malattia mentale come caso clinico, ma allargò lo studio alla cultura, ai valori, al ruolo che in una determinata società il malato mentale si trova di fronte. Con J. Ruesch pubblicò nel 1951 il volume *La matrice sociale della psichiatria*. In seguito si interessò ai problemi della comunicazione animale, studiando in particolare i delfini. La vastità dei suoi interessi e l'applicazione del metodo interdisciplinare sono testimoniate dalle raccolte di saggi *Verso un'ecologia della mente* (1972) e *Mente e natura* (1979). Dal suo insegnamento è nato l'indirizzo di ricerca noto come «pragmatica della comunicazione umana» (→ pragmatica).

battesimo, rito sacramentale che segna l'ingresso del cristiano nella chiesa. Il termine greco *báptisma* deriva da *báptein*, «immergere»: infatti il battesimo è un rito d'immersione. Già l'Antico Testamento menziona abluzioni rituali e parla di una purificazione attraverso l'acqua. Nel Nuovo Testamento, Giovanni il Battista (cioè il battezzatore) con il suo battesimo invita al ravvedimento e prepara la strada a Gesù, il quale vi si sottomette, approvandone così il significato. La tradizione primitiva fa risalire l'istituzione del battesimo cristiano a Gesù stesso, dopo la sua risurrezione (Matteo 28, 19-20): e offre numerosi elementi per una teologia del battesimo cristiano. Secondo Giovanni (3, 5) Gesù annunziava come necessaria una rigenerazione «dall'acqua e dallo Spirito». Gli Atti degli Apostoli ci attestano la pratica battesimale della chiesa primitiva: lo Spirito Santo scende su coloro che hanno accolto la predicazione apostolica, e hanno ricevuto (o stanno per ricevere) il battesimo.

La teologia e la prassi battesimale si precisano nei secoli successivi. Nei primi quattro secoli sono usate l'immersione (triplice) o l'infusione; ministro è in genere il vescovo; il battesimo è strettamente associato alla confermazione e all'eucaristia (come ancora oggi nel rito bizantino) ed è conferito solo nelle grandi solennità. Con Agostino (354-430) si stabilisce definitivamente che la validità del battesimo dipende dalla correttezza della forma, non dalla fede o dalla dignità del ministro; viene enunciata chiaramente la dottrina del «carattere» indelebile, e la possibilità di un battesimo «di sangue» (il martirio) e «di desiderio» (l'aspirazione almeno implicita al battesimo). Nel sec. XVI la riforma afferma il primato della fede, per cui il rito battesimale interviene solo come segno e conferma del perdono e della grazia (per H. Zwingli, semplicemente come segno dell'ammissione nella comunità).

Per il concilio di Trento invece il battesimo (come del resto gli altri sacramenti) non è solo un segno, ma contiene e conferisce realmente la grazia a quanti non vi si oppongono (sess. VII,

1547). La chiesa cattolica normalmente ammette al battesimo i neonati purché sia sufficientemente attestata l'intenzione di fede dei genitori o educatori del bambino. Ministro del battesimo è il parroco, o un altro sacerdote. In caso di necessità, può esserlo qualsiasi laico, anche se non battezzato.

Batteux, Charles (Alland'huy, Vouziers, 1713 - Parigi 1780), filosofo e letterato francese. Insegnante di retorica e di filosofia greca e latina, fu membro dell'Académie Française dal 1761. Batteux pone a fondamento dell'operare poetico l'unico principio dell'arte come imitazione della natura; l'artista non «crea», né d'altra parte si limita a «copiare» il reale: la sua attività consiste invece nella scelta e nell'elaborazione degli aspetti più belli della natura in funzione di un verosimile idealizzato. L'estetica di Batteux influenzò profondamente il gusto della seconda metà del Settecento; essa presenta tuttavia i limiti tipici del classicismo, benché accordi un rilievo del tutto inedito al sentimento, e risulta inoltre inapplicabile ad arti come la musica e la poesia lirica. Opera principale: *Le belle arti ridotte a un solo principio* (1746); altri scritti: *La morale di Epicuro* (1758); *Corso di belle lettere* (1765).

battisti, membri di una chiesa protestante «libera». Derivati dagli anabattisti «tranquilli» (cioè non più combattivi e apocalittici), si affermarono in Olanda e Inghilterra nel sec. XVII, e più tardi nel Nordamerica e in altri paesi. Rappresentano il protestantesimo professante, caratterizzato dall'individualismo teologico, per cui ogni cristiano, sotto la guida dello Spirito Santo, può interpretare da solo la parola di Dio della Bibbia ed esercitare i ministeri della chiesa in virtù del sacerdozio universale, conferito a ogni credente. Contrari al battesimo dei bambini, in quanto il battesimo presuppone la fede cosciente e ne è condizionato, i battisti non hanno una dottrina teologica comune, presentando posizioni molteplici, dal → fondamentalismo rigoroso al liberalismo più radicale: la loro matrice teologica è comunque riconoscibile in quella calvinista dei congregazionalisti, con una mitigazione del predestinazionismo.

I battisti furono tra i promotori delle missioni protestanti in Asia e poi in Africa e Australia; nel sec. XIX essi allargarono la loro iniziativa all'Europa cattolica, considerata quale terra di missione, inserendosi nei movimenti liberali e nazionali e valorizzando la libertà religiosa prevista dai regimi costituzionali. Particolare ascolto trovarono i battisti nell'America latina, in cui vennero a costituire un protestantesimo radicale per il loro soggettivismo, per la semplicità e spontaneità delle manifestazioni religiose, per l'impegno più affettivo che culturale. Già presenti nella Russia zarista, sopravvissero alla rivoluzione sovietica, anche in virtù della loro organizzazione comunitaria in fattorie collettive, e sono attualmente molto numerosi in Russia.

Bauch, Bruno (Gross-Nossen, Slesia, 1877 - Jena 1942), filosofo tedesco. Seguace del neokantismo, professore a Jena, è autore, oltre che della monografia *Immanuel Kant* (1917), di *Verità valore e realtà* (1923), *L'idea* (1926), *Lineamenti di etica* (1935). Muovendo dall'esigenza di accordare il dominio teoretico dell'esperienza umana con quello pratico, ha assegnato un ruolo metafisico all'«idea», intesa hegelianamente come totalità del Logos, rispetto al mondo. La razionalità del reale che ne discende rappresenterebbe anche la condizione della realizzabilità dei valori nel concreto della vita sociale. Accanto al valore morale, a cui si è limitato Kant, occorre però porre anche i «valori della civiltà», come l'arte, la religione ecc.

Baudouin de Courtenay, Jan (Radzymin, Varsavia, 1845 - Varsavia 1929), linguista polacco. Insegnò nelle università di Kazan, Dorpat (Tartu) e Cracovia; successivamente fu docente di linguistica comparata e sanscrito a Pietroburgo dal 1900 al 1917, e di linguistica indoeuropea a Varsavia dal 1918 fino alla morte. Va considerato tra le maggiori figure nella storia della linguistica, influenzò i formalisti dell'Opojaz (→ formalismo), e a lui risale il filone slavo della linguistica strutturale. Sostenne posizioni metodologiche meno rigide di quelle espresse nelle dicotomie sincronia-diacronia, *langue-parole*, forma-sostanza ecc., codificate nel *Corso* di F. de Saussure. Egli ammise infatti leggi di statica e dinamica tanto sul piano sincronico quanto su quello diacronico; riconobbe appieno il ruolo del parlante, mettendo in luce l'interazione costante tra norma sociale conservativa e forza innovativa del parlante nell'attività linguistica; intese la lingua come fatto psico-sociologico interpretandola sia come forma sia come sostanza. Tra gli obiettivi della linguistica del sec. XX, previde acutamente aree di ricerca come la tipologia, gli universali linguistici, la sociolinguistica, la psicolinguistica ecc. Nella sua vasta produzione scientifica (oltre 650 titoli), particolarmente importanti sono il *Saggio di una teoria delle alternanze fonetiche* (1894), *Le leggi fonetiche* (1910) e cinque corsi universitari pubblicati a Pietroburgo dal 1909 al 1917 sempre con lo stesso titolo di *Introduzione alla linguistica*.

Baudrillard, Jean (Parigi 1929), sociologo e saggista francese. Le sue prime opere (*Il sistema degli oggetti*, 1968; *La società dei consumi*, 1970; *Per una critica della economia politica del segno*, 1972; *Lo specchio della produzione*, 1973; *Lo scambio simbolico e la morte*, 1976) sono impegnate nella revisione della teoria marxiana dei bisogni alla luce degli apporti dello strutturalismo e della semiologia. Il capitalismo maturo tende a porre in secondo piano la soddisfazione dei bisogni primari, dati per acquisiti in una società opulenta, e privilegia piuttosto i valori connessi alla costituzione del prestigio sociale e alla comunicazione. Nella società contemporanea la realtà sarebbe infatti sottoposta a un progressivo e in talune situazioni ormai compiuto processo di dematerializzazione, tale per cui la simulazione e la riproduzione indotte dalle comunicazioni di massa avrebbero di fatto spodestato qualsiasi riferimento alla natura o al bisogno (*Della seduzione*, 1979; *Le strategie fatali*, 1983; *Simulacri e simulazione*, 1985; *America*, 1986).

Bauer, Bruno (Eisenberg, Sassonia-Altenburg, 1809 - Rixdorf, Berlino, 1882), filosofo e biblista tedesco. Studiò filosofia e teologia a Berlino e, dopo aver conseguito l'abilitazione in teologia, si occupò prevalentemente di critica biblica e di storia. In un primo momento, Bauer aderisce alle posizioni della destra → hegeliana, critica la *Vita di Gesù* (1835) di D.F. Strauss, e afferma l'autorità indiscutibile della rivelazione. Dall'inizio degli anni Quaranta, i suoi studi filologico-critici sui Vangeli lo conducono a orientarsi verso le tesi della sinistra → hegeliana ed egli giunge a negare, come già aveva fatto Strauss, la realtà storica del Cristo, considerandolo un mito prodotto dalla fantasia degli evangelisti. Sospeso dall'insegnamento per la radicalità delle sue tesi religiose, Bauer inizia a occuparsi di studi storici e politici. Mentre gli altri teorici della sinistra hegeliana prospettano il superamento della filosofia nella prassi, egli sviluppa una posizione da lui stesso definita di «critica pura»: il suo pensiero si configura come un bilancio del disfacimento della società europea, le cui vicende, a partire dalla rivoluzione francese, sono viste nella prospettiva di un rapido e irreversibile declino. Opere principali: *Critica della storia evangelica di Giovanni* (1840); *Critica della storia evangelica dei Sinottici* (3 voll., 1841-42); *La tromba del giudizio universale su Hegel* (pubblicata anonima, 1841).

Baumgarten, Alexander Gottlieb (Berlino 1714 - Francoforte sull'Oder 1762), filosofo tedesco. Allievo di Ch. Wolff, insegnò filosofia a Francoforte. Il suo pensiero è direttamente ispirato al sistema di Leibniz, del quale riprende la teoria delle monadi e dell'armonia prestabilita, e a quello di Wolff, che egli compendiò con grande chiarezza in un testo adottato più tardi da Kant per il proprio insegnamento universitario. Baumgarten definisce la metafisica come scienza di ciò che può essere conosciuto senza l'ausilio della fede; dalla metafisica discendono tutti i saperi concernenti l'uomo (etica, filosofia del diritto, filosofia del linguaggio ecc.). Ad essa Baumgarten prepone la teoria della conoscenza, che egli per primo chiamò «gnoseologia», e che suddivise in due parti: la logica, riguardante la conoscenza intellettuale; la teoria della conoscenza sensibile, definita «estetica» (dal gr. *áisthēsis*, sensazione), che si occupa sia della mera conoscenza sensibile sia della «teoria del bello e delle arti liberali». Come Leibniz, Baumgarten ritiene che i dati della sensibilità siano inferiori a quelli dell'intelletto, perché la conoscenza che riceviamo dai sensi è oscura e confusa. Ma, a differenza di Leibniz, egli conferisce all'estetica una dimensione autonoma: diversamente dalla conoscenza intellettuale, quella sensibile non verte sull'universale astratto, ma sul particolare concreto; essa è un «analogo della ragione», ed è connaturata allo spirito umano, come dimostra la naturale inclinazione dell'uomo verso la bellezza sensibile e artistica. Nell'estetica è inclusa la «poetica», ove Baumgarten fornisce precetti di stile ispirati ai classici latini e greci e ai trattatisti italiani del Cinquecento. L'estetica di Baumgarten influenzò profondamente M. Mendelssohn, J.G. Herder e la *Critica del giudizio* di Kant; caduta in ombra durante il romanticismo, essa è stata rivalutata da B. Croce e, in generale, dagli indirizzi che sostengono l'autonomia dell'esperienza estetica. Opere principali: *Meditazioni filosofiche su argomenti concernenti la poesia* (1735); *Metaphysica* (1739); *Aesthetica* (2 voll., incompiuta, 1750-58); *Ethica philosophica* (postuma, 1763).

Bäumler, Alfred (Neustadt, Sudeti, 1887-1968), filosofo tedesco. Fu uno dei principali esponenti della corrente che, nella Germania degli anni Venti, rivalutò come fonti di insegnamento sempre attuale le presunte, sotterranee componenti irrazionalistiche dell'illuminismo e ne individuò gli sviluppi attraverso il romanticismo (Bäumler sarebbe poi giunto a riconoscere l'ultimo, positivo anello della catena nell'irrazionalismo nazista: dal 1933 professore di «pedagogia politica» a Berlino, esortò gli studenti al primo rogo dei libri invisi al regime). In *Il problema dell'irrazionalità nell'estetica e nella logica del '700* (1923), egli derivò dai concetti kantiani di «gusto» e «genio» (*Critica del giudizio*) quello di «stile» come destino, determinante dell'unità di ciascuna individualità. Tale concezione dell'individualità come organismo unitario e dotato di irriducibile concretezza proprio perché «afferrato» da uno stile-destino, lo pose di fianco a W.F. Otto e ad altri mitologi che riscoprirono J.J. Bachofen quale teorico del mito in quanto forza extraumana che prende l'uomo e ne plasma l'esistenza (*Bachofen, il mitologo del romanticismo*, 1926). Negli anni Trenta, approfittando dello scadere dei diritti dell'Archivio Nietzsche, promosse varie edizioni nietzscheane, e si accreditò come interprete nazista di Nietzsche (*Nietzsche filosofo e politico*, 1931).

Bayer, Raymond (Parigi 1898-1959), filosofo francese. Allievo di V. Basch e H. Focillon, insegnò filosofia generale alla Sorbona dal 1942 e diresse la «Revue d'esthétique» insieme a Ch. Lalo e E. Souriau. Polemizzando con le metodologie estetiche di tipo psicologistico e sociologico, Bayer cercò di precisare un metodo scientifico che soddisfacesse alle loro esigenze e che, nel medesimo tempo, garantisse l'oggettività del giudizio estetico. L'oggetto artistico presenta alcuni «aspetti» strutturali in base ai quali si può giustificare l'«effetto estetico» prodotto sull'osservatore: l'estetica, dunque, da un lato si configura come analisi delle specifiche tecniche artistiche, dall'altro come una «fisica generale» dell'arte volta a studiare le relazioni tra le componenti dell'oggetto fissandone la dinamica interna. Esempio di questa indagine strutturale è l'opera più nota di Bayer, *L'estetica della grazia* (2 voll., 1933), in cui egli tenta di definire i motivi formali per cui un oggetto si dice «grazioso»: la predicazione del grazioso è data da una sproporzione tra il risultato («significazione») e lo sforzo («espressione»), poiché l'oggetto grazioso si presenta come opera in cui lo sforzo, inferiore al risultato, produce una significazione mobile e «disinvolta» (mentre il «sublime» sarebbe determinato dall'eccedenza dello sforzo rispetto al risultato). Altre opere: *Trattato di estetica* (1956); *Storia dell'estetica* (postuma, 1961); *Introduzione all'estetica contemporanea* (postuma, 1961).

Bayle, Pierre (Carlat, Foix, 1647 - Rotterdam 1706), filosofo francese. Di famiglia protestante, studiò alla scuola superiore calvinista di Puylaurens; quindi frequentò, a Tolosa, l'università diretta dai gesuiti, convertendosi al cattolicesimo. Ma un anno dopo rientrò nella chiesa calvinista, e nel '74 vinse una cattedra all'università calvinista di Sedan, con l'appoggio del teologo riformato P. Jurieu. Nel 1681 Luigi XIV chiuse le scuole superiori protestanti e Bayle si trasferì a Rotterdam, chiamato a insegnare all'Ecole illustre, dove fece venire anche Jurieu. Qui attese ai *Pensieri sulla cometa* (1682) e alla *Critica della storia generale del calvinismo* contro L. Maimbourg, esponente della chiesa gallicana, che aveva scritto infami calunnie sui calvinisti. Pur schierato con la chiesa riformata, Bayle evitò ogni forma di fanatismo e, proprio per queste posizioni moderate, si attirò l'inimicizia di Jurieu, urtato dallo scritto *Commentario filosofico su queste parole di Gesù Cristo «costringeteli a entrare» o Trattato della tolleranza universale* (1686-87). Privato della cattedra dalle autorità olandesi (dietro denuncia dello stesso Jurieu), Bayle si dedicò alla sua opera più importante, il *Dizionario storico-critico*, prima pubblicato in due volumi a Rotterdam (1695 e 1697) e poi con numerosi chiarimenti in tre volumi ad Amsterdam (1702); scrisse inoltre due successive *Aggiunte ai pensieri sulla cometa* (1694, 1704) e la *Risposta alle domande di un provinciale* (1703-06).

Il messaggio fondamentale dell'opera di Bayle è quello della tolleranza: nei *Pensieri sulla cometa* questo principio è affermato attraverso la critica delle credenze superstiziose popolari, e nel *Trattato della tolleranza* attraverso la critica della pretesa di ciascuna confessione di imporsi mediante la costrizione e la violenza. Ma l'opera che soprattutto rese celebre Bayle e ne fece il precursore dell'illuminismo è il *Dizionario*. Scritto per colmare le lacune e denunciare gli errori dei dizionari esistenti, esso è un'opera singolare, che esclude figure storiche di grande rilievo (per es., Platone e Montaigne) e invece, sotto il titolo di figure non rappresentative, chiarisce e discute i problemi più importanti del tempo. Il *Dizionario* divenne l'arsenale erudito dei deisti, degli illuministi, degli atei, anche se l'atteggiamento personale di Bayle fu sempre quello di un'adesione non settaria alla confessione calvinista. La sua posizione filosofica è scettica, soprattutto circa la possibilità di indagare con la ragione ciò che è materia di fede: così, per es., che Dio abbia creato l'uomo libero prevedendo che avrebbe usato questa libertà per peccare, che il peccato consista nel seguire delle inclinazioni naturali dateci da Dio, che tra gli uomini esistano gli eletti e i dannati, che vi siano dogmi come quelli della Trinità, del peccato originale ecc., tutto ciò appare, dal punto di vista puramente razionale, del tutto inconcepibile. Ogni tentativo di spiegare ciò che è materia di fede dà luogo a dottrine assurde come la teodicea di Leibniz: l'unica spiegazione razionalmente accettabile per l'esistenza del male sarebbe, se mai, quella manichea. D'altra parte Bayle ritiene che ciò che è materia di indagine razionale e scientifica debba essere del tutto libero dall'interferenza religiosa.

Il campo che Bayle indagò di più è la storia umana, che reputò oggetto di conoscenza certa, in polemica con l'opinione cartesiana (ma diffusa in tutto il secolo) che si potessero conoscere scientificamente solo la matematica e la fisica. Bayle ha inaugurato un metodo storico-critico di vaglio rigoroso delle fonti e accertamento dei fatti fino allora sconosciuto, applicandolo anche ai testi sacri: di qui prenderà le mosse la critica vetero- e neo-testamentaria che terrà occupati i deisti inglesi e francesi per oltre un secolo. Infine, Bayle tenne distinte religione e morale. Secondo lui (e questa fu allora giudicata opinione assai scandalosa) la religione non rende gli uomini necessariamente migliori (*Pensieri sulla cometa*), anzi spesso, nella storia umana, è servita da copertura ai più orrendi misfatti. D'altra parte gli atei, i pagani, possono essere moralmente giusti, e una società di atei è possibile, perché esiste una morale naturale uguale per tutti gli uomini che si fonda sul controllo razionale delle passioni. *M. Mo.*

Beaufret, Jean (Auzances, Creuse 1907 - Parigi 1982), filosofo francese. Insegnante nei licei parigini, è conosciuto soprattutto per la sua attività di traduttore ed esegeta del pensiero di

Heidegger. Nel 1946, Heidegger indirizzò a lui la *Lettera sull"umanismo'*, polemizzando con l'opuscolo di J.-P.Sartre *L'esistenzialismo è un umanismo*, uscito quello stesso anno. Autore di opere filosofiche (*Il poema di Parmenide*, 1955; *Introduzione alle filosofie dell'esistenza*, 1971), Beaufret ha raccolto i suoi contributi heideggeriani nei quattro volumi di *Dialogo con Heidegger* (1974).

Beccaria, Cesare (Milano 1738-1794), filosofo, economista e letterato italiano. Legato al gruppo illuministico milanese di A. e P. Verri, fondò con essi l'Accademia de' Pugni (1762) e fu tra i principali collaboratori della rivista «Il Caffè» (1762-64). Dopo alcuni scritti di economia (*Del disordine e de' rimedi delle monete nello Stato di Milano nell'anno 1762*), Beccaria pubblicò nel 1764 *Dei delitti e delle pene*. Questo breve saggio suscitò una vastissima eco in tutta Europa, e segnatamente a Parigi, dove i filosofi del gruppo dell'*Enciclopedia* lo esaltarono come una delle opere più significative prodotte dall'età dei lumi. Beccaria vi propugnava l'abolizione della pena di morte per motivi sia umanitari sia pratici (tale pena, in effetti, non ha mai impedito il crimine) e la concezione della pena come strumento di difesa sociale, principio non più abbandonato dal pensiero giuridico moderno. Parimenti moderna è la teorizzazione del concetto di prevenzione del delitto: l'approfondimento di questa e di altre nozioni allarga il tema giuridico in un più ampio discorso sociologico. Discepolo ideale di Locke e di Helvétius, Beccaria è ben consapevole della complessità della struttura sociale, che dovrebbe fondarsi su un contratto capace di salvaguardare il più possibile i diritti degli individui. Uno dei principi di fondo del suo pensiero è quello utilitaristico, secondo il quale si tratta di realizzare la massima felicità divisa tra il maggior numero di individui. Da ricordare, tra le sue opere, anche gli *Elementi di economia pubblica* (postumi, 1804) e le *Ricerche intorno alla natura dello stile* (1770), che delineano un'estetica ispirata al sensismo di Condillac.

Beck, Jacob Sigismund (Danzica 1761 - Rostock 1840), filosofo tedesco. Discepolo di Kant, poi professore a Halle e a Rostock, si presentò come interprete fedele del criticismo, particolarmente con l'opera *Compendio della filosofia critica* in 3 volumi (1796); ma in realtà lo deformò in direzione idealistica (come rilevò Kant stesso). Ricollegandosi esplicitamente a Berkeley, e nel contempo anticipando Fichte, Beck rifiuta la nozione della «cosa in sé»: la considera una provvisoria concessione, da parte di Kant, alla mentalità realistica, ma tale che dovrebbe venire a cadere una volta raggiunto il punto di vista dell'«io penso». Beck oppone pertanto il criticismo a qualsiasi affermazione dell'indipendenza degli oggetti dal soggetto. La conoscenza si fonda interamente sull'attività sintetica dell'io, quale principio «originario». Senza di essa non si darebbe infatti alcun oggetto, e quindi sarebbe inspiegabile la stessa attività rappresentativa: essa è presupposta da qualsiasi atto di «riconoscimento» d'un oggetto.

Becker, Oskar (Lipsia 1889 - Bonn 1964), filosofo della scienza tedesco. Dal 1923 assistente di Husserl, si dedicò allo studio della filosofia e della storia della matematica, adottando in un primo tempo una prospettiva rigorosamente fenomenologica, e ampliando in seguito i suoi interessi verso l'ontologia di Heidegger. I suoi primi studi sono dedicati alla geometria; in essi Becker, procedendo dalla distinzione husserliana fra ontologia formale e ontologia materiale, afferma che lo spazio è determinato dalle strutture logico-formali della geometria, e non l'inverso; così la geometria euclidea è solo una fra le molteplici possibilità di determinazione geometrica dello spazio. Becker rivolse poi la sua attenzione allo statuto ontologico della matematica: in questa scienza solo le strutture formali costituiscono degli a priori, mentre l'infinità delle relazioni fra i termini esclude che le relazioni stesse possano essere determinate come obiettive. Tra le sue opere: *L'esistenza matematica* (1927); *Storia della matematica* (1951, in collaborazione con J.E. Hoffmann); *Grandezza e limiti del pensiero matematico* (1959); *Saggi filosofici* (1963).

Beda, detto il Venerabile (Monkton in Jarrow, Northumberland, 673 - Jarrow 735), erudito anglosassone, dottore della chiesa; santo. Monaco nel monastero di San Paolo a Jarrow, Beda è considerato il principale rappresentante della cultura celtica dei monasteri irlandesi e uno dei maggiori eruditi dell'alto medioevo. Il suo lavoro di maggior prestigio è la *Historia ecclesiastica gentis anglorum* (dallo sbarco di Giulio Cesare in Inghilterra al 731), impresa di grande significato per l'epoca. È autore inoltre di un trattato *De arte metrica*, interessante per lo studio dei rapporti tra metro e ritmo; di un lessico ortografico (*De orthographia*); di alcuni scritti sulla misurazione del tempo e sulle età del cosmo e di cronologia ecclesiastica; di un *De rerum natura*, enciclopedia in 51 capitoli che raccoglie notizie di carattere storico, geografico e scientifico, secondo il modello di Isidoro di Siviglia, ma con sistematicità e ampiezza ancora maggiori. Quest'ultima opera testimonia di una singolare apertura nei confronti del sapere scientifico: insieme con i commenti a tutti i libri della Bibbia, essa sarà per secoli uno dei termini di riferimento centrali della cultura medievale.

behaviorismo, → comportamentismo.

Belinskij, Vissarion Grigorevič (Sveaborg, oggi Suomentlinna, Finlandia, 1811 - Pietroburgo 1848), critico letterario russo che esercitò una profonda influenza sulla cultura del suo tempo e dei decenni successivi. Partito da posizioni hegeliane, Belinskij aderì poi alle teorie di L. Feuerbach, quindi al socialismo, inteso come difesa della personalità umana dall'ingiustizia e dall'oppressione. La sua prospettiva rimase tuttavia sostanzialmente individualistica: pur accettando le premesse teoriche del socialismo, egli ne ricusò in parte gli esiti politici, temendo un annullamento dell'individuo nella collettività. In estetica, Belinskij definisce la poesia come contemplazione immediata della verità. Nasce così l'esigenza del «vero artistico», cui la letteratura deve sottomettersi, riflettendo la semplicità concreta della vita e adeguando le proprie forme all'interna dialettica sociale della realtà (per questo nelle posizioni di Belinskij si ravvisarono poi i presupposti teorici del «realismo socialista»). I suoi numerosi scritti sono per lo più saggi e articoli di critica letteraria: si ricordano la raccolta *Fantasticherie letterarie* (1834) e i saggi teorici *L'idea di arte* (redazione 1842, pubblicazione 1862) e *Discorso sulla critica* (1842). Delle *Opere*, (11 voll., 1900-17, vol. XII e XIII, 1928-48), esiste una scelta in traduzione inglese (Mosca, 1948).

Bell, Daniel (New York 1919), sociologo americano. Studente alla Columbia University di New York, vi divenne professore nel 1958; dal 1969 al 1987 è stato docente all'università Harvard, e successivamente a Cambridge in Inghilterra. Inizialmente interessato alla sociologia dei movimenti politici (*La nuova destra americana*, 1955; *La sinistra radicale*, 1963), Bell ha poi elaborato una prospettiva teorica sulla crisi della ideologia nella società contemporanea (*La fine dell'ideologia*, 1960). Questa infatti, in seguito a eventi traumatici come l'alleanza tra l'Unione sovietica e la Germania nazista, ma anche a causa delle trasformazioni del capitalismo divenuto sensibile alle necessità di un più diffuso benessere, avrebbero esaurito la loro spinta politica e culturale. Nei paesi in via di sviluppo, le ideologie continuano ad assolvere una funzione politica e semi-religiosa ma, legate al progresso, all'industrializzazione e al nazionalismo, esse hanno perso il respiro universale e umanistico proprio dalle ideologie europee del secolo scorso e hanno assunto connotazioni locali e strumentali.
Successivamente Bell si è impegnato nell'analisi delle società industriali avanzate, emerse da un orizzonte ideologico e segnate da una radicale trasformazione dei modi di produzione. In questa prospettiva si colloca il suo studio più noto, *L'avvento della società post-industriale* (1973), reputato a suo tempo un libro-chiave del dibattito intorno al postmodernismo (→ postmoderno). Tra le sue opere di critica della società capitalista dal punto di vista *liberal* si colloca *Le contraddizioni culturali del capitalismo* (1976).

Benamozegh, Elia (Livorno 1823-1900), filosofo della religione italiano. Nato da famiglia di origine marocchina, trascorse tutta la sua vita, dedita completamente agli studi, nella città toscana, dove fu anche rabbino predicatore. Di profonda e vastissima cultura, scrisse in ebraico, in italiano e in francese numerosissime opere; si ricordano *Morale ebraica e morale cristiana* (in francese, 1867) e soprattutto *Israele e l'Umanità* (in francese, postuma, 1914), in cui l'autore sviluppa un'ampia ricerca degli elementi universalistici dell'ebraismo attraverso l'analisi dell'idea di Dio, dell'idea dell'uomo e dell'idea della legge come rapporto fra uomo e Dio, e propone una soluzione dell'antinomia tra universalismo religioso e particolarismo etnico nell'ebraismo e tra ebraismo (inteso come fede e legge del popolo sacerdotale) e cristianesimo (inteso come religione dei discendenti di Noè, cioè di tutta l'umanità gentile). Il pensiero religioso di Benamozegh è pervaso da spirito mistico, per cui egli può essere definito l'ultimo cabbalista italiano. A difesa della qabbalah, Benamozegh polemizzò con S.D. Luzzatto, critico dello *Zohar* e di tutta la tradizione cabbalistica.

Benda, Julien (Parigi 1867 - Fontenay-aux-Roses, Parigi, 1956), letterato e filosofo francese. In vari saggi usciti negli anni 1910-20 propugnò, sia sul piano letterario sia in sede estetica, un ritorno al classicismo, al razionalismo, all'«intelligenza pura», in opposizione tanto al bergsonismo imperante quanto al gusto contemporaneo per l'inesprimibile, l'irrazionale, lo psicologico. Nel 1927 apparve il suo libro più noto, *Il tradimento dei chierici*, in cui Benda accusa gli intellettuali di aver tradito la causa della cultura per un impegno politico irrazionalistico. Nelle opere successive egli riaffermerà i valori democratici contro il nazionalismo culturale prima, e il nazismo invasore poi. A partire dalla critica sociale e politica Benda maturò una più organica concezione filosofica, che trovò espressione in *La fine dell'Eterno* (1929) e soprattutto nel *Saggio di un discorso coerente sul rapporto tra Dio e il mondo* (1931): tra Dio (inteso come l'essere indeterminato) e mondo (inteso come l'insieme dei fenomeni distinti) si pone un dualismo radicale espresso dalle due volontà del «Dio infinito» e del distinto. Nel mondo contemporaneo Benda vede la progressiva sparizione della volontà di ritorno al Dio infinito e perciò il prevalere del contingente e dell'irrazionale. La sua conclusione pessimistica è che il mondo fenomenico non ha più bisogno del Dio infinito. Di ciò Benda vide una riprova nell'esistenzialismo, che egli contestò come filosofia dell'accidentale e del caduco (*Tradizione dell'esistenzialismo*, 1947).

Bendix, Reinhard (Berlino 1916), sociologo americano di origine tedesca. Si è trasferito negli Stati Uniti nel 1938, dove ha insegnato a

lungo presso l'università di California a Berkeley.
I suoi studi si sono concentrati inizialmente sulle relazioni sociali nell'industria (*Lavoro e autorità nell'industria*, 1956), e sulla stratificazione e la mobilità sociale (*Classe, potere e status*, 1953; *La mobilità sociale nelle società industriali*, 1959; entrambe in collaborazione con S.M. Lipset). Notevoli i suoi contributi alla sociologia storica, nell'ambito della quale Bendix si dedica principalmente al tema della formazione delle moderne società industriali, dei rapporti sociali e delle strutture ideologiche che le caratterizzano. La sua ascendenza culturale weberiana (*Max Weber: un ritratto intellettuale*, 1960) lo induce a sottolineare l'autonomia della sfera politica e culturale rispetto all'evoluzione dei rapporti sociali di produzione e alla formazione del mercato capitalistico. In *Re o popolo: il potere e il mandato di governare* (1978) Bendix analizza il rapporto tra ordine politico e tradizione culturale nelle società che hanno saputo dominare la sfida della modernizzazione economica con relativo successo. *Forza, destino e libertà: meditazioni sulla sociologia storica* (1984) estende l'analisi delle forme storiche del processo di mutamento politico anche alle nazioni in via di sviluppo che, all'interno dei vincoli di un sistema economico fondato essenzialmente sul loro sfruttamento, sono alla ricerca di una identità nazionale.
I suoi saggi di sociologia della conoscenza sono raccolti in *La ragione in lotta: saggi sulle basi sociali della conoscenza* (1986).

bene, concetto che, nella storia della filosofia, è stato elaborato secondo due diverse prospettive fondamentali: quella metafisico-oggettivistica e quella soggettivistica. La prima domina nel pensiero antico e medievale. Essa riceve una compiuta formulazione con Platone, che nella *Repubblica* (VI, 508 sgg.) paragona il bene al sole: come il sole fa essere e rende visibili le cose, il bene fa essere e rende conoscibile il mondo delle idee, cui lo stesso mondo sensibile partecipa per quello che ha di vero e buono. Il bene è così la radice e la fonte dell'essere e del valore di tutte le cose. Aristotele (*Etica nicomachea*, I) polemizza con Platone sostenendo che il bene non è un'idea trascendente, ma qualcosa di agibile e praticabile da parte dell'uomo: egli permane però platonico quando identifica il bene nel senso di Platone con l'atto puro o motore immobile, che spiega il continuo passaggio delle cose dalla potenza all'atto e tutte in questo senso le muove come il fine ultimo a cui esse tendono. La concezione platonica è ripresa da Plotino, che fa del Bene la prima ipostasi dell'Uno: le cose sono buone in quanto partecipano al Bene derivando per via emanativa da esso. Questa concezione viene infine assunta dal pensiero cristiano, che la trasforma però alla luce della propria teoria creazionistica. Per la dottrina medievale dei trascendentali, bene ed essere sono convertibili: il bene è l'essere stesso in quanto appetibile, i gradi del bene e quelli dell'essere coincidono; Dio è Sommo Bene ed Essere Supremo e le creature sono buone in quanto, da lui create, gli sono in qualche modo simili.
Anche nell'antichità non mancarono concezioni soggettivistiche del bene (si pensi, per es., alla sofistica), ma esse furono sviluppate soprattutto nella filosofia moderna e contemporanea. Carattere comune di tali concezioni è la considerazione che il bene si definisce solo in relazione al soggetto che lo vuole o desidera. La soggettività può essere poi concepita come una soggettività puramente empirica, e si avrà allora una sorta di relativismo (per es. nel pensiero dei → libertini o in quello di Hobbes), o come capacità di determinarsi secondo una legge universale, e questa è la posizione kantiana. Pur nell'ambito della definizione soggettivistica del bene, Kant intende venire incontro a quell'esigenza di oggettività cui soddisfaceva l'oggettivismo metafisico: bene è ciò che è voluto da una volontà che si determina secondo una legge universale, e in questo modo si identifica con la volontà buona. La polemica fra soggettivismo e oggettivismo continua anche nella filosofia contemporanea. Lo spiritualismo mira a far rivivere la concezione tradizionale (greca e medievale) del bene. Il neoidealismo, riprendendo lo sforzo dell'idealismo romantico di superare il formalismo della posizione kantiana, recupera, nel contesto di una nuova metafisica della soggettività, elementi di questa tradizione. Il pragmatismo, il neopositivismo e la filosofia analitica sono legati a una concezione più o meno radicale di soggettivismo relativistico. Un posto a parte meritano infine la fenomenologia e certe correnti neorealistiche (per es. G.E. More) che sostengono l'oggettività del bene, o più in generale dei valori (→ valore), senza legarla però immediatamente (o senza legarla affatto) con la prospettiva teologica cui la tradizione l'aveva strettamente connessa.

Benedict, Ruth (New York 1887-1948), antropologa americana. Allieva di F. Boas e di A. Kroeber, insegnò alla Columbia University di New York e condusse ricerche fra gli indiani della California e gli zuñi. Fu uno dei maggiori esponenti della cosiddetta scuola di personalità-cultura. Nella sua opera principale, *Modelli di cultura* (1934), sostiene la necessità di orientare l'antropologia verso la conoscenza del «temperamento» dei popoli, cioè del sostrato affettivo e ideologico che plasma la fisionomia, le istituzioni e i comportamenti di una specifica società (tale sostrato, appunto, è definito da Ruth Benedict «modello»). Ogni cultura «sceglie», tra le infinite varietà dei comportamenti possibili, un segmento limitato, che talvolta può dar vita a una configurazione coerente, a volte no. Fra i modelli descritti da Ruth Benedict si ricordano quello «apollineo» degli zuñi, dignitosi, socievoli, equilibrati, e quello «dionisiaco» degli indiani delle pianure, rudi e violenti. Con E. Sapir, Ruth Benedict è stata uno dei primi antropologi a porre il problema della «devianza» del singolo individuo nei confronti della sua cultura e quindi dell'esistenza e della relatività delle «malattie mentali». Fra le altre opere: *Il crisantemo e la spada* (1946).

Beneke, Friedrich Eduard (Berlino 1798-1854), filosofo tedesco. Nel 1822 pubblicò *Fondamenti della fisica dei costumi*, che gli attirò le ire degli hegeliani: allontanato dall'insegnamento, fu praticamente costretto ad abbandonare Berlino, dove tornò soltanto nel 1832, dopo la morte di Hegel. Ricollegandosi al pensiero kantiano, Beneke lo interpretò soprattutto in chiave psicologica, riconducendo tutte le branche della filosofia alla conoscenza, attraverso l'esperienza interiore, dei processi di genesi e formazione delle categorie e dei concetti complessi. Cercò così, primo in Germania, di costruire un sistema di psicologia sperimentale, rifiutando l'innatismo e teorizzando un'articolazione, nella vita psichica, di facoltà e disposizioni elementari e originarie, reattive agli stimoli esterni. Fra le sue molte opere: *Manuale di psicologia come scienza naturale* (1833); *Sistema di logica come tecnica del pensiero* (2 voll., 1842); *Psicologia pragmatica* (1850).

Benjamin, Walter (Berlino 1892 - Port Bou, Spagna, 1940), filosofo e saggista tedesco. Si laureò a Berna (1919) con una tesi sul *Concetto di critica d'arte nel romanticismo tedesco*. Essendo di origine ebraica, all'avvento del nazismo andò esule a Parigi e di là collaborò con l'Istituto di scienze sociali di M. Horkheimer e Th.W. Adorno, che era stato trasferito da Francoforte in America. Quando le truppe tedesche entrarono in Francia, Horkheimer gli procurò un visto per gli Stati Uniti: si sarebbe dovuto imbarcare in un porto della penisola iberica, ma, fermato dalle autorità di frontiera spagnole e minacciato d'essere consegnato ai tedeschi, si uccise.

La produzione di Benjamin comprende pochi scritti di carattere filosofico in senso tecnico: la sua riflessione, cui ripugnano forme sistematiche, è giocata tra filosofia, critica letteraria, sociologia dell'arte, nella prospettiva di una «filosofia dell'arte» che sia innanzitutto «redenzione» («Erlösung», parola attinta dal lessico di F. → Rosenzweig) tanto del linguaggio dei testi, quanto del linguaggio del critico stesso. In questa ermeneutica si riflette l'interesse di Benjamin per la mistica ebraica, ma anche per l'arte ebraica del commentare-interpretare testi scritturali e talmudici: interesse suscitato in lui fin dalla giovinezza dall'amico G. Scholem, divenuto in seguito il maggiore specialista di tali argomenti. Dai saggi *Sulla lingua in generale e sulla lingua degli uomini* (1916) e *Il compito del traduttore* (1923) affiora una teoria, o piuttosto una mitologia, del linguaggio, fondata sulla credenza in una realtà fondamentale e perduta, che può essere rivelata, anche se ogni volta inadeguatamente, dalla forza dell'interpretazione. L'originaria corrispondenza perfetta tra le cose e la parola divina è scomparsa da quando gli uomini hanno cominciato a denominare nella loro lingua le cose. Funzione del critico della cultura (e in particolare della letteratura) è dunque indicare — come una direzione — la dimensione perduta del discorso divino, decodificando le approssimazioni umane attraverso un'ermeneutica che le componga in una nuova rete di approssimazioni. Queste tesi e soprattutto questo metodo di «conoscenza per composizione» o «per ricomposizione» si ritrovano in una delle opere principali di Benjamin, *Il dramma barocco tedesco*, edito nel 1928, ma finito di scrivere nel 1925 in vista della libera docenza e respinto come non pertinente in modo specifico ad alcuna disciplina accademica. Sulla scorta di un apparato erudito accuratissimo e pretestuoso (circa i testi secenteschi), Benjamin vi pone in luce la crisi e, nella crisi, il pregio dell'avventura intellettuale, della filosofia del linguaggio delle avanguardie: dire in maniera allegorica è, nel mondo moderno, subire una continua tentazione di lingua sacra, ma nello stesso tempo subire quello scacco malinconico (data l'irraggiungibilità del miraggio) che impedisce di illudersi di poter «ricomporre l'infranto» (*Tesi di filosofia della storia*, 1940).

L'influenza esercitata su Benjamin dal neokantismo (H. Cohen, H. Rickert), alla cui terminologia egli rimase specialmente fedele, gli fece dire nella «Premessa gnoseologica» al *Dramma barocco tedesco* (e in altri saggi) che il concetto e il giudizio sono strumenti di conoscenza e di dominio che entrano in contatto solo con il fenomenico, mentre l'oggetto nella sua totalità e unità è inaccessibile all'intelletto, e la verità è inaccessibile alla pretesa intuizione (polemica esplicita con la «filosofia della vita», da W. Dilthey in poi, e con la fenomenologia post-husserliana): totalità, unità, verità delle cose, appaiono in modo enigmatico nell'opera d'arte, e con quegli enigmi il filosofo deve misurarsi.

Nel saggio *L'opera d'arte nell'epoca della sua riproducibilità tecnica* (1936) Benjamin, avvicinatosi in modo estremamente problematico al marxismo, e legato da un rapporto personale con Adorno e con B. Brecht, affronta il destino dell'arte nella società di massa. L'arte, egli afferma, proviene da un originario contesto magico-rituale: il suo elemento storico s'identifica con il suo radicarsi nella tradizione. Il *quid* sacrale che originariamente circonda un'opera d'arte è l'«aura», misteriosa lontananza e pre-

senza a un tempo, inavvicinabilità ma, appunto, presenza. Con l'invenzione della riproduzione tecnica, l'inavvicinabilità si perde: la qualità magico-rituale dell'opera d'arte è sostituita dal suo valore espositivo, di esibizione per tutti e accessibile a tutti. Pur lamentando la fine dell'arte «auratica» e la riduzione del prodotto culturale a oggetto di consumo, Benjamin conserva tuttavia la speranza nel potenziale di «progresso» insito nell'arte: la riproducibilità modifica il rapporto delle masse con l'opera d'arte, ma forse non annulla il suo valore di contraddizione, di non conciliazione dei conflitti di un mondo ancora in attesa del Messia.
Infine, nelle *Tesi di filosofia della storia*, Benjamin denuncia l'ottimismo progressista dello storicismo relativistico e spesso positivistico del tardo Ottocento e del primo Novecento. La dichiarata razionalità della storia si rivela, ai suoi occhi, apologia del presente e di ogni presente contrassegnato dalla mitologia e dalla giurisprudenza di un «vincitore». Di là dalla prospettiva storicistica, che egli accusa di mistificazione sistematica, la storia appare a Benjamin come una fenomenologia dell'essere nel mondo del dominio: la borghesia capitalistica ha abolito i residui di apparente autonomia del soggetto e ha trasformato gli uomini in merci, la cui sopravvivenza è legata alla propria circolazione nel mercato. La redenzione dell'uomo può giungere soltanto da una rottura radicale col passato improntato dal dominio e da un recupero della tradizione sacra, messianica. Ma, in mancanza di elementi di fede, come i presupposti della liberazione-redenzione non sono dati, così anche la soggettività liberante attende di essere istituita. *F. J.*

Bense, Max Otto (Strasburgo 1910), filosofo tedesco. Ha elaborato una dottrina scientifica dell'arte basata sulla teoria dell'informazione e sulla semiotica di Ch.S. → Peirce. L'opera d'arte è un oggetto materiale, prodotto dall'uomo e sottoponibile a giudizio. Accanto a queste condizioni, definite da Bense «necessarie», se ne pongono altre tre, dette «sufficienti», che consentono di quantificare la qualità artistica dell'oggetto: il segno artistico deve inserirsi in un rapporto triplice (con altri segni, con l'oggetto denotato, con l'interprete che lo decodifica); l'opera deve contenere «relazioni d'ordine» (simmetrie, codici particolari ecc.); infine, essa deve risultare «indeterminata», cioè deve trasmettere un messaggio «ridondante» rispetto alla semplice esigenza di comunicazione. In campo teoretico, Bense ha sviluppato un «razionalismo esistenziale», inteso come sintesi fra la percezione della precarietà dell'esistenza e la necessità di una sua comprensione razionale. Tra le sue opere: *Estetica* (4 voll., 1954-60); *Razionalismo e sensibilità* (1956); *Teoria del testo* (1962).

Bentham, Jeremy (Londra 1748-1832), filosofo, giurista e uomo politico inglese. Dopo gli studi a Oxford, si dedicò a una riforma della legislazione che si allargò in seguito a programma politico e sociale di tendenze liberali e filantropiche. Propugnò il suffragio universale, la diffusione dell'insegnamento, la riforma delle leggi sui poveri; ispirandosi alle idee di C. Beccaria, ideò un nuovo sistema carcerario, detto *Panopticon*, che servì di modello alla costruzione della prima prigione cellulare a Millbank. Fondò la «Westminster Review», che raccolse i giovani di tendenze radical-liberali (tra i quali J. e J.S. Mill) e divenne l'organo delle battaglie politiche e lo strumento di diffusione delle idee utilitaristiche. Tra gli scritti: *Frammento sul governo* (1776); *Difesa dell'usura* (1787); *Introduzione ai principi della morale e della legislazione* (1789, la sua opera più importante); *Tavola dei motivi dell'azione* (1815); *Saggio sulla tattica politica* (1816); *Crestomazia* (1816); *Deontologia o scienza della moralità* (postuma, 1834).
Bentham condivide la critica di Hume al giusnaturalismo: l'ipotesi di un originario patto sociale tra gli uomini è un'astratta invenzione, contraddetta dalla storia e del resto insufficiente a spiegare di quale natura sia l'obbligo che il patto impone e perché venga poi mantenuto. L'unico principio che è in grado di spiegare la nascita della società e delle leggi è quello del vantaggio che a tutti ne deriva, ovvero il principio dell'*utile* comune, che Bentham ricavò da C.-A. Helvétius, C. Beccaria, F. Hutcheson e J. Priestley ed elaborò in modo sistematico riassumendolo nella formula: «la massima felicità del maggior numero possibile di persone». Tale principio è di per sé evidente e non richiede ulteriori giustificazioni. In base a esso, Bentham critica la legislazione inglese tradizionale fondata su astratte finzioni giuridiche e su principi che si suppongono immutabili. La legislazione deve invece fondarsi sui fatti e sui motivi che guidano le azioni umane, e poiché questi ultimi sono mutevoli, anche la legislazione deve continuamente modificarsi e perfezionarsi in modo da promuovere l'utile individuale e collettivo. In base allo stesso principio vengono calcolati i diritti: l'individuo ha diritti solo in quanto essi concorrano all'utile sociale. I legislatori devono perciò stimolare le azioni di comune utilità, perché mosse dalla benevolenza o dal desiderio, da parte di chi le compie, di essere stimato e amato; e ciò, mediante sanzioni che riproducano piaceri e dolori così come essi potrebbero derivare dalle conseguenze alle quali l'individuo andrebbe soggetto per legge naturale. Con queste idee Bentham combatteva contemporaneamente il conservatorismo politico e il radicalismo rivoluzionario dei giusnaturalisti rousseauiani e giacobini.
Sul principio dell'utile Bentham fondò anche la morale (utilitarismo etico), col proposito di

farne una scienza esatta. Il piacere e il dolore sono gli unici moventi originari dell'azione e del giudizio, sicché il giudizio morale deve considerarsi un caso particolare del giudizio che mira alla felicità. Il giusto e l'ingiusto non dipendono dai motivi dell'azione, ma dalle conseguenze di essa, sicché la tendenza a evitare mali fisici e dispiaceri morali è ciò che ci induce a evitare l'azione ingiusta e, ancor prima, a giudicarla tale. Il problema è però quello di saper prevedere con esattezza le conseguenze delle azioni, e di riuscire a «calcolarle» in anticipo. Bentham si dedicò a lungo alla ricerca di un'«algebra morale», e ritenne infine di poterla fondare su una *tavola* in cui elencò le caratteristiche che rendono un piacere desiderabile, cioè immune da conseguenze troppo dolorose. Tali caratteristiche sono: l'*intensità*, la *durata*, la *certezza*, la *prossimità*, la *fecondità*, la *purezza*, l'*estensione*. Il principio generale di questa classificazione è che sono vantaggiosi per l'individuo i piaceri che promuovono la felicità generale. A ciò alludono in particolare le tre ultime caratteristiche sopra elencate che invitano a ricercare piaceri fecondi (che generano altri vantaggi), puri (ovvero non accompagnati o seguiti da alcuna conseguenza dolorosa) ed estesi (tali da potersi trasmettere anche ad altri uomini). Se ogni uomo seguisse tale codice morale, tutti avrebbero la certezza della felicità e insieme promuoverebbero l'utile sociale. Ne conseguirebbe ciò che Bentham chiamava la «massimizzazione» del piacere e la «minimizzazione» del dolore, derivanti da una sorta di altruismo sociale basato non su obbligazioni o doveri di natura interiore o «spirituale» (come pretendono coloro che, dice Bentham, accecati da pregiudizi religiosi e metafisici, hanno sinora impedito alla morale di divenire una scienza), ma su un egoismo calcolato quanto proficuo. In questa fondazione sociale della virtù Bentham rivela il profondo legame del suo pensiero con l'ottimismo liberistico di A. Smith.

Benussi, Vittorio (Trieste 1878 - Padova 1927), psicologo italiano. Professore nell'università di Graz ed esponente della scuola psicologica austriaca fondata da A. von Meinong, alla fine della prima guerra mondiale Benussi optò per l'Italia e nel 1919 fu nominato senza concorso, per meriti scientifici straordinari, professore di psicologia sperimentale presso l'università di Padova. Dal 1919 al 1927, anno della sua morte, egli svolse alcune ricerche che per il loro rigore e la loro originalità elevarono da sole il livello scientifico (nel complesso mediocre) della psicologia italiana dell'epoca, e che trovarono continuatori in C. Musatti e Silvia De Marchi. Le ricerche di Benussi ebbero per oggetto principalmente la percezione visiva, la psicologia della percezione del tempo, la psicologia della testimonianza e i processi suggestivo-ipnotici. Nel primo di questi settori egli ideò e realizzò molti esperimenti sulle illusioni ottiche i cui risultati si rivelarono successivamente preziosi per gli psicologi gestaltisti. Nel secondo settore Benussi, per la prima volta nella storia della psicologia, affrontò in termini sperimentali le deformazioni soggettive che caratterizzano la percezione del trascorrere del tempo. Quanto alla psicologia della testimonianza, Benussi scoprì che, in un soggetto, alla «consapevolezza di mentire» e alla «consapevolezza di essere sincero» corrispondono precise e differenziate concomitanti respiratorie. Ma il suo contributo più importante è quello contenuto nell'opera *La suggestione e l'ipnosi come mezzi di analisi psichica reale* (1925), e consiste — anche in questo caso per la prima volta nella storia della psicologia — nel ricorso alla suggestione e all'ipnosi non già in chiave clinico-terapeutica, bensì allo scopo puramente conoscitivo di scindere gli eventi psichici complessi nelle loro componenti elementari. Favorevolmente orientato, a differenza di molti altri psicologi italiani dell'epoca, verso la psicoanalisi freudiana, Benussi fu tra i primi ad avvertire l'esigenza di un controllo sperimentale, nella misura del possibile, dei concetti psicoanalitici; in particolare, egli interpretò l'*allucinazione negativa*, nella quale il soggetto ipnotizzato non percepisce o elide oggetti presenti nel proprio campo visivo, come il corrispettivo sensoriale della rimozione freudiana.

Benveniste, Émile (Aleppo 1902 - Parigi 1976), linguista francese. Dopo aver insegnato all'Ecole pratique des Hautes Etudes di Parigi dal 1927, nel 1937 succedette ad A. Meillet nella cattedra di grammatica comparata al Collège de France. I suoi lavori più importanti sono di indoeuropeistica: *Le origini della formazione dei nomi in indoeuropeo* (1935), *Nomi d'agente e nomi d'azione in indoeuropeo* (1948), *Il vocabolario delle istituzioni indoeuropee* (2 voll., 1971); in questo campo, sviluppando l'insegnamento di F. de Saussure, Benveniste produsse magistrali risultati. Vanno anche ricordati i saggi di teoria e metodologia linguistica, molti dei quali raccolti in *Problemi di linguistica generale* (2 voll., 1966 e 1974), in cui sviluppò un'originale teoria dell'enunciazione, e l'articolo del 1939 *Natura del segno linguistico*, in cui richiamò sul concetto saussuriano di arbitrarietà del segno l'attenzione di altri studiosi, aprendo un fecondo dibattito. Nel 1961 fondò con P. Gourou e C. Lévi-Strauss la rivista «L'Homme».

Berdjaev, Nikolaj Aleksandrovič (Kijev 1874 - Clamart, Parigi, 1948), filosofo russo. Deportato dal regime zarista per le sue idee sociali, studiò poi a Heidelberg, ove si avvicinò al pensiero di J. Böhme, X.von Baader, Schelling e Kierkegaard. Professore all'università di Mosca nel 1920, venne esiliato due anni dopo dal regime bolscevico per la sua opposizione al marxismo. Dal 1925 si stabilì a Parigi. Tra le sue opere si ricordano: *La filosofia della libertà* (1916); *Il senso della storia* (1923); *Un nuovo medioevo* (1924); *L'uomo e la macchina* (1933); *Il destino dell'uomo nel mondo contemporaneo* (1934); *Cristianesimo e realtà sociale* (1934); *Cinque meditazioni sull'esistenza* (1936); *Saggio di una metafisica escatologica* (1946); *L'idea russa* (1946); *Schiavitù e libertà dell'uomo* (1947).

Berdjaev aderì alla corrente dell'esistenzialismo religioso, inserendovi alcuni temi caratteristici del cristianesimo russo: la visione teologica della storia imperniata sulla figura del Cristo e la distinzione (mutuata da Dostoevskij, al quale Berdjaev dedicò un celebre libro: *La concezione del mondo di Dostoevskij*, 1923) tra la libertà come grazia (*libertas major*) e la libertà come scelta (*libertas minor*). La rivendicazione esistenzialistica della concreta esperienza spirituale e individuale muove in Berdjaev da un'acuta critica del carattere alienante dell'oggettivismo filosofico e scientifico moderno. Di qui il suo ricupero dei valori spirituali del medioevo e il rifiuto della civiltà nata col rinascimento. Il ritorno all'autenticità dell'esistenza si configura in Berdjaev nei termini di una concezione teologico-escatologica della storia. L'umanizzazione di Dio in Cristo apre la via al compito della divinizzazione dell'uomo. Per il principio divino che è in lui, l'uomo diviene in tal modo strumento di trasfigurazione e di riscatto dell'intero mondo oggettivo nel mondo finale dello spirito. La creazione del mondo, infatti, non è finita il settimo giorno e l'uomo è chiamato a collaborare alla creazione dell'ottavo giorno, in cui essa riceverà la sua perfezione finale. Dio fa dunque appello alla libertà umana per realizzare il piano della creazione, assumendo su di sé il rischio e le conseguenze che tale appello comporta. L'appello si traduce per l'uomo in un imperativo etico che esorta, in ogni momento della vita, a «metter fine al vecchio mondo e a cominciare il nuovo». Ciò non significa che l'avvento ultimo del mondo dello spirito possa trovar compimento nella storia, la quale, anzi, ha il suo compimento ultimo al di là di sé. La storia però è il luogo in cui il dramma cosmico dell'esistenza si avvia alla trascendenza finale nella perfetta condizione divina.

Berengario di Tours (Tours 1008 - Saint-Côme, Tours, 1088 ca), filosofo e teologo francese. Seguace dell'indirizzo filosofico dei dialettici, che sottoponevano al vaglio della logica, identificata con la ragione stessa, ogni verità, negò l'esistenza dell'universale affermando che solo il singolare, rivestito di elementi sensibili (gli accidenti), può essere oggetto di conoscenza. Berengario è noto soprattutto per la serrata polemica condotta contro Lanfranco di Pavia circa l'interpretazione del dogma eucaristico: pur non negando la presenza di Cristo nell'eucaristia, nel *De sacra coena adversus Lanfrancum* egli mise in rilievo le difficoltà logiche derivanti dalla dottrina della «transustanziazione», ossia della trasformazione della sostanza del pane e del vino nel corpo e nel sangue di Cristo, restando invariati gli accidenti. Per Berengario non si deve parlare di presenza sensibile o materiale di Cristo nell'eucaristia, ma solo di una presenza spirituale. Le tesi di Berengario furono condannate da un concilio romano del 1079.

Berger, Gaston (Saint-Louis, Senegal, 1896 - Longjumeau, Seine-et-Oise, 1960), filosofo francese. Docente nell'università di Aix-en-Provence, contribuì a introdurre in Francia la fenomenologia e ne fornì un'elaborazione personale. Berger progetta una teoria della conoscenza intesa come «teoretica pura», che si occupi delle modalità per cui le cose acquistano significazione; il senso delle cose non è infatti immanente a esse, ma proviene da un Io trascendentale, condizione di ogni significato possibile. A questa gnoseologia pura si affianca una riflessione sul carattere intenzionale della conoscenza empirica: l'interrogazione sull'esistenza delle cose va sostituita con quella sul loro significare in rapporto al soggetto percipiente; questo, a sua volta, afferma l'intenzionalità anche in campo etico attraverso l'impegno personale, che non va inteso come semplice volere soggettivo, ma acquista significato in relazione all'Io trascendentale, identificato con Dio. Tra le opere: *Il cogito nella filosofia di Husserl* (1941); *Trattato pratico di analisi del carattere* (1950); *Carattere e personalità* (1954); *Fenomenologia del tempo e prospettiva* (postuma, 1964).

Bergmann, Gustav (Vienna 1906), filosofo austriaco. Già membro del circolo di → Vienna, dagli anni Cinquanta ha preso sempre più fortemente le distanze dalle sue posizioni originarie (non lontane da quelle di R. Carnap, ma neppure del tutto coincidenti con esse), fino ad assumere un atteggiamento accentuatamente critico nei confronti della filosofia neoempiristica. Un interesse via via crescente è venuto viceversa mostrando per la filosofia di F. Brentano e di A. von Meinong e per tutta la problematica concernente il rapporto fra il significato e la teoria dell'intenzionalità. Fra le opere principali: *La metafisica del positivismo logico* (1954); *Filosofia della scienza* (1957); *Significato ed esistenza* (1960); *Logica e realtà* (1964); *Realismo. Una critica di Brentano e Meinong* (1967).

Bergson, Henri (Parigi 1859-1941), filosofo francese. Laureatosi in lettere e in matematica all'Ecole Normale Supérieure di Parigi, dove seguì i corsi di E. Boutroux e di L. Ollé-Laprune, ottenne il dottorato in filosofia con due dissertazioni: *Quid Aristoteles de loco senserit* e il *Saggio sui dati immediati della coscienza*

(1889). «Maître de conférences» all'Ecole Normale nel 1897, nel 1899 venne chiamato al Collège de France, dove, benché osteggiato dagli ambienti tradizionali della Sorbona, il suo insegnamento ottenne un successo enorme. Nel 1914 fu nominato accademico di Francia e nel 1928 gli fu conferito il premio Nobel per la letteratura. Di origine ebraica, Bergson si avvicinò progressivamente al cattolicesimo, ma evitò una conversione ufficiale perché, come scrisse nel suo testamento, temeva di avallare con il suo prestigio l'antisemitismo fomentato in Europa dal nazismo. Scritti principali: *Materia e memoria* (1896); *Il riso* (1901); *L'evoluzione creatrice* (1907); *L'energia spirituale* (1919); *Durata e simultaneità* (1922); *Le due fonti della morale e della religione* (1932); *Il pensiero e il movente* (1934, raccolta di saggi e conferenze, tra i quali l'*Introduzione alla metafisica*, 1903, che è una brillante sintesi della filosofia di Bergson, e *L'intuizione filosofica*, 1911).
L'influenza di Bergson sui contemporanei e sulle generazioni immediatamente successive fu grandissima. Il suo insegnamento venne continuato al Collège de France da E. → Le Roy, che accentuò l'interpretazione utilitaristica della scienza sostenuta dal maestro e soprattutto diffuse le idee bergsoniane nel movimento di riforma religiosa del modernismo. In campo filosofico Bergson, riattualizzando la tradizione dello spiritualismo francese, incarnò le principali istanze della reazione al positivismo e all'intellettualismo di fine Ottocento, ispirando una concezione evoluzionistica che, come in Teilhard de Chardin, mirava alla fusione di scienza e religione. La sua influenza si esercitò anche sul pragmatismo (W. James), sulla fenomenologia (M. Scheler) e sull'esistenzialismo francese, ma, ancor prima, si estese al campo delle lettere e delle arti (da M. Proust al simbolismo, all'ermetismo, all'impressionismo pittorico), dando vita al complesso fenomeno culturale del cosiddetto «bergsonismo». Né va trascurata la discussione con A. Einstein (in *Durata e simultaneità*) che influì su A.N. Whitehead, H. Poincaré, G.H. Mead e in generale sull'epistemologia contemporanea.
• *Coscienza e tempo.* L'evoluzionismo spenceriano costituisce il punto di partenza della filosofia di Bergson; egli stesso ha raccontato il suo giovanile entusiasmo per i *Primi principi* di H. Spencer, che intendeva perfezionare, soprattutto per quel che riguarda la meccanica, grazie alla sua competenza matematica. Ma nel metter mano a questo lavoro Bergson si imbatte in quello che diventerà il problema centrale di tutto il suo pensiero: il problema del tempo. Il modello di spiegazione scientifica assunto dal positivismo è quello fisico matematico, ma proprio il concetto di tempo, che è fondamentale per una teoria evoluzionistica, «sfugge alle scienze matematiche». Il tempo introdotto simbolicamente nelle equazioni della meccanica non è infatti il tempo reale, ma una sua astrazione: una successione di istanti «statici», tutti uguali, perfettamente distinti e reciprocamente esterni, indifferenti alla natura qualitativa dei fatti in essi contenuti. Di qui l'esigenza di Bergson di trovare un modello di spiegazione non nella matematica, ma nella biologia. Questa scienza, sviluppatasi nel sec. XIX, ha messo in crisi le concezioni matematicistiche cartesiane e newtoniane: «Bisogna rompere i quadri matematici, tener conto delle scienze biologiche, psicologiche e sociologiche, e su questa base più ampia edificare una metafisica capace di salire sempre più in alto mediante lo sforzo continuativo, progressivo, organizzato di tutti i filosofi associati nel medesimo rispetto per l'esperienza» (*Il parallelismo psico-fisico e la metafisica positiva*, 1901).
A questo «rispetto per l'esperienza» si ispira già il *Saggio sui dati immediati della coscienza*, in cui Bergson, dopo aver rifiutato il «tempo spazializzato» della fisica, si propone una descrizione degli stati di coscienza in presa diretta, cioè mediante l'introspezione e in polemica con la psicologia sperimentale positivistica, che pretende di rapportare i dati interni della coscienza ai fatti fisici esterni. Ora, i fatti psichici vivono in una dimensione qualitativa che non è rapportabile a quella quantitativa dei fatti fisici (si può misurare uno stimolo, come fece T.G. Fechner, ma non una sensazione). Il tempo concretamente vissuto dalla coscienza, per esempio, è una «durata» reale in cui lo stato psichico presente conserva il processo dal quale proviene ed è insieme qualcosa di nuovo. Non c'è soluzione di continuità tra gli stati della coscienza: essi si compenetrano dando vita a un amalgama in continua evoluzione. È precisamente questo movimento reale e vissuto che la scienza non può spiegare con i suoi concetti astratti e rigidi. A causa poi di un analogo intellettualismo concettuale la scienza (e anche il senso comune) da sempre si imbatte in dualismi irresolubili: materia-spirito, estensione-pensiero, necessità-libertà. Bergson affronta tale problema in *Materia e memoria.* È la memoria pura e spirituale a caratterizzare la vita profonda della coscienza: essa raccoglie tutto il nostro passato e lo conserva nel fondo della psiche. Il corpo però, e in particolare il cervello, si incarica di limitare la memoria totale (che pure è base del riconoscimento, dell'affiorare di un ricordo in concomitanza con una percezione, della libera immaginazione nel sogno e nei deliri della follia), imponendo la dimenticanza di taluni contenuti e l'oblio. Il cervello è dunque un organo di traduzione e di collegamento: da un lato esso traduce l'attività della coscienza in movimento (nel cervello non c'è il pensiero ma solo il «movimento esteriorizzato» del pensie-

ro), dall'altro collega la coscienza con la realtà esterna, e anzitutto con quella prima cosa che per l'io è il corpo. I due estremi dello spirito e del corpo possono dunque essere espressi come memoria e percezione: la prima raccoglie la totalità della vita vissuta, nella sua spontaneità e creatività; la seconda si concentra sul presente, sulle necessità pratiche dell'azione, sul determinismo delle abitudini e degli schemi intellettuali astratti. Il corpo «ha per funzione essenziale quella di limitare, in vista dell'azione, la vita dello spirito»; ma lo spirito sopravanza e trascende il corpo, lo spinge oltre il presente e il passato nel futuro, lo riassorbe entro la propria durata.

• *La metafisica evolutiva.* Su queste basi Bergson affronta il concetto generale di evoluzione, che riguarda anche il mondo materiale. Egli ora respinge sia il modello evoluzionistico spenceriano (cioè il determinismo), sia l'evoluzionismo finalistico, perché entrambi negano la spontaneità e la novità del processo reale. L'evoluzione della realtà è «slancio vitale», «azione che di continuo si crea e si arricchisce» (*Evoluzione creatrice*). La vita naturale cresce «come un fascio di steli», sviluppandosi in serie divergenti; essa, come un fuoco d'artificio, «esplode» in varie direzioni biforcandosi. La prima biforcazione dello slancio vitale dà luogo alla distinzione tra l'animale e la pianta; quest'ultima, chiusa nella notte dell'inconscio e dell'immobilità, arresta ben presto la propria evoluzione; l'animale, invece, si protende oltre grazie al movimento e all'istinto, tentando varie direzioni, alcune feconde (come quella dei vertebrati, che si evolvono sino agli uomini e quindi addirittura al di là dell'istinto), altre non feconde (come nel caso dei molluschi). Ma anche l'istinto trova un proprio limite nella ripetitività, nell'abitudine, che per Bergson, come già per F. Ravaisson, costituisce l'essenza della materia. L'istinto produce da sé i propri strumenti organici; ma proprio le sue soluzioni sin troppo adeguate e automatiche ne stabiliscono il limite. Di qui il sorgere dell'intelligenza umana, capace di produrre strumenti inorganici, quasi per colmare un'insufficienza dell'istinto naturale.

L'intelligenza avvia l'uomo sulla strada della coscienza e del concetto, cosicché l'uomo possa meglio rispondere ai bisogni vitali (l'*homo faber* precede l'*homo sapiens*). Per questo l'intelligenza costruisce «forme vuote», categorie, schemi (e anzitutto il linguaggio, sconosciuto all'animale). L'estremo raffinamento di questa attitudine astrattiva è rappresentato dalla scienza, il cui strumento è l'intelletto e il cui procedimento tipico è l'analisi: la scienza è un'impresa non conoscitiva ma «economica» che fraziona la durata reale in parti e la traduce in etichette e in simboli statici, maneggevoli per la loro semplicità, quantificabili e calcolabili. Ma l'intelligenza non si esprime solo nell'intelletto; essa conserva un legame con l'istinto dal quale deriva, ed è perciò in grado di ritornarvi, accompagnata però dalla coscienza. Questo ritorno all'istinto, disinteressato e consapevole di sé, è ciò che Bergson chiama «intuizione». L'intuizione «è quella *simpatia* mediante la quale ci si inserisce nell'interiorità d'un oggetto per coincidere con ciò che c'è in esso di unico» (*Introduzione alla metafisica*). L'intuizione diviene così l'organo di una reale conoscenza partecipativa, che si esprime nell'arte, se diretta all'individuale, e nella metafisica, se rivolta alla totalità della vita presa nel suo slancio vitale. La metafisica è pertanto «la scienza che si propone di superare la barriera dei simboli» costruiti dal linguaggio comune e dall'intelletto scientifico.

• *Etica e religione.* Lo slancio vitale che opera nella natura costituisce anche la chiave per l'interpretazione del mondo sociale. La natura ha indirizzato l'uomo verso l'evoluzione sociale a somiglianza delle api e delle termiti; ma, a differenza di queste, gli esiti del processo sociale umano non sono predeterminati e dipendono dalle libere scelte dell'intelligenza e del volere. Queste scelte sono inizialmente guidate dalla religione, che con la forza del mito ha posto un argine agli eccessi dell'individualismo. Ne deriva però che la società antica è «chiusa», «statica», superstiziosa e violenta: essa opprime gli individui perché questi acquisiscano le abitudini morali indispensabili alla sopravvivenza sociale. Con l'avvento della scienza e dell'industrialismo moderni, preparati dalla grande rivoluzione spirituale del cristianesimo, si configura per l'uomo la possibilità di una società «aperta», «dinamica», democratica e non violenta. Bergson non ignora che il progresso tecnologico sembra invece spingere l'uomo «verso la soddisfazione dei desideri più grossolani» (*Le due fonti della morale e della religione*): esso produce «il benessere esagerato e il lusso per un certo numero piuttosto che la liberazione per tutti», donde terribili guerre, contese sociali e il pericolo di una distruzione totale dell'umanità. Ma a ciò Bergson oppone la speranza in un nuovo salto evolutivo della specie, consistente in un nuovo misticismo, che facendo leva sulla forza dell'intuizione e della tecnica si traduca in un moderno «amore universale e attivo». La mistica, dice Bergson, richiede la meccanica, e la meccanica esige una mistica, cioè un «supplemento d'anima» capace di dominare le forze eccezionali scatenate dall'intelligenza dell'uomo.

Berkeley, George (Thomastown, Kilkenny, 1685 - Oxford 1753), filosofo irlandese. Fu educato nel Trinity College di Dublino, dove iniziò la sua carriera di professore e in seguito insegnò teologia, greco ed ebraico. Nel 1713 andò a Londra e fu presentato a corte da J.

Swift; quindi viaggiò in Italia (1714 e 1716-20) lasciandoci le sue impressioni in un *Diario di viaggio*, che fu pubblicato solo nel 1781. Tornato in Inghilterra e nominato decano della cattedrale di Derby, formulò un progetto per la fondazione di un collegio universitario nelle Bermude per educare i giovani indigeni d'America. Il progetto fu approvato dal parlamento, ma Berkeley, trasferitosi a Newport nel New England, attese invano, fino alla fine del 1731, le sovvenzioni promesse. Tornato in Inghilterra, fu nominato vescovo di Cloyne: qui rimase fino al 1752, quando si trasferì a Oxford.

Nei *Commentari filosofici*, stesi tra il 1707 e il 1708, sono già presenti i temi centrali del pensiero di Berkeley, che trova poi espressione compiuta nel *Trattato sui principi della conoscenza umana* (1710), preceduto da un breve *Saggio di una nuova teoria della visione* (1709) e seguito dai *Tre dialoghi tra Hylas e Philonous* (1713). È del 1721 il trattato *De motu* (scritto per un concorso dell'Accademia di Francia), e del periodo americano l'*Alcifrone o il «piccolo filosofo»*, pubblicato a Londra nel 1732. Seguono l'*Analista: discorso a un matematico infedele* (1734) e *Siris* (1744), libro apologetico che parte dalle virtù medicamentose dell'acqua di catrame, raccomandata come rimedio contro la peste del 1739-40, per approdare alla difesa della religione.

• *La critica delle idee astratte.* Il filo conduttore del pensiero di Berkeley è l'apologia del teismo e del primato dello spirito sulla materia. Questo intento, che permane immutato in tutta la produzione di Berkeley, spiega anche i mutamenti sostanziali del suo pensiero che, partito da un empirismo e nominalismo radicali, approda a una sorta di idealismo platonico. Le sue tesi più note sono tuttavia quelle che si riconducono alla prima fase e si esprimono sostanzialmente nel *Trattato* (che doveva costituire la prima parte di un'opera più vasta, rimasta incompiuta) e nei *Dialoghi*. Il *Trattato* si apre con una critica alle idee astratte che, secondo il Locke del *Saggio sull'intelletto umano*, costituirebbero il discrimine tra la mente umana e quella dei bruti: questa critica, accolta poi da Hume, è la ragione per cui tradizionalmente, nelle storie del pensiero, la figura di Berkeley si colloca tra quelle dei due grandi pensatori inglesi, rispetto ai quali invece il filosofo irlandese risulta del tutto eterogeneo per quel che riguarda la finalità dell'indagine; la stessa ragione spiega inoltre l'interpretazione sostanzialmente scettica che viene data di solito della sua dottrina, la quale invece, paradossalmente, si propone di distruggere lo scetticismo.

Secondo Berkeley la fonte di tutti i nostri errori sta nella presunzione di formare e possedere idee astratte: egli perciò analizza queste idee per mostrare che in realtà non sono tali, e sono invece sempre rappresentazioni particolari. L'idea generale non è tale per il suo contenuto, in quanto cioè risulti da un processo di astrazione da contenuti determinati e raggiunga un contenuto indeterminato (come sarebbe possibile pensare un triangolo che non sia né equilatero né isoscele né scaleno, ma che sia contemporaneamente equilatero, isoscele e scaleno?): essa è generale per il rapporto con i contenuti che rappresenta. Un'idea, e di conseguenza un nome, può «stare per», può rappresentare una quantità di idee e percezioni particolari; con ciò l'idea non è diventata generale: essa ha solo una «funzione» di rappresentanza per una classe di idee particolari.

• *La critica della realtà esterna e l'immaterialismo.* Questa critica delle idee astratte è usata da Berkeley per l'affermazione dell'immaterialismo, espresso nella celebre formula «esse est percipi». Se ci atteniamo all'esperienza immediata, ci rendiamo conto che non possediamo altro che le nostre percezioni, interne ed esterne, e le idee che nascono dalla loro combinazione. Oggetti, non ne conosciamo mai; e tuttavia è universale la credenza in un mondo esterno che ci verrebbe dato nell'esperienza. Questa credenza è assurda e contraddittoria: le percezioni sono nel soggetto che le percepisce, non fuori di lui, in un ipotetico *substratum* materiale. Argomentare l'esistenza di un mondo esterno al di là dell'essere percepito, significa formulare un'idea astratta, priva di qualsiasi contenuto di verità. La differenza, accettata anche da Locke, di qualità primarie e secondarie è per Berkeley priva di significato: tutte le qualità sono secondarie, nel senso che non hanno realtà alcuna al di fuori del loro essere percepite.

D'altra parte, poiché la natura delle idee è passiva, esse non possono prodursi da sole le une con le altre, ma devono essere prodotte da un principio attivo, uno spirito; siccome, inoltre, le percezioni si impongono come qualcosa di indipendente dalla volontà del soggetto e sono dotate di una ripetitività e coerenza che permette di prevederne la successione, non si può non dedurre che esse provengono dal Sommo Spirito, cioè da Dio. La differenza tra sensazioni e idee formate dal soggetto è che le prime non sono opera sua, e lo inducono, per questo, a credere in un mondo esteriore. È possibile in tal modo distinguere sogno o fantasia da sensazioni veraci, tenendo conto però che in ambedue i casi si tratta di idee la cui realtà è solo nella mente che le pensa, sia essa la mente umana finita o quella divina infinita. La spirito, essendo attivo, non può essere rappresentato da un'idea, per sua natura passiva: perciò degli spiriti non v'è conoscenza se non indiretta attraverso le opere (o intuitiva, quando si tratta del proprio): Dio è lo spirito più conoscibile perché le sue opere sono innumerevoli.

• *Scienza e fede.* Smantellata la credenza comu-

ne nella realtà materiale esterna, Berkeley si propone anche di infirmare le principali idee della scienza: l'idea di causa necessaria (che ci deriva dall'associazione ripetuta di certe percezioni), ma soprattutto le idee astratte della matematica e delle scienze. Nei *Dialoghi* la tesi dell'immaterialismo è ripresa in forma letteraria, come confronto tra sostenitori delle due opposte concezioni, materialista e spiritualista. Anche qui Berkeley insiste sul soggettivismo delle percezioni (cui si accompagna sempre, inscindibilmente, un'impressione di piacere o dolore o comunque affettiva) e sull'irrilevanza della distinzione tra qualità primarie e secondarie; inoltre rifiuta anche l'ipotesi dell'esistenza di una realtà esterna che sia pura «occasione» di percezioni inviateci da Dio, come era nelle tesi di Malebranche. Si sgombra così il campo da problemi quali quello del dualismo delle sostanze e del modo della loro interazione. Le sostanze spirituali sono in rapporto solo con le idee, le quali si presentano come qualcosa di reale, e con Dio, fonte unica di questo messaggio.
L'ispirazione apologetica di Berkeley si manifesta soprattutto nelle sue due ultime opere, l'*Alcifrone* e la *Siris*: qui egli difende il teismo e la religione rivelata contro il deismo dei liberi pensatori (A. Collins, Shaftesbury ecc.), le cui dottrine espone liberamente. Il deismo riduce la divinità a principio astratto, lontano dalla natura e dall'uomo, ed è pertanto impotente a fondare una morale. Solo la religione confessionale, la fede nella rivelazione può diventare principio operante e avere effetti benefici sugli spiriti degli uomini e sui loro costumi. Infine, Berkeley espone la sua filosofia religiosa della natura, richiamandosi al neoplatonismo, sulla base della comune affermazione della realtà come manifestazione immediata dello spirito.

M. Mo.

Berlin, Isaiah (Riga 1909), filosofo politico inglese di origine lettone. Ha studiato e insegnato all'università di Oxford. Vissuto nell'ambiente della filosofia analitica oxoniense (descritta nel volume *Impressioni personali*, 1981), Berlin non si identifica totalmente con essa pur ammirandone il rigore e la chiarezza. I suoi interessi investono infatti, oltre a problemi strettamente filosofici e linguistici, questioni storiografiche, politico-sociali ed etiche. Il suo contributo teorico più rilevante viene dal saggio *Due concetti di libertà* (1958; poi in *Quattro saggi sulla libertà*, 1969), che ha segnato una svolta nella discussione sulla teoria della → libertà. Entro la sfera politico-sociale, egli distingue fra libertà negativa, che consiste nell'assenza di ostacoli e interferenze all'azione individuale, e libertà positiva, che coincide con l'autonomia, la padronanza di sé, il dominio dell'io più autentico. La prima non dice alcunché riguardo a ciò che l'individuo libero fa o è in condizione di fare; la seconda ritiene di poter definire che cosa l'individuo deve fare per essere libero. Nessuno dei due concetti definisce in modo esaustivo che cosa significhi essere liberi; né essi sono facilmente ricomponibili ma, piuttosto, risultano potenzialmente in conflitto. Questo conflitto va inteso alla luce della concezione pluralistica dei valori di Berlin, secondo cui la molteplicità dei valori non è sintetizzabile in armonica unità, ma comporta, weberianamente, la necessità di scelte da giustificare di volta in volta con ragioni appropriate. Nel caso della libertà, pur sostenendo in linea generale la priorità di quella negativa — la cui assenza coincide con la coercizione e l'oppressione — Berlin sostiene che essa è un valore tra gli altri e che, talvolta, può e deve cedere di fronte alle ragioni più pressanti di altri valori, quali l'uguaglianza o la stessa libertà positiva. Altre opere sono: *Karl Marx: vita e ambiente* (1939); *Vico e Herder* (1976); *Pensatori russi* (1978); *Concetti e categorie* (1979); *Il legno storto dell'umanità* (1991).

Berlino, circolo di, gruppo di scienziati e filosofi che, nel periodo 1928-38, parteciparono all'elaborazione delle teorie epistemologiche e filosofiche denominate poi complessivamente neopositivismo → empirismo logico. Del gruppo fecero parte, fra gli altri, H. Reichenbach, C.G. Hempel, R. von Mises, W. Köhler, D. Hilbert, K. Grelling, A. Herzberg. Il circolo si propose di diffondere le nuove idee che si andavano elaborando al di là delle frontiere nazionali e di farle uscire dal tradizionale isolamento accademico; a questo fine si collegò col circolo di → Vienna; la collaborazione si concretò nel congresso di Praga (1929) e maturò, nel 1930, con la pubblicazione della rivista «Erkenntnis», diretta da Reichenbach e R. Carnap. La rivista, importante anche per aver fatto conoscere le ricerche della scuola logica polacca, cessò le pubblicazioni nel 1938, quando il nazismo disperse i membri del circolo e costrinse molti a emigrare.

Bernard, Claude (St. Julien 1813 - Parigi 1878), fisiologo francese. Insegnò al Collège de France, alla Sorbona e, dal 1868, al Museo di Storia Naturale. Nel corso della sua fortunata carriera scientifica - a lui si devono una serie di importanti scoperte - si dedicò alla riflessione sulle basi concettuali e metodologiche della ricerca fisiologica, e nel 1865 espose le sue idee in proposito nell'*Introduzione allo studio della medicina sperimentale*. In questa opera Bernard elaborò una concezione del metodo della ricerca fisiologica distante sia dal razionalismo cartesiano sia dall'empirismo radicale di molta medicina ottocentesca, individuandone i momenti fondamentali nell'*osservazione* dei fenomeni nuovi, nell'*ipotesi* (o *idea a priori*) sulla natura e le cause di tali fenomeni, e nell'*esperimento*. Scettico nei confronti dell'impiego di tecniche statistiche nella ricerca medica, Bernard sostenne, in polemica con le correnti vitaliste del suo tempo, che i fenomeni biologici obbediscono alle leggi rigorosamente deterministiche della fisica e della chimica. Non abbracciò, tuttavia, le tesi riduzioniste della biologia materialista, e, anticipando molte teorie novecentesche della complessità biologica, elaborò il concetto di *milieu intérieur*, un principio di regolazione, non analizzabile in termini fisico-chimici, che mantiene l'organismo in una condizione di equilibrio, difendendolo dagli effetti perturbatori dell'ambiente.

Bernardo di Clairvaux (Fontaines, Digione, 1090 - Clairvaux, Aube, 1153), monaco francese, dottore della chiesa; santo. Monaco dal 1112, nel 1115 fondò il monastero di Clairvaux (Chiaravalle), che ben presto divenne il maggior centro cisterciense. Lottò strenuamente a favore di Innocenzo II contro l'antipapa Anacleto II, e combatté Abelardo, Gilberto Porretano e Arnaldo da Brescia. La sua influenza sulla chiesa intera si accrebbe con l'elezione di Eugenio III (1145), già suo monaco, al quale dedicò il *De consideratione*. Nel 1146-47 predicò la seconda crociata, poi fallita. Le sue opere (trattati come il *De gratia et libero arbitrio*, il *De diligendo Deo*, il *De gradibus humilitatis et superbiae*, e vari sermoni, opuscoli e lettere) sono importanti, oltre che per il ruolo di Bernardo nella vicenda storico-ecclesiastica, come tipica espressione di quella teologia monastica che è stata recentemente studiata e rivalutata. È una teologia ostile alla speculazione, alla *quaestio* (di qui l'avversione per la nascente scolastica), e preoccupata piuttosto di narrare e di illustrare la storia della salvezza, come manifestazione dell'amore di Dio che esige una risposta d'amore. Rispetto alle sue fonti bibliche e patristiche, la mistica di Bernardo assume accenti di novità soprattutto per la tonalità affettiva e l'intimità del rapporto con il Cristo, contemplato nei vari «misteri» della sua esistenza terrena, e definito «mea subtilior, interior philosophia».

Bernardo di Tours, o Bernardo Silvestre (sec. XII), letterato e filosofo francese. Fu legato alla scuola di → Chartres. Compose un commento allegorico-morale al VI libro dell'*Eneide*, un'*Ars dictaminis*, trattatelli astrologici e geomantici. Ma soprattutto importante è il suo *De mundi universitate sive Megacosmus et microcosmus*, che sviluppa un dialogo tra Natura e Provvidenza in una compiuta cosmogonia, facendo uso di un vasto materiale letterario e mescolando la teologia cristiana a speculazioni neoplatoniche (sotto l'influsso del commento di Calcidio al *Timeo*). Il passaggio dal mondo intelligibile a quello sensibile vi è concepito per gradi, come nel neoplatonismo: dalla mente divina si origina il cielo, dal cielo le stelle e dalle stelle il mondo. L'uomo è concepito come coronamento della creazione: il suo corpo è costituito dai quattro elementi (terra, aria, acqua e fuoco), mentre il pensiero gli viene dal cielo.

Bernays, Paul (Londra 1888-1977), logico e matematico svizzero. Vittima delle leggi razziali, perse nel 1933 la *venia legendi* all'università di Gottinga, ma continuò per qualche anno a collaborare con D. Hilbert. Nel 1939 si trasferì a Zurigo, dove, dopo la guerra, divenne professore straordinario. Fu coautore con Hilbert dei monumentali *Fondamenti della matematica* (1934). Tra le sue opere più importanti è la *Teoria assiomatica degli insiemi* (1958), nella quale viene data una sistematizzazione, di esemplare efficacia e semplicità, dei rapporti tra gli insiemi (teoria degli insiemi), intesi come oggetti matematici, e le classi, intese come estensioni di proprietà logiche.

Berne, Eric (San Francisco 1910-1970), psichiatra e psicoterapeuta statunitense. Fu professore presso la California Medical School. Negli anni Cinquanta sviluppò, ispirandosi al comportamentismo, alla psicologia della Gestalt e alla psicoanalisi, una teoria sulla struttura della personalità basata su tre *stati dell'Io*. Lo stato *esteropsichico*, rappresentato dall'«Io-genitoriale», protettivo, che fissa limiti e norme; lo stato *neopsichico*, rappresentato dall'«Io-adulto», che è caratterizzato dall'autonomia dei sentimenti e dalla capacità di adattamento alla realtà; lo stato *archeopsichico*, rappresentato dall'«Io-bambino», fonte di creatività, d'intuizione e sede delle parti più autentiche della personalità. I disturbi psichici sarebbero determinati da rapporti alterati tra questi livelli. L'*analisi transazionale*, l'indirizzo terapeutico fondato da Berne, lavora per riequilibrarne i rapporti, studiando le dinamiche relazionali e le strategie comunicative in cui sono coinvolte «transazioni» di stati dell'Io di una persona con quelli di un'altra. Forme ricorrenti di queste transazioni sono state individuate nella comunicazione, nei giochi, nelle emozioni e nei copioni (progetti decisi nell'infanzia e che hanno condizionato le scelte successive), le cui sequenze, secondo Berne, sono prevedibili e consentono di mettere in luce gli eventuali disturbi. Opere principali: *La mente in azione* (1947); *Analisi transazionale e psicoterapia. Un sistema di psichiatria sociale e individuale* (1951); *A che gioco giochiamo* (1964).

Bernstein, Eduard (Berlino 1850-1932), uomo politico e filosofo tedesco. È stato uno degli iniziatori della corrente revisionistica in seno al marxismo. Membro del Partito socialdemocratico tedesco dal 1872, fu delegato al congresso di unificazione di Gotha; nel 1878 andò esule a Zurigo, dove fu editore dell'organo illegale del partito, il «Sozialdemokrat», e mantenne stretti rapporti di collaborazione con Marx ed Engels. Rientrato in Germania nel 1902, fu più volte deputato al Reichstag: in questa sede votò, nel 1914, allo scoppio della prima guerra mondiale, per l'approvazione dei crediti di guerra, contribuendo così alla scissione della Seconda internazionale. A partire dal 1919, condusse una decisa polemica contro il leninismo e lo stato sovietico, accentuando le posizioni revisionistiche già manifestate nel 1899, con *I presupposti del socialismo e i compiti della socialdemocrazia*.

Il revisionismo di Bernstein muove dal presupposto che il socialismo è un compito etico, più che l'inevitabile conseguenza della crisi del capitalismo: quest'ultimo, anzi, non soltanto è in grado di superare le proprie crisi, ma si dimostra capace di migliorare le condizioni del proletariato. Abbandonato quindi il terreno dello scontro tra le classi, il socialismo si deve porre il compito di sviluppare la loro collaborazione mediante riforme interne alle istituzioni borghesi, che favoriscano la progressiva integrazione dei lavoratori nella struttura produttiva. Bernstein rinunciava così all'impostazione dialettica dell'analisi marxiana, e si orientava verso una filosofia della storia di tipo evoluzionistico. Oltre all'opera fondamentale, già citata, si ricordano *Per la storia e la teoria del socialismo* (1901) e una monografia su *Ferdinand Lassalle* (1914).

Bertalanffy, Ludwig von (Atzgersdorf, Vienna, 1901 - Buffalo 1972), biologo ed epistemologo austriaco. Fino al 1948 insegnò biologia all'università di Vienna; nel 1949 emigrò in Canada, dove dal 1962 fu professore di biologia teorica all'università dell'Alberta. La sua produzione scientifica comprende scritti di fisiologia cellulare, embriologia sperimentale, patologia (sul cancro), e opere di biologia teorica, tra cui emergono la *Teoria critica dello sviluppo delle forme* (1928), *L'immagine biologica del mondo* (1949) e lo scritto programmatico *Lineamenti di teoria generale dei sistemi* (1950), cui è oggi legata la sua fama.

Come biologo teorico, Bertalanffy criticò fin dall'inizio sia il vitalismo, che pretende di «spiegare» il vivente introducendo entità misteriose come l'*élan vital* o l'entelechia, sia il meccanicismo, implicito a suo parere in buona parte della biologia contemporanea. Al meccanicismo, Bertalanffy rimproverò soprattutto di essere «analitico-sommatorio», ossia di analizzare e scomporre ogni fenomeno in costituenti, considerandolo la loro somma; di essere «macchinistico», di identificare cioè la base della vita con un insieme di meccanismi fisico-chimici predeterminati; di essere infine «reazionistico», ossia di concepire gli organismi viventi come automi che reagiscono solo se stimolati. Gli organismi viventi vanno invece considerati come *sistemi* complessi, dotati di proprietà specifiche: a essi, per es., non si applicano gli stessi principi termodinamici che valgono per i sistemi «chiusi» studiati dalla fisica. Se è vero, d'altra parte, che esistono proprietà specifiche dei sistemi viventi, vi sono anche proprietà generali di tutti i sistemi, e queste appunto formano l'oggetto della «teoria generale dei sistemi» (t.g.s.), che Bertalanffy propose come prospettiva in base alla quale ricondurre a unità tutte le scienze. Fallita in quanto utopia di unificazione del sapere, la t.g.s. si è rivelata tuttavia feconda come ipotesi euristica in campi diversi, dalla psicologia alla cibernetica.

Bérulle, Pierre de (castello di Cerilly, Champagne, 1575 - Parigi 1629), ecclesiastico e teologo francese. Sacerdote nel 1599, introdusse in Francia le carmelitane riformate (1603-04) e fondò l'Istituto dell'oratorio francese (1611-13), per il rinnovamento e la formazione del clero. Dopo san Francesco di Sales fu il maggior esponente della spiritualità cattolica di Francia, che caratterizzò in senso mistico e cristologico, esercitando notevole influenza sui cenacoli devoti delle classi colte. Consigliere di Maria de' Medici, cardinale nel 1627, nell'ultimo anno della sua vita fu inviato ambasciatore a Roma da Richelieu. La sua opera principale è il *Discorso sullo stato e sulla grandezza di Gesù* (1601).

Bessarione, Giovanni (Trebisonda 1403 - Ravenna 1472), umanista greco. Studiò a Costantinopoli e a Mistra, alla scuola di Gemisto Pletone. Eletto arcivescovo di Nicea nel 1436, rappresentò la linea teologica greca al concilio di Firenze, dove difese l'unione della chiesa latina con quella ortodossa. Più tardi, nominato cardinale da Eugenio IV, si stabilì a Roma e la sua casa divenne luogo di incontro dei più illustri umanisti, i quali vi discutevano soprattutto di filosofia platonica. Fra i suoi scritti si ricordano una traduzione in latino della *Metafisica* di Aristotele e uno scritto polemico contro l'umanista Giorgio da Trebisonda intitolato *In calumniatorem Platonis* (1469): in esso Bessarione propone il superamento dell'antitesi quattrocentesca fra Platone e Aristotele in una sorta di «concordia filosofica», ossia una revisione dell'aristotelismo e la sua sostanziale conciliazione con la filosofia platonica.

Beth, Evert Willem (Almelo, Overijssel, 1908 - Amsterdam 1964), logico olandese. Fu, dal 1952, direttore dell'istituto per le indagini sui fondamenti e la filosofia delle scienze esatte, presso l'università di Amsterdam. Beth ha dato rilevanti contributi alla teoria logica. Suo è il metodo delle *tavole semantiche*, procedimento sistematico per la confutazione delle proposizioni che porta a identificare la nozione di verità logica con quella di proposizione inconfutabile. A Beth si devono anche la prima caratterizzazione propriamente semantica della logica intuizionista (*modelli di Beth*) e un fondamentale teorema concernente la teoria della definizione (*teorema di Beth-Padoa*) secondo il quale ogni concetto implicitamente definibile ammette sempre anche una definizione esplicita. Sua opera principale è *I fondamenti della matematica* (postuma, 1968).

Bettelheim, Bruno (Vienna 1903 - Maryland 1990), psicoanalista austriaco. Studiò medicina e condusse le sue prime esperienze psicoanalitiche a Vienna. Internato nel 1938 nei campi di concentramento di Buchenwald e Dachau, si trasferì nel 1939 negli Stati Uniti. Docente di Psicologia e Psichiatria all'università di Chicago, fondò e diresse la Orthogenetic School per la cura dei bambini psicotici. Ha dedicato i suoi studi all'interpretazione dapprima dei disturbi affettivi e poi dell'autismo nell'infanzia. In una prima fase, Bettelheim si rifà al modello teorico fornito dalla → psicologia dell'Io di Anna Freud integrato dalla pedagogia di J. → Dewey e dalla psicologia cognitiva di J. → Piaget. Persuaso del fatto che la comprensione degli altri passi attraverso la comprensione di sé, Bettelheim ritiene che il bambino vada educato rinforzando la sua autonomia, che deve essere fondata soprattutto sulla progressiva padronanza del corpo e delle sue funzioni. Tuttavia il modello della presa di coscienza e del controllo delle tendenze inconscie si rivela inadeguato nei confronti delle psicosi autistiche, che rappresentano il luogo di ritiro prematuro dal contatto con la realtà. Rifacendosi alla sua esperienza di prigionia, Bettelheim giunge a sostenere che le psicosi sorgono quando le angosce fantasmatiche proprie della vita neonatale trovano conferma nel mondo reale, e che sono curabili offrendo al bambino una realtà diversa da quella che ha incontrato e interpretato. In questo senso Bettelheim sottolineò l'importante funzione della fiaba, soprattutto quando raccontata dall'adulto.
Tra le sue opere più importanti: *Il prezzo della vita* (1947); *L'amore non basta* (1950); *Dialoghi con le madri* (1962); *La fortezza vuota. L'autismo infantile e la nascita del Sé* (1967); *Il mondo incantato. Uso, importanza e significati psicoanalitici delle fiabe* (1976); *Un genitore quasi perfetto* (1987).

Betti, Emilio (Camerino 1890 - Camorciano 1968), giurista e filosofo italiano. Insegnò a Milano (1927-44) e a Roma dal 1947. Critico umanistico dello specialismo, Betti coltivò, accanto agli studi giuridici (ricordiamo soprattutto la *Teoria generale del negozio giuridico*, 1943), più ampi interessi filosofici. E fu proprio la larga consuetudine con la filosofia tedesca (idealismo, storicismo, fenomenologia, filosofia dei valori) a indurlo a elaborare, negli ultimi vent'anni della sua vita, una teoria generale dell'→ interpretazione (*Le categorie civilistiche dell'interpretazione*, 1948; *Interpretazione della legge e degli atti giuridici*, 1949; ma soprattutto la *Fondazione di una teoria generale dell'interpretazione*, pubblicata in tedesco nel 1954), il cui motivo ispiratore può già essere individuato negli studi giovanili sul ruolo della dogmatica moderna nell'interpretazione del diritto romano (*Diritto romano e dogmatica odierna*, 1928). Tipicamente ermeneutica, infatti, era già l'insistenza sulla storicità dell'interprete e sul primato dell'interesse e delle categorie attuali. Sforzandosi di restare fedele a un progetto esente da radicali opzioni speculative e proprio per questo capace di garantire un tessuto connettivo a tutte le scienze dello spirito (→ Geisteswissenschaften), Betti vide nell'→ ermeneutica un esercizio etico volto tanto alla tolleranza e alla comprensione delle altrui prospettive, quanto alla tutela della continuità tra passato e presente e quindi della memoria storica dell'umanità. Direttore dal 1955 di un Istituto di Ermeneutica presso l'università di Roma, Betti può essere considerato, per la sua monumentale *Teoria generale dell'interpretazione*, (2 voll., 1955), il principale rappresentante novecentesco dell'ermeneutica metodica, una teoria dell'interpretazione che rivendica la necessità di una diversificazione, nel compito interpretativo, tra una preliminare funzione ricognitiva (storico-filologica), che si esaurisce nella comprensione del senso; una funzione riproduttiva, che comunica ad altri il senso compreso (traduzione, messa in scena teatrale, esecuzione musicale); e, infine, una funzione normativa, che adatti il senso ai bisogni della comunità cui si rivolge (interpretazione teologica, giuridica e psicologica). Proprio questa diversificazione metodica e l'impianto oggettivistico parzialmente modellato sullo → psicologismo romantico portarono Betti nei primi anni Sessanta a una vivace polemica con l'ermeneutica ontologica prevalente nella cultura tedesca (soprattutto H.G. Gadamer e R. Bultmann): il comprendere non è per Betti una condizione esistenziale, ma l'esito «relativamente» oggettivo dell'interpretazione di un soggetto, la cui «produttività» va circoscritta attraverso l'osservanza di generali criteri metodici e la fedeltà etica all'appello del testo e alla sua irriducibile alterità (*L'ermeneutica come metodica generale delle scienze dello spirito*, 1962). *T. Gr.*

Beveridge, William Henry (Rangpur, Bengala, 1879 - Oxford 1963), economista inglese. Figlio di un funzionario del Servizio civile indiano, si laureò a Oxford nel 1904. L'incontro con Sidney e Beatrice Webb, filantropi e teorici del sindacalismo inglese, lo fece entrare nella commissione che pubblicò nel 1909 il famoso «Rapporto della minoranza», primo schema per un piano organico di sicurezza sociale (il *welfare state* inglese, che egli teorizzò e, come funzionario statale, contribuì a costruire). Diresse (dal 1919 al 1937) la London School of Economics; il suo nome è legato al «Rapporto Beveridge» (1942), che proponeva una serie di misure atte a garantire pieno impiego e assistenza pubblica generalizzata. Eletto in parlamento come deputato liberale nel 1944, Beveridge accettò nel 1945 il titolo di pari; da allora si occupò di problemi locali nelle *new towns* di Aycliffe e Peterlee. Tra le sue opere, la principale è *Il pieno impiego di una società libera* (1944).

Bhagavadgītā, ossia «Il canto del beato», poema indiano in diciotto parti (700 strofe ca). Contenuto all'inizio del VI libro del *Mahābhārata*, ne rappresenta il più intimo nucleo religioso e filosofico. Occasione del poema è il doloroso dubbio di Arjuna, principe dei Paṇḍu, che non sa risolversi a entrare in battaglia contro l'esercito dei Kuru, rivale sì, ma formato da suoi parenti, maestri, amici; ad Arjuna risponde l'auriga Kṛṣṇa, in realtà una delle forme (*avatāra*, discesa) in cui il dio Viṣṇu si incarna di età in età per salvare il mondo: le concezioni da lui espresse, sovente in forma di immagini altamente poetiche, investono sul piano filosofico problemi che in Occidente si chiamerebbero metafisici ed etici. Essenza di tutto è il dio universale, identificato in due passi appunto con Viṣṇu, ma in realtà senza particolarismi settari; egli è, nello stesso tempo, trascendente e immanente a ogni cosa, e si manifesta eternamente in due forme distinte, lo spirito (*puruṣa*) e la natura (*prakṛti*); dai tre costituenti di quest'ultima e dalla loro mescolanza derivano le infinite forme illusorie e temporanee: dio è perciò anche la causa efficiente, oltre che la sostanza, di tutto, e agisce attraverso la *māyā* (forza magica divina), che rappresenta, in ultima analisi, l'equivalente dinamico della prakṛti; l'azione divina si esplica sia sul piano cosmico, generando il ritmo di creazione-annientamento del mondo, sia su quello personale, generando dall'intimo del loro cuore il destino dei singoli individui.

Nella cornice di questa concezione metafisica, si inquadra la risposta ai problemi etici e alla ricerca della liberazione: l'uomo deve agire in obbedienza alla legge (*dharma*) della propria condizione sociale (quindi Arjuna, guerriero, deve combattere!), ma con atteggiamento di indifferenza ai risultati dell'azione stessa e con la coscienza di influire solo sulla forma illusoria e non sulla sostanza, eterna e divina, degli esseri: libera così da attaccamenti, l'azione umana non genera effetti che si ripercuotono sulle vite future, spezza il ciclo delle rinascite (*saṃsāra*) e diviene strumento puro e consapevole della volontà di dio.

Come mezzo di liberazione, la *Bhagavadgītā* privilegia in tal modo non tanto la via della conoscenza (*jñānamārga*), quanto quella dell'azione (*karma-yoga*) e dell'amore e abbandono a Dio (*bhakti*), che si afferma perciò come il momento centrale dell'esperienza religiosa induista, precorrendone e indirizzandone molti aspetti e sviluppi fino ai giorni nostri. Se infatti, sul piano strettamente filosofico, le dottrine contenute sembrano risultare dalla fusione di elementi del *vedānta* e del *saṃkhya* (esistono però anche altre interpretazioni critiche occidentali), il sentimento, la commozione intensa che le pervade, l'invito all'abbandono confidente in Dio e insieme lo spirito di serena tolleranza religiosa sono la nota più profonda del poema e ne fanno, non solo in India, il testo più amato e vissuto dell'intero induismo. *G. Bo.*

bhakti, termine sanscrito con il quale si designano una delle principali virtù religiose predicate dall'induismo e uno dei mezzi per raggiungere la salvezza. La bhakti è la devozione al Signore che si estrinseca nel sentimento di un fiducioso abbandono. I segni di tale devozione già si trovano in alcune espressioni della religione vedica e ancor più nelle *Upaniṣad* di ispirazione teistica. Nella → *Bhagavadgītā* la bhakti è una delle maniere più semplici e più rapide per raggiungere il fine ultimo dell'uomo e, come tale, è proposta anche in molti testi puranici, nonché nelle confessioni religiose sivaitiche e viṣṇuite, specie nella scuola detta dei *bhāgavata*. Vi è anche una bhakti nel buddhismo del Grande Veicolo, e nel giainismo. La bhakti è celebrata nei canti dei santi che fiorirono un po' in tutta l'India: i più grandi tra questi poeti religiosi furono il mistico Kabīr (sec. XV), Guru Nānak (secc. XV-XVI), promotore del movimento religioso dei sikh, la santa Mirābaī (sec. XV), la cui fervente devozione si espresse, secondo modelli già proposti da altri al suo tempo, nei temi dell'amore di Rādhā e Kṛṣṇa, e Tukaram (sec. XVII), le cui poesie hanno suscitato vasta eco religiosa anche al di fuori dell'India. La bhakti tipica del śaktismo e del tantrismo si manifesta invece in un culto alla Grande Madre, forza cosmica, attributo femminile del divino, presente ovunque, ed evidenziata in particolari momenti magico-ritualistici o in particolari persone. Le forme e i modi della bhakti possono estendersi anche al culto di personalità religiose (maestri di spirito) in cui si adora, particolarmente operante, la divina presenza. La bhakti è spesso legata al tema della grazia divina, messa in luce dai filosofi come Rāmānuja, Madhva o Nimbarka, quale fondamento della prassi devozionale.

Biagio Pelicani di Parma, o Biagio Pelacani (Costamezzana, Parma, metà del sec. XIV - Parma 1416), filosofo e scienziato italiano, detto *doctor diabolicus*. Insegnò filosofia, medicina e arti in diverse città (Pavia, Bologna, Padova, Piacenza); dal 1412 fu rettore dell'università di Parma. Il suo pensiero è rimasto famoso per le dottrine di ottica; per la trattazione delle proporzioni in cui elabora una concezione matematica del vuoto contro le tesi del continuo dei fisici aristotelici; per le critiche alla cosmologia di Aristotele e alle interpretazioni teologiche dell'incorruttibilità dei cieli e della necessità di un primo motore immobile di tutto il moto, cioè Dio. Negò, pertanto, le dimostrazioni a posteriori dell'esistenza di Dio e dell'immortalità dell'anima individuale. Eterno è per lui solo l'universo o la natura, concepito come un essere animato o animale sempiterno in continuo movimento; Biagio sostiene la generazione spontanea in forza della quale può formarsi, sotto una buona influenza astrale, anche l'anima intellettiva umana. Sul piano morale Biagio ritiene, tra l'altro, che l'uomo deve seguire la virtù per se stessa e non in vista di un fine religioso ultraterreno come più tardi penserà Pomponazzi. Per le sue dottrine materialistiche fu condannato dalle autorità religiose di Pavia nel 1396. Scrisse di ogni argomento, da commenti ad Aristotele (importanti le sue *Quaestiones de anima*) a trattati originali, come quelli di statica (*Tractatus de ponderibus*), delle proporzioni (*Quaestiones de proportionibus*), di ottica (*Quaestiones de perspectiva*), sul moto dei pianeti (*Theorica planetarum*); compilò veri e propri oroscopi mondiali (quello dell'anno 1386 e quello del 1411: *Iudicia revolutionis*): fu, infatti, anche astrologo stimatissimo dai sovrani e signori del tempo come i principi Carraresi di Padova.

Bibbia, raccolta di libri considerati sacri dalla tradizione religiosa ebraico-cristiana. Comprende una prima parte, che i cristiani chiamano Antico Testamento e che è costituita da un insieme di libri, scritti in ebraico o aramaico prima della nascita di Gesù, sacri per l'ebraismo e per tutte le confessioni cristiane (a questi libri, denominati protocanonici, cattolici e ortodossi aggiungono i cosiddetti deuterocanonici, scritti o pervenutici in greco); e una seconda parte, il Nuovo Testamento, sacro solo per i cristiani.

• *Classificazione di libri biblici.* Il carattere sacro degli scritti di questa collezione è da ricondursi non solo alla loro funzione religiosa, ma prima ancora alla divina ispirazione (si veda oltre) dalla quale trarrebbero origine; la canonicità dice la loro appartenenza all'elenco autentico dei libri accettati appunto come ispirati e normativi. La distinzione tra Antico e Nuovo Testamento si fonda sul valore definitivo che il cristianesimo attribuisce a Gesù e alla sua morte, quale compimento dell'antica alleanza stabilita da Dio sul Sinai con il popolo ebraico. Alla ripartizione, usuale nella tradizione cristiana, dei libri dell'Antico Testamento in storici, didattici e profetici, il giudaismo oppone quella che raccoglie sotto il titolo di Legge (Torah) i cinque libri del Pentateuco: Genesi, Esodo, Levitico, Numeri, Deuteronomio, sotto il titolo di Profeti anteriori i libri di Giosuè, dei Giudici, di 1 e 2 Samuele, di 1 e 2 Re, nei quali si delinea la storia di Israele dall'ingresso nella terra promessa sino alla distruzione del tempio per opera di Nabucodonosor, nel 587 a.C. (la ripresa di quella storia e la sua continuazione dopo il ritorno dall'esilio di Babilonia, grazie all'editto di Ciro del 538 a.C., sono affidate ai libri delle Cronache o Paralipomeni, di Esdra e del secondo libro di Esdra o Neemia che il canone ebraico colloca negli Agiografi). Ai Profeti anteriori seguono (nella classificazione ebraica) i Profeti posteriori, ai quali di solito si attribuisce il titolo di profeta in maniera esclusiva, e che a loro volta si distinguono, per l'ampiezza della loro opera, in maggiori (Isaia, Geremia, Ezechiele, e, per i cristiani, Daniele) e minori (Osea, Gioele, Amos, Abdia, Giona, Michea, Nahum, Abacuc, Sofonia, Aggeo, Zaccaria, Malachia). Gli Agiografi, infine, comprendono, oltre a libri di totale o parziale contenuto storico come 1 e 2 Cronache o Paralipomeni, Esdra e Neemia, Ester, Daniele e Ruth, opere poetiche come Giobbe, i Salmi, il Cantico dei Cantici e le Lamentazioni, e opere sapienziali come i Proverbi e l'Ecclesiaste (Qohelet). Deuterocanonici dell'Antico Testamento sono: Tobia, Giuditta, Baruc, Sapienza, Ecclesiastico (Siracide), 1 e 2 Maccabei, nonché aggiunte greche a Daniele ed Ester. Il Nuovo Testamento comprende i Vangeli di Matteo, Marco, Luca (Vangeli sinottici) e Giovanni; gli Atti degli Apostoli; il corpus paolino (→ Paolo), formato da 14 lettere; le 7 lettere «cattoliche» (cioè «universali», non dirette a un destinatario particolare) e l'Apocalisse.

• *Aspetti letterari.* Stilisticamente, sono di volta in volta presenti la prosa, formule rituali e legali, gnomiche, e, soprattutto nei salmi, poetiche. Le forme stilistiche e prosodiche della poesia si riconducono a tre: il lessico «poetico», l'uso di versi o stichi, spesso raggruppati in strofe, di lunghezza ineguale ma con eguale numero di accenti principali, e talvolta con acrostico iniziale; infine il cosiddetto parallelismo, consistente in una «rima concettuale», o ripetizione con parole diverse di una stessa idea, nel verso o nell'emistichio seguente. La varietà che così traspare nel complesso della Bibbia è tuttavia ancora insufficiente a rappresentare la molteplicità dei generi letterari, vale a dire di quelle forme stilistiche e letterarie che qualificano le diverse sfere espressive, e che la critica più recente ha fatto oggetto di analisi, ricercandone l'evoluzione nella tradizione non solo scritta, ma anche orale, sino a identificare unità minime, tali che risulta più agevole determinare il contesto concreto donde hanno avuto origine; contesto rappresentato dall'insieme delle condizioni storiche, culturali, psicologiche relative agli autori e ai destinatari. Dalla loro intelligenza più precisa si prendono poi le mosse per la ricostruzione di contesti via via più vasti.

• *Scienze bibliche e ispirazione.* La ricerca biblica non può naturalmente prescindere dai problemi lessicali, morfologici, sintattici, in generale linguistici, che un corpus letterario così complesso presenta, così come non può prescindere dai problemi di critica testuale, di autenticità storica e letteraria. Con il nome di scienze bibliche si indica il complesso delle discipline impegnate in questo lavoro, preliminare alla interpretazione globale della Bibbia, nella quale è ancora necessario distinguere la semplice esegesi da quella che si può denominare ermeneutica teologica. L'ermeneutica teologica è condizionata non solo dal riconoscimento della Bibbia come monumento storicoletterario (ed è indubbiamente il più ricco delle antiche letterature semitiche), o come semplice documento religioso, bensì dallo specifico valore che la tradizione cristiana in particolare le attribuisce, assumendola come testo normativo per la fede, sul fondamento della divina ispirazione. Con ispirazione si intende in generale una peculiare influenza divina nella formazione della Scrittura, che la rende insieme opera di Dio e dell'uomo, sebbene a diverso titolo, e in modo tale che il riconoscimento di Dio come autore principale non pregiudica la effettiva umana storicità del libro. Non solo il singolo agiografo, ma l'intera comunità è in qualche misura coinvolta nell'azione ispiratrice divina e nella composizione del testo, che resta così più adeguatamente inquadrato nell'ordine complessivo dell'azione salvifica di Dio.

• *L'ermeneutica biblica.* Ovvia conseguenza di una interpretazione razionalistica o storicistica della Bibbia e della religione è il rifiuto d'una siffatta ermeneutica teologica. Nell'ambito cristiano, tale rifiuto s'è presentato soprattutto a partire dalla critica illuministica e dal protestantesimo liberale, che nella seconda metà del sec. XVIII ha avuto in H.S. Reimarus l'emblematico iniziatore. Per tutto il secolo successivo, sino agli inizi del nostro, il protestantesimo liberale svolgerà un intenso lavoro critico, ricco di risultati talvolta sconcertanti nel loro radicalismo. La scuola storico-religiosa, in particolare, sottolineando l'autonomia della realtà storica, proporrà un nuovo modo d'intendere l'ambiente, e, all'interno di esso, lo specifico delle tradizioni bibliche. Il frutto forse più maturo del protestantesimo liberale va riconosciuto nel metodo storico-formale o di storia delle forme (*Formgeschichte*), al quale — con modalità e impostazioni diverse — pervennero contemporaneamente all'inizio degli anni Venti del nostro secolo alcuni studiosi tra cui M. Dibelius e R. Bultmann. Ma proprio in quegli anni un rivolgimento teologico profondo — la teologia dialettica — segnò, con la fine del protestantesimo liberale, una ripresa, anzi un'accentuazione del problema dell'ermeneutica teologica. Non va trascurata, nell'interpretazione di queste vicende, l'incidenza profonda che ebbero di volta in volta le concezioni filosofiche e scientifiche dominanti, in particolare l'influenza della filosofia della storia o comunque delle concezioni della storia professate dai teologi in forma ora più ora meno riflessa.

Problema principe dell'ermeneutica biblica è quello di individuare il centro della Bibbia stessa, attorno al quale il tutto si raccoglie. Se si riconosca nell'«alleanza» il tema e la categoria centrale della testimonianza biblica, il problema appare così formulabile: se e come la ricca molteplicità dei documenti dei quali la Bibbia si compone, e la diversità loro non aliena da tensioni e, almeno apparentemente, da conflitti e antitesi, possa essere intesa come espressione dell'unità del disegno di Dio e della sua fedeltà alla promessa. Naturalmente il problema si pone in modo diverso per il giudaismo, che accetta solo l'Antico Testamento, e per il cristianesimo, che assume come decisivo il Nuovo Testamento e l'annuncio di Gesù di Nazareth, donde anzi ogni elemento biblico assume il suo valore nell'insieme della parola di Dio affidata alla comunità ecclesiale. In questa linea diverrà momento cruciale la chiarificazione del rapporto tra Antico e Nuovo Testamento. È ovvio che la tendenza dominante sia quella di un'armonizzazione dei due, talvolta sino a semplificare troppo il compito. Ma non sono mancate, nell'antichità cristiana così come in epoche recenti, affermazioni della inconciliabilità o almeno della discontinuità fra i due Testamenti. Le giustificazioni di queste tesi sono facilmente riconducibili o a determinate concezioni del processo storico ed evolutivo, o all'opposizione teologica tra Legge e Vangelo, o comunque a forme di assolutizzazione del Nuovo Testamento.

Il tema dell'unità acquista particolare accentuazione e precisa fisionomia a partire dal contenuto specifico della testimonianza biblica. La fede ivi proposta è fede storica nelle grandi imprese di liberazione delle quali Dio è autore, e che il racconto biblico raccoglie nella trama di un disegno divino irreversibile e che si vuole rigorosamente unitario. Le narrazioni del passato acquistano senso di memoriale dell'intervento di Dio, il quale trascende la sua singolarità storica ponendosi come promessa e profezia. Il messaggio profetico, a sua volta, rinvia agli avvenimenti del passato che rimemora, interpreta e chiarisce; esso stesso si riferisce al futuro meno come predizione di avvenimenti singolari, che come annuncio del compimento della promessa passata. E al futuro è affidata la sua stessa interpretazione e manifestazione piena.

Il Nuovo Testamento presenta una caratterizzazione peculiare: in esso idea dominante è il compimento raggiunto in Gesù; per il Nuovo Testamento Gesù è l'evento decisivo di Dio, nel quale l'Antico Testamento si disvela, e la promessa in esso testimoniata giunge ad attuazione. Alla priorità che l'Antico Testamento riservava per aspetti diversi al passato o al futu-

ro, il Nuovo Testamento sostituisce, nella sua prospettiva caratteristica, quella del presente: il primo vive nella speranza, poggiata sugli avvenimenti fondatori, che un futuro evento divino rovesci la condizione dell'uomo e del mondo, portando la salvezza; il secondo annuncia questo evento che a partire da Gesù attualmente si compie: l'attesa è volta alla manifestazione di quello che il presente già contiene ed efficacemente promuove. L'insistenza sul valore di «appello» che la parola biblica ha per e nel concreto e storico presente dell'uomo condurrà Bultmann a ritenere teologicamente del tutto irrilevante il rapporto tra la religione dell'Antico e del Nuovo Testamento.
La riforma, fissando con il principio del *sola Scriptura* la Bibbia quale fonte e giudice di tutti i problemi e di tutte le questioni di fede, introduce un principio ermeneutico di somma portata, e che influenzerà profondamente il rapporto con la Bibbia. A esso storicamente va ricondotto — direttamente o almeno come a suo presupposto e stimolo — il sorgere della teologia biblica, nell'accezione più propria del termine. *G. B.*

bicondizionale, connettivo logico binario (→ connettivo) caratterizzato, secondo la logica classica, da una tavola di → verità secondo la quale si ha valore di verità *vero* esattamente quando il connettivo è applicato a formule aventi identico valore di verità. L'espressione del linguaggio naturale che più si avvicina al bicondizionale è «se e solo se».

Biemel, Walter (Kronstadt, Siebenbürgen, 1918), filosofo tedesco. Collaboratore dell'Archivio-Husserl di Lovanio dal 1945 al 1951 e di quello di Colonia dal 1951 al 1960, dal 1962 è professore nell'Università di Aquisgrana. Di formazione fenomenologica, ha curato numerose opere di Husserl (fra cui l'edizione della *Crisi delle scienze europee*), dedicandosi anche allo studio del pensiero di Heidegger. Biemel ha concentrato la sua riflessione filosofica sulle nozioni di mondo e di opera d'arte, proponendo una interazione fra la concezione heideggeriana dell'arte come istituzione e l'intuizione husserliana del → mondo della vita come orizzonte universale della prassi umana (*Analisi filosofiche sull'arte contemporanea*, 1968). A questo ambito di studi si collega il saggio sul rapporto tra filosofia e arte in Kant, *La fondazione kantiana dell'estetica e il suo significato per la filosofia dell'arte* (1965), e fra le sue ricerche heideggeriane si collocano il volume *Il concetto di mondo in Heidegger* (1950), e la monografia *Martin Heidegger* (1973).

Bildung, termine tedesco che significa «cultura», «formazione», «educazione». La consueta traduzione di questo termine rinvia a un ambito umanistico-pedagogico assunto progressivamente a partire dall'ultimo terzo del XVIII secolo, ma la sua origine risale alla mistica tardomedioevale, dove si trova in relazione con il latino «forma»: l'anima, ricevendo in sé la presenza di Dio, viene uni-formata e in-formata in lui, acquisendo la forma cristica attraverso la nascita in essa del Figlio e divenendo così «*Bild*» di Gesù. Nella filosofia della natura tedesca rinascimentale il termine *Bildung* indica un'immanente legge che dirige la crescita, lo sviluppo e il ciclo vitale degli enti naturali, una dinamica «forma formante». La teosofia tedesca del XVIII secolo, particolarmente F.Ch. Oetinger, oppone all'erudizione scolastica e al credo formale delle Chiese ufficiali un'interiore rinascita spirituale opera dello spirito vivente e formante. Parallelamente, la polemica contro la cultura formalistica ed erudita, nutrita tanto dell'eredità di → Shaftesbury — *Bildung* appare come traduzione di «*inward form*» — quanto di quella di Rousseau, spinge alla visione di un processo insieme naturale e storico attraverso cui l'umanità «dà forma» a se stessa in parallelo alla «forza plastica» della natura.
Herder e Goethe sviluppano questa eredità in due direzioni diverse, ma in fondamentale accordo. Nelle *Idee per una filosofia della storia dell'umanità* (1784-1791), Herder riprende la visione rinascimentale dell'uomo come microcosmo e analogia della natura *in toto*, unendola al pensiero dell'immagine di Dio presente nello spirito formante; la *Bildung* diviene così l'idea dell'umanità come principio plasmatore, elaborazione organica - come nella natura - di ciò che è stato ricevuto tramite appropriazione e sua trasmissione. Su Goethe esercitò una particolare influenza la concezione di J.F. Blumenbach, secondo cui la materia vivente possiede un «impulso formativo» che le consente di raggiungere e conservare la forma organica che le compete secondo le specie (*Sull'impulso formativo*, 1781). Dunque Goethe concepisce una stretta somiglianza tra il processo formativo della natura nella formazione degli organismi e quello della cultura e dell'arte: in ambo i casi *Bildung* è il punto d'incontro di legge e libertà. L'ideale classicistico di Goethe e il neoumanesimo, congiunti all'influenza della concezione kantiana del disinteresse e dell'autofinalità della ragione, trovano nella concezione di W. von → Humboldt, il rinnovatore dell'università tedesca, uno sbocco decisivo per la concezione classica della *Bildung*. Questa diviene ideale di una formazione poliedrica, svincolata dalle unilateralità imposte dall'interesse e dalle costrizioni materiali, un processo fine a se stesso che comporta un libero sviluppo spirituale e fa dell'uomo un mondo a sé armonico, in cui si uniscono e fondono l'elemento naturale e quello ideale. Il modello humboldtiano tende a decadere a programma formale di educazione durante il corso del XIX secolo e a questo suo svuotamento si riferisce la «critica culturale» di autori come J. Burckhardt e soprattutto di

Nietzsche, rivolta contro il «*Bildungs-Philistertum*» («filisteismo della cultura»).
Nell'uso attuale il termine *Bildung* appare privato di ogni riferimento filosofico-ideale e si riferisce alla «formazione» come addestramento all'uso di conoscenze e tecniche in un sapere dominato dalle scienze. *F. Mo.*

Binder, Julius (Würzburg 1870 - Starnberg, Monaco, 1939), filosofo del diritto tedesco. In un primo tempo, ispirandosi al neokantismo, considerò il diritto come caratterizzato dall'opera di costrizione che esso esercita nei confronti dei singoli (*Norma giuridica e dovere giuridico*, 1912; *Filosofia del diritto*, 1925). Successivamente, con *La fondazione della filosofia del diritto* (1935) e il *Sistema della filosofia del diritto* (1937), passò a posizioni di derivazione hegeliana, nel clima del nazionalsocialismo: non esistono valori eterni, la morale si risolve nell'eticità dello stato; questo solo incarna la libertà e realizza lo spirito della nazione; le pretese degli stati vengono decise dalla guerra, e la storia universale decreta successi e condanne.

Binet, Alfred (Nizza 1857 - Parigi 1911), psicologo e medico francese. Allievo di J.-M. Charcot alla Salpêtrière, nel 1894 divenne direttore del primo laboratorio di psicologia fisiologica della Sorbona e si orientò verso una psicologia sperimentale focalizzata soprattutto sulle facoltà cosiddette «superiori» (intelligenza, attenzione, immaginazione ecc.). Il nome di Binet è legato soprattutto alla scala di test per la misurazione dell'intelligenza infantile, che egli elaborò insieme con J. Simon, basata su una serie di domande e prove legate all'esperienza quotidiana di bambini di età diversa (ricostruzione di figure, analogie, significato di parole astratte ecc.); la media generale dei risultati ottenuti permette di stabilire approssimativamente un'*età mentale* da confrontare con l'età cronologica del bambino esaminato. La scala di Binet-Simon ebbe nei decenni successivi alla sua introduzione (1905) un'enorme popolarità e subì varie revisioni e adattamenti (molto nota la «revisione Stanford» elaborata da M.L. Terman presso l'omonima università americana). Oltre a esercitare una grande influenza sugli studi di psicologia infantile e di psicologia dell'intelligenza, Binet partecipò molto da vicino al dibattito che nel primo Novecento attraversò la psichiatria come scienza in formazione. Tra le opere si ricordano: *La psicologia del ragionamento* (1886); *Le alterazioni della personalità* (1892); *Introduzione alla psicologia sperimentale* (1894); *Le rivelazioni della scrittura in base a un controllo scientifico* (1907).

Binswanger, Ludwig (Kreuzlingen, Thurgau, 1881-1966), psichiatra svizzero. Studiò medicina a Losanna, Heidelberg e Zurigo, e fu poi assistente di E. Bleuler e discepolo di Jung. Diresse per quasi mezzo secolo il Sanatorium Bellevue, a Kreuzlingen. Fu sensibile alla lezione psicoanalitica di Freud; e la sua interna coerenza e il rilievo dato al mondo del malato rispetto alla eclettica e nosografica psichiatria di E. Kraepelin lo predisposero all'influsso del pensiero fenomenologico di Husserl e, ancor più, della filosofia esistenziale di Heidegger. Fulcro della *Daseinsanalyse* (→ analisi esistenziale), di cui Binswanger fu il massimo esponente, è la ricognizione dei modi di essere dell'uomo, nel mondo e con gli altri, di cui le malattie mentali sono possibili modalità. Tra le sue opere si ricordano: *Introduzione al problema della psicologia generale* (1922); *Sogno ed esistenza* (1930); *La fuga delle idee* (1933); *Forme fondamentali e conoscenza dell'esistenza umana* (1941); *Tre forme di esistenza mancata* (1956); *Melanconia e mania* (1957).

bioetica, disciplina che esamina i problemi morali e normativi in ambito bio-medico. La data di nascita e la natura della bioetica sono controverse, ma è ormai accettato che dagli anni Settanta il dibattito morale su tali problemi ha assunto caratteristiche peculiari della nuova disciplina: il pluralismo dei valori, l'interdisciplinarità e un maggior rigore nella giustificazione delle diverse soluzioni.
I temi dibattuti in bioetica spaziano dall'ingegneria genetica alla tutela dell'ambiente, ma il nucleo centrale è costituito dai problemi dell'etica medica, con le questioni di inizio e fine vita. Tra questi, il più dibattuto è quello dell'aborto. Antiabortisti come G. Grisez (*Aborto: miti, realtà e argomentazioni*, 1970) e J.T. Noonan (*La moralità dell'aborto*, 1970) affermano che in forza del suo corredo cromosomico il feto è persona fin dalla fecondazione, e quindi l'aborto è una forma illecita di omicidio. J.J.C. Thomson (*Difesa dell'aborto*, 1971) ha replicato che l'aborto sarebbe lecito anche se il feto fosse persona: come a una donna sarebbe permesso staccare il collegamento vitale — instaurato nottetempo e senza il suo consenso — tra lei e un celebre violinista in coma epatico, anche se tale atto causasse la morte del violinista, così alla donna è lecito staccare il collegamento non voluto tra lei stessa e il feto. Peraltro, chi sostiene la liceità dell'aborto di solito nega che il feto sia persona. Spesso ciò è riconosciuto anche dall'antiabortista quando afferma che il feto è una persona *in potenza*, ammettendo così che *non* è una persona (in atto). Chi nega che il feto sia persona precisa che con 'persona' si indica un *individuo razionale*; pertanto una persona deve soddisfare due condizioni necessarie: individualità e razionalità. Per quanto riguarda la prima condizione, fino a circa 14 giorni dalla fecondazione l'embrione può dare origine a gemelli identici e quindi, non essendo indivisibile, non è un «individuo» (come sottolinea il teologo salesiano N. Ford in *Quando sono cominciato?*, 1988); e se il «pre-

embrione» — così viene ormai indicata questa fase vitale — non è individuo, allora non è neanche persona. La razionalità, invece, secondo altri studiosi (M. Tooley, M.A. Warren, S.I. Benn, e anche il gesuita J.F. Donceel, in J. Feinberg, *Il problema dell'aborto*, 1984) può essere soddisfatta solo dopo diverse settimane, in quanto essa presuppone come minimo la formazione di una corteccia cerebrale. Tutto ciò basta a concludere che nelle prime settimane il feto non è persona, e quindi l'aborto non è omicidio.

La questione se il feto sia o no persona è importante anche per la liceità della fecondazione *in vitro* e della sperimentazione su embrioni; l'obiezione secondo cui tali pratiche sono forme illecite di omicidio, in quanto comportano la morte di embrioni, cade se l'embrione non è considerato persona. D'altro canto altre critiche vengono mosse alla fecondazione artificiale (*in vitro* o *in vivo*): essa, aprendo la possibilità di creare figli «perfetti», farebbe perdere l'importante dimensione umana dell'accettazione della casualità naturale (O. O'Donovan, *Generato o fatto?*, 1984); e rendendo possibile la donazione di gameti estranei alla coppia, verrebbe a disgregare il rapporto di parentalità. Sembra tuttavia difficile rifiutare l'intervento umano sulla casualità naturale per evitare gravi e dolorosi difetti genetici (J. Harris, *Wonderwoman e Superman*, 1992); né si può dire che la donazione di gameti dissolva il rapporto di parentalità, se alcune indagini sociologiche hanno mostrato che le famiglie «artificiali» hanno rapporti più saldi di quelle naturali, e se il rapporto parentale dipende più dal rapporto sociale tra i soggetti che da quello biologico (M. Mori, *La fecondazione artificiale*, 1988).

Non solo l'inizio, ma anche la fine della vita solleva gravi controversie. Nel 1968 la Commissione medica di Harvard ha proposto un nuovo concetto di morte «cerebrale», che ha tra l'altro il merito di facilitare la pratica dei trapianti. Essendo, però, l'encefalo composto di più parti, si tratta di sapere se sia necessaria la morte dell'intero organo (corteccia e tronco) o solo di una parte. Secondo una corrente di neurologi (C. Pallis) basta la morte del tronco, che per un verso «accende» la coscienza e per l'altro controlla la pressione e il respiro. Per contro, D. Wikler e il neurologo C. Defanti sottolineano che alcune funzioni del tronco sono vicariabili artificialmente per qualche tempo, sicché la morte tronco-encefalica non soddisfa l'irreversibilità richiesta dal concetto di morte. Solo la corteccia (non vicariabile) è davvero necessaria, per cui la vera morte è quella «corticale». Dunque anche gli individui in Stato Vegetativo Persistente (SVP) sono morti, pur presentando respirazione spontanea e battito cardiaco. L'idea di morte «corticale» risolve i problemi del trattamento dovuto agli individui in SVP, che richiedono solo la nutrizione artificiale: alcuni sostengono che questa non è una terapia, ma un mezzo di sostentamento vitale sempre dovuto (anche gli infanti ne necessitano), la cui sospensione è un caso di eutanasia *passiva*. Emergono così gravi problemi circa la nozione di «terapia» e i correlati concetti di «salute» e di «malattia». Secondo la dottrina cattolica, seguita in questo dalla maggioranza delle associazioni mediche, è lecita la sospensione delle terapie «sproporzionate» per lasciare morire il paziente in pace. J. Rachels (*La fine della vita*, 1986) sostiene che nella medicina attuale la distinzione tra fare e non fare è evanescente, per cui non c'è differenza tra l'uccidere e il lasciar morire; l'eutanasia *attiva* può essere quindi lecita quando richiesta dall'interessato, se è indispensabile per evitare inutili sofferenze terminali. *Ma. Mo.*

biologismo, in senso generale, ogni teoria che stabilisca un'analogia tra i fatti psicologici, sociali, religiosi e quelli biologici, fondandosi su questi ultimi per interpretare i primi. Così inteso, il termine è applicabile a teorie come quelle di H. Driesch, ed è spesso sostituito con «biomorfismo».

In senso stretto, si definiscono biologismo le teorie di E. Krieck (1938) e E.G. Kolbenheyer (1941), che non stabiliscono un semplice parallelismo tra vita e cultura, ma affermano l'esistenza di un principio unico, identificato nella vita organica (*bíos*), di cui i singoli organismi sono manifestazioni o «individuazioni».

Bion, Wilfred Ruprecht (Mathura, India, 1897 - Oxford 1979), psicoanalista inglese. Nato in India, si trasferì nella madrepatria a otto anni, e ivi si laureò prima in storia e poi in medicina. Dopo una analisi iniziata con J. Rickmann e proseguita con Melanie Klein, nel 1933 entrò nel Tavistock Institute dove ebbe modo di studiare l'insorgenza della psicosi (*Analisi degli schizofrenici e metodo psicoanalitico*, 1967), ciò che lo condusse a studiare i primissimi stadi di vita e la nascita dei processi di pensiero.

Bion ritiene che il pensiero nasca nel momento in cui il bambino deve affrontare l'assenza dell'oggetto; in queste circostanze egli sperimenta emozioni e sensazioni che gli resterebbero incomprensibili se non intervenisse la cosiddetta «funzione alfa» (una funzione simbolica dell'Io) a connetterle, rendendole così pensabili. In caso di fallimento della funzione alfa, tali sensazioni vengono a costituire gli «elementi beta» destinati a essere espulsi attraverso l'azione (→ acting-out) o a rimanere incomprensibili. Inizialmente il bambino non è in grado di elaborare autonomamente gli elementi beta e si limita a proiettarli nella madre; a lei tocca, in virtù della sua empatia, il compito di restituirglieli trasformati in elementi alfa. Se la trasformazione non ha luogo, il bambino reintroietta gli elementi beta sotto forma di «oggetti

bizzarri» che costituiscono i contenuti psicotici. Durante la seconda guerra mondiale Bion organizzò con Rickmann dei gruppi di riabilitazione occupazionale per militari. Questa esperienza gli consentì di sviluppare la sua teoria dei gruppi (*Esperienze nei gruppi*, 1961). Partendo dall'idea che l'uomo è un animale gregario, egli studiò l'interferenza tra le funzioni arcaiche del gruppo (dipendenza, attacco-fuga, accoppiamento), e il livello di funzionamento del «gruppo di lavoro», caratterizzato da funzioni più mature (il contatto con la realtà, la tolleranza della frustrazione, la capacità di comunicazione e collaborazione).
Bion elaborò altresì una critica del pensiero scientifico occidentale, accusato di togliere spessore emotivo ai fenomeni di cui si occupa (*Apprendere dall'esperienza*, 1962). Sul piano terapeutico questa critica pone capo alla ricerca di una figura di analista in grado di cogliere intuitivamente la «verità» del soggetto e di trasformarsi con esso. Così facendo Bion cercò di superare, all'interno del discorso psicoanalitico, la frattura tra la cultura occidentale e quella orientale di cui era biograficamente un ideale depositario (*Gli elementi della psicoanalisi*, 1963).

Bione di Boristene (Olbia, Ponto Eusino, 325 ca - 265 ca a.C.), filosofo e letterato greco. Allievo di Teofrasto e di Senocrate, visse qualche tempo alla corte di Antigono Gonata, re macedone. Incarnò la tendenza moralistica e popolareggiante di certa cultura post-platonica, priva di una sistematica dottrinale rigorosa. Trasse dal movimento cinico, temperandoli con indulgenza edonistica, i temi e gli spunti per le sue *Diatribe*, di cui si hanno solo frammenti: si trattava di «prediche» o sermoni propagandistici, ricchi di battute caustiche e di una vena satirica contro i luoghi comuni e le convenzioni imperanti nella sfera etica e religiosa. In lui Orazio e tutta la satira romana riconobbero un precursore e un maestro.

bisogno, in psicologia, → motivazione.

Black, Max (Baku 1909-New York 1988), filosofo statunitense di origine russa. Dal 1946 insegnò alla Cornell University. Formatosi nel clima della filosofia analitica inglese, ha subito l'influsso di Wittgenstein. Partendo appunto dalla concezione di Wittgenstein del significato di un'espressione come insieme di regole per il suo uso corretto, Black ha sviluppato un aspetto particolarmente importante del problema e ha esaminato come si debba caratterizzare una «regola», e, in particolare, se i cosiddetti enunciati necessari o analitici siano da considerare come «surrogati» di determinate regole. Su questa strada, si è trovato di fronte alla vaghezza o «imprecisione» tipica delle lingue naturali, e quindi al problema cruciale di come si possa «ragionare» (vale a dire eseguire delle inferenze) servendosi di concetti essenzialmente «imprecisi». Secondo Black ciò è possibile perché, in casi specificabili con precisione, noi possiamo «presupporre» che l'imprecisione non sia un elemento condizionante. Tra le opere si ricordano: *Linguaggio e filosofia* (1949); *Problemi di analisi* (1954); *Guida al «Tractatus» di Wittgenstein* (1964).

Blair, Hugh (Edimburgo 1718-1800), teologo e filosofo inglese. Si propose di conferire alla retorica un fondamento psicologico di ispirazione humiana. Se la retorica è un linguaggio dei sentimenti contrapposto alla nudità dell'argomentazione logica, è possibile, secondo Blair, classificare le figure dell'immaginazione, che colorano metaforicamente il discorso, e le figure della passione (l'esclamazione, la preghiera, l'imprecazione ecc.), che traducono l'immediatezza e la vivacità dei sentimenti. Le teorie di Blair trovano riscontro in altri studiosi di retorica a lui contemporanei, come H. Home e G. Campbell; esse sono esposte nelle *Lezioni di retorica e belle lettere* (1783), che raccolgono i corsi tenuti a Edimburgo dal 1759 in poi.

Blanchot, Maurice (Quain, Saône-et-Loire, 1907), romanziere e saggista francese. Dopo un iniziale orientamento surrealista, risentì l'influsso della filosofia tedesca dell'esistenza, e della lettura esistenzialistica di Hegel proposta in Francia, negli anni Trenta, da A. Kojève. La frammentarietà letteraria, valorizzata dalle avanguardie - ma già da romantici come Schlegel - viene intesa da Blanchot come il correlato della lacerazione esistenziale che Hegel ravvisa nell'età moderna, e che Heidegger — letto attraverso J.-P. Sartre — riconosce nella condizione dell'uomo davanti alla morte. Principali opere saggistiche: *Lautréamont e Sade*, 1949; *Lo spazio letterario*, 1959; *Il libro a venire*, 1969; *L'infinito intrattenimento*, 1977; *La comunità inconfessabile*, 1983.

Bleuler, Eugen (Zurigo 1857-1939), psichiatra svizzero. Fu direttore dell'ospedale psichiatrico di Rheinau, e poi di quello di Zurigo, ove ebbe fra i suoi collaboratori L. Binswanger e Jung. Attraverso Jung si mise in contatto con Freud, tentando un'applicazione di alcuni concetti della psicoanalisi alla pratica psichiatrica. Il pensiero psicoanalitico, però, influenzò solo in parte la concezione psichiatrica di Bleuler, caratterizzata dal contrasto fra una visione organicistica della malattia mentale e una visione psicodinamica, come appare dalla sua opera fondamentale, il *Trattato di psichiatria* (1924). Bleuler sostituì la denominazione «dementia praecox» di E. Kraepelin con il nuovo concetto di «schizofrenia», un complesso quadro psicopatologico contrassegnato da una grave mancanza di unità affettiva e intellettuale: l'impiego di tale termine, nel senso datogli da Bleuler, è ancora oggi il più diffuso fra gli psichiatri.

Bloch, Ernst (Ludwigshafen 1885 - Tubinga

1977), filosofo tedesco. Studiò a Würzburg, poi a Berlino, dove entrò in contatto con G. Simmel, e quindi a Heidelberg, dove frequentò il circolo di M. Weber e fu amico di G. Lukács. Durante la prima guerra mondiale si avvicinò al marxismo e, subito dopo, aderì attivamente alla Repubblica tedesca dei consigli. Fallita la rivoluzione in Germania, all'avvento di Hitler, per motivi politici e razziali, fu costretto a emigrare, dapprima in vari paesi europei, poi negli Stati Uniti. Dopo la seconda guerra mondiale rientrò in Germania, stabilendosi nella zona orientale; qui insegnò all'università di Lipsia. La pubblicazione del suo fondamentale lavoro, *Il principio speranza* (3 voll., 1954-59), e poi le posizioni critiche nei confronti della dittatura sovietica, lo misero in gravi difficoltà con le autorità comuniste, tanto che fu estromesso dall'insegnamento universitario. Nel 1961 passò nella Germania occidentale, insegnando all'università di Tubinga. Tra le sue opere: *Spirito dell'utopia* (1918 e 1923); *Thomas Münzer, teologo della rivoluzione* (1921); *Eredità di quest'epoca* (1935); *Soggetto-oggetto. Commento a Hegel* (1949); *Diritto naturale e dignità umana* (1961); *Ateismo nel cristianesimo* (1968); *Il problema del materialismo: storia e sostanza* (1972); *Experimentum mundi* (1975).

Il pensiero di Bloch si forma nella Germania dei primi decenni del secolo, in un clima culturale caratterizzato, oltre che dalla ripresa del kantismo, dalla rinascita kierkegaardiana e dall'esperienza delle avanguardie artistiche come l'espressionismo. Bloch risente di questi stimoli, e li organizza in una sintesi improntata alla sua religiosità ebraica. Tale sintesi si esprime già nella prima opera di vasto respiro, *Spirito dell'utopia*, che individua la caratteristica della modernità nella forte accentuazione dell'attività dello spirito nei confronti del reale dato. È questa affermazione dello spirito sull'esteriorità che, secondo Bloch, si esprime nelle avanguardie artistiche, per es. nell'astrattismo. L'adesione al marxismo, evidente soprattutto nel passaggio dalla prima alla seconda edizione dello *Spirito dell'utopia*, non modifica sostanzialmente queste posizioni, se non per l'atteggiamento verso l'eredità hegeliana presente in Marx. Mentre la prima edizione dell'opera, sebbene già orientata marxisticamente, privilegia ancora Kant, in quanto filosofo del «dover essere», contro Hegel, la seconda edizione e le opere successive di Bloch accentuano sempre più l'idea che la storia abbia una sua razionalità, come Hegel ha sostenuto. Questa razionalità, però, è sempre di là da venire, non è dunque una conciliazione già avvenuta, come Hegel pretendeva. Il rovesciamento materialistico della dialettica hegeliana, operato da Marx, significa per Bloch sostituire la materia, principio dinamico e aperto al futuro, allo spirito hegeliano, tendenzialmente chiuso nella propria identità con se stesso. La materia, infatti, si caratterizza per Bloch secondo la nozione aristotelica di potenzialità: è cioè disponibilità attiva a sempre nuove forme, «fame» di forma. In questa prospettiva, la filosofia diventa uno studio dei modi in cui la razionalità della storia (intesa come fine sempre futuro) si annuncia nell'esperienza dell'uomo, nella «coscienza anticipante». Gran parte del *Principio speranza* è dedicata a una fenomenologia degli stati utopici della coscienza: dai desideri più profondi dei singoli, alle opere d'arte e ai grandi miti collettivi, fino a quelle forme di aspirazione utopica che si annunciano nell'arte di consumo, come il film o la canzonetta. In tutte queste forme, si delinea una «ontologia del non ancora», si delineano i tratti di una realtà conciliata che servono di guida e di orientamento per l'azione storica.

Nella sua accentuazione della dimensione utopica del pensiero, il marxismo di Bloch ha avuto un influsso determinante sulle varie forme di marxismo critico del nostro secolo (per es. sui pensatori della scuola di Francoforte), e su larghe correnti di teologia protestante e cattolica (per es. su J. Moltmann). *G. Va.*

Blondel, Maurice (Digione 1861 - Aix-en-Provence 1949), filosofo francese. Collaborò, con lo pseudonimo di Bernard de Sailly, agli «Annali di filosofia cristiana» fondati da L. Laberthonnière e organo del movimento modernista. Egli partecipò infatti ai dibattiti e alle polemiche sorte, in Francia e altrove, intorno al → modernismo e alla sua interpretazione della dottrina cristiana e dei rapporti religione-filosofia; ma dopo la condanna del movimento da parte della chiesa nel 1907, mantenne un prudente silenzio. Il pensiero filosofico di Blondel è principalmente contenuto nell'opera *L'azione. Saggio d'una critica della vita e d'una scienza della pratica* (1893), che ebbe vasta risonanza ed esercitò una durevole influenza sulle correnti della reazione al positivismo. Altri scritti (oltre alla riedizione-rifacimento in 2 voll. dell'opera citata, 1936-37): *Storia e dogma* (1904); *Il pensiero* (2 voll., 1934); *L'essere e gli esseri* (1935); *La filosofia e lo spirito cristiano* (2 voll., 1944-46).

Discepolo di L. Ollé-Laprune, Blondel si ricollega alla tradizione spiritualista francese da B. Pascal a F.-P. Maine de Biran per contrapporre all'intellettualismo e allo scientismo positivistico i valori fondamentali del pensiero cristiano. Principio essenziale dell'uomo, come di ogni altra realtà, non è la ragione ma la volontà; il mondo esterno, il corpo stesso dell'uomo, sono infatti manifestazioni e realizzazioni della volontà intesa come universale forza spirituale, plasmatrice e creatrice. Tema privilegiato dell'analisi di Blondel diviene pertanto l'*azione*, nella quale la volontà si manifesta come contrasto tra *volontà volente* (la sempre rinascente capacità dello spirito umano di trascendere la realtà) e *volontà voluta* (il risultato limitato e insoddisfacente delle volizioni e delle intenzioni umane). L'uomo sperimenta così un perenne divario tra le sue aspirazioni e il carattere precario e incompleto delle realizzazioni. Questa inadeguatezza costitutiva lo spinge a un continuo progetto di autoperfezionamento, che sul piano della realtà storica dà vita ai livelli intersoggettivo-sociali della famiglia, della patria e dell'umanità, i quali testimoniano della fondamentale libertà dell'uomo, ma anche della sua incapacità a pervenire con le proprie forze interiori a una compiuta autorealizzazione. Questo scacco apre la via all'esperienza morale e religiosa. L'uomo è un «abbozzo d'essere» che abbisogna dell'azione di Dio perché possa «voler volere», ossia raggiungere la perfetta adeguazione tra la volontà e la sua realizzazione. L'azione passa pertanto dall'ordine naturale all'ordine soprannaturale, la cui esigenza ed esistenza viene così dimostrata sul piano stesso della finitudine umana (è questo il «metodo dell'immanenza» illustrato da Blondel nella *Lettera sulle esigenze del pensiero contemporaneo in materia di apologetica*, 1896). Dopo il 1934 Blondel ha sviluppato i temi volontaristici della sua prima opera in una filosofia storicocosmica della provvidenza e della redenzione che considera l'essere infinito di Dio, il pensiero e l'azione come tre aspetti o momenti interconnessi della realtà complessiva naturale e soprannaturale, divina e umana.

Bloomfield, Leonard (Chicago 1887 - New Haven, Connecticut, 1949), linguista statunitense. Fondatore della linguistica descrittiva americana, si formò alla scuola della grammatica comparata e della filologia classica; ma come altri grandi linguisti nordamericani del sec. XX, da F. Boas a E. Sapir, a B.L. Whorf, si occupò intensamente anche delle lingue delle popolazioni amerinde. Così, i suoi primi scritti furono dedicati essenzialmente a questioni di grammatica comparata e di filologia germanica, mentre numerose furono poi le sue pubblicazioni concernenti lingue indigene americane. Le concezioni generali di Bloomfield sul linguaggio furono espresse per la prima volta nell'*Introduzione allo studio del linguaggio* (1914) e in diversi articoli dedicati a problemi tradizionali della linguistica, quale *Soggetto e predicato* (1916). Ma il suo tentativo di elaborare una concezione scientifica, tendenzialmente formalizzata, della linguistica iniziò più tardi, forse grazie all'influenza del *Corso di linguistica generale* (1916) di F. de Saussure e soprattutto del *Linguaggio* (1921) di E. Sapir, che dovettero spingerlo a presentare la propria posizione in *Un insieme di postulati per la scienza del linguaggio* (1926), seguito da *La linguistica come scienza* (1931). Bloomfield, fortemente influenzato dalla psicologia comportamentistica e dal suo antimentalismo, collaborò all'*Enciclopedia Internazionale delle Scienze Unificate* con l'articolo *Gli aspetti linguistici della scienza* (1939). In questa concezione epistemologica egli inquadrò l'insieme delle sue ricerche, compendiate nella celebre e monumentale opera *Il linguaggio* (1933), che segna l'inizio dello strutturalismo americano (→ distribuzionalismo). La sua posizione teorica ebbe un enorme influsso sulla linguistica americana fra il 1930 e il 1950, tanto che attorno a essa si raccolsero numerosi studiosi (da B. Bloch a Ch. F. Hockett, a K.L. Pike, a Z. Harris).

Blumenberg, Hans (Lubecca 1920), filosofo tedesco. Conseguita la libera docenza all'università di Kiel (1950), insegnò a lungo nell'università di Münster. Vicino alle posizioni neokantiane di E. Cassirer (concetti di «funzione» o «forma simbolica»), e per altri aspetti alla fenomenologia di Husserl (nozione di «mondo della vita»), Blumenberg pubblicò nel 1960 i *Paradigmi per una metaforologia*, destinati ad avviare un ampio dibattito sulla natura della metafora, intesa a un tempo come *tópos* culturale e come strato di senso anteriore al concetto e a esso non riducibile (→ metaforologia). Pochi anni più tardi, *La leggittimità dell'epoca moderna* (1966) inaugurò una fase di ricerca ulteriore, dedicata a illustrare la genealogia della modernità come emancipazione dai vincoli teologici e affermazione dell'*homo faber*: il modello classico del Dio creatore si trasferisce all'uomo copernicano, creatore di storia e di forme. Alla difesa della «legittimità» del Moderno si accompagna tuttavia un'ampia riflessione sul problema del mito (*Elaborazione del mito*, 1979), interpretato da Blumenberg come uno strumento già razionale con cui fronteggiare la sfida impersonale e opprimente della natura ostile. La metafisica non sarà altro che una trasposizione del mito in termini meno immaginosi, ma funzionalmente analoghi, all'interno di un'unica strategia volta a «nominare l'ignoto» e con ciò a dominarlo. Ma dominare l'ignoto è anche l'obiettivo dell'impresa tecnicoscientifica; non ci sarà dunque da stupirsi se anche gli enunciati della scienza moderna appaiono in larga misura affetti da una «mitica» indimostrabilità. L'analogia funzionale tra mito, metafisica e scienza è una di quelle costanti antropologiche alla luce delle quali il panorama della storicità si sdrammatizza, assumendo una spiccata fisionomia continuista. Ma costanti antropologiche sono anche le metafore e le famiglie di metafore di cui Blumenberg continua a occuparsi sia in sede strettamente teorica, come nel saggio introduttivo a *Naufragio con spettatore* (1979), sia in sede storiografica, come nell'opera più recente *Leggibilità del mondo* (1981).

Boas, Franz (Minden, Westfalia, 1858 - New York 1942), antropologo e linguista tedesco. Si trasferì nel 1886 negli Stati Uniti e condusse numerose ricerche, prima presso gli esquimesi, poi fra gli indiani della Columbia Britannica (kwakiutl, chinook, tsimshian). Boas contesta il metodo seguito dall'antropologia evoluzionistica e propugna un metodo di ricerca per induzione piuttosto che per deduzione: teorie e leggi possono essere dedotte soltanto dopo la raccolta dei dati, forniti non semplicemente dai documenti di seconda mano raccolti dai missionari e dagli esploratori, ma dall'osservazione diretta sul terreno. Viene definitivamente rifiutata, per la sua evidente inverificabilità e astoricità, la teoria evoluzionista che equiparava le culture primitive moderne a quelle preistoriche e primordiali (*I limiti del metodo comparativo dell'antropologia*, 1896). Boas sostiene, inoltre, un metodo di ricerca «diffusionista», in base al quale i tratti culturali comuni di società separate geograficamente debbono essere prima di tutto spiegati per comunicazione e diffusione, e solo quando non è possibile rintracciare l'itinerario seguito da una determinata istituzione, può essere invocata l'«invenzione autonoma». Il desiderio di Boas di mantenersi strettamente legato ai fatti etnografici lo indusse a porsi il problema del loro significato «dal punto di vista dell'indigeno»; l'opera etnografica doveva rispecchiare fedelmente il mondo degli indigeni *così come lo vedevano gli indigeni*, tanto da affermare che due elementi culturali non sono uguali se hanno significato diverso per le popolazioni cui appartengono (*Antropologia moderna*, 1943). Il problema di Boas diventa quindi non quello storico ma quello psicologico, cosa che lo condurrà a occuparsi sempre più del rapporto fra individuo e cultura, e all'affermazione della plasticità biopsichica dell'uomo. Fu soprattutto in base a questo principio che egli si applicò a distruggere il concetto di razza come fattore fisso e immodificabile, dimostrando, invece, l'influenza dell'ambiente socio-culturale sulle caratteristiche degli individui (*La mente dell'uomo primitivo*, 1911), e da questo stesso principio mossero quasi tutti i suoi più grandi allievi, quali M. Mead, R. Benedict, A. Goldenweiser, M. Herskovits, nel dar vita alla cosiddetta scuola di → personalità-cultura.

Boas dedicò inoltre gran parte della sua attività alla raccolta di materiali di lingue americane che stavano per estinguersi, compilando i primi tre volumi delle grammatiche amerindiane e prendendo posizione sui più importanti problemi linguistici, quali il rapporto fra lingua e razza, la classificazione delle lingue, i rapporti tra linguaggio e pensiero (*Manuale di lingue amerindie*, 1911) e tra lingua e cultura. Proprio sotto questo aspetto è indicativa la monografia sui nomi geografici dei kwakiutl in cui, attraverso l'analisi della toponomastica indigena, Boas ricostruisce la visione dello spazio e tutto il mondo, reale e mitico, di questa popolazione (*Razza, linguaggio e cultura*, 1936). Ebbe inizio così, dall'opera linguistica di Boas, quel rapporto fra ricerca antropologica e studio dei fenomeni linguistici che vede fra i suoi più importanti esponenti B. Malinowski, E. Sapir, R. Lowie, A.L. Kroeber, B.L. Whorf.

Bobbio, Norberto (Torino 1909), filosofo del diritto e della politica italiano. Allievo di Gioele Solari, ha insegnato in varie università italiane e dal 1948 in quella di Torino, di cui è professore emerito.

Tratti costanti della sua vasta opera sono un'opzione di fondo di tipo neo-illuminista, una posizione metaetica divisionista (netta separazione di fatti e valori) e l'impegno all'avalutatività negli studi giuridici e politici. I suoi contributi alla filosofia del diritto sono collocabili in un itinerario ideale che va dalle influenze fenomenologiche (*L'indirizzo fenomenologico nella filosofia sociale e giuridica*, 1934) all'avvicinamento al positivismo giuridico e alla filosofia analitica anglo-americana (*Teoria della norma giuridica*, 1958; *Teoria dell'ordinamento giuridico*, 1960; *Giusnaturalismo e positivismo giuridico*, 1964), fino a una revisione del formalismo di H. Kelsen nella direzione di un'apertura all'analisi funzionale (*Dalla struttura alla funzione*, 1977). Quest'ultimo passaggio deriva dalla convinzione che l'approccio rigorosamente strutturale kelseniano, se è adeguato allo stato di diritto liberale, sia insufficiente a dar conto dello stato sociale democratico. Nel campo della teoria politica, della sua vasta produzione, orientata all'analisi dei concetti e all'identificazione dei modelli teorici, si ricordano: *La teoria delle forme di governo* (1976); *Il futuro della democrazia* (1984); *L'età dei diritti* (1990). Oltre che per queste e altre opere, Bobbio è noto per il suo costante impegno politico militante, come intellettuale dell'area liberal-socialista. Nel 1984 è stato nominato senatore a vita.

Bocardo, nome che indica uno dei modi validi del → sillogismo.

bodhisattva, termine sanscrito («colui la cui essenza è il risveglio, l'illuminazione») che nel buddhismo indica chi, giunto attraverso progressivi stadi d'illuminazione alla soglia del nirvana, rinuncia a entrarvi per aiutare gli altri esseri a raggiungere la «liberazione». Figura centrale e modello nel buddhismo *mahāyāna*, il bodhisattva si contrappone all'*arhat* («colui che è degno» di entrare nel nirvana) tipico del buddhismo primitivo *hīnayāna*, la cui ricerca è tesa a raggiungere solo la propria personale liberazione. I bodhisattva sono figure centrali, più del Buddha stesso, nel buddhismo mahāyāna: i fedeli rivolgono suppliche e preghiere soprattutto a essi, e in essi ripongono le speranze di liberazione. Il bodhisattva più venerato è Avalokiteśvara, il compassionevole, il salvatore per eccellenza, colui che protegge dai pericoli; altri grandi bodhisattva sono Mañjuśrī, patrono della sapienza, e Maitreya, il prossimo buddha che apparirà sulla terra. Anche il Buddha storico è definito bodhisattva in riferimento alle sue esistenze precedenti.

Bodin, Jean (Angers 1529 o 1530 - Laon, Aisne, 1596), giurista e teorico politico francese. Trasferitosi a Parigi nel 1567, entrò al servizio di Enrico III e di suo fratello il duca d'Alençon, diventando uno degli esponenti più autorevoli del partito dei *politiques*, che si adoperavano per restaurare l'autorità della monarchia. Con lo scritto *Risposta al paradosso del signor di Malestroict circa il rincaro d'ogni cosa e il modo di porvi rimedio* (1568), uno dei primi tentativi di analisi dei prezzi, Bodin si rivela tra i più acuti osservatori dei fenomeni monetari ed economici del suo tempo, e un anticipatore del mercantilismo. Come teorico della politica, egli diede il suo maggior contributo con *I sei libri della repubblica* (1576), che rappresentano lo sforzo più impegnativo di fare dello stato rinascimentale uno stato di diritto e di dare alla monarchia assoluta validità giuridica. Il suo *princeps legibus solutus* è la teorizzazione più esauriente dell'assolutismo; ma, secondo Bodin, la sovranità deve rispettare le leggi religiose e i diritti di natura. Ciò spiega sia la polemica contro il machiavellismo, sia l'affermazione della tolleranza religiosa, che si spinge fino al teismo nel *Colloquium Heptaplomeres de abditis rerum subtilium arcanis*, pubblicato in edizione completa solo nel 1857.

Bodmer, Johann Jakob (Greifensen 1698 - Zurigo 1783), estetico e critico letterario svizzero. Fondò nel 1721 la rivista «Discourse der Mahlern» (modellata sullo «Spectator» di J. Addison) che, pur avendo cessato le pubblicazioni dopo due anni, esercitò una notevole influenza sulla cultura germanica e determinò il nascere della scuola estetica svizzera. Bodmer tenta di liberare l'esperienza artistica dal vincolo dell'imitazione (sottolineato invece dal classicismo), sostenendo l'importanza essenziale dell'intervento soggettivo e spontaneo dell'artista nell'opera. Di qui il rilievo che il concetto di fantasia, intesa come facoltà creativa e non puramente rappresentativa, rivestì nella successiva riflessione romantica in Svizzera. A Bodmer si deve inoltre la scoperta e la diffusione dei testi dei poeti tedeschi medievali. Opere principali: *Sull'influenza e l'uso della fantasia*, 1727; *Carteggio sulla natura del gusto poetico*, 1736 (con Pietro Calepio); *Trattato critico sul meraviglioso in poesia*, 1740.

boemi, fratelli, comunità religiosa (detta anche «unitas fratrum»), nata nel 1467 per distacco dalla chiesa hussita (→ hussiti). Capo e teologo dell'unitas fratrum fu Luca di Praga (morto nel 1528), il quale, sensibilizzando i fratelli boemi ai problemi dello stato, della società e della scienza, abbandonò la linea rigorista dei primi ispiratori della setta, Fratello Gregorio e Petr Chelšický, fautori della non violenza, della resistenza passiva, della povertà evangelica. Nel corso della protesta luterana si ebbero contatti tra fratelli boemi e luterani e, morto Luca di Praga, l'unitas divenne una chiesa evangelica indipendente, in cui confluirono tendenze risalenti a Lutero, Bucero e Calvino, ma che conservò usi propri, come la confessione (anche pubblica) dei peccati. Unitisi ai luterani nell'opposizione antiasburgica, i fratelli boemi furono sconfitti (1546-47) ed espulsi dalla Boemia (1548); la maggior parte di loro si rifugiò in Polonia, dove nel secolo successivo eserciterà il suo ministero il «seniore» Jan Komenský (Comenio). La teologia dei fratelli boemi venne intanto sempre più accostandosi al calvinismo, soprattutto nella dottrina eucaristica e nella struttura organizzativa. La *confessione boema* del 1575 è tuttora il fondamento dogmatico della «chiesa evangelica dei fratelli boemi». Sostanzialmente sinonimo di fratelli boemi è l'espressione «fratelli moravi».

Boezio, Anicio Manlio Torquato Severino (Roma 480 ca - Pavia 526), filosofo e letterato latino. Educato a Roma secondo il modello retorico-filosofico della classicità, completò gli studi ad Atene e ricoprì importanti cariche alla corte di Teodorico: console nel 510 e maestro di palazzo nel 523, fu l'ispiratore di una politica di sintesi fra romanesimo e germanismo. Accusato di tradimento, venne imprigionato nel 525 e giustiziato l'anno seguente. Il programma culturale delineato da Boezio comprendeva la traduzione in latino di tutte le opere di Platone e di Aristotele, al fine di mostrare la fondamentale concordanza dei due filosofi; di questo progetto poté ultimare solo la traduzione dell'*Organon* aristotelico; redasse poi diversi *Commentari* alle opere logiche di Aristotele e all'*Isagoge* di Porfirio; compose pure trattati di aritmetica (*De institutione arithmetica*), di musica (*De institutione musica*) e di teologia (cinque *Opuscula theologica*).

La più celebre opera boeziana, scritta durante la prigionia, è il *De consolatione philosophiae*, redatta in cinque libri, in prosa e versi, sul modello letterario di Menippo e di Varrone. In quest'opera, la filosofia, sotto le vesti di una nobildonna, si presenta a Boezio incarcerato e cerca di consolarlo, dimostrandogli che i mutamenti della fortuna non influiscono sulla vera felicità, la quale consiste nel possesso di un bene imperituro; tale bene coincide con l'universale provvidenza che governa le cose, la quale non pregiudica tuttavia la libertà dell'uomo. Per quanto riguarda il problema degli → universali, trasmessogli da Porfirio, Boezio teorizza una soluzione di realismo moderato, mentre nelle opere metafisico-teologiche egli segue l'impostazione platonica, affermando che la

creazione avviene sul modello di archetipi, che sono le idee divine.
L'influsso di Boezio sulla filosofia medievale fu decisivo: egli crea per primo un vocabolario filosofico latino, trasmette al medioevo la questione degli universali, fornisce un metodo di ricerca con le sue analisi sulla logica e la dialettica; con le sue traduzioni e i suoi commenti Boezio è la fonte principale, fino al sec. XII, per la conoscenza di Platone e Aristotele.

Boezio di Dacia (sec. XIII), filosofo danese. Presentato tradizionalmente come un sostenitore dell'averroismo latino, in realtà è un pensatore autonomo, vicino alle altre correnti dell'aristotelismo scolastico. È celebre per la sua opera *De modis significandi*, una grammatica speculativa in cui esamina la struttura generale del linguaggio. Altre sue opere: *De summo bono*; *De aeternitate mundi*. Scrisse anche commenti alle opere di Aristotele.

Boff, Leonardo (Concordia, 1938), frate francescano brasiliano. È uno dei più noti teologi della liberazione (→ teologia). La riflessione di Boff si sviluppa attraverso l'esperienza diretta della vita delle comunità di base diffuse in tutto il Brasile, soprattutto fra i più poveri. La sua metodologia, comune a tutta la corrente della liberazione, parte da un'analisi dei fatti finalizzata alla riflessione teologica, per concludersi con suggerimenti pratico-pastorali. Esemplare il suo volume *Gesù Cristo liberatore* (1972); si tratta di un saggio di cristologia in cui il primato della dimensione socio-politica e dell'ortoprassi sull'ortodossia genera una sequela (*Nachfolge*, secondo la terminologia di D. Bonhoeffer) di Gesù Cristo, in cui la prassi liberatrice appare nel suo valore di anticipazione del Regno. Accusato dalla Congregazione della dottrina della fede di utilizzare categorie marxiste e di negare il potere del papa e dei vescovi (*Chiesa, carisma e potere. Saggi di ecclesiologia militante*, 1981), Boff nel 1992 ha lasciato il sacerdozio per poter continuare liberamente da laico la sua attività teologica. Altre sue opere: *Teologia della cattività e della liberazione* (1975); *Ecclesiogenesi. Le comunità di base reinventano la chiesa* (1977); *Trinità e società* (1986).

Bogdanov, Aleksandr, pseud. di Aleksandr Malinovskij (Tula 1873 - Mosca 1928), filosofo ed economista russo. Operò una revisione dei principi marxisti in base ai concetti dell'empiriocriticismo di E. Mach, corretto in «empiriomonismo». Secondo tale dottrina l'esperienza è l'unica realtà; i fenomeni psichici e fisici sono aspetti di un'unica esperienza, articolata però secondo diverse modalità: la realtà psichica è esperienza individuale organizzata, soggettiva, meno stabile e più inerte della realtà fisica, che è esperienza collettiva organizzata, oggettiva. Secondo Bogdanov, la vera fonte della ricchezza è l'organizzazione della produzione, e la classe dominante è caratterizzata più dal potere di organizzare il lavoro che dalla proprietà dei mezzi di produzione. Egli riteneva che l'espropriazione di questi ultimi non contribuisse di per sé ad abolire il modello di produzione capitalistico, e sottolineò la necessità di trasformare l'organizzazione della produzione mediante un'acculturazione delle masse, tesa a stimolare l'impostazione di nuovi modelli organizzativi. Era questa l'unica trasformazione in grado di generare nuova esperienza e quindi una nuova realtà. Bogdanov fu accusato dai bolscevichi di tradire il materialismo; Lenin lo attaccò nel suo *Materialismo ed empiriocriticismo*. Tra le sue opere: *Empiriomonismo* (3 voll., 1904-06); *Scienza universale dell'organizzazione - Tectologia* (1913-17).

bogomili, setta cristiana nata in Bulgaria nel sec. X per influsso di immigrati → pauliciani, e diffusasi poi in Occidente. Venne fondata dal pope Bogomil. I bogomili sostenevano un dualismo filosofico e teologico, secondo il quale Dio ha creato le realtà spirituali, mentre la materia è un prodotto del demonio. Ne conseguiva una morale basata su un rifiuto di tutto ciò che si riferisce al corpo (come nell'eresia dei catari, con i quali ebbero rapporti). Perseguitati in Bulgaria e in Serbia, i bogomili durarono in Bosnia fino alla conquista ottomana, allorché si convertirono in gran parte all'Islam.

Böhme, Jakob (Altseidenberg, Slesia, 1575 - Görlitz 1624), mistico tedesco. Discendente da un'agiata famiglia di contadini, ricevette una rigida educazione luterana, che completò da autodidatta, leggendo in particolare le opere della tradizione mistica tedesca, sia dei mistici speculativi del Trecento (Eckhart, G. Taulero, E. Suso), sia del misticismo naturalistico del Cinquecento (Paracelso, J.B. Van Helmont, S. Franck e V. Weigel), oltre agli scritti alchimistici e astrologici di ogni tempo. Nel 1612, in occasione della stesura della sua prima opera, *Aurora o il rosseggiare del mattino in ascesa*, Böhme fu accusato di eresia dalle autorità ecclesiastiche luterane e gli fu proibito di scrivere altre opere. Ma dopo sette anni di silenzio, nel 1619 ricominciò a scrivere e compose una ventina di trattati, tra i quali vanno ricordati: *I tre principi dell'essenza divina* (1619); *Psychologia vera* (1620); *Sex puncta theosophica* (1620); *Sex puncta mystica* (1620); *De signatura rerum* (1622); *Mysterium magnum* (1623); *Clavis* (1624); *Cristosofia o la via a Cristo* (1624).
Böhme si muove sulla linea di quei pensatori non conformisti che lottarono per una maggiore libertà di pensiero all'interno della chiesa luterana, quando il luteranesimo da movimento di rivolta passò alla fase istituzionale. Le sue tesi più caratteristiche, esposte in modo difficile e oscuro, riguardano la concezione della vita divina, al cui interno Böhme postula un processo di automanifestazione: la volontà origi-

nale (Dio Padre) intuisce se stessa e dà luogo al sentimento di piacere che prova nel contemplarsi (il Figlio); da questa intuizione deriva un potere nuovo, il movimento vitale (lo Spirito Santo). Da Dio deriva anche l'intera natura, intesa come *mysterium magnum*, in quanto è lo stesso essere divino che si manifesta in modo visibile. Nel suo dispiegarsi, la natura si esprime in qualità contrarie: il bene e il male, l'amore e l'odio, la luce e le tenebre; solo alla fine del mondo questa contrapposizione sarà tolta, con la vittoria del bene (Cristo) sul male (Satana). L'uomo è fatto a immagine della divinità ed è microcosmo; la sua anima risulta composta da tre principi: il fuoco, la luce e la bestia; allo stesso modo nel corpo si incontrano tre elementi: quello celeste, quello siderale e quello elementare. Böhme ha una concezione luterana della fede come giustificazione totale; egli esclude tuttavia la predestinazione, non perché confidi nel valore dei meriti dell'uomo, ma perché tutto, caduta e salvezza, rientra nell'ordine provvidenziale divino, che ha lasciato all'uomo la libertà di scelta fra il bene e il male.
Diversamente valutato a seconda degli aspetti del suo pensiero di volta in volta presi in considerazione, Böhme sfugge a una rigida classificazione. È parso ora un cattolico, per il rispetto che nutre verso la Vergine, ora un luterano, per l'esaltazione del primato della fede, ora un panteista, per l'affermata onnicomprensività dell'essere divino, ora un manicheo, per il suo continuo confrontarsi con il male. La sua influenza è rilevante in seno al pietismo, ma si estende anche al romanticismo e all'idealismo tedesco, in particolare a Schelling e a Hegel.

Bohr, Niels (Copenaghen 1885-1962), fisico danese. Dopo gli studi universitari, lavorò in Inghilterra con J.J. Thomson ed E. Rutherford e nel 1913 pubblicò la famosa memoria *La costituzione degli atomi e delle molecole*, nella quale applica la teoria dei quanti al modello atomico di Rutherford. Nel campo della teoria dei quanti Bohr formulò due famosi principi volti a realizzare una certa conciliazione di alcuni risultati della fisica classica con la fisica quantistica. Si tratta del *principio di corrispondenza*, secondo cui le leggi classiche sarebbero un caso limite delle leggi quantistiche, e del *principio di complementarità*, il quale afferma che il modello ondulatorio e il modello corpuscolare andrebbero considerati due immagini parimenti legittime e necessarie dei fenomeni della microfisica; infatti, sebbene tali immagini siano in contrasto tra loro, ognuna di esse coglie un aspetto essenziale dei dati sperimentali. Nel 1922 Bohr ottenne il premio Nobel per la fisica per le sue ricerche sulla struttura dell'atomo. Opere di maggiore interesse filosofico: *Teoria dell'atomo e conoscenza umana* (1961); *I quanti e la vita* (postuma, 1965).

Boileau, Nicolas (Parigi 1636-1711), letterato francese. Ha un posto nella storia dell'estetica per il trattato in versi *Arte poetica* (1674), che servì come base teorica agli autori del *grand siècle* (Corneille, Molière, Racine) e che, celebrato in tutt'Europa, divenne la precettistica fondamentale del classicismo letterario. Boileau si ispira ai classici e ai trattatisti italiani del Cinquecento, riprendendo i temi dell'imitazione della natura, della finalità didascalica dell'arte, della netta ripartizione dei generi poetici. Contro il gusto barocco, egli sostiene che l'operare poetico deve evitare ogni eccesso nella fantasia; contro le estetiche cartesiane, condanna il rigore e la freddezza razionalistica. Boileau partecipò alla → *querelle des anciens et des modernes* sostenendo la validità dei modelli antichi. Altre opere: *Satire* (1666); *Il leggio* (1674-83); *Riflessioni su Longino* (1692-94).

Bolingbroke, Henry Saint-John, visconte di (Battersea, Surrey, 1678-1751), uomo politico e filosofo inglese. Le tesi teologiche e gnoseologiche di Bolingbroke riprendono i temi dell'empirismo di Locke e si inseriscono nel filone del → deismo inglese. Il suo pensiero politico, invece, si distingue per l'elaborazione di una teoria autoritaria dello stato, per la quale la concordia fra il popolo si attua eliminando i partiti, in un sistema imperniato sulla figura di un monarca assoluto e illuminato. Tra le sue opere, pubblicate postume a Londra nel 1754, si ricordano le *Lettere sullo studio e l'uso della storia*, incentrate sulla ricerca di un'originale metodologia storica.

Boltzmann, Ludwig (Vienna 1844 - Duino, Trieste, 1906), fisico austriaco. Ha dato un contributo fondamentale allo sviluppo della teoria cinetica dei gas e della termodinamica statistica, affiancando al suo lavoro scientifico, come documentano soprattutto i suoi *Scritti popolari* (1905), una penetrante e appassionata riflessione sulla natura delle teorie fisiche. Criticando quelle concezioni filosofiche che avrebbero voluto vedere nelle costruzioni teoriche della fisica una semplice descrizione di ciò che è dato nell'esperienza immediata, Boltzmann è stato un sostenitore della teoria atomica della materia e del carattere ipotetico della conoscenza scientifica. A suo parere le teorie scientifiche trascendono l'esperienza, sia perché affermano molto di più di quanto in essa non sia contenuto, sia perché rappresentano in maniera idealizzata lo stesso elemento empirico cui si riferiscono. La chiara intuizione della natura ipotetica delle teorie lo portò inoltre a sostenere che esse non costituiscono un edificio di «verità irrefutabili», e a individuare nel metodo deduttivo piuttosto che in quello induttivo il mezzo più idoneo per la presentazione delle teorie stesse.

Bolzano, Bernhard (Praga 1781-1848), matematico e filosofo austriaco di origine italiana. Fu sacerdote, e insegnò scienza della religione all'università di Praga; ma il suo nome è legato agli studi per i fondamenti della matematica e la logica. Bolzano fu uno dei primi a cogliere l'importanza dell'applicazione dello strumento della dimostrazione in zone fondamentali della matematica usualmente trattate in termini intuitivi (*teorema di Bolzano-Weierstrass*). Nell'opera *Teoria della scienza* (1837), in quattro volumi, elaborò una originale, rigorosa e articolata teoria della logica in direzione non psicologistica. Nei *Paradossi dell'infinito* (postumi, 1851), anticipò temi e problemi della teoria cantoriana (G. → Cantor) degli insiemi infiniti.

Bonald, Louis-Gabriel-Ambroise de (Monna, Milhau, 1754 - Lione 1840), uomo di stato e filosofo francese. Esponente del → tradizionalismo, durante la rivoluzione francese emigrò in Germania, dove pubblicò la *Teoria del potere politico e religioso nella società civile* (1796), cui fecero seguito, dopo il suo ritorno in Francia, la *Legislazione primitiva* (1802) e le *Ricerche filosofiche sui primi oggetti delle conoscenze morali* (1818). La rivoluzione francese, vista come fenomeno negativo e dissolutivo, è per Bonald l'esito della filosofia del sec. XVIII, caratterizzata nell'insieme dallo spirito antireligioso e antimetafisico. Le riflessioni che egli svolge intorno alla società e alla sua origine mirano a restaurare la credenza nella monarchia di diritto divino e l'obbedienza sacrale al cattolicesimo, combattute dalla filosofia dei lumi. L'uomo deve rinunciare all'«impertinenza» di valutare la realtà sulla base della ragione individuale, subordinandosi invece alla ragione universale, che si manifesta nel linguaggio, considerato da Bonald come dono di Dio al momento della creazione. Il linguaggio è il vero principio generatore dell'umanità e della società: conservato dalla tradizione, che è il tramite della rivelazione divina, esso risveglia nella mente di ogni uomo quelle verità innate postevi da Dio senza le quali nessuna società può sussistere. Bonald è anche considerato un precursore della moderna sociologia della letteratura; i suoi interventi in materia letteraria sottolineano, infatti, l'incidenza dei fattori socioeconomici sul fenomeno letterario, spesso subordinandovi la valutazione estetico-formale delle opere.

Bonaventura da Bagnoregio, o da Bagnorea (Bagnoregio, Viterbo, 1217 ca - Lione 1274), filosofo e teologo italiano; santo. Fu il massimo esponente della scuola filosofica francescana medievale. Allievo di Alessandro di Hales all'università di Parigi, divenne baccelliere biblico (1248-50) e delle *Sententiae* (1250-52) nella stessa università; nel 1257 fu eletto ministro generale dell'ordine francescano. Compì numerosi viaggi in diversi paesi europei, finché ritornò a Parigi (1265), dove riprese i contatti con il mondo universitario, in un momento di crisi provocata dall'affermazione dell'averroismo latino. Contro gli averroisti Bonaventura prende posizione in diverse conferenze, le *Collationes de decem praeceptis* (1267), le *Collationes de septem donis* (1268) e le *Collationes in Hexaëmeron* (1273). Convinto che Aristotele sia nell'errore quando antepone lo studio delle realtà sensibili alla teologia, Bonaventura aderisce al tradizionale neoplatonismo cristiano e sviluppa l'impostazione filosofico-teologica di Agostino e di Anselmo, pur adottando talora un linguaggio aristotelico. Al primo posto pone Dio, che è anche il *primum cognitum* per l'uomo: nella mente dell'uomo è innata una qualche nozione o idea di Dio, perfezionabile attraverso la riflessione, ma sufficiente per comprendere che Dio non può non esistere. Il mondo procede per creazione da Dio, dal quale si distingue per l'intrinseca composizione di forma e di materia, presente anche nelle sostanze angeliche e celesti (→ ilemorfismo universale).

Nell'uomo, come in ogni animale, ci sono più forme sostanziali, la più perfetta delle quali è rappresentata dall'anima intellettiva: per Bonaventura l'anima umana è forma e insieme sostanza (*forma et hoc aliquid*); essa si unisce a un corpo già dotato della forma della corporeità. La conoscenza avviene su due versanti: attravero i sensi l'anima entra in contatto con la realtà empirica e si forma i concetti universali; le nozioni spirituali derivano invece da una illuminazione divina. Sforzo precipuo dell'uomo deve essere il ritorno a Dio, che non può compiersi solo mediante la conoscenza filosofica, ma comporta la *reductio* di tutte le scienze alla teologia: sotto le apparenze del sapere profano si cela un sapere più profondo, cui occorre ricondursi per vedere nelle cose sensibili un'immagine, una figura di quella vera realtà che è il Dio biblico. La pienezza del sapere si raggiunge perciò dopo un lungo e articolato cammino (*Itinerarium mentis in Deum*, 1259), che dallo studio della presenza di Dio nelle realtà fisiche passa all'esame delle facoltà interiori del soggetto conoscente (memoria, intelletto, volontà), si innalza alla contemplazione dei nomi propri di Dio (l'Essere e il Bene), per predisporre infine l'anima del credente all'estasi, al totale rapimento in Dio.

Fra le altre opere di Bonaventura si ricordano il grande *Commentario alle Sentenze* (4 voll., 1250-54); le *Quaestiones disputatae: De scientia Christi* (1254), *De mysterio Trinitatis* (1254), *De perfectione evangelica* (1255); il *Breviloquium* (1254-57) e la *Reductio artium ad theologiam* (1254-55).

Bonhoeffer, Dietrich (Breslavia 1906 - Flossenburg, Alto Palatinato, 1945), pastore e teologo protestante tedesco. Allievo di A. von Harnack, pastore nelle parrocchie evangeliche tedesche di Barcellona e Londra, libero docente all'università di Berlino dal 1931, fu con K. Barth tra i

protagonisti della chiesa → confessante, avversa a Hitler. Nel 1936, a causa della sua opposizione alla chiesa ufficiale del Reich (i «cristiani tedeschi»), gli venne vietato l'insegnamento universitario. Durante la guerra partecipò attivamente alla resistenza antinazista. Nel 1943 venne arrestato e imprigionato a Tegel (Berlino); nel 1945 fu trasportato a Buchenwald, e poi a Flossenburg, dove venne impiccato il 9 aprile.
Durante la prigionia Bonhoeffer aveva scritto molte lettere e appunti che inviava all'amico E. Bethge, e che questi pubblicò postumi nel 1951, insieme alle lettere ai genitori e ad alcune poesie, sotto il titolo di *Resistenza e resa*; questi scritti sono il suo ultimo messaggio e rappresentano il progetto di un'opera sulla interpretazione «non religiosa» del cristianesimo in un mondo «divenuto adulto», che rifiuta il Dio «tappabuchi» della cosmologia e del sentimento. Qui vengono annunciati i temi di quella nuova teologia (la chiesa come Cristo presente, nel quale avviene l'incontro tra Dio e il mondo; la morte di Dio intesa come morte della sua presenza tra gli uomini, come sua impotenza e crocifissione; l'assenza di Dio, che rispetta l'uomo e ne provoca la crescita; la fede che non fugge il mondo, ma «lo sperimenta, l'ama e gli resta fedele, nonostante tutte le sofferenze che ci presenta») che diverrà la fonte dei più vivi e interessanti rinnovamenti teologici del dopoguerra, non solo tra i protestanti ma anche tra i cattolici. Nel 1930 Bonhoeffer aveva pubblicato *Sanctorum communio*, nel 1931 *Atto ed essere*, nel 1937 *Sequela*, nel 1938 *Vita comunitaria*. Postume apparvero le opere che, secondo l'autore, dovevano costituire il suo contributo maggiore: *Etica* (1949); *Tentazione* (1953); *Il mondo maggiorenne* (1955-66).

Bonnet, Charles (Ginevra 1720 - Genthod, Ginevra, 1793), naturalista e filosofo svizzero. Osservatore appassionato della natura e studioso attento di storia naturale, esordì a 25 anni con un *Trattato di entomologia*. In *Considerazioni sui corpi organizzati* (1762) espose la teoria della preformazione, che sviluppò poi ampiamente nella *Palingenesi filosofica ovvero Idee sullo stato passato e sullo stato futuro degli esseri viventi* (2 voll., 1769-70). Convinto che le scoperte della biologia e le rivelazioni della religione si soccorrono a vicenda, Bonnet concepì l'universo come una continua evoluzione e differenziazione di forme e specie, in un movimento progressivo di perfettibilità in ordine alla conoscenza (per cui l'uomo si avvia a diventare angelo, e le api e gli elefanti a prendere il posto dell'uomo). La successione delle specie e la proliferazione delle forme, per Bonnet, si trovano inscritte nella natura fin dalla creazione, e per tutta l'eternità, mediante «germi». Bonnet pubblicò anche opere di psicologia, come il *Saggio analitico sulle facoltà dell'anima* (1760), dove spiegò la formazione della personalità come memorizzazione delle sensazioni. Si ricordano inoltre: *Dell'utilità delle foglie* (1754); *Saggio di psicologia* (1754); *Contemplazione della natura* (1764).

Bontadini, Gustavo (Milano 1903-1990), filosofo italiano. Professore di filosofia teoretica nelle università di Urbino e Pavia e all'Università Cattolica di Milano. Le sue ricerche sulla filosofia moderna (*Studi di filosofia moderna*, 1966) sono legate a un'ipotesi di ripresa della metafisica classica (*Saggio di una metafisica dell'esperienza*, 1938). Per Bontadini la filosofia moderna è inficiata dal dualismo gnoseologico, presupposto secondo cui esiste un'alterità fra gli oggetti esterni e il pensiero. L'idealismo recupera sul piano logico l'intenzionalità del rapporto fra soggetto e oggetto e non preclude, sul piano ontologico, la fondazione della metafisica. Ne risulta un originale tentativo di sintesi fra idealismo e neoscolastica. Gli articoli e i saggi più significativi di Bontadini sono raccolti nei due volumi delle *Conversazioni di metafisica* (1971).

Boodin, John Elof (Pjätteryd, Småland, 1869 - Los Angeles 1950), filosofo statunitense di origine svedese. Criticando la nozione trascendentale di tempo affermata dal suo maestro J. Royce, Boodin ha elaborato un «idealismo evoluzionista» per cui esistono diversi livelli di realtà (ciascuno dei quali possiede un'autonoma regolamentazione spazio-temporale) e un sistema individuale di energia. Non esiste dunque una forma unitaria del tempo; la continuità tra i vari livelli è garantita da Dio che, essendo insieme temporale ed eterno, guida l'evoluzione cosmica in ogni sua parte, dalla materia allo spirito, dalla reazione chimica all'azione etica e sociale. Dio è dunque panteisticamente inteso come una struttura cosmica dotata di un principio creativo interno. Opere principali: *Tempo e realtà* (1904); *Un universo realistico* (1916); *Tre interpretazioni dell'universo* (1934); *Dio* (1935).

Boole, George (Lincoln 1815 - Cork, Irlanda, 1864), matematico irlandese. Autodidatta, professore presso il Queen's College di Cork, fu uno dei fondatori dell'→ algebra astratta e il primo ad avere piena coscienza dell'applicabilità delle nozioni e dei metodi algebrici a oggetti non matematici. Fu il fondatore dell'algebra della logica. La sua opera più importante è *Indagine sulle leggi del pensiero*, del 1854.
Algebre di Boole. Strutture algebriche consistenti di una collezione di oggetti sui quali sono definite due operazioni binarie, $\cdot$, $+$, e una unaria, $'$, con le seguenti proprietà

$$x \cdot y = y \cdot x \qquad x + y = y + x$$
$$x \cdot (y \cdot z) = (x \cdot y) \cdot z$$
$$x + (y + z) = (x + y) + z$$
$$x \cdot (x + y) = x + (x \cdot y) = x$$

$$x \cdot (y+z) = (x \cdot y) + (x \cdot z)$$
$$x \cdot x' = 0 \quad x + x' = 1$$

dove 0, 1 sono due predeterminati oggetti della collezione. Le algebre di Boole sono estremamente importanti nello studio della logica classica: infatti l'algebra di Lindenbaum di ogni sistema assiomatico basato sulla logica classica risulta essere un'algebra di Boole. L'esempio più semplice di algebra di Boole è l'algebra dei valori di verità, vero e falso, dove $\cdot$, $+$, $'$, sono rispettivamente interpretate come le funzioni logiche di congiunzione, disgiunzione e negazione (tavole di → verità).

Bopp, Franz (Magonza 1791 - Berlino 1867), linguista tedesco. Compiuti gli studi universitari in Germania, perfezionò la conoscenza delle lingue orientali a Parigi e a Londra. Rientrato in patria nel 1820, ottenne, grazie all'appoggio di W. von Humboldt, la cattedra di sanscrito e grammatica comparata all'università di Berlino. È considerato il fondatore della grammatica comparata, della quale offrì una prima sistemazione metodologica. Le sue opere principali sono: *Saggio sul sistema di coniugazione della lingua sanscrita comparato con quello delle lingue greca, latina, persiana e gotica* (1816), una grammatica sanscrita in tedesco (1827), poi rifatta in latino (1832), un glossario sanscrito (1830), e infine la grande *Grammatica comparata del sanscrito, zend, greco, latino, gotico e tedesco* (1833-52). Per quanto già prima di Bopp, grazie a F. von Schlegel e a R. Rask, si fosse diffuso l'interesse per il sanscrito e per i rapporti tra questo e le lingue classiche e germaniche, e fosse stata intravista la parentela delle lingue indoeuropee, a Bopp spetta il merito di aver portato negli studi linguistici l'orientamento filosofico proprio della cultura romantica e di avere sviluppato l'apparato tecnico della nuova disciplina. Attraverso la comparazione, fondata sull'analisi morfologica, delle varie lingue, Bopp si proponeva la descrizione e la spiegazione delle forme grammaticali e della loro origine.

borderline, termine inglese («zona di confine») introdotto da K. Kleist nella nosografia psichiatrica tra il 1921 il 1926 per indicare un tipo di personalità patologica collocata fra la personalità nevrotica e quella psicotica. Da allora, la riflessione teorica e clinica su questo concetto ha registrato proposte e opinioni assai diverse.
Gli psichiatri di orientamento biologico rivendicano la presenza, in questa sindrome, di una causa organica e basano la diagnosi sull'analisi fenomenologica dei sintomi. La sindrome borderline sarebbe la variante lieve di un disturbo più consistente (schizofrenia, disturbo affettivo maggiore, disfunzione cerebrale organica). Per gli autori del *Diagnostic and statistical manual of mental disorders* (DSM) — la più diffusa classificazione psichiatrica — il disturbo borderline gode invece di una propria autonomia clinica e concettuale, tanto da poter essere definito come «una modalità pervasiva di instabilità dell'umore, delle relazioni interpersonali e dell'immagine di sé», della quale è possibile evidenziare con precisione alcuni indicatori sintomatologico-comportamentali, che vanno dal sentimento cronico di vuoto e di noia, alla tendenza al suicidio, alla rabbia immotivata e intensa, all'impulsività nello spendere, al disordine sessuale e così via.
A fronte di questi approcci di carattere descrittivo, gli autori di scuola psicoanalitica si sono invece sforzati di individuare gli aspetti inerenti alla struttura di personalità e alle modalità di relazione del paziente borderline. A loro giudizio, la sindrome borderline può presentare un inventario di sintomi assai ampio e di gravità molto differente: taluni di essi possono sovrapporsi a una sintomatologia psicotica oppure, nel caso opposto, il quadro patologico può essere confuso con quello di una nevrosi. Secondo O. Kernberg, uno degli autori più rappresentativi di questo orientamento, la struttura borderline di personalità è caratterizzata da tre elementi: la dispersione dell'identità, ossia una scarsa integrazione degli aspetti contraddittori sia di sé che degli altri; la predominanza di operazioni difensive primitive, quali la scissione del Sé e degli oggetti esterni in «tutto buono» e «tutto cattivo», o la negazione delle implicazioni emotive di situazioni delle quali è mantenuta la consapevolezza sul piano cognitivo; un intatto esame di realtà, salvo che nei temporanei collassi psicotici.
In ambito psicodinamico è stato proposto di considerare il deficit delle funzioni dell'Io nel paziente borderline all'interno di un continuum caratterizzato da differenti livelli di gravità della malattia piuttosto che da categorie rigidamente differenziate e reciprocamente escludentesi. Ciò consentirebbe di identificare dei sottotipi nosologici che renderebbero ragione, sempre da un punto di vista strutturale, della grande varianza, sul piano clinico, di questa categoria diagnostica.

Born, Max (Breslavia 1882 - Gottinga 1970), fisico tedesco. Con P. Jordan e W. Heisenberg fu a Gottinga negli anni Venti uno dei promotori delle discussioni e delle ricerche da cui prese origine la meccanica quantistica. Nel 1954 gli venne conferito il premio Nobel per la fisica proprio «per il suo fondamentale lavoro nella meccanica quantistica» e per quella famosa «interpretazione probabilistica della funzione d'onda» di E. Schrödinger che doveva condurre a guardare alla microfisica come a una teoria di tipo stocastico. Questo tipo di interpretazione verrà fatta propria da N. Bohr e dalla sua scuola (scuola di Copenhagen) e verrà invece duramente avversata, sia pure con motivazioni diverse, da M. Planck, E. Schrödinger e A.

Einstein. Si deve comunque osservare che per Born, da un punto di vista fisico rigoroso, neppure la fisica classica può venire considerata deterministica, perché l'assunzione di valori esatti per gli osservabili classici è un'idealizzazione non giustificata. Egli inoltre ritiene che la teoria quantistica non comporti l'abbandono del principio dell'esistenza di un mondo reale oggettivo qualora per realtà oggettiva si intenda la somma degli invarianti osservazionali. Principali opere di interesse filosofico: *Il potere della fisica* (1943); *Filosofia naturale della causalità e del caso* (1949); *La fisica e il nostro tempo* (1956).

Borrelli, Pasquale (Tornareccio, Chieti, 1782 - Napoli 1849), filosofo italiano. Con lo pseudonimo di Pirro Lallebasque pubblicò le prime due sezioni di una vasta opera enciclopedica, per il resto inattuata: *Introduzione alla filosofia naturale del pensiero* (1824) e *Principi di genealogia del pensiero* (1825). Egli fece propria l'idea degli ideologi francesi (e fra questi Cabanis) secondo cui lo spirito agisce perché stimolato da sensazioni, ma, contro il sensismo, ritenne le funzioni del giudicare e del volere non riducibili a quella del sentire.

Bosanquet, Bernard (Rock Hall, Northumberland, 1848 - Golders Green, Londra, 1923), filosofo inglese. Professore a Oxford e poi a Saint Andrews, esponente del neohegelismo inglese, fu scrittore assai prolifico: *Conoscenza e realtà* (1885); *Logica, o morfologia della conoscenza* (1888); *Storia dell'estetica* (1892); *La teoria filosofica dello stato* (1899); *Il principio dell'individualità e del valore* (1912); *Il valore e il destino dell'individuo* (1913); *Che cos'è la religione* (1920). Al centro del suo pensiero è l'idea della sistematicità della realtà: ogni fatto ne implica altri e reciprocamente, sicché ognuno trascende se stesso verso la totalità. L'universale concreto è l'Assoluto; e l'individuo umano possiede una realtà solo parziale, limitata. Di contro a esso, ha una realtà superiore la «persona morale» rappresentata dalla società e dallo stato. Di qui un'etica del dominio di sé, contro l'individualismo. Ancor meno originale risulta l'estetica di B. Bosanquet; tuttavia, in questo campo, la sua fu un'opera pionieristica nella cultura filosofica anglosassone.

Boschetti Alberti, Maria (Montevideo 1884 - Agno, Canton Ticino, 1951), educatrice e pedagogista svizzera. Dopo avere studiato a Roma il metodo Montessori, sviluppò nell'ambito dell'attivismo due originali esperienze educative, che espose, con i loro principi metodologici, in *La scuola serena di Agno* (1926) e *Il diario di Muzzano* (1939). Il metodo della Boschetti Alberti, sperimentato in pluriclassi elementari e postelementari, si affidava soprattutto alla libera iniziativa dei bambini, ripudiando, in polemica con il metodo montessoriano, ogni materiale didattico precostituito.

Boscovich, Ruggero Giuseppe (Dubrovnik 1711 - Milano 1787), filosofo e scienziato dalmata. Gesuita, soggiornò a lungo nei principali centri di cultura europei, insegnò matematica a Pavia dal 1764 e, dopo la soppressione dell'ordine dei gesuiti (1773), si trasferì a Parigi; tornò in Italia nel 1782. Boscovich si occupò di astronomia, ottica, geodesia, matematica e filosofia della natura. In quest'ultimo campo, egli fu influenzato da Leibniz e rielaborò originalmente le idee di Newton. Questi si era chiesto, in via puramente speculativa, se potessero esistere forze, sia d'attrazione sia di repulsione, che agissero alternativamente tra le particelle di materia. Da questo suggerimento, Boscovich sviluppò l'idea di una legge generale delle forze esistenti tra gli elementi materiali: tali forze sono alternativamente attrattive e repulsive, a seconda delle distanze che le separano; col diminuire della distanza, aumenta la forza di repulsione, così da rendere impossibile un contatto diretto delle particelle. Tali particelle ricordano le monadi di Leibniz, ma a differenza di queste sono prive di coscienza e interagiscono reciprocamente; differiscono dai punti geometrici solo perché sono dotate di inerzia. La realtà materiale viene ridotta a pura apparenza; tutte le qualità percepibili delle cose sono soltanto effetti fenomenici, risultanti dal moto e dall'interazione delle particelle. Poiché in tal modo la materia è riportata alla forza, alcuni storici hanno visto qui un'anticipazione del concetto di campo usato dalla fisica moderna. Tra le opere: *Philosophiae naturalis theoria redacta ad unicam legem virium in natura existentium* (1758); *De solis ac lunae defectibus* (1760); *Giornale di viaggio da Costantinopoli in Polonia* (1784); *Opera pertinentia ad Opticam et Astronomiam* (5 tomi, 1785).

Bossuet, Jacques-Bénigne (Digione 1627 - Parigi 1704), teologo, oratore e pensatore francese. Consigliere di Luigi XIV e precettore del Delfino, si fece partigiano dell'ordine così nell'ambito religioso come in quello filosofico e letterario. La sua concezione della storia e della politica è raccolta anzitutto nel *Discorso sulla storia universale* (1681) dove, secondo un modello tratto da Agostino, la storia profana è vista come completamento della storia sacra, e dunque come la manifestazione della provvidenza divina. Pur nel mutare delle prospettive, questo scritto è alla base delle moderne filosofie della storia, con esiti che si faranno sentire specialmente in Montesquieu e in Voltaire.

Minore la fortuna degli altri scritti filosofici di Bossuet, legati alle questioni filosofiche della sua età. Nel *Trattato della conoscenza di Dio e di se stessi* (1678) trae da argomenti cartesiani la descrizione delle proprietà dell'anima nei suoi legami con il corpo. Il *Trattato di logica* (1687) risente dell'insegnamento della scuola di Port-Royal (→ giansenismo).

La fama di Bossuet, esponente di un rigido classicismo estetico-letterario, è dovuta all'abile uso della lingua riscontrabile nelle sue numerose orazioni di argomento religioso. Qui, richiamandosi a modelli antichi, aspira alla chiarezza e alla perfezione, unite a un profondo equilibrio fra le parti non privo di un carattere monumentale e armonico.

Botero, Giovanni (Bene Vagienna, Cuneo, 1544 - Torino 1617), scrittore politico italiano. Dopo aver insegnato retorica in numerosi collegi della Compagnia di Gesù, divenne precettore di Federico Borromeo; a questo periodo appartengono le opere: *Delle cause della grandezza e magnificenza delle città* (1588), *Della ragion di stato* (1589) e le *Relazioni universali* (pubblicate dal 1591).
Personalità complessa e tipica del clima della controriforma, unì una sincera religiosità a un conformismo talora ostentato, una grande capacità di riflessione politica a singolari doti di osservatore. Molto influì su Botero l'opera di Machiavelli e non meno quella di Bodin, a lui più congeniale. La sua originalità si manifesta non tanto nel tentativo, anch'esso tipico dell'età, di riconciliare la ragion di stato con la religione, quanto nell'interesse per gli aspetti economici e geografici che condizionano la vita delle città e degli stati, nell'attenzione alle particolarità regionali e nazionali, nell'allargamento degli orizzonti ai continenti extraeuropei, fuori dell'ambito tradizionale della cristianità.

Boudon, Raymond (Parigi 1934), sociologo francese. Professore all'università di Parigi IV. È noto per essere il maggior rappresentante, in ambito sociologico, dell'individualismo metodologico, secondo il quale ogni fenomeno sociale, quale che sia, deve sempre essere considerato il risultato di azioni, convinzioni o comportamenti individuali. Influenzato da P.F. → Lazarsfeld, ha introdotto nuove tecniche di analisi quantitativa (*Strutturalismo e scienze umane*, 1968, e *Metodologia della ricerca sociologica*, 1969).
Secondo Boudon l'atomo logico dell'analisi sociale è l'attore individuale (*La logica del sociale*, 1979); anche fenomeni sociali macroscopici come i movimenti politici o religiosi, o i mutamenti rivoluzionari, devono essere spiegati a partire dalle azioni dei singoli individui e dalle loro interazioni. In molti casi la composizione di comportamenti individuali ha carattere puramente additivo; vi sono invece dei casi in cui la giustapposizione delle azioni individuali può provocare degli effetti collettivi non necessariamente indesiderabili ma tuttavia non presenti negli obiettivi espliciti degli attori sociali. Tali conseguenze inattese costituiscono una fonte importante di cambiamento sociale (*Effetti «perversi» dell'azione sociale*, 1977). Con ciò Boudon non intende negare l'intelligibilità dei fenomeni sociali e il postulato della razionalità dell'→ attore sociale, ma piuttosto rifiutare il determinismo causale dei fatti sociali a favore di una concezione limitata della razionalità dell'agire sociale (trasformata a comprendere anche le buone ragioni del soggetto). Tra le sue opere maggiori si ricordano ancora: *Istruzione e mobilità sociale* (1973); *Il posto del disordine* (1984); *L'ideologia: origine dei pregiudizi* (1986). Boudon è autore, insieme con F. Bourricaud, del *Dizionario critico di sociologia* (1982).

Bourbaki, Nicolas, nome fittizio usato da un gruppo di matematici, principalmente francesi, che con la pubblicazione di una serie dal titolo *Elementi di matematica*, iniziata nel 1939, intesero passare in sistematica rassegna le parti della matematica da essi ritenute più valide e vitali. «Nicolas Bourbaki» è un allievo spirituale di D. Hilbert: la sua concezione della matematica è rigidamente assiomatica, ed è parte intrinseca della trattazione delle teorie l'esaltazione del contenuto astratto e generale di queste.

Bourdieu, Pierre (Denguin 1930), sociologo francese. Direttore di studi alla Ecole des Hautes Etudes en Sciences Sociales di Parigi, fa parte dal 1981 del Collège de France. I suoi primi lavori sono di tipo etnologico e riguardano la società algerina. Rifiutando la contrapposizione tradizionale tra oggettivismo e soggettivismo, Bourdieu ha poi tentato di cogliere, nel suo libro *Il senso pratico* (1980), «la logica reale dell'azione» come risultato oggettivato di pratiche socialmente codificate o disposizioni durature (*habitus*), che tuttavia consentono di attivare condotte non necessitate e relativamente imprevedibili e creative. Compito del sociologo, secondo Bourdieu, è allora analizzare i diversi modi attraverso i quali vengono a costituirsi le istituzioni sociali, le rappresentazioni «ufficiali» della realtà, le formazioni ideologiche, i criteri del gusto e gli stili di vita, che offrono la precondizione dell'azione sociale. Sulla base di questo quadro teorico e metodologico, e della sua esperienza di etnologo, Bourdieu ha condotto diverse ricerche empiriche. In *La riproduzione* (1970) ha analizzato i processi attraverso cui il sistema scolastico tende a riprodurre le differenze sociali, mentre in *La distinzione* (1979) ha preso in esame i processi di definizione dei gusti e degli stili di vita, che sono funzionali alla differenziazione di classe. In *Homo academicus* (1987) e in *La nobiltà di Stato* (1989), ponendo in evidenza i rapporti tra i sistemi di educazione superiore e le dinamiche di potere, Bourdieu propone una «antropologia globale» della classe dirigente francese contemporanea.

Bouterwek, Friedrich (Oker, Bassa Sassonia, 1766 - Gottinga 1828), filosofo e letterato tedesco. Insegnò per molti anni a Gottinga, dove ebbe fra i suoi allievi Schopenhauer. Qui lavorò alla monumentale *Storia della poesia e dell'eloquenza moderne* (12 voll., 1801-19), una indagine su diverse letterature europee che ebbe vasta rinomanza nell'Europa romantica. Studioso e seguace di Kant, corresse il criticismo con esigenze empiriche e psicologiche, e fu vicino a Jacobi nel ritenere che, senza tali correzioni, l'esito della filosofia trascendentale fosse lo spinozismo. Bouterwek è autore anche di una raccolta di versi e prose che ebbe un grande quanto precario successo, e di una *Estetica* (1806) dove è percepibile l'influenza di Jean Paul.

Boutroux, Étienne-Émile-Marie (Montrouge, Seine, 1845 - Parigi 1921), filosofo francese. Fu allievo di J. Lachelier e, indirettamente, di F. Ravaisson e di C. Renouvier, e cognato del matematico H. Poincaré. Studioso della filosofia tedesca e del pensiero scientifico contemporaneo, Boutroux appare interessato soprattutto a problemi di carattere epistemologico, visti sempre nelle loro implicazioni metafisiche. La sua opera più nota è *Sulla contingenza delle leggi di natura* (1874), accanto alla quale vanno ricordate l'*Idea di legge naturale nella scienza e nella filosofia contemporanea* (1895), *La natura e lo spirito* (1904-05) e *Scienza e religione nella filosofia contemporanea* (1908).

L'importanza di Boutroux sta nella finezza con cui, in un clima filosofico-scientifico dominato dal positivismo, sottopose a critica radicale taluni capisaldi dell'epistemologia positivistica, elaborando una concezione teorica che fu chiamata → contingentismo. Della dottrina positivistica della scienza egli mette in discussione soprattutto l'assunto secondo cui ogni fenomeno viene spiegato da una certa causa (→ determinismo). Secondo Boutroux, tale assunto annulla, a ben guardare, l'esistenza di quegli elementi di novità che ciascun fenomeno possiede (e non può non possedere) rispetto a ogni altro fenomeno antecedente e da cui può essere in parte derivato. Nell'*Idea di legge naturale* la critica al determinismo e al deduttivismo propri del sapere positivistico si amplia in un discorso teorico più generale. Boutroux mette in discussione la legittimità dell'applicazione di concetti e norme formali ai fenomeni empirico-naturali, nonché la nozione stessa di legge, la quale a suo avviso riflette essenzialmente le esigenze intellettuali (e non solo intellettuali) dell'osservatore di ridurre il diverso all'identico e il mutevole all'immutabile. Se è vero, d'altra parte, che la legge spesso «funziona», ciò avviene, secondo Boutroux, per il fatto che i fenomeni naturali tendono ad assumere una relativa e generica costanza di comportamento.

Bovet, Pierre (Neuchâtel 1878 - Ginevra 1944), psicologo e pedagogista svizzero. A Ginevra, fu docente di psicologia sperimentale all'università e, dal 1912, diresse l'istituto J.-J. Rousseau, centro di ricerche di psicologia infantile, nato per assicurare agli insegnanti la preparazione scientifica necessaria per praticare proficuamente la sperimentazione in campo educativo. Bovet fu anche fondatore e direttore del Bureau international d'éducation. Fra le sue opere: *L'istinto combattivo* (1917); *Il sentimento religioso e la psicologia del fanciullo* (1925). A Bovet si deve l'introduzione della formula «scuola attiva» a indicare il movimento pedagogico di cui egli fu uno dei sostenitori (→ attivismo).

Bovillo, Carlo, nome italianizzato di Charles de Bouelles, noto anche nella forma latina Carolus Bovillus (Sancourt, Piccardia, 1483 - Parigi 1553), filosofo e matematico francese. Allievo di Lefèvre d'Étaples, un convinto aristotelico che ammirava Cusano, Bovillo pubblicò a soli vent'anni un trattato di geometria, *Geometricum Introductorium* (1503). Compì numerosi viaggi attraverso l'Europa; nel 1506, a Roma, sostenne una disputa sulla verità del cristianesimo con l'ebreo Bonet de Lates.

Tentando una fusione dell'umanesimo di Pico della Mirandola, M. Ficino e P. Pomponazzi con la filosofia di Cusano, Bovillo elaborò nel *De sapiente* una concezione dell'uomo come parte e insieme artefice della natura. L'uomo è al vertice dei gradi della realtà (Essenza, Vita, Senso, Ragione), perché mediante la sua conoscenza intellettiva si realizza il ritorno della natura in se stessa; si verifica così un'unione di uomo e di mondo, da cui deriva ciò che si chiama universo, il quale è simile all'uomo e paragonabile a esso: «l'anima di questo universo è tutto l'uomo; il corpo, invece, il mondo».

Nel *De intellectu* Bovillo espone la sua teoria della conoscenza, basata sulle premesse della psicologia aristotelica: il pensiero è recezione e riproduzione di determinazioni originariamente esistenti nel mondo esterno. Derivano invece da Cusano la concezione della logica come coincidenza degli opposti e l'analisi del concetto di nulla, giudicato fecondo sul piano gnoseologico (sono esposte nell'*Ars oppositorum*). Altre opere di rilievo: *Liber de sensu*; *Liber de nichilo*; *Quaestiones theologicae* (1513); *Dialogi tres de animae immortalitate, de resurrectione, de mundi excidio et illius instauratione* (1552).

Bowlby, John (Londra 1907-1990), psicologo inglese. Studiò medicina e psicologia a Cambridge, specializzandosi poi in psichiatria, psichiatria infantile e psicoanalisi. Dal 1946 lavorò presso la Tavistock Clinic e il Tavistock Institute of Human Relations di Londra. Nel 1950 svolse per incarico dell'Organizzazione mondiale della sanità una ricerca sulle condizioni psichiche dei bambini privati del nucleo familiare. Avvalendosi dei dati e dei metodi di ricerca forniti dall'etologia, dalla teoria dei sistemi di controllo e dalla psicologia cognitivista, giunse alla conclusione che un bambino,

privato della presenza materna nel periodo critico compreso tra il sesto e il nono mese e il terzo e il quarto anno di vita, reagisce attraverso tre fasi di comportamento: protesta, disperazione e distacco. In polemica, ma insieme in dialogo serrato con il modello psicoanalitico, elaborò una teoria dello sviluppo psicologico centrata sul concetto di «attaccamento» — tendenza innata a stabilire dei legami con individui della stessa specie. La teoria dell'attaccamento studia il legame madre-bambino, e sulle modalità di questo processo fonda la costruzione dei futuri legami affettivi dell'individuo adulto; essa valorizza le dinamiche interattive e interpsichiche dello sviluppo del bambino, localizzando gli eventuali disturbi psicopatologici dell'individuo nelle alterazioni reali del legame affettivo.
Opere principali: *Cure materne e igiene mentale del fanciullo* (1951); *Attaccamento e perdita* (3 voll., 1969-80).

Bowne, Borden Parker (Leonardville, New Jersey, 1847 - Boston 1910), filosofo statunitense. Studiò a New York, e poi in Francia e Germania; insegnò all'università di Boston. Il suo pensiero procede dalla definizione della persona umana come entità libera e limitata: solo a partire da questa unità concreta è possibile dare un senso ai problemi etici, estetici e metafisici che traggono origine dall'esperienza umana; dalla concretezza e finitudine della persona deriva anche la necessità dell'esistenza di Dio, concepito come una «Persona Infinita» che determina la finitezza del mondo. Tra le sue opere: *La teoria del pensiero e della conoscenza* (1897); *Metafisica* (1898); *Teismo* (1902); *Personalismo* (1908).

Bradley, Francis Herbert (Clapham, Bedfordshire, 1846 - Oxford 1924), filosofo inglese. Professore a Oxford, rappresentante del neohegelismo inglese, nel 1874 pubblicò *Studi di etica*, dedicati alla critica tanto dell'edonismo e dell'utilitarismo quanto del formalismo kantiano, e alla difesa d'un organicismo antindividualistico (sostanzialità della società, di contro ai singoli). La polemica contro la tradizione empiristica è proseguita con i *Principi di logica* (1883), importanti soprattutto per il rifiuto dello psicologismo. Bradley sostiene che le «idee» non sono eventi mentali soggettivi, immagini interiori, bensì significati puri. Questa tesi dell'irriducibilità della logica alla psicologia verrà ereditata da tutto il successivo pensiero inglese, che per il resto sorgerà da una reazione contro la metafisica di Bradley, con G.E. Moore e B. Russell.
La metafisica di Bradley, un monismo radicale, è esposta nella sua opera maggiore, *Apparenza e realtà* (1893), cui seguirono solo interventi di illustrazione e di difesa, raccolti in *Saggi su verità e realtà* (1914) e in un volume postumo di *Saggi*. Poiché la verità si trova solo nell'unità del tutto, ogni affermazione di una molteplicità di sostanze è in contrasto con la realtà, oltre che con l'immediatezza del sentire preconcettuale, il quale non conosce ancora alcuna separazione, neppure quella fra soggetto e oggetto. Compito della filosofia è di riaffermare l'«unità onnicomprensiva» della realtà, che Bradley qualifica hegelianamente come l'Assoluto. Ma, in contrasto con Hegel, Bradley ritiene che l'Assoluto non possa venir determinato se non negativamente, cioè asserendo soltanto ciò che esso non è. L'Assoluto è il contrario dell'«apparenza»; e questa è propria delle cose del mondo nella loro pluralità. Esse sono apparenti in quanto per Bradley tutti i concetti con i quali vengono solitamente pensate sarebbero impigliati in contraddizioni irresolubili, che li renderebbero inconcepibili. Questa tesi è illustrata con sottili analisi critiche delle nozioni di qualità, cosa, identità, spazio, tempo, mutamento, causa, io ecc.
La tesi della non determinabilità dell'Assoluto dà un colorito mistico all'idealismo di Bradley: ogni determinazione positiva dell'Assoluto implicherebbe infatti delle relazioni, ma così esso verrebbe ridotto ad apparenza. Per lo stesso motivo, l'Assoluto comprende in sé anche l'apparenza: l'Assoluto non sarebbe tale, infatti, se ci fosse qualcosa di esterno a esso; e di qui deriva che l'apparenza non è mera illusione, per Bradley. Al pensiero umano non è concessa se non un'approssimazione simbolica o analogica all'unità sovrapersonale dell'Assoluto, in occasione di esperienze particolari di coerenza e armonia, quali si possono dare nell'arte o nella morale.

Bradwardine, Thomas (Chichester o Hartfield 1290 ca - Lambeth, Londra, 1349), matematico, filosofo e teologo inglese. Fu l'iniziatore, al Merton College di Oxford, di quel tipo di studi logico-matematici in seguito denominati *Calculationes*. Eletto arcivescovo di Canterbury nel 1349, morì lo stesso anno, vittima della peste nera. Nel *Tractatus de proportionibus velocitatum in motibus* Bradwardine cerca di dare una soluzione matematica al problema di come correlare una variazione di velocità di un mobile con una variazione delle cause (come forze e resistenze) che determinano le velocità; giunge così ad affermare l'esistenza di una relazione matematica fra velocità, forza e resistenza (traducibile, in termini moderni, in una funzione esponenziale), mantenendosi in accordo col postulato aristotelico secondo il quale il movimento si verifica quando la forza motrice supera la resistenza.
Nella sua opera teologica più importante, *De causa Dei contra Pelagium* (1344), Bradwardine sviluppa il concetto di Dio inteso come l'essere sovranamente perfetto; afferma inoltre che la volontà di Dio è la sola causa efficiente di tutto ciò che accade, e che Dio può determinare

necessariamente un uomo a compiere un atto libero: infatti l'uomo è libero nei confronti delle cause naturali, ma non di fronte alla volontà di Dio. Altre opere importanti: *De velocitate motuum*; *Tabulae astronomicae*; *Tractatus de continuo*.

brahman, nell'induismo, forza o potere magico manifestantesi soprattutto come parola liturgica e come rituale; in seguito, la forza suprema, al di sopra di tutte le divinità. Fin da epoca assai antica il brahman è concepito sia in forma impersonale sia in forma personale, soprattutto intesa come aspetto demiurgico di Dio (e in tal caso si usa il maschile Brahmā). La forma personale si è combinata, con quella di Viṣṇu e Śiva, nella «triade» detta Trimurti, o triplice aspetto di Dio creatore, conservatore e distruttore dell'universo. In alcune scuole filosofiche appartenenti alla → *sāṃkhya* il brahman, in quanto forza impersonale, è stato identificato con la natura. Nella filosofia del → *vedānta*, invece, mantiene il suo significato di Assoluto, distinto in brahman con attributi, e brahman privo di attribuzioni, concepito in maniera apofatica o negativa. Spesso il secondo è ritenuto formulazione più adeguata del Dio uno, o dell'Assoluto, e il primo solo uno stadio preliminare della conoscenza suprema, che per le scuole monistiche consiste nell'identificazione completa col brahman stesso.

Brāhmaṇa, termine designante una serie di testi religiosi sanscriti risalenti ai secc. IX-VI a.C. Si tratta di manuali composti a uso delle diverse scuole di sacerdoti indiani (brahmani), cui forniscono indicazioni e commenti sull'esecuzione delle diverse cerimonie religiose e sul significato simbolico degli atti in esse compiuti. I Brāhmaṇa riflettono un mutamento nelle concezioni religiose indiane antiche: rispetto ai Veda, infatti, vi appare meno esclusivo l'elemento mitologico, mentre sono posti al centro di tutta la vita religiosa il rito e il sacrificio, ai quali viene riconosciuto un potere sugli dei stessi. Tale potere deriva al sacrificio da una potenza misteriosa che in esso agisce e che è, sostanzialmente, la stessa che regge tutto l'universo. Le sezioni finali di ogni Brāhmaṇa sono dette Āraṇyaka (in sanscrito: «testi delle foreste», cioè testi di alto contenuto spirituale da meditarsi nella solitudine della foresta) e contengono a loro volta, nei capitoli finali, le → Upaniṣad più antiche.

brahmanesimo, fase antica dell'→ induismo, successiva al vedismo.

Braithwaite, Richard Bevan (Banbury, Oxfordshire, 1900), filosofo inglese. Si formò a Cambridge, dove studiò fisica e matematica prima di rivolgere i propri interessi alla filosofia; a Cambridge insegnò filosofia morale dal 1928 al 1967. Le sue opere più note sono *Spiegazione scientifica* (1953) e *La teoria dei giochi come strumento per il filosofo morale* (1955). Braithwaite ha dato importanti contributi alla filosofia della scienza, sia analizzando la natura delle teorie scientifiche e i concetti di spiegazione scientifica e di modello, sia studiando i fondamenti della probabilità. Secondo Braithwaite, una teoria scientifica consta di un insieme di ipotesi iniziali (contenenti termini teorici, come «elettrone» o «campo», riferentisi a entità non direttamente osservabili) e di generalizzazioni derivate deduttivamente dai postulati iniziali e verificabili empiricamente. La teoria scientifica va considerata come un calcolo puramente formale, suscettibile di interpretazioni alternative che vengono a formare i cosiddetti modelli scientifici.

Bréal, Michel (Landau 1832 - Parigi 1915), linguista francese. Professore di grammatica comparata al Collège de France (1866-1905), diede molti contributi alla disciplina, fra l'altro traducendo e aggiornando la *Grammatica* di F. → Bopp. In sede teorica polemizzò con l'organicismo linguistico di origine romantica, in nome di una concezione più vicina alla tradizione di → Condillac e degli → «idéologues»: nella formazione ed evoluzione delle lingue, egli sosteneva, l'«intelligenza popolare» persegue lo scopo dell'espressione efficace delle idee. La linguistica deve andare al di là dello studio delle proprietà formali dei segni e delle loro leggi (per es. fonetiche) e occuparsi dei loro significati, perché solo così è possibile mettere in luce la razionalità dei cambiamenti linguistici, e dello stesso sistema della lingua, rispetto allo scopo dell'espressione delle idee. Nel 1883 Bréal introdusse il termine → semantica per indicare la scienza dei significati, di cui diede un saggio nell'*Essai de sémantique* (1897). La sua semantica è in realtà una linguistica generale che cerca di motivare l'articolazione della lingua e le sue trasformazioni a partire dai bisogni espressivi umani.

Bréhier, Émile (Bar-le-Duc, Meuse, 1876 - Parigi 1952), filosofo francese. Nel 1927 fondò la «Revue d'histoire de la philosophie»; dal 1940 diresse la «Revue philosophique». Fu autore di lavori fondamentali sulla filosofia antica, in particolare sullo stoicismo e su Plotino, ma il suo nome è legato soprattutto a un'importante *Storia della filosofia* (1926-32), che incontrò larga fortuna non solo in Francia. Sensibile alle influenze della filosofia di H. Bergson e di W. Dilthey, Bréhier difese però sempre una posizione rigorosamente razionalistica, preoccupandosi di distinguere la filosofia dalla religione.

Breitinger, Johann Jakob (Zurigo 1701-1776), filosofo svizzero. Noto soprattutto per la sua collaborazione con J.J. → Bodmer, si occupò prevalentemente di teologia. La sua posizione, per quanto influenzata da temi illuministici, contiene alcune prospettive che già la orientano verso un pensiero teologico di tipo romantico: egli si rifiuta infatti di ridurre l'esperienza religiosa nei termini della sola ragione, affermando l'indimostrabilità della rivelazione. In campo estetico, Breitinger riprese l'analogia formulata da Bodmer tra la poesia e la pittura: l'una e l'altra producono immagini, e determinano le stesse «impressioni» suscitate dalle cose naturali. Nell'ambito della teoria dell'imitazione, l'accento cadeva così non più sull'adeguazione meccanica all'oggettività, ma sulle condizioni soggettive di chi accosta e interpreta l'opera d'arte. Si devono a Breitinger, inoltre, notevoli contributi alla poetica del «meraviglioso», che concorse a rinnovare il gusto letterario svizzero e tedesco. La sua opera più importante è la *Poetica critica* (pubblicata nel 1740).

Brentano, Franz (Marienberg, Prussia Renana, 1838 - Zurigo 1917), filosofo tedesco. Sacerdote cattolico nel 1864 (ma nel '73 abbandonerà il cattolicesimo), professore a Würzburg e a Vienna, nel 1895 si ritirò dall'insegnamento e visse a Firenze sino allo scoppio della prima guerra mondiale, quando si trasferì in Svizzera. La sua opera più celebre è la *Psicologia dal punto di vista empirico* (vol. I, 1874; vol. II, 1911 e vol. III, 1928, a cura di O. Kraus); ha lasciato però, oltre ad altri studi di psicologia, scritti di etica, logica e metafisica e numerosi studi aristotelici (*Sui molteplici significati dell'ente in Aristotele*, 1862; *L'origine della coscienza morale*, 1889; *Il futuro della filosofia*, 1893; *L'esistenza di Dio*, postuma, 1929; *Verità ed evidenza*, postuma, 1930).

Secondo Brentano, la caratteristica fondamentale dei fenomeni psichici è l'intenzionalità, cioè il loro necessario riferirsi a un oggetto immanente: non c'è udire senza qualcosa di udito, sperare senza qualcosa di sperato ecc. A seconda che il riferimento sia a un fenomeno fisico o psichico, possiamo distinguere fra una coscienza primaria e una coscienza secondaria: solo quest'ultima può essere oggetto di percezione evidente, mentre i giudizi sul mondo esterno hanno valore di probabilità. Con ciò Brentano dirige la sua ricerca non sulle cose esistenti «esteriormente», ma sulle strutture di ordine fenomenico, ossia sulle cose come appaiono nell'orizzonte intenzionale del soggetto esperiente, aprendo la problematica della → fenomenologia. Sulla base del principio di intenzionalità è possibile una classificazione dei fenomeni psichici. Rappresentazioni, giudizi e sentimenti sono le tre classi fondamentali di questi fenomeni e si distinguono per la natura dell'atto intenzionale che li costituisce: nella rappresentazione l'oggetto è semplicemente presente, nel giudizio è affermato o negato, nel sentimento è amato o odiato. Le due ultime classi hanno una struttura «bipolare»: a esse appartiene la possibilità dell'errore e del comportamento giusto. Su queste basi Brentano costruisce la sua etica, mirando a mostrare come si diano giudizi assiologici di evidenza apodittica, derivanti dalle fonti intuitive immediate del nostro amare e odiare; la loro evidenza è da lui equiparata a quella della percezione interna. Essi riposano su se stessi e la loro verità non dipende da risposte a domande metafisiche come quella sul senso del mondo. Brentano discusse però anche questa domanda prendendo in esame la risposta capitale che a essa è data con l'affermazione dell'esistenza di Dio. È stato tuttavia osservato che questa parte della sua filosofia, sfociante in una metafisica teistica, manca del rigore e della cautela critica che caratterizzano le altre parti; si capisce allora come non per essa, ma per le sue sottili analisi di psicologia e di logica, Brentano abbia influenzato e continui a influenzare la filosofia contemporanea, non solo nella sua direzione fenomenologica, ma anche in quella neoempiristica.

Breton, André (Tinchebray, Orne, 1896 - Parigi 1966), letterato francese. Nei *Manifesti del surrealismo* (1924, 1930, 1935, 1942) definì le linee fondamentali di un movimento che si presentava come soluzione radicale e rivoluzionaria di tutti i problemi della vita, in alternativa alle morali e alle estetiche tradizionali. Il suo contributo alla filosofia consiste soprattutto nell'aver messo in evidenza i limiti del razionalismo intellettualistico, contrapponendogli il concetto di «surrealtà» e sottolineando l'importanza fondamentale del surreale, del meraviglioso, dell'immaginario nella vita psichica e nella politica, nell'arte (*Il surrealismo e la pittura*, 1928) e nell'amore (*Nadja*, 1928). Particolarmente attento ai punti di incontro tra la causalità esterna e il finalismo interiore, ha elaborato una originale teoria del «caso oggettivo» inteso come forma di realizzazione casuale delle tendenze inconsce che determinano gli atti del singolo e portano a compimento il suo destino. Rilevanti sono anche le sue concezioni della poesia come mito sociale e dell'oggetto surrealista come manifestazione del meraviglioso.

Breuer, Joseph (Vienna 1842-1925), psichiatra austriaco. Allievo del fisiologo E. Hering, studiò inizialmente processi fisiologici quali la funzione dei canali semicircolari. Sul piano teorico aderì alle concezioni fisicalistiche di E. Brücke e di H. von Helmholtz, relative all'esistenza nel sistema nervoso di un'energia che tende a mantenersi a livello costante, e denominò questa energia «eccitamento tonico intracerebrale» o «tensione nervosa» o «energia quiescente», in contrapposizione all'«energia cinetica». Nel trattamento psichiatrico fece sistematicamente ricorso all'ipnosi, che abbandonò temporaneamente quando scoprì l'efficacia del metodo → catartico nella terapia dell'isteria, ma alla quale fece poi ritorno. Dal 1880 al 1895 ebbe rapporti di stretta amicizia e collaborazione scientifica con Freud, col quale pubblicò gli *Studi sull'isteria* (1895). Il metodo catartico scoperto da Breuer rappresentò per Freud una decisiva fase intermedia fra la rinuncia al metodo ipnotico e la definizione del metodo caratteristico della psicoanalisi, quello della → associazione libera. Dissensi maturati in seguito circa l'importanza della sessualità nella genesi dell'isteria (importanza che Breuer contestava) condussero a un suo graduale e poi definitivo distacco da Freud e dalle sue teorie.

Bridgman, Percy Williams (Cambridge, Massachusetts, 1882-Randolph, New Hampshire, 1961), fisico e filosofo della scienza statunitense. Professore alla Harvard University, si interessò soprattutto alla fisica delle alte pressioni; per le sue ricerche in questo campo ricevette nel 1946 il premio Nobel per la fisica. La sua fama è però legata alle ricerche di filosofia della scienza e in particolare alla formulazione della cosiddetta «critica operativa» (o operazionale) della scienza, che espose in vari scritti, soprattutto nel volume *La logica della fisica moderna* (1927).

Le riflessioni di Bridgman nascono negli anni della relatività generale, anche con riferimento ai problemi posti dalle ricorrenti crisi nella fisica del tempo. Le crisi e le reazioni contro la fisica relativistica e la fisica quantistica sono dovute, secondo Bridgman, a un'indebita attribuzione di universalità a vecchi concetti quali lunghezza, tempo ecc.; per evitare analoghi errori, ogni concetto fisico deve essere identificato tramite le effettive «operazioni» di misura eseguite per accertare il sussistere delle proprietà da esso espresse: al variare delle operazioni di misura, varieranno anche i concetti in gioco. Alla concezione convenzionalistica della scienza, Bridgman oppone la tesi che «l'aspetto più importante di una teoria è quello che essa fa, non quello che dice di fare o quello che il suo autore pensa che essa faccia».

In seguito Bridgman mitigò in parte questo aspetto di empirismo estremo della sua teoria in modo da includervi anche la giustificazione degli aspetti teorici della scienza. In questo sviluppo emersero alcune debolezze intrinseche della tesi operazionista, che pure resta uno degli sforzi più originali e fecondi dell'epistemologia contemporanea (→ operazionismo).

Broad, Charlie (Harlesden, Londra, 1887-1971), filosofo inglese. Si formò a Cambridge alla scuola di J. McTaggart, e fu sensibile all'influenza del pensiero di B. Russell e G.E. Moore. Insegnò logica, metafisica e morale e pubblicò moltissime opere, specialmente di filosofia della scienza e di storiografia filosofica. Il suo pensiero è esposto soprattutto in *Il pensiero scientifico* (1923) e *Lo spirito e il suo posto nella natura* (1925). Broad ritiene che non sia compito della filosofia fornire soluzioni ai problemi metafisici e religiosi. Essa invece deve assolvere a una funzione critica nei confronti dei concetti usati dalla scienza e dal linguaggio ordinario. E per critica Broad intende l'enumerazione, la discussione e l'analisi di tutte le soluzioni logicamente possibili a un dato problema filosofico. Circa il rapporto dello spirito con il corpo, egli si chiede in che misura i fenomeni spirituali siano condizionati e determinati da processi cerebrali, e avanza l'ipotesi (comunque non verificabile) che si diano fenomeni mentali anche dopo la morte del corpo. Ritiene che non sia contraddittorio pensare a una esperienza paranormale e alle modificazioni di prospettiva che essa potrebbe indurre di fronte ad alcuni problemi tradizionali del pensiero occidentale (conoscenza, causalità, immortalità).

Brøndal, Viggo (Copenaghen 1887-1942), linguista danese. Dopo essere stato allievo, tra gli altri, di O. Jespersen e di A. Meillet, fu dal 1928 in poi professore di linguistica romanza all'università di Copenaghen; fondò insieme con L. Hjelmslev il circolo linguistico di Copenaghen e la rivista «Acta Linguistica» (1938). Brøndal tentò di identificare la struttura logica delle lingue, applicandosi particolarmente al francese (*Il francese, lingua astratta*, 1936). Tale struttura, in accordo con la nozione di *langue* elaborata da F. de Saussure (→ *langue-parole*), sarebbe costituita da un insieme di elementi costanti che sottendono la varietà dei fenomeni superficiali delle lingue. Questo orientamento, che condusse alla elaborazione di una teoria delle *relazioni* tra gli elementi linguistici (studiata in particolare in *Teoria delle preposizioni*, 1940), ebbe grande diffusione tra gli strutturalisti classici, ma venne poi criticato dal punto di vista storicistico, perché risultava troppo astratto e schematico e perdeva di vista la realtà delle lingue. Oltre alle opere citate, Brøndal pubblicò numerosi altri lavori, tra i quali si ricordano soprattutto *Le parti del discorso* (1928); *Morfologia e sintassi* (1932); *Saggi di linguistica generale* (1943).

Brouwer, Luitzen Jan Egbertus (Overschie, Rotterdam, 1881 - Laren, Olanda settentrionale, 1966), matematico e filosofo olandese. Nel 1912 divenne membro della Reale accademia olandese delle scienze, e fu professore all'università di Amsterdam dal 1912 al 1955. Ha dato fondamentali contributi alla topologia ed è uno dei massimi filosofi della matematica, fondatore della scuola intuizionista (→ intuizionismo matematico). Per Brouwer la scienza matematica s'identifica con la *coscienza* che il soggetto ha delle proprie *costruzioni mentali*. Queste trovano il loro fondamento ultimo in due irriducibili *intuizioni*, di carattere temporale e di derivazione kantiana, che, in prima approssimazione, possono essere descritte come: il deterministico succedersi dei numeri naturali e il

libero succedersi di oggetti arbitrariamente scelti. In un tale contesto autocoscienziale il linguaggio non può svolgere alcun ruolo di rilievo, donde la polemica brouweriana contro il → formalismo. In questa linea Brouwer sviluppa coerentemente una matematica (in particolare una teoria del continuo) singolarissima e in aperto contrasto con la matematica corrente; nell'ultima fase del suo pensiero arrivò a porre tra gli oggetti della ricerca matematica lo stesso soggetto pensante.
Tipica del pensiero brouweriano è la rigorosa concezione potenzialistica dell'*infinito*, così giustificata: la mente individuale è finita, non può dunque produrre un'infinità attuale di costruzioni mentali; ma la matematica è, in gran parte, la scienza dell'infinito, quindi gli oggetti della matematica sono infiniti solo in senso potenziale. Alla nozione tradizionale di verità matematica Brouwer sostituisce la nozione di «evidenza». Così, alcuni basilari principi logici vengono riconosciuti come insensati o addirittura, in certe loro forme, come falsi. Primo fra tutti il principio del terzo escluso: per ogni proposizione *A*, *A* è vera o è vera *non-A*. Questo viene letto da Brouwer come: data una qualunque proposizione *A*, per me, come soggetto conoscente, è evidente *A* o è evidente *non-A*. Così il principio del terzo escluso diviene il postulato, chiaramente falso, dell'onniscienza umana. Per Brouwer solo l'*introspezione* del momento coscienziale-conoscitivo può suggerire quale sia la vera logica, che viene così a essere una costruzione secondaria rispetto all'originale attività matematica.
Sua opera principale è la *Fondazione della matematica intuizionista* (in tre parti: 1925, 1926, 1927). Il suo allievo più importante è A. → Heyting.

Browne, Thomas (Londra 1605 - Norwich 1682), medico e scrittore inglese. Studiò a Oxford, e poi a Montpellier, Padova, Leida. Nella sua opera più nota, la *Religio Medici* (1642), che ebbe una vasta risonanza europea, Browne afferma l'impotenza della ragione di fronte al problema della conoscibilità di Dio; ne consegue un atteggiamento di profondo rispetto sia per i culti religiosi sia per la natura, vista come luogo ove si rivela il divino. Tuttavia, l'indimostrabilità delle verità di fede non esclude, ma anzi richiede, l'autonomia della ragione nelle questioni propriamente umane; pertanto, ispirandosi a F. Bacone, Browne si dedicò alla confutazione razionalistica delle superstizioni popolari. Altre opere: *Pseudodoxia epidemica* (1646), *La morale cristiana* (postuma, 1716).

Brugmann, Friedrich Karl (Wiesbaden 1849 - Lipsia 1919), linguista tedesco. Studiò a Halle e a Lipsia, dove fu, dal 1882 alla morte, docente di sanscrito e linguistica comparata. Gli fu maestro G. Curtius, che lo volle condirettore del suo periodico «Studien zur griechischen und lateinischen Grammatik». La pubblicazione su questa rivista dell'articolo di Brugmann *La nasale sonora nella lingua indoeuropea originaria* (1876) segnò l'uscita della grammatica comparativa dalla minorità, e quindi dalla tutela della filologia. Brugmann infatti, su una base puramente ricostruttiva, fondandosi sulla costanza e sulla necessità delle leggi fonetiche, formulava l'ipotesi dell'esistenza nella lingua madre indoeuropea di un suono nasale con valore sillabico, non attestato nelle lingue storicamente testimoniate della famiglia. Egli si avviava a fondare così la scuola neogrammatica, le cui posizioni definì poi, insieme con H. Osthoff, nella prefazione al primo volume (1878) della rivista «Morfologische Untersuchungen».
Nel 1885 Brugmann ribadì le sue tesi con il volume *Sulla situazione odierna della ricerca linguistica*. Nello stesso anno pubblicò anche una grammatica greca, e l'anno successivo il primo volume dei *Lineamenti di grammatica comparata delle lingue indoeuropee*. Con quest'opera, in cui interpretava e ordinava un'enorme massa di complessi fenomeni, Brugmann si proponeva non la ricostruzione della lingua comune originaria, ma solo il confronto di tutte le forme (fonetica, morfologia e sintassi) storicamente accertate delle diverse lingue.

Brunetière, Ferdinand (Tolone 1849 - Parigi 1906), critico letterario francese. Insegnante all'Ecole Normale Supérieure di Parigi e direttore della «Revue des Deux Mondes», creò una scuola critica che improntò un'intera epoca della cultura accademica francese. Esponente di un dogmatico tradizionalismo, difensore del classicismo antizoliano e antisimbolista, nel tentativo di contrapporre una critica «scientifica» alla critica impressionistica, applicò le teorie evoluzioniste di Darwin alla storia letteraria, considerando i generi come organismi che sorgono, fioriscono e muoiono secondo proprie leggi. Dopo il 1900 assunse posizioni reazionarie in campo politico-religioso. Tra i suoi scritti, notevoli per erudizione e penetrazione psicologica, spiccano: *Studi critici sulla storia della letteratura francese* (9 voll., 1880-1925); *Il romanzo naturalista* (1883); *L'evoluzione dei generi nella storia della letteratura* (1890); *Manuale di storia della letteratura francese* (1898); *Discorsi di lotta* (1900-07).

Brunner, Emil (Winterthur 1889 - Zurigo 1966), teologo protestante svizzero. Docente all'università di Zurigo dal 1924 al 1953, fu uno dei fautori della teologia della → crisi. Sulla linea dei grandi riformatori tedeschi del Cinquecento, di Kierkegaard e di J. Blumhardt, Brunner distinse nettamente tra il Dio della fede e il Dio impersonale del razionalismo, e affermò l'univocità direzionale della salvezza: questa può venire solo da Cristo, mentre l'uomo ha il compito di lasciarsi salvare. Dal 1934 (con l'opera *Natura e grazia*), Brunner si dimostrò favorevole alla tesi dell'esistenza di una rivelazione naturale di Dio nella coscienza, nella storia e negli ordinamenti naturali del mondo; questo atteggiamento provocò la rottura con K. Barth, che lo criticò nell'opuscolo *No!*. Altre opere importanti: *La mistica e la parola* (1924); *Il mediatore* (1927); *L'uomo nella contraddizione* (1937); *Verità come incontro* (1938); *Giustizia* (1943).

Bruno, Giordano (Nola 1548 - Roma 1600), filosofo italiano. Entrato sui diciotto anni nell'ordine domenicano (in quest'occasione cambiò l'originario nome di Filippo con quello di Giordano), ne uscì nel 1576 perché sospettato di eresia: cominciò così una vita errabonda attraverso l'Europa che continuò fino alla morte. A Ginevra ebbe un'effimera conversione al calvinismo, ma ben presto, entrato in attrito con le autorità locali, scappò in Francia, a Tolosa e a Parigi. Qui pubblicò le sue prime opere di mnemotecnica, ispirate alle dottrine di Lullo (*De umbris idearum*, *Cantus circaeus*, *Sigillus sigillorum* e la commedia in lingua italiana *Il candelaio*). Da Parigi passò in Inghilterra al seguito dell'ambasciatore francese: fu a Oxford e a Londra, dove pubblicò i suoi dialoghi italiani: *La cena de le ceneri*, *De la causa principio e uno*, *De l'infinito, universo e mondi*, *Spaccio de la bestia trionfante* (tutti del 1584); *Cabala del cavallo pegaseo con l'aggiunta dell'asino cillenico*, *De gli eroici furori* (1585). Tornato a Parigi, dovette ben presto lasciare la città per un suo attacco pubblico contro i peripatetici. Fu allora a Wittenberg, Praga, Helmstaedt e Francoforte, dove stampò la trilogia dei poemi latini, *De minimo*, *De monade* (1590), *De immenso et innumerabilibus* (1591), e l'ampia opera *De imaginum compositione*. Dopo un soggiorno a Zurigo rientrò in Italia, chiamato a Venezia dal patrizio Mocenigo, che desiderava istruirsi nella mnemotecnica e nelle arti magiche. Il Mocenigo però, insoddisfatto del suo insegnamento, lo denunciò per eresia all'Inquisizione.

Il Sant'Uffizio ottenne poi il suo trasferimento a Roma, dove Bruno rimase in carcere otto anni. Lungamente e più volte interrogato, rifiutò di ritrattare le sue dottrine: fu allora condannato come eretico e arso vivo in Campo dei Fiori. La fermezza dimostrata nel lungo processo romano e l'intrepidezza con cui salì al rogo ne fecero un martire del libero pensiero, e come tale fu variamente celebrato lungo i secoli.

• *Il panteismo*. La filosofia di Bruno deve essere collocata sullo sfondo di due grandi eventi, la rivoluzione copernicana e la riforma protestante, nel clima di ricerca di orizzonti nuovi e di rottura con la tradizione che a questi eventi si accompagnano. Ciò che fa da filo conduttore nelle pur diverse fasi del pensiero di Bruno è l'idea dell'infinità del mondo, della sua unità e animazione, e quindi una cosmologia antitolemaica e antiaristotelica e il rifiuto dell'autoritarismo dottrinario della chiesa e della filosofia scolastica. All'universo aristotelico finito e diviso (le sfere celesti di sostanza diversa dal mondo sublunare, i motori immobili) Bruno oppose la visione di un universo infinito e unitario. Tale concezione è già esposta nel *De la causa*, dove, dopo aver ricondotto i concetti di causa e di principio a quello di Uno, egli non solo rifiuta la dottrina aristotelica delle quattro cause, riducendo la causa finale e quella formale alla causa efficiente (l'intelletto universale che agisce in ogni cosa), ma riporta anche forma e materia a «uno essere e una radice». La forma è l'anima universale, la cui principale facoltà è l'intelletto, il quale muove la materia dal di dentro, come «fabbro del mondo» che dall'interno del seme fabbrica ogni corpo. Esso è talmente intrinseco alla materia da far sì che essa stessa, come «potenza» universale, diventi energia produttrice che manda fuori le forme dal proprio seno e se ne riveste. Forma e materia non sono due sostanze, ma piuttosto due aspetti dell'unica sostanza, la natura, di cui Bruno non cessa di celebrare il carattere divino. La dottrina eleatica dell'Uno-Tutto è paradossalmente unita a quella del flusso eracliteo e della ruota delle nascite di Pitagora, nel quadro di un panteismo dinamico cui sono frammisti elementi di platonismo rinascimentale e di tradizione ermetica. Nonostante il fondamentale monismo e panteismo, troviano in Bruno anche una dottrina della trascendenza: al di là della Mente insita nelle cose, che fa tutt'uno con la natura e di cui si occupa la filosofia, si dà una Mente sopra le cose, che nella sua essenza sfugge al pensiero filosofico. In questa dottrina si sono visti, di volta in volta, l'irrinunciabilità alla dimensione del trascendente propria di un pensiero pur sempre religioso, oppure «residui» di tradizione, omaggi verbali all'ideologia dominante.

• *L'universo infinito*. L'idea dell'unità e dell'infinità della natura è alla radice della sua accettazione entusiastica della teoria di Copernico e del suo appassionato interesse per le scoperte di Tycho Brahe sulle comete: l'astronomia moderna andava infatti nella direzione del rifiuto del geocentrismo tolemaico e scolastico, dell'abbandono della teoria delle sfere celesti e della loro sostanziale difformità. Piuttosto indifferente agli aspetti strettamente scientifici della cosmologia moderna, Bruno ne fu un vivace e coraggioso sostenitore per le conseguenze che essa comportava sul piano filosofico, per l'immagine dell'universo aperto, che egli peraltro non concepiva come eliocentrico ma, alla maniera di Cusano, come onnicentrico in quanto infinito. In questo universo l'infinitamente grande e l'infinitamente piccolo coincidono, e così pure la generazione e la corruzione, l'amore che unisce e l'odio che divide: per

Bruno, come per Cusano, nell'unità dell'infinito gli opposti coincidono e trapassano l'uno nell'altro. Queste tesi sono svolte nel *De l'infinito* e riprese nel *De immenso*, in cui la discussione delle nuove dottrine astronomiche è subordinata alla visione della natura nella sua infinitudine e universale fecondità, visione a cui debbono anche essere riportati i tentativi di matematica concreta e qualitativa svolti nel *De minimo* e nel *De monade*.

• *La religione naturale e l'etica razionale.* Nel dialogo *De gli eroici furori* Bruno esalta il «furioso», cioè il ricercatore eroico della verità, che non obbedisce ad altri impulsi fuorché a quelli razionali, giungendo a contemplare la natura nei suoi caratteri di unità e infinità e identificandosi con essa. In questa attitudine contemplativa si superano tutte le distinzioni e i numeri, tutti quegli strumenti del conoscere che in realtà inquinano la fonte della vera conoscenza, la quale non è altro che l'intuizione diretta del principio unico dal quale tutte le specie e i numeri si dipartono, la monade. Tale principio divino non si manifesta però solo in questo stato, a cui pochi giungono, ma anche nelle virtù civili, di cui Bruno tesse l'elogio specialmente nello *Spaccio de la bestia trionfante*: in quest'opera troviamo inoltre l'esaltazione del lavoro come attività che, assoggettando la materia all'intelligenza, continua nel regno dell'uomo la mirabile arte plasmatrice della natura. La religione che Bruno difende è così una religione puramente razionale o naturale che mira a portare l'uomo alla natura, a metterlo in contatto con i suoi poteri, a divinizzarlo con essa. Egli considerava le religioni positive utili per governare i «rozzi popoli», ma riteneva che fossero comunque da valutarsi alla luce della religione naturale, la quale per lui faceva tutt'uno con la filosofia: e dalla diffusione della filosofia Bruno si aspettava il rimedio ai mali dell'umanità del suo tempo. La riforma protestante lo aveva sollecitato a uscire dalla chiesa cattolica, ma ben presto Bruno aveva trovato nella confessione calvinista un nuovo intransigente dogmatismo, ancor più pericoloso e fanatico di quello cattolico: da questa esperienza egli aveva tratto il rifiuto per ogni religione confessionale e l'aspirazione a un rinnovamento morale e intellettuale che si fondasse su di una religione e un'etica razionali. Il suo processo e la sua condanna costituirono l'esito tragico di una vita interamente dedicata a questo progetto e non priva di illusioni nei confronti di un ambiente che non poteva accoglierlo. *M. Mo.*

Brunschvicg, Léon (Parigi 1869 - Aix-en-Provence 1944), filosofo francese. Docente alla Sorbona, esercitò un notevole influsso sulla cultura universitaria francese fra le due guerre mondiali. Concepì la filosofia come «conoscenza della conoscenza», cioè come attività intellettuale che prende coscienza di se stessa nel suo movimento e nella sua opera creatrice; il sapere non è un sistema chiuso, ma uno sviluppo storico, per cui la verità si pone come un compito eterno dello spirito. Di qui l'«idealismo critico» di Brunschvicg: la struttura del pensiero scientifico e filosofico non si identifica con un insieme di categorie fisse, ma con un principio di «produttività» inserito in una evoluzione storica. Opere principali: *La modalità del giudizio* (1897); *L'esperienza umana e la causalità fisica* (1922); *Il progresso della coscienza nella filosofia occidentale* (1927); *Eredità di parole, eredità di idee* (postuma, 1945). Curò anche un'edizione critica delle *Opere* di B. Pascal.

brutto, nella riflessione estetica moderna, termine con cui non si intende soltanto un'arte «non riuscita», ma una dimensione molto più ampia che in primo luogo mette in risalto la consapevolezza che *bello* e *arte* non coincidono necessariamente. Il brutto assurge a categoria estetica autonoma solo in epoca relativamente recente, con il venir meno della fiducia in un bello ideale che allontani da sé qualsiasi forma di turbamento. Infatti, se nell'ideale classico il brutto è escluso dall'arte come mero non essere (Platone e poi Plotino), solo nel tardo Settecento esso viene riabilitato come fenomeno estetico. Già G.E. Lessing nel suo *Laocoonte* (1766) parla del brutto come *elemento* dell'arte, ma è → Schlegel che per primo richiama l'attenzione sulla necessità di una teorizzazione del brutto. Inoltre la scuola romantica francese — con Hugo, che nel 1827 pubblica *La Prefazione al Cromwell*, e poi con Baudelaire — si fa promotrice di una tematizzazione del brutto nell'arte, come pure del grottesco, del deforme e del mostruoso. Una trattazione sistematica di tale concetto e una sua teorizzazione all'interno di un sistema filosofico compiuto si hanno, tuttavia, solo con l'*Estetica del brutto* (1853) dell'hegeliano K. Rosenkranz. Il brutto, pur non essendo considerato lo scopo dell'arte, acquista in questa opera un'autonomia e un valore peculiari: esso infatti risiede nella natura stessa dell'Idea che, libera di manifestarsi, non si realizza necessariamente nel bello — secondo l'assunto platonico — ma anche nella sua negazione.

Anche M. → Dessoir rivendicherà — in un contesto di differenziazione tra estetica e teoria dell'arte — l'esteticità del brutto come opposizione al bello, fino ad affermarne il valore di categoria autonoma. E infine per Th.W. Adorno, mentre le belle forme comportano un assenso verso l'esistenza, il brutto, o comunque ciò che si nega alla conciliazione suggerita dalle belle forme, solleciterebbe la vocazione critica della ragione.

Buber, Martin (Vienna 1878 - Gerusalemme 1965), filosofo ebreo tedesco. Professore di religione ed etica ebraica all'università di Fran-

coforte dal 1925 al 1933, nel 1938 si stabilì in Palestina: qui, all'università ebraica di Gerusalemme, insegnò filosofia sociale fino al 1951, riprendendo il suo programma per l'educazione degli adulti, iniziato a Francoforte negli anni in cui il nazismo aveva escluso gli ebrei dalle scuole tedesche.
I due motivi centrali del suo pensiero sono il chassidismo e la concezione dialogica. Al chassidismo, concepito come dialogo tra cielo e terra, come espressione di fede vissuta non intellettualisticamente o legalisticamente ma come santificazione del quotidiano, sono dedicate numerose sue opere, fra le quali *La leggenda del Baal Shem* (1908), *Gog e Magog* (1941), *I racconti dei chassidim* (1949). La concezione «dialogica» è applicata da Buber sia all'interpretazione della storia e della coscienza ebraiche, come dialogo tra il popolo e Dio espresso nell'alleanza, e in cui le leggi sono soltanto la risposta umana, sia, più in generale, alla filosofia dell'esistenza, che egli enunciò soprattutto in *Io e tu* (1923). Secondo Buber il senso fondamentale dell'esistenza umana è da rintracciarsi nel principio dialogico, cioè nella capacità di stare in relazione totale con la natura, con gli altri uomini e con le entità spirituali, ponendosi in un rapporto Io - Tu. Al mondo della relazione personale e della libertà si contrappone il mondo dell'esperienza, della causalità dell'altro da sé inteso come oggetto manipolabile, in un rapporto Io - Esso. L'uomo autentico, quindi, si definisce come persona che nella relazione Io - Tu prende coscienza di sé come soggettività. L'influsso di Buber è stato notevole in pensatori cristiani come G. Marcel e P. Tillich (a sua volta è presente un influsso cristiano in Buber): egli fu del resto uno dei pensatori ebrei che più legittimarono il cristianesimo come via di redenzione. Tra le altre numerose opere si ricordano: *Mosè* (1946), *Sentieri in Utopia* (1950), *Immagini del bene e del male* (1952).

Buccola, Gabriele (Mezzoiuso, Palermo, 1854 - Torino 1885), psicologo italiano. Fu il primo degli psicologi italiani nel senso moderno del termine. Condusse ricerche sperimentali sulla sensazione, sulla memoria e sui tempi di reazione nel frenocomio di Reggio Emilia, diretto dallo psichiatra A. Tamburini. Nel 1883 pubblicò *La legge del tempo nei fenomeni del pensiero*, che fu conosciuta e apprezzata dagli studiosi di psicologia di tutta Europa. Fra le molte innovazioni metodologiche di Buccola, va ricordato che per la prima volta in Italia egli utilizzò soggetti psichicamente anormali in esperimenti di psicologia generale.

Budapest, scuola di, gruppo di filosofi ungheresi attivi nella fase di cauta liberalizzazione politica iniziata nel 1957, dopo il generale oscuramento del panorama filosofico del dopoguerra, e raccoltisi intorno al nuovo Istituto di filosofia. Pur nella diversità degli interessi, il tono di fondo dei loro lavori è dato da un marxismo ispirato all'etica e all'antropologia dei *Manoscritti economico-filosofici* di Marx, nonchè alla fenomenologia e all'opera (anche giovanile) di G. Lukács. La loro critica dell'alienazione economica e politica si allargava a investire sia le condizioni della vita individuale quotidiana, sia le esigenze di democrazia diretta e di uguaglianza effettiva, ponendo capo alla proposta di una «rivoluzione sociale totale». Accanto ad Ágnes Heller, la personalità forse più originale e rappresentativa, vanno citati: M. Vajda, G. Márkus, G. Bence, J. Kis. Accusati di criticare il socialismo realizzato in base a concezioni umanistiche piccoloborghesi e allontanati negli anni Sessanta e Settanta dal mondo accademico, risultano al momento attivi fuori dell'Ungheria.

Buddha, (Kapilavastu, Nepal, 565 ca - Kuśinagara 486 ca a.C.), maestro religioso indiano, fondatore del buddhismo. Il suo vero nome era Siddhārta Gaitama, della famiglia dei Śakaya. Una meditazione sui mali della vita, la vecchiaia, la malattia e la morte, lo indusse, a circa trent'anni, a cercare la via della salvezza facendosi monaco itinerante. Raggiunta dopo lunga ricerca l'illuminazione (Buddha significa lo «Svegliato» o «l'Illuminato»), decise di rendere anche gli altri partecipi della sapienza che aveva acquisito, e per il resto della sua vita percorse la pianura mediorientale del Gange come monaco mendicante per annunciare la verità. I testi canonici più antichi mostrano il Buddha con caratteristiche puramente umane: ciò che lo distingueva dagli altri era la conoscenza salvifica (che egli aveva ottenuto con le proprie forze) e soprattutto la facoltà di annunciare il suo messaggio. Dopo la sua morte si affermò ben presto tra i fedeli la tendenza a rendere la figura del Buddha e le sue reliquie oggetto di culto, e gli fu attribuita una biografia ricca di aspetti straordinari. La scuola buddhista dei *mahāsaṅghika* sviluppò la concezione della perfetta trascendenza del Buddha, considerato un essere divino dimorante in una sfera di beatitudine ultraterrena: il Buddha storico è la semplice manifestazione assunta temporaneamente dal Buddha trascendente per la salvezza delle creature di questo mondo. Già nei testi canonici era presente la concezione secondo cui il Buddha avrebbe avuto dei predecessori. In seguito subentrò anche la nozione di un Buddha futuro, il Maitreya. Questa molteplicità dei Buddha è di particolare importanza nel → *mahāyāna* (il cosiddetto buddhismo settentrionale), per cui lo stato di Buddha o buddhità è divenuto uno scopo di salvezza proposto a tutti: negli innumerevoli mondi che costituiscono l'universo vi è spazio per l'esistenza contemporanea di infiniti Buddha.
Gli insegnamenti del Buddha, trasmessi oralmente per secoli, ci sono pervenuti principal-

mente attraverso la tradizione singalese e birmana: essi vennero trascritti solo verso il sec. I a.C. I *Discorsi del Buddha* comprendono materiali diversi: prediche, dialoghi, massime, testi poetici. In genere prendono occasione da domande rivolte al Buddha sui più vari argomenti, alle quali il maestro risponde esponendo la propria dottrina. In polemica con la religione antica, il brahmanesimo, di cui rifiuta il formalismo e il ritualismo, Buddha pone direttamente al centro della propria esperienza religiosa il tema del destino dell'uomo e della liberazione dal dolore; questa può essere raggiunta solo attraverso la rinuncia al mondo e la pratica ascetica. In opposizione a forme di ascetismo caratterizzate da eccessi autopunitivi, Buddha proclama la «via media»: l'atteggiamento esistenziale che conduce alla salvezza è caratterizzato dal rifiuto sia dei piaceri e del godimento sia dei dolori e delle macerazioni; la liberazione dal male è raggiunta per mezzo del completo annientamento di ogni desiderio.

buddhismo, dottrina religiosa e filosofica derivata dall'insegnamento del Buddha.

• *Le fonti.* La dottrina del buddhismo è pervenuta attraverso una tradizione che si ispira, fondamentalmente, agli scritti canonici. Questi, che risalgono a una tradizione orale formatasi poco dopo la morte del Buddha allo scopo di fissare i tratti essenziali del suo insegnamento e le norme disciplinari per la comunità monastica, vennero poi accrescendosi di numerose aggiunte, tra le quali una sezione dedicata alla riflessione filosofica, detta *abhi-dharma*. Delle numerose scritture canoniche, appartenenti a diversi gruppi o scuole, possediamo interamente solo il canone pāli o *Tipiṭaka* («tre canestri») composto in lingua pāli e fissato, secondo le cronache singalesi, nell'isola di Ceylon durante il sec. I a.C. Degli altri canoni restano frammenti in sanscrito e traduzioni in tibetano e in cinese. Nel sec. IV a.C. nella città di Pāṭaliputra si tenne un grande concilio buddhista nel quale cominciarono a profilarsi tendenze scismatiche, che prelusero alla posteriore divisione del buddhismo in *mahāyāna* (il «grande veicolo») e *hīnayāna* (il «piccolo veicolo»). Quest'ultimo, che così è stato chiamato, non senza disprezzo, dai seguaci del primo, è comunemente conosciuto come *theravāda*.

• *La dottrina.* Comuni a entrambi i gruppi sono molti elementi dottrinali, che si riassumono nella enunciazione delle «quattro nobili verità»: *1*) tutto è dolore; *2*) il dolore ha una causa; *3*) il dolore ha un termine: il → *nirvāṇa*; *4*) vi è un cammino che conduce al nirvāṇa; esso si articola nell'«ottuplice sentiero»: retta comprensione (della dottrina), retto pensare (e decidere), retto parlare, retto agire, retto modo di sostentarsi, retto sforzo, retta concentrazione, retta meditazione. È questa la via intermedia tra i due estremi della vita di piacere e dell'eccessivo ascetismo di cui il Buddha stesso ha dato esempio con la sua vita. I tre precetti del retto parlare, retto agire e retto modo di sostentarsi vengono ulteriormente esplicitati dai cinque grandi comandamenti (non mentire, non rubare, non commettere adulterio, non uccidere alcun essere vivente, non fare uso di sostanze inebrianti), che, per i monaci, si traducono nei cinque voti corrispondenti: perfetta sincerità, povertà, castità, non violenza, astinenza da bevande fermentate. La vita del monaco è sostegno ed esempio a quella dei laici, i quali, pur senza lasciare le faccende della vita quotidiana, devono cercare «rifugio» nei «tre gioielli» del buddhismo, il Buddha, il *dharma* (la legge) e il *saṃgha* (la comunità), e devono sostenere economicamente la comunità monastica con le loro offerte, acquistandosi meriti per future reincarnazioni. I monaci hanno, nei confronti dei laici, il compito di predicare il dharma, che conduce alla salvezza. Comune a tutte le scuole del buddhismo è, altresì, l'enunciazione delle leggi che determinano l'origine del dolore. Nella sua formulazione più antica, la causa del dolore fu identificata con la «sete», ossia con la brama che produce attaccamento all'esistenza e dà origine a nuove nascite cui seguono l'invecchiamento e la morte. Fondamentale per tutto il buddhismo è inoltre la legge del → *karman*, o legge della retribuzione delle opere, che, secondo alcune scuole buddhiste, è causa dell'origine stessa del mondo.

Non poche sono invece le divergenze di scuola relativamente al nirvāṇa, che, pur essendo da tutti riconosciuto come l'estinzione del dolore, viene variamente qualificato nella sua essenza. Da alcuni è considerato come un assoluto, entità incondizionata avente funzione liberatrice (scuola dei *sarvāstivādin*); secondo altri, esso invece non ha sostanzialità metafisica, ma è un semplice «evento» (scuola *sautrāntika*). Secondo le scuole del Grande Veicolo che cominciarono ad affermarsi nei primi secoli dell'era cristiana, dopo che il buddhismo si era dovuto confrontare storicamente con l'induismo, il nirvāṇa è concepito come la vera essenza dell'uomo e della realtà intera, e pertanto viene immanentizzato. Neppure la scuola del *mādhyamika* («sentiero intermedio»), spesso accusata di nichilismo, asserì che il nirvāṇa fosse un nulla, anche se affermò che tutto è «vuoto», cioè che la realtà, sia contingente sia assoluta, è concettualmente indefinibile. Il mādhyamika restò fedele al silenzio del Buddha, il quale, interrogato sulle principali questioni metafisiche, non aveva voluto rispondere. Tuttavia, la dottrina che egli predicò fu un messaggio non solo di altissimo valore morale, ma altresì di profondo valore mistico. Il Grande Veicolo esplicitò in sommo grado l'istanza mistica del buddhismo originario, presentandolo come l'autentica dottrina del Maestro trasmessa esotericamente ad alcuni dei discepoli, e universalizzò tale messaggio sottolineando la possibilità e la realtà della salvezza per tutti.

• *La salvezza e i mezzi per raggiungerla.* Per il Piccolo Veicolo l'uomo deve salvarsi da solo tramite la pratica delle virtù e divenire un *arhat* («colui che è degno» di entrare nel nirvāṇa); ma l'adepto del Grande Veicolo può divenire un Buddha e ricevere l'ausilio dei → *bodhisattva*, cioè di coloro che ritardano la loro entrata nel nirvāṇa per aiutare le altre creature a salvarsi. Il Grande Veicolo ha sviluppato notevolmente anche le tecniche meditative destinate a purificare il pensiero. Fu la scuola detta *yogācāra* a elaborare quei metodi di concentrazione yogica e di pratica contemplativa che dettero adito, successivamente, anche a un nuovo tipo di gnoseologia idealistica, culminante nella teoria dello *ālaya-vijñāna*, o coscienza-ricettacolo di tutte le conoscenze. Il cammino di purificazione spirituale termina nella saggezza, *prajñā*, che consiste nel vedere le cose come veramente sono: ossia transeunti, periture, prive di sostanzialità. Anche questa dottrina, che fu in seguito rielaborata nei *Prajñāpāramitā-Śāstra* («Trattati della perfetta saggezza»), venne radicalizzata fino a sfociare nel paradosso della insostanzialità di tutto il mondo sensibile. Ciò condusse a concepire l'essenza della realtà in una sfera situata al di là dell'esperienza, raggiungibile solamente per via mistica.

• *Il veicolo di diamante o buddhismo tantrico.* Il buddhismo del *vajra-yāna* («veicolo di diamante»), detto anche *mantra-yāna* («veicolo delle formule rituali») o *tantra-yāna* («veicolo del libro») e sviluppatosi in epoca posteriore al sec. VII d.C., ebbe il suo primo centro di diffusione nella regione medio-gangetica e nel Bengala, ma si estese ancor più al di fuori dell'India: in Cina, nel Tibet, a Sumatra, in Birmania e in Giappone. Contrariamente al buddhismo primitivo e a quello del Grande Veicolo, aperto a tutti, il tantrismo buddhista fu esoterico, ossia ristretto a poche cerchie di iniziati, guidati da maestri spirituali. Essi praticarono il culto del Buddha, concepito metafisicamente come Colui che si manifesta nei vari Buddha, nei bodhisattva, nelle divinità e nelle forze del cosmo; ma venerarono altresì figure femminili, quali la Prajñāpāramitā (personificazione della perfetta saggezza) e altre consimili divinità, attraverso le quali si introdusse anche nel buddhismo la mistica erotica come mezzo per raggiungere la perfezione. Il tantrismo buddhista ebbe una notevole fioritura letteraria e artistica, soprattutto nell'elaborazione dei → *maṇḍala* e dei monumenti architettonici che ne ripetono i motivi.

• *Diffusione del buddhismo.* Dopo un periodo di difficoltà in cui dovette affrontare in India la contropropaganda teista dell'induismo e la concorrenza del giainismo, il buddhismo conobbe una fase di ripresa durante la dinastia dei Kuṣaṇa (secc. II-III d.C.), allorché il nuovo impero divenne il più importante centro politico dell'Asia. Attraverso traffici intercontinentali per via di terra e di mare, esso stabilì rapporti con l'impero romano, con i paesi dell'Asia centrale e soprattutto con la Cina, e ciò favorì la diffusione missionaria del buddhismo e il suo assurgere a «religione» universale. Molti furono i pellegrini che dall'Asia centrale si recavano in India per visitare i luoghi santi del buddhismo, e molti i letterati che intrapresero la traduzione dei testi buddhisti in cinese e in tibetano, lavoro che proseguì per secoli. In Cina la diffusione del buddhismo continuò fino al sec. IX d.C. e determinò un tipo di filosofia religiosa cui si unirono elementi tratti dal taoismo. Particolare importanza assunse in Cina la scuola di meditazione (*dhyāna*), chiamata, secondo la pronuncia cinese, *ch'an*, in seguito (sec. XIII) introdotta in Giappone, dove ancora oggi sussiste nella corrente del buddhismo *zen* (pronuncia giapponese del medesimo termine). Il buddhismo che, attraverso la Corea e la Cina, penetrò in Giappone fu dapprima una religione filosofica e di élite, e in seguito una religione popolare, l'→ amidismo, così detta perché fondata sul culto del Buddha Amithāba («Amida» in giapponese): essa pone l'accento sulla salvezza mediante la fede in Amida, dio compassionevole e datore di grazia. Intensa e feconda fu anche la penetrazione del buddhismo nel sud-est asiatico, dalla Birmania, al Vietnam, fino all'Indonesia. Esso venne invece gradualmente scomparendo dalla sua terra di origine, l'India, sia perché in gran parte assimilato dall'induismo filosofico e popolare, sia perché perseguitato dall'Islam, sì che dal sec. XIII non ha più avuto in India nessun peso socio-culturale. A Ceylon il buddhismo ebbe del pari un periodo di regresso, anche a causa del colonialismo e della propaganda missionaria cristiana, e non rifiorì se non verso la fine del secolo scorso, per opera dell'americano H. Steel Olcott (1832-1902) e del suo discepolo Anāgarika Dharmapāla, fondatore della Mahābodhi Society. Questa divenne un centro di irradiazione del cosiddetto neobuddhismo, diffuso anche in Birmania, in Giappone e nel mondo occidentale, e caratterizzato da uno sforzo di purificazione dalle scorie «irrazionali», da interesse per la scienza, da forte impegno etico-sociale anche nella disciplina monastica, dall'assunzione di strutture organizzative efficienti. La World Fellowship of Buddhists è, dal 1950, l'organo di collegamento di tutti i buddhisti del mondo.

La presenza buddhista in occidente si è fortemente consolidata negli ultimi venti anni, soprattutto negli Stati Uniti d'America e in Europa. Le comunità buddhiste occidentali si sono recentemente organizzate in vere e proprie chiese; sono praticate tutte le forme di buddhismo, con particolare predilezione per le scuole tibetane e giapponesi. *C. Co.*

Buffon, George Louis Leclerc, conte di (Montbard, Borgogna, 1707 - Parigi 1788), naturalista francese. Scrisse opere letterarie, filosofiche e soprattutto scientifiche, tra cui: la *Storia naturale* (44 voll., terminata dai suoi collaboratori e pubblicata nell'arco di 55 anni a partire dal 1749); *Del modo di studiare e trattare la storia naturale, Storia e teoria della Terra* (1749); *Epoche della natura* (1778). Membro dell'Académie des sciences, intendente del Jardin du Roi (ossia dell'Orto botanico di Parigi), nell'indagine del mondo naturale, che estese a tutti i regni della natura, abbandonò il metodo meramente classificatorio, proponendosi l'osservazione e la descrizione dei processi, delle evoluzioni, degli adattamenti e delle contiguità tra le specie. Considerò il meccanicismo insufficiente a spiegare i fenomeni biologici, ma nello stesso tempo cercò di spiegare la vita in termini chimici, a partire dalle «molecole organiche» che si formerebbero da quelle inorganiche in particolari condizioni di calore e di luce, escludendo quindi da questo campo fattori misteriosi o metafisicamente distinti dal resto del mondo naturale. Nella disputa intorno alla generazione, fu tra i sostenitori della generazione spontanea contro i sostenitori della preesistenza dei germi e della panspermia. Pose al centro delle sue indagini i concetti di genesi e processo, preparando la strada all'evoluzionismo. Nei suoi studi cosmologici ipotizzò l'origine della Terra dalla collisione tra il Sole e una cometa e cercò di stabilire le fasi successive attraverso le quali il nostro pianeta sarebbe arrivato alla condizione attuale: in questa ricostruzione bandì ogni preoccupazione di carattere biblico-teologico, abbandonando le cronologie che fino ad allora avevano dominato questa materia.

Bühler, Karl (Meckesheim, Baden, 1879 - Los Angeles 1963), psicologo tedesco. Laureatosi in medicina e filosofia, compì ricerche di psicologia del pensiero presso la scuola di Würzburg, sotto la guida di O. → Külpe. Dal 1922 insegnò all'università di Vienna; ma nel 1938 le persecuzioni razziali ai danni della moglie lo costrinsero a stabilirsi negli Stati Uniti. Dopo aver dato importanti contributi alle indagini sperimentali della scuola di Würzburg, Bühler, distaccandosi da Külpe, elaborò un programma di ricerca di orientamento evoluzionista e gestaltista, e affrontò in questa prospettiva problemi come la percezione dei colori, lo sviluppo mentale dei bambini e l'apprendimento del linguaggio. Muovendo dagli originari interessi psico-linguistici, inoltre, sviluppò una complessa riflessione semiotica (*Assiomatica delle scienze del linguaggio*, 1933, e *Teoria del linguaggio*, 1934), il cui contributo principale, il cosiddetto *modello strumentale*, è la rappresentazione del linguaggio come uno strumento di comunicazione dotato di tre funzioni fondamentali (*espressione*, *rappresentazione* e *appello*). L'ultima importante opera di Bühler, *Il principio della Gestalt* (1960), è un tentativo di sintesi delle possibili applicazioni della teoria gestaltica anche al di fuori della ricerca psicologica.

Bulgakov, Sergej Nikolaevič (Liven', Orël, 1871 - Parigi 1944), teologo russo. Dopo aver insegnato economia politica a Kijev (1901-06) e a Mosca, sotto l'influenza di V. Solov'ëv abbandonò il marxismo. Nella *Filosofia dell'economia* (1912) tentò di dare un fondamento concreto al pensiero cristiano inserendo l'attività economica in una teologia cristiana della storia; in *Luce non crepuscolare* (1917) approfondì la sua visione metafisica del mondo, considerando questo, in quanto creato, continuamente retto dalla divina sapienza («Sofia»). Nel 1918 fu ordinato sacerdote; dal 1925 fu decano dell'Istituto russo di teologia ortodossa di Parigi. Nel 1944 usciva in francese il trattato *Del Verbo incarnato*, che costituisce la prima parte di *La saggezza divina e la Teantropia*; la seconda parte, intitolata *Il Paracleto*, fu pubblicata postuma nel 1946: l'una è un'ardita cristologia sofianica (→ sofianismo), l'altra una teologia dello Spirito Santo.

Bullinger, Heinrich (Bremgarten, Argovia, 1504 - Zurigo 1575), riformatore svizzero. Successore di Zwingli nella chiesa riformata di Zurigo, cercò di evitare l'assorbimento dello zwinglismo nel calvinismo: da questo Bullinger si discostava nella concezione dell'eucaristia, circa la predestinazione e nei rapporti con l'autorità civile, preoccupandosi di assicurare autonomia alla chiesa. Sull'esempio di Calvino, fu in rapporto con i più rappresentativi riformati del tempo, esercitando la sua influenza sulla riforma in Scozia tramite John Knox, su quella francese tramite Pietro Ramo, sulla stessa Ginevra attraverso Teodoro Beza. Con Calvino e Guillaume Farel, rappresentanti dei riformatori svizzeri di lingua francese, sottoscrisse nel 1549 i ventisei articoli del *Consensus tigurinus* («accordo zurighese») sulla eucaristia, interpretata in senso simbolico. Con la *Seconda confessione elvetica* (1566), accentuò ulteriormente le istanze zwingliane.

Bultmann, Rudolf (Wiefelstede, Oldenburg, 1884 - Marburgo 1976), teologo protestante tedesco. Fu professore nelle università di Breslavia, Giessen e, dal 1921 al 1951, Marburgo. Nel 1921 pubblicò *La storia della tradizione sinottica*, saggio esegetico in cui riprendeva il metodo critico della storia delle forme (*Formgeschichte*) già adottato da K.L. Schmidt e M. Dibelius, secondo il quale l'esegesi corretta del testo biblico deve essere condotta sulla base delle forme letterarie proprie dell'agiografo (→ esegesi). In quegli stessi anni, Bultmann collabo-

rò con K. Barth e F. Gogarten alla rivista «Zwischen den Zeiten», organo della teologia dialettica (o teologia della → crisi). Ma dopo l'incontro con Heidegger all'università di Marburgo (1924) mutò l'orientamento del proprio pensiero, si staccò da Barth ed enucleò il suo nuovo programma storico-teologico della → demitizzazione.
Secondo Bultmann il messaggio cristiano va reinterpretato, per liberarlo dal rivestimento mitico e ricondurlo al suo autentico contenuto di annunzio (→ *kerygma*). La base per questo recupero di autenticità è rappresentata dal pensiero del primo Heidegger: avvolta dall'angoscia, l'esistenza umana si trova di fronte al rischio di perdersi nell'anonimato o alla possibilità di salvarsi scegliendo l'esistenza autentica, quella aperta al futuro. Ora, secondo Bultmann, solo nell'esistenza autenticamente aperta all'avvenire si rende possibile l'«evento salvifico», cioè l'inserimento del processo della salvezza nella storia. Ciò si realizza con la «decisione» a cui Gesù chiama l'uomo. In Gesù è presente Dio salvatore, anche se il messaggio evangelico avvolge il «fatto» della croce in un quadro mitologico.
Opere fondamentali: *Gesù* (1926); *Fede e comprensione* (4 voll. di saggi, 1933-65); *Rivelazione ed evento salvifico* (1941); *Teologia del Nuovo Testamento* (1953); *Il problema della demitizzazione* (1954); *Storia ed escatologia* (1958).
Bunge, Mario (Buenos Aires 1919), fisico e filosofo della scienza argentino. Autore di numerose opere, tra cui *La causalità. Il posto del principio causale nella scienza moderna* (1959), *La ricerca scientifica* (2 voll., 1967), *Filosofia della fisica* (1973), *Trattato di filosofia fondamentale* (7 voll., in corso di pubblicazione dal 1974), Bunge assegna alla filosofia della scienza il compito fondamentale di mettere in evidenza quei principi generali e quelle categorie filosofiche che sottendono ogni ricerca scientifica. Questo tipo di indagine dovrebbe sfociare nell'elaborazione di una «metafisica esatta» (denominazione, questa, che suona polemica verso l'antimetafisicismo dei neopositivisti), i cui strumenti d'indagine sarebbero costituiti dalla logica, dalla matematica e dalla semantica formale. Bunge si è occupato in particolare di filosofia della fisica e dei problemi filosofici sorti in connessione con lo sviluppo della meccanica quantistica.
Buonaiuti, Ernesto (Roma 1881-1946), storico italiano. Sacerdote (1903) e docente di storia ecclesiastica, fu tra i protagonisti della battaglia modernista (→ modernismo), alla quale partecipò con il *Programma dei modernisti* (1907) e le *Lettere di un prete modernista* (1909), di cui a lungo negò la paternità. Nel 1915 ebbe la cattedra di storia del cristianesimo all'università di Roma, ma nel 1926 la scomunica maggiore lo allontanò dalla chiesa, e poi, nell'atmosfera non priva di tensioni dei patti lateranensi, anche dalla cattedra, formalmente per rifiuto del giuramento fascista.
Sintesi delle sue vedute storiche e della sua esperienza religiosa sono i tre volumi della *Storia del cristianesimo* (1942-43) e, ancor più, l'autobiografia *Il pellegrino di Roma* (1945): in queste opere Buonaiuti si dimostra un efficace rievocatore di posizioni e personalità del cristianesimo antico, medievale e contemporaneo e un felice assimilatore di correnti teologiche e storiografiche del suo tempo, ma si rivela diviso fra lo storico, condizionato dalle fonti e dalla metodologia, e il profeta che rivive e reinterpreta il cristianesimo quale esperienza etica. Reintegrato nella cattedra (1944) ma non nell'insegnamento (sempre con riferimento al concordato), si inserì vivacemente nella politica con il foglio «Il 45», giustificazione religiosa di una scelta di sinistra. Le sue ultime opere (*La fede dei nostri padri*, 1944; *La vita dello spirito*, postuma, 1948) manifestano l'adesione a una concezione filosofico-iniziatica del cristianesimo.
Burckhardt, Jacob (Basilea 1818-1897), storico svizzero. Studiò teologia e filologia a Basilea e storia a Berlino, dove fu allievo di L. von Ranke e di J.G. Droysen; tornato a Basilea, vi trascorse il resto della vita ricoprendo la cattedra di storia. Tra le opere: *Costantino il Grande e i suoi tempi* (1853); *Il Cicerone, guida al godimento dell'arte in Italia* (1855); *La civiltà del rinascimento in Italia* (1860); *Storia della civiltà greca* (4 voll., postumo, 1894-1902); *Considerazioni sulla storia universale* (postumo, 1905).
Il nome di Burckhardt è legato ai celebri studi sul rinascimento, che egli contribuì a definire come epoca culturale dalla specifica fisionomia, opponendosi all'esaltazione del medioevo presente nella storiografia romantica. Gli ideali che Burckhardt pone in rilievo nella civiltà rinascimentale sono quelli, poi divenuti canonici, del forte individualismo, della libertà da pregiudizi morali e della concezione assolutistica del governo. Questa prospettiva si riflette nei suoi lavori di storia dell'arte, che individuano nell'espressione artistica una via di accesso privilegiato alla conoscenza storica delle civiltà e che sono dedicati, oltre che al rinascimento italiano, anche alla pittura, scultura e architettura romana e greca; Burckhardt afferma la superiorità dell'arte classica come condizione di equilibrio morale ed estetico e rifiuta l'impressionismo metodologico della critica romantica, sottolineando l'importanza di un'indagine il più possibile oggettiva sui valori formali delle opere: «Il modo in cui oggi si concepisce la vita del poeta e dell'artista», egli scrive, «ha un'origine assai morbosa; è meglio limitarsi alle opere.»
Il pensiero di Burckhardt venne influenzato da Schopenhauer; egli mirò infatti ad applicare al-

la storia una concezione in parte analoga alla schopenhaueriana analisi dell'arte e considerò lo spirito profondo della storiografia più vicino a una forma d'arte che non alla scienza. Le sue lezioni sulla storia universale, pubblicate nel 1905, contengono numerosi e originali spunti filosofici che spesso anticipano alcune idee di W. Dilthey e di B. Croce, sebbene Burckhardt rifuggisse da ogni filosofia o concezione sistematica della storia. Queste lezioni influirono profondamente su Nietzsche, che fu suo uditore e amico durante gli anni di insegnamento a Basilea. Burckhardt critica l'ottimismo razionalistico hegeliano che vede nella storia «la marcia inarrestabile dello spirito del mondo». Rifiuta inoltre la pretesa di considerare l'età presente come «la consumazione di tutti i tempi» e il vertice ultimo della verità e della civiltà. Tale concezione misconosce la grandezza del passato (che sovente Burckhardt oppone al costume democratico moderno, per il quale non nutre molta simpatia) e nel contempo tende a giustificare le tragedie e i crimini della storia in quanto necessari a promuovere la realtà del presente. Lo storico invece non deve rinunziare a un giudizio morale, evitando però ogni travisamento moralistico della realtà; egli deve armarsi di un severo pessimismo critico, per essere libero dalle predilezioni e dalle credenze personali o dalla mentalità e dal costume sociale contemporaneo. La storiografia autentica nasce da una contemplazione disinteressata e disincantata che ha di mira gli aspetti durevoli e profondi dell'umana esperienza.

Buridano, Giovanni (Béthune, Artois, 1290 ca - Parigi 1358 ca), filosofo francese. Insegnò nella facoltà delle arti dell'università di Parigi, della quale fu anche rettore nel 1328 e nel 1340. Tra i maggiori esponenti del nuovo indirizzo filosofico-scientifico avviato da Occam (la «via moderna»), Buridano è autore di un manuale di logica, le *Summulae de dialectica*, e di due trattati su argomenti logici più specifici, *Sophismata* e *Consequentiae*, in cui sostiene l'intrinseca individualità del reale e attribuisce l'universalità ai soli concetti, la cui naturale tendenza a significare è stabilita dai vari tipi di → *suppositio*. Nelle *Questioni sulla metafisica* Buridano definisce gli obiettivi e la metodologia dell'indagine scientifica, in modo da garantirne l'autonomia rispetto alla metafisica e alla teologia. Nelle *Questioni sulla fisica* egli critica la dinamica aristotelica: per spiegare il moto violento non basta rifarsi, come fa Aristotele, all'azione dell'aria circostante il proietto; si deve piuttosto ammettere nel proietto la presenza di una certa quantità di energia (*impetus*), trasmessagli dal lanciatore. Originale è poi l'applicazione di questa teoria al movimento dei cieli: Buridano avanza l'ipotesi che Dio, nel momento della creazione, abbia impresso un *impetus* a ogni sfera celeste; siccome il moto celeste non incontra nessuna resistenza, le sfere seguiterebbero a muoversi in forza di quell'*impetus*. In tal modo Buridano preannuncia il principio d'inerzia della meccanica moderna e include i movimenti cosmici in un unico sistema di leggi meccaniche.
A Buridano è attribuito l'apologo dell'asino che, davanti a due mucchi di fieno uguali, è incapace di scegliere e muore di fame: esso vuol significare che nell'animale, a differenza che nell'uomo, manca la capacità di autodeterminazione propria della volontà, e quindi la «scelta» dipende dallo stimolo esterno (il quale, nell'asino dell'apologo, è annullato dalla situazione di parità).

Burke, Edmund (Dublino 1729 - Beaconsfield, Buckingamshire, 1797), uomo politico e scrittore britannico. Fu ostile alla rivoluzione francese (*Riflessioni sulla rivoluzione francese*, 1790) in quanto aspirazione a un rovesciamento totale dell'ordine esistente in nome di falsi ideali razionalistici: secondo il pessimismo cristiano di Burke, la realtà storica è costituita da male e bene inscindibilmente fusi, mentre quegli ideali avevano di mira un ordine possibile solo nell'immaginazione. Fu favorevole invece alla ribellione irlandese e ai diritti dei coloni americani, in quanto tentativi di correzione di mali reali. La sua opera *Indagine filosofica sull'origine delle nostre idee sul sublime e sul bello* (1757) segna una tappa nell'evoluzione del gusto estetico inglese dal classicismo del primo Settecento al romanticismo di fine secolo. Il sentimento del bello e del sublime, di carattere universale, è suscitato in noi da ciò che è indeterminato, oscuro o persino (osservazione, questa, di grande novità) disarmonico. «È la nostra ignoranza delle cose che provoca tutta la nostra ammirazione e suscita principalmente le nostre passioni.» Solo queste suggestioni potranno comunicarci il senso dell'infinito, inesprimibile in termini di «chiarezza e distinzione». In Burke trova ampio sviluppo il concetto di sublime, in una direzione che sarà ripresa da Kant nella *Critica del giudizio*.

Burley, Walter, o Walter Burleigh (1275-1345 ca), filosofo inglese, noto anche con il nome latinizzato di Burleus. Studiò a Oxford, dove verso il 1300 venne eletto membro del Merton College; dal 1310 al 1327 fu a Parigi; in seguito visse presso la corte papale come inviato di Edoardo III. Burley assunse una posizione tradizionalista e antioccamista riguardo alla maggior parte delle questioni trattate; in particolare, nella contesa sul problema degli → universali, sostenne la posizione realistica. Circa il problema, molto dibattuto nel sec. XIV, relativo alla spiegazione fisica del variare delle qualità, sostenne la teoria del *fluxus formae*, ossia della successione temporale di forme o qualità diverse e istantanee nel medesimo soggetto. Oltre ad alcuni commenti a opere di Aristotele, scrisse un trattatello *De primo et ultimo instanti*, il *Tractatus de intensione et remissione formarum* e una storia della filosofia antica (*De vita et moribus philosophorum*).

burocrazia, concetto elaborato soprattutto da M. Weber, e che fa riferimento all'apparato amministrativo di un'istituzione razionale-legale, in quanto la sua legittimità riposa su un sistema di norme positive e sul diritto di comando assicurato a coloro che sono chiamati a esercitarlo in modo conforme alla legge. Le sue caratteristiche fondamentali sono: il *principio della competenza*, vale a dire una stabile suddivisione del lavoro all'interno della quale vengono delimitati, sulla base di criteri oggettivi, l'ambito dei doveri e i poteri necessari al loro adempimento; il *principio della gerarchia degli uffici*, secondo il quale esiste all'interno dell'organizzazione un sistema di sovraordinazione e di subordinazione, con diritto di controllo dei livelli superiori su quelli inferiori e di appello degli inferiori nei confronti dei superiori; il *principio della conformità degli atti*, il quale prevede che la condotta venga regolata in base a criteri univoci fissati per iscritto; il *principio della qualificazione tecnica*, in base al quale la preparazione specialistica comprovata attraverso un titolo di studio costituisce una condizione formale per l'impiego. Va infine ricordato che ogni apparato burocratico presenta necessariamente, al vertice, almeno un elemento non burocratico, ossia un'istanza superiore cui spetta la scelta e l'individuazione dei fini (alla burocrazia compete soltanto la scelta dei mezzi adeguati).

Non si dà storicamente alcuna forma di amministrazione che presenti le suddette caratteristiche sviluppate al massimo grado; il modello serve tuttavia come guida per la ricerca, in quanto consente di definire in concreto ogni organizzazione come burocratica o no e di stabilirne il grado di burocratizzazione, a seconda che le caratteristiche individuate vi siano presenti in misura più o meno elevata. Gli apparati amministrativi che più si avvicinano al tipo ideale di burocrazia si sono sviluppati per la prima volta nella moderna società occidentale, ma tipi di strutture simili per alcuni aspetti a quella burocratica si incontrano in epoche e luoghi diversi. Tra gli esempi più significativi sono da porre l'Egitto del Nuovo Regno, il tardo impero romano, lo stato bizantino, la Cina a partire dall'unificazione dell'impero. In nessuno di questi casi, tuttavia, gli apparati statali, per quanto consolidati, assunsero le caratteristiche della burocrazia moderna. Il loro sviluppo incontrò, quale ostacolo principale, la persistenza di strutture sociali di tipo tradizionale. Il terreno specifico sul quale l'organizzazione burocratica in senso stretto si afferma su vasta scala è offerto dall'avvento progressivo del capitalismo borghese nella società occidentale. Ciò che caratterizza questa forma di capitalismo rispetto ad altre forme precedenti è la ricerca del profitto attraverso un'impresa funzionante in modo continuativo e condotta razionalmente nell'ambito di un'economia di mercato. Essa richiede: espropriazione del lavoratore, concentrazione dei mezzi oggettivi di impresa, lavoratori formalmente liberi di prestare la propria opera per l'una o per l'altra impresa ma, all'interno dell'impresa stessa, organizzati in una scala gerarchica e sottoposti a una rigida disciplina; questi attributi definiscono l'azienda capitalistica come uno degli esempi più puri di organizzazione burocratica. Ma lo sviluppo del capitalismo borghese presuppone, oltre alla burocratizzazione della sua unità di base, l'impresa, anche quella delle istituzioni fondamentali dello stato: esso è legato, infatti, alla possibilità di calcoli sicuri che l'arbitrio e l'imprevedibilità delle decisioni di un potere assoluto, non legato a meccanismi predeterminati e costanti, minaccerebbero di continuo. Ciò non significa istituire un rapporto di causalità tra capitalismo industriale e stato burocratico moderno. Per quanto si sviluppino parallelamente, essi hanno origini differenti; la loro comune matrice va semmai cercata nel processo di crescente razionalizzazione della vita sociale, caratteristico dell'Occidente europeo.

Butler, Joseph (Wantage, Berkshire, 1692 - Bath 1752), filosofo inglese. Fu vescovo di Durham e cappellano della casa reale. Le sue opere principali sono: *Quindici sermoni sulla natura umana* (1726) e *Analogia della religione, naturale e rivelata, con la costituzione e il corso della natura* (1736). Butler sostenne la complementarità di natura e rivelazione, ma combatté i deisti più radicali che ritenevano superflua la religione rivelata. Come i deisti e i liberi pensatori, si sforzò di fondare la morale su basi esclusivamente naturali, anche se all'ottimismo di costoro, oppose una diagnosi amara e pessimistica della natura umana. La coscienza, voce naturale di Dio in noi, mentre rivela all'uomo i suoi limiti, testimonia anche la sua vocazione soprannaturale.

Cabanis, Pierre-Jean-Georges (Cosnac, Corrèze, 1757 - Rueil, Parigi, 1808), medico e filosofo francese. Frequentatore del gruppo degli → idéologues, si occupò dapprima di problemi sociali connessi alla medicina (*Osservazioni sugli ospedali*, 1790) e di problemi teorici relativi all'autonomia della scienza medica rispetto alle scienze fisiche di carattere meccanicistico (*Grado di certezza della medicina*, 1798; *Colpo d'occhio sulle rivoluzioni e la riforma della medicina*, 1804); si dedicò quindi allo studio dell'uomo, nell'intento di definire una scienza antropologica fondata sulle scoperte della medicina e della fisiologia, che facesse perno sul concetto di «organisation» come luogo unitario di articolazione del «fisico» e del «morale» (*Rapporti tra il fisico e il morale nell'uomo*, 1802). Rifiutando il dualismo classico anima-corpo, al quale non si sottraggono, secondo Cabanis, neanche i filosofi illuministi, che pure sono considerati all'origine della scienza «idéologique» e del sensismo (Condillac, Helvétius), egli sottolinea il rapporto strettissimo e l'interazione continua tra i due poli, la riducibilità dell'anima a «centro nervoso» o «sistema cerebrale». Cabanis era convinto che si potesse dimostrare questo nesso organico in infiniti casi e che fosse compito della scienza antropologica abbandonare le ricerche di carattere generale e speculativo per dedicarsi a quelle di carattere particolare e sperimentale, volte a illustrare il rapporto tra il «morale» e variabili fisiche come sesso, temperamento, età, regime alimentare, malattie.

cabbala, variante italiana di → qabbalah.

Cacciari, Massimo (Venezia 1944), filosofo italiano. Professore di estetica all'università di Venezia. Uno dei termini di partenza della sua riflessione è la nozione di «pensiero negativo». Sulla scia di Nietzsche, Heidegger e di una lettura originale di Wittgenstein, Cacciari coglie la crisi moderna dei fondamenti nella tecnica e nel convenzionalismo, intese come pure condizioni di una razionalizzazione transitoria che lascia sempre aperto l'abisso della costituzione ultima del senso, da cui conviene prendere congedo con disincanto weberiano (*Krisis*, 1976; *Pensiero negativo e razionalizzazione*, 1977).
Nella fase successiva, avviata con lo scritto *Dallo Steinhof* (1980), e poi proseguita con *Icone della legge* (1985) e *L'angelo necessario* (1986), l'interesse di Cacciari è concentrato sui presupposti storici e filosofici del pensiero negativo, anche nelle loro connessioni con la tradizione religiosa dell'Occidente. In *Dell'inizio* (1990), riprendendo i temi della «filosofia positiva» dell'ultimo Schelling, Cacciari propone una concezione dell'essere come differenziato e tragicamente scisso fin dall'origine, che porta insita nella sua costituzione l'impossibilità della conciliazione.

Caetano, o Gaetano, soprannome di Tommaso de Vio (Gaeta 1468 - Roma 1534), teologo italiano. Entrato nell'ordine domenicano, si laureò in teologia; nel 1517 fu creato cardinale. Fin dai primi anni di insegnamento, in polemica con le posizioni scotiste e averroiste presenti nell'ambiente padovano, Caetano si qualificò, in campo filosofico e teologico, come un fedele continuatore di Tommaso d'Aquino. Nei *Commentaria super tractatum de ente et essentia Thomae de Aquino* e nel *Commento* alla *Summa theologiae* si impegnò in una puntuale ricostruzione dei capisaldi teorici aristotelico-tomisti, quali la distinzione tra atto e potenza, tra essenza ed esistenza e la composizione ilemorfica delle creature, prendendo posizioni indipendenti su alcuni aspetti dottrinali. Così, mentre nel *Commento* alla *Summa* riteneva dimostrabile l'immortalità dell'anima per via deduttiva (dalla spiritualità delle sue potenze, intelletto e volontà), in alcuni commenti biblici successivi affermò che essa, alla stessa stregua del mistero trinitario, è una verità attestata con certezza dalla sola rivelazione.

Caillois, Roger (Reims 1913 - Parigi 1978), filosofo e sociologo francese. Aderì nel 1935 al movimento surrealista, e nel 1938 fondò con G. Bataille e M. Leiris il Collegio di Sociologia. Trasferitosi in Argentina nel 1939, contribuì alla diffusione della letteratura latino-americana in Francia. Nel 1952 fondò la rivista «Diogène». La sua ricerca si richiama a vari settori del sapere, dalla sociologia alla filosofia, dall'etnologia alle scienze naturali. Con grande rigore scientifico e descrittivo, ma non indifferente all'epistemologia storica di G. Bachelard, Caillois intende dimostrare che gli elementi costitutivi del mondo sono fondati su un numero limitato di strutture portanti, che possono essere coerenti, discontinue o ricorrenti. A questo scopo opera ricerche «diagonali» che analizzano di volta in volta il senso dei miti, le opere d'arte, il sacro, l'istinto del gioco, la forma delle pietre o il mimetismo degli insetti. Fra le sue numerose opere si ricordano: *La mantide religiosa* (1937); *Il mito e l'uomo* (1938); *L'uomo e il sacro* (1939); *La comunione dei forti* (1943); *Babele* (1948); *Descrizione del marxismo* (1950); *Pietre* (1966).

Caird, Edward (Greenock, Glasgow, 1835 - Oxford 1908), filosofo inglese. Esponente del neohegelismo, ha sottolineato l'importanza del concetto hegeliano di assoluto come superamento del dualismo kantiano fra soggetto e oggetto (*La filosofia critica di Kant*, 2 voll., 1889). Tale concetto è stato poi applicato da Caird all'esperienza religiosa (*L'evoluzione della religione*, 1893). La storia della religione incarna tre momenti dialettici successivi. In una prima fase (*oggettiva*) Dio è concepito come un ente o una forza del mondo naturale (politeismo); in una seconda (*soggettiva*) come una volontà spirituale (dallo stoicismo al cristianesimo); solo in una terza fase (*idealistica*) Dio è inteso come assoluta identità di soggetto e oggetto, dell'universo cosmico e della spiritualità umana.

Caitanya, nome assunto da Viśvambhara Miśra (Nadia, Bengala, 1485 - Guri, Orissa, 1533), mistico indiano. Discepolo di vari maestri del → vedānta appartenenti alle scuole di Mādhva e di Nimbārka, fu devoto fervente del dio Viṣṇu e in particolare della sua incarnazione (*avatāra*) in Kṛṣṇa. Fattosi monaco mendicante, prese il nome di Kṛṣṇa Caitanya («pensiero di Kṛṣṇa») e si recò a Puri presso il tempio di Jagannāth («Signore del mondo»); ma peregrinò anche a lungo in molte parti dell'India. La sua devozione prese come oggetto la coppia Kṛṣṇa e Rādhā (divino esempio di amore sublimato nella mistica), di cui egli cantò le lodi con grande fervore. La sua → *bhakti* si trasmise a parecchi discepoli, alcuni dei quali divennero a loro volta famosi. La comunità costituitasi intorno a Caitanya dette origine anche a una fiorente letteratura in sanscrito e promosse il culto kṛṣṇaita a Vṛndāvan (luogo d'origine del dio) che allora si trovava sotto il dominio musulmano. La dottrina di Caitanya e dei suoi seguaci si ispirava prevalentemente al *Bhāgavata-purāṇa* e alla lirica religiosa medievale di Jayadeva, di Vidyāpati e di Caṇḍī Dās, e divenne, in seguito, fonte di insegnamento devozionale e filosofico, entro il quadro di un teismo incarnazionistico altamente umanizzato.

Calcidio (sec. IV d.C.), filosofo neoplatonico. Continuò la tradizione esegetica avviata dallo stoico Posidonio con una traduzione in latino e un commento del *Timeo* di Platone. Non è possibile stabilire se la sua versione fosse originariamente integrale: è attestato che già nel medioevo essa era limitata alla prima parte del dialogo, di carattere cosmologico. L'opera di Calcidio ebbe grande diffusione e costituì, fino al sec. XII, la fonte principale per la conoscenza del pensiero platonico.

caldaici, oracoli, → teurgia.

Calogero, Guido (Roma 1904 - 1986), allievo di G. Gentile, insegnò storia della filosofia all'università di Firenze (1931) e di Pisa (1934); chiamato nel 1951 alla facoltà di magistero dell'università di Roma, fu, dal 1954, professore di filosofia antica alla facoltà di lettere del medesimo ateneo. Erede dell'atteggiamento antiintellettualistico del suo maestro, Calogero ravvisa tuttavia nell'«io» gentiliano un residuo trascendentalistico, che ne farebbe una funzione anzitutto gnoseologica. Alla dissoluzione della metafisica avvenuta nel Settecento deve seguire, secondo Calogero, una dissoluzione della gnoseologia; sensibile alle tematiche esistenzialistiche, egli propone una teoria dell'io come fatto concreto, costitutivo dell'intera realtà, e chiamato dall'istanza morale a superare l'egoismo per portarsi verso una prospettiva altruistica. Vanno intese in questo senso la sua filosofia del dialogo, che vede nella logica non una funzione conoscitiva ma il principio dell'intesa interumana, e la polemica con la filosofia analitica del linguaggio, che pretenderebbe di isolare come oggetto ciò che è la precondizione del discorso e dell'argomentazione. Opere principali: *I fondamenti della logica aristotelica* (1927); *Studi sull'eleatismo* (1932); *Lezioni di filosofia* (3 voll., 1946-48); *Logo e dialogo* (1950); *Filosofia del dialogo* (1962).

calvinismo, termine designante quei movimenti religiosi che nella teologia, nella disciplina ecclesiastica, nella liturgia e nell'etica sono stati improntati più o meno fortemente dal pensiero di → Calvino; tali movimenti hanno assunto forme diverse nei vari paesi in cui si sono diffusi, pur nella fedeltà ad alcuni caratteri fondamentali che li distinguono dalle altre confessioni protestanti. Il calvinismo (se si eccettua la dottrina della predestinazione) non ha fornito alla riforma contributi dottrinali veramente nuovi, ma piuttosto una teologia più organica e sistematica, un'organizzazione più robusta, fondata su unità di direttive e di metodi, uno spirito di proselitismo più alacre e combattivo, una morale più austera. La sua storia, in modo più accentuato che nel luteranesimo, è caratterizzata da un intreccio di vicende religiose, politiche e sociali: nei motivi religiosi si riflettono e trovano espressione rivendicazioni di natura politico-sociale, che a loro volta influenzano il fatto religioso. La dottrina del calvinismo è rintracciabile nella *Christianae religionis institutio* di Calvino e nelle confessioni di fede delle varie chiese «riformate». Il calvinismo si diffuse rapidamente, fin dal tempo di Calvino: in Scozia per opera di J. Knox; in Francia, dove sopravvisse alla strage della notte di san Bartolomeo (1572); nei Paesi Bassi in rivolta contro Filippo II; in alcuni territori della Germania (Palatinato, Basso Reno, Assia, Brandeburgo, Brema); nell'Europa orientale (Polonia, Ungheria e Transilvania); in Italia, dove diede luogo a gruppi collegati con Ginevra e influenzò la chiesa valdese. In Inghilterra i principi del calvinismo ispirarono la corrente dei puritani, che intendevano depurare la chiesa di stato anglicana da ogni elemento cattolico e «papista». Questi «non conformisti» (così vennero detti per il loro dissenso dall'anglicanesimo ufficiale), cacciati dalla madrepatria, si stabilirono nella Nuova Inghilterra, fondandovi colonie nelle quali realizzarono la separazione tra chiesa e stato e affermarono la libertà di coscienza contro ogni coercizione civile ed ecclesiastica. Per opera di coloni olandesi il calvinismo si diffuse, oltre che in America, nell'Africa del sud.
Fondamento della costituzione ecclesiastica calvinista è la comunità dei fedeli in cui l'autorità è affidata agli «anziani» (presbiteri), sebbene vi siano anche chiese calviniste governate con il sistema episcopale (chiesa riformata d'Ungheria). In campo liturgico i calvinisti improntarono il culto a un'austera semplicità: abolirono il suono dell'organo, il fasto delle cerimonie, i paramenti sacerdotali e le sculture e pitture che ornavano le chiese; coltivarono la musica in modo sobrio, accordando grande rilievo al canto dei salmi con le loro gravi e solenni melodie, e non sviluppando invece il corale come nel luteranesimo. La dottrina della elezione (che impegna il credente ad agire perché nell'assolvimento dei comandamenti di Dio egli vede il segno visibile della predestinazione alla salvezza), la dimensione politica della fede

che coinvolge tutta la vita, l'etica del lavoro conferirono alle comunità calviniste un grande dinamismo e ne determinarono la fortuna (certamente, come vide M. Weber, il calvinismo concorse in questo senso allo sviluppo e all'espansione del capitalismo). Il calvinismo sfruttò il potere dello stato per la predicazione del vangelo e si collocò all'opposizione nei casi in cui il principe negava il suo appoggio. Il principe che osteggia la chiesa voluta da Dio cessa, infatti, di essere principe, e contro di lui è lecita la resistenza anche con le armi (le guerre di religione, suscitate da olandesi, inglesi, scozzesi contro i loro monarchi, trovarono appunto alimento nella dottrina politica calvinista). Come nel luteranesimo, anche all'interno del calvinismo scoppiarono controversie teologiche, particolarmente vivaci, sulla interpretazione della dottrina della predestinazione nei suoi rapporti con la libertà dell'uomo. J. Arminius (1560-1609), sensibile alle istanze umanistiche, spiegava la predestinazione sulla scorta della prescienza di Dio, che, prevedendo la condotta di ogni uomo, predestina alla salvezza o alla dannazione in rapporto ai meriti individuali. F. Gomar (1565-1641), invece, rappresentante del calvinismo ortodosso, intendeva la predestinazione nel senso che già prima della creazione e del peccato di Adamo Dio avrebbe predestinato alla salvezza o alla dannazione. Il sinodo di Dordrecht (1618-19) condannò la dottrina di Arminius e affermò il rigido predestinazionismo che venne fissato nel curioso acrostico *tulip* (tulipano): totale depravazione umana; universale elezione divina; limitata espiazione del Cristo; irresistibile grazia; perseveranza finale degli eletti. L'arminianesimo, cacciato dall'Olanda, trovò seguaci in Inghilterra tra i gruppi settari e nei circoli dei dotti, dove si colorò di razionalismo e sfociò in posizioni anticipatrici dell'illuminismo. Nel sec. XIX si verificò in Olanda un movimento di risveglio volto a recuperare la dottrina originaria contro le tendenze del protestantesimo liberale. Analogo atteggiamento assunsero nel sec. XX la cosiddetta teologia della → crisi e il suo più illustre rappresentante, K. Barth.
Oggi il calvinismo, che conta circa 40 milioni di aderenti, è assai sensibile ai problemi dell'ecumenismo ed è membro del Consiglio ecumenico delle chiese. *M. Ma.*

Calvino, nome umanistico italianizzato di Jean Cauvin (Noyon, Piccardia, 1509 - Ginevra 1564), riformatore religioso francese. Di famiglia borghese devota alla chiesa, ricevette dapprima una formazione umanistica a Parigi, dove frequentò il collegio Montaigu; poi, per volontà del padre, si dedicò agli studi giuridici nelle università di Orléans e Bourges, conseguendo il dottorato in giurisprudenza (la formazione giuridica conferirà alla scrittura di Calvino precisione e chiarezza). Dopo la morte del padre (1531), ritornò a Parigi per consacrarsi totalmente agli studi umanistici, che sfociarono nella edizione e nel commento del *De clementia* di Seneca (1532). A Parigi entrò in contatto con i circoli «evangelici» che intendevano rinnovare la chiesa senza tuttavia romperе con essa (J. Lefèvre d'Etaples, G. Briçonnet, N. Cop). Nel 1534 Francesco I, irritato per l'affissione pubblica di manifesti (*placards*) irridenti la messa, scatenò la persecuzione contro gli innovatori. Sentendosi minacciato, Calvino abbandonò la Francia e raggiunse Basilea, dove, nel 1536, pubblicò la *Christianae religionis institutio* che, ampliata nelle edizioni del 1545, 1550 e 1559, espone in modo organico e sistematico la sua dottrina e costituisce la base del pensiero e della prassi delle chiese calviniste. Nell'agosto del 1536 Calvino si stabilì a Ginevra, e questa città divenne il centro della sua azione riformatrice (se si esclude la parentesi in cui egli fu a Strasburgo tra il 1538 e il 1541). Con le *Ordinanze ecclesiastiche* del 1541 Calvino, sulla scia di quanto M. Bucero aveva fatto a Strasburgo, organizzava la sua chiesa: i dottori dovevano provvedere all'insegnamento, i diaconi all'assistenza dei poveri e dei malati, i pastori e gli anziani alla vigilanza sulla vita religiosa e morale dei fedeli. I dodici anziani, che costituivano con i pastori l'organo principale della comunità, il concistoro, non assolvevano soltanto funzioni ecclesiastiche ma anche civili. Ginevra divenne una città-chiesa, e nel medesimo tempo una chiesa-città, perché accoglieva una società di uomini che dovevano in tutti i momenti della vita essere guidati dalla volontà di Dio. Una severa disciplina caratterizzava la chiesa di Ginevra. La partecipazione al ballo, al gioco, ai banchetti, alle feste e agli spettacoli teatrali, il lusso nell'abbigliamento e le assenze dalle riunioni del culto erano colpiti con sanzioni severe che potevano comportare anche l'esclusione dalla santa cena, la scomunica e pene corporali. Parimenti duro fu l'atteggiamento di Calvino nei confronti di dissidenti ed eretici: il medico spagnolo M. Serveto, condannato al rogo per le sue posizioni antitrinitarie, e S. Castellione, costretto ad abbandonare Ginevra, sono le vittime più note della sua intransigenza dottrinale. La fondazione dell'Accademia (1559) per la formazione teologica dei pastori accentuò il carattere cosmopolita della città. La comunità di Ginevra divenne la prima tappa di un cammino volto a instaurare il Regno di Dio sulla terra e assurse a modello per le comunità riformate.
Calvino accolse i grandi temi della teologia luterana (la Scrittura come unica norma in materia di fede e di morale, la radicale corruzione dell'uomo privo del libero arbitrio e incapace di compiere buone azioni, la salvezza per grazia mediante la fede). Ma egli seppe ripensare la dottrina del maestro in modo autonomo. Se

Lutero mette in rilievo il Dio misericordioso (*gnädiger Gott*) che in Cristo salva l'uomo peccatore, sicché la giustificazione per grazia mediante la fede diviene il punto di vista dal quale considerare tutta la teologia, l'*articulus stantis vel cadentis ecclesiae*, Calvino fonda la sua teologia sul riconoscimento della sovranità assoluta di Dio (*soli Deo gloria*). Dio regge con la sua provvidenza la vita del creato e determina il corso degli avvenimenti. L'obbedienza alla volontà di Dio deve essere perseguita con ferma determinazione perché Dio è la fonte di ogni bene, e non bisogna cercare nulla al di fuori di lui. La dottrina della predestinazione, tipica della teologia di Calvino, è una conseguenza della sovranità assoluta di Dio su tutte le creature. Nella *Christianae religionis institutio* si legge: «Chiamiamo predestinazione l'eterno decreto di Dio mediante il quale egli ha stabilito che cosa debba avvenire di ciascun uomo. Infatti non tutti sono creati in eguale condizione, ma agli uni è stata predestinata la vita eterna, agli altri la dannazione eterna.» Salvezza e dannazione sono, dunque, stabilite dalla libera volontà di Dio. Il criterio di questa elezione rimane un mistero insondabile: la predestinazione deve essere accettata nell'abbandono a Dio, che è sovrana ed eterna saggezza. L'ecclesiologia di Calvino si sviluppa in rapporto con la dottrina della predestinazione: la chiesa è «la società dei fedeli che Dio ha predestinato alla vita eterna», e comprende non solo i credenti attuali, ma tutti gli eletti fin dall'origine del mondo. La comunità dei santi, cioè dei predestinati, si riconosce da alcuni segni: innanzitutto la fede, intesa non come adesione razionale ad alcune verità, ma come fede-fiducia; poi, la rettitudine della vita; infine, il desiderio di partecipare alla santa cena. Calvino rifiuta, come gli altri riformatori, il sacerdozio ministeriale, ma riconosce come strutture necessarie alla vita della chiesa i ministeri di anziani, pastori e diaconi. Anche per Calvino la parola di Dio, espressa nella Scrittura, vivificata dallo Spirito Santo, è l'unica autorità normativa in materia di fede e di morale, l'unico criterio con cui vagliare tutta la tradizione cristiana, sia dottrinale sia disciplinare. Calvino non ripudia la tradizione cristiana, solo la sottomette al giudizio della Scrittura. Egli cita infatti Cipriano, Ambrogio, Agostino, Bernardo di Chiaravalle e teologi della scolastica come Pietro Lombardo, Anselmo e Tommaso, e riconosce l'autorità dei concili e dei simboli della chiesa antica perché hanno interpretato fedelmente la Sacra Scrittura. Come per Lutero, anche per Calvino la messa non è un sacrificio di propiziazione offerto dalla chiesa a Dio, che rinnovi in qualche modo il sacrificio del Calvario, ma un dono di Dio al suo popolo. Il dono è Cristo stesso, uomo e Dio. Nell'eucaristia si realizza una reale partecipazione alla carne e al sangue di Cristo che si offre al credente sotto i segni del pane e del vino: ma ciò non può significare presenza locale di Cristo nell'eucaristia, perché dopo l'ascensione il corpo di Gesù è solo in cielo. Affermando la sua presenza spirituale, Calvino tiene una posizione intermedia tra la consustanziazione luterana e il simbolismo zwingliano. Il riconoscimento della sovranità di Dio si realizza anche nell'ambito della società: la vita politica è pertanto campo della santificazione del cristiano, il lavoro è inteso come vocazione religiosa attraverso la quale si realizza nel mondo il piano di Dio, e lo stato è posto fra gli *externa media salutis*, nel senso che esso deve assicurare la pacifica convivenza degli uomini, combattere l'idolatria e garantire che la vera religione sia ufficialmente riconosciuta. I cristiani devono perciò partecipare alla vita pubblica e obbedire alle autorità, a meno che esse non calpestino la parola di Dio, nel qual caso diventa lecita la resistenza, anche armata.

(Sull'influsso del pensiero di Calvino, si veda → calvinismo.) *M. Ma.*

Cambridge, scuola analitica di, → analitica, filosofia.

Cambridge, scuola di, movimento filosofico di indirizzo neoplatonico che si sviluppò in Inghilterra nel sec. XVII, ispirandosi direttamente all'opera di Herbert di Cherbury *De veritate* (1624) e indirettamente all'Accademia platonica fiorentina (Marsilio Ficino e Pico della Mirandola). I platonici di Cambridge (B. Whichcote, J. Smith, N. Culverwell, R. Cudworth, H. More) sostenevano l'innatismo conoscitivo in polemica col materialismo di Hobbes e di P. Gassendi: la conoscenza non deriva dalle cose, ma da Dio che ha posto nell'intelletto umano delle nozioni comuni e generali. Questa tesi era una premessa per giungere a sostenere una concezione religiosa universale fondata sull'evidenza innata del concetto di Dio (nozione comune a tutti gli uomini) ed egualmente lontana dalle sottigliezze teologiche e dalle intolleranze settarie (→ latitudinarismo). Ponendo sullo stesso piano il cristianesimo, la tradizione neoplatonica e l'ermetismo rinascimentale, come espressioni dell'unica vera religione perché basata sui concetti razionali di bene e di divino comuni a tutti gli uomini, i maestri di Cambridge condannavano le contese del loro tempo fra anglicani, puritani e cattolici. Sviluppando una sistematica opposizione all'empirismo, essi ripresero il modello platonico di organismo in sede di filosofia della natura.

Camestres, nome che indica uno dei modi validi del → sillogismo.

Campanella, Tommaso (Stilo, Reggio Calabria, 1568 - Parigi 1639), filosofo italiano. Entrato tredicenne nell'ordine domenicano (per cui muta il nome Giovanni in Tommaso) vi compie con successo il corso di studi; nel contempo legge nascostamente Erasmo, Ficino e

Telesio al quale si ispira per comporre la *Philosophia sensibus demonstrata* (1591). Il naturalismo antiaristotelico e l'interesse per le arti magiche che traspaiono da questo e da altri suoi scritti lo rendono sospetto ai superiori. Fugge perciò a Napoli ove studia con G. Della Porta magia naturale e occultismo; ne è frutto il *De sensu rerum et magia*, pubblicato nel 1620. Sottoposto a un primo processo per eresia nel 1691, fugge nuovamente dal convento e si reca a Roma, Firenze e Padova ove conosce Galileo. Processato e incarcerato nel '94, nel '97 può tornare a Stilo ove acquista fama di taumaturgo e di mago e raccoglie numerosi discepoli coi quali ordisce una congiura antispagnola che, nella sua aspettazione escatologica, doveva essere la prima scintilla di un generale rivolgimento del mondo. Scoperto e arrestato nel 1599, si finge pazzo per evitare la condanna a morte. Sottoposto a tortura, resiste sino alla commutazione della pena in carcere perpetuo. Compone in carcere quasi tutte le sue opere (*Monarchia di Spagna*, 1600; *La città del sole*, 1602; *Discorsi ai principi d'Italia*, 1607; *Philosophia rationalis*, 1606-14; *Philosophia realis*, 1619; *Metaphysica*, compiuta nel 1623; *Theologia*, 1613 e compiuta nel 1624). Nel 1616 Campanella scrive dal carcere in difesa di Galileo (*Apologia pro Galilaeo*). Nel 1626 viene scarcerato e nel 1629 entra in grande dimestichezza con papa Urbano VIII che cerca di indurre a una riforma della chiesa. Difende nuovamente il copernicanesimo di Galileo nel secondo processo del '32. Accusato di un altro complotto contro la Spagna, nel 1634 fugge presso Luigi XIII di Francia e sotto la protezione del re e di Richelieu può pubblicare gran parte delle opere composte in carcere. Sebbene avversato da Cartesio, entra in rapporti con Gassendi, Mersenne e altri dotti, godendo sino alla morte di notevole fama e prestigio.

• *La metafisica naturalistica.* Nel Proemio della *Metaphysica* Campanella dichiara di voler trattare i principi del *sapere*, dell'*essere* e dell'*agire*. Lo studio dei primi muove dalla confutazione agostiniana del dubbio scettico. Da ciò una prima *sapientia innata* o nozione di sé cui si aggiunge, mediante l'esperienza, una *sapientia addita* delle cose esterne. Tale secondo sapere, sebbene «vago e insicuro», nasconde il primo che si abbassa a *sapientia abdita* o nascosta: l'anima è perciò come «alienata nelle cose e dimentica di sé». La filosofia ha allora il compito di risvegliare la primitiva conoscenza di sé (*sensuo sui*), mostrando che neppure il sentire sarebbe possibile senza un preliminare «sentir di sentire» o senso innato di se stessi. Tale argomento, formulato già nel 1623, sembra anticipare, secondo alcuni studiosi moderni, il *cogito* cartesiano. I principi dell'*essere* si specificano in tre *primalità*: «possanza, senno e amore». Ogni primalità segue il principio generale per cui ogni cosa si riferisce alle altre essendosi prima riferita a se stessa. Ogni cosa dunque ha potenza su di sé e poi sulle altre; ha sapere innato di sé (sia pur confuso e nascosto) e poi del mondo; ama se stessa e perciò *consente* con gli altri esseri (ogni cosa è per Campanella dotata di sensibilità; di qui i principi del suo universale animismo magico). Solo in Dio però potenza, sapienza e amore sono perfetti; nelle creature invece alle tre primalità dell'essere si congiungono tre opposte primalità del non-essere (impotenza, ignoranza e odio) che spiegano la contingenza essenziale degli individui e l'imperfezione e il disordine dell'universo e della società umana. Il mondo delle creature è perciò un miscuglio di ordine e di disordine, di contingenza e di armonia, di finalismo e di caso. I principi dell'*agire* individuale, o virtù, riguardano la conservazione della propria persona, la continuazione della vita nei figli, della personalità nella fama. Una quarta virtù riguarda la continuazione della propria anima nell'amor di Dio che è oggetto di un innato e nascosto sentimento religioso (*religio abdita* o naturale) che la rivelazione cristiana ha reso consapevole e manifesto. La *Metaphysica* campanelliana, riallacciandosi al neoplatonismo fiorentino, all'astrologia e alla magia della partecipazione cosmica, si oppone da un lato sia all'arido aristotelismo scolastico, sia all'aristotelismo ateo e materialista della scuola padovana (P. Pomponazzi); dall'altro, con il suo naturalismo panpsichistico, contribuisce validamente all'affermazione del pensiero moderno, sebbene Campanella resti lontano dall'intendere il copernicanesimo galileiano (che difende per ragioni di principio, ma non condivide) e il metodologismo geometrico e meccanicistico cartesiano. Il cosmo di Campanella, animato da una fitta rete di corrispondenze, affinità e occulte simpatie che legano tra loro tutti gli esseri, è una totalità organica, finalisticamente strutturata, in cui si annuncia, in ogni parte, la vitale presenza di Dio.

• *Teologia e politica: La città del sole.* La singolare personalità di Campanella, profeta e predicatore più che filosofo, riassume i tratti della cultura rinascimentale e anticipa vari elementi dell'età della controriforma. Campanella vagheggiò infatti una grande riforma politico-spirituale che sanasse la frattura luterana e ricostituisse l'impero universale della chiesa. Strumento secolare di questa unificazione, che doveva estendersi anche alle popolazioni del Nuovo Mondo, avrebbe dovuto essere la monarchia spagnola e in seguito, per il declinare dell'egemonia spagnola, la monarchia francese. Nel contempo la chiesa avrebbe dovuto rinnovare i fondamenti della sua dogmatica, corrotta dall'aristotelismo scolastico. A questo fine Campanella compose i 29 libri della monumentale *Theologia*, rimasta inedita sino ai nostri giorni. Di carattere più propriamente apologetico è invece il trattato del 1631 (ma già concepito nel 1605) *Atheismus triumphatus*. Campanella affidò il modello della politica «renovazion del secolo» alla *Città del sole*, ispirata alle analoghe utopie politiche di Platone e di Tommaso Moro. I solari vivono in una repubblica «naturale» retta da un re-sacerdote (il «Metafisico») e da tre magistrati (Pon, Sin, Mor, potenza, sapienza e amore, che simboleggiano le tre primalità dell'essere teorizzate nella *Metaphysica*). I solari seguono una religione naturale (ancora ignara della rivelazione); essi hanno in comune ogni proprietà e le donne. La generazione dei figli è retta da norme eugenetiche e astrologiche. L'educazione, che Campanella vuole basata sull'esperienza più che sui libri e su concrete prove di selezione attitudinale, anticipa genialmente i principi della pedagogia moderna. La concezione campanelliana della politica, fondata su una visione etico-religiosa e cosmico-magica, cioè naturalistica e insieme astrologica, si oppone decisamente al machiavellismo e ai teorici della ragion di stato, rivelando quel singolare intreccio di nuovo e di antico che è il tratto caratteristico di tutta l'opera di Campanella. Caduto in oblio nei secoli successivi, soltanto nel Novecento il pensiero di Campanella è stato riscoperto e fatto oggetto di una rivalutazione tuttora in corso.

Campbell, Norman Robert (Colgrain, Dunbarton, 1880 - Nottingham 1949), filosofo della scienza e fisico scozzese. Diede numerosi contributi in vari settori della fisica. In filosofia si ricorda per i lavori sulla struttura del discorso scientifico (*Fisica, gli elementi*, 1920; *Che cos'è la scienza?*, 1921). Campbell distingue due livelli nella costruzione scientifica: le leggi e le teorie. Le prime sono proposizioni scientifiche interconnesse per validità e significato, dipendenti dall'osservazione, dall'esperimento e dalle relazioni che le collegano con altre asserzioni scientifiche. Le teorie sono insiemi strutturali di concetti e di asserti astratti con valore empirico solo se connesse con il piano delle leggi. Si distingue quindi il complesso delle ipotesi di una teoria dal suo «dizionario», cioè l'insieme delle asserzioni col compito di esplicitare le relazioni intercorrenti fra i concetti delle leggi e le idee che strutturano le ipotesi teoriche; se tali relazioni non venissero specificate, non vi sarebbe la possibilità di un controllo empirico della teoria. Importante è la teoria campbelliana dell'analogia, considerata l'elemento essenziale nella elaborazione delle proposizioni di connessione tra teoria e leggi empirico-sperimentali.

campo, teoria del, in psicologia, K. → Lewin.

Camus, Albert (Mondovì, Algeria, 1913 - Sens, Francia, 1960), scrittore francese. Precocemente impegnato in un'attività politica e pubblicistica, conseguì (1936) un Diplome d'études supérieures in filosofia, con una dissertazione sui rapporti tra ellenismo e cristianesimo. Nel 1956 gli fu conferito il premio Nobel per la letteratura.

Influenzato da Nietzsche, Kierkegaard e Dostoevskij, Camus ha dato veste letteraria alle implicazioni nichilistiche dell'esistenzialismo. La peste di Algeri del romanzo *La peste* (1947) è allora l'emblema della malattia mortale che pesa su ogni destino, e il mito di Sisifo (tema dell'omonimo saggio del 1942), costretto ogni volta a sospingere un macigno, indica la vanità dei rimedi umani. Il sentimento dell'assurdo che ne risulta si trasforma in una rivolta, piuttosto etica (individuale) che politica (nel 1952 Camus ruppe con J.-P. Sartre sulla questione dello stalinismo). Tra le altre opere principali: *Il rovescio e il diritto* (1937); *Nozze* (1938); *Lo straniero* (1942); *L'uomo in rivolta* (1951); *La caduta* (1956).

Canguilhelm, Georges (Castelnaudary, Aude, 1904), epistemologo francese. Successore di G. Bachelard nella cattedra di storia e filosofia delle scienze alla Sorbona, Canguilhelm è il fondatore di un'*epistemologia storica* che ebbe largo seguito nella filosofia francese degli anni Sessanta, e in particolare nelle ricerche di M. Foucault. Egli sottolinea l'esigenza di sottrarre la storia delle scienze alla rappresentazione lineare per cui una scoperta scientifica conseguirebbe direttamente e necessariamente da quelle che l'hanno preceduta. La continuità del progresso scientifico non si pone al livello del concatenamento delle teorie, ma a quello della filiazione dei concetti: la scoperta scientifica nasce dall'aggregazione di concetti eterogenei che, non potendo essere compresi in una teoria unitaria già data, richiedono formulazioni radicalmente nuove. L'epistemologia storica studia dunque «le condizioni di apparizione dei concetti, ovvero, in definitiva, le condizioni che rendono *formulabile* il problema». Tra le sue opere: *Il normale e il patologico* (1943; 2ª ed. accresciuta, 1966); *La conoscenza della vita* (2ª ed. 1965), *Studi di filosofia delle scienze* (1968); *Introduzione alla storia delle scienze* (1970).

canone, termine che designa la lista ufficiale dei libri biblici in quanto ispirati, e quindi normativi. Per il cattolicesimo, il canone fu definito dal concilio di Trento nel 1546, in opposizione a quello più ristretto adottato dai riformatori ed escludente i libri deuterocanonici (→ Bibbia). Anche il giudaismo, che sin da epoca molto antica riconosceva la canonicità del Pentateuco, venne progressivamente formulando un canone biblico, completato dal sinodo rabbinico di Jaune (inizio del II sec, d.C.), che accettava l'ispirazione del Cantico dei Cantici, dell'Ecclesiaste e di Ester (fino allora messa in dubbio) e rifiutava i libri, in greco, già accolti dagli ebrei alessandrini. La fissazione del canone dei libri considerati ispirati determina auto-

maticamente l'ambito degli apocrifi, cioè dei libri a cui tale ispirazione non viene riconosciuta dall'autorità religiosa ufficiale.
Il termine è usato anche per il complesso di libri sacri buddhisti (Tipitaka).

canonica, per → Epicuro (cfr. *Epistole ad Erodoto*, Introd. e I), la «scienza del canone», cioè quella che ha per oggetto il criterio fondamentale del pensare e dell'agire.

Cantor, Georg (Pietroburgo 1845 - Halle 1918), matematico e logico tedesco. Nato in Russia da famiglia tedesca, si trasferì in Germania nel 1856, e studiò matematica all'università di Berlino, sotto la guida di K. Weierstrass. Dal 1872 fu professore associato di matematica a Halle, e dal 1879 ordinario nella medesima università. Nel 1872 presentò la sua teoria dei numeri irrazionali considerati come successioni fondamentali di numeri razionali. Tale teoria, pubblicata contemporaneamente a quella di R. Dedekind (peraltro fondata su basi diverse), costituisce il più importante risultato di Cantor dopo la teoria degli insiemi, di cui è il fondatore. In una successiva memoria, pubblicata nel 1874, Cantor dimostrò l'esistenza di due insiemi infiniti non «equipotenti», i numeri naturali e i numeri reali, utilizzando per la prima volta il cosiddetto procedimento diagonale per dimostrare che il continuo dei numeri reali è più che «numerabile». In seguito si diede a ricercare insiemi di «cardinalità» ancora maggiore, tentando, in particolare, di dimostrare l'impossibilità di istituire una corrispondenza biunivoca tra il continuo unidimensionale e quello bidimensionale. Nel 1877 fu costretto ad abbandonare questa ipotesi, avendo scoperto che la corrispondenza è possibile: il continuo pluridimensionale è equipotente al continuo unidimensionale. Tra il 1879 e il 1884 Cantor pubblicò le sei parti dello scritto *Sulle molteplicità lineari infinite di punti* in cui introdusse i numeri ordinali transfiniti con le loro operazioni aritmetiche, dimostrò l'esistenza di infiniti numeri cardinali transfiniti, confutò l'esistenza degli infinitesimi e criticò i filosofi finitisti, difendendo il concetto di infinito attuale. È appunto nell'introduzione in matematica di quest'ultima nozione che consiste l'importanza della teoria cantoriana degli insiemi. Questa nozione si caratterizza dicendo che è infinito un *insieme* i cui elementi stanno in corrispondenza biunivoca con gli elementi di una sua parte (cioè di un suo sottoinsieme). Esistono infiniti di ordine differente, di ordine superiore o inferiore, e il loro numero è detto da Cantor «transfinito». Tutto questo, applicato alla serie dei numeri naturali, consente di superare molti paradossi matematici.
Infine Cantor, contestando la riduzione delle procedure matematiche a operazioni psicologiche e attribuendo alle entità della matematica un'esistenza oggettiva di tipo logico, aprirà la strada ai tentativi di una completa logicizzazione della matematica a opera di G. Frege e di B. Russell.

caodaismo, religione fondata dal vietnamita Ngo Van Chien tra il 1919 e il 1925 e proclamata ufficialmente nel 1926 con l'elezione del primo «papa» Le Van Trung. Il caodaismo è una religione a base teosofica, fortemente sincretistica: mediante la pratica dello spiritismo, essa tenta di fondere le quattro grandi religioni presenti nella penisola indocinese, buddhismo, taoismo, confucianesimo, cattolicesimo. Il caodaismo riconosce nel dio Cao-Dai («Grande palazzo», titolo dell'Essere Supremo) la fonte della rivelazione e professa la dottrina della reincarnazione. Il rituale, officiato da sacerdoti e sacerdotesse (vi sono anche vescovi, arcivescovi e cardinali di ambo i sessi), è molto ricco; vi predomina la figura del *medium*, il quale, durante la *trance*, si mette in contatto col dio e con i grandi spiriti (che sono di origine disparatissima: il poeta cinese Li Po, Victor Hugo, Giovanna d'Arco ecc.). Diffuso soprattutto nel Vietnam del Sud, il caodaismo, al momento della fine della guerra del Vietnam, contava circa due milioni di fedeli e una notevole organizzazione, scuole, ospedali e un esercito proprio, facente capo al «pontefice» che risiedeva a Tay Ninh.

Caos, nella *Teogonia* di Esiodo, la personificazione del vuoto primordiale che precede la creazione e il cosmo (in gr. *cháos*, apertura, voragine); poi, col nascere di Gea, Tartaro, Eros, ha inizio il processo generativo che dà origine alle varie divinità: da Caos nascono Erebo e la Notte, che generano Emera (il giorno) ed Etere (luce del cielo). Per Platone, nel *Timeo*, il caos è il «ricettacolo» della materia informe che è all'origine del mondo; con la sua azione, il → demiurgo plasma la materia e trasforma il caos in un universo ordinato, il cosmo.

Capitini, Aldo (Perugia 1899-1968), pedagogista italiano. Professore di pedagogia nelle università di Cagliari e Perugia, fu sostenitore della libertà e della coscienza individuali contro ogni forma di autorità istituzionalizzata. Secondo Capitini, la liberazione dell'individuo dai limiti e dalle chiusure impostigli deve essere perseguita come conquista personale perennemente rinnovata. Riprese la teoria gandhiana della educazione alla non-violenza, precisata non come passiva rassegnazione, ma come strumento per combattere l'altrui violenza. Più volte imprigionato durante il fascismo per le sue idee, fu tra gli elaboratori delle tesi economico-sociali del Partito d'azione. Tra i suoi scritti: *L'atto di educare* (1951) e *Religione aperta* (1955). Molti suoi saggi pedagogici sono raccolti in due volumi intitolati *Educazione aperta* (1967-68).

Capponi, Gino (Firenze 1792-1876), pedagogista e storico italiano. Fu uno dei principali esponenti del cattolicesimo liberale dell'Ottocento. Collaborò alle principali iniziative riformistiche prese dai liberali toscani in campo culturale, economico, educativo, filantropico, partecipando attivamente alla vita politica del tempo. La sua vasta, seppur frammentaria, produzione comprende vari scritti storici (*Storia della repubblica di Firenze*, 1875), nei quali ricorre il motivo della funzione positiva svolta dal papato nella storia d'Italia, e il più famoso *Pensieri sull'educazione* (1845), in cui Capponi sostiene che la vera educazione è quella che si realizza nell'ambiente sociale quando questo, per la presenza unificatrice di un principio o «pensiero dominante», diventa un organismo unitario, ricco di vita etico-religiosa capace di alimentare l'animo del fanciullo.

capro espiatorio, → espiazione.

Carabellese, Pantaleo (Molfetta 1877 - Genova 1948), filosofo italiano. Insegnò all'università di Palermo e a quella di Roma, dove succedette a G. Gentile nella cattedra di filosofia teoretica. La dottrina originale di Carabellese deriva da una sintesi di elementi desunti da Kant e da Rosmini, e si definisce come «ontologismo critico»: «ontologismo», in quanto il problema fondamentale che essa si pone è quello dell'essere; «critico», in quanto l'essere non vi è pensato come oggetto posto di fronte all'attività razionale, ma come ciò che ne costituisce la sostanza stessa. Affermando che l'essere «sostanzia» il pensiero, Carabellese intendeva opporsi all'autofondazione idealistica del pensiero, e riaffermare l'implicazione kantiana tra soggetto e oggetto, accentuandone il lato oggettivo. Il pensiero non può prodursi se non nell'atto della relazione conoscitiva; deve dunque preesistergli un oggetto assoluto (da Carabellese identificato con Dio) che fondi la relazione stessa e ne determini la natura. Opere principali: *L'Essere e il problema religioso* (1914); *Critica del concreto. Primi saggi d'ontologismo critico* (1921); *Il problema teologico come filosofia* (1931).

caraiti, movimento separatista ebraico che riconosce solo la Legge scritta (Torah o Pentateuco) e nega ogni valore a tutto l'insegnamento della Legge orale, raccolta nella Mishnah e nel Talmud. Venne fondato verso il 765 d.C., in seguito a questioni sorte per la nomina di un nuovo esilarca (capo degli ebrei di Babilonia), da Anan ben David. Egli sostenne che la Bibbia (in ebraico *Miqra'*, donde il nome della setta, che si può tradurre con «biblisti» o «seguaci della Bibbia») va studiata indipendentemente da ogni tradizione per giungere a comprenderne l'autentico significato. Questo orientamento portò a interpretazioni letteralistiche restrittive e quindi a un appesantimento nell'applicazione di molte norme (per es. quelle del sabato, dei matrimoni proibiti, dei cibi proibiti), che il giudaismo rabbinico mirava invece a inquadrare in un'osservanza religiosa più concreta e attualizzata. Il movimento valse tuttavia a stimolare un'esegesi più precisa (i codici biblici più corretti sono opera di caraiti) e a favorire la ricerca linguistica, anche da parte degli stessi «rabbaniti» (gli ebrei seguaci dell'ortodossia rabbinica). Anan compose il *Libro dei precetti*, di cui rimangono ampi frammenti; opera analoga è quella di Benjamin ben Mosheh ah-Nahawandi (sec. IX), uno dei maggiori maestri del caraismo, che da lui ebbe il nome attuale. Va ricordato il *Libro delle luci* di Ja'qub al-Qarqasani (sec. X), che codifica i precetti biblici ed è fonte importante per la storia delle sette giudaiche del tempo. Il movimento caraita si diffuse un po' dovunque e sopravvive tuttora, benché in misura ridotta.

caratteriale, in psicologia, il bambino o il preadolescente che presenta anomalie comportamentali (eccessiva irrequietezza, continua tendenza alla fuga dall'ambiente familiare e dall'ambiente scolastico ecc.) tipicamente associate a un quoziente intellettivo (Q.I.) normale o superiore alla media.

caratteristica universale, → ars combinatoria.

caratterologia, disciplina che studia il carattere umano, inteso come l'insieme delle disposizioni psichiche congenite di ciascun individuo. Postulando che i tratti del carattere presentino variazioni regolari e continue, e isolando per ciascun tratto i due poli estremi di questa distribuzione (per es. «emotivo - non emotivo»), i caratterologi classificano quantitativamente ciascun individuo. Il più noto dei sistemi caratterologici, e il più utilizzato (per es. in campo educativo), è quello di G. Heymans e E.D. Wiersma, diffuso in Francia da R. Le Senne. Disciplina tipicamente europea e soprattutto tedesca, la caratterologia, privilegiando di gran lunga i fattori congeniti rispetto a quelli ambientali e acquisiti della condotta umana, si pone agli antipodi dei sistemi psicologici anglosassoni, e in particolare del comportamentismo.

Cardano, Girolamo (Pavia 1501 o 1506 - Roma 1576), filosofo e scienziato italiano. Addottoratosi in medicina a Padova nel 1526, insegnò matematica a Milano a partire dal 1534 praticando nel contempo la professione di medico. Dal 1547 al 1551 insegnò medicina nell'università di Pavia, e dal 1562 in quella di Bologna. Trasferitosi nel 1571 a Roma, dove ottenne un vitalizio dal papa, vi trascorse gli ultimi anni.

Cardano incarna, sia pure in dimensioni ridotte rispetto ad altre grandi figure del rinascimento, l'ideale dell'«uomo universale» che estende la propria indagine a tutti i campi dello scibile. Nella sua vasta opera (*Opera omnia*, 10 voll. pubblicati a Lione nel 1663) egli passa infatti dalla metafisica alla medicina, dalle scienze della natura alla matematica, dall'astronomia alle scienze occulte e alla tecnologia (a lui si de-

ve l'invenzione del cosiddetto giunto cardanico). Le due opere principali di Cardano — il *De subtilitate* (1547), in cui tratta «dei principi delle cose naturali e artificiali», e il *De rerum varietate* (1557), in cui tratta «di tutto l'universo e delle sue parti» — sono ampie raccolte di osservazioni empiriche e di elucubrazioni occultistiche. Sullo sfondo di una concezione neoplatonica del mondo, armonicamente connesso in un tutto dall'Uno di cui è partecipazione, Cardano passa in rassegna gli occulti nessi di simpatia e di antipatia che legano magicamente fra di loro le cose, e di cui la sua «magia naturale» intende fornire la scienza. Particolare rilievo ha nel suo pensiero la matematica, che, per essere costruzione della mente umana, garantisce un sapere di gran lunga più certo di quello fornito dalla conoscenza sensibile; ma questa esaltazione della matematica (nel suo *Artis magnae, sive de regulis algebraicis* [sic!] *liber unus*, 1545, Cardano fornì la soluzione delle equazioni di quarto grado, peraltro scoperta dal suo allievo L. Ferrari) non si traduce ancora in quella matematizzazione della ricerca scientifica da cui nascerà la scienza moderna.
Un anno prima della morte Cardano diede alle stampe la sua autobiografia (*De vita propria*, 1575), opera di notevole valore letterario e documento di grande interesse sulla cultura del rinascimento italiano.

carisma, nel linguaggio teologico cristiano, dono speciale (in gr. *chárisma*, dono di grazia) elargito dallo Spirito Santo ai fedeli di ogni ordine: in esso il Nuovo Testamento riconosce la ricchezza dello spirito di Dio, sempre operante nella chiesa. Tra i carismi sono menzionati negli scritti apostolici: la profezia, il potere di fare miracoli, il discernimento degli spiriti, le particolari doti per la guida della comunità, il dono delle lingue o glossolalia ecc. Secondo l'espressione paolina (1 Corinti 12, 7 sgg.) il carisma è dato al singolo per il bene di tutta la comunità ecclesiale e raggiunge pienamente il suo scopo in rapporto alla interiore disponibilità e docilità del carismatico. Il giudizio sull'autenticità dei carismi appartiene però, secondo san Paolo, all'autorità della chiesa, cui spetta soprattutto il compito di «non estinguere lo spirito, non disprezzare le profezie, ma di esaminare tutto e di ritenere ciò che è buono» (1 Tessalonicesi 5, 19-21).

carismatici, altra denominazione dei neopentecostali cattolici (→ pentecostalismo).

Carlostadio, Andrea, nome umanistico italianizzato di Andreas Rudolf Bodenstein (Karlstadt 1480 ca - Basilea 1541), riformatore tedesco. Di formazione tomistica, canonico e docente dal 1504 all'università di Wittenberg, subì l'influsso dell'umanesimo teologico misticheggiante di Lutero e della più radicale teologia zwingliana. Durante l'assenza di Lutero da Wittenberg ottenne l'abolizione del celibato dei preti e dei voti monastici, della confessione auricolare, del canone della messa, delle immagini. Le tesi di Carlostadio sono esposte nello scritto *Dell'abbattimento delle immagini* (1523), in cui egli teorizza appunto la necessità della distruzione delle immagini dei santi e propone un nuovo ordinamento del culto incentrato sulla predicazione in volgare. Lutero gli rispose polemicamente con l'opuscolo *Contro i profeti celesti* (1524). Dal punto di vista teologico il motivo principale di rottura fra i due fu costituito dal rifiuto di Carlostadio di condividere la tesi della presenza reale di Cristo nell'eucaristia, accettata da Lutero. Espulso dalla Sassonia su richiesta di Lutero, prima si unì agli anabattisti di M. Hoffmann nella Germania del nord, poi si rifugiò in Svizzera, dove insegnò all'università di Basilea (1534).

Carlyle, Thomas (Ecclefechan, Dumfries, 1795 - Chelsea, Londra, 1881), storico e saggista scozzese. Nato da una famiglia di contadini calvinisti, dopo studi di filosofia e di letteratura fu dal 1865 rettore dell'università di Edimburgo. Il pensiero di Carlyle, ispirato all'idealismo tedesco e al rigorismo calvinista, costituì una reazione spiritualistica contro l'imperante utilitarismo positivistico e l'esaltazione del progresso. Per Carlyle la storia non è né l'esito di un'aggregazione meccanicistica degli eventi, né il dispiegamento di una ragione teleologica, ma è mossa dall'energia spirituale di forti personalità individuali, gli eroi, che imprimono un nuovo corso al destino di una nazione (Cromwell in Inghilterra, Federico il Grande in Prussia, Napoleone in Francia ecc.). Piuttosto che alla ricostruzione dei fatti l'indagine di Carlyle mira dunque alla loro interpretazione alla luce di una visione mistica e volontaristica del destino umano. In politica Carlyle fu fautore di un governo autoritario. Opere principali: *Sartor Resartus* (1833-34); *La rivoluzione francese* (3 voll., 1837); *Gli eroi, il mito degli eroi e l'eroico nella storia* (1841); *Passato e presente* (1843); *Storia di Federico il Grande* (6 voll., 1858-65).

Carnap, Rudolf (Ronsdorf, presso Wuppertal, 1891 - Santa Monica, California, 1970), filosofo tedesco. Allievo di G. Frege a Jena, conseguì il dottorato con una tesi sul problema dello spazio. Dal 1926 a Vienna partecipò alle discussioni del circolo di → Vienna. Fondata con H. Reichenbach la rivista teorica del gruppo viennese «Erkenntnis», nel '35, all'avvento del nazismo, si trasferì negli Stati Uniti, a Chicago e poi a Los Angeles, dove partecipò con O. Neurath e Ch. Morris all'edizione della → *International Encyclopedia of Unified Science*. In *La costruzione logica del mondo* (1928), si propose di ricostruire il processo attraverso cui il soggetto conoscente costituisce il mondo esterno a partire da semplici elementi primitivi. Sotto l'influsso di E. Mach e della psicologia della forma, questi sono concepiti come dati elementari, costituiti da esperienze istantanee globali del soggetto conoscente. Abbandonata dopo pochi anni questa forma di riduzionismo fenomenistico, aderì al fisicalismo di → Neurath. Del 1934 è *La sintassi logica del linguaggio*, opera in cui Carnap sistematizza e sviluppa le teorie logiche di D. Hilbert, A. Tarski, K. Gödel, e afferma «il principio di tolleranza» o «della convenzionalità delle forme linguistiche», secondo cui il compito della filosofia non è vietare questa o quella forma linguistica o principio logico, ma imporre a ciascun ricercatore di esplicitare le scelte (linguistiche, logiche e concettuali) che stanno alla base della propria pratica di ricerca. Queste scelte non sono argomentabili filosoficamente, ma sono puramente convenzionali. Il principio di tolleranza, per Carnap, era una mossa polemica nei confronti di Wittgenstein (*Tractatus*) e di L. → Brouwer, che ritenevano invece di poter argomentare la superiorità intrinseca di certe scelte logiche e linguistiche. Carnap sosteneva inoltre la riducibilità della logica alla sintassi del linguaggio scientifico, in quanto le nozioni centrali della logica (derivabilità, dimostrabilità ecc.) sono del tutto caratterizzabili in termini sintattici. Per Carnap i problemi filosofici tradizionali vertono sul linguaggio e vanno formulati in termini metalinguistici. La metafisica, quando non nasce dallo scambiare per questioni fattuali quelli che sono problemi di scelta tra linguaggi (essendo dunque vana, perché, per il principio di tolleranza, è filosoficamente indifferente quale linguaggio si usi), è un insieme di pseudoproblemi, che si esprimono in formulazioni prive di significato empirico.

Poco prima di trasferirsi negli Stati Uniti, Carnap rivede profondamente i presupposti teorici del circolo di Vienna iniziando quello che è chiamato «processo di liberalizzazione dell'empirismo»: riconoscendo che leggi ed enunciati osservativi sono di carattere ipotetico, arriva a dubitare del principio di verificazione come criterio di significanza empirica degli enunciati, rinunciando alla tesi che i concetti scientifici siano completamente definibili in termini empirici. In America si occupa di semantica fondandosi sulla definizione di verità di Tarski. In *Introduzione alla semantica* (1942) e *Formalizzazione della logica* (1943) cerca di distinguere tra verità di fatto e verità logiche per definire in termini di verità nozioni primarie della logica.

Nel 1947, con *Significato e necessità*, Carnap dà un contributo fondamentale alla nascita della logica modale (→ modalità) e della semantica dei → mondi possibili. Nella stessa opera e in articoli successivi (tra cui *Postulati di significato*, 1954), in seguito ripubblicati come appendici di *Significato e necessità*, Carnap discute molti problemi di semantica delle lingue naturali (sinonimia, contesti di → credenza, significato lessicale) che sono tuttora al centro della discussione in filosofia del → linguaggio, introducendo concetti come quelli di → estensione e intensione.

Nell'ultima fase della sua vita Carnap si occupò soprattutto di teoria della probabilità e dell'induzione, esaminando nei *Fondamenti logici della probabilità* (1950) la nozione di inferenza induttiva, volta a determinare il grado di conferma dell'enunciato inferito. Tale grado di conferma di un'ipotesi sulla base di certe premesse non è altro che la probabilità, che dunque è relazione logica tra gli enunciati. Con J.M. Keynes e L. Wittgenstein, Carnap fonda così una teoria della probabilità come relazione logica tra enunciati oggettivi considerando i teoremi della logica induttiva come analitici.

Carneade (Cirene 219 - Atene 129 a.C.), filosofo greco. Fu attivo ad Atene, dove diresse l'Accademia. Non ha lasciato alcuno scritto: il suo pensiero ci è pervenuto attraverso le testimonianze trasmesse da Cicerone e Sesto Empirico. Polemizzò con lo stoicismo (in particolare con le concezioni di Crisippo), criticandone sia la dottrina della conoscenza sensibile, sia gli argomenti a favore dell'esistenza di Dio (la provvidenza e la divinazione), sia la pretesa di determinare in modo univoco il bene supremo dell'uomo. Nel suo intento di combattere ogni impostazione dogmatica, Carneade afferma che non è possibile essere certi di nulla; egli propone tuttavia un superamento dello scetticismo radicale, sostenendo la possibilità di operare delle scelte in base al grado di probabilità offerto dall'esperienza. Carneade distingue tre gradi: il primo è la rappresentazione persuasiva semplice, quando diverse soluzioni godono delle medesime probabilità; il secondo è la rappresentazione persuasiva non contraddetta da alcuna contraria; il terzo è la rappresentazione persuasiva che, non essendo contraddetta da alcuna contraria, sia stata oggetto di un esame particolare.

cartesianismo, o cartesianesimo, termine con cui si designa sia l'insieme dei pensatori che nella seconda metà del Seicento e nella prima metà del Settecento si richiamarono più da vicino al pensiero cartesiano, sia l'insieme delle tesi caratterizzanti la filosofia di Cartesio e dei suoi seguaci. La diffusione europea della dottrina cartesiana cominciò dall'Olanda, dove Cartesio era vissuto negli ultimi vent'anni della sua vita. Il primo discepolo, H. Le Roy, o Regius (1599-1679), professore a Utrecht, venne tuttavia sconfessato dal maestro per il naturalismo che ispirava i suoi *Fondamenti della fisica* (1646). Anche se fra polemiche e non senza contaminazioni con la tradizione aristotelica, le dottrine di Cartesio penetrarono profondamente nelle università, ad opera di scienziati, filosofi e teologi. Il maggior rappresentante del cartesianismo olandese fu A. Geulincx; ma dalla fisica di Cartesio prese le mosse anche il grande scienziato Chr. Huygens (1629-1695), che successivamente se ne allontanò in più punti. A differenza che in Olanda, negli altri paesi il cartesianismo non ebbe accesso nelle università, roccaforti della tradizione, e incontrò resistenze e difficoltà da parte delle autorità civili e religiose (del 1663 è la condanna decretata dalla congregazione dell'Indice).

In Francia, i primi discepoli di Cartesio curarono la pubblicazione delle lettere del maestro e di alcune opere che erano rimaste inedite, a cominciare dai due trattati *Il mondo* e *L'uomo*; e ne raccomandarono la dottrina come il miglior sostegno del cristianesimo, presentandola nel solco della tradizione agostiniana. La questione filosofica su cui si concentrò l'interesse fu quella del rapporto reciproco fra l'anima e il corpo dell'uomo. Mentre per Cartesio esso era attestato direttamente dall'esperienza, nonostante l'eterogeneità di essenza fra la sostanza pensante e la sostanza estesa, per i suoi discepoli siffatta eterogeneità rendeva incomprensibile che esse potessero interagire; e la dottrina a cui tutti ricorsero, per risolvere questo problema, fu l'→ occasionalismo. Contemporaneamente a Geulincx, la sostennero tanto L. de La Forge, nel *Trattato dello spirito dell'uomo* (1666), quanto G. de Cordemoy, in *La distinzione dell'anima e del corpo* (1666); ma, a differenza di de La Forge, de Cordemoy estende l'occasionalismo anche al rapporto fra i corpi materiali; e da lui lo deriverà Malebranche. All'interno del giansenismo, al pensiero di Cartesio si rifece la corrente che rifiutava di annullare completamente la ragione umana di fronte alla fede, con A. Arnauld e P. Nicole. Contemporaneamente, negli ambienti laici aveva successo particolarmente la fisica di Cartesio, con il *Trattato di fisica* (1671) di J. Rouhault, destinato a grande fortuna. Negando il nesso che in Cartesio faceva dipendere la fisica dalla metafisica, Rouhault proponeva una metodologia sperimentale, fondata sulla verosimiglianza delle ipotesi che riescano a spiegare i fenomeni; e così poteva integrare nella fisica del maestro le scoperte scientifiche contemporanee. Analogamente procederà P.-S. Régis, il quale riesporrà tutt'intero il pensiero di Cartesio nel *Sistema di filosofia* (1690), suddiviso in Logica, Metafisica, Fisica e Morale. Nel frattempo la fisica cartesiana aveva trovato una presentazione letterariamente assai brillante, in uno spirito naturalistico e libertino, nelle *Conversazioni sulla pluralità dei mondi* (1686) di B. de Fontenelle. Ma nella prima metà del sec. XVIII il cartesianismo verrà sopraffatto, anche in Francia, dalla diffusione del newtonianesimo. In Italia, il cartesianismo penetrò soprattutto a Napoli, nel solco della tradizione galileiana, e in connessione con l'atomismo rinnovato da P. Gassendi; particolarmente ad opera di T. Cornelio (1614-1686) e Leonardo di Capua (1617-1695). L'opera più importante prodotta dalla convergenza di galileismo e cartesianismo fu il *De motu animalium* di G.A. Borelli (1608-1679), pubblicato postumo nel 1681. Tra la fine del sec. XVII e l'inizio del XVIII il cartesianismo fu professato a Roma, Modena e Padova da M. Fardella (1650-1718), ma ormai nello spirito di Malebranche. La reazione contro Cartesio è rappresentata, in Italia, da G.B. Vico.

Cartesio, nome umanistico italianizzato di René Descartes (La Haye, Touraine, 1596 - Stoccolma 1650), scienziato e filosofo francese. Di famiglia appartenente alla piccola nobiltà, compì regolari studi letterari e filosofici nel rinomato collegio gesuitico di La Flèche; poi studiò diritto a Poitiers. Col 1618 iniziava per Cartesio un periodo inquieto di viaggi nell'Europa insanguinata dalla guerra dei trent'anni. In Olanda (1618) si arruola nell'esercito protestante di Maurizio di Nassau, principe d'Orange. Nel 1619 attraversa la Danimarca e la Germania; è a Francoforte per l'incoronazione dell'imperatore Ferdinando II. Si arruola nell'esercito cattolico del duca di Baviera. In novembre presso Ulm conosce una notte di entusiasmo, di sogni esaltanti e rivelatori, in cui prendono forma le prime intuizioni di una nuova logica (l'*inventum mirabile*), capace di fondare una scienza universale. La sua vocazione intellettuale si è intanto precisata, ed egli abbandona la vita militare (1620). Nel 1622 regola la situazione patrimoniale e scopre di avere denaro sufficiente per dedicarsi esclusivamente ai propri studi e ai propri interessi. Del 1623-25 è il viaggio in Italia. Tornato in Francia (1625), conduce una vita mondana e di ricerca scientifica. Nel 1627 un colloquio avuto con il cardinale Bérulle rafforza la sua decisione di consacrarsi alla ricerca filosofica. Il periodo dei viaggi si conclude con il ritiro in Olanda (1629), dove egli rimarrà fino al 1649, quando accetterà l'invito della regina Cristina a trasferirsi in Svezia.

L'esperienza della filosofia tradizionale, compiuta sui manuali di orientamento tomistico studiati in collegio, condizionò per contrasto tutta la sua attività intellettuale. Al precoce rifiuto del verbalismo scolastico seguì presto la ricerca di un sapere fondato sul modello della conoscenza matematica e poi, sempre più, l'ambizione a una sintesi filosofica, che, alternativa rispetto alla scolastica, fornisse un quadro sistematico altrettanto comprensivo e definitivo. I momenti decisivi di questo percorso furono due: il primo nel 1618-19, quando, sollecitato dall'incontro con I. Beeckman, matematico e fisico olandese d'ispirazione galileiana, abbandonò la tentazione di rivolgersi a quell'occultismo di derivazione rinascimentale nel quale invece, da allora in poi, individuerà l'altro avversario da combattere; il secondo nel 1628-29, quando trovò il fondamento metafisico che gli consentì di passare dalle ricerche di geometria e di fisica coltivate fin allora alla sistemazione filosofica, alla fondazione della fisica sulla metafisica attraverso la deduzione a priori delle leggi fondamentali della natura da un attributo di Dio, quale l'immutabilità dell'azione divina. Al decennio che così si concludeva risale il geniale contributo matematico di Cartesio, con l'elaborazione della geometria analitica, la quale, consentendo la riduzione dei problemi geometrici a equazioni algebriche, comportava una grande universalizzazione e quindi semplificazione dei problemi.

• *Regole per la direzione dell'intelligenza.* La tensione verso la riduzione del molteplice e del diverso alle strutture formali semplici che si nascondono dietro l'apparente diversità materiale è un asse portante del pensiero di Cartesio, e diviene esplicita nel trattato metodologico incompiuto del 1628, le *Regulae ad directionem ingenii.* Si tratta di 21 norme di diseguale importanza: alcune sono relative a tecniche per l'uso e l'addestramento dell'intelligenza; altre concernono tecniche di simbolizzazione del linguaggio e matematizzazione di problemi di ordine fisico e, in generale, strumenti di analisi e scomposizione onde rendere solubili problemi complessi, evitando risposte opinabili e non riconducibili a qualcosa di immediatamente intuitivo ed evidente. Con quest'opera Cartesio impostava per la prima volta il problema dell'analisi della conoscenza e dei mezzi atti a garantirle il carattere di assolutezza e indipendenza dall'esperienza. Il che egli realizzò con la formulazione d'una teoria innatistica: quelle idee (e le «connessioni necessarie» fra di esse) che gli uomini trovano con la pura ragione, senza l'intervento dei sensi e dell'immaginazione, non vengono derivate dall'esterno né costruite convenzionalmente, bensì scoperte intuitivamente, apprese in una sorta di illuminazione intellettuale, costituendo la struttura logica che Dio ha voluto imporre alla mente delle sue creature dotate d'intelligenza. Così diventava possibile costruire un vero e proprio «sistema del mondo», suscettibile di essere sviluppato fin nei minimi particolari, con la spiegazione di tutti i fenomeni rilevanti dell'universo, compresi quelli biologici.

Il progetto di iniziare intanto con l'esposizione pubblica della fisica venne portato a buon punto con la stesura dell'opera nota come *Il mondo* o *Trattato sulla luce,* comprendente anche la parte che in occasione della pubblicazione postuma verrà intitolata *L'uomo.* In contrasto col finalismo tradizionale, vi è presentata, seppure in via di mera ipotesi, come in una «favola», la possibile formazione meccanica del cosmo quale noi lo conosciamo, a partire da uno stato iniziale di caos (particelle di materia dalle forme e grandezze le più diverse, agitate da movimenti nelle direzioni più diverse), unicamente in virtù delle leggi generali della natura: principio di inerzia, leggi della comunicazione del movimento ecc. Come interpretazione fisica della nuova astronomia eliocentrica, Cartesio elabora la teoria dei «vortici» di materia eterea, al centro dei quali ruoterebbero stelle e pianeti; ed essa implica le tesi dell'impossibilità del vuoto e dell'infinità («indefinitezza») del mondo (come già aveva sostenuto Giordano Bruno). Newton, nel confutare questa teoria, formulò anche l'antitesi metodologica nella celebre frase: «Ypotheses non fingo». Ma Cartesio con ciò dava unità e sistematicità all'universo, unificandolo tutto sotto l'ipotesi del meccanicismo, definito dalla riduzione di tutti i fenomeni naturali a due soli parametri: materia e movimento locale.

Ma nel 1633 intervenne la condanna di Galileo a interrompere bruscamente il progetto: una grossa crisi per Cartesio, che, di temperamento alquanto timoroso, riteneva d'altronde l'eliocentrismo un punto essenziale della sua fisica. In seguito aggirerà l'ostacolo con aggiustamenti più che altro verbali; ma intanto ripiegò sulla pubblicazione, nel 1637, di tre saggi scientifici, *Diottrica, Meteore* e *Geometria,* facendoli però precedere dal *Discorso sul metodo,* che, nella forma di un'autobiografia intellettuale idealizzata, forniva un'esposizione pressoché completa, seppure sommaria e in tono divulgativo, della sua filosofia, e la raccomandava anche nella prospettiva dei benefici che l'adozione di essa avrebbe recato alla vita pratica degli uomini, con lo sviluppo delle arti meccaniche e della medicina che sarebbe stato promosso dalla nuova scienza della natura.

• *Discorso sul metodo.* Il discorso si divide in sei parti, la prima delle quali espone le ragioni della necessità del metodo, dal momento che la scienza esige solo una normale intelligenza purché applicata con buon senso; di questo metodo sono esposte nella seconda parte le regole principali: l'evidenza, la scomposizione, l'ordine (dal più semplice verso il più complesso), l'enumerazione. La terza parte espone i principi di una «morale provvisoria» la cui formulazione si giustifica con la necessità di cercarsi, come dice Cartesio, un alloggio temporaneo in cui abitare nell'attesa che gli operai abbiano abbattuto la vecchia casa e ne abbiano costruito una nuova: in questa precisa prospettiva, le norme che Cartesio enuncia perdono in parte quel carattere opportunistico che potrebbe apparire in esse implicito (obbedire alle leggi e ai costumi vigenti, allinearsi alle opinioni più moderate, modificare piuttosto se stessi che non pensare di modificare il mondo esterno). Nella quarta parte il dubbio sistematico ha come conseguenza certa l'affermazione della prima delle verità: l'io pensante. È il celebre «penso, dunque sono», il «cogito, ergo sum» che costituirà l'argomento centrale della seconda delle *Meditazioni*. Nella quinta parte sono esposte alcune teorie fisiche e biologiche e viene altresì ribadita la differenza radicale tra uomo e animale, costituita dall'anima, che appartiene solo all'uomo e si manifesta col linguaggio. L'ultima parte contiene un'appassionata difesa della scienza, e l'autore vi dichiara l'intenzione di consacrarle l'intera sua esistenza.

• *Meditazioni metafisiche*. Successivamente Cartesio si dedicò alla pubblicazione di opere rivolte ai dotti, nell'intento di raggiungere un successo ufficiale che peraltro non giunse mai: nel 1641 le *Meditationes de prima philosophia* e nel 1644 i *Principia philosophiae*, che contengono un riassunto dell'opera precedente e l'esposizione complessiva della fisica.

Sulla certezza originaria del pensiero di fronte a se stesso poggia l'avvio della ricerca metafisica di Cartesio. È giustificato, anche se artificioso, un dubbio radicale, che rinnovi e aggravi le argomentazioni degli scettici, sulla verità e sulla realtà di tutto quanto solitamente gli uomini ritengono vero e reale nella vita quotidiana: che non esista realmente nulla di quel che vediamo, tocchiamo ecc., come se la vita fosse solo un lungo sogno, e che ci s'inganni sistematicamente e irrimediabilmente anche quando si ritiene certa la verità d'un teorema ben dimostrato (*Meditationes*, 1). Ma c'è qualcosa che, in questa stessa esperienza del dubbio metafisico, necessariamente si sottrae a esso, e che anzi s'impone proprio allorché si sia arrivati a revocare ogni altra certezza: la certezza che almeno esisto io, che dubito, cioè penso (il dubitare essendo ovviamente un modo del pensare). È una connessione necessaria: «cogito, ergo sum» (se penso, allora esisto); e questa scoperta consente di cominciare a risalire la china, in direzione di altre esistenze, come quella di Dio e quella del mondo materiale, e di altre verità, come quelle matematiche e in genere innate. Per un verso, infatti, la scoperta compiuta si presenta come il modello stesso d'ogni conoscenza certa, in quanto dotata del crisma di una «evidenza» assoluta, trattandosi di una verità che ci s'impone, costringendoci a riconoscerla, nonostante ogni sforzo che si faccia per dubitarne. Mentre il dubbio è infatti un'operazione volontaria, la resistenza che una conoscenza oppone al dubbio è il segno della sua verità, tale che il nostro arbitrio non può nulla su di essa (*Meditationes*, 2). L'aspetto attivo del pensiero umano è nella «ricerca della verità», la quale, come mostra la stessa storia del pensiero (secondo Cartesio, quasi soltanto una sequela di errori), richiede il maggiore impegno intellettuale e morale, e in primo luogo l'abbandono di ogni certezza spontanea e di ogni sapere ricevuto («pregiudizi»); ma allorché si pervenga infine alla scoperta della verità, è questa che s'impone all'intelletto dell'uomo, che di fronte a essa è quindi passivo, ed è costretto all'assenso. Il problema che si pone ora è di giustificare il passaggio dal piano psicologico del sentimento di evidenza al piano ontologico della «verità». Cartesio lo risolve ricorrendo a Dio, in quanto necessariamente verace per la sua stessa essenza: un essere onnipotente che però ingannasse le sue creature, anche solo tollerando che esse fossero inevitabilmente portate ad assentire a delle falsità senza alcuna possibilità d'accorgersene e di correggersi, non sarebbe santo, e perciò non sarebbe Dio. E anche all'idea di Dio e alla dimostrazione della sua esistenza si perviene, nell'itinerario della meditazione metafisica cartesiana, a partire dalla scoperta che l'uomo fa della propria esistenza, di se stesso come ente che pensa. Infatti, allorché mi scopro come pensante in quanto dubitante, mi comprendo subito come imperfetto, limitato per mia natura, giacché lo stato del dubbio indica una carenza: un essere perfetto certamente non dubiterebbe mai di alcunché. Ma, per pensarmi come imperfetto, è necessario che almeno implicitamente mi paragoni al modello della perfezione stessa; e quest'idea della perfezione, incalza Cartesio, non può essere prodotta arbitrariamente da me. Tutte le idee degli uomini hanno un contenuto peculiare (ciò che esse rappresentano alla mente), in virtù del quale si distinguono l'una dall'altra; e così richiedono una spiegazione della loro origine, cioè una causa adeguata. Ora, delle idee sensibili (colori, odori ecc.) è ben possibile che siano causa gli oggetti esterni (ove esistano realmente, come si verrà a dimostrare a conclusione delle *Meditationes*); di alcune idee, poi, siamo senz'altro autori noi stessi, con la nostra immaginazione; ma esistono altre idee ancora, quelle «innate», che non possono avere per causa se non il creatore, e fra queste in particolare quella che rappresenta alla mente umana l'insieme di tutte le perfezioni possibili (*Meditationes*, 3).

Siffatta via d'accesso a Dio è essenziale per assicurare subito, quale corollario della sua perfezione, l'attributo della sua veracità, e su questa base ricostruire la conoscenza umana; ne seguono infatti le dimostrazioni della verità intrinseca delle conoscenze matematiche, della distinzione reale (indipendenza e autosufficienza reciproca) fra l'anima e il corpo, e finalmente dell'esistenza reale delle cose materiali al di fuori di noi, dimostrazioni tutte fondate sull'unico argomento che, in caso contrario, Dio c'ingannerebbe (*Meditationes*, 5 e 6). La quarta meditazione parte dall'aporia classica (dal *Teeteto* di Platone in poi) intorno alla natura dell'errore, come cioè l'errore possa essere reale e in che maniera si rapporti al conoscere. Cartesio risolve la difficoltà addossando l'errore alla volontà e allo squilibrato rapporto tra volontà (illimitata) e intelletto (limitato) e riducendo l'errore, come il peccato, a una sorta di privazione, sulle orme di Agostino. Nella sesta meditazione, Cartesio fa dipendere ogni nostra conoscenza dei corpi in generale dalle idee chiare e distinte che di essi possediamo, anche se della loro esistenza ci fanno certi le facoltà del sentire e dell'immaginare, completamente distinte da quella del pensare, dunque derivate da qualcosa di diverso dall'anima, cioè dal nostro corpo.

Su molti punti della metafisica di Cartesio furono subito sollevate difficoltà assai rilevanti, da parte di vari autori, Gassendi, Hobbes, Arnauld e Mersenne (raccolte nelle *Obiezioni* in appendice alle *Meditationes* insieme alle *Risposte* di Cartesio): il passaggio, dato per scontato, dall'attività del pensare («io penso») alla sostanza «anima», e quello dall'«idea» di perfezione all'esistenza dell'Essere perfetto; la circolarità che sembra instaurarsi fra questa dimostrazione dell'esistenza di Dio, attraverso la pretesa evidenza relativa all'unica origine possibile dell'idea di perfezione, da una parte, e, poi, la fondazione della verità oggettiva di ogni evidenza proprio su un attributo di Dio; e così via. Ancor oggi si discute, inoltre, sul senso complessivo della metafisica di Cartesio, considerata di volta in volta origine dello spiritualismo cristiano moderno, con un rinnovamento della tradizione agostiniana nell'epoca della nuova scienza della natura (anche se Cartesio interpretava le somiglianze con Agostino solo come felici coincidenze); oppure costruzione dogmatica, piena di residui scolastici nonostante le intenzioni dell'autore, come giudicarono Hobbes e Gassendi e poi gli illuministi; o addirittura un gigantesco infingimento, o almeno un'operazione tattica, come «copertura» della fisica meccanicistica al fine di renderla accettabile a menti cristiane.

• *Principi di filosofia.* Al centro del pensiero di Cartesio c'è il dualismo assoluto fra le due sostanze, la *res cogitans* e la *res extensa*, che si definiscono reciprocamente per via di negazione: ciò che è esteso non pensa, e ciò che pensa non è esteso. Da un lato, era la più limpida affermazione della spiritualità dell'anima: l'unica funzione dell'anima viene infatti a essere il pensiero, e così vengono eliminati quei residui di animismo che permanevano nella tradizione scolastica con l'attribuzione all'anima anche delle funzioni biologiche (si parlava dell'anima vegetale ecc.), per non dire dell'animismo che aveva trionfato nel rinascimento. Dall'altro lato, la natura risultava privata di qualsiasi tipo di «forze», con la riduzione a mera spazialità.

Questo è l'argomento principale dei *Principia philosophiae* (1644), i quali, dopo un'introduzione di carattere metafisico generale (*Meditationes de prima philosophia*), espongono in modo ampio e sistematico tutte le teorie di Cartesio sul mondo naturale, a partire dalla definizione generale di corporeità, spazio, vuoto, movimento, quiete e altri concetti generali della fisica, proseguendo poi attraverso l'astronomia, la cosmologia, la geologia, la biologia, fino all'uomo. La riduzione della corporeità al puro attributo dell'estensione, e della causalità a pura azione meccanica, comportano una riduzione della fisica a termini matematici e, viceversa, una fisicizzazione dello spazio geometrico, con le sue caratteristiche di continuità e infinità; contro siffatta riduzione protesteranno tanto Newton quanto Leibniz. Dall'alternativa materia-pensiero, in quanto esaustiva del creato, consegue anche la riduzione della biologia alla fisica, quale suo ramo speciale: meccanicismo biologico, contro ogni forma di vitalismo, in flagrante contrasto con il finalismo di tipo aristotelico. I fini di Dio, sostiene infatti Cartesio, non sono accessibili all'uomo, e in generale è da osservare una completa separazione fra la filosofia e la fede rivelata, l'una essendo fondata solo sulla ragione naturale e l'altra sull'autorità. Inoltre, la tesi che anche i corpi viventi siano soltanto materia, e perciò una sorta di macchine, si prolunga nell'ipotesi che gli animali siano soltanto corpi, e perciò nient'altro che macchine: è estremamente verosimile, sostiene Cartesio, che tutte le operazioni degli animali si svolgano senza coscienza e senza intelligenza, e che la loro apparente sensibilità sia costituita solo da reazioni meccaniche. Nel caso dell'uomo, invece, al corpo è unita l'anima, e si tratta di un'unione reale, anche se le due sostanze sono di per sé completamente eterogenee: essa è attestata tanto dall'azione causale che l'anima esercita sul corpo, quanto da quella che il corpo esercita sull'anima. E per renderne conto Cartesio suppone che ci sia un punto preciso del cervello, la *ghiandola pineale*, su cui l'anima agirebbe direttamente e da cui riceverebbe gli impulsi trasmessi dal corpo.

• *Le passioni dell'anima.* Al tema dell'unione fra l'anima e il corpo nell'uomo è dedicata l'ultima stagione dell'attività di Cartesio, con le lettere alla principessa Elisabetta del Palatinato e poi alla regina Cristina di Svezia su argomenti di psicologia e di morale, e con la pubblicazione nel 1649 del trattato *Le passioni dell'anima.* In quest'opera è spiegato il meccanismo fisiologico (coinvolgente in modo particolare il cuore e il cervello) che produce come effetto nell'anima i sentimenti; questi vengono analizzati nelle loro forme semplici (meraviglia, amore e odio, desiderio, gioia e tristezza), dalla cui combinazione deriverebbero le varie passioni; segue la proposta di una sorta di medicina morale, nella prospettiva del dominio razionale delle passioni: e qui Cartesio risente fortemente della tradizione stoica, pur nel riconoscimento della piena naturalità delle passioni.

S. La.

casistica, o casuistica, in teologia morale, enumerazione e classificazione dei molteplici problemi morali che sorgono dai possibili casi della vita (i cosiddetti «casi di coscienza»), con l'indicazione del giudizio da darne, volta per volta, dopo un attento esame delle circostanze particolari. Il periodo di maggiore diffusione dei manuali di casistica è compreso fra il sec. XVI e il XVIII. Nelle *Lettere provinciali* (1656-57) Pascal stigmatizzò la frantumazione cavillosa e praticistica delle norme etiche operata dalla casistica, imputandole di avere di fatto avallato un atteggiamento di lassismo morale.

caso, nozione che è stata oggetto di definizioni diverse, ma riconducibili a due fondamentali: quella di caso come evento che non ha nessuna → causa oggettiva e pertanto contraddice ogni concezione rigorosamente deterministica della realtà (o determinismo); e quella di caso come evento di cui non si conoscono le cause. L'esistenza oggettiva del caso nel primo senso venne affermata per la prima volta da Epicuro nell'ambito di una concezione atomistica della realtà: si tratta di quella capacità degli atomi di deviare spontaneamente e fortuitamente dalla loro linea di caduta verticale che Lucrezio chiamò → *clinamen*. La nozione di caso nel secondo senso, ossia la negazione della sua realtà oggettiva e la sua riduzione a una lacuna della conoscenza umana, venne invece condivisa dalle principali correnti di pensiero dell'antichità, le quali, concependo l'universo come organizzato in ogni sua parte da una ragione cosmica, consideravano il caso come una causa meramente incomprensibile all'intelletto umano.

Anche i filosofi cristiani escludevano il caso dal mondo ordinato dalla provvidenza divina e lo spiegavano con la limitatezza della ragione umana. In questo indirizzo si collocano anche alcuni filosofi moderni che hanno analizzato in maniera specifica la nozione di caso. Spinoza, considerando ogni cosa come prodotta necessariamente dalla natura divina, negava la possibilità che esistessero fatti contingenti o casuali, e spiegava quelli che sembravano tali come dovuti ai limiti della nostra immaginazione, incapace di abbracciare le cose nella totalità dei loro rapporti. Leibniz e Bossuet preferivano invece distinguere tra la *contingenza* che caratterizza il conoscere umano e la *necessità* che è propria del sapere divino, sicché ciò che all'uomo sembra frutto di mero caso, per la mente divina accade in ragione di un'armonia prestabilita. Per Hume infine, essendo la relazione di causa ed effetto nient'altro che un'abitudine prodotta dalla ripetuta osservazione di determinate successioni tra i fenomeni, quando le esperienze positive di tale successione sono in numero eguale o inferiore a quello delle esperienze negative si ha il caso.

Un tentativo di spiegare il caso in termini di causalità venne fatto nel secolo scorso da A.-A. Cournot, che nel *Saggio sui fondamenti della conoscenza* (1851) definì un evento casuale come la coincidenza di due o più catene causali indipendenti: il carattere fortuito di certi eventi deriva dal fatto che le loro cause antecedenti sono indipendenti, mentre i loro effetti vengono bruscamente e inaspettatamente a mescolarsi. Nel saggio del 1878 *L'ordine della natura*, Ch.S. Peirce affrontò a sua volta la nozione di caso, in connessione con quella di necessità. Con un procedimento rigorosamente logico egli dimostrò che i concetti di necessità e di caso sono, presi in sé, privi di senso e intercambiabili: un mondo i cui caratteri si suppone che si combinino del tutto a caso rivelerebbe infatti e alla lunga un ordine ferreo, assai superiore a quello che caratterizza il mondo nel quale viviamo. Il fatto è che il caso e la necessità vanno sempre riferiti agli interessi percettivi e vitali degli esseri organici per poter acquistare un senso. La polemica di Peirce si inseriva nelle discussioni relative all'evoluzionismo darwiniano che in quegli anni sosteneva il carattere puramente casuale o fortuito delle variazioni morfologiche delle specie viventi. Tale casualità eliminava, secondo Darwin, ogni finalismo e ogni piano provvidenziale e creazionistico dalla natura, ma secondo altri (per es. lo scienziato A. Gray) confermava la necessità dell'intervento divino e la presenza nel mondo di un progetto intelligente. Una versione moderna di tale discussione può vedersi nel libro di J. Monod *Il caso e la necessità* (1971). Secondo Monod la «mutazione» iniziale che dà luogo all'evoluzione degli esseri viventi è un puro fatto fortuito; ma poiché gli esseri viventi, a differenza di ogni altro essere dell'universo, sono dotati di «invarianza» e di «teleonomia» (cioè della capacità di trasmettere la loro legge strutturale e di modificare le proprie prestazioni in ragione dell'ambiente), la mutazione, una volta inscritta nel codice genetico, viene riprodotta in miliardi di copie ed entra nel campo della selezione, ovvero della necessità.

Cassiodoro Flavio Magno Aurelio, detto *Cassiodoro* a partire da Paolo Diacono (Squillace 490 ca - Vivarium, Squillace, 583 ca), uomo politico e scrittore romano. Di famiglia originaria della Siria, raggiunse i più alti gradi nella carriera amministrativa sotto Teodorico e i suoi successori fino a Vitige, adoperandosi per l'avvicinamento fra i romani e i goti. Amareggiato, in seguito, per il crollo della sua azione politica, si ritirò (540) in un chiostro da lui fondato a Vivarium, in Calabria, promuovendo fra i monaci varie attività culturali, fra le quali spiccava la trascrizione delle opere classiche pagane e cristiane: egli creò così il primo esempio di monachesimo dotto e umanistico, che conciliava l'*otium* classico e la preghiera.

La sua produzione letteraria fu multiforme e spesso connessa con la sua attività pubblica. Oltre alle *Variae* (raccolta in dodici libri di atti ufficiali, che include numerose digressioni di carattere etico, politico, storico, scientifico), Cassiodoro scrisse: una *Chronica*, dalla creazione all'anno 519; il *De origine actibusque Getarum* (in dodici libri), storia del popolo gotico giuntaci attraverso un compendio di Jordanes; il trattatello *De anima*, che illustra l'origine e la spiritualità dell'anima e affronta problemi «fisiologici» quali la sua collocazione nel capo e il suo propagarsi nel resto del corpo; i *Commenta psalterii*, che dei Salmi additano soprattutto il senso messianico; un manuale *De orthographia*; la *Historia ecclesiastica tripartita*, che nel medioevo costituì un diffuso manuale di storia della chiesa; e i due libri di *Institutiones divinarum et humanarum rerum*, opera a carattere enciclopedico e compendiario ispirata in gran parte a fonti greche, concernente la teologia e le arti liberali e contenente il suo progetto di cultura ecclesiastica.

Cassirer, Ernst (Breslavia 1874 - Princeton, New Jersey, 1945), filosofo tedesco. Dopo aver insegnato nelle università di Berlino e di Amburgo, all'avvento del nazismo fu costretto a lasciare la Germania a causa della sua origine ebraica. Si trasferì prima a Göteborg, in Svezia, e successivamente negli Stati Uniti, dove risiedette sino alla morte, svolgendo la propria attività di docente universitario. Fra le sue numerose opere si ricordano: *Il sistema di Leibniz* (1902); *Il problema della conoscenza nella filosofia e nella scienza dell'età moderna* (4 voll., 1906 sgg.); *Il concetto di sostanza e il concetto di funzione* (1910); *La vita e la dottrina di Kant* (1918); *Idea e forma* (1921); *Filosofia delle forme simboliche* (3 voll., 1923-29); *Individuo e cosmo nella filosofia del rinascimento* (1927); *La filosofia dell'illuminismo* (1932); *Determinismo e indeterminismo nella fisica moderna* (1937); *Saggio sull'uomo* (1944); *Il mito dello stato* (postumo, 1946); *Simbolo, mito e cultura* (postumo, 1979).

Concependo la filosofia come riflessione volta a chiarire le modalità di costituzione della cultura umana, Cassirer ha perseguito un ideale di sintesi unitaria in cui le indagini sulla storia del pensiero e quelle più propriamente teoretiche risultano complementari. In questo senso, il richiamo a Kant, che accomuna Cassirer agli altri pensatori della scuola di Marburgo (→ neokantismo), ha una funzione teorica precisa, giacché nella «rivoluzione copernicana» attuata dal filosofo di Königsberg è individuato un momento fondamentale della storia del pensiero occidentale: quello in cui il concetto di sostanza, in quanto realtà estranea e precostituita rispetto all'attività conoscitiva, cessa di essere al centro dell'attenzione speculativa, mentre diventa essenziale l'analisi delle modalità operative che portano alla costituzione dell'oggetto. In breve, il «principio fondamentale» del pensiero critico non fa altro che affermare il primato gnoseologico della *funzione* rispetto al suo prodotto, sostenendo che quest'ultimo non può essere inteso se non alla luce degli atti spirituali che l'hanno determinato. Per Cassirer le diverse realizzazioni in cui si attua la cultura umana si fondano tutte su un'attività *simbolica* che, allontanandosi sempre più dall'immediatezza del dato naturale e sensibile, porta alla formazione di schemi concettuali autonomi. Così, la filosofia tende a configurarsi non solo come critica della conoscenza, ma in genere come critica della civiltà, avendo per oggetto l'insieme delle produzioni spirituali dell'uomo. Sotto questo aspetto sono particolarmente significative le ricerche storiografiche di Cassirer, dedicate ad alcune tappe fondamentali nello sviluppo del pensiero occidentale come per esempio il rinascimento o l'illuminismo. In effetti, la storiografia stessa è per Cassirer un'attività simbolica di secondo grado che consiste nell'individuazione dei contenuti spirituali che un'altra attività simbolica, quella originaria, ha depositato nei suoi prodotti. In questo senso, i documenti e i monumenti del passato vengono ad assumere, al di là della mera esistenza fisica, un significato che li «anima». Compito del ricercatore è, da una parte, evidenziare i nessi strutturali che legano il singolo prodotto culturale all'attività simbolica in generale, dall'altra di riconoscerne i tratti specifici: quelli, appunto, che ne fanno un evento irripetibile.

casta, termine che designa in senso lato un tipo di stratificazione sociale caratterizzato da quattro elementi: *1*) una determinata specializzazione professionale, di solito riservata ai componenti di sesso maschile e di cui la casta detiene quasi il monopolio; *2*) l'appartenenza per nascita di ogni individuo alla casta di cui già fa parte il padre; *3*) il matrimonio ammesso solo all'interno della casta; *4*) l'esistenza di una gerarchia tra le caste (C. Bouglé, *Saggi sul regime delle caste*, 1908). Presenti in società cosiddette primitive dell'Africa australe e orientale, le caste trovano il loro esempio più tipico nel subcontinente indiano (alla cui società il termine è collegato in senso stretto). In India il sistema delle caste, introdotto dagli indoeuropei, rispecchiò originariamente la tripartizione funzionale di quelle popolazioni (studiata in particolare da G. Dumézil) in sacerdoti (*brahman*), guerrieri (*kṣatriya*), addetti alla produzione (*vaiśya*), cui si aggiungeva un gruppo inferiore, comprendente i servi e gli indigeni sottomessi (*śūdra*). Le tre caste dei sacerdoti, guerrieri e produttori non erano ancora rigidamente subordinate l'una all'altra; la più antica ideologia religiosa e sociale indoeuropea prevedeva infatti una sorta di reciproca e paritetica integrazione fra le loro prerogative e funzioni. Successivamente, con la maggiore articolazione del sistema economico-sociale e con l'affermarsi dell'induismo (la cui cosmologia tendeva a discostarsi dalla tripartizione indoeuropea originaria, imponendo la ripartizione degli uomini in numerose categorie, ordinate gerarchicamente a seconda del grado di purezza rituale), il numero delle caste crebbe: sacerdoti, mercanti, contadini, tessitori, vasai ecc. (più i *paria*, cioè i «fuori casta», gli «intoccabili» perché assolutamente impuri).

Questa prospettiva storica viene abbandonata da L. → Dumont, che nel suo importante studio *Homo hierarchicus* (1966) trae spunto dal sistema delle caste indiane per avviare una riflessione sul concetto di → gerarchia.

Castelli-Gattinara di Zubiena, Enrico (Torino 1900 - Roma 1977), filosofo italiano. Allievo di B. Varisco, insegnò filosofia della religione all'università di Roma dal 1940 al 1970. Fondatore e, dal 1931, direttore dell'«Archivio di Filosofia». Dopo alcune opere d'indirizzo teoretico e storico-critico (*Filosofia della vita*, 1924; *Idealismo e solipsismo*, 1933), Castelli si volse a un esistenzialismo di stampo socratico, esposto talora in forma diaristica (*Commentario al senso comune*, 1939; *Introduzione ad una fenomenologia della nostra epoca*, 1948). Critico del solipsismo, considerato incapace di riunire pensiero ed esistenza e di dare conto degli altri soggetti in maniera non obiettivante, vide nel senso comune il presupposto di una verità non dimostrativa e pertanto inaccessibile al razionalismo. Di qui la critica alla «catastrofe» del razionalismo moderno, e il richiamo a una teologia della storia che ne renda ragione storicamente (*Esistenzialismo teologico*, 1948; *I presupposti di una teologia della storia*, 1952; *Il demoniaco nell'arte*, 1952; *La critica della demitizzazione*, 1972).

Castelvetro, Lodovico (Modena 1505 - Chiavenna 1571), letterato italiano, autore della *Poetica d'Aristotele vulgarizzata* (1570). Studioso versatile e polemico, fu costretto a lasciare l'Italia in seguito all'accusa di ateismo, e a vivere a Ginevra, Lione e Vienna. La poesia ha, per Castelvetro, un unico scopo: procurare piacere; in questa prospettiva anche la catarsi di Aristotele risulta finalizzata al diletto. Per questo motivo la poesia, a differenza della poetica, riservata agli uomini dotati di cultura, è indirizzata al piacere della «rozza moltitudine». Castelvetro abbozza anche una sorta di sistema delle arti: alcune fra esse, e precisamente l'architettura e la retorica, producono cose utili e necessarie; altre, pittura, scultura e poesia, servono a conservare la memoria di determinati eventi. Il concetto dell'imitazione non è dunque sufficiente per comprendere il principio generale dell'arte.

Castelvetro, differenziandosi da numerosi altri trattatisti del Cinquecento, insiste sulla profonda diversità fra pittura e poesia, pure unite dal legame della memoria: la pittura tende a essere fedele al vero mentre la poesia si limita al verosimile, ammettendo la possibilità di abbellimenti.

Castoriadis, Cornelius (Atene 1922), filosofo francese di origine greca. All'attività di ricerca ha unito una lunga militanza politica che lo ha visto animatore, insieme a C. Lefort, del gruppo di ispirazione marxista raccolto intorno alla rivista *Socialisme ou Barbarie* (1948-66). La riflessione di Castoriadis prende avvio da una critica del regime staliniano, poi estesa fino al distacco dal pensiero marxista, sancito da *Marxismo e teoria rivoluzionaria* (1964-65). Nella sua opera maggiore, *L'istituzione immaginaria della società* (1975), il mutamento storico è considerato un processo di *auto-istituzione* dove la realtà produce se stessa attraverso una dialettica fra società «istituita» e società «istituente». L'uomo tuttavia non si rassegna alla propria autonomia fondativa e cerca un principio esterno di legittimità, variamente identificato nella razionalità o nella garanzia religiosa; a questo Castoriadis oppone il progetto di una società autonoma che nel riconoscimento del carattere autoistituito, e dunque contingente, della propria esistenza, sappia cogliere la possibilità più ampia della sua costante trasformazione. Nella stessa direzione si pone la raccolta di saggi *Gli incroci del labirinto* (1978), dedicati a psicoanalisi, economia politica, epistemologia.

castrazione, complesso di, → complesso.

catafatico, → apofatico - catafatico.

catari, termine di origine greca indicante, nella storia del cristianesimo, gruppi e sette religiose che si richiamavano a un particolare stato di purezza dottrinaria e morale (dal gr. *katharós*, puro). In particolare, nel medioevo il nome di catari è usato per designare un vasto movimento settario che si diffonde nell'Europa centrale tra il sec. XI e il XIII, interessando soprattutto la Francia meridionale con al centro Tolosa e Albi (da cui il nome di albigesi assegnato ai catari di questa regione) e la Lombardia (Concorezzo, Desenzano). È opinione diffusa che il movimento sia giunto a radicalizzarsi solo verso la metà del sec. XII grazie all'influsso delle sette bulgare dei bogomili. In realtà, gli influssi di sette orientali furono piuttosto tardi; è più probabile che all'origine del movimento vi sia una lettura rigorista e letteralista di alcuni passi del Nuovo Testamento (Dio e Mammona, Dio e il principe di questo mondo, le due leggi che combattono nell'uomo ecc.).

Elementi caratteristici della dottrina e della prassi catare sono il rifiuto dei sacramenti, dell'inferno, dell'incarnazione, dell'Antico Testamento (tranne i libri profetici), della proprietà privata, della guerra; la creazione di una propria organizzazione ecclesiastica: la distinzione tra «perfetti» o iniziati, in numero molto ristretto, e semplici credenti: i primi soltanto praticavano rigorosamente la morale catara, astenendosi dal matrimonio e dall'uso di carne, latte, uova, e ricevevano il *consolamentum*, cioè il battesimo spirituale mediante l'imposizione delle mani; i semplici credenti rinviavano invece il *consolamentum* al punto di morte. Frequentemente l'ascetismo dei perfetti giungeva, nel suo rifiuto del mondo materiale, fino all'*endura*, ossia alla morte per fame. Raggiunta sul finire del sec. XII la massima espansione, le sette catare si trovarono di fronte alla crescente ostilità del papato, che organizzò nel 1209 una crociata contro di loro; ne seguirono un massacro e la quasi totale estinzione del movimento.

catarsi, termine che in greco (*kátharsis*) designava la purificazione rituale da una contaminazione (*míasma*), visibile o invisibile, come il sangue o la colpa; alla catarsi religiosa è associata anche quella magica del capro espiatorio. Col sec. V a.C. e la medicina ippocratica, catarsi diviene termine medico a significare l'evacuazione di escrementi o di umori patogeni, naturale o provocata da emetici o purganti (in tale accezione è anche sinonimo di mestruazione). In senso filosofico, Platone definisce la morte una purificazione (separazione) dell'anima dal corpo e la vita filosofica esercizio e cura di tale purificazione, che sola può restituire all'anima la trasparenza delle specie ideali (*Fedone*). Catarsi filosofica è anche, nel *Sofista*, la purificazione dell'anima distinta da quella del corpo, come una liberazione dai mali interiori, la cattiveria e l'ignoranza; e la catarsi più intima e fondamentale del pensiero è quella che confuta il sapere presunto e la falsa opinione di sé, è l'arte della «nobile sofistica» di Socrate. In Aristotele, invece, insieme all'uso medico del termine, compare, nella *Poetica*, il celebre tema della catarsi tragica e, nella *Politica*, quello della catarsi musicale. Secondo l'interpretazione tradizionale, la catarsi della tragedia è la purificazione dell'anima dello spettatore dalle passioni dolorose della pietà (compassione) e della paura attraverso la pietà e la paura ispirate dalla stessa azione tragica. La tragedia è un'imitazione drammatica di fatti gravi e luttuosi; così la pietà e la paura che tale imitazione suscita non sono la pietà e la paura che si provano di fronte a fatti reali; ma l'imitazione tragica trasforma la pena reale in piacere, purificando il simile col simile (ma si veda anche → Aristotele).

catartico, metodo, metodo psicoterapeutico per cui il paziente, indotto a rievocare verbalmente o talora a rivivere eventi traumatici, abreagisce (→ abreazione) gli affetti patogeni a essi associati. Il metodo catartico appartiene agli inizi della psicoanalisi (1880-85), ed è strettamente legato all'uso della suggestione e dell'ipnosi, prima che Freud lo sostituisca col metodo delle associazioni libere. Tuttavia, se non come metodo, come fatto la catarsi continua a costituire una delle componenti del trattamento psicoanalitico, soprattutto a livello dell'attualizzazione del transfert. Diversamente dalla psicoanalisi, altre forme di psicoterapia, come la narcoanalisi e lo psicodramma, mirano esclusivamente a provocare l'effetto catartico.

catatonia, letteralmente, «abbassamento di tensione»; è una sindrome caratterizzata da stupore e da immobilità assoluta del corpo, o viceversa da iperattività accompagnata da manifestazioni di stereotipia o di mimetismo dei gesti e delle parole nei confronti delle persone vicine. Diversamente dalla pseudocatatonia isterica, la catatonia è spesso dovuta a fattori organici e in particolare tossici, com'è stato messo in luce dallo psichiatra francese H. Baruk.

categorematico, termine che designa un elemento linguistico di per sé significante; in particolare, sono termini categorematici i soggetti grammaticali, i predicati e le proposizioni. Categorematico è in contrapposizione a *sincategorematico*, ovvero a elemento linguistico che assume significato compiuto solo se applicato a termini categorematici; sono, per es., termini sincategorematici i connettivi (→ connettivo) e i → quantificatori.

categoria, termine impiegato da Aristotele (*katēgoría*) per designare i predicati ultimi e più generali che si possono attribuire a qualsivoglia cosa. Con le categorie (elencate per lo più in numero di dieci: *sostanza*, *qualità*, *quantità*, *relazione*, *luogo*, *tempo*, *posizione*, *condizione*, *azione*, *passione*) Aristotele dà soluzione al problema del giudizio definitorio già avanzato da Platone. Le categorie aristoteliche svolgono pertanto una funzione logica e ontologica: consentono di definire esattamente gli enti in quanto li riconducono alla loro essenza più generale. Poiché la logica aristotelica restò alla base della filosofia del medioevo e di gran parte di quella moderna, il problema delle categorie non presentò sostanziali modifiche sino a Kant, che ne rinnovò completamente l'impianto logico e metodologico. In virtù della «rivoluzione copernicana» di Kant le categorie non designano più i modi d'essere della realtà, ma il nostro modo di conoscerla; esse sono pertanto funzioni a priori dell'intelletto (concetti puri) che determinano le condizioni trascendentali dell'esperienza, ovvero le forme universali che i fenomeni devono assumere per divenire oggetti di conoscenza. Kant elenca dodici categorie, disposte in triadi (secondo un nesso di tesi, antitesi e sintesi) e sotto quattro titoli generali: della *quantità* (*unità*, *pluralità*, *totalità*); della *qualità* (*realtà*, *negazione*, *limitazione*); della *relazione* (*sostanza e inerenza*, *causalità e dipendenza*, *azione reciproca*); della *modalità* (*possibilità e impossibilità*, *esistenza e* *non esistenza, necessità e contingenza*). Kant ritenne il suo elenco, ricavato da un'analisi di tutte le possibili forme del giudizio, sistematico e definitivo, mentre Fichte ne tentava la deduzione logica, non dalle forme empiriche del giudizio, ma dallo svolgersi dialettico del pensiero o Io puro. L'innovazione fichtiana apriva la via all'idealismo, sicché in Hegel le categorie perdono la loro connotazione puramente logica, per assumere il carattere di determinazioni dell'Idea o realtà assoluta nel suo progressivo svolgimento dialettico (dall'essere puro alla natura e allo spirito). Ispirandosi a Hegel anche G. Gentile e B. Croce intendono le categorie come momenti del divenire sia del reale sia del pensiero (*arte, religione* e *filosofia* designano in Gentile le tappe dialettiche del pensiero come atto puro; *estetica, logica, economia* e *morale* sono invece i «distinti» in cui si svolge circolarmente e storicamente la vita dello spirito secondo Croce).

Nella filosofia contemporanea l'impostazione trascendentale del problema delle categorie è per lo più abbandonato. Esso conserva ancora una valenza ontologica nell'indirizzo fenomenologico dove le categorie designano le strutture ideali che la descrizione pura ricava dalla realtà. Nella logica matematica di B. Russell le categorie esprimono, invece, il tipo logico impiegato, nel calcolo proposizionale e negli sviluppi linguistici che G. Ryle e P.F. Strawson hanno dato all'empirismo logico le categorie presiedono all'uso dei concetti sia nei linguaggi specializzati sia nel linguaggio comune. La categoria diviene pertanto l'insieme dei modi convenzionali che presiedono all'uso del termine corrispettivo.

Cattaneo, Carlo (Milano 1801 - Castagnola, Lugano, 1869), filosofo, storico, uomo politico italiano. Discepolo di G.D. Romagnosi, si presentò sempre come prosecutore della tradizione illuministica ed empiristica, in polemica con le filosofie spiritualistiche ed idealistiche dell'epoca. Nel 1839 fondò la rivista «Il Politecnico», per la diffusione della cultura scientifica e tecnica. Protagonista dell'insurrezione milanese del 1848, al fallimento di questa riparò in Svizzera, dove dal 1852 al 1865 fu professore di filosofia nel Liceo di Lugano. Le sue lezioni sono raccolte nel *Corso di filosofia*, pubblicato postumo, suddiviso in cinque sezioni: *Cosmologia, Psicologia, Ideologia, Logica, Diritto e morale.* Vanno ricordati inoltre alcuni saggi (*Sulla Scienza Nuova di Vico*, 1839; *Considerazioni sul principio della filosofia*, 1844; *Un invito alli amatori della filosofia*, 1857) e soprattutto la *Psicologia delle menti associate* (1859-66).

L'impianto enciclopedico del *Corso di filosofia* mostra già la sua concezione della filosofia come «sintesi delle scienze», in quanto fondata sui risultati e sui metodi di esse. Concezione per cui fu poi considerato come l'iniziatore del positivismo in Italia, anche se la sua filosofia non derivava né da A. Comte né da H. Spencer, che non conobbe, ma dalla vasta pratica delle scienze sociali, della storia e della linguistica. Al centro delle sue riflessioni filosofiche c'è il collegamento della psicologia (compresa l'indagine sull'origine delle idee, che in quell'epoca si denominava, in Francia e in Italia, «ideologia») con la dimensione sociale, nella convinzione che la comune natura umana venga profondamente trasformata dalle istituzioni sociali diverse entro cui la vita degli uomini si svolge.

Contrariamente alla pretesa delle filosofie metafisiche di scoprire cos'è l'uomo attraverso l'introspezione o la pura speculazione, non è possibile distinguere ciò che è universale nella natura umana da ciò che è contingente, se non facendo esperienza del maggior numero possibile di formazioni sociali diverse, dalle più rozze alle più evolute. Il corso della civiltà non è lineare né in alcun modo garantito, secondo Cattaneo. Accanto al progresso, rimane sempre possibile il regresso, come mostra la storia anche in popoli di civiltà già avanzata. Inoltre, la civiltà ha avuto molteplici centri d'origine e si è sviluppata, nelle differenti parti del globo, mantenendo linee diverse di sviluppo, irriducibili a una privilegiata, e ha conosciuto il fenomeno della stazionarietà, in un determinato livello di sviluppo, anche per millenni, come mostrano le civiltà orientali.

Cattell, James McKeen (Easton, Pennsylvania, 1860 - Lancaster, Pennsylvania1944), psicologo statunitense. Studiò con W. Wundt a Lipsia, che negli ultimi anni del secolo XIX era il tempio della nascente psicologia sperimentale; tornò quindi negli Stati Uniti, dove svolse un'intensa attività editoriale e organizzativa volta a inserire la psicologia nei diversi settori della società (scuola, lavoro, esercito ecc.). Fu uno dei primi psicologi applicati e contribuì notevolmente al «movimento dei test», che esplose durante e dopo la prima guerra mondiale. Fra i suoi scritti va ricordato soprattutto *Concetti e metodi della psicologia* (1904).

cattolicesimo, termine designante la confessione cristiana e la comunità che si distinguono soprattutto per l'organizzazione gerarchica imperniata sul vescovo di Roma, quale capo visibile della chiesa, con poteri preminenti e decisivi di magistero e giurisdizione rispetto ai vescovi delle chiese locali.

Il cattolicesimo si definisce attraverso una lunga storia, in cui confluiscono elementi più propriamente ecclesiologici e fattori culturali, politici e sociali. Sotto il profilo dogmatico, l'attributo della «cattolicità» (una delle quattro «note» della chiesa: una, santa, cattolica e apostolica, secondo il simbolo di Nicea) viene a precisarsi nelle lotte ereticali dei primi secoli. Al particolarismo dottrinale e alle tendenze settarie, specialmente montaniste e gnostiche, si oppone, a partire dalla seconda metà del sec. II, la chiesa «cattolica», che è tale in quanto può vantare da un lato la sua «universalità» (significato geografico, primario, del gr. *katholikós*), dall'altro la sua «integrità», ossia la pienezza di comunione di fede e di grazia con il Cristo (significato «intensivo» del termine, che compare probabilmente già in Ignazio d'Antiochia, all'inizio del sec. II). Alla svolta del primo millennio, nel momento della separazione delle chiese d'Oriente, ognuna delle due parti rivendicava a sé la prerogativa della cattolicità (e dell'ortodossia): ma della qualifica di «cattolica» storicamente si appropria la chiesa d'Occidente, in quanto distinta da quella d'Oriente per una evoluzione dogmatica, disciplinare, sacramentale che va oltre i primi sette concili, e soprattutto per il primato papale, con sacrificio della collegialità sinodale.

Dalle chiese nate dalla riforma il cattolicesimo si differenzia perché pone quale fonte della dottrina, accanto alla Scrittura, la tradizione apostolica di cui la chiesa docente si afferma esclusiva interprete con l'assistenza dello Spirito Santo; perché attribuisce ai sacramenti efficacia *ex opere operato*, cioè per l'atto liturgico in sé, e non per la pura «fede», per l'impegno etico-religioso del credente; perché accentua la chiesa docente (il clero) rispetto a quella discente (i laici) in dottrina, organizzazione, culto. Dalle sette carismatico-pentecostali e millenaristiche il cattolicesimo si distingue per restringere l'assistenza dello Spirito Santo alla chiesa docente e per accettare generalmente le strutture sociali esistenti, con l'impegno a compenetrarle di spirito cristiano. Infine il cattolicesimo si distanzia dalla teologia liberale (e dalle tendenze del «modernismo») nel subordinare l'esegesi, la critica delle istituzioni ricevute, l'elaborazione del dogma al «senso della chiesa», alla tradizione.

La molteplicità degli aspetti e dei comportamenti del cattolicesimo è però anche da riportare alla diversità dei tempi, a quella degli individui nonché delle istituzioni sociali, economiche, politiche e delle correnti culturali a cui esso si è mostrato aperto nel suo sviluppo storico. Sulla matrice riconosciuta del messianismo ebraico e del giudeo-cristianesimo ha infatti inserito l'elemento ellenistico delle religioni misteriche combinato con le speculazioni della filosofia platonica e stoica; ha accolto dal diritto romano e dall'organizzazione imperiale istituzioni e strutture giuridiche, cercando contemporaneamente di inserire nel diritto e nello stato romano esigenze etiche cristiane. Nell'incontro cristianizzatore con i popoli germanici, celti, slavi, il cattolicesimo ha recepito diversi elementi della loro sensibilità e tradizione religiosa, nella liturgia e nella devozione; in seguito, si è adeguato alla struttura feudale del mondo romano-germanico, al sistema politico-sociale del Sacro Romano Impero, e successivamente alle monarchie nazionali, mediante concordati con i principi nei secc. XV-XVI, e all'assolutismo dei sovrani cattolici, impegnati nella controriforma con privilegi papali. Nel corso dei tempi, il cattolicesimo, sempre più fondendo l'esigenza dell'ascesi personale con quella dell'edificazione e del ravvivamento religioso e dell'attività sociale (e più tardi dell'apologia della fede contro miscredenti ed eretici) si è arricchito di ordini e congregazioni religiose: prima, sulla matrice delle regole monastiche basiliana e benedettina; poi, con l'impegno primario della povertà (ordini mendicanti) combinato con la predicazione e la direzione spirituale, fino alle congregazioni di chierici regolari del sec. XVI e alla rifioritura di confraternite laiche nello spirito della controriforma.

In tempi più recenti il cattolicesimo ha conosciuto il moltiplicarsi delle congregazioni femminili e maschili di educazione, di assistenza, di azione missionaria in Asia, Africa, America, e nel sec. XX l'innovazione degli «istituti secolari», nati in funzione delle esigenze morali e materiali emergenti dalla nuova società con le sue tensioni sociali e ideologiche, e le sue inquietudini. Nel contempo la chiesa moderna è venuta allentando l'irrigidimento delle proprie strutture giuridiche e dottrinali che si era imposta prima con la reazione al protestantesimo, e poi, nuovamente (sec. XIX), nel concilio Vaticano I: essa si è aperta così a nuove istanze non solo organizzative, ma anche culturali. Ne è conseguito un ravvivamento, in seno al cattolicesimo, della riflessione teologica, accompagnato dal sorgere di correnti, in vivace polemica, di conservatori e progressisti, portavoce, questi ultimi, di tesi anche radicali, elaborate dapprima da teologi protestanti o condivise da essi. Nel quadro delle istituzioni liberali rappresentative e di fronte ai problemi sociali conseguenti alla rivoluzione industriale, nonché a quelli politici imposti dalla istanza della sovranità popolare e dai moti nazionali, si è poi delineato un cattolicesimo politico e sociale con proprie forme organizzative (economiche, sindacali ecc.), ora sotto la preminente insegna conservatrice, ora sotto quella democratica. Tale cattolicesimo sociale e politico si è configurato come un mezzo indiretto d'azione della gerarchia, a fianco della tradizionale azione diplomatica papale presso i governi, condizionati ora da maggioranze di cui sono parte anche i deputati cattolici. Ciò è accaduto dapprima in Belgio, nel Reich tedesco e in Francia.

Sotto il profilo della ricerca storica, gli ultimi decenni hanno visto ravvivarsi il dibattito sul cattolicesimo, dibattito che attiene soprattutto al momento della sua prima formazione, al momento cioè in cui si sarebbe originato quel nesso inscindibile tra elemento carismatico, spirituale ed evangelico da un lato, ed elemento istituzionale dall'altro (è questa intima connessione che, con tutte le variazioni possibili, caratterizza il cattolicesimo nella storia). Elementi di «protocattolicesimo» vengono ravvisati, dalla storiografia protestante, non solo nei primi autori ecclesiastici, ma già nello stesso Nuovo Testamento (soprattutto negli Atti degli Apostoli: dove però sarebbe lo Spirito a creare e disfare sovranamente le istituzioni, e non le istituzioni a possedere un «carisma sicuro di verità», come già dice Ireneo di Lione, nella seconda metà del sec. II).

Ma al di sotto della stessa indagine storica sta una scelta teologica di fondo tra due punti di vista: quello protestante, che afferma la rottura tra purezza originaria dell'evangelo e chiesa della storia, e quello cattolico, che vede nella chiesa storica la necessaria continuazione dell'evangelo e dell'incarnazione (con attenuazioni di diverso peso nelle varie tendenze teologiche). Di qui nasce anche una radicale divergenza di giudizio riguardo alla stessa varietà e ricchezza di esperienze di cui il cattolicesimo si è fatto portatore attraverso la storia: espressione del «sì» all'intera natura umana (K. Adam) per i cattolici, risultato di un compromesso che degraderebbe l'«essenza del cristianesimo» mediante continue concessioni alle esigenze della storia, per i protestanti. Il conflitto tra queste due posizioni, e il dialogo ecumenico, sono ben lungi da soluzioni prossime. Ma all'interno del cattolicesimo stesso è vivo un contrasto tra tendenze conservatrici e tendenze riformistiche, contrasto che verte sull'applicazione (o ricezione) del concilio Vaticano II: mentre, paradossalmente, la «conservazione» è soprattutto preoccupata di garantire acquisizioni dottrinali relativamente recenti (come l'infallibilità papale, sancita dal Vaticano I), la «riforma» aspira invece, appellandosi alle decisioni dell'ultimo concilio, a un'apertura ed elasticità fondate sulla considerazione complessiva della storia della chiesa, anche e soprattutto di quella più antica.

Il superamento delle posizioni metafisiche classiche, la presa di coscienza della storicità della chiesa e delle sue dottrine, l'assunzione dell'ermeneutica e una nuova concezione del rapporto fra teoria e prassi, hanno rinnovato, non senza gravi tensioni, il modo di concepire la chiesa e la sua presenza nel mondo. Nell'ambito di questo complesso movimento si collocano le esperienze nel sub-continente latinoamericano e in quello africano nelle quali il cattolicesimo ha messo in luce una vitalità e un dinamismo particolarmente significativi. In America latina, oltre allo sviluppo della → teologia della liberazione, che ha dato luogo a forti tensioni soprattutto con Roma, grande e di notevole importanza è stato lo sforzo del ricupero delle tradizioni culturali indigene in cui i ceti più poveri ancora si riconoscono e desiderano esprimere la loro fede. Le «comunità di base», piccoli raggruppamenti territoriali, rappresentano un tentativo di dar vita a esperienze ecclesiali non modellate sulla figura della chiesa gerarchica affermatasi nel medioevo in Occidente. In Africa il movimento di riappropriazione delle proprie tradizioni si è manifestato soprattutto nella liturgia e nella spiritualità, mediante un contatto rispettoso e fecondo con le ricche culture locali a lungo trascurate. Qui, ancora più che in America latina, il passaggio dall'uso del latino nella liturgia a quello delle lingue locali ha consentito un'espressione della fede, altrimenti quasi inimmaginabile e quindi una feconda rielaborazione dei riti. Mentre nel continente asiatico sempre più frequenti sono gli incontri e gli scambi tra le esperienze monastiche cattoliche e quelle orientali. Più in generale, e ciò vale anche per le chiese occidentali, si è andata diffondendo una fioritura di movimenti, formati prevalentemente da laici, che esprimono l'esigenza di un impegno cristiano e di un ruolo nella chiesa talvolta più evidenti all'esterno che entro le strutture istituzionali delle parrocchie e delle diocesi. *M. Be.*

cattolicesimo liberale, movimento culturale, religioso e politico che intese affermare, soprattutto nella prima metà del sec. XIX, ma anche oltre, le libertà moderne di organizzazione, stampa, insegnamento, coscienza e religione, integrandole in una nuova interpretazione storico-dottrinale del cattolicesimo. Il movimento, da un lato si collegava al romanticismo nella sua polemica contro l'illuminismo, intesa a rivalutare istituzioni medievali proprio per l'esigenza religiosa che esse incarnavano; dall'altro si collegava al liberalismo, proponendosi di dare basi religiose alle libertà civili e politiche. Mentre metteva in rilievo l'opera civilizzatrice del cattolicesimo e l'azione di libertà compiuta da movimenti e personalità religiose nei riguardi dei regimi assoluti, il cattolicesimo liberale rivendicava quindi al rinnovato spiritualismo la possibilità di dare una fondazione filosofica adeguata alle istanze di libertà. Con questo intento attingeva all'idea di una storia dominata dalla provvidenza che si riportava al Bossuet del *Discorso sulla storia universale* e, per suo tramite, all'Agostino della *Città di Dio*. In tale teologia il tema più dibattuto è quello dei rapporti tra libertà e autorità, ed è anche quello che sollecita più direttamente istanze di riforma dello stesso cattolicesimo: motivo, questo, che è pure presente e con ben maggiore accentuazione e consequenzialità nel → protestantesimo liberale.

Il cattolicesimo liberale che ebbe in Europa maggiore risonanza letteraria e successo politico è quello francese, con F. de Lamennais, H. Lacordaire, Ch. Montalembert e il loro giornale «L'Avenir». Esso ispirò le rivendicazioni di libertà d'insegnamento sotto la monarchia orleanista, e sopravvisse alla condanna da parte di Gregorio XVI (enciclica *Mirari vos*, 1832), riemergendo attivo nella seconda repubblica (F. Ozanam, Ch. Montalembert). In Italia, con il padre G. Ventura, il cattolicesimo liberale fu dapprima sotto l'influsso di Lamennais; assunse poi una propria fisionomia sia in proposte apologetiche (A. Manzoni, *Osservazioni sulla morale cattolica*, 1819), sia in programmi di riforma della chiesa (V. Gioberti, *Il gesuita moderno*, 1846-47; A. Rosmini, *Le cinque piaghe della chiesa*, 1848), sia in istituzioni e scritti di carattere culturale-educativo (R. Lambruschini, G. Capponi, N. Tommaseo).

causa, concetto elaborato dalla scuola dell'atomismo greco (Leucippo, sec. V a.C.) e che costituisce il punto di partenza di quella tendenza verso la spiegazione razionalistica dei fenomeni naturali che caratterizza tutto il corso del pensiero filosofico e scientifico occidentale. Fin dall'antichità, la nozione di causalità o di relazione causale stabilisce una connessione necessaria tra i fatti dell'esperienza, sia che tale connessione rinvii a cause puramente fisiche e meccaniche (come volevano gli atomisti), sia che essa esiga per la sua spiegazione cause intelligenti e finalistiche (Anassagora, Platone, gli stoici). La più ampia formulazione del concetto di causa, tale da influenzare tutto il pensiero antico e medievale, si trova in Aristotele (*Fisica*, I, 1, 184*a*,10) il quale identifica espressamente la conoscenza scientifica con la ricerca della cause, distinte in quattro tipi: la *causa materiale* (ciò di cui una cosa è fatta); la *causa formale* (la forma, il modello o anche l'essenza di una cosa); la *causa efficiente* (l'agente che produce la cosa); la *causa finale* (il fine per cui una cosa viene prodotta). La scolastica arricchì il modello aristotelico con ricerche dedicate alle cause dirette e indirette, univoche ed equivoche, e soprattutto diede risalto al problema della *causa prima*, identificata con Dio e fatta valere come prova della sua esistenza (argomento cosmologico). Il pensiero moderno si concentrò invece sulla causa efficiente, traducendola nel concetto scientifico di legge o relazione causale. In particolare, la relazione tra causa ed effetto si traduce in una funzione di grandezze, matematicamente misurabili (Keplero, Galileo, Cartesio). Questo modello, sul quale si forma tutta la fisica classica da Newton a Laplace, è alla base del → meccanicismo e del → determinismo che caratterizzano la concezione moderna della natura. La validità universale di tale concezione venne però posta in dubbio nel Settecento da Hume con argomenti che riprendevano le antiche tesi di Sesto Empirico e della scuola scettica in genere. Queste tesi (tra causa ed effetto non vi è un legame necessario, ma solo una connessione di fatto; la conoscenza di una cosa come causa non comporta la conoscenza di una cosa diversa come effetto) trovarono sostenitori anche nel medioevo, per es. presso il filosofo arabo al-Ghazālī (sec. XI) e presso il nominalista Occam (sec. XIV). Per Hume la necessità causale e la conseguente presenza di leggi universali nella natura è una mera ipotesi, motivata unicamente da un'abitudine psicologico-associativa umana. Allo stesso problema intese rispondere Kant, che fece della relazione causale una categoria trascendentale dell'intelletto, ovvero una forma a priori universalmente valida dell'esperienza tale da giustificare il carattere necessario delle leggi scientifiche. Questa discussione ha perso oggi gran parte del suo interesse per la crisi del modello meccanicistico della natura, inadeguato a render conto dei fenomeni del mondo microscopico e dell'universo relativistico. Carattere statistico delle leggi scientifiche, discontinuità e indeterminismo hanno indotto all'assunzione di nuovi modelli di spiegazione scientifica dei fenomeni; in particolare con la fisica quantistica il modello deterministico è stato sostituito da un modello probabilistico in cui il nesso causa-effetto non è più determinabile secondo i tradizionali criteri di «oggettività». Nel contempo l'epistemologia si è posta il problema se le leggi scientifiche debbano intendersi come traduzioni realistiche dei fenomeni naturali, o non piuttosto come schemi pratici e funzionali in cui riassumere convenzionalmente le misurazioni quantitative e le previsioni sperimentali degli scienziati. Fu proprio questa discussione, avviata da alcuni filosofi e scienziati come E. Mach e H. von Helmholtz tra la seconda metà dell'Ottocento e i primi anni del Novecento, a giungere alla eliminazione del concetto di causalità o di relazione causale dal campo scientifico per sostituirlo con quello di «legge descrittiva»: le leggi scientifiche mirerebbero pertanto a rilevare la costanza e l'uniformità dei fenomeni mediante «descrizioni sintetiche» (come diceva Mach). La conoscenza scientifica si riduce così alla formulazione soggettiva di sequenze uniformi che esigono una continua verifica da parte dell'esperienza e che d'altra parte non avanzano più la pretesa di «spiegare» i fenomeni facendo ricorso a supposte relazioni di causalità oggettive. Tali concezioni «convenzionalistiche» (→ convenzionalismo), come anche in seguito l'«operazionismo» di P.W. Bridgman, hanno però sollevato numerose critiche. La fisica teorica e l'epistemologia contemporanee, pur ammettendo il valore delle leggi descrittive, risultano prevalentemente orientate verso l'elaborazione di un nuovo e più articolato concetto di causalità.

causalità, → causa.

causa sui (lett. «causa di sé»), si dice dell'entità che è principio della propria esistenza. Aristotele parla di entità che hanno «il principio in sé stesse» (*Etica nicomachea*, 1110a), ma solo in un senso debole per riferirsi a quelle cose che sono principio della propria attività. In Plotino compare l'espressione *heautôu energêma* (attuazione di sé) in un senso più impegnativo: l'intelletto è così definito in quanto «ha l'essere da sé e per sé» (*Enneadi*, VI, 8, 16). Il platonismo medievale, soprattutto arabo ed ebraico, riprende il concetto plotiniano. Nella scolastica latina del XIII sec. il termine ricorre talvolta nell'accezione aristotelica. Nel senso più forte, per indicare un'entità principio della propria esistenza, è usato solo in contesti negativi: niente è causa di sé. Nel XVI sec. Suarez ammette che, nel senso forte, il termine possa essere applicato a Dio, ma solo al fine di esprimere il fatto che non c'è alcuna causa dell'esistenza di Dio. Descartes applica ancora tale concetto a Dio in quanto entità *a sé*, ovvero indipendente da altro, ma ha cura di precisare in primo luogo che l'autocausalità di Dio potrebbe essere eventualmente intesa come una vera causalità efficiente, malgrado il fatto che Dio non possa avere un inizio nel tempo, in ragione dell'identica natura dell'atto con cui Dio crea l'essere di una cosa e di quello con cui lo conserva (*Prime risposte*); e in secondo luogo che, se non si vuole intendere l'autocausalità come una causalità efficiente, essa può essere comunque intesa positivamente come causalità formale, in ragione del fatto che Dio, grazie alla sua potenza infinita, non ha bisogno di una causa efficiente (*Quarte risposte*). → Spinoza riprende l'affermazione cartesiana che Dio è causa di sé in senso positivo, sulla base di una più generale identificazione della causalità efficiente con quella formale: per lui la causa è sempre «ratio»: «Intendo per causa di sé ciò la cui essenza implica l'esistenza; ossia ciò la cui natura non si può concepire se non esistente» (*Etica*, I, def. 1). Dio (la sostanza unica) è causa di sé appunto perché è la sola entità la cui esistenza sia implicita nella sua essenza. Hegel ha ritenuto di poter estendere il campo di applicazione del concetto spinoziano affermando che ogni causa è causa di sé, per la ragione che «solo nell'effetto la causa è reale e davvero causa» (*Enciclopedia* par. 153).

Cavaillès, Jean (Saint-Maixent 1903 - Arras 1944), matematico ed epistemologico francese. Allievo del neokantiano L. Brunschvicg all'Ecole normale supérieure di Parigi, studiò successivamente, in Germania, la fenomenologia di Husserl e la teoria degli insiemi matematici di G. Cantor; rientrato in Francia, insegnò all'università di Strasburgo e, dal 1941, alla Sorbona. Venne arrestato dai nazisti come membro della resistenza, e fu giustiziato.

Oltre a contribuire alla diffusione in Francia delle teorie di Cantor e di F. Dedekind, Cavaillès svolse una riflessione originale sui fondamenti epistemologici della matematica. La teoria degli insiemi, infatti, aveva messo in crisi l'assolutezza dei principi e del metodo matematico, mostrandone la correlazione con il linguaggio e l'intuizione come dati storici e coscienziali. Cavaillès oppone che le contingenze della storia della matematica sono solo le condizioni negative dello sviluppo della matematica stessa: esse sono infatti proprio ciò che, rivelando l'inadeguatezza delle soluzioni precedenti, impone una riformulazione teorica e metodologica ulteriore sia alla contingenza che ha suscitato il problema, sia agli strumenti metodologici con cui lo si è affrontato. Opere principali: *Osservazioni sulla formazione della teoria astratta degli insiemi* (1930); *Transfinito e continuo* (postumo, 1947); *Filosofia matematica* (postuma, 1963).

Cavell, Stanley (Atlanta, Georgia, 1926), filosofo statunitense. Addottoratosi in filosofia presso l'università di Harvard, vi insegna dal 1963. Studioso di filosofia analitica (soprattutto della cosiddetta «filosofia del linguaggio comune») e originale interprete di Wittgenstein, Cavell ha inoltre scritto saggi di filosofia morale, estetica, critica letteraria, critica cinematografica, accomunati da un unico tema: lo scetticismo. Per Cavell il problema della filosofia da Cartesio in poi, cioè il dubbio nei confronti dell'esistenza del mondo esterno, non sarebbe semplicemente epistemologico, ma esprimerebbe l'essenziale contingenza della condizione umana, la cui tragicità meglio che dai filosofi sarebbe stata descritta da poeti e letterati. Tra le sue opere: *Guardare il mondo. Riflessioni sull'ontologia del film* (1971); *La pretesa della ragione: Wittgenstein, scetticismo, moralità e tragedia* (1979); *Inseguire la felicità: la commedia holliwoodiana dei matrimoni* (1981); *In cerca dell'ordinario: brani di scetticismo e romanticismo* (1988).

Celantes, nome che indica uno dei modi validi del → sillogismo.

Celarent, nome che indica uno dei modi validi del → sillogismo.

Celso (sec. II d.C.), filosofo greco. Compose tra il 178 e il 180 un'opera diretta contro il cristianesimo intitolata *Discorso vero*. Ne restano gli stralci riprodotti con intento polemico da Origene nel suo *Contra Celsum*. Origene qualifica spregiativamente Celso come epicureo, ma l'esame delle sue dottrine spinge piuttosto a ritenerlo platonico. L'intento fondamentale del *Discorso vero* è la difesa della tradizione filosofica greca: il culto dovuto a Dio, cui l'anima tende, non esclude per Celso il riconoscimento dell'esistenza degli dei della religione pubblica, a Dio subordinati. Disponendo di una discreta conoscenza della Bibbia, Celso si sforza di mostrare come il cristianesimo non rappresenti che una ribellione (*stàsis*) nei confronti del giudaismo e che le sue dottrine siano un'imitazione delle concezioni pagane. Ritiene assurdo che Dio si sia incarnato e polemizza con la fede nella resurrezione di Cristo, che riduce a una replica della dottrina orfica e platonica della metempsicosi. Considerando pericoloso per la sopravvivenza dell'impero lo spirito anticivico dei cristiani, Celso li invita a partecipare più direttamente alla vita dello stato. Accuse violente si trovano così frammiste nella sua opera a espressioni maggiormente concilianti, ma ugualmente animate da una vigorosa intenzione polemica.

censura, in psicoanalisi, la funzione psichica che impedisce o cerca di impedire ai desideri inconsci e ai loro derivati di penetrare nella sfera preconscia e conscia, e che pertanto è alla base della rimozione. La censura è costantemente presente e attiva, anche se in modo più o meno vigile (in particolare, si allenta durante il sonno); essa fa da filtro non solo fra l'inconscio e il preconscio, ma anche fra il preconscio e il conscio. In Freud il concetto di censura subisce via via alcune modificazioni secondarie, ricostruibili in tre fasi. Nella prima (*L'interpretazione dei sogni*, 1900) esso è utilizzato quasi esclusivamente per dar conto delle deformazioni oniriche. Nella seconda, intorno al 1916, esso viene assunto sotto il concetto più generale di difesa, e appare strettamente legato alla nozione di Super-Io. Nell'ultima fase, intorno al 1937, la censura è intesa come una delle funzioni dell'Io.

Certeau, Michel de (Chambery 1925 - Parigi 1986), storico e saggista francese. Dedica i suoi primi studi alle scienze religiose (*Il 'memoriale' di Pierre Favre*) e alla storia della mistica (J.-J. Surin). Entra nel 1950 nella Compagnia di Gesù, e continua gli studi sotto la direzione di H. De Lubac. Partecipa all'Ecole freudienne di J. Lacan (1964-80). Nel frattempo pubblica la *Guida spirituale* di Surin (1963) e il suo monumentale *Epistolario* (1966). Partecipa, dal 1968, alla nascita dell'università sperimentale di Paris VIII (Vincennes); di quel movimento traccia le linee di rinnovamento nel saggio: *Il prender parola. Per una cultura nuova* (1968). Da quel momento sempre più intreccia la ricerca del margine ove l'«altro» (l'alterità del mistico, del folle, del posseduto, del perduto d'amore) tocca e fa corpo con le tracce dell'Altro (ciò che muove il discorso oltre la 'spiegazione' della storia, del sé, *oltre ogni giustificazione*). Dovrà leggersi così il trittico, che va dalla storia documentale e testimoniale alla filosofia della storia, *Lo Straniero, o l'unione nella differenza* (1969); *Il caso di possessione di Loudun* (1970); *L'assente dalla storia* (1973): riflessioni sulla storia, che si suggellano infine nel saggio teorico *La scrittura della storia* (1975). La raggiunta consapevolezza di una pluralità planetaria di civiltà sarà argomentata in due libri del 1974: *La cultura al plurale* e *Cristianesimo esploso*. Ma accanto a quelle riflessioni sul 'plurale', s'approfondiva, negli ultimi anni, la ricerca su ciò che a questa molteplicità è speculare: l'anonimato e il quotidiano, ciò che dell'esperienza non lascia traccia. Così è da leggere il saggio teorico *L'invenzione del quotidiano* (1980), così i nuovi studi sulla mistica e sul credere, sempre più rivolti a cercare nella storia non già l'"eccedenza di senso', ma il suo perdersi nell'anonimato: *La fabula mistica* (1982) e *La debolezza di credere* (postumo, 1987). Ha percorso, come pochi nel Novecento, l'"extraterritorialità', dal *Parlare angelico* (postumo, 1989) al baudelairiano 'sguardo di una passante'.

certezza, stato di convinzione soggettiva considerato in genere come effetto di un'evidenza. Accanto alla nozione soggettiva di certezza, trasmessa nell'uso comune e per cui essa coincide in parte con l'→ assenso, si trova presso vari filosofi l'esame dei connotati oggettivi per cui una verità può dirsi «certa»: per questo secondo aspetto, la storia del concetto di certezza segue le vicende di quello di «verità» e dei criteri adottati per valutarla. Nel mondo antico, prevale l'analisi degli aspetti oggettivi del concetto: per Platone e Aristotele, la certezza si identifica con la stabilità, poiché non si dà conoscenza certa se non delle cose stabili, mentre del mutevole si dà solo una conoscenza probabile (Platone, *Filebo* 59*b*; *Timeo* 29*b-c*); Aristotele, in particolare, ne diede una formulazione logica, affermando che solo nel ragionamento → apodittico, la cui negazione è impensabile o contraddittoria, esiste la garanzia di una persuasione fondata oggettivamente. In ciò Aristotele si opponeva alla tesi sofistica per cui ogni certezza viene prodotta dalle modalità formali del discorso, ed è dunque vincolata all'abilità retorica di chi lo pronuncia. I due aspetti, quello soggettivo dell'assenso e quello oggettivo del criterio di verità, rimangono complementari fino al medioevo, quando l'insistenza sulla fede come adesione alla verità rivelata e sottomissione all'autorità dei padri che l'hanno interpretata, determina all'inizio della scolastica il prevalere dell'attenzione per l'aspetto soggettivo. San Tommaso distingue la certezza delle verità di fede, in cui prevale l'elemento soggettivo, cioè la volontà di accettare l'autorità di Dio rivelante, dalla certezza circa le verità di ragione, che è fondata sull'evidenza (*Summa theologiae*, II-IIae, q. 2, art. 1; e *In III Sententiarum*, dist. 23, q. 2, a. 2, q.la 2 c).

Nell'età moderna, Cartesio, con la regola dell'→ evidenza, identificò verità e certezza, e unificò gli aspetti soggettivi e oggettivi del concetto: l'evidenza significa insieme la chiarezza e distinzione delle idee e l'assenso soggettivo a esse. L'identità cartesiana di «vero» e «certo» permane in Locke, che vi aggiunge la distinzione tra «certezza della verità», cioè adeguazione tra le parole e le idee, e «certezza della conoscenza», cioè accordo o discordanza tra le sole idee (*Saggio*, libro quarto, VI, 3); e in Leibniz, che introduce il concetto di «certezza morale», conseguita in base alle prove delle verità religiose (*Teodicea*, *Discorso*, par. 5); ma viene a cadere in Vico, per cui il «vero» si identifica con il «fatto», mentre la «coscienza del certo» è data dall'«autorità dell'umano arbitrio» (*Scienza Nuova*, degnità X). Per Kant, «certezza» e «convinzione» esprimono rispettivamente il lato oggettivo e quello soggettivo della «scienza», intesa come credenza «sufficientemente» garantita come vera (*Critica della ragion pura*, Dottrina trascendentale del metodo, cap. II, sez. III). Per Hegel, nella *Fenomenologia dello spirito*, la certezza sensibile appare solo come il sapere più immediato, che tuttavia attesta soltanto la presenza di un singolo io di fronte a una singola cosa, senza che intervenga alcuna consapevolezza soggettiva. Piuttosto, a partire dalla certezza sensibile, scaturisce la *differenza* tra l'io e la cosa, e dunque la percezione che «l'immediato puro rapporto» tra l'uno e l'altra implica in ogni caso una mediazione (*Fenomenologia dello spirito*, A, I). Il concetto di «certezza scientifica», nato nel Seicento in stretta relazione con il principio della verifica sperimentale (l'esperimento sintetizza in una tecnica operativa la certezza sensibile e quella logico-matematica), ha subito, nel pensiero scientifico contemporaneo, sensibili mutamenti. Escludendo dal suo campo d'indagine la pretesa di pervenire a una certezza assoluta e universale, l'epistemologia moderna considera i criteri di verità come parametri mobili, relativi al sistema prescelto per attivarli. Da una tale riformulazione relativa della «verità» deriva il concetto di una certezza convenzionalmente determinata, che non ha più connotati psicologico-soggettivi (della cui attendibilità il pensiero contemporaneo, sulla traccia di Nietzsche e Freud, ha imparato a dubitare), né universalmente oggettivi, ma varia al variare dei criteri formali adottati per conseguirla.

Cesare, nome che indica uno dei modi validi del → sillogismo.

cesaropapismo, termine indicante quel particolare tipo di rapporto tra lo stato e la chiesa caratterizzato dall'affermazione di una superiorità del potere politico, per cui esso interviene nella vita interna della chiesa stessa. Il cesaropapismo si è realizzato sia nell'area orientale della cristianità sia in quella occidentale, ma in contesti storici diversi e con diversi presupposti teorici e modalità. In Oriente l'impero bizantino è l'unico quadro istituzionale esistente, nel quale il diritto, la cultura e anche la chiesa trovano le condizioni ottimali per svilupparsi. La chiesa esprime la sua unità a livello sacramentale, mentre il tessuto istituzionale è rappresentato dalle chiese locali, cioè da un sistema decentrato che si iscrive nell'unità dell'impero. La teologia orientale, nella sua tendenza costante a vedere nelle realtà terrene un'immagine di quelle celesti, riconosce nell'impero la prefigurazione del regno celeste e nell'imperatore l'immagine di Dio padre. I richiami biblici a Mosè, a Davide e a Salomone fondano ulteriormente il diritto dell'imperatore a intervenire nelle «cose sacre», diritto già tradizionalmente esercitato dagli imperatori pagani. Uno dei documenti più significativi di questa forma di cesaropapismo è la *Novella VI* di Giustiniano (535) che codifica la figura della «chiesa dell'impero». Analoga forma di cesaropapismo fu esercitata dall'impero zarista, soprattutto con la riforma religiosa di Pietro il Grande (1721). In Occidente, invece, la chiesa si presenta molto presto come una struttura istituzionale unitaria che si colloca a fianco del potere politico (assai meno unitario che in Oriente) nel compito di governare il mondo. L'autorità consacrata dei pontefici e il potere regio sono, secondo la tesi di papa Gelasio, i due principi che reggono l'universo, e storicamente essi si esprimono, a differenza che in Oriente, in due poli ben distinti di potere. Nei momenti in cui prevale il potere politico, esso realizza una forma di cesaropapismo che ovviamente elabora fondamenti biblici e teologici a proprio sostegno. Nell'età moderna una forma classica di cesaropapismo si realizza nell'anglicanesimo. Il giuseppinismo (sec. XVIII) è la forma più recente di cesaropapismo in uno stato cattolico.

Chamberlain, Houston Stewart (Southsea 1855 - Bayreuth 1927), saggista tedesco di origine inglese. Dopo studi di storia dell'arte e filosofia a Dresda, si stabilì a Vienna (dove scrisse *Il dramma di Richard Wagner*, 1894) e poi a Bayreuth, dove dimorò fino alla morte. Nell'opera principale, *I fondamenti del secolo XIX* (1899), espone i principi della sua filosofia della storia, ispirata alle tesi di J.-A. → Gobineau. Sulla base di una distinzione tra «cultura» e «civiltà», i popoli «giovani» vengono contrapposti a quelli «vecchi» per concluderne che solo lo spirito degli «ariani», rappresentati in Occidente dai popoli di origine germanica, è capace di assicurare l'avvenire dell'Europa. Tali idee, che Chamberlain diffuse dopo il 1919 in diversi libri divulgativi (per es. *Uomo e Dio*, 1921), vennero fatte proprie dai nazionalsocialisti e in particolare dal loro ideologo A. Rosenberg nell'opera *Mito del XX secolo*.

Charcot, Jean-Martin (Parigi 1825 - Nièvre 1893), neurologo e psichiatra francese. Lavorò tutta la vita all'ospizio parigino della Salpêtrière. L'originalità e il fascino di una pratica clinica sempre aperta all'incontro estemporaneo col malato fecero sì che in pochi anni la Salpêtrière diventasse la più importante scuola europea post-universitaria di psichiatria. Al seguito del maestro parigino si formarono i più grandi psichiatri dell'Otto-Novecento: J. Babinsky, A. Binet, P. Janet e molti altri;

lo stesso Freud ne subì profondamente l'influenza. Professore di anatomia patologica, Charcot si occupò di anatomia clinica del sistema nervoso; il suo nome è legato alla individuazione della sclerosi laterale amiotrofica (malattia di Charcot) e alla sindrome clinica della sclerosi multipla (triade di Charcot). Nonostante la sua formazione rigorosamente razionalistica e il suo attaccamento al riscontro anatomico, alla neurologia classicamente intesa come storia della lesione di un apparato fisico, Charcot fu un innovatore della neuropsichiatria ottocentesca, uno dei padri di quel filone che divenne poi noto come psicologia del profondo. Occupandosi prevalentemente dell'isteria, fu il primo a mettere in luce le qualità *affettive* di fenomeni squisitamente neurologici come certe paralisi, anestesie, contratture. Pose al centro della riflessione psichiatrica il concetto di lesione funzionale (cioè lesione di cui non resta un dimostrabile riscontro organico all'autopsia). Considerò l'isteria una nevrosi e ne ritenne intelligibili i sintomi in base alla conoscenza del paziente e delle sue esperienze affettivamente accentuate o traumatizzanti. Utilizzò l'ipnotismo come metodo di cura principale, non riuscendo tuttavia ad apprezzare criticamente l'importanza dell'elemento suggestivo che caratterizzava questo tipo di terapia allora in voga. Critiche in tal senso gli vennero mosse dalla cosiddetta scuola di Nancy (H. Bernheim e Liebault) e dallo stesso Freud.
Opere principali: *Lezioni cliniche sulle malattie dei vecchi e sulle malattie croniche* (1868); *Lezioni sulle malattie del sistema nervoso* (1873); *Lezioni sulla localizzazione nelle malattie del cervello e del midollo spinale* (1880). Va segnalato, inoltre, lo scritto *Gli ossessi nell'arte* (1887), in cui Charcot dimostrò come certe manifestazioni artistiche e soprattutto i casi di antiche possessioni demoniache fossero spiegabili in termini essenzialmente psicopatologici.

Charron, Pierre (Parigi 1541-1603), filosofo francese. Prete cattolico, dopo un'opera di apologetica (*Le tre verità contro tutti gli atei, idolatri, ebrei, maomettani, eretici e scismatici*, 1594), scrisse *I tre libri della saggezza* (1601), opera ispirata al pensiero di Montaigne, condannata dall'autorità civile e da quella religiosa, e considerata poi un manifesto del libero pensiero francese. In essa Charron difende lo scetticismo teoretico, non soltanto contro il dogmatismo della scolastica, ma anche allo scopo dichiarato di mettere la fede rivelata al riparo dalle pretese della ragione umana. Sotto questa professione di fideismo, tuttavia, la proposta di Charron è quella di una morale umanistica, terrena e razionale, ispirata fondamentalmente allo stoicismo. Negata la spiritualità dell'anima, lo scopo dell'uomo è una saggezza tollerante, che trovi nella pratica della virtù il proprio compenso, indipendentemente dall'attesa di premi ultraterreni: una saggezza rispettosa dell'ordine costituito, ma consapevole del privilegio spirituale dei pochi «spiriti forti» capaci di seguire una tale condotta di vita, di contro alla moltitudine degli «spiriti deboli», destinati a rimanere succubi del dogmatismo e del fanatismo.

Chartres, scuola di, celebre scuola medievale di studi filosofici, teologici e scientifici, fondata dal vescovo Fulberto nel 980 e soprattutto fiorente nella prima metà del sec. XII, quando divenne un centro di innovazione scientifica e pedagogica e vi insegnarono maestri famosi: i fratelli Bernardo e Teodorico di Chartres, Guglielmo di Conches, Gilberto de la Porrée, Bernardo di Tours (o Bernardo Silvestre), Clarembaldo d'Arras. A Chartres studiarono anche Alano di Lilla e Giovanni di Salisbury, che con le loro opere contribuirono alla diffusione degli ideali chartriani. Le principali fonti della scuola di Chartres sono costituite, oltre che dalle autorità tradizionali, classiche e scientifiche, dal *Timeo* di Platone, riscoperto in quegli anni nella traduzione latina di Calcidio, dalle opere logiche e teologiche di Boezio, da diversi trattati scientifici arabi che vennero allora tradotti in latino.
Il tratto culturale proprio della scuola consistette nel tentativo di applicare alle discipline scientifiche del quadrivio (aritmetica, geometria, musica, astronomia) le arti logiche del trivio (grammatica, retorica, dialettica), in funzione della completezza della ricerca scientifica. Lo studio del *Timeo*, il dialogo platonico che spiega la genesi del cosmo in termini diversi da quelli del racconto biblico del Genesi, provocò nei maestri di Chartres il bisogno di tentare una conciliazione tra filosofia e fede, che essi operarono ricorrendo, sulla scia di Giovanni Scoto Eriugena, a una sorta di platonismo cristiano secondo cui le forme eterne, gli archetipi delle realtà sensibili, coincidono con le idee presenti da sempre nella mente del creatore. La natura è vista come la prima creatura, portatrice delle leggi e dell'ordine dell'universo. L'uomo è al centro di essa e viene inteso come microcosmo, come la creatura più perfetta che riassume in sé tutto l'universo in miniatura. L'uomo deve essere studiato integralmente: gli studi anatomici e fisiologici di Adelardo di Bath e il conseguente sviluppo della medicina e dell'igiene attestano uno specifico interesse anche per il corpo umano. Questo atteggiamento è stato giustamente chiamato «umanesimo chartriano», non soltanto perché la scuola di Chartres studiò gli autori classici, ma anche perché, ponendo l'uomo al centro del creato, ne fece il continuatore dell'opera di Dio e della natura.

chassidismo, termine di origine ebraica (da *chasîd*, plurale *chasîdîm*, «pio») designante alcune correnti o movimenti mistici dell'ebraismo, di natura ed epoca diverse. In particolare, per chassidismo si intende comunemente il movimento iniziato in Podolia attorno al 1740 da Israel ben Eliezer (1700 ca - 1760), detto il Baal Shem Tov («signore del Nome buono»), e diffusosi subito in Galizia, Volinia e Ucraina. Nelle comunità ebraiche ancora scosse dal recente travaglio dell'eresia sabbatiana (→ sabbatianismo), il Baal Shem diffuse una mistica a base largamente popolare, accessibile a uomini e donne comuni, cioè ai non talmudisti, non dotti, non rabbini: una mistica incentrata sulla figura carismatica e mediatrice dello *zaddîq* (che in ebraico significa «giusto, santo»), il rabbino chassidico che, con la parola e gli atti, ammaestra i pii e, «scendendo» con i peccatori, li fa risalire con sé fino all'unione con Dio e alla liberazione delle scintille divine prigioniere nella materia o nella morte. Le caratteristiche fondamentali della mistica chassidica sono: l'enfasi sulla salvezza personale «prima di pregare per la redenzione generale»; il rifiuto di accelerare la redenzione messianica con mezzi magici; l'attaccamento a Dio (*deveqût*) in ogni atto anche profano; l'opposizione all'ascetismo e alla fuga dal mondo, l'abolizione di molte pratiche penitenziali e l'insistenza sulla gioia del cuore e sulla retta intenzione; l'assunzione, in forme talora volgarizzate, di dottrine della → qabbalah, specie nel sistema di I. Luria, come la dottrina dei «pensieri estranei», veri frammenti cosmici malvagi da riscattare, o lo studio della Scrittura come mezzo di unione all'archetipo celeste e quindi all'Infinito; la possibilità, che ha la preghiera del pio, di redimere i mondi restaurando l'unità (*tiqqûn*) là dove il peccato ha introdotto divisione. Il chassidismo si organizzò in comunità separate che avevano come centro la casa dello zaddîq e come principale evento rituale, oltre alla liturgia sinagogale praticata con alcune varianti, il «terzo pasto» sabbatico dello zaddîq e dei suoi discepoli, culmine della tensione mistica comunitaria, spesso accompagnato da canti e danze caratteristiche, tra cui è divenuto famoso il *nigûn* o canto senza parole eseguito dallo zaddîq. La natura popolare e collettiva del chassidismo ebbe la sua espressione tipica in un genere letterario particolare in lingua jiddish, la «storia» o racconto breve, incentrato su un detto o un fatto o un prodigio relativo a uno dei grandi maestri chassidici, e tramandato in forma semianonima come reale veicolo di salvezza, sostituto verbale ma efficace dell'opera dello zaddîq. Il chassidismo incontrò dapprima una violenta opposizione, specie in Lituania, da parte dei *mitnaggedîm* («avversari»), guidati da rabbi Elijjahu ben Shelomoh Zalman, il gaon («capo di accademia») di Vilna, massimo esponente dell'ortodossia antimistica: i chasîdîm subirono tre scomuniche tra il 1772 e il 1781, finché il contrasto si attenuò dopo il 1800 di fronte al pericolo comune rappresentato dall'illuminismo ebraico (→ *haskalah*). Il sec. XIX vide una decadenza del chassidismo, che continuò a estendersi e a godere il favore popolare, ma degenerò nei suoi maestri: la funzione di zaddîq divenne ereditaria e si sviluppò un culto dello zaddîq, accompagnato da pratiche taumaturgiche e superstiziose, affini a quelle che nel cristianesimo russo circondarono la figura dello *starec*. Oggi sopravvivono numerosi gruppi chassidici, il più noto dei quali è il chassidismo Chabad (sigla formata con le iniziali ebraiche delle parole «sapienza», «scienza» e «conoscenza»: le tre supreme *sefirôth* o emanazioni divine secondo il fondatore Chabad, rabbi Shneur Zalman di Liadi). Il chassidismo Chabad ha sviluppato in modo originale sia l'aspetto speculativo sia l'azione pratica, educativa, sociale, mentre pensatori come M. Buber e A.J. Heschel sono considerati gli esponenti di un neochassidismo che ha esercitato influenza anche fuori dell'ebraismo, per la suggestione del suo ricco patrimonio letterario, religioso e artistico.

Chenu, Marie-Dominique (Soisy-sur-Seine 1895- Le Saulchoir, Parigi, 1990), teologo francese. Fu professore, nonché promotore della rinata Scuola domenicana di Le Saulchoir, il cui ruolo nel rinnovamento della teologia cattolica del nostro secolo è stato fondamentale. Nel tentativo di rispondere alle questioni poste dal → modernismo, i domenicani di Le Saulchoir delinearono una sorta di «nouvelle théologie» caratterizzata dal primato attribuito al dato rivelato, da un approccio storico sia alla rivelazione biblica sia alla tradizione dogmatica, e da una particolare attenzione alle questioni poste dal mondo contemporaneo. Nel volumetto *Le Saulchoir: una scuola di teologia* (1937) Chenu espose la metodologia di pensiero della scuola. Nel 1942 il libro fu posto all'indice, e i principali rappresentanti della «nouvelle théologie» (oltre a Chenu, Y. Congar, J. Daniélou, H.U. von Balthasar, P. Teilhard de Chardin, H. De Lubac, G. Fessard ecc.), messi a tacere. Essi furono poi riabilitati da Giovanni XXIII e il loro metodo, ormai affermatosi nel dopoguerra, fu assimilato dal Concilio Vaticano II. Nelle opere di Chenu, *La teologia nel XII secolo* (1957) e *Saggi sulla Parola di Dio* (2 voll., 1964), quell'approccio storico alla teologia tipico della scuola di Le Saulchoir emerge con evidenza, e la trattazione, muovendo dalla riflessione sullo statuto epistemologico della teologia, attraverso l'esame di alcuni momenti storici, giunge all'analisi di problematiche più contemporanee: fine della cristianità, teologia dei segni dei tempi, preti operai.

cherigma, → kerygma.

Chicago, scuola di, indirizzo sociologico sviluppatosi nel dipartimento di sociologia dell'università di Chicago, istituito nel 1892 da Albion W. Small; nel 1914 a Small si unì R.E. Park, il quale fu fino al 1929 l'animatore della scuola, che ebbe la sua massima fioritura negli anni Venti. Il programma della scuola rivolse l'attenzione soprattutto alla disorganizzazione sociale nella città e al problema del risanamento degli *slums* e dei ghetti. La novità teorica consistette nell'introduzione dell'analisi ecologica (relazione tra ambiente, territorio, abitanti). La città veniva concepita come un sistema ecologico che sviluppava un proprio modello di socializzazione e lo studio dei gruppi sociali avveniva in relazione alla struttura fisica della città. Tra le varie ricerche della scuola di Chicago vanno ricordate: *Gli «hobo»* (1923), di N. Anderson; *La città* (1925), di R.E. Park, E.W. Burgess e R.D. McKenzie; *La gang* (1927), di F.M. Thrasher; *Il ghetto* (1928), di L. Wirth; *La Gold Coast e gli slums* (1929), di H.W. Zorbaugh.

chiesa, la comunità dei credenti in Cristo. Il significato del termine (*ekklēsía* è nel greco biblico l'assemblea del popolo, come in quello profano è l'assemblea della *pólis*) si precisa già nel Nuovo Testamento come comunità dei credenti, dei «chiamati». Tra gli evangelisti solo Matteo (16, 18 e 18, 17) usa due volte la parola chiesa; più frequente è la ricorrenza negli Atti degli Apostoli (5, 11; 8, 1; 9, 31; 12, 1 e 5; 15, 41 e 19, 39), dove essa indica sia singole comunità locali di cristiani sia gruppi di tali comunità. In senso accentuatamente dottrinale il termine è impiegato con notevole frequenza nelle lettere paoline: anche in Paolo si trova tanto l'accezione locale quanto quella più generale, che indica tutti i cristiani; ma è ancora più significativa la sua concezione per cui «il corpo di Cristo è la chiesa» (Colossesi 1, 24; Efesini 1, 23). In tutta la letteratura neotestamentaria, comunque, ekklēsía conserva il senso di «convocazione», di «assemblea», di avvenimento attuale che raduna i chiamati da ogni dove.

Occorre distinguere tra la chiesa come realtà universale che comprende tutti i cristiani, e le singole chiese, le quali, sebbene pretendano talora di essere la vera e unica chiesa, sono solo importanti ma parziali realizzazioni di essa. La chiesa dunque è una realtà storica multiforme e differenziata attraverso i tempi e i luoghi, caratterizzata dalla fede in Gesù come figlio di Dio e nella potenza redentrice della sua morte e resurrezione, e tesa all'attualizzazione del messaggio evangelico. È essenziale distinguere la chiesa dal regno di Dio: infatti il regno si realizzerà solo dopo la seconda venuta di Gesù e il giudizio al quale anche la chiesa sarà sottoposta. La chiesa è il risultato di un'iniziativa di Gesù e della risposta da essa suscitata tra gli uomini. Secondo la dottrina cristiana la chiesa non è una realtà accessoria e secondaria rispetto al rapporto di salvezza che interviene tra ciascun uomo e Dio; al contrario vi è la coscienza che la comunione d'amore tra il singolo uomo e Gesù implica per sua natura un rapporto tra i cristiani e di tutti i cristiani con gli altri uomini. In tale prospettiva si può persino affermare: *extra ecclesiam nulla salus* (fuori della chiesa non vi è salvezza). Ciò non significa che ci si può salvare solo mediante l'appartenenza sociologica a una chiesa cristiana, ma piuttosto che la chiesa è un momento fondamentale dell'itinerario cristiano.

La potenziale universalità della chiesa di Cristo, che si contrappone al particolarismo di altre esperienze religiose (compresa quella islamica, che si connota con forti caratteri nazionali: la «rivelazione in lingua araba»), ha incontrato nella storia remore e contraddizioni, solo in parte derivanti dalle intrinseche difficoltà del messaggio, spesso invece dipendenti dallo strutturarsi di fatto del movimento «ecclesiale» in istituzione «ecclesiastica», legata a coordinate storiche, geografiche e culturali, e a sua volta connessa a una sempre più rigida e formale idea e pratica dell'autorità (la separazione del «clero» dal «popolo», due termini che anticamente equivalevano entrambi a chiesa). La riflessione sulla chiesa («ecclesiologia») ha sempre dinanzi a sé un duplice nodo: la natura della chiesa e la struttura della chiesa (il suo ministero). Sul primo piano, si è trattato e si tratta di chiarire il significato di quelle affermazioni bibliche che nella sostanza legano intimamente Cristo (Dio) alla chiesa, con immagini come quella del corpo (Paolo) o della vite (Giovanni). La ricerca di questo significato è stata, attraverso la storia, laboriosa, e ha oscillato tra la totale identificazione della chiesa, visibilmente organizzata e gerarchizzata, con Cristo (la chiesa come «corpo mistico»), e l'affermazione della totale irrilevanza degli aspetti visibili della chiesa (posizione protestante radicale). Il problema è di non perdere la densità delle affermazioni bibliche, senza tuttavia forzarne il simbolismo sino a una concretezza e rigidità quasi fisica. Idee di chiesa quale «comunione», «sacramento», «popolo», «assemblea» (eucaristica) sono state avanzate e in parte recepite come approccio più autentico all'essenza evangelica della chiesa. Quanto all'aspetto del ministero e della struttura della chiesa, il Nuovo Testamento offre una varietà di immagini (il discepolato di Giovanni, la chiesa governata dall'apostolo, ma ricca di carismi, nelle prime lettere paoline, la struttura ormai stabile del ministero nelle lettere «pastorali»). L'organizzazione di tipo episcopale, generalizzatasi alla fine del sec. II, trova la sua grande manifestazione nei concilii; il ruolo del papato si sviluppa più lentamente e non è mai pienamente accettato da tutta la cristianità; la riforma propone strutture della comunità assai più riduttive. Il problema dei ministeri è connesso a quello dell'apostolicità, ossia del modo in cui si concepisce la successione agli apostoli, se come una catena formalmente ininterrotta di ministri regolarmente ordinati, o come sostanziale conformità al messaggio (o come una composizione dei due criteri). Il dialogo ecumenico ha ripetutamente affrontato questi punti, senza raggiungere tuttavia per ora risultati decisivi.

Childe, Gordon Vere (Sidney 1892-1957), paletnologo e archeologo australiano. La sua opera si può collocare nell'ambito del neoevoluzionismo, che riprende la teoria degli stadi di sviluppo di L.H. Morgan — selvaggio, barbarie e civiltà — integrandovi alcune categorie economiche marxiane. Sulla base di materiali archeologici, Childe tratteggia uno schema di sviluppo culturale imperniato su due grandi rivoluzioni economiche e sociali: la rivoluzione agricola, che segna il passaggio dal paleolitico al neolitico, in cui gli uomini si impadronirono delle tecniche della coltivazione e della domesticazione degli animali e si trasformarono in produttori di cibo; e la rivoluzione urbana, che, con lo sviluppo di nuove tecnologie (fra le quali l'irrigazione), modificò i rapporti sociali di produzione e determinò la stratificazione della società in classi, concentrando il surplus nelle mani di un'élite dominante. Childe riconosce tuttavia l'impossibilità pratica di attenersi a una stretta ipotesi unilineare di trasformazione delle varie società: «Nel complesso l'archeologia non offre — egli dice — molte prospettive di correlazione tra istituti sociali e stadi di evoluzione culturale definiti in termini economici; ma dopo tutto abbiamo visto che tali stadi, a parte i tre principali, sono a loro volta di definizione difficile se non impossibile. Infatti, almeno nello stadio di barbarie, le successioni culturali osservabili non seguono linee parallele» (*L'evoluzione sociale*, 1951). Il che significa che Childe seguiva il modello darwiniano dell'evoluzione multilineare, e inoltre metteva in guardia, almeno per quanto riguarda la preistoria (di cui è stato uno dei più importanti studiosi), dal trarre sicure deduzioni in base a reperti di difficile interpretazione. Altre sue opere importanti sono: *L'alba della civiltà europea* (1925); *Che cosa accadde nella storia* (1942).

chiliasmo, nome che indica la dottrina escatologica e apocalittica, detta più comunemente → millenarismo.

Chomjakov, Aleksej Stepanovič (Mosca 1804 - Ternovsk 1860), teologo russo. Tra i maggiori rappresentanti dello → slavofilismo, fu poeta, filosofo, sociologo. La sua ecclesiologia, fondata sulla nozione di → sobornost', postula un democratismo radicale nella chiesa (custode della fede è tutto il popolo di Dio) e considera l'esperienza ecclesiale quale fonte e criterio della verità. All'«unità senza libertà» del cattolicesimo e alla «libertà senza unità» del protestantesimo egli oppone la «libertà nell'unità» di un'ortodossia la cui caratteristica primaria è la santità e la cui anima è lo Spirito Santo. Le tesi di Chomjakov furono avversate, per il loro antiautoritarismo, dalla chiesa ufficiale, ma dopo la sua morte influirono in modo determinante sulla teologia russa e più in generale ortodossa. Tra le sue opere: *Lettera ai serbi* (1859), il manifesto dello slavofilismo; *La chiesa è una* (postuma, 1864); *La chiesa latina e il protestantesimo dal punto di vista della chiesa d'Oriente* (postuma, 1872), e le incompiute *Memorie sulla storia universale*. Fu il primo grande teologo laico dell'ortodossia in Russia.

Chomsky, Noam (Filadelfia 1928), linguista statunitense. È stato allievo di Z.S. Harris e ha studiato anche filosofia e matematica. Dal 1955 insegna al Massachusetts Institute of Technology. A lui si deve l'elaborazione di un originale e fecondo programma di ricerca nel campo della linguistica teorica noto come → grammatica generativa. Delineato inizialmente in *Le strutture della sintassi* (1957), questo programma di ricerca è stato poi sviluppato da Chomsky in una lunga serie di pubblicazioni che include tra l'altro: *Aspetti della teoria della sintassi* (1965); *Riflessioni sul linguaggio* (1976); *Regole e rappresentazioni* (1980); *Lezioni su reggenza e legamento* (1981); *La conoscenza del linguaggio* (1986); *Linguaggio e problemi della conoscenza* (1988). I suoi antecedenti storici più significativi, indagati da lui stesso in *Linguistica cartesiana* (1966), sono la Logica di → Port-Royal da un lato, e W.von → Humboldt dall'altro. Chomsky considera la linguistica una branca della psicologia: quella che ha a che fare con la capacità propria degli esseri umani di padroneggiare una lingua. Tre problemi devono essere accuratamente distinti: in che consista la conoscenza di una data lingua; come venga acquisita tale conoscenza; come tale conoscenza sia usata. È probabile, secondo Chomsky, che il terzo problema sia suscettibile solo in parte di una trattazione scientifica rigorosa, e comunque può essere affrontato solo dopo che siano stati risolti i primi due. Il linguista deve concentrare la propria attenzione sulla natura e sulla genesi della *competenza* linguistica, e non sulle modalità dell'*esecuzione* (→ competenza-esecuzione). L'acquisizione di una lingua può essere spiegata solo postulando l'esistenza di una facoltà mentale altamente specializzata e innata (cioè dipendente da caratteristiche del cervello umano che sono geneticamente determinate). Sarebbe altrimenti un mistero come i bambini possano imparare a parlare. Una qualsiasi lingua naturale ha una struttura estremamente complessa, eppure un bambino riesce a impadronirsene rapidamente e con facilità sulla base di dati tutto sommato scarsi e frammentari. L'unica spiegazione possibile è che tutte le lingue naturali abbiano una struttura in gran parte

comune, e che questa struttura comune, in quanto rispecchia il modo di funzionare innato della facoltà del linguaggio, non abbia bisogno di essere appresa dal bambino. Il sistema di restrizioni imposte dalla facoltà del linguaggio sulla struttura di una qualsiasi lingua costituisce la cosiddetta Grammatica Universale: compito ultimo del linguista è fornire una descrizione il più possibile completa e accurata della Grammatica Universale. Molto vivace è stata la polemica dello studioso americano con coloro che scorgono nel linguaggio un fenomeno essenzialmente sociale o che pretendono di ridurre la conoscenza del linguaggio al semplice possesso di un'abilità pratica (resta memorabile, in particolare, l'attacco al → comportamentismo). Notevoli per lucidità e rigore, e sorrette da un'eccezionale familiarità con gli ambiti disciplinari più diversi, le riflessioni metodologiche di Chomsky hanno avuto ampie ripercussioni anche al di fuori della linguistica, contribuendo in misura determinante al sorgere del → cognitivismo.
Oltre che per le sue ricerche sul linguaggio, Chomsky è noto per il suo impegno pacifista e la critica radicale che ha mosso alla politica estera degli Stati Uniti. Fra i suoi interventi in questo campo: *I nuovi mandarini* (1969); *La guerra americana in Asia* (1970); *Per ragioni di stato* (1973); *Illusioni necessarie* (1989).

Church, Alonzo (Washington 1903), logico statunitense. Ha insegnato a Princeton e a Los Angeles. Fondamentali alcuni suoi contributi alla logica matematica risalenti agli anni Trenta: l'invenzione del λ-calcolo, un formalismo per rappresentare funzioni; la formulazione della cosiddetta «tesi di Church», secondo cui le funzioni effettivamente computabili di numeri naturali sono quelle definibili nel λ-calcolo o, in modo equivalente, quelle ricorsive; la dimostrazione dell'indecidibilità dell'aritmetica elementare e della logica dei predicati del primo ordine (→ ricorsività, teoria della). In seguito Church si è dedicato alla costruzione di una «logica del senso e della denotazione», nell'intento di esplicitare e sistematizzare le intuizioni di G. → Frege relative al *senso* (*Sinn*) e alla *denotazione* (*Bedeutung*). Oltre a svariati articoli e a numerose recensioni, ricche di osservazioni originali e acute, Church ha pubblicato *I calcoli di λ-conversione* (1941) e *Introduzione alla logica matematica* (1956).

cibernetica, disciplina, inaugurata negli anni Quaranta da N. → Wiener e W.C. Ashby, che studia i processi naturali o artificiali di controllo e regolazione dei sistemi complessi. In ogni sistema regolato, secondo il modello fondamentale dell'analisi cibernetica, uno o più strumenti periferici di controllo trasmettono a un organo centrale di comando informazioni riguardanti variazioni significative dello stato del sistema rispetto alle sue condizioni standard (effetto di *feedback* o *retroazione*): l'organo di comando, dopo aver elaborato queste informazioni, interviene sul sistema per ristabilirne le condizioni standard. La centralità accordata da questa analisi ai processi di trasmissione ed elaborazione dell'informazione ha fatto sì che la ricerca cibernetica si sia venuta sviluppando a stretto contatto con la teoria dell'→ informazione. Ampie intersezioni, inoltre, si sono venute a creare con lo studio delle trasformazioni dei segnali d'ingresso (*inputs*) in segnali d'uscita (*outputs*) di sistemi complessi (*teoria matematica degli automi*). Definita talvolta come *scienza degli automi*, la cibernetica ha trovato il suo più naturale campo di applicazione nella ricerca di forme economiche (in termini di dispendio di energia e di informazione) di controllo e regolazione delle macchine automatiche (trasmettitori, computers, servomeccanismi, robots a uso industriale ecc.). Gli stimoli più importanti allo sviluppo teorico della cibernetica sono però venuti da quei settori delle scienze biologiche e dell'epistemologia che, a partire dagli anni Trenta e Quaranta, hanno esplorato le analogie esistenti tra gli automi e i sistemi naturali autoregolati, e hanno elaborato modelli meccanici, biochimici o logici del funzionamento degli organismi viventi, del sistema nervoso centrale, dei processi cognitivi animali e umani (analogie sono state individuate anche in campo sociologico). Negli ultimi decenni la ricerca cibernetica ha stimolato importanti riflessioni epistemologiche sulla nozione di → complessità.

Cicerone, Marco Tullio (Arpino 106 - Gaeta 43 a.C.), scrittore, oratore e uomo politico romano. La sua formazione filosofica fu eclettica, secondo gli usi culturali prevalenti nel suo tempo, ed eclettico fu poi anche il suo pensiero maturo. Studiò ad Atene, Alessandria e Rodi con Filone di Larissa, con i neoaccademici Antioco d'Ascalona e Posidonio, con gli epicurei Fedro e Zenone, con lo stoico Diodoro. In particolare, derivò da Antioco la tendenza ad accordare le dottrine dei maggiori filosofi antichi e le principali scuole (accademica, peripatetica e stoica) in una sintesi attenta soprattutto ai problemi morali. Solo alla scuola epicurea Cicerone (che pure ebbe il merito di pubblicare postumo il *De rerum natura* di Lucrezio) oppose sistematicamente le sue critiche. Le opere filosofiche di Cicerone, benché prive di vera originalità, hanno avuto eccezionale importanza, in primo luogo per aver diffuso la filosofia greca nella cultura romana, poi per aver tramandato gran copia di notizie sul pensiero stoico, epicureo e neoaccademico, notizie di cui si sono giovati gli studiosi moderni. Cicerone traspose inoltre in lingua latina i termini e i concetti del pensiero greco, dando origine a una tradizione terminologica che è giunta sino ai nostri giorni.
La sua prima opera filosofica è il *De re publica*,

che fu composto tra il 54 e il 51; gli altri scritti appartengono agli ultimi anni della sua vita, quando le vicende del primo triumvirato e poi il trionfo di Cesare lo avevano allontanato dall'attività politica: *De legibus*; *Paradoxa stoicorum*; *Academici libri quattuor*; *De finibus bonorum et malorum*; *De officiis*; *Tusculanae disputationes*; *De natura deorum*; *De divinatione*; *De fato*; *De senectute*; *De amicitia*; *Hortensius* (perduto: si tratta di un'esortazione alla filosofia che imitava il *Protreptico* di Aristotele e che ebbe grande influenza su sant'Agostino). Sebbene Cicerone dichiarasse apertamente i propri intenti riassuntivi e compilatori, consistenti nel prestare la propria abilità letteraria ai concetti filosofici greci, la sintesi ciceroniana non manca di qualche tratto originale, soprattutto nella tendenza a tradurre le dottrine dei filosofi in un sapere socialmente utile e concreto. Scettico e probabilista in gnoseologia, si appellò al consenso dei maggiori filosofi per sostenere l'universalità dei principi etici e l'esistenza degli dei e dell'anima, sebbene non dimostrabili razionalmente. Per queste ragioni si oppose, come si è detto, all'epicureismo, il cui meccanicismo gli parve negatore della libertà umana e la cui etica sentiva troppo lontana dalla morale tradizionale romana. Nel *De legibus* ammise l'esistenza della legge naturale, con l'evidente ambizione di trovare in essa la fondazione teorica del diritto romano, elaborato sino ad allora su base prevalentemente pragmatica; e nel *De officiis*, che pur ispirandosi a Panezio è la sua opera più personale, mostrò come l'utile non sia mai in contrasto con l'onesto, vale a dire con la virtù e col dovere: Cicerone intendeva così conciliare le elaborazioni concettuali del pensiero greco con la saggezza pratica romana.

cicli culturali, in antropologia e in storia delle religioni, espressione con cui, nell'ambito delle scuole morfologico-culturale e storico-culturale, si indica il fenomeno della diffusione e della continuità di un complesso integrato di elementi culturali in determinate aree. Il problema dell'origine dei parallelismi dei fatti culturali era stato già posto da F. Ratzel e da A. Bastian, ma con soluzioni diverse, dato che Bastian aveva posto l'accento principalmente sull'unità dello spirito umano che, nelle medesime condizioni ambientali, reagirebbe nello stesso modo, mentre Ratzel riteneva che le concordanze fra elementi culturali fossero dovute a rapporti storici e geografici (*teoria della migrazione*) tali da favorire la diffusione di un elemento da un centro originario in più aree. Una vera e propria teoria dei cicli culturali (*Kulturkreise* andrebbe tradotto più propriamente «cerchi culturali», ma dato che nell'ambito della scuola storico-culturale il termine ha assunto anche una valenza temporale, oltre che territoriale, in Italia si è affermata l'espressione «cicli culturali») si ha con L. Frobenius, che integra il metodo di ricerca di Ratzel aggiungendo al criterio *qualitativo* un criterio *quantitativo* o *geografico-statistico*, tendente a individuare, in tavole diffusionali geografiche, la frequenza e il numero delle concordanze degli elementi culturali. La teoria dei cicli trova poi il massimo assertore in W. Schmidt, che distingue tre gradi di cultura, aggiungendo a essi le cosiddette culture *terziarie*. Il primo grado, detto *primitivo*, comprende tutte le tribù di economia distruttiva (caccia e raccolta). Nel secondo grado, detto *primario*, si ha il superamento dell'economia distruttiva: la donna comincia a lavorare la terra per mezzo della zappa e l'uomo passa dalla caccia all'allevamento del bestiame. Il terzo grado, *secondario*, si avrebbe con l'interagire delle culture primarie fra loro e con quelle primitive. Le culture *terziarie* sarebbero quelle proprie delle civiltà superiori antiche dell'Asia, dell'Europa e dell'America.
Le varie ipotesi sui cicli, portate al loro massimo sviluppo dalla scuola storico-culturale, se provocarono all'inizio un forte dibattito, sono attualmente in declino o addirittura abbandonate. Gli etnologi americani riconobbero la validità del rilievo di taluni complessi culturali, ma solo all'interno del continente americano, respingendo l'estensione dei cicli ad altri continenti. Le critiche più acute furono formulate da E. Jensen (*Come una cultura primitiva ha concepito il mondo*, 1952), il quale nega che si possano estendere fenomeni presenti in Africa e in Oceania alla storia di tutta l'umanità. La teoria dei cicli sarebbe sostanzialmente una costruzione che, pretendendo di spiegare i fatti in prospettiva storica e antievoluzionistica, finirebbe per sboccare, a sua volta, in una sorta di evoluzionismo regressivo, specialmente con Schmidt, il quale prospetta il tema di una decadenza con l'ipotesi del monoteismo primordiale. Tuttavia lo schema ciclico-culturale conserva un certo interesse in etnologia (in Italia ne è stata fatta una revisione da R. Biasutti) e in antropologia culturale per aver posto all'attenzione degli studiosi l'esistenza di interconnessioni in un complesso (o modello) culturale. Il problema non poteva risolversi nell'ambito di queste scuole, soprattutto a causa della preminenza data di volta in volta, dai singoli ricercatori, o alle tecniche (Ratzel) o ai fenomeni «espressivi» (Frobenius) o religiosi (Schmidt), mentre rimanevano in ombra importantissimi fenomeni che pure avrebbero dovuto attrarre la massima curiosità per la loro presenza in aree diverse, quali i riti di iniziazione e le mutilazioni sessuali, e che invece rimangono ancor oggi privi di spiegazione.

ciclotimia, condizione patologica per cui l'umore subisce fluttuazioni di carattere maniaco-depressivo, cosicché il soggetto è alternativamente depresso ed eccitato più di quanto non avvenga nei normali sbalzi di umore, oppure, più raramente, è solo o periodicamente depresso o periodicamente eccitato. Spesso la fase depressiva è caratterizzata dalla presenza di disturbi fisici più o meno acuti. Alcuni psichiatri, seguendo E. Kraepelin, definiscono con il termine di ciclotimia la psicosi maniaco-depressiva. Nella tipologia somatica di E. → Kretschmer, in cui la ciclotimia e la schizotimia costituiscono i due poli estremi, l'individuo ciclotimico viene definito, più che in base alle variazioni fasiche dell'umore, in base alla ricchezza e mobilità del suo tono affettivo, che lo pone in continua sintonia con le più piccole sollecitazioni dell'ambiente fisico e umano.

cinestesia, in psicologia sperimentale, la sensibilità relativa al movimento del proprio corpo e dei propri arti. Fornendo informazioni retroattive sui movimenti nel momento stesso in cui essi hanno luogo, la sensibilità cinestesica pone l'organismo in grado di valutare istantaneamente il rapporto fra i movimenti intenzionali e quelli effettivi, e di correggere l'eventuale non corrispondenza fra i primi e i secondi. I recettori cinestesici hanno sede nei muscoli, nei tendini e nelle articolazioni, ed è stato dimostrato sperimentalmente che, quando vengono sottoposti a stimolazioni meccaniche (compressione, stiramento ecc.), inviano impulsi elettrici lungo le fibre neurali cui sono collegati.

cinici, i seguaci della scuola filosofica fondata da Antistene, dopo la morte del maestro Socrate, in un ginnasio fuori d'Atene detto Cinosarge (il «cane agile»), luogo sacro a Eracle. Di qui, secondo alcuni, il nome di «cinici» o «cani», appellativo che già in Diogene di Sinope, l'esponente più celebre della scuola e immediato successore di Antistene, designa la vita randagia, indifferente ai bisogni, e la vigile fedeltà al rigore morale. Fra i discepoli di Diogene si ricordano Monimo, Onesicrito, Cratete di Tebe, che convertì al cinismo la moglie Ipparchia e il cognato Metrocle. Alle generazioni seguenti appartennero Menedemo e Menippo di Gadara, e inoltre Bione di Boristene, Cercida e Telete. Gli ultimi quattro svilupparono la «diatriba», il genere letterario che meglio esprime l'asprezza polemica e satirica dell'argomentare cinico. Dopo un lungo periodo di declino la scuola riprese vigore nel sec. I d.C., quando l'appello alla libertà interiore e all'austerità dei costumi (valori condivisi con gli stoici) si oppose alla corruzione del potere imperiale. Gli esponenti e divulgatori principali sono Dione Crisostomo (secc. I a.C. - I d.C.), Demonatte, Enomao e Luciano di Samosata (sec. II d.C.), che difese il genuino comportamento cinico contro ogni eccesso teatrale. Dei cinici si tramandano comportamenti esemplari piuttosto che dottrine definite; emerge però chiaramente che, fatta eccezione per Antistene, l'interesse della scuola fu esclusivamente etico. La virtù dell'uomo consiste nel vivere secondo natura: dove la virtù non è più, come in Socrate e in Platone, una scienza, ma una pratica di vita, un «esercizio» (*áskēsis*); e dove per «natura» si intende la condizione di vita più elementare. L'ideale dell'*autárkeia* (l'«autosufficienza») consiste proprio nella drastica riduzione dei bisogni, dal momento che basta soddisfare quelli primari. Contrario alla *phýsis* o natura, e dunque degno di disprezzo, è il *nómos*, la consuetudine, la regola, l'insieme dei valori acquisiti della tradizione religiosa, civile e culturale.

circolo ermeneutico, la circolarità per cui si comprende qualcosa solo se la si sia già oscuramente precompresa. L'argomento è già presente nella retorica e nella filologia ellenistiche, come esigenza di emendare un autore attraverso l'esame comparato della totalità del suo *corpus* (→ Alessandria, scuola filologica di), e opera dunque come principio metodico e oggettivo. Il principio del circolo ermeneutico ricevette una più vasta operatività critica all'epoca della controversia tra riformati e cattolici. All'argomentazione controriformistica del cardinale Bellarmino sull'impossibilità di leggere la Bibbia senza la mediazione della tradizione cattolica romana — come aveva richiesto Lutero — essendo venute meno le conoscenze storiche e linguistiche dei primi padri, Mattia Flacio Illirico aveva risposto (*Clavis scripturae sacrae*, 1567) che la fede e non il rito, e soprattutto il richiamo immanente al testo come organismo che si chiarisce da sé senza abbisognare di allegoresi, forniscono la guida per l'intelligenza del senso: si possono intendere le parti solo quando se ne abbia una precomprensione globale che si completa circolarmente attraverso l'intendimento delle parti che essa ha reso previamente possibile.

Per tutto il Seicento, e ancora nell'antiquaria e nella filologia settecentesche, il riferimento al circolo ermeneutico fungerà da garanzia della possibilità di una ragione autonoma di intendere senza presupposti che non siano quelli procurati dal testo. Con l'Ottocento si assiste a una duplice tematizzazione del circolo, una esplicita e filologica, l'altra implicita e filosofica. Da una parte, lo sviluppo dello studio dell'antichità classica porta all'istituzione dell'ideale di una enciclopedia delle scienze dell'antico, tematizzata dal filologo A. Boeckh (1785-1867) ma anticipata dall'asserzione romantica, onde un vero intendimento dell'antichità può avvenire solo quando la si colga come totalità organica (cfr. F. Schlegel, *Sullo studio della poesia greca*, 1795-97). D'altra parte, sul piano filosofico, il criticismo kantiano aveva messo in chiaro che non è questione, come nella vecchia metafisica, di stabilire come noi possiamo conoscere gli oggetti, ma piuttosto di determinare le condizioni per cui gli oggetti possono rendersi conoscibili per un essere razionale e finito). Ne segue che il mondo ci è noto attraverso lo spazio e il tempo nella estetica trascendentale, e attraverso le categorie dell'intelletto, che preformano a priori gli oggetti della conoscenza. Il conoscere è possibile solo sulla base di una precognizione che ne stabilisce la natura circolare. La critica, già avanzata da Hegel e poi sviluppata tematicamente da W. Dilthey, che queste categorie a priori sono storiche (e dunque da ultimo empiriche) aprirà la via alla confluenza tra il problema filologico del circolo e quello filosofico del trascendentale. Noi conosciamo solo in quanto siamo storicamente situati, e questa collocazione offre le basi per una precomprensione preliminare a ogni comprensione. Il circolo non opera più come principio oggettivo, visto che non è questione di cogliere la sola totalità organica dell'oggetto; ma non è nemmeno una semplice messa in chiaro dei pregiudizi soggettivi che stabiliscono i modi della nostra conoscenza dell'oggetto. È piuttosto una tematizzazione di quei trascendentali (storia e linguaggio) che assicurano il nesso tra soggetto e oggetto della conoscenza. In questo modo il circolo viene ripreso, nel nostro secolo, da Heidegger, in polemica con l'ideale husserliano di una → epoché come sospensione del giudizio, e più generalmente contro l'ideale positivistico di una scienza priva di presupposti: noi intendiamo non malgrado i nostri pregiudizi, ma in forza di essi (*Essere e tempo*, 1927, par. 32). Onde l'argomento del circolo, che nella sua versione moderna era sorto per affermare i diritti della ragione autonoma contro l'autorità, vige ora, dopo la svolta trascendentale del comprendere che ha messo in questione l'ingenuità della pretesa di un pensiero senza presupposti, come principio che riabilita la tradizione e il pregiudizio.

circolo vizioso, → diallele.

cirenaici, i seguaci di Aristippo di Cirene, città della Libia da cui prese nome la scuola. Alla morte di Aristippo, avvenuta intorno al 355 a.C., gli succedettero la figlia Arete e il figlio di lei, Aristippo il Giovane; quest'ultimo è considerato l'autore della dottrina ufficiale della scuola, edificata sul fondamento del pensiero del maestro. Il sapere filosofico riguarda, come già per Socrate, di cui Aristippo era stato discepolo, non la matematica o la fisica, ma la condotta umana: fine della vita e sommo bene per l'uomo è il piacere corporeo presente o momentaneo (*monóchronos*), inteso come movimento debole o dolce, in contrasto con la violenza del dolore, e distinto dal piacere catastematico o statico della dottrina epicurea. Al piacere sensibile è associata, sul piano della conoscenza, la certezza sensibile riguardante le nostre sensazioni, impressioni ed emozioni: solo di questo ci è dato giudicare, e non delle cose esterne (una tesi che risente l'influenza del fenomenismo eracliteo di Protagora e di una parte della sofistica del sec. v). Tra le figure della scuola, attiva almeno fino al sec. III a.C., si ricordano Antipatro, Parebato, Aristotele Cirenaico; ma soprattutto Anniceri per la finezza delle sue dottrine morali; Egesia detto «persuasore di morte», autore del celebre trattato *Sul suicidio mediante il digiuno*; e infine Teodoro l'ateo, famoso nell'antichità per aver negato, oltre che l'esistenza degli dei, anche gli altri valori della tradizione, come l'amicizia e l'amore di patria: patria di ognuno è il mondo (che è la tesi cosmopolita di cinici e stoici, per quanto lo stesso Aristippo già si considerasse «ospite straniero», *xénos*, ovunque); inoltre è lecito, al momento opportuno, rubare, commettere adulterio, compiere sacrilegi, perché niente di tutto ciò è turpe per natura.

Cirillo di Alessandria (370 ca - Alessandria 444), padre della chiesa di lingua greca; santo. Vescovo di Alessandria ed erede di una tradizione teologica che ribadiva l'unione, in Cristo, di divinità e umanità nell'unico soggetto del Logos, entrò in contrasto intorno al 430 col vescovo di Costantinopoli Nestorio, che, antiocheno, accentuava in Cristo la distinzione fra divinità e umanità e perciò rifiutava di riconoscere Maria madre di Dio (→ nestorianesimo). Lottando senza esclusione di colpi, Cirillo ottenne la vittoria nel concilio di Efeso (431) e, successivamente, condannato ed esiliato Nestorio, si riconciliò con i rivali antiocheni (→ Antiochia, scuola di), sacrificando alcune delle sue più personali proposizioni, fra cui i famosi dodici anatematismi (cioè «formule di condanna»), che configuravano la dottrina cristologica in forma inaccettabile per ogni seguace della tradizione antiochena. Gran parte della vasta attività letteraria di Cirillo fu volta a difendere le sue posizioni e ad attaccare quelle degli avversari (*Contro le bestemmie di Nestorio*, *Allocuzioni intorno alla retta fede*, *Sull'unità di Cristo* ecc.). Pur affermando in Cristo l'integrità della natura umana accanto a quella divina, Cirillo parla spesso impropriamente di una sola natura del Logos incarnato, favorendo così l'equivoco e aprendo la strada ai monofisiti (→ monofisismo) nel negare la realtà della natura umana di Cristo. Scrisse anche un'apologia del cristianesimo contro Giuliano l'Apostata (della quale restano dieci libri), commenti biblici e un ricco epistolario.

civilisation, → cultura - civiltà.

civiltà, → cultura - civiltà.

clan, raggruppamento sociale fondato su parentela di sangue o vincolo di alleanza sessuale. In questo tipo di organizzazione hanno primaria importanza i sistemi di stirpe, che danno origine ai clan. La *stirpe* (o *lignage*) sarebbe un gruppo organico che si perpetua attraverso una «carta» genealogica e che ha carattere multifunzionale, poiché adempie a funzioni matrimoniali, economiche, religiose, politiche. Secondo la terminologia di R. Lowie (*La società* *primitiva*, 1921) si chiamerebbero *clans* i gruppi a discendenza matrilineare, *gentes* quelli a discendenza patrilineare, e *sibs* i gruppi a discendenza unilineare non determinata; mentre secondo la terminologia di G.P. Murdock (*La struttura sociale*, 1949), i clan si distinguono in *matriclans* e *patriclans*. Il clan, dunque, è costituito da un insieme di individui che hanno un antenato comune, in linea paterna o materna, un antenato al quale non ci si collega attraverso una linea genealogica continua. L'unità clanica è normalmente esogamica (contrae, cioè, alleanze matrimoniali al di fuori del gruppo di sangue discendente dall'antenato comune), anche se la condizione esogamica non appare costante. Presso la popolazione kwakiutl dell'isola di Vancouver, studiata da F. Boas, i clan sono gruppi legati da una origine mitica comune, più che da rapporti di sangue. A essi appartengono tutti gli individui che possono far risalire la loro genealogia mitica a un eroe o a un fondatore che, attraverso imprese proiettate nel passato atemporale, ha concesso ai suoi «discendenti» una «proprietà» clanica religiosa, consistente nelle divise, nelle maschere, nel nome. Tale «proprietà» è esclusiva dei membri del clan e costituisce il mondo di rappresentazioni ancestrali cui, attraverso i rituali di ripetizione mitica, il clan si collega. Sono, poi, particolari strutture claniche quei gruppi che, sebbene non vi sia nessun legame di sangue, si riconoscono parenti fra loro in quanto «discendenti» da un *totem* comune, animale o oggetto, considerato l'antenato del clan, il suo fondatore culturale. Sarebbe questo il motivo dell'esogamia: senza l'obbligo di sposarsi al di fuori del gruppo il matrimonio sarebbe infatti incestuoso a causa del legame di parentela stabilitosi attraverso il totem comune (→ totemismo).

Claparède, Édouard (Ginevra 1873-1940), psicologo e pedagogista svizzero. Dopo aver compiuto studi di scienze, medicina e psicologia, nel 1912 fondò a Ginevra l'Istituto J.-J. Rousseau, specializzato in ricerche di psicologia dell'età evolutiva. Dal 1915 insegnò psicologia sperimentale all'università di Ginevra, concentrando i suoi interessi sulla psicologia applicata all'educazione. Le sue ricerche tesero a sottolineare, in polemica con l'associazionismo, il legame dinamico fra la totalità della condotta del soggetto e i singoli fenomeni psichici, che quindi non possono essere considerati isolatamente ma vanno visti nell'ambito di funzioni determinate in rapporto al soddisfacimento di bisogni adattivi. Il contributo più originale di Claparède nell'ambito della prassi pedagogica è riconducibile al progetto (1901) di una «scuola su misura», in cui i metodi d'insegnamento dovevano essere adeguati al naturale processo di sviluppo e alle attitudini del singolo allievo. Tra le sue opere si ricordano: *Psicologia del bambino e pedagogia sperimentale* (1905), *La scuola su misura* (1920), *L'educazione funzionale* (1931).

Clarembaldo d'Arras (sec. XII), filosofo francese. Compì gli studi alla scuola di San Vittore a Parigi, sotto la guida di Ugo, e alla scuola di Chartres, dove ebbe come maestro Teodorico. Arcidiacono della cattedrale di Arras, scrisse un *Tractatulus super librum Genesis* e commentò due opuscoli teologici di Boezio, il *De Trinitate* e il *De hebdomadibus*. Clarembaldo concepisce l'universo come una materia originariamente informe cui Dio aggiunge le *rationes seminales*, cioè le forme di tutti gli enti ancora allo stato germinale. Tali forme sono immagini imprigionate nella materia divina delle idee. L'esistenza di Dio è dimostrata attraverso la prova aristotelica del movimento.

Clareno, Angelo (Fossombrone 1245 ca - Santa Maria dell'Aspro 1337), teologo italiano. Francescano, per alcuni anni insegnò teologia nelle scuole dell'ordine; ben presto decise però di rinunciare al sacerdozio e di aderire alla corrente degli → spirituali. Per la sua posizione favorevole alla povertà radicale, contrastata dalla maggioranza dell'ordine, Clareno venne incarcerato (1280-89); dopo la liberazione trascorse alcuni anni in Armenia e in Grecia, quindi ritornò in Italia e divenne la guida riconosciuta degli spirituali dispersi. La sua opera principale è il *Chronicon seu Historia septem tribulationum* (1322-25), che narra le vessazioni subite dagli spirituali e si sforza di interpretare le vicende dell'ordine e la lotta per l'affermazione della povertà come eventi preannunciatori dei tempi escatologici nella storia della chiesa. Oltre a diverse opere apologetiche e a un commento alla Regola di intonazione rigorista, Clareno lasciò una raccolta di lettere e un *corpus* di traduzioni di opere del monachesimo orientale, fra cui la *Scala del Paradiso* di Giovanni Climaco.

Clarke, Samuel (Norwich 1675 - Londra 1729), filosofo inglese. È noto per aver contribuito alle discussioni sul deismo (*Discorso concernente l'essere e gli attributi di Dio*, 1705): il suo intento è polemico nei confronti di Hobbes, Spinoza e J. Toland. Contro il materialismo del primo e il panteismo del secondo egli vuole ribadire, con l'uso del loro stesso metodo di dimostrazione geometrica, le verità del cristianesimo (per tale intento apologetico Clarke venne definito «deista cristiano»). Contro Toland difende la necessità della rivelazione elaborando un argomento già avanzato da Locke: sebbene la verità religiosa e la legge morale posseggano lo stesso grado di certezza delle proposizioni matematiche, tuttavia Dio, con la rivelazione, ha inteso fornire alla grande maggioranza degli uomini, incapaci di ricerca razionale, un ausilio pratico. La rivelazione è però un dono e non un obbligo divino. Ciò spiegherebbe per Clarke quella che i deisti giudicavano un'incomprensibile contraddizione: l'essersi Dio rivelato a un solo popolo e in un tempo storico determinato.

classe, collezione di oggetti. L'espressione è per lo più usata come sinonimo di 'insieme' (→ insiemi, teoria degli); solo alcune teorie assiomatiche degli insiemi (come quella di K. → Gödel) sono dette 'classi' in collezioni che — a differenza degli insiemi — non possono essere a loro volta elementi di altre collezioni.

classe sociale, espressione indicante la posizione occupata da un dato gruppo nel sistema della stratificazione sociale: in genere designa l'insieme degli individui o delle famiglie che godono della stessa quantità di reddito, prestigio, potere ecc., o meglio di una stessa combinazione di tali fattori.

La nozione di classe si affermò nelle scienze sociali tra la fine del Settecento e i primi decenni dell'Ottocento, quando A. Smith, A. de Tocqueville, K. Marx si posero il problema di spiegare la contraddizione tra sistema giuridico e realtà economico-sociale nella società capitalistica: mentre nella società feudale l'ordinamento civile si basava sulla statuizione di diritto delle differenze sociali, nella società capitalistica queste non sono giuridicamente definite, e tuttavia esistono nella realtà. Una società si dice divisa in classi quando, pur in presenza di un sistema giuridico che sancisce l'assoluta eguaglianza dei cittadini, nella realtà le condizioni sociali risultano profondamente e sistematicamente differenziate. I privilegi goduti e le discriminazioni subite da quanti vivono in una società classista non sono il risultato casuale di singoli eventi, ma hanno un carattere relativamente stabile e duraturo e rappresentano l'effetto dell'appartenenza a una certa classe, che determina le possibilità di accesso alle risorse sociali. Questa appartenenza non dipende dalla nascita, né da alcun atto formale e ufficiale (come nelle società divise in caste), bensì è la conseguenza del possesso di caratteristiche che dipendono principalmente dalla posizione occupata nel sistema economico e da altre caratteristiche acquisite. In quanto raggruppamenti di fatto e non di diritto, le classi sono insiemi aperti e non chiusi. Ciò significa che la nascita in una determinata classe non è condizione vincolante del destino dell'individuo: esiste la possibilità del passaggio da una classe a un'altra correlativamente all'acquisizione o alla perdita di quelle caratteristiche su cui si fonda l'assegnazione a una data classe: è il fenomeno della *mobilità sociale*.

Secondo Marx l'elemento costitutivo delle classi è dato dalla posizione occupata all'interno dei rapporti di produzione. Il modo di produzione capitalistico è caratterizzato dalla separazione dei mezzi di produzione (di proprietà del capitalista) dal lavoro necessario a farli operare: l'operaio per vivere vende la propria forza-lavoro al capitalista, il quale nel processo produttivo gli sottrae una quota di lavoro non pagato (*plus-lavoro*) che costituisce la base del profitto. Tale condizione di sfruttamento e di sudditanza del proletariato nei confronti della borghesia si estende all'intera sfera sociale: la diversa posizione occupata nei rapporti di produzione comporta infatti una diversa distribuzione dei redditi e quindi diverse possibilità di consumo, di istruzione, di partecipazione politica ecc.

Il proletariato non è immediatamente consapevole del conflitto di interessi che lo oppone alla borghesia e tende principalmente al miglioramento delle proprie condizioni economiche: ma con ciò non intacca il sistema sociale basato sulla proprietà privata dei mezzi di produzione. Allorché il proletariato acquista la coscienza del proprio interesse oggettivo (*coscienza di classe*) all'eliminazione della propria condizione di sfruttamento e quindi della propria missione storica rivoluzionaria, da classe esistente oggettivamente «in sé» diventa classe «per sé».

M. Weber, oltre alla divisione in classi sulla base della posizione economica, considera una divisione in base agli status, vale a dire in termini di onore, prestigio e stile di vita. In molti casi, secondo Weber, lo status diverge dalla situazione economica: così un nobile di antica ascendenza e con redditi non molto elevati, anche in una società capitalistica, può godere di maggior prestigio di un imprenditore dalle grandi ma recenti ricchezze. Sulla base di un identico status si formano i ceti: essi sono gruppi più omogenei delle classi in quanto i loro membri sono accomunati da identici modi di pensare, agire, vivere ecc. Weber, dunque, si differenzia da Marx per l'accentuazione degli elementi soggettivi e normativi della stratificazione sociale.

I sociologi americani della scuola strutturalfunzionale hanno portato alle estreme conseguenze le indicazioni contenute nell'opera di Weber, fino a escludere che nelle società contemporanee esistano vere e proprie classi sociali. Tra i numerosi studiosi (W.L. Warner, R. Centers, K. Davis, W.E. Moore ecc.) che hanno contribuito all'affermarsi di tale orientamento, particolare rilievo ha T. Parsons. Egli ritiene che le differenze sociali siano legittime, in quanto dipendono dalle diverse capacità degli individui di contribuire al benessere e al progresso della società. La società, secondo Parsons, non è divisa in classi rigidamente distinte, ma è un *continuum* di «strati», perché il potere e la ricchezza si distribuiscono lungo una scala che va da un massimo a un minimo in corrispondenza della distribuzione delle competenze tecniche e delle doti personali. A suo parere l'esistenza di diversi strati è funzionale alla conservazione dell'ordine sociale: solo l'attribuzione differenziata di ricompense e privilegi

può assicurare l'incanalamento delle risorse umane verso quei fini che la collettività considera primari.
C. W. Mills, in *L'élite del potere* (1956), sostiene che il potere rappresenta la base delle relazioni di disuguaglianza sociale. Coloro che occupano i vertici delle organizzazioni economiche, militari e politiche hanno interessi simili, identico modo di vita e livello di istruzione: essi formano una → élite del potere che conserva le proprie posizioni di privilegio e di dominio attraverso la manipolazione delle coscienze delle masse subalterne.
R. Dahrendorf, in *Classi e conflitto di classe nella società industriale* (2ª ed., 1959), afferma che le società contemporanee sono caratterizzate da una proliferazione di strutture e organizzazioni: solo all'interno di ciascuna di esse ha senso parlare di classi, perché solo all'interno di esse si formano interessi antagonistici e gruppi in conflitto tra loro.
Secondo le successive ricerche sociologiche, le classi nelle società avanzate non tendono a diminuire, e nelle società arretrate permangono stratificazioni sociali tradizionali (caste, ceti) anche se abolite per legge. In particolare, nelle società avanzate il numero delle professioni specializzate a svolgere funzioni sociali tende a crescere. La distribuzione dei redditi è meno diseguale nelle società avanzate che in quelle arretrate, ma permangono differenze, sempre meno dipendenti dal prestigio (il lavoro manuale è spesso retribuito più di quello non manuale) e sempre più dalla qualificazione e rarità della professione sul mercato del lavoro, dal potere detenuto. Permangono inoltre i conflitti di classe tra lavoratori salariati e datori di lavoro espressi nei negoziati sindacali e, nei paesi europei, nella lotta politica (A. Giddens, *La struttura di classe delle società avanzate*, 1976).
In tutte le società avanzate il numero delle occupazioni più stabili e produttive tende a diminuire: la manodopera espulsa, composta prevalentemente di giovani, donne, immigrati, minoranze etniche, forma una classe marginale impiegata in attività più precarie e meno retribuite, oppure assorbita nel pubblico impiego.
Nelle società periferiche il lavoro autonomo può celare tali strati marginali, come hanno messo in rilievo gli studi di M. Paci e di P. Sylos Labini a proposito della permanenza delle classi medie nella struttura di classe italiana (M. Paci, *Capitalismo e classi sociali in Italia*, 1978). L'evoluzione e la maggiore complessità raggiunta dalla struttura delle classi in Italia negli ultimi decenni sono state oggetto in seguito di una nuova analisi di M. Paci (*La struttura sociale italiana*, 1982); di C. Carboni (*Classi e movimenti in Italia 1970-85*, 1986); di P. Sylos Labini (*Le classi sociali degli anni Ottanta*, 1986); di L. Gallino (*Della ingovernabilità*, 1987). Inoltre, dalla diagnosi di una tendenziale scomparsa delle classi sociali e delle forme di stratificazione, seguita all'eccesso di reificazione delle classi degli anni Settanta, è emersa la proposta di nuovi strumenti di interpretazione della società e della sua evoluzione, in una prospettiva che privilegia come oggetto di analisi i valori, gli atteggiamenti, i comportamenti quotidiani, gli stili di vita (S. Fabris e V. Mortara, *Le otto Italie. Dinamica e frammentazione della società italiana*, 1986).
Studi recenti hanno in effetti sostenuto la tesi del declino delle classi sociali individuandone le cause in diversi fattori: la frammentazione dei conflitti sociali e il declino dei presupposti strutturali sottostanti alla contrapposizione borghesia/proletariato (J. Habermas, C. Offe, A. Touraine); le modificazioni nel processo di formazione dell'identità personale e nei criteri dell'agire individuale (M. Livolsi); la riduzione delle ineguaglianze sociali e l'articolazione e differenziazione delle diseguaglianze sociali (Touraine). Contro queste critiche A. Schizzerotto (*Classi sociali e società contemporanea*, 1988) rileva invece segni della persistenza delle classi sociali, almeno all'interno della sfera del lavoro. Diseguaglianze in questa sfera condizionano però altre forme di ineguaglianza che si articolano secondo principi aggiuntivi di differenziazione operanti all'interno o a fianco delle classi (conflitti giovanili, etnici, di sesso).
Pertanto, la configurazione dell'organizzazione sociale del lavoro e del mercato, le classi che in tale sfera si radicano e le disuguaglianze che si strutturano attorno a esse si rivelano determinanti anche in società complesse come quelle contemporanee.

classicismo, atteggiamento culturale consistente nell'attribuire un valore esemplare ai modelli di arte e di pensiero dell'antichità classica. Il classicismo ebbe i suoi momenti culminanti nell'Italia del Cinquecento, nella Francia del Seicento e, dal punto di vista filosofico, soprattutto nella Germania del Settecento. Il classicismo si pone sin dall'inizio come una tendenza volta a conservare un ideale di perfezione — che può essere inteso come raggiungibile o come irrimediabilmente perduto — nel fluire del tempo. L'umanesimo e il rinascimento italiani ritengono che sia possibile, sulla base di una riscoperta filologica e di una trattatistica normativa, enunciare una serie di canoni, attenendosi ai quali si potrà raggiungere la perfezione propria degli antichi. Il classicismo francese del Seicento considera i valori dell'equilibrio, della proporzione e dell'armonia delle forme, tipici della cultura classica, come gli unici valori culturali possibili. Esso accentua quindi le tendenze razionalistiche che erano venute alla luce nella trattatistica cinquecentesca di ispirazione aristotelica: il vero, il bello e il buon gusto sono unici e immutabili. Il classicismo acquista così un carattere fortemente normativo, che va a scapito della consapevolezza storica di cui era ricco nel secolo precedente; esso diventa un sistema di valori in molti aspetti legato alle esigenze della politica culturale della monarchia assoluta; *anticlassico* è invece l'atteggiamento di quelle classi e di quegli strati che si trovano in posizione subalterna. Il classicismo come ideale normativo domina gran parte della produzione artistica europea del Settecento. Il suo carattere di consapevolezza storica viene invece pienamente in luce nel pensiero filosofico e pedagogico postilluministico tedesco. In W. von Humboldt e anche in F. Schiller la storia è vista come decadenza e perdita della perfezione della vita raggiunta dai greci. In J.J. Winckelmann, la cui *Storia dell'arte dell'antichità* (1764) è il testo fondamentale del classicismo tedesco settecentesco, l'arte greca ha sì valore esemplare e normativo, ma è anche presentata come un momento irripetibile della storia dell'umanità. Winckelmann costituisce così il punto nodale del passaggio verso la concezione romantica della storia, che, appunto, riconosce valore irripetibile a tutte le epoche. Con il Settecento tedesco, quindi, il classicismo perde il significato di ideale a cui ci si deve necessariamente adeguare e diventa un momento determinante dello sviluppo della consapevolezza storica: ancora Hegel riconosce all'arte classica un valore esemplare, anche se essa è ormai definitivamente superata nella storia dello spirito. Con Nietzsche e la sua *Nascita della tragedia* (1872) scompare definitivamente anche il concetto di classicismo come principio stilistico: vengono infatti negati quegli stessi valori di armonia, compostezza formale ed equilibrio che nella storia del pensiero occidentale avevano fatto dell'arte classica un momento privilegiato, e quindi esemplare, della cultura.

classico, aggettivo che, nella tarda latinità, designava ciò che è eccellente nella sua classe (dal lat. *classicus*, cittadino della prima classe). Aulo Gellio (sec. II d.C.) parla di scrittore classico contrapposto a «proletario». Sin dall'origine sono comunque intrinseche al termine almeno tre diverse connotazioni, che ne rendono assai ambigua e problematica l'applicazione: classico nel senso suddetto di opera o autore appartenente a una cultura superiore; classico come facente parte di un mondo (l'antichità classica) da cui il presente si è allontanato, decadendo dalla sua perfezione; classico come concetto stilistico: ciò che è dotato di caratteristiche di perfezione, armonia, equilibrio formale. Nella storia della cultura l'accento cade di volta in volta su uno dei tre aspetti. In generale, la storia del termine si identifica con quella di → classicismo.

classificazione, sistemi di, in antropologia l'espressione indica i prodotti di un'attività simbolica mediante la quale le culture umane cercano di conferire un ordine «sistematico» — fondato cioè su criteri di coerenza interna — agli elementi dell'esperienza, sia empirica sia rappresentazionale. L'indagine di questo aspetto della vita sociale e culturale prende avvio con lo studio di E. → Durkheim e M. → Mauss *Su alcune forme primitive di classificazione* (1901-02), nel quale i due autori, coerentemente alla prospettiva che fa del pensiero un fenomeno «sociale», enunciano la teoria secondo cui «l'ordine delle cose riproduce quello degli uomini». L'uomo trarrebbe ispirazione dalla vita sociale per ordinare il mondo in categorie di fenomeni; e, secondo la tendenza dell'epoca, le «prove» di ciò devono essere cercate nelle società più «semplici». In questa prospettiva fu spiegato il totemismo australiano e la cosmologia degli indiani nord-americani, stabilendo un legame diretto tra la classificazione dei fenomeni naturali e l'ordinamento per clan. Da allora in poi la discussione su questo tema si è sviluppata in direzione dello studio delle strutture linguistiche e attorno alla questione della presenza o meno di «universali» sottostanti alla molteplicità delle forme di classificazione, per es. a quelle del simbolismo animale e alla percezione dei colori.

Clastres, Pierre (Parigi 1934-1977), etnologo francese. Dal 1973 compì numerose ricerche sul campo in Sudamerica, presso gli indios Guarani del Brasile, e soprattutto presso i Guayaki paraguayani. Il primo risultato di queste indagini è la *Cronaca degli indiani Guayaki* (1972), che descrive la vita quotidiana di questa popolazione. Teoretica è invece l'impostazione di *La società contro lo stato* (1974): l'autonomizzarsi della sfera economica è un segno certo di uscita dalla condizione primitiva, in quanto sancisce la condizione alienata del lavoro, la rendita di capitale e la divisione di classe; ma, contro le prospettive di tipo economicistico, Clastres sostiene che la gerarchia religiosa e militare precede e fonda l'autonomizzazione dell'ambito economico. Quest'ultima è la conseguenza e non la causa della divisione di classe. L'alienazione, nelle popolazioni prese in esame, è anzitutto politica, e solo in un secondo momento diviene economica: è l'emergere dello stato a determinare le differenziazioni all'interno della società civile. Altre opere di Clastres sono: *Il gran parlare. Miti e testi sacri degli Indiani Guarani* (1974) e la raccolta *Ricerche di antropologia politica* (postuma, 1980).

claustrofobia, → fobia.

Cleante (304-232 a.C.), filosofo greco. Nel 264 succedette a Zenone nella direzione della scuola stoica, che tenne fino alla morte (secondo la tradizione, si lasciò morire di inedia). Tra le altre opere, giunte in frammenti, compose un *Inno a Zeus*, di cui rimane un brano di 40 versi, forse la più ispirata espressione del concetto religioso stoico, celebrante in Zeus la Mente divina reggitrice del cosmo. Coltivò la teologia, la fisica e la logica, allontanando la scuola dall'indirizzo pratico d'ispirazione cinica che caratterizzava l'insegnamento del fondatore Zenone, e imprimendole una svolta decisamente teoretica e speculativa. Durante la sua direzione, la dottrina stoica subì attacchi da parte di epicurei e neoaccademici, ai quali non sempre Cleante seppe ribattere con efficacia.

Clemente Alessandrino, Tito Flavio (Atene 150 ca - Asia Minore 215 ca), scrittore greco cristiano. Allievo del filosofo Panteno ad Alessandria, in seguito divenne egli stesso maestro nella scuola di filosofia cristiana della città. Verso il 211, per sfuggire alla persecuzione di Settimio Severo, si rifugiò in Cappadocia.

Anche se volle essere soprattutto un maestro ed ebbe diffidenza per lo scrivere, Clemente ha lasciato alcune opere: il *Protreptico ai greci*, una esortazione ad abbracciare il cristianesimo, del quale si dimostra la superiorità sui culti pagani; il *Pedagogo*, una sorta di trattato di morale cristiana in tre libri; gli otto libri (l'ottavo incompiuto) noti col titolo di *Stromata* (letteralmente «tappeti», nel senso di raccolta miscellanea), opera in cui sono discussi vari argomenti, spesso di carattere antieretico, e soprattutto il rapporto tra la fede e la gnosi, conquista del perfetto cristiano. Esponente di un cristianesimo colto, e teso con la sua opera a far azione missionaria negli ambienti più elevati, Clemente, in polemica con lo gnosticismo eterodosso, persegue infatti l'ideale dello gnosticismo ortodosso, aderente alla dottrina e alla disciplina della chiesa, ma spinto ad approfondire il dato elementare di fede per conseguire un superiore grado di conoscenza; nelle sue opere, allo studio della Scrittura si accompagna l'attenta considerazione della filosofia e della cultura greche, delle quali Clemente si rivela ottimo conoscitore.

cleptomania, tendenza irresistibile a rubare. Secondo gli psicoanalisti K. Abraham e F. Alexander, la cleptomania va collegata al periodo dell'allattamento costituendo una sorta di rivincita nei confronti del rifiuto materno del seno.

Clifford, William Kingdon (Exeter 1845 - Madera 1879), matematico inglese. Autore di un'opera di alta divulgazione scientifica, *Il senso comune delle scienze esatte* (postuma, 1885), ammiratore dell'opera geometrica di B. Riemann, influenzato dalle teorie biologiche di Darwin, Clifford sostenne che gli assiomi euclidei non sono verità di ragione eterne e assolute, ma prodotti dell'esperienza, del condizionamento imposto all'uomo dalle proprietà geometriche dello spazio limitato, costituente l'ambiente in cui vive. Clifford concepisce possibili rapporti fra fenomeni fisici e proprietà geometriche dello spazio, problema trattato da N.I. Lobacevsky e da Riemann. Riemann aveva mostrato come considerare le proprietà della materia quale causa efficiente della struttura spaziale. Clifford prospetta anche la possibilità di considerare i vari fatti fisici (movimento della materia, fenomeni elettrici ecc.) come effetti della variazione della curvatura spaziale nel tempo, anticipando certe idee einsteiniane su materia e spazio e moderne concezioni geometrodinamiche come quelle di J. Wheeler. Altre opere: *Conferenze e saggi* (1879); *Elementi di dinamica* (1879); *Scienza e pensiero* (1879); *Scritti matematici* (postuma, 1882).

clinamen, termine con cui Lucrezio rese in latino la *parénklisis* di Epicuro (→ determinismo).

coazione, in psicoanalisi, termine designante una forza interna che costringe il soggetto, sotto la minaccia di un aumento dell'angoscia, a compiere una determinata azione o serie concatenata di azioni, o a porre in atto una determinata operazione difensiva, o a coltivare ossessivamente un determinato pensiero. La coazione è un meccanismo caratteristico della nevrosi ossessiva, in cui è sempre attivamente combattuta dal soggetto, seppur con esito negativo. Al di fuori della nevrosi ossessiva, e a partire da *Al di là del principio di piacere* (1920), Freud parla di *coazione a ripetere* per indicare la condizione in cui il soggetto si pone in situazioni dolorose, senza essere consapevole che esse riproducono esperienze da lui precedentemente già vissute, e quindi trovandosi nuovamente indifeso di fronte a esse. Il concetto di coazione a ripetere suscita notevoli difficoltà interpretative e divide gli psicoanalisti: secondo alcuni, primo fra tutti lo stesso Freud, la coazione a ripetere va posta in relazione con la tendenza alla scarica assoluta, implicita nel concetto di pulsione di morte; secondo altri, essa corrisponde ai tentativi posti in atto dall'Io per abreagire (→ abreazione) una tensione eccessiva, e quindi rientra nell'ambito del principio di piacere.

codice - messaggio, distinzione in uso nella teoria della comunicazione e in semiotica. Un codice, come sistema per trasmettere e conservare informazione, è costituito da un insieme di simboli (o alfabeto) e da un insieme di regole per la loro combinazione (o grammatica). Semioticamente, un codice, in quanto sistema di segni, è un sistema di correlazioni o regole correlazionali tra un sistema codificante (sistema di significanti o piano dell'espressione) e un sistema codificato (sistema di significati o piano del contenuto).

Anche le lingue risultano così interpretabili come un tipo di codice. Le scritture sono talvolta definite come codici grafici o visivi: se alfabetiche, hanno come piano del contenuto gli insiemi dei suoni consonantici e vocalici delle lingue in relazione alle quali sono usate; se non alfabetiche, possono avere come piano del contenuto quello di lingue, ma possono avere anche

un piano del contenuto non linguistico (→ scrittura).
Messaggio è una sequenza di simboli scelti dall'alfabeto di un codice e ordinati secondo le regole della grammatica dello stesso codice. Come i rispettivi codici, i messaggi sono analizzabili secondo un piano dell'espressione e un piano del contenuto, e possono essere verbali o non verbali. Come esempi di messa in codice o incodificazione si possono considerare il parlare (come uso di un codice orale) e lo scrivere (come uso di una scrittura). Le operazioni inverse, rispettivamente di ascolto di un messaggio orale e di lettura di un messaggio scritto, sono esempi di decodificazione. La trascrizione di un messaggio orale è un caso di transcodificazione, come lo è la traduzione di un messaggio orale da una lingua in un'altra. Nel primo caso si ha il passaggio da un codice orale a un codice scritto, nel secondo da un codice orale a un altro codice orale. I codici (verbali e non verbali) e i loro usi, condizionati da fattori psicosociologici, sono oggi studiati anche secondo le diverse interpretazioni della coppia → competenza-esecuzione.

Codignola, Ernesto (Genova 1885 - Firenze 1965), pedagogista italiano. Fu tra gli esponenti più in vista della pedagogia neoidealista; collaborò con G. Gentile nel 1923 alla riforma scolastica. Dopo aver aderito al fascismo, con la illusoria speranza di una sua liberalizzazione dall'interno, se ne staccò sempre più, fino a combatterlo, a partire dal concordato. Nel dopoguerra fu tra i più attivi promotori del reinserimento della cultura pedagogica italiana nel dibattito europeo, facilitando la conoscenza delle teorie della scuola attiva (→ attivismo) e organizzando convegni sull'educazione nuova. In questo ambito è da collocare la fondazione, nel 1945, della scuola-città Pestalozzi di Firenze. Tra le opere principali: *La pedagogia rivoluzionaria* (1919), *Il problema dell'educazione* (3 voll., 1935-36), *Le scuole nuove e i loro problemi* (1946).

cogito, termine latino usato in filosofia soprattutto in riferimento alla proposizione cartesiana «cogito, ergo sum» («penso, dunque sono»). Il cogito designa in Cartesio quell'attributo della sostanza spirituale che non può mai esser revocato in dubbio e che perciò costituisce il fondamento della certezza soggettiva di esistere e l'unità di misura di ogni altra possibile certezza. Tale primato assegnato da Cartesio al cogito, cioè al pensiero, viene spesso giudicato come l'atto di nascita della filosofia moderna, in opposizione all'ontologismo dogmatico del medioevo. Un ritorno al cogito cartesiano si è verificato, nel Novecento, con la fenomenologia di Husserl. Il cogito husserliano non è però l'attributo di una sostanza, ma la concreta «corrente di *cogitationes*» che ogni soggetto esperisce in sé, e cioè il «vissuto» degli atti intenzionali entro i quali si viene costituendo ciò che la coscienza comune chiama «mondo» o «natura» (*Idee per una fenomenologia pura*, I, 46). Recuperando il significato profondo del cogito cartesiano, Husserl intendeva combattere il naturalismo oggettivistico delle scienze e il suo conseguente dogmatismo.

cognitivismo, movimento della psicologia sperimentale contemporanea caratterizzato da uno specifico interesse per lo studio dei processi cognitivi, e in genere dalla tendenza a studiare la mente in base all'analogia con il calcolatore. La prima formulazione teorica del cognitivismo si ebbe nel 1967, con l'uscita del libro di U. Neisser, *Psicologia cognitivista*, nel quale veniva sintetizzata una mole impressionante di ricerche relative ad ambiti tenuti sino ad allora abbastanza distinti, come la memoria, il pensiero, il linguaggio, la percezione e veniva presentato quello che sarebbe diventato il paradigma dominante del nuovo movimento, lo *human information processing* (HIP, elaborazione umana delle informazioni). Secondo tale concezione la mente va considerata come un flusso di informazioni, che a partire dagli organi di senso giungono, attraverso varie tappe (in ognuna delle quali subiscono un certo tipo di elaborazione), ai meccanismi decisionali centrali, da cui poi, attraverso altre tappe di elaborazione, tornano all'esterno dell'organismo, con l'emissione della risposta. Un'anticipazione del cognitivismo si deve, tra gli altri, ai ricercatori dell'Unità di Psicologia Applicata del Medical Research Council di Cambridge. Qui, già negli anni della II Guerra Mondiale, K. Craik, geniale studioso scomparso giovanissimo nel '45, aveva formulato la prima analogia tra mente umana e servomeccanismo.
Partendo dagli studi di Craik, nel 1947 A.T. Welford, con la sua teoria del «canale unico», aveva formulato per la prima volta un modello di funzionamento mentale in termini di flusso di informazioni, sviluppando il concetto di «capacità limitata» di elaborazione. Dal modello di Welford sarebbe derivato il modello del «filtro» di D.O. Broadbent, divenuto poi paradigmatico per tutto lo HIP. Esso prevedeva un sistema di percezione e un sistema di memoria: il primo, concepito come meccanismo decisionale a capacità limitata, veniva protetto dall'eccesso di informazioni in arrivo da un filtro selettivo; il secondo comprendeva una memoria a breve temine (MBT) — distinta funzionalmente dalla memoria a lungo termine (MLT), la sola sino ad allora studiata — in cui depositare le informazioni giunte in eccesso in attesa della riapertura del filtro.
Contributi fondamentali allo sviluppo del cognitivismo furono: le ricerche sull'attenzione selettiva di C. Cherry (a partire dal 1952); la quantificazione dei limiti di elaborazione mentale delle informazioni stabilita nel 1956 da

G.A. Miller; la nascita della psicolinguistica a seguito della linguistica generativo-trasformazionale creata da N. Chomsky (1957), e della critica radicale di quest'ultimo al comportamentismo; la dimostrazione di G. Sperling, nel 1960, dell'esistenza anche di una memoria a brevissimo termine, con tempi di immagazzinamento nell'ordine dei decimi di secondo, contro i tempi nell'ordine delle decine di secondi della MBT, e quelli indefiniti della MLT; l'uscita nel 1960 di *Piani e struttura di comportamento* di G.A. Miller, E. Galanter, K. Pribram, che, oltre a proporre una nuova teoria del comportamento, basata su mete e verifiche del loro conseguimento, metteva in modo esplicito in rapporto quanto si andava studiando in psicologia con i primi risultati delle ricerche relative all'intelligenza artificiale. Nell'arco di pochi anni, il cognitivismo soppiantò pressoché del tutto l'allora dominante comportamentismo, senza peraltro porsi come «scuola», nel senso in cui lo erano state, oltre al comportamentismo, il funzionalismo o il gestaltismo. Prevaleva semmai il rifiuto dei grandi modelli teorici e veniva privilegiato il ricorso a modelli anche molto parziali, che spiegassero segmenti limitati e specifici del comportamento. Del comportamentismo, il cognitivismo contestò il rifiuto dei concetti mentalistici, e il ricorso al solo comportamento osservabile, recuperando concetti, come quello di coscienza, e metodi, come quello di introspezione, che il comportamentismo aveva bandito dalla psicologia scientifica. L'eccessiva proliferazione di modelli portò tuttavia, all'interno stesso del cognitivismo, a uno stato di insoddisfazione, che già alla metà degli anni Settanta doveva condurre a un relativo abbandono del paradigma HIP, e allo sbocco del movimento in due direzioni divergenti: la «psicologia ecologica» e la «scienza cognitiva». La prima rispondeva all'esigenza di studiare l'uomo in condizioni naturali, al di fuori dei vincoli della ricerca di laboratorio: rifiutava l'idea di un complesso flusso di informazioni da elaborare, affermando, sotto l'influsso dello studioso delle percezione J.J. Gibson, che le informazioni pertinenti erano già presenti nella stimolazione ambientale. Ancora una volta è stato U. Neisser a introdurre, con *Conoscenza e realtà* (1976), le problematiche ecologiche nel cognitivismo, riproponendo il concetto di «schema», come rappresentazione generale di conoscenze, strutturata gerarchicamente, da applicare alle diverse circostanze in cui l'individuo si trova. La seconda, la → scienza cognitiva, più diretta erede dello HIP, nasceva con l'obiettivo di porsi come nuova disciplina scientifica, scienza di intersezione tra psicologia, scienza dei calcolatori, neuroscienze, linguistica. *R. Lu.*

Cohen, Hermann (Coswig, Anhalt, 1842 - Berlino 1918), filosofo tedesco. Studiò al seminario teologico ebraico di Breslavia e alle università di Berlino e Halle, e fu poi professore a Marburgo dal 1873 al 1912. Esponente del cosiddetto «ritorno a Kant» e fondatore della scuola di Marburgo, Cohen assume il «metodo trascendentale» come ricerca delle condizioni di possibilità della conoscenza scientifica. Egli propone così un'interpretazione «logicistica» e non psicologistica di Kant, il cui intento sarebbe quello di elaborare una «teoria generale dell'esperienza». In due successive opere (*Il fondamento dell'etica kantiana*, 1887, e *Il fondamento dell'estetica kantiana*, 1889) Cohen ha ricondotto anche l'etica e l'estetica di Kant al metodo trascendentale della ragion pura, interpretandole come indagini sulle condizioni di possibilità del sentimento e dell'azione morale. Logica, etica ed estetica sono i tre campi nei quali si esaurisce la ricerca filosofica sui fondamenti dell'esperienza, ricerca elaborata da Cohen nel suo *Sistema di filosofia* (*Logica della conoscenza pura*, 1902; *Etica del volere puro*, 1904; *Estetica del sentimento puro*, 1912), mentre alla storia della matematica sono dedicati *La dottrina platonica delle idee e la matematica* (1879) e *Il principio del metodo infinitesimale e la sua storia* (1883).

Nel 1880, Cohen si era riavvicinato all'ebraismo, dapprima in polemica con H. von Treitschke, più tardi per l'insegnamento che tenne, dal 1912 alla morte, alla Hochschule für die Wissenschaft des Judentums di Berlino. Questa evoluzione è testimoniata da *Il concetto della religione nel sistema della filosofia* (1915) e soprattutto da *La religione della ragione dalle fonti del giudaismo* (postuma, 1919), che propone il concetto di «correlazione» per spiegare la coesistenza di essere e divenire, cioè Dio e creato, Dio e uomo. Nella correlazione tra Dio e uomo consiste lo Spirito Santo, nella loro collaborazione si prepara e compie l'ideale messianico.

Cohen, Morris Raphael (Minsk 1880 - New York 1947), filosofo statunitense di origine russa. Emigrò giovanissimo in America, ove insegnò matematica e filosofia. Assertore di un razionalismo naturalistico opposto tanto allo psicologismo che allo storicismo e all'empirismo, Cohen tentò di giungere a una sistemazione logica della scienza sulla base di una metodologia che fosse essa stessa scientifica. A fondamento di questo sforzo sistematico sta una concezione della logica come matematica pura e delle scienze naturali come discipline matematiche applicate. Opere principali: *Ragione e natura, saggio sul significato del metodo scientifico* (1931); *Legge e ordine sociale, saggi di filosofia legale* (1933); *Introduzione alla logica e al metodo scientifico* (1934, in collaborazione con E. Nagel).

Cohen, Paul (Long Branch 1934), matematico statunitense. La sua fama è legata alla dimostrazione dell'indipendenza dell'ipotesi del → continuo dagli altri assiomi della teoria degli → insiemi. Nel 1940 K. → Gödel era riuscito a mostrarne la non-contraddittorietà relativa; si trattava quindi di individuare un modello della teoria che falsificasse l'ipotesi in questione. Cohen, a partire dalla costruzione di Gödel, riuscì a ottenere un modello in cui appariva un insieme che non poteva essere compiutamente caratterizzato da alcuna classe finita disponibile di informazioni, per quanto si riuscisse sempre ad ampliarla in modo da costringere qualsiasi enunciato assegnato a essere vero o falso. Il modello ottenuto con questa tecnica, nota come *forcing*, è proprio quello cercato. In prima istanza, si può dire che l'idea su cui si basa il forcing è quella di approssimazione e progressiva costruzione della verità, il che gli conferisce una portata estremamente generale e gli ha consentito di trovare interessanti punti di contatto e possibilità d'impiego in altri settori della logica e nell'intuizionismo.

coincidentia oppositorum, formula secondo cui gli opposti vengono a coincidere in quanto risultano da una unità profonda. L'espressione è usata da Nicola Cusano nel *De docta ignorantia* (1440) e nel *De conjecturis* (1440), ma il problema da essa indicato, quello dell'unità degli opposti, è ben più antico: trasmesso nelle sue linee fondamentali da Plotino alla Patristica cristiana che a sua volta, tramite lo Pseudo-Dionigi e Agostino, lo trasmise alla filosofia medievale attraverso Scoto Eriugena, esso fu sviluppato soprattutto dalla mistica tedesca, nell'opera di Meister Eckhart. Con l'accendersi della «piccola scintilla» dell'illuminazione l'intero mondo della pluralità delle cose va perduto, per essere riguadagnato, attraverso la sua negazione, nell'indistinto abisso dell'unità divina. Cusano si propose di superare l'alterità assoluta tra esperienza quotidiana della pluralità e unità del divino non attraverso il «salto» mistico, ma nella continuità della conoscenza. La *ratio* umana, comparando le cose e traendone concetti, resta costretta nelle limitazioni dei sensi e quindi è da considerarsi non come un sapere del vero essere, bensì come un non-sapere; ma una superiore funzione della conoscenza, l'*intellectus*, pur non potendo cogliere l'unità incondizionata, è conscia del non-sapere e conduce ai margini dell'unità in cui tutte le pluralità convergono. Il sapere di non sapere, che Cusano chiama *docta ignorantia*, conduce a cogliere la coincidenza nell'unità divina di tutto ciò che nel mondo è diviso fino all'opposizione estrema. Questa dottrina trovò vastissima eco e ritorna nell'opera di autori rinascimentali come J. Reuchlin, Pico e Paracelso, penetra nell'età barocca attraverso Giordano Bruno e J. Böhme, e riecheggia nella monadologia e nell'ottimismo metafisico di Leibniz, fino a trovare posto tra le premesse della filosofia schellinghiana dell'identità e della dialettica hegeliana.

Coleridge, Samuel Taylor (Ottery St. Mary, Devonshire, 1772 - Highgate 1834), poeta e critico letterario inglese. Con le sue opere poetiche e con gli scritti critici introdusse nella sensibilità culturale inglese alcuni fondamentali principi del romanticismo tedesco, come la concezione organica del nesso tra arte e vita e dei rapporti fra intelletto, volontà e fantasia. Intelligenza brillante, capace di inoltrarsi nei più diversi campi del sapere, fu nel periodo giovanile un unitariano in religione, materialista in filosofia e radicale in politica, ambendo a elaborare un sistema che conciliasse Platone, J. Milton e Berkeley, teologia cristiana e materialismo scientifico. Negli anni intorno al 1830 e nei decenni successivi ebbero una forte risonanza le sue meditazioni sui problemi politici, economici, sociali e religiosi del suo tempo e sul carattere delle differenze tra il mondo moderno e la società medioevale, rievocata come un modello al quale ispirarsi per risolvere le difficoltà dell'epoca postrivoluzionaria in Europa. Ne risultò un disegno di rinnovamento e di recupero dei valori del passato feudale cristiano, e quindi un impegno verso la società e la chiesa affinchè queste lo facessero proprio e lo portassero a realizzazione. Coleridge e i suoi seguaci anticipavano così alcune tesi del conservatorismo solidaristico e comunitario che in seguito sarebbero state fatte proprie anche da una parte dei neohegeliani inglesi.

Collingwood, Robin George (Cartmell Fell, Lancashire, 1889 - Coniston 1943), storico e filosofo inglese. Dal 1935 al 1941 fu professore di metafisica e storia romana a Oxford (in campo storiografico assai nota è la sua *Britannia romana*, 1921, riscritta nel 1932). Amico e traduttore di B. Croce, Collingwood si oppose alle correnti neoempiristiche predominanti in Inghilterra, proponendo un avvicinamento fra storia e filosofia. In campo teoretico, Collingwood sostiene la necessità per il pensiero filosofico, che da Cartesio in poi si è occupato principalmente della formalizzazione del metodo scientifico, di riproporsi una valutazione più attenta della storia. Rifacendosi, oltre che a Croce, a Platone, a Hegel e soprattutto a Vico, la sua riflessione approdò a posizioni idealistiche. In estetica, Collingwood fu influenzato dalla teoria crociana dell'autonomia dell'arte, sulla quale innestò elementi desunti dall'estetica di G. Gentile. L'arte è il primo gradino di una gerarchia nella quale, attraverso la religione, la scienza e la storia, si perviene alla filosofia come libertà.

Opere principali: *Religione e filosofia* (1916); *Saggio sul metodo filosofico* (1933); *Saggio di metafisica* (1940); *Il nuovo Leviatano* (1942); *L'idea di natura* (postuma, 1945); *L'idea di storia* (postuma, 1946); in campo estetico: *Specu-*

lum mentis (1914); *I principi dell'arte* (1938); *Saggi di filosofia dell'arte* (postuma, 1964).

Collins, Anthony (Heston 1676 - Londra 1729), filosofo inglese. Discepolo di Locke, fu tra i più vivaci esponenti del deismo. I suoi scritti provocarono violente polemiche, sicché dovette riparare per qualche tempo in Olanda. Nel *Saggio sull'uso della ragione* (1707) e nel *Discorso sul libero pensiero* (1713) sostenne la necessità di sottomettere ogni proposizione religiosa al libero esame della ragione, negando il principio di autorità. Collins rifiutò quindi ogni fede soprannaturale e secolarizzò totalmente il contenuto della religione. Nel *Discorso sui fondamenti e le ragioni della religione cristiana* (1724), approfondendo la critica biblica iniziata da P. Bayle, Hobbes e Spinoza, propose di intendere come semplici allegorie morali i miracoli, le profezie e tutti gli altri episodi della rivelazione non verificabili storicamente.

colpa, in senso religioso, → peccato.

colpa, senso di, in psicoanalisi, stato d'animo sgradevole conseguente a un'azione fondatamente e infondatamente vissuta dal soggetto come riprovevole; oppure sentimento globale di colpevolezza non riferito a un'azione specifica; o infine stato motivazionale inconscio che spinge il soggetto ad autopunirsi nei modi più diversi. È in quest'ultima accezione che Freud ha studiato il senso o sentimento di colpa, individuandolo nei sogni di punizione, nei sintomi della nevrosi ossessiva (*Osservazioni su un caso di nevrosi ossessiva*, 1909) e nell'autodenigrazione che caratterizza la melanconia (*Lutto e melanconia*, 1917), e interpretandolo come il risultato di un rapporto conflittuale fra l'Io e un Super-Io particolarmente esigente. Molto spesso inconscio, questo rapporto conflittuale può dare origine a condotte coscientemente non vissute come autopunitive e addirittura soggettivamente e oggettivamente eteroaggressive, generate dal bisogno di «giustificare» il senso di colpa stesso con un'azione oggettiva e oggettivamente riprovevole.

Comenio, nome umanistico italianizzato di Jan Amos Komenský (Nivnice, Moravia, 1592 - Amsterdam 1670), pedagogista ceco. Nato da una famiglia appartenente all'Unione dei fratelli boemi (di cui fu ministro dal 1618 e «primo seniore», ossia vescovo, dal 1648), allo scoppio della guerra dei trent'anni venne esiliato e perseguitato. Condusse una vita errante per tutta l'Europa, rifugiandosi dapprima a Leszno, in Polonia; qui scrisse *Scuola materna* (1628-32), un'opera in cui sosteneva la necessità di avviare e curare l'educazione sin dall'infanzia, e la *Janua linguarum reserata* (1628-31), un manuale per apprendere le lingue in cui concretamente attuava il suo principio teorico del parallelismo tra parole e cose significate. A queste opere seguì la *Didattica ceca* (1627-32), primo tentativo importante di sistematizzazione generale della pedagogia: l'opera fu poi tradotta in latino dall'autore col titolo *Didactica magna* (1657). Fu quindi in Svezia, dove scrisse *Methodus linguarum novissima* (1643-48), e, nel 1650, a Sárospatak in Ungheria, invitato dal principe Rákóczi, che voleva attuare una riforma della scuola secondo i progetti pansofici di Comenio. In questo periodo, che sul piano pedagogico è il più vivo e importante della sua vita, meditò l'*Orbis sensualium pictus* (1654), un manuale illustrato che permettesse ai fanciulli di apprendere a leggere collegando le parole alle immagini. Recatosi ad Amsterdam, raccolse gli scritti pedagogici e otto nuovi trattati nell'*Opera didactica omnia* (1657).

L'idea di Comenio di una riforma generale dell'educazione e della scuola si basa su due concetti fondamentali: quello dell'inesauribile perfettibilità umana, che tende a realizzare l'armonia e l'ordine già in atto nell'universo; e quello dell'infinito potere che una retta educazione può esercitare sull'uomo e sulla società. Per Comenio ogni uomo deve tendere a una formazione la più completa e integrale possibile, mirando a realizzare il più alto grado di umanità (*pansofia*). Tale formazione va articolata convenientemente nelle diverse fasi della giovinezza, per cui sono necessarie: *1*) una scuola materna in ogni casa, per i bimbi fino ai 6 anni, base per ogni sapere successivo; *2*) una scuola elementare in ogni comune, per i fanciulli dai 6 ai 12 anni, il cui fine sia di coltivare l'intelligenza, l'immaginazione, la memoria; in essa si insegnerà a scrivere e far di conto; si presenterà uno schema della storia e della geografia del mondo, si eseguiranno facili lavori manuali, si forniranno nozioni di morale, politica, economia, si leggeranno brani della Sacra Scrittura; *3*) una scuola latina, o ginnasio, in ogni città per i ragazzi dai 12 ai 18 anni, divisa in sei classi: grammatica, fisica, matematica, etica, dialettica, retorica; *4*) un'accademia in ogni regione o grande provincia, dove i giovani dai 18 ai 25 anni possano studiare a fondo la scienza speciale da loro scelta. Questo piano di riforma dell'organizzazione scolastica si basa sulla formulazione del cosiddetto «metodo ciclico». Per Comenio ogni tappa scolastica deve abbracciare un insieme compiuto e organico di conoscenze, adeguate all'età e alle capacità dello studente e insegnate secondo un metodo atto a sviluppare il suo senso critico.

comico, termine che indica ciò che suscita il riso (dal gr. *kômos*, corteo bacchico). Sul piano filosofico, il comico è in primo luogo una categoria estetica, originata all'interno di un genere letterario e teatrale genericamente definito commedia e comunque opposto alla serietà della tragedia e del tragico. Una prima definizione si può rintracciare nella *Poetica* di Aristotele, in cui il comico è considerato alcunché di sbagliato e brutto che «non procura né dolore né danno»; dunque un elemento caratterizzato dall'imprevisto e dal non ragionevole, applicabile ad aspetti minori o parodistici dell'esistenza. È in questo senso che Aristotele costruì un legame tra il comico e la commedia, considerata come «imitazione di uomini ignobili». La connessione fra il comico e il genere teatrale della commedia ritarda una sua autonoma elaborazione teorica come categoria estetica. Ne sono esempio le definizioni di Cicerone e Quintiliano, che lo connettono al ridicolo generato da elementi sconvenienti o difettosi. Solo nel pensiero del Seicento e del Settecento il comico assume una valenza filosofica: Hobbes definisce il riso generato dal comico come un moto di inorgoglimento dovuto all'improvvisa percezione di una nostra superiorità, mentre Shaftesbury lo vede connesso alla percezione del deforme. I pensatori dell'illuminismo tendono a loro volta a utilizzare espedienti comici e ironici sia per opporsi all'accademismo sia per farsi beffe della censura. Diderot (che pure non ne previde una voce nell'*Enciclopedia*), ritiene che il comico sia una funzione essenziale nel teatro e nella narrazione romanzesca perché nella sua paradossalità rivela le ambiguità e le incongruenze del senso comune (*Jacques il fatalista*). Al tempo stesso, nel Settecento si approfondisce la natura specifica del comico come categoria estetica. Nel par. 54 della *Critica del Giudizio*, Kant ritiene comico tutto ciò che provoca il riso, che, a sua volta, è un'affezione derivante da un'attesa ridotta in nulla, e gli attribuisce una funzione indiretta e momentanea di rallegramento. Per → Jean Paul il comico è generato da un infinito contrasto tra la ragione e la finitezza: se il sublime è l'infinitamente grande, il comico è invece l'infinitamente piccolo, l'irrazionale intuito sensibilmente. Hegel, nelle *Lezioni sull'estetica*, sottrae il comico al legame con l'ironia, poiché, diversamente da quest'ultima, indica una sicurezza di possesso della verità e un conseguente sentimento di soddisfazione. Nell'ambito di una simile definizione artistica del comico si colloca il saggio di Ch. Baudelaire, *Dell'essenza del riso* (1855), in cui vengono distinte due forme di comicità: una significativa, che si esplica nel mondo sociale e ne colpisce i vizi; un'altra assoluta, che è disinteressata, al di sopra della storia e quasi radicata in un cielo metafisico. Tra le interpretazioni filosofiche si ricordano ancora quella di Schopenhauer, secondo cui il comico esprime un'incongruenza tra un concetto e gli oggetti reali a cui si riferisce, e quella di Kierkegaard, che condanna moralmente il comico come negazione del fine morale di un essere ragionevole. Un'interpretazione psicologica del comico come forza psichica esuberante rispetto a un oggetto insignificante si deve a Th. → Lipps. Sulla strada di studi non distanti dalla psicologia sperimentale un'esposizione generale e sistematica del problema del comico si trova in *Il riso. Saggio sul significato del comico* (1900) di H. Bergson. Il comico è qui visto in primo luogo come fenomeno sociale: chi ride è portatore di un'esigenza comunitaria. Il comico, che si oppone alla meccanizzazione della vita attraverso le risorse della mobilità e dell'immaginazione, è per Bergson un sogno sognato dalla società intera, che ci riporta al movimento della vita. Se Bergson, affermando che il comico proviene dall'inconscio, intende sottolinearne il radicamento nel senso comune, Freud, nel *Motto di spirito* (1905), attribuisce invece al comico una precisa funzione nella sfera della psicologia individuale, come recupero del riso infantile perduto. Interamente sociale è invece la dimensione del comico in *Rabelais e la cultura popolare* (1965) di M.M. Bachtin, che vi ravvisa un archetipo connesso a una società originaria legata alla terra e ai suoi ritmi, dove non si è ancora verificata una scissione tra anima e corpo e tra vita e morte. Il comico può allora sopravvivere in situazioni «rovesciate», come per es. quella che appare in varie tradizioni popolari del carnevale, in cui il riso è in grado di reintegrare la morte nell'unità della vita del tutto e, al tempo stesso, di presentare una visione del mondo alternativa. *E. Fr.*

comparativismo, metodo utilizzato dagli antropologi per costruire un sistema di classificazione universale dei dati culturali in base alle somiglianze esistenti fra le diverse culture e all'individuazione di costanti, cioè di punti di riferimento invariabili per la descrizione e il confronto interculturale. Il metodo comparativo ha le sue origini nel sec. XVIII, anche se la comparazione, come mezzo per comprendere maggiormente se stessi e gli altri, è presente in tutti coloro — storici, etnografi, filosofi — che fin dall'antichità si sono posti il problema delle differenze e delle somiglianze fra i costumi di diversi popoli. Fu nel Settecento, infatti, che la comparazione divenne uno strumento indispensabile per cercare di comprendere se le condizioni dei «selvaggi», così come venivano descritte dai viaggiatori ed etnologi, potevano servire a ricostruire le condizioni di vita dell'uomo primordiale. Si ebbero così, soprattutto in Francia, i principali assertori della necessità della comparazione: J.F. Lafiteau, Ch. de Brosses, G.F. Raynal, J. Déumenier. Il metodo comparativo sembrava poi trovare la sua massima giustificazione nei lusinghieri risultati che venivano raggiunti nel campo della linguistica, sebbene tale ricerca fosse accompagnata dall'equivoco sull'esistenza di un nesso fra razza e lingua.

Nel sec. XIX il metodo comparativo, usato anche nel campo della storia delle religioni e nello studio del mito, trovò negli antropologi evoluzionisti i suoi massimi cultori, con l'ausilio di un primo tentativo statistico, che doveva dare garanzie nei confronti degli errori presenti nella confusa e discontinua raccolta dei dati. Sotto questo aspetto si può considerare come il primo lavoro di carattere statistico quello di E. Taylor sulle *Leggi matrimoniali e della discendenza* (1889) in cui, sulla base di un campione di più di trecento società, venivano calcolate le percentuali di probabilità di un'associazione costante fra tre tipi di istituzioni: la residenza postmatrimoniale, la discendenza e la → couvade. Messo in crisi dalle critiche di F. Boas e degli antropologi funzionalisti del Novecento, il metodo comparativo è però sempre rimasto presente nella ricerca antropologica (anche se assunto con maggior cautela) sia perché è impossibile eliminarlo senza rinunciare a una comprensione delle culture che vada al di là di una semplice descrizione, sia perché è venuto meno il motivo principale per il quale era criticato, e cioè l'ipotesi che si potessero mettere a confronto i «primitivi» attuali con gli uomini della preistoria. D'altra parte la compresenza di costumi e di istituzioni simili, anche se privi di qualsiasi motivazione funzionale, in popolazioni lontane e senza contatto fra di loro, non poteva non indurre gli antropologi a una riflessione sistematica su questo problema. Basti pensare alle mutilazioni sessuali nei riti d'iniziazione, alla diffusissima tabuizzazione delle donne, alle pratiche funerarie, di vario tipo ma pur sempre simili nei loro significati ecc. Nel 1937 G. Murdock si decise perciò a creare lo «Schedario settoriale delle relazioni umane» (*Human Relations Area Files*), che raccoglie e mette a confronto in maniera sistematica i tratti rilevanti di numerose culture. Messo a disposizione di tutti gli istituti di ricerca in abbonamento e sotto forma di riproduzione o microfilm, lo schedario di Murdock nel 1967 aveva già schedato 450.000 pagine di fonti. Naturalmente il metodo della schedatura comparata presenta molti motivi di perplessità, quelli stessi che avevano indotto Boas a rinunciarvi: se conosciamo un'usanza in forma descrittiva esteriore e non ne conosciamo il significato nel contesto culturale in cui esiste, non siamo in grado di fare una comparazione valida; manca perciò la possibilità di risalire alle cause dei comportamenti. Ma il lavoro di Murdock non pretende di giungere alle cause di due fenomeni determinati, ma si propone di stabilire almeno entro quali ambiti essi si trovano associati. Si tratta, quindi, di un metodo descrittivo sincronico, i cui risultati dovranno poi essere studiati e interpretati dall'antropologo e dallo storico delle culture.

competenza - esecuzione, distinzione introdotta in linguistica da N. Chomsky. Competenza linguistica è, nell'interpretazione chomskyana, il sistema di regole che consente a un parlante di produrre e comprendere un numero infinito di frasi diverse: per Chomsky, la competenza ha la sua base nella struttura del modulo della mente umana deputato al linguaggio. L'esecuzione è l'uso effettivo del linguaggio in situazioni concrete: essa è subordinata a fattori quali la memoria, l'attenzione, la situazione ecc. Diverse sono le critiche e le interpretazioni della coppia chomskyana. A modelli dell'esecuzione sono particolarmente interessate molte delle ricerche psicolinguistiche attuali (→ psicolinguistica). Oggi si parla anche, più in generale, di competenza comunicativa e culturale per indicare il repertorio dei codici verbali e non verbali (→ codice - messaggio) a disposizione di una comunità o, più in particolare, di suoi singoli membri.

complementarità, → Bohr, Niels.

complessità, termine con il quale si designano i caratteri comuni ai fenomeni di organizzazione, specialmente nella sfera dei processi biologici e cognitivi. Il tema della complessità è emerso nei primi decenni di questo secolo quando, grazie all'opera di scienziati come L. von Bertalanffy, J.H. Woodger, J. Needham e J.B.S. Haldane, nella ricerca biologica si è andato affermando un paradigma di pensiero insieme antimeccanicista e antivitalista. Esso, pur perseguendo l'obiettivo di svelare le basi fisico-chimiche della vita, afferma il principio olistico (→ olismo) secondo cui l'unità dell'organismo non è riducibile alla somma delle sue parti costitutive, e tenta di elaborare un linguaggio, diverso da quello della fisica e della chimica, al cui interno possa essere descritto e spiegato il funzionamento globale dell'organizzazione biologica. Analizzata da W. Köhler dal punto di vista della teoria psicologica della Gestalt, e divenuta, negli anni Cinquanta, oggetto della *teoria generale dei sistemi* di Bertalanffy, la nozione di complessità è stata al centro di un'area disciplinare, la → cibernetica, che si è venuta configurando come una vera e propria *scienza della complessità*. Si collocano nell'ambito di questa nuova scienza: l'analisi del concetto di organizzazione di W.R. Ashby; la teoria dei *sistemi osservanti* di H. von Foerster, fondatore, nel 1956, del *Biological Computer Laboratory* dell'università dell'Illinois (il più importante centro internazionale di ricerca cibernetica, fino al 1976, anno della sua chiusura); le ricerche di H. Atlan sulla *complessità mediante rumore*; la teoria dell'*autopoiesi* (→ autoriferimento) di H. Maturana e F. Varela. Negli ultimi decenni, attorno al paradigma cibernetico si è formata un'ampia costellazione di programmi di ricerca che, in ambiti molto diversi tra loro, hanno affrontato i problemi della complessità: la teoria dei sistemi sociali di N. → Luhmann, la scienza della progettazione dell'economista H. Simon, l'ecologia della mente di G. → Bateson, l'epistemologia genetica di J. → Piaget e dei ricercatori del *Centre*

International d'Epistémologie Génétique di Ginevra, l'olismo epistemologico di E. → Morin, la termodinamica dei processi irreversibili di I. → Prigogine, l'etologia di K. → Lorenz, il programma di ricerca embriologica di C.H. Waddington e la teoria matematica della morfogenesi di R. → Thom.

complessità sociale, indica una proprietà strutturale di una società, oppure la proprietà dinamica. Nella prima accezione il concetto si riferisce al numero e alla varietà dei componenti di una società, delle sue relazioni interne e delle sue relazioni esterne. Alla eccezionale complessità che si osserva nel mondo contemporaneo da questo punto di vista, ci si riferisce spesso con il termine → globalizzazione. Nell'ottica dinamica — la seconda accezione — un sistema sociale si dirà complesso in riferimento alla difficoltà di prevedere gli stati che essi può assumere. Una società può essere inoltre giudicata complessa di fronte all'impossibilità per un osservatore di descriverla compiutamente, poiché in pratica infiniti sono i livelli di descrizione e i paradigmi di osservazione applicabili a essa; in questi casi l'osservatore può operare una riduzione di tale complessità, scegliendo di concentrarsi sull'analisi di qualche livello soltanto della società in esame. Infine un centro di potere può considerare complessa una società per l'imprevedibilità che essa manifesta rispetto ai tentativi di governarla, rispetto cioè alla relazione tra le azioni che il centro di potere è in grado di intraprendere e la varietà delle possibili reazioni della società.

complesso, termine psicoanalitico che indica un insieme strutturato e attivo di rappresentazioni, pensieri e ricordi, in parte o del tutto inconsci e dotati di una forte valenza affettiva. I complessi si formano al tempo delle prime esperienze interpersonali del bambino, e interferiscono poi su tutta la vita psichica dell'adulto. Presente nella terminologia di J. Breuer e Freud fin dagli *Studi sull'isteria* (1895), il termine complesso fu sempre usato da Freud con prudenza e per concettualizzazioni altamente specifiche (il complesso di Edipo e il complesso di castrazione), in contrapposizione all'uso generico invalso nella volgarizzazione della psicoanalisi, e all'uso mitologico proprio della → psicologia analitica junghiana.

Il *complesso di Edipo*, nella forma detta *completa*, è un insieme strutturato di affetti di amore e di ostilità che il bambino nutre verso i genitori; è compito dell'analisi evidenziarlo nei suoi tratti specifici. Nella forma *positiva* il complesso riproduce il mito di «Edipo re»: desiderio della morte del rivale del proprio sesso, associato al desiderio sessuale per l'individuo di sesso opposto; nella forma *negativa* la situazione triangolare è capovolta: l'individuo ama il genitore del proprio sesso, e contemporaneamente nutre ostilità e gelosia per il genitore del sesso opposto. Il complesso di Edipo, definito «il complesso nucleare delle nevrosi», si sviluppa fra i tre e i cinque anni; raggiunge la sua acme durante la → fase fallica, e declina con l'inizio del periodo di → latenza, quando si formano le istanze del Super-Io e dell'ideale dell'Io. Rimosso nell'Es, il complesso di Edipo si riattiva e viene superato durante la pubertà (nel caso contrario rimarrà il fattore patogeno per eccellenza in tutte le tappe successive della vita). L'espressione «complesso di Edipo» compare in Freud solo nel 1910, ma il tema è presente nel pensiero freudiano almeno fin dal 1897, come risulta da una lettera scritta a Fliess in quell'anno, e Freud ne scopre l'importanza e ne avverte l'universalità nel corso della propria autoanalisi; l'elaborazione del concetto dopo il 1910 segna in tutte le sue fasi lo sviluppo della teoria e della prassi psicoanalitica. Inizialmente Freud ritenne che il complesso di Edipo presentasse le medesime caratteristiche nel maschio e nella femmina; successivamente, in un articolo del 1923 sull'organizzazione genitale infantile della libido, affermò la specificità dell'Edipo femminile, lasciando ad altri psicoanalisti l'approfondimento di questa specificità.

Il *complesso di castrazione* ruota intorno al fantasma di castrazione, in base al quale la differenza anatomica fra i sessi viene fatta dipendere da una supposta amputazione del pene nella bambina, essendo il pene stesso (secondo un'ipotesi avanzata da Freud nel 1917 e ripresa in termini diversi da altri psicoanalisti) vissuto dal bambino come staccabile dal suo corpo al pari delle feci. Il complesso di castrazione presenta caratteri diversi nel maschio e nella femmina: il primo teme di essere castrato dal padre a causa delle proprie attività sessuali, e questa angoscia, proibendogli definitivamente l'oggetto materno, contrassegna il declino dell'Edipo e prelude alla comparsa del Super-Io; quanto alla bambina, essa vive la mancanza del pene come uno scacco, cui cerca di porre rimedio desiderando il pene del padre e pertanto dando inizio al processo edipico. Il complesso di castrazione svolge inoltre una funzione centrale nell'omosessualità e nel feticismo. Messo in luce dall'analisi del piccolo Hans, e descritto per la prima volta nel 1908, questo complesso si fonda sul riconoscimento, da parte di Freud, della grande importanza del pene, fin dalla prima infanzia, come oggetto sessuale autoerotico; un'importanza tale, che l'Io non riesce a raffigurarsi un altro Io, simile a se stesso, ma privo di pene.

L'espressione *complesso d'Elettra* fu introdotta da Jung nei *Lineamenti della teoria psicoanalitica* (1913) come sinonimo del complesso di Edipo femminile; nel suo articolo sulla sessualità femminile del 1931, Freud respinse la denominazione junghiana, considerando erronea la concezione di Jung circa la simmetria nei due sessi dell'atteggiamento verso i genitori.

completezza, → sistema formale.

comportamentismo, corrente della psicologia moderna, detta anche «behaviorismo» (da *behavior*, comportamento), secondo cui l'unico oggetto possibile di una psicologia scientifica è costituito dal comportamento manifesto, cioè dall'insieme delle reazioni dell'organismo animale o umano osservabili dall'esterno dell'organismo stesso e verificabili intersoggettivamente. Il comportamentismo nasce ufficialmente nel 1913 con un articolo-manifesto di J. B. → Watson, *La psicologia secondo i comportamentisti*, e negli anni successivi assume via via importanza fino a dominare quasi incontrastato la scena della psicologia sperimentale nordamericana negli anni compresi fra il 1930 e il 1960; in seguito il suo predominio è stato messo in crisi dall'avvento del → cognitivismo.

• *Dalla coscienza al comportamento.* Per capire le ragioni del successo del comportamentismo bisogna rifarsi ai primi anni di questo secolo, quando, soprattutto nel contesto della nuova cultura nordamericana, si era diffusa una profonda insoddisfazione verso i risultati offerti dalla psicologia dualistica (cioè fondata sulla distinzione cartesiana fra il corpo, «esteso», e la mente, «inestesa») e soggettivistica (ossia facente sistematico ricorso al metodo introspettivo) della tradizione europea e soprattutto dello strutturalismo di E.B. Titchener. Raccogliendo ed esprimendo in modo deciso e sintetico questa insoddisfazione, il manifesto watsoniano si ricollega implicitamente al positivismo anti-introspezionistico di Comte, al meccanicismo degli ultimi anni del Novecento (che in psicologia si esprime soprattutto nella «teoria del tropismo» di J. Loeb), all'associazionismo e alla psicologia animale tendenzialmente oggettivistica inaugurata da E.L. → Thorndike, e infine al monismo biologistico derivato dall'evoluzionismo darwiniano e filtrato in psicologia attraverso il → funzionalismo, il quale ha il proprio principale centro diffusore nella stessa università di Chicago che vede gli inizi del movimento comportamentistico. Nel suo manifesto Watson riconduce la crisi della psicologia esclusivamente al suo porsi come studio dei fenomeni della coscienza, che per definizione sfuggono alla metodologia sperimentale e quantitativa. Egli propone di sostituire alla coscienza il comportamento osservabile, che di fatto è riducibile alle reazioni muscolari e ghiandolari esterne (come la lacrimazione) degli organismi viventi, e la cui unità di misura viene individuata nel riflesso, ovvero nel nesso elementare fra lo stimolo e la risposta; tutti gli altri concetti mentalistici della psicologia tradizionale (sentimenti, motivazioni, immaginazione ecc.) vengono rigorosamente banditi anche sul piano terminologico, e ogni qualvolta ciò si riveli possibile sono tradotti in chiave comportamentale: il pensiero, in particolare, viene interpretato come una forma di linguaggio subvocale, oggettivamente registrabile sul piano periferico mediante strumentazioni capaci di amplificarlo. Negli anni seguenti un numero sempre crescente di psicologi si allinea all'antisoggettivismo della tesi watsoniana, ma la modifica in modo rilevante nelle sue componenti secondarie, dando origine a una serie di sottotipi del comportamentismo, o neocomportamentismi, spesso in polemica tra loro. E.B. Holt, A.P. Weiss, K. Lashley, E.C. Tolman, E.R. Guthrie, C.L. Hull, B.F. Skinner sono, in ordine di tempo, fra i più importanti esponenti neocomportamentisti. In particolare, opponendosi al periferalismo watsoniano, Lashley attribuisce importanza allo studio dei processi nervosi centrali, dei quali fornisce un'interpretazione globalistica che lo avvicina alle tesi gestaltiste; mitigando in modo rilevante il meccanicismo watsoniano, Tolman propone un'interpretazione finalistica del comportamento basandosi (secondo un uso assai radicato nella tradizione comportamentistica) su esperimenti condotti mediante topi di laboratorio, e traccia una teoria della «mappa cognitiva» che lo pone fra i precursori indiretti del cognitivismo; scavalcando l'empirismo watsoniano, Hull elabora negli anni Trenta una teoria logico-matematica dell'apprendimento meccanico, che per la prima volta riconosce l'importanza per la psicologia della concettualizzazione matematica e inaugura una tradizione di collaborazione fra psicologi da un lato e logici e filosofi della scienza neopositivisti dall'altro; più vicino a noi, infine, Skinner riprende l'antisoggettivismo watsoniano, fondandolo su argomentazioni più sofisticate, ed elabora una «tecnologia del comportamento» che si esprime soprattutto a livello dell'istruzione programmata e che si allontana notevolmente, nei metodi e nei criteri concettuali, dall'iniziale impostazione watsoniana.

• *«Tecnologia del comportamento» e apprendimento.* La concezione di Skinner riassume in modo particolarmente felice e coerente la prospettiva comportamentistica nei suoi aspetti meno tecnici e più propriamente epistemologici e filosofici. In particolare, in *Oltre la libertà e la dignità* (1971), Skinner svolge una serie di argomentazioni tendenti a sradicare, in nome della scientificità naturalistica e deterministica, la tradizionale concezione occidentale che vede nell'uomo un essere libero e responsabile: egli afferma che la lotta dell'uomo per la libertà personale non è dovuta a una sua inalienabile «volontà», ma a una serie di processi comportamentali caratteristici dell'organismo umano, il cui effetto principale consiste nel continuo tentativo di evitare quelli che egli chiama i «ca-

ratteri avversivi» dell'ambiente; ricondizionando adeguatamente questi processi comportamentali, l'esigenza della libertà è destinata, nell'utopia skinneriana, a dissolversi.
Sul piano tecnico-psicologico i comportamentisti e i neocomportamentisti sono accomunati dal ricorso sistematico alla quantificazione delle variabili dell'esperimento, anche se alcuni di essi (primo fra i quali Skinner) preferiscono non ricorrere all'elaborazione statistica, che accusano di macroscopizzare artificialmente nessi psicologici di per sé debolissimi. Ma soprattutto, sul piano dei contenuti della ricerca sperimentale, sono accomunati da un interesse quasi esclusivo per l'apprendimento, tanto che molte moderne teorie dell'apprendimento sono d'ispirazione comportamentistica (dire «comportamentista» equivale di fatto a dire «studioso dell'apprendimento»). In particolare, per la loro diffusione nell'ambiente psicologico nordamericano, vanno ricordate le teorie dell'apprendimento formulate da Tolman, Guthrie, Hull e Skinner, ciascuna delle quali si riallaccia esplicitamente, talora per contestarle, alle tesi precedentemente espresse dall'associazionismo e soprattutto dal sistema pavloviano, che fin dall'opera di Watson fornisce al comportamentismo molte indicazioni, in primo luogo il concetto chiave di → condizionamento e le sperimentazioni a esso relative. Nella teoria di Tolman la legge dell'effetto di Thorndike non svolge alcun ruolo, cioè si sostiene che la ricompensa o il rinforzo non costituiscono fattori decisivi nel processo di apprendimento, il quale viene invece fatto derivare dalla ripetizione nell'esecuzione di un determinato compito, ripetizione che instaura una serie di «strutture segniche» corrispondenti ad altrettante relazioni fra i dati esistenti nell'ambiente e le esigenze dell'organismo. Per quanto riguarda Guthrie, egli respinge tanto le leggi dell'effetto e della frequenza quanto il principio pavloviano del rinforzo, e, ricollegandosi all'associazionismo degli empiristi inglesi del sec. XVIII, individua nella «contiguità» l'unico nesso esplicativo del processo di apprendimento; in questa prospettiva, è sufficiente che uno stimolo provochi anche soltanto una volta una determinata risposta, perché s'instauri un'associazione *S-R*. Nella teoria di Hull, al contrario, c'è il tentativo di rendere fra loro compatibili la legge dell'effetto e il principio del condizionamento; la legge hulliana del «rinforzo primario» afferma che, se a un nesso *S-R* segue una riduzione dello stato di necessità dell'organismo, sussistono molte probabilità che in seguito il medesimo stimolo determini la medesima risposta. Infine, la teoria dell'apprendimento elaborata da Skinner è caratterizzata dalla «legge dell'acquisizione», secondo cui la forza di un comportamento operante aumenta ogni qual volta esso è seguito dalla presentazione di uno stimolo di rinforzo; quest'ultimo è da Skinner, diversamente che da Hull, definito in termini puramente oggettivi, cioè senza alcun riferimento alla riduzione dell'impulso.
Le teorie comportamentistiche dell'apprendimento sono state oggetto di molte critiche da parte degli psicologi europei, tanto gestaltisti quanto cognitivisti, i quali hanno messo in evidenza la non automaticità e la non gradualità di molte forme di apprendimento aventi luogo nella vita quotidiana e anche nelle situazioni di laboratorio (→ Gestaltpsychologie). Più in generale, il comportamentismo è stato accusato di semplicismo e di riduttivismo: sia perché rifiuta di prendere in considerazione in quanto tali (cioè senza ridurli aprioristicamente ai processi elementari dell'apprendimento meccanico) i processi cognitivi superiori dell'uomo, sia perché applica direttamente all'uomo, senza ulteriori cautele e precisazioni, i risultati sperimentali ottenuti su animali da esso tanto lontani nella scala filogenetica quanto lo sono i ratti bianchi. *S. Ma.*

comportamento, l'insieme delle risposte dell'organismo animale o umano a stimolazioni esogene (cioè provenienti dall'ambiente esterno) o endogene (provenienti dall'interno dell'organismo stesso). Profondamente segnato dall'uso fattone dal comportamentismo, il termine comportamento viene tuttavia utilizzato in diverse prospettive non comportamentistiche. Gli psicofisiologi come K. Pribram studiano il comportamento in relazione all'attività cerebrale, gli psicologi clinici lo utilizzano come indicatore o sintomo di stati interiori, e gli psicofenomenologi lo concepiscono come portatore di significati a esso strutturalmente intrinseci. Quando, seguendo P. Janet, si intendono sottolineare gli aspetti globali e direzionali del comportamento umano, in psicologia si ricorre preferibilmente al termine «condotta».
In sociologia si considerano comportamenti sociali elementari o generici gli atti o le risposte che si producono nei gruppi sociali informali, mentre si dicono istituzionali quelli attesi o caratterizzanti chi occupa una determinata posizione sociale. Tra questi ultimi, politico è quel comportamento che dipende dall'appartenenza del soggetto a una struttura politica (partito, sindacato, burocrazia, parlamento) e più in generale ogni comportamento finalizzato a modificare l'assetto del potere in un luogo di lavoro, nella società. Non solo il comportamento elettorale, cioè il voto, è quindi un comportamento politico.
Particolare interesse in sociologia riveste anche il comportamento economico: è quel comportamento che dipende dalla posizione economica di un soggetto, in quanto consumatore, in quanto lavoratore (che ricerca un'occupazione, che sceglie una professione, che decide la durata della propria prestazione, che contratta la re-

tribuzione ecc.), in quanto risparmiatore o investitore di capitali, in quanto utente di servizi privati e sociali. Come il comportamento politico, quello economico non dipende solo dalla disponibilità di risorse (informazioni, energie), ma anche da orientamenti culturali. Non hanno carattere istituzionale i comportamenti collettivi.

In sociologia, l'analisi del comportamento collettivo è il campo di studio dei fenomeni di interazione che compaiono in situazioni critiche: reazioni a calamità naturali, o a novità che comportano profonde modifiche nelle condizioni di vita o nella struttura di un gruppo sociale; panico; folla in tumulto; necessità di scelta in assenza di criteri accettati; fenomeni di infatuazione o mania collettiva per persone od oggetti; diffusione di movimenti sociali (politici, religiosi) tendenti a far cessare un dato insieme di consuetudini, di pratiche ecc. e a sostituirvi un nuovo modello di comportamento razionalizzato attraverso il riferimento a un'ideologia. La denominazione di comportamenti collettivi si applica dunque a comportamenti che vanno dall'assenza di scopi e dall'apatia all'attività finalizzata e capace di adattamento. Quando i comportamenti collettivi danno luogo a solidarietà, senso di appartenenza, totalizzazione esaltante che trascende l'individuo, assumono il nome di «movimenti sociali». Quando ciò non si realizza, si assiste a fenomeni collettivi che possono essere tanto dissolutivi (il panico) quanto meramente aggregativi (la moda). La classificazione dei comportamenti collettivi mira tra l'altro a cogliere, nell'elevata varietà di forme che essi assumono, gli elementi che permettono di stabilire un rapporto fondamentale tra comportamento collettivo e modificazione della struttura sociale.

La sociologia «classica» ha affrontato il problema del cambiamento strutturale dicotomizzando, in termini di contrapposizione tra due tipi di società, la realtà sociale: Spencer ci parla di società militari e industriali, F.J. Tönnies crea la famosa contrapposizione tra comunità e società, E. Durkheim contrappone la solidarietà meccanica a quella organica, M. Weber il tradizionale al razionale, il potere patriarcale alla burocrazia. Con Marx si ha una teoria del mutamento sociale riconducibile alla logica del comportamento collettivo. Per Marx infatti i mutamenti sociali e culturali non avvengono solo perché gli uomini cambiano le loro idee ma perché queste nascono, si generalizzano, vengono prodotte da collettività umane e il sopravvento di una concezione sull'altra è sempre il frutto del sopravvento di una collettività su un'altra: queste collettività sono le classi che esistono come fatto strutturale ma agiscono come entità dinamiche. I comportamenti collettivi vanno quindi interpretati come fasi di destrutturazione e ristrutturazione del sistema sociale: movimenti attraverso i quali tende a realizzarsi il cambiamento sociale.

comportamento rispondente, in psicologia, → condizionamento.

comprensione - spiegazione, la valorizzazione del concetto di comprensione, nel suo significato ordinario del capire teoreticamente e praticamente le ragioni di altri uomini, va cercata nell'ermeneutica di F. Schleiermacher (1768-1834). Per Schleiermacher, comprendere un testo significa penetrare la psicologia del suo autore, cioè percorrere a ritroso l'atto genetico che ha presieduto alla composizione del discorso. In questi termini, però, l'idea di comprensione veniva a costituire solo uno dei presupposti di una teoria dell'interpretazione orientata in senso psicologico; perché il problema del comprendere pervenisse a una chiara caratterizzazione metodologica bisognò attendere il positivismo, e la contrapposizione fra spiegare (*Erklären*) e comprendere (*Verstehen*) sorta nell'ambito delle → Geisteswissenschaften. Qui si disegna l'alternativa tra l'atteggiamento naturalistico che indaga gli oggetti tenendoli distinti dalla soggettività del ricercatore (spiegazione), e il grado d'immedesimazione tra soggetto e oggetto implicato da attività come la ricerca storica, filosofica o letteraria.

Entro questa problematica, J.G. Droysen (1808-1884) mise in chiaro lo statuto delle scienze storiche rispetto alle scienze della natura. La differenza principale risiede nel fatto che nella conoscenza storica l'universale della scienza si realizza soltanto nell'individuale: i singoli eventi costituiscono la storia universale, ma in modo assai diverso da come gli esperimenti comprovano un sapere naturale; questi ultimi, infatti, sono per ipotesi ripetibili, e la loro scientificità dipende da questa iterabilità. Nel caso della storia abbiamo a che fare con eventi irripetibili in quanto tali, che non si possono spiegare secondo leggi universali, ma soltanto comprendere nella loro singolarità; lo scopo di un tale comprendere è illuminare il presente attraverso il passato, ma questo comporta che il soggetto eserciti delle finalità etiche oltre che teoretiche.

Questa caratterizzazione viene precisata metodologicamente da W. Dilthey (*Introduzione alle scienze dello spirito*, 1883), che tematizza la distinzione tra scienze della natura e scienze dello spirito, fondata sia sulla differenza tra gli oggetti dei due tipi di conoscere (le scienze della natura si occupano di fenomeni esterni all'uomo, mentre le scienze dello spirito studiano un campo di cui l'uomo è parte), sia sulle differenti modalità conoscitive, per cui, mentre il sapere delle scienze della natura viene dall'osservazione del mondo esterno, quello delle scienze dello spirito è tratto da un'esperienza vissuta (*Erlebnis*) in cui l'atto del conoscere non è diverso dall'oggetto conosciuto. Mentre nelle *Naturwissenschaften* l'osservazione del fenomeno è separata dal fenomeno stesso, nelle Geisteswissenschaften la consapevolezza vitale di un sentimento si identifica con (o meglio è) quel sentimento. Così pure, mentre le prime si avvalgono di spiegazioni causali, le seconde utilizzano categorie assiologiche o teleologiche, come *significato, scopo, valore*; e mentre la spiegazione causale non modifica la sostanza del fenomeno osservato, la comprensione di significati investe e trasforma l'oggetto dell'indagine. Radicalizzando questa prospettiva Heidegger, in *Essere e tempo* (1927), ha potuto affermare la priorità del comprendere sullo spiegare; la spiegazione non è una funzione autonoma onde il soggetto si renderebbe capace di obiettivare scientificamente le conoscenze, ma dipende da una preliminare comprensione, che sorge dal radicarsi esistenziale dell'uomo nel mondo, e che costituisce perciò il trascendentale della stessa spiegazione scientifica, dal momento che il comprendere costituisce qui il carattere ontologico originario della vita umana. Criticata da parte del neopositivismo, che vi opponeva l'ideale di una scienza unificata tale per cui ogni ambito di conoscere, compresa la storia, potesse ricadere sotto l'ambito della spiegazione, la prospettiva heideggeriana è stata ribadita da H.G. Gadamer in *Verità e metodo* (1960), e costituisce uno dei capisaldi dell'→ ermeneutica contemporanea. *M. Fe.*

Comte, Auguste (Montpellier 1798 - Parigi 1857), filosofo e sociologo francese. È considerato il fondatore del positivismo. Allievo dell'Ecole polytechnique, si legò nel 1818 a C. de Saint-Simon, del quale divenne discepolo e collaboratore. Questo rapporto cominciò a incrinarsi nel 1822 con la pubblicazione, da parte di Comte, del *Piano dei lavori scientifici necessari per riorganizzare la società*, che già enunciava i principi della «filosofia positiva» e che suscitò l'interesse di politici come Guizot e di vari studiosi, ma provocò anche la sconfessione di Saint-Simon. Dopo una grave crisi nervosa e un tentativo di suicidio (1826-27), Comte ottenne un incarico all'Ecole polytechnique e iniziò la composizione della sua opera maggiore, il *Corso di filosofia positiva* (6 voll., 1830-42). Proprio la novità delle idee in essa sostenute concorse però a determinare la perdita dell'incarico di insegnamento all'Ecole; Comte si trovò a vivere dei sussidi di ammiratori e seguaci che, specie in Inghilterra, si andavano facendo numerosi. Nel 1845 ebbe una seconda grave crisi nervosa. Nel contempo si legò a Clotilde de Vaux (che morì nel 1846), alla quale attribuì l'ispirazione della seconda fase del suo pensiero, di intonazione mistico-umanitaria. Rimessosi dalla crisi, si dedicò alla sua seconda grande opera (*Sistema di politica positiva o trattato di sociologia che istituisce la religione dell'umanità*, 4 voll., 1851-54), cui si affiancano e seguono il *Catechismo positivista* (1852) e il *Calendario positivista* (1860) che stabilisce le festività e le regole del culto della nuova religione positiva. Questo indirizzo mistico venne rifiutato dai maggiori discepoli di Comte e determinò la spaccatura della scuola. Ciò nondimeno il pensiero di Comte continuò a esercitare una grande influenza. La sua religione dell'umanità diede luogo a sette diffuse in Francia, in Inghilterra e soprattutto in America. Il pensiero positivista trovò sviluppo negli immediati discepoli (P. Laffitte, E. Littré, G. Lewes) e poi in E. Renan, H. Taine, T. Ribot, J.S. Mill e H. Spencer.

• *Il pensiero politico e le leggi della storia.* Come già Saint-Simon, anche Comte giudica il mondo moderno un'epoca di disordine e di anarchia in cui due opposti partiti, quello restauratore e quello rivoluzionario, tentano invano di imporre un nuovo ordine sociale. Entrambi sono infatti caratterizzati dalla mancanza di principi metodici e dal carattere dogmatico delle loro critiche. Dogmatica è la pretesa dei restauratori di tornare al passato, ma nient'altro che dogmi sono anche i principi della libertà di pensiero (che assolutizza l'opinione contro la scienza) e dell'uguaglianza (che propone una parità illusoria e ingiusta, poiché una società bene organizzata si fonda sulla divisione del lavoro e dei compiti in base alle competenze e alle capacità naturali). Per uscire dallo stato di anarchia occorre invece passare dalla politica «filosofica» (teologico-reazionaria e metafisico-rivoluzionaria) alla politica scientifica o «positiva», fondata sui metodi delle scienze e sull'evoluzione storica della società umana. Quest'ultima è il prodotto delle leggi dell'evoluzione biologica, alle quali aggiunge una propria specificità storico-sociale. È appunto la scoperta di tale specificità il merito che Comte attribuisce alla «legge dei tre stati» (o stadi), da lui ricavata dallo studio della storia e della «evoluzione dell'intelletto umano nelle sue diverse sfere di attività». Secondo tale legge il progresso umano deve svilupparsi attraverso tre tappe fondamentali e successive: lo stadio *teologico* o *fittizio*, lo stadio *metafisico* o *astratto* e lo stadio *scientifico* o *positivo* . Il primo stadio caratterizza il passaggio dell'uomo dalla natura alla cultura: l'uomo interpreta il mondo con categorie antropomorfiche e tenta di dominare i fenomeni della natura con pratiche mistico-magiche. In questo stadio predomina la fantasia e cioè la tendenza, che è propria dell'infanzia della specie come in ogni tempo dell'individuo, a immaginare spiriti, dei e forze magiche. Lo stadio teologico procede attraverso tre gradi (feticismo, politeismo, monoteismo) e presenta una società fondata sul lavoro degli schiavi e sulla guerra, mentre il governo ha carattere teocratico-militare. Il secondo stadio è eminentemente critico e distruttivo; esso dissolve i fantasmi mitico-religiosi e li sostituisce con le astratte entità intellettive della riflessione filosofica. Anche sul piano socio-politico l'aspetto critico prevale: si affermano l'individualismo, l'egoismo, l'utilitarismo che travagliano una società non più fondata sull'autorità del sovrano, ma sullo «stato dei giuristi», ossia su un astratto patto sociale che attribuisce la sovranità al popolo, ma di fatto la rende oggetto di continua contesa tra forze politiche ed economiche, sette e partiti. Il terzo stadio, del quale sono ideali iniziatori F. Bacone, Galileo e Cartesio, sostituisce alla fantasia e al ragionamento astratto l'osservazione e il rispetto dei fatti. L'uomo cessa di chiedersi il «perché» dei fenomeni e bada al «come», cioè ne cerca scientificamente le «leggi», le quali mirano dapprima all'osservazione e poi alla previsione («vedere per prevedere»). Questo stadio «positivo» dell'umanità potrà dirsi completamente attuato quando tutte le attività umane avranno fatto proprio il metodo scientifico. Esso si è già da tempo imposto nella matematica, nell'astronomia e nella fisica, ma è del tutto assente dalla politica, dalla morale e dall'economia, ancora soggette alle superstizioni, ai pregiudizi e alle iniziative empiriche degli individui e dei gruppi. Promuovere il passaggio allo stadio positivo di tutte le attività umane è appunto il compito della filosofia positiva: essa deve unificare tutti i risultati delle scienze particolari e poi indirizzarli alla realizzazione di una scienza della società, che Comte chiama *fisica sociale* o *sociologia*. Tale scienza è la premessa di una futura società pacifica e altamente produttiva, caratterizzata da una rigorosa divisione sociale dei compiti e governata da un'élite di scienziati e di tecnici.

• *Classificazione e piano delle scienze*. Come ogni attività umana, anche le scienze si sviluppano secondo la legge dei tre stadi. Non tutte le scienze però compiono tale processo contemporaneamente per la diversa complessità dei loro metodi e oggetti. In generale raggiungono prima lo stadio positivo le scienze più semplici e più astratte, come infatti dimostra la storia del pensiero scientifico. Tutte le scienze si trovano peraltro unificate da un piano organico ideale che raccoglie in sé tutti i possibili fenomeni della realtà. Su questa base Comte fornisce una classificazione generale delle scienze, secondo il criterio evolutivo della complessità e particolarità crescente (o, che è lo stesso, della semplicità e generalità decrescente). Dobbiamo perciò distinguere le scienze che studiano i «corpi bruti» (*fisica inorganica*) e quelle che studiano i «corpi organizzati» (*fisica organica*). Le prime comprendono, come tappe successive, l'astronomia, la fisica propriamente detta e la chimica; le seconde comprendono la biologia e la sociologia. A queste cinque scienze Comte premette la matematica, che, per il suo carattere di massima generalità e semplicità, svolge funzione introduttiva e serve di base a tutte le altre. Non trovano posto, in questa classificazione, né la logica (in quanto ogni scienza deve costruirsi da sé i propri procedimenti metodologici e quindi la propria logica), né la psicologia (in quanto tale scienza rientra nella biologia se suo oggetto sono i fenomeni psichici individuali, essendo Comte contrario a ogni psicologia introspettiva e «filosofica», oppure rientra nella sociologia se suo oggetto sono i comportamenti psichici generali, che rimandano sempre alle condizioni sociali della vita collettiva).

• *La sociologia e la religione dell'umanità*. Comte si attribuisce il merito di aver condotto la scienza della società dallo stadio teologico e metafisico a quello positivo. Tale scienza, come ogni altra, presenta un aspetto statico e uno dinamico (per es. lo studio del mondo organico è statico nell'anatomia e dinamico nella fisiologia). Avremo perciò una *sociologia statica* e una *sociologia dinamica*. La prima ha per oggetto la società in quanto essa è un tutto organicamente relazionato: idee, costumi, istituzioni, strutture economico-politiche sono infatti fenomeni interconnessi che si influenzano vicendevolmente. Ogni società presenta dunque un *ordine* e un peculiare *consenso* delle parti col tutto. Quando tale ordine vien meno, la società entra in una fase «critica» che la sociologia statica non può più descrivere. Interviene allora la sociologia dinamica, la quale studia la società sotto il profilo dell'idea di *progresso* (e non soltanto di ordine), cioè analizza l'evoluzione storica dell'umanità in base alla legge dei tre stadi. L'oggetto di tale scienza è pertanto il più complesso e il più concreto possibile, e l'uomo giunge a padroneggiarlo solo alla fine della propria evoluzione, cioè nell'età dell'industrialismo scientifico appena inauguratasi. Si prepara così l'avvento di una nuova società «organica», in cui verrà meno ogni contrasto politico, poiché a tutti verrà concesso il diritto al lavoro e al benessere, nonché un indefinito perfezionamento spirituale. Questa concezione ottimistica e filantropica si trasformò nelle ultime opere di Comte in una vera e propria religione laica fondata sull'idea di «umanità» anziché sul concetto di Dio. L'umanità è il «Grande Essere» costituito dagli esseri passati e futuri a partire dai quali e verso i quali è diretta l'opera degli esseri presenti. La nuova religione positiva ha i suoi santi (che sono i geni e gli scienziati che hanno guidato l'evoluzione dell'umanità), ha un pontefice (che è lo stesso Comte) e una sorta di culto della femminilità incarnato dal ricordo di Clotilde de Vaux. In queste immaginazioni misticheggianti e forse anche patologiche si stemperava l'originale sociologia comtiana, inclinando verso forme di pseudoreligiosità romantica.

comunicazione, in linguistica, trasmissione di informazione mediante messaggi da un emittente a un ricevente (→ codice-messaggio). Secondo il classico schema di R. Jakobson, una situazione comunicativa, fortemente idealizzata, è caratterizzata infatti da un emittente (o fonte del messaggio), dal suo ricevente (o destinatario), dal codice mediante cui è codificato e decodificato il messaggio rispettivamente dall'emittente e dal ricevente, dal canale (mezzo o supporto fisico della trasmissione del messaggio; per es. l'aria nel caso della comunicazione orale), dal contesto e dal contatto tra emittente e ricevente.

comunicazione sociale, concetto definito dai sociologi in tempi relativamente recenti con lo sviluppo sia delle comunicazioni nelle società più avanzate e del loro ruolo nel condizionare l'azione sociale, sia dell'analisi microsociologica della interazione sociale. J. Habermas ha individuato nella crisi di legittimazione la principale radice della crisi di identità attraversata dai sistemi capitalistici avanzati, e nella comunicazione sociale il meccanismo, discorsivo, di soddisfazione (o critica) delle pretese normative del sistema. Da lungo tempo sono oggetto di studio i fenomeni delle → comunicazioni di massa. Una teoria delle società complesse pare doversi oggi basare sulla comunicazione sociale piuttosto che sui *rapporti* sociali, secondo N. Luhmann (*Potere e complessità sociale*, 1975), che raccoglie i risultati degli studi dell'interazionismo simbolico di E. Goffman (*Modelli di interazione*, 1969). Di fronte alla complessità del mondo, sostiene Luhmann, i sistemi, per garantirsi stabilità e sopravvivenza, devono operare come riduttori selettivi: il potere come mezzo di comunicazione sociale consiste nella possibilità di cui dispone un soggetto di scegliere una alternativa per altri soggetti; in questo senso la comunicazione potestativa riduce la complessità per i soggetti subordinati. L'utilizzazione in sociologia del vasto patrimonio concettuale accumulato dalla linguistica sul tema della comunicazione sembra doversi incentrare sulla trasmissione di significati (cosignificazione) quale caratteristica della comunicazione sociale, possibile solo in presenza di codici culturali ben definiti e comuni agli interlocutori.

Sul fenomeno della comunicazione nei suoi aspetti più generali, di portata filosofica, insistono la sociologia tedesca e quella francese che hanno subìto più profondamente l'influsso di filosofie quali la → fenomenologia e l'→ esistenzialismo. In questo contesto occorre ricordare la *Teoria dell'agire comunicativo* (1981) di J. Habermas, che annuncia programmaticamente il mutamento di paradigma dalla «coscienza» alla «comunicazione», incentrando sulla razionalità comunicativa una nuova teoria critica della società. In ambito anglosassone, dove prevale l'influsso di filosofie di origine empiristica e neopositivistica, la tematica della comunicazione è sviluppata in sociologia soprattutto con ricerche specifiche su forme particolari di comunicazione, come l'arte, la pubblicità, il linguaggio quotidiano.

comunicazioni di massa, messaggi trasmessi da giornali, radio, televisione, cinema, manifesti e simili a masse di individui dispersi in spazi vastissimi e per lo più lontani dal punto di emissione del messaggio stesso. Più esattamente è definibile come ambito di studio delle comunicazioni di massa ogni situazione comunicativa nella quale non esiste alcuna possibilità, da parte dei riceventi, di rispondere, di «retro comunicare» al messaggio inviato dall'emittente. Proprio per questa caratteristica di poter diffondere messaggi in aree sociali assai ampie e di essere, almeno potenzialmente, immuni da qualsiasi possibilità di risposta da parte dei fruitori, i quali, per di più, non possono quasi mai controllarne la veridicità, i mezzi di comunicazione di massa (designati anche con la locuzione inglese "mass media") sono dotati di enormi capacità di orientare le opinioni, i giudizi, gli atteggiamenti, i comportamenti.

Si esamineranno qui i principali approcci con cui nelle scienze sociali si studiano le comunicazioni di massa.

• *L'approccio struttural-funzionale*. È espressione di una corrente sociologica di provenienza statunitense (T. Parsons, R.K. Merton, P.F. Lazarsfeld ecc.) che concepisce la comunicazione come un processo scomponibile nei suoi momenti più importanti a seconda degli attori che vi intervengono. Secondo una formula dovuta a H.D. Lasswell, nello studio dei processi comunicativi è necessario analizzare «chi dice qualche cosa, che cosa dice, in che modo lo dice, a chi e con quali effetti». Attraverso l'utilizzazione di metodi quantitativi e qualitativi che vanno sotto il nome di analisi del contenuto, si è giunti a disporre di validi strumenti per individuare il reale significato di un messaggio, per distinguere tra i suoi contenuti manifesti, esteriori, e quelli, magari più importanti, di carattere latente; tra gli aspetti connotativi e denotativi dello stesso; tra le sue parti essenziali e quelle inessenziali. Inoltre, analizzando il processo di diffusione dei messaggi, Lazarsfeld ed E. Katz hanno dimostrato che gli stimoli trasmessi dai mass media non hanno un effetto immediato, indistinto e generalizzato presso tutti coloro che li ricevono, ma che, al contrario, tale effetto si esplica secondo quello che essi hanno chiamato «flusso di comunicazione a due livelli». Tra i recettori dei messaggi e la fonte di questi vi è un filtro rappresentato dall'azione degli *opinion leader*, persone particolarmente interessate e preparate su alcune specifiche materie, il cui ruolo consiste nell'approvare o meno, nell'attribuire maggiore o minore significato a quanto proposto dai mass media. Infine, attraverso l'applicazione di tecniche matematico-statistiche («teorie dei giochi», «modelli di simulazione») si è giunti a prevedere con buona approssimazione quali possono essere le conseguenze di un flusso di comunicazioni immerso in un determinato ambiente sociale ristretto (comunità, aziende ecc.) e a valutare come queste mutino al mutare di certe variabili che definiscono l'ambiente.

• *Le comunicazioni di massa come sistema culturale.* Un altro filone di studi parte invece dalla considerazione che molti dei mass media contemporanei (radio, TV e cinema, in particolare) inviano stimoli non puramente informativo-razionali, ma di immediata risonanza emotiva, e che in molti casi esiste un'interpenetrazione tra messaggio esplicito e manipolazione, tra contenuti impegnati ed evasione (che il ricettore del messaggio non riesce facilmente a distinguere e che, anzi, spesso tende a confondere). Su tale base alcuni studiosi (E. Morin, F. Alberoni ecc.) hanno cercato di mostrare come l'avvento dei mass media abbia portato alla formazione, nelle società contemporanee, di un vero e proprio sistema culturale di nuovo tipo. Il punto di partenza per analizzare tale sistema può essere quello suggerito da Morin (*L'industria culturale*, 1963) a proposito della spinta verso l'«immaginario» che i contenuti dei mass media propongono in continuazione. Per Morin l'«immaginario» è quella sfera in cui rientrano atteggiamenti e valori che, sebbene abbiano inizialmente un riferimento nella realtà sociale, vengono trasfigurati fantasticamente in modo progressivo fino ad acquistare una dimensione simbolica quasi completamente avulsa dai concreti avvenimenti quotidiani, pur conservandone l'immagine e i tratti esteriori. In questa prospettiva le difficoltà economiche paiono meno pesanti per la generalizzata ostentazione del consumismo, le differenze di ceto e di classe vengono apparentemente negate da una mobilità sociale che sembra scontata e spettante di diritto ai meritevoli, il progresso viene scambiato con il presunto benessere economico, che, a eccezione dei periodi di crisi, sembra destino sicuro e felice per tutti. Il singolo ritiene così che quanto i mass media diffondono sia niente altro che la generalizzazione di un suo possibile e facile futuro personale. Il lieto fine immancabile di ogni «storia» (cinematografica, televisiva ecc.) diventa filosofia comune o credenza generalizzata. Tesi analoghe, a questo proposito, avevano già sostenuto T.W. Adorno e M. Horkheimer (*Dialettica dell'illuminismo*, 1944), per i quali lo spettatore tende, alla fine della fruizione del messaggio, a far coincidere quanto visto (per es. al cinema) con la propria vita, attraverso un processo di identificazione con l'eroe della storia, il quale, dopo aver affrontato enormi difficoltà, emerge vittorioso da ogni prova e trae vantaggi (donne, denaro, onori) dalle sue imprese. Ma l'«immaginario» spinge anche a una deresponsabilizzazione individuale e collettiva, nel senso che le manifestazioni ludico-espressive (basti qui l'esempio delle canzoni, dello spettacolo, dei divi) tendono ad acquistare uguale importanza dei fenomeni sociali più seri. Anzi questi ultimi (si pensi al fenomeno della partecipazione politico-sociale) appaiono «lontani» dai propri interessi, dalla propria vita, quasi superati storicamente. L'«immaginario» tende così a coincidere con l'evasione e il disimpegno.

Un approccio peculiare al fenomeno delle comunicazioni di massa è l'analisi delle modificazioni strutturali indotte nella cultura dall'avvento dei mass media a cui è dedicata l'opera di H.M. → McLuhan, che muove dalla nota tesi secondo cui «il medium è il messaggio» e cioè che la comunicazione è qualificata in modo determinante dal tipo di mezzi che usa. Una società o una cultura, dunque, si può descrivere proprio a partire dai mezzi di comunicazione che prevalgono in essa e che la caratterizzano. Su questa base, McLuhan ha proposto una vera e propria tipologia delle culture, che ha esercitato una vasta influenza anche fuori della sociologia.

La dimensione internazionale dei mezzi di comunicazione di massa ha avuto un'incidenza certamente determinante nell'attuale processo di → globalizzazione della vita sociale, consentendo una diffusione «globale» dell'informazione. Dell'analisi di questo fenomeno si è occupato A. → Giddens, il teorico della globalizzazione che ha, inoltre, messo in rilievo come in questo processo il ruolo primario dell'occidente nel campo della produzione e diffusione dei media renda particolarmente vulnerabili le società del Terzo mondo.

Lo sviluppo delle comunicazioni di massa, il loro impatto sulla società e l'influenza delle nuove tecnologie sull'informazione sono tematiche oggi molto dibattute nell'ambito degli studi sociologici: M.L.De Fleur, E.E. Dennis, *Comprendere la comunicazione di massa* (1985); D. Lyon, *Le società dell'informazione* (1987); K. Ward, *Comunicazione di massa e mondo moderno* (1989).

comunione, termine teologico che designa il rapporto religioso (partecipazione e distinzione) tra Dio e l'uomo (particolarmente, nel cristianesimo, l'incontro sacramentale nell'eucaristia) e dei credenti singoli (o della comunità) tra loro. L'equivalente greco del latino *communio* è *koinōnia* (con la terminologia affine) e si trova utilizzato nella letteratura pagana e nel giudaismo ellenistico (Filone) per designare l'unione, l'intimità con Dio. Nel Nuovo Testamento si usa la terminologia della comunione per designare la relazione con Dio che si attua attraverso il Cristo, in particolare partecipando alle sofferenze e alla morte di Gesù sia nel travaglio quotidiano sia sacramentalmente. Una considerazione approfondita del termine comunione nel Nuovo Testamento deve allargarsi a formule e nozioni parallele: l'essere «in Cristo» (in Paolo e Giovanni), i verbi composti con *syn-* (in greco, «con»): con-morire, con-resuscitare («con Cristo» in Paolo), le metafore del «corpo di Cristo» (in Paolo), della «vite» (in Giovanni). Comunione nel Nuovo Testamento indica però anche il rapporto dei fedeli tra loro: sia in particolare la relazione con l'apostolo (in Paolo) nella fatica missionaria sia la fraternità che unisce i membri della stessa comunità.

A partire dal sec. III il concetto e la terminologia della comunione si sviluppano in diversi sensi: nel senso sacramentale, comunione diviene un termine tecnico per designare la ricezione del corpo e del sangue di Cristo nell'eucaristia; nel senso escatologico, si afferma, con l'inserzione nel Simbolo apostolico della formula corrispondente («credo... la comunione dei santi»), l'idea di una mistica intercomunicazione tra chiesa militante e chiesa celeste; nel senso ecclesiologico, il rapporto delle chiese fra loro e (soprattutto in Occidente) con Roma si definisce come rapporto di comunione, che si manifesta solennemente nei concili. Tale concezione «comunionale» dei rapporti ecclesiali si estende per tutto il primo millennio, cedendo poi il posto, in Occidente, allo sviluppo del potere romano. Nei secoli più recenti, il termine viene usato principalmente nella sua accezione sacramentale, che è, del resto, l'accezione quasi esclusiva sul piano popolare.

comunismo, termine con cui si designano dottrine che propugnano e descrivono una società basata su forme comunitarie di produzione ovvero di produzione e di consumo, in alternativa a società basate su forme di proprietà privata ovvero di distribuzione e di consumo disuguali. Possesso comune della terra e dei mezzi di produzione, lavoro per tutti, regolazione parificatrice dei bisogni e delle fruizioni, sono i tratti di una tale organizzazione su cui di volta in volta è stato messo l'accento.

Parte integrante di tali dottrine, fino ai nostri giorni, è l'educazione comune, pubblica, di tutti gli individui. Essa ha forte risalto già in Platone, il quale delinea per il suo modello di stato un assetto caratterizzato dall'assenza di proprietà personale riservandolo ai governanti e ai guerrieri, a esclusione di artigiani e agricoltori. Un «comunismo» dunque per nulla democratico ed egualitario; il che non ha alcun riscontro nelle raffigurazioni di società o città ideali fiorite in periodo rinascimentale: celeberrime l'*Utopia* di Th. Moore (1516) e la *Città del Sole* di T. Campanella (1602). Quest'ultima riprende da Platone anche il principio della comunanza delle donne, in funzione di una regolazione selettiva degli accoppiamenti la quale è solo un aspetto dell'assunto di regolamentazione capillare della vita in comune.

Rivendicazioni e ideali comunistici sono comparsi via via nel tempo, o ispirati a un'esaltazione del cristianesimo originario (sia dell'insegnamento evangelico sia della vita delle prime comunità cristiane), o contrassegnati da attese millenaristiche o dal richiamo a imprescrittibili diritti di natura e a una idealizzata situazione originaria, prima che a esempi storicamente accertabili (il cosiddetto comunismo primitivo, descritto dalla etnologia ottocentesca). In epoca moderna, lotte e tentativi d'ispirazione comunistica furono la rivolta dei contadini in Germania capeggiata da T. Münzer, repressa ferocemente con l'assenso di Lutero (1525), e, di più modeste proporzioni, l'occupazione pacifica di terreno pubblico non recintato da parte di una frazione dei «livellatori» inglesi, gli «zappatori» o «veri livellatori», nel 1649: iniziativa notevole per la consapevolezza che s'esprime negli scritti di G. Winstanley (*La legge della libertà*, 1652, dedicato a Cromwell).

• *Comunismo ed egualitarismo.* Teorizzazioni più o meno ardite si susseguirono nella Francia del Settecento: oltre al *Testamento* (postumo) del curato ateo J. Meslier vanno segnalati il *Dei diritti e dei doveri del cittadino* dell'abate G. Bonnot de Mably e il *Codice della natura* (1755) di Morelly, testi che influirono, insieme con diffusi motivi critici rousseauiani (basti ricordare Robespierre), su F.-N., detto Gracchus, Babeuf, organizzatore, in Francia, della fallita cospirazione degli uguali (1796). Con l'emarginazione dei giacobini egli aveva assunto posizioni sempre più radicali, fino a sopravanzare la stessa richiesta, fino allora la più estremistica, della «legge agraria», ossia di una divisione delle terre legata all'ideale della piccola proprietà. Il *Manifesto degli uguali* steso da S. Maréchal proclamava la «Repubblica degli uguali» e reclamava la «fruizione comune dei frutti della terra» e «una sola educazione, un solo nutrimento» per tutti; dunque, un comunismo della distribuzione. Facevano da punto di leva l'insufficienza della uguaglianza dei diritti e quindi la necessità di un'uguaglianza «reale», «di fatto»; tema destinato a essere riscoperto, in Francia, sulla scorta delle esperienze e delle delusioni patite con la rivoluzione del luglio 1830 e con i successivi tentativi insurrezionali. In quegli anni l'amico di Babeuf, F. Buonarroti, diffuse il suo scritto rievocativo *Cospirazione per l'uguaglianza* (1828) e diede vita a un movimento neobabuvista, sempre fortemente politicizzato in senso pratico, democratico-giacobino, con forte presa in ambienti operai. Accanto a lui emerse la figura dell'avvocato E. Cabet, autore del fortunato «romanzo filosofico» *Viaggio in Icaria* (1842), fautore di una comunità dei beni e di un lavoro obbligatorio moderato, da costituirsi gradualmente (a forza di persuasione e quindi col concorso di tutta la società) per irradiazione di colonie-modello su base ormai industriale, secondo gli esperimenti dell'inglese R. → Owen. Il suo atteggiamento pacificatore e la sua identificazione di comunismo e cristianesimo furono respinti da T. Dézamy, che nutriva concezioni rivoluzionarie e materialistiche. Notevole, in entrambi, l'assimilazione dell'insegnamento dei grandi rappresentanti del → socialismo utopistico, anche se proprio negli anni Quaranta emersero differenze fra socialisti e comunisti, prima di tutto sulla questione della proprietà privata che questi ultimi non solo criticavano ma volevano abolire. Il termine «comunismo», coniato da Cabet, viene allora proposto nella prospettiva del macchinismo, dello sviluppo dell'industria, di un incremento della produttività; arti e scienze sono considerate non nocive o superflue, ma anzi come fattori di progresso; si mira a una «uguaglianza dell'abbondanza». Una formulazione della piattaforma ideologica di questo movimento si trova in A.R. de La Hautière: «L'uomo nasce uguale all'uomo, non affatto simile in forze e bisogni... ma uguale in diritti», tutti cioè «hanno un pari diritto di vivere, di soddisfare tutte le funzioni della vita materiale e spirituale, d'appagare tutti i bisogni».

• *La svolta del «Manifesto» comunista.* Anche l'associazione segreta tedesca Lega dei giusti, a base prevalentemente artigiana, crebbe da principio come una propaggine del comunismo operaio francese, per poi internazionalizzarsi dacché la sua sede principale si spostò a Londra, grazie anche all'iniziativa di F. Engels. Alla forte impronta dottrinale datale dal sarto W. Weitling (*Le garanzie dell'armonia e della libertà*, 1842), Engels preferì dapprima il comunismo «filosofico» del giovane-hegeliano M. Hess; ma è sulla base delle concezioni da lui elaborate insieme a K. → Marx che il nuovo comunismo (comunismo critico, lo chiamerà più tardi Engels, seguito da Labriola) prese piede, fino alla rottura aperta con Weitling e alla trasformazione della Lega dei giusti in Lega dei comunisti, la quale sostituì il motto «Gli uomini sono tutti fratelli» con il motto «Proletari di tutti i paesi, unitevi!» (1847), reso famoso dal *Manifesto del partito comunista*, redatto appunto per essa. Già la scelta del titolo «manifesto» è significativa, se si pensa alle «professioni di fede» e ai «catechismi» di cui abbondava la letteratura socialista e comunista di allora. Data per scontata la liquidazione della tradizione segreta, cospirativa, insurrezionale e scelto l'orientamento verso nuove forme di organizzazione e di propaganda, Marx ed Engels mirarono non ad affiancare ai più avanzati movimenti di lotta esistenti (i cartisti in Inghilterra, i «riformisti» in Francia) un nuovo partito, bensì a individuare un punto di vista teorico che desse conto delle lotte in corso, delle loro condizioni e della loro portata storiche, al di là della cornice nazionale, o comunque non più meramente locale, entro cui necessariamente si svolgevano. Se si guarda alla direzione di fondo, l'abolizione della proprietà privata appare non più come un problema giuridico o morale bensì come la posta in gioco di una fase determinata delle lotte di classe. Ora, una lotta del genere investe non la proprietà intesa come «un semplice rapporto», tanto meno come un «principio», bensì come un determinato sistema di rapporti economici e giuridici. La borghesia, nel lungo processo che l'ha condotta a essere la classe dominante, ha distrutto o ridimensionato vecchie forme di proprietà e di rapporti, e così ha scatenato un tale rivolgimento di modi di produrre e un tale incremento delle forze produttive da creare le «condizioni materiali» per l'emancipazione del proletariato. Non basta: la sua tendenza a concentrare mezzi di produzione e produttori e le sue lotte hanno promosso l'unificazione degli operai, la loro organizzazione politica, la formazione di una coscienza di classe al di là dell'inevitabile concorrenza interna. In particolare, le nuove forme di organizzazione e divisione del lavoro, il potenziamento senza precedenti del lavoro sociale rendono possibile una trasformazione peculiare della società, per cui, emancipando se stessa, la classe operaia emancipa tutta la società dalla divisione in classi.

A questo proposito, Marx ed Engels distinguono rigorosamente tra il capitale come «potenza sociale» e la relazione di classe capitale - lavoro salariato. È questa che va eliminata, in direzione di una regolazione sociale della produzione. Con ciò non viene affatto soppresso il potere di appropriazione personale dei prodotti, ma soltanto il «potere di assoggettare a sé, mediante codesta appropriazione, lavoro altrui». Così essi replicano alle obiezioni rivolte contro il «modo comunistico di produzione e appropriazione». Il risultato da loro indicato in termini di una «associazione in cui il libero sviluppo di ciascuno è condizione del libero sviluppo di tutti» è poi proprio il rovescio del «rozzo» egualitarismo e «ascetismo generale» di tanta letteratura rivoluzionaria. Sono decisamente scartate la comunanza delle donne, l'abolizione del matrimonio e della famiglia, nonché della religione, quali provvedimenti da adottare d'acchito. Nondimeno, altre numerose rivendicazioni vengono accolte. Che non si sarebbe pervenuti a una vera trasformazione della società se non attraverso un periodo di transizione era già ben chiaro, e si discuteva invece di questa transizione, dei modi e dei gradi del passaggio. È appunto in un elenco di misure per la transizione che Marx ed Engels convogliano, nel *Manifesto*, richieste correnti, come la riforma del diritto di successione e l'imposta progressiva. Più sostanziale, e gravida di conseguenze, la ripresa del tema «conquista del potere politico da parte della classe operaia» in vista (ciò che più conta) di un graduale risolversi dello stato politico in amministrazione pubblica.

• *Gli sviluppi del programma comunista. Il problema della transizione.* Modifiche a questa visione vengono apportate da Marx e da Engels, soprattutto in seguito alla Comune parigina, da cui essi traggono l'insegnamento che per gli operai non si tratta di impossessarsi, ai propri fini, di una macchina statale bell'e pronta. Nella *Critica del programma di Gotha* (1875), puntuale demolizione del progetto di programma del partito operaio tedesco, Marx fa corrispondere al periodo di trasformazione della presente società in una società nuova un «periodo politico di transizione, il cui stato non può essere che la dittatura rivoluzionaria del proletariato» e distingue una prima fase della società comunista, regolata dal principio «a ciascuno secondo il suo lavoro», da una fase più elevata, sviluppantesi su una propria base, regolata invece dal principio «da ciascuno secondo le sue capacità, a ciascuno secondo i suoi bisogni».

Nel vivo del processo rivoluzionario in Russia, Lenin torna a discutere di questi temi e sostiene, sulla traccia di alcune osservazioni di Engels, l'opportunità storica e le ragioni teoriche di ripristinare la denominazione «comunista» per il partito bolscevico, in sostituzione dello screditato «socialdemocratico». Comunista si chiamerà pure il partito protagonista della seconda maggior rivoluzione del nostro secolo, quello cinese, il cui significato storico, per quanto problematico, sembra consistere in un arduo ripensamento, anche teorico (Mao Dzedong), di problemi quali i rapporti operai-masse contadine, industria-agricoltura (ritmo e forme di industrializzazione, collettivizzazione e macchinizzazione dell'agricoltura), direzione politica-masse, partito-stato, ideologia-cultura: ripensamento le cui conclusioni risultano distanti rispetto all'indirizzo economico, politico e culturale preso dall'Unione Sovietica sotto la direzione di Stalin, nonché rispetto alla destalinizzazione avviata ufficialmente da Chruščëv nel 1956.

Già prima della caduta del "muro" di Berlino (1989) e del crollo dei regimi cosiddetti «socialisti» dell'Est europeo, numerosi critici (anche di ispirazione marxista: L. Trockij, R. Bahro ecc.) avevano messo in evidenza come in tali regimi il controllo della produzione e della destinazione del prodotto sociale fosse in mano a una élite che svolgeva funzioni analoghe a quelle svolte dai proprietari dei mezzi di produzione nelle società capitalistiche. La crisi avviata con gli anni Novanta ha fatto emergere non solo l'incapacità di questa élite a gestire l'economia a fini sociali, ma ha posto anche in assoluto rilievo il problema delle *modalità* e degli *strumenti* che sono necessari per esercitare il controllo sociale sull'economia in una prospettiva pianificata. Il problema della gestione collettivista dell'economia si è così rivelato un punto debole di grave entità dell'ideale comunista. D'altra parte, il tentativo – sia sul piano teorico sia su quello pratico – di integrare il mercato in un'economia di tipo prevalentemente «collettivista» (si pensi alla Cina a partire dagli anni Ottanta in poi) pone a sua volta il duplice problema del controllo del mercato e della gestione delle disuguaglianze economico-sociali che sono intrinseche all'affermarsi del mercato stesso. *R. To*

comunismo primitivo, espressione che nell'antropologia di ispirazione evoluzionista del XIX secolo indica sia una fase aurorale dell'umanità caratterizzata dalla comunanza dei beni e delle donne, sia alcuni aspetti della vita economica e sociale dei popoli «primitivi» osservabili a livello etnografico (considerati rappresentanti di fasi storiche trascorse). L'idea di comunismo primitivo è, nella prima accezione, un artificio retorico per conferire un senso alle teorie dello sviluppo culturale in una prospettiva evolutiva: dal semplice al complesso, dall'omogeneo all'eterogeneo. Nella seconda accezione tale espressione viene utilizzata tanto come individuazione di determinate caratteristiche delle società osservabili a livello etnografico (proprietà comune della terra; istituti matrimoniali diversi dalla monogamia; corresponsabilità dei membri di un gruppo di parenti, ecc.), quanto, come nei casi di F. → Engels, una fase originaria della storia umana che, con l'avvento del «comunismo scientifico» si sarebbe ripresentata «trasformata» in una forma «superiore», in questo caso con la comunanza dei mezzi di produzione.

comunità, insieme di soggetti legati da uno o più fattori di diversa natura (etnica, territoriale, linguistica, religiosa, economica, politica ecc.) che li portano a interagire tra loro più che con i membri di altre collettività. Tratti caratteristici di una comunità sono la maturazione da parte dei soggetti di una specifica identità, l'acquisizione di un elevato senso di appartenenza, la formazione di rapporti di solidarietà.

Nelle scienze sociali l'idea di comunità è stata spesso distinta e contrapposta a quella di società. Questa diversità di concetti era già presente nel pensiero romantico tedesco, che intendeva per comunità un aggregato sociale caratterizzato da una profonda unità dei soggetti, la cui realtà è superiore agli interessi individuali. In particolare F. Schleiermacher definisce la società come gruppo di soggetti non accomunati da uno scopo, ma tesi al perseguimento di obiettivi individuali, mentre considera la comunità costituita da soggetti che si rapportano in modo unitario a una realtà esterna. Questa distinzione ha influito sull'elaborazione di F. Tönnies, per il quale i gruppi si differenziano a seconda della volontà sociale che tiene uniti i loro membri: quando prevale la «volontà naturale», legame sociale esemplificato dai rapporti madre-figlio, marito-moglie e dal rapporto di vicinanza e di amicizia, si ha la «Gemeinschaft» (comunità: di sentimenti, emozioni, idee); quando invece prevale la «volontà razionale», legame sociale basato sul calcolo dei mezzi atti al conseguimento dei fini prefissati, si ha la «Gesellschaft», cioè la società, che Tönnies caratterizza attraverso la metafora del mercato.

A prescindere dall'opposizione comunità - società, il pensiero sociologico ha rivolto una costante attenzione alla definizione dei vari tipi di comunità, intesa nel senso più generale. E. Durkheim fonda la propria tipologia delle comunità sulla natura del legame sociale, considerato attraverso la sua espressione giuridica, prevalente in ciascun tipo. Le leggi delle comunità primitive sono essenzialmente repressive, in quanto l'atto criminale viene avvertito come violazione di una coscienza collettiva che chiede di essere vendicata: il legame sociale presupposto da tali leggi viene chiamato «solidarietà meccanica». Le leggi delle comunità civilizzate sono invece fondate sul principio della riparazione del danno arrecato, e il legame presupposto è una «solidarietà organica» che deriva dalla cooperazione. In base a tale tipologia E. Durkheim delinea una teoria dell'evoluzione sociale come passaggio dalla solidarietà meccanica a quella organica.

Una tipologia assai diversa è stata elaborata da T. Parsons, il quale individua i tipi di collettività possibili attraverso la combinazione di uno o più tratti che egli esprime in coppie oppositive: affettività - neutralità affettiva; collettività - individualità; particolarismo - universalismo; qualità - prestazione; diffusione - specificità. Come si può osservare, l'insieme dei primi tratti di ogni coppia richiama l'idea di comunità nel senso di Tönnies, l'insieme dei secondi richiama l'idea di società. Un ulteriore filone di studi tipologici è rappresentato dalle ricerche che tentano di fondare una tipologia delle comunità in relazione al territorio, sulla base dell'opposizione città - campagna (R. Redfield, *La piccola comunità*, 1955).

Più recentemente la comunità è stata studiata in quanto considerata rispondente a un bisogno di identità culturale e sociale sempre più forte. Il bisogno di riconosciuta e cosciente presenza dell'individuo nella comunità costituirebbe un fatto universale di rilevanza sociopolitica, e interesserebbe tutti i paesi (U. Bernardi, *Comunità come bisogno*, 1981).

conatus, termine usato nel rinascimento per rendere il concetto stoico di *ormê* (la tendenza di ogni entità alla propria conservazione). Nella filosofia moderna, fa da discrimine per l'interpretazione di tale concetto l'atteggiamento nei confronti del principio d'inerzia. Descartes mostra che il movimento, non meno della quiete, è uno stato, e che ogni corpo, parimenti indifferente a moto e quiete, tende a conservare la sua condizione cinematica, quale che sia. Gassendi, invece, mantiene al concetto la sua forma ilozoistica originaria con l'idea di una tendenza di tutta la materia a entrare in movimento. La visione di Vico non è lontana da questa: il conatus è la potenza generatrice di movimento che pervade tutta la natura (*De antiquissima italorum sapientia*, I, 3). → Spinoza lo identifica con «l'essenza attuale della cosa» (*Etica*, III, prop. 7). Egli chiama «appetito» il conatus comune a mente e corpo, e individua in questo l'essenza dell'uomo (*Etica*, III, prop. 9, schol.). In lui, il tema rinascimentale viene tuttavia a perdere le risonanze ilozoistiche: nel corpo semplice il conatus coincide con la tendenza inerziale alla conservazione del grado di movimento posseduto, nel corpo composto con la tendenza a conservare la più complessa configurazione di movimenti che definisce l'identità del corpo. Per Hobbes è «un moto che si verifica in uno spazio e in un tempo minore di quello dato [...] cioè un moto che si ha in un istante o punto di tempo» (*De corpore*, 15, par. 2). Sulla medesima linea di pensiero, ma con maggiore chiarezza matematica, Leibniz ne fa il differenziale del movimento.

concetto, genericamente, un contenuto od oggetto mentale; ma il termine è stato usato in due sensi principali assai diversi: ora identificato con l'→ universale, ora esteso invece a designare ogni rappresentazione mentale.

Del concetto inteso nel primo senso, Aristotele considera come scopritore Socrate. Per Socrate, il concetto (*lógos*) di una cosa è dato dalla sua corretta definizione, che sottrae la conoscenza alla variabilità dell'opinione e all'accidentalità dell'esperienza. Sulla medesima linea di pensiero, per Platone il concetto è la conoscenza dell'Idea da parte della mente umana, e per Aristotele è la conoscenza dell'«essenza» di una cosa. Nel pensiero moderno, l'identificazione del concetto con l'universale è propria di Kant, il quale oppone il concetto alla «intuizione» (rappresentazione singolare). Per Kant, l'intuizione è funzione della sensibilità e il concetto è funzione dell'intelletto o del pensiero: mentre l'intuizione è apprensione diretta del proprio oggetto, il concetto si riferisce sempre a una pluralità di oggetti. La distinzione fondamentale è poi fra concetti empirici e concetti puri (o «categorie»): i primi, astratti per generalizzazione dall'esperienza (secondo i processi indagati dal moderno empirismo inglese); gli altri, condizioni a priori dell'esperienza, in

quanto costitutivi di essa (*Critica della ragion pura*, sez. Analitica dei concetti). Per Hegel, il termine «concetto» è da riservare soltanto alle categorie, nel significato nuovo che a quest'ultima nozione egli assegna nella *Scienza della logica*, intendendole quali «pensieri oggettivi». In questo senso enfatico, i concetti non sono propri della mente umana soltanto, ma del reale medesimo; e la scienza che li indaga nella loro forma pura si configura insieme come una logica e una metafisica.
Nella logica tradizionale invece, a partire dalla scolastica medievale, con «concetto» s'intende ogni termine componibile con altri a formare un giudizio: e il concetto è da distinguere tanto dalla cosa che esso rappresenta quanto dalla parola con cui venga espresso. In questa concezione convergono uno spunto aristotelico (secondo la dottrina con cui si apre l'*Interpretazione*) e la teoria stoica del *lektón*, o «significato» di un'espressione linguistica. In questa accezione, i concetti vengono distinti in universali e singolari, semplici e complessi, chiari e confusi ecc. Ma la distinzione fondamentale è quella che sussiste fra la «comprensione» (o «intensione») e la «estensione» di un concetto, o, con altra terminologia, quella fra la sua connotazione e la sua denotazione; è dunque la distinzione fra le note caratteristiche che costituiscono un concetto, da una parte, e, dall'altra, l'oggetto o gli oggetti designati da tale concetto. Nel pensiero contemporaneo, da Ch.S. Peirce e G. Frege in poi, si considerano queste questioni nella teoria del significato.

concettualismo, termine designante il tipo di soluzione che alcuni filosofi hanno proposto al problema degli → universali.

conciliarismo, dottrina teologica affermatasi nei secc. XIV-XV a seguito dello scisma d'Occidente e del concilio di Costanza, che a tale scisma pose fine. Il decreto *Haec sancta*, votato nel 1415 al concilio, contiene due proposizioni molto ardite, secondo cui nella chiesa il potere deriva direttamente da Cristo, e la chiesa è essenzialmente, ma anche effettivamente, l'*universitas fidelium* (l'insieme dei credenti). Il decreto conciliare è un inestricabile intreccio di principi teologici, di elementi corporativi propri dell'età medievale e di fattori paleodemocratici: esso certamente si giova di vivaci e lunghi dibattiti ed elaborazioni dottrinali a livello sia teologico sia politico, le cui radici più lontane si possono trovare anzitutto nei canonisti medievali. La conseguenza concreta di un tale decreto è che il concilio possiede un potere derivatogli immediatamente dal Cristo, senza mediazioni papali, e che l'*universitas fidelium*, rappresentata nel concilio, ha un effettivo ruolo all'interno della chiesa, particolarmente rilevante nei momenti di crisi, secondo il principio che «ciò che tocca tutti, deve essere discusso e approvato da tutti». Il successivo decreto *Frequens* del 1418 costituì il corollario procedurale di *Haec sancta*, stabilendo un'automatica convocazione dei concili generali con una periodicità fissa. Il concilio di Costanza garantiva così una concreta realizzazione dei principi conciliari. Tali principi dottrinali, che però non formarono mai un sistema organico ed ebbero formulazioni sostanzialmente ortodosse come quella di Costanza, e altre radicali ed eretiche, come quella prevalsa al concilio di Basilea (1439), divennero patrimonio comunemente accettato nei decenni successivi, in cui più pressante si faceva l'esigenza di rivedere talune dottrine e istituti tardomedievali in base alle accelerate modificazioni culturali avviate dall'umanesimo: lo sviluppo delle dottrine sul consenso e sulla rappresentanza si lega strettamente all'elaborazione e al successo delle teorie conciliari.
Il vocabolo «conciliarismo», per indicare tutto il processo dottrinale fin qui descritto e più comunemente la superiorità del concilio sul papa, cominciò a circolare al concilio di Basilea tra il 1439 e il 1440, nel momento in cui si radicalizzava l'urto tra il papato e coloro che sostenevano il concilio come l'assemblea rappresentativa della chiesa, capace di operare quella riforma invocata ormai da almeno un secolo. Se il conciliarismo esce sconfitto in questo scontro frontale, esso è rimasto tuttavia una delle dottrine più influenti anche sul pensiero politico moderno.

concilio, assemblea di vescovi e di altri rappresentanti delle chiese, che si riunisce per decidere questioni di fede e di disciplina; può essere universale (ecumenico) o locale (a vari livelli, per es. nazionale o regionale; per i livelli più ristretti si preferisce tuttavia, almeno nella pratica del cattolicesimo attuale, parlare di «sinodo», termine che equivale in greco appunto a «concilio»). Al concilio ecumenico (il cui primo antecedente sarebbe da riconoscere nel «concilio apostolico» di Gerusalemme, descritto negli Atti degli Apostoli, cap. 15) la tradizione delle chiese d'Oriente e d'Occidente attribuisce autorità assolutamente vincolante. Varia tuttavia il numero dei concili ritenuti ecumenici dalle diverse chiese: il cattolicesimo romano e la chiesa bizantina hanno in comune i sette concili precedenti allo scisma; i primi quattro concili sono oggetto di particolare considerazione anche presso le chiese sorte a seguito della riforma. Il primo concilio, di Nicea (325), affermò contro gli ariani la dottrina dell'*homooúsios*, cioè la consustanzialità del Figlio al Padre. Il secondo, di Costantinopoli (381), portò alla condanna dell'apollinarismo, sulla linea di Nicea. Il terzo, di Efeso (431), condannò Nestorio, proclamando Maria *theotókos*, cioè «madre di Dio». Il concilio di Calcedonia (451), antimonofisita, affermò le due nature di Cristo, unite nell'unica persona.

Meno rilevanti i successivi tre: il Costantinopolitano II (553), che con intenti antinestoriani portò alla condanna di Teodoro di Mopsuestia, di Teodoreto di Ciro e di Iba di Edessa; il Costantinopolitano III (680-682) che, sulla linea di Calcedonia, e contro il «monotelismo», affermò l'esistenza in Cristo di «due volontà» e «due operazioni»; il Niceno II (787), che affermò la liceità del culto delle immagini, contro l'iconoclastia. La tradizione cattolica ammette una ulteriore serie di concili, e attribuisce al pontefice romano un ruolo essenziale, a lui spettando la convocazione e la conferma dei decreti conciliari (fu sconfitta più volte nella storia della chiesa la tendenza conciliarista, che attribuiva appunto un primato al concilio rispetto al papa).
Dopo la proclamazione del dogma dell'infallibilità pontificia, nel concilio Vaticano I (1870), il Vaticano II (1962-65) ha dovuto affrontare il problema del rapporto tra autorità papale e autorità conciliare. L'esigenza attuale, nelle chiese, è di rinnovare a tutti i livelli una effettiva pratica conciliare, che dia voce a tutte le forze presenti nella comunità. Particolare influsso, in ordine al recupero della pratica sinodale, ha avuto, durante il concilio Vaticano II e successivamente, il richiamo alla tradizione orientale, in cui alla conciliarità (in russo → *sobornost'*) sono attribuiti un ruolo e un'importanza sconosciuti nella teoria e nella pratica della chiesa d'Occidente.

condensazione, in psicoanalisi, una modalità del funzionamento dei processi inconsci per cui un'unica rappresentazione costituisce il punto d'intersezione di molte catene associative ed esprime la somma delle energie relative a ciascuna di esse. Oltre a essere una caratteristica strutturale del pensiero inconscio, la condensazione, poiché complica la decifrazione del → contenuto manifesto di una formazione inconscia, si rivela funzionale alla censura. Introdotto da Freud nel 1900 nel contesto dell'*Interpretazione dei sogni*, il concetto venne da lui successivamente esteso ad altri contesti, quali i lapsus, le battute di spirito, le dimenticanze. Nel sogno l'azione della condensazione è rilevabile dal fatto che il contenuto o racconto manifesto traduce, condensandolo, il → contenuto latente.

Condillac, Étienne Bonnot de (Grenoble 1715 - Beaugency 1780), filosofo francese. Condusse i suoi studi dapprima in un collegio di gesuiti, quindi nel seminario di Saint-Sulpice a Parigi, donde uscì dottore in teologia e sacerdote. Interessato alla filosofia e alla scienza inglesi (Bacone, Locke, Newton) entrò in contatto a Parigi con gli illuministi più famosi: Rousseau, Voltaire, Diderot, d'Alembert. Le sue opere più importanti di quegli anni sono il *Saggio sull'origine delle conoscenze umane* (1746); il *Trattato sui sistemi* (1749), e il *Trattato delle sensazioni* (1754). Questi scritti lo posero al centro di vivaci polemiche e gli valsero l'accusa di materialismo e di → sensismo; egli abbandonò allora Parigi e si trasferì a Parma come precettore di Ferdinando di Borbone, presso il quale visse nove anni (questa esperienza pedagogica fu poi rielaborata da Condillac nel *Corso di studi*, 1773). Tra le altre opere si ricordano: il *Trattato degli animali* (1755), scritto per difendersi dall'accusa di ateismo e materialismo; la *Logica* (1780), e l'incompiuta *Lingua dei calcoli* (postuma, 1798).
In opposizione alla teoria cartesiana delle idee innate, Condillac fece propria la posizione di Locke sull'origine empirica di ogni idea (dimostrando che anche le idee di estensione e pensiero non sfuggono a questa genesi). Anzi, andando oltre lo stesso Locke, rifiutò la distinzione tra qualità primarie e secondarie secondo la quale noi avremmo delle prime un'idea adeguata mentre le seconde sarebbero solo soggettive; la sua posizione rispetto alla portata reale delle nostre idee rimase sempre incerta tra realismo e idealismo. Inoltre, sempre in contrasto con Locke, Condillac rifiutò di distinguere tra sensazione e riflessione (o attività di combinazione e ricomposizione delle idee), riconducendo tutte le idee all'unica fonte della sensazione. Mediante il celebre esempio della statua di marmo, dapprima priva di tutti i sensi e pertanto di qualsiasi idea, e che poi si anima progressivamente per l'azione separata e successiva dei cinque sensi, dall'odorato fino alla vista e al tatto (il quale, solo, ci fornirebbe l'idea dello spazio esterno e della collocazione in esso di oggetti definiti e distinti), Condillac vuole illustrare la sua tesi del formarsi di tutta quanta la vita psichica sulla base delle sensazioni e del loro vario combinarsi. Il linguaggio, che nasce dal commercio interumano, amplia però enormemente la vita psichica, che senza di esso dipenderebbe interamente dalle circostanze esterne. Il linguaggio è dapprima «linguaggio d'azione», ossia gestuale e fatto di grida, espressione di emozioni, bisogni, intenzioni. In seguito si sviluppa fino ad assumere funzioni conoscitive mediante l'adozione di segni convenzionali con i quali è possibile comporre e scomporre i pensieri, compiendo operazioni logiche e matematiche.

condizionale, enunciato della forma «se A allora B»; A e B sono detti rispettivamente l'*antecedente* e il *conseguente* del condizionale. Oggetto di studio fin dall'antichità (→ stoicismo) per il loro ruolo nell'inferenza, i condizionali hanno avuto diverse interpretazioni semantiche. Nella logica classica, un condizionale è considerato vero se e solo se l'antecedente è falso o il conseguente è vero, cioè in tutti i casi, salvo che in quello in cui A è vero e B è falso. «Se A allora B» è cioè considerato equivalente a «Non A o B». Questa interpretazione è detta *materiale* o

filoniana (da Filone di Megara). Essa è stata ripetutamente criticata in quanto inadeguata a cogliere la relazione intuitiva di *implicazione* tra A e B: nell'interpretazione filoniana, un condizionale come «Se 0 è maggiore di 1 allora Roma è in Italia» è considerato vero, ma sarebbe controintuitivo dire che «0 è maggiore di 1» implica «Roma è in Italia». Per rimediare a questa discrepanza tra teoria e intuizioni sono state avanzate varie proposte. C.I. Lewis ha suggerito di rafforzare la semantica del condizionale: «Se A allora B» va interpretato come «Necessariamente o non A o B». È questa la teoria dell'*implicazione stretta*, che è all'origine dell'analisi logica della nozione di necessità (→ modalità). Altri, come W.V.O. Quine, hanno sostenuto che l'implicazione dev'essere identificata non con la verità, ma con la *validità* del condizionale: A implica B se e solo se il condizionale «Se A allora B» è non solo vero, ma vero in tutte le interpretazioni, cioè logicamente vero. Altri ancora hanno sostenuto che un condizionale può essere detto vero soltanto se c'è una relazione di *pertinenza* tra antecedente e conseguente (*logiche rilevanti* o *della rilevanza*, di A. Anderson e N. Belnap).
Un capitolo a sé nella teoria del condizionale è rappresentato dai *condizionali controfattuali*, enunciati il cui antecedente esprime una condizione che si suppone non realizzata («Se i canguri non avessero la coda, non si reggerebbero in piedi»). I controfattuali sono di grande interesse soprattutto per la filosofia della scienza, perché sembrano indispensabili a distinguere una legge scientifica da una mera universalità di fatto: un enunciato della forma «Tutti i P sono Q» è una legge solo se è vero il controfattuale «Se x fosse P, sarebbe Q». I controfattuali hanno proprietà formali diverse da quelle dei normali condizionali: per es., non godono della proprietà transitiva. In una delle più note teorie dei controfattuali, quella di D. → Lewis (*Controfattuali*, 1973), un enunciato della forma «Se i P fossero Q, sarebbero R» è interpretato così: in tutti i mondi possibili, simili al nostro per quanto è consentito dal fatto che i P sono Q, i P sono R.

condizionamento, procedimento sperimentale in cui uno stimolo neutrale (SC = stimolo condizionato) viene associato più volte di seguito a uno stimolo incondizionato (SI) che solitamente provoca una determinata risposta (RI = risposta incondizionata); dopo un numero sufficiente di queste associazioni (dette «prove di condizionamento») lo stimolo condizionato provoca da solo, cioè in assenza dello stimolo incondizionato, la risposta che inizialmente era provocata soltanto da quest'ultimo: la risposta incondizionata (RI) si è cioè trasformata in risposta condizionata (RC). Questo che si è descritto costituisce il condizionamento «classico», o «pavloviano», una delle basi della psicologia sperimentale. Esso fu scoperto alla fine del secolo scorso dal fisiologo russo I.P. Pavlov, che si avvalse delle sue precedenti ricerche sul sistema digestivo e della messa a punto di tecniche chirurgiche che rendevano possibile l'osservazione diretta delle secrezioni gastriche dello stomaco e delle secrezioni delle ghiandole salivari di animali (soprattutto di cani) che mantenevano inalterate tutte le loro funzioni. Nel corso di queste ricerche, Pavlov si accorse che era possibile ottenere le secrezioni ancor prima che il cibo o l'acido fosse introdotto nella bocca del cane. Inizialmente Pavlov chiamò queste risposte «riflessi psichici» o «secrezioni psichiche»; ma successivamente, mosso dalla preoccupazione di un rigoroso oggettivismo, eliminò ogni riferimento alla «psiche» degli animali e introdusse l'espressione «riflessi condizionati». Il primo e il più noto degli esperimenti pavloviani di condizionamento, condotto nel 1897, è relativo al condizionamento salivare. Mediante la succitata tecnica chirurgica il dotto salivare di un cane viene estratto dalla guancia del medesimo, cosicché l'operatore può contare con assoluta precisione le gocce di saliva che esso secerne a ogni occasione; il cane viene posto in una gabbia speciale, che lo isola dagli stimoli estranei, i quali potrebbero disturbare l'andamento dell'esperimento. Una volta che il cane si è adattato alla nuova situazione, gli viene presentato uno stimolo condizionato costituito dal suono di un campanello; quest'ultimo non suscita la risposta che deve essere condizionata, cioè la salivazione, bensì soltanto una risposta di orientamento; al suono del campanello viene fatta seguire l'introduzione nella bocca del cane (che è affamato) di un cibo in polvere, cioè allo stimolo condizionato neutrale viene fatto seguire uno stimolo incondizionato capace di provocare, per via organica riflessa, la risposta incondizionata costituita dalla salivazione. Dopo una serie più o meno lunga di queste prove di condizionamento (ciascuna costituita dalla sequenza SC → SI → RI), il semplice suono del campanello, in assenza della somministrazione di cibo, provoca nel cane la salivazione, che da risposta incondizionata è diventata risposta condizionata. L'intervallo di tempo fra lo stimolo condizionato nel suo punto terminale e lo stimolo incondizionato nel suo punto iniziale rappresenta una delle variabili più importanti che presiedono alla formazione del condizionamento; le molteplici ricerche sperimentali svolte in tal senso permettono di dire che il condizionamento massimo ha luogo quando il suddetto intervallo è di circa mezzo secondo, mentre il condizionamento stesso diventa sempre più debole quando l'intervallo diminuisce o aumenta; un caso limite, denominato *condizionamento inverso*, ha luogo quando lo stimolo incondizionato precede nel tempo lo stimolo condizionato, e in questa situazione è spesso impossibile instaurare una seppur debole risposta condizionata. In un altro caso, denominato *condizionamento differito*, lo stimolo condizionato inizia e si prolunga per alcuni secondi prima che venga presentato lo stimolo incondizionato, e la risposta condizionata si verifica poco prima dell'inizio dello stimolo incondizionato, cioè non segue immediatamente allo stimolo condizionato, bensì viene differita per un intervallo di tempo più o meno lungo. Le risposte condizionabili con la strategia pavloviana sono molte e di varia natura; nei soggetti umani possono essere condizionate con successo, fra le altre, le secrezioni gastro-intestinali, la dilatazione e contrazione dei vasi sanguigni, la frequenza respiratoria, e diverse forme di risposte emozionali, come la paura.

Secondo alcuni psicologi le condotte cosiddette imitative del bambino molto piccolo sono dovute a un tipo particolare di condizionamento, denominato «riflesso circolare»: il bambino emette un suono, per esempio «ma», e al contempo lo ode; di conseguenza, si stabilisce un'associazione fra lo stimolo uditivo «ma» e gli impulsi motori responsabili della vocalizzazione prelinguistica, e in seguito a ripetute associazioni, corrispondenti ad altrettante «prove di condizionamento», il suono «ma» diventa lo stimolo condizionato della risposta verbale «ma»; così, quando l'adulto dice «ma» rivolgendosi al bambino, quest'ultimo ripete lo stesso suono apparentemente per un processo di imitazione e in realtà in seguito all'avvenuto condizionamento. Alcuni psicologi ritengono che tutte le forme dell'apprendimento siano riconducibili al condizionamento pavloviano; secondo altri, al contrario, quest'ultimo costituisce solo una delle forme di apprendimento, e nel caso del soggetto umano non la più importante. Un tipo fondamentale di condizionamento non pavloviano è stato messo in luce dal comportamentista B.F. Skinner, il quale l'ha denominato *condizionamento strumentale* (o comportamento *operante*, contrapposto al comportamento *rispondente* caratteristico del condizionamento pavloviano). Mentre nella situazione classica, sopra descritta, la risposta condizionata viene provocata da uno stimolo specifico e osservabile, il condizionamento strumentale avviene in assenza di quest'ultimo, e la risposta dell'organismo risulta apparentemente spontanea. Il condizionamento strumentale viene studiato soprattutto mediante la cosiddetta gabbia di Skinner (*Skinner box*), consistente in una scatola in cui viene introdotto l'animale sperimentale, generalmente un ratto o un piccione. All'interno della gabbia l'animale ha a propria disposizione un oggetto vistoso facilmente manipolabile (definito «manipolandum»), in genere una levetta che può venire abbassata mediante una leggera pressione delle zampine o del muso, e che, quando viene accidentalmente abbassata dall'animale, determina la caduta di pallottoline di cibo, definite «rinforzo» perché incoraggiano l'animale stesso a ripetere il comportamento inizialmente accidentale. Bastano pochi rinforzi a instaurare stabilmente il condizionamento. In termini più generali, Skinner definisce il rinforzo come qualunque evento della vita animale e umana che aumenta la probabilità di comparsa della risposta che lo ha inizialmente provocato.

Altre due nozioni centrali nello studio del condizionamento sono quelle di «generalizzazione dello stimolo» e di «estinzione della risposta». La generalizzazione dello stimolo è il fenomeno per cui una risposta emessa in presenza di uno stimolo compare anche in presenza di stimoli a esso simili. Quanto all'estinzione della risposta, che può essere ottenuta sperimentalmente, essa consiste nell'eliminazione di una risposta condizionata, mediante la non somministrazione degli stimoli di rinforzo. *S. Ma.*

Condorcet, Jean-Antoine-Nicolas Caritat, marchese di (Ribemont, Aisne, 1743 - Bourg-La-Reine, Parigi, 1794), uomo politico, economista, matematico, filosofo francese. Fu amico di A.-R. Turgot, che lo nominò «ispettore delle monete» (1775); fu legato anche a J.-B. d'Alembert (col cui appoggio venne eletto all'Académie française nel 1882), agli enciclopedisti in generale, e in particolare a Voltaire. Partecipò attivamente alla rivoluzione, schierato col partito girondino; ostile a Robespierre e al progetto di costituzione del '93, fu proscritto e poi imprigionato in seguito a un tentativo di fuga. Morì misteriosamente in prigione, forse suicida. L'interesse principale di Condorcet fu la matematica (*Sul calcolo integrale*, 1765; *Saggi di analisi*, 1768), ma ancor più l'applicazione della matematica alle scienze sociali e morali, al fine di individuare costanti in un mondo fino allora considerato soggetto a variazioni imprevedibili: la sua «mathématique sociale» si proponeva di studiare i fenomeni del mondo umano attraverso la loro formalizzazione e l'elaborazione di «valeurs moyennes», cioè di medie statistiche che permettessero il calcolo delle probabilità, con previsioni abbastanza attendibili (*Saggio sull'applicazione dell'analisi alla probabilità delle decisioni prese a maggioranza di voti*, 1785; *Quadro generale della scienza che ha per oggetto l'applicazione del calcolo alle scienze politiche e morali*, postumo). In economia non elaborò nulla di originale, ma aderì alle teorie fisiocratiche, esposte nel celebre scritto *Riflessione sul commercio dei grani* (1768). La sua opera più celebre è l'*Abbozzo di un quadro storico dei progressi dello spirito umano*, prospetto di un'opera più vasta e incompiuta della quale restano solo parti frammentarie pubblicate postume nel 1795. L'*Abbozzo*, scritto negli ultimi mesi di vita, esalta con magnanimità e ottimismo la rivoluzione, vista come punto culminante di un processo di emancipazione del genere umano iniziato con la riforma protestante e con l'invenzione della stampa. Secondo Condorcet il progresso dell'umanità è tanto più rapido quanto più la scienza e la conoscenza sono fatti collettivi; dove invece diventano un fatto mistico-magico e patrimonio di una casta chiusa (sacerdoti, stregoni ecc.) si avvia un processo di decadenza e imbarbarimento, oltreché di sfruttamento e oppressione dei più deboli e della maggioranza ignorante. In Occidente la responsabilità di questi processi negativi ricade interamente sul cristianesimo e poi sulla chiesa cattolica. Il cammino del progresso è un cammino dialettico: spesso i passi indietro valgono, sotto altri aspetti, come fattori di emancipazione (al cristianesimo, per es., è da ricondurre la liberazione degli schiavi); inoltre è un cammino incerto, spezzato, che non appartiene all'umanità intera: intere popolazioni, i «selvaggi», si sono arrestate ai primi gradini. Se è sicuro che alla lunga saranno la ragione e l'emancipazione degli oppressi ad avere la meglio sull'oscurantismo e sull'oppressione, il processo non si presenta tuttavia lineare, né privo di rischi.

conferma, teoria della, teoria della conoscenza scientifica che studia in maniera sistematica, dal punto di vista sia qualitativo sia quantitativo, il rapporto intercorrente fra un insieme definito di dati osservativi e certe affermazioni della scienza empirica, quali, per es., le asserzioni universali del tipo «tutti i corvi sono neri», oppure le ipotesi a carattere più o meno accentuatamente teorico come «lo zucchero è solubile nell'acqua» o «i fotoni non hanno massa». Tale studio è strettamente connesso ai problemi della logica induttiva e alla giustificazione dell'→ induzione matematica, nel senso che uno dei principali compiti della teoria dell'induzione è il chiarimento del grado di sostegno di un'ipotesi (rappresentata da un enunciato *h*) alla luce di una certa evidenza empirica disponibile (espressa da un enunciato *e*). La teoria della conferma, però, è considerata di portata più generale della teoria dell'induzione da alcuni autori (K. Popper) che rifiutano una concezione induttivistica del metodo scientifico e mirano all'elaborazione di una concezione deduttivistica in cui il grado di sostegno di una certa ipotesi (da essi detto «grado di corroborazione») dovrebbe esprimere la misura in cui un'ipotesi o una teoria sono capaci di superare i tentativi di falsificarle mediante prove rigorose. La teoria della conferma induttiva è stata sviluppata soprattutto da R. Carnap, H.J. Jeffreys e J. Hintikka, e buona parte del lavoro compiuto in questo campo è stato rivolto alla trattazione di alcuni celebri paradossi messi in luce da C.G. Hempel e N. Goodman.

confessante, chiesa, movimento evangelico di resistenza e di rinnovamento cristiano attivo in Germania soprattutto durante il dominio nazista. I suoi aderenti indicavano con l'espressione «chiesa confessante» (*Bekennende Kirche*) la loro volontà di essere una chiesa di confessori per la fede piuttosto che i sostenitori di una confessione dogmatica formale. Sorta (autunno 1933) come lega di emergenza di pastori in opposizione alla chiesa nazionale-razzista unitaria e autoritaria (*Reichskirche*), impostasi nella Germania nazista grazie alla pressione dei tedesco-cristiani (*Deutsche Christen*), la chiesa confessante lanciava un appello contro il paganesimo introdotto dai tedesco-cristiani nelle chiese e contro i loro attacchi alla Bibbia «ebraica» e alle professioni di fede. In questo spirito aderirono alla lega anche pastori riformati (calvinisti), di cui si era fatto portavoce K. Barth, il quale divenne ben presto autorevole guida del movimento. Nel sinodo di Barmen (29-31 maggio 1934) fu elaborata e stesa dallo stesso Barth la *Confessione* o *Dichiarazione* di Barmen sulla «presente situazione della chiesa evangelica protestante», con la quale la chiesa confessante s'impose all'interno e allo stesso evangelismo mondiale. «Noi respingiamo», essa affermava, «la falsa dottrina che la chiesa possa e debba ammettere quale fonte della sua predicazione, oltre e accanto alla parola di Dio, anche altri eventi e forze, figure e verità...».
La rottura definitiva nei confronti della *Reichskirche* ebbe luogo (ottobre 1934) nel sinodo di Dahlem (quartiere di Berlino dove era pastore M. Niemöller, iniziatore del movimento). Il sinodo creava nuovi organi direttivi e richiedeva alle comunità cristiane di non accogliere alcuna istruzione del governo e di evitare ogni collaborazione con quanti avessero voluto obbedire al governo nazista. La chiesa confessante, nell'ala più intransigente, dovette rifugiarsi in una vita quasi clandestina. Personalità rappresentative del movimento entrarono nell'opposizione politico-militare a Hitler e accettarono, fin dal 1938, l'idea del tirannicidio, partecipando all'organizzazione dei tre attentati al Führer. Diversi «confessanti» figurano, con D. Bonhoeffer, tra le vittime delle esecuzioni seguite all'attentato del luglio 1944.

confessione di fede, espressione che, nel linguaggio cristiano, designa sia l'atto con cui il credente afferma la propria fede sia la formulazione della fede. In questo significato originario «confessione» è termine equivalente e concorrente, nell'uso, a quello di «professione»; dall'epoca della riforma protestante, tuttavia, mentre «professione di fede» è espressione adoperata nella liturgia per designare l'atto giuridico di adesione a una chiesa, «confessione di fede» indica essenzialmente la dichiarazione dei principi fondamentali, nella quale la singola chiesa o comunità riformata si riconosce.

Già le più antiche tradizioni bibliche sono formulate come confessioni (Deuteronomio 26, 5-9; Salmo 104), il cui contenuto è costituito, prima ancora che da verità o da principi astratti, dagli «eventi» storici sui quali Israele fonda la sua fede in Jahweh, suo Dio e liberatore. Nel Nuovo Testamento (per es. in Romani 1, 2-7; Efesini 1, 2-12) il contenuto della confessione diventa la persona stessa di Gesù di Nazareth, riconosciuto in virtù della sua morte espiatoria e della sua resurrezione come il Cristo redentore. Ma la confessione cristiana vera e propria ha più specifica origine nella iniziazione dei battezzandi e nelle dichiarazioni di fede dei martiri. Nel corso dei secoli essa venne via via ampliata e precisata nel suo contenuto, assumendo una funzione antiereticale, e diventando sempre più il fondamento dell'unità della chiesa in quanto esprimeva l'adesione concorde alla dottrina riconosciuta dalla chiesa stessa. Integrazione delle confessioni antiche — o simboli di fede — nel cattolicesimo sono da considerarsi la *Professione di fede tridentina* (sec. XVI) e lo stesso «giuramento antimodernista» (sec. XX). Nelle chiese della riforma protestante le confessioni si fecero particolarmente ampie e polemiche, anche perché includevano le giustificazioni bibliche e patristiche e venivano elaborate sotto l'influsso, oltreché di determinate dottrine teologiche, di forze politico-sociali (*Confessione di Augusta*, luterana; *Catechismo di Ginevra*, calvinista; *Trentanove articoli*, anglicani ecc.). Da ciò deriva la varietà di confessioni in rapporto alla differenza delle chiese.

conflitto psichico, in psicoanalisi, contrapposizione tra forze interne incompatibili: in particolare, fra i desideri antitetici che compaiono nel complesso edipico, fra pulsioni diverse, fra il desiderio e la difesa, fra le diverse istanze psichiche (fra l'Io e l'Es per es.). Il conflitto si presenta talora in forma manifesta, come nel vissuto relativo a due sentimenti contraddittori, e talora in forma latente; in questo secondo caso, caratteristico della nevrosi, gli elementi del conflitto manifesto costituiscono soltanto una copertura deformata degli elementi reali del conflitto latente, che si esprime in una vasta gamma di sintomi patologici. In tutta la sua opera, Freud sottolineò il nesso privilegiato fra il conflitto e la sessualità, e in particolare fra il conflitto e la situazione edipica, individuando nel rapporto con l'attività sessuale il punto strutturalmente debole dell'Io.

conflitto sociale, forma comune di interazione sociale; può essere definito come una lotta per ottenere valori e per avere diritto a status, potere e mezzi economici disponibili in scarsa misura, nella quale i contendenti mirano a danneggiare o eliminare i loro antagonisti (L. Coser). Dal concetto di conflitto si distingue quello di competizione: questa ha per oggetto il raggiungimento di una meta sociale per la quale concorrono più individui, che non hanno però come obiettivo principale la sconfitta dell'avversario.

La tesi della base biologica del conflitto sociale è stata sviluppata dalla scuola sociale darwinista (→ darwinismo sociale), diffusasi ampiamente alla fine del sec. XIX. I concetti di «selezione naturale», «sopravvivenza del più adatto» e «lotta per l'esistenza», derivati dalle teorie di Spencer e Darwin, sono stati impiegati, in modo talora acritico, per spiegare i moventi dei conflitti tra gruppi o tra popoli. Appartengono a questo orientamento L. Gumplowicz e J.-A. Gobineau. Le teorie dell'→ aggressività umana formulate da Freud e dalla scuola psicoanalitica rimandano, invece, alle basi soggettive del conflitto. Le basi sociali del conflitto sono al centro delle teorie sul conflitto di classe; prima fra tutte quella marxista, secondo cui le contraddizioni strutturali dei rapporti di produzione sono la causa principale degli antagonismi. Rispetto alle funzioni del conflitto le posizioni sono divergenti. L'indirizzo funzionalista derivato da T. Parsons considera il conflitto come un fenomeno disgregativo del sistema sociale che viene contenuto da spinte integrative. Al contrario l'indirizzo «conflittualista» (L. Coser) considera il conflitto un fenomeno sociale dotato di funzioni prevalentemente positive per lo sviluppo della società. In questo indirizzo si inserisce l'opera di R. Dahrendorf, il quale con *Classi e conflitto di classe nella società industriale* (2ª ed., 1959) ridefinisce il concetto di conflitto come generato non dalla proprietà dei mezzi di produzione, bensì dall'autorità; la società, in questa ottica, consisterebbe di molteplici linee di conflitto di potere. In *Il conflitto sociale nella modernità* (1988) Dahrendorf ribadisce il ruolo fecondo del conflitto sociale, insistendo però sulla necessità che esso sia «addomesticato» dalle istituzioni.

Infine, la teoria multidimensionale del conflitto, di cui si è occupato R. Collins (*Sociologia*, 1975; *Teorie sociologiche*, 1988), prende in considerazione non solo la tematica del conflitto aperto e del cambiamento sociale ma apre una prospettiva su tutti gli aspetti della società e sull'ordine in ogni sua forma. Secondo Collins, in base ai principi del conflitto le varie forme di organizzazione sociale possono essere spiegate all'interno di una teoria della stratificazione.

confucianesimo, complesso di dottrine filosofiche, etiche e politiche della Cina classica, detto anche «scuola dei letterati» (*ju-chia*). Di tale scuola, Confucio non è considerato, né mai pretese di essere, l'iniziatore; egli ne fu piuttosto il sistematore: infatti, la concezione del mondo e dei rapporti sociali cui fa riferimento si era venuta formando in Cina sin dalla più remota antichità. A Confucio e alla sua scuola va riconosciuto il merito di aver fissato il canone dei classici sui quali si basò tutta la speculazione dei secoli successivi a partire dall'epoca della dinastia Han (206 a.C. - 220 d.C.), quando il confucianesimo (messo al bando nel 213 a.C. dalla dinastia unificatrice dell'impero, Ch'in, che aveva invece privilegiato la scuola dei → legisti) divenne dottrina ufficiale dello stato. Sebbene il pensiero e l'insegnamento di Confucio fossero alieni da ogni metafisica, agli inizi dell'epoca Han il culto che gli venne tributato assunse carattere religioso e il maestro, fino ad allora considerato modello dei retti funzionari, fu innalzato al ruolo di santo protettore della classe burocratica e definito «essere divino».

Dopo pochi decenni si tornò alla dizione di «santo antico maestro che diffonde la cultura», e i luoghi in cui si celebravano le funzioni in suo onore si chiamarono «templi della cultura», con officianti laici, letterati-funzionari (al confucianesimo è sempre stata estranea l'idea di una classe sacerdotale simbolo di potere distinto da quello politico). Sin dall'inizio della nostra era, dunque, il confucianesimo assunse il carattere precipuo di ideologia: esso è l'ideologia che ha permesso e sostenuto la formazione e il perpetuarsi dello stato burocratico centralizzato, dal momento che, sia nel microcosmo della famiglia sia nel macrocosmo dello stato, esso privilegia il principio gerarchico e aborrisce da ogni turbamento dell'ordine costituito, che intende preservare con la pratica delle virtù. Garanzia di conservazione e di stabilità è l'osservanza dei riti, un minuzioso e inderogabile insieme di regole di comportamento la cui funzione è di impedire che si verifichino alterazioni nella corrispondenza tra cosmo e individuo, tra mondo della natura e mondo morale. Dovere primo dell'uomo è praticare le due virtù fondamentali, la rettitudine e la benevolenza o umanità, virtù eminentemente sociali, «pubbliche», che implicano una completa partecipazione alla vita mondana. A base della società viene posta la famiglia, e lo stato viene concepito come una grande famiglia (l'imperatore è infatti definito «padre e madre» dei suoi sudditi). I tipi di relazioni sociali ai quali per analogia si possono rapportare tutti gli altri sono cinque: la relazione tra sovrano e suddito; tra padre e figlio; tra fratello maggiore e fratello minore; tra marito e moglie; tra amico e amico. Esse non sono mai relazioni paritarie, ma sempre tra superiore e inferiore (anche nell'ultima, si distingue tra amico più anziano e amico più giovane).

Nonostante questa impostazione gerarchica e ritualistica della società, in cui risulta limitata ogni libertà individuale, il confucianesimo non esclude la possibilità di modifiche e miglioramenti, in quanto presuppone l'eguaglianza originaria degli uomini, simili per qualità naturali, diversi per attitudini acquisite: lo studio è il mezzo che permette di trasformare un «uomo comune» in «uomo superiore». Da tale concezione deriva il sistema degli esami imperiali per il reclutamento degli amministratori della cosa pubblica. Gli esami in teoria sono aperti a tutti, ma è evidente che soltanto i membri della classe più abbiente, quella dei proprietari terrieri, potevano dedicare lunghi anni allo studio basato unicamente sui testi della scuola confuciana (un sapere quindi umanistico, non tecnico): per circa duemila anni la stessa classe ha sempre fornito i quadri dell'amministrazione centrale e periferica, ponendosi quindi come effettiva detentrice del potere e come unica depositaria e fruitrice della cultura. L'imperatore assume invece il ruolo di supremo mediatore tra ordine naturale e ordine sociale, influenzando con il suo esempio tutto ciò che lo circonda. Se l'ordine sociale viene a essere turbato, è segno che l'imperatore non ha saputo dare il retto esempio, ed egli perde di conseguenza il mandato a governare. Nonostante il succedersi nella storia delle varie dinastie che cadono per «revoca del mandato celeste» in seguito a insurrezioni popolari, la classe dei letterati-funzionari, portatrice dell'ideologia confuciana, rimane il saldo pilastro dell'impero, fornendo di buon grado la struttura portante anche alle dinastie straniere (la mongola Yüan e la mancese Ch'ing), che confermano il confucianesimo quale dottrina ufficiale dello stato.

Se questo è il quadro del confucianesimo come pratica e ideologia di governo, non va però trascurato l'evolversi del pensiero speculativo della scuola confuciana. Fino al sec. XII essa si limita a «commentari autorizzati» dei testi classici; ma con Chu Hsi (1130-1200) si caratterizza come originale riflessione filosofica (neoconfucianesimo). Prima di lui, la dottrina si era infatti limitata a supporre stretti rapporti tra ordine naturale e ordine morale, senza fornire alcuna spiegazione sistematica. Chu Hsi propone una soluzione metafisica all'antinomia tra i due ordini: tutto l'universo, in ogni sua manifestazione, è il prodotto di due principi infiniti, distinti ma inseparabili, *li* e *ch'i*. *Li* (letteralmente «disegno») può essere tradotto come «principio dell'organizzazione»; *ch'i* (letteralmente «soffio») come «principio materiale».

Nonostante gli attacchi mossi da altri pensatori alla teoria di Chu Hsi, in epoca Ming la sua interpretazione dei classici divenne la sola accettata agli esami imperiali e, con il nome di *li hsüeh* (ossia dottrina del principio spirituale), fu eretta a dogma, l'equivalente di una religione di stato austera e puritana. Il filosofo Wang Yang-ming (1472-1529) sostenne invece che ogni uomo deve trovare in se stesso, nella propria conoscenza innata della realtà e non nella realtà esteriore, il principio intelligibile dell'universo. Con l'avvento della dinastia mancese Ch'ing (1644), si manifestò una reazione critica verso il neoconfucianesimo, accompagnata da un ritorno a Confucio, o almeno dallo sforzo di attualizzare il suo pensiero e di riprenderne gli aspetti pratici e sociali. Nel 1905 vennero aboliti gli esami imperiali per il reclutamento dei funzionari, ma l'ideologia confuciana era già stata messa sotto accusa da parte di vari pensatori che la consideravano un ostacolo alla modernizzazione del paese. Il Movimento del 4 Maggio (1919), che segna l'inizio del rinnovamento sociale e culturale della Cina, decretò la condanna di Confucio e del suo pensiero, addebitandogli la responsabilità dello stato di arretratezza e debolezza in cui versava il paese. Negli anni Trenta il regime del Kuomintang tentò un rilancio delle virtù confuciane (Movimento di Vita Nuova) nel tentativo di contrastare l'influenza crescente del marxismo. Dopo la fondazione della Repubblica Popolare Cinese (1949), anche in campo marxista è proseguito il dibattito tra chi tendeva a dare un'interpretazione progressista del ruolo svolto da Confucio relativamente ai suoi tempi e chi, invece, considerava la sua dottrina come nettamente conservatrice e reazionaria. La violenta campagna contro Lin Piao e Confucio nel 1972-73 dimostra come siano duri a morire residui e modelli di un'ideologia che ha permeato il pensiero e la pratica sociale cinese per duemila anni. *R. Pi.*

Confucio, dal cinese K'ung fu-tzu o Kongfuzi, cioè maestro K'ung (secondo la tradizione Chüeh 551 ca - Chü-fu 479 a.C.), pensatore cinese. La sua biografia, deformata dalla leggenda, è esposta nelle *Memorie storiche* di Ssu-ma Ch'ien, la prima delle storie dinastiche della Cina (risalente all'86 a.C.). Vi si legge che, nato povero, egli entrò come funzionario al servizio del sovrano dello stato di Lu (nell'attuale Shantung), raggiungendo una posizione elevata. Costretto all'esilio in seguito a intrighi politici, peregrinò da uno stato all'altro per una decina di anni, sperando di convincere i vari sovrani a mettere in pratica la sua teoria delle giuste e armoniose relazioni sociali. Deluso, si volse all'insegnamento privato raccogliendo intorno a sé numerosi discepoli e dedicandosi alla raccolta degli antichi testi. A Confucio la tradizione attribuisce infatti la sistemazione e il commento dello *Shi-ching* (Libro delle odi), dello *Shu-ching* (Libro della storia), dello *I-ching* (Libro dei mutamenti) e del *Li chi* (Memorie dei riti), oltre allo *Ch'un-ch'iu* (Annali Primavera-Autunno), una cronaca degli avvenimenti dello stato di Lu dal 722 al 472 a.C. L'insegnamento di Confucio ci è pervenuto grazie alla diligente compilazione dei suoi discepoli, che lo esposero nei *Lun Yü* (Dialoghi o Analetti). In questa raccolta di detti e massime si legge appunto una dichiarazione fondamentale di Confucio: «Io tramando, non creo». È tuttavia evidente che egli non si limitò a trasmettere i valori del passato ma, interpretandoli e spiegandoli secondo i propri principi etici, svolse opera innovatrice. Richiamandosi alla tradizione e al rispetto degli avi, egli pose comunque un'ipoteca tradizionalista su tutta l'evoluzione successiva del pensiero cinese che, per nobilitare e far accettare ogni innovazione, sarà sempre costretto, sulla scorta di Confucio, a presentarla come ripristino e ritorno all'aurea antichità. Storicamente, la contraddittorietà di Confucio si spiegherebbe con il suo desiderio di salvare una morale aristocratica in rapido declino, dati i profondi rivolgimenti sociali che andavano manifestandosi: egli avrebbe cioè intuito che la nobiltà sarebbe riuscita a mantenersi in posizione predominante se non avesse più fondato il proprio potere su pretese ereditarie, ma su un'autorità morale da acquisire tramite l'educazione e la cultura. Ciò spiega perché del suo pensiero siano state date interpretazioni opposte: per alcuni Confucio fu un coraggioso innovatore, per altri un conservatore desideroso di perpetuare il predominio di un'aristocrazia in decadenza. In realtà la preminenza assoluta che egli accorda alle qualità morali può essere intesa come fattore democratico: ma può anche fornire (come appunto è avvenuto) la giustificazione ideologica di un conformismo morale dispoticamente imposto dallo stato.

Congar, Yves (Sedan, Ardenne, 1904), teologo cattolico francese. Uno dei protagonisti del rinnovamento dell'ecclesiologia e del movimento ecumenico in seno alla chiesa cattolica. Per Congar queste due tematiche sono strettamente unite: l'ecumenismo è infatti visto come riforma riguardante tutte le chiese cristiane. Opere principali: *Cristiani separati. Principi di un ecumenismo cattolico* (1937); *Vera e falsa riforma della chiesa* (1950); *Per una teologia del laicato* (1953). Alcuni di questi scritti gli crearono problemi disciplinari con la gerarchia ecclesiastica. Riabilitato da Giovanni XXIII, partecipò al concilio Vaticano II e lavorò alla divulgazione di vari testi conciliari.

congiunzione, in logica connettivo binario rappresentato dalla particella linguistica *e*. Le condizioni di verità per la congiunzione dettate dalla teoria delle tavole di → verità a due valori sono: la proposizione «A *e* B» è vera se e solo se sia A che B sono vere.

congregazionalismo, tipo di strutturazione delle chiese evangeliche nel quale la singola assemblea (in ingl. *congregation*) dei credenti è indipendente e costituisce l'autentica manifestazione dell'intera chiesa cristiana. Radicata nel puritanesimo, tale forma di esperienza ecclesiale, che sottolinea e valorizza alcuni principi essenziali della riforma (dottrina del sacerdozio universale dei credenti, primato della chiesa locale, indipendenza nei confronti dello stato), venne a costituire nell'ambito del protestantesimo inglese (e poi americano), a partire dalla seconda metà del sec. XVI, un terzo tipo fondamentale di ecclesiologia, accanto all'episcopalismo e al presbiterianesimo. Nel congregazionalismo, il ministero è di tipo presbiteriano, mentre l'ecclesiologia afferma il primato dell'assemblea locale (soprattutto quando si manifesti in collaborazione con altre chiese locali). Convinto che la Bibbia è la sola regola della dottrina e della vita, il congregazionalismo rifiuta una vincolante professione di fede. Il culto è di tipo calvinistico. Il totale dei membri professanti è di circa 6 milioni.

connessionismo, programma di studio dei processi cognitivi umani (e animali) attraverso la loro simulazione per mezzo di *reti neurali*. Una rete neurale è un insieme di unità dette *nodi*, collegate tra loro da *connessioni* capaci di trasmettere *attivazione* o *inibizione* da un nodo agli altri. Ciascuna connessione è caratterizzata da un *peso*, che determina la misura dell'attivazione (o dell'inibizione) trasmessa. L'insieme delle attivazioni e inibizioni ricevute determina lo *stato di attivazione* di un nodo, e quindi la sua influenza sui nodi con cui esso è connesso in uscita. In una rete, un insieme di nodi (*unità di input*) è caratterizzato dal fatto di avere solo connessioni in uscita; un altro insieme (*unità di output*) dal fatto di avere solo connessioni in entrata. Normalmente, una rete ha anche altri nodi (tra quelli di input e quelli di output), detti *unità nascoste*. Se si impone un certo *pattern* di attivazione alle unità di input, si determina un corrispondente *pattern* di attivazione delle unità di output (la reazione della rete all'input). Se una rete deve simulare un processo cognitivo (per es. la percezione del linguaggio parlato), quel che si vuole ottenere è che la rete reagisca a un certo input (sonoro, in questo caso) con un determinato output (la sequenza grafica corrispondente al suono). Ciò si ottiene facendo passare la rete attraverso un processo di *apprendimento*, in cui essa modifica i pesi sulle connessioni, per es. in funzione della risposta che l'«insegnante» umano segnala come ottimale per un dato input. La rete ha «appreso» quando è in grado di dare risposte adeguate anche a input nuovi. L'architettura delle reti neurali è stata concepita in analogia con l'architettura del cervello, nell'ipotesi — antagonistica rispetto all'→ intelligenza artificiale tradizionale — che i processi cognitivi possano essere simulati efficacemente solo da una macchina la cui struttura e il cui funzionamento siano simili a quelli del cervello: per l'elaborazione parallela anziché strettamente sequenziale, per il grande numero di connessioni tra unità «neuronali», per la semplicità dell'informazione trasmessa (attivazione o inibizione, varianti in modo continuo e non discreto come nei calcolatori digitali). Dalla metà degli anni Ottanta, il connessionismo è al centro delle discussioni nell'ambito della → scienza cognitiva. Il suo testo base è *Elaborazione parallela distribuita* (2 voll., 1986, a cura di D.E. Rumelhart e J.L. McClelland).

connettivo, in generale, particella linguistica che, applicata a proposizioni, genera proposizioni più complesse. Sono connettivi, per es., le particelle: *mentre*, *se...allora*, *oppure*, *sebbene* ecc. A seconda del numero delle proposizioni alle quali si applicano, i connettivi si distinguono in binari, ternari ecc. Il connettivo *e*, per es., agendo su due proposizioni, «A *e* B», è binario. Per convenzione anche la particella *non* è considerata un connettivo e si dice che è un connettivo *unario*. Tradizionalmente i connettivi studiati dalla logica sono: *non* (negazione, unario), *e* (congiunzione, binario), *oppure* (disgiunzione, binario), *se...allora* (implicazione, binario), *se e solo se* (equivalenza o bicondizionale, binario). La scelta è imposta dalla particolare rilevanza che tali connettivi assumono nelle scienze deduttive. Non vi è, d'altra parte, alcuna necessità per limitarsi a questi nell'indagine logica. Una delle principali questioni concernenti i connettivi è la determinazione delle condizioni di verità delle proposizioni costruite per il loro tramite: quando sono vere proposizioni del tipo «A *oppure* B», «*se* A *allora* B» ecc.? Si distinguono a questo proposito due concezioni: una *verofunzionale* e una non verofunzionale o *intensionale*. In base alla prima, la verità o falsità delle proposizioni complesse dipende, secondo leggi combinatorie, dalla verità o falsità dei componenti (→ verità, tavole di). Esempi di concezione non verofunzionale dei connettivi sono invece dati dalla teoria dell'implicazione stretta di C.I. Lewis (→ condizionale) e dalla logica intuizionista (→ intuizionismo matematico).

connotazione, sinonimo di intensione di un termine linguistico (→ estensione - intensione). Per connotazione di un termine, per es. il nome «Socrate» o la descrizione «il maestro di Platone», s'intende, in contrapposizione a *denotazione*, non l'oggetto indicato dal termine (l'individuo Socrate), ma l'informazione concettuale fornita.

conoscenza, → gnoseologia.

Conrad-Martius, Hedwig (Berlino 1888 - Starnberg, Baviera, 1966), filosofa tedesca. Allieva di Husserl, fece parte del circolo fenomenologico di Gottinga facente capo ad A. Reinach. Interessata principalmente ai problemi della natura e delle scienze, la Conrad-Martius condusse una serrata critica del positivismo da un punto di vista fenomenologico (*I fondamenti gnoseologici e teoretici del positivismo*, 1912). Alla ricerca della «struttura ontica del cosmo reale», individuò in materia, luce, psiche e spirito le determinazioni essenziali del cosmo, che determina la diversità ontica di materia inorganica, pianta, animale e uomo. Condusse poi ricerche sulle nozioni di tempo (*Il tempo*, 1954) e di spazio (*Lo spazio*, 1958), dette un'interpretazione ontologica alla teoria dei quanti, propose una rifondazione ontologica della teoria dei colori; si pose inoltre il problema delle origini dell'uomo e del rapporto corpo-anima (*Utopia dell'educazione dell'uomo*, 1955; *L'essere*, 1957).

Altre opere: *Ontologia reale* (1923); *Origine e costruzione dell'universo vivente* (1938); *L'autocostruzione della natura* (1944); *Bios e Psyche* (1949); *Che cos'è la fenomenologia?* (1951).

conseguenza, in logica, relazione che s'instaura tra un gruppo *G* di proposizioni e una proposizione *A* quando quest'ultima è detta seguire logicamente dalle prime. Secondo le particolari modalità concettuali che conducono all'affermazione che qualcosa «segue» da qualcos'altro, si distinguono vari tipi di conseguenza. Per es., se *A* è ottenuta da *G* attraverso l'applicazione di regole di un sistema formale, si parla di conseguenza *formale* o *sintattica*. Con *conseguenza semantica* s'intende la relazione logica che intercorre tra *G* e *A* quando quest'ultima proposizione risulta *vera* in qualunque situazione in cui accade che sono *vere* le proposizioni *G*. Per il teorema di completezza di K. → Gödel risulta che, riguardo alle regole formali per la logica classica e alla nozione classica di verità, i concetti di conseguenza sintattica e semantica coincidono. Tra le più profonde teorie delle conseguenze formali sono da annoverare i calcoli logici creati da G. → Gentzen.

contemplazione, in Platone e Aristotele, la conoscenza intellettuale (*theoría*), contrapposta all'azione (*práxis*); in senso mistico-religioso il termine indica quello stato in cui la mente si fissa su una realtà spirituale, immergendosi in essa fino all'oblio di ogni altra realtà.

Per Plotino e il neoplatonismo la contemplazione è parte integrante del processo emanativo con il quale dall'Uno, per contemplazione, deriva l'Intelligenza e poi l'Anima. Fra gli autori cristiani influenzati dal neoplatonismo, Agostino e Dionigi Areopagita vedono nella contemplazione il grado più alto dell'attività spirituale umana, capace di portare all'estasi. Le loro opere costituirono le fonti principali della mistica medievale, culminante negli scritti di Bernardo di Chiaravalle, Guglielmo di Saint Thierry, Ugo e Riccardo di San Vittore. Tommaso d'Aquino, seguendo i vittorini, affermò che la natura dell'atto contemplativo è intellettuale, mentre Bonaventura ne accentuò la componente volontaristica, descrivendolo come un atto d'amore. Notevole l'approfondimento delle tematiche contemplative contenuto nelle opere dei mistici nordici dei secc. XIII-XV (Eckhart, Taulero, J. van Ruysbroeck) e di quelli spagnoli del sec. XVI (Teresa di Avila, Giovanni della Croce). Intesa come preghiera mentale non-discorsiva, la contemplazione costituisce il culmine dell'orazione, ed è proposta come possibile per ogni vocazione cristiana, anche se una scelta esclusiva («vita contemplativa») facilita lo sviluppo delle sue potenzialità. Fuori del cristianesimo, tendenze mistico-contemplative sono presenti nella qabbalah ebraica e in alcuni movimenti islamici (sufismo, dervisci), nello yoga (induismo non dualistico), e anche nel buddhismo, nel quale la contemplazione, considerata al vertice dell'itinerario ascetico, porta all'annullamento del pensiero e di tutti i desideri.

contenuto, in linguistica, → espressione - contenuto.

contenuto latente - contenuto manifesto, nozioni psicoanalitiche. In un'accezione generale, il contenuto latente di un sogno è rappresentato dalle sue molteplici componenti, che vengono messe in luce nel corso dell'analisi, quali i ricordi d'infanzia, i residui dell'esperienza diurna, i riferimenti alla situazione transferale in atto fra il soggetto e l'analista. In un'accezione più specifica, quella di Freud nell'*Interpretazione dei sogni* (1900), il contenuto latente si contrappone al contenuto manifesto: il primo indica il significato o i significati del sogno acquisiti mediante l'interpretazione analitica, il secondo indica invece il sogno prima di tale interpretazione, così com'è stato vissuto dal soggetto che lo racconta. Il contenuto manifesto si esprime mediante immagini; ricostruire il contenuto latente significa, invece, tradurre queste immagini in una struttura discorsiva esprimente i desideri di varia natura che si celano dietro di esse. Il contenuto latente è per così dire la versione originaria, completa e veritiera del sogno, sulla quale ha agito la censura, restituendo un contenuto — quello manifesto appunto — incompleto e deformato. Per quanto possa essere approfondita, l'interpretazione analitica non riesce mai, secondo Freud, a tradurre del tutto il contenuto latente in contenuto manifesto; un residuo di latenza onirica è ineliminabile.

Al di fuori dell'ambito del sogno, la distinzione fra «latente» e «manifesto» può essere applicata ogni volta che ci si trovi in presenza di una formazione dell'inconscio; in particolare, nel caso di un sintomo e del suo significato.

contingentismo, termine filosofico designante, in generale, ogni teoria che si oppone al determinismo, in quanto non riconosce un invariabile e necessario ordine causale dei fenomeni; in particolare, s'intende per contingentismo la filosofia di E. Boutroux. Criticando la classificazione delle scienze di Comte, Boutroux sostiene che il passaggio da una scienza all'altra (dalle più semplici alle più complesse: dalla fisica alla chimica, dalla biologia alla sociologia ecc.) non è determinato soltanto da una differenza di metodi d'indagine, ma corrisponde a una diversità oggettiva esistente tra ordini distinti di fenomeni, e a una serie di altrettanti mondi, tra loro inconfondibili (mondo fisico, chimico, organico ecc.): ognuno di questi sorge con un carattere nuovo, originale, imprevedibile (*contingente*) rispetto a quello anteriore. Ciascun salto da un ordine all'altro comporta una smentita del principio di causalità e rivela la presenza, nella natura, di un principio di libertà. In particolare, Boutroux insiste sulla irriducibilità dei fenomeni biologici alle leggi chimiche e fisiche (→ vitalismo) e della coscienza umana all'ordine biologico.

contingenza, attributo degli enti la cui esistenza non è necessaria, ma neppure impossibile, non è giustificata da nulla, ma neppure negata da qualcosa. Così Aristotele intese la contingenza (o il contingente, *endechómenon*) come pura negazione della necessità, e la caratterizzò in senso logico come proprietà degli enunciati di cui è possibile tanto l'affermazione quanto la negazione, e in senso metafisico come proprietà degli eventi determinati dalla scelta arbitraria del soggetto agente (*Interpretazione* 12, 20). Nel pensiero medievale, contingente è l'essere delle creature, opposto all'essere necessario di Dio: ma mentre i pensatori della linea francescana (Duns Scoto, Occam) intendono la contingenza come segno della precarietà del creato (le stesse leggi naturali, create dall'atto assolutamente libero di Dio, possono venir sospese da lui in qualsiasi momento), gli scolastici di impostazione aristotelica riprendono da Avicenna la nozione di contingenza come proprietà degli enti che, pur essendo solo possibili in riferimento a se stessi, sono necessari rispetto ad altro, ossia alla propria causa. Così l'essere delle creature, in sé non necessario, possiede un certo grado di necessità poiché deriva dall'essere necessario di Dio (l'Essere per essenza) e ne partecipa.
La distinzione fra → necessità e contingenza, in vario modo presente in tutto il pensiero moderno, trova in Leibniz uno sviluppo originale. Leibniz distingue fra la contingenza, propria delle verità di fatto (per es. che Cesare ha passato il Rubicone), il cui contrario è pensabile e non contraddittorio, e la necessità, propria delle verità di ragione (per es. che in ogni triangolo la somma degli angoli interni è uguale a 180°), il cui contrario è impensabile e contraddittorio. Tuttavia, Leibniz riconosce che in Dio le due specie di verità coincidono, avvicinandosi in tal modo e suo malgrado alla risoluzione panteistica della contingenza dei modi nella necessità della sostanza già sostenuta da Spinoza. A Leibniz e a Spinoza si collegano rispettivamente Kant (che tratta in particolare della contingenza e della necessità come categorie della modalità nell'analitica dei concetti) e Hegel (che affronta il problema nella logica dell'essenza): il primo è incline ad ammettere la trascendenza noumenica dell'essere necessario, il secondo a negarla. Nel pensiero contemporaneo il problema della contingenza è ripreso in sede epistemologica da E. Boutroux e applicato alle leggi di natura (→ contingentismo): poiché la natura evolve in modo imprevedibile e libero, le verità scientifiche non sono necessarie, ma esse stesse contingenti e mutevoli.

continuo, concetto logico-matematico. Se, intuitivamente, si dispongono tutti gli oggetti di una certa classe infinita lungo una retta, si determina un «ordinamento lineare» tra di essi. Se inoltre, tagliando la retta in una semiretta sinistra e una semiretta destra, accade sempre in maniera esclusiva che o c'è un oggetto che è l'ultimo di quelli della semiretta sinistra o c'è un oggetto che è il primo di quelli della semiretta destra, allora siamo in presenza di un (ordine) *continuo* di oggetti. Sulla rigorizzazione di questa immagine si basa una delle definizioni (dovuta al tedesco R. Dedekind) matematicamente soddisfacenti del concetto intuitivo di continuo che non si lascia infatti del tutto descrivere dalla pura idea di «divisibilità all'infinito». Il caso più naturale di continuo è dato dalla classe dei numeri reali (→ numero). G. Cantor scoprì che tra i numeri reali e l'esempio più significativo di discreto, i numeri naturali, intercorre una precisa relazione quantitativa: la cardinalità dei reali è maggiore di quella dei naturali. L'ipotesi che la natura stessa del continuo sia proprio quella di essere immediatamente più esteso del discreto dei numeri naturali, è nota come *ipotesi del continuo*; e il problema dell'esistenza di classi di oggetti di cardinalità maggiore dei numeri naturali ma minore dei numeri reali va sotto il nome di *problema del continuo*. È da ritenere che gran parte della teoria degli insiemi sia stata sviluppata nel tentativo di risolvere tale problema; ma nel 1966 l'americano P.J. Cohen dimostrò, con l'uso di rivoluzionari strumenti logici, che esso non ammette soluzione nell'attuale teoria degli insiemi.

contraddizione, rapporto tra un'affermazione e una negazione aventi lo stesso soggetto e lo stesso predicato. Il «principio di contraddizione» (nel senso di «non contraddizione») è stato formulato da Aristotele nel IV libro della *Metafisica*, sulla linea del Platone del *Sofista*, quale principio supremo dell'essere e del pensiero. Esso suona: è impossibile che un medesimo attributo appartenga e non appartenga nello *stesso* tempo e sotto il *medesimo* riguardo a una medesima cosa. Una cosa può essere bianca in un certo tempo e in un tempo diverso non bianca; così in uno stesso tempo può essere più piccola di un'altra e più grande di un'altra ancora diversa dalla prima, e così via. Ma le due precisazioni fan sì che il principio non venga a implicare il monismo parmenideo, negatore del divenire e della pluralità. Per il resto, il principio si contrappone direttamente alla metafisica di Eraclito e alle negazioni sofistiche

del principio stesso. Aristotele lo giustifica affermando che chiunque non si limiti a tacere ma accetti di dire alcunché, appena comincia a parlare dice qualcosa di determinato, implicitamente escludendo di riferirsi ad altro: dire *a*, è escludere di intendere tutto ciò che non è *a*, o è non-*a*. Ma proprio così viene fatto uso del principio di non contraddizione. Chi predica qualcosa anche per negare il principio di non contraddizione, in realtà ne ha già fatto uso.
Per questo esso, conformemente alla sua natura di principio supremo, è inderivabile da altro, ed è *presupposto* di qualsiasi discorso, perché condizione della significatività; pretendere di darne una dimostrazione diretta equivarrebbe a derivarlo da un principio ancor superiore (il cosiddetto principio della identità di ogni cosa con se stessa); questo tentativo è tipico della scolastica medievale e del razionalismo moderno. Ma se il principio di identità significa la determinatezza di ogni cosa, per Aristotele questa determinatezza era affermata dal principio di non contraddizione. Kant ha sottolineato i limiti del principio di non contraddizione: principio supremo dei «giudizi analitici» (→ analitici - sintetici, giudizi), ma per il resto condizione necessaria, anche se non sufficiente, della verità (*Critica della ragion pura*, sez. Del principio supremo di tutti i giudizi analitici). Contro il principio di non contraddizione e quello di identità è rivolta la critica di Hegel (→ dialettica).
Nella → logica classica il principio di non contraddizione risulta essere equivalente al principio logico del terzo escluso, A *oppure non*-A. In altre concezioni della logica (→ intuizionismo matematico), pur perdendosi tale equivalenza, il principio di non contraddizione resta valido. Vi sono d'altra parte alcuni sistemi logici in cui il principio cade a causa della particolare interpretazione della particella *non*.

contrattualismo, dottrina filosofico-giuridica secondo la quale l'istituzione della società e dello stato poggia su un contratto stipulato dagli individui che ne entrano a far parte. Fin dalle origini il contrattualismo si contrappose a concezioni di tipo naturalistico, che vedevano nella società e nello stato due realtà naturali, necessarie e preesistenti (o almeno indipendenti) dalla volontà dei singoli soggetti. Già nella filosofia antica (con i sofisti, Epicuro, Cicerone) furono elaborate dottrine di ispirazione contrattualistica, secondo le quali gli uomini vivono inizialmente in uno stato asociale, di natura, dal quale escono, per interesse o anche per impulso naturale, stipulando un primo contratto («patto di unione») tra loro, e poi un secondo contratto («patto di soggezione») con un sovrano. A livello giuridico-politico questa concezione presentava non poche ambiguità. Ci fu chi pose l'accento soprattutto sul patto di soggezione, utilizzando il contrattualismo per giustificare regimi autoritari o dispotici; altri invece posero l'accento sul fatto che la fondazione della società e dello stato poggia sulla volontà dei singoli individui, per cui anche il potere del sovrano dipende in ultima analisi da tale volontà.
Un analogo contrasto interpretativo si manifesterà in seno al contrattualismo più maturo dei secc. XVII e XVIII. Così, mentre in Hobbes il contrattualismo si concreta in un regime di tipo autoritario-statalistico, nei teorici del → giusnaturalismo e in → Locke esso fonda un regime di tipo liberal-individualistico. Uno sviluppo particolare avrà il contrattualismo in pensatori come Rousseau, Kant e Fichte, per i quali i contratti stipulati fra gli individui non sono tanto eventi reali storicamente avvenuti, quanto modelli teorici per fondare in un certo modo il principio della convivenza sociale e statuale. Ma fin dall'inizio del sec. XIX il contrattualismo venne decisamente criticato da varie correnti del pensiero filosofico e politico, che rimproverarono a tale dottrina l'astrattezza dei suoi principi individualistici e volontaristici, l'assurdità della credenza in uno stato presociale dal quale gli uomini «deciderebbero» di uscire, la mancata percezione dei fattori storici ed economico-sociali che determinano (in modi non univoci) la costituzione (non coscientevolontaria, e tanto meno liberamente patteggiata) degli organismi socio-statuali.

controfattuale, → condizionale.

controllo sociale, in sociologia, l'insieme dei processi e dei meccanismi (giudizi, pressioni, incentivi, sanzioni) che ogni gruppo o società pone in atto al fine di prevenire o di eliminare la devianza dei propri membri dalle norme e dai modelli sociali consolidati. Il controllo sociale si esercita con metodi costrittivi e coercitivi per lo più soltanto nei casi in cui le azioni di persuasione e i meccanismi di integrazione sociale abbiano fallito nel loro scopo di ricondurre il comportamento dei soggetti alla conformità sociale.
La tradizione sociologica ha attribuito particolare importanza alle tematiche del controllo sociale. Comte ha parlato di un controllo sociale ottenuto attraverso la «previsione», mentre E. Durkheim ha messo in rilievo le pressioni, le norme, i simboli che portano i soggetti a superare i loro interessi in vista di un bene collettivo e di un ordine sociale. Nella storia del concetto, particolare importanza ha avuto il contributo di E.A. Ross (*Controllo sociale*, 1901), che ha messo in luce due accezioni prevalenti di controllo sociale. L'una, più ampia e piuttosto generica, si applica a tutti quegli aspetti di una cultura che, interiorizzati dai soggetti, contribuiscono alla regolazione dei rapporti sociali. L'altra, più ristretta, rimanda all'influenza di un individuo sull'altro (il con-

trollo che si produce nell'interazione), o di un'istituzione sulle persone, di una collettività o di un gruppo sociale sui propri membri. L'obiettivo del controllo non viene perseguito soltanto dalla società in senso globale, ma anche, all'interno di essa, dalle varie istituzioni (famiglia, scuola, partiti ecc.) e dai singoli gruppi sociali, che attuano il controllo con specifici mezzi e modalità. In questa prospettiva C.H. Cooley, oltre che parlare di controllo sociale ottenuto dalla società in base al suo processo organizzativo, evidenziava particolari forme di controllo esercitato dai diversi gruppi. Il gruppo primario, per es., ottiene il controllo attraverso modalità proprie, utilizzando il coinvolgimento emotivo, la dinamica relazionale, i rapporti faccia a faccia. La funzione di controllo sociale esercitata dai processi culturali (idee, ideali, valori, simboli, mete collettive) è stata approfondita in particolare da G. Gurvitch, in una prospettiva che identifica il controllo sociale con quello culturale, diversificandolo da altre forme di controllo di tipo economico e politico. I modelli e i simboli culturali rappresentano così fattori di superamento e di regolazione dei conflitti e delle contraddizioni delle società contemporanee e dei gruppi che le compongono.
Nelle moderne società postindustriali l'emergenza di fenomeni di crisi strutturale (energetica, finanziaria, politica) ha contribuito a spostare l'asse della riflessione sul controllo sociale da logiche «interne» (capacità del singolo sistema sociale di mantenersi integrato) ad approcci sistemici (capacità dell'insieme omogeneo di sistemi postindustriali di superare la crisi che destabilizza il modello che li fonda). In questa prospettiva il controllo sociale finisce col tradursi nell'esigenza di contenimento della crisi. J. Habermas (*La crisi della razionalità nel capitalismo maturo*, 1975) rappresenta uno degli autori che più hanno contribuito a questa impostazione. Gli agenti più diversi esercitano funzioni di controllo sociale: un elenco di essi, dai più costrittivi o rilevanti a livello di sistema sociale complessivo ai meno costrittivi o rilevanti a livello microsociale, comprende la magistratura e la polizia, i medici e gli insegnanti, chiunque nella vita quotidiana eserciti una sanzione verso un comportamento deviante (per es. togliendo il saluto al collega disonesto).
Se causa ultima della crisi è la mancata produzione da parte del sottosistema culturale (famiglie, scuole, mass media, altre istituzioni) di valori e motivazioni individuali utili contemporaneamente all'accumulazione economica e al consenso politico, la crisi può essere controllata solo da politiche sociali razionalmente tese a rilanciare la produzione di tali valori.
Il rapporto tra stato e controllo sociale è stato esaminato in: S. Cohen e A.T. Scull, *Controllo sociale e stato. Saggi storici e comparativi* (1983); N.J. Davis e B. Anderson, *Controllo sociale. La produzione della devianza nello stato moderno* (1983).

controriforma, la resistenza e la reazione dispiegate dalla chiesa cattolica per arginare e combattere il protestantesimo.
• *Le premesse.* Quando Lutero prese a contestare istituzioni, dogmi, forme di culto della chiesa in nome del «vero Vangelo», l'esigenza di una riforma era stata già fatta propria da larghe cerchie di cristiani (congregazioni «osservanti» degli ordini monastici e mendicanti, vescovi zelanti, gruppi di laici e di sacerdoti), tesi a realizzare un impegno di santificazione personale fondato sull'incontro con la parola di Dio e sulla imitazione di Cristo. Questo movimento, detto della riforma personale, non riuscì ad attuare la riforma generale della chiesa per la frammentarietà della sua azione; perché questa fosse efficace, il movimento doveva coinvolgere il papato nella riforma e indurlo ad assumerne la guida. Ma i papi del rinascimento, impegnati nelle guerre d'Italia, assorbiti da preoccupazioni economiche e politiche, non affrontarono la riforma con la necessaria energia. Scoppiò, invece, in modo dirompente la riforma luterana; e fu proprio questo avvenimento ad accelerare nel papato la presa di coscienza della gravità del pericolo e della necessità di una profonda azione rinnovatrice. Paolo III Farnese (1534-49) nominò cardinali uomini aperti alle esigenze di riforma, approvò e protesse le nuove congregazioni di chierici regolari, in particolare la compagnia di Gesù, promosse l'elaborazione di un piano di riforma generale della chiesa, il *Consilium de emendanda ecclesia* (1537), e convocò un concilio a Trento. Nel contempo istituì, per sollecitazione del cardinale G.P. Carafa (il futuro Paolo IV), il supremo tribunale della inquisizione antiereticale o Sant'Uffizio (1542). Nel momento in cui le istanze della → riforma cattolica coinvolgevano il papato e l'intera chiesa, esse acquistarono anche una carica controriformistica. Negli anni tra il 1541 e il 1543 si consumarono infatti le speranze di riunione tra cattolici e protestanti, con il fallimento dei colloqui di religione di Ratisbona (1541) e con la crisi dell'evangelismo, in seguito alla morte di G. Contarini e di G.M. Giberti e la fuga di B. Ochino. Si costituirono due fronti opposti e antagonistici, le posizioni problematiche persero terreno, la frattura divenne definitiva.
• *Il concilio di Trento.* Il concilio di Trento non realizzò il fine principale che si era proposto, cioè la ricomposizione dell'unità dei cristiani, mentre assolse il compito di promuovere la riforma disciplinare interna alla chiesa romana e di definire le verità di fede contestate dai protestanti. Non si prefisse perciò di offrire una presentazione completa e organica della dottrina cattolica, ma solo di tracciare la linea di demarcazione tra verità ed errore, ora comminando

anatemi, ora fornendo una esposizione in positivo della dottrina. Nel periodo post-tridentino, sotto la pressione dello scontro confessionale, la teologia cattolica accentuò in senso controriformistico alcune posizioni del concilio e ne ignorò o sfumò altre. Sono significativi alcuni esempi. Mentre il concilio non aveva elaborato una dottrina esauriente sulla chiesa, ma soltanto fornito elementi frammentari, la teologia post-tridentina, soprattutto per opera del gesuita R. Bellarmino, costruì un sistema ecclesiologico teso a sottolineare, in polemica con il protestantesimo, l'aspetto visibile della chiesa, e a precisare le prerogative della gerarchia e in particolare del romano pontefice, con la conseguenza di privilegiare gli aspetti giuridico-istituzionali della chiesa. Così la teologia sacramentaria sviluppò più gli aspetti istituzionali e rubricistici che quelli sacramentali, mentre era chiara nel decreto tridentino sulla giustificazione l'affermazione del primato assoluto della grazia. Così il concilio non aveva né prescritto né proibito la traduzione della Bibbia nelle lingue volgari, preferendo rimanere neutrale. Tuttavia l'Indice di Paolo IV proibì i testi biblici in volgare e Pio IV nella bolla *Dominici gregis* (1564) confermava il divieto. Bisogna però sottolineare che la teologia post-tridentina ha affrontato i protestanti sul loro stesso terreno, facendo ricorso alla Scrittura, ai padri, ai testi dei concili, alla storia della chiesa. In tal modo ha favorito la nascita della teologia positiva, più interessata alla ricostruzione storico-dottrinale che all'argomentazione logica, con un procedimento destinato a influenzare la teologia fino ai nostri giorni.

• *La riorganizzazione della chiesa.* I papi della seconda metà del Cinquecento, da Pio IV a Clemente VIII, si impegnarono a eseguire e a far eseguire i decreti conciliari. Pio IV nel 1564 confermò e promulgò i decreti, istituì la congregazione del concilio per l'interpretazione e l'esecuzione dei decreti stessi, redasse la *Professio fidei tridentinae*, che compendiava le decisioni dottrinali del concilio e segnava lo spartiacque tra cattolici e protestanti. I pontefici si preoccuparono anche di realizzare le iniziative che il concilio di Trento aveva loro affidato, come la compilazione di un Indice dei libri proibiti (1564), che ammorbidiva quello rigidissimo di Paolo IV, la redazione del *Catechismo romano* (1566), la riforma del Breviario (1568) e del Messale (1570), con la quale si realizzava un'uniformità liturgica fondata sul rito romano. Pio IV e Pio V iniziavano così un processo di accentramento analogo a quello del moderno stato assoluto, che sarà continuato da Gregorio XIII con lo sviluppo delle nunziature, l'istituto delle visite apostoliche, la fondazione a Roma di collegi (inglesi, greco, maronita) destinati a formare i sacerdoti che sarebbero poi ritornati nelle loro terre d'origine per l'opera di riconquista cattolica. Sisto V riorganizzerà poi, nel 1588, la curia romana, creando quindici congregazioni al servizio del papa. Nel contempo i pontefici, attraverso l'Indice dei libri proibiti, periodicamente aggiornato, l'istituzione della congregazione dell'Indice (1571), una serie di provvedimenti restrittivi sulla stampa, il commercio dei libri, il soggiorno dei mercanti e degli studenti stranieri in Italia, sviluppavano una vigorosa azione controriformistica. Come effetto di tutte queste iniziative, la chiesa si venne organizzando in modo piramidale: il vertice pontificio elabora decisioni che trasmette ai vescovi, i quali, attraverso il clero, le impongono al popolo cristiano. Ne conseguì la prevalenza dell'aspetto gerarchico su quello comunitario, il dualismo tra papa e vescovi, vescovi e preti, preti e laici, l'accentuazione del carattere clericale della chiesa. L'azione controriformistica si avvalse poi della stretta collaborazione tra il papato e alcuni principi cattolici (in particolare i rami spagnolo e austriaco della casa d'Austria), che favorì la riconquista per via diplomatica e anche militare delle popolazioni passate al protestantesimo, o impedì la defezione di popolazioni cattoliche, ma assoggettò la chiesa agli interessi degli stati assoluti e suscitò conflitti giurisdizionali.

• *Scuole di spiritualità e devozione popolare.* Pur sotto l'irrigidimento politico-istituzionale, il cattolicesimo controriformistico manifesta un intenso fermento ascetico-mistico, come anelito alla perfezione ed esercizio della carità al servizio del prossimo. In Spagna fioriscono sottili analisi dell'esperienza mistica per opera dei carmelitani scalzi Teresa d'Ávila e Giovanni della Croce, in Italia Filippo Neri, fondatore della congregazione dell'Oratorio, persegue un ideale di spiritualità equilibrato, alieno dagli intellettualismi, fondato sul rapporto armonioso tra natura e grazia. Tale ideale si diffonde in Francia nella prima metà del sec. XVII per opera del cardinale P. de Bérulle, che diventa con Francesco di Sales e Vincenzo de' Paoli il rinnovatore della chiesa francese. Il mondo laicale, soprattutto attraverso le confraternite, largamente diffuse nelle città e nei borghi, coltiva le devozioni all'eucaristia (per es. le «Quarantore», di chiara ispirazione controriformistica), a Maria Vergine, al cuore di Gesù, ai santi, compie processioni e pellegrinaggi, pratica la Via Crucis. Il moltiplicarsi delle devozioni è favorito non solo dal bisogno di manifestazioni spettacolari, ma anche dalla staticità della liturgia, che non è in grado di coinvolgere in una effettiva partecipazione il popolo cristiano, e dalla emarginazione della Bibbia, sulla quale pesa la polemica antiprotestante. Anche la diffusione dell'orazione mentale, se da una parte stimola le analisi interiori, dall'altra favorisce la pietà individualistica e l'affievolimento dello spirito liturgico. Il culto dei santi, esaltati spesso come i protagonisti della ripresa del cattolicesimo nella lotta contro il protestantesimo, è incrementato dalle figurazioni degli artisti e dai riti delle canonizzazioni che si celebrano nella basilica di San Pietro in uno scenario di magnificenza e di sfarzo.

• *L'azione educativa.* Il cattolicesimo post-tridentino ha sviluppato una intensa azione educativa. Mentre i gesuiti, attraverso una fitta rete di collegi, formarono i figli della nobiltà e dell'alta borghesia, destinati a diventare classe dirigente, e soprattutto in Germania fronteggiarono le università protestanti sorte di recente (Heidelberg, Marburgo, Jena), gli scolopi dello spagnolo Giuseppe Calasanzio istituirono scuole popolari nelle quali la formazione morale e religiosa dei fanciulli poveri si accompagnava con l'apprendimento dei rudimenti del sapere e di un mestiere. Gli ordini religiosi (in particolare i francescani, i gesuiti, gli oblati di sant'Ambrogio, i lazzaristi) svolsero anche una vasta azione evangelizzatrice tra il popolo delle campagne attraverso le missioni popolari. Il fatto riveste una grande importanza sia perché rivela la volontà di coinvolgere le plebi rurali con strumenti di grande efficacia come la predicazione, la catechesi, gli spettacoli teatrali, le processioni penitenziali, le confessioni di massa, sia perché contribuisce a diffondere germi di cultura là dove la cultura laica, squisitamente aristocratica, non poteva penetrare. Agli ordini religiosi è legata poi l'attività missionaria che si sviluppa vigorosa nelle Americhe e in Asia. Se nell'America meridionale si verificarono fenomeni di colonialismo spirituale, nel senso che il Vangelo vi fu presentato in veste europea senza tener conto delle tradizioni indigene, in Asia i gesuiti si sforzarono di «adattare» il messaggio evangelico, cioè di esprimerlo nelle categorie filosofiche e religiose dei popoli autoctoni, affinché non fosse una realtà importata e alienante. Con i motivi controriformistici si intrecciano e coesistono dunque atteggiamenti evangelici, ricchi di freschezza e di creatività, che si riallacciano alle espressioni più genuine della riforma cattolica: cosicché il cattolicesimo post-tridentino è ben lungi dall'esaurirsi in un'attività di sola reazione e dal presentare un volto monocorde. *M. Ma.*

convenzionalismo, ogni dottrina secondo cui la verità di una proposizione o di un insieme di proposizioni fisiche o matematiche dipende sempre da un precedente accordo (esplicito o tacito) stipulato da coloro che devono far uso di queste proposizioni. Questo accordo può riguardare direttamente le proposizioni in questione (e ciò accade nella scelta delle asserzioni iniziali di un sistema deduttivo) o può riferirsi a esse indirettamente, tramite regole inferenziali opportune sulla cui base viene accettata o rifiutata la validità delle proposizioni. Una concezione convenzionalistica della ricerca scientifica venne proposta ed elaborata soltanto verso la fine dell'Ottocento, a opera di J.-H. Poincaré, e fu poi ripresa con esiti diversi da autori come E. Boutroux, P. Duhem, A.S. Eddington, E. Le Roy e G. Milhaud. All'origine della posizione convenzionalistica sta la scoperta delle geometrie non → euclidee e il problema della relatività dello spazio e del tempo messo in evidenza nella fisica degli inizi del Novecento. Tali scoperte facevano cadere la pretesa di un'intuizione spaziale di carattere universale e necessario (quale era stata sostenuta da Kant). Ancora meno sembrava sostenersi una concezione che facesse dipendere il valore della geometria dalle osservazioni empiriche, giacché a tale concezione si opponeva la considerazione delle procedure sperimentali collegate alla misurazione dello spazio, le quali richiedevano come fondamento la scelta di un sistema di coordinate in uno spazio assoluto quale quello della fisica newtoniana. All'esperienza veniva riconosciuta la funzione di prospettare come più opportuna la scelta di questo piuttosto che di quel sistema di riferimento. Nel convenzionalismo, invece, all'esperienza viene negata in modo assoluto la possibilità di decidere circa la verità della scelta di un gruppo di assiomi e di una geometria, che debbono obbedire soltanto al principio della coerenza ispirandosi a considerazioni di semplicità e di opportunità pragmatica. Mentre tuttavia Poincaré si preoccupò di limitare l'aspetto convenzionale del linguaggio scientifico, altri autori come Duhem giungono a forme di convenzionalismo estremo. Altri riducono la scienza a regola per l'azione, affermando la concezione dei contenuti teorici della costruzione scientifica, considerando i fatti scientifici come «creazione» di teorie da parte degli scienziati e riducendo le teorie scientifiche a pure convenzioni «nominalistiche» (E. Le Roy).

L'affermarsi della concezione convenzionalistica di Poincaré, insieme con certi specifici sviluppi del pensiero logico-matematico tra la fine dell'Ottocento e l'inizio del Novecento (metodo assiomatico e ipotetico-deduttivo, formalismo hilbertiano, concezione wittgensteiniana del carattere tautologico delle verità logico-matematiche, nascita di sistemi logici alternativi rispetto alla logica classica), contribuì all'elaborazione da parte degli empiristi logici (in particolare da parte di R. → Carnap) del *convenzionalismo logico-matematico*, secondo il quale le asserzioni della logica e della matematica, a differenza di quelle empiriche, non hanno un valore dipendente dai fatti, bensì un valore connesso unicamente a certe convenzioni riguardanti le regole di manipolazione del simbolismo linguistico in cui sono formulate. Questa concezione è stata però criticata in particolare da W.V.O. Quine, il quale ha cercato di dimostrare che non ha senso distinguere fra asserzioni vere in virtù delle sole convenzioni linguistiche (analitiche) e asserzioni vere in virtù di fatti d'esperienza (sintetiche), sostenendo che il complesso delle nostre conoscenze è convenzionale e insieme empirico. Alcuni interpreti hanno tuttavia osservato che il rifiuto quineano del convenzionalismo logico-matematico equivale in realtà alla sua estensione alla totalità del discorso scientifico. *P. Pa.*

conversazionale, analisi, lo studio del funzionamento e della struttura della *conversazione*, il più comune tipo di discorso, caratterizzato dall'interazione di almeno due partecipanti e dall'alternanza dei ruoli di parlante e ascoltatore. In senso stretto, l'analisi conversazionale nasce negli anni Settanta in ambito sociologico, sotto l'influenza determinante dell'etnometodologia; in seguito è stata influenzata anche dalla pragmatica e in particolare dalla teoria della conversazione di H.P. Grice.
Le ricerche di analisi conversazionale non cessano di intrecciarsi con la pragmatica, ma se ne distinguono per il rifiuto delle elaborazioni «a tavolino» tipiche della pragmatica filosofica e per l'insistenza sull'«autenticità» dei dati esaminati (si tratta sempre di conversazioni registrate, e trascritte secondo convenzioni minuziose). Per l'analisi conversazionale, la conversazione ha una struttura globale e una struttura locale. Da un punto di vista globale, una conversazione è un evento circoscritto da margini fortemente ritualizzati, e caratterizzato da uno sviluppo tematico. Localmente, l'organizzazione si manifesta soprattutto nel meccanismo dell'*avvicendamento dei turni* (*turn-taking*): un esempio tipico di struttura dei turni è dato dalle *coppie adiacenti* (domanda-risposta, saluto-saluto, ringraziamento-minimizzazione ecc.), in cui, dato il primo membro, il secondo è altamente prevedibile. Le regole dell'avvicendamento (il modo in cui il turno viene ceduto o «strappato»), la natura e il contenuto dei turni sono oggetto caratteristico delle analisi conversazionali. L'immagine della conversazione che ne risulta è quella di un'impresa pubblica, cooperativa (come per Grice) ma anche competitiva, fortemente strutturata.

Cooley, Charles Horton (Ann Arbor, Michigan, 1864-1929), sociologo statunitense. Fu professore all'università del Michigan. Richiamandosi a W. James e a H.G. Mead, Cooley considera la personalità quale prodotto della dinamica di relazioni tra il soggetto e gli altri (interazionismo simbolico). Estendendo a livello sociologico alcune anticipazioni di James sull'io sociale, Cooley afferma che l'io si forma nel soggetto come reazione all'idea che del soggetto si fanno gli altri. La formazione dell'io comprende vari elementi: l'immagine che il soggetto possiede del suo modo di apparire agli altri, l'immagine del giudizio su tale modo di apparire, e il sentimento di orgoglio o di mortificazione che di conseguenza si determina nel soggetto. Il gruppo primario (*intimate face to face association*) rappresenta per Cooley uno dei fattori che più contribuiscono alla formazione dell'io. Proprio il gruppo primario, nel quale si determina una profonda integrazione tra l'individualità e il gruppo, rappresenta la miglior espressione dell'organizzazione sociale. In gruppi di questo tipo l'individuo interiorizza quei principi e quegli ideali che gli permettono di superare gli interessi privati.
Tra le sue opere si ricordano: *La natura umana e l'ordine sociale* (1902); *L'organizzazione sociale* (1909); *Il processo sociale* (1918); *Teoria sociologica e ricerca sociale* (postuma, 1930).

Cooper, David (Città del Capo 1931 - Parigi 1986), psichiatra inglese di origine sudafricana. Fondò con R. Laing la Philadelphia Association per l'→ antipsichiatria di cui è stato uno dei maggiori rappresentanti. La sua riflessione muove da una critica radicale all'istituzione manicomiale e alla psichiatria tradizionale, accusata di ridurre le cause della malattia mentale a fattori puramente organici sul modello delle scienze della natura. Le origini del disturbo mentale andrebbero ricercate, secondo Cooper, nell'ambiente sociale esterno che trasmette la sua funzione repressiva e alienante attraverso la famiglia, autentico luogo di produzione di follia e oggetto reale di intervento terapeutico. Soltanto nel contesto del sistema familiare, infatti, e nell'insieme delle sue alterate modalità di comunicazione è possibile dare senso a tutti quei sintomi che nell'individuo singolo appaiono incomprensibili. Tra le sue opere più importanti: *Psichiatria e antipsichiatria* (1967); *La morte della famiglia* (1971); *Il linguaggio della follia* (1978).

Copenaghen, interpretazione di, → quanti, teoria dei.

Copernico, Niccolò, nome umanistico italianizzato di Nikolaj Kopernik o Koppernigk (Toruń, Pomerania, 1473 - Frombork, Frauenburg, già Prussia orientale, 1543), astronomo polacco. Studiò nelle università di Cracovia, Bologna, Padova e Ferrara. Intorno al 1506 cominciò a elaborare quelle idee che dovevano condurlo al completo abbandono del millenario sistema astronomico tolemaico. Nel 1530 fece circolare un estratto delle sue teorie (*Comentariolus*), che vennero però accolte con sfavore da Lutero e Melantone per le implicazioni contrarie alla rivelazione biblica. Solo nel 1543, poco prima di morire, Copernico diede alle stampe il *De revolutionibus orbium coelestium.* In esso egli riprendeva l'antica ipotesi eliocentrica (sostenuta dai pitagorici e da Aristarco di Samo) sia per la crescente difficoltà di accordare l'ipotesi geocentrica di Tolomeo con l'osservazione dei fenomeni celesti, sia perché, assumendo il principio della semplicità e logicità dell'ordinamento divino del mondo, appariva assurdo che l'intero universo dovesse volgersi intorno a quel punto insignificante che è al paragone la Terra. In base al principio della relatività del moto (ogni mutamento nello spazio può essere spiegato o per il movimento della cosa osservata o per quello di colui che osserva), Copernico ipotizzò il triplice moto della Terra (attorno al proprio asse, intorno al Sole, rispetto al piano dell'eclittica), pur mantenendo le tesi aristotelico-tolemaiche dell'esistenza delle sfere celesti e della finitezza dell'universo delimitato dal cielo immobile delle stelle fisse. Toccherà a Galileo, con le sue osservazioni astronomiche, dare prove concrete della validità dell'ipotesi eliocentrica e scatenare la polemica sul copernicanesimo. Dal punto di vista filosofico, il primo a trarre tutte le conseguenze delle teorie copernicane, prendendole come base per la propria tesi dell'infinità dei mondi, fu Giordano → Bruno. La cosmologia filosofica dei secoli successivi si sviluppò poi anche come una elaborazione della nuova visione del mondo inaugurata da Copernico.

Corano, il libro sacro dei musulmani. Il termine indica propriamente la «recitazione» salmodiata di brani della rivelazione, e poi, per estensione, il complesso di tutte le rivelazioni del profeta Maometto. I musulmani considerano il Corano non come opera di Maometto, ma come diretta parola di Dio: Maometto non fu che l'intermediario fisico della rivelazione. Secondo il Corano stesso, l'archetipo celeste del libro è disceso in chiara lingua araba sul profeta. Per la dottrina islamica ortodossa il Corano è quindi il massimo miracolo di Maometto, e prova della sua qualità di profeta. La dottrina ortodossa sostiene anche che il Corano, in quanto verbo eterno di Dio, è coeterno a Dio e increato. La scienza orientalistica è unanime nell'accettare il Corano come autentica opera di Maometto, il quale lo «rivelò» a brani negli anni 610-632. Il testo attuale però è posteriore alla morte del profeta. Secondo la più diffusa tradizione, Abū Bakr, il primo califfo, ordinò di radunare tutto quel che del Corano si trovava scritto o affidato alla memoria. Zayd ibn Thābit, segretario di Maometto, dispose i 114 capitoli o «sure» per ordine di lunghezza (i più lunghi al principio, i più brevi in fine). Il Corano comprende «sure» meccane e medinesi, cioè risalenti al primo o al secondo periodo della predicazione di Maometto: quelle anteriori al 622, anno dell'emigrazione a Medina, sono più ricche di afflato religioso e poetico, quelle posteriori hanno un tono più discorsivo e un contenuto più normativo. Pur nell'assenza di un ordine sistematico, è possibile riconoscere i seguenti temi principali: discorsi e ammonimenti ai credenti, comunicazione di precetti cultuali e di norme giuridiche, racconti biblici con amplificazioni e varianti, discorsi escatologici, invettive e polemiche contro i non credenti, allusioni di carattere storico e autobiografico. La tradizione islamica fu sempre contraria alla traduzione del Corano in altre lingue: solo recentemente, per i paesi musulmani di lingua non araba, il modernismo islamico ha accettato le traduzioni, preferibilmente accompagnate al testo arabo cui servono da commento.

Corbin, Henri (Parigi 1903-1978), storico delle religioni francese. Allievo di E. Gilson e di J. Baruzi, si diplomò alla Ecole Pratique des Hautes Etudes di Parigi nel 1928. Dopo un soggiorno di studio in Germania (1930-36), dove entrò in contatto con la teologia di K. Barth e con la filosofia di Heidegger, dal 1939 fu all'Istituto Francese di Istanbul, e, nel 1945, venne incaricato di fondare un dipartimento di iranologia nell'Istituto Francese di Teheran. In questa veste Corbin diede vita alla «Biblioteca iraniana», che raccoglie i testi della locale tradizione religiosa islamica. Nel 1954 fu chiamato alla direzione degli studi islamici nella Ecole des Hautes Etudes en Sciences Sociales di Parigi, dove esercitò il suo magistero per la durata di un ventennio.

Quella di Corbin è un'ermeneutica applicata alle religioni del libro: il testo sacro deve essere esplicitato nel suo spirito, che non è un contenuto razionale o evidente, ma esprime piuttosto la visione mistica del suo autore (*Avicenna e il racconto visionario*, 1954). La verità può essere partecipata solo per il medio di una iniziazione spirituale all'esperienza mistica, in cui ha un ruolo determinante l'immaginazione (*L'immaginazione creatrice nel sufismo di Ibn 'Arabî*, 1958). L'immagine non è allora un idolo irreligioso e profano, ma il tramite di un'esperienza teofanica in cui Dio si manifesta al credente; e il bello, come nella tradizione platonica influente nel mondo iranico, si fa veicolo del vero (*Sohravardî e i platonici di Persia*, vol. II, di *Nell'Islam iranico*, 1971, e *Corpo spirituale e terra celeste*, 1979). Tra le altre opere: *Storia della filosofia islamica* (1964, con S. Hossein Nasr e O. Yahya); *Nell'Islam iraniano: aspetti spirituali e filosofici* (4 voll., 1971-73); *Tempio e contemplazione* e *Il paradosso del monoteismo* (postumi, 1981).

Cordemoy, Géraud, conte di (Parigi 1620-1684), filosofo francese. Fatto nominare da J. Bossuet lettore del delfino di Francia, dal 1675 divenne membro dell'Académie. Pensatore di scuola cartesiana, autore di opere filosofiche (tra cui *Del discernimento dell'anima dal corpo*, 1661, e *Discorso fisico sulla parola*, postumo, 1688), sostenne, contro Cartesio, una teoria atomistica della materia che per molti aspetti anticipa le critiche leibniziane alla fisica cartesiana. Quanto al movimento, poiché «nessun corpo lo ha in se stesso», la causa non può esserne che uno spirito, e non già uno spirito finito bensì Dio stesso. Convinto dell'assoluto automatismo animale, Cordemoy si pose in particolare il problema del rapporto anima-corpo nell'uomo, risolvendolo in senso occasionalista. In generale, sostituendo il concetto di legge (regolarità degli eventi messi in movimento dall'unica causa, Dio) a quello di causa, l'occasionalismo di Cordemoy si muove nella direzione della scienza fisica moderna. Nel *Discorso fisico sulla parola* egli considerò anche il linguaggio come la risultante di un incontro tra elementi eterogenei: l'idea-anima e il vocabolo-corpo; elaborò una teoria fonetica delle vocali e delle consonanti che Molière, nel *Bourgeois gentilhomme*, mise in bocca a M. Jourdan. Gli si deve anche una *Storia di Francia dal tempo dei galli fino al 987*.

cornificiani, termine con cui si designa un gruppo di dialettici del sec. XII, seguaci di Cornificio, contro i quali Giovanni di Salisbury polemizza nel *Metalogicon* (1159). Le notizie contenute in quest'opera non consentono di precisare se i cornificiani formassero una scuola con un proprio orientamento dottrinale né di identificarne storicamente il fondatore: Cornificio, infatti, è uno pseudonimo ripreso dalla *Vita Vergilii* di Donato, opera in cui Cornificio impersona la figura del detrattore di Virgilio. Nel *Metalogicon* i cornificiani sono presentati come i sostenitori di un atteggiamento antitradizionalista che mira a svalutare lo studio delle arti del trivio (retorica, grammatica, dialettica) per affermare il valore del linguaggio comune e dell'esperienza sensibile come uniche fonti di conoscenza; il vero sapere non consiste nella cultura dei classici e nelle regole dell'eloquenza, ma nell'osservazione immediata della realtà.

corpo, ogni entità estesa e percepibile con i sensi. La riflessione filosofica sulle caratteristiche del corpo in se stesso (concernente le sue proprietà biologiche, meccaniche e fisiche) è stata progressivamente assunta nel pensiero scientifico; la riflessione sui rapporti tra corpo e anima copre invece l'intero arco della storia della filosofia. Nella filosofia antica e medievale questa relazione è stata interpretata secondo due direzioni principali. La prima, di ascendenza orfico-pitagorica, vede nel corpo un'entità radicalmente eterogenea e separata rispetto all'anima; a tale concezione si ispira Platone quando sostiene che il corpo è la tomba dell'anima (*Fedone*, 66*b*), cioè un ente corruttibile e mortale di cui l'anima, caduta dal suo stato meramente intellettuale ed eterno, sarebbe prigioniera; e alla dottrina platonica si connettono sia la patristica (Origene, *De principiis*, 11, 9, 2) sia la prima scolastica (Scoto Eriugena, *De divisione naturae*, 11, 25). La seconda prospettiva è quella elaborata da Aristotele, per il quale corpo e anima non sono due sostanze separate, ma elementi separabili di un'unica sostanza: il corpo propriamente detto è la materia intesa come potenzialità, l'anima è la forma in quanto attualità; come potenzialità, il corpo è dunque uno strumento dell'anima, benché, a differenza di uno strumento inanimato, abbia «in se stesso il principio del movimento e della quiete» (*L'anima*, II, 1, 412 *b*, 16). La strumentalità del corpo rispetto all'anima, riaffermata dallo stoicismo e dall'epicureismo, predomina nella scolastica: per Tommaso d'Aquino (*Summa theologiae*, I, q. 91*a*, 3), il corpo ha per fine l'anima razionale e le sue operazioni, così come la materia ha per fine la forma. Nella scolastica, solo l'agostinismo si sottrasse alla valutazione strumentale del corpo, elaborando la dottrina della *forma corporeitatis*, per cui il corpo possiede realtà e attualità indipendentemente dall'anima, che vi si aggiunge costituendone un'ulteriore forma o sostanza.

La subordinazione strumentale del corpo all'anima cessa definitivamente con Cartesio, per il quale il corpo e l'anima sono entrambi sostanze, ma di natura diversa: l'uno è *res extensa*, sostanza estesa e non pensante, l'altra è *res cogitans*, sostanza pensante e priva di estensione (*Meditazioni metafisiche*, l. VI); tra queste due sostanze non esiste relazione causale, e il corpo è concepito «come un orologio, o un altro automa (ossia una macchina che si muove da sé)» (*Passioni dell'anima*, art. 6). La separatezza del corpo rispetto all'anima suscitò il problema del come collegare eventi corporei e incorporei, problema che diede luogo a soluzioni dualistiche e monistiche. Tra le prime, quella detta dell'*interazionismo* risale allo stesso Cartesio, per il quale l'interazione tra anima e corpo è dovuta a un'intima connessione tra le due sostanze. Questa teoria riduceva però eccessivamente l'eterogeneità tra eventi corporei e incorporei, e in alternativa a essa furono elaborate, nella seconda metà del sec. XVII, due dottrine: l'occasionalismo di Malebranche e di A. Geulincx, per cui Dio costituirebbe l'anello di congiunzione tra anima e corpo (Malebranche, *Dialoghi sulla metafisica e sulla religione*, I, 10); e il parallelismo di Leibniz, secondo il quale la relazione tra eventi corporei e incorporei non è causale, ma regolare: ogni evento materiale è correlato a uno immateriale secondo un'armonia prestabilita in modo tale che «i corpi agiscono come se, per impossibile, non esistessero anime; le anime agiscono come se non esistessero i corpi; ed entrambi agiscono come se le une influissero sugli altri» (*Monadologia*, par. 81).

Una soluzione di compromesso tra monismo e pluralismo fu quella di Spinoza, per il quale «la mente e il corpo sono un solo e identico individuo, che è concepito ora sotto l'attributo del pensiero, ora sotto quello dell'estensione» (*Ethica*, II, 21, schol.); corpo e anima sono due manifestazioni dei due attributi fondamentali (pensiero ed estensione) dell'unica sostanza divina, ma sono anche radicalmente eterogenei in quanto l'appartenenza alla sostanza divina è il loro unico denominatore comune. Rigorosamente monistiche furono invece le concezioni dell'uomo-macchina proprie del materialismo illuministico di J. La Mettrie e P.-H. d'Holbach, secondo i quali le attività mentali dell'uomo dipendono, in base a una causalità puramente meccanica, da quelle corporee. Al materialismo settecentesco si ricollega in parte Marx, che considera i pensieri e i sentimenti dell'uomo come diretta emanazione dei suoi comportamenti materiali (*Ideologia tedesca*); in un contesto diverso dal materialismo, Nietzsche esaltò il corpo come principio di verità, contrapponendolo all'idealismo metafisico (*Così parlò Zarathustra*, I, «Gli odiatori del corpo»). Tra le concezioni monistiche del corpo, di tipo idealistico, si ricordano principalmente quella di Berkeley, per cui soltanto la mente e le sue percezioni esistono e il corpo, come ogni oggetto, è solo una percezione mentale (*Trattato sui principi della conoscenza umana*, par. 7); quella di Schopenhauer, per cui il corpo è nella sua essenza identico alla volontà e i fenomeni corporei sono mere rappresentazioni di questa volontà stessa (*Mondo*, I, par. 18); e quella di H. Bergson, che vede nel corpo un semplice strumento dell'agire pratico, governato da una coscienza puramente spirituale (*Materia e memoria*, 1896). A Schopenhauer e a Bergson si ispirarono, nel nostro secolo, le concezioni del corpo proprie della fenomenologia e dell'esistenzialismo. Secondo Husserl, il corpo è un'esperienza vivente, che viene isolata mediante una serie di riduzioni fenomenologiche (*Meditazioni cartesiane*, par. 44); alla concezione husserliana del corpo si richiamano, in modi diversi, J.-P. Sartre (*L'essere e il nulla*, 1943), M. Merleau-Ponty (*Fenomenologia della percezione*, 1945), nonché la psichiatria fenomenologica (→ analisi esistenziale) inaugurata da L. Binswauger (*Per un'antropologia fenomenologica*, 1921-41) che esaminò le modalità particolari con cui il corpo concretamente vissuto (*Leib*) — e non quello meramente fisico (*Körper*) oggettivato dalla scienza — spazializza e temporalizza la sua originaria apertura al mondo anche in forme patologiche.

cosa in sé, l'oggetto della conoscenza considerato nella sua realtà indipendente dai contenuti percettivi e dalla forma giudicativa del soggetto. La distinzione tra la realtà autonoma delle cose e il loro manifestarsi all'uomo è già presente nello scetticismo greco. Essa viene ripresa dal pensiero moderno a partire da Cartesio (*Principia philosophiae*, II, 3: «le percezioni dei sensi non insegnano che cosa ci sia veramente nelle cose, ma che cosa giovi o nuoccia al corpo umano») e poi ereditata dall'illuminismo, dove la cosa in sé designa il piano della realtà distinto da quello dell'apparenza (M. de → Maupertuis). La massima estensione nell'uso del concetto si ha però in Kant. Nel suo pensiero la cosa in sé designa il limite della conoscenza umana che, fondata sull'intuizione sensibile, non potrà mai cogliere la realtà indipendente di ciò che viene esperito. Di qui (*Critica della ragion pura*, prefazione alla 2ª ed.) la fondamentale distinzione tra *fenomeno* (l'oggetto in quanto cade sotto le forme conoscitive del soggetto) e *cosa in sé* o → *noumeno* (l'oggetto in quanto viene pensato nella sua autonoma esistenza). La cosa in sé assolve pertanto il ruolo di «concetto limite» (*Grenzbegriff*) per circoscrivere e tenere a freno le pretese conoscitive della scienza e della metafisica (*Analitica dei principi*, III).

La portata negativa e critica del concetto viene però contestata e ridotta nella riflessione postkantiana a partire da K.L. → Reinhold e in seguito con gli sviluppi del pensiero idealistico. Accentuando il primato della ragione pratica (che già secondo Kant colloca l'uomo nel dominio del soprasensibile), Fichte riduce la cosa in sé a un momento dell'attività dell'Io che negandosi e poi superando la sua stessa negazione rende possibile un processo di autoliberazione e di autopotenziamento infiniti. La più radicale critica del concetto di cosa in sé è opera di Hegel, che definisce il noumeno il *caput mortuum* della filosofia kantiana. La cosa in sé non è infatti niente di reale o di soprasensibile, ma è il mero risultato di un processo astrattivo intellettualistico: la «vuota cosa» come residuo della negazione compiuta dall'intelletto di tutte le determinazioni reali (*Enciclopedia*, par. 45-46).

coscienza, termine che, nella storia del pensiero occidentale, ha assunto vari significati specifici, indipendentemente da quello di semplice consapevolezza.

• *La coscienza come voce interiore.* Dapprima con lo stoicismo e poi con il neoplatonismo, la coscienza si determina come «interiorità», colloquio dell'anima con se stessa; si esprime così l'ideale del «saggio», dell'uomo libero dalle passioni e dagli interessi mondani, tipico del pensiero greco post-classico. Sant'Agostino riprende e sviluppa quest'idea, nelle *Confessioni* e in quasi tutte le sue opere, proponendola come modello valido per tutti gli uomini; e la trasmette a gran parte del pensiero cristiano. La Verità si trova solo distogliendosi dall'esperienza esteriore: essa è luce che si dà a chi la ricerchi entro di sé, nella meditazione devota. Il significato morale di coscienza, profondamente penetrato anche nel linguaggio comune (si pensi a espressioni quali la «voce della coscienza» ecc.), è comparso essenzialmente col cristianesimo, a cominciare da san Paolo. La coscienza è intesa come la fonte immediata di una conoscenza certa dei principi che definiscono la rettitudine del volere: consultando la propria coscienza, in questo senso, si saprebbe infallibilmente come ci si dovrebbe comportare, anche se poi ci si comporta diversamente per debolezza o per viziosità. Ancora Kant, nella *Critica della ragion pratica*, pone al centro della sua etica la coscienza intesa come voce interiore, in contrasto con le inclinazioni sensibili da cui siamo affetti: essa proclama a chiunque, nell'intimità del proprio animo, il valore assoluto della legge morale. In accordo con tutta la tradizione cristiana, e sulle orme di Rousseau, Kant sottolinea come una siffatta esperienza sia accessibile a tutti gli uomini, indipendentemente dalle differenze intellettuali e culturali. La contestazione di questa concezione è caratteristica delle varie forme di relativismo morale, dal rinascimento in poi. Già M.E. de Montaigne, riprendendo un tema degli scettici antichi, sostiene nei *Saggi* (1580) come la cosiddetta voce della coscienza non sia nient'altro che l'insieme di principi o opinioni che nei diversi ambienti sociali vengono inculcati nelle menti ancora tenere dei fanciulli, come regola e norma di ciò che è retto e giusto. Dimentichi di come li hanno appresi, gli uomini considerano poi tali principi come «naturali», non derivati dall'esterno, quando li ritrovano entro di sé. Questa discussione avviata da Montaigne si trova sviluppata in particolar modo nella polemica condotta da Locke contro i platonici della scuola di → Cambridge (E. Herbert di Cherbury, R. Curdworth, H. More), sostenitori del carattere innato e intuitivo dei principi morali.

• *Coscienza e conoscenza.* Nella filosofia moderna, dal sec. XVII in poi, coscienza ha il significato di «consapevolezza soggettiva», di sé e dei propri contenuti mentali. A inaugurare quest'uso è Cartesio, che identifica il pensiero in tutte le sue forme. Di noi stessi, in quanto coscienza, siamo certi direttamente e indubitabilmente; tutto il resto di cui abbiamo coscienza sono soltanto «idee» (*Meditazioni metafisiche*, 1ª e 2ª). Questa impostazione problematica si ritrova in tutto l'empirismo inglese, fino a Hume, che considera come inconfutabile teoreticamente il → solipsismo: anche se col mio pensiero mi spingo fino ai limiti dell'universo, non perciò esco dalla mia coscienza, avendo sempre a che fare o con «impressioni» sensibili o con «idee» della ragione (*Trattato sulla natura umana*, sez. L'idea di esistenza e di esistenza esterna). Contro siffatta impostazione reagì Kant con la «Confutazione dell'idealismo» nella *Critica della ragion pura* (→ idealismo). Ma dalla «coscienza empirica», diversa nei diversi uomini, è da distinguere, secondo Kant, la «coscienza in generale», o appercezione pura, cioè l'«Io penso». Esso è una pura funzione di conoscenza, universale, in quanto strutturalmente identica in tutti gli uomini; costituendo l'intelletto come elemento formale del conoscere è attività sintetica a priori, che si articola secondo le varie «categorie» (*Critica della ragion pura*, sez. Deduzione trascendentale di concetti puri dell'intelletto).

• *Coscienza e autocoscienza.* L'appercezione pura o trascendentale è la possibilità del rapporto fra la coscienza empirica (o l'io empirico) e l'oggetto. Tuttavia, nella prima edizione della *Critica della ragion pura* (1781) l'io di cui si ha coscienza nell'appercezione pura viene qualificato come «io stabile e permanente che costituisce il correlato di tutte le nostre rappresentazioni», ed è solo nella seconda edizione (1787) che a tale io spetterà una pura funzione formale, priva di realtà propria, rimanendo tuttavia la condizione di ogni conoscenza. In ogni caso, in Kant risulta definitivamente invertito il rapporto di derivazione e fondazione tra coscienza riflessiva e autocoscienza, ma solo nella seconda definizione kantiana l'io autocosciente è senza dubbio un io finito e privo di potere creativo, un io che ordina e organizza un materiale fenomenico dato. Nell'accettare o meno questa restrizione si dividono nettamente le strade della filosofia trascendentale e dell'idealismo, che, incentrandosi sulla immanenza totale della coscienza, tematizza l'autocoscienza propria di un principio infinito, condizione di ogni realtà. Così, Fichte si applica al tema dell'autocoscienza come coscienza immediata (non riflessiva) dell'avere coscienza, in quanto atto di un io assoluto, e assume il concetto kantiano puramente funzionale come un concetto quasi sostanziale: l'io infinito, principio non solo della conoscenza, ma anche della realtà, e principio non nel senso di condizione, ma di forza o attività produttiva che producendosi produce il non-io. Muovendo da tale elaborazione, Hegel nella *Fenomenologia* (1807) afferma come compito ulteriore della filosofia l'elaborazione concettuale del contenuto della coscienza reale affinché acquisti verità e realtà portandosi all'altezza del soggetto assoluto: ogni coscienza, anche come autoconsapevolezza e autocertezza (riflessiva o immediata), implica infatti per Hegel il rapporto della coscienza con qualcosa che è sempre altro dalla coscienza stessa, mentre l'autocoscienza intesa come concetto o come → spirito elimina tale relazione alienata. Questa risoluzione del rapporto fra coscienza e autocoscienza si pone allora come un generale rimprovero mosso a tutta la filosofia precedente per avere elaborato mere filosofie della coscienza. Tuttavia, in Hegel l'assolutizzazione dello spirito in quanto autofondato e libero da rapporti di alienazione propri della coscienza va di pari passo con una peculiare considerazione genetica di tale autofondazione: su ciò potranno lavorare le dottrine a vario titolo antimetafisiche che, operando dall'interno la dissoluzione del sistema hegeliano, riporteranno rapidamente la concezione del rapporto coscienza - autocoscienza al suo stadio preidealistico.

• *Il sec.* XX: *l'intenzionalità, l'inconscio.* Nel nostro secolo, la nozione di coscienza, nel senso di consapevolezza di sé e degli oggetti ai quali essa si rivolga, è importante soprattutto in Husserl e poi in alcune varianti dell'esistenzialismo, per esempio in K. Jaspers e in J.-P. Sartre. L'aspetto per cui la coscienza è sempre coscienza *di* qualcosa, ossia ha necessariamente un oggetto quale termine di riferimento, è definito da Husserl come la sua «intenzionalità» (termine di lontana derivazione scolastica), nelle *Idee per una fenomenologia pura.* Questa concezione, con la relativa terminologia, è penetrata largamente nel pensiero tedesco del nostro secolo. Per Sartre (*L'essere e il nulla*) la coscienza è «essere per sé», o presenza a sé (distinzione di sé da sé); è negatività e libertà, in quanto essenzialmente progettualità rivolta al futuro, di contro all'«essere in sé» delle cose. Tra l'essere e la coscienza c'è un'opposizione irresolubile. La coscienza si definisce come «non-essere»; ed è quindi «l'essere per cui il nulla viene al mondo», nel senso che ogni negazione che s'incontri nell'esperienza dipende dall'attività negatrice originaria della coscienza.

Alla certezza interiore come pretesa via d'accesso diretto alla verità vengono oggi contrapposti i metodi propri delle scienze, teoriche o empiriche. La complessa problematica logica che ne deriva occupa una posizione centrale nelle filosofie che, come l'→ empirismo logico, muovono appunto dal riconoscimento che nelle scienze esistenti e nei loro progressi è data l'unica possibilità di conoscenza affidabile. Il punto estremo di questa critica è rappresentato dal → comportamentismo, il quale, proprio sul terreno dei fenomeni psichici, rifiuta le pretese conoscitive del ricorso all'interiorità e propone in alternativa una metodologia fondata sui dati oggettivamente osservabili, nella convinzione che l'introspezione sia una fonte di autoinganno. L'introspezione quale modo di conoscenza dei fenomeni psichici è contestata, su un altro versante, dalla → psicoanalisi, secondo la quale la genesi profonda di tali fenomeni sfugge alla normale consapevolezza del soggetto.

coscienza infelice, la figura che nella *Fenomenologia dello spirito* di Hegel (sez. Autocoscienza, suddiv. B) ha per referente la religione ebraica e cristiana. L'infelicità di questa forma di coscienza deriva dal suo sentirsi come «inessenziale» di fronte all'Assoluto, cioè al Dio trascendente, senza tuttavia riuscire a negarsi in esso, come pur vorrebbe. Hegel presenta i tentativi, tutti destinati al fallimento, che la coscienza infelice metterebbe in atto a questo scopo: la devozione sentimentale, una sorta di misticismo; l'operare nel mondo, inteso come dovere verso Dio; e infine la mortificazione di sé, nell'ascetismo inattivo. Non riuscendo però ad annullarsi, la coscienza continua a soffrire dell'alterità che permane fra lei e il divino. Quest'infelicità verrà superata solo allorché la coscienza ritroverà il divino nel mondo e in se stessa, ossia si scoprirà come ragione, realizzando quell'unità con l'Assoluto che fin allora le era mancata. Storicamente, ciò avverrebbe a partire dal rinascimento. Il tema filosofico della figura della «coscienza infelice» è pertanto l'interpretazione della fede in un Dio personale e trascendente come una forma di «alienazione» dell'uomo da se stesso. È già l'idea che verrà poi sviluppata dalla cosiddetta sinistra hegeliana (→ hegeliana, destra e sinistra). La figura della coscienza infelice ha per oggetto non già il contenuto speculativo della teologia cristiana (che verrà considerato nella *Fenomenologia*, sez. La religione rivelata), bensì l'esperienza religiosa propria del cristianesimo primitivo e medievale, che si concluderebbe col fallimento delle crociate.

Coseriu, Eugenio (Mihàileni, Romania, 1921), linguista di origine rumena. Si è formato in patria e in Italia, e ha insegnato linguistica generale e romanza a Montevideo e a Tubinga. Partendo dalla dicotomia saussuriana di → *langue-parole*, Coseriu l'ha arricchita di un terzo termine, la *norma*, che costituisce un livello intermedio in cui si realizzano in modo collettivo (e non, come nella *parola*, individuale) le potenzialità astratte della *langue* (*Sistema, norma e parola*, 1952). Notevole è stato il suo contributo alla semantica. Distinguendo tra conoscenza extralinguistica (*designazione*), e organizzazione linguistica del senso (*significato*), afferma che solo quest'ultima può essere organizzata strutturalmente.

cosmogonia, dottrina circa il modo in cui avrebbe avuto origine tutto ciò che esiste (il termine è un sostantivo greco, formato da *kósmos*, «ordine, mondo», più la forma forte della radice *gen-gon-gn*, che esprime i concetti di «generazione, nascita»). Alla voce → cosmologia sono trattate le dottrine filosofiche e scientifiche; qui viene tracciato un quadro delle dottrine a fondamento precipuamente mitologico-religioso.

Tradizioni mitologiche, diffuse in disparate aree geografiche, evocano l'immagine di divinità supreme o di demiurghi, increate o createsi da sole, che danno origine in tutto o in parte agli elementi dell'universo. Secondo una distinzione accettata da alcuni studiosi (ma verificata soprattutto nell'area africana da H. Baumann), le divinità supreme propriamente creano dal nulla (per es. con la parola) o modellano con sostanze amorfe (terra, roccia ecc.) le componenti dell'universo, mentre i demiurghi o gli eroi semidivini si limitano a chiamare in vita (per es., traendole fuori dalle profondità della terra) realtà già esistenti. La dea babilonese Aruru forma dentro di sé l'immagine del dio del cielo (prima inesistente); il dio ebraico crea l'universo dal nulla. Invece le figure dei demiurghi proprie di culture dell'Africa orientale e del Nilo superiore chiamano fuori della terra tutte le cose che esistono (non le fanno esistere poiché esse già vivevano sepolte nella terra). Presso gli indiani dell'America settentrionale il demiurgo (corvo, coyote) partecipa alla creazione come un imbroglione, un furfante (in inglese *trickster*), che chiama all'esistenza le cose a dispetto della divinità suprema. In altri casi il dio che crea è esso stesso identificato con una sostanza primordiale, e non appare come una divinità suprema. Secondo una dottrina egizia, il mondo ha origine quando il dio spazio-vuoto, Shu, solleva la dea cielo, Nut, dal dio terra, Geb, primordialmente uniti in amplesso. Nella *Teogonia* di Esiodo, alle origini vi è la coppia cielo-maschio (Urano) e terra-femmina (Gea). Omero ricorda la tradizione secondo la quale Oceano (dio?, elemento acquatico indifferenziato?) è origine dell'universo. Esistono anche mitologie in cui l'elemento primordiale non è un dio, ma un uomo o un gigante, dal cui corpo smembrato derivano le componenti dell'universo: l'uomo primitivo Puruṣa in India e Gayamarta in Iran, il gigante Ymir nell'Europa settentrionale. Altrove, la forma che conteneva originariamente l'universo intero è una canna, un formicaio, un albero, un uovo (quest'ultima immagine si ritrova per un'area vastissima, dalla Polinesia alla Grecia, ove è presente nelle dottrine dell'→ orfismo). Cosmogoniche sono anche alcune dottrine che si riferiscono all'origine di determinate situazioni ambientali (il primo villaggio, la prima città) o di determinati istituti sociali o giuridici (la famiglia, la sovranità ecc.). Un mito come quello della fondazione di Roma è, dal punto di vista logico, ovviamente riferito a un evento successivo all'origine dell'universo. Questo evento, tuttavia, per chi lo vide come un atto sacrale primordiale, era cosmogonico, poiché costituiva la fondazione della città che concretava per i suoi abitanti l'immagine dell'universo. Del pari, presso culture (per es., quelle dell'Africa centrale sopravvissute fino all'inizio del sec. XIX) in cui la figura del re veniva considerata come l'entità superiore che fa esistere l'universo, i miti molteplici e disparati circa l'origine della regalità erano veri e propri miti cosmogonici. *F. J.*

cosmologia, termine (dal gr. *kósmos*, ordine, mondo, e *lógos*, discorso) con cui si indica quella branca del sapere che studia per definizione la forma e le leggi dell'universo come sistema ordinato. Dall'antichità a oggi sono state elaborate diverse cosmologie. La cosmologia si limita alla descrizione dell'universo come spazio, tempo e materia, mentre questioni come quelle riguardanti l'origine, la natura intrinseca e il fine ultimo dell'universo sono lasciate ad altre discipline come l'ontologia e la teologia.

Fra le cosmologie primitive è importante quella babilonese, che pone al centro dell'universo la Terra circondata e sostenuta da un oceano sotto il quale si apre una cavità che rappresenta il mondo dei morti; sopra la Terra si estende la volta del cielo, che poggia sulle acque dell'oceano; attraverso il firmamento si muovono il Sole, la Luna e gli altri corpi celesti. I progressi della scienza greca nel campo dell'osservazione astronomica e della matematica portarono alla cosmologia tolemaica (sec. II d.C.), nella quale la Terra è considerata il centro immobile dell'universo attorno a cui ruotano tutti i pianeti. Tale concezione, con poche modificazioni, passò agli arabi e venne tramandata nel medioevo. Questa fase della cosmologia trovò un appoggio filosofico nelle teorie di Aristotele (*Metafisica*), che consolidò l'opera di Eudosso (sec. IV a.C.) con considerazioni sul moto. Alla fine del medioevo Occam ammetteva la possibilità di un mondo infinito. Nicola Cusano (sec. XV) sviluppò questo punto di vista, poi presente anche in Giordano Bruno. Kant (*Critica della ragion pura*, sez. Deduzione trascendentale dei concetti puri dell'intelletto) chiama «idea cosmologica» l'idea del mondo come totalità assoluta.

All'inizio dell'età moderna Copernico avanzò una nuova concezione che sostituiva il Sole alla Terra come centro dell'universo. Nonostante questo aspetto rivoluzionario, la cosmologia copernicana era ancora vincolata alla concezione armonica greca che interpretava i movimenti dei pianeti come combinazione di moti circolari uniformi. Tali limiti indussero T. Brahe a proporre un sistema nel quale i pianeti ruotano attorno al Sole che a sua volta ruota attorno alla Terra immobile. Keplero, allievo di Brahe, ribadì la posizione centrale del Sole e contemporaneamente Galileo individuava i satelliti di Giove e ipotizzava che la Via Lattea fosse un aggregato di stelle. In questo modo si toglieva al Sole la posizione privilegiata di centro dell'universo. Il sistema newtoniano spiegava con la legge di gravità il movimento della Terra e dei pianeti attorno al Sole. Con l'opera di W. Herschel questa teoria veniva estesa all'intero spazio stellare, mentre si riconosceva al Sole stesso un movimento nel sistema galattico considerato il vero universo. Ma ulteriori osservazioni fecero nascere l'ipotesi che gli oggetti non stellari discernibili anche a occhio nudo cui si dava il nome di nebulose fossero in realtà veri e propri universi paragonabili alla Via Lattea.

In seguito, con la memoria di Einstein *Considerazioni sull'universo come un tutto* (1917), nacque una descrizione dell'universo in cui le singole galassie erano considerate gli elementi minimi. Da Einstein in poi sono stati proposti differenti modelli di universo. Per modello di universo si intende un gruppo di equazioni fisi-

che che descrivono le caratteristiche del cosmo. Essi sono distinti in modelli newtoniani, che applicano la meccanica classica e accettano la geometria euclidea, e modelli relativistici, che usano la meccanica einsteiniana e le geometrie non → euclidee. A loro volta i modelli relativistici sono distinti in base alla posizione assunta su problemi quali la densità della materia, la distribuzione di essa nello spazio, la forma dell'universo galattico e così via. Tutti i modelli sono però basati su certi criteri fondamentali che sono sperimentali (spostamento verso il rosso degli spettri delle galassie, conteggio delle galassie, evoluzione delle stelle, studio di corpi con emissioni di radioonde quali i quasar, i pulsar e i buchi neri) e teoretici (i modelli sono isotropi, ossia non danno direzioni preferenziali allo spazio; omogenei, ossia non hanno più materia densamente accumulata in un punto che in un altro ecc.).
La cosmologia attuale ammette che l'universo sia stato formato tra i dieci e i dodici miliardi di anni fa e che esso sia sorto da una grande esplosione o «big bang». A favore di questa teoria sta il fatto che la temperatura dello spazio interstellare è lievemente superiore allo zero; tale temperatura dipenderebbe dalla radiazione emanata dallo scoppio iniziale e conservatasi fino a oggi. Prima di tale scoppio le principali forze fisiche (gravitazionale, elettromagnetica, di interazione atomica, forte e debole) erano in equilibrio. Rotto questo, si formarono le particelle subatomiche, quindi, crescendo la temperatura, i nuclei degli elementi più semplici quali l'idrogeno e l'elio, poi tutti gli altri. Una teoria alternativa oggi meno accettata è quella dell'universo stazionario, secondo cui nell'universo non ci sono né principio, né fine, né evoluzione su vasta scala e vi è una «creazione» continua di materia. Questo principio è l'ultima estensione del principio di conservazione dell'energia e della materia formulato da Einstein. La cosmologia moderna è comunque collegata alla radioastronomia e alla spettroscopia, per cui la parola definitiva è affidata alla ricerca sperimentale, mentre la coerenza matematica dei modelli è utilizzata per sistemare i dati sperimentali. *U. Gia.*

cosmologico, argomento, dimostrazione dell'esistenza di Dio che si fonda sulla natura del cosmo. L'argomento cosmologico muove dalla rilevazione delle contraddizioni dell'universo finito (l'essere diveniente, causato, contingente ecc.), per giungere a postulare un essere infinito, la cui esistenza elimina tali contraddizioni: Dio è infatti immobile, causa di tutte le cose, necessario ecc. La specificazione storicamente più significativa dell'argomento cosmologico è rappresentata dalle cosiddette cinque vie, cioè dalle cinque differenti argomentazioni con cui Tommaso d'Aquino dimostra l'esistenza di Dio (*Summa theologiae* I, q. 2, a. 3).

cosmopolitismo, (dal gr. *kósmos*, «mondo» e *polítēs*, «cittadino»), il termine ricorre per la prima volta presso Diogene il Cinico che, alla domanda di che patria fosse, rispondeva d'essere «cittadino del mondo». Furono soprattutto i sofisti a proclamare l'identità degli uomini per natura (*phýsis*), cui contrapponevano l'arbitrarietà e la disparatezza della legge (*nómos*) dei diversi paesi (Platone, *Protagora*; Senofonte, *Memorabili*). La fine delle città-stato e la fondazione dei regni ellenistici favorirono nelle scuole filosofiche il diffondersi di idee cosmopolitiche: soprattutto gli stoici promossero un ideale di «cultura dell'umanità». L'unificazione del mondo civilizzato sotto Roma fornì un nuovo quadro allo stoicismo dell'età imperiale: Marco Aurelio definisce l'uomo come «cittadino della città somma, di cui tutte le città sono come le case» (*A se stesso*). A questo cosmopolitismo stoico si rifecero i Padri della Chiesa applicandone i principi al «gregge di Dio» — per Tertulliano il mondo è «l'unica casa per tutti» (*De pudicitia*). Il cosmopolitismo moderno nacque come opposizione allo sviluppo degli stati nazionali — Erasmo da Rotterdam rifiutò di prendere la cittadinanza zurighese con l'argomento che egli si sentiva legato da cittadinanza a tutti gli uomini colti. Ma fu soprattutto nel XVIII secolo che il cosmopolitismo divenne un modello largamente accettato: il piano di una pace perpetua da ottenersi grazie a una lega delle nazioni diviene con l'Abate di Saint-Pierre e soprattutto con Kant (*Idee per una storia universale dal punto di vista cosmopolitico*, 1784; *Per la pace perpetua*, 1795) il punto di convergenza degli ideali politici e filosofici dell'illuminismo europeo. Soprattutto in Germania la problematica del cosmopolitismo si incrocia variamente con la questione dell'unità nazionale tedesca. Al cosmopolitismo di Goethe fa riscontro il tentativo di conciliare cittadinanza universale e sentimento nazionale da parte di Fichte (*Discorsi alla nazione tedesca*, 1807). E mentre il romanticismo assunse sovente un carattere fortemente nazionalistico, il movimento socialista, con Marx, sostituì l'internazionalismo proletario al cosmopolitismo, inteso come atteggiamento proprio della borghesia e «nichilismo nazionale». Un rinnovamento degli ideali cosmopolitici contro lo scatenarsi dei nazionalismi nel XX secolo è stato segnato dalla costituzione della Società delle Nazioni e, nel secondo dopoguerra, dall'Organizzazione delle Nazioni Unite.

costanza percettiva, in psicologia della percezione, espressione usata in riferimento all'invariabilità, entro certi limiti, delle qualità fenomeniche degli oggetti nonostante il mutare delle condizioni della stimolazione. Per es., un oggetto posto sulla nostra linea visiva ci appare sempre della stessa grandezza, sebbene il variare della sua distanza determini, sul piano sensoriale, il rimpicciolimento o l'ingrandimento dell'immagine retinica a esso relativa. Allo stesso modo, un oggetto ci appare dello stesso colore nonostante il cambiamento delle condizioni di illuminazione, e ci appare della stessa forma benché muti posizione rispetto alla direzione del nostro sguardo. La costanza percettiva è stata antiteticamente spiegata in termini di esperienza passata da un lato, e di fattori innati o strutturali dall'altro; essa costituisce un fondamento delle teorie psicologiche che affermano la specificità e irriducibilità dei processi percettivi globali rispetto ai processi sensoriali elementari (→ Gestaltpsychologie).

Cournot, Antoine-Augustin (Gray, Haute-Saône, 1801 - Parigi 1877), matematico, filosofo ed economista francese. Ispettore generale degli studi (1838) e rettore dell'università di Digione (1854), elaborò in economia una teoria della ricchezza fondata sul valore di scambio, ove il valore-lavoro viene sostituito dal prezzo studiato secondo leggi rigorosamente matematiche. In filosofia, Cournot si ispirò a Kant e al positivismo di Comte formulando una teoria della conoscenza per la quale una dottrina filosofica o scientifica è tanto più valida e vicina all'oggettività quanto più riesce a organizzare in modo elementare la maggior quantità possibile di dati. Opere principali: *Ricerche sui principi matematici della teoria della ricchezza* (1838); *Esposizione della teoria del caso e della probabilità* (1843); *Trattato sulla connessione delle idee fondamentali nella scienza e nella storia* (1861).

Cousin, Victor (Parigi 1792 - Cannes 1867), filosofo francese. Promotore di un orientamento eclettico, subì prevalentemente l'influenza della filosofia del senso comune di Th. Reid, della tradizione spiritualistica francese e dell'idealismo di Hegel, del quale fu amico ed estimatore. Sebbene privo di originalità, il suo pensiero, ostile all'illuminismo sensistico e fautore invece dei tradizionali valori dello spiritualismo, accreditati col metodo dell'introspezione teorizzato agli inizi dell'Ottocento da Maine de Biran, si presentò come giustificazione teorica degli ideali moderati della borghesia francese del tempo (*Del vero, del bello e del bene*, 1853). Maggiore considerazione meritano le sue traduzioni di Platone e di Proclo, l'edizione critica di Cartesio e in generale gli studi di storia della filosofia, dei quali egli fu in Francia l'iniziatore, ispirandosi liberamente al concetto hegeliano dello sviluppo ideale e razionale dello spirito storico (*Frammenti filosofici*, 1826; *Nuovi frammenti filosofici*, 1828; *Corso di storia della filosofia*, 2 voll., 1828-29; *Corso di storia della filosofia moderna*, 5 voll., 1841; *Studi su Pascal*, 1842).

Cousinet, Roger (Arcueil 1881 - Parigi 1973), pedagogista francese. Esponente dell'attivismo europeo, propose nel libro *Un metodo di lavoro libero per gruppi* (1925) una organizzazione didattica della vita scolastica basata sul bisogno dei ragazzi di giocare e lavorare insieme, sulla capacità del maestro di preparare un ambiente educativo intellettivamente stimolante nei confronti della loro attività spontanea, e sulla formazione di gruppi di cinque o sei alunni che intendono realizzare uno stesso tipo di apprendimento. In tale organizzazione l'istanza di una educazione individualizzata si unisce a quella del rispetto di regole comunitarie. La facile applicazione di un simile metodo in qualunque classe scolastica spiega il notevole successo da esso ottenuto. Il concetto di socializzazione su cui si fonda è stato esposto da Cousinet nel libro *La vita sociale dei ragazzi* (1950).

Couturat, Louis (Parigi 1868-1914), matematico e logico francese. Sostenitore della nuova logica di G. Peano e di B. Russell, ebbe una celebre disputa con H. Poincaré, il quale invece avversava la diffusione di queste idee in Francia. Secondo Couturat, le nuove analisi del concetto di infinito di G. Cantor dimostrano la mancanza di validità della filosofia kantiana della matematica, escludendo in matematica ogni forma di intuizione. Tra le sue opere: *Dell'infinito in matematica* (1896), *La logica di Leibniz* (1901), *Algebra della logica* (1905).

couvade, termine francese (che significa «covata») usato in antropologia per indicare un particolare comportamento rituale del marito della partoriente, il quale si stende sul giaciglio e avverte, o finge di avvertire, le doglie. La couvade, già nota in epoca greco-romana (è segnalata per i còrsi da Diodoro, e per i celti, i traci e gli sciti da Strabone), è presente presso diverse popolazioni dell'America meridionale: presso i caribi (oggi estinti) delle Antille; presso i tupinamba e i munducucu del Brasile, dove il marito, dopo il parto, resta nell'amaca, mentre la donna si rimette subito al lavoro e gli prepara il cibo; presso gli ocaina dell'Amazzonia, dove il padre è trattato come un convalescente ed è tenuto a un ritiro più lungo se il figlio è di sesso maschile. La couvade appare anche presso i korava e altre popolazioni indiane. Altri casi, infine, si riferiscono agli indigeni delle Molucche e ai maya.

La couvade è uno dei comportamenti di ritualizzazione del parto e della nascita più discussi. Gli antropologi evoluzionisti ritenevano che testimoniasse una fase di transizione dal diritto materno a quello paterno, di una fase, cioè, caratterizzata da una forma di appropriazione, da parte dell'uomo, del potere della donna connesso alla maternità. Ma questa connessione, sostenuta fra gli altri da J.J. Bachofen, non trova nessun riscontro storico, sia perché è caduta qualsiasi possibilità di dimostrare l'esistenza di una fase di potere femminile precedente a quella maschile, sia perché molto spesso la couvade manca proprio nelle società a diritto materno. E.B. Taylor e J. Frazer ritengono invece che nella couvade si rivelino delle componenti magico-simpatiche, che tentano di trasferire al padre i dolori della madre allo scopo di evitare i rischi di carattere trascendente legati al parto. È di Taylor anche il primo tentativo di stabilire una carta della distribuzione della couvade. Alcuni studiosi hanno poi cercato di spiegarla attraverso l'ignoranza del ruolo del maschio nella procreazione, fattore che era stato messo in luce per la prima volta da B. Malinowski. Si è avuto, infine, anche un tentativo di spiegazione psicoanalitica con Th. Reik, il quale considera la couvade come un rito sacrificale che investe l'uomo per il senso di colpa provocato dall'uccisione del padre primordiale (*Il rito religioso*, 1928).

Crantore (Soli, Cilicia, 330 ca - 270 ca a.C.), filosofo greco. Discepolo di Senocrate all'Accademia antica, fu maestro di Arcesilao. Si occupò prevalentemente di etica. Del suo scritto *Sul dolore*, che inaugurò il genere letterario delle «consolazioni» e che fu molto famoso nell'antichità, ci restano un solo frammento e le testimonianze riportate da Cicerone, Sesto Empirico, Plutarco. In esso Crantore mostrava la possibilità di giungere all'accettazione della morte procedendo da una totale svalutazione della vita, ed esaltava la funzione positiva del dolore fisico e di quello morale; egli però, contro l'ideale stoico dell'apatia, sosteneva il carattere naturale delle passioni e la necessità di moderarle, non di abolirle. Scrisse inoltre un commento al *Timeo* che, secondo la testimonianza di Proclo, diede inizio alla serie dei commentari platonici.

Cratilo di Atene (sec. v a.C.), filosofo greco. Discepolo di Eraclito, ne sviluppò la dottrina in termini scettici: se il mondo è in perenne divenire, le sensazioni variano da un momento all'altro e da un soggetto all'altro, di modo che è impossibile istituire un criterio di verità per la conoscenza. Dal suo nome si intitola un dialogo di Platone sul problema del linguaggio e sull'origine delle parole.

creatività, capacità individuale, potenzialmente presente nei campi più diversi (dalla produzione artistica o scientifica alla vita quotidiana), che consiste nel cogliere i rapporti fra le cose o le idee in modo nuovo o nel formulare intuizioni non previste dagli schemi di pensiero abituali o tradizionali. In psicologia il pensiero creativo viene anche detto «aperto», e coincide con il pensiero «divergente» che J.B. Guilford contrappone al pensiero «convergente». Esistono molti test di creatività, i cui risultati generalmente si presentano privi di correlazione con quelli forniti dai test che misurano la capacità di risolvere problemi di carattere strettamente logico. Nella epistemologia non positivistica (per es. nell'opera *La dimensione nascosta*, 1967, di M. Polanyi), al contrario di quanto avveniva nella epistemologia induttivistico-positivistica, la conoscenza della psicologia del processo creativo viene considerata fondamentale ai fini della elaborazione di un'adeguata teoria della scoperta scientifica.

creazione, nel linguaggio teologico, l'atto con cui Dio fa esistere l'universo dal nulla. L'idea di creazione è diffusa presso numerose culture, comprese quelle cosiddette primitive; in genere però essa è concepita non tanto come creazione dal nulla quanto come azione di uno o più esseri divini su qualcosa che preesiste. L'essere creatore agisce secondo le varie tradizioni in modi differenti: anzitutto con la potenza della parola che evoca e crea le realtà dando ordine al caos preesistente, un tema presente presso «primitivi» attuali (Australia, Africa, America) così come nelle civiltà del Vicino Oriente antico (la Genesi ebraica, il poema babilonese della creazione *Enûma elish* ecc.); ma nella stessa area mesopotamica (poema di *Gilgamesh*) è presente anche il tema della creazione dell'uomo come atto simile al modellare una figura (si veda il racconto biblico in cui Dio crea l'uomo plasmandolo nell'argilla). Questo tema è diffuso nell'Africa attuale: nel Sudan, nell'Africa orientale, nell'area bantu. Un particolare tipo di creazione è quello che si può definire per autosacrificio o per metamorfosi; tale idea è presente in varie culture dell'Indonesia e del Pacifico: tutte le realtà derivano dalle varie parti del corpo di un essere mitico detto «dema». Una serie di miti attribuisce la creazione non all'Essere Supremo ma a una figura secondaria, il «demiurgo», che spesso è in antagonismo con l'Essere Supremo. Sulla stessa linea si pone la vera e propria creazione di tipo dualistico; l'esempio classico è quello del dualismo iranico con la «creazione buona» di Ahura Mazdāh e la «creazione cattiva» di Angra Maingu: tema che influenzerà le concezioni gnostiche della creazione del mondo come opera di un essere malefico che crea una realtà negativa opponendosi all'iniziale mondo divino perfetto.

Il pensiero occidentale ha derivato la nozione di creazione dall'Antico Testamento, dove essa è presentata non come verità filosofica bensì come racconto di un dato di fatto. Nell'Antico Testamento non è presupposta l'esistenza di un caos o materia primordiale; Dio crea tutte le cose, suscitandole integralmente; le crea senza costrizione e senza emanazione, non ricorrendo a intermediari: Dio pronuncia la sua parola e le cose si fanno presenti. Rispetto alle sue creature, Dio si mantiene trascendente, pur non consentendo che esse abbiano un fondamento indipendente, fuori di lui; egli è l'artefice della storia e il dominatore degli eventi. Il Nuovo Testamento conferma la concezione veterotestamentaria della creazione come dimostrazione della potenza divina; nuova è invece l'affermazione che «Dio ha parlato per mezzo del Figlio suo»: nell'atto creativo, al nome di Dio si unisce quello di Cristo, il primogenito di ogni creatura, attraverso il quale tutto è stato fatto. Nei primi secoli del cristianesimo, dovendo i cristiani affrontare teorie cosmologiche contrastanti con il monoteismo, venne elaborato un concetto di creazione rivestito di categorie filosofiche. Il fondamentale panteismo degli epicurei, degli stoici e dei neoplatonici da una parte e il dualismo manicheo dall'altra sollecitarono i padri della chiesa a rendere più precisa ed esplicita la loro convinzione che Dio ha creato il mondo dal nulla e che tutto dipende esclusivamente da lui. I pensatori medievali si mantennero su queste posizioni, sforzandosi di conciliarle con le teorie degli antichi filosofi, in particolare con quella del demiurgo platonico (i maestri della scuola di Chartres) e con il motore immobile aristotelico (Alberto Magno, Tommaso d'Aquino). Nella tradizione scolastica si riscontrano anche molte discussioni circa l'eternità o la temporalità della creazione: mentre per i maestri della scuola francescana (Alessandro di Hales, Bonaventura, Pietro di Giovanni Olivi) il mondo è stato creato nel tempo, i seguaci dell'averroismo latino (Sigieri di Brabante, Giovanni di Jandun) ritengono filosoficamente inconfutabile la creazione *ab aeterno*. Una via intermedia è quella di Tommaso d'Aquino, Duns Scoto e Occam, i quali sono convinti che la questione non possa essere definita sul piano filosofico, mentre per fede è noto che il mondo non è eterno.

All'idea di una creazione dal nulla si è sempre contrapposta quella di una derivazione del cosmo da Dio per emanazione (→ emanatismo). Tale concezione, presente in modo esemplare in Plotino, è stata ripresa dall'idealismo romantico e precisamente dalla filosofia positiva di Schelling, secondo la quale la potenza originaria dell'essere non può non uscire fuori di sé, dando luogo al mondo oggettuale: per l'ultimo Schelling, il mondo creato è un'estrinsecazione di Dio, necessaria, ma divina nella sua natura. La discussione sulla creazione è stata abbandonata dai moderni, che hanno posto una chiara distinzione fra l'aspetto cosmologico del problema, di competenza della scienza che indaga sulla durata temporale della materia e della vita, e l'aspetto di fede, incentrato piuttosto sul complessivo disegno salvifico di Dio nei riguardi dell'uomo e del mondo.

Il concetto di creazione nei testi mitologici e filosofici dell'India è assai complesso, poiché il rapporto Dio-natura vi è variamente espresso, fin dai tempi della speculazione vedica. La creazione infatti fu concepita sia come generazione, sia come costruzione demiurgica da un materiale preesistente, sia come emanazione, sia come opera magica. È stata quest'ultima teoria, formulata tramite la categoria della → *māyā*, ad aver maggiore fortuna, specialmente nel sistema filosofico del *vedānta*. Nel → *sāṃkhya*, invece, la creazione avviene per l'evolversi della materia primordiale, o *natura naturans* eterna (*prakṛti*), e si scandisce, ciclicamente, nei ritmi di espansione e di riassorbimento. Nella tradizione tantrica (→ tantrismo) la creazione è affidata alla *śakti*, aspetto femminile della divinità, unita e dipendente da Dio; il quale è concepito quale pura e inalterabile Coscienza, mentre la śakti è attività creatrice che si manifesta in forma di materia e di intelligenza. Secondo il sistema vaiśeṣika, la creazione deriva invece dal vario combinarsi degli atomi eterni. Secondo il buddhismo, sebbene non si possa parlare di creazione vera e propria né di anime eterne, il cosmo comprende una serie di mondi ognuno dei quali ha una sua evoluzione spontanea e ciclica. I mondi sono articolati nelle tre sfere: del desiderio, delle forme, senza forme. Gli esseri nascono, muoiono e rinascono secondo la legge del → *karman* che regola la causalità degli eventi.

creazionismo, dottrina secondo cui il mondo è il frutto di un libero atto di → creazione da parte di Dio. Essa si contrappone all'→ emanatismo. L'influsso del creazionismo in ambito antropologico si esaurì con l'affermazione, alla metà del secolo XIX, della prospettiva evoluzionista (→ evoluzionismo), che postulava l'esistenza di cause naturali invarianti come fattori di trasformazione in campo naturalistico (la «selezione naturale») e socio-culturale (la cumulatività del progresso materiale).

credenza, lo stato soggettivo che si contrappone al dubbio, ma che rimane inferiore allo stato della certezza. Locke la definisce come la forma più intensa che può avere l'assenso rivolto a quanto è ritenuto soltanto probabile. Si tratta, comunque, della credenza naturale, in contrasto con la credenza che si ritenga soprannaturalmente ispirata, o «fede». Per Platone, la credenza (*pístis*) è il secondo grado della conoscenza. Ha per oggetto le cose sensibili, e perciò è più elevata dell'«immaginazione», ma appartiene ancora al campo dell'«opinione», in contrasto con la scienza, o conoscenza ideale, che ha per oggetto le verità eterne. All'immaginazione la credenza è contrapposta anche da Hume, il filosofo che alla credenza ha riconosciuto un ruolo fondamentale nella vita psichica. Per Hume essa è un meccanismo psichico inconscio, un istinto naturale, che investe una «idea» di un'intensità o vivacità del tutto particolare, avvicinandola all'intensità che originariamente è propria delle «impressioni» e che distingue queste dalle idee come l'originale dalla copia. Ma è nell'analisi della causalità che Hume fa intervenire la credenza con un valore determinante; la ripetuta esperienza di successioni di eventi uniformemente verificatisi nel passato ci induce a pensare, in presenza di un determinato evento, che si produrrà anche l'e-

vento seguito a esso nel passato: l'idea di quest'evento che attendiamo si presenta così viva da farci «credere» che esso si produrrà.
Il significato pratico della credenza è stato sviluppato particolarmente dal → pragmatismo, fino alla dottrina estrema della «volontà di credere» sostenuta da W. James; secondo la quale, al di fuori del regno del vero e del falso già determinati, l'assunzione di una credenza è condizione della realizzazione della medesima, si tratti dei valori morali da far valere nella vita o della stessa idea di uno scopo per il quale la vita meriti d'essere vissuta: la nostra vita può avere cioè uno scopo, solo se «crediamo» che la vita sia degna d'essere vissuta.

credenza, enunciati di, enunciati della forma 'x crede che p', sottoclasse degli enunciati detti (da B. Russell in poi) di *atteggiamento proposizionale* perché esprimono l'atteggiamento di un soggetto (x) verso una proposizione ('x pensa che p', 'x desidera che p', 'x sa che p' ecc.). Già G.E. Moore e Wittgenstein avevano rilevato una particolarità semantica di questi enunciati: essi sembrano avere un comportamento diverso alla prima persona e alle altre persone. 'Giorgio crede che piova, ma non piove' è perfettamente accettabile, mentre 'Credo che piova, ma non piove' è percepito come contraddittorio ('paradosso di Moore'). Gli enunciati di credenza sono stati al centro della discussione in filosofia del linguaggio a partire dagli anni Cinquanta, perché sembrano violare il principio di composizionalità (G. → Frege) secondo cui il significato di un enunciato complesso è funzione dei suoi componenti. Se il significato di un enunciato è identificato con le sue condizioni di verità, come nella → semantica modellistica, il principio è violato, perché non è vero in generale che le condizioni di verità di 'x crede che p' dipendono sistematicamente da quelle di 'p'. Per es., i due enunciati *a*) Ugo crede che Giorgione è stato un grande pittore *b*) Ugo crede che Giorgio Barbarelli è stato un grande pittore non hanno le stesse condizioni di verità — (*a*) può essere vero e (*b*) falso — nonostante che i due enunciati, 'Giorgione è stato un grande pittore' e 'Giorgio Barbarelli è stato un grande pittore' abbiano le stesse condizioni di verità. La ragione intuitiva, naturalmente, è che Ugo può non sapere che Giorgione e Giorgio Barbarelli sono la stessa persona. Varie soluzioni sono state proposte per risolvere questa difficoltà (da filosofi come R. Carnap, W.V.O. Quine, J. Hintikka e da molti altri); ma ancor oggi essa appare difficilmente superabile da una semantica di orientamento modellistico.

credo quia absurdum (alla lettera: «credo perché è assurdo»), motto attribuito tradizionalmente a Tertulliano, per quanto non effettivamente rintracciabile nelle sue opere, dove si trovano tuttavia affermazioni di questo tenore: «Il Figlio di Dio è morto: è credibile perché è sconveniente. Sepolto resuscitò: è certo perché è impossibile» (*De carne Christi*, 5,4). Si tratta comunque dell'espressione canonica del → fideismo più integrale : convinzione estrema secondo cui non solo la fede non può essere giustificata dalla ragione, ma addirittura una verità di fede deve essere considerata tanto più credibile quanto meno è accessibile da parte della ragione.

credo ut intelligam («credo per capire»), principio di metodologia teologica («credo per capire») stabilito da → Anselmo d'Aosta (*Proslogion*, 1; *Cur Deus homo*, I, 1-2) contro i dialettici come Berengario di Tours (che attribuivano alla ragione il compito di stabilire quali siano le verità degne di essere considerate dalla fede) e contro gli antidialettici come Lanfranco di Pavia (che rifiutavano alla ragione ogni funzione in rapporto alle verità di fede). Anselmo riprende l'invito di Agostino «crede ut intelligas» (*De vera religione*, 5,24; *De ordine*, II, 9), e lo interpreta sostenendo da un lato che la fede ha un fondamento autonomo e indipendente dalla ragione, e dall'altro che la fede non può valere come una scusante per la pigrizia intellettuale, essa stessa richiedendo lo sforzo in direzione di una comprensione razionale.

Cremonini, Cesare (Cento, Ferrara, 1550 o 1552 - Padova 1631), filosofo e scienziato italiano. Autore di commentari eruditi ad alcune opere di Aristotele, di numerose ricerche di fisica astronomica e filosofia naturale e di scritti filosofici e psicologici, è noto soprattutto per le aspre polemiche con Galileo (di cui tuttavia per un certo tempo fu collega e amico): famoso il suo rifiuto di accostare l'occhio al cannocchiale per non essere costretto ad ammettere l'esistenza dei pianetini medicei, scoperti da Galileo in contrasto con la teoria aristotelica della inalterabilità dei cieli. Ma nonostante l'incomprensione delle infinite possibilità che le nuove procedure matematiche aprivano al sapere, Cremonini fu pensatore di rilievo nell'ambito dell'aristotelismo padovano. Fondamentale la distinzione da lui posta tra Dio e mondo (e quindi tra teologia e filosofia): Dio non è causa efficiente, ma causa finale del mondo, le cui leggi vanno investigate per mezzo delle scienze della natura. Tra le sue opere si ricordano: *Tractatus de paedia* (1596) e *Introductio ad naturalem Aristotelis philosophiam* (1613).

Crescas, Chasdaj (Barcellona 1340 ca - 1410 ca), filosofo e teologo ebreo spagnolo. Fu rabbino a Barcellona e a Saragozza, e rappresentante degli ebrei di Aragona presso la corte. Il suo pensiero, espresso soprattutto nell'opera *La luce del Signore*, ha un orientamento antiaristotelico, che si manifesta anche nella sua critica a Maimonide. Contro l'intellettualismo ellenizzante di questo filosofo, egli nega che la fede ebraica si possa incentrare su problemi conoscitivi come l'origine del mondo e la natura di Dio, e riduce perciò a otto i tredici articoli di fede proposti da Maimonide (anticipando così la sistemazione teologica del suo discepolo Josef Albo). Scrisse pure, in spagnolo, una confutazione dei dogmi cristiani, diretta agli ebrei apostati, e una lettera in cui descrive i massacri antiebraici del 1391, dove perì suo figlio.

Creuzer, Georg Friedrich (Marburgo 1771 - Heidelberg 1858), storico delle religioni tedesco. Dopo gli studi compiuti a Marburgo e a Jena, fu professore di filologia classica e storia antica nell'università di Heidelberg e contribuì in modo determinante all'estetica del primo romanticismo tedesco e all'estetica hegeliana con una dottrina del simbolo che ebbe formulazione compiuta in *Simbolismo e mitologia dei popoli antichi, in particolare dei greci* (1810-12). Questo libro, che resta apparentemente legato al pensiero di J.J. Winckelmann là dove insiste sulla purificazione della figura umana dal «primitivo», dal «contingente» e dall'«individuale» nell'arte greca dell'età di Pericle, di fatto pose in crisi la visione classicistico-illuministica dell'antichità. Creuzer da una parte sottolineò una presunta componente orientale, misterica e dionisiaca nel passaggio della cultura greca dalla fase arcaica «naturalistica ed elementare» alla fase classica «esemplare e simbolica»; d'altra parte, in sintonia con temi di F. Hölderlin e di Hegel, dichiarò la cultura moderna ormai incapace di accedere immediatamente al nesso fra sacrale e umano, di cui l'antichità s'era arricchita grazie alle esperienze misteriche e dionisiache. Soltanto il simbolo rivela tale nesso perché «come un raggio che giunge dalle profondità dell'essere e del pensiero» offre una «percezione visiva istantanea» (*momentane Anschaulichkeit*) della realtà fenomenica e delle sue fondamenta metafisiche. Ma gli uomini hanno progressivamente perduto, per eccesso di razionalismo, la capacità di produrre e apprezzare simboli: l'ultimo apogeo del simboleggiare dovrebbe ritrovarsi nel neoplatonismo di Plotino, di Proclo e di Porfirio.

Dell'opera di Creuzer si valsero Novalis, F. Schlegel, Schelling nel formulare il concetto di esperienza simultaneamente sacrale e umana che colloca il linguaggio (simbolico) degli uomini tra le infinite accezioni del linguaggio della natura. Da parte della filologia accademica essa fu oggetto di violente polemiche, preludio di quelle che avrebbero poi accompagnato la pubblicazione della *Nascita della tragedia* di Nietzsche: Nietzsche fu, di fatto, debitore di Creuzer; d'altronde il suo più accanito critico, U. von Wilamowitz-Moellendorff, attinse agli scritti degli avversari di Creuzer, J.H. Voss e C.A. Lobeck. La dottrina di Creuzer, che attribuiva a una casta sacerdotale la capacità di produrre e riconoscere simboli, venne rifiutata anche dal secondo romanticismo tedesco, il quale la considerò inconciliabile con l'apprezzamento della collettiva «anima del popolo». Essa fu invece una delle principali fonti d'ispirazione del saggio di J.J. Bachofen *Sul simbolismo funerario degli antichi* (1859) e, ripresa in considerazione nella Germania dei primi decenni del sec. XX sulla scia della cosiddetta «Bachofen-Renaissance», fu riesaminata criticamente sia dalla destra di tale «Renaissance» (A. Bäumler parla di Creuzer come del «sacerdote scacciato dal tempio» dopo la scomparsa degli dei), sia dalla sinistra (W. Benjamin, nel *Dramma barocco tedesco*, 1929, dedica a Creuzer numerose pagine come al fondatore di una teoria utopica del simbolo quale elemento essenziale di un linguaggio umano cui si apra il futuro della comunicazione fra gli uomini, esperienza della radice segreta, misterica, del comune «essere uomini»). *F.J.*

crisi, termine di origine medica, che nella scuola di Ippocrate indicava la fase decisiva di una malattia. Nella filosofia moderna e contemporanea il termine viene a indicare il momento in cui le nozioni di una disciplina o di una teoria sono sottoposte a un giudizio che ne rimette in questione i fondamenti, e al tempo stesso assume una marcata coloritura etica e sociale, riferita alle situazioni in cui gli individui, considerati singolarmente o all'interno di un gruppo, vedono i modelli della loro esistenza o del loro ordinamento morale entrare in contraddizioni che ne manifestano l'inadeguatezza.

Il termine prende un significato specifico nella filosofia del positivismo francese. C.H. Saint-Simon, nella *Introduzione ai lavori scientifici del XIX secolo* (1807), sostiene che il divenire storico procede attraverso età organiche ed età critiche. Se nelle prime, in base a principi ben definiti, si raggiunge una certa stabilità, le seconde hanno lo scopo di far progredire i principi organici sino al raggiungimento del loro punto centrale di trasformazione, segno della loro crisi. Questa distinzione è ripresa da Comte (*Discorso sullo spirito positivo*, 1844) secondo cui l'età moderna è caratterizzata da uno stato di crisi: instabile e tesa alla ricerca di un principio unitario di natura scientifica, capace di ordinare i saperi in un nuovo quadro organico. In un senso più direttamente epistemologico, il concetto di crisi è stato considerato da Husserl come momento di rottura dei fondamenti teoretici del sapere (*La crisi delle scienze europee e la fenomenologia trascendentale*, 1934 e sgg., pubblicata postuma nel 1954). La scienza moderna, a partire dalla sua formulazione galileiana, ha conosciuto una crisi «oggettivistica», in virtù della quale i suoi principi risultano svincolati dalla operatività del senso soggettivo; la fenomenologia si presenta come quella disciplina filosofica che, liberandosi dalla crisi dei fondamenti, è capace di ridare un senso all'attività scientifica. Sia pure con differenti e spesso opposti riferimenti teorici, l'impostazione husserliana relativa al concetto di crisi, con il suo evidente substrato epistemologico e metodologico, non alieno tuttavia da esplicite connessioni con questioni storiche e sociali relative al destino dell'Occidente, viene variamente ripresa nel pensiero contemporaneo e applicata ai piani fondativi della ragione in rapporto ai fondamenti stessi del sapere.

crisi, teologia della, movimento teologico, noto anche come «teologia dialettica», suscitato e stimolato dal *Commento alla Lettera ai romani* (1919) di K. Barth. Esso ha segnato una profonda svolta nella teologia protestante, raccogliendo attorno a sé pensatori quali Barth, R. Bultmann, E. Brunner, F. Gogarten. Questi autori non intesero la teologia dialettica come sistema teologico, o come scuola; e nella loro polemica contro la teologia liberale (alla quale rimproverarono soprattutto d'aver trattato non di Dio, che è l'oggetto della teologia, ma dell'uomo) essi non vollero rinnegarla, ma assumere criticamente e responsabilmente la situazione da essa creata, senza la pretesa di rinnovare semplicemente l'ortodossia. L'educazione liberale alla critica, intesa come educazione alla libertà e alla veracità, venne impiegata anche nei confronti del predominante interesse storiografico che aveva caratterizzato la teologia liberale. Si giunse così a una relativizzazione dei dati della ricerca storica, sostenendo che ciò che la fede vuol farci comprendere non è accessibile alla conoscenza scientifica: il cristianesimo non è fenomeno intramondano, soggetto alle leggi storiche. Le categorie della filosofia kierkegaardiana risultarono perciò lo strumento più idoneo a porre in luce questa sovrastoricità.

I teologi dialettici parlarono di Dio, di Cristo, della rivelazione di Dio in Cristo, non dell'uomo. Ma di Dio non si dà alcuna conoscenza diretta, Dio non è un dato. Ridurlo a qualcosa di raggiungibile dall'uomo significherebbe compiere una divinizzazione idolatrica, mentre Dio è la messa in questione dell'uomo, il suo annullamento. Tale «abolizione» dell'uomo da parte di Dio è dialettica, perché l'uomo non viene sostituito, ma recuperato, e il peccatore è giustificato. Ma la giustificazione non è mutamento qualitativo dell'uomo nell'al di qua (il che toglierebbe la radicalità dell'abolizione): essa è sempre qualcosa che si trova nell'al di là del giudizio di Dio. L'identità dell'uomo terreno, peccatore, con l'uomo dell'al di là, giustificato nel giudizio di Dio, è accessibile solo alla fede. E nella fede soltanto si apre la comprensione della storia, dell'operare nel mondo, della politica, della cultura, del lavoro, che mai possono essere intesi come servizio diretto di Dio. Le tesi della teologia della crisi trovarono espressione, oltre che nelle opere dei suoi esponenti, nella rivista «Zwischen den Zeiten» (Fra i tempi), fondata nel 1922 e durata sino al 1932. *G. B.*

Crisippo (Soli, Cipro, 281/277 - Atene 208/204 a.C.), filosofo greco. Fu per quasi trent'anni discepolo di Cleante, e alla sua morte (233/231) gli succedette nella direzione della scuola stoica come terzo scolarca. Le fonti del suo pensiero furono Zenone, il fondatore della Stoa, e la logica megarica. Autore di più di 700 libri di argomento logico, fisico ed etico (non ne restano che una serie di titoli e pochi frammenti), godette nell'antichità di una fama immensa e la sua opera risultò decisiva per la fortuna della scuola stoica, di cui fu detto secondo fondatore. Particolarmente rilevante il suo contributo agli studi logici e alla sistemazione dottrinale della logica megarico-stoica. Divideva la dialettica in logica dei «significanti» (o teoria grammaticale delle «voci», i suoni articolati di una lingua aventi significato) e in logica dei «significati» (ciò che ciascuna voce di una lingua vuole dire, il suo *lektón* o «dicibile»). La teoria dei significati culminava nella sintassi logica degli *axiômata* o proposizioni (i *lektá* veri o falsi), semplici o composti, e definiva un certo numero di assiomi o «argomenti anapodittici» (cioè indimostrabili) e di regole di inferenza.

Come già il maestro Cleante, ma con diverse premesse, anche Crisippo intese confutare l'argomento «dominatore» di Diodoro Crono, cioè la riduzione del possibile al reale, sostenendo che un evento è possibile se, pur non avvenendo, nulla vieta che avvenga. Tale dottrina, esposta nell'opera *Sui possibili*, sembrava in conflitto con la tesi stoica, condivisa pienamente da Crisippo, che ogni evento è necessario in quanto dovuto al fato o *heimarménē* (la «serie inviolabile delle cause»); ma per Crisippo si tratta di distinguere fra eventi necessari come la morte di Socrate (Socrate in quanto mortale non può non morire) ed eventi necessari come il morire bevendo la cicuta (perché Socrate poteva anche morire altrimenti), ossia fra una necessità assoluta e una relativa: ed è questo secondo tipo di necessità che rende possibile la morale stoica del sapiente, la sua scelta deliberata di vivere in conformità alla natura e al *lógos* o ragion d'essere delle cose e degli eventi.

cristianesimo, l'insieme delle dottrine e delle comunità che, pur in una grande varietà di atteggiamenti pratici e dottrinali, professano la fede in Gesù di Nazareth, figlio di Dio, incarnato, morto e risorto: il Cristo. Proprio da questo attributo di Gesù, che ne sottolinea la funzione messianica, i suoi seguaci vennero indicati con il nome di cristiani. Questo viene usato negli Atti degli Apostoli (11, 26), probabilmente per differenziare i cristiani dai giudei in mezzo ai quali ancora vivevano, mentre è comunemente accettato verso la fine del sec. I, come dimostra la prima Lettera di Pietro (4, 16). Il cristianesimo ha dunque un'origine storica, non solo nel senso che è cominciato in un certo periodo della storia, ma anche perché la sua origine è una persona storicamente esistita, che si è proclamata figlio di Dio, determinando quindi un nuovo tipo di rapporto tra Dio stesso e gli uomini. In questo nuovo rapporto, enunciato nella vita e nella predicazione del Cristo, sta l'elemento che differenzia il cristianesimo dal giudaismo, e si pone l'inizio del cristianesimo.

• *Escatologia e durata nel cristianesimo delle origini.* Il cristianesimo inizia dunque nella vita stessa del Cristo, con l'annuncio che Gesù fa dell'amore del Padre per gli uomini, con la croce, la resurrezione e l'invio dello Spirito nella Pentecoste. La scuola esegetica che si rifà a R. Bultmann colloca però l'inizio del cristianesimo dopo la resurrezione di Gesù, dando un valore decisivo alla fede che la nascente comunità professa nel Cristo e alla predicazione di questa fede. La determinazione dell'origine del cristianesimo dipende quindi dalla preminenza che si riconosce al Cristo storico o alla fede della comunità. Le primitive comunità cristiane sono comunità escatologiche, fondate sulla predicazione del Regno che sta per venire, ma che è già iniziato con la resurrezione del Cristo; esse sono comunità di santi, di eletti, il popolo della Nuova Alleanza che afferma l'esclusività e unicità della propria esperienza religiosa in un momento di profondo e diffuso sincretismo religioso, da cui il cristianesimo si differenzia rifacendosi a un evento storico e non a un mito. Nella misura in cui l'attesa del Regno si prolunga e appare evidente che le prime generazioni dei discepoli del Signore non ne vedranno la realizzazione, la comunità cristiana sostituisce a una prospettiva escatologica una fedeltà nella durata. Secondo alcuni questa trasformazione si verifica molto presto, prima della fine del sec. I (Bultmann), secondo altri essa va spostata alla fine del cristianesimo primitivo. Il momento in cui la comunità cristiana abbandona la tensione escatologica tra ciò che è *già avvenuto* (la resurrezione del Cristo e la discesa dello Spirito) e ciò che *non è ancora realizzato* (il Regno) segna la prima grande modificazione del cristianesimo, secondo alcuni addirittura la fine del cristianesimo primitivo. È pure dibattuto il problema del rapporto tra la fine della tensione escatologica e la progressiva istituzionalizzazione della chiesa sia al suo interno, sia nelle sue connessioni con la società politica, fino a che l'editto di Costantino del 313 non fece del cristianesimo addirittura un elemento portante dell'impero romano.

• *Cristianesimo e cultura.* Nei secoli successivi il cristianesimo ha esercitato profondi influssi sulla vita individuale e sociale dei popoli nella cui area si è sviluppato, determinando una modificazione nei loro costumi e presentandosi in Occidente, dopo la caduta dell'impero romano, come l'unico elemento culturalmente valido e capace di realizzare una certa coesione sociale; per ciò stesso ha anche subito un processo di insediamento storico che ne ha mortificato gli aspetti dinamici. Il medioevo è stato certamente il momento di massima affermazione di un assetto sociale in cui il cristianesimo ha avuto una funzione dominante, informando di sé, attraverso un ampio processo di osmosi con le realtà mondane, la cultura, il diritto, il comportamento morale e l'arte, mentre la potenza politica del centro della cristianità, il papato, accresceva le possibilità di egemonia del cristianesimo. La stessa civiltà moderna è, secondo molti, informata dal cristianesimo, che ha avuto nei secoli dell'espansione europea il ruolo di religione dei popoli civili, come ulteriore motivo di superiorità verso i popoli che essi sottomettevano. Tutto questo è oggi argomento di ripensamento e di discussione da parte dei cristiani; soprattutto in ambito protestante e cattolico, cioè in quelle forme di cristianesimo che si sono più impegnate in un ruolo egemone nella civiltà attuale, sono numerosi gli uomini e i gruppi che tentano una riflessione critica sul fatto cristiano, partendo da un'analisi serrata dell'attuale civiltà e della commistione con essa del cristianesimo. Già alla fine del secolo scorso questo si era lungamente e criticamente interrogato sulla propria essenza dottrinale, cercando di recuperare una chiarezza teologica. Questa rielaborazione dell'essenza del cristianesimo aveva riportato in primo piano la figura storica di Gesù e la fede in lui come Cristo. Gli studi di esegesi biblica e di teologia neotestamentaria hanno operato anch'essi nel senso di ridare al cristianesimo dimensioni storico-soteriologiche, con al centro l'annuncio evangelico, il → *kerygma.* Proprio con questo annuncio, liberato da sovrastrutture culturali, soprattutto di carattere filosofico, e da lunghi elenchi di osservanze morali, devono confrontarsi oggi i cristiani: la dimensione del cristianesimo come fede in una persona, Gesù di Nazareth, e non tanto come realtà cultuale e dogmatica, emerge più chiara agli occhi del mondo attuale, che riscopre così il senso escatologico del messaggio di Gesù. D'altra parte la tensione escatologica all'interno del cristianesimo si è ripresentata più volte in forme diverse secondo i tempi; talvolta essa era prevalentemente legata a dati cronologici, come per il millenarismo. Oggi il fondamentale aspetto escatologico del cristianesimo viene proiettato spesso all'interno della nostra concreta realtà storica, e il Regno che deve venire è identificato talvolta con una modificazione strutturale della nostra società, attuata anche attraverso la rivoluzione. Tutte le chiese cristiane si dibattono in questi problemi che la coscienza individuale e delle comunità pone in maniera pressante, sollecitando scelte storiche che dissocino il cristianesimo dalla civiltà occidentale.

• *La dottrina.* Il cristianesimo si rifà, quanto al suo contenuto dottrinale, all'annuncio della Buona Novella (l'Evangelo) che Gesù, il Cristo, ha portato agli uomini. Questo annuncio non è solo una predicazione profetica o precettistica, esso è insieme parola e persona nel senso in cui l'evangelista Giovanni indica Gesù come il Verbo. Una delle caratteristiche del cristianesimo è proprio il rapporto essenziale e costitutivo tra dottrina e vita: il Cristo infatti, inseparabile dal suo annuncio, è il momento culminante della rivelazione di Dio agli uomini. La parola che Dio aveva comunicato al popolo ebraico nell'Antico Testamento si è pienamente svelata con l'incarnazione del Cristo. Il cristianesimo dunque non è mai una dottrina il cui contenuto possa essere definito in astratto, poiché esso è fondato sull'essere e sull'azione mediatrice del Cristo e richiede una totale compromissione dell'uomo attraverso un atto di fede, che può implicare, ma supera sempre, ogni attività intellettuale. La dimensione dottrinale del cristianesimo è consistita per le prime comunità cristiane nella formulazione della propria fede nel mistero del Signore, soprattutto nel momento essenziale e conclusivo della sua vita, la resurrezione. Non si trattava per i cristiani di elaborare un astratto concetto di Dio, fatto del resto estraneo all'ambiente giudaico in cui il cristianesimo muoveva i primi passi, ma di conoscere e testimoniare il Cristo nel quale Dio si era finalmente e pienamente rivelato agli uomini. Perciò nelle prime comunità cristiane il ruolo degli apostoli era determinante ed essi erano ritenuti i maestri per eccellenza; infatti erano i soli testimoni diretti della vita di Gesù.

Accanto alla testimonianza, la comunità cristiana attribuisce altrettanta importanza al fatto di custodire e garantire la sua trasmissione. Nei primi secoli infatti, a contatto di mondi culturali diversi e delle varie correnti filosofiche presenti nell'area mediterranea, il cristianesimo subì differenti rielaborazioni concettuali. La comunità cristiana, che aveva ormai raggiunto una profonda coscienza di essere chiesa e si era data le strutture corrispondenti, impegnò tutta se stessa nel garantire e custodire la testimonianza sul vero essere del Cristo. È significativo che i primi concili, che elaborarono in termini dogmatici le verità fondamentali del cristianesimo, abbiano accentrato il loro interesse intorno alla persona di Gesù, sia nella sua relazione con il Padre e lo Spirito Santo (dogma trinitario), sia in sé, nella sua divinità e umanità (dogma cristologico). Tutte le chiese cristiane condividono da allora il simbolo niceno-costantinopolitano, professando l'assoluta sovranità di Dio creatore e Padre dei viventi; la redenzione dell'umanità mediante l'incarnazione, passione, morte e resurrezione di Gesù, suo Figlio; il dono dello Spirito Santo, amore del Padre e del Figlio, il quale suscita nel credente una nuova vita; la signoria del Cristo sulla storia sino al suo ritorno; l'alleanza definitiva tra Dio e l'umanità testimoniata dalla Bibbia ed espressa nei misteri del battesimo e dell'eucarestia. La separazione tra la chiesa d'Oriente e quella d'Occidente (1054) ha determinato profonde modificazioni nell'elaborazione teologica del cristianesimo, impedendo l'osmosi tra due esperienze che, anche per ragioni storico-culturali, tendevano a radicalizzare due momenti del pensiero cristiano. Da una parte infatti vi era l'attesa della parusia, cioè della nuova manifestazione del Signore alla fine dei tempi, quindi una più viva tensione escatologica e un atteggiamento contemplativo nei confronti dei misteri cristiani. Da parte occidentale, invece, si sottolineava il mistero dell'incarnazione, che portava a una rivalutazione delle realtà terrene e a un altissimo impegno intellettuale per la costruzione di un sistema filosofico-teologico cristiano (→ scolastica).

Più drammatico fu lo sfaldamento dell'edificio cristiano operato dalla → riforma protestante, che rivendicava, in polemica con il cattolicesimo «romano», un cristianesimo incentrato sul ritorno alla purezza delle origini e sulla rivalutazione della parola di Dio contenuta nella Bibbia; riemergeva così il primato della fede come adesione dell'uomo al progetto salvifico di Dio, ma le tesi protestanti si diversificarono subito in un'estrema varietà di letture teologiche e di istituzioni ecclesiali: ne è nata quella lacerazione tra chiesa romana e chiese riformate che ancora oggi pone ai cristiani l'angoscioso problema dell'unità. In verità, i secc. XIX e XX hanno visto, anzitutto sul piano dottrinale, un recupero degli scambi tra le varie tradizioni cristiane, il che ha determinato un nuovo arricchimento del modo di concepire il cristianesimo. Il movimento ecumenico (→ ecumenismo) ha raggiunto in questo ambito i risultati più positivi. Inoltre la ripresa su larga scala degli studi biblici, anche mediante l'adozione delle tecniche filologiche più moderne, ha riportato in primo piano la Scrittura come fonte dottrinale; a questo proposito è particolarmente significativa la costituzione dogmatica *Dei Verbum* del concilio Vaticano II. Nel momento attuale il cristianesimo sta attraversando un periodo dottrinalmente assai fecondo quanto alla pluralità di tesi in circolazione e al rifiuto di ogni schematismo dottrinale. Ma il vero problema teologico, che tocca tutte le chiese, è oggi la riformulazione del messaggio cristiano in termini comprensibili all'uomo moderno. È il problema che Giovanni XXIII ha posto con profetica autorità all'apertura del concilio Vaticano II («Altra è la sostanza dell'antica dottrina del *depositum fidei*, e altra è la formulazione del suo rivestimento»), aprendo nuovi orizzonti non solo alla ricerca teologica ma anche a una libera adesione al cristianesimo. *G. Al.*

cristologia, la riflessione sistematica, nell'ambito della teologia cristiana, sulla funzione e sulla natura di Gesù Cristo. Nel Nuovo Testamento le affermazioni cristologiche di carattere «funzionale» (il ruolo salvifico del Cristo) sono già connesse a proposizioni di tipo «ontologico» (sulla natura o essenza del Cristo): egli è la sapienza, è la parola di Dio fattasi carne. L'evoluzione successiva mostra una concentrazione teologica sulla persona del Cristo per coglierne il nesso con Dio e insieme con l'umanità: tale evoluzione, per quanto influenzata dalla cultura greca, non può non essere ricondotta, nella sua genesi, a impulsi più antichi e originari. L'opposizione all'→ arianesimo (concilio di Nicea, 325) afferma la «consustanzialità» del Figlio con il Padre. Contrastando la teologia antiochena (Teodoro di Mopsuestia, morto nel 428, e soprattutto Nestorio, morto nel 451 ca), che tendeva a separare umanità e divinità nel Cristo (→ nestorianesimo), il concilio di Efeso (431) afferma che colui che è nato da Maria è Dio, canonizzando fino a quel punto la tendenza alessandrina il cui massimo esponente è Cirillo (morto nel 444). Qualche anno più tardi, però, a Calcedonia (451) sarà respinta l'estremizzazione, a opera di Eutiche (morto dopo il 454), della stessa cristologia alessandrina, che portava all'idea di coalescenza in una natura (→ monofisismo) delle due nature, divina e umana, del Cristo, dopo l'incarnazione. Si afferma allora che Cristo è una «ipostasi» (persona) in due nature. Il monofisismo prevale tuttavia in Oriente per altri due secoli sino al III concilio di Costantinopoli (680). Dopo le messe a punto conciliari, la cristologia cattolica (la scolastica, nelle sue diverse riprese, sino a epoca recentissima) si volge soprattutto a una riflessione circa la persona e la coscienza del Cristo. Alla riforma fu estranea una considerazione cristologica astratta, poiché essa si concentrò sul *Deus pro nobis* piuttosto che sul *Deus in se* e, sul modello della Lettera ai Filippesi (2, 7), propose soprattutto una cristologia della *kénosis*, dello «svuotamento» di Dio nell'incarnazione (almeno come rinuncia volontaria agli attributi trascendenti). Se la teologia liberale e il modernismo (inizio del sec. XX) tendevano a ridurre il Cristo a profeta escatologico, per reazione si giungeva a un'accentuazione dei caratteri divini, con una ripresa, sia pure in termini dialettici, del dogma calcedonese (per es. in K. Barth), mentre la teologia russo-ortodossa proponeva di integrare la cristologia nella sofiologia. Il metodo storico-critico, le scienze umane, la secolarizzazione portano oggi a muoversi sulla linea di cristologie «dal basso»: in primo piano è Gesù, annunciatore della giustizia e della pace messianica, mentre recedono i suoi «titoli» trascendenti e la terminologia calcedonese (natura, persona...) appare inadeguata e viene assoggettata a revisione: così in H. Küng, E. Schillebeeckx e già K. Rahner (ma queste tendenze di fondo erano presenti nell'ultimo Bonhoeffer). Questo orientamento ha incontrato opposizione e censura da parte del magistero cattolico. *P.C. Bo.*

critica (dal gr. *kritikḗ téchnē*, arte del giudicare), indica un esame che non si accontenta del dato trasmesso, ma intende vagliarne razionalmente l'attendibilità (così nella critica illuministica dei miracoli, nella critica storica che accerta l'attendibilità delle fonti, nella critica testuale che emenda i manoscritti per stabilirne la vera lezione). Per mutuazione rispetto al primo significato, si parla di critica anche come giudizio che il gusto fa valere rispetto a opere belle (critica letteraria, critica d'arte). L'idea di critica ha trovato la sua massima valorizzazione nel criticismo filosofico di Kant, dove l'esame non è esercitato dalla ragione su oggetti, ma dalla ragione su se stessa. Qui si tratta (come si legge nella introduzione alla prima edizione della *Critica della ragion pura*, 1781) di stabilire davanti a un *tribunale della ragione* i limiti della ragione medesima, per por fine agli interminabili conflitti indotti dalla sua naturale tendenza a conoscere realtà che trascendono l'esperienza (→ criticismo).

criticismo, l'impostazione data da Kant alla ricerca filosofica, come «critica» della ragione, nel senso di una determinazione delle sue possibilità e dei suoi limiti nei vari campi di attività. Ha un precedente nell'impostazione del *Saggio sull'intelletto umano* di Locke; ma è con Kant che vengono raggiunti due risultati destinati a rimanere prevalenti in gran parte del pensiero successivo: la distinzione netta della filosofia dalla psicologia e la dimostrazione dell'impossibilità della metafisica come conoscenza del trascendente. Per Kant, infatti, la filosofia non ha il compito di descrivere e spiegare il modo in cui acquisiamo le nostre conoscenze o la coscienza morale, bensì quello di determinare le condizioni di possibilità e la validità di esse. Questa ricerca, poi, viene a fissare i confini invalicabili al di là dei quali la ragione non può inoltrarsi: dal punto di vista morale, l'ideale della «santità» è altrettanto irrealizzabile quanto, in sede teoretica, l'aspirazione alla conoscenza dell'anima o di Dio.

Tuttavia, proprio la limitazione dell'esperienza umana al mondo dei «fenomeni», cioè degli oggetti come essi sono per noi (in contrapposizione alle sconosciute «cose in sé»), venne progressivamente abbandonata da quei filosofi tedeschi che da Kant presero le mosse: il nuovo idealismo di Fichte, Schelling e Hegel non è più «critico» ma assoluto. Il punto su cui si accesero le discussioni fu proprio la nozione della cosa in sé. L'obiezione subito formulata, per es. da F.H. Jacobi, fu che pensare le cose in sé quali cause delle nostre sensazioni è in contraddizione con la concezione kantiana della causalità,

quale mera «categoria», ossia concetto a priori che, al pari di tutti gli altri, ha il suo campo d'applicazione esclusivamente nei fenomeni. Dal punto di vista di uno scetticismo humiano, questa tematica venne agitata da G.E. Schulze nel quadro di un'accusa complessiva di «dogmatismo» a Kant. La via intrapresa da chi intendeva reinterpretare e sviluppare il pensiero di Kant fu invece quella della eliminazione della cosa in sé, considerata, volta a volta, o come un mero «concetto», cioè non un oggetto reale, seppure sconosciuto, ma una rappresentazione mentale anch'essa (K.L. Reinhold), o come impossibile anche in quanto concetto, cioè neppure pensabile (S. Maimon), o come una provvisoria concessione di Kant alla mentalità realistica, da correggere alla luce del principio della produttività dell'Io puro, in modo che da questo derivi non soltanto la forma, ma anche la materia, della conoscenza (J.S. Beck). Da Maimon e Beck, breve è il passo per arrivare a Fichte; e a questo punto sarà Kant stesso a intervenire pubblicamente, nel 1799, per dichiarare del tutto opposta al suo pensiero una filosofia dell'Io che «pone» se stesso e oppone a se stesso il Non-Io, cioè la natura.
Al culmine dello sviluppo dell'idealismo tedesco, contro l'impostazione «critica» di Kant, Hegel solleverà l'obiezione che la pretesa di determinare preventivamente le possibilità della conoscenza umana è paragonabile alla pretesa di imparare a nuotare prima di buttarsi in mare, ma con l'aggravante che una siffatta determinazione preventiva è già essa stessa un conoscere, e non un'operazione neutrale. Questa obiezione esprime esemplarmente la distanza fra l'atteggiamento filosofico di Kant e quello dell'idealismo.
Di contro all'idealismo, ma anche in polemica col positivismo nel frattempo diffusosi in tutt'Europa, il «ritorno a Kant» sarà la bandiera del → neokantismo, nella seconda metà del sec. XIX e all'inizio del XX. *S. La.*

Critolao (sec. II a.C.), filosofo greco. Nato a Faselide in Licia, si trasferì ad Atene, ove fu il quinto scolarca del Liceo dopo Aristotele. Autore di una *Storia del Peripato*, in cui inserì i testamenti degli scolarchi suoi predecessori, è noto per aver fatto parte con Carneade e Diogene di Babilonia di un'ambasceria ateniese inviata a Roma nel 155 per ottenere il condono di una forte multa.

Croce, Benedetto (Pescasseroli, L'Aquila, 1866 - Napoli 1952), filosofo, storico, critico letterario italiano. Si formò a contatto con B. Spaventa, ideologo della destra storica, e con A. Labriola, allora seguace dello herbartismo; ma tutta la sua prima attività fu rivolta a ricerche erudite. Il passaggio alla filosofia è segnato dallo scritto del 1893 *La storia ridotta sotto il concetto generale dell'arte*, col quale Croce s'inserì nella reazione contro il positivismo dominante, intendendo ricollegarsi al pensiero di F. De Sanctis. Subito dopo, per influsso di Labriola, nel frattempo passato al marxismo, s'impegnò nella discussione critica di questa dottrina, con interventi raccolti in *Materialismo storico ed economia marxista* (1900). Al primo decennio del nuovo secolo risale l'elaborazione d'un vero e proprio sistema filosofico, d'indirizzo idealistico, articolato in quattro parti: l'estetica (*Estetica come scienza dell'espressione e linguistica generale*, 1902), la logica (*Logica come scienza del concetto puro*, 1905), l'economia e l'etica (*Filosofia della pratica*, 1909). Intanto, dal 1903, con la rivista «La Critica», Croce disponeva di uno strumento d'intervento militante nella cultura nazionale, per la polemica contro il positivismo e in genere gli indirizzi di pensiero dominanti nelle università, dalle quali egli si tenne sempre distante. La rivista era nata dal sodalizio con G. Gentile, sodalizio che però si romperà in seguito al divaricarsi delle scelte politiche dei due pensatori: dal 1925 Croce si presentò come guida morale dell'antifascismo liberale, dedicando a questa nuova battaglia alcune opere di storia etico-politica. Intanto proseguiva l'opera di approfondimento e revisione del proprio sistema; in particolare a proposito della teoria dell'arte, con il *Breviario di estetica* (1912) e *La poesia* (1936), e della teoria del conoscere storico, con *Teoria e storia della storiografia* (1917) e *La storia come pensiero e come azione* (1938). Accanto alle monografie dedicate ad autori di cui Croce aveva inteso riprendere e sviluppare la dottrina (*La filosofia di Vico*, 1911; *Saggio sullo Hegel*, 1913), si devono ancora ricordare le molte raccolte di saggi d'argomento filosofico: *Problemi di estetica* (1910); *Nuovi saggi di estetica* (1920); *Etica e politica* (1931); *Il carattere della filosofia moderna* (1940); *Discorsi di varia filosofia* (1945); *Filosofia e storiografia* (1949); *Storiografia e idealità morale* (1950); *Indagini su Hegel e schiarimenti filosofici* (1952). Rilevanti, negli scritti del secondo dopoguerra, alcuni spunti di revisione dell'idealismo precedentemente sostenuto. Dopo il 1945, tuttavia, il pensiero di Croce perde progressivamente quel vasto prestigio di cui, in Italia, aveva goduto nei decenni precedenti.

• *La riforma della dialettica hegeliana.* L'idealismo di Croce si presenta come una riforma della dialettica hegeliana, sovrapponendo alla nozione di *opposizione* quella di *distinzione*. Opposizione c'è, per Croce, solo all'interno di ogni forma dello spirito, fra un valore e il rispettivo disvalore: come bello e brutto, nell'arte; vero e falso, nel pensiero concettuale; utile e inutile, nell'economia e in genere nel campo dell'efficacia tecnica e dell'uso della forza; bene e male, nell'agire morale. Invece, al contrario di quanto pensava Hegel, fra le quattro forme dello spirito non c'è opposizione né → *Aufhebung* dell'una nell'altra, bensì soltanto distinzione, ognuna di esse essendo irriducibile alle altre. Esse si distinguono reciprocamente sulla base di una duplice differenza, fra il dominio teoretico e il dominio pratico e fra il particolare e l'universale: l'arte è conoscenza del particolare, anzi dell'individuale (intuizione pura), e la logica (→ filosofia) è conoscenza dell'universale (concetto puro); l'economia è volizione del particolare, e l'etica è volizione dell'universale. Particolarmente largo è l'uso della nozione di «economia» da parte di Croce; sotto questa categoria egli ingloba non soltanto l'economia nel senso specifico, ma anche tutte le attività umane rivolte al successo pratico, all'efficacia tecnica, come per es. il diritto e la politica, e le stesse scienze, sperimentali o deduttive, ma comunque procedenti per generalizzazione. Una siffatta collocazione delle scienze è possibile a Croce attraverso la ripresa di quell'interpretazione pragmatistica della conoscenza (o pragmatismo) ch'era assai diffusa al principio del secolo nel pensiero europeo e americano. Fissata la distinzione fra i momenti fondamentali dello spirito, Croce ne ricostruisce poi il dinamismo interno, per cui si passerebbe da un momento all'altro secondo un ritmo irreversibile. Come l'attività pratica presuppone globalmente la conoscenza, così, nell'ambito teoretico, il concetto presuppone l'intuizione, in quanto il pensiero non è possibile se non s'esprime nel linguaggio, il quale come tale è però sempre di carattere intuitivo; e nell'ambito pratico, la moralità presuppone l'efficacia tecnica, se non vuol ridursi ad astratto moralismo. L'arte, invece, deve rimanere autonoma rispetto alla conoscenza concettuale se vuole evitare il didascalismo e l'allegorismo; e l'economia (nel senso ampio che s'è visto) può benissimo prescindere dalla morale (anche se su quest'ultimo punto Croce venne poi attenuando la crudezza delle sue formulazioni iniziali).

Si noti che nel sistema crociano non compaiono, a differenza che in quello di Hegel, né la natura né la religione; e che la logica è riportata all'interno della filosofia dello spirito. La nozione di natura è intesa da Croce come una finzione pratica, frutto dell'atteggiamento economico verso il mondo. Alla religione egli non riconosce autonomia: la considera un aggregato di motivi poetici, filosofici e morali. Risaltano così i due versanti del rigoroso immanentismo di Croce. Egli lo espresse prima con la formula «idealismo assoluto» (l'unica realtà è lo spirito); e poi, dagli anni Venti, con la formula «storicismo assoluto», intesa come l'affermazione che «la vita e la realtà è storia e nient'altro che storia».

• *L'estetica.* La parte del pensiero di Croce che ha conosciuto più larga risonanza è l'estetica. Essa è centrata sulla rivendicazione della totale autonomia dell'arte rispetto a qualsiasi altra attività umana: l'arte è immagine, sintesi a priori fra un contenuto di carattere sentimentale e una forma di carattere intuitivo, e perciò «intuizione lirica»; assolutamente disinteressata e autosufficiente, quindi contrassegnata dai caratteri dell'universalità e della cosmicità, l'intuizione artistica fa tutt'uno con la propria «espressione», donde l'identificazione dell'estetica con una sorta di «linguistica generale».

L'attività di Croce critico letterario, che influenzò profondamente la cultura italiana della prima metà del secolo (*Ariosto, Shakespeare e Corneille*, 1920; *La poesia di Dante*, 1921; *Poesia e non poesia*, 1923; *Poesia popolare e poesia d'arte*, 1933; *Poesia antica e moderna*, 1941 ecc.), è segnata da una contraddizione fra le sue posizioni teoriche generali (per certi aspetti, come quello dell'autonomia assegnata all'arte, affini allo spirito di molta avanguardia artistica dell'epoca) e il suo gusto personale orientato in senso classicheggiante, che gli fa sopravvalutare autori come Carducci e liquidare significative espressioni letterarie del Novecento come manifestazioni decadenti e morbose. Un altro paradosso dell'estetica crociana è che essa, nonostante la sua enfatizzazione della nozione di forma, trascura poi di fatto gli aspetti «formali» delle opere, per es. i rapporti fra le singole opere e le istituzioni letterarie, le tecniche artistiche ecc., cioè tutti quei problemi intorno a cui lavoravano invece produttivamente le varie correnti formalistiche europee dei primi decenni del secolo. Tutto ciò finisce per assegnare una posizione assai precaria anche al lavoro della critica, che si riduce a un atto, in fondo istantaneo, di severamento tra «poesia e non poesia» all'interno di ciascuna opera, senza che sia legittima alcuna costruzione discorsiva più ampia.

• *Filosofia e storia.* La logica o filosofia indaga i concetti puri, o veramente universali, di contro agli pseudoconcetti propri delle scienze; e tali sono le quattro forme stesse dello spirito. Ma le quattro categorie (bello, vero, utile, buono) servono per qualificare la realtà, funzionando come i criteri di ogni giudizio storico; sicché la filosofia viene a risolversi in «metodologia della storiografia». Di qui la polemica di Croce contro le pretese metafisiche della filosofia, non molto coerentemente intrecciata alle sue rivendicazioni dell'idealismo, prima, e poi dello storicismo. Come la storia è l'unica realtà, così il conoscere storico è l'unico conoscere dotato di validità teoretica, in quanto sintesi a priori della rappresentazione di un evento individuale col concetto filosofico corrispondente. Naturalmente, oltre al conoscere storico c'è l'agire storico, e questo si svolge attraverso conflitti e drammi le cui motivazioni attingono tanto alla sfera dell'economico quanto a quella delle idealità morali. Ma per Croce si dà anche una sorta di immanente razionalità — o di laica provvidenzialità — dello sviluppo storico: la storia umana è sempre «storia della libertà», nonostante le eclissi che la libertà possa subire nella vita politica degli stati. È una concezione sostanzialmente hegeliana, la cui ripresa, particolarmente in *La storia come pensiero e come azione*, si spiega con le esigenze di opposizione al fascismo. *S. La.*

Crusius, Christian August (Leuna, Merseburg, 1715 - Lipsia 1775), filosofo tedesco. Insegnò filosofia e teologia nell'università di Lipsia. La sua opera principale è *Schema delle verità di ragione necessarie, e il modo in cui si contrappongono a quelle contingenti* (1745); vanno inoltre ricordate, di lui, un'opera di logica, *La via per la certezza e l'attendibilità della conoscenza umana* (1747), e un'opera di etica, *Direttive per vivere ragionevolmente* (1744). In polemica con Leibniz e Ch. Wolff, Crusius sostiene che il criterio di verità della conoscenza non risiede in semplici regole formali che escludono ogni contenuto materiale della realtà. La filosofia deve accettare come dati di fatto i concetti delle scienze particolari, per poi giustificarli scomponendoli nei loro presupposti. I concetti semplici sono infatti nascosti nelle cose sensibili: «si tratta,» dice Crusius, «di astrarli nuovamente da esse e di portarli a una precisa coscienza». Il procedimento analitico da usare per questa progressiva scomposizione delle cose provenienti dai nostri sensi è quello della riflessione. Viene così delineato da Crusius un problema che sarà al centro del criticismo kantiano: la spiegazione della correlazione tra esperienza e pensiero.

Cudworth, Ralph (Aller, Somersetshire, 1617 - Cambridge 1688), filosofo e teologo inglese. Studiò filosofia e teologia a Cambridge e qui, presso il Christ's College, insegnò teologia. È uno dei protagonisti di quella rinascita del platonismo nella filosofia inglese del Seicento, che ebbe nella scuola platonica di → Cambridge il principale punto di riferimento. La sua opera più importante è un trattato sulla struttura dell'universo, che contiene anche un'ampia esposizione del pensiero platonico: *Il vero sistema intellettuale dell'universo* (1678). L'obiettivo filosofico di Cudworth è la giustificazione dello spiritualismo attraverso l'analisi della conoscenza. Egli sostiene che quanti rifiutano la tesi della derivazione delle cose da una causa spirituale si basano sull'opinione che ogni conoscenza sia posteriore agli oggetti cui si riferisce. Ma la nostra conoscenza non è, secondo Cudworth, un centro di rappresentazioni sensibili suscitate in noi dagli oggetti esterni: al contrario, è fondata sulla forza e sull'attività dello spirito. Il contenuto dello spirito è costituito da «essenze intelligibili», cioè da pensieri di validità universale, che sono il presupposto della stessa conoscenza umana. Questa è perciò libera attività formatrice e unificatrice, non è recezione. Dal suo libero agire scaturiscono sia i fondamentali concetti logici, come essere e non-essere, necessità e contingenza, sia quelli etici, come l'idea morale del dovere, della giustizia e della libertà. Il problema della libertà razionale del volere, in contrapposizione alla tesi calvinista della predestinazione, fu approfondito da Cudworth nel *Trattato sulla morale eterna e immutabile* (postumo, 1731).

Cullmann, Oscar (Strasburgo 1902), teologo evangelico francese. Nell'opera che lo ha reso noto, *Cristo e il tempo* (1946), Cullmann prende posizione nel dibattito sulla centralità dell'escatologia affermando il carattere al tempo stesso presente e futuro del Regno. Per Cullmann la scelta di fede si inserisce in una storia di salvezza, una storia di tipo rettilineo che va dalla creazione alla parusia, il cui centro è Gesù Cristo come evento: il passato è preparazione a Cristo, il futuro pieno compimento di ciò che con lui è già avvenuto, in una dimensione universalistica su cui si misura anche la storia del mondo. Questo schema sarà sviluppato ulteriormente in *Il mistero della redenzione nella storia* (1965), dove domina la polemica con la teologia esistenziale di R. → Bultmann, che secondo Cullmann svuota della sua temporalità il messaggio neo-testamentario.

culto, termine (in lat. *cultus*, da *colere*, venerare) che indica un rapporto sistematico tra l'uomo ed entità o forze extraumane, da lui ritenute superiori. Nel linguaggio corrente si designano con il termine → rito le modalità di comportamento in cui il culto si esplica. In questo senso generale il culto ha carattere prevalentemente o esclusivamente religioso; può essere rivolto a divinità, a spiriti, a ogni elemento della natura (animali, piante, corpi meteorici, corsi d'acqua, fuoco ecc.) in cui tali entità extraumane siano direttamente o indirettamente riconosciute, agli antenati, alle «anime» dei morti; può avere soggetti collettivi (una comunità, un gruppo di persone all'interno di essa legate da comunanza di caratteri sociali, di attività, di → iniziazione ecc.) e soggetti individuali che per speciali privilegi, competenze, doti, rappresentino una collettività (sovrani, sacerdoti, sciamani, «stregoni»).

Nella storia o scienza delle religioni, nella sociologia e nell'antropologia culturale, la nozione di culto è controversa, proprio in relazione (e spesso in opposizione) con la nozione di rito. Esponenti della scuola storico-culturale, o a essa legati, come, per es., R. Will (*Il culto*, 1925-35) e S. Mowinckel (*Religione e culto*, 1953), riconoscono nel culto l'attuarsi per eccellenza dell'esperienza religiosa e contrappongono, almeno in linea di principio, il culto al rito come la religione alla magia. È più sfumata la posizione di fenomenologi della religione, come G. Van der Leeuw (*Fenomenologia della religio-*

ne, 1933), per il quale il culto non è necessariamente religioso, ma consiste nel porsi in rapporto di *officium* (servizio) con il sacro in quanto «numinoso» (R. → Otto). Van der Leeuw nega che il culto debba rientrare esclusivamente nell'ambito religioso (e quindi implicitamente accantona l'opposizione fra culto-religione e rito-magia), perché la sua interpretazione dei rapporti con il numinoso prevede un equilibrio, appunto cultuale, tra forza umana e forza assolutamente estranea, mentre per Will, che parte egli pure da Otto ma in prospettiva squisitamente cristiano-riformata, il culto, in quanto rapporto con il numinoso, è esperienza e accettazione della dipendenza dal divino, religione che si oppone alla magia (al rito) come al tentativo di controllare e dominare le forze extraumane, anziché assoggettarvisi. L'identificazione pressoché assoluta tra culto e rito si compie nella scuola di L. Frobenius, e in particolare in A. Jensen (*Mito e culto fra i primitivi*, 1951), per il quale il culto si esaurisce interamente nel rito quando l'azione rituale è, a sua volta, rinnovamento di un → mito di fondazione, dunque apertura all'«essere afferrati» (*Ergriffenheit*) dalle forze primordiali che danno fondamento all'esistenza e alla cultura umana.

Studiosi di orientamento sociologico, a partire da E. Durkheim (*Le forme elementari della vita religiosa*, 1912) e dalla scuola sociologica francese, hanno configurato diversamente la nozione di culto, riconoscendo in esso un'espressione delle tradizioni e delle condizioni sociali collettive: il soggetto del culto è la comunità, non il singolo, il quale trova nel culto la formulazione espressa delle sue intime aspirazioni e intenzioni «religiose». Ma il principale discepolo di Durkheim, M. Mauss, scriverà negli studi della sua vecchiaia di non avere mai incontrato in decenni di ricerche culti puramente religiosi e riti puramente magici, bensì sempre fatti magico-religiosi. La distinzione fra culto e rito viene quindi a porsi in modo nuovo (e ha influenzato anche studiosi non di orientamento sociologico, come Will): già per Durkheim il culto si differenzia dal rito perché il primo è, oltre che collettivo, sistematico e stabile, mentre il secondo è, oltre che eventualmente individuale, occasionale, legato a determinate contingenze non regolarmente periodiche della vita (nascita, nozze, attività varie, morte ecc.). Da questo punto di vista, il culto appare «un sistema di riti» (Durkheim).

Per il culto nell'ebraismo e nel cristianesimo si veda la voce → liturgia. *F. J.*

cultura - civiltà, termini che, nella storia della filosofia e delle scienze umane, indicano la totalità o due diversi aspetti del complesso delle conoscenze, delle credenze, dei modi di comportamento, delle convenzioni e delle aspettative dell'uomo. Nel linguaggio corrente la parola *cultura*, indicando lo specifico patrimonio di conoscenze di cui una persona si è impadronita, conserva un significato simile al gr. *paidéia* (Platone, Aristotele) e al lat. *humanitas* (Cicerone, Varrone): il risultato della massima approssimazione al modello o ai modelli di uomo pienamente realizzato grazie a una educazione o formazione. Questa nozione di cultura passò dall'antichità greca e romana al medioevo cristiano, così come le sue occasioni e modalità pedagogiche passarono dalle *bonae artes* classiche alle arti liberali medievali. Tali vie alla cultura, pur nelle profonde differenze corrispondenti all'affermarsi del cristianesimo, ebbero un denominatore comune nella loro qualità aristocratica: la cultura classica, *paidéia* o *humanitas*, mirava alla realizzazione dell'umanità degli uomini liberi, ed era preclusa agli schiavi; la cultura medievale cristiana era frutto di arti dette liberali perché riservate appunto a uomini «liberi», quindi in grado di dedicarsi ad attività teoretico-contemplative.

Durante il rinascimento questa nozione di cultura fu già prossima alla crisi quando alcuni teorici del sapere contemplativo ed esoterico (come l'inglese J. Dee, umanista, scienziato e «mago») si preoccuparono anche di contribuire alle attività dei *mechanici*, dunque di coloro che operavano nell'ambito delle varie tecnologie. La critica più netta a un ideale aristocratico di cultura fu però formulata dall'illuminismo: la ragione è lo strumento dell'educazione, e poiché ogni uomo è dotato di ragione la cultura può divenire patrimonio universale anziché riservato ai dotti. L'accento posto da Rousseau e dall'illuminismo tedesco (o *Aufklärung*: G.E. Lessing, Kant) sull'educazione o formazione (*Erziehung*, *Bildung*) come valorizzazione della genuina natura umana, fece giungere in primo piano una più specifica accezione di *cultura* e, in opposizione a essa, la nozione di *civiltà*. Nel francese del sec. XVIII, però, il termine *civilisation*, che indicava nel secolo precedente il «buon gusto» e anche le «buone maniere», acquistò il significato illuministico di cultura come potenziale patrimonio di tutta l'umanità, e quindi in lingua francese l'opposizione ideologica tra cultura illuministica e cultura aristocratico-formale non si tradusse nella contrapposizione di due parole. Questo dipese anche dal fatto che nel pensiero illuministico francese la *civilisation*, pur opponendosi al formalismo aristocratico, tendeva spesso a riferirsi a un affinamento dei costumi che superasse la mera, «negativa» naturalezza degli impulsi. In tedesco, invece, con la parola *Kultur* si cominciò a indicare prevalentemente l'espressione della natura umana (insistendo l'*Aufklärung* sui naturali e istintivi valori autentici dell'individuo), e con la parola *Zivilisation* un complesso di norme e di valori soprattutto esteriori e convenzionali. L'opposizione fra *Kultur* e *Zivilisa-*

tion, già netta in Kant, prosegue lungo la storia del pensiero tedesco fino a Schiller, a Fichte, a Schopenhauer, a Nietzsche, e al principio del sec. XX trova la sua espressione più radicale nel *Tramonto dell'Occidente* (1918-22) di O. Spengler e nelle *Considerazioni di un impolitico* (1918) di Th. Mann: opere in cui si ravvisa nella *Zivilisation* il momento culminante, ma anche irrigidito, artificioso e prossimo alla decadenza, di un ciclo di *Kultur*. *F. J.*

• *Antropologia culturale.* Le nozioni di cultura e civiltà ebbero uno sviluppo diverso nell'ambito specifico dell'antropologia culturale e sociale, dell'etnologia e, in parte, della sociologia. Etnologia e sociologia positivistiche ottocentesche (Comte, L.H. Morgan) tesero a unificare le due nozioni e, nelle lingue in cui le due parole erano presenti, a usarle come sinonimi: le società mutano attraversando stadi successivi di progresso di cultura (o di civiltà). In realtà i viaggiatori ed etnologi si trovarono a descrivere il sistema di vita complessivo dei popoli «selvaggi» con cui venivano a contatto (abitazione, vestiario, alimentazione, utensili e tecniche di lavoro, riti, cerimonie, costumi matrimoniali, credenze religiose ecc.) e ci si rese conto, così, che nessuna popolazione vive mai allo stato di «natura». Ciò che contraddistingue biologicamente la specie umana è, infatti, proprio la capacità di creare la cultura, anche se questa viene tramandata socialmente e non per mezzo di geni (cfr. S. Tax, *L'evoluzione dopo Darwin*, 1960). Quindi tutti i gruppi umani, o etnie, sono contraddistinti, per natura, dalla cultura; questa viene definita da E.B. Taylor (il primo a usare il termine, nel titolo della sua opera *La cultura primitiva*, 1871) come «quel complesso insieme, quella totalità che comprende la conoscenza, le credenze, l'arte, la morale, il diritto, il costume e qualsiasi altra capacità e abitudine, acquisita dall'uomo in quanto membro di una società».

Tuttavia, quanto sia stato difficile comprendere l'estensione e l'importanza della cultura come elemento distintivo per la definizione della specie umana, è comprovato dalla ricerca fatta da C. Kluckhohn e da A.L. Kroeber, che hanno raccolto più di duecento definizioni diverse del concetto (*Cultura. Una rassegna critica dei concetti e delle definizioni*, 1952). Alcuni studiosi hanno messo l'accento sull'aspetto storico della cultura: B. Malinowski, per es., sostiene che «l'eredità sociale è il concetto chiave dell'antropologia culturale» (*Cultura*, in «Enciclopedia delle scienze», 1931); e per Margaret Mead «cultura indica l'insieme complesso del comportamento tradizionale sviluppatosi dalla razza umana e successivamente appreso da ogni generazione» (*Cooperazione e competizione presso i popoli primitivi*, 1937). Altri studiosi, come C. Wissler, hanno posto in rilievo l'aspetto psicologico, l'importanza dell'adattamento degli uomini alle loro condizioni di vita: «I fenomeni culturali vengono concepiti come entità comprendenti tutte le attività dell'uomo acquisite mediante l'apprendimento» (*Interpretazioni psicologiche e storiche della cultura*, in «Science», 1916). Per un antropologo freudiano come G. Róheim, la cultura è «la somma di tutte le sublimazioni, di tutti i sostituti, o formazioni reattive, tutto ciò che nella società inibisce gli impulsi o consente loro una soddisfazione distorta» (*L'enigma della sfinge*, 1944), secondo quella che è la teoria fondamentale di Freud, il quale non ha usato la parola «cultura» in senso antropologico, riconducendola a un'universale repressione della libido e alla formazione del Super-Io (*Il disagio della civiltà*, 1929). Kroeber, infine, concepisce la cultura come il Superorganico, e cioè come il livello massimo di organizzazione della specie umana, che include tutti quelli sottostanti (biologici, fisiologici, psicologici) ma che non può essere ridotto a nessuno di questi. Il linguaggio, per es., è presente «potenzialmente» a tutti i livelli, ma non può essere attivato se non nell'ambiente sociale, attraverso la cultura; se un bambino non sente parlare, non parla. L'eredità può far sì che una persona sia capace d'imparare a parlare una o più lingue, ma non stabilisce quale lingua parlerà, perché questa sarà appresa solo dall'esterno. La cultura, dunque, si acquisisce per imitazione, per addestramento, per apprendimento (Th. Dobzhansky, *L'evoluzione della specie umana*, 1962); essa è dunque «l'insieme di tutte le attività e i prodotti non fisiologici delle personalità umane che non siano automaticamente riflessi o istintivi... attività condizionate o apprese più i manufatti da loro prodotti» (Kroeber, *Antropologia*, 1948).

Più recentemente è emersa, in seno alla → antropologia culturale, la prospettiva che tende a considerare la cultura come un testo, ossia come un complesso si simboli significanti che i soggetti, comunicando, interpretano contestualmente alla situazione in cui tali simboli vengono utilizzati. Questa concezione, che è venuta affermandosi grazie all'opera di C. → Geertz, si richiama espressamente alla prospettiva ermeneutica. *I. Ma.*

Cusano, Nicola (Cues, Treviri, 1401 - Todi 1464), nome italianizzato del filosofo e matematico tedesco Nikolaus Krebs. Compì studi di diritto a Heidelberg e a Padova, dove si addottorò nel 1423, e di teologia a Costanza. Partecipò al concilio di Basilea, componendo in quell'occasione il *De concordantia catholica* (1433), in cui sosteneva l'unità della chiesa cattolica e la concordanza di tutte le fedi cristiane. Papa Eugenio IV lo mise a capo di un'ambasceria a Costantinopoli, in preparazione del concilio di Firenze del 1439. È durante il viaggio di ritorno dalla Grecia che Cusano cominciò a elaborare le idee della sua opera maggiore, *De* *docta ignorantia*, composta intorno al 1440. Nominato cardinale nel 1448, fu legato pontificio in Germania e vescovo di Bressanone dal 1450. Chiamato a Roma da Pio II nel 1458, vi trascorse gli ultimi anni di vita.

L'opera di Cusano si compone per la maggior parte di brevi trattati di grande concentrazione speculativa: il già ricordato *De docta ignorantia*; *De coniecturis* (1440); *Apologia doctae ignorantiae* (1449); *Idiota* (1450, comprendente tre scritti: *De sapientia*, *De mente*, *De staticis experimentis*); *De visione Dei* (1453); *De possest* (1455); *De beryllo* (1458); *De ludo globi* (1460); *De non aliud* (1462); *De venatione sapientiae* (1463); *De apice theoriae* (1464). L'originalità di Cusano consiste nell'aver saputo tradurre la tradizione neoplatonica tardo-antica e medievale (Proclo, Dionigi Areopagita, Scoto Eriugena, la scuola di Chartres) e la tradizione mistica tedesca (Meister Eckhart) nei termini della nuova cultura umanistica. Il suo prendere le mosse dal platonismo consiste nella «socratica» consapevolezza dei limiti del conoscere umano. Questa ignoranza consapevole è però «dotta» in quanto, più che limitarsi ai temi della tradizionale teologia negativa, si apre a un'infinita ricerca di approssimazione a Dio. Cusano estende così il metodo della teologia negativa (si può conoscere Dio solo *in via negationis*) all'intera filosofia. Ciò conduce a considerare il mondo e i suoi fenomeni naturali come una vivente realizzazione di Dio e come l'insieme dei *segni* in cui è racchiusa la suprema armonia dell'universo. Gli strumenti concettuali dell'uomo sono però inadeguati a tale oggetto di conoscenza universale e infinita. I concetti sono segni che possono definire una cosa solo in relazione a un'altra, una parte in relazione a un'altra parte; la conoscenza del tutto e della sua divina unità rimane inattingibile. Ma ciò non comporta affatto una svalutazione del conoscere umano; al contrario, la ragione umana, posta di fronte al compito di conoscere un oggetto assoluto, ne viene stimolata a un progresso infinito di conoscenze. Secondo una famosa immagine cusaniana, il conoscere si può paragonare a un poligono che, aumentando i lati all'infinito, cerca di adeguarsi al cerchio: la conoscenza deve procedere attraverso congetture, metafore, simboli, e in maniera particolare servendosi delle immagini e dei concetti della matematica e della geometria, che più si avvicinano alla reale armonia dell'universo. Proprio seguendo questa via (che riproponeva in forma nuova la tradizione logica di R. Lullo), Cusano pervenne a un'originale concezione dei rapporti tra Dio e il mondo. I molteplici enti finiti rimandano all'Uno infinito come loro principio; esso è causa di tutti gli enti finiti e delle loro opposizioni. Dio è *coincidentia oppositorum*, che è la «complicazione» (*complicatio*) del molteplice nell'uno; all'inverso, il mondo è la «esplicazione» (*explicatio*) dell'uno nel molteplice. Tra i due poli si ha un rapporto di partecipazione per il quale Dio e il mondo si compenetrano: l'essere divino, partecipandosi ad altro da sé, si diffonde, pur restando se stesso e in se stesso; il mondo, a sua volta, si configura come un'immagine, una riproduzione o un'imitazione dello stesso essere divino, ovvero come un secondo Dio o un Dio creato (*Deus creatus*).

Tali concezioni portarono Cusano al completo rifiuto della tradizionale cosmologia aristotelica. Compenetrato da Dio e sua immagine, il mondo non può essere che infinito; non si può quindi attribuirgli uno spazio finito e un unico centro. Affermando la relatività delle rappresentazioni fisiche del luogo e del movimento, Cusano preludeva genialmente alla rivoluzione copernicana. Il suo pensiero ebbe infatti notevole influenza su Giordano Bruno e poi ancora su Leibniz (soprattutto per il riferimento al lullismo). A partire dalla metà dell'Ottocento, la storiografia filosofica ha riconosciuto a Cusano una posizione centrale come precursore della filosofia moderna; a questa storiografia si ricollega la messa in luce dell'attualità speculativa di Cusano da parte del neokantismo novecentesco (E. Cassirer).

Dabitis, nome che indica uno dei modi validi del → sillogismo.

Dahrendorf, Ralf (Amburgo 1929), sociologo e uomo politico di origine tedesca divenuto cittadino britannico. Laureatosi in filosofia all'università di Amburgo, si è specializzato in sociologia alla London School of Economics, di cui è poi stato direttore dal 1974 al 1984; dal 1987 è direttore del St. Antony's College di Oxford. Nella sua opera maggiore *Classi e conflitto di classe nella società industriale* (2ª ed., 1959), Dahrendorf elabora una teoria del conflitto sociale nella società «post-capitalistica» (→ classe sociale). *Homo sociologicus* (1959) è invece uno studio sulla storia, il significato e la critica della categoria di «ruolo sociale». *Uscire dall'utopia* (1967) è una serrata critica al concetto di «sistema sociale» e all'analisi funzionalista della scuola di T. Parsons. A essa Dahrendorf oppone il proprio orientamento teorico «conflittualista» (→ conflitto sociale).

Dahrendorf è uno dei principali esponenti della cultura liberale contemporanea, alla cui elaborazione e ridefinizione ha contribuito con molte opere: *Intervista sul liberalismo e l'Europa* (1979); *La libertà che cambia* (1981); *Al di là della crisi* (1983); *Pensare e fare politica* (1984); *Per un nuovo liberalismo* (1987).

Secondo Dahrendorf una teoria politica della libertà (che non coincida con il neoliberalismo) deve passare attraverso un rinnovamento della nozione del contratto sociale. Questo è infatti un prodotto storico, un insieme di regole sulla società stabilite dagli uomini in determinate

circostanze: se i suoi scopi rimangono inalterati, le sue forme però possono essere soggette a mutamento. In questa prospettiva il liberalismo diventa una filosofia della trasformazione, una ricerca — guidata dall'idea di libertà come sfida e dovere continui — di tutte le possibili vie per ampliare le opportunità di vita. Così, per es. nelle rivoluzioni dei tardi anni Ottanta nell'Est europeo Dahrendorf coglie soprattutto l'aspirazione a sfuggire all'eguaglianza totalitaria e ad accedere all'eguaglianza della libertà (*1989: riflessioni sulla rivoluzione in Europa. Lettera immaginaria ad un amico di Varsavia*, 1990). In *La democrazia in Europa* (1992) Dahrendorf discute con gli storici F. Furet e B. Geremek le prospettive del nostro continente dopo il crollo del comunismo.
Tra le altre opere: *Sociologia dell'industria e dell'azienda* (1956); *Sociologia della Germania contemporanea* (1965); *Il conflitto sociale nella modernità* (1988).

Damascio (Damasco 480 ca - morto nella prima metà del sec. VI), filosofo greco. Fu il quinto successore di Proclo nello scolarcato dell'Accademia; dopo la chiusura della scuola di Atene, decretata da Giustiniano nel 529, si trasferì in Persia. Fra le sue opere sono rimaste: *Difficoltà e soluzioni sui principi primi*, che è un commento all'ultima parte del *Parmenide*; frammenti del *Commento al «Timeo»* e della *Vita di Isidoro*. In linea con il neoplatonismo, Damascio sostenne l'assoluta anteriorità dell'Uno rispetto al molteplice e la sua inconoscibilità da parte dell'uomo: l'Uno è la condizione che rende pensabile ogni realtà e ogni molteplicità; come tale è un postulato, un'istanza che sfugge a ogni determinazione e a ogni comprensione. Solo la via della negazione può dare un qualche presentimento della divinità, attraverso la superignoranza (*hyperágnoia*), che sfocia nel silenzio.

Danto, Arthur Coleman (Ann Arbor, Michigan, 1924), filosofo statunitense. Allievo del neopositivista E. Nagel, insegna dal 1952 alla Columbia University di New York. Nel suo libro più noto, *Filosofia analitica della storia* (1964, ripubblicato nel 1985 in ed. accresciuta col titolo *Narrazione e conoscenza*), Danto ha proposto una filosofia della storia intesa come teoria del modo in cui gli esseri umani rappresentano il mondo in una *forma narrativa*, che analogamente a quanto fanno le teorie scientifiche, preforma l'osservazione empirica. Proprio sulla nozione di «rappresentazione» («è in quanto essere capaci di rappresentazioni che siamo in relazione con il mondo in termini di causalità e verità») si incentra il lavoro di Danto, articolandosi in un sistema composto, oltre che dalla filosofia della storia, da una filosofia della conoscenza, dell'azione, dell'arte e della mente. Tra le altre opere: *Nietzsche filosofo* (1965); *Filosofia analitica della conoscenza* (1968); *Misticismo e moralità: pensiero orientale e filosofia morale* (1972); *La trasfigurazione del luogo comune* (1981); *Connessioni con il mondo* (1989).

Darapti, nome che indica uno dei modi validi del → sillogismo.

Darii, nome che indica uno dei modi validi del → sillogismo.

Darwin, Charles Robert (Shrewsbury, Shropshire, 1809 - Down, Kent, 1882), biologo e naturalista inglese, nipote del fisiologo Erasmus Darwin (1731-1802), che nella *Zoonomia* (1794-96) aveva avanzato l'idea di una trasformazione delle specie. Studiò medicina a Edimburgo e teologia a Cambridge. Qui l'amicizia del botanico J.S. Henslow e del geologo A. Sedgwick, nonché le letture appassionate di W. von Humboldt e F.W. Herschel, ne rivelarono l'inclinazione verso le scienze naturali. Nel 1831 partecipò in veste di naturalista al viaggio scientifico intorno al mondo del brigantino *Beagle*. Nei cinquantasette mesi di navigazione ebbe modo di raccogliere una massa ingente di osservazioni sulla flora, la fauna e le diverse formazioni geologiche della terra. Di questo viaggio pubblicò nel 1839 un diario, riedito nel 1860 col titolo *Viaggio di un naturalista intorno al mondo*. Tornato in Inghilterra, Darwin ricavò dal materiale raccolto numerose pubblicazioni scientifiche, che gli diedero ampia fama. Ma nel contempo egli veniva elaborando una teoria evoluzionistica (→ evoluzionismo) sulla base di osservazioni e prove della mutabilità delle specie già testimoniate nei suoi taccuini di viaggio. Fu in particolare la grande variabilità della flora e della fauna nelle isole Galápagos, caratterizzate da identiche condizioni ambientali, a suggerire a Darwin l'idea che il modello evoluzionistico lamarckiano fosse inadeguato. Dal 1837 egli cominciò a elaborare una propria teoria, che nel 1844 redasse in un ampio abbozzo inedito. Nel 1856, anche su sollecitazione di Ch. Lyell, iniziò una grande opera sull'evoluzione, la cui stesura dovette poi affrettare, quando nel 1858 il naturalista E.R. Wallace espose in un articolo idee molto simili a quelle che egli andava elaborando. Nel novembre del 1859 apparve *L'origine delle specie*. La prima edizione fu esaurita in un sol giorno, e l'opera suscitò reazioni clamorose e violente. Scienziati tradizionalisti e teologi polemizzarono contro la negazione della fissità delle specie, che comportava sia l'abbandono delle tesi creazionistiche della tradizione biblica sia l'abolizione della fede nella presenza di un disegno divino nella natura. Non mancarono tuttavia altrettanto accaniti difensori delle tesi darwiniane, il più influente dei quali fu Th.H. Huxley. Nel 1868 Darwin pubblicò *La variazione degli animali e delle piante allo stato addomesticato* e nel 1871 *La discendenza dell'uomo*, in cui trattò il delicato problema della derivazione della specie umana da specie inferiori e in cui considerò lo sviluppo intellettuale e linguistico, le facoltà morali e religiose come modificazioni naturali che si conservano per la loro utilità sociale. In *L'espressione delle emozioni nell'uomo e negli animali* (1872) Darwin pose i primi fondamenti dell'etologia e prospettò una psicologia evoluzionistica che tenesse in particolare considerazione gli aspetti fisiologici.

L'originalità della teoria evoluzionistica darwiniana consiste anzitutto nell'aver tratto dal concetto di «lotta per l'esistenza» (già in precedenza fatto valere da vari biologi e ripreso da Th.R. Malthus nel celebre *Saggio sul principio di popolazione* del 1798, la cui lettura influenzò Darwin) non solo conseguenze negative, ma anche una funzione creativa. La lotta per l'esistenza non comporta soltanto l'estinzione di numerose specie, ma anche la nascita di specie nuove, in quanto gli individui che si trovano a possedere i caratteri più adatti alla sopravvivenza vengono favoriti nella contesa sessuale e tendono così a trasmettere e a rinforzare tali caratteri in un gran numero di discendenti. Un secondo merito di Darwin fu quello di concepire la funzione dell'ambiente come un fattore di «selezione», a somiglianza (ma naturalmente su scala immensamente ingrandita) della selezione artificiale prodotta dagli allevatori. Egli parlò quindi, per analogia, di «selezione naturale», dando rilievo scientifico a fenomeni sino allora considerati trascurabili e accidentali. Un terzo elemento di originalità fu la teoria delle variazioni fortuite: i caratteri di una specie variano per l'insorgere casuale di differenze negli individui; sono appunto tali differenze che soggiacciono al verdetto dell'ambiente. In tal modo Darwin abbandonava il rigido determinismo dell'influenza dell'ambiente sugli individui sostenuto da Lamarck, sebbene egli non negasse un certo peso dei cosiddetti «fattori lamarckiani» sulla insorgenza delle variazioni. Soprattutto, la teoria delle variazioni fortuite, introducendo nella natura il concetto di «caso» inteso non come disordine, ma come azione meccanica delle circostanze e del tempo, eliminava ogni concezione finalistica e soprannaturale dei fenomeni biologici. Perno di tutta la concezione evoluzionistica darwiniana era poi la tesi della ereditarietà dei caratteri liberamente insorti e selezionati dall'ambiente. Darwin parlò a questo proposito di una «grande forza della natura» operante in tutto il regno della vita. Fu però soltanto la genetica degli anni Trenta del nostro secolo a fornire una conferma sperimentale di questa intuizione darwiniana, fatta in precedenza oggetto di numerose contestazioni.

Nell'ultima parte della sua vita Darwin venne indotto a qualche modifica delle sue tesi originarie, soprattutto per effetto delle teorie del grande fisico lord Kelvin (W. Thomson), che riduceva a soli venti milioni di anni il periodo in cui la temperatura terrestre poteva aver consentito lo sviluppo della vita. Solo all'inizio del sec. XX gli studi sulla radioattività avrebbero permesso di centuplicare la scala temporale stabilita da lord Kelvin. Darwin, scosso da queste contestazioni, reintrodusse nella sua teoria quegli influssi determinanti dell'ambiente, secondo la concezione lamarckiana, che aveva in precedenza largamente limitato. La teoria darwiniana dell'evoluzione ha esercitato un'influenza immensa, non soltanto in sede scientifica, ma anche in sede filosofica, religiosa, psicologica, sociologica, antropologica e persino politica: un'influenza paragonabile a quella determinata dalla rivoluzione newtoniana. L'applicazione del canone evolutivo ai fenomeni della società, ai costumi, alle idee, alle contese economiche e politiche (→ darwinismo sociale) ha dato luogo a risultati ora felici e fruttuosi, ora meramente ideologici e pseudoscientifici, alcuni dei quali sono ancora oggi in discussione. Bisogna dire però che Darwin rimase prevalentemente estraneo a queste azzardate dilatazioni della sua teoria, che egli si sforzò di mantenere entro limiti disciplinari e metodologici assolutamente rigorosi, ispirati cioè ai più severi criteri della scienza sperimentale della natura. Fuori di questo campo, e particolarmente in riferimento ai problemi religiosi, egli dichiarò invece in più occasioni il suo agnosticismo prudente quanto sincero.

darwinismo, → Darwin, Charles Robert; → evoluzionismo.

darwinismo sociale, espressione che indica l'insieme di prospettive che nella seconda metà del XIX secolo hanno applicato in vario modo la teoria darwiniana dell'evoluzione al campo etico e alle istituzioni sociali. Mentre Darwin si era limitato ad applicare la teoria dell'evoluzione all'ambito biologico e psicologico, i fautori del darwinismo sociale affermano l'esistenza di un'analogia tra l'evoluzione biologica e quella sociale umana, giungendo così non solo a precise soluzioni normative, ma anche a sostenere la possibilità di fornire alla moralità una solida fondazione scientifica. Il fascino esercitato dal darwinismo sociale consiste appunto nella pretesa di riuscire a individuare in modo «scientifico» il fine ultimo da porre alla base dell'etica, che — come sostiene H. Spencer — sta nell'intensificazione della vita.

Di fatto, il darwinismo sociale ha giustificato posizioni normative opposte, come da una parte quella di Marx (che intendeva dedicare a Darwin *Il Capitale*) o di G.B. Shaw, entrambi difensori di prospettive egualitarie, e dall'altra quella di Spencer o G.W. Sumner, che usano la selezione naturale per giustificare prospettive a sostegno delle diseguaglianze sociali diffuse. Quest'ultima posizione è quella di gran lunga più influente: il darwinismo sociale di solito prospetta l'alternativa tra una società in cui vigono «la libertà, la diseguaglianza, e la sopravvivenza del più adatto» e una in cui vigono «l'illibertà, l'eguaglianza e la sopravvivenza del disadatto». Nel nostro secolo, in base all'osservazione del fatto che la mente umana si è liberata in misura significativa dai vincoli imposti dal processo biologico, si è in genere rifiutata l'analogia tra evoluzione biologica ed evoluzione sociale.

Dasein, termine tedesco (significa «esistenza, esistere») usato come termine tecnico da → Heidegger per indicare il modo di essere proprio dell'uomo. Accentuando il senso letterale della parola, Heidegger dice che il *Da-sein*, l'esser-ci, è costitutivo dell'uomo perché egli *è* soltanto in quanto ha un *ci*, un orizzonte in virtù del quale si rapporta agli altri enti. In questo senso, per Heidegger «l'essenza del *Dasein* consiste nella sua esistenza» (*Essere e tempo*, par. 9), cioè nel suo trascendersi rapportandosi agli enti e comprendendosi nel proprio essere.

Daseinsanalyse, → analisi esistenziale.

Datisi, nome che indica uno dei modi validi del → sillogismo.

Davide di Dinant (sec. XII), filosofo medievale di origine fiamminga o bretone. È autore di un'opera intitolata *De tomis id est de divisionibus*, da identificarsi molto probabilmente con quella denominata *Quaternuli*, condannata nel 1210 a Parigi insieme con le opere di Amalrico di Bène. Nell'opera, che proprio a causa della condanna è andata perduta, e della quale sono stati recentemente scoperti alcuni frammenti, Davide sostiene un panteismo filosofico di derivazione neoplatonica, in particolare eriugeniana: l'unico fondamento, la sostanza comune a tutti gli esseri corporei e incorporei, è la materia prima, che unisce inseparabilmente le tre zone dell'essere: Dio, le intelligenze e i corpi; infatti la materia prima (da intendersi come pura potenzialità) è anteriore a ogni determinazione e a ogni forma, possiede perciò i caratteri dell'immobilità, indivisibilità ed eternità propri del vero essere. Dio, in quanto illimitato e privo di qualsiasi forma, è identico alla materia prima; le forme diversificanti per Davide sono solo apparenze sensibili superficiali, alla cui radice sta l'elemento materiale identico per tutte le realtà.

Davidson, Donald (Springfield, Massachusetts, 1917), filosofo statunitense. Professore emerito dell'università di California (Berkeley). Il suo pensiero è organizzato intorno a pochi nuclei tematici connessi tra loro (verità, significato e interpretazione, da un lato; ragioni, cause, eventi e azioni, dall'altro). Per Davidson, una teoria semantica è una teoria dell'*interpretazione radicale*: il suo compito è identificare le informazioni di cui un interprete deve disporre per essere in grado di capire (e parlare) una lingua che, inizialmente, non conosce. Nell'esplicitazione di queste informazioni svolge un ruolo essenziale il concetto di verità. Già in *Verità e significato* (1967), Davidson aveva fatto sua l'idea centrale della filosofia analitica del linguaggio, secondo cui il significato di un enunciato è dato dalle sue condizioni di verità; e aveva sostenuto che la teoria della verità di A. → Tarski indicava il modo di esplicitare le condizioni di verità degli enunciati di una lingua naturale. I bicondizionali tarskiani — le formulazioni del tipo di «"Snow is white" è vero (in inglese) se e solo se la neve è bianca» —, se presi collettivamente, esplicitano il modo in cui i significati delle espressioni complesse dipendono da quelli dei loro costituenti, che è appunto ciò che una teoria semantica deve fare. Quindi una teoria della verità è automaticamente una teoria del significato, a condizione che la lettura delle sue clausole sia «capovolta»: nella teoria della verità, la relazione di *traduzione* tra espressioni del linguaggio-oggetto (come «Snow is white») e espressioni del metalinguaggio («la neve è bianca») è presupposta, e su questa base viene *definito* il predicato «è vero (nel linguaggio L)»; nella teoria del significato, è il concetto di verità a essere presupposto, e sulla sua base viene *istituita* una relazione di traduzione tra espressioni del linguaggio *di cui* si sta esplicitando la semantica, e espressioni del linguaggio *in cui* la si sta esplicitando. Una teoria semantica è una teoria *empirica*: essa è confermata o smentita sulla base del comportamento, linguistico e non linguistico, dei parlanti. Si presuppone che l'interprete sia in grado di capire quand'è che un parlante ritiene vero un enunciato, e che sia guidato dal *principio di carità*, che impone di attribuire al parlante il maggior numero possibile di credenze vere (cioè di massimizzare l'accordo tra parlante e interprete). Il controllo della teoria semantica ha natura *olistica* (solo l'intera teoria puo essere controllata, non le sue singole clausole). Qui Davidson segue W.V.O. → Quine, di cui tuttavia rifiuta la distinzione tra *schema concettuale* e contenuto empirico (che Davidson chiama il «terzo dogma» dell'empirismo): è impossibile distinguere (se non per ragioni di comodo) tra «usare gli stessi termini in un senso diverso» e «dissentire su certe credenze». Recentemente nel saggio *A Nice Derangement of Epitaphs* (1984), Davidson ha sostenuto che non esiste il linguaggio inteso come sistema pubblico di convenzioni a cui i singoli parlanti hanno accesso: esistono soltanto processi di adattamento di singoli parlanti al comportamento linguistico di altri parlanti, che mettono capo a teorie interpretative provvisorie e sempre riviste. Nei suoi saggi di teoria dell'→ azione, Davidson sostiene che è corretto dire che le azioni sono *causate* dalle loro ragioni, ma anche che c'è una differenza essenziale tra la spiegazione causale delle scienze naturali e la spiegazione psicologica delle azioni umane. La nozione di casualità all'opera nella spiegazione del comportamento non pone limiti alla libertà umana (non ci sono leggi dell'agire, nel senso in cui ci sono leggi naturali). Buona parte dei saggi di Davidson sono raccolti nei due volumi di *Azioni ed eventi* (1980) e *Ricerche su verità e interpretazione* (1984). *M. An.*

decisione, problema della, in logica, concerne la possibilità di determinare la validità universale di un enunciato entro un dato sistema logico formale. Mentre nel caso della logica proposizionale, in cui gli enunciati sono trattati come complessi inanalizzabili, esiste un metodo per determinare tale validità, ciò non avviene nel caso più generale della logica predicativa, come ha dimostrato nel 1936 A. Church sfruttando il noto teorema di K. → Gödel che afferma l'esistenza, per ogni sistema formale non contraddittorio contenente la teoria dei numeri, di proposizioni che non possono essere né dimostrate né refutate. Ciò non significa però che non sia possibile isolare classi di enunciati, sintatticamente ben caratterizzabili, per le quali il problema della decisione sia risolubile. In questi casi la dimostrazione viene spesso condotta dopo aver ridotto il problema della validità relativa a domini di individui qualsiasi, a particolari domini finiti.

decisionismo, termine con cui si designa generalmente la concezione teorica della sovranità e dell'ordinamento giuridico del sec. XX elaborata da C. → Schmitt; lo stesso Schmitt tuttavia, nel saggio *I tre tipi di pensiero giuridico* (1934), definisce il decisionismo come un tipo «eterno» di pensiero giuridico, il quale pone il fondamento ultimo di validità del diritto in una decisione che non è deducibile da regole precedenti, ma scaturisce da un nulla normativo. Pur essendo un tipo «originario» ed «eterno», il decisionismo si può presentare nella sua purezza soltanto con la crisi delle credenze antiche e cristiano-medievali in un Ordine presupposto del mondo. In questo senso, un esempio classico è costituito dalla teoria di Hobbes: lo stato di natura è disordine radicale, che può essere trasformato in ordine solo dalla *decisione* del sovrano, la quale fonda tutto il diritto e non è fondata da nulla.

Riprendendo gli elementi fondamentali del modello decisionistico di Schmitt, W. Benjamin in *Il dramma barocco tedesco* (1928) ne estende il concetto al di fuori dell'ambito giuridico: lo stato di eccezione e il nulla normativo prodotti dalla crisi dell'ordine teologicamente fondato si traducono nell'idea barocca del *vuoto*, nell'impossibilità di una mediazione simbolica tra mondo e trascendenza. Ma, a differenza che in Schmitt, in Benjamin la decisione del sovrano che deve restaurare un ordine diventa impossibile. L'idea schmittiana della *dittatura* come stato d'eccezione che ricostituisce una normalità si rivela un'utopia. K. Löwith nel saggio *Il decisionismo occasionale di Carl Schmitt* (1935) individua un'intima connessione tra il decisionismo politico e le posizioni espresse dalla filosofia di Heidegger e dalla teologia di R. Bultmann e F. Gogarten. Il principio comune, secondo Löwith, è la convinzione che tutti i valori, i fini e gli ordinamenti tradizionali si siano interamente vanificati; di qui il ricorso a un'istanza radicalmente originaria: la decisione anticipatrice della possibilità della morte in *Essere e tempo* (1927) di Heidegger, e in Bultmann e Gogarten la concezione della fede in Dio non tanto come partecipazione a un ordine universale, ma piuttosto come «decisione nel nulla».

decostruzione, termine introdotto nel lessico filosofico da Heidegger in *Essere e tempo* (1927) e, più estesamente, nel corso sui *Problemi fondamentali della fenomenologia*, tenuto nel semestre estivo dello stesso anno. Ciò che Heidegger intende «distruggere» o «decostruire» (i termini tedeschi sono *Destruktion* o *Abbau*) è la «storia dell'ontologia», cioè quella concezione, comune alla metafisica occidentale da Parmenide a Nietzsche, che identifica l'essere con gli enti, ossia con gli oggetti presenti. La decostruzione della storia dell'ontologia, così intesa, implica un'anamnesi speculativa della storia del pensiero, che non mira a relativizzare le varie concezioni dell'essere riferendole alle condizioni storiche in cui sono nate, ma a cogliere fra di esse un filo conduttore comune, che Heidegger, a partire dagli scritti degli anni Trenta, chiamerà anche la storia, o il destino, dell'essere. La larga diffusione del termine decostruzione nella cultura recente è tuttavia dovuta a J. → Derrida, che a partire dallo scritto *Della grammatologia* (1967) usa il concetto di decostruzione (*déconstruction*) come critica del *logocentrismo*, vale a dire come contestazione del privilegio accordato dalla tradizione metafisica alla presenza e alla voce come incarnazione del *lógos* e come quel medio espressivo capace di rendere disponibile l'essere per un soggetto finito. In tale accezione, la decostruzione acquisisce una portata critica nei confronti dello stesso pensiero di Heidegger, in cui Derrida ravvisa un perdurante atteggiamento logocentrico, per il legame prioritario che si stabilisce tra l'essere e la parola, ciò che comporta implicitamente una determinazione dell'essere come presenza.

L'attenzione portata al nesso tra decostruzione e *scrittura* come controcanto della voce e del logocentrismo ha attirato sulla tematica della decostruzione l'interesse della teoria e della critica della letteratura — specie negli Stati Uniti — dando vita a differenti correnti di critica decostruzionista (*Deconstructive Criticism*), su cui si è soffermato J. Culler in *Sulla decostruzione* (1982).

Decroly, Ovide (Renaix 1871 - Uccle, Bruxelles, 1932), psicologo e pedagogista belga. Si occupò dapprima della rieducazione dei bambini anormali, e le esperienze compiute in questo campo lo convinsero delle disfunzioni dell'educazione scolastica e della necessità di affrontare i problemi pedagogici su basi scientifiche. Constatata la funzione essenziale della conoscenza globale (che coglie certi aspetti della realtà come un tutto indifferenziato) nei bambini, Decroly ritenne necessario farne il punto di partenza del lavoro educativo: essa deve condurre i fanciulli, nel rispetto dei loro ritmi di sviluppo psicologico, alla padronanza di funzioni mentali superiori, analitico-sintetiche. Poiché inoltre la funzione globalizzatrice si manifesta sotto la spinta di interessi vitali, il programma scolastico, secondo il «metodo globale» di cui Decroly è il creatore, deve basarsi non sulle tradizionali materie, ma su un argomento unico che risponda alle esigenze vitali del fanciullo («centri d'interesse»), che si possono riassumere nel bisogno di nutrirsi, di difendersi, di agire e di migliorarsi. Opere principali: *Programma di una scuola per la vita* (1908); *Verso la scuola rinnovata* (1921); *La funzione di globalizzazione e l'insegnamento* (1929).

De Dominicis, Saverio Fausto (Buonalbergo, Benevento, 1846 - Pavia 1930), pedagogista italiano. La sua opera *Scienza comparata dell'educazione* (4 voll., 1908-13) rappresenta una delle sintesi più coerenti espresse dal positivismo pedagogico italiano. De Dominicis mise in risalto i condizionamenti storici, sociali, politici ed economici del processo educativo; assertore di una rigorosa laicizzazione del sistema scolastico, egli propugnò l'introduzione, nei programmi, di contenuti scientifici più aggiornati e la creazione di una scuola secondaria inferiore unificata senza l'insegnamento del latino. Particolare importanza diede alla formazione di un'opinione pubblica interessata ai problemi educativi, e allo sviluppo di scuole popolari.

deduzione, nel significato più ampio, il rapporto di derivazione che lega, in un ragionamento, la conclusione alle premesse. La prima analisi approfondita del concetto e la classificazione delle varie forme di procedimento deduttivo si devono ad Aristotele, che distingue tra *apagoghḗ* (abduzione o ipotesi, come ha mostrato D. Ross) e *apódeixis* o deduzione perfetta (le premesse contengono tutto ciò che è necessario a dedurre la conclusione, il che invece non accade nell'ipotesi). Aristotele identifica la deduzione con il sillogismo (*Analitici primi*, I, 24*b*) e ne specifica il significato in senso stretto come ragionamento che procede dall'universale al particolare, opposto all'→ induzione, che muove dai fatti particolari per giungere alla determinazione dei principi (*Analitici primi*, II, 68*b*). La deduzione logica si fonda peraltro sulle determinazioni sostanziali della realtà che vengono rispecchiate nella universalità delle premesse. Il concetto aristotelico di deduzione attraversa tutto il medioevo e si trasmette al pensiero moderno. A partire da Locke ha inizio quella dissoluzione della base sostanzialistica che mette in crisi la relazione tradizionale tra logica e ontologia, sicché la deduzione si configura piuttosto come un'inferenza tra idee o contenuti mentali (J. Locke, *Saggio sull'intelletto umano*, IV, 17, 4). L'estrema radicalizzazione di tale posizione si ha in J.S. Mill, che definisce la deduzione una mera applicazione di regole generali a casi particolari; ma poiché le regole generali sono a loro volta ricavate per via induttiva e analogica, le proposizioni universali rispecchianti aristotelicamente l'essenza o sostanza delle cose vengono bandite dalla logica (*Logica*, II, 3, 5 sgg.). Una ripresa in termini moderni, ma in diretta polemica con Mill, della distinzione aristotelica tra deduzione, abduzione e induzione si ha in Ch.S. Peirce, che distingue tra inferenza *analitica* (deduzione) e *sintetica* (induzione e ipotesi). La deduzione è una «regola» che, applicata a un «caso», dà luogo a un «risultato» necessario; per es.: «*Regola* — Tutti i fagioli che provengono da questo sacco sono bianchi; *Caso* — Questi fagioli provengono da questo sacco; *Risultato* — Questi fagioli sono bianchi» (*Deduzione, induzione, ipotesi*, in *Collected Papers*, 2.627).

Nella logica contemporanea la deduzione ha carattere *formale*, prescinde cioè dal contenuto delle proposizioni su cui verte, per considerarne unicamente la struttura logica. Tecnicamente, il termine si riferisce all'aspetto sintattico dell'inferenza, ossia all'insieme ordinato di formule (di cui l'ultima è la conclusione) ottenute per applicazione delle regole di un → sistema formale. Ciò non implica alcuna limitazione in quanto si dimostra che per gli usuali sistemi formali questa nozione collima con quella di conseguenza logica, relazione fra proposizioni che sussiste quando la conclusione è valida in qualunque ambito di discorso in cui valgano le premesse.

deduzione trascendentale, espressione che Kant trasse dall'uso giuridico (dove designa la determinazione della legittimità di una pretesa) per spiegare «come i concetti a priori si possono riferire a oggetti». La deduzione trascendentale, esposta nella *Critica della ragion pura* e largamente rielaborata nella seconda edizione dell'opera, costituisce uno dei punti nodali del criticismo, oggetto di numerose discussioni e interpretazioni critiche. Kant distingue la deduzione trascendentale sia dalla deduzione empirica (il modo in cui un concetto è acquisito per mezzo dell'esperienza e della riflessione su di essa), sia dalla deduzione metafisica (il modo in cui le categorie dell'intelletto corrispondono alle funzioni logiche del pensiero): la deduzione trascendentale riguarda non il «fatto» (*quid facti*), ma la «legittimità» (*quid iuris*) della funzione sintetica a priori svolta dai concetti puri dell'intelletto o categorie nei confronti dell'esperienza. In altre parole, la deduzione trascendentale mostra che gli oggetti dell'esperienza trovano nei concetti puri dell'intelletto (→ categoria) la loro condizione di pensabilità e di esperibilità. Uno sviluppo in senso idealistico della deduzione trascendentale kantiana può considerarsi la deduzione di Fichte, il cui fine è la dottrina della scienza sistematica di tutte le proposizioni della filosofia dal supremo principio dell'Io=Io (*Dottrina della scienza*, par. 7).

definizione, l'esplicitazione dell'→ essenza di qualcosa. Questo è il senso fondamentale che la nozione ha in Aristotele (per es. *Analitici secondi* 90b 3-5, 30), e che sarà più tardi specificato come «definizione della cosa» o *reale*. Accanto a esso, Aristotele assegna una posizione subordinata (*Analitici secondi* 93b 30-32) al senso per cui una definizione è una spiegazione del significato di una parola (*definizione nominale*). Definizioni reali e nominali saranno considerate entrambe legittime nella Scolastica e nella filosofia moderna, finché la critica delle nozioni di sostanza ed essenza reale non indurrà, per es. Locke, a mettere in dubbio la possibilità delle definizioni reali: se le essenze reali sono epistematicamente inaccessibili, e quelle che passano per tali sono mere combinazioni di idee nella mente, il cui fondamento reale è dubbio, le sole definizioni possibili sono quelle nominali, che costituiscono appunto — per Locke e per molta parte della filosofia dei secc. XVII e XVIII — l'analisi delle idee complesse associate alle parole. Nella filosofia del Novecento, il posto a suo tempo occupato dalla definizione reale viene preso dalla spiegazione scientifica, e la definizione è comunque considerata un'operazione di determinazione del significato linguistico. Si distinguono definizioni *lessicografiche*, che descrivono l'uso di una parola da parte di una comunità linguistica; definizioni *esplicative* o → esplicazioni, che mirano a rendere rigoroso l'uso di un termine già in circolazione, accogliendo alcuni dei suoi modi d'uso e scartandone altri; e definizioni *stipulative* o stipulazioni, che introducono un termine nuovo, o un nuovo uso, ponendolo uguale a una determinata combinazione di termini il cui significato si suppone già determinato.

Una stipulazione è un'espressione della forma «$a =_{df} b$» (da leggersi «*a* è posto per definizione uguale a *b*»); '*a*' è detto il *definiendum*, mentre '*b*' è il *definiens*. Una definizione stipulativa deve soddisfare i due requisiti dell'eliminabilità e della non creatività (dovuti a S. Lesniewski). Si dice che una definizione (che introduce un nuovo simbolo *a* in una teoria T) è *eliminabile* se per ogni proposizione S contenente *a* esiste una proposizione S', *non* contenente *a*, tale che S e S' sono dimostrabilmente equivalenti in T. Una definizione D è *non creativa* se non c'è nessuna proposizione S', non contenente il nuovo simbolo *a*, tale che D → S' sia dimostrabile in T, mentre S' non è dimostrabile in T (in altre parole, una definizione è non creativa se non consente di dimostrare proposizioni che erano formulabili, ma non dimostrabili prima della sua introduzione).

• *Definizione induttiva.* Procedimento atto a caratterizzare compiutamente classi di oggetti attraverso l'esibizione dei processi secondo i quali quelle classi vengono costituite. Due esempi: da un punto di vista biblico la classe degli uomini è costituita, a partire da Adamo ed Eva, tramite il processo della *generazione*. La classe dei numeri interi positivi è costituita, a partire dal numero 1, secondo il processo dell'*aggiunzione di un'unità*: 1, 1+1, 1+1+1,... A rigore, una definizione induttiva consta di tre punti: il primo dice da quali oggetti partire, il secondo quali processi applicare e il terzo (condizione estremale) afferma che la classe definita comprende esclusivamente gli enti che si ottengono da quelli specificati nel primo punto, con gli strumenti del secondo. Le definizioni induttive stanno alla base di tutta la conoscenza metalogica contemporanea (→ logica): i concetti di proposizione, di dimostrazione formale e di verità di una proposizione sono definiti induttivamente.

• *Definizione per astrazione.* Strumento fondamentale della teoria dei concetti, ricco di applicazioni nell'ambito della teoria logica del numero e dei sistemi numerici. Consiste nel definire quei concetti relativi a oggetti che, nel linguaggio naturale, appaiono usualmente in contesti del tipo «l'*età di* Franco», «il *colore del* tavolo» ecc., in modo puramente estensionale, vale a dire facendo riferimento solo alla classe di oggetti che ne godano. A questo scopo è necessario individuare una relazione che non dipenda dal concetto ma che, intuitivamente, intercorra tra due oggetti esattamente quando questi ricadono sotto di esso (nel caso di «età» si può considerare, per es., la relazione «essere nati nello stesso giorno»). Il concetto resta allora definito come la *classe di astrazione* di tutti gli oggetti che stanno nella relazione individuata con l'oggetto assegnato. Così, «l'età di Franco» viene a essere la classe di tutti i nati nello stesso giorno in cui nacque Franco.

deismo, movimento filosofico che si affermò nei secc. XVII-XVIII; di origine inglese, si diffuse poi in Francia e in Germania. Nel sec. XVI, la parola «deismo» si contrapponeva ad ateismo designando semplicemente la posizione di chi crede nell'esistenza di Dio. Ma già Pascal usa la

parola in un significato specifico, contrapponendola anche a cristianesimo, ossia giudicando il deismo un modo di considerare Dio inaccettabile per il cristiano. La tesi principale del movimento deista è che si deve pensare Dio solo con gli attributi che ci indica la ragione naturale, prescindendo da qualsiasi rivelazione e rifiutando delle religioni storico-confessionali tutto ciò che non si accorda con la semplice ragione. Il deismo si fonda sulla opposizione tra religione naturale o razionale (universale) da un lato, e religioni positive o storiche (particolari) dall'altro. Tutte le religioni positive devono essere passate al vaglio della religione naturale in modo che dal confronto emergano gli errori e le assurdità da cui nessuna è esente.
Si suole considerare antecedente prossimo del deismo il saggio di J. Locke *Ragionevolezza del cristianesimo* (1695), nel quale il filosofo contrappone la dottrina semplice e ragionevole che si ricava dai Vangeli al groviglio di assurdità dottrinarie costruito dai successivi concili (in particolare da quello di Nicea) e divenuto la dottrina cristiana ufficiale. Già nel *Dizionario storico-critico* (1695-97), P. Bayle, col suo sostanziale scetticismo e la sua critica delle fonti vetero- e neotestamentarie, aveva introdotto un atteggiamento tollerante in antitesi agli schieramenti confessionali e una lettura dei testi «sacri» priva di pregiudizi. In *Cristianesimo non misterioso* (1696), J. Toland rifiuta delle Scritture tutto quanto non si accorda con la ragione e col principio dell'uniformità della natura, in primo luogo i miracoli. M. Tindal, in *Cristianesimo antico quanto la creazione* (1730), sostiene che le verità razionali contenute nel cristianesimo non avevano bisogno di rivelazione; d'altra parte, ciò che c'è di non ragionevole nella religione ebraico-cristiana è di gran lunga più rozzo e superstizioso dei contenuti delle altre religioni positive. La critica dei testi viene condotta da A. Collins (*Saggio sull'uso della ragione*, 1707; *Discorso sul libero pensiero*, 1713; *Discorso sui fondamenti e le ragioni della religione cristiana*, 1724) sul terreno dell'analisi filologica rigorosa. La lettura e la comparazione dell'Antico col Nuovo Testamento lo inducono a ritenere che i testi debbano essere considerati espressioni allegoriche: presi alla lettera, sarebbero solo un mucchio di sciocchezze e incoerenze. D'altra parte stabilire la corretta lettura del testo è arduo: la scrittura biblica, priva com'è di vocali e di segni d'interpunzione, si presta a interpretazioni differenti, tutte discutibili, compresa quella accreditata dalla chiesa. T. Woolston, amico e collaboratore di Collins, spinge la critica dei testi fino al sarcasmo, dimostrando che se essi fossero presi alla lettera Gesù risulterebbe un volgare imbroglione (*Discorso sui miracoli*, 1727-29). La discussione intorno all'attendibilità della Bibbia si configurò come un dibattito giudiziario sulla validità delle testimonianze sui miracoli, e principalmente sulla resurrezione (T. Sherlock, *Esame delle testimonianze sulla resurrezione di Gesù*); oppure come un esame di quell'eredità pagana passata, con mutamenti solo superficiali, nella tradizione cristiana (C. Middleton, *Lettera da Roma*, 1729). Nei *Dialoghi sulla religione naturale* (1779) e nella *Storia naturale della religione* (1755), Hume sostiene l'impossibilità di dimostrare con argomenti razionali a priori l'esistenza di Dio (indeducibilità dell'esistenza dalla sua idea); considera tuttavia la religione come un fatto universale che ha origine nel timore degli uomini.
In Francia il movimento deista assunse forme radicali: condanna di tutte le religioni positive, rifiuto della rivelazione e dei miracoli, denuncia dell'impostura, ossia dell'uso della superstizione a fini politici. Gli scritti, dapprima anonimi e clandestini (*Esame della religione*, 1745; *Esame del Nuovo Testamento*, 1769), ebbero una grandissima diffusione, preparando il terreno all'offensiva illuministica. Tra le opere dei grandi illuministi vanno ricordate soprattutto quelle di Voltaire: le *Lettere inglesi* (1734), il *Trattato sulla tolleranza* (1763) e il *Dizionario filosofico* (1764) raccolgono i principali argomenti dei deisti inglesi contro le religioni rivelate, i miracoli, la superstizione e il fanatismo religioso.
La Germania conobbe un deismo più temperato e connesso a una tendenza a storicizzare la religione. Nella tradizione del deismo più radicale si colloca H.S. Reimarus (*Saggio sulle principali verità della religione naturale*, 1754, e *Frammenti di un anonimo*, pubblicati postumi da G.E. Lessing tra il 1774 e il 1778), il quale vede in Gesù e Giovanni nient'altro che aspiranti capi politici sfortunati, e nella resurrezione di Gesù una favola inventata dai discepoli. Tra i deisti moderati si ricordano Ch. Wolff (*Teologia naturale*, 1736-37), M. Mendelssohn (*Ore mattutine o lezioni sull'esistenza di Dio*, 1785). Una posizione a parte occupa Lessing (*Il cristianesimo della ragione*, 1753; *Sulla genesi della religione rivelata*, 1753-55; *Sulla prova dello spirito e della forza*, 1777; *L'educazione del genere umano*, 1777-80; *Dialoghi per massoni*, 1778-80): in lui si trova, accanto ai temi deistici classici, anche la parziale riabilitazione delle religioni positive, viste come fasi dello sviluppo e dell'educazione dell'umanità, dalla sua età infantile alla maturità di una religione puramente razionale. Si possono considerare propaggini del deismo gli scritti *La religione nei limiti della semplice ragione* (1793) di I. Kant e il *Saggio di una critica di ogni rivelazione* (1792) di J.G. Fichte. *M. Mo.*

deittici, → indicale.

Deleuze, Gilles (Parigi 1925), filosofo francese. Allievo di F. Alquié, di G. Canguilhelm e di J. Hyppolite alla Sorbona, è stato professore all'università di Paris VIII-Vincennes. Il pensiero di Deleuze può essere considerato come la riproposizione di alcuni momenti tradizionali della storia della filosofia (il materialismo di Lucrezio, il panteismo di Spinoza, l'empirismo di Hume, il vitalismo di Bergson) al fine di suffragare la critica nietzscheana del platonismo, e del cristianesimo come platonismo volgarizzato. La riflessione che da Platone porta a san Paolo, a Cartesio e a Hegel, si caratterizza per la presupposizione del pensiero al reale e, di conseguenza, per uno spiccato dualismo tra materia e spirito. A questa impostazione, Deleuze contrappone anzitutto un superamento del dualismo in una visione che concepisce il reale come una molteplicità di piani rispetto a cui non si può far valere la distinzione tra materia e spirito, e meno che mai il ricorso al soggetto come polo ultimo di riferimento (*Empirismo e soggettività. Saggio sulla natura umana secondo Hume*, 1953; *Spinoza e il problema dell'espressione*, 1968; la stessa interpretazione di Kant, offerta in *La filosofia critica di Kant*, 1963, insiste meno sul rilievo dell'io penso come unità sintetica dell'appercezione che sulla molteplicità delle facoltà su cui poggia la filosofia trascendentale). La critica del dualismo non è di carattere puramente gnoseologico, ma poggia su una metafisica vitalistica, che per l'appunto Deleuze valorizza attraverso la ripresa del pensiero di Bergson (*Il bergsonismo*, 1966) e di Nietzsche (*Nietzsche e la filosofia*, 1962). Si tratta di perseguire un pensiero che non sorga, come lo spirito nella concezione cristiana e poi hegeliana, dalla negazione del reale e della vita; lo slancio vitale in Bergson, e più ancora la volontà di potenza come movimento antinichilistico, e l'eterno ritorno, come assenso incondizionato all'esistenza, farebbero valere i diritti di un pensiero che, invece di ricavare la positività dalla negazione della negazione, si presenterebbe come un'aperta affermatività. Coerentemente con questa impostazione, la filosofia viene concepita non come critica (ossia come valorizzazione del negativo), bensì, d'accordo con l'obiezione di Nietzsche a Kant, come creazione di valori nuovi. Ne deriva una concezione della filosofia come creazione di concetti, e una omologia di procedure tra arte e filosofia. Avanzata in forma esplicitamente teoretica in *Differenza e ripetizione* (1968) e in *Logica del senso* (1969), questa prospettiva trova la sua più nota e controversa formulazione in *L'antiedipo* (1972), scritto in collaborazione con lo psichiatra F. Guattari (1930-1992). Altre opere: *Mille piani* (1982, con Guattari, il seguito di *L'antiedipo*); *Foucault* (1986); *La piega. Leibniz e il barocco* (1988); *Che cos'è la filosofia?* (1991, con Guattari). *M. Fe.*

delirio, convinzione erronea che non cede di fronte alla logica né all'evidenza; è segno di disturbo psichico, e come tale è di competenza della psichiatria. Più precisamente, si parla di delirio quando un soggetto esprime una radicata credenza, di importanza centrale nella sua visione della realtà, ma inspiegabile secondo il senso comune e la cultura a cui appartiene il soggetto stesso. Le convinzioni o idee deliranti sono quindi espressione di un distacco dalla realtà sociale. Si distingue un delirio in senso proprio, o delirio *lucido*, in cui permane uno stato integro di coscienza, da un delirio *confuso*, in cui lo stato di coscienza è alterato, confusionale, oniroide. Si parla di deliri *paranoidi* in presenza di convinzioni deliranti di persecuzione e di influenzamento. (La *paranoia* o *delirio cronico* è invece una condizione clinica caratterizzata da idee deliranti di lunga durata senza altri disturbi.) I deliri *di grandezza* si hanno quando il soggetto è convinto di essere al centro di un destino glorioso; il delirio *erotico* è la convinzione di essere amati da un personaggio, in genere celebre; i deliri *religiosi, di gelosia, di negazione* vengono così denominati per il loro contenuto, che verte appunto su temi religiosi, di gelosia, di morte. I deliri *fantastici* hanno spesso un contenuto incoerente e poco strutturato; altre volte si osservano invece convinzioni deliranti (per es. a contenuto *rivendicativo*) assai coerenti, articolate secondo una logica estranea al buon senso ma apparentemente inattaccabile. Sensazioni, intuizioni, percezioni deliranti precedono talora la strutturazione del delirio vero e proprio, cioè come convinzione espressa in termini ideativi. Il *delirio di riferimento* (sensazione o convinzione, da parte di un soggetto, che tutti si riferiscano, in modo ambiguo e cifrato, a lui) è componente elementare dell'esperienza paranoide, e sottende spesso la nascita di altri deliri.

L'esistenza di disturbi di tipo delirante è nota fin dall'antichità classica: il concetto di delirio sta al centro di quello di follia (o pazzia) e ha contribuito a definire, nel secolo scorso, la nascita della psichiatria moderna. Sulla psicologia del delirio è stata fatta maggior luce in anni recenti. In generale, esso è conseguenza di una insufficienza degli strumenti di elaborazione e di controllo dei dati dell'esperienza. Questa insufficienza può derivare da un disturbo organico dell'individuo, ma può anche essere il risultato di particolari situazioni interindividuali. In qualsiasi delirio, il soggetto reagisce a una difficoltà specifica a impadronirsi della realtà esterna, a interpretarla: il mondo ambiente gli appare allora come cifrato e minaccioso. Nelle psicosi organiche croniche, cioè in pratica nelle demenze, è il difetto dell'intelligenza e del senso critico, conseguenza di un danno cerebrale, a rendere insufficiente l'elaborazione dei dati dell'esperienza. Nelle psicosi organiche acute invece, e in particolare in quelle caratterizzate da agitazione psicomotoria e confusione mentale, la *destrutturazione della coscienza* frammenta la percezione della realtà, rendendo quest'ultima terrorizzante e favorendo deliri paranoidi. La schizofrenia è il disturbo mentale in cui più tipicamente insorgono deliri: lo schizofrenico, pur non soffrendo né di disturbi dell'intelligenza né di alterazioni dello stato di coscienza, non è in grado di distinguere e dominare ciò che si produce nella sua mente, ciò che riguarda il suo spazio corporeo e i segnali che provengono dal mondo esterno. Il delirio è allora il tentativo di comprendere in un'unica interpretazione un mondo che è stato privato del suo centro unificatore. Al di fuori delle malattie mentali vere e proprie, disturbi psichici caratterizzati dalla comparsa di convinzioni deliranti compaiono con relativa facilità in persone anziane che vivono sole e isolate, e nei reclusi a lungo termine. Nella psicosi depressiva grave si hanno talora idee deliranti di colpa e di rovina.

Della Porta, Giambattista (Vico Equense, Napoli, 1535 - Napoli 1615), filosofo, scienziato e letterato italiano. Amico di Galileo, che poi accusò di plagio per la costruzione del cannocchiale (nel *De refractione* del 1593 Della Porta espone le proprietà rifrangenti delle lenti, senza peraltro trarne conseguenze tecnico-pratiche), fu in rapporto anche con P. Sarpi e con T. Campanella, il quale ne subì certamente l'influenza. Si occupò di medicina, demonologia, astrologia, chiromanzia, magnetismo e meccanica. Progettò la camera oscura e la lanterna magica. Nel *De humana physiognomonia* (1586) studiò la corrispondenza tra la forma esterna del corpo e il carattere, precorrendo la fisiognomica di J.K. Lavater. Nel *De spiritalibus* (1601) viene descritta, con due secoli di anticipo, una macchina a vapore. Alla crittografia e alla mnemotecnica sono dedicati il *De furtivis litterarum notis* (1563) e l'*Ars reminiscendi* (1602). L'opera principale di Della Porta è la *Magia naturalis, sive de miraculis rerum naturalium* (in 4 libri nel 1558, ma ampliata in 20 libri nel 1589). La magia naturale si distingue da quella «infame» o «diabolica» basata sul commercio con gli «spiriti immondi»; essa mira a scoprire l'operare stesso della natura (*Magia naturalis*), spiegato da Della Porta col ricorso ai fenomeni della simpatia e antipatia e con le influenze astrali. Di qui l'arte magica: tecnica mediante la quale l'uomo aiuta il compimento dei processi naturali. Della Porta fu anche autore di commedie; tra le più note: *Olimpia* (1586-89); *La fantesca* (1592); *I due fratelli rivali* (1604) e *L'astrologo* (1606).

Della Volpe, Galvano (Imola 1895 - Roma 1968), filosofo italiano. Laureatosi con R. Mondolfo nel 1920, dal 1939 al 1965 insegnò storia della filosofia nell'università di Messina. Di formazione gentiliana, dedicò i primi studi all'→ attualismo (*L'idealismo dell'atto e il problema delle categorie*, 1924) e ai suoi fondamenti storici (*Hegel romantico e mistico*, 1929). Con l'opera *La filosofia dell'esperienza di Davide Hume* (2 voll., 1933-35) si precisa la polemica dellavolpiana in difesa della positività del sensibile e del molteplice e in opposizione al moderno idealismo postkantiano, che culmina in Italia con la filosofia di G. Gentile. Da Hume, Della Volpe risale ad Aristotele, in quanto prima e fondamentale espressione dell'antiplatonismo, e ne vede poi la continuazione nella filosofia sperimentale moderna inaugurata da Galileo. Di qui le linee di una filosofia generale e di un'estetica del finito (*Critica dei pincipi logici*, 1940; *Crisi critica dell'estetica romantica*, 1941). Per questa via Della Volpe perviene infine al marxismo come principale istanza antihegeliana in cui trovano conciliazione sia il principio aristotelico di non contraddizione, sia l'unità dialettica degli opposti. In Marx infatti gli opposti non sono antinomie logico-ideali, bensì «astrazioni determinate» in senso storico che danno fondamento a una logica storico-sperimentale, ben diversa dalle astratte sintesi speculative hegeliane (*La teoria marxista dell'emancipazione umana. Saggio sulla teoria marxista dei valori*, 1945; *Per la teoria di un umanismo positivo*, 1949; *Logica come scienza positiva*, 1950: la maggiore opera teorica dellavolpiana, revisione e rifacimento della *Critica dei principi logici*; *Sulla dialettica*, 1962; *Chiave della dialettica storica*, 1964). Particolare rilievo assume via via la riflessione dellavolpiana sul problema della «legalità socialista», della prospettiva della realizzazione di una società che sappia associare ai principi del comunismo l'istanza democratica rousseauiana e il retaggio delle libertà civili (*Rousseau e Marx*, 1957). Della Volpe ha dato vita a un'«estetica materialistica» (cfr. soprattutto *Critica del gusto*, 1960; 3ª ed., 1966): contrariamente a quanto sostiene Croce, la peculiarità dell'arte va rinvenuta nel suo fondamento sociale e storico e nella materialità degli strumenti e delle caratteristiche tecniche che definiscono il fare artistico.

Del Noce, Augusto (Pistoia 1910 - Roma 1989), filosofo italiano. Insegnò Storia della filosofia all'università di Trieste e Filosofia della politica all'università di Roma. Fra il 1935 e il 1945 partecipò all'esperienza del pensiero cattolico di sinistra con F. Balbo e F. Rodano. Fra le sue opere: *Il problema dell'ateismo* (1964); *Riforma cattolica e filosofia moderna.I. Cartesio* (1965); *L'epoca della secolarizzazione* (1970); *Il suicidio della rivoluzione* (1978); *Il cattolico comunista* (1981); *Giovanni Gentile* (postuma, 1990). Contro l'interpretazione dominante della filosofia moderna come spinta all'immanenza culminante nell'ateismo, Del Noce rileva la presenza nel mondo moderno di una linea di pensiero alternativa all'ateismo, che muovendo da Cartesio passa attraverso Pascal,

Malebranche, Vico e giunge ad A. Rosmini. La condizione prima dell'ateismo è il razionalismo, inteso come negazione del soprannaturale e dello stato di colpa in cui l'umanità versa dopo la caduta. Il pieno successo dell'ateismo non è dunque nell'attuazione storica del marxismo, bensì nella società opulenta, che raccoglie tutte le negazioni del marxismo rispetto al pensiero tradizionale, ma ne espunge (con un esito conservatore) il momento messianico e religioso, che nel marxismo è rappresentato dalla speranza rivoluzionaria.

De Lubac, Henri (Cambrai 1896 - Lione 1991), teologo francese. Con Y. Congar, M.D. Chenu, e J. Daniélou, è uno dei maggiori esponenti della teologia cattolica francese. Il proposito di risalire all'autentica tradizione cristiana lo porta a dare inizio, nel 1941, alla grande collana di patristica occidentale e orientale, «Sources chrétiennes». I suoi studi più significativi sono quelli sul soprannaturale, ai quali De Lubac si dedicò alla fine degli anni Quaranta, nell'intento di salvaguardare la caratteristica di 'gratuità' propria della grazia evitando il dualismo che separa grazia e natura; i saggi sono stati raccolti e pubblicati in maniera definitiva nel 1965 nei due volumi: *Il mistero del soprannaturale* e *Agostinismo e teologia moderna*. L'altra opera importante, *Esegesi medioevale.* I quattro sensi della scrittura (voll. I e II 1959, vol. III 1960, vol. IV 1964), prende in esame le varie dimensioni (storica, spirituale, sociale ed escatologica) della Scrittura; si tratta di un'opera d'ermeneutica fondamentale che travalica il razionalismo alto medievale e recupera la dimensione simbolica della Scrittura (si veda a questo proposito anche *Corpo Mistico. L'eucarestia e la chiesa nel Medio Evo*, 1964). Questo approccio innovatore, in particolare quello riguardante il rapporto natura-grazia, fu ostacolato dalla Santa Sede; De Lubac dovette lasciare l'insegnamento e vivere isolato per diversi anni. Fu poi riabilitato da Giovanni XXIII che lo volle come esperto al Concilio Vaticano II.

De Man, Paul (Anversa 1919 - New Haven, Connecticut, 1983), critico letterario belga. Compì gli studi all'università di Bruxelles. Nel 1948 si trasferì negli Stati Uniti, stabilendosi nel 1970 a Yale, dove diede vita, insieme con H. Bloom, G. Hartman e J. H. Miller, al gruppo degli Yale Critics (→ Yale, scuola di). Nella sua produzione, saggistica e metodicamente asistematica, De Man radicalizza l'assunzione del carattere ambiguo e autoriflessivo del linguaggio letterario, prevalente nella riflessione poetologica dal romanticismo in poi. Ambigua non è solo la letteratura, ma ogni prestazione linguistica che presenti enunciati sul cui significato letterale o retorico non è possibile, di diritto, decidere in ultima istanza. Di qui la riduzione della differenza tra letteratura, critica e filosofia e, in senso inverso, il conferimento di un carattere riflessivo e critico all'attività letteraria in quanto tale.
Tra le sue opere: *Cecità e visione. Linguaggio letterario e critica contemporanea* (1971); *Allegorie della lettura* (1979); *La retorica del Romanticismo* (1984); e postume: *La resistenza alla teoria* (1986) e *L'ideologia estetica* (1990).

De Martino, Ernesto (Napoli 1908 - Roma 1965), etnologo italiano. Allievo di A. Omodeo, in *Naturalismo e storicismo nell'etnologia* (1941) tentò di fondare una «etnologia storicistica» che, sebbene non sempre pertinente rispetto alle metodologie elaborate dall'antropologia culturale contemporanea (che B. Croce accusava di pseudoscientificità), gli permise però sviluppi fecondi, allora e oggi inconsueti e sostanzialmente isolati nella cultura italiana. *Il mondo magico* (1948) delineò una storia del magismo come esperienza «diversa», mitico-esistenziale, modalità di reazione dell'uomo alla crisi della presenza nel mondo. L'opera inaugurò la «Collezione di studi religiosi, etnologici e psicologici» delle edizioni Einaudi, che De Martino diresse con C. Pavese redigendo numerose introduzioni. L'approfondimento culturale e soprattutto le indagini sul terreno, la lettura di A. Gramsci e l'interesse per la cultura subalterna, si tradussero in una ricca produzione: *Morte e pianto rituale nel mondo antico* (1958); *Sud e magia* (1959); *La terra del rimorso* (1959), studio sui «tarantati» nel Salentino; *Furore simbolo valore* (1962). Le incompiute ricerche raccolte nel volume postumo *La fine del mondo. Contributo all'analisi delle apocalissi culturali* (1977) testimoniano di una ridefinizione complessiva della propria tematica, ripresa di un non mai realmente interrotto dialogo critico con l'esistenzialismo, la fenomenologia (M. Heidegger, E. Paci, E. Husserl) e nuovamente Croce.

demitizzazione, termine del linguaggio esegetico e storico-religioso indicante il procedimento di riduzione del mito al suo presunto significato storico. È una semplificazione di «demitologizzazione» (*Entmythologisierung*), della parola cioè posta da R. Bultmann al centro della conferenza-programma del 1941 in cui espose le grandi linee della sua teoria ermeneutica biblica, edita con il titolo *Nuovo Testamento e mitologia*. Considerando il mito come «il racconto di un episodio o di un avvenimento nel quale intervengono forze o persone sovrannaturali, sovrumane», Bultmann ritiene che il → *kerygma* (annunzio, messaggio) cristiano sia sempre attuale, ma non lo siano più le forme «mitologiche» in cui esso ha trovato espressione nella Scrittura. Spogliarlo di queste rappresentazioni a esso associate dalla predicazione e dalla catechesi primitiva sarebbe indispensabile per ritrovarne l'autenticità.
Più di recente, teologi e storici delle religioni quali P. Ricoeur hanno distinto una possibile o

addirittura necessaria «demitologizzazione» da un'impossibile «demitizzazione», indicando così con i due termini due atteggiamenti contrapposti. Per Ricoeur la demitizzazione consisterebbe in un programma di eliminazione di ciò che in una religione è ontologicamente essenziale, il mito, e sarebbe perciò impossibile nell'ambito di una fede religiosa che volesse conservarsi come tale. Possibile sarebbe invece una demitologizzazione, cioè un'operazione che, mediante la critica della mitologia, riconducesse alla genuinità del mito. In questa prospettiva il mito ha un significato evidentemente assai diverso che per Bultmann: per Ricoeur esso tende a identificarsi con l'essere paradossale della Parola, al tempo stesso trascendente e suscettibile di estrinsecazione, mentre la mitologia è costituita dalle molteplici estrinsecazioni storiche del mito. La mitologia è un complesso di forme storiche e caduche, assunte nel corso del tempo dal nucleo mitico perenne, cherigmatico. Una demitizzazione comporterebbe quindi l'eliminazione dell'elemento perenne, mentre una demitologizzazione condurrebbe alla sua riscoperta al di là della caducità delle sue forme.

demiurgo (in gr. *dēmiourgós*, lavoratore pubblico), termine con cui Platone designa la causa efficiente senza la quale «è impossibile che alcuna cosa abbia nascimento» (*Timeo*, 28*c*). Intorno a questo «artefice e padre dell'universo» si è molto discusso. Anzitutto l'azione del demiurgo non è di natura creativa, ma produttiva e imitativa. Il demiurgo infatti guarda le idee o forme eterne e, assumendole come modello (*parádeigma*), plasma la materia a loro somiglianza. Le idee, la materia e il ricettacolo (il luogo originario di tutte le cose, non soggetto a generazione o corruzione) preesistono al demiurgo, il quale non è dunque assimilabile al Dio cristiano che crea dal nulla. Tenendo conto della teologia contenuta nel x libro delle *Leggi* di Platone, si deve però riconoscere al demiurgo un'attività provvidenziale che regge l'intero universo tramite l'azione delle varie divinità particolari (gli dei — si dice nel *Timeo* — sono generati a questo scopo dal demiurgo). Altro problema è quello della scelta del termine demiurgo per designare il divino ordinatore del mondo, il *formator universi*, come traduce bene Seneca (*Ad Helviam*, 8). Secondo A.E. Taylor (*Commentario al «Timeo»*) il termine rinvia al concetto di causa agente, in forza del quale Platone, nel *Fedone* e nelle *Leggi*, dimostra l'immortalità dell'anima. Ancora nelle *Leggi*, utilizzando la medesima analogia, Platone osserva che «ogni esperto artigiano compie la sua opera in funzione della totalità, tendendo a quello che è il più gran bene comune» (x, 903*c*). Questo è anche il principio della produzione demiurgica, che nasce dalla bontà e dalla mancanza di invidia e perciò dal desiderio che l'universo, come il demiurgo, sia buono e bello (*Timeo*, 49*e*) e, in certo modo, il migliore dei mondi possibili. Il neoplatonismo interpretò il demiurgo come una divinità intermedia, ossia come quel grado dell'emanazione che sta tra l'intelletto divino e il mondo. Gli gnostici (e in particolare Valentino) identificarono col demiurgo un essere mediatore tra lo spirito e la materia, intendendolo talora come una divinità malvagia. Una ripresa moderna del demiurgo platonico si ha in J.S. Mill, che considera l'azione di Dio limitata dalla materia e dalle varie forze dell'universo (*Saggi sulla religione*, III).

democrazia, il termine indica oggi, in senso lato, un corpo politico provvisto di qualche tipo di sistema rappresentativo (assemblea, parlamento, camera ecc.). Secondo questa definizione, quasi tutti gli stati contemporanei, non escluse le defunte democrazie socialiste e i regimi autoritari, dovrebbero essere considerati democratici. Una definizione più ristretta e rigorosa prevede che i sistemi rappresentativi siano elettivi e basati sul suffragio universale (con il solo vincolo di età minime per l'elettorato). Anche questa caratteristica però, non è sufficiente. Secondo un'opinione diffusa, perché un regime politico possa essere definito democratico, deve basarsi, oltre che sul vincolo delle elezioni universali, su alcune condizioni formali e materiali: la divisione tra potere legislativo, esecutivo e giudiziario (già enunciata da Montesquieu), il ricambio e la possibilità di revoca dell'esecutivo, la collegialità del governo, il primato del potere civile su quello militare, e simili. Questa definizione permette di escludere dal novero delle democrazie non solo i regimi assoluti, tipici dell'età pre-rivoluzionaria e oggi presenti in qualche monarchia o regime dinastico del terzo mondo, ma anche forme di dittatura come quella fondata sul potere assoluto di un *Führer*, *Duce* o *Caudillo*, che pure, in termini formali si basavano su costituzioni che prevedevano qualche forma di sistema rappresentativo.

Anche con queste restrizioni, il termine democrazia designa più una costellazione o famiglia di sistemi politici che non un ambito rigorosamente delimitato (per es. la IV Repubblica francese, fondata dal generale De Gaulle con un colpo di stato costituzionale era democratica di fatto, mentre il primo governo Hitler che sopprimeva la repubblica di Weimar si era insediato in seguito a procedure formalmente democratiche).

Una via per sciogliere la complessità del termine è risalire alle sue origini. Sotto ogni punto di vista la patria del concetto è l'Atene «democratica» del VI e V sec. a.C. Secondo le definizioni più o meno neutrali di Aristotele e quelle più polemiche di Platone, del sofista Trasimaco e dell'oligarca noto come Pseudo-Senofonte, la democrazia ateniese era caratterizzata dal coinvolgimento dei *dêmoi* nella gestione del potere politico. Benché *dêmos* indicasse in origine ogni distretto (urbano e rurale) in cui era suddivisa Atene, in seguito, con la riforma antioligarchica di Clistene, il termine indicò generalmente «il popolo che agisce congiuntamente». Con Clistene, la partecipazione dei cittadini alle deliberazioni dell'assemblea ateniese e alle funzioni esecutive divenne indipendente dal censo. Così, benché dalla democrazia fossero esclusi gli schiavi le donne e (tranne poche eccezioni) gli stranieri, Atene realizzò il primo esempio storico di partecipazione politica estesa ai ceti meno abbienti (come i contadini poveri, i marinai della flotta). Nel momento di massimo sviluppo i cittadini attivi di Atene non superarono i 40-50.000. La democrazia era perciò una forma di democrazia diretta in cui era possibile, in ogni momento della giornata udire la voce dell'araldo che chiamava i cittadini alle pubbliche deliberazioni.

Scomparso in epoca romana, feudale e assolutistica, il termine democrazia rinacque con la Rivoluzione francese e con l'ala più estrema dei rivoluzionari, i giacobini. Il comune di Parigi che, fino alla caduta di Robespierre, rappresentava la democrazia diretta del popolo parigino rispetto a quella elettiva della Convenzione, costituisce una sorta di riattualizzazione dell'antica *pólis* ateniese. Si deve notare tuttavia che il termine democrazia non giocò un ruolo decisivo nei dibattiti dottrinari della Rivoluzione francese, e neppure di quella americana, che pure, date le caratteristiche straordinarie della nuova repubblica, realizzò la prima forma veramente moderna di democrazia. È stato A. de → Tocqueville, con la sua grande opera sulla rivoluzione americana (*La democrazia in America*, 1835-40), a iniziare il dibattito moderno sulla democrazia. Per lui il vero marchio democratico della società americana risiedeva non solo nella sua costituzione federale, ma soprattutto nel vasto associazionismo politico, che realizzava una partecipazione diffusa dei cittadini agli affari di interesse comune. Già in questa opera, tuttavia, Tocqueville prevedeva una *decadenza* degli interessi politici, e quindi dell'autentica democrazia politica americana, in favore di quelli strettamente economici.

Dopo Tocqueville, il dibattito non ha più riguardato tanto l'essenza filosofico-politica della democrazia, ma le forme giuridiche e le condizioni materiali che consentono ai sistemi politici di salvaguardare i principi costituzionali e democratici formulati da Montesquieu e da Tocqueville e, al tempo stesso, la necessità di razionalizzare le decisioni, e quindi la produttività politica dei sistemi. Con l'eccezione di pensatori isolati (come Hannah Arendt), il dibattito sulla democrazia include sempre più spesso problemi pratico-dinamici come il mutamento, il consenso, il ricambio delle *élites* e le procedure di decisione, e sempre meno la natura della democrazia diretta. *A. D.L.*

Democrito (Abdera, Tracia, 460 ca - 370 ca a.C.), filosofo greco. Fu amico e discepolo di Leucippo, il fondatore del primo atomismo greco, e contemporaneo di Socrate e del medico Ippocrate di Cos. Viaggiò molto, visitando come Erodoto a scopo di ricerca l'Egitto, Babilonia e la Persia; la vastità dei suoi interessi è attestata anche dalle molte opere di etica, fisica, matematica, musica, di cui restano i titoli e più di duecento frammenti autentici. Il suo stile è ricordato da Cicerone per la bellezza e l'ornato poetico che lo avvicinano a quello di Platone, e per la sua limpidezza in contrasto con l'oscurità di Eraclito.

La fisica generale di Democrito era esposta nel perduto *Mikròs diákosmos* (il *Piccolo ordinamento del mondo*, distinto dal *Grande ordinamento* del maestro Leucippo); così come risulta dalle testimonianze in gran parte indirette, essa è una concezione della natura, fondata, come quella del maestro, su due principi: l'ente e il non ente della tradizione eleatica (Leucippo sembra sia stato scolaro di Zenone di Elea); l'ente ha i tratti del puro ente di Parmenide: è pieno, indivisibile, inalterabile, senza qualità sensibili, né generato né corruttibile; ma a differenza dell'uno eleatico che è anche uno di numero e immobile, l'ente democriteo è infinito di numero, è una pluralità di enti innumerevoli, i quali differiscono fra loro soltanto per la forma (e grandezza), l'ordine o contiguità e la posizione o conversione; e sono inoltre in perenne movimento spontaneo. La pluralità e il movimento dell'ente sono resi possibili dal non ente, il vuoto (*tò kenón*): violando espressamente il principio fondamentale del pensiero eleatico, l'atomismo antico al fine di «salvare i fenomeni» sostiene invece che «il qualcosa (*tò dèn*) non esiste più del nulla (*tò mēdén*)» (fr. 156 Diels); ma una volta posti i due tipi di esistenza — la corporea del qualcosa (l'ente) e l'incorporea del nulla (il non ente) — resta la reciproca esclusione: ciascun ente è pieno (senza vuoto), dunque è indivisibile per la sua solidità. L'ente indivisibile è «forma indivisibile» (*átomos idéa*) secondo l'uso ricorrente di *átomos* («indivisibile») nelle fonti indirette, mentre nei frammenti l'espressione non compare mai e compaiono invece «il qualcosa» (*tò dèn*), «l'ente» (*tò ón*) e «il denso» (*tò nastón*). Tali «forme indivisibili» infinitamente varie si muovono «spontaneamente» (*apò tautomátou*, secondo l'espressione aristotelica) nel vuoto senza resistenza del non ente, si incontrano e si scontrano, si aggregano e disgregano, in una vibrazione o pulsazione eterna, senza principio né fine, da cui provengono quei vortici che generano mondi, anch'essi infinita-

mente vari e diversi fra loro, dei corpi composti di atomi e vuoto e quindi destinati a scindersi attraverso i loro interstizi e a distruggersi.
L'ente e il non ente non sono esistenze percettibili: nel campo della percezione sensibile cadono invece i corpi composti di atomi e vuoto. Pertanto si danno due tipi di conoscenza: «oscura», quella dei cinque sensi; «autentica», quella della mente o pensiero (*nóus*). La sensazione e il pensiero, l'anima o la vita in genere (*psychē*), sono anch'essi atomi di forma particolare, rotondi e lisci, mobili e leggeri, diffusi attraverso tutto il corpo o «involucro», salvo gli atomi della mente che si concentrano, secondo la medicina di Ippocrate, nel cervello. Le sensazioni a loro volta sono provocate dall'urto degli atomi esterni con gli atomi di fuoco dell'anima vegetativa e sensitiva: in particolare, dai corpi esterni si distaccano «ombre» o «simulacri» (*éidōla*) che riproducono in miniatura la figura dei corpi e si imprimono sulla pupilla. L'uomo è dunque in relazione immediata coi corpi composti «visibili e tangibili» dell'esperienza sensibile, ma il sapere dei sensi dovuto al contatto degli atomi è mera opinione, un sapere spurio. Democrito insiste su questo motivo del distacco dell'uomo dalla verità e realtà delle cose, in particolare nelle sue opere di logica ed epistemologia, i *Logikà* o *Canoni* (*Regole*) e le *Hypothêkai* o *Consigli*, e nel *Perì Ideôn*; il motivo sarà in seguito ripreso e fatto proprio dallo scetticismo greco: «nulla sappiamo in modo autentico, perché la verità giace nel profondo» (fr. 117); l'uomo dunque è lontano dall'autentico (fr. 6), cioè dalla percezione diretta di atomi e vuoto: «noi non sappiamo niente di sicuro, ma conosciamo solo ciò che si trasforma secondo la costituzione o disposizione del nostro corpo e dei corpi che sopraggiungono dall'esterno e urtano in esso» (fr. 9). Di qui la celebre dottrina della natura convenzionale e instabile delle qualità sensibili, caldo-freddo, dolce-amaro ecc.: «per convenzione il colore, per convenzione il dolce, per convenzione l'amaro; in realtà, solo atomi e vuoto» (fr. 125). Resta il problema di come l'uomo possa dal sapere spurio arrivare col sapere autentico a percepire l'ente e il non ente.
L'etica è la parte più consistente che ci sia pervenuta del *Corpus democriteum*; si tratta di un vasto florilegio di massime morali tramandatoci in questa forma da Stobeo. L'uomo è «microcosmo» (fr. 34), un aggregato di atomi e vuoto, e il suo destino è lo stesso del cosmo a cui appartiene. Fine dell'uomo è la conservazione o equilibrio, cioè la «serenità d'animo» o il «benessere», cui Democrito dedicò un'opera famosa e in parte ripresa in seguito da Seneca nel *De tranquillitate*.

Demolins, Edmond (Marsiglia 1852 - Les Roches, Verneuil, 1907), pedagogista francese. Muovendo dai presupposti della pedagogia anglosassone, fondò nel 1899 in Bretagna una comunità educativa di tipo collegiale, l'«Ecole des Roches», situata in campagna. Secondo i principi di Demolins (*L'educazione nuova*, 1898) la vita vi era incentrata sull'esperienza diretta della natura, sul lavoro manuale, sulla produzione agricola come centro di interesse. Continuatore di Demolins fu G. Bertier, direttore dell'«École» già dal 1903; Bertier si occupò in particolare del problema dell'orientamento scolastico.

demologia, → folclore.

demone, essere soprannaturale, spirituale o semidivino. Nel Nuovo Testamento ha in genere una precisa caratterizzazione negativa, in quanto indica la presenza in un individuo di malattie fisiche o psichiche: scacciare i demoni equivale a guarire i malati. Nella cultura greca, il termine designa talvolta l'azione stessa della divinità: il *dáimōn* che Socrate avverte dentro di sé è il richiamo divino che lo spinge a non compiere determinate azioni. Più spesso i demoni sono intesi come esseri malefici: Eurinomo, che divora le carni dei cadaveri lasciandone solo le ossa; Empusa, demone notturno che si nutre di carne umana, atterrisce soprattutto le donne e i bambini e, pur assumendo forme disparate, è riconoscibile dal suo piede di bronzo; Lamia, divoratore di bambini, che si toglie gli occhi per dormire (e solo in quei momenti è innocuo); Mormo, demone femminile invocato per minacciare i fanciulli.
Affine al concetto di demone è quello di genio (dal lat. *genius*). Originariamente esso indicava una antichissima divinità del Lazio, personificazione della forza divina che tutto genera e tiene in vita. In seguito il termine assunse un significato differente, più vicino a quello del demone greco: i geni sono spiriti benevoli che possiedono particolari poteri e fungono da intermediari fra Dio e l'uomo; per ogni individuo vi è un genio, preposto alla protezione del singolo e della famiglia.
Mentre la credenza nei demoni è presente nelle culture cosiddette «primitive» e nelle religioni antiche e orientali, le religioni monoteistiche (ebraismo, cristianesimo, Islam) e semimonoteistiche (mazdeismo) concepiscono la potenza demoniaca essenzialmente come → diavolo, pur sopravvivendo in esse una credenza più o meno estesa nei demoni.

De Morgan, Augustus (Madras, India 1806 - Londra 1871), matematico e logico inglese. Insegnò all'università di Londra (attuale University College) dal 1828 al 1866. Diede contributi significativi alla formalizzazione dell'algebra e ad altri settori della ricerca matematica; tuttavia è ricordato soprattutto per la profonda revisione a cui sottopose la teoria del sillogismo e per il suo studio pionieristico sulla logica delle relazioni. Introdusse tra l'altro le nozioni di «universo di discorso» e «complemento di un insieme». Autore molto prolifico, si impegnò a fondo nella polemica con W. → Hamilton intorno alla priorità nella «scoperta» della quantificazione del predicato (in cui in realtà sia De Morgan sia Hamilton erano stati preceduti da G. Bentham); polemica che segna buona parte della sua produzione scientifica. Opere principali: *La struttura del sillogismo* (1847); *Logica formale* (1847); *Sul sillogismo III* (1857); *Sillabo di un proposto sistema di logica* (1859); *Sul sillogismo IV e logica delle relazioni* (1859).

• *Leggi di De Morgan.* Le due equivalenze $\sim(p \vee q) \equiv (\sim p \wedge \sim q)$, $\sim(p \wedge q) \equiv (\sim p \vee \sim q)$, effettivamente teorizzate — per i termini — da De Morgan (cfr. *Sul sillogismo III*, 22) ma note già a Occam.

denotazione, → connotazione.

depressione, o melanconia, alterazione dell'affettività (più precisamente del tono dell'umore) consistente in una tristezza profonda, con mancanza di autostima e bisogno di autopunizione; nelle forme più gravi, assume le caratteristiche del disturbo psichico vero e proprio. Depressione e mania costituiscono disturbi *distimici*, o dell'equilibrio del tono dell'umore; quando si alternino in periodi ciclici nella stessa persona costituiscono la *psicosi maniaco-depressiva* (detta anche «ciclotimia» secondo la classificazione di E. Kraepelin). Si distinguono una depressione *endogena*, dovuta a cause in gran parte ignote e a componente ereditaria, e una depressione *reattiva*, cioè successiva ad avvenimenti luttuosi e legata a meccanismi di tipo nevrotico. La depressione *involutiva* si presenta nell'età senile ed è legata al decadere fisico e mentale, nonché alla condizione esistenziale propria di quest'età. La depressione tende a risolversi spontaneamente dopo un periodo di settimane o mesi, o a convertirsi nel suo opposto, l'euforia e l'eccitamento della *mania*; può ripresentarsi in fasi o cicli più o meno ravvicinati.

Nella depressione *ansiosa* il soggetto vive in uno stato di → angoscia - ansia, o nel timore di una incombente catastrofe. Quando la forma depressiva è grave, possono comparire deliri di rovina, di colpa, di negazione. Le cause della depressione sono molteplici. A una tendenza costituzionale (spesso ereditaria) alla malinconia o agli squilibri dell'umore, che è valutata soprattutto dalla psichiatria tradizionale, si possono sommare le conseguenze di esperienze infantili, a cui danno soprattutto importanza le scuole di impronta psicoanalitica. Le terapie prevalenti sono oggi terapie sintomatiche, aventi come scopo di alleviare i sintomi del disturbo: a questo proposito i farmaci antidepressivi, se usati in modo appropriato, sono efficaci. Nei casi più gravi e quando vi sia rischio di suicidio è opportuno il ricovero. La psicoterapia può essere un valido aiuto.

Derrida, Jacques (El-Biar, Algeri, 1930), filosofo francese. Ha studiato nella Ecole Normale Supérieure sotto la guida di J. Hyppolite e di M. de Gandillac. Dal 1983 è direttore di studi nella Ecole des hautes études en sciences sociales di Parigi. Attraverso un dialogo con i classici della filosofia antica e moderna, Derrida ha saldato i due motivi dominanti nella nostra tradizione filosofica: la verità come evidenza intuitiva (ossia come presenza di qualcosa davanti a uno spirito presente a se stesso) e come forma a priori che predetermina l'intuizione. È questo il tema sviluppato nella lunga introduzione alla *Origine della geometria* (1962) di Husserl. La teoria intuizionistica della verità è in Husserl tale che il vero si identifica con l'evidenza di coscienza; ma perché esso non risulti un bagliore isolato, se ne renderà necessaria una prima formalizzazione-tesaurizzazione all'interno della coscienza. Intuitiva e tacita, la verità deve intanto prendere una forma linguistica per superare la discontinuità della coscienza. Affinché il vero non resti consegnato a una vita psichica isolata, sarà in secondo luogo necessario che lo si trasmetta a una comunità. Perché, infine, il linguaggio orale, che ha liberato la verità dalla soggettività individuale, non resti limitato allo scambio all'interno della comunità istitutrice, sarà necessario, attraverso un'opera di crescente formalizzazione, che la verità sia scritta, sì da garantire la tradizionalizzazione assoluta dell'oggetto, la sua oggettività ideale assoluta, cioè la purezza del suo rapporto con una soggettività trascendentale universale.

Questo comporta una ridiscussione delle relazioni tra archeologia e teleologia: il senso originario di qualcosa si può cogliere solo come senso finale, soltanto una teleologia può aprirsi un varco verso le origini, dal momento che l'originario esiste solo sotto la prospettiva di un compimento. Ne segue allora che l'ultimo nell'ordine del fatto è il primo nell'ordine del diritto, di modo che la condizione della intuizione tacita e pre-linguistica come forma della presenza è la tradizionalizzazione, il linguaggio e, più radicalmente, la scrittura, intesa come quell'ambito trascendentale di pure idealità da cui ogni soggetto si può assentare. Se dunque la tradizione ha visto nella scrittura una forma di non-presenza, si troverà che proprio la scrittura è la condizione della evidenza e della presenza nella intuizione o, in altri termini, è la vera presenza, come iterabilità indefinita resa possibile dalla idealizzazione (ciò che Derrida, in *Della grammatologia*, 1967, indica col paradosso della scrittura *prima* della voce).

Questo però non significa squalificare i diritti dell'empirico. È possibile e necessaria una seconda navigazione (*La voce e il fenomeno*, 1967). La costituzione della idealità nasce dal rapporto di un esistente con la sua morte. Che cosa è infatti la presenza, se non ciò che esisteva prima di me e che esisterà dopo di me? Ma, se

approfondito nelle sue conseguenze, questo principio pacifico della filosofia da Platone a Husserl comporta più di un elemento fortemente eversivo. Il primo è una delucidazione del motivo per cui nella filosofia di Heidegger si può parlare, in un quadro legato alla filosofia dell'esistenza e della finitezza, dell'empirico come condizione del trascendentale (dal momento che proprio lo svanire dell'empirico-finito è la condizione della idealizzazione come vera presenza); ne segue che la presenza del presente è una traccia di traccia (l'idealità come presenza trascendentale è traccia dello svanire dell'empirico; la presenza empirica è la traccia della presenza trascendentale; l'attualità vivente dello spirito è memoria). Il secondo è una ridiscussione, ispirata al Nietzsche del *Crepuscolo degli idoli*, dei rapporti tra verità e finzione, che risultano alla fine trascendentalmente indistinguibili; entrambe infatti si definiscono sotto la forma della ri-presentazione, di cui l'idealizzazione-iterazione del vero e la rappresentazione del fittizio non sono che due modificazioni determinate; onde le condizioni per cui una cosa può esser vera risultano le stesse per cui può essere falsa. Il terzo, come viene chiarito da Derrida in una celebre conferenza del 1968 (*La différance* [sic], ora in *Margini della filosofia*, 1972), è che la stretta correlazione tra empirico e trascendentale, fattualità e idealità, natura e cultura, consente una nuova lettura della dialettica moderna, intesa ora come differenza. Il problema che Schelling e poi F.A. Trendelenburg oppongono alla logica hegeliana (quello secondo cui il passaggio dall'essere al nulla al divenire presuppone un tacito intervento dell'intuizione, e per cui dunque non si può parlare di una presupposizione del pensiero al reale) va riformulato nel modo che segue: il divenire precede l'essere e il nulla; è propriamente la differenza che fa sì che l'essere sia un nulla differito e il nulla un essere differente, allo stesso modo che, come si è visto, l'empirico è un trascendentale differente e il trascendentale un empirico differito.
In questa prospettiva, perde soprattutto cogenza la tradizionale alternativa tra spontaneità del pensiero e passività dell'intuizione, l'intuizione essendo un pensiero differito e il pensiero una intuizione differente. Derrida propone così una teoria generale della differenza per cui le opposizioni istitutive della nostra tradizione filosofica (*phýsis* e *téchnē*, *phýsis* e *nómos*, necessità e libertà ecc.) risultano essere dei rapporti differenziali (per es., la natura come cultura differita). Bisogna pensare l'intima relazione delle coppie concettuali ereditate per porre le condizioni di una fuoriuscita dalla nostra tradizione; si tratta però di pure condizioni. Derrida riconosce i limiti immanenti alla nozione di auto-oltrepassamento, e in questo senso vede la possibilità di un'uscita dalla tradizione solo nell'avvento di una alterità radicale che si tinge di colori messianici. *M. Fe.*

De Ruggiero, Guido (Napoli 1888 - Roma 1948), storico della filosofia italiano. Fu professore universitario a Messina e a Roma. Seguace dell'attualismo, più che a saggi teoretici legò il suo nome a un'ampia *Storia della filosofia* (13 voll., 1918-48), che costituisce la prima grande storia filosofica realizzata in Italia. Ispirata a una lettura idealistica (ma ben documentata sulle fonti e sulla critica) dell'evoluzione filosofica e religiosa del pensiero umano, l'opera è particolarmente penetrante nell'analisi della filosofia moderna, da Cartesio a Hegel. Un compendio della *Storia* è il *Sommario di storia della filosofia* (1927). Altri scritti importanti: *Storia del liberalismo europeo* (1925); *Filosofi del Novecento* (1934).

De Sanctis, Francesco (Morra Irpina, Avellino, 1817 - Napoli 1883), critico letterario, uomo politico e filosofo italiano. Nella Napoli borbonica tenne dal 1838 una scuola privata, non soltanto di letteratura ma anche di filosofia, e con i suoi allievi partecipò all'insurrezione del 1848, subendo il carcere e poi l'esilio a Torino e a Zurigo. Dopo il 1860, militò nella Destra e successivamente nella Sinistra; deputato, più volte ministro della pubblica istruzione, insegnò nell'università di Napoli. Le sue opere principali sono la *Storia della letteratura italiana* (1870-71) e la raccolta dei *Saggi critici*, fra i quali di interesse filosofico *Schopenhauer e Leopardi* (1858), *La scienza e la vita* (1872), *Il principio del realismo* (1876), *Il darwinismo nell'arte* (1883). Si aggiunga uno scritto del 1858 pubblicato postumo col titolo *Critica del principio dell'estetica hegeliana*. L'estetica fu naturalmente la disciplina filosofica coltivata specificamente da De Sanctis; e già prima del 1848 egli conosceva Hegel, di cui in seguito tradusse la *Scienza della logica*. Con la discussione dell'estetica di Hegel, attorno al 1858, De Sanctis pervenne alla formulazione della propria concezione, secondo la quale l'arte è essenzialmente «forma» e costituisce un'esperienza autonoma dalla morale, dalla religione, dal pensiero filosofico ecc. Di contro all'intellettualismo che ancora permaneva in Hegel con la tesi dell'arte come rappresentazione sensibile dell'«idea», per De Sanctis «la forma non è un'idea, ma una cosa», nel senso che la rappresentazione artistica è caratterizzata da una compiuta oggettività, in cui è risolto qualsiasi elemento d'altra natura che pur concorra all'ispirazione di un artista. Anzi, senza una ricca vita morale e sentimentale non è possibile, per De Sanctis, arte vera, ma tutt'al più «letteratura», mera perizia tecnica; e tuttavia l'arte viene meno anche quando le venga assegnata una funzione allegorica. Successivamente, De Sanctis insistette sempre più sul carattere «realistico» della rappresentazione artistica, in polemica col tardo romanticismo e in sintonia col clima anti-idealistico che dominava nella cultura europea. Tracce consistenti di hegelismo si ritrovano tuttavia nella sua concezione della storia, in particolare nella *Storia della letteratura italiana*, per il postulato dell'organicità delle varie epoche, onde ogni elemento della vita sociale e della vita culturale tenderebbe a corrispondere agli altri, riflettendo tutti, volta a volta, un principio unitario.

De Sanctis, Sante (Parrano, Rieti, 1862 - Roma 1935), psicologo e psichiatra italiano. Allievo di C. Lombroso e di G. Sergi, si allontanò ben presto dalla loro linea positivistica, in nome di un ideale di neutralità della ricerca scientifica rispetto alle scelte filosofiche. Vincitore nel 1905 della prima cattedra di psicologia sperimentale nella storia della psicologia italiana, diresse per venticinque anni l'Istituto di psicologia della facoltà di medicina dell'università di Roma. De Sanctis introdusse in psicologia il metodo clinico e psicopatologico; nel campo della nascente psicotecnica adattò il famoso test di Binet-Simon (A. → Binet), e propose egli stesso alcuni test che per molti anni vennero impiegati dagli psicologi italiani. Fu in contatto epistolare con Freud fin dal 1900, e sostenne il nascente movimento psicoanalitico italiano, di cui tuttavia non fece mai parte. Fra le sue molte iniziative va ricordata la fondazione nel 1899 degli «asili-scuola» per l'assistenza e il recupero sociale dei fanciulli e adolescenti minorati psichici, i primi del genere in Europa. In campo psichiatrico scrisse *La neuropsichiatria infantile* (1925), che ebbe il riconoscimento di E. Kraepelin, e scoprì una sindrome che denominò «demenza precocissima». In campo psicologico coltivò molteplici interessi, dalla psicologia sperimentale alla psicopedagogia, dalla psicologia giudiziaria e criminologica alla psicologia della religione. Nel 1929-30 pubblicò un trattato di *Psicologia sperimentale*, il primo nella storia della psicologia italiana. Altri suoi scritti furono tradotti in tedesco, in particolare *I sogni. Studi clinici e psicologici di un alienista* (1899) — opera letta e apprezzata da Freud, che la cita nella *Interpretazione dei sogni* — e *La mimica del pensiero* (1903).

De Sarlo, Francesco (San Chirico Raparo, Potenza, 1854 - Firenze 1937), filosofo e psicologo italiano. Titolare della cattedra di filosofia teoretica nell'università di Firenze, con la rivista «Cultura filosofica» contribuì alla diffusione in Italia, nei primi anni del secolo, delle nuove dottrine psicologiche. Nel 1903, con l'aiuto di P. Villari e F. Tocco, fondò a Firenze un laboratorio di psicologia, il primo nella storia della psicologia italiana. Egli stesso sperimentalista, credette tuttavia all'indissociabilità della psicologia dalla filosofia, ed elaborò un sistema psicologico spiritualistico, esposto nelle opere *I dati dell'esperienza psichica* (1903) e *Psicologia e filosofia* (1918). De Sarlo avvicinò molti suoi allievi agli studi psicologici: in particolare, A. Aliotta ed E. Bonaventura.

Descartes, René, → Cartesio.

descrizione etnografica, → etnologia.

descrizioni, teoria delle, la teoria logica delle cosiddette 'descrizioni definite', cioè dei sintagmi nominali singolari introdotti da un articolo determinativo (per es. 'la moglie di Piero', 'il numero primo divisibile per due', 'la montagna più alta del mondo'). La difficoltà di fornire un'analisi soddisfacente di questa categoria di espressioni ha a che fare soprattutto con il caso delle descrizioni definite *improprie*, cioè di quelle descrizioni che non identificano univocamente alcuna entità (come 'l'attuale re di Francia' o 'la montagna alta più di 9000 metri'). I due punti di vista classici sul problema delle descrizioni sono quelli di G. Frege e di B. Russell. Frege assimila le descrizioni ai nomi propri, le considera cioè espressioni che denotano oggetti. L'uso di una descrizione *presuppone* che la descrizione in questione si attagli a uno e a un solo oggetto. Se la presupposizione è soddisfatta, la descrizione denota l'oggetto cui si attaglia. Se invece la presupposizione non è soddisfatta — se, in altri termini, si ha a che fare con una descrizione impropria —, la descrizione è priva di denotazione, e questo comporta, per Frege, che un enunciato che la contenga non può essere né vero né falso. All'analisi di Frege (ripresa in seguito da Strawson) si contrappone quella di Russell, che tratta le descrizioni come *simboli incompleti*, cioè come espressioni che non hanno un significato autonomo: per Russell, la struttura logica di un enunciato contenente una descrizione può essere esplicitata solo mediante una parafrasi opportuna nella quale la descrizione scompare. Più precisamente, l'idea di Russell è che un enunciato della forma 'il D è P' debba essere parafrasato così: esiste un x tale che x è D, per ogni y che sia D, y = x, e x è P. Da questa analisi segue che anche gli enunciati contenenti una descrizione impropria hanno un valore di verità determinato (per es. l'enunciato 'l'attuale re di Francia è calvo', una volta parafrasato come 'esiste un x che regna attualmente in Francia, per ogni y che regni attualmente in Francia, y = x, e x è calvo', risulta falso).

Fra i contributi più recenti alla teoria delle descrizioni va ricordata la distinzione, introdotta da K. Donnellan, fra uso *attributivo* e uso *referenziale* di una descrizione: si ha un uso attributivo quando si intende parlare di chiunque soddisfi una certa descrizione; se invece si adopera una descrizione per fare riferimento a un individuo determinato, già identificato in altro modo, allora la descrizione sarà usata referenzialmente.

designatore rigido, termine introdotto da S. → Kripke per indicare le espressioni linguistiche che hanno la stessa denotazione in tutti i →

mondi possibili. Tali sono, secondo Kripke e altri, i nomi propri, mentre un esempio di designatori non rigidi è costituito dalle descrizioni definite (→ descrizioni, teoria delle). Così, il nome «Alessandro Volta» denota Alessandro Volta in tutti i mondi possibili, mentre la descrizione «l'inventore della pila» denota, in ciascun mondo m, chiunque abbia inventato la pila in m. Ne segue che, contrariamente a quanto suggerito da G. Frege e da B. Russell, i nomi propri non possono essere considerati come abbreviazioni di descrizioni definite; e ancora, che qualsiasi enunciato nella forma «M = N», dove M e N sono nomi, se vero nel mondo reale, è vero in tutti i mondi possibili, e quindi necessariamente vero (→ modalità). Secondo Kripke, oltre ai nomi propri, vanno annoverati tra i designatori rigidi anche i termini di genere naturale («acqua», «limone», «tigre» ecc.).

Dessoir, Max (Berlino 1867 - Königstein 1947), filosofo e studioso di estetica tedesco. Si formò all'università di Berlino con maestri quali W. Dilthey, E. Zeller, Th. Mommsen, U. Wilamowitz-Möllendorff e H. Diels; e nella stessa università insegnò fino al 1936, quando, a causa delle sue origini ebraiche, venne allontanato dall'insegnamento.

La sua impostazione filosofica risente soprattutto del pensiero di Dilthey, che influenzò i suoi studi di psicologia e, in particolare, la *Storia della psicologia tedesca moderna* (1894). All'estetica tuttavia è dedicata la maggior parte della sua opera, le cui conclusioni teoriche sono raccolte in un lavoro dal forte impianto sistematico, *Estetica e scienza generale dell'arte* (1906, 2ª ed. riveduta 1923). Il bello, l'estetico e l'arte, secondo Dessoir, non posseggono alcuna unità essenziale: vanno dunque analizzati separatamente, nella varietà dei loro fenomeni e delle loro specifiche connessioni. Si dovrà allora distinguere l'estetica, come descrizione dei molteplici vissuti sensibili (e in primo luogo del piacere estetico), dalla scienza dell'arte, che indagherà i metodi, i fini, il valore dell'arte, i problemi posti dalla creazione artistica e i temi della classificazione e della funzione delle varie arti. Solo tracciando dei confini sarà possibile costruire la griglia scientifica e metodologica entro la quale raccogliere e far collaborare elementi concettualmente così differenziati.

Destutt de Tracy, Antoine-Louis-Claude (Paray-le-Frésíl, Allir 1754-Parigi 1836), filosofo francese. Deputato per la nobiltà agli stati generali nel 1789, si schierò dalla parte del terzo stato per l'abolizione dei privilegi feudali; durante il terrore venne però incarcerato per le sue posizioni moderate. Fu membro del consiglio della pubblica istruzione dopo il termidoro; nominato senatore dopo il 18 brumaio, preferì ritirarsi a vita privata per la sua ostilità a Napoleone, del quale propose nel 1814 la destituzione. Fu attivo sostenitore della causa dei neri contro la tratta, e amico personale di Th. Jefferson, che pubblicò negli Stati Uniti il suo *Commentario allo «Spirito delle leggi»* (1811; l'edizione francese apparve solo nel 1827). Oltre quest'opera, nella quale Destutt correggeva alcune teorie economiche di Montesquieu, si ricordano *Sulla facoltà di pensare* (1796) e *Elementi d'ideologia* (5 voll., 1801-15), ristampati parzialmente col titolo *Trattato di economia politica* (1823). Negli *Elementi* Destutt sviluppa la sua teoria gnoseologica e logica, fondata sull'«analisi delle sensazioni e delle idee»: qui egli conia il termine «idéologie», ossia scienza della formazione delle idee, con cui si farà poi riferimento a un gruppo di filosofi e studiosi tardo-illuministi (gli → idéologues). Destutt era convinto che si dovessero fondare le scienze esatte della morale, della politica e dell'economia sulla base dell'analisi delle idee, la quale, a sua volta, riportava alle sensazioni e quindi alla fisiologia. Seguace di E. de Condillac e sensista radicale, fu anche interessato a problemi linguistici di logica e grammatica generale: astraendo dalle particolarità di ciascuna lingua non possiamo che trovare delle costanti universali, poiché alla base della composizione dei segni sta la composizione delle idee. La conoscenza scientifica è per Destutt legata a una lingua razionalmente organizzata, non tuttavia a un linguaggio artificiale.

determinismo, termine scientifico e filosofico che definisce la connessione necessaria di tutti i fenomeni secondo il principio della causalità (→ causa). Il determinismo ha dominato il pensiero moderno dal sec. XVII al XIX. Sua premessa è la rivoluzione scientifica galileiana, con la conseguente eliminazione delle cause finali dalla natura che sta alla base del → meccanicismo di Cartesio, Hobbes, Gassendi e Spinoza. In particolare Gassendi collegò il meccanicismo e il determinismo moderni con le antiche concezioni atomistiche degli epicurei, che le avevano a loro volta derivate da Leucippo e Democrito. Già nel mondo classico il determinismo presentò due aspetti: uno propriamente fisico e uno morale. Democrito concepì la natura come interamente regolata dal movimento degli atomi nello spazio vuoto. Questo rigido determinismo materialistico, al quale anche l'uomo e la sua stessa anima erano soggetti, trovò una parziale rettifica in Epicuro e poi in Lucrezio, il cui scopo era quello di rinvenire un fondamento fisico alla possibilità del libero volere e del → caso. Essi introdussero pertanto il concetto di *clinamen* (deviazione), per cui gli atomi sono talora in grado di mutare spontaneamente la propria direzione e di infrangere la catena delle cause necessarie.

Il determinismo moderno si scontrò a sua volta col problema di rendere compatibile la concezione meccanicistica della natura propria della scienza con gli assunti fondamentali della reli-

gione e della morale cristiana (esistenza e libertà dell'anima, azione provvidenziale di Dio). Da Cartesio a Leibniz e a Kant, la tendenza fu quella di separare in modo metafisico o in modo «critico» la realtà del mondo naturale (riconducibile ai principi della divisibilità della materia e del movimento e perciò a leggi necessarie) dalla realtà del pensare e del volere, intesi come attività autonome e spontanee, capaci di autodeterminarsi liberamente al di fuori dei condizionamenti materiali. In opposizione a questa tendenza i moderni «epicurei» e libertini adottarono soluzioni di tipo rigidamente materialistico, in cui alle ragioni scientifiche si univano motivazioni ideologiche di ostilità morale nei confronti del cristianesimo e di lotta politica contro la chiesa. Tale atteggiamento culmina nell'illuminismo con D. Diderot, C.-A. Helvétius, J.O. de La Mettrie, P.-H. D. d'Holbach e altri.
Da un punto di vista strettamente scientifico il determinismo trova la sua più compiuta espressione all'inizio dell'Ottocento nell'opera di P.-S. Laplace, il quale sostiene che, se fossero note in un determinato istante tutte le forze che agiscono sulla natura e la posizione di tutti i corpi, sarebbe in linea di principio possibile prevedere tutti gli stati susseguenti dell'universo: «Per una tale intelligenza tutto sarebbe chiaro e certo, l'avvenire come il passato le sarebbero presenti» (*Saggio sulle probabilità*, 1814). A concezioni deterministiche aderirono varie correnti del positivismo, in particolare i materialisti tedeschi K. Vogt e J. Moleschott, i quali sostenevano (non senza ragioni politico-ideologiche oltre che scientifiche) il fondamento meccanico e materiale dei cosiddetti fenomeni spirituali. Un ulteriore sviluppo delle tesi deterministiche accompagnò il dibattito sull'evoluzionismo darwiniano e sulle sue applicazioni psico-sociologiche. Ciò comportò da un lato la riduzione di tutti i fenomeni del pensiero alla loro origine biologica (Chauncey Wright, E. Haeckel), dall'altro la riduzione dell'individuo alla dinamica delle leggi sociali (Spencer, W.G. Sumner). Contro queste forme di determinismo in gran parte ideologico reagirono le varie correnti spiritualistiche del primo Novecento, esse stesse peraltro non meno ideologiche. Più efficaci furono le critiche che, sul piano strettamente logico, Ch.S. Peirce rivolse sin dal 1892 alle tesi deterministiche, anticipando vari aspetti della revisione formale del concetto di causalità necessaria, operata dal neopositivismo nel nostro secolo. Dal punto di vista rigorosamente scientifico il determinismo entrò in crisi con l'abbandono in fisica del modello meccanicistico universale. In particolare, con la teoria quantistica le condizioni iniziali e necessarie dell'ipotesi deterministica non si possono più realizzare, poiché non è più possibile determinare univocamente in ogni istante lo stato del sistema fisico, cioè le posizioni e i momenti assoluti di tutti i punti materiali che compongono il sistema stesso. Ciò in forza del *principio di indeterminazione* di W. Heisenberg (1927), il quale sostiene che ogni misurazione fisica provoca una perturbazione del sistema da misurare. Particolarmente nella fisica atomica, ha detto Heisenberg, «non si può prescindere in alcun modo dalle modificazioni che gli strumenti di osservazione producono sull'oggetto osservato». Cade in tal modo quello che già Peirce aveva indicato come il presupposto teorico e inconsciamente «metafisico» di tutto il determinismo classico: che la natura costituisca un sistema in sé e per sé assoluto, concluso e reale.

Deuteronomio, libro biblico dell'Antico Testamento, quinto del Pentateuco. Si presenta sotto la figura di tre discorsi tenuti da Mosè, ai quali però i critici moderni negano autenticità storica. In generale si tende a porre il Deuteronomio in rapporto con il «libro della Legge» ritrovato nel tempio (2 Re 22, 8) durante il regno di Giosia (621 a.C.). I riferimenti all'esilio babilonese fanno pensare che almeno la seconda redazione appartenga ai tempi dell'esilio (sec. VI a.C.). Forse nessun altro libro dell'Antico Testamento ha esercitato altrettanta influenza nei tempi successivi; sulla sua linea furono redatti i libri dei Re e più tardi le Cronache, al punto da render plausibile la tesi di M. Noth, che stacca il Deuteronomio dal Pentateuco, e lo inquadra nel complesso di una grande storia deuteronomica, stilata durante e dopo l'esilio da un gruppo di agiografi, ai quali sarebbe da attribuire anche la redazione del Deuteronomio, a partire da materiale letterario preesistente. Caratteristica del Deuteronomio è il porre a fondamento della Legge la memoria della storia, introdotta mediante grandi parentesi storiche. Il comandamento poggia sempre sulle opere di Dio: il passato ne è già segnato, parimenti lo sarà il futuro, che sarà benedizione o maledizione a seconda della risposta data al comandamento. Lo Shema' (Deuteronomio 6, 4-5), la confessione dell'unico Dio, al quale si riferisce tutta la storia di Israele (e a cui corrisponde la norma dell'unicità del luogo di culto), rappresenta il motivo teologico centrale; la risposta dell'uomo di conseguenza non può essere altro che l'espressione di una totale ubbidienza al comandamento, posto «nella bocca e nel cuore» da un Dio «geloso» ma misericordioso e vicino, che si lascia trovare da chi lo cerca (4, 29-31).

Deutinger, Martin (Langenpreising, Baviera, 1815 - Bad Pfaefers, Svizzera, 1864), filosofo tedesco. Fu professore a Frisinga, a Monaco e a Dillingen. Formatosi nell'ambiente del tardo romanticismo e del risveglio cattolico, profondamente influenzato da Schelling e da F. von Baader, Deutinger cercò di tracciare le linee fondamentali di una filosofia cristiana, capace di rispondere alle critiche che alla tradizione cristiana erano state mosse dalla filosofia moderna, la quale si configura per Deutinger essenzialmente come razionalismo. Contro gli esiti panteistici di esso, Deutinger fa valere il principio di libertà, che per l'uomo è condizionata: essa deve essere colta nel suo radicamento ontologico, in riferimento alla necessità della natura e alla libertà assoluta di Dio, la cui autorivelazione all'uomo è fonte del linguaggio e di ogni conoscenza retta. La parte più celebre della filosofia di Deutinger è l'estetica, nella quale egli interpreta la forza creatrice che l'artista dispiega nella sua attività come manifestazione di un'affinità originaria dell'uomo con Dio: in questa dottrina si rispecchia la tendenza generale del pensiero di Deutinger, che consiste nel proporre una filosofia cristiana costruita in stretta connessione con l'idealismo. Opera principale: *Linee fondamentali di filosofia positiva come tentativo preliminare di ricondurre tutte le parti della filosofia a principi cristiani* (8 voll., 1843-53).

Devereux, Georges (Logos, Ungheria, 1908 - Parigi 1985), etnologo francese di origine ungherese. Formatosi in Francia alla scuola di M. Mauss, L. Lévy-Bruhl e P. Rivet, si trasferì negli anni Trenta negli Stati Uniti, dove condusse ricerche sul campo ed entrò in contatto con i maggiori esponenti dell'antropologia culturale americana. Negli anni Cinquanta tornò a Parigi, dove all'Ecole Pratique des Hautes Etudes ricoprì per molti anni la cattedra di *etnopsichiatria*, disciplina di cui è considerato uno dei fondatori. Le ricerche in Vietnam (1932-35) e presso i Mohave del Nordamerica portarono Devereux a elaborare una nuova concezione dei rapporti tra psicoanalisi e antropologia. Alla prospettiva di G. Roheim, mirante a un semplice trasferimento delle categorie psicoanalitiche in etnologia, Devereux oppone una → etnopsichiatria *complementarista*. Senza un esame parallelo, condotto sia su base psicologica sia su base sociologica, la realtà indagata presenterà sempre un elemento residuale incomprensibile, psicologico se il nostro approccio è sociologico, e viceversa. Ciò non per la differenza dell'aspetto indagato, che è lo stesso, ma per la irriducibile varietà dei metodi adottati dalle due discipline.

Opere principali: *Etnopsichiatria dei Mohave* (1951); *Uno studio sull'aborto nelle società primitive* (1955); *Dall'angoscia al metodo nelle scienze del comportamento* (1967); *Saggi di etnopsicoanalisi complementarista* (1972); *Saggi di etnopsichiatria generale* (1973); *Donna e mito* (1982).

devianza, in sociologia, ogni tipo di comportamento o attività strutturata che si discosti dalle norme vigenti in un determinato sistema sociale, legali o consuetudinarie, esplicite o implicite. La devianza va distinta dall'anomia, che si riferisce invece a forme di comportamento assolutamente prive di regole od ostili alle norme sociali. Così, per esempio, lo spaccio di droga e la tossicodipendenza sono forme più o meno strutturate di devianza (perché sono attività dotate di qualche regolarità), mentre il suicidio è per definizione il tipo ideale di comportamento anomico, in quanto esprime il distacco dell'individuo da qualsiasi forma di convivenza. È chiaro che esiste una zona in cui i comportamenti anomici e devianti tendono empiricamente a coincidere, ma la distinzione analitica è necessaria perché permette di studiare sistemi sociali con pretese oggettive di offrire regole e orientamenti alternativi (per es. la criminalità organizzata).

Il concetto di devianza non deve essere confuso con quello di illegalità. Alcune forme di devianza diffusa (prostituzione, consumo limitato di stupefacenti) sono tollerate in molte società benché illegali, altre sono legali ma socialmente stigmatizzate (la pornografia), altre ancora illegali ma socialmente accettate (il gioco d'azzardo, oppure il consumo di alcol negli USA al tempo del proibizionismo), altre infine del tutto illegali ma istituzionalizzate di fatto in vaste zone della società (le varie forme di mafia). Ogni analisi della devianza, d'altronde, è soggetta a una serie di limitazioni, di vincoli e perfino di aporie, poiché dipende da norme sociali non esplicite o codificate e spesso mutevoli. Il riconoscimento di queste difficoltà e del carattere contestuale delle devianze ha portato, in anni recenti, la sociologia della devianza ad abbandonare il tradizionale realismo sociologico in questo campo, e a considerare la devianza come un'etichetta che si applica di fatto a situazioni, comportamenti e attività che non possono rientrare in un solo modello di spiegazione.

De Vio, Tommaso, ecclesiastico e teologo romano noto con il soprannome di → Caetano.

devotio moderna, corrente di risveglio e approfondimento spirituale del tardo medioevo. Muovendo dalla cerchia del fiammingo Geert de Groote (1340-84) si diffuse dai Paesi Bassi nella Germania renana e vestfalica, in Francia, in Italia (Ludovico Barbo, del monastero di Santa Giustina di Padova) e in Spagna (Ximénes de Cisneros). Essa fu propagandata specialmente dai canonici regolari riformati di Windesheim e dalla nuova congregazione dei fratelli e delle sorelle della vita comune, movimento quest'ultimo laicale, senza voti, senza dotazione di beni, vivendo i membri del proprio lavoro e non d'elemosina o di rendita. La linea dominante della spiritualità del movimento è ben espressa nel celebre libretto *De imitatione Christi* di Tommaso da Kempis. Caratteristica della devotio moderna è la sua direttiva pratica di edificazione, il ritrovamento di Dio nella propria anima mediante il raccoglimento e la meditazione: il devoto si alimenta alla lettura personale della Bibbia e fa dell'imitazione di Cristo la «via regia» per raggiungere l'intimità con Dio. Tale spiritualità favorisce la diffusione della Scrittura, specie dei Vangeli, in testi filologicamente corretti, e la redazione di scritti devoti, che si presentano come colloqui di edificazione, tratti dall'esperienza ascetico-mistica personale. La devotio moderna costituirà poi, nel sec. XVI, un fermento sia della riforma protestante (si veda la *Teologia tedesca* edita da Lutero) sia, e anche più, di quella cattolica nella corrente della «riforma personale» (Tommaso Moro, l'Erasmo dell'*Enchiridion*, Ignazio di Loyola).

Devoto, Giacomo (Genova 1897 - Firenze 1974), linguista italiano. Professore nelle università di Cagliari, Padova e Firenze, fondò e diresse le riviste «Studi baltici» e «Lingua nostra». Ha pubblicato numerosi lavori di linguistica latina (*Storia della lingua di Roma*, 1940), di studi italici (*Gli antichi italici*, 1931; *Tabulae iguvinae*, 1937), di indoeuropeistica (*Origini indoeuropee*, 1962), di stilistica generale e italiana (*Studi di stilistica*, 1950; *Nuovi studi di stilistica*, 1962), di storia della lingua italiana (*Profilo di storia linguistica italiana*, 1953; *Il linguaggio d'Italia*, 1974), di lessicografia italiana (*Avviamento all'etimologia italiana*, 1966). Volto in sede teorica a rintracciare le relazioni tra fatti linguistici e fatti storici e sociali (obiettivo che emerge soprattutto nei suoi lavori di indoeuropeista), Devoto ha elaborato una dottrina generale della lingua come istituto, come sistema dinamico che — disteso nel tempo — media le innumerevoli spinte dei singoli, le varie «lingue individuali» (*I fondamenti della storia linguistica*, 1951).

De Waelhens, Alphonse (Anversa 1911), filosofo belga. Studiò alla Sorbona e a Lovanio, dove ha insegnato logica, epistemologia e storia della filosofia moderna. Ha dedicato numerosi studi a Husserl, Merleau-Ponty e Heidegger, del quale ha tradotto in francese alcune opere. Accanto all'attività storiografica, De Waelhens ha sviluppato una filosofia autonoma, che muove dalla riflessione dell'ultimo Husserl. Come per Husserl, per De Waelhens il significato dell'esistenza umana consiste nell'espressione di un senso; la filosofia deve allora indagare il senso delle esistenze nel loro radicarsi storico, senza ridursi però alla mera descrizione dell'esperienza vissuta. Scopo della filosofia è infatti, secondo De Waelhens, la trasformazione dell'esperienza vissuta in esperienza riflessa, al fine di elucidare la razionalità progressiva che si esplicita nei singoli tentativi di conferire senso all'atto dell'esistere. L'opera teoreticamente più rilevante di De Waelhens è *La filosofia e le esperienze naturali* (1961). Altri scritti: *La filosofia di M. Heidegger* (1942); *Una filosofia dell'ambiguità. L'esistenzialismo di M. Merleau-Ponty* (1951); *Fenomenologia e verità. Saggio sull'evoluzione dell'idea di verità in Husserl e Heidegger* (1953).

Dewey, John (Burlington, Vermont, 1859 - New York 1952), filosofo statunitense.

• *Vita e opere.* Studiò nelle università del Vermont e di Baltimora, ove ebbe per maestro l'hegeliano G.S. Morris, ma subì anche l'influenza di G.S. Hall, caposcuola della psicologia sperimentale negli Stati Uniti, di Ch.S. Peirce e, più tardi, di W. James. Dopo essersi laureato nel 1884 con una tesi sulla psicologia in Kant, insegnò nelle università del Michigan e del Minnesota. Le sue prime opere (*Psicologia*, 1887; *Lineamenti di una teoria critica dell'etica*, 1891) mostrano il progressivo passaggio dall'idealismo a un evoluzionismo naturalistico fortemente influenzato dal darwinismo e dal pragmatismo. Nel 1894 venne chiamato all'università di Chicago. Qui fondò nel 1896 la Scuola-laboratorio, felice esempio di «scuola nuova», basata sui principi dell' → attivismo pedagogico. Sempre a Chicago, soprattutto in collaborazione con G.H. → Mead, Dewey diede vita allo strumentalismo («scuola di Chicago»), cioè a una versione personale del → pragmatismo che in quegli anni si veniva imponendo soprattutto per opera di W. James e di F.C.S. Schiller. All'influenza di questi autori Dewey però tende a contrapporre la versione logica del pragmatismo di Peirce. Tra le opere di questo periodo: *Il mio credo pedagogico* (1897); *Scuola e società* (1900); *Studi sulla teoria logica* (1903). Dal 1904 al 1929 Dewey insegnò alla Columbia University di New York. Il suo pensiero filosofico e pedagogico ottenne in quegli anni una grande diffusione in America e in Europa. Nel contempo Dewey si avvicinò sempre più ai problemi politico-sociali del suo tempo, sino a dar vita nel 1929, terminato per limiti d'età l'insegnamento universitario e in concomitanza con la grande depressione economica, a un partito di tendenza riformista o demo-radicale. Le sue idee influenzarono in parte il «nuovo corso» inaugurato dalla presidenza di Roosevelt. Nel 1937 Dewey guidò la commissione di inchiesta sul caso Trockij e denunciò i crimini dei processi staliniani, sebbene avesse apprezzato, nel corso di un precedente viaggio in Unione Sovietica, alcuni aspetti della pedagogia marxista. Come già nel corso del primo conflitto mondiale, anche nel secondo sostenne l'intervento americano. Principali opere della maturità: *Etica* (in collab. con J.H. Tufts, 1908); *Come pensiamo* (1910); *L'influenza di Darwin sulla filosofia e altri saggi sul pensiero contemporaneo* (1910); *Democrazia ed educazione* (1916); *Saggi di logica sperimentale* (1916); *Ricostruzione nella filosofia* (1920); *Natura e condotta dell'uomo* (1922); *Esperienza e natura* (1925); *Il pubblico e i suoi problemi* (1927); *Caratteri ed eventi* (1929); *La ricerca della certezza* (1929); *Individualismo vecchio e nuovo* (1930); *Filosofia e civiltà* (1931); *L'arte come esperienza* (1934); *Una fede comune* (1934); *Liberalismo e azione sociale* (1935); *Logica, teoria dell'indagine* (1938); *Esperienza ed educazione* (1938); *L'unità della scienza come problema sociale* (contributo al I vol. della *International Encyclopedia of Unified Science*, 1938); *L'intelligenza nel mondo moderno* (1939); *Libertà e cultura* (1939); *Teoria della valutazione* (contributo al II vol. della *Encyclopedia* cit., 1939); *Educazione oggi* (1940); *Problemi degli uomini* (1946); *Il conoscente e il conosciuto* (in collaborazione con A.F. Bentley, 1949).

• *Lo strumentalismo: logica, etica, estetica.* Lo strumentalismo di Dewey si caratterizza anzitutto per la sua polemica nei confronti dell'idealismo, del positivismo, dell'empirismo logico e in genere di quelle filosofie che mirano a fissare la concreta esperienza in teorie astratte, statiche e dualistiche. Sin dalle sue origini greche la filosofia ha preteso di cancellare il carattere temporale, precario, mutevole dell'esperienza, imponendo concezioni dogmatiche al reale e valori assoluti all'azione. In tal modo la filosofia si è fatta erede della tradizione religiosa, nata dal bisogno di tacitare il timore dell'uomo nei confronti del divenire mediante immaginarie e superstiziose certezze. Lo strumentalismo muove invece dal riconoscimento della relazione dinamica che coinvolge ogni aspetto del reale. In questo senso esso è un «naturalismo organicistico» che si ispira all'evoluzionismo biologico. La natura si presenta come un processo di interazioni vitali tra gli organismi e l'ambiente. Tra questi due poli esiste una continua «transazione» o scambio (*Il conoscente e il conosciuto*) che modifica i termini della relazione stessa. Non diversamente dagli organismi naturali, anche l'uomo è originariamente impegnato in un rapporto pratico col mondo per piegare l'instabilità degli eventi ambientali agli scopi della sopravvivenza (*Esperienza e natura*, II). Il sorgere della coscienza, di cui, come ha mostrato Mead, è fattore essenziale il linguaggio e l'attività simbolica, non è che un affinarsi naturale ed evolutivo delle funzioni vitali di base. L'intelligenza è perciò un abito operativo che nasce nel corso della concreta esperienza. La sua azione è essenzialmente strumentale o funzionale: essa muove da una «situazione problematica» e formula una «previsione operativa» o «idea», che, passata al vaglio dell'«esperimento», mette infine capo, come diceva Peirce, a un «abito di risposta» (*Logica, teoria dell'indagine*). Così si formano i giudizi del senso comune, ma non diversa è anche la genesi delle astrazioni logiche e scientifiche, le quali non esprimono verità assolute, ma sono il punto di arrivo altamente simbolico dei comportamenti quotidiani o comuni e, ancor prima, del generale comportamento biologico. Le idee, lo stesso soggetto cosciente, non preesistono all'esperienza interazionale, ma si costituiscono nel corso della concreta ricerca, sono una «emergenza» del processo medesimo della natura. In questo processo la coscienza incarna il momento «critico», il momento del dubbio e della originalità creativa. Su tali basi teoriche Dewey ha elaborato una concezione morale aperta, che non accetta fini e valori rigidi e precostituiti. I fini dell'agire rinviano ai mezzi e alla situazione problematica; il lato etico di tale rapporto non consiste nel perseguire certi fini piuttosto che altri (per es. fini trascendenti piuttosto che utilitaristici), ma nella capacità di potenziare indefinitamente il controllo delle situazioni in armonia con i vari livelli di complessità (fisico, psicofisico, spirituale e sociale) che caratterizzano l'uomo (*Natura e condotta dell'uomo*). In questo modo l'etica si salda con l'estetica. L'arte, secondo Dewey, non è un'attività avulsa dalla concreta e comune esperienza, ma è un attivo apprezzamento di quegli aspetti qualitativi e formali che appartengono a ogni situazione reale. Se per es. il camminare esige di per sé una certa coordinazione e armonia di movimenti, la danza solleva tale armonia a fine intrinseco e ad autonoma fruizione estetica (*L'arte come esperienza*).

• *La pedagogia: democrazia ed educazione.* Le idee di Dewey trovano la loro sintesi e il loro banco di prova nelle concezioni sociali e pedagogiche. La rivoluzione scientifico-industriale moderna esige l'abbandono sia del vecchio autoritarismo (con le sue rigide opposizioni gerarchiche e l'astratta e aristocratica separazione tra teoria e pratica, lavoro manuale e lavoro intellettuale), sia dell'individualismo esasperato del primo liberalismo (*Individualismo vecchio e nuovo*). È necessaria una forma di democrazia che miri a favorire l'integrazione sociale di tutte le classi e di tutte le esperienze, con la mediazione di uno stato che, giovandosi dell'apporto di scienziati, tecnici e intellettuali, incarni l'interesse pubblico e favorisca una continua azione di intelligente autorettifica. Il progresso umano non ha garanzie storiche e sovrastoriche, ma è interamente affidato alle capacità di innovazione e di controllo delle nuove situazioni da parte dell'intelligenza. Il progetto sociale deweyano è già di per sé una forma di educazione (*Democrazia ed educazione*). La nuova pedagogia attiva deve abbandonare ogni contenuto prefissato e mirare invece al metodo. L'insegnante non deve imporre valori, ma deve favorire la ricerca e lo sviluppo delle capacità critiche. La scuola, abbandonato ogni nozionismo, deve saldarsi con la concreta esperienza del fanciullo, con i suoi reali interessi e con l'ambiente naturale e sociale circostante. L'attivismo pedagogico di Dewey e anche il suo strumentalismo filosofico hanno esercitato una notevole influenza sulla cultura italiana a partire dagli anni Cinquanta. *C. Si.*

dharma, termine sanscrito che assomma varie accezioni: legge religiosa divina, dovere morale, virtù, dottrina, giustizia. Nell'induismo designa specificamente la legge religiosa che stabilisce la normativa etica e cultuale, ed è contenuta nella rivelazione e nella tradizione; in particolare nel Dharmasūtra e nei Dharmaśāstra: i primi risalgono, per la parte più antica, al periodo vedico, i secondi sono posteriori e presuppongono una certa evoluzione storica. Il dharma concerne, in particolare, i doveri delle caste, i riti e i costumi che rientrano nelle cerimonie religiose di ordine «sacramentale» (dal concepimento fino alla morte) o purificatorio, nonché i quattro stadi (*āśrama*) della vita: studentato, famiglia, vita contemplativa e vita di monaco mendicante. Nel buddhismo il termine dharma (*dhamma* in palī) indica la «legge» predicata dal Buddha e quindi la sua dottrina: costituisce il secondo dei tre «rifugi» prescritti al fedele buddhista e, per i laici, si articola in cinque comandamenti fondamentali (non uccidere, non mentire, non rubare, astenersi da pratiche sessuali illecite e da sostanze inebrianti) e nella pratica di virtù basilari come l'amicizia, la compassione, la gioia e l'equanimità. Il laico deve altresì sostenere con offerte la comunità monastica; a loro volta i monaci sono tenuti all'osservanza di una rigida disciplina contenuta nella «regola», e alla predicazione del dharma al laicato. Nella filosofia buddhista il termine dharma ha assunto una valenza metafisica ed è passato a designare i fattori costitutivi della realtà e l'essenza ultima di essa, il corpo cosmico del Buddha (*dharmakāya*).

diacronia, termine della linguistica introdotto da F. de Saussure in contrapposizione a → sincronia.

diáiresis, una delle due parti della dialettica in Platone. La *diáiresis* (il termine significa «divisione») consiste nel suddividere un'idea nelle sue componenti essenziali, secondo un procedimento binario; per es., l'idea dell'arte viene divisa nell'arte del produrre e in quella dell'acquisire: quest'ultima a sua volta si suddivide in arte permutativa e in arte costrittiva, e così di seguito (*Sofista*, 219 *a*1-*d*7). La seconda parte della dialettica platonica (*synagoghè*, unità, congiunzione), inversa e correlativa alla *diáiresis*, consiste invece nel ricondurre più cose a un'unica idea che le comprenda.

dialettica, termine derivante dal verbo *dialéghesthai*, che in greco indica il discutere, il ragionare insieme.

• *La dialettica e le idee.* Inizialmente è usato come aggettivo nell'espressione «arte dialettica». Per Platone la dialettica è l'atteggiamento del vero filosofo, rivolto alla ricerca della verità nel dialogo, secondo l'esempio di Socrate, in contrapposizione all' → eristica, rivolta a far trionfare una tesi indipendentemente dalla sua verità. Nella *Repubblica* e nel *Fedro* Platone identifica addirittura la dialettica con la filosofia stessa, determinandola come costituita da due movimenti logici, reciprocamente inversi: uno di «unificazione» (universalizzazione), che dalle cose sensibili si eleva alle specie («idee») e, fra queste, via via a quelle più generali; l'altro, di «divisione» (particolarizzazione), che perviene al particolare seguendo le differenze interne ai vari generi (per es., da «animale» a «animale bipede» e da questo a «animale bipede senza piume», possibile definizione dell'uomo). Nel posteriore neoplatonismo, invece, il duplice movimento in cui verrà individuata la dialettica sarà quello di derivazione delle cose dall'Uno e, rispettivamente, di ritorno a esso. Ma almeno altrettanto importante, per il pensiero successivo, è la dialettica sviluppata da Platone in dialoghi tardi come per esempio il *Parmenide* e il *Sofista*, in cui essa si configura come la scienza che sa distinguere quali idee sono tra loro in rapporto e quali no. Questi dialoghi teorizzano la «comunanza» di essere e non-essere, contro la metafisica eleatica: ogni idea è se stessa, ma insieme non è nessuna delle altre, dalle quali è diversa; partecipa quindi tanto dell'identità (con sé) quanto del contrario dell'identità, qual è appunto la diversità. Il non-essere risulta così un concetto meramente relativo, risolvendosi nell'indicare l'alterità di qualcosa nei confronti di ciò da cui differisce; mentre in caso contrario, sostiene Platone, non sarebbe neppur possibile alcun discorso, perché non sarebbe ammissibile alcuna proposizione (attribuzione di un predicato a un soggetto) salvo le tautologie.

• *Dialettica e logica.* Per Aristotele, invece, la dialettica è una sezione particolare della logica, esposta nei libri *Topici*, poi compresi nell'*Organon*: quella che studia i ragionamenti che sono soltanto «probabili». Ragionamenti ricostruibili secondo gli schemi sillogistici; ma, a differenza del sillogismo dimostrativo, che muovendo da premesse di cui è accertata la verità dà luogo al sapere scientifico, il sillogismo dialettico muove da premesse la cui verità non sia previamente accertata, bensì soltanto possibile, cioè da tesi non manifestamente infondate, ammesse più o meno largamente. Ha il suo uso tipico nel dibattito (politico ecc.): si assume provvisoriamente la tesi sostenuta dall'avversario, nell'intento di metterne in luce l'invalidità col derivarne conseguenze che risultino non accettabili. Per questo motivo Aristotele indica l'iniziatore della dialettica in Zenone d'Elea, in quanto nei suoi celebri paradossi questi muoveva appunto dalle tesi degli avversari (molteplicità dell'essere, realtà del movimento ecc.) per dimostrarne l'assurdità. Una traccia di questo significato della dialettica è tuttora presente nel linguaggio comune, allorché con tale

parola si qualifica, spesso in senso tutt'altro che elogiativo, una particolare abilità nell'argomentare.
Nel tardo pensiero antico, poi, e nel medioevo prima della riscoperta di Aristotele, la dialettica è identificata con la logica tutt'intera, secondo la concezione degli stoici; sicché la nozione viene a essere più estesa che in Aristotele, ma meno che in Platone, per gli stoici la logica essendo solo una parte, anche se quella iniziale, della filosofia. Un siffatto uso del termine si spiega col carattere principale della logica stoica in rapporto a quella aristotelica: l'impostazione rigorosamente condizionale, onde a prototipo d'ogni ragionamento è assunto il connettivo «Se... allora...». Ricomparso con la scolastica, il significato aristotelico prevale nel rinascimento e nei secoli successivi, quando la dialettica si trova anche identificata talora con la retorica e talora con l'arte dell'invenzione logica.

• *Dialettica e idea di totalità.* A rinnovare la nozione è Kant, intitolando alla dialettica («Dialettica trascendentale») la sezione della *Critica della ragion pura* dedicata alla critica delle tre idee metafisiche della ragione: l'anima, il mondo e Dio. Sono concetti che designano totalità al di là dei fenomeni accessibili all'esperienza umana; e Kant ne rifiuta la pretesa di validità teoretica, individuandovi sofismi di vario tipo. Perciò egli definisce la dialettica della ragione umana come una sorta di «sofistica», seppur naturale e inevitabile per la nostra mente: inganni non deliberati, in cui essa cade spontaneamente, senza il correttivo fornito dal criticismo, perché la tendenza a oltrepassare i limiti delle proprie capacità conoscitive sarebbe appunto naturale nell'uomo. Particolare rilievo, per la vicenda successiva della nozione di dialettica, ha la critica kantiana dell'idea del mondo (inteso come la totalità assoluta dei fenomeni fisici): in questo caso la ragione si troverebbe di fronte ad antinomie, riuscendole di dimostrare tanto alcune tesi quanto le tesi contrarie (antitesi) rispetto a varie caratteristiche del mondo. Questo schema oppositionale verrà sviluppato da Hegel; ma con una differenza radicale. Per Kant, compito della filosofia critica è di «risolvere» le antinomie, nel senso di mostrarle come illusorie, meramente apparenti (o false tanto la tesi quanto l'antitesi, o entrambe vere ma da punti di vista diversi). Per Hegel, invece, la dialettica è costitutiva della ragione umana in quanto questa riproduce nel pensiero le opposizioni che si danno oggettivamente, nella realtà; e non è quindi affatto illusoria, oltre ad avere un'estensione universale. Non riconoscere le opposizioni che si trovano nella realtà, tanto in quella naturale quanto in quella storica, è per Hegel l'atteggiamento tipico dell'intellettualismo, guidato da una logica dell'identità che rende tutto statico; di contro, la ragione ha un duplice compito: quello negativo di scompigliare siffatte fissità concettuali, recuperando il lato di verità dell'antico scetticismo, e quello positivo di mostrare, in presenza degli opposti (o contrari), la loro «unità», come cioè non se ne dia uno senza l'altro e come solo insieme essi costituiscano, volta a volta, un determinato concetto o un determinato ente. Nessuna cosa è soltanto essere, ma ogni cosa è anche negatività, cioè è intimamente costituita anche dal rapporto con le altre cose che essa non è; perché in caso contrario, se qualcosa fosse soltanto essere, non sarebbe niente di determinato, ma una sorta di divinità impensabile, in quanto priva di qualificazioni, come in una pura luce abbagliante non si distingue alcunché più che nelle tenebre fitte. Un «positivo» ha in se stesso il «negativo» corrispondente (come si vede nella polarità fisica, in cui un polo non è scindibile dall'altro); non si tratta cioè di enti meramente diversi, reciprocamente indifferenti, giacché ognuno è definito dal suo non essere l'altro, ma nello stesso tempo è quel che è solo in connessione con l'altro: il bene morale c'è solo come trionfo della virtù sul vizio (e il vizio come consapevole oltraggio alla virtù); la vita, come tensione continua con ciò che la minaccia, l'inorganico e la morte; e così via. Contro l'intellettualismo, il momento propriamente dialettico è dunque quello della negazione determinata, senza il quale non si avrebbe né il dinamismo interno del pensiero puro né il dispiegarsi del mondo. La semplicità, l'immediatezza, sono solo un cattivo mito filosofico.

• *L'assoluto e la contraddizione.* Con Hegel la dialettica torna quindi a essere identificata con la filosofia senz'altro; ma con una differenza fondamentale rispetto a Platone: la dialettica richiederebbe il sacrificio del principio classico di non contraddizione, onde pensare davvero l'unità degli opposti. Per Hegel, la contraddizione non è più solo un occasionale errore di ragionamento, ma anche una struttura oggettiva, di fronte alla quale la ragione non dovrebbe rifuggire. Naturalmente, ciò non significa rendere ammissibile qualsiasi assurdità; giacché le contraddizioni riconosciute da Hegel sono solo quelle definite rigorosamente dalle varie coppie di opposti che egli analizza nella loro forma pura nella *Scienza della logica* e che poi si ritroverebbero, variamente, nel mondo della natura e in quello dello spirito. Di conseguenza, anche il «risolversi» delle contraddizioni intese in questo senso, o il loro «superamento», di cui Hegel parla, non vuol dire affatto ch'esse vengano meno, bensì indica il momento della «negazione della negazione», il risultato della mediazione, ossia il concreto (concetto o realtà), costituito giustappunto dall'unità dei contrari. La contraddizione rivelerebbe poi la sua funzione dinamica, quanto alla natura inorganica, nel mutamento continuo delle cose finite, onde all'infinito esse si fanno altro; quanto agli esseri viventi, nel loro sviluppo individuale, relativamente autonomo di contro all'altro da sé; quanto all'uomo, anche in quello sviluppo complessivo dello spirito ch'è la storia universale, fino alla consapevolezza di sé come razionalità e libertà. Al culmine, o alle spalle, di tutto ciò, in una prospettiva speculativa che è altrettanto tipica di Hegel, l'unità di soggetto e oggetto costituirebbe la vitalità dell'Assoluto stesso. Da Hegel, comunque, è derivato quell'uso della nozione di contraddizione, per indicare tensioni, conflitti, antagonismi, che si trova diffuso anche nel linguaggio comune, per es. in quello politico; mentre con dialettica s'intende, in genere, un atteggiamento di pensiero anti-atomistico e anti-meccanico, guidato da categorie come quelle della totalità, dell'azione reciproca, dello sviluppo ecc. Inoltre, dopo Hegel si usa talvolta parlare di dialettica anche per caratterizzare determinate posizioni filosofiche del passato; come cominciò a fare Hegel stesso a proposito di Eraclito o di certi aspetti della metafisica di Aristotele, e come poi s'è fatto per Cusano, per es., o per Fichte (a proposito del rapporto fra l'Io e il Non-Io).

• *La dialettica nel pensiero contemporaneo.* Varie «riforme» della dialettica hegeliana si sono avute fino agli inizi del nostro secolo (in Italia, ad opera tanto di G. Gentile quanto di B. Croce). Una schematizzazione scolastica è tipica del marxismo dogmatico, col «materialismo dialettico» derivato da F. Engels, che si presenta come un recupero della dialettica nel quadro di un rovesciamento dell'idealismo di Hegel: oltre all'unità degli opposti, le altre «leggi» della dialettica sarebbero la trasformazione della quantità in qualità e viceversa e la negazione della negazione. Nel marxismo non dogmatico, invece, si è in genere rifiutata la dialettica a proposito della natura, per riservarla solo al mondo storico-umano, intendendo che della negazione (rispetto all'esistente storico) sia portatrice la prassi cosciente degli uomini. Oggi alla dialettica ci si richiama prevalentemente in polemica con le posizioni empiristiche o positivistiche, accusandole di scientismo, di piatto oggettivismo ecc., per esempio da parte della scuola di Francoforte (si veda la *Dialettica negativa* di Th.W. Adorno) o dell'ultimo J.-P. Sartre (*Critica della ragione dialettica*). Simmetricamente, l'epistemologia anglosassone contemporanea contesta le basi logiche e la pretesa utilità ermeneutica della dialettica. L'altro versante critico principale è stato rappresentato invece dall'esistenzialismo, che ha ripreso la polemica contro il razionalismo e l'ottimismo che caratterizzerebbero la dialettica hegeliana, una polemica a suo tempo intrapresa da S. Kierkegaard. *S. La.*

dialettologia, settore della linguistica che studia i dialetti come sistemi linguistici usati in zone geograficamente limitate. La ricerca dialettologica contemporanea mira a precisare dal punto di vista sociolinguistico il rapporto tra una società o comunità e il repertorio dei suoi strumenti linguistici, nonché il vario modo in cui questi vengono appresi e usati. D'altra parte, con una impostazione strutturale (la dialettologia strutturale è stata avviata da U. Weinreich), essa cerca di costruire *diasistemi*, ossia sistemi che rappresentino le parziali differenze e somiglianze di due dialetti o parlate. L'obiettivo è di fornire un quadro sintetico di un gruppo dialettale nelle sue concordanze e differenziazioni. Per la spiegazione dei fenomeni di differenziazione dialettale, per cui una lingua relativamente omogenea subisce nel corso di un certo periodo storico alcune variazioni in determinati punti e altre in altri fino a dar luogo a dialetti (che sono sistemi linguistici diversi da quella lingua), gli studi dialettologici hanno chiamato in causa fattori di tipo geografico, politico, socio-culturale, oltre che componenti propriamente linguistiche.

diallele, termine (dal gr. *diállēlos*, «ragionamento reciproco») usato nella logica classica per indicare il *circolo vizioso*, cioè quel ragionamento in cui le premesse si fondano sulle conseguenze e queste su quelle; cosicché c'è solo una parvenza di dimostrazione. Secondo gli scettici, il sillogismo stesso sarebbe un diallele, perché la premessa universale («tutti gli uomini sono mortali») presuppone accertata la conseguenza particolare («Socrate è mortale»).

dialogo, una delle forme letterarie in cui si può esprimere il discorso filosofico. Per buona parte del pensiero antico e sino ad Aristotele esso costituiva addirittura il modo *proprio* e *privilegiato* del discorso filosofico. Configurandosi come una discussione strutturata su domande e risposte tra persone associate dal comune interesse alla ricerca, il dialogo viene celebrato da Socrate come modello di critica dell'«opinione», e ulteriormente definito da Platone come via → dialettica che porta a conseguire l'intuizione della verità. La diffidenza di Platone verso i discorsi scritti, in quanto incapaci di rispondere a chi li interroga e di scegliere i propri interlocutori (*Fedro* 275), stabilisce la superiorità del dialogo come forma letteraria rispetto ad altre; e soprattutto, quel dialogo silenzioso e interiore fra «sé e se stesso» che è il ragionamento (*Protagora* 339, *Teeteto* 189) garantisce l'esigenza logica della coerenza (intesa come non autocontraddizione). Il principio della coerenza del discorso interiore compare anche in diverse formulazioni aristoteliche del principio di contraddizione (*Analitici secondi* 76); ma di qui l'esigenza dialogica del platonismo si trasforma in quella più generalmente metodica del filosofare.

Nella filosofia moderna, il dialogo riveste un

ruolo di rilievo soprattutto nella cosiddetta «filosofia del dialogo», dove non è inteso solo e innanzitutto come metodo euristico e critico, ma piuttosto come la condizione per cui si danno persone autoconsapevoli, capaci di conoscere sé e il mondo. Spunti in tal senso si trovano nella filosofia tedesca tra XVIII e XIX secolo (in J.G. Hamman, F.H. Jacobi, J.G. Fichte, W.von Humboldt) e più tardi in L. Feuerbach. In senso stretto si dice, però, filosofia del dialogo una corrente di pensiero affermatasi dopo la fine della I guerra mondiale e legata ai nomi di F. Ebner, F. Rosenzweig, M. Buber e G. Marcel, fra le cui vie largamente indipendenti si possono tuttavia distinguere due posizioni di principio. Secondo la prima, è solo nella relazione dialogica che l'individuo diventa realmente un sé, una persona; secondo l'altra, più radicale, non si dà alcun io, alcun individuo, fuorché nella relazione: solo nel rapporto dialogico emerge l'io. Negando la priorità ontologica della coscienza e assumendo invece come presupposto il fatto che solo grazie al confronto con un *tu* l'uomo possa parlare come un *io*, tali filosofie si presentano contrarie alla tradizione filosofica «monologica»: in particolare alla filosofia trascendentale, secondo cui l'→ altro andrebbe inteso a partire dall'io, cioè solo come un altro io, o un io estraneo. Un ruolo fondamentale assume a questo punto il linguaggio; il rapporto dialogico fondante sussiste infatti nel linguaggio e attraverso esso. In un quadro ancora più vasto, che muove dalla ripresa degli esiti ermeneutici del pensiero di Heidegger, H.G. → Gadamer allarga, quindi, ulteriormente il tema metodico a tema ontologico generale. Appoggiandosi al concetto di un'esistenza che si costituisce storicamente all'interno di un atto di comprensione, egli elabora una nozione di verità corrispondente al carattere finito dell'esperienza, configurata cioè come una «fusione di orizzonti» tra l'interprete e la tradizione che lo definisce.

dianoetico (in gr. *dianoētikós*, intellettuale), aggettivo con il quale Aristotele designa le virtù che riguardano la parte intellettuale dell'anima (*Etica nicomachea*, VI), distinguendole da quelle etiche, che riguardano principalmente la sensibilità, gli affetti, e il loro rapporto con le istanze razionali.

diánoia, termine che nella filosofia greca designa la conoscenza razionale discorsiva. Già opposta da Democrito, in quanto conoscenza «autentica», alla conoscenza sensibile, «oscura», la *diánoia* è la facoltà di sviluppare con processi razionali determinate premesse fino alle necessarie conclusioni. In questo senso Platone la identifica con la conoscenza matematica e la colloca, nella successione delle attività conoscitive da lui stabilita, tra l'opinione (*dóxa*), frutto del contatto empirico con la realtà naturale, e l'intelligenza intuitiva (→ *nóēsis*), capace di accedere al mondo delle idee. Per Aristotele la *diánoia* è principalmente la conoscenza scientifica deduttiva, distinta dal pensiero noetico intuitivo dei principi primi.

diavolo, termine di origine biblica designante colui che si oppone a un altro per distorglierlo da qualcosa, ossia l'«avversario», e quindi l'avversario per eccellenza, Satana. La parola deriva dal greco *diábolos*, «calunniatore, maldicente», che nella Bibbia greca traduce spesso l'ebraico *saṭan*, «accusatore, avversario», e va collegata, nella sua evoluzione semantica, ad altri termini come «demonio-demone», tipici del Nuovo Testamento.

La demonologia era largamente sviluppata nell'antico Oriente, e specialmente in Babilonia, in rapporto anche alla magia, i cui riti ed esorcismi erano interpretati come modi di liberazione dai demoni, o comunque di rapporto con essi agli scopi più diversi. L'Antico Testamento ha subito l'influenza dell'ambiente nel quale si è formato e della sua demonologia, che è divenuta forma espressiva e metaforica del suo linguaggio, ma certo anche oggetto di credenze. Dai demoni traggono origine molti dei mali e delle pene che colpiscono l'uomo: ma essi non sfuggono al dominio sovrano di Dio, che stabilisce e limita l'ambito della loro azione, e spesso li usa come suoi ministri. Ciò è evidente nella figura veterotestamentaria del Satana, lo spirito che appare nel libro di Giobbe (1, 6 - 2, 7), ma anche altrove (Zaccaria 3, 1-5, e nel deuterocanonico libro della Sapienza 2, 24), soprattutto come l'accusatore implacabile dell'uomo davanti al tribunale di Dio, cui egli stesso partecipa.

Nel Nuovo Testamento, Satana è ritenuto il capo dei demoni, designati come spiriti immondi, ai quali i Vangeli attribuiscono tutti i fenomeni che la coscienza del tempo intende come possessione diabolica (→ demone). Nella opposizione vittoriosa contro Satana e il suo esercito si definisce spesso il senso e il valore della funzione salvifica di Gesù; la sua vittoria su Beelzebul (altro nome del «maligno») è esplicitamente addotta quale segno della presenza del Regno di Dio (Matteo 12, 25 sgg.). Anche lo svolgimento della vita cristiana e della storia della chiesa appare negli scritti neotestamentari condizionato dalle impugnazioni demoniache, più incalzanti nell'imminenza della fine dei tempi (cfr. Apocalisse), la quale peraltro apporterà la loro definitiva sconfitta. L'affermazione dell'effettiva esistenza di demoni intesi come realtà personali, e non solo come personificazioni del male, non pare tuttavia condizione essenziale per l'interpretazione del senso e del valore della funzione redentrice di Cristo: infatti il monoteismo biblico non sopporta realtà e potenze totalmente autonome di fronte a Dio, e agisce nel senso di una demitizzazione del demoniaco. In età patristica, soprattutto con Origene, si diffonde fra i cristiani l'opinione che il diavolo sia un angelo ribelle il quale ha trascinato nella sua ribellione un certo numero di angeli. Pur escludendo che la caduta dei demoni sia dovuta a peccati sessuali, sant'Agostino ritiene che i diavoli (dotati di un corpo d'aria, sensibile al fuoco, e abitanti nelle tenebre) possano avere un comportamento sessuale aberrante; da tale opinione prende l'avvio la tradizione medievale e rinascimentale degli «incubi» diabolici, secondo la quale i diavoli possono assumere forma di uomini (incubi) o di donne (succubi) e sedurre i viventi. Tommaso d'Aquino così compendia la tradizione demonologica medievale, ampiamente sviluppata da Anselmo d'Aosta (nel *De casu diaboli*) e da Pietro Lombardo (nelle *Sententiae*): i demoni sono angeli che hanno peccato per orgoglio e per invidia; sono perciò malvagi non per natura, ma per volontà. Pur essendo privati della conoscenza di Dio, i demoni posseggono la conoscenza che compete alla loro natura di esseri intelligenti, mentre la loro volontà, dopo la caduta, è fissata nel male. Essi dimorano nell'inferno, dove torturano i dannati, e nell'aria, dove tentano gli uomini; sono a loro volta afflitti da pene non sensibili, ma spirituali. La credenza nel diavolo ricorre anche nelle chiese della riforma, e particolarmente nella chiesa luterana e in quella anglicana, che conservarono la pratica liturgica battesimale della rinuncia a Satana e (nell'anglicanesimo) il ricorso agli esorcismi: il demonio viene concepito dai protestanti con gli attributi della tradizione patristica.

Nell'età moderna si mantiene inalterata presso i cattolici la tradizione dottrinale del medioevo e del rinascimento; si rinuncia alla caccia alle streghe, ma aumentano le pratiche esorcistiche (accompagnate da un'accresciuta casistica dei segni demoniaci) per le diagnosi delle cosiddette «possessioni». Nella teologia contemporanea, cattolica ed evangelica, si rileva che l'esistenza del diavolo non è una verità dogmaticamente definita; ad alcuni studiosi, come il gesuita P. Schooneberg, non pare che la rivelazione affermi l'esistenza di altre creature intelligenti oltre l'uomo. K. Rahner e H. Vorgrimler ritengono tuttavia che debba essere mantenuta l'affermazione dell'esistenza di demoni aventi una natura personale, in conformità alla dottrina comune della tradizione teologica cristiana, e in questa direzione si sono espressi Paolo VI, prima, e Giovanni Paolo II, poi, che hanno ribadito la tesi dell'esistenza del diavolo come persona che tenta gli uomini al peccato: tesi che tuttavia non ha riscosso consensi unanimi nell'ambito cattolico.

didattica (dal gr. *didaktikós*, che si riferisce all'insegnare), termine designante quella parte della → pedagogia che elabora le tecniche d'insegnamento, in rapporto con l'evolversi dei metodi di → educazione e delle istituzioni scolastiche. La sua affermazione nel lessico pedagogico può farsi risalire a Comenio, cui si deve — verso la metà del sec. XVII — la prima sistemazione organica della disciplina, intesa come organizzazione generale dei fini, dei mezzi e dei contenuti che consentono all'istruzione scolastica di costituirsi come luogo privilegiato per un insegnamento universale. Nell'opera di Comenio risulta con chiarezza come la didattica dipenda strettamente dal tipo di teoria filosofica che si presuppone per spiegare la conoscenza umana: la funzione attribuita all'esperienza sensibile, e alla comprensione globale dei vari aspetti della realtà, produce un metodo basato sull'uso di materiali illustrativi e sull'apprendimento graduale (secondo cicli prestabiliti) di idee generali relative all'intero campo del sapere. Nei secc. XVII e XVIII i momenti più innovatori della didattica (da Locke a J.H. Pestalozzi, attraverso l'illuminismo e il criticismo) fanno esplicito riferimento a una gnoseologia che colloca l'origine della conoscenza umana nella sensibilità. Ciò in genere in antitesi a una concezione dell'insegnamento che si basa su forme di innatismo e di razionalismo metafisico, e che desume da esse una concezione autoritaria, dogmatica e verbalistica del rapporto educativo. Un cenno a parte merita l'opera tipicamente romantica di F. Fröbel, per l'apertura di un campo didattico relativo all'educazione prescolare.

Una svolta della disciplina è costituita, nel sec. XIX, dall'opera di J. Herbart che, in epoca di pratica psicologica ancora prescientifica, pone come fondamento della didattica un'analisi rigorosa della vita psichica. La didattica riceve così un impulso fondamentale, perché da tale analisi Herbart ricava il principio che l'educazione è prodotta dall'istruzione, per mezzo dell'aggregarsi di interessi determinati. Rousseau aveva d'altra parte messo in luce la necessità che l'apprendimento intellettuale seguisse le modalità più generali dello sviluppo infantile e adolescenziale, e posto l'accento sull'efficacia di una didattica fondata non più soltanto sul rapporto conoscitivo, ma sul contesto psicologico in cui tale rapporto viene a situarsi. Egli, per la prima volta, aveva adattato apertamente le procedure e i contenuti dell'insegnamento alle caratteristiche psicologiche delle diverse fasi dello sviluppo. Risultava così messo in crisi l'«adultismo» tipico delle didattiche precedenti.

• *Didattica e filosofie del Novecento.* Se, da una parte, la pedagogia idealistica di G. Gentile vanifica la nozione di didattica in quella di filosofia dell'educazione, negando che il rapporto educativo ponga problemi di tecniche operative determinabili positivamente, tutta la didattica del sec. XX si configura, d'altra parte, come psicopedagogia o come pedagogia sperimentale, e i diversi modi in cui viene concepita vengono a dipendere dai diversi indirizzi di psicologia scientifica cui essi fanno riferimento. Grazie all'opera di J. Dewey si sviluppa anzitutto la didattica dell'→ attivismo. La centralità dei bisogni del fanciullo, la soluzione intelligente di situazioni problematiche, la ricerca di motivazioni primarie che permettano di identificare l'interesse per l'apprendimento con la disciplina e con lo sforzo che esso richiede, la promozione dell'attività spontanea degli allievi sulla base di progetti e di scopi determinati: sono questi i tratti distintivi della didattica attivistica. Il «metodo globale» e i «centri di interesse» (O. Decroly), l'individualizzazione e la socializzazione dell'insegnamento, il lavoro di gruppo, il metodo della ricerca, l'esplorazione dell'ambiente naturale e sociale, il gioco, le attività espressive e manuali, la composizione tipografica e lo scambio dei testi liberamente ideati e scritti dagli allievi (C. Freinet), e così via, sono altrettanti elementi ricorrenti nelle varie esperienze educative ispirate all'attivismo. Anche la psicologia genetica di J. Piaget si collega all'attivismo, ma lo supera per molti aspetti, costituendo ancor oggi un punto di riferimento obbligato per qualunque elaborazione didattica. Le sue scoperte sull'origine sensomotoria dell'intelligenza, sulla successione di fasi genetiche caratterizzate da strutture cognitive che realizzano un sempre maggiore equilibrio tra assimilazione e accomodamento, hanno offerto alle scuole attive una base scientifica congruente con i fini educativi. Fondamentale a questo proposito risulta la differenza tra il pensiero rappresentativo, dominato dal realismo e dall'egocentrismo che rendono incapaci di prescindere dall'esperienza percettiva e dai propri schemi mentali, e il pensiero operatorio, che consente per mezzo della reversibilità di interiorizzare e di annullare mentalmente l'esperienza percettiva stessa. E parimenti fondamentale risulta per la didattica la distinzione tra pensiero operatorio concreto (dai sette agli undici anni circa), che ha comunque bisogno di manipolare materiali reali, e pensiero operatorio formale, di tipo ipotetico-deduttivo.

All'opera di Piaget si rifà in parte la teoria dell'istruzione proposta da J.S. Bruner, con l'intento peraltro di superare le lacune rilevate dall'attivismo nel settore dell'apprendimento intellettuale. Secondo Bruner, è possibile tradurre le strutture dei contenuti di insegnamento, e cioè le loro idee fondamentali e le relazioni logiche che esse comportano, in programmi adeguati alle diverse strutture cognitive da cui sono caratterizzate le varie fasi dell'età evolutiva. È evidente la polemica contro il nozionismo che tale prospettiva ha permesso di condurre. Il neocomportamentismo di B.F. Skinner sta invece alla base di tutte quelle impostazioni didattiche che privilegiano il momento dell'informazione e del condizionamento intellettivo, come per es. la cosiddetta «istruzione programmata». Essa comporta una sequenza logicamente prefissata di singole unità didattiche, con una verifica immediata del loro apprendimento progressivo. Il tema della valutazione del profitto scolastico è del resto presente in tutta la problematica didattica contemporanea, e ha dato luogo a uno specifico settore di studi, la → docimologia.

• *Nuovi orientamenti.* L'utilizzazione pedagogica delle scienze sociali, delle scienze naturali e di settori d'indagine come l'informatica, la cibernetica e la teoria dei sistemi, ha segnato una svolta ulteriore della didattica. Le tecnologie didattiche infatti non consistono soltanto nell'uso dei vari strumenti di comunicazione su base tecnologica, ma in una serie di strategie educative che intendono appunto rispondere ad armi pari alla sfida costituita dalle contraddizioni di una società e di una cultura definibili esse stesse come tecnologiche. Tutto ciò ha dato luogo fra l'altro alla costruzione di nuove procedure di apprendimento individualizzato (*mastery learning*) e di insegnamento socializzato (*team teaching*), a ipotesi di scuole senza classi (*open class school*), all'analisi tassonomica dell'insegnamento e degli obiettivi didattici, alla programmazione dei curricoli, e a molti altri tentativi di formalizzazione didattica che stentano tuttavia a incidere sul sistema scolastico tradizionale. La didattica si trova in effetti a doversi confrontare con l'organizzazione della scuola odierna su alcuni punti fondamentali: la sperimentazione di scuole a tempo pieno, che ha visto in qualche modo riattualizzarsi la didattica attivistica; il rapporto tra la scuola e le «agenzie educative» extrascolastiche; la gestione democratica della scuola, attraverso organismi rappresentativi dei docenti, degli studenti, dei genitori e delle forze sociali. Si può ancora ricordare l'esistenza di proposte didattiche, e di una organizzazione scolastica, che integrino i soggetti handicappati nelle classi normali, evitando l'emarginazione prodotta dalla pedagogia speciale e dalle didattiche differenziali di tipo tradizionale. Altri temi tipici del dibattito attuale sulla scuola sono: l'orientamento scolastico e professionale, l'istruzione professionale, la collaborazione tra scuola e servizi sociosanitari territoriali, la scuola materna e i suoi modelli didattici, le riforme generali dell'istruzione di base, delle medie superiori e dell'università. Ma è soprattutto il meccanismo che regola la funzione sociale ed economica della scolarizzazione di massa a costituire il tema centrale della pedagogia contemporanea. La didattica si fa così sociologia dell'educazione e politica scolastica, con l'assunto di incidere nelle relazioni tra scuola e divisione del lavoro, o comunque di prospettare modelli educativi più adeguati ai mutamenti della cultura contemporanea.

Diderot, Denis (Langres, Alta Marna, 1713 - Parigi 1784), filosofo e scrittore francese. Educato presso i gesuiti e avviato alla vita ecclesiastica, si recò invece a Parigi, dove terminò i suoi studi con la promozione a «maître ès arts» dell'università di Parigi, nel 1732. Nel 1746 uscì il suo primo scritto, *Pensieri filosofici*, condannato al rogo dal parlamento. Intanto l'editore Le Breton gli affidò la traduzione della *Cyclopaedia* dell'inglese E. Chambers, che poi si tramuterà nel progetto ben più ambizioso dell'*Encyclopédie*, alla quale Diderot lavorerà fino al 1772, come organizzatore, redattore e autore. Nel 1749, a seguito della pubblicazione della *Lettera sui ciechi*, vera e propria professione di ateismo, fu imprigionato a Vincennes, e venne rilasciato dopo tre mesi dietro impegno firmato di sottomissione. Da allora espose le teorie più pericolose in modo indiretto, o velatamente e nelle voci enciclopediche meno sospette. Divenuto amico degli spiriti più illustri del tempo (Voltaire, Rousseau, M. Grimm, d'Holbach, d'Alembert), fu l'unico dei collaboratori a seguire fino in fondo l'*Encyclopédie*, nonostante le persecuzioni di cui l'opera fu oggetto. Come critico letterario e scrittore Diderot partecipò alla «Corrispondenza letteraria» di Grimm (rivista manoscritta inviata a pochi abbonati nelle corti europee) con i celebri *Salotti*, saggi letterari e artistici su vari argomenti. Assieme a G.Th. Raynal lavorò alla *Storia filosofica del commercio delle due Indie*, e con l'amica Sophie Volland tenne un'importante corrispondenza di carattere scientifico e filosofico. Tra le altre opere: *I gioielli indiscreti* (romanzo, 1747); *Lettera sui sordomuti* (1751); *Pensieri sull'interpretazione della natura* (1753); *Il figlio naturale* (1757) e *Il padre di famiglia* (1758), «drammi borghesi» ispirati ai modelli inglesi e a Goldoni e preceduti, ognuno, da un saggio teorico; *La monaca* (romanzo, 1760, pubblicato in edizione riservata nel 1780 e apparso postumo nel 1796); *Il sogno di d'Alembert* (1769, in edizione riservata nel 1782 e apparso postumo nel 1830); *Giacomo il fatalista* (romanzo, 1771, pubblicato postumo nel 1796); il *Supplemento al Viaggio di Bougainville* (1772, pubblicato postumo nel 1796); *Il nipote di Rameau* (romanzo, 1760-61, inedito fino al 1821); il *Paradosso sull'attore* (1773).

• *La concezione della natura.* Nei *Pensieri filosofici* Diderot è ancora sostenitore di un deismo naturalistico, che fonda cioè la credenza in un essere supremo sull'ordine dei fenomeni naturali, che non è quello meccanico dei corpi celesti (che destava l'ammirazione di Newton e poi di Kant), ma quello degli organismi. Più tardi però l'osservazione di tutte le mostruosità che proprio nel campo della biologia si verificano in natura (*Lettera sui ciechi*) lo induce a inclinare verso un completo ateismo e una teoria probabilistica e parzialmente evoluzionistica: l'ordine dei corpi organici si spiega con l'infinita molteplicità di esperimenti che la natura ha potuto compiere prima di trovare le combinazioni capaci di sopravvivere. Quest'idea, non nuova (anzi risalente a Lucrezio), aveva ricevuto nel Settecento numerose conferme tratte dall'esperienza. Inoltre la teoria della generazione spontanea dei germi (*generatio aequivoca*), sostenuta da molti biologi, eliminava la necessità dell'idea di creazione. Come Buffon, anche Diderot rifiutò il modello meccanicistico della natura, in quanto incapace di spiegare i fenomeni relativi alla vita; per lo stesso motivo considerò la matematica strumento insufficiente e inadeguato nelle scienze biologiche. Il problema che più diffusamente trattò nei suoi scritti filosofici e scientifici fu quello del prodursi della vita e, ai livelli superiori, della coscienza e del pensiero; infatti, o si pensa che la natura sia costituita di almeno due mondi completamente eterogenei, l'inorganico e l'organico (ma una tale concezione presuppone nella natura una fissità dei campi smentita dalla nostra esperienza della mobilità delle cose), oppure si postula un'unità di fondo; ma in questo secondo caso occorre spiegare come essa sia possibile dietro l'apparente diversità degli oggetti naturali. Per Diderot tutta la materia è, in potenza, senziente. La vita è il risultato di un certo grado di organizzazione delle particelle materiali; la coscienza e il pensiero non sono che il culmine di questa organizzazione. Un organismo è composto di elementi vitali, i quali hanno una certa indipendenza dal tutto (*Il sogno di d'Alembert*); si tratta di microanimali tenuti insieme nella formazione di un organismo vivente alla maniera di uno sciame d'api. La loro relativa indipendenza è provata dalla capacità di alcuni organismi di scindersi in altri più piccoli (come il polipo) o anche dai processi di corruzione dei corpi che danno luogo ai microrganismi della decomposizione.

• *Determinismo e libero arbitrio.* Tutte queste dottrine, espresse sovente in forma dialogica e aporetica, non hanno mai in Diderot un carattere definitivo. Contro le prese di posizione dogmatiche, anche all'interno dell'illuminismo, egli si armò di un cauto scetticismo e usò non di rado l'arma della derisione. Nell'ambito della dottrina morale si oppose a una concezione rigidamente deterministica; l'uomo ha la capacità di dominare se stesso e la natura circostante almeno nella misura in cui ne è a sua volta dominato; la conoscenza della natura stessa e della storia umana gli forniscono gli strumenti per emanciparsi dai pregiudizi e raggiungere la felicità, che ha come solo limite il bene generale. Il pensiero morale di Diderot, oltre che dalle opere filosofiche come il *Supplemento al Viaggio di Bougainville*, risulta dalle opere letterarie: in *Giacomo il fatalista* il confronto tra la teoria deterministica e quella del libero arbitrio non trova soluzione razionale, ma mostra nei fatti che un determinismo integrale è in sé contraddittorio. Nella *Monaca* Diderot difende i valori della felicità terrena e naturale contro le ipocrisie della morale repressiva. Nel *Nipote di Rameau* offre una sorta di ritratto dell'intellettuale mondano che travolge nella leggerezza dello scherzo e nel gioco dell'intelligenza fine a se stessa ogni valore morale e ogni verità consolidata.

Didimo il Cieco, → padri della chiesa.

Diez, Friedrich Christian (Giessen 1794 - Bonn 1876), filologo e critico tedesco. Allievo del classicista F.G. Welcker, divenne, nel clima del romanticismo, l'iniziatore della filologia romanza come disciplina dotata di rigorosa consapevolezza metodologica. La sua attività didattica si svolse, dal 1822, nell'università di Bonn. Diez si dedicò al compito grandioso di redigere una *Grammatica delle lingue romanze* (3 voll., 1836-43), applicando quel metodo comparativo che F. Bopp aveva sperimentato per la famiglia indoeuropea (1816) e J. Grimm per la germanica (1819). Partendo dai singoli elementi del latino, Diez ne mostra gli esiti in italiano, francese, spagnolo ecc. L'evoluzione linguistica viene così considerata in prospettiva secondo il corso del tempo anziché retrospettivamente (come nell'opera di Grimm in cui, essendo ignota la lingua comune da cui derivano gli idiomi germanici, cioè il protogermanico, questa può essere ricostruita solo partendo dalle lingue attestate). Alla grammatica seguì, come suo naturale complemento, un *Dizionario etimologico delle lingue romanze* (1854). Diez pubblicò inoltre importanti edizioni di *Antichi monumenti linguistici romanzi* (1846) e di *Antiche poesie romanze* (1852), nonché uno studio sulla *Creazione lessicale romanza* (1875), primo e valido esempio di ricerca onomasiologica.

difesa, in psicoanalisi, operazione psichica, in parte inconscia e spesso coatta, che l'Io compie allo scopo di eliminare le modificazioni, determinate dalle pulsioni sessuali, che possono pregiudicare l'integrità e l'equilibrio dell'Io stesso; in questa operazione l'Io ricorre di volta in volta a specifici *meccanismi di difesa*, che variano in funzione del grado di elaborazione del conflitto difensivo e a seconda della → fase genetica. In psicoanalisi il concetto di difesa è centrale poiché, fin dagli studi sull'isteria, è su di esso che Freud differenzia il suo metodo da quello della psichiatria a lui contemporanea. La difesa patologica è dovuta a una scena sessuale che a suo tempo non ha provocato difese, ma che quando viene riattivata mediante il ricordo determina un'eccitazione sgradevole contro la quale l'Io non è preparato. Negli scritti metapsicologici freudiani del 1915, il concetto di meccanismo di difesa indica in generale l'insieme dei processi difensivi che caratterizzano una nevrosi, e più specificamente un meccanismo quale la → rimozione. Questa seconda accezione viene ripresa e approfondita da Anna Freud nell'opera *L'Io e i meccanismi di difesa* (1936), in cui l'autrice enumera, senza pretendere di esaurirli, i principali e specifici meccanismi di difesa (rimozione, regressione, formazione reattiva, proiezione, isolamento, annullamento retroattivo, introiezione, riflessione sulla propria persona, conversione nell'opposto, sublimazione, negazione mediante il fantasma, idealizzazione, identificazione con l'aggressore), inquadrandoli in due principali categorie: da un lato le «tecniche» difensive, come l'isolamento; d'altro lato i «processi istintuali» difensivi, come per esempio la → regressione. Melanie Klein, d'altra parte, ha individuato una serie di meccanismi di difesa primari, fra i quali la scissione dell'oggetto, la negazione della realtà psichica, il controllo onnipotente dell'oggetto e l'identificazione proiettiva.

differenza ontologica, concetto introdotto da Heidegger per indicare «la differenza tra l'essere e l'ente» (*Dell'essenza del fondamento*, 1928). Heidegger distingue tra verità ontica e verità ontologica: la prima riguarda «l'ente nel suo essere», cioè nella sua empirica e fattuale determinatezza; la seconda «l'essere dell'ente». Già in *Essere e tempo* Heidegger osserva che l'essere non ha la «generalità» del «genere»: «L'essere non costituisce la regione suprema dell'ente per il fatto che questo è articolato concettualmente per generi e specie». Ne deriva che l'essere «non è definibile»: se la definizione esige il genere prossimo e la → differenza specifica, né l'una né l'altra competono all'essere, che si rivela invece come il puro *trascendens*. L'essere infatti non può essere concepito come un ente, né muovendo dal più alto (ente sommo) né dal più basso: «Non è possibile determinare l'essere mediante l'attribuzione di predicati ontici», perché «l'essere non è qualcosa come l'ente». La differenza ontologica stabilisce pertanto «il *non* tra ente ed essere». Essa induce Heidegger a considerare l'intera storia della metafisica come storia dell'*oblio* dell'essere e del suo senso (indebitamente scambiati con enti speciali quali Dio, la sostanza, lo spirito assoluto, la volontà ecc.). Luogo della rivelazione della differenza ontologica è il → Dasein che, trascendendo se stesso, si rapporta agli altri enti comprendendone l'essere. Dopo Heidegger il concetto di differenza ontologica è stato ripreso e sviluppato in area francese da K. Axelos e J. Derrida.

differenza specifica, nella logica aristotelica, ciò che caratterizza una specie distinguendola da tutte le altre appartenenti allo stesso genere. Per es. ciò che caratterizza la specie «uomo» distinguendola dalle altre specie contenute nel genere «animale» è l'attributo della «razionalità» (Porfirio, *Isagoge*, 3). In tal modo la differenza specifica, insieme con il genere prossimo (ovvero con il genere immediatamente successivo alla specie, distinto dai generi gerarchicamente superiori e dal genere sommo che tutti li contiene), costituisce una componente essenziale della teoria aristotelica della definizione (la formula scolastica suonerà: *Definitio fit per genus proximum et differentiam specificam*).

differenziale semantico, tecnica di valutazione psicologica, presentata (1957) da C.E. Osgood, G.J. Suci e P.H. Tannenbaum nell'opera *La misurazione del significato*, e di vasta applicazione soprattutto in psicologia sociale. Ai soggetti viene chiesto di valutare una serie di parole sulla base di alcune scale bipolari quali «buono-cattivo», «caldo-freddo», «spesso-sottile» e simili; mediante il differenziale semantico vengono messi in luce non già i significati letterali o «denotativi» dei termini, bensì i loro significati «connotativi», cioè l'atteggiamento dei soggetti verso i termini stessi.

differenziazione sociale, processo per cui le parti, comunque definite, di una società, di una popolazione, di una collettività diventano differenti e acquisiscono una identità definita alla luce di categorie sociali e culturali. In sociologia si distinguono forme di differenziazione orizzontale — che si manifestano con il costituirsi di economia, politica, educazione, religione, diritto, come sistemi e ruoli distinti — e forme di differenziazione verticale, che si manifestano nella stratificazione sociale. Lo sviluppo delle società procede verso una sempre più accentuata differenziazione, stando alle teorie dell'evoluzione sociale culturale. Il concetto ha origine in Spencer, secondo il quale comunità prima simili ma isolate, integrate in una società più ampia, diventano differenti e complementari. E. Durkheim ha preso in esame (*La divisione del lavoro sociale*, 1893) la principale forma di differenziazione, la divisione sociale del lavoro, mostrando come col suo progredire le società diventino, da insiemi «meccanici», unità «organiche» di parti, aventi ciascuna una funzione complementare alle altre. Il funzionalismo contemporaneo ha sviluppato questa idea con l'opera di T. Parsons. Questi ha visto nella differenziazione un incremento della complessità sistemica e subsistemica delle società, da cui nascono problemi di integrazione dei ruoli e delle istituzioni specializzate. I vantaggi (in termini di efficienza) e i costi (in termini di maggior fabbisogno di potere e di comunicazioni) della differenziazione e della complessità sono stati messi in evidenza da N. Luhmann (*Potere e complessità sociale*, 1975 e *La differenziazione della società*, 1982), secondo cui il connotato strutturale della società moderna, ciò che la caratterizza rispetto alle formazioni sociali anteriori, è la particolare natura della sua differenziazione. I più importanti sistemi sociali parziali si differenziano tendendo a rendersi sostanzialmente autonomi e a badare sempre di più alla loro autoriproduzione (→ autoriferimento).
In modo analogo è stata concepita la differenziazione nelle organizzazioni che, col crescere delle dimensioni, del fabbisogno di risorse e del prodotto o servizio reso, devono affidarsi a reti di ruoli sempre più specializzati, distinti e numerosi (mentre nelle organizzazioni più semplici essi sono concentrati su singole persone, dotate di competenze generiche). L'adattamento all'ambiente è la spinta principale alla differenziazione, tanto delle società quanto delle organizzazioni. Principali effetti della differenziazione sono l'aumento della complessità (che rende non immediatamente percepibili gli interventi sui grandi sistemi) e la superiore capacità di prestazione.
Alla revisione, estensione e applicazione della moderna versione della teoria della differenziazione sociale inizialmente formulata da Parsons sono dedicati i saggi raccolti da J.C. Alexander e P. Colomy in *Teoria della differenziazione e cambiamento sociale* (1990). In questo testo i contributi, tra gli altri, di S.N. Eisenstadt, N.J. Smelser, J.C. Alexander, N. Luhmann e R. Münch si pongono in una prospettiva comparativa e storica per la ricostruzione della teoria della differenziazione come quadro esplicativo.

diffusionismo, scuola antropologica tedesca sorta e sviluppatasi agli inizi del Novecento in contrapposizione all'evoluzionismo; ebbe in W. → Schmidt e F. Graebner i suoi massimi esponenti. Essi sostenevano che la storia culturale delle società è il risultato di un processo di diffusione degli elementi culturali a partire da un numero limitato di centri, e quindi non può essere spiegata in termini di evoluzione parallela e indipendente. Poche culture originali, dunque, sarebbero emerse separatamente e poi si sarebbero diffuse oltre i confini del loro centro d'origine, dando luogo a contatti e fusioni. Schmidt distingueva, nelle culture, quattro fasi principali: primitiva, primaria, secondaria e terziaria. All'interno di ogni fase esisterebbero vari → cicli culturali (*Kulturkreise*). La teoria diffusionista riscosse per un certo periodo un grande successo, al punto che alcuni antropologi britannici (G. Elliot Smith, W. Perry) giunsero a sostenere che vi era stato un solo luogo d'origine di tutte le culture (quello egiziano); ma, contemporaneamente, essa fu contraddetta da coloro che sostenevano la capacità di «invenzione» culturale da parte di tutti i popoli, mentre F. Boas affermava che era lecito ipotizzare la diffusione di un tratto culturale nei casi in cui si era in grado di stabilire l'itinerario geografico della diffusione stessa, cosa che comunque non escludeva l'adattamento e la trasformazione di un determinato costume secondo i bisogni delle singole culture che ne venivano in possesso.

Digby, Kenelm (Gayhurst, Buckinghamshire, 1603 - Londra 1665), filosofo inglese. Studiò a Oxford, ove subì l'influenza del matematico e astrologo Th. Allen. I numerosi viaggi e soggiorni sul continente lo misero in contatto coi maggiori scienziati e filosofi europei, da P. de Fermat e M. Mersenne a Cartesio e P. Gassendi. Scrisse opere di filosofia, di religione e di letteratura; si interessò di occultismo; raccolse numerosi libri e manoscritti di argomento alchimistico, medico, astrologico. Pur essendo contemporaneamente appassionato di concezioni e pratiche occultistiche e magiche e seguace dei nuovi indirizzi sperimentali e meccanicistici della filosofia della natura, Digby rimase sempre sotto l'influenza dell'aristotelismo tradizionale. D'altra parte, in quanto estimatore delle opere di Galileo, di Cartesio e di Gassendi, al pari di costoro egli disprezzava l'ortodossia della cultura accademica. L'opera più importante di Digby è *Due trattati, in uno dei quali è esplorata la natura dei corpi, nell'altro la natura dell'anima umana* (1644).

diglossia, → sociolinguistica.

Dilthey, Wilhelm (Biebrich, Renania, 1833 - Siusi, Bolzano, 1911), filosofo e storico tedesco. È il più importante rappresentante dello storicismo tedesco contemporaneo. La sua vastissima produzione comprende studi sul problema della conoscenza storica e della ricerca scientifica, opere storiografiche, saggi di psicologia, etica, estetica, pedagogia, filosofia della politica e critica letteraria. Dilthey compì gli studi all'università di Berlino. Insegnò successivamente a Basilea, Kiel, Breslavia e Berlino. Opere principali: *La vita di Schleiermacher* (1867-70); *Introduzione alle scienze dello spirito* (1883); *L'analisi dell'uomo e l'intuizione della natura dal Rinascimento al secolo XVIII* (1891-1904); *Idee per una psicologia descrittiva e analitica* (1894); *Contributi allo studio dell'individualità* (1896); *Esperienza vissuta e poesia* (1905); *Studi per la fondazione delle scienze dello spirito* (1905-10); *L'essenza della filosofia* (1907); *La costruzione del mondo storico nelle scienze dello spirito* (1910).

Il problema centrale del pensiero filosofico di Dilthey è l'elaborazione di una «critica della ragione storica» volta a stabilire le possibilità, i limiti e i modi della conoscenza del mondo spirituale, in analogia alla fondazione kantiana della scienza della natura. A questo problema sono dedicati i due volumi dell'*Introduzione alle scienze dello spirito*, dove Dilthey distingue il mondo storico-sociale dal mondo naturale (→ storicismo). Poiché il soggetto umano è parte del mondo storico-sociale, la comprensione di questo mondo, che si realizza nelle scienze dello spirito (→ Geisteswissenschaften), richiede procedimenti propri, diversi da quelli adottati dalle scienze naturali in cui la differenza tra soggetto e oggetto del conoscere si pone in modo radicale. Per conferire rigore e certezza ai procedimenti delle scienze dello spirito è necessaria una fondazione gnoseologica che non può essere fornita né dalla filosofia della storia né dalla sociologia. Ambedue finiscono infatti con il sostituire all'esperienza concreta ingiustificate affermazioni metafisiche, mediante le quali pretendono di determinare aprioristicamente i modi e la realtà del mondo spirituale. La fondazione gnoseologica delle scienze dello spirito deve invece essere elaborata ricorrendo a una psicologia che muova dall'unità interiore immediata del concreto soggetto storico. Per questo, nelle *Idee per una psicologia descrittiva e analitica*, Dilthey tenta di definire i principi che regolano la costruzione e la comprensione del mondo storico muovendo dall'analisi dell'unità psichica originaria del soggetto umano individuale, che viene colto come connessione dinamica di tre ambiti psichici distinti, interagenti fra loro: pensiero, volontà e sentimento. Di qui è possibile procedere, secondo Dilthey, per giungere alla definizione dei principi che, nella connessione di teoria e prassi, conoscenza e storia, regolano la costruzione e la comprensione del mondo spirituale. Successivamente Dilthey proseguì l'elaborazione della propria critica della ragione storica affrontando il problema della comprensione dell'individuale nei *Contributi allo studio dell'individualità* e nel saggio *L'origine dell'ermeneutica* (1900), dove propose soluzioni che sono state ampiamente riprese e sviluppate nell'odierna teoria dell'interpretazione.

Negli ultimi anni della sua vita, Dilthey affrontò, nell'*Essenza della filosofia*, il problema delle condizioni e della realtà della filosofia, modificata in modo deciso nella nostra epoca, dalla coscienza della propria storicità. Dilthey mira a superare il relativismo storicistico con una «filosofia della filosofia» che analizza il formarsi delle differenti «visioni del mondo» (*Weltanschauungen*) in relazione al mutare delle situazioni storico-sociali. Benché le conclusioni del suo pensiero siano rimaste problematiche (o anzi proprio per questo) Dilthey ha esercitato una vasta influenza sulla cultura contemporanea, dallo storicismo di F. Meinecke, E. Troeltsch, E. Spranger, alla fenomenologia, all'esistenzialismo (Heidegger), alla critica letteraria, alla sociologia (M. Weber, W. Sombart).

dimostrazione, in generale, qualunque procedimento di carattere discorsivo che abbia come scopo il riconoscimento intersoggettivo della verità di una proposizione. Il primo ad analizzare e definire rigorosamente la nozione di dimostrazione fu Aristotele, che la definì, negli *Analitici secondi*, come quella forma speciale di sillogismo che deduce una conclusione da principi primi, veri, evidenti e indimostrabili. Sebbene la struttura formale della dimostrazione sia quella del sillogismo, essa però veniva distinta da Aristotele da altri tipi di sillogismo (come il sillogismo dialettico) per il fatto di produrre una conoscenza scientifica, ossia di dimostrare l'essenza delle cose attraverso la conoscenza delle loro cause. Nel medioevo la teoria aristotelica della dimostrazione venne ulteriormente approfondita, specialmente da Averroè, che elaborò la famosa distinzione tra dimostrazione *quia* e dimostrazione *propter quid*, ossia tra dimostrazione fattuale o dell'esistenza, e dimostrazione del perché o dell'essenza. Questa distinzione rimase un punto di riferimento costante per tutti i filosofi tardomedievali e dell'inizio dell'età moderna che si occuparono di logica e di teoria della conoscenza scientifica. A partire dal sec. XVII venne approfondita la distinzione tra l'aspetto gnoseologico e quello logico della dimostrazione, ossia da un lato ne furono messi in luce i caratteri di necessità ed evidenza intuitiva, dall'altro il carattere di deduzione formale da premesse.

Nelle scienze deduttive classiche, per es. nella geometria di Euclide, funzione primaria delle dimostrazioni è quella di ricondurre la verità di certe proposizioni (i teoremi) a proposizioni la cui verità sia riconoscibile senza bisogno di alcun procedimento discorsivo (assiomi e postulati). Lo sviluppo metodologico delle scienze deduttive, iniziatosi nel sec. XIX, ha portato la logica contemporanea a formulare la nozione di → sistema formale, ove il concetto di dimostrazione ammette una rigorosa e per molti versi adeguata definizione generale che rifiuta ogni riferimento al concetto di verità delle proposizioni.

• *Dimostrazione per assurdo*. Per *refutazione* di una proposizione *A* s'intende un argomento che mostri che *A* è contraddittoria, vale a dire che dall'ipotesi *A* discende una proposizione del tipo *B e non-B*. Si dice allora che una proposizione *C* è dimostrata per assurdo quando si ha una refutazione della proposizione *non-C*. Poiché una refutazione di una proposizione *A* altro non è che una dimostrazione di *non-A*, allora il principio logico che fonda le dimostrazioni per assurdo è il principio della doppia negazione: *non-non-A* equivale ad *A*. Infatti una refutazione di *non-C* è una dimostrazione di *non-non-C* e quindi, per il suddetto principio, di *C*. La problematicità logico-filosofica delle dimostrazioni per assurdo diventa evidente nell'ambito della discussione sul concetto di *esistenza* degli enti matematici. Se infatti, come alcuni sostengono, in matematica «esistere» significa poter essere esplicitamente definito, ci si chiede in che senso possano esistere quelle entità la cui esistenza ci sia nota solo attraverso una dimostrazione per assurdo.

• *Teoria della dimostrazione*. Branca della logica fondata da D. Hilbert che ha come oggetto di studio le capacità dimostrative dei sistemi formali. Caduto, a causa delle scoperte di K. Gödel, l'originario obiettivo hilbertiano di una fondazione razionale definitiva delle teorie matematiche attraverso una prova della loro non-contraddittorietà, la teoria della dimostrazione si è oggi sviluppata in numerose direzioni autonome, tra le quali, per es., una teoria della misura delle capacità dimostrative dei sistemi formali e una teoria delle proprietà intrinseche delle dimostrazioni.

dinamica di gruppo, espressione introdotta da K. Lewin in psicologia sociale per indicare i fattori dinamici, quali le motivazioni e le forze di campo, che determinano le condotte di un piccolo gruppo e le sue modificazioni nel corso del tempo. Nella prospettiva gestaltista (che Lewin estese, alla fine degli anni Trenta, dal tradizionale settore della percezione a quello della psicologia sociale), il comportamento di gruppo viene interpretato come funzione della situazione globale di campo (sottogruppi, canali di comunicazione, campi psicologici dei singoli membri, barriere ecc.) esistente in un determinato momento. Lo studio empirico delle dinamiche di gruppo ha condotto a vari risultati, i più importanti dei quali possono essere riassunti come segue. *1*) La decisione di gruppo modifica la condotta di ciascun membro del gruppo stesso in misura notevolmente maggiore rispetto alla modificazione indotta mediante un'opera di persuasione individuale, anche se affidata a una persona dotata di prestigio. *2*) La produttività del gruppo inteso come totalità organizzata è generalmente superiore alla somma delle singole produttività dei suoi membri; questo fatto dipende quasi sempre dall'esistenza di «norme di gruppo», che entrano a far parte stabilmente del sistema motivazionale di ciascun membro e hanno tanta maggior efficacia quanto più sono il risultato di una decisione collettiva. *3*) Il gruppo tende a costituire per ciascun membro un sistema di riferimento normativo, cioè l'individuo è portato (spesso inconsapevolmente) a giudicare il comportamento altrui in rapporto alle regole esplicite e implicite del proprio gruppo; quest'ultimo può essere tanto il gruppo cui egli effettivamente appartiene, quanto quello cui egli vorrebbe appartenere, quanto infine un gruppo completamente immaginario, ma non per questo meno reale e determinante sul piano del vissuto. Le interazioni fra i membri dei gruppi (classi, squadre di lavoro, unità militari ecc.) vengono evidenziate mediante varie tecniche, quali la sociometria, il sistema di R.F. Bales, la tecnica di K.D. Benne e P. Sheats.

Dingler, Hugo (Monaco 1881-1954), filosofo e matematico tedesco. Massimo esponente del cosiddetto → «operazionismo europeo», si laureò in matematica, fisica e astronomia e fra i suoi maestri ebbe D. Hilbert, E. Husserl, H. Minkowski. Insegnò all'università di Monaco e alla Scuola tecnica superiore di Darmstadt. Accusato nel 1934 di filosemitismo, fu costretto a ritirarsi dall'insegnamento. Le sue opere più importanti sono: *Filosofia della logica e dell'aritmetica* (1931); *Storia filosofica della scienza* (1932); *I fondamenti della geometria* (1933); *Il metodo della fisica* (1938); *Manuale delle scienze esatte* (1944). Per Dingler alla base delle scienze fisico-matematiche vi sarebbe un sistema di principi metodologici che costituiscono i presupposti logico-epistemologici della sperimentazione scientifica e che, in quanto tali, vanno considerati al di là di ogni possibile smentita empirica. Tali principi costituiscono quello che Dingler ha talvolta chiamato «a priori produttivo o definizionale». Il principale compito dell'epistemologia dovrebbe consistere in una precisa indicazione delle attività concettuali e manuali che permettono di giungere ai completi fondamenti di un dominio univoco della natura «partendo dal *punto zero della fisica*, cioè da una natura intoccata e da una completa ignoranza fisica».

Dio, termine (dal lat. *deus*, connesso alla radice indoeuropea *div*, «luminoso», «celeste»), designante, con significati diversi a seconda delle culture, un'entità superiore dotata di potenza sovrumana. Nell'ambito della tradizione ebraico-cristiana la parola assume il significato di «signore»: tale accezione (che include anche le determinazioni di Essere supremo, ultramondano, personale, assoluto, che esiste per se stesso e perciò è necessario, eterno, infinitamente perfetto, creatore del mondo, legislatore, giudice, rimuneratore, santo) è divenuta preminente nella cultura occidentale. L'idea di Dio si presenta sempre in una determinata religione, in rapporto quindi con le sue peculiari concezioni di potenza, santità, pietà-devozione, amore, fede-credenza e fede-fiducia, sacrificio, delle quali costituisce il centro e il motivo di riferimento. In ogni religione, infatti, affiora, più o meno intensa, una relazione vitale tra un Io umano e un Tu divino, anche se a un'analisi più penetrante il carattere di persona della divinità appare piuttosto tenue e comunque difficilmente determinabile. La moderna storia comparata delle religioni ha ritenuto che tale personificazione rappresenti una fase avanzata susseguente a uno stadio della religione in cui sarebbe prevalso l'elemento collettivo, magico, impersonale; alcuni studiosi, invece, hanno visto in tale personificazione qualcosa di antropomorfico, un atteggiamento animistico, in antitesi perciò con l'esigenza di assolutezza, totalità e infinitezza implicita nell'idea di Dio, cui non si potrebbe applicare la qualità di persona, che include una limitazione e una relazione.

• *Conoscenza e attributi di Dio*. Un aspetto problematico del concetto di Dio è presente nel pensiero cristiano, cui incombe di giustificare la nozione di Dio uno e trino e incarnato di fronte alle obiezioni del monoteismo assoluto e del razionalismo. Nella patristica si presentano al riguardo due posizioni: quella della teologia negativa (o «apofatica»), ovvero della non-conoscenza di Dio, per cui la natura di questo è inaccessibile alla mente, ineffabile, e Dio è un *Deus absconditus*; quella della teologia affermativa (o «catafatica»), che invece cerca di determinare gli attributi di Dio sulla base delle analogie con la realtà accessibile. Su questa linea si è mossa la teologia scolastica: il suo rappresentante più autorevole, Tommaso d'Aquino (sec. XIII), applicando a Dio la definizione di persona data da Boezio (sec. VI) secondo cui «persona è sostanza individua della natura razionale», ha difeso la possibilità di un concetto di Dio personale, ma insieme ha sottolineato la sua base analogica (→ analogia). Dio pertanto è la personalità assoluta, e il «mistero di Dio» unisce in sé quello che i concetti di «persona» e di «assoluto» separano.

Il rapporto esistenziale con Dio storicamente non si stabilisce solo ove Dio sia pensato come essere uno e unico, ma può dispiegarsi anche nell'ambito di una concezione non monoteistica, quando ci si rivolge a una divinità con particolare predilezione. Anche il politeista può rivolgersi a un dio come se fosse l'unico (*enoteismo*); anche nella sua coscienza può affiorare la nozione di una unità divina soggiacente ai vari nomi e ai vari dei (per es. nell'induismo). Prospettive a prima vista paradossali incluse nell'idea di Dio sono la sua lontananza e vicinanza, la sua trascendenza rispetto al mondo e la sua immanenza, l'autosufficienza e la partecipazione. L'accento posto sull'uno o sull'altro di questi «attributi» impronta decisamente la concezione di Dio: l'affermazione esclusiva della sua separazione dal mondo può dar luogo a posizioni proprie del deismo; l'affermazione della sua immanenza, per cui esso si identifica col mondo, può dar luogo al panteismo; il naturalismo, poi, in nome dell'autosufficienza della realtà naturale nega la necessità di ricorrere a Dio per spiegare la natura. Però nelle stesse religioni che accentuano in modo radicale l'uno o l'altro di questi motivi (come fanno il giudaismo e l'Islam con la trascendenza, l'induismo con l'immanenza), non mancano posizioni differenziate e riluttanti all'affermazione unilaterale. Dal che appare come la coscienza religiosa riconosca di possedere il Dio vero solo nelle antitesi del suo essere assoluto ed essere persona, dell'unicità e della totalità, della lontananza e della vicinanza; antitesi, quest'ultima, che tende a comporsi nella concezione della Provvidenza divina. L'idea di Dio si definisce più esplicitamente con gli attributi di Creatore, Giudice, Redentore e, più genericamente, di Fondamento dell'universo, Legge, Salvezza, attributi che emergono di continuo nelle preghiere e nelle professioni di fede. L'affermazione di Dio si presenta inoltre generalmente connessa con esigenze di moralità, giacché il Dio professato non si compiace del male e obbliga gli uomini a esprimere il meglio della loro natura. Pressoché tutte le religioni affermano che da Dio è da attendere la salvezza, intesa come liberazione dal peccato, oltreché da ogni bisogno e miseria. I tre motivi dell'assolutezza, dell'unicità, della totalità di Dio, pur diversamente caratterizzando determinate concezioni ed esperienze del divino, si presentano combinati nei grandi pensatori, nei profeti, nei mistici.

• *La diffusione dell'idea di Dio.* Per quanto concerne la diffusione dell'idea di Dio, gli studi di W. Schmidt e della sua scuola di etnologia religiosa hanno creduto di individuare tracce di una fede monoteista in tutte le civiltà, fra i primitivi di Africa, Indonesia, America centrale e meridionale, nei semiti, nei germani, nei celti, oltreché nei greci e nei romani. Tali studi si svolgono sotto l'influsso di una tendenza, ed è comprensibile che le conclusioni della corrente che vede nella diffusione dell'idea di Dio la prova storica della sua esistenza siano contestate da altri studiosi, di orientamento materialista (Feuerbach, Marx) e aderenti ad altre concezioni di psicologia (Freud) e sociologia religiosa ed etnologia (E. Durkheim, L. Lévy-Bruhl), di antropologia culturale (C. Lévy-Strauss). L'idea di Dio è messa in crisi dall'animismo e dalla mitologia per quanto riguarda la sua unità, unicità, trascendenza; la magia compromette il suo significato morale, il misticismo panteistico la sua trascendenza e alterità, il dualismo di tipo manicheo l'unità. Essa però ha tratto vantaggio nel suo definirsi da tali posizioni: l'insistenza animistica sull'idea di anima ha contribuito a spiritualizzare l'idea di Dio; la fede magica in una potenza soprannaturale, che investe cose e persone, può essere insieme la fede in un Dio soccorritore, vicino all'uomo. Fede nel destino e fede nella Provvidenza si sono spesso compenetrate; l'accentuazione di una legge che regge il cosmo ha giovato a contrastare l'idea che Dio sia arbitro irrazionale. D'altra parte la storia delle religioni è anche una storia di offuscamenti dell'uno o dell'altro aspetto dell'idea divina, di accentuazione di singoli «attributi» a scapito di altri, di condizionamenti ideologici del pensiero su Dio e del suo rapporto con l'uomo.

• *Le «prove dell'esistenza di Dio».* L'elemento razionale nella concezione di Dio ha dato luogo alla elaborazione di «prove dell'esistenza di Dio»: i pensatori che le enunciano sostengono che, ove non si ponga un principio trascendente, l'esperienza risulta contraddittoria e si dovrebbe allora negare la razionalità del reale. Secondo l'argomento → ontologico (Anselmo d'Aosta, Cartesio), l'essere pensabile col massimo di perfezioni deve esistere. Vi sono, poi, l'argomento → cosmologico (Aristotele, Tommaso d'Aquino), per cui la contingenza del mondo postula un essere necessario, e l'argomento → teleologico (pure di Tommaso d'Aquino, e della scolastica) per cui l'ordine e il finalismo che si presentano nella natura richiedono un ordinatore e una intelligenza. In epoca moderna si è posto l'accento sulla dimostrazione tratta dall'esperienza morale per cui nella coscienza che impone e rimorde si riconosce la voce di Dio; e sull'esperienza psicologica per cui il cuore dell'uomo è inquieto (come già osservava sant'Agostino) finché non riposa in Dio. La prova storica già accennata, infine, si appella alla presenza dell'idea di Dio presso tutti i popoli. Le argomentazioni su cui tali «prove» poggiano sono contestate da diverse correnti della filosofia moderna. Kant, per es., criticandole, ha cercato di aprire una via nuova, facendo dell'idea di Dio un «postulato» della ragion pratica, un'esigenza della vita morale. In sede critica ci si chiede inoltre quale sia il volto del Dio cui si giunge per via di dimostrazione, e si sottolinea la distanza del Dio dei filosofi dal Dio vivo, uno e trino, della Rivelazione. È la stessa negazione dell'esistenza di Dio da parte dell'ateismo contemporaneo che pone il problema della oggettività e dei limiti delle dimostrazioni filosofiche dell'esistenza di Dio, per cui nella filosofia d'oggi diversi sono gli atteggiamenti in proposito: i tradizionalisti insistono sulla «possibilità» di una dimostrazione razionale che parta dalla realtà del mondo, in conformità alla definizione dogmatica del concilio Vaticano I; altri pensatori (J.H. Newman, A. Möhler, R. Guardini, K. Adam) sentono il bisogno di ricorrere alla via dell'interiorità, cogliendo la presenza di Dio nell'intimo della coscienza umana, sulla scia di Agostino e di Pascal; altri ancora (Heidegger e l'esistenzialismo teologico) affermano la necessità di un pensare ateo, che rinunci al Dio della rappresentazione filosofica e si avvicini al «Dio divino». Ma oggi affiora una posizione anche più radicale che vede nella crisi da cui è investita la concezione dell'universo nella nuova era scientifica la crisi della stessa idea di Dio ed è giunta negli anni Sessanta a teorizzare polemicamente una «teologia della morte di Dio» (P. van Buren, Th. Altizer, W. Hamilton). *M. Be.*

• *Dio nella tradizione ebraico-cristiana.* Il luogo nel quale l'Antico Testamento incontra Dio non è la riflessione razionale sulla realtà del mondo, del quale si ricerchino una origine e una unità ultime e definitive; bensì la concreta esperienza nella quale egli appare come salvatore. Jahweh (è questo il nome col quale egli si rivela sul Sinai) irrompe nella storia come l'inatteso, l'insperato, il dominatore assoluto degli uomini e degli eventi. Esperienza fondamentale dell'Antico Testamento è quella dell'alleanza, che si fa anche prospettiva decisiva per la comprensione del Dio della rivelazione. Con Mosè si definisce in forma non equivoca un rigoroso enoteismo, e si pongono i principi di quel monoteismo che, pur attraverso mille smarrimenti, allontanerà Israele dal politeismo e dal naturalismo primitivi, e costituirà carattere essenziale della religione ebraica. Nell'alleanza egli costituisce un popolo, lo lega a sé, a esso si lega: proprio in questo egli dimostra la sua sovranità. Nella elezione Dio esprime la propria assoluta libertà; nella manifestazione del suo nome dichiara il suo carattere personale; nell'intrecciare la sua presenza con la vicenda di Israele si mostra irriducibile a qualsiasi delimitazione temporale o locale; nel suo geloso riservare a sé il popolo, al quale proibisce ogni culto verso altri dei, proclama il proprio diritto esclusivo a essere riconosciuto quale Dio. Il riconoscimento della sua sovranità sopra gli eventi naturali, e sopra la storia degli altri popoli, condurrà a trovarne il fondamento nella creazione del mondo. Jahweh è santo; e la santità è il suo essere totalmente altro dal mondo, è la sua trascendenza, assicurata con tanta forza da non poter essere compromessa o intaccata dall'uso di qualsiasi antropomorfismo o antropopatismo; ma nello stesso tempo egli, che non è fatto a immagine dell'uomo, ha fatto l'uomo a propria «immagine e somiglianza» (Genesi 1, 26). Come persona egli si rapporta al suo popolo, del quale è padre, pastore, re e sposo, e vindice soprattutto dei giusti, degli orfani, dei poveri. La più tarda speculazione veterotestamentaria designerà Dio come sapienza, come spirito, come parola; ma decisivo resterà sempre il tratto della sua benevolenza misericordiosa, la quale garantisce la fedeltà di Dio alle clausole dell'alleanza, nonostante la pervicace infedeltà di Israele, e che va progressivamente assumendo una dimensione universalistica, chiarendosi come indirizzata in qualche modo a tutti i popoli.

La fede nel Dio dell'Antico Testamento è l'atmosfera nella quale si sviluppa il Nuovo, dove il monoteismo acquista decisa portata universale, fondando la chiamata di tutti i popoli, e una più accentuata intonazione escatologica. Il regno di Dio, la realtà escatologica, imminente e già presente, è il contenuto dell'annuncio di Gesù, è il suo «vangelo». La prossimità di Dio, il suo accostamento all'uomo peccatore, è quello che in Gesù si manifesta e si realizza: Dio è da lui chiamato *abbà*, babbo, espressione indicativa non solo dell'intimità e della familiarità del rapporto con Dio, ma del carattere «quotidiano» di questo rapporto, fondato dalla specifica forma nella quale Dio si rivela e si dona al mondo. Nelle diverse «teologie» già presenti nel Nuovo Testamento, Gesù stesso è questa forma; in lui Dio perdona, riconcilia a sé l'uomo, e in questo glorifica Gesù, gli dà potere. La profondità della sua ubbidienza alla missione affidatagli da «colui che lo ha mandato», definisce la sua unità con il Padre, e il Padre, operando nei suoi prodigi, nella sua morte e risurrezione, non solo ne autentica la testimonianza, ma lo mostra nella identità con Sé. Su tale identità, per il Nuovo Testamento, si fonda il valore decisivo dell'evento che Gesù stesso è, e che di Gesù fa il perfetto rivelatore del Padre. La massima densità teologica del Nuovo Testamento è sintetizzata dalla testimonianza posta sulle labbra di Tommaso, il quale esclama di fronte a Gesù: «Mio Signore, mio Dio» (Giovanni 20, 28). Non altro e non altri è il Dio del Nuovo Testamento che quello che in Gesù si rende presente con quella pienezza di amore che nella croce ha trovato la sua espressione: questo è il senso e la portata della formula giovannea: «Dio è amore» (1 Giovanni 4, 8); l'amore di Dio, che è principio della storia, si fa mistero nel suo rivelarsi in Cristo. Dio che così si manifesta e si dona pone l'uomo dinanzi a una suprema esigenza di amore, alla quale l'uomo corrisponde nell'ubbidienza della fede, dove, affidandosi totalmente a Dio, ne sfugge l'ira, ne accoglie la giustificazione e la salvezza. Verità, grazia e salvezza di Dio si effondono sull'uomo mediante quello che il Nuovo Testamento chiama lo Spirito di Dio o di Cristo: esso rende possibile la comprensione della rivelazione di Gesù, ne garantisce la presenza efficace nell'uomo e nella storia, si pone egli stesso come principio e fonte della figliolanza divina dell'uomo, a lui si riconducono la fede che salva, la speranza del Regno, l'amore che unisce gli uomini fra loro e con Dio. La distinzione tra il Padre, il Figlio, e lo Spirito Santo, che il Nuovo Testamento sottolinea nella prospettiva della storia della salvezza, e introduce nel riaffermato monoteismo veterotestamentario, è l'espressione biblica della dottrina trinitaria.

Diodoro Crono (Iaso, Caria, sec. IV a.C.), filosofo greco. Come il suo maestro Apollonio di Cirene, detto Crono, coltivò la dialettica dei megarici, influenzando col suo insegnamento Arcesilao e Zenone di Cizio. Al suo nome si legano una serie di argomenti contro il movimento nello spazio e contro il processo di corruzione nel tempo; e soprattutto il celeberrimo argomento «dominante» (o «dominatore») e l'implicazione detta diodorea. La confutazione del movimento nello spazio e del mutamento nel tempo ripropongono i paradossi del continuo formulati da Zenone di Elea, e per il tempo, in particolare, il paradosso del → sorite di tradizione megarica. Ogni grandezza è discontinua; i corpi, lo spazio e il tempo sono aggregati di minimi (*eláchista*) senza parti, puro essere senza divenire. L'argomento «dominante», a sua volta, compendia la teoria megarica del possibile come o impossibile o necessario, e la conseguente critica alla differenza aristotelica fra potenza e atto: se qualcosa è possibile, allora o è o sarà vero; e ciò in base a due premesse: *a*) ogni cosa passata e vera è necessaria; *b*) dal possibile non consegue l'impossibile. In tal modo si nega che vi siano eventi futuri contingenti in senso aristotelico, cioè né impossibili né necessari, lasciando aperto il problema della possibilità dell'azione umana di fronte alla necessità del futuro. Infine, a Diodoro Crono si attribuisce l'implicazione detta diodorea: dati due enunciati *p* e *q*, *p* implica *q* se e solo se per ogni tempo *t* non è possibile che *p* sia vero a *t* e *q* sia falso a *t*; forse in polemica con l'implicazione «materiale» o «filoniana», attribuita al suo scolaro, Filone di Megara, per la quale invece condizione di verità di un'implicazione è solo che un antecedente vero non implichi un conseguente falso.

Diodoro di Tarso (Antiochia 330 - Tarso 394), teologo greco. Nel 362 fondò ad Antiochia una comunità nell'intento di favorire gli studi religiosi e l'ascesi spirituale: fu maestro di Giovanni Crisostomo e di Teodoro di Mopsuestia. Nel 378 venne eletto vescovo di Tarso. Diodoro partecipò all'elaborazione dottrinale del cristianesimo. Contro le visioni e le interpretazioni neoplatoniche e in polemica diretta con Apollinare di Laodicea, Diodoro ammette in Cristo l'esistenza di due nature. Benché il suo linguaggio sia talora impreciso e contenga espressioni vicine alle teorie di Nestorio (→ nestorianesimo), egli è da ritenere un pensatore ortodosso. Dei molti suoi scritti teologici ed esegetici ci sono giunti solo frammenti.

Diogene di Apollonia (Apollonia, Creta, sec. V a.C.), filosofo greco. Compose un'opera, *Della natura*, comprendente le sezioni di meteorologia e di antropologia, e uno scritto polemico *Contro i sofisti*. Osservando che nell'universo naturale l'esistenza delle cose è un continuo sviluppo di relazioni reciproche, impossibili se a ogni ente corrispondesse una sostanza individuale, Diogene interpreta la molteplicità degli esseri e il divenire come le trasformazioni di un elemento primordiale: l'aria. Essa è divina, onnipresente e onnipotente. Con questa dottrina, Diogene supera il dualismo anassagoreo tra materia e intelletto, attribuendo al principio dell'aria, ripreso da Anassimene, un'intelligenza creativa e ordinatrice.

Diogene di Babilonia (Seleucia, presso Babilonia, sec. II a.C.), filosofo greco. Succedette a Zenone di Tarso nella direzione della scuola stoica. Con Carneade e Critolao, prese parte alla nota ambasceria che nel 156 si recò a Roma per chiedere il condono della multa inflitta ad Atene per l'invasione di Oropo. Contribuì allo sviluppo degli studi logici ed etici.

Diogene di Enoanda (sec. II d.C.), filosofo greco. È noto dal 1884, quando a Enoanda, nella Licia, fu scoperta una grande iscrizione su un portico, contenente molte dottrine epicuree, fra cui quella del → clinamen. L'epigrafe era stata fatta incidere da Diogene di Enoanda perché tutti i cittadini conoscessero l'ideale di saggezza umana proprio dell'epicureismo, di cui Diogene era seguace.

Diogene di Sinope, detto il Cinico (Sinope 413-323 ca a.C.), filosofo greco. Seguace di Antistene, il fondatore della scuola cinica, divenne popolare per la stravaganza dei costumi e la spregiudicata indipendenza verso le istituzioni e i potenti. La sua filosofia consiste di un saldo nucleo dottrinale, tradotto nell'estremo rigorismo etico della condotta ed espresso in molte opere oggi perdute. Ignorando la problematica logico-scientifica, Diogene impernia il suo sistema sul primato della virtù: essa è il fine dell'uomo, e la sua conquista, da attuarsi non nell'ambito della cultura ma in quello del concreto operare, si realizza rafforzando con severo esercizio le proprie energie spirituali e fisiche. Simbolo di questa concezione attivistica è Eracle, a cui il cinico si ispira nella sua lotta contro gli appetiti materiali. Il sommo bene si identifica con un ritorno allo stato di natura, e si raggiunge mediante la liberazione da ogni bisogno individuale (autarchia), concepita non nell'esclusiva dimensione del singolo, ma, oltre le barriere civili e statali, in una prospettiva allargata all'universo umano (cosmopolitismo). Sul piano sociale Diogene predica un comunismo estremo, esteso alla comproprietà delle donne e dei figli: il suo rivoluzionario messaggio costituisce un preludio all'etica stoica e (per qualche aspetto) a quella cristiana.

Diogene Laerzio (sec. III d.C.), scrittore e storico della filosofia greco. La sua biografia è ignota. Anche il soprannome è di origine oscura: o dalla città di Laerte in Asia Minore, o da un'epiteto di stampo omerico. Scrisse un'opera in dieci libri: *Raccolta delle vite e delle dottrine dei filosofi*. Dal primo libro dei suoi *Epigrammi*, composto per ricordare la morte di uomini insigni, Diogene inserì nell'opera maggiore i carmi relativi ai filosofi. Nella *Raccolta*, in cui si esaminano 84 figure di pensatori, la materia è disposta per singole scuole filosofiche e l'ordine rispetta le successioni di scolarchi ormai fissate dalla tradizione: il primo libro parte dai Sette sapienti, l'ultimo arriva a Epicuro. Privo di profondità speculativa e incapace di cogliere con efficaci sintesi critiche i contenuti autentici delle singole filosofie, Diogene ha tuttavia tramandato un patrimonio inestimabile di dati biografici e dottrinali sui pensatori greci, attinto da una produzione dossografica perduta.

Diogneto, lettera a, antico scritto apologetico cristiano, in lingua greca, anonimo, datato tra i secc. II e III d.C.; è in forma di lettera inviata a un pagano di alto ceto, colto, di cui si conosce solo il nome, Diogneto. La tematica della lettera è riassunta nei tre quesiti che il destinatario pone all'autore: quali sono la vita e il culto dei cristiani, qual è il motivo della loro avversione per pagani e giudei, perché la loro religione è apparsa tanto tardi nella storia del mondo. Famoso è il brano sui cristiani, visti come anima del mondo. Lo scritto rivela nell'autore, oltre che una profonda fede cristiana, notevoli capacità retoriche e uno stile limpido.

Dionigi Areopagita, pseud. di un filosofo e teologo cristiano ignoto, autore, sul finire del sec. v, di una serie di trattati di ispirazione neoplatonica (il *Corpus dyonisianum*) che, a partire da Massimo il Confessore, esercitarono un'enorme influenza sul pensiero medievale. Lo sconosciuto, oggi sovente indicato come Pseudo-Dionigi, si celò sotto il nome dell'Areopagita, primo vescovo di Atene e convertito da san Paolo, volendo probabilmente garantire in tal modo il successo e la diffusione delle sue opere (*De coelesti hierarchia*; *De ecclesiastica hierarchia*; *De divinis nominibus*; *De mystica theologia* e dieci *Epistulae*). Gli scritti di Dionigi fondono neoplatonismo e cristianesimo. Particolarmente evidente è l'influenza di Proclo, del quale Dionigi fu forse discepolo. Dionigi infatti ricalca le triadi dialettiche procliane sia nel processo che va dall'Uno al mondo, sia nel processo del «ritorno all'Uno» mediante un progressivo superamento della ragione discorsiva che culmina in un atto di mistica immedesimazione intuitiva dell'anima. Di capitale importanza per i successivi sviluppi della storia del pensiero è l'introduzione da parte di Dionigi, nell'ambito della teologia cristiana, della distinzione già plotiniana tra teologia positiva o catafatica e teologia negativa o apofatica. Teologia positiva è quella che definisce il concetto e gli attributi di Dio a partire dai nomi delle cose create. Come causa e principio di tutte le cose Dio include infatti in sé tutti i nomi. Ma la «onninominabilità» di Dio si converte peraltro nella «innominabilità», qualora si consideri che l'essere divino, in quanto infinito, non si riduce ad alcuna delle cose finite e nemmeno alla loro totalità, ma tutte le trascende. Qui si apre allora il campo della teologia negativa, sulla quale Dionigi ha particolarmente insistito. Il modo più corretto di nominare Dio non è quello di dire *positivamente* ciò che egli è, bensì quello di dire *negativamente* ciò che egli non è, negandogli progressivamente ogni determinatezza concettuale e ogni attributo, sino a pervenire alla conclusione che il suo essere è «nulla», ovvero nessuna delle cose finite. La teologia negativa culmina così nel «silenzio mistico». Essa peraltro non si limita a «venir dopo» la teologia positiva, ma agisce anche su di essa, riconducendo le sue affermazioni alla consapevolezza del loro limite, cioè a una sorta di «dotta ignoranza» religiosa. Le traduzioni latine di Ilduino e di Giovanni Scoto Eriugena introdussero nell'Occidente latino il pensiero di Dionigi, che divenne, lungo tutto il medioevo e oltre, uno dei punti di riferimento costanti dei teologi e dei filosofi cristiani (Tommaso d'Aquino, Meister Eckhart, Nicola Cusano, Marsilio Ficino).

dionisiaco, → apollineo - dionisiaco.

dipendenza, sottomissione sistematica verso figure protettive o idealizzate: l'individuo dipendente si rivolge continuamente agli altri per essere aiutato, anche in situazioni di facile risolvibilità, e si rivela incapace di prendere decisioni senza l'approvazione e l'incoraggiamento altrui. In psicologia dell'età evolutiva la dipendenza dai genitori viene interpretata come una conseguenza dell'atteggiamento iperprotettivo di questi ultimi, per cui il bambino, soprattutto se handicappato o reduce da una grave malattia, si abitua a non risolvere più alcun problema da solo; la dipendenza infantile è altresì interpretabile come reazione secondaria alla frustrazione, cioè come strategia volta a evitare le frustrazioni parentali cui il bambino è diventato ipersensibile. In psicologia differenziale (→ psicologia applicata) la «dipendenza dal campo» e l'«indipendenza dal campo» indicano due tratti opposti della personalità messi in luce nel 1962 da H. Witkin e dai suoi collaboratori: al contrario degli individui indipendenti, quelli dipendenti dal campo si rivelano incapaci di estrarre una determinata figura dal più ampio contesto percettivo in cui essa si trova racchiusa; in generale, i soggetti di sesso femminile risultano più indipendenti dal campo rispetto ai soggetti di sesso maschile; alla luce della «teoria ortogenetica» formulata nel 1948 dallo psicologo H. Werner, il livello d'indipendenza dal campo è tanto più elevato quanto maggiore è la «differenziazione» ovvero la maturità mentale del soggetto; in particolare, i soggetti indipendenti dal campo hanno un'immagine più differenziata o articolata del proprio corpo rispetto ai soggetti dipendenti dal campo. In psicoanalisi la dipendenza dell'adulto viene interpretata come dipendenza dalla figura materna, e viene collegata alla fase orale. Alcuni disturbi psicosomatici, in particolare l'asma bronchiale, vengono interpretati come la conseguenza dei sentimenti di dipendenza. M. Balint ha studiato in modo approfondito la condizione di dipendenza del malato nei confronti del suo medico curante, e l'ha descritta come una situazione regressiva variabile in funzione della personalità del medico, della personalità del malato e della natura della malattia.

diritto, filosofia del, disciplina che studia il fondamento del diritto, la sua natura e il suo valore in rapporto ai valori etici e politici, mentre lo studio del diritto positivo come dato obiettivo è propriamente oggetto delle scienze giuridiche.

• *La tradizione antica e medievale.* La discussione circa il significato, i limiti e il fondamento delle leggi accompagna fin dalle origini lo svolgimento della filosofia occidentale. Nella *Repubblica* platonica è posto il problema che fonda la filosofia del diritto: quello del rapporto tra diritto e potere (→ giustizia). La soluzione di Platone fonda l'autonomia del diritto dal potere sull'essenza universale e trascendente della giustizia. Di qui la distinzione, fondamentale nella storia della filosofia del diritto occidentale fino all'età moderna, tra diritto naturale e diritto positivo, tra il modello di un ordine perfetto, fondato sull'essenza immutabile della natura umana, e l'ordine mutevole e imperfetto posto dal potere storicamente determinato. Se in Platone e Aristotele (*Etica nicomachea*) il diritto naturale si configura come l'espressione della razionalità della natura umana, nel medioevo questa autonomia della ragione umana viene resa relativa alla Rivelazione divina. Le opere principali del teismo cristiano medievale, dal *De civitate Dei* di sant'Agostino alla *Summa theologiae* di san Tommaso, definiscono la *lex naturalis* come un riflesso nell'uomo della *lex divina*. Esse sono entrambe emanazioni dell'essenza divina, per cui il diritto naturale è ciò che consente all'uomo di partecipare all'ordine della provvidenza divina. Viene quindi riconosciuto un diritto naturale come fondamento del diritto positivo, ma esso è subordinato alla legge divina.

• *Il giusnaturalismo moderno.* La crisi della fondazione teologica del diritto può essere fatta coincidere con l'epoca delle guerre civili di religione, che segnano il processo di costituzione dello stato moderno. In questo periodo l'idea del diritto naturale viene ripresa sistematicamente dal giusnaturalismo. L'elemento unificante dell'insieme di posizioni teoriche, anche molto differenti tra di loro, che va sotto questo nome, è il metodo razionale, il tentativo di dare alla scienza del diritto e della morale uno statuto epistemologico analogo alle scienze matematiche, liberandola dagli insolubili conflitti determinati dalla crisi dell'universalismo religioso. Questo principio metodologico si presenta per la prima volta nel *De iure belli ac pacis* (1625) di Ugo Grozio ed è compiutamente e rigorosamente definito nell'opera di Hobbes. In Grozio affermare la normatività spontanea della ragione umana significa opporsi da un lato alla dogmatica teologica della scolastica e del calvinismo, e d'altro lato alla teoria moderna della stato, che con il *Principe* (1513) di Machiavelli e la *Repubblica* (1576) di J. Bodin poneva il potere del sovrano al di fuori di ogni limitazione morale e giuridica. Per Grozio quindi il diritto naturale, in quanto si fonda sulla sfera della ragione pura, è precedente e autonomo da ogni potere divino e umano. Ma la costruzione di Grozio poggiava ancora sulla concezione aristotelica e scolastica dell'uomo come «animale naturalmente sociale», in quanto individuava nell'*appetitus societatis* il dato originario della natura umana. Nel *De cive* (1641) Hobbes confuta drasticamente questa idea, stabilendo la dicotomia tra lo stato di natura, in cui tra gli individui isolati non può che regnare la guerra di tutti contro tutti, e lo stato civile, nel quale l'unità politica, lungi dall'essere data *naturaliter*, è il prodotto del trasferimento dei diritti naturali dei singoli individui nella volontà del sovrano, che monopolizza la produzione del diritto, non conosce alcun limite nel diritto naturale dei governati. Tutto il giusnaturalismo moderno assume la coppia dicotomica stato di natura-stato civile: non c'è più sviluppo lineare tra società naturale e società politica, tra individuo e stato. Il diritto naturale esprime la dimensione dell'individuo privato, separata e antitetica all'unità razionale del diritto positivo. In questo modo l'essenza dello stato moderno viene colta in un processo di centralizzazione e di unificazione della politica, come risposta alla crisi del pluralismo dello stato feudale e cetuale. I termini che entrano in gioco in questo processo sono da un lato gli individui liberi e uguali dello stato di natura, dall'altro lo stato che nasce dall'accordo razionale tra gli individui, il contratto sociale. Lo stato non è più quindi il riflesso di un ordine cosmico divino-naturale, ma una forma tecnico-razionale di regolamentazione dei rapporti umani, legittimata dal consenso degli individui. All'interno della filosofia moderna del diritto, il rapporto tra diritto naturale-individuale e potere centrale dello stato determina la differenza tra stato assoluto e stato limitato o liberale. Il modello di stato assoluto di Hobbes realizza la totale integrazione della sfera privata nella razionalità unitaria dello stato. Anche nel *Trattato teologico-politico* (1670) di Spinoza, la costituzione dello stato implica la quasi totale rinuncia dell'individuo ai diritti naturali, anche se significativamente resta inalienabile il diritto alla libertà di opinione e di giudizio. Nei *Due trattati sul governo* (1690) di Locke, al contrario, il diritto pubblico espresso dal potere statale non ha altra funzione che quella di garantire come un giudice imparziale la perfezione del diritto privato. Con Rousseau e con Kant lo schema giusnaturalistico subisce importanti trasformazioni. Nel *Contratto sociale* (1762) di Rousseau il trasferimento dei diritti naturali allo stato è totale, ma ciò in quanto egli non identifica la libertà con il diritto naturale, bensì con l'obbedienza a una legge posta dalla stessa ragione umana e che può essere posta solo da un contratto sociale che, alienando tutti i diritti naturali, trasformi l'uomo naturale in cittadino. La *Metafisica dei costumi* (1797) di Kant rappresenta la forma teorica più compiuta dello stato liberale, come stato di diritto e insieme «persona morale», autorità universale che risolve in sé la molteplicità dei voleri. Per Kant il contratto che fonda il passaggio allo stato civile non è un atto di rinuncia, totale o parziale, ai diritti individuali, ma è il riconoscimento di un dovere e la condizione della libertà, in quanto soggetto del contratto non è l'uomo empirico, ma l'uomo noumenico, per cui lo stato non è, come in Locke, il mero garante degli interessi particolari, ma è l'unità morale dell'umanità associata.

• *La crisi del diritto naturale.* L'opera di Hegel, dagli scritti del periodo jenese fino ai *Lineamenti di filosofia del diritto* del 1821, segna la crisi irreversibile del giusnaturalismo. Lo stato non può per Hegel fondarsi su un contratto, in quanto non può essere dedotto dalla somma delle volontà individuali, non è unità formale e meccanica, ma sostanziale e organica, non è volontà comune, ma volontà universale, totalità etica irriducibile alle singole parti individuali. Dopo Hegel non si può più opporre al diritto positivo un diritto naturale inteso come struttura metastorica dell'individuo privato. Nei due maggiori teorici dello stato moderno del Novecento, M. Weber e H. Kelsen, ogni legittimazione dello stato di carattere religioso-metafisico o giusnaturalistico viene dissolta nella completa identificazione tra diritto e stato. In *Economia e società* (1920) Weber individua la legittimità del potere nello stato moderno nella sua legalità, nell'essere esercitato in conformità a regole statuite razionalmente. La *Dottrina pura del diritto* (1933) di Kelsen rappresenta lo stato come la personificazione dell'ordinamento giuridico totale; il potere statale viene così fatto coincidere con la validità dell'ordinamento giuridico. Il nodo che tiene aperta la differenza tra questi due sistemi teorici e ne problematizza anche l'interna coerenza, è ancora il rapporto tra diritto e potere: la teoria weberiana del potere legale analizza il diritto in funzione del potere, Kelsen considera il potere in funzione del sistema normativo. *F. Fu.*

• *La crisi del positivismo e del formalismo.* L'attuale riflessione filosofico-giuridica può essere sinteticamente detta post-positivista, espressione con la quale si sogliono indicare atteggiamenti, se pur diversi tra loro, accomunati da una stessa posizione nei riguardi di uno dei tratti caratteristici del positivismo di stampo normativistico: l'idea che le norme sono tali non per il contenuto, ma per il modo, la forma in cui sono state poste in essere. Il post-positivismo, inteso come superamento del formalismo kelseniano, presenta due volti, a seconda che si risolva in un rifiuto del positivismo come tale o in un tentativo di superamento del solo formalismo normativista. Il primo indirizzo può esser qualificato come fenomenologico (dal punto di vista del metodo) e neo-giusnaturalista (dal punto di vista assiologico e ontologico). Il secondo indirizzo come analitico, post-utilitarista e tendenzialmente razionalista. Nel primo caso il diritto viene concepito non come il frutto di una capacità strumentale, o di una attitudine pratica dell'uomo, ma come una realtà a sé stante: un modo d'essere che è dato all'uomo e che questi esperisce come condizione della propria esistenza. L'autonomia del diritto è fondata sull'esperienza dell'autonomia dell'essere e non invece (come nel normativismo kelseniano) sulla differenziazione del giudizio giuridico dal giudizio etico, inteso come frutto della pratica umana. Questo modo di pensare l'autonomia del giuridico ha condotto a ritenere che, presentando il diritto aspetti riguardanti sia la struttura psichica sia quella relazionale esterna, si dovesse avviare un'analisi della struttura d'essere del diritto o nella prospettiva di una psicologia e antropologia filosofica, che reinterpretasse i risultati della psicoanalisi contemporanea (nelle forme di una ripresa sia dell'opera di Freud sia delle suggestioni heideggeriane presenti in L. Binswanger); oppure sul versante di una concezione critica della società e del diritto (J. → Habermas); o, infine, in una prospettiva più propriamente ontologica. Il secondo indirizzo, quello analitico, tende non tanto ad abbandonare, quanto ad approfondire e a superare alcuni elementi che pure erano presenti nella versione normativista del positivismo. Ciò che appare importante per giudicare della validità delle norme non è più la forma in cui sono poste, ma il modo del loro porsi. L'attenzione è portata non tanto sulle procedure di produzione normativa, ma sulla loro struttura linguistica, semiotica e logica. Si tratta di un atteggiamento ancora prevalentemente descrittivo, che mantiene il primato del diritto positivo.

Abbandonato il modello di giustificazione della validità del diritto che faceva riferimento in modo più o meno esplicito a una autorità, si è dato risalto ai tratti specifici emergenti dall'analisi stessa del linguaggio e degli enunciati giuridici. Il limite della prospettiva analitica dipende dal fatto che essa si è dimostrata capace di descrivere il linguaggio giuridico, ma non ha potuto proporre, senza incontrare gravi difficoltà, un principio distintivo del diritto. Dal punto di vista strettamente analitico è risultato difficile dimostrare che la prescrittività del linguaggio giuridico fosse qualcosa di specifico rispetto a quella di altri linguaggi. Analogamente, anche la logica deontica (G.H. von → Wright), finendo per concepire se stessa non come una logica specificatamente differente dalla logica generale, ma come un momento particolare di questa, si è trovata di fronte agli stessi problemi. Se gli enunciati deontici possono essere valutati solo in base a criteri di verità-falsità, mentre il diritto può esserlo in termini di validità-non validità, appare difficile percorrere solo ed esclusivamente la via dell'analisi della struttura logica degli enunciati giuridici per poter descrivere un qualche criterio che possa far individuare un diritto valido. Ed è di fronte a problemi di questa natura che si sono sviluppate ricerche, fondate sulla teoria degli

→ atti linguistici (J.L. → Austin, J. → Searle) e dirette a cogliere, in un'ottica pur sempre descrittiva, la dimensione eminentemente pratica del diritto. L'atteggiamento analitico tradizionale ha incontrato altre difficoltà, derivanti dal suo rigido empirismo, che ne spiegano alcuni sviluppi più recenti. La tendenza rigorosamente empirista, se è venuta incontro a esigenze garantiste, per la definizione delle fattispecie giuridiche, ha finito per non dar ragione del fatto che i significati giuridici sono anche il frutto di un processo articolato di interpretazione. L'individuazione del significato che può porsi come normativo è il risultato di un particolare processo, analitico, ma anche soprattutto sintetico, costituito dal «rinvio di senso» proprio delle entità semiotiche (delle entità semiotiche interne al diritto e dal rapporto fra queste e quelle esterne). L'attenzione a questo «rinviare» ha condotto a concepire il diritto (in una prospettiva descrittivista e oggettivante) come sistema di rapporti semiotici e più specificamente narrativi (B.S. Jackson), e (in una prospettiva di tipo soggettivo) come un processo interpretativo. Nel primo caso si sono sviluppate ricerche di semiotica giuridica, nel secondo caso si è proposto un nuovo tipo di ermeneutica, quella analitica (R. Alexy). L'ermeneutica giuridica presenta tre indirizzi prevalenti: quello, come si è detto, di origine analitica, quello di tipo fenomenologico e heideggeriano, quello legato a una ripresa della retorica. Pur riferendosi a concezioni del diritto lontane fra loro, tali indirizzi hanno in comune la consapevolezza della necessità di stabilire l'autonomia del diritto rispetto all'arbitrio di una ragione totalmente libera o di una decisione totalmente irrazionale. La crisi del positivismo e del formalismo normativista ha contribuito a sviluppare altri indirizzi, che in senso lato possono definirsi come sociologici e realisti. Tali indirizzi tuttavia sembrano tendere a riproporre alcuni aspetti di tipo prescrittivistico, che mostrano il persistere di legami col normativismo. La dimensione giuridica è stata interpretata sia nella teoria del diritto (O. Weinberger, N. Maccormick) sia nella sociologia (G. Teubner) in una prospettiva in cui la realtà del diritto, la sua forma sociale, si presenta non come semplice prodotto dell'agire, ma come un «sistema» di rapporti o un'organizzazione, che pretende per sé una validità autonoma rispetto alle pratiche da essa organizzate. Anche il realismo giuridico è venuto riproponendo analoghi elementi prescrittivistici, come quando, nell'individuare un fondamento ultimo della normatività, ci si riferisce al consenso e in particolare a un consenso inteso non come puro fatto (accadimento), ma come qualcosa di appartenente a un dover essere, al consenso delle opinioni *qualificate* (A. Aarnio). Questi elementi prescrittivistici sottolineano uno degli aspetti di maggiore evidenza negli sviluppi recenti della filosofia del diritto. Il superamento del positivismo e del formalismo normativistico ha condotto per un verso a rivalutare la «funsione» del diritto e la sua dimensione più propriamente sociologica (N. → Luhmann), ma per un altro verso a spostare la ricerca intorno al fondamento normativo del diritto sul piano dell'etica. Il tentativo di superamento dell'utilitarismo individualistico ha condotto alla rivalutazione di alcune istanze kantiane universalistiche nell'etica (J. → Rawls) e del ruolo dei «principi giuridici» nel diritto (R. → Dworkin). Queste istanze hanno reso possibile un nuovo uso della teoria della giustizia in funzione della fondazione del diritto, aprendo un processo che ha dato luogo sul piano assiologico ad alcune significative convergenze fra differenti posizioni filosofiche: fra il giusnaturalismo di ispirazione fenomenologica, il giusrazionalismo, il realismo. Pur con differenti approcci questi indirizzi si sono così ritrovati a sottolineare la centralità dell'etica. *A. Bi.*

Disamis, uno dei modi validi del → sillogismo.

discendenza, in antropologia termine con il quale viene indicato il legame di consanguineità, reale o fittizia, che la società riconosce come esistente tra due o più individui e che, come tale, serve a definire l'appartenenza di una persona a un gruppo piuttosto che a un altro (un termine equivalente è quello di *filiazione*). In genere si parla di discendenza *unilineare* quando l'appartenenza di un individuo a un gruppo viene stabilita esclusivamente per via paterna o materna (discendenza patrilineare o matrilineare); oppure di discendenza *bilaterale*, quando vengono riconosciute ambedue le linee di discendenza, quella patrilineare e quella matrilineare. La nozione di discendenza ha occupato a lungo un posto di primaria importanza nello sviluppo delle teorie antropologiche sulla parentela. Nel corso dell'Ottocento essa rappresentò uno dei cardini attorno ai quali prese avvio il dibattito sui sistemi di parentela e sulla loro evoluzione, e fu considerata dalla maggior parte degli studiosi di quell'epoca come il fondamento stesso dell'evoluzione della società umana. Con il declino delle teorie evoluzioniste, gli studiosi si concentrarono soprattutto sul ruolo svolto da questo principio nel funzionamento dei sistemi sociali. Nel corso degli anni Cinquanta, dopo che la discendenza era ormai stata assunta come principale meccanismo di reclutamento e di definizione dei gruppi sociali studiati dagli antropologi, si aprì la questione dell'importanza del principio complementare dell'*alleanza* (o *affinità*), da alcuni considerato superiore a quello della discendenza. Il fattore dell'alleanza diviene infatti con C. → Lévi-Strauss il motore principale dello scambio sociale, ciò che addirittura fonda l'esistenza stessa della società, in quanto corrisponde alla proibizione dell'incesto e quindi all'emergere della cultura umana.

disegno, test del, → test.

disgiunzione, proposizione complessa costituita da due proposizioni (dette disgiunti) collegate dall'omonimo → connettivo logico. Condizione necessaria e sufficiente perché una disgiunzione sia vera è la verità di *almeno* uno dei disgiunti; essa è quindi concepita in modo inclusivo e non esclusivo (come in «Domani mattina sono a casa o in ufficio»).

distimia, stato depressivo (→ depressione) caratterizzato dall'associazione di sintomi nevrastenici e di sintomi ipocondriaci. In un'accezione ampia indica qualunque disturbo nel tono dell'umore. Nella terminologia psicologica di H.J. Eysenck la distimia designa sintomi nevrotici dei soggetti con alto grado di introversione.

distribuzionalismo, concezione linguistica affermatasi negli Stati Uniti con L. Bloomfield negli anni Venti e sviluppata da suoi allievi e seguaci. Essa trovò la propria giustificazione teorica nel → comportamentismo, nel suo rifiuto di ogni ricorso all'introspezione: l'analisi del linguaggio, inteso come comportamento linguistico da studiare in base allo schema stimolo-risposta, doveva limitarsi ai dati osservabili; essa dunque comportava, con l'esclusione dell'introspezione (mentalismo), l'esclusione della considerazione del significato. Si trattava allora di considerare una lingua nell'insieme (o *corpus*) di frasi raccolte dal linguista (insieme considerato campione rappresentativo della lingua stessa), e di descriverne gli elementi in relazione alle strutture e ai contesti secondo cui essi si organizzano e si combinano, cioè in base alla loro distribuzione (di qui la denominazione di distribuzionalismo). Il procedimento di analisi più tipico della linguistica distribuzionale (accennato da Bloomfield ed elaborato dai suoi continuatori) è quello della scomposizione in «costituenti immediati». Esso consiste nel dividere la frase in due parti, ognuna delle quali viene suddivisa ancora in due parti, e così via, fino ad arrivare a unità minime, cioè non ulteriormente analizzabili secondo gli stessi criteri. I costituenti (cioè gli elementi) che si trovano dalle due parti di una suddivisione sono i «costituenti immediati» dell'elemento di cui fanno parte, in quanto lo costituiscono immediatamente, cioè senza nulla di interposto. Se prendiamo per esempio la frase *lo zio di Carlo dice una bugia*, possiamo, in base al confronto con una frase semplice, come *Carlo parla*, dividerla in *lo zio di Carlo* e *dice una bugia*; i due costituenti immediati così ottenuti vengono divisi ciascuno in due, rispettivamente in *lo zio* e *di Carlo* da una parte, e in *dice* e *una bugia* dall'altra. L'analisi continua fino a che non approda a unità non più analizzabili, cioè a morfemi. Quest'analisi non soltanto scompone un enunciato nei suoi elementi costituenti, ma identifica anche una struttura sintattica generale, che accomuna la frase citata a infinite altre frasi della lingua (*la mamma del dottore beve una birra*; *il cane del vescovo attacca un gatto* ecc.). In altri termini, l'analisi distribuzionale ricerca anche gli schemi sintattici astratti che stanno alla base delle frasi del corpus, e che si suppone siano in numero molto più ridotto di quello delle frasi stesse. Tra questi schemi, alcuni avranno maggiore frequenza nel corpus (i cosiddetti «schemi privilegiati»), altri avranno frequenza via via decrescente (i cosiddetti «schemi minoritari»).

Il distribuzionalismo ha mostrato che le nozioni della grammatica tradizionale (nome, predicato, soggetto, verbo ecc.) sono inficiate dalla loro matrice filosofica, e ha mirato a rifondare le categorie grammaticali su nuove basi. Tale rifondazione della grammatica (volta anche a renderla applicabile a lingue del tutto diverse da quelle sulle quali le teorie tradizionali furono elaborate) non è approdata a risultati compiuti e organici; tuttavia, il distribuzionalismo ha dato senza dubbio un contributo considerevole alla ricerca linguistica del Novecento, e costituisce tuttora la migliore introduzione alle tecniche analitiche dello strutturalismo. La sua crisi è stata segnata dal generativismo, verso la fine degli anni Cinquanta, ma la sua eredità resta viva specialmente nei campi dell'analisi morfemica e fonemica.

divenire, nella più antica filosofia greca (ionici, Eraclito), è il fluire perenne del tutto, opposto all'essere concepito come immobile (Parmenide); in Platone il divenire viene definito come il passaggio dal *non-essere relativo* all'essere, poiché dal *non-essere assoluto* (o nulla) non può derivare niente. Aristotele riprende la dottrina platonica e afferma che il divenire avviene sempre fra opposti (es.: bianco-rosso) e mediante la privazione di uno di essi (qualcosa di bianco diventa rosso, perché non lo era): tale passaggio è quello dalla potenza all'atto, e ha bisogno di un *sostrato* (che, nel caso del divenire sostanziale, è rappresentato dalla materia prima), entro il quale possono avvenire le trasformazioni. Inoltre per passare dalla potenza all'atto c'è bisogno di un essere già in atto, perché nessun ente in potenza può darsi da solo quell'attualità che non possiede: da questo principio, Aristotele conclude con l'affermare l'esistenza di un atto primo o motore immobile, che è all'origine di ogni passaggio dalla potenza all'atto, e quindi di ogni divenire. Il problema dell'opposizione tra essere e divenire, caratteristico della filosofia antica, si attenua fino a scomparire nella filosofia moderna e contemporanea; sia nello storicismo, sia nel positivismo e nelle varie forme di vitalismo del sec. XX, la realtà è vista come evoluzione, processo, sviluppo. Una delle teorie più significative di questo approccio moderno al problema del divenire è la teoria dell'evoluzione creatrice formulata da H. Bergson.

divinazione, → mantica.

docetismo, tendenza teologica presente nella chiesa dei primi secoli. Nucleo centrale del docetismo è la convinzione che nella persona di Cristo non vi sia la natura carnale: sostenendo che l'elemento umano è solo apparente in Cristo, poiché questi non ha mai cessato di essere completamente divino, il docetismo poteva spiegarne la sofferenza e la morte riducendole a semplici apparenze (il termine deriva dal gr. *dokêin*, sembrare). Tracce di polemica contro i docetisti si ritrovano già nel Nuovo Testamento. Le notizie contenute nelle opere eresiologiche dei teologi ortodossi dei primi secoli (Ireneo, Ignazio di Antiochia, Teodoreto di Ciro) non consentono di definire con certezza quali autori e comunità abbiano accolto tale tendenza. Escludendo che si possa parlare di un movimento storicamente individuato, si possono ritrovare tracce di docetismo prevalentemente in autori gnostici, preoccupati di rimuovere lo «scandalo» della crocifissione. Basilide, pur ammettendo l'incarnazione, ritiene che Cristo, in quanto è il Noûs, il primogenito di Dio, non può avere sofferto durante la passione: Simone di Cirene avrebbe portato la croce in sua vece e sotto le sue sembianze. Marcione nega non solo la sofferenza e la morte di Cristo, ma la sua stessa nascita umana.

docimologia, termine introdotto dallo psicologo francese H. Piéron per designare quella parte della didattica che studia scientificamente i criteri di votazione scolastica e i fattori soggettivi che agiscono negli esaminatori, ed elabora tecniche per la valutazione del profitto degli allievi (la parola significa appunto «scienza dell'esaminare, del valutare»). Inizialmente si elaborarono soprattutto questionari di vario tipo (tra i più noti le cosiddette prove oggettive e i test di profitto) con i quali si riteneva di poter misurare oggettivamente l'esito del processo di apprendimento grazie a procedure statistiche piuttosto complesse, in polemica con i sistemi tradizionali di votazione. La problematica docimologica si è attualmente orientata, con spirito critico e innovativo, verso l'inserimento del problema della valutazione in un più ampio contesto culturale. Essa ha così posto particolare attenzione a temi quali i condizionamenti sociali e psicologici che agiscono sull'apprendimento, la selezione scolastica, l'orientamento professionale. Alla valutazione dell'allievo si sostituisce la verifica continua dell'efficacia dell'insegnamento nel promuovere risultati di apprendimento conformi agli obiettivi programmati: è questa la cosiddetta valutazione formativa, che mira a incoraggiare nella sua totalità e nella sua funzionalità educativa il processo di apprendimento.

dogma, termine del linguaggio ecclesiastico usato per indicare un principio certo e una verità inconfutabile (dal gr. *dógma*, «dottrina comunemente accettata», «decreto»). Compare nel Nuovo Testamento, oltre che nel significato profano di «editto», nel senso di «prescrizione», sia contenuta nella legge veterotestamentaria sia emanante dall'autorità della chiesa, con il consenso della comunità e sotto l'influsso dello Spirito. Il termine ha qui un'accezione prevalentemente disciplinare, mentre più tardi (negli apologisti dei secc. II-III e soprattutto in Vincenzo di Lérins, sec. V) assumerà il significato di regola di fede antica e definitiva. La teologia cattolica intende per dogmi le proposizioni enuncianti verità che fanno parte del deposito rivelato (contenuto nelle Scritture o nelle tradizioni) e sono proposte dal magistero ecclesiastico. Il dogma suppone dunque per il cattolicesimo la rivelazione e il magistero, e va perciò creduto *fide divina et catholica*. A tale concezione la riforma protestante oppose il principio che unico fondamento dogmatico per il cristianesimo è la Bibbia (*sola Scriptura*).

Dolto, Françoise (Parigi 1908 - 1988), medico, psicoanalista, allieva di J. Lacan, ha dedicato i propri studi al problema dell'infanzia. Fondò nel 1979 la Maison Verte, centro di accoglienza per bambini sotto i due anni, ai quali, con un approccio pedagogico e insieme terapeutico, si tentava di facilitare la socializzazione, cioè il distacco dalla madre. Contrapponendosi alle concezioni tradizionali, considerò il bambino, sin dai suoi primissimi mesi di vita, un soggetto autonomo predisposto alla comunicazione e non un'entità amorfa e incompleta.
Il misconoscimento della «sensibilità linguistica» dell'infante — il suo essere ridotto a «cosa di cui si parla» — fu dalla Dolto identificato quale fattore principale nella genesi dei disturbi psichici. Il neonato, infatti, ha necessità di essere compreso dalla madre, pena la sua estromissione dal piano simbolico e la conseguente caduta nella zona muta della psicosi autistica. L'avere attribuito alla parola la funzione principale anche nella terapia dei bambini rimane uno dei contributi più originali della Dolto. Tra le opere: *Psicoanalisi e pediatria* (1971); *Seminario di psicoanalisi infantile* (1982); *Le parole dei bambini* (1985); *Quando i genitori si separano* (1988).

domenicana, scuola, scuola filosofica e teologica sviluppatasi all'interno dell'ordine mendicante fondato dallo spagnolo Domenico di Guzmán per contrastare, mediante la predicazione, l'eresia degli albigesi, diffusa nella Francia meridionale. L'ordine venne riconosciuto da Onorio III nel 1216 e ai suoi membri, denominati predicatori («Ordine dei predicatori», sigla O.P.), venne affidata l'inquisizione degli eretici. Per assolvere i doveri della predicazione e della confutazione delle eresie, l'ordine attribuì grande importanza allo studio. Fin dal generalato di Giordano di Sassonia (1222-37), successore di san Domenico, i domenicani ottennero una cattedra di teologia all'università di Parigi, e, negli anni seguenti, in altre università; dal sec. XIV ebbero la carica di maestro del Sacro Palazzo, cioè di consulente teologico del papa. Dal punto di vista teologico e filosofico, la scuola domenicana è caratterizzata dalle figure di Alberto Magno (1206-1280) e di Tommaso d'Aquino (1225-1274), i primi maestri occidentali che riconobbero l'importanza dell'aristotelismo e ne sostennero la conciliabilità con il pensiero cristiano. Accanto al filone albertino-tomista, che sviluppa prevalentemente lo studio delle dottrine filosofico-scientifiche, a partire dall'inizio del sec. XIV si affermano nell'ordine una linea mistica, soprattutto in Germania con Meister Eckhart, Giovanni Taulero, Enrico Suso, e una tendenza escatologica, culminante in Italia nella figura del Savonarola (1452-1498).

donatismo, movimento religioso che fiorì nell'Africa settentrionale durante il sec. IV. I donatisti, così chiamati dal nome di Donato, loro vescovo a Cartagine, costituirono una vera e propria chiesa cristiana africana ostile a quella cattolica. Il loro distacco fu provocato dalla questione dei *lapsi* (termine latino che significa «caduti»), cioè di coloro che in seguito alle persecuzioni, in particolare quella di Diocleziano, avevano ceduto, abiurando o consegnando ai pagani i libri sacri. Fondamento della dottrina donatistica era il principio che il battesimo e l'ordine sacro non devono considerarsi mezzi di salvezza efficaci in se stessi, ma che la loro efficacia dipende dalla dignità di chi li amministra. Rispetto alla «grande chiesa», il donatismo si propone così come una «chiesa dei martiri» entro cui trovano posto solo i perfetti cristiani. Su incarico di Costantino lo scisma fu giudicato e condannato (313), ma l'imperatore decise nel 321, dopo disordini e conflitti, di accordargli la tolleranza. Morto Donato (355), il movimento continuò, nonostante la proscrizione imperiale e le condanne della gerarchia cattolica, anche in quanto dava espressione a fermenti di rivoluzione sociale e nazionale nei confronti di Roma, soprattutto fra i cosiddetti circoncellioni, gruppi di braccianti cristiani nomadi che costituirono in un certo modo l'organizzazione armata del movimento. Decisiva per la fine del donatismo fu la polemica condotta nei suoi confronti da Ottato di Milevi e da sant'Agostino, e culminante nel concilio di Cartagine del 411, in cui le parti si confrontarono aspramente.

dono, → economia primitiva; → Mauss, Marcel.

doppia verità, dottrina attribuita ad alcuni scolastici medievali, secondo la quale devono essere considerate simultaneamente vere una conclusione raggiunta dalla ricerca filosofica e una contraria accettata per fede. Averroè fu a lungo considerato il fautore della dottrina della doppia verità; egli sostenne invece che religione e filosofia hanno funzioni e destinatari differenti: la prima esprime la verità per l'azione, ed è propedeutica allo studio della seconda, la quale, avendo di mira la speculazione, può riguardare un numero di persone assai più limitato. La verità è quindi una sola, ma diverso è il modo di conoscerla. Nella scolastica occidentale la teoria della doppia verità è stata a torto attribuita a Sigieri di Brabante e Boezio di Dacia. In realtà, entrambi ritengono che la ragione filosofica conduca ad affermazioni necessarie e incontrovertibili: nel caso che esse si presentino come contrarie alle verità di fede, il filosofo dovrà accettare come vere solo queste ultime.

doppio legame (in ingl. *double bind*), espressione introdotta da G. → Bateson e ripresa poi da P. → Watzlawick e dalla scuola di Palo Alto per indicare le formulazioni verbali o le condotte caratterizzate da contraddittorietà, e che in quanto tali pongono il destinatario in una situazione più o meno grave di incertezza o di dilemma. Si determina una condizione di doppio legame quando, all'interno di una relazione esistenzialmente molto rilevante (come quella fra marito e moglie), avviene che *1*) uno dei protagonisti emetta un messaggio incongruo, del tipo «tu non devi mai credere a quello che io ti dico», e *2*) il destinatario di questo messaggio non possa uscire dallo schema che esso stabilisce, né ignorandolo né commentandolo col soggetto emittente allo scopo di evidenziarne l'incongruità. Nella terapia familiare il concetto di doppio legame viene utilizzato per spiegare relazioni interpersonali patologiche consolidate in abitudini di vita. Particolarmente interessante si rivela la situazione di doppio legame che coinvolge l'individuo diagnosticato come schizofrenico e i membri della sua famiglia.

Dorfles, Gillo (Trieste 1910), estetico italiano. Ha insegnato nelle università di Milano e di Trieste. Dorfles interpreta l'estetica non come filosofia dell'arte, ma come branca delle scienze umane che penetra e rende intelligibile la cultura, intesa, a sua volta, come visione del mondo cui concorrono elementi fantastici, simbolici, mitici, metaforici. Tali elementi operano sia nelle belle arti della tradizione, sia nelle arti applicate, nell'architettura, nel disegno industriale e più generalmente nel gusto. Tra i suoi numerosi scritti: *Il divenire delle arti* (1959); *Simbolo, comunicazione, consumo* (1962); *L'estetica del mito* (1967); *Le oscillazioni del gusto* (1970); *Introduzione al disegno industriale* (1972); *Il feticcio quotidiano* (1988).

dossografi, termine con cui si indicano gli eruditi che in età ellenistica e romana raccolsero detti importanti, notizie storiche e opinioni (in gr. *dóxai*) dei filosofi greci. Per i filosofi greci dell'età classica la ricerca storiografica era stata strettamente collegata all'esigenza di definire le loro dottrine in relazione a quelle degli autori precedenti. Nei dossografi, tale preoccupazione scompare lasciando il posto a intenti esclusivamente eruditi: essi lavorano sia alla compilazione di «manuali» sia al commento degli scritti platonici e aristotelici. Le principali opere di compilazione sono i *Placita philosophorum*, falsamente attribuiti a Plutarco di Cheronea; la *Storia filosofica*, un tempo attribuita a Galeno; i *Philosophoumena* di sant'Ippolito, in passato attribuiti a Origene. Negli scritti di Eusebio e di Giovanni Stobeo restano tracce di un manuale di storia della filosofia composto dal grammatico alessandrino Ario Didimo, un peripatetico eclettico vissuto alla fine del sec. I d.C. Si ritiene che nella massima parte questi scritti siano ispirati alle *Dottrine dei fisici* di Teofrasto oppure a una fonte precedente. I commentatori delle opere di Platone (Apuleio, Alcinoo, Albino) tendono a sovraccaricare la sua opera di elementi teosofici, astrologici e magici e a istituire parallelismi e affinità con personaggi e ambienti diversi: Platone è accostato ora al peripatetismo, ora allo stoicismo, ora al cristianesimo.

Dostoevskij, Fëdor Michailovič (Mosca 1821 - San Pietroburgo 1881), scrittore russo. Romanziere di grande complessità, Dostoevskij riprende ed esaspera il motivo romantico dell'analisi autocoscienziale che rivela la doppiezza psicologica, la spaccatura fra l'essere e il sembrare dell'io, nonché l'infondatezza di ogni ordine cosmico che a un soggetto si presenti come reale.

Sulla scia della sua valorizzazione operata da Nietzsche, la rilevanza filosofica di Dostoevskij si è prevalentemente collegata con la categoria del → nichilismo. Le autoanalisi e i conflitti dei suoi personaggi non sono infatti generati da una lotta individuale volta ad affermare nel mondo una qualche idea superiore, bensì ruotano innanzitutto intorno all'esigenza di provare a sè stessi la propria facoltà di agire liberamente, a costo del paradosso. Di qui trame e ragionamenti dove l'eroe sviluppa veri e propri esperimenti di *hýbris* soggettivistica, fino all'atto della negazione di Dio, una trasgressione superomistica che vuole reagire agli scandali esibiti dalla tragicità dell'esistenza. Ma Dostoevskij dipinge una seconda e più grave declinazione del medesimo complesso nichilistico (esemplarmente nel discorso del Grande Inquisitore che nei *Karamazov* espone a Cristo i motivi del suo progetto: rendere gli uomini schiavi e felici con il loro consenso), dove invece della risposta anche delittuosa all'esperienza dello scandalo si presenta il quadro opposto, l'immagine dell'uomo secolarizzato che rifugge ogni questione esistenziale abbassandosi a un quieto amoralismo. Soprattutto di fronte alla prospettiva di simili esiti per Dostoevskij bisogna rispondere con l'unico gesto capace di ripetere misticamente l'opera di Cristo: una rinuncia al Dio della redenzione mondana e delle teodicee, intesa come accettazione del male puro, della pena in assenza di colpa, del fallimento di ogni atto di redenzione che si inserisca nella logica del mondo. Le principali interpretazioni filosofiche dell'opera di Dostoevskij sono quelle di R. Guardini, R. Lauth, V. Soloviev, V. Rozanov, N. Berdiaev, L. Šestov e, più di recente, di L. Pareyson. Quest'ultimo vede in Dostoevskij uno dei maestri del «pensiero tragico» che, più di ogni nichilismo, risponderebbe all'esigenza di un autentico superamento della metafisica razionalistica moderna nel senso di un recupero dell'esperienza religiosa (*Dostoevskij*, postumo, 1993).

dottori della chiesa, → padri della chiesa.

Drewermann, Eugen (Bergkamen, Westfalia, 1940), teologo cattolico tedesco. Specializzato in psicoanalisi, ha applicato la psicologia del profondo ai diversi campi del sapere teologico. Già il suo primo ampio saggio (*Strutture del male. Il racconto jahwistico dai punti di vista esegetico, psicoanalitico, filosofico*, 1978) testimonia l'interdisciplinarità della sua ricerca finalizzata a rendere possibile all'uomo concreto — sofferente, infelice, problematico — l'incontro con Dio salvatore. Perché ciò sia possibile è fondamentale il superamento della «paura esistenziale», che in termini teologici vuol dire superare il complesso di colpa per aprirsi alla fiducia in Dio (*Parola che salva, parola che guarisce. La forza liberatrice della fede*, 1988).

Drewermann è entrato in forte polemica con gli studiosi della Bibbia e con i teologi affermando che l'esegesi storico-critica, pur essendo necessaria, non sa parlare all'uomo e incontrarlo nella sua concretezza e nelle sue paure. Il lavoro sui miti, sui simboli, sui sogni — parte essenziale della sua opera teologica — ampliando i metodi ermeneutici classici porterebbe a un profondo mutamento dell'intera teologia superando la sua attuale incapacità di comunicare nel profondo. Le opere *Psicoanalisi e teologia morale* (3 voll., 1982-84) e *Il Vangelo di Marco* (2 voll., 1987-88) sono un esempio di questo metodo interdisciplinare, ritenuto necessario per ritrovare una teologia che sappia comunicare la forza salvifica della Parola di Dio.

Driesch, Hans (Bad Kreuznach 1867 - Lipsia 1941), filosofo e biologo tedesco. Allievo di E. Haeckel, tra il 1891 e il 1900 si dedicò a ricerche di embriologia sperimentale, scienza di cui pose le basi, presso la Stazione zoologica di Napoli. Insegnò filosofia naturale a Heidelberg, Colonia e Lipsia. Nel 1933 fu allontanato dall'insegnamento a causa della sua posizione dichiaratamente antinazista. Opere principali: *La localizzazione degli eventi morfogenetici, una prova di accadimenti vitalistici* (1899); *Teoria dell'ordine* (1912); *Corpo e anima*

(1916); *Teoria della realtà* (1917). Driesch prese parte attiva al dibattito meccanicismo-vitalismo, accettando senz'altro la posizione vitalistica. Sostenne che, mentre il mondo inorganico è caratterizzato dall'ordine, lo sviluppo organico è determinato dall'entelechia intesa come fattore naturale, finalistico-antropologico, che trascende i singoli individui.

Droysen, Johann Gustav (Treptow, Pomerania, 1808 - Berlino 1884), storico, filosofo della storia e uomo politico tedesco, fondatore della cosiddetta «Scuola prussiana». Studiò a Berlino, dove fu allievo di A. Böckh e di Hegel, e insegnò a Kiel, Jena e Berlino. Deputato nel 1848 all'assemblea di Francoforte, assunse un atteggiamento filoprussiano, collaborando attivamente alla costituzione dell'impero, di cui pubblicò successivamente atti e protocolli. Parte di questa azione politica si tradusse nella sua *Storia della politica prussiana* (1855-86), che rispecchia peraltro anche quella fondamentale concezione storica di Droysen secondo la quale i grandi stati unitari costituiscono la sede e la condizione naturale del fiorire delle arti e della cultura. Nella *Storia dell'ellenismo* (1877-78) Droysen raccolse i suoi studi sulla Grecia dal periodo classico all'impero macedone; nel *Sommario d'istorica* (raccolta di scritti apparsa postuma nel 1937) riassunse le proprie teorie storiografiche, nel tentativo di fornire una base metodologica rigorosa e insieme autonoma al sapere storico. Qui compare infatti il concetto di «comprensione» (*Verstehen*) dal quale prese più tardi le mosse lo storicismo diltheyano. Droysen diede in tal modo un notevole contributo al dibattito ottocentesco sulla distinzione tra scienze naturali e scienze storiche, assumendo una posizione fortemente critica nei confronti del positivismo storiografico. La ricerca storica e le scienze naturali devono seguire procedimenti diversi perché differenti sono i loro oggetti specifici. Nella storia l'universale trova la sua collocazione unicamente nell'individuale; per questo la ricerca storica non può né deve muovere da leggi generali o costituirne la verifica; al contrario, essa mirerà, in base alla comprensione del passato, a fornire un chiarimento della realtà presente.

drusi, comunità etnico-religiosa sorta in Egitto e ora presente nel Libano e nella Siria meridionale e in Israele. Derivata dall'ismailismo, ebbe tra i suoi fondatori il turco al-Darazī (dal quale presero il nome) e il persiano Ḥamza ibn 'Alī, i quali verso il 1020 diedero fondamento teologico alla pretesa del califfo fatimide al-Ḥākim di essere l'incarnazione di Dio. Alla morte di al-Ḥākim i seguaci della nuova setta, che non accettarono come reale la sua morte e ne aspettavano il ritorno sulla terra, furono costretti dalla reazione dell'ortodossia musulmana a fuggire sulle montagne libanesi, dove convertirono alla nuova religione intere popolazioni agricole. Oscure sono le loro origini etniche; altrettanto poco nota è la loro religione, dato il carattere esoterico della setta e il loro principio della dissimulazione, cioè di proteggere il segreto fingendosi musulmani. Gli adepti si dividono in *'uqqāl*, «istruiti», di solito uomini o donne di una certa età, i soli che possono partecipare alle assemblee religiose e leggere i testi sacri (le sei *Lettere della saggezza*), e in *giuhhāl*, «ignoranti», semplici membri della comunità che non partecipano all'assemblea religiosa. La teologia drusa ruota attorno a cinque principi fondamentali: unità di Dio (essi stessi si designano col termine *muwaḥḥ idūn*, «unitariani»); divinità di Ḥākim, che vive tuttora in stato di occultazione (*ghayba*); incarnazione in cinque ministri superiori, già compagni di Ḥākim, dei cinque principi emanati da Dio; credenza nella metempsicosi, concepita come trasmigrazione strettamente interumana e possibile solo tra i membri della setta; obbligo al segreto. La morale è regolata da sette precetti, alcuni dei quali riprendono i concetti sopra esposti. I drusi non hanno edifici religiosi, e non si conoscono i riti e le cerimonie che celebrano. Il matrimonio, che riconosce alla donna diritti inusuali per il mondo arabo, è retto ancor oggi da severe regole esogamiche. Nel folclore druso sono frequenti i pellegrinaggi a luoghi o tombe appartenenti ad altre culture religiose. Il decimo giorno del quarto mese dopo ramaḍān i drusi celebrano la festa del sacrificio, di origine musulmana. In ricordo di Caino e Abele vengono immolati capretti e agnelli: attorno al banchetto si ricordano le vicende eroiche del popolo. I drusi residenti in Israele il 25 aprile di ogni anno si recano a Hittin, località sulle alture a occidente del lago di Tiberiade, dove si trova la presunta tomba di Jetro, suocero di Mosè.

dualismo, termine con cui si definisce, in generale, ogni dottrina che si serva di due principi esplicativi, in un qualsiasi campo di indagine (si parla infatti di dualismo religioso, metafisico, psicologico, scientifico, metodologico ecc.). Fu utilizzato per la prima volta da Th. Hyde nella *Historia religionis veterum persarum* (1700), in riferimento all'antica religione persiana di Zoroastro e poi di Mani, che si fondava sull'esistenza di due divinità coeterne in continuo conflitto tra loro: il Bene e il Male (o la Luce e le Tenebre). Nel significato originario, il vocabolo è dunque applicato prevalentemente alle credenze religiose che ammettono due divinità o due principi cosmogonici: così lo usarono P. Bayle nel *Dizionario* e G.W. Leibniz nella *Teodicea*. Si deve a Ch. Wolff una prima estensione del concetto, e l'individuazione di un dualismo metafisico tipico della filosofia nell'età moderna: quello, di derivazione cartesiana, tra «sostanze materiali e sostanze spirituali» (*Psychologia rationalis*, par. 39). Al dualismo metafisico Kant contrappose un dualismo critico (tra fenomeni e cose in sé), mentre la riflessione filosofica del sec. XIX, a partire dagli idealisti, ricusò ogni forma di dualismo, privilegiando una spiegazione monistica della realtà (→ monismo). Varie forme di dualismo gnoseologico e metafisico riemersero successivamente: tra apparenza e realtà in F.H. Bradley; tra intuizione e concetto in H. Bergson; tra religione e scienza in W. James. Di un dualismo metodologico si usa parlare oggi in modo più generico in vari campi, come per il dualismo tra spiegazione e comprensione nelle scienze della natura e quelle dello spirito, tra struttura e sovrastruttura nella sociologia marxista, tra inconscio e coscienza in psicoanalisi, tautologia e verificazione empirica nella logistica, sincronia e diacronia in linguistica e nello strutturalismo antropologico ed epistemologico.

dubbio, nell'uso filosofico indica sia una situazione di incertezza psicologica di fronte a un'alternativa, sia un particolare atteggiamento metodico proprio di varie teorie della conoscenza. In questa seconda accezione si suole definire *assoluto* il dubbio tipico dell'atteggiamento scettico: già con Pirrone, lo → scetticismo sostiene l'impossibilità di pervenire ad alcuna conoscenza certa e quindi la necessità di dubitare di ogni affermazione e di ogni teoria (Diogene Laerzio, VIII 103).

Al dubbio assoluto degli scettici vari autori (a cominciare da Agostino) contrappongono un uso *metodico* del dubbio. Esso diviene un momento preliminare del conoscere, destinato a rimuovere dall'indagine i pregiudizi che ne impediscono il corretto svolgersi. In questo senso venne utilizzato da F. Bacone nella teoria degli *idola* (o *pars destruens* del metodo), dove vengono sottoposti a critica i pregiudizi più diffusi al fine di restaurare un approccio diretto ai dati dell'esperienza (*Novum Organum*, I, 38-68). Il dubbio metodico trova successivamente in Cartesio la sua più ampia estensione. Cartesio mira a raggiungere, proprio attraverso l'uso sistematico del dubbio, una evidenza certa e indubitabile, che possa essere assunta come punto di partenza e criterio di ogni verità ulteriore (*Discorso sul metodo*, IV). Dopo aver escluso le cognizioni sensibili, quindi quelle razionali, e giungendo fino ad ammettere l'ipotesi di un «demone ingannatore» che provi gusto a far sbagliare l'uomo anche in ciò che gli appare evidentissimo (dubbio «iperbolico»), egli afferma che nessuna nozione umana può sottrarsi al dubbio (*Meditationes de prima philosophia*, I). Ma il dubitare è pur qualcosa: così Cartesio può concludere che se dubito penso, e se penso sono; questa è l'evidenza assoluta cercata (*Meditationes*, II). Una ripresa del dubbio cartesiano si ha con Husserl, il quale sostiene la necessità di «sospendere» la validità di ogni teoria o giudizio preconcetto, per liberare il campo alla pura descrizione fenomenologica dei dati dell'esperienza. Conseguenza di tale «sospensione» (→ epoché) è che di tutto si può dubitare, tranne che delle evidenze «in prima persona» che caratterizzano gli atti intenzionali della coscienza (*Idee per una fenomenologia pura*, par. 31-46). A un'analisi del carattere psicologico e pragmatico del dubbio si era invece rivolto Ch.S. Peirce. Egli rifiuta il dubbio cartesiano, in quanto nessuno può seriamente dubitare di ciò che non ha validi motivi per revocare in dubbio o che accoglie come credenza inconscia; Cartesio, in effetti, dubitò persino di Dio, ma non del fatto, per lui ovvio, che il modo d'essere della verità sia l'evidenza chiara e distinta, e quello della realtà la sostanza (*Come render chiare le nostre idee*, par. 1). Il dubbio, per Peirce, è una pausa dell'azione che si verifica quando le nostre credenze siano messe in crisi dall'esperienza; dubbio e credenza sono momenti strettamente congiunti dell'esperienza della verità, che non è mai astratta, ma è verifica concreta, e sempre fallibile, delle conseguenze pratiche (→ pragmatismo) derivanti dai nostri abiti e comportamenti (*Il fissarsi della credenza*, par. 3-4).

Dufrenne, Mikel (Clermont, Oise, 1910), filosofo francese. Tra i più notevoli studiosi di estetica di indirizzo fenomenologico, è stato dal 1955 professore all'università di Poitiers e dal 1964 a quella di Parigi-Nanterre. Opere principali: *Fenomenologia dell'esperienza estetica* (2 voll., 1953); *Il poetico* (1963); *Estetica e filosofia* (2 voll., 1967 e 1976); *Per l'uomo* (1968); *Arte e politica* (1974). Nella prima delle opere citate Dufrenne svolge un'analisi dell'oggetto estetico ispirata alla fenomenologia e all'estetica di Hegel. Da essa risulta che gli elementi che lo costituiscono sono: un dato sensibile, una rappresentazione, un'espressione. Il soggettivismo fenomenologico si tempera con l'oggettivismo hegeliano, pervenendo a individuare nell'oggetto estetico un «quasi-soggetto», qualcosa che ha una natura «in sé» che si esplicita tuttavia solo in rapporto «a noi» osservatori.

Per quanto riguarda l'analisi dell'esperienza estetica, Dufrenne ne coglie i fattori costitutivi in «a-priori» affettivi la cui ultima origine è nel soggetto. Ne *Il poetico* approfondisce la tematica dell'oggettività, mettendo in luce come la creazione del «bello» risulti dall'identità tra i dati esistenziali dell'uomo e i caratteri cosmologici della natura (egli giunge anzi a sostenere che l'artista è lo strumento della manifestazione dell'essere, del mondo). Negli scritti successivi Dufrenne ha allargato la sua tematica, discutendo in particolare i rapporti tra arte, politica, ideologia, utopia. Costante nei suoi saggi è l'affermazione della centralità del nesso fondamentale tra natura e uomo, che approda a una ontologia muovendo da analisi fenomenologiche ed esistenziali.

Duhem, Pierre (Parigi 1861 - Cabrespine, Aude, 1916), fisico, epistemologo e storico della scienza francese. Insegnò successivamente a Lilla e a Rennes, tenendo poi fino alla morte la cattedra di fisica teorica a Bordeaux. I suoi contributi concernono soprattutto i campi, per lui strettamente connessi, dell'epistemologia e della storia della scienza. Ricordiamo per il secondo *Le origini nella statica* (1905-06) e *Il sistema del mondo* (10 voll. 1913-59); per l'epistemologia l'opera maggiore è *La teoria fisica: il suo oggetto, la sua struttura* (1904-06). Con quest'ultima Duhem sviluppa in maniera originale l'epistemologia di E. Mach e si colloca con H. Poincaré e G. Milhaud fra i fondatori del → convenzionalismo francese ai primi del secolo. Duhem caratterizza la teoria fisica come un sistema di proposizioni matematiche, dedotte da pochi principi atti a rappresentare nel modo più semplice e rigoroso un insieme di leggi sperimentali. Ogni legge è sempre provvisoria e suscettibile di una più opportuna simbolizzazione. Entro questa concezione trova posto la fondamentale critica alla possibilità di «esperimenti cruciali» riproposta all'attenzione degli studiosi negli ultimi decenni dalle discussioni sul falsificazionismo di K. → Popper e dagli attacchi di W.V.O. → Quine ai due «dogmi dell'empirismo». Sono chiamati «esperimenti cruciali» (dalle «instantiae crucis» di F. Bacone) quelli ai quali si attribuisce la capacità di falsificare un'ipotesi e con ciò stesso di verificarne un'altra ritenuta la sua unica possibile rivale. Contro la possibilità di simili esperimenti Duhem ha sostenuto che l'interpretazione di ogni esperimento scientifico comporta l'adesione a tutto un complesso di asserzioni, esplicite o meno, per cui ciò che viene vagliato dall'esperienza non è un'ipotesi isolata ma un insieme di ipotesi interconnesse. Anche ammesso che si riuscisse a mettere in confronto due ipotesi contrastanti isolate, ciò permetterebbe di confutare una delle due ma non di verificare in maniera conclusiva l'altra, perché, diversamente dalla geometria, nelle scienze empiriche non si può dimostrare che l'ipotesi sopravvissuta sia l'unica capace di dar conto di certi fenomeni e che non risulti quindi criticabile sulle basi di esperienze successive.

Dühring, Karl Eugen (Gross-Zehlendorf, presso Berlino, 1833 - Nowawes, presso Potsdam, 1921), filosofo ed economista tedesco. Studiò filosofia con F.A. Trendelenburg e insegnò a Berlino dal 1863 al 1877. Dühring fu sostenitore di un evoluzionismo positivistico volto a integrare scienza e filosofia. Quest'ultima, come «filosofia della realtà», ha il compito di sviluppare «la più alta coscienza del mondo e della vita» (*Corso di filosofia*, par. 2). Ma la coscienza è a sua volta il punto di arrivo dell'evoluzione naturale (sentire e pensare sono stati di eccitazione della materia: *Il valore della vita*), sicché la posizione di Dühring è rigorosamente monistica e materialistica. È tuttavia innegabile che, mentre il pensiero tende all'illimitato, la realtà naturale è soggetta alla «legge del numero determinato», è cioè spazialmente e temporalmente circoscritta. Di qui la necessità di scoprire quell'unitario «fondo dell'esistenza» che è l'oggetto proprio dell'indagine filosofica, collegata peraltro con i progressi delle scienze. All'evoluzionismo della natura corrisponde, secondo Dühring, il progresso della società che deve liberare l'uomo dalla servitù religiosa (rappresentata dall'ebraismo e poi dal cristianesimo) e dalla servitù economica del capitalismo. Dühring, che si considerava un vero e proprio riformatore dell'umanità, propugnò un socialismo «personalistico» che mirava a un «sistema socialitario», ovvero a pacifiche associazioni di lavoratori fondate sulla giustizia e l'eguaglianza (*Storia critica dell'economia*, 4ª ed.). Dühring criticò duramente il comunismo marxista (che definì un'aberrazione razziale ebraica) e il suo ricorso al metodo rivoluzionario. Le sue idee influirono fortemente sul revisionismo di E. Bernstein e sulla socialdemocrazia tedesca. Di qui la reazione di F. → Engels nel celebre *Antidühring*. Opere principali: *Il valore della vita* (1865); *Storia critica della filosofia* (1869); *Storia critica dell'economia politica e del socialismo* (1871); *Corso di economia politica e sociale* (1873); *Corso di filosofia come visione rigorosamente scientifica del mondo e formazione di vita* (1875, successivamente intitolato *Filosofia della realtà*, 1895); *Logica e teoria della scienza* (1878); *La questione ebraica* (1881, opera violentemente antisemita).

Dumézil, Georges (Parigi 1898-1986), storico francese delle religioni. Fu professore di storia delle religioni nelle università di Istanbul (1925-31) e di Uppsala (1931-33), direttore di studi per la religione dei popoli indoeuropei nell'Ecole des hautes études (dal 1933) e (dal 1948) anche titolare della cattedra di civiltà indoeuropee al Collège de France. È stato uno degli studiosi che più hanno contribuito al rinnovamento della comparatistica indoeuropea, con una lunga serie di ricerche sul campo (in particolare tra le popolazioni caucasiche immigrate in Anatolia) e di opere sistematiche. Il risultato principale delle sue indagini è stato l'individuazione nelle più antiche culture indoeuropee di una «ideologia o struttura delle tre funzioni»: sovranità religiosa, forza fisica, fecondità. Lo schema delle interrelazioni di questi tre elementi fondamentali è stato riconosciuto da Dumézil, dalla sua scuola, e da alcuni studiosi che operarono parallelamente (innanzitutto lo svedese S. Wikander), nel *Mahābhārata*, nei documenti mitologico-letterari delle «storie delle origini» di Roma e della

Scandinavia, nell'epopea dei Narti ecc. Le ricerche di Dumézil hanno avuto, inoltre, notevole influenza sugli sviluppi della scienza della mitologia in generale, sottolineando la possibilità di riconoscere nelle strutture dei materiali mitologici i riflessi delle strutture delle ideologie dominanti nei relativi gruppi sociali. Tra le sue opere principali: *Ouranos-Varuna* (1934); *Flamen-Brahman* (1935); *Jupiter Mars Quirinus* (1941); *La religione romana arcaica* (1964); *Ventura e sventura del guerriero* (1969); *Mito ed epopea* (1968-73).

Dummett, Michael A.E. (Londra 1925), filosofo inglese. Docente di logica all'università di Oxford. I suoi contributi riguardano soprattutto la filosofia del linguaggio e la filosofia della matematica e sono legati dal filo unitario dell'adesione a una logica intuizionista e a una semantica verificazionista. Dummett è tra gli artefici della rinascita contemporanea dell'interesse per il pensiero di G. Frege, a cui ha dedicato imponenti studi. In *Frege. Filosofia del linguaggio* (1973, 1981), Dummett individua nell'opera del logico tedesco la radice della filosofia analitica contemporanea e vede nella centralità dell'analisi linguistica — e in particolare nella ricerca di una «teoria sistematica del significato» — il nucleo essenziale dell'attività filosofica. In seguito alle vaste reazioni suscitate da questo studio su Frege, Dummett ha pubblicato *L'interpretazione della filosofia di Frege* (1981), dedicato alla risposta ai suoi critici e alla chiarificazione del proprio pensiero; sul problema della genesi e della natura della filosofia analitica ritorna invece in *Alle origini della filosofia analitica* (1988). Per Dummet compito della filosofia è l'analisi del pensiero, il cui strumento è l'analisi del linguaggio, che va perseguita attraverso la costruzione di un modello generale del modo in cui comprendiamo gli enunciati che usiamo. In particolare Dummett riformula la massima wittgensteiniana secondo cui «il significato è l'uso», affermando che la comprensione del significato di un'espressione consiste nella padronanza delle sue condizioni di asseribilità. Nel fare ciò egli si oppone a Frege, per il quale la comprensione del significato di un enunciato equivale alla comprensione delle sue condizioni di *verità*, preferendogli le condizioni di *verificazione*. Si allontana invece da Wittgenstein e segue Frege nel ritenere che una teoria del significato debba essere «sistematica», tale da utilizzare una serie di nozioni-chiave sulla cui base spiegare in modo unitario il funzionamento logico-semantico del linguaggio. In particolare una teoria di questo genere avrebbe come nucleo le nozioni di → riferimento e di verità, come concetto essenziale la nozione di *senso*, e come ulteriore fondamentale elemento la nozione di *forza* assertoria. Le complesse articolazioni di questa dottrina si trovano, oltre che nei testi dedicati a Frege, in una serie di saggi, molti dei quali raccolti nel volume *La verità e altri enigmi* (1978), e nelle «W. James Lectures» del 1976, poi ampiamente rimaneggiate e pubblicate col titolo *La base logica della metafisica* (1991).

Strettamente legati agli interessi di filosofia del linguaggio sono quelli di filosofia della matematica, che forniscono un modello esemplare di molte tesi dummettiane sul significato. Dummett si fa infatti paladino della logica intuizionista (*Introduzione alla logica intuizionistica*, 1977) contro la logica classica, rifiutando i principi di bivalenza e del terzo escluso (che metterebbero capo alle tesi che la verità e la falsità di un enunciato possono essere considerate come date indipendentemente dal modo in cui noi saremmo in grado di riconoscerle) e affermando che la comprensione di un enunciato matematico dipende dalla nostra capacità di giustificarne l'asserzione, ovvero dalla possibilità di indicare che cosa accetteremmo come dimostrazione della sua verità o falsità. In *Frege. Filosofia della matematica* (1991) viene rivalutato il programma logicista (→ fondamenti della matematica) che, secondo Dummett, avrebbe avuto sorte migliore se si fosse radicato in una logica intuizionista. Anche in questo ambito le tesi di Dummett hanno avuto un'eco molto vasta e hanno contribuito allo sviluppo di un dibattito di notevole spessore teoretico.

Dumont, Louis (Salonicco 1911), antropologo francese. Allievo di M. Mausse e studioso del mondo indiano, condusse le sue ricerche nel 1948 nell'India meridionale, tra i Pramalai Kallar, e poi nello stato dell'Uttar Pradesh. Gli interessi antropologici di Dumont hanno riguardato molteplici campi, come lo studio dei sistemi di parentela, affrontato nella prospettiva inaugurata da C. → Lévi-Strauss, e soprattutto gli studi sul sistema delle caste. In *Homo hierarchicus* (1966) Dumont presenta la società indiana di casta come soggiacente all'ordine gerarchico, fondato su un insieme di → opposizioni e di relazioni di mutua dipendenza tra categorie di natura religioso-rituale, quali puro e impuro (→ gerarchia). Il modello castale indiano è poi servito a Dumont per pensare un tipo di opposizione che, sul piano ideologico, distingue le società «moderne», individualiste ed egualitariste, da quelle «non moderne», caratterizzate dall'ordinamento gerarchico (*Homo Aequalis*, 1977).

Duns Scoto, Giovanni (Duns, Edimburgo, 1265 ca - Colonia 1308), filosofo e teologo inglese; beato. Studiò nelle università di Oxford e di Parigi, nelle quali divenne in seguito maestro di teologia. Trasferito per motivi politici nello studio francescano di Colonia (1308), morì prematuramente nel dicembre dello stesso anno. La formazione e l'insegnamento di Duns Scoto avvennero in un periodo di forti tensioni, collegate con le diverse scelte dottrinali in seno alla chiesa: l'indirizzo seguito dalla maggioranza dei maestri francescani era il tradizionale neoplatonismo agostiniano, secondo la rilettura sistematica fattane da san Bonaventura, sostanzialmente ostile all'accettazione dell'epistemologia aristotelica; sul versante opposto stava la scuola domenicana, attestata sulla difesa dell'aristotelismo moderato di san Tommaso, in campo filosofico e teologico (in rapporto alla concezione della teologia come scienza). Duns Scoto rifiutò di allinearsi con una delle due correnti; tentò invece una conciliazione delle loro istanze più autentiche in una nuova sintesi che potesse qualificarsi come cristiana. Questo sforzo risalta in modo chiaro dalle posizioni assunte circa l'oggetto proprio e adeguato dell'intelletto: non si può dire che oggetto proprio dell'intelletto siano le essenze astratte dalle realtà materiali (tesi di Tommaso), perché si finirebbe col limitare l'intelletto all'orizzonte del sensibile; ma non si può nemmeno parlare di Dio come del primo oggetto conosciuto dall'intelletto (tesi degli agostiniani, in particolare di Enrico di Gand), perché questa intuizione originaria è smentita dall'esperienza. Per Duns Scoto, oggetto primo dell'intelletto inteso come potenza conoscitiva è la nozione univoca di ente nella sua astrattezza; prescindendo dai modi concreti di essere, tale nozione si coestende a tutto il reale (al finito come all'infinito) e ne suscita l'intelligibilità. La scienza nasce sul piano dell'intelligibile; oltre che essere conoscenza del reale, essa è un intreccio di fili necessari e universali, tesi alla ricerca dell'immutabile. L'universo è visto come un cosmo ordinato, pervaso dall'unità che gli deriva da Dio, l'Uno supremo. I diversi rami del sapere, pur formalmente distinti, sono retti dagli stessi principi dell'essere e del pensiero; di qui la denominazione di «metafisica» o «filosofia prima» data a quella scienza che rapporta il reale finito a Dio, che ne è il fondamento, e di «metafisiche speciali» data alle singole scienze che applicano i principi universali a campi particolari. Tra l'essenza e l'essere non si dà né una distinzione reale, né una distinzione puramente formale; la distinzione è formale-modale, nel senso che l'esistenza è la condizione della consistenza ontologica dell'essenza. Tale accentuazione dell'esistenza mette in luce la contingenza propria dell'universo finito: se infatti dal punto di vista dell'essenza prevale il carattere universale e necessario dell'ente, il fatto che l'ente necessiti dell'esistenza per collocarsi sul piano reale ne mostra l'effettibilità, ossia la possibilità di essere prodotto. Dall'effettibilità dell'ente Duns Scoto parte per dimostrare l'esistenza di Dio, inteso come causa efficiente prima: se non si desse questo «effettivo primo», tutte le cause efficienti sarebbero «seconde»; ma è assurda l'esistenza di un «secondo», senza l'esistenza di un «primo». Attributo fondamentale di Dio è l'infinità dell'essere e del volere; sulla nozione di infinità si salda quella di onnipotenza, che comprende un versante filosofico (la causa prima ha una potenza più eminente di quella di qualsiasi causa seconda), e un versante rivelato, eccedente la ragione (la causa prima può produrre da sola tutto ciò che produce mediante le cause seconde).

La concezione scotista dell'uomo, fondamentalmente aristotelica per quanto riguarda la struttura corporea, trova la propria originalità nel risalto dato alla libertà della volontà, per cui gli storici hanno spesso, ma impropriamente, parlato di volontarismo. Il primato della libertà è affermato da Duns Scoto in un contesto teologico; la libertà è vista come possibilità radicale dell'uomo di elevare la logica delle cose al livello di Dio; ne è conferma la dottrina scotista degli atti moralmente indifferenti: l'uomo è libero di orientare verso Dio quegli atti che non fungono da tramite necessario per il raggiungimento del fine ultimo. È dalla decisione del soggetto e, quindi, dal suo atteggiamento interiore, che scaturisce quel grado di bontà che sottrae l'atto alla sfera dell'indifferenza e lo qualifica sul piano morale. Peculiare di Duns Scoto fu anche il negare la dimostrabilità filosofica dell'immortalità dell'anima e il ricondurre il principio di individuazione alla forma. Tra gli individui di una stessa specie intercorrono legami precisi, espressi dalla presenza — in essi — di una *natura communis*, cioè di una comunanza fisica che li attraversa e dalla quale è possibile passare al singolo individuo mediante un incremento formale, detto *haecceitas* (ecceità, questità). Oltre a un nutrito gruppo di *Commentari* ad Aristotele (*Metafisica*, *Fisica*, *L'anima*), Duns Scoto ha scritto l'*Opus oxoniense* (denominato anche *Ordinatio Scoti*), i *Reportata parisiensia* e un trattato *De primo rerum principio*. *A. Gh.*

durata reale, espressione impiegata da H. Bergson per differenziare la durata vissuta rispetto al tempo misurabile della scienza. Quest'ultimo è inteso come tempo spazializzato, cioè ridotto alla successione di istanti identici; il tempo reale o durata è invece il dato della coscienza riconosciuto nella sua fluidità originaria. Tale contrapposizione è interna alla nostra stessa esperienza, e si tratta di riuscire a distinguere tra un'immagine della realtà già simbolizzata e il vissuto che precede il simbolo e lo rende possibile. Il vissuto è concepito (o, più esattamente, percepito) come indivisibile e non riflette mai interamente il passato o il futuro: nella durata reale non esistono tagli netti né separazioni; tutto è a ogni istante nuovo e tutto viene insieme conservato. Si tratta del principio fondamentale di tutta la filosofia bergsoniana: invocato come memoria, cioè come conservazione integrale, in *Materia e memoria* (1896) per spiegare il rapporto tra anima e corpo; come slancio vitale nell'*Evoluzione creatrice* (1904) per spiegare lo sviluppo della vita e la sua divisione nelle due direzioni fondamentali dell'istinto e dell'intelligenza; ancora come slancio vitale in *Le due fonti della morale e della religione* (1932) per spiegare il progresso delle società umane. La durata reale è l'oggetto proprio di quella intuizione che è l'organo specifico della filosofia, destinata a cogliere la spiritualità nella sua purezza, allo stesso modo in cui l'intelletto è destinato invece a cogliere la materia, ossia l'immobilità del meccanismo (*L'intuizione filosofica*, 1911).

Durkheim, Emile (Épinal, Lorena, 1858 - Parigi 1917), sociologo francese. Studiò all'Ecole normale supérieure, dove conseguì nel 1882 l'*agrégation* in filosofia, che gli consentì di insegnare nei licei. Benché i suoi interessi fossero assai più speculativi che didattici, l'esperienza dell'insegnamento, ripresa poi nelle università di Bordeaux e di Parigi, lo portò a sistematizzare molti temi legati al processo educativo (i suoi scritti più significativi in quest'ambito sono stati raccolti in Italia sotto il titolo *La sociologia e l'educazione*, 1971).

Il primo tema centrale del pensiero durkheimiano è il problema della relazione tra individuo e collettività, affrontato nella sua tesi di dottorato, *La divisione del lavoro sociale*, discussa fra non pochi contrasti nel 1893. Postosi il problema di come sia possibile realizzare il consenso (condizione fondamentale per l'esistenza di una formazione sociale), Durkheim individua due forme di solidarietà: quella meccanica, derivante dall'indifferenziazione degli individui e tipica delle società primitive, e quella organica, derivante dal fatto che in una società più complessa e differenziata ciascuno assolve una funzione a suo modo indispensabile. Quale che sia la sua origine, comunque, la società è caratterizzata dall'esistenza di una coscienza collettiva, che è l'insieme delle credenze e dei sentimenti comuni alla media dei membri che la costituiscono. Secondo Durkheim, la coscienza collettiva ispira e determina le azioni del singolo in misura tale che si può affermare che l'individuo è generato dalla società e non viceversa, in quanto la società è irriducibile alla somma degli elementi di cui è composta. Il secondo importante libro di Durkheim, *Il suicidio* (1897), esamina le disfunzioni del rapporto individuo-società nell'organizzazione sociale. Analizzando le statistiche, egli costruisce una tipologia di suicidi a seconda delle cause che li determinano: suicidio egoistico, motivato da sensazioni di esclusione e mancanza di integrazione in un gruppo; suicidio altruistico, assai più raro, in cui l'individuo si sacrifica ai valori etici del gruppo (per es. il comandante che affonda con la nave) e infine il suicidio anomico, che deriva dalle condizioni di frustrazione in cui l'individuo vive nelle società moderne regolate dalla competizione continua. Il suicidio è quindi un fenomeno individuale dovuto a cause sociali: l'unico modo per arginarlo è la reintegrazione dell'individuo all'interno di un gruppo, compiuta prevalentemente attraverso il lavoro, dal momento che la religione ha, almeno in parte, perso questa capacità. Durkheim elabora una teoria generale della religione (*Le forme elementari della vita religiosa*, 1912) a partire dallo studio delle sue forme più semplici e primitive. Dall'analisi di esse si arriva a costruire una teoria che dimostra la natura essenzialmente sociale delle religioni, intese come «forma simbolica degli interessi sociali e morali»: gli uomini adorano inconsapevolmente la loro stessa società. Fin dall'inizio dei suoi studi sociali, nel periodo (1885-86) passato in Germania con W. Wundt, Durkheim aveva cercato di applicare alla ricerca sociale i metodi delle scienze naturali: questa posizione trovò una sistemazione rigorosa nell'opera *Le regole del metodo sociologico* (1895).

Profondamente legato alla cultura del suo tempo, scarsamente critico nei confronti di una società che tende alla propria conservazione adattando in modo deterministico i singoli alla propria struttura, Durkheim cercò di elaborare una sociologia che costituisse non tanto una teoria generale della realtà sociale, quanto un modello teorico di riferimento per una sua corretta amministrazione. Di qui gli derivò il favore delle autorità e la possibilità di esercitare sul pensiero sociologico «ufficiale» francese una duratura influenza.

Dworkin, Ronald Myles (Worcester, Massachusetts, 1931), filosofo del diritto statunitense. Dopo studi di giurisprudenza nelle università di Harvard e Oxford, ha insegnato negli Stati Uniti ed è attualmente professore di diritto presso le università di New York e Oxford. In contrasto con il positivismo giuridico dominante nelle giurisprudenze britannica e nordamericana, Dworkin sostiene la cosiddetta *right thesis*, la tesi secondo cui gli individui possiederebbero un certo numero di diritti fondamentali (sebbene non naturali e universali) nei confronti degli altri cittadini e dello stato, anteriori ai diritti creati dalla legislazione esplicita. Nella pratica aggiudicativa ciò si traduce in una priorità accordata agli argomenti di principio (quelli che fanno appello ai diritti morali e politici del singolo cittadino) sugli argomenti di politica (quelli che sostengono che una certa decisione promuoverà il benessere generale o l'interesse pubblico). Alla base di tale posizione si trova una teoria politica liberale, il cui principio fondamentale è il «diritto a eguale considerazione e rispetto» tra i cittadini: in questo senso Dworkin propone una versione del liberalismo incentrata sull'eguaglianza delle risorse, che prescrive neutralità nelle questioni di vita privata ma non nelle questioni di giustizia sociale, e si oppone quindi a ogni economia di privilegio. Nell'opera *L'impero della legge* (1986), Dworkin ha articolato queste nozioni in una sistematica teoria del diritto che pone particolare enfasi sull'interpretazione come pratica costruttiva di valori morali e politici, e concepisce la legittimazione del sistema politico non più sul modello del contratto sociale (secondo la tradizione delle teorie liberali), ma come funzione delle pratiche interpretative interne alla comunità politica, introducendo in tal modo la dimensione comunitaria nel quadro individualista della teoria dei diritti. Altre opere: *I diritti presi sul serio* (1977); *Una questione di principio* (1985).

Ebeling, Gerhard (Berlino 1912), teologo tedesco. Luterano, fu discepolo di R. Bultmann, da cui si distaccò per una concezione dell'ermeneutica teologica volta a superare la distinzione bultmanniana tra il linguaggio della Bibbia e l'evento che esso esprime. L'ermeneutica teologica elaborata da Ebeling tende a superare in modo radicale la dissociazione tra linguaggio ed evento facendo del linguaggio stesso l'evento della manifestazione storica di Dio. La rivelazione di Dio è «accadere della parola» (*Wortgeschehen*) e insieme «evento linguistico» (*Sprachereignis*) dove parola e linguaggio costituiscono l'evento interpretante che, assunto a fenomeno originario, fonda ogni ermeneutica. Proprio in base a questa identificazione di linguaggio ed evento e alla funzione ermeneutica originaria attribuitagli, l'ermeneutica teologica di Ebeling supera la posizione di Bultmann capovolgendola.

In opposizione al primato dell'autocomprensione esistenziale e al linguaggio «mitico» distinto dall'evento vale per Ebeling il primato dello *Sprachereignis*: nell'ambito dell'ermeneutica non si tratta mai infatti, per lui, di interrogare il linguaggio della rivelazione a partire dall'esistenza e dalla sua autocomprensione, ma al contrario di interrogare l'esistenza e problematizzare ogni sua possibile autocomprensione storica a partire dall'«evento linguistico» della rivelazione. Tra le sue opere: *Parola e fede* (1960); *Dio e parola* (1966).

Eberhard, Johann Augustus (Halberstadt 1739 - Halle 1809), filosofo tedesco. Pastore a Charlottenburg e, dal 1778, professore di filosofia a Halle, partecipò al movimento dei cosiddetti «filosofi popolari», che si proponeva di diffondere in Germania le idee dell'illuminismo inglese e francese. Sul piano più specificamente teoretico, Eberhard si richiama al pensiero di Leibniz, che tenta di conciliare eclетticamente con le dottrine dell'empirismo inglese; in Eberhard permane tuttavia una visione dogmatica della metafisica, che si riflette nella polemica da lui condotta contro il criticismo kantiano e, più tardi, contro Fichte. Tra le sue opere: *Nuova apologia di Socrate* (1772); *Storia generale della filosofia* (1778); *Manuale di estetica* (4 voll., 1803-05).

ebraica, filosofia, denominazione complessiva della produzione filosofica di autori ebrei ispirata a temi e problemi propri dell'ebraismo. In conseguenza dello stato di diaspora, la filosofia ebraica è venuta di volta in volta assumendo caratteri della filosofia greco-ellenistica, araba, moderna, sicché i pensatori ebrei sono anche considerati appartenenti a tali ambiti. Durante l'antichità classica, la prima espressione filosofica dell'ebraismo si ebbe ad Alessandria d'Egitto, dove Filone (25 ca a.C. - 40 ca d.C.) elaborò un sistema dottrinale che fondeva gli elementi della tradizione veterotestamentaria con varie dottrine platoniche e accademiche. Nel medioevo, la filosofia ebraica si sviluppò in connessione con i due poli della vita e della cultura ebraica: a Oriente in Babilonia, a Occidente — dopo il Mille — in Spagna, Provenza e Italia. L'esponente più antico della prima corrente è l'iracheno David Al-Muqammas (secc. IX-X), che cercò di stabilire un confronto dialettico tra la fede ebraica, quella cristiana e quella islamica, e adottò per primo i metodi del → *kalām*. Un grado notevole di fiducia nella ragione è presente nelle opere di Sa'adjah ben Joseph al-Fayyūmī o Sa'adjah Gaon (882-942), pensatore convinto che non esiste contrasto tra fede e ragione. Nel suo scritto principale, il *Libro delle credenze e delle opinioni*, sono esposte tesi che diventarono poi il patrimonio comune della speculazione ebraica medievale: la conoscenza si sviluppa attraverso quattro fonti, costituite dall'esperienza sensibile, dall'evidenza intellettuale immediata, dalla tradizione autentica (trasmissione di percezioni passate) e dalla deduzione logica. La verità della Legge (*Torah*) è attestata sia dalla possibilità di giustificarne razionalmente i contenuti metafisici ed etici, sia dai segni soprannaturali che hanno garantito la missione del profeta. Dal testo sacro si ricava l'affermazione della contingenza dell'universo, perché il mondo ha avuto inizio per opera del Creatore; di questo l'uomo non può conoscere l'essenza, ma dall'analisi dell'atto creativo si inferiscono alcuni attributi (unicità, vita, potenza, saggezza) che non intaccano la fondamentale unità divina. Sugli attributi divini la discussione dei pensatori ebrei non cesserà mai: Giuda Levita (1075 ca - 1141) sostituirà «vivente» con «esistente»; Abraham Ibn Daud (1110 ca - 1180 ca) insisterà sugli attributi «vero», «volente» e «potente»; per Mosè Maimonide gli attributi irrinunciabili anche per un filosofo sono «vivente», «potente», «saggio», «volente».

Con la seconda metà del sec. X il centro maggiore della filosofia ebraica diventa la Spagna musulmana, donde nei secoli successivi si espanderà nella Linguadoca, nella Provenza e in Italia, Nel primo trattato di filosofia neoplatonica ebraica, la *Fonte di vita* di Shelomoh Ibn Gabirol (l'Avicebron dei latini, 1020 ca - 1058 o 1069), i temi caratteristici del giudaismo (amore divino, redenzione, stato di peccato) si intrecciano con le dottrine neoplatonico-arabe dell'emanazione per gradi e dell'universalità della materia e della forma (→ ilemorfismo universale). Una vibrata polemica contro le arbitrarie elucubrazioni metafisiche dei filosofi si ha nell'opera di Giuda Levita, che rivendica la purezza della religione ebraica: a questa spetta il merito di avere introdotto nella storia umana un'energia specifica (la «cosa divina»), riservata al popolo eletto, ma alla quale possono partecipare coloro che si aggregano spontaneamente alla comunità d'Israele. Fondamentalmente volta a sanare il conflitto tra filosofia e fede è la *Guida dei perplessi* di Mosè Maimonide (1135-1204), il più sistematico dei filosofi ebrei, convinto assertore della possibilità di individuare negli stessi testi rivelati le principali verità filosofiche. Sfruttando i procedimenti dell'esegesi allegorica, Maimonide ricava dalla Scrittura e dalla tradizione una teologia razionale che ricalca, nelle grandi linee, l'aristotelismo scolastico del tempo: l'esistenza di Dio è dimostrata attraverso l'analisi del movimento; dalla nozione di motore immobile si deducono l'unicità e l'immaterialità di Dio; Dio agisce sul mondo sensibile attraverso una gerarchia di intelligenze, l'ultima delle quali è l'intelletto agente, cui è chiamato a congiungersi l'intelletto proprio del singolo uomo. Dall'intelletto agente deriva anche quel particolare tipo di illuminazione che è la profezia: per Maimonide il profeta, oltre che capo religioso, è il capo politico ideale (fusione di ebraismo e dell'ideale platonico del re-filosofo).

Parallelamente agli sviluppi ricordati, a partire dal sec. XII si assiste a una ripresa in seno all'ebraismo della mistica, che era stata già in vario modo presente presso i circoli del giudaismo del primo millennio d.C. Alla conoscenza mistica (incentrata sui problemi del rapporto tra l'Uno e il mondo, del male e della redenzione) concorrono elementi esoterici, teurgici e magici, che hanno avuto anch'essi espressione nella → qabbalah; a questa spetta il merito di avere recuperato il senso delle leggi religiose positive al fine della salvezza dal peccato, in aperta polemica con la filosofia, che giustificava la norma ricorrendo a ingegnosi allegorismi. Di questa situazione conflittuale tra esoterismo e razionalità risentono le ultime due personalità del pensiero ebraico medievale: Levi ben Gerson (1288-1344), in cui coesistono un intransigente razionalismo e un tradizionalismo spinto all'estremo, e Chasdaj Crescas (1340 ca - 1410 ca), che si oppone alla filosofia peripatetica in favore di un misticismo pervaso dall'elemento emotivo. La lotta antirazionalista ispira anche le opere di Isacco Arama (1440-1494), di Isacco Abravanel o Abarbanel (1437-1508) e di Giuda figlio di Isacco Abarbanel (meglio noto con il nome di Leone Ebreo, 1470-1530), che nei *Dialoghi d'amore* concepisce platonicamente l'universo come permeato dall'amore di Dio.

Dopo il rinascimento, non si può più parlare di una filosofia ebraica nel senso che ha l'espressione per i secoli precedenti, e in tale categoria non si collocano filosofi ebrei come Spinoza (del quale tuttavia sono note le connessioni con i pensatori ebrei medievali) e S. Maimon (1754-1800). Bisogna giungere a H. Cohen (1842-1918), partito da posizioni neokantiane, perché l'ebraismo sia di nuovo oggetto o motivazione di una proposta filosofica: è una linea che nel nostro secolo è stata sviluppata, spesso a contatto con le problematiche suscitate dall'esistenzialismo, da numerosi pensatori quali M. Buber (1878-1965), F. Rosenzweig (1886-1929), A.J. Heschel (1907-1972), E. Levinas (1905).

ebraismo, termine indicante il complesso di credenze religiose, tradizioni culturali e rituali, vincoli etnici proprio del popolo ebraico. La storia dell'ebraismo, soprattutto se si mette in primo piano lo sviluppo del pensiero e della teologia, va anzitutto articolata in due momenti fondamentali, biblico e postbiblico (per Bibbia intendendosi naturalmente le scritture giudaiche, «Antico Testamento» nella denominazione cristiana). Gli ebrei (o israeliti o giudei: termini che sostanzialmente si equivalgono, pur connotando fasi diverse della storia e comportando ognuno una sfumatura specifica) costituiscono dapprima una comunità patriarcale, e quindi attraverso l'esodo (sec. XIII a.C.?) divengono nazione e, sotto la guida di Mosè, si insediano in Canaan, e sperimentano, dopo il periodo glorioso della monarchia davidica (sec. X a.C.), successivi rovesci della sorte, sino all'esilio del 586 a.C. e sino alla distruzione definitiva del tempio di Gerusalemme nel 70 d.C.: tale vicenda storica è anche la vicenda di una esperienza e di una riflessione religiosa, che si tramandano essenzialmente attraverso le Sacre Scritture, il cui canone si chiude alla fine del sec. I d.C.

• *La fede biblica.* Trascurando un poco l'evoluzione di questo pensiero per coglierne i capisaldi al momento della sua piena maturazione (collocabile intorno ai secc. VII-VI a.C., con l'opera deuteronomistica e i profeti «maggiori»), si può affermare che la fede di Israele ha il suo centro nella confessione monoteistica, espressa nel cosiddetto *Shema'*, cioè *Ascolta* (che inizia con Deuteronomio 6, 4: «Ascolta Israele, il Signore è il nostro Dio, il Signore è Uno ...»). Il monoteismo, pur presente in talune esperienze e formulazioni extrabibliche (celebre il tentativo di riforma monoteistica di Amenofi IV, nell'Egitto della XVIII dinastia, sec. XIV a.C.), raggiunge la massima chiarezza di espressione e coerenza appunto nell'ebraismo. Tale elaborazione non è di tipo filosofico. La formula con cui Dio si autodefinisce come Jahweh («Io sono colui che sono», Esodo 3, 14) difficilmente può sopportare tutto il carico di speculazione che su di essa si veniva fondando, a partire dagli stessi antichi traduttori giudeo-ellenistici («Io sono l'essente») sino alla scolastica medievale. Il significato originario della formula è infatti discusso e può anche essere «Io sono quel che fa essere», oppure «Io sono quel che sono». Tuttavia, il risultato complessivo della rivelazione monoteistica, al di là delle formule, difficilmente può considerarsi privo di rilevanza filosofica, metafisica. Conseguenza della consapevolezza monoteistica è soprattutto l'idea della signoria di Dio sull'universo e sulla storia; la realtà intera non è né prolungamento della realtà divina né sua degradazione, ma è positivamente da Dio distinta e a Dio subordinata in una sorta di pur relativa autonomia. Di qui l'assenza di dualismo, della tendenza cioè a far coesistere due principi divini, uno positivo, uno negativo (il dualismo ebraico è solo di tipo etico, tra «via del bene» e «via del male»). Di qui il maturare dell'idea, sconosciuta in altri contesti, di creazione, e delle idee di uno sviluppo lineare e non ciclico della storia, di una fine dei tempi (*éschaton*, da cui → escatologia), di una visione in cui il tempo nella sua limitatezza è visto non come ingannevole flusso, come velo dell'apparenza, ma come insieme di irripetibili occasioni offerte alla libertà perché vi prenda decisioni irrevocabili, per il bene o per il male, per la vita o per la morte. Questa visione della storia come evoluzione senza fratture da una origine sino a una meta finale, viene giustamente contrapposta a quella propria delle religioni orientali (forse altro discorso vale per l'ambito greco-latino, dove almeno la grande storiografia sembra aver elaborato una concezione simile), in cui il tempo è, come si accennava, concepito ciclicamente, come «eterno ritorno», incessante ripetizione di eventi identici (una concezione del resto simile al «nulla di nuovo sotto il sole» presente anche nel libro biblico dell'Ecclesiaste o Qohèlet). Propria della visione biblica è anche l'idea di un rapporto con Dio che non culmina nell'estasi, nell'unione mistica, ma nella comunione dell'alleanza, in cui uomo e Dio conservano identità distinta. Appunto l'alleanza costituisce la categoria teologica fondamentale dell'ebraismo: si tratta di un reciproco impegno per cui all'elezione e alla benevolenza di Dio corrisponde, da parte di Israele, il dovere di osservare i comandamenti che, compendiati nel decalogo, abbracciano ogni aspetto della vita, individuale e collettiva, religiosa e civile. «Nomismo dell'alleanza»: così è stato proposto di definire la religione di Israele, incentrata sulla Legge (in gr. *nómos*, in ebraico *torah*, meglio tradotto come «insegnamento»); per questo, a proposito dell'ebraismo si parla, più che di ortodossia, di «ortoprassi». Il regime che ne consegue è stato detto «teocratico», per l'affermazione che esso comporta della signoria della Legge divina su ogni ambito della vita umana. Tuttavia, benché sia antistorico cercare all'interno della tradizione giudaica una idea esplicita di «laicità», tale teocrazia si combina con una concezione dell'autonomia creaturale che costituisce la premessa teorica di ogni laicità.

• *Profetismo e apocalittica.* Nell'elaborazione del complesso religioso ebraico, il ruolo attribuito alla figura di Mosè è certo primario, anche se non è corretto, né storicamente né teologicamente, considerare Mosè come «fondatore» dell'ebraismo. Una funzione importantissima svolgono i profeti, che, pur senza sovvertire le basi del culto e della Legge, operano il richiamo all'interiorità, all'essenzialità, allo scopo ultimo di questa. Importante è pure l'elaborazione contenuta nei libri «sapienziali» della → Bibbia: nei più antichi si tratta soprattutto di prescrizioni etiche, attinenti alla pratica della Torah. Successivamente la Sapienza divina si personifica, diviene un soggetto che presiede alla storia della salvezza, a partire dalla creazione. Troviamo qui riformulazioni ancor più precise del credo monoteistico e dei «dogmi» connessi (per es., quello della creazione). Accanto alla Sapienza, o invece di questa, compare anche il *lógos*, la «parola», il pensiero onnipotente di Dio che presiede al cosmo e alla creazione. È una nozione che avrà grande rilievo nel cristianesimo primitivo (Vangelo di Giovanni), e ancor prima nella speculazione giudeo-ellenistica di → Filone (20 ca a.C. - 50 ca d.C.). Nei secoli più prossimi all'inizio dell'era cristiana («epoca tardogiudaica» o «intertestamentaria»), si assiste al proliferare di sette e dottrine apocalittiche, che si esprimono anche nei testi canonici (come il libro di Daniele) e negli apocrifi. Domina qui l'idea dell'imminente fine dei tempi, ma la tensione escatologica e messianica, già presente negli scritti profetici (soprattutto nel cosiddetto Deuteroisaia, cioè in Isaia 40-55), si precisa, diviene aspettativa circostanziata di eventi, di figure che la fantasia non cessa di elaborare e ingrandire, come risulta appunto dagli scritti apocalittici, presenti anche nel Nuovo Testamento. Tale movimento apocalittico è premessa indispensabile delle stesse origini cristiane: ma né l'ebraismo né il cristianesimo, nelle loro correnti fondamentali, si possono ridurre a questa dimensione, che rimane marginale e accessoria.

• *L'epoca rabbinica.* Enorme è l'apporto giudaico, come si accennava, al formarsi del quadro teologico (cultuale, ecclesiologico, etico ecc.) del primo cristianesimo: il quale quadro, si può dire, permane identico (un unico Dio, creatore e signore della storia, redentore del suo popolo, e giudice nell'*éschaton*), salvo l'elemento nuovo, che consiste appunto «solo» nel riferimento al messia, non più atteso, ma venuto nella persona di Gesù di Nazareth. Per questo, storicamente accade che la conservazione dell'identità cristiana sia legata alla difesa dell'eredità giudaica, che viene appunto salvata dal rifiuto gnostico (sec. II d.C.) dell'Antico Testamento. Per contraccolpo all'insorgere del cristianesimo, oltre che per i rovesci politici, la via del → giudaismo si precisa e si limita. Il problema essenziale del giudaismo diviene certo sempre più quello della conservazione della propria identità in un mondo ostile, che cerca di assimilarlo sostenendo che la sua funzione si è esaurita e che esso va visto unicamente come propedeutico al cristianesimo. La preoccupazione maggiore diviene quella di preservare e attualizzare il patrimonio della Torah, attraverso l'opera dei dotti (→ rabbinismo) che si viene via via consolidando nelle grandi compilazioni della *Mishnah* e poi dei due *Talmud*. La forza creativa dell'ebraismo non si esprime però solo nella → *halakhah* (che interpreta e attualizza la Torah attraverso i precetti nei quali si manifesta, permanendo misteriosa la volontà di Dio), ma anche nella → *haggadah*, la tradizione esegetica e omiletica che si esprime soprattutto con la produzione di «leggende» basate sul testo biblico e atte ad approfondirne il significato. Il commento biblico, o → *midrash*, è insieme portatore di halakhah e di haggadah. L'Islam nascente attinge profondamente, assai più che alle fonti cristiane, alla tradizione orale giudaica, facendone propri i fondamenti dogmatici (creazione, rivelazione profetica condensata nel Libro, giudizio finale, alleanza, primato della legge ecc.) e trasfondendo nel Corano molto materiale della storia ebraica (storie della creazione, dei patriarchi, dell'esodo, di Giuseppe ecc.).

• *Medioevo ed età moderna*. Accanto al filone centrale — la pietà che si manifesta nell'osservanza e nello studio della Legge ed è alimentata dalla haggadah — si sviluppano sino alle soglie dell'età moderna i due grandi filoni della filosofia e della mistica (sono tutte correnti che, idealmente distinte, nella realtà spesso si confondono). La filosofia religiosa passa attraverso l'influenza stoica, neoplatonica e aristotelica, mediata quest'ultima dai pensatori arabi: e produce figure eminenti come Avicebron (Shelomoh Ibn Gabirol, 1020 ca - 1058 o 1069), Giuda Levita (1075 ca - 1141) e Mosè Maimonide (1135-1204), la cui opera sta in parallelo con le grandi sintesi della scolastica cristiana. Per l'apporto filosofico si distingue soprattutto l'ebraismo sefardita, che, attraverso la Spagna, è in stretto contatto con il mondo arabo-islamico. Il giudaismo ashkenazita, nell'Europa nordorientale, eccelle invece negli studi talmudici e poi nella mistica popolare che caratterizza il → chassidismo, così straordinariamente vitale sino alle soglie dell'età contemporanea. Il misticismo ebraico si radica nell'esperienza profetica: più ancora che la visione di Isaia (Isaia 6), esso prende a modello l'esperienza di Ezechiele, la mistica visione della *Merkavah*, del carro di Dio (Ezechiele 1). Le speculazioni sul «carro» hanno origini molto remote, come documentano le ricerche del grande storico e maggiore studioso di mistica ebraica G. Scholem, e anche se una datazione è ardua, si può pensare a uno «gnosticismo» ebraico parallelo e anche precedente a quello cristiano. Il chassidismo tedesco medievale, la → qabbalah spagnola e provenzale a partire da Abraham Abulafia (seconda metà del sec. XIII), lo → *Zohar* (sempre alla fine del sec. XIII), Isacco Luria e la sua scuola di Safed (sec. XVI), il movimento pseudomessianico del → sabbatianismo, il chassidismo polacco della seconda metà del sec. XVIII sono i momenti più significativi (secondo la traccia di Scholem) nello sviluppo del misticismo ebraico, la cui influenza sulla speculazione cristiana, soprattutto nei secoli precedenti la riforma, fu ingente e diede origine alla cosiddetta qabbalah cristiana. L'indagine su queste correnti è rilevante anche per il travaso continuo tra i due ambiti, quello filosofico e quello mistico: è vero infatti che i due atteggiamenti di fondo sono diversi (nel primo prevale la giustificazione delle verità bibliche, spesso interpretate allegoricamente, nel secondo invece la prospettiva simbolico-esoterica: il testo biblico è carico di «cifre» che rinviano a una realtà altrimenti inesprimibile); ma è anche vero che i problemi di fondo sono gli stessi: il rapporto tra creatore e creazione, tra uno e molteplice, tra finito e infinito (*En Soph* nella formula qabbalistica); la natura degli attributi divini per rapporto all'unità di Dio; la realtà del male; la possibilità di una unione mistica che non cancelli tuttavia la creatura nella sua autonoma consistenza. Lo stesso Spinoza non si può comprendere se non sullo sfondo di questa problematica.

Le vie seguite dall'ebraismo moderno (ma tenendo presente la prolungata vitalità del chassidismo) sono quelle comuni della grande cultura occidentale. Moses Mendelssohn (1729-1786), massimo esponente della → *haskalah* o illuminismo ebraico, tenta di riconciliare l'ebraismo con la modernità, mostrando che esso si armonizza con le esigenze della ragione, e preludendo, sia pure involontariamente, al giudaismo «riformato» che, nato in Germania e oggi diffuso in America, ha fortemente ridotto e relativizzato l'imponente complesso di norme nel cui ambito la comunità giudaica si era mantenuta separata dalla società ambiente, preservando la propria identità e la propria esistenza. Il sec. XIX vede l'abbandono dell'ortodossia ebraica da parte di ampi strati colti borghesi. Prende allora grande rilievo la presenza di una intellettualità ebraica che in Francia, Germania, impero austriaco, Inghilterra, Italia, Russia e poi negli Stati Uniti, avendo rotto con la tradizione, contribuisce poderosamente alla cultura contemporanea, con apporti la cui originalità dipende in modo spesso decisivo dal fatto di provenire da un ambito caratterizzato da una lunga consuetudine di non conformismo, di critica, di indipendenza di pensiero, di coraggiosa accettazione del conflitto e della condizione di minorità (era questo soprattutto il debito che per es. Freud riconosceva di avere verso l'ebraismo). Nella storia del pensiero ebraico contemporaneo sono presenti varie tendenze (→ ebraica, filosofia). La costituzione dello stato di Israele costituisce un fatto di capitale importanza nella storia dell'ebraismo, nel quale la «terra» ha una posizione religiosa centrale: le conseguenze di questo fatto — sotto il profilo dello sviluppo dell'autonomo e originale apporto dell'ebraismo alla riflessione teologica e filosofico-religiosa — sono ancora tutte da comprendere e da valutare. *P.C. Bo.*

ecceità, termine introdotto nel linguaggio filosofico da → Duns Scoto per indicare la perfezione che si realizza in ogni ente quando passa dalla condizione di natura specifica a quella di natura individuale. L'ecceità è l'arricchimento ontologico che si attua con tale passaggio dalla specie universale (*natura communis*) all'individuo unico e irripetibile.

Ecclesiaste, libro biblico dell'Antico Testamento, noto anche con il titolo ebraico *Qohèlet* (qohèlet è colui che tiene la parola nell'assemblea). È costituito da un prologo e da alcune raccolte di detti sapienziali sulla vanità delle realtà terrene, completate da un epilogo. Non presenta rigorosa organicità; è come una raccolta di appunti, nella quale confluiscono, insieme a massime ispirate alla sapienza tradizionale, altre caratterizzate da un cupo pessimismo, e quasi da una visione materialistica in tensione, se non in contraddizione, con le prime (ciò che rese difficile l'accoglimento del libro nel canone biblico). L'autore, che nella finzione pseudoepigrafica è il re Salomone, fu probabilmente un ebreo palestinese, il quale scrisse in ebraico tardivo, verso il 250 a.C. L'ipotesi di diversi redattori dell'opera, che è stata addotta per spiegare le disarmonie, non riesce convincente, ed è resa inutile se si accetta il carattere di raccolta di appunti che il libro presenta.

Il tema non è dissimile da quello del libro di Giobbe; e non dissimile è la critica che l'autore rivolge alle massime ingenuamente ottimistiche della sapienza tradizionale, che afferma una sicura corrispondenza tra premio e virtù, tra colpa e punizione. L'esperienza contraddice questa convinzione; ma se, da un lato, la delusione non può indurre al rifiuto della fede in Dio, dall'altro anche questa non riesce — qui meno che nel libro di Giobbe — a dissipare la tenebra che avvolge il problema del male. La critica dell'autore si volge anche contro le rappresentazioni della vita futura: la loro rozzezza non consente di accoglierle come illuminante indirizzo di soluzione; né, d'altro canto, il libro presenta una propria più convincente interpretazione. La sua incompiutezza non inclina a un pessimismo definitivo solo se la si intende come l'indizio di una esigenza, maturata in un'età di crisi, a superare risposte ormai insoddisfacenti sui grandi interrogativi dell'esistenza. L'epilogo, aggiunto forse da altra mano, mira a orientare tali interrogativi in una direzione meno sconsolata e più ortodossa.

Eckhart, Johannes, detto Meister Eckhart o, alla latina, Magister Eccardus (Hochheim, Turingia, 1260 ca - Colonia 1327), filosofo, predicatore, mistico tedesco. Entrato nell'ordine domenicano, insegnò a Parigi (1302-04; 1311-14) e dal 1320 nello Studio generale di Colonia. L'arcivescovo di questa città gli intentò nel 1326 un processo per eresia. Eckhart si difese con vari scritti (due dei quali pervenutici) e con un appello al papa. Nel 1329, due anni dopo la sua morte, una bolla di Giovanni XXII condannò 28 proposizioni contenute nei suoi scritti. Di questi ci sono rimasti vari frammenti, prediche e sermoni tenuti a Colonia e opere esegetiche e teologiche tra le quali le *Quaestiones de esse* (1313-14) e l'*Opus tripartitum*.

Eckhart fu l'iniziatore del grande movimento della mistica tedesca, caratterizzata dalla ripresa della tradizione neoplatonica di Proclo (in particolare il *Commento al Parmenide di Platone* tradotto in latino da Moerbeke intorno al 1268) e della teologia negativa o apofatica di Dionigi Areopagita e di Giovanni Scoto Eriugena. Su queste basi, Eckhart da un lato rivendica l'autonomia della fede, dall'altro nega alla ragione la possibilità di pervenire a una concezione *positiva* di Dio. Il suo pensiero segna pertanto la crisi della teologia scolastica, basata sull'aristotelismo tomistico, e riflette nel contempo il contrasto tra le esigenze religiose e morali dei ceti popolari e borghesi e la tradizione feudale delle gerarchie ecclesiastiche. È significativo che alcune delle tesi di Eckhart giudicate eretiche preannunzino il protestantesimo: la svalutazione delle opere; il carattere secondario delle prescrizioni rituali e disciplinari e in genere di tutte le manifestazioni esteriori del culto; la relatività dei valori morali («nell'uomo retto tutto serve al bene, anche il peccato»); il carattere interiore della fede e l'attenuazione della funzione carismatica e mediatrice della chiesa. Attraverso i discepoli G. Taulero ed E. Suso, Eckhart influì sulla vita religiosa e intellettuale centro-europea. Il suo pensiero

ispirò il mistico fiammingo Jan Ruysbroeck, nonché il celebre scritto anonimo *Il francofortese*, che non a caso Lutero rimaneggiò e pubblicò all'inizio della riforma col titolo polemico di *Teologia tedesca*.
Centro della riflessione eckhartiana è l'inconoscibilità e ineffabilità di Dio, la cui essenza trascende ogni determinazione creaturale. Nel contempo Dio compendia in sé tutto l'essere (*Prologo* all'*Opus tripartitum*): Eckhart giunge a negare la determinatezza dell'atto creativo e ad affermare per converso l'eternità e l'infinità del mondo («Si potrebbe ammettere che il mondo sia esistito dall'eternità e anche che Dio non lo abbia creato; infatti egli creò il mondo nel primo istante di eternità in cui Dio stesso è ed è Dio»). A loro volta le creature non hanno realtà fuori dal divino: «Tutte le creature sono un puro niente. Non una piccola cosa o qualcosa, ma proprio un puro nulla. Ciò che non ha essere, infatti, non esiste e tutte le creature non hanno essere perché dipendono dalla presenza di Dio.» Scopo della fede è quindi quello di ritrovare la divina «quiete deserta» nella quale non vige che l'Unità ineffabile. L'uomo può riuscirvi data la natura della sua anima, che contiene una «scintilla» dello stesso fuoco divino. Condizione di questo cammino verso Dio è vedere «tutte le cose e noi stessi come un puro nulla»; suo esito è la rinascita dell'uomo in Dio o addirittura la sua totale unificazione con Dio, come accade nell'esperienza mistica del santo. In questo culmine della fede, che è più propriamente uno sprofondare nel «punto centrale dell'anima», l'uomo diventa quasi letteralmente Dio, separato dall'essenza divina solo da ciò: che l'uomo è Dio «per grazia» e Dio è tale «per natura».

eclettismo, termine con cui si indica un indirizzo filosofico formatosi in età ellenistico-romana e caratterizzato dalla combinazione di dottrine ricavate da diversi sistemi o scuole (in greco *eklektekós* deriva da *ekléghein*, scegliere, selezionare). Tendenzialmente presente nelle tre scuole postaristoteliche (epicureismo, stoicismo e scetticismo concordavano nel ritenere che la felicità è il fine dell'uomo e consiste nell'assenza di turbamento), l'eclettismo si diffuse in Grecia e in Roma alla fine del sec. II a.C. Comune agli eclettici fu lo sforzo di conciliare fra loro le dottrine delle diverse scuole, e in particolare di Platone e di Aristotele, riducendone le profonde opposizioni a semplici differenze terminologiche. Filone di Larissa abbandonò il principio scettico della sospensione dell'assenso, prevalso nell'Accademia con Carneade, in favore dell'assunto eclettico secondo cui l'uomo, benché non possa raggiungere un sapere dall'evidenza incondizionata, può tuttavia conseguire un grado di certezza tale da consentirgli la formulazione di un'etica compiuta. Panezio di Rodi e Posidonio di Apamea modificarono le rigorose indicazioni etiche dello stoicismo, sostituendo ad esse la ricerca del «conveniente» come principio ispiratore di ogni atteggiamento morale. A Roma l'esponente più qualificato dell'eclettismo fu → Cicerone. Egli assunse come criterio di verità il comune consenso delle genti, rifiutò il meccanicismo e l'irrazionalismo ed elaborò la visione di un tutto ordinato, ove il divino rende ragione dell'unità vivente e razionale che contraddistingue la costituzione del cosmo. Questa concezione della realtà non andava imposta dogmaticamente; a essa si doveva giungere attraverso la discussione e le tecniche della persuasione (retorica). Con la sua morale del contegno e del decoro, con l'antropologia del saggio dedito alla cura privata dell'anima, e con la teologia naturale della provvidenza che tutto regge e ordina per il meglio, la visione eclettica mirò a quella sintesi tra scienza e retorica che fu alla base delle numerose scuole del mondo ellenistico-romano, destinate a formare avvocati, funzionari imperiali, magistrati.
In età moderna definì espressamente eclettica la propria posizione filosofica V. → Cousin. I vari sistemi filosofici si riducono, secondo Cousin, a quattro posizioni fondamentali che si succedono in ordine costante: sensismo, idealismo, scetticismo, misticismo. Ognuno di essi contiene una parte di verità che è compito della filosofia eclettica conservare e integrare (*Storia generale della filosofia*, Lezione I).

Eco, Umberto (Alessandria 1932), filosofo e romanziere italiano. Dopo avere insegnato in numerose università italiane e straniere, è attualmente docente di semiotica nell'ateneo bolognese. Studioso di estetica medioevale (*Il problema estetico in Tommaso d'Aquino*, 1956; *Arte e bellezza nel pensiero medioevale*, 1959 e 1987), Eco ottenne un largo successo, sin dai primi anni Sessanta, applicando la prospettiva estetica mutuata dal maestro L. Pareyson sia ai prodotti delle avanguardie artistiche contemporanee (*Opera aperta*, 1962), sia alla comunicazione di massa e alla cultura popolare (*Apocalittici e integrati*, 1964). In base a questa prospettiva, l'opera non costituisce un ambito chiuso e dotato di un significato definitivo, ma si rivela aperta alle integrazioni dei critici, dei lettori e della società: ciò vale per l'arte d'avanguardia così come per i prodotti della cultura di massa, che Eco propone di analizzare con piena serietà, opponendosi a una condanna aprioristica dei mass media e del Kitsch. Muovendo da una metodologia dell'indagine integrata dalle prospettive formalistiche e avalutative dello strutturalismo francese (*La struttura assente*, 1968; *Le forme del contenuto*, 1971), e da una rilettura teorica e storiografica della semiologia (in particolare di Ch.S. Peirce), Eco delinea il progetto di una semiotica come studio generale di ogni forma di comunicazione interumana (*Il* *segno*, 1973; *Trattato di semiotica generale*, 1974). In scritti più recenti (*Semiotica e filosofia del linguaggio*, 1984; *I limiti dell'interpretazione*, 1991) Eco ha sostenuto una teoria semantica che identifica il significato con l'illimitata rete di rinvii caratteristica di un'enciclopedia, in polemica sia con le teorie atomistiche, che pretendono di derivare l'insieme dei significati da pochi «primitivi semantici», sia con il *Deconstructive Criticism* (P. → De Man), che abolirebbe la nozione stessa di significato. Come romanziere, Eco è diventato noto internazionalmente con due opere: *Il nome della rosa* (1980); *Il pendolo di Foucault* (1988).

economia primitiva, lo studio — intrapreso nel quadro dell'antropologia — dell'insieme dei comportamenti che assicurano la sopravvivenza o lo sviluppo della vita materiale nelle popolazioni primitive. Per gli etnologi pone complessi interrogativi di ordine teorico. In antropologia si è a lungo dibattuto sulla legittimità di estendere le teorie economiche esistenti (sviluppate sulla base dei dati offerti dalle società occidentali industrializzate) alle società primitive, anche perché le ricerche consacrate a questo aspetto del loro comportamento sociale sono state fino a tempi recenti molto scarse. Le teorie economiche classiche, sia quelle marginaliste (M. Herskovits, R. Firth, C. Belshaw) sia quelle sostantiviste (che fanno capo a K. Polany), al di là delle accese polemiche che hanno suscitato, sono difficili da applicare a tipi di condotta economica solo coartatamente isolabili dal «fatto sociale totale», secondo l'affermazione di M. Mauss, che è stato praticamente il primo ad avviare le ricerche sull'economia primitiva con il *Saggio sul dono* (1926): «Non si comprende nulla se non in rapporto al tutto; non vi è nessun fenomeno sociale che non sia parte integrante del tutto sociale». Inoltre, nelle società primitive è forse più evidente che non in quelle industrializzate (sebbene, in realtà, l'aspetto simbolico in molte manifestazioni del consumo sia fortissimo anche da noi, come ha dimostrato, per es., C. Lévi-Strauss nel suo *Il babbo Natale suppliziato*, 1952) che le istituzioni economiche non hanno finalità esclusivamente utilitarie, ma includono numerosi aspetti: affettivi, simbolici, sociali. Si può tuttavia, anche nella descrizione dell'economia primitiva, tentare di utilizzare le categorie classiche della produzione, della circolazione, della distribuzione e del consumo dei beni.

La produzione si basa su una divisione del lavoro che sembra avere come discriminanti fondamentali il sesso e l'età. Nelle società di cacciatori-raccoglitori le donne si dedicano alla raccolta di radici, piante, piccoli animali e svolgono il lavoro richiesto dalla preparazione del cibo e dalla cura della prole; agli uomini spetta la caccia. Nelle società di orticoltori, gli uomini preparano il terreno, abbattendo e bruciando alberi e piante selvatiche; le donne, oltre ad attendere alla cucina e all'allevamento dei figli, seminano, zappano e raccolgono. Nell'assegnazione del lavoro alle donne entrano in gioco non soltanto talune predisposizioni fisiologiche o le necessità della cura della prole, ma anche elementi di carattere tabuistico, che sono, sotto molti aspetti, disfunzionali economicamente, e che si spiegano invece col particolare ruolo di prestigio e di potere dei componenti maschili del gruppo. Per es., l'isolamento e l'evitazione (quindi l'impossibilità di lavorare) cui sono costrette le donne durante il ciclo mensile, durante la gravidanza e il puerperio, incidono sicuramente, per la loro frequenza e durata, in modo negativo sull'economia. La divisione del lavoro in base all'età assegna agli adulti un ruolo dominante e i compiti più gravosi, e ai bambini compiti leggeri. Con la vecchiaia cambia lo *status* occupazionale: ciò non comporta però una perdita di prestigio per i maschi, e in genere permette alle donne, assimilate ai maschi con la fine delle mestruazioni, di inserirsi nella sfera del prestigio e di accedere ad alcune attività rituali e decisionali maschili.

Una divisione dei compiti economici e sociali più complessa, basata su una particolare specializzazione, che spesso è ereditaria (come quella dei fabbri, dei *rainmakers*, degli stregoni), si sviluppa a volte in rapporto con una diversa struttura culturale, con la comparsa di tecnologie più elaborate e di conseguenza anche con la produzione di un surplus che possa essere barattato, pur conservandosi una rigida dicotomia sessuale. La tecnologia, naturalmente, influisce sul modo in cui le società umane organizzano il lavoro: alcune tecniche vengono applicate meglio da un solo individuo (la caccia praticata dagli eschimesi), altre richiedono la cooperazione di più individui (la caccia al bufalo presso gli indiani delle pianure). Numerose economie primitive possono essere definite come economie di sussistenza: la modesta produttività dipende spesso da ragioni di carattere culturale globale.

Gli scambi di merci si sviluppano fra gruppi che dispongono di eccedenze e che presentano specializzazioni diverse. Tuttavia, nelle società primitive lo scambio è organizzato su principi e relazioni non sempre definibili in termini economici. Secondo Mauss, non si registrano mai semplici scambi di beni, di ricchezze e di prodotti tramite un mercato fra individui. In primo luogo, non sono gli individui ma le collettività che si obbligano scambievolmente, che contrattano; inoltre, esse si scambiano non solo beni e ricchezze, mobili e immobili, insomma cose di utilità immediata, ma soprattutto «cortesie, festini, riti, servizi militari, feste, danze, bambini, donne» (*Saggio sul dono*). Numerose società primitive hanno creato quindi beni simbolici da utilizzare nello scambio: collane e bracciali di conchiglie nelle isole Trobriand, denti di cane nelle isole dell'Ammiragliato, asce nella Nuova Guinea, cauri nell'Africa occidentale; non si tratta tuttavia di monete, in quanto non fungono da merce universale, ma funzionano solo in «sfere particolari dello scambio» (R. Firth, *Economia primitiva polinesiana*, 1939). La distribuzione e la consumazione dei beni assume poi, in alcune società, caratteristiche peculiari. Secondo F. Boas, per es., nel *potlatch* (istituzione tipica dei kwakiutl, popolazione dell'America nordoccidentale) il dono è connesso soprattutto con le nozioni di onore e di prestigio, sicché gli individui gareggiano nel donarsi reciprocamente beni che poi finiscono essi stessi per distruggere (dopo Boas, però, il *potlatch* è stato ridiscusso dagli antropologi, che hanno cercato in esso, alla luce della trasformazione storica, elementi «economici»). E il *kula* descritto da B. Malinowski (con il quale i melanesiani trasferiscono beni da un'isola all'altra delle Trobriand, seguendo precise regole cerimoniali) è una sorta di commercio che però, sostanzialmente, non comporta nessun vantaggio economico (*Gli Argonauti del Pacifico occidentale*, 1922). Tuttavia, sia il sopravvalutare l'aspetto simbolico di questi tipi di scambio o di distruzione, sia il cercarvi aspetti utilitaristici intrinseci, ha portato a una falsa dicotomia (dato che un aspetto non esclude l'altro) e ad applicare soltanto fittiziamente le teorie «economiche» classiche, accantonando il fatto fondamentale, e cioè che alla base stessa dello scambio c'è un fattore preliminare, «economico» e di «potere»: la «proprietà» del bene che viene scambiato o distrutto, e il prestigio che se ne ricava. Scambiare o donare le donne («beni» che gli etnologi elencano insieme a tutti gli altri) presuppone averne il possesso da parte del gruppo maschile, così come il *kula* e il *potlatch* sono possibili e danno prestigio soltanto a chi possiede conchiglie, ignami o coperte da scambiare o da distruggere, ossia ai maschi del gruppo.

ecumenismo, termine che indica i principi dottrinali e le iniziative pratiche miranti a promuovere l'unità dei cristiani. Suo primo presupposto è l'unità del Cristo, sul quale si fonda l'unità della fede; secondo, l'effettiva separazione tra le confessioni cristiane, che esprime la loro infedeltà allo stesso Cristo, e alla sua volontà che «essi siano uno» (Giovanni 17, 21). La divisione, prima che condizione storico-fattuale, è dunque, nella teologia dell'ecumenismo, peccato contro la fede, del quale le confessioni cristiane si sono rese colpevoli; di conseguenza, l'ecumenismo non può essere interpretato e realizzato come impegno pastorale di una confessione che tenda a convertire a sé le altre confessioni — il che equivarrebbe alla pretesa di sottrarsi alla comune responsabilità della divisione —: esso non può che esprimersi nella forma del dialogo, in cui ciascuna interroga e si lascia interrogare circa l'autenticità della propria fede in Cristo e della propria tensione all'unità. La genesi storica del movimento ecumenico va ricercata nei tentativi promossi all'interno delle confessioni evangeliche, nel sec. XIX, per trovare un'intesa, spesso qualificata in termini etico-politici e sociali, più che teologici. Di qui il sorgere di molteplici organismi, anche profondamente differenziati e in conflitto tra loro, fra i quali la Conferenza missionaria mondiale (Edimburgo 1910), e due movimenti, quello «per la vita e l'azione» (Life and Work), nato nel 1925 con finalità pratiche, e quello «per la fede e la costituzione» (Faith and Order), nato nel 1927 con finalità dottrinali. Da queste esperienze sorse, nel 1948, il Consiglio mondiale delle chiese (o Consiglio ecumenico delle chiese), cui attualmente aderiscono 223 chiese protestanti e orientali. La chiesa cattolica mantenne per lungo tempo un atteggiamento rigidamente ostile nei confronti dei movimenti ecumenici, e della stessa idea di ecumenismo, per la diversa ecclesiologia soggiacente alle due parti. L'opera di alcuni teologi (Y. → Congar) e alcune iniziative pratiche prepararono la piena accettazione dell'esigenza ecumenica, con la costituzione del Segretariato per l'unità dei cristiani (1960) e con il decreto «Unitatis redintegratio» (1964) del concilio Vaticano II.

Oggi anche la chiesa cattolica riconosce un solo ecumenismo. Pur non essendo membro del Consiglio ecumenico delle chiese, la chiesa cattolica vi collabora dal 1965 tramite il «Gruppo misto di lavoro» e con la partecipazione dei teologi cattolici alla commissione «Fede e Costituzione». In questi ultimi anni, la commissione ha raggiunto notevoli accordi anche in campo dottrinale; per es., la ricerca dei singoli teologi non è più legata strettamente alle differenze confessionali, ma si differenzia secondo i metodi e le ermeneutiche che accomunano teologi di diverse chiese.

Sempre più importante appare anche l'«ecumenismo pratico» che, impegnando le chiese in divesi progetti, introduce microvariazioni nei tessuti ecclesiali. Grande risonanza hanno avuto negli ultimi anni le Assemblee ecumeniche di Basilea (1989) e di Seul (1990), che hanno rappresentato la prima occasione di incontro paritario e senza conflitti fra le chiese cristiane.

• *Dialogo fra le religioni*. Nell'ultimo ventennio si è aperto un «dialogo fra le religioni», oggi in pieno sviluppo, che ha motivato l'uso del concetto di ecumenismo anche in riferimento alle religioni. In ambito cristiano si è assistito all'abbandono dell'atteggiamento «esclusivista» rispetto alle religioni diverse a favore di un orientamento più «inclusivista», che si accom-

pagna a una tendenza a passare da una visione cristocentrica a una teocentrica. I teorici del dialogo sostengono che la figura storica di Gesù Cristo incarna il *logos* di Dio ma non lo esaurisce nella sua totalità — Cristo è la presenza di Dio fra gli uomini, ma questa presenza non è riducibile alla particolarità dell'esistenza di Cristo —; essi affermano una nozione unica di *logos* divino presente in *tutte* le religioni come istanza *costitutiva* di salvezza (R. → Panikkar). Ogni singola religione quindi si deve impegnare a perseguire una comune 'struttura soteriologica', nel trascendimento dell'interesse individuale del fedele e nell'apertura alla tolleranza (J. → Hick). Al di là delle diverse riflessioni teologiche e delle problematiche insite in ogni singola religione, il dialogo, partendo da una comune fede in Dio, si pone su un piano pratico. Lo scopo è ricercare comuni principi etici sui quali avvicinare le diverse religioni, nella prospettiva finale di una costruzione della pace fra le nazioni. Come ha affermato il teologo H. → Küng, «non vi può essere convivenza umana senza un *êthos* mondiale delle nazioni; non vi può essere pace tra le religioni senza il dialogo fra le religioni».
I grandi organismi mondiali del dialogo sono: il Parlamento mondiale delle religioni (Chicago, 1893); la Conferenza mondiale 'Religioni per la pace (la prima a Kioto, 1970); la preghiera comune delle religioni (Assisi, 1986; Hiei, Giappone, 1987).

Eddington, Arthur Stanley (Kendal, Westmorland, 1882 - Cambridge 1944), astronomo e fisico inglese. Professore di fisica a Cambridge, dai suoi studi sui moti propri e sulla distribuzione delle stelle sviluppò una teoria sulla struttura stellare. Dal punto di vista filosofico ed epistemologico, sostenne un punto di vista da lui stesso denominato in due modi: «strutturalismo» e «soggettivismo selettivo». La fisica moderna è la scienza delle strutture e non della sostanza, la quale resta al di là delle impalcature simboliche con cui la mente determina le costanti del mondo fisico. Con il suo potere selettivo la mente ha inquadrato i fenomeni naturali secondo leggi che seguono un modello in gran parte scelto da lei stessa: in un certo senso, la mente recupera dalla natura ciò che essa stessa vi ha messo. Proprio per il rilievo dato da Eddington alla mente e per la considerazione da lui rivolta al valore delle «costanti numeriche» della fisica, si è anche parlato di un suo neopitagorismo. Per Eddington, infine, il materialismo e il meccanicismo classici con il loro determinismo sono stati messi in crisi dagli sviluppi contemporanei della fisica, in particolare dalla teoria della relatività e dalla meccanica quantistica.

Edipo, complesso di, → complesso.

edonismo, termine (dal gr. *hēdonḗ*, piacere) designante una concezione morale che identifica il bene con il piacere e che non va confusa con l'eudemonismo e con l'utilitarismo, in quanto contempla la ricerca del piacere attuale e presente, mentre le altre due dottrine intendono un piacere razionalmente calcolato. L'edonismo fu teorizzato da Aristippo di Cirene, epigono di Socrate e caposcuola dei cirenaici: sviluppando il tema socratico del carattere dilettevole del bene, Aristippo ridusse il bene al piacere goduto momento per momento, in quanto la speranza di un bene futuro è sempre unita all'inquietudine causata dall'incertezza del destino. Essenziale è che questo piacere resti dominabile da parte del saggio, che riguardo ad esso deve poter dire: «Posseggo ma non sono posseduto» (Diogene Laerzio, II, 75).
La nozione di piacere entra tra gli elementi costitutivi dell'etica epicurea: mentre però i cirenaici preferirono i piaceri «in movimento», come la gioia e l'allegria, Epicuro ritenne che solo i piaceri «stabili», ossia quelli che consistono nella privazione dal dolore, danno la felicità, collegata all'atarassia. L'edonismo è stato criticato lungo tutto l'arco della storia della filosofia, e in particolare da Kant, secondo il quale la moralità non può accompagnarsi al piacere. Pur mantenendo un atteggiamento sostanzialmente critico, alcuni autori contemporanei (P. Gorsen, J.C.B. Gosling, H. Marcuse), anche sulla base di teorie psicologiche che vedono nel piacere un fattore determinante della motivazione, riconoscono all'edonismo il merito di avere sottolineato gli aspetti per cui il piacere può rappresentare un valore in funzione dello sviluppo armonico dell'individuo.

educazione, il processo di integrazione sociale e di trasmissione culturale mediante il quale, nell'ambito di concrete situazioni storiche, ambientali e familiari, si struttura la personalità umana. In particolare, in → pedagogia si intende per educazione l'insieme delle iniziative individuali o collettive che tendono a orientare tale processo in modo sistematico verso obiettivi prefissati, attraverso metodi storicamente determinati.

• *I metodi educativi e la loro evoluzione storica.* A differenza della → didattica, la metodologia educativa si occupa non solo dei modi di trasmissione dei contenuti dell'apprendimento, ma anche di tutte le altre componenti che mirano alla formazione dell'individuo, e sottintende, di conseguenza, un'organizzazione complessiva che prevede luoghi, oggetti, momenti, attività, persone ed esperienze specifici. E naturalmente l'efficacia di un metodo e, quindi, la sua vera ragion d'essere dipendono dalla sua continuità e dalla sua integralità, e cioè dalla capacità di adattarsi alle varie fasi dell'età evolutiva e ai vari aspetti della personalità. Nella loro evoluzione storica i metodi educativi risultano strettamente legati alla vita politica, economica e culturale dei gruppi sociali che li

realizzano in particolari istituzioni e organizzazioni. La storia dell'educazione rivela infatti reciproca dipendenza tra pedagogia, metodi educativi e vita sociale.
Nei popoli cosiddetti primitivi l'educazione viene spesso disciplinata e impartita durante riti di iniziazione che si svolgono soprattutto nel periodo della pubertà. Nei principali monumenti e documenti dell'antichità (dall'Egitto alle prime civiltà orientali, dalla Bibbia ai poemi omerici) sono contenute testimonianze di differenti stili educativi, che hanno però in comune il carattere autoritario e aristocratico, basato su di una rigida base morale e religiosa. Due modelli educativi che costituiranno un costante punto di riferimento per la pedagogia occidentale sono quelli della *paidèia* spartana e di quella ateniese fra il sec. VII e il V a.C. La prima subordina l'educazione alle esigenze di uno stato di tipo totalitario; ne consegue un metodo basato sulla vita collettiva dei ragazzi al di fuori della famiglia, sul duro esercizio fisico e sull'acquisizione di virtù militari. La seconda si basa soprattutto sulla «musica» e sulla «ginnastica», e cioè su contenuti culturali e sportivi tendenti, nel loro insieme, a un ideale di armonia individuale. Elemento essenziale per promuovere concretamente tale processo era lo stretto rapporto, anche amoroso, tra il giovane e l'educatore. L'introduzione della retorica, operata dalla sofistica, la riforma utopica della *paidèia* ateniese prospettata da Platone su base politico-filosofica, l'intellettualismo di Aristotele, la rivalutazione dei valori familiari e civili nell'educazione romana, l'iniziazione alla fede nelle prime comunità cristiane, la catechetica teorizzata da sant'Agostino come un'attività volta ad aprire l'anima del discepolo all'illuminazione divina, costituirono via via i momenti fondamentali e le finalità dell'educazione nell'antichità.
Nel medioevo è possibile distinguere da un lato le metodiche relative all'educazione cavalleresca e cortese del mondo feudale, e dall'altro quelle relative alla formazione religiosa che si svolge in scuole monastiche e parrocchiali. Il contributo di maggior rilievo della filosofia scolastica è offerto a questo proposito da san Tommaso, che pone a fondamento di tutte le attività educative le verità teologiche. Nel sec. XIII si sviluppano inoltre forme di istruzione dei laici legate all'apprendistato artigianale e alla preparazione per le professioni liberali. Il diffondersi delle università e delle corporazioni di studenti caratterizza i principali modelli formativi di una società che va concentrando nelle città la propria attività economica. L'umanesimo che fiorisce nel sec. XV costituisce un momento fondamentale nella storia delle idee e delle tecniche educative in Europa, configurando un metodo di istruzione basato sulle *humanae litterae*, e cioè sullo studio critico degli autori classici. Il mondo antico diventa il paradigma di una educazione armonica e integrale dell'individuo, capace di produrre una rinascita generale della società e della cultura. Particolare importanza assumono, accanto alle «arti liberali», le attività fisiche e la capacità di partecipare alla vita civile. Emblematiche in questo senso le esperienze di Vittorino da Feltre e Guarino Guarini. Nel sec. XVI si delinea l'esigenza di una istruzione più aderente alle condizioni politiche ed economiche della società e, nello stesso tempo, si fa strada l'ideale di istruzione popolare avanzato dalla riforma. In questo ambito sono significative le scuole fondate dai pedagogisti tedeschi J. Sturm e V. Trotzendorf e i metodi elaborati, sempre in Germania, in seno alla cultura protestante, da J.H. Alsted, J.V. Andreä e W. Ratke. Le metodiche del sec. XVII, legate all'evoluzione economico-sociale e alla nascita della scienza moderna, sono dominate dalle iniziative del mondo religioso protestante e di quello cattolico. Nel primo giganteggia l'opera di Comenio, cui si deve la più consapevole elaborazione di una metodologia educativa e di una organizzazione generale dell'istruzione scolastica. Successivamente, un altro importante contributo del protestantesimo alla prassi educativa è offerto dai collegi pietisti di A.H. Francke, nei quali assumono il massimo rilievo l'istruzione professionale del giovane e la formazione morale del futuro lavoratore. In campo cattolico si affermano i modelli educativi proposti dai grandi ordini religiosi, primo fra tutti quello dei gesuiti, regolamentato nella celebre *ratio studiorum*, in cui si intrecciano lo studio dei classici, della teologia e delle scienze; l'organizzazione scolastica è basata sull'emulazione individuale, su precisi rituali disciplinari e su forme ripetitive di apprendimento. Se il progetto gesuitico si rivolge alla formazione delle élites, quelli successivi degli oratoriani e dei fratelli delle scuole cristiane si rivolgono ai ceti popolari. Le «piccole scuole» dei giansenisti si collegano invece alla stessa istanza di interiorizzazione dell'educazione cristiana che anima il pietismo, e che si riafferma nel sec. XVIII in campo protestante con le scuole dei filantropini di J.B. Basedow. Contro l'utilitarismo di queste ultime si svilupperà agli inizi del sec. XIX il neoumanesimo di F.E. Niethammer.
L'illuminismo è un altro momento decisivo per la definizione metodologica dell'intervento educativo. Le istanze critiche, empiristiche e di efficienza sociale affidate all'educazione, già presenti nell'opera di Locke, trovano nella grande utopia pedagogica di Rousseau la loro espressione più radicale. Il metodo educativo viene così teorizzato come metodo naturale in quanto da un lato deve corrispondere alle fasi di sviluppo dell'individuo, dall'altro deve produrre situazioni ambientali adatte a promuo-

vere indirettamente la libera iniziativa del fanciullo. Il tentativo di applicare concretamente una prospettiva di questo tipo, con scopi di emancipazione sociale, contrassegna l'opera di J.H. Pestalozzi, e, per quanto riguarda l'educazione pre-scolare, quella di F.W. Fröbel, nel quale si ha una forte accentuazione romantica della vita ludica e delle componenti simboliche. L'esperienza educativa del sec. XIX è segnata dai grandi problemi sociali connessi con la rivoluzione industriale, dal bisogno crescente di istruzione professionale, e da ideali politici legati ai movimenti di indipendenza nazionale. A livello teorico i principali punti di riferimento sono costituiti dai contributi di padre J.-B. Girard, di A. Necker de Saussure, di J.P. Richter, e in Italia da quelli di F. Aporti, di R. Lambruschini e del positivismo pedagogico rappresentato da A. Gabelli, P. Siciliani, A. Angiulli e S.F. De Dominicis. Un posto a sé, per la grande influenza esercitata sugli sviluppi della teorizzazione pedagogica e della metodologia didattica, occupa l'opera di J.F. Herbart. Il marxismo avanza da parte sua l'ideale di una educazione «politecnica» basata sulla socializzazione del lavoro produttivo.

Nella pedagogia contemporanea il problema del metodo educativo si lega all'esigenza di riorganizzare il sistema scolastico su base scientifica. Fondamentali sono da questo punto di vista gli apporti di P. Bovet, O. Decroly, E. Claparède e M. Montessori. Ma i movimenti che sfociano nell' → attivismo (A. Ferrière) vanno fatti risalire, prima ancora, alle esperienze innovative — anche se inizialmente prive di un'adeguata base scientifica — promosse in Inghilterra da C. Reddie e dallo scoutismo, in Francia da E. Demolins, R. Cousinet e C. Freinet, in Germania da H. Lietz, G. Wyneken, P. Geheeb e G. Kerchensteiner, nell'Unione Sovietica da A.S. Makarenko, in Italia da Giuseppina Pizzigoni e dalle sorelle Rosa e Carolina Agazzi, nel Canton Ticino da Maria Boschetti Alberti. Ciò che accomuna, al di là del loro diverso rilievo politico ed epistemologico, tali esperienze e tali teorie è l'intento di costruire sistemi educativi fondati sulla libera attività sociale e lavorativa degli allievi. Il credo pedagogico sviluppato da J. Dewey, sulla base di un ideale democratico dei rapporti tra scuola e società, costituisce l'espressione più coerente delle possibilità e dei limiti di un simile assunto: a esso si rifanno direttamente le procedure didattiche divulgate da W.H. Kilpatrick, da C.W. Washburne e da Helen Parkhurst. È merito di E. Codignola, e degli orientamenti politici e culturali da lui incarnati, lo sviluppo dei metodi attivi in Italia, dopo il predominio della pedagogia idealistica di G. Gentile. Ad alcune esperienze di educazione nuova si era peraltro già mostrato sensibile, all'interno della stessa pedagogia idealistica, G. Lombardo Radice.

Il concetto di metodo educativo si presenta comunque, nella situazione pedagogica attuale, strettamente collegato con quello di → psicopedagogia e di → pedagogia sperimentale, e assume una eccezionale rilevanza sociale con lo sviluppo massiccio delle istituzioni scolastiche e parascolastiche come luoghi formalmente privilegiati di educazione. Pur fondandosi da una parte sulle acquisizioni della cultura tecnologica più avanzata e cercando d'altra parte di rispondere alle esigenze della società industrializzata, la metodologia educativa si misura oggi con lo stato di crisi politica, economica ed esistenziale che tale cultura e tale società hanno generato. Al di là di aspetti tecnici determinati della vita scolastica, come per es. quello relativo alla valutazione del profitto (→ docimologia), la pedagogia e l'attività educativa sono impegnate in una ristrutturazione generale delle proprie condizioni teoriche e operative. A questo intento non sembrano aver recato un contributo significativo alcune proposte teoriche che hanno trovato negli anni recenti molta diffusione, e alle quali bisogna comunque dare atto di aver rimesso in discussione i fondamenti stessi dei metodi tradizionali: quelle sull'abolizione delle istituzioni scolastiche (I. Illich), o quelle sull'annullamento del rapporto tradizionale tra chi educa e chi viene educato (P. Freire).

• *Teorie e tecnologie educative come scienze dell'educazione.* È in ogni caso significativo, anche se non sempre incide sul piano operativo, lo sviluppo di teorie educative, ossia di prospettive concettuali dotate di una qualche sistematicità per l'analisi e la soluzione dei problemi educativi, o di loro aspetti determinati. La teoria della descolarizzazione comprende, per es., le proposte non solo di Illich, ma anche di E. Reimer e di P. Goodman sulla necessità di sostituire la scuola con un sistema aperto e integrato di «agenzie educative» per la formazione permanente. Si può al contrario parlare di teoria della scuola per indicare l'insieme dei concetti cui far riferimento nel condurre ricerche e sperimentazioni di programmazione scolastica o nel ridefinire le funzioni delle istituzioni scolastiche e gli itinerari formativi. Tali concetti vengono solitamente desunti dalla sociologia, dall'economia, dalla psicologia, dall'antropologia culturale e dalle altre scienze sociali, che vengono allora dette scienze dell'educazione. A J.S. Bruner si deve la proposta di una teoria dell'istruzione consistente nell'applicazione della psicologia cognitiva all'insegnamento. Molto diffuse anche le cosiddette teorie del curricolo, che propongono modelli per la costruzione di strategie atte a definire e controllare obiettivi, metodi, contenuti e risultati dell'apprendimento scolastico. Le teorie della didattica comprendono inoltre i fondamenti teorici e sperimentali su cui basare le varie procedure didattiche, e la loro collocazione in un più

ampio contesto culturale. Altre teorie educative trattano in chiave pedagogica del tempo libero e della vita familiare.
Nella prassi educativa si rivolge oggi un'attenzione specifica, sostenuta da sperimentazioni ed elaborazioni teoriche, all'insieme delle strumentazioni meccaniche, audiovisive ed elettroniche di cui si può avvalere l'insegnamento. Nelle tecnologie educative rientrano anche le cosiddette «macchine per insegnare» relative all'istruzione programmata. Questa si basa sul principio dell'autoapprendimento, reso possibile da una sequenza logica, lineare o ramificata, di informazioni programmate in maniera sempre più complessa rispetto a determinati contenuti, e regolato da procedure immediate e sistematiche di autovalutazione, che permettono all'allievo di verificare continuamente le proprie acquisizioni e di regolare in base a esse il proprio ritmo individuale d'apprendimento. Fra le tecnologie educative si contano, inoltre, tutti i sussidi audiovisivi e i mezzi di comunicazione di massa: dalle strumentazioni televisive alle lavagne luminose, dai laboratori linguistici alle aule attrezzate per un controllo collettivo dell'apprendimento. Particolare importanza, specie per la ricerca pedagogica e per programmi educativi a grande raggio, assume l'uso di elaboratori elettronici. In senso lato, rientra nelle tecnologie educative anche l'applicazione di concetti mutuati dalla cibernetica e dall'informatica (come quello di retroazione) alla costruzione di sistemi di apprendimento e all'organizzazione scientifica dell'educazione. In senso ancora più generale, le tecnologie educative sarebbero comprensive di qualunque strategia di programmazione e di operatività didattica desunta dalla psicologia scientifica, dalla teoria dei sistemi, dalle scienze sociali, naturali e logico-matematiche in genere. In esse rientrano quindi gli elementi di cui la pedagogia si serve per produrre tecniche efficaci di intervento, dalle classificazioni empiriche del comportamento dei docenti alla docimologia, dalla pedagogia sperimentale alla costruzione del curricolo, dalle tassonomie degli obiettivi didattici alla pianificazione socioeconomica dei processi formativi, e così via.
Se, in senso stretto, le tecnologie educative rientrano nella didattica, questi significati più comprensivi tendono a identificarle con la totalità del sapere scientifico attuale applicato all'educazione, e cioè con le cosiddette scienze dell'educazione. *R. Ma.*

Egesia di Cirene (sec. IV a.C.), filosofo greco. Appartenne alla scuola dei → cirenaici, di cui però ribaltò la tradizionale concezione ottimista: il piacere è sì il massimo fine della vita, ma è inattingibile e all'uomo non resta che difendersi dal dolore. Secondo la tradizione, il pessimismo di Egesia, esposto nello scritto *Colui che si lascia morire di fame*, avrebbe spinto i suoi discepoli al suicidio; di qui forse il soprannome di «persuasore di morte» e l'interdizione dall'insegnamento ad Alessandria per ordine di Tolomeo I.

Egidio Romano (Roma 1247 ca - Avignone 1316), filosofo e teologo italiano. Fu il primo maestro dell'università di Parigi (dal 1285 al 1291) appartenente all'ordine degli agostiniani. Nel 1295 fu nominato arcivescovo di Bourges. Scrisse numerosi commenti a opere di Aristotele (*Logica, Retorica, Fisica, L'anima, De generatione et corruptione, Metafisica, Etica*), un commento alle *Sententiae* e uno al *Liber de causis*. In polemica con Enrico di Gand, Egidio è convinto con Tommaso d'Aquino che esista una distinzione reale fra essenza ed esistenza. Nel *Tractatus contra gradus formarum* (1277-78) critica i sostenitori della dottrina della pluralità delle forme nel composto umano. Per Egidio l'anima è una forma perfetta, e pertanto contiene ed esplica le funzioni delle forme inferiori. L'unità della forma è insieme condizione necessaria e garanzia di unità dell'ente; in ogni stadio del processo generativo dovrà dunque affermarsi la presenza di un'unica forma che si corrompe al sopraggiungere della forma successiva, per cui, nel caso dell'uomo, l'anima razionale conclude il processo generativo e si pone come un'unica forma che contiene in sé virtualmente le forme precedenti. Fra le sue opere di teologia politica la più importante è *De potestate ecclesiastica sive de summi pontificis potestate* (1301), in cui è sostenuta la tesi teocratica dell'assoluto primato del potere spirituale su quello temporale.

Ego, → Io.

egocentrismo, termine usato da J. Piaget per indicare l'incapacità del bambino di differenziare il proprio punto di vista da quello altrui. A differenza del linguaggio di comunicazione, basato sulla domanda e risposta, sulla critica, sulla preghiera o la minaccia, insomma su elementi interazionali, il linguaggio egocentrico, che rappresenta circa i tre quarti dell'intero linguaggio infantile nel periodo compreso fra i tre e i sei anni, accompagna le attività solitarie e i giochi simbolici (il bambino monologa o imita le frasi formulate da lui stesso o da altri), e corrisponde a un'intima necessità di espressione fine a se stessa. Un altro aspetto dell'egocentrismo è rappresentato dall'elevata frequenza della parola «io» all'interno del linguaggio infantile, rilevabile più nelle conversazioni fra bambini che non in quelle fra bambini e adulti. Il linguaggio egocentrico è talora riscontrabile anche nell'adulto, soprattutto quando questi si trova in situazioni particolarmente difficili, o completamente inattese, o euforizzanti.

egoismo, termine affermatosi alla metà del secolo XVIII nel significato strettamente metafisico o gnoseologico di → solipsismo (Ch. Wolff, *Psychologia rationalis*, par. 38; A. Baumgarten,

Metaphysica, par. 392), per poi estendersi anche a quello etico, tuttora prevalente, di impulso alla ricerca del proprio vantaggio individuale. In assenza del termine, nella tradizione filosofica operavano già la condanna platonica dell'«amore smodato di sé» (*Leggi* v, 731e) e l'argomentazione con cui Aristotele distingue da questo la virtù della *philautía* (*Etica Nicomachea* IX, 8, 1168a), interpretata poi da Tommaso come amore dell'uomo per la propria natura spirituale (*Summa* II, II, quest. 26, a 4). È su queste basi che presso i moralisti e i razionalisti francesi (per es. N. Malebranche), nonché in A. Smith (*Teoria dei sentimenti morali*), si sviluppa una riflessione antropologica, prima che etica, sul ruolo dell'amore di sé in quanto istinto o emozione fondamentale della natura umana. Prendono quindi forma una dottrina dell'egoismo etico, secondo cui ognuno deve scegliere ciò che per lui è il meglio, e una teoria psicologica, secondo cui l'essere umano sceglie sempre ciò che crede il meglio per se stesso. Tutti questi fili saranno ripresi da Kant. In primo luogo, sul piano morale, pur considerando l'amore di sé come una specie dell'egoismo (riferito però alla totalità delle inclinazioni che, soddisfatte, producono la felicità), Kant lo distingue in benevolenza verso di sé (*philautía*) e compiacenza verso di sé (*arrogantia*), ritenendo la prima suscettibile di accordarsi con la legge morale e di diventare «amore razionale di sé» (*Critica della ragion pratica*, I, III). Sul piano metodico, però, Kant riconosce anche l'egoismo metafisico (ovvero l'ipotesi idealistica del solipsismo: *Antropologia pragmatica*, I, 2). Ma, soprattutto, considera una ulteriore serie di accezioni, dove i due significati correnti del termine, etico e metafisico, sono mediati da una più larga riflessione che verte, da un lato, sulla problematicità della conoscenza di sé e, dall'altro, sullo statuto pubblico di ogni norma veritativa accessibile al soggetto. Su questo ultimo piano, dunque, si può individuare un egoismo logico (l'individuo «non ritiene necessario sottoporre il proprio giudizio all'intelletto altrui»), estetico («si accontenta del proprio gusto»), morale («restringe tutti i fini a se stesso», *ibid.*).

• *Egoismo-altruismo*. Nel secolo XIX la complessità di tale impianto problematico si riduce, e il termine egoismo rimane adoperato esclusivamente in senso etico-valutativo. Dottrine, come quelle di J. Bentham e A. Smith, che avevano fatto uso di questo termine (o di espressioni equivalenti come «amore di sé») vengono criticate, non senza fraintendimenti, in quanto morali dell'egoismo. F. Schleiermacher (*Lineamenti essenziali di una critica della morale sino ai nostri giorni*, 1803) è il primo a usare il termine unicamente nell'accezione morale. Schopenhauer indica l'egoismo come il «potere che l'impulso morale deve combattere» (*Il fondamento della morale*, 1840, parr. 14-15). Ed è Comte che conia l'antonimo «altruismo» per designare il cardine della morale positivista e la massima del «vivere per gli altri» (*Catechismo positivista*, 1832). Il nuovo termine è poi ripreso da H. Spencer che critica la sua assolutizzazione e prevede, nel corso dell'evoluzione, e del progresso morale dell'umanità, il superamento dell'antitesi egoismo-altruismo (*Principi di etica*, 5 voll., 1879-92). Il termine altruismo così connotato convive con il greco *filantropia* e soppianta i settecenteschi *benevolenza* e *beneficenza*, ma rimane irriducibile a *carità*, che conserva un'accezione teologica. Come reazione al positivismo nascono progetti di etiche egoistiche. M. Stirner identifica il suo anarchismo con un egoismo assoluto, che fa spazio all'amore per gli esseri umani «perché così mi piace» (*L'unico*, 1845). Mentre Nietzsche oscilla fra la tesi morale dell'egoismo come centro della morale aristocratica (*Al di là del bene e del male*, 1886, par. 265) e la tesi psicologica che ogni motivazione altruistica nasconde una componente egoistica (*Genealogia della morale*, 1887).

La possibilità di formulare morali dell'egoismo è stata discussa recentemente da filosofi morali anglosassoni: Th. Nagel, *La possibilità dell'altruismo* (1970); B. Williams, *Problemi del sé* (1973). J. Kalin, nell'articolo *In difesa dell'egoismo*, 1970, ha proposto un «egoismo etico universale», secondo il quale per ogni persona x e ogni azione y, x dovrebbe moralmente fare y se e solo se y va complessivamente nell'interesse di x.

eidetismo, fenomeno caratteristico in molti bambini, e ricorrente anche in adolescenti, per cui essi hanno rappresentazioni mentali (*êidos* significa in greco «immagine») molto più vivide e ricche di particolari rispetto alle comuni immagini mnestiche. È stato descritto da V. Urbantschitsch (1907) e studiato da E.R. Jaensch e dalla sua scuola (1919). Le immagini eidetiche sono generalmente visive, più raramente uditive. Il loro essere quasi-percettive le avvicina alle allucinazioni, a differenza delle quali vengono però riconosciute dai soggetti come prive di corrispondenza con un oggetto realmente presente. La loro intensità e la loro capacità di riprodurre oggetti anche complessi è esemplificata dal fatto che un soggetto eidetico può essere capace di leggere sul proprio schermo mentale tutte le parole di una pagina stampata guardata una sola volta. Negli adulti le immagini eidetiche sono rare: secondo Jaensch, l'eidetismo nell'adulto è di due tipi, a seconda che si verifichi nei soggetti affetti dal morbo di Basedow o in quelli tetanici. In Italia l'eidetismo infantile è stato studiato soprattutto dallo psicologo F. Kiesow.

êidos, sostantivo greco che indica l'aspetto esteriore, in particolare del corpo umano (forma, bellezza, forza ecc.); deriva dalla stessa radice del verbo *idêin* («vedere»), da cui *idéa* («ciò che si vede»). Come termine astratto, in particolare nella letteratura medica del sec. v a.C., designa il tipo o la specie (nel senso, per es., di «vari tipi di febbre» ecc.). Alla figura di Socrate è attribuita invece la ricerca dell'*êidos* come definizione reale di qualcosa, della sua funzione (*érgon*) o virtù (*aretê*) caratteristiche. Ma è con Platone che il termine assume un significato filosofico specifico: *êidos* è la specie intelligibile e incorporea, eterna e separata dagli enti sensibili, della quale questi partecipano per essere ciò che sono; per es. i bei corpi sono belli in quanto partecipano del bello in sé, e le azioni giuste sono giuste in quanto partecipano della giustizia o specie ideale del giusto. E ne partecipano come la copia partecipa del modello. In questa accezione la specie platonica è sinonimo di idea o genere (*ghénos*) e come tale principio e causa, ragion d'essere degli enti. Alle specie ideali separate Aristotele contrappone le specie e i generi *naturali* della categoria della sostanza, intermedi tra il genere sommo (la categoria) e le sostanze prime (gli individui concreti), per es. il genere animale e la specie umana. In seguito (in particolare, *Metafisica*, z, vii), la specie aristotelica è intesa come la specie formale che insieme a una materia (*hýlē*), contrassegnata dalla quantità, costituisce quell'«insieme» (*sýnolon*) di materia e forma che è l'individuo concreto, la cosa singola. E in quanto causa, tale specie è detta causa formale, e insieme finale ed efficiente, e opposta sia alla causa materiale sia alla privazione (*stérēsis*) di forma.

Nel pensiero del Novecento *êidos* è termine tecnico della fenomenologia di Husserl a partire dalle *Idee per una fenomenologia pura* (i, 1913), dove è distinto da idea e assunto con il significato di «essenza» a designare il risultato della «riduzione eidetica» che sospende l'atteggiamento naturale, secondo cui i fenomeni avrebbero sostanza ed esistenza, e li riporta, come puri *êidoi*, alla loro unica dimensione accertata, quella di parvenze presenti nella coscienza. Le esperienze della coscienza individuale così «ridotte» divengono pure essenze universali e necessarie, oggetto di un sapere intuitivo diverso dalla intuizione individuale.

Einfühlung, termine tedesco che equivale a «partecipazione emotiva» o «empatia»; fu introdotto da R. Vischer (*L'atto estetico e la forma pura*, 1874) per indicare la trasposizione nell'oggetto estetico di sensazioni organiche, nel tentativo di integrare alla teoria estetica un metodo empirico-psicologico. La dottrina estetica dell'Einfühlung, sviluppata tra Ottocento e Novecento, trova la sua più ampia e definitiva sistemazione nel pensiero di Th. Lipps. Egli definisce il rapporto empatico come percezione della propria attività emotiva (delle proprie «forze vitali») in un oggetto sensibile. L'atteggiamento estetico caratteristico dell'Einfühlung si verifica quando il soggetto proietta sull'oggetto percepito le proprie emozioni, si immedesima con esso. Questo fenomeno presuppone sia una tendenza del soggetto a trasferire la propria vita psichica nella realtà esterna, sia una disposizione strutturale dell'oggetto a lasciarsi percepire affettivamente. L'opera d'arte è l'oggetto che in massimo grado permette questo tipo di ricezione, perché già predisposto intenzionalmente a stimolare la partecipazione emotiva di chi lo contempla; il rapporto empatico si può verificare, secondo Lipps, anche nelle relazioni tra individui (come «immedesimazione» negli stati d'animo degli altri) o nella contemplazione della natura. Dal punto di vista psicologico questo atteggiamento è stato studiato da H.S. Langfeld (*L'attitudine estetica*, 1920) con particolare attenzione al rapporto tra emotività e gratificazione estetica e tra vita intellettuale e vita affettiva degli artisti.

Einstein, Albert (Ulm 1879 - Princeton, New Jersey, 1955), fisico tedesco. Nato da una famiglia di origine ebraica, nel 1896 si iscrisse al Politecnico di Zurigo ove frequentò per lo più il laboratorio di fisica; nel contempo si dedicava a una libera lettura di opere di fisica e di filosofia, soprattutto di quelle di E. Mach, che esercitò su di lui un'influenza profonda, conducendolo tra l'altro a rifiutare la concezione meccanicistica che sta alla base della accettazione della meccanica classica (→ relatività, teoria della). Nel 1905, dopo la pubblicazione di alcuni lavori di termodinamica, assai importanti per comprendere la sua evoluzione intellettuale, dette alle stampe tre memorie di importanza storica fondamentale, che già indicano le direzioni principali nelle quali egli avrebbe orientato e sviluppato le sue ricerche. La seconda memoria, *Sull'elettrodinamica dei corpi in moto*, contiene la formulazione della teoria della relatività speciale o ristretta; è qui che, anche per influsso di certi aspetti delle concezioni filosofiche di Hume e di Mach, Einstein effettuava la sua celebre e geniale analisi della nozione di simultaneità, ossia uno degli elementi fondamentali di quella concezione relativistica del tempo e dello spazio che pochi anni dopo avrebbe trovato espressione matematica nel continuo spazio-temporale a quattro dimensioni (cronotopo) elaborato da H. Minkowski.

Nel 1914 Einstein rientrava in Germania, a Berlino, come membro dell'Accademia prussiana delle scienze e direttore dell'Istituto di fisica teorica Kaiser Wilhelm, nonché come professore di fisica presso l'università. L'atmosfera berlinese si rivelò stimolante, specialmente per la presenza di colleghi quali M. Planck, W. Nernst, E. Schrödinger e M. von Laue. È a questo periodo che risale la memoria *I fondamenti della teoria della relatività generale* (1916). Per tale nuova forma della teoria, che sul piano co-

smologico porta all'interessante tesi di un universo finito ancorché illimitato (cfr. per es. *Relatività: esposizione divulgativa*, 1917), anche la configurazione geometrica del mondo diviene qualcosa di relativo, dipendente dalla distribuzione delle masse e dalle loro velocità, e la sua descrizione più adeguata è costituita da una geometria non euclidea di tipo riemanniano, i cui aspetti di maggior complessità rispetto alla geometria euclidea sono ampiamente compensati dalla semplificazione che essa consente nella formulazione del resto delle leggi fisiche. Sarà poi lo stesso Einstein, insieme ad altri, a indicare le straordinarie implicazioni epistemologiche di questa «detronizzazione» dell'euclideismo quando, in una conferenza berlinese del 1921, *Geometria ed esperienza*, affermerà che «nella misura in cui le proposizioni della matematica si riferiscono alla realtà, esse non sono certe, e nella misura in cui sono certe non si riferiscono alla realtà» (→ euclidea e non euclidee, geometrie).
Nel 1922 Einstein ottenne il premio Nobel per «i suoi meriti nel campo della fisica matematica, soprattutto per la scoperta della legge dell'effetto fotoelettrico». L'ascesa al potere di Hitler indusse Einstein a lasciare Berlino nel 1933 e a trasferirsi negli USA, dove, all'Institute for Advanced Study di Princeton (New Jersey), poté proseguire le sue ricerche. Nel 1939 inviò una lettera al presidente Roosevelt per metterlo in guardia contro la possibilità che la Germania utilizzasse le potenzialità militari offerte dalla fissione nucleare (poco dopo fu avviato negli USA il programma di ricerche che condusse alla realizzazione del primo reattore nucleare e della prima bomba atomica). Dagli anni della guerra, Einstein andò via via accentuando il proprio atteggiamento di tipo sostanzialmente pacifista e umanitario. Sul piano scientifico, sono da registrare le sue rinnovate prese di posizione contro l'interpretazione indeterministica e soggettivistica della meccanica quantistica offerta dagli appartenenti alla scuola di Copenaghen, prese di posizione accompagnate dal tentativo di pervenire a una «teoria unificata del campo» che, eliminando il binomio materia-campo, lasciasse quest'ultimo come unica realtà (cfr. le Appendici a *Il significato della relatività*, 1921-50). Sempre al periodo americano appartengono varie raccolte di saggi, tra le quali *Idee e opinioni* (1954), ove Einstein, ispirandosi a un savio e distaccato «opportunismo epistemologico», ha modo di affrontare importanti questioni di filosofia della scienza, e osserva tra l'altro che se si vuole imparare qualcosa sul metodo dei fisici teorici, bisogna guardare a quello che dicono, non a ciò che fanno.

Eisenstadt, Shmuel Noah, (Varsavia 1923) sociologo ebreo polacco. Docente all'università ebraica di Gerusalemme. Ha elaborato una tipologia delle società pre-moderne (*I sistemi politici degli imperi*, 1963) analizzandone le varie modalità di mutamento. Su queste basi Eisenstadt si è dedicato allo studio delle rivoluzioni e della modernizzazione, intesa in senso lato come il mutamento sociale che ha caratterizzato le principali civiltà a partire dal secolo XVI. Secondo Eisenstadt le rivoluzioni inglese, francese, russa, cinese e nord-vietnamita sono le uniche rivoluzioni «moderne». Esse sono infatti portatrici di un contenuto culturale moderno esito di comuni premesse strutturali, quali una lunga tradizione culturale con pretese universalistiche, uno sviluppo storico cumulativo, strutture di potere caratteristiche dei maggiori imperi di origine feudale. Dove invece nella storia sono prevalse strutture di potere patrimoniale o tradizioni tribali (come nel Terzo Mondo) le rivoluzioni non hanno avuto la capacità di spingere le società verso la modernizzazione (*Rivoluzione e la trasformazione delle società*, 1978). Lo studio comparativo di società e civiltà storiche mostra, secondo Eisenstadt, come il diverso configurarsi degli orientamenti culturali, delle élites, dei modi di divisione sociale del lavoro e dei sistemi politico-ecologici internazionali induca in ogni civiltà forme diverse di conflitto sociale e di ribellione, e in particolare un differente rapporto fra tali movimenti e i processi di costruzione istituzionale e di mutamento sociale. Altre opere: *Modernizzazione, protesta e mutamento* (1966); *La società israeliana* (1967); *Mutamento sociale e tradizione nei processi innovativi* (1974); *Modelli di modernità*, a cura di (1987); *Civiltà comparate. Le radici storiche della modernizzazione* (1990).

eleatica, scuola, scuola filosofica greca i cui esponenti principali furono Parmenide e Zenone, entrambi di Elea (colonia focese in Lucania, in seguito chiamata Velia dai romani), e Melisso di Samo. La scuola, la cui fondazione fu erroneamente attribuita, per il fraintendimento di un celebre passo del *Sofista* platonico, a Senofane di Colofone, fiorì per tutto il sec. V a.C. ed esercitò una profonda influenza sia sull'atomismo, sia sulla prima e seconda sofistica, sia infine sulle scuole socratiche, in particolare su quella megarica e su Platone. La tesi filosofica centrale dell'eleatismo è quella di Parmenide, sull'ente come il qualcosa che è e che non può non essere. La logica parmenidea dell'ente troverà in seguito la sua estrema sistemazione positiva in → Melisso. A Zenone, che fu discepolo e intimo amico di Parmenide, spettò invece il compito della dimostrazione indiretta della tesi dell'ente attraverso la riduzione all'assurdo della tesi contraria che affermava la verità del molteplice e del mutamento nello spazio e nel tempo, nella qualità e quantità. Di qui i celebri paradossi destinati a influenzare durevolmente la «dialettica» greca (di cui Zenone fu detto inventore), specialmente la dialettica megarica, che ancora sul finire del sec. IV a.C. con Diodoro Crono riproporrà sottilmente i paradossi zenoniani del continuo. E da Zenone e in genere dall'«eleatismo logico» trassero indicazioni importanti sia la logica sia la matematica greca, con la sua sistemazione ipotetico-deduttiva. La «reductio ad absurdum» e la prova indiretta divennero procedure correnti nel pensiero greco; non a caso la tradizione logica megarico-stoica ha radici profonde nella filosofia eleatica. Non meno importante fu l'influenza dell'eleatismo sulla questione dell'ente, tanto per le filosofie corpuscolari come l'atomismo democriteo, quanto per la teoria platonica delle idee e della loro «comunanza» (il *Parmenide* di Platone, sulle idee, è intitolato appunto al fondatore dell'eleatismo, e la tesi del non-ente come differenza che fonda la «comunanza delle specie» è svolta nel *Sofista* proprio da un ospite eleate contro il «padre» Parmenide).

elenchos, → Aristotele.

Elettra, complesso di, → complesso.

Eliade, Mircea (Bucarest 1907 - Chicago 1986), storico delle religioni romeno. Studiò filosofia nell'università di Bucarest, subendo soprattutto l'influenza di N. Ionescu, l'ideologo fiancheggiatore della destra romena di Codreanu. Fu anche a Roma (1927-28), assistette alle lezioni di G. Gentile e conobbe G. Tucci ed E. Buonaiuti. Dal 1928 al 1931, grazie al mecenatismo del mahārājā di Kassimbazaar, studiò nell'università di Calcutta con S. Dasgupta e nell'*āśrama* (eremitaggio) di Rishikesh sull'Himalaia. Addetto culturale romeno a Londra (1940-41) e a Lisbona (1941-44), si trasferì dopo la guerra a Parigi, non facendo mistero delle sue posizioni politiche di destra. Docente all'École des hautes études succedette poi (1957) a J. Wach come professore di storia delle religioni nell'università di Chicago. È uno dei maggiori specialisti dello sciamanesimo (*Lo sciamanesimo e le tecniche dell'estasi*, 1951), dello yoga (*Lo yoga. Immortalità e libertà*, 1954), dei rapporti fra magia e alchimia (*Alchimia asiatica*, 1935-37; *Arti del metallo e alchimisti*, 1956; *Il sacro e il profano*, 1956). Ha inoltre scritto alcune opere di carattere più generale (*Trattato di storia delle religioni*, 1949; *Il mito dell'eterno ritorno*, 1949). In esse Eliade formula la sua concezione fondamentale del mito e della religione. Il mito è un atto di creazione autonoma dello spirito, indipendente dalle condizioni socioeconomiche. Il valore dei miti sta nel loro carattere fondamentale di «ierofanie», cioè di rivelazioni del sacro. Secondo Eliade, non vi è religione naturale, poiché la natura non è sacra di per sé ma solo in quanto manifesta un significato soprannaturale. D'altra parte, tale significato è trascendente anche rispetto alla storia, dal momento che quest'ultima aggiunge continuamente significati nuovi ai simbolismi arcaici, ma non può distruggere la struttura originaria del simbolo. Il mondo del mito si muove sempre entro la polarità sacro-profano, in cui la sacralità è riconosciuta come la vera realtà, contrapposta alla profanità in quanto irrealtà. L'unica comprensione corretta del mito è, dunque, quella religiosa, che lo considera come rivelazione del sacro. Per questo motivo una storia delle religioni deve svolgersi come una fenomenologia comparata delle ierofanie più diverse ed eterogenee, volta a individuare in esse, senza selezioni preventive, la comune modalità del sacro. Il rapporto tra sacro e profano non si risolve, per Eliade, in una semplice opposizione, poiché il sacro, che si rivela pur sempre come «altro» dal profano, si manifesta però nel profano, che come strumento di questa manifestazione viene sacralizzato, diventa simbolo del sacro.

Attraverso l'esame delle varie ierofanie è possibile individuare alcune strutture principali, alcuni significati fondamentali della realtà, che acquistano particolare importanza in tutti i sistemi mitici e religiosi: la trascendenza (cielo), la fecondità (terra), il centro del mondo (casa, palazzo, tempio) ecc. Eliade sottolinea anche la differenza tra il tempo sacro e quello profano: mentre il secondo è in sé una durata evanescente, che assume un senso solo quando diventa momento di rivelazione del sacro, il primo è un susseguirsi di eternità periodicamente recuperabili durante le feste che costituiscono il calendario sacro: esso si configura perciò come un eterno ritorno. Eliade insiste anche sul valore archetipico del mito, che costituisce il modello e l'esempio per tutte le azioni umane e per tutta la realtà: le vicende cosmiche e storiche hanno quindi significato in quanto ripetono e riattualizzano la realtà sacra del tempo primordiale.

Elias, Norbert (Breslavia 1897 - Amsterdam 1990), sociologo e storico della cultura filosofica di origini tedesco-ebraiche. Dopo aver studiato con Husserl, K. Jaspers e H. Rickert si laureò con il sociologo Alfred Weber. Abbandonata la Germania dopo l'avvento del nazismo, si trasferì dapprima in Francia, poi in Inghilterra e quindi in Olanda. Dopo aver elaborato già prima della seconda guerra mondiale le sue opere fondamentali, Elias lavorò soprattutto come psicoterapeuta e nel campo della formazione degli adulti; ma i suoi lavori trovarono una udienza adeguata solo a partire dagli anni Settanta.

Il contributo principale di Elias è consacrato all'analisi della trasformazione dei costumi sociali nelle corti europee del XVII secolo. I processi studiati in *La società di corte* (la sua dissertazione dottorale inedita fino al 1969), cioè la costituzione di un'etichetta e dei rituali quotidiani, sono il modello di una sorta di auto-costrizione che si affermerà nella società borghese. In *Il processo di civilizzazione* (1939) Elias, elaborando linee di ricerca indicate dai suoi maestri A. Weber e W. Sombart ma anche da G. Simmel e M. Weber, approfondisce la tesi secondo cui il disciplinamento moderno delle passioni ha la sua origine nel tentativo di regolare la condotta dei ceti nobiliari da parte delle monarchie moderne. Nonostante sia stata variamente criticata, questa tesi mantiene un grande rilievo metodologico per la sua capacità di connettere processi storico-politici (la formazione dello Stato, l'evoluzione dei sistemi di repressione degli istinti) ai meccanismi dell'interazione sociale nella vita quotidiana. Da ultimo, Elias applicò il suo metodo al problema sociale della morte (*La solitudine del morente*, 1985) e allo sviluppo delle categorie cognitive (*Coinvolgimento e distacco*, 1988).

élite, in sociologia, termine usato per indicare una minoranza alla quale è socialmente riconosciuta una qualche superiorità e la possibilità di influenzare alcuni, o tutti, i settori del sistema sociale. L'idea di élite tende quindi a coincidere con l'idea di minoranza politica dirigente. I teorici della élite (V. Pareto, G. Mosca, R. Michels), centrando la loro analisi sulle élites al potere, le considerano essenzialmente come una minoranza di governo o un'oligarchia, e riconoscono che processi di oligarchizzazione del governo sono inevitabili anche nelle democrazie, in quanto minoranze organizzate finiscono fatalmente per prevalere su maggioranze disorganizzate. Per Ch.W. Mills (*La élite del potere*, 1956) l'appartenenza al vertice del potere deriva da posizioni istituzionali che vengono occupate, con una continua osmosi fra le gerarchie, da un gruppo ristretto, per il quale esse diventano una sorta di bene ereditario. Questo gruppo dotato di elevata coesione interna si caratterizza per la comune estrazione sociale, per l'omogeneità dei valori e degli atteggiamenti, per i contatti familiari e personali. I privilegi di cui godono gli appartenenti a tale gruppo sono stati considerati la variabile che consente una definizione operativa e verificabile del concetto di classe dominante (G.W. Domhoff, *Chi governa l'America?*, 1967; *Chi governa l'America oggi?*, 1983; *Elites del potere e organizzazioni*, 1987, con T.R. Dye). La constatazione dell'esistenza di élites che tendono ad autoriprodursi come oligarchie è sempre apparsa inconciliabile con l'istanza di democraticità che sta alla base delle moderne democrazie parlamentari. L'incentivazione delle interazioni tra élite dirigente e massa, i processi di «circolazione delle élites» sono stati considerati, nella tradizione sociologica, come i correttivi in grado di riconciliare il concetto di minoranza dirigente con quello di democrazia. Contributi in questo senso sono stati forniti da J.A. Schumpeter (*Capitalismo, socialismo, democrazia*, 1954) e da R. Aron (*Struttura sociale e classe dirigente*, 1960) sulla base di un'analisi che scorge nelle democrazie moderne il prodotto dell'interazione di élites rivali, espressioni di interessi antagonistici che, a livello di massa, sono organizzati nei partiti.

Elster, Jon (Oslo 1940), sociologo norvegese. Docente di scienza politica all'università di Chicago, è noto soprattutto per aver espresso la necessità di una fondamentale revisione della teoria dominante della razionalità (*Logica e società. Contraddizione e mondi possibili*, 1978; *Uva acerba. Versioni non ortodosse della razionalità*, 1983; *Giudizi salomonici. Saggi sui limiti della razionalità*, 1989). In particolare Elster ha messo in evidenza come, al di sotto dell'unitarietà del soggetto agente, presupposta dall'utilitarismo classico, esista una pluralità di «io» diversi, in parte compresenti, in parte successivi nel tempo, i cui rapporti possono essere opachi e contraddittori e talvolta difficili da integrare (*Ulisse e le sirene. Indagini sulla razionalità e irrazionalità*, 1979; *L'io multiplo*, 1986). La debolezza della volontà, le aspettative illusorie, i conflitti motivazionali, l'auto-inganno non sono, secondo Elster, tratti patologici, ma forme di irrazionalità proprie dell'uomo che agiscono all'interno di situazioni sociali concrete quali la contrattazione, le strategie economiche, le scelte elettorali, gli scioperi politici e le sentenze giudiziarie (*Come si studia la società*, 1989).
A un'analisi critica del marxismo Elster ha dedicato una parte del suo lavoro: *Comprendere Marx* (1985); *Introduzione a Karl Marx* (1986); *Karl Marx: un'antologia* (1986). Per quanto l'autore ritenga che non sia più possibile, oggi, moralmente e intellettualmente, essere marxista in senso tradizionale, giudica possibile esserlo in un senso che riservi centralità alle teorie dello sfruttamento e dell'alienazione.

emanatismo, o emanazionismo, concezione filosofica orientale, fatta propria dal neoplatonismo, secondo la quale gli esseri derivano da Dio attraverso un processo di «emanazione». Questa consiste nella diffusione spontanea, paragonabile a una irradiazione continua, della potenza assoluta di Dio, che fa sorgere gli enti restando uno e immutabile. L'emanazione dà luogo a una molteplicità di esseri disposti in una gerarchia, contraddistinta dalla progressiva perdita di perfezione e quindi di essere: si parte dalla prima intelligenza emanata (o Logos), che è molto vicina in perfezione all'Uno originario, e si giunge sino alla materia o non essere o male, che è il limite inferiore e ultimo della gerarchia. Sviluppato dai filosofi arabi medievali (al-Fārābī e Avicenna), l'emanatismo è stato parzialmente accettato da alcuni pensatori cristiani (Agostino, Scoto Eriugena, Eckhart), che si sforzarono di eliminare le affermazioni panteistiche implicite nella teoria dell'emanazione necessaria.

Emerson, Ralph Waldo (Boston 1803 - Concord, Massachussets, 1882), filosofo, saggista e poeta statunitense. Studiò alla Scuola teologica di Harvard e nel 1826 fu nominato pastore. Nel 1829 si sposò e divenne ministro della chiesa unitariana, ma dopo la morte della moglie (1831) attraversò una crisi spirituale che lo portò a separarsi dall'unitarianesimo. Nel 1832, durante un viaggio in Europa, conobbe S.T. Coleridge, W. Wordsworth, Th. Carlyle e si avvicinò al pensiero dell'idealismo romantico tedesco. Di ritorno dall'Europa, nel 1835, si stabilì a Concord, dove con H.D. Thoreau, B. Alcott, M. Fuller e altri fondò il → trascendentalismo. Tra il 1840 e il 1844 pubblicò diversi articoli, mentre altri scritti raccolse nel volume *Saggi* (1841). Il suo scritto più noto è, tuttavia, *Natura* (1836), che raccoglie una serie di conferenze e viene considerato il manifesto teorico del trascendentalismo. Altre opere: *Uomini rappresentativi* (1850); *La guida della vita* (1860); *Società e solitudine* (1870); *Lettere e intendimenti sociali* (1876).

Il trascendentalismo è una forma di idealismo in cui, accanto a motivi romantici, rivivono temi neoplatonici e della mistica orientale, oltre ad accentuate tendenze panteistiche. L'universo, dice Emerson in *Natura*, è come il corpo dell'infinito spirito divino, l'«Oversoul» (la «Superanima») che dappertutto lo pervade e lo vivifica. Tale relazione trova una sua limitata esemplificazione nel rapporto umano tra anima e corpo. Ma mentre il corpo è soggetto alla volontà, la natura, che è simbolo incarnato di Dio, espressione diretta del suo ordine, non può essere impunemente violata dall'uomo: «Appena degeneriamo, diventiamo stranieri nella natura in quanto ci alieniamo da Dio». Nonostante la sua intonazione misticheggiante, il trascendentalismo di Emerson ebbe notevoli risvolti sociali e politici. Anzitutto, esso si pose come reazione romantica al precedente clima illuministico ed empiristico; in secondo luogo, teorizzando il diretto rapporto dell'uomo con Dio tramite la natura, esaltò un individualismo radicale e anticonformista, fortemente critico nei confronti della società americana del tempo e del carattere utilitaristico delle sue istituzioni. Tale critica non raggiunse però in Emerson le punte di ribellismo di Thoreau e di altri trascendentalisti. Le idee di Emerson influirono sulla società e sul costume americano soprattutto attraverso lo stile infuocato delle sue conferenze (particolarmente famose *Lo studioso americano*, 1837; *Sul tempo presente* e *Il metodo della natura e l'uomo riformato*, 1844). Ma degna di nota è anche la sua filosofia della storia. Nella storia, come nella natura, agisce la divina Superanima, la quale si incarna negli «uomini rappresentativi», ovvero in quei «geni» (Carlyle parlava di «eroi») che, deposto ogni particolarismo egoistico, svolgono pensieri e opere conformi agli interessi fondamentali dell'umanità e alla volontà divina. Queste idee influirono sull'idealismo americano successivo.

emico-etico, in antropologia culturale, termini che indicano i due punti di vista da cui sarebbero analizzabili i fenomeni socio-culturali. Il punto di vista emico enfatizza la prospettiva dell'attore; il punto di vista etico, al contrario, quella dell'osservatore. I due termini furono coniati negli anni Cinquanta dal linguista americano K. Pike, per analogia con *fonemico* e *fonetico*. La fonemica è lo studio dei rapporti strutturali tra i suoni di una lingua, mentre la fonetica è lo studio delle differenze formali: la prima coglie la dimensione «contrastiva» dei fonemi e quindi il diverso significato che essi assumono nel contesto linguistico, la seconda coglie quella statistica. Una prospettiva non può assolvere al compito dell'altra. L'opposizione tra i due termini accentua in maniera forse troppo radicale la differenza tra lo studio dei sistemi socio-culturali condotto «dall'interno» e quello condotto «dall'esterno»: «emico» valorizza i concetti e le rappresentazioni della cultura e della società studiata, nei termini della quale dovrebbe essere condotta correttamente la ricerca; mentre «etico» punta sulle capacità osservative, astrattive e generalizzanti del soggetto esterno osservante considerandole garanzia di obiettività scientifica. L'antropologia di ispirazione «interpretativa» (→ antropologia culturale; C.→ Geertz) ha contribuito a ridiscutere l'opposizione emico-etico, considerando il problema dell'incontro tra le categorie dell'osservatore e quelle dell'osservato secondo una prospettiva di tipo ermeneutico che riconosce l'esistenza di una «circolarità» tra i due termini della relazione.

emotivismo, termine che designa un gruppo di dottrine metaetiche diffuse negli anni Trenta e Quaranta, accomunate dalla tesi che la funzione principale delle espressioni valutative non sia quella di trasmettere informazioni vere o false, ma di esprimere o suscitare emozioni o atteggiamenti. Secondo la corrente più radicale dell'emotivismo, rappresentata da C.K. Ogden e I.A. Richards (*Il significato del significato*, 1923), le espressioni valutative non possiedono alcun significato; una posizione simile fu divulgata da B. Russell (*Religione e scienza*, 1935) e condivisa dai positivisti logici. Una formulazione più articolata fu elaborata, invece, da A.J. Ayer (*Linguaggio, verità e logica*, 1936), per il quale i simboli etici sono pseudoconcetti che possiedono però una funzione espressiva e una funzione dinamica (quella di influenzare l'interlocutore). La forma moderata dell'emotivismo fu infine formulata da Ch.L. → Stevenson, nell'articolo *Il significato emotivo dei termini etici* (1937), e in seguito in *Etica e linguaggio* (1944) e in *Fatti e valori* (1963). Egli sostenne, contro Ayer, che il signi-

ficato emotivo corrisponde a un tipo di uso linguistico del tutto legittimo, che negli enunciati etici vi è una componente di significato descrittivo e che la componente espressiva di questo significato ha a che fare non con i sentimenti, ma con gli atteggiamenti.
A partire dal principio degli anni Cinquanta l'emotivismo cominciò a perdere influenza e venne soppiantato dal *non-cognitivismo* (il cui maggiore rappresentante è R. → Hare) e dal *good reasons approach* (S. → Toulmin).

emozioni, esperienze soggettive d'intensità rilevante, accompagnate sempre da modificazioni fisiologiche e spesso da modificazioni comportamentali ed espressive dell'organismo. Le emozioni non sono mai neutre, ma piacevoli (la gioia, la soddisfazione) o spiacevoli (la paura, la collera). In passato gli psicologi hanno proposto varie classificazioni delle emozioni; W. McDougall, in particolare, ha distinto nel 1908 le emozioni primarie o irriducibili, quali la collera e la paura, le emozioni composite, quali l'invidia e l'ammirazione, e i sentimenti, quali l'amore e l'odio. In molti casi gli psicologi sono discordi nell'attribuire un valore positivo o meno a determinate emozioni; alcuni di essi sottolineano gli effetti disintegrativi delle emozioni violente, mentre altri sostengono che un livello elevato di reattività emotiva è funzionale all'adattamento globale e alla mobilitazione energetica dell'organismo: un certo grado di ansia, per es., è in genere utile per il superamento di una prova difficile.
• *Innatismo e antiinnatismo.* Gli psicologi dibattono anche se le emozioni siano innate o acquisite; l'inizio del dibattito risale a Ch. Darwin (1872), secondo il quale le manifestazioni emotive sono innate e universali, in quanto residui di risposte un tempo funzionali al processo evolutivo: il sogghigno beffardo, per es., sarebbe una traccia residua dell'espressione ringhiosa dell'animale che si prepara ad attaccare. La validità della tesi innatistica può trovare conferma nell'esistenza di emozioni primitive non eliminabili dai processi di apprendimento, quali la «reazione di sorpresa», descritta nel 1939 da C. Landis e J.M.V. Hunt; suscitata da una stimolazione inattesa, questa reazione, interpretabile come preparatoria alla paura e alla collera, consiste in un'improvvisa modificazione della postura corporea (sollevamento delle spalle, tensione dei muscoli del collo, movimento in avanti delle braccia, contrazione delle palpebre e della bocca), e ha una durata non superiore al mezzo secondo, per cui è analizzabile solo mediante registrazione cinematografica. D'altra parte, la tesi antiinnatistica afferma che l'espressione facciale di molte emozioni varia da una cultura all'altra (per esprimere la sorpresa, per es., l'occidentale inarca le sopracciglia, mentre il cinese sporge la lingua); e da una cultura all'altra varia anche il valore attribuito a molte emozioni: così la collera, in Occidente considerata riprovevole, in altre culture viene magnificata come dimostrazione di forza e di rispetto; più in generale, fin dalla prima infanzia le emozioni dell'individuo, comprese quelle primitive come la paura, sono sottoposte dagli adulti a un continuo controllo sociale che spesso ha lo scopo di occultarne le manifestazioni se non proprio di sopprimerle.
Gli psicofisiologi sono riusciti a evidenziare relazioni molto specifiche fra emozioni ed eventi neurofisiologici; A.F. Ax, per es., ha sperimentato nel 1963 che l'ansia è accompagnata da un aumento di secrezione dell'ormone norepinefrina da parte delle ghiandole surrenali, mentre la paura, sul piano dell'osservazione comportamentale molto difficilmente distinguibile dall'ansia, è accompagnata da un aumento di secrezione dell'ormone epinefrina da parte delle medesime ghiandole.
• *Principali teorie dell'emozione.* Nella storia della psicologia sono state proposte molte *teorie dell'emozione.* La prima in ordine di tempo, e la più famosa, è la teoria di James-Lange, dal nome dei due psicologi (lo statunitense W. James e il danese F.A. Lange) che, indipendentemente l'uno dall'altro, la formularono tra il 1884 e il 1885. Secondo questa teoria, l'emozione nasce dall'effetto di ritorno sulla coscienza delle alterazioni periferiche dell'organismo provocate dalla percezione dell'oggetto-stimolo; esemplificando, secondo James non è vero (come ci dice il senso comune) che «piangiamo perché siamo tristi», bensì è vero che «siamo tristi perché piangiamo»: all'origine dell'emozione non vi è uno stato interno all'organismo, ma una percezione periferica del medesimo; tant'è vero che se proviamo a rappresentarci una situazione capace di suscitare un'emozione, riusciamo solo ad averne una consapevolezza intellettiva o «fredda», non a esperirla di fatto; mentre se per es. simuliamo uno stato di collera, è molto probabile che la ripercussione sulla nostra coscienza di eventi periferici quali l'innalzamento del tono della voce, la tensione muscolare, e simili, finisca col provocare in noi un'emozione di collera autentica. Un'altra teoria è quella di J. Watson (1925), secondo il quale il repertorio emotivo del neonato è costituito soltanto da tre tipi diversi di emozione: la paura, come risposta comportamentale ai rumori intensi o alla mancanza di assistenza; la collera, come risposta comportamentale al disagio provocato dalle fasciature troppo strette; infine l'amore, come risposta comportamentale al titillamento della pelle, alle carezze e al dondolamento; tutte le altre emozioni, per quanto complesse e apparentemente diverse, s'instaurano nell'organismo, nel corso dello sviluppo, mediante un processo di condizionamento delle suddette tre emozioni primitive. Inoltre, al

contrario di James, che egli accusa di mentalismo, Watson interpreta le emozioni come null'altro se non risposte periferiche dell'organismo a specifici stimoli periferici. Questa linea interpretativa di tipo periferalistico venne invertita dalla teoria cortico-diencefalica di W.B. Cannon e P. Bard (1927), che assegna al sistema nervoso centrale il ruolo fondamentale nel meccanismo dell'emozione. Secondo Cannon e Bard, l'ipotalamo è la sede degli schemi dinamici dell'emozione; in presenza di uno stimolo capace di suscitare un'emozione, questi schemi vengono liberati dall'inibizione corticale e danno luogo a manifestazioni periferiche, il cui segnale è rinviato alla corteccia, che attribuisce all'emozione il suo significato esperienziale. Infine, nel 1950 M.B. Arnold e nel 1951 D.B. Lindsley formularono una teoria dell'emozione che integra gli elementi più validi della teoria periferalistica di James-Lange e di quella centralista di Cannon-Bard, e che a tutt'oggi è generalmente accreditata. Secondo tale teoria, lo stimolo determina a livello della corteccia un'eccitazione, che a sua volta ha il doppio e contemporaneo effetto di suscitare un atteggiamento emotivo e di liberare gli schemi dinamici ipotalamici, che si esprimono a livello periferico; le conseguenti alterazioni periferiche vengono anch'esse percepite come lo stimolo iniziale, e di rimbalzo modificano o tendono a modificare l'atteggiamento emotivo avente sede nella corteccia. *S. Ma.*

empatia, in estetica, → Einfühlung.

empatia, in psicologia, termine di uso comune per indicare la capacità di immedesimarsi in un'altra persona, di calarsi nei suoi pensieri e stati d'animo. Affinata e approfondita mediante l'esercizio sistematico, l'empatia occupa un posto importante fra i metodi utilizzati in psicologia clinica (per es. nell'approccio di C. Rogers). Alcune ricerche empiriche hanno dimostrato che le previsioni sul comportamento altrui formulate da soggetti non psicologi altamente empatici presentano un margine d'errore inferiore rispetto alle previsioni formulate da esperti psicologi sulla base dei comuni test.

Empedocle (attivo nel sec. v a.C.), filosofo greco. Capo della fazione democratica di Agrigento (sua città natale), venne esiliato nel Peloponneso. Ebbe fama di mago e taumaturgo e si narra che gruppi di discepoli lo accompagnassero ovunque. Varie leggende sorsero sulla sua morte, la più nota delle quali sostiene che Empedocle precipitò nel cratere dell'Etna.

Come Parmenide, anche Empedocle espose in versi le sue dottrine, esempio che nell'antichità fu seguito solo da Lucrezio col *De rerum natura* (nel poema lucreziano, tra l'altro, è contenuto un celebre elogio di Empedocle, libro I, 716 sgg.). Di Empedocle ci sono pervenuti in frammenti circa 400 versi di un poema *Sulla natura* e 120 versi di un altro poema, *Le purificazioni* o *Carme lustrale*, di argomento mistico e ispirato all'orfismo. Egli è il filosofo presocratico dei cui scritti ci sono pervenuti più numerosi frammenti, ma la sua interpretazione è sempre apparsa controversa e difficile. In particolare gli studiosi hanno discusso sulla connessione tra i due poemi, i cui contenuti (naturalistico il primo, religioso il secondo) sembrano difficilmente conciliabili. Sulla scorta di talune interpretazioni cristiane tendenti a proiettare nelle filosofie greche le eresie gnostiche, taluni interpreti moderni (E. Zeller, E. Bignone) hanno ritenuto che la cosmologia naturalistica di Empedocle si dovesse intendere come una escatologia segreta, preparatrice della fase misterico-religiosa e cioè orfica. Più recentemente, sulla base delle indicazioni delle testimonianze più antiche (in particolare Simplicio), si è invece mostrata la connessione del pensiero di Empedocle con i problemi posti dalla scuola eleatica (G. Calogero, J. Bollack, C. Ramnoux, G. Reale). In effetti vari frammenti empedoclei si richiamano indubitabilmente alla dottrina parmenidea dell'essere che sempre *è*: «Sciocchi! giacché non hanno pensieri di larga veduta; essi credono che possa nascere ciò che prima non era o che qualcosa possa perire e andare del tutto distrutta» (fr. 11 Diels-Kranz). Oppure: «Un'altra cosa ti dirò: non c'è nascita alcuna di tutte le cose mortali, né alcuna fine di morte funesta; ma solo mescolanza e cangiamento di cose frammiste, che nascita si chiama tra gli uomini» (fr. 8).

Empedocle riconosce dunque la necessità e perennità dell'essere, ma la sua originalità consiste nel tentativo di conciliare tale posizione con il divenire, con il «cangiamento» che l'esperienza ci testimonia. A questo fine egli parla di quattro «radici» (*rhizômata*) eterne, che più tardi saranno riconosciute come i quattro elementi naturali: il fuoco, l'acqua, l'aria o etere e la terra. Queste radici, che Empedocle identifica con Zeus, Era, Edoneo e Nesti (fr. 6), sono i *principi* (*archái* degli ionici; ma mentre l'*archê* ionica si trasforma *qualitativamente*, divenendo tutte le cose, le radici di Empedocle restano qualitativamente inalterate (preparando così la nozione di «elemento»): esse sono originarie e immutabili. Al principio del mutamento provvedono invece due forze cosmiche (esse stesse divine) che Empedocle chiama Amore (Afrodite) o Amicizia (Philía), e Odio (Neikos) o Discordia. Anche qui il filosofo di Agrigento prepara la via alla successiva concezione della causa o forza naturale. L'Amore e l'Odio tendono a congiungere o a separare i quattro elementi, il primo come attrazione del dissimile, il secondo come separazione del simile. Quando prevale totalmente l'Amore, si genera un puro e perfetto *sfero* (da taluni interpreti inteso come un'eco dell'essere di Melisso) «tutto uguale e infinito, sfero rotondo che di sua avvolgente solitudine

gode» (fr. 28); qui abbiamo la condizione della perfetta e indifferenziata armonia e amicizia. L'Odio comincia allora la sua opera, sciogliendo via via la totale composizione dello sfero, sino alla separazione completa del *caos*. Di nuovo l'Amore interviene a ricongiungere ciò che l'Odio ha separato, sicché le due forze, nella loro ciclica contesa retta dal destino (fr. 26), danno vita a successive fasi intermedie, in cui si manifesta il *cosmo*: la condizione, cioè, in cui compare la varietà e la molteplicità degli esseri e delle cose, frutto delle parziali congiunzioni e disgiunzioni operate dalle due forze. I quattro elementi e le due forze che li muovono spiegano anche la conoscenza, secondo il principio che «il simile si conosce col simile»: «Noi conosciamo la terra con la terra, l'acqua con l'acqua, l'etere divino con l'etere, il fuoco distruttore col fuoco, l'amore con l'amore e l'odio funesto con l'odio» (fr. 109). In particolare le cose emanano «efflussi» che, passando attraverso i «pori» degli elementi, determinano il contatto e il riconoscimento.
Su questa base Empedocle ha dedicato una somma eccezionale di osservazioni ai fenomeni naturali, dalla botanica alla zoologia e alla fisiologia, esponendo originali concezioni sulla evoluzione degli organismi viventi, sulla circolazione del sangue e sulla sede del pensiero nel cuore, tesi da cui hanno tratto ispirazione le successive scuole di medicina. È proprio questa dottrina della evoluzione e trasformazione di tutti gli esseri il punto di contatto con l'orfismo del *Carme lustrale*, in cui Empedocle espone la teoria della metempsicosi. Per legge necessaria di giustizia gli esseri scontano i loro delitti attraverso una serie di reincarnazioni («Sono stato un tempo fanciullo e fanciulla, arbusto e uccello e muto pesce del mare», fr. 117; «Da quali onori, da quali altezze di felicità io sono caduto per errare qui, sulla terra, tra i mortali», fr. 119). Solamente gli uomini che sapranno purificarsi (secondo regole che Empedocle insegnava) potranno sciogliersi del tutto dal ciclo delle nascite e tornare a dimorare tra gli dei (fr. 146), divini essi stessi e beati, avendo «tra gli altri immortali comune dimora e mensa, liberi da umani dolori, indenni, inviolati» (fr. 147).

empiriocriticismo, termine con cui R. Avenarius in uno degli ultimi scritti (1894) designò la propria «critica dell'esperienza pura»; con esso si indica anche l'orientamento convergente di E. Mach, quale si manifesta in particolare nei *Contributi all'analisi delle sensazioni* (1886) e in *Conoscenza ed errore* (1905).
Sulla base del → fenomenismo, Mach intese criticare, con argomentazioni prevalentemente epistemologiche, il meccanicismo della fisica e in generale il primato metodologico rivendicato da questa scienza su tutto il sapere. Avenarius invece si rifece al fenomenismo per costruire una prospettiva in senso lato filosofica, con intenti antimetafisici (donde l'implicito riferimento al «criticismo» kantiano) polemicamente rivolti sia all'idealismo sia al positivismo volgare. Le concezioni di Avenarius e di Mach presentano comunque una valutazione ampiamente comune della metodologia della conoscenza scientifica. In questo senso l'empiriocriticismo intese limitare le pretese e le ingenuità del positivismo naturalistico e materialistico, pur assumendo come base il rigore della ricerca scientifica, sicché esso può considerarsi uno sviluppo raffinato del positivismo medesimo. In particolare l'empiriocriticismo rifiuta la pretesa dei positivisti di affidare alla scienza la scoperta di ipotetiche strutture ultime e definitive della realtà. In questa pretesa è il germe della degenerazione metafisica, sia che essa si orienti verso il materialismo oppure verso lo spiritualismo, donde poi gli indebiti dualismi filosofici o i tentativi astrattamente riduzionistici dell'un indirizzo nell'altro. I concetti e le leggi scientifiche non hanno valore assoluto; essi obbediscono piuttosto a un'esigenza economico-descrittiva consistente nel classificare la varietà concreta dell'esperienza con un numero il più possibile ristretto di segni convenzionali in base ai quali predisporre le verifiche sperimentali e le inferenze possibili. Base comune della conoscenza scientifica è infatti la pura esperienza indifferenziata di psichico e fisico. Essa consiste nella relazione originaria tra organismo e ambiente, con i suoi nessi di evoluzione e di adattamento darwinianamente intesi. Gli elementi di tale relazione sono le *sensazioni*: dati ultimi né interni né esterni, né soggettivi né oggettivi.
Di fatto l'empiriocriticismo cominciò a imporsi come autonoma e ben definita corrente di pensiero con J. Petzoldt, H. Cornelius, C. Hauptmann, R. Willy, H. Gomperz e altri. Esso si diffuse in Russia col volume miscellaneo *Saggi intorno alla filosofia del marxismo* (1908) assumendo varie denominazioni (machismo; empiriosimbolismo; empiriomonismo: A. → Bogdanov). Contro questa tendenza polemizzò vivacemente → Lenin col celebre scritto *Materialismo ed empiriocriticismo* (1909). In Germania Husserl (la cui fenomenologia subì peraltro l'influenza del criterio di purificazione dell'esperienza o «metodo di eliminazione» di Avenarius) criticò la riduzione «economica» dei concetti scientifici in sede logica e accusò Cornelius di psicologismo. Il fisico M. Planck e il neokantiano E. Cassirer giudicarono l'epistemologia dell'empiriocriticismo in contrasto con la pratica effettiva degli scienziati. Ma, nonostante queste critiche, l'empiriocriticismo aprì la strada al neopositivismo, che non a caso si sviluppò a Vienna e a Berlino, ove il pensiero di Mach e Avenarius era ancora vivo nei primi decenni del nostro secolo. Proprio

a Berlino infatti Petzoldt fondò nel 1912 la «Società per la filosofia positiva» che prefigurava l'«Associazione Ernst Mach» creata nel 1929 dai promotori del circolo di → Vienna. I neopositivisti fecero proprio il criterio descrittivo dell'epistemologia empiriocriticistica, in quanto ostile a ogni «visione del mondo» e cioè rigorosamente antimetafisico. Così pure accolsero la sostituzione machiana della categoria di causalità col concetto matematico di funzione. La riduzione della realtà al dato perseguita dagli empiriocriticisti è poi, con la logica delle relazioni, uno dei rami che R. Carnap si propose di unificare nella *Costruzione logica del mondo*, sebbene egli, collegandosi alla psicologia della *Gestalt*, assumesse come base le esperienze percettive globali anziché gli elementi atomisticamente e astrattamente sensoriali di Mach. *R. To.*

empirismo, termine derivante dal greco *empeiría*, che significa «esperienza»: con espresso riferimento al sapere e alla pratica scientifica (in particolare alla scienza medica) il vocabolo si trova usato per es. dallo scettico Sesto, detto appunto Empirico, il quale definisce «empirici», o anche «metodici», i medici che rifiutano ogni dottrina dogmatica e ogni affermazione azzardata relativa ai «fatti oscuri», e seguono invece i «fenomeni» così come si presentano, nonché le indicazioni della natura e i bisogni corporei (*Schizzi pirroniani*, I, 236-241). Nella definizione di Sesto Empirico emergono i due cardini principali di ogni atteggiamento empiristico: il criterio che fa dell'esperienza il luogo dell'originaria e genuina evidenza, e il principio metodico che assume come base di ogni sapere i dati sensoriali, sicché si deve procedere dalla sensazione al concetto e non viceversa.

Il primo aspetto ha generalmente incontrato l'approvazione anche di pensatori estranei all'indirizzo empiristico. Hegel, per es., dopo aver definito l'empirismo come quell'atteggiamento di pensiero che «in luogo di cercare il vero nel pensiero stesso, lo va ad attingere dall'esperienza», gli riconosce il merito di essersi attenuto al «gran principio» che afferma: «Ciò che è vero deve essere nella realtà ed esservi per la percezione» (*Enciclopedia*, par. 37-39). A sua volta Husserl loda l'empirismo per il suo radicale rifiuto dei pregiudizi, delle superstizioni, degli «idoli» imposti dalla forza della tradizione, ai quali esso oppone «il diritto della ragione autonoma» nel suo volgersi, come unico criterio di verità, alle «cose stesse» (*Idee su una fenomenologia pura*, par. 19). In modo più sintetico, A.N. Whitehead ha così definito il principio inoppugnabile dell'empirismo: «Ciò che avete sperimentato, l'avete sperimentato» (*La scienza e il mondo moderno*).

• *Sensi e intelletto nella conoscenza.* Ma il secondo criterio che caratterizza l'empirismo, cioè il suo assumere metodicamente l'esperienza sensoriale come punto di partenza del conoscere, è invece da sempre oggetto di discussioni e controversie. La questione concerne essenzialmente due punti: se effettivamente l'esperienza sensoriale possa vantare, oltre a una priorità temporale, anche una priorità logica nella genesi del conoscere (è ciò che Locke, rifacendosi alla tradizione del pensiero antico, enunciava col principio «*Nihil est in intellectu quod prius non fuerit in sensu*»); e in secondo luogo se l'esperienza alla quale l'empirismo si appella debba intendersi ristretta, come osserva Husserl nell'opera citata, solo alle «cose della natura» (i «fatti» esterni e interni), o debba invece ampliarsi, contrariamente alla tesi dell'empirismo, a forme, essenze e relazioni di natura non empirica (cioè non materiale o naturalistica). Il testo ancora esemplare al riguardo è il *Teeteto*, nel quale Platone delinea quelle che saranno le critiche ricorrenti all'empirismo nel corso della filosofia occidentale: in primo luogo, i dati sensoriali non hanno rilevanza conoscitiva se non vengano accolti da un'«anima» già aprioristicamente strutturata in base a forme ideali o concettuali che consentano il riconoscimento e il confronto tra i dati dell'esperienza (Kant espose il medesimo principio con l'osservazione che le intuizioni sensibili sono «cieche» senza i concetti, e Leibniz analogamente corresse la ricordata formula di Locke con la nota aggiunta «*nisi intellectus ipse*»). In secondo luogo, restringere l'esperienza ai soli fatti «naturali», negando che si dia una qualche esperienza originaria delle forme o, come direbbe Husserl, delle «essenze» dei fatti stessi, è un'indebita assunzione dogmatica, sicché l'empirismo, nonostante le sue intenzioni radicali, incorrerebbe, come già osservava Hegel, in un'ingenua metafisica «del tutto priva di critica e di consapevolezza» (*ibid.*).

In sintesi: non si può negare *ciò che è stato sperimentato*, ma si deve poi chiedere *che cosa* è stato realmente sperimentato, senza preconcette restrizioni della realtà dell'esperienza. A tali questioni hanno variamente risposto i filosofi che si sono via via qualificati come empiristi, sovente appellandosi ad Aristotele contro Platone, per l'importanza accordata dal primo al carattere originario e rivelativo della sensibilità e dell'esperienza in genere. Ma bisogna soprattutto osservare che l'empirismo ha assunto valenze e sfumature differenti a seconda dell'ambito problematico al quale si è rivolto e delle differenti età storiche. Si può per es. parlare di una sorta di empirismo «religioso» nell'appello di Occam al fatto immediato della fede di contro alle costruzioni concettuali della teologia scolastica (e in modo corrispondente Occam sostenne una gnoseologia sensistica e una logica nominalistica). Ancor più legittimamente si può parlare di empirismo scientifico, a partire dalle tesi di F. Bacone sull'esperienza e sull'e-

sperimento per giungere sino alle teorie epistemologiche dell' → empirismo logico novecentesco. Infine l'empirismo ha motivato la polemica contro le idee innate in sede morale, prima ancora che conoscitiva (si pensi al I libro del *Saggio sull'intelletto umano* di Locke), oltre a ispirare la fondazione del liberalismo politico e del liberismo economico, secondo un indirizzo generale di pensiero che ha profondamente influenzato non solo il sensismo di Condillac, ma più in generale tutta la filosofia naturale e politica dell'illuminismo.
Questo insieme di problemi trova infatti la sua più compiuta espressione nella corrente classica dell'empirismo inglese, di cui Locke è considerato l'iniziatore, in diretta opposizione al contemporaneo → razionalismo dei cartesiani e dei leibniziani. In sede più strettamente teorica l'empirismo inglese è venuto radicalizzando le tesi lockeiane attraverso Berkeley, per giungere con Hume a un totale fenomenismo scettico. Lo schema fenomenistico, con il canone dell'associazionismo psichico, ha conosciuto notevoli sviluppi, soprattutto nella logica e nella psicologia, durante l'età del positivismo (J.S. Mill, H. Spencer, F. Brentano, E. Mach).
Al declino del fenomenismo di fronte alle critiche rivolte (per es. dalla → Gestaltpsychologie) all'astratto atomismo delle impressioni psichiche o al carattere meccanico dei nessi associativi, hanno reagito sia l'empirismo radicale di W. James, sia lo strumentalismo di J. Dewey, che possono considerarsi due tra i più significativi indirizzi di pensiero contemporanei che si riportano consapevolmente, e insieme criticamente, all'empirismo classico. *C. Si.*

empirismo logico, o «neoempirismo» o «neopositivismo» o «positivismo logico», uno dei più importanti indirizzi di pensiero della prima metà del Novecento. Alle altre grandi correnti filosofiche (→ fenomenologia, → neokantismo) che, nei primi decenni del nostro secolo, rinnovano il panorama culturale europeo, il neopositivismo è accomunato da una concezione della filosofia come lavoro di chiarificazione concettuale più che elaborazione di «visioni del mondo». Alle origini di questa consapevolezza critica dei limiti del pensiero puramente speculativo sta lo sconvolgimento degli assetti concettuali tradizionali provocato dalle grandi rivoluzioni scientifiche in matematica e fisica. La revisione radicale dei modelli meccanicistici ottocenteschi di interpretazione della natura, e l'apertura del nuovo, fecondissimo, campo di indagine sui fondamenti della matematica sembrano offrire un materiale inesauribile a un tipo di riflessione filosofica che, come il neopositivismo, erige «scientificità» ed «esattezza» a massimi valori intellettuali. Ma la caratteristica più saliente dell'orientamento neoempirista è l'applicazione delle tecniche logico-formali di analisi del linguaggio, elaborate da G. Frege, A.N. Whitehead e B. Russell, ai più svariati campi della ricerca scientifica (fisica, ma anche sociologica, giuridica ecc.). L'uso di queste tecniche è originariamente vincolato a un ambizioso programma di rifondazione della conoscenza su basi puramente empiriche, che sono da attuarsi mediante la costruzione di un linguaggio unificato della scienza. Il tentativo stesso di attuare questo programma conduce però a una progressiva chiarificazione degli assunti filosofici di base, relativi alla natura del *significato* di enunciati in generale.
• *Origini e storia del movimento.* Gli inizi dell'empirismo logico si fanno risalire agli anni 1910-21 con gli incontri tra O. Neurath, P. Frank e H. Hahn in un caffè di Vienna, e con la pubblicazione dei primi scritti sul significato filosofico della teoria della relatività (in polemica col neokantiano E. Cassirer e altri) da parte di M. Schlick e H. Reichenbach. Episodio decisivo fu la chiamata nel 1922 all'università di Vienna di Schlick, che nel 1925 organizzò i suoi seminari in forma di circolo («circolo di Vienna» o «Associazione E. Mach»), con riunioni periodiche frequentate da filosofi, matematici, fisici, giuristi ecc. Alla definizione della prospettiva neoempiristica contribuirono decisamente nel 1926 sia la lettura, da parte dei membri del circolo, del *Tractatus logico-philosophicus* (1921) di L. Wittgenstein, sia la chiamata all'università di Vienna di R. Carnap, che in breve tempo diventerà uno degli studiosi più influenti del gruppo. Nel 1928 apparve infatti *La costruzione logica del mondo* di Carnap e nel 1929 uscì, a firma di H. Hahn, O. Neurath e Carnap stesso e con la collaborazione di H. Feigl, un opuscolo programmatico del movimento (*Concezione scientifica del mondo: il circolo di Vienna*). Negli stessi anni Reichenbach organizzava a Berlino un gruppo che collaborò strettamente con gli studiosi viennesi: essi diedero vita alla rivista «Erkenntnis» (1930-40), diretta congiuntamente da Reichenbach e Carnap.
Con l'avvento del nazismo i due gruppi furono dispersi e i loro membri si recarono in varie università inglesi e americane. Ma già prima della seconda guerra mondiale il neopositivismo aveva acquistato notevole influenza in Europa, ispirando i congressi internazionali di filosofia scientifica di Praga (1929 e 1934), Parigi (1935 e 1937), Copenaghen (1936), Cambridge (1938) e Harvard (1939). Vari studiosi, come J. Joergensen, A. Ayer e C. Morris, si dichiararono allora vicini al movimento neopositivistico. Nel 1938 iniziò a Chicago la pubblicazione dell'*Enciclopedia internazionale della scienza unificata* (→ enciclopedia), progettata da Neurath e Carnap e con la collaborazione, tra gli altri, di J. Dewey e C. Morris, da cui derivò il fecondo incontro di neopositivismo e pragmatismo.

• *Lineamenti della filosofia neoempiristica.* Comune orientamento di partenza è l'accettazione della «concezione scientifica del mondo», in quanto essa deve potersi sostituire alle «confuse» interpretazioni mistiche, teologiche e metafisiche dell'esperienza. Il modello scientifico al quale i neopositivisti si ispirano non è quello meccanicistico del positivismo ottocentesco (già criticato da Mach e dall' → empiriocriticismo, al quale non a caso i primi neopositivisti si richiamarono), ma quello della fisica relativistica (che con l'abbandono della geometria → euclidea metteva in crisi la fondazione kantiana della scienza sulla base dei giudizi sintetici a priori) e della fisica quantistica (che negava il determinismo causale nella meccanica). Nel simbolismo logico elaborato da Frege e Whitehead-Russell i neopositivisti vedono un potente strumento di ricostruzione razionale del discorso scientifico in un linguaggio ideale o logicamente perfetto, da cui risultino eliminate le ambiguità e le deformazioni del linguaggio comune che possono dar luogo a pseudoproblemi di tipo metafisico.

Combinando tesi fregeane sulla natura puramente logica delle verità matematiche e tesi wittgensteiniane sul carattere puramente linguistico delle verità logiche, essi pervengono a una classificazione di tutti gli enunciati analoga a quella proposta da Hume per i giudizi, basata però sull'analisi semantica dei loro fondamenti di verità. Essi distinguono pertanto tra asserzioni analitiche e sintetiche. Le prime esauriscono l'ambito delle asserzioni a priori e necessarie e la loro verità si fonda unicamente su certe proprietà sintattico-semantiche del linguaggio in cui sono formulate; per questo motivo sono prive di ogni contenuto empirico e non dicono nulla sulla realtà (per es.: «Se piove, allora piove», «gli scapoli sono uomini non sposati»). Le asserzioni sintetiche invece esauriscono l'ambito delle asserzioni a posteriori e contingenti e il loro valore di verità dipende, oltre che da fattori linguistici, anche dalle proprietà di quella porzione della realtà o dell'esperienza su cui vertono (per es.: «Nel tal posto alla tale ora piove», «Tizio è scapolo»). In tal modo la conoscenza viene fatta dipendere esclusivamente da fattori linguistici ed empirici: cioè dalle regole che governano l'uso dei simboli di un linguaggio, e dalle procedure di verifica degli enunciati fattuali. (Viene invece escluso il ricorso a principi sintetici di costituzione degli oggetti d'esperienza, di cui si fa uso per esempio nella fenomenologia di Husserl.)

Su queste basi viene formulato un principio di demarcazione fra enunciati dotati di senso ed enunciati che non lo sono, il cosiddetto criterio di verificazione: in virtù del quale le asserzioni non puramente logiche per le quali non esista un metodo di verifica vengono a essere in effetti prive di significato. In questa classe rientra la maggior parte delle asserzioni filosofiche tradizionali. Oltre a un metodo di dissoluzione degli «pseudo»-problemi, d'altra parte, l'analisi logica del linguaggio fornisce anche una chiave di reinterpretazione di alcune tesi metafisiche tradizionali, in termini di asserzioni sulle proprietà stesse del linguaggio. L'empirismo radicale dei neopositivisti trova espressione nel canone metodologico di significanza empirica, in base al quale un'asserzione sintetica è genuinamente scientifica, cioè provvista di significato conoscitivo, solo se è in qualche modo riconducibile ad asserzioni ultime che esprimono osservazioni o percezioni. Tale fondazione «fenomenistica» è accolta per esempio da Carnap nella *Costruzione logica del mondo.* Proprio il principio di significanza empirica, con il suo ricorso a una dimensione extralinguistica e al limite inesprimibile, occasionò le maggiori discussioni interne al neopositivismo. Nel 1930 Neurath e poi anche Carnap proposero la «svolta fisicalistica», consistente sia nell'assumere il linguaggio altamente oggettivo della fisica come modello privilegiato nella costruzione di una scienza unificata, sia nel respingere ogni ricorso a dati extralinguistici. Le proposizioni elementari della scienza non devono rispecchiare «dati» ma devono assumere la veste di «protocolli» (per es.: «X nel luogo Y e nel tempo T osserva che...»). La struttura delle proposizioni protocollari è così analoga a quella di tutte le successive proposizioni scientifiche, siano esse universali o particolari; con i protocolli si abbandona cioè la pretesa della fondazione assoluta e si assume invece come criterio «liberalizzato» di verificazione il confronto con tutti gli enunciati contenenti predicati osservabili, senza che ciò richieda di abbandonare la dimensione linguistica (Carnap nel 1936 preferisce parlare di «confermabilità completa o incompleta» piuttosto che di «verificabilità»). La svolta fisicalistica venne decisamente avversata da Schlick, donde la famosa «polemica sui protocolli» che si svolse sulle pagine di «Erkenntnis» fra il 1934 e il 1936, allorché il dibattito venne troncato dalla scomparsa di Schlick, ucciso sulla scalinata dell'università di Vienna da uno studente nazista. Il criterio di confermabilità finì però per prevalere, in quanto consentiva tra l'altro la giustificazione delle leggi scientifiche, le quali, alla luce del criterio empiristico ristretto, andavano rifiutate non meno delle asserzioni metafisiche. La confermabilità introduce peraltro anche il criterio della «convenzionalità dei linguaggi scientifici» e quindi un ulteriore «processo di liberalizzazione» del neopositivismo.

Sui fondamenti e sugli sviluppi dell'empirismo logico intervennero polemicamente W.V.O. Quine, K. Popper, S. Toulmin, H. Hanson, Th. Kuhn, P. Feyerabend e molti altri. Le critiche si appuntarono in particolare sulla distinzione tra analitico e sintetico e sulla mancata comprensione, da parte dei neoempiristi, della dinamica storico-sociale del sapere scientifico. Tali polemiche da un lato ispirarono una notevole mole di importanti lavori, ma dall'altro condussero a una progressiva dissoluzione del movimento neoempiristico come movimento filosofico distinto e al suo disperdersi, a partire dagli anni Cinquanta, nella più generale corrente della filosofia → analitica contemporanea.

enciclopedia, termine coniato sull'espressione greca *enkýklios paidéia*, che significa «istruzione circolare», tale cioè da comprendere tutte le discipline in grado di dare una preparazione completa. In questa accezione, pare che il termine sia stato usato per la prima volta, nell'età moderna, da Th. Elyot nel *Libro detto il governante* (1531), mentre nell'accezione, poi passata nell'uso, di raccolta sistematica di tutto lo scibile appare per la prima volta nel *Cursus philosophici encyclopaedia* (1620) dal tedesco J.H. Alsted.

Nell'antichità l'idea di una struttura sistematica dei vari rami del sapere risale ad Aristotele (cfr. la classificazione delle scienze nell'*Etica nicomachea*, VI, 3-4); tra la fine dell'età antica e l'inizio del medioevo, nella prima metà del sec. V, comparve l'opera di Marciano Capella, *De nuptiis Mercurii et Philologiae*, la quale fissava nel numero di sette le arti liberali (in seguito distinte in trivio e quadrivio), fornendo una sistematica del sapere destinata ad avere enorme influenza in tutto il medioevo. Il medioevo è un'epoca enciclopedica per eccellenza, produttrice di «summae», «trésors», «specula», «sententiarum libri», cioè di raccolte sistematiche dominate dall'idea del reale come totalità conclusa e di un'organizzazione unitaria del sapere. Con R. Lullo si affaccia una nozione diversa di sapere enciclopedico, quello fondato sull'*ars inveniendi*, una tecnica combinatoria dei concetti capace di dare, sulla base del mero calcolo, ogni conoscenza possibile (*Ars Magna* e *Ars brevis ad absolvendam omnium artium encyclopaediam*).

Con la nascita del mondo moderno si dissolve la concezione unitaria e gerarchica propria del medioevo ed è solo con la rivoluzione scientifica che risorge, su basi completamente diverse, un nuovo enciclopedismo, come sistematica delle scienze possibili sulla base dei nuovi metodi di ricerca (si pensi a F. Bacone e al progetto dell'*Instauratio magna*). D'altra parte, si moltiplicano i dizionari, i quali, in quanto opere ispirate dal proposito di offrire un quadro non già del sapere possibile, ma delle conoscenze esistenti (raccolte sotto l'estrinseco ordine alfabetico), riflettono un atteggiamento diverso (l'opera maggiore di questo genere è il *Dizionario* di P. Bayle).

Nel Settecento sono presenti ambedue le tendenze enciclopediche dette; l'idea di una sistematica del sapere, purché fondata sui principi reali della natura e non su concetti non verificati dall'esperienza, è dominante in tutto il secolo. Ad ambedue queste tendenze risponde l'*Enciclopedia o Dizionario ragionato delle scienze, delle arti e dei mestieri*, opera collettiva in 17 volumi, pubblicata a Parigi tra il 1751 e il 1772. Essa nacque come progetto di traduzione della *Cyclopaedia* (1728) di E. Chambers, che aveva riscosso grande successo in Inghilterra e poi in Europa; affidata dall'editore A.-F. Le Bréton a Diderot, fu da questi trasformata in un'opera completamente nuova, cui collaborarono le maggiori personalità intellettuali del tempo (Rousseau, Voltaire, Raynal, Quesnay ecc.; ma soprattutto il coordinatore d'Alembert che lavorò con Diderot per qualche anno alla direzione). Il *Discorso preliminare*, opera di d'Alembert, si pone il problema di fornire un quadro unitario delle scienze e delle arti; questa esigenza, che distingue un semplice dizionario da un'enciclopedia, non può essere soddisfatta sulla base dell'ordine naturale, il quale nella sua totalità (appunto, sistematica) non è abbracciabile dalla mente umana; occorre pertanto cercare un principio unitario per la classificazione delle scienze nell'uomo stesso, nel suo rapporto col corpo e, tramite questo, con la natura circostante e con gli altri uomini. È possibile in tal modo, sulla base dei bisogni e delle facoltà umani, fornire un quadro ragionato delle attività intellettuali e manuali dell'uomo: ragione, immaginazione e memoria sono alla radice delle tre forme fondamentali di attività intellettuale, filosofia, arte e storia. Dai bisogni degli uomini e dalla vita associata nascono le tecniche e le scienze morali. Sempre facendo perno sull'uomo e sul progressivo complicarsi dei suoi bisogni ed esplicarsi delle sue facoltà, è possibile dare anche un quadro storico-genetico del sorgere di tutte le arti e le scienze. L'*Enciclopedia* nel suo svolgimento tiene conto di questo programma, fornendo un quadro di conoscenze amplissimo e soprattutto una grande quantità di informazioni su tecniche artigianali e industriali (Diderot, che si occupò personalmente di questa parte, volle che alcuni operai collaborassero al disegno delle tavole tecniche). Per l'ottimismo laico e la sua critica dei pregiudizi esistenti, per la sua aderenza allo spirito illuministico anche se in forme prudenti, l'opera fu oggetto di numerose persecuzioni e censure, che talora ne compromisero seriamente la riuscita sul piano commerciale e indussero molti ad abbandonare l'impresa. Ma contro gesuiti e giansenisti, alleati nell'azione di persecuzione, l'*Enciclopedia* ebbe il favore di alcuni grandi (in particolare la Pompadour), il che concorse al suo successo.

Questo fu in effetti straordinario: in tutto il mondo l'opera apparve come la *summa* del sapere dell'uomo moderno e degli spiriti liberi, tanto che enciclopedismo e illuminismo furono spesso considerati sinonimi. *M. Mo.*

Enesidemo (Cnosso, seconda metà del sec. II a.C.), filosofo greco. Della sua vita si sa soltanto che insegnò ad Alessandria; il contenuto della sua opera principale (*Discorsi pirroniani*, in otto libri, tutti perduti) ci è noto attraverso il riassunto di Sesto Empirico. Enesidemo promosse un indirizzo di pensiero che si ricollegava all'insegnamento dello scettico Pirrone. Nutrì una grande ammirazione per Eraclito, forse riconoscendo nella identificazione degli opposti sostenuta dall'eraclitismo una implicita affermazione di scetticismo. Enesidemo enumera dieci argomenti, o tropi, che dimostrano l'inevitabile parzialità di ogni punto di vista sulla realtà e l'equivalenza dei loro differenti risultati. In particolare egli si richiama alle differenze tra gli uomini, a quelle tra gli animali e a quelle dovute a stati diversi di uno stesso osservatore. Se si aggiungono l'instabilità degli oggetti e l'irregolarità con cui si offrono all'osservazione, è dimostrata, per Enesidemo, l'impossibilità di stabilire un criterio conoscitivo e scoraggiata ogni pretesa di verità oggettiva. Ma se nega la possibilità della scienza come conoscenza delle cause, Enesidemo non rinuncia ad alcuni consigli etici e indica il sommo bene, come già Pirrone, nella imperturbabilità che lo spirito raggiunge nella sospensione di ogni assenso.

Engels, Friederich (Barmen, Wuppertal, 1820 - Londra 1895), pensatore e uomo politico tedesco. Le convinzioni religiose nelle quali si era formato furono incrinate dalla lettura, nel 1839, della *Vita di Gesù* di D.F. Strauss e poi definitivamente scalzate dalla lettura di L. Feuerbach. Nel 1842 pubblicò anonimi *Schelling e la rivelazione* e *Il trionfo della fede*, in cui polemizzava con la filosofia della rivelazione sostenuta da Schelling all'università di Berlino, prendendo invece le difese della filosofia della storia di Hegel secondo l'interpretazione liberale della sinistra hegeliana. Nello stesso anno pubblicò un saggio contro la politica reazionaria della corte prussiana (*Federico Guglielmo IV re di Prussia*). A Colonia conobbe di sfuggita Marx nella redazione della «Rheinische Zeitung», della quale divenne collaboratore. L'incontro con M. Hess lo orientò verso il comunismo, subito prima della sua partenza per l'Inghilterra, dove compì un tirocinio commerciale presso la fabbrica tessile di cui il padre era comproprietario. Collaborò a giornali cartisti e owenisti ed entrò in contatto con gli emigrati tedeschi della Lega dei giusti. Importantissima fu l'esperienza delle condizioni di sfruttamento in cui viveva il proletariato sorto dalla rivoluzione industriale, più tardi descritte in *La situazione della classe operaia in Inghilterra* (1845), che è stata definita la prima opera del socialismo scientifico e che esercitò una decisiva influenza su Marx. Del 1843 sono i *Lineamenti di una critica dell'economia politica*, che prendono a bersaglio la proprietà privata e mettono in luce il fatale acuirsi dell'opposizione capitale-lavoro. Di ritorno in Germania, nell'agosto 1844 Engels incontrò Marx a Parigi; da allora ebbe inizio tra loro una collaborazione politica e intellettuale pressoché ininterrotta. Ne nacquero *La sacra famiglia* (1844), l'incompiuta e allora inedita *Ideologia tedesca* (1845-46) e, per incarico della Lega dei comunisti, il *Manifesto del partito comunista* (1848). Nella primavera del 1848 Engels aderì alla rivoluzione in Germania, collaborando alla «Neue Rheinische Zeitung», della quale Marx era redattore capo, e partecipando alla sollevazione operaia di Barmen e alle operazioni belliche del corpo dei volontari del Palatinato. Fallita l'insurrezione (*Rivoluzione e controrivoluzione in Germania*, 1851-52), tornò a Manchester nel 1850, a occupare un posto direttivo nell'azienda del padre. Se ne poté ritirare nel 1869; si stabilì allora a Londra per dedicarsi più intensamente agli studi e all'attività politica nell'Internazionale socialista. Di lì cercò assieme a Marx, che non aveva smesso di aiutare anche economicamente, di indirizzare il movimento della socialdemocrazia tedesca, fronteggiandovi l'influenza di F. Lassalle.

Morto Marx, Engels, che già ne aveva seguito e aiutato il lavoro per il primo volume del *Capitale*, si incaricò della revisione e del riordinamento del materiale per gli altri due volumi, che pubblicò nel 1885 e nel 1894, con importanti prefazioni sue. Curò inoltre numerose riedizioni di scritti di Marx; con queste, con scritti divulgativi, attraverso una fitta corrispondenza e contatti personali (nel 1890-91 entrò in relazione con A. Labriola e F. Turati), improntò una generazione di marxisti su scala in certa misura europea. Engels è inoltre autore di numerosi schizzi storiografici, sulla questione contadina, sul socialismo, sulla tecnica militare, sui dialetti germanici, sulle origini del cristianesimo. Si distingue per impegno teorico il libro *L'origine della famiglia, della proprietà privata e dello stato* (1884), anche se esso non ebbe particolare fortuna nel → marxismo immediatamente successivo. L'opera nacque dall'entusiasmo di Engels e Marx per le teorie dell'etnologo americano L.H. Morgan, che nella *Società antica* (1877) aveva applicato i criteri evoluzionistici darwiniani all'antropologia, confermando il → materialismo storico, cioè l'evoluzione storica delle istituzioni sociali in quanto condizionate, in vario modo e misura, dallo sviluppo del lavoro e dai vincoli di parentela. Le analisi di Morgan dimostrano inoltre che società umana e divisione in classi non sono coestensive, così come non lo sono società e stato. In connessione con il tema dello stato è caratteristica dell'ultimo Engels una ripresa d'interesse per l'ideologia, volta a correggere la versione economicistica, che stava prendendo piede, del materialismo storico. Contro le confuse tesi scientistiche di E. → Dühring destinate a influenzare il revisionismo di Bernstein (*La rivoluzione scientifica del signor Eugen Dühring*, più nota col titolo di *Antidühring*, 1878), Engels rivendica le due sostanziali scoperte di Marx: la concezione materialistica della storia e la teoria del plusvalore quale legge di sviluppo del modo di produzione capitalistico. In *Ludwig Feuerbach e il punto d'approdo della filosofia classica tedesca* (1886) Engels ripercorre le tappe della formazione del socialismo scientifico, insistendo sull'importanza della dialettica. Su questo specifico tema, in relazione al positivismo evoluzionistico darwiniano, Engels venne elaborando sin dal 1873 un'opera (*Dialettica della natura*) alla quale lavorò saltuariamente sino al 1885 e che rimase incompiuta (venne pubblicata per la prima volta nell'URSS nel 1925). Proposito di Engels è quello di «dimostrare che le leggi della dialettica (hegeliana) sono leggi reali dell'evoluzione della natura», purché esse vengano intese non come «pure leggi del pensiero», e cioè in maniera idealistica, ma come processi reali, secondo i canoni del → materialismo dialettico. Engels enuncia in proposito tre leggi: della conversione della qualità in quantità e viceversa, della compenetrazione degli opposti e della negazione della negazione, corredandole di numerose «prove» e «dimostrazioni» scientifiche. In tal modo egli opera uno sviluppo «positivistico» del materialismo storico che susciterà numerose discussioni. *R. To.*

enoteismo, termine usato dallo storico delle religioni M. Müller (1837-1900) per indicare l'atteggiamento religioso intermedio tra monoteismo e politeismo, assunto talvolta da seguaci di religioni politeistiche: questi, pur dedicandosi prevalentemente al culto di una sola divinità, non rinnegano la realtà di altri dei. L'enoteismo costituisce una variante del politeismo; ma il termine può essere esteso anche a indicare l'atteggiamento di chi, pur limitandosi all'adorazione di un solo dio, quello riconosciuto dalla propria confessione religiosa, non esclude la possibilità che esistano altri dei per altri popoli e altre religioni.

Enrico di Gand (Gand 1217 ca - Parigi o Tournai 1293), filosofo e teologo belga. Dal 1267 alla morte insegnò teologia all'università di Parigi. Le sue opere principali sono quindici *Quodlibeta* (dal 1276 al 1292) e una *Summa theologica*. La dottrina di Enrico di Gand costituisce un complicato tentativo di sintesi delle posizioni di Avicenna e di Agostino. Peculiare la sua concezione dell'analogia dell'essere: questo comprende da una parte Dio, *ipsum esse*, cioè «qualcosa che è l'essere stesso», dall'altra le creature, intese come «ciò che partecipa all'essere». Tra queste due realtà vi è una netta distinzione, per cui l'unità che fonda l'analogia è data solo dall'impossibilità dell'intelletto umano di mantenere distinti i concetti — fra loro molto simili — di essere divino ed essere creato. In polemica con Tommaso d'Aquino ed Egidio Romano, Enrico rifiuta la dottrina della distinzione reale fra essenza ed esistenza; egli, inoltre, è convinto che, mentre nei composti naturali esiste un'unica forma, nell'uomo sono presenti una forma naturale, cui termina il processo generativo, e una forma soprannaturale, l'anima intellettiva infusa direttamente da Dio. Un duplice ordine di argomenti, filosofici e teologici, mostra l'impossibilità da un lato di salvaguardare l'insegnamento di Aristotele sulla generazione, e dall'altro di spiegare i fondamenti delle verità di fede (identità del corpo di Cristo prima della morte e dopo la morte) se non si ammette nell'uomo una duplicità di forme sostanziali.

Enrico di Malines (Malines 1246 - 1310), filosofo e naturalista fiammingo. Maestro alla facoltà delle arti dell'università di Parigi dal 1266 al 1270, si trovò a Parigi negli anni in cui esplose la crisi averroista (→ averroismo), ed ebbe modo di conoscere direttamente Tommaso d'Aquino e Guglielmo di Moerbeke. Abbandonata la carriera accademica, visse al seguito dei principi Guido e Giovanni di Hainaut e Bouchard d'Avesnes, di cui fu segretario. Tra il 1302 e il 1310 compose il suo capolavoro, lo *Speculum divinorum et quorundam naturalium*, un'opera enciclopedica divisa in 23 parti che presenta un quadro completo della filosofia del tempo, incominciando dalla trattazione «degli esseri divini e delle sostanze spirituali», per analizzare successivamente i fenomeni dell'universo sensibile (*naturalia*). Proprio perché redatto al di fuori dei centri scolastici ufficiali, lo *Speculum* non segue una disposizione obbligata delle materie, e contemporaneamente rivela una notevole libertà di scelte dottrinali. Accanto a continue citazioni di Averroè, Enrico predilige apertamente la psicologia di Sigieri di Brabante; dichiara inoltre che, quando la filosofia si trova in difficoltà, occorre rifarsi all'astrologia. Il suo sincretismo spregiudicato lo porta ad avanzare una conciliazione fra Platone e Aristotele che si attui senza rinunciare a tutta la tradizione esegetica medievale, dall'ermetismo e dal neoplatonismo greco-arabo, all'albertismo e al tomismo.

Enriques, Federigo (Livorno 1871 - Roma 1946), matematico e filosofo della scienza italiano. Laureatosi e perfezionatosi all'università di Pisa, collaborò con G. Castelnuovo a Roma e con C. Segre a Torino. Si occupò soprattutto della teoria delle superfici algebriche, continuando quel filone di pensiero geometrico che va dalla produzione delle geometrie non euclidee fino al programma di Erlangen di F. Klein.

Tra le sue opere vanno ricordati la memoria *Introduzione alla geometria sopra le superfici algebriche*; l'articolo *Ricerche di geometria sulle superfici algebriche* (1893) e il fondamentale *Lezioni di geometria proiettiva* (1898), rivolto alla critica dei fondamenti. L'attenzione verso i fondamenti e le matematiche elementari condusse Enriques a occuparsi di filosofia e di storia della scienza (*Problemi della scienza*, 1906; *Scienza e razionalismo*, 1912; *Per la storia della logica*, 1922; *Storia del pensiero scientifico*, in collaborazione con G. de Santillana, 1931-37). La sua produzione epistemologica sottolinea la necessità di far convergere filosofia e scienza, e di superare il vecchio positivismo a favore di posizioni più razionalistiche. Tale atteggiamento implica anche una visione dello sviluppo della scienza di tipo discontinuista, attenta quindi alle «rotture» e ai capovolgimenti epistemologici, secondo una tendenza poi affermatasi negli Stati Uniti, in Inghilterra e nell'ex Unione Sovietica.

ente, → essere.

entelechia, termine coniato da Aristotele (*entelécheia*) a designare lo stato di perfezione (dal gr. *entelés*, compiuto, intero) di un ente che ha raggiunto il suo «fine» (*télos*) attuando pienamente il suo essere in potenza. L'attività che trasforma il possibile in reale è detta *enérgheia*, e in questo senso è distinta dall'entelechia dell'ente, che è invece il risultato della piena attuazione del possibile. Ma l'uso dei due termini in Aristotele è promiscuo. Potenza, atto e perfezione sono uno dei significati dell'ente secondo Aristotele e come tali la loro trattazione appartiene alla «filosofia prima» o «scienza dell'ente in quanto ente». Essi vengono discussi al libro IX della *Metafisica* e concludono di fatto l'ontologia aristotelica. Il concetto di entelechia riguarda in particolare l'anima (entelechia prima di un corpo naturale organico avente la vita in potenza) e il movimento o mutamento (entelechia del mobile in quanto mobile). Il termine, che Ermolao Barbaro propose di tradurre *perfectihabia* (ricalcando letteralmente il greco), fu spesso confuso con *entelécheia*, il moto perenne dell'anima secondo la dottrina del primo Aristotele (cfr. Cicerone, *Tusculanae*, I, 10, 22). Leibniz lo riprese nella *Monadologia* (18) chiamando entelechie le sostanze semplici o monadi create in quanto aventi una certa perfezione o autosufficienza che ne fa degli automi incorporei in grado di muovere se stessi.
L'entelechia come principio di vita irriducibile alla materia compare infine nel pensiero contemporaneo come termine del vitalismo di Hans Driesch.

entimema, il sillogismo adottato nell'argomentazione retorica. In Aristotele (*Analitici primi*, II, 27, 70*a*, 10), l'entimema è un sillogismo che si basa su premesse probabili o su segni. Nel primo caso il suo valore non è dimostrativo, ma persuasivo (per es. «Tutti i dotti sono virtuosi, Socrate è dotto, dunque Socrate è virtuoso»); nel secondo, qualora il segno sia certo, l'entimema può avere un valore dimostrativo, e si presenta come sillogismo abbreviato poiché la premessa maggiore, data per conosciuta, non viene riportata (per es., assumendo la febbre come segno certo di malattia: «Paolo ha la febbre, dunque non è sano»). Questa seconda forma dell'entimema è prevalsa da Quintiliano (*Institutio oratoria*, X, 1) in poi, sicché nel medioevo e sino alla logica di Port-Royal l'entimema è stato sempre inteso come sillogismo ellittico, in cui viene soppressa una delle premesse o la conclusione (per es.: «Socrate è mortale perché tutti gli uomini lo sono»).

entusiasmo, termine che nella cultura greca indica uno stato interiore di particolare eccitazione dovuto alla presenza della divinità nell'uomo (da *enthousiázō*, sono invaso dal dio). Platone, il primo a occuparsene diffusamente, ne distingue quattro tipi: l'entusiasmo generato da Apollo provoca il delirio profetico, Dioniso è autore del delirio mistico, le Muse sono artefici del delirio poetico, Afrodite ed Eros di quello amoroso (*Fedro*, 265 *b* e 249*d*). Su questa base Platone afferma che l'origine dei canti e poemi non sta nell'arte dei poeti, i quali possono cantare e poetare solo se «ispirati e invasati dalla divinità» (*Ione*, 533*e*): sul piano artistico, dunque, l'entusiasmo, cui si giunge solo attraverso una sospensione dell'intelletto, risulta essere il necessario complemento irrazionale del «fare» poetico, irrealizzabile coi soli strumenti dell'abilità tecnica. Aristotele intende l'entusiasmo esclusivamente come passione morale dell'anima (*Politica*, VIII, 5); ma la tradizione neoplatonica riprende il termine nel suo senso etimologico e, adattatolo a strumento dell'estasi (Plotino, *Enneadi*, V, 6, cap. 4), lo intende come atto conoscitivo totale elargito dalla fede (Proclo, *Teologia platonica*, IV, cap. 9).
La valenza estetica del concetto viene ribadita dall'anonimo autore dello scritto *Del Sublime*: un dio invade le anime nobili, dotandole di quel «soffio entusiastico» che è a fondamento dell'arte (VIII, 4); a G. Bruno, invece, risale la distinzione tra entusiasmo religioso, consistente nell'essere posseduti dalla divinità, ed entusiasmo naturale o «fervore intellettuale», potenziamento del lume razionale necessario all'attività filosofica (*Eroici furori*, Dial. III).
Nei secc. XVII e XVIII la filosofia estende la propria indagine anche ai limiti della conoscenza, e l'entusiasmo viene criticato come indebito fondamento dell'assenso avente origine in «fantasie infondate del cervello» costituenti un *ignis fatuus* che abbaglia, ma non porta a effettiva conoscenza (J. Locke, *Saggio*, IV, cap. 19). L'illuminismo porrà tale concetto in connessione col fanatismo religioso, e già Shaftesbury,

autore di una *Lettera sull'entusiasmo* (1708), distingue l'entusiasmo inteso come «sensazione falsa della presenza divina» dal «nobile entusiasmo» creativo, dote di oratori, artisti e filosofi; similmente, per Voltaire «l'entusiasmo si accompagna soprattutto alla religiosità malintesa» ed è giustificabile solo quell'«entusiasmo ragionevole» che è privilegio dei poeti (*Dizionario filosofico*, 1765, alla voce «entusiasmo»), mentre Diderot lo ritiene inutile sia in campo estetico, sia in campo morale (*Il paradosso sull'attore*, 1773). Anche Kant è da annoverarsi fra i pensatori che ridimensionano in senso strettamente umano l'entusiasmo; ne esclude infatti ogni relazione col divino, e lo definisce come la «condizione di un animo eccitato oltre la misura conveniente» (*Osservazioni sul sentimento del bello e del sublime*, cap. IV, nota 7), fissando così il significato che il termine assumerà nel linguaggio comune contemporaneo. Ancora settecentesco è lo studio di S. Bettinelli *Dell'entusiasmo nelle belle arti* (1769), che tuttavia non apporta sostanziali innovazioni di senso rispetto alla tradizione. I romantici riprenderanno il concetto, ma il suo significato è ormai acquisito e F. Schlegel, al pari di Shaftesbury, ritiene che l'entusiasmo debba essere temperato dall'ironia, assunta in funzione critica (*Frammenti critici*, 1797). Nel nostro secolo la nozione è utilizzata da K. Jaspers, il quale ne dà una valutazione positiva, intendendolo come sentimento della totalità del mondo (*Psicologia delle visioni del mondo*, I, 1919).

enunciato, espressione alla quale è possibile attribuire un valore di verità. All'interno del calcolo → proposizionale, in cui gli enunciati sono considerati come un tutto indivisibile, si distinguono gli enunciati atomici e quelli molecolari o composti, ottenuti dai primi con il ricorso ai connettivi. Nel calcolo → predicativo il termine è usato spesso come sinonimo di *formula* chiusa, in cui cioè non compaiono variabili libere (a differenza, per es., di «*x è un pittore*»). Va poi sottolineato che parlando di enunciato ci si intende normalmente riferire all'aspetto sintattico di un asserto, come contrapposto all'unità di significato che gli è associato.

eone, termine usato dagli gnostici per designare Dio o gli esseri eterni intermedi fra Dio e il creato. Secondo Valentino, gli eoni sono trenta e formano assieme il *pleroma*, o pienezza di Dio; essi procedono per emanazione dalla divinità in coppie, dette *sizigie*, disposte secondo una gerarchia decrescente che giunge sino alla materia. L'eone Cristo apre all'uomo la possibilità della conoscenza (gnosi) di Dio, inaugurando il tempo finale del cosmo. In senso derivato, eone significa epoca storica, evo.

epagōghḗ, o induzione, termine della logica aristotelica: → sillogismo.

epicureismo, la dottrina filosofica di Epicuro e della sua scuola, da lui fondata sulla fine del sec. IV a.C. e fiorente almeno fino al II d.C. in tutto il mondo greco e romano. I primi gruppi di discepoli si formarono intorno al maestro verso il 312 a.C., dapprima a Mitilene, nell'isola di Lesbo, quindi a Lampsaco, sull'Ellesponto; dopo il suo ritorno ad Atene nel 306, Epicuro acquistò una casa, e a poca distanza un giardino dove avrebbe ospitato i discepoli: «quelli del giardino» saranno appunto chiamati nell'antichità i seguaci della dottrina epicurea. Fra i primi e più noti scolari, vi furono Metrodoro e Colote, entrambi di Lampsaco, ed Ermarco di Mitilene, diretto successore di Epicuro nella direzione della scuola. Metrodoro (330 ca - 277 ca a.C.) fu intimo amico del maestro, dal quale fu tenuto in particolare stima, così da poter condividere con lui il titolo di *sophós* (sapiente); morì sette anni prima di Epicuro, che ne ricorderà i figli nel suo testamento. Scrisse libri polemici contro i medici, i sofisti e i dialettici, e un'opera contro il fratello Timocrate, che aveva lasciato la scuola; scrisse anche contro l'*Eutifrone* di Platone e l'atomismo di Democrito. Nello scritto *Presso di noi c'è maggior ragione di esser felici che non partecipando alla vita pubblica* svolse il tema del piacere catastematico (→ Epicuro). Colote di Lampsaco fu autore invece di una celebre confutazione generale delle dottrine elaborate dalle altre scuole filosofiche, il *Non è possibile vivere secondo le dottrine degli altri filosofi*, che suggerì in seguito a Plutarco una celebre replica; polemizzò inoltre in particolare contro Platone, attaccando il mito di Er della *Repubblica*, il *Liside* e l'*Eutidemo*. Ermarco di Mitilene (325-250 ca a.C.) fu autore di una vasta dissertazione epistolare su Empedocle, dove fra l'altro si pronunciava contro l'astensione dal mangiare la carne; scrisse contro Platone e Aristotele, e lasciò un epistolario. Terzo scolarca fu Polistrato, scolaro di Ermarco e autore di un'opera in parte restituitaci dai papiri di Ercolano, *Sul disprezzo irragionevole*, che critica il rifiuto, da parte delle scuole rivali, delle credenze dei più, come la divinazione e le superstizioni religiose, in quanto tale rifiuto si fonda su falsi motivi filosofici, mentre è solo la dottrina epicurea che assicura la liberazione dalle paure e opinioni volgari.

Con Polistrato si chiude il periodo dei diretti discepoli e immediati successori di Epicuro, e la polemica del «giardino» epicureo si sposta progressivamente dalle filosofie classiche dei secc. V e IV alla scuola stoica aperta in Atene da Zenone di Cizio pochi anni dopo l'apertura del «giardino» e largamente rappresentata in seguito grazie soprattutto alla vasta opera dottrinale di Crisippo, che diviene uno dei bersagli costanti dell'epicureismo. Figure importanti dei secc. II e I a.C. sono quelle di Zenone di Sidone, Demetrio il Lacone (quest'ultimo va ricordato per la polemica con Carneade sul metodo induttivo) e, nel sec. I a.C., di Filodemo di Gadara (in Siria), scolaro di Zenone e fondatore del gruppo epicureo di Napoli; di questo gruppo fece parte L. Calpurnio Pisone Cesonino, console nel 58 a.C. e suocero di Giulio Cesare, nella cui villa a Ercolano esisteva una ricca biblioteca epicurea. I resti carbonizzati scoperti intorno al 1750, i cosiddetti papiri di Ercolano, contengono per lo più opere di Filodemo, di notevole interesse per la ricostruzione delle vicende polemiche della scuola e anche per la precisazione di alcuni punti della dottrina: si ricordano in particolare *Sugli dei*, importante per la teologia epicurea, e *Sui metodi di inferenza*, che delinea la controversia con gli stoici sul metodo induttivo. Da menzionare inoltre anche l'opera politica *Sul buon re in Omero*, che riprende temi svolti già da Epicuro nell'opera perduta *Sul regno* (contenente un elogio della monarchia come forma migliore di governo), ma invocando Omero come autorità, e questo contro la tendenza comune della scuola a svalutare l'importanza dei classici dell'educazione greca e di Omero in particolare. Siro, anch'egli esponente dell'epicureismo a Napoli, fu maestro di Virgilio, e anche Orazio, agli inizi, era stato attratto dalle dottrine epicuree; ma il più autentico rappresentante dell'epicureismo a Roma fu Lucrezio, il cui poema *De rerum natura* costituisce un'organica traduzione e interpretazione del sistema epicureo e insieme una sua appassionata difesa e divulgazione. Il poema di Lucrezio venne pubblicato dopo la morte dell'autore grazie a Cicerone e allo *scriptorium* di T. Pomponio Attico, suo amico e seguace a Roma dell'epicureismo. Cicerone stesso, a Roma e ad Atene, era stato scolaro dell'epicureo Fedro, scolarca del «giardino», ed era legato a Patrone, suo successore.

Oltre a Lucrezio, si conoscono i nomi dei primi epicurei latini che iniziarono a diffondere in prosa latina l'epicureismo in Italia: Amafinio, Rabirio, Cazio e Saufeio (quest'ultimo amico di Attico e di Cicerone). Cicerone polemizzò poi lungamente contro la filosofia di Epicuro, e i suoi scritti (come anche, un secolo dopo, quelli di Seneca) sono fonti preziose per la ricostruzione della dottrina epicurea. Ultimo cospicuo rappresentante della scuola fu Diogene di Enoanda (in Licia), che intorno al 200 d.C. fece incidere su una parete all'ingresso della città alcuni scritti epicurei. L'epicureismo, nel mondo latino, subì non solo gli attacchi polemici di Cicerone e di Plutarco, ma anche l'ostilità del senato romano, che arrivò a bandire alcuni filosofi epicurei. La cultura ufficiale romana elaborò inoltre un'interpretazione riduttiva dei contenuti teoretici dell'epicureismo, che se da una parte permise, dopo il sec. II d.C., di riassorbirlo e ammettere il suo insegnamento nelle scuole imperiali, lo rese successivamente il bersaglio più facile dei filosofi cristiani, per i quali «epicureo» fu mero sinonimo di ateo e libertino. Solo all'inizio dell'età moderna si ebbe una rivalutazione dell'epicureismo, come di altre scuole filosofiche antiche, resa possibile da un recupero del suo carattere originario. Nel sec. XVII P. Gassendi, pur correggendone la filosofia in senso cristiano, celebrò Epicuro come maestro di vita e di pensiero, richiamandosi a lui nelle discussioni contro le dottrine scolastiche e nella sua polemica per l'affermazione della nuova visione scientifica dell'universo e della natura umana. *W. Ca.*

Epicuro (Samo 341 - Atene 271/270 a.C.), filosofo greco, fondatore della scuola filosofica che da lui prende nome, una delle maggiori dell'età ellenistica e romana. Studiò dapprima col platonico Pamfilo, quindi a Teo, sulle coste dell'Asia Minore, col democriteo Nausifane. A 32 anni circa fondò la sua scuola filosofica, prima a Mitilene e a Lampsaco, infine ad Atene (306), in un giardino attiguo alla sua casa nel quale ospitò i discepoli. Il «giardino» di Epicuro, cui vennero ammessi anche donne (come la celebre etera Leonzio) e schiavi, fu in quegli anni favorevole al potere macedone, pur insegnando il distacco dalla vita civile, e intensamente impegnato nella diffusione della dottrina del maestro, in polemica con le scuole socratiche, platonica e aristotelica, cinica e megarica, e il nascente stoicismo. Dei molti scritti di Epicuro restano, grazie a Diogene Laerzio che le riporta per intero, tre epistole dottrinali, a Erodoto, Meneceo e Pitocle, insieme alle *Massime capitali*, che compendiano in forma divulgativa il suo pensiero fisico, etico e astronomico. Restano inoltre le sentenze morali del cosiddetto *Gnomologio vaticano epicureo* e numerosi frammenti delle lettere. I papiri di Ercolano, scoperti intorno al 1750, ci hanno restituito anche frammenti di opere perdute, fra le quali spicca in particolare *Sulla natura delle cose* in 37 libri.

Essenza delle cose è per Epicuro quella già indicata da Democrito e dai suoi seguaci (Epicuro, con altri, negava che fosse esistito Leucippo): essa consiste cioè negli atomi che, infiniti di numero, si muovono nella «natura intangibile» del vuoto infinito. Vi sono tuttavia alcune importanti differenze tra il pensiero epicureo e il primo atomismo. Anzitutto le forme o figure (*schêmata*) dei corpi indivisibili non sono per Epicuro infinitamente varie, ma in numero finito e nondimeno così grande da non poter essere concepito da mente umana. Gli atomi inoltre, essendo grandezze, sono idealmente riducibili a minimi matematici; e il loro movimento, che è eterno, non è semplice dispersione ma, avendo essi gravità e peso assoluti, è una caduta verticale, soggetta però a una minima «declinazione» (*parénklisis*: → *clinamen*), il che rende possibile l'aggregazione degli atomi. Infine, gli atomi sono senza qualità sensibili,

inalterabili e impercettibili; e tuttavia i fenomeni della sensazione non sono per ciò meno veri di quel che si coglie solo indirettamente per intuizione. In realtà vi sono proprietà eterne dei corpi sia sensibili (i corpi composti) sia intelligibili (i corpi semplici o atomi), come la figura, la grandezza e il peso; e proprietà sintomali (*symptômata*) — il caldo e il freddo, il dolce e l'amaro, e forse anche il tempo — che riguardano solo i corpi composti e il campo della percezione sensibile. Per Epicuro tuttavia, in polemica esplicita con Democrito, anche «tale evidenza non va esclusa dall'ente», e le proprietà occasionali dei corpi composti non sono meno «autentiche» dei corpi in genere e delle loro proprietà eterne. Per questo anche le sensazioni non sono «convenzionali», ma vere.
La dottrina dei principi e delle cause intelligibili (gli atomi e il vuoto), come spiega i fenomeni più vicini della sensibilità, così può spiegare anche i fenomeni più lontani del cielo, le «meteore» o fenomeni celesti, di cui tratta, per es., la lettera a Pitocle. Il moto regolare degli astri non è né divino né dovuto a una divinità: gli astri non sono che aggregazioni transitorie di atomi. I modi di aggregazione variano (di qui la pluralità delle ipotesi e spiegazioni al riguardo), ma non variano le cause e i principi, la natura delle cose. Ciò che è divino non agisce né patisce: per questo è assoluta beatitudine e perfezione senza turbamento. Il timore superstizioso non ha dunque alcun fondamento, come anche la paura della morte, poiché questa non è che il disgregarsi degli atomi di un corpo — compresi quelli più sottili e incandescenti dell'anima e della mente — e quindi mera insensibilità (*anaisthēsía*). Il vero sapere è sapere dei principi, e solo esso è il fondamento di un'etica della serenità. Si tratta dunque, secondo Epicuro, di rifuggire dal mito, «e se ne rifuggirà, se sapremo ben congetturare riguardo alle cose non apparenti traendo le dovute conseguenze dalle cose che appaiono» (*Epistola a Pitocle*, 104).
Insieme alla conoscenza della vera natura della morte e degli dei, si richiede anche quella dei propri desideri, del piacere e del dolore: il fine della vita beata è la privazione del dolore fisico e di quello morale (*aponía* e *ataraxía*). Tali piaceri privativi, naturali e necessari, sono detti da Epicuro «catastematici» o della fermezza d'animo (*katástasis*). Nel campo del conoscere l'uomo è guidato dai criteri del vero e del falso, cioè dalle sensazioni e dalle prolessi o anticipazioni; ma il suo agire ha, come criteri di scelta e di rifiuto, le passioni o affezioni del piacere e del dolore. Le azioni umane non sono sottoposte né alla divinità né al fato o alla necessità naturale, ma alle passioni e all'arbitrio dell'uomo. Contro i primi atomisti, accusati di attribuire tutto alla necessità e spontaneità del caso («la necessità è un male»), Epicuro riafferma a più riprese la responsabilità dell'uomo di fronte alle proprie azioni. Quanto ai modi di vita (*bíoi*) nei quali esplicare la propria attività, il seguace di Epicuro vivrà un'esistenza conforme ai «farmaci» della dottrina e libera dal carcere degli affanni e della politica; una vita fra amici, sul modello del «giardino» ateniese, frutto del sapere e del dominio interiore. *W. Ca.*

epigenesi, → preformazione, teoria della.

episcopalismo, concezione ecclesiologica che, con accentuazioni e modalità diverse, assegna all'episcopato una funzione primaria nella struttura della chiesa. Nel cattolicesimo medievale l'episcopalismo è stato sviluppato da teologi e canonisti come reazione alle tendenze centralizzatrici e monarchiche dei sostenitori del primato pontificio: soprattutto in concomitanza con la crisi del papato (cattività avignonese, scisma d'Occidente) esso si saldò con il → conciliarismo. In seguito l'episcopalismo, tranne che in Francia (→ gallicanesimo), rimase un fenomeno di scarsa incidenza e diffusione fino al sec. XVIII, quando fu ripreso dal febronianesimo, dal giuseppinismo e nel sinodo di Pistoia. La difesa dei diritti dell'episcopato si indebolì in seguito alla proclamazione (1870) del dogma dell'infallibilità papale, contrastata dai Vecchi cattolici; ma si è rifatta vivace in occasione, e come risultato, del concilio Vaticano II, durante il quale si è sottolineata l'importanza della collegialità come comunione di tutti i vescovi con il vescovo di Roma, da verificare concretamente nelle scelte più importanti del magistero ecclesiastico.

epistemologia, termine filosofico oggi usato (in Italia) in due sensi distinti. Nell'uso che ricalca l'inglese *epistemology*, il termine indica la teoria filosofica della conoscenza in generale, è cioè sinonimo di → gnoseologia. In un altro senso, attualmente più diffuso, il termine è sinonimo di filosofia della → scienza. In alcuni casi, i due usi interferiscono: per es. R. → Rorty ha chiamato epistemologia il programma filosofico a suo avviso prevalente nella filosofia occidentale da Cartesio in poi, incentrato sul problema della fondazione della conoscenza certa; problema che peraltro si è identificato in molti casi con quello di una fondazione filosofica delle scienze.

epistemologia genetica, disciplina che mira a spiegare i processi cognitivi umani (percezione, intelligenza ecc.) ricostruendo le fasi del loro sviluppo nell'individuo, dall'infanzia all'età adulta; è stata introdotta dallo psicologo J. Piaget. Contro la tradizionale separazione fra logica e psicologia, l'epistemologia genetica fonda sulla loro sistematica collaborazione la possibilità di comprendere il pensiero nelle sue espressioni più evolute. In una prospettiva interdisciplinare, la collaborazione si estende a molte altre discipline umane e naturali, come dimostrano i numerosi lavori pubblicati dal Centro di epistemologia genetica di Ginevra.

Epitteto (Gerapoli, Frigia, 50 ca - Nicopoli, Epiro, 138 ca), filosofo greco. Schiavo di Epafrodito, liberto di Nerone, fu da questi emancipato e frequentò il filosofo Musonio Rufo. Lasciò Roma nel 92-93 in seguito alla cacciata dei filosofi dall'Italia decretata da Domiziano, e riparò a Nicopoli, nell'Epiro, dove tenne la sua scuola fino alla morte. Il discepolo Arriano di Nicomedia ne raccolse l'insegnamento nelle *Dissertazioni* o *Diatribe* (in otto libri, di cui quattro pervenuti) e nel celebre *Manuale* (tradotto in italiano da Leopardi). La dottrina di Epitteto associa al rigore della morale cinica dell'astinenza dai beni esteriori la teoria stoica del *lógos* divino che governa il mondo secondo un disegno razionale. La filosofia nasce dalla coscienza della nostra debolezza e impotenza di fronte alla necessità; essa educa pertanto a discernere ciò che è in potere dell'uomo (le sue scelte nel campo degli affetti) da ciò che trascende ogni libera scelta (il mondo esteriore in genere e il riconoscimento degli altri). La celebre massima «sustine et abstine» («sopporta il dolore e astieniti dai beni apparenti») compendia insieme la morale e il possibile secondo Epitteto.

epoca, termine greco che dall'originario significato astronomico (trattenersi, fermarsi in un punto) di istante rispetto al quale sono definite le posizioni degli astri e computati i loro movimenti (Tolomeo, *Almagesto*), passa a significare un momento temporale particolare, un taglio nella storia in cui ha inizio un nuovo sviluppo. In questo ultimo senso vengono designati come epocali uomini o eventi che danno inizio a un tempo nuovo, ovvero che lo caratterizzano; così, infine, il termine indica un periodo storico connotato da un avvenimento centrale. Nella storiografia classica la nozione rimane tuttavia distinta da quella di età, che si basa su una legge di successione dei periodi storici, laddove l'epoca si fonda sul carattere centrale e determinante di un evento. J.-A.-N. Condorcet, nella sua periodizzazione della storia universale (*Schizzo di un quadro storico dei progressi dello spirito umano*, 1795), introduce il concetto di rottura o di salto d'epoca, per cui il termine viene a designare lo spazio di tempo e di intelligibilità racchiuso fra due cesure rivoluzionarie (in un senso analogo, C.-H. Saint-Simon distinguerà, ai primi dell'Ottocento, le epoche «critiche» da quelle «organiche»; → crisi). Nella fase aperta dal criticismo e dalla nascita della filosofia speculativa della storia il problema della periodizzazione e della classificazione delle epoche si lega a questioni che abbandonano il terreno specifico della storiografia (per es. quella del carattere teleologico o escatologico della storia terrena o quella dei fattori che la dominano) e trovano nella sistemazione hegeliana un punto di riferimento assunto e ridiscusso nello → storicismo; anche quando, con W. Dilthey, il concetto di epoca viene decisamente riportato sul terreno della metodologia storiografica ed ermeneutica. L'affermazione diltheyana secondo cui il compito dell'analisi storica è quello di rintracciare la coincidenza degli scopi, dei valori, dei modi di pensare che costituiscono un'epoca verrà stabilmente recepita dallo storicismo successivo. Alla luce delle reazioni antistoricistiche, O. Spengler tornerà poi a sottolineare, piuttosto che il valore strutturale dell'epoca, la centralità dell'evento che la determina, affermandone inoltre il valore di necessità, di «svolta del destino nel corso di una cultura» (*Il tramonto dell'Occidente*, 1918-22). A questo uso si ricollega il significato che Heidegger attribuisce al termine, portandolo però fuori dall'orizzonte del dibattito storicistico ottocentesco e impiegandolo nella propria riflessione sui tratti temporali dell'Essere: «Ogni epoca della storia universale è un'epoca dell'errare. L'essenza epocale dell'Essere rientra nell'intimo e nascosto carattere temporale dell'Essere e caratterizza l'essenza del tempo pensata nell'Essere» (*Il detto di Anassimandro*, 1946).

epoché, termine che in greco significa «sospensione dell'assenso»: su questo concetto → Arcesilao di Pitane (315 ca - 241 a.C.) incentrò la sua dottrina, in polemica col primo stoicismo. A differenza di Zenone di Cizio, che sosteneva la volontaria sospensione del giudizio solo di fronte a ciò che non è comprensibile, Arcesilao estese l'epoché a ogni sapere, anche al sapere di non sapere, rendendola universale (*epochè perì pántōn*) col dare per ogni argomento ragioni contrarie di eguale forza. Tale dottrina fu fatta propria dallo scetticismo, e uno dei titoli della scepsi greca fu appunto quello di indirizzo «efettico» (*ephektikós*), ossia «della sospensione del giudizio». La polemica dello scetticismo contro il dogmatismo negativo della → Accademia di mezzo fondata da Arcesilao, cioè contro la negazione di ogni ricerca e la tesi della incomprensibilità di tutte le cose, si riflette tuttavia anche a proposito dell'epoché. Sesto Empirico distingue così l'epoché scettica da quella accademica, in quanto la prima ha per fine l'atarassia o imperturbabilità interiore di chi ricerca, mentre la seconda sarebbe fine a se stessa in quanto è un bene, anzi è il bene supremo. L'epoché scettica scaturisce anch'essa dall'equipollenza delle ragioni contrarie; è un'emozione e una stasi del pensiero discorsivo, che lo rende neutrale verso l'affermazione o negazione di qualcosa, e conduce al silenzio scettico (*aphasía*) del non asserire, che si esprime nelle formule della scepsi «non più», «forse», «sospendo» ecc.

Nel pensiero contemporaneo il tema dell'epoché è ripreso nella fenomenologia di Husserl, a partire dalle *Idee per una fenomenologia pura* (I, sez. II, 1913). L'epoché fenomenologica è sinonimo di «messa in parentesi» (*Einklammerung*), «riduzione», e consiste in un astenersi dal presupporre il mondo materiale e qualsiasi mondo trascendente la vita della coscienza. La sfera degli atti della coscienza è appunto ciò che resta fuori parentesi e che può essere tematizzato come tale (riduzione trascendentale). La coscienza in quanto flusso di esperienze individuali è a sua volta ridotta a coscienza pura attraverso la «riduzione eidetica». In seguito Husserl estenderà il metodo dell'epoché fenomenologica dall'atteggiamento naturale al campo delle scienze, per cogliere attraverso la sospensione di ogni sapere positivo il cosiddetto «mondo della vita».

Eraclide Pontico (Eraclea Pontica 390 ca - 310 ca a.C.), filosofo greco. Appartenne all'antica Accademia. Sostituì Platone come scolarca, durante il terzo viaggio del maestro a Siracusa. Nel 338 tornò a Eraclea e vi fondò una scuola. Si occupò delle più svariate discipline: geometria, retorica, politica; scrisse anche romanzi, oggi perduti, ricchi di elementi fantastici e leggendari. Notevoli le sue teorie astronomiche: egli sostenne che Mercurio e Venere ruotano intorno al Sole (Copernico lo citò tra i suoi precursori) e che ogni pianeta è un mondo composto di terra e di aria. La sua ispirazione è fondamentalmente religiosa: gli astri sono entità divine, e divino è l'etere infinito che riempie lo spazio e dal quale derivano le anime.

Eraclito di Efeso (550 ca - 480 ca a.C.), filosofo greco. Compose, intorno al 490, un'opera cui dovette nell'antichità la sua fama di pensatore enigmatico e oscuro per lo stile e il contenuto spesso ambigui e paradossali. Di essa restano più di cento frammenti, oltre a numerose testimonianze indirette (echi, imitazioni o polemiche).

La biografia antica di Eraclito si confonde in gran parte con la sua leggenda di uomo aristocratico e stravagante. Discendente dei re di Efeso, colonia ateniese sulle coste della Lidia in Asia Minore, ne avrebbe rifiutato il titolo onorifico in favore del fratello. Avversò la democrazia di Efeso e rifiutò di stenderne la nuova costituzione. In vari frammenti è rimasta l'eco della sua polemica antidemocratica: più volte egli ricorre all'antitesi tra «i migliori» da un lato e «i più» dall'altro. Disgustato dai suoi concittadini, Eraclito si sarebbe infine ritirato nel tempio di Artemide Efesia, ove avrebbe anche depositato come dono votivo e lascito testamentario il suo scritto, sottraendolo, come «sacro discorso», all'incomprensione dei più. Questa vita tramandata da Diogene Laerzio (IX-1-17) sembra essere un'elaborazione leggendaria di motivi presenti nell'opera del filosofo; poche sono le notizie certe. Ma lo scritto ebbe subito notevole diffusione, dalle colonie ioniche dell'Asia alla Magna Grecia, se è vero che il poema di Parmenide di Elea — di circa dieci anni posteriore — conteneva già un'allusione polemica a esso.

Titolo dell'opera, che è in prosa come quelle di Anassimandro e di Ecateo milesi, era verosimilmente il suo *incipit* col nome dell'autore: «Eraclito efesio dice questo...»; ma in seguito le fu attribuito quello, comune ai fisiologi, di *Perì phýseōs* (ossia *Sulla natura delle cose*). Essa venne distinta in tre *lógoi* o argomenti: fisico, politico, teologico; ma resta dubbio se il tema centrale dello scritto fosse fisico o etico-religioso. L'inizio dell'opera, che si è conservato, mostra peraltro che l'intento dell'autore era quello di criticare l'incomprensione umana del *lógos* universale: «Di questo *lógos* verace gli uomini sempre inconsapevoli restano, sia prima di averlo ascoltato sia una volta che l'abbiano ascoltato. Tutto infatti avviene secondo questo *lógos*, ma essi somigliano a inesperti, pur sperimentando che le parole e i fatti sono tali quali io appunto li espongo col dividere ciascuna cosa secondo la sua natura e spiegando come stia. Ma agli altri uomini rimane nascosto ciò che fanno da desti così come dimenticano ciò che fanno dormendo» (fr. 1). Il *lógos* al quale si appella Eraclito rinvia ai concetti di «discorso» e di «ragione»; ma come «ragion d'essere» delle cose esso incarna anche un principio fisico. L'interpretazione del *lógos* eracliteo e dei suoi vari aspetti è resa peraltro incerta dal fatto che tale dottrina è stata prevalentemente tramandata dagli stoici, i quali hanno presumibilmente sovrapposto la loro mentalità e i loro interessi di scuola al significato arcaico e genuinamente eracliteo del termine. Certamente originale è l'insistenza di Eraclito sul fatto che, pur essendo il *lógos* anche la ragione familiare dell'esperienza comune, esso è «inascoltato» dai più: «I più infatti non comprendono ciò che si trovano di fronte né lo sanno discernere quando lo abbiano appreso da altri, ma credono di saperlo» (fr. 17). I frammenti superstiti parlano inoltre del *lógos* universale come «ordine» (*kósmos*), come fuoco e come «anima» o «vita» (*psyché*). Il *lógos* è l'«armonia segreta» dei contrari, è la loro coincidenza, così come coincidono la via ascendente e discendente, o l'inizio e la fine di un circolo. Tale armonia è il «buon ordine» comune a tutto e a tutti, ingenerato ed eterno. Questo ordine è anche un «fuoco sempre-vivo», «che si accende a misura e a misura si spegne» (fr. 30), e le cui trasformazioni o «fasi» (*tropái*), cioè la «via all'in su» e la «via all'in giù», coincidono con i vari stati della natura: il fuoco si condensa e diviene mare; dal mare si genera la terra; da questa e dal mare salgono i vapori; essi divengono nuvola, si incendiano e ridiventano fuoco. Ciascuna parte si scambia col fuoco come ogni merce con l'oro (fr. 90). Si tratta di uno scambio dei contrari, secondo equità e giustizia. Ne deriva che, pur incessantemente trasformandosi, tutto è uno e la giustizia degli eventi (un tema già di Anassimandro) si palesa come contrasto e necessità, come conflitto (*pólemos*) universale (fr. 80). Questo conflitto di tutte le cose è padre e re, poiché «il conflitto è comune, e la giustizia contrasto». Infine, come si è detto, il *lógos* del fuoco è anche anima, la quale si trasforma ripetendo le fasi naturali («Per le anime è morte farsi acqua, per l'acqua è morte farsi terra: dalla terra nasce l'acqua, dall'acqua l'anima», fr. 36). L'anima «asciutta» è quella che ha più sapere (fr. 118), secondo il principio che il simile conosce il simile. Conoscere infatti è *homologhêin*, «dire in accordo al *lógos*», cioè convenire con la ragion d'essere degli enti, ovvero essere fuoco (fr. 50). Eraclito ricapitola la formula del *lógos* (buon ordine - fuoco - vita) attraverso la figura del dio e della legge divina, «unica legge» di cui si nutrono tutte le leggi umane (fr. 114). Il dio, come il fuoco, è «giorno notte, inverno estate, guerra pace, sazietà fame»; esso «si altera proprio come il fuoco quando si combina con aromi» (fr. 67). Né Eraclito risparmia le sue frecciate polemiche ai riti assurdi della religione greca tradizionale e alle superstiziose preghiere che il volgo rivolge alle statue di marmo, nella totale ignoranza della vera natura degli dei (fr. 5).

L'interpretazione di Eraclito è delle più controverse. Quella filosofica tradizionale, a partire almeno da Platone, lo considera il filosofo del divenire, del «tutto scorre» (*pánta rhêi*), sicché «non potrai bagnarti due volte nelle acque dello stesso fiume», come dice un'immagine eraclitea molto famosa. Perciò Eraclito viene solitamente contrapposto a Parmenide, il filosofo dell'essere, dell'identità e dell'immobilità. Aristotele, forse influenzato dalle tesi degli eraclitei più recenti come Cratilo, sembra attribuirgli la negazione del principio di non contraddizione. In età moderna Hegel lo considerò iniziatore della dialettica oggettiva («non c'è proposizione di Eraclito che io non abbia accolto nella mia logica»). Nietzsche vide in lui l'espressione dell'innocenza dionisiaca del mondo, al di là del bene e del male e prima della degenerazione moralistica socratico-platonica. Heidegger si è sforzato invece di mostrare la vicinanza tra il *lógos* di Eraclito e l'essere di Parmenide, entrambi espressione della verità come *a-létheia*: «non-nascondimento» dell'essere, quindi sua «manifestazione». Da parte sua, l'interpretazione filologica ha moltiplicato gli sforzi per restituire la lettera dei frammenti e le loro connessioni col pensiero contemporaneo all'autore e con la tradizione successiva che li ha tramandati. *W. Ca.*

Erasmo da Rotterdam, nome con cui è noto nella storia della cultura Erasmo Desiderio (Rotterdam 1466 o 1469 - Basilea 1536), umanista olandese. Studiò a Parigi e nel 1492 venne ordinato sacerdote. Viaggiò in Inghilterra (1499, 1505, 1509), dove conobbe John Colet e Tommaso Moro di cui divenne intimo amico, e in Italia (1506), dove ottenne a Torino il titolo di dottore in teologia. Nel 1521 si stabilì a Basilea e qui, se si eccettua un soggiorno di sei anni a Friburgo in Brisgovia, visse fino alla morte. Figura centrale della cultura europea dell'epoca, Erasmo godette della protezione di papi e di sovrani, e fu in corrispondenza, come testimonia il suo vastissimo *Epistolario*, con la maggior parte dei dotti suoi contemporanei. Accanto a un'intensa attività di filologo concretatasi nelle edizioni critiche del Nuovo Testamento e di un cospicuo numero di testi di padri della chiesa, l'opera di Erasmo comprende una serie di scritti di rilevante interesse filosofico: *Enchiridion militis christiani* (1502); *Encomium moriae* (che è il notissimo *Elogio della follia*, 1511); *Institutio principis christiani* (1516); *Diatriba de libero arbitrio* (1524), cui vanno aggiunte le raccolte *Adagiorum collectanea* e *Colloquia* più volte ristampate nel corso della sua vita.

Pensatore religioso direttamente influenzato dalla spiritualità della → *devotio moderna*, Erasmo mira a una riforma e a un rinnovamento del cristianesimo che lo sottragga all'irrigidimento cui l'ha costretto, nel tardo medioevo, l'astratto formalismo sia devozionale (la religione ridotta a mera messa in scena di riti e di cerimonie) sia speculativo (la religione ridotta ad arido intellettualismo). La riduzione della religione cristiana a una questione dottrinale ha finito per travisarla, portando all'oblio del suo aspetto essenziale, la pratica evangelica dell'«imitazione di Cristo», in cui consiste secondo Erasmo la vera «filosofia di Cristo». Nell'*Elogio della follia* Erasmo condanna la demenza del mondo che, spinto dall'avidità, rincorre l'effimero: ed egli tesse le lodi di quella superiore «follia» — tale solo agli occhi del mondo, essendo in realtà suprema saggezza — che spinge il cristiano a fare della fede esercizio di vita, a perdonare ai nemici e a far dono dei propri beni. Nella dottrina del «servo arbitrio» di Lutero, Erasmo vede ancora una volta minacciata, seppur in modo diverso, questa irrinunciabile dimensione del cristianesimo. Se all'uomo viene negata la libertà, e quindi la possibilità di cooperare fattivamente alla propria redenzione, l'imitazione di Cristo risulta di fatto estromessa da quella religione di cui costituisce invece il cuore. Di qui l'opposizione di Erasmo al protestantesimo, del quale pure egli condivideva l'originaria esigenza di una profonda riforma della religiosità e della vita della chiesa.

erastianesimo, dottrina teologico-politica che attribuisce la direzione della chiesa al potere civile; il termine è derivato dal nome del teologo svizzero-tedesco Tommaso Erasto (Baden, Argovia, 1524 - Basilea 1583; egli aveva infatti grecizzato il proprio cognome Lieber, o Liebler). Professore di medicina a Heidelberg,

Erasto contribuì all'affermazione del protestantesimo nel Palatinato, ma entrò in polemica con la posizione calvinista, che assegnava alla chiesa il controllo sulla società e sullo stato, e contestò la legittimità della scomunica. La fondazione teologica dell'erastianesimo è nel trattato *Explicatio gravissimae quaestionis*, pubblicato postumo a Poschiavo (1589), cui subito Teodoro Beza, successore di Calvino a Ginevra, rispose con un *Tractatus pius et moderatus de vera excommunicatione* (1590). Nell'Olanda del sec. XVII l'erastianesimo trovò numerosi sostenitori tra gli → arminiani. Fu anche presente nella polemica sui rapporti fra stato e chiesa in Inghilterra (dove il trattato di Erasto fu pubblicato nel 1659), nelle cerchie calviniste del Nordamerica, nella Francia ugonotta.

Ereignis, → Heidegger, Martin.

eresia, termine che già nel tardo giudaismo designava sia un movimento di dissenso all'interno della comune tradizione religiosa sia una corrente dottrinale da combattere. Nel Nuovo Testamento «eresia» indica un movimento o una setta interna al giudaismo (e in tal senso anche i cristiani vennero agli inizi considerati «eretici») così come una tendenza negativa alla divisione che deve essere ascritta alle «opere della carne». Solo a partire dai padri apostolici l'eresia è intesa nella sua accezione più rigorosa di negazione formale — compiuta in forza di una precisa «scelta» (in gr. *háiresis*) — di una verità rivelata o comunque giudicata irrinunciabile dal magistero ecclesiastico.

La persecuzione delle eresie si riscontra presso altre grandi tradizioni religiose diverse dal cristianesimo. Così, sebbene il buddhismo non possieda un termine perfettamente equivalente a quello di eresia, nel buddhismo giapponese si ebbero violente persecuzioni nei confronti delle sette considerate eretiche. Nel confucianesimo il concetto di *hsieh* caratterizza la posizione deviante non solo come eterodossa, ma anche come viziosa e cattiva; la grande tolleranza di fatto, tuttavia, venne meno solo quando le deviazioni dottrinali apparvero pericolose per la sicurezza dello stato: in questi casi si ebbero pure in Cina persecuzioni e distruzioni dei libri «eretici». Anche la tradizione islamica conosce lotte e discussioni tra sette per determinare la fedeltà delle varie posizioni alle fonti della fede (il Corano e la Sunna).

La storia delle eresie mette in luce come spesso esse siano servite da tramite ai movimenti delle classi più oppresse all'interno di un determinato sistema socioculturale. Occorre quindi distinguere accuratamente tra il contenuto religioso, che si esprime nel contrasto tra fede retta ed eresia, l'uso di determinati contenuti della tradizione religiosa a scopi sociopolitici, e l'impatto con l'assetto istituzionale, che si riserva la facoltà di determinare il confine tra posizioni eretiche e posizioni ortodosse. L'eresia appare come il nodo in cui si intrecciano potere e religione, storicità dell'esistenza e istanza di assolutezza di una tradizione religiosa. Né va dimenticato che, soprattutto per quel che riguarda il cristianesimo, è stata spesso la lotta contro le eresie che ha portato alla formulazione normativa della vera fede.

All'interno della tradizione cristiana una storia dell'eresia appare problematica. È possibile definire eretica una posizione solo accettando un dato magistero: così, il protestante «ortodosso» non ascriverà il luteranesimo, ma il «cattolicesimo» (nella versione «romana»), alla storia delle eresie. Lo stesso concetto di eresia sembra strettamente legato alla secolare congiunzione della fede cristiana con una visione del mondo chiusa. Questo non significa che non esistano norme autentiche per discernere la vera fede, ma solo che il concetto di eresia è in quanto tale inadeguato (del resto la tradizione cattolica ha considerato essenziali, per determinare l'atteggiamento eretico, alcuni fattori «soggettivi» come la pertinacia e l'ostinazione). Sul piano storico risulta che valgono come eresie quelle che, nel processo della formulazione del dogma, hanno rappresentato una deviazione rispetto al filone «comunemente» seguito: lo gnosticismo, l'arianesimo, il nestorianesimo, il monofisismo, il monoteletismo, il pelagianesimo, il predestinazionismo ecc. Si possono distinguere eresie a contenuto teologico trinitario (sabellianismo, modalismo, subordinazionismo ecc.), cristologico (nestorianesimo, monofisismo ecc.), antropologico (pelagianesimo ecc.), ecclesiologico (veterocattolicesimo ecc.). Ma queste classificazioni appaiono problematiche; sarebbe forse più opportuno studiare le «eresie» solo in funzione del dogma di volta in volta formulato o discusso.

ergonomia, o anche «ingegneria umana» (*human engineering*), disciplina nata recentemente dalla psicologia industriale nordamericana e avente per oggetto i rapporti fra l'uomo e il suo ambiente di lavoro in generale e le macchine in particolare, soprattutto nei settori tecnologici di punta come l'aeronautica e la missilistica. Il presupposto teorico dell'ergonomia è che il rendimento ottimale sul lavoro è ottenibile mediante un continuo adattamento del lavoro stesso alle esigenze organiche e psicologiche del lavoratore, e non viceversa.

ergoterapia, metodo di cura e di rieducazione psicomotoria fondato sull'esecuzione da parte del paziente di attività finalizzate; è detta anche «terapia occupazionale» (dall'uso inglese) e «terapia attiva» (dall'uso tedesco). Le varie attività sono scelte dal terapeuta in funzione dell'età e delle esigenze specifiche del paziente, e consistono prevalentemente in lavori manuali creativi, di tipo artigianale, in giochi, individuali o di gruppo, e in altre espressioni ricreative, quali il ballo e la musica. Applicata in ambito psichiatrico, l'ergoterapia mira a rafforzare il senso d'identità del paziente e a ridurre i sintomi patologici.

eristica, arte della controversia finalizzata all'obiettivo di far prevalere la propria tesi, vera o falsa che sia, utilizzando i più sottili strumenti dialettici e retorici (in gr. *eristikḗ téchnē*: da *erízein*, contendere, disputare). La connotazione negativa che questo termine ha assunto nella tradizione e mantiene tuttora (nel senso di degenerazione della dialettica, strumentalizzazione capziosa delle tecniche retoriche) è legata al fatto che la nozione (e la qualifica di «eristici», ovvero di «mercenari di parole», applicata a certi filosofi) appare in Platone, e va collocata nel quadro di una generale polemica antisofistica (in particolare, nell'*Eutidemo* sono presentati caricaturalmente i sofisti minori, presuntuosi continuatori dei Gorgia e dei Protagora). Nella storia della filosofia greca sono stati chiamati eristici, seppure per motivi parzialmente diversi, i filosofi della scuola cinica e della scuola megarica (questi ultimi sono in Diogene Laerzio gli eristici per antonomasia). I megarici infatti miravano soprattutto, attraverso «sofismi», a dimostrare per assurdo le loro tesi filosofiche giungendo parallelamente a evidenziare la polivalenza e l'ambiguità del linguaggio comune. Per i cinici invece la pratica dell'eristica derivava dalla convinzione che l'errore è impossibile: poiché non è possibile affermare o negare qualcosa di un'essenza (ciò equivarrebbe infatti a paragonare due entità inconfrontabili), le essenze possono essere solo nominate: quindi l'errore non può verificarsi; perciò «tutto» è vero.

Erma (sec. II d.C.), scrittore greco cristiano, uno dei padri apostolici. È ritenuto autore del *Pastore*, che in realtà pare il risultato di stratificazioni successive e di fonti diverse non bene connesse fra loro. Il testo, che ebbe larga fortuna, si presenta come una serie di rivelazioni fatte all'autore a Roma articolata in cinque visioni cui seguono dodici precetti e dieci allegorie: messaggeri delle rivelazioni sono, dapprima, una donna biancovestita, simbolo della chiesa, e, a partire dalla quinta visione, un angelo in veste di pastore. Il fine che Erma si propone è quello di richiamare i confratelli di fede a un più severo impegno morale, per riportare la chiesa alla primitiva purezza. Quale principale mezzo di riforma morale egli annuncia la remissione dei peccati a seguito di sincera penitenza: anche di quelle gravi colpe che, commesse dopo il battesimo, nella chiesa primitiva erano di norma considerate non più suscettibili di remissione.

ermeneutica, termine che nella filosofia greca designa l'arte o tecnica dell'interpretazione (*hermēneutikḗ téchnē*); esso ha assunto poi progressivamente un senso più generale e più consistente sul piano teoretico, indicando, nel pensiero moderno, vari tipi di teoria generale dell'→ interpretazione.

Ermete Trismegisto, nome dell'autore leggendario cui la cultura antica, medievale e rinascimentale attribuì la paternità di una serie di scritti, in lingua greca e di contenuto filosofico-religioso, noti come «scritti ermetici». La mitica figura di Ermete Trismegisto («tre volte grande») nacque dall'identificazione compiuta dalla cultura greco-latina del dio Hermes o Mercurio, messaggero degli dei e guida delle anime dei morti, con il dio egiziano Theuth, scriba degli dei e depositario della sapienza divina che in tempi antichissimi avrebbe appunto rivelato negli scritti attribuitigli. L'opera di questa antichissima figura, accreditata da autorità quali Cicerone, Lattanzio, Agostino, sarebbe consistita nell'insegnare agli egiziani l'uso della scrittura e delle leggi e nel rivelare nei suoi scritti l'originaria sapienza divina (→ ermetica, filosofia).

ermetica, filosofia, espressione con cui si designa una vasta letteratura in lingua greca, opera di vari autori sconosciuti e probabilmente tutti greci, e diffusa sotto il nome del mitico → Ermete Trismegisto nell'ambito della cultura ellenistica greco-romana a partire dal sec. II d.C. I testi «ermetici» possono essere suddivisi in due gruppi: da una parte, una serie di trattati e di raccolte di formule di contenuto magico, alchemico, astrologico e genericamente occultistico; dall'altra, una serie di scritti di contenuto propriamente filosofico-religioso. Di quest'ultima serie ci sono pervenuti: diciassette trattati in lingua greca redatti in forma di dialogo o di discorso (essi costituiscono il cosiddetto *Corpus hermeticum*); un diciottesimo trattato, intitolato *Asclepius*, di cui è nota la sola versione latina tramandata con l'opera di Apuleio di Madaura e perciò erroneamente a lui attribuita; gli estratti compilati da Stobeo e inclusi nelle sue opere. Proprio perché si tratta di scritti di autori diversi, la «filosofia» in essi contenuta presenta punti di vista disparati e non di rado anche contraddittori. Complessivamente, essa risulta una mescolanza di dottrine platoniche, aristoteliche e stoiche (con influssi giudaici e forse anche persiani) tipica dell'eclettismo sincretistico della filosofia popolare greca tardo-ellenistica. Comune nei vari testi è una generale atmosfera di intensa devozione e pietà religiosa. Mentre l'*Asclepius* espone la religione e i riti degli egiziani, gli altri trattati discettano della creazione del mondo e soprattutto della rinascita dell'anima, della sua liberazione dal mondo materiale e della sua ascesa a quello divino. Tema centrale della filosofia ermetica è dunque il rapporto dell'uomo con Dio. Di Dio è affermata l'assoluta trascendenza e, conseguentemente, l'inconoscibilità da parte dell'intelletto umano. Vera conoscenza di Dio (gnosi) può darsi solo nei modi di una sovrarazionale ed estatica illuminazione divina, che costituisce il culmine del ritorno dell'anima a Dio stesso. Peraltro, in quanto creatore del mondo, Dio si lascia sia pure imperfettamente conoscere attraverso la creazione, che reca impresse le sue vestigia. Dell'uomo, invece, sono rivendicate l'origine e il destino divini, e in termini mitici se ne descrive la caduta nel mondo materiale come frutto di un peccato. Solo i pochi eletti, che, seguendo il richiamo della divinità, praticano una vita di ascetico distacco dal corpo e da tutto ciò che è materiale, vengono restituiti alla loro originaria condizione di uomini divini.

L'importanza della filosofia ermetica non è tanto di ordine speculativo, quanto piuttosto storico. Essa è infatti testimonianza preziosa delle tendenze e degli indirizzi dominanti nella problematica filosofico-religiosa del tardo ellenismo. Ritenuti documenti di un'antichissima sapienza, i testi ermetici, solo in piccola parte noti al medievo, conobbero straordinaria fortuna in età umanistico-rinascimentale. A partire da Marsilio Ficino, che per la prima volta tradusse pressoché integralmente il *Corpus hermeticum* in latino, essi, per l'affinità che sembravano presentare con alcuni aspetti della dottrina cristiana, vennero considerati testimonianza di un'originaria rivelazione divina le cui tracce erano rinvenibili in tutte le filosofie antiche, e di cui la rivelazione cristiana costituiva il perfezionamento e il culmine. Nel 1614 l'erudito e filologo I. Casaubon sottoponeva a critica testuale il *Corpus hermeticum*, mostrando come la data della sua redazione non potesse risalire che ai primi secoli dopo Cristo, e mettendo così fine alla leggenda che lo voleva invece opera di antichissima sapienza egiziana. Nondimeno, una «filosofia ermetica» continuò a fiorire nei secc. XVII e XVIII, sebbene ristretta principalmente al campo dell'→ esoterismo e delle scienze occulte (→ alchimia, → astrologia), e praticata soprattutto nell'ambito di conventicole di iniziati e di società segrete (setta dei Rosacroce, massoneria).

eros, parola greca che significa «amore» e che è stata ripresa nel linguaggio filosofico e scientifico moderno per designare aspetti o componenti dell'attività sessuale e in genere della vita affettiva. Nella religione greca è il nome del dio dell'amore, Eros, menzionato dai testi orfici e dalla *Teogonia* esiodea come entità cosmica primordiale, principio animatore dell'universo. Ai simboli originari del dio, aniconici (una pietra) o fallici nei suoi principali santuari (ad Atene e in Beozia), si sostituì progressivamente un'iconografia che lo rappresenta fanciullo, spesso alato, munito di torcia, di arco e di frecce con cui colpisce i cuori; a queste immagini corrisponde un apparato mitologico in cui Eros, non più dio primigenio, è considerato figlio di Ermes e Afrodite o di Ares e Afrodite. Parzialmente emarginata dalla religione d'età classica, la figura di Eros riacquistò una posizione di primo piano nella religiosità ellenistica a sfondo dionisiaco e misterico, recuperando una sua antichissima tonalità notturna e infera di forza che agisce sovrana nel regno della vita, ma anche in quello della morte. Le innumerevoli figurazioni ellenistiche e romane di eroti o amorini (Eros venne chiamato, in Roma, Amor o Cupido) sono spesso simboli della vicenda del neofita durante l'iniziazione o dell'anima nell'aldilà, vicenda cui si collega la favola di Amore e Psiche, narrata da Apuleio nelle *Metamorfosi* e destinata a singolare fortuna nella letteratura e nell'arte.

Il mito platonico (contenuto nel *Simposio*) della nascita di Eros, *dáimōn* anziché dio, figlio di Povertà e di Risorsa, ha un significato filosofico-religioso. Per Platone l'eros è una forza destinata a colmare mediante le risorse della Saggezza (che nel *Simposio* è madre del dio Risorsa) una carenza: sia la lontananza dell'uomo dall'idea eterna, sia la separazione dell'androgino primordiale in creature di sesso femminile e maschile. Il cosiddetto amore platonico è divenuto, nel linguaggio corrente, modello di un sentimento che non implica il rapporto fisico con l'oggetto amato, perché Platone dichiara inferiore l'adesione dell'anima alla seduzione sensuale della bellezza fenomenica, e superiore la partecipazione dell'anima, sollecitata da eros, alla contemplazione della bellezza ideale. Solo quest'ultima è conoscenza della verità sotto l'impulso dell'eros e conseguimento del supremo valore etico dell'eros, amore del bene. Il pensiero di Platone ha lasciato, da questo punto di vista, una traccia profonda nella cultura del medievo e del rinascimento, intrecciandosi con gli sviluppi della dottrina dell'amore cristiano, non eros ma → agape, caritas, amore di Dio per gli uomini e degli uomini per Dio. Nell'ambito propriamente teologico, l'eros di Platone tende a congiungersi con la dottrina di Agostino (lo Spirito Santo come amore), quale scala di perfezione che conduce alla contemplazione della divinità. Sia il cosiddetto amore cortese nella cultura romanza medievale, sia le concezioni dell'amore che si ritrovano nella poesia stilnovistica e in Dante, sia infine l'amore celebrato da Petrarca e dai petrarchisti mostrano il conflitto fra una tendenza a conservare all'antico eros uno spazio privilegiato e autonomo, e l'esigenza di confrontare entro questo spazio i valori della bellezza e della sensualità profane con quelli della bellezza come occasione di estasi religiosa. Il neoplatonismo fiorentino, spesso oscillante fra una cristianizzazione dell'eros e la ripresa di un culto esoterico sotterraneamente pagano, prelude a visioni come quelle di Giordano Bruno e di Tommaso Campanella, i quali riconoscono nell'amore una forza «eroica», «magica», che pervade la natura e spesso si identifica con l'essere stesso del

creato, con il suo ordine e le sue interne affinità segrete.
Mentre l'empirismo e il razionalismo si avvicinano a una dottrina aristotelica dell'amore come soddisfazione di piacere o ricerca di utile, l'antica tradizione dell'eros come punto di congiunzione tra finito e infinito viene rielaborata da Spinoza, e oltre Spinoza procede nella problematica centrale del romanticismo. Qui Eros ritrova il suo volto ambivalente, di elargitore di visione beatifica ma anche mortale, sia pure velata di nostalgia e di struggimento. Riaffiora così la coppia amore-morte, come nell'omonimo canto di Leopardi e come in tutto un filone di «seduzione della morte» che percorre la cultura tedesca, da Novalis a Th. Mann. Il pessimismo di Schopenhauer, che vede nella forza dell'eros innanzitutto il mezzo della Volontà che esige la continuazione della specie (in cui si scorge una possibile connessione con la dottrina aristotelica, nel suo fondamentale aspetto fisico-biologico, che prevede un rapporto necessario fra riproduzione e morte dell'organismo individuale in vista della conservazione della vita del genere), può essere considerato da questo punto di vista l'anello di congiunzione fra gli aspetti più tragici e fatali dell'eros romantico e l'esordio della psicoanalisi (→ Eros-Thánatos).

Eros - Thánatos, coppia terminologica utilizzata da Freud per la prima volta in *Al di là del principio di piacere* (1920), dove eros è inteso come sinonimo di istinto sessuale e ancor più in generale delle «pulsioni di vita», in opposizione a thánatos (morte), sinonimo delle «pulsioni di morte» correlate alle prime (→ pulsione). Come in altri casi, coniando il termine metapsicologico Freud attinge sia a un ambito naturalistico (quello delle discussioni correnti nella biologia del tempo circa le cause del decesso degli organismi), sia a un ambito mitografico che comprende le sue razionalizzazioni filosofiche meglio radicate (→ eros).

errore, in senso pratico, il contravvenire a norme etiche o a principi di efficacia nell'azione; in senso teoretico, il ritenere vera una proposizione falsa o falsa una proposizione vera. L'errore teoretico concerne pertanto l'assenso che viene dato al giudizio e collega quindi, in modi che sono stati oggetto di differenti valutazioni, la volontà e l'intelletto.
La filosofia greca, ispirandosi prevalentemente all'identità socratica tra scienza e virtù, ha in generale identificato l'errore etico e quello teoretico: nessuno erra volontariamente, poiché, come dice Platone, nella conoscenza della verità è posta anche la condizione della felicità individuale (*Gorgia* 467*c*-480*c*; *Eutidemo* 280*a*-281*e*). Il problema dell'errore è poi sviluppato da Platone nel *Teeteto* e nel *Sofista*, in polemica sia con gli eleati, che affermano l'impossibilità di dire e di pensare ciò che non è, sia con i sofisti, che riducono il vero e il falso a un effetto della capacità persuasiva della retorica (*Sofista* 237*b*-241*b*). Da Aristotele alle scuole ellenistiche la questione dell'errore viene prevalentemente riferita al problema se siano i sensi o l'intelletto a provocare giudizi falsi oppure entrambi, secondo l'opinione degli scettici. Il pensiero cristiano, a partire da Agostino, sottolinea il peso della volontà malvagia dell'uomo: pur essendo partecipe per grazia naturale della verità eterna, l'uomo se ne allontana a causa delle sue passioni. L'errore, come il male, è pertanto una «privazione» dell'essere, un allontanarsi da ciò che è: l'oggetto dell'errore non è un essere, poiché al divino ordinamento del mondo non è possibile contravvenire, ma un puro non essere (*De civitate Dei*, XII, 7; *De vera religione*, 20).
Le elaborazioni più ampie e sistematiche del concetto di errore compaiono nella filosofia moderna: Cartesio ne attribuisce l'origine alla volontà, in quanto pretesa di dare prematuramente l'assenso a giudizi non ancora chiari e distinti in ogni loro parte (*Principia philosophiae*, I, 31-38); Spinoza nega l'esistenza stessa dell'errore, in quanto esso contravverrebbe alla perfezione ontologica della sostanza (l'errore non è pensabile se non come ignoranza delle cause, come *mancanza* di conoscenza del vero, giacché «come la luce manifesta se stessa e le tenebre, la verità è norma di sé e del falso», *Etica*, II, scolio 43); Leibniz ripete a sua volta la nozione negativa dell'errore di origine agostiniana (*Theodicea*, I, 20). Uno sviluppo di queste posizioni si può individuare nell'idealismo hegeliano, in cui l'errore consiste nella assunzione dei momenti dell'Idea come in sé separati per intellettualistica astrazione. È poi la ragione a superare l'errore dell'intelletto, reinserendo e perciò inverando ogni determinazione dell'Idea come momento diveniente dell'intero o dell'Idea assoluta. Anche B. Croce ammette l'inconsistenza dell'errore in sede teoretica, ma gli riconosce una realtà nella sfera pratica, secondo il nesso dei distinti che caratterizza la sua filosofia dello spirito (*Logica*, III, 1). In contrasto con le posizioni razionalistiche e idealistiche, l'empirismo e poi il positivismo difendono la nozione di errore e la sua consistenza positiva. Tali istanze trovano sviluppo anche in Kant, che ammette sia l'errore causato dall'influenza negativa della sensibilità (in quanto essa induce a confondere l'apparenza fenomenica con la verità della cosa) sia l'errore formale derivato da un uso improprio delle categorie dell'intelletto (→ dialettica). I due aspetti dell'errore, materiale e formale, sono ancora presenti nella moderna logistica e nell'epistemologia contemporanea (principio di → falsificazione e principio di → verificazione).

Es, termine usato da Freud nella sua seconda teoria dell'apparato psichico per designare l'istanza corrispondente al polo pulsionale della personalità. L'Es, i cui contenuti sono inconsci, costituisce il grande serbatoio della libido, ed è la matrice originaria delle altre due istanze psichiche, l'→ Io e il → Super-Io, con le quali si trova in rapporto conflittuale. La parola «Es» (che è il pronome personale neutro in lingua tedesca) compare nel 1923, in *L'Io e l'Es*; Freud la riprende da G. → Groddeck, che l'aveva usata per primo intendendo riferirsi a una grande forza *impersonale* che «ci vive» dal più intimo di noi stessi lasciandoci l'illusione che a vivere sia la nostra personalità differenziata e cosciente. Sotto molti aspetti l'Es coincide con il sistema → inconscio (*Inc*) della prima teoria freudiana: in particolare, tanto il primo quanto il secondo sono indifferenziati, e le regole di organizzazione minimale (stratificazione genetica delle pulsioni, processo primario ecc.) che valgono per il primo, valgono anche per il secondo. Sotto altri aspetti, al contrario, fra l'Es e l'*Inc* sussistono importanti differenze: in particolare, l'*Inc* coincide senza residui con il rimosso, mentre l'Es non assorbe tutto l'inconscio, cui appartiene anche una parte dell'Io e dei suoi processi difensivi (→ difesa); inoltre, i rapporti fra l'Es e l'organismo biologico sono molto più stretti e diretti di quanto non lo siano quelli fra l'*Inc* e l'organismo biologico stesso.

escatologia, termine (dal gr. *éschata*, «cose ultime») con cui si indica la dottrina sulle «cose ultime», vale a dire l'insieme delle rappresentazioni che il mito, le religioni o altre forme di pensiero hanno elaborato come interpretazione del destino ultimo dell'uomo e del mondo. Nell'Antico Testamento le attese escatologiche, contenute in particolare nei libri profetici di Daniele, Isaia, Ezechiele, Zaccaria, sono strettamente collegate a quelle di un tempo messianico di ricchezza e di pace per il popolo di Israele (salmo 73). Il cristianesimo ha reinterpretato i tratti essenziali dell'escatologia veterotestamentaria: la resurrezione di Cristo diviene l'evento escatologico per eccellenza, in quanto segna la prima vittoria sul peccato e sulla morte. La piena instaurazione del Regno di Dio avverrà al momento della seconda e definitiva venuta di Cristo. Fondandosi sulla predicazione di Cristo e sulle Scritture, i primi cristiani ritennero di trovarsi nel breve tempo intermedio che doveva precedere l'imminente parusia. L'attuazione da parte di Costantino del progetto di un impero cristiano fornì infine una risposta a tali attese collettive, dando luogo a un processo di radicale riduzione delle attese escatologiche. Da questo periodo le allusioni scritturistiche all'imminente fine dei tempi sono prevalentemente rilette in chiave allegorica e individuale. L'escatologia diviene una parte della teologia, che ha per oggetto le questioni del destino ultraterreno dell'anima, del giudizio particolare cui essa verrà sottoposta da Dio dopo la morte, dell'inferno e del paradiso (i cosiddetti «novissimi»); i tempi escatologici vengono fatti coincidere con l'atteso ritorno finale di Cristo giudice, che chiuderà la storia terrena. Le aspettative di una mutazione radicale e definitiva del cosmo sopravvivono in alcuni filoni escatologici e millenaristici: → Gioacchino da Fiore (sec. XII) e le correnti che a lui si ispirano, fra cui gli spirituali francescani, ritengono imminente la venuta di una terza età del mondo, l'epoca dello Spirito Santo, successiva a quelle del Padre e del Figlio; in essa la chiesa sarà totalmente dedita alla contemplazione e, godendo di una nuova dispensazione dello Spirito, potrà entrare direttamente in contatto con Dio senza dover ricorrere più alle Scritture e ai sacramenti.
Dall'inizio del sec. XX si registra in ambito teologico una ripresa d'interesse per l'escatologia. R. Bultmann ritiene che le affermazioni escatologiche contenute nella Bibbia debbano essere interpretate come un richiamo all'urgenza della decisione: l'escatologia non riguarda una specifica rivelazione sul futuro, ma indica la necessità per ciascuno della scelta immediata di conversione. Reinterpretando in una prospettiva cristiana la concezione che E. Bloch ha dell'utopia, J. Moltmann ritiene che nella speranza escatologica si trovi una dimensione essenziale della fede cristiana.

esecuzione, in linguistica, → competenza-esecuzione.

esegesi, ricerca del significato di un testo (dal gr. *exḗghēsis*, esposizione, spiegazione). Storicamente, l'esegesi si è posta come ricerca del significato dei testi classici (religiosi o giuridici o letterari) e, in particolare, della Bibbia. La peculiarità del testo biblico, nel suo proporsi come rivelazione divina in parola umana, determina la singolarità dello statuto epistemologico della stessa esegesi.
Come testo simile a ogni scritto umano, la Bibbia parla attraverso una «distanza» (dello scritto rispetto alla parola detta, ma anche distanza cronologica, culturale ecc.), e come tale richiede, per essere colta nel suo significato, di venire sottoposta al vaglio delle scienze storico-critiche (critica testuale, letteraria, storica ecc.). Come testimonianza della divina rivelazione, la Bibbia implica ed esige, per essere colta nel suo significato, una dottrina della rivelazione, della ispirazione, della «canonicità» e conseguentemente una ecclesiologia. Come parola di Dio, la Bibbia parla inoltre, attraverso i tempi, «attualmente» per ogni generazione umana: essa richiede perciò, pur nella continuità fondamentale di significato, di essere «interpretata» o «tradotta» nel suo senso corrispondente per ogni nuova epoca storica. Il compito dell'esegeta sconfina perciò in quello dell'interprete, l'esegesi nell'ermeneutica, qualora si intenda per esegesi la scienza (in senso storico-critico) del

testo e per ermeneutica l'operazione di interpretarne il senso (ma generalmente i due termini ricevono diversa caratterizzazione: ermeneutica è la teoria, esegesi l'esercizio concreto dell'opera interpretativa).
La secolare questione dell'esegesi biblica (esegesi letterale o esegesi spirituale?) si risolve quando si colga correttamente il rapporto intrinseco tra i due livelli: è infatti dall'interno, dalla ricerca del significato storico-letterale del testo (criticamente ricostruito) che emerge l'«attualità» di esso, come appello alla fede. Il carattere stesso del testo biblico richiede per l'esegesi l'apporto di molte scienze ausiliarie. La filologia, l'archeologia, la storia delle religioni, le scienze naturali in genere erano le discipline più «invocate» nel passato: oggi sono chiamate in causa le scienze umane, mentre la tradizionale asetticità, o estraneità, del soggetto riguardo ai risultati dell'esegesi stessa è messa in questione proprio dal carattere del testo (→ ermeneutica).

• *Cenni storici.* L'esegesi antica e medievale, naturalmente estranea al metodo storico-critico, è piuttosto una lettura «interessata» del testo, volta cioè a coglierne il messaggio nella sua attualità. Questo atteggiamento era già tipico dell'esegesi ebraica, fin dall'epoca veterotestamentaria (→ midrash). Nel contesto del giudaismo classico emergono, entro la letteratura rabbinica, filoni diversi di esegesi, tutti orientati comunque alla prassi e riposanti sull'idea di ispirazione verbale: il filone «halakico» (con interesse giuridico-legislativo: → halakhah), il filone «haggadico» (con interesse narrativo-parenetico: → haggadah) e il *pesher* (o interpretazione di tipo apocalittico). Nei secc. I-II d.C. le regole esegetiche in uso vengono più volte codificate: si hanno così le sette regole ermeneutiche di rabbi Hillel, le trentadue di rabbi Jishmael, e le tredici di rabbi Eliezer.
L'esegesi cristiana è già presente nel Nuovo Testamento, per lo più su una linea legata alle correnti rabbiniche del tempo, ma anche con echi delle nuove letture ispirate alla cultura ellenistica (l'allegorismo della comunità ebraica di Alessandria, Filone ecc.). Pur dipendendo — dal punto di vista culturale — dall'esegesi ebraica e dalle correnti dell'ellenismo, l'esegesi cristiana risulta nondimeno nuova e originale sul piano teologico e si configura nella lettura tipologica dell'Antico Testamento, che ne fa una testimonianza profetica della venuta di Gesù, il Cristo. In epoca patristica, quando teologia e predicazione si espressero per lo più nella forma di esegesi biblica, tale prassi è riconducibile a due grandi correnti o «scuole»: quella antiochena, che rispetta maggiormente la consistenza del senso storico letterale, e quella alessandrina, più legata alle correnti platoniche. La dottrina dei «quattro sensi» è, dall'epoca patristica fino a tutto il medioevo, specialmente monastico, la «forma» (meglio che il metodo) normale di indagine sul senso della Scrittura. Secondo tale dottrina, il testo biblico, a partire dal significato storico-letterale, intrinsecamente allude a un senso spirituale, e questo a sua volta si distingue nei tre sensi, allegorico (in genere con valenza cristologica), antropologico o morale, e anagogico o mistico (con valenza escatologica). Però già testimonianze isolate (le regole esegetiche di Gerolamo e poi certe teorizzazioni dell'esegesi scolastica: Adamo da san Vittore; Tommaso d'Aquino in particolare, che recupera il valore del senso letterale) preludono alla moderna attenzione al testo e al suo significato storico. L'età moderna segna comunque una nuova fase, sia sul piano filologico (critica testuale) sia, più radicalmente, su quello del metodo: è l'avvento della critica che nel corso dei secc. XIX-XX raggiungerà il pieno sviluppo.
Lo sviluppo dell'esegesi segue, a partire dalla riforma, cammini diversi nell'ambito cattolico e in quello protestante. In campo cattolico, nel periodo post-tridentino fino agli albori del sec. XX, essa è dominata per lo più dalla prospettiva dottrinalista o apologetica (con alcune eccezioni importanti: per es. gli studi sul Pentateuco di R. Simon e, più recentemente, l'opera di M.-J. Lagrange). Decisiva, dopo la stasi successiva alla condanna del modernismo e delle innovazioni in campo esegetico avanzate da alcuni suoi rappresentanti (in primo piano A. Loisy circa la storicità dei vangeli), è l'enciclica *Divino afflante Spiritu* (1943) di Pio XII, che apre la via alla considerazione dei «generi letterari» e agli altri apporti scientifici utili per l'interpretazione di un testo biblico.
Su questa stessa linea la lettera della Commissione biblica (1964) sui metodi della «storia delle forme» (*Formgeschichte*) e della «storia della redazione» (*Redaktionsgeschichte*) e poi la costituzione *Dei Verbum* (1966) del concilio Vaticano II sono il pieno riconoscimento, nell'esegesi cattolica, dei metodi storico-critici. Ma è in area protestante (per i suoi stessi principi dottrinali più attenta al «senso letterale») che si registrano i passi decisivi dell'esegesi moderna, dalle teorie documentarie sul → Pentateuco, del secolo scorso, alle odierne prove di analisi strutturale.

• *Metodi esegetici.* In epoca contemporanea, l'esegesi è venuta precisandosi come «scienza» attraverso l'invenzione di metodi di analisi del testo, metodi che, lungi dall'escludersi reciprocamente, sono andati anzi reciprocamente completandosi. La grande innovazione che, maturata in ambienti protestanti tedeschi, ha inaugurato la ricerca storico-critica in ambito biblico, è costituita dalla cosiddetta «storia delle forme». Preparato dalle ricerche intorno alle tradizioni che sono all'origine del Pentateuco (H. Gunkel), e dalle ricerche della scuola di sto-

ria delle religioni (*Religionsgeschichte*), tale metodo, che ormai si è soliti far risalire a cinque esegeti (M. Dibelius, M. Schmidt, A. Albertz, G. Bertram, R. Bultmann) e ai loro scritti negli anni 1919-21, viene applicato originariamente ai vangeli sinottici. Esso si propone di isolare e ricostruire le trasformazioni subite dalle singole unità letterarie che costituiscono la redazione attuale del testo: esse, prima della stesura finale dei vangeli, avrebbero avuto vita autonoma — allo stadio orale, poi scritto — in seno alla comunità (*Gemeinde*) protocristiana, a servizio della predicazione, della liturgia e della vita comunitaria in genere. La individuazione del *Sitz-im-Leben* (ambiente vitale) nel quale le varie pericopi sono nate, sono state trasmesse e hanno subito le successive trasformazioni, è passaggio nodale di tale metodo. Enucleato dalle sue premesse ideologiche che indebitamente ne estendevano la competenza assolutilizzandolo fino a conclusioni estreme (riguardo alla storicità dei vangeli: cfr. il problema della → demitizzazione in Bultmann e la reazione postbultmanniana), il metodo della storia delle forme è diventato un momento ormai generalmente accettato del procedimento esegetico: il momento dell'interesse allo stadio preletterario. Il metodo della «storia della redazione», nato attorno agli anni Cinquanta come reazione al precedente, ne è in realtà un completamento in quanto non studia isolatamente le singole unità letterarie, ma, tenendo conto del quadro redazionale, ricerca il disegno soggiacente alla disposizione del materiale, e corregge così il rischio, insito nel metodo precedente, di perdere il senso dell'insieme (H. Conzelmann, su Luca; W. Marxen e V. Taylor su Marco; W. Trilling su Matteo ecc.).
Un diverso approccio al testo è quello, più recente e ancora non bene chiarito nei suoi limiti, mutuato dal metodo dai metodi di analisi strutturale: si tratta di una prospettiva sincronica piuttosto che diacronica (che cioè non considera la storia del testo) e inoltre fa astrazione della *intenctio auctoris*, basandosi unicamente sulla individuazione dalle strutture profonde del testo nella sua oggettività. *I. An.*

esibizionismo, impulso, prevalente nell'uomo rispetto alla donna, all'esibizione degli organi genitali. Secondo Freud l'esibizionismo costituisce in parte una manifestazione normale della sessualità infantile, e in parte una difesa patologica, avente lo scopo di accaparrare l'altrui attenzione e considerazione; molti psicoanalisti odierni hanno approfondito questa seconda linea interpretativa, giungendo a interpretare l'esibizionismo come una difesa maniacale contro la depressione e altre sindromi.
Per estrapolazione, e ipotizzando un'estensione dell'impulso esibizionistico dall'originaria zona genitale all'insieme del corpo, si parla di esibizionismo ogni qual volta ci si trovi in presenza di una condotta intenzionalmente appariscente.

esicasmo, termine (dal gr. *hesychía*, quiete) designante la tradizione mistica della preghiera contemplativa nella chiesa orientale. Nei suoi fondamenti teologici, l'esicasmo si rifà ad autori dei secc. IV-VII, come Gregorio di Nissa, Evagrio Pontico, Diadoco di Foticea, Massimo il Confessore, ma soprattutto all'opera di Gregorio → Palamàs (1296 ca - 1359), teologo e monaco del monte Athos. L'esicasmo praticava la ripetizione incessante della «preghiera di Gesù» o «preghiera monologica» («Signore Gesù Cristo, abbi pietà di me», o simili), come attuazione del precetto paolino «pregate senza interruzione» (1 Tessalonicesi 5, 17). Tale preghiera veniva facilitata da particolari posizioni corporee e dalla disciplina del respiro, e aveva lo scopo di ottenere l'«unione della mente con il cuore»; si riteneva che questo metodo mettesse in grado di contemplare la luce increata divina, che è la luce della Trasfigurazione di Cristo, apparsa sul monte Tabor (e detta perciò anche «luce taboritica»). La teologia dell'esicasmo si fonda da un lato sull'idea di unità psicofisica dell'uomo, dall'altro sulla distinzione tra essenza di Dio, inconoscibile, ed energie increate, conoscibili e sperimentabili nella visione mistica.
La dottrina degli esicasti fu contrastata dal monaco calabro Barlaam, che negava la distinzione tra essenza ed energie, ma venne approvata da due concili ortodossi tenuti a Costantinopoli nel 1341 e nel 1351. Recentemente la teologia ortodossa ha ripreso motivi esicastici, valorizzandone soprattutto l'elemento apofatico, cioè l'affermazione dell'inattingibilità ultima di Dio, parallelamente alle istanze che nella teologia protestante sono rappresentate dalla cosiddetta teologia dialettica. L'esicasmo è oggetto di particolare attenzione anche da parte di movimenti cristiani che, sulla scia del nuovo interesse per le religioni orientali, vedono in esso elementi di contatto con le tecniche di meditazione proprie appunto della religiosità asiatica. Assai popolare è la divulgazione dell'esicasmo fatta dall'opera anonima russa *Racconti di un pellegrino russo*, apparsa verso la metà del secolo scorso.

esistentivo - esistenziale (ted. *existentiell-existenzial*), termini usati da Heidegger, in *Essere e tempo* (parr. 4 e 9), per designare due possibili modi in cui il → Dasein (cioè l'«esserci» dell'uomo) si rapporta alla propria esistenza e, in essa, all'essere. Il Dasein si rapporta *esistentivamente* all'esistenza in quanto decide concretamente tra le alternative che essa gli presenta, e anzitutto tra autenticità e inautenticità; si rapporta invece *esistenzialmente* a essa ponendosi tematicamente il problema dell'esistenza stessa, delle sue strutture e della sua costituzione. «Esistenziale» è inoltre il termine che, nella forma sostantivale, Heidegger usa per indicare le strutture costitutive del Dasein (distinte dalle strutture caratteristiche degli enti diversi dall'uomo, le quali si chiamano «categorie»); sono detti in tal senso esistenziali strutture quali la situazione affettiva, la comprensione, il discorso, che Heidegger prende in esame in *Essere e tempo* nella sezione dedicata all'analitica esistenziale.

esistenza, termine che acquista particolare importanza e diffusione nel linguaggio tecnico della scolastica, nel sec. XVI, per indicare il tipo d'essere che appartiene alle creature, in quanto derivato a esse *da* altro, da Dio. Con esso vengono riformulate le questioni, tradizionalmente dibattute nella scolastica (→ essenza), relative al rapporto tra il fatto di essere delle cose e la loro essenza; fino ad allora, per indicare il fatto di essere, si era usato preferibilmente il verbo *essere*. Nel corso del sec. XVII, particolarmente a opera di Cartesio, il termine venne generalizzato, perdendo il senso della «derivazione da altro» e rimanendo a indicare solo la nozione correlativa rispetto a quella dell'essenza; e così venne usato anche a proposito di Dio. Le discussioni si concentrarono attorno alla prova cosiddetta ontologica dell'esistenza di Dio, fondata sull'argomento che, essendo l'esistenza una perfezione a paragone del non essere, un ente perfettissimo non può mancarne, e perciò sarebbe contradditorio pensare che Dio non esista. Sostenuta da Cartesio, Spinoza e Leibniz, questa prova fu contestata da Kant, il quale, sulle tracce di Hume, negò che l'esistenza sia una perfezione, ossia un predicato, di qualsivoglia cosa (→ essere). Per Kant, l'esistenza reale, o di fatto, è una modalità, che egli aggiunge alle due tradizionali rappresentate dalla possibilità e dalla necessità: essa è data dalla percezione attuale (*Critica della ragion pura*, I, II, III, sez. III, par. IV, Postulati del pensiero empirico). Contro Kant, la prova ontologica venne difesa da Hegel, nel quadro di una riduzione dell'esistenza a momento del «concetto»; ma contro questa posizione di Hegel si appuntarono a loro volta le critiche dell'ultimo Schelling, di Feuerbach e di Kierkegaard, concordi nel sostenere la indeducibilità dell'esistenza dal pensiero. Nella filosofia contemporanea la nozione di esistenza, riferita al modo d'essere specifico dell'uomo, è centrale nell'esistenzialismo. Per l'epistemologia del nostro secolo, di esistenza si può parlare solo all'interno di linguaggi formalizzati (nel senso in cui, per es., si dice che esistono determinati enti matematici dati determinati assiomi).

esistenzialismo, indirizzo filosofico contemporaneo che assume a proprio tema specifico l'esistenza come modo di essere caratteristico dell'uomo, e la rivendica contro ogni riduzione dell'esistente a «cosa» (e dunque a possibile oggetto di trattazione scientifico-obiettiva) e contro ogni inclusione del singolo negli schemi di filosofie totalizzanti, quale fu eminentemente l'idealismo hegeliano; contro Hegel per l'appunto si esercitò la polemica di Kierkegaard, il cui pensiero fu ripreso dai più significativi esponenti della filosofia esistenziale.
Nel quadro della ripresa di Kierkegaard nel Novecento, e del crescente interesse per una filosofia dell'esistenza (*Existenzphilosophie*), la tematizzazione dell'esistenza ha trovato un importante approfondimento in K. Jaspers e, almeno sino a *Essere e tempo* (1927), in Heidegger. Più generica, e in parte dipendente dall'elaborazione della *Existenzphilosophie*, è la tematizzazione dell'*esistenzialismo*, filosofico e letterario, nella Francia degli anni Quaranta e Cinquanta (J.-P. Sartre. G. Marcel).
• *L'eredità di Kierkegaard*. Ciò che definisce inizialmente l'esistenzialismo è la ripresa del pensiero di Kierkegaard. Nella sua polemica contro il «sistema» (cioè contro ogni filosofia accademica e totalizzante, come l'hegelismo dei suoi tempi), Kierkegaard avanzava l'esigenza di «accentuare l'esistenza», cioè di abbandonare ogni pretesa di fare della filosofia una metafisica speculativa, «colpo d'occhio» esterno e disinteressato sul mondo, partendo invece dalla concretezza della situazione ontologica di ogni singolo e quindi anche del pensatore stesso: l'*esistenza* con tutta la sua problematicità; di qui il venire in primo piano di tutta una gamma di motivi ripresi poi dall'esistenzialismo del Novecento: il *pathos* della scelta, l'*aut aut*, l'angoscia, la disperazione, la «finitudine» ecc. L'«accentuazione» dell'esistenza, sebbene finalizzata nella filosofia kierkegaardiana a un discorso etico e in primo luogo religioso (come poi anche in alcuni esistenzialisti, per es. in G. Marcel), comporta una serie di conseguenze teoretiche, che Kierkegaard esplicita soprattutto nella *Postilla conclusiva non scientifica* (1846): se l'esistenza non è mai oggetto esterno, passibile di una considerazione disinteressata, ma è invece il nostro stesso modo d'essere, il filosofo che voglia parlare dell'esistenza si trova in una sorta di coinvolgimento ontologico: il tema del suo discorso e la situazione dalla quale questo è affrontato coincidono, ed egli è messo direttamente in questione nella questione stessa che pone. Allora la metafisica, con la sua categoria fondamentale, quella di necessità, si rivela inadeguata a pensare questo tema ambiguo che è l'esistenza, il quale potrà venir descritto solo in termini di *possibilità*. La centralità della categoria di possibilità nell'esistenzialismo sarà poi sottolineata, nel Novecento, soprattutto da N. Abbagnano.
Nella Germania del primo dopoguerra si assiste a una rinascita d'interesse per il pensiero kierkegaardiano, in particolare da parte della teologia (K. Barth, *Lettera ai romani*, 1919). I motivi più propriamente filosofici di

Kierkegaard rivivono poi nel pensiero di K. Jaspers (*Filosofia*, 1932), che fra gli esistenzialisti è il più vicino al filosofo danese. Jaspers sottolinea fino alle estreme conseguenze il carattere sfuggente dell'esistenza come tema di un discorso filosofico, perché per lui l'esistenza è l'immediatezza inoggettivabile e irriducibile del singolo: trascenderla risulta impossibile e la sola «cifra» in cui la trascendenza si rivela è lo «scacco» che l'uomo subisce nel tentare di raggiungerla. Il discorso esistenziale è così, per Jaspers, appello alla libertà del singolo e apertura alla comunicazione, ossia alla dimensione nella quale concrescono le verità esistenziali dei singoli.

• *L'esistenzialismo fra ontologia e umanismo.* Ma l'esistenzialismo del Novecento non è solo una ripresa di temi kierkegaardiani: esso ha il suo testo fondamentale in *Essere e tempo* di Heidegger, in cui sono presenti, oltre all'eredità di Kierkegaard, altre ascendenze filosofiche, in particolare lo storicismo di W. Dilthey e la fenomenologia di Husserl. Il problema dell'essere, in quanto problema posto da un ente determinato, cioè dall'uomo o «esserci» (→ Dasein), presuppone secondo Heidegger l'analisi preliminare del modo d'essere di quell'ente che noi stessi siamo, ossia dell'esistenza. Ci si trova così in una situazione «circolare» abbastanza simile a quella esperita da Kierkegaard, con la differenza, però, che qui il circolo del coinvolgimento ontologico non è semplicemente interno al singolo esistente, giacché entra in gioco come momento determinante un altro termine, l'essere: e questo già indica la direzione in cui si svilupperà il pensiero di Heidegger dopo l'«analitica esistenziale», da lui intesa d'altronde soltanto come una propedeutica per la riproposizione, nel mondo moderno, del problema dell'essere. Tuttavia, proprio la lettura esistenzialistica di *Essere e tempo* come filosofia della radicale finitudine dell'uomo e dell'assunzione di questa finitudine «in lucida angoscia» ha dato, non senza gravi equivoci teoretici, il tono all'esistenzialismo vero e proprio, in particolare a quello di J.-P. Sartre. In quest'ultimo la problematicità dell'esistere è descritta come tensione irriducibile fra il «per-sé» e l'«in-sé». Il «per-sé» è la coscienza, la «realtà umana», l'«in-sé» è ciò di cui la coscienza è coscienza: la realtà massiccia e opaca, nei confronti della quale il «per-sé» è celato: il «per-sé» è il portatore del nulla nel mondo ed è a se stesso il suo proprio nulla. Il «progetto fondamentale» che caratterizza l'uomo è quello di conciliare «per-sé» e «in-sé», di «essere» veramente, al modo dell'«in-sé», senza tuttavia perdere la propria peculiarità: la coscienza. Ma si tratta di un progetto impossibile e l'uomo resta «condannato a essere libero». Con questo, tuttavia, l'esistenzialismo di Sartre si rivela come una resurrezione dell'umanismo e del soggettivismo di Cartesio e, in ultima istanza, di Hegel. È a questo equivoco che controbatte Heidegger con la *Lettera sull'umanismo* nel 1947, ribadendo che l'esame della condizione mondana dell'esserci è soltanto propedeutica a un discorso ontologico che costituisce la vera alternativa al razionalismo metafisico.

Esodo, libro biblico dell'Antico Testamento, il secondo del Pentateuco. Narra la vocazione di Mosè (con l'episodio del roveto ardente e la rivelazione del «nome» di Dio), la liberazione degli israeliti dalla schiavitù, la loro uscita (donde il nome esodo) dall'Egitto, sino all'arrivo al Sinai; qui, nel quadro di una grande teofania, si sviluppa la seconda parte del libro, legislativa, all'interno della quale (20, 1-21) è collocato il decalogo. Con il cosiddetto «codice dell'alleanza» (20, 22-23) viene introdotta a questo punto la legge morale, religiosa e cultuale formatasi progressivamente nella storia di Israele, alla quale si aggiungerà il complesso normativo del Levitico e dei Numeri 5-10.
L'Esodo introduce e sviluppa il tema fondamentale della Bibbia: la storia del rapporto di Dio con il suo popolo. Esplicito è il collegamento con la promessa fatta ai patriarchi, della quale le vicende narrate rappresentano una prima realizzazione a breve termine, ma non ancora il compimento definitivo. Questa incompiutezza prepara il trapasso dal tema della liberazione a quello della costituzione e conservazione del popolo, in funzione delle quali sono donate la terra e la Legge. L'alleanza appare immediatamente rotta da parte di Israele (tra gli episodi più emblematici è quello del vitello d'oro): per questo Dio interviene giudicando e punendo. Ma il prevalere della sua misericordia sulla colpa dell'uomo lo indurrà a rinnovare l'alleanza, che resterà, per il futuro, affidata alla fedeltà di Dio più che alla risposta dell'uomo. Elemento essenziale in tutto il racconto è la figura di Mosè, quale mediatore tra Dio e il popolo; dalle esigenze insorgenti dall'incompiutezza della liberazione storica, e nella linea segnata da questa figura, si andrà svolgendo il messianismo biblico.

esorcismo, secondo alcune concezioni religiose o magiche, l'operazione con cui uno spirito maligno o un demonio vengono cacciati dal corpo di un individuo. In molti casi la pratica dell'esorcismo è associata alla credenza nella possessione: si ritiene cioè che l'individuo su cui viene praticato l'esorcismo sia posseduto da un demone; sintomi della possessione demoniaca erano considerati, nell'Europa medievale, stati di dissociazione mentale, isterismo, alienazione. In alcune culture è giudicata sintomo anche una condizione di infermità: si cade ammalati perché l'anima è stata rapita da uno spirito. In questi casi l'esorcismo compiuto dallo sciamano o dallo stregone convince o costringe lo spirito a restituire l'anima. Nel caso

che lo spirito sia entrato nel corpo della vittima, l'esorcista lo induce a uscirne e quindi cerca di distruggerlo. Se la malattia è dovuta allo spirito di un parente defunto, l'esorcismo consiste nel soddisfare le richieste espresse dal fantasma.
Nella traduzione cristiana, accanto a una pratica esorcistica finalizzata alla guarigione fisica, ne sussiste un'altra, altrettanto antica, rivolta a purificare l'anima dai vizi prodotti da spiriti cattivi. Tale sembra essere stato il significato dei riti battesimali di alcune sette giudaiche. Lo stesso battesimo cristiano fu ben presto preceduto da riti preparatori, destinati a scacciare i demoni dall'anima. Il potere di esorcizzare gli spiriti maligni fu ben presto (sec. III) conferito ai membri di un ordine sacro particolare, quello appunto degli esorcisti (che nella chiesa latina è stato fino al 1972 il terzo degli ordini minori). Gli eccessi del medioevo, disposto spesso a vedere ovunque l'opera malefica del demonio, provocarono una violenta reazione soprattutto a partire dall'età illuministica.
Il giudaismo conosce forme di esorcismo, limitatamente agli ambienti mistico-kabbalistici: per es. per liberare una persona da un *dibbuq*, cioè dall'anima di un defunto che ne abbia preso possesso.
esoterico, → acroamatico; → esoterismo.
esoterismo, dottrina o complesso di dottrine di carattere segreto. All'origine della parola «esoterismo» sta l'aggettivo greco *esōterikós* (interno), usato per indicare insegnamenti riservati a una cerchia ristretta di discepoli, in contrapposizione a *exōterikós* (esterno), che si riferiva a insegnamenti indirizzati a tutti. Le dottrine esoteriche si configurano entro fenomeni culturali come la magia, l'alchimia, le religioni misteriche e gnostiche, la qabbalah. In queste forme di cultura la presenza del segreto può essere intesa in due modi: come presenza di un segreto che è nei meccanismi dell'universo e che resta inaccessibile per gli stessi iniziati (i quali sono iniziati alla venerazione del segreto in quanto tale, non alla sua penetrazione); oppure come presenza di un segreto che si attua nel patto reciproco di silenzio degli iniziati verso i profani. Questi due modi diversi corrispondono storicamente al prevalere di istanze di mistica (segreto tale anche per gli iniziati) o di istanze di magia (segreto che gli iniziati conoscono, o quanto meno sfruttano, ma che essi tacciono ai profani). Si trova usata come sinonimo di esoterismo la parola occultismo. È più esatto però riconoscere nell'occultismo solo una forma particolare di esoterismo, in quanto esso, da un lato, configura il segreto come conoscibile con tecniche appropriate, e dall'altro non implica sempre il vincolo del segreto verso i profani.
Elementi caratterizzati dall'esoterismo sono presenti ai più vari livelli di civiltà. Nelle culture cosiddette primitive rientrano in questo settore i rituali di iniziazione, in genere segreti, e che nella maggior parte dei casi stabiliscono una distinzione di *status* tra gli iniziati da un lato, e i non iniziati dall'altro; per es., solo gli uomini, la cui maturità è sanzionata dalla cerimonia stessa, possono partecipare a determinati riti e conoscere pienamente la tradizione e tutto il patrimonio sacro della tribù. Nella maggior parte delle religioni che pure non sono in sé e per sé esoteriche si trova integrata una qualche forma più o meno marginale o ereticale di esoterismo. È il caso delle correnti esoteriche sviluppatesi in Estremo Oriente a fianco del brahmanesimo e del buddhismo (tantrismo, buddhismo zen ecc.) o nel Vicino Oriente a fianco dell'islamismo (sufismo). Vi sono numerose accezioni esoteriche del cristianesimo: da quelle di presunta impronta gnostica del periodo delle origini, a quelle medievali forse influenzate dal manicheismo, a quelle della cosiddetta qabbalah cristiana del rinascimento (collegata alla tradizione ebraica), a quelle dei periodi di «risveglio» religioso nei secc. XVII-XVIII, al cattolicesimo esoterico francese e bavarese del sec. XIX ecc. Altre forme di esoterismo sono relativamente autonome dalle religioni costituite e quasi rappresentano religioni a sé stanti: l'esoterismo neopagano del rinascimento, collegato al recupero del neoplatonismo; nei secc. XVIII-XIX il martinezismo (dal nome di Martínez de Pasqually) e il martinismo (da L.C. de Saint-Martin); entro certi limiti, la stessa massoneria e, nel sec. XX, la teosofia e l'antroposofia (Rudolph Steiner). È frequente, specialmente in queste forme di esoterismo che quasi costituiscono religioni autonome, una particolare attenzione per i sistemi simbolici delle culture dell'antichità, nei quali si presume di riconoscere il patrimonio cifrato di una sapienza perduta. Per questa ragione gli esoteristi dei secc. XVIII e XIX hanno dato contributi a volte molto perituri, a volte di lunga influenza e (nonostante le bizzarrie) di indubbia acutezza, alla scienza della mitologia.
Studiosi, e spesso anche cultori in prima persona, dell'esoterismo hanno inoltre analizzato nei secc. XIX e XX documenti letterari e artistici, riconoscendovi, in modo a volte attendibile, linguaggi esoterici. Così G. Rossetti nel sec. XIX, L. Valli, R. Ricolfi, R. Guénon nel XX, hanno parlato di esoterismo nel linguaggio degli stilnovisti e di Dante; Fulcanelli ha individuato simboli alchemici nell'architettura e nelle sculture delle cattedrali medievali; H. Corbin ha indagato i valori esoterici di testi di Avicenna; J. Weston quelli dei testi medievali relativi alla leggenda del Graal (e dall'opera della Weston è stata influenzata *La terra desolata* di Th.S. Eliot). Vi furono, del resto, scrittori dei secc. XIX-XX che ebbero speciale gusto per l'esoterismo o che addirittura si ritennero innanzitutto esoteristi: G. de Nerval, V. Hugo, J.-A.

Rimbaud, S. George, R.M. Rilke, W.B. Yeats ecc. Questi autori, così come il filosofo e critico W. Benjamin, almeno per certa parte della sua attività, riconobbero nel valore di qualsiasi operazione artistica l'istituzione di rapporti appropriati con un segreto o con il segreto; per molti di loro si può anche parlare esplicitamente di occultismo. La valutazione critica e scientifica di queste forme linguistiche si avvale nel sec. XX degli apporti della psicoanalisi (in particolare della psicologia del profondo, dato l'interesse di Jung per i documenti dell'esoterismo), dell'antropologia culturale, della scienza della mitologia. *F. J.*

esperienza, termine che in filosofia indica la componente sensibile dell'atto conoscitivo, l'intuizione diretta di contenuti emozionali e l'organizzazione della moderna osservazione scientifica. Già nell'ambito della cultura greca alcuni significati e usi del termine si trovano precisamente delimitati e analizzati, in modi che hanno largamente influenzato il pensiero successivo. Senofane, Alcmeone ed Empedocle sottolinearono tra i primi che l'uomo può dire di conoscere solo ciò di cui ha fatto personale esperienza, rilevando peraltro i limiti e la scarsa consistenza di tale sapere. A questa tradizione si appella anche Protagora quando osserva che l'uomo, collocato in una posizione intermedia tra l'animale e la divinità, è sempre incerto tra l'evidenza e la mera apparenza, il manifesto (*alêtheia*) e il non manifesto (*lêthē*); tale collocazione e la brevità della vita umana, che comporta un'insormontabile limitazione delle esperienze, rendono vana ogni ricerca che pretenda, per es., di affermare l'esistenza o la non esistenza degli dei. Come ha dimostrato B. Snell, tali considerazioni, che caratterizzano il sorgere della riflessione filosofica, rinviano alla tradizione omerica, la quale definisce il sapere nei termini dell'«aver visto», della diretta esperienza.

Una più rigorosa delimitazione dei significati del termine esperienza (*empeiría*) è operata da Platone, che nella *Repubblica* (IX, 582) distingue tra i giudizi basati su una somma di esperienze pratiche e quelli che si appellano anche all'intelligenza e ai «ragionamenti» (*lógoi*), e nel *Gorgia* (448*c*) osserva che l'esperienza consente di procedere con una certa regola, la quale è la base di ogni arte (*téchnē*).

Queste considerazioni vennero riprese in maniera sistematica da Aristotele, che dedicò al concetto di esperienza ampie e dettagliate analisi (nell'*Anima*, nell'*Etica nicomachea* e nell'*Etica eudemia*, negli *Analitici posteriori*, nella *Metafisica*). L'esperienza è intesa da Aristotele come un processo di unificazione che implica il sentire e la memoria, ma anche le capacità intellettive dell'induzione, ovvero l'attitudine a cogliere la forma universale nel particolare. Gli animali, pertanto, di esperienza «ne hanno poca», mentre gli uomini «da molte riflessioni sull'esperienza si formano un unico giudizio generale intorno ai casi simili». Ciò dà luogo all'arte, «poiché molti ricordi di uno stesso oggetto costituiscono insieme il valore di un'esperienza»; ora, «l'esperienza è una conoscenza di casi particolari, mentre l'arte è conoscenza degli universali» e delle «cause». Al di sopra dell'arte si pone poi la scienza vera e propria, in quanto conoscenza pura e disinteressata che non ha, come l'arte, fini pratici (*Metafisica*, I, 980 sgg.). La ricostruzione aristotelica del processo di esperienza si svolge dunque tra i due estremi del sentire e del pensare che costituiranno oggetto di costante riflessione nella filosofia successiva.

• *Esperienza e ragione*. È in particolare nel pensiero moderno che il concetto di esperienza è stato opposto a quello di ragione, per es. nella polemica tra le scuole dell'→ empirismo e del → razionalismo. La questione cardine è divenuta allora la determinazione di quanto, nell'atto conoscitivo, derivi dal fatto ricettivo-sensibile e di quanto provenga invece dalla pura attività del pensiero. Gli empiristi sottolinearono la priorità dell'esperienza sul raziocinio, in quanto il secondo — come affermò in seguito anche Kant — sarebbe del tutto vuoto senza i contenuti direttamente offerti dalla prima; inoltre essi si preoccuparono di sceverare gli elementi primi dell'esperienza (sensazioni, impressioni) da quelle relazioni tra gli elementi che fanno dell'esperienza un tutto strutturato anziché un puro caos di dati slegati tra loro (per es. J. Locke, *Saggio sull'intelletto umano*, II, 12; D. Hume, *Trattato sulla natura umana*, I, par. 4). Il problema delle relazioni, dell'ordine e della costanza dell'esperienza diviene pertanto l'argomento comune delle moderne teorie gnoseologiche, sia che esse inclinino a derivare le strutture o relazioni razionali da un'accumulazione associativa dei fatti bruti dell'esperienza (si pensi al sensismo illuministico o al materialismo di varie correnti del positivismo), sia che l'esperienza venga ricondotta a un'autolimitazione autonoma della ragione o del pensiero (da Leibniz all'idealismo e allo spiritualismo di fine Ottocento), sia infine che prevalga una posizione intermedia che riconosce all'esperienza e alla ragione una rispettiva funzione originaria e irriducibile (come in Kant, nelle correnti neocriticistiche e neorealistiche e nella fenomenologia da Husserl a N. Hartmann).

Il nesso esperienza-ragione è divenuto sempre più complesso per l'affermarsi, dopo Darwin, del criterio evoluzionistico in seno alle scienze naturali; a ciò ha corrisposto, sul piano delle scienze dello spirito, la considerazione storica dello sviluppo dello spirito umano. Si fronteggiano così una concezione naturalistica della ragione, che ha la sua più tipica espressione di partenza in H. Spencer (le attitudini apparentemente innate del pensiero sono un prodotto dell'evoluzione biologica: *Principi di psicologia*), e una concezione storicistica dell'esperienza che ha il suo atto di nascita nella *Fenomenologia dello spirito* di Hegel. Su questo terreno si è poi innestata tutta la discussione della moderna psicologia, dalla critica all'atomismo psichico di Hume e J.S. Mill (empirismo radicale di W. James, pragmatismo, fenomenologia, psicologia della forma) alla svalutazione, da parte della psicologia sperimentale, dell'esperienza interiore, o introspezione, privilegiata dagli spiritualisti (F.-P. Maine de Biran, E. Boutroux, H. Bergson) e dai fenomenologi.

• *L'esperienza scientifica.* Contemporaneo allo svolgersi della polemica gnoseologica moderna è il precisarsi del concetto rigorosamente scientifico di esperienza. L'analisi scientifica mette capo a un concetto allargato di esperienza, sia perché alla tradizionale nozione di esperienza diretta fondata sulla percezione sensibile, o evidenza soggettiva, si accompagna la nozione della cosiddetta esperienza indiretta, concernente oggetti non accessibili all'osservazione, ma inferibili da altri fenomeni osservati (dai fenomeni atomici e subatomici ai macrofenomeni ipotizzati dalla cosmologia contemporanea); sia perché è parte costitutiva di ogni esperienza scientifica la presenza di fattori inferenziali, nonché l'appello all'intersoggettività di principio delle operazioni empiriche e razionali compiute dagli scienziati. L'esperienza diretta utilizzata dalla scienza comporta, oltre all'osservazione comune, l'osservazione organizzata (per es. la teoria delle «tavole» in F. Bacone) e l'→ esperimento, che esige, come già in Galileo, un intervento attivo e «artificiale» del ricercatore sui fenomeni della natura. La straordinaria dilatazione del tradizionale concetto di esperienza — inglobante fattori logici, matematici e tecnici accanto alle componenti sensoriali e psicologiche, e rapportabile alla storia dell'evoluzione sociale e industriale e al succedersi delle ideologie filosofiche, politiche e religiose — solleva naturalmente notevoli problemi di interpretazione e di valutazione, variamente dibattuti dall'epistemologia contemporanea.

• *L'esperienza religiosa.* Alla base del concetto di religione è individuabile un'esperienza religiosa, nonostante le riserve dei teologi, che vi vedono un ibrido umano e sacro, e degli storici, che negano un denominatore comune alle varie religioni. L'etimologia stessa della parola «religione» nelle lingue antiche (sanscrito, cinese, lingue germaniche, latino) rinvia sempre a una esperienza del divino. Ove questa manca, la religione si riduce a istituzione sociale o a momento puramente esteriore. Più precisamente l'esperienza religiosa è un un momento totalizzante dell'esperienza dell'uomo, fatta di un 'sentimento di dipendenza creaturale' (R. → Otto) in cui l'uomo avverte la propria nullità rispetto al divino. Si tratta di un'esperienza 'che ci riguarda incondizionatamente' (P. → Tillich) e che proprio per questa sua estensione non è traducibile in un concetto logico, ma vive di un rapporto intenzionale soggetto-oggetto, dove l'oggetto si dona al soggetto che scompare per far posto al divino.

esperimento, termine che, in origine, era sinonimo di esperienza (nel medioevo e nel rinascimento *experimentum* ed *experientia* avevano significato per lo più equivalente) e che, con lo sviluppo delle moderne scienze della natura, a sua volta connesso con quello delle tecniche artigianali e industriali, ha assunto autonomia e rilievo specifico. Bisogna peraltro ricordare che già R. Bacone, alla fine del medioevo, sostenne la necessità di studiare la natura non solo mediante la semplice esperienza sensoriale e il ragionamento astratto, ma anche con l'ausilio di strumenti tecnici e apparati. È appunto in relazione a una precisa elaborazione tecnica dell'esperienza che l'esperimento viene assumendo una collocazione distinta.

Il primo che usa chiaramente il termine esperimento in questo senso, e che ne elabora la teoria, è F. Bacone. Nei *Cogitata et visa* egli rifiuta sia la deduzione verbalistica sia l'esperienza ingenua e confusa, contrapponendo a esse l'induzione sperimentale di cui illustrerà ampiamente i principi nel *Novum Organum.* L'esperimento baconiano comporta l'osservazione e la ripartizione dei dati dell'esperienza in modo che su tale base sia possibile formulare un'ipotesi relativa alle cause del fenomeno indagato. Tale ipotesi viene poi sottomessa a prova (ovvero a esperimento in senso stretto), anche con l'ausilio di strumenti (*De dignitate et augmentis scientiarum*). L'esperimento baconiano unisce dunque, come prescrive anche il metodo sperimentale di Galileo, esperienza e ragione; ma il metodo galileiano si caratterizza per l'impiego della matematica, la quale consente di predisporre esperimenti artificiali capaci di «provocare» la natura a fornire risposte «esatte» (si pensi per es. alla costruzione del pendolo fisico in laboratorio per misurarne le oscillazioni e ricavarne le leggi, oppure agli esperimenti col piano inclinato). Per questa via proseguì E. Torricelli e in generale tutta la moderna scienza della natura.

Sino a tutto l'Ottocento il metodo sperimentale (di cui J.S. Mill fornì la teoria più completa, enunciandone i quattro momenti della concordanza, della differenza, dei residui e delle variazioni concomitanti) venne accolto in modo non problematico. È stata invece l'epistemologia contemporanea, a partire da P. Duhem, a rimettere in questione il senso e il valore dell'esperimento, sia perché i dati sperimentali non consentono quasi mai la formulazione di una teoria univoca, sia perché i criteri della sperimentazione costituiscono essi stessi già una teoria e in qualche modo predeterminano il tipo di risultato sperimentale che si vuol conseguire. In seguito a tali critiche, H. Dingler ha proposto una teoria non empiristica dell'esperimento: più che costituire un'osservazione oggettiva, o supposta tale, l'esperimento è un'operazione pratica della quale la scienza si serve, non tanto per «conoscere» la realtà, quanto per «formarla» ai propri fini. Questa interpretazione «operazionistica» della scienza, che metteva in discussione i fondamenti teorici stessi della fisica, è stata variamente accolta e discussa. Un'altra concezione dell'esperimento è quella inaugurata da A. Einstein con la proposta di «esperimenti ideali»: per es. gli esperimenti impossibili, idealmente condotti alla velocità della luce, i cui risultati, pur non essendo ovviamente conseguibili sul piano pratico, forniscono tuttavia utili indicazioni logiche relative a determinate conseguenze fisiche. Ma nel campo della discussione epistemologica relativa al valore dell'esperimento scientifico decisiva è stata la formulazione del principio di indeterminazione di W. → Heisenberg; nel campo della microfisica, infatti, la stessa osservazione sperimentale provoca una perturbazione ineliminabile dell'osservato. Di qui la crisi del concetto tradizionale di esperimento e le vivaci discussioni che ne sono derivate. In generale si può osservare che lo strumento di misura usato nell'esperimento turba l'oggetto naturale, non tanto perché esso sia adoperato da osservatori umani, quanto perché è esso stesso un oggetto naturale e fisico e pertanto è sottoposto alle medesime leggi fisiche della teoria in base alla quale l'esperimento viene predisposto. Ciò conferma, come aveva intuito Duhem, che l'esperimento è sempre metodologicamente e concettualmente dipendente dalla teoria che ne fa uso, sicché la pretesa che esso possa attingere una supposta realtà in sé della natura o dell'oggetto è mera ingenuità dogmatica.

espiazione, termine cultuale dell'Antico Testamento (in ebr. *kippûr*) indicante il rito mediante il quale si compie la purificazione dal peccato. In una accezione più generale, la tradizione ebraico-cristiana chiama espiazione ogni soddisfazione offerta a Dio in riparazione della colpa. La legislazione cultuale veterotestamentaria prevede sacrifici espiatori per le varie categorie di colpe, sia volontarie sia involontarie o rituali: per le prime si richiede — tema su cui insiste la predicazione profetica — anche la *teshuvah* o pentimento (letteralmente: «ritorno», cioè conversione).

La Bibbia chiama «grande giorno dell'espiazione» il 10 del settimo mese dell'anno religioso, primo dell'anno civile (mese di *tishrì*), nel quale il sommo sacerdote, penetrando nel santo dei santi per l'unica volta all'anno, offriva l'incenso, pronunciava il nome di Dio e aspergeva l'arca (o la pietra di fondamento nel Secondo Tempio) con il sangue delle vittime, un giovenco e un capro, immolate rispettivamente per espiazione dei peccati propri e per quelli del popolo, secondo il rito descritto nel Levitico (16). Un secondo capro, scelto a sorte insieme al primo e simbolicamente caricato dei peccati del popolo mediante il rito dell'imposizione delle mani, era poi inviato nel deserto al demone Azazel, come segno (non come causa) della avvenuta remissione dei peccati di Israele: donde il termine, improprio, di «capro espiatorio», o meglio di «capro emissario». Particolare significato era attribuito al coperchio d'oro dell'arca dell'alleanza, quale luogo specifico della presenza di Dio: asperso con il sangue del capro e del giovenco, simboleggiava il luogo della propiziazione di Dio verso il popolo, da cui il suo nome di «propiziatorio». Era, ed è tuttora, parte essenziale del giorno dell'espiazione un digiuno di 25 ore che, con la confessione dei peccati e la contrizione del cuore, rappresenta l'aspetto extrasacrificale e più propriamente etico dell'espiazione. Al rito di tale giorno si rifà ripetutamente il Nuovo Testamento (Romani 3, 25; Ebrei 7, 25; 9, 24) in modo esplicito; e in forma implicita ogni volta che parla del «sangue versato per i peccati», anche se non viene ripetuto il termine «espiazione». La Lettera agli Ebrei, in particolare, interpreta il sacerdozio di Cristo nella figura o «tipo» del sommo sacerdote che compie il rito dell'espiazione, sottolineandone il valore di intercessione presso il Padre, del quale ottiene la propiziazione e il perdono.

esplicazione, sostituzione di un concetto familiare e di uso comune, ma vago, con un nuovo concetto più preciso appositamente costruito. Il termine che indica il concetto di partenza, il quale può essere per es. una nozione appartenente a uno stadio primitivo dello sviluppo logico e scientifico (caldo, freddo ecc.), viene detto *explicandum*, mentre il termine che indica il nuovo concetto (temperatura, gradazione ecc.) viene detto *explicatum*. In generale non si richiede che un *explicatum* abbia lo stesso significato dell'*explicandum*; esso deve conservare soltanto certi aspetti di tale significato, quelli che consentono all'*explicatum* di essere usato al posto dell'*explicandum* nei contesti ritenuti rilevanti.

espressione - contenuto, distinzione introdotta in linguistica e, più in generale, in semiotica da L. Hjelmslev. Espressione e contenuto sono i due piani dalla cui connessione risultano qualunque segno, testo e sistema di segni; essi corrispondono rispettivamente al piano dei significanti e a quello dei significati. Nell'interpretazione di Hjelmslev, ciascun piano è costituito da una «materia», la quale non rimane indifferenziata bensì assume una «forma» (o strutturazione) che organizza la «materia» in «sostanza». Hjelmslev parla così di materia, forma e sostanza sia dell'espressione sia del contenuto. Nell'insieme delle possibilità fonatorie (materia), una lingua seleziona un sottoinsieme organizzato secondo una sua struttura: si tratta della sostanza dell'espressione, che rivela una forma. Analogamente, sul piano del contenuto, ogni lingua articola l'universo prelinguistico (materia) in un sistema semantico, cioè in una sostanza con una propria organizzazione o forma.

esseni, setta ascetica ebraica sorta nel sec. II a.C. e durata fino al sec. I ca d.C. Oggi viene quasi unanimemente identificata con la setta ebraica i cui scritti furono scoperti a Qumran, sulla riva nordoccidentale del Mar Morto, dal 1947 in poi. La comunità essenica era divisa in classi a seconda del grado di perfezione, e organizzata in una rigida struttura piramidale; i sacerdoti avevano una posizione preminente; si era ammessi alla setta dopo un noviziato triennale e il celibato era obbligatorio; si praticava la comunione dei beni. Gli esseni condividevano in larga misura la fede e le speranze dell'ebraismo contemporaneo e intendevano vivere in tutta la sua purezza la fede mosaica sulla base dell'interpretazione data dal loro fondatore o riorganizzatore, denominato «maestro di giustizia» (un personaggio vissuto nella seconda metà del sec. II a.C. o, secondo altri studiosi, alcuni decenni più tardi). Ma il movimento aveva posizioni caratteristiche proprie, quali un accentuato nazionalismo e antipaganesimo, una violenta opposizione alla classe ebraica dominante (compresi i sacerdoti che officiavano nel tempio), un atteggiamento problematico verso il culto ufficiale, una febbrile attesa escatologica, un profondo senso del valore purificante del deserto per prepararsi alla nuova era, un netto dualismo e predeterminismo accompagnato da una orgogliosa coscienza elitaria. I loro pasti, presi in comune, avevano carattere sacro. Gli esseni moltiplicavano i bagni di purificazione; nella elaborazione di una dottrina esoterica avevano adottato un calendario solare di 364 giorni, diverso da quello lunisolare in uso nell'ambiente farisaico. Concetti e terminologia esseni si ritrovano nel Nuovo Testamento, in particolare in Giovanni e Paolo (per es. l'antitesi luce-tenebre). È probabile che Gesù abbia celebrato la Pasqua secondo il calendario esseno.

essenza, nozione aristotelica (in gr. *ousía*) che indica «ciò per cui una cosa è quel che è», anziché un'altra cosa; quindi la sua «natura» (o «specie»), come espressa nella definizione. Per es., dire di qualcuno che è un uomo, cioè un «animale ragionevole», è indicarne l'essenza. Tutte le altre caratteristiche che gli appartengono, infatti, potrebbero anche non appartenergli, o può darsi che mutino nel tempo, senza che perciò venga meno la sua essenza. In questo senso, l'essenza si contrappone all'→ accidente, indicando quel che appartiene necessariamente a un ente, di contro a quel che gli appartiene solo contingentemente. Questa concezione dipende dalla teoria della → sostanza, poiché per Aristotele l'essenza «inerisce» alla sostanza. Essa viene ripresa dalla scolastica, con l'eccezione di → Occam, che le contrappone la teoria della «suppositio». Per il resto, le altre correnti scolastiche si distinguono per il rapporto che concepiscono fra l'essenza e l'esistenza (o «essere»). Tanto san Tommaso quanto Duns Scoto sostengono che in Dio non c'è alcuna distinzione fra l'essenza e l'esistenza, essendo l'unico Ente che esista necessariamente, la cui esistenza cioè è implicita nella sua essenza, non potendo egli riceverla da altri; quanto alle creature, invece, per san Tommaso c'è una distinzione reale fra essenza ed esistenza, mentre per Duns Scoto la distinzione è soltanto mentale («di ragione»). Con la sua tesi, san Tommaso non intende sostenere una separabilità dell'essenza dall'esistenza di una cosa esistente, bensì sottolineare la peculiarità dell'atto per cui un'essenza — che in quanto tale è solo possibile — ha ricevuto da Dio la «perfezione» dell'esistenza effettiva.

Nella filosofia moderna, questa problematica scompare. Per l'empirismo, da Locke fino al nostro secolo, l'essenza è meramente «nominale», ossia è la caratterizzazione del significato di un termine: dire che l'essenza dell'uomo è di essere un animale ragionevole, è semplicemente comunicare che intendiamo usare il termine «uomo» come sinonimo di «animale ragionevole»; ma altrettanto vale se intendiamo usare un tal termine dandogli qualsivoglia altro significato. L'essenza, pertanto, non viene più riferita alle cose, com'era nella metafisica classica, bensì soltanto alle parole. Un'altra nozione dell'essenza è presente nel pensiero contemporaneo, a partire da Hegel: nuovamente interpretata in senso ontologico, come un livello del reale, ma ora in coppia opposizionale con la nozione di «fenomeno». In questo senso, che è penetrato anche nel linguaggio comune, l'essenza indica una struttura profonda, tale da spiegare la realtà senza fermarsi ai modi in cui essa si presenta immediatamente. Nella logica di Hegel, l'essenza si contrappone all'essere, in quanto con quest'ultima nozione egli intende appunto l'immediatezza. L'essere è caratterizzato infatti da categorie meramente quantitative e qualitative; l'essenza, invece, dalle categorie relazionali («fondamento», sostanza, causa) e modali (possibilità, realtà, necessità). E queste sono proprie delle scienze più profonde e delle filosofie più progredite; anche se neppur esse rappresentano il culmine della razionalità, poiché superiore è il livello del «concetto» e quindi, conclusivamente, dell'Idea. Sulla linea della contrapposizione hegeliana dell'essenza

all'immediatezza, per il marxismo, per es., l'economia «volgare» si limita a descrivere l'apparenza del modo di produzione capitalistico (il fatto apparente che sia il capitale a produrre il profitto), mentre l'«essenza» di esso è data dalla nozione del «pluslavoro».
Nel nostro secolo, infine, la nozione di essenza è al centro della fenomenologia di Husserl, per il quale essa è colta attraverso l'intuizione eidetica, una volta messo fra parentesi qualsiasi riferimento esistenziale. Di contro alla contingenza dei fatti e alle particolarità psicologiche, le essenze hanno per Husserl (*Idee per una fenomenologia pura*) oggettività e necessità ideali, pur non essendo da assimilare alle idee platoniche. L'esistenzialismo, invece, sostiene un primato dell'esistenza sull'essenza, nel caso privilegiato dell'uomo: il modo d'essere proprio dell'uomo è da comprendere solo a partire dal suo «esserci» (→ Dasein), cioè dal suo esistere-nel-mondo e con-gli-altri. In questo senso, si suole contrapporre l'esistenzialismo all'«essenzialismo», qualificando con quest'ultimo termine le dottrine che, come la metafisica classica, collochino il principio d'intelligibilità di un ente appunto nella sua essenza. *S. La.*

esserci, → Dasein.

essere, termine fondamentale per gran parte del pensiero occidentale, da Parmenide a Heidegger, ma anche uno dei più ambigui che la storia della filosofia conosca. La distinzione più importante è fra l'uso del verbo «essere» con funzione di copula («*X* è...») e l'uso assoluto o esistenziale («*X* è»). Essa ha trovato espressione rigorosa solo con la logica contemporanea, mentre tradizionalmente ne sono state quasi sempre misconosciute le implicazioni più rilevanti, almeno prima di Kant. Protagonista della storia della metafisica occidentale è infatti l'essere come nome astratto, senza plurale («dottrina dell'essere» ecc); e sotto questa problematica si raccolgono questioni relative sia al significato predicativo sia al significato esistenziale.

• *L'essere come stabilità. La nozione di sostanza.* Il problema dell'essere, nel senso metafisico, nasce con Parmenide; e gran parte del pensiero successivo è una critica della sua concezione dell'essere. Per Parmenide, il concetto di essere è univoco e unitario («l'essere è uno»). Si definisce in opposizione al non-essere: «l'essere è e il non-essere non è». Naturalmente, è solo la ragione a cogliere questo concetto, giacché i sensi (la via dell'opinione) presentano l'essere piuttosto come molteplicità. Per la ragione, invece, la molteplicità è apparente, e tali sono il mutamento e il tempo: oltre che uno, l'essere è immutabile, eterno e necessario («l'essere non può non essere»). Contro questa concezione, Platone rivolge i suoi grandi dialoghi dialettici, come il *Parmenide*, per l'appunto, e il *Sofista*, collocandosi in opposizione tanto all'essere parmenideo quanto al divenire di Eraclito, intesi come principi esclusivi e onnicomprensivi. Di contro all'entificazione del concetto generale di essere quale unica realtà vera, propria di Parmenide, Platone considera l'idea dell'essere come un'idea fra le altre. Di ogni cosa si può dire infatti che è, o che partecipa all'idea dell'essere; ma di una cosa si può dire che partecipa anche di altre idee, e per es. che è identica a se stessa e diversa da altre, che è in quiete o in movimento a seconda dei casi, bella o brutta, e così via. Pertanto, anche il non-essere si può dire che, in un certo senso, è, conclude Platone contro Parmenide: basta che con non-essere s'intenda non già il contrario assoluto dell'essere, ma appunto ciò che è diverso dall'essere (ogni idea che non sia quella dell'essere). Quanto al significato predicativo del verbo essere, negli stessi dialoghi Platone sostiene che normalmente con le proposizioni attributive si asserisce non già un'identificazione fra il soggetto e il predicato (nel qual caso non si potrebbero formulare se non delle tautologie), bensì la «partecipazione» del soggetto all'idea espressa dal predicato. Infatti, se per es. si dice che una cosa è identica a sé e diversa dalle altre, con ciò non s'intende certo che tale cosa è l'Identità stessa e insieme la Diversità stessa, nel qual caso si avrebbe una contraddizione.
In polemica con Parmenide è anche Aristotele, il quale definisce la «filosofia prima» (quella che poi verrà denominata metafisica) come scienza dell'«essere in quanto essere». Il principio fondamentale è che «l'essere si dice in molti modi», cioè ha molteplici significati, contro la tesi parmenidea dell'univocità dell'essere; siffatti significati non sono però reciprocamente disparati, meramente equivoci, ma si riferiscono a un significato fondamentale (*Metafisica*, III). Questo è dato dalla nozione di → sostanza, alla quale Aristotele dedica il VII libro della *Metafisica*. La sostanza (alla lettera: «esseità») è la prima delle categorie, perché le altre raggruppano determinazioni accidentali, che non si trovano mai da sole, ma ineriscono necessariamente a qualche sostanza. Una sostanza è invece «essere per sé», cioè non ha bisogno d'altro per sussistere, a differenza degli accidenti. Ed è «essere in atto», perché per Aristotele non si dà sostanza senza «forma», e la forma è per definizione attualità. La forma si contrappone alla materia; ma questa non si dà mai senza quella (anche se non viceversa), perché in quanto tale la materia è qualcosa di completamente indeterminato, un sostrato privo di ogni caratteristica. La forma, in quanto principio di determinazione, è dunque ciò da cui viene l'essere della sostanza: niente di reale è infatti immaginabile che non sia determinato.
Tra Aristotele e la rinascita della sua metafisica nel sec. XIII, l'evento fondamentale è la nozione cristiana di creazione, che viene a porre un atto

libero all'origine dell'esistenza del mondo, al contrario che per i filosofi antichi. Di qui l'interpretazione che della coppia essenza - esistenza dà san Tommaso: in termini di «potenza» e «atto» rispettivamente (→ essenza).

• *Essere e oggettività.* Nella filosofia moderna, non c'è quasi più una dottrina dell'essere nel senso classico. Cartesio riprende dalla scolastica la distinzione fra due modi dell'essere: l'*esse formale*, o esistenza di una cosa al di fuori del pensiero di chicchessia, e l'*esse obiectivum*, o contenuto mentale rappresentativo di una cosa nel pensiero di qualcuno («idea»). Ma in entrambi i casi, l'essere viene a trovarsi «di fronte» al soggetto che lo pensa. È il cosiddetto soggettivismo moderno: il punto di partenza non è più direttamente l'essere, come nella metafisica classica, bensì il rapporto che con l'essere ha il pensiero degli uomini, che questo rapporto sia d'esteriorità oppure di interiorità. Una combinazione di questa impostazione con una ripresa della problematica classica si ha nel sec. XVIII con l'«ontologia», o scienza dei caratteri generali dell'essere, inaugurata da Ch. Wolff. Essa corrisponde grosso modo alla «filosofia prima» di Aristotele, una volta che la teologia ne venga distinta come disciplina filosofica speciale. Questa sistemazione trae spunto dalla dottrina scolastica dei concetti «trascendentali», che per gli scolastici erano appunto i concetti d'estensione più universale che non le stesse categorie aristoteliche: a cominciare dal concetto stesso di essere.

All'ontologia wolffiana Kant propose di sostituire la sua «critica della ragione»: una rivoluzione, nella storia del problema dell'essere, in quanto questa nozione viene abbandonata a favore di nozioni più specifiche (le «categorie» nel senso kantiano). Inoltre, a Kant si deve la definitiva confutazione di quella riduzione a predicato dell'«essere» nel significato esistenziale che da Aristotele era arrivata sino a Leibniz. Su di essa si era fondata particolarmente la prova ontologica dell'esistenza di Dio; e la contestazione di questa da parte di Kant, nel capitolo (apposito) della sezione «Dialettica trascendentale» nella *Critica della ragion pura* (II, cap. III, sez. IV), si basa proprio sul rifiuto che l'esistenza possa mai esser intesa come un predicato, al pari di quelli che attribuiscono effettivamente determinate proprietà a un soggetto. Secondo il celebre esempio che fa Kant, supponiamo di pensare cento talleri con tutte quante le caratteristiche che hanno di fatto (colore, forma, peso ecc.), nessuna esclusa; di modo che la rappresentazione di essi corrisponda perfettamente alla rappresentazione che se ne avrebbe se ci stessero effettivamente di fronte.

In quest'ipotesi, la differenza fra i due casi non è da cercare fra le proprietà dell'oggetto soltanto pensato e, rispettivamente, dell'oggetto reale, come se al primo ne mancasse ancora una, posseduta invece dal secondo. La differenza è invece nel modo d'essere rispettivo: l'esistenza soltanto possibile, nel primo caso, e l'esistenza reale, o di fatto, nel secondo, allorché essa è testimoniata dai sensi. La logica contemporanea ha adottato pienamente questa concezione; e l'ha formalizzata trattando il verbo essere, nel senso di «esistere», non già quale predicato, per l'appunto, bensì quale operatore (quantificatore) che vincola la proposizione dall'esterno, simboleggiato col segno $\exists$.

Alla problematica classica si ricollega invece Hegel; ma assai criticamente. Sotto la nozione dell'essere Hegel raccoglie le determinazioni concettuali nelle quali prevale l'immediatezza: precisamente le categorie qualitative e quantitative, che nel reale sono rilevanti soprattutto per la natura inorganica, per le cose sensibili. Più in particolare, poi, l'essere è la categoria da cui comincia la logica di Hegel. Essa è in coppia opposizionale col «nulla», come era stato in Parmenide, all'origine; e appunto da Parmenide Hegel vede rappresentata storicamente la tesi che l'Assoluto sia meramente essere. Per Hegel, si tratta della concezione più povera che dell'Assoluto si possa avere (e per questo egli comincia la logica dall'essere), in quanto pensare soltanto l'essere come concetto generalissimo significa toglier via qualsiasi determinazione, sacrificando ogni specificità a un'astrazione completamente vuota. Appena di qualcosa si dica alcunché di determinato, non si avrà più l'essere in generale, ma qualche ente diverso da altri, in rapporto con altri, limitato ecc. Pensato nella sua completa astrattezza, l'essere è pertanto identico al nulla, secondo Hegel; e ciò si vede nel divenire, che è appunto unità, o continuo passaggio, fra l'essere e il nulla; e poi nelle categorie ulteriori, che anch'esse contengono in unità tanto l'essere, non più astratto ma determinato, quanto il nulla, sotto forma di negatività altrettanto determinata. Nel sec. XIX la problematica dell'essere viene ripresa dallo spiritualismo italiano, da A. Rosmini e V. Gioberti, anche se in contrasto tra loro. *S. La.*

• *La questione dell'essere nella filosofia del Novecento.* Il Novecento si è caratterizzato per un atteggiamento ancipite nei confronti dell'ontologia, che può essere sintetizzato nel diverso uso che E. Cassirer e Heidegger hanno fatto del famoso passo del *Sofista* platonico: «È chiaro infatti che voi da tempo siete familiari con ciò che intendete quando usate l'espressione *essente*; anche noi credemmo un giorno di comprenderlo senz'altro, ma ora siamo caduti in perplessità». Cassirer trae la conclusione che la nozione di essere appartenga alla preistoria della filosofia, o quantomeno esorbiti dalla rivoluzione della filosofia moderna comportata dal trascendentalismo kantiano. Coerente con questa condanna, sebbene maggiormente virulento, è l'atteggiamento dell'empirismo logico,

che, proseguendo e radicalizzando l'abito kantiano, vede nell'essere un concetto arcaico a cui non può corrispondere una descrizione linguistica adeguata, e che va espunto da una filosofia come scienza rigorosa, intesa come analisi logica del linguaggio (R. Carnap, *Oltrepassamento della metafisica attraverso l'analisi logica del linguaggio*, 1931; A. J. Ayer, *Linguaggio, verità e logica*, 1936).
Antitetico, ma solo fino a un certo segno, è il giudizio di Heidegger, che riporta il passo platonico in questione in esergo a *Essere e Tempo* per riproporre la centralità della questione dell'essere. Ma la rivendicazione da parte di Heidegger di una rinascita dell'ontologia si è già fatta carico del problema del nichilismo, che aveva prodotto la dissoluzione della questione dell'essere nella filosofia moderna (attribuire all'essere il senso del divenire). Pensare veramente l'essere diviene dunque per Heidegger una richiesta che ha senso solo all'interno di un discorso di filosofia della storia (il pensiero occidentale avrebbe volto le spalle all'essere per dedicarsi alla manipolazione degli enti), e manifesta una esigenza che da ultimo appare piuttosto religiosa che teoretica, giacché il pensiero dell'essere (come *genitivus subiectivus*, in polemica con la riduzione dell'essere alla soggettività nella metafisica) avrebbe la funzione di ridurre le pretese egemoniche della soggettività, dell'umanismo e della tecnica, e di porre le basi per una rinnovata pietà.
Rispetto a questo progetto, la posizione di J.-P. Sartre (*L'essere e il nulla*, 1943) illustra precisamente il nesso tra filosofia della coscienza e ontologia da cui Heidegger propone di prendere congedo (l'essere, infatti, inteso hegelianamente come il più povero e indeterminato dei concetti, e indicato come l'in sé, sarebbe solo il campo massiccio e opaco che viene negato dalla coscienza). E. Levinas (*Altrimenti che essere o al di là dell'essenza*, 1974) mette invece in chiaro il carattere prevalentemente morale della ripresa contemporanea del problema dell'essere, capovolgendo l'assiologia heideggeriana: l'ontologia sarebbe un atteggiamento empio, che facendo dell'uomo il custode dell'essere lo distoglierebbe dal farsi custode dei suoi fratelli; la metafisica, che in Levinas non ha l'accezione peggiorativa vigente nel secondo Heidegger, dovrebbe per contro trovare le sue più autentiche risorse proprio nella subordinazione dell'ontologia all'etica, come responsabilità dell'uomo non per l'essere ma per l'altro uomo. La posizione di H. G. Gadamer, infine (*Verità e metodo*, 1960) illustra, con la celebre sentenza secondo cui «l'essere, che può venire compreso, è il linguaggio», il carattere non direttamente antitetico della morfologia cassireriana rispetto alla ontologia heideggeriana. Nei due casi, infatti, è venuto meno il richiamo prekantiano all'essere come fondamento, e l'ontologia si risolve o in una filosofia della cultura o in una ontologia negativa, con una alternativa che Gadamer media attraverso un ricorso al carattere linguistico dell'essere che ne sottolinea la dicibilità (dunque la struttura morfologica entro una filosofia della cultura) senza escluderne una dimensione abissale ma, proprio per questo, linguisticamente indicibile. *M.Fe.*

essoterico, opposto di esoterico o → acroamatico.

estasi, l'«uscire fuori di sé» (in gr. *ékstasis*) che per molte tradizioni filosofiche e religiose indica lo stato di comunione o identificazione col divino raggiunto dall'individuo. Come frutto di esperienza mistica, l'estasi costituisce la tappa culminante di un processo che conduce a Dio attraverso il progressivo abbandono di ogni esperienza sensibile e intellettuale. Nella teologia cristiana patristica e scolastica l'estasi viene considerata ora come la forma più alta di contemplazione (Bernardo di Clairvaux, Ugo e Riccardo di San Vittore), ora come la condizione escatologica di deificazione cui tende l'intero creato, considerato neoplatonicamente nel suo processo di ritorno verso la quiete divina (Scoto Eriugena). La preparazione all'estasi da parte del singolo presuppone un rigoroso esercizio di purificazione morale; in alcuni autori è presente la convinzione che essa sia raggiungibile attraverso una congiunzione intima con il principio divino che abita nell'anima umana (la *scintilla animae* di J. Eckhart); in altri si insiste sulla gratuità della visione estatica, e si sottolinea il suo carattere di dono eccezionale da parte di Dio (Agostino, *Confessiones*, IX). Nella filosofia contemporanea il termine è usato da Heidegger per indicare le tre dimensioni del tempo (*Essere e tempo*, par. 65), in quanto la temporalità è l'essere «fuori di sé» (proiettato verso il mondo presente, o verso il passato e il futuro) dell'«esserci», cioè dell'uomo.

estensione - intensione, binomio che sta alla base della teoria logica del significato delle espressioni linguistiche. Mentre l'intensione di un costrutto linguistico è il concetto che tale costrutto si propone di suscitare o di fatto suscita nel pensiero di chi legge o ascolta, l'estensione è il riferimento oggettuale esterno delle espressioni linguistiche. L'estensione di un termine individuale, per es. un nome, è l'individuo concreto da esso indicato. L'estensione di una proprietà è la classe o insieme degli oggetti che portano quella proprietà. L'estensione di una proposizione è il suo astratto corrispondere o non corrispondere ai fatti (il suo valore di verità). Strumento principe della teoria dell'estensione è la teoria delle classi e degli insiemi. È indubbio che i metodi della logica contemporanea sono fondamentalmente estensionali, che una soddisfacente teoria generale dell'intensione non è ancora disponibile e infine che certe parziali e interessanti teorie intensionali proposte, per es. le logiche modali (→ modalità), ammettono interpretazioni di carattere estensionale. Il predominare dell'estensionalismo è attribuibile al fatto che nella scienza modello del procedere razionale, la matematica, l'intensione non ha mai svolto un ruolo di rilievo.

estetica, termine con cui, a partire dal Settecento, si indica la disciplina filosofica che si occupa del bello e dell'arte. Il primo a usare il termine in questo senso fu A.G. → Baumgarten (*Meditazioni filosofiche su argomenti concernenti la poesia*, 1735). Kant, nella *Critica del giudizio* (1790), chiama «estetico» il giudizio di gusto, e nella Prefazione di quest'opera definisce in generale «estetico» il giudizio che «riguarda il bello e il sublime nella natura e nell'arte». Sia in Baumgarten, sia in Kant, il termine resta legato al significato etimologico originario (in gr. *aisthánomai*, percepisco con i sensi, sento; e *áisthēsis*, sensazione): Baumgarten, infatti, riserva all'estetica il campo delle conoscenze che, provenendoci dalle percezioni, non hanno per oggetto idee chiare e distinte, ma idee confuse e vaghe (anche se non è impossibile, per la riflessione, individuare leggi che regolano questo ambito di conoscenza); Kant, poi, applica l'aggettivo «estetico», oltre che ai giudizi di gusto, anche e innanzitutto alla sfera della conoscenza sensibile: egli chiama appunto «estetica trascendentale», nella *Critica della ragion pura*, la sezione che studia le forme a priori dell'intuizione sensibile, lo spazio e il tempo (si veda la voce seguente). La connessione dell'estetica con il significato etimologico della parola si è ripresentata periodicamente nella storia dell'estetica filosofica, fungendo da punto di riferimento per la costruzione delle teorie del bello e dell'arte; numerose dottrine estetiche, da ultimo l'estetica fenomenologica soprattutto francese, hanno caratterizzato l'esperienza del bello proprio in riferimento prevalente alla percezione sensibile.

Il termine «estetica», nel senso indicato, entra in uso relativamente tardi nella cultura europea perché ciò che esso indica, cioè la disciplina filosofica che si occupa specificamente del bello e dell'arte, nasce solo nel sec. XVIII e si consolida nel XIX. Prima di allora, gli argomenti caratteristici dell'estetica filosofica non sono oggetto di una trattazione unitaria, e sono discussi o in sede di metafisica (per quanto riguarda il problema del bello) o in sede di discipline tecniche specifiche (poetiche, trattati tecnici delle varie arti, ermeneutica ecc.). Quello che manca al pensiero precedente, e che invece rappresenta la condizione della nascita dell'estetica nel senso moderno, è una concezione unitaria delle *arti belle*, che le veda unificate dal comune riferimento alla bellezza e, insieme, per questa stessa ragione, distinte dalle «tecniche», a cui la tradizione anche ha dato a lungo il nome di arti (l'arte del navigare, per es., e l'arte culinaria ecc.).

• *La preistoria dell'estetica.* Sebbene l'estetica come disciplina filosofica specifica sia un fatto moderno, gli elementi sulla cui base essa si costruisce provengono dalla tradizione più antica del pensiero filosofico europeo, che fin dagli albori della filosofia in Grecia ha elaborato sia una dottrina della bellezza sia un insieme di riflessioni sulle arti. Di gran lunga più ricca di interesse filosofico appare, nel pensiero greco arcaico, la riflessione sulla bellezza; essa ci è tramandata da poeti come Omero ed Esiodo, e poi dai frammenti dei presocratici. In questi testi, la bellezza comporta alcuni caratteri che rimangono determinanti per tutta la tradizione successiva: essa è, per es., «luminosità» e splendore del sensibile (così, in Omero, sono belle le armi degli eroi perché sono ornate e rilucenti; è bella la luce del sole e della luna, e bello è l'uomo dall'occhio splendente); e d'altro canto, specialmente a partire dai pitagorici, bellezza è simmetria e proporzione; e ancora, come attesta il potere che Afrodite, dea della bellezza, esercita sull'uomo (per es. in Esiodo), bellezza è forza di persuasione, capacità di attrarre e anche ingannare (un tema vivissimo nel sofista Gorgia). Proprio quest'ultimo carattere del bello costituisce la base di uno dei pochi nessi espliciti tra arte e bellezza che sia riconosciuto dal pensiero arcaico: la poesia, infatti, condivide con la bellezza la forza di persuadere (così in Pindaro, *Nemea* VII, 20-22). La dolcezza della poesia fa di essa una fonte di piacere, e per il potere che esercita sull'animo la poesia appare come un dono degli dei (Omero, *Iliade*, II, 484 sgg.).

Ciò che è detto della poesia, però, nel pensiero arcaico e poi in tutto il pensiero greco, non vale di per sé per tutte le arti; si estende solo a quelle che sono sotto la protezione delle Muse, e cioè i vari generi di poesia, la musica, il mimo, la danza (accanto alle quali, come protette dalle Muse, ci sono anche, per es., la storiografia e l'astronomia). Queste varie attività non sono però guardate, dal pensiero arcaico, come «arte»: tale termine (in gr. *téchnē*) si applica invece a quelle attività che comportano il trattamento di materiali e l'uso di strumenti, e che dunque, implicando un'attività manuale, appaiono al pensiero arcaico come attività servili. Solo con Platone e Aristotele la *téchnē*, per la conoscenza dei principi generali che comporta, si riscatta da questo esclusivo legame con le attività servili ed entra in esplicita connessione con l'*epistémē*, la scienza: Aristotele usa spesso i due termini come sinonimi, quando deve distinguere la conoscenza di principi generali dalla pura e semplice abilità empirica.

La polemica di Socrate e di Platone contro i sofisti, e in genere l'affermarsi della filosofia contro le più antiche forme di sapere mitico-religioso, si ripercuote anche sulla concezione del bello, tendendo a escluderne l'aspetto che il pensiero arcaico aveva accentuato, e cioè la dolcezza, la forza persuasiva, la capacità di «ingannare». Restano alla bellezza gli altri due caratteri, la luminosità e la proporzione, che saranno variamente sviluppati nel pensiero successivo. Per quanto riguarda l'arte, mancandole una esplicita e organica connessione con il bello, e indebolendosi d'altra parte, anche in seguito alla polemica platonica, quel nesso che legava il bello alla poesia attraverso la capacità persuasiva di questa, la teoria si sviluppa come ricerca di una normatività che definisca e specifichi le varie attività. Questa normatività, però, non avendo come proprio valore-base il bello, deve giustificarsi in riferimento ad altri fini, per lo più morali: in questo quadro si inserisce la famosa «condanna» platonica (*Repubblica*, x) della poesia drammatica, che Platone vuole escludere dalla città perché si fonda sulla capacità di imitare (da parte degli attori) o di immedesimarsi in passioni o vicende altrui (da parte degli spettatori), e in ogni caso turba l'equilibrio delle passioni e la piena adesione al proprio ruolo sociale che è richiesta al buon cittadino. Non contrasta con questa condanna della poesia drammatica (ma anzi la conferma, almeno secondo la maggioranza degli interpreti) la dottrina dell'ispirazione del poeta che Platone svolge nello *Ione*: questa dottrina sembra avere infatti un significato polemico, in quanto tende a mostrare che il poeta non è un «tecnico» (nel senso già positivo che ha la *téchnē* in Platone), e cioè non agisce in base a principi e regole razionalmente posseduti, dimostrabili e discutibili. La tradizione ha considerato la condanna platonica della poesia drammatica come una condanna di tutte le arti belle, fondandosi su un altro passo famoso sempre nel libro x della *Repubblica* (597*a*-598 *d*), dove si parla delle arti che imitano la natura (per es. la pittura) come copie di copie, in quanto le cose raffigurate sono già copie delle idee, per cui la raffigurazione artistica della realtà visibile non farebbe che allontanare l'anima dalla visione delle idee. Dato comunque che nell'arte drammatica si riassumeva, per la mentalità dell'epoca, quasi tutto ciò che per noi è l'esperienza estetica, questa estensione della condanna dell'arte drammatica a tutte le arti ha probabilmente delle buone ragioni. Del resto, anche la dottrina aristotelica sull'arte bella è tramandata solo come teoria della poesia drammatica, e in particolare della tragedia (la parte della *Poetica* che trattava della commedia è perduta). Nell'ambito di una concezione delle «arti» come attività che imitano la natura (sia raffigurandola, sia operando finalisticamente e producendo veri e propri organismi), Aristotele concepisce l'arte tragica — contrariamente a Platone — come un momento positivo dell'educazione dell'uomo alla conoscenza e alla virtù, perché nella tragedia si rappresenta la realtà umana «come potrebbe essere» (*Poetica*, 9, 1451*b*,1 sgg.), secondo strutture ideali che spesso, nelle vicende reali che sono oggetto della «storia», si confondono e si perdono. A questa capacità della poesia tragica di rappresentare le strutture essenziali del mondo umano è anche legato il potere che essa ha di produrre la «catarsi» o purificazione dalle passioni. Sebbene in tal modo l'arte tragica si veda conferire una dignità che l'allontana definitivamente dalle arti servili (senza che peraltro Aristotele teorizzi esplicitamente una categoria separata delle «arti belle»), l'aspetto tecnico rimane determinante nella trattazione aristotelica, che si presenta come una minuziosa precettistica sul modo di costruire la tragedia; all'aspetto precettistico della *Poetica* aristotelica si rivolgerà a lungo la tradizione occidentale, e anche dalla discussione di questi temi si svilupperanno le idee che saranno poi riprese, al di fuori di specifici contesti tecnici, dall'estetica filosofica moderna.

• *Platonismo e aristotelismo nell'estetica del pensiero cristiano*. Se, nel processo così sommariamente descritto, la filosofia greca ha gettato le basi per la determinazione dei concetti essenziali su cui lavorerà il pensiero estetico successivo (dalla nozione di bellezza a quella di imitazione, dall'ispirazione alla catarsi), le condizioni per il sorgere dell'estetica filosofica moderna maturano attraverso un lungo periodo in cui si opera un progressivo avvicinamento tra la riflessione sul bello e la riflessione, per lo più tecnica, sulle arti. In termini di eredità del pensiero antico, questi due filoni si possono anche identificare, grosso modo, con l'eredità platonica e con quella aristotelica. La prima agisce soprattutto come base di una metafisica del bello, che vede il bello come uno dei caratteri costitutivi dell'essere, e che permetterà, una volta operata esplicitamente la congiunzione arte-bello, di conferire all'arte una dignità e un peso metafisico (in questo quadro, la tradizione successiva ha per lo più inteso la dottrina dell'ispirazione divina del poeta avanzata dallo *Ione* come un segno della peculiare dignità ontologica della creazione artistica). L'eredità di Aristotele agisce piuttosto sul versante della teoria dell'arte, e con concetti come quello di catarsi e quello di organismo (una pagina della *Poetica* 7, 1450*b* 33 paragona esplicitamente la tragedia a un «animale», *zòlov*, o organismo vivente) pone le basi per individuare la peculiarità di quelle che si chiameranno arti belle rispetto alle tecniche d'altro tipo. Un primo passo nella direzione dell'unificazione fra teoria del bello e teoria dell'arte è compiuto da Plotino, per il quale «le arti recano in sé la bellezza» e, soprattutto, non si limitano a riprodurre le cose sensibili ma (secondo una prospettiva già anticipata nella *Poetica* aristotelica) salgono alle forme ideali che sono il modello degli enti naturali (*Enneadi*, v, 8, 1). Con questa dottrina,

peraltro non sistematicamente sviluppata, Plotino anticipa tematiche dell'estetica romantica e idealistica, che (soprattutto con Schelling) si richiamerà esplicitamente a lui.
Nella stessa direzione dell'unificazione tra teoria del bello e teoria dell'arte si muove il pensiero cristiano della tarda antichità e del medioevo. Da un lato, infatti, nel pensiero medievale si ripropone e si prosegue la distinzione di due linee spesso contrapposte — una metafisica del bello come luminosità (Roberto Grossatesta, san Bonaventura) e una teoria del bello come «numero», misura, proporzione (da sant'Agostino a Boezio, a san Tommaso) — che sembrano riprendere l'opposizione fra teoria del bello e teoria dell'arte, e fra eredità platonica ed eredità aristotelica; ma dall'altro lato il significato più caratteristico del pensiero medievale, preparatorio dell'estetica moderna, sembra da individuare nell'accentuazione del concetto di opera, giacché opera di Dio creatore è il mondo, e il suo carattere, oltre alla verità e alla bontà, è per l'appunto anche la bellezza. Si può ritenere che, in generale, senza la visione cristiana del mondo come opera di Dio, non sarebbe stato possibile pervenire a quella connessione tra opera d'arte e bellezza su cui riposa l'estetica come noi la concepiamo. Accanto al concetto di opera, un altro apporto specifico del pensiero medievale è la nozione di simbolo: in quanto il mondo è opera di Dio, ne reca la traccia, ne comunica i messaggi, ne svela in modo misterioso e indiretto il volto. L'esegesi allegorica della Sacra Scrittura, che soprattutto il medioevo sviluppa (→ allegoria; → simbolo), acquista rilievo anche per la lettura e interpretazione della poesia profana (fin dalla Epistola di Dante a Cangrande della Scala).
• *L'estetica moderna e l'idea delle «arti belle».* Nel pensiero medievale, tuttavia, tutte le cose del mondo sono opera di Dio; e il bello è uno dei trascendentali, cioè dei caratteri generalissimi degli enti in quanto enti. Se queste tesi sono condizioni necessarie per la fondazione remota del concetto di arte bella, esse non sono però condizioni sufficienti. Perché si sviluppino queste ultime, occorre ancora che maturi la consapevolezza tecnica delle singole arti, che si accompagna a profonde trasformazioni della figura sociale dell'artista. Per quanto riguarda la consapevolezza tecnica delle arti, decisive sono le discussioni cinquecentesche intorno alla *Poetica* di Aristotele (quasi sconosciuta nel medioevo, e tradotta per la prima volta in latino, in modo completo, da Giorgio Valla nel 1498), che ebbe vari commenti famosi (il più noto è quello di L. Castelvetro, 1570); ma altrettanto lo sono, per pittura e architettura, le opere di Leon Battista Alberti; e un peso determinante, in sede teorica, hanno anche le discussioni sul valore rispettivo di poesia, pittura, scienza, inaugurate da Cennino Cennini con *Il libro dell'arte* (1400 circa). Per quanto riguarda la trasformazione della figura dell'artista, che vede riconosciuta ed enfatizzata la sua dignità soprattutto sulla base del rinnovato platonismo (M. Ficino, Giordano Bruno), un documento di rilievo sono le *Vite dei più eccellenti architetti, pittori e scultori italiani* di G. Vasari (1550), che danno inizio alla visione moderna dell'artista e del suo ruolo, come distinto da quello del tecnico e dello scienziato (una distinzione che, ancora nell'Alberti e in Leonardo da Vinci, non risultava chiara). La specificità del ruolo dell'artista è riconosciuta sia attraverso l'individuazione delle regole che reggono ciascuna arte, sia anche (soprattutto) attraverso la rivendicazione di un ambito di libertà rispetto a queste regole stesse; sia, infine, attraverso la teorizzazione dell'arte come via d'accesso autonoma all'*idea* (che non è più concepita come un'essenza trascendente, ma come la forma visibile perfetta di ciascuna cosa, che proprio l'artista può cogliere e rappresentare con la forza della sua «immaginazione ideale», come la chiama F. Zuccari nella sua *Idea dei pittori, scultori e architetti*, 1607).
Alla crescente autonomia della figura dell'artista rispetto a quella del tecnico e dello scienziato, si accompagna quel grande evento della storia delle arti e della spiritualità europea che è il passaggio dal rinascimento al manierismo e al barocco. Sul piano dello sviluppo delle idee estetiche, tutto ciò comporta l'emergere del problema dei limiti della libertà inventiva dell'artista, che si intreccia con quello, altrettanto determinante per l'estetica moderna, del nesso fra teoria del bello e teoria dell'arte. La questione dei limiti della libertà inventiva dell'artista viene posta in maniera emblematica nell'*Advancement of Learning* di F. Bacone (1605), che distingue la poesia dalla storia e dalla scienza in quanto, mentre quest'ultima si fonda sul raziocinio e la storia sulla memoria, la poesia è opera della fantasia, che è la facoltà di «fare matrimoni e divorzi illegali fra le cose». La questione del significato, dell'utilità, dei limiti di questi «matrimoni e divorzi» percorre tutta la riflessione sull'arte del Seicento, che si confronta con una produzione artistica dove ha un peso determinante il *wit*, l'arguzia o ingegnosità barocca. In generale, il pensiero sei-settecentesco risolve il problema o cercando di individuare criteri oggettivi della bellezza, che trova nei grandi modelli classici (→ classicismo); o volgendosi a criteri soggettivi, che si riassumono nella nozione di → gusto. Il gusto, sebbene soggettivo, non manca di un suo fondamento «universale»: i criteri in base ai quali esso giudica non appaiono infatti legati alla soggettività empirica, ma alla natura universale dell'uomo: il gusto si lega così al sentimento (per es. in P.D. Bouhours, J.B. Dubos), alla fantasia (in Hume), all'«intelletto intuitivo» (in J.J.

Bodmer, J.J. Breitinger, A. Shaftesbury) che è caratteristico del → genio. Attraverso la riflessione sul gusto si delinea un insieme di concetti nuovi, che caratterizzano specificamente l'estetica moderna: oltre a quella di gusto, cioè, le nozioni di fantasia, di sentimento, di genio, di intuizione.

Una prima sistemazione filosofica rigorosa di questi concetti è fornita dalla *Critica del giudizio* di Kant: in essa, attraverso l'analisi della specifica universalità che è propria del giudizio di gusto e che ha peculiari legami con il «senso comune» — modo di sentire condiviso da una comunità umana insieme effettiva e ideale (*Critica del giudizio*, par. 22) — vengono anche poste le basi di quella connessione tra estetica e filosofia della storia che sarà caratteristica del pensiero romantico. Tale connessione era del resto già stata indicata da G.B. Vico con la *Scienza nuova* (1725), che però era rimasta opera pochissimo conosciuta ai suoi tempi, e non aveva potuto esercitare un influsso di rilievo nello sviluppo dell'estetica e della filosofia del sec. XVIII.

• *Arte e storia. La «dissoluzione» dell'estetica.* Il rapporto arte-storia (e arte-società) è il modo caratteristico in cui il sec. XIX elabora il nesso, raggiunto per vie diverse nel Settecento, tra arte e bellezza; e ciò nel senso che la bellezza a cui l'arte mira non può essere altro che il carattere di una umanità «conciliata» (come è nel caso di F. → Schiller); o nel senso che non c'è altra bellezza se non quella realizzata dall'arte, come vuole Hegel, che però vede poi l'arte come uno dei momenti supremi della liberazione dello spirito che si attua complessivamente come processo storico. Con Hegel (e in certa misura anche con gli altri grandi pensatori idealisti, come Fichte e Schelling) l'estetica, appena costituita, già va incontro a un processo di dissoluzione, in quanto rientra nella filosofia della storia: tale dissoluzione è del resto chiaramente implicata dalla nota teoria hegeliana della «morte dell'arte» o, meglio, del suo carattere di passato (cfr. *Lezioni di estetica*, Introduzione, I, 2).

Questa peculiare tendenza che mostra l'estetica moderna (e probabilmente la filosofia in generale), appena costituitasi in Kant, a dissolversi, sembra in qualche modo segnare il destino della riflessione sul bello e sull'arte anche nella cultura contemporanea. Sebbene i sistemi estetici proposti nei due secoli che ci separano da Kant siano numerosi e vari, si possono riassumere in quattro grandi gruppi: estetiche di ispirazione kantiana e neokantiana; estetiche di ispirazione hegeliana; estetiche di ispirazione positivistica; estetiche «critiche». Quelle di ispirazione kantiana sono le sole, in definitiva, nelle quali si mantenga davvero la fisionomia dell'estetica come disciplina filosofica specifica dedicata all'indagine sul bello e sull'arte. Nell'estetica di Hegel, come si è visto, l'indagine sul bello e sull'arte tende a venire assorbita in una teoria generale dello spirito e del suo sviluppo storico, nella quale la stessa esperienza estetica è solo un momento provvisorio, destinato a essere storicamente superato. Nell'estetica positivistica — esemplificata in H. Taine — e in tutte le posizioni che variamente si richiamano a essa, l'indagine sul bello e sull'arte tende a trasformarsi in una ricerca di tipo scientifico-positivo sugli oggetti che di fatto ci sono stati tramandati sotto queste categorie, che però finiscono per coincidere con il più vasto ambito dei prodotti culturali in genere (con la conseguente dissoluzione dell'estetica nell'antropologia, nella sociologia, nella psicologia ecc.). Nelle estetiche che si possono chiamare «critiche», infine, assurge a tema centrale la messa in discussione della stessa legittimità della nozione di arte, di bellezza, di esperienza estetica in genere.

I quattro filoni che così si sono individuati non si presentano nettamente distinti, ma costituiscono piuttosto le componenti, presenti in gradi diversi, delle principali prospettive estetiche tra Otto e Novecento. Una ripresa del kantismo, già all'epoca di Hegel, era stata l'estetica di Schopenhauer (*Il mondo come volontà e come rappresentazione*, III), che mette a frutto, enfatizzandone il senso metafisico, la nozione kantiana del «disinteresse» estetico. In un orizzonte neokantiano si muove poi anche l'estetica di E. Cassirer, che ha avuto largo seguito in America attraverso l'opera di S. Langer, e che individua l'arte come una specifica forma simbolica distinta dalle altre, sulla stessa base sulla quale Kant distingueva l'esperienza estetica da quella conoscitiva e da quella morale. Prosegue invece la linea inaugurata da Hegel l'estetica marxista nelle sue varie formulazioni: da quella più classica di G. Lukács — che conferisce all'arte, nella misura in cui è autenticamente «realistica», la funzione di rappresentare la dinamica profonda della società in cui sorge, assolvendo così a una funzione progressiva e talora rivoluzionaria — alla formulazione più critica e aperta all'esperienza delle avanguardie artistiche proposta da E. Bloch (soprattutto in *Spirito dell'utopia*), per il quale l'arte si configura come una forma della coscienza anticipante, consapevolezza fantastica del fine utopico che guida la storia dell'umanità verso l'emancipazione dall'alienazione. In questa prospettiva, che è condivisa in varia misura da pensatori come W. Benjamin, Th.W. Adorno, H. Marcuse, l'autonomia della dimensione estetica dell'esperienza è mantenuta (e dunque l'estetica non è dissolta) solo in quanto il fine del riscatto della storia dall'alienazione si configuri come radicalmente utopico, cioè come un ideale regolativo che non può mai realizzarsi storicamente (cfr. Marcuse, *La dimensione estetica*,

1977). Ma al di là di queste forme più dirette di ripresa di Kant, di Hegel e di Marx, gran parte delle estetiche novecentesche si collocano piuttosto in posizioni intermedie tra Kant e Hegel: è il caso, anzitutto, dell'estetica di B. Croce, la cui revisione di Hegel tende a evitare, fra l'altro, l'esito della morte dell'arte (come momento superato dall'esperienza storica), e ottiene questo risultato fissando, in modo sostanzialmente kantiano, una sfera dell'esperienza estetica, concepita come momento dell'intuizione del particolare, accanto a quella dell'esperienza concettuale. Un discorso analogo, tradotto però in termini pragmatistici e naturalistici, si può fare per J. Dewey: «estetico» è il momento «fruitivo» che si incontra in ogni esperienza, e che può venir tematizzato attraverso la produzione di oggetti «percepibili come beni immediati», in cui la struttura finalistica è realizzata senza scopi ulteriori (e sono queste le opere d'arte).

Specificamente all'eredità del positivismo si collegano invece tutte le estetiche di tipo scientifico, anche quando a tale eredità non si richiamano in modo esplicito; in questo tipo di ricerche, l'estetica si trasforma per lo più in psicologia o in sociologia dell'arte, o in antropologia culturale, o in linguistica. Gli inizi di una sociologia dell'arte si possono trovare nell'Ottocento in H. Taine; nel Novecento, in una prospettiva più materialistico-dialettica che positivistica, si deve ricordare il nome di L. Goldmann. Quanto alla psicologia sperimentale applicata ai problemi estetici, la via è stata aperta nel secolo scorso dalle ricerche di G.T. Fechner e di Th. Lipps; a questa tradizione si ricollegano in anni recenti autori come M. Bense, A. Moles, R. Francès. I contributi più originali allo studio dei problemi estetici con metodi scientifici vengono però dai linguisti. La nozione di uso estetico della lingua era presente anche nell'estetica del Settecento; ma è solo con la fondazione della linguistica su basi nuove a opera di F. de → Saussure che diventano possibili approcci sistematici ai problemi dell'estetica. Ciò che distingue i vari approcci è l'attenzione ad aspetti diversi del linguaggio, o il riferimento a metodologie diverse. Così, per es., una delle teorie più originali del linguaggio poetico, quella di R. Jakobson, utilizza, nel caratterizzare la «funzione poetica» del linguaggio, la nozione di funzione linguistica introdotta dal Circolo di Praga e la distinzione saussuriana tra asse sintagmatico (della combinazione) e asse → paradigmatico (della selezione) del linguaggio, giungendo a definire la funzione poetica (cioè quella che pone l'accento non tanto su ciò che si dice, quanto su «come» lo si dice) nel modo seguente: «la funzione poetica proietta il principio d'equivalenza dall'asse della selezione all'asse della combinazione». In altri termini: ciò che contraddistingue l'uso poetico della lingua è il fatto che, nello scegliere un elemento linguistico da «combinare» con un altro, ci si lascia guidare da quello stesso criterio di equivalenza (fonica, prosodica, semantica ecc.) che presiede alla costituzione dei paradigmi (cioè di gruppi di elementi linguistici accomunati dal fatto di essere, appunto, simili dal punto di vista fonico, semantico, prosodico ecc.).

L'estetica filosofica in senso proprio sembra essere andata in crisi, ed è in questo senso anzitutto che si può parlare di una direzione «critica» nell'estetica novecentesca. Tale crisi si può far risalire a Nietzsche e alla sua polemica contro «l'arte delle opere d'arte» (*La gaia scienza*, 89; *Umano troppo umano*, II 175), e si svolge successivamente attraverso autori come W. Benjamin (autore di un decisivo saggio su *L'opera d'arte nell'epoca della sua riproducibilità tecnica*, 1936) e Heidegger (*L'origine dell'opera d'arte*, 1935-36). Per questi autori, ai quali si deve avvicinare, per gli aspetti meno hegelo-marxisti del suo pensiero, Th.W. Adorno (*Teoria estetica*, 1970), la crisi dell'estetica filosofica non consiste tanto nella sua dissoluzione in altre forme di sapere, ma nella costitutiva instabilità dell'esperienza estetica stessa, la quale, in Heidegger almeno, si connette esplicitamente con l'«essere-per-la-morte» che caratterizza l'esistere dell'uomo. *G. Va.*

• *Sviluppi dell'estetica contemporanea.* Il declino del modello strutturalista (→ strutturalismo) nelle scienze umane, predominante negli anni Sessanta e Settanta, sembra aver ceduto il passo a una nuova *koiné*, a un nuovo linguaggio comune dell'estetica di oggi, quello che, sulla traccia di *Verità e metodo* di H.G. Gadamer (1960) e, attraverso lui, di Heidegger, pensa che «l'estetica deve risolversi nell'ermeneutica». Gadamer rivendica l'esperienza dell'arte come esperienza di verità, contro le pretese dello scientismo; e colloca questa esperienza di verità nel momento dell'interpretazione, che mette in gioco e modifica profondamente, quando è un'esperienza autentica, il mondo e la vita dell'interprete. All'effetto dell'esperienza estetica sullo spettatore e lettore guarda anche in modo privilegiato l'«estetica della ricezione» di H.R. Jauss, che, insieme a W. Iser è l'esponente principale della scuola di Costanza. Per Jauss, l'opera si configura come risposta a un interrogativo e si ripropone come tale a colui che leggendola se ne fa ricettore. Si delinea così la peculiarità storica della letteratura, i cui momenti essenziali sono la *póiēsis*, l'*áisthēsis* e la *kátharsis*; in essi prendono forma rispettivamente il momento produttivo, quello ricettivo e quello comunicativo. Queste premesse dell'estetica della ricezione vengono sviluppate da Iser dal punto di vista dell'atto di lettura come vera coproduzione del testo. Ermeneutica e teoria della ricezione, insieme a varie prospettive che riprendono l'eredità di E. Bloch e della scuola di

Francoforte (W.F. Haug, Th. Meschke, P. Bürger) costituiscono i principali contributi della cultura filosofica tedesca al dibattito estetico contemporaneo. La voce della tradizione filosofica francese è presente in questo dibattito soprattutto attraverso l'opera di J.-Derrida e J.-F. Lyotard. Le tesi derridiane della → decostruzione e del primato della scrittura sulla parola viva pongono le premesse per una cancellazione della differenza tra generi letterari, e anche di quella fra letteratura e filosofia. Diverso è l'atteggiamento di Lyotard, che, soprattutto nella prima fase del suo pensiero (quella più direttamente interessata all'estetica) imposta la sua critica al razionalismo del pensiero occidentale sulla base di una rivendicazione del «figurale» e opponendo il momento iconico del pensiero al logocentrismo dominante nella tradizione filosofica. Oltre che da Derrida e Lyotard, l'estetica filosofica francese degli ultimi decenni è segnata dalla presenza della tradizione fenomenologica (alla quale del resto anche Derrida e Lyotard si ricollegano, almeno per la loro formazione): così, M. Dufrenne ripropone un'estetica fondata sul nesso arte-natura, in cui quest'ultima viene vista come «potenza del possibile», una sorta di inesauribile risorsa che si compie nell'opera intesa insieme come apparenza e come verità ultima del reale. Alla portata ontologica e veritativa delle metafore inventate dall'arte guarda anche P. Ricoeur, che propone inoltre una conciliazione, nella considerazione dell'esperienza estetica, tra momento epistemologico e momento ermeneutico: quest'ultimo, che integra il significato del testo nella viva esperienza del lettore, non può fare a meno di una considerazione obiettiva del testo che lo affronti anche con gli strumenti della filologia e dell'analisi strutturale. La ricerca estetica di Ricoeur è culminata in *Tempo e racconto* (1983-85), che analizza la struttura narrativa per riconoscere il suo carattere di apertura di mondi possibili.

La teoria della letteratura sembra dunque costituire uno dei momenti centrali dell'attuale riflessione estetica. È ciò che conferma nell'ambito della cultura americana la cosiddetta scuola di → Yale: in particolare, P. De Man, che come tutta la scuola si richiama largamente a Derrida, cerca di penetrare le ambiguità di un linguaggio riflessivo come quello letterario che, già nel suo prodursi, costituisce il migliore esempio di decostruzione. Per parte sua, H. → Bloom enfatizza il valore di verità insito nella poesia e, soprattutto, omologa critica e creazione attribuendo a entrambe i classici caratteri del genio.

Anche la recente estetica italiana rispecchia, in molti suoi aspetti, la centralità dell'ermeneutica per la considerazione filosofica dell'arte. Non mancano però eccezioni significative, come i lavori di L. Anceschi e della sua scuola, che si collegano all'eredità di A. Banfi e propongono una fenomenologia critica e una «sistematica dell'arte» attenta principalmente all'analisi delle poetiche e degli stili. Fin dall'inizio (negli anni Quaranta) orientata alla prospettiva ermeneutica è stata invece l'estetica della formatività di L. Pareyson. L'atto interpretativo possiede una caratteristica di infinità perché nella formazione dell'opera si condensa già un infinito, quello dell'artista in quanto persona in rapporto originario con l'essere. Le due direzioni aperte da questa teoria estetica, quella dell'apertura dell'interpretazione, e quella del radicamento ontologico dell'arte, sono stati sviluppati, tra altri, da due degli scolari di Pareyson, U. Eco (soprattutto con *Opera aperta*, 1967) e G. Vattimo (*Poesia e ontologia*, 1967). *S. Gi.*

estetica trascendentale, espressione con cui Kant designa la dottrina della sensibilità (prima parte o sezione della *Critica della ragion pura*), attenendosi rigorosamente all'etimo della parola «estetica», in contrasto con il significato di «dottrina del bello» che già le aveva dato A.G. Baumgarten (si veda la voce precedente). L'estetica trascendentale si contrappone alla «logica trascendentale» (dottrina dell'intelletto e della ragione) in quanto, secondo Kant, la sensibilità si distingue nettamente dall'intelletto e dalla ragione. Questa tesi è rivolta essenzialmente contro Leibniz e Ch. Wolff, per i quali la differenza fra la sensibilità e l'intelletto era solo di grado (a seconda della minore o maggiore distinzione di una rappresentazione), mentre per Kant si tratta di una differenza irriducibile di funzioni, poiché i sensi intuiscono, ma non pensano, e l'intelletto e la ragione pensano, ma non intuiscono. L'intuizione è per Kant la conoscenza diretta di ciò che è singolo (di contro al «concetto», conoscenza mediata dell'universale); e l'unica intuizione di cui sia dotato l'uomo è quella sensibile: è ricettività, o facoltà di venire «affetti», dalle sensazioni. Queste forniscono la materia dell'intuizione sensibile, proveniente dall'esterno; la quale viene però accolta nelle forme dello spazio e del tempo. Definire lo spazio e il tempo come «forme della sensibilità» significa negarne (contro Newton) l'oggettività, o indipendenza dalla nostra facoltà conoscitiva; e a questa negazione si riduce l'«idealismo» di Kant.

L'estetica trascendentale fissa così tanto questo lato del pensiero di Kant quanto il lato opposto, quello realistico, dipendente dalla tesi della sensibilità come ricettività quanto alla materia. Dello spazio e del tempo Kant illustra la apriorità o indipendenza dall'esperienza, e il carattere non concettuale: essi sono totalità infinite, omogenee, continue, cioè divisibili all'infinito, sicché ogni parte di essi risulta da una limitazione. Sulla apriorità dello spazio e del tempo si fondano particolarmente, secondo Kant, le scienze matematiche; ma ciò non significa che per questa sia sufficiente la sensibilità. La matematica richiede infatti l'operare intellettuale delle categorie della quantità (come Kant chiarisce nel corso dell'«analitica trascendentale»); solo che esse non avrebbero su che operare, senza le forme dello spazio e del tempo. D'altra parte, per Kant la matematica sarebbe un puro gioco, privo di significato conoscitivo, se non si applicasse alla materia sensibile; ma questa applicazione è garantita automaticamente per il fatto che tale materia non si dà all'uomo fuori delle forme dello spazio e del tempo.

eternità - tempo, opposizione istituita all'interno di diverse concezioni realistiche del tempo, quando il primo termine non viene definito come una durata o una estensione temporale senza inizio né fine, bensì come un'esistenza immutabile e atemporale. Nel primo senso, infatti, il problema dell'eternità riguarda piuttosto l'infinitezza o meno del tempo fisico: nel pensiero classico, esso si configura o come il darsi o meno di un inizio del cosmo (affermato da Platone e negato da Aristotele); o come il contrasto fra due modelli alternativi della durata infinita, quello della ciclicità e quello della successione aperta rappresentata dalla retta o dalla serie numerica (presenti di nuovo, rispettivamente, nella cosmologia platonica e in quella aristotelica). Tuttavia, un'eternità in senso più proprio, superiore a quella di un tempo fisico infinito, è prevista dal Platone tardo (*Timeo*, *Parmenide*), quella dell'*aiôn*: non semplice negazione del tempo, ma struttura atemporale in cui hanno luogo gli eventi e i processi temporali e che perciò assume nei confronti del tempo una priorità ontologica (concezione assunta, attraverso il neoplatonismo, dalla teologia e dalla metafisica cristiane). Aristotele, per contro, muovendo dalla sua definizione del tempo fisico come ordine misurabile del movimento (*Fisica* IV, 11), ritiene validi entrambi i sensi di eternità. Da un lato, infatti, il mondo (fuori del quale non c'è spazio, né vuoto, né tempo) abbraccia l'intera estensione del tempo e quindi la sua durata può dirsi eterna (*De caelo*, I, 9). Dall'altro, le sostanze immobili, i motori celesti, sono eterne nel senso di trovarsi fuori del tempo, e cioè di non subirne l'azione (*Fisica* IV, 12). Questa distinzione aristotelica è rimasta classica nella cosmologia successiva: ripresa da Boezio (*De consolatione* V, 6) venne poi fissata terminologicamente da Tommaso d'Aquino, che introdusse inoltre la nozione intermedia di durata temporale indefinita (*aevum*), propria delle cose soggette al movimento locale, ma per il resto immutabili, come i cieli. Estremo esito razionalistico della speculazione scolastica, prima che ogni concezione realistica del tempo venisse colpita dagli argomenti di Kant, può essere infine considerato l'argomento di Spinoza. Questi identifica l'eternità con l'esistenza della sostanza divina, in quanto implicita nella sua essenza e quindi necessaria indipendentemente da una eventuale durata infinita (*Etica* I, def. 8): concepire le cose *sub specie aeternitatis* equivale pertanto a concepirle come manifestazioni dell'essenza divina, e dunque ad avere conoscenza di Dio (*ibid.* V, def. 30).

eterogenesi dei fini, legge formulata dallo psicologo e filosofo W. → Wundt.

eteronomia, opposto di → autonomia.

etica, termine introdotto nel linguaggio filosofico da Aristotele (che per primo parla di una *ēthikḗ theōría*, per es. in *Analitici posteriori*, 89*b* 9) a indicare quella parte della filosofia che studia la condotta dell'uomo, i criteri in base ai quali si valutano i comportamenti e le scelte (in gr. *ēthikós* deriva da *êthos*, che significa «comportamento, costume»). Per lo più, la filosofia non si è limitata a descrivere la condotta morale e i valori che la orientano, sebbene spesso abbia sostenuto di proporsi solo questo compito: essa ha anche inteso fornire indicazioni su quali criteri e valori devono essere rispettati da chi agisce. Si possono dunque distinguere un aspetto descrittivo e uno normativo dell'etica; ma la distinzione ha un valore puramente orientativo, giacché di fatto le etiche filosofiche hanno sempre confuso e sovrapposto i due aspetti. Un'altra distinzione che vale come criterio di orientamento è quella tra *moralità* ed *eticità*. Essa è stata introdotta da Hegel (*Filosofia del diritto*, par. 106 sgg.; par. 142 sgg.), per il quale moralità indica l'aspetto soggettivo della condotta, per es. l'intenzione del soggetto, la sua disposizione interiore; mentre eticità indica l'insieme dei valori morali effettivamente realizzati nella storia (per Hegel, forme dell'eticità sono istituzioni come la famiglia, la società civile, lo stato). Si può dire che la riflessione della filosofia sui problemi etici si sviluppa soprattutto nei momenti di crisi dell'eticità in senso hegeliano, quando la compattezza e continuità di un mondo di valori si incrina, le norme che parevano ovvie vengono messe in discussione e non funzionano più i consueti criteri di legittimazione, i principi riconosciuti per stabilire ciò che è bene e ciò che è male.

• *La rottura della «comunità» primitiva e il sorgere dell'etica in Grecia.* È quanto accade al momento della nascita dell'etica filosofica europea: i primi a porre il problema morale nel senso filosofico sono Socrate e i sofisti, nella *pólis* del sec. V a.C., dove una nuova classe egemone, arricchitasi attraverso l'intraprendenza commerciale, si va sostituendo alla nobiltà terriera che ha dalla sua il diritto della nascita: mentre nel greco preclassico *agathós* è il termine che indica il buono e insieme chi è nobile, e *aretḗ* indica sia la virtù sia la nobiltà di stirpe, queste identificazioni non sono più ovvie per i filosofi del sec. V. I sofisti sostengono che la virtù è insegnabile, giacché consiste sostanzial-

mente in un complesso di regole tecniche per il corretto vivere in società. In tal modo, il criterio di legittimazione passa dalla nobiltà della stirpe alla funzionalità sociale dei comportamenti, al successo che essi riescono a garantire. Contro questo tipo di legittimazione, legato alle circostanze e a fattori incontrollabili (ricchezza, fortuna, abilità retorica), Socrate e poi Platone rivendicano il riferimento dei giudizi morali a metri certi: alle idee (→ idea), guardando alle quali ogni uomo ragionevole può riconoscere il giusto e l'ingiusto. Platone, tuttavia, è molto sensibile al nesso, su cui avevano insistito i sofisti, tra virtù e politica; al punto che, secondo lui, non tutte le virtù sono prescritte a tutti, ma diverse virtù devono corrispondere ai diversi ruoli sociali che ciascuno ricopre. Il criterio del bene resta comunque legato alle idee: non solo nel senso che esse, nella loro definita immobilità, garantiscono sicuri giudizi morali; ma anche e soprattutto nel senso che il massimo bene per l'uomo è innalzarsi alla contemplazione delle idee, senza ulteriori fini pratici. Questa tesi platonica rimarrà viva nella tradizione occidentale come un permanente elemento di *ascetismo*: innalzarsi alle idee vuol dire infatti metter da parte le emozioni e ogni legame con il mondo sensibile. Solo in alcuni periodi storici, come nel rinascimento e in età romantica, l'ascesa platonica alle idee sarà interpretata prevalentemente come un movimento ispirato all'eros.
Mentre con la dottrina delle idee Platone ha preteso di fondare l'etica in maniera rigorosa in analogia alla matematica, Aristotele teorizza esplicitamente che l'etica non può aspirare al rigore della geometria (*Etica nicomachea*, I, 3). Coerentemente con questa posizione, Aristotele costruisce la sua etica in un confronto molto puntuale con il costume, le tradizioni esistenti, le istituzioni politiche. Il principio di legittimazione non è per lui né l'efficacia pratica e politica della condotta (come per i sofisti), né la struttura metafisica dell'essere (come per Platone): esso va ricercato nelle disposizioni o facoltà (*dynámeis*) che appartengono naturalmente agli esseri umani. La natura dell'uomo è un insieme di facoltà che portano scritta, nello stesso impulso che le muove ad attuarsi, la legge del loro uso: la vista è fatta per vedere, il sesso per la riproduzione, e così via. Per la prima volta in modo sistematico, l'etica viene così fondata sulla *natura*. Natura significa qui sia il principio che muove ciascun individuo (e le sue facoltà) dall'interno, sia la totalità del cosmo dal cui ordine tutti quei movimenti e quelle tendenze dipendono. Solo nel quadro di questa fondazione naturale dell'etica Aristotele mantiene il privilegiamento platonico della contemplazione delle idee: poiché la facoltà più alta dell'uomo è il pensiero, il sommo bene, la perfezione e la felicità per l'uomo consistono nell'esercizio del pensiero; il quale ha massima dignità quando si applica agli oggetti più alti, cioè a Dio stesso.
Aristotele rappresenta il punto di arrivo dell'etica classica: la sua fondazione dell'etica sulla natura risolve i problemi che, nei pensatori precedenti, compreso Platone, erano rimasti aperti a causa dell'ambiguità tra legittimazione metafisica e legittimazione politico-civile della moralità della condotta. L'equilibrio raggiunto da Aristotele non dura tuttavia nel pensiero dei filosofi dell'età ellenistica. Mentre per lui l'inclinazione naturale delle facoltà era attestata dal costume e dalle leggi della città — di modo che l'etica era bensì fondata sulla natura, ma in armonia con tradizioni, leggi, costumi effettivamente esistenti, — la fine della *pólis* antica e il sorgere dei grandi imperi (quello di Alessandro e poi quello romano) mettono la riflessione filosofica di fronte a una situazione nella quale sempre meno l'etica può cercare legittimazione nella comunità politica, le cui dimensioni mondiali ne fanno un'eredità remota e astratta. L'etica dello stoicismo e quella dell'epicureismo mancano ormai di ogni riferimento alla comunità. La natura rimane termine di riferimento decisivo, con l'esclusione di ogni mediazione nel costume e nella tradizione. Per gli stoici, la virtù è vivere secondo natura; ma questa è pensata soprattutto come un ordine rigoroso legato da nessi di necessità (→ fato), alla quale non si sfugge. Virtù sarà dunque fare consapevolmente ciò che, comunque, non potremmo non fare: nasce in tal modo un ideale etico che avrà molto seguito nella tradizione occidentale, fino a Spinoza. Poiché salta ogni riferimento al costume, l'etica stoica è un'etica cosmopolitica, che ha di mira tutta l'umanità, anche se si sottomette asceticamente ai *doveri*, come appare dal manuale di Epitteto e dagli scritti di Cicerone. Anche l'epicureismo si richiama alla natura per fondare la propria morale; ma natura non significa per Epicuro ordine necessario, bensì gioco di forze casuale, da cui l'uomo non deve aspettarsi premi o castighi, e in cui non deve cercare guida per l'azione. Unica saggezza è la ricerca del piacere (→ edonismo); il piacere più alto, tuttavia, che dà la beatitudine, non è il più intenso, ma è l'assenza di turbamento, l'→ atarassia, il vero ideale etico epicureo.

• *Etica e salvezza.* L'etica della tarda antichità è tutta dominata dall'eredità di stoicismo ed epicureismo, e preannuncia una serie di temi nuovi che saranno propri dell'etica moderna, in particolare il riferimento all'individuo, anche se questi è sempre ancora il saggio, il dotto, non l'uomo comune. Saggi e dotti, tuttavia, possono divenire anche gli schiavi: questo modo di pensare è segno dei tempi; il cristianesimo si inserisce in una cultura che coinvolge nel problema etico le masse. Alle masse fanno appello anche altri orientamenti filosofici tardoantichi, intrisi di misticismo orientale, cui si collega il → neoplatonismo; per il quale, conformemente agli aspetti più ascetici dell'etica platonica, la virtù consiste nell'innalzarsi all'Uno da cui tutte le cose derivano, liberandosi dalla dipendenza della sensibilità, dalle passioni, dalle apparenze sensibili. Questo orientamento svalutativo delle realtà mondane prevale nell'etica cristiana dei primi secoli, esemplificata da pensatori come Origene e sant'Agostino. Il detto agostiniano «ama e fa' ciò che vuoi» è l'emblema di un pensiero in cui l'etica certo non è assente, ma non si configura più come un sistema di regole per il retto operare. Al centro dell'etica cristiana di sant'Agostino c'è la comunità ecclesiale. Solo appartenendo a essa l'uomo può sperare la salvezza; la salvezza è grazia, dono di Dio, e tuttavia intrattiene con la condotta dell'uomo su questa terra complessi rapporti, che danno luogo alla problematica della predestinazione. L'uomo ha bisogno di salvezza perché nasce già con la macchia del peccato originale: nulla di ciò che egli fa ha valore se non c'è la grazia di Dio; per questo il problema etico passa in secondo piano rispetto a quello dell'appartenenza alla chiesa come comunità dei salvati da Dio in Gesù. Poiché la salvezza è un fatto interiore, l'attenzione del pensiero etico cristiano si concentra sulle condizioni soggettive dell'azione morale (la retta intenzione piuttosto che gli effetti dell'atto), e questo è uno degli elementi originali rispetto all'eredità etica antica. Inoltre, ponendo il problema morale in relazione alla storia biblica di creazione, peccato, redenzione, sant'Agostino introduce nel pensiero filosofico il tema del rapporto tra etica e filosofia della storia. Ciò che accade nella storia appare in questa luce come una vicenda legata da nessi, misteriosi ma effettivi, con il piano redentivo di Dio: la storia della città terrena rinvia a quella della «città di Dio».

L'etica cristiana dei secoli successivi darà particolare sviluppo al rapporto tra salvezza ultraterrena e costruzione della città terrestre: soprattutto dopo la nascita dell'impero carolingio, nel sec. IX, la chiesa si troverà a dover formare l'ossatura del mondo profano, educando il popolo e le classi dirigenti. Il modello ideale di vita è quello religioso realizzato dai monaci (→ monachesimo). Ma — come accade nella stessa vita monastica con il motto benedettino «ora et labora» — accanto alle virtù teologali (fede, speranza e carità), che riguardano il rapporto con Dio, si fa strada la considerazione delle virtù «cardinali» (prudenza, fortezza, giustizia e temperanza), ossia delle quattro virtù morali già indicate da Platone (*Repubblica* 433*a-e*) come quelle che regolano la condotta dell'uomo nei confronti delle realtà terrene. Attraverso pensatori quali Scoto Eriugena, Abelardo, san Bernardo, si prepara anche sul piano dell'etica la sintesi di san Tommaso. Egli riprende l'impostazione aristotelica e riporta la morale alla natura intesa come insieme di facoltà che l'uomo deve esercitare secondo ragione.

• *L'etica del mondo laico: natura e società.* L'etica cristiana come si svolge tra sant'Agostino e san Tommaso costituisce una legittimazione della moralità in relazione a una totalità in cui l'uomo è inserito: la chiesa e la storia della salvezza; nella interpretazione che di quest'etica dà per es. Dante, gli orizzonti entro cui si inquadra l'esistenza umana sono la chiesa e l'impero. L'etica moderna nasce con la rottura di queste totalità inglobanti che garantiscono la legittimazione. L'esistenza, non più inclusa entro tali cornici (per una molteplicità di ragioni di carattere storico che si confondono con lo stesso evento della «modernità»), muta anche i propri caratteri costitutivi; nasce cioè anche un nuovo modo di vedere l'individuo, che è testimoniato, oltre che dai documenti letterari e artistici (si pensi al *Gargantua* di F. Rabelais), dalla riflessione di un autore come Montaigne, cui si collegano i moralisti francesi dei secc. XVI e XVII (P. Charron, F. de La Rochefoucauld; lo stesso B. Pascal). La condotta morale è qui sottoposta a un'analisi che ne mostra i moventi nascosti, gettando una luce problematica sulla stessa libertà, che sembra il supporto di ogni possibile discorso etico. La libertà del soggetto agente viene del resto revocata gravemente in dubbio anche nell'ambito teologico dal pensiero della riforma protestante, che riprende e radicalizza posizioni già di san Paolo e di sant'Agostino. Al di fuori dell'ambito teologico, accanto all'analisi pessimistica dei moralisti francesi, si afferma nell'etica moderna un atteggiamento che, pur essendo radicalmente realistico, si propone fini di costruzione e di fondazione dell'impegno umano nel mondo, che vede aprirsi nuove possibilità con le applicazioni tecniche della scienza. A questo impegno guarda soprattutto F. Bacone. Ma non è ancora la tecnica il problema centrale dell'etica nei primi secoli dell'età moderna; rimane invece il rapporto tra legge morale e legge positiva; o tra natura e società. La rottura dell'unità dell'Europa cristiana, le guerre, di religione e non, che oppongono fra loro i nuovi stati nazionali, e d'altra parte i primi grandi viaggi e la scoperta di culture diverse, fanno sorgere la problematica del rapporto tra legge di natura e leggi positive che viene elaborata dal → giusnaturalismo.

La tematica del diritto di natura è comune a tutta la tradizione etica moderna; il significato del termine «natura» muta però profondamente presso i vari autori. Mentre in U. Grozio la natura resta la fonte di una legge che è al di sopra di tutte le leggi positive e serve di metro per valutarle, in Hobbes «natura» è soprattutto l'impulso all'autoconservazione, che determina tutti i comportamenti dell'uomo. In quanto spinto naturalmente a conservare la propria esistenza fisica e a espandere il proprio potere sulle cose, l'uomo è in linea di principio ostile a ogni altro uomo (*homo homini lupus*). Solo il calcolo razionale del vantaggio e della sicurezza lo induce a imporsi il vincolo sociale (→ contrattualismo) e le leggi. Due elementi di portata generale e caratteristici dell'etica moderna si annunciano così nel pensiero di Hobbes: l'idea che la legge sia un prodotto «artificiale», elaborato cioè dall'uomo in base a un calcolo di vantaggi e svantaggi; e l'idea che la condotta umana sia mossa da un impulso fondamentale che la determina necessariamente, di modo che l'etica può descrivere la condotta in maniera rigorosa, come fa la fisica con il moto dei corpi (giacché l'impulso all'autoconservazione è un po' come il principio d'inerzia della fisica galileiana). Con presupposti diversi, ma con la stessa fiducia nel modello della scienza (non tanto la fisica, come in Hobbes, quanto la matematica), si muove Spinoza nell'*Ethica more geometrico demonstrata*. L'idea di una descrizione scientifica del comportamento umano Spinoza la trova non solo in Hobbes, ma soprattutto in Cartesio, che nelle *Passioni dell'anima* pone le basi per una concezione dell'etica ispirata al → meccanicismo caratteristico della scienza moderna. Nella prospettiva che vede l'uomo come un insieme di meccanismi rigorosamente legati da nessi causali, l'etica rischia però di vanificarsi: Hobbes la mantiene come un insieme di regole trovate dalla ragione per servire all'istinto di conservazione, che determina in generale tutta la condotta; mentre Spinoza, con l'idea di un «amore intellettuale di Dio», addita come compito etico per l'uomo il fare con adesione consapevole ciò che, comunque, non si può non fare perché determinato dalla struttura geometrica dell'unica sostanza.

Una concezione meno rigida del rapporto tra etica e natura si trova nell'→ empirismo: anche Locke ritiene che l'etica si debba dedurre con rigore matematico da alcune proposizioni prime; ma queste proposizioni prime non esprimono solo un impulso come quello dell'autoconservazione; si formano invece in relazione a esperienze di piacere e dolore, le quali a loro volta sono profondamente condizionate dalla cultura e dalla società; questo aspetto sarà evidente soprattutto in Hume, che imposterà la sua indagine etica come una ricerca sul significato che i termini etici (giusto, buono ecc.) hanno di fatto nel linguaggio della società. Attraverso questa specificazione empiristica, l'idea di un movente di base da cui far derivare rigorosamente la condotta si modifica profondamente: l'esperienza attesta infatti che tra gli impulsi naturali primari che muovono l'uomo non vi è solo l'aggressività hobbesiana, ma anche una innata propensione alla socievolezza, il bisogno della benevolenza degli altri. La natura si delinea come un mondo meno disumanamente meccanico, e l'etica si può presentare come uno sviluppo del «senso morale» (F. Hutcheson, A. Shaftesbury). Risulta così restaurata l'ipotesi di un rapporto armonico tra natura e società. La credenza in questa armonia passa dall'etica all'economia nelle concezioni del liberismo, con l'opera di A. Smith. Una forma di armonia tra natura (cioè: impulso, bisogno, interesse) e società è anche quella preconizzata da B. Mandeville nella sua *Favola delle api*: proprio le inclinazioni naturali che l'etica ha spesso cercato di reprimere (come l'interesse, l'amore per il lusso) danno luogo allo sviluppo della ricchezza sociale e del benessere di tutti.

Lungo queste linee emblematizzate da Shaftesbury, Mandeville e Locke, si muove la riflessione etica dell'illuminismo; essa accentua sia la connessione tra etica e utilità del singolo ed etica sociale (Voltaire); sia la coincidenza quasi senza residui tra leggi morali e leggi della società (C.-L. de Montesquieu); sia l'attenzione ai moventi istintuali dell'agire (J.O. de La Mettrie, P.H. d'Holbach). La posizione più originale nell'ambito illuministico è quella di Rousseau: egli riprende l'idea del carattere artificiale dello stato sociale e delle leggi etiche presente già in Hobbes, ma ne rovescia la valutazione: è buona la natura dell'uomo prima dello stato sociale; la corruzione comincia con il sorgere della società e con la fissazione dei diritti di proprietà. L'etica è dunque rinviata alla natura, come nella tradizione aristotelica; ma l'uomo non è più per natura un «animale politico», perché anzi lo stato sociale è fonte di corruzione. La distinzione e contrapposizione tra natura e società si identifica così con una contrapposizione tra *legge naturale* e *leggi positive*, queste ultime istituite dallo stato, diverse a seconda dei luoghi e dei tempi. È sotto questo punto di vista che a Rousseau, soprattutto, si collega Kant, il quale nella sua etica conclude in un certo senso tutta la riflessione dell'età moderna e apre quella dell'età contemporanea, caratterizzata da problemi nuovi. Nel suo richiamo al carattere *formale* dell'imperativo categorico, Kant porta all'estremo la contrapposizione tra legge di natura e legge positiva che percorre il pensiero moderno; ma negli scritti di estetica e di filosofia della storia (che saranno privilegiati proprio per questo dagli interpreti romantici e idealistici) Kant inaugura anche la riflessione etica contemporanea, dominata non più dall'opposizione natura-società, ma dal problema del rapporto fra l'etica e la storia.

• *Etica e storia*. Si tratta di un rapporto già presente nella riflessione di G.B. Vico, per il quale, nel piano della cosiddetta «storia ideale eterna», vanno distinte diverse epoche di sviluppo dell'umanità, cui corrispondono diverse metafisiche e anche diverse concezioni etiche. Dopo Kant, che radicalizzando la contrapposizione natura-società riporta il problema in un certo senso a zero, il rapporto etica-storia si propone in termini urgenti: mentre secondo la *Ragion pratica* kantiana l'atto morale è sempre come il primo nella storia del singolo e dell'umanità (se invece risultasse «facilitato» da un qualche progresso o educazione morale, non sarebbe più fatto per il puro rispetto della legge, perché corrisponderebbe a una inclinazione), le ideologie delle prime grandi rivoluzioni moderne, quella americana e quella francese, annunciano il programma di una instaurazione del regno storico della ragione, e anche molti pensatori illuministi e preromantici (G.E. Lessing, J.G. Herder ecc.) individuano nella storia una linea di sviluppo, un progresso morale dell'umanità. I primi critici della morale kantiana, come F. Schiller, ritengono che la stessa credibilità dell'imperativo categorico di Kant non regga se non si ammette che tale imperativo possa realizzarsi nella storia, dando luogo a un mondo più morale, nel quale, dunque, il rispetto della legge razionale risulti più «facile». L'etica romantica e idealistica è caratterizzata proprio da un'accentuazione del significato di bene nel senso in cui se ne parla anche al plurale, i *beni*: questi sono appunto le realizzazioni storico-culturali della volontà morale (istituzioni, opere ecc.). Tra i beni, la filosofia idealistica tende a dare il massimo rilievo allo stato, che Fichte e poi soprattutto Hegel considerano il bene supremo sul piano «oggettivo» nello sviluppo dello spirito. In Hegel, come si è detto all'inizio, il termine di eticità assume un significato distinto da quello di moralità, e si riferisce ai beni come realizzazioni storiche, mentre la moralità ha da fare con le intenzioni soggettive. Nonostante le profonde differenze rispetto all'idealismo, anche l'etica del positivismo condivide il carattere storicistico di quella hegeliana: quella che per Hegel è la ragione realizzata storicamente nelle istituzioni dello stato, è per i positivisti la *società industriale*, fondata sulla organizzazione scientifica del lavoro e della vita collettiva: prima C.-H. de Saint-Simon, poi Comte, H. Spencer e anche E. Durkheim elaborano concezioni etiche che prendono come base l'appartenenza del singolo a strutture storiche, e in particolare alla società industriale. Non fa eccezione a questo assunto comune l'etica utopica di Ch. Fourier, nella quale anzi gli elementi utopici giocano a favore dell'accentuazione del carattere organico e totalizzante dell'ideale morale, anche se questo carattere è mitigato dal riscatto, predicato da Fourier, della sensibilità e dell'erotismo. Nell'ambito della cultura dell'Ottocento, le posizioni che si oppongono a questo predominante indirizzo «organico» dell'etica (cioè alla fondazione dell'etica sull'appartenenza dell'individuo a entità superiori: stato, società ecc.) sono quelle che si richiamano al kantismo (come Schopenhauer o J.F. Herbart); o quelle che rivendicano l'originalità del singolo, in una prospettiva religiosa (Kierkegaard). Non costituisce un'alternativa all'organicismo dell'etica idealistica e positivistica il marxismo: Marx e Engels condividono con Hegel la tesi che l'etica è una dottrina di beni storici e non di imperativi che si diano all'individuo come tale; essi si staccano invece da Hegel nel rilevare il carattere ideologico di quello che a Hegel appare il dominio supremo dell'eticità, cioè lo stato. La vera sostanza dell'eticità non è lo stato, ma l'intreccio di rapporti, essenzialmente economici, che costituisce ciò che Hegel chiama «società civile». In complesso, sotto questo aspetto, il rovesciamento materialistico della → dialettica hegeliana non rappresenta una rilevante novità sul piano dell'etica; la vera novità del marxismo, in questo come in altri campi, consiste nell'introduzione della nozione di → ideologia. Essa costituisce la base di una generale demistificazione della morale: visti come forme dell'ideologia, infatti, i sistemi di valori che individui e gruppi assumono come principi direttivi delle loro scelte non sono altro che espressione di interessi, di rapporti di potere, e non possono pretendere a una validità assoluta.

• *La crisi dell'etica.* Con la nozione di ideologia, il marxismo introduce un elemento che contribuirà a una generale messa in crisi dell'etica. Al volger del secolo, a questo elemento se ne aggiungeranno altri di portata decisiva. Nella *Genealogia della morale*, Nietzsche riporta le principali nozioni dell'etica, come buono e cattivo, giusto e ingiusto ecc., a rapporti di forza. Tali rapporti di forza, però, non agiscono solo nella società, ma vivono all'interno dello stesso individuo, il quale non è più inteso come centro ultimo della scelta e della responsabilità, ma come campo di lotte tra impulsi opposti; il suo comportamento è sempre e soltanto il risultato di equilibri provvisori raggiunti da tali impulsi. La coscienza, poi, che la morale ha sempre considerato come l'istanza suprema, è solo la maschera di questi giochi di forze, che essa non determina, ma si limita a registrare. Nella stessa prospettiva di Nietzsche, rispetto alla coscienza e alla morale, si muove la psicoanalisi. Se nell'organicismo ottocentesco, idealistico o positivistico, l'etica ha avuto la tendenza a dissolversi in una generale filosofia della storia, nella crisi che è innescata da Marx, da Nietzsche e da Freud essa si dissolve in quanto viene meno il soggetto della scelta morale: non c'è più, o si rivela inafferrabile, l'individuo responsabile cui si rivolgeva l'imperativo morale. Certamente, questa dissoluzione del soggetto non è solo o principalmente un evento teorico causato dal marxismo, da Nietzsche o dalla psicoanalisi; essa si produce in primo luogo, sul piano pratico, con la progressiva integrazione del singolo in un sistema sociale che, soprattutto a partire dalla prima guerra mondiale, tende a inglobare e pianificare sempre più intensamente le scelte e la vita di ciascuno. È questo problema che si agita sullo sfondo di opposizioni centrali nel pensiero del tardo Ottocento e del primo Novecento, come quella tra *Kultur* e *Zivilisation* (→ cultura-civiltà) o quella tra comunità e società (F. Tönnies). Mentre ancora non si colgono tutte le conseguenze della «demolizione» nietzscheana e freudiana, l'etica del primo Novecento si sforza di individuare e difendere una zona di esperienza — quella dell'interiore riconoscimento dei valori — che non possa venir sottratta alla libertà del singolo: è questo il senso del dibattito intorno alla distinzione tra scienze dello spirito e scienze della natura (W. Dilthey, H. Rickert, G. Simmel), della filosofia dei valori (→ valore), dell'intuizionismo di H. Bergson e di quello, diversamente fondato, che si afferma entro il pensiero anglosassone (G.E. Moore). Anche il marxismo novecentesco si sforza di rispondere alla crisi dell'etica individualistica: o con la assunzione di un soggetto storico sovrapersonale (la classe e la coscienza di classe), come in G. Lukács; o con l'affermazione, ispirata a Kant, della «negatività» della ragione, ossia della ragione intesa come potenza critico-utopica opposta agli assetti effettivi del dominio sociale, come accade nella scuola di → Francoforte.

In vari modi, si cerca di individuare un'esperienza dei valori che non si lasci dissolvere con la dissoluzione del soggetto. Altre correnti del pensiero etico novecentesco — oggi probabilmente le più vive — hanno cercato di elaborare fino in fondo tutte le conseguenze del destino subito dal soggetto nella società industriale avanzata: sia svolgendo le implicanze positive e liberanti dell'esperienza della vita nella metropoli capitalistica (a partire da intuizioni di G. Simmel e di E. Bloch); sia enfatizzando, senza preoccupazioni costruttive, gli elementi di → alienazione che tale esperienza comporta (Th.W. Adorno, M. Horkheimer); sia proponendo esplicitamente il programma filosofico di un superamento del soggetto, legato alla metafisica tradizionale, oggettivistica, e al dominio della scienza (Heidegger); sia producendo un'analisi, ormai senza centro unificatore, del linguaggio etico (filosofia → analitica). L'etica, in tutti questi orientamenti, è assunta solo come punto di riferimento critico: non si pensa più né a una dottrina degli imperativi, né a una dottrina dei beni, né a una filosofia della storia; muovendosi in una direzione che riprende certi elementi del pragmatismo (Ch.S. Peirce) e dell'ermeneutica di origine esistenzialistica, l'etica sembra configurarsi come una dottrina del dialogo sociale, nel quale si costruiscono e si destituiscono — in un continuo processo di collaudo e di aggiustamento degli individui tra loro e interno a ogni individuo — i valori e le regole cui si richiamano i singoli e i gruppi.

• *La comunità ritrovata?* Gli sviluppi più recenti dell'etica filosofica, che del resto tende in molti suoi aspetti sempre più a identificarsi con una riflessione molto generale sulle condizioni dell'esistenza contemporanea (→ postmoderno; J.-F. → Lyotard; G. → Vattimo), sembrano manifestare un orientamento comune che, proprio a partire dall'accentuazione del significato del dialogo sociale, ritrova (in un senso che ha ormai poco da fare con il significato «organico» di F. Tönnies) l'idea di comunità. È questo, anzitutto, il caso della cosiddetta «etica del discorso», elaborata da autori come J. Habermas e K.O. Apel (quest'ultimo parla anche esplicitamente di una «comunità illimitata della comunicazione»). Se in Apel e Habermas la comunità della comunicazione si identifica ormai quasi completamente con l'ideale di un dialogo sociale non ostacolato da rapporti di dominio, da disuguaglianze insuperabili, da opacità legate in ultima analisi alle divisioni di classe, l'ideale della comunità assume un senso più sostanziale in autori come A. MacIntyre, che tendono a criticare il carattere astratto dell'etica razionalistica moderna, ricollegando la nozione di virtù ai concreti modi di vita di una comunità storica e alle sue tradizioni. Un passo oltre la semplice idea di dialogo sociale senza ostacoli è compiuto anche da quelle riflessioni che muovono dalle tesi di E. Lévinas, in cui la moralità dell'azione è identificata con l'attenzione all'altro, ai suoi bisogni e all'appello di infinito che si esprime nel suo volto. Su un piano più fedele al carattere relativamente «formale» della nozione di dialogo sociale si mantengono invece le etiche ispirate al neocontrattualismo, come per es. la teoria della giustizia di J. → Rawls, e alla ripresa dell'utilitarismo (→ neoutilitarismo), e che si sviluppano soprattutto nell'ambiente anglosassone, spesso in connessione con posizioni di origine analitica. Alla tradizione anglosassone, soprattutto al pragmatismo di W. James e di J. Dewey, si richiama anche, nelle non marginali implicazioni etiche del suo pensiero, R. Rorty, per il quale la fine della filosofia fondazionalista deve avere come esito (e come motivazione) l'affermazione della tolleranza e della democrazia come valori base. In queste prospettive, l'idea di comunità è presente sia in quanto valore del dialogo sociale (perché condizione formale suprema di ogni scelta valida), sia come orizzonte di valori effettivamente condivisi, propri di una specifica comunità storica che si riconosce in rapporto, problematico, con altre comunità. L'etica della tolleranza qui si lega alla più generale problematica della traducibilità dei linguaggi, della comprensibilità di paradigmi altri, e va a toccare i problemi dell'antropologia culturale e dei rapporti tra le culture. Sono questi stessi i temi che rappresentano il risvolto etico della ermeneutica contemporanea (→ interpretazione) nelle sue varie forme. Ma la questione dei limiti dei paradigmi e della comprensibilità di culture altre tende ormai a superare gli stessi confini della comunità umana. Sensibili all'accusa di «specismo» che sempre più spesso viene avanzata da molte parti (P. Singer; Th. Regan), varie prospettive etiche si pongono il problema di un allargamento dell'orizzonte se non del dialogo, almeno della responsabilità umana, al di là della comunità degli uomini, in direzione del mondo animale e in generale della natura inanimata (→ etica applicata). Sono forse questi i nuovi confini dell'etica che per ora non hanno ancora dato luogo a teorizzazioni definitive, ma a cui, anche per ragioni concrete e storiche (problema delle risorse naturali, problemi relativi all'ingegneria genetica ecc.) sembra che la filosofia dovrà prestare sempre maggiore attenzione. *G. Va.*

etica applicata lo studio delle conseguenze delle teorie etiche in circostanze specifiche. In ambito anglosassone, a partire dall'opera di Sidgwick (*Metodi di etica*, 1874), si è diffuso un atteggiamento di 'indagine spassionata' dei fenomeni morali che ha portato a distinguere tre livelli della riflessione etica: quello dei precetti concreti, quello dei principi generali propri delle diverse teorie etiche normative, e quello della → metaetica, che si occupa del significato dei termini morali fondamentali (come «buono» o «giusto»). Dai *Principia Ethica* (1903) di G.E. Moore agli anni Cinquanta buona parte della riflessione etica svolta in ambito angloamericano è stata dedicata alla metaetica, ma dagli anni Sessanta è cresciuto l'interesse per l'etica normativa, che ha ricevuto grande impulso dal volume di J. Rawls *Teoria della giustizia* (1971). L'etica applicata si sviluppa, a partire dagli anni Settanta, come ricerca dei precetti che derivano dall'adesione all'una o all'altra teoria etica nelle nuove situazioni storiche. L'espressione «etica applicata» non è ridondante, in quanto indica la riflessione richiesta per determinare le conseguenze di una data teoria in circostanze concrete. È possibile infatti che teorie diverse portino a una medesima soluzione pratica.

Il nuovo interesse per l'applicazione delle teorie etiche ha portato tra l'altro alla luce il problema del trattamento dovuto agli animali non umani: poiché molti animali sono capaci di soffrire, l'utilitarista osserva che anch'essi devono ricevere attenzione morale. Così P. → Singer critica lo *specismo*, cioè la discriminazione in base alla mera appartenenza a una specie, e proclama la *liberazione animale*, che, giustificata dal riconoscimento della sostanziale eguaglianza di tutti gli esseri capaci di soffrire, conduce alla moralità del vegetarianesimo. Pur condividendo gran parte delle soluzioni pratiche, i fautori dei *diritti animali* (come T. Regan, *I diritti animali*, 1989) osservano che l'utilitarismo, per le difficoltà del calcolo interspecifico dell'utilità, è incapace di giustificare le nuove proposte, e sostengono che gli animali, in quanto hanno interessi, hanno diritti che devono essere rispettati. Si discute su quali siano questi specifici diritti. L'etica applicata ha avuto altri importanti sviluppi in campo biomedico (→ bioetica), ambientale ed economico. La crisi ambientale e lo sviluppo dell'ecologia hanno condotto a una nuova attenzione etica per l'ambiente: i fautori dell'*etica ecologica* (A. Leopold, A. Naess e altri) credono che l'ecologia indichi "leggi naturali" che devono essere assunte come nuove norme morali; mentre chi promuove l'*etica ambientale* (W. Blackstone e altri) sostiene che le tradizionali norme morali devono essere applicate con maggiore attenzione alla luce delle nuove conoscenze ecologiche. In entrambi i casi si auspica un significativo cambiamento degli atteggiamenti diffusi verso l'ambiente, pur nella differenza delle prospettive teoriche.

In campo economico, l'*etica degli affari* cerca di stabilire quali sono i doveri morali dell'operatore economico (imprenditore, azienda ecc.) nella nuova situazione storica in cui l'uomo ha vinto la lotta per la sopravvivenza e può (e deve) tener conto anche di altri fattori. I vari settori dell'etica applicata hanno importanti intersezioni: l'allocazione delle risorse mediche scarse (tema centrale della bioetica) è anche un problema di etica degli affari; la tutela dell'ambiente ha importanti risvolti sia economici, sia bioetici; il diverso trattamento degli animali non umani ha conseguenze economiche, ambientali, e anche bioetiche per quanto riguarda la sperimentazione sugli animali.

etico-dianoetico, → Aristotele.

etnografia, → etnologia.

etnolinguistica, branca della linguistica che si occupa delle interrelazioni tra linguaggio e cultura (in senso antropologico ed etnologico). Al suo interno si distinguono vari indirizzi, a seconda delle prospettive da cui si considerano quelle interrelazioni. Secondo una prima prospettiva, è la cultura che influenza il linguaggio, anzitutto sul piano del contenuto, in quanto decide quali significati la lingua deve poter esprimere, e in che modo questi significati devono essere organizzati fra loro. Così, per es., è stato osservato che alcune popolazioni nomadi dell'Arabia posseggono terminologie raffinate per indicare i vari tipi di sabbia del deserto o i diversi tipi di cammello e i suoi diversi stati (aspetto, salute ecc.). In questo caso, il rilievo che la sabbia o il cammello ha nella cultura di queste popolazioni spiegherebbe l'esistenza di una organizzazione di significati che è invece del tutto assente, poniamo, in italiano, poiché

la cultura degli italiani non dà un posto privilegiato a sabbia e a cammello. Con queste tecniche è stato studiato anche il mondo dei greci antichi, quale emerge dai poemi omerici, e si è tentato di identificare i fatti più importanti della cultura di quei popoli a partire dall'organizzazione del loro lessico. Sono stati così studiati particolarmente i termini relativi a colori, e si è accertato che ogni lingua possiede una terminologia di colori diversa da quelle delle altre lingue. È però ben chiaro che se la linguistica ha buoni strumenti per descrivere il modo in cui i sistemi di significato di una data lingua si organizzano rispetto a quelli di un'altra, molto più problematici risultano i tentativi di trarre da queste descrizioni conclusioni riguardanti la cultura dei popoli che usano quella lingua.
Secondo una diversa prospettiva è invece il linguaggio che agisce sulla cultura (e addirittura sulle modalità di pensiero) delle comunità, influenzandole profondamente. Come capostipite, almeno sul piano teorico, di questo indirizzo si menziona sovente W. von Humboldt, il quale attribuisce al linguaggio la capacità di forgiare le stesse modalità percettive con cui una comunità organizza le sue conoscenze del mondo esterno; il linguaggio funge allora da filtro tra realtà e uomo, e proietta sulla realtà la propria struttura. Il sistema linguistico di ogni lingua dà cioè forma alle idee, è il programma e la guida dell'attività mentale dell'individuo: in altri termini, ogni lingua conterebbe una sua logica particolare, e consentirebbe ai suoi utenti delle modalità di conoscenza diverse da quelle di utenti delle altre lingue. Non c'è infatti alcun dubbio che esista una interrelazione tra lingua e cultura (e, quindi, pensiero); ma è difficile elaborare criteri che permettano di stabilire in modo definitivo quale dei due fattori influenza l'altro: infatti che popoli di cultura diversa abbiano visioni del mondo diverse si può sapere solo perché usano la lingua in modi diversi. Agganciandosi specificamente a questa osservazione critica, una terza prospettiva di ricerca etnolinguistica ha tentato di identificare, nelle lingue dei popoli cosiddetti primitivi, sistemi semantici che forniscano informazioni appropriate sull'organizzazione della cultura di quei popoli. Tale analisi è stata condotta specialmente sulla terminologia riguardante la parentela, che costituisce in tutte le lingue un sistema ben chiuso e peculiare. È stato appunto in tale ambito, tra il 1950 e il 1960, che l'etnolinguistica americana ha gettato le basi dell'analisi in componenti semantici.

etnologia, termine (introdotto da A.-C. de Chavannes nel 1787) che significa «studio dei gruppi umani», ma che ha subito nel corso del tempo successivi spostamenti di senso: gli studiosi europei, infatti, si sono resi conto solo lentamente di quanto fosse complessa la realtà culturale dei popoli cosiddetti «primitivi» o «selvaggi», che in un primo tempo era parso semplice descrivere e capire. Usato all'inizio in accezione fisica (indicava la scienza che studia la classificazione delle razze), il termine è passato poi a designare, nel sec. XX, l'insieme delle discipline che studiano le società «primitive» (e, per estensione, tutte quelle prive di scrittura), mentre la → paletnologia si occupa delle società preistoriche. L'etnologia si distingue inoltre dall'etnografia, la quale in un primo tempo operava soltanto un inventario etnico in funzione delle caratteristiche linguistiche dei popoli, mentre oggi si impegna soprattutto nell'osservazione diretta e nella descrizione dei vari gruppi umani; l'etnologia utilizza in genere in modo comparativo i documenti raccolti dall'etnografia.
Oggi si tende ad attribuire alla descrizione etnografica uno spessore problematico diverso che in passato, e ciò soprattutto in seguito all'emergenza di una concezione testuale dell'oggetto dell'etnologia (→ antropologia). Precedentemente relegata nella sfera delle procedure meramente tecniche del lavoro di ricerca (raccolta di «dati» e di «fatti» osservabili), la descrizione etnografica rinvia oggi alla questione della interpretazione della traduzione dell'oggetto etnografico, così come alla prospettiva del soggetto osservante e alla dimensione «dialogica» (interazione tra etnografo e «nativo») del lavoro sul campo.
Ma il termine «etnologia» cambia senso ancor oggi a seconda dei vari indirizzi della disciplina seguiti in Francia, in Gran Bretagna, negli Stati Uniti e nelle altre nazioni, e basati su diverse teorie e diversi metodi d'interpretazione della realtà storica dei gruppi umani. Di questa situazione rese conto C. Lévi-Strauss in un testo del 1954 (*Le scienze sociali nell'insegnamento superiore*, edito dall'UNESCO, e riprodotto in *Antropologia strutturale*, 1958), ma che costituisce ancora un punto fermo. Lo sviluppo delle ricerche ha poi dimostrato che non è più possibile separare questo settore di indagini dall'antropologia e dalla storia. In Francia si parla di etnologia sociale o antropologia sociale, negli Stati Uniti semplicemente di antropologia (riunendo così tutti gli aspetti: dall'antropologia fisica all'archeologia, dalla sociologia all'antropologia culturale, termine quest'ultimo che finisce per essere soltanto un'indicazione di quale sia il metodo prevalente per lo stesso oggetto di studio); in Gran Bretagna si parla in genere di antropologia sociale, mentre in Italia sussistono — in modo quanto mai disperso e collocati nelle più disparate facoltà universitarie — insegnamenti di etnologia, antropologia, antropologia fisica, antropologia culturale, tradizioni popolari, e altri.

etnometodologia, il termine, coniato da H. Garfinkel, si riferisce ai «metodi» usati dagli individui per conferire un significato al mondo

sociale (il prefissoide «etno» designa qui la conoscenza di senso comune). La ricerca etnometodologica considera quanto accade nel quotidiano come «osservabile-e-riferibile» (H. Garfinkel, *Studi di etnometodologia*, 1967). Gli individui, in questa prospettiva, presentano una competenza o capacità, data per scontata, di fornire spiegazioni o resoconti (*accounts*) delle loro azioni. Diversamente da quanto avviene nella classica metodologia di E. Durkheim, i fatti sociali non sono qui trattati come «cose», le cui proprietà siano separabili dai metodi usati dagli individui per spiegarli. Gli *accounts* attraverso i quali le persone spiegano il loro mondo sociale sono infatti caratterizzati anzitutto dalla «indicalità» (→ indicale), cioè dalla stretta dipendenza del loro significato dal contesto di una specifica relazione sociale. L'altra proprietà degli *accounts* è la «riflessività», per cui essi sono parte della situazione che tendono a spiegare. Ciò significa che non è possibile separare un *account* dal suo oggetto.
Distaccandosi dalla tradizione positivistica, e anche dal funzionalismo di T. Parsons, l'etnometodologia si ispira alla fenomenologia nella versione datane da A. → Schutz e, in misura più limitata, alla teoria del giochi linguistici dell'ultimo Wittgenstein. Essa considera l'ordine sociale come un tessuto costituito da interpretazioni, negoziazioni, accordi anche «taciti» tra gli individui. Si è contestata all'etnometodologia l'assenza di un punto di vista globale sui fondamenti dell'ordine sociale, ciò che la condurrebbe a un relativismo senza uscita; tuttavia, si rivela sempre più aporetica la pretesa di spiegare il mondo sociale invocando sistemi unitari di valori e meta-norme, o separando la realtà sociale dagli individui che la costruiscono. Sul piano della ricerca questo implica l'impossibilità di stabilire una volta per tutte che cosa accade «realmente» nel mondo sociale: scontrandosi con una «regressione infinita» di *accounts*, il sociologo non arriva mai *in fondo* alla ricerca (A. Cicourel, *Sociologia cognitiva*, 1973).

etnopsichiatria, indirizzo di ricerca che ha le sue origini nella scuola di → personalità-cultura, e che tende a mettere in luce, con metodo comparativo, se esistano nelle varie culture sintomi e comportamenti simili che possano essere considerati patologici e definibili in una nosografia psichiatrica comune. I primi viaggiatori, missionari, etnologi erano stati spesso impressionati da certi disturbi mentali che non trovavano riscontro nella comune nosografia psichiatrica occidentale, come per esempio l'*isteria artica* (una manifestazione patologica presente in varie tribù del Nord-Est della Siberia), la cosiddetta psicosi *Witiko* o *Windingo* (caratterizzata da desideri cannibalici, presente in varie tribù di indiani algonchini e studiata da J.M. Cooper, in «Journal of Abnormal and Social Psychology», 1934), il *koro* (una forma di delirio di castrazione riscontrata presso alcuni popoli del Sud-Est asiatico: cfr. A. Kardiner, *L'individuo e la società*, 1939) e, nell'arcipelago malese, altre sindromi denominate *latah* (una sorta di imitazione convulsiva del mondo circostante, che colpisce solo le donne) e *amok* (una follia omicida che, invece, si riscontra solo negli uomini: cfr. R. Linton, *Cultura e disordini mentali*, 1956; M.A. Yap, in «Journal of Mental Science», 1951).
Lo sviluppo della ricerca psichiatrica transculturale ha trovato ostacoli nelle lacune dei dati statistici e nelle differenti interpretazioni avanzate dalle stesse scuole psichiatriche, ma ha dovuto sciogliere anche altri nodi.
Per quanto riguarda l'Africa, per esempio, secondo J.C.D. Carothers (*Psicologia normale e patologica dell'africano*, 1954) non vi si troverebbero né schizofrenici (salvo che presso le popolazioni «occidentalizzate») né paranoici, mentre altri studiosi al contrario (come per es. J.F. Laubscher, *Sesso, costume e psicopatologia*, 1937) affermano che la schizofrenia, almeno nelle sue forme atipiche, non è rara nelle società tradizionali e che, se la paranoia sembra assente, questo accade perché è in qualche modo coperta e dissimulata dai rituali religiosi. È solo nel 1961, al III Congresso mondiale di psichiatria, che è stata resa nota la prima organica ricerca sulla frequenza della schizofrenia in paesi non occidentali, e insieme è stata affermata l'importanza dei valori socioculturali nello sviluppo della malattia mentale, mentre venivano messi in rilievo i particolari aspetti sintomatici che possono assumere i deliri negli individui appartenenti a una determinata cultura (H. Collomb, *Esplosioni di delirio nella psichiatria africana*, in «Psychopathologie africaine», 1965). La ricerca transculturale psichiatrica, tuttavia, era già iniziata ufficialmente nel 1954, con lo studio affidato dall'Organizzazione mondiale della sanità a J.C.D. Carothers sul tema «Salute e malattia mentale dell'africano». Nel 1957 si era costituito alla Mc Gill University di Montreal, per opera dello psichiatra E. Wittkower, un dipartimento di psichiatria transculturale, e veniva fondata la rivista «Transcultural psychiatric research», con l'intento di diffondere gli studi antropologici-psichiatrici svolti nell'ambito di culture differenti. Nel 1964, al Congresso mondiale di psichiatria sociale, comparve una sezione dedicata alla psichiatria transculturale; nel 1965, infine, nacque a Dakar la Società di psicopatologia africana, per opera dello psichiatra H. Collomb, che è anche il direttore della rivista «Psychopathologie africaine».
Il primo problema da affrontare era, naturalmente, quello di definire che cosa è «normale» e che cosa è «patologico». Per chiarire questo punto sono stati proposti alcuni criteri fonda-

mentali, di tipo culturale, statistico e psichiatrico. Il criterio culturale, esposto da Ruth Benedict, afferma che certi comportamenti considerati come anormali nella nostra cultura, non lo sono in culture diverse (*Le malattie mentali nelle società primitive*, 1954). La conclusione tratta è dunque che bisogna distinguere fra una normalità culturale e una normalità naturale (Y. Ronmajon, *Il problema dell'identità delle psicosi attraverso i fattori etnici*, in AA.VV, *L'evoluzione psicologica*, 1956). Non si può, cioè, confondere una «devianza», una anormalità puramente sociologica, con le malattie mentali a base organica. Sia C. Kluckhohn sia R. Linton precisano perciò che tutte le culture debbono necessariamente considerare come anormali quei soggetti il cui comportamento non può essere previsto dalle norme culturali, oppure con i quali non è possibile comunicare (C. Kluckhohn, *L'influenza della psichiatria sull'antropologia in America*, 1944; R. Linton, *Cultura e disturbi mentali*, 1956). G. Devereux, invece, sostiene che esiste un'anormalità psichiatrica degli individui anche là dove le culture se ne servono (è il caso degli sciamani) e ritiene che esistano in tal caso società patologiche (*Saggi di etnopsichiatria generale*, 1970). Per quanto riguarda la ricerca statistica ed eziologica, si cerca di stabilire se le malattie mentali sono più rare presso i primitivi o presso di noi, in quale misura siano dovute a fattori costituzionali, a carenze alimentari, a malattie sopravvenute nel corso della crescita; ma, d'altro canto, si riconosce che, anche in questi casi, le personalità malate, non diversamente dalle personalità normali, non possono essere studiate al di fuori delle loro relazioni interpersonali, dalle realtà collettive da loro vissute, dalle esperienze culturali che hanno potuto fare. Secondo M. Opler (*Cultura, psichiatria e valori umani*, 1956), le malattie mentali sono delle risposte di personalità totali sia ai vari contesti sociali sia a tutto un insieme di valori collettivi. Le società primitive non sono affatto degli insiemi armoniosi, perfettamente integrati e organizzati (come si tende a immaginare in una sorta di forma moderna di mitizzazione del «buon selvaggio»), ma danno luogo anch'esse a pressioni coercitive di gruppi ristretti su altri gruppi o su singoli individui. Il giudizio psichiatrico a livello etnologico è, in conclusione, difficile da applicare; tuttavia al II Colloquio panafricano di psichiatria (1968) la tendenza generale degli studiosi è stata quella di riconoscere contemporaneamente l'unità fondamentale dei processi psicopatologici, almeno nelle loro forme più gravi, e la diversità delle loro manifestazioni esterne, che sono legate a fattori di ordine sociale e culturale.

etologia, in passato (da J.S. Mill a W. Wundt), disciplina filosofica non normativa avente per oggetto lo studio dei costumi umani in contesti sociali storicamente determinati; oggi (con l'opera di K. Lorenz, N. Tinbergen e dei loro continuatori), disciplina naturalistica derivata dalla zoologia, orientata in senso comparativo e centrata sullo studio dei comportamenti (dal gr. *êthos*, indole, comportamento) delle varie specie animali nei loro ambienti naturali di vita.

Strettamente collegata alle altre discipline biologiche (come la fisiologia e l'ecologia), nonché alla psicologia, l'etologia considera la ricerca evoluzionistica sulle cause generali e remote del comportamento animale altrettanto importante quanto quella sulle cause immediate del medesimo; ritiene necessario che la descrizione analitica e la classificazione dei comportamenti precedano ogni tentativo di spiegazione degli stessi; si attiene rigorosamente alla legge di Lloyd Morgan (*L'intelligenza animale*, 1894), secondo cui non si deve in alcun caso interpretare un'azione come il prodotto di un processo psichico superiore, quando la si può interpretare come il prodotto di un processo psichico inferiore (legge dell'«economia»); e soprattutto, a differenza della tradizionale e odierna psicologia animale e comparata, l'etologia in primo luogo preferisce studiare gli animali non già nelle condizioni artificiali di laboratorio, bensì nel loro ambiente o *habitat* naturale; in secondo luogo, essa non studia i comportamenti comuni alle varie specie, bensì quelli che distinguono una specie dall'altra; infine, essa generalmente si astiene dal formulare ipotesi sui processi psichici sottostanti ai comportamenti osservabili (come invece avviene per es. nella psicologia neocomportamentistica di E.C. Tolman), e concentra il proprio interesse sulle variabili oggettive, tanto ambientali quanto interne all'organismo, come i fattori ormonali.

• *Innatismo e ambientalismo.* In Occidente, fin da Aristotele, il comportamento animale ha suscitato molto interesse; nella seconda metà del sec. XIX l'opera di Darwin diede inizio a un filone di ricerca fondato sulla tesi della continuità psichica fra gli animali e l'uomo. Nel volume di G. Romanes, *L'intelligenza animale* (1882), l'interpretazione antropomorfica delle condotte animali raggiunse il culmine, e negli anni successivi vi fu un movimento interpretativo di segno contrario, che culminò nel meccanicismo oggettivistico di J. Loeb (1906) e soprattutto nel comportamentismo di J.B. Watson (1913). All'esasperato ambientalismo di quest'ultimo reagirono molti ricercatori, che si ricollegavano alla teoria dell'istinto esposta da Darwin nell'*Origine delle specie* (1859), e agli studi condotti alla fine del secolo dall'entomologo J.H. Fabre sul comportamento riproduttivo di insetti quali gli imenotteri e i coleotteri. Fra questi ricercatori spiccano i nomi di N.R.F. Maier e T.C. Schneirla, la cui opera,

Principi di psicologia animale (1935), si pone in una posizione intermedia fra l'innatismo e l'ambientalismo, riconoscendo la complessità e l'interdipendenza dei fattori determinanti del comportamento animale, e aprendo la strada alla etologia lorenziana. Nello stesso anno Lorenz pubblica *Il compagno nell'ambiente degli uccelli*, atto di nascita della nuova disciplina. Nel 1938 egli rende nota la sua «teoria oggettivistica», secondo cui l'azione istintiva è determinata da due fattori, il primo interno all'organismo e definito «energia specifica», e il secondo, di provenienza ambientale, costituito da un «segnale scatenante» che libera l'energia specifica. In un primo periodo, in base all'osservazione che molte brevi sequenze comportamentali caratteristiche di singole specie non variano o variano solo in misura minima da un individuo all'altro, Lorenz e con lui tutta l'etologia privilegiano i fattori innati del comportamento animale, rispetto a quelli appresi ontogeneticamente, e sviluppano il concetto di «schemi innati di messa in azione», secondo il quale i comportamenti istintivi preformati sono attivati mediante schemi percettivi innati trasmessi in ogni specie per via ereditaria; un concetto, questo, che spiegherebbe per es. la reazione emotiva di paura e il comportamento di fuga di fronte a un serpente da parte di un animale che, essendo stato allevato in cattività, non ha mai visto in precedenza serpenti e pertanto non può avere imparato a temerli per un processo di condizionamento.

• *I fattori ambientali e l'aggressività.* In una seconda fase, che è anche quella odierna, l'etologia si allontana dall'impostazione prevalentemente innatistica, pur continuando ad ammettere l'esistenza di un controllo genetico su alcuni aspetti del comportamento animale, e accentua l'importanza dei fattori ambientali nella determinazione di quest'ultimo. La nuova impostazione, determinata in parte da acquisizioni empiriche (quali la scoperta che i fattori ambientali possono agire sull'individuo anche in epoca prenatale) e in parte dalla presa di coscienza della rilevante valenza ideologica dell'innatismo, è testimoniata dalla svolta nel pensiero di Lorenz a partire dagli anni Sessanta e dal dichiarato antinnatismo della scuola etologica anglosassone (N. Tinbergen, W.H. Thorpe, R.A. Hinde ecc.). In particolare, contro possibili strumentalizzazioni ideologiche dell'etologia (per es. di tipo militaristico o bellicistico), negli ultimi anni gli etologi hanno più volte ripetuto che l'aggressività umana non è innata nel senso di «necessaria e inevitabile», anzi costituisce un fenomeno che non trova riscontro nelle altre specie animali, in termini di intensità e di gratuità, e che come tale è chiaramente attribuibile a determinanti storico-culturali non irreversibili. Scienza ormai adulta, l'etologia ha messo in luce una lunga serie di fenomeni interessanti: le leggi e regole che governano molte società animali; l'esistenza di comportamenti «species-specifici» (ovvero caratteristici di un'unica specie), che impediscono ibridazioni destinate a non sopravvivere a lungo; l'esistenza di due tipi diversi di aggressione, quella «interspecifica» (condotta di lotta fra animali di specie diversa, soprattutto predatori, motivata dal bisogno fisiologico della nutrizione) e quella «intraspecifica» (condotta di lotta fra animali della stessa specie, motivata dalla difesa del territorio e dalla competizione sessuale).

• *L'imprinting.* Ma il fenomeno più rilevante e più discusso messo in luce dall'etologia è quello dell'*imprinting.* Pur riconoscendo l'esistenza in natura degli apprendimenti (per prove ed errori, per condizionamento ecc.) scoperti dagli studiosi di psicologia animale e sperimentale, gli etologi, soprattutto quelli della prima generazione, hanno sottolineato un tipo speciale di apprendimento, appunto l'imprinting (termine inglese che rende il tedesco *Prägung*, usato per la prima volta da Lorenz nel 1937 e traducibile con «stampatura», o «impressione», o «impronta»). Il fenomeno dell'imprinting, caratteristico specialmente nei nidiacei (uccelli) e secondo alcuni ricercatori anche nei mammiferi, era stato già descritto fin dal 1873 dal naturalista inglese D.A. Spalding, il quale aveva rilevato che i pulcini appena usciti dal guscio seguono il primo oggetto in movimento che attira la loro attenzione. Lorenz riprende e approfondisce queste osservazioni, ed elabora il concetto di «apprendimento precoce in fase sensibile»: il nidiaceo può essere indotto a seguire qualsiasi oggetto-stimolo sufficientemente grande che si muove, purché tale oggetto gli venga proposto subito dopo la nascita e nell'arco di un periodo critico molto breve (11-18 ore dall'uscita dal guscio nel caso dell'anatroccolo selvatico); nei confronti dell'oggetto in lui «stampato» l'animale si comporta come nei confronti della propria madre o dell'animale che ne ha covato l'uovo, e una volta adulto lo corteggia e gli fa profferte sessuali così come dovrebbe fare con i propri conspecifici, che invece trascura del tutto. Secondo Lorenz l'imprinting è diverso da ogni altro tipo di apprendimento; in particolare, non ha bisogno di «ricompensa», permane inalterato durante tutta la vita dell'animale e non è soggetto alla generalizzazione dello stimolo (→ condizionamento). Alcuni etologi hanno tentato di estendere all'uomo il concetto di imprinting; così si spiegherebbe la reazione di sorriso di fronte al volto umano da parte del bambino in età compresa fra le due settimane e i sei mesi; ancora, certi ritardi mentali nello sviluppo infantile sarebbero determinati dall'assenza di una appropriata stimolazione nel corso del breve periodo critico del bambino, quando egli si trova in una condizione di particolare sensibilità o recettività o plasticità. Recentemente, tuttavia, il concetto di imprinting è stato sottoposto a molte critiche e correzioni da parte di etologi e psicologi. In particolare, i primi hanno messo in luce che il periodo critico varia da una specie all'altra, e che esso è assai più esteso nel tempo di quanto non pensasse Lorenz; gli psicologi hanno dimostrato che l'imprinting può aver luogo anche se l'oggetto impresso non si muove, e che la risposta impressa, lungi dall'essere irreversibile come sosteneva Lorenz, può essere estinta sperimentalmente come qualsiasi altra risposta appresa.

Fra le teorie alternative a quella dell'imprinting merita di essere ricordata quella dello psicologo H. Moltz (*L'imprinting: fondamenti empirici e significato teorico*, in «Psychological Bulletin», 1960), secondo cui l'imprinting è solo una risposta dovuta alla riduzione di ansia provocata dall'oggetto impresso. *S. Ma.*

Eubulide di Mileto (attivo intorno alla metà del sec. IV a.C.), filosofo greco. Fu il secondo successore di Euclide di Megara alla guida della scuola megarica. Con Euclide, Eubulide è il principale responsabile dell'abbandono della dialettica socratica fondata su un procedimento maieutico e della sua sostituzione con una dialettica di derivazione eleatica che non ammette gradazioni fra gli estremi opposti, mira alla riduzione all'assurdo delle posizioni avversarie ed è diretta in particolare contro affermazioni di senso comune apparentemente ovvie (cfr. anche → eristica). Diogene Laerzio riporta sette sofismi di Eubulide, i più noti dei quali sono quello del «mentitore» e quello del «sorite». Secondo il primo, chi dice «io mento» fa un'affermazione a un tempo vera e falsa, indipendentemente dal fatto che egli intenda asserire il vero o il falso. Il secondo parte dalla constatazione che un solo chicco non costituisce un mucchio (in gr. *sóros*) di frumento; si aggiungano allora altri chicchi, uno alla volta; poiché non è possibile determinare con precisione a partire da quale chicco si formi «il mucchio», si dovrà concludere che questa nozione è logicamente improponibile.

eucaristia, l'atto sacramentale istituito da Gesù nell'imminenza della sua morte (in gr. *eucharistía*, rendimento di grazie). Il Nuovo Testamento contiene una quadruplice narrazione dell'istituzione dell'eucaristia: Matteo 26, 26-28; Marco 14, 22-24; Luca 22, 19-20; 1 Corinti 11, 23-25. Anche se non si può dimostrare con certezza che l'ultima cena abbia coinciso cronologicamente con il banchetto della Pasqua ebraica (che celebra il ricordo dell'esodo), l'eucaristia non può comunque comprendersi senza riferimento agli eventi dell'esodo e alla loro attualizzazione nella cena pasquale ebraica: come l'alleanza con Dio sul Sinai è suggellata con il sangue di un sacrificio, così Gesù dice: «questo calice è la nuova alleanza nel mio sangue». L'elemento originale dell'interpretazione teologica cristiana è la connessione intima con la persona di Gesù Cristo: l'eucaristia è «memoriale» e «annuncio» che rende attuale il passato, cioè il sacrificio della croce è banchetto in cui il Signore è presente; è invocazione e attesa del suo ritorno futuro. Nel primo millennio cristiano la dottrina e la pratica dell'eucaristia si sono precisate mediante la fissazione del quadro liturgico in cui essa si situa, con canti, preghiere, letture, riti (prendono così forma nella tradizione latina la → messa, e in quella cristiano-orientale la «divina liturgia»), con la meditazione e l'insistenza sulla presenza di Cristo nel pane e nel vino, e con la concezione sacrificale non solo della morte di Cristo, ma della stessa eucaristia. La dottrina eucaristica si sviluppa ulteriormente nella teologia scolastica: l'eucaristia è inclusa fra i sette sacramenti; se ne definiscono la «materia» (pane e vino) e la «forma» (le parole della consacrazione); si delinea definitivamente la dottrina della transustanziazione, per cui, rimanendo le apparenze del pane e del vino, muta la loro sostanza (corpo, sangue, anima e divinità di Cristo). La riforma non presenta una dottrina unitaria sull'eucaristia: la dottrina luterana (detta anche consustanziazione o companazione), appoggiandosi sulla teoria dell'ubiquità — secondo la quale il corpo di Cristo glorificato può essere presente in ogni luogo, — afferma che solo durante l'ingestione sacramentale le specie sono *veramente* e *insieme* pane e vino, carne e sangue di Cristo. Tale dottrina, sostanzialmente anticipata da J. Wycliffe nel sec. XIV, fu confermata nell'ortodossia luterana del *Libro di concordia* del 1580. Essa si differenzia sia dall'insegnamento calvinista di una presenza spirituale (anche se reale), sia dalla concezione simbolica dello zwinglianesimo. In risposta alle posizioni riformate, il concilio di Trento ripropose la dottrina cattolica della transustanziazione e della messa come sacrificio.

Eucken, Rudolf (Aurich, Frisia orientale, 1846 - Jena 1926), filosofo e scrittore tedesco. Fu docente a Basilea e quindi all'università di Jena. Fece parte di quella corrente di pensiero che reagiva alle dottrine del positivismo e che confluì in parte nella fenomenologia.

Eucken studiò il concetto della vita, nella quale individuò un livello biologico (la natura) e un livello noologico (il mondo spirituale), fra loro irriducibili, anche se sostenne che devono essere considerati in stretta connessione. Al vertice del mondo dello spirito Eucken collocò la sfera del divino, la cui espressione più alta è il Dio cristiano. Egli tuttavia rifiutò le istituzioni storiche in cui il cristianesimo si è cristallizzato, propugnando una religiosità e una visione del mondo fondate esclusivamente sulla libertà interiore dell'uomo. Opere principali: *Storia e critica dei concetti fondamentali del nostro tem-*

po (1878); *La visione della vita dei grandi pensatori* (1890); *Il contenuto di verità della religione* (1901); *Il significato e il valore della vita* (1908).

Euclide, matematico greco attivo in Alessandria d'Egitto intorno al 300 a.C. Fu autore di numerose opere, la più importante delle quali è costituita dagli *Elementi* [*Stoichôia*], in 13 libri più un 14° e un 15° scritti da geometri post-euclidei. Gli *Elementi* non contengono scoperte di grande rilievo: vi sono raccolte ed esposte le conoscenze matematiche (in particolare geometriche) del tempo, dovute in gran parte ad autori precedenti, quali Eudosso e Teeteto; ma essi sono fondamentali perché vi è applicato un metodo che doveva restare per due millenni modello insuperato di rigore e chiarezza. Con quest'opera, che senza dubbio è il testo scientifico più diffuso e tradotto di tutti i tempi, Euclide instaurò una scienza — la geometria che si suole chiamare, appunto, «euclidea» — là dove esistevano soltanto ricerche, teoremi, intuizioni frammentarie (si veda la voce seguente).

euclidea e non euclidee, geometrie, distinzione introdotta nell'ambito della geometria tra la fine del sec. XVIII e la prima metà del XIX, quando appunto nacquero e si svilupparono le geometrie non euclidee, che dovevano avere importanti ripercussioni anche in campo filosofico (in particolare, epistemologico). La geometria, come quella parte della matematica che studia le proprietà delle figure, o più precisamente le relazioni tra punti, rette, piani e spazi a tre o più dimensioni, trovò la sua prima sistemazione intorno al 300 a.C. con gli *Elementi* di Euclide. In tale opera la geometria viene costruita secondo il metodo assiomatico, consistente nell'assumere un numero limitato di *definizioni* relative agli enti geometrici primitivi (per es.: «il punto è ciò che non ha parti»), cinque *assiomi* o *postulati* (enunciati relativi agli enti primitivi: «tutti gli angoli retti sono uguali tra loro»), cinque *nozioni comuni* (enunciati di carattere generale e universalmente evidenti: «cose uguali a una stessa cosa sono uguali tra loro», «l'intero è maggiore della parte» ecc.). Ogni altra proposizione geometrica vera (*teorema*) viene dimostrata da Euclide attraverso una catena di deduzioni che si basano sulle proposizioni primitive e anche sui teoremi precedentemente dimostrati.

Il sistema geometrico euclideo è stato tradizionalmente considerato l'incarnazione dell'ideale aristotelico di scientificità e ha in tal modo influito sul pensiero filosofico occidentale, sia come ideale formale del sapere che venne assunto come modello per altri settori della ricerca (per es. da Hobbes nella politica e nella morale o da Spinoza nell'*Ethica more geometrico demonstrata*), sia come paradigma di una conoscenza valida a priori, cioè indipendente dall'esperienza e perciò apodittica ed eterna. Ancora Kant si riferisce a tale tradizione quando cerca di fondare la validità oggettiva della geometria sulla forma a priori dell'intuizione dello spazio. Questo campo di conoscenze e di applicazioni venne totalmente rivoluzionato tra la fine del Settecento e la prima metà dell'Ottocento con la nascita delle geometrie non euclidee scaturite dalla secolare discussione sulla validità del quinto postulato euclideo (equivalente al teorema secondo il quale in un piano, data una retta e un punto esterno a essa, per quel punto passa una e una sola retta parallela alla retta data). Nello sforzo di dimostrare per assurdo tale postulato si scoprì che dalla sua negazione non scaturivano conseguenze assurde, ma altre geometrie di tipo diverso da quella euclidea e altrettanto coerenti al loro interno.

Lo sviluppo delle geometrie non euclidee (K.F. Gauss, J. Bolyai, N.I. Lobačevskij, B. Riemann) ebbe grandi ripercussioni non soltanto in campo scientifico ma anche in campo filosofico. Anzitutto venne meno la convinzione che i fondamenti delle teorie matematiche fossero intuitivamente evidenti e perciò universalmente veri. Il metodo assiomatico venne considerato nulla più che un procedimento assai fruttuoso per lo sviluppo delle varie branche della matematica, sicché D. Hilbert, nei *Fondamenti della geometria* (1899), trattò la geometria come un sistema ipotetico-deduttivo nel quale si fa astrazione dal significato intuitivo dei termini adoperati: è compito degli assiomi prescelti determinare le interpretazioni ammissibili. Si rendeva così possibile la costruzione di sistemi geometrici alternativi, donde il problema di quale sistema costituisse la corretta descrizione dello spazio fisico oggettivo.

Tale questione diede vita a un dibattito epistemologico di importanza storica fondamentale (Gauss, Lobačevskij, Riemann, A. von Helmholtz, W.K. Clifford, A.N. Whitehead, B. Russell, E. Poincaré) che originò nuove concezioni epistemologiche come il → convenzionalismo e che si giovò in seguito della ulteriore svolta determinata dalla teoria della relatività generale per l'uso che in essa si fa proprio di una geometria non euclidea. Non sono mancati peraltro autori (per es. H. Dingler) che hanno ribadito una qualche forma di apriorismo geometrico euclideo. In generale però gli sviluppi della discussione sulle geometrie non euclidee sono stati utilizzati in filosofia dagli empiristi logici (M. Schlick, H. Reichenbach e altri) come definitiva liquidazione della concezione kantiana e neokantiana secondo la quale gli oggetti dell'esperienza conoscitiva rinvierebbero a strutture sintetiche a priori universali e necessarie. A partire dalla fine degli anni Cinquanta, soprattutto per merito di A. Grünbaum, il problema della geometria connesso agli sviluppi della fisica s'è inserito nella più ampia questione del rapporto teoria-esperienza nel discorso scientifico.

Euclide di Megara (450 ca - 380 ca a.C.), filosofo greco, fondatore della scuola filosofica di Megara. Il suo pensiero fu profondamente influenzato sia da Parmenide sia da Socrate; dopo la morte di quest'ultimo, molti dei suoi discepoli si rifugiarono a Megara presso Euclide. L'interesse dimostrato da Euclide e dalla sua scuola per la logica è documentato dal fatto che i megarici erano noti con il nome di «dialettici» o, con termine spregiativo, di «eristici» (→ eristica). Ma è indubbio che la speculazione logica dei megarici diede frutti importanti, come l'individuazione e l'analisi di paradossi logici (il «mucchio», il «mentitore» attribuiti da Diogene Laerzio a → Eubulide di Mileto) o il riconoscimento dell'importanza di confutare non le premesse di un'argomentazione ma le sue conclusioni, riducendole all'assurdo secondo il metodo di → Zenone di Elea. Queste tecniche argomentative furono utilizzate per dimostrare assunti filosofici di portata generale. In campo metafisico, a Euclide è attribuita la convinzione — di ispirazione eleatica — della essenziale unità del bene, inteso come realtà ultima e come essere che sta a fondamento di tutte le essenze particolari.

eudemonismo, dottrina morale che ripone il bene nella felicità (in gr. *eudaimonía*) ed è caratteristica di tutta la morale antica. L'eudemonismo assume diversi significati e sfumature a seconda del senso che viene dato alla parola «felicità».

Nel linguaggio comune, presso gli antichi greci e latini, si distingueva la felicità come condizione di chi è fortunato e abbonda di beni esteriori (in gr. *ólbios*, in lat. *felix*), dalla felicità interiore come stato d'animo di chi è intimamente beato (in gr. *eudáimōn*; in lat. *beatus*). I sofisti fecero consistere la seconda nella prima, mentre per Socrate la felicità interiore deve essere congiunta alla rettitudine e alla virtù. Per Aristotele la felicità consiste nell'azione compiuta secondo i dettami della ragione, che determina il giusto mezzo: siccome quest'ultimo coincide con la virtù, la felicità anche per Aristotele è fondata sulla vita virtuosa. Per i cirenaici la felicità consiste nel piacere (→ edonismo); in seguito, per i filosofi ellenistici e romani la felicità viene a identificarsi con la serenità d'animo, l'imperturbabilità (→ atarassia): ma, mentre per i cinici e per gli stoici l'imperturbabilità si ottiene distruggendo nell'animo il desiderio dei beni esteriori e dedicandosi soltanto alla vita virtuosa, gli epicurei ammettono che si può godere dei beni materiali e dei piaceri corporei, purché l'uomo non se ne renda schiavo; per gli scettici infine l'imperturbabilità nasce dalla sospensione del giudizio (→ epoché). Nella filosofia moderna l'eudemonismo ritorna con il significato di ricerca del benessere sociale: ma in questo senso è più esatto parlare di → utilitarismo.

Evagrio Pontico, → padri della chiesa.

Evans-Pritchard, Edward Evan (Crowborough, Sussex, 1902 - Oxford 1973), antropologo inglese. Allievo di Ch.G. Seligman, è stato titolare, dal 1946 al 1970, della cattedra di antropologia sociale presso l'università di Oxford. Africanista, condusse numerose e importanti ricerche sul campo fra alcune popolazioni dell'Alto Nilo: gli azande e i nuer. Evans-Pritchard ha articolato lo studio della loro società e della loro cultura in una serie di monografie dedicate all'organizzazione politica, alla religione, alla parentela, al matrimonio, analizzando soprattutto il rapporto del gruppo con la cultura dell'allevamento e giungendo ad affermare l'equivalenza simbolica fra uomini e bestiame, in base alla quale essi si presentano come realtà dello stesso ordine e intercambiabili; tale equivalenza si manifesta, secondo Evans-Pritchard, anche nella relazione sacrificale fra l'uomo e il Dio, dato che nel sacrificio viene offerto l'animale al posto dell'uomo. Il bestiame è dunque necessario non soltanto per il cibo e per il matrimonio, come prezzo di acquisto della sposa, ma anche per la santificazione delle imprese sociali e per la vittoria contro qualsiasi male. Evans-Pritchard diresse, inoltre, con la collaborazione di Meyer Fortes, la pubblicazione delle ricerche di vari specialisti sui *Sistemi politici africani* (1940), tentando di verificare se vi fosse corrispondenza tra sistemi statuali e densità più o meno elevata della popolazione. Opere principali: *Stregoneria, oracoli e magia tra gli azande* (1937), *I nuer* (1940), *I senusi della Cirenaica* (1949), *Introduzione all'antropologia sociale* (1951), *Parentela e matrimonio fra i nuer* (1951), *La religione nuer* (1956), *Teorie sulla religione primitiva* (1956).

Evdokimov, Paul (San Pietroburgo 1901 - Mendun, Francia, 1970), teologo ortodosso russo. Esule dalla Russia si è formato teologicamente all'Istituto di San Sergio a Parigi, presso cui ha poi svolto il suo insegnamento. Notevole il taglio ecumenico della sua produzione. La spiritualità russa è, secondo Evdokimov, quella che può oggi superare il dualismo occidentale e il monismo orientale. La inseparabilità della visione totalmente laica dal suo lato sacro, esemplificata dai grandi scrittori russi (*Dostoevskij e il problema del male*, 1942; *Gogol e Dostoevskij o la discesa agli inferi*, 1961), come la non separazione fra pensiero e vita, sono principi attivi in tutte le sue opere. Il saggio *L'ortodossia* (1959) è un esempio di questo modo di procedere che ha al centro il concetto, fondamentale per l'Oriente cristiano, di *sobornost*: la cattolicità interiore della chiesa, dono e impegno per mantenere l'unità senza escludere la diversità. Un concetto che non vale solo per l'ecclesiologia (diversa, su questo punto, da quella romana), ma che nel suo significato di tensione verso una pienezza deve operare anche in campo antropologico, nella liturgia, nella riflessione su Cristo (*Cristo nel pensiero russo*, 1970).

evemerismo, dottrina elaborata da→ Evemero.

Evemero (Messina, Sicilia, o Messene, Peloponneso; secc. IV-III a.C.), scrittore greco. È autore dello *Scritto sacro*, opera in almeno tre libri di cui sono giunti solo pochi frammenti. Secondo Diodoro Siculo, raccontava di un viaggio nell'oceano Indiano, all'isola di Pancaia, abitata da un popolo buono e felice che praticava la comunanza di ogni bene. Nel tempio di Zeus di Pancaia, su una colonna aurea, una iscrizione rivelava le imprese di Urano, Crono e Zeus, tre sovrani dell'isola; di qui Evemero derivava la sua spiegazione della mitologia, nota appunto come «evemerismo»: gli dei sarebbero antichi sovrani o eroi divinizzati in virtù delle loro imprese. L'opera, romanzesca nel tessuto e razionalistica nelle teorie esposte, ebbe grande fortuna nel mondo antico: scritta verso il 270 a.C., fu già tradotta e rielaborata in latino da Ennio nell'*Euhemerus*. Gli scrittori cristiani fecero a essa riferimento per dimostrare la falsità della religione pagana.

evidenza, nella filosofia antica, la caratteristica della «scienza» (in contrapposizione all'«opinione»), e precipuamente del grado più alto della scienza, quello che si attinge attraverso l'intelletto intuitivo (*noûs*). Per Platone, questo grado consiste nella conoscenza delle Idee, le quali sono appunto caratterizzate dall'evidenza, di contro all'esperienza sensibile. Questa concezione dell'evidenza come illuminazione che ha una fonte trascendente verrà sviluppata dal neoplatonismo con intonazione mistica, e da questo passerà nel pensiero cristiano attraverso sant'Agostino, per il quale l'evidenza a cui la mente umana ha accesso (a cominciare dalla matematica) è un riflesso della verità eterna che è in Dio. Per Aristotele, invece, l'evidenza è la caratteristica dei principi supremi dell'intelletto (principio di non contraddizione e del terzo escluso) e degli assiomi che costituiscono i principi di determinate scienze (per es., «il tutto è maggiore della parte»). Quest'ultima posizione, propria della sistemazione euclidea della geometria, è rimasta costante fino al secolo scorso. Complessivamente, la concezione aristotelica dell'evidenza, assai più restrittiva che non quella di derivazione platonica, verrà adottata nel pensiero cristiano dalle correnti scolastiche che si rifaranno appunto ad Aristotele, a cominciare dal tomismo. Per gli stoici, invece, l'evidenza è anche di carattere sensibile: è la caratteristica propria della «rappresentazione catalettica» (o «comprensiva»), che si ha allorché un oggetto si imponga all'intelletto attraverso la sua presenza immediata. Contro siffatta tesi è rivolta la critica dello scetticismo antico.

Nella filosofia moderna, l'evidenza torna a esser considerata caratteristica dell'intuizione intellettuale. Il pensatore che assegna maggior peso all'evidenza, in questo senso, è Cartesio. La regola principale del metodo da lui elaborato è appunto quella di prendere per vero solo ciò che sia evidente («chiaro e distinto»), ossia che non lasci adito ad alcuna possibilità di dubbio. Perciò, esercitare il dubbio, accumulando i motivi che possano suggerirlo, è il modo migliore per verificare che cosa resista a esso, delle nostre credenze. Tuttavia, Cartesio comprende che l'evidenza è un fenomeno meramente psicologico, è il sentimento di certezza per cui ci si sente costretti ad assentire a qualcosa; e sostiene che, per essere autorizzati ad assumere l'evidenza quale criterio della verità oggettiva, è necessario presupporre che gli uomini siano creature d'un Dio perfetto, quindi anche verace, ossia tale che non inganni le sue creature. Queste sarebbero infatti irrimediabilmente ingannate, se all'evidenza che impone naturalmente l'assenso non corrispondesse effettivamente la verità. L'uso dell'evidenza quale contrassegno della verità non è pertanto fondato sull'idea che l'evidenza si garantisca da sé. Siffatto ricorso a Dio cadrà nel successivo pensiero moderno, nel quale tuttavia rimarrà il nesso dell'evidenza con l'intuizione intellettuale, tanto nella corrente razionalistica quanto in quella empiristica. Per Kant, l'unica verità di per sé evidente è quella del principio di non contraddizione, e quindi dei giudizi che dipendono da esso soltanto («giudizi analitici»).

In seguito, la problematica dell'evidenza è passata dalla filosofia alla psicologia. In particolare, l'epistemologia convenzionalistica del nostro secolo ha rifiutato il criterio dell'evidenza attraverso la critica del ricorso all'intuizione, giudicando dogmatico il considerarla come una misteriosa fonte di conoscenza privilegiata. Solo Husserl, nel nostro secolo, ha rinnovato il tema dell'evidenza: ricollegandosi al pensiero di Cartesio, egli la considera caratteristica dei contenuti ideali («eidetici»), che si danno nella loro obiettività apodittica allorché si sia fatta astrazione dall'esistenza del mondo fisico e del soggetto psicologico.

evitazione, termine con cui in antropologia culturale si indica un comportamento individuale o di gruppo che, in base a meccanismi di tabuizzazione e di divieto, obbliga a escludere ogni contatto personale anche nei rapporti familiari (per es. il rivolgere la parola, il mangiare insieme ecc.). Di solito sottolinea una particolare dicotomia fra i sessi: un caso tipico e molto frequente è l'evitazione fra suocera e genero (→ tabù).

Evola, Julius (Roma 1898 - 1974), filosofo italiano. Dal 1915 al 1921 si dedicò alla pittura, aderendo ai movimenti del futurismo e del dadaismo (pubblicò con G. Cantarelli e A. Fozzi l'unica rivista dadaista italiana, «Bleu»), per poi consacrarsi esclusivamente a studi filosofici. Seguace dell'idealismo gentiliano e fortemente influenzato da Nietzsche, sviluppò uno spiritualismo volontaristico e «magico» sulla cui base elaborò una posizione ideologica nettamente reazionaria (*Saggi sull'idealismo magico*, 1925; *Fenomenologia dell'individuo assoluto*, 1930; *Rivolta contro il mondo moderno*, 1934). Appoggiandosi a un'«idea platonica» di razza fondata sull'atteggiamento aristocraticistico già celebrato da J.-A. → Gobineau, distinse fra un razzismo materialistico, basato sulla biologia, e un razzismo «spirituale», vicino a quello di F.L. Clauss, e volle quindi sostituire la nozione di «ariano mediterraneo» a quella di «ariano nordico» (*La tradizione ermetica*, 1930; *Il mito del sangue*, 1937; *Sintesi di una dottrina della razza*, 1941; *Metafisica del sesso*, 1958).

evoluzionismo, complesso di dottrine filosofiche, politiche, morali e religiose che, nei secc. XIX e XX, si ispirarono a concezioni dell'evoluzione simili per qualche aspetto a quelle espresse da Ch. → Darwin in campo biologico. In campo filosofico, il primo tentativo sistematico di fare dell'evoluzione il cardine della spiegazione metafisica del reale è quello di H. → Spencer. L'evoluzione costituisce per Spencer il principio capace di spiegare unitariamente i principi più generali di tutte le scienze; essa può essere caratterizzata come un mutamento che, in virtù di una dispersione di movimento e di una integrazione di materia, procede da una omogeneità indefinita e incoerente verso una eterogeneità definita e coerente. L'altro esponente principale dell'evoluzionismo filosofico è H. → Bergson, il quale, criticando il carattere meccanicistico dell'evoluzionismo di Spencer, concepisce l'essenza dell'evoluzione, accessibile soltanto all'intuizione diretta, come «slancio vitale» in virtù del quale la vita, contrariamente alla materia che si logora e si dissolve, si moltiplica nello spazio e si complica nel tempo.

In campo teologico, il diffondersi del darwinismo determinò una crisi profonda: se l'uomo è il risultato di un processo evolutivo, allora anche tutte le sue qualità spirituali costituiscono un fattore non di distinzione bensì di continuità tra l'uomo e il resto del regno animale. D'altra parte, il processo evolutivo non tende a un fine, ma è mosso da determinati meccanismi; quindi, da un punto di vista teleologico, esso è frutto del «caso» (e fu soprattutto in questo senso che l'evoluzione venne caratterizzata dagli esponenti dell'evoluzionismo materialistico, tra cui E.H. Haeckel). Infine, l'interpretazione letterale del racconto biblico della creazione era in patente contrasto con la teoria dell'evoluzione delle specie. Tuttavia, a questa crisi della teologia tradizionale subentrò, soprattutto nel sec. XX, una fase di accettazione, da parte dei teologi, di alcuni dei principi fondamentali del darwinismo, reinterpretati alla luce di una concezione dell'evoluzione come manifestazione nella natura di un disegno provvidenziale. Si può ricordare, in particolare, la concezione di Teillhard de Chardin, che sviluppa l'evoluzionismo nella dimensione di un futuro cosmico-cristologico.

In campo politico e sociologico è possibile distinguere varie interpretazioni. Così, da un lato Marx intendeva dedicare a Darwin il primo volume del *Capitale*, da lui considerato l'analogo, in campo economico, dell'opera di Darwin in campo biologico; mentre numerosi pensatori di ispirazione socialista e anarchica vedevano nel darwinismo, in primo luogo, la definitiva conferma della modificabilità storica di ogni istituzione politica ed economica e, in secondo luogo, la precisazione di un concetto ottimistico di progresso che era sempre stato presente nelle tradizioni del riformismo e del radicalismo rivoluzionario. Sul versante opposto, altri pensatori, ponendo in particolare l'accento sul tema della selezione naturale, trovarono nelle teorie di Darwin la legittimazione del mito dell'uomo che si afferma in campo economico in virtù delle sue doti di competitività, o la giustificazione delle teorie del liberismo economico, in quanto gli uomini, pur perseguendo i propri fini egoistici, realizzano comunque il bene sociale in campo economico, favorendo una naturale selezione degli individui.

• *Antropologia*. L'impostazione evoluzionistica caratterizza gli studi sociologici ed etnologici della seconda metà dell'Ottocento. Principi fondamentali dell'evoluzionismo in antropologia sono da un lato il carattere lineare dello sviluppo dell'umanità, per cui tutte le società si sarebbero sviluppate passando per stadi evolutivi analoghi; dall'altro l'affermazione di una fondamentale unità psichica del genere umano. Da questi principi discende: *a*) il fatto che oggetto di studio non è questa o quella società, questa o quella cultura particolare, ma la totalità della cultura umana, nel tempo e nello spazio; *b*) la generale accettazione del metodo comparativo, in base al quale a un fenomeno rilevato in una fase di una successione storica, dovrà necessariamente corrispondere un fenomeno omologo nella corrispondente fase di un processo parallelo. Dal presupposto dell'uniformità di sviluppo di ogni società umana discende la convinzione, condivisa da molti antropologi e sociologi evoluzionisti, che sia possibile determinare una «scala» delle civiltà e, sulla base di questa, una tipologia delle società e delle culture. Tra gli esponenti principali dell'evoluzionismo in antropologia, E.B. Tylor contribuì in misura notevole allo sviluppo metodologico della ricerca antropologica. Autore fra l'altro della teoria delle «sopravvivenze» (per cui determinate credenze o istituzioni vengono spiegate come residui di fasi evolutive più antiche) e formulatore del concetto di animismo come definizione minima della religione, Tylor fu sì teorico dell'evoluzionismo (con una impostazione naturalmente eurocentrica, per cui in un'ideale scala dei gradi di civiltà le società europee andrebbero collocate all'estremità superiore), ma anticipò per certi aspetti teorie che si porranno come superamento dell'evoluzionismo (→ diffusionismo). Più coerentemente interna all'indirizzo evoluzionistico è la posizione di L.H. Morgan, autore di uno schema di evoluzione delle società in tre fasi (stato selvaggio, barbarie, civiltà), ognuna definita con riferimento a un complesso di elementi e individuata soprattutto attraverso le correlazioni tra i vari aspetti tecnologici e istituzionali (innovazioni tecnologiche; struttura della famiglia e terminologia di parentela; organizzazione sociopolitica ecc.). Fra gli altri rappresentanti dell'antropologia evoluzionistica, oltre a J.F. McLennan, H. Maine, R. Marett e J. Lubbock, si può citare J.J. Bachofen, secondo cui, nello sviluppo delle società umane, a una primitiva fase di promiscuità sarebbe succeduta una fase caratterizzata dal matriarcato e infine si sarebbe affermato il diritto paterno. Infine, tra i grandi nomi dell'evoluzionismo antropologico si colloca J.G. Frazer, nella cui opera il metodo comparativo trova l'applicazione più ampia e meno vigile.

Duramente combattuto, agli inizi del sec. XX, dai diffusionisti e dalla scuola di F. Boas, soprattutto a causa della inverificabilità storica e scientifica delle sue ipotesi, l'evoluzionismo è stato ripreso in considerazione, sebbene in forme diverse, dal 1930 in poi, per opera di L. White e di J. Steward, e ha dato vita al cosiddetto «neoevoluzionismo». Ma in realtà White appare influenzato dal materialismo marxiano, che egli esprime nei termini di una «legge fondamentale dell'evoluzione» basata sul quantitativo di energia di cui una società può disporre (*La scienza della cultura*, 1949). Fra gli antropologi che negli ultimi decenni hanno aderito alla scuola neoevoluzionista, intesa nel suo senso marxiano, vanno annoverati M. Sahlins (*La sociologia dello scambio primitivo*, 1965), E. Service (*L'organizzazione sociale primitiva*, 1962), M. Fried (*L'evoluzione della società politica*, 1967), M. Harris (*La natura delle cose culturali*, 1964). Steward, invece, propone uno schema di sviluppo multilineare e distingue fra processi evolutivi a carattere universale (come l'istituzione del tabù dell'incesto), processi evolutivi che interessano una sola area e processi evolutivi specifici, che si verificano in una sola società (*Teoria del cambiamento culturale*, 1955). Attraverso quello che Steward stesso ha chiamato il metodo dell'«ecologia culturale» (*Le basi economiche e sociali delle bande primitive*, 1936), e le sue ardite ipotesi sul parallelismo evolutivo fra Vecchio e Nuovo Mondo, con le quali si è sostenuta l'evoluzione indipendente della civiltà del Nuovo Mondo (*Causalità culturale e legge*, in «American Anthropologist», 1949), gli studi antropologici hanno ripreso contatto con l'archeologia: il che si è rivelato di grande utilità per la ricostruzione delle culture prive di scrittura e ha ridato fiducia nel metodo comparativo.

Eysenck, Hans Jürgen (Berlino 1916), psicologo inglese di origine tedesca. Stabilitosi in Inghilterra nel 1934, vi ha completato gli studi conseguendo nel 1941 il dottorato in Psicologia. Nel 1954 è stato nominato professore di Psicologia alla London University.

In contrasto con le teorie psicoanalitiche e valorizzando l'aspetto della predisposizione genetica, Eysenck ha indagato la struttura della personalità, giungendo a definirne quattro livelli di organizzazione, disposti gerarchicamente: 1) il livello più generale, o dei tipi, espresso da tre dimensioni personologiche fondamentali: estroversione-introversione, neuroticismo, psicoticismo; 2) il livello dei tratti, ossia delle configurazioni relativamente stabili; 3) il livello delle risposte ricorrenti; 4) il livello delle risposte specifiche e occasionali. In particolare, i tipi rappresentano le caratteristiche decisive della personalità che, a loro volta, forniscono le basi per una classificazione differenziale dei soggetti umani. A questo scopo Eysenck elaborò un questionario in due versioni: il *Maudsley Personality Inventory* e lo *Eysenck Personality Inventory*. Le sue opere più significative sono: *Dimensioni della personalità* (1947); *Lo studio scientifico della personalità* (1952); *La struttura della personalità umana* (1953). Notevole successo hanno inoltre avuto opere divulgative quali *Conosci la tua personalità* (1975), e *Intelligenti si nasce o si diventa?* (1981).

Ezechiele (fine del sec. VII - sec. VI a.C.), profeta biblico, terzo dei profeti maggiori secondo il canone cristiano. Deportato in Babilonia nel 597 a.C., predicò fra gli esiliati dal 593 al 573 ca. Il libro biblico che porta il suo nome consta di una prima parte (capp. 1-24) contenente discorsi di minaccia e di sventura contro Gerusalemme, di cui preannuncia la caduta; a una serie di oracoli contro le nazioni, Edom, i filistei, Tiro e Sidone, Egitto ecc. (capp. 25-32), seguono i discorsi della promessa di salvezza per Israele, e la descrizione della restaurazione del tempio, della città e del popolo.

La critica più recente è in generale concorde nel contestare l'unità del libro, che rivela apporti successivi sino alla redazione ultima, a noi pervenuta, nella quale è riconoscibile, insieme a una lingua aramaizzante, e dunque tardiva, la dipendenza dalla letteratura sacerdotale. Della tradizione sacerdotale è certo espressione la sua teologia, che accentua la santità di Dio, la sua trascendenza; raramente appare il tema dell'amore di Dio, meno ancora quello dell'elezione, sebbene non manchino richiami al «cuore nuovo» e al «nuovo spirito» (capp. 18, 31), che riecheggiano i temi della nuova alleanza di Geremia. Ezechiele è soprattutto un moralista severo, che insiste sulla realtà dei precetti e del peccato, sull'infedeltà di Israele e sul giudizio di Dio, che punirà ciascuno per le proprie colpe, non per quelle dei padri (cap. 18). La «teologia» di Ezechiele, mentre si riallaccia alla tradizione deuteronomistica, rivela un nuovo spirito, che anticipa il giudaismo della restaurazione e che per molti aspetti influirà su di esso. Particolare importanza ha nella storia della mistica ebraica il cap. 1 (visione del carro di Dio): l'«opera del carro» (*ma'aseh merkabah*) è infatti, con l'«opera della creazione» (*ma'aseh bereshith*) di Genesi 1, uno dei due temi fondamentali della mistica pre-qabbalistica.

Fachinelli, Elvio (Luserna, Trento, 1928 - Milano 1989), medico, psicoanalista italiano. Fu attento a cogliere nella psicoanalisi non tanto l'aspetto istituzionale di sapere chiuso in se stesso, di cui al contrario rilevò la crisi irrimediabile, quanto quegli elementi concettuali in grado di provocare sempre nuovi interrogativi. Dopo *Il bambino dalle uova d'oro* (1974) che raccoglie scritti pubblicati dal 1965 sul significato positivo dei movimenti politici di contestazione, rivolse la propria attenzione al problema del tempo. Così in *La freccia ferma* (1979) il rifiuto della temporalità e della caducità proprio dei rituali ossessivi, di quelli religiosi e di ideologie quali il nazismo e il fascismo viene analizzato come negazione della realtà e della pluralità dei tempi storici che la compongono. Mentre in *Claustrofilia* (1983), cogliendo le considerazioni «pessimistiche» dell'ultimo Freud, Fachinelli rapporta la questione della durata interminabile dell'analisi con la tendenza psichica a rievocare una zona «claustrofilica» presimbolica, non storicizzabile e potenzialmente onnipresente, connessa a una fase di relativa indifferenziazione (o di co-identità) del bambino con la madre e irriducibile al tempo lineare del racconto analitico e alle sue procedure di significazione. L'ultimo lavoro, *La mente estatica* (1989), approfondisce il valore *istantaneo* e originario della co-identità, esplorandone la presenza nelle esperienze mistiche, nei processi di creazione artistica e scientifica, nelle situazioni, cioè, di sovvertimento delle consuete categorie di tempo, spazio e causalità.

falansterio, → Fourier, Charles.

fallacia, → sofisma.

falsa coscienza, formula adoperata da Marx nella sua prima riflessione sulla → ideologia e variamente ripresa nel dibattito sulla → alienazione. Muovendo dall'accezione polemica attribuita da Napoleone al termine ideologia (intesa come teoria, ragionamento staccato dalla prassi), Marx si lega al concetto hegeliano (*Fenomenologia dello spirito*) di «falso» che indica il rapporto reciprocamente inadeguato tra sostanza e soggetto. In tal senso un sapere, sempre condizionato e prospettico, si specifica come falsa coscienza o ideologia quando, celati gli interessi particolari da cui muove, eleva tuttavia una pretesa di universalità. In particolare, nella *Ideologia tedesca* le cause della falsa coscienza borghese sono identificate nelle condizioni di scarso sviluppo delle forze produttive e nelle relazioni inadeguate tra forze produttive e rapporti di produzione; tale mistificazione è per un verso naturale, ma per l'altro viene riprodotta socialmente, in quanto espressione del conflitto sociale e della sua mediazione solo apparente.

Con l'elaborazione della dottrina del rapporto → struttura-sovrastruttura, nel marxismo-leninismo la formula di falsa coscienza viene sostituita con il termine ideologia, e perde le caratteristiche di particolare presentato come universale e sostenuto da una classe precisa. In seguito alla riscoperta dei lavori giovanili di Marx, la formula marxiana riappare in G. Lukács, che sottolinea l'esigenza di non limitarsi a scoprire e criticare i fenomeni di falsa coscienza, ma di vederli come realtà condizionanti inserite nella loro totalità storica. In altri autori, alla base economica (o alla totalità storica) rispetto a cui si dà una falsa coscienza si aggiungono via via la totalità antropologica, quella biologica, quella naturale (come nella sociologia e nell'antropologia influenzate da Nietzsche e da Freud, o nella teoria critica della scuola di Francoforte), finché nella *Wissenssoziologie* (cioè nella sociologia della conoscenza di H. Plessner, M. Scheler. K. Mannheim, nonché in autori successivi) è operata una neutralizzazione del concetto marxista in un concetto «totale» di ideologia. Meno lineari, ma non trascurabili, infine, i rapporti tra questi sviluppi e l'ontologia e l'analitica fenomenologica della coscienza di J.-P. Sartre.

falsificazione, principio di, principio in base al quale un'ipotesi o una teoria ha carattere genuinamente scientifico quando è suscettibile di essere smentita dai fatti dell'esperienza. Il principio fu proposto dal filosofo austro-inglese K. → Popper, il quale, in opposizione al cosiddetto principio di → verificazione fatto proprio dai membri del circolo di o Vienna, ha sostenuto che un adeguato criterio di demarcazione (e non di significanza) tra le scienze e altre forme della cultura, prima fra tutte la metafisica, andrebbe visto nel principio di falsificazione. Rifacendosi alla critica humeana dell'inferenza induttiva e della nozione di causalità, Popper sostiene che il criterio neopositivistico di significanza presenta tra l'altro il grave difetto di escludere dall'ambito del discorso scientifico tutte le cosiddette leggi scientifiche, ossia tutte le asserzioni e teorie (come, per es., «Tutti i corvi sono neri» oppure la legge newtoniana della gravitazione) tipiche della scienza empirica, che avendo una portata genuinamente universale non possono venir conclusivamente verificate da una serie più o meno ampia, ma sempre finita, di osservazioni empiriche positive. Per questo motivo, secondo Popper, da un sistema scientifico si deve esigere non «che sia capace di essere scelto, in senso positivo, una volta per tutte» (ciò che Hume ha mostrato essere impossibile), bensì «che la sua forma logica sia tale che possa essere scelto, per mezzo di controlli empirici, in senso negativo: *un sistema empirico deve poter essere confutato dall'esperienza*».

famiglia, → parentela.

fantasia, → immaginazione.

fantasma, termine che nella psicoanalisi freudiana indica la scena immaginaria in cui il soggetto è presente come protagonista o come osservatore, e in cui si realizza l'appagamento dei suoi desideri inconsci. Intimamente collegato col desiderio (Freud parla di «fantasma di desiderio») e al contempo con il suo opposto (il divieto), il fantasma è il luogo di processi difensivi per lo più primitivi, come la proiezione e la conversione nell'opposto. Un particolare approfondimento è stato dedicato da Freud ai «fantasmi originari», schemi inconsci trasmessi per via ereditaria in tutti gli uomini, trascendenti le loro esperienze individuali, e presumibilmente connessi con eventi arcaici, «alle origini della famiglia umana». Queste strutture fantasmatiche tipiche sono la scena del rapporto sessuale fra i genitori (che Freud chiama «scena originaria o primaria»), la scena della vita intrauterina, la scena di castrazione e la scena di seduzione.

Fapesmo, nome che indica uno dei modi validi del → sillogismo.

Fārābī, al-, Abū Naṣr Muḥammad (Wasiğ, Turkestan, 870 ca - Damasco 950 ca), filosofo e scienziato arabo di origine turca, noto nell'Occidente latino con il nome di Alfarabi. Insegnò a Baghdad e nel 942 si trasferì presso il sovrano di Aleppo, dove passò gli ultimi anni di vita. In rapporto con i filosofi cristiani di Baghdad, eredi dell'aristotelismo alessandrino, al-Fārābī tentò un sincretismo tra la filosofia aristotelica, il neoplatonismo e l'Islam, sulla base di una interpretazione simbolica della religione e della sua subordinazione alla filosofia. Identificò l'intelletto e l'anima di Plotino con l'intelletto e l'anima motrice dei cieli dell'aristotelismo. Sostenne inoltre la distinzione fra essere necessario ed essere possibile, sviluppata poi da Avicenna: al sommo della realtà c'è Dio, l'essere necessario, che, in quanto conosce eternamente se stesso, produce il primo intelletto, il quale è possibile rispetto alla sua essenza e necessario in quanto prodotto da Dio. La conoscenza umana è opera dell'intelletto attivo, che trascende tuttavia l'uomo. Fra le sue opere si ricordano: *Sull'intelletto*, *Inventario delle scienze*, *Questioni essenziali*, *Concordanza fra le idee di Platone e di Aristotele*, *Sull'Uro*, *Aforismi dello statista*, *Contro l'astrologia*, commenti agli scritti logici di Aristotele e di Porfirio, trattati di matematica, medicina, politica (al-Fārābī vagheggiava una riforma del califfato guidata dai filosofi che realizzasse lo stato ideale platonico) e teoria della musica. Il suo influsso fu notevole sui filosofi musulmani, che lo chiamarono «il secondo maestro» (dopo Aristotele). A lui si rifecero Avicenna, Averroè, Maimonide e, per la dottrina dell'intelletto, gli aristotelici latini dei secc. XIII-XIV.

farisei, membri di un antico partito religioso e politico ebraico. Il nome, che secondo l'opinione più comune significa «separati» (dal «popolo della terra», cioè dalla parte degli ebrei non osservante o diversamente osservante), fu dato loro in origine dagli avversari, ma divenne poi la denominazione corrente del gruppo. I farisei emersero come movimento distinto intorno al 164 a.C., cioè al tempo della rivolta maccabaica, staccandosi dagli asidei o «pii» (dei quali non condividevano la tensione apocalittica), dopo che a loro volta gli asidei si erano dissociati dall'orientamento eccessivamente politico ormai assunto dalla dinastia dei Maccabei. Fin dal loro sorgere, si presentarono come il partito della tradizione e dell'ortodossia ebraica; per essi l'ebraismo non era contenuto soltanto nella Torah o Pentateuco (come per i sadducei), ma anche nelle tradizioni orali, che essi affermavano ugualmente rivelate sul Sinai a Mosè. A differenza dei sadducei, credevano nella resurrezione dei morti, nel giudizio finale e nella retribuzione, nell'esistenza degli angeli, nella provvidenza, nella libertà del volere e quindi nella responsabilità delle azioni. Nella loro convinzione che la Legge incarnasse in tutte le sue norme la volontà di Dio, insistevano sull'osservanza di ogni precetto e di ogni uso tradizionale in tutte le circostanze della vita, che veniva così continuamente consacrata e collegata al «ricordo» dell'alleanza. Della Legge avevano, tuttavia, una concezione dinamica: la tradizione orale era appunto, per loro, il «luogo» di una continua reinterpretazione delle norme rivelate, intesa a mantenerle in contatto con la vita e le sue sempre nuove circostanze. L'ascesa dei farisei corrisponde alla lenta ma continua erosione del potere dei sadducei e dei sacerdoti: dal sec. I dell'era cristiana in poi, essi appaiono come veri rappresentanti della stragrande maggioranza degli ebrei; e, nonostante molte spinte contrarie, il fariseismo ebbe tale fortuna da identificarsi praticamente con l'ebraismo. In tal modo riportò la più completa vittoria sulle altre due «filosofie» menzionate da Giuseppe Flavio nel famoso testo: «Presso gli ebrei la filosofia è coltivata sotto tre

forme: i seguaci della prima sono detti farisei, quelli della seconda sadducei, e quelli della terza esseni» (*Guerra giudaica*, II, 119). I farisei sopravvissero alla guerra giudaica e alla rovina del tempio, che travolsero sadducei ed esseni, e — grazie a rabbi Johanan ben Zakkaj, il quale ottenne da Tito di trasferire e mantenere a Javne il sinedrio — rimasero l'elemento determinante e caratterizzante di tutto il giudaismo posteriore.
Il contrasto testimoniato dai Vangeli tra Gesù e i farisei (o alcuni di loro) va letto tenendo conto che la redazione finale dei Vangeli, avvenuta in un'epoca di rottura fra ebrei e cristiani, e in ambienti meno familiari con il mondo giudaico, ha certamente accentuato la contrapposizione. In realtà, Gesù era spiritualmente più vicino ai farisei che a ogni altra corrente del giudaismo, e almeno in parte le sue polemiche restano interne al fariseismo: il quale del resto aveva posizioni fortemente critiche verso le degenerazioni di certi suoi membri, ed era differenziato in correnti più o meno integraliste fra cui le dispute erano abituali (classica l'opposizione tra le due «case», cioè scuole, di → Hillel e → Shammaj, nel sec. I a.C.).

fase, termine con cui, in psicoanalisi, si indicano i diversi stadi di sviluppo della → libido.
La *fase orale* è la prima in ordine di tempo fra le fasi dello sviluppo libidico; in essa il piacere sessuale è strettamente connesso alla stimolazione delle labbra e dell'interno della bocca determinata dall'atto del mangiare, e quest'ultimo orienta e organizza la relazione del bambino con l'ambiente, in particolare la sua relazione d'amore con la madre. In questa fase la pulsione sessuale si sgancia dalla funzione vitale dell'alimentazione e conquista un'autonomia autoerotica soprattutto attraverso l'attività di succhiamento; in altre parole, l'oralità è il contesto originario della sessualità, il che spiega l'importanza dell'esperienza orale nella vita sessuale dell'adulto. È importante aggiungere che nel pensiero freudiano, soprattutto dopo il 1915, lo scopo del bambino nella fase orale non consiste soltanto nel conseguimento del piacere determinato dalla stimolazione della zona erogena orale, bensì, su un piano assai più generale, nell'instaurazione della modalità relazionale dell'«incorporazione», che trascende la funzione alimentare e costituisce il corrispettivo somatico dell'identificazione e dell'introiezione.
A quella orale succede la *fase sadico-anale* (press'a poco fra i due e i quattro anni), come organizzazione pregenitale che precede la fase fallica. In questo stadio del suo sviluppo, la libido è organizzata sotto il primato della zona erogena anale, e la defecazione orienta la relazione del bambino col suo ambiente: compare la contrapposizione fra «attività» e «passività», embrione delle successive contrapposizioni prima fra «fallico» e «castrato» e poi fra «maschile» e «femminile»; l'attività corrisponde al sadismo, in rapporto al costituirsi del controllo muscolare, e la passività corrisponde all'erotismo anale, in rapporto alla stimolazione della mucosa dell'ano. Fin dal 1908 Freud afferma la connessione di alcuni tratti del carattere adulto (ordine, parsimonia, ostinazione) con l'erotismo anale infantile.
La nozione di *fase fallica* viene elaborata da Freud tra il 1923 e il 1925. Questa fase va dall'inizio al declino del → complesso di Edipo, è il luogo privilegiato del complesso di castrazione, ed è caratterizzata da una vera e propria organizzazione della sessualità simile a quella adulta, cioè dal convogliarsi e subordinarsi delle pulsioni parziali al primato degli organi genitali; tuttavia (e in ciò sta il tratto distintivo rispetto alla sessualità adulta) nella fase fallica l'organo genitale di riferimento è soltanto il pene, tanto per il bambino quanto per la bambina, e l'opposizione tra i due sessi coincide con l'opposizione fallico-castrato.
Infine, la *fase* (o *organizzazione*) *genitale* corrisponde al termine dello sviluppo psicosessuale, quando le pulsioni parziali vengono definitivamente unificate e gerarchizzate sotto il primato degli organi genitali. Essa si articola in due tempi, fra i quali corre il periodo di latenza: la fase fallica, o organizzazione genitale infantile (di cui si è detto), e la vera e propria organizzazione genitale che ha inizio nella pubertà. Nella fase genitale il piacere determinato dalla stimolazione delle zone erogene non genitali (come la zona orale) viene subordinato all'orgasmo, di cui diventa un semplice preliminare.

fase dello specchio, espressione introdotta (1936) nel linguaggio psicoanalitico da J. Lacan per indicare il periodo compreso fra i primi sei e i diciotto mesi di vita, nel quale il bambino, ancora incapace di coordinare i propri movimenti, anticipa a livello immaginario l'assunzione e il controllo del proprio corpo come totalità. Tale anticipazione è resa possibile dall'identificazione del bambino con l'immagine del suo simile percepita globalmente, o avviene quando per la prima volta egli coglie la propria immagine totale riflessa in uno specchio. Nella concezione lacaniana la fase dello specchio costituisce il primo passo verso la costituzione dell'Io, inteso come «Io immaginario» (perché immaginaria è l'autopercezione) distinto dal soggetto reale. La necessarietà della fase dello specchio si fonda sull'osservazione freudiana (in *Inibizione, sintomo e angoscia*, 1926) relativa all'incompletezza biologica del neonato umano. Inoltre, va sottolineato che nel formulare il concetto di «fase dello specchio» Lacan trae spunto anche da due fonti empiriche extrapsicoanalitiche: da un lato le ricerche di psicologia genetica del francese H. Wallon, le quali hanno messo in luce che il bambino acquisisce la coscienza del proprio corpo non già in modo diretto, bensì in modo indiretto, mediante la preliminare percezione del corpo altrui (la coscienza dell'«altro come me» precede e fonda la coscienza di «me in quanto me»), e hanno altresì sottolineato la condotta di «scoperta gioiosa» del bambino di fronte alla propria immagine speculare; d'altro lato, alcuni dati dell'etologia, che sembrano dimostrare come la semplice percezione visiva del conspecifico determini nell'animale, in tempi molto brevi, un effetto di maturazione biologica.

fato, termine di origine latina (da *fatum*, letteralmente «ciò che è stato detto, o predetto» dal dio) designante la necessità inconoscibile, e perciò apparentemente casuale, che regola l'accadere degli eventi secondo un ordine non alterabile. In questo senso, il fato differisce sia dal destino (che riguarda le sorti umane, e al quale si concede di essere modificabile) sia dal concetto di determinismo (che suppone una connessione necessaria ma immanente delle cause, tale da poter essere decifrata razionalmente). La dottrina del fato, di origine religiosa, assume rilevanza filosofica solo con il pensiero stoico, che rimette al fato sia il corso del destino umano sia l'ordine della natura; la libertà, esclusa come autodeterminazione assoluta, si attua conoscendo razionalmente il destino, e conformandosi di conseguenza a esso (Cicerone, *De fato*, 17). Questa concezione fu avversata dal cristianesimo, che oppose al fato la provvidenza, intesa come necessità divina che non esclude però l'intervento morale dell'uomo; questi può infatti decidere della propria salvezza individuale, benché il corso del mondo sia sottoposto sin dal principio a un disegno divino. A questa doppia causalità, divina e umana, fa riferimento Leibniz (*Teodicea*, I, par. 55) quando distingue il fato maomettano, stoico e cristiano: quest'ultimo differisce dai precedenti proprio in quanto è parzialmente modificabile dal volere morale dell'uomo. La formalizzazione dell'alternativa tra determinismo e libertà si attua definitivamente in Kant. Secondo Kant, la natura, che è intesa come regno della necessità, segue un rigido determinismo; ma ciò non esclude l'agire morale, in quanto la moralità si pone a un livello ulteriore rispetto a quello naturale, e riguardo a essa l'uomo è perfettamente libero e responsabile. L'alternativa kantiana, che suppone la fede in un regno sovrasensibile non sottoposto alla necessità, sarà negata dalla dottrina nietzscheana dell'*amor fati*; escludendo l'esistenza di un mondo ulteriore rispetto a quello dell'esperienza mondana, Nietzsche afferma che il solo atteggiamento lecito all'uomo è «Non voler nulla di diverso da quello che è... Non solo sopportare ciò che è necessario, ma amarlo» (*Volontà di potenza*, ed. Kröner, I, par. 282).

febronianesimo, dottrina ecclesiologica formulata da J.N. von Hontheim (1701-1790), vescovo coadiutore di Treviri, nel trattato *De statu ecclesiae et legitima potestate romani pontificis*, edito nel 1763 sotto lo pseudonimo di Febronio, e messo all'indice l'anno successivo. Il febronianesimo mirava a limitare il potere del papa: affermava infatti che la costituzione della chiesa si impernia sul corpo episcopale, e che i concili ecumenici, in quanto espressione della chiesa universale, hanno autorità anche sul papa. Il papa assolve il compito di vigilare sulla conservazione della fede e sulla unità della chiesa, ma non gode del primato di giurisdizione, e neppure della infallibilità, bensì solo di un primato di onore. Le decisioni del papa divengono obbliganti solo con l'approvazione, esplicita o sottintesa, della chiesa universale. I diritti che sono stati indebitamente attribuiti alla curia romana, come la conferma e la deposizione dei vescovi, la nomina agli uffici ecclesiastici, le riserve, le dispense e le esenzioni, devono essere restituiti all'episcopato. Confluirono nel febronianesimo le istanze dell'→ episcopalismo e del → conciliarismo, mentre esso ispirò a sua volta la «puntazione (o accordo) di Ems» (1786) tra gli arcivescovi di Treviri, Colonia, Magonza e Salisburgo, che compendiava in 23 articoli le istanze di autonomia della chiesa tedesca nei confronti del papa e della curia romana. Il febronianesimo ebbe qualche seguito appunto perché, mirando alla creazione di una chiesa nazionale tedesca indipendente da Roma, si incontrava con le tendenze cesaropapiste molto diffuse in Germania nella seconda metà del sec. XVIII.

Fechner, Theodor Gustav (Gross-Särchen, Prussia, 1801 - Lipsia 1887), psicologo tedesco. Fondatore della psicofisica, contribuì, insieme a W. Wundt, alla nascita della psicologia sperimentale. A fondamento della psicofisica di Fechner sta un'ardita concezione metafisico-poetica del mondo, espressa soprattutto da opere quali *Nanna, ovvero della vita psichica delle piante* (1848), *Zend-Avesta, ovvero delle cose del cielo e dell'aldilà* (1851), *Sul problema dell'anima* (1861). Secondo questa concezione, l'universo è un insieme di unità fisiche differenziate per gradi in rapporto alla loro complessità, al quale corrisponde un insieme sempre più comprensivo di unità psichiche. Si tratta di un panteismo dualistico che estende a tutti gli esseri l'idea che il fisico non sia se non l'aspetto visibile dello spirituale. Le stesse unità psichiche umane, tanto individuali quanto collettive, sono gli elementi costitutivi di un'unità psichica superiore, quella della grande Anima della Terra. Nella scala degli organismi, la Terra è un'unità superiore, alla quale corrisponde un'unità psichica parallela. Al pari della Terra, ogni stella possiede, a sua volta, una coscienza distinta, che Fechner identifica con ciò che per la tradizione teologica erano gli angeli. Questa coscienza angelica è essa stessa una differenziazione di quell'esistenza unica suprema, il divino, che abbraccia come corpo e come spirito tutto l'universo. Nei suoi *Elementi di psicofisica* (1860), Fechner sostenne che un'unità di misura dello psichico non potesse essere trovata nello psichico stesso, bensì in relazione a risultati della indagine fisica. Egli si preoccupò quindi di stabilire le leggi che governano i rapporti tra stimolo fisico e sensazione. Approfondì i concetti di soglia assoluta (l'intensità minima di uno stimolo sufficiente a produrre una sensazione) e di soglia differenziale (l'aumento di intensità di uno stimolo sufficiente perché si percepisca una modificazione della sensazione), e legò il suo nome alla legge secondo la quale la grandezza soggettiva di una sensazione è misurata dal logaritmo della grandezza fisica del suo stimolo.

fede, termine che, nella sua accezione più generale, indica quelle forme di conoscenza che non possono essere garantite né da controlli empirici né da procedimenti razionali, e si riconducono perciò o a intuizioni soggettivamente convincenti, o a postulazioni assunte come principi di dimostrazione, o ancora a testimonianze degne di fiducia. In senso più stretto, la fede appare come la credenza in principi o verità religiose, in particolare quando si afferma che esse sono rivelate in maniera soprannaturale.

Nella religione biblica e cristiana il termine «fede» acquista un significato peculiare. La fede appare nella Bibbia come l'accoglimento della rivelazione di Dio, la quale, pur nella sua divina qualificazione, è un evento che si iscrive nella realtà del mondo e della storia. Fede è dunque atto e processo per cui l'uomo, interpellato dalle parole e dagli interventi divini — testimoniati dalla Bibbia — decide della propria esistenza.

Nella coscienza cristiana, centro e culmine di questa presenza di Dio è Gesù di Nazareth: l'assenso di fede a Cristo comporta l'impegno totale di sé, che si estende a tutti i momenti dell'esistenza, e giunge anche alla forma visibile e comunitaria della → confessione di fede. La chiesa è il luogo storicamente accertabile della fede, la quale ne è pertanto la norma e la misura; la credibilità e il valore della chiesa non le appartengono in proprio, ma solo in funzione della fede per la quale essa esiste. Se la fede è fede in Cristo, la sua totalità e la sua unità si determinano primariamente nell'adesione a lui, e solo secondariamente — in base al loro specifico riferimento a Cristo — nell'accettazione di proposizioni di fede o di dogmi, o delle istanze che li definiscono. Per il cristianesimo (ma anche per l'ebraismo) la fede non è una prestazione che valga di fronte a Dio, bensì un'accettazione di Dio quale assoluta grazia. Ma tutto questo avviene nell'atto dell'uomo che crede, nell'atto di fede, a sua volta non isolabile da altri atti che costituiscono la trama della vita umana: esso è anzi (come sottolinea tutto il pensiero cristiano, da san Paolo a Kierkegaard e K. Barth) decisione nella quale l'uomo, rapportandosi a Dio che si rivela, progetta il senso della propria esistenza. Come decisione, la fede è atto libero; e la sua autenticità umana comporta ancora la sua ragionevolezza, come coerenza con le esigenze fondamentali della spiritualità e della razionalità umana. Di qui la possibilità di un ritorno riflessivo sulla decisione di fede, nel quale si tematizza quanto è stato prima vissuto e compreso in forma pre-riflessiva. La possibilità di una espressione della fede in formule linguistiche che pretendano a valore di verità, e della evoluzione di una teologia, trova qui il suo fondamento.

Alla → teologia la fede affida in particolare l'impegno del confronto con le posizioni culturali che contestano la sua pretesa a sommo valore umano, o che tendono a risolverla in forme di alienazione psichica o sociale, o comunque in atteggiamenti irrazionali. *G. B.*

Federn, Paul (Vienna 1871 - Topeka, Kansas City, 1950), psicoanalista austriaco. Dal 1903 fu tra i più stretti collaboratori di Freud e nel 1924 fu vicepresidente della Società psicoanalitica di Vienna. Nel 1938 emigrò per motivi politici, e fu prima in Svizzera, quindi negli Stati Uniti, dove riprese a esercitare la professione nel 1946. Nella sua opera il rigore scientifico derivato dalla pratica della ricerca fisiologica accompagna l'utilizzazione dell'analisi; in campo terapeutico associò la psicoanalisi alla terapia ormonale. I suoi principali contributi riguardano lo studio e la terapia delle psicosi; Federn era convinto che queste potessero essere guarite solo con trattamenti somatici accompagnati da una psicoterapia volta a ricreare un corretto rapporto madre-figlio, al cui disturbo riteneva dovessero la loro origine le psicosi. Altre sue ricerche investono la genesi del sadismo e del masochismo e la teoria della pulsione. Proprio a questo proposito si allontanò dalla teoria freudiana: convinto del possibile progresso dell'umanità, si distaccò dal pessimismo del maestro, ritenendo che anche l'aggressività e la pulsione di morte potessero essere convogliate in attività creative. Del suo tentativo di aprire la psicoanalisi alla problematica sociale è testimonianza il volume *La società senza padri* (1920), in cui la psicologia delle masse è utilizzata per analizzare la situazione di crisi postbellica, la rivoluzione d'ottobre e il crollo dell'Impero austro-ungarico. Un'ampia scelta dei suoi scritti, dispersi in pubblicazioni specializzate e in parte inediti, è stata pubblicata postuma: *Psicosi e psicologia dell'Io* (1952).

feedback, termine inglese derivato dalla cibernetica e usato anche in psicologia e in altre scienze umane per indicare l'impulso di ritorno che informa la fonte (nel senso più ampio del termine) di un determinato messaggio circa l'effetto prodotto sul destinatario dal messaggio stesso. La forma più semplice di feedback è costituita dall'ascolto delle nostre parole: noi regoliamo infatti il volume della nostra voce sulla base dell'impulso di ritorno rappresentato dalla reazione di chi ascolta (e ascoltatori possono essere tanto gli altri quanto noi stessi). Nel processo di apprendimento graduale la conoscenza dei risultati di volta in volta conseguiti è una comunicazione di ritorno che contribuisce a regolare l'atteggiamento successivo del soggetto (per es., se i risultati sono scarsi, a rafforzarne l'impegno).

Feigl, Herbert (Reichenberg 1902), filosofo della scienza statunitense di origine austriaca. Dopo avere studiato fisica e chimica a Monaco, nel 1922 si recò a Vienna per seguire i corsi di M. Schlick. Come suo assistente, fu tra i promotori del circolo di → Vienna. Partecipò alla stesura de *La concezione scientifica del mondo* (1929), il manifesto programmatico dell'→ empirismo logico. A partire dal 1930 studiò ad Harvard, dove collaborò con P.W. Bridgman. Dal 1940 è stato ordinario di filosofia presso l'università del Minnesota, dove ha fondato il prestigioso Centro di Filosofia della Scienza. Fece parte del comitato promotore dell'*Enciclopedia internazionale della scienza unificata*, e dal 1966 al 1973 è stato presidente dell'Istituto per l'Unità della Scienza. Feigl ha sottolineato l'affinità delle idee fondamentali dell'empirismo logico con l'operazionismo e certe versioni del pragmatismo, e le ha difese a oltranza contro le critiche dei filosofi della scienza postpositivisti. Alcuni suoi articoli sono stati all'origine del dibattito teorico intorno al cosiddetto *Mind-Body Problem* (→ mente, filosofia della). In essi Feigl si faceva sostenitore di quella nuova versione del materialismo che va sotto il nome di «teoria dell'identità», secondo cui vi è identità tra i fenomeni mentali e una parte dei fenomeni neuro-fisiologici; una identità, Feigl precisa, contingente, empirica, e tuttavia «sistemica» e non occasionale, perché suscettibile di una ricostruzione teorica. Tra i suoi saggi più importanti: *Il carattere logico del principio di induzione* (1934); *Il 'mentale' e il 'fisico'* (1958); *Empirismo in secca?* (1974).

Felapton, nome che indica uno dei modi validi del → sillogismo.

felicità, → eudemonismo.

Fénélon, François de Salignac de la Mothe, detto Fénélon (Fénélon, Perigord, 1651 - Cambrai 1715), saggista e scrittore francese, arcivescovo di Cambrai. Fra le sue opere vanno ricordate il *Trattato sull'educazione dei giovani* (1687); *Le avventure di Telemaco* (1717). Deve tuttavia la sua fama alle tesi esposte nella *Lettera all'Accademia francese sull'eloquenza, la poesia, la storia* (1714), i cui echi si possono cogliere in P.C. Marivaux, in Rousseau e in D. Diderot. In questo scritto Fénélon lamenta la povertà del francese, ed esorta a costruire neologismi, traendo dalle lingue straniere termini utili e armoniosi. Ma a tali motivi linguistici si affiancano temi più esplicitamente estetici, dove si teorizza una bellezza riconducibile alla «semplice natura», caratterizzata dall'ingenuità e dall'assenza di ornamento. Attraverso l'arte bisogna ritrovare uno stato naturale puro, capace di suscitare i movimenti del cuore. Al gusto che coglie il «sublime» dell'arte si presentano due possibilità: il sublime della semplicità, in virtù del quale si preferisce l'amabile al sorprendente o al meraviglioso; e il sublime della violenza. In entrambi i casi Fénélon polemizza contro l'unilaterale predominio estetico del «bello spirito», per affermare che nella dolcezza come nella violenza la natura è simile a se stessa. È propriamente questa visione della natura che influenzerà l'intera estetica del Settecento. Fénélon pone infatti come fondamentale valore letterario la fiducia in uno stato di natura che preceda le regole della civiltà.

fenomenismo, ogni dottrina filosofica per la quale la realtà non esiste in se stessa, ma solo come fenomeno situato nello spazio e nel tempo. Il fenomenismo può essere sia una teoria della conoscenza sia, in senso più radicale, una dottrina ontologica. Come teoria della conoscenza, esso trova la sua esplicitazione più chiara nell'estetica trascendentale di Kant, secondo il quale lo spazio e il tempo, che sono le forme a priori della sensibilità, «si riferiscono agli oggetti solo in quanto questi sono considerati come fenomeni, ma non rappresentano cose in sé» (*Critica della ragion pura*, Estetica trascendentale, sez. II, par. 7). Pur affermando che non si possono conoscere se non fenomeni, Kant non escludeva l'esistenza di oggetti reali, ma non conoscibili attraverso la sensibilità, e cioè le cose in sé o noumeni. Il fenomenismo gnoseologico kantiano si opponeva così al fenomenismo ontologico sviluppato dall'empirismo inglese, e in particolare da G. Berkeley, per il quale i fenomeni percepiti dal soggetto sono non soltanto gli unici dati conoscibili, ma anche le sole cose esistenti. Il fenomenismo ontologico presentava il duplice svantaggio di escludere radicalmente dalla conoscenza ogni fenomeno non percepibile, e di orientarsi verso un idealismo tale da negare ogni consistenza autonoma alla materia. Risolte dall'impostazione gnoseologica conferita al fenomenismo da Kant, le aporie berkeleyane furono riaffrontate in chiave ontologica dall'empiriocriticismo di E. Mach (cfr. soprattutto *L'analisi delle sensazioni e il rapporto del fisico con lo psichico*, 1886). Come Berkeley, Mach afferma che non esiste alcuna realtà all'infuori dei fenomeni; ma se Berkeley sosteneva che il fenomeno viene percepito dallo spirito del soggetto conoscente (orientandosi verso un immaterialismo idealistico), Mach invece concepisce l'esperienza come un dato puro, anteriore alla stessa distinzione tra fenomeni fisici e psichici. Mediante questa radicalizzazione dello statuto dell'esperienza, Mach può sostenere che non sono gli oggetti materiali che influiscono causalmente sulla sensibilità generando sensazioni, ma sono i complessi di sensazioni che generano gli oggetti, sia materiali sia psichici. Una soluzione diversa, sostanzialmente ispirata all'empirismo radicale di J.S. Mill, è proposta da B. Russell in *Misticismo e logica* (1917). Al paradosso dei fenomeni non percepiti, Russell risponde postulando entità intermedie, i «percepibili» (*sensibilia*), i quali hanno lo stesso statuto ontologico dei dati percepiti, ma non sono necessariamente presenti a un soggetto conoscente. Alla soluzione machiana si riconnette invece il fenomenismo ipotizzato dall'empirismo logico. Nella *Costruzione logica del mondo* (1928), R. Carnap si propone di definire i procedimenti per mezzo dei quali tutte le asserzioni riguardanti oggetti possono essere tradotte in asserzioni riguardanti esperienze immediate aventi lo stesso valore di verità. Nell'ipotesi di Carnap, quindi, gli oggetti sono «costruiti» a partire dai dati della mente, i quali acquisiscono una funzione sia normativa sia fondativa.

fenomeno, ciò che si manifesta o appare (in gr. *tò phainómenon*, participio sostantivato di *pháinesthai*, manifestarsi, apparire). In Aristotele, fenomeno è tutto ciò che si manifesta direttamente ai sensi, in particolare i dati dell'osservazione empirica, per es. i fenomeni celesti dell'astronomia (*Il cielo*, III 4, 303*a* 22-23); in senso traslato, ciò che si pensa o si dice, i pareri e le opinioni comuni (*Etica nicomachea*, VII 1, 1145*b* 2-6; cfr. Platone, *Repubblica*, VII, 517*b*). Fenomeno è altresì in Platone il modo di essere difettivo delle cose sensibili nei confronti delle specie ideali, cioè la mera apparenza opposta alla realtà o verità dell'ente (*Repubblica*, X 596*e* 4); in tale accezione il termine è usato anche da Aristotele come predicato in espressioni del tipo «un sapere apparente», «un bene apparente» ecc. Lo scetticismo greco ripropone il dilemma opponendo il fenomeno alla «cosa evidente» dei dogmatici. Quest'ultima è la cosa sensibile che si manifesta ai sensi, è il soggetto esterno della sensazione e rappresentazione; al contrario, il fenomeno degli scettici è la pura affezione involontaria (per es. avere freddo o caldo), è ciò che è «fenomeno per noi» e su cui non è possibile riaprire il dilemma se sia come appare: infatti «nessuno verosimilmente contesterà che il soggetto (esterno) appaia così o così, ma su questo farà la ricerca, se sia tale quale appare» (Sesto Empirico, *Schizzi pirroniani*, I, 22). La ripresa moderna dello scetticismo classico operata da Hume conferì al concetto di fenomeno un senso più marcatamente psicologico; il carattere fenomenico della realtà è infatti posto da Hume in diretta connessione con la tendenza associativa della mente umana. Di qui il → fenomenismo empiristico che ebbe successivi sviluppi in J.S. Mill, in Avenarius ed E. Mach, nella fase «solipsica» di B. Russell e nella identificazione dei dati empirici con il vissuto immediato del primo Carnap (*La costruzione logica del mondo*, 1928). Si suole parlare di fenomenismo anche a proposito di Kant, ma in modo improprio, poiché il fenomeno kantiano, contrapposto alla cosa in sé o noumeno, non è il prodotto di mere associazioni psicologiche; esso è invece il dato immediato del conoscere sensibile in quanto prodotto dalla sintesi delle forme a priori spaziotemporali dell'intuire (*Critica della ragione pura*, libro II, cap. III). Pertanto, se il contenuto fenomenico è accidentale e contingente, la forma del fenomeno è invece universale e necessaria e può dar luogo a un sapere relativo all'esperienza. Dopo Kant, il concetto di fenomeno ha conosciuto due importanti riprese in Hegel (*Fenomenologia dello spirito*, 1807) e nella → fenomenologia di Husserl. In entrambi i casi l'opposizione kantiana tra fenomeni e cose in sé viene abbandonata: la «cosa» si identifica totalmente con il suo manifestarsi o rendersi fenomeno. Differente è peraltro la cosa fenomenologica esperita per Hegel e per Husserl: per il primo si tratta delle manifestazioni della vita spirituale nelle sue «figure» storico-dialettiche; per il secondo si tratta degli oggetti e delle strutture intenzionali della coscienza trascendentale. Tale seconda accezione ha trovato uno sviluppo ulteriore in Heidegger, che ha inteso la fenomenologia come «ontologia fondamentale», cioè come «esibizione» e «interpretazione» dell'essere dell'ente (*Essere e tempo*, par. 7).

fenomenologia, termine che, nell'uso filosofico, risale a J.H. Lambert: nel *Nuovo Organo* (1764) Lambert fa seguire alla dottrina della verità (*alethiologia*) la dottrina della parvenza (*fenomenologia*), alla quale assegna il compito di scoprire le cause soggettive e oggettive del carattere illusorio degli oggetti della sensibilità (*fenomeni*). Pertanto la metafisica deve venir preceduta e introdotta, come scrisse Kant nel 1770 in una lettera a Lambert, da «una scienza del tutto particolare, ancorché solo negativa (*Phaenomenologia generalis*), in cui vengano determinati la validità e i limiti dei principi della sensibilità». Lo stesso Kant usò il termine fenomenologia nei *Primi principi metafisici della scienza della natura* (1786) per ricondurre il concetto fisico di movimento alle categorie della modalità, studiandone cioè le caratteristiche «in relazione al genere di rappresentazione, perciò come fenomeno dei sensi esterni» (Prefazione ai *Primi principi*). Nel 1807 Hegel riprese il termine lambertiano-kantiano in un'accezione nuova e assai più estesa: la fenomenologia diviene ora la «scienza dell'esperienza della coscienza», cioè la descrizione dialettica del «cammino della coscienza naturale, la quale urge verso il vero sapere». La fenomenologia mostra pertanto il «*divenire* della scienza in generale o del sapere» come «cammino dell'anima la quale percorre la serie delle sue formazioni (o figure della coscienza) come stazioni prescrittele dalla sua natura perché si rischiari a spirito e, mediante la piena esperienza di se stessa, giunga alla conoscenza di ciò che essa è in sé e per sé (sapere assoluto)» (Prefazione alla *Fenomenologia dello spirito*). I «fenomeni» di cui parla Hegel non sono più, dunque, le mere «parvenze» del conoscere sensibile: essi sono le concrete manifestazioni storiche dello sviluppo del sapere umano, reso oggetto di una complessiva «scienza dello spirito».

Oggi col termine «fenomenologia» ci si riferisce comunemente, più che a questi antecedenti storici, alla dottrina e al metodo inaugurati da E. → Husserl e sviluppati dai suoi numerosi discepoli ed estimatori (→ fenomenologica, scuola). L'idea husserliana del metodo fenomenologico nasce sul finire del secolo scorso in relazione alla polemica tra logicisti (G. Frege) e psicologisti (F. Brentano) circa l'origine e la natura dei concetti logico-matematici. Brentano riconduce ogni concetto all'attività «intenzionale» della psiche: ogni atto psichico è sempre coscienza *di* qualche cosa; pertanto il modo in cui la coscienza si rivolge agli oggetti, ossia li «intenziona», determina nel contempo il carattere degli oggetti intenzionati. Frege respinse però questa riduzione della logica alla psicologia, in quanto essa confondeva la genesi psichica di un concetto con la sua natura universale e formale, essenzialmente non psichica (alla logica e alla matematica non interessa come sorga psicologicamente la nozione del numero 3, ma il significato ideale di tale nozione, che è per sé indifferente all'essere concepito o meno da questa o quella coscienza empirica). Husserl respinse a sua volta lo psicologismo, ma pose al tempo stesso il problema di «portare le idee logiche, i concetti e le leggi, alla chiarezza e distinzione dal punto di vista gnoseologico». I concetti logici «debbono aver origine da intuizioni», cioè dalla concreta «esperienza vissuta» (*Erlebnis*) della coscienza, senza che ciò implichi negare la loro natura ideale e universale. A questo fine è necessario istituire una «fenomenologia dei vissuti logici» che, invece di «porre in modo ingenuo come esistenti gli oggetti intenzionali nel loro senso (come procedono gli psicologisti), invece di determinarli o assumerli come ipotesi, di trarre di qui conseguenze ecc. (come procedono i logici puri)», si proponga di «*riflettere*, cioè rendere oggetti gli stessi atti intenzionali e il loro contenuto di senso immanente» (*Ricerche logiche*, Introduzione al vol. II, 1901). Sin d'ora Husserl definisce la fenomenologia un «ritorno alle *cose stesse*»; queste ultime sono i «fenomeni», non come «apparenze» contrapposte a ipotetiche «cose in sé», ma come manifestarsi originario della realtà nella coscienza. La fenomenologia si propone dunque di descrivere il fenomeno «così come esso si dà», per coglierne la pura forma, o essenza, o idea (→ *êidos*). Il procedimento fenomenologico esige quindi una preliminare «riduzione eidetica»: ogni giudizio comune viene «sospeso» (→ epoché), ogni teoria viene posta tra parentesi, affinché il fenomeno emerga nella sua genuina datità essenziale. In tal modo la fenomenologia si propone come «scienza rigorosa» e come «scienza prima», in opposizione sia al naturalismo ingenuo delle scienze naturali e positivistiche (a cominciare dalla stessa psicologia), sia al formalismo astratto della logica, sia al relativismo storicistico e alle filosofie della «visione del mondo» (*Weltanschauung*).

Questi assunti fenomenologici trovarono subito applicazione in vari campi (nell'etica con M. Scheler, nell'ontologia con N. Hartmann ecc.), ma Husserl ritenne in seguito necessario sviluppare la fenomenologia eidetica in senso trascendentale. Non soltanto la fenomenologia non è una «scienza di dati di fatto», ma è una «scienza di essenze» (Introduzione al I vol. di *Idee*, 1913); per di più essa trova il suo fondamento ultimo e «cartesiano» nell'originaria attività della coscienza. Quest'ultima (attinta nella sua purezza con un'ulteriore «riduzione trascendentale» che mette tra parentesi la tesi dell'esistenza del mondo naturale, incluso l'uomo come «realtà psicofisica») è il «residuo fenomenologico» che non può essere revocato in dubbio, il luogo d'origine di tutti i possibili sensi del mondo, al quale la fenomenologia deve guardare come terreno privilegiato delle proprie descrizioni. Siffatta «conversione idealistica» venne però rifiutata dalla maggior parte dei discepoli di Husserl. *C. Si.*

fenomenologica, scuola, la corrente che si formò intorno a Husserl a partire dai primi anni del Novecento, con il diffondersi della → fenomenologia, e che trovò la sua prima espressione nello «Jahrbuch für Philosophie und phaenomenologische Forschung». Non si tratta di una linea omogenea di pensiero, ma di una serie di sviluppi, a volte divergenti, dei problemi connessi all'indagine fenomenologica. Husserl stesso non esitò a prendere le distanze dai propri allievi e, in ultimo, a perseguire i propri obiettivi in totale solitudine teorica. Nuclei originari della «scuola fenomenologica» furono i gruppi di studenti che si riunirono nelle due principali sedi universitarie in cui insegnò Husserl: Gottinga e Friburgo; ma solamente a Gottinga si formò propriamente un «circolo» fenomenologico. Tra i suoi aderenti, alcuni provenivano dall'università di Monaco, dove insegnava lo psicologo Th. Lipps e dove, sotto la sua guida, si era già in precedenza formato l'Akademisch-psychologischer Verein, un circolo di studenti interessati a problemi di psicologia descrittiva. La diffusione delle *Ricerche logiche* (1900-01), contenenti l'attacco husserliano allo psicologismo, attirò l'attenzione degli studenti di Lipps, che ravvisarono nel programma fenomenologico del ritorno «alle cose stesse» un rinnovamento in senso «realistico» della cultura filosofica, ancora dominata dall'idealismo. I primi a formare il «circolo di Gottinga» furono J. Daubert e A. Reinach, poi M. Geiger, Th. Conrad, D. von Hildebrand, H. Conrad-Martius e, dopo il 1909, A. Koyré, J. Hering, R. Ingarden, F. Kaufmann, E. Stein. Ma tra Husserl e i suoi discepoli si generò presto un'incomprensione, dovuta principalmente alla nuova direzione che stava prendendo la ricerca husserliana. Mentre Husserl, proprio in quegli anni, metteva a fuoco i temi della *costituzione* trascendentale dell'oggetto, e della *riduzione fenomenologica*, temi che dovevano segnare la «svolta trascendentale» della sua fenomenologia (svolta esplicitata nel 1913 con la prima parte delle *Idee*), gli amici del circolo di Gottinga stavano invece orientandosi sempre più verso un'ontologia realistica, che considerasse il processo di formazione dei fenomeni indipendentemente dall'attività conoscitiva del soggetto. Le stesse riserve nell'accettare l'analisi delle strutture trascendentali della coscienza si riscontrano in autori come M. Scheler e N. Hartmann (che però non fece mai parte propriamente della «scuola» husserliana), i quali si servono del metodo fenomenologico, ma collegandosi soprattutto alla prima fase del pensiero di Husserl (ossia alle posizioni antipsicologistiche e antirelativistiche espresse nelle *Ricerche*) e ricusando in parte il contenuto delle *Idee*.

Lo scoppio della prima guerra mondiale e il trasferimento di Husserl a Friburgo (solo Stein lo seguì nella nuova sede universitaria) determinarono lo scioglimento del gruppo; lo stesso Reinach, che ne costituiva la figura più rappresentativa, morì in guerra nel 1917, senza avere scritto nulla di complessivo sulla fenomenologia. Anche i lavori di A. Pfänder non avevano riscosso la totale approvazione del maestro, per quanto egli fosse stato tra i più attivi collaboratori dello «Jahrbuch» e Husserl stesso l'avesse designato come suo successore alla cattedra di Friburgo, prima di conoscere Heidegger. A Friburgo, pertanto, come discepoli di Husserl, si ritrovarono O. Becker, L. Landgrebe e E. Fink; ma decisiva fu per questi autori l'influenza del giovane Heidegger, allora assistente di Husserl, che in seguito, con *Essere e tempo* (1927), avrebbe conferito una nuova direzione alla fenomenologia, scalzandone in molti punti il nucleo costitutivo. In Fink e in Landgrebe, infatti, il lungo lavoro filologico sui testi husserliani non prelude all'approfondimento della tematica trascendentale, ma piuttosto inclina a uno sviluppo ontologico della fenomenologia più vicino al pensiero heideggeriano. Dopo le conferenze di Husserl a Parigi nel 1929, l'influsso della fenomenologia cominciò a estendersi in Europa, interessando autori come J.-P. Sartre, M. Merleau-Ponty, P. Ricoeur ed E. Levinas in Francia, A. Banfi ed E. Paci in Italia, G. Gurwitch e M. Farber negli Stati Uniti: già allievo di Husserl a Friburgo tra il 1923 e il 1924, Farber fondò nel 1939 la International Phaenomenological Society, che pubblicò, a partire dal 1940, la rivista «Philosophy and Phaenomenological Research». L'indirizzo fenomenologico ha variamente influenzato anche la psicologia e la psichiatria (F.J.J. Buytendijk, L. Binswanger, lo stesso Sartre), le arti e l'estetica, la sociologia. *F. D'A.*

Ferenczi, Sándor (Miskolc 1873 - Budapest 1933), psicoanalista ungherese. Dal 1900 neurologo a Budapest, si interessò inizialmente ai fenomeni dell'ipnosi e dell'autosuggestione, e la lettura, nel 1907, dell'*Interpretazione dei sogni* fu per lui decisiva, inducendolo a entrare direttamente in rapporto con Freud e la Società psicoanalitica di Vienna. Fondamentale è stato il suo contributo all'organizzazione internazionale degli psicoanalisti, della cui società fu presidente dal 1918. Nel 1926-27 compì un viaggio negli Stati Uniti, contribuendo alla diffusione delle dottrine freudiane. Nonostante le divergenze crescenti con certi aspetti del metodo freudiano, a differenza di A. Adler, Jung e O. Rank non arrivò mai a una rottura con Freud. Il punto di maggior distacco rispetto alle dottrine del maestro riguarda soprattutto la pratica terapeutica; mosso da un profondo senso umanitario e di partecipazione alla sofferenza psichica del paziente, Ferenczi sosteneva la necessità di un intervento attivo dell'analista nel corso del trattamento, il che comporta inevitabilmente una modifica della funzione del transfert. Altri suoi contributi concernono indagini sullo sviluppo dell'Io e un tentativo di applicazione dei criteri psicoanalitici alla sfera biologica dei processi sessuali. Ciò lo portò a stabilire una sorta di corrispondenza tra sviluppo dell'individuo (ontogenesi) e sviluppo della specie (filogenesi). Tra le sue opere: *Formazione e scomparsa dei sintomi nevrotici* (1914); *Isteria e patonevrosi* (1919); *Il punto di vista sociale in psicoanalisi* (1922); *Thalassa, psicoanalisi della vita sessuale* (1924).

Ferguson, Adam (Logierait 1723 - Saint Andrews 1816), sociologo e storico scozzese. Docente all'università di Edimburgo dal 1759 al 1785, fu autore di importanti studi anche nel campo dell'economia. Nella sua opera fondamentale, il *Saggio sulla storia della società civile* (1767), e successivamente nel monumentale *Principi di scienza politica e morale* (1792),

Ferguson traccia i lineamenti di una concezione dinamica e dialettica dello spirito umano e della vita politico-sociale, alla luce dei profondi mutamenti che lo sviluppo di una società industriale provoca. In particolare, dedica molta attenzione agli effetti che la divisione sociale del lavoro produce sui costumi e sulla morale degli individui. Rifacendosi ai due indirizzi etici tradizionali dell'utilitarismo e del sentimentalismo (Shaftesbury), egli analizza il rapporto tra sviluppo economico e libertà, mettendo in luce gli aspetti negativi di un'organizzazione sociale fondata sulla pura efficienza e su una crescente burocratizzazione dell'apparato statale. L'esasperato utilitarismo soffoca le virtù del patriottismo e del coraggio, spegnendo la tensione morale e civile, che è la sola garanzia di progresso e di miglioramento. In questo contesto si colloca anche la sua precisa analisi del carattere alienante e spersonalizzante del moderno lavoro salariato.

Ferio, nome che indica uno dei modi validi del → sillogismo.

Ferison, nome che indica uno dei modi validi del → sillogismo.

Ferrari, Giuseppe (Milano 1811 - Roma 1876), filosofo e uomo politico italiano. Seguace di G.D. Romagnosi, studioso ed editore di Vico, risentì anche l'influenza di A. Rosmini, ma soprattutto del pensiero democratico e socialista francese, durante la sua lunga permanenza oltralpe, dove fu al centro di vivaci polemiche. Tornato in patria nel 1859, fu professore nelle università di Milano e di Roma. Dopo il *Saggio sul principio e sui limiti della filosofia della storia* (1843), e gli scritti poi raccolti negli *Opuscoli politici e letterari* (1852), la sua opera principale è la *Filosofia della rivoluzione* (1851). Sul piano teoretico, Ferrari muove dalla constatazione che ogni realtà presenta contraddizioni irresolubili di fronte alla logica, in quanto questa si fonda sul principio dell'identità, con il quale contrasta irrimediabilmente quel carattere essenziale della realtà che è il cambiamento continuo. Le antinomie che attraversano tutta la storia del pensiero umano mostrano appunto l'impotenza della ragione rispetto alla realtà. Anche Hegel l'ha compreso — afferma Ferrari — ma poi ha cercato anch'egli di superare o conciliare le antinomie. Invece, anziché sacrificare la realtà alla logica, cadendo così in un modo o nell'altro nella «metafisica», si deve optare, contro la logica, per la «vita», ossia per la natura e la storia, il mondo dei fenomeni, al di là dei quali non c'è niente su cui speculare. Su quest'ultimo punto, Ferrari rivela l'influenza di Comte; ma complessivamente il suo appello alla «rivelazione della natura» è un manifesto di irrazionalismo, che non rimase privo di risonanza nella cultura filosofica italiana del tempo. Dopo varie opere politiche e storiche, fra le quali notevole è il *Corso sugli scrittori politici italiani* (1862), Ferrari tornò alla filosofia con la *Teoria dei periodi politici* (1874), bizzarro tentativo di matematizzazione della storia umana, nel nuovo clima del positivismo.

Ferrière, Adolphe (Ginevra 1879-1960), pedagogista svizzero. Nel 1921 fu uno dei fondatori della Ligue internationale pour l'éducation nouvelle. Nel 1925 fondò, insieme con P. Bovet, il Bureau international de l'éducation. Sulla formazione del pensiero pedagogico di Ferrière hanno avuto molta influenza le opere di Rousseau, J. Dewey e H. Bergson; in particolare, lo slancio vitale del bergsonismo fu inteso da Ferrière come possibilità per il fanciullo di potenziare le proprie risorse vitali, in contrapposizione agli ostacoli provenienti dall'esterno. Ferrière fu inoltre convinto assertore della legge biogenetica, per la quale c'è corrispondenza tra lo sviluppo della specie e quello dell'individuo. Muovendo da queste premesse, egli elaborò un programma articolato di «scuola attiva», applicandole nelle scuole nuove per le campagne, da lui ideate. Tuttavia l'attivismo di derivazione deweyana, di cui Ferrière fu appunto il più appassionato propagatore, venne da lui fortemente deviato in direzione spontaneistica. Opere principali: *Trasformiamo la scuola* (1920); *La scuola attiva* (1922); *Il progresso spirituale* (1927); *Liberazione dell'uomo* (1942); *Case d'infanzia del dopoguerra* (1945); *La scuola attiva in Europa* (1948).

Festino, nome che indica uno dei modi validi del → sillogismo.

Festugière, André-Jean (Parigi 1898 - Poissons 1982), filosofo e storico francese della filosofia. Sacerdote dal 1930, fu dal 1942 professore all'Ecole pratique des Hautes Etudes di Parigi. Studioso della filosofia ermetica, del neoplatonismo (*Contemplazione e vita contemplativa secondo Platone*, 1936; *La rivelazione di Ermete Trismegisto*, 4 voll., 1953), della religione e filosofia greca (*Studi di religione greca ed ellenistica*, 1932; *Studi di filosofia greca*, 1971), tradusse integralmente il *Corpus Hermeticum* (1945). Ma a Festugière si deve soprattutto una vasta ricerca storico-filologica sull'età ellenistica come complessa epoca di transizione tra pensiero pagano e pensiero cristiano. Guidato da una sicura analisi genetico-psicologica del fenomeno mistico e da una sincera inquietudine religiosa, cercò di dimostrare la progressiva transizione verso il monoteismo cristiano attraverso una lenta ma costante metamorfosi dell'idea del divino: dagli dèi indifferenti di Epicuro (*Epicuro e i suoi dèi*, 1952), al dio nascosto ma costantemente invocato nei testi teurgici d'età ellenistica (*Antiochia pagana e cristiana*, 1959; *La vita spirituale in Grecia nell'eta ellenistica*, 1977), fino al dio rivelato della tradizione ebraico-cristiana.

feticismo, in antropologia, termine indicante il culto del feticcio, ossia di un oggetto o manufatto (spesso antropomorfo o zoomorfo) che si ritiene abitato da una forza, da uno spirito, da un essere sovrannaturale. Il feticismo era considerato dagli evoluzionisti del sec. XIX (A. Comte, E.B. Tylor) come uno stadio religioso fra i più primitivi, o una variante dell' → animismo. In realtà, proprio per la sua genericità, si è rivelato categoria poco utile allo studio dei comportamenti culturali: sotto il termine «feticismo» si annoverano infatti fenomeni troppo diversi fra loro. Persiste l'uso di definire feticci gli oggetti che, nell'ambito dei culti propri degli indigeni dell'Africa occidentale, sono considerati carichi di potenza sacra.

feticismo, in psicologia, termine indicante la tendenza o condotta sessuale — che in determinate circostanze assume la forma della perversione — in cui l'interesse erotico del soggetto (prevalentemente maschio) si concentra in modo esclusivo, o quasi, su una parte del corpo o dell'abbigliamento femminile.

Feuerbach, Ludwig (Landshut, Baviera, 1804 - Rechenberg, Norimberga, 1872), filosofo tedesco. Iniziò studi teologici prima a Heidelberg poi a Berlino, per dedicarsi infine alla filosofia, attratto dall'insegnamento di Hegel. Nel 1829 cominciò a tenere corsi da libero docente. I *Pensieri sulla morte e l'immortalità* da lui pubblicati anonimi nel 1830, per le loro tesi anticristiane e le relative frecciate antiaccademiche, gli costarono la carriera universitaria. Dopo aver collaborato alla rivista giovane-hegeliana «Annali di Halle» con alcune recensioni e due notevoli saggi (*Intorno a filosofia e cristianesimo*, poi uscito in volume, e *Per la critica della filosofia hegeliana*, 1839), nel 1841 ottenne un successo immediato con l' *Essenza del cristianesimo*. Le polemiche intorno alla vera portata della sua critica del cristianesimo e al rapporto di questa con la filosofia hegeliana della religione, e intorno a certe sue simpatie protocristiane, sembrarono portare Feuerbach ad assumere nella battaglia filosofica, se non anche politica, quel ruolo di punta a cui i Giovani Hegeliani più radicali lo sollecitavano (→ Marx); escono in rapida successione le *Tesi preliminari per la riforma della filosofia* e i *Principi della filosofia dell'avvenire* (1843). Ma l'indagine sulla religione restò predominante: a *L'essenza della fede secondo Lutero* (1844), in cui si riconosce al protestantesimo un effetto emancipatore sul piano pratico, seguirono *L'essenza della religione* (1846) e la *Teogonia* (1857). Fra il 1848 e il 1849 tenne a Heidelberg un corso di lezioni (*Lezioni sull'essenza della religione*, pubblicato nel 1851). Trascorse gli ultimi anni della sua vita a Rechenberg curando l'edizione delle sue opere e occupandosi di scienze naturali.

• *Il distacco da Hegel.* Il tema hegeliano della ragione, intesa come vita universale e infinita, ispira la riflessione giovanile di Feuerbach e sorregge la sua polemica contro il cristianesimo moderno volto a un'esaltazione egoistica della persona, al punto da ridurre Dio a garante dell'egoistico e soggettivo desiderio di immortalità degli individui. Tutta la cultura moderna, secondo Feuerbach, è dominata del resto da inconciliabili dissidi: tra soggettivismo e panteismo (*Lezioni sulla storia della filosofia moderna da Bacone a Spinoza*, 1833), e ancora (come Feuerbach sostiene in due scritti dedicati a Leibniz nel 1837, e a Bayle nel 1838) tra ragione e fede e tra filosofia (guidata da un interesse teoretico) e teologia (guidata da un interesse pratico). Più tardi Feuerbach elabora una distinzione ulteriore, tra teologia e religione: la teologia, presunta scienza quanto alla forma, opera su un materiale tutto improntato di esigenze vitali ed emotive che sono proprie della religione nella sua immediatezza. L'atteggiamento del filosofo verso la teologia dovrà dunque essere non di sintesi e di conciliazione, come in Hegel, ma «genetico-critico», inteso cioè a demistificare l'apparato dogmatico e a ricercare in precisi bisogni umani le radici delle rappresentazioni religiose. Nel 1839, con lo scritto *Per la critica della filosofia hegeliana*, Feuerbach affronta l'altro tema critico saliente della sua evoluzione intellettuale accanto alla critica della religione. Egli discute l'orientamento speculativo che la filosofia ha assunto con Fichte, Schelling, Hegel, contestando l'idea di sapere sistematico che quegli autori avevano perseguito: altro è il pensiero come attività interna e spontanea, altro è l'esposizione del pensiero, la quale sempre obbedisce a esigenze di discussione e di comunicazione storicamente condizionate. Feuerbach sostiene che tanto l'inizio della *Fenomenologia dello spirito* quanto l'inizio della *Logica* non giustificano la pretesa hegeliana a un cominciamento senza presupposti: ne emerge invece la circolarità di un modo di esposizione il quale nasconde l'andamento effettivo della ricerca e appare costretto ad assumere acriticamente il materiale empirico, assolutizzandolo. Meglio è per la filosofia riconoscere di dover muovere dal suo opposto, cioè dalla non-filosofia, e incaricarsi di mantenere aperto il dialogo con l'intuizione sensibile, che mi attesta l'irriducibilità delle cose singole al linguaggio e al pensiero.

• *L'essenza della religione e la nuova filosofia.* Nell'opera sua più famosa, *L'essenza del cristianesimo*, Feuerbach nota che il cristianesimo condivide con le religioni precedenti l'illusione di attingere esso solo un oggetto sovrumano. Ma il pensatore scopre per l'appunto l'essenza della religione in generale col dimostrare illusoria l'opposizione divino-umano in qualunque forma si presenti, e tanto più se nella forma ricca ed elevata assunta col cristianesimo. La tesi di Feuerbach è che tutti i predicati che definiscono Dio — e Dio non è niente senza i suoi predicati — sono riducibili a predicati dell'essenza umana, e che, reciprocamente, a Dio non vengono riferiti se non predicati peculiari del soggetto umano. Non si tratta però di predicati qualsiasi, ma di quelle che Feuerbach chiama «perfezioni»: ragione, volontà, cuore sono facoltà proprie dell'uomo e gli si impongono con forza irresistibile poiché costituiscono altrettante determinazioni fondamentali del suo esistere. Intorno a questo nucleo, Feuerbach elabora una teoria dell'oggettivazione religiosa, come alienazione inconsapevole di proprietà umane, lungo tre direttrici. *1*) Una teoria generale del rapporto soggetto-oggetto: il rapporto con l'oggettività si costituisce in corrispondenza con determinate proprietà del soggetto; quale il soggetto, tale l'oggetto. *2*) Una peculiare nozione di «genere» in riferimento all'uomo. Laddove l'animale ha appena il sentimento di sé come individuo rispetto a ciò che lo circonda, l'uomo distingue sé come individuo dall'insieme delle sue proprietà essenziali, delle sue forze-fini quali «funzioni del genere»: l'uomo sa cioè che il limite della natura umana non coincide con i limiti delle esistenze individuali. È per questo che gli uomini soltanto hanno religione: coscienza di Dio non è altro che coscienza del genere. *3*) La coscienza religiosa ha a che fare specialmente con una delle tre perfezioni: con il cuore. Essa suggerisce che il cuore è quanto di più alto vi sia nell'uomo e che l'essenza di Dio esprime l'essenza del sentimento. Che il sentimento fosse l'«organo» che coglie il divino era stato già detto; ma dal confronto emerge la novità di Feuerbach, il quale in seguito ha insistito con maggior forza sul legame del sentimento con la preghiera, l'atto religioso per eccellenza. D'altra parte, il cristianesimo insegna che quanto più l'uomo rende ricca la sua immagine speculare, tanto più toglie a se stesso e mortifica la propria natura. Senonché il compito di emanciparsi dalla religione non è associato da Feuerbach a una proclamazione di ateismo, se per ateismo si intenda, in senso forte, una negazione dei predicati «divini», poiché il principio pratico supremo ha da essere: *homo homini deus est*.

Dalla consapevolezza di una rottura con la filosofia hegeliana della religione (→ Hegel) Feuerbach mosse rapidamente verso una liquidazione dell'intera filosofia hegeliana, anzi di tutta l'eredità speculativa della filosofia moderna che in quella ha il suo compimento. Nelle *Tesi preliminari per la riforma della filosofia* e poi nei *Principi della filosofia dell'avvenire* la filosofia ormai non rappresenta che una razionalizzazione della teologia: essa ha trasposto tutto sul piano del pensiero, entificando il pensiero al posto dell'ente reale, l'individuo umano concreto. Quest'ultimo va recuperato come base e punto d'avvio del filosofare, riportando a esso tutto ciò che è stato detto sull'→ assoluto (per es. che è unità di essere e pensare). Il modulo critico consistente nell'invertire via via soggetto e predicato fornisce i lineamenti di una filosofia nuova, in quanto è sorretto da una nuova concezione della sensibilità. Il sensibile non è più rivendicato, da Feuerbach, soltanto come una soglia irriducibile al pensiero; nel suo significato più ampio, esso definisce una dimensione «ontologica» che investe tutto l'uomo. La differenza uomo-animale rimane qui decisiva, mentre tende a sparire il divario tra individuo e genere. L'universalità del genere è fatta ora consistere in una struttura intersoggettiva che ha la sua espressione basilare nel rapporto io-tu. Solo essenze sensibili possono interagire; è appunto la sensibilità, come passività e come passione, amore, che mette in rapporto l'individuo con l'altro a partire dalla differenza con l'altro. Io-tu è il primo rapporto soggetto-oggetto ed è il mediatore di ogni ulteriore rapporto: attraverso di esso si dà un'apertura conoscitiva e pratica sulle cose. In questo tema si assommano le pretese di una «filosofia dell'uomo e per l'uomo», capace di riunire «testa» e «cuore», vita e filosofia.

Più che proseguire sulla via segnata dai *Principi*, i posteriori scritti di Feuerbach rappresentano il tentativo di completare la sua teoria della religione, pur senza sconvolgerne l'assetto. Il saggio e le lezioni sulla «essenza della religione» si occupano, oltre che nuovamente del cristianesimo, di altre religioni e le inseriscono in una tipizzazione storica a cominciare dalla «religione naturale». Il fondamento di questa è visto in un sentimento di dipendenza nei confronti della natura; in concomitanza con il risalto conferito a questo aspetto, Feuerbach corregge la inclinazione antropocentrica presente nella sua filosofia dell'uomo, per fare posto a una «natura» non dipendente dalla sensibilità e dalla coscienza umane. Saranno gli individui isolati, con la forza dei loro desideri, e la natura a circoscrivere la problematica dell'ultima grande opera dedicata alla religione, la *Teogonia*, caratterizzata dall'insistenza su temi morali che diventano predominanti nell'ultima fase del pensiero di Feuerbach. Sollecitato, sia pur negativamente, dalla lettura di Schopenhauer, egli cerca, in *Intorno allo spiritualismo e al materialismo particolarmente rispetto alla libertà di volere* (1866), di saldare volontà e istinto di felicità, e lega il significato positivo del cosiddetto libero volere alla volontà di esser felice, e perciò di esser libero da miseria e costrizione. L'apertura di un confronto con la filosofia morale da parte dell'ultimo Feuerbach può ben esser considerata indicativa dell'intento di serbare caratteristiche autonome al proprio materialismo. Pur utilizzando le ricerche di J. Moleschott, per la cui *Teoria dell'alimentazione* scrisse nel 1850 un saggio di presentazione, egli infatti non accettò mai di identificarsi pienamente con l'orientamento preso da quelli che in seguito sarebbero stati chiamati «materialisti volgari» (lo stesso Moleschott, L. Büchner), a lui debitori peraltro di non poche suggestioni, nonché suoi celebratori. *R. To.*

Feyerabend, Paul K. (Vienna 1924), filosofo della scienza austriaco. Dopo avere conseguito il dottorato a Vienna si è trasferito negli Stati Uniti; ha insegnato all'università di Berkeley (California) e al Politecnico di Zurigo. Si è occupato di problemi filosofici della microfisica, ma i suoi lavori più noti sono quelli in cui ha sviluppato la critica dell'empirismo, teorizzando l'«anarchismo metodologico» quale unica strategia intellettuale per l'avanzamento della conoscenza scientifica. Feyerabend attacca l'empirismo soprattutto nella versione fornita da autori come E. Nagel e C.G. Hempel, sostenendo l'inaccettabilità delle teorie della riduzione e della spiegazione scientifica da essi elaborate. Queste teorie presuppongono il rispetto dei due requisiti della coerenza tra sistemi teorici (quello da ridurre e quello in cui avviene la riduzione) e dell'invarianza del significato dei termini che in essi occorrono; in ciò peccano di dogmatismo e risultano inadeguate a rendere conto delle scoperte e dei mutamenti teorici. Vi è, per es., incoerenza tra la legge di Galileo sulla caduta dei gravi e alcune conseguenze della teoria di Newton all'interno del campo di validità della prima; e ancora, un termine come 'massa' cambia di significato a seconda che venga usato nella fisica classica o in quella relativistica. I termini e gli enunciati del linguaggio osservativo non attingono il proprio significato direttamente dall'esperienza, intesa come banco di prova oggettivo e imparziale delle teorie, ma dipendono dalle teorie di cui fanno parte e variano di significato in funzione di esse.

Da un punto di vista metodologico Feyerabend è contrario a ogni concezione che ponga limiti e condizioni ai procedimenti dell'indagine scientifica e polemizza contro ogni tentativo di stabilire quale sia il metodo che deve caratterizzare la pratica della ricerca. Egli prende sempre di più le distanze dal razionalismo critico di K. Popper e dalla metodologia dei programmi di ricerca di I. Lakatos: nessun metodo, per quanto capace di identificare parametri di «razionalità», può essere assunto come modello normativo nei confronti della prassi scientifica. Non è la razionalità, ma l'«opportunismo» la migliore qualità di uno scienziato, e cioè la capacità di utilizzare quei «mezzi mentali e materiali che all'interno di una determinata situazione si rivelano più idonei al raggiungimento del proprio fine». Accanto all'assenza di restrizioni metodologiche Feyerabend teorizza il principio di proliferazione delle teorie e la tesi della controinduzione, secondo cui l'incremento della conoscenza è frutto dell'elaborazione di punti di vista teorici alternativi e reciprocamente incompatibili e del capovolgimento di teorie saldamente acquisite. Egli giunge così non solo a sostenere la pari dignità delle differenti tradizioni all'interno della scienza, ma anche a negare la superiorità della conoscenza scientifica rispetto ad altre forme di sapere, dall'arte all'astrologia. Le sue opere principali sono: *Problemi dell'empirismo*, I (1965); II (1969); *Contro il metodo* (1975); *La scienza in una società libera* (1978); la maggior parte degli articoli sono raccolti nei due volumi dei *Philosophical Papers* (1981).

Fichte, Immanuel Hermann (Jena 1796 - Stoccarda 1879), filosofo tedesco. Figlio di Johann Gottlieb ed esponente di rilievo del → teismo speculativo, insegnò nelle università di Bonn e di Tubinga. Fra le sue prime opere sono importanti i *Saggi sulle caratteristiche della filosofia moderna* (1829, poi ampliati nel 1841), un vasto panorama di storia critica della filosofia moderna e contemporanea ove si trova la prima esplicita denuncia dello hegelismo quale pensiero unilateralmente astratto, deviazione dal vero spirito dell'idealismo, cui Fichte contrappone la più recente speculazione di Schelling. Anche nella raccolta *Vita ed epistolario di Johann Gottlieb Fichte* (1830-31) si rivela il suo sforzo di svincolare il pensiero paterno dalla sistemazione hegeliana e di rivendicarne l'originaria unità pur nella divisione in due fasi. Il suo pensiero si definisce poi nei *Fondamenti di un sistema di filosofia* (1833-46), in cui gli strumenti concettuali desunti dall'idealismo, e particolarmente dallo Schelling delle *Ricerche sull'essenza della libertà umana* (1809), vengono rielaborati nel senso di una dottrina che sfugga al «panteismo» del concetto e offra una fondazione speculativa di Dio e della libertà, dell'individualità e autonomia dell'uomo pur nella sua finitezza. Su queste basi, l'interesse di Fichte procede poi verso un'analisi interna dell'esperienza umana nelle sue molteplici forme: ne sono frutto il *Sistema di etica* (1850-53), la *Antropologia* (1856) e la *Psicologia* (1850-73), in cui la concezione teistica del primo periodo evolve in uno spiritualismo sempre più eclettico, anche se non privo di spunti fecondi per le particolari discipline. Fra le altre sue opere ricordiamo *L'idea della personalità* (1834) e *La visione teistica del mondo* (1873).

Fichte, Johann Gottlieb (Rammenau, Sassonia, 1762 - Berlino 1814), filosofo tedesco. Dopo aver compiuto, con l'aiuto di un mecenate, il barone von Miltitz, gli studi superiori nel collegio di Pforta, frequentò i corsi di teologia nell'università di Jena (1780-81) e poi in quella di Lipsia (1781-84). Incerto se abbracciare la carriera ecclesiastica o dedicarsi interamente alla filosofia, data la situazione economica estremamente difficile, Fichte dovette occuparsi come precettore prima in diverse località della Sassonia, e poi, dal 1788 al 1790 a Zurigo, dove conobbe la sua futura sposa, Marie Johanne

Rahn, nipote del poeta Klopstock. Tornato in Germania, venne occasionalmente a conoscere la filosofia kantiana e se ne entusiasmò al punto da dedicarvisi interamente; perciò si recò a Königsberg per incontrare Kant e gli consegnò il testo del *Saggio di una critica di ogni rivelazione*, uno scritto volto a spiegare la religione e la rivelazione in chiave di ragion pratica. Per un caso l'opera comparve anonima nel 1792, e, per il suo impianto, venne generalmente attribuita a Kant e scambiata per il suo atteso scritto sulla religione; perciò la successiva precisazione del nome del suo vero autore diede a Fichte un'improvvisa e grande notorietà, a cui seguì la chiamata all'università di Jena. Frattanto di Fichte erano comparsi anonimi nel 1793 la *Rivendicazione della libertà di pensiero* e nel 1793-94 i *Contributi per rettificare i giudizi del pubblico sulla rivoluzione francese*: in un momento in cui in Germania si andava attenuando o addirittura ribaltando il precedente entusiasmo per la rivoluzione francese, Fichte rivendicava — con questi scritti — una sorta di diritto permanente alla rivoluzione; siccome lo stato sorge da un atto di libertà incondizionata, è lecito in ogni momento revocare i termini del «contratto» quando non risponda più alle esigenze di libertà da cui è nato; al limite, anzi, è auspicabile l'estinzione finale dello stato, quando gli uomini siano ormai tutti governati dalla legge universale della ragione. All'inizio del 1794 uscì l'importante recensione dell'*Enesidemo* di G.E. Schulze, dove Fichte delineava ormai la strada della sua nuova filosofia. Questa linea di pensiero trovò sviluppo nel saggio *Sul concetto di dottrina della scienza o della cosiddetta filosofia* e ancora, nel 1794, nei *Fondamenti dell'intera dottrina della scienza*, la sua opera più famosa. Nel periodo di Jena, Fichte pubblicò, ancora nel 1794, *Alcune lezioni sulla missione del dotto*, e poi, nel 1795, il *Compendio di ciò che è proprio della dottrina della scienza*, nel 1796-97 i *Fondamenti del diritto naturale*, e nel 1798 *Il sistema della dottrina morale*; frattanto andava elaborando una nuova trattazione della dottrina della scienza di cui pubblicò solo alcune parti nel «Philosophisches Journal» nel 1797-98 con il titolo *Saggio di una nuova esposizione della dottrina della scienza*. Ancora nel 1798 è il saggio *Sul fondamento della nostra fede in un governo divino del mondo*, dove Dio sembra venir a coincidere con l'ordinamento morale del mondo; ne scaturirono una serie di accuse di ateismo e un'accesa polemica che, alla fine, costrinse Fichte a dimettersi e a lasciare Jena. Si chiuse così in modo burrascoso e sfortunato un periodo molto importante della sua vita, caratterizzato tra l'altro dall'incontro, estremamente fecondo per il romanticismo allora in via di formazione, con alcuni dei suoi primi protagonisti, come Novalis e i fratelli Schlegel. Recatosi a Berlino nel 1799, Fichte entrò in contatto per breve tempo con l'ambiente massonico, mentre duraturo e intenso fu il suo rapporto con i circoli romantici, dove conobbe e frequentò, tra gli altri, F.D. Schleiermacher. Di questo periodo sono anzitutto *La missione dell'uomo*, una delle esposizioni più limpide e accessibili della sua concezione della filosofia e dei suoi rapporti con la vita; *Lo stato commerciale chiuso*, del 1800, dove allo stato viene affidata una rigida funzione di regolamentazione della vita economica e sociale; il *Rapporto chiaro come il sole al gran pubblico sulla vera natura della filosofia più recente*, del 1801, ampia esposizione divulgativa della sua «dottrina della scienza». Frutto di conferenze tenute a Berlino nei primi anni dell'Ottocento sono poi altre due opere, una di filosofia della storia (*I tratti fondamentali dell'epoca presente* del 1806) e l'altra di filosofia della religione (*Introduzione alla vita beata* del 1806); a esse è sotteso un denso travaglio di pensiero, che si concretò in due nuove redazioni della «dottrina della scienza», rispettivamente del 1801 e del 1804, destinate però a uscire soltanto postume e quindi a non incidere nel dibattito, allora assai vivo, circa la natura dell'idealismo trascendentale e le sue interpretazioni. Nel 1805 Fichte tenne un ciclo di lezioni come professore all'università di Erlangen, pubblicate poi nel 1806 con il titolo *L'essenza del dotto e le sue manifestazioni nel campo della libertà*. Nel 1806, sotto l'incalzare dell'esercito francese vittorioso, Fichte lasciò Berlino e si trasferì a Königsberg, dove nel 1807 insegnò, ma fece ritorno a Berlino nell'agosto dello stesso anno, iniziandovi le celebri conferenze intitolate *Discorsi alla nazione tedesca*, rivolte a infiammare gli animi alla lotta antinapoleonica e alla riscossa nazionale attraverso un profondo rinnovamento morale e culturale. Nel 1810 fu fondata l'università di Berlino, dove Fichte venne nominato professore di filosofia e della quale fu il primo rettore elettivo (1811-12). Dopo aver pubblicato nel 1810 una nuova redazione della «dottrina della scienza» (*La dottrina della scienza nei suoi lineamenti generali*), egli tenne importanti cicli di lezioni, tra cui quelle su *I fatti di coscienza* (1810-11), su *Il rapporto della logica con la filosofia, ovvero la logica trascendentale* (1812) e sulla «dottrina della scienza» (nel 1812 e 1813), comparsi soltanto postumi. La sua attività, ancora intensissima, si interruppe bruscamente il 29 gennaio 1814, a soli cinquantadue anni, a causa di un contagio contratto probabilmente tramite la moglie, che si prodigava nella cura dei feriti di guerra ricoverati a Berlino.

• *Dottrina della scienza e libertà*. Libertà politica e morale e incondizionatezza del sapere sono i temi di fondo che si intrecciano nell'itinerario filosofico fichtiano, fin dai suoi primi tentativi di interpretare in maniera radicale l'esperienza rivoluzionaria francese e di concepire secondo un'angolazione sostanzialmente morale e razionale lo stesso cristianesimo. Seguaci e avversari del criticismo kantiano, nell'ultimo decennio del Settecento, fanno valere l'esigenza di una sistemazione che gli dia autentica veste scientifica: Fichte ritiene di poterla conseguire soltanto attraverso l'affermazione della libertà come principio stesso del sapere. Egli capovolge il rapporto tradizionale tra logica e filosofia, nel senso che non è più la logica a fondare la filosofia, ma piuttosto la dottrina della scienza a dar conto della possibilità della logica. Le leggi logiche (identità, non contraddizione, terzo escluso) non sono infatti incondizionate, perché è certamente vero che $A = A$, ma solo a patto che A sia «posto». Infatti A, ossia un contenuto qualsiasi del pensiero, non può porre se stesso come soggetto e cogliere al tempo stesso la propria identità con sé e la propria distinzione da sé come predicato; questo tipo di operazione è propria solo dell'Io come attività pura e spontanea del pensiero. Ma allora la logica come studio delle leggi del pensiero è condizionata dalla dottrina della scienza come scoperta dell'attività del pensiero nel suo porsi come identità (Io puro) e distinguersi da sé in quanto «posto» (Non-io); tale rapporto è condizione necessaria e sufficiente per spiegare il sorgere della coscienza finita e rende pertanto superfluo, anzi mostra come contraddittorio e infondato, il ricorso kantiano a una fantomatica «cosa in sé» quale condizione del contenuto del sapere. Questo non significa però affatto che l'Io puro e il Non-io siano due entità o realtà presupposte alla coscienza; l'Io puro non va inteso in un senso metafisico o teologico come se fosse una sorta di creatore nel senso tradizionale, bensì quale condizione del sapere che non si può mai cogliere o ipostatizzare al di fuori del sapere stesso. In questo senso nella dottrina della scienza occupa un ruolo centrale il concetto di «intuizione intellettuale», dove però il termine «intuizione» non indica affatto la semplice ricezione o constatazione di qualcosa, ma, al contrario, il processo attivo e spontaneo per cui il pensiero ha coscienza immediata del suo fare e lo conosce solo in quanto lo fa. In questo senso, della filosofia — o, meglio, del principio fondamentale della dottrina della scienza — non può propriamente esserci dimostrazione, giacché altrimenti l'attività pura e spontanea (come ben aveva mostrato Jacobi) sarebbe il risultato di qualcos'altro da cui dovrebbe venir dedotta e si ricadrebbe quindi nel dogmatismo della «cosa in sé». In questo senso Fichte sottolinea che propriamente l'adozione di una filosofia, o, meglio, la scelta tra idealismo e dogmatismo non è affatto una questione puramente teorica, ma dipende dal tipo di uomo che ciascuno è: l'uomo può infatti rendersi conto che non tutte le rappresentazioni sono necessarie, ma che alla loro base c'è un'attività libera, oppure può accettare l'intera vita della coscienza come pura passività rispetto all'oggetto, al Non-io, alla natura. Tutto questo spiega la grande suggestione esercitata sui romantici da una filosofia pur così astratta e spesso astrusa: Friedrich Schlegel giunse infatti a dire che la dottrina della scienza di Fichte, accanto al *Wilhelm Meister* di Goethe e alla rivoluzione francese, rappresentava uno dei tre grandi avvenimenti dell'epoca. Scoprire infatti nella pura spontaneità dell'Io il principio della stessa limitazione della coscienza portava a scorgere nella natura non più un limite assoluto, inesorabile e oppressivo, bensì quel velo della dea, di cui parlava Novalis, sollevato il quale lo spirito trova se stesso, e, per altro verso, induceva a scorgere, non soltanto nella natura, ma in qualsiasi realizzazione singola, determinata e finita dello spirito, non un suo punto di arrivo, una chiusura, bensì una semplice tappa o un semplice strumento di un processo di realizzazione e liberazione infinito.

• *La libertà e lo stato.* Tuttavia questa rivendicazione della libertà dell'Io come principio poneva non pochi problemi, che si trovano al centro della filosofia fichtiana nel periodo di Jena, a cominciare da quello del carattere intersoggettivo della libertà. Se alla base dell'essere razionale finito si deve ammettere infatti un Io puro, quest'Io puro non opera però mai in modo astratto o isolato, ma solo come esigenza di realizzare la libertà in rapporto ad altri esseri razionali finiti. Di questi non si può avere una qualche conoscenza empirica o speculativa, ma la si riconosce esclusivamente per un'esigenza etica; l'uomo infatti non può volere che l'imperativo categorico che comanda di attuare la razionalità e la libertà sia realizzato soltanto in lui stesso come singolo, ma deve volere che sia realizzato anche fuori di lui. Per questo deve ammettere fuori di sé non soltanto cose inanimate da assoggettare meccanicamente alla ragione, ma altri esseri capaci di agire liberamente in un rapporto di azione reciproca secondo concetti. Prova di ciò è l'invenzione del linguaggio, che si spiega soltanto in base alla convinzione che fuori di noi esistano altri esseri capaci di modificare e orientare liberamente la loro condotta secondo fini razionali attraverso la comunicazione e comparazione reciproca di tali fini mediante segni. L'uomo, quindi, non può essere uomo se non tra gli uomini e, in questo senso, il concetto di uomo non è il concetto di un singolo, ma di un genere. In questo quadro si sviluppa anche la fondazione del diritto come sfera specifica e distinta dalla morale. La semplice esistenza dell'individuo come essere razionale determinato implica infatti che ciascun individuo riconosca altri esseri liberi fuori di sé e limiti la propria libertà con il concetto della possibilità della libertà dell'altro.

Questa sfera del diritto non ha però una funzione puramente negativa, quale semplice garanzia dei diritti di ciascuno, ma nella società civile tende a realizzare una coincidenza e convergenza tra volontà privata e volontà comune; la comunità statale pertanto non è un aggregato puramente ideale ed estrinseco di individui, ciascuno rivolto soltanto a soddisfare i propri bisogni, ma deve operare come totalità organica, dove ciascun cittadino si adopera non per sé, ma per gli altri. Dall'originaria subordinazione totale dello stato alla legge morale, propria degli scritti sulla rivoluzione francese, nel periodo di Jena Fichte si avvia così a una concezione più positiva della funzione dello stato, sino a giungere a teorizzare appunto «lo stato commerciale chiuso» nei primi anni di Berlino e, più tardi, ad affidare allo stato il compito di promuovere e guidare il rinnovamento della nazione mediante l'educazione.

• *L'assoluto e la storia.* Nel periodo di Berlino attraverso successive rielaborazioni della dottrina della scienza, Fichte, pur tenendo fermo il carattere libero e incondizionato del sapere, ne accentua il rapporto con un assoluto che è vita nel senso più alto e più puro del termine; dell'assoluto, dunque, il sapere può essere soltanto una manifestazione, può darne una sorta di «schema», ma non mai esprimerlo in forma discorsiva adeguata. Prendono così ampio spazio metafore come quelle della «luce», del «vedere», per esprimere il rapporto del sapere a qualcosa che non potrà mai essere un suo oggetto determinato e la cui evidenza non è, come pensavano il dogmatismo o l'empirismo, un punto di partenza, ma, semmai, il punto di arrivo, il termine di un'aspirazione infinita. In questo nuovo senso dell'assoluto come essere e vita rientra una concezione globale della storia e della religione come processo nel quale l'uomo tende a partecipare nel modo più alto e più intenso alla vita dell'assoluto. Così, per quanto riguarda la storia, nei *Tratti fondamentali dell'epoca presente* Fichte muove dal presupposto che la vita terrena obbedisca a un «piano del mondo» per il quale l'umanità come specie deve organizzare tutti i propri rapporti con libertà secondo ragione. La ragione infatti è la legge fondamentale della vita dell'umanità e non può non operare anche là dove non è ancora attuata liberamente; in questo senso la prima epoca della storia è quella dove la ragione domina mediante l'istinto, e l'umanità, quindi, si trova in uno stato di sostanziale innocenza; segue una seconda epoca nella quale l'istinto razionale si è trasformato in autorità esterna e coercitiva, e l'umanità pertanto viene a trovarsi in una condizione di incipiente peccaminosità; nella terza epoca si ha la rivolta totale tanto contro l'autorità esterna quanto contro la ragione, ed è quella della completa peccaminosità; nella quarta epoca si ha invece uno stato di incipiente giustificazione, in quanto ci si avvia alla vera scienza, per la quale la verità è la cosa più alta, e si apre la strada all'ultima epoca, quella della perfetta giustificazione, dove l'umanità vive liberamente secondo ragione. L'intero ciclo storico ha quindi il senso di un ritorno alle origini, ma non per questo è un processo vano o puramente ripetitivo, giacché, al contrario, soltanto attraverso questo ciclo l'uomo giunge a realizzare come libera conquista quello che inizialmente era invece un possesso spontaneo. Le cinque epoche poi rappresentano, per così dire, dei momenti ideali, ciascuno dei quali ha però una prevalenza caratterizzante in una certa fase storica: così Fichte ravvisa nell'«epoca presente» i tratti della terza epoca, ossia di una completa peccaminosità dovuta all'indifferenza verso la verità, al prevalere di una concezione superficiale della ragione, all'affermarsi di impulsi puramente egoistici e utilitaristici che hanno ridotto la religione stessa a dottrina della felicità, e Dio a strumento del nostro benessere. All'inizio dei *Discorsi alla nazione tedesca*, invece, Fichte dichiara che sotto la pressione sconvolgente e il rapido susseguirsi degli eventi degli ultimi anni, la terza epoca si è ormai conclusa; l'egoismo, spintosi all'estremo, è giunto al tempo stesso al suo completo sviluppo e alla sua completa dissoluzione e si apre quindi la prospettiva di un «nuovo mondo» nella cui creazione spetta al popolo tedesco una particolare e preminente responsabilità. La nazione tedesca, a differenza di altre stirpi germaniche che hanno adottato una lingua e una cultura estranee, ha saputo mantenere la propria originarietà, e può quindi promuovere una forma di organizzazione politica, diversa dalla semplice aggregazione sotto una potenza esterna. Questa concezione politico-culturale della nazione e dello stato non ha mancato di esercitare notevole influenza sul pensiero politico dell'Ottocento, ma Fichte la inserisce in un quadro complessivo di rigenerazione etico-politico-religiosa dell'umanità dove ha un ruolo determinante la sua interpretazione della religione come forma superiore di moralità e di vita. Fichte si richiama al Vangelo di Giovanni e alla dottrina dell'eternità del Verbo presso Dio per respingere la nozione biblica della creazione come atto arbitrario avvenuto nel tempo. Al contrario, Dio è continuamente attivo e creatore in quanto opera in tutto, e questa sua presenza e attività non può mai esser fatta oggetto di un sapere dogmatico. A questa realtà si può giungere soltanto attraverso la vita interiore, vivendo in noi la vita divina attraverso una forma di moralità superiore che apre l'accesso alla vera beatitudine. In questo senso la religione perde ogni carattere settoriale, non costituisce più un'occupazione che si possa o debba praticare separatamente dalle altre, per esempio in ore o giorni stabiliti, ma è lo spirito interiore che permea, anima e penetra ogni nostro agire, la nostra intera presenza nel mondo e nella storia.

• *Le interpretazioni della dottrina fichtiana*. Per quanto riguarda la «fortuna» del pensiero fichtiano, ha avuto notevole importanza la pubblicazione, a cura del figlio Immanuel Hermann, degli inediti (1834-35) e delle opere complete (1845-46). Attraverso la conoscenza delle rielaborazioni della «dottrina della scienza» del 1801, 1804, 1812 e 1813 e delle lezioni berlinesi di logica e filosofia trascendentale è stata gradualmente messa in questione l'immagine di un Fichte che, dopo gli scritti teorici del periodo di Jena, si sarebbe limitato a opere essoteriche e polemiche, per lo più di carattere religioso e politico, ed è diventato possibile individuare la continuità del suo impegno per mantenere saldo, anzi approfondire il punto di vista critico e trascendentale. Soprattutto nel Novecento poi, nella linea di una revisione critica complessiva della storiografia idealistica ed hegeliana, si è reagito sempre più energicamente contro i «luoghi comuni» per cui la filosofia di Fichte rappresenterebbe un semplice passaggio necessario da Kant a Hegel e pertanto ci sarebbe una netta cesura e diversità tra un «primo» Fichte, filosofo critico idealista e soggettivista, e un «secondo» o «ultimo» Fichte, ricaduto o attardatosi in posizioni metafisiche o realistiche. Così per un verso si è cercato di mettere in luce nel pensiero fichtiano nel suo complesso un itinerario irriducibile o, addirittura, alternativo rispetto al pensiero hegeliano, e per altro verso si è prestata maggiore attenzione alle dimensioni etiche, religiose e politiche di tutto il pensiero fichtiano, in modo da gettare nuova luce sulla concretezza della sua stessa concezione della soggettività. *V. Ve.*

Ficino, Marsilio (Figline Valdarno, Firenze, 1433 - Careggi, Firenze, 1499), filosofo italiano. Insieme a Nicola Cusano, è il maggiore rappresentante del platonismo rinascimentale. Studiò a Pisa e a Firenze, dove il medico Niccolò Tignosi lo avviò all'aristotelismo. Nel 1459 entrò in contatto con Cosimo de' Medici e, sotto la sua influenza e quella di Cristoforo Landino, si indirizzò verso lo studio del platonismo. Ben presto fu al centro di un cenacolo di dotti, filosofi, artisti, letterati e scienziati, noto col nome di Accademia Platonica, e si dedicò alla traduzione in latino dei dialoghi di Platone che verrà stampata nel 1484. Oltre che Platone, Ficino tradusse Orfeo, Esiodo, i *Libri ermetici*, le *Enneadi* di Plotino, opere di Proclo, Porfirio, Giamblico, Psello, Dionigi Areopagita ecc. In questo monumentale *corpus* di traduzioni, che ebbe una diffusione enorme nella cultura europea, si rispecchia la concezione della filosofia propria di Ficino. Esiste per lui una tradizione filosofica, che muove, senza soluzioni di continuità, dagli antichi poeti e, attraverso Pitagora e Platone, arriva a Dionigi Areopagita. Essa non è altro che il progressivo rivelarsi del Logos divino; e il compito del filosofo consiste nel portare alla luce la verità religiosa che si cela dietro le varie credenze mitiche e le filosofie. Su questa base Ficino afferma il sostanziale accordo fra platonismo e cristianesimo. In polemica contro l'aristotelismo delle scuole del suo tempo, accusato di distruggere la religione, e contro l'estetismo dei letterati, accusati di non comprendere la verità nascosta nelle «favole» degli antichi, Ficino rivendica una «pia philosophia», una «docta religio»: appunto la tradizione platonica, che (attraverso i padri della chiesa) arriva fino ai tempi moderni e che Ficino ritiene suo compito, anzi quasi sua missione, riaffermare e propagandare attraverso una nuova apologetica. Opera apologetica è, appunto, il *De Christiana religione* (1474).

La più completa elaborazione delle concezioni filosofiche di Ficino si ha nella *Theologia platonica de immortalitate animorum* (1482). Ma importanti, dal punto di vista filosofico, sono anche molte delle lettere che compongono i dodici libri delle *Epistole*, da Ficino stesso pubblicate nel 1482, e i commenti ad alcuni dialoghi di Platone. Attingendo alla tradizione platonica e neoplatonica, Ficino concepisce l'universo come manifestazione dell'unità divina, ordinata secondo vari gradi di perfezione. A partire dal grado più basso, il corpo, attraverso la qualità, l'anima e l'angelo, si arriva fino a Dio. L'universo converge verso l'unità divina, mentre tutti i vari gradi dell'essere sono tenuti insieme da forze attive e da affinità. La possibilità di ricondurre la molteplicità all'unità, senza cadere nel panteismo, è data dalla presenza di una realtà intermedia, che, in virtù della sua natura, può connettere ciò che è più simile a Dio, l'angelo, con ciò che è più distante, il corpo; questa realtà intermedia è l'anima, definita appunto «copula mundi», centro dell'universo. Ficino, seguendo la tradizione platonica, la distingue in tre gradi: l'anima del mondo, le anime delle sfere, le anime degli esseri viventi contenuti nelle singole sfere. Mentre l'angelo è assolutamente immobile e la qualità totalmente mobile, l'anima è immobile quanto alla sua sostanza, ma mobile e molteplice quanto al suo operare. Essa «aderisce al divino e riempie ciò che è morale». Aderendo al divino, essa lo conosce e, riempiendo i corpi, dando loro il movimento, dà loro la vita. Essa è lo specchio del divino e la vita dei mortali, dunque la connessione di entrambi.

Strettamente legata alla dottrina dell'anima è la teoria ficiniana dell'amore, esposta nel commento al *Simposio* e successivamente sviluppata in altri scritti. Come l'anima è la «copula mundi», così l'amore è l'attività che connette il mondo a Dio, giacché Dio forma e governa il mondo per un atto d'amore, e per amore il mondo tutto tende verso di lui. Ficino delinea un itinerario dell'anima, che, accesa d'amore per la bellezza mondana, si innalza, attraverso un processo che è una vera e propria conversione, alla contemplazione dello splendore invisibile che illumina tutte le cose. Alla concezione dell'essere come un'unità, in cui ogni grado è in funzione dell'altro e della totalità, è connessa la presenza, nell'opera di Ficino, della magia e dell'astrologia, che gli costò anche un'accusa di negromanzia da parte della chiesa. Le concezioni magico-astrologiche di Ficino sono esposte nei tre libri del *De vita* (1489): egli identifica le anime celesti con le stelle e, pur rifiutando le tesi più fatalistiche dell'astrologia giudiziaria, pensa che gli astri influiscano non solo sui fenomeni naturali del mondo sub-lunare, ma anche sul comportamento dell'uomo. La magia e l'astrologia aiutano l'uomo a leggere i segreti legami che tengono insieme l'universo e, attraverso la costituzione di immagini e amuleti, lo aiutano a difendersi dalla potenza degli astri, ma anche a catturarla e a servirsene.

fideismo, in teologia, termine con cui si definisce la posizione di quei pensatori che sostengono l'impossibilità, per la ragione, di pervenire alla verità senza far ricorso alla fede. Muovendo dall'affermazione che ogni certezza razionale è insufficiente e limitata, il fideismo postula la necessità di una piena adesione alla rivelazione positiva divina, di cui sottolinea il carattere soprannaturale e gratuito. Storicamente si sono avute forme rigorose di fideismo e forme più mitigate: fra le prime spicca l'atteggiamento dei seguaci della corrente tradizionalista (→ tradizionalismo) sviluppatasi in Francia a partire dagli inizi del sec. XIX. I principali esponenti del movimento furono A. Bonnetty, che ne diffuse le idee nella rivista «Annales de philosophie chrétienne» (1830-79), e L. Bautain, che in *La filosofia del cristianesimo* (2 voll., 1835) sostenne la coincidenza della vera filosofia con la religione; accanto a essi vanno ricordati J. de Maistre, L. de Bonald, F. Lamennais. A questa forma di fideismo, già condannata dalla chiesa nel 1840, si oppongono le due costituzioni dogmatiche del concilio Vaticano I, *De fide catholica* e *Dei filius*, che rivalutano la facoltà della ragione quale principio conoscitivo distinto dalla rivelazione soprannaturale. Parzialmente fideistiche possono essere considerate le posizioni di quegli autori che in ogni epoca hanno sostenuto l'impossibilità di raggiungere razionalmente le verità di fede, ma non hanno negato alla ragione la capacità di pervenire a certezze determinate. In alcuni padri della chiesa, come Tertulliano, e in alcuni mistici medievali (Pier Damiani, Bernardo di Clairvaux, Guglielmo di Saint-Thierry) la svalutazione della ragione è connessa alla convinzione che tutto ciò che l'uomo deve sapere per salvarsi è contenuto nelle Scritture.

Fides quaerens intellectum, titolo originario del *Proslogion* di → Anselmo d'Aosta, che riassume l'orientamento del suo pensiero in rapporto alle dispute tra dialettici e antidialettici («la fede cerca la comprensione razionale»; → *credo ut intelligam*). Anselmo scrive: «Non tento, o Signore, di penetrare la tua profondità, perché non posso neppure da lontano paragonarle il mio intelletto; ma desidero intendere almeno fino a un certo punto la tua verità, che il mio cuore crede e ama. Non cerco infatti di capire per credere, ma credo per capire.» (*Proslogion*, 1). L'«intellectus fidei» è la naturale meta della fede: i misteri della fede debbono anzitutto essere creduti, ma, se non vogliamo incorrere nella «negligentia», dobbiamo poi sforzarci di capire la nostra stessa fede. Chi obietta che gli Apostoli e i Padri hanno già detto tutto ciò che è necessario dimentica che la verità è troppo vasta perché i mortali possano mai esaurirla, che Dio non cessa di illuminare la sua chiesa, e che la comprensione della fede è il solo strumento terreno capace di mediare tra la fede e la visione beatifica ultraterrena. Anselmo non ha formulato opinioni precise sui limiti cui può sperare di giungere la comprensione della fede. Egli tuttavia arriva a ritenere possibile una dimostrazione della Trinità e dell'incarnazione, che autori successivi come → Tommaso d'Aquino giudicheranno irraggiungibile in linea di principio.

Fiedler, Konrad (Oderan, Sassonia, 1841 - Monaco 1895), filosofo e critico d'arte tedesco. Interessato alla genesi concreta dell'opera d'arte, espresse nei suoi studi di estetica e critica d'arte (*Giudizio delle opere d'arte figurative*, 1876; *Origine dell'attività artistica*, 1887) posizioni contrastanti con quelle dell'estetica del tempo. L'originalità del suo pensiero può essere individuata nella fusione della riflessione estetica con un idealismo gnoseologico radicale: Fiedler arriva a negare l'esistenza di una qualsiasi realtà obiettiva e a dichiarare che la creazione artistica, ben lungi dall'essere imitazione, è essa stessa creazione di realtà, visibile nel caso della pittura (teoria della «pura visibilità»). Rifacendosi al concetto humboldtiano del linguaggio come *enérgheia* produttrice (e non semplice trascrizione) di mondi concettuali, Fiedler instaura un parallelismo tra l'attività linguistica e scientifica e quella pittorica.

Se è vero che la critica formale gli deve molto (da A. Riegl a H. Wölfflin, al dibattito tedesco sulla → *Kunstwissenschaft*), Fiedler non ha mai inteso escludere la dimensione semantica dall'opera d'arte: ha piuttosto cercato di dimostrare che il contenuto non è dissociabile dalla forma e che la loro articolazione comune è il luogo della genesi di una realtà specifica, il cui valore sta nel suo carattere profondamente inedito. È perciò innegabile che le sue teorie estetiche, oltre a presentare alcune somiglianze o punti di contatto sorprendenti con la *Gestalt* o con il formalismo russo, hanno preannunciato quelle della fenomenologia (in particolare di M. Merleau-Ponty), che vedrà nella pittura un'oggettivazione percettiva del mondo.

Filioque, formula dogmatica con cui si dichiara che lo Spirito Santo procede dal Padre «e dal Figlio» (in lat. *Filioque*). Il Filioque, il cui contenuto dottrinale era già presente in scritti di padri dei secc. IV-V, fu aggiunto al simbolo niceno dal III concilio di Toledo (589), e passò poi in Francia e in Italia. Monaci latini a Gerusalemme presero a cantare il Credo con il Filioque, provocando l'inizio della controversia con i greci; papa Leone III, chiamato a risolvere la questione, approvò la dottrina espressa dal Filioque, ma ne condannò (809) l'introduzione nel Credo (l'uso diventò generale in Occidente solo nei secc. XI-XIII). Dal tempo di Fozio (sec. IX) il Filioque rappresentò il principale capo di accusa degli ortodossi contro la chiesa romana: i primi vedono il fondamento dell'unità divina nella «monarchia» del Padre, sola fonte del Figlio e dello Spirito Santo (che procede dal Padre *per Filium*); i teologi occidentali sottolineano l'eguaglianza delle persone divine in tutto quello che non costituisce la loro personalità specifica e perciò attribuiscono al Padre «e al Figlio» la spirazione attiva dello Spirito Santo.

Fillmore, Charles J. (St. Paul, Minnesota, 1929), linguista statunitense. Ha insegnato all'Ohio State University (Columbus), poi all'università della California a Berkeley. In *The case for case* (1968), il suo lavoro più noto e più ricco di implicazioni teoriche, ha sviluppato la teoria dei «casi profondi»: i casi di Fillmore (che sono una nozione semantica, non morfologico-sintattica) rappresentano i *ruoli* semantici che all'interno di una frase collegano i diversi elementi nominali (gli argomenti) al verbo (il predicato). Essi riflettono ciò che i parlanti sono in grado di dire sugli eventi: per es. chi controlla l'evento (AGENTE), chi è coinvolto nello stato di cose o nell'azione (DATIVO), che cosa è intrinsecamente interessato dall'azione (OGGETTO), ecc. Nel campo della semantica lessicale Fillmore, sfruttando nozioni elaborate in psicologia cognitiva (teoria dei prototipi) e in intelligenza artificiale, ha proposto un'analisi del lessico basata sul concetto di *frame*. Un *frame* è una scena tipizzata, caratterizzata da ruoli e relazioni tra di essi. Parole semanticamente imparentate (come 'comprare', 'vendere', 'merce', 'denaro' ecc.) «indicizzano» aspetti diversi dello stesso *frame*, e il loro valore semantico può essere caratterizzato sulla base del *frame*. Altri suoi lavori importanti: *Lezioni di Santa Cruz sulla deissi* (1975) e i contributi all'analisi del discorso, in cui analizza anche testi letterari (*La pragmatica e la descrizione del discorso*, 1976; *La linguistica come strumento dell'analisi del discorso*, 1985).

Filocalia, titolo di due compilazioni religiose della chiesa greca (in gr. *philokalía* significa «amore del bello»). La prima è un florilegio degli scritti di Origene, curato (358-359) da Basilio il Grande e da Gregorio Nazianzeno. La seconda, e più celebre, è un'antologia curata dai santi Macario Notaras e Nicodemo Agiorita, ossia della Santa montagna (il monte Athos), pubblicata la prima volta a Venezia nel 1782. Essa contiene scritti ascetici e mistici di autori che vanno dal sec. IV al XV: fra gli altri, sant'Antonio, Evagrio, Cassiano, Gregorio Palamás. Vi si propugna in particolare l'→ esicasmo. Tradotto in slavo-ecclesiastico da Paisij Veličkovskij (1793) e poi in russo dal vescovo Teofano il Recluso (1876-90), il libro ha esercitato un enorme influsso sulla spiritualità e sulla cultura russe, e anche sul moderno mondo ortodosso, e ha ispirato la dottrina che sta alla base dei *Racconti di un pellegrino russo*, l'anonimo capolavoro della letteratura religiosa russa del sec. XIX.

Filodemo (Gadara, Siria, 110 ca - 35 ca a.C.), filosofo greco. Visse a Ercolano, e fu amico di Cicerone, Virgilio e Orazio. Le opere e i frammenti rimasti attestano che fu un diligente divulgatore delle dottrine di Epicuro. Scrisse trattati di logica (*De signis*), retorica, musica, etica (*De ira*, *De vitiis*, *De avaritia*, *De amore*, *De morte*) e storia della filosofia, in particolare sull'epicureismo. Tra i filosofi epicurei fu l'unico a comporre opere poetiche, in quanto sosteneva che anche la poesia deve porsi come fine il piacere. Per Filodemo la produzione poetica e la critica estetica sono sottratte a regole e criteri determinati: l'opera può dirsi riuscita quando il lettore trae piacere dal testo poetico.

Filolao di Crotone (seconda metà del sec. V a.C.), filosofo e matematico greco. Fu tra gli esponenti di maggior rilievo del → pitagorismo, di cui diffuse le dottrine in Grecia (soprattutto a Tebe); tornato in Italia, ebbe tra i suoi discepoli Archita. Alcuni studiosi hanno avanzato l'ipotesi che egli non sia altro che un personaggio fittizio inventato da Platone e che i suoi scritti (di cui sono stati tramandati soltanto alcuni frammenti) siano una contraffazione a opera di Speusippo. Al suo nome è legata, in ogni caso, la prima organizzazione sistematica delle dottrine pitagoriche. Gli veniva inoltre attribuita una singolare concezione cosmologica secondo la quale al centro dell'universo, in luogo della Terra, c'è una sorta di fuoco attorno a cui la Terra gira assieme agli altri pianeti. L'erronea identificazione di questo ipotetico fuoco centrale con il Sole indusse parecchi studiosi a considerare le dottrine di Filolao come una vera e propria anticipazione dell'eliocentrismo.

Filone (Alessandria d'Egitto 20 ca a.C. - 50 ca d.C.), filosofo giudaico di lingua greca. Iniziatore della tradizione esegetica di Alessandria, espose le sue concezioni dottrinali nel *Com-*

mento allegorico sulle Sante Leggi (dedicato ai capitoli 2 e 3 della Genesi), nei trattati *Sul decalogo, Sulle leggi particolari, Sulla migrazione di Abramo*, e in numerosi altri commenti biblici. Fra le opere specificamente filosofiche, che sono di minore importanza, vanno ricordati gli scritti *Sulla provvidenza* e *Sull'eternità del mondo*. Filone adotta un metodo esegetico fortemente allegorico, che gli permette di interpretare la Bibbia alla luce di convinzioni filosofiche accolte dal platonismo e dal pitagorismo, in un'originale sintesi tra fede giudaica e filosofia greca. Combinando elementi tratti dalla Genesi e dal dialogo platonico *Timeo*, Filone afferma che Dio è incorporeo, unico e creatore del mondo. La creazione è specificamente opera del Logos. Questi è considerato da Filone ora come l'espressione dell'attività intellettiva dell'Uno, pienamente coincidente con esso, ora come la prima ipostasi divina distinta dall'Uno, secondo una concezione che troverà pieno sviluppo in Plotino. Il Logos è il luogo delle idee divine, che sono gli archetipi sui quali è modellata la creazione. Al di sotto del Logos si trovano le Potenze (attributi o virtualità divine), per mezzo delle quali Dio agisce sul mondo. L'orientamento allegorico-religioso proprio della filosofia di Filone è riconoscibile anche dalla sua antropologia. Distaccandosi dalla tradizionale concezione dualistica greca, egli individua in ciascun uomo tre parti corrispondenti ad altrettanti principi: il principio materiale, il corpo; il principio intellettuale, l'anima o mente; il principio spirituale, lo spirito. Solo quest'ultimo, infuso direttamente da Dio, è immortale.

Filone di Larissa (secc. II-I a.C.), filosofo greco. Discepolo di Clitomaco, gli succedette nella direzione dell'Accademia (110-109 a.C.); durante la guerra mitridatica si trasferì a Roma, dove nell'88 ebbe come allievo Cicerone. Filone muove dalla distinzione tra evidenza e percezione: le cose sono evidenti quando sono presenti alla mente, anche se ciò non significa che esse siano di per sé percepite; non essendoci un segno distintivo della percezione, il vero e il falso si presentano nella sfera della probabilità. Pur negando la possibilità per i sensi o per la ragione di raggiungere un sapere rigoroso, Filone riconosce tuttavia all'uomo la capacità di conseguire un grado di certezza soddisfacente attraverso l'opinione e la ricerca di ipotesi più probabili di altre. I discorsi sufficientemente probabili consentono la formulazione di una teoria etica compiuta. Filone abbandona così il principio scettico della sospensione totale dell'assenso, in favore di un più conciliante eclettismo.

filosofia, termine che deriva dal greco e significa alla lettera «amore della sapienza» (*philêin*, amare, e *sophía*, sapienza). Come attività intellettuale specifica, e come forma di sapere organizzata scientificamente (anche se l'identificazione della filosofia con la scienza è oggetto di discussione), essa esiste solo nella tradizione europea che comincia con i greci. Ovviamente, esistono elementi «filosofici» anche nelle altre culture, per lo più inseriti, però, in insiemi dottrinali di carattere religioso e, quindi, difficilmente definibili come filosofici in senso proprio. «Un senso proprio» della filosofia, del resto, è lungi dall'essere stabilito una volta per tutte nella tradizione occidentale: ogni sistema filosofico comincia, in un certo modo, con una ridefinizione dell'essenza della filosofia. Un significato unitario del concetto si può tuttavia cogliere attraverso la ricostruzione degli *usi del termine* e dagli *ambiti di problemi* a cui la filosofia si è via via applicata.

• *Dalla «paidéia» alla scienza dei principi*. Nella cultura greca, l'ambito d'uso del termine filosofia si estende fra due poli estremi. In un senso, la filosofia (spesso sinonimo di *sophía* intesa come saggezza) si identifica con la cultura in generale, cioè con quella che i greci chiamavano anche *paidéia* (educazione, formazione); un tale senso è attestato in Erodoto (*Storie*, I, 30), dove si parla di Solone come di un uomo che aveva viaggiato molto per desiderio di conoscere, «filosofando». All'altro estremo, il termine indica una disciplina scientifica definita, che, nel suo senso eminente (quella che Aristotele chiama «filosofia prima»), ha per oggetto i principi primi, le strutture più generali dell'essere e, sotto un altro aspetto, Dio stesso. Nell'arco segnato da queste due accezioni del termine si collocano i numerosi usi più specifici del concetto, e anche la concreta pratica del filosofare da parte dei pensatori preclassici e classici.

I più antichi pensatori greci, che figurano agli inizi delle nostre storie della filosofia, ebbero scarsa consapevolezza di essere «filosofi»: secondo una tradizione riferita da Diogene Laerzio (*Vite dei filosofi*, Proemio, 12) e da Cicerone (*Tusculanae disputationes*, V, 3, 9), sarebbe stato Pitagora il primo a parlare di sé come filosofo, «amante del sapere», distinguendosi dagli dei che invece sono «sapienti»; il significato della filosofia sarebbe poi stato descritto da Pitagora mediante l'allegoria del mercato: la vita è come una grande fiera, dove alcuni vanno per affari, altri per divertirsi, e altri, i «migliori», cioè i filosofi, solo per osservare disinteressatamente quello che accade. È però probabile che questa tradizione, che Diogene Laerzio riprende da Eraclide Pontico, un discepolo di Platone, rispecchi piuttosto una visione platonica della filosofia. Tra i testi più antichi in cui compare il termine filosofia c'è un passo di Eraclito (su cui però alcuni studiosi sollevano fondati dubbi: così il Marcovich nella sua edizione dei *Frammenti*, 1978), riferito da Clemente Alessandrino, secondo cui «è necessario che gli uomini filosofi siano indagatori di molte cose» (fr. B 35 Diels-Kranz); da altri frammenti eraclitei, sembra che comunque questo testo non debba significare una identificazione della filosofia con la *polimathía*, (il «sapere molte cose»), giacché quest'ultima, dice Eraclito, «non insegna l'intelligenza» (fr. B 40): il filosofo deve raccogliere molte esperienze, ma solo allo scopo di arrivare al principio unitario che Eraclito chiama *lógos* (ragione, discorso). Con tutta la cautela suggerita dalla frammentarietà dei testi, in Eraclito sembra dunque delinearsi per la prima volta la concezione della filosofia che ha più seguito nel mondo greco, secondo la quale essa non è solo l'insieme delle conoscenze comuni o delle discipline scientifiche, ma un sapere fondamentale che ha per oggetto i principi più alti del reale. Accanto al maturare, almeno embrionale, di una nozione «scientifica» della filosofia, la cultura greca conosce però un altro tipo di esercizio del filosofare, che è quello dei → sofisti, i cui esponenti non ci lasciano definizioni rilevanti della filosofia. Dai dialoghi platonici e da Senofonte (per es. *Memorabilia*, IV, 2, 23; e *Simposio*, I, 5) sappiamo che i sofisti chiamano filosofia l'educazione retorica e letteraria che essi impartiscono (a pagamento) ai giovani i quali intendono dedicarsi alla carriera pubblica. A questa accezione del termine, che prosegue l'identificazione tradizionale con la *paidéia*, si collega uno dei sensi che la filosofia assume in Platone, che del resto sembra presentare nella sua opera una gamma di significati che si estende in tutto l'arco segnato dai due estremi della filosofia come educazione e della filosofia come scienza. Da un lato, infatti, Platone parla della filosofia intendendola come l'educazione generale che si ottiene attraverso la ginnastica, la musica, le varie scienze (*Timeo*, 88; *Teeteto*, 143*d*). Ma non è questa educazione generica che conferisce ai filosofi il diritto-dovere di governare, che Platone assegna loro nel settimo libro della *Repubblica* (520*a*): questo libro si apre con la famosa allegoria della caverna, secondo la quale gli uomini sono come prigionieri in una caverna in cui vedono solo l'ombra delle cose e la scambiano per verità; l'educazione deve far sì che essi riescano a innalzarsi alla vera realtà, che è quella del mondo intelligibile (517*b*); qui c'è come la sintesi della concezione platonica della filosofia: essa ha bensì una funzione politica (come pensavano i sofisti), giacché tocca ai filosofi, come ai prigionieri che per un momento sono fuggiti dalla caverna e hanno visto la vera luce, educare e governare i loro simili; ma tale funzione i filosofi possono adempierla solo se non si limitano a educare se stessi in modo generico, con la ginnastica, la musica e le arti (521*b*), e si esercitano invece alla conoscenza delle idee mediante lo studio di discipline che hanno portata generale, come la matematica (521*c*), la geometria e altre scienze esatte, le quali tutte sono il preludio della → dialettica, che significa qui la capacità di salire attraverso i vari gradi dell'apparire sensibile fino alle idee immutabili, puri oggetti dell'intelletto (532*c*). L'innalzamento dialettico all'intelligibile, «il volgere l'anima da un giorno tenebroso a un giorno vero», è ciò che si chiama «vera filosofia» (521*c*). I filosofi che così «si innalzano» devono essere *costretti* a governare (520*a*) perché di per sé non ne avrebbero alcun desiderio, e preferirebbero darsi alla contemplazione (519*d*); ma proprio per questo disinteresse, anche, sono i più adatti a ricoprire le cariche politiche (521*b*). Se nel libro VII della *Repubblica* la filosofia sembra coincidere con il possesso compiuto dell'intelligibile, altri testi platonici sottolineano in essa il carattere di *ricerca* (così il *Convito*, 204*b*, dove la filosofia è paragonata ad Amore, figlio di Espediente e Povertà, perché anch'essa sta tra il possesso e la privazione del sapere), ricerca che, altrove, si configura come la «dotta ignoranza» socratica, e funge da principio *critico* nei confronti dei molti che credono di sapere e non sanno render ragione di ciò che dicono (*Fedro*, 278*d*). Questi e numerosi altri testi platonici delineano i caratteri e l'ambito problematico della filosofia in modo talmente vasto che la tradizione successiva, a cominciare da Aristotele, non farà che elaborare l'uno o l'altro aspetto delle indicazioni platoniche: la filosofia apparirà di volta in volta come sapere globale, saggezza pratico-politica, distacco dalle cose terrene per amore delle celesti, scienza dei principi primi, disciplina critica di controllo delle pretese dei saperi particolari. Si può dire perciò che dopo Platone non si incontrano più definizioni «terminologiche», ma modi di attuarsi della filosofia che, riprendendo e modificando variamente le accezioni platoniche, determinano diversamente la problematica, il metodo, i contenuti del filosofare.

Questo orientamento si afferma già in Aristotele. Egli suppone, senza enunciarla formalmente, una nozione di filosofia che coincide con la scienza o il sapere in generale; ma sapere significa «conoscenza dei principi e delle cause» (*Metafisica*, I, 981*b* 29). I principi possono poi essere conosciuti in diversi modi: la scienza che studia i principi costitutivi degli enti in quanto dotati di estensione nello spazio, di forme riconoscibili geometricamente, è la matematica; quella che studia gli enti in quanto composti che divengono è la fisica (termine sotto cui Aristotele include tutte le scienze naturali); la scienza, infine, che studia l'ente in quanto ente è la «filosofia prima» (*Metafisica*, VI, cap.1). Quest'ultima ha per oggetto principi immutabili ed eterni, e perciò si può chiamare anche scienza del divino, o teologia. Alla teologia come studio specifico di Dio, motore immobile dell'universo, è dedicato il libro XII della *Meta-*

fisica; mentre gli altri libri dell'opera si occupano della costituzione più generale di tutti gli enti, per es. delle coppie materia-forma, potenza-atto ecc. In tal modo la «filosofia prima», che la tradizione chiamerà metafisica dal titolo imposto dagli editori all'opera aristotelica (→ Aristotele), si configura come una teoria generale delle strutture dell'essere, e questo significato conserverà almeno fino a Kant, costituendo, sia pure con alterne fortune, il nocciolo più proprio della filosofia. Matematica, fisica, «filosofia prima» sono quelle che Aristotele chiama «filosofie teoretiche»; accanto a esse, egli pone le filosofie «pratiche», che concernono l'azione (etica, politica), e quelle «poietiche», che concernono il «produrre», il *poiêin*, ossia la poetica, e tutte le discipline tecniche (*Topici*, VI, 6, 145*a* 15; *Metafisica*, XI, 7, 1064*a* 10 sgg.). Nell'ambito delle filosofie pratiche e poietiche confluiscono tutti quegli aspetti di saggezza e anche di educazione letteraria che la definizione della filosofia prima tende a escludere. Aristotele anzi, a differenza di «Platone, pur ammettendo che sono legate al divenire, all'uso, e alle scelte dell'uomo (dunque non hanno principi necessari), riconosce loro dignità filosofica, giacché non in tutti i campi si può esigere la stessa dimostratività che si pretende, per es., dalla matematica (*Etica nicomachea*, I, 3, 1094*b* 12 sgg.). Proprio a questi aspetti meno metafisici dell'aristotelismo si collegherà la filosofia in epoche di rinnovamento (*Poetica* e *Retorica* avranno fortuna specialmente presso i pensatori del rinascimento, e anche F. Bacone e Vico vi si richiameranno). Per molti secoli, tuttavia, la filosofia si configurerà, sotto l'influsso aristotelico, essenzialmente come logica, metafisica, fisica, etica. L'influenza di Aristotele comincia però a espandersi relativamente tardi, nel sec. I a.C., in connessione con le vicende che, dopo la morte di Teofrasto, tolgono dalla circolazione la parte più significativa della sua opera.

Sia nella scuola aristotelica, il Liceo, sia, per ragioni diverse, nella scuola di Platone, l'Accademia, l'eredità dei maestri, per ciò che riguarda la concezione della filosofia, tende a subire un processo di impoverimento. La suddivisione della filosofia più generalmente accettata in tutta l'antichità a partire dal sec. IV a.C. è quella stabilita da Senocrate, secondo successore di Platone nella direzione dell'Accademia (che tenne dal 339-338 al 315-314): egli divide la filosofia in fisica, etica, dialettica (Diogene Laerzio, *Vite*, IV, 2; e Sesto Empirico, *Contro i matematici*, VII, 16). La dialettica platonica, che comprendeva, in quanto disciplina della salita alle idee supreme, anche un aspetto metafisico, veniva ridotta da Senocrate alla logica nel senso più tecnico della parola; mentre le tematiche proprie della «filosofia prima» (Dio, l'anima, i principi primi) erano assegnati alla fisica, come scienza di tutte le sostanze. Un analogo appiattimento dell'interesse metafisico su interessi scientifico-descrittivi, cosmologici ecc. caratterizza la concezione e la pratica della filosofia nel Liceo dopo Teofrasto. Alla tripartizione di Senocrate si rifanno anche epicurei, stoici, scettici, cioè le tre grandi scuole filosofiche dell'età ellenistica. Epicuro però sostituisce alla dialettica una disciplina che si chiama *canonica*, la quale deve fornire criteri (o canoni) semplici per arrivare alla verità attraverso il riferimento agli oggetti dei sensi, evitando il risalimento dialettico che, per Epicuro, va all'infinito (*Epistola a Erodoto*, 37 sgg.). Questa semplificazione è dettata dall'interesse prevalente di Epicuro per l'etica, che è l'unico vero senso della filosofia (*Epistola a Meneceo*, 132). Lo stesso primato dell'etica vale anche nella concezione stoica della filosofia; gli stoici paragonano la filosofia a un frutteto, in cui la logica è il muro che delimita, la fisica gli alberi e l'etica i frutti, cioè la parte essenziale (Sesto Empirico, *Contro i matematici*, VII, 16 sgg.).

• *Filosofia e religione*. Il primato dell'etica nella filosofia ellenistica confluisce negli ultimi secoli dell'era pagana in un movimento complesso di cui fa parte anche il cristianesimo: l'accentuarsi, anche a causa delle mutate condizioni politiche in seguito all'espandersi dell'impero romano, di un interesse religioso sia nella cultura sia nella gente comune. Prima dell'affermarsi del cristianesimo, la tradizione filosofica greca si trova a fare i conti con questa tendenza in tutta una serie di movimenti di pensiero che vanno dalla «filosofia mosaica» di → Filone di Alessandria, alla ripresa del platonismo e del pitagorismo (→ neoplatonismo, → neopitagorismo), alla diffusione degli scritti ermetici (→ ermetica, filosofia). Sotto l'impulso di queste tendenze, la filosofia accentua la sua fisionomia di «arte di vita» (l'espressione è di Cicerone, *De finibus*, III, 2, 4); ma sempre più, sotto la spinta dell'interesse religioso prevalente, l'arte di vita tende a configurarsi come «esercizio di morte», nel senso in cui ne aveva parlato già Platone (*Fedone*, 67*e*), vale a dire come preparazione al distacco dal mondo sensibile e alla contemplazione dell'intelligibile. In questo senso la intende Plotino, che riprende la nozione platonica di dialettica e vede in essa «la parte più eccellente» della filosofia (*Enneadi*, I, 3, 5). Più che una parte, la dialettica è il metodo stesso del filosofare, giacché permea di sé anche le altre branche della filosofia, che, riproponendo ancora la classificazione di Senocrate, Plotino individua nella fisica e nell'etica (*Enneadi*, I, 3, 6).

Con la diffusione del cristianesimo nel mondo antico, la filosofia si trova a fare i conti non più solo con esigenze e interessi religiosi, ma con un sistema dottrinale che si va costruendo in maniera organica, e che la vede anzitutto come un nemico da distruggere. In questo senso risuona l'ammonimento di san Paolo: «badate a non farvi ingannare con la filosofia» (II *Colossesi*, 8), cui fa eco Tertulliano, che attribuisce ai filosofi la colpa delle eresie. In questo rifiuto radicale da parte dei cristiani, la filosofia appare come la somma della «saggezza di vita» pagana, e non è vista certo nel senso platonico o in quello aristotelico di «filosofia prima». Alla polemica segue però un atteggiamento diverso, inaugurato dai padri della chiesa greca: per convertire i pagani, scrive Clemente Alessandrino (*Stromata*, I 2, 3, 5), bisogna conoscerne la cultura e servirsene. Del resto, come riconoscerà sant'Agostino, non tutti i filosofi si equivalgono. Comincia così la storia della concezione della *philosophia ancilla theologiae*: l'espressione risale a Clemente Alessandrino (*Stromata*, I, 5), che chiama la filosofia ancella della fede, è ripresa da Alberto Magno «ad theologiam omnes aliae scientiae ancillantur»: *Summa theologiae*, I, VI, I, 6) e condivisa poi da san Tommaso, da san Bonaventura e da tutta la cultura medievale. A san Tommaso si deve la sistemazione più equilibrata della filosofia intesa in questo senso. In lui essa si configura, sulla traccia di Aristotele, anzitutto come metafisica; è questa che dimostra i «preamboli» della fede, cioè quelle verità la cui dimostrazione razionale è necessaria per la fede stessa (non si può credere in ciò che Dio ha rivelato se non si sa, reazionalmente, che Dio esiste). In secondo luogo, la filosofia è chiamata a illustrare con similitudini le verità della fede, a mostrarne la interna coerenza e a difenderle contro obiezioni possibili e reali (*In Boethii de Trinitate*, Proemio, q. II, a. 1). Anche se è «ancella», la filosofia adempie la sua funzione solo accentuando la validità del suo metodo e dei suoi risultati. Non tutti i grandi pensatori medievali concordano nell'ammettere l'armonia tra filosofia e verità rivelata: per es., Guglielmo di Occam ritiene che «gli articoli di fede appaiono falsi ai sapienti, cioè a quelli che si affidano alla ragione naturale» (*Logica*, III, 1). In entrambe le posizioni, però, quella di san Tommaso e quella di Occam, la filosofia, messa nella condizione di doversi definire uno spazio proprio nei confronti della verità rivelata, matura una consapevolezza di autonomia.

• *Filosofia, scienza, storia*. Si assiste nel medioevo a un processo nel quale la filosofia definisce la propria fisionomia *delimitando* il proprio campo. Questo processo prosegue nell'età moderna; il termine del confronto non è più, però, la teologia, ma è la nuova scienza sperimentale e matematica della natura. Di fronte ai risultati già imponenti che il nuovo metodo scientifico galileiano assicura alla scienza, si rivelano insufficienti le speculazioni naturalistiche, intrise di magia, del primo pensiero rinascimentale (Bruno, per es.). Di fronte a essi appare superata non solo la tradizionale «filosofia naturale» di derivazione aristotelica (cioè la fisica), ma la stessa metafisica, la quale già nei grandi autori del medioevo viveva piuttosto di commenti, confronti, richiami ai testi classici degli «auctores» (Aristotele soprattutto) che non di procedure dimostrative (com'era del resto comprensibile, dato che l'interesse prevalente, per gli scolastici, non era lo sviluppo della filosofia, ma l'uso di essa in vista della conversione alla fede). Il sapere della metafisica medievale si giovava di un linguaggio e di una cultura che, nei primi secoli dell'età moderna, risultano ormai estranei agli uomini di cultura laica, che li sentono come un bagaglio inutile, farraginoso, di effetto confusivo: anche questo, prima e più che un'astratta ribellione all'autoritarismo, risuona nell'atteggiamento di Cartesio, nel suo sforzo di trovare una via che permetta «a un uomo dabbene, che non ha l'obbligo di aver letto tutti i libri né d'aver imparato con cura tutto ciò che s'insegna nelle scuole» di arrivare a tutto il sapere che gli è necessario per la guida della sua vita (*La ricerca della verità*, Introduzione). L'ambito a cui la filosofia si applica, per Cartesio, rimane definito in modo abbastanza tradizionale: così egli parla della filosofia come d'un «albero le cui radici sono la metafisica, il tronco la fisica, e i rami che se ne dipartono tutte le altre scienze» (Lettera a Picot, in *Opere*, ed. Adam-Tannery). Anche le scienze, dunque, rientrano ancora, come rami, nella filosofia, come pensava Aristotele. Ciò ch'è nuovo, però, è il metodo, che egli vuole rinnovare modellandolo su quello della geometria e dell'algebra, soprattutto per ciò che riguarda la scomposizione e ricomposizione dei problemi (*Discorso sul metodo*, Parte II). La concezione della filosofia come uno studio dei problemi tradizionali della metafisica, dell'etica, della cosmologia, con rigoroso metodo geometrico, è caratteristica, dopo Cartesio, di Spinoza e Leibniz. L'altra grande corrente della filosofia dell'epoca, cioè l'empirismo, conduce il confronto della filosofia con la scienza non sul piano del metodo, ma mettendo più radicalmente in questione la validità di ogni forma di conoscenza, in quanto dipende dai sensi e dall'esperienza. Qui la filosofia si configura soprattutto come la critica della conoscenza: Locke si propone di chiarire «l'origine, la certezza e l'estensione della conoscenza umana» (*Saggio sull'intelletto umano*, Introduzione), e sulla stessa via si muove Hume, che giunge a conclusioni scettiche. Ma questa concezione della filosofia come critica è solo un aspetto di una più ampia visione che caratterizza l'empirismo anglosassone, quella per cui la filosofia resta il nome per ogni forma di sapere ordinato sistematicamente e diretto all'utilità dell'uomo. A questa visione della filosofia si ispira Bacone, che distingue filosofia naturale (identificata con le scienze sperimentali), filosofia umana (logica, psicologia, etica), filosofia civile (la politica), e, alla base di tutte, pone la «filosofia prima» (*De dignitate et augmentis scientiarum*, III, 1). Il problema della validità del sapere, come appare anche dagli scritti di Hume sull'etica, la religione, la politica, non risponde a un astratto bisogno di rigore, ma si inquadra in una concezione della filosofia come sapere responsabile nei confronti della società; essa non si identifica semplicemente con la scienza, ma si sforza di organizzarne l'uso per assicurare il bene degli individui e della comunità.

È questo, in fondo, già il senso che avrà in seguito la filosofia nell'età dell'illuminismo. La continuità della concezione illuministica della filosofia con quella dell'empirismo inglese è esplicita nel *Discorso preliminare dell'Enciclopedia* di d'Alembert, dove la cultura umana è inquadrata secondo lo schema proposto da Bacone: la storia come sapere fondato sulla memoria; l'arte come attività fondata sull'immaginazione; la filosofia (che comprende le scienze) come sapere che è opera della ragione. D'Alembert aggiunge di suo una particolare accentuazione dell'importanza della logica e delle discipline linguistiche (grammatica e retorica), perché la filosofia non è solo l'arte di collegare e ordinare le idee, ma anche l'arte di comunicarle. L'uso del termine *philosophe* nell'illuminismo francese, che lo intende come sinonimo di «intellettuale», riflette questa concezione della filosofia come organizzazione del sapere in vista della sua comunicazione sociale e della sua efficacia storica: il significato della filosofia si misura dalla sua capacità di «addolcire i costumi e istruire i governanti» (Voltaire, *Dizionario filosofico*, voce «Philosophe», sez. IV). Agli stessi compiti di educazione e di concreta efficacia sociale vuole rispondere anche la filosofia dell'illuminismo tedesco: la definizione della filosofia che dà Ch. Wolff, «sapere di tutte le cose possibili e del come e perché sono possibili» (*Pensieri razionali sui poteri dell'intelletto umano*), risponde meno a una preoccupazione sistematica che a un ideale in largo senso politico ed educativo.

Lo sforzo della filosofia illuministica per trasporre l'ordine razionale della scienza sul piano della storia, sia utilizzando i risultati della scienza per migliorare le condizioni di vita (come vuol fare l'*Encyclopédie*, e come fanno i sovrani riformatori istruiti anche dai *philosophes*) sia cercando di imporre un ordine razionale alle istituzioni (fino a rovesciare con la rivoluzione l'Ancien régime) si fondava però su un rapporto sostanzialmente non chiarito tra filosofia e scienza; questo chiarimento è uno dei sensi del criticismo kantiano.

Kant oppone nettamente la filosofia alla matematica: mentre questa «costruisce» i suoi concetti (come un geometra costruisce i triangoli) ed estende così il proprio sapere senza ricorso all'esperienza, la filosofia riflette su realtà date (*Critica della ragion pura*, Dottrina del metodo, I, 1). Di questo ultimo tipo è il sapere che si esprime nelle tre *Critiche* kantiane, che non è un'estensione delle conoscenze, ma una presa di consapevolezza delle condizioni che rendono possibile ogni sapere (con l'effetto di renderlo più solido e formato, ma non più esteso). Accanto a questa concezione critica e trascendentale della filosofia sussiste ancora in Kant un certo uso, limitato, del termine «metafisica»: sebbene non ci possa essere una metafisica intesa nel senso tradizionale del termine (come sapere sistematico e dimostrativo su «oggetti» come Dio, l'anima, la libertà, che Kant recupererà solo come postulati della ragion pratica), può darsi la possibilità, nella filosofia trascendentale, di una descrizione delle grandi strutture a priori della conoscenza (metafisica della natura) e dell'agire (metafisica dei costumi).

Ciò che l'illuminismo aveva cercato di realizzare in vari modi (mettere la scienza al servizio di una razionalizzazione del mondo umano), l'idealismo tedesco si sforza di attuarlo concependo tutto il processo della storia, compresa la scienza, come momenti di un unico corso che culmina nella filosofia. È questo il senso della più matura concezione idealistica della filosofia, quella di Hegel, secondo la quale essa è «la considerazione pensante degli oggetti» (*Enciclopedia*, par. 2). Tale considerazione pensante, invece di isolare gli oggetti della conoscenza attraverso i procedimenti analitici tipici dell'intelletto (*Verstand*) di cui si servono le scienze naturali, li vede come momenti e articolazioni dialettiche del tutto. La verità è soltanto nella totalità (*Fenomenologia dello spirito*, Prefazione); come conoscenza di questa totalità, la filosofia è il culmine dello Spirito assoluto, la consapevolezza che questo ha della propria identità con tutto ciò che è (*Enciclopedia*, par. 574). A parte tutte le specifiche motivazioni sistematiche, la concezione della filosofia dell'idealismo tedesco, che riprende ed enfatizza la concezione antica della metafisica (l'*Enciclopedia* hegeliana si chiude con la citazione del testo aristotelico su Dio come «pensiero di pensiero»), esprime il bisogno da parte della cultura europea dell'Ottocento — che aveva visto uno sviluppo già rilevante delle scienze della natura, e insieme aveva ampliato enormemente, sul piano storico e geografico, le conoscenze di civiltà e forme di umanità remote e diverse — di una prospettiva unificante, di un «sapere del sapere». Lo stesso bisogno si manifesta, svolgendosi in modi diversi, nella concezione positivistica della filosofia: qui tuttavia le scienze appaiono come il vero sapere, mentre la filosofia ha solo il compito di fornire a esse una unificazione organica: per Comte, la filosofia è «lo studio delle generalità scientifiche»

che deve «definire esattamente lo spirito di ciascuna scienza, scoprire le relazioni e concatenazioni fra le scienze, riassumere possibilmente tutti i loro principi propri nel minimo numero di principi comuni» (*Corso di filosofia positiva*, Lezione I); mentre H. Spencer la definisce «conoscenza completamente unificata» (*Primi principi*, par. 37).

• *La critica della filosofia.* La nozione metafisica della filosofia che si sviluppa nella prima metà dell'Ottocento sia nell'idealismo sia nel positivismo subisce tuttavia, intorno alla metà del secolo, una crisi dissolutiva. Molteplici fattori (le prime avvisaglie del conflitto di classe nelle società industriali, la razionalizzazione del lavoro sociale, la caduta dei legami comunitari in una società sempre più vasta e anonima) rendono impossibile, già negli ultimi decenni del secolo, il sogno di un sapere globale, capace di realizzare un'altra delle definizioni platoniche della filosofia, e cioè «l'uso del sapere a vantaggio dell'uomo» (*Eutidemo*, 288*e* sgg.). Per la filosofia non si tratta più, ora, come nel medioevo e nell'età moderna, di definirsi un campo in opposizione ad altri saperi che ne contestano l'egemonia; ma di fare i conti con una quantità di forze centrifughe che tendono a dissolverla. Le varie critiche ottocentesche rivolte contro la concezione hegeliana della filosofia, da Schopenhauer a Kierkegaard a Marx, non danno luogo a significative *ridefinizioni* della filosofia: Schopenhauer mantiene la nozione di filosofia come espressione concettuale dell'esperienza (*Mondo*, vol. I, par. 15), ma sostituisce al Tutto razionale hegeliano la volontà irrazionale, oscura, dolorosa. Kierkegaard e Marx accettano in fondo che la filosofia abbia la sua massima espressione in Hegel; ma Kierkegaard vi si sottrae in quanto considera la sistematicità hegeliana «un attentato all'etica», mentre Marx preconizza una soppressione della filosofia attraverso la sua concreta realizzazione nella società comunista, nella quale l'assolutezza dello spirito hegeliano sarà attuata come effettiva emancipazione dell'uomo dalle catene della divisione del lavoro che è propria del sistema capitalista (*Per la critica dell'economia politica*, 3° manoscritto).

L'unica funzione tradizionale della filosofia che sembra sopravvivere nella consapevolezza e nella pratica di ricerca della filosofia novecentesca è la *funzione critica*. La filosofia non si definisce per un campo o per un metodo proprio; né può pretendere di unificare e fornire il «senso» dei saperi particolari delle scienze, che ormai costituiscono un intrico troppo complesso per essere ridotto a unità. Essa può però esercitare la sua funzione di «sapere universale» svolgendosi come consapevolezza critica delle varie articolazioni del sapere, delle loro differenze, delle loro *condizioni di possibilità*. Questa concezione della filosofia è presente nel modo più esplicito nel → neokantismo contemporaneo, il quale riprende e amplia la nozione kantiana del trascendentale dando luogo a una vera e propria filosofia della cultura (che in E. Cassirer prende il nome di *Filosofia delle forme simboliche*, come suona il titolo della sua principale opera). Ma anche al di fuori del neokantismo, questa concezione della filosofia è piuttosto diffusa: così in varie forme di neoidealismo, che concepiscono bensì il filosofare come «autoconoscenza dello spirito umano» (K. Fischer, *Storia della filosofia moderna*, vol. I), dunque in termini ancora apparentemente hegeliani; ma questa espressione finisce per significare quel che dice B. Croce quando identifica la filosofia con la «metodologia della storiografia» (*Logica*, 1908; *La storia*, 1938), dove l'eredità hegeliana è spogliata di ogni peso metafisico e non si distingue più da una teoria generale delle varie forme della cultura (i «distinti» crociani: → Croce). Questa concezione critica si declina poi in modi diversi, a seconda che si accentui nella filosofia il carattere di metodologia (consapevolezza critica dei metodi delle forme «positive» di sapere), come accade nelle correnti dell'→ empirismo logico e della filosofia → analitica; o che alla presa di coscienza critica delle forme del sapere e delle loro condizioni di possibilità si assegni una portata emancipativa (come accade negli esiti della fenomenologia di → Husserl, soprattutto nella sua opera sulla *Crisi delle scienze europee*); o che, infine, la critica si concepisca — si pensi al pragmatismo, che in ciò riprende l'eredità empiristica — come «critica dei valori» (J. Dewey, *Esperienza e natura*, cap. 10) e quindi come funzione del dialogo sociale in cui una società democratica organizza e modifica il consenso su cui si regge. A quest'ultima concezione della filosofia si legano anche pensatori di provenienza marxista, come J. Habermas e M. Horkheimer, che parla di «filosofia sociale» come «interpretazione filosofica del destino degli uomini in quanto non sono puramente individui ma membri della società» (*La situazione della filosofia sociale*, 1931), o la proposta di una sintesi tra kantismo e semiotica formulata di recente da K.O. → Apel.

A questa concezione critica della filosofia, che riprende, con poche trasformazioni, l'eredità del kantismo, si sottraggono solo, nel Novecento, alcuni orientamenti. Anzitutto, i vari indirizzi del marxismo critico, da G. Lukács a E. Bloch a Th.W. Adorno a H. Marcuse, per i quali la funzione critica della filosofia non si esercita nella descrizione delle forme della cultura e nell'indagine sulle loro condizioni di possibilità, ma si attua in un movimento dialettico che deve produrre anche una radicale trasformazione della cultura e delle sue forme (che così non appaiono eterne e dipendenti da una struttura trascendentale della ragione, ma prodotti storici di rapporti di forze). Alla ripresa del kantismo si oppongono inoltre gli orientamenti che ne rifiutano i presupposti idealisti e coscienzialisti: il soggetto che attraverso la «critica» si impadronisce — teoricamente o anche praticamente (come vuole il marxismo) — della cultura e in genere della storia, è pur sempre il soggetto della tradizione metafisica, che tende a dimenticare la propria finitezza (quella che M. Heidegger chiama l'«essere-gettato», la *Geworfenheit*: cfr. *Essere e tempo*, par. 29), e che identifica la certezza della coscienza con la verità, dimenticando che, come ha detto Nietzsche, la coscienza non è altro che «la voce del gregge in noi» (*Gaia Scienza*, af. 354), come del resto è sempre più evidente dalla critica dell'ideologia di derivazione marxiana, e dai risultati della psicoanalisi. In nome della scoperta della finitezza del soggetto — che significa anche storicità della ragione, suo legame con il mondo dell'emotività, degli interessi ecc. — una parte del pensiero contemporaneo rifiuta la riduzione della filosofia alla critica, comunque intesa, e ripropone, sia pure al di fuori di ogni compromesso con la metafisica tradizionale, una concezione della filosofia che si ponga come ricerca del senso dell'essere (Heidegger, *Essere e tempo*, parr. 1-5). *G. Va.*

filosofia pratica, → etica.

finalismo, concezione che afferma l'esistenza della → finalità anche in settori della realtà diversi da quello in cui essa è riconosciuta unanimemente, ossia anche al di fuori dell'attività consapevolmente rivolta a determinati scopi che è caratteristica degli uomini. Proprio l'intenzionalità dell'agire umano, col conseguente rapporto di subordinazione dei mezzi rispetto ai fini, costituisce il modello che il finalismo propone di estendere, per analogia, più o meno largamente, e al limite di generalizzare a tutto l'universo.

Nella filosofia greca, il finalismo è sorto in polemica col fisicismo dei presocratici. Le strutture fisiche del reale sono subordinate per Platone all'intelligenza ordinatrice, che dirige ogni cosa e il tutto «nel modo migliore». Anche in tutto il finalismo successivo, fino a Leibniz e oltre, ricorrerà sempre l'idea che con esso i rapporti meccanici fra le cose non siano esclusi, ma debbano considerarsi subordinati, strumentali, anziché esaustivi. Aristotele elabora il finalismo, nella *Fisica*, in alternativa all'ipotesi di Empedocle di un'evoluzione biologica retta dal caso (in antico sarebbero nati animali organizzati nei modi più diversi: alcuni di essi si sarebbero estinti subito, mentre altri si sarebbero trovati adatti a sopravvivere); e ne individua la testimonianza decisiva nel fenomeno della permanenza delle specie viventi. Da un animale nasce sempre un altro animale della medesima specie; questo fatto, come tutto quel che avviene «sempre» in natura, non si spiegherebbe se la natura fosse retta dal caso. La finalità è appunto l'unica alternativa al caso, secondo Aristotele. Per il quale il finalismo varrebbe poi anche per i corpi inorganici (secondo la dottrina dei diversi «luoghi naturali», verso i quali i corpi si muoverebbero spontaneamente allorché non ne siano impediti con violenza) e infine per gli astri stessi, il cui movimento sarebbe determinato da amore e desiderio della perfezione divina. Come Platone, anche Aristotele si rifà a un modello artigianale (con il famoso esempio dello scultore) per chiarire come il fine sia una delle «cause» o «principi» necessari per spiegare compiutamente la natura; tuttavia, il tratto caratteristico del suo finalismo è che la finalità della natura è per lui intrinseca a essa, non dipende da un'intelligenza provvidenziale. Dopo Aristotele, a contrastare il finalismo rinnovando una concezione meccanica del mondo (anche se non deterministica) fu l'epicureismo: nella natura dominano ovunque caso e necessità cieca, salvo che non si tratti dei propositi consapevoli degli uomini, per i quali soltanto è appropriato parlare di fini.

Col cristianesimo, il concetto della provvidenza divina diventa il fondamento del finalismo, come era già stato per gli stoici. L'uomo, in particolare, sarebbe il fine del creato, tutto il resto essendo destinato a servirgli; in generale, ogni livello della realtà sarebbe ordinato in funzione di quelli superiori (la natura inorganica in funzione di quella organica, le piante in funzione degli animali, e così via); e di ogni singolo fenomeno andrebbe individuata la finalità, sulla base del principio che Dio non fa nulla d'inutile. Da Kant in poi, si suole caratterizzare una siffatta concezione come «finalismo esterno», appunto perché in tal modo ogni cosa avrebbe il proprio fine fuori di sé, in altro; mentre come «interno» viene caratterizzato il finalismo biologico, fondato sul principio che l'unità e la conservazione dell'organismo sarebbero lo scopo immanente delle sue parti e dei relativi processi vitali.

• *La critica del finalismo nella scienza moderna.* La battaglia contro il finalismo (sia interno sia esterno) sarà ripresa dal → meccanicismo moderno, a cominciare da Galileo, F. Bacone e Cartesio, che insistevano sulla vanità delle pretese esplicative del finalismo e collocavano al centro della scienza naturale la nozione di causalità intendendola grosso modo nel senso della causa efficiente di Aristotele. Spinoza in particolare argomenta la sua critica nell'importante appendice alla parte I dell'*Ethica*: il finalismo è un pregiudizio disastroso, che nasce dall'ignoranza naturale degli uomini e insieme da un atteggiamento utilitaristico altrettanto spontaneo; alla vana, anche se rassicurante, illusione che tutto sia fatto per l'uomo, si aggiunge la mentalità antropomorfica corrente, la quale, interpretando tutto sul modello artigia-

nale, si preclude la conoscenza della necessità assoluta (che domina non solo nel mondo, per Spinoza, ma anche in Dio stesso), inducendo così alla superstizione del Dio personale, libero e creatore.
Di contro, un movimento di reazione in difesa del finalismo si avrà alla fine del sec. XVII, con R.Boyle,N.Malebranche,Newton,Leibniz,epoi proseguirà in molta parte del deismo, con l'immagine del Dio-architetto. Sostanzialmente su questa linea di pensiero si trova anche Kant; ma questi affida il finalismo biologico, nella *Critica del giudizio*, al tipo di giudizio che chiama «riflettente», in opposizione a quello «determinante» (valido oggettivamente) che ritiene proprio solo della scienza matematica della natura: a suo parere, la mente umana non può considerare gli organismi viventi come riducibili ai meccanismi ciechi della materia, appunto perché, in presenza della loro specificità, non riesce a concepirli se non tramite il concetto della finalità (dominio armonico del tutto sulle parti, «come se» quello fosse lo scopo di queste). Per Kant, invece, non ha una validità teoretica cogente quell'argomento fisico-teleologico per la dimostrazione dell'esistenza di Dio che era stato formalizzato da san Tommaso come la «quinta via» (la finalità evidente ovunque nel mondo implica una mente suprema ordinatrice) e poi ripetuto spessissimo. Così Kant per un verso prende atto della critica serrata a cui il finalismo era stato sottoposto nei secc. XVII e XVIII; ma per un altro verso apre la strada all'ultima ripresa di esso nel pensiero occidentale, con l'idealismo tedesco del sec. XIX e altre correnti. La congiunzione di un finalismo interno di tipo aristotelico col provvidenzialismo di derivazione cristiana, seppure in una versione immanentistica, è tipica di Hegel, con la tesi che la storia del mondo avrebbe un fine intrinseco che ne guiderebbe e renderebbe intelligibili le vicende. Lo spirito, originariamente «in sé» (in potenza, come un seme), si svilupperebbe fino a realizzarsi come razionalità e libertà nel mondo politico e ad acquisire piena consapevolezza di sé dal punto di vista filosofico (il che avverrebbe appunto nel sistema hegeliano). Nel nostro secolo il finalismo è riapparso prevalentemente all'interno di talune correnti del pensiero biologico; ma qui è contrastato definitivamente dall'evoluzionismo di derivazione darwiniana. *S. La.*

finalità, la caratteristica che si attribuisce a ogni evento o processo che si consideri rivolto verso, o guidato da, un fine. In genere, questa caratteristica è riconosciuta senz'altro all'agire umano, in quanto rivolto consapevolmente a degli scopi (fra i pochi filosofi che abbiano considerato irrilevante o fuorviante siffatta caratterizzazione dell'agire dell'uomo, si possono menzionare Hobbes e Spinoza). In questo modo, la finalità si contrappone all'istintualità; e noti esperimenti di psicologia animale ne mostrano i primi accenni nell'utilizzazione di qualcosa come mezzo per raggiungere uno scopo, appunto, da parte di alcuni animali superiori. Ogni proposta di estendere la nozione di finalità al di là del campo rappresentato dall'agire umano si chiama → finalismo.

Fink, Eugen (Costanza 1905 - Friburgo, Brisgovia, 1975), filosofo tedesco. Dapprima assistente di Husserl, dal 1948 ha insegnato filosofia e pedagogia nell'università di Friburgo. Il pensiero di Fink si presenta come una sintesi della fenomenologia husserliana con l'ontologia di Heidegger. Dalla fenomenologia deriva la concezione per cui il legame tra il senso di una cosa e la cosa stessa è di natura intenzionale (dipende cioè dall'atto del soggetto che conferisce senso all'oggetto). Questa intuizione fenomenologica viene trasposta da Fink nelle categorie dell'ontologia heideggeriana: il legame tra uomo e mondo è frutto di un'intenzionalità diversa da quella del soggetto progettante e da quella del mondo come semplice aggregazione di enti, in quanto le sovrasta entrambe definendosi come gioco (cioè come attività intenzionale non soggetta a una progettualità finalistica e strumentale). Fink sviluppa così una «ontologia del gioco» per cui il finalismo necessitante che presiede all'aggregarsi degli enti intramondani e delle progettualità soggettive — cioè della dimensione che Heidegger definisce «ontica» — è surdeterminato da una relazione, arbitraria e non finalistica, che congiunge l'uomo al mondo, e che è appunto quella del gioco. Opere principali: *Oasi della gioia. Idee per una ontologia del gioco* (1957); *Essere, verità, mondo* (1958); *Il gioco come simbolo del mondo* (1960); *Metafisica e morte*.(1969); *Essere uomo* (1977).

Fiorentino, Francesco (Sambiase, Catanzaro, 1834-Napoli 1884), filosofo e storico della filosofia italiano. Insegnò discipline filosofiche nelle università di Bologna, Pisa e Napoli. Abbandonato il giovanile giobertismo per influenza di B. Spaventa, ne condivise l'interpretazione e la riforma dell'hegelismo, e la sostenne particolarmente in polemica con pensatori cattolici. Alcuni dei suoi interventi polemici, assai notevoli, sono raccolti in *Scritti vari di letteratura, filosofia e critica* e *La filosofia contemporanea in Italia* (1876). Negli stessi anni, tuttavia, le sue simpatie filosofiche si spostarono verso Kant, onde fu poi considerato l'iniziatore del neokantismo in Italia; e successivamente anche verso il positivismo, come risulta dalla 2ª edizione (1880) dei suoi fortunatissimi *Elementi di filosofia* (1ª ed., 1877). Tra le sue opere sono importanti soprattutto quelle dedicate al rinascimento italiano e fondate su ricerche originali, a forte impronta filologica ed erudita, pionieristiche per quell'epoca, sicché Fiorentino può esser considerato il fondatore della storiografia positiva del pensiero filosofico nel nostro paese: *P. Pomponazzi* (1868); *B. Telesio* (2 voll., 1872-74); *Il risorgimento filosofico nel Quattrocento* (1885); oltre alle raccolte postume *Studi e ritratti della Rinascenza* (1911, a cura della figlia Luisa) e *Ritratti storici e saggi critici* (1935, a cura di G. Gentile).

Firth, John Rupert (Londra 1890-1960), linguista inglese. Collaborò con D. Jones in lavori di fonetica e con B. Malinowski in ricerche etnolinguistiche ed etnologiche. Nel 1944 venne designato alla prima cattedra inglese di linguistica generale. Formò alcuni dei più acuti ingegni europei nel campo della linguistica teorica recente, da R.H. Robins a M.A.K. Halliday, a J. Lyons, a N. Waterson, a G. Bursill-Hall (a questo gruppo di studiosi si dà generalmente il nome di «scuola neofirthiana» o «scuola di Londra»). Oltre che per alcuni importanti manuali introduttivi (*Il linguaggio*, 1930; *Le lingue dell'uomo*, 1938), è noto soprattutto per la sua teoria semantica (esposta specialmente in saggi come *La tecnica della semantica*, 1935; *Modi di significare*, 1951), in cui propone di identificare il valore semantico di tutti i livelli dell'analisi linguistica, da quello fonologico a quello grammaticale, e per il suo modello di fonologia «prosodica», esposto principalmente in *Suoni e prosodie* (1948). Caratteristica globale della teoria linguistica elaborata da Firth è il costante accento sul legame tra lingua e cultura, e tra lingua e interazioni sociali.

Firth, Raymond (Nuova Zelanda 1901), antropologo inglese. Ricevuta una formazione di economista nel suo paese natale, Firth si recò a Londra dove studiò antropologia sotto la guida di B. → Malinowski. Specialista dell'area polinesiana, è autore di una serie di monografie che possono essere considerate fra le grandi acquisizioni dell'etnografia moderna. Le sue ricerche sull'isoletta polinesiana di Tikopia diedero luogo a vari studi sulla vita economica, religiosa, politica e sociale di quella popolazione (*Noi, i Tikopia*, 1939; *Economia primitiva polinesiana*, 1940; *Il lavoro degli dèi a Tikopia*, 1946 ecc.).

Sul piano teorico il lavoro di Firth si discosta in maniera significativa dal rigido funzionalismo dominante in Gran Bretagna negli anni Trenta. Egli è stato, inoltre, uno dei primi antropologi ad avere affrontato la questione delle → economie primitive, tema che tuttavia ha sviluppato in modo ambivalente. Convinto che la volontà di adeguare i fini scarsi ai mezzi desiderati sia fondamentalmente identica in tutti gli esseri umani, Firth sostiene che il fine di ogni attività «economica» è la massimizzazione dell'utile; anche se nelle analisi della cultura e della società polinesiane sembra aderire a un'altra immagine dell'economia, mostrando come le scelte economiche siano sempre fortemente dipendenti da idee, valori e credenze che non rivestono, in quanto tali, alcun carattere «economico».

Fischer, Kuno (Sandewalde, Slesia, 1824 - Heidelberg 1907), filosofo e storico della filosofia tedesco. Insegnò nelle università di Jena (dal 1856) e di Heidelberg (dal 1872 al 1903). Di formazione kantiana, si avvicinò in seguito alla filosofia di Hegel. Della logica hegeliana propose (in *Logica e metafisica*, 1852) una interpretazione che anticipa per certi aspetti le «riforme» che più tardi ne elaborerà il → neohegelismo italiano. L'esito più rilevante dell'incontro di Fischer con l'hegelismo fu la sua monumentale *Storia della filosofia moderna* (10 voll., 1852-77). Fischer muove dall'assunto hegeliano per cui il processo storico di formazione dello spirito umano viene a coincidere con quello, propriamente filosofico, della progressiva autocomprensione della coscienza di sé; tale presupposto gli consente di conciliare un punto di vista filosoficamente sistematico (si deve a Fischer la prima classificazione organica dell'idealismo tedesco) con una esposizione storicamente e filologicamente rigorosa.

fisicalismo, indirizzo di pensiero affermatosi entro il circolo di → Vienna soprattutto a opera di O. Neurath, il quale riteneva scientificamente accettabili, nel senso di conoscitivamente significanti, soltanto le asserzioni formulabili in termini fisici (ossia spazio-temporali). Nelle intenzioni di Neurath il programma fisicalista doveva mirare, in primo luogo, a eliminare dalla scienza fisica ogni residuo metafisico (per es., le nozioni di spazio e tempo assoluti già criticate da E. Mach) e, in secondo luogo, a ricondurre tutte le scienze a una medesima base fisica. Nel campo della psicologia, il fisicalismo risulta vicino al behaviorismo di J.B. Watson, pur non condividendone tutte le tesi; in biologia rifiuta il vitalismo nella misura in cui esso attribuisce un ruolo effettivo a entità empiricamente dubbie come le entelechie; in sociologia, rifiuta nozioni come lo «spirito di un'epoca» in quanto esse assumano significato trascendente, metafisico. Oltre a ciò, il fisicalismo fa propria la tesi generale dell'→ empirismo logico che non esiste un sapere filosofico costituito da tesi sue proprie distinte e separate da quelle della scienza, e riduce l'attività filosofica a un'indagine sulle strutture del sapere effettivo.

fisico-teologico, argomento, o argomento teleologico, prova dell'esistenza di Dio per cui l'ordine e la finalità osservabili nell'universo non possono essere frutto del caso, ma suppongono l'intervento di un Creatore. È la più antica tra le prove dell'esistenza di Dio: presente in Anassagora, in Platone (*Filebo*, 28*e*), in Aristotele (*Metafisica*, XII, 10, 1075*a*, 14) e nella scolastica medievale, l'argomento fisico-teologico ricevette questo nome da Kant (*Critica della ragion pura*, Dialettica trascendentale, II, cap. III, sez. 3ª e 6ª), il quale lo confutò sostenendo che esso può dimostrare al più l'esistenza di un Architetto dell'universo, ma non di un Creatore.

fisiocrazia, dottrina economica e sociale affermatasi in Francia nella seconda metà del sec. XVIII e diffusasi poi in tutta Europa. Il maggior rappresentante di questo indirizzo di pensiero è considerato F. Quesnay, autore del *Prospetto economico* (1758-59) e delle voci «Grains» e «Fermiers» dell'*Encyclopédie*. Appartennero alla stessa corrente di pensiero P.-P. Mercier de la Rivière, P.-S. Dupont de Nemours, R.-J. Turgot, J.-A.-N. Condorcet. Secondo la scuola fisiocratica (da *phýsis*, natura, e *kratêin*, dominare), esiste un ordine naturale dell'economia e della società sul cui modello devono essere strutturati la società e gli stati esistenti. Quest'ordine naturale comporta che gli uomini possano disporre liberamente di quanto producono col proprio lavoro: proprietà e libero uso di essa sono considerati i pilastri del diritto naturale. L'ordine naturale della produzione, della circolazione e della distribuzione è un meccanismo che si autoregola, cioè che corregge da solo eventuali squilibri; ogni intervento regolativo che alteri le leggi dell'economia e del libero commercio corrompe questa dinamica naturale e produce danni maggiori di quelli ai quali tenta di rimediare. Secondo questa teoria esistono settori economici produttivi e non produttivi; produttivo in senso proprio è solo il settore capace di dare un «prodotto netto», ossia un'eccedenza calcolata come la differenza tra il prodotto lordo annuale e i costi degli anticipi (macchine, grani ecc.) e dei salari (fissati, secondo «natura», sulla base dei bisogni necessari dei lavoratori). Questa eccedenza, o prodotto netto, si dà solo nell'agricoltura e in generale nelle attività relative alla terra (miniere, scavi ecc.); negli altri campi, come l'industria e il commercio, il valore prodotto precedentemente viene trasformato e fatto circolare, ma non si dà produzione in assoluto di nuovo valore: perciò queste sfere economiche devono essere rigorosamente subordinate a quella produttiva. L'agricoltura rappresenta anche uno spartiacque nell'evoluzione storica del genere umano: prima della sua comparsa si hanno economie di semplice sussistenza; solo l'agricoltura permette un'economia di sviluppo e di accumulazione (cfr. Condorcet, *Abbozzo di un quadro storico dei progressi dello spirito umano*, 1793; e Turgot, *Quadro filosofico dei progressi successivi dell'intelletto umano*, 1750).

Sul piano politico, a garanzia della libertà della società civile, della libera circolazione e produzione e quindi della prosperità economica, i fisiocratici auspicano una monarchia assoluta ed ereditaria: solo un forte stato monarchico appare infatti capace di abbattere ciò che resta del potere feudale e di spianare la via alla libera economia capitalistica.

Le dottrine fisiocratiche ebbero modo di essere messe alla prova allorché Turgot, nel 1774-76, fu nominato controllore generale delle finanze; ma si trattò di una prova sfortunata. Nella «querelle» che ne seguì intervenne Condorcet con lo scritto *Riflessioni sul commercio dei grani* (1776). Un'esposizione più generale del pensiero economico e sociale della scuola è lo scritto di Turgot *Riflessioni sulla formazione e la distribuzione delle ricchezze* (1776).

fisiognomica, disciplina parascientifica che si propone di individuare i caratteri psicologici e morali di una persona dal suo aspetto fisico, soprattutto dai lineamenti e dalle espressioni del volto. Nell'antichità era considerata una parte essenziale della fisiologia pratica: i cosiddetti *physiognomici* cercavano di «indovinare» il carattere di un uomo confrontandone le caratteristiche fisiche con certi tipi di animali di cui si supponeva nota la natura morale (il più antico trattato di fisiognomica pervenutoci è quello attribuito ad Aristotele). La fisiognomica continuò a esser coltivata per tutto il medioevo sia da scienziati arabi come Averroè e Avicenna, sia da filosofi scolastici come Alberto Magno, Pietro d'Abano e Michele Scoto; ma fu soprattutto nel rinascimento che i trattati sull'argomento si infittirono sino a culminare nell'opera *De humana physiognomonia* (1586) di Giambattista Della Porta. Lo sviluppo di più accurati studi anatomici nel corso del sec. XVII ebbe l'effetto di ridurre notevolmente l'interesse per questa disciplina. Tuttavia, verso la fine del secolo successivo, lo svizzero J.K. Lavater, riprendendo con nuove osservazioni e idee gli studi degli antichi *physiognomici*, cercò di fare della fisiognomica una scienza rigorosa (alla cui elaborazione collaborò anche Goethe). Lavater pensava, tra l'altro, che la vita intellettuale e le facoltà dell'animo si manifestano soprattutto nella struttura ossea della testa e nella forma della fronte, della bocca e del naso. Contemporaneamente a Lavater, il fisiologo olandese P. Camper, collegando gli studi fisiognomici con le prime teorie di carattere evoluzionistico, tentò di stabilire una relazione tra il grado di intelligenza e l'apertura dell'angolo facciale. Sull'esempio di Camper il medico tedesco F.J. Gall, all'inizio del sec. XIX, pretese di scoprire le qualità mentali di un individuo attraverso l'esame delle protuberanze della scatola cranica. L'italiano C. Lombroso, sulla linea di questi studi, elaborò un sistema di fisiognomica criminologica che incontrò favore non solo tra il pubblico meno colto ma anche tra giudici e magistrati. Nel nostro secolo l'inglese Ch. Goring ha pubblicato uno studio rigoroso e sistematico, dimostrando definitivamente l'infondatezza del sistema lombrosiano. Studi più recenti fatti negli Stati Uniti da H.L. Hollingworth e D.G. Paterson hanno confermato che c'è scarsa relazione tra misurazioni fisiognomiche e caratteristiche psicologiche.

fisiologi, o fisici, termine con cui Aristotele indica coloro che per primi parlarono della natura (in gr. *phýsis*), cioè filosofarono sui principi naturali delle cose con argomenti e dimostrazioni; al contrario dei «teologi» che, come Esiodo, avevano posto principi divini ed «escogitato sofismi in forma di mito» (*Metafisica* I, 3, 983*b* 6 sgg; III, 4, 1000*a* 9 sgg.). Il sapere dei fisiologi era detto «storia naturale» (Platone, *Fedone*, 96*a* 7-8); secondo Aristotele, capostipite di tale orientamento filosofico fu Talete Milesio e «naturalisti» furono in primo luogo i filosofi ionici del sec. VI e in seguito Empedocle, Anassagora, Leucippo e Democrito. I fisiologi greci coincidono dunque in larga misura con quelli che da H. Diels (1903) in poi si è convenuto chiamare → «presocratici», ossia con i filosofi anteriori a Socrate, «che non si occupò affatto della natura universale, ma di argomenti morali» (Aristotele, *Metafisica*, I, 6, 987*b* 1-2). Alle loro opere fu attribuito nell'antichità il titolo canonico *Perì phýseōs* (*Sulla natura delle cose*); Teofrasto ne raccolse le dottrine in un'opera in diciotto libri dal titolo *Physikōn dóxai* (*Dottrine dei fisici*).

fissazione, in psicoanalisi, termine con cui si caratterizza il fatto che la libido resti legata a immagini o eventi, a persone o a fasi evolutive del passato (→ fase). Il concetto di fissazione nasce dall'osservazione secondo cui ogni uomo, e in modo particolare il nevrotico, tende costantemente, in maniera manifesta o meno, a riferirsi a specifiche esperienze gratificanti, o a specifiche relazioni oggettuali dell'infanzia, e a ripeterle nella misura del possibile. Secondo Freud, la fissazione costituisce il punto di partenza della rimozione, ed è preliminare alla regressione.

Florenskii, Pavel Aleksandronovič (Evlach, Azerbagian, 1882-Repubblica autonoma dei Comi, 1943), pensatore russo. Studiò matematica presso l'università di Mosca, dove seguì anche i corsi di filosofia. Sacerdote dal 1911, dopo la rivoluzione di ottobre fu dapprima incaricato di corsi di fisica e matematica presso un istituto tecnico, poi di pittura e prospettiva presso l'Accademia di belle arti di Mosca. Nel 1935 fu condannato a dieci anni di reclusione, fu deportato nel nord del paese, dove morì.

Florenskij fu studioso e scienziato geniale nei campi più disparati. La sua produzione sterminata (comprende scritti di matematica, scienze naturali, medicina, tecnologia, filosofia, teologia, filologia, linguistica, estetica, storia dell'arte, folclore) è ancor oggi pubblicata solo in parte. Tra i titoli di interesse filosofico vanno ricordati *La colonna e il fondamento della verità* (1914); *Il significato dell'idealismo* (1914); *Le porte regali* (1922). Nella scia di Solovëv, Florenskij rappresenta il mondo come venato dai momenti privilegiati di trasparenza del trascendente. La verità vi si lascia cogliere soltanto come realtà vivente in un rapporto immediato e personale. Ogni conoscenza sarà intuizione, che renderà però conto — diversamente dall'irrazionalismo di H. Bergson, che Florenskij critica — dell'aspetto razionale e sistematico del mondo, della cifra simbolica che il trascendente alimenta in esso. Egli dimostra questa cifra nella natura dei numeri, la teorizza nell'idea di uno spazio-tempo strutturato, la indica nei colori e nella «ortografia» della prospettiva rovesciata delle icone. La razionalità degli insiemi simbolici rappresenta per lui la forma nella quale l'unità della Verità si dà, inevitabilmente frantumata, nell'intuizione umana.

Fludd, Robert (Bearsted, Kent, 1574 - Londra 1637), medico e filosofo inglese. Studiò a Oxford e viaggiò poi in Francia, Germania, Spagna e Italia, occupandosi di medicina, di chimica e di scienze occulte. Tornato in Inghilterra, esercitò la professione medica e pubblicò numerose opere, tra le quali *Utriusque cosmi, maioris scilicet et minoris, metaphysica, physica atque technica historia* (1617), una dettagliata descrizione delle analogie tra macrocosmo e microcosmo, e *Anatomiae amphitheatrum* (1623), una descrizione mistica della circolazione del sangue. In queste e in altre sue opere, Fludd critica le dottrine aristoteliche e galeniche, e cerca di giungere a una nuova comprensione della natura sulla base di principi cristiani, ispirati sia ai testi biblici sia alle opere ermetiche e neoplatoniche della tarda antichità e del rinascimento. Fludd immagina l'universo dotato di due centri: la Terra, attorno alla quale girano il Sole, la Luna e i pianeti; e un Sole centrale, situato a mezza strada tra la Terra e Dio. Nel Sole Fludd pone la sede dello Spirito Santo, da cui emana lo spirito vitale che l'uomo inspira dall'atmosfera e che viene trasportato dal sangue; per effetto del movimento circolare del Sole, anche lo spirito vitale e il sangue si muovono circolarmente. Questa conclusione mistica di Fludd si accorda con i risultati sperimentali ottenuti da W. Harvey, la cui teoria della circolazione del sangue trovò pertanto in Fludd uno dei suoi primi sostenitori.

fobia, sintomo patologico consistente nella paura eccessiva, ingiustificata e sistematica in presenza di oggetti o eventi specifici. Va tenuta distinta dalla reazione di paura sproporzionata di fronte a pericoli reali. La letteratura psichiatrica riporta un numero molto elevato di fobie differenziate; fra le più comuni, l'agorafobia o fobia degli spazi aperti, la claustrofobia o fobia degli spazi chiusi, la zoofobia o fobia degli animali, la coprofobia o fobia delle feci, la venereofobia o fobia delle malattie veneree, la rupofobia o misofobia o fobia dello sporco, la xenofobia o fobia degli stranieri, l'oncofobia o fobia dei tumori, la tossicofobia o fobia del veleno, l'eritrofobia (anche ereutofobia) o fobia del rosso. In psicoanalisi l'isteria d'angoscia viene anche chiamata nevrosi fobica, essendo la fobia il suo sintomo principale.

Fodor, Jerry A. (New York 1935), filosofo della mente e psicologo statunitense. Insegna alla City University di New York e all'università di Rutgers. Ha legato la sua opera alla ripresa del mentalismo (in opposizione al comportamentismo) nell'ambito della psicologia americana. Fodor ha esteso le tesi di N. Chomsky alla descrizione della «forma astratta» di una teoria semantica per una lingua naturale (*La struttura di una teoria semantica*, 1963, con J.J. Katz; *La spiegazione psicologica*, 1968). In un testo ormai classico della psicolinguistica, *La psicologia del linguaggio* (1974, con T.G. Bever e M.F. Garrett), egli ha sostenuto la possibilità di «cominciare a costruire un mentalismo sperimentale»; progetto che ha tentato in seguito di realizzare sviluppando una psicologia cognitiva ricca di connessioni interdisciplinari. Fodor ha sviluppato la nozione di «linguaggio del pensiero» (su cui è incentrata l'opera omonima, *Il linguaggio del pensiero* 1975): un codice interno nel quale si svolgono i processi di pensiero e in cui è codificato l'output della percezione, che deve avere una capacità espressiva pari a quella di una lingua naturale e deve supporsi sostanzialmente innato. Questa posizione si accompagna all'idea che i processi cognitivi siano attività computazionali operanti su rappresentazioni mentali. Con ciò Fodor spinge a fondo l'analogia tra mente e computer, nell'ambito della prospettiva funzionalista secondo cui la descrizione dei processi mentali è indipendente dalla loro realizzazione fisica in un cervello, proprio come il software è indipendente dall'hardware (→ cognitivismo). Ancora più radicale è *La mente modulare* (1983), in cui Fodor rivaluta la psicologia delle facoltà sostenendo la natura modulare dei processi mentali. Un modulo è un sistema specializzato che elabora l'output dei sistemi percettivi (detti *trasduttori*) e trasmette il risultato ad altri moduli o alle facoltà superiori. Contrariamente alle tesi predominanti in psicologia, per Fodor le facoltà superiori (per es. i sistemi che gestiscono le credenze del soggetto) non hanno alcuna possibilità d'influenzare l'elaborazione dell'informazione da parte dei moduli. Un modulo è dunque una sorta di mini-facoltà estremamente specializzata e indipendente dalle funzioni intellettuali superiori. Queste ultime sfuggono per Fodor a ogni analisi sistematica paragonabile a quella dei processi di input (moduli). Altre opere: *Rappresentazioni* (1981); *Psicosemantica* (1987); *L'olismo. Guida per il consumatore* (1992, con E. Lepore).

folclore, italianizzazione del termine inglese *folklore* (*folk*, popolo, e *lore*, insieme di credenze), che l'archeologo J.W. Thoms propose alla rivista «Athenaeum», nel 1846, in sostituzione della denominazione «antichità popolari» (*antiquitates vulgares*), con la quale venivano indicati in precedenza i prodotti materiali e spirituali del mondo rurale e, in genere, il complesso degli usi e costumi della tradizione popolare in Europa. Fin dall'inizio, come disciplina che studia le cosiddette tradizioni popolari, il folclore ha sofferto di una forte ambiguità sia per quanto riguarda il suo oggetto sia per quanto riguarda il metodo di ricerca, ambiguità che è alla base delle successive e continue modificazioni subite dalla disciplina nel corso del tempo. Inizialmente il folclore fu inteso come studio della tradizione orale (fiabe, canti, proverbi, leggende, ballate, epopee), ma poi con lo sviluppo delle conoscenze dell'etnologia e dell'antropologia — e con il fondamentale ripensamento che il concetto di cultura, nella sua accezione tyloriana di modello globale, di «insieme complesso», ha imposto all'osservazione e all'analisi della vita di un gruppo — si ampliò in una etnologia delle società cosiddette tradizionali dell'Occidente. Si è andata definendo, così, sia pure con incertezze e differenze notevoli fra gli studiosi di varie scuole antropologiche, una differenza fra folclore ed etnologia: questa sarebbe la scienza che si occupa delle culture primitive, mentre il folclore sarebbe lo studio del patrimonio delle tradizioni popolari europee, dandosi in qualche modo per scontato che il fattore comune nei due campi, e quindi nei due metodi di studio, sia la *oralità* di questo patrimonio, la mancanza di scrittura. Tale distinzione è invalsa soprattutto in Francia, Italia e Germania, mentre nei paesi di lingua inglese il temine viene usato per indicare il patrimonio della tradizione orale di qualsiasi popolazione.
Le radici degli studi folclorici possono essere fatte risalire alle ricerche condotte dagli studiosi del Settecento e del primo Ottocento e le usanze popolari, ricerche connesse alla rivalutazione del «popolare» attuata, soprattutto in Inghilterra e in Germania, del romanticismo, che vedeva nelle tradizioni contadine una coscienza collettiva, un'anima nazionale. Agli studi sulla poesia popolare è legato lo sviluppo di numerose ricerche filologiche, per es. sul problema dell'origine del linguaggio, sulla mitologia e sul diritto dei popoli. Fra gli studiosi del periodo romantico sono da ricordare J.J. → Bodmer, L.A. von Arnim (*Il corno meraviglioso del fanciullo*, 1806-08, con Brentano), C.M. Brentano (*Fiabe italiane* e *Fiabe sul Reno*, due raccolte apparse postume, 1846-47) e i fratelli → Grimm che, oltre a raccogliere antiche fiabe, compirono studi sul diritto e la mitologia germanici. Particolarmente fertile fu la scuola finnica: E. Lönnrot, nel 1835, componendo antiche rune, diede alle stampe il poema epico intitolato *Kalevala*. Va anche menzionato M. Müller per i suoi contributi allo studio della mitologia comparata, anche se è evidente l'equivoco presente fin dalle sue radici nel concet-

to di tradizione popolare, perché i miti, come del resto i rituali magici, le feste e tanto altro materiale che viene assunto come creazione e costume originale popolare, testimoniano in realtà della persistenza, nei gruppi più statici in quanto emarginati dalla dinamica culturale del potere, di ciò che il potere stesso ha loro consegnato a giustificazione della sua esistenza. La tesi che E. Tylor sostenne (*Cultura primitiva*, 1871), delle «sopravvivenze» culturali, intese come documenti storici, come immobili tracce del passato all'interno delle civiltà contemporanee, fu combattuta dai funzionalisti (e soprattutto da B. Malinowski) in nome della funzionalità di tutto ciò che esiste socialmente; ma la «sopravvivenza» di miti, di riti, di costumi nel contesto di un modello culturale che sembra essersene liberato, ha la sua «funzionalità» proprio nella conservazione del potere.
Negli ultimi decenni del sec. XIX sia Tylor sia J. Frazer fecero ampiamente ricorso al metodo comparativo, che consisteva nella scomposizione delle fiabe, dei miti e dei rituali nei loro elementi costitutivi e nel confronto fra elementi simili senza limiti di spazio e di tempo. L'applicazione di tale metodo, se presenta numerosi rischi, è tuttavia imprescindibile proprio da parte degli studiosi europei, i quali — sia pure con persistenti resistenze — stanno prendendo atto di quanti e quali siano i tratti in comune fra le strutture culturali soggiacenti alla cultura europea e quelle di tutti gli altri popoli.
Prendendo le mosse da Tylor, W. Mannhardt si dedicò allo studio dei riti e dei culti agricoli tedeschi, quali si manifestano nelle feste stagionali e nelle leggende tradizionali (*Culti dei boschi e dei campi*, 1873-74). A. Van Gennep, studioso francese, formatosi alla scuola antropologica inglese, nei *Riti di passaggio* (1909) esaminò il patrimonio delle tradizioni popolari e la vita delle popolazioni agricole alla luce dei riti che segnano il «passaggio» dell'individuo o del gruppo sociale da una fase dell'esistenza all'altra (→ iniziazione). Notevole è stato il contributo dato dalla scuola russa, il cui maggiore esponente è V.J. → Propp (*Morfologia della fiaba*, 1928). Propp critica gli studiosi di folclore dell'Europa occidentale per il fatto che la creazione materiale e spirituale dei contadini viene studiata da una sola scienza; ciò è, a suo parere, frutto di un atteggiamento ideologico borghese, poiché tale criterio non viene applicato alla cultura delle classi dominanti. Propp distingue, perciò, fra cultura materiale e cultura spirituale, e definisce folclore solo quest'ultima. In tale prospettiva ogni creazione poetica dei popoli primitivi è folclore, mentre, nelle società divise in classi, folclore è la creazione poetica di tutti gli strati della popolazione eccetto quella della loro classe dominante. Si ritorna così, nell'intento di salvare la «creazione poetica del popolo», al pregiudizio che ogni creazione poetica dei popoli primitivi sia folclore. Tale pregiudizio non tiene conto della presenza di fortissimi gruppi di potere anche all'interno delle società primitive, e della funzione di fondazione e di esclusione dal potere che i miti, i rituali, le feste, svolgono da parte di un gruppo ristretto nei confronti di un altro gruppo (come, per es. l'esclusione di tutto il gruppo dei non iniziati, donne e bambini, o la formazione di società segrete o di classi di età nelle società primitive; e si pensi anche, nelle società occidentali, al ritrarsi dei gruppi dominanti dalla partecipazione a ciò che viene ritenuto utile solo per la popolazione sottoposta). Questa prospettiva pregiudiziale può venire superata solo se si accetta il concetto di cultura come modello globale di vita di un gruppo, senza differenze fra culture tradizionali e culture storiche, una strada che in Italia era stata aperta da Giuseppe Cocchiara (*Storia del folclore in Europa*, 1952). In Italia sono anche da ricordare, negli studi sul folclore, G. Pitrè (*Biblioteca delle tradizioni popolari siciliane*, 25 voll., 1870-1913), ed E. → De Martino, da cui è stata avviata una corrente di ricerca di ispirazione marxista, che si rifà in particolare alla concezione gramsciana del folclore come cultura delle classi subalterne, distinta, anche se non autonoma, dalla cultura egemone delle classi dominanti. Tuttavia, con lo sviluppo preso dall'antropologia culturale come disciplina storica che assume a suo oggetto specifico di ricerca i modelli globali di vita dei vari gruppi umani, nella loro individualità e nella loro esistenza storica, siano essi privi o no di scrittura, gli studi folclorici o di tradizioni popolari stanno subendo un evidente declino, poiché rientrano sempre più nell'ambito della storia antropologica o della storia culturale.
fondamentalismo, tendenza biblico-teologica sviluppatasi nel protestantesimo, soprattutto americano, come reazione alla critica biblica e all'accettazione delle tesi evoluzionistiche nell'esegesi. Espressione di chiese o gruppi teologicamente conservatori, il fondamentalismo formulò i cosiddetti «cinque punti» irrinunciabili (inerranza biblica verbale, divinità di Cristo, nascita verginale, redenzione sacrificale, resurrezione fisica di Gesù) nella conferenza di Niagara del 1889; il termine è però più recente: esso deriva infatti da una serie di 12 opuscoli di propaganda, *I principi fondamentali, una testimonianza alla verità*, pubblicati tra il 1910 e il 1912 a cura di A.C. Dixon e R.A. Torrey. La reazione fondamentalista può essere messa in parallelo e in sincronia con la reazione cattolica antimodernista, salvo il carattere essenzialmente biblico del fondamentalismo, mentre l'opposizione cattolica al modernismo si richiamava al magistero e alla tradizione. Nel 1948 il movimento fondamentalista istituì l'International Council of Christian Churches, in opposizione al Consiglio ecumenico delle chiese.

Oggi il termine 'fondamentalismo' si riferisce soprattutto a quelle tendenze emergenti — nel cristianesimo, nell'ebraismo e nell'islamismo — caratterizzate da una reazione contro la modernità. L'accettazione, se pur critica, del processo di secolarizzazione, come gli sforzi del pensiero e della prassi religiosi di dare una risposta nuova agli interrogativi e ai problemi del mondo moderno, sono considerati dai fondamentalisti un tradimento del dato rivelato, e dunque causa dei «mali» del presente. Nel recupero della tradizione «originaria» la reazione fondamentalista ripropone in maniera letterale non solo la Scrittura, ma anche tutta la tradizione religiosa premoderna. In questo senso pensano e operano, pur con profonde differenze, non solo numerose sette cristiane in America latina e negli Stati Uniti, ma movimenti cattolici occidentali, gruppi «ortodossi» ebrei e tutto il movimento mussulmano (soprattutto gli Sciiti) fondamentalista, che nel Medio Oriente ha assunto un peso politico assai grande.

fondamenti della matematica, in una accezione generica, l'espressione designa le basi epistemologiche e logiche della matematica comunque concepite o tematizzate. Di solito, però, essa viene usata con una connotazione storica precisa: in riferimento, cioè, alle discussioni e alle ricerche sulla natura della matematica fiorite a cavallo tra Ottocento e Novecento e caratterizzate da una peculiare commistione di filosofia e di elaborazione tecnico-formale. In tale contesto le indagini sui fondamenti della matematica furono stimolate in parte da quell'esigenza di rigore che percorre un po' tutta la matematica ottocentesca (si pensi, per es., agli sforzi compiuti per dare all'analisi un assetto concettuale soddisfacente), e in parte dalla necessità di valutare le conseguenze, sul piano epistemologico, di fatti nuovi importanti come la scoperta delle geometrie non euclidee o l'emergere della teoria degli → insiemi. Fra i diversi approcci al problema dei fondamenti elaborati in questo quadro, tre ebbero rilevanza speciale: il logicismo, il formalismo e l'intuizionismo.

• *Logicismo.* Il logicismo è legato ai nomi di G. → Frege e di B. → Russell. Frege per primo sostenne che l'aritmetica non è altro che logica, nel senso che le nozioni aritmetiche sono definibili in termini logici e che i teoremi dell'aritmetica sono deducibili a partire dai principi della logica. Il tentativo di Frege di dimostrare in dettaglio questa tesi, pur condotto con un'originalità e una finezza ineguagliate, non poté tuttavia essere portato a compimento; nel 1902, infatti, Russell annunciò di avere derivato una contraddizione (il cosiddetto → paradosso di Russell) entro il sistema logico di Frege. Lo stesso Russell, peraltro, volle poi rilanciare il programma logicista, proponendo la sua teoria dei → tipi come cornice adeguata per la ricostruzione logica dell'intera matematica.

• *Formalismo.* Se i logicisti propendevano per una qualche forma di platonismo (la dottrina secondo la quale gli enunciati della matematica vertono su entità astratte dotate di un'esistenza oggettiva), per i formalisti, invece, fare matematica voleva dire manipolare segni privi di significato. La versione di gran lunga più sofisticata del formalismo è quella di D. → Hilbert, per il quale tutte le teorie matematiche avrebbero dovuto essere ridotte a sistemi formali. Dopo di che, per dimostrare la legittimità epistemologica di una data teoria, sarebbe bastato provare che il sistema formale corrispondente era esente da contraddizioni. Per effettuare queste prove di non contraddittorietà, si sarebbe dovuto far ricorso ai metodi di ragionamento propri dell''aritmetica finitista', un esiguo frammento di aritmetica che Hilbert considerava fondato sull'intuizione e perciò non bisognoso di giustificazioni ulteriori.

• *Intuizionismo.* L. → Brouwer, il propugnatore dell'intuizionismo, adottò una concezione soggettivistica della verità matematica: vero è, per il matematico, ciò che può essere da lui stabilito riflettendo sulle proprie costruzioni mentali. Al linguaggio e alla logica venivano attribuiti ruoli secondari: il linguaggio — diceva Brouwer — è soltanto un mezzo per la comunicazione, e la logica non è cha la codificazione a posteriori di una serie di schemi cui si conforma l'attività mentale del matematico. A differenza dei logicisti e dei formalisti, il cui fine era giustificare la pratica matematica corrente, Brouwer non esitò a proporre una vera e propria riforma della matematica, dichiarando illegittime, in base ai suoi criteri di giudizio, porzioni cospicue della matematica e della logica classiche.

Con gli anni Trenta, il dibattito fra i sostenitori dei punti di vista delineati tende ad assumere toni via via sempre più smorzati, e la forza d'attrazione di ciascuno dei tre programmi fondazionali si attenua. La teoria russelliana dei tipi comincia ad apparire troppo complicata e poco coerente sul piano concettuale. Come quadro teorico unificato per lo sviluppo della matematica si tende a preferire ormai una teoria degli insiemi quale quella di E. → Zermelo, che nessuno, peraltro, sarebbe disposto a considerare un sistema di logica pura: il sogno freghiano di una riduzione della matematica alla logica tramonta così definitivamente. K. → Gödel, con il suo famoso teorema, dimostra che il programma di Hilbert è irrealizzabile. Quanto all'intuizionismo, l'opera di formalizzazione intrapresa già alla fine degli anni Venti da A. → Heyting apre la strada a sviluppi e approfondimenti che sarebbero stati impossibili sulla base soltanto delle originarie enunciazioni brouweriane, spesso vaghe e oscure; d'altra parte, i matematici davvero convinti che il modo giusto di fare matematica sia quello predicato da Brouwer sono una trascurabile minoranza. Con tutto ciò il bilancio storico dei grandi programmi fondazionali è positivo: le discussoni da essi suscitate hanno contribuito a chiarire i termini di questioni profonde e difficili, e, soprattutto, esse hanno dato un impulso decisivo allo sviluppo della logica matematica contemporanea. *P.Ca*

fondazionalismo, la posizione di chi ritiene possibile (e persegue) una fondazione filosofica del sapere, in particolare delle scienze. Il termine è usato anche per indicare la posizione di chi — come Hegel e in generale gli idealisti postkantiani — persegue l'ideale di un sapere autofondato. Ma il termine è soprattutto impiegato polemicamente. R. → Rorty, per es., ha interpretato l'intera filosofia post-cartesiana (da Cartesio stesso alla filosofia analitica) come il tentativo, peraltro fallimentare, di dare esecuzione a un progetto fondazionalista (nel primo senso); con un tale progetto, che Rorty chiama «epistemologico», la filosofia occidentale ha anzi finito per identificarsi; sicché la sua caduta comporterebbe una ridefinizione radicale della filosofia. La polemica contro varie forme di fondazionalismo è presente in molti pensatori contemporanei, sia analitici (come W.V.O. → Quine, che mettendo in discussione il riduzionismo e la distinzione analitico/sintetico ha colpito alla radice il progetto fondazionalista del neoempirismo) sia «continentali» (come M. → Foucault e H.G. → Gadamer, che hanno attaccato in modi diversi il fondazionalismo storicista). L'antifondazionalismo caratterizza due esperienze filosofiche capitali del sec. XX: quella del secondo Wittgenstein e quella di Heidegger. È invece tipicamente fondazionalista, nell'ambito del pensiero contemporaneo, il progetto filosofico della → fenomenologia husserliana.

fonema, unità del sistema fonologico di una lingua (→ fonologia). Poiché in una lingua il piano del → significante, o piano dell'espressione, non è analizzabile in unità successive minori del fonema, il fonema risulta l'unità minima su quel piano. Le unità che compongono il fonema, i cosiddetti tratti distintivi, non sono infatti analizzabili in successione, sono cioè considerate unità simultanee. Il numero di fonemi che caratterizzano un sistema fonologico è limitato e varia da lingua a lingua (da un minimo di una ventina di fonemi a un massimo di una cinquantina). Come unità astratte o invarianti funzionali, i fonemi si indicano convenzionalmente tra barre oblique per distinguerli dai suoni linguistici concreti (foni e allofoni, o varianti), indicati tra parentesi quadre.

fonetica, settore della linguistica che studia i suoni delle lingue nella loro realizzazione concreta. La fonetica articolatoria (o fisiologica, o motoria) considera la produzione dei suoni, o fonazione, da parte dell'apparato fonatorio umano; la fonetica acustica (o fisica) considera la trasmissione dei messaggi linguistici attraverso la propagazione dei suoni; la fonetica uditiva considera il modo in cui vengono percepiti i suoni. Sono state proposte classificazioni dei suoni delle lingue, o foni, fondate su tratti acustici e su tratti articolatori. Mentre la fonetica generale è rivolta allo studio dell'insieme delle possibilità foniche di tutte le lingue naturali, la fonetica storica ne analizza l'evoluzione storica e la fonetica descrittiva ne studia determinati stati sincronici. La fonetica sperimentale (o strumentale) si avvale invece di metodi come la palatografia (analisi della superficie di contatto tra lingua e palato nell'articolazione di alcuni suoni mediante l'introduzione in bocca di un palato artificiale), la stroboscopia (analisi delle vibrazioni laringali), la radiografia, nonché spettrografia dei suoni (analisi del loro spettro acustico). Sugli alfabeti fonetici si veda la voce → scrittura.

fonologia, o fonematica, settore della linguistica che considera i sistemi fonologici o fonematici delle lingue, in ciò differenziandosi dalla → fonetica, che studia gli elementi fonici (o foni) delle lingue indipendentemente dalla loro funzione comunicativa. La fonologia infatti considera i suoni in relazione alla loro funzione nella comunicazione linguistica, cioè alla loro funzione distintiva di significati, e li classifica secondo unità astratte o → fonemi, determinando gli insiemi di fonemi, cioè i sistemi fonologici o fonematici, corrispondenti alle diverse lingue. La fonologia concerne la determinazione dei fonemi, dei tratti distintivi o pertinenti che li compongono e oppongono all'interno di uno stesso sistema fonologico, nonché delle regole di concatenazione dei fonemi nella catena parlata.

Accanto a una fonologia generale, che studia i diversi sistemi fonologici delle varie lingue, si hanno una fonologia sincronica e una fonologia diacronica, che considerano un sistema fonologico rispettivamente in un determinato stato di lingua e nella sua trasformazione storica. La fonologia è stata sviluppata principalmente dalle scuole di Mosca, Leningrado, Praga e Copenaghen. Negli Stati Uniti vanno ricordati i contributi di E. Sapir e L. Bloomfield. A partire dal saggio di M. Halle e N. Chomsky *Il modello fonologico dell'inglese* (1968) si è ampiamente sviluppata anche una fonologia generativa.

Fontenelle, Bernard Le Bovier de (Rouen 1657 - Parigi 1757), letterato e filosofo francese. Autore di libretti d'opera e poemi, divenne famoso con i *Dialoghi dei morti* (1683), in cui immaginava di mettere a confronto illustri personaggi del passato (Socrate, Montaigne, Pericle, Cartesio, Galileo ecc.) su temi di filosofia e di scienza: ne risultavano ribaditi il principio cartesiano dell'immutabilità dell'ordine naturale e la perenne identità della natura umana. Sulla base di questi principi Fontenelle formulerà più tardi la sua concezione della storia umana come progresso, esposta nella *Digressione sugli antichi e sui moderni* (1688), opera con la quale egli si inseriva in modo originale nella «querelle» sulla superiorità degli antichi o dei moderni, dando al problema un'impostazione nuova, che si può a ragione considerare la prima teoria generale del progresso. Se la natura è sempre uguale a se stessa, gli antichi non possono vantare alcuna superiorità intellettuale sui moderni; questi invece procedono nel cammino del sapere avvantaggiati da tutto quanto gli antichi hanno prodotto e scoperto. Se consideriamo la storia dell'umanità come l'evoluzione di un'unica mente individuale, non possiamo fare a meno di ritenere i moderni la mente adulta che si contrappone a quella infantile degli antichi; ma, diversamente da come avevano inteso questa metafora F. Bacone e altri, Fontenelle ritiene che non ci sarà vecchiaia per il genere umano e che il progresso sarà infinito. Quest'opera non era solo un saggio di filosofia della storia, ma anche un *pamphlet* contro l'autorità, la tradizione, l'ossequio per il passato, e inaugurava un modo di pensare tipicamente illuministico. Lo stesso atteggiamento anima lo scritto precedente, *Storia degli oracoli* (1687), dove, col pretesto di dimostrare l'origine tutta naturale delle profezie pagane, si offrono argomenti contro la superstizione in generale e la religione cristiana in particolare.

L'opera più celebre di Fontenelle resta tuttavia lo scritto *Conversazione sulla pluralità dei mondi* (1686), in cui l'autore espone in forma divulgativa e letteraria la teoria copernicana, che ancora stentava a diffondersi anche perché illustri pensatori e scienziati, come Cartesio, dopo la condanna ecclesiastica avevano ritenuto opportuno non insistervi. L'opera di Fontenelle inaugura il «genere» della divulgazione scientifica, con i suoi intenti di emancipazione e di progresso che avranno tanta importanza nel secolo successivo.

forclusione, termine psicoanalitico introdotto da J. Lacan: indica un meccanismo ritenuto responsabile dell'insorgere della psicosi, e consistente nel rigetto primario all'esterno del soggetto di un «significante» fondamentale, per lui insopportabile. Diversamente da quanto avviene nella rimozione, nella forclusione i significanti (per es. il fallo in rapporto al complesso di castrazione) non vengono rigettati all'interno del soggetto, nel suo inconscio, bensì all'esterno, nel suo ambiente reale, e da quest'ultimo ritornano (donde per es. il manifestarsi dell'allucinazione nello stato psicotico) proprio come i contenuti rimossi ritornano dall'inconscio. Coniando il termine *forclusion*, Lacan si riallaccia al termine *Verwerfung* (reiezione) usato da Freud in molti contesti e soprattutto nell'*Uomo dei lupi*, sempre in relazione alla psicosi.

forma, termine solitamente opposto a → materia; il suo uso filosofico risale al pensiero greco (in gr. il concetto è espresso da *morphè*, o anche da *schēma* ed *êidos*). Nel I libro della *Metafisica* (987*b* sgg.) Aristotele attribuisce a Platone (solo in parte preceduto dai pitagorici e dagli eleati) il merito di aver per primo sollevato il problema della forma (idea e specie), sia come essenza e causa delle cose materiali, sia come loro carattere intelligibile e concettuale. In effetti nel *Timeo* Platone riconduce l'universo ai due principi della forma e della materia, ma è Aristotele a svolgere poi nel modo più ampio e profondo la teoria della forma e della materia, intese come componenti essenziali della sostanza (*ousía*), cioè della concreta realtà individuale. Della relazione tra forma e materia Aristotele tratta ampiamente nella *Fisica* e nella *Metafisica*, oltre che nell'*Anima*, sulla base del suo rifiuto di un'esistenza di forme separate o idee nel senso dei platonici. L'individuo reale è infatti in se stesso un «sinolo» (unità) di materia e forma. Delle due componenti, la forma riveste un carattere di priorità, sia perché essa è causa efficiente e finale di ogni sostanza, sia perché «di ogni cosa si può parlare in quanto ha una forma e non per il suo aspetto materiale in quanto tale» (*Metafisica*, VII, 1035*a*). La materia riveste infatti solo la pura possibilità o «potenza» della forma, ma non è in grado di passare dalla potenzialità della forma a quella forma in atto che determina ogni individuo concreto: tale passaggio o «divenire» presuppone sempre una forma già in atto, che in ultima istanza è Dio come forma e atto «puro» (cioè non affetto da materia). Analoghe distinzioni Aristotele introduce nel processo del conoscere, in cui la forma corrisponde al concetto e la materia al contenuto dell'esperienza sensibile. Egli stesso, peraltro, rileva alcune difficoltà nella sua dottrina della forma (per es. nel III libro della *Metafisica*): in che senso, egli si chiede, il sinolo è *insieme* materia e forma? In che modo gli individui di una medesima specie (per es. gli uomini), pur avendo una forma comune, sono tra loro diversi? Come fa la materia a divenire «ciascuna delle cose particolari»? Il pensiero medievale discusse diffusamente tali questioni, essendo mosso, oltre che da ragioni filosofiche, dalla necessità di salvaguardare la persona umana e la sopravvivenza dell'anima individuale, secondo l'insegnamento cristiano. In particolare san Tommaso si oppose alla soluzione neoplatonica degli agostiniani, che attribuivano all'anima umana e angelica una sorta di «materia spirituale», ribadendo la purezza aristotelica della «forma sostanziale»; ma egli ammise nel contempo una particolare predisposizione della materia (*materia signata*) a ricevere la forma o anima. Quest'ultima poi è totalmente «attuale» solo in Dio, mentre conserva nell'uomo un margine di potenzialità o finitezza (*De ente et essentia*, capp. V e VI; *Summa theologiae*, I, 75).

Con l'avvento della scienza moderna i concetti di forma sostanziale e forma finale persero ogni importanza e il concetto tradizionale di forma venne sempre più restringendosi al carattere soggettivo del pensiero, preparando in tal modo la ripresa kantiana della tematica materia-forma in senso gnoseologico-trascendentale. Nella *Critica della ragion pura* Kant distingue infatti nel fenomeno la materia («ciò che corrisponde alla sensazione») e la forma («ciò per cui il molteplice del fenomeno può essere ordinato» secondo lo spazio e il tempo). Ulteriore funzione formale svolgono poi le categorie o concetti puri dell'intelletto (par. 13), a loro volta unificati dalla funzione sintetico-formale dell'«Io penso» (par. 16). In senso non meno pregnante Kant parla, nella *Critica della ragion pratica* (I, cap. III), del carattere formale dell'imperativo categorico, in quanto esso determina la volontà «non secondo la materia, ma semplicemente secondo la forma», cioè secondo la massima morale che impone la legge del «dovere per il dovere» (di qui le critiche a Kant, da parte di F. Schiller, M. Scheler e altri, per il «formalismo» astratto della sua etica). La ripresa kantiana del concetto di forma ha influenzato il successivo idealismo. Seguendo in parte l'esempio di Hegel, B. Croce parla di forme a proposito delle distinte e autonome attività dello spirito. Arte, religione e filosofia costituiscono per G. Gentile *Le forme assolute dello spirito* (secondo il titolo di un suo saggio del 1909), in quanto momenti dialettici dell'Io trascendentale o atto puro. Di impianto kantiano è invece la «filosofia delle forme simboliche» di E. Cassirer, mentre il concetto di forma proposto da Husserl nella fenomenologia aspira a un superamento del kantismo in direzione di una filosofia rigorosamente scientifica. Alla fenomenologia si riferisce anche la psicologia della forma o → Gestaltpsychologie, mentre ulteriori sviluppi del concetto di forma possono rinvenirsi nel concetto di struttura (→ strutturalismo).

forma, psicologia della, → Gestalpsychologie.

Formaggio, Dino (Milano 1914), filosofo italiano. Formatosi alla scuola di A. Banfi, ha dedicato le sue ricerche prevalentemente all'estetica. Nella *Fenomenologia della tecnica artistica* (1953) egli ha mostrato, in opposizione all'estetica del neoidealismo, l'importanza nella costruzione artistica dei cicli fenomenologici della produzione tecnica. Sviluppando in direzione fenomenologica le conclusioni del movimento della Scienza dell'arte di M. → Dessoir, ha considerato l'estetica da un punto di vista scientifico, distinguendo un'estetica generale come teoria della sensibilità e dei corpi sensibili da un'estetica speciale come esame dei processi artistici (*L'idea di artisticità*, 1961; *La morte dell'arte e l'estetica*, 1983). In tal modo l'estetica si manifesta non solo come una scienza dell'uomo ma come una possibile introduzione al campo stesso di tutte le scienze umane (*Problemi di estetica*, 1991).

formalismo, concezione della matematica secondo la quale una teoria matematica è, essenzialmente, il complesso linguistico che la descrive organizzato in un particolare sistema assiomatico formale (→ sistema formale); è garantito così, con l'esclusione di ogni ricorso all'intuizione, il massimo rigore deduttivistico. All'interno di questa posizione si può andare da un formalismo estremo di carattere strumentalista, secondo il quale la matematica è *esclusivamente* una collezione di sistemi formali che si rivelano «utilmente applicabili all'esperienza», a un formalismo di tipo metodologico secondo il quale la raggiunta capacità di costituzione di opportuni sistemi formali è il frutto di un particolare momento storico dello sviluppo della matematica che, se anche non la risolve nella sua interezza, è però l'*unica* via razionale che permetta di oggettivare le teorie matematiche al fine di scoprirne intrinseche proprietà e relazioni. Il maggior rappresentante di quest'ultima specie di formalismo è D. → Hilbert.

formalizzazione, in matematica, processo di costruzione di → sistemi formali, i cui assiomi e regole di inferenza costituiscano una esplicita e rigorosa formulazione di tutte le ipotesi e procedure di prova usualmente applicate nella corrispondente teoria intuitiva. La formalizzazione va in questo senso distinta dal processo di assiomatizzazione: mentre questo precisa l'insieme delle nozioni e principi *su cui* si argomenta in una data teoria, la prima costituisce, ulteriormente, una precisazione dei principi *secondo cui* si ragiona in una teoria, cioè delle procedure dimostrative ammesse.

Preannunciato dalla enucleazione dell'aspetto puramente matematico-strutturale della geometria, quale appare dalle indagini di B. Riemann, H. von Helmholtz e F. Klein, il processo di formalizzazione ha trovato momenti storicamente assai significativi nell'opera di G. → Frege e D. → Hilbert. Sulla base di una nuova interpretazione del concetto di *analiticità*, per cui viene definita analitica una verità per la cui *derivazione* si richiedono solo definizioni esplicite e le leggi generali logiche, Frege giungeva al rifiuto del linguaggio comune e alla costruzione di linguaggi le cui regole di inferenza fossero stabilite in modo preciso ed esplicito. Questa esplicitazione veniva poi portata a completo sviluppo con la metamatematica di Hilbert, in cui la trattazione matematica della stessa nozione di dimostrazione è strettamente connessa alla considerazione dei problemi che la costruzione di sistemi formali fa sorgere. Questi concernono la richiesta che all'interno della teoria sia *dimostrabile* ogni espressione che è la trascrizione formale di un enunciato *vero* della corrispondente teoria intuitiva, e che non sia possibile dimostrare una contraddizione. La possibilità che i sistemi formali soddisfino queste due proprietà ha subito profonde limitazioni in seguito ai risultati (1931) di K. → Gödel.

formazione di compromesso, in psicoanalisi, → formazione sostitutiva.

formazione reattiva, in psicoanalisi, atteggiamento cosciente diametralmente opposto a un desiderio rimosso; per es. un atteggiamento di amore universale può essere la formazione reattiva di una forte aggressività inconscia. Introdotto da Freud nei *Tre saggi sulla teoria della sessualità* (1905), il concetto di formazione reattiva è un importante criterio interpretativo della condotta patologica, e soprattutto della nevrosi ossessiva, in cui la forza delle formazioni reattive è tale da determinare modificazioni persistenti dell'Io; ed è altresì, insieme al concetto di sublimazione, un fattore importante della costituzione del carattere umano non patologico, soprattutto nei suoi aspetti etici, tanto che Freud ricorre a esso per spiegare, in gran parte se non del tutto, il meccanismo di genesi del Super-Io.

formazione sostitutiva, espressione che, in psicoanalisi, indica i sintomi che apportano un soddisfacimento sostitutivo del desiderio inconscio e che con esso comportano un'affinità simbolica; gli atti mancati, i lapsus e le battute di spirito sono formazioni sostitutive. Riaffacciandosi nel sintomo e in ogni altra formazione dell'inconscio, il contenuto rimosso subisce una deformazione che è il risultato delle due azioni antitetiche su di esso esercitate dal desiderio inconscio e dal processo difensivo; si crea così quella che Freud chiama «formazione di compromesso», la quale diventa formazione reattiva se prevale il processo difensivo, e al contrario diventa formazione sostitutiva se tende ad appagare il desiderio inconscio. Il concetto di formazione sostitutiva compare in Freud fin dal 1894, in *Le neuropsicosi da difesa*, ed è da lui sistematizzato in *Inibizione, sintomo e angoscia* (1926).

Fornari, Franco (Piacenza 1921 - Milano 1985), psicoanalista e psichiatra italiano. Presidente della Società Psicoanalitica Italiana dal 1974 al 1978 e docente di Psicologia alle università di Trento e di Milano. Si interessò specificamente del trattamento delle psicosi, ambito che lo portò in contatto con gli autori della scuola psicoanalitica inglese. Dopo aver esordito come studioso del pensiero kleiniano (*La vita affettiva originaria del bambino*, 1963), Fornari ha elaborato una teoria originale, l'«analisi coinemica» (dal gr. *koinós*, comune) che, partendo dal linguaggio, tende a proporsi come uno strumento di analisi estensibile a qualsiasi ambito dell'esperienza umana (*Simbolo e codice*, 1976; *Il codice vivente*, 1981). In questa prospettiva ogni attività umana si considera basata su categorie affettive inconsce, comuni a tutti gli uomini perché filogeneticamente determinate: i «coinemi» (paragonabili alle «preconcezioni» di W. Bion o a ciò che Freud aveva chiamato i «denotati simbolici del sogno»). I coinemi, che sono il padre, la madre, il fratello, gli organi sessuali, il rapporto sessuale, la vita, la morte, nel loro insieme costituiscono un codice vivente finalizzato alla conservazione della vita (in quanto ha la funzione di anticipare — attraverso l'*imago* — le unità fondamentali della parentela e dell'istinto di riproduzione).

forza, concetto che, inteso come causa o potere efficiente per lo più connesso al movimento e ai suoi effetti quantitativi e qualitativi, assume particolare rilievo filosofico e scientifico agli inizi del pensiero moderno. I termini tradizionali di *enérgheia* (atto) e di *dýnamis* (potenza) subiscono allora un capovolgimento e un mutamento di senso, in parte per influsso del significato positivo che nel pensiero cristiano (diversamente che in quello greco) assume il concetto di infinito. Mentre Aristotele considera infatti l'atto o l'effettualità superiore alla possibilità, nel pensiero moderno è quest'ultima (la *potentia*) a prevalere, in quanto pensata come «forza». Ma altrettanto importante è il mutamento di prospettiva per il quale alle cause formali e finali di Aristotele e degli scolastici si oppone, appunto, il concetto di forza. Telesio, nel *De rerum natura*, sostituisce espressamente al binomio forma-materia il nesso materia-forza; egli cerca di ricondurre l'intero mondo naturale ai due *principia agentia* del caldo e del freddo. Questa innovazione sollevò polemiche accanite tra aristotelici e telesiani, come la celebre disputa del 1573 a Venezia. Fu però la meccanica galileiana a costitutire il punto di partenza delle successive discussioni relative ai concetti di forza e movimento. È in relazione a quest'ultimo che Leibniz, nella nota polemica contro i cartesiani, introduce il concetto di «forza viva», nel quale è pure presente l'influenza del concetto hobbesiano e spinoziano di *conatus*. Al meccanicismo cartesiano si oppone pertanto un dinamismo che riduce la materia e l'estensione a effetti dell'azione diffusiva della forza (*Teodicea*, par. 87). Non meno importante è il confronto con la posizione di Newton, che spiega l'universo in base all'azione delle forze repulsiva e attrattiva. L'origine di queste due forze, che Newton non chiarisce se non con il ricorso all'azione diretta di Dio, diviene un problema variamente dibattuto. Kant nel 1755 tenta di ricondurle entrambe a una «forza originaria» dell'etere, sicché, anche in questo caso, lo schema meccanico viene sostituito da un dinamismo intimamente materialistico che riduce l'intervento divino, sino alla sua totale rimozione in P.-S. de Laplace. I successivi sviluppi scientifici del concetto di forza abbandonano ogni preoccupazione teologica e metafisica. Tuttavia tali componenti paiono così strettamente connesse con il problema della natura e dell'origine della forza da indurre taluni scienziati moderni come J.R. von Mayer, H. von Helmholtz e H.R. Hertz a proporre una pressoché totale eliminazione di tale concetto dalle nozioni fondamentali della meccanica. Di fatto, la nozione di forza in quanto entità o *virtus* occulta ebbe vasta diffusione nella magia rinascimentale e non smise in seguito di esercitare un'influenza in vari campi scientifici (si continuò a parlare di «forze» vitali, plastiche, salutari, morbose ecc.). Alcuni aspetti di tale tradizione sono ancora operanti nella filosofia della natura d'età romantica, in Schelling, per es., che considera le forze di attrazione e repulsione come principi vitali e intimamente spirituali. In chiave materialistica, ma non meno «metafisica», Schopenhauer considera a sua volta la «volontà» come una forza che agisce dietro lo schermo del mondo fenomenico. Così pure i positivisti caddero sovente in un'involontaria «metafisica» della forza, per es. L. Buchner (*Forza e materia*, 1855) o H. Spencer, che ammette una forza o energia «estrinseca» e «inconoscibile» operante al di là dei fenomeni naturali retti da forze «intrinseche» (*Primi principi*, par. 50). La fisica contemporanea ha ripudiato tali generalizzazioni positivistiche per ridurre il concetto di forza a un'espressione convenzionale relativa a taluni rapporti tra grandezze fisiche rigorosamente definite.

Il concetto di forza ha trovato applicazione anche nella psicologia, dalle «facoltà» (*dynámeis*) elencate da Aristotele nell'*Anima* (III, 432*a-b*) alle «idee-forza» di A. Fouillé (*La psicologia delle idee-forza*, 1893), che vorrebbero spiegare, secondo uno schema spiritualistico ed evoluzionistico, sia la vita psicologica e morale, sia l'ordinamento generale e progressivo della natura. Ancora in senso morale il concetto di forza è stato utilizzato da C. Renouvier come «potere d'esercizio» della libertà pratica (*La scienza della morale*, 1869).

Dal punto di vista giuridico, infine, la forza si oppone al diritto, come chiarì Rousseau in polemica con Hobbes e altri (*Il contratto sociale*, I, 3), aprendo la via alle moderne elaborazioni del problema.

Foucault, Michel (Poitiers 1926 - Parigi 1984), storico e filosofo francese. Nel 1970 fu chiamato alla cattedra di Storia dei sistemi di pensiero nel Collège de France. Nella prospettiva di Foucault convergono due apporti culturali, il positivismo francese e il pensiero radicale che si polarizza nel pensiero di Nietzsche. Positivistica è in lui la filosofia della storia, intesa come il passaggio dell'umanità dallo stadio teologico a quello metafisico e infine a quello positivo. Ma di questa transizione Foucault non condivide l'impianto ottimistico. La storia non è il progressivo rischiaramento della ragione; lo sviluppo delle scienze non coincide con la crescita della emancipazione umana, ma comporta piuttosto nuove forme di assoggettamento. Consentaneo alla Nietzsche-renaissance avutasi in Francia nei primi anni Sessanta, l'approccio foucaultiano si rivela così sovradeterminato sia dalla tematica dello smascheramento, per cui lo storico deve esercitare un sistematico sospetto nei confronti delle testimonianze manifeste, sia dalle filosofie primonovecentesche della crisi, che vedono nella storia un declino travestito da progresso (Heidegger, O. Spengler). Ma diversamente da queste ultime, Foucault non ravvisa nella propria attività storiografica una deviazione rispetto all'illuminismo, bensì un approfondimento della sua richiesta di radicalità e di spregiudicatezza, che alla fine (conforme all'insegnamento di M. Horkheimer e di Th. W. Adorno nella *Dialettica dell'Illuminismo*) viene chiamata a mettere in questione le stesse assunzioni mitiche operanti nel processo di rischiaramento. È in questo quadro che si inserisce la prima grande opera di Foucault, *Storia della follia* (1961). La nascita della razionalità moderna, tra rinascimento e Seicento, non segna l'avvento di una più larga tolleranza, ma sorge piuttosto dalla violenta segregazione della follia, che da divina mania, quale era nell'antichità e quale ancora poteva essere lodata da Erasmo, viene ora segregata come patologia. Il fatto che la ragione abbia potuto trasformarsi in razionalità strumentale o in volontà di dominio non dovrà essere perciò inteso (secondo la prospettiva richiesta dallo Husserl della *Crisi delle scienze europee*) come una deviazione perversa rispetto alla sua vocazione fondamentale, ma piuttosto come l'esito necessario della sua genesi spuria. *Le parole e le cose* (1966), che reca come sottotitolo *Una archeologia delle scienze umane* mette in chiaro i limiti dell'umanismo. La sollecitudine antropologica, che a partire dal Settecento e definitivamente con il trascendentalismo kantiano fa dell'uomo insieme il soggetto e l'oggetto del sapere non celebra l'avvento di un mondo finalmente umano, ma piuttosto annuncia la prossima morte dell'uomo. Non solo perché il sorgere delle scienze umane è già l'esito di una incertezza circa la natura umana divenuta problematica, ma anche perché il loro sviluppo comporta la dissoluzione dell'antropologia tradizionale. Con *L'archeologia del sapere* (1969), Foucault esplicita i presupposti epistemologici e metodologici delle ricerche sino allora svolte, in particolare cercando di differenziarsi dallo strutturalismo, di cui peraltro condivide alcuni principi non solo operativi, a partire dal dato macroscopico della rinuncia a una fondazione umanistica delle scienze umane (→ post-strutturalismo). Ma molto più che con questioni di metodo, la ricerca dell'ultimo Foucault si confronta con la problematicità morale che itera, a quasi un secolo di distanza, l'*impasse* in cui era venuto a trovarsi l'ultimo Nietzsche. Un illuminismo che si voglia interamente prosciolto dai presupposti della emancipazione, e che riconosca il nesso tra sapere e potere, avrà bensì condotto sino in fondo la critica dei propri presupposti mitici, ma si trova consegnato alla identificazione tra sapere e potere. Al beneficio teoretico che si trae dal riconoscere il carattere non semplicemente brutale della repressione e del controllo sociale (*Sorvegliare e punire*, 1975), e che inversamente consumi i miti ingenui della emancipazione (*Storia della sessualità*, vol. I, *La volontà di sapere*, 1976), si accompagna una estrema problematicità moral-pratica, indotta dal venir meno di un nesso analitico tra sapere e virtù. L'ultima fase, profondamente aporetica, della riflessione di Foucault, è dunque consacrata alla ricerca, nell'etica degli antichi, di forme di morale che possano superare la strada senza uscita in cui è sfociata la razionalità moderna (*Storia della sessualità*, vol. II, *L'uso dei piaceri*, 1984; *Storia della sessualità*, vol. III, *La cura di sé*, 1984). *M. Fe.*

Fouillée, Alfred-Jules-Émile (La Pouèze, Maine-et-Loire, 1838 - Lione 1912), filosofo francese. Insegnò nel liceo di Bordeaux e, fino al 1875, nell'Ecole normale supérieure di Parigi. La riflessione di Fouillée muove dall'esigenza di conciliare positivismo e idealismo. Dal primo, egli assume la valutazione della scienza come modalità conoscitiva privilegiata; dal secondo mutua invece la rivendicazione del sapere filosofico come sola conoscenza capace di offrire una visione globale delle manifestazioni spirituali dell'uomo, inaccessibili alla scienza in quanto sapere parziale e astratto. La problematica dei rapporti tra positivismo e idealismo si riflette in Fouillée nella nozione di «idea-forza», intesa come principio che presiede a ogni condotta umana. In tale nozione è presente il riconoscimento idealistico della natura attiva delle idee; ma il superamento del biologismo positivistico non si risolve in un'adesione incondizionata all'idealismo, in quanto l'«idea-forza» è un principio psicologico interno al soggetto, e che non lo trascende. Opere principali: *La libertà e il determinismo* (1872); *La psicologia delle idee-forza* (1893); *La morale delle idee-forza* (1908); *Schizzo di un'interpretazione del mondo* (postumo, 1913); *Il movimento positivista e la concezione sociologica del mondo* (postumo, 1920).

Fourier, Charles (Besançon 1772 - Parigi 1837), filosofo ed economista francese. Figlio di un ricco mercante, fu avviato egli stesso all'attività commerciale. Dopo il fallimento di un tentativo di speculazione da lui intrapreso nel 1793, fu costretto a vivere dei più diversi mestieri in varie città, finché si stabilì a Parigi; qui condusse una vita tutta dedita a tentativi poco fortunati di diffondere le sue dottrine e trovare adepti capaci di tradurle in realtà. Tutte le sue opere — la *Teoria dei quattro movimenti* (1808), il *Trattato di associazione domestica e agricola* (1822), il *Nuovo mondo industriale e societario* (1829), la *Falsa industria* (1835-36) — sono, oltre che un'esposizione del suo pensiero economico e sociale, anche un accorato appello a tutte le classi, e specialmente a quelle ricche, perché promuovano e finanzino l'esperimento sociale che, innocuo e riproducibile per semplice attrazione, sarebbe in grado di porre fine a tutti i mali dell'umanità.

Secondo Fourier la storia complessiva del genere umano è una parabola che va dall'eden primitivo (di cui si conserva memoria nelle leggende di tutti i popoli e qualche vestigio a Tahiti) a società sempre più degradate (la società selvaggia, patriarcale, barbara e civilizzata); quindi risale verso la società armonica, che durerà un periodo lunghissimo (70.000 anni circa) e infine declinerà passando per periodi inversi e simmetrici ai primi, fino alla morte del genere umano. Sebbene le tappe di questo processo siano prestabilite, la libertà degli uomini ha una gran parte nel determinare la durata delle fasi di infelicità: l'apologia che i filosofi e i politici fanno della civiltà (che in realtà è il periodo più infelice di tutti) e la venerazione per due istituzioni scellerate del nostro mondo quali il commercio privato e la famiglia, sono i maggiori responsabili del prolungarsi eccessivo dell'infelicità umana.

La famiglia e il commercio sono istituzioni solidali tra loro: ambedue sono basate sull'incoerenza, ossia sulla frammentazione della società in piccoli nuclei fra loro ostili e concorrenti, e sulla menzogna. Il commercio è il cancro dell'economia perché è un'attività parassitaria e fraudolenta, e perché dà luogo a pericolose manovre speculative; inoltre, l'anarchia della produzione e della circolazione, che viene venerata col nome di libero scambio, è la causa delle crisi economiche mondiali, la cui allarmante gravità Fourier non si stanca di segnalare, mostrando il paradosso per cui la miseria, nella civiltà, nasce proprio dalla ricchezza. Quanto alla famiglia, basata com'è sull'egoismo di coppia e sulla repressione sessuale, essa è la culla dell'ipocrisia, dell'adulterio e della meschinità dei sentimenti. Ma soprattutto, la famiglia civilizzata sancisce e porta a compimento quell'inferiorità sociale della donna — mediante la sua esclusione dai lavori produttivi, la sua relegazione tra le pareti domestiche e la repressione di cui è fatta oggetto — che ha avuto inizio fin dall'uscita dell'umanità dallo stato edenico e si

è aggravata progressivamente. Questa enorme ingiustizia perpetrata contro natura nei confronti di metà del genere umano è per Fourier elemento decisivo per determinare l'infelicità di un periodo o di una formazione sociale: quanto più la donna è oppressa, tanto più basso è il livello della società.
Gli esseri umani sono originariamente dotati di impulsi indistruttibili, che Fourier chiama passioni: questi impulsi, se sottoposti a repressione, possono cambiare di segno e da forze di coesione e di pace diventare forze disgreganti e antisociali. Quanto più avanza la morale, nemica delle passioni, tanto più queste forze saranno costrette o alla dissimulazione o all'esplosione violenta. Viceversa, nelle società armoniche o naturali, non solo è possibile la piena felicità degli individui, ma anche la più grande prosperità economica. Le passioni infatti, oltre che legami interindividuali, sono anche stimoli ad attività produttive, le quali, se liberamente scelte e frequentemente variate, diventano simili al gioco. Il «lavoro attraente» immaginato da Fourier si deve attuare entro comunità denominate «falangi» e costituite da un numero di persone non superiore a 1600 circa; alloggiate in unità urbanistiche di cui Fourier ha dato un piano dettagliato, le falangi devono svolgere attività legate per lo più al territorio circostante (agricoltura, floricoltura ecc.), ma tali da prevedere anche una piccola parte di industria e il lavoro artigianale; non devono mancare, inoltre, attività intellettuali e soprattutto ludiche (balli, banchetti, corti d'amore, spettacoli). Assai ostile a ogni forma di socialismo egualitario e moralistico, Fourier pensava che non si dovessero sopprimere la proprietà privata e la disuguaglianza (il reddito di ciascun societario è proporzionato al suo lavoro, al suo talento e ai capitali eventualmente investiti), ma ciò non doveva comportare il recupero delle forme di concorrenza e sfruttamento legate alla proprietà privata borghese. La scuola fourieriana, capeggiata da V. Considérant, diffuse le idee di Fourier attraverso periodici quali «Le Phalanstère» (1832-33) e «La Phalange» (1836-49) e cercò di tradurre in realtà il progetto falansteriano attraverso varie esperienze di vita comunitaria; il meno effimero di questi tentativi fu rappresentato dalla celebre colonia di New Harmony, negli Stati Uniti. *M. Mo.*

Fox, George (Fenny Drayton, Leicestershire, 1624 - Londra 1691), predicatore inglese, fondatore della setta dei → quaccheri. Proveniva da una famiglia puritana di condizione sociale modesta. Una profonda crisi spirituale lo indusse a lasciare la casa e il mestiere di calzolaio, alla ricerca di una chiesa che realizzasse le sue aspirazioni. Trascorse anni di solitudine e di meditazione, finché nel 1646 ritenne di avere ricevuto l'«illuminazione interiore» di Cristo. Convinto che l'uomo porta in sé una scintilla divina che deve svilupparsi ed espandersi, Fox si consacrò alla predicazione, non scevra di eccentricità, e diede vita a un gruppo di «figli della luce» o «amici della verità», che si chiamarono poi «Società religiosa degli amici». La presenza dello Spirito di Dio doveva rivelarsi anche in modo visibile: linguaggio estatico, tremito delle membra, onde il nome, originariamente spregiativo, di quaccheri (ingl. *quakers*, tremolanti). Fox descrisse la sua esperienza nel *Diario*, pubblicato postumo (1694), che divenne una delle opere più significative del movimento «settario». Il cristianesimo di Fox è una realtà interiore, e perciò egli fu fieramente ostile alle strutture ecclesiastiche, ai sacramenti, al culto, ai rapporti delle chiese con lo stato: viceversa Fox esaltava l'«illuminazione interiore» al punto da collocarla, se non al di sopra, almeno sullo stesso piano della Sacra Scrittura. Egli predicava anche il rifiuto del giuramento e delle cariche pubbliche, dei titoli e delle formule di cortesia, ciò che gli attirò persecuzioni e prigionia. Tuttavia Fox riuscì a svolgere una notevolissima attività missionaria, che toccò la Scozia, l'Irlanda, l'America settentrionale, la Giamaica, l'Olanda.

Fozio (820 ca - Costantinopoli 891 ca), teologo ed ecclesiatico bizantino. Patriarca di Costantinopoli dall'858 all'867 e dall'877 all'886, nell'886, già in contrasto con la sede romana (era stato scomunicato nell'863 da papa Niccolò I e nell'881 da papa Giovanni VIII), venne deposto dall'imperatore Leone VI e si ritirò in monastero. Deciso assertore dell'indipendenza del patriarcato, difese lungamente le proprie prerogative contro Roma, aprendo una controversia che si sarebbe protratta per due secoli fino alla rottura fra le due chiese. Fozio fu soprattutto un mediatore del patrimonio culturale classico e cristiano. Ha un valore inestimabile la sua *Biblioteca* o *Myriobiblion*, vastissima raccolta di notizie disposte senza alcun ordine sistematico, con estratti e riassunti di 279 opere della letteratura greca sia pagana sia cristiana (oggi in parte perdute). Vi si trovano esposti temi di filosofia, scienza della natura, medicina, grammatica e storia, questioni esegetiche e argomentazioni teologiche riguardanti la Trinità, l'Incarnazione, la Redenzione, il culto delle immagini. L'interesse di Fozio per le questioni di lingua è attestato dal *Lexicon*, mentre l'*Amphilochia*, o *Quaestiones Amphilochianae* (così dette perché indirizzate ad Anfilochio, vescovo di Cizico), raccoglie 324 dissertazioni teologiche e profane. Fra le opere teologiche il suo capolavoro è la *De Spiritus Sancti mystagogia*, che tratta, in polemica con i latini, della processione dello Spirito Santo dal Padre. Ai pauliciani è propriamente rivolto il trattato *Contra Manichaeos*, in quattro libri, dei quali il primo storico e gli altri di carattere polemico. Fozio ha lasciato inoltre scritti esegetici, omelie e un epistolario di 263 lettere.

Fracastoro, Girolamo (Verona 1478 ca - 1553), medico, filosofo e astrologo italiano. Allievo del Pomponazzi, si laureò a Padova nel 1502 e vi insegnò logica; quindi si pose al seguito del generale Liviano, come poeta e come medico. Esercitò con grande fama la medicina. Scrisse il poemetto in esametri *Syphilis sive de morbo gallico* (1530) e il *De contagione et contagiosis morbis et curatione libri tres* (1546). Il suo pensiero più importante è, tuttavia, affidato ad alcune opere raccolte nell'edizione di Venezia (Giunta, 1555, che comprende anche i due testi già citati), di interesse astronomico, ottico e filosofico: ossia un trattato sulle sfere omocentriche (*Homocentricorum sive de stellis liber*), un trattato sui giorni critici della malattia (*De causis criticorum dierum*), un libro di filosofia naturale (*De sympathia et antipathia rerum*), un dialogo gnoseologico (*Turrius sive de intellectione*), un dialogo psicologico (*Fracastorius sive de anima*), un dialogo di poetica (*Naugerius sive de poetica*). Quest'ultimo scritto, che fu uno dei testi di poetica più famosi del Cinquecento, concepisce aristotelicamente la poesia come rappresentazione dell'universale ma riconosce all'artista maggiore libertà nel trasporre in forme sensibili la bellezza universale interna agli oggetti della sua «imitazione». La poesia non è finzione o inganno, ma è l'atto con cui l'idea è intuita nella sua bellezza visibile. Nella struttura aristotelica della sua poetica Fracastoro inserisce quindi parecchi elementi di derivazione platonica.

La sua opera di filosofia più significativa è il *De sympathia et antipathia rerum*, in cui è esposta una teoria che diverrà di moda nella filosofia del Cinquecento, e cioè che tutte le cose, l'uomo e la natura, sono unificate da una forza naturale universale che tutto lega e a tutto è congenere. È la simpatia della parte per il tutto e del tutto per la parte; tale «forza» è però intesa in senso fisico e naturale, non in senso spirituale: si giustifica quindi una teoria della magia naturale (fondata sul concetto di attrazione simpatetica fisica) e si esclude quella demoniaca, secondo il migliore insegnamento di Pomponazzi. Sul piano gnoseologico, interessa a Fracastoro spiegare il funzionamento dell'intelletto, descrivere le regole dell'apprendimento, ma in realtà egli non fa che proseguire sulla strada aperta dalla tradizione gnoseologica e psicologica dei filosofi terministi della fine del sec. XIV e del XV, che avevano sviluppato acute analisi delle forme dell'esperienza sensibile specialmente nei trattati di ottica o di prospettiva.

francescana, scuola, scuola filosofica e teologica sviluppatasi all'interno dell'ordine mendicante fondato da Francesco d'Assisi. Il primo nucleo dell'ordine risale al 1208, quando intorno a Francesco si raccolsero alcuni compagni attratti dal suo esempio: l'ordine fu poi approvato da Innocenzo III nel 1210 circa, e da Onorio III, in modo definitivo, nel 1223. Detti da Francesco «frati minori» per indicare la loro condizione di assoluta mancanza di potere e di ricchezza, i francescani intendevano caratterizzarsi per la volontà di imitare fedelmente la vita di Cristo e degli apostoli predicando l'evangelo. Di qui l'impronta fondamentalmente missionaria data da Francesco all'ordine e da questo sempre mantenuta. Già nella prima metà del sec. XIII i francescani avevano ottenuto una cattedra di teologia all'università di Parigi, e successivamente ne ottennero in altre università. Alessandro di Hales, Ruggero Bacone, Bonaventura da Bagnoregio, Raimondo Lullo, Duns Scoto, Occam formarono una tradizione filosofica destinata a esercitare profondo influsso nei secoli seguenti. In polemica con l'orientamento aristotelico-tomistico adottato dai domenicani, la scuola francescana si caratterizza per l'adozione critica di alcune concezioni agostiniane, soprattutto in campo gnoseologico e metafisico. Fra i suoi elementi dottrinali peculiari vanno annoverati: il maggior valore attribuito all'individuo rispetto alla specie universale; la concezione dell'ilemorfismo universale; la teoria della pluralità delle forme sostanziali nell'uomo; il volontarismo etico (→ osservanza; → spirituali).

Francesco di Sales (Castello di Sales, Savoia, 1567 - Lione 1622), ecclesiastico francese, dottore della chiesa; santo. Vescovo di Ginevra dal 1602, trascorse il ventennio di episcopato ad Annecy, essendo Ginevra in quel periodo repubblica calvinista. In tale ufficio svolse una vasta azione pastorale e con Giovanna Francesca Chantal fondò (1610) la congregazione della visitazione di Nostra Signora. Lasciò numerose opere, alcune delle quali esercitarono una profonda influenza sulla spiritualità cattolica. Nelle *Controversie* (1672), che comprendono trattati scritti per esporre le verità cattoliche ai calvinisti, viene illustrata principalmente l'ecclesiologia. L'*Introduzione alla vita devota* (o *Filotea*, 1609) è un vero e proprio manuale di vita spirituale e ascetica indirizzato alle persone che conducono la vita attiva nel mondo (è questa una delle maggiori novità della spiritualità di Francesco di Sales). Nel *Trattato dell'amor di Dio* (o *Teotimo*, 1616) Francesco tratta della natura, dei fini e delle proprietà di tale amore, espone le caratteristiche dell'orazione e sottolinea l'importanza della conformità alla volontà di Dio.

Tra gli insegnamenti più caratteristici di Francesco di Sales è la sua affermazione che il direttore spirituale sia necessario non solo per i religiosi, ma per tutti i credenti che abbiano a cuore il loro profitto nella vita cristiana. La sua ascetica, animata da un ottimismo ricco di afflato umano, rifugge dalla disputa teologica e si incentra sul tema dell'amore, che non deve limitarsi a evitare il peccato, ma aspira a immedesimarsi nella volontà di Dio. Ciò si ottiene attraverso un'esatta conoscenza di sé, l'imitazione di Cristo e una vita di preghiera, intesa come conversazione amichevole con Dio.

Francke, August Hermann (Lubecca 1663 - Halle 1727), pedagogista tedesco. Diffuse e realizzò in campo pedagogico i principi del → pietismo di P.J. Spener, garantendo con adeguate formule di organizzazione scolastica l'intervento della *praxis pietatis* nella realtà profana. Francke si dedicò all'educazione e all'istruzione dei giovani, soprattutto poveri: a Glaucha, dove era pastore, nel 1689 aprì una scuola elementare popolare gratuita e nel 1698 un orfanotrofio; per l'istruzione superiore creò il Pedagogium, che forniva ai ragazzi benestanti una formazione professionale. Nella pratica pedagogica Francke sostituì ai programmi astratti e formali della scuola del tempo materie di studio «concrete» come le lingue vive, la geografia, la storia, l'astronomia, l'igiene, la medicina e le pratiche artigianali.

Francoforte, scuola di, espressione con cui si suole indicare - in modo non del tutto appropriato - il gruppo di intellettuali legati più o meno strettamente all'Istituto per la ricerca sociale di Francoforte da quando (1931) ne divenne direttore M. → Horkheimer. Il nucleo ristretto dei collaboratori era composto da filosofi (M. Horkheimer, H. Marcuse, Th. W. Adorno), economisti (H. Grossmann, Mandelbaum, F. Pollock), giuristi e politologi (F. Neumann, O. Kirchheimer), psicologi (B. Bettelheim, E. Fromm); ma la cerchia dei collaboratori che scrivevano articoli e recensioni per la rivista dell'Istituto («Zeitschrift für Sozialforschung») era molto più ampia e contava personalità come W. Benjamin (con cui l'Istituto ebbe rapporti non facili ma profondi), oltre che studiosi di varia provenienza tra i quali: R. Aron, M. Bowra, O. Fenichel, B. Groethuysen, M. Halbwachs, A. Koyré, M. Mead, P. Treves.

Centro dell'attività speculativa dell'Istituto è l'idea di una ricerca sociale basata su una versione del marxismo criticamente aggiornata e in grado di spiegare la sconfitta del movimento operaio tedesco e l'avvento del totalitarismo, nonché le peculiarità delle democrazie di massa. La fine dell'età liberale e il ruolo crescente del potere statale rendono necessario un ripensamento del rapporto marxiano tra struttura economica e sovrastrutture statuali, giuridiche, ideologiche. Particolare risalto assume in tale prospettiva l'indagine sugli apparati ideologici (la «sfera della cultura», nel senso lato dato da Horkheimer al termine), quali la famiglia, la scuola, le istituzioni religiose e morali ecc., considerati tramiti dell'autorità e del suo sedimentarsi nelle strutture psichiche dell'individuo. Il volume collettivo *Studi sull'autorità e la famiglia* (1936), primo risultato impegnativo dell'attività dell'Istituto, si basa su una organizzazione pluridisciplinare della ricerca: filosofia, storia delle idee, economia, psicoanalisi, ricerche empiriche sulla mentalità diffusa in strati sociali diversi. Dieci anni dopo un lavoro analogo verrà condotto in America, con un taglio empirico più marcato e con l'obiettivo di indagare le forme e le radici dell'antisemitismo nella classe operaia americana. I risultati allarmanti della mole ingente di materiali raccolti vengono resi noti solo parzialmente nei cinque volumi pubblicati; e di questi è da ricordare *La personalità autoritaria* (1950), curato tra gli altri da Adorno.

Il quadro teorico per le ricerche dell'Istituto viene delineato fin dai primissimi anni Trenta da Horkheimer nei saggi pubblicati sulla «Zeitschrift für Sozialforschung» (*Storia e psicologia*; *Materialismo e morale*; *Materialismo e metafisica*), in cui si sottolineano sia la componente del materialismo filosofico sia quella del materialismo storico. Con il concetto di teoria critica, introdotto nel 1937 nell'opera *Teoria tradizionale e teoria critica*, Horkheimer e Marcuse intendono rendere esplicite le implicazioni pratiche della teoria sociale, ossia il suo obiettivo di critica della società contemporanea nell'ottica della emancipazione dal dominio; ma al tempo stesso essi introducono un motivo ulteriore: il netto rifiuto di uniformare le scienze dell'uomo e della società sia al modello delle scienze fisiche, sia a quello delle precedenti antropologie filosofiche.

Il trasferimento in America (1935) e la guerra mondiale determinano un incupirsi delle diagnosi e delle prospettive da parte di Horkheimer e dei suoi più stretti collaboratori. L'idea stessa di una società emancipata, modellata inizialmente sulla concezione marxiana del controllo razionale e pubblico delle forze produttive, si allontana sempre di più. Stretti tra la delusione nei confronti dell'Unione Sovietica e la sfiducia nelle potenzialità democratiche della società americana, gli intellettuali francofortesi si interrogano sulle radici più lontane delle moderne forme di oppressione. La profonda svolta della teoria critica negli anni Quaranta viene attestata da *Dialettica dell'illuminismo* (1947), in cui Horkheimer e Adorno mostrano il legame inevitabile che intercorre tra il dominio sulla natura e il dominio sugli uomini. In questione è dunque la stessa razionalità tecnica e scientifica, quella che Horkheimer ha poi chiamato «ragione strumentale»: il suo assolutizzarsi trasforma il progresso in regressione e oppressione. Marcuse, pur partendo da premesse analoghe a quelle di Horkheimer e Adorno, è più fiducioso nei confronti delle possibilità emancipative deposte nella società moderna: i suoi scritti *Eros e civiltà* (1955) e *L'uo-*

mo a una dimensione (1964) hanno ispirato la nuova sinistra degli anni Sessanta.
Nel 1950, con il ritorno dell'Istituto alla sua sede di Francoforte, ha inizio una fase di lenta penetrazione nella cultura della Germania di Adenauer, profondamente ostile a qualunque forma di eredità marxista. Anche grazie all'insegnamento universitario e alla pubblicazione dei loro scritti, Horkheimer e Adorno ottengono riconoscimenti sempre più larghi, ed è soltanto rispetto a questo periodo che ha senso parlare di una scuola di Francoforte. Tra coloro che hanno dato un contributo ulteriore alla teoria critica occorre ricordare A. Schmidt per l'avvio della sua ricostruzione storica e sistematica. Ben più vasta risonanza ha avuto il tentativo di J. → Habermas, di sviluppare la teoria critica proprio ripartendo dagli esiti più paralizzanti di *Dialettica dell'illuminismo*. *M. Va.*

Frank, Jacob, → frankismo.

Frank, Manfred (Wuppertal-Elberfeld 1945), saggista tedesco. Ha studiato filosofia e germanistica dapprima a Heidelberg e poi a Berlino, sotto la guida di H.-G. Gadamer, K. Löwith, W. Weischedel, D. Henrich, E. Tugendhat, P. Szondi. Si è laureato nel 1971 con una tesi sul *Problema del tempo nel romanticismo tedesco*, pubblicata l'anno successivo. Già all'interno di questa prima indagine storica di vasto respiro, prende forma la proposta teorica di Frank: nel primo romanticismo tedesco si ha a che fare con una soggettività che non è il soggetto della tradizione cartesiana. Su questa base Frank muove in direzione di una rivalutazione della soggettività, intesa non come particolare ma come individuo; non come evidenza del cogito ma come ineffabilità del soggetto alla ricerca di sé. Opere principali: *L'individuale generale* (1977); *Il dicibile e l'indicibile* (1980, nuova ed. ampliata 1990); *Il dio a venire* (2 voll., 1982 e 1989); *Introduzione all'estetica del primo romanticismo* (1990); *Autocoscienza e conoscenza di sé* (1991); *Stile nella filosofia* (1992).

Frank, Philipp (Vienna 1884 - Cambridge, Massachusetts, 1966), fisico e filosofo della scienza di origine austriaca. Laureatosi in fisica a Vienna con L. Boltzmann, nel 1912 succedette a Einstein nella cattedra di fisica teorica dell'università tedesca di Praga, e nel 1938, a causa del progressivo affermarsi del nazismo, abbandonò l'Europa per gli Stati Uniti, dove insegnò fisica matematica e filosofia della scienza presso la Harvard University. Tra le sue opere vanno ricordate: *La legge causale e i suoi limiti* (1932); *Einstein: la sua vita e i suoi tempi* (1953); *Relatività: una verità più ricca* (1950-51); *Filosofia della scienza: il legame fra la scienza e la filosofia* (1957; 2ª ed. 1974); e, soprattutto, la raccolta di saggi *La scienza moderna e la sua filosofia* (1949, che è l'edizione ampliata di un volume del 1941). Quest'ultimo libro mostra con chiarezza la vastità di interessi scientifici, filosofici e pedagogici di Frank, nonché quello che può essere considerato il filo conduttore di tutta la sua opera: la convinzione che sia completamente tramontata ogni possibilità di una «filosofia delle scuole» (neokantismo, convenzionalismo, empirismo ecc.), e sia necessario invece tener conto degli aspetti validi presenti nelle varie concezioni epistemologiche in funzione di una visione integrata e articolata dell'impresa scientifica.

frankismo, movimento messianico ebraico che prese nome da Jakob Frank (Korolovka, Podolia, 1726 ca - Offenbach 1791). Considerandosi una reincarnazione del falso messia Shabbetaj Zeví, che egli identificava con la seconda persona della Trinità («Santo Signore»), Frank propagandò le sue idee in Turchia, quindi prese contatto con sette sabbatiane (→ sabbatianismo) polacche, di cui divenne capo. I frankisti furono accaniti oppositori del Talmud, al quale contrapposero lo → *Zohar* come unica norma di conoscenza e di vita. Convinto che la redenzione finale sarebbe giunta quando il mondo fosse stato completamente giusto o completamente peccatore, Frank si abbandonò con i discepoli a orge sfrenate. Perciò nel 1756 i rabbini riuniti a Brody scomunicarono lui e i suoi seguaci. I frankisti ottennero l'appoggio del vescovo di Kamenec, Dembowsky, presentandogli una professione di fede semitrinitaria e perciò vicina al cristianesimo, e dichiarandosi tenacemente ostili al Talmud. Nel 1759 Frank e i suoi fedeli ricevettero il battesimo. Ben presto però il clero si rese conto del carattere eretico e criptogiudaico dei frankisti. Frank fu arrestato (1760) e imprigionato. Nel 1772 si trasferì a Offenbach, acquistò un castello e si autoproclamò barone Frank di Offenbach.
I caratteri fondamentali del frankismo primitivo sono, da un lato, una decisa posizione antinomistica (la Torah non ha più senso, se il messia è venuto) e, dall'altro, una paradossale teoria e pratica dell'immoralità, che fa della discesa nel peccato e nell'apostasia la condizione della redenzione. Ma i seguaci posteriori della setta coltivarono piuttosto un'illuministica idea di progresso e la speranza di conciliare ebraismo e cristianesimo.

Frazer, James Georges (Glasgow 1854 - Cambridge 1941), antropologo inglese. Laureatosi in legge al Trinity College di Cambridge, ne divenne poi professore. Dedicò buona parte della sua vita alla stesura della sua opera più importante: *Il ramo d'oro. Uno studio nella magia e nella religione*, rielaborato a più riprese e pubblicato per la prima volta in due volumi nel 1890 e in dodici volumi nel 1911-15. Frazer raccoglie in quest'opera una grande massa di notizie su usanze e credenze delle popolazioni più diverse, ordinandole secondo i criteri del comparativismo evoluzionistico di analogia

formale, e tenta di spiegare il comportamento magico, che è un fenomeno presente in tutte le società, definendo diversi tipi di magia, in particolare una magia «simpatetica» (con le sottospecie di «magia di contagio» e «magia imitativa») che implica una corrispondenza di influssi e di reazioni tra due entità concretamente lontane nello spazio, ma fra le quali si suppone un legame. La magia di contagio si basa sul concetto che la parte equivale al tutto e lo rappresenta, restando con essa inscindibilmente unita, in modo che, agendo sulla parte, si ritiene di poter agire sul tutto. Secondo il principio della magia imitativa, invece, l'imitazione di un oggetto o di un atto favorisce la sua realizzazione. Per Frazer l'applicazione del principio magico-simpatetico equivale all'applicazione logica e coerente (razionale) di un principio in sé errato; per cui la magia sarebbe una sorta di anticipazione, per quanto erronea, di principi propri di quella che sarà la scienza sperimentale. La magia, perciò, pur essendo una falsa scienza, presuppone comunque un esercizio delle facoltà induttive e deduttive; teoria, questa, che sarà ripresa da B. Malinowski.
Frazer utilizzò le sue teorie sulla magia per spiegare alcune istituzioni sociali delle culture primitive (sempre assunte anche come primordiali), quali il totemismo. In *Totemismo ed esogamia* (1912) negò che vi fosse nel totemismo un contenuto religioso, ponendo viceversa in rilievo come questo stabilisse la norma che un uomo non può avere rapporti sessuali o sposarsi con una donna appartenente al suo stesso gruppo totemico, e che quindi si fosse sviluppata dal totemismo l'istituzione dell'esogamia. Riuscì anche a comprendere così la relazione fra l'esogamia e i sistemi classificatori di parentela, intuendo quindi l'esistenza di «strutture» logiche soggiacenti alle regole parentali primitive, teoria che sarà in seguito svolta ampiamente da C. Lévi-Strauss.
Una parte delle indagini di Frazer fu dedicata allo studio di un concetto presente in diverse culture, sia classiche antiche sia primitive: quello della solidarietà tra la natura e alcune divinità quali Attis, Adonis, Osiride, che si presentano nei miti anatolici, siriani, egiziani come «morenti» o «morti», nel quadro di vicende collegate al ciclo della vegetazione (lo stesso quadro teorico, del resto, in cui si era mosso un altro studioso, W. Mannhardt). Presso i popoli agricoltori la vicenda stagionale del seme che, sepolto, rinasce e diviene cibo e abbondanza, viene ritenuta analogica, e al tempo stesso simbolica, della morte e della resurrezione di una figura divina, un'analogia che è alla base di una «visione del mondo» che permette di spiegare il dramma della morte dell'uomo dandogli fiducia in una possibile rinascita.
Frazer studia, poi, il concetto di «re divino» e le usanze che presso diverse popolazioni riguardano la regalità. Il re è oggetto di determinati tabù e ritenuto possessore di straordinaria «potenza» (resti di concezioni simili si riscontrano in alcune tradizioni delle monarchie francese e inglese in cui al sovrano era attribuita la facoltà di curare certe malattie: cfr. M. Bloch, *I re taumaturghi*, 1924). Nella figura del re si concentrano magicamente la forza e la vita del territorio e del gruppo che gli appartengono. Questo spiegherebbe l'usanza, diffusa presso diversi popoli, di uccidere il re vecchio, prima che la morte lo colga naturalmente, per impedire che le forze della natura e del territorio, incorporate magicamente in lui, deperiscano e muoiano insieme a lui. Nella enorme produzione di Frazer si segnalano ancora *Il folclore nell'Antico Testamento* (1913), *La credenza nell'immortalità e la paura dei morti* (1912-1924) e *Il timore dei morti nelle religioni primitive* (1933).
Frege, Friedrich Ludwig Gottlob (Wismar, Rostock, 1848 - Bad Kleinen, Rostock, 1925), logico e filosofo della matematica tedesco. Mirando a una fondazione logica della matematica, in particolare dell'aritmetica, si impegnò, tramite una costruzione concettuale di esemplare sistematicità e profondità, a dare una risposta di carattere definitivo al problema del particolare *status* che le «verità» matematiche avevano nell'economia generale della conoscenza: esse sono in massimo grado *oggettive* in quanto verità *puramente logiche*, prescindenti, cioè, da ogni specifica intuizione. Per Frege la logica tratta, in generale, degli *oggetti* (individui) e dei *concetti* (proprietà e relazioni). Un oggetto è ciò che in molte lingue europee viene introdotto (indicato) da un sintagma nominale che inizia con l'articolo determinativo: il centro del mondo, la Luna, il triangolo *ABC*. Un concetto *C* è invece inteso da Frege come una funzione $C(x)$ di una qualche variabile x, ed è ciò che viene spesso introdotto con l'articolo *un*: un punto del mondo, un satellite, un poligono; o meglio ancora: x è un punto del mondo, x è un satellite ecc. Funzioni di questo tipo sono dette *proposizionali* in quanto, sostituendo alla x il nome di un oggetto, otteniamo una proposizione: per es. da «x è un poligono» e «il triangolo ABC» otteniamo «il triangolo ABC è un poligono».
La visione coerentemente antipsicologistica di Frege lo spinge ad arricchire l'ontologia logica con l'introduzione di due nuove fondamentali categorie di oggetti: i valori di verità e i decorsi dei valori delle funzioni proposizionali. I primi sono quegli enti che costituiscono il correlato oggettivo delle proposizioni e sono esattamente due: *il vero* e *il falso*, non meglio identificati. Per una funzione proposizionale $C(x)$, se applicata a un oggetto a, vale sempre, in maniera esclusiva, o che $C(a)$ = *il vero* o che $C(a)$ = *il falso*. Così, per es., da «x è un poligono» e «x è un satellite», abbiamo: (il triangolo ABC è un poli-

gono) = *il vero*; (il triangolo ABC è un satellite) = *il falso*. La seconda categoria di oggetti costituisce il correlato oggettivo dei concetti: Frege chiama decorso dei valori di una funzione proposizionale *C(x)* l'oggetto costituito dall'estensione del concetto *C*, di fatto la *classe* degli *a* per cui vale *C(a)* = *il vero*. Sulla sola base di questa strumentazione logico-ontologica Frege ricostruisce l'aritmetica. Introduce dapprima una relazione logica tra estensioni di concetti che, intuitivamente, intercorre tra due di esse quando hanno la stessa *quantità* di oggetti. Con i metodi della teoria delle definizioni per astrazione introduce quindi l'oggetto «quantità di oggetti contenuti nell'estensione di un concetto *C*», che risulta dunque essere la classe delle estensioni (classi) che stanno nella detta relazione logica con l'estensione di *C* (→ numero). Come passo finale, che costituisce il punto critico di tutta la costruzione, Frege riesce a fornire un criterio logico per discernere esattamente, entro l'ambito di tutte le possibili quantità, quelle *finite*. Con ciò stesso la nozione di *numero naturale*: 0, 1, 2,..., base di tutta l'aritmetica, è perfettamente conquistata. Tutti i teoremi aritmetici diventano adesso teoremi della logica, ovvero della teoria pura degli oggetti e dei concetti. Nella versione più tarda del suo sistema (*Principi fondamentali dell'aritmetica*) Frege formalizzò questa ricostruzione nel linguaggio simbolico che aveva creato già nel 1879, l'*ideografia*. Questo linguaggio, inteso come notazione simbolica, non ha avuto fortuna nella ricerca logica successiva; ma le analisi concettuali che esso presuppone — specialmente l'analisi della quantificazione (→ quantificatori) — sono la base della logica contemporanea, di cui Frege è considerato uno dei padri.
Questa grande costruzione, d'altra parte, e contrariamente alle più naturali aspettative, si mostrò fallace: la logica di Frege, nonostante la sua grande semplicità, risultò essere *contraddittoria* (→ insiemi, teoria degli). Il programma di logicizzazione dell'aritmetica dunque fallì, ma i problemi e le prospettive inaugurati da Frege andarono, per più strade e a buon diritto, a costituire il cuore di molta parte delle ricerche logiche, linguistiche e matematico-fondazionali di questo secolo. Anche come filosofo del linguaggio Frege fu pensatore di grande originalità e lucidità. In *Senso e denotazione* (1892) egli distinse chiaramente tra ciò che un'espressione linguistica designa (la *denotazione*), il modo in cui la denotazione viene data dall'espressione (il *senso*) e la *rappresentazione* associata all'espressione. Mentre la rappresentazione è un'entità mentale, soggettiva e privata, il senso può essere possesso comune di più persone — proprio su ciò si fonda la possibilità della comunicazione e della trasmissione culturale — ed è perciò oggettivo quanto la denotazione, anche se non abita il mondo fisico, ma — dirà Frege più tardi — un platonico «terzo regno» accanto a quelli del fisico e del mentale. In generale, il senso e la denotazione di un'espressione complessa sono funzione dei sensi e rispettivamente delle denotazioni delle espressioni costituenti (*principio di composizionalità*). Il principio sembra violato dai «contesti indiretti», come quelli della forma 'X crede che *p*'' (→ credenza, enunciati di); per evitare questa conseguenza, Frege sostiene che in questi contesti un'espressione non designa la sua denotazione ordinaria, ma una denotazione indiretta che coincide col senso (ordinario) dell'espressione. Così, nel contesto dell'enunciato «Copernico credeva che le orbite dei pianeti fossero circolari», il sotto-enunciato 'le orbite dei pianeti [sono] circolari' non designa la sua denotazione abituale (cioè il Falso), ma denota il *senso* delle parole 'le orbite dei pianeti ecc.'.
Altre opere importanti: *Ideografia, un linguaggio in formule per il pensiero puro, formato ad imitazione di quello aritmetico* (1879); *I fondamenti dell'aritmetica* (1884); *Funzione e concetto* (1891); *Concetto e oggetto* (1892); *Principi fondamentali dell'aritmetica* (vol. I, 1893, vol. II, 1903); *Il pensiero* (1918-19).

Freinet, Célestin (Gars, Mentone, 1896 - Vence 1966), pedagogista francese. Di estrazione contadina, iniziò la propria attività come maestro elementare nella scuola di un villaggio delle Alpi Marittime, ove comprese la necessità di rinnovare profondamente la pratica scolastica, così da poter soddisfare le esigenze delle classi meno abbienti. Avversato in seguito dalle autorità, fondò nel 1930 a Saint-Paul-de-Vence una scuola popolare basata sulle sue proposte educative, diffusesi poi anche in campo internazionale. Egli volle una scuola che tenesse conto delle attitudini spontanee del discente e le valorizzasse con tecniche didattiche che, sostituendo all'intervento autoritario dell'insegnante il dialogo e la collaborazione, «costruissero» la personalità dei bambini attraverso attività creative vissute in situazioni sociali concrete. Ne sono esempio significativo il testo libero che, nell'ipotesi educativa di Freinet, gli scolari scrivono traendo spunto dalla loro esperienza ed essi stessi stampano con un «complessino tipografico»; e il rapporto di corrispondenza, con scambio di scritti, disegni e oggetti, che la classe stabilisce con un'altra classe situata in località diversa: si rompe così il tradizionale isolamento in cui vive una comunità scolastica. Tra le opere: *La scuola moderna* (1946); *L'educazione del lavoro* (1947); *I detti di Matteo* (1949); *Nascita di una pedagogia popolare* (1949, in collaborazione con Elise Freinet); *L'apprendimento della lingua secondo il metodo naturale* (postumo, 1968).

Freire, Paulo (Recife 1921), pedagogista brasiliano. Profondamente influenzato nella sua formazione dall'esistenzialismo cristiano, dal personalismo di E. Mounier e successivamente dal marxismo, Freire ha legato il suo nome al Movimento di cultura popolare di Recife, da lui fondato nel 1961. Dopo una serie di positive esperienze di alfabetizzazione di adulti condotte nel Nordeste del Brasile, il movimento diede inizio, per impulso del governo populista di J. Goulart, a una campagna su scala nazionale; ma il progetto venne troncato dal colpo di stato del 1964: Freire fu arrestato e poi esiliato. La sua proposta pedagogica, esposta nei due saggi *La pedagogia degli oppressi* (1971) e *L'educazione come pratica di libertà* (1973), risulta originale per lo stretto legame proposto fra apprendimento linguistico e presa di coscienza della realtà. Il programma di Freire si caratterizza così, più che per le tecniche impiegate, per il permanente richiamo educativo perché gli sfruttati diventino consapevoli della loro condizione storica e delle possibilità di liberazione in essa presenti.

frenologia, concezione, elaborata e divulgata da F.J. Gall (Tiefenbronn, Pforzheim, 1758 - Montrouge, Parigi, 1828) e J. Ch. Spurzheim (Logwich, Treviri, 1776 - Boston 1832), e oggi completamente abbandonata, secondo cui le disposizioni e le caratteristiche psichiche sono localizzate in parti diverse e specifiche del cervello, e all'ipertrofia di una data disposizione o caratteristica corrisponde l'ipertrofia di una regione cerebrale specifica, rilevabile dalla conformazione cranica esterna e in particolare dalle protuberanze del cranio. Secondo questa concezione, per conoscere a fondo una persona bastava disporre di un'accurata topografia del suo cranio. La frenologia ha assolto un ruolo importante nella storia della psicologia e in particolare della psicofisiologia, perché ha aperto la strada allo studio delle funzioni mentali localizzate, inaugurato in termini scientifici moderni dalla scoperta — nel cervello — di un «centro del linguaggio» da parte del medico francese P. Broca (1860).

Freud, Anna (Vienna 1895 - Londra 1982), psicoanalista inglese di origine austriaca. Figlia del fondatore della psicoanalisi, si volse precocemente allo studio e all'approfondimento delle teorie paterne, divenendo a propria volta una eminente autorità per gli psicoanalisti di scuola anglosassone. Il suo più importante impegno fu quello di organizzare e sviluppare la Hampstead Child Therapy Clinic di Londra, in cui fu direttrice della ricerca. L'enorme lavoro compiuto dai ricercatori della clinica sotto la direzione della Freud non fu soltanto rivolto al trattamento analitico dei bambini, ma pure alla sistemazione delle ricerche psicoanalitiche nel campo dell'infanzia e di tutto il materiale casistico, nello sforzo di confrontare le osservazioni cliniche con i concetti della teoria psicoanalitica classica. Tale opera di raccolta si è concretizzata nel grande *Hampstead Index*, contributo fondamentale alla metodologia psicoanalitica. La piu rilevante opera teorica della Freud è *L'Io e i meccanismi di difesa* (1936) che prosegue idealmente l'opera paterna *Inibizione sintomo e angoscia* (1926), approfondendo lo studio dell'Io nella pubertà e nell'adolescenza e fornendo importanti indicazioni per una psicoanalisi dell'infanzia. Altre opere: *Il trattamento psicoanalitico dei bambini* (1946) e *Normalità e patologia nell'infanzia* (1965).

Freud, Sigmund (Freiberg, Moravia, oggi Příbor in Cecoslovacchia, 1856 - Londra 1939) medico austriaco fondatore della psicoanalisi.

• *Da Vienna alla Salpêtrière: l'ipnosi.* Nel 1860 la sua famiglia (il padre era un piccolo mercante ebreo) si trasferì a Vienna, città in cui Freud visse fino al 1938, quando l'annessione dell'Austria alla Germania hitleriana lo costrinse a emigrare a Londra, dove morì l'anno dopo, all'età di 83 anni. Fin dalla giovinezza, scrive Freud, «divenne predominante, in me, l'esigenza di capire qualcosa degli enigmi del mondo che ci circonda (...) La via migliore per soddisfare questa esigenza mi parve allora l'iscrizione alla facoltà di medicina» (Freud, *Il problema dell'analisi dei non medici*, 1926-27). Laureatosi nel 1881, continuò la sua attività di studio e di ricerca con E.W. von Brücke, e quindi con T.H. Meynert (fisiologia, ipnosi, neuropatologia). Nel 1885 conseguì la qualifica di libero docente e ottenne una borsa di studio che gli permise di seguire i corsi di J.-M. Charcot alla Salpêtrière a Parigi.

• *L'incontro con Breuer e gli studi sull'isteria.* Nel 1886, dopo il matrimonio, Freud aprì un gabinetto privato per la cura delle malattie nervose. Decisivo, in questo momento, fu l'incontro con J. Breuer, che lo indusse a usare l'ipnosi non solamente come strumento di inibizione dei sintomi, ma anche come metodo per scoprire la «motivazione e il significato dei sintomi isterici» (Freud, *Autobiografia*, 1925). Il sintomo, secondo Breuer, traeva origine da un ingorgo affettivo in cui un ammontare di energie psichiche, normalmente utilizzate in modo diverso, venivano trasformate e impiegate nella produzione del sintomo isterico stesso (conversione: Breuer-Freud, *Studi sull'isteria*, 1895). La cura (metodo catartico) consisteva nel condurre questo ammontare di energie a una «scarica adeguata» (abreazione). Con questo metodo, nella cura della paziente Anna O., Breuer si trovò «in mano la chiave che gli avrebbe aperto la strada verso le madri ma la lasciò cadere. Nonostante le sue grandi doti spirituali, Breuer non aveva nulla di faustiano in sé. Preso da panico, si dette alla fuga e lasciò l'ammalata a un collega» (Freud, Lettera a S. Zweig, del 2.6.1932). La chiave d'accesso all'inconscio (questo significa la metafora tratta dal *Faust* di Goethe del regno delle madri) consisteva nella manifestazione di un trasporto sessuale della paziente verso il medico. Breuer vide ma non riconobbe il carattere sessuale dell'eziologia dell'isteria e il fatto che, nel rapporto analitico, tale affetto viene trasferito (→ transfert-controtransfert) sull'analista. E dunque Freud dovette condurre da solo l'impresa, faustiana e mefistofelica insieme, della scoperta dell'inconscio. Il lavoro condotto con Breuer aveva evidenziato il ruolo svolto nella vita di ogni individuo da una parte di sé rimossa, dimenticata, non cosciente. Il dispendio di energie per far riemergere questi materiali rimossi aveva evidenziato anche una forte resistenza, che l'ipnosi riusciva a vincere solo provvisoriamente. Era necessario istituire un rapporto analitico diverso, con una partecipazione del paziente più attiva di quanto non avvenisse nell'ipnosi. Freud individuò la possibilità di questo diverso rapporto nel metodo delle libere associazioni e nell'analisi del transfert (situazione in cui il paziente riesperisce relazioni affettive legate a un lontano passato rimosso). Breuer di fronte alle manifestazioni affettive di Anna O. aveva deciso per l'interpretazione più facile, vale a dire per un reale e attuale trasporto sessuale della paziente nei suoi confronti. Ugualmente Freud, di fronte alla confessione da parte di numerosi pazienti di una storia di seduzione sessuale da parte dei genitori nell'infanzia, decise, in un primo momento, per la «verità storica» di questo «trauma sessuale», che avrebbe dovuto costruire la causa patogena lontana di ogni sintomo nevrotico. Ma numerose prove e osservazioni, l'analisi dei suoi stessi sintomi nevrotici, lo convinsero dell'errore. Il crollo della teoria del trauma sessuale lo spinse a una lunga e tormentosa autoanalisi (Freud, *Le origini della psicoanalisi, Lettere a Fliess*, 1887-1902) che sfociò in una delle opere fondamentali del pensiero moderno e contemporaneo: *L'interpretazione dei sogni* (1900).

• *Dall'autoanalisi all'«Interpretazione dei sogni»: la nascita della psicoanalisi.* Quest'opera, insieme autobiografia e saggio scientifico, nasce nel clima della crisi e del disfacimento delle teorie positivistiche. La scienza moderna, come dice A. Koyré, aveva eretto il suo grande edificio «sostituendo al nostro mondo della qualità e delle percezioni sensibili, il mondo che è teatro della nostra vita, delle nostre passioni e della nostra morte, un altro mondo, il mondo della quantità». Ciò che viene escluso e rimosso è, in una parola, il soggetto con lo spessore delle sue istanze, dei suoi bisogni, del suo desiderio, in quanto, come aveva detto Cartesio, proprio nell'esperienza del soggetto, e nella traccia che di tale esperienza si mantiene nella memoria, si annida l'errore. Contro il positivismo che aveva sottolineato con enfasi quasi religiosa questa rimozione del soggetto in favore dell'oggettività dei fatti si era già mosso Nietzsche, sostenendo il valore conoscitivo «del corpo e della sua grande ragione». E da Nietzsche Freud prese le mosse («spero di trovare in lui [Nietzsche] le parole per tutto quanto resta muto in me», Lettera a Fliess, 1.2.1900) non per «rianimare» il mondo delle quantità e dei fatti, quanto piuttosto per costruire una ragione più ampia, in grado di comprendere anche ciò che fino allora era stato escluso. Freud non esalta infatti un lato notturno e inconscio della vita contro la ragione e la coscienza (come avrebbero fatto le «filosofie della vita» e le correnti irrazionalistiche del Novecento). Egli scopre e ribadisce che non esiste una manifestazione «pura» del pensiero, che in ogni atto significante umano — nel sintomo dei nevrotici, nel sogno e nel delirio, come nelle più alte manifestazioni del pensiero — si iscrivono più forze, motivazioni e spinte, che restano perlopiù sconosciute. La nuova scienza del soggetto, la psicoanalisi, deve appunto descrivere e parlare di questo *Unbewusste*: di ciò che non si sa, ma che tuttavia determina le nostre condotte affettive, intellettuali e sociali. È così che viene completamente modificata la linea di demarcazione che separava, all'interno del pensiero prefreudiano, il «normale» dall'«anormale», ciò che è «razionale» da ciò che è «irrazionale». Tra queste dimensioni non c'è un rapporto reciprocamente esclusivo, ma un conflitto dinamico, che è la struttura stessa del soggetto e della società che lo comprende («la psiche è un campo di lotta fra tendenze contrapposte fra loro», Freud, *Introduzione alla psicoanalisi*, 1915-17 e 1932).

• *Dalla clinica alla metapsicologia.* Il primo atto di questa penetrazione razionale nei territori che la scienza aveva abbandonato all'arte e alla poesia, o aveva rimosso da sé come dominio della follia, è costituito appunto dall'*Interpretazione dei sogni.* In quest'opera («l'opera della mia vita») Freud scopre la logica e i meccanismi del lavoro onirico (condensazione, spostamento, censura) e il principio di piacere che li regola e li dirige. Ne trae un vero e proprio modello di accesso all'inconscio (la «via regia») che potrà essere esteso anche ad altre manifestazioni psichiche. Di qui, infatti, abbiamo un'estensione del campo d'indagine alla *Psicopatologia della vita quotidiana* (1901), alla dimensione sessuale dell'esistenza (*Tre saggi sulla teoria sessuale*, 1905) e al *Motto di spirito* (1905). Attraverso questi studi, attraverso i *Casi clinici* (pubblicati nel 1932), attraverso l'applicazione del metodo analitico — quasi a provarne la forza e l'efficacia — allo studio della poesia e dell'arte o all'etnologia (*Totem e tabù*, 1912-13), Freud viene via via precisando i concetti fondamentali della psicoanalisi: pulsione, rimozione, inconscio, sogno e lutto e melanconia, che troveranno una loro sistemazione teorica e metapsicologica nella *Metapsicologia* (1915-17). Sono gli anni della vittoria sulle «resistenze alla psicoanalisi». Sempre più frequenti, e da tutto il mondo, giungono assensi e adesioni alla psicoanalisi.

• *La psicoanalisi e l'uomo contemporaneo: il disagio della civiltà*. Con *Al di là del principio di piacere* (1920) inizia una vera e propria nuova fase di scoperte, che rimettono in gioco quanto finora era stato stabilito. A livello più propriamente analitico è dopo il 1920 che Freud viene a definire la pluralità del soggetto (la «scomposizione della personalità»). Non abbiamo più, all'interno del soggetto, un'opposizione fra istanze consce e inconsce con la mediazione del preconscio. Io, Es e Super-io (formazioni che intrecciano livelli consci e inconsci) si contendono lo spazio del soggetto. I loro confini sono sfumati. Le zone che essi ricoprono sono spesso indefinite e mutevoli. Compito dell'individuo è quello di intraprendere un lungo e faticoso, interminabile lavoro per annettere all'Io i territori dell'Es, resistendo alle prepotenti istanze del Super-io. Infatti, «dove era Es deve diventare Io» (*Introduzione alla psicoanalisi*, 31ª lez.). Il soggetto si costruisce proprio in questo lavoro interminabile, così come interminabile è il lavoro analitico (*Analisi terminabile e analisi interminabile*, 1937). L'analisi non è, infatti, un'«arte dell'interpretazione» che ci mette, attraverso un disvelamento, di fronte ai tesori sepolti nell'interiorità e nel profondo del soggetto. Essa è una scienza congetturale, che può offrire soltanto «costruzioni», formazioni di compromesso provvisorie, e che quindi possono essere revocate attraverso una ulteriore scoperta di materiali rimossi (*Costruzioni nell'analisi*, 1937). Ma l'attacco che Freud conduce contro la filosofia e la scienza ottocentesche è ancora più radicale. In *Al di là del principio di piacere*, attraverso l'analisi delle nevrosi traumatiche, egli scopre una coazione a ripetere che non può essere ascritta al principio di piacere e che rinvia, al di là di esso, alla pulsione di morte: a una spinta verso lo stato originario della materia. Il conflitto psichico sarebbe allora riconducibile al conflitto originario fra → Eros e Thanatos, le forze della vita e del movimento, e le forze dell'inerzia e della morte. Si tratta di una speculazione filosofica che non ha riscontro empirico. Ma la coazione a ripetere (che si evidenzia nella struttura stessa di ogni analisi: nella ripetizione transferale delle esperienze infantili) rende pensabile una diversa concezione della temporalità. Il pensiero occidentale, a partire dal sec. XVII, si era fondato su una concezione lineare del tempo: progressivo o regressivo. Tale concezione appartiene, dice Freud, al sistema percezione-coscienza, quale si è prodotto all'interno di un certo pensiero e di una certa storia. Le nevrosi traumatiche e il rapporto di transfert ci mettono invece di fronte a una immagine del «tempo-ripetizione», che provoca uno spaesamento (*Il perturbante*, 1919) rispetto alla ragione del tempo lineare e alla sua logica causale. Tutti gli ultimi anni di Freud sono dedicati a definire lo statuto epistemologico di questa sua «scienza perturbante» e anomala e inoltre a una serie di grandi studi sulla civiltà, la religione e la storia. In essi non si trova tanto un'applicazione della psicoanalisi a campi extra-analitici, quanto piuttosto un ripensamento di grandi questioni filosofiche all'interno di questo nuovo orizzonte epistemologico. Le ultime lezioni dell'*Introduzione alla psicoanalisi*, *L'avvenire di un'illusione* (1927), *Il disagio della civiltà* (1929), *L'uomo Mosè e la religione monoteistica* (1934-38) costituiscono, afferma Freud, «il trionfo della mia esistenza», vale a dire il ritorno «dopo una lunghissima e tortuosa diversione» (costituita dall'attività terapeutica) all'«orientamento dei miei esordi» (*Poscritto*, 1927, all'*Analisi dei non medici* e *Poscritto*, 1935, all'*Autobiografia*). *F. Re.*

Fries, Jakob Friedrich (Barby 1773 - Jena 1844), filosofo tedesco. Insegnò nelle università di Jena e di Heidelberg, finché l'insegnamento non gli fu impedito per via delle sue concezioni politiche di orientamento liberale. Le sue opere principali furono il *Sistema della filosofia come scienza evidente* (1804), la *Nuova critica della ragione* (1807), il *Sistema di logica* (1811), il *Manuale di filosofia pratica* (1818-32), il *Manuale di antropologia psichica* (1820), il *Sistema di metafisica* (1824) e la *Politica o dottrina filosofica dello stato* (postuma, 1848). Fries si oppose ai contemporanei sviluppi in senso idealistico della filosofia kantiana, proponendosi di approfondirne piuttosto gli aspetti critici e gnoseologici che quelli metafisici. L'interpretazione del criticismo kantiano nel pensiero di Fries è però orientata in un senso decisamente psicologistico, identificandosi la filosofia trascendentale con ciò che Fries definisce «scienza dell'esperienza psicologica». Per lui l'analitica kantiana della ragione, più che preoccuparsi della deduzione della validità del suo uso oggettivo, deve strutturarsi come analisi dell'esperienza psicologica del soggetto e delle forme in cui questa procede e si organizza. La grave questione kantiana dell'oggettività del mondo esterno viene lasciata da parte da Fries, che presuppone semplicemente la realtà e l'autonomia degli oggetti conosciuti in base a quello che egli definisce il «principio dell'evidenza», tanto dei fatti psichici quanto dell'esistenza del mondo esterno. Fries quindi identifica senza residui la filosofia con la psicologia, e mostra come le tre attività fondamentali dell'uomo — e quindi la base di ogni altra attività umana — siano la *conoscenza*, il *sentimento* e la *volontà*. Quanto al criterio e alla garanzia della verità dei risultati dell'attività della psiche, essi non vanno cercati fuori dalla psiche stessa, ma riconosciuti in quel *fatto* che Fries chiama *l'autofiducia della ragione*: è questo l'unico fondamento della validità oggettiva della conoscenza umana. Questa tuttavia non può spingersi fino all'essenza intrinseca ed eterna delle cose, che va postulata con un atto di semplice fede.

Le dottrine politiche di Fries, che ebbero largo seguito, si basano sulla sua etica del «rispetto della dignità dell'uomo», fondamento di tutti i doveri morali e civili: lo scopo della costituzione e della conservazione delle strutture politiche e civili, e dello stato stesso, è di favorire il rispetto della dignità umana, realizzando la massima uguaglianza nella massima libertà, con la partecipazione del popolo alla vita dello stato. Questa concezione, che oppose Fries a Hegel, costituirà uno dei cardini del liberalismo lungo tutto l'arco del sec. XIX.

Frisesomorum, nome che indica uno dei modi validi del → sillogismo.

Fröbel, Friedrich Wilhelm August (Oberweissbach, Turingia, 1782 - Marienthal, Austria, 1852), pedagogista tedesco. Cresciuto nel clima profondamente religioso di una famiglia di pastori protestanti, chiarì la propria vocazione educativa a contatto con le esperienze di lavoro di J.H. Pestalozzi. Nel 1817 fondò a Keilhau l'Istituto universale tedesco di educazione, che si rivolgeva soprattutto all'istruzione secondaria e i cui scopi indicò nello scritto *Fondamenti, fine e vita interna dell'Istituto universale tedesco d'educazione a Keilhau* (1821). Diede in seguito vita a Blankenburg, in Turingia, a una scuola per bambini, primo nucleo del famoso Kindergarten, il «giardino generale tedesco dell'infanzia», da lui aperto nel 1840 in quella stessa cittadina; numerosi «giardini» furono successivamente istituiti, su iniziativa dello stesso Fröbel, in altri stati tedeschi. Accusato di ateismo e di socialismo, perseguitato perché alcuni suoi principi pedagogici coincidevano con gli ideali della Germania rivoluzionaria del 1848, Fröbel si vide chiudere nel 1851 dal governo prussiano tutti i propri istituti. Nel frattempo (1850), però, ne aveva fondato un altro nel castello di Marienthal, in Austria, dove due anni dopo morì.

Il pensiero pedagogico di Fröbel è esposto nella sua opera più conosciuta, l'*Educazione dell'uomo* (1826), in cui maggiormente si colgono le influenze di Pestalozzi e della visione misticopanteistica di Schelling e Novalis. Per Fröbel la natura tutta è unità e si confonde con Dio creatore, manifestando incessantemente, attraverso le sue forme più svariate, questa identità col divino. Compito dell'educazione è di assecondare la spontanea attività umana, non proponendo modelli esterni da imitare, ma fornendo a ogni individuo l'effettiva possibilità di realizzarsi concretamente e autonomamente. Nel bambino la spontanea tendenza all'attività creatrice si manifesta essenzialmente nel gioco, che non viene visto come mero divertimento o inutile perdita di tempo, ma come «lavoro» e «arte», come attività «seria» fondamentale per lo sviluppo. La spontanea creatività del fanciullo, anche se realizzata in piena autonomia, non va però abbandonata al caso; deve essere facilitata e sviluppata attraverso una serie di giocattoli particolari preordinati, i «doni», che, sollecitando le intuizioni del bambino, lo aiutino a cogliere le forme generali ricorrenti nell'universo, e lo spingano a riferire costantemente l'individualità e la molteplicità degli esseri all'unità. Tra le altre opere: *L'anno 1836 favorisce un rinnovamento della vita* (1836); *Progetto d'un piano per fondare e realizzare un giardino d'infanzia* (1840).

Frobenius, Leo (Berlino 1873 - Biganzolo, lago Maggiore, 1938), etnologo tedesco. Discepolo di F. Ratzel, effettuò lunghe e importanti spedizioni in Africa allo scopo di studiarne le culture che interpretò secondo schemi derivati dalla scuola diffusionista (→ diffusionismo). Al criterio qualitativo egli aggiunse quello quantitativo o geografico-statistico, mirante a fissare in tavole diffusionali geografiche la frequenza e il numero delle concordanze degli elementi culturali, secondo il principio che quanto maggiore è il numero di tratti simili presenti in due culture geograficamente separate, tanto maggiori sono le probabilità di fenomeni di diffusione. Frobenius stabilì anche il principio che gli elementi culturali tendono a migrare non isolatamente, ma come componenti di un intero complesso di fenomeni, ossia di un ciclo di cultura (→ cicli culturali). I parallelismi furono rilevati da Frobenius nelle aree dell'Africa e dell'Oceania, nelle quali sarebbe stata presente un'arcaica cultura comune, detta malese-nigritica, o equatoriale, o antica cultura eritrea; ma, superata la teoria dei cicli, proprio attraverso la percezione della organicità e della «significatività» delle culture, Frobenius ipotizza e cerca di individuare l'esperienza psichica e spirituale sottostante alle singole formazioni culturali, dandole il nome di *páideuma*: da questa esperienza-conoscenza primordiale (in ultima analisi, una «visione del mondo») avrebbero origine le *forme* di civiltà (di qui il nome di «scuola *morfologica*»). In tal senso Frobenius prospetta — nel vecchio dibattito sul rapporto fra mito e rito — una reinterpretazione degli aspetti spettacolari (o di «gioco») delle grandi rappresentazioni rituali con cui gli uomini mimano i fatti cosmici (il cui significato è nascosto nei miti) per provocarne o affermarne l'efficacia con la ripetizione. Secondo Frobenius, dopo un'esperienza primordiale di commozione l'umanità giunge a una intuizione della natura che si esprime come «gioco», sia nell'arte sia nel rito, perché queste sono manifestazioni culturali con le quali, rinnovando i grandi avvenimenti cosmici e mitici, «d'umanità gioca l'ordine della natura», e cioè impone, garantendolo col proprio agire ludico-rituale, un ordine analogo alla società. Opere principali: *L'origine delle culture africane* (1898); *E l'Africa parlò* (3 voll., 1912-13); *Atlante delle favole e delle poesie popolari africane* (12 voll., 1921-28); *Le maschere e le società segrete africane* (1898); *Storia della civiltà africana* (1933). Allievo e continuatore della scuola morfologica è A.E. Jensen.

Fromm, Erich (Francoforte 1900 - Locarno 1980) psicoanalista tedesco. Studiò a Heidelberg e a Monaco conseguendo nel 1922 il dottorato in filosofia; quindi esercitò la professione di analista presso gli Istituti psicoanalitici di Berlino e Francoforte, ove collaborò anche all'Istituto per la ricerca sociale. Nei primi anni Trenta emigrò negli Stati Uniti. Al centro dei suoi interessi sta la definizione di una nuova «scienza dell'uomo», capace di orientare la formazione di una personalità equilibrata nel caos culturale, nella violenza, nella solitudine che costituiscono le perversioni del totalitarismo della società contemporanea. Tra i motivi ispiratori di questa critica al mondo attuale sono l'opera di Marx e quella di Freud, cui più tardi si aggiunse l'influenza del buddhismo zen, apprezzato per la concezione dell'«illuminazione» intesa come sviluppo delle qualità intuitive dell'uomo. In effetti Fromm non può dirsi né marxista né freudiano: di Marx e di Freud egli coglie soprattutto l'istanza critica e liberatoria, aprendo una prospettiva che si può definire esistenzialistica, idealista con forti accenti mistici. Contro il determinismo economico, fonda la sua analisi della società sul concetto di *inconscio sociale*, che rappresenta la parte socialmente repressa della psiche universale. La realizzazione dell'amore, della giustizia e della libertà sarà conseguita quando verranno correttamente soddisfatti i bisogni radicali dell'uomo: l'esigenza di relazioni spontanee; di una dimensione trascendente e creativa; di piena espressione dell'individualità; di una fede capace di orientare i comportamenti; di una fraternità universale. Questa critica del razionalismo e del meccanicismo propri della società contemporanea lo portò anche all'impegno politico in senso pacifista e ad aderire al partito socialista americano. Collaborò con M. Horkheimer e altri alla ricerca su *Autorità e famiglia* (1936). Opere principali: *Fuga dalla libertà* (1941); *Il linguaggio dimenticato* (1951); *Psicoanalisi della società contemporanea* (1955); *L'arte di amare* (1956); *Buddhismo zen e psicoanalisi* (1960); *Marx e Freud* (1962); *Avere o essere?* (1976); *Grandezza e limiti del pensiero di Freud* (1979).

frustrazione, in psicoanalisi e in psicologia, situazione interna o esterna che impedisce di ottenere un soddisfacimento o di raggiungere uno scopo. Introdotto da Freud, il termine indicava una situazione entro certi limiti utile allo sviluppo e all'adattamento dell'Io, ma dannosa oltre una certa soglia perché capace di innescare meccanismi aggressivi o regressivi. L'individuo tuttavia può essere frustrato non solo dal mondo esterno, ma anche da quello interno attraverso l'istanza censoria del Super-Io. Secondo Freud, inoltre (*Precisazioni su due principi dell'accadere psichico*, 1911), se le pulsioni di autoconservazione — che richiedono un oggetto esterno — sono suscettibili di frustrazione, le pulsioni sessuali possono sempre trovare soddisfacimento in termini autoerotici e sul piano fantasmatico. Nella prassi psicoanalitica il concetto di frustrazione è implicito nella cosiddetta *regola d'astinenza*, in base alla quale il paziente non deve trovare, né all'interno né all'esterno della situazione analitica, soddisfacimenti sostitutivi dei suoi sintomi. La psicologia sperimentale a sua volta ha posto l'attenzione su tre fattori: la natura dell'evento frustrante, la forza della motivazione sottostante allo scopo frustrato e la personalità del soggetto frustrato, che combinandosi variamente tra loro possono determinare l'insorgere di un comportamento aggressivo (→ aggressività) o regressivo. Gli psicologi sperimentalisti, primi fra tutti R.G. Barker, T. Dembo e K. Lewin (1941), hanno studiato le reazioni alla frustrazione su animali e bambini, che consentono una accurata osservazione, mentre nell'adulto le frustrazioni subiscono trasformazioni e travestimenti che compromettono l'esito dell'indagine.

funzionalismo, una delle teorie antropologiche e sociologiche più importanti e influenti del Novecento. Nasce dall'abbandono in tali discipline dei tentativi di spiegare le struttuture sociali con la loro origine storica e nella loro particolarità geografica ed epocale, a favore di un tentativo di comprendere le funzioni che tali strutture svolgono a favore della società o di parti di essa. Nel concetto di funzione sono contenute le idee di contributo che un'attività sociale dà all'esistenza di una unità sociale più comprensiva (un gruppo, una cultura, un sistema sociale) in modo interdipendente con altre attività. Il funzionalismo ha i suoi antecedenti nell'organicismo, ma come programma scientifico caratterizzante le scienze sociali nasce con E. Durkheim che in *Le regole del metodo sociologico* (1895) stabilì il significato moderno di funzione in rapporto ai bisogni della società, indipendentemente dai fini espliciti dell'azione o istituzione o altro fenomeno sociale oggetto d'indagine.

• *Il funzionalismo in antropologia*. Il funzionalismo in antropologia ebbe il suo primo sviluppo negli studi di A. → Radcliffe-Brown e di B. → Malinowski, ma le loro concezioni, anche se sembrano presentare alcuni punti in comune, divergono per un motivo sostanziale: Radcliffe-Brown intende studiare le «strutture sociali» delle comunità umane; Malinowski, invece, mette l'accento sui significati e sulle funzioni delle «culture» come determinanti del comportamento umano (*La cultura come determinante del comportamento*, 1936). In realtà la divergenza si basa sulla diversa concezione di ciò che è «società». Radcliffe-Brown la concepisce come relazione interpersonale fra uomini e gruppi di uomini di cui studia il complesso sistema con metodo comparativo, esaminando le funzioni e le relazioni delle istituzioni, costruendo i modelli delle «strutture» sociali, e individuando le interdipendenze dei loro elementi e le condizioni che le sostengono; il che, alla fine, lo porta a non avere più bisogno della «cultura» per spiegare le «strutture». Nel 1963, C.D. Forde, nella voce «Antropologia» dell'*Enciclopedia Britannica*, sottolinea questa divergenza, indicando come, invece, l'attenzione principale di Malinowski sia rivolta ai modi in cui i sistemi culturali integrano le attività di un popolo e improntano il comportamento individuale, coordinando i bisogni primari umani, che provengono dall'organismo fisico-biologico e psicologico sotto la forma di stimoli e di istinti. La cultura diviene, allora, l'organizzazione di bisogni «secondari», che si sviluppano dalla trasformazione dei bisogni primari in vista di una loro soddisfazione armonica e significativa con l'apporto dell'arte, della religione, delle idee metafisiche (*La teoria scientifica della cultura*, 1944). Tuttavia, dietro la polemica fra Malinowski e Radcliffe-Brown, si intravede chiaramente il tentativo (che A. Kroeber ha più volte rilevato come pericoloso e sterile) di «ridurre» il livello di studio del «sociale» al livello di studio del «culturale».

• *Il funzionalismo in sociologia*. Sulla strada indicata da Radcliffe-Brown si muove lo struttural-funzionalismo di T. Parsons, il quale nell'adattamento all'ambiente naturale, nel perseguimento di scopi collettivi, nell'integrazione e nel mantenimento della struttura latente dei valori e delle norme interiorizzate con l'educazione e nel controllo delle tensioni psicologiche individua i quattro imperativi funzionali di ogni sistema sociale: nessun gruppo o organizzazione o società sopravvive se non esplica adeguatamente queste funzioni economiche, politiche, culturali e di motivazione psicologica dei propri membri (*Il sistema sociale*, 1951). Anche i sociologi che non hanno adottato simile teoria generale dei sistemi sociali hanno ampiamente condiviso nella ricerca empirica l'orientamento funzionalistico quale fu codificato da R.K. Merton in *Teoria e struttura sociale* (1949), dove chiaramente sono distinte le funzioni manifeste degli oggetti di analisi sociologica dalle funzioni latenti, non intenzionali e non esplicite che spesso li spiegano (una danza della pioggia non si spiega con l'intento di far piovere, ma con la effettiva funzione di integrazione sociale che svolge per la tribù che potrebbe disperdersi). Merton codifica anche il concetto di «equivalente funzionale», teorizzando la possibilità che istituzioni diverse e alternative possano espletare la medesima funzione sociale. Il paradigma funzionalista in queste versioni (Parsons-Merton) si è ampiamente diffuso nello studio dei fenomeni organizzativi e dei fenomeni politici, oltre che nell'analisi delle società globali (M.J. Levy, *La struttura delle società*, 1952) e delle culture (W.E. Muhlmann, *Antropologia culturale*, 1966). Dagli anni Cinquanta infatti il funzionalismo ha contribuito, con la teoria generale dei sistemi di origine cibernetica, a unificare le teorie delle organizzazioni, intese come sistemi di ruoli deputati a svolgere funzioni (di input, output, controllo, regolazione, governo, integrazione, motivazione dei membri, di decisione di scopi strategici e amministrazione di risorse a essi destinate, attuazione tecnica ecc.) (A. Etzioni, *Sociologia delle organizzazioni*, 1961). La diminuita prestazione dei sistemi politici, le cause dei momenti di crisi sono state individuate nel carente adempimento di funzioni necessarie. In campo giuridico non sono mancate riproposte di «funzionalismo radicale» (N. Luhmann). In senso molto lato il funzionalismo è divenuto una componente dell'analisi sociologica corrente con l'utilizzazione diffusa, anche se talora contestata, della spiegazione funzionale-teologica. La discussione in merito tra K. Davis (*Il mito dell'analisi funzionale*, 1959), C. Hempel (*La logica dell'analisi funzionale*, 1959), E. Nagel (*La struttura della scienza*, 1961), R. Boudon (*Note sulla nozione di funzione*, 1967), comprende posizioni che vanno dalla totale ammissibilità della spiegazione funzionale-teleologica accanto a quella causale, al suo rifiuto a favore della sola spiegazione causale, alla assimilazione delle due, quando siano formalizzate con rigore (come accade tipicamente nell'uso di metodi quantitativi: «funzione» è del resto anche un concetto matematico che indica la relazione tra due grandezze variabili e misurabili numericamente). L'uso sociologico del termine funzione e le teorie sociologiche funzionalistiche hanno largamente recuperato la dimensione storica negata dagli inizi antropologici del funzionalismo divenendo anzi strumenti di conoscenza storica. La differenziazione funzionale dei sistemi sociali in ruoli distinti (e non solo analiticamente distinguibili) è inoltre considerata la caratteristica stessa della evoluzione sociale e culturale.

La popolarità del funzionalismo come specifica teoria dei sistemi sociali è invece diminuita negli anni più recenti. Al recupero e alla rielaborazione dei temi propri del funzionalismo, nella prospettiva della costruzione di una sociologia multidimensionale, è dedicata l'opera di J. → Alexander (*Neofunzionalismo*, 1985).

funzionalismo, in linguistica, metodologia che propone l'identificazione delle unità linguistiche in base alla loro funzione, cioè in base al «principio di funzionalità», e alla quale si sono rifatte diverse correnti, dette appunto funzionaliste, della linguistica novecentesca. Analisi funzionaliste sono state condotte in fonologia, morfologia, sintassi e semantica. L'identificazione su base funzionale delle diverse unità linguistiche avviene con l'impiego di tecniche precise. La più nota e importante è la cosiddetta «prova di commutazione». Poiché è ammessa, in ogni lingua, la solidarietà dei due piani dell'espressione e del contenuto (→ espressione - contenuto), cioè del significante e del significato, si procede commutando (cioè sostituendo) un segmento di significante con un altro per osservare se ciò comporta un mutamento anche di significato. Se si osserva effettivamente un mutamento di significato, vuol dire che il segmento sostituito era funzionale (o pertinente). Questo tipo di commutazione (dal significante al significato) è utilizzato in fonologia, mentre quello dal significato al significante è utilizzato in semantica. Le diverse correnti funzionaliste caratterizzano la storia della linguistica europea del Novecento: si può infatti parlare di funzionalismo a proposito delle scuole di Pietroburgo (Baudouin de Courtenay, Ščerba), di Praga (Mathesius, Jakobson, Trubeckoj), di Ginevra (Saussure, Bally, Frey) e di Copenaghen (Hjelmslev).

Le due più importanti concezioni funzionali della lingua sono dovute a R. Jakobson e a A. Martinet. Jakobson ha proposto anche una teoria delle funzioni della lingua (in *Linguistica e poetica*, 1958) riprendendo sia tradizioni linguistiche russe, sia la concezione di K. → Bühler, sia schemi della teoria della comunicazione: distinti — in ogni situazione comunicativa — l'emittente, il destinatario, il messaggio, il codice, il contesto e il contatto, Jakobson ha fondato su ciascuno di questi sei fattori una funzione linguistica, cioè ha indicato rispettivamente una funzione espressiva o emotiva, una conativa, una poetica, una metalinguistica, una referenziale e una fàtica.

In un senso più moderno, sono detti «funzionalisti» quei linguisti che non si limitano a riconoscere *funzioni esterne* dei sistemi linguistici, ma tentano di incorporarle nelle teorie, nei modelli grammaticali e nei metodi descrittivi delle lingue. In tal senso, la linguistica funzionale nasce in questo dopoguerra all'interno della scuola di Praga (F. Daneš, J. Firbaš, E. Beneš e altri) che alla fine degli anni Cinquanta sviluppa idee già avanzate da Mathesius nel 1928. Con la «Prospettiva Funzionale della Frase» i linguisti di Praga intendono incorporare nelle descrizioni linguistiche il concetto di organizzazione informativa della frase, in cui il primo costituente (*topic* o *tema*) identifica l'argomento e gli altri (*comment* o *rema*) lo commentano, e la distinzione tra informazione considerata già *data* (in virtù delle conoscenze comuni tra parlante e ascoltatore) e informazione *nuova* (detta anche *focus*). L'incorporazione di elementi contestualisti/pragmatici nella descrizione della frase si ha anche in altri modelli grammaticali, per es. nella «grammatica funzionale» di W. Schmidt, in quella dell'olandese S.C. Dik, e, più moderatamente, nei recenti sviluppi della teoria della reggenza e legamento della → grammatica generativo-trasformazionale.

Tra i modelli che tengono conto delle funzioni esterne della lingua nella descrizione grammaticale, il più noto è quello di M.A.K. → Halliday, che vi incorpora le realizzazioni delle tre «metafunzioni» della lingua (ideativa, interpersonale e testuale). Il fatto che queste teorie tendano a un allargamento del concetto di competenza grammaticale nella direzione di una più ampia competenza comunicativa le rende utili ad applicazioni nell'insegnamento delle lingue.

funzionalismo, scuola psicologica fondata su principi evoluzionistici e fiorita a cavallo del secolo negli Stati Uniti; il suo centro propulsore fu l'università di Chicago, e i suoi principali esponenti furono W. James, G. S. Hall, J. McK. Cattell, e soprattutto J. Dewey, J. R. Angell, H. Carr, R. Woodworth.

• *Il retroterra filosofico del funzionalismo.* Al contrario dell'→ introspezionismo, legato alla tradizione di W. Wundt, il funzionalismo rappresenta un'espressione caratteristica della cultura ameri cana della fine del sec. XIX, desiderosa di emanciparsi in breve tempo dalle origini europee. L'ispiratore del movimento funzionalistico è W. James, che nei *Principi di Psicologia* (1890) fa esplicito riferimento all'applicabilità in psicologia delle teorie evoluzionistiche di Darwin, le quali, essendo focalizzate sui rapporti spesso difficili fra l'organismo e l'ambiente, ricevono accoglienza favorevole nella realtà sociale e culturale dell'America di quegli anni, in cui predominano le istanze pionieristiche e individualistiche. Va tuttavia aggiunto che, oltre all'evoluzionismo, altre due influenze, seppur meno incisive, presiedono al nascere del funzionalismo: da un lato la filosofia pragmatistica di G.H. Mead e G.E. Moore, anch'essa nordamericana ed espressa prevalentemente dall'università di Chicago; d'altro lato la «psicologia dell'atto» di F. Brentano, nota come «scuola austriaca» e postasi fin dai primi anni successivi al 1870 in aperta polemica con lo sperimentalismo lontano dalla vita reale e con l'elementismo caratteristici dell'orientamento wundtiano. Fra i testi più significativi del funzionalismo ricordiamo un articolo pubblicato da J. Dewey nel 1896, *Il concetto di arco riflesso in psicologia*, e un manifesto del 1907 di

Angell, *Compiti e limiti della psicologia funzionalistica.* Dopo il primo decennio del Novecento, in coincidenza con l'ascesa del comportamentismo, il funzionalismo comincia a declinare, anche se i suoi criteri ispiratori sono entrati a far parte della psicologia contemporanea nel suo insieme.

• *La spiegazione biologica.* Gli psicologi funzionalisti vedono nell'organismo umano l'ultimo stadio del processo evolutivo, tanto dal punto di vista fisico quanto da quello psichico; in questa prospettiva, che riprende in termini sistematici le tesi darwiniane formulate nell'opera *L'espressione delle emozioni nell'uomo e negli animali* (1872), i processi mentali, elementari o complessi che siano, vengono intesi come strategie di cui l'organismo si serve per sopravvivere, come strumenti più o meno raffinati che gli consentono di non soccombere nei confronti di un ambiente fisico e biologico il più delle volte ostile. Il problema principale per la psicologia funzionalistica non è più quindi «che cosa sono i processi mentali» (come per la psicologia introspezionistica), bensì «a che cosa servono globalmente e come funzionano i processi mentali». Il tradizionale dualismo «mente-corpo», posto da Wundt e dagli introspezionisti a fondamento della psicologia, con il nome di «parallelismo psicofisico», non ha più motivo d'essere perché, in rapporto all'ambiente, mente e corpo si comportano nello stesso modo e costituiscono di fatto un'unità inscindibile: al di là delle loro apparentemente vistose differenze, la percezione e la respirazione, per es., oppure la memoria e la circolazione del sangue, svolgono un'identica funzione di protezione dell'organismo nei confronti dell'ambiente. La psicologia funzionalistica, inserita in questa ampia prospettiva biologizzante completamente estranea all'introspezionismo, scavalca il piano puramente descrittivistico di quest'ultimo e si pone su un piano esplicazionistico, inaugurando una linea di tendenza non positivistica cui si atterrà quasi tutta la psicologia contemporanea, con l'importante eccezione del comportamentismo watsoniano. Precedendo il comportamentismo, il funzionalismo rivolge in modo privilegiato la propria attenzione al comportamento animale e soprattutto umano, di cui sottolinea il carattere plastico di orientabilità e di adattività all'ambiente.

• *I processi mentali coscienti e l'adattamento.* Rispetto alla tradizione introspezionistica, i funzionalisti definiscono in termini completamente nuovi i processi mentali coscienti: anziché concepirli come eventi psichici puri e irrelati col resto dell'organismo e con l'ambiente, li interpretano come l'espressione massima dell'adattamento biologico; la coscienza compare ogni qual volta il comportamento automatico è ostacolato da eventi nuovi e imprevisti, che pongono problemi la cui soluzione non è contenuta nel repertorio del comportamento automatico stesso, ma che è indispensabile per la sopravvivenza, a lungo o breve termine, dell'organismo biopsichico; una volta svolta la propria funzione adattiva, la coscienza si eclissa, lasciando al proprio posto i nuovi automatismi che essa stessa ha instaurato. Sul piano epistemologico, il funzionalismo si pone come l'antitesi dell'elementismo introspezionistico, e in questa rivendicazione della priorità del «tutto» sulle «parti» o «elementi» precede il gestaltismo. Nel già citato articolo di Dewey, in particolare, viene sostenuta la fondamentale tesi funzionalistica secondo cui l'arco riflesso rappresenta un anello unitario in una catena, solo artificialmente scomponibile, di altri archi riflessi; e viene così abbandonata la tesi elementistica o molecolaristica tradizionale, che scomponeva l'arco riflesso in due unità (stimolo e risposta) reciprocamente indipendenti. Ogni condotta dell'organismo vivente è pertanto un processo globale, il cui significato ultimo non va cercato negli elementi che lo compongono, bensì nel rapporto adattivo con l'ambiente. Rinunciando alla pregiudiziale wundtiana, i funzionalisti sono i primi psicologi moderni che affrontano in termini specifici le tematiche relative al pensiero e all'intelligenza umana, anche se di questi ultimi si limitano a sottolineare gli aspetti adattivi e strumentali, mentre successivamente il cognitivismo dimostrerà che è possibile affrontarne lo studio in una prospettiva più ampia. Secondo i funzionalisti un'idea, un ragionamento, un'attesa cognitiva possono avere la stessa valenza adattiva delle funzioni periferiche come la sensazione, la percezione e l'apprendimento. Sul piano metodologico i funzionalisti aprono per primi la psicologia alle applicazioni socialmente utili, e danno un contributo rilevante al «movimento dei test» che si afferma negli Stati Uniti all'epoca della prima guerra mondiale. Il funzionalismo fu il primo movimento psicologico importato dall'America in Europa; nei paesi di lingua francese ebbe un importante interprete in E. Claparède.

Oggi il termine funzionalismo è spesso usato (in psicologia cognitiva e in filosofia della → mente) in un senso del tutto diverso per indicare la tesi del filosofo H. → Putnam, poi fatta propria da molti altri, secondo cui gli stati e i processi mentali sono indipendenti dal loro supporto materiale, e sono identificati invece dal loro *ruolo causale* (così come il software di un computer è indipendente dal suo hardware, tant'è vero che può essere realizzato da diversi hardware). I funzionalisti non negano che, nel caso dell'uomo, uno stato mentale coincida *di fatto* con uno stato fisiologico del cervello, ma negano che questa identità sia di principio. Perciò, per es., un processo cognitivo non è tutt'uno col processo fisiologico che lo realizza nel cervello umano (o animale), ma è identificato, a un livello di astrazione più alto, dal tipo di dati che elabora, dalla successione dei passi di elaborazione ecc., e dunque è eseguibile — in linea di principio — anche da una macchina. Il funzionalismo ha avuto efficacia determinante sulla nascita e lo sviluppo della → scienza cognitiva. Della posizione funzionalista si distinguono varie versioni, alla cui elaborazione e discussione hanno contribuito, oltre a Putnam, D. Marr, D. Dennett, J. Fodor, Z. Pylyshyn e altri. *S. Ma.*

Gabelli, Aristide (Belluno 1830 - Padova 1891), pedagogista italiano. Promotore del positivismo pedagogico italiano, riprese alcune teorie dello sperimentalismo di J. S. Mill, criticando la tesi di Rousseau, secondo la quale la natura dell'individuo è contraddistinta da una libertà radicale; si deve piuttosto riconoscere che l'uomo è condizionato dagli istinti e il suo agire è dominato dal criterio dell'utilità. Tali condizionamenti sono superabili attraverso l'istruzione, la quale abitua all'autocontrollo; il fondamento dell'educazione per Gabelli è «la supremazia dell'intelligenza sulla sensibilità», l'acquisizione di un uso critico dello «strumento testa». Come metodo educativo egli propose l'osservazione diretta della realtà, sottolineando il carattere sociale e nazionale dell'attività educativa. Opere principali: *L'uomo e le scienze morali* (1869); *Il metodo d'insegnamento nelle scuole elementari d'Italia* (1880); *Sul riordinamento dell'istruzione elementare* (1888); *Il positivismo naturalistico in filosofia* (1891); *L'istruzione in Italia* (2 voll., 1891).

Gadamer, Hans Georg (Marburgo 1900), filosofo tedesco. È il fondatore dell'ontologia → ermeneutica. Nella sua opera principale, *Verità e metodo. Lineamenti di un'ermeneutica filosofica* (1960), riprendendo problematiche diltheyane e heideggeriane in una prospettiva che tiene tuttavia presente la lezione hegeliana, si pone il problema della verità non in una forma astratta, ma nel senso delle possibilità che l'uomo ha di farne concretamente esperienza (in riferimento soprattutto ai temi dell'arte, della storia e del linguaggio). È innanzitutto l'esperienza dell'arte, infatti, se pensata in modo non soggettivistico (cioè non in base a una «coscienza estetica», corrispettivo teorico dell'istituzione del museo), che ci rivela possibilità d'esperienza delle verità nelle quali l'uomo viene realmente modificato dall'incontro che fa: l'opera d'arte è processo ed evento di cui l'uomo non è mero spettatore, ma in cui si trova coinvolto, come ben chiarisce l'analisi gadameriana della nozione di «gioco». A partire da questa impostazione si ha in Gadamer una ripresa del problema specificamente ermeneutico della comprensibilità e dell'interpretabilità di monumenti e testimonianze del passato, problema che è risolto, contro lo storicismo relativistico, con l'analisi della costitutiva storicità dell'esistenza: questa storicità non è un limite, ma è anzi il fondamento positivo della possibilità di un colloquio fecondo con la tradizione («fusione d'orizzonti»). Il linguaggio è il «mezzo» di questo colloquio («mezzo» non nel senso di «strumento», ma in quello di «dimensione»): l'esistenza dell'uomo, come apertura, risulta così definita dalla sua linguisticità («Chi ha linguaggio, *ha* il mondo») e, corrispondentemente, ciò che viene incontro all'uomo, testo o evento che sia, è comprensibile e interpretabile solo in quanto si dà nel linguaggio e come linguaggio («L'essere che può venir compreso è linguaggio»). Così la filosofia ermeneutica di Gadamer, per il fatto che e per il modo in cui mette in primo piano la dimensione del linguaggio, può fecondamente confrontarsi con altre correnti vitali del pensiero contemporaneo, dalla filosofia analitica allo strutturalismo. In questo quadro, particolare significato assume il recupero gadameriano del concetto greco-platonico di *lógos* e di dialettica, nonché del concetto aristotelico di *phrónēsis* (saggezza intellettuale e pratica), entrambi volti a mediare le esigenze innovative del presente e il bisogno di ricondurre il mondo tecnico a fini spirituali con l'inesauribile peso e significato della tradizione. Altre opere: *L'etica dialettica di Platone* (1931); *Popolo e storia nel pensiero di Herder* (1942); *Goethe e la filosofia* (1947); *Il problema della coscienza storica* (1963). Dal 1986 è in corso l'edizione delle opere complete.

Galeno, Claudio (Pergamo 129 - Roma o Pergamo 200 ca), medico e filosofo greco. Studiò a Pergamo, Smirne, Corinto e Alessandria, e fu medico presso la corte degli imperatori Marco Aurelio e Commodo, dopo essere stato anche medico dei gladiatori. Si conoscono i titoli di 153 suoi scritti, riguardanti le principali branche della medicina ma anche altri campi di studio quali la filosofia e la retorica; in buona parte tali scritti sono conservati nell'originale greco, talvolta in traduzioni latine o arabe. Immensa fortuna ebbero nel medioevo il *Metodo terapeutico* e l'*Ars medica*, noti l'uno come *Ars Magna* (*Macrotechnum*), l'altro come *Ars parva* (*Microtechnum*). Fino al rinascimento Galeno, che dopo Ippocrate fu il medico più famoso dell'antichità, costituì un'autorità non solo in campo medico ma anche sul piano filosofico.
Galeno si rifà a un metodo scientifico eclettico, in cui coesistono elementi aristotelici, neoplatonici e stoici. Dal punto di vista del contenuto tende ad armonizzare la dottrina ippocratica dei quattro umori con la fisica aristotelica dei quattro elementi e delle quattro qualità, pervenendo a una concezione finalistica dei processi bio-fisiologici. Egli modifica la dottrina delle cause aristoteliche, introducendo una quinta causa, quella strumentale (per mezzo di cosa un evento si produce) accanto alle altre quattro

(materiale, formale, efficiente e finale). Il finalismo galenico consiste sostanzialmente nell'individuare l'adeguatezza perfetta tra parti dell'organismo e funzioni biologiche: da ciò risulta la provvidenzialità e l'armonia della natura. Sotto il profilo del metodo, Galeno insiste sulla necessità di giungere a dimostrazioni in campo medico; queste devono fondarsi sull'evidenza sensibile e sull'intuizione intellettuale. Dimostrare vuol dire collegare secondo nessi causali dati di fatto certi e verificati sperimentalmente, alla luce di principi indimostrabili (del tipo: ogni evento deve avere una causa; cose eguali a un'altra cosa sono tra loro eguali ecc.).

Galiani, Ferdinando (Chieti 1728 - Napoli 1787), economista e letterato italiano. Formatosi a Napoli con Bartolomeo Intieri, in un ambiente che risentiva della lezione di Vico, si impose con la pubblicazione del trattato *Della moneta* (1751). Nel 1757 si trasferì a Parigi come segretario d'ambasciata; qui entrò in rapporto con l'ambiente illuministico (D. Diderot, F.M. Grimm, Madame d'Epinay) e scrisse i *Dialoghi sul commercio dei grani* (pubblicati nel 1770). Tornato a Napoli nel 1769, scrisse saggi su argomenti linguistici e d'altra natura, intrattenendo un'assidua corrispondenza con gli amici francesi: le *Lettere* di Galiani, oltre che testimonianza del vivace ingegno del loro autore, sono un importante documento della cultura del tempo.

L'originalità del trattato *Della moneta* consiste soprattutto nella definizione del *valore* delle cose; esso dipende, sostiene Galiani con una chiara anticipazione degli economisti «classici», sia dall'utilità e rarità del prodotto, sia dalla quantità e qualità del lavoro, sia infine dal tempo necessario a produrre una merce. Nei *Dialoghi*, in diretta polemica con i fisiocratici e mettendo a frutto una consapevolezza storica per molti aspetti più matura della comune mentalità illuministica, Galiani nega la possibilità di stabilire norme relative ai dazi e all'annona che siano valide per ogni luogo ed epoca, e sostiene invece la necessità di tener conto delle mutevoli condizioni storiche, economiche, sociali e geografiche dei vari paesi.

Galilei, Galileo (Pisa 1564 - Arcetri, Firenze, 1642), scienziato e filosofo italiano. Per volere del padre si iscrisse nel 1581 alla facoltà di medicina dell'università di Pisa. Ma per l'arte medica non mostrò alcun interesse, e tornò a Firenze senza aver conseguito titoli accademici. Si dette invece allo studio della matematica sotto la guida di Ostilio Ricci, che era stato discepolo del grande Nicola Tartaglia, e cominciò a compiere osservazioni fisiche, scoprendo nel 1583 l'isocronismo delle oscillazioni pendolari. Dopo aver pubblicato nel 1586 *La bilancetta*, nella quale illustrava la bilancia idrostatica da lui progettata sulla scia di indicazioni di Archimede, si dedicò ad ampliare e approfondire anche la propria cultura letteraria (del 1588 le due lezioni tenute all'Accademia fiorentina *Circa la figura, sito e grandezza dell'«Inferno» di Dante*; di poco successive le celebri *Considerazioni sul Tasso*), finché nel 1589 gli fu assegnato dal granduca di Toscana un insegnamento di matematica all'università di Pisa: a questo periodo appartengono i manoscritti del *De motu*, ove la trattazione del movimento è condotta sulla base della teoria dell'*impetus*, come pure, se sono realmente avvenuti, i leggendari esperimenti di lancio dei gravi dal campanile di Pisa. Nel 1592 ottenne un posto, meglio retribuito, all'università di Padova. Ben inserito nel vivace e spregiudicato ambiente intellettuale veneto, Galileo intraprese numerose ricerche scientifiche e ampliò i preesistenti interessi per la tecnica, istallando fra l'altro accanto al proprio studio una sorta di officina-laboratorio: risalgono a quest'epoca *Le operazioni del compasso geometrico militare* (1606) e la polemica con B. Capra, che reclamava per sé la priorità dell'invenzione. Nel 1609, giuntagli notizia che degli «occhialai» olandesi avevano costruito un «occhiale» che rendeva visibili gli oggetti lontani, realizzò egli stesso un simile strumento e con esso compì le osservazioni astronomiche i cui risultati comunicò nel *Sidereus Nuncius* (1610). Il cannocchiale svelava che la Via Lattea era un ammasso di stelle, che il paesaggio lunare non differiva molto da quello terrestre, che esistevano, oltre quelli conosciuti, altri quattro pianeti satelliti di Giove, da Galileo battezzati «medicei». Poco più tardi, ulteriori osservazioni gli permisero nuove scoperte: l'aspetto tricorporeo di Saturno (il famoso «anello», inaccessibile al cannocchiale galileiano), le fasi di Venere, lo studio delle macchie solari. L'importanza di queste osservazioni era enorme: attraverso la «certezza che è data dagli occhi» veniva scardinata la costruzione astronomica aristotelico-tolemaica, della quale crollavano due capisaldi: l'eterogeneità qualitativa della sfera celeste e terrestre, l'unicità del centro di tutti i movimenti cosmici. Non solo, ma l'impiego del cannocchiale permetteva anche di far cadere tutta una serie di obiezioni all'ipotesi copernicana che fino a quel momento erano apparse a molti fondate o addirittura insuperabili; come per es. quella che la «natura terrestre» di un pianeta gli impedirebbe di muoversi (smentita dal disvelamento della natura terrestre della Luna, che pure si muove).

• *L'eliocentrismo e l'accusa di eresia.* Nonostante lo scalpore e in molti casi lo «scandalo» sollevato dall'annuncio galileiano, la solidità delle nuove acquisizioni sembrò in un primo momento venir riconosciuta (esse ricevettero, tra l'altro, l'assenso di Keplero e degli stessi gesuiti del Collegio romano) e Galileo nel 1610 venne assunto dal granduca di Toscana Cosimo II come primario matematico dell'università di Pisa (senza obbligo di tenervi lezioni e di risiedervi) e come primario matematico e filosofo di corte. Ciò gli avrebbe permesso di risolvere per sempre i propri problemi economici e di dedicarsi interamente al lavoro scientifico; ma nella nuova sede la libertà di pensiero e di insegnamento era assai minore che a Padova, e in effetti le prime noie non si fecero attendere: a Firenze, nello stesso anno in cui pubblicava il *Discorso intorno alle cose che stanno in su l'acqua* (1612), un frate domenicano, Nicolò Lorini, lo accusava di eresia e lo denunziava al Santo Uffizio. Ciò che gli veniva contestato ufficialmente era il contrasto fra la teoria eliocentrica e il passo biblico in cui Giosuè ritarda il tramonto dicendo «fermati, Sole», ma le ragioni reali dell'opposizione teologica stavano piuttosto nel fatto che il copernicanesimo veniva a infrangere, in piena età controriformistica, i quadri tradizionali, metafisici e fisici, dell'insegnamento ecclesiastico. Con le celebri quattro «lettere copernicane» (una a Benedetto Castelli, due a monsignor Pietro Dini, una alla granduchessa madre Cristina di Lorena), Galileo cercò di difendersi dalle accuse e insieme di fondare, su un piano più generale, l'autonomia della ricerca scientifica rispetto all'autorità religiosa. I fondamenti della sua posizione sono contenuti nella lettera al Castelli (1613): la natura, non meno delle Sacre Scritture, procede dal Verbo Divino, con la differenza che, mentre queste ultime hanno dovuto adattarsi alla mentalità di popolazioni rozze e primitive per essere comprese, la natura non ha mai potuto né dovuto subire tali modificazioni. Pertanto, pur restando escluso che le Scritture possano errare e tanto meno mentire, in un certo ambito di questioni, che sono per l'appunto quelle naturali, esse non potranno essere prese sempre alla lettera e la loro autorità dovrà anzi essere tenuta «all'ultimo luogo» (sul piano teologico e morale esse restano invece validissime e non necessitano di altre interpretazioni oltre quella letterale). Questa posizione galileiana riceve un'ulteriore precisazione e chiarimento nella lettera a Cristina di Lorena (1615): alla granduchessa che gli chiede se la teologia possa ancora essere considerata la regina delle scienze, egli risponde che ciò è possibile se si assume come parametro di giudizio l'eccellenza dell'oggetto, essendo l'oggetto della teologia senza alcun dubbio il più elevato di tutti, ma impossibile se invece a tale titolo si intende seguitare ad autorizzare un'ingerenza della teologia in tutti i campi d'indagine scientifica. Ma nonostante questo elegante e limpido tentativo di ridefinire i rapporti fra fede e scienza così da garantire a entrambe dignità e autonomia, nel febbraio 1616 la teoria eliocentrica venne condannata dalla chiesa e lo stesso cardinal Bellarmino — cui Galileo si era indirettamente rivolto con la seconda e la terza lettera copernicana, prima sottoponendo al suo giudizio la propria posizione e poi rifiutandone il suggerimento di presentare l'eliocentrismo come una mera ipotesi matematica priva di qualunque pretesa «fisica» — gli ingiunse di abbandonare del tutto la teoria e di non difenderla o insegnarla a voce o per scritto.

• *Il metodo della nuova scienza. Matematica e natura.* Nel 1623, lo stesso anno in cui inizia il pontificato di Urbano VIII, papa più aperto e tollerante del predecessore, Galileo pubblica *Il saggiatore*, un'operetta nata da una disputa con il gesuita Orazio Grassi circa la natura delle comete. Nonostante che la tesi specifica sostenuta da Galileo si sia rivelata erronea, l'opera risulta tuttavia di importanza fondamentale sia letterariamente, per l'efficacia dello stile polemico con il quale è scritta, sia filosoficamente, per le osservazioni metodologiche con le quali è delineato l'ideale della nuova scienza, il cui procedere viene ancora caratterizzato, come già nella lettera al Castelli, dall'intreccio metodico di «sensate esperienze» e «certe (ossia: matematiche) dimostrazioni». Compaiono inoltre nell'opera due dottrine particolari di grande rilievo filosofico: la prima formulazione, compiuta in età moderna, di quella che verrà poi detta la distinzione fra qualità primarie e secondarie dei corpi e che costituirà la base del meccanicismo secentesco e settecentesco; la tesi, connessa alla precedente, che il «gran libro della natura» è scritto in caratteri matematici e che esso non può essere inteso se prima non si impara a intendere tale linguaggio. A ciò viene anche congiunto il rifiuto metodologico di ogni ricorso, nell'indagine scientifica, a un'autorità, a un «libro» che non sia quello della natura, il che fa del *Saggiatore* una sorta di completamento delle lettere copernicane: là si affermava l'autonomia della scienza dall'autorità religiosa, qua da quella scientifica; e è degno di nota che l'obiettivo polemico, su tale terreno metodologico, non sia Aristotele, bensì i dotti incrollabilmente aristotelici contemporanei di Galileo.

Confortato dal successo del *Saggiatore* e dalla tolleranza di cui il pontificato di Urbano VIII continuava a dar mostra, Galileo riprese un vecchio progetto: già nel 1616 egli aveva affrontato il fenomeno delle maree spiegandolo come determinato dai movimenti di rotazione e rivoluzione della Terra. Ritenendo che ciò potesse costituire una sorta di «prova fisica» della verità della teoria copernicana, a partire all'incirca dal 1624 progettò un *Dialogo sopra il flusso e il reflusso delle maree*, il cui titolo fu poi trasformato in quello più neutrale di *Dialogo sopra i due massimi sistemi del mondo, tolemaico e copernicano*, infine pubblicato, dopo non poche difficoltà, nel febbraio del 1632. Nel proemio Galileo affermava prudentemente che la teoria copernicana era assunta «in pura ipotesi matematica» e che quanto soprattutto si intendeva mostrare, specie al mondo protestante, era la legittimità, dal punto di vista religioso, della condanna del 1616. L'opera, scritta in volgare e intenzionalmente rivolta a un pubblico più ampio e meno prevenuto di quello accademico, si scandisce in quattro giornate, durante le quali tre interlocutori, l'aristotelico e tolemaico Simplicio, il copernicano Salviati e l'imparziale e acuto Sagredo, mettono a confronto i due «massimi sistemi» senza che venga affermato esplicitamente quale di essi sia da preferire. In realtà, Galileo intende invece mostrare l'insostenibilità della fisica aristotelica (torna, per es., la critica alla distinzione fra mondo celeste e mondo terrestre), la verità della cosmologia copernicana (critica degli argomenti addotti contro la possibilità del moto della Terra) e l'esistenza di una vera e propria prova di carattere fisico della teoria copernicana, prova costituita appunto dalla spiegazione, oggi tuttavia ritenuta erronea, del fenomeno delle maree. Degna di menzione, nell'ambito della prima giornata, la celebre distinzione fra intelletto divino e intelletto umano: a parte il fatto che la conoscenza umana procede discorsivamente, mentre quella divina è intuitiva, tra i due intelletti vi è un'enorme differenza dal punto di vista della estensione (*extensive*) in quanto Dio conosce tutte le infinite verità, mentre l'uomo ne conosce solo alcune, ossia niente rispetto all'infinita sapienza divina, ma, dal punto di vista dell'intensità (*intensive*), alcune delle verità conosciute dall'uomo (quelle matematiche) sono conosciute altrettanto bene che da Dio.

Né il proemio, né l'apparente imparzialità, né il cenno finale al cosiddetto argomento di Urbano VIII secondo cui Dio potrebbe far sì che tutto sembri a favore di una teoria, ma che essa poi non sia quella vera, riuscirono a proteggere Galileo, tanto più che egli con la polemica del *Saggiatore* si era irrimediabilmente alienato le simpatie degli ambienti gesuitici: la diffusione dell'opera fu sospesa e gli venne ingiunto di trasferirsi a Roma, a disposizione del Santo Uffizio, sotto l'accusa di non aver rispettato l'impegno del 1616. Si giunse così il 22 giugno 1633 alla famosa abiura di Galileo e alla sua condanna al carcere formale; già dal luglio dello stesso anno, però, egli ottenne il trasferimento a Siena e di lì, nel dicembre, alla sua villa di Arcetri presso Firenze, a patto che vi vivesse ritirato; ivi dal 1637 fu colpito da una progressiva cecità. Ma già durante i mesi trascorsi a Siena egli aveva iniziato la stesura del suo capolavoro scientifico, *Discorsi e dimostrazioni matematiche intorno a due nuove scienze, attinenti alla meccanica e i movimenti locali*, che uscì in Olanda, a Leida, nel 1638. Vi ricompaiono i tre interlocutori del *Dialogo* e anche quest'opera è scandita in quattro giornate; di particolare importanza la trattazione, nella terza e quarta giornata, del problema del moto uniforme naturalmente accelerato e uniformemente accelerato, nella quale è da vedere la prima esposizione sistematica della cinematica moderna.

gallicanesimo, termine, coniato in Francia alla fine del sec. XIX, che designa un fenomeno politico-ecclesiastico sviluppatosi in tale paese tra il grande scisma d'occidente (fine del sec. XIV) e la rivoluzione francese. Il gallicanesimo fu una realtà assai complessa di dottrine teologiche e politiche, di prassi amministrative e giudiziarie difficilmente riducibili a un minimo comun denominatore, tanto che si parla abitualmente di almeno due gallicanesimi: quello politico (al cui interno si distingue ancora un gallicanesimo del re, più disposto a transazioni, e uno del parlamento, assai più rigido) e quello degli ecclesiastici, che assume caratteristiche diverse a seconda che si tratti di teologi o di vescovi. Le cosiddette «libertà gallicane» proclamate dalle ordinanze del 18 febbraio 1407 segnano il vero inizio del gallicanesimo, e consistono nell'affermazione delle libertà della chiesa di Francia non nei confronti del potere secolare, come era tradizione, ma nei confronti del progressivo accentramento di ogni potere nel papa, e della concezione che faceva del papa la fonte di tutti i poteri.

Le tensioni tra la chiesa francese e Roma avevano radici antiche: fin dal sec. IX i vescovi francesi avevano rivendicato per il pontefice il ruolo di custode della tradizione e dei canoni, piuttosto che quello di fonte della legge, mentre nel sec. XIII le lotte contro gli ordini mendicanti, che minacciavano le prerogative dei vescovi e dei parroci, erano contemporaneamente lotta contro l'accentramento papale. D'altra parte nel corso del sec. XIII l'agostinismo politico, che vedeva nel papa l'unico e supremo magistrato, veniva messo in discussione dalla presa di coscienza dell'esistenza di un ordine giuridico proprio della società e dei poteri temporali, che si esprimeva nel sec. XIV, a livello politico, nella lotta tra Bonifacio VIII e Filippo il Bello. Tutti questi elementi si coagulano alla fine del sec. XIV attorno ai due massimi protagonisti del gallicanesimo, l'università di Parigi e il re di Francia, che tentano con sforzi congiunti di avviare a soluzione lo scisma, riducendo i sussidi e il potere di Benedetto XIII in base alle antiche immunità della chiesa di Francia. Negli anni successivi il principio di superiorità del concilio sul papa (→ conciliarismo) diventerà uno dei punti fondamentali del gallicanesimo e verrà affermato nella Prammatica sanzione di Bourges del 1438. Il gallicanesimo dei politici sviluppò, a partire dalle libertà gallicane, la teoria della totale indipendenza del potere del re dall'autorità papale e ogni altra argomentazione utile a fondare l'assolutismo regio, inteso come potere ricevuto direttamente da Dio, cui era soggetta la vita concreta della chiesa stessa. Esso venne espresso negli 83 articoli di P. Pithou nel 1594. Il gallicanesimo dei teologi, tra i quali vanno ricordati Gerson e J.-B. Bossuet, è interessato soprattutto alle strutture ecclesiali. Pur nella grande varietà delle posizioni, è comune ai teologi e ai vescovi gallicani il rifiuto degli sviluppi medievali del potere papale (*plenitudo potestatis*), così come delle tesi elaborate dai teologi della controriforma; essi sostengono che la chiesa non è tutta assorbita nel papato, ma che in essa vi sono un corpo di fedeli e un servizio gerarchico di questo corpo. Nella chiesa sono attivi inoltre due poli di potere, il papa e l'episcopato, che debbono sempre operare congiunti. Si preferisce parlare di indefettibilità della chiesa invece che di infallibilità, e il *consensus ecclesiae* è richiesto perché le decisioni papali siano irreformabili. Il documento più rappresentativo di questo gallicanesimo è costituito dai *Quattro articoli* del clero gallicano (o *Dichiarazione del clero gallicano sul potere nella chiesa*), approvati in una riunione straordinaria dell'assemblea generale del clero francese nel 1682. Il gallicanesimo morì quando, con la rivoluzione francese, ebbe fine l'alleanza trono-altare (ma si può considerare gallicana anche la politica ecclesiastica di Napoleone).

La sede romana ha sempre guardato con sospetto il gallicanesimo, ma il timore di uno scisma l'ha spinta a esprimere la sua riprovazione in modi indiretti e mitigati, tanto che le tesi gallicane essenziali, secondo molti autori, non sarebbero state solennemente condannate se non dal concilio Vaticano I (1870). *A. Al. Ni.*

Galluppi, Pasquale (Tropea, Catanzaro, 1770 - Napoli 1846), filosofo italiano. Studiò all'università di Napoli, dove insegnò filosofia teoretica dal 1831. Pur riconoscendo valida l'esigenza kantiana di affrontare il problema critico prima di costruire qualsivoglia sistema filosofico, egli non accetta il soggettivismo aprioristico della tradizione razionalistica, che porta inevitabilmente allo scetticismo, e intende correggerlo con il «dommatismo» empiristico. La «filosofia dell'esperienza» deve partire dai «fatti primitivi», cioè dai dati della coscienza. Con Cartesio, Galluppi riconosce l'autocoscienza dell'io come un dato immediato, ma ritiene inoltre che anche la coscienza della realtà degli oggetti attraverso la sensazione sia immediata. Le idee, invece, sono frutto di un processo di analisi e di astrazione dalle percezioni stesse, e hanno un carattere oggettivo nell'origine, solo in quanto fondate su percezioni sensibili, e nel valore, in quanto a esse corrisponde una realtà esistente. Idee oggettive sono anche le idee di sostanza e di causalità, che permettono di giungere, attraverso un procedimento a posteriori, alla dimostrazione dell'esistenza di Dio. È pertanto fondata una religione naturale, i cui dogmi fondamentali sono l'esistenza di un Dio creatore e di una legge morale naturale e divina, l'immortalità dell'anima, il premio per la virtù e il castigo per il vizio. La dottrina morale si configura per Galluppi come un'etica del dovere di tipo kantiano. In essa, però, il carattere autonomo della volontà morale è temperato dal riconoscimento che questo principio del dovere è posto nella natura dell'uomo da Dio. Opere principali: *Memoria apologetica* (1795); *Saggio filosofico sulla critica della conoscenza* (6 voll., 1819-32); *Elementi di filosofia* (6 voll., 1820-27); *Lettere filosofiche* (1827); *Lezioni di logica e metafisica* (4 voll., 1832-34); *Filosofia della volontà* (4 voll., 1832-40); *Considerazioni filosofiche sull'idealismo trascendentale e sul razionalismo assoluto* (1841).

Galton, Francis (Duddeston, Birmingham, 1822 - Haslemere 1911), psicologo inglese. Studiò medicina e si occupò di meteorologia, fisica e statistica; va ricordato soprattutto come psicologo in quanto precorse importanti aspetti della psicologia moderna. In particolare, introdusse l'orientamento evoluzionistico di Darwin (del quale era cugino) e lo studio delle differenze interindividuali; cercò di dimostrare l'ereditarietà dell'intelligenza, e propose l'eugenetica come mezzo per migliorare il livello qualitativo della razza umana; definì l'importantissima misura statistica della «correlazione», di cui il suo allievo K. Pearson elaborò la formula matematica; infine, fu il primo a concepire i test mentali, e allo scopo di misurare l'intelligenza, secondo lui direttamente correlata alla capacità sensoriale di ciascun individuo, progettò un gran numero di strumenti che in parte vennero ripresi e perfezionati dalla psicotecnica del primo Novecento (un fischio per misurare la capacità uditiva, un fotometro per misurare la capacità discriminatoria dei colori, un pendolo calibrato per misurare il tempo di reazione a luci e suoni, e così via). Compì anche studi pionieristici sulla formazione delle immagini mentali, e inventò il test di associazione verbale, che W. Wundt in seguito riprese e utilizzò sistematicamente nel suo laboratorio di Lipsia. Fra le opere si ricordano *Il genio ereditario* (1869) e *Indagini sulle facoltà umane e sul loro sviluppo* (1883).

Garin, Eugenio (Rieti 1909), storico della filosofia italiano. Ha insegnato storia della filosofia a Firenze e poi presso la Scuola normale di Pisa. Dopo i primi studi dedicati alla filosofia inglese del Seicento e Settecento (raccolti in *Illuminismo inglese. I moralisti*, 1942), ha dedicato la parte prevalente della sua vastissima attività allo studio dell'umanesimo e del rinascimento italiani (*Giovanni Pico della Mirandola*, 1937; *Filosofi italiani del Quattrocento*, 1940; *Il Rinascimento italiano*, 1941; *L'umanesimo italiano*, 1952; *Medioevo e Rinascimento*, 1954; *La cultura filosofica del Rinascimento* *italiano*, 1961; *Scienza e vita civile nel Rinascimento italiano*, 1965; *L'età nuova*, 1969; *Lo zodiaco nella vita. La polemica sull'astrologia dal Trecento al Cinquecento*, 1976). Garin sostiene il carattere per molti aspetti rivoluzionario della letteratura morale e civile umanistica nei confronti della tradizione del sapere scolastico, senza però condividere la tesi ottocentesca che vedeva nell'umanesimo la negazione radicale dei valori religiosi elaborati nel medioevo; nel senso storico e nello spirito critico che caratterizzano il pensiero umanistico-rinascimentale Garin individua un valore autenticamente filosofico, in contrasto con gli schemi consueti della filosofia professionalmente intesa. A quest'idea è legata anche la metodologia storiografica difesa in *La filosofia come sapere storico* (1959), improntata allo storicismo italiano tra B. Croce e A. Gramsci e fortemente critica nei confronti di quelle interpretazioni «teoretiche» (si pensi a G. Gentile) che pretendevano di «riattualizzare» il passato scorgendovi arbitrariamente precorrimenti e anticipazioni del presente. A tale metodologia sono ispirate particolarmente le ricerche sul pensiero e la cultura italiana degli ultimi secoli (*Cronache di filosofia italiana: 1900-1943*, 1955, nuova ed. accresciuta 1975; *La cultura italiana fra '800 e '900*, 1962; *Gli editori italiani tra '800 e '900*, 1991) e la *Storia della filosofia italiana* (1947, ed. ampliata, 1967). Importanti saggi sul pensiero europeo nel rinascimento e nell'età moderna sono raccolti in *Dal Rinascimento all'Illuminismo* (1970) e in *Rinascite e rivoluzioni* (1975).

Garve, Christian (Breslavia 1742-1798), filosofo tedesco. Docente dal 1768 a Lipsia, dovette in seguito dimettersi dall'insegnamento a causa della fragile salute e tornare a Breslavia; qui rimase fino alla morte salvo alcuni viaggi a Berlino e Weimar, dove conobbe Goethe. Scrisse principalmente opere di morale e di politica: *Osservazioni sulla morale di Gellert* (1775); *Saggio sul rapporto della morale con la politica* (1778); *Saggi su diversi argomenti di morale, letterari e di vita sociale* (1792-1802); *Sulla società e la solitudine* (1797-1800); *Proprie considerazioni sui principi generali della morale* (1798); *Trattato sulle inclinazioni e altri saggi* (postumo, 1802). Oltre all'elaborazione di scritti propri, Garve si dedicò alla traduzione e diffusione in Germania delle opere dei maggiori moralisti ed economisti inglesi: tradusse i *Principi di filosofia morale* di A. Ferguson e opere di A. Smith e E. Burke; tradusse, infine, classici come Cicerone e Aristotele. La sua opera, che non presenta aspetti originali ma ripropone i maggiori temi della filosofia morale e politica inglese (l'utilitarismo, l'empirismo, il sentimentalismo), ebbe grande importanza culturale perché contribuì grandemente alla sprovincializzazione della cultura tedesca e influì sul pensiero di molti filosofi dell'epoca.

Gassendi, Pierre (Champtercier, Provenza, 1592 - Parigi 1655), filosofo e scienziato francese. Addottoratosi in teologia e ordinato sacerdote, insegnò filosofia nell'università di Aix-en-Provence. Qui venne a conoscenza della tradizione umanistica, del naturalismo rinascimentale, della nuova scienza galileiana, e praticò l'osservazione astronomica; per cui nel 1645 sarà nominato professore di astronomia nel Collegio reale di Parigi (in precedenti soggiorni a Parigi era entrato in amicizia da un lato con M. Mersenne, e dall'altro con intellettuali d'orientamento libertino). Gassendi riprende da P. Charron la critica scettica del dogmatismo caratteristico delle diverse metafisiche; ma, se all'uomo è preclusa la conoscenza assoluta delle essenze delle cose, gli è però possibile una conoscenza «sperimentale e fenomenica», fondata cioè sulla descrizione di quel che risulta all'osservazione sensibile. Egli oppone questo principio, prima all'aristotelismo e alla scolastica, con le *Exercitationes paradoxicae adversus Aristoteleos* (1624); poi, all'occultismo magico di eredità rinascimentale, nella fattispecie rappresentato da R. Fludd (1629), e all'innatismo appena proposto da E. Herbert of Cherbury (1634); infine, alla nuova metafisica di Cartesio. Di Gassendi è infatti la quinta serie delle *Obiezioni* alle *Meditazioni metafisiche* di Cartesio, pubblicate in appendice a quest'opera (1641); poi egli ampliò le sue critiche, dopo le risposte di Cartesio, nella *Disquisitio metaphysica* (1644). A fondamento di tutte queste polemiche c'è una concezione nettamente nominalistica degli universali, intesi come nozioni astratte, costruite dagli uomini per comodità linguistica, ma prive di qualunque validità ontologica: come contro la logica e la metafisica di Aristotele, questa concezione opera altrettanto contro il razionalismo di Cartesio, che pretende di procedere a determinare la realtà attraverso «idee» chiare e distinte. Dall'empirismo di Gassendi deriva da un lato il rifiuto della prova ontologica dell'esistenza di Dio e dall'altro una concezione convenzionalistica della matematica, contro ogni platonismo. Come gli uomini possiedono le verità matematiche perché queste sono opera loro, così possono conoscere solo ciò di cui sono in grado di ricostruire la genesi sperimentalmente; l'essenza profonda della natura, invece, è conosciuta solo da Dio, appunto perché l'ha prodotta lui. È una dottrina, questa, analoga a quella sostenuta anche da Hobbes, e destinata ad arrivare fino a Vico. Ma per Gassendi il modello della scienza rimane quello della mera descrizione empirica; e ciò lo rende sostanzialmente estraneo alla nuova scienza di Galileo, con cui pure fu in corrispondenza.

Dal 1630 in poi Gassendi si dedicò all'illustrazione, alla difesa e alla correzione in senso cristiano della filosofia di Epicuro. Ne risulta la parte più estesa della sua produzione: *De vita et moribus Epicuri* (1647), *Animadversiones in decimum librum Diogenis Laertii* (1649), *Syntagma philosophicum* (postumo, 1658). In gnoseologia, Gassendi riafferma il sensismo e l'empirismo, ma riconosce anche la funzione peculiare dell'intelletto discorsivo, cosa che gli è necessaria per poter sostenere contemporaneamente l'atomismo, quale risultato di un'induzione razionale che formula l'ipotesi più probabile sulla costituzione interna della materia, non direttamente sperimentabile. In etica, riproduce la morale epicurea del piacere e della felicità, ma segue la prevalente tradizione platonico-stoica nella presentazione delle diverse virtù, che della felicità sono il fondamento. Nella fisica, infine, adotta il meccanicismo proprio dell'atomismo: le uniche differenze fra gli atomi sono di grandezza, forma e peso; esiste il vuoto, e quindi lo spazio (così come il tempo) ha una sua realtà indipendente da quella dei corpi che lo occupano. Ma Gassendi interpreta siffatto meccanicismo in base al principio della creazione dell'universo da parte di Dio e della sua azione provvidenziale. Gli atomi sono prodotti da Dio, in numero non infinito, e da Dio è impresso originariamente il movimento a essi. L'ordine dell'universo è intelligentemente e liberamente disposto dal creatore; in particolare, ad attestare il finalismo presente nel mondo sono i fenomeni biologici, cioè il fatto stesso della vita, e poi la mirabile struttura degli organismi e l'adattamento dei vari organi alle diverse funzioni, tutti dati inspiegabili meccanicamente, sostiene Gassendi in contrasto con larga parte del pensiero a lui contemporaneo (F. Bacone, Cartesio, Hobbes, Spinoza). Di qui anzi si può trarre, per Gassendi, la prova migliore dell'esistenza di Dio: una macchina ben strutturata postula l'esistenza di un'intelligenza che l'abbia progettata e costruita. Infine, le funzioni animali possono senz'altro venir spiegate materialmente, pensando ad atomi particolarmente sottili e sensibili; ma nel caso dell'uomo, dotato dell'intelletto, è da postulare anche un'anima immateriale, dono di Dio.

Gaunilone (sec. XI), filosofo francese. Monaco dell'abbazia di Marmoutiers (Tours), fu celebre per la polemica con → Anselmo d'Aosta sulla prova ontologica. Nel *Liber pro insipiente*, pubblicato anonimo, formulò alcune obiezioni all'argomento anselmiano del *Proslogion*: anzitutto, l'idea di Dio come essere perfettissimo («ciò di cui non si può pensare nulla di maggiore») è priva di ogni garanzia di oggettività perché la portata reale dei concetti è stabilita dall'esperienza e dell'essere perfettissimo non si ha esperienza. Inoltre, anche ammettendo la validità di quest'idea, non si può ricavare da essa l'esistenza di Dio, come dal concetto di un'isola perfettissima non si può dedurre la sua esistenza reale. Per Gaunilone un passaggio dall'ordine ideale all'ordine reale come quello prospettato da Anselmo è indebitamente inferito, poiché una realtà solo mentale non può richiedere di essere più che mentale.

Geertz, Clifford (San Francisco 1926), antropologo e teorico delle scienze sociali statunitense. Dopo il dottorato a Harvard, ha svolto numerose ricerche sul campo in Indonesia (Giava, Bali) e in Marocco. Dal 1970 è professore di antropologia all'università di Princeton. Oltre a studi legati alle sue ricerche sul campo, Geertz ha pubblicato, nel corso degli anni Sessanta e Settanta, una serie di saggi (ora raccolti nei volumi: *L'interpretazione delle culture* 1973 e *Antropologia interpretativa*, 1983) nei quali elabora una sociologia ermeneutica che rompe con la tradizione epistemologica dominante nell'antropologia.

Sia nelle ricerche sul campo sia nei saggi teorici Geertz attribuisce un'importanza fondamentale al principio metodologico (appreso dal maestro C. Kluckhon) della *stranezza*. Essa è costituita soprattutto dal carattere *singolare*, insieme idiomatico e sorprendente, delle pratiche culturali. Secondo Geertz non è possibile spiegare una cultura attraverso il ricorso a strutture teoriche generalizzanti come quelle psicologiche di B. Malinowski, o a nozioni come la «mentalità primitiva» di L. Lévy-Bruhl: la cultura è in primo luogo l'*articolazione delle differenze*, le quali orientano la stessa evoluzione biologica dell'umanità. Se da un lato essa svolge una funzione essenziale di controllo (attraverso la capacità umana di costruire modelli, progetti e piani orientati simbolicamente), dall'altro ne svolge un'altra di differenziazione (attraverso la pluralità e l'arbitrarietà dei simboli). L'analisi della cultura si sposta così dalla ricerca delle strutture generali, all'osservazione delle differenze in cui essa si specifica.

Sul piano metodologico, l'assunzione, di ascendenza weberiana, secondo cui gli uomini costruiscono dei sistemi di simboli (le culture) in cui essi stessi restano impigliati viene fatta valere, in misura diversa, anche per chi studia tali sistemi, e in particolare per gli antropologi, che trasferiscono più o meno consapevolmente gli schemi della loro cultura nell'analisi di quelle arcaiche o primitive, o esotiche. Si tratta perciò di proseguire una fusione di orizzonti che Geertz indica come *thick description* (descrizione densa), intesa come analisi delle reciproche implicazioni dei sistemi di senso nativi con quelli dell'osservatore.

Gehlen, Arnold (Lipsia 1904 - Amburgo 1976), filosofo, antropologo e sociologo tedesco. È stato allievo di M. Scheler e di N. Hartmann. Docente di filosofia a Francoforte nel 1933, ha successivamente insegnato a Lipsia, Vienna e infine ad Aquisgrana. Da Scheler (*La posizione dell'uomo nel cosmo*, 1928), e indirettamente dalla fenomenologia, ha derivato l'idea dell'uo-

mo come «essere aperto al mondo», la cui condizione va quindi esaminata tramite le acquisizioni dell'antropologia scientifica inserite in una cornice filosofica. Ma mentre l'antropologia filosofica di Scheler è rimasta un progetto, quella di Gehlen si è sviluppata in un confronto serrato con gli sviluppi delle scienze sociali contemporanee. In questo senso costituisce un modello per autori come H. Plessner e, per certi aspetti, come N. Luhmann.
In *L'uomo. La sua natura e il suo posto nel mondo* (1940, ed. accresciuta, 1950), Gehlen fissa uno «schema antropologico» il cui scopo è operare una categorizzazione filosofica dell'essere umano, concepito come «essere incompiuto», fallibile, esposto al rischio del futuro, e quindi — diversamente dalle altre specie animali adattate dall'istinto ai loro ambienti specifici — bisognoso di strutturarsi; in questo senso l'uomo è per definizione un «essere da disciplinare». L'insieme di strutture che rispondono all'incompletezza umana è costituito dalla cultura, che ha la funzione di una «seconda natura». Una categoria centrale dell'antropologia di Gehlen è quindi l'azione o «autoattività» con cui l'uomo produce e riproduce le proprie condizioni culturali.
All'*eccesso pulsionale*, la sovrabbondanza di bisogni indotta dal fatto che l'uomo non è naturalmente strutturato, la cultura risponde con le sue procedure, che si collocano sotto la categoria generale dell'*esonero*. L'esonero rappresenta, anzitutto, un allontanamento dall'immediata pressione delle pulsioni e un passaggio a piani di azione (attività simbolica, intellettiva e riflessiva) non direttamente connessi ai bisogni primari; in secondo luogo, esso tende a fissarsi stabilmente in istituzioni, che surrogano il rapporto dell'uomo con i bisogni e gli forniscono un orizzonte stabile. Il mezzo principale delle varie funzioni dell'esonero è costituito dal linguaggio, che permette un rapporto con le cose mantenendole a distanza mediante l'uso di simboli.
L'estendersi delle funzioni dell'esonero provoca però una progressiva inibizione delle fonti dell'azione. Gli effetti di questo conflitto tra azione originaria (e vita pulsionale) e sfera delle istituzioni culturali vengono analizzati (in modo per certi versi parallelo al Freud di *Il disagio delle civiltà* e al Nietzsche della *Volontà di potenza*) in *Uomo primitivo e civiltà sviluppata* (1956); l'analisi diviene ancora più pessimistica in *L'uomo nell'era della tecnica* (1957), in cui la tecnica appare come l'istituzione neutra e incontrollata che assorbe, sviluppandosi autonomamente, le tendenze originarie all'azione. Accanto a volumi di antropologia istituzionale e a saggi sulla morale (*Morale e ipermorale*, 1969) Gehlen ha coltivato interessi di estetica e sociologia dell'arte (*Quadri d'epoca*, 1960).

Geiger, Moritz (Francoforte 1880 - Seal Harbor 1938), filosofo tedesco. Allievo di W. Wundt e Husserl, insegnò a Gottinga fino al 1933, anno in cui emigrò negli Stati Uniti per sfuggire alle persecuzioni naziste. L'aspetto più significativo del suo pensiero è rappresentato dagli *Approcci all'estetica* (1928), in cui sviluppa un'estetica fenomenologica intesa all'analisi della nozione di *esperienza estetica* e fondata sulla distinzione tra piacere e felicità. Tale distinzione, caratteristica della filosofia classica, viene da Geiger precisata in termini psicologici, e all'arte viene assegnata, quale caratteristica specifica, la capacità di produrre nel fruitore felicità; nel senso che l'effetto che essa produce non è un puro sentimento soggettivo come il piacere, ma ha la propria giustificazione oggettiva nel valore dell'opera stessa, che il fruitore coglie grazie a una sorta di «partecipazione» esistenziale. Tra gli altri scritti: *Il significato filosofico della teoria della relatività* (1921); *L'inconscio e la realtà psichica* (1921); *Assiomatica sistematica della geometria euclidea* (1924).

Geiger, Theodor (Monaco 1891 - Arhus 1952), sociologo tedesco. Dal 1928 al 1933 insegnò presso il Politecnico di Braunschweig; costretto a emigrare prima in Danimarca e poi in Svezia a causa del proprio atteggiamento antinazista, terminata la seconda guerra mondiale si stabilì in Danimarca. La sua produzione comprende opere teoriche, scritti di sociologia del diritto, dell'educazione, della cultura; i suoi studi più noti riguardano tuttavia la politica nelle società di massa (*Le masse e la loro azione*, 1926), la composizione sociale della Germania (*La stratificazione del popolo tedesco*, 1932), la divisione in classi nelle società industriali avanzate (*La società di classe nel melting pot*, 1948) e il problema della democrazia (*Democrazia senza dogma*, postumo, 1960). In queste opere Geiger ricerca le nuove linee della stratificazione sociale nelle società industriali, non previste da Marx, e riflette sul ruolo dell'ideologia nelle scelte politiche, rivelatosi indipendente dall'interesse di classe in occasione dell'avvento del fascismo in Europa.

Geisteswissenschaften, l'espressione, resa in italiano con «scienze dello spirito», è stata diffusa dalla traduzione tedesca (1849) della *Logica* (1843) di J.S. Mill. Mill (che parlava di *moral sciences*) si era interrogato sulla possibilità di trasferire nell'ambito dello studio del mondo umano e sociale i metodi propri delle scienze naturali. Egli riproponeva in tal modo l'attitudine dell'empirismo quale era stata esposta da Hume nella prefazione al *Trattato sulla natura umana* (1739-40): la scienza, anche nel caso del mondo umano, sociale e morale deve basarsi su un metodo rigorosamente induttivo e, invece di indagare le cause, deve limitarsi alla registrazione di regolarità che consentano la previsione. Più prossimamente, il discorso di Mill era consentaneo alla prospettiva di A.

Comte, che, in quello stesso giro d'anni, aveva individuato il compito dello *spirito positivo* nel «*vedere per prevedere*, nello studiare ciò che è per concludere ciò che sarà, in base al dogma generale della invariabilità delle leggi naturali» (*Discorso sullo spirito positivo*, 1844, parte I sez. 3). Nel quadro di un progetto di scienza unificata, dopo che negli ultimi secoli la fisica inorganica è pervenuta allo stadio positivo attraverso lo stadio teologico e quello metafisico, si assisterebbe ora alla estensione dello spirito positivo alla fisica organica, che comprende, oltre alla biologia, la sociologia (o fisica sociale). Onde la nascita delle *Geisteswissenschaften* si configura come il tentativo di annettere, in posizione subordinata perché metodologicamente dipendente, gli ambiti propri della tradizione umanistica all'interno del dominio delle scienze naturali. L'esigenza di conferire una dignità e una autonomia metodologica alle *Geisteswissenschaften* sarà regolarmente condizionata da questa genesi; così W. Dilthey (*Introduzione alle scienze dello spirito*, 1883; → comprensione-spiegazione) afferma inizialmente l'autonomia delle *Geisteswissenschaften* sulla base del loro oggetto, per l'appunto lo spirito e non la natura. La fragilità di questa differenziazione fu rilevata da W. Windelband (*Storia e scienza della natura*, 1894): non si possono distinguere le scienze della natura dalle scienze dello spirito sulla base del loro oggetto, dal momento che, per es., su questo fondamento non si riuscirebbe a determinare lo statuto della psicologia, che sembra rientrare nei due ambiti. La differenziazione deve allora avvenire su una base metodologica, e Windelband propone una distinzione tra *scienze nomotetiche* (l'espressione, che è già in Kant, indica l'ambito di ricerca volto alla determinazione di leggi generali) e *scienze idiografiche* (dirette alla comprensione dell'individuale); la conoscenza storica, nella misura in cui si dispone a riconoscere le singolarità irripetibili degli eventi, costituirebbe la forma tipica delle scienze idiografiche, mentre la fisica lo sarebbe per le nomotetiche. Il compito di precisare la scientificità peculiare delle scienze storico-spirituali venne ulteriormente elaborato da H. Rickert e H. Mümsterberg, dallo storicismo tedesco e italiano (B. Croce) e dalla scuola neokantiana di Marburgo. Con *Essere e tempo* (1927) di M. Heidegger si venne a un capovolgimento dell'impostazione, che sottrasse il dibattito alla sua originaria determinazione positivistica: la spiegazione obbiettivante delle scienze è una modificazione subordinata della comprensione preliminare che l'uomo ha del mondo, di modo che le scienze naturali non sono più esatte della storia, ma sono solamente forme di sapere più povere quanto ai loro presupposti esistenziali.

Gellner, Ernest André (Praga 1925), antropologo britannico di origine cecoslovacca. Professore di antropologia sociale all'università di Cambridge. Formatosi in Francia e in Inghilterra, dove è stato allievo di K. → Popper, Gellner ha esordito come filosofo con l'opera *Parole e cose* (1957), nella quale criticava un'idea di filosofia confinata a microanalisi lessicali. In seguito, avendo orientato i suoi interessi verso l'antropologia, condusse, nella seconda metà degli anni Cinquanta, una ricerca sul ruolo politico dei santi tra i berberi dell'Atlante marocchino, il cui frutto è rimasto un classico dell'etnografia contemporanea, *Santi dell'Atlante* (1969). L'influsso del maestro Popper è presente in tutta la produzione successiva di Gellner, nella quale è evidente un interesse costante per il tema dell'oggettività e del potere rappresentativo di teorie e concetti in rapporto al mondo. Della sua vasta produzione si possono ricordare *Causa e significato nelle scienze sociali* (1973) e *Relativismo e scienze sociali* (1985). Gli interessi di Gellner si sono anche rivolti alle società islamiche (*La società musulmana*, 1981) e a temi di filosofia della storia (*L'aratro, il libro e la spada*, 1988).

Gemelli, Agostino (Milano 1878-1959), psicologo italiano. Laureatosi in medicina, si dedicò inizialmente a ricerche biologiche, manifestando al tempo stesso interesse per i grandi temi sociali, interpretati in chiave socialista. Si convertì in seguito al cattolicesimo ed entrò nell'ordine dei frati minori. Allievo prima di C. Golgi, poi di F. Kiesow e di O. Külpe, Gemelli fondò (1919) l'Università Cattolica del Sacro Cuore di Milano, di cui fu rettore fino alla morte. Alla fine della prima guerra mondiale, organizzò presso la stessa università un attrezzato Istituto di psicologia sperimentale, in cui si formeranno molti psicologi italiani di spicco. Le pubblicazioni di Gemelli interessano campi eterogenei: dallo studio della percezione alla psicologia animale, dalla psicologia giudiziaria e criminologica alla psicotecnica, dalle indagini elettroacustiche sul linguaggio ai fondamenti epistemologici della psicologia, alla psicologia applicata all'industria. A lui si devono le principali iniziative di psicologia applicata in Italia fino alla seconda guerra mondiale (nella scuola, nell'esercito, nel mondo del lavoro ecc.). Personaggio di grande prestigio durante il periodo fascista (fu, fra l'altro, presidente della Pontificia accademia delle scienze, presidente del Comitato per le applicazioni della psicologia del Consiglio nazionale delle ricerche), Gemelli svolse un importante ruolo di mediazione fra la cultura idealistica, avversa alla psicologia, e la psicologia stessa. In quasi tutti i suoi scritti è presente il tentativo di fondare la ricerca psicologica sulle tesi della filosofia neotomistica, di cui egli fu in Italia uno dei principali rappresentanti (fondò nel 1909 la «Rivista di filosofia neoscolastica»). Fra le sue opere: *Nuovi oriz-*

zonti della psicologia sperimentale (1924) e *Introduzione alla psicologia* (1947, in collaborazione con G. Zunini).

Gemisto Pletone, Giorgio (Costantinopoli 1355 ca - Mistra, Sparta, 1452), filosofo greco. Fondò a Mistra una scuola filosofico-religiosa di ispirazione platonica. Nel 1438 giunse in Italia al seguito dell'imperatore bizantino Giovanni VIII Paleologo, in occasione del concilio per l'unione delle chiese di Roma e Bisanzio. Fu a Ferrara e poi a Firenze, dove mutò il cognome Gemisto (in gr. «pieno») nel sinonimo Pletone, per l'assonanza con il nome del grande filosofo. Suo obiettivo fondamentale fu appunto di promuovere la conoscenza e l'affermazione del pensiero platonico (in verità da lui ampiamente mescolato con dottrine neoplatoniche, soprattutto di Plotino e di Proclo) e di dimostrarne la superiorità su quello di Aristotele (di cui egli criticava soprattutto le dottrine riguardanti l'eternità del mondo, l'immortalità dell'anima, il piacere come fine della vita). Con i suoi scritti in difesa di Platone e contro Aristotele, Gemisto diede luogo a un'aspra polemica con i difensori di quest'ultimo, in particolare con Giorgio Scolario e Giorgio di Trebisonda. Sempre per promuovere il pensiero platonico in Italia, egli suggerì a Cosimo de' Medici, con cui aveva stretto amicizia, la ricostituzione a Firenze dell'Accademia platonica. La sua polemica contro Aristotele aveva anche un significato religioso, in quanto mirava ad abbattere le tre grandi religioni monoteistiche (ebraica, cristiana e maomettana), per instaurare una nuova religione sincretistica, fondata sui principi del suo platonismo. Opere principali: *Le differenze tra Aristotele e Platone*; *Contro la difesa di Aristotele fatta da Scolario*; *Codice delle leggi*; *Spiegazione delle quattro virtù*; *Libretto sul destino*; *Esegesi degli oracoli caldaici*.

generativismo, → grammatica generativo-trasformazionale.

genere, termine filosofico indicante una categoria di oggetti che hanno in comune proprietà essenziali e differiscono per proprietà non essenziali. In questo senso il termine viene già usato da Platone («Dal punto di vista del genere, ogni figura è una cosa sola, ma fra le parti del genere, rispetto alle parti, alcune sono al massimo grado opposte fra loro, alcune accade che siano diverse, e ciò può essere secondo un numero enorme di modalità»: *Filebo*, 12*e* sgg.). La chiara definizione del termine, nel suo senso logico, si ha in Aristotele («Genere è ciò che si predica secondo l'essenza di molti che differiscono specificamente»: *Topici*, 102*a* 31 sgg). In questo senso, il genere rappresenta il primo costituente della definizione. Per es., nella definizione di uomo come animale razionale, il termine «animale» indica il genere, mentre «razionale» esprime la differenza specifica. Sia in Platone sia in Aristotele, però, all'aspetto logico di questo concetto è legato un aspetto ontologico. Platone, infatti, considera i generi come «note del reale», e distingue cinque generi più importanti: essere, movimento, quiete, identità e diversità (*Sofista*, 253*d* sgg.). Per Aristotele, il genere non è propriamente la sostanza, ma ne è espressione necessaria, e come tale egli lo chiama «sostanza seconda» (*Categorie*, 5,2*b* sgg.). In contrapposizione alla spiegazione sostanzialistica di Aristotele, gli stoici spiegano la nozione di genere in senso nominalistico, definendolo come «la congiunzione di nozioni o proprietà diverse e permanenti», che vengono a costituire le specie; per es. il genere animale comprende come sue specie tutti gli animali. In seguito i diversi gradi del genere, secondo il contenuto e l'estensione, vennero classificati da Porfirio (*Isagoge*, I) in uno schema, detto «albero di Porfirio», che costituirà il punto di riferimento per la classificazione dei generi e delle specie per tutta la logica successiva.
La discussione sulla natura dei generi e delle specie proseguì nella filosofia medievale, in relazione al dibattito sulla natura degli universali. La nozione di genere si articola in maniera diversa secondo la sua estensione; in particolare si distinguono: genere prossimo, che è suddiviso solo in specie («animale» è genere prossimo della specie «uomo»); genere remoto, che, avendo estensione più ampia, include generi di minore estensione («vivente» è genere remoto della specie «uomo»); genere supremo, che non è compreso in nessun altro genere (per es. le categorie aristoteliche). Nella logica contemporanea, il concetto di genere ha perduto ogni connotazione ontologica, e sta unicamente a indicare una classe la cui estensione comprende una molteplicità di classi meno estese.

Genesi, libro biblico dell'Antico Testamento, primo del Pentateuco e di tutta la Bibbia. Si può considerare come la premessa narrativa all'avvenimento (tramandato dall'Esodo) che costituisce il centro del Pentateuco e dell'intera storia sacra: l'alleanza di Dio con il popolo di Israele. Esplicitamente concepita come prima parte del Pentateuco, cioè come «principio» (tale è il significato del suo titolo sia in greco sia in ebraico: *bereshît*, in principio), la Genesi è un'opera innanzitutto religiosa, nella quale si mostra appunto che il momento iniziale dell'alleanza, la promessa divina, è già presente nella vicenda dei patriarchi; anzi la storia sacra è collocata nella più vasta cornice della intera storia umana, nella quale Dio è già in rapporto con l'umanità, prima che si introduca il motivo dell'alleanza con il suo popolo.
Il prologo (capp. 1-11), mentre demitizza le cosmogonie mitologiche dell'Antico Oriente, mette in luce i legami tra la storia particolare di Israele e la storia generale umana, che da un lato la coinvolge, dall'altro ne è definita nel proprio specifico significato. Tale prospettiva uni-

versale è delineata non tanto nei suoi avvenimenti capitali, quanto nelle sue dimensioni religiose: la terra soggetta alla maledizione originaria, il diffondersi in essa della promessa e della benedizione di Dio a partire da Noè e Abramo. Di qui appare anche l'unità dei diversi momenti del libro: la creazione del mondo e dell'uomo, il peccato, la progressiva degenerazione dell'umanità sino al diluvio, la sua dispersione dopo il tentativo di costruire la torre di Babele. Con Abramo appaiono i grandi temi biblici della promessa, della discendenza (donde l'importanza delle genealogie), della terra. Le storie di Isacco e dei suoi figli, Esaù e Giacobbe, risalenti al tempo dei nomadi e seminomadi, introducono il tema della benedizione come forza fecondatrice. I dodici figli di Giacobbe appaiono quali capostipiti delle tribù nelle quali si articolerà Israele. La storia di Giuseppe, infine, funge da legame tra le vicende patriarcali che si svolgono nella terra di Canaan e la situazione di schiavitù nell'Egitto, donde muoverà la liberazione (→ Esodo).

Il libro della Genesi ha valore religioso fondamentale per l'ebraismo e per il cristianesimo, che da esso hanno tratto temi centrali delle loro concezioni e della loro fede: il peccato originale, il vecchio e il nuovo Adamo (cioè Adamo e Cristo), la fede di Abramo, il sacrificio di Isacco come tipo o figura di quello di Gesù, sono alcuni tra i numerosi motivi offerti dalla Genesi alla teologia del Nuovo Testamento.

genio, termine che, nella sua accezione più rilevante e specifica, designa una speciale attitudine innata (eventualmente suscettibile d'essere educata, non però acquisita o trasmessa) a produrre opere artistiche eminenti; oppure indica l'artista stesso che possiede una tale capacità. È in dipendenza da questo nucleo che Kant, poi Fichte, Schelling e Hegel, elaborarono una dottrina del genio come costitutivo così dell'arte come della stessa filosofia. Essi inglobano nel concetto di genio tratti già divenuti canonici, e al tempo stesso introducono rilevanti innovazioni. Per ciò che riguarda il genio nella scienza, Kant, e sulla sua scia Schelling, argomentano che le scoperte scientifiche non possono considerarsi il portato di un genio, visto che il loro metodo può essere esplicitato, insegnato e imitato. Fra il più grande inventore e il più mediocre imitatore c'è una differenza di grado. Non per nulla si dà un progresso di conoscenze tale che non ha riscontro nell'arte. A esser poeti geniali, invece, non si impara, giacché l'artista stesso non sa in che modo produce, e non è quindi possibile ricavare regole o ricette né per lui né per altri.

• *La sistemazione kantiana del concetto di genio.* Nella *Critica del giudizio* Kant introduce la nozione di genio per risolvere il paradosso dell'«arte bella»: di un produrre che sia preceduto da una regola, e il cui prodotto tuttavia appaia così spontaneo da essere riguardato «come» un prodotto della natura e non già della costrizione di regole intenzionali. Orbene, l'arte bella, a differenza dell'«arte meccanica» basata su diligenza e apprendimento, è possibile in virtù della «natura del soggetto»; in questo caso, la natura, mediante il genio, dà la regola all'arte. L'opera del genio assume un valore esemplare, nel senso che diviene per tutti criterio di valutazione; al genio latente offre un esempio a cui ispirarsi, agli altri l'occasione di formare una scuola. Così intesa, l'esemplarità conta per Kant fra i contrassegni del genio, accanto a quello immancabile ma non sufficiente dell'originalità; quest'ultima da sola si riduce a stravaganza.

Quanto alle «facoltà» in gioco, è comune il riferimento alla immaginazione: detta produttiva ovvero creatrice in quanto non si limita a riprodurre associazioni empiriche banali bensì dà luogo a connessioni del «materiale» intuitivo inedite in natura, «crea per così dire un'altra natura» (Kant). Secondo Kant, vicino anche in questo ai teorici inglesi, il genio risulta da un felice accordo di immaginazione e intelletto. In particolare, esso consiste in un libero uso dell'immaginazione, non più soggetta a quei vincoli e restrizioni che l'intelletto invece le impone nell'«uso conoscitivo». Tutte le forze conoscitive ne vengono vivificate, per ciò Kant considera sinonimi in questo contesto genio e spirito (*Geist*). A quell'accordo tuttavia presiede il gusto, la capacità di giudizio estetico, propriamente responsabile della «forma». In caso di conflitto con il gusto, meglio è sacrificare il genio — conclusione echeggiata da Schelling. Più che rivendicare il concorso del gusto, Hegel, nella sua critica alle confusioni romantiche in fatto di genio, entusiasmo, ironia (la «geniale ironia divina» di F. von Schlegel), irride la credenza nell'onnipotenza dell'entusiasmo. È infatti la sempre ardua conquista di una padronanza tecnica che, insieme a una ricchezza di esperienze intellettualmente ed emotivamente dominata, rende l'opera matura di Goethe tanto superiore ai suoi rozzi esordi poetici.

• *La nozione di genio nella storia del pensiero europeo.* Quanto alla storia della parola, essa pur se ricalca il latino «genius» assorbe via via significati (facoltà inventiva, acutezza) del latino *ingenium*, ovvero di suoi derivati moderni, diretti (italiano, spagnolo) o indiretti (francese, inglese, tedesco). Oltre che i passaggi: genio di un uomo - uomo di genio - genio e aver (il) genio (di) - esser (un) genio, è da notare, tra Sei e Settecento, la varietà di locuzioni con base «genio di»: genio della geometria, genio dell'umanità, genio di una nazione o di un popolo, genio della lingua, genio del secolo; nonché le espressioni genio poetico, genio scientifico, genio filosofico, genio militare. Vengono a confluire, per un verso, oltre all'antico *poëta nascitur*, la

ripresa iniziatasi in età rinascimentale, con segno per lo più rovesciato, del tema platonico del «furore» poetico; per un altro verso l'ammirato interesse per le invenzioni e le scoperte tecniche e scientifiche. La parola e le relative discussioni raggiungono una diffusione enorme nel Settecento, in connessione con altri temi assai caratteristici, specialmente estetici e morali: entusiasmo, spirito, originalità, umorismo, carattere, e così via; e s'alimentano di polemiche letterarie di vasta risonanza come quella sulla «barbarie» di Shakespeare, e in genere del rinnovarsi di controversie in termini che ripropongono l'antica distinzione retorica di *ingenium* e *studium*.
Intorno alla metà del secolo si concentra in Inghilterra una produzione saggistica che contribuì grandemente alla fortuna europea di questo tema. Le *Congetture sulla composizione originale* (1759) di E. Young; il *Saggio sul genio* (1758, edito nel 1774) di A. Gerard, autore altresì di un *Saggio sul gusto* (1759); il *Saggio sul genio originale* (1767) di W. Duff, e altri, insistono sulla originalità in contrasto con lo spirito di imitazione, rovesciando il rapporto genio-regole; vengono diversificando invenzione e scoperta, genio e ingegno; equiparano il primo alla natura (produce come fa la natura), a Dio (secondo creatore), a Prometeo; lo vedono agire mosso da → entusiasmo. In quanto ne sottolineano la naturalità, nel senso del non essersi formato a forza di regole, ovvero del dispiegarsi di un'energia non coltivata, lo collegano ai primi stadi della storia dei popoli (W. Duff, A. Ferguson) o della vita individuale. Tutti motivi che attecchiscono in Germania con esiti tanto vistosi quanto cospicui sul piano letterario e filosofico; basti ricordare J.G. Hamann, Goethe (il cui periodo giovanile fu detto «periodo geniale»), F. Schiller, F. von Schlegel, propugnatore dell'«imperativo categorico della genialità», Fichte.
Tra le molte distinzioni o vere e proprie opposizioni che hanno improntato la storia di questo concetto, emerge la coppia talento-genio. Una delle formulazioni più esplicite ed esemplificative si trova in Hegel, che definisce il talento in termini di una determinazione naturale la quale si esprime come speciale abilità tecnica in rapporto a un settore particolare. Come tale esso può non superare i limiti della bravura; si dà talento senza genio, non viceversa. Per lo più nella forma di questa distinzione, la discussione sul genio prosegue nella filosofia ottocentesca, con applicazioni e sviluppi notevoli, per es., in Feuerbach, in Schopenhauer (genio=contemplazione delle idee, svincolata dal principio di ragione; fenomeno prossimo alla follia) e in Nietzsche. Nel ventesimo secolo, mentre sopravvivono nell'uso comune del termine varie tracce di questi sviluppi ottocenteschi, la questione del genio tende a riproporsi anche e soprattutto sul piano sperimentale della psicologia, della biologia e dell'antropologia culturale.

Genovesi, Antonio (Castiglione, Salerno, 1713 - Napoli 1769), filosofo ed economista napoletano. Destinato alla carriera ecclesiastica, prese gli ordini nel 1737; dal 1741 insegnò metafisica nell'università di Napoli. La pubblicazione degli *Elementa metaphysicae mathematicum in modum adornata* (5 voll., 1743-45) gli procurò l'accusa di razionalismo e ateismo; le tesi filosofiche sviluppate in quest'opera risentivano dell'influsso di Cartesio, Locke, Newton e Helvétius. Per tale motivo non poté ottenere la cattedra di teologia; del resto l'evoluzione dei suoi interessi, come appare dal *Discorso sopra il vero fine delle lettere e delle scienze* (1753), lo portò dagli iniziali studi di retorica e di filosofia a occuparsi di etica e di economia, proprio per il fastidio che egli provava nei confronti di ricerche confinate nelle accademie, prive cioè di utilità per l'umanità: nel 1754 divenne, all'università di Napoli, il primo titolare in Europa di una cattedra di «commercio e di meccanica». Le sue tesi di politica economica e i suggerimenti sulle riforme da introdurre nel Regno di Napoli sono esposte nei due volumi di *Lezioni di commercio ossia di economia civile* (1765-67). Ispirata alle dottrine utilitaristiche, e moderatamente ottimistica, è la sua concezione della morale, che egli cerca di conciliare con i mutamenti sociali prodotti dallo sviluppo economico, in particolare con la diffusione del lusso. Tra le altre opere vanno ricordate la *Logica* (1766), che ebbe larghissima diffusione, e il trattato di etica *Diceosina, ossia filosofia del giusto e dell'onesto* (postumo, 1776).

Gentile, Giovanni (Castelvetrano, Trapani, 1875 - Firenze 1944), filosofo, storico della filosofia e uomo politico italiano. Formatosi nella tradizione di B. Spaventa, ne riprese l'interpretazione del rapporto fra pensiero italiano e pensiero tedesco già con il primo scritto, *Rosmini e Gioberti* (1898), e poi l'idea di una riforma dello hegelismo in una direzione soggettivistica (*La riforma della dialettica hegeliana*, 1913). Passato attraverso l'esperienza delle discussioni sul marxismo, vivaci alla fine del secolo scorso (*La filosofia di Marx*, 1899), all'inizio del Novecento s'impegnò nella battaglia contro il positivismo a fianco di B. Croce, collaborando intensamente alla rivista «La Critica». Frutto di quest'attività sono soprattutto i quattro volumi *Le origini della filosofia contemporanea in Italia* (1917-23), dedicati a un esame, spesso impietoso, del pensiero italiano nella seconda metà del sec. XIX. Contemporaneamente, a partire dal saggio del 1912 *L'atto del pensiero come atto puro*, Gentile elaborava il proprio sistema filosofico, che ha il suo centro nella *Teoria generale dello spirito come atto puro* (1916) e nel *Sistema di logica come teoria* *del conoscere* (1917-22) e si articola nel *Sommario di pedagogia come scienza filosofica* (1912), nei *Fondamenti della filosofia del diritto* (1916) e da ultimo nella *Filosofia dell'arte* (1931). Professore di filosofia nelle università di Palermo, Pisa e poi Roma, all'avvento del fascismo aderì al nuovo regime e fu ministro della pubblica istruzione. A quest'epoca risale la riforma della scuola che porta il suo nome. Rottasi la sua collaborazione con Croce, acquistò largo potere sulla cultura italiana; finché, al momento della costituzione della Repubblica Sociale Italiana, rinnovò la sua adesione al fascismo; il che gli costò la vita. Oltre che di scritti di pedagogia e di critica letteraria, è autore di molte opere di storia della filosofia, prevalentemente dedicate al pensiero italiano. Fra le più importanti: *Storia della filosofia italiana dal Genovesi al Galluppi* (1903); *I problemi della scolastica e il pensiero italiano* (1913); *Studi vichiani* (1915); *Il pensiero italiano nel rinascimento* (1920); *Studi sul rinascimento* (1923); *I profeti del risorgimento italiano* (1923). L'ultima sua opera teoretica venne pubblicata postuma (1946) col titolo *Genesi e struttura della società*.

La riforma dello hegelismo compiuta da Gentile consiste nella risoluzione di tutto nell'immanenza dello spirito: l'Idea e la natura, come concepite da Hegel, rappresentano un residuo di trascendenza, da eliminare muovendo dal principio che unica realtà è il pensiero che pensa. Ma lo spirito è immanente a se stesso solo in quanto si colga direttamente come atto del pensare; donde la denominazione di → «attualismo» per la filosofia di Gentile. Qualora lo spirito si pensi come un oggetto, esso è allora il contenuto di un nuovo atto del pensiero e senza di questo non sarebbe possibile. L'atto del pensiero non è oggettivabile, appunto nel senso che ogni oggettivazione presuppone necessariamente un atto ulteriore del pensiero. Dal pensiero in atto, pertanto, non è possibile uscire: esso è infinito e onnicomprensivo, creativo di sé («autoctisi») e libero. Naturalmente, queste caratteristiche appartengono all'Io puro, o «trascendentale», universale, e non alla singolarità dell'io empirico, diverso nei vari individui. Quanto agli altri *io*, essi entrano nell'esperienza del soggetto pensante o quali oggetti di esso, al pari dello stesso io empirico del soggetto che pensa, oppure in quanto l'alterità degli individui empirici si risolva nell'unità superindividuale del soggetto universale, come secondo Gentile avverrebbe nella vita morale autentica. Dio, la natura o la storia non vanno poi pensati come esteriori al pensiero, già dati anteriormente a esso, bensì come prodotti dall'attività stessa dell'Io. La natura, in particolare, è una finzione, che si può immaginare come indipendente dal pensiero solo facendo astrazione dall'atto del pensiero; ma è ancora un atto del pensiero quello che se la raffigura come indipendente. E su questa finzione lavorano le scienze empiriche, che risultano quindi del tutto astratte a confronto della filosofia. La natura, il passato, e in genere l'oggettività, sono astratti, e tuttavia necessari alla vita dello spirito, in quanto il soggetto ha necessità di oggettivarsi per potersi affermare appunto quale soggetto, tornando a risolvere in sé ogni oggettività (come un fuoco, per ardere, ha bisogno del combustibile che pur brucia). A questo punto si fa chiaro come la riforma gentiliana dello hegelismo consista essenzialmente in una ripresa del pensiero di Fichte. La dialettica della vita spirituale si svolge per Gentile fra il pensiero concreto (l'atto) e il pensiero astratto, fissato nell'oggettività, artificiosamente concepita come indipendente dal soggetto che pensa; e giustappunto il pensiero astratto ha trovato formulazione nella tradizionale logica dell'identità. Questa è la logica che guida anche le scienze, naturali e sociali, empiriche e deduttive, in quanto tutte si muovono entro una prospettiva oggettivistica.

Come Hegel, anche Gentile pensa che le forme spirituali più alte siano l'arte, la religione e la filosofia, e applica a esse uno schema triadico; per cui l'arte e la religione — dominio rispettivamente della soggettività libera e ingenua, sola con se stessa, e di un'oggettività radicale, che annulla ogni soggettività di fronte a un Oggetto assoluto — sarebbero destinate a trovare il loro inveramento nella filosofia, che supera la loro opposta unilateralità riconoscendo la necessità tanto della soggettività quanto dell'oggettività, nel senso che s'è detto. Anche nella filosofia giuridica e politica Gentile procede secondo il principio del soggetto universale, ora identificato nello stato in quanto incarnazione della moralità («stato etico»). A parte le evidenti consonanze di una dottrina come questa con le posizioni totalitarie, a cui del resto Gentile storicamente aderì, è da notare come egli neghi qualsiasi distinzione fra il conoscere e il volere: dal momento che il pensiero in atto non è un conoscere che presupponga un oggetto dato da contemplare, esso è già attività; e quindi la conoscenza è insieme prassi, e viceversa. La filosofia, per lo stesso motivo, non è soltano conoscenza, ma direttamente vita; reciprocamente, ogni attività umana è sempre già filosofia, perché espressione del pensiero in atto. L'idealismo di Gentile culmina così in una forma di misticismo, che si colora spesso di toni attivistici.

S. La.

Gentzen, Gerhard (Greifswald, Pomerania, 1909 - Praga 1945), logico tedesco. Allievo di H. Weyl e D. Hilbert, riprese le tematiche della teoria della dimostrazione hilbertiana, sottoponendone le nozioni a una nuova analisi, così da rilanciarla nonostante i risultati negativi ottenuti da K. Gödel nel 1931. A questo scopo caratterizzò la struttura delle dimostrazioni nei termini di una serie di passi deduttivi atomici il più possibile aderenti all'effettivo procedimento argomentativo matematico; in tal modo la dimostrazione assume una caratteristica forma ramificata «ad albero», che consente di evidenziare le assunzioni richieste. Sfruttando questi calcoli di *deduzione naturale* e una loro successiva generalizzazione in cui al posto di singoli enunciati vengono esaminati i rapporti fra successioni di formule, Gentzen riuscì a ottenere alcuni importanti risultati. Il primo (noto come *Hauptsatz*) afferma che è possibile convertire ogni dimostrazione in un'altra in cui non si faccia uso dell'unica regola che consente di eliminare completamente alcune espressioni che compaiono nelle sue premesse. Ne segue che per ogni proposizione formale dimostrabile esiste una dimostrazione composta unicamente da sue sottoespressioni. Il secondo risultato di Gentzen riguarda la coerenza dei sistemi formali dell'aritmetica, che egli riuscì a dimostrare descrivendo delle trasformazioni che a ogni derivazione del calcolo ne associano un'altra eventualmente più lunga, ma concettualmente più semplice. L'induzione transfinita che Gentzen utilizza in questo frangente eccede però i metodi finitisti ammessi da Hilbert (come del resto ci si poteva aspettare, visti i già ricordati teoremi di Gödel), pur restando all'interno di una più vasta classe di metodi che possono essere considerati «costruttivi».

geolinguistica, o geografia linguistica, settore della linguistica che studia la distribuzione geografica dei fenomeni linguistici. Suo obiettivo, fin dall'inizio, è stato la preparazione di atlanti linguistici. Un atlante linguistico è costituito da un questionario, con le nozioni che i soggetti interrogati devono denominare ecc.; dalla specificazione dei luoghi dell'inchiesta e dei soggetti interrogati; e da carte linguistiche che rappresentano le regioni studiate e riportano le forme linguistiche in esse registrate. Celebre, nella storia della geolinguistica, l'*Atlante linguistico della Francia* (1902-12) di J. Gilliéron e E. Edmont. È in corso di lavorazione un *Atlante linguistico italiano*, ora diretto da C. Grassi. Gli atlanti linguistici sono utilizzati in → dialettologia per delimitare l'area di estensione di un dialetto, per determinare zone di interferenza tra dialetti diversi ecc.; in → sociolinguistica per individuare interazioni tra dialetto e lingua standard, per identificare il centro di irradiazione di un fenomeno linguistico ecc.

gerarchia, termine che indica una serie di livelli sociali, religiosi, di potere ecc., disposti secondo un ordine di priorità e successione. Alla fine degli anni Sessanta, in seguito alla diversa interpretazione del termine che l'antropologo L. Dumont propose nel suo studio sulle caste indiane (*Homo hierarchicus*, 1966) — oltre che alle tesi del filosofo inglese R. Apthorpe —, si è sviluppata una riflessione sulla gerarchia come categoria stessa del pensiero. In questa prospettiva la gerarchia non corrisponderebbe tanto a un ordine fisso tra elementi «superiori» e «inferiori», quanto piuttosto a un ordine in cui superiore e inferiore sarebbero tali solo contestualmente. Questo sembra essere il caso delle caste indiane, dove la gerarchia appare fondata su criteri di maggiore o minore purezza rituale validi in alcuni contesti ma non in altri, in cui l'ordine gerarchico risulta rovesciato.

Gerberto di Aurillac (Alvernia 930 ca - Roma 1003), filosofo e scienziato francese. Arcivescovo di Reims e di Ravenna, divenne papa col nome di Silvestro II (999-1003). Nella scuola che diresse a Reims, realizzò un notevole equilibrio fra interessi umanistici e scientifici, unendo alla lettura dei classici latini lo studio delle scienze del quadrivio. Compose un *Libellus de rationali et ratione uti*, in cui è discussa e risolta una difficoltà dialettica sollevata da Porfirio circa la legittimità dell'espressione «chi è ragionevole usa la ragione». Fra gli altri suoi scritti sono da ricordare un manuale di geometria (*De geometria*), alcuni testi elementari di calcolo aritmetico e un'opera di astronomia (*Liber de astrolabio*) in cui si rivela l'influenza di concezioni scientifiche arabe.

Gerdil, Giacinto Sigismondo (Samoens, Savoia, 1718 - Roma 1802), filosofo e pedagogista savoiardo. Barnabita, professore di etica naturale e, in seguito, di teologia morale all'università di Torino, nel 1776 fu chiamato a Roma e nominato cardinale. Ispirandosi al cartesianesimo sulla base dell'interpretazione datane da N. Malebranche, scrisse numerosissime opere di logica, di etica e di metafisica. In esse Gerdil, che mise al centro delle sue meditazioni Dio, la sua essenza e le prove della sua esistenza, entrò in aperta polemica non solo con Locke e i giansenisti, ma anche con Ch. Wolff e Newton. La sua opera più famosa, scritta come le altre in francese, rientra tuttavia nella storia della pedagogia e s'intitola *L'Anti-Emilio, o riflessioni sulla teoria e la pratica dell'educazione contro i principi di Rousseau* (1763). In essa, svolgendo l'assunto aristotelico che l'uomo è naturalmente socievole, Gerdil si contrappose sia a Hobbes sia alla pedagogia rousseauiana: Emilio è un essere astratto, perché non è possibile all'uomo svilupparsi né spiritualmente né intellettualmente al di fuori della società e del suo ordine morale. La vera educazione, secondo Gerdil, deve tendere a inserire l'individuo nella vita sociale, espressione dell'armonia universale che deriva da Dio.

Geremia (secc. VII-VI a.C.), profeta biblico, secondo dei profeti maggiori. Nacque ad Anatoth, presso Gerusalemme, dal sacerdote Elcia: nel 626 sentì, riluttante, la vocazione al ministero profetico, e vi si dedicò pienamente sino alla morte, avvenuta secondo un'antica tradizione a Dafne, in Egitto, dove, dopo la distruzione del tempio nel 587, sarebbe stato condotto a forza dai filoegiziani fuggitivi. La sua attività profetica si svolse dunque in un periodo travagliato e drammatico, dagli ultimi anni del re Giosia sino alla fine del regno di Sedecia, che egli tentò invano di avvicinare ai babilonesi, allontanandolo dagli egiziani. Nel libro biblico che va sotto il suo nome, si possono distinguere i capp. 1-25, nell'insieme risalenti direttamente a Geremia, e i capp. 26-51, dovuti al suo fedele segretario Baruc, o da lui redatti; i primi 25 capitoli contengono gli oracoli profetici originari, mentre un secondo strato è costituito dalla narrazione degli avvenimenti che formano il contesto storico degli oracoli; è individuabile, infine, un terzo apporto, composto di oracoli rielaborati nello stile ampio e retorico proprio della tradizione deuteronomistica e aggiunti posteriormente alle varie parti. Il cap. 52, che chiude il libro, narra la distruzione di Gerusalemme sulla falsariga del Secondo Libro dei Re (24-25). Il dramma di Geremia si identifica totalmente con quello del suo popolo: ma l'intensità e la grandezza drammatica della sua vita, la confessione delle sue lotte spirituali e dei conflitti tra la sua natura e la missione profetica, le sue preghiere nel segreto del rapporto con Dio fanno di lui il modello di una nuova, complessa esistenza di fede.

Gerson, nome con cui è conosciuto Jean Le Charlier (Gerson, presso Rethel, 1363 - Lione 1429), teologo francese. Dal 1395 cancelliere dell'università di Parigi, partecipò, da protagonista, al concilio di Costanza (1414-18), appoggiando l'abdicazione di Giovanni XXIII, la tesi della superiorità del concilio sul papa (conciliarismo) e la condanna di J. Hus e di Girolamo da Praga. Avendo criticato la teoria della legittimità del tirannicidio, sostenuta da J. Petit, si attirò l'ostilità del duca di Borgogna, Giovanni Senza Paura, che era stato il mandante dell'assassinio di Luigi d'Orléans; andò così esule in Austria, dove scrisse, a imitazione di Boezio, il *De consolatione theologiae*, e da dove rientrò in Francia, a Lione, nel 1419. In campo filosofico, Gerson si sforzò di superare i contrasti fra i formalisti, in prevalenza scotisti, sostenitori della necessità di conciliare filosofia e teologia, e i terministi, che escludevano la conoscibilità naturale di Dio da parte dell'uomo. Convinto del primato della mistica sulla filosofia e sulla teologia, approfondì i grandi temi del neoplatonismo cristiano e della scolastica francese, mentre avversò i begardi e i fratelli del libero spirito. Fra le sue opere filosofiche si ricordano: *Centiloquium de conceptibus*, *Centiloquium de causa finali*, *De concordia metaphysicae cum logica*, *De modis significandi*.

Gestaltpsychologie (lett. «psicologia della forma», anche *gestaltismo*), scuola psicologica nata alla fine dell'Ottocento e sviluppatasi nella prima metà del Novecento in Austria, in Germania e successivamente negli Stati Uniti e in Italia. La tesi principale del gestaltismo è che alcuni tipi di oggetti complessi (le Gestalt o gli oggetti provvisti di 'qualità gestaltiche') non sono riducibili ai loro elementi costituenti o alla somma di tali elementi; tale fenomeno è più evidente quando i complessi in questione sono oggetti della percezione (melodie, forme geometriche o tessiture di superfici), ma secondo alcuni aderenti al gestaltismo si presenta anche nel caso di complessi fisici, quali per es. gruppi di oggetti in un campo elettromagnetico.
La Gestaltpsychologie nasce dalla crisi della psicologia associazionistica. È un sostenitore dell'associazionismo, E. → Mach, a sollevare nell'*Analisi delle sensazioni* (1886) un problema che si rivelerà cruciale per quella concezione. Una volta che ci sia stata presentata una melodia, siamo in grado di reidentificarla anche se le successive presentazioni non contengono *alcuno* dei suoni che facevano parte della presentazione originale — per es. perché la melodia viene eseguita in una tonalità differente. Le melodie (come le forme e le strutture) sono quindi trasponibili: permangono invariate al variare dei loro elementi costitutivi, e non sembrano pertanto riducibili a tali elementi o alla loro somma. Mach non accetta questa conclusione e postula un elemento ulteriore in aggiunta alle singole sensazioni sonore o visive, riducendo la percezione di un quadrato a quella di un complesso i cui elementi sono le quattro sensazioni (visive) dei lati più la sensazione (muscolare) di un particolare movimento degli occhi. La soluzione machiana fu rifiutata da C. von Ehrenfels, allievo di A. von → Meinong, che nel 1890 pubblicò l'articolo *Sulle qualità gestaltiche*, considerato l'opera inaugurale della Gestaltpsychologie, in cui il problema della trasponibilità viene generalizzato. Secondo von Ehrenfels quando si percepisce un quadrato o una melodia non v'è una sensazione che si aggiunge agli elementi corrispondenti ai lati o alle note, ma un vero e proprio oggetto distinto dagli elementi componenti, una Gestalt. La sua soluzione al problema della trasponibilità è quindi che le Gestalt costituiscono un oggetto percettivo *sui generis*: percepiamo in un modo gli elementi, e in un modo differente le configurazioni; e anche se le configurazioni non possono esistere se non esistono gli elementi di cui esse sono composte, questa dipendenza non è così forte da impedirci di riprodurre la stessa configurazione con elementi differenti. Contemporaneamente a von Ehrenfels, il filosofo E. Husserl, nella *Filosofia dell'aritmetica* (1891), utilizza il termine 'momenti figurali' per designare le qualità gestaltiche degli aggregati; Husserl segnala l'esistenza di termini come 'filare d'alberi' o 'macchia d'alberi' che indicano queste proprietà figurali. L'indagine fe-

nomenologica di derivazione anche husserliana ebbe una certa rilevanza nella pratica gestaltista. Un risultato di rilievo è costituito dallo studio di D. Katz (1911) sulle manifestazioni del colore: il modo in cui un colore viene percepito dipende dall'illuminazione e dal contesto cromatico in cui è inserito.
Il nucleo della teoria della Gestalt viene elaborato dalla scuola di Graz, costituita dagli allievi di Meinong — in particolare S. Witasek, F. Heider e V. Benussi — e da quella di Berlino, costituita dagli allievi di C. Stumpf — W. Köhler, K. Koffka e M. Wertheimer. Secondo la scuola di Graz, esiste una differenza tra una *Gestalt* (il filare o la melodia) e le sue basi (gli alberi o le note componenti). Nella terminologia filosofica di Meinong, il filare è un oggetto di ordine superiore; la sua esistenza dipende dall'esistenza dei suoi fondamenti. Sul versante psicologico la scuola di Graz difende una teoria *produttiva* della percezione: la qualità gestaltica in una percezione di un filare non è presente nel complesso delle sensazioni elementari, ma viene prodotta nel corso del processo percettivo. Attraverso C. Musatti, allievo di Benussi, si è formata in Italia una generazione di gestaltisti interessati alla percezione, tra cui G. Kanizsa e P. Bozzi.
La scuola di Berlino, il più importante movimento psicologico in Germania tra le due guerre, difende una posizione per molti aspetti simmetrica a quella della scuola di Graz. W. → Köhler sostiene una forma radicale di *olismo psicologico*: le *Gestalt* e le configurazioni strutturate in genere precedono i loro costituenti, e non sono fondate su elementi psicologici a esse precedenti; si revoca in dubbio l'esistenza stessa delle sensazioni (gli 'atomi psichici') come fenomeni autonomi. M. Wertheimer aveva effettuato nel 1910 una serie di esperimenti sulla percezione del movimento apparente o movimento-*phi* (come egli stesso lo aveva denominato), in cui il semplice succedersi di immagini statiche dell'oggetto in posizioni differenti dà luogo all'apparenza di un movimento dell'oggetto attraverso le diverse posizioni (si pensi al movimento suggerito dalle immagini cinematografiche). L'oggetto viene percepito come se occupasse anche le posizioni intermedie tra quelle in cui viene effettivamente presentato, dove quindi non v'è alcuno stimolo che possa dar luogo a una sensazione corrispondente. Questo fatto spinge i gestaltisti berlinesi a una riconsiderazione generale del ruolo delle sensazioni. In particolare viene criticata l'ipotesi della costanza — che costituisce un paradigma della psicologia associazionista — secondo cui si deve assumere una corrispondenza puntuale tra lo stimolo e la percezione: con il fenomeno-*phi* si presenta il caso di percezioni per le quali mancano alcuni degli stimoli postulati dall'ipotesi di costanza. La scuola di Berlino è nota per la *teoria dell'isomorfismo*, che nasce dal rifiuto dell'ipotesi della costanza. Non esiste una corrispondenza puntuale tra stimolo e sensazione, ma una più generale somiglianza strutturale tra complessi gestaltici di stimoli da un lato e fenomeni psichici globali dall'altro. Il processo percettivo non è pertanto una forma di interpretazione a partire da stimoli indipendenti collegati in seguito da processi inferenziali e associativi, ma è caratterizzato fin dal principio da una tendenza alla globalità. La teoria dell'isomorfismo viene presentata da Köhler in un articolo del 1920 come teoria generale delle strutture fisiche (per es. un magnete avvicinato ad altri magneti ne altera la configurazione spaziale complessiva): il suo uso in psicologia non è che un'applicazione particolare. Le Gestalt psicologiche, come le Gestalt fisiche, obbediscono a leggi di organizzazione (di somiglianza, contiguità, proseguimento naturale ecc. riassunte nel principio di buona forma o di pregnanza). La versione più radicale dell'ipotesi isomorfista prevede che determinate configurazioni di stimoli corrispondano a configurazioni strutturalmente simili del campo elettrico nel cervello. La teoria prevede che anche i processi superiori (memoria, apprendimento, pensiero) obbediscano al medesimo principio di organizzazione 'dall'alto verso il basso'. Sono noti gli esperimenti di Köhler sulle scimmie antropoidi, che mostrano come al centro di un comportamento intelligente di apprendimento o di soluzione dei problemi si situi un meccanismo di riorganizzazione gestaltica (*gestalt-switch*) consistente nel vedere gli elementi del problema legati in una configurazione ordinata, 'invisibile' prima della riorganizzazione (insight).
I gestaltisti berlinesi, contrari al regime hitleriano, emigrarono negli Stati Uniti tra il 1933 e il 1938. K. Lewin, allievo di Stumpf e di Cassirer, fondatore al MIT del centro di ricerca per le dinamiche di gruppo, propose una generalizzazione delle teorie olistiche alla psicologia sociale, utilizzando concetti derivati dalla matematica e dalla topologia (campo, valenza, tensione, vettore). Il comportamento umano è determinato per Lewin da un campo psicologico i cui elementi (gli avvenimenti psichici dell'individuo e i fatti del contesto interpersonale) sono associati a valenze positive o negative. L'eredità della Gestalt è stata raccolta dalle scienze cognitive nell'ambito della reazione al comportamentismo; si è rivelata suscettibile di sviluppi interessanti nello studio di strategie cognitive organizzate 'dall'alto verso il basso' e di processi cognitivi incapsulati, vale a dire relativamente impermeabili a influenze da parte di altri processi mentali. *R. Ca.*

Gesù, maestro religioso ebreo; secondo il Nuovo Testamento, il messia predetto dai profeti e il Figlio di Dio. Menzioni di Gesù appaiono in testi giudaici (Giuseppe Flavio e il Talmud) e pagani (Tacito, Svetonio), ma la fonte principale e pressoché esclusiva delle notizie che possediamo di lui è il Nuovo Testamento, e in particolare i Vangeli. Espressione della fede della comunità cristiana, questi confessano Gesù quale apparizione del Regno di Dio nel mondo, anzi Verbo di Dio incarnato, compimento delle promesse dell'Antico Testamento, e salvezza definitiva del mondo. Il carattere di confessione di fede discosta i Vangeli dal genere letterario storico, soprattutto se inteso nel senso moderno; ma la storia è dimensione essenziale di questa fede, che si presenta come ricezione di un evento storico, del quale, nella sua propria prospettiva, riferisce i tratti essenziali.

• *La vita.* La nascita di Gesù dalla vergine Maria avvenne, secondo la tradizione evangelica, a Betlemme, in Giudea, in un anno che, con alta probabilità, si colloca tra il 9 e il 5 a.C. Vissuto a Nazareth, in Galilea, Gesù apparve sulla scena pubblica con il battesimo ricevuto da Giovanni Battista nel Giordano, e diede inizio alla missione che svolse in un arco di tempo definibile tra uno e tre anni; il luogo fu la Palestina, la Galilea prima, la Giudea poi (è probabile che Gesù si sia recato a Gerusalemme più volte). La predicazione di Gesù, e i prodigi che l'accompagnarono, suscitarono un vasto consenso di popolo e raccolsero attorno a lui una schiera di discepoli, tra i quali assunsero posizione centrale i Dodici, detti anche apostoli. Ma contemporaneamente si manifestarono le preoccupazioni dell'autorità religiosa giudaica, le quali crebbero sino a trasformarsi in ostilità aperta e irriducibile (soprattutto da parte dei sadducei), cui si accompagnò un progressivo abbandono di Gesù da parte delle folle già entusiaste, ma poi deluse per non aver trovato nella sua predicazione la risposta alle attese, anche mondane e politiche, che all'inizio le avevano mosse. L'esito di questa vicenda fu la morte per crocifissione, comminata (secondo la maggioranza degli studiosi, nell'anno 30) dall'autorità romana contro Gesù quale ribelle all'autorità imperiale, su denuncia del sinedrio giudaico, che, a sua volta, lo riconobbe colpevole della blasfema pretesa di rivendicare a sé dignità e realtà divine.

I Vangeli si diffondono nella narrazione degli avvenimenti conclusivi dell'esistenza di Gesù: dall'ultima cena con i discepoli alla cattura, al processo, sino alla morte sul Calvario: avvenimenti nei quali vedono realizzato il supremo valore della sua vita terrena. Ma il loro senso ultimo è colto solo a partire dalla risurrezione, l'evento che costituisce il momento cruciale della testimonianza neotestamentaria. Qualche tratto della figura e della personalità di Gesù si può ricavare, direttamente o indirettamente, dai fatti riferiti dai Vangeli e dalla sua predicazione: si è comunque ben lungi dalla possibilità di ricostruire una sua anche elementare biografia. Nulla si sa, per es., degli anni precedenti la sua vita pubblica.

• *La predicazione di Gesù.* Più ricche sono le testimonianze sulla predicazione di Gesù, il cui nucleo essenziale è costituito dal vangelo del regno: «Il tempo è compiuto e il Regno di Dio è vicino.» (Marco 1, 15). All'avvento del regno era volta l'attesa e la speranza dell'Antico Testamento; il momento innovatore della predicazione di Gesù è la proclamazione che l'attesa è giunta al suo termine e che la speranza ha trovato risposta. Regno di Dio significa per Gesù recupero, a opera di Dio, del mondo al suo disegno originario di grazia e di amore; è l'annuncio della liberazione dalla schiavitù che grava sull'uomo, della vittoria sul demonio e sulle potenze demoniache. Ma l'attualità del regno non è solo l'oggetto della parola di Gesù; egli stesso si presenta piuttosto come l'evento di questo regno. I tratti del regno si fanno leggibili nella parola di Gesù rivolta ai poveri, nel suo amorevole accostarsi a tutti coloro che con diverse motivazioni sono emarginati: il popolo della campagna, le donne, i lebbrosi, gli indemoniati, i pubblicani, i peccatori, con i quali condivide anche la mensa. Il Vangelo, riferendo l'accusa di essere un crapulone e un beone rivolta a Gesù dai suoi avversari, mette in luce la sorpresa e lo scandalo di un siffatto atteggiamento, che risulta ancor più sconcertante quando si consideri la caratterizzazione sacrale e religiosa allora riconosciuta al convito. Le opere prodigiose di Gesù, le guarigioni e gli esorcismi, sono sintomatiche manifestazioni del regno, della sua potenza, o meglio, della potenza di Dio, che in Gesù si manifesta. Gesù stesso stabilisce questo rapporto (Luca 11, 20). L'avvento del regno è in primo luogo l'apparizione della misericordia di Dio, della sua grazia, del suo amore per gli uomini. Lo stesso amore di Gesù, il suo essere «per i molti» (Marco 14, 24) nel vivere e nel morire, diventano in questo quadro l'espressione dell'amore di Dio per gli uomini, nel momento stesso in cui realizzano l'autentico essere dell'uomo per Dio: identità che trova il suo culmine nella morte di Gesù. L'appello rivolto agli uomini perché si convertano si risolve nella «buona novella» della loro salvezza, di fronte alla quale tutti i valori umani restano relativizzati, e anche i disvalori subiscono quel singolare capovolgimento espresso dalle beatitudini (Matteo 5). La rottura degli schemi si esprime nell'atteggiamento concreto di Gesù: egli non solo si presenta come il nuovo, divinamente autorizzato profeta e legislatore — «Avete udito... ma io vi dico» (Matteo 5, 21 sgg.) —, ma penetra più a fondo, sino al senso della Legge, dichiarata a servizio e in funzione dell'uomo (Marco 2, 27; 3, 4).

L'espressione più alta e profonda del rapporto

di Gesù con Dio è la formula «Abbà» (cioè papà), con la quale gli si rivolge; e la sua singolarità è sottolineata dalla opposizione: tra «Padre mio» e «Padre vostro»; ma questo dice, insieme, che la paternità di Dio si allarga, sino ad abbracciare tutti gli uomini. Il Regno di Dio appare così come il Regno del Padre: la sovranità di Dio si disvela come paternità, come amore. In questo rapporto di amore Gesù risolve tutta la realtà del Regno di Dio, così come nel comandamento dell'amore si risolvono la Legge e i Profeti. Circa l'amore si eserciterà anche il giudizio ultimo di Dio.

Nei suoi discorsi, nelle sue parabole, Gesù ha esercitato un peculiare magistero, peculiare soprattutto per l'autorità che egli rivendicava a sé: ne sono sorprese le folle, le quali riconoscono che Gesù insegna «come uno che ha potestà». Egli manifesta tale autorità superando la legislazione sul puro e l'impuro e sul sabato; la proclama solennemente con la formula già ricordata: «Avete udito... ma io vi dico», nella quale si confronta con l'autorità di Mosè e di Dio.

• *La comunità di Gesù.* Il messaggio di Gesù ha una dimensione escatologica, ed è tutto pervaso dall'attesa di un imminente disvelarsi del piano definitivo di Dio; questo però non esclude la sua intenzione di porre i fondamenti e l'inizio di una comunità, che costituisca il popolo della nuova alleanza. La chiesa è questa comunità escatologica, della quale Gesù definisce almeno alcuni tratti, dalla promessa a Pietro sino al banchetto eucaristico. La difficoltà di precisare gli elementi della istituzione fondata da Gesù, distinguendoli da quelli elaborati dalla primitiva comunità cristiana, non può essere dilatata al punto da mettere in dubbio questa intenzione di Gesù, e il suo aver posto il principio concreto della comunità cristiana, che a lui si appella. A questa comunità risale, com'è ovvio, l'aver fatto di Gesù non solo il messaggero di Dio, ma l'oggetto centrale del suo messaggio; anche in questo è stato fattore decisivo l'autocoscienza di Gesù d'essere l'evento del Regno di Dio, e il fatto che egli abbia anticipato la comprensione di sé nel quadro di determinate categorie della contemporanea teologia giudaica (come appunto la nozione di Regno dei cieli o di Dio, il titolo di Figlio dell'uomo ecc.).

• *I titoli di Gesù e la riflessione cristologica.* È compito della critica biblica chiarire quali elementi possano essere ricondotti all'autointerpretazione dello stesso Gesù, quali invece siano legati alla riflessione delle comunità cristiane primitive. Questa riflessione si è espressa in formule caratteristiche, divenute punti essenziali di riferimento di tutta la tradizione cristiana, e nell'uso di una serie complessa di titoli cristologici, che riflettono e condensano diverse dimensioni della figura di Gesù: il già citato figlio dell'uomo, figlio di Dio, salvatore, verbo, messia sono soltanto alcuni tra questi titoli. La loro unità, in definitiva, è garantita solo dalla identità della fede nell'incarnazione. Per queste vie si sono elaborate varie concezioni cristologiche, tra le quali non sono mancate tensioni e contraddizioni, che in parte sono confluite nel Nuovo Testamento, dove sono anche riconoscibili come diverse stratificazioni tradizionali, non semplicemente appianate dalla redazione ultima dei libri. Le grandi definizioni conciliari, nei primi secoli cristiani, hanno avuto come tema centrale proprio la comprensione teologica di Gesù: da Nicea (325), dove, contro Ario, si proclamò il Verbo «consustanziale al Padre», a Costantinopoli (381), a Efeso (431), dove, contro Nestorio, si affermò la unicità della persona di Gesù e del Verbo; sino a Calcedonia (451), dove, contro il monofisismo di Eutiche, si difese la dualità delle nature in Cristo. Attraverso queste definizioni si tracciò l'alveo nel quale sostanzialmente si mosse la teologia cristiana, non solo durante tutto il medioevo, ma anche al tempo della riforma protestante, la quale non mise in questione l'ortodossia segnata dai primi concili ecumenici.

Solo il razionalismo illuministico del sec. XVIII mise in crisi la cristologia tradizionale, e tentò per diverse vie la riduzione del cristianesimo e della figura di Cristo a dimensioni puramente umane, ora accentuando l'aspetto etico, ora forzando il momento speculativo, proponendo Gesù, molto spesso, come la figura ideale dei valori perseguiti dagli interpreti. Non mancò chi volle riconoscere in lui un semplice mito, o un'immensa frode. I risultati ottenuti nella lunga stagione di queste ricerche — magistralmente sintetizzati nell'opera di A. Schweitzer: *Storia della ricerca sulla vita di Gesù* (1906) — sono sconcertanti per le loro divergenze, e presentano le contraddizioni più aperte: essi pregiudicarono gravemente la convinzione di poter ricostruire con i metodi della storiografia scientifica la figura di Gesù e del suo messaggio. Si giunse così alla radicalizzazione più spinta della distinzione tra il Gesù della storia, quello appunto eventualmente ricostruibile mediante metodi storiografici, e il Cristo della fede, testimoniato nel Nuovo Testamento. L'avvento del metodo storico-formale (→ esegesi), all'inizio degli anni Venti del nostro secolo, sembrò infliggere il colpo decisivo a ogni tentativo di ricostruzione storica. La teologia dialettica, peraltro, venne incontro al disagio di questa situazione, e alla difficoltà nella quale sembravano cadute la cristologia e la teologia stessa, proclamando assolutamente irrilevante dal punto di vista teologico la conoscenza del Gesù storico, quando non fosse addirittura da giudicarsi negativa, come pretesa di ovviare al rischio della fede mediante una sicurezza umanamente garantita. Ma grazie all'uso di strumenti esegetici più affinati, e con una più lucida coscienza critica, si andò progressivamente recuperando interessante materiale storico, il quale permise di superare lo scetticismo del periodo precedente nei confronti della ricerca storiografica, anche se si restò fermi nella convinzione della impossibilità di una biografia di Gesù nel senso preciso del termine.

La metà degli anni Sessanta ha visto una rifioritura degli studi cristologici, sia nell'ambito protestante sia in quello cattolico: alla cristologia si sono ricondotti, infatti, i problemi più vivi e stimolanti non solamente della teologia, ma anche della fede e del travaglio delle comunità ecclesiali di fronte al mondo contemporaneo e alle sue tendenze. Le teologie di varia denominazione, che in questi anni hanno occupato la scena delle ricerche specialistiche e della divulgazione, hanno trovato spesso gli elementi caratterizzanti nella cristologia espressa o sottesa. I risultati delle ricerche appaiono problematici già per la stessa molteplicità degli indirizzi emersi; ma nella varietà discorde affiorano alcuni tratti metodologici comuni, primo fra tutti il proposito di rendere accessibile Gesù e il suo messaggio all'uomo di oggi. *G. B.*

gesuiti, i membri della compagnia di Gesù (Societas Jesu), sorta nella prima metà del sec. XVI per iniziativa di Ignazio di Loyola e approvata da Paolo III nel 1540. Sottoposti a un lungo periodo di formazione culturale e teologica, i gesuiti, oltre ai tre voti tradizionali (di povertà, castità e obbedienza), emettono un quarto voto di obbedienza al Papa con il quale si impegnano a compiere missioni che la Santa Sede ritenga di affidare loro. Sin dagli inizi, i gesuiti si dedicarono alla predicazione, alla formazione del clero nei seminari, all'insegnamento nelle università, alla direzione spirituale di principi e sovrani di cui divennero influenti consiglieri, alla educazione dei giovani nei collegi. Il loro metodo educativo, ispirato all'umanesimo e agli ideali della controriforma, e l'ordinamento degli studi furono codificati nella → *ratio studiorum* (1599). La presenza culturale dei gesuiti è stata particolarmente significativa nel dibattito teologico con i protestanti (Roberto Bellarmino), nella controversia *de auxiliis* (→ molinismo) e nella sistemazione filosofica della scolastica (F. Suárez). Largo influsso hanno esercitato gli *Esercizi spirituali* di sant'Ignazio, il *Breve compendio di perfezione* di A. Gagliardi, l'*Esercizio della perfezione e delle virtù cristiane* di A. Rodríguez, che affermano un orientamento spirituale di tipo prevalentemente ascetico-volontaristico. Nella seconda metà del sec. XIX e nel sec. XX, i gesuiti hanno contribuito attivamente alla ripresa del tomismo (→ neoscolastica), all'elaborazione della dottrina sociale della chiesa e al dialogo con il mondo non cattolico (ecumenismo). Fra le numerose riviste pubblicate dalla compagnia di Gesù, molto autorevole è «La civiltà cattolica», che si pubblica a Roma dal 1850.

Geulincx, Arnold (Anversa 1624 - Leida 1669), filosofo olandese. Insegnò filosofia all'università di Lovanio dal 1646 al 1658, anno in cui fu rimosso dall'insegnamento probabilmente per la sua posizione speculativa innovatrice. Trasferitosi a Leida, dove si convertì al calvinismo, nel 1662 ebbe il posto di lettore di logica all'università e nel 1665 vi divenne professore. Tra le sue opere pubblicate in vita si ricordano: *Quaestiones quodlibeticae* (1653); *Logica* (1662); *Methodus inveniendi argumenta* (1663); *Tractatus ethicus primus* (1665); fra quelle pubblicate postume: *Physica vera* (1688); *Metaphysica vera et ad mentem peripateticam* (1691); gli *Annotata praecurrentia* (1690) e *Annotata majora* (1691) ai *Principia philosophiae* di Cartesio. Tesi centrale del pensiero di Geulincx è l'→ occasionalismo. L'uomo non conosce il modo in cui la sua volontà muove il suo corpo o il suo corpo muove altri corpi, né come a un mutamento del corpo segua una sensazione o un'idea nello spirito; ne deriva che egli non è l'autore di questi movimenti, la cui causa deve essere cercata in Dio; l'uomo e gli altri agenti naturali sono semplici occasioni per il manifestarsi dell'attività divina. Questa dottrina ha un'evidente portata religiosa. Geulincx afferma infatti che l'uomo non può conoscere le cose come sono in se stesse, ma solo come esse appaiono al suo pensiero, anticipando così in qualche modo il trascendentalismo kantiano. Questa concezione gnoseologica assume in lui un carattere di scetticismo mistico: l'uomo sembra chiuso in forme di pensiero di cui non è possibile garantire la verità. Per comprendere l'etica di Geulincx, poi, occorre tenere presente che l'occasionalismo, se nega ogni efficacia reale dello spirito sul mondo esterno, non nega però la sua attività immanente. La virtù è «l'amore unico della ragione», che porta all'annullamento di ogni desiderio in un atto di adeguamento interiore della volontà umana alla volontà divina: la «ragione» è intesa infatti come principio cosmico e identificata con il Dio vivente della religione. Solo questa conformità (o eventuale difformità) a Dio è in potere dell'uomo; il significato dell'agire morale deve quindi essere posto nell'intenzione che lo anima, non nei risultati esterni: questi, quali che siano, non cadono comunque sotto la potestà umana.

Geymonat, Ludovico (Torino 1908 - Milano 1991), filosofo italiano. Dal 1956 al '79 è stato titolare, nell'università di Milano, della prima cattedra di filosofia della scienza istituita in Italia. I suoi primi lavori (*Il problema della conoscenza nel positivismo*, 1931; *La nuova filosofia della natura in Germania*, 1934; *Ricerche filosofiche*, 1939) miravano a difendere il valore conoscitivo della scienza, negato in quegli anni in Italia dai neoidealisti. Dopo un periodo di studi con H. Reichenbach, M. Schlick, F. Waismann e R. Carnap, Geymonat ha illustrato e sviluppato le tesi del neopositivismo in senso «neorazionalista» e «neoilluminista» (*Studi per un nuovo razionalismo*, 1945; *Storia e filosofia dell'analisi infinitesimale*, 1947; *Le origini della metodologia moderna*, 1947; *Saggi di filosofia neorazionalistica*, 1953; *Il pensiero scientifico*, 1954; *Filosofia e filosofia della scienza*, 1960; *Scienza e realismo*, 1977). Secondo Geymonat, la crisi dei fondamenti che caratterizza la scienza contemporanea, dalla logica formale alla matematica e alla fisica, è un fatto eminentemente costruttivo e liberatorio, perché manifesta il carattere ipotetico e mai definitivo delle costruzioni scientifiche. A ciò va però aggiunta una viva consapevolezza (che al neopositivismo fa invece difetto) del carattere storico e sociale dell'evoluzione scientifica (esemplari al riguardo la monografia *Galileo Galilei*, 1957, e la *Storia del pensiero filosofico e scientifico* da lui diretta, 7 voll., 1970-76). Particolarmente nella seconda fase della sua attività Geymonat insiste sull'utilizzazione degli strumenti concettuali della scienza in vista di un impegno diretto nella realtà sociopolitica contemporanea, interpretata alla luce del marxismo.

Ghazālī, al-, Abū Ḥāmid Muḥammad ben Muḥammad (Ṭus, Iran, 1058-1111), filosofo persiano, noto nel medioevo occidentale come Algazel. Nella sua autobiografia spirituale, *Il salvatore dall'errore*, egli narra come fin da giovane un'invincibile curiosità intellettuale lo portasse a investigare criticamente tutte le dottrine possibili, eretiche e ortodosse. Nominato (1091) professore dell'università di Baghdad, assunse posizioni vicine allo scetticismo; quattro anni più tardi, in seguito a una crisi spirituale, approdò al misticismo. Vagò a lungo come derviscio, per poi tornare a Baghdad a predicare le dottrine sufiche (→ sufismo) che lo avevano conquistato, e a comporre la monumentale opera in numerosi volumi *La rivivificazione delle scienze religiose*, con la quale egli inserisce nella ortodossia musulmana elementi mistici, dando così ufficialità al sufismo. In questa e in altre opere, come *I propositi dei filosofi*, che illustra il pensiero di Alfarabi e Avicenna, e *L'incoerenza dei filosofi* (in lat. *Destructio philosophorum*), che lo confuta, al-Ghazālī realizzò un'armonica sintesi fra metodo dialettico, mistica e ortodossia legale che è considerata il culmine della speculazione ortodossa dell'Islam e che, diffusa in parziali traduzioni latine già prima del 1150, esercitò un notevole influsso sulla scolastica ebraica e cristiana.

gianismo, religione dell'India. Prende nome da *Jina*, «il vittorioso», epiteto dato all'asceta Vardhamāna o Mahāvīra, ultimo (e probabilmente unico personaggio storico) di una serie di 24 profeti che di tempo in tempo rivelarono la dottrina considerata dai giaina mezzo necessario per superare l'oceano delle esistenze. Mahāvīra (540-468 ca a.C.) si presenta come riformatore di una setta preesistente. A trent'anni lasciò la famiglia e affrontò una vita di meditazione e di rinuncia, che lo portò dopo dodici anni all'illuminazione sulla verità della vita e sul metodo per porre fine alla simbiosi di anima e corpo.

La dottrina giainica comprende sette verità fondamentali. Tutto l'esistente, in continua evoluzione, si divide in *jīva* (1) o sostanza spirituale, comprendente un numero infinito di anime, immateriali ed eterne; e *ajīva* (2) o sostanze inanimate, che possono affluire nell'anima (*āsrava* 3), inficiandone le originarie purezza e perfezione e determinandone il *bandha* (4) ossia la schiavitù. Per l'innaturale unione di materia e anima si genera il *karman*, che è l'azione e l'effetto di essa e agisce automaticamente (è rifiutata una divinità creatrice e ordinatrice dell'universo) fino a quando non sarà consumato, ossia esaurito nei suoi effetti. È allora necessario il *saṃvara* (5), ossia l'arresto dell'ingresso di materia nell'anima, quindi la *nirjarā* (6) ovvero la distruzione del *karman* ancora esistente: si raggiungerà così la liberazione o *mokṣa* (7). Poiché ogni azione, indipendentemente dal concorso della volontà, produce *karman*, occorre una norma eccezionale per detergere l'anima dalla materia ed essa è il «triplice gioiello» (retta fede, retta conoscenza, retta condotta). La retta condotta impone il codice morale universale (cinque voti: non nuocere, non mentire, non rubare, castità, rinuncia al possesso), produce per definizione minor *karman* (la buona azione non ha il potere adesivo delle passioni) e insiste soprattutto sull'*ahiṃsā*, che consiste dapprima nel non nuocere ad alcun essere vivente (di qui il vegetarianismo, la cura degli animali ammalati, il rifiuto dei sacrifici cruenti), e poi nella compassione attiva. Alla *nirjarā* provvedono la mortificazione e l'ascesi, destinata a logorare tutto ciò che di materiale inficia l'anima e culminante nel suicidio per inedia, inutile se non è il coronamento di una vita virtuosa. Il culto interno ed esterno ha un valore soltanto soggettivo, e serve per far concentrare la mente del fedele su esempi di esseri perfetti che è possibile imitare, ma non pregare perché intervengano sul destino dell'uomo. L'uomo, in ultima analisi solo con se stesso, unicamente con il proprio sforzo potrà compiere l'ascesa che lo porterà alla pace al di là di ogni esperienza umana. Attualmente i giaina sono circa 1.500.000. Il canone comprende quarantacinque opere, composte in un dialetto medio-indiano intorno al 500 d.C., e vuol essere un'enciclopedia di tutto il sapere religioso e profano.

Giamblico (Calcide, Siria, 245 ca - 325 ca), filosofo greco. Dopo aver studiato ad Alessandria d'Egitto ed essere venuto in contatto con Porfirio, ritornò in Siria per fondarvi una scuola che ebbe enorme influenza sul successivo neoplatonismo. Lo sforzo dottrinale di Giamblico è orientato a rivitalizzare la filosofia pitagorica e platonica in risposta al crescente influsso del cristianesimo sul piano religioso e culturale. Le sue opere principali, la *Teologia caldaica*, la *Teologia platonica* e il *Trattato sugli dei*, sono andate perdute. Nella *Silloge delle dottrine pitagoriche*, in dieci volumi (solo quattro sono giunti completi), Giamblico tenta di dare una giustificazione teoretica del politeismo. Ispirandosi a Plotino, egli colloca fra il primo Uno assolutamente ineffabile e le anime particolari un mondo intermedio dello spirito, presieduto dal secondo Uno e composto da una complessa gerarchia di ipostasi. Ritenendo che la filosofia non possa rispondere alla questione del fine ultimo dell'uomo, Giamblico afferma nei *Misteri d'Egitto* il valore delle pratiche teurgiche come possibilità di unione col divino concessa dagli dei agli uomini. Oltre a diverse *Lettere* a discepoli, di cui restano frammenti, Giamblico compose commenti a opere logiche aristoteliche e a dialoghi platonici. In questi ultimi egli espone la propria dottrina esegetica, secondo la quale per interpretare un dialogo bisogna considerarlo innanzitutto da un punto di vista unitario; è necessario quindi individuare in esso i diversi livelli del discorso (metafisico, matematico, fisico ed etico), che, disposti in scala decrescente, sono fra loro connessi in modo tale che ciascuno è «modello» rispetto al successivo e «copia» rispetto al precedente.

Giannone, Pietro (Ischitella, Foggia, 1676 - Torino 1748), storico e filosofo italiano. Studiò giurisprudenza a Napoli, dove, nell'accademia Medina Celi, entrò in contatto con l'ambiente filosofico napoletano di cui faceva parte anche G.B. Vico; qui Giannone si avvicinò al cartesianismo, soprattutto attraverso la lettura di N. Malebranche. Esiliato a causa delle sue opinioni razionalistiche in materia di religione, riparò a Vienna e a Ginevra; fu poi attirato con un tranello nello Stato Sardo, arrestato e imprigionato. Morì in carcere a Torino. La fama di Giannone è legata soprattutto alla sua *Istoria civile del Regno di Napoli* (1723); ma la sua opera più rilevante dal punto di vista filosofico è il *Triregno*, ove si espone una filosofia della storia in base alla quale la religione, dopo essere stata fondamento del «regno terreno» (la religione naturale dei primitivi), diviene base del «regno celeste» (il cristianesimo) e infine si fa, nel «regno papale», pretesto per lo sfruttamento politico della speranza cristiana. Al «regno papale» Giannone contrappone in opere successive (*I discorsi storici e politici sopra gli Annali di Tito Livio*; *L'apologia de' teologi scolastici*; *Istoria del pontificato di Gregorio Magno*; *Ape ingegnosa*) l'ideale di un «cristianesimo ragionevole» e illuminato, ispirato all'eudemonismo di A. Pope e alla filosofia dell'universo-macchina di I. Newton.

Giansenio, Cornelio, nome italianizzato di Cornelis Jansen (Ackoy, Olanda, 1585 - Ypres 1638), ecclesiastico e teologo olandese. Studiò a Lovanio e a Parigi, dove strinse amicizia con Jean Duvergier de Hauranne, il futuro Saint-Cyran, e con lui intraprese lo studio di sant'Agostino, che continuò sino alla fine della sua vita. Lettore ordinario di Sacra Scrittura all'università di Lovanio, ne divenne rettore nel 1635; l'anno successivo fu nominato vescovo di Ypres. La sua opera principale, *Augustinus*, iniziata nel 1627 e edita, postuma, nel 1641, doveva essere nelle sue intenzioni il punto di partenza per una restaurazione dei valori cristiani più autentici. Nell'*Augustinus*, in vivace polemica con L. de Molina (→ molinismo), Giansenio sottolinea la corruzione fondamentale dell'uomo, provocata dal peccato di Adamo e trasmessa a tutte le generazioni. L'uomo peccatore è indotto invincibilmente al male dalla concupiscenza; per diventare capace di bene gli è necessario il soccorso della grazia, in virtù della quale è in grado di adempiere la volontà divina. Questa tesi delle «due dilettazioni» (concupiscenza e amore), derivata da Baio (baianesimo), è il cardine della dottrina di Giansenio, che si preoccupa sostanzialmente degli aspetti dottrinali, mentre il → giansenismo francese sviluppa nella dottrina della grazia particolarmente gli aspetti morali e pratici in direzione ascetica e nella disciplina sacramentale.

giansenismo, la dottrina del vescovo olandese C. → Giansenio e la corrente di pensiero teologico a lui ispirata, che fiorì in Francia, nei Paesi Bassi e in Italia sino alla fine del sec. XVIII. Il maggior teologo del movimento giansenista fu A. → Arnauld; il più illustre difensore di esso, B. → Pascal. Altri rappresentanti principali: l'abate di Saint-Cyran, che fece dell'abbazia di Port-Royal il centro del giansenismo, P. Nicole, P. Quesnel ecc. Proseguendo nel solco aperto entro la chiesa cattolica, nel sec. XVI, da Baio (→ baianismo), il giansenismo contrapponeva alla teologia scolastica e all'umanesimo moderno penetrato nella chiesa con la teoria e la pratica dei gesuiti, quella che esso presentava come la dottrina autentica di sant'Agostino sulla predestinazione e la grazia divina in rapporto al libero arbitrio dell'uomo. In seguito alle insistenti accuse di inclinare verso l'eresia protestante mossele dai gesuiti, la dottrina di Giansenio venne condannata da Innocenzo X, nel 1653, sulla base di cinque proposizioni nelle quali la facoltà di teologia di Parigi l'aveva condensata. I giansenisti si sottomisero al decreto, ma sostennero nel contempo che le proposizioni condannate non corrispondevano al pensie-

ro effettivo di Giansenio e perciò si ritennero in diritto di continuare a seguire il maestro. E le polemiche su questo punto durarono finché durò il movimento.
Tanto nella teologia dogmatica quanto nella teologia morale, l'avversario diretto dei giansenisti è il → molinismo; ma loro preoccupazione altrettanto forte è naturalmente quella di distinguersi dai protestanti. In contrasto con Lutero, essi sostengono che Dio assisteva Adamo con una grazia «sufficiente»; ma, in contrasto coi molinisti, sostengono che in seguito al peccato originale gli uomini sono stati privati di tale grazia: dacché Adamo ha liberamente rivolto verso le creature quell'amore che avrebbe dovuto rivolgere solo al creatore, tutti gli uomini nascono schiavi della stessa tendenza peccaminosa. Dopo d'allora, destinati alla vita eterna sono solo coloro ai quali Dio concede gratuitamente, indipendentemente da qualsiasi merito, la grazia «efficace», che vince il peccato in quanto determina infallibilmente la volontà al bene, cioè all'amore di Dio. È la grazia meritata, per gli eletti, da Gesù Cristo. Altrimenti, la corruzione provocata dal peccato originale è del tutto insuperabile per le creature, le quali non possono che peccare. Ne consegue che le virtù puramente umane, come praticate per esempio dai pagani, sono anch'esse peccaminose (è qui palese il contrasto con lo spirito umanistico). Fondamento della giustificazione è, per i giansenisti, la fede; ma, al contrario che per i protestanti, non indipendentemente dalle opere buone, le quali peraltro sono possibili agli uomini solo in virtù della fede. Mentre contro il molinismo i giansenisti sostengono l'elezione gratuita, contro i protestanti affermano che fra elezione e dannazione non c'è simmetria, in quanto, diversamente dalla prima, la seconda non è prodotta da un atto positivo di Dio: rimangono immersi nel peccato coloro a cui Dio semplicemente non concede la grazia. E i criteri con cui Dio sceglie i predestinati alla gloria sono avvolti nel mistero più fitto; a questo riguardo la ragione umana non può non riconoscere la sua completa incompetenza (come ha insegnato Cartesio, dice Arnauld, con la tesi dell'inaccessibilità di Dio da parte di un intelletto finito). Anche sul problema del rapporto tra la grazia e la volontà della creatura, i giansenisti intendono opporsi tanto ai protestanti quanto ai molinisti: mentre per i primi la volontà dell'uomo sarebbe uno strumento passivo nelle mani di Dio e per i secondi la grazia finirebbe con l'essere strumento della volontà umana, la quale potrebbe decidere di concorrere o meno con essa, i giansenisti rifiutano qualsiasi esteriorità fra i due termini, sostenendo che la grazia penetra tutt'intera la volontà del giusto, facendo sì che essa si determini al bene e in tal modo divenga partecipe della divinità stessa. Gli avversari videro in questa dottrina una sostanziale negazione del libero arbitrio dell'uomo.
L'attività dei giansenisti fu particolarmente rivolta alla vita morale, in un progetto di riforma della pietà e della morale in senso ascetico e rigoristico. Anche in questo campo, loro obiettivo polemico furono i gesuiti, per la loro morale lassista e la pratica della casistica, nelle quali i giansenisti individuarono un abbandono della severità della legge evangelica. Documento illustre di questa polemica sono le *Lettere provinciali* di Pascal.

Giddens, Anthony (Londra 1939), sociologo inglese. Docente al King's College a Cambridge. Noto per le sue opere di divulgatore e critico delle teorie dei classici, Giddens intende la sociologia come una teoria critica delle forme di società esistenti, in un senso che accoglie i contributi provenienti dalla tradizione marxista senza concludersi in essa, ma mirando a colmarne lacune e imprecisioni. Secondo Giddens solo l'affinarsi di una sensibilità storica può fare della sociologia un'autentica teoria critica e restituire all'uomo una consapevolezza accresciuta delle potenzialità alternative (*Capitalismo e teoria sociale. Marx, Durkheim e Max Weber*, 1971; *Una critica contemporanea del materialismo storico*, 1981; *Sociologia. Un'introduzione critica*, 1982; *Teoria sociale e sociologia moderna*, 1987). In *La costituzione della società* (1984) Giddens delinea una teoria complessiva delle relazioni sociali a partire dal concetto di struttura, inteso come insieme di regole e risorse implicate ricorsivamente nella riproduzione della società.
Teorico della → globalizzazione della vita sociale (*Lo stato nazione e la violenza*, 1985; *Sociologia*, 1989), Giddens ha studiato le trasformazioni della vita quotidiana che si accompagnano alle tendenze globalizzanti delle istituzioni moderne (*Le conseguenze della modernità*, 1991; *Modernità e identità*, 1991), analizzando in questa ottica anche la rivoluzione sessuale (*La trasformazione dell'intimità*, 1992). Fra le altre opere: *La struttura di classe nelle società avanzate* (1973); *Elites e potere nella società britannica* (1974); *Nuove regole del metodo sociologico* (1976).

Gilberto Porretano (Poitiers 1080 ca - 1154), filosofo e teologo francese. Studiò alla scuola di Chartres, della quale fu poi maestro e cancelliere. Fu vescovo di Poitiers dal 1142 alla morte. Sue opere principali sono il commento agli *Opuscula sacra* di Boezio e il *Liber sex principiorum*. Modificando un celebre testo boeziano, Gilberto introduce nella filosofia medievale la distinzione tra il sussistente (l'esistente concreto) e la sussistenza (la forma per la quale l'esistente è ciò che è). Egli utilizza questa distinzione per caratterizzare meglio l'essere di Dio rispetto all'essere delle creature: mentre nelle creature c'è distinzione reale tra sussisten-

te e sussistenza, in Dio la distinzione non si pone, essendo il suo essere totalmente semplice. Grazie al concetto di sussistenza Gilberto rivaluta inoltre l'essere del mondo, ossia la natura nella sua autonomia.
Sul problema degli universali, Gilberto dà una soluzione vicina al platonismo ultrarealistico: l'universale è nell'individuo, ma si distingue realmente dai principi individuanti. Elementi ultrarealistici sono presenti anche nella sua dottrina trinitaria: Gilberto pone nella Trinità non solo una distinzione tra le persone, ma anche nella loro essenza o natura divina. (Al concilio di Reims tuttavia, nel 1148, egli ritrattò la sua posizione.) Alcuni scritti di Gilberto furono commentati nelle università sino al sec. XV, allo stesso titolo delle opere di Aristotele e di Boezio. Tra i seguaci della sua dottrina trinitaria si ricorda Gioacchino da Fiore.

Gilliéron, Jules-Louis (Neuveville, Berna, 1854 - Schernelz 1926), linguista svizzero. Studiò a Basilea e a Parigi (con G. Paris) e dal 1883 insegnò dialettologia della Francia presso l'École des hautes études di Parigi. Con l'insegnamento, con le opere, con la direzione della «Revue des patois» (1887-93 con P. Rousselot), ma soprattutto con la preparazione ed edizione dell'*Atlante linguistico di Francia*, egli fondò una nuova corrente di ricerche, la geografia linguistica (→ geolinguistica), e influenzò profondamente il campo della linguistica storica e della dialettologia. Opere principali: *Dialetto del comune di Vionnaz* (1880); *Piccolo atlante fonetico del vallese romanzo* (1881); *Atlante linguistico di Francia* (1902, con E. Edmont); *Patologia e terapeutica verbale* (1915-21); *Genealogia delle parole che designano l'ape* (1918); *Le etimologie degli etimologisti e quelle del popolo* (1922); *Taumaturgia linguistica* (1923).
Sebbene vi fossero già stati in precedenza rilevamenti e rappresentazioni cartografiche dei fenomeni linguistici, Gilliéron fu il primo a trarre coerentemente, dai dati così ottenuti, tutte le conseguenze. Le differenziazioni fonetiche e lessicali sulla superficie geografica gli si rivelano come l'appiattimento di una stratificazione storica, in cui sono rilevabili le fasi e le condizioni del mutamento linguistico. Sottolineando il carattere psicologico e individuale di questo, Gilliéron polemizzò contro i neogrammatici, sostenendo fra l'altro che non si deve fare storia di suoni, ma storia di parole.

Gilson, Etienne (Parigi 1884 - Cravant 1978), filosofo francese. Insegnò a Lilla, a Strasburgo, alla Sorbona e al Collège de France, a Toronto. Nel 1926 fondò la rivista «Archives d'histoire doctrinale et littéraire du moyen âge». Dopo un periodo dedicato allo studio delle fonti scolastiche della filosofia di Cartesio, indirizzò le sue ricerche sulla filosofia medievale, pubblicando sia opere d'insieme (*La filosofia nel medioevo*, 1922; *Lo spirito della filosofia medievale*, 1932), sia ampie monografie dedicate ai maggiori filosofi del tempo (*Il tomismo*, 1919; *La filosofia di san Bonaventura*, 1924; *Introduzione allo studio di sant'Agostino*, 1929; *Eloisa e Abelardo*, 1938; *Giovanni Duns Scoto*, 1952).
Sul piano storiografico, si deve a Gilson anzitutto il chiarimento della profonda differenza che intercorre tra la filosofia aristotelica e la sua rielaborazione per opera di Tommaso d'Aquino, nonché l'elaborazione del concetto di «filosofia cristiana» che caratterizzerebbe i massimi sistemi ortodossi del pensiero patristico e scolastico. Nelle opere a carattere teoretico, Gilson ha sostenuto un realismo metodico, fondato sull'approfondimento delle implicanze del concetto di essere proprio di Tommaso d'Aquino; particolarmente significative a tale proposito sono: *L'essere e l'essenza* (1948); *Elementi di filosofia cristiana* (1960); *Il filosofo e la teologia* (1960).

Gioacchino da Fiore (Celico, Cosenza, 1130 ca - San Giovanni in Fiore 1202), teologo e mistico italiano. Monaco cisterciense nell'abbazia di Sambucina (1150-52), passò poi al monastero di Santa Maria di Corazzo, del quale fu abate dal 1177. Entrato in contrasto con l'ordine, lo abbandonò verso il 1190 per dare vita al nuovo ordine dei monaci florensi. Considerati per secoli opera di un visionario o di un profeta, i suoi scritti rappresentano uno dei frutti più alti e maturi della teologia monastica, che si trovava di fronte in quegli anni i metodi e i contenuti nuovi della scolastica. Interamente orientata in senso escatologico, l'opera dottrinale di Gioacchino si caratterizza per la complessità e l'originalità della sua esegesi, per lo sforzo di costruire, alla luce delle Scritture, una «teologia della storia», di cogliere i tratti dell'età futura e decifrare i tempi della sua imminente venuta. In un opuscolo polemico andato perduto, il *Libellus de unitate et essentia Trinitatis*, Gioacchino polemizzava con la concezione della Trinità di Pier Lombardo, accusandola di *quaternitas*: in essa la sostanza divina sarebbe disgiunta dalle tre persone al punto da costituire un quarto elemento autonomo rispetto a esse. Mentre la tradizione teologica successiva riconobbe come ortodossa la tesi di Pier Lombardo, la posizione di Gioacchino fu condannata come tendenzialmente triteista dal concilio Lateranense IV (1215).
Vi è un rapporto diretto fra la teologia trinitaria di Gioacchino e la sua concezione della storia e del suo sviluppo. A ciascuna delle persone è «appropriata» una delle tre epoche nelle quali la storia si divide: all'età del Padre, compresa tra la creazione e la venuta di Cristo, e a quella del Figlio, che Gioacchino ritiene stia per chiudersi negli anni in cui scrive, seguirà l'età dello Spirito Santo. In ognuna delle tre epoche l'azione della Trinità si manifesta diversamente nella Scrittura: al Padre compete così l'Antico Te-

stamento, al Figlio il Nuovo, allo Spirito Santo la «concordia» dell'Antico e del Nuovo, cioè il disvelamento del vero significato spirituale della Bibbia, offuscato dalla *littera* del testo. Con la sua tripartizione, proposta in tutte le sue opere e pienamente espressa nel *Liber concordiae Novi et Veteris Testamenti*, Gioacchino modifica la visione della storia trasmessa da Agostino alla teologia medievale: rifiutato il punto di vista cristocentrico a favore di quello trinitario, la storia non è più considerata come una parabola che deve essere chiusa dal secondo ritorno di Cristo, ma come un processo che termina in un'epoca escatologica di libertà e di concordia sulla terra, improntata all'ideale monastico e contemplativo e caratterizzata da una radicale trasformazione del ruolo della gerarchia ecclesiastica e della funzione dei sacramenti e della Bibbia. Fra gli altri scritti di Gioacchino i principali sono l'*Expositio in Apocalypsim*, il *Psalterium decem chordarum*, il *Tractatus super quattuor evangelia* e l'*Adversus iudaeos*. È discussa l'autenticità del *Liber figurarum*, un albo composto di figure e di grafici. A Gioacchino furono attribuiti numerosi commenti esegetici, profezie e vaticini; è celebre il *Tractatus super Hyeremiam*, composto verso il 1230 in ambienti florensi o francescani. Le idee di Gioacchino diedero vita a un vasto movimento culturale, denominato gioachimismo, che ebbe seguaci soprattutto tra i francescani spirituali. Autori come Gerardo di Borgo San Donnino, Pier di Giovanni Olivi e Ubertino da Casale si ispirarono all'abate calabrese per delineare i tratti di una «terza età» nella storia della salvezza, caratterizzata dalla purificazione della gerarchia ecclesiastica corrotta e dalla piena e rigorosa applicazione della regola nell'ordine francescano. Nei secc. XIV-XV, temi ricorrenti nell'ampia letteratura gioachimita e pseudo-gioachimita sono quello del papa angelico, nella cui venuta si confida per un rinnovamento profondo e definitivo della chiesa, e quello dell'imperatore degli ultimi tempi, che riunifica il mondo per condurlo alla pace escatologica. *G.L. Po.*

gioachimismo, → Gioacchino da Fiore.

Giobbe, libro biblico dell'Antico Testamento, appartenente alla sezione degli Agiografi o libri poetici. Giobbe è un uomo ricco e pio, originario di Uz, in Arabia, il quale, messo a dura prova da Satana con il consenso di Dio, è colpito nelle sue ricchezze, prima, nei suoi figli e nel suo corpo, poi. Ma né le sventure né le sollecitazioni della moglie riescono ad allontanarlo da Dio. Il dialogo, che egli svolge con tre amici venuti a lui per compiangerlo e consolarlo, costituisce il corpo del libro. Conclusione ne sarà una grande teofania in cui Dio, dopo aver risposto a Giobbe e rimproverato i suoi amici, lo reintegra nei beni perduti. Tra il prologo (capp. 1-2) e l'epilogo (cap. 42, 7-17), in cui si narrano in prosa l'antefatto e il «lieto fine», si distende in versi la fitta serie dei dialoghi. Il cap. 28 presenta il grande elogio della sapienza; a un discorso di Giobbe, distinto in tre parti (capp. 29-31) è affidato l'epilogo della discussione. La sezione successiva, costituita da un discorso di Elihu, è di dubbia autenticità.
Il libro di Giobbe pone molti problemi letterari e testuali: il lessico è inusitato, ricco di vocaboli stranieri, lo stile è conciso, così che si sono moltiplicate le corruzioni testuali e le glosse esplicative, al punto da dare origine a due forme del testo greco, di diversa estensione. Non è più sostenuta l'opinione che Giobbe sia l'autore del libro; all'incertezza circa l'autore si aggiunge quella circa la datazione dell'opera: sono state proposte date oscillanti tra il sec. VIII e il III a.C. La concezione teologica espressa è difficilmente enucleabile in forma precisa per il suo stretto intrecciarsi con i problemi di carattere critico-letterario: la percorre la domanda angosciata del senso della sofferenza, e soprattutto della conciliabilità della sofferenza del giusto con la giustizia di Dio. In gioco sono i più profondi problemi dell'esistenza umana, affacciata sul mistero insondabile di Dio, che rompe i quadri nei quali tenta di chiudersi la saggezza anche religiosa dell'uomo. La mancanza di una risposta che non sia l'invito a piegarsi di fronte alla imperscrutabile sapienza e grandezza divina, permette a Giobbe, drammaticamente teso e dilacerato tra la fuga e la brama di Dio, tra la fede e l'incredulità, di levare la sua dolente protesta contro l'opinione tradizionale (la «sapienza degli antichi»), la quale, in particolare, vede nella sofferenza la conseguenza della colpa propria o familiare. Giobbe non ha una sua dottrina sul dolore da opporre alla sapienza degli antichi; ha piuttosto una sua concezione di Dio, che trascende sia l'immagine tradizionale emergente dai discorsi degli amici, sia quella stessa con cui, in un primo momento, egli si è misurato.

Gioberti, Vincenzo (Torino 1801 - Parigi 1852), filosofo e uomo politico italiano. Sacerdote, dopo un periodo di panteismo filosofico e di idee repubblicane (a causa delle quali nel 1833 dovette andare in esilio, prima a Parigi e poi a Bruxelles) si presentò come restauratore della tradizione filosofica cattolica con la *Teorica del sovrannaturale* (1838) e l'*Introduzione allo studio della filosofia* (1840) e come fautore di un accordo fra il papato e la rivoluzione nazionale italiana con la famosa opera *Del primato morale e civile degli italiani* (1843, 2 voll.). Dello stesso periodo sono alcuni suoi scritti polemici, contro V. Cousin, F.-R. de Lamennais e A. Rosmini, e i saggi *Del bello* (1841) e *Del buono* (1843). Tornato in Italia nel 1848, eletto deputato al parlamento subalpino, fu presidente del consiglio; finché, dopo la sconfitta di Novara, nel 1849, tornò a Parigi. Del 1851 è *Del rinno-*

vamento civile d'Italia, in cui esprime posizioni politiche assai diverse da quelle del *Primato*, mostrando un vivo interesse per la questione sociale; e postume vennero pubblicate alcune opere incompiute, frammentarie, come la *Protologia*, la *Filosofia della rivelazione*, *La riforma cattolica della chiesa* e *Della libertà cattolica*, che rivelano un razionalismo teologico assai spinto, una sorta di laicizzazione completa del cattolicesimo, per cui i dogmi cristiani sarebbero meri simboli di verità filosofiche e di principi morali: l'incarnazione, per es., simboleggerebbe il principio della dignità umana, quindi della fratellanza e dell'uguaglianza fra gli uomini; il peccato originale simboleggerebbe il male sociale, da combattere continuamente; e così via. E i «santi» sarebbero i grandi scopritori e artisti, da Omero a Vico.
Nell'*Introduzione allo studio della filosofia* Gioberti contrappone al soggettivismo moderno, inaugurato da Lutero in teologia e da Cartesio in filosofia, l'«ontologismo», ch'egli ricollega ad Agostino e a N. Malebranche. Il principio è quello di un'apprensione diretta dell'essere, di carattere intuitivo, immediato; e l'essere che così si apprende è l'«Ente reale» stesso, ossia Dio in quanto creatore. Di qui, subito, il contrasto con Rosmini, accusato da Gioberti di aver ceduto al soggettivismo moderno, limitandosi all'«idea» dell'Essere, o all'Essere meramente ideale. Invece, nell'intuito a cui pensa Gioberti è Dio stesso che si presenta alla nostra mente, se questa sia disposta ad accogliere passivamente una siffatta rivelazione; la quale consiste essenzialmente in due verità: la necessità che contraddistingue l'esistenza dell'Ente e la libertà che contraddistingue invece il suo rapporto con le proprie creature. Solo a queste va propriamente riservata la nozione di «esistenza», in quanto, conformemente all'etimologia di questa parola, con essa si indica ciò che deriva e dipende *da* altro. «L'ente crea l'esistente» è pertanto l'espressione in termini riflessivi (o «formula ideale») del contenuto di verità dell'intuito originario. Il difetto solito dei filosofi è di pretendere di risalire a Dio muovendo dalle creature; il che spiega perché, seguendo questa strada, si sia spesso caduti nel panteismo o addirittura nell'ateismo. Dalla formula ideale sarebbe poi possibile derivare, secondo Gioberti, un'articolazione sistematica di tutto il sapere umano, in tal modo riportandolo ai suoi fondamenti. Ma essa deve anche essere completata con la considerazione del processo per cui «l'esistente ritorna all'Ente», sostiene Gioberti neoplatonicamente; e il ritorno all'Ente riguarderebbe peculiarmente l'uomo, sviluppandosi attraverso la moralità del volere e compiendosi con la beatitudine celeste. La prima parte della formula presenta pertanto un'iniziativa che è soltanto di Dio; la seconda, invece, un'iniziativa che è insieme di Dio e dell'uomo, in quanto questi concorra col creatore.
Nella incompiuta *Protologia* («scienza prima»), Gioberti insiste soprattutto sul movimento di ritorno dell'esistente all'Ente, ma considerandolo realizzato non più soltanto dalla moralità, bensì dallo sviluppo di tutt'intera la civiltà umana (scienza, arte, tecnica), in polemica con l'ascetismo e il disprezzo per il mondo. In particolare, da Hegel Gioberti riprende ora l'idea della dialettica, salvo riservarla rigorosamente al creato ed escluderla dall'unità divina.

giochi, teoria dei, teoria matematica che studia le strategie di comportamento ottimale in situazioni (anche conflittuali) in cui si tenda a conseguire un utile. Essa ha quindi di mira la costruzione di modelli matematici di situazioni militari o della vita economica di cui gli usuali giochi di società (scacchi, bridge ecc.) costituiscono approssimazioni idealizzate.

gioco, attività strutturata mirante a una gratificazione individuale o di gruppo, e svincolata da fini immediati di produzione (lavoro), così come da necessità immediate di difesa individuale o della specie. Può acquistare significati diversi, sia negli animali sia nell'uomo. Nei primi è parte tipica del repertorio di attività degli individui giovani, ed è strettamente legato all'esplorazione, così come all'apprendimento di moduli comportamentali socializzanti, difensivi o predatori. Negli animali le forme del gioco sono tipiche per ciascuna specie, e dipendono sia da schemi comportamentali innati, che man mano si strutturano proprio attraverso il gioco fino ad avvicinarsi a quelli propri dell'adulto; sia a induzioni comportamentali imitative e acquisite (in particolare dai genitori) e legate all'ambiente. Al tempo stesso, il gioco soddisfa le esigenze fisiologiche di sviluppo dell'organismo attraverso il movimento. Nel gioco animale sono di particolare significato gli schemi comportamentali aggressivi e di difesa, che si presentano però per lo più come *inibiti nello scopo*, cioè con caratteristiche precoci e precise di *innocuità* e di *finzione*: ciò è particolarmente evidente nei giochi fra cuccioli di predatori della stessa specie.
• *I significati del gioco*. Nell'uomo il gioco, pur essendo come negli animali caratteristico soprattutto di individui giovani, e pur seguendo schemi di sviluppo che presentano affinità con il gioco animale, tende a strutturarsi in modalità assai più complesse, che dipendono in prevalenza dalla trasmissione di comportamenti culturalizzati: come tale, esso è caratteristico anche di una parte significativa dell'attività quotidiana dell'individuo adulto. Il gioco umano (sia infantile sia adulto) raggruppa schemi comportamentali assai diversi fra loro. Esso può essere puro *divertimento* (*paidía* secondo R. Caillois) in quanto gioiosa improvvisazione

motoria scarsamente strutturata; può assumere invece caratteristica di *trastullo* (in inglese *play*) quando si articola in regole informali e improvvisate per cui (come negli animali) finge, imita e partecipa di una continua invenzione; infine, può diventare gioco strutturato secondo regole formali (in inglese *game*; *ludus* secondo Caillois), per cui l'emozione gradevole nasce dal darsi un compito finalizzato (ancorché gratuito) o dal competere con altri secondo gli schemi codificati di una sia pur fittizia battaglia. Nel gioco umano si coglie, in particolare quando l'attività sia formalmente strutturata, una dialettica che mette fra loro in rapporto da un lato l'inventività, ovvero l'assenza di obbligo (tipici del fatto stesso di giocare), e dall'altro la presenza accettata di rischi, costrizioni, regole e punizioni.
In quanto al tempo stesso libero e vincolato, creativo e ripetitivo, il gioco si lega strettamente nelle società umane (e più chiaramente in quelle agricole e primitive) alla nascita del rito. Così nel carnevale, nell'albero di cuccagna, ma anche nell'altalena e nella mosca-cieca, il gioco si associa talora a significati simbolici di natura magico-religiosa, e può assumere, soprattutto nell'adolescenza, caratteri di vera e propria iniziazione a comportamenti culturali propri dell'adulto. Il gioco acquista nelle società industriali le caratteristiche dello *sport* quando si esplica prevalentemente attraverso lo sforzo o la destrezza fisica e quando al tempo stesso sia dominante l'aspetto della competizione, o della dimostrazione di capacità personali. Nello sport, ma anche in altri giochi contraddistinti da competitività e da rischio, vengono a istituzionalizzarsi e a neutralizzarsi componenti aggressive. Quando a ciò si associno condizionamenti commerciali legati allo spettacolo, il gioco perde l'autonomia peculiare dell'attività ludica: e se si considera che il gioco formalizzato è già una istituzionalizzazione del divertimento, si comprende come si abbia qui una doppia istituzionalizzazione, per cui l'attività ludica adulta finisce facilmente col perdere, in quanto diviene meccanica e ripetitiva evasione, ogni caratteristica di reale spontaneità e creatività.
• *Il gioco e lo sviluppo dell'intelligenza.* Già verso la fine del secolo scorso il gioco è stato fatto oggetto di studio particolare da parte della psicologia infantile. L'americano G. Stanley Hall (1844-1924), nell'ambito della teoria dell'evoluzione, ha tentato di spiegare i comportamenti ludici che appaiono nel bambino alle diverse età come un riapparire di attività che hanno caratterizzato lunghi periodi della evoluzione della specie e la cui esecuzione rappresenterebbe la premessa necessaria per il passaggio ad altre forme più evolute. Il tedesco K. Groos (*Il gioco dell'uomo*, 1899) ha invece avanzato l'ipotesi che il gioco costituisca un pre-esercizio di attività proprie della vita adulta: il bambino giocherebbe con la bambola preparandosi a svolgere funzioni paterne o materne.
Per quanto riguarda lo sviluppo intellettuale, notevole rilevanza hanno le tesi dello psicologo svizzero J. → Piaget. Egli sostiene che nel progressivo adattamento del bambino all'ambiente (sia fisico sia culturale) il gioco si verificherebbe tutte le volte che, avendo acquisito un'abilità o compiuto una scoperta, il bambino cerca di far aderire allo schema motorio o cognitivo appena acquisito oggetti nuovi, con il risultato di esercitare l'abilità e la scoperta stesse. Proprio da questo esercitare «schemi» acquisiti da poco deriverebbe quel «piacere funzionale», quel senso di soddisfazione e di potenziamento della personalità che spinge anche molti adulti a ripetere con gioia operazioni che hanno appreso da poco con fatica (per es. guidare un'auto). Questa impostazione teorica di base permette di spiegare il parallelismo esistente fra le caratteristiche che il gioco assume col progredire dell'età e le caratteristiche dei processi mentali di cui il bambino diviene via via capace, e quindi di distinguere varie fasi nell'evoluzione del gioco infantile, in parallelo con le fasi dell'evoluzione mentale, schematizzabili come segue. *a*) Dall'età di un anno a quella dei diciotto mesi è il periodo del gioco percettivo-motorio puro: prendere gli oggetti, batterli l'uno contro l'altro, disporli l'uno sull'altro o dentro l'altro, lasciarli andare, gettarli lontano ecc. sono attività ludiche che consolidano acquisizioni recenti e, per ciò stesso, rafforzano nel bambino il senso di sicurezza nelle proprie capacità di modificare l'ambiente, di «produrre eventi». *b*) Verso i diciotto mesi al gioco percettivo-motorio si affianca il «gioco simbolico». Gli oggetti vengono considerati non più soltanto per ciò che sono, bensì come simboli di altri oggetti non presenti: servono cioè di base per l'evocazione di situazioni passate, o di eventi immaginari. Così il bambino esercita la capacità appena acquisita di immaginare realtà non presenti, e con essa il linguaggio verbale, che accompagna il gioco simbolico e che talvolta si presenta anche come attività autonoma nei giochi consistenti in semplici «fabulazioni», cioè nel «raccontarsi storie» o nel raccontarle a un «compagno immaginario». *c*) Un importante progresso si verifica quando i giochi simbolici, dapprima individuali, assumono, verso i cinque anni, con l'acquisizione della capacità di tener conto delle esigenze degli altri, il carattere di «giochi sociali», richiedendo la collaborazione di più bambini (o dell'adulto), con ruoli complementari. *d*) Più tardi, dai 7-8 anni in poi, man mano che si acquista la capacità di porsi «nei panni degli altri» e di coordinare vari punti di vista, si assiste allo svolgimento di «giochi con regole», in cui la comprensione e il rispetto di determinate norme divengono l'elemento dominante. *e*) Alcuni giochi con regole

richiedono poi un tipo di pensiero più evoluto, che si sviluppa a partire dagli 11-12 anni, e implica la capacità di immaginare con facilità situazioni ipotetiche (per es. una serie di mosse, in una partita a scacchi) per dedurne delle conseguenze (le possibili risposte dell'avversario).
• *Gioco e vita emotiva.* La ricerca psicologica, come ha analizzato i rapporti fra attività ludica e sviluppo intellettuale (e anche sociale, dato che la socializzazione richiede la maturazione delle capacità cognitive or ora considerate), così ha cercato di delineare quelli fra attività ludica e sviluppo affettivo ed emotivo. È nota l'interpretazione che Freud ha dato del gioco, e in particolare del gioco simbolico (ma, per Freud, anche giochi percettivo-motori possono caricarsi di un simbolismo inconscio). Da un lato, il timore o l'ansia che un bambino prova nei confronti di determinate cose possono venire ridotti, e quindi gradualmente dominati, attraverso la ripetuta rappresentazione ludica della situazione che è alla loro origine. Da un altro lato, impulsi o desideri che non potrebbero trovare soddisfacimento sul piano concreto, perché l'ambiente fisico o sociale non lo consentono, possono esprimersi su oggetti-simbolo (per es., l'aggressività verso un membro della famiglia può trovare espressione nel trattamento riservato a un bambolotto). In entrambi i casi il gioco assicurerebbe un migliore equilibrio emotivo. Anche l'utilizzazione ludica di particolari oggetti può costituire un elemento di facilitazione, una importante fase di transizione per il costituirsi di positivi rapporti affettivi. D.W. → Winnicott ha proposto appunto il termine di «oggetti transizionali» per indicare quei bambolotti, fazzoletti, coperte ecc. che molti bambini desiderano avere sempre con sé e dai quali ricavano un senso di sicurezza, quel senso di sicurezza che più avanti verrà loro dai buoni rapporti affettivi che saranno in grado di stabilire con le persone. La natura del gioco in quanto attività sostitutiva è stata sottolineata anche da K. Lewin. Il bambino, osserva Lewin, passa più facilmente dell'adulto dal piano della realtà al piano dell'irrealtà, cioè della rappresentazione modificata delle situazioni in cui è immerso nella vita reale; e su tale «piano di irrealtà» si muove in modo libero e con ritrovato senso di sicurezza. Il gioco offrirebbe la possibilità di esprimere desideri o tensioni che non avrebbero sfogo altrimenti.
La consapevolezza degli stretti rapporti fra attività ludica e vita psichica ha portato all'utilizzazione del gioco, in sede sia psicodiagnostica sia psicoterapeutica. L'analisi del comportamento ludico di un bambino offre infatti indicazioni sul livello del suo sviluppo motorio e intellettuale e permette di cogliere aspetti essenziali della sua vita emotiva e affettiva. Inoltre, la graduale presa di coscienza da parte di un bambino dei sentimenti da lui vissuti o fatti vivere ai personaggi del gioco può (come è stato sottolineato da Anna Freud e da Melanie Klein) avere una funzione terapeutica, o costituire un importante momento diagnostico.

gioco linguistico, → Wittgenstein, Ludwig.

Gioia, Melchiorre (Piacenza 1767 - Milano 1829), filosofo e uomo politico italiano. Sostenitore di una repubblica italiana unitaria fin dal 1796, partecipò attivamente agli eventi contemporanei, dalla venuta di Napoleone in Italia fino ai primi moti liberali dopo la restaurazione, conoscendo ripetutamente il carcere. Durante il periodo napoleonico svolse intensa attività pubblicistica e ricoprì cariche pubbliche. Seguace del sensismo, negli *Elementi di filosofia* (1818) e nell'*Ideologia* (1822-23) rifiutava tuttavia il materialismo: l'«intelligenza» è un'attività autonoma, non riducibile alla sensibilità né spiegabile con la biologia. Compito della ragione è di passare dall'osservazione alla formulazione delle leggi scientifiche, le quali trascendono la semplice evidenza sensibile; ma esula dalle possibilità della ragione umana la conoscenza dell'«essenza» delle cose. Anche dell'anima umana occorre limitarsi a determinare l'operare e gli effetti, senza pretendere di scoprirne la natura. Nella morale, esposta in *Del merito e delle ricompense* (1818), Gioia è nettamente utilitarista; riconosce l'operare della «simpatia» accanto alla ricerca del proprio interesse personale; riprende da J. Bentham l'idea di un'aritmetica morale. Il piacere e il dolore sono gli stimoli di ogni attività dell'uomo, e sul piacere e il dolore che si provoca agli altri deve fondarsi ogni considerazione morale, se non vuol perdersi in speculazioni inutili. L'ideale è quello della maggiore felicità per il maggior numero di uomini, valutando insieme l'intensità e la durata di piaceri e dolori. Di qui anche la proposta di un'applicazione dei calcoli statistici ai fatti morali, sostenuta nella *Filosofia della statistica* (1826).

Giovanni (sec. I d.C.), apostolo ed evangelista; santo. Di Betsaida, figlio di Zebedeo e Salome, appartenne con il fratello Giacomo, il maggiore, e con Pietro, alla cerchia dei più intimi discepoli di Gesù. Secondo la tradizione si stabilì a Efeso (66 ca), donde dirigeva le comunità cristiane dell'Asia Minore. Colà sarebbe morto, al tempo di Traiano, dopo essere stato deportato nell'isola di Patmos sotto Domiziano.
La tradizione pressoché unanime ascrive all'apostolo Giovanni l' → Apocalisse (sulla cui attribuzione sono stati sollevati dubbi in ogni epoca), il IV Vangelo, tre lettere apostoliche e altri testi apocrifi. Solo all'inizio del sec. XIX si contestò l'attribuzione del IV Vangelo, insieme al soggiorno efesino, adducendo come motivo la confusione che si sarebbe verificata tra l'apostolo e un mal identificato Giovanni presbitero. Più tardi la critica storica ha mostrato come il Vangelo riveli intima familiarità con i luoghi,

l'ambiente, le persone e gli avvenimenti legati a Gesù, così da rendere plausibile l'identificazione del suo autore con un testimone diretto. Lo scopo del IV Vangelo è dichiarato: «affinché crediate...» (Giovanni 20, 31); e a quello è rigorosamente finalizzata la stessa figura della testimonianza, la quale da un lato presuppone la tradizione sinottica, dall'altro è espressione di un ripensamento originale, teologicamente assai elaborato, di ricordi propri, sollecitato da circostanze esterne anche tormentate, da conflitti e sviamenti dottrinali, sino all'eresia. Possiamo ben riconoscere in questo l'incidenza della sua composizione relativamente tardiva (100 ca) e il suo essere rivolto alle comunità ellenistiche.

Delle tre lettere, la prima è quella la cui autenticità giovannea è più generalmente riconosciuta; circa le altre due, deuterocanoniche, furono avanzati dubbi già dai secc. III e IV. Indirizzata probabilmente a un gruppo di comunità dell'Asia Minore verso la fine del sec. I, la prima lettera sembra soprattutto voler combattere le iniziali manifestazioni dello gnosticismo cristiano. Nella forma di un discorso, al quale manca ogni strutturazione sistematica, lo scritto insiste sulla verità dell'umanità del Verbo; e dalle affermazioni che Dio è padre, luce, amore, trae le direttive fondamentali della vita cristiana, insistendo particolarmente sul comandamento dell'amore. In una direzione non dissimile muovono la II lettera, indirizzata a una «eletta signora», e la III, a un Gaio altrimenti sconosciuto. Più occasionale appare il loro contenuto.

Nel IV Vangelo, la realtà di Gesù, la sua funzione salvifica, sono comprese ed espresse mediante alcune fondamentali categorie, che ricorrono costantemente: vita, luce e tenebre, amore, verità, libertà; e poi ancora fede, quale suprema indicazione del rapporto salvifico con Gesù. I prodigi che Gesù opera sono esplicitamente addotti come segni, vale a dire come realtà mondana, eppure capace di simboleggiare le dimensioni sovramondane che quei concetti denotano. Il simbolismo giovanneo consiste in questo: ciò che non è mondano acquista una sorta di presenza e di concretezza storico-empirica; e la realtà tutta, per il suo essenziale riferimento a quelle dimensioni, assume appunto funzione e valore di simbolo.

È difficile valutare adeguatamente quali influssi abbiano inciso nella formazione di una teologia così personale e originale come quella di Giovanni. Sul suo sfondo giudaico agiscono elementi culturali caratteristici, che si son voluti attribuire alla gnosi, soprattutto mandaica. Le scoperte (1947) dei manoscritti di Qumran hanno aperto nuove vie interpretative, secondo le quali agli esseni potrebbero essere ricondotti alcuni elementi concettuali e lessicali tipici degli scritti giovannei.

Giovanni Climaco (nato prima del 579 - 649 ca), scrittore bizantino; santo. Fu anacoreta per quarant'anni in una grotta ai piedi del monte Sinai; in età avanzata venne eletto abate, ma riprese quasi subito l'eremitaggio. È autore di un trattato di ascesi, a cui dette il nome di *Scala del Paradiso* (di qui il nome di Climaco: in greco *klímax* significa «scala»), con riferimento alla scala celeste apparsa in sogno a Giacobbe. L'opera, articolata in trenta capitoli, elenca i vizi che impediscono una condotta cristiana, e le virtù morali e teologiche da conquistare. La scala simboleggia l'elevazione dell'anima a Dio, che si realizza nella vita monastica. Fonti del manuale sono la Bibbia e l'esperienza spirituale dell'autore; i numerosi riferimenti a quest'ultima animano il tono astrattamente teorizzante del testo.

Giovanni Crisostomo (Antiochia 345 ca - Comana, Cappadocia, 407), padre della chiesa di lingua greca; santo. Discepolo del retore Libanio, dopo un periodo di vita eremitica divenne prete (386) e acquistò tanta fama come predicatore ad Antiochia che l'imperatore Arcadio lo volle vescovo di Costantinopoli (397). Ma qui entrò in urto con l'imperatrice Eudossia, con ambienti di corte e con molti vescovi suoi colleghi e fu deposto nel sinodo della Quercia (403). Esiliato in Bitinia, poi richiamato per terrori superstiziosi dell'imperatrice, fu di nuovo esiliato in località inospitale. L'attività oratoria di Giovanni, che sin dal sec. VI gli guadagnò il soprannome di Crisostomo (che significa «bocca d'oro»), fu indirizzata soprattutto all'esegesi della Scrittura, di cui illustrò per intero molti libri dell'Antico (Genesi, Isaia, Salmi) e Nuovo Testamento (Matteo, Giovanni, Atti e soprattutto le lettere di Paolo). Seguace della scuola esegetica antiochena, poco propensa all'interpretazione allegorica in uso nella scuola alessandrina, Giovanni predilige spiegazioni di tipo storico-letterale, con frequenti, profonde aperture di carattere morale. Fra i suoi discorsi di altro argomento, si ricordano panegirici di martiri e vescovi, sermoni per le feste liturgiche, otto violentissime omelie *Contro i giudei*, cinque *Sull'incomprensibilità di Dio* e, soprattutto, le ventuno *Omelie per le statue*, pronunciate nel 387 in un clima drammatico, quando ad Antiochia si attendevano le decisioni imperiali per una sommossa durante la quale erano state abbattute statue dell'imperatore Teodosio e dei suoi familiari. Giovanni scrisse anche alcuni trattati, tra i quali emerge quello sul *Sacerdozio*.

Giovanni Damasceno (645-750 ca), padre della chiesa di lingua greca; santo. Visse nella Siria e poi nella Palestina già occupata dall'Islam, ricoprendo cariche pubbliche sotto gli arabi. Verso il 716 si fece monaco e si ritirò nel monastero di San Saba presso Gerusalemme. Fu il maggior difensore del culto delle immagini contro gli iconoclasti. La sua opera più importante, la *Fonte della conoscenza*, si divide in tre parti, che riguardano la filosofia (*Capitoli filosofici*), le eresie (*Libro delle eresie*, per cui dipende da Epifanio) e la fede ortodossa (*Sulla fede ortodossa*), la sezione più famosa, che riprende e sintetizza dottrine dei padri greci, specialmente sulla Trinità, la creazione, l'incarnazione, i sacramenti (in modo particolare la consacrazione eucaristica) e la mariologia (che assume qui pieno sviluppo, ivi compresa l'immacolata concezione e l'assunzione di Maria in cielo). Per la filosofia Giovanni Damasceno dipende da Aristotele e dal platonismo di Massimo Confessore; sul piano teologico, le sue fonti maggiori sono Gregorio Nazianzeno, i padri cappadoci in genere, Dionigi Areopagita, Leonzio di Bisanzio. È anche autore di una vasta compilazione di testi biblici e liturgici, i *Sacri paralleli*, rimastaci solo in parte; di commentari biblici e di testi innologici, usati nella liturgia orientale. Giovanni Damasceno costituisce, nello sviluppo della teologia orientale, un punto fermo: con lui convenzionalmente si chiude l'età patristica greca. La sua influenza fu molto rilevante: anche se non nacque da lui una vera e propria scuola, la sua opera rappresenta un importante quadro di riferimento nella teologia dogmatica dell'Oriente ortodosso e cattolico, e a lui ci si richiama e ci si appella nelle controversie e nel dialogo ecumenico tra le chiese separate.

Giovanni della Croce (Fontivéros, Avila, 1542 - Úbeda 1591), mistico spagnolo; santo. Entrato fra i carmelitani, frequentò i corsi di filosofia e teologia nell'università di Salamanca e nel 1567 fu ordinato sacerdote. L'incontro con Teresa d'Ávila, fondatrice del Carmelo riformato, lo indusse a seguirne l'esempio, restaurando tra i religiosi lo spirito della primitiva regola carmelitana. Ma la sua attività di riformatore dell'ordine gli attirò ostilità e persecuzioni, fino al carcere conventuale. Morì in disparte e privo di tutte le cariche monastiche. Nella *Salita del monte Carmelo* e nella *Notte oscura*, Giovanni della Croce delinea il cammino dell'anima che si solleva, attraverso il rinnegamento di sé, all'unione con Dio; nel *Cantico spirituale* e nella *Fiamma viva d'amore* descrive le fasi dell'esperienza mistica. Per arrivare all'unione con Dio, l'anima deve attuare innanzitutto il distacco totale dalle cose terrene e spogliarsi degli appetiti sensibili («notte del senso») e degli appetiti dello spirito («notte dello spirito»). In questo sforzo di totale purificazione l'anima è sorretta dall'intervento di Dio, che opera in lei mostrandole la sua miseria. L'anima soffre pene indicibili contemplando le proprie deficienze e si trova immersa in una «notte oscura», che prepara però il passaggio alla luce. Nello stato di unione dell'anima con Dio, Giovanni della Croce distingue, usando la terminologia caratteristica del linguaggio mistico, una prima fase, quella del «fidanzamento spirituale», nel quale l'anima realizza la conformità della propria volontà alla volontà di Dio, gode a tratti della contemplazione unitiva, ma subisce ancora gli assalti della sensibilità. È solo nello stato del «matrimonio spirituale» che l'anima percepisce continuamente Dio dentro di sé, realizza l'amore abituale con Dio e gode delle più alte esperienze mistiche. L'«unione totale» consiste nella trasformazione totale della volontà nella volontà di Dio, di modo che in essa non vi sia cosa alcuna contraria alla volontà di Dio. L'esperienza mistica di Giovanni della Croce, come quella di Eckhart, J. Tauler e J. van Ruysbroeck, poggia sul rifiuto di tutto il creato e sulla dialettica tra il niente e il tutto: Dio è bellezza, la creatura è bruttezza, Dio è bontà, la creatura è cattiveria, Dio è l'assoluto, l'incommensurabile, il tutto (*todo*), la creatura è il niente (*nada*). Perciò nessuna conoscenza umana può avvicinarsi veramente a Dio; ciò è possibile solo attraverso l'itinerario mistico, che per Giovanni della Croce è essenzialmente itinerario di introversione e contemplazione.

Giovanni di Jandun (Jandun, Ardenne, 1280 ca - Todi 1328), filosofo francese. Fu maestro nella facoltà delle arti di Parigi, e dal 1315 insegnò nel collegio di Navarra. Collaborò con Marsilio da Padova alla stesura del *Defensor pacis*, pubblicato a Parigi nel 1324. Avversario politico del papato, si trasferì in Italia e si mise al seguito di Ludovico il Bavaro. Scrisse commentari alla *Metafisica* e alla *Fisica* di Aristotele, un commento al *Sermo de substantia orbis* di Averroè, un *De gradibus et pluralitate formarum* e due opere politiche: *De laudibus Parisius* e *De laudibus Silvanecti*. Giovanni difende la filosofia averroistica, definendosi la «scimmia di Averroè». Egli sostiene che l'intelletto agente è unico per tutti gli uomini; che il mondo è eterno e che Dio non può creare né conoscere nulla di diverso da sé. Professa inoltre una netta separazione tra le verità di ragione e le verità rivelate; e ammette che la tesi dell'unicità dell'intelletto è inconfutabile filosoficamente, ma dichiara di aderire alla dottrina della rivelazione cristiana, per la quale l'anima intellettiva è propria di ogni singolo uomo. Egli segue l'averroismo anche in sede etica, identificando il libero con il volontario, in conseguenza della sua visione deterministica della psicologia.

Giovanni di Mirecourt (Mirecourt, Lorena, sec. XIV), filosofo e teologo francese. Probabilmente fu cisterciense. Nel 1347 furono condannate quaranta sue tesi. Giovanni distingue due tipi di conoscenza: la conoscenza di primo grado, che fornisce l'evidenza assoluta e che ha per oggetto la nostra esistenza, i giudizi analitici e le conclusioni; quella di secondo grado, che ci fa conoscere la nostra anima e il mondo delle sostanze fuori di noi. La seconda ci fornisce solo un'evidenza naturale, non riducibile cioè al principio di non-contraddizione, e pertanto non assolutamente certa ma solo probabile. Interessante è il modo in cui Giovanni difende l'assolutezza della conoscenza di primo grado: egli afferma che se qualcuno dubitasse della propria esistenza sarebbe costretto, per il fatto stesso che dubita, a riconoscere di esistere, perché solo chi esiste può dubitare (è così ripreso il *dubito ergo sum* di sant'Agostino). Una conseguenza importante della posizione di Giovanni è che l'esistenza di Dio, essendo dimostrata attraverso prove che poggiano sull'esperienza (e quindi sul secondo tipo di conoscenza), non è affermabile filosoficamente con certezza assoluta. Tra le altre sue opere, due *Apologie* in difesa delle teorie condannate.

Giovanni di Parigi, → Quidort, Jean.

Giovanni di Ripatransone (Ripatransone, Ascoli Piceno, sec. XIV), filosofo e teologo italiano. Francescano, insegnò teologia e filosofia a Parigi tra il 1350 e il 1368. Sue opere principali sono: *Lectura super primum Sententiarum*; *Determinationes*; *Quaestio de gradu supremo*. Pensatore acuto e originale, Giovanni ha dato un'impostazione del tutto nuova al problema dell'esistenza di Dio, negando la validità delle prove dei suoi predecessori, fondate sull'impossibilità di procedere all'infinito nell'ordine delle cause seconde. Per Giovanni, al di là di ogni grado finito può sempre esisterne uno più intenso, ma ancora finito. All'infinità estensiva delle perfezioni degli enti (*latitudo entium*) si contrappone l'infinità intensiva dell'essenza divina, che propriamente va detta immensa. L'esistenza di Dio è ammessa per rendere ragione dell'essere degli enti finiti, i quali, essendo tutti derivati, causati, dipendono da un *gradus fixus*, da un ordine necessario. Altrettanto originale è l'indagine di Giovanni circa il nulla, considerato come il grado zero nell'ordine delle perfezioni e contrapposto all'estremo infinito, che è Dio; da qui Giovanni giunge all'identificazione tra intensità e distanza, ossia alla convinzione che l'immagine spaziale della distanza serve per esprimere una intensità, per caratterizzare la perfezione di un ente, il quale viene collocato in uno spazio preciso, che da una parte ha come limite superiore il primo essere, e dall'altra, come limite inferiore, ha il non essere o grado zero. Su queste basi infine Giovanni affronta la trattazione, usuale nella tarda scolastica, del problema della variabilità delle forme (*de intensione et remissione formarum*), giungendo a conclusioni nuove sia nell'ambito delle dottrine fisiche sia sul piano teologico.

Giovanni di Salisbury (Salisbury 1110 - Chartres 1180), filosofo e scrittore politico inglese. Dal 1136 al 1148 studiò in Francia, ove fu discepolo di Abelardo, di Guglielmo di Conches e di Gilberto Porretano. Tornato in Inghilterra, fu al servizio degli arcivescovi di Canterbury Tebaldo e Tommaso Becket. Di nuovo in Francia, fu vescovo di Chartres dal 1176 sino alla morte.
Studioso di ampia cultura, amante dei classici, in particolare di Cicerone, si professa seguace del probabilismo accademico: egli sostiene che le affermazioni rigorosamente dimostrate per via di ragione sono poche e che la maggior parte delle nostre conoscenze è soltanto probabile. Non nega però che esistano conoscenze del tutto certe, provenienti dai sensi, dalla ragione e dalla fede. Negli scritti di logica, Giovanni dimostra una profonda conoscenza dell'intero *Organon* di Aristotele, di cui si serve nella sua opera più importane, il *Metalogicon*, per sostenere la validità della logica contro coloro che la negano. Riguardo al problema degli universali, egli condivide il realismo moderato di Aristotele: i concetti universali esistono nella nostra mente, che li astrae dalle cose prendendo in considerazione alcuni aspetti di esse e prescindendo dagli altri. Nel *Policraticus* Giovanni sostiene che il potere temporale deriva da quello papale e afferma che la legge civile, per essere moralmente valida, deve fondarsi sull'equità: un principe che imponesse una legge non conforme all'equità, sarebbe un tiranno, cui sarebbe lecito ribellarsi giungendo anche alla sua uccisione.

Girard, Jean-Baptiste (Friburgo 1765-1850), pedagogista svizzero. Francescano conventuale, fu nominato nel 1804 direttore delle scuole elementari di Friburgo, carica che tenne fino al 1823, quando fu allontanato dall'incarico per l'intervento dei suoi avversari, che osteggiavano il metodo pedagogico «naturale» da lui proposto e considerato oggi tappa fondamentale del moderno movimento delle scuole attive. La sua fama è legata soprattutto a due opere che ebbero vasta eco in Francia e in Italia: *Dell'insegnamento regolare della lingua materna* (1844) e *Corso educativo di lingua materna per le scuole e le famiglie* (1845-48). In esse, se il fine ultimo dell'educazione viene additato nella religione e nella morale, il perno centrale attorno al quale devono ruotare tutti gli altri insegnamenti viene indicato nella lingua materna. Essa non deve presentarsi come arida struttura grammaticale, ma, prendendo le mosse dalla viva esperienza quotidiana del fanciullo, deve farsi strumento fondamentale dello sviluppo della sua personalità. Girard invita i maestri a seguire nell'insegnamento il metodo spontaneo delle madri, partendo come loro dalla conoscenza degli oggetti e delle nozioni più comuni e indicandone volta per volta il nome agli allievi.

Girard, René (Avignone 1923), storico letterario e antropologo francese. Dagli anni Cinquanta risiede negli Stati Uniti, dove ha insegnato da ultimo nella Johns Hopkins University di Baltimora. Storico di formazione, si affermò tuttavia con un'opera di critica letteraria, *Menzogna romantica e verità romanzesca* (1961) in cui propone un'interpretazione della modernità attraverso un'analisi del romanzo moderno. L'esistenza moderna, svelata dal romanzo, appare dominata dal fenomeno del desiderio *mimetico*, che è tale in quanto assume a proprio modello il desiderio altrui; ma se tutti vogliono le stesse cose, e nello stesso modo, non può che insorgere il conflitto. La successiva attività di Girard ha sviluppato le implicazioni teoriche e antropologiche di queste considerazioni. *La violenza e il sacro* (1972) indaga (sul modello di *Totem e tabù* di S. Freud) l'origine dell'esistenza culturale dell'uomo. Questa avrebbe avuto inizio quando una iniziale anomia disgregante sarebbe stata risolta attraverso un omicidio collettivo che avrebbe unificato il gruppo contro un suo membro, vittima espiatoria di tutta la comunità; di questo atto istitutivo la cultura serberebbe memoria nel mito e nel sacrificio rituale. L'evento fondatore è perciò oggetto, da parte della collettività riconciliata, di una interpretazione retrospettiva che segna l'origine della religione ravvisando nella violenza non un atto umano, ma la manifestazione di un principio superiore, il sacro. Questa alienazione della violenza nella religione sarebbe demistificata solo dal cristianesimo: il messaggio evangelico, che denuncia il fraintendimento originario della violenza, impone all'uomo di riconoscerla come propria, ma insieme pone l'esigenza di una umanità nuova che nasca dalla rinuncia consapevole a ogni violenza (*Delle cose nascoste sin dalla fondazione del mondo*, 1978).

Girolamo, o Gerolamo (Stridone, Dalmazia, 347 ca - Betlemme 420 ca), padre della chiesa di lingua latina; santo. Studiò a Roma con il grammatico Elio Donato. Dopo il battesimo e un breve soggiorno ad Aquileia (373), si recò in Oriente, dove appresе a fondo la lingua greca e trascorse tre anni di vita eremitica nel deserto siriaco. Nel 382 si trasferì a Roma: qui divenne segretario di papa Damaso e indirizzò all'ideale ascetico vari nobili romani, tra cui le matrone Marcella e Paola con le relative figlie Blesilla ed Eustochio, che lo seguirono poi a Betlemme, nel monastero da lui fondato. Poco più che orecchiante in teologia, scrittore elegante ed efficace, Girolamo fu portato alla filologia, all'erudizione, all'esegesi della Scrittura. Nella sua vasta produzione fa spicco la traduzione latina dell'Antico Testamento, condotta direttamente sul testo ebraico e non sulla versione greca, su cui si erano basati i suoi predecessori. Dopo un'iniziale resistenza, essa entrò col nome di *Volgata* nell'uso della chiesa. Girolamo tradusse anche opere di scrittori greci cristiani, soprattutto molte omelie di Origene e la *Cronaca* di Eusebio, da lui integrata con notizie storiche e letterarie pertinenti le lettere latine. Nelle opere originali di carattere dogmatico o polemico, Girolamo propugnò un ideale di severa ascesi, svalutando il matrimonio e la vita mondana, a favore della verginità e della vita monastica. La polemica origeniana lo vide, da fervente partigiano di Origene, fare un brusco voltafaccia e attaccare i suoi vecchi amici (*Contro Rufino*; *Contro Giovanni di Gerusalemme*). Delle numerose opere esegetiche di Girolamo, quelle anteriori alla polemica risentono dell'influsso di Origene (commenti all'Ecclesiaste, ai Galati, agli Efesini ecc.); invece quelle successive (commenti ai profeti maggiori e a Matteo) sono di carattere prevalentemente letterale. Per la conoscenza dell'uomo e della sua attività, fondamentale resta l'epistolario, che, con quello di Cicerone, è uno dei più importanti della letteratura latina. Girolamo intraprese anche una storia letteraria cristiana con il suo *De viris illustribus*, raccolta di 135 biografie di scrittori cristiani da san Pietro all'autore stesso.

giudaismo, termine che, nell'ambito dell' → ebraismo, designa in modo particolare una fase con caratteri storici, culturali e religiosi peculiari, distinti da quelli del periodo precedente. Tale fase si fa iniziare con l'epoca successiva all'esilio babilonese, quando il ritorno in patria di una piccola parte degli esiliati e la ricostruzione del tempio apparvero come conferma dell'annuncio profetico che Dio avrebbe mostrato la sua fedeltà alle promesse, nell'assistenza garantita a un piccolo «resto di Israele». La figura iniziale e fondante del giudaismo va riconosciuta in Esdra, il quale con la sua riforma condusse il popolo di Israele, divenuto comunità senza poteri statali e politici, a una rigorosa ubbidienza alla Torah, nella consapevolezza del valore totalizzante del comandamento divino che essa esprimeva. La rivolta maccabaica (168-164 a.C.) contro la forzata ellenizzazione imposta da Antioco IV fu il secondo cruciale momento del giudaismo, decisivo per la sua conservazione ma anche per la diffusione del suo messaggio monoteistico nel mondo ellenistico.

L'età maccabaica vide sorgere il movimento degli asidei (i «pii»), rigorosi zelatori della Legge, ma estranei, se non ostili, al programma politico della dinastia degli Asmonei. La tensione apocalittica degli asidei, divenuta poi caratteristica dell'essenismo (→ esseni), e il loro disimpegno nei confronti della comunità, non furono condivisi dal movimento dei → farisei, che per la rivendicazione della tradizione orale si contrapponevano pure ai → sadducei (espressione della casta sacerdotale), e che trasmetteranno all'ebraismo successivo credenze e prassi. La sinagoga, le cui origini pare risalgano all'esilio babilonese, diventò espressione tipica del giudaismo, quale luogo di raduno, di studio, di liturgia della Parola e di preghiera. La novità del giudaismo e delle sue istituzioni si esprime in forma peculiare nella sua lettura della Bibbia, da cui si sviluppa il genere letterario del → midrash: il midrash — commento biblico normativo o edificante — si pone come mediazione fra la parola di Dio e la prassi, mediazione che ha il suo luogo privilegiato nella sinagoga e nell'accademia, i suoi interpreti negli scribi e poi nei rabbini, e che finisce col relativizzare le istituzioni del tempio, del culto, del sacerdozio, e con l'elaborare dottrine quali la risurrezione dei morti, la retribuzione, la libertà del volere, il messianismo (con sfumature ora più politiche, ora più escatologiche).

Giuda Levita, in ebraico Jehûdah ha-Lewî (Tudela? 1075 ca - 1141), poeta e filosofo ebreo spagnolo. Visse soprattutto a Granada e a Toledo, dove esercitò la professione di medico. Autore, in giovinezza, di numerose liriche di argomento profano, più tardi si volse a temi religiosi e spirituali. Nelle sue 350 composizioni sacre (accolte nella liturgia sinagogale) egli cantò la gloria divina e la perduta patria ebraica, affermandosi come uno dei massimi poeti ebrei medievali. Nel trattato in arabo *Libro di argomento e prova in difesa della fede disprezzata* (più noto col titolo dell'antica traduzione ebraica *Il chazaro* o *Il re dei chazari*) egli reagì contro le tendenze razionalistiche e gli sconfinamenti della ragione nel campo teologico. Per lui la ragione insegna solo fredde verità, mentre sono le testimonianze della tradizione i fondamenti della fede religiosa, indispensabili alla formazione di un'anima perfetta. L'opera, in forma di dialogo, è divisa in cinque parti: nella prima il re dei chazari (popolazione della Russia meridionale che tra il sec. VIII e il X creò un regno ebraico) interroga un filosofo aristotelico, un cristiano e un musulmano, che gli espongono le loro concezioni. Il re chiama quindi un dotto ebreo (seconda parte) e discute con lui gli attributi di Dio e la profezia, il culto (terza parte), i nomi di Dio e l'unicità di Israele (quarta parte), le pretese della filosofia (quinta parte).

giudeocristianesimo, o ebreocristianesimo, termine designante vari movimenti e tendenze cristiane, soprattutto dei primi secoli, caratterizzati da uno speciale contatto con il giudaismo. Un primo aspetto del giudeocristianesimo è costituito da quei gruppi — eterodossi dal punto di vista della linea dogmatica successivamente impostasi — che, alle origini del cristianesimo, conservavano assai vivo l'influsso giudaico, come gli ebioniti («poveri»), gli elcasaiti (seguaci di Elkasai), i nazarei (che si ritrovano in Siria ancora nel sec. IV). Elementi comuni di queste tendenze sono in genere: una cristologia attenuata, o estremamente arcaica, per cui Gesù Cristo è il nuovo Mosè, è il figlio umano di Giuseppe e Maria su cui lo Spirito è disceso con il battesimo nel Giordano; e soprattutto una grande fedeltà alle osservanze della Legge, considerata ancora vincolante, almeno nei suoi capisaldi. La produzione letteraria di tali movimenti è quasi interamente perduta, ma, per es., i frammenti superstiti del *Vangelo degli ebrei* si possono collocare in questo contesto.
Un secondo aspetto è quello «ortodosso» (studiato particolarmente da J. Daniélou, come il primo lo è stato da H.J. Schoeps). Si tratta soprattutto di dottrine o di temi dottrinali appunto ortodossi, ma arcaici, che si trovano sparsi nell'antica letteratura cristiana (a partire dalla *Didaché*) e risultano fortemente influenzati dalle concezioni giudaiche, quali emergono principalmente dalla letteratura apocrifa e pseudoepigrafa. Ha qui un grande ruolo l'angelologia (Cristo, lo Spirito concepiti come angeli; angeli guardiani e custodi delle nazioni ecc.); la cristologia è «debole» (Cristo è il Servo, il Diletto); la formulazione etica è incentrata sul tema delle «due vie», del bene e del male.
Un terzo aspetto, meno legato alle origini cristiane, è costituito dalla costante presenza di movimenti filogiudaici o giudaizzanti: da alcuni degli interlocutori o avversari di Paolo ai cristiani antiocheni, cui Giovanni Crisostomo alla fine del sec. IV rivolge i suoi ammonimenti nei discorsi *Contro i giudei*, a certi movimenti medievali soprattutto dell'area slava, sino agli odierni fenomeni connessi alla costituzione dello stato di Israele («ebrei per Gesù», «comunità messianiche», cristiani di lingua e cultura ebraica ecc.). Si tratta di realtà assai disparate, le quali tuttavia mostrano la vitalità della componente ebraica che il cristianesimo porta con sé avendo incorporato nella sua Bibbia l'Antico Testamento ed essendosi mantenuto in un continuo confronto-scontro con l'ebraismo.

giudizio, → analitici-sintetici, giudizi.

giusnaturalismo, dottrina filosofico-giuridica che sostiene l'esistenza di norme di diritto naturali, e perciò stesso razionali, anteriori a ogni norma giuridica positiva; esse dovrebbero costituire il modello sulla cui base formulare le leggi positive e giudicare la loro validità. Sebbene si parli di diritto naturale già nel mondo antico, particolarmente con gli stoici, il giusnaturalismo propriamente detto nasce con Ugo → Grozio (*De jure belli ac pacis*, 1625) nel sec. XVII e continua nel XVIII, fino a Rousseau (*Contratto sociale*, 1762); si possono tuttavia considerare tardi sviluppi del giusnaturalismo anche il pensiero di Kant (*Metafisica dei costumi*, 1794) e di Fichte (*Fondamenti del diritto naturale*, 1796).
L'importanza storica del giusnaturalismo consiste nell'aver laicizzato l'idea di stato e nell'aver dato fondamento umano al potere di chi governa; inoltre, nell'aver vincolato l'attività del legislatore ad alcuni principi universali, al di fuori dei quali non esiste legge ma solo arbitrio. Alla base della dottrina sta l'idea fondamentale di uno stato di natura come condizione originaria dell'uomo, anteriore all'istituzione di una convivenza organizzata e regolata da

leggi positive; questo stato di natura, pensato come situazione ipotetica di cui non si postula necessariamente l'esistenza ma che si costruisce per via razionale spogliando gli uomini di tutte le leggi, i costumi e le abitudini contratte nella società civile, viene mostrato come ciò che è, ad un tempo, il sostrato comune di tutte le società possibili e la condizione naturale dell'uomo, anteriore ad ogni artificio (considerando lo stato stesso come un prodotto dell'«arte»). Tranne che per Hobbes (che considera lo stato di natura come uno stato di guerra perpetua derivante dal diritto di tutti su tutto) e per Rousseau (che vede nello stato di natura una condizione puramente animale, dove non esiste alcuna forma di associazione e di rapporto interumano), per i giusnaturalisti lo stato di natura è una forma di vita associata nella quale sono già riconosciuti alcuni diritti originari e incoercibili (vita, libertà, proprietà). Tuttavia, mancando ogni garanzia esterna a tutela di questi diritti, il rispetto di essi non è affatto sicuro. È necessario pertanto uscire dallo stato di natura e istituire un potere capace di garantire la civile convivenza e di rendere sicuri i diritti naturali, istituendo norme e pene per le trasgressioni. Questo potere nasce attraverso un patto, mediante il quale gli uomini rinunciano alla libertà anarchica dello stato naturale e si limitano reciprocamente, in vista della tutela dei diritti di ciascuno. Sulla natura del patto i giusnaturalisti divergono: per Hobbes (*Elementi di legge naturale e politica*, 1640; *Leviatano*, 1651) il patto ha luogo solo tra la moltitudine di individui naturali la quale rinuncia allo stato di natura e si pone sotto il potere del sovrano, il quale, a sua volta, è svincolato da qualsiasi patto perché è il solo detentore della forza. Per altri (J. Locke, *Saggio sulla legge di natura*, 1664; S. Pufendorf, *De iure naturae et gentium*, 1672; ecc.), oltre al *pactum unionis* ha luogo anche il *pactum subiectionis*, che vincola reciprocamente il sovrano e i sudditi, limitando il potere del primo; per Rousseau il contratto ha luogo tra la moltitudine che si spoglia della propria volontà particolare e il sovrano, cioè il popolo stesso (giacché il potere sovrano appartiene inalienabilmente a tutti i cittadini), il quale, in quanto sovrano, è detentore della volontà generale e legifera sul bene universale.

giustificazione, termine che nella teologia cristiana indica l'azione di Dio nei riguardi dell'uomo peccatore. Con il verbo da cui deriva, «giustificare» (in gr. *dikaióō*, rendo o dichiaro giusto), costituisce una parola chiave della teologia neotestamentaria, specialmente di san Paolo. La giustizia biblica riguarda soprattutto il rapporto con Dio: nell'Antico Testamento, giusto è colui che adempie la legge divina. Dio è giusto giudice, in cui misteriosamente si congiungono gli attributi della giustizia e della misericordia. Su questo sfondo si colloca la teologia del Nuovo Testamento, in particolare quella annunciata nelle lettere ai Romani e ai Galati dove, data la premessa del peccato universale («originale»), si afferma che il credente è giustificato per la fede nella morte e resurrezione del Cristo (Romani 4, 25-5, 1). Quale sia il senso preciso di questa formula è discusso. Essa può esser intesa in senso attivo (l'atto con cui Dio rende l'uomo giusto dinanzi a sé, concedendogli la sua grazia), o in senso passivo (la trasformazione con cui l'uomo passa dalla condizione di peccatore a quella di giusto, ovvero «santo»). Ma il problema è nell'intendere la natura dell'atto con cui Dio giustifica e l'uomo è giustificato: se si tratti, cioè, di un'intima, ontologica trasformazione, anzi di una «divinizzazione» (secondo la teologia cattolica), oppure di una dichiarazione giuridica, «forense», di una sorta di assoluzione per cui l'uomo è considerato giusto per atto sovranamente gratuito di Dio, che non gli imputa più i peccati e gli accredita invece i meriti di Cristo (tale la posizione luterana). La dottrina cattolica, precisata nel concilio di Trento (*Decreto sulla giustificazione*, 1547), insiste sul fatto che la giustificazione non consiste in una mera non imputazione dei peccati, per benevolenza divina, ma nella vera santificazione, nell'interno rinnovamento del credente: «Causa formale della giustificazione è la giustizia di Dio, non in quanto egli è giusto, ma in quanto ci fa giusti» (cap.7). La controversia tra definizione «forense» e definizione ontologica rinvia alla nozione di → grazia che viene adottata: dove né l'aspetto puramente esterno (il «manto» della grazia, secondo l'immagine luterana) né quello intrinseco (la «divinizzazione» dei padri greci) rendono pienamente ragione di una realtà essenzialmente «relazionale» che, proprio in quanto relazione, in quanto comunione, modifica gli interlocutori, pur lasciando intatta la distanza ontologica tra uomo e Dio e la differenza dei ruoli: potenza creatrice e signoria da parte di Dio, obbedienza e fede da parte dell'uomo.

Giustino (Flavia Neapolis, Samaria, 100 ca - Roma 165 ca d.C.), scrittore greco cristiano; santo. Aderì in età già adulta al cristianesimo, dopo aver frequentato varie scuole filosofiche. A Roma diresse una scuola di filosofia cristiana. È autore di due *Apologie*, indirizzate a Marco Aurelio, Antonino Pio e Lucio Vero. Nella prima, in parte si controbattono le accuse rivolte ai cristiani e si critica la religione pagana, ma soprattutto si espongono i cardini della fede cristiana, con importanti dati sulla liturgia (battesimo, eucaristia); la seconda è una semplice appendice della precedente. È di Giustino anche il *Dialogo con l'ebreo Trifone*, in cui si discute della messianicità di Cristo sulla base delle profezie dell'Antico Testamento. Nel faticoso processo di adattamento del cristianesimo all'ambiente e alla cultura greca, Giustino rappresentò un momento molto importante perché la sua formazione filosofica lo preparò a cercare un punto d'incontro fra la vecchia cultura e la nuova religione. Tale punto egli ravvisò nella convinzione che ogni uomo, in quanto razionale, partecipa in qualche modo alla ragione universale (il Logos, che è Cristo stesso), e in tal modo è in grado di attingere parzialmente, per capacità di natura, quella verità che la rivelazione cristiana comunica in forma completa.

giustizia, termine che, nella storia del pensiero, ha indicato di volta in volta la conformità a una norma (naturale, divina, positiva) o l'ideale cui la norma deve riferirsi per essere valida, l'ispirazione all'eguaglianza o l'ordine da stabilire o ristabilire: il concetto di giustizia è stato quindi oggetto di definizioni diverse secondo i diversi presupposti ideologici o etici in base ai quali è stato interpretato.

Nel pensiero greco, la giustizia è un attributo che non concerne solo l'uomo o la convivenza umana, ma l'universo in generale; la giustizia è l'ottemperanza a un ordine universale, in ragione del quale tutte le cose occupano un posto e hanno un compito determinato. La giustizia nella *pólis* e nell'uomo è solo una parte della giustizia universale. Il contrario della giustizia è la *hýbris*, la prevaricazione, la volontà di uscire dal proprio posto e di ascendere a ranghi superiori. La *hýbris* suscita la collera degli dei e la punizione. La legge (*nómos*) è una norma che prescrive la condotta degli astri e la condotta del cittadino nella città: ambedue si fondano su di un ordine naturale che assegna a ciascuno il suo posto e il suo comportamento. Con i sofisti viene infranta l'unità di natura (*phýsis*) e legge: le leggi politiche vengono considerate solo nel loro aspetto positivo, come norme dettate dall'interesse della sopravvivenza di una singola comunità o anche dall'utilità del tiranno che le istituisce. La giustizia diventa «d'utile del più forte» (così Trasimaco in Platone, *Repubblica*, I, 338*a*-339*b*). Platone tenta di ridare alla giustizia un valore oggettivo: nel *Gorgia* confuta la dottrina dei sofisti paragonandola alla gastronomia, che dà piacere al corpo ma lo corrompe, mentre l'insegnamento della giustizia è come la medicina, che mantiene il corpo sano; dal dialogo si approda a una definizione della giustizia che si richiama ai concetti di ordine e di armonia. La *Repubblica* contiene la più completa esposizione del concetto platonico di giustizia, sia per l'uomo sia per lo stato. Lo stato è costituito da tre classi, ciascuna delle quali ha un compito preciso che corrisponde alla natura dei suoi componenti: la classe dei filosofi avrà il compito di dirigere, quella dei guerrieri di difendere lo stato, quella degli artigiani di procurare il benessere materiale; così nell'uomo, nel quale si ritrova questa tripartizione (intelletto, passioni animose, passioni sensibili), la giustizia consisterà nel perfetto equilibrio delle parti e nel fatto che ciascuna adempia al proprio compito. Aristotele (*Etica nicomachea*, I, V) distingue la giustizia commutativa dalla giustizia distributiva; la prima consiste nella semplice reciprocità, per cui a ciascuno deve essere restituito quanto ha dato o l'equivalente (ristabilimento dell'uguaglianza). La seconda, invece, si esprime mediante una proporzione, nella quale i primi termini sono il merito dei singoli individui, i secondi ciò che è loro dovuto. Questa giustizia, che attiene particolarmente all'arte del governare, esclude l'uguaglianza, che appare anzi come ingiustizia giacché non rispetta la proporzionalità con i primi termini.

Nel diritto romano la giustizia viene definita da Ulpiano come il «dare a ciascuno il suo»; ma poiché è proprio questo «suo» che deve essere definito, tale definizione appare tautologica (H. Kelsen, *Teoria generale del diritto e dello stato*, 1945). La filosofia medievale non aggiunge nulla di nuovo rispetto all'elaborazione precedente; nella tradizione cristiana la giustizia entra — con la temperanza, la fortezza e la sapienza — a formare le quattro virtù cardinali (per la giustizia conferita da Dio all'uomo, si veda → giustificazione).

Con il → giusnaturalismo si ripropone il problema della giustizia come problema dell'esistenza di leggi naturali-razionali anteriori a ogni legge positiva. La giustizia viene intesa sia come virtù privata (comportarsi con gli altri come si vorrebbe che gli altri si comportassero con noi; restituire agli altri ciò che è loro dovuto; reciprocità) sia come norma generale capace di assicurare una convivenza pacifica, tale cioè da imporre a ciascuno il rispetto delle libertà altrui, in un sistema di limitazione reciproca dell'originaria libertà naturale. Fra i giusnaturalisti, Hobbes sfugge a questa impostazione ponendosi su un terreno strettamente nominalistico anche per quel che riguarda la definizione della giustizia: prima che esista uno stato e quindi un sovrano che emana leggi, non esistono né giustizia né ingiustizia; esiste bensì un diritto, che però, in quanto illimitato (diritto di tutti su tutto), si vanifica da solo e si pone nel campo dell'arbitrio e del caso. La costituzione di uno stato sanziona anche le norme di comportamento in base alle quali si instaura una convivenza civile: è in base a queste norme che si definisce ciò che è giusto e ciò che è ingiusto. Nel pensiero moderno il valore della giustizia è stato accoppiato e subordinato spesso ad altri valori che sembravano riassorbirlo: l'utilità sociale (specialmente nel pensiero inglese tra Settecento e Ottocento) e la felicità del maggior numero; oppure la pace e la convivenza come rispetto reciproco e reciproca limitazione; ma soprattutto, a partire dalla fine del sec. XVIII, la giustizia si identifica con l'eguaglianza politica e sociale: tutta la letteratura socialista del secolo scorso usa il termine «giustizia» in questo significato. Si riconnette invece alla tradizione classica la teoria della giustizia (distributiva) di J. → Rawls, che oggi è la più influente. Per Rawls la giustizia è la realizzazione dei principi di giustizia, e questi sono quei principi di distribuzione di costi e benefici tra i partecipanti all'impresa sociale che sarebbero scelti da un soggetto in condizione di garantire il massimo di equità (*fairness*) della scelta.

Glanvill, Joseph (Plymouth 1636 - Bath 1680), filosofo inglese. Studiò a Oxford; nel 1672 divenne cappellano di Carlo II e nel 1678 prebendario della cattedrale di Worcester. Glanvill muove dalla critica al sapere tradizionale, espresso in trattati che egli giudica «una pazzia *in folio*», e difende il nuovo ideale scientifico, fondato sull'induzione e descritto con precisione da R. Boyle. Compito dell'indagine filosofica è quello di spiegare la coesistenza e la successione dei fenomeni, abbandonando ogni postulato metafisico, quale il principio di causalità. Le fonti della conoscenza sono la sensazione esterna e la percezione interna, che non consentono di esplorare e determinare i rapporti tra causa ed effetto. L'atteggiamento rigorosamente scettico-empirico sul piano gnoseologico (che prelude a Locke e a Hume) non comporta tuttavia in Glanvill il rifiuto di verità dettate dalla religione (egli ammette anche credenze magico-superstiziose). Opere principali: *La vanità del dogmatismo...* (1661); *Considerazioni filosofiche circa l'esistenza delle streghe e della stregoneria* (1666); *Sadducismus triumphatus* (postuma, 1681).

globalizzazione, termine con cui si fa riferimento all'interdipendenza di tutte le società del mondo. Secondo A. Giddens, che per primo ha dato una formulazione del concetto, una fittissima rete di relazioni sociali, politiche, economiche e culturali attraversa le frontiere di tutti i paesi del mondo, provocando un processo di condizionamento e di interdipendenza, in virtù del quale il mondo si configurerebbe come un unico sistema sociale. Le interrelazioni reciproche fra differenti parti del pianeta, sviluppate da processi vari e di natura diseguale e frammentata, non hanno portato, secondo Giddens, né a una integrazione politica né a una riduzione delle diseguaglianze internazionali rispetto alla ricchezza e al potere (*Sociologia*, 1989; *Le conseguenze della modernità*, 1991). In polemica con Giddens, R. Robertson non ritiene la globalizzazione una diretta conseguenza della modernità: nonostante il concetto si sia diffuso solamente a partire dai primi anni Ottanta, egli ritiene più corretto riferirlo a processi avviatisi secoli or sono e proseguiti fino ai nostri giorni (*Globalizzazione*, 1992). In questa prospettiva l'opera di I. Wallerstein (al quale Giddens rimprovera un'attenzione quasi esclusiva ai fattori economici) sullo sviluppo di un sistema mondiale a partire dal XVI secolo può essere considerata come una storia complessiva del processo di globalizzazione: *Le origini dell'economia mondiale nel XVI secolo*, 1974; *Il sistema mondiale dell'economia moderna*, 1979. Recentemente A.G. McGrew e P.G. Lewis hanno analizzato gli effetti di processi di globalizzazione, quali la competizione tra grandi potenze, l'innovazione tecnologica e la sua diffusione, l'internazionalizzazione della produzione e dello scambio, la modernizzazione, sulla politica di fine secolo (*Politiche globali*, 1992).

glossematica, indirizzo teorico della linguistica elaborato tra il 1930 e il 1950 dal cosiddetto circolo linguistico di Copenaghen, in particolare da L. Hjelmslev. Il termine venne coniato verso il 1935 da H.J. Uldall sul modello di «fonematica» (altro termine che si deve alla stessa scuola) con la parola greca *glossa* («lingua») e il suffisso *-ema*, usato in linguistica per indicare le unità strutturali: i glossemi sono gli elementi più elementari cui arriva l'analisi linguistica. Della glossematica Hjelmslev e Uldall annunciavano nel 1936 (*Presentazione schematica della glossematica*) una esposizione complessiva che non vide mai la luce per problemi tecnici e per disaccordi teorici. Quando, vent'anni dopo, Uldall pubblicò la prima parte dei *Lineamenti di glossematica* (1957), con una introduzione metodologica e la presentazione di una tecnica di tipo algebrico da utilizzare nella descrizione delle lingue e di tutte le strutture a esse affini, Hjelmslev non si trovò completamente d'accordo e ne prese le distanze. L'opera in cui nel frattempo Hjelmslev aveva esposto per suo conto la teoria (*Fondamenti della teoria del linguaggio*, 1943) è, nonostante alcune modifiche successive, la più completa esposizione della glossematica e uno dei testi classici della linguistica del Novecento. In essa egli si preoccupa soprattutto di studiare il linguaggio come fine a se stesso, di farne cioè uno «studio immanente». In questo si può scorgere l'influsso, del resto esplicitamente riconosciuto, di F. de Saussure. Per Hjelmslev, come per Saussure, il segno è un'entità risultante dalla connessione tra un'espressione sensibile (fonica, grafica ecc.) e un contenuto non sensibile (il significato). Questa connessione istituisce sia sul piano del contenuto sia su quello dell'espressione (→ espressione - contenuto) una «forma» linguistica che dal punto di vista della sostanza (rispettivamente fonica e concettuale) è arbitraria. Ogni lingua suddivide in un certo modo, diverso da quello di ogni altra, per es. il vocabolario dei colori o i numeri espressi con morfemi grammaticali (singolare e plurale, o anche duale), e così egualmente distingue un numero maggiore o minore di fonemi, e in modi diversi. Il carattere formale delle unità in gioco si stabilisce con la prova di commutazione; se si verifica cioè che sostituendo un oggetto con un altro su uno dei due piani (per es., l'espressione fonica *caro* con *carro*) non possiamo mantenere la connessione con lo stesso oggetto sull'altro piano (dove il significato «caro» viene sostituito dal significato «carro»), dobbiamo considerare che i due oggetti (le parole *caro* e *carro*) appartengono a classi diverse. Se invece la sostituzione su un piano non comporta una sostituzione anche sull'altro (come avviene con l'emissione fonica *caro* pronunciata prima con *r* apicale, «normale», e poi con *r* uvulare, «moscia»; a entrambe le quali corrisponde il significato «caro»), i due oggetti commutati appartengono alla stessa classe linguistica e si dicono varianti. Spetta alla glossematica il merito di aver mostrato che una simile distinzione (peraltro già individuata dalla scuola di Praga) è possibile e necessaria anche sul piano del contenuto: dove il francese, alla sostituzione di «figlio del fratello» con «figlio del figlio» sul piano del contenuto, fa corrispondere la sostituzione *neveu/petit fils* sul piano dell'espressione, l'italiano ha per entrambi *nipote*: il francese distingue dunque due significati dove l'italiano ne ha uno. Non che i parlanti italiano confondano le due cose, ma fra tutte le differenze che una cultura può fare tra gruppi di sensi, ogni lingua decide quali ritenere pertinenti per i suoi significati. L'analisi glossematica mira a scomporre ogni testo in un numero limitato di elementi che ricorrano anche in altre combinazioni, riconducendolo a un sistema in base al quale non soltanto esso, ma anche tutti gli altri testi della stessa lingua siano spiegabili. Il principio dell'analisi linguistica consisterà nel descrivere gli oggetti in modo conforme ai rapporti che essi intrattengono nel sistema; l'analisi dovrà ripetersi a diversi livelli per gli oggetti, i loro componenti, i componenti di componenti che si incontreranno. I vari tipi di rapporti possibili fra gli oggetti linguistici sono accuratamente classificati, definiti e ribattezzati da Hjelmslev. Per i primi livelli l'analisi troverà parti di segni che sono esse stesse segni (le frasi sono composte da parole, le parole da radici e da affissi), ma, giunta a un certo punto, dovrà analizzare espressione e contenuto separatamente, individuando su ciascuno dei due piani entità che non hanno riscontro univoco sull'altro piano. Queste parti di segni che non sono segni vengono dette «figure». Per esempio, la parola italiana *parlo* comprende due segni, *parl-* e *-o*, che si ritrovano in *parl-avo*, *parl-eremo* e in *cant-o*, *mand-o*. Il segno *parl-* comprende quattro figure sul piano dell'espressione (*p*, *a*, *r*, *l*) e una sul piano del contenuto («parlare»), mentre il segno *-o* comprende una figura sul piano dell'espressione (*o*) e quattro sul piano del contenuto («1ª persona», «singolare», «presente», «indicativo»). Le lingue sono così descrivibili come sistemi di figure più ancora che come sistemi di segni. Nel complesso, la glossematica ha offerto a tutte le correnti della linguistica un lavoro capitale di delucidazione sulla natura generale del linguaggio e della linguistica.

gnoseologia, termine che designa la teoria filosofica della conoscenza (in gr. *gnôsis*). L'insieme di problemi che si fanno solitamente rientrare nell'ambito della gnoseologia è assai eterogeneo. Inoltre, questi problemi sono variamente intrecciati tra loro (e con altre questioni filosofiche) nell'opera di ciascun filosofo. Solo per comodità di esposizione si possono individuare due domande intorno alle quali far ruotare molte teorie gnoseologiche, anche se non tutte. La prima riguarda la specificità della conoscenza rispetto ad altre modalità dell'esperienza o dell'attività mentale degli uomini (come l'opinione, la credenza, l'immaginazione, la fede): è il problema della *definizione* della conoscenza. La seconda riguarda la *giustificazione* di quello che la coscienza comune di ciascuna epoca culturale identifica come il proprio patrimonio di conoscenza. Spesso le risposte alle due domande si condizionano a vicenda: in particolare, la scelta di un determinato criterio di giustificazione per la conoscenza conduce a relegare nell'opinione o a consegnare alla fede ciò che non è conforme a quel criterio. Così la tesi aristotelica secondo cui delle sostanze sensibili non c'è conoscenza, ma solo opinione, deriva dalla convinzione che ogni conoscenza debba essere giustificata con procedimenti dimostrativi che non si applicano a oggetti contingenti; e Kant ritiene che Dio sia oggetto di fede, ma non di conoscenza, perché la conoscenza è giustificata soltanto dall'applicazione, conforme a principi, delle strutture formali dell'intelletto a un materiale che ha origine nella sensazione. La risposta alla seconda domanda, a sua volta, è condizionata dall'assunzione di questo o quel fenomeno intellettuale o culturale come modello di conoscenza, cioè dalla risposta alla domanda «che cos'è (per es.) una conoscenza?».

Due sono i modelli storicamente prevalsi: il *modello iconico*, per cui una conoscenza è un'immagine adeguata (di natura mentale) dell'oggetto di conoscenza, e il *modello proposizionale*, per cui una conoscenza è una proposizione vera. Il primo modello, per cui sono prototipi di conoscenza la percezione e la memoria, ha origine nello stoicismo e prevale nella filosofia europea del sec. XVII, giungendo fino a Kant e all'idealismo tedesco del sec. XIX. È tipico di questo punto di vista il problema, con cui la gnoseologia si è a lungo identificata, della delimitazione dei confini tra ciò che, in una conoscenza, dev'essere attribuito al suo oggetto e ciò che «proviene» dal soggetto conoscente. Si tratta di un problema classico, analizzato da Democrito e Protagora in riferimento alla percezione e lungamente discusso da Platone; esso è riproposto con forza dalla nascita della scienza moderna, che sposta i confini tra «apparenza» e «realtà» contrapponendo agli oggetti della percezione sensoriale quelli di una percezione mediata da strumenti. All'interno di questo punto di vista, la giustificazione della conoscenza può essere di tipo strutturale (la «chiarezza e distinzione» delle idee di Cartesio) o di tipo genetico (l'origine sensibile delle idee, nell'empirismo classico; la costruzione conformemente a principi ineludibili dell'intelletto, in Kant). Il secondo modello, che ha origine in Aristotele, percorre la filosofia medievale, è presente, anche se in posizione subalterna, nella filosofia del sec. XVII (per es. in Leibniz) e ridiventa prevalente col positivismo, e in buona parte della filosofia del Novecento. Per questo punto di vista, il prototipo della conoscenza è l'enunciato scientifico; oggetto della conoscenza non sono le *cose*, ma le loro relazioni, ossia i *fatti*; e, se anche il fine della conoscenza è fatto consistere nella sua conformità ai fatti, la sua giustificazione è identificata con la derivabilità da principi. Se le filosofie che fanno proprio il modello iconico hanno dinanzi a sé il problema di spiegare il carattere non iconico di molte presunte conoscenze (per es. le «verità» logiche e matematiche), le filosofie che assumono il modello proposizionale devono presentare in modo persuasivo l'inevitabile circolo in cui consiste, nella loro prospettiva, la giustificazione della conoscenza. *D. Ma.*

gnosticismo, tendenza religiosa di tipo sincretistico che ebbe grande diffusione agli inizi del cristianesimo (in particolare nel sec. II), ma le cui origini e complesse diramazioni sono tuttora discusse e non sufficientemente chiarite. Alle testimonianze degli scrittori cristiani (Ireneo, Ippolito, Epifanio e altri) e a scarsi testi originali, si sono aggiunte di recente le 44 opere gnostiche scoperte nel 1946 nell'Alto Egitto. È ormai opinione generale che lo gnosticismo non costituisca una degenerazione interna del cristianesimo, ma che rinvii a elementi preesistenti, derivati da varie religioni misteriche, dalle correnti magico-astrologiche dell'Oriente, dall'ermetismo, dalla qabbalah e dal giudaismo alessandrino (Aristobulo, Filone), dalle filosofie ellenistiche. Certamente però questo insieme dottrinario, tutt'altro che coerente e compatto, ha poi trovato nel cristianesimo e nella figura salvifica di Gesù il suo naturale punto di approdo. Si suole inoltre distinguere una *gnosi volgare* (Cerinto, Carpocrate, Simon Mago, Menandro), divisa anche in numerosissime sette (che, non richiamandosi ad alcun caposcuola, vengono dette in generale degli ofiti per il comune culto del serpente, ma anche dei barbelioti, perati, cainiti ecc.), in cui prevalgono le pratiche magiche e gli elementi astrologici iranico-babilonesi; e una *gnosi dotta*, che ha il suo centro principale ad Alessandria e è rappresentata da figure in cui è notevole l'impegno speculativo (Basilide, Valentino, Marcione). In particolare, Valentino e Marcione, che agirono anche a Roma con grande successo come capi di una vasta comunità ed esegeti originali del Nuovo Testamento, suscitarono i timori di Tertulliano e di altri padri della chiesa. Del resto, una gnosi «ortodossa» si insinuò anche nel cristianesimo, soprattutto attraverso l'opera di Origene.
Elemento comune alle varie tendenze gnostiche è l'insistenza sull'elemento «conoscitivo», inteso come illuminazione riservata a pochi iniziati, in virtù della quale essi pervengono alla visione del divino e del vero e alla loro personale salvezza; di fronte a questa conoscenza privilegiata, la fede e le buone opere non rivestono invece alcuna importanza. Altro elemento comune è l'esasperato dualismo di spirito e materia, anima e corpo, che produce, in sede etica, sia atteggiamenti spiccatamente ascetici sia il rifiuto di ogni legge morale (considerata indifferente e «inferiore» alla gnosi), donde una totale libertà di godimento, in particolare dei piaceri sessuali. Le dottrine gnostiche di maggiore impegno speculativo fanno largo uso del concetto neoplatonico di emanazione. Da Dio, Essere infinito, Eone perfetto o anche Abisso, procedono vari eoni inferiori che formano tutti insieme il Pleroma, o pienezza del divino. Di qui deriva, per degenerazione, il mondo materiale, ordinato da un inferiore Demiurgo. L'uomo, la cui anima contiene una scintilla della luce divina, si trova a sua volta perduto nel corpo. Per la sua salvezza Dio invia un altro eone, Gesù il Salvatore, la cui incarnazione e morte sono però da intendersi come puramente simboliche. Gli iniziati, illuminati dalla conoscenza recata da Gesù, potranno allora salvarsi, risalendo dopo la morte al Pleroma con un viaggio a ritroso cui corrisponde un progressivo abbandono degli aspetti materiali e corporei.

Gobineau, Joseph Arthur, conte di (Ville-d'Avray, Parigi, 1816 - Torino 1882), diplomatico e scrittore francese. Figlio di un aristocratico reazionario, iniziò nel 1849 una carriera che lo portò in molti paesi europei ed extraeuropei. Autore di opere erudite e racconti di viaggio, deve la sua fama letteraria a un romanzo, *Le Pleiadi* (1874), e alle *Novelle asiatiche* (1876). Per i posteri, il suo nome è tuttavia quasi esclusivamente legato al *Saggio sull'ineguaglianza delle razze umane* (1853-55). La sua idea guida è che la purezza della razza ariana vada cercata solamente fra i «Germani», corrispondenti non già ai tedeschi attuali, ma ai dolicocefali biondi dell'Inghilterra, del Belgio e del Nord della Francia. Passata inosservata al suo apparire (nonostante già nel 1849 L. Schemann avesse fondato un'associazione per la diffusione del gobinismo), questa dottrina fu poi ritoccata e largamente ripresa come base scientifica dagli ideologi pangermanisti, antisemiti e infine nazionalsocialisti.

Goclenio, Rodolfo, nome umanistico italianizzato di Rudolph Göckel (Corbach, Waldeck, 1547 - Marburgo 1628), filosofo tedesco. Insegnò nell'università di Marburgo, dove svolse un'intensa attività di divulgazione della filosofia aristotelica, senza attenersi però a una rigida ortodossia, e subendo l'influsso dell'antiaristotelico P. Ramo. Le influenze ramistiche nel pensiero di Goclenio sono registrabili principalmente nel campo della logica, alla quale, come Ramo, egli si sforzò di conferire una maggiore conformità ai meccanismi psicologici del pensiero (per cui, diversamente da quanto avviene nella logica aristotelica, Goclenio distingue l'atto psicologico del pensare dalla successiva formulazione linguistica delle argomentazioni logiche). Gli si deve inoltre l'introduzione nel lessico filosofico del termine «psicologia» (cfr. la sua opera *Psychologia*, 1590), e la redazione di un celebre vocabolario filosofico *Lexicon philosophicum, quo tamquam clave philosophiae fores aperiuntur*, 1613 e 1615).

Gödel, Kurt (Brno 1906 - Princeton 1978), logico statunitense di origine austriaca. Studiò a Vienna, dove fu allievo del matematico H. Hans e frequentò il circolo dei neopositivisti, dei quali peraltro non condivise mai le posizioni filosofiche. Nel 1940 si stabilì definitivamente negli Stati Uniti, diventando membro dell'Institute for Advanced Studies di Princeton. È una delle figure più importanti di tutta la storia della logica. Ogni suo lavoro si è rivelato di carattere rivoluzionario sia nei risultati sia nei metodi impiegati. Alcuni suoi risultati «minori» sono, per es., l'equivalenza dell'aritmetica intuizionista con quella classica e l'interpretabilità della logica intuizionista nella logica modale classica. Il suo nome resta in primo luogo legato a due grandi risultati metodologici: il primo, del 1930, è la dimostrazione della completezza semantica del calcolo dei predicati, vale a dire della coincidenza della nozione di legge della logica intesa come proposizione vera in tutte le interpretazioni possibili, con la nozione di proposizione formalmente dimostrabile nel calcolo logico dei predicati; il secondo è il cosiddetto *teorema di incompletezza di Gödel* (1930-31), secondo il quale all'interno di ogni sistema formale contenente la teoria dei numeri esistono proposizioni che il sistema non riesce a «decidere» (non riesce, cioè, a dare una dimostrazione né di esse né della loro negazione); questa clamorosa scoperta si manifestò subito come un dato fortemente limitativo circa le possibilità di una *completa* formalizzazione delle teorie matematiche. Gödel inoltre scoprì che tra le proposizioni che un sistema formale contenente l'aritmetica non riusciva a decidere c'era anche quella che, in termini numerici, esprimeva la non-contraddittorietà del sistema, portando così al fallimento il programma hilbertiano. Questo infatti aspirava a dimostrare, e quindi a decidere, la non-contraddittorietà di tutta la teoria formale dei numeri sfruttando un certo frammento dell'aritmetica, la cosiddetta aritmetica finitista. Si può dire che questo contributo di Gödel costituisca un'autentica «critica della ragione formale». Tra i suoi risultati «maggiori» ne vanno ricordati almeno altri due. Il primo, esposto nella monografia *La consistenza dell'ipotesi del continuo* (1940), è la dimostrazione che l'ipotesi del → continuo può essere aggiunta, senza tema di contraddizioni, agli altri principi concernenti la teoria degli insiemi. O meglio, Gödel mostra che *se* la usuale teoria assiomatica degli insiemi è non-contraddittoria, allora è non-contraddittoria anche quando si aggiunga come nuovo assioma l'ipotesi del continuo. È infine del 1958 la pubblicazione di alcuni suoi contributi rivoluzionari concernenti una possibilità di ampliamento della nozione di aritmetica finitista — possibilità già intravista da D. Hilbert — al fine di riproporre certi aspetti del programma hilbertiano, che nella sua forma originaria, come si è visto, era stato portato al fallimento da Gödel stesso.

Goethe, Johann Wolfgang (Francoforte sul Meno 1749 - Weimar 1832), pensatore e scrittore tedesco. Il suo genio multiforme si è espresso anche nel campo della riflessione filosofica e della ricerca scientifica. Il tratto caratteristico della visione del mondo goethiana è il naturalismo panteistico, già maturamente espresso nel frammento *La natura* (1781-82, ma ancora rielaborato poco prima della morte) e non privo di qualche accento paganeggiante e anticristiano (*Prometeo*, 1771-75). A determinare questa tendenza naturalistica contribuirono sia gli studi giovanili dedicati all'occultismo, all'alchimia e all'astrologia, a Paracelso e a E. Swedenborg, sia la più matura comprensione di Bruno, di Plotino e soprattutto di Spinoza, per il quale Goethe prese partito nel corso della polemica seguita alla pubblicazione delle *Lettere sulla dottrina di Spinoza* (1785) di F.H. Jacobi. Date queste premesse, il filosofo contemporaneo al quale Goethe si sentì più vicino fu Schelling. Di Kant egli apprezzò soprattutto la *Critica del giudizio*, in cui l'arte e la natura, il giudizio estetico e quello teleologico, vengono trattati unitariamente, sicché tale opera fornì a Goethe non poca ispirazione. Questo avvicinamento a Kant fu determinato dalla lunga amicizia e collaborazione con F. Schiller, testimoniata anche da un ampio carteggio ricco di spunti filosofici. Assieme a Schiller, Goethe elaborò una teoria estetica di intonazione classica; essa ravvisa nell'arte greca un modello di spontanea e immediata armonia con la natura, nonché l'espressione della ve-

ra essenza dell'uomo. Goethe riconosce che tali idee trovano la loro forma più compiuta nel saggio schilleriano *Sulla poesia ingenua e sentimentale*, ma egli stesso contribuisce con efficacia a definire tale posizione estetica e a elaborare i concetti, kantiano-schellinghiani, di «genio» e di «opera d'arte», dal dialogo *Su verità e verosimiglianza dell'opera d'arte* a *Winckelmann e il suo secolo* (1806).
Le riflessioni di Goethe sulla natura muovono dalla convinzione che nella natura domini una forza creativa unitaria (*Contributi* ai *Frammenti fisiognomici* di J.C. Lavater, 1774-75). La natura è soggetta a una continua «metamorfosi», secondo una programmata armonia che si rivela anche nel più piccolo ente individuale. Tali idee, mutuate soprattutto da Spinoza e da Linneo, si trovano espresse nei lavori raccolti in *Sulla morfologia* (1820) e in altri scritti. La metamorfosi naturale va intesa, secondo Goethe, come un divenire intimamente spirituale mosso da due tendenze opposte («concentrazione» ed «espansione») e dall'universale «legge dell'accrescimento». Essa è «formazione» (*Bildung*) e «trasformazione» (*Umbildung*) di un modello o «fenomeno originario» (*Urphänomenon*), e perciò Goethe cercò la traccia e la riprova della «pianta originaria» e dell'«animale originario» nelle sue assidue osservazioni naturalistiche (*La metamorfosi delle piante*, 1790; *Formazione e trasformazione della natura organica*, 1807). In seguito, sotto l'influenza di Schiller, egli concepì il «fenomeno originario» non come un ente realmente esistito, ma come un'idea teleologica kantiana. Anche la celebre *Teoria dei colori* (1810), che influì su Schopenhauer e sulla filosofia tedesca del primo Ottocento, ribadisce il naturalismo goethiano, ostile al meccanicismo newtoniano degli illuministi. La polemica di Goethe contro il meccanicismo si esprime nella difesa di una visione globale della natura e dell'uomo, fondata sulla vivente esperienza dei cinque sensi del corpo umano, che egli efficacemente definisce come «il più grande e il più esatto apparecchio fisico» di cui lo studio della natura possa giovarsi.

Goffman, Erving (Manville, Canada, 1922 - Filadelfia 1982), sociologo canadese. Già nella sua prima e più nota opera, *La vita quotidiana come rappresentazione* (1959), sono evidenti i temi che caratterizzeranno la ricerca di Goffman: l'indagine degli aspetti trascurati del mondo quotidiano, la componente «drammaturgica» degli «incontri sociali», le situazioni in cui gli individui si trovano a interagire faccia a faccia. In questa prospettiva, la vita quotidiana viene tematizzata come un «gioco di rappresentazioni», nel quale l'identità (*self*) dell'individuo coincide di volta in volta con le «maschere» che egli indossa su diversi palcoscenici. Oltre alla metafora del palcoscenico, Goffman ricorre spesso a quella del gioco: in particolare, in *Modelli di interazione* (1969) egli descrive l'individuo come un attore creativo ed esperto, in grado di contraffare o reprimere le proprie espressioni nel corso di interazioni sociali, interpretate come un avvicendamento di «mosse» strategiche per persuadere gli altri. Le descrizioni empiriche della vita quotidiana svolte da Goffman costituiscono uno degli aspetti più significativi di indagine microsociologica, in cui risaltano gli aspetti più minuti, e solo apparentemente ovvi, del mondo sociale: le regole dell'etichetta, i rituali dell'interazione sociale, il linguaggio del corpo, fino al modo in cui l'individuo difende la propria identità personale all'interno delle istituzioni totali (*Asylums*, 1961).
Sul piano teorico, una delle caratteristiche più interessanti della sociologia di Goffman è il tentativo di integrare la tradizionale concezione del rituale sociale derivata da E. Durkheim con concetti ripresi dall'etologia (*Relazioni in pubblico*, 1971). Nei suoi ultimi lavori assume un rilievo sempre maggiore la nozione di «cornice metacomunicativa» o *frame*, mutuata da G. → Bateson. Un *frame* è uno schema interpretativo che conferisce un senso a un flusso di eventi e di segnali (*Frame Analysis*, 1974). La nozione di *frame* è centrale anche nell'ultimo libro di Goffman, *Forme del parlare* (1981), in cui l'interscambio verbale viene studiato all'interno della struttura ritualistica dell'interazione faccia a faccia.

Goffredo di Fontaines (Fontaines-les-Hozémont, Liegi - 1306 ca), teologo e filosofo francese. Studiò a Parigi, dove divenne *magister theologiae* prima del 1285 e insegnò teologia dal 1286 al 1299. Ebbe un atteggiamento fortemente polemico verso i maggiori pensatori del suo tempo: in particolare non condivise la tesi di Enrico di Gand ed Egidio Romano, secondo la quale la libertà che contraddistingue l'agire della volontà umana sarebbe un chiaro indizio della superiorità della volontà sull'intelletto. Secondo Goffredo, anche l'intelletto gode di una sua libertà, nel senso che può muoversi in direzioni diverse, può cogliere uno stesso oggetto sotto diversi aspetti e in diversi modi; inoltre la volontà è sempre messa in moto dall'intelletto, il quale però non distrugge la libertà del volere perché consente alla volontà di compiere le scelte giuste in rapporto al fine da raggiungere. Opere principali: *XV Quodlibeta*; *Quaestiones ordinariae*; *Sermones*.

Gogarten, Friedrich (Dortmund 1887 - Gottinga 1967), teologo tedesco. Nella sua prima maturità subì quella profonda crisi religiosa e culturale che in Germania accompagnò e seguì la prima guerra mondiale. Con l'articolo programmatico *Fra i tempi* (1920) teorizzò la situazione spirituale del momento come rottura con il passato e la necessità di una rifondazione del luteranesimo. «Fra i tempi» («Zwischen den Zeiten») divenne il titolo di una nuova rivista che durò dal 1922 al 1932 e fu l'organo principale della nuova teologia dialettica. Essa professava il carattere paradossale dell'esperienza religiosa cristiana in contrasto con un'analisi storica ed evolutiva. Tuttavia, a differenza di K. Barth, la sensibilità filosofica e psicologica di Gogarten, già ottimo conoscitore dell'idealismo tedesco, lo mantenne in fecondo dialogo con E. Troeltsch, suo antico maestro, e con il nuovo orientamento personalista di F. Ebner e di E. Griesebach. Il rapporto io-tu, l'analisi psicologica, il rapporto di comunione personale e comunitaria, l'intreccio delle scelte morali potevano costituire schemi teorici adatti per riproporre le verità cristiane nel contesto della cultura moderna. Le opere di questo periodo sono *La decisione religiosa* (1921), *Fede e rivoluzione* (1923), *Credo nel Dio uno e trino* (1926). Gogarten cercò in seguito un contesto politico in cui trovassero concretezza storica le decisioni religiose. Si avvicinò, sia pure con riserve, al movimento religioso nazionalista; più tardi, si accostò al pensiero di Heidegger. Dopo la seconda guerra mondiale pubblicò numerose opere. Le ultime furono: *Gesù Cristo svolta del mondo* (1966), *Teologia di Lutero* (1967) e *Il problema di Dio* (postuma, 1968). Ordinario di teologia sistematica prima a Breslavia (1931), poi a Gottinga (dal 1935), Gogarten sostenne sempre la necessità di un aperto confronto tra luteranesimo e mondo moderno, esaltando la storicità dell'esperienza umana, la responsabilità personale, la compartecipazione vissuta.

gomarismo, corrente teologica del calvinismo olandese che prende nome da Franz Gomar (1565-1641), professore a Leida e vivace avversario di J. Arminius e degli → arminiani. Il gomarismo costituisce un aspetto dell'integralismo calvinista: esso difendeva una rigida interpretazione della predestinazione, che avrebbe avuto luogo nel supremo giudizio divino già prima del peccato di Adamo, e si motivava con l'esigenza di affermare l'assoluta onnipotenza divina. Il movimento si organizzò presto come partito teologico-politico, con l'impegno di eliminare dalle cattedre gli avversari e di far riconoscere la propria tesi come ortodossa, e quindi obbligatoria, dagli stati generali d'Olanda. Di qui la «controrimostranza» gomarista a una «rimostranza» degli arminiani. Appoggiato dai pastori e dal popolo (Amsterdam era gomarista, per rivalità con Rotterdam rimostrante) e soprattutto dallo statolder Maurizio di Orange-Nassau, il gomarismo uscì vittorioso nel sinodo di Dordrecht (1618-19) in cui furono condannati gli arminiani.

Gombrich, Ernst Hans (Vienna 1909), storico e psicologo dell'arte austriaco. Allievo di J. von Schlosser, fu introdotto da E. Kris allo studio della psicoanalisi (interesse poi confluito in *Freud e la psicologia dell'arte*, 1966), alla cui teoria estetica contribuì, dichiarando comunicabili solo le idee inconsce che risultino adeguate a strutture formali preesistenti. Trasferitosi a Londra nel 1936, fu prima professore di storia dell'arte a Oxford e poi di storia della tradizione classica a Londra. Collaboratore del Warburg Institute, ne fu il direttore dal 1959 al 1976 (e biografo del fondatore: *Aby Warburg. Una biografia intellettuale*, 1970). Avvalendosi di metodi interdisciplinari nello studio della storia dell'arte, Gombrich ha chiarito soprattutto il reciproco adattamento delle forme espressive alle strutture percettive (*Storia dell'arte*, 1950; *Arte e illusione*, 1960; *Il senso dell'ordine. Studio sulla psicologia dell'arte decorativa*, 1979), ridefinendo la rappresentazione visiva come attività culturale radicata nei repertori simbolici tramandati (per la tradizione iconologica rinascimentale si vedano *Norma e forma*, 1966; *Immagini simboliche*, 1972; *Eredità di Apelle*, 1976) e comunque in sistemi di conoscenza irriducibili alla mimesi naturalistica.

Gomperz, Heinrich (Vienna 1873 - Los Angeles 1942), filosofo austriaco. Figlio dello storico della filosofia Theodor, insegnò all'università di Vienna dal 1920 al 1934. La riflessione di Gomperz si presenta come uno sviluppo delle tesi dell'empiriocriticismo di R. Avenarius e di E. Mach: l'empiriocriticismo era pervenuto a una radicale negazione di ogni realtà che trascendesse l'esperienza, la quale veniva intesa come un dato puro, anteriore alla stessa distinzione tra fenomeni psichici e fisici; Gomperz riprende tale istanza riduzionistica formulando un *Pathempirismus* (letteralmente «empirismo delle emozioni») che consiste nel ricondurre tutti i concetti etici e teoretici alle loro origini emozionali. Correlato storico di questo riduzionismo è per Gomperz la «dottrina delle visioni del mondo» (*Weltanschauungslehre*), ove egli presenta l'evoluzione storica del pensiero come una progressiva presa di coscienza delle origini emotive delle idee, che muovendo dalla concezione animistica del mondo giunge, attraverso le ere della metafisica, dell'ideologia e della critica, alla visione del mondo «patempiristica». Opere principali: *Sul concetto degli ideali morali* (1902); *Dottrina delle visioni del mondo* (2 voll., 1905-08); *Interpretazione, analisi logica di un metodo di ricerca storica* (1939).

Gomperz, Theodor (Brünn, odierna Brno, Moravia, 1832 - Baden, presso Vienna, 1912), filologo e storico dell'antichità austriaco. Nutritosi di cultura empiristica e illuministica inglese (fu grande ammiratore di J.S. Mill, di cui tradusse in tedesco le opere), portò nello studio della filosofia greca uno spirito innovatore, sia per il legame, da lui vigorosamente sentito, tra speculazione filosofica, scienze naturali e umane, ambiente politico-sociale, sia per la rivalutazione di tutti quei momenti del pensiero greco (filosofia della natura dei primi ionici, sofistica, materialismo di Democrito, edonismo di Aristippo e poi di Epicuro, medicina ippocratea) che erano stati tradizionalmente sottovalutati in confronto a Platone e ad Aristotele. Ma anche di questi due grandi pensatori seppe dare un'interpretazione in parte nuova, che metteva più in luce gli aspetti scientifici di quelli metafisici del loro insegnamento. La sua opera capitale è i *Pensatori greci* (1893-09). Ebbe anche interessi teoretici e non fu estraneo alla genesi dell'empiriocriticismo, pur mantenendosi lontano dai suoi esiti soggettivistici e agnostici.

Goodman, Nelson (Somerville, Massachusetts, 1906), filosofo statunitense. Docente presso l'università Harvard, negli anni Quaranta sostenne, con W.V.O. Quine, una forma di radicale nominalismo e insieme a lui criticò le nozioni intensionali come quella di sinonimia (*Verso un nominalismo costruttivo*, 1947, con Quine); introdusse inoltre nella filosofia analitica la tematica dei condizionali controfattuali, che avrebbe avuto vasti sviluppi nei decenni successivi, in connessione con la semantica dei → mondi possibili. Con *La struttura dell'apparenza* (1951) si propose di riscrivere la *Fondazione logica del mondo* di R. → Carnap, rinnovando il tentativo di fondare l'intera conoscenza sulla sensazione. Il suo contributo forse più noto e discusso di questi anni è il paradosso dell'induzione che va sotto il suo nome: se si ritiene legittimo indurre la conclusione universale che «Tutti gli smeraldi sono verdi» dal fatto che tutti gli smeraldi osservati fino a ora (al tempo t) sono risultati verdi, sarà altrettanto legittimo indurne la diversa conclusione che «Tutti gli smeraldi sono blerdi», dove 'blerde' significa «verde se osservato prima di t, blu altrimenti»; ma questa conclusione implica che tutti gli smeraldi che osserveremo da adesso in poi saranno blu (*Fatti ipotesi e previsioni*, 1954). Il paradosso mostrerebbe che non ogni ipotesi è suscettibile di conferma induttiva: lo sono soltanto le ipotesi «proiettabili», cioè tali che tutte le ipotesi in conflitto sono state sconfitte.

Goodman si è, inoltre, dedicato allo studio delle varie forme di rappresentazione, tra cui quelle del linguaggio artistico. In un'opera molto influente (*I linguaggi dell'arte*, 1968) pone al centro dell'estetica le «funzioni simboliche» dell'opera d'arte, in particolare la rappresentazione e l'espressione. Più recentemente, in *Vedere e costruire il mondo* (1978), ha teorizzato una «filosofia delle forme simboliche», per cui arte e scienza sono, allo stesso titolo, «modi di fabbricare mondi», e la nozione centrale è quella di «versione»: una versione non è una descrizione possibile di un mondo «bell'e fatto»; piuttosto, «per molti scopi... le versioni si possono considerare come i mondi stessi di cui disponiamo». Poiché non è dato un modo di ridurre le innumerevoli versioni del mondo a una sola, né è plausibile che una tale riduzione possa aver luogo (come ridurre alla fisica la visione del mondo di Joyce?), la prospettiva di Goodman è quella di un radicale pluralismo.

Gorgia (Lentini, Siracusa, 490 ca - 391/388 a.C.), retore e filosofo greco. Fu tra le personalità che più influenzarono la sua epoca, in particolare attraverso il nuovo stile letterario e l'arte della parola. Fra le sue opere figuravano manuali di retorica contenenti esempi di orazioni da mandare a memoria, secondo quello che dovette essere il suo metodo d'insegnamento, come testimonia Aristotele (*Confutazioni sofistiche*, 34, 183*b* 36 sgg.). Di essi ci sono conservati l'*Encomio di Elena* e l'*Apologia di Palamede* (frr. 11 e 11*a*), due *páignia* o «scherzi» retorici ispirati alla tesi della potenza del *lógos* e dell'incantesimo della parola che «seduce, persuade e trasforma l'anima»: «La potenza del discorso sta nei riguardi dell'ordine dell'anima nello stesso rapporto della potenza dei farmaci nei riguardi dell'ordine del corpo» (frr. 11, 14).

L'arte di Gorgia è dunque l'arte del *lógos phármakon*, cioè del discorso che è insieme medicina e veleno dell'anima; e il suo insegnamento rende abili nel *lógos*, in particolare nello *stile*, e non pretende di insegnare che cos'è la virtù (cfr. Platone, *Menone*, 95*c*). Più in generale, nei confronti della filosofia del suo tempo, Gorgia tiene una posizione a parte. La tradizione lo vuole scolaro di Empedocle, di cui avrebbe condiviso in un primo tempo la filosofia della natura, fino all'incontro col pensiero eleate e alla «crisi → eristica» testimoniata dall'opera *Sul non ente, o sulla natura*. È questo il solo trattato filosofico che si conosca di Gorgia, composto, secondo Olimpiodoro, nel 444-441, e di cui non restano che due parafrasi (Pseudo-Aristotele, *Su Senofane, Zenone e Gorgia*, 979*a* 11-980*b* 21; Sesto Empirico, *Adversus mathematicos*, VII, 65-87). In esso si dimostravano le celebri tesi: (*a*) nulla *è*; (*b*) se qualcosa *è*, è incomprensibile; (*c*) se è comprensibile, è incomunicabile. Il metodo seguito è quello della dimostrazione apagogica o *reductio ad impossibile* propria della tradizione eleate; e i paradossi di teoria della conoscenza richiamano analoghe affermazioni di Protagora, e in ultima analisi sono un capitolo di storia dell'eleatismo. Alla crisi eristica sarebbe succeduta la conversione all'idea della retorica, una sorta di positiva conclusione scettica del nichilismo filosofico del trattato *Sul non ente*. In realtà le testimonianze più antiche sull'autore, a partire da quella di Platone, che ne fece l'interlocutore di Socrate nel *Gorgia*, non si riferiscono alla sua filosofia, ma alla sua attività di retore e alla sua capacità di «fare sembrare grandi le piccole cose e piccole le grandi con la forza del *lógos*» (Platone, *Fedro*, 267*a*). Anche Isocrate, che ne fu diretto scolaro, menziona il trattato solo come esempio di ipotesi paradossale e di falso argomento (*Elena*, 1-4).

Gotescalco di Fulda (Sassonia 801 ca - 869 ca), teologo e poeta latino medievale. Studiò a Fulda e a Corbie. Si inserì poi nella comunità di Orbais (Soissons) e compì diversi viaggi nel nord dell'Italia e in Dalmazia. Intorno all'847 scrisse un trattato, non pervenutoci, in cui sosteneva la dottrina della doppia predestinazione, secondo la quale Dio ha destinato dall'eternità alcuni uomini alla salvezza, altri alla dannazione. Per Gotescalco sarebbe contrario all'immutabilità divina ritenere che Dio decida di salvare o di condannare gli uomini in base ai loro meriti o demeriti; la venuta del Cristo, poi, è servita solo per annunciare che non tutti gli uomini sono predestinati alla dannazione. Contro le tesi di Gotescalco si schierarono Rabano Mauro, Incmaro di Reims, Giovanni Scoto Eriugena, Floro di Lione; la teoria della doppia predestinazione fu condannata dal concilio di Magonza (848) e dal sinodo di Quiercy (849).

Gottsched, Johann Christoph (Judittenkirchen, Königsberg, 1700 - Lipsia 1766), filosofo e letterato tedesco. Fu, dal 1734, professore ordinario di logica e metafisica a Lipsia. Discepolo di C. Wolff, Gottsched è un esponente del tardo razionalismo: in *Vindiciae systematis influxus physici* (1727-29) critica la teoria dell'armonia prestabilita e le contrappone quella dell'influsso fisico. I suoi interessi però erano rivolti soprattutto alla letteratura, alla drammaturgia e all'estetica in genere. In questo campo egli fu una delle figure principali dell'illuminismo tedesco ed esercitò per molti anni un'influenza decisiva. Come emerge dalla *Poetica critica* (1730), i suoi maestri sono Aristotele e N. Boileau: la poesia deve enunciare in modo piacevole un'utile verità, rifuggendo però dall'erudizione e dall'ampollosità proprie del gusto barocco. Nella sua esaltazione dei modelli del classicismo francese, Gottsched venne a trovarsi in polemica con l'altro grande centro della cultura tedesca dell'epoca, la Zurigo di J.J. Bodmer e J.J. Breitinger, i quali si ispiravano invece agli inglesi, a J. Milton soprattutto, e rivendicavano i diritti della fantasia in campo poetico. In campo gnoseologico, poi, Gottsched era fermo all'idea di una logica deduttiva che procede dall'universale al particolare, mentre Bodmer e Breitinger erano più vicini alla nuova logica, che non deduceva i fenomeni da principi predeterminati, ma viceversa traeva dai fenomeni, continuamente riesaminati, principi generali. Importanti, per la cultura tedesca, furono le iniziative di Gottsched per una riforma della tragedia e della commedia e per la uniformazione della lingua tedesca.

Gracián y Morales, Baltasar (Belmonte de Catalayud, Saragozza, 1601 - Tarazona 1658), trattatista e narratore spagnolo. Gesuita, fu predicatore in varie città ed ebbe a subire critiche e sanzioni da parte dell'ordine a causa dei suoi scritti. Suo capolavoro è il romanzo *Il criticone* (1651-57), ma famosissimi furono i suoi trattati di precettistica etico-politica ed estetica, come l'*Oracolo manuale e arte della prudenza* (1647) e *Acutezza e arte dell'ingegno* (1642), che fanno di lui uno dei maggiori esponenti della spiritualità barocca. Alla base della precettistica di Gracián sta una concezione dell'arte intesa come complemento della natura e come secondo creatore. Compito dell'arte è quello di scoprire i rapporti più remoti tra le cose, e di fissarli in una forma precisa. A ciò serve l'acutezza (*agudeza*), grazie alla quale si scoprono nuovi rapporti fra cose e nozioni, si escogitano nuove idee e concetti e si apportano innovazioni nel linguaggio e nell'azione. È l'acutezza che dischiude le armonie e soprattutto le disarmonie del mondo: i temi più attraenti per un artista sono costituiti infatti proprio dalle dissonanze, dai paradossi, dalle esagerazioni, dagli enigmi. Gracián sviluppa così nella teoria dell'acutezza i fondamenti dell'estetica del manierismo. Le concezioni morali di Gracián, ispirate a un pessimismo profondamente religioso e a un'acuta sensibilità per la complessità crescente dei rapporti sociali, influenzarono i moralisti francesi (F. de La Rochefoucauld in particolare) e poi la cultura tedesca romantica e postromantica (Schopenhauer e Nietzsche furono fervidi ammiratori del *Criticone*). In Italia, l'influsso di Gracián fu notevole soprattutto nel primo Settecento, quando le sue opere conobbero diverse traduzioni.

gradiente, termine usato in psicologia sperimentale nelle due espressioni gradiente di scopo e gradiente d'avversione. Il *gradiente di scopo* è la variazione dell'intensità motivazionale determinata dall'avvicinamento o dall'allontanamento rispetto allo scopo: quando lo scopo è vicino, l'intensità della motivazione aumenta; quando lo scopo si allontana, essa diminuisce fino ad azzerarsi, o spesso si riversa su uno scopo sostitutivo. Il gradiente di scopo, introdotto dal comportamentista C.L. Hull nelle sue ricerche di psicologia animale volte a chiarire i meccanismi dell'apprendimento, è rilevabile oggettivamente e misurabile con precisione: il ratto, affamato e collocato all'inizio di un corridoio al termine del quale ha imparato precedentemente a trovare del cibo, è collegato mediante una speciale bardatura a un dinamometro, che consente di determinare in ogni momento l'intensità della trazione da esso esercitata, equivalente comportamentale della motivazione sottostante. Analogamente, è possibile misurare il *gradiente d'avversione*, determinando l'intensità della trazione esercitata, dall'inizio alla fine, da parte di un ratto che si allontana dal luogo in cui ha ricevuto una scossa elettrica.

grafema, → scrittura.

grammatica, uno dei tre settori fondamentali della ricerca linguistica, accanto alla fonologia e al lessico; comprende la morfologia e la sintassi. A seconda delle concezioni linguistiche, si hanno diverse interpretazioni della grammatica: si parla di grammatica storica, di grammatica prescrittiva o normativa, di grammatica descrittiva o tassonomica (→ distribuzionalismo; → strutturalismo), di → grammatica generativa ecc.

grammatica di Montague, teoria sintattica e semantica delle lingue naturali elaborata da R. → Montague con la collaborazione di vari allievi (tra cui D. Kaplan e H. Kamp) e poi ulteriormente estesa da altri studiosi. Si parla di grammatiche di Montague (al plurale) per intendere l'insieme dei singoli trattamenti formali di questo o quel frammento di questa o quella lingua naturale; mentre si parla di grammatica di Montague (al singolare) per intendere la teoria generale, di cui i singoli trattamenti sono applicazioni. Di questa teoria esistono due versioni principali, la prima esposta principalmente nell'articolo *L'inglese come linguaggio formale* (1968), e la seconda, oggi più spesso applicata, formulata ne *Il corretto trattamento della quantificazione nell'inglese ordinario* (1970); questi e la maggior parte degli altri scritti di Montague sono pubblicati in *Filosofia formale* (1974, a cura di R.H. Thomason). Montague riteneva che una lingua naturale come l'inglese potesse essere trattata a tutti gli effetti come un linguaggio formale, e che la sua interpretazione semantica non differisse, in linea di principio, da quella di un linguaggio logico; quindi era possibile esplicitare completamente i nessi semantici riconosciuti da un parlante competente, cioè formulare una teoria in cui tali nessi fossero dimostrabili. In una grammatica di Montague si possono distinguere tre componenti: un modulo grammaticale, che genera le espressioni ben formate della lingua (gli enunciati ambigui ammettono due o più processi di generazione distinti, che determinano strutture sintattiche diverse); un modulo di traduzione, che assegna a ciascuna struttura sintattica la sua traduzione in un linguaggio logico di ordine superiore al primo («logica intensionale»); e un modulo di interpretazione, in cui le formule del linguaggio logico sono interpretate in strutture algebriche complesse (basate sulla teoria degli insiemi), in modo tale che risultino determinate le *condizioni di verità* delle formule corrispondenti agli enunciati inglesi, cioè i loro nessi implicativi. Nelle formulazioni più mature della teoria, tutte le interpretazioni sono *intensionali*: il *significato* che un'interpretazione assegna a un'espressione linguistica è un'intensione, cioè una funzione che assegna una denotazione a una coppia costituita da un mondo possibile e un contesto d'uso. Nei sistemi di Montague, il passaggio attraverso un linguaggio logico (la traduzione in logica intensionale) non è essenziale: è possibile definire una funzione che interpreta *direttamente* le strutture sintattiche generate dal primo modulo; dunque l'inglese è davvero trattato come un linguaggio formale. Alla grammatica di Montague sono state rivolte, negli anni, molte critiche (→ linguaggio, filosofia del); tuttavia, il suo rigore e la sua capacità di offrire un trattamento semantico di molti aspetti delle lingue naturali (tempi verbali, indicali, il verbo «essere» in tutti i suoi usi, tutti i tipi di sintagmi nominali ecc.) ne fanno ancora oggi il più maturo programma di ricerca nell'ambito della semantica formale.

grammatica generativo-trasformazionale, programma di ricerca in linguistica originato dall'opera di N. Chomsky *Strutture sintattiche* (1957), e sviluppato da un grandissimo numero di studiosi in tutto il mondo, tanto da essere oggi uno dei paradigmi dominanti, specialmente nella teoria della sintassi. Il programma ha dato luogo successivamente a varie teorie, che condividono alcuni assunti (l'innatismo, l'idea dell'autonomia della sintassi, l'interesse per l'adeguatezza non solo descrittiva ma anche esplicativa della teoria ecc.) e differiscono per altri aspetti, in alcuni casi importanti. Le *Lezioni su reggenza e legamento* (1981) di N. Chomsky costituiscono il testo fondamentale della fase attuale della teoria.

Scopo fondamentale della teoria è offrire una ricostruzione razionale della conoscenza che un parlante ha della propria lingua (*competenza*) attraverso la ricostruzione del sistema di categorie, regole e principi che costituiscono la sua «grammatica mentale» e che il parlante mette in opera nell'uso linguistico effettivo (*esecuzione*). Tale sistema deve essere in grado di *generare*, cioè specificare in maniera esplicita e precisa, tutte e solo le frasi grammaticali della lingua (assicurarsi cioè il requisito minimo di *adeguatezza osservativa*). Un sistema che faccia questo rendendo allo stesso tempo conto di tutte le relazioni e le differenze (tra le frasi) di cui il parlante mostra di avere conoscenza, raggiunge il più alto livello di *adeguatezza descrittiva*. Un livello ancora più alto di adeguatezza (*adeguatezza esplicativa*) è raggiunto se la ricostruzione adeguata della grammatica di una lingua si fonda su un sistema generale di principi da cui è possibile anche derivare le grammatiche (descrittivamente adeguate) delle altre lingue; tale sistema è la *Teoria Linguistica* o *Grammatica Universale*, che specifica i principi universali comuni a tutte le lingue e l'ambito di variazione possibile tra le lingue. Nella fase attuale della teoria, si suppone che la Grammatica Universale (GU) sia costituita da un certo numero di componenti (categorie, strutture ecc.) e principi invarianti (che ritroviamo cioè in tutte le lingue), e da altri (*parametri*) il cui valore è lasciato indeterminato tra l'una o l'altra di poche scelte alternative (per es., se le regole dell'accento di parola si computano dall'inizio o dalla fine della parola; se i complementi delle varie categorie seguono o precedono ecc.). In questo quadro, ciascuna grammatica altro non è che la risultante della somma dei principi invarianti e delle scelte, spesso tra loro concatenate, operate sulle opzioni «lasciate aperte» dalla Grammatica Universale.

La struttura di ogni singola grammatica, così come è determinata dalla GU, si compone di un lessico (che specifica tutte le informazioni particolari delle voci lessicali) e di vari livelli di rappresentazione frasale, tra loro interrelati. Questi devono soddisfare dei criteri generali di «buona formazione», come per es. il fatto che ogni parola sia l'elemento centrale di un costituente più ampio formato dalla parola e dai suoi complementi e modificatori (teoria x-barra della struttura frasale).

I livelli più importanti sono i livelli sintattici: quello della *struttura profonda*, che rappresenta la traduzione sintattica delle proprietà lessicali degli elementi che compongono la frase; quello della *struttura superficiale*, ottenuta dalla precedente attraverso regole di *trasformazione*, che rappresenta le (poche) modificazioni possibili che questa può subire nella formazione delle singole costruzioni sintattiche; e quelli della *forma fonetica* e della *forma logica*, che danno una rappresentazione sistematica dei suoni e delle interpretazioni logiche delle frasi della lingua a partire dalla struttura superficiale. Dato il carattere molto astratto dei principi della GU finora individuati e l'impossibilità di poterli «indurre» dai dati dell'esperienza (la cosiddetta *carenza dello stimolo*), è stata avanzata l'ipotesi che essi siano parte del bagaglio genetico della specie umana (*ipotesi innatistica*). Ciò potrebbe anche render conto delle proprietà, altrimenti sorprendenti, dell'acquisizione della lingua da parte del bambino, che in quest'ottica sarebbe concepita come un processo di selezione, fondato sull'esperienza, tra una serie di possibilità definite e delimitate dalla nostra stessa struttura mentale. *G. Ci.*

grammatica relazionale, programma di ricerca linguistica fondato su una considerazione non lineare della sintassi delle lingue naturali. È stato proposto intorno alla metà degli anni Settanta dai linguisti statunitensi D.M. Perlmutter e P.M. Postal. La grammatica relazionale attribuisce autonomia alla sintassi, e assume come primitivi teorici le *relazioni grammaticali*: predicato, soggetto, oggetto diretto, oggetto indiretto ecc. Ciò la differenzia da modelli grammaticali di tipo distribuzionalista (→ distribuzionalismo) o di tipo semanticista. Per la grammatica relazionale, la struttura proposizionale è costituita da un *nodo proposizionale*, dagli elementi linguistici primitivi (elementi nominali, elementi predicativi) che ne fanno parte e dalle relazioni grammaticali che gli elementi linguistici occupano rispetto al nodo proposizionale. Il formalismo della grammatica è incentrato sulla nozione di *arco*. Un arco, ai cui vertici stanno il nodo proposizionale (*coda* dell'arco) e l'elemento linguistico (*testa* dell'arco), determina, per mezzo di un *segno-R* (che è 1 per il soggetto, 2 per l'oggetto diretto ecc.), la relazione grammaticale dell'elemento linguistico rispetto al nodo proposizionale, e per mezzo di una *coordinata* il livello a cui l'elemento linguistico intrattiene quella relazione col nodo proposizionale. L'insieme di tutti gli archi con la medesima coda costituisce un nesso relazionale. La grammatica relazionale si segnala per un forte impegno descrittivo, comparativo e universalista: nel suo ambito sono state condotte ricerche su fenomeni morfosintattici appartenenti a più di duecento lingue, con un'attenzione non episodica per l'italiano.

grammatologia, → scrittura; → Derrida, Jacques.

Gramsci, Antonio (Ales, Cagliari, 1891 - Roma 1937), pensatore e uomo politico italiano. Nel 1911, vinta una borsa di studio, si trasferì dalla Sardegna a Torino e si iscrisse alla facoltà di lettere; tuttavia non terminò gli studi, per dedicarsi completamente alla militanza politica nel movimento socialista. Il suo atteggiamento favorevole verso la rivoluzione bolscevica è all'origine dell'«Ordine Nuovo», un settimanale (più tardi quotidiano, infine quindicinale) da lui fondato nel 1919 insieme con altri giovani intellettuali. Al di là della sua diffusione prevalentemente locale (anche se Torino era allora la città più industrializzata d'Italia), questa rivista assunse grande rilevanza politica per la proposta di individuare, nelle commissioni interne di fabbrica che si andavano costituendo, dei nuclei di democrazia operaia diretta e dei futuri «organi del potere proletario». Nel 1921 il gruppo ordinovista concorse a costituire, per scissione dal Partito socialista, il Partito comunista d'Italia. Dopo due anni di attività nell'Internazionale comunista (Mosca, Vienna), Gramsci diventò segretario generale del partito nel 1924, anno in cui fu pure eletto deputato e dette inizio a «L'Unità. Quotidiano degli operai e dei contadini». Arrestato nel 1926, fu condannato nel 1928 dal tribunale speciale fascista a vent'anni di reclusione. Morì in una clinica romana prima di essere tornato in libertà.

Le *Lettere dal carcere* (1947; 2ª ed., 1965) serbano testimonianza di questi anni, in cui egli ebbe a trovarsi in dissenso con compagni di partito detenuti circa la linea prevalsa nell'Internazionale comunista dopo il 1929, che prevedeva a breve termine un crollo rivoluzionario del regime fascista e accusava di «socialfascismo» i partiti socialdemocratici d'Europa;

al che Gramsci contrapponeva la prospettiva di una «guerra di posizione» e il passaggio attraverso una fase repubblicana e democratica. Il rifornimento di libri e riviste assicuratogli dall'amico P. Sraffa consentì a Gramsci di disciplinare la sua attività intellettuale su alcune direttrici di studio: la storia e la funzione degli intellettuali italiani; il *Principe* di Machiavelli e il partito politico quale protagonista del Nuovo Principe; il risorgimento italiano; la letteratura popolare; la razionalizzazione del lavoro e della produzione inaugurata negli Stati Uniti (fordismo, taylorismo) e il nuovo tipo di uomo e i cambiamenti di costume a essa connessi; la filosofia e la posizione di leader intellettuale di B. Croce; il materialismo storico quale nuova concezione del mondo. Tutto ciò ha trovato espressione frammentaria in una mole di note, che furono pubblicate postume, tra il 1948 e il 1951, secondo raggruppamenti tematici. Nel 1976 i *Quaderni del carcere* sono stati editi nuovamente seguendo invece un criterio cronologico. Assai grande è stata ed è la loro fortuna, ormai non più soltanto italiana.

• *Il marxismo come filosofia della prassi.* La vittoria del fascismo in Italia e la nuova forma di stato a cui dà luogo; il fallimento della rivoluzione in Europa e particolarmente lo sfascio dei partiti socialdemocratici; e la vittoriosa esperienza del partito bolscevico guidato da Lenin, costituiscono i punti di riferimento salienti per la riflessione teorica di Gramsci. Al suo marxismo imprime una inclinazione particolare l'attenzione posta sulle condizioni politiche e in genere soprastrutturali, e al tempo stesso sulla dimensione nazionale specifica, di una trasformazione della presente società in senso comunistico. L'obiettivo è pur sempre la conquista del potere da parte della classe operaia, ma questo appare un momento relativamente subordinato di un compito più vasto e di lunga durata, sia prima sia dopo la presa del potere. Gramsci muove da una critica a rappresentazioni correnti dello stato come società politica, come dittatura o apparato coercitivo. Lo stato consiste sì in un apparato governativo-coercitivo; ma, in quanto esercita, oltre che il dominio, la direzione politica e culturale delle masse di una nazione («egemonia» di un gruppo dominante sull'intera società), esso opera attraverso una varietà di istituzioni (scuole, sindacati ecc.) «così dette private», e sotto questo lato investe l'ambito della «società civile» stessa. Nel modificare così il nesso società civile-stato, Gramsci opera una programmatica estensione della nozione di intellettuale, in modo da mettere in luce la funzione degli intellettuali in rapporto a entrambi i lati dello stato (correggendo alcune vedute sociologiche — V. Pareto, G. Mosca — e in genere l'immagine di un gruppo a sé stante, dotato di una continuità sua propria); salvo poi introdurre distinzioni nel senso di una gerarchia tra attribuzioni propriamente direttive e attribuzioni esecutive. Ora, il proletariato — gruppo sociale «subalterno» che vuole costituirsi-unificarsi come classe al punto da esprimere una funzione di guida accettabile da un'intera nazione, e quindi diventare classe dirigente e fondare un nuovo stato — si trova ad affrontare una «lotta per l'egemonia» elaborando, mediante il partito (leninianamente inteso come avanguardia rivoluzionaria organizzata), una figura nuova di intellettuale, che da specialista si fa politico.

A tale problematica sono ispirate pure le annotazioni e le prese di posizione propriamente filosofiche di Gramsci. Tra le prime, particolarmente notevoli quelle relative al nesso fra senso comune e filosofia, al linguaggio, alla traducibilità reciproca dei diversi linguaggi scientifici e filosofici. Quanto alle seconde, Gramsci — sia nella discussione continua con B. Croce, giudicato un traduttore speculativo del materialismo storico, sia nella demolizione a cui sottopone la *Teoria del materialismo storico. Manuale popolare di sociologia marxista* di N. Bucharin sostenendo che esso riduce il materialismo storico a una sociologia, combinata questa con un materialismo metafisico, volgare — punta sulla autonomia filosofica del marxismo, designato con l'espressione (che deriva da Labriola) «filosofia della praxis». Gramsci vede il momento propriamente unitario della relazione organica che il marxismo per primo istituisce tra economia, politica e filosofia in un «nuovo concetto di immanenza» tradotto in forma storicistica, liberato da ogni residuo speculativo. Di qui l'espressione «storicismo assoluto», per la quale è di nuovo da tenere presente la concezione gramsciana dell'agire politico, nel suo significato più ampio, di attività trasformatrice degli uomini. *R. To.*

Granth, termine sanscrito che nell'accezione generale significa «libro», «testo», ma che, più specificamente, designa il libro sacro del → sikhismo, detto anche *Granth Sāhib* (ossia *Libro nobile*) o *Ādi Granth* (*Libro iniziale*) per distinguerlo da altri libri posteriori non considerati sacri. Il testo fu compilato da Guru Arjana intorno al 1603-04, ma è di carattere composito e contiene inni scritti in diverse lingue indiane. La dottrina in esso contenuta è di impronta monoteistica, non priva di influssi musulmani, e si ispira a un ideale di amore universale, socialmente realizzabile nell'uguaglianza, senza barriere di casta e tabù superstiziosi. Lo *Ādi Granth* insegna anche una teologia mistica e contemplativa che culmina, escatologicamente, nell'unione suprema con Dio.

Grassi, Ernesto (Milano 1902 - Monaco 1991), filosofo italiano. Allievo di P. Martinetti a Milano, Grassi studiò poi con M. Blondel a Aix-en-Provence, e sul finire degli anni Venti si trasferì in Germania, attratto dalla fenomenologia di Husserl e di M. Scheler, e dalla filosofia dell'esistenza di Heidegger e di K. Jaspers. Docente a Friburgo in Brisgovia, a Berlino e a Monaco, Grassi mantenne però un rapporto costante con l'Italia, contribuendo a diffondervi la riflessione heideggeriana, a cui dedicò saggi e articoli sin dal 1929. Nel contempo, esercitò in Germania un'apologia della tradizione umanistica italiana, contro il pregiudizio (incarnato anzitutto da Heidegger) secondo cui l'umanesimo dal Valla al Vico non sarebbe pensiero, ma retorica e letteratura.

Secondo Grassi, la nascita della filosofia moderna non è segnata dal razionalismo cartesiano, ripreso dall'idealismo trascendentale tedesco, bensì dalla polemica degli umanisti contro la scolastica. L'età nuova, a partire dal Trecento, si caratterizza per la centralità accordata ai problemi della convivenza civile. Di qui il ruolo predominante della giurisprudenza e della retorica contro il naturalismo e la matematica; le comunità storiche infatti non hanno mai cercato la soluzione dei propri problemi in un sistema di regole razionali, bensì in un complesso di immagini e di tropi retorici, adatti alla situazione in cui erano di volta in volta collocate. In questa apologia dell'umanesimo, la filologia, per Grassi, viene quasi a identificarsi con la filosofia.

Tra le numerosissime opere di Grassi in italiano e in tedesco si ricordano: *Il problema della metafisica platonica* (1932); *Il primato del lógos. Il problema dell'antico nel confronto tra la filosofia italiana e tedesca* (1939); *Apologia della vita individuale* (1946); *Potenza della immagine: impotenza della parola razionale* (1979); *Heidegger e il problema dell'Umanesimo* (1983); *La filosofia dell'Umanesimo* (1986).

grazia, termine con cui, in senso lato, nella Bibbia sono indicati il favore, la benevolenza, la bontà (ebr. *hesed*; gr. *cháris*) di Dio verso Israele, espressi nella ricchezza dei suoi doni: l'elezione, la Legge, la terra, e più in generale la comunione che si fonda sull'alleanza. Nel Nuovo Testamento il termine è soprattutto proprio di Paolo, anche se di esso costituisce premessa la vita stessa di Gesù, come «parabola» della grazia divina, manifestazione dell'accoglienza e del perdono verso indegni e peccatori. È Paolo che dà al vocabolo pregnanza teologica: il termine si lega inscindibilmente alla persona di Gesù Cristo, diviene la «grazia di nostro Signore Gesù Cristo», e viene a esprimere il rapporto di fede e di incorporazione che si stabilisce tra il credente e Gesù; di conseguenza si fa anche termine ecclesiologico, perché la chiesa vive mediante la grazia, o i carismi, che Dio riversa su di essa.

In rapporto alle diverse linee di sviluppo del monoteismo biblico (ebraismo, cristianesimo, Islam), la teologia della grazia è una tipica elaborazione teologica cristiana, appunto perché denota l'intimo legame tra il credente e Cristo: è dunque qualcosa che va oltre (e specifica) le relazioni di benevolenza, amore, obbedienza che pure stanno sullo sfondo. Sulla natura della grazia sono sorte discussioni e controversie al cui centro sta il problema (per verità da ultimo mai risolto e risolvibile) di come preservare l'effettività della presenza benefica e trasformante di Dio e insieme la radicale alterità di Dio stesso rispetto alla creatura. La prima elaborazione di una teologia della grazia, importante anche per le successive riprese storiche, è quella agostiniana, che ha luogo nello scontro con il → pelagianesimo. Contro una visione della grazia come semplice aiuto a una obbedienza più facile ai comandamenti, sant'Agostino sostiene la necessità assoluta della grazia, che distingue in preveniente (per ordine alla conversione) e susseguente. Secondo un'altra distinzione agostiniana, non ogni grazia, pur essendo sempre sufficiente, è efficace: la sua efficacia dipende dalla risposta umana (con ciò tuttavia si riapre il dilemma originario tra libertà umana e onnipotenza divina). Le tesi agostiniane vengono riprese dal concilio di Orange (529), contro posizioni «semipelagiane». Nel frattempo, la teologia orientale sottolinea non tanto l'aspetto sanante o salvifico, quanto quello divinizzante, l'elevazione dell'uomo alla «partecipazione della natura divina» (espressione che già si trova nel Nuovo Testamento, 2 Pietro 1, 4). La natura umana non viene cancellata, ma viene trasfigurata.

La teologia scolastica (cui si deve la distinzione tra grazia abituale, o santificante, e grazia attuale, conferita ad hoc, per compiere atti buoni) attenua taluni punti pessimistici dell'agostinismo, supponendo, sia pure come ipotesi astratta, storicamente non verificata, la possibilità di una «natura pura», di un'umanità che viva senza la grazia, la quale sarebbe allora solo indispensabile di fatto, dopo la caduta originale. Queste speculazioni, il cui fondo ottimistico e antropocentrico, in ultima analisi è evidente, sono contrastate dalla riforma, che riprende con Lutero le tesi agostiniane, soprattutto per quel che riguarda la predestinazione. Controversie analoghe, ma meno radicali, hanno luogo nel sec. XVII tra molinisti, tomisti seguaci di D. Báñez (sostenitore della predestinazione alla salvezza) e poi giansenisti. La disputa sul «soprannaturale» in ambito cattolico (cui si potrebbe far corrispondere, in ambito protestante, quella tra K. Barth e E. Brunner sull'esistenza o meno di un «punto d'aggancio» della rivelazione nell'uomo) ha rinnovato la problematica della teologia della grazia. Venivano qui in conflitto la visione patristica, storico-esistenziale, rinnovata specialmente dagli studi di H. De Lubac, per cui la grazia è costitutivamente necessaria all'essere stesso dell'uomo, e quella scolastica, neotomistica, che nega il nesso necessario tra visione beatifica e natura intellettuale (nel senso che questa potrebbe esistere senza quella): è, quest'ultima, la posizione adottata dall'enciclica *Humani generis* del 1950. Qui il magistero insiste sulla gratuità del dono divino, così come gli interlocutori hanno d'altronde ragione di insistere sulla sua necessità (un dono non necessario è superfluo). Nei termini sopra esposti, la controversia si è alquanto sopita oggi, anche a motivo del prevalere di un approccio più biblico. *P.C. Bo.*

grazia, in estetica, l'armonia espressiva in un'opera o in un comportamento. Le prime tracce della grazia nel significato estetico si trovano in Omero, dove essa costituisce il potere di incanto proprio alla poesia. Il concetto è ribadito dai lirici, da Pindaro a Saffo, che connettono la poesia alle Grazie, le *Charites* (che hanno la capacità di donare grazia, incanto). In età ellenistica il concetto di grazia si specifica in rapporto, spesso di contrapposizione, con quello di bellezza. Dionigi di Alicarnasso, nel I sec. d.C., afferma che la grazia è eufonia, freschezza, dolcezza, forza di persuasione, mentre la bellezza è grandiosità, solennità, dignità. Se nel medioevo tende a predominare l'accezione religiosa del termine (che, quando viene utilizzato in senso estetico, è tradotto, seguendo la lezione di Cicerone, con *venustas*, a indicare l'ornamento della bellezza), è il rinascimento ad ampliarne ulteriormente i significati. Ben presente in Leonardo da Vinci quale fondamentale categoria pittorica, la nozione di grazia è esplicitamente teorizzata dai trattatisti del Cinquecento. Alle soglie del barocco, il filosofo P. Charron, nello scritto *Sulla saggezza* (1601), ne offre una definizione anticlassica che avrà larga fortuna e sarà definitivamente confermata nell'estetica del Settecento: la grazia è una specie di bellezza non ferma (come nell'ideale classico) ma in movimento. F.L.S. Schiller (*Grazia e dignità*, 1793) ne mostra i molteplici legami con la bellezza e con il sublime: è questa una categoria mobile, che ha in sé un elemento casuale ed eccedente e che per tale motivo ben rappresenta la perfetta fusione formale tra la libertà morale e la necessità della natura. Con chiaro intento polemico nei riguardi di Winckelmann, che vedeva nella grazia una qualità propria alla sola scultura greca delle origini, fissata dunque nella dignità della forma, Schiller dichiara che la grazia ha invece volti diversi; e infatti la lingua tedesca ne rappresenta gli aspetti con ben tre termini, *Grazie*, *Gnade* e *Anmut*. Sarà quest'ultimo quello che Goethe utilizzerà nel *Faust* per descrivere la bellezza in movimento di Elena. Echi degli insegnamenti schilleriani si ritrovano anche in Schelling, dove la grazia si manifesta nell'opera compiuta della Natura. I caratteri temporali della grazia (intesa, cioè, come *equilibrio temporale*, quindi *ritmico*) sono stati invece sottolineati nel nostro secolo, nell'ambito dell'estetica francese, in particolare da R. → Bayer in *Estetica della grazia* (1934); e ancora, V. Jankélévitch vedrà nella grazia, chiamata con il nome di *charme* per accentuarne la capacità incantatrice, una caratteristica essenziale della musica, e più generalmente la giustificazione dell'atto «immotivato e miracoloso» della costruzione artistica.

greca, religione. Le fasi più antiche della religione greca, quali ce le restituiscono le cosmogonie della prima tradizione epica (quella di Esiodo innanzi tutto), delineano un'immagine mitologica del processo di formazione dell'universo.

• *Miti e dei.* Nel corso degli eventi primordiali narrati dal mito, il Caos primigenio, attraverso una progressiva separazione e distribuzione funzionale della sua informe sostanza originaria, si decanta nelle regolari strutture di un Cosmo. A differenza delle cosmogonie orientali, le quali nelle loro genealogie evidenziano soprattutto il ruolo di un agente unico e privilegiato del dramma di costituzione cosmico, quelle greche lasciano piuttosto in ombra la dimensione della sovranità regale attribuibile all'atto della fondazione del mondo. Anziché in riferimento alla figura mitica di un re divino, il senso del processo cosmogonico è interpretato in riferimento ai concetti di ordine e di giustizia. Come ha mostrato la scuola strutturalistica francese, rifacendosi ai lavori di G. Dumézil, la mitologia greca serve così ad articolare, nel modo più rigoroso possibile, una delimitazione dei vari piani del reale tramite molteplici e differenti attribuzioni di funzione alle potenze divine. L'ordine del mondo, scandito anzitutto dalla distanza insormontabile che separa, come i viventi e i defunti, così i divini e i mortali, riceve il proprio senso da una religione politeistica, nella quale gli dei sono essi stessi assoggettati a una legge della giustizia e della misura, di cui Zeus non è che un simbolo. Massima incarnazione di questo atteggiamento spirituale è il razionalismo della religione dei poemi omerici. In essa si compie definitivamente il processo evolutivo con il quale questo funzionale politeismo mitologico (i cui tratti decisivi sono gli stessi rintracciabili nelle altre religioni del ceppo indoeuropeo) si sostituisce all'antica religione mediterranea pre-mitica, di cui non abbiamo pressoché altro che testimonianze archeologiche. In Omero non c'è quasi più traccia dell'antico fondo religioso greco, dominato dall'idea del culto degli antenati, culto connesso a quello per la Terra Madre e integrato nella vita ciclica di raggruppamenti umani locali.

• *La religione della pólis.* Lo spirito razionale della religiosità omerica — nella quale si esprimono i valori agonistici ed egualitari delle aristocrazie guerriere succedute in Grecia alla regalità micenea —, pur conservandosi in apparenza tale, si ridefinisce e si trasforma nel nuovo spazio sociale costituito dalla *pólis*. Qui il funzionale politeismo della religione olimpica appare ormai come un aspetto, non di una spiritualità trascendente, bensì della stessa immediata vita politica e sociale. Essere sociale ed essenza religiosa fanno semplicemente tutt'uno. La religione olimpica è costituita come una forma diretta di religione politica, il cui compito è quello di realizzare, sul piano soprattutto dei culti e dei riti, l'integrazione sociale. Essa deve sacralizzare l'ordine esistente, trasferendo sul piano umano e sociale il suo precedente significato cosmogonico. Il carattere precipuo della religiosità olimpica, nella fase della sua istituzionalizzazione politica, è una concezione del divino che ne ignora ogni caratteristica psicologica e spirituale. In essa gli dei sono non già persone, ma potenze, entità sovrannaturali che presiedono, nei modi e nei limiti della loro sovranità, a un proprio definito campo d'azione strumentale, entro una rete di relazioni funzionali in equilibrio stabile e gerarchico. Altrettanto saldamente accentrato su un suo preciso ruolo istituzionale è il culto dedicato agli eroi. Neppure essi, infatti, spezzano, in favore di una religiosità sovrannaturale, la dicotomia fra l'umano e il divino, centrale nel pantheon olimpico. Gli eroi sono uomini che, grazie alla loro morte in imprese straordinarie, godono di una sorta di eccezionale immortalità, che non è né puramente larvale né decisamente spirituale. Ben più che definire la struttura di una personalità umana superiore, la loro figura simbolizza il valore esemplare di certe azioni umane. Essi sono gli esponenti prototipici, i «fondatori» di momenti essenziali delle istituzioni civili, e le loro virtù sono anch'esse completamente funzionali, non spirituali.

• *La religione di Dioniso.* Per questo motivo, tutte le correnti religiose che, dal culto di Dioniso alle religioni dei misteri, si sono proposte in età classica di opporsi al dominio del politeismo olimpico, sono state necessariamente movimenti di opposizione sociale e religiosa nel medesimo tempo.

Contro la religione mitica della *pólis*, volta ad affermare l'immutabilità del cosmo politico nel quale il cittadino deve collocarsi, si viene determinando una nuova religiosità che si qualifica per le sue tendenze accentuatamente mistiche. Al suo centro si collocano gli sforzi verso una prima definizione dell'anima, a partire dalle sue differenti componenti psicologiche, prima fra tutte la memoria, come luogo capace d'infrangere la misura del cosmo classico e di cogliere il divino, l'immortale nel seno stesso dell'uomo. La religione di Dioniso costituisce il primo di questi tentativi. Determinatosi come il punto di raccolta istituzionale di tutti i gruppi situati ai margini dell'ordine sociale costituito, dalle donne agli schiavi, il dionisismo pone al centro della sua religiosità l'esperienza dell'uscita da questo mondo attraverso i fenomeni dell'estasi e dell'entusiasmo. Sotto le insegne della divina follia di Dioniso, inteso come il dio che incarna tutto ciò che è radicalmente «altro», si tenta di mettere in discussione quei confini — fra l'umano e il divino; fra l'umano e il ferino; fra la natura e la cultura; fra i differenti strati sociali — che definiscono l'ideale di ordine misurato proprio della *pólis*. L'uscita dalla dimensione olimpica promessa dal dionisismo non arriva, tuttavia, fino a elaborare l'idea di un legame propriamente personale fra l'umano e il divino; l'uscita dai limiti della condizione umana che esso assicura è temporanea e accidentale, non propriamente spirituale. Il dionisismo, non per nulla, finisce con l'essere integrato anch'esso nel sistema della religione civica, come attesta simbolicamente la sua accoglienza a Delfi, presso il santuario stesso di Apollo, il dio esponente per eccellenza della religiosità classica.

• *I culti misterici.* Neppure l'ulteriore individualizzazione della vita religiosa prodotta dal diffondersi dei culti misterici, primo fra tutti quello di Eleusi, conduce l'esperienza religiosa greca all'esercizio di una vera spiritualità dell'anima, che continua a venir intesa in chiave impersonale. Infatti, la rottura definitiva dell'universo religioso classico si realizzerà solo a partire dal momento in cui l'anima perderà la sua natura di fantasma inconsistente e destinato con la morte ad abbandonare l'uomo, tipica della religione greca da Omero in poi. Al suo posto, in singolare sintonia con taluni temi dell'antichissima religiosità pre-mitica, comparirà allora l'idea di un'essenza divina, di un demone presente dall'eterno nell'uomo, che questi ha il compito di emancipare dalla sua prigionia terrena e di ricongiungere al divino pneuma. Quest'idea dell'anima come garante dell'immortalità e della divinità dell'uomo stesso (sorta dapprima nell'ambito magico e sciamanico di sette iniziatiche ispirate da «maestri di verità», come accade, per es., nel movimento orfico e in quello pitagorico) si colloca all'origine della stessa prima fase della filosofia greca, quella dei sapienti presocratici. Ponendo il problema del significato divino dell'essere umano, ovvero quello delle facoltà personali necessarie per l'accesso al divino, l'idea dell'immortalità dell'anima delinea i contorni di un'esperienza del mondo che starà poi a fondamento anche di tutta la religione a intonazione mistica propria dell'epoca ellenistica. *G. Ca.*

Green, Thomas Hill (Birkin, Yorkshire, 1836 - Oxford 1882), filosofo inglese. Lavorò dal 1860 al Balliol College di Oxford, e dal 1878 alla morte fu professore di etica all'università della stessa città. Con la sua opera favorì la secolarizzazione dell'università di Oxford, grazie anche al suo vivo interesse per i problemi economici e politici. Per la filosofia, Green rivendica la necessità di una teoria adeguata, le cui premesse individua in Hegel. Le condizioni per l'elaborazione di questa teoria, esposta nei *Prolegomeni all'etica* (postumi, 1883), sono date dalla critica articolata dell'empirismo e del suo metodo introspettivo: è questo l'argomento delle ampie introduzioni alle opere di Hume, pubblicate con Th. H. Grose nel 1874. Green rivendica il carattere spirituale dell'uomo e del mondo, che deriva da un soggetto universale autodeterminantesi, il solo che possa unificare il molteplice ambito dell'esperienza. Le sensazioni e l'esperienza non ci danno relazioni e poiché la realtà si definisce solo considerando le relazioni che un individuo istituisce, esse non possono che essere un prodotto della mente. La distinzione tra soggettività e realtà oggettiva consiste per Green in quella fra la soggettività individuale legata all'organismo e la soggettività universale o coscienza eterna, identica e nello stesso tempo autodifferenziantesi, all'origine delle connessioni sia teoriche sia materiali. Nel conoscere, come individui, diventiamo gradualmente consapevoli di quel che la coscienza eterna ha conosciuto da sempre, ci identifichiamo con essa o almeno ci facciamo «veicoli» di essa. Queste tesi hanno un immediato significato morale: la coscienza eterna è depositaria dell'ordine morale del mondo e tale ordine esige che noi ci consideriamo membri di una società universale il cui bene deve essere identificato con quello di ogni singolo che vi partecipa.

Greenberg, Joseph Harold (New York 1915), linguista e antropologo statunitense. Ha insegnato all'università del Minnesota, alla Columbia University (1948-62) e a Stanford (dal 1962). Greenberg ha impresso una svolta metodologica alla ricerca sugli universali linguistici e ha dato un contributo fondamentale alla classificazione genealogica delle lingue del mondo. Egli ha cercato di ricondurre gli universali linguistici a formulazioni implicative (l'esistenza della categoria X — per es. il duale — implica sempre l'esistenza della categoria Y — in questo caso, il plurale) o ad ampie correlazioni: così se una lingua ha l'ordine Soggetto-Verbo-Oggetto avrà di solito anche preposizioni, aggettivi che seguono il nome, frasi relative che seguono il costituente da cui dipendono ecc. (*Gli universali linguistici*, 1966; *Universali del linguaggio umano*, 4 voll., 1978, con Ch. Ferguson ed E. Moravcsik). Gli studi sulla classificazione delle lingue (→ tipologia linguistica) sono fondati sulla «comparazione in massa», cioè sul confronto tra elementi del lessico fondamentale o non-culturale (il meno soggetto a mutazione) per un gran numero di lingue (*Lingue dell'Africa*, 1963; *L'ipotesi indo-pacifica*, 1971); in *Il linguaggio nelle Americhe* (1987), tutte le lingue amerindie sono riunite in due sole famiglie, Na-Dené e Amerind, a cui si aggiunge l'Eskimo-Aleuto, da collegare piuttosto con l'area euro-asiatica.

Gregorio I, noto come Gregorio Magno (Roma 540-604), teologo e papa (dal 590); santo. Il suo pontificato iniziò in un momento difficile, con la città di Roma in preda alla pestilenza e minacciata da un'invasione longobarda cui la remota autorità bizantina non oppose alcuna difesa. Gregorio assunse allora quella funzione di supplenza del potere civile che gradatamente avrebbe portato all'instaurazione del vero e proprio potere temporale del papa. Egli ebbe però una visione universale della chiesa, come è attestato dalle sue iniziative pastorali e missionarie (la più importante è quella verso la Britannia). Anche l'opera letteraria di Gregorio è caratterizzata da intenti pastorali e morali. All'inizio del pontificato compose il *Liber regulae pastoralis*, in cui delinea la figura ideale del vescovo, con attenta analisi delle virtù che deve praticare e dei vizi che deve fuggire. Nei *Dialogorum libri IV* racconta le opere miracolose dei santi degli ultimi tempi, offrendo un'interessante biografia di Benedetto da Norcia. La sua opera più nota si intitola *Moralia in Iob*, ed è suddivisa in 35 libri. Senza preoccuparsi del significato storico-letterale, Gregorio pratica in questo ampio commento al libro di Giobbe un'esegesi caratterizzata dalla ricerca costante dei significati simbolici e allegorici del testo: nel contrasto fra Giobbe e sua moglie egli individua il ricorrente contrasto fra vita dello spirito e vita della carne. Nella prefazione è discusso il problema se un cristiano debba servirsi della lingua degli autori classici o di quella della versione latina della Bibbia. Contro i puristi del tempo, Gregorio propende per la seconda ipotesi.

Gregorio da Rimini (Rimini 1300 ca - Vienna 1358), filosofo e teologo italiano. Maestro di teologia all'università di Parigi dal 1345, venne poi eletto ministro generale dell'ordine degli agostiniani (1357). Distaccandosi dalla posizione realista tradizionale, secondo la quale oggetto della conoscenza scientifica sono le realtà extramentali, e anche dalla tesi di Occam, per il quale ciò che propriamente è conosciuto sono i termini delle proposizioni scientifiche, Gregorio sostiene che oggetto proprio della scienza è il significato totale della conclusione: chi produce una dimostrazione, infatti, aderisce a ciò che l'intera conclusione della dimostrazione esprime, ossia al contenuto oggettivo della conclusione. Non identificandosi né con le entità del mondo esterno, né con le semplici entità mentali costituite dai termini, questo significato totale, denominato anche *complexe significabile*, è un'entità del tutto peculiare, necessaria (perché non può essere diversamente) ed eterna (perché permane sempre identica a se stessa). Molto dibattuta tra i maestri del sec. XIV (soprattutto da Buridano, Marsilio di Inghen e Giovanni di Ripa), la dottrina del *complexe significabile* è stata giustamente considerata un'anticipazione della «teoria degli oggetti» di A. Meinong e della teoria dell'oggettività delle proposizioni di B. Russell. Le opere più importanti di Gregorio sono: *De usuris*; *De intensione et remissione formarum*; *Lectura in primum et secundum Sententiarum*.

Gregorio Nazianzeno, → padri della chiesa.

Gregorio Nisseno (Cesarea di Cappadocia 335 ca - Nissa 395 ca), teologo greco, padre della chiesa; santo. Fratello minore di Basilio di Cesarea, nel 371 fu nominato contro la propria volontà vescovo di Nissa in Cappadocia. La sua opera *Contro Eunomio*, in 12 libri, raccoglie quattro differenti scritti rivolti contro la dottrina trinitaria eunomiana, secondo la quale il Figlio è di natura diversa dal Padre e lo Spirito Santo è la prima delle sostanze create. Gregorio rivendica l'unità della natura cui le tre persone partecipano, e ritiene che esse si distinguano fra loro in virtù dell'origine e delle reciproche relazioni. In particolare, Gregorio precisa che lo Spirito «è da Dio ed è di Cristo», cioè procede dal Padre per mezzo del Figlio, il quale soltanto ha diritto al titolo di unigenito. In tale affermazione, comunemente accolta da questo momento nella chiesa orientale, è sostanzialmente presente l'idea della doppia processione dello Spirito. Nel *Grande discorso catechetico* Gregorio presenta una sintesi dei fondamentali dogmi del cristianesimo rivolta contro le tesi di eretici, ebrei e pagani. Fra le sue numerose opere esegetiche la principale è lo scritto *Sulla formazione dell'uomo*, un commento al racconto della creazione contenuto nella Genesi. Gregorio vi sostiene la teoria della «doppia creazione»: in un primo tempo Dio avrebbe creato l'uomo ideale, destinato a riprodursi come gli angeli, nel modo in cui un numero deriva da un altro; in un secondo tempo l'uomo sarebbe stato diviso nei due sessi e dotato da Dio degli organi sessuali, in previsione del peccato e della necessità della procreazione fisica. L'ispirazione platonica, sottesa a questa dottrina, è ancor più evidente nel *Dialogo sull'anima e la resurrezione*, nel quale Gregorio si sforza di riproporre in prospettiva cristiana le dottrine platoniche sull'immortalità dell'anima. Nello spirito di Origene (con il quale condivise la dottrina della → apocatastasi) Gregorio trattò il tema dell'ascesa dell'anima e della sua unione con Dio: nella *Vita di Mosè* egli vede allegoricamente il profeta come simbolo dell'anima perfetta.

Greimas, Algidras-Julien (Tula, Lituania, 1917 - Parigi 1991), linguista francese di origine lituana. Dopo aver studiato a Kaunas, in Lituania, conseguì la laurea a Grenoble nel 1939. Professore di francese nelle università di Ankara e di Istanbul, dal 1965 al 1985 tenne la direzione di studi di semantica generale nella Ecole des Hautes Etudes en Sciences Sociales di Parigi. Influenzato dallo strutturalismo di C. Lévi-Strauss, Greimas ha dedicato i suoi studi di interesse teorico al progetto di una semiotica generale. Il senso è ciò che può essere trasferito da un linguaggio a un altro; è dunque un *a priori* della comunicazione, di cui si possono ricostruire i valori anche di là dalla loro funzione linguistica (è possibile una semiotica della moda o della cucina), e persino razionale-intenzionale (è possibile, per es., una semiotica delle passioni). È dunque possibile anche una narratologia sociale (ossia l'applicazione alle scienze sociali delle categorie adottate nello studio morfologico delle fiabe, dei miti, della letteratura): il racconto è per Greimas un'unità del discorso narrativo, completamente indipendente dalle forme materiali della sua espressione (linguistica, visiva ecc.) dotata di un senso. Tra le sue opere: *Semantica strutturale* (1966); *Del senso* (1970); *Semiotica e scienze sociali* (1976); *Semiotica. Dizionario ragionato della teoria del linguaggio* (2 voll., 1976-86, con J. Courtès e altri).

Griaule, Marcel (Aisy-sur-Armançon, Yonne, 1898 - Parigi 1956), etnologo francese. Titolare dal 1943 della cattedra di etnologia della Sorbona, che era stata di M. Mauss, fu uno dei primi studiosi francesi a condurre ricerche sul campo, dedicandovisi per oltre vent'anni. Fra il 1931 e il 1933 guidò una spedizione scientifica attraverso tutta l'Africa subsahariana da Dakar a Gibuti, con collaboratori e allievi quali Denise Paulme e Michel Leiris. L'interesse pressoché esclusivo di Griaule per i dogon, popolazione sudanese paleonegritica, si spiega con la sua teoria che solo attraverso studi monografici fondati su una osservazione continuata per periodi di tempo sufficienti a comprendere lo sviluppo di un determinato ciclo (sette, dieci, quindici anni e più) si possano cogliere gli strati profondi della realtà culturale. Vi sono, infatti, secondo Griaule, sotto la conoscenza esoterica africana più divulgata, livelli accessibili solo a un ristretto gruppo di soggetti iniziati, che è indispensabile raggiungere per comprendere i meccanismi essenziali della strutturazione sociale. Questo studio in profondità ha dato frutti importanti, permettendo di cogliere lo strettissimo nesso fra attività di tipo rituale, teorie metafisiche e strutturazione sociale ed economica, rilevate in un ambito territoriale ben preciso, senza generalizzazioni o derivazioni da altri contesti. Nel 1940 Griaule espose il meccanismo del «sacrificio» nella società dei dogon (*Osservazioni sul meccanismo del sacrificio dogon*, in «Journal de la Société des africanistes», X), in cui sono ripresi e dimostrati come storicamente rilevabili presso i dogon due concetti fondamentali messi in luce da M. → Mauss nella sua analisi del «dono»: la nozione della → *potenza*, che è situata nella cosa donata e restituita, e la funzione di *scambio di forze* contenuta nel «sacrificio». Il sacrificio dogon si fonda su un meccanismo che libera una forza già esistente e la fa circolare fra il sacrificante e il gruppo. Il sacrificio è uno scambio perché colui che sacrifica riceve, in restituzione, una parte delle forze di colui (per es. l'antenato) al quale si rivolge in preghiera. Si esclude così, in questo tipo di concezione metafisica, la dicotomia fra il piano divino e il piano umano, per cui tutti gli aspetti del cosmo sono collegati da uno stesso principio di continuità e di unità. Questo spiega anche il concetto della bisessualità originaria, presente nella mitologia dogon, da cui deriverebbe la necessità delle mutilazioni sessuali praticate dai dogon, e cioè la circoncisione per i maschi, nei quali l'elemento femminile sarebbe presente nel prepuzio, e della «escissione» (clitoridectomia) per le femmine, che sopprimerebbe l'elemento maschile presente nel clitoride. Opere principali: *Maschere dogon* (1938); *Il dio d'acqua* (1948); *Il metodo etnografico* (1956); e sulla base degli appunti lasciati da Griaule, *Saggio sulla religione bambara* (1951) e *La volpe pallida* (1965), completati e pubblicati dalla sua allieva, l'etnologa Germaine Dieterlen.

Grice, H. Paul (Birmingham 1913 - Berkeley 1988), filosofo inglese. Insegnò a Oxford dal 1939 al 1967 e poi a Berkeley negli Stati Uniti. È autore di un numero limitatissimo di opere, poi raccolte in *Studi sui modi delle parole* (1989): tra di esse spiccano le *William James Lectures* del 1967 (già pubblicate in parte col titolo *Logica e conversazione*, 1975). La sua ricerca ruota intorno a due temi principali: l'analisi della nozione di significato e la teoria della conversazione. Nei suoi saggi sul significato, Grice realizza una riduzione del significato alle intenzioni del parlante e al loro riconoscimento da parte dell'ascoltatore: «Il parlante A significa qualcosa mediante l'espressione X» è analizzato come «A intende che l'emissione di X produca un certo effetto nell'interlocutore, in forza del riconoscimento di questa intenzione». Definito così il significato che un parlante intende veicolare in una data occasione, Grice riconduce a questa le altre accezioni di «significato non naturale» (tipicamente quello linguistico). La teoria della conversazione muove dall'esigenza di dar conto dei molti aspetti del «significato globale» di un'enunciazione non catturati da un'analisi semantica in termini di condizioni di verità. Secondo Grice, per render conto di queste eccedenze comunicative non è necessario né utile complicare la semantica classica o moltiplicare i sensi delle espressioni linguistiche a seconda del contesto in cui sono usate; si tratta invece di derivare tali eccedenze da una caratterizzazione sistematica dell'interazione tra il significato convenzionale di un'espressione linguistica (com'è analizzato dalla semantica) e il contesto della conversazione. Per Grice, la conversazione è un'impresa cooperativa, retta da un principio (*principio di cooperazione*) che impone di rendere il proprio contributo a una conversazione funzionale al suo buon andamento. Il principio di cooperazione si specifica in quattro gruppi di massime: della quantità (per es.: Non essere reticente), della qualità (per es.: Non dire ciò che credi essere falso), della relazione (per es.: Sii pertinente), del modo (per es.: Evita l'ambiguità). Le massime, naturalmente, possono essere violate; ma se lo sono clamorosamente e deliberatamente, senza che peraltro il parlante dia l'impressione di voler «uscire dalla cooperazione», l'ascoltatore cercherà di riconciliare il comportamento del parlante con l'ipotesi che egli stia cooperando, e immaginerà che egli abbia voluto comunicare, oltre a ciò che le sue parole letteralmente significano e attraverso di esse, qualcos'altro. Per es., se in una lettera di raccomandazione per un dottorato di ricerca ci si limita ad asserire che «Il candidato usa correttamente la lingua italiana e ha sempre frequentato le lezioni», si viola clamorosamente una massima (quella della quantità: Non essere reticente); è facile dunque immaginare che lo scrivente abbia inteso *sfruttare* la massima per comunicare di non aver nulla di veramente elogiativo da dire sul candidato. Questa parte implicita della comunicazione è detta da Grice *implicatura*. Si tratta di un'implicatura *conversazionale*, cioè non legata al modo in cui ci si esprime (come invece le implicature *convenzionali*) ma al contenuto espresso, e *particolarizzata*, cioè dipendente dallo specifico contesto che abbiamo immaginato. Ci sono anche implicature (conversazionali) *generalizzate*, che un'espressione fa sorgere in qualsiasi contesto *normale* venga usata. Per es., normalmente dicendo «O p, o q» si implica di non sapere quale dei due (tra p e q) è vero: si viola una massima della quantità perché altrimenti si sarebbe costretti a violare una massima della qualità (Non dire ciò di cui non hai prove adeguate). Per il suo carattere di proposta integrativa della semantica, la teoria della conversazione di Grice si presenta come candidata al ruolo di componente pragmatica di una teoria linguistica: così infatti essa è stata intesa e applicata in innumerevoli analisi di fenomeni linguistici.

Grimm, Jacob (Hanau 1785 - Berlino 1863), filologo, linguista e scrittore tedesco. Operò in collaborazione con il fratello Wilhelm (Hanau 1786 - Berlino 1859) e insieme legarono il loro nome alla raccolta di *Fiabe dei bambini e del folclore* (1812-22), da loro intesa soprattutto come una silloge di documenti storici, culturali e linguistici concernenti le remote antichità germaniche e suscettibili di essere impiegati per lo studio della civiltà medievale: concezione da ricondursi all'entusiasmo dei romantici per le forme espressive del popolo e alla loro visione della società germanica delle origini come depositaria per eccellenza del *Volksgeist*, ossia dello «spirito popolare», dell'umano nella storia. In questo stesso campo di ricerca si colloca il vasto programma di ricostruzione della tradizione cui i Grimm lavorarono per un cinquantennio, recuperando innumerevoli testi e un immenso materiale lessicale. Di eccezionale ampiezza sono anche i loro scritti storico-giuridici (*Le antichità giuridiche germaniche*, 1828; la raccolta di detti e massime giuridiche *Weisthümer*, 1840-63) e la *Mitologia germanica* (1835). Capitale interesse storico riveste l'insieme degli scritti di linguistica dei fratelli Grimm, che si incentra sulla fondamentale *Grammatica germanica* (1819-37), ricostruzione storica dell'evolversi della lingua e sintesi, per questa via, di tutti gli aspetti della cultura del gruppo germanico. Questo capolavoro propone definizioni metodologiche così importanti da venir considerato il fondamento della filologia germanica; è qui, fra l'altro, che Jacob Grimm enunciò la «legge», che porta il suo nome, sull'evoluzione del consonantismo germanico da quello indoeuropeo (prima rotazione consonantica o *Lautverschiebung*).

Groddeck, Georg Walther (Bad Kösen, Weissenfels, 1866 - Zurigo 1934), medico e psicoanalista tedesco. Studiò a Pforte e a Berlino, ove si laureò in medicina nel 1889. Si avvicinò alla psicoanalisi non attraverso lo studio delle nevrosi, «bensì attraverso l'osservazione di disturbi che si sogliono chiamare somatici». Contestando la distinzione fra psiche e soma, Groddeck ritiene che la malattia organica e quella funzionale siano entrambe, sostanzialmente, la creazione simbolica di una forza da cui il malato *è vissuto*. A tale forza Groddeck diede il nome di *Es* (termine derivato da Nietzsche e poi utilizzato anche da Freud). Non solo la malattia è espressione dell'Es, ma tutta la vita dell'uomo è governata da questa forza inconscia, di cui la coscienza non è che una delle manifestazioni. Anche guarire, come l'ammalarsi, è il frutto di un desiderio dell'Es: il compito dell'analista sarà quindi solo quello di stimolare e di interpretarne le manifestazioni. Per questa sua impostazione, e per una serie di osservazioni sulla genesi delle malattie fisiche, Groddeck viene considerato il fondatore della moderna medicina psicosomatica. Tra le sue opere: *Il libro dell'Es* (1923); *Scritti psicoanalitici sulla letteratura e sull'arte* e *Scritti psicoanalitici sulla psicosomatica*, una serie di saggi pubblicati postumi, una scelta dei quali è edita in italiano col titolo *Il linguaggio dell'Es*. Scrisse anche un romanzo, *Lo scrutatore d'anime* (1921).

Groot, Huig Van, → Grozio, Ugo.

Groote, Geert (Deventer 1340-1384), mistico olandese. Studiò a Parigi, dove divenne *magister artium* nel 1358. Dalla sua opera di proselitismo nella diocesi di Utrecht nacquero la congregazione dei Fratelli della vita comune, che raggruppava comunità religiose maschili e femminili senza voti monastici, e la congregazione dei canonici regolari di sant'Agostino di Windesheim. Groote è considerato il padre della → *devotio moderna*; i suoi scritti sono caratterizzati da un vivace anti-intellettualismo, polemico nei confronti delle dialettiche filosofiche e delle dispute teologiche. L'unica attività veramente importante è l'ascesi, che comprende l'esercizio dell'umiltà, della carità e della meditazione religiosa e ha come fine l'imitazione di Cristo e la devozione verso la sua umanità. Oltre a numerose *Lettere* e *Prediche*, Groote scrisse il trattato *De quattuor generibus meditabilium* e tradusse in latino le *Nozze spirituali* di Ruysbroeck.

Grossatesta, Roberto, → Roberto Grossatesta.

Grottanelli, Vinigi Lorenzo (Avigliana 1912), etnologo italiano. Direttore fino al 1967 del Museo Nazionale Preistorico-Etnografico L. Pigorini, e professore di etnologia presso l'università di Roma, ha dedicato buona parte dei suoi studi all'Africa, dirigendovi numerose spedizioni, di cui la prima, nel 1937, al lago Tana e l'ultima, nel 1978, presso la popolazione guineana degli nzema. La visione che Grottanelli ha dell'etnologia è di orientamento decisamente storico-umanistico, ma risulta sempre collegata alla ricerca sul terreno e a una vigilante attenzione ai fenomeni di diffusione degli elementi culturali e ai processi della dinamica culturale. Grottanelli ha sempre insistito, come egli stesso dice in *L'etnologia e le «leggi» della condotta umana* (1964), sulla necessità di una etnologia storica, rifiutando l'indirizzo funzionalistico di tipo anglo-americano. Fra le sue principali pubblicazioni, a parte i numerosissimi articoli in riviste italiane e straniere che rendono conto delle sue missioni di viaggio, si ricordano vari saggi: *Gli etiopici*, *I popoli del Sudan Occidentale*, *I bantu*, *La cultura dei pigmei africani*, tutti contenuti nell'opera (a cura di R. Biasutti) *Razze e popoli della terra* (1955); *Gerarchie etniche e conflitto culturale: Saggi di etnologia nordest-africana* (1976); *Una società guineana: gli nzema* (1978).

Grozio, Ugo, forma italianizzata del nome di Huig Van Groot (Delft 1583 - Rostock 1645), filosofo e giurista olandese. Laureatosi all'università di Leida, roccaforte dei riformati, si schierò, nella disputa teologica tra → arminiani e gomaristi (→ gomarismo), con i primi, cioè dalla parte della tolleranza e del liberalismo contro le tesi dogmatiche e rigidamente predeterministiche dei seguaci calvinisti di F. Gomar (*De veritate religionis christianae*, 1627). Datosi all'avvocatura, svolse anche mansioni pubbliche, ma cadde in disgrazia in seguito alla sconfitta del partito arminiano dopo il sinodo di Dordrecht (1618) e venne condannato al carcere a vita. Evase dopo due anni e si rifugiò a Parigi, dove scrisse la sua opera più importante, il *De iure pacis ac belli* (1625), che dà origine al → giusnaturalismo. Grozio indaga sui fondamenti dell'autorità dello stato e, nella convinzione che il fondamento teologico sia divenuto fragile in un'epoca segnata dalle guerre e dalle controversie religiose, cerca di appoggiare tale autorità su principi razionali e naturali, validi indipendentemente dagli schieramenti confessionali e dalle consuetudini locali. Il diritto pubblico diviene in tal modo una scienza razionale e deduttiva sul modello della matematica, fondata su principi evidenti e sulle conseguenze che si deducono rigorosamente da questi principi. Anteriormente a ogni stato politico è supposto uno «stato di natura», nel quale gli uomini sono associati ancora sulla base delle semplici leggi naturali. Gli stati politici, che sorgono in un secondo momento, devono ispirarsi al modello naturale e rispettarne le leggi fondamentali se vogliono essere stati legittimi. Inoltre, il potere statuale sarà riconosciuto mediante un contratto che, nel momento stesso che lo sancisce, ne stabilisce implicitamente anche i limiti. Il patto originario vincola in egual modo il sovrano e i sudditi: una volta stabilito, non è più lecito infrangerlo (*pacta sunt servanda*). Grozio viene considerato il fondatore del diritto pubblico moderno.

Grünbaum, Adolf (Colonia 1923), filosofo statunitense di origine tedesca. Ha studiato fisica e filosofia all'università Wesleyan e a Yale; dal 1960 insegna a Pittsburgh. Tra i filosofi della scienza oggi attivi Grünbaum è uno dei più fedeli alla tradizione neoempiristica, ed è uno dei maggiori studiosi dei problemi filosofici dello spazio e del tempo. Nella sua opera più importante, *Problemi filosofici dello spazio e del tempo* (1963; 2ª ed. molto accresciuta, 1973), egli sostiene, sulla scorta di B. Riemann, che lo spazio-tempo non ha una *metrica intrinseca*: in altre parole, la topologia dello spazio-tempo non determina *che cos'è* per due segmenti avere la stessa lunghezza; metrizzazioni alternative sono sempre possibili. Nello stesso libro, Grünbaum prende posizione contro la cosiddetta «tesi di Duhem-Quine», secondo cui è sempre possibile conservare un'ipotesi empirica, apparentemente smentita dalle osservazioni, introducendo opportune ipotesi ausiliarie. Per Grünbaum, la tesi è vera solo in un senso banale; altrimenti, l'esistenza delle «opportune ipotesi ausiliarie» dev'essere dimostrata caso per caso.

Dalla fine degli anni Settanta Grünbaum si è occupato soprattutto di epistemologia della psicoanalisi. Contro K. Popper, ha sostenuto che molte teorie freudiane sono falsificabili, anche se i controlli empirici che avrebbero potuto falsificarle non sono stati messi in atto. In generale, Grünbaum ritiene (*Fondamenti della psicoanalisi*, 1984) che le principali teorie freudiane non siano ben confermate, né dalla pratica clinica né per altra via; e quindi, anche se non si può affermare senz'altro che sono false, non ci sono ragioni per ritenerle vere. Analogamente, non ci sono ragioni per ritenere efficace la terapia psicoanalitica freudiana, né per credere che i suoi successi non dipendano dall'«effetto placebo». Nei suoi studi sulla psicoanalisi Grünbaum ha preso in considerazione esclusivamente le teorie e le idee psicoterapeutiche di Freud, ritenendo che le dottrine non-freudiane siano comunque al di sotto di uno standard minimo di discutibilità scientifica, e polemizzando accanitamente contro gli interpreti «ermeneutici» di Freud (J. Habermas e P. Ricoeur).

Grundtvig, Nikolai Frederik Severin (Udby, Seeland, 1783 - Copenaghen 1872), ecclesiastico e poeta danese. Pastore a Copenaghen (1822-25), maturò la sua critica alla chiesa di stato luterana, che egli riteneva di diritto umano, non fondata sulla parola di Dio: la vera chiesa, quella che dava l'occasione di predicare, di credere in Gesù Cristo, doveva costruirsi sotto ed entro la chiesa ricevuta. Nel 1825 ebbe una violenta polemica con il teologo razionalista H.N. Clausen, nel corso della quale rimproverò alla riforma di aver istituito «chiese di teologi», nelle quali questi, in quanto interpreti della Bibbia, erano i veri arbitri della fede: Grundtvig affermava che «la parola viva che esce dalla bocca del Signore», il Cristo presente nelle comunità mediante il battesimo e la cena, dovevano sostituire la «parola morta», cioè il testo biblico alla mercé dell'interpretazione umana. Solo il Credo, e non le particolareggiate professioni di fede, dovevano costituire il testo dogmatico di base. Privato dell'ufficio di pastore, continuò la sua opera di rinnovamento anche nel campo scolastico, creando, su modello inglese, le «scuole superiori per il popolo». Di nuovo parroco, dal 1839 alla morte, nella chiesa di Vartov, nel 1867 ebbe il titolo di vescovo. Da lui prese nome il grundtvigianismo, un movimento di → risveglio tuttora vivo entro il luteranesimo danese, che valorizza il momento ecclesiale e sacramentale e la libertà del fedele. Con il suo ripensamento della teologia, che lo avvicina a Kierkegaard, Grundtvig esercitò un durevole influsso sul cristianesimo scandinavo. Fu anche poeta e profondo conoscitore della letteratura norrena e delle antiche mitologie germaniche.

gruppo, termine che nelle scienze sociali indica un insieme relativamente piccolo di individui che entrano in relazione sulla base di interessi o caratteri comuni e che interagiscono spesso tra loro in modo diretto. Pur con specifiche differenze, i classici del pensiero sociologico tendevano a considerare la società come un insieme, come una realtà al di sopra degli individui e dei gruppi, non riducibile alla somma di essi. La società veniva intesa come una totalità dotata di coerenza, di continuità, di equilibrio, della quale si potevano cercare le leggi generali di sviluppo (Comte) e di evoluzione (H. Spencer). E. Durkheim tende ad abbandonare la considerazione totalizzante della società optando per un approccio analitico: nell'indagare i fatti sociali (considerati come realtà oggettive), egli individua una molteplicità di istituzioni, strutture, gruppi intermedi, che considera come unità a sé stanti e nelle quali la società risulta diversificata. Hanno così inizio l'indagine sul gruppo come oggetto specifico e i tentativi di classificare i diversi tipi di gruppo presenti nella realtà sociale. Sempre più ampio spazio viene quindi dedicato dalle scienze sociali allo studio dei piccoli gruppi, per comprendere le forme di organizzazione e di reazione che caratterizzano l'inserimento di minoranze etniche, linguistiche, religiose, ideologiche entro il sistema sociale; allo studio del comportamento individuale nel piccolo gruppo, che viene sottoposto a determinati stimoli e condizioni per elaborare nuove forme di organizzazione e di divisione del lavoro; all'individuazione dei piccoli gruppi quali vettori di comportamenti e di atteggiamenti degli individui che sono inseriti in istituzioni, organizzazioni, collettività, aree territoriali ecc.

• *Classificazioni dei gruppi.* Dall'insieme delle ricerche è possibile individuare alcuni importanti criteri di classificazione. Una prima distinzione — tra gruppo interno e gruppo esterno — viene introdotta nel 1906 da W.G. Sumner, che per gruppo interno intende quello che si forma in base a una comune identità (legato cioè al «sentimento del noi»), in rapporto alla quale gli altri vengono considerati come gruppo esterno. In questa prospettiva si tende ad attribuire particolare valore ai membri del proprio gruppo e a distinguersi o a contrapporsi agli altri individui o gruppi. C.H. Cooley, nel 1909, introduce la distinzione tra gruppi primari e secondari. I primi sono caratterizzati dalla possibilità dei componenti di interagire «faccia a faccia», dalla «personalizzazione» dei rapporti, dal forte grado di identificazione col gruppo, nel quale prevalgono intense relazioni affettive e di gratificazione. Ruoli professionali, interessi vari, determinate ideologie e collocazioni politiche, determinati riferimenti religiosi possono invece rappresentare fattori favorevoli alla costituzione di gruppi secondari, dove prevalgono l'interesse e lo scopo comune tra i membri, ai quali però non corrispondono relazioni affettivamente gratificanti.

Un'altra importante distinzione riguarda i gruppi di appartenenza e di riferimento (R.K. Merton: *Teoria e struttura sociale*, 1957). Chi appartiene a un gruppo rivela, in genere, oltre che un elevato senso di identificazione e di lealtà, anche una certa conformità alle norme, ai valori, allo stile di vita del gruppo stesso. In tal modo il gruppo di appartenenza contribuisce a determinare direttamente l'orientamento e l'agire dell'individuo. Tuttavia il comportamento e l'atteggiamento dei singoli vengono influenzati non soltanto dall'appartenenza a un gruppo, ma anche, indirettamente, dal riferimento a collettività o categorie di cui essi non fanno parte, ma che si rivelano di particolare importanza e stimolo per le decisioni che essi devono prendere. Queste collettività sono dette genericamente gruppi di riferimento, anche se alcune di esse non sono, in senso stretto, gruppi. Si dicono poi «informali» quei gruppi che, in quanto dipendono soprattutto dall'atteggiamento contingente dei membri e dall'esposizione e reazione immediata del gruppo al contesto sociale nel quale esso è inserito, non tendono a una più precisa e definita organizzazione interna e collocazione esterna; questi elementi caratterizzano invece i gruppi «formali», che appaiono maggiormente strutturati in rapporto ai propri fini, e risultano perciò meno esposti alle ripercussioni del mutamento sociale e agli eventuali cambiamenti di leadership. In base ad altri criteri di classificazione si possono individuare gruppi di interesse e di pressione, gruppi in cui sorge un consenso sui valori della sfera privata e gruppi che promuovono valori di partecipazione sociale e politica (coscienza collettiva). Particolare interesse presentano gli studi concernenti la dinamica di gruppo, il cui oggetto consiste nel rilevare, in una prospettiva microsociologica, i conflitti e i meccanismi di interazione all'interno di ogni tipo di gruppo.

Guardini, Romano (Verona 1885 - Monaco 1968), filosofo e teologo tedesco di origine italiana. Dal 1923 tenne la cattedra di «filosofia della religione e visione cattolica del mondo» nelle università di Berlino (1923-39), di Tubinga (1945) e di Monaco di Baviera (1948). Egli cercò di fornire alla teologia una base filosofica capace di unificare il sapere, ossia di «vedere ogni cosa, per principio, totalmente», dato che «all'uomo è posta in mano la totalità dell'essere». Considerando la filosofia nella prospettiva esistenziale (*La morte di Socrate. Una interpretazione degli scritti di Platone: Eutifrone, Apologia, Critone, Fedone*, 1943) e applicando il metodo fenomenologico di Husserl e di M. Scheler, secondo il quale la conoscenza è una «relazione viva di un soggetto vivo verso un oggetto concreto», e il fenomeno «il chiarirsi di una essenza» (*La fede nella riflessione*, 1928), Guardini elabora una metafisica della bipolarità dell'essere (*L'opposizione polare. Saggio per una filosofia del concreto vivente*, 1925). A suo avviso ogni concetto è distinto dall'altro, ma lo presuppone e lo implica, poiché nessun elemento può venire pensato senza il suo opposto.

Le opposizioni concettuali da lui individuate sono tre: le intraempiriche e le transempiriche, che rappresentano gli «opposti categoriali» e che spiegano rispettivamente l'essere in generale e l'esistente concreto; e i trascendentali, ossia i concetti che convengono a ogni categoria. Una volta precisato l'apparato concettuale e le leggi che dominano gli opposti (correlazione, simultaneità, dinamicità, equilibrio instabile, rapporto quantitativo), partendo dall'essere della persona intesa come «totalità possibile» e centro unificatore degli atti intenzionali, Guardini ricostruisce il significato dell'io (*L'ansia per l'uomo*, 1958), del mondo (*Mondo e persona*, 1939) e di Dio (*Religione e soprannatura*, 1958). Dei suoi numerosi saggi di argomento più propriamente religioso, sono da ricordare: *Lo spirito della liturgia* (1918) e *Il Signore: considerazioni sulla persona e la vita di Gesù Cristo* (1937). Guardini scrisse anche saggi su Pascal, Dostoevskij, Hölderlin, Rilke, Nietzsche.

Guarino de' Guarini, o Guarino Veronese (Verona 1374 - Ferrara 1460), umanista e pedagogista italiano. Insegnò lettere classiche a Firenze, Venezia, Verona ed ebbe fra i suoi allievi Vittorino da Feltre, Ermolao Barbaro, Bernardino da Siena, Gasparino Barzizza. Passato a Ferrara, Guarino vi aprì una scuola-convitto che, elevata nel 1442 a «studio generale» con diritti universitari concessi dall'imperatore, fu frequentata da allievi di ogni parte d'Europa e di ogni estrazione economica e sociale. Il suo corso di studi, abbandonando la pratica delle → arti liberali propria dell'educazione medievale, si articolava in tre gradi: un corso elementare dove si impara la corretta pronuncia, scrittura e flessione del latino; un corso grammaticale per l'insegnamento della sintassi dei casi, la prosodia, la metrica, e la lettura diretta dei classici; un corso di retorica in cui si affrontano soprattutto scritti di Cicerone e Quintiliano. Questa educazione esclusivamente letteraria veniva affiancata, secondo la tradizione classica teorizzata negli scritti di P.P. Vergerio, da una particolare attenzione allo sviluppo fisico: fra gli alunni del convitto si praticavano la caccia, il nuoto, la danza, la ginnastica, in funzione di un armonico sviluppo di tutte le potenzialità umane, spirituali e fisiche, in un continuo contatto con la natura. Il programma educativo di Guarino mirava a realizzare concretamente l'ideale del primo umanesimo: il letterato onesto, socievole, attratto dal bene e dalla bellezza, che usa della propria dottrina per promuovere il pubblico benessere. Tra i suoi scritti vanno ricordati l'*Epistolario*, la *Chrysolorina* (1452) e i *Commentarioli*, oltre a numerose edizioni e traduzioni di autori classici e a manuali di grammatica.

Guénon, René (Blois 1886 - Il Cairo 1951), saggista francese. Si convertì nel 1912 all'islamismo, e si trasferì al Cairo. Critico del nichilismo occidentale (*La crisi del mondo moderno*, 1927; *L'errore dello spiritualismo*, 1930), ne ravvisò la causa nello scadere dell'autorità a mera forza materiale (*Autorità spirituale e potere temporale*, 1930). L'autorità deve intendersi come comunanza di valori che impedisce l'assimilazione dei rapporti gerarchici a rapporti di servitù; la sua negazione è condizione e non conseguenza del razionalismo moderno (*Il regno della quantità e i segni dei tempi*, 1945). Lo studio della tradizione in quanto fondamento dell'autorità lo orientò verso ampie ricerche sulla conoscenza simbolica (*Il simbolismo della croce*, 1931; *La Grande Triade*, 1946; *L'esoterismo di Dante*, 1949; *I simboli della scienza sacra*, postumo, 1962).

guerra, conflitto armato tra stati, o tra fazioni di uno stesso stato (guerra civile). Già nel pensiero greco ricorre il tentativo di definire il concetto di guerra, utilizzando per lo più categorie metafisiche: Eraclito, per es., concepisce la guerra come «madre e regina di tutte le cose», poiché la tensione di forze contrapposte costituisce il fondamento dell'intera realtà. Una valutazione filosofica della guerra emerge però soltanto con il pensiero cristiano, il quale fin dalle origini dichiara che *bellare semper illicitum est*, in quanto contrario al principio dell'amore universale tra gli uomini. La tarda patristica, con sant'Agostino, riconosce tuttavia che la guerra riveste talvolta un valore positivo, inserendosi nell'ordine provvidenziale divino. La discriminazione tra guerre lecite e guerre illecite, embrionalmente già presente in sant'Agostino, si precisa nella dottrina della «guerra giusta» difesa da san Tommaso: la guerra è giusta quando è sostenuta da un'autorità riconosciuta e è combattuta per una giusta causa e con giusta intenzione. Questa dottrina diventa centrale nel giusnaturalismo secentesco (Grozio, S. Pufendorf), che definisce ulteriormente le «giuste cause» del fenomeno bellico (difesa contro un attacco esterno, imposizione di un obbligo disatteso, coercizione al risarcimento di un danno subito) e stabilisce precise regole per determinare la legittimità del potere politico che dichiara la guerra e la legalità dei mezzi con cui essa è condotta. Emerge così il carattere naturale della guerra, la quale rappresenta l'unico strumento per sancire il diritto razionale in assenza di istituti giuridici che lo tutelino positivamente. Sempre nel Seicento questo principio è radicalizzato da Hobbes attraverso l'identificazione di stato di natura e stato di guerra da un lato, e di stato di diritto e società civile dall'altro. Esso viene invece rifiutato dalla cultura illuministica settecentesca, a tendenza cosmopolitico-pacifista, sia attraverso la semplice distinzione tra stato di natura e stato di guerra (Montesquieu, sul modello di Locke) sia attraverso la considerazione della guerra come fenomeno di irrazionalità e oscurantismo op-

pure come mero gioco di interessi dinastici (Voltaire, Holbach, Rousseau, Condorcet).
Al pacifismo cosmopolitico illuministico l'età del romanticismo e della restaurazione oppone una giustificazione finalistico-provvidenzialistica della guerra (e della storia) che trova i suoi antecedenti più remoti nella teodicea leibniziana e quelli più immediati nella riflessione storica e polemologica di Kant: di volta in volta la guerra promuove lo sviluppo morale dell'umanità (Humboldt, Fichte, Hegel), realizza un valore estetico universale (Novalis), afferma la libertà dei singoli e delle nazioni (Fichte), favorisce l'avvicendarsi dei diversi spiriti del popolo nell'espressione dello Spirito del mondo (Hegel), esprime il giudizio di Dio nel corso storico (J. de Maistre). Contemporaneamente l'analisi filosofica della guerra si diffonde anche nell'ambito più specificamente militare: il generale prussiano K. von Clausewitz, definendo la guerra come «continuazione della politica con altri mezzi», assimila l'evento bellico a un «atto sociale» e ne mette in evidenza la natura profondamente umana. Nel corso dell'Ottocento, mentre il filone idealistico ripete, assolutizzandola, la giustificazione hegeliana della guerra (V. Cousin, H. Treitschke), positivismo e marxismo assumono in proposito un atteggiamento ambivalente. Secondo il positivismo sociale ed evoluzionistico, le guerre sono destinate a estinguersi con il raggiungimento dello stadio positivo da parte della scienza (Comte) o con il passaggio della società dal tipo di organizzazione militare a quello industriale (H. Spencer); secondo il marxismo esse, in quanto connesse con i rapporti di produzione e di classe propri del sistema capitalistico, scompariranno con la realizzazione universale della società comunistica senza classi. Ma fino al completo sviluppo del corso sociale, evolutivo o storico, la guerra rimane per positivisti e marxisti un fenomeno naturale e inevitabile, essendo inerente alle leggi che presiedono allo sviluppo stesso. L'accentuazione di questo secondo aspetto prevale nel darwinismo sociale, che vede nella guerra un caso particolare della selezione naturale. A questo filone possono essere ricondotte, con più o meno affinità e da punti di vista diversissimi, le posizioni contemporanee che considerano la guerra, di volta in volta, principio di salute per popoli infiacchiti (Nietzsche), mito permanente delle masse (G. Sorel), meccanismo di selezione collettiva (S.R. Steinmetz), fondamento di ogni struttura sociale e istituzionale (L. Gumplowicz).

Guglielmo d'Alvernia (Aurillac 1180 ca - Parigi 1249), filosofo e teologo francese. Insegnò teologia all'università di Parigi, città della quale fu poi vescovo dal 1228 alla morte. Sue opere principali sono: *Magisterium divinale*; *De immortalitate animae*; *De bono et malo*. Guglielmo muove da una concezione dell'essere ispirata alla metafisica di Avicenna, e ammette la distinzione fra l'essenza di una cosa e la sua esistenza. Egli definisce Dio come l'essere per essenza e ritiene che si possa dimostrarne l'esistenza in base al fatto che è assurdo procedere all'infinito nella serie degli enti che esistono non in forza di se stessi, ma in virtù di un altro essere che ha dato loro l'esistenza. Guglielmo respinge la tesi avicenniana dell'emanazione necessaria; afferma che la creazione è frutto di un libero atto della volontà di Dio, il quale opera non come un agente naturale, ma come un artista. L'anima è definita aristotelicamente come forma del corpo; Guglielmo afferma tuttavia che a essa sono presenti le verità necessarie, in virtù dell'illuminazione divina.

Guglielmo di Champeaux (Champeaux, Melun, 1070 ca - 1121), teologo e filosofo francese. Insegnò alla scuola cattedrale di Parigi e fondò quella di → San Vittore. Fu vescovo di Châlons-sur-Marne dal 1113 sino alla morte. Alla sua scuola, e a quella del suo maestro Anselmo di Laon, risalgono le prime raccolte di *sententiae* e i primi esempi di dispute su un argomento monografico (le *quaestiones*). Grazie anche alle testimonianze lasciateci dal suo più celebre discepolo, Pietro Abelardo, il nome di Guglielmo è legato alla ripresa medievale dell'antica disputa peripatetica sugli → universali: Guglielmo avrebbe sostenuto il «realismo esagerato», affermando che i generi e le specie hanno «realtà sostanziale» e formano l'essenza comune degli individui, i quali divergerebbero solo negli accidenti. Di fronte alle critiche mossegli da Abelardo, Guglielmo cambiò opinione, arrivando a sostenere che l'universale non è una cosa essenzialmente identica nei singoli individui, ma ha solo un'identità di indifferenza: gli individui di una stessa specie, pur essendo tra loro realmente distinti, non sono differenti e in questa non-differenza consisterebbe l'universalità del genere e della specie. Tra i suoi scritti si ricordano: *De Eucaristia*; *De origine animae*; *De generibus et speciebus*.

Guglielmo di Conches (Conches, Evreux, 1080 ca - 1154), teologo e filosofo francese. Allievo di Bernardo di Chartres, insegnò per oltre un ventennio (1120-41) nella scuola cattedrale di Chartres. Egli interpreta da un punto di vista platonico la dottrina biblica della creazione, ispirandosi al *Timeo*. Al pari di tutti i maestri di Chartres, valorizza le cause seconde: una volta poste le premesse del mondo, con l'atto creativo iniziale, Dio lascia che esso si formi per una forza autonoma; spetta alla natura, grazie alla forza vitale in essa rinchiusa, operare le successive trasformazioni che danno luogo a un cosmo vario ma ordinato. Guglielmo ritiene che, dall'osservazione dell'ordine che regna tra gli elementi contrari dell'universo, l'uomo debba dedurre l'esistenza di un artefice, la cui sapienza ordinatrice ha prodotto la natura. Significativa è la sua posizione circa la dottrina dell'anima del mondo: inizialmente egli identifica l'anima del mondo con lo Spirito Santo; successivamente la intende come una sostanza spirituale che sta al cosmo come l'anima umana sta al corpo; negli ultimi scritti abbandona l'intera dottrina, ritenuta ormai superata dalle spiegazioni scientifiche dei fenomeni vitali, diffuse per la prima volta in Occidente da traduzioni di trattati arabi di biologia. Opere principali: *Philosophia mundi*, *Dragmaticon philosophiae*, commenti al *Timeo* di Platone e alla *Consolatio philosophiae* di Boezio.

Guitton, Jean (Saint-Etienne 1901), filosofo francese. Ha insegnato Storia della Filosofia alla Sorbona. Su invito di papa Giovanni XXIII fu l'unico laico a partecipare, nel 1962, alla prima sessione del Concilio Vaticano II. Spiritualmente vicino al pensiero bergsoniano e legato alla filosofia di Pascal, Guitton intende giustificare sul piano teorico il divenire del tempo e l'evoluzione delle idee con il carattere permanente di una dimensione veritativa. Gran parte della sua opera è di carattere religioso, tesa a mostrare, con spirito ecumenico, i punti di unione, anche se non di confusione, tra cattolici e protestanti. I suoi numerosi lavori sono stati raccolti nei cinque volumi delle opere complete: *Ritratti* (1966); *Critica religiosa* (1968); *Saggezza* (1972); *Giornale della mia vita* (1912-1971); *Filosofia* (1978).

Gundisalvi, Domenico (sec. XII), filosofo e teologo spagnolo. Diresse il centro di traduzioni di Toledo dove, in collaborazione con Giovanni Ibn Daūd, rese accessibili alla cultura latina numerose opere della scolastica araba (Avicenna, al Ghazāli, al-Fārābī) ed ebraica (Avicebron). L'influsso di questi pensatori si riflette nelle opere originali di Gundisalvi. Nel *De unitate et uno* è ripreso l'argomento di Avicenna e Avicebron per cui tutti gli esseri, compresi gli angeli e le anime, con la sola eccezione di Dio, si compongono di materia e forma. Al neoplatonismo arabo sono ispirati il *De anima*, in cui si sostiene che l'anima, non essendo soggetta alle vicissitudini materiali del corpo, è immortale; e il *De processione mundi*, dove la creazione è concepita come un processo di emanazione del mondo da Dio inteso come causa prima.

Günther, Anton (Lindenau 1783 - Vienna 1863), filosofo e teologo boemo. Sacerdote nel 1820, nel 1824 si trasferì a Vienna con l'incarico di censore governativo per i libri di filosofia e di diritto. Nell'intento di correggere gli errori sia della scolastica sia della filosofia del suo tempo, e di operare una nuova fondazione della rivelazione cristiana partendo dalla consapevolezza psicologica, Günther asserì che i dogmi sarebbero il risultato della riflessione filosofica sui contenuti originari della rivelazione biblica: di ogni mistero è dunque possibile dare una spiegazione razionale (semirazionalismo). Pur godendo delle simpatie di alcuni prelati, il pensiero di Günther fu condannato da Pio IX nel 1857. Fra le sue numerose opere si ricordano: *Introduzione alla teologia speculativa del cristianesimo positivo* (1828-29); *L'ultimo simbolico* (1834); *Thomas a Scrupulis. Per la trasfigurazione del panteismo personalistico* (1835); *Gli equilibri nella filosofia tedesca del tempo presente* (1838); *Euristeo e Eracle; critiche e meditazioni metalogiche* (1843).

Gurvitch, Georges (Novorossijsk 1894 - Parigi 1965), sociologo francese di origine russa. Emigrato dalla Russia nel 1920, concluse i suoi studi a Parigi; durante la guerra emigrò negli Stati Uniti, dove insegnò a Harvard e alla Columbia University. Rientrato in Francia, tenne la cattedra di sociologia alla Sorbona. Gurvitch muove da un'analisi critica dell'evoluzionismo spenceriano e del concetto durkheimiano di «coscienza collettiva», rifiutando in particolare l'idea che la società consista in una totalità unitaria e omogenea. Nelle sue opere di teoria sociologica Gurvitch propone un concetto «mobile» di struttura ed elabora un metodo per classificare i gruppi sociali secondo quindici criteri fondamentali: base di formazione, accesso, funzione, orientamento, rapporti con la società e con altri gruppi, tipo di controllo sociale e di autorità, grado di unità ecc. A Gurvitch si deve anche la distinzione, ormai entrata nell'uso comune, fra microsociologia, che studia le forme elementari di socialità, e macrosociologia, che studia il combinarsi delle forme di socialità nei vari gruppi sociali. Opere principali: *La sociologia del diritto* (1947); *La vocazione attuale della sociologia* (1950); *Determinismi sociali e libertà umana* (1955); *Trattato di sociologia* (1958); *Dialettica e sociologia* (1962).

gusto, in estetica, facoltà di cogliere e godere la bellezza. Questa nozione si forma attraverso una linea di pensiero che va da Pascal a Kant tramite i moralisti francesi (soprattutto La Rochefoucauld e La Bruyère) e inglesi (A.A.C. Shaftesbury e F. Hutcheson), ed è strettamente connessa con lo sviluppo della nozione di → sentimento. Gusto e sentimento rimandano infatti entrambi a una concezione della soggettività umana irriducibile a rigidi schemi razionali. Proprio le riflessioni dei moralisti pongono le premesse filosofiche perché le emozioni e le passioni siano riconosciute come espressione di una facoltà puramente soggettiva, autonoma rispetto alla ragione e all'intelletto: il sentimento, appunto. Tuttavia un limite al soggettivismo estremo in questo campo consiste nel senso comune, come osserva Hume nei *Saggi morali e politici* (1741), dove il gusto viene definito come la facoltà dalla quale dipendono l'apprezzamento e la produzione dell'opera d'arte. Per E. Burke, nella discussione sul gusto aggiunta nel 1758 alla *Indagine filosofica sull'o-*

rigine delle idee del sublime e del bello del 1757, il limite all'arbitrarietà del gusto è posto dalla ragione: «la causa di un gusto errato è un difetto di giudizio». Ancor meno libero, perché legato a presupposti morali oltreché razionali, è il gusto secondo A. Gerard (*Saggio sul gusto*, 1759). Per i coevi pensatori francesi (per es. per Voltaire: (voce «gusto» del *Dizionario filosofico*), questa facoltà sembrerebbe prettamente individuale, ma resta ferma l'idea di un gusto universale, che ha i suoi modelli nelle opere della classicità e del classicismo. Negli enciclopedisti francesi però (per es. in Montesquieu: voce «gusto» nell'*Enciclopedia*) si precisa la nozione di gusto come capacità di cogliere il bello per via intuitiva, spontanea, mentre la ragione lo coglie per via analitica. Un coronamento di queste riflessioni può essere considerato l'estetica di Kant (*Critica del giudizio*, 1790): il gusto è qui «la facoltà di giudicare su ciò che rende universalmente comunicabile, senza la mediazione di un concetto, il sentimento suscitato da una data rappresentazione» (par. 40). L'universalità del giudizio di gusto si fonda quindi non sull'oggetto ma sulla possibilità della comunicazione con gli altri soggetti. Kant ritiene che l'estetica sia il campo di azione peculiare del gusto, e in tal modo questo diventa il criterio di una sfera autonoma dell'attività del soggetto. Egli distingue inoltre il gusto, come facoltà che rende possibile il godimento dell'opera d'arte, dal genio, cioè dalla capacità di produrre l'opera stessa. Analoga distinzione si trova in Diderot (*Enciclopedia*: voci «arte» e «antichi e moderni»), che contrappone il genio, «puro dono di natura», al gusto. Le estetiche che, come quella di B. Croce, mettono l'accento sull'attività dell'interprete come ricreatore dell'opera d'arte, attenuano fino a dissolverla quasi del tutto la distinzione kantiana fra gusto e genio.

Gutierrez, Gustavo (Lima, Perú, 1928), teologo cattolico sudamericano. È considerato il «padre» della → teologia latino-americana della liberazione (*Teologia della liberazione*, 1971), definita, nell'opera *La forza storica dei poveri* (1979), «una riflessione critica a partire e su la prassi storica in confronto con le parole del Signore accolte e vissute nella fede». In questo contesto l'esperienza di fede è centrata sull'impegno nei confronti dell'altro, a cui segue, ma solo come secondo atto, la riflessione teologica. Questo tipo di esperienza di fede è, secondo Gutierrez, radicalmente diversa da quella occidentale e, in genere, dalla teologia politica: mentre quest'ultima è concentrata sul processo borghese di privatizzazione del cristianesimo e sul rapporto con i non credenti, in America Latina l'attenzione è polarizzata dall'uomo oppresso, da colui al quale non sono riconosciuti i diritti umani fondamentali. Per tale ragione la mediazione fra fede e storia non si attua attraverso un sistema filosofico, ma mediante una analisi socio-politica, e per lo stesso motivo del cristianesimo viene privilegiato l'aspetto conflittuale. Nei suoi ultimi scritti, *Bere al proprio pozzo. L'itinerario spirituale di un popolo* (1983) e *Parlare di Dio a partire dalla sofferenza dell'innocente. Una riflessione sul libro di Giobbe* (1986), Gutierrez ha elaborato una fisionomia spirituale dell'uomo oppresso.

Guyau, Jean-Marie (Laval 1854 - Mentone 1888), filosofo francese. Il suo pensiero muove dall'accostamento della prospettiva sociologica, tipica del positivismo comtiano, con le teorie evoluzionistiche di quello inglese, incentrandosi soprattutto sugli aspetti sociali dell'etica e dell'estetica. Si deve infatti a Guyau un primo abbozzo di interpretazione dell'arte in chiave sociologica: egli considera il sentimento estetico naturale come percezione della «simpatia» e della «solidarietà» tra le diverse parti dell'io, e tra l'io e la natura; a un grado più alto, tale sentimento si estende a tutti gli esseri, diventando «solidarietà sociale e simpatia universale». L'arte ha il compito di promuovere tali sensazioni, fino a indurre chi ne fruisce a privilegiare il principio della collettività su quello dell'individualità; essa diviene così un importante fattore di coesione sociale (*L'arte dal punto di vista sociologico*, postuma, 1889). Alla base dell'etica, Guyau pone l'impulso all'accrescimento, alla conservazione e alla riproduzione, impulso che egli afferma esser proprio dell'energia vitale; ma, in polemica con l'utilitarismo, sostiene che il tratto costitutivo della vita è la tensione al conseguimento dell'armonia sociale, e che quindi anche nozioni etico-sociali non utilitarie, come il sacrificio, hanno un fondamento naturale (*La morale inglese contemporanea*, 1879). Di conseguenza, l'etica non deve essere un insieme di prescrizioni e di divieti, ma deve semplicemente limitarsi a riconoscere e a favorire la naturale tendenza dell'uomo verso la socializzazione (*Abbozzo di una morale senza obblighi né sanzioni*, 1885).

Guzzo, Augusto (Napoli 1894 - Torino 1986), filosofo italiano. Insegnò nelle università di Pisa e Torino. Oltre che di numerosi lavori storiografici (tra cui *Il pensiero di Spinoza*, 1924; *Kant precritico*, 1924; *Idealisti ed empiristi*, 1935; *Agostino e Tommaso*, 1958; *Giordano Bruno*, 1960; *Storia della filosofia e della civiltà per saggi*, 1975), fu autore di vari scritti teorici, nei quali l'idealismo, in cui Guzzo si formò alla scuola di S. Maturi, è ripensato criticamente. Nell'ampia opera sistematica *L'uomo*: — I. *L'io e la ragione*; II. *La moralità*; III. *La scienza*; IV. *L'arte*; V-VI. *La religione. La filosofia* (1947-80) — dell'idealismo resta l'affermazione della centralità attiva dell'io cosciente nell'esperienza, ma l'io è trascendentale, e non assoluto, e la coscienza è incarnata, e non astratta. Partecipe dell'intelligenza e della libertà di

Dio, da cui è distinto ma non separato, l'io finito non crea la realtà ma cerca e fa vivere, nella concretezza della storia, la verità e il valore, incarnandoli in giudizi veri e azioni giuste. Soggettivismo o oggettivismo gnoseologico, materialismo o formalismo etico, materialismo o spiritualismo metafisico appaiono allora come false alternative, sorte da indebite ipostatizzazioni dell'esperienza; e false sono pure la schematizzazione dell'inesauribile iniziativa dell'io in poche forme prestabilite, la loro riduzione reciproca, o invece la loro separazione. Dal 1950 Guzzo diresse la rivista «Filosofia».

Habermas, Jürgen (Gummersbach 1929), filosofo e sociologo tedesco. Iniziata la sua attività nell'ambito della scuola di Francoforte, è stato poi docente alle università di Heidelberg e di Francoforte (1961-71). Insieme a C.-F. von Weizsäcker ha diretto l'istituto Max Planck di Starnberg (1971-81); dal 1983 è di nuovo ordinario di sociologia e filosofia all'università di Francoforte. Opere principali: *Storia e critica dell'opinione pubblica* (1962); *Logica delle scienze sociali* (1967, ed. ampliata 1982); *Conoscenza e interesse* (1968); *Tecnica e scienza come ideologia* (1968); *Teoria della società o socialtecnologia* (1971, con N. Luhmann); *Teoria dell'agire comunicativo* (2 voll., 1981); *Il discorso filosofico della modernità* (1985); *Il pensiero post-metafisico* (1988); *La rivoluzione in corso* (1990); *Dopo l'utopia* (1991); *Fatticità e valore* (1992).

Negli anni Sessanta e Settanta, la produzione di Habermas si colloca ancora interamente nel solco dell'ortodossia critica francofortese. Da un lato egli sembra verificare sul piano empirico e sociologico, studiando per es. la «sfera pubblica» borghese, la filosofia speculativa della storia delineata da M. Horkheimer e Th.W. Adorno in *Dialettica dell'illuminismo* (1944). Dall'altro lato egli polemizza contro il positivismo di K. Popper e H. Albert e poi contro la teoria sistemica di N. → Luhmann. A partire dai primi anni Ottanta abbandona risolutamente la «filosofia della storia» di stampo hegeliano e marxiano per rifondare la «teoria critica» sui nuovi paradigmi della ragione comunicativa. Almeno quattro nuclei teorici sono allora individuabili nel suo pensiero.

1) Una teoria consensuale della verità, il cui oggetto non riguarda direttamente i contenuti materiali della conoscenza, bensì le loro condizioni formali di garanzia e convalida (il «gioco linguistico» in cui essi appaiono). Sulla linea di Ch. S. → Peirce (fondatore del pragmatismo americano), la verità diventa per Habermas la «opinione ultima» cui idealmente perviene la comunità dei ricercatori.

2) Una teoria dell'agire comunicativo che mette in relazione i tre differenziati «approcci al mondo» dell'uomo moderno. L'agire comunicativo diventa così la capacità di coniugare riflessivamente tra loro: a) l'agire teleologico nel mondo oggettivo delle cose naturali (vero-falso); b) l'agire normativo nel mondo sociale delle tradizioni culturali (giusto-ingiusto); c) l'agire drammaturgico nel mondo espressivo dell'interiorità individuale (autentico-non autentico). Sulla scia di Wittgenstein, J.L. Austin e J.R. Searle, Habermas differenzia le funzioni cognitive, appellative ed espressive del linguaggio. Rifacendosi a quella separazione tra le diverse «sfere della razionalità» che era già stata diagnosticata sia da Kant sia da M. Weber, egli cerca di pensare i processi della modernizzazione occidentale come uno «sganciamento» settoriale della razionalità sistemica (denaro e potere) dall'orizzonte tradizionale della ragione comunicativa (le strutture preriflessive del → mondo della vita). Mentre il «sistema» è guidato da una logica funzionale (autonomatica e delinguistificata) di auto-stabilizzazione nei confronti dell'ambiente esterno, le strutture del «mondo della vita» appaiono guidate da una logica linguistico-comunicativa orientata all'intesa reciproca.

3) Un'etica del discorso che traduce l'imperativo categorico di Kant sul piano della ragione comunicativa, togliendogli ogni aspetto trascendentale e trasformandolo nell'unico presupposto capace di rendere consensuale il pluralismo culturale delle società contemporanee. Orientandosi alla teoria della giustizia come «equità» elaborata da J. Rawls, Habermas subordina l'idea del bene all'idea del giusto e distingue nettamente tra loro il piano del discorso etico dal piano del discorso morale. Il primo riguarda la pluralistica convivenza di opzioni esistenziali, modelli di vita, identità collettive (diverse ma parimenti legittime). Il secondo concerne invece l'universalità normativa di princìpi morali che devono alla fine risultare vincolanti per tutti. Il «bene» attiene per Habermas a quel giudizio clinico sull'autenticità incomparabile della propria esistenza (individuale e collettiva) che nella modernità è diventato di pertinenza esclusiva del soggetto. Il «giusto», invece, è ciò su cui tutti devono ragionevolmente poter convenire.

4) Un'ambiziosa teoria discorsiva del diritto e della democrazia che — sempre più esplicitamente orientata al normativismo giuridico americano di Rawls e R.M. Dworkin — studia la possibilità di integrare tra loro approcci normativi e approcci sistemici, riallacciando la dimensione privata della riflessione morale (cosa devo fare?) alla dimensione pubblica dell'autochiarimento etico e politico (chi vogliamo essere?). Trasferendo l'idea della giustizia dal campo etico a quello politico e istituzionale, il diritto dovrebbe poter conciliare il liberalismo di Locke e di Kant con la democrazia di Rousseau, cioè la teoria dei diritti civili con la teoria della volontà popolare. *L. Ce.*

Haeckel, Ernst Heinrich (Potsdam 1834 - Jena 1919), naturalista e filosofo tedesco. Insegnò nell'università di Jena, dal 1862 anatomia comparata, e dal 1865 zoologia. Tra le sue opere: *Morfologia generale degli organismi* (1866); *Storia naturale della creazione* (1868); *L'antropogenia* (1874); *Libera scienza e libera religione* (1878); *Filogenia sistematica* (1894-96); *Gli enigmi dell'universo* (1899).
Haeckel è stato uno dei primi e dei principali esponenti del darwinismo in Germania, che egli interpretò, e in parte corresse, soprattutto sotto l'influenza della filosofia della natura di Goethe. Il darwinismo rappresentava per Haeckel non solo una teoria scientifica e filosofica, ma anche uno strumento di liberazione politica e religiosa. Egli concepì una morfologia strettamente meccanicistica, come parte integrante, con la chimica e la fisica, della scienza della natura; a queste tre scienze corrispondono, come oggetti, i tre aspetti fondamentali della natura: forma, materia e forza. Haeckel pensava a un'unificazione della filosofia con la scienza in un'unica indagine, fondata sull'«esperienza pensante», capace di distinguere nell'osservazione l'essenziale dal casuale, e di individuare, perciò, i primi principi. La legge dell'evoluzione di Darwin fu integrata da Haeckel con la «legge biogenetica fondamentale», secondo la quale l'ontogenesi, cioè lo sviluppo individuale degli embrioni, è una ricapitolazione abbreviata e incompleta della filogenesi, cioè dello sviluppo evolutivo della specie. Da questi principi egli trasse: *a*) una concezione strettamente meccanicistica della natura, che rifiutava ogni prospettiva teleologica e vitalistica, e sostituiva alla teoria della creazione della vita quella della «generazione spontanea»; *b*) una concezione monistica, che rifiutava il dualismo di spirito e materia e vedeva nell'uomo il risultato dell'evoluzione da forme inferiori di vertebrati, considerandolo quindi come oggetto di studio della zoologia; *c*) una concezione panteistica di ispirazione goethiana, ed è quest'ultimo elemento che distingue il monismo di Haeckel dal materialismo a esso contemporaneo.

haggadah, termine (che in ebraico significa «racconto») indicante un genere letterario tipico del giudaismo rabbinico. Consiste in una copiosa produzione di racconti, parabole, allegorie, proverbi, preghiere, discussioni, interpretazioni bibliche ecc. Il materiale haggadico, prima trasmesso oralmente come tutta la letteratura rabbinica, venne poi incorporato nella redazione del Talmud babilonese (di cui costituisce un terzo) e del Talmud palestinese (di cui costituisce un sesto), nonché in molti *midrashîm* (→ midrash). La haggadah non ha valore normativo, come la → halakhah, ma edificante e in vario modo illustrativo della discussione halakhica, alla quale si intreccia riflettendo le pause e le divagazioni nel corso dell'insegnamento. È perciò di grande interesse come documento di mentalità, stati d'animo, usi, credenze, folclore, aspetti della vita quotidiana nell'ebraismo palestinese e babilonese dei primi secoli dell'era volgare. Nello stesso tempo, sebbene la haggadah non contenga dottrine filosofiche o teologiche vere e proprie, essa conserva una serie di riflessioni intorno ai grandi problemi di Dio e della provvidenza, del giusto e del malvagio, del premio e della punizione, del mondo presente, di quello futuro e dei tempi messianici, che costituiscono una testimonianza fondamentale sul patrimonio di fede dell'ebraismo. L'attività creativa della haggadah si conclude praticamente con la redazione talmudica. Una rinascita della haggadah si può ravvisare nelle «storie» o brevi racconti edificanti del → chassidismo. Con accezione particolare è detto *Haggadah di Pasqua* il rituale per la cena pasquale o *séder*, formatosi in epoca molto antica (prima della fine del periodo talmudico) intorno a un nucleo costituito da un midrash a Deuteronomio 26, 5-8.

Hahn, Hans (Vienna 1879-1934), matematico e filosofo austriaco. Dal 1921 fu professore all'università di Vienna. In questa città coltivò tanto i suoi interessi scientifici quanto quelli filosofici, dando un contributo decisivo al costituirsi del circolo di → Vienna. All'università tenne lezioni di logica simbolica e di fondamenti della matematica, dedicando nel 1922 un corso al *Tractatus logico-philosophicus* di L. Wittgenstein. Si adoperò in favore della chiamata di M. Schlick a Vienna e collaborò con O. Neurath e R. Carnap (e H. Feigl) alla stesura dell'opuscolo-manifesto *La concezione scientifica del mondo: il circolo di Vienna* (1929). Tra le sue opere di interesse filosofico vanno soprattutto ricordate *Entità superflue (il rasoio di Occam)* (1929) e *Logica, matematica e conoscenza della natura* (1933), contenente una chiara e incisiva esposizione della teoria linguistica dell'→ a priori.

halakhah, termine (che in ebraico significa «via» e quindi «norma di comportamento», «legge») indicante la parte normativa della tradizione ebraica. È considerata oggetto della rivelazione ricevuta da Mosè sul Sinai, ed è contenuta nella Torah o Legge, sia in quella scritta (il Pentateuco), sia, soprattutto, in quella orale, codificata poi nella → *Mishnah*, nel Talmud e nei *midrashîm* (→ midrash) detti appunto halakhici. Con la → haggadah, a cui si contrappone in quanto vincolante e pratica, costituisce i due aspetti fondamentali di tutta la letteratura rabbinica fino alla chiusura del Talmud e alla redazione dei *midrashîm*. La halakhah, in conformità con il carattere totalizzante dell'ebraismo, si applica a tutti gli aspetti della vita, sia del singolo sia della collettività; si occupa dei rapporti tra uomo e Dio e tra uomo e uomo, tra il singolo e la collettività, tra collettività e collettività. Le *halakhôth* (plurale di halakhah) sono quindi alla base dell'ortoprassi ebraica, e dopo l'epoca talmudica sono state oggetto di una codificazione sistematica. Tra i vari codici, quello di Joseph Caro, *Shulchàn 'Arûkh* (cioè «Tavola apparecchiata», 1564), rappresenta tuttora il testo normativo della halakhah.

Halbwachs, Maurice (Reims 1877 - Buchenwald 1945), sociologo francese. Allievo di E. Durkheim e di F. Simiand, fu docente dal 1919 al 1935 all'università di Strasburgo e alla Sorbona; pochi mesi prima della deportazione fu chiamato a insegnare psicologia al Collège de France. I suoi studi principali hanno per oggetto la morfologia sociale, la psicologia delle classi sociali, la memoria collettiva, e hanno spesso come sfondo le condizioni della classe operaia francese tra le due guerre. Con i suoi lavori di morfologia (*Morfologia sociale*, 1938), egli fondò l'analisi degli aspetti demografici delle strutture sociali, in particolare degli agglomerati urbani. I metodi statistici utilizzati e le rilevazioni empiriche su larga scala da lui effettuate applicano la concezione durkheimiana della ricerca sociologica. Lo studio della psicologia delle classi deve partire, secondo Halbwachs, dall'analisi della coscienza, dell'ideologia, della mentalità, dei comportamenti dei membri di differenti classi sociali: anche in questo campo egli ha aperto un filone di ricerca tuttora in sviluppo (*Psicologia delle classi sociali*, 1938). Analogo ruolo precursore hanno avuto le sue ricerche sui bisogni, indagati mediante la rilevazione dei bilanci familiari (*La classe operaia e i livelli di vita*, 1913).

Hallāğ, al-, nome (che in arabo significa «cardatore») con cui è noto al-Ḥusayn ibn Manṣ ūr (al-Tūr, Fars, 858 ca - Baghdad 922), mistico persiano. Dopo essere stato in giovinezza seguace del sufismo, si dedicò interamente a una vita di preghiera e di predicazione mistica. La sua ardente esortazione a trovare Dio in fondo al proprio cuore, il suo amore per tutti gli uomini, la sua esistenza di pellegrino e di asceta gli guadagnarono numerosi discepoli, ma anche l'avversione delle autorità sciite (→ sciiti). Arrestato e tenuto in carcere otto anni, fu infine torturato, mutilato e decapitato come eretico. La sua mistica, tutta incentrata sulla via di unione a Dio (che si espresse in versi come: «Io sono Colui che amo, e Colui che amo è me»), fu considerata eterodossa e blasfema dalla maggior parte dei dottori islamici, ma egli fu venerato come un santo e un martire dal popolo e da alcuni pensatori, e si formò su di lui una leggenda alla quale risale fra l'altro la notizia che sia stato crocifisso. Lasciò poesie, opuscoli e «detti».

Halle, Morris (Liepaja, Lettonia, 1923), linguista statunitense di origine lettone. Allievo di R. Jakobson alla Columbia University e a Harvard, ha insegnato dall'inizio degli anni Cinquanta al Massachusetts Institute of Technology, dove ha fondato, insieme con N. → Chomsky, una delle più importanti scuole di linguistica. Dopo alcuni lavori in collaborazione con Jakobson (*Preliminari all'analisi del discorso*, 1952; *Aspetti fondamentali del linguaggio*, 1956) sulla teoria dei tratti distintivi, Halle rivoluzionò la teoria fonologica (*Il pattern fonetico del russo*, 1956; *Il pattern fonetico dell'inglese*, 1968, con N. Chomsky) inaugurando un programma di ricerca tuttora in evoluzione, anche per merito dei suoi successivi contributi (fra gli altri: *Fonologia segmentale dell'inglese moderno*, 1985, con K.P. Mohanan; *Saggio sullo stress*, 1987, con J.-R. Vergnaud). La teoria rappresenta il tentativo fino a oggi meglio riuscito di spiegazione delle regolarità profonde dei sistemi di suoni delle lingue naturali. Importanti anche gli studi sulla teoria metrica, sulla ricostruzione storica dell'accento nelle lingue indoeuropee, e numerosi lavori sulle lingue slave.

Halliday, Michael A.K. (Leeds 1925), linguista inglese. Dopo studi a Londra e un lungo periodo di insegnamento e ricerca in Gran Bretagna, ha insegnato dal 1976 all'università di Sidney in Australia. Muovendo da studi di sinologia, giunse ben presto a porsi problemi di linguistica generale, come quelli della distinzione tra categorie linguistiche e dei livelli di organizzazione delle lingue. In *Esplorazioni sulle funzioni del linguaggio* (1973) espose la sua teoria delle *metafunzioni* della lingua. Per Halliday, i sistemi linguistici hanno un «potenziale di significazione» che nel suo realizzarsi concreto in un'infinità di usi diversi richiede scelte comunicative rispondenti a tre diverse componenti semiotiche del linguaggio (*campo*, *tenore* e *modo*), ciascuna delle quali è realizzata da una specifica metafunzione o funzione generale del linguaggio. Tali funzioni, tutte compresenti in ogni testo/enunciato, ma con peso diverso, sono: quella *ideativa*, che manifesta il campo del discorso (argomento); quella *interpersonale*, che riguarda il tenore del discorso, cioè il modo in cui il parlante si pone nei confronti dell'ascoltatore (rapporto sociale, grado di formalità ecc.); quella *testuale*, che realizza il modo del discorso, rendendo possibile l'attualizzazione delle altre due metafunzioni mediante la produzione di testi formalmente coesi, semanticamente coerenti e informativi. Sono manifestazioni di questa metafunzione l'ordine dei costituenti della frase e l'organizzazione informativa dell'enunciato; per queste ultime categorie Halliday elabora la proposta della «prospettiva funzionale della frase», distinguendo le nozioni di «tema» e «rema» (rispettivamente primo costituente e resto della frase) da quelle di «informazione data» e «informazione nuova». Il modello grammaticale di Halliday è noto dal

1966 come *grammatica sistemica*; è stato sviluppato da lui stesso e dai suoi allievi, e applicato all'acquisizione del linguaggio nel bambino (*Imparare a significare*, 1975). Sviluppando in particolare la teoria della metafunzione testuale, Halliday ha dato un importante contributo alla linguistica del testo (*La coesione in inglese*, 1976, con R. Hasan; *Il linguaggio come semiotica sociale*, 1978).

Hamann, Johann Georg (Königsberg 1730 - Münster 1788), filosofo tedesco. Studiò filosofia e matematica con M. Knutzen, che fu anche maestro del suo concittadino e amico I. Kant. Nel corso di un viaggio a Londra nel 1757 attraversò una crisi che, come raccontò nei *Pensieri sulla mia vita* (1758), superò leggendo la Bibbia e ricevendone una durevole illuminazione religiosa. Ritiratosi a Königsberg, vi ottenne dal 1767 un posto di impiegato presso le dogane. Tenne però sino alla morte assidui contatti con Kant, J.G. Herder, F.H. Jacobi e altre personalità della cultura. La sua opera è prevalentemente composta da brevi scritti di «concentrata intensità», come disse Hegel, redatti in uno stile ricco di metafore e di complessi riferimenti culturali. Tra i più rilevanti: *Supplemento a Dangeuil* (1756); *Considerazioni bibliche* (1757); *Memorabili di Socrate* (1759); *Crociate di un filologo* (1762: comprende un gruppo di scritti tra i quali l'*Aesthetica in nuce*); *Le ultime volontà del cavaliere di Rosacroce* (1772); *Prolegomeni alla nuovissima interpretazione dell'antichissima Scrittura* (1774); *Lettere ierofantiche* (1775); *Konxompax* (1779); *Golgota e Scheblimini* (1784).

Hamann fu uno dei massimi esponenti della polemica antilluministica in Germania. Alla pretesa di erigere la «sola» ragione umana a criterio di verità, egli oppone il valore insuperabile e infinito della rivelazione. Questa, contenuta principalmente nella Scrittura, non si esaurisce tuttavia in essa, poiché l'intero universo è parola di Dio che l'uomo è chiamato ad ascoltare. Tutto infatti è parola, linguaggio: accanto al libro della Scrittura, la natura e la storia sono altrettanti libri che parlano all'uomo. Ma questa parola divina incarnata supera i confini del puro raziocinio umano ed esige — perché se ne intendano i segni, le immagini e i simboli — il ricorso ai sensi, alla fantasia e alle passioni. Di qui la rivalutazione del linguaggio simbolico della poesia, «lingua madre dell'umanità», e la superiorità del genio artistico. Di qui anche la polemica di Hamann contro la scienza e la storiografia illuministiche, incapaci a suo giudizio di penetrare il significato profondo della realtà. Già nello scritto su Socrate del 1759, per esempio, Hamann contesta l'interpretazione illuministica dell'«ignoranza socratica» come rinuncia alla ricerca di una pretesa verità eterna; al contrario, nella figura di Socrate egli vede il profeta del cristianesimo: con la dottrina del «demone» e del «sapere di non sapere» il filosofo ateniese annuncerebbe la consapevolezza cristiana dell'interiorità del vero e dei limiti della ragione analitica. Nella *Metacritica del purismo della ragione* (scritta nel 1784, più volte rielaborata ma mai pubblicata) Hamann rivolge alla ragion pura kantiana una serie di critiche fondate sulla rivalutazione della sensibilità e della fantasia, nonché della «fede» intesa sia in senso naturale o humeano, sia in senso religioso. Hamann rimprovera a Kant di aver separato la ragione dalla sensibilità e ancor più di non aver compreso che solo nel linguaggio la ragione trova la propria esistenza reale e il concreto «medio» in cui rendersi «visibile». La ragione stessa, infatti, è un prodotto del linguaggio in cui si incarnano e si trasmettono le testimonianze e le tradizioni accumulate dall'umanità nel corso della sua storia e cioè i modi originari e naturali in cui le lingue dei popoli hanno espresso i loro modi di approccio alla realtà. Contrapponendo la sua visione poetico-religiosa del mondo a quella razionalistica dell'illuminismo, Hamann contribuì alla nascita del romanticismo tedesco ed esercitò una visibile influenza su Goethe, Herder, Schelling, Hegel, Schleiermacher, Kierkegaard e Nietzsche.

Hamelin, Octave (Le Lion-d'Angers, Maine-et-Loire, 1856 - Hucket, Landes, 1907), filosofo francese. Discepolo di Ch. Renouvier, fu professore alla Sorbona. Muovendo dalla gnoseologia kantiana, ne diede una interpretazione vicina a quella degli idealisti: egli identifica la rappresentazione con la realtà e accetta il metodo dialettico, fondato però non sulla contraddizione ma sulla correlazione. Per la legge della correlazione, ogni momento del pensiero richiama il suo opposto: i due momenti sono comprensibili solo nella loro opposizione e ciò rende necessario concepire un terzo momento, tale da includerli entrambi nella sua unità, e così via. Ogni determinazione è per suo conto incompleta e richiede un continuo processo di integrazione e di sintesi, che si differenzia da quello hegeliano perché non procede per negazioni, ma per affermazioni sempre più complete, sino a raggiungere, a partire da determinazioni astratte, l'essere compiuto e integralmente definito. La categoria più concreta cui perviene questo processo di pensiero è quella di personalità, che Hamelin concepisce come un'unità sistematica avente in sé tutte le condizioni della propria attività e indipendenza. Sulla base di queste conclusioni personalistiche, egli afferma come «ipotesi ragionevole» il teismo, cioè la concezione di una personalità infinita come centro di unione delle persone finite. Hamelin è autore di studi storici, pubblicati postumi, su Cartesio, Aristotele, Renouvier, e di un'opera sistematica, il *Saggio sugli elementi principali della rappresentazione* (1907).

Hamilton, William (Glasgow 1788 - Edimburgo

1856), filosofo scozzese. Fu professore di storia civile (dal 1821) e di logica e metafisica (dal 1836) all'università di Edimburgo. Il principale contributo di Hamilton alla logica è costituito dalla dottrina della quantificazione del predicato: sostenendo la necessità di esplicitare ciò che è pensato implicitamente, Hamilton asserì che in ogni giudizio la quantità del predicato (la quale è pensata implicitamente) deve essere esplicitata al pari della quantità del soggetto. In psicologia, Hamilton divide i fenomeni mentali in tre classi: di conoscenza, di sentimento (piacere e dolore) e di desiderio. Componenti di ciascuna di queste tre classi sono presenti, in proporzioni diverse, in ogni stato mentale, che comunque ha sempre come condizione generale la coscienza.
Nella teoria della conoscenza egli subisce l'influsso di quella kantiana. Pur sostenendo infatti che nella percezione noi siamo immediatamente consapevoli della dualità tra io e non-io (egli chiama dualismo naturale, oltre che realismo naturale, la sua filosofia), Hamilton afferma che l'oggetto e il soggetto non sono conoscibili in se stessi, ma solo nelle loro manifestazioni fenomeniche, cioè in quanto modificano i sensi e sono condizionati dalle leggi del pensiero. Ciò che in generale è conosciuto o concepito è condizionato dal pensiero; l'incondizionato, l'assoluto, che pure si deve ammettere come presupposto dello stesso condizionato, sfugge alla conoscenza e non può essere indicato altrimenti che come la negazione di ogni concepibilità: esso è pertanto oggetto di pura fede. Hamilton riprende così la tradizione della filosofia scozzese del senso comune (→ scozzese, scuola), introducendovi però elementi marcatamente fenomenistici e agnostici. Opere principali: *Discussioni sulla filosofia, la letteratura e l'educazione* (1852) e *Lezioni di metafisica e di logica* (postuma, 1858-60).

Hampshire, Stuart Newton (Lincolnshire 1914), filosofo inglese. È uno degli esponenti della filosofia → analitica contemporanea, e più precisamente della corrente che si suole indicare come «scuola di Oxford-Cambridge». Egli ha preso però una sempre maggiore distanza dal tipo di indagine puramente descrittiva praticata dagli analisti del linguaggio comune e, insieme allo → Strawson di *Individui*, ha sostenuto la necessità di recuperare un certo genere di filosofia sistematico-metafisica che, mediante considerazioni astratte e generali, cerchi di individuare le nozioni strutturali sottese necessariamente a ogni tipo di discorso. Opere principali: *Spinoza* (1951); *Pensiero e azione* (1959); *La libertà dell'individuo* (1965); *La libertà della mente ed altri saggi* (1971); *Due teorie della moralità* (1977).

Hanson, Norwood Russell (1924-1967), filosofo della scienza statunitense. Professore presso la Yale University, è stato uno dei maggiori esponenti di quel nutrito gruppo di epistemologi che, a partire dagli anni Cinquanta, hanno sottoposto a critica la concezione neoempiristica della conoscenza scientifica. Egli ha cercato di mostrare, ricorrendo a una ricca esemplificazione storica, come ogni genuino atto di scoperta scientifica si sviluppi dalla capacità di guardare sotto una nuova luce al cosiddetto mondo della realtà. Per Hanson l'osservazione empirica non è un mero fatto fisico e soprattutto non è un'operazione teoricamente neutra, ossia non condizionata dalle convinzioni e dalle credenze dell'osservatore. Per questi motivi egli critica tanto la dicotomia fra contesto della giustificazione e contesto della scoperta quanto quella fra linguaggio teorico e linguaggio dei (pretesi) puri dati di senso. Ogni asserzione è per sua natura «carica di teoria» e le autentiche scoperte scientifiche sono il frutto non della induzione o della deduzione, bensì della «retroduzione», vale a dire della individuazione di un nuovo schema di concetti, di ipotesi e di formule entro cui sia possibile inquadrare fenomeni di diversa natura. Opere principali: *I modelli della scoperta* (1958); *Il concetto di positrone* (1963); *Ciò che non credo ed altri saggi* (1971, a cura di S. Toulmin e H. Woolf); *Costellazioni e congetture* (1973, a cura di W.C. Humphreys jr.).

Hare, Richard Mervyn (Backwell 1919), filosofo inglese. Professore di filosofia morale nell'università di Oxford, seguace della concezione della filosofia come analisi dell'uso linguistico ordinario, rivolta a ricostruire la logica informalmente operante in esso (*Studi sul metodo filosofico*, 1971), si è dedicato particolarmente a chiarire i termini del discorso etico (*Il linguaggio della morale*, 1952). Tra le altre opere, *Libertà e ragione* (1963) e varie raccolte di saggi. Hare si oppone, in etica, tanto al naturalismo quanto all'emotivismo, sostenendo per un verso che nessuna conclusione valutativa è derivabile da premesse esclusivamente descrittive e per un altro verso che la caratteristica distintiva di un imperativo o di un giudizio morale non è di esprimere emozioni né di indurre altri ad assumere un determinato atteggiamento o a compiere determinate azioni. Nella prospettiva di riconoscere validità al «ragionamento» in morale, Hare indica la caratteristica formale delle valutazioni morali nella loro universalizzabilità: formulare un giudizio morale è impegnarsi a ritenerlo valido per tutti senza eccezioni (oltre che per colui che lo formula). È qui evidente la ripresa di un principio fondamentale della morale kantiana. Quanto al contenuto, la caratteristica distintiva delle valutazioni morali è di riferirsi ai comportamenti delle persone. Nello scegliere un principio morale, si è liberi; ma si è impegnati ad accettarne le conseguenze; il metodo proprio del ragionamento morale consiste perciò nello sviluppare le conseguenze di un principio per valutare se esse risultino ancora accettabili: questo criterio consente di mettere alla prova i principi, eventualmente rifiutandoli. In *Il pensiero morale* (1981) Hare sostiene che relativismo e soggettivismo sono incompatibili con i risultati della sua metaetica, e che l'utilitarismo è la sola posizione con essi compatibile.

Harnack, Adolf von (Dorpat, Livonia, 1851 - Heidelberg 1930), teologo luterano tedesco. Insegnò nelle università di Lipsia, Marburgo e Berlino. Seguace del pensiero teologico di A. Ritschl, divenne il più prestigioso rappresentante del → protestantesimo liberale. In contrapposizione ai postulati della scuola di Tubinga di F.Ch. Baur, Harnack avversò la metafisica, da lui considerata responsabile della «ellenizzazione» del cristianesimo primitivo. Pur essendo un convinto assertore dell'importanza della filologia nella ricostruzione storica del cristianesimo delle origini, Harnack non credette ai nuovi indirizzi esegetici che si stavano formando (storia delle forme, scuola comparata delle religioni ecc.), trascurò l'importanza del giudeo-cristianesimo, delle molteplici tensioni presenti nel pensiero giudaico al sorgere del cristianesimo, ed ebbe sempre scarsa simpatia per l'Antico Testamento. Queste idee di Harnack emergono particolarmente nella sua opera su Marcione (*Marcione. Il Vangelo del Dio nascosto*, 1921), che egli cercò di riscattare dal giudizio negativo precedentemente espresso sul movimento gnostico, e nel quale, a motivo dell'antilegalismo e antigiudaismo, vide un precursore di Lutero. Opere principali: *L'essenza del cristianesimo* (1900); *Manuale della storia dei dogmi* (3 voll., 1886-1900); *Storia dell'antica letteratura cristiana fino a Eusebio* (4 voll., 1893-1904).

Harris, Marvin (New York 1927), antropologo statunitense. Professore all'università della Florida. Principale esponente della corrente del → materialismo culturale, Harris ha condotto ricerche in Africa, in India e nell'America latina. I suoi contributi maggiori riguardano l'influenza determinante nella vita sociale dei fenomeni connessi con la nutrizione, la demografia e la produzione della sussistenza. In polemica con quanti hanno affrontato lo studio della cultura come realtà autonoma dalla struttura delle relazioni sociali (a sua volta determinata da fattori di ordine materiale), Harris ha sviluppato in senso «materialistico» l'analisi dei fenomeni culturali. I suoi libri hanno avuto larga diffusione anche al di là della cerchia degli specialisti. Si ricordano: *L'evoluzione del pensiero antropologico* (1968); *Cannibali e re* (1977); *Materialismo culturale* (1979); *Antropologia culturale* (1987).

Harris, Zellig Sabbetai (Balta, Odessa, 1909), linguista statunitense di origine ucraina. Giunto negli Stati Uniti nel 1913, ha insegnato presso l'università di Pennsylvania a Filadelfia. È noto per avere sviluppato in modo rigoroso il metodo distribuzionale (→ distribuzionalismo) di analisi linguistica già proposto nell'opera del suo maestro L. Bloomfield. Nella sua opera spiccano i *Metodi della linguistica strutturale* (1951), in cui vengono sistematicamente presentate le operazioni di scomposizione e di classificazione da applicare alle frasi per individuarvi le unità di cui si compongono. Altri importanti studi, sempre nell'ambito della linguistica descrittiva, sono *L'analisi del discorso* (1952) e *Dal fonema al morfema* (1955). Harris fu tra i primi a individuare i limiti dell'analisi distribuzionale; influenzato dalla matematica ideò la nozione di trasformazione sintattica, poi ripresa (sia pure in una prospettiva diversa) da N. Chomsky, che fu suo allievo e collaboratore alla fine degli anni Quaranta. Le sue ricerche in questo settore sono state pubblicate tra l'altro in *Co-occorrenza e trasformazione nella struttura della lingua* (1957), in *Teoria trasformazionale* (1965) e, in una prospettiva formale, nelle *Strutture matematiche della lingua* (1968). I suoi articoli sono stati raccolti negli *Scritti di linguistica strutturale e trasformazionale* (1970).

Hartmann, Eduard von (Berlino 1842-1906), filosofo tedesco. Acquistò improvvisa e vasta fama con l'opera pubblicata a 26 anni *Filosofia dell'inconscio* (1869). A essa seguirono: *Fenomenologia della coscienza morale* (1879); *Filosofia della religione* (1882); *Filosofia del bello* (1887); *Il problema fondamentale della teoria della conoscenza* (1889); *Dottrina delle categorie* (1896); *La psicologia moderna* (1901); *L'intuizione del mondo della fisica moderna* (1902). Il principio dell'inconscio, posto da Hartmann alla base della propria filosofia, elabora e sintetizza, come riconosce lo stesso autore, la volontà di Schopenhauer, lo spirito assoluto di Hegel e l'inconscio della filosofia della natura di Schelling. La presenza di un principio inconscio nella realtà è dimostrata da Hartmann per via induttiva, cioè con un'analisi del finalismo inconsapevole della natura e dell'istintiva emozionalità negli animali e nell'uomo. Questo principio è però costituito da due aspetti o attributi tra loro irriducibili, che Hartmann chiama Volontà e Idea. Il primo, conferendo realtà sostanziale all'universo, reca anche con sé, come effetto, il dolore. Il secondo attributo, che è incarnazione del momento logico-rappresentativo della realtà, si evolve sino a portare il processo universale della Volontà al più alto grado di individualizzazione autocosciente nell'uomo. Questo è anche il punto in cui al volere, divenuto consapevole della sofferenza universale che da esso proviene, è data la possibilità dell'autoannullamento e della redenzione dal male. Hartmann sviluppa in seguito queste idee in una filosofia cosmica di impianto mistico e spiritualistico. Il principio inconscio è lo stesso spirito divino la cui evoluzione mira a una sorta di «suicidio cosmico». Di tale evoluzione la conoscenza è mezzo, in quanto essa si viene liberando dalla triplice illusione della fede in questa vita, della speranza nell'aldilà, e infine, nell'epoca moderna, della fiducia in un regno avvenire della giustizia. Un insanabile dissidio oppone infatti la felicità, che presuppone quiete e stasi, al progresso civile. L'unico vero progresso è la dissoluzione della volontà come liberazione progressiva del Dio sofferente che è in tutto. Il trionfo finale della conoscenza e dell'Idea implica infatti la vanificazione dell'atto volitivo per cui il mondo è divenuto realtà, il che comporta la fine dell'universo medesimo come redenzione del mondo da se stesso. Sulla via di tale redenzione è anche l'arte, come contemplazione estetica dell'ideale armonia che pure è nelle cose, contro l'irrazionale potenza del volere.

Hartmann, Heinz (Vienna 1894 - New York 1970), psicoanalista statunitense di origine austriaca. Lavorò presso l'Istituto di psichiatria dell'università di Vienna (1920-34). Trasferitosi negli Stati Uniti, fu direttore della clinica terapeutica dell'Istituto psicoanalitico di New York e fondò, con A. Freud e E. Kris, la rivista di psicoanalisi infantile «The Psychoanalytic Studies of the Child» (1945). La sua principale opera (*Psicologia dell'Io e problema dell'adattamento*, 1939) è uno dei più originali ed eterodossi contributi alla teoria psicoanalitica dell'Io; secondo Hartmann, l'Io non è il risultato di una trasformazione dell'Es che deve adattare le proprie pulsioni istintuali alla realtà, ma ha una sua autonomia genetica: fin dall'origine Es e Io si costituiscono simultaneamente come autonome e interagenti istanze psichiche. La corrente di pensiero che si ispira al lavoro di Hartmann ha influenzato la psicoanalisi americana, contribuendo a porre in ombra la teoria degli istinti a favore di uno studio dei meccanismi attuali di adattamento dell'individuo.

Hartmann, Nicolai (Riga 1882 - Gottinga 1950), filosofo tedesco. Formatosi alla scuola di Marburgo con H. Cohen e P. Natorp (*La logica platonica dell'essere*, 1909), abbandonò in seguito il neocriticismo per aderire al metodo fenomenologico husserliano. Insegnò a Marburgo, Colonia, Berlino e Gottinga. Opere principali: *Principi di una metafisica della conoscenza* (1921); *La filosofia dell'idealismo tedesco* (2 voll., 1923-29); *Etica* (1926); *Il problema dell'essere spirituale* (1933); *La fondazione dell'ontologia* (1935); *Possibilità e realtà* (1938); *La costruzione del mondo reale* (1940); *La nuova via dell'ontologia* (1941); *Filosofia della natura* (1950); *Estetica* (postumo, 1953). Nei *Principi* Hartmann enuncia quel «realismo critico» che resterà costante nel suo pensiero: il conoscere è una «relazione trascendente» che non può mai ridursi alle cosiddette strutture trascendentali della coscienza. Il soggetto non «produce» l'oggetto, ma se lo trova «di contro» in una sua trascendenza irriducibile. Di qui la necessità di assumere, in primo luogo, un atteggiamento puramente descrittivo, come insegna la fenomenologia, la quale però non procede poi oltre in direzione di un'ontologia critica. Al momento fenomenologico Hartmann fa seguire pertanto quello *aporetico* (che rileva le contraddizioni del fenomeno) e quello *teorico* (come tentativo di proporre soluzioni ipotetiche e mai definitive del problema dell'essere trascendente). Con *La fondazione dell'ontologia* e gli scritti successivi, Hartmann si impegna appunto in una metafisica «teorica» che procede mediante minuziose descrizioni e ricostruzioni delle varie sfere o strutture dell'essere: dal fondamento materiale dell'esistenza naturale alla sfera dei valori (per i quali Hartmann si riferisce a M. Scheler, ma accentuando il carattere obiettivo e sopraindividuale dell'etica), dalle strutture soggettive della personalità alla superiore sfera delle realtà spirituali, intese nel senso dello «spirito oggettivo» hegeliano, purificato però delle sue componenti idealistiche e finalistiche. Nel realismo hartmanniano infatti il campo del possibile e dell'ideale non sopravanza quello delle realtà effettuali (naturali e storiche), ma anzi gli è inferiore e sottoposto, in quanto realtà parziale e incompleta.

haskalah, parola ebraica (derivante dal vocabolo *sekel*, ragione), che viene usata come equivalente di illuminismo. Designa un movimento culturale che fece maturare orientamenti paralleli o interrelati a quelli dell'illuminismo entro le comunità ebraiche europee (in particolare dell'Europa centrorientale) durante il tardo Settecento e nell'Ottocento. Nella genesi del movimento intervennero sia le istanze razionalistiche dell'illuminismo, di cui furono portavoce e mediatori alcuni pensatori ebrei (innanzitutto M. Mendelssohn), sia quelle eresie mistiche ebraiche (→ sabbatianismo) che con le loro esigenze di una nuova legge universale, venate di nichilismo e di anarchismo religioso, contribuirono anche alla formazione di varie correnti illuministiche non ebraiche, specialmente in Germania. Il movimento della haskalah si irradiò principalmente da Berlino (dove si pubblicò per alcuni anni, dal 1788, la rivista programmatica «ha-Me'assef», cioè «Il raccoglitore») verso est, sforzandosi di emancipare gli ebrei orientali mediante una sistematica istruzione di massa (che spesso sottolineò il valore culturale della divulgazione scientifica e del lavoro manuale). Obiettivo della haskalah non fu la radicale assimilazione degli ebrei, ma una valorizzazione di quelli che i *maskilim* (fautori della haskalah) consideravano i valori genuini dell'ebraismo, affinché gli ebrei, divenuti pienamente consapevoli delle peculiarità della loro cultura, prendessero un loro posto dignitoso fra gli altri popoli. Suscitando violenti contrasti sia da parte dell'ortodossia rabbinica sia da parte delle correnti più propriamente mistiche dell'ebraismo orientale (→ chassidismo), i *maskilim* promossero la rottura delle barriere culturali dei ghetti della Galizia, della Polonia, della Lituania, della Russia, e si preoccuparono di sollecitare l'uso dell'ebraico biblico come lingua letteraria. Le esigenze didattiche e una tendenza (influenzata dal romanticismo) a pregiare le forme di espressione popolari indussero del resto molti *maskilim* a superare il primo, radicale rifiuto dello jiddish e a usare anche questa lingua per agevolare il processo di autocoscienza degli ebrei orientali. Parte delle componenti ideologiche della haskalah, il cui arco cronologico, a differenza di quello dell'illuminismo non ebraico, si spinge fino alla fine dell'Ottocento, si svilupparono poi nel sionismo.

Hayek, Friedrich A. von (Vienna 1899 - Friburgo 1992), filosofo politico e sociale austriaco. Si formò alla scuola di economia fondata da C. Menger; suo maestro fu L. von Mises, di cui sviluppò la critica alla pianificazione economica e al socialismo. Nel 1931 si trasferì alla London School of Economics e nel 1950 all'università di Chicago, contribuendo in entrambe le sedi a orientare gli studi economici in senso liberista. Professore a Friburgo dal 1967, ottenne il premio Nobel per l'economia nel 1974. Interpretando quanto vi è di specifico nel marginalismo austriaco rispetto alla tradizione neoclassica, Hayek pone al centro della sua riflessione il problema dei limiti della razionalità umana. Se si rifiuta l'assunto della conoscenza perfetta che è alla base delle teorie dell'equilibrio generale, il problema diventa quello di capire come è possibile, dati i limiti epistemici dei singoli individui, l'informazione che consente di coordinare i propri piani d'azione con quelli altrui. Hayek invita a considerare il meccanismo dei prezzi, che, funzionando senza necessità di direzione consapevole da parte di alcuno, fornisce in modo economico a ciascun agente le informazioni sufficienti a progettare la propria attività. È invece impossibile una pianificazione centralizzata: per l'inevitabile frammentarietà e dispersione di conoscenze e informazioni, essa non può che generare inefficienza e oppressione. Dallo studio dell'equilibrio, Hayek è portato a riflettere su ciò che rende possibile in generale la coordinazione sociale, giungendo a formulare una teoria dell'ordine sociale spontaneo, basata sull'evoluzione automatica di regole sorte a loro volta spontaneamente, secondo il modello della «mano invisibile» di A. → Smith. Le posizioni di Hayek, ostili non solo al socialismo ma anche al *welfare state*, hanno incontrato nuovo interesse con la crisi del keynesismo e dei modelli di pianificazione sia a Ovest che a Est. Opere principali: *La via della servitù* (1944); *Individualismo e ordine economico* (1948); *L'abuso della ragione. Studi sulla contro-rivoluzione nella scienza* (1952); *La società libera* (1960); *Saggi di filosofia, economia e politica* (1967); *Legge, legislazione e libertà* (3 voll., 1973-79); *La presunzione fatale* (1986).

Hegel, Georg Wilhelm Friedrich (Stoccarda 1770 - Berlino 1831), filosofo tedesco. È il rappresentante maggiore dell'idealismo tedesco. Il sistema che egli elaborò nella maturità, inteso a una organizzazione unitaria delle discipline filosofiche speciali, investe tutti i campi del sapere, in una sintesi grandiosa; e si presenta come erede del nucleo di verità di tutte le posizioni filosofiche precedenti nella tradizione del pensiero occidentale.

• *Vita e opere.* Di famiglia piccolo borghese, si forma nel seminario protestante di Tubinga, studiandovi filosofia e teologia insieme a Hölderlin e a Schelling, con i quali condivide anche l'entusiasmo per la rivoluzione francese ai suoi inizi. Si nutre di cultura settecentesca (Rousseau, Lessing, Herder) e partecipa all'entusiasmo illuministico (e poi neoumanistico) per l'antichità greca; ma al centro della sua riflessione si trova la filosofia morale e religiosa di Kant. Addottoratosi nel 1793, si impiega come precettore privato a Berna e, dal 1797 al 1800, a Francoforte. Gli scritti di questi anni, in gran parte frammentari, verranno pubblicati solo nel 1907, con il titolo *Scritti teologici giovanili.* I principali sono: *Religione popolare e cristianesimo*; *La vita di Gesù*; *La positività della religione cristiana*; *Lo spirito del cristianesimo e il suo destino.* Dopo la rivalutazione novecentesca del giovane Hegel, gli è stato definitivamente attribuito anche lo scritto che va sotto il nome di *Il primo programma di sistema dell'idealismo tedesco* (1796-97), denso di aspettative rivoluzionarie e di speranze di rinascita di una nuova mitologia come «mitologia della ragione». Nel 1801, su invito di Schelling, nel frattempo affermatosi nel mondo filosofico, si trasferisce a Jena, il centro culturale allora più vivace in Germania; e, ottenuta l'abilitazione all'insegnamento universitario, vi si tratterrà fino al 1807. Del 1801 è il primo scritto a stampa: *Differenza fra il sistema filosofico di Fichte e quello di Schelling*; del 1802 i saggi: *Rapporto dello scetticismo con la filosofia, Fede e sapere* (su Kant, Fichte e Jacobi), *Le maniere di trattare scientificamente il diritto naturale*, e altri, che compaiono tutti sul «Kritisches Journal der Philosophie», fondato da Schelling e Hegel. Fra gli inediti di questo periodo, pubblicati tra la fine del secolo scorso e il nostro, sono un frammento sulla *Costituzione della Germania*, il *Sistema dell'eticità* e poi una serie di abbozzi sistematici, legati ai corsi universitari, di «Logica e metafisica», «Filosofia della natura» e

«Filosofia dello spirito» (noti, questi ultimi due, fino all'apparizione recente dell'edizione critica, col titolo complessivo di *Realphilosophie*). Alla fine del periodo di Jena risale la *Fenomenologia dello spirito*, che esce nel 1807. Lasciata Jena allorché viene occupata da Napoleone, dopo un breve soggiorno a Bamberga come redattore d'un giornale locale, nel 1808 Hegel diventa rettore e professore di filosofia nel ginnasio di Norimberga. Di quest'attività didattica sono documento i testi raccolti sotto il titolo di *Propedeutica filosofica*; ma intanto Hegel attende alla sua opera maggiore, la *Scienza della logica*, che esce in tre volumi fra il 1812 e il 1816. Nel 1816 è chiamato alla cattedra di filosofia dell'università di Heidelberg; e qui pubblica finalmente l'esposizione completa del suo sistema nell'*Enciclopedia delle scienze filosofiche in compendio* (1817). Dal 1818 alla morte Hegel insegna nella capitale del regno di Prussia, Berlino; occupa la prestigiosa cattedra ch'era stata di Fichte, ottenendo un vasto successo di scuola, alla quale darà un organo con gli «Jahrbücher für wissenschaftliche Kritik». Nel 1821 esce l'ultima grande opera, *Lineamenti di filosofia del diritto*, e nel 1827 la seconda edizione, notevolmente ampliata, dell'*Enciclopedia*, cui seguirà una terza, nel 1830 e, nel 1831 la sostanziale revisione del primo libro della *Logica*. Subito dopo la sua morte, i discepoli pubblicheranno i suoi corsi di lezioni, rispettivamente sulla *Filosofia della storia*, l'*Estetica*, la *Filosofia della religione* e la *Storia della filosofia*.

• *Hegel e la sua epoca*. Hegel mantenne sempre uno stretto rapporto con le grandi vicende storiche della sua epoca. Inizialmente, nel clima della rivoluzione francese e sotto la suggestione di Rousseau, egli celebra nelle repubbliche cittadine della Grecia antica il modello di comunità armoniche, caratterizzate dal prevalere dello spirito patriottico e da una religione «popolare». Di contro, la rottura di quest'armonia, a partire dall'impero romano, ha portato alla perdita della libertà politica e al prevalere dell'individualismo. Ridotto alla sua privatezza, senza più ideali patriottici, l'uomo ha cercato un compenso nell'aldilà, col cristianesimo; il quale è caratterizzato dalla scissione fra il divino e l'umano (derivante dall'ebraismo, religione autoritaria della trascendenza) e dalla «positività» (o legalismo per cui lo spirito degradandosi, si positivizza in lettera). Alle origini, l'aspirazione di Hegel è di tipo illuministico: la liberazione dell'umanità da tutto un passato di oppressione politica e religiosa. Successivamente, negli anni di Francoforte e di Jena, egli passa a un atteggiamento realistico in politica e di conciliazione col cristianesimo (sia pure reinterpretato filosoficamente, e in questa sede, interamente riabilitato come religione della libertà), abbandonando l'utopia d'un rinnovamento dell'armonia antica. Nella storia successiva all'antica Grecia, e segnatamente nella fase dell'impero romano, egli vede adesso la valorizzazione dell'individuo singolo, e la valuta positivamente. A questo mutamento Hegel è indotto dall'apprezzamento per l'opera di Napoleone, che anche in Germania sta spazzando via i pesanti residui del feudalesimo, e dalla scoperta della moderna economia politica (particolarmente A. Smith), che gli fornisce una visione sostanzialmente ottimistica dello sviluppo della società contemporanea, in senso borghese. Sulla base di ciò, Hegel considera il proprio tempo come l'inizio d'una nuova epoca storica, al cui avvento pensa che anche la filosofia debba collaborare. Intanto, mentre negli anni di Francoforte aveva indicato nella religione e nell'«amore» gli strumenti per superare le scissioni che si trovano nella vita, a Jena egli prende a rielaborare la posizione che nel frattempo aveva maturata: a conoscere concettualmente l'→ Assoluto è la filosofia, opera della ragione. Alla critica mossa a Kant e a Fichte, a proposito del modo in cui concepire l'Assoluto, s'accompagna presto anche il distacco da Schelling, che si consuma definitivamente con la *Prefazione* aggiunta alla *Fenomenologia dello spirito*, dove l'Assoluto schellinghiano, unità indistinta di natura e spirito, o di soggetto e oggetto, è paragonato a «una notte in cui tutte le vacche sono nere». La *Fenomenologia* è ancora tutta pervasa da un atteggiamento di apertura verso il futuro. Dopo il 1815, invece, nel nuovo clima della restaurazione, nell'*Enciclopedia* e soprattutto nella *Filosofia del diritto*, Hegel si presenterà come sostenitore della monarchia prussiana, considerandola portatrice della razionalità e della libertà vera, tanto contro le nostalgie reazionarie quanto contro le impazienze dei liberali. La filosofia, allora, non ha più il compito di annunciare e preparare una nuova epoca, ma solo quello di riconoscere il presente, in polemica col moralismo di chi contrapponga al reale degli ideali astratti, fatalmente impotenti. Essa è pertanto simile all'uccello di Minerva (la civetta), che si leva solo al crepuscolo: coscienza di un mondo storico già esistente, anziché promotrice di progresso.

• *La «Fenomenologia dello spirito»*. La fenomenologia dello spirito è presentata da Hegel come propedeutica rispetto al sistema filosofico. Ha infatti il compito di accompagnare la «coscienza» naturale, dai suoi gradi più immediati e poveri fino al riconoscimento del «sapere assoluto», ossia di quel superamento delle scissioni che solo rende possibile la «scienza speculativa». Per un tale raggiungimento i tempi sono ormai maturi, sostiene Hegel riferendosi anche al rivolgimento politico-sociale in corso in tutt'Europa; ma si impone un'ultima battaglia: contro la critica della ragione vigente, a titoli diversi, così nei romantici come in

Schelling. Hegel pensa che l'organo del sapere speculativo sia la ragione; la quale ha il compito di rendere «fluidi» i concetti rigidi e fissi dell'intelletto, ma intanto richiede preventivamente l'operare dell'intelletto, prescindendo dal quale non si può non finire nel misticismo. Perché la coscienza naturale si elevi al punto di vista speculativo è poi necessario che essa faccia «esperienza» della inadeguatezza delle «figure» del sapere «apparente» (donde il termine «fenomenologia») in cui via via si realizza, sino a giungere a comprendere la necessità del cammino percorso attraverso tali figure; ciascuna di esse infatti rappresenta sì la conquista di un momento della verità, ma in quanto «figura» non è consapevole del suo carattere limitato e apparente. È soltanto la filosofia che comprende il significato totale delle «figure» nella loro successione e in questo senso la fenomenologia dello spirito è come una ricapitolazione dell'esperienza dell'umanità concentrata e ripresa in quella forma di «interiorizzazione» che è la «rimemorazione» (*Er-innerung*); rimemorazione, ovviamente, non del singolo in quanto tale, ma dello spirito giunto ormai a vivere in quell'atmosfera del concetto nella quale il sapere si dispiega come «scienza».

La *Fenomenologia dello spirito* si articola in sei sezioni: *Coscienza*, *Autocoscienza*, *Ragione*, *Spirito*, *Religione* e *Sapere assoluto*. Sotto il primo titolo Hegel critica varie forme di realismo più o meno ingenuo, rivendicando la funzione costitutiva del pensiero nei confronti dell'oggettività, e quindi la funzione della mediazione di contro all'opinione che la verità sia data invece dall'immediatezza. Già anche nella più elementare «certezza sensibile», che si limiti alla puntualità spazio-temporale («qui» e «ora»), Hegel mostra l'operare del pensiero e della mediazione: anche le parole «qui» e «ora», infatti, sono universali, riferendosi a qualsivoglia punto dello spazio e istante del tempo, e sono significanti solo in rapporto alla struttura complessiva dello spazio e del tempo, nella quale intendono collocare una cosa o un evento. Successivamente, Hegel mostra come il rapporto alle altre cose («esser-per-altro») sia essenziale, in ogni cosa, non meno del rapporto con se stessa («esser-in-sé»), di contro all'atomismo del pensiero intellettualistico, che privilegia l'autoidentità delle cose a scapito della differenza. Dopo un'interpretazione idealistica della scienza moderna, imperniata sul carattere universale e astratto delle leggi di natura rispetto alla variopinta empiria, la sezione *Coscienza* culmina poi nella costruzione della nozione dell'infinità, che consente il passaggio alla sezione *Autocoscienza*. L'autocoscienza (ossia la coscienza di sé propria dell'uomo) si presenta quale identità di opposti: l'Io-soggetto e l'Io-oggetto sono il medesimo Io che da se stesso si duplica; si ha quindi una differenza che insieme è identità. La prima figura, nella serie che ora si apre, è quella della lotta a morte fra due diverse autocoscienze, entrambe tese a non riconoscere all'altro la qualità d'uomo, la superiorità rispetto alla mera vitalità naturale, ma ad attribuirla soltanto a sé, e di ciò dando prova proprio attraverso il disprezzo per la propria vita, con la disposizione a metterla a repentaglio. L'esito fallimentare di questa pretesa (la morte come negazione bruta) introduce una figura ulteriore: la relazione di signoria e servitù. Una delle due autocoscienze, rinunciando alla lotta in favore della vita, si sottomette all'altra, alla quale obbedisce e appresta gli oggetti di consumo. Quest'altra, godendo della situazione che s'è venuta a creare, si limita a consumare quel che la prima produce: una forma di negazione che non dà luogo ad alcun risultato positivo. Per converso, è dalla parte del servo che la negazione si presenta come nel contempo positiva: nel lavoro il servo dà forma alle cose, sottraendole allo stato in cui si trovano per natura; e, tenendo a freno l'appetito, viene educandosi a liberarsi dall'immediatezza degli impulsi. Questa educazione dell'uomo alla spiritualità, attraverso la repressione delle tendenze naturali, ha una tappa ulteriore nella figura della → coscienza infelice, sotto la quale Hegel considera la religione ebraica e il cristianesimo medievale. Si ha uno sdoppiamento fra una coscienza pensata come «essenziale», il Dio trascendente, e un'altra, quella del credente, che si considera «inessenziale» a paragone della prima, e che pertanto vorrebbe negarsi nel seno dell'Essenza trascendente, ma non vi riesce. Questo fallimento porta a un rovesciamento della prospettiva: anziché continuare ad aspirare a negarsi nell'al di là, la coscienza si mette a ricercare il divino nell'al di qua, nel mondo. È un'allusione al rinascimento e alla successiva civiltà moderna, interpretata come indirizzata verso l'immanentismo; e così si apre lo stadio della *ragione*, nel quale la coscienza si rivolge tanto alla natura vivente quanto al suo proprio mondo sociale, impegnandosi a ritrovare in quella e in questo il «concetto», ossia a scoprirvi una razionalità obiettiva. In particolare, Hegel considera qui il mondo borghese come quello in cui l'individualità singola si realizza liberamente, ma viene anche a inserirsi in un contesto costituito dall'intreccio reciproco delle molteplici iniziative individuali.

Il successivo sviluppo della *Fenomenologia*, nella sezione intitolata *Lo spirito* (e che prefigura la filosofia dello spirito operativo nell'*Enciclopedia*) è una rassegna delle epoche decisive della storia occidentale: dal mondo antico, attraverso l'impero romano, fino alla crisi del feudalesimo, al successivo assolutismo monarchico e alla rivoluzione francese. Si ha poi una sezione intitolata *La religione* (il futuro spirito assoluto) in cui il cristianesimo è presentato come la forma di religione che simbolicamente esprime l'esigenza della conciliazione fra il divino e l'umano, attraverso il dogma del Dio-uomo. Hegel ne propone una interpretazione in chiave speculativa nella conclusione dell'opera (*Il sapere assoluto*), attraverso la traduzione in termini filosofici — senza più ombra di trascendenza — dell'esigenza di conciliazione fra gli opposti. Con un'espressione destinata a grande successo, Hegel denomina «alienazione» il movimento per cui lo spirito si fa altro da sé, nella natura e nella storia, abbandonando l'astratta identità con sé. Lo spirito passa in tal modo dallo stato «in sé» allo stato «per sé», ma per raggiungere infine lo stato «in sé e per sé», corrispondente al superamento della propria alienazione. A questa realizzazione dello spirito è parallela la sua progressiva acquisizione di consapevolezza di sé. La consapevolezza compiuta è il «sapere assoluto».

• *La logica.* La logica, primo dispiegamento del sapere assoluto, non è intesa da Hegel nel senso formale (→ logica), poiché comprende anche il contenuto di quella che Kant aveva denominato «logica trascendentale» e la considerazione critica delle principali categorie della metafisica. La prima parte della logica di Hegel, o *dottrina dell'essere* considera infatti le categorie della qualità e della quantità; la seconda, o *dottrina dell'essenza*, considera le categorie modali (possibilità, realtà, necessità) e quelle di relazione (sostanza, causalità, reciprocità); la terza, o *dottrina del concetto*, considera le forme logiche tradizionali (concetto, giudizio, sillogismo) e inoltre determinazioni tratte dalle scienze e dalla metafisica, come il meccanismo, il chimismo, la teleologia, la vita, l'idea del vero, l'idea del bene. In questo modo Hegel delinea uno sviluppo necessario della razionalità: ogni determinazione concettuale è la soluzione delle antinomie che si aprono nel seno della precedente, ma nello stesso tempo dà luogo a nuove antinomie, richiedendo così che queste vengano risolte in una determinazione volta a volta superiore. Queste determinazioni del pensiero, o categorie, non vanno però intese alla maniera di Kant, come principi soggettivi, che s'impongano dall'esterno alla materia della conoscenza. Per Hegel si tratta di «pensieri oggettivi», cioè di strutture ideali indipendenti dal soggetto riflettente, e che questo ha il compito di riconoscere. Di qui la tesi dell'identità della logica con la metafisica o l'ontologia. Si può pensare in qualche modo a Platone, per questa tesi, se non fosse che Hegel rifiuta la trascendenza del mondo ideale rispetto a quello reale. Secondo Hegel, infatti, la logica studia in forma pura quelle medesime strutture concettuali che si trovano nel reale (natura e spirito), del quale costituiscono lo scheletro razionale, ma nel quale sono rivestite di tratti empirici, accidentali, sensibili. Ancora meno, poi, le determinazioni concettuali trattate nella logica di Hegel somigliano agli schemi logico-formali vuoti di contenuto. Secondo Hegel anche il concetto, per es., va inteso come una determinazione ontologica. Esso si ritrova ogni volta che ci sia vita, individualità. I tre momenti del concetto — universalità, particolarità, singolarità — si danno allora insieme. L'unità di universale e particolare nell'individuo qualifica quest'ultimo come il vero universale: l'«universale concreto» (alternativo a questo è invece l'universale astratto, cioè inteso come mero schema classificatorio). Là dove si trova il concetto si trova anche lo «sviluppo»: la vita è autorealizzazione che ha in se stessa il proprio scopo.

Nella prima e nella seconda suddivisione della logica hegeliana, invece, la mediazione non è ancora compiuta. Nelle determinazioni considerate nella *dottrina dell'essere* prevale ancora l'immediatezza, o più esattamente il sostanzialismo che domina in filosofia dai greci sino alla scolastica wolffiana: le caratteristiche qualitative e quantitative delle cose si presentano come reciprocamente irrelate. Compito del filosofo è, naturalmente, di ricostruire le mediazioni attinenti anche a questa sfera, cominciando dalla prima coppia, costituita dall'*essere* e dal *nulla* (→ essere) e dalla loro unità nel divenire, giungendo fino all'unità di qualità e quantità in quei processi che si possono denominare «salti qualitativi», allorché cioè un incremento quantitativo di una determinata qualità, oltrepassando una certa soglia, dia luogo a una qualità nuova (il passaggio di un liquido allo stato solido o gassoso, per es., oppure il crollo di uno stato politico in seguito all'accumularsi degli elementi disgregatori e così via). Nelle determinazioni considerate nella *dottrina dell'essenza* si ha invece un esplicito farsi avanti della mediazione, ma ancora s'accompagna a essa l'immediatezza. Sono nozioni «riflessive», queste, ossia reciprocamente relative (per es., parte-tutto, causa-effetto ecc.). In questa parte, tuttavia, si trovano illustrate anche alcune determinazioni che hanno un rilievo ben più generale, venendo a fornire i fondamenti stessi della → dialettica come intesa da Hegel. Si tratta delle due coppie: «identità» e «differenza», «diversità» e «opposizione». L'identità, sostiene Hegel, non può mai darsi se non in unità col suo contrario, la differenza. Nessuna cosa è soltanto se stessa, o uguale a sé, senza esser contemporaneamente anche connessa con altre, cioè con quel che essa non è. Ma questa relazione negativa può poi avere due modalità assai difformi: si ha la diversità allorché la relazione negativa è estrinseca ai termini fra i quali intercorre, mentre si ha l'opposizione allorché è intrinseca a essi. In quest'ultimo caso il rapporto fra due termini è tale che li costituisce entrambi per quel che sono: ognuno è se stesso in quanto connesso inscindibilmente all'altro, che esso non è. Come esempio intuitivo, si pensi alle relazioni di polarità: il polo positivo è tale in quanto non è quello negativo, e viceversa, ma ognuno è un polo solo nel rapporto con l'altro. E questa è per Hegel la struttura generale degli stessi concetti puri considerati lungo tutta la *Logica*: ognuno di essi è collegato al suo opposto in modo tale che ha verità (e quindi realtà) non in sé solo, isolatamente preso, bensì nell'unità di entrambi. In questo senso, Hegel li chiama «momenti», per indicare appunto che non sono reciprocamente indipendenti. L'opposizione è pertanto una «relazione immanente», in quanto essa stessa costituisce i suoi termini; e la verità e la realtà sono sempre caratterizzate dalla «unità degli opposti». Ma questa nozione dell'unità degli opposti richiede, secondo Hegel, che venga messo in discussione il principio tradizionalmente ritenuto supremo sia rispetto al pensiero sia rispetto al reale: il principio di non contraddizione. Esso è espressione dell'atteggiamento intellettualistico, che, pensando come esteriore ai suoi termini qualsiasi relazione ad altro, si preclude la comprensione dell'opposizione. Un «opposto», infatti, è tale solo in quanto non è solo se stesso, ma contemporaneamente è anche l'altro: «*A* è *non A*» e viceversa. Il principio supremo della nuova logica è pertanto questo: «il negativo è insieme anche positivo»; ma ne deriva che «tutte le cose sono in se stesse contraddittorie».

• *La natura.* Hegel denomina «Idea» la totalità delle categorie razionali; e pensa che nel reale l'Idea si trova «fuori di sé», frammista all'accidentalità. Ma una distinzione fondamentale va fatta, nel reale, fra la natura e lo spirito: in quest'ultimo ambito, rappresentato dall'uomo e dalle sue attività, l'Idea «torna in sé», in quanto lo spirito è capace di realizzarsi come «assoluto». La superiorità dello spirito sulla natura è affermata da Hegel non soltanto contro il materialismo, ma anche contro il panteismo schellinghiano. Tuttavia, nel complesso, la filosofia della natura di Hegel è la parte del suo sistema meno originale rispetto alla cultura tedesca contemporanea. Il rifiuto dell'empirismo e del meccanicismo, che porta Hegel a prender le difese addirittura dell'animismo, si prolunga nel rifiuto di qualsiasi prospettiva evoluzionistica. La natura è disposta secondo gradi successivi (*meccanica*; *fisica*; *organismo*); e questa è una gerarchia, in direzione dell'apparire dello spirito, con esclusione di qualunque sviluppo che avvenga nel tempo. La forma caratteristica della natura è lo spazio, e il tempo della natura è mera ripetizione, senza novità né progresso. Lo sviluppo del tempo, ossia la storicità, è il privilegio dello spirito. Ma anche lo spirito si articola secondo una serie di gradi, e nel primo di essi («spirito soggettivo») la storia è ancora del tutto assente; essa compare solo al culmine del secondo grado («spirito oggettivo»).

• *Lo spirito soggettivo e lo spirito oggettivo.* Lo spirito soggettivo comprende a sua volta tre momenti: l'*antropologia*, o dottrina dell'«anima» intesa come psichicità naturale, radicata nella corporeità dell'uomo in quanto essere vivente; la *fenomenologia dello spirito*, o dottrina della «coscienza» (come rapporto che si dà tra io e mondo una volta instauratasi una reciproca scissione); e la *psicologia*, o dottrina dello spirito teoretico (una sorta di gnoseologia) e dello spirito pratico (istinti, passioni ecc.). Allo spirito soggettivo, che corrisponde quindi alla considerazione dell'uomo in quanto individuo, segue lo spirito oggettivo, che corrisponde alla considerazione dell'uomo nei suoi rapporti con gli altri uomini. Anch'esso è articolato in tre momenti: il *diritto* (privato); la *morale* (che Hegel colloca quindi in una posizione assai inferiore rispetto a quella che le aveva assegnato Kant); l'*eticità*, o moralità concreta, che si dispiega all'interno degli istituti nei quali si svolge la vita degli uomini, quali la famiglia, la «società civile» (la sfera dei bisogni, il lavoro e le relazioni economiche per la soddisfazione di essi) e infine lo stato politico, che realizza, secondo Hegel, la libertà degli individui, nell'epoca moderna, ma insieme assicura anche la destinazione di essi a un compito universale dispiegato nella storia politica, superando così la naturalità e l'accidentalità a cui altrimenti i singoli rimarrebbero limitati. Questa parte del sistema è sviluppata nei *Lineamenti di filosofia del diritto* del 1821, che configurano, per il presente, una forma di monarchia costituzionale che accoppia tanto elementi nuovi, derivati dall'esperienza napoleonica, quanto elementi più arcaici. Il modello che ne risulta è grosso modo corrispondente alle monarchie nazionali dell'età della restaurazione. Hegel si oppone sia all'individualismo illuministico, rifiutando la fondazione dello stato sul contratto sociale, sia al liberalismo, esprimendo sarcasmo per gli appelli al «dover essere» e per gli atteggiamenti utopistici; ma nello stesso tempo rifiuta anche le posizioni reazionarie, che esaltavano il medioevo e il feudalesimo. Sostiene che «ciò che è reale è razionale», e che lo stato è comunque l'incarnazione suprema della razionalità nel mondo, rispetto alla vita degli uomini; ma avverte anche che non tutto ciò che esiste in un certo momento è indifferentemente da considerare «reale» nel senso forte di questa parola. Altrimenti, non si spiegherebbero le rivoluzioni che pur si sono realizzate nel corso della storia: esse hanno avuto successo allorché lo stato di cose esistente si prolungava ormai artificiosamente, privo di vitalità, già non più «reale».
La storia universale, o «storia del mondo», è appunto il grande scenario della vita degli stati, i quali ne sono i protagonisti, come Hegel illustra dettagliatamente nelle *Lezioni sulla filosofia della storia.* Ma lo stato esprime lo «spirito

del popolo», volta a volta; e la filosofia della storia considera solo quei popoli che, nelle diverse epoche, hanno rappresentato un momento del progresso complessivo dello spirito in direzione dello stato attuale dell'umanità europea, considerato come il culmine dello sviluppo dell'umanità. Dopo che ognuno dei grandi popoli del passato ha esaurito il suo compito storico, esso è rimasto ai margini dello sviluppo ulteriore, il quale è stato portato avanti da popoli diversi. In questa successione ideale, il grado più basso è rappresentato dai popoli orientali, da sempre dominati dal dispotismo, quindi ancora del tutto privi di libertà. Un grado superiore è rappresentato dai greci e dai romani nella loro età classica, presso i quali la libertà politica si fa avanti per la prima volta, seppure nella forma aristocratica (libertà di alcuni). Il grado ultimo è rappresentato dai popoli europei moderni («cristiano-germanici»), presso i quali si realizza progressivamente la libertà di ognuno, attraverso l'abolizione della schiavitù e della servitù personale, ma sempre sotto la signoria della legge e dello stato. Nella storia si manifesta pertanto una razionalità progressiva, che ha per materiale (o per «strumento») la infinita varietà degli scopi particolari che si propongono i singoli, ma li supera in una finalità universale, identificabile nella realizzazione stessa dello spirito del mondo. In ciò Hegel vede l'«astuzia della ragione», concetto che traduce in termini laici e immanentistici il concetto cristiano della Provvidenza.

• *Lo spirito assoluto.* Al di sopra degli stati politici, o meglio dello spirito oggettivo, c'è però lo «spirito assoluto», costituito dall'arte, dalla religione e dalla filosofia. E anche l'arte, la religione e la filosofia hanno una loro storia, connessa alla complessiva storia del mondo, ma superiore rispetto a questa. Nelle *Lezioni sull'estetica*, l'arte è definita come la «manifestazione sensibile» dell'idea. In essa infatti la spiritualità viene a trovare una forma intuitiva, immediatamente percepibile; ma ciò non va inteso in modo intellettualistico, come se la forma fosse qualcosa d'esteriore che s'aggiunga al contenuto interiore. Sulla scia di Kant, Hegel rifiuta tanto la tesi dell'arte come imitazione quanto la tesi di uno scopo didattico o morale dell'arte. L'arte è «idealizzatrice», nei confronti della natura e in genere dei contenuti che essa rappresenta, oltre che nei confronti dei materiali sensibili che utilizza. È opera del «genio», che non è surrogabile con precetti o norme estrinseche; ma richiede nondimeno un impegno severo, non surrogabile dalla spontaneità dell'ispirazione. L'arte non è un gioco frivolo, appunto perché esprime sentimenti e pensieri, è materiata di significati profondamente umani, anche se diversi in rapporto ai vari generi d'arte (secondo una gerarchia che, muovendo dall'architettura, arriva fino al genere più alto, la poesia, passando attraverso la scultura, la pittura e la musica) e a seconda delle varie epoche. A quest'ultimo riguardo, Hegel sostiene una successione, nello sviluppo dell'arte, corrispondente alle tre epoche della storia del mondo. Propria dei popoli orientali è l'arte *simbolica*, caratterizzata dal fatto che in essa l'idea è ancora alla ricerca della sua vera espressione artistica, ancora in se stessa astratta e indeterminata e non include ancora in sé un criterio adeguato per manifestarsi armonicamente nel sensibile. Perciò nel suo sforzo di penetrare nell'esistenza concreta non può giungere a un accordo di significato e forma, a una loro identificazione perfetta, ma soltanto a un'espressione simbolica che tradisce ancora tale inadeguatezza. Il simbolo è infatti quella realtà naturale che rappresenta ancora soltanto astrattamente e ambiguamente un significato: così, per es., il leone può rappresentare l'animale stesso oppure la forza, di cui allora è «simbolo»; mentre solo nella figura umana potrà trovare espressione l'idea giunta a cogliersi come libera soggettività infinita. È quello che accade nell'arte *classica* fiorita in epoca greco-romana e caratterizzata da una coincidenza perfetta e irripetibile di forma e contenuto, di esterno e interno, come mostra la quiete solenne delle sue raffigurazioni scultoree di eroi o di dei. Con questa caratterizzazione generale Hegel considera l'arte antica sotto l'aspetto dell'armonia; tuttavia non tralascia di considerare anche gli elementi disarmonici dell'arte antica, quali emergono particolarmente nelle tragedie greche. Il farsi avanti della soggettività, in seguito all'affermarsi del cristianesimo, segna il tramonto dell'arte classica: l'arte nuova, che Hegel denomina *romantica* in un senso assai largo, non ha più la possibilità dell'equilibrio perfetto raggiunto dai greci, ma è caratterizzata dalla scissione tra i due lati, da cui risulta ora il sentimentalismo ora, d'altro canto, un estremo realismo o tecnicismo. Infine, col tramonto del medioevo e della cavalleria, il genere letterario adeguato alle nuove condizioni sociali è il romanzo, il quale viene a prendere il posto che in passato era stato dell'epica, in quanto rappresentazione prosastica dei conflitti fra i sentimenti e gli interessi dei singoli, e dell'intreccio fra le varie iniziative individuali. In tal modo Hegel non sostiene affatto la «morte dell'arte» nel mondo moderno (secondo la tesi attribuitagli da B. Croce), ma parla piuttosto dell'arte come cosa del passato, che nel moderno non può più incarnare le somme istanze dello spirito, cui corrisponde ora più adeguatamente la filosofia.

Nelle *Lezioni sulla filosofia della religione* Hegel ribadisce la tesi (già sostenuta nella *Fenomenologia dello spirito*) dell'identità di contenuto fra la religione e la filosofia: in entrambe viene pensata l'unità dell'infinito e del finito. Quel che è diverso, nei due casi, è la forma: una siffatta unità è vissuta, nella religione, nella forma della «rappresentazione», ossia è obiettivata nella trascendenza e si presenta come immagini (miti); mentre la forma propria della filosofia è il concetto, o la razionalità, che elimina qualsiasi trascendenza e qualsiasi elemento mitico. Anche per le varie forme di religione Hegel pensa che esse si dispongano in una successione ascendente, che va dalle religioni orientali, naturalistiche, attraverso il politeismo greco-romano, essenzialmente antropomorfico, fino al cristianesimo, forma perfetta («assoluta») di religione in quanto ha al suo centro l'immagine del Dio-uomo, anticipazione simbolica di quell'unità di divino e umano che la filosofia pensa concettualmente. Infine, nelle *Lezioni sulla storia della filosofia* Hegel ripercorre lo sviluppo del pensiero occidentale, nell'intento di mostrare tanto la corrispondenza delle varie filosofie alle epoche storiche rispettive (secondo la tesi che la filosofia è «il proprio tempo appreso col pensiero») quanto il nucleo di verità che ogni filosofia lascia in eredità al pensiero successivo. Ogni filosofia del passato ha conquistato qualche lato della verità, secondo Hegel, anche se, ogni volta, nella convinzione unilaterale di aver esaurito la verità. In questo modo la filosofia di Hegel si presenta come l'erede di tutto il pensiero occidentale («filosofia assoluta»).

• *L'eredità di Hegel.* Dopo la scissione intervenuta nella scuola di Hegel nel decennio successivo alla sua morte (→ hegeliana, destra e sinistra), la storia dell'hegelismo accademico tedesco (K. Rosenkranz, K. Fischer ecc.) è segnata dai vari tentativi di riforma delle dottrine del maestro, sollecitati dalle critiche che nel frattempo esse avevano ricevuto (particolarmente importante era stata quella di A. Trendelenburg alla *Logica*). Fuori della Germania, la presenza accademica del pensiero di Hegel è forte in Inghilterra nella seconda metà del secolo scorso (da J.H. Stirling a Th.H. Green, da F.H. Bradley a B. Bosanquet), per esaurirsi definitivamente all'inizio del nostro. Ma intanto lo hegelismo aveva conosciuto una diffusione di tipo completamente diverso, attraverso utilizzazioni in senso liberale e democratico (simili a quella che in Germania era stata sostenuta dalla sinistra hegeliana attorno al 1840) nei paesi in lotta per l'indipendenza nazionale e la libertà politica, dalla Russia (V. Belinskij, A. Herzen, il giovane M.A. Bakunin) all'Italia (B. Spaventa, F. De Sanctis ecc.). Su questa diffusione italiana s'innesterà a sua volta il neoidealismo di G. Gentile e B. Croce. Nella prima metà del Novecento anche in Germania si trovano forme di neohegelismo accademico (R. Kroner, H. Glockner, F. Rosenzweig). Nel frattempo, gli studi su Hegel ricevono un impulso potente dalla pubblicazione (1907) degli scritti giovanili fin allora inediti, sui quali aveva richiamato l'interesse *La storia giovanile di Hegel* di W. Dilthey. Il fervore che ne segue investe anche paesi nei quali precedentemente Hegel era rimasto estraneo, come la Francia, dove si ha una fioritura di opere importanti, come quelle di J. Wahl (*L'infelicità della coscienza nella filosofia di Hegel*, 1930), J. Hyppolite (*Genesi e struttura della «Fenomenologia dello spirito di Hegel»*, 1946), A. Kojève (*Introduzione alla lettura di Hegel*, 1947), tutte incentrate sulla *Fenomenologia dello spirito*. Si tratta di interpretazioni «umanistiche», che tendono ad avvicinare Hegel all'esistenzialismo, in contrasto con la violenta polemica contro il filosofo con cui questo movimento di pensiero si era annunciato in Kierkegaard. L'altro elemento che ha dominato il dibattito su Hegel nel sec. xx, e non solo in Francia, è stato il marxismo. Dopo i classici del pensiero marxista, Hegel è sempre stato una presenza importante tanto nel marxismo sovietico, particolarmente per influenza dei *Quaderni filosofici* di Lenin, quanto nel marxismo cosiddetto occidentale, a opera di G. Lukács (autore anche di un importante studio, *Il giovane Hegel*, del 1948), E. Bloch ecc. Anche in Italia, dopo l'*Interpretazione di Hegel* (1943) di E. de Negri, la discussione sul grande filosofo è stata stimolata particolarmente dal marxismo. Infine nuovi studi hegeliani, mossi da una rinnovata consapevolezza filosofica che si è espressa anche nell'iniziativa — in corso — di una edizione definitivamente critica, hanno caratterizzato l'altra grande lettura di Hegel nel dopoguerra (D. Henrich, O. Pöggeler); mentre un ulteriore approccio speculativo al filosofo contraddistingue le esegesi hegeliane di Heidegger, H.G. Gadamer, J. Derrida. *S. La.*

hegeliana, destra e sinistra, distinzione con cui si sogliono indicare i due schieramenti determinatisi nella scuola hegeliana dopo la morte del maestro attorno alla questione del rapporto della filosofia col cristianesimo. Fu D.F. Strauss che, nel corso delle polemiche seguite alla sua *Vita di Gesù* (2 voll., 1835-36), si riferì agli schieramenti che si fronteggiavano nel parlamento francese per caratterizzare in questi termini le divergenze tra gli hegeliani: alla destra appartenevano quei pensatori (detti anche «vecchi hegeliani») i quali sostenevano che nella filosofia di Hegel si trovava una fondazione delle verità essenziali del cristianesimo, come l'immortalità dell'anima, la personalità di Dio e il dogma della Trinità; alla sinistra, quei pensatori (detti anche «giovani hegeliani») che consideravano siffatte credenze insostenibili alla luce della verità speculativa. Poiché Hegel si era mantenuto assai prudente, nel tono, a proposito del cristianesimo, entrambe le parti erano convinte del proprio buon diritto. Tuttavia, il sistema hegeliano non ammette di certo l'esistenza di un'anima intesa quale «sostanza» spirituale, e quindi l'immortalità individuale.

Anche l'Idea o lo Spirito sono sovrapersonali; e, quanto alla Trinità, Hegel indica in questo dogma un'anticipazione del ritmo triadico della dialettica, secondo i tre momenti dell'essere in sé, dell'uscire fuori da sé e del ritorno in sé, ma si tratta della corrispondenza fra una rappresentazione mitica e uno schema concettuale pensato invece nella sua forma adeguata. Cionondimeno, neppure la cosiddetta sinistra rimaneva fedele allo spirito di Hegel, giacché questi non aveva affatto proceduto a una critica, e tanto meno a una polemica, nei confronti del cristianesimo, come invece facevano i giovani hegeliani. Essi si ispiravano piuttosto, in quest'atteggiamento, all'illuminismo settecentesco, anche se procedevano con strumenti concettuali derivati dalla filosofia di Hegel.
Fra i rappresentanti della destra si ricordano K. Conradi (1784-1849), G.A. Gabler (1786-1853), E. Erdmann (1805-1892); fra quelli della sinistra, oltre a Strauss, L. Feuerbach, B. Bauer (inizialmente sulle posizioni della destra) e suo fratello Edgar (1820-1886), M. Stirner, A. Ruge, M. Hess (1812-1875). Attorno al 1840 il conflitto fra le due correnti si allargò anche al terreno politico, in concomitanza con l'irrigidimento in senso reazionario della monarchia prussiana: la destra appoggiava questo indirizzo, la sinistra lo contrastò vivacemente, approdando presto a posizioni sempre più radicali. Di questo momento, da parte della sinistra, è espressione lo scritto di B. Bauer *La tromba del giudizio universale contro Hegel ateo ed anticristo. Un ultimatum* (1841). Ma nel frattempo, sul terreno filosofico, si era già prodotto l'abbandono delle posizioni della sinistra da parte di Feuerbach, col suo passaggio a una critica a Hegel e in genere alla filosofia «speculativa», a cominciare dallo scritto *Per la critica della filosofia hegeliana* (1839). Analogo percorso compiranno, subito dopo, → Marx e → Engels, i quali avevano esordito anch'essi come hegeliani di sinistra. Fra la destra e la sinistra, tuttavia, c'era spazio anche per una tendenza di centro, che era destinata a sopravvivere anche oltre il 1848, mentre dopo questa data la destra e la sinistra si dissolveranno. Caratterizzato dalla tendenza alla riesposizione e alla difesa di Hegel e da proposte di riforma di punti particolari del sistema, il centro ebbe i suoi rappresentanti maggiori in K. → Rosenkranz e in K. → Fischer.

Heidegger, Martin (Messkirch, Baden-Württemberg, 1889-1976), filosofo tedesco.

• *Vita e opere.* Nato da famiglia cattolica, si iscrisse nel 1909 all'università di Friburgo frequentando per quattro semestri la facoltà teologica, in particolare i corsi di teologia cattolica. Nel 1911 lasciò questi studi per dedicarsi interamente alla filosofia, partecipando ai seminari di H. Rickert e laureandosi nel 1913 con una dissertazione su *La dottrina del giudizio nello psicologismo* (relatore il filosofo cattolico A. Schneider, correlatore lo stesso Rickert). Due anni dopo, conseguì la libera docenza in filosofia a Friburgo con una tesi su *La dottrina delle categorie e del significato in Duns Scoto*; e tenne la lezione di libera docenza su *Il concetto di tempo nella scienza storica.* Il suo primo insegnamento universitario fu, appunto, a Friburgo come libero docente, dal 1915 al 1923, e coincise con la partenza di Rickert per Heidelberg e la chiamata al suo posto, nel marzo 1916, di Husserl. Su proposta di questo, Heidegger venne nominato, nel 1919, assistente di filosofia. Ebbe inizio allora per lui un periodo di intensa familiarità col metodo fenomenologico, che si concretò in una serie di esercitazioni e interpretazioni fenomenologiche di autori della tradizione filosofica e teologica, in particolare di Aristotele. Il primo insegnamento a Friburgo si concluse, nel 1923, con un corso dal titolo *Ontologia o ermeneutica della effettività* (1923), che segnò l'inizio della stesura definitiva dell'opera fondamentale, *Essere e tempo.* A questa Heidegger lavorò negli anni d'insegnamento a Marburgo (1923-28) e fu pubblicata nel 1927 sulla rivista di Husserl, lo «Jahrbuch für Philosophie und phänomenologische Forschung». Ma la pubblicazione dell'opera (dedicata a Husserl «con ammirazione e amicizia») segna anche il distacco fra i due, che Husserl, per parte sua, renderà pubblico nel 1931 attaccando insieme alla «nuova antropologia» di M. Scheler anche la «filosofia dell'esistenza» di Heidegger. Questa di Heidegger filosofo dell'esistenza, erede dell'esistenzialismo religioso di Kierkegaard, fu anche l'interpretazione prevalente del suo pensiero fra le due guerre (*L'essere e il nulla* di Sartre è largamente debitore di *Essere e tempo*); ma nella lettera a J. Beaufret, *Sull'umanismo* (1947), Heidegger la respinse come una «mossa falsa», un fraintendimento del progetto finale dell'opera. Nel 1928 fu chiamato a succedere a Husserl come ordinario di filosofia a Friburgo. La lezione inaugurale *Che cos'è la metafisica?* (1929) affronta il problema «metafisico» del *nulla* e della *angoscia* in relazione alla «questione dell'essere»; R. Carnap, in un celebre saggio del 1931 (*Superamento della metafisica mediante l'analisi logica del linguaggio*), ne farà il bersaglio della sua critica neopositivista agli «pseudo-enunciati senza senso» della metafisica tradizionale. Del 1929 sono anche l'opera su *Kant e il problema della metafisica* e il saggio *Dell'essenza del fondamento.* L'interpretazione heideggeriana di Kant è in diretta antitesi con quella neokantiana, che nella *Critica della ragion pura* vedeva una teoria del conoscere e una logica delle scienze; antitesi ribadita anche nei confronti dell'interpretazione di E. Cassirer e della sua «filosofia della cultura» in un convegno del marzo dello stesso anno a Davos, nei Grigioni.

Il saggio sul fondamento presenta invece la nozione cruciale di «differenza ontologica», e insieme alla conferenza del 1930 *Dell'essenza della verità* prelude direttamente a quel pensiero, successivo a *Essere e tempo*, che Heidegger chiamerà della «*Kehre*» o «svolta».
Nell'aprile del 1933 Heidegger fu nominato rettore dell'università di Friburgo; la sua adesione, nel maggio di quell'anno, al Partito nazionalsocialista, e i discorsi e gli articoli del biennio 1933-34, a cominciare da quello tenuto per la nomina a rettore (*L'autoaffermazione dell'università tedesca*), aprirono il «caso Heidegger», sulle responsabilità politiche del filosofo e del suo pensiero. Egli si dimise prima della scadenza del suo incarico (febbraio 1934), rifiutandosi di estromettere dall'università due colleghi contrari al regime. In seguito, i suoi corsi furono sorvegliati dal Servizio di sicurezza e dalle SS; ebbe difficoltà a pubblicare e a recarsi a congressi stranieri; e la sua filosofia fu censurata come «razionalista» e «nichilista». È del 1936-38 la stesura di una vasta opera, incompiuta e pubblicata solo nel 1989, *I contributi alla filosofia (dell'evento)*, in cui Heidegger tenta per l'ultima volta di dare un seguito a *Essere e tempo*. Nel 1945 la potenza occupante francese gli vietò l'insegnamento fino al 1951, quando il divieto fu tramutato in pensionamento. Da allora riprese a insegnare, dapprima in forma privata, con seminari e corsi fino al 1958, fra cui *Che cosa significa pensare?* e *Il principio di ragione*, editi rispettivamente nel 1954 e nel 1957. Frattanto avevano visto la luce le opere della «svolta» maturata negli anni Trenta: *Commenti alla poesia di Hölderlin* (1944); *La dottrina platonica della verità, con una lettera sull'umanismo* (1947); *Sentieri interrotti* (1950); *Introduzione alla metafisica* (1953); *Saggi e conferenze* (1954); *Identità e differenza* (1957); *Il principio di ragione* (1957); *La tesi di Kant sull'essere* (1963); *Tempo ed essere* (1968); *Il trattato di Schelling sull'essenza della libertà umana* (1971); *Quattro seminari* (1977) cui si aggiunsero: *In cammino verso il linguaggio* (1959); *Nietzsche* (1961); *Il problema della cosa* (1962); *La questione del pensiero* (1969). A partire dal 1975 l'editore V. Klostermann di Francoforte pubblica tutte le opere edite e inedite, compresi i corsi di Marburgo e del secondo insegnamento a Friburgo.
• *Il problema del senso dell'essere*. Heidegger ha più volte indicato nella tesi dottorale di F. Brentano *Sul molteplice significato dell'ente in Aristotele* (1862) il suo punto di partenza filosofico. Se l'ente si dice in molti modi (per es. le categorie), qual è il modo fondamentale, l'*essere* dell'ente? È la domanda che «ha tenuto col fiato sospeso» Platone e Aristotele; e alla quale la tradizione filosofica ha dato risposte diverse. *Essere e tempo* non intende dare un'altra risposta, ma ridestare la comprensione del senso della domanda. Porre la domanda su che cosa è l'ente presuppone almeno una comprensione «media e vaga» di ciò su cui ci si interroga, cioè dell'ente nel suo essere. L'uomo, «l'ente a cui nel suo essere ne va del suo essere stesso», gode di tale comprensione implicita dell'essere dell'ente ed è in base ad essa che pone in questione l'essere. Primo compito di una «ontologia fondamentale» è dunque definire il *senso* della domanda ontologica, interrogando l'ente interrogante, cioè l'essere dell'uomo. Tale analisi preliminare, contenuta nella prima parte dell'opera (la sola edita), è da Heidegger nettamente distinta dall'antropologia, la psicologia e la biologia, che sono scienze «ontiche» dell'uomo, lo considerano cioè come un ente tra gli altri e non nella sua peculiarità «ontologica» di ente che pone in questione l'essere. L'uomo non è un *che cosa*, ma un *chi*, una «esistenza» (*Existenz*); il suo modo di essere costitutivo è di «essere-nel-mondo» (*In-der-Welt-sein*), non come la parte nel tutto o «come l'acqua nel bicchiere», ma come *apertura* a esso (*Erschlossenheit*), cioè in quanto vi abita e ne ha cura, in quanto è *familiare* con esso. È ciò che Heidegger intitola problematicamente *Da-sein*, scomponendo il termine (nell'uso comune, *Dasein* significa «esistenza») in «esser-ci», nel senso di «essere aperto» o di «essere l'apertura». A sua volta, il mondo a cui il *Da-sein* umano si apre, non è l'insieme o la somma delle cose *semplicemente-presenti* in esso (*Vor-handenheit*), dei punti o eventi isolati nello spazio e nel tempo, secondo l'immagine «naturale» delle scienze; ma è la «significatività» (*Bedeutsamkeit*) di *ciò con cui si ha a che fare* (in gr. *tà prágmata*), cioè delle cose-a-nostra-disposizione (*Zuhandenheit*), che servono a qualcosa (come il gesso per scrivere o il martello per battere) e rinviano a esso.
L'uomo è aperto originariamente al mondo nei modi esistenziali della «situazione emotiva» (*Befindlichkeit*), della *comprensione* (*Verstehen*) e del *discorso* (*Rede*), che articola i primi due. La «situazione emotiva» apre l'uomo al nudo fatto del suo «essere-gettato» (*Geworfenheit*) nel mondo, nel *ci* dell'apertura; mentre la comprensione è proiezione attiva, è «progetto» (*Entwurf*) o «interpretazione» (*Auslegung*) di qualcosa *in quanto qualcosa*, cioè in quanto rinvia ad altro nella rete di significatività del mondo. In questo modo l'uomo si prende cura delle cose, degli altri e di se stesso. La «cura» (*Sorge*) è l'essere del *Da-sein* umano, che insieme alla significatività del mondo ne segna la «finitezza» o «effettività» (*Faktizität*) esistenziale, cioè il suo essere ogni volta assegnato al mondo e dipendente da esso. Il senso della cura, lo «schema concettuale» per la comprensione dell'essere dell'uomo, è la temporalità del tempo originario; non il tempo volgarmente inteso come successione di istanti o datazione di eventi, ma l'unità «estatica» di passato, pre-

sente e futuro, che si apre nel progetto, nel modo come l'uomo *ad-viene* a se stesso, si precorre, e in tale *ék-stasis* o trascendenza definisce anche il passato e il presente, la effettività da trascendere e il momento del «salto», della decisione.

La temporalità è l'orizzonte in cui si inscrive la questione dell'essere della storia dell'ontologia. Così il pensiero greco ha compreso l'ente nel suo essere come *ousía* o *parousía*, come «essenza» o «presenza», come essere-presente: a partire, cioè, dal tempo presente. Ma tale comprensione che domina l'intera tradizione filosofica si è cristallizzata nel solo grado temporale del presente, oscurando così sia la congiunzione «essere *e* tempo» sia la co-originarietà di passato, presente e futuro. L'omissione del senso temporale e il concetto «volgare» di tempo come successione di istanti, di tempi presenti, non sono semplici errori filosofici. Essi hanno la loro radice più profonda in un modo di essere difettivo del *Da-sein* stesso, che ne segna la storia e che Heidegger intitola (in senso neutrale) «deiezione» (*Verfallen*). Per esso l'uomo decade dal proprio autentico poter-essere-se-stesso nel mondo quotidiano della pubblica opinione e del *si* impersonale, caratterizzato dai fenomeni deiettivi della «chiacchiera» (il *si dice* o la fama), della «curiosità» e della «ambiguità». L'uomo comprende allora l'ente come cosa-presente (*Vor-handenes*) e se stesso come la cosa-Io (*Ichding*), soggetto o coscienza isolata e «senza mondo». Al «vortice della deiezione», Heidegger contrappone la possibilità, per l'esserci, di una esistenza autentica: essa si fonda sulla decisione con cui l'uomo assume il progetto nel quale si trova gettato come progetto proprio, uscendo dalla genericità delle opinioni impersonali che dominano la chiacchiera quotidiana. Alla base dell'esistenza autentica c'è per Heidegger la decisione anticipatrice della morte: tra tutte le possibilità che si offrono all'esistenza, solo la morte è ineludibile, costitutiva, e perciò autenticamente propria di ciascuno. Assumere consapevolmente questa possibilità (non, ovviamente, nel senso di realizzarla morendo) apre l'esistenza a vivere autenticamente anche tutte le altre possibilità al di qua di essa.

• *Oltre la metafisica, verso il linguaggio.* L'analitica esistenziale di *Essere e tempo* avrebbe dovuto aprirsi, in una terza sezione della prima parte che non è mai stata scritta, in un'ontologia generale: dal tema «Esserci e temporalità» Heidegger avrebbe voluto passare al tema più vasto «Essere e tempo». Ma questo passaggio non c'è stato, e non per motivi occasionali. Nella lettera *Sull'umanismo* si legge che l'incompiutezza di *Essere e tempo* è dovuta all'inadeguatezza del linguaggio della metafisica, ancora dominato dal modello della *semplice-presenza*, che conduce a identificare l'essere con l'ente, con l'oggetto, dimenticando la differenza ontologica. Ma dal linguaggio della metafisica non si esce facilmente: essa è qualcosa di più di un «errore» teoretico: è il «destino» stesso per cui, nella cultura occidentale (che ha inizio in Grecia), l'essere si rivela nascondendosi (a questo «gioco» di luce e oscurità Heidegger dà il nome *Lichtung*, «radura»). Parallelamente, se il linguaggio di *Essere e tempo* era uno strumento inadeguato, la via che Heidegger adesso percorre non è quella di costruirsi uno strumento linguistico più efficace, ma invece quella di mettere in questione la stessa concezione strumentale del linguaggio. È così da un approfondimento della problematica di *Essere e tempo* che sorgono i temi centrali del «secondo» Heidegger: la storia della metafisica come destino dell'Occidente, l'essenza della tecnica, la possibilità di un superamento della metafisica come suo compimento nel mondo contemporaneo, l'essenza del linguaggio ecc. Il compito proprio del pensiero consiste ora per Heidegger in quella che già *Essere e tempo* aveva indicato come la «distruzione della storia dell'ontologia», dove per «distruzione» (*Destruktion*, *Abbau*, → decostruzione) si deve intendere un gioco di «destrutturazione» che, «smantellando» la metafisica e il suo linguaggio, liberi lo spazio per un pensiero non più metafisico, che superi l'oblio dell'essere. È così naturale che gli «esercizi ermeneutici» di Heidegger si rivolgano soprattutto ai pensatori greci (e in particolare ai presocratici) e a Nietzsche, cioè, rispettivamente, all'inizio e alla fine della tradizione metafisica. Un altro «interlocutore» essenziale è Hölderlin: se infatti il linguaggio della metafisica è inadeguato, la poesia è invece il modello di un linguaggio non oggettivante, non ridotto a semplice strumento d'informazione. Il linguaggio non è strumento perché coincide con lo stesso essere-nel-mondo che caratterizza l'esserci. Nel linguaggio che, in quanto gettato in un contesto storico, l'uomo si trova a parlare, si disegnano gli schemi che rendono possibile l'esperienza delle cose, l'incontro con l'essere degli enti. Così, non è l'uomo che dispone del linguaggio, come non è l'uomo che decide se esistere o no: piuttosto, è il linguaggio a disporre dell'uomo. «L'uomo», dice Heidegger, «parla solo in quanto risponde al linguaggio». Questa corrispondenza si realizza, negli scritti di Heidegger, accettando, per così dire, il gioco che il linguaggio ci propone, quindi costruendo lunghe catene di associazioni linguistiche: è per questo che nella «filologia» heideggeriana hanno tanta importanza procedimenti che tradizionalmente rientrano nella retorica, come la figura etimologica e la paronomasia.

Che ne è dell'essere alla fine del percorso filosofico di Heidegger, che appunto nel problema dell'essere ha avuto la sua molla? Alla confusione metafisica fra essere ed ente e all'oblio metafisico dell'essere, Heidegger ha opposto un pensiero della «differenza», un pensiero «rammemorante». Ma la «differenza» non è per lui la differenza *fra* essere ed ente, ma piuttosto il differire, da parte dell'essere, la propria manifestazione, rivelandosi (e, insieme, nascondendosi) nell'ente, in modo di volta in volta diverso nelle varie «epoche» (dal gr. *epoché*, «sospensione») della storia della metafisica. La «rammemorazione», dal canto suo, non può essere in alcun modo una ripresentificazione, una rivelazione «spettacolare» e totale dell'essere («mito» che rientrerebbe in pieno negli schemi della metafisica). Nelle ultime opere di Heidegger (e soprattutto in *La questione del pensiero*) si fa strada un'ipotesi diversa: la nozione antimetafisica di «differenza» non è forse ancora oltre la metafisica, giacché l'essere viene pensato, in base ad essa, pur sempre a partire dall'ente, «per differenza»; l'essere stesso è forse pensabile solo come *arché* dimenticata che regge tuttavia la storia della metafisica. Può allora darsi che il mondo oltre-metafisico si lascerà dietro le spalle la stessa «differenza» e l'«essere» stesso. A ciò sembrano alludere i passi (peraltro oscuri) in cui Heidegger parla dell'essenza «bifronte» della tecnica moderna, la quale, se da un lato rappresenta la realizzazione compiuta della metafisica, dall'altro può essere il «preludio dell'*Ereignis*», e l'*Ereignis* (letteralmente «evento», ma il termine ha qui tutta una serie di connotazioni che lo rendono altrettanto intraducibile, per dichiarazione di Heidegger stesso, del greco *lógos* e del cinese *tao*) è quanto si colloca «oltre» l'essere stesso. A rigore, dell'*Ereignis* non si può dire né che «è» (come l'ente), né che «si dà» (come l'essere), ma solo che «si eventua». *W. Ca. e L. Am.*

Heilmann, Luigi (Portalbera, Pavia, 1911), linguista italiano. Professore di glottologia nell'università di Bologna, dirige le riviste «Lingua e stile» e «Studi italiani di linguistica teorica e applicata». Ha dato il primo contributo esemplare, in Italia, alla ricerca linguistica strutturale con *La parlata di Moena nei suoi rapporti con Fiemme e con Fassa. Saggio fonetico e fonematico* (1955). Diversi i suoi contributi metodologici, da *Per una dialettologia strutturale* (1959) a *Considerazioni statistico-matematiche e contenuto semantico* (1963), a *Aspetti della ricerca linguistica in Italia: grammatica trasformazionale e linguistica storica* (1976). Heilmann è venuto proponendo un metodo integrale, originariamente su base strutturalista, attento alle molteplici dimensioni, qualitative e quantitative, storiche e geografiche, psicologiche e sociologiche, del fenomeno linguistico; in tale metodo trova espressione anche un'esigenza di sintesi di contro ai riduttivismi e alle unilateralità degli approcci e delle teorie linguistiche del passato e correnti.

Heimsoeth, Heinz (Colonia 1886-1975), filosofo tedesco. Ha insegnato nelle università di Marburgo, Königsberg e, dal 1931, Colonia. Particolarmente importanti sono i suoi contributi intorno al pensiero di G.W. Leibniz, al centro sia di studi monografici sia di ricerche comparatistiche. In *Il metodo della conoscenza in Cartesio e Leibniz* (2 voll., 1912-14), Heimsoeth rileva una differenza metodologica fondamentale fra i due pensatori: mentre Cartesio procede a partire dall'*ego cogito*, Leibniz muoverebbe dalla definizione della sostanza, distanziandosi dunque dal soggettivismo cartesiano per approdare a una posizione ontologica. Le indagini di storia della filosofia sviluppate nell'opera *I sei grandi temi della metafisica occidentale* (1921), rivelano un'attenzione per i sistemi filosofici che va al di là delle suddivisioni tradizionali, per approdare a una storia dei concetti e delle idee. Tra le numerose opere ricordiamo inoltre: *Fichte* (1923); *Coscienza della personalità e cosa in sé in Kant* (1924); *L'idea nietzschiana della storia* (1938); *Atomo, anima, monade* (1960).

Heisenberg, Werner Karl (Würzburg 1901 - Monaco di Baviera 1976), fisico tedesco. Assistente di M. Born a Gottinga nel 1924, si trasferì dopo pochi mesi all'Istituto di fisica teorica di Copenaghen diretto da N. Bohr. Nel 1932 fu insignito del premio Nobel per la fisica. Il suo nome è connesso soprattutto all'enunciazione del principio di indeterminazione, secondo cui è impossibile misurare contemporaneamente la posizione e la velocità (o l'impulso) di una particella. Poiché questo rendeva impossibile predire in modo assolutamente esatto la posizione di una particella, ne seguiva la necessità di servirsi a tal fine di previsioni di carattere statistico, nelle quali si tratta di prevedere non già la comparsa di un certo evento, bensì il grado di probabilità del fatto che esso abbia luogo. Ora, secondo Heisenberg, tutto ciò esclude pure che dietro le asserzioni statistiche della fisica quantistica si possa supporre un ordine naturale deterministico, che noi non riusciamo ad afferrare ma che tuttavia esisterebbe in modo indipendente da noi. A questa conclusione, che caratterizza la posizione in generale della scuola di Copenaghen (a cui appartengono, oltre a Heisenberg, Bohr e von Weizsäcker), egli giunge sulla base della convinzione metodologica che abbia un'esistenza obiettiva soltanto ciò che è misurabile, soltanto ciò che può essere prodotto sperimentalmente.

Su questa base, infatti, l'impossibilità in linea di principio di determinare simultaneamente la posizione e l'impulso di una particella significava che era impossibile che nella realtà queste due grandezze esistessero contemporaneamente (Heisenberg condivideva infatti il principio di complementarità di Bohr). La convinzione che esista soltanto ciò che è osservabile (dove «osservabile» è da intendere come «misurabile sperimentalmente») comportava anche, se connessa al principio di indeterminazione, che venisse rifiutato il principio classico di causalità, una delle cui formulazioni dice che è sempre possibile, posta l'esatta conoscenza dello stato presente di un sistema isolato, prevedere esattamente il suo stato futuro. Secondo Heisenberg, questo principio è da rigettare perché non è mai possibile, proprio in conseguenza della relazione di indeterminazione, conoscere esattamente lo stato presente di un sistema fisico. Le sue principali opere di interesse filosofico sono: *Mutamenti nei fondamenti delle scienze della natura* (1935); *Natura e fisica moderna* (1957); *Fisica e filosofia* (1959).

Heller, Ágnes (Budapest 1929), filosofa ungherese. Allieva di G. Lukács e principale esponente della scuola di → Budapest, la Heller figura già tra i filosofi critici dell'Est riuniti a Berlino nel 1956, su iniziativa di E. Bloch, a discutere il tema della libertà. Il problema del rinnovamento della filosofia viene affrontato dalla Heller non solo con l'acquisizione della pluralità dei marxismi, ma anche ricorrendo alla sociologia critica di Th.W. Adorno, E. Fromm, Ch.W. Mills e soprattutto ai movimenti reali, ai bisogni cui la filosofia deve dar voce (*La teoria dei bisogni di Marx*, 1968; *Sociologia della vita quotidiana*, 1970). Nel 1973, in seguito alla condanna ufficiale delle sue posizioni, emigra in Australia, ove scrive una serie di opere di carattere antropologico (*Istinto e aggressività*, 1976; *Teoria dei sentimenti*, 1978; *Teoria della storia*, 1981). A esse fa da sostegno teorico lo sviluppo del tema della ragion pratica; in questo ambito l'interesse per la vita quotidiana appare la base per una teoria delle oggettivazioni (produzioni materiali e valori spirituali, scienza, economia, arte, morale, filosofia) intese come elaborazione del rapporto tra individuo e genere, ossia del punto di vista e del patrimonio dell'intera evoluzione dell'umanità. Accantonata così l'idea marxiana della centralità del lavoro (e del paradigma della produzione) nella spiegazione della realtà socioculturale, la Heller si avvicina alle tesi di J. Habermas sulla sfera della comunicazione e dell'interazione sociale. Opere come *La filosofia radicale* (1978) e *Il potere della vergogna* (1983), oltre a contenere un dibattito critico con Habermas e K.O. Apel, teorizzano una fondazione del valore nell'ambito dell'ideale comunità democratica di esseri razionali che pensano autonomamente, superando quindi la fondazione ontologico-sociale (debitrice dell'impostazione lukacsiana) presente in *Per una teoria marxista del valore* (1974).

La Heller ricopre attualmente la cattedra intitolata a Hannah Arendt nella New School for Social Research di New York. Le sue opere più recenti sono caratterizzate da un marcato interesse per la filosofia morale: *Al di là della giustizia* (1987); *Etica generale* (1989); *Filosofia della morale* (1990) dove, confrontandosi con R. Rorty, A. MacIntyre, J. Rawls, viene prospettata un'etica filosofica non prescrittiva.

Helmholtz, Hermann Ludwig Ferdinand von (Potsdam 1821 - Berlino 1894), fisico e fisiologo tedesco. Professore di fisiologia a Königsberg, a Bonn e a Heidelberg, e dal 1870 di fisica all'università di Berlino. L'esito principale delle sue prime ricerche, svolte alla luce del dibattito sul vitalismo, fu la memoria *Sulla conservazione della forza* (1847), dove espose il programma meccanicista di riduzione di tutti i fenomeni naturali a movimenti di materie dotate di forze la cui intensità dipende dalla distanza, e mostrò come ne derivino il principio di conservazione della forza e, in particolare, l'equivalenza di calore e lavoro meccanico. I processi metabolici caratteristici del vivente devono quindi essere concepiti come trasformazioni sottoposte al principio di conservazione della forza; il vitalismo, in quanto istituisce una discontinuità tra fenomeni meccanici e fenomeni biologici, finisce per vedere in questi ultimi una realizzazione del moto perpetuo. Per il resto della sua vita, Helmholtz diede corpo alla sua intuizione dell'unità dei fenomeni naturali analizzando vari processi e fenomeni fisiologici con gli strumenti della fisica e approdando a una sorta di versione materialistica del kantismo, secondo cui le sensazioni non riproducono le cose, ma dipendono in modo essenziale dalle differenti fibre nervose stimolate e dalle loro diverse connessioni centrali: solo le relazioni tra le sensazioni, nella loro regolarità, rispecchiano la regolarità oggettiva dei fenomeni. Contro Kant, Helmholtz sostenne il carattere acquisito dalla percezione dello spazio e la non trascendentalità degli assiomi della geometria (*Sull'origine e il significato degli assiomi geometrici*, 1870; *I fatti nella percezione*, 1878). Per Helmholtz la validità degli assiomi di una particolare geometria non può che essere un fatto empirico; e nulla prova che un'eventuale geometria pura (costruita mediante e nell'intuizione pura dello spazio, se questa esiste) debba concordare con l'effettiva geometria dello spazio fisico.

Helvétius, Claude-Adrien (Parigi 1715-1771), filosofo francese. Cominciò gli studi al collegio gesuita Louis-le-Grand, ma si staccò presto da quell'insegnamento per dedicarsi alla poesia e alla lettura dei grandi moralisti (La Rochefoucauld, Montaigne), e poi di filosofi e scienziati quali Newton, Locke, Voltaire, Buffon. Di Voltaire divenne amico in seguito all'invio al già celebre illuminista delle *Epistole*, nelle quali si dichiarava suo discepolo e faceva propri i grandi temi dell'illuminismo (lotta al pregiudizio, negazione dei miracoli). Divenuto amico anche di Montesquieu, lesse prima della pubblicazione *Lo spirito delle leggi* e dichiarò la sua

opinione sull'opera in uno scritto intitolato *Esame critico dello «Spirito delle leggi» fatto dall'autore di «Dello Spirito»* (non pubblicato). Con la pubblicazione della sua prima opera importante, *Dello Spirito* appunto (1758), fu condannato dall'arcivescovo di Parigi e dal parlamento e dovette riparare per qualche tempo in Prussia; in seguito, per rispondere alle accuse mossegli, scrisse *Dell'uomo* (postumo, 1773). Tenne un salotto letterario e filosofico frequentato dagli illuministi; dopo la sua morte, la moglie continuò l'attività di organizzatrice della cultura illuministica, dando origine al gruppo degli «idéologues».
Il pensiero di Helvétius è ispirato alle teorie gnoseologiche di Condillac, che egli sviluppa fino alle estreme conseguenze. Non esiste alcun salto tra le facoltà sensibili e quelle che chiamiamo intelligibili; il giudizio non è che la facoltà di comparare sensazioni diverse e lo spirito *è* la nostra nozione dei rapporti tra le sensazioni. Dalla percezione di piacere o di dolore che accompagna ogni nostra sensazione nasce l'impulso all'azione; l'interesse è, in definitiva, l'unica molla che ci determina ad agire. I nostri giudizi morali sono riconducibili, in ultima analisi, a questa elementare dinamica di piacere - dolore e ricerca del primo - ripulsa del secondo. Infatti diciamo «buona» un'azione utile per chi la riceve o, più in generale, per la collettività; e «cattiva» un'azione che ha gli effetti contrari. Anche le valutazioni morali ispirate a valori quali l'onore, la nobiltà ecc. hanno al fondo moventi utilitaristici. Il comportamento degli uomini è in gran parte determinato dalle esperienze fatte e dalle abitudini contratte. Gli uomini sono eguali tra loro per natura: le differenze sono solo dovute all'educazione e all'ambiente. Sono la corruzione della società e l'ignoranza che provocano i vizi e i comportamenti immorali, per combattere i quali occorre riformare quindi la società e l'ambiente, e in secondo luogo trasformare e uniformare l'educazione degli individui. Poiché nessuna inclinazione viziosa è innata ma tutte sono acquisite, l'educazione può essere strumento capace di formare individui socievoli e virtuosi; il fine dell'educazione deve essere quello di sviluppare al massimo grado quelle facoltà e attitudini che rendono l'uomo atto a vivere pacificamente con i suoi simili e nel modo più felice possibile.

Hempel, Carl Gustav (Oranienburg, Germania, 1905), epistemologo statunitense di origine tedesca. Allievo di H. Reichenbach e membro del circolo di → Berlino, fu a contatto anche con gli esponenti del circolo di → Vienna. Abbandonata l'Europa con l'avvento del nazismo, si trasferì negli Stati Uniti, dove ha insegnato, dopo il 1955, nelle università di Princeton e di Pittsburgh. Tra i più importanti esponenti del → neopositivismo, negli anni Quaranta dà importanti contributi alla logica del discorso scientifico, a partire da un'analisi dei concetti di → *conferma* e di *grado di conferma* empirica (*Studi sulla logica della conferma*, 1945), da cui scaturisce, tra l'altro, la scoperta del cosiddetto *paradosso dei corvi* (anche l'osservazione di un oggetto non nero diverso da un corvo è una conferma dell'ipotesi che tutti i corvi sono neri). Negli stessi anni elabora il modello della spiegazione mediante *leggi di copertura* (*Studi sulla logica della spiegazione*, 1948, con P. Oppenheim), in seguito applicato anche alla spiegazione storica e a quella statistica e probabilistica (→ Popper-Hempel, modello). Hempel è stato uno dei protagonisti del processo di revisione interna del movimento neopositivista, di cui ha criticato l'originario punto di vista verificazionista (*Problemi e cambiamenti del criterio empirista di significanza*, 1950), e, successivamente, la cosiddetta *concezione standard delle teorie*, elaborata negli anni Cinquanta (*Il significato dei termini teorici*, 1973). Altre opere: *Aspetti della spiegazione scientifica e altri saggi* (1965); *Filosofia delle scienze naturali* (1966).

Hemsterhuis, Franciscus (Franecker, Frisia, 1721 - L'Aia 1790), filosofo olandese. Visse a lungo in Germania, dove nel 1774 incontrò la principessa Amalie Gallitzin e ne divenne il maestro. Fu la Gallitzin a introdurlo nel Circolo di Münster, un cenacolo letterario che influì sul romanticismo tedesco. Le sue *Opere filosofiche* (tra cui una *Lettera sui desideri*, 1770; e una *Lettera sull'uomo e i suoi rapporti*, 1772, che fu commentata da Diderot) furono pubblicate postume nel 1792. Non si può intendere la gnoseologia di Hemsterhuis, secondo la quale gli organi di senso ci forniscono le idee primitive, se non ci si riferisce all'empirismo e al sensismo del suo tempo (tipica, per es., la sua ipotesi, fondata sul legame fra anima e organi di senso, dell'esistenza di una lingua primitiva). Ma le molteplici influenze non nascondono l'aspetto originale della sua filosofia, rappresentato dalla dottrina dell'organo morale, che è irriducibile al «sentimento morale» o al «senso morale» dei quali parlano molti filosofi del Settecento. Quest'organo, che «finora non ha avuto un nome proprio», aspira, pur nella sua indeterminatezza, a una funzione ben più larga perché ci manifesta l'aspetto morale dell'universo, ci dà coscienza del nostro rapporto con Dio, ci permette di cogliere dal punto di vista delle essenze tutto ciò che gli altri organi ci fanno cogliere dal punto di vista dell'essere e della qualità. Le tesi di Hemsterhuis sull'organo morale suscitarono grande interesse in J.G. Herder, F.H. Jacobi, Novalis, Fr. Schlegel, i quali guardarono con attenzione anche alla sua estetica, sottolineando in particolare le affermazioni relative all'ispirazione e all'esistenza di un bello di essenze.

Herbart, Johann Friedrich (Oldenburg 1776 - Gottinga 1841), filosofo e pedagogista tedesco. Fu allievo di Fichte a Jena ma non ne condivise il pensiero, rivendicando anzi la necessità di confutarne l'idealismo attraverso un ritorno a Kant. Interrotti gli studi, fece il precettore in Svizzera, dove venne a contatto con l'opera del pedagogista J.H. Pestalozzi. Nel 1809 ricoprì a Königsberg la cattedra che era stata di Kant, e dal 1833 insegnò a Gottinga. Le sue principali opere filosofiche sono: *Introduzione alla filosofia* (1813); *Psicologia come scienza* (1824-25); *Metafisica generale* (1828-29). Frutto dei suoi studi pedagogici furono gli scritti: *Pedagogia generale* (1806), dedicato a Pestalozzi, e il *Disegno di lezioni di pedagogia* (1835).
La filosofia, per Herbart, è «elaborazione di concetti dati dall'esperienza». Questa elaborazione è necessaria perché l'esperienza è contraddittoria, e la contraddizione non può essere un principio di conoscenza. Solo il superamento della contraddizione conduce all'essere in sé, al vero. Accogliendo la tesi kantiana che l'esperienza è fenomeno, Herbart sostiene che finché la conoscenza resta al livello del fenomeno essa avrà sempre per suo oggetto l'«apparenza» dell'essere, e non l'essere. La contraddizione più evidente è per Herbart quella insita nel concetto di «cosa». L'esperienza ci presenta la «cosa» come identica in se stessa (unità), ma anche come coesistenza di più proprietà (molteplicità). Come superare le contraddizioni dell'esperienza e giungere all'essere in sé che rende pensabili i concetti? Herbart ricorre all'affermazione della presenza di entità «reali», assolutamente semplici e immutabili, di cui si ignora l'esistenza intima; questi «reali» partecipano a molteplici relazioni, ma le relazioni non appartengono all'essenza del reale, sono «vedute accidentali», che dipendono dal pensiero e non sono reali, come non sono reali i logaritmi, le tangenti. Ogni forma dell'accadere è, secondo Herbart, costituita dal complesso di relazioni tra reali, sollecitati, nelle loro modificazioni, da un «perturbamento» a cui reagiscono con un atto di «autoconservazione». La dinamica dell'accadere universale è quindi tutta riconducibile alla pressione esterna che produce modificazioni nelle relazioni dei reali, e alla opposta reazione che tende all'autoconservazione delle esistenti strutture relazionali dei reali.
• *Psicologia, estetica e pedagogia*. Sulla base di questi principi filosofici, Herbart elabora una psicologia, una estetica e una pedagogia. L'anima è un *reale* semplice e immutabile in relazione con altri reali; gli atti di autoconservazione dell'anima producono delle rappresentazioni che hanno intensità diverse, quantificabili matematicamente. Il grado di intensità di una rappresentazione che affiora alla coscienza costituisce così uno stato psichico che è matematicamente determinabile e quindi classificabile. L'estetica è la scienza dell'«estimazione», e comprende sia la valutazione artistica sia quella etica. Il modello di valutazione artistica fa riferimento al piacere o al dispiacere che l'oggetto d'arte produce. Le valutazioni etiche hanno per oggetto il rapporto tra la volontà del singolo e la volontà altrui. Herbart mette in luce cinque rapporti permanenti che sono il fondamento dell'etica: libertà interiore, perfezione, benevolenza, diritto, equità. Queste idee-modello sono anche i parametri di comportamento concreto secondo i quali l'uomo deve agire nel suo tentativo di raggiungere la virtù, che rimane la vera meta di ogni educazione; ma se è l'etica a indicare il fine, è la psicologia a fornire il metodo e gli strumenti atti a conseguirlo. La formazione della moralità nell'uomo, la capacità cioè di giudicare e agire secondo le idee-modello, è legata d'altra parte strettamente al bagaglio delle conoscenze; l'istruzione svolge così in Herbart un importante ruolo educativo, orientando la volontà nella scelta del bene e del male. Condizione necessaria perché l'ideale educativo dell'istruzione si realizzi concretamente è che questa abbia a suo fondamento l'interesse e che non cessi con la scuola, ma prosegua per tutta la vita. La cultura trasmessa nel processo di istruzione deve essere inoltre quanto più varia e ricca possibile. La pedagogia herbartiana influenzò notevolmente la strutturazione della scuola tedesca, soprattutto secondaria, sino alla prima guerra mondiale. Anche in Italia parecchi pedagogisti, primo fra tutti L. Credaro, si rifecero ampiamente a essa nelle loro teorie.
Herbert di Cherbury, Edward (Eyton, Shropshire, 1583 - Londra 1648), filosofo inglese. Vissuto nell'età delle grandi controversie teologiche e dei conflitti di religione, si rifece a motivi neoplatonici e stoici per formulare una dottrina secondo cui l'istinto naturale, o la voce della ragione, fornisce a tutti gli uomini alcuni principi generali («nozioni comuni»), non derivati dall'esperienza, e quindi «innati», né bisognosi di dimostrazione, in quanto evidenti intuitivamente: tali principi sono a fondamento tanto della conoscenza intellettuale quanto della morale e della religione. A quest'ultimo riguardo, nel *De veritate* (1624) Herbert illustra i seguenti principi: esiste un potere supremo, Dio, creatore di tutte le cose; gli uomini hanno il dovere di venerarlo; la pratica della virtù è la parte essenziale del culto religioso, il miglior modo di rendere onore a Dio; è doveroso pentirsi delle cattive azioni e ravvedersi (in polemica con le dottrine della predestinazione); agli uomini sono riservati premi e castighi ultraterreni. In ogni religione, comprese quelle pagane, secondo Herbert, si ritroverebbero questi principi, anche se non in questa forma pura; perciò essi sono veramente «cattolici» nel senso etimologico del termine, in quanto cioè su di essi c'è un consenso universale. Limitandosi a que-

sto fondo di verità comune si ha una «religione naturale», o puramente razionale, priva di superstizioni e di fanatismo, lontana tanto dall'ateismo quanto da ogni pretesa di ortodossia, quindi portatrice di pacificazione; la religione naturale, d'altronde, contiene tutto quel ch'è necessario per la salvezza. Non è solo una proposta di purificazione del cristianesimo, quella di Herbert, ma piuttosto la prima formulazione di quello che poi si sarebbe chiamato → deismo, sollecitata dall'esperienza della grande varietà di credenze religiose dell'umanità rivelata dalle nuove conoscenze sui popoli extraeuropei. Storicamente, questa proposta era destinata a dominare il pensiero europeo sino alla fine del sec. XVIII; tuttavia, proprio contro l'innatismo, che in Herbert ne costituiva il fondamento epistemologico, è rivolto il *Saggio sull'intelligenza umana* di J. Locke. Tra le sue opere di illustrazione della dottrina e di polemica anticlericale si ricordano *De causis errorum* (1645), *De religione laici* (1645), *De religione gentilium* (postuma, 1663).

Herder, Johann Gottfried (Mohrungen, Prussia Orientale, 1744 - Weimar 1803), filosofo, teologo e letterato tedesco. Dal 1762 studiò teologia a Königsberg, dove frequentò le lezioni di Kant e strinse amicizia con J.G. Hamann, altro protagonista del rinnovamento teologico, filosofico e letterario dell'epoca. Del periodo di Riga, dove Herder si trasferì nel 1764 e fu predicatore assai apprezzato dal 1765 al 1769, sono i primi scritti di estetica e di critica: *Sulla recente letteratura tedesca. Frammenti* (1766-67) e le *Selve critiche* (1769). Del viaggio per mare, che nel 1769 doveva portarlo da Riga a Nantes, con meta Parigi, Herder lasciò un *Diario* (allora rimasto inedito) assai importante come documento di una nuova sensibilità stilistica e letteraria e ricco di spunti pedagogici innovatori. Nel 1770 a Strasburgo ebbe occasione di incontrarsi di frequente con Goethe; frutto dei loro colloqui fu anche la raccolta di saggi *Intorno al carattere e all'arte dei tedeschi* (1773), a cui collaborò anche J. Möser e che è considerata come una sorta di manifesto dello Sturm und Drang. Pastore di corte a Bückeburg, Herder pubblicò due scritti di notevole risonanza: il *Saggio sull'origine del linguaggio* (1772) e il «pamphlet» *Ancora una filosofia della storia per l'educazione dell'umanità* (1774), oltre a un saggio sul significato della Genesi intitolato *Il più antico documento del genere umano* (1774-76). Nel 1776, per interessamento di Goethe, fu chiamato a Weimar, dove rimase fino alla morte, salvo un viaggio in Italia nel 1788-89. Gli scritti di questo periodo sono numerosissimi: *Plastica* (1778), *Il conoscere e il sentire dell'anima umana* (1778); raccolte di *Canti popolari* (1778-79); *Lettere sullo studio della teologia* (1780-81); *Lo spirito della poesia ebraica* (1782-83); le *Idee per la filosofia della storia dell'umanità* (1784-91), forse la sua opera più celebre e fortunata, specie nell'Ottocento; i dialoghi intitolati *Dio* (1787) sui problemi dello spinozismo; *Fogli sparsi* (1785-97); le *Lettere per la promozione dell'umanità* (1793-97); gli *Scritti cristiani* (1794-98); i due scritti polemici contro Kant, rispettivamente sul fronte della critica della ragion pura (*Metacritica*, 1799) e dell'estetica (*Kalligone*, 1800); infine, la raccolta di saggi *Adrastea* (1801-03).

L'opera di Herder, al di là della sua consistenza filosofica intrinseca, è molto significativa come testimonianza di un'intera stagione della cultura tedesca che va dallo Sturm und Drang, ossia dall'impetuoso movimento antilluministico e anticlassicistico, ricco di suggestioni rousseauiane, che esplode negli anni Settanta, fino all'ultima fase dell'Aufklärung, quando, alla fine del Settecento, l'illuminismo tedesco fa ampio spazio a motivi classicheggianti e naturalistici e a un'interpretazione sostanzialmente etica del cristianesimo integrandoli nell'ideale della *Humanität*, di cui Herder è stato indubbiamente il principale assertore. Nei primi scritti del periodo di Riga e di Bückeburg Herder propugna una critica e un'estetica che prestino attenzione alla poesia popolare, ingenua, contrapposta alla sofisticata «poesia d'arte»; ma questo programma non risponde soltanto a motivi estetici, bensì anche a un criterio metodologico destinato ad avere poi notevole risonanza nello storicismo dell'Otto e Novecento, e cioè all'esigenza di comprendere ogni opera di poesia, come ogni epoca storica, dall'interno, trasferendosi in essa per coglierne l'individualità e la peculiarità irripetibile.

Questa prospettiva genetico-organicistica porta Herder a polemizzare contro l'illuminismo di quegli anni anche sul terreno della filosofia della storia e riguardo alla concezione della ragione. Da un lato, infatti, egli attacca aspramente le concezioni illuministiche del progresso come sviluppo rettilineo commisurato alla conquista della razionalità tipica dell'età dei «lumi» ed eretta a criterio assoluto e atemporale (in questa polemica confluiscono forti punte antifrancesi, antiprussiane e antistataliste e motivi tipici della tradizione religiosa tedesca per cui ogni popolo nella sua vita spontanea va considerato come manifestazione unica e irripetibile della divinità). D'altra parte, nell'esame del problema allora assai dibattuto dell'origine divina o umana del linguaggio, Herder imbocca una strada che, da ultimo, lo porterà a polemizzare anche contro Kant per aver affermato una concezione «pura» della ragione, ignorandone i legami vitali con il linguaggio. Proprio perché non ha origine divina e neanche animale, ma specificamente umana, il linguaggio è ciò che caratterizza l'uomo, «creatura linguistica» nel duplice senso di creatore del linguaggio e di creatura del linguaggio. Siccome il linguaggio non riproduce strutture logiche o ontologiche preesistenti, ma, al contrario, logica e grammatica non fanno che esprimere il modo in cui le diverse lingue si sono via via organizzate, non ha senso contrapporre la ragione alla sensibilità, all'immaginazione, all'ingegno; si deve invece considerarla come principio di organizzazione e di perfezionamento del linguaggio nella sua vita e nel suo sviluppo storico.

Questo senso di organicità si fa sentire sempre più forte nel periodo di Weimar, anche per il rilievo preso dalla interpretazione di Spinoza e del suo monismo e naturalismo, sia pur integrati da motivi leibniziani. Herder descrive allora l'intera realtà come un grandioso processo unitario, nel quale si manifesta una forza divina, esprimendosi attraverso «organi» che sono forme di vita sempre più alte, sempre più complesse. In questo quadro, la storia si configura come la fase più elevata (ma non isolata o staccata) di quel medesimo processo: quella fase in cui, attraverso il linguaggio e la ragione, la vita tende a forme sempre più alte di equilibrio etico ed estetico al tempo stesso, cioè a quella *Humanität* che è l'armonico comporsi delle successive conquiste storiche dell'uomo. Anche quando l'ideale della *Humanität* sarà coinvolto nel tramonto dell'illuminismo, il pensiero di Herder conserverà una certa efficacia, soprattutto nelle correnti romantiche, sia per l'affermazione di una concezione viva, organica della natura, sia per la rivendicazione del diritto dei popoli a esprimere in modo autonomo la loro individualità nazionale e culturale, quale contributo insostituibile alla formazione dell'umanità.

Hermes, Georg (Dreyerwalde, Westfalia, 1775 - Bonn 1831), teologo tedesco. Professore a Münster (1807) e poi a Bonn (1819), si impose con una *Ricerca sulla intrinseca verità del cristianesimo* (1805) e più ancora con l'*Introduzione alla teologia cristiano-cattolica* (1819), che difese più tardi in una *Introduzione positiva* (1829). Hermes muove dal dubbio metodico quale fondamento di tutta la riflessione teologica, e cerca di provare la necessità della fede e del suo contenuto richiamandosi alle esigenze della ragione pratica kantiana. Tale ragione pratica, riassunta nella sua regola suprema «rispetta in te e negli altri la dignità umana», viene a essere l'unico criterio per valutare l'opportunità di aderire alle verità soprannaturali. Questo criterio però, secondo Hermes, può essere il punto di partenza per una fondazione teoretica dell'esistenza di Dio e della rivelazione. Hermes fece rapidamente scuola, dando vita allo hermesianesimo, un movimento religioso aperto alle istanze del pensiero moderno, condannato come «razionalismo» da Gregorio XVI (1835).

Herskovits, Melville Jean (Bellefontaine, Ohio, 1895 - Evanston, Illinois, 1963), antropologo statunitense. Allievo di F. Boas, fu professore di antropologia alla Howard University e, dal 1935, alla Northwestern University. Ha condotto ricerche sulle culture afro-americane (Guayana olandese, Haiti, Trinidad, Brasile) e sulle culture originarie dell'Africa occidentale. Il nome di Herskovits è legato soprattutto alla teoria del relativismo culturale, basata sulla duplice premessa del carattere universale della cultura e della specificità di ogni singola cultura. Secondo Herskovits, i molteplici aspetti della cultura (sistemi di produzione e distribuzione dei beni, forme di organizzazione sociale e politica, valori, religione, tecniche, arti) sono presenti in ogni gruppo umano, ma assumono presso ogni popolo caratteri specifici: ogni società è unica e diversa da tutte le altre e i costumi, che variano da regione a regione, hanno sempre una giustificazione nel loro specifico contesto. Sulla base di queste tesi, Herskovits presentò all'ONU, nel 1947, una «raccomandazione» sul rispetto delle diverse culture dei vari popoli e dei valori professati dai singoli individui, intesi tutti come espressioni culturali da rispettare nelle forme loro proprie. Nella stessa prospettiva, Herskovits si è interessato anche ai problemi dell'antropologia economica, sostenendo la tesi che le istituzioni economiche dei popoli preindustriali devono venire ricondotte al loro particolare contesto socioculturale, e che le categorie delle teorie economiche occidentali non sono applicabili a sistemi economici diversi. Scritti principali: *L'uomo e le sue opere* (1948); *Antropologia economica* (1952); *Antropologia culturale* (1955); *I fattori umani nell'Africa che cambia* (1962).

Hertz, Robert (Saint-Cloud 1882 - Marcheville 1915), etnologo francese. Discepolo di E. Durkheim, del maestro accettò il binomio e la distinzione fra sacro e profano, e condivise l'accentuazione che questi aveva fatto del simbolo, del mito, della ierofania all'interno della vita sociale. Ma da lui si distaccò nel ricercare ciò che è più oscuramente esistenziale nell'ordinamento «ovvio» (e allo stesso tempo inconsapevole) della vita sociale. Pur avendo compreso a fondo quell'*anomia*, di cui Durkheim dava conto nello studio sul suicidio, Hertz non si illuse e non sperò in una stabilità positivistica della vita sociale, ma, al contrario, si immerse con una attenzione sensibile e quasi preveggente nei lati più oscuri, «maledetti», della realtà dell'umano, cogliendovi la presenza — anche nella più organica e solidale delle società — del conflitto, del dubbio, della paura, della contaminazione, della tragicità. La sua indagine circa i rituali e le rappresentazioni collettive dei fenomeni si basa su tre «opposizioni» fondamentali: natura-cultura; profano-sacro; ordine-disordine; e su tre caratteri essenziali: il dualismo, l'opposizione, la polarità. Sotto questo aspetto, dunque, Hertz può essere considerato un precursore del metodo strutturale, che egli applica sia studiando l'usanza della «doppia sepoltura», sia scoprendo che tutti i riti e i miti relativi alla morte hanno una struttura monotipica (*Studio sulla rappresentazione collettiva della morte*, 1907). Nel saggio sulla *Preminenza della mano destra* (1909), egli studia in realtà un «campo» concreto e simbolico, il lato sinistro dell'esistenza; analizzando e formulando una sociologia del corpo, del simbolismo del corpo, Hertz enuncia anche una sociologia religiosa delle classificazioni delle cose del mondo, macrocosmo e microcosmo; una sociologia dello spazio sociale del lato sinistro, del versante sinistro del corpo e del mondo. «La destra è il simbolo di tutte le aristocrazie, la sinistra di tutte le plebi. Si tratta di due inconciliabili opposizioni: destra-sinistra = onore-disprezzo = attività-passività = maschile-femminile.» Le sue opere, quasi tutte rimaste incompiute e pubblicate postume, comprendono ancora *Il peccato e l'espiazione nelle società primitive* (1921); *Leggende e culto delle rocce dei monti e delle sorgenti*, di cui e stato pubblicato soltanto *Saint Besse* («Revue de l'histoire des religions», 1913); *Detti e novelle raccolti al fronte fra i soldati della Mayenne* («Revue de traditions populaires», 1917).

Heschel, Abraham Joshua (Varsavia 1907 - New York 1972), pensatore religioso statunitense di origine ebreo-polacca. Fu professore a Berlino e, come successore di M. Buber, a Francoforte; nel 1940 si stabilì negli Stati Uniti, dove dal 1954 alla morte tenne la cattedra di etica e di mistica nel seminario teologico ebraico di New York. L'opera di Heschel prende le mosse da un lavoro storico di rilettura delle fonti giudaiche bibliche e postbibliche (*Maimonide*, 1935; *I profeti*, 1936; *Torah*, 1962-65). Costante è in tale lavoro storico la preoccupazione di cogliere la rilevanza attuale dei testi: di qui la convergenza con un'altra linea di ricerca, quella filosofico-religiosa. Due sue opere vanno soprattutto segnalate: *L'uomo non è solo* (1951), «una filosofia della religione», e *Dio alla ricerca dell'uomo* (1956), «una filosofia dell'ebraismo». Per Heschel non si tratta di ricondurre la religione nei limiti della ragione o dell'esperienza psicologica, ma di avviare l'intelligenza a un incontro con realtà che la trascendono. Temi caratteristici di Heschel sono la «sollecitudine» (*concern*) di Dio per l'uomo e, in risposta, l'impegno umano come sintesi di spontaneità creativa e di obbedienza puntuale alla legge: l'esistenza umana, divisa tra studio della *Torah* e azione, ha il suo punto più alto nel sabato, tempo consacrato, momento di comunione estatica con Dio (*Il Sabato*, 1951). La proposta conclusiva di Heschel non è quindi l'evasione dalla civiltà contemporanea, ma la sua radicale correzione attraverso il richiamo alla dimensione trascendente dell'esistenza umana.

Hessen, Sergej Osirovič (Ust'-Sysol'sk, attualmente Syktyvkar, Siberia, 1887 - Lódź, Polonia, 1950), pedagogista russo. Lasciò l'Unione Sovietica negli anni Venti, per ragioni politiche; visse in Germania, in Cecoslovacchia e infine in Polonia. In polemica contro le filosofie dell'educazione di impronta marxista o naturalista, si fece propugnatore — attraverso numerosi scritti ispirati alla filosofia dei → valori e a una concezione spiritualistica del diritto e della società — di una pedagogia orientata dai valori assoluti della vita morale. La pedagogia è dunque per Hessen una filosofia applicata, dal momento che concerne l'attuazione dei valori nell'ambito della formazione individuale; quest'ultima trova il suo compimento soltanto nella grazia divina. Il pensiero di Hessen fu influenzato dalle correnti idealistiche e spiritualistiche della pedagogia contemporanea, specialmente di quella tedesca e italiana (G. Gentile). La sua opera principale è la *Pedagogia fondamentale* (1923).

Heyting, Arend (Amsterdam 1898 - Lugano 1980), logico e matematico olandese. Allievo di Brouwer, insieme a lui è uno dei principali esponenti dell'→ intuizionismo matematico. Si è occupato dell'assiomatica della geometria proiettiva e dell'algebra intuizioniste, ottenendo anche importanti risultati nella teoria intuizionista degli spazi di D. Hilbert. Fondamentali sono state le sue formalizzazioni della logica e della matematica intuizioniste (1930). Per la logica, Heyting si fonda sull'interpretazione delle formule logiche come «intenzioni di costruzioni»: 'non *A*', per es., indica l'intenzione di una contraddizione connessa con l'intenzione originale *A*. Successivamente Heyting interpretò le formule logiche come asserzioni su costruzioni, per cui la logica intuizionista viene caratterizzata come una *logica del conoscere*, a differenza di quella classica, che è una *logica dell'essere*. Queste formalizzazioni di Heyting furono da alcuni considerate come una completa descrizione dell'intuizionismo; si ritenne quindi che esse fossero in contraddizione con la tesi brouweriana della non essenzialità del linguaggio per la matematica intuizionista. Ma già nel 1930 Heyting aveva sostenuto l'impossibilità di una sua completa formalizzazione, poiché «le possibilità di pensare non possono essere ridotte a un numero definito di regole costruite anticipatamente». La formalizzazione (come l'assiomatizzazione) è solo un ausilio per la comunicazione: se è vero che l'intuizionista non cerca il rigore nel linguaggio, ma nel pensiero matematico stesso, questo però non implica una separazione assoluta fra linguaggio e matematica. «Nella effettiva ricerca matematica il linguaggio è coinvolto in modo essenziale fin dall'inizio.»

Hick, John (Birmingham 1922), teologo anglicano inglese. È uno dei maggiori rappresentanti della «nuova» → teologia cristiana delle religioni. La sua teoria tende a mostrare la legittimità del passaggio da un modello incentrato sul cristianesimo e su Gesù a un modello incentrato su Dio, in cui le religioni si connotano come risposte umane all'unica verità divina, cioè incarnazioni diverse provenienti da circostanze storiche e culturali differenti (*Dio e l'universo della fede*, 1973; *Dio ha molti nomi*, 1980). Hick giunge a tale conclusione attraverso un'ampia rassegna storica delle religioni e una profonda riflessione sulla distinzione fra istanze veritative e istanze salvifiche. A proposito di queste ultime egli sostiene che le diverse religioni non possono essere classificate per gradi di efficacia salvifica («nessuna delle grandi religioni mondiali sovrasta manifestamente le altre»); mentre sul piano della verità, riferendosi all'epistemologia kantiana, afferma che la divinità è l'«unico noumeno divino» che sta dietro tutte le religioni. La teologia di Hick non è frutto di una concessione al relativismo, inteso come appiattimento dei diversi valori e pregi delle singole religioni, ma piuttosto è il tentativo di manifestare la necessità di un dialogo, che per i cristiani non è precluso neppure dalla fede in Gesù Cristo: Dio, infatti, viene incontrato in Cristo, ma non solo in lui (*Il mito del Dio incarnato*, 1977).

Hilbert, David (Königsberg 1862 - Gottinga 1943), matematico tedesco. Il suo nome, oltre che a numerosi fondamentali contributi in vari campi della matematica (teoria degli invarianti algebrici, teoria dei numeri, calcolo delle variazioni ecc.), prodotti tra il 1892 e il 1909, è indissolubilmente legato alle indagini sui → fondamenti della matematica. L'influsso hilbertiano in questa direzione è stato eccezionale e la sua figura domina la storia della filosofia della matematica negli ultimi settant'anni. Con l'opera *I fondamenti della geometria* (1899) Hilbert portò a compimento l'evoluzione ottocentesca del metodo assiomatico. La geometria diventa la scienza delle conseguenze *puramente logiche* traibili da un sistema di *assiomi* o *ipotesi*, estremamente più articolato dei tradizionali postulati euclidei, concernenti certe relazioni di carattere astratto che intercorrono tra una serie di non meglio identificate entità chiamate *punti*, *rette* e *piani*. Queste ultime non devono avere alcun preciso riferimento oggettuale. Ai fini matematici, hanno il diritto, infatti, di esser chiamati «punti», «rette» e «piani» tutti gli enti tra i quali vige un sistema di relazioni identico a quello descritto minuziosamente dagli assiomi. Con ciò è fondata la geometria come scienza formalizzata. L'esplicitazione di tutte le ipotesi alla base della geometria consente una *oggettivazione* della scienza geometrica, con la conseguente possibilità — di portata rivoluzionaria — di assumere quello stesso complesso di ipotesi come ambito di indagine razionale al fine di scoprirne proprietà intrinseche, tra le quali, per esempio, la non-contraddittorietà. Una simile prospettiva condusse Hilbert, nel corso di vari anni, a elaborare un singolare programma di ricerca circa i fondamenti della matematica. Il *programma hilbertiano* si struttura fondamentalmente in due punti: *1*) formalizzazione di tutte le teorie matematiche sufficientemente sviluppate; *2*) analisi di queste formalizzazioni allo scopo di mostrarne l'intrinseca non-contraddittorietà. Poiché infatti le teorie matematiche formalizzate altro non sono che insiemi di proposizioni di per sé prive di significato, il criterio della non-contraddittorietà costituisce la vera discriminante per la loro accettabilità razionale. E poiché inoltre il passaggio alla formalizzazione è l'unico strumento rigoroso atto a oggettivare le teorie matematiche, il programma hilbertiano, una volta portato a termine, avrebbe necessariamente condotto la comunità degli studiosi di matematica a riconoscere che, almeno per quanto li riguardava, il problema di una fondazione razionale della matematica era definitivamente risolto. I massimi sforzi di Hilbert e della sua scuola s'appuntarono sul problema della non-contraddittorietà della teoria formale dei numeri. Questa si era infatti rivelata essere la teoria base alla quale tutte le altre, opportunamente tradotte in termini numerici, potevano essere ricondotte. Data l'intrinseca irriconducibilità ad altro di questa teoria, Hilbert si propose di affrontare il problema della sua non-contraddittorietà, studiando il concetto di dimostrazione all'interno della stessa teoria formale dei numeri al fine di escludere la dimostrabilità in essa di una contraddizione, ovvero di un teorema della forma *A* e *non-A*. Hilbert fonda così la *teoria della dimostrazione* o *metamatematica*, cioè la scienza che ha come suo oggetto le teorie formalizzate ove anche il concetto di dimostrazione è oggettivato (→ sistema formale). Sorge a questo punto il problema epistemologico di quali strumenti razionali adottare all'interno di questa nuova scienza. Infatti l'eventuale adozione indiscriminata di strumenti di tipo aritmetico renderebbe *circolare* una dimostrazione di non-contraddittorietà dell'aritmetica. Così Hilbert si propone di adottare solo un *frammento* dell'aritmetica, la cosiddetta *aritmetica finitista*, ovvero quella parte di essa che non coinvolge un riferimento alla *infinità* dei numeri. L'impostazione hilbertiana si rivelò fallace in seguito alle scoperte di K. → Gödel, ma i metodi inaugurati da Hilbert sono andati a costituire il fulcro di gran parte delle ricerche logico-matematiche contemporanee.

Sua opera più importante è *I fondamenti della matematica* (in collaborazione con P. Bernays, 1934). *S. Be.*

Hillel il Vecchio (Babilonia 70 ca a.C. - m. Gerusalemme), dottore ebreo. Trasferitosi in giovinezza dalla nativa Babilonia in Palestina, diede origine alla scuola nota come «casa di Hillel», la quale, accanto e in dialettica opposizione alla «casa di Shammaj» (fondata da Shammaj, suo collega alla presidenza del sinedrio), doveva divenire la più importante espressione del giudaismo rabbinico. Benché entrambe le scuole siano considerate depositarie della «parola del Dio vivo», le opinioni halakiche (→ halakhah) della scuola di Hillel sono state in genere adottate dalla tradizione canonizzata dalla *Mishnah* e dal Talmud. Tali opinioni mirano a un adattamento realistico della legge alle esigenze della vita, con particolare riguardo ai ceti meno abbienti: per questo esse contribuirono in modo determinante all'assetto che avrebbe poi assunto il giudaismo postbiblico.

Hillman, James (Atlantic City, Delaware, 1926), psicoanalista statunitense. Ha studiato filosofia alla Sorbona e al Trinity College di Dublino, e poi psicologia all'università di Zurigo, dove è entrato a far parte dell'Istituto C.G. Jung di cui è direttore. Fondatore del Dallas Institute for Humanities and Culture, dirige dal 1970 la rivista «Spring». Figura tra le più originali nell'ambito della scuola junghiana, Hillman si è impegnato in una critica radicale dei presupposti, dei metodi e del senso stesso della pratica psicoanalitica. Quest'ultima viene accusata di conservare un sostanziale impianto metafisico che dispone in una scala gerarchica (che va dall'inconscio alla coscienza) i propri elementi; di privilegiare una prospettiva apollinea della psiche, posta alle dipendenze dell'Io; di alimentare indirettamente quella patologia che invece afferma di voler combattere. Attraverso la critica all'analisi è l'intera cultura razionalistica e astratta a essere messa in questione, per la sua incapacità a relativizzarsi, per la sua pretesa di voler descrivere come le cose stanno veramente. Contro la concezione neuro-fisiologica e storico-sociale della mente che ha per obbiettivo il rafforzamento dell'Io e la bonifica dell'inconscio, Hillman propone un modello di psiche il cui soggetto sia l'*anima*, «una modalità che riconosce ogni realtà come primariamente simbolica o metaforica», una base poetica della mente pronta a interconnettere le *immagini* degli eventi, ad amplificarne le risonanze affettive, deletteralizzando i contesti singoli che, al contrario, tendono ad assolutizzare il proprio punto di vista e a scambiarlo per realtà incontrovertibile. I miti e gli archetipi, per la loro originarietà e irriducibilità alle spiegazioni univoche, rappresentano le trame invisibili della psiche e altrettante 'direzioni' possibili con cui interpretare, più che «analizzare», il senso degli eventi. Fra le sue opere ricordiamo: *Il suicidio e l'anima* (1964); *Senex et Puer* (1967); *Il mito dell'analisi* (1972); *Re-visione della psicologia* (1975); *Il sogno e il mondo infero* (1979); *Trame perdute* (1985); *Anima* (1985).

hīnayāna, termine sanscrito («piccolo veicolo») che designa la corrente originaria del → buddhismo, dapprima unica e diffusa in tutta l'India, in seguito limitata a Ceylon, alla Birmania e alla Thailandia, dopo l'affermazione del → mahāyāna. Il canone buddhistico hīnayānico è il *Tipiṭaka* («tre canestri»), scritto in lingua pāli, che risulta dall'insieme del *Vinayapiṭaka* («canestro della disciplina monastica»), del *Suttapiṭaka* («canestro dei discorsi dottrinali») e dell'*Abhidhammapitaka* («canestro della dogmatica»). Qui sono contenute le basi del buddhismo, in larga parte valide anche per il mahāyāna e per il → tantrismo. Lo hīnayāna differisce dal successivo mahāyāna nell'ideale di vita, che è quello monacale dell'*arhat*, il santo perfetto, il quale deve tendere al completo distacco dal mondo e dagli altri per immergersi nel → nirvāṇa, contrariamente al *bodhisattva* mahāyānico, il quale mira alla felicità degli altri. La via della salvazione hīnayānica infatti consiste nel superamento dell'impermanenza del reale e del ciclo delle rinascite (*saṃsāra*), nella negazione dell'io individuale e infine nella conquista del nirvāṇa, attraverso le meditazioni e l'ascetismo.

Hintikka, Jaakko (Helsinki 1929), filosofo finlandese. Allievo di G.H. von Wright, dopo aver insegnato a Helsinki e Stanford, insegna attualmente all'università statale della Florida. Autore prolifico e di vasti interessi, ha portato significativi contributi alla logica formale, alla filosofia del linguaggio, alla filosofia della scienza (logica induttiva), alla filosofia della matematica (analisi della nozione di analiticità) e alla storia della filosofia. Caratteristica di Hintikka è l'applicazione di tecniche logico-matematiche alla discussione dei problemi filosofici tradizionali. Centrale nella sua opera è l'interesse per la logica modale (alla cui semantica formale egli contribuisce con l'importante nozione di «insieme modello»), che egli applica non solo alle tradizionali → modalità aletiche (necessità, possibilità, contingenza), ma anche alle modalità deontiche (obbligatorio e lecito) e alle modalità epistemiche, ovvero all'analisi della struttura logica dei cosiddetti «atteggiamenti proposizionali» quali conoscenza, credenza, percezione, memoria, speranza e desiderio (*Conoscenza e credenza*, 1962; *La conoscenza e il conosciuto*, 1974; *Modelli per le modalità*, 1969; *Intenzioni dell'intenzionalità*, 1975). In filosofia del linguaggio il suo contributo principale è la semantica dei giochi linguistici (*game-theoretic semantics*). In *Logica, giochi linguistici e informazione* (1973) Hintikka riformula la nozione wittgensteiniana di gioco linguistico (L. → Wittgenstein) nel contesto della teoria matematica dei giochi, in contrapposizione alla teoria «raffigurativa» del linguaggio proposta da Wittgenstein nel *Tractatus* e all'olismo semantico di W.V.O. Quine: sviluppi di questo approccio si trovano in *Il gioco del linguaggio* (1983, con J. Kulas). Nello stesso testo egli propone le sue tesi, in senso lato kantiane, sulla natura sintetica a priori della conoscenza matematica e sul carattere «informativo» (secondo una originale teoria dell'informazione) delle verità logiche. Oltre alla filosofia della matematica di Kant, egli ha esaminato alcune tra le tesi principali sia dei maggiori filosofi del passato, come Platone, Aristotele, Cartesio, Leibniz, Kant, sia di autori classici più recenti, come B. Russell e Wittgenstein (*Tempo e necessità. Studi sulla teoria aristotelica delle modalità*, 1973; *Aristotele su modalità e determinismo*, 1977; *Indagine su Wittgenstein* (1986, con M.B. Hintikka).

Hirsch, Erich D. (Tennessee 1928), critico e teorico della letteratura statunitense. La parte più nota e significativa della attività di Hirsch consiste nella teorizzazione degli scopi e dei metodi di una ermeneutica letteraria (*Teoria della interpretazione e critica letteraria*, 1967; *Come si interpreta un testo*, 1976). Di contro all'interesse prevalentemente filosofico dell'ermeneutica novecentesca, Hirsch ritiene che il principio di una interpretazione valida consista nel rinvenimento della *intenzione dell'autore*. Sul piano metodologico, la validità della interpretazione dipende allora dalla assunzione di due criteri volti a differenziare l'intenzione dell'autore dagli intendimenti dell'interprete: *1*) la distinzione tra il *significato* (ciò che l'autore ha voluto significare mediante una particolare sequenza di segni) e la *significanza* (il rapporto intercorrente tra il voler-dire dell'autore e i nuovi sensi eventualmente aggiunti da lettori e critici); *2*) la distinzione tra l'*interpretazione* come atto immanente all'orizzonte interno del testo, e riferito al suo significato, di cui essa si limita a rendere esplicito ciò che, coscientemente o meno, era nell'intenzione dell'autore, e la *critica* come ricognizione dell'orizzonte esterno del testo, cioè della sua «significanza» storica. A questo punto, Hirsch ritiene di poter stabilire i criteri della interpretazione oggettiva: la *legittimità*, per cui la lettura deve essere ammissibile entro le norme pubbliche della lingua nella quale è stato composto il testo; la *corrispondenza*, ossia il principio secondo il quale la lettura deve rendere conto di ogni sua componente linguistica; l'*appropriatezza generica*, cioè l'adeguatezza del testo ai canoni del genere a cui presumibilmente appartiene; la *coerenza*, che risulta dalla conformità dei significati parziali del testo con il suo presunto significato globale.

Hirschman, Albert (Berlino 1915), economista e saggista statunitense di origine tedesca. Professore emerito all'Institute for Advanced Study di Princeton, nella sua ampia produzione si è occupato di questioni filosofiche, politiche e sociali. Passando dalla riflessione sulla ricostruzione post-bellica e sullo sviluppo dell'America latina all'analisi di fenomeni sociali quali la lealtà, la defezione e la protesta, Hirschman ha tenuto fermo un vivo interesse per il mutamento delle organizzazioni e degli stati, per come esso si origina, come si sviluppa, come viene ostacolato da forze endogene ed esogene. Il paradigma economico, basato sulla motivazione autointeressata e sulla scelta razionale, è a suo parere troppo povero per spiegare i fenomeni legati al cambiamento sia individuale sia collettivo. In alternativa, Hirschman elabora modelli generali di intelligibilità dei processi di trasformazione, a partire dalle categorie centrali di delusione delle aspettative, di mancata soddisfazione delle scelte, di effetti perversi delle azioni che innescano processi di ripensamento delle proprie e altrui strategie. In questo modo Hirschman ripropone l'economia nell'accezione settecentesca, come scienza morale e sociale, volta a rendere comprensibili l'agire umano e i suoi effetti. Tra le sue opere più note: *Strategia dello sviluppo economico* (1958); *Lealtà, defezione, protesta* (1970); *Le passioni e gli interessi* (1977); *Felicità pubblica e felicità privata* (1982); *La retorica dell'intransigenza* (1991).

Hjelmslev, Louis Trolle (Copenaghen 1899-1965), linguista danese. Fu promotore del circolo linguistico di Copenaghen (fondato nel 1931) e massimo esponente della teoria → glossematica. Dopo studi di grammatica comparata, insegnò questa disciplina prima ad Aarhus poi a Copenaghen (fin dal 1937), occupandosi specialmente di lingue baltiche. A questa fase risalgono gli *Studi baltici* (1932) e le indagini poi riprese in *Il linguaggio* (1963). Dopo la sua prima opera, i *Principi di grammatica generale* (1928), e *La categoria del caso* (1935), studio applicativo della sua grammatica generale, Hjelmslev cominciò a lavorare alla glossematica, una originale teoria del linguaggio ispirata in parte dal *Corso di linguistica generale* di F. de Saussure e in parte dalla collaborazione con Hans Jørgen Uldall. Del volume che sarebbe dovuto nascere da questa collaborazione non fu pubblicata che la breve *Presentazione schematica della glossematica* (1936), ripresa poi dal solo Uldall nei suoi *Lineamenti di glossematica* (1957); ma i principi generali su cui era fondata la nuova teoria furono espressi da Hjelmslev nell'opera *I fondamenti della teoria del linguaggio* (1943), che può essere considerata la prima, e tuttora unica, presentazione globale della linguistica nel quadro della semiotica. Successivamente, Hjelmslev precisò diversi punti della sua teoria e ne tentò l'applicazione a vari settori della descrizione linguistica, quali la morfologia e la semantica; questi lavori, in particolare *La stratificazione del lin-*

guaggio (1954), vennero poi raccolti nel volume *Saggi linguistici* (1959), che costituiscono con i *Fondamenti* la base essenziale per la conoscenza del suo pensiero. Alla glossematica si ispirarono diversi linguisti (anche non danesi, come A. Martinet) che pubblicarono i loro lavori nei «Travaux du cercle linguistique de Copenhague» e nella rivista «Acta Linguistica», fondata da Hjelmslev e V. Brøndal nel 1939.

Hobbes, Thomas (Westport, presso Malmesbury, 1588 - Hardwick 1679), filosofo inglese. Conseguito nel 1608 il baccellierato nelle arti, divenne precettore nella potente famiglia Cavendish. Molto importanti per la sua formazione furono i rapporti che ebbe con l'ambiente culturale cartesiano e galileiano, sia per il tramite del circolo intellettuale che si raccoglieva attorno ai Cavendish, sia in occasione di lunghi viaggi in Francia e in Italia. La sua prima pubblicazione fu la traduzione della *Guerra del Peloponneso* di Tucidide, del 1628. Intorno al 1640 scrisse gli *Elementi di legge naturale e politica*, circolati come manoscritto inedito e costituenti il primo abbozzo sistematico dell'opera fondamentale che egli aveva in progetto, gli *Elementa philosophiae*, articolata in tre parti: *De corpore* (1655), *De homine* (1658) e *De cive* (1642). La pubblicazione ebbe tempi lunghi e un ordine diverso da quello logico dell'opera a causa sia delle difficoltà incontrate nella stesura del *De corpore*, sia della situazione politica: questa stimolò la pubblicazione del *De cive*, avvenuta a Parigi (dove Hobbes era andato in esilio nel 1640) all'inizio della rivoluzione inglese e rivolta contro il conflitto che opponeva il parlamento al re. Ma più che partigiano degli Stuart, Hobbes era fautore della sovranità assoluta, come dimostrò il suo ritorno in Inghilterra all'epoca di Cromwell, che Hobbes fece precedere dalla pubblicazione, in inglese, del *Leviatano* (1651). Tra gli altri scritti sono da ricordare le *Obiezioni alle «Meditazioni» di Cartesio* (1641), il *Dialogo tra un filosofo e uno studente del diritto consuetudinario inglese* (postumo, 1681), il *Behemoth* (postumo, 1679-82), dialogo sulla guerra civile inglese, e le numerose polemiche contro esponenti ecclesiastici e accademici.

• *Il modello meccanicistico*. La sistematicità della filosofia di Hobbes va colta nel fine unitario che lega, nel suo pensiero, logica, filosofia della natura e filosofia della politica: la riducibilità integrale del divenire a un modello meccanicistico rigorosamente deduttivo. Il discorso filosofico hobbesiano si fonda su un principio di formalizzazione che ne garantisce la coerenza e l'univocità: «*vero* e *falso* sono attributi delle parole, non delle cose» (*Leviatano* IV; *De corpore* III, 7). Il criterio di verità è interno allo stesso sistema linguistico di organizzazione formale dei processi reali, non è funzione di una struttura ontologica della realtà. Questa rivendicazione nominalistica dell'autonomia del discorso dall'essere è una posizione teorica che rovescia le basi del *lógos* della tradizione metafisica platonico-aristotelica: l'enunciato di Hobbes si può leggere come l'opposto speculare di quello contenuto nel *Cratilo* di Platone: «Vero è il discorso che dice le cose che sono come sono; quello che le dice come non sono, è falso». Come la corrispondenza strettissima tra verità ed essere nel pensiero post-parmenideo ha la funzione di neutralizzare ogni connotazione soggettiva del discorso, riducendolo a funzione impersonale e oggettiva di «ciò che è», così nel nominalismo hobbesiano diventa fondamentale la creatività della decisione soggettiva: «Le verità prime nacquero dall'arbitrio di quelli che per primi imposero nomi alle cose o li accolsero, una volta posti dagli altri» (*De corpore* III, 8). Di qui anche la polemica contro l'implicazione tra essere e pensare posta da Cartesio, che deduceva dal *cogito* lo statuto ontologico della sostanza pensante. La ragione non ha per Hobbes alcuna implicazione ontologica, ma è definita come un puro procedimento formale di connessione di nomi: «La ragione, in questo senso, non è che il *calcolo* delle conseguenze dei nomi generali su cui c'è accordo per *contrassegnare* e *significare* i nostri pensieri» (*Leviatano* V).

Coerentemente con la radicalità di questa impostazione, Hobbes fonda la sua filosofia della natura su un'ipotesi metodologica decisamente innovativa: «Nella maniera migliore faccio cominciare la filosofia naturale dalla privazione, cioè da un finto annichilimento del mondo» (*De corpore* VII, 1). Se immaginiamo l'annientamento dell'intero universo a eccezione di un unico uomo, quell'uomo continuerà a concepire idee che, pur essendo solo fantasmi interiori, gli appariranno come cose esterne e indipendenti dal potere della sua mente, e a esse imporrà nomi e con esse calcolerà; allo stesso modo, anche quando ci sono le cose, noi non calcoliamo altro che i nostri fantasmi. Dall'ipotesi della *rerum annihilatio*, Hobbes deduce quindi l'autonomia assoluta della conoscenza scientifica dalla sussistenza della realtà esterna, la definizione del sapere come autolegislazione della ragione umana. Ma questa autonomia deve essere insieme potere di previsione e di controllo dei processi reali: «Il fine della scienza è la potenza; il fine del teorema sono i problemi, cioè l'arte del costruire: ogni speculazione, insomma, è stata istituita per l'azione o per un lavoro concreto» (*De corpore* I, 6). Il problema decisivo diventa quindi la necessità di una mediazione tra le sfere ontologicamente irrelate del pensiero e dell'essere: una mediazione che renda possibile ed effettiva la funzione di potere della scienza. La soluzione hobbesiana consiste nella possibilità di ricondurre tutte le determinazioni e le trasformazioni del reale, inteso esclusivamente come *corpo*, a una causa universale, il *movimento*, concepito non già come qualità interna dei corpi, ricavabile dall'analisi empirica, ma come relazione matematica *costruita* deduttivamente, come principio *formale* di organizzazione dell'intero sistema scientifico. In questo modo, liquidando definitivamente il sostanzialismo ancora presente nell'epistemologia di F. Bacone, Hobbes garantisce l'accordo costitutivo tra la struttura dei processi reali e la convenzionalità degli schemi concettuali. Il nucleo fondamentale della razionalità hobbesiana è la possibilità di organizzare i fenomeni naturali in una dimensione *artificiale* e quindi interamente calcolabile e controllabile dalla ragione umana.

• *Stato naturale e stato civile*. Se questa razionalità ha il suo modello nella geometria, in quanto «le generazioni delle figure dipendono dal nostro arbitrio», la forza e l'originalità dell'operazione teorica hobbesiana sta nella generalizzazione di questo fondamento epistemologico all'universo dei rapporti sociali e politici: «Anche l'etica e la politica, d'altronde, cioè le scienze del *giusto* e dell'*ingiusto*, dell'*equo* e dell'*iniquo*, si possono dimostrare *a priori*; in quanto che i principi grazie ai quali si conosce cosa siano il *giusto* e l'*equo* e per contro l'*ingiusto* e l'*iniquo*, cioè le cause della giustizia, e precisamente le leggi e i patti, li abbiamo fatti noi» (*De homine* x, 5). Vivendo nel punto decisivo della crisi generale di sovranità che segna la transizione allo stato moderno, Hobbes vede nella ricostruzione geometrico-razionale dello stato l'unica possibilità di pace e di sviluppo. Occorre applicare al corpo dello stato il metodo galileiano: scomposizione negli elementi ultimi e ricomposizione di una unità razionale. Questo metodo porta alla definizione di un modello logico costruito sulla dicotomia tra stato di natura e stato civile, che, in forme differenziate, verrà adottato da tutto il giusnaturalismo. L'ipotesi logica dello stato di natura è una situazione di isolamento assoluto degli individui che, essendo una condizione di eguaglianza e di diritto illimitato di ognuno su tutte le cose, ha come conseguenza la guerra di ogni uomo contro tutti gli altri uomini. La sola via di uscita da questa condizione di guerra è la generazione, appunto, dello stato inteso come l'unità reale di tutti gli individui, ossia come entità capace di ridurre la pluralità delle volontà dei singoli a una volontà unica, attraverso il conferimento di tutti i poteri e di tutti i diritti dello stato di natura — tranne il diritto alla vita — alla persona del *sovrano* (uomo o assemblea di uomini). La costituzione dello stato non discende quindi dalla condizione naturale dell'uomo, come nella tradizione aristotelica che concepiva l'uomo come «animale sociale»; essa deriva invece da un patto, ed è perciò artificiale. Lo stato è il grande Leviatano, il mostro biblico di cui si parla nel libro di Giobbe: «Non c'è niente sulla terra che sia paragonabile a lui. È fatto in modo da non aver paura». Lo Stato-Leviatano è un *uomo artificiale*, è la più grande macchina, il più importante prodotto della tecnica e del pensiero meccanicistico.

Le regole del meccanismo statale sono le leggi civili e unico legislatore è il sovrano. «La legge», scrive Hobbes, «è il comando di quella persona, il cui precetto contiene la ragione dell'obbedienza» (*De cive* XIV, 1). La ragione dell'obbedienza non sta dunque nella *cosa stessa* che viene comandata, ma nella *forma* del comando in quanto espressione della volontà del sovrano. Non esiste infatti per Hobbes un criterio di giustizia naturale indipendente dallo stato, che fondi la possibilità di una critica del singolo individuo alle leggi del sovrano: questa possibilità significherebbe la dissoluzione dello stato. La legge naturale in Hobbes, a differenza che negli altri giusnaturalisti, non ha questo valore, ma diventa realmente legge solo attraverso l'interpretazione decisa dalla volontà del sovrano, che, in quanto unico legislatore, è *legibus solutus*. Il radicalismo politico di Hobbes è l'estensione del suo radicalismo logico: il rapporto tra legge naturale e legge civile è perfettamente omologo al rapporto tra corpo naturale e sistema linguistico-concettuale della scienza. La freddezza formalistica di questo modello esprime con estrema acutezza la problematicità strutturale dell'epoca moderna: l'*ordine* logico-politico non è dato *naturaliter*, né come riflesso di un ordine divino; esso deve essere *creato* da una decisione che si legittima razionalmente; ma questo ordine razionale, una volta creato, si autonomizza nella realtà assoluta di un meccanismo formale che contiene in se stesso le regole della sua riproduzione. *F. Fu.*

Höffding, Harald (Copenaghen 1843-1931), filosofo danese. Dopo avere studiato, nella città natale, teologia e filosofia, dal 1868 al 1870 soggiornò a Parigi, familiarizzandosi con la filosofia positivistica. Dal 1883 fu professore all'università di Copenaghen. Nella sua fase di formazione, il pensiero di Höffding subì l'influenza di Kierkegaard; quindi, si configurò come una reinterpretazione dei motivi filosofici del positivismo a lui contemporaneo. Ne è emersa una filosofia della cultura (intesa come attività creatrice di valori spirituali) che si è articolata in differenti ambiti teoretico-scientifici (*Etica*, 1887; *Psicologia*, 1887; *Filosofia della religione*, 1901). Il progresso morale attuato dalla cultura è per l'uomo un processo di liberazione, ma tale ascesa non obbedisce né a un principio di causalità meccanica, né a una libera scelta; più che un'elevazione positiva, è una negazione dei gradi inferiori della libertà. La libertà superiore che così si rivela, benché determinata nei suoi elementi costitutivi dai suoi antecedenti, non è tuttavia contenuta o implicata in essi. Oltre all'attività teoretica, di Höffding va ricordata anche l'opera storiografica, esemplificata soprattutto dalla sua *Storia della filosofia moderna* (1894-95).

Holbach, Paul-Henri Thiry barone di (Heidesheim, Palatinato, 1723 - Parigi 1789), filosofo francese di origine tedesca. Studiò all'università di Leida, ma visse prevalentemente in Francia, soprattutto a Parigi, dove entrò in contatto con i maggiori esponenti dell'illuminismo francese, tra cui Rousseau (col quale però ruppe assai presto i rapporti) e Diderot. Collaborò all'*Encyclopédie* come redattore di voci relative alla chimica, alla metallurgia e alla mineralogia. Fu traduttore e divulgatore di opere scientifiche, per lo più tedesche; fu inoltre editore e traduttore di scritti di polemica antireligiosa, deista o materialista, da lui pubblicati in Olanda e poi introdotti clandestinamente in Francia (opere di Toland, Boulanger, Hobbes e Lucrezio). Tutti i suoi scritti sono ispirati a un appassionato materialismo, a sostegno del quale Holbach utilizzava, spesso grossolanamente, le conoscenze scientifiche acquisite nel suo lavoro di traduttore-divulgatore. Scritti principali: *Cristianesimo svelato* (1761, antidatato al 1756 per farlo passare come opera del defunto Boulanger); *Sistema della natura* (1770); *Il buon senso o idee naturali contrapposte alle idee soprannaturali* (1772); *Sistema sociale o principi naturali della morale e della politica, con un esame dell'influenza sui costumi* (1773); *La morale universale o i doveri dell'uomo fondati sulla natura* (1776).

Tutta l'opera di Holbach, e particolarmente il *Sistema della natura*, è volta a fornire le basi ideologiche di una concezione rigorosamente materialistica e atea della natura, della società e dell'uomo; questa concezione mira a emancipare l'uomo dalla superstizione religiosa e dall'impostura di cui è vittima, e a renderlo in tal modo padrone di sé e felice. Al fine di escludere ogni causa sovrannaturale dagli eventi fisici, Holbach sostiene che la materia non è passiva ma attiva, come dimostrano innumerevoli fenomeni naturali (l'autocombustione, l'eruzione dei vulcani, la generazione ecc.). Ogni ente naturale è dotato di un movimento proprio; solo se è ostacolato da qualche causa esterna più forte, questo movimento viene deviato o interrotto. L'agire umano non si spiega altrimenti, poiché l'uomo è un essere naturale a tutti gli effetti. La sua natura individuale, il temperamento, è il risultato di cause fisiche e chimiche che cominciano ad agire fin dall'esistenza prenatale; le passioni, il carattere, la volontà non sono altro che determinazioni del temperamento originario. In generale, l'uomo è spinto all'azione dall'amor di sé, il quale è il corrispettivo morale di quella forza che agisce su tutti gli esseri naturali, animati e inanimati, cioè della gravitazione o forza d'inerzia. L'uomo è rigorosamente determinato da questa forza: la libertà del volere, invocata dai moralisti a dimostrazione della natura spirituale dell'uomo, è solo un'illusione; la deliberazione non è che la risultanza di un gioco di forze. Compito del filosofo è dunque di mostrare all'uomo le vere molle del suo agire e distruggere i miti superstiziosi. Quello di Dio è il mito più complesso e tenace, alla spiegazione del quale Holbach dedica tutta la seconda parte del *Sistema*. L'idea di Dio nasce dall'esperienza del bisogno e, più precisamente, dalla sofferenza del bisogno inappagato e dalla paura che ne deriva; l'angoscia connessa all'insicurezza propria della condizione umana genera sempre nuove forme di religione, dalle religioni primitive o animistiche a quelle politeistiche e infine a quelle monoteistiche, che sono la forma più sofisticata ma anche semplificata di razionalizzazione dell'angoscia. Queste posizioni di Holbach, considerate estremistiche anche in ambiente illuministico (lo stesso Voltaire era deista), lo isolarono e gli procurarono molte ostilità; solo Diderot gli rimase amico fedele, tanto che viene da taluni considerato coestensore del *Sistema della natura*. *M. Mo.*

Hölderlin, Friedrich (Lauffen sul Neckar 1770 - Tubinga 1843), scrittore tedesco. Nel 1788 entrò nello *Stift* di Tubinga insieme con il giovane Hegel per seguire gli studi di teologia e filosofia. Sotto l'influsso del compagno più anziano C.I. Diez, studia la filosofia kantiana; la lettura delle *Lettere sulla dottrina di Spinoza* di F.H. Jacobi e l'ingresso nello *Stift* del giovanissimo Schelling segnano ulteriormente lo sviluppo filosofico di Hölderlin. Nel 1794, dopo la lettura della *Dottrina della scienza* di Fichte, decide di recarsi a Jena; qui conosce Schiller e Goethe e stringe amicizia con I. Sinclair. Nel 1796 ottiene un posto come precettore presso il banchiere Gontard a Francoforte, la cui moglie Susette diverrà il modello per la figura di Diotima dell'*Iperione*. Nell'estate del 1795 a Tubinga e nell'aprile del 1796 a Francoforte ebbe luogo uno scambio di opinioni filosofiche con Schelling da cui uscì il frammento di incerto autore noto come *Il più antico programma sistematico dell'idealismo tedesco*. Nel 1797 Hegel si trasferisce a Francoforte e inizia uno stretto rapporto filosofico con Hölderlin, interrotto dalla decisione di questi di abbandonare casa Gontard a causa dell'amore per Susette. Nel 1802, dopo aver appreso della morte di Susette, Hölderlin vive una crisi mentale, la prima di una lunga, inguaribile malattia.

L'importanza di Hölderlin per lo sviluppo della filosofia tedesca è stata fortemente rivalutata negli ultimi tempi, in parte per l'influenza delle interpretazioni di Heidegger, ma anche perché la ricerca storica ha sempre più evidenziato gli impulsi decisivi che il dialogo tra Hölderlin e i condiscepoli e amici Schelling e Hegel diede allo sviluppo dell'idealismo tedesco. Il primo documento del pensiero hölderliniano è il frammento *Giudizio ed essere* (1795), dove emerge la critica alla filosofia fichtiana segnata dalla contrapposizione di Io e Non-Io. A tale separazione, propria del giudizio, si oppone l'unità primaria e non scissa dell'essere; a quest'ultima può giungere soltanto l'intuizione intellettuale, che per Hölderlin ha carattere estetico, mentre conoscenza e azione le si possono solo accostare asintoticamente. L'«orbita eccentrica» dell'umanità conduce dall'unità indifferenziata della natura, attraverso il presente dominato dalla scissione, a un futuro stato armonico che solo la poesia può presagire. Negli anni 1798-99 Hölderlin compose una serie di saggi teorici, rimasti allo stato di abbozzo, in cui riflessione filosofica e programma poetico si compongono sullo sfondo dell'elaborazione dell'*Empedocle* (1797-99): la tragedia diviene il luogo in cui l'umanità sperimenta l'improvviso irrompere dell'essere e del destino in un mondo che improvvisamente perde i suoi consueti punti di riferimento. La riflessione sulla rivoluzione in Francia si accompagna qui a quella sulla perdita dell'unità con la natura e l'essere dopo la fine dell'antica Grecia, illuminando gli intenti filosofici che sottostanno tanto all'*Iperione* (1797-99) quanto alle maggiori liriche. L'immagine poetica del tramonto, come ora in cui, per un istante, ritornano gli dei greci fuggiti (*Il Reno*, 1801), racchiude l'idea hölderliniana del divino che si dà solo nell'attimo del suo svanire, come la luce che lascia il passo all'ombra. Il mondo moderno, segnato dalla perdita, dalla separazione tra cielo e terra, si contrappone alla Grecia della comunione con il divino; i poeti, in questo tempo dell'oscurità e del bisogno, appaiono testimoni degli dei ritrattisi nell'etere (*Pane e vino*, 1800-01).

Homans, George C. (Boston 1910-1989), sociologo statunitense. Professore emerito all'università Harvard. Teorico di spicco del comportamentismo sociale, è considerato il fondatore della sociologia dei piccoli gruppi. Homans parte dalla costatazione che quanto più gli individui interagiscono, tanto più si piacciono a vicenda, e tanto più sviluppano sentimenti e azioni simili (*Il gruppo umano*, 1950). Quando gli individui interagiscono in relazioni sociali elementari essi si ricompensano a vicenda (principio dello scambio); a ciò li spinge l'interesse individuale, che li porta a modificare il comportamento in base al rinforzo, positivo o negativo, fornito dall'ambiente (*Le forme elementari del comportamento sociale*, 1961). Homans fonde così elementi di teoria economica e di psicologia behaviorista, ponendo in primo piano il criterio di utilità come movente dell'azione umana: utilità intesa non in senso strettamente economico, ma in termini di ricompense emotive. La teoria dello scambio formulata su questi principi rappresenta un tentativo di superamento dei limiti dell'orientamento funzionalista, secondo cui l'azione individuale è dettata da una prescrizione sociale. Attraverso le proposizioni della psicologia comportamentista, sostiene Homans, le scienze sociali potrebbero spiegare come il comportamento dei singoli soggetti determini le caratteristiche dei gruppi sociali (*La natura delle scienze sociali*, 1967). L'autore ha ricostruito il proprio percorso intellettuale in *Ritornando in me. Autobiografia di un sociologo*, 1984.

Home, Henry, lord Kames (Kames, Scozia, 1696 - Edimburgo 1782), filosofo scozzese. Studiò legge e prestò servizio come giudice presso l'Alta corte di giustizia. Oltre i suoi scritti giuridici, sono da ricordare i *Saggi sui principi della moralità e della religione naturale* (1751) e gli *Elementi di critica* (3 voll., 1762-65), che discutono problemi estetici. I capitoli iniziali di quest'ultima opera sono dedicati a un'analisi delle emozioni e delle passioni umane. La regola fondamentale delle nostre emozioni è quella per cui amiamo ciò che è piacevole e ci dispiace ciò che è sgradevole. Ogni opera d'arte che si conforma al corso naturale delle nostre idee ed emozioni è piacevole, e viceversa. Esistono infatti due tipi di bellezza: la bellezza intrinseca, che è oggetto della mera sensibilità, e la bellezza relativa, che è percepita attraverso un atto di intelligenza. È possibile secondo Home definire un modello di gusto sulla base del quale giudicare i prodotti delle arti: infatti, come gli individui sono più o meno perfetti a seconda che si conformino o no alla natura comune della loro specie, così le opere d'arte di un certo tipo devono condividere una natura comune. Non tutti però possono giudicare ugualmente bene delle arti, perché non tutti possiedono il gusto necessario per farlo. Nei citati *Saggi* Home discute vari temi filosofici; tra questi l'idea per cui il fondamento della morale è insito nella natura umana: secondo Home, il senso morale si basa su certi principi naturali che ci trattengono dal far il male agli altri, dal mentire ecc. Il senso morale, al pari del gusto estetico, può venire affinato dalla cultura e dall'educazione.

Hooker, Richard (Heavitree, Exeter, 1554 ca - Bishopsbourne, Canterbury, 1600), teologo anglicano. Insegnò ebraico a Oxford. Le sue dottrine sono sviluppate nel *Trattato sulle leggi di politica ecclesiastica*, in otto libri, pubblicati a partire dal 1594 (gli ultimi tre furono stampati postumi nel 1648 e nel 1662). L'opera nasce da un intento polemico nei confronti dei puritani, secondo i quali il cristiano deve uniformarsi nel suo comportamento civile alle sole disposizioni espressamente rivelate nella Bibbia. Ispirandosi alla teologia scolastica medievale, in particolare a san Tommaso, Hooker rivendica il carattere normativo della legge naturale in quanto fondata sulla legge eterna che è in Dio. La legge naturale regge l'intero universo, e alla sua luce vanno quindi considerate anche le Scritture. In particolare, l'uomo deve riconoscerne la presenza in alcuni principi morali di immediata evidenza. In quanto facenti parte di una comunità civile, gli uomini sono sottoposti a una legge umana positiva fondata sul consenso dei sudditi. La comunità decide anche della forma di stato e di governo in vista del bene comune, e sempre in conformità alla legge naturale. Con la concezione contrattualistica della società civile e dello stato, fondata sul diritto naturale, Hooker apre la strada alle dottrine politiche di Locke. Egli rileva che la stessa chiesa anglicana è una società politica organizzata, e mostra come le sue leggi non siano in contrasto né con la religione cristiana né con la ragione umana; nell'organizzazione ecclesiastica egli sottolinea l'elemento dinamico, per cui la chiesa deve modificare i propri ordinamenti in relazione al mutare delle esigenze storiche. Tenendo conto di tale dinamismo, egli afferma la piena continuità fra la chiesa anglicana e la tradizione della chiesa antica e medievale.

Horkheimer, Max (Stoccarda 1895 - Norimberga 1973), filosofo tedesco. Direttore dell'Istituto per la ricerca sociale di Francoforte.
Dal 1932 al 1941 pubblicò la «Zeitschrift für Sozialforschung», organo di indagini interdisciplinari (economiche, sociopsicologiche, estetiche) che costituiscono l'infrastruttura teorica della cosiddetta scuola di → Francoforte. Le principali opere di Horkheimer uscirono in questi anni: *Autorità e famiglia* (1936, in collaborazione con E. Fromm e H. Marcuse), una serie di saggi per la rivista (raccolti in volume solo nel 1968 col titolo *Teoria critica*), *Dialettica dell'illuminismo* (1944, in collaborazione con Th. W. Adorno), *Eclisse della ragione* (1947). Prendendo come riferimento la dialettica marxiana dell'economia politica, Horkheimer contrappone la *teoria critica* della società (che indaga i processi storici in relazione a una diagnosi di rapporti alienati che si tratta di superare) alla teoria tradizionale della sociologia positivistica (o empiristica). La teoria critica è fin dall'inizio legata alla psicoanalisi: entrambe le scienze infatti indagano l'oggettività di una «seconda natura», la cui struttura causale si presenta dapprima come illusoriamente necessaria, per poi svelarsi quale risultato inconsapevole di un processo (storico o biografico) di alienazione economica e di rimozione pulsionale. Collegandosi a M. Weber da un lato, a Fromm e Marcuse dall'altro, l'antropologia dell'età borghese sviluppata da Horkheimer si mostra in grado di collegare il concetto sociale di dominio a quelli psicologici di repressione e interiorizzazione, evidenziando i nessi esistenti fra struttura caratteriale, coscienza ideologica e lavoro sociale produttivo. Horkheimer chiude il suo periodo americano curando la pubblicazione di *Studi sul pregiudizio*, una ricerca sociopsicologica in cinque volumi sull'antisemitismo e sulla discriminazione sociale. Poi ritorna a Francoforte, dove nel 1950 viene ufficialmente riaperto l'Istituto chiuso diciassette anni prima dai nazisti. Il prestigio intellettuale e accademico dell'ultimo Horkheimer — rettore dell'università di Francoforte, di nuovo professore-ospite a Chicago, insignito del premio Lessing dalla città di Amburgo — si accompagna tuttavia all'abbandono degli impulsi rivoluzionari nutriti dal suo pensiero nel periodo dell'emigrazione. I saggi raccolti in *La società di transizione* (1972) riflettono un pessimismo metafisico e una scepsi classicamente improntati a Schopenhauer. Nella Germania opulenta del secondo dopoguerra Horkheimer denunciò il venir meno della struttura psichica e morale dell'individualità classico-borghese, su cui la teoria critica degli anni Trenta aveva fondato le sue speranze di riscatto dall'integrazione tardo-capitalistica. A malincuore egli autorizzò nel 1968 la ripubblicazione dei suoi vecchi saggi, che da un lato avverte come storicamente superati, dall'altro teme di vedere strumentalizzati sul piano politico.

Horney, Karen (Amburgo 1885 - New York 1952), psicoanalista tedesca. Trasferitasi nel 1932 negli Stati Uniti, lavorò prima a Chicago poi a New York; fondò e diresse l'American Institute of Psychoanalysis. La concezione della Horney si allontana in molti punti dalla concezione freudiana; in particolare, nega l'importanza preminente dei fattori sessuali e l'universalità del complesso d'Edipo, e rifiuta la formulazione freudiana dell'apparato psichico. La Horney attribuisce la massima importanza ai fattori socioculturali nella strutturazione progressiva della personalità, e pone alla base della propria concezione l'idea di «angoscia di base», da lei stessa definita come «il sentimento che il bambino ha di essere isolato e impotente in un mondo potenzialmente ostile» (1945). Opere principali: *Autoanalisi* (1942), *I nostri conflitti interni* (1945), *Le nevrosi e lo sviluppo umano* (1947).

Huët, Pierre-Daniel (Caen 1630 - Parigi 1721), filosofo francese. Vescovo di Avranches, subì in un primo tempo l'influsso del pensiero di Cartesio, ma presto divenne un acceso avversario del cartesianismo. A Cartesio egli obietta che l'autoevidenza razionale del *cogito* è un principio introspettivo e psicologico che non vale a fondare la certezza e che trascura i dati della storia e della tradizione. Huët si fa così sostenitore di uno scetticismo radicale affine a quello di P. Gassendi: il soggetto non può trovare in se stesso il principio di alcuna conoscenza certa; tale scepsi può essere corretta — ma non risolta — dalla fede nella verità rivelata e dalla conoscenza storica. Opere principali: *Censura della filosofia cartesiana* (1689); *Trattato sulla debolezza dello spirito umano* (postumo, 1722).

Huizinga, Johan (Groninga 1872 - De Steeg, Arnhem, 1945), storico e saggista olandese. Insegnò storia alle università di Groninga e di Leida. La sua metodologia storiografica, contro ogni illusione positivista, intende l'attività dello storiografo come ricreazione intuitiva dello «stile di vita» di un'epoca, in quanto presupposto che rende comprensibili le varie manifestazioni dell'epoca stessa: arte, religione, filosofia, vita quotidiana. L'opera dello storiografo risulta così, per certi aspetti, simile a quella dell'artista. Realizzazione esemplare di questo orientamento è *Autunno del medioevo* (1919), in cui Huizinga, diversamente da J. → Burckhardt, interpreta i secc. XIV e XV non come gli albori del rinascimento, ma come tramonto appunto del medioevo. A tal fine egli analizza la società del ducato di Borgogna, i suoi modi di vita, le sue classi sociali. *Erasmo* (1924-25) è invece dedicato al tramonto dell'ideale umanistico. In *Homo ludens* (1938), che è la sua maggiore opera filosofica, Huizinga sviluppa una teoria del rapporto tra gioco e cultura e propone un'idea della civiltà come convenzione e come gioco.

Hull, Clark Leonard (Akron, New York, 1884 - New Haven, Connecticut, 1952), psicologo statunitense. Insegnò psicometria all'università del Wisconsin fino al 1929, per poi passare alla cattedra di psicologia a Yale. Considerato uno dei più significativi esponenti del neobehaviorismo americano, si interessò dapprima di ipnosi (*Ipnosi e suggestionabilità*, 1933) e successivamente dell'apprendimento e del condizionamento. Altre sue ricerche riguardano l'influenza del tabacco sull'efficienza psichica e motoria. Hull è importante per il rigore apportato alle ricerche di psicologia sperimentale attraverso un metodo ipotetico-deduttivo, che giunse fino all'introduzione di modelli matematici nello studio dell'apprendimento (*Teorie matematico-deduttive della pratica dell'apprendimento: studio di metodologia scientifica*, 1940). Tra le sue opere si ricordano anche: *Principi di comportamento* (1943); *Un sistema di comportamento* (1952).

Humboldt, Karl Wilhelm von (Potsdam 1767 - Tegel, presso Berlino, 1835), filosofo, linguista, letterato e uomo politico tedesco. Insieme al fratello Alexander, illustre esploratore e naturalista, ebbe dapprima a Berlino un'educazione di tipo illuministico. Studiò poi giurisprudenza a Francoforte e a Gottinga, legandosi d'amicizia con G. Forster e F.H. Jacobi. Nel 1789 compì un viaggio a Parigi, dove assistette ad alcuni importanti eventi legati alla rivoluzione. Tornato a Berlino, scrisse nel 1791 le *Idee sulla costituzione, occasionate dalla nuova costituzione francese*. Seguirono le *Idee di un saggio volto a determinare i limiti dell'attività dello stato* (alcune parti di esso apparvero nel 1792 su riviste, mentre la pubblicazione integrale si ebbe solo nel 1851), che è uno dei documenti più importanti della concezione liberale dello stato. Nel 1794 si trasferì a Jena: a questo periodo risalgono l'amicizia con Schiller e con Goethe, e gli scritti *Piano di un'antropologia comparativa* (1797), *Il secolo diciottesimo* (1797) e *Sull'«Arminio e Dorotea» di Goethe* (1798). Quest'ultimo contiene un abbozzo di estetica dove l'arte è intesa come capacità dell'immaginazione di rappresentare liberamente la natura. Tale concezione presenta analogie col pensiero di Schiller e di Kant: Humboldt insiste però, in modo originale, sulla facoltà propria dell'arte di idealizzare la realtà «umanizzandola». Frutto di viaggi in Spagna nel 1799 e nel 1801 è lo studio *I baschi* del 1801, già ricco di osservazioni su problemi di linguistica. Trasferitosi a Roma nel 1802 come «residente» prussiano presso la Santa Sede, Humboldt ebbe modo di approfondire lo studio del mondo classico (*Lazio o Ellade, ossia osservazioni sull'antichità classica*, 1806).

Richiamato a Berlino nel 1809, si dedicò alla fondazione della nuova università. Nel 1815 partecipò al congresso di Vienna e nel 1819 tornò a Berlino come ministro, ma si dimise poco dopo per divergenze con la politica prussiana. Si ritirò allora a vita privata, dedicandosi soprattutto a ricerche linguistiche. Di questi anni sono un gruppo di scritti concernenti la filosofia della storia e la politica (*Memoriale sulla costituzione tedesca*, 1813; *Osservazioni sulla storia universale*, 1818; *Memoriale sull'istituzione di costituzioni territoriali e per ceto negli stati prussiani*, 1819), nonché un gruppo imponente di ricerche linguistiche (oltre che di lingue americane e di basco, Humboldt si occupò di egiziano, cinese, sanscrito, malese e giavanese), in parte comparse solo postume. Tra queste si ricordano: *Sullo studio comparativo della lingua in rapporto alle diverse epoche dello sviluppo delle lingue* (1820), *Sull'origine delle forme grammaticali e il loro influsso sulle idee* (1822) e il celebre saggio *Sulla differenza della struttura linguistica dell'uomo e sulla sua influenza sullo sviluppo spirituale del genere umano*, che costituisce l'introduzione alla fondamentale opera, rimasta incompiuta, *Sulla lingua kawi dell'isola di Giava* (1830-35).

• *L'ideale di «umanità»; la teoria del linguaggio*. L'opera di Humboldt si sviluppa a contatto con le correnti più importanti della cultura tedesca del tempo, dall'illuminismo allo Sturm und Drang, dal romanticismo al classicismo goethiano, dal criticismo kantiano all'idealismo di Fichte. Essa è espressione di quell'ideale di «umanità» in cui era sfociato il tardo illuminismo tedesco nel suo intento di elaborare una concezione organica dell'uomo in rapporto alla storia, alla società e alla natura. Di qui la critica alla rivoluzione francese, vista da un lato come legittima espressione di esigenze di rinnovamento, ma dall'altro come astratta imposizione di strutture artificiali inconciliabili con la realtà storica e individuale. Analoghe le critiche, su una linea già presente nel pietismo e nello Sturm und Drang, allo statalismo francesizzante di Federico II. Ciò portò Humboldt a individuare nella nazione, più che nello stato, l'asse portante della vita storica e politica: lo stato è una sorta di male necessario, i cui poteri vanno rigorosamente delimitati in funzione del fine, che è quello di garantire il libero sviluppo e le finalità degli individui.

Ma è soprattutto nella linguistica che l'opera di Humboldt ha lasciato una traccia profonda. Il linguaggio, secondo Humboldt, è una spontanea emanazione dello spirito che condiziona la funzione stessa del pensiero, e non il prodotto di un'attività volontaria e intellettualistica (*Sulla differenza*, par. 2). La lingua perciò, come già aveva intuito Herder, non è mai un meccanismo inerte, un puro strumento, non è opera (*érgon*), ma attività (*enérgheia*) organica, vivente e storica. Ogni lingua è caratterizzata da una «forma interna» (*innere Sprachform*) che rappresenta la concezione del mondo (*Weltanschauung*) propria della nazione che la parla. Di qui l'importanza di uno studio comparativo delle diverse strutture e dell'evoluzione delle varie lingue, che, come negli organismi viventi, sono riconducibili a leggi analoghe alle leggi naturali e sono perciò passibili di un rigoroso accertamento. In tal modo Humboldt superava le concezioni proprie dei grammatici per aprire la via alla linguistica storica e comparativa. Su questa base, egli delineava una sorta di evoluzione generale delle lingue: da uno stadio primitivo, caratterizzato dalla prevalenza del significato materiale dei termini, a una progressiva esplicitazione dei principi grammaticali, sintattici e logici del discorso. Le idee di Humboldt hanno influenzato direttamente (F. Bopp) e indirettamente gli sviluppi della linguistica contemporanea e sono tuttora presenti nel generativismo e in taluni indirizzi della etnolinguistica. *V. Ve.*

Hume, David (Edimburgo 1711-1776), filosofo scozzese. Proveniente da una famiglia di piccola nobiltà terriera, dopo aver compiuto studi di giurisprudenza a Edimburgo, nel 1734 si recò a La Flèche, in Francia, ove compose il *Trattato sulla natura umana* (1739 i primi due libri, 1740 il terzo), dal quale si attendeva grande fama. L'opera invece, considerata oggi il capolavoro di Hume, passò inosservata, nonostante l'*Estratto* in forma di recensione che nello stesso 1740 Hume ne trasse per rendere le idee del *Trattato* accessibili al pubblico. Nel 1741 pubblicò quindici *Saggi morali e politici* che incontrarono un buon successo, sicché in successive edizioni ne ampliò il nucleo originario. Dopo aver invano aspirato a una cattedra nell'università di Edimburgo, data l'ostilità dell'ambiente ecclesiastico ortodosso, si recò in Europa come segretario del generale Saint-Clair. Intanto egli veniva rielaborando la materia del *Trattato*; nascevano così la *Ricerca sull'intelletto umano* (1748) e la *Ricerca sui principi della morale* (1751). Nel 1752 apparivano i *Discorsi politici*, l'opera di Hume più fortunata. Nello stesso anno Hume venne nominato conservatore della biblioteca della Facoltà degli avvocati di Edimburgo, e poté così dedicarsi alla stesura della *Storia d'Inghilterra dall'invasione di Giulio Cesare all'ascesa di Enrico VII* (1754-62), che ebbe grande successo, pur suscitando molte polemiche per l'interpretazione non convenzionale dello sviluppo costituzionale inglese. Nel 1757 Hume pubblicò *Quattro dissertazioni*, tra cui la *Storia naturale della religione*, destinate a rinfocolare polemiche e ad attirargli critiche da parte del clero conservatore. Nel 1763 fu a Parigi e qui strinse rapporti di amicizia con i maggiori *philosophes*, che riconobbero in lui un maestro. Il rientro in Inghilterra sarà amareggiato dalla rottura con Rousseau, cui aveva offerto protezione e che l'aveva seguito oltre Manica. Negli ultimi anni si ritirò a Edimburgo, curando le successive edizioni delle sue opere e rivedendo i *Dialoghi sulla religione naturale*, apparsi postumi nel 1779.

L'originalità della ricerca filosofica di Hume sta nel tentativo di applicare il metodo sperimentale allo studio della natura umana, come fondamento di una nuova sistematica generale del sapere; per questa via egli si propone di evitare sia la superficialità della letteratura aforistica dominante tra i moralisti francesi, sia le astruse degenerazioni metafisiche dei costruttori di sistemi privi di ogni riscontro con l'esperienza. Ispirandosi al metodo baconiano-newtoniano e alle ricerche di Locke, Shaftesbury, Mandeville, Hutcheson e Butler, Hume vede nell'analisi rigorosa dell'uomo la base per ridare alla filosofia dignità scientifica e unità di riferimento a tutto il sapere.

• *Il «Trattato»*. La scienza dell'uomo è resa possibile dall'uniformità della natura umana. Questa è indagata a partire dall'universo mentale, caratterizzato dalla «percezione», termine col quale Hume designa ogni contenuto psichico. Le percezioni vengono distinte poi in *impressioni* (passioni e immagini immediatamente presenti alla mente) e *idee*, che sono copie illanguidite delle impressioni. Hume pone così tra passioni e idee una esclusiva differenza di forza e vivacità. Poiché idee e impressioni si corrispondono sempre, e le prime dipendono dalle seconde, è possibile approntare un metodo rigoroso di critica delle idee. Da un lato, si dovrà controllare se le idee abbiano un corrispettivo reale nelle impressioni; dall'altro, le idee oscure possono venir chiarite e precisate attraverso il confronto con le impressioni corrispondenti. In base a questo principio Hume sarà in grado di mostrare l'infondatezza di varie idee accolte dalla tradizione filosofica, come quelle di sostanza e di identità personale. La mente è poi in grado di ricordare idee passate e di compiere associazioni tra esse. Ma alla memoria, che riproduce le relazioni e le successioni che impressioni e idee ebbero nel loro originario presentarsi, bisogna aggiungere l'immaginazione, che può associare le idee più o meno liberamente, sia scomponendole sia componendole. Questa attività immaginativa produce idee complesse i cui nessi non rispecchiano l'ordine che le impressioni avevano al loro presentarsi alla mente. In generale l'associazione o connessione di idee si regola in base a tre principi: la *somiglianza*, la *contiguità* nel tempo e nello spazio, e la *causalità*. Per quanto riguarda infine le idee astratte, Hume condivide il nominalismo radicale di Berkeley: l'idea astratta non è altro che un'idea individuale assunta come rappresentativa di un insieme o classe di individui tra loro somiglianti. Ne è esempio tipico il linguaggio, dove una parola (per es. «uomo») corrisponde sempre a un'idea particolare (a un uomo particolare), ma può evocare alla mente qualsiasi individuo della stessa classe o specie. Lavorando sulla somiglianza tra le idee, la mente umana è in grado di costruire artificialmente sistemi di idee complesse. Ciò dà luogo alle scienze, ma anche a costruzioni puramente fantastiche, prive di reale fondamento. I filosofi, per es., hanno chiamato sostanza un'entità fittizia che, esaminata criticamente, rivela di non esser altro che un puro nome col quale si designa un aggregato di idee semplici. Così pure, in base al principio che prescrive di ricondurre ogni relazione tra idee, per quanto complessa, alla realtà prima delle impressioni, Hume critica sia l'ipostatizzazione del tempo e dello spazio in entità distinte dalle singole esperienze spazio-temporali, sia la nozione della divisibilità infinita di tempo e spazio. Se esaminiamo infatti l'idea di estensione, ci accorgiamo che essa deriva dalla somma di una molteplicità di impressioni atomiche non ulteriormente divisibili, in quanto esse costituiscono il limite, il *minimum* indivisibile della nostra percezione.

• *La relazione di causa ed effetto.* Tutte le possibili relazioni sono ricondotte da Hume a due grandi categorie: le relazioni che dipendono unicamente dal confronto tra le idee e le relazioni che dipendono dal confronto con l'esperienza. Le prime producono la certezza apodittica delle verità matematiche, la cui negazione implica contraddizione. Le seconde riguardano tutte le nostre conoscenze sperimentali concernenti materie di fatto; esse non dipendono dal principio di non contraddizione e producono una conoscenza soltanto probabile. Di quest'ultima natura è la relazione di causa ed effetto, la cui analisi è uno dei luoghi centrali del *Trattato*. La relazione causale, infatti, non è ricavabile a priori. Ritenere che la proposizione «ogni evento ha una causa» rivesta validità a priori e sia quindi dotata di necessità logica, è un errore nel quale sono incorsi numerosi filosofi. In realtà non v'è alcuna contraddizione nel pensare a un evento senza pensare anche a una causa che l'abbia prodotto. Se non ha un'origine a priori, la relazione di causa ed effetto non può che essere ricavata dall'esperienza. E in effetti l'origine di questa idea dipende dalla ripetuta esperienza di una connessione costante tra due oggetti contigui nello spazio e nel tempo, dei quali chiamiamo causa l'antecedente ed effetto il conseguente. È la nostra mente che, in forza dell'abitudine a tale successione, attribuisce ad essa un carattere di necessità trasformando così ciò che è un semplice *post hoc* in un *propter hoc*. L'esperienza non può infatti determinare enunciazioni universali e necessarie: dal fatto che l'esperienza passata ha costantemente mostrato una determinata successione, noi non siamo autorizzati a inferire che anche in seguito, posto un determinato antecedente (causa), dovrà necessariamente prodursi il conseguente (effetto). Se si volesse poi sostenere che tale inferenza si basa sul principio dell'uniformità della natura, sarà facile mostrare che anche questo principio è ricavato dalla nostra abitudine a veder seguire effetti simili a cause simili. In conclusione, la necessità della relazione causale non ha né un fondamento logico, né un fondamento empirico (noi non vediamo «cause» ed «effetti», ma solo successioni). Il fondamento di tale relazione è pertanto solo psicologico. Esso dà luogo a una credenza (*belief*) che si è venuta formando nel corso della ripetuta osservazione di casi simili. Su tale credenza si basano tutte le azioni e i progetti umani, comprese le operazioni della scienza; essa è dotata di una forza tutta particolare, sicché è impossibile rifiutarle l'assenso psicologico e pratico, anche dopo che se ne sia criticata la fondatezza.

Ad analoghe considerazioni scettiche Hume sottopone l'idea dell'esistenza e della permanenza degli oggetti esterni e della sostanza pensante. In particolare, poiché non è possibile aver percezione di sé indipendentemente da un contenuto mentale, l'esperienza dell'io si riduce al flusso del proprio percepire; l'io, cioè, non è una sostanza, ma solo un «fascio di impressioni». Tutte queste analisi critiche mostrano l'infondatezza delle costruzioni metafisiche e anche la mera probabilità delle idee del senso comune. Lo scetticismo teorico al quale esse conducono non è però in grado di modificare l'atteggiamento pratico del vivere quotidiano.

Le credenze del senso comune hanno alla base una forza di natura che le mette al riparo da ogni scetticismo radicale, il quale finirebbe per essere nocivo agli scopi della sopravvivenza. La «ragione scettica» di Hume ha piuttosto lo scopo di mostrare, nell'ambito delle stesse conoscenze sperimentali, il fondamento psicologico, e non logico, dei concetti e delle credenze umane. Tale fondamento, esteso all'etica e alla politica, mira poi a ispirare un abito di saggia tolleranza che sappia limitare i danni prodotti dal fanatismo e dal pregiudizio dogmatico.

• *L'etica e la religione.* L'analisi delle convinzioni etiche è sviluppata nel terzo libro del *Trattato*, dopo la disamina delle passioni cui è dedicato il secondo. In polemica contro quei pensatori (da Clarke a Wollaston) che avevano creduto di poter equiparare il vizio a una contraddizione logica e di poter riportare quindi i giudizi di valore sotto il dominio delle regole del vero e del falso, e in accordo invece con la fondazione sentimentale dell'etica già intrapresa da F. Hutcheson, Hume nega l'esistenza di una «ragione pratica» e la possibilità di una fondazione razionale dell'etica. L'oggetto della morale (le passioni, le volizioni, le azioni) non è suscettibile di quell'accordo o disaccordo tra le idee su cui si fondano il vero e il falso; la morale non può quindi essere soggetta al dominio della ragione, la cui funzione si esaurisce nella scoperta della verità e della falsità. La ragione può bensì influire sulle azioni, sia in quanto essa ci informa dell'esistenza di qualcosa che suscita la nostra passione, sia in quanto essa ci offre i mezzi per soddisfare quella passione; ma passioni e volizioni non derivano la loro esistenza dal giudizio razionale e non trovano in esso il proprio fondamento.

Se la morale non ha origine dalla ragione, la fonte del giudizio di valore andrà allora cercata nel sentimento, che sorge spontaneamente in noi quando osserviamo quelle azioni che provocano una valutazione morale, a differenza delle azioni che giudichiamo invece moralmente indifferenti. L'analisi di questo sentimento rivela che esso è una forma di piacere, la cui peculiarità è quella di essere disinteressato, come dimostra il fatto che possiamo rispettare anche le azioni virtuose di un nemico. Il senso morale, il sentimento della virtù e del vizio, si rivela così affine a una sorta di «gusto» (sul sentimento e sul concetto di «gusto» Hume ha anche basato un'analisi dei giudizi estetici: *Saggio sul criterio del gusto*, 1757). L'uomo non può rimanere indifferente al benessere dei suoi simili, perché il benessere e la felicità individuale dipendono dal benessere e dalla felicità collettiva. Ciò non significa che le norme etiche siano puro travestimento di intenti egoistici. Alla base della virtù stanno dei naturali sentimenti di simpatia verso le gioie e i dolori degli altri uomini, che poi si precisano, a seconda delle contingenze storiche, in criteri generali di giustizia, di rispetto dei patti e di obbedienza nei confronti delle istituzioni sociali. Tutto ciò porta Hume a escludere dalla morale ogni traccia di austero moralismo, di autoumiliazione o di mortificazione dell'anima e del corpo. Fine della morale è la felicità e la gioia di vivere del maggior numero di uomini possibile.

Altrettanto critico è l'atteggiamento di Hume nei confronti del razionalismo applicato ai problemi teologici e al fenomeno religioso. Nei *Dialoghi sulla religione naturale* egli vanifica la pretesa di dimostrare l'esistenza di Dio muovendo dall'ordine dell'universo, secondo i procedimenti caratteristici della teologia naturale e del deismo. Anzitutto, osserva che l'analogia stabilita tra i manufatti (dei quali è causa l'intelligenza umana) e l'universo come supposto manufatto di un divino ordinatore o architetto, è del tutto arbitraria. In secondo luogo, ricorre al classico argomento epicureo della presenza del male nel mondo per negare che dalla nostra concreta esperienza si possa risalire a una divina provvidenza saggia, benevola e infinitamente potente. Il fatto di non poter fondare razionalmente l'esistenza di Dio è però irrilevante rispetto alla diffusione vastissima del fenomeno religioso. Come l'uomo non cessa di regolarsi sul nesso causa-effetto per il fatto che esso non è fondabile razionalmente, così il fenomeno religioso non cessa di essere universalmente diffuso solo perché la via della teologia naturale si rivela impraticabile. Anche la credenza religiosa infatti trova fondamento in un'attitudine psicologica umana. Tale attitudine, già analizzata nel saggio *Sulla superstizione e l'entusiasmo* del 1742, diviene il tema dominante della *Storia naturale della religione*. Qui l'origine della religione è individuata nel sentimento della paura, accompagnato dall'ignoranza delle cause degli eventi terribili della natura. La religione è dunque presentata come la risposta naturale dell'uomo di fronte al mistero della vita che lo circonda. Tale risposta è andata modificandosi storicamente in relazione allo sviluppo della cultura e della società: così Hume individua un'evoluzione a partire dal politeismo, sino a giungere alla concezione astratta della divinità propria delle religioni monoteistiche. Anche in sede religiosa, dunque, la forza delle emozioni e dei sentimenti è più forte di ogni scetticismo della ragione. Il senso comune impone in ogni aspetto della pratica quotidiana la forza delle proprie convinzioni spontanee e vitali, del proprio istinto naturale di sopravvivenza, quali che siano le critiche di infondatezza che la ragione è in grado di sollevare contro ogni forma di sapere dogmatico.

• *Hume e il suo tempo.* La fama di Hume presso i contemporanei fu legata soprattutto alla *Storia d'Inghilterra* e ai *Saggi morali, politici e let-*

terari. Dal punto di vista teorico, rifiutando l'ipotesi di un contratto originario quale fondamento della società politica, Hume cercò di ricondurre l'analisi dei problemi sociali ed economici ai fattori concreti che si possono leggere nell'esperienza storica. La molla dell'incivilimento sta nell'esigenza di soddisfare bisogni sempre più complessi e nei sentimenti di utilità e di solidarietà che ne derivano. In campo economico Hume rifiutò i dogmi del mercantilismo, sostenendo il libero scambio e la complementarità economica a livello internazionale. Hume è pertanto da considerarsi, alla pari di A. Smith, uno dei fondatori dell'economia politica classica. Il suo pensiero antitradizionalista e ugualmente critico nei confronti della ideologia *whig* (fondata sulla dottrina contrattualistica dello stato) e di quella *tory* (fondata sull'autorità divina del sovrano) suscitò violente polemiche in Inghilterra, mentre lettori più spassionati, per es. i francesi, riconobbero subito la grandezza di Hume, che venne definito il «Tacito degli inglesi».

• *La fortuna di Hume.* Il pensiero humiano ha esercitato una grande influenza sugli illuministi francesi e tedeschi. Tra questi ultimi è ben noto il debito che Kant dichiarò di aver contratto nei confronti dello scetticismo humiano, al quale fece risalire il famoso «risveglio dal sonno dogmatico» che doveva aprire la strada al criticismo. Dopo Kant, però, la fama di Hume subì, almeno nel continente, un netto declino, per la generale accusa di superficialità che la filosofia romantica rivolse all'empirismo. Questa fama si mantenne invece abbastanza solida in Inghilterra, sia per i diretti legami del pensiero humiano con i criteri generali dell'utilitarismo, sia per l'imporsi di un positivismo di stampo fenomenistico che, con J.S. Mill, estendeva decisamente alla logica le tesi dell'associazionismo e dell'atomismo psichico di Hume. Fu proprio quest'ultimo a suscitare tuttavia le maggiori critiche (che troveranno nella Gestaltpsychologie la loro espressione più matura), sicché l'innegabile presenza di una ispirazione humiana nel pragmatismo americano (e in particolare in W. James) è temperata dalla assunzione di un radicalismo empiristico che intende superare il dogma dell'atomismo psichico e il rifiuto della relazione causale, che James e dopo il neo-realista A.N. Whitehead, contro Hume, ritengono direttamente percepibile. Ma la vera e propria fortuna storiografica di Hume iniziò alla fine dell'Ottocento con la rivalutazione del *Trattato*, le cui tesi hanno direttamente influenzato, nel nostro secolo, il neopositivismo e, in Italia, talune tendenze materialistiche (G. Della Volpe, G. Preti). *S. Sc.*

Hus, Jan (Husinec, Boemia, 1370 ca - Costanza 1415), riformatore religioso boemo. Di origine contadina, frequentò l'università di Praga e divenne nel 1396 «magister artium». Sacerdote (1400) e decano della facoltà delle arti (1401), svolse a partire dal 1402 una intensa attività di predicazione in boemo. Nel frattempo fu conquistato dalle idee del francescano inglese John Wycliffe. La predicazione di Hus stigmatizzava soprattutto la mondanità degli ecclesiastici, esortandoli a rinunciare alle ricchezze, alle proprietà terriere, alla vendita delle indulgenze, alla imposizione di tributi sui servi della gleba, alle pratiche simoniache, per dedicarsi unicamente alla predicazione del Vangelo. Le invettive contro i prelati, che oscurano l'immagine di Cristo agli occhi dei fedeli, si intrecciano in Hus con le esortazioni a seguire il Cristo umile, povero, sofferente e misericordioso, quale ci appare dalla Sacra Scrittura, che costituisce l'unica autorità in materia di fede. Osteggiato dall'arcivescovo di Praga e condannato dall'università (1412), Hus fu costretto a lasciare la città e si rifugiò in campagna, diffondendo le sue idee tra i contadini che versavano in condizioni di indigenza e di oppressione. In questo periodo scrisse in boemo la *Interpretazione del credo, dei dieci comandamenti e della preghiera del Signore* (1412) e l'opera *Della simonia* (1413), nella quale propose che i vescovi fossero eletti dalla comunità e non imposti dall'alto; in latino compose il trattato *De ecclesia* (1413), che rivela nettamente l'influsso di Wycliffe.
Invitato, con un salvacondotto del re Sigismondo, al concilio di Costanza per chiarire le proprie idee, gli fu imposto di ritrattare. Avendo dichiarato che lo avrebbe fatto solo se fosse stato convinto di essere in contrasto con la Sacra Scrittura, fu condannato come eretico al rogo (1415). Hus assurse a martire della riforma in Boemia e a eroe del sentimento nazionale ceco; la sua opera divenne la scintilla della rivoluzione hussita scoppiata nel 1419 (→ hussiti).
Hus considera la chiesa come la comunità dei predestinati alla salvezza, unita nella fede, nella preghiera e nella osservanza della legge di Dio. A questa autentica comunità contrappone l'istituzione ecclesiastica corrotta dalla simonia, dalle ambizioni politiche e dalla cupidigia delle ricchezze. Cristo è l'unico capo della chiesa, la pietra sulla quale essa è stata edificata: non Pietro, ma Cristo è il sommo pontefice. Hus avversò dunque la chiesa come organismo gerarchico, non giungendo però a ripudiare il papa e gli ecclesiastici, che potevano ritenersi appartenenti alla chiesa qualora il loro comportamento fosse conforme a quello degli apostoli. Per valutare l'ecclesiologia di Hus, occorre tenere presente che maturò durante lo scisma d'Occidente, quando la cristianità era divisa tra due papi. La lotta contro la mondanità del clero si inquadra in una prospettiva escatologica: Hus è convinto che la fine dei tempi sia vicina, che l'Anticristo dell'Apocalisse sia già all'opera, e che i fedeli debbano pertanto testimoniare con

coerenza la loro fede. Hus conservò tuttavia molte dottrine della chiesa romana, come la transustanziazione (negata invece da Wycliffe), i sette sacramenti, il purgatorio, la intercessione della Madonna e dei santi.

Husserl, Edmund (Prossnitz, Moravia, 1859 - Friburgo in Brisgovia 1938), filosofo tedesco. Frequentò i corsi di astronomia e matematica a Lipsia e a Berlino, dove studiò con K. Weierstrass, del quale, dopo essersi laureato in matematica, fu per qualche tempo assistente. Nel 1884-86 seguì a Vienna le lezioni di F. Brentano; fu questo incontro che lo decise a dedicarsi alla filosofia. Sotto l'influenza di Brentano pubblicò nel 1891 la *Filosofia dell'aritmetica*. Con le *Ricerche logiche* (2 voll., 1900-01) assunse una posizione indipendente, che ebbe compiuta espressione nelle *Idee per una fenomenologia pura e una filosofia fenomenologica* (1913, I vol.; 1952, voll. II e III, postumi). Libero docente a Halle dal 1887, nel 1901 Husserl venne chiamato all'università di Gottinga e, nel 1916, a quella di Friburgo.

La fenomenologia, l'indirizzo di pensiero inaugurato da Husserl, si affermò in quegli anni come dottrina e come scuola; collaborarono con Husserl numerosi discepoli, tra i quali M. Scheler e Heidegger. Quest'ultimo pubblicò nel 1928 le lezioni di Husserl su *La fenomenologia della coscienza interna del tempo*. Proprio allora, tuttavia, l'accordo tra Husserl e i suoi maggiori discepoli si incrinò, in quanto questi ultimi non condividevano l'accentuazione idealistica della fenomenologia propugnata dal maestro (→ fenomenologica, scuola), particolarmente evidente in *Logica formale e trascendentale* (1929) e nelle *Meditazioni cartesiane* (1950, postumo), testo delle lezioni tenute alla Sorbona di Parigi nel 1929. Con l'avvento del nazismo Husserl, che era ebreo, venne radiato dall'università. In alcune pubbliche conferenze tenute a Vienna e a Praga nel 1935 egli poté ancora ribadire il programma culturale della fenomenologia, che conosceva allora un certo declino di fronte alla crescente fortuna dell'esistenzialismo. Sulla base di queste conferenze Husserl venne elaborando la sua ultima opera, che rimase incompiuta (*La crisi delle scienze europee e la fenomenologia trascendentale*, 1954, postuma). Alla sua morte, Husserl lasciò una vastissima mole di manoscritti inediti che H.L. Van Breda riuscì a trasferire nel 1939 a Lovanio, impedendone la distruzione da parte dei nazisti. A partire dal 1950, la pubblicazione di tali inediti a cura degli «Archivi Husserl» (oltre ai volumi postumi già citati, *Idea della fenomenologia*, 1950; *Filosofia prima*, 1956; *Psicologia fenomenologica*, 1962; *Sulla fenomenologia della coscienza interna del tempo*, 1966; *Analisi delle sintesi passive*, 1966) determinò una vasta rinascita della fenomenologia husserliana, particolarmente in Francia, Italia e Stati Uniti. Altri manoscritti di Husserl sono stati pubblicati da L. Landgrebe (*Esperienza e giudizio*, 1939) e G. Brand (*Mondo, io e tempo*, 1955).

• *La fenomenologia descrittiva*. Il concetto brentaniano di «intenzionalità» è il punto di partenza delle ricerche di Husserl: ogni atto della coscienza è intenzionale, cioè è un «tendere» a qualcosa come a suo specifico oggetto (per es. a un percepito nel caso del percepire, a un ricordato nel ricordare ecc.). Un'analisi rigorosa di come la coscienza «intenziona» i suoi oggetti consente allora di ricondurre l'intero campo dell'esperienza e del sapere alle operazioni psichiche di base, chiarendone la genesi e il significato. Husserl applica tale programma «psicologistico» ai concetti della matematica. Nella sua prima opera egli osserva che i concetti ultimi ed elementari della matematica e della logica (tutto, parte, unità, pluralità ecc.) «si sottraggono a ogni definizione logico-formale. Ciò che si può fare in questi casi è solo mostrare i fenomeni (psichici) concreti da o con i quali essi sono astratti e chiarire il modo di questa astrazione» (*Filosofia dell'aritmetica*). Ma, anche in seguito alle critiche di G. Frege e alla lettura di B. Bolzano, Husserl abbandonò lo psicologismo brentaniano, del quale fornì una decisiva critica nel I vol. delle *Ricerche logiche* («Prolegomeni alla logica pura»): non bisogna confondere i «fatti psichici», il «fluire temporale della coscienza» (*Erlebnisstrom*) qui e ora determinato, con il «significato logico» che in tali fatti si manifesta e che è di natura universale e ideale. Resta tuttavia il problema dell'origine del significato logico e in generale dell'universalità del pensiero, problema che in Frege e nei logicisti rimaneva irrisolto. Nel II vol. delle *Ricerche logiche* Husserl delinea il progetto di una «psicologia descrittiva» (che più tardi chiamerà «fenomenologia») basata su un duplice concetto di intuizione: un conto è l'*intuizione empirica* rivolta all'oggetto individuale, un altro è l'*intuizione categoriale*, la quale coglie, a partire dall'oggetto empirico e in connessione con esso, l'«oggetto generale», cioè l'universale o la «forma in sé» (per es. il «rosso», il «triangolo», il numero «due» ecc.: *Ricerche logiche*, II, par. 52). È alla descrizione di queste forme, dette poi anche *essenze* o *idee*, che la fenomenologia si rivolge. Esse costituiscono il campo dell'*a priori*, ovvero delle strutture costanti dell'esperienza che formano l'oggetto del sapere scientifico. A questo proposito Husserl parlerà anche di «ontologie regionali»: la descrizione fenomenologica coglie i differenti *modi d'essere* delle cose, ossia le «regioni» in cui l'essere si articola.

• *La fenomenologia trascendentale*. Nelle *Ricerche logiche* Husserl oscilla ancora tra una descrizione psicologicamente (sebbene non più «psicologisticamente») atteggiata e un'ontologia pura rigorosamente scientifica. È proprio tale ambiguità a consentire sviluppi e applicazioni feconde in svariate direzioni (per es. nel senso di una fenomenologia degli atti emozionali, degli oggetti etici, delle strutture del conoscere ecc.), ma anche a favorire incomprensioni e contrasti in seno alla scuola. Per parte sua Husserl avanza l'esigenza di chiarire la natura degli oggetti (o «fenomeni») che la fenomenologia descrive. Nelle *Ricerche logiche* tali oggetti vengono ancora assunti in modo «ingenuo», cioè secondo le «tesi della coscienza naturale» per la quale l'esistenza del mondo e della psiche sono *fatti ovvi* («ovvietà mondane»). A partire dalle *Idee* Husserl, anche in seguito all'influenza del neokantismo di P. Natorp, propone il metodo della «riduzione fenomenologica» («sospensione del giudizio» o *epoché*) per attingere la dimensione in cui i fenomeni si manifestano in piena «evidenza» («in carne e ossa») e come «datità originarie». L'epoché pone tra parentesi sia i giudizi (o pregiudizi) del senso comune, sia le teorie scientifiche, astenendosi dal farne uso; in generale, è la comune opinione circa l'esistenza naturale del mondo e dell'uomo come sua parte che viene «sospesa» e «neutralizzata» (*Idee*, parr. 27-32). Operata tale riduzione, ciò che allora emerge come «residuo fenomenologico» è il campo *trascendentale* della coscienza pura (*Idee*, par. 49). È questa la dimensione entro la quale deve operare la descrizione fenomenologica (par. 50), in quanto terreno di evidenze intuitivamente originarie che nessuna riduzione potrà mai revocare in dubbio. Su questa base si precisa il carattere genetico e costitutivo della fenomenologia trascendentale: il «senso» del mondo e delle sue oggettualità (*noemi*) si costituisce a partire dagli atti intenzionali (*noesi*) della coscienza pura. Il II vol. di *Idee* mostra all'opera tale programma con la ricostruzione fenomenologica («costituzione») dei tre strati fondamentali delle realtà mondane: le *cose materiali* (governate dalla pura *causalità*), le *nature animali* (soggette ai *condizionamenti*) e le *realtà psichiche* (cui pertengono le *motivazioni*). Queste ultime si caratterizzano poi, nella quinta delle *Meditazioni cartesiane*, non come una molteplicità irrelata di soggetti singoli, ma come un'intersoggettività originaria. La sfera della coscienza trascendentale non è né il *cogito* solipsistico cartesiano, né, dice Husserl, l'Io puro di Fichte; è piuttosto un *Noi* intersoggettivo che si dispiega in un operare comune di cui il linguaggio, la società e la storia sono le più dirette manifestazioni (*Meditazioni cartesiane*, parr. 55-60).

• *Il mondo della vita e le scienze.* È soprattutto nella sua ultima opera che Husserl sviluppa i temi dell'intersoggettività storica, anche in risposta alle critiche di Heidegger. Se nelle *Idee* la fenomenologia si era assunta il compito di combattere l'intellettualismo della logistica e il relativismo degli storicisti (W. Dilthey), auspicando un ritorno alle fonti intuitive e genuine dell'esperienza (un ritorno alle «cose stesse», come diceva Husserl, tale da rompere le incrostazioni del sapere tradizionale e del senso comune per edificare finalmente una «filosofia rigorosa» e autoevidente), nella *Crisi* Husserl indica nella fenomenologia la strada per liberare l'umanità europea dal suo storico declino. In modo solo apparentemente paradossale tale declino si manifesta proprio nel trionfo delle scienze moderne che, a partire da Galileo, impongono una concezione ingenuamente naturalistica e obiettivistica del mondo. L'uomo stesso diviene allora mera «cosa», la sua stessa psichicità risulta «entificata»: in questo senso Husserl ha combattuto sin dal 1911 la psicologia sperimentale nata nell'età del positivismo, opponendole nella *Crisi* un nuovo progetto di psicologia fenomenologica. L'obiettivismo scientifico conduce a una crisi profonda della razionalità, alla quale si può ovviare solo recuperando l'originaria intenzionalità universale della filosofia greca e il suo carattere fondativo nei confronti delle scienze particolari. Questo ambizioso programma esige tuttavia una serie di correzioni della stessa fenomenologia. Nella *Crisi* Husserl riconosce i limiti «cartesiani» della riduzione e della coscienza pura quali si configuravano nelle *Idee*. La sfera trascendentale della fenomenologia si precisa ora come campo delle operazioni «precategoriali» dei soggetti concreti, cioè come originario «mondo della vita» (*Lebenswelt*: cfr. *Crisi*, parr. 28-55). È a partire da queste operazioni originarie, assunte come tema specifico della scienza fenomenologica, che l'uomo deve recuperare il senso intersoggettivo (storico-sociale-ideale) delle categorie obiettivistiche delle scienze e delle ormai alienate e alienanti istituzioni sociali. Solo rompendo il lungo oblio delle proprie originarie intenzionalità liberatorie nei confronti di tutti gli uomini, la civiltà europea potrà rinascere come la fenice dalle proprie ceneri (*Crisi*, I Dissertazione). Solo tornando finalmente a se stesso, alla sua vivente soggettività precategoriale, l'uomo potrà aprirsi alla comprensione del mondo secondo il *télos* della ragione, così da restituire alle stesse scienze un senso e uno scopo universali. È a questo testamento spirituale, affidato alle pagine incompiute della *Crisi*, che Husserl pensava, quando, poco prima di morire, definì con modesto rammarico la sua ultima opera «un piccolo inizio», un primo «barlume di chiarezza», conseguito nel «rifarsi per la prima volta nella vita interamente a se stesso». Ed è anche alla suggestione di questi temi che è in larga misura dovuta la cosiddetta «rinascita della fenomenologia dopo l'esistenzialismo» negli anni Cinquanta e Sessanta del nostro secolo. *C. Si.*

hussiti, seguaci del movimento religioso, sociale e politico che si ispira al pensiero di J. Hus e si sviluppò in Boemia nel sec. XV. Dopo la morte di Hus a Costanza (1415), la sua azione riformatrice fu continuata dall'università di Praga e dai nobili, che condensarono il programma del movimento nei *Quattro articoli di Praga* (1420). In essi erano rivendicate la libertà di predicare la parola di Dio, la comunione sotto le due specie (utraquismo), la povertà della chiesa, i cui beni dovevano essere secolarizzati, e la repressione dei peccati pubblici, compresi quelli del clero (simonia, tasse ecclesiastiche ecc.). A fianco degli hussiti moderati, che riscuotevano consensi soprattutto tra la nobiltà e la borghesia, si sviluppò però un movimento radicale che trovò seguaci tra i contadini, gli artigiani e il popolo minuto. A Tábor, dove si stabilirono a partire dal 1420 (di qui il nome di taboriti), gli hussiti radicali abolirono la proprietà privata in nome della eguaglianza evangelica, eliminarono tutti i sacramenti, tranne il battesimo, ridussero la messa a una cena comune con la lettura del Vangelo e il canto di inni religiosi, rifiutarono ogni forma di organizzazione ecclesiastica, respinsero la venerazione dei santi, il culto delle immagini, le indulgenze. Animati da idee millenaristiche, vollero realizzare sulla terra il regno di Dio nel quale sarebbero scomparsi la servitù della gleba, le imposte, i privilegi. L'instaurazione del regno avrebbe dovuto essere preparata dallo stermino dei peccatori, tra i quali figuravano non solo il papa e gli ecclesiastici, ma anche il re Sigismondo e i nobili. Dopo che gli hussiti moderati ebbero prevalso sui taboriti, le istanze della riforma popolare in Boemia trovarono un sostenitore in Petr Chelčický (ca 1390-1460): questi condannò l'estremismo rivoluzionario dei taboriti e vagheggiò una comunità di cristiani separati dal mondo e legati da vincoli di fraternità che rifiutavano l'ordinamento della società divisa in classi e l'uso delle armi, anche per la difesa. All'opera di Chelčický si riallacciò la comunità dei fratelli → boemi (Unitas fratrum), sorta nel 1467, che accoglieva le dottrine radicali dei taboriti sui sacramenti, la chiesa e l'eucaristia, ma ne rifiutava la violenza. Alla Unitas fratrum appartennero il teologo Luca da Praga (1460-1528), che le conferì una solida struttura nella dottrina, nella liturgia e nella organizzazione, e il grande pedagogista Jan Comenio (1592-1670). La comunità, che subì l'influsso del protestantesimo e divenne una chiesa evangelica indipendente, esiste tuttora, mentre la chiesa utraquista durò fino al 1629, quando l'imperatore Ferdinando II ricattolicizzò la Boemia.

Hutcheson, Francis (Drumalig, Irlanda settentrionale, 1694 - Glasgow 1746), filosofo scozzese di origine irlandese. Ministro presbiteriano, dal 1729 professore di filosofia morale nell'università di Glasgow, è l'iniziatore della tradizione filosofica scozzese, destinata a venire illustrata da Hume, A. Smith, A. Ferguson, Th. Reid, sui quali tutti Hutcheson esercitò una profonda influenza. Opere principali: *Saggio sull'origine delle nostre idee della bellezza e della virtù* (1725); *Lettere sul vero fondamento della virtù e della bontà morale, Chiarimenti sul senso morale, Saggio sulla natura e la direzione delle passioni* (tutte del 1728); *Sistema di filosofia morale* (postuma, 1755). Seguace di Shaftesbury, che difese contro B. de Mandeville, Hutcheson inserisce la sua riflessione sull'uomo in un quadro di ottimismo ispirato religiosamente, fondato sull'idea dell'armonia del creato. A questa l'uomo partecipa attraverso il «senso interiore», che, anche se non fornisce idee innate, come Locke ha dimostrato, è nondimeno una disposizione naturale a percepire e ad apprezzare immediatamente l'ordine e la regolarità che costituisce il senso del bello. Al pari di esso, anche il senso della virtù, o «senso morale», è originario, in quanto non derivabile da altro né risolvibile in elementi più semplici. L'etica di Hutcheson è pertanto naturalistica e indipendente dalla rivelazione divina, sebbene egli ritenga che sia Dio ad aver dotato l'uomo del senso morale, onde farlo partecipe in tal modo dell'ordine del cosmo. Contro il principio dell'egoismo di Hobbes, il senso morale equivale all'affermazione della presenza, nell'uomo, del principio opposto, ossia di una istintiva «benevolenza» verso gli altri, indipendentemente dal proprio vantaggio personale. Più che le analisi psicologiche e le classificazioni morali, è importante in Hutcheson la considerazione della virtù in una dimensione sociale; per questa ragione egli si trova all'origine dell'utilitarismo. La virtù coincide con «la maggiore felicità per il maggior numero di persone». Ogni azione va pertanto valutata sulla base dei due parametri rappresentati rispettivamente dalla quantità di bene da essa prodotta e dalla quantità di persone che ne vengano a godere. È l'idea che verrà ripresa da J. Bentham, sotto il nome di «aritmetica morale»; ma essa ebbe importanza anche per la successiva nascita dell'economia politica moderna, con A. Smith.

Hyppolite, Jean (Jonzac 1908 - Parigi 1968), filosofo francese. Professore prima a Strasburgo (1945-48), poi alla Sorbona (dal 1949) e infine direttore dell'Ecole normale supérieure di Parigi dal 1954 al 1965, Hyppolite contribuì in modo determinante, con J. Wahl e A. Kojève, alla rinascita degli studi hegeliani in Francia. Come Wahl e Kojève, Hyppolite privilegia l'aspetto storico-antropologico della filosofia hegeliana, attenuandone la portata logico-ontologica; la sua esegesi è infatti centrata sulla *Fenomenologia dello spirito*, che egli tradusse per la prima volta in francese nel 1941, e a cui dedicò la sua opera principale (*Genesi e struttura della «Fenomenologia dello spirito» di Hegel*, 1946).

Ma, per quanto fondamentalmente umanistica, l'interpretazione del pensiero di Hegel proposta da Hyppolite non giunge agli esiti esistenzialistici osservabili in Wahl e Kojève. Nel rapporto tra coscienza e storicità, egli assegna infatti il primato a quest'ultima, e la coscienza vale solo in quanto fondamento empirico del divenire storico; la storicità hegeliana viene pertanto concepita come la condizione dell'evolversi della coscienza di sé; e sulla storia si fonda anche la dialettica, che non è un processo deduttivo a priori, bensì una necessità descrittiva a posteriori. Altre opere: *Introduzione alla filosofia della storia di Hegel* (1948); *Logica ed esistenza* (1953); *Saggi su Marx e Hegel* (1955).

Ibn Bagia, → Avempace.

Ibn Gabirol, → Avicebron.

Ibn Khaldūn, Abd al-Raḥmān (Tunisi 1332 - Il Cairo 1406), storico e filosofo arabo. Di famiglia arabo-spagnola, ricoprì importanti incarichi politici in Marocco, nel sultanato di Granada in Spagna e alla corte dei sultani mamelucchi d'Egitto. Sua opera fondamentale è il *Libro di esempi istruttivi* [*Kitāb al-'Ibar*], ampia trattazione, distribuita in vari volumi (alla fine dei quali c'è anche una autobiografia), che ha per soggetto la storia di arabi, persiani e berberi. L'opera consta di tre parti: la prima è una lunga *Prefazione* [*Muqaddima*] alla quale soprattutto è dovuta la fama di Ibn Khaldūn, perché, unico fra gli storici arabi, egli dà una interpretazione filosofica della storia; segue il nucleo principale, costituito dalla storia degli arabi e dei popoli vicini; l'ultima sezione tratta dei berberi e delle dinastie musulmane dell'Africa settentrionale. Il concetto fondamentale che per Ibn Khaldūn governa la storia dei popoli è la *'aṣabiyya* (che significa «affinità»), intesa come una sorta di vincolo o di sangue o tribale o nazionale o di fede o di cultura, esente comunque da un deteriore contenuto razziale: la *'aṣabiyya* determina il susseguirsi e il modificarsi degli avvenimenti umani, e alla luce di questa concezione Ibn Khaldūn svolge la sua indagine storica sulla civiltà islamica, della quale fa una descrizione anche culturalmente precisa e completa.

Ibn Rushd, → Averroè.

Ibn Sīnā, → Avicenna.

Ibn Ṭufayl, Abū Bakr Muḥammad Ibn 'Abd al-Malik (Guadix, presso Granada, inizio sec. XII - Marrakech 1185), filosofo e medico arabo-spagnolo. Deve la sua fama principalmente al romanzo filosofico intitolato, dal nome del protagonista, *Ḥayy ibn Yaqẓan*, noto in Occidente in età rinascimentale attraverso versioni ebraiche e latine, e soprattutto in età illuministica, dopo la traduzione latina di E. Pocock (*Philosophus autodidactus*, 1671). Il romanzo racconta la vita di Ḥayy, abbandonato fanciullo in un'isola deserta, che riesce con la forza del proprio ingegno non solo a provvedere a tutte le esigenze materiali, ma anche a scoprire le grandi verità del mondo fisico e di quello metafisico, fino all'unicità ed eternità di Dio. A cinquant'anni egli entra in contatto con l'asceta musulmano Asāl, sbarcato nell'isola, e dal confronto delle opinioni si accorge che la sua concezione religiosa non si discosta in nulla da quella rivelata, comunicatagli da Asāl. Solo si stupisce della materialità con cui il Profeta ha parlato e della sovrabbondanza di simboli e di allegorie; ma, quando si reca con Asāl a contatto con gli uomini, si rende conto di quanto sia essenziale l'opera di mediazione antropomorfica. L'opera di Ṭufayl si avvale dell'aristotelismo rielaborato dalla tradizione araba, in particolare della parafrasi aristotelica di Avicenna, e sottolinea l'accordo tra speculazione filosofica e religione rivelata.

iconoclastia, termine designante il movimento religioso contrario al culto delle immagini. Le dottrine iconoclaste si sono espresse tra il sec. VIII e il IX (725-842 ca) nell'impero bizantino, provocando tensioni politiche e feroci persecuzioni. Sul culto delle immagini erano presenti nel cristianesimo una tendenza rigorista, che, fedele ai divieti dell'Antico Testamento e preoccupata di prendere le distanze dai costumi pagani, non lo accettava (Origene, Ireneo, Eusebio di Cesarea), e una tendenza liberale, che ammetteva le immagini soprattutto per il loro valore catechetico e didattico (Basilio, Gregorio Magno). L'unico culto universalmente riconosciuto era quello della croce, che rappresentava nel cristianesimo la forma più antica di venerazione di una immagine. Tra il sec. VI e il VII il culto delle immagini, soprattutto in Oriente, raggiunse il suo apogeo. Inoltre, secondo il platonismo dominante, la stessa immagine era riguardata come il luogo della presenza misteriosa di un archetipo che comunicava qualche cosa della sua grazia e potenza. Nel 730 l'imperatore Leone III l'Isaurico ordinò la distruzione di tutte le immagini, facendo dell'iconoclastia la dottrina ufficiale dell'impero. Il figlio Costantino V Copronimo si preoccupò di fornire le basi dottrinali all'iconoclastia convocando nel 754 il sinodo di Hieria, che appunto ne elaborò la giustificazione teologica. Al centro del dibattito dottrinale era l'immagine di Cristo, e la lotta iconofoba appariva come un prolungamento delle diatribe cristologiche: infatti, secondo gli iconoclasti, la rappresentazione dell'umanità di Cristo avrebbe portato al nestorianesimo, mentre una rappresentazione disincarnata intesa a significare la divinità del Cristo avrebbe peccato di monofisismo. Il sinodo concluse quindi che il vero culto dovuto a Cristo e ai santi consiste nel riprodurre le loro immagini nel proprio cuore, imitandoli nella vita, mentre la presenza di Cristo va cercata nell'eucaristia e non nelle immagini. La fase più aspra della lotta iconoclasta si chiuse con il VII concilio ecumenico, II di Nicea (787), che

riaffermò la legittimità della venerazione delle immagini; ma una ripresa della lotta si ebbe fra l'813 e l'842. Il rifiuto del culto delle immagini venne immediatamente accolto dai teologi franchi nei cosiddetti Libri carolini. Nel medioevo la polemica contro le immagini serpeggiò nel pensiero ereticale (J. Wycliffe, hussiti); essa fu ripresa dai riformatori del sec. XVI, sia pure con grande diversità di sfumature: Lutero infatti accettava il valore catechetico delle immagini. Anche attualmente, in campo protestante, accanto a una radicale opposizione come quella di K. Barth, si affacciano atteggiamenti più possibilisti.
La vicenda iconoclastica lasciò una traccia permanente anche nella chiesa d'Oriente: la vittoria del «partito delle icone» influenzò non solo, evidentemente, l'arte bizantina e poi russo-ortodossa, ma la stessa teologia orientale, che venne rafforzata nelle sue tendenze al simbolismo, per cui il creato è immagine espressa dalla Sapienza o Sofia divina, immanente-trascendente: nella recente teologia russa, la teologia delle icone è un capitolo assai importante (L. Uspenskij, V. Losskij, P. Florenskij ecc.).

Id, in psicoanalisi, termine usato dagli autori anglosassoni come equivalente di → Es.

idea, termine (derivato da un verbo greco che significa «vedere») che acquista un senso tecnico con Platone, per il quale l'idea (*idéa*, *êidos*) è l'oggetto di una visione o intuizione intellettuale: di contro al sensibile, molteplice e mutevole, l'idea rappresenta l'essenza intelligibile, sottratta al mutamento.

• *L'idea come fondamento ontologico.* L'idea costituisce così la specie universale e anche il puro modello o → archetipo (il *parádeigma*: *Eutifrone*, 6*d*; *Parmenide*, 132 *d*) che nei molteplici casi empirici trova un riscontro soltanto approssimativo: le cose sensibili «partecipano» o «somigliano» alle idee. Ne deriva che solo la conoscenza intellettuale delle idee fornisce un sapere vero, sottratto alle variabili e contingenti opinioni che caratterizzano il conoscere sensibile. L'idea sta pertanto a fondamento della conoscenza concettuale, sicché Platone le assegna uno statuto ontologico proprio, una forma di sussistenza in sé o di esistenza in un mondo puramente intelligibile («iperuranio»), tesi che diverrà oggetto delle critiche di Aristotele (*Metafisica*, I, 990*b*-993*a*). Come poi il fondamento ontologico dell'idea si traduca in contenuto cognitivo è spiegato da Platone mediante la dottrina dell'→ anamnesi (o reminiscenza): l'anima vede le idee nell'iperuranio, ma, unitasi al corpo, dimentica tale sapere, di cui l'esperienza delle cose empiriche le fornisce un mero indizio o stimolo a ricordare. È però solo in virtù della «dialettica» che l'anima può recuperare l'originaria visione iperuranica. Il testo classico in cui sono esposte queste tesi è il libro VII della *Repubblica*. Tuttavia nei dialoghi successivi, e particolarmente nel *Parmenide*, Platone si chiede se di ogni cosa empirica si dia idea. In generale egli tende a restringere la primitiva dottrina, ammettendo solo le idee delle verità matematiche e dei valori estetico-morali (il bello, il buono, il giusto ecc.); alle idee matematiche, che sin dall'inizio avevano fornito una sorta di modello privilegiato del mondo ideale, Platone dedica infatti, come sappiamo da Aristotele (*Metafisica*, I, 991*b*), le sue ultime ricerche, anche nel tentativo di trovare una mediazione e un collegamento tra il mondo iperuranico delle pure forme e il mondo materiale degli individui.
La storia successiva del termine «idea» è legata al neoplatonismo che, nelle sue varie diramazioni, considera in generale le idee come il contenuto dell'intelligenza divina. Questa interpretazione sarà condivisa da tutto il pensiero cristiano del medioevo, appoggiandosi alla concezione giovannea del Verbo divino. L'aspetto mitico che aveva in Platone il «mondo» delle idee, in quanto sussistenti in sé, viene così abbandonato, con la interiorizzazione di esse nella mente di Dio; ma le idee conservano la caratteristica dell'eternità e la funzione di paradigmi rispetto alla creazione. Anzi, in contrasto con le restrizioni di Platone, i pensatori cristiani, da Agostino a Tommaso d'Aquino, sostengono che di *ogni* cosa, prima di crearla, Dio ha l'idea nella propria mente.

• *L'idea come contenuto di pensiero.* In età moderna Cartesio assume il termine «idea» a designare qualsiasi contenuto del pensiero o della mente che si rappresenti alcunché. «Idee» sono infatti, per Cartesio, tanto quelle sensibili, che ci provengono dal di fuori («avventizie»), quanto quelle immaginative, costruite da noi («fattizie»), quanto quelle indipendenti dalla sensibilità e dall'immaginazione («innate»), chiare e distinte. Di queste ultime sono esempio precipuo le verità matematiche; ma Cartesio considera innate anche le idee essenziali della metafisica, come quelle dell'io e di Dio, e della fisica: dalla nozione di estensione ai principi generali della meccanica (*Meditationes*, III). Da ciò prende le mosse la grande discussione sull'origine delle idee, nei secc. XVII e XVIII, che vede contrapposti i due «schieramenti» del → razionalismo (Spinoza, Malebranche, Leibniz) e dell'→ empirismo (Locke, Berkeley, Hume ecc.). L'oggetto della discussione è la questione se tutte le nostre idee dipendano — o se alcune di esse non dipendano — dall'esperienza sensibile, intendendosi con «idea», in senso lato, i pensieri o le rappresentazioni della mente umana. Il significato del termine rimaneva cioè quello inaugurato da Cartesio; in particolare attraverso Locke esso divenne di uso corrente, fino a passare nel linguaggio comune. A un significato più ristretto del termine torna Kant, che nella *Critica della ragion pura* (sez.

Dialettica trascendentale) lo riserva agli oggetti della «ragione» (anima, mondo, Dio), in contrapposizione a quelli dell'«intelletto». Questi sono fenomenici, mentre gli oggetti della «ragione» sono ultrasensibili o metafisici, sicché Kant, conforme alla tesi fondamentale del suo criticismo, li considera inconoscibili, non essendo dato alla ragione umana di oltrepassare l'orizzonte dell'esperienza per avventurarsi nel dominio dell'assoluto. Le tre idee svolgono per la conoscenza una funzione unicamente «regolativa», senza che a esse corrisponda una conoscenza effettiva; solo l'esperienza morale può, per altra via, conferire un contenuto positivo alle nozioni di anima e di Dio.

• *L'idea e l'assoluto.* Contro queste limitazioni kantiane, l'idealismo tedesco, e in particolare Hegel, rivendica la conoscenza dell'assoluto e il ruolo in essa svolto dall'idea. Hegel denomina «Idea» l'assoluto stesso, concepito come unità dialettica di soggettività e oggettività, finitezza e infinità, realtà e concetto. Nella *Scienza della logica* la dottrina dell'Idea è svolta in forma pura, come se l'Idea, nella sua anteriorità logica rispetto alla natura e all'uomo, rivestisse ancora per Hegel il significato platonico e cristiano di modello o archetipo eterno. In realtà l'Idea hegeliana, nel suo successivo «alienarsi» nella natura in virtù di un interno dinamismo dialettico, non tanto «decade» o perde la sua pura essenzialità, quanto invece si arricchisce e si realizza concretamente, correggendo l'iniziale astrattezza logica che la caratterizza. Sicché il vero Assoluto è per Hegel non già l'Idea in se stessa, ma l'intero processo del reale, culminante come risultato nelle forme dell'arte, della religione e soprattutto della filosofia, in cui l'Idea raggiunge la propria consapevole automanifestazione. In un senso ancora platonico le idee sono intese invece da Schopenhauer, che le considera come la prima oggettivazione della volontà universale; esse si rendono visibili soprattutto nell'opera d'arte. Alle idee infine si riferisce anche Husserl, in quanto esse, come specie o essenze, costituiscono l'oggetto proprio della descrizione fenomenologica. Husserl però non attribuisce alle idee, come invece Platone, autonomia ontologica: nella correlazione universale in cui si manifesta l'attività intenzionale della coscienza trascendentale, esse incarnano il polo oggettivo o «noematico», di contro al polo soggettivo o «noetico» (→ fenomenologia). *S. La.*

ideale dell'Io, in psicoanalisi, → Super-Io.

idealismo, termine d'origine seicentesca, usato (per es. da Leibniz) per designare la filosofia di Platone in quanto fondata sulla tesi che la realtà vera consiste nelle idee (→ idea), in opposizione alle cose materiali, la cui realtà, mutevole e precaria, sarebbe solo apparente. Altri usi generici, e talora anche arbitrari, del termine si sono affermati in seguito. L. Laberthonnière ha schematicamente opposto l'«idealismo cristiano» al «realismo greco»; ancora i positivisti e i materialisti (dialettici e non) della fine dell'Ottocento e del nostro secolo hanno accusato polemicamente di «idealismo» le posizioni più diverse (dall'empiriocriticismo al solipsismo fenomenistico oppure logico; dalla fenomenologia ad alcune forme di esistenzialismo).

• *La definizione kantiana.* Un uso invece appropriato e ben definito del termine è stato introdotto da Kant, al quale risale la fortuna stessa della parola, che fissò l'opposizione tra idealismo e realismo. Nella Confutazione dell'idealismo, inserita nella seconda edizione della *Critica della ragion pura*, Kant distingue due forme di «idealismo materiale» (cioè riferito alla materia o contenuto del conoscere): l'«idealismo problematico» di Cartesio, «che dichiara indubitabile (cioè non problematica) solo un'asserzione empirica: *Io sono*»; e l'«idealismo dogmatico» di Berkeley, che «dichiara le cose nello spazio semplici immaginazioni». A essi Kant contrappone il proprio «idealismo formale» (cioè riferito alla sola forma del conoscere), o anche «trascendentale» e «critico». La «idealità» delle forme spazio-temporali, sostenuta da Kant, significa che essi non hanno un'esistenza autonoma, indipendente dalla soggettività umana. Kant però non intende affatto negare l'esistenza della → cosa in sé, sebbene essa sia inconoscibile per l'uomo; l'idealismo trascendentale è dunque perfettamente compatibile col «realismo empirico», ossia con la tesi della derivazione dall'esterno della materia dell'esperienza, attraverso le sensazioni. Nella confutazione citata, Kant sostiene contro Berkeley (e contro Cartesio) la originarietà dell'esperienza esterna rispetto a quella interna: proprio la vita psichica, che si svolge tutta esclusivamente nel tempo, come continuo fluire, presuppone l'esperienza spaziale, giacché solo in quest'ultima si ha la permanenza attraverso il fluire del tempo e solo sullo sfondo di ciò che permane è percepibile, per contrasto, qualsiasi successione.

• *L'idealismo come filosofia dell'Assoluto.* Dopo Kant, la storia dell'idealismo nella Germania dei primi decenni del sec. XIX è caratterizzata dalla eliminazione della cosa in sé, donde deriva un allontanamento radicale da Kant. Rispetto a Berkeley, è caratterizzata dall'abbandono dello spiritualismo, cioè della tesi dell'anima come sostanza creata dal Dio personale e trascendente della tradizione cristiana. Questa svolta avviene con Fichte, il quale non nega affatto che passività e finitezza siano caratteristiche fondamentali del rapporto conoscitivo dell'uomo col mondo, ma propone di risalire all'indietro, rispetto alla coscienza comune, per spiegarne le condizioni di possibilità. Queste si ritroverebbero in un processo del tutto inconscio, per cui dapprima l'Io, ponendo se

stesso, oppone a sé il Non-Io (la natura) e viene quindi ad autolimitarsi di fronte a questo, in tal modo realizzandosi quale coscienza (io empirico, finito). Convinto di non far altro che sviluppare e perfezionare la filosofia kantiana, anziché capovolgerla, Fichte qualifica il suo idealismo come trascendentale; e lo presenta come l'opposto del dogmatismo, intendendo con questo termine ogni filosofia che sacrifichi l'autonomia dell'Io a quella delle cose. In quanto filosofia dell'attività e della libertà, l'idealismo fichtiano viene comunemente definito come «etico», appunto per questa tendenza morale che lo ispira, o come «soggettivo», per la preminenza comunque accordata all'Io. Al riguardo Schelling propone poi una vera e propria riforma dell'idealismo fichtiano, la cui parzialità soggettiva deve venir integrata con una filosofia speculativa della natura, che svolga sul versante del Non-Io la medesima dialettica applicata da Fichte all'Io. L'→ Assoluto infatti si manifesta già, secondo Schelling, nel processo della natura dall'inorganico all'organico, processo culminante nell'autocoscienza umana, con la quale ha inizio lo svolgimento dell'Io. L'Assoluto schellinghiano è pertanto identità di Io e natura, soggetto e oggetto, donde la formula di «idealismo oggettivo»; e poiché l'Assoluto è attingibile dall'uomo non già discorsivamente, bensì tramite l'intuizione, e in particolare quella artistica, l'idealismo schellinghiano viene definito anche «estetico».
Contro queste tesi muove Hegel, contrapponendo all'intuizione la ragione e all'identità indifferenziata, quindi indeterminata, l'unità speculativa degli opposti (soggetto e oggetto, infinito e finito ecc.) quale struttura dialettica dell'Assoluto. Questo principio è rivolto da Hegel anche contro l'idealismo di Fichte, criticato come soggettivistico. Alla coppia finito-infinito è ancorata l'unica definizione esplicita che del termine «idealismo» si trovi in Hegel, assai più parco nell'usarlo che non i suoi predecessori (egli preferisce parlare di «filosofia speculativa»): idealismo è la tesi che «il finito è ideale», cioè non ha alcuna autonomia, essendo destinato per sua natura a farsi altro e perire. L'infinito, poi, non è da pensare come separato e indifferente di contro alla finitezza, bensì come realizzantesi in essa. Una di tali realizzazioni è la soggettività umana, la cui forma più alta è lo Spirito, che si sviluppa nella storia universale. L'intera realtà, dalla natura allo spirito, è pertanto caratterizzata da Hegel come una sorta di organicismo dinamico, opposto a ogni meccanicismo intellettualistico, a ogni naturalismo o empirismo. La formula dunque (che a proposito di Hegel è corrente) di «idealismo assoluto» non coglie il carattere specifico del suo pensiero; sarebbe preferibile semmai quella di «idealismo logico», allusiva a quel disegno di una nuova logica dialettica (non distinta, come dice Hegel, dai temi ontologici dell'antica metafisica: l'essere, l'essenza, il divenire) che dell'idealismo dovrebbe essere la dimostrazione razionale e la struttura speculativa.

• *Critiche e rielaborazioni dell'idealismo.* Tra le tante critiche mosse all'idealismo tedesco (si pensi a Schopenhauer e a Kierkegaard), ebbe particolare successo quella di Feuerbach, ripresa poi da Marx ed Engels, che però intesero salvaguardare la dialettica di Hegel, pur rovesciandone il fondamento. Tale rovesciamento consiste nel sostituire all'idealismo il materialismo; di qui è derivata quella contrapposizione di idealismo e materialismo che oggi è tanto frequente, ma che è meno corretta e specifica dell'opposizione classica tra idealismo e realismo. In ogni caso, nel corso delle numerose riforme dell'hegelismo, che si sono succedute in Germania e in Italia fino all'inizio del nostro secolo, il riferimento all'idealismo è stato sempre centrale, anzi in genere enfatizzato, e spesso in formulazioni che ricordano più Fichte che non Hegel; come si constata particolarmente in G. Gentile, mentre B. Croce preferirà, per la sua filosofia, la denominazione di «storicismo» a quella di idealismo. Nella cultura inglese la scuola idealistica, fiorita tra Ottocento e Novecento, si è rifatta anch'essa a Hegel, ma con un'interpretazione di tipo teologicizzante e mistico (J.H. Stirling, E. Caird, Th.H. Green, B. Bosanquet, J. McTaggart); di particolare rilievo, nell'ambito dell'idealismo angloamericano, sono la posizione scettica di F.H. Bradley e quella panteistica di J. Royce, che tenta, in modo originale, di mantenere un'autonomia degli intelletti finiti attraverso l'uso del concetto di interpretazione come è formulato da Ch.S. Peirce. Nel 1903 G.E. Moore, con la *Confutazione dell'idealismo* che doveva segnare l'avvio di un indirizzo di pensiero opposto, intese vanificare le tesi idealistiche, dalla classica formulazione berkeleyana al raffinato sviluppo logico che ne ha dato in particolare Bradley. L'ultima reviviscenza dell'idealismo trascendentale si è avuta con la fenomenologia di Husserl, il quale però si è ispirato assai più a Kant e a Cartesio che non a Hegel o a Fichte. Espressamente, anzi, Husserl ha sottolineato che l'io fenomenologico «non è l'Io di Fichte». Quest'ultimo infatti è universale e assoluto, laddove il soggetto fenomenologico è una coscienza intenzionale incarnata nel corpo percipiente (*Leib*) e nelle sue operazioni costitutive in senso precategoriale e «vivente» («mondo-della-vita»). Attualmente l'idealismo è pressoché scomparso dall'orizzonte filosofico, almeno in forma esplicita, anche se esso continua a costituire un punto di riferimento costante nel dibattito culturale, sia che il termine venga assunto in forma generica, sia che a esso ci si riporti in una forma storicamente appropriata e definita.

idealtipo, o tipo ideale (dal ted. *Idealtyp*), termine con cui M. → Weber (*L'«oggettività» conoscitiva della scienza sociale e della politica sociale*, 1904) indica il concetto specifico adottato dalle scienze storico-sociali per comprendere l'agire sociale nella sua individualità: il tipo ideale è una regola generale e ipotetica degli eventi, costruita mediante astrazione in riferimento a un senso, valore o scopo. Distinto dal «concetto di genre» proprio delle scienze naturali, perché diretto alla conoscenza dell'individuale, l'idealtipo non è mai una semplice «riproduzione» della realtà, in quanto seleziona unilateralmente alcuni fattori del fenomeno e li generalizza in una «costruzione» ideale (così chiamata perché «logicamente» compiuta e non contraddittoria) che è astratta e irreale, anche se finalizzata alla conoscenza di «connessioni reali». L'idealtipo è tanto più efficace quanto più è distanziato dalla realtà empirica, della quale costituisce — come concetto limite di valore esclusivamente euristico — il criterio di conoscenza per comparazione. Avversato dalla sociologia positivista, l'idealtipo venne poi ripreso da A. → Schutz per spiegare come la realtà sociale della vita ordinaria venga sempre percepita in una serie ininterrotta di tipizzazioni, che diventano via via più anonime quanto più viene a mancare la situazione dell'incontro diretto.

identificazionetermine che in psicoanalisi indica il processo mediante cui il soggetto si costituisce gradualmente come tale assimilando uno o più tratti di un altro individuo e modellandosi su di essi. Fin dai suoi studi sull'isteria Freud parla dell'identificazione, ma diversamente dalla psichiatria e dalla psicologica collettiva a lui contemporanea egli la interpreta non già nei termini minimali di «imitazione» o «contagio mentale», bensì in quelli ben più radicali di «appropriazione». Negli anni successivi la nozione di identificazione viene da Freud ulteriormente arricchita e specificata: due suoi prototipi sono individuati nell'→ introiezione e nell'incorporazione, con la quale il soggetto, durante la → fase orale, in termini più o meno fantasmatici, introietta un oggetto esterno. Le modalità attraverso le quali il complesso d'Edipo struttura il soggetto sono processi d'identificazione, e in seguito a processi di identificazione le istanze psichiche si differenziano dall'originario Es. L'esposizione più completa che Freud abbia dato del concetto si trova nel cap. VII di *Psicologia delle masse e analisi dell'Io* (1921), dove sono distinti tre tipi di identificazione: l'identificazione primaria, che rappresenta la forma originaria del legame affettivo con l'oggetto; l'identificazione come sostituto regressivo di una scelta d'oggetto; e l'identificazione con l'altro, come avviene per es. nell'innamoramento.
Con l'espressione «identificazione con l'aggressore» Anna Freud designa un particolare meccanismo di difesa prevalente nel periodo iniziale di formazione del Super-Io: il soggetto si difenderebbe dall'aggressione (per es. sotto forma di critiche a lui rivolte da un'autorità esterna) assumendo egli stesso il ruolo dell'aggressore, ossia imitandone i comportamenti, adottandone i simboli di potenza ecc. Altri psicoanalisti hanno fatto ricorso alla nozione di identificazione con l'aggressore, interpretandola nei termini di «introiezione del senso di colpa dell'adulto» da parte del bambino (Ferenczi), o sottolineando la natura sado-masochistica del processo (D. Lagache), o individuando in esso il meccanismo responsabile del negativismo (il «no» gestuale e verbale) insorgente intorno al quindicesimo mese (R. Spitz). Con l'espressione «identificazione proiettiva» Melanie Klein designa una relazione oggettuale aggressiva caratterizzata da fantasmi nei quali il soggetto s'introduce all'interno dell'oggetto (il corpo materno) per lederlo e controllarlo.

identità, la relazione che un ente intrattiene esclusivamente con se stesso – in opposizione alla differenza, in quanto relazione che l'ente intrattiene con gli altri enti. I rapporti concettuali tra essere, identità e unità cominciano a essere precisati dalla filosofia greca. Platone nel *Sofista* distingue tra l'essere come esistenza e l'essere come identità, e risolve il paradosso eleatico dell'essere del non-essere, opponendo al puro nulla il rapporto positivo di alterità che sussiste tra le cose differenti. In Platone tuttavia l'identità viene ancora interpretata genericamente come unità. Nel tentativo di specificare il tipo di unità che determina l'identità, Aristotele identifica l'identità con l'unità della sostanza: non costituisce il medesimo ente ciò che è solo accidentalmente unito (*Metafisica*, V, 9; X, 3). Il pensiero medievale accetta nel suo complesso tale caratterizzazione. È con gli empiristi inglesi che la questione dei rapporti tra identità e unità viene ripensata in modo radicale. Mentre Locke ritiene infatti che l'idea dell'identità si formi per comparazione dell'osservazione di una cosa in vari momenti del tempo (*Saggio sull'intelletto umano*, II, 27), e pensa dunque ancora l'identità come l'unità naturale della esistenza di un ente, Hume obietta che l'osservazione di un singolo oggetto può dare luogo al più all'idea di unità, ma non a quella di identità. La delimitazione dei rapporti di unità costitutivi dell'identità della cosa tra i molti rapporti di unità che la cosa intrattiene non può essere intesa come una operazione ovvia, imputabile alla natura stessa dei dati disponibili alla mente: per Hume è una *finzione*, un'operazione arbitraria, psicologicamente spiegabile in termini di propensioni, ma non logicamente giustificabile (*Trattato sulla natura umana*, I, par. IV, sez. 2). Con Leibniz invece si precisano i rapporti concettuali tra identità e uguaglianza; egli infatti enuncia con chiarezza un problema che è implicitamente presente nella filosofia almeno da Aristotele (e soprattutto nelle discussioni medievali sul principio di → individuazione): se l'identità consista nel possesso dei medesimi predicati, cioè se la completa uguaglianza di A e B comporti la loro identità. Leibniz sostiene l'identità degli indiscernibili: se A e B sono uguali sotto tutti gli aspetti, A e B sono lo stesso ente. È dunque impossibile che vi siano *due* cose completamente uguali. Tale posizione è estremamente impegnativa: il principio di identità degli indiscernibili, nella formulazione leibniziana, impone alle cose distinte addirittura il possesso di diversi predicati interni (predicati compresi nella stessa essenza); la differenza tra due enti non può limitarsi a essere esterna e accidentale (*Discorso di metafisica*, 9; *Monadologia*, 9). È la fiducia nell'identità degli indiscernibili a permettere a Leibniz di elaborare una caratterizzazione dell'identità indipendente dal concetto dell'unità di sostanza. Per lui, l'identità può essere definita come sostituibilità *salva veritate*: A è identico a B quando la sostituzione di A con B, o viceversa, conserva la verità degli enunciati che concernono A o B. Si tratta di una definizione che la scuola di Ch. Wolff ha reso corrente, e che viene ancora oggi utilizzata in alcune teorie formali, anche se la sua applicazione risulta non generalizzabile a tutti i contesti linguistici (essa non si applica ai contesti intensionali e in particolare ai contesti di → credenza). È Wolff inoltre a elevare al rango formale di principio, accanto ai principi di «non-contraddizione» e del «terzo escluso», la legge di identità («Ogni ente è identico a se stesso»). Aristotele infatti non pone mai esplicitamente questa verità logica tra i principi della dimostrazione, né lo fanno i logici medievali, anche se già Tommaso d'Aquino riconosce alle proposizioni identiche (quelle della forma «A è A») lo statuto di verità per sé note (*Summa contra Gentiles*, I, 10).

La riflessione contemporanea sulla natura dell'identità e della differenza ha il suo punto d'avvio con il saggio *Senso e denotazione* (1892) di G. → Frege. È ovvio per Frege che, quando A è identico a B, «A» e «B» sono nomi che denotano il medesimo oggetto. Il suo problema è spiegare come sia possibile, stante una tale apparente coincidenza di significati, che un enunciato di identità (per es. «La stella del mattino è la stella della sera», e cioè il pianeta Venere) riesca a essere informativo. La questione è risolta distinguendo tra il significato di un nome inteso come l'oggetto designato (*Bedeutung*, denotazione) e la denotazione intesa come il modo in cui il nome designa l'oggetto e lo rende accessibile alla mente (*Sinn*, senso). «Stella del mattino» e «Stella della sera» hanno la medesima *denotazione*, ma diverso *senso* (→ significato). L'enunciato che afferma l'identità tra stella del mattino e stella della sera è informativo, appunto in quanto esprime il fatto che due espressioni referenziali che hanno distinte modalità di designazione designano comunque il medesimo oggetto: fatto che non può essere ritenuto scontato. L'identità non dovrebbe dunque essere considerata una relazione tra enti, ma una relazione tra nomi di enti. La riflessione contemporanea sul linguaggio ha manifestato atteggiamenti divergenti nei confronti dell'identità. Vi è chi ha continuato ad assumere il valore primario del concetto: per W.V.O. Quine il possesso di chiari criteri di identità dovrebbe fare da discriminante per una giustificata compromissione ontologica («non c'è ente senza identità»). Altri hanno invece ritenuto di dover rifiutare il presupposto, condiviso da buona parte della tradizione filosofica, che l'identità, in quanto relazione costitutiva dello stesso essere della cosa, possa essere definita in maniera generale e assoluta, isolandola all'interno della variegata famiglia dei rapporti di unità. Wittgenstein ironizza sulla vacuità di un simile presupposto metafisico (*Ricerche filosofiche*, parr. 253, 350). J.L. Austin sottolinea il fatto che per la nozione di identità (come per quella di esistenza e di realtà) sono determinanti gli usi negativi: non ci sono criteri generali di identità. P. Geach sostiene che, nel linguaggio ordinario, l'identità è trattata contestualmente: noi non abbiamo affatto un concetto della «medesimezza» in generale; abbiamo invece concetti locali di identità (essere la stessa persona; essere lo stesso oggetto corporeo); l'espressione «stesso» da sola è incompleta. *M. Me.*

identità personale, l'identità dell'io, nella sua continuità attraverso il tempo, e in quanto distinta dagli altri individui. In che cosa essa consista, è un problema che è stato discusso particolarmente dall'empirismo inglese, a partire da Locke. Nel *Saggio sull'intelletto umano* l'identità personale, o morale, s'identifica con la coscienza (o «riflessione» su di sé) e quindi si estende, nel passato, quanto si estende la memoria. La nozione di persona o io è pertanto un'idea di relazione: della relazione fra l'io presente e l'io passato; e su ciò si fonda la responsabilità morale e giuridica. Hume, nel *Trattato sulla natura umana*, insiste sulla infondatezza, sul piano teoretico, dell'idea di identità personale (dal punto di vista pratico-emotivo, essa è data immediatamente): infatti non si danno se non impressioni particolari, infinitamente varie, e mai l'impressione pura dell'io, al quale piuttosto riferiamo tutte le impressioni che abbiamo (→ identità). L'io è pertanto una «collezione» di impressioni continuamente mutevoli. La spiegazione di come, nonostante ciò, sorga l'idea dell'identità personale, si fonda anche

per Hume sulla memoria, che sola ci consente di mettere in relazione le impressioni e le idee avute nel passato con quelle che si abbiano attualmente, sulla base della loro somiglianza e della causalità fra esse, nella dinamica della nostra vita psichica. Si tratta pertanto di un meccanismo meramente psicologico, che non autorizza affatto a postulare un'identità sostanziale (come sarebbe l'anima) a fondamento dell'io.
Anche in ambito psicologico la nozione di identità viene intesa in senso dinamico-funzionale: come «sentimento del proprio essere continuo e distinto» (E.H. Erikson), come sentimento di → Sé, cioé come «esperienza dell'identità personale» (E. Jacobson), o ancora come «prima consapevolezza del senso di "essere"» (M. Mahler).
La formazione dell'identità avviene nei primi anni di vita del bambino, quando, con la scoperta del mondo degli oggetti (→ relazione oggettuale) e la distinzione fra questo e il proprio sé fisico e mentale, nasce il sistema dell'Io. Per parlare del processo di costruzione dell'identità, ivi compresa l'identità sessuale, è dunque indispensabile riferirsi alle fasi di sviluppo psicologico del bambino e in particolare al meccanismo di → identificazione con il genitore, grazie al quale un soggetto assimila un aspetto, proprietà, o attributo di un'altra persona e si trasforma, totalmente o parzialmente, sul modello di quest'ultima. La formazione del senso d'identità vero e proprio — con l'autonomia e l'indipendenza che essa comporta — avrebbe inizio nel momento in cui l'identificazione volge al termine, cioè allorquando si è avuto un normale passaggio attraverso le fasi di separazione-individuazione nel rapporto tra bambino e madre, che manca nei casi di psicosi infantile.
Più in generale è possibile stabilire una relazione tra fallimento nella costruzione di un identità stabile e interiorizzazione di figure genitoriali inadeguate, così che, nel mondo interno del bambino (e del futuro adulto), l'oggetto esterno mantiene caratteristiche «anaclitiche», serve cioé come sostegno narcisistico a un sé precario, che abbisogna di continue identificazioni per essere sostenuto (A. Racalbuto).
Secondo → Jung, il termine «identità» indica uno stadio inconscio, una differenziazione conscia non ancora avvenuta tra soggetto e oggetto.
In psichiatria il senso dell'identità è legato al mantenimento della coscienza dell'Io. La perdita della coscienza dell'Io prende il nome di *depersonalizzazione*, intesa come frattura e vissuto di non appartenenza rispetto ai propri eventi psichici (K. Jaspers), o *estraneamento* (K. Schneider). Più in generale la psichiatria descrive la depersonalizzazione come un'esperienza di distacco ed estraneità nei confronti della propria interiorità psichica, del proprio corpo, del mondo esterno, come se la naturale relazione dell'Io con questi tre luoghi della realtà si incrinasse o si rompesse. In modi diversi, un disturbo dell'identità e della coscienza dell'Io è presente in tutti i quadri psicopatologici.

ideologia, termine introdotto da A. → Destutt de Tracy alla fine del Settecento per designare una scienza delle idee o percezioni che assumeva come base le ricerche di Locke e soprattutto di E.B. de Condillac, oltre a riferirsi alla fisiologia del sistema nervoso di P.-J.-G. Cabanis. L'ideologia è la conoscenza di come si formano le idee a partire dalle quattro facoltà elementari del pensiero: sensibilità, memoria, giudizio, volontà. Tali facoltà, combinandosi tra loro, danno vita a idee composte, sulle quali si edificano la grammatica e la logica, come anche la morale o dottrina della volontà. Oltre che in Francia, il progetto di una ideologia ebbe largo seguito anche in Italia, talora allontanandosi dalle originarie premesse sensistiche. Una sua applicazione originale è dovuta a C. → Cattaneo, in riferimento alla dimensione sociale dell'esperienza umana. Se «l'atto più sociale dell'uomo è il pensiero» (di qui l'assunto di una «psicologia sociale»), per quanto riguarda poi i prodotti del pensiero si tratta precipuamente di dar conto del «poliedro ideologico» (cioè della inimmaginabile varietà di idee e di costumi che la civiltà ci mostra) attraverso una «ideologia sociale» o «ideologia delle genti», la quale prosegua l'«istoria delle idee nei popoli» già intrapresa da G.B. Vico e soprattutto da Hegel.
Il significato del termine «ideologia» oggi prevalente è però quello inaugurato da Marx e da Engels. Nell'*Ideologia tedesca* (1845-46) essi impiegano questa parola sotto la suggestione del senso dispregiativo o comunque polemico che essa aveva assunto nella pubblicistica anche tedesca in seguito all'irrisione antidottrinaria espressa da Napoleone nei confronti degli → idéologues. Tuttavia Marx ed Engels pensano la parola anche nel senso letterale dell'espressione tedesca *Ideenkleid*: «vestito di idee». Ideologica è pertanto ogni rappresentazione che ricopra, con immagini e giustificazioni illusorie, la realtà vera dei fatti e delle cose. In senso proprio è pertanto ideologica l'illusoria convinzione, propria dei giovani hegeliani e dei cosiddetti «veri socialisti» tedeschi, che ai processi storici presieda la lotta tra le idee. Di qui la speranza di B. Bauer, M. Stirner, L. Feuerbach e altri di poter modificare la società mediante la semplice «critica delle idee» e l'enunciazione polemica di «materialismi» puramente verbalistici. A queste «rivoluzioni in un bicchier d'acqua» Marx ed Engels oppongono la loro concezione materialistica della storia. Essa insegna tra l'altro che, come non si giudica ciò che un individuo è e fa da ciò che dice o pensa di essere e di fare, così non si giudica un'epoca, o una classe sociale, dalle rappresen-

tazioni che essa si fa di se stessa. Sulla base di questo canone critico il concetto di ideologia in Marx e in Engels si allarga a designare tutto quel complesso di fenomeni storico-sociali che delimitano gli aspetti sovrastrutturali di ogni epoca, sovraimposti agli aspetti strutturali, cioè alla reale base economica, alle reali condizioni della riproduzione materiale della vita e agli effettivi rapporti di dominio che legano gli individui e le classi. Le ideologie sono produzioni intellettuali speciali (politiche, giuridiche, filosofiche, religiose ecc.) entro campi delimitati da una divisione sociale del lavoro. Il formarsi delle ideologie presuppone infatti l'avvenuta distinzione tra lavoro materiale e lavoro intellettuale, donde il costituirsi di ceti professionali legati a una propria coerenza teorica e sistematicità istituzionale che da un lato nasconde e giustifica surrettiziamente la divisione in classi e lo sfruttamento del lavoro materiale, dall'altro fornisce della realtà storica un'immagine capovolta e puramente idealizzata, quasi che le ideologie potessero avere una storia propria (storia della filosofia, della religione, del diritto), indipendente dai mutamenti effettivi della base economica e della lotta di classe. È però anche vero che le ideologie, interagendo tra loro e con la base economica, condizionano lo sviluppo generale della società, essenzialmente per il tramite dello stato, definito da Engels «primo potere ideologico sugli uomini». Di contro alle ideologie, Marx ed Engels rivendicano la effettiva «scienza» della società, coincidente con la dottrina del materialismo storico-dialettico. Tutta la critica marxiana dell'economia politica è sottesa da questa coppia opposizionale, senza di che non avrebbe senso l'attributo di «classici» che Marx ed Engels riservarono ad alcuni economisti (A. Smith, D. Ricardo) di cui appunto non disconobbero mai il valore scientifico.

Nell'ambito del marxismo, il pensatore più vicino alla impostazione di Marx e di Engels appare A. → Labriola. In Lenin e più esplicitamente in A. → Gramsci emerge un'accezione positiva di ideologia, sicché il termine tende a identificarsi con l'espressione «concezione del mondo». Gramsci reagisce contro un uso rozzamente polemico di questa nozione e della connessa categoria di sovrastruttura e dell'accezione deteriore (nel senso di «apparenza» e simili) mantiene unicamente l'affermazione della storicità delle sovrastrutture. In quanto non siano mere elucubrazioni individuali, bensì costituiscano tentativi seri di conciliare interessi opposti, le ideologie fungono da forme necessarie di organizzazione di masse umane.

In riferimento alle masse, anche G. Sorel, nelle *Considerazioni sulla violenza*, parla dell'ideologia intendendola come «mito», cioè come rappresentazione fantastica capace di svolgere una pratica funzione di guida e di stimolo nella lotta politica. In effetti la fortuna del termine è stata enorme anche al di fuori del pensiero marxista, in genere però presupponendo la nozione marxiana. A parte la diffusione e i controsensi invalsi nella pubblicistica e nel linguaggio ordinario, gli svolgimenti teorici più notevoli si sono avuti per opera di sociologi. Per es., V. Pareto si è riferito al termine «ideologia» in una accezione fortemente critica (le ideologie sono razionalizzazioni di sentimenti, strumenti persuasivi a scopo di dominio), e K. Mannheim ha considerato l'ideologia un tipo di pensiero incapace di operare vere trasformazioni nella realtà sociale. La sociologia statunitense, invece, ha impiegato il termine secondo definizioni più neutre (sistemi di idee, di credenze, di valori; cfr. D. Bell, *La fine dell'Ideologia*, 1960; nuova ed. con introduzione aggiornata alla fine degli anni Ottanta). *R. To.*

idéologues (in it. «ideologi»), esponenti di un indirizzo di pensiero operante in Francia tra la fine del sec. XVIII e i primi decenni del secolo successivo. Facenti capo al salotto di Mme Helvétius e seguaci delle idee di Helvétius e Condillac, questi filosofi sostennero una gnoseologia sensista, che costituisce la base comune delle loro ricerche: il nome del gruppo è dovuto infatti alle indagini sulla formazione delle idee a partire dalle sensazioni, alle quali tutte (comprese le idee morali e politiche) sarebbero riconducibili. Le ricerche degli idéologues sono sostanzialmente caratterizzate dall'abbandono delle grandi teorie proprie dei *philosophes* (cioè degli illuministi della generazione precedente), considerate per certi aspetti come «romans», ossia come invenzioni suggestive ma non provate dall'esperienza e non suffragate dal calcolo rigoroso e dal ragionamento. Gli idéologues si dedicano di preferenza a ricerche definite, spesso volte all'accertamento dei rapporti tra la costituzione fisica dell'uomo, le modificazioni (patologiche o non) che essa subisce e le ripercussioni sul «morale», ossia sull'intelligenza, le passioni, il carattere ecc. (P. → Cabanis). Queste ricerche, che partono da una base materialistica, non vogliono tuttavia assumere il carattere di teoria generale e mantengono rigorosamente delimitato il campo della loro validità. Altro settore importante dell'indagine *idéologique* è la società con i suoi processi, le modificazioni, i fenomeni ricorrenti, le dinamiche, i dati statistici. Condorcet fu il primo ad applicare sistematicamente la matematica alle scienze sociali, ricavandone leggi di tendenza, rilievi probabilistici sull'incidenza di certi fenomeni e sulla ricorrenza di altri. Inoltre vennero investiti da questa metodologia di ricerca i campi dell'economia politica (con lo studio dei fenomeni economici relativi all'industrializzazione in Francia), della medicina, della morale e della politica. Tipico degli idéologues è un atteggiamento antimetafisico, volto all'ac-

certamento empirico dei fatti e all'utilizzazione, nelle scienze sociali e nello studio dell'uomo, degli stessi metodi da tempo applicati alle scienze naturali, e in primo luogo della matematica. Tale atteggiamento presuppone la possibilità di prevedere e dominare i fenomeni umani, sottraendoli al dominio della retorica, della declamazione e dell'incertezza che è propria del pensiero filosofico. Come in sede economica si ispirarono sovente ad A. Smith, del quale tradussero le opere, così in campo morale gli idéologues sostennero per lo più un'etica utilitaristica, fondata sul bipolarismo piacere-dolore e sul fine della massima felicità comune. La politica appariva come l'arte di estendere questi presupposti morali alla società nel suo complesso.
Il gruppo degli idéologues, stretto intorno a fondazioni culturali e di ricerca quali la Società degli osservatori dell'uomo e l'Istituto di Francia, si applicò anche a indagini di tipo etnologico, raccogliendo e studiando resoconti di viaggi e conducendo anche ricerche dirette. Politicamente essi furono tutti legati alla rivoluzione, per lo più con una collocazione moderata, antigiacobina e, più tardi, antinapoleonica. Napoleone li considerò con sospetto e ne avversò le attività, facendo chiudere l'istituto. I più noti appartenenti al gruppo furono, oltre ai già citati, Destutt de Tracy (che coniò il termine «ideologia», anche se fu poi Napoleone a usare la parola «idéologue» in senso spregiativo, intendendo con essa designare l'intellettuale astratto o in malafede; di qui il successivo uso peggiorativo del termine → ideologia), P.-L. Roederer, C.-F. Volney, Mme de Staël, J.B. Say, J.-J. Cambacère, E.-J. Siéyès.

idiografico, → Geisteswissenschaften; → Windelband, Wilhelm.

idioletto, il linguaggio proprio di un dato individuo o (volendo tenere conto del fatto che il linguaggio parlato da ciascuno si modifica continuamente) il linguaggio proprio di un dato individuo a un tempo dato. In che modo la nozione di idioletto sia correlata all'idea usuale di un unico linguaggio condiviso da tutti i membri di una certa comunità è questione complessa. W.V.O. → Quine ha sottolineato come l'impossibilità di fissare criteri univoci e oggettivi per la correttezza di una traduzione riguardi anche il caso della cosiddetta «traduzione omofonica» fra gli idioletti dei membri di una stessa comunità linguistica. Un punto di vista estremo è stato espresso da D. → Davidson: non esiste alcun linguaggio nel senso usuale del termine, vale a dire nessun linguaggio basato su un sistema stabile di convenzioni cui si attengano tutti i parlanti di una comunità; c'è soltanto un continuo processo di riaggiustamento del proprio idioletto allo scopo di farlo coincidere, di volta in volta, con quello dell'interlocutore che si ha di fronte.

idoli, termine (dal gr. *éidōla*; in lat. *idola*, *simulacra*) che nella filosofia antica, e in particolare nella teoria della conoscenza di Democrito e degli epicurei (Lucrezio, *De rerum natura*, IV, 93 sgg.), indica le immagini, composte di flussi di atomi, che si staccano dagli oggetti e producono sensazioni nel soggetto, rendendo così possibile la conoscenza. Il concetto viene ripreso, nella filosofia moderna, da F. → Bacone, il quale con questo termine (nella forma latina) designa le «anticipazioni» (falsi concetti) dovute all'abitudine e all'educazione, che ostacolano il procedere della conoscenza inducendo pregiudizi (→ anticipazione). Bacone (*Novum Organum*, I, 38-39) distingue quattro generi di idoli: gli *idola tribus* (letteralmente, «della tribù»), ossia le anticipazioni che hanno radice nella stessa natura umana; gli *idola specus* («della caverna»), derivanti dall'educazione e dai costumi dei singoli individui; gli *idola fori* («della piazza»), dovuti alle imprecisioni del linguaggio; gli *idola theatri* («del teatro»), i pregiudizi tramandati dalla tradizione filosofica.

Ignazio di Antiochia, → padri della chiesa.

Ilario di Poitiers, → padri della chiesa.

ilemorfismo, la dottrina aristotelica della sostanza come unità di materia e forma. Il termine (dal gr. *hýlē*, materia, e *morphè*, forma) fu coniato dalla neoscolastica per indicare l'interpretazione che Avicebron diede della teoria aristotelica sulla costituzione degli enti. Fondandosi sull'identificazione del concetto di materia con quello di potenza, Avicebron sosteneva che tutte le sostanze, comprese quelle spirituali (come l'anima intellettiva e le intelligenze celesti), sono costituite di materia e forma poiché, dal momento che si muovono, devono possedere un sostrato potenziale (*ilemorfismo universale*). Egli affermava così che la materia si identifica con la prima delle categorie aristoteliche, la sostanza, e che questa «sostiene» (*substinet*) le altre nove categorie. La tesi di Avicebron fu ripresa da Alessandro di Hales, Bonaventura e R. Bacone, i quali però, per differenziare le sostanze materiali da quelle spirituali, ammettono che queste ultime siano provviste di una materia metafisica, intesa come puro principio di potenzialità. L'ilemorfismo universale fu confutato da san Tommaso, che distinse il concetto di potenza da quello di materia, e quindi affermò che le sostanze spirituali, pur implicando la distinzione potenza-atto (coincidente con quella di essenza ed esistenza), non comportano una distinzione tra materia e forma (*De ente et essentia*, 2-4).

illuminati, termine designante coloro che si consideravano investiti da particolari ispirazioni o illuminazioni divine, operanti nella passività dell'anima. Rientrano in tale categoria gruppi ereticali e iniziatici del medioevo, quali i fratelli e le sorelle del → libero spirito, gli *alumbrados* spagnoli nel cattolicesimo del Cinquecento

e del Seicento, i fautori del → quietismo in Italia, in Francia, in Renania.
Gli *alumbrados* erano convinti di possedere un'illuminazione dello Spirito Santo che consentiva loro di cogliere per visione immediata l'essenza di Dio e di partecipare alla sua vita intima ineffabile, ma anche, sul piano etico, di ottenere una condizione di impeccabilità: grazie a questa qualunque atto essi compissero (in particolare, qualunque atto di libidine) non poteva venire loro imputato, in quanto era da ritenersi una prova del Maligno, da Dio permessa. A una concezione puramente naturale della religione, ridotta a deismo, si ispiravano invece gli illuminati di Baviera, società segreta che — fondata nel 1776 da A. Weishaupt con una organizzazione di tipo massonico e con rivendicazioni politiche di carattere radicale (anarchismo, comunione dei beni ecc.) combinate con una filosofia materialistica — rientrava nell'ambito delle correnti di esoterismo sviluppatesi durante il sec. XVIII ai margini dell'illuminismo. Gli adepti di tali forme di religiosità mistica e occultistica si autodefinivano «illuminati» (*illuminés*), sebbene gli esponenti del razionalismo illuministico preferissero chiamarli «teosofi».

illuminazione, teoria della, la dottrina per cui la conoscenza è possibile solo in quanto l'intelletto divino illumina quello umano. Di origine platonica (*Fedro*, 74*b*, 75; *Menone*, 81 sgg.) e connessa alla dottrina dell'→ anamnesi, secondo la quale apprendere è ricordare ciò che l'anima ha conosciuto in un periodo anteriore alla vita terrena, venne pienamente sviluppata da sant'Agostino. Come Platone, Agostino sostiene che la conoscenza è possibile perché l'uomo è in possesso di criteri assoluti che, non potendo derivare dai dati relativi e mutevoli della sensibilità, sono indotti nello spirito da un'illuminazione divina; ma, a differenza di Platone, egli afferma che l'illuminazione non rende presenti all'intelletto le idee (per cui conoscere sarebbe ricordare tali idee, che unificano il molteplice dell'esperienza), bensì i *criteri* (le verità astratte, come i numeri, e le regole di condotta morale assolute) che guidano il procedere della conoscenza (*De libero arbitrio*, II). Tali verità però non sono note soltanto a chi è illuminato dalla grazia, ma sono comuni a tutti gli uomini dotati di intelletto: esse concernono infatti le conoscenze naturali, non le verità di fede, alle quali si giunge invece solo per il tramite della grazia. Questa concezione sarà ripresa da tutta la tradizione platonico-agostiniana medievale. Dionigi Areopagita concepisce Dio come una luce intelligibile che si propaga sulla conoscenza umana (*De divinis nominibus*, IV, 6), e intende l'illuminazione sia come il modo per cui gli esseri dotati di intelligenza fanno ritorno all'Uno (*De coelesti hierarchia*, III, 1) sia, in senso più specifico, come una delle tre fasi del ritorno stesso, successiva alla purificazione e precedente la perfezione (*De ecclesiastica hierarchia*, V, 1, 3). A Dionigi e ad Agostino si rifarà la scuola francescana dei secc. XII e XIII (Bonaventura, Matteo d'Acquasparta, Giovanni Peckham, Enrico di Gand), sostenendo la teoria dell'illuminazione contro la gnoseologia della scolastica aristotelica, che la negava. Questa contrapposizione è mediata da Tommaso d'Aquino, quando afferma (*Summa theologiae*, I, q.106, a.1) che il *lumen intellectuale* dell'uomo deriva dal *lumen divinum* non i contenuti o i criteri della conoscenza, ma la semplice facoltà formale di astrarre l'intelligibile dal sensibile. Alla concezione agostiniana si rifaranno invece più direttamente, nel Seicento, Malebranche (per il quale l'illuminazione consente di astrarre l'estensione intelligibile dei corpi, benché non permetta, come voleva Agostino, di coglierne le qualità, che sono puramente sensibili: *Ricerche della verità*, III, c. 6), e, nell'Ottocento, V. Gioberti e A. Rosmini.

illuminismo, termine che, propriamente, indica sia un periodo della storia europea che coincide approssimativamente col sec. XVIII, sia l'orientamento culturale e l'evoluzione generale delle idee che in tale periodo si manifestarono. Per estensione e in senso lato, si può qualificare come «illuministica» ogni forma di pensiero e ogni corrente filosofica che si propongano di «rischiarare» la mente degli uomini per liberarli dalle tenebre dell'ignoranza, della superstizione, dell'oscurantismo attraverso la conoscenza e la scienza. È spesso collegata alla prospettiva illuministica l'idea che l'ignoranza e la superstizione siano diffuse e mantenute nel popolo da chi detiene il potere per dominare le coscienze e tenere soggiogati i sudditi; l'emancipazione intellettuale diviene così anche emancipazione politica. L'atteggiamento illuministico è in generale caratterizzato da un'illimitata fiducia nella capacità liberatrice della ragione, che si esercita anzitutto in forma negativa e critica, ossia sgombrando preliminarmente il campo dalle conoscenze tradizionali che si rivelino illusorie, analizzando e contestando leggi, costumi, istituzioni, ma soprattutto smascherando la più potente e onnipresente delle illusioni, la religione. In sede di storia delle idee, di illuminismo si parla già a proposito del mondo greco, per designare, per es., l'atteggiamento antitradizionalista dei sofisti, la loro negazione di leggi o valori assoluti, la critica razionalistica che essi mossero all'antropomorfismo religioso (in ciò preceduti da Senofane). Ma illuministi possono essere considerati, per certi aspetti, anche gli scettici, gli stoici e soprattutto gli epicurei: Epicuro, che si è proposto di liberare gli uomini dalla paura degli dei e della morte e che ha condotto una critica della religione in nome della ragione, è stato spesso indicato come il grande illuminista dell'antichità. L'illuminismo in senso proprio, quello settecentesco, ebbe le sue radici in Inghilterra e la sua patria ideale in Francia, da dove si diffuse poi anche in Italia e in Germania. L'espressione «âge des lumières» o «âge de la raison» è il modo in cui gli illuministi stessi indicarono il proprio tempo, individuando per primi l'originalità storica, i tratti peculiari e il carattere di rottura rispetto al passato tipici del loro movimento.

• *L'illuminismo in Inghilterra.* Voltaire, Montesquieu, Fontenelle riconobbero il debito dell'illuminismo francese nei confronti della cultura inglese. L'esaltazione della ragione, infatti, più che al razionalismo metafisico di Cartesio, Spinoza o Leibniz, si riferisce alla ragione fondata sull'esperienza e sulla scienza di cui furono principali sostenitori Locke e Newton, secondo un indirizzo riconducibile a F. Bacone. Lo sviluppo di tali posizioni, da Shaftesbury e Hutcheson ai deisti e a Hume, costituì pertanto un modello di critica storica e speculativa al quale tutta la cultura dell'Europa continentale si richiamò. Benché fosse generalmente moderato, l'illuminismo inglese (*enlightenment*) conobbe alcuni tratti di radicalismo, specialmente in riferimento al problema religioso (M. Tindal, J. Toland, A. Collins, B. de Mandeville e lo stesso Hume). Anche da un punto di vista politico l'Inghilterra, con la sua monarchia liberal-borghese, rappresentò per gli illuministi francesi, e poi in generale europei, un modello da imitare e da imporre mediante una lotta a fondo contro l'assolutismo monarchico, l'aristocrazia e il clero.

• *L'illuminismo in Francia.* Per affermarsi, la cultura dei lumi dovette svolgere in Francia una vera e propria battaglia, destinata a trasferirsi dai concetti alle cose, dalle idee all'azione. Costretta ad affrontare resistenze di ogni genere, la filosofia illuminista francese maturò una marcata consapevolezza storico-politica, che assunse valore e portata europei; sono i «philosophes» francesi, infatti, a farsi guida delle rivendicazioni spirituali e materiali dei popoli, delle classi sfruttate, della grande come della piccola borghesia in ascesa. La battaglia per la diffusione della cultura a tutti i livelli della società (di cui è modello l'impresa dell'*Encyclopédie* diretta da d'Alembert e Diderot) costituisce dunque il prodromo concettuale della grande rivoluzione. In tal modo, sebbene le basi teoriche dell'illuminismo si trovino in Inghilterra, è poi dalla Francia che si annuncia e si diffonde un nuovo messaggio ideale capace di incrinare e anche di sconvolgere il dogmatismo conservatore di un'Europa per molti tratti ancora feudale nei costumi e nelle istituzioni. Il primo documento della critica corrosiva svolta dall'illuminismo è costituito in Francia dal *Dizionario storico e critico* di P. Bayle (1697). Il suo intento di affidare all'indagine storica la confutazione delle superstizioni e dei pregiudizi trovò sviluppi profondi e originali nell'opera di Montesquieu, di Voltaire (che per primo parlò di «filosofia della storia») e di Condorcet, massimo teorico dell'idea tipicamente illuministica di «progresso». In sede più strettamente filosofica fu Condillac a imporre, muovendo dall'empirismo di Locke, una radicale concezione sensistica, che trovò sviluppi naturalistici e materialistici in Helvétius, Lamettrie, d'Holbach e Diderot. Questi autori rappresentano l'ala radicale dell'illuminismo francese, con la quale contrasta la figura solitaria di Rousseau. I principi democratici e pedagogici dell'illuminismo trovano in Rousseau la più limpida espressione, unitamente a polemiche e a ripensamenti che sono essi pure di primaria importanza per intendere la complessità della cultura settecentesca.

• *L'illuminismo in Italia.* Le idee illuministe ebbero in Italia i principali centri di diffusione a Milano e a Napoli. A Napoli esse risentirono della lezione di Vico, alla quale si rifecero A. Genovesi e M. Pagano. Locke, Newton, Rousseau e gli enciclopedisti vennero nel contempo assunti a modello sia da G. Filangieri sia da Genovesi nei loro fondamentali studi di scienza della legislazione e di economia politica. Fama europea conobbe l'opera dell'economista F. Galiani, che visse a lungo anche a Parigi. Più stretti rapporti con la Francia e notevole risonanza europea ebbero i milanesi P. e A. Verri e C. Beccaria, che condussero pubbliche battaglie in favore di riforme economiche e legislative. Le loro idee ispirarono il giornale «Il caffè», nato nel 1764 sul modello dell'inglese «Spectator». Nello stesso anno apparve *Dei delitti e delle pene* di Beccaria, che può considerarsi il capolavoro della scuola illuminista italiana, accolto da Voltaire con entusiastiche lodi e presto diffuso in tutta Europa. Da ricordare anche l'influenza diretta esercitata da Condillac, che insegnò per dieci anni a Parma e ispirò una tradizione filosofica di impianto sensistico che era ancora viva nel primo Ottocento (F. Soave, M. Gioia).

• *L'illuminismo in Germania.* La cultura tedesca intese l'illuminismo come *Aufklärung*, cioè come «rischiaramento» prodotto dalla ragione, ma anche come «illuminazione», da ricondursi, nel senso mistico del pietismo, alla luce divina. Sicché, più che in altre parti d'Europa, in Germania fu stretta l'interrelazione tra illuministi (*Aufklärer*) e illuminati (*Illuminaten*): i primi, difensori della luce della ragione peculiarmente umana; i secondi, privilegiati depositari della luce della ragione divina. Queste due componenti si univano poi nel concetto di *Bildung* (formazione, educazione), che ebbe i massimi assertori in G.E. Lessing, S. Reimarus, M. Mendelssohn, I.G. Herder, con rilevanti applicazioni all'ermeneutica biblica e alla storia universale. La problematica dell'*Aufklärung*, oscillante fra tradizionalismo moderato e radicalismo innovatore, suscitò, nel decennio 1780-90, un ampio dibattito, del quale sono tipico documento i saggi di Kant e Mendelssohn in risposta al quesito proposto nel 1784 dalla «Berlinische Monatsschrift»: «Che cos'è l'Aufklärung?». Un altro tratto specifico della cultura illuminista tedesca è il permanere in essa di una forte vocazione metafisico-speculativa, che ebbe in Ch. Wolff il suo caposcuola e in J.H. Lambert, Ch.A. Crusius, J.N. Tetens, A. Baumgarten ulteriori e originali espressioni. Al culmine di questa tradizione di pensiero si pone Kant, nella cui opera sono armonizzati e svolti il filone illuminista inglese (Locke, Shaftesbury, Hume), quello francese (Rousseau) e la grande tradizione filosofica tedesca (Leibniz, Wolff, Lambert, Crusius).

• *La critica del principio di autorità.* Nel saggio testé citato Kant scrive che «l'illuminismo è l'uscita dell'uomo dallo stato di minorità che egli deve imputare a se stesso. Minorità è l'incapacità di valersi del proprio intelletto senza la guida di un altro». Tale in effetti è lo stato dell'uomo sottomesso al principio di autorità, all'*ipse dixit* che aveva dominato la filosofia medievale e la politica culturale della chiesa cattolica. Invece di progredire attraverso l'indagine del reale, la filosofia scolastica si esprimeva nella forma dei commentari, cioè del commento puntiglioso dei testi della tradizione. Ma anche al di fuori della scuola, la chiesa aveva esercitato un controllo autoritario su ogni campo del pensiero e della ricerca, usando il braccio secolare dello stato per impedire indagini considerate empie e blasfeme, soprattutto quando, proponendosi di studiare l'origine dell'uomo, la nascita dell'universo, gli albori della storia, si trovassero in evidente contrasto con la narrazione biblica. Contro questo atteggiamento «oscurantista» gli illuministi condussero una lotta ideologica e pedagogica capillare in favore della libertà di pensiero e del diritto-dovere proprio di ogni uomo di usare la propria intelligenza indipendentemente da qualsivoglia autorità.

• *La critica della religione.* Delle religioni gli illuministi criticarono i caratteri antropomorfici attribuiti alla divinità (in particolare quelli negativi, come la collera, l'invidia, la vendicatività ecc.) e la credenza in fenomeni contro natura come i miracoli, le divinazioni, le profezie, le apparizioni, i misteri. Generalmente accettata invece (salvo poche eccezioni: d'Holbach, Lamettrie) fu la credenza in un ente superiore che ha dato origine all'universo. Lo stesso Voltaire, che tanto si applicò a mostrare gli aspetti assurdi e perfino ridicoli dei dogmi religiosi di tutte le confessioni, principalmente di quella ebraica e cristiana, non fu ateo, ma deista. Gli illuministi si impegnarono a mettere in luce le manipolazioni operate dalla chiesa sui testi sacri, l'inattendibilità filologica e storica di gran parte di essi, l'incongruenza delle situazioni che vi vengono descritte, la miseria dell'immagine divina che ne risulta, l'immoralità del ricatto dell'inferno per costringere gli uomini a un'obbedienza avvilente.

• *La critica del fanatismo.* Il fanatismo è attaccamento ottuso ai propri pregiudizi, rifiuto della discussione, aggressività e violenza nei confronti di chi pensa diversamente. Con l'inquisizione, il sospetto, la persecuzione e infine l'assassinio politico, la chiesa cattolica è la maggiore responsabile di questo abito mentale. Ma le confessioni protestanti non sono da meno nel generare un costume fanatico. Da questa follia collettiva, che oppone gli uomini e li induce al massacro reciproco, sono nate le guerre di religione che hanno insanguinato l'Europa. Nella prospettiva illuminista, il fanatismo è elemento essenziale di tutte le religioni positive, in quanto ognuna si ritiene portatrice di verità assolute, in nome delle quali si sente autorizzata all'annientamento fisico di ogni oppositore. Occorre perciò che gli uomini, aprendosi alla conoscenza della varietà e relatività dei costumi e delle credenze, superino il loro limitato punto di vista. Tutte le credenze sono in sé assurde, salvo il loro convenire su alcune verità generalissime che sono le verità di ragione. Il rispetto della diversità, pur nell'universalità della ragione e della natura umana, è una delle grandi conquiste dell'illuminismo.

• *L'idea di natura.* La critica dei costumi e delle istituzioni storiche positive induce a formulare un ideale antitetico: l'idea di natura. Al di là di quanto la storia ha creato di artificiale e di arbitrario negli uomini, nei costumi, nella società, gli illuministi si propongono di riscoprire il nucleo naturale originario. Ciò che è naturale è infatti anche razionale, ossia comune a tutti gli uomini. La nostalgia per la natura e per lo stato primordiale dell'uomo, oltreché l'interesse teorico volto a sceverare nel comportamento umano ciò che è originario e ciò che è acquisito, sono all'origine del grande interesse settecentesco per le civiltà esotiche e selvagge, nonché per i cosiddetti «enfants sauvages», ragazzi sopravvissuti eccezionalmente in condizioni del tutto naturali, fuori da ogni contatto con il consorzio umano. Queste ricerche hanno alimentato il mito naturista del «buon selvaggio» e dell'azione corruttrice della civiltà.

• *Onnipotenza dell'educazione.* Il disagio della civiltà e la nostalgia dello stato primitivo si combinano nel produrre la convinzione, largamente diffusa nell'età dei lumi, che la natura umana è buona e che sono le istituzioni sociali e politiche a corromperla. La critica delle istituzioni e della disuguaglianza sociale (cui fa riscontro l'uguaglianza degli uomini allo stato di natura) occupa gran parte della letteratura illuminista. Poiché gli uomini sono resi malvagi dall'ambiente sociale in cui vivono (non già dal peccato originale) e dalle cattive abitudini che ne derivano, ne consegue che un'educazione buona, che assecondi le inclinazioni naturali avviandole alle necessità sociali, produrrà uomini buoni e cittadini rispettosi della libertà e dei diritti degli altri. A questo concetto di educazione naturale, intesa come un sostanziale non-intervento, si accompagna l'ideale illuministico di fare dell'istruzione una funzione sociale e pubblica, gestita dallo stato e offerta gratuitamente a tutti i cittadini.

• *La concezione della storia.* L'illuminismo ebbe un senso fortissimo della propria identità e dell'originalità dei propri connotati storici. Esso si autodefinisce proprio mediante il confronto-negazione con l'epoca che lo precede. È con l'illuminismo e con l'ascesa della classe borghese che la nozione stessa di storia acquista quel carattere cosmopolita che le è divenuto essenziale. Nel contempo la storiografia illuminista ridimensiona avvenimenti come le guerre, i trattati diplomatici, le successioni al trono ecc., per concentrarsi piuttosto sull'analisi delle istituzioni, dei costumi, delle leggi, dell'economia dei vari popoli. Di qui il concetto di «storia universale» che — contrariamente a quanto asserivano le vecchie tesi critiche circa un supposto spirito «antistorico» degli illuministi — costituisce un tipico prodotto della cultura illuminista. Nella considerazione globale del processo storico, l'illuminismo, nonostante la nostalgia per lo stato selvaggio e le critiche rivolte alla civiltà, inclina verso un cauto ottimismo. La lotta dei lumi contro le tenebre dell'ignoranza appare garanzia di progresso e di emancipazione umana; lo sviluppo della tecnica e dell'industria, l'aumento della ricchezza, il diffondersi della cultura, vengono considerati strumenti di felicità e di miglioramento per il genere umano.

• *Illuminismo ed estetica.* L'illuminismo, sulla scorta della filosofia cartesiana, estende al campo dell'esperienza estetica l'indagine razionale. L'intento è quello di rintracciare — così come stava facendo la scienza della natura — delle leggi universali e immutabili anche nel campo della teoria dell'arte. Sopravvivono così, per buona parte del secolo, le istanze dell'estetica classicista che avevano preso corpo nell'*Arte poetica* (1674) di N. Boileau: esse verranno sviluppate dall'opera di Ch. Batteux *Le belle arti ridotte a un unico principio* (1746), in cui si afferma che il bello è oggettivo, soggiace ai principi della corrispondenza, dell'ordine e della proporzione. Però gli illuministi non sottopongono all'indagine razionale gli oggetti del mondo sensibile, quanto piuttosto il loro rapporto con il soggetto che li contempla nell'esperienza estetica: è questo l'ambito in cui vanno ricercate le leggi. Origine e fonte della conoscenza e del nostro sapere è il piacere (che nasce dalla scoperta di rapporti e affinità): su questo punto — su cui aveva richiamato l'attenzione dei filosofi Locke — sono d'accordo gli illuministi inglesi e francesi, da Th. Addison a Diderot. Questa nuova attenzione per il soggetto e per la sua reazione all'opera d'arte produsse un rinnovamento all'interno dell'estetica classicistica; mentre per Boileau le regole erano fuori del tempo, per gli illuministi i tempi nuovi esigono una nuova forma di arte: Diderot contrappone al pathos degli eroi tragici del *siècle classique* una nuova «tragedia domestica». La guida dell'estetica illuministica a poco a poco diventa la natura dell'uomo (non più la natura delle cose), così come accade per la psicologia coeva; le conseguenze estreme di questo fatto sono avvertibili in Hume: non esiste una scala di valori estetici invariabile, tuttavia la relazione che sussiste tra gli oggetti e noi stessi può essere «vera», anche senza essere sempre uguale. Questa relazione è oggetto non di un giudizio di valore, ma di *gusto*. Nella direzione di un superamento dell'estetica classicistica andava inoltre la scoperta del piacere procurato dal sublime, dal brutto e dal pittoresco. Anche le cose sgradevoli possono piacere: se l'arte della rappresentazione è perfetta, suscita in noi sensazioni piacevoli in ogni caso. La vista delle sventure altrui suscita o risveglia in noi una forza interiore di cui siamo consapevoli e quindi lieti (Hume, Burke, Diderot, Lessing). Connessa a questa è l'idea per cui l'arte risveglia spesso in noi una simpatia e una partecipazione maggiori di quanto non possa fare la realtà.

Tutti questi aspetti, scaturiti dall'istanza critica dell'illuminismo e dalla psicologia del sensismo, vanno oltre il classicismo e preannunciano temi romantici. *M. Mo.*

illusione, fenomeno non patologico consistente nella percezione di un dato che non esiste nella realtà; può essere determinato da condizioni alterate degli organi sensoriali, oppure da caratteristiche inconsuete della situazione-stimolo. In psicologia sperimentale, soprattutto in quella di orientamento gestaltista, hanno particolare importanza le cosiddette «illusioni ottico-geometriche», nelle quali una o più figure, poste l'una accanto all'altra, determinano nei soggetti con vista normale una percezione di distanza o di direzione non corrispondente ai dati geometrici oggettivi: per es., due rette parallele, attraversate in un determinato modo da una serie di segmenti, vengono viste come divergenti; o ancora, come nel notissimo «effetto di Müller-Lyer», due segmenti di eguale lunghezza, collocati in una certa maniera, risultano visivamente l'uno più corto dell'altro. L'importanza teorica delle illusioni percettive (le quali, oltre che visive, possono essere uditive, tattili ecc.) consiste nel fatto che esse dimostrano la completa autonomia del dato fenomenico

(unico oggetto della ricerca psicologica) rispetto al dato fisico. L'illusione diviene patologica, avvicinandosi al fenomeno dell'→ allucinazione, in stati d'intossicazione o di malattie gravi quali gli stati paranoidi e schizofrenici.
In psicoanalisi generalmente non si fa uso del concetto di illusione: vi ricorre solo D.W. Winnicott, secondo il quale lo sviluppo affettivo si svolge in condizioni ottimali quando è contrassegnato appunto da «illusioni», intese però come esperienze infantili altamente gratificanti nelle quali il comportamento reale della madre coincide perfettamente con i desideri e le attese del bambino nei suoi confronti.

ilozoismo (dal gr. *hýlē*, materia, e *zōè*, vita), la dottrina per cui la materia è in se stessa dotata di vita, senza che intervengano principi animatori estrinseci. Coniato dal platonico inglese R. Cudworth (*Il vero sistema intellettuale dell'universo*, 1678) per designare il materialismo di Stratone di Lampsaco e di Spinoza, il termine fu ripreso da Kant (*Critica del giudizio*, II, par. 72), che lo definì come la dottrina che «fonda i fini della natura sull'analogo di una facoltà che agisce con intenzione, la *vita della materia*». Nella storia della filosofia sono considerati come ilozoistici, nell'antichità, i sistemi di filosofia della natura dei presocratici (per i quali la sostanza primordiale corporea ha in sé una forza che la fa muovere e vivere) e degli stoici (che assumono il fuoco quale principio animatore del cosmo). All'ilozoismo antico si ricollegarono, nella filosofia rinascimentale, Telesio, Bruno e Campanella, secondo i quali la massa corporea, che è di per sé inerte, riceve vita e movimento dai due principi, pure materiali, del caldo e del freddo; e, nell'Ottocento, alcune correnti materialistiche, che consideravano come animati atomi ed etere (E.H. Haeckel, *L'enigma del mondo*, 1899).

imago, parola latina che in Jung (*Simboli e trasformazioni della libido*, 1912) indica il prototipo inconscio costruito fin dalle prime relazioni reali e fantasmatiche del bambino con il suo ambiente familiare, e relativo a figure fondamentali come la madre, il padre e i fratelli; l'imago agisce nell'individuo come una mediazione attraverso cui vengono percepiti gli altri. L'imago più profonda e duratura è quella relativa alla madre, il rapporto con la quale costituisce nei primi anni dello sviluppo quasi una parte dello stesso corpo del bambino, e successivamente si identifica con tutto ciò che vi è di più primordiale nella vita psichica dell'individuo adulto. L'imago può tradursi sia in immagini, sia in sentimenti e in comportamenti, ed è del tutto indipendente dalla realtà psicologica dei personaggi cui si riferisce. Anche Freud, in un'accezione diversa da quella junghiana, usa talora il termine «imago» in relazione alle rappresentazioni oggettuali inconsce.

imām, termine arabo che, presso gli → sciiti, designa il sovrano della comunità politico-religiosa musulmana, che i sunniti chiamano più spesso califfo. L'imām assume una posizione particolare presso gli → imamiti, per i quali la serie degli imām è limitata a dodici figure carismatiche (sette per gli → ismailiti). È detto inoltre imām colui che dirige la preghiera canonica in comune nelle moschee. Infine, sono chiamati imām, presso i sunniti, i capiscuola delle quattro scuole o riti ortodossi di diritto.

imamiti, nome dato, nell'Islam, a un ramo degli → sciiti, noti anche come «sciiti duodecimani». Secondo gli imamiti, l'imām è un discendente maschile di 'Alī e di Fāṭima; è impeccabile, infallibile e solo interprete della legge religiosa. A cominciare da 'Alī, contato come primo, gli imamiti ammettono come validi e legittimi dodici imām, fra i quali è particolarmente venerato il terzo, al-Husayn, figlio di 'Alī, morto martire a Karbala nel 680. Secondo la teoria imamita, il dodicesimo imām, un fantomatico Muḥammad al-Mahdī, scomparso nell'878 o 888, non è morto, ma si è «occultato» in un luogo misterioso, e da ciò discende lo stato di disordine del mondo; ma egli tornerà a ristabilire la giustizia in un'epoca imprecisata che, secondo le dottrine tradizionali, precederà la fine del mondo. Dato che l'autorità docente dell'imām si è chiusa nel sec. IX con la scomparsa del dodicesimo, per gli imamiti la situazione è ritornata pressappoco quella che era per i sunniti dopo la scomparsa di Maometto. Le questioni di legge sono decise dai *muğtahid* («coloro che esercitano la ricerca» sulle fonti), ma essi non sono infallibili, anche se hanno a disposizione, oltre alle tradizioni del Profeta, anche numerosissime tradizioni attribuite agli imām, che fanno anch'esse testo. Gli imamiti hanno accolto quasi tutte le tesi teologiche dei → mu'taziliti. Caratteristiche pratiche imamite sono la *mut'ah* o matrimonio temporaneo che si scioglie automaticamente allo scadere del termine fissato nel contratto, e la *taqiyyah*, cioè l'occultamento delle proprie credenze a persecutori non imamiti, inteso non già come volgare sotterfugio, ma come atto supremamente ascetico e religioso. La venerazione per i dodici imām ha portato gli imamiti a dare grande importanza alle loro tombe come luoghi di culto e pellegrinaggio. L'imamismo è religione di stato nell'Iran (lo divenne nel sec. XVI con i Safawidi). Numerosi sono gli imamiti anche in India, Pakistan, Iraq, Siria.

Imitazione di Cristo, trattato ascetico il cui autore non è conosciuto con certezza: l'opera è stata attribuita a Giovanni Gersenio (1180-1240) di Vercelli o al fiammingo Tommaso da Kempis (1380-1471). Il libro si compone di quattro parti dedicate rispettivamente al distacco dalle cose, alla vita nello Spirito, alla pace interiore, all'eucaristia e descrive le tre tappe del cammino di perfezione: purgativa, illuminativa, mistica. Il metodo proposto è quello della introspezione individualistica, che rinuncia a ogni considerazione della realtà sensibile per concentrarsi nella contemplazione dei valori spirituali, in sintonia con l'ascesi agostiniana e la tradizione mistica altomedievale. Cristo è considerato come il maestro interiore, che dal profondo del cuore illumina sulle decisioni da prendere: l'accento cade sull'amore piuttosto che sulla conoscenza. Sotto questo profilo il libro rappresenta un importante momento della polemica contro la teologia scolastica, ossia contro una speculazione teologica che non sappia infervorare lo spirito e contro uno studio della logica fine a se stesso.

immaginazione, la facoltà di rappresentarsi cose non date attualmente alla sensazione.

• *Immaginazione e conoscenza.* La filosofia si è posta fin dalla sua origine il problema dell'immaginazione o fantasia (i due termini sono per lo più sinonimi, e si usano in modo distinto solo nei secoli recenti), oscillando in genere tra un atteggiamento che la vede come momento positivamente legato all'attività conoscitiva, e un atteggiamento che la considera inutile o addirittura dannosa alla conoscenza del vero. L'etimo della parola *phantasía* viene fatto risalire da Aristotele (*L'anima*, III, 3, 429*a* 2) alla radice di *pháos*, luce; e già Platone (*Timeo*, 71*a* sgg.) aveva posto la sede dell'immaginazione nel fegato, che è un organo lucido, capace di ricevere e mostrare le immagini rispecchiandole. Questo rispecchiamento può partire dalle apparenze fornite dai sensi, ma può anche essere determinato dall'alto, per es. dagli dei nella divinazione. Da Platone si origina così una dottrina dell'immaginazione che la vede anche, benché non esclusivamente, come del tutto indipendente dall'esperienza sensibile; mentre in Aristotele l'immaginare resta essenzialmente legato alla sensazione, ma in questo legame trova anche la garanzia della propria funzione conoscitiva. Aristotele la definisce «un movimento prodotto dalla sensazione in atto» (*L'anima*, III, 3, 429*a* 1); essa entra nel processo della conoscenza in quanto interviene nella costruzione dell'immagine unitaria dell'oggetto sulla base dei sensibili propri (specifici di ciascun senso: il sapore per il gusto, il colore e la forma per la vista ecc.), dei sensibili comuni (come la massa, la figura, il movimento) e dei sensibili per accidente (*L'anima*, III, 3, 428*b* 18-30). Quando la sensazione è in atto, tuttavia, l'immaginazione ne è come sovrchiata e repressa; la sua attività emerge invece quando il frastuono della sensazione tace, come nel sonno, e questo spiega le visioni che si hanno in sogno (*Sogno e veglia*, III, 461*a* 2 sgg.). La tesi aristotelica che fa dell'immaginazione un proseguimento dell'attività dei sensi anche quando l'oggetto è assente rimane costante in tutta la tradizione occidentale; ma a essa si affianca l'eredità platonica, che si trasmette alla modernità soprattutto attraverso Plotino, il quale sintetizza in qualche modo le due linee. Secondo Plotino, l'immaginazione può esercitare quella funzione che Aristotele le attribuisce, formando le immagini generali che aiutano l'intelletto a risalire dalle sensazioni molteplici ai concetti, perché essa riveste già un ruolo nel processo di derivazione delle cose sensibili dall'Uno che, nel neoplatonismo, sta al culmine di tutto il reale. In tal modo l'immaginazione non è più soltanto una facoltà dell'uomo, ma un momento dell'essere, così come lo sono, nella terminologia plotiniana, il *noûs* o intelletto e la *psyché* o anima. Per dare origine al mondo dei molteplici enti sensibili, l'Uno ha bisogno di una scala di mediazioni; in questa scala, il gradino più basso è occupato dall'anima e, nell'anima, dall'immaginazione. Attraverso l'immaginazione, l'anima informa e vivifica la materia (*Enneadi*, IV, 4, 13).

Questa dottrina neoplatonica si trasmette al pensiero successivo attraverso la tarda antichità (con Sinesio di Cirene) e il medioevo (specialmente con Ugo di San Vittore, che riprende le dottrine di Sinesio, in uno scritto *De unione corporis et spiritus*), e ha il suo momento di massima fioritura nell'umanesimo e nel rinascimento, in Marsilio Ficino e Giordano Bruno. In Bruno la teoria dell'immaginazione si lega alla → mnemonica, che è un sapere universale fondato sul raggruppamento di tutte le nozioni intorno ad alcune idee, o *tópoi*, che in realtà sono immagini, e il cui potere di evocare le altre idee riposa appunto sulla parentela profonda che l'immaginazione sa cogliere. Con Bruno, l'immaginazione — che era concepita da Aristotele e dalla tradizione aristotelica come facoltà mediatrice tra sensi e intelletto in funzione conoscitiva, e nel neoplatonismo come facoltà mediatrice tra mondo delle essenze eterne e mondo dei corpi — diventa anche il luogo di una mediazione universale, per la quale «tutto forma ed è formato da tutto... e noi possiamo essere portati a trovare, indagare, giudicare, argomentare, ricordarci di ogni cosa attraverso ogni altra» (*Sigillus sigillorum*, in *Opera latina*, II, 2, p. 208).

La capacità di stabilire collegamenti tra le cose anche più remote (spogliata però dei riferimenti metafisici che aveva in Bruno) è anche la caratteristica essenziale con cui l'immaginazione si presenta nel pensiero empiristico inglese, che rappresenta un'altra tappa essenziale nella formazione del significato moderno del concetto. Già in F. Bacone (*Il progresso del sapere*, II, 4) l'immaginazione è la facoltà di fare ogni sorta di «matrimoni e divorzi illegali» tra le cose. Questa definizione resta determinante per tutto il Sei-Settecento inglese, e si intreccia con le poetiche barocche del *wit* (arguzia, ingegno). Il carattere «illegale» dei matrimoni e dei divorzi operati dall'immaginazione è relegato al campo della poesia, e separato in modo definitivo da ogni rapporto con il vero sapere e la conoscenza razionale.

• *Immaginazione e arte.* Questa esclusione dell'immaginazione dall'ambito della conoscenza, che vale del resto, ancor di più, per la tradizione razionalistica seicentesca, accentua e rende definitivo ed esclusivo il nesso tra immaginazione e arte. Tale connessione era stata per lo più estranea alle epoche precedenti quella moderna, e aveva avuto un riconoscimento teorico soltanto nel mondo ellenistico e tardo-antico, quando «fantasia» indicava le immagini che ornano il discorso del retore e del poeta, rendendolo più splendido e convincente (Quintiliano, *Institutio oratoria*, VI, 2; e si veda anche l'anonimo trattato *Del Sublime*, XV).

Nell'età moderna, quando l'affermarsi delle scienze matematiche della natura accentua l'opposizione tra sapere scientifico e immaginazione, quest'ultima finisce per essere identificata come la facoltà che presiede alla poesia (F. Bacone, *De dignitate et augmentis scientiarum*, II, 1); ma, come questa, ha bisogno di una legittimazione e di criteri normativi. Hobbes (*Leviatano*, I, 8) assegna alla fantasia il limite della «discrezione», che è insieme capacità di discernere intellettualmente tra le idee e «buon senso» sociale. In tal modo, Hobbes indica una direzione che sarà seguita costantemente dal pensiero empiristico e poi illuministico, in cui arte e fantasia sono viste soprattutto in relazione alla buona convivenza sociale. A questa tradizione si collega Kant, che però riprende e sintetizza anche, nella sua dottrina, la tesi aristotelica della funzione conoscitiva dell'immaginazione e, sia pure problematicamente, la tesi neoplatonica di una parentela profonda tra le cose, della quale l'immaginazione sarebbe organo di manifestazione. Kant (*Antropologia*, I, 28; e *Critica della ragion pura*, par. 24) distingue un'immaginazione riproduttiva (la capacità di rifar presenti allo spirito oggetti intuiti in precedenza) e una produttiva, che invece è la facoltà delle intuizioni pure, cioè dello spazio e del tempo. A un'accezione più ampia sembra collegarsi la *Critica del giudizio*, nella quale l'immaginazione è bensì, con l'intelletto e la ragione, una delle facoltà che, con il loro libero gioco, danno luogo all'esperienza estetica del bello e del sublime; ma essa — come appare dall'introduzione di una serie di nozioni come quelle di genio, di idee estetiche, e del bello come «simbolo della moralità» — sembra anche preludere alle elaborazioni che, soprattutto di questi concetti kantiani, daranno i romantici e gli idealisti (Fichte, Schelling). Prima che in Kant e negli idealisti, la funzione cognitiva dell'immaginazione, nel suo nesso con la poesia e con l'evoluzione delle forme del sapere sociale, era stata già teorizzata, senza apprezzabili echi nel pensiero del tempo, da Vico, con la sua dottrina degli «universali fantastici». La funzione cognitiva dell'immaginazione diventa determinante nel romanticismo e specialmente in Schelling, dove l'attività dell'immaginazione come luogo dell'unità originaria di ideale e reale, spirito e natura, dà luogo all'arte, che è, proprio per questo, l'organo della filosofia. Hegel attribuirà questa funzione creativa alla fantasia, distinguendola dall'immaginazione intesa come pura facoltà riproduttiva (*Enciclopedia*, par. 455-457). Nell'ambito del pensiero romantico, la dottrina dell'immaginazione è sviluppata soprattutto da F. Schlegel, che la chiama «respiro dell'anima», e riassume in essa tutta l'attività con cui l'uomo accoglie in sé il mondo e produce le sue opere; di modo che una storia della coscienza umana potrebbe identificarsi con una storia dell'immaginazione e dei suoi prodotti poetici (*Lo sviluppo della filosofia*, libro V). Quest'ultima osservazione di Schlegel anticipa un po' l'orientamento che la teoria dell'immaginazione seguirà dopo la crisi dell'idealismo a metà dell'Ottocento: sebbene con motivazioni profondamente diverse da quelle di Schlegel, l'immaginazione sarà studiata soprattutto nei suoi prodotti e nelle sue manifestazioni storiche, come oggetto di una possibile storia e tipologia della coscienza.

• *Il pensiero contemporaneo e l'immaginario.* Una ricostruzione e discussione di queste indagini condotte nello spirito del positivismo è stata data da J.-P. Sartre in una delle sue prime opere (*L'immaginazione*, 1936); con un successivo scritto di più vasto impegno teorico (*L'immaginario*, 1940) egli ha fornito una delle poche originali teorie novecentesche dell'immaginazione, elaborata a partire dalla fenomenologia di Husserl. Per Sartre, nel potere «irrealizzante» che l'immaginazione esercita nei confronti delle cose, si manifesta la capacità della coscienza di trascendere il mondo dato, e cioè, in definitiva, la sua libertà (*L'immaginario*, Conclusione). Una posizione analoga a questa, ma fondata su una ripresa e interpretazione in chiave utopica del marxismo e dell'hegelismo, si ha in E. Bloch. A parte queste elaborazioni di tipo fenomenologico e dialettico, il Novecento vede due altre rilevanti teorie dell'immaginazione: quella che si colloca all'incrocio tra la psicologia analitica di Jung e l'antropologia strutturalista, e che ha come suo esponente principale G. Bachelard; e quella che, nell'ambito di una ripresa e reinterpretazione di Freud, è stata proposta da J. Lacan. In entrambe queste posizioni, il termine che diventa centrale, invece di «immaginazione», è «immaginario». Questo mutamento terminologico indica che qui non si tende più a definire l'immaginazione come una facoltà fra le altre, ma piuttosto si guarda ai suoi prodotti, al grande repertorio dei miti, dei simboli onirici, delle creazioni poetiche, cercando non tanto di interpretarli risalendo a una loro fonte, quanto piuttosto di coglierne il significato attraverso l'individuazione delle interne strutture differenziali. Mentre Bachelard, però, riconosce ancora all'immaginario una funzione complementare rispetto allo spirito scientifico, una radicale alternativa alle concezioni tradizionali sembra essere rappresentata dalla proposta di Lacan; egli individua infatti l'immaginario come il luogo psicologico delle false immagini che l'Io si fa di se stesso, a partire dalla cosiddetta → fase dello specchio, investendo e fissando in esse le proprie energie libidiche. Ma queste identificazioni immaginarie sono segnate da un irrimediabile carattere di falsità, e sono destinate a continui scacchi e delusioni, mentre la vera storia dell'Io può svolgersi solo al livello di quello che Lacan chiama il «simbolico», caratterizzato dalla mobilità e dalla struttura differenziale che lo lega al linguaggio e alla sua convenzionalità sociale. L'immaginario e, di riflesso, l'immaginazione sembrano perdere in questa dottrina gran parte dei caratteri che erano stati loro attribuiti nella storia del pensiero occidentale. *G.Va.*

immanenza, per gli scolastici, che così riformulavano una distinzione di Aristotele, è il carattere dell'azione che resta all'interno di colui che la compie, ossia dell'azione che è *immanens* (da *in-maneo*, «rimango in»), in contrapposizione all'azione transitiva (*transiens*, «che passa in altro»): per es., l'atto del vedere o quello del conoscere, che non hanno alcun effetto sulle cose vedute o conosciute, di contro agli atti del produrre o del modificare qualcosa. In questi stessi termini Spinoza formula il proprio panteismo: Dio è causa immanente, e non transitiva, rispetto al mondo. Kant contrappone l'«uso immanente» della ragione e dei suoi principi all'«uso trascendentale» che ne fa la metafisica quando pretende di applicarle alle «cose in sé»; e contrappone la «metafisica immanente», che è la conoscenza a priori che rimane nell'ambito dell'esperienza possibile, alla «metafisica trascendente», che pretende di oltrepassare i limiti di qualsiasi esperienza possibile (con le idee dell'anima, del mondo come totalità e di Dio).

Dopo Kant, in genere si è riservato il termine «metafisica» alla pretesa di trascendere l'esperienza. Per Kant, la negazione della possibilità della metafisica trascendente come scienza, ossia della conoscibilità di Dio e dell'anima, non implicava affatto una negazione della loro esistenza: già la ragione teoretica ne riconosce la possibilità, e la ragione pratica consentirebbe poi una fede razionale nella realtà di Dio e dell'anima. Dopo Kant, invece, si trovano spesso qualificate come immanentistiche tutte le posizioni non dualistiche, che neghino per es. l'esistenza di qualsiasi realtà diversa o superiore rispetto a quelle esperibili sensibilmente (come fanno il materialismo e l'ateismo), oppure neghino l'esistenza di qualsiasi realtà indipendente dal pensiero o dallo spirito (come fa l'idealismo, nelle sue varie forme). Viceversa, Kant giudicava «dogmatici» anche il materialismo e l'ateismo (oltre che le dottrine opposte, in quanto sostenute in sede di ragione teoretica); e gli empiristi giudicano «metafisico», nel senso di trascendente l'esperienza, anche l'immanentismo idealistico. Tra la fine del sec. XIX e l'inizio del XX, la distinzione fra l'immanentismo quale posizione metafisica e il «metodo dell'immanenza» quale via per il riconoscimento del trascendente fu sostenuta da M. Blondel, nelle polemiche seguite alla pubblicazione (1893) della sua opera *L'azione* (→ azione, filosofia dell'), ed ebbe risonanza nel quadro delle discussioni sul modernismo.

immanenza, metodo della, espressione che designa il metodo apologetico elaborato da M. Blondel. Sulla scia dello spiritualismo di A. Sabatier, M. de Biran e L. Ollé-Laprune, Blondel sostiene che Dio, in quanto fine e completamento delle esigenze insopprimibili della coscienza, è non solo credibile ma anche «suscettibile di essere inserito nella nostra vita umana mediante una ricezione interiore che lo renda a un tempo il nutrimento dell'anima e la trasformazione divina dell'uomo elevato soprannaturalmente» (*Esigenze filosofiche del cristianesimo*, 1950). Risolvendo la disequazione tra la volontà volente e la volontà voluta in maniera definitiva (e non più soltanto provvisoria, come fanno invece la scienza, l'arte, la morale e la metafisica), il soprannaturale diventerebbe un'ipotesi necessaria, capace di dare un senso alla vita e all'azione teoretica e pratica, la cui logica interna è costituita dal trascendersi. Alla stregua della filosofia agostiniana, il metodo dell'immanenza pone l'interiorità a fondamento della certezza; seguendo l'impostazione di B. Pascal, considera la scelta per Dio un'opzione ragionevole; e come già per Kant, I.F. Fries, F.H. Jacobi e soprattutto F.D.E. Schleiermacher, tende a ridurre la religione a sentimento.

Il metodo dell'immanenza, in un'accezione radicale (principio di immanenza), fu applicato da alcuni pensatori del → modernismo all'interpretazione — e non soltanto all'apologia — della religione, riducendo totalmente la trascendenza a interiorità e a pensiero.

immaterialismo, termine che definisce la posizione filosofica di Berkeley, il cui scopo centrale fu quello di dimostrare l'insostenibilità della comune credenza relativa all'esistenza della materia. Sulla base del principio «l'essere delle cose consiste nel loro venir percepite» (*esse est percipi*), Berkeley dimostra che ogni idea di un sostrato materiale che esisterebbe in sé senza venir percepito è sterile e contraddittoria (*Trattato sui principi della conoscenza uma-*

na, par. 23). Ciò non significa che la realtà del mondo si riduca a una fantasia dello spirito percipiente o a un sogno. Gli spiriti percepiscono le idee delle cose secondo un ordine e una necessità che sono in qualche modo «esterni» e costanti, in quanto prodotti e garantiti direttamente da Dio (par. 33). L'immaterialismo berkeleyano mirava a confutare da un lato la teoria della conoscenza di Locke e dall'altro le tesi dei deisti che su quella teoria fondavano gran parte delle loro critiche al cristianesimo ortodosso. Tuttavia la soluzione immaterialistica obbediva anche a ragioni strettamente connesse con i problemi più generali della cultura del tempo, influenzata dalla metafisica cartesiano-spinoziana e dalla fisica newtoniana. Ne dà conferma lo spiritualismo di N. Malebranche che, senza negare l'esistenza dei corpi materiali, concepisce però il rapporto tra gli spiriti percipienti finiti e lo spirito infinito di Dio in maniera analoga a Berkeley. Altra conferma offre, per altro verso, la fisica di Leibniz, in cui l'estensione o materia si riduce all'azione e alla resistenza delle forze attiva e passiva, ossia a un principio che non ha in sé più nulla di corporeo.

immortalità, la dottrina per cui l'anima sopravvive, in forma personale, alla morte del corpo; l'immortalità può anche essere sovrapersonale, ma in questo caso la definizione è meno propria. Nella filosofia antica e medievale l'immortalità dell'anima è stata intesa secondo due prospettive principali: la prima, che fa capo alla tradizione platonica, la intende in un senso strettamente personale, per cui l'anima individuale sopravvive al corpo conservando attributi singolari specifici; la seconda, di ascendenza aristotelica, dà per certa solo la sopravvivenza dell'intelletto, e non dell'anima nel suo complesso. L'argomentazione platonica sull'immortalità muove dal presupposto secondo cui l'anima individuale, essendo per sua natura dotata di movimento e di vita, non può morire con il corpo: «Ogni anima è immortale, perché ciò che necessariamente si muove è immortale... ciò che si muove da sé, dacché non viene mai meno a se stesso, non cessa mai di muoversi» (*Fedro*, 245-246; per l'identità tra anima e vita, cfr. *Fedone*, 106-107). La concezione platonica dell'immortalità dell'anima individuale sarà ripresa, in ambito patristico e scolastico, da Agostino e dalla tradizione platonico-agostiniana medievale (Anselmo, Bonaventura, R. Bacone), con argomentazioni di ordine teoretico (come in Agostino, per il quale l'anima, detenendo la verità divina dell'uomo, non può morire in quanto con essa morirebbe anche la verità), o di tipo prevalentemente etico (come in Anselmo, secondo il quale l'anima «è stata creata per amare senza fine la somma Sostanza. Ma non potrebbe farlo se non vivesse sempre; dunque l'anima è fatta per vivere sempre, purché sempre voglia fare ciò per cui è stata fatta»: Anselmo, *Monologion*, 69). Non istituendo, come Platone, un'alterità sostanziale tra anima e corpo, Aristotele (e la tradizione che si ispira al suo pensiero) sostiene che non l'anima personale, ma il solo intelletto, in quanto principio semplice e incorruttibile, è immortale: «L'anima può esser tale [immortale]: non tutta, ma la mente: tutta è impossibile, forse» (*L'anima*, III, 5, 430*a* 23). La dottrina aristotelica dell'immortalità dell'intelletto avrà, nella tradizione, due esiti diversi. Nella scolastica araba, e specialmente in Averroè, sarà negata ogni forma di immortalità individuale, per cui solo un intelletto unico e universale non è soggetto alla morte, mentre gli intelletti singoli, legati alle anime individuali, nascono e muoiono con il corpo. Nella scolastica di tradizione aristotelica (Alberto Magno, Tommaso d'Aquino), invece, si accorderà uno statuto di immortalità anche agli intelletti individuali. Tommaso fonda la dottrina dell'immortalità dell'anima individuale su un argomento essenzialmente psicologico: «Ognuno che abbia intelligenza desidera naturalmente di esistere sempre. Ma un desiderio naturale non può essere vano. Dunque ogni sostanza intellettuale è incorruttibile» (*Summa theologiae*, I, q. 75*a* 6); in tal modo, Tommaso riafferma la dottrina aristotelica per cui solo l'intelletto è immortale, ma, contro gli averroisti, radica l'immortalità in ogni singolo intelletto umano.

L'alternativa tra l'immortalità dell'intelletto universale e quella dell'intelletto individuale è alla base delle dispute sull'immortalità nella filosofia rinascimentale. Nella filosofia moderna, l'immortalità dell'anima viene abbandonata come assunto propriamente teoretico, ed è concepita come principio etico. L'esposizione più chiara di questo atteggiamento è quella presente in Kant (*Critica della ragion pratica*, l. II, cap. II, par. IV), per cui l'immortalità è un postulato, indimostrabile in quanto inerisce a una legge pratica che ha un valore incondizionato a priori: posto che la perfezione morale sia un processo infinito, allora «questo processo infinito è possibile solo supponendo un'esistenza che continui all'infinito». Le successive correnti filosofiche, nell'Ottocento e nel nostro secolo, hanno in genere negato l'ipotesi dell'immortalità.

Il cristianesimo, per un influsso del pensiero ellenistico già avvertibile nei libri più recenti dell'Antico Testamento, ha integrato nella propria escatologia la dottrina dell'immortalità dell'anima, componendola, non senza difficoltà, con l'affermazione biblica della resurrezione. I teologi contemporanei hanno recuperato, come essenziale a un'antropologia non dualistica che preservi la totalità psicofisica della persona, l'idea di resurrezione, dando diverse risposte al problema dello «stato intermedio»; per O. Cullmann si tratta di un periodo di sonno, in cui gli addormentati (1 Tessalonicesi 4, 13) aspettano la resurrezione finale; per K. Rahner l'anima separata si trova in un periodo di crescita e si prepara alla comunione con l'intero cosmo che avverrà quando si riunirà al corpo; per L. Boros la resurrezione della carne avviene nell'istante stesso della morte, ma si completa solo con l'avvento del nuovo mondo.

impetus, teoria dell', dottrina introdotta in filosofia intorno al 1320 per designare un tipo particolare di forza motrice, quella che spiega il movimento di un proietto dopo che ha abbandonato la mano del lanciatore. Nella concezione aristotelico-scolastica ogni movimento postula l'esistenza di una causa che coesista col corpo mosso: nel movimento naturale (dei corpi leggeri verso l'alto e dei corpi pesanti verso il basso), la causa è la natura stessa del corpo che si muove; causa del movimento violento è invece l'aria che circonda il proietto, la quale riceve da chi lancia una forza derivata, che le consente di trascinare con sé il proietto per un certo tempo. Già criticata da Giovanni Filopono nel sec. VI d.C., la spiegazione aristotelica venne messa in discussione dal teologo Francesco della Marca, il quale, nel *Commento alle Sentenze* scritto nel 1319-20, afferma che la causa del moto violento è una *vis derelicta*, ossia una forza lasciata nel proietto (e non nell'aria circostante) da chi lo lancia. A questa forza Giovanni Buridano assegnò il nome di *impetus* (slancio), e la definì come una quantità di energia che dura fino a che non incontra resistenze che la riducono. Buridano ricorse all'*impetus* anche per spiegare il movimento delle sfere celesti, abbandonando la teoria delle intelligenze motrici, e per spiegare il movimento dei corpi in caduta libera.

implicatura, concetto centrale della teoria della conversazione di H.P. → Grice.

implicazione, → condizionale.

imprinting, modalità di apprendimento caratteristica degli animali: → etologia.

incarnazione, termine del linguaggio religioso che, in senso generale, indica la discesa, permanente o momentanea, di una potenza divina in un corpo umano o animale. In particolare è ricorrente nell'antichità la convinzione che il re sia la manifestazione, o la filiazione, del dio nazionale supremo; una dottrina più complessa è quella, propria dell'induismo, dell'→ avatāra, o incarnazione di Viṣṇu. Nel cristianesimo, l'incarnazione è la credenza centrale e costitutiva, e indica il fatto misterioso che Dio si è reso presente nell'uomo Gesù di Nazareth per offrire all'umanità la salvezza. Sin dai primi secoli la teologia cristiana cercò di precisare in che senso Gesù possa essere detto contemporaneamente, secondo il linguaggio delle Scritture, «figlio dell'uomo» e «figlio di Dio». Il problema fu affrontato in due modi diversi, in dipendenza dalle due scuole teologiche di Antiochia e di Alessandria. La scuola alessandrina partiva dal dato che «il Verbo si è fatto carne» (Giovanni 1, 14), mentre quella antiochena partiva dall'uomo Gesù, distinguendo poi in lui natura divina e natura umana. Preoccupazione comune era salvare l'unità di Gesù, anche se poi gli uni ne accentuavano la divinità, gli altri l'umanità. Dopo violenti contrasti teologici (→ arianesimo, → nestorianesimo, → monofisismo), la definizione del concilio di Calcedonia (451) cercò un compromesso fra le opposte tendenze, usando la terminologia, che si chiarì solo con il tempo, dell'unica persona, il Verbo di Dio, in due nature (umana e divina). Le due nature esistono «senza confusione, cambiamento, divisione né separazione. La loro differenza non è soppressa dall'unione, anzi le proprietà di ciascuna restano salve e si incontrano in una sola persona». Un aspetto dibattuto in particolare dalla teologia scolastica medievale è quello del motivo, o più propriamente delle ragioni che sono all'origine dell'incarnazione divina. Già nel sec. XII appaiono delineate due risposte: l'una afferma che l'incarnazione è avvenuta per porre rimedio al peccato, cosicché, se l'uomo non avesse peccato, essa non si sarebbe realizzata (infralapsarismo); l'altra tende a svincolare l'incarnazione dalla redenzione e sostiene che la decisione di incarnarsi da parte del Verbo è anteriore e indipendente rispetto alla previsione del peccato (sopralapsarismo). La prima posizione è sostenuta da Tommaso d'Aquino; la seconda è difesa da Duns Scoto.
La formulazione del dogma di Calcedonia, rimasta intatta fino ai nostri giorni, rappresenta tuttora l'ortodossia ufficiale delle chiese cristiane. Numerosi sono però i tentativi teologici di costruire una «cristologia dal basso» (H. Küng, E. Schillebeeckx, W. Pannenberg), che superi ogni idea di incarnazione e di composizione fra due nature e consideri come proprio oggetto la sola persona umana di Gesù. Cristo può essere detto «figlio di Dio» solo in quanto nella sua persona umana, aperta alla trascendenza, si manifesta la presenza di Dio. Si pone in questa prospettiva la recente proposta di P. Schoonenberg, per il quale «non è la natura umana che è personalizzata nella persona divina, ma la natura divina che è personalizzata nella persona umana».

incesto, rapporto sessuale fra consanguinei, proibito, con varia estensione, in tutte le società umane che conosciamo. Dell'origine e del significato di questa proibizione, l'etnologia ha proposto spiegazioni di cui qui si possono elencare solo le principali. La prima, molto diffusa ancor oggi nell'opinione corrente, e che ha trovato uno dei suoi assertori in L. Morgan (*La società antica*, 1877), è quella che si basa sul presupposto che i figli nati da unioni consanguinee siano più soggetti a malformazioni e malattie. Tale spiegazione, tuttavia, implica che si attribuiscano alle società primitive e arcaiche conoscenze genetiche che esse non possiedono; inoltre è probabilmente vero l'inverso: è cioè l'orrore per qualsiasi rapporto sessuale ritenuto immondo e contaminante che fa sorgere l'idea che il suo frutto debba essere mostruoso. Di questo abbiamo prove in quasi tutte le culture. Per quanto riguarda l'Europa, per es., fino in epoca moderna, i difetti fisici con i quali nasceva un bambino venivano spesso attribuiti al rapporto sessuale con un demonio; ma anche a un qualsiasi rapporto vietato perché contaminante, avvenuto per es., durante il ciclo mestruale (così il concilio di Nicea riprende il divieto biblico — Levitico 15, 19-28 — dei rapporti sessuali durante le mestruazioni affermando che «il sangue mestruale corrompe il corpo sia del padre sia dei figli»). A. Radcliffe-Brown e B. Malinowski ritengono, invece, che vi sia una incompatibilità di tipo psicologico fra la familiarità, l'intimità che implicano i rapporti sessuali, e i sentimenti di rispetto che si devono a vicenda i membri di una stessa famiglia. Ma anche questa spiegazione si basa su presupposti che, non solo sono indimostrabili, ma anche contrastano con dati evidenti: fra fratello e sorella, per es., non esiste rispetto, ma le relazioni sessuali sono universalmente proibite. Nel 1898, nel primo volume dell'«Année sociologique», E. Durkheim collegava l'interdizione dell'incesto con le istituzioni specifiche del totemismo. Secondo l'interpretazione di Durkheim, una medesima sostanza, materializzata nel sangue, circola fra tutti i membri del clan totemico; questa ispira, in genere, un senso di avversione (anche se è in particolar modo il sangue mestruale, o comunque il sangue femminile, a essere quasi dappertutto considerato come principio malefico; → tabù). Un atto sessuale e, a maggior ragione, un matrimonio concluso fra due persone unite da questa consustanzialità sarebbero, per le popolazioni organizzate in clan totemici, del tutto intollerabili. Questa teoria di Durkheim, che coglie senza dubbio alcuni aspetti veri sottostanti al problema dell'incesto, è però insostenibile in base alle ragioni portate dallo stesso Durkheim, perché, prima di tutto, è troppo collegata al totemismo che, per quanto diffuso, sicuramente non è una forma di organizzazione universale, mentre la proibizione dell'incesto, nelle sue varie forme, è presente dappertutto. Inoltre, se a impedire l'unione coniugale fosse la consustanzialità fra i membri del clan, non troverebbe una spiegazione la norma di alcuni tipi di matrimonio preferenziale all'interno di determinate frazioni dello stesso clan. Gli antropologi evoluzionisti avevano postulato, prima di Durkheim, un più o meno lungo periodo di promiscuità sessuale, corrispondente a uno stadio economico di «raccolta», precedente allo stadio della «caccia», la quale, per le stesse obbligazioni tecniche che implica, avrebbe condotto alla divisione del lavoro fra i sessi e al matrimonio, con l'instaurarsi del divieto dell'incesto. Si tratta di congetture sugli stadi primordiali delle società che non hanno riscontro nelle nostre conoscenze attuali, e che non possono essere documentate. D'altra parte, se la caccia sembrerebbe essere stata, in effetti, un'attività primordiale e vitale presso molte popolazioni primitive, ve n'è un gran numero che non la praticano e che si procurano le loro risorse alimentari in altri modi, per es. proprio con la «raccolta». Inoltre non è affatto provato che la caccia non sia stata contemporanea all'origine stessa dell'*homo sapiens*, oppure che non sia stata, come avviene presso diverse popolazioni, praticata insieme alla raccolta e alla orticoltura. È da scartare, con ogni probabilità, anche la teoria che fa risalire il divieto dell'incesto a una ripugnanza istintiva, cioè a tendenze e a sentimenti dettati dalla natura dell'uomo; il senso di ripugnanza, infatti, è quasi sempre conseguenza e non causa di una norma culturale; anche se, viceversa, a livello psicologico, malgrado le affermazioni di Freud, il vero e unico incesto, quello del figlio con la madre, può essere rifiutato in base a una vera e logica ripugnanza ad andare contro quella che è la legge biologica per eccellenza, la prosecuzione del proprio gruppo con la discendenza, cosa che verrebbe appunto contraddetta dal rapporto sessuale con la propria madre. L'ipotesi istintuale è sostenuta da E. Westermarck (*Storia del matrimonio umano*, 1891) e da H. Ellis (*La selezione sessuale nella specie umana*, 1897), ma questo tipo di spiegazione è in contrasto col fatto inequivocabile che, per quanto proibito dalle leggi e dai costumi, l'incesto esiste, anche se, come abbiamo rilevato, l'unico di cui non si abbia prova è quello paradigmatico, l'unione del figlio con la madre. Anche spiegazioni di origine esclusivamente sociale, quali quelle avanzate da J.F. McLennan (*Studi di storia antica*, 1876) e da H. Spencer (*Principi di sociologia*, 1876), che individuano nell'esogamia una fissazione delle abitudini delle tribù guerriere, che usavano la cattura e il ratto come mezzo normale per procurarsi delle mogli, sono da respingere perché le regole dell'esogamia sono particolari di alcune società, mentre la proibizione dell'incesto è universale. L'universalità della proibizione dell'incesto non è smentita dall'esistenza in certe società di incesti prescritti, per es. presso gli hawaiani o gli antichi egizi. Tali unioni incestuose sono dovute a prescrizioni riguardanti solo determinate persone, quali i re, e si giustificano, quindi, per la particolare condizione di «potenza», e quindi di «separazione», delle persone stesse, che, proprio in quanto tali, non possono venire in contatto se non con la loro stessa sostanza regale. C. Lévi-Strauss, infine, cercando quale sia stato il primo passaggio da «natura» a «cultura», lo individua nel divieto dell'incesto (*Le strutture elementari della parentela*, 1949). La prima regola che gli uomini si sono imposti è stata quella di scambiarsi le proprie donne, fondando così la possibilità dell'«alleanza», della vita sociale. La «natura», e quindi l'esistenza biologica, è coordinata da leggi universali e necessarie, mentre la «cultura», e quindi l'esistenza sociale, è determinata da regole e obblighi relativi e particolari. Nel divieto dell'incesto sembrano coesistere i due aspetti dell'universalità e della regola, poiché si vieta di far coincidere in pieno il legame naturale di parentela con il legame simbolico d'imparentamento dato dal matrimonio; si vieta, dunque, la coincidenza fra i due assi: natura e cultura. Questa regola, dice Lévi-Strauss, sociale per la sua natura di regola, è, nello stesso tempo, pre-sociale a doppio titolo: innanzi tutto per la sua universalità, e poi per il tipo di relazioni cui impone la propria norma: «La regolamentazione dei rapporti tra i sessi costituisce un'invasione della cultura nel campo della natura; d'altro canto la vita sessuale è un embrione di vita sociale nel seno della natura: tra tutti gli istinti, infatti, quello sessuale è il solo che, per definirsi, abbia bisogno dello stimolo altrui» (*Le strutture elementari della parentela*). Secondo Lévi-Strauss, quindi, la funzione del divieto dell'incesto è assicurare la circolazione delle donne allo scopo di perpetuare l'esistenza del gruppo: «nel momento in cui io vieto a me stesso di usare una donna, della quale, di conseguenza, un altro uomo può disporre, c'è da qualche parte un uomo che rinuncia a una donna che, perciò, diviene disponibile per me». (→ parentela). *I. Ma.*

inconscio, termine che indica i contenuti psichici non presenti alla coscienza dell'individuo.

• *Filosofia*. Nella storia della filosofia una prima tematizzazione della nozione di inconscio è rintracciabile in Leibniz, che ipotizzò la presenza di «piccole percezioni» continuamente operanti senza essere avvertite dalla coscienza a meno di non raggiungere, integrandosi insieme, un certo grado d'intensità. Ma il ricorso esplicito all'idea di inconscio si fa centrale in Schelling e in generale nel periodo romantico della filosofia della natura, per es. in G.H. Von Schubert, I.P. Troxler, C.G. Carus. Per questi l'inconscio diviene il fondamento dell'essere umano, la radice invisibile dell'intero universo, nella quale si trovano uniti tanto la natura che lo spirito e da cui la coscienza si differenzia. Decisiva appare inoltre — anche per la diretta influenza esercitata su Freud e, in modo diverso, su Jung — la concezione di Schopenhauer che equipara l'inconscio alla volontà cieca e irrazionale operante nell'uomo attraverso gli istinti sessuale e di conservazione. Partendo da Schelling e da Schopenhauer, E. von Hartmann attribuisce all'inconscio la funzione di strutturazione per strati dell'intera vita psichica universale.

• *Psicologia*. Quando la psicologia accademica si occupava esclusivamente dell'esperienza cosciente, non mancarono studiosi che intravidero l'importanza della tesi relativa all'esistenza di uno psichismo inconscio: J.F. Herbart enunciò il concetto di «soglia della coscienza», al di sotto della quale tutte le idee sono inconsce, e Th.G. Fechner riprese il concetto herbartiano di «soglia» e rappresentò la mente umana come un iceberg la maggior parte del quale si trova al di sotto della superficie, ovvero della coscienza. Nella seconda metà dell'Ottocento la psicopatologia, soprattutto quella francese (J.-M. Charcot, P. Janet, Th. Ribot ecc.), studiò alcuni aspetti della vita psichica inconscia in relazione all'automatismo psicomotorio, alla suggestione postipnotica, al sonnambulismo e ai sintomi isterici.

• *Psicoanalisi*. Con Freud l'inconscio, diviene una costruzione teorica comprensiva degli aspetti motivazionali della personalità, sia sana sia patologica. Nella teoria freudiana si distinguono un uso «descrittivo» e un uso «topico» del termine «inconscio». Nell'uso descrittivo, che attraversa tutta l'opera di Freud, «inconscio» è un aggettivo che indica i contenuti psichici non compresi nel campo attuale della coscienza. Nell'uso topico — cioè in una prospettiva secondo cui i diversi sistemi dell'apparato psichico vengono metaforicamente collocati in regioni spaziali (o *tópoi*) diverse — è necessario distinguere due fasi del pensiero freudiano, la prima anteriore e la seconda posteriore al 1920. Nella prima topica, «inconscio» è un sostantivo che indica il sistema psichico costituito da contenuti rimossi che non hanno potuto accedere al sistema preconscio-conscio, e anche da «fantasmi originari», ossia da schemi che trascendono le esperienze individuali (→ fantasma); i contenuti del sistema inconscio (*Inc*) sono l'espressione psichica delle eccitazioni endosomatiche, ovvero i «rappresentanti» delle pulsioni, le quali, in quanto propriamente tali, si sottraggono all'opposizione conscio-inconscio; inoltre, i contenuti dell'*Inc*, costituiti prevalentemente da desideri dell'infanzia su cui hanno agito i meccanismi della → fissazione e dell'→ investimento, tendono a riaffiorare sul piano della coscienza e del comportamento, ma solo a prezzo di un compromesso con i processi difensivi che ne alterino la natura originaria; infine, i contenuti dell'*Inc* sono sottoposti alle leggi del → processo primario (mobilità dell'energia, che fluisce verso la scarica nella maniera più diretta e rapida possibile, spostamento, condensazione ecc.), nonché ai principi dell'indifferenza rispetto alla realtà, della mancanza di negazione e di dubbio, e del primato assoluto dell'opposizione «piacere-dispiacere».

Nella seconda topica freudiana, che differenzia le istanze dell'→ Es, dell'→ Io e del → Super-Io, l'«inconscio» viene desostantivizzato e compare sotto forma di aggettivo, perché non è più un sistema differenziato (come nella prima topica), bensì una qualità che oltre all'Es caratterizza almeno in parte anche l'Io e il Super-Io; tuttavia, se è vero che «Es» non è semplicemente un nuovo nome dato da Freud a «inconscio», va sottolineato che l'Es della seconda topica presenta sostanzialmente le medesime caratteristiche dell'*Inc* della prima topica, ed è regolato sostanzialmente dai medesimi meccanismi (processo primario ecc.) che regolano quest'ultimo. Storicamente è grazie alle sue ricerche sul sogno — culminate con la pubblicazione, nel 1900, dell'*Interpretazione dei sogni* — che Freud «scopre» l'inconscio e individua i meccanismi (simbolismo, spostamento, condensazione) caratteristici del processo primario e da lui poi ritrovati nelle produzioni inconsce non oniriche (sintomi e formazioni a essi equivalenti, come i lapsus e gli atti mancati).

inconscio collettivo, nella → psicologia analitica junghiana, la parte dell'inconscio che comprende le esperienze complessive di tutte le generazioni umane passate, a partire da quelle dei primi progenitori.

indeterminazione, principio di, → Heisenberg, Werner Karl.

indeterminismo, termine, opposto a → determinismo, entrato nell'uso filosofico nell'ambito della morale e della fisica moderna. In sede etica si dicono indeterministiche quelle concezioni che affermano l'attitudine della volontà a operare scelte libere e in certa misura imprevedibili, in quanto sostengono che l'agire umano non è riconducibile *in toto* alle determinazioni da parte dell'ambiente e ai condizionamenti naturali. Tale convincimento è ciò che induce le scienze dello spirito, o scienze storiche, ad assumere metodi e principi esplicativi autonomi e diversi rispetto alle scienze della natura. Se è legittimo per es. ricondurre i fenomeni naturali a spiegazioni di tipo causale, per le azioni umane conviene parlare, come suggerì Husserl, di «motivazioni». Ciò non significa d'altra parte che le scelte libere diano luogo a un totale indeterminismo, coincidente con l'arbitrio. Se così fosse, i metodi educativi e le sollecitazioni morali e sociali risulterebbero privi di qualsiasi efficacia, e poiché l'esperienza dimostra il contrario, bisogna ammettere un certo margine di determinismo anche in sede etica. Già Kant del resto aveva osservato (*L'unico argomento possibile per una dimostrazione dell'esistenza di Dio*, IV, 1) che diversi comportamenti che si suppongono affidati all'arbitrio individuale (per es. i matrimoni) rivelano, a un'indagine statistica, un grado elevato di regolarità. Su considerazioni analoghe si basa la diffusa tendenza a sottomettere le odierne scienze umane (psicologia, sociologia, economia ecc.) a metodologie sperimentali, a previsioni matematico-statistiche e in generale a criteri di indagine affini a quelli delle scienze naturali.
Alla fine del secolo scorso, in diretta polemica con il determinismo e il materialismo dei positivisti, E. Boutroux sostenne un indeterminismo detto «idealistico» (o anche «spiritualistico»), che non si limitava a rivendicare il carattere libero e creativo dell'azione umana, ma estendeva tale principio all'intera natura. La necessità meccanica che sembra governare il mondo naturale è solo apparente; i differenti livelli del reale, dalla pura materia agli organismi viventi e all'uomo, sono tra loro irriducibili (*Sulla contingenza delle leggi della natura*, 1874) e manifestano piuttosto, come dirà anche H. Bergson, la presenza in natura di un impulso spirituale autonomamente creatore. A queste critiche del determinismo meccanicistico che ha dominato la fisica classica — critiche prevalentemente ispirate a motivazioni etico-filosofiche — ha fatto seguito la profonda rivoluzione della fisica contemporanea, della quale è un episodio significativo l'enunciazione da parte di W.K. Heisenberg, nel 1927, del principio di indeterminazione. La fisica contemporanea, sviluppando il concetto classico di probabilità, ha fatto ampio ricorso al metodo dell'indagine statistica, che comporta tra l'altro l'utilizzazione del concetto di «caso» (studiato da K.F. Gauss, Ch.S. Peirce e altri); caso non significa però arbitrio irrazionalistico nel «comportamento» dei fenomeni, ma equipollenza delle possibilità, sicché l'andamento globale di un insieme di fenomeni omogenei (per es. il rapporto tra posizione e velocità delle molecole di un gas) può essere calcolato con sufficiente approssimazione. Tuttavia il principio di Heisenberg mette in luce che, nel quadro della meccanica quantistica, non è possibile determinare simultaneamente una coppia di variabili (per es. posizione e velocità) riferite a una particella subatomica. Anche a causa della perturbazione introdotta dai sistemi e dagli strumenti di misurazione, la determinazione esatta di un parametro (per es. della posizione) comporta l'indeterminazione crescente dell'altro (velocità) e viceversa. Ciò non autorizza peraltro a interpretare il comportamento corpuscolare come retto da una sorta di libero arbitrio; si tratta piuttosto, come hanno sottolineato J. von Neumann e L.-V. de Broglie, di riformulare il concetto classico di causalità: esso non deve essere completamente respinto, poiché una fisica che non riconosca un certo grado di regolarità e di determinismo causale in natura diverrebbe una scienza impossibile; deve invece venir trasformato in profondità, secondo le esigenze e le esperienze della ricerca scientifica contemporanea.

indicale, si dice di espressione linguistica il cui

riferimento dipende dall'associazione a un contesto. Il termine deriva da Ch.S. Peirce, che aveva chiamato «indici» o «segni indicali» quei segni — come i dimostrativi «questo» e «quello» — la cui intera funzione consiste nell'*indicare* qualcosa. Nozioni analoghe furono introdotte, sotto diversi nomi, da B. Russell («particolari egocentrici»), N. Goodman («indicatori»), H. Reichenbach («parole autoriflessive»). Il primo vero approfondimento della nozione è dovuto a Y. Bar Hillel (1954), che mise in evidenza come l'indicalità di un enunciato — la dipendenza del suo valore di verità da un contesto — non dipenda soltanto dalla presenza di certe parole (dette a loro volta «espressioni indicali»), come i dimostrativi, i pronomi personali «io», «tu» ecc., gli avverbi di luogo come «qui», «là» ecc. e di tempo come «oggi», «ieri» ecc., ma anche da fattori come il tempo e l'aspetto: l'enunciato «Sta piovendo» dipende per la sua interpretazione — e quindi per la sua verità — dall'associazione a un contesto (se emesso in un contesto c_i l'enunciato esprimerà una certa proposizione, e avrà quindi un certo valore di verità; se emesso in c_j, proposizione espressa e valore di verità saranno in generale diversi). Quanto alle parole indicali, D. Kaplan (*Dimostrativi*, 1973) ha scomposto il loro significato in un *carattere* e un *contenuto*. Il carattere è ciò che un parlante competente conosce dell'espressione, per il fatto di conoscere la lingua: per es., nel caso del pronome 'io', il carattere consiste nel riferirsi al parlante del contesto. Formalmente, il carattere è una funzione da contesti a contenuti. Il contenuto dell'indicale è invece una funzione da → mondi possibili a individui (cioè un concetto individuale). Chi conosce una lingua conosce i caratteri degli indicali, ma non i loro contenuti, che dipendono dal contesto di emissione. Poiché, nelle semantiche che hanno origine dall'opera di R. → Montague, l'insieme dei fattori contestuali (spazio, tempo, parlante, interlocutore ecc.) è spesso chiamato un *indice*, «indicale» è oggi spesso inteso nel senso di «dipendente da un indice» (si intende, per il suo riferimento).

indiscernibili, identità degli, principio formulato da Leibniz e assunto nel calcolo → predicativo come parte della definizione della nozione di → identità, o come teorema che la caratterizza. In questa sua formulazione moderna esso asserisce che, se *x* e *y* hanno in comune tutte le proprietà (e dunque sono indiscernibili), allora *x* è identico a *y*. L'uso delle variabili, che possono essere sostituite da nomi o descrizioni di oggetti, consente di evitare formulazioni dall'apparenza paradossale, come «se *due* oggetti hanno in comune tutte le proprietà, allora sono identici (sono *un* solo oggetto)», non essendo, invece, particolarmente problematico che uno stesso oggetto sia denotato da nomi diversi. Anche le formulazioni leibniziane del principio, tuttavia, sono formalmente ineccepibili, perché negative: esse negano che possano darsi *due* oggetti che abbiano in comune tutte le proprietà (per es.: «Non ci sono mai in natura due enti esattamente simili nei quali non sia possibile trovare una differenza interna», *Monadologia*). Inquadrato nel linguaggio logico predicativo, il principio esprime una verità puramente logica, la cui negazione è una contraddizione. In Leibniz invece esso si presenta a primo aspetto come un principio metafisico, in base al quale, dati due oggetti distinti di fatto, è sempre possibile *in linea di principio* discernerli anche in base alle loro nature. Come tale, il principio non esprime una verità puramente logica, ed è soggetto a possibili confutazioni. Tuttavia, esso discende immediatamente dalla dottrina leibniziana che *tutte* le proprietà di un individuo (comprese quelle usualmente considerate «accidentali») sono costitutive della sua essenza. Date queste premesse, la distinzione fra relazioni estrinseche e proprietà intrinseche di un individuo risulta relativa alla nostra conoscenza di quell'individuo: se ne possedessimo la «nozione completa» (che ci è in linea di principio inaccessibile), tale distinzione non esisterebbe, come non esiste per Dio.

individualismo, termine introdotto da A. de Tocqueville (*La democrazia in America*, 1835-40) per indicare l'atteggiamento fondamentalmente autointeressato, antisociale e antisolidaristico che, secondo l'autore, caratterizzava la società democratica americana. Nel linguaggio comune della politica il termine è tuttora usato in questa accezione originaria, peggiorativa; in filosofia e nella teoria sociale è invece usato in modo valutativamente neutro, per designare posizioni che privilegiano l'individuo rispetto all'insieme sociale. Si parla di individualismo in senso *ontologico*, *etico* e *politico*. L'individualismo *metodologico* fu teorizzato da C. Menger (*Ricerche sul metodo delle scienze sociali e dell'economia in particolare*, 1883): gli individui hanno priorità esplicativa sugli insiemi e sulle istituzioni sociali; spiegazioni sociali appropriate sono quelle in termini di individui e circostanze a loro attinenti. L'individualismo metodologico fu ripreso tra gli anni Cinquanta e Sessanta da F. Hayek e K. Popper, che diedero vita a un acceso dibattito con gli *olisti*, i quali sostenevano l'impossibilità di una riduzione delle teorie sociali a teorie su individui, data la natura irriducibilmente relazionale delle spiegazioni dei fenomeni macrosociali. Dopo il tramonto dell'idea stessa di riduzione di una teoria a un'altra nel corso degli anni Sessanta, l'individualismo metodologico è nuovamente interpretato come la tesi della priorità esplicativa degli individui su insiemi e istituzioni, senza che ciò comporti la negazione della realtà di questi ultimi.

L'individualismo *ontologico*, spesso confuso col precedente, afferma che il mondo sociale è composto esclusivamente di individui: istituzioni e collettivi sono solo concetti che designano insiemi di individui, e non devono essere ipostatizzati. Questa posizione fu difesa da Hayek e Popper a sostegno dell'individualismo metodologico. Essa è oggi sfidata da un olismo metafisico più raffinato, che sostiene la dottrina della sopravvenienza: ciò che è predicabile, per es., di un partito politico non coincide con la somma di ciò che è predicabile dei suoi membri, anche se il partito è costituito solo dai suoi membri e non c'è, ontologicamente, alcun fatto ulteriore (D.H. Ruben, *La metafisica del mondo sociale*, 1985).
L'individualismo *etico* riguarda la priorità assiologica degli individui sulle istituzioni: a esso si richiamano le teorie dei diritti e il → liberalismo in generale. Specifica dell'individualismo etico non è tanto la considerazione degli individui come fini della società e della politica, quanto il divieto della violazione di diritti individuali, anche se compiuta in nome di un bene maggiore e per più persone. In questo senso l'utilitarismo, per es., non è una forma di individualismo. L'individualismo *politico* è implicato dall'individualismo etico, ma non lo implica: esso si limita a considerare come elemento centrale nella determinazione dell'*input* di una teoria politica normativa gli individui egualmente liberi e dotati di bisogni, desideri e interessi. Il problema è allora quello di trovare regole, o di individuare processi spontanei, per regolare gli interessi e garantire coordinazione e cooperazione. L'individualismo politico include dunque non solo l'utilitarismo nelle sue varie forme, ma anche le teorie del contratto sociale e della scelta pubblica.

individuazione, → Jung, Carl Gustav; → psicologia analitica.

individuazione, principio di, ciò che origina e definisce l'individualità di un ente, cioè il suo essere distinto, differente da ogni altro ente che pur partecipi della sua stessa natura. La questione della sistemazione logica del problema, l'interrogativo sui termini nei quali esso vada pensato, ha impegnato il pensiero occidentale fino alle soglie della storia moderna. I tomisti, analogamente ad Aristotele (*Metafisica*, XII, 8), fecero derivare il *principium individuationis* dalla materia e più precisamente dalle modalità del disporsi di questa nello spazio e nel tempo (la «materia signata quantitate», Tommaso d'Aquino, *De ente et essentia*, 2). Nella medesima veste di specificazione spazio-temporale lo pensò A. Schopenhauer sei secoli più tardi (*Il mondo come volontà e come rappresentazione*, par. 23). L'agostinismo, al contrario, giudicò insufficiente questa soluzione e si richiamò a un preteso momento di unità (*communicatio*) tra materia e forma per giustificare il fenomeno dell'individuazione (Bonaventura, *Commentario alle Sentenze*, 3). A spezzare questo schema interpretativo tradizionale, che finiva per riportare costantemente o all'elemento formale o a quello materiale dell'ente, pervenne → Duns Scoto: denunciandone l'inadeguatezza, egli postulò una «realtà ultima dell'ente», chiamata in seguito *haecceitas*, e vide in essa — che non è né forma né materia, ma tutt'al più una caratteristica di esse — la sede di ogni reale individuazione. Con il prevalere del → nominalismo, il problema del principio di individuazione trovò la sua definitiva soluzione, finendo per rivelarsi un falso problema: nella generale negazione di ogni universale, anche l'idea di una sostanza anteriore e comune a tutti gli enti viene a cadere. Esistenza e individuazione cessano così di essere due momenti distinti. L'ente è già sempre individuo né potrebbe essere altrimenti (Occam, *Expositio aurea*). Vanificato da questa impostazione, che è presente ancora nel *De principio individui* di → Leibniz, il problema del principio di individuazione ha cessato, si direbbe definitivamente, di essere tale.

individuo, ente indiviso in se stesso e diviso da ogni altro essere. Il termine latino *individuum* compare in Cicerone per tradurre il greco *atomon* e si inserisce poi nel lessico della filosofia medievale. Mentre per Platone e Aristotele si trattava di un ente in sé inconoscibile, sul problema della conoscibilità dell'individuo gli scolastici si dividono: per Tommaso esso nella sua corporeità è conoscibile soltanto indirettamente; per Duns Scoto e per la tradizione agostiniana invece l'individuo è più intelligibile dell'universale.
Nell'età moderna il termine è usato sempre più per indicare l'individuo umano. Fra i filosofi dell'età romantica alcuni negano il valore dell'individuo in nome di entità sovraindividuali (Hegel e Schopenhauer) e altri ne asseriscono il valore in chiave diversa da quella del presunto individualismo etico e ontologico del sec. XVIII. Kierkegaard sostiene una paradossale rivalutazione teologica dell'individuo e M. Stirner (*L'unico e la sua proprietà*, 1845) è autore di una negazione della negazione dell'individualismo settecentesco incentrata su una incondizionata rivendicazione dei diritti dell'«Io».

induismo, termine designante la religione dell'India, nelle sue fasi successive del vedismo, del brahmanesimo e dell'induismo vero e proprio, fasi che coprono un arco temporale di circa 3500 anni.

• *Credenze e dottrine*. La fase più antica dell'induismo è rappresentata dalla religione vedica o vedismo. Alla sua base sta la rivelazione (*śruti*) o → *Veda*. I testi più antichi, in versi, la cui redazione risale almeno al sec. XIII a.C. sono le *Saṃhitā*, raccolte di inni sacri, che trovano completamento poi nei trattati liturgici detti

Brāhmana, nelle loro appendici chiamate *Āraṇyaka* o Testi della selva, e nelle → *Upaniṣad*, che degli *Āraṇyaka* sono la parte finale. La raccolta degli inni vedici e dei trattati liturgici presenta una mitologia ricca e complessa, di carattere composito, comparabile a quella dei popoli indoeuropei, ma in parte debitrice a religioni autoctone appartenenti al fondo etnologico dell'India arcaica. La comunione con il pantheon delle divinità vediche avveniva tramite la preghiera e il sacrificio eseguiti da sacerdoti (brahmani), e l'offerta (vittima animale, libagione o cibo vegetale) era consumata sia dagli officianti sia dagli oblatori laici. Non dovevano mancare però, fin dai tempi vedici, quelle pratiche ascetiche e quei culti magici che riemergeranno, in seguito, nello yoga e nei riti del → tantrismo. Nelle *Upaniṣad* la speculazione mistico-filosofica è già largamente sviluppata: mentre appaiono meditazioni sostitutive dell'antico sacrificio, il cui valore diviene essenzialmente simbolico, la religione viene interiorizzata e assume una dimensione sociale e teologica più aperta, orientata verso una ricerca etica e mistica, non priva tuttavia di razionalità. Oltre a dibattere questioni fondamentali per la comprensione dell'uomo (l'essenza della vita, l'immortalità, l'origine del cosmo, il suo rapporto con l'assoluto), le *Upaniṣad*, specie quelle posteriori alle origini del buddhismo, offrono anche formulazioni monoteistiche e norme di vita spirituale. Si vengono così delineando vari tipi di rapporto tra gli uomini e Dio, in relazione ai mezzi per giungere a lui, a seconda che ci si serva della sapienza, dell'azione o della devozione. Il primato della sapienza rispetto all'azione liturgica resterà tipico di quelle scuole filosofiche che si ispireranno più da vicino alle speculazioni upaniṣadiche.

Alla *śruti* segue la tradizione o *smṛti*, costituita dalle raccolte di aforismi (*Sūtra*), dalle antiche leggende (*Purāṇa*) e dai poemi epici *Mahābhārata* e *Rāmāyaṇa*. I grandi poemi epici e il vasto materiale mitologico dei *Purāṇa* maggiori e minori (*Upapurāṇa*) si sono imposti alla religiosità popolare (assai più che non i testi della *śruti*), proprio perché contenenti una ricca messe di insegnamenti e simboli di derivazione folclorica, intrecciati a miti di origine bardica e «cortese». La spiritualità indù attinge ancora abbondantemente a queste fonti mitico-sapienziali, entrate a far parte della tradizione brahmanica accanto alla letteratura etico-giuridica dei *Dharma-śāstra* (trattati della legge).

Le figure preminenti dell'antico pantheon sono Brahmā, Viṣṇu e Śiva, che tendono a confluire nella → Trimūrti e rispondono, principalmente, alle funzioni cosmogoniche di creazione, conservazione, riassorbimento dell'universo. Si tratta di divinità metafisiche concepite come personali, come oggetto di culto e di devozione, spesso insieme alle loro paredre femminili. Di Viṣṇu, in particolare, si adorano le incarnazioni o «discese» (→ *avatāra*), tra cui quelle di Kriṣṇa e di Rāma saranno le più celebrate in quanto espressioni più umane del divino, e quindi invocate con toni di fervida preghiera. Di Kriṣṇa si cantano gli amori con le *gopi* (pastorelle), in chiave poetico-erotica misticamente sublimata. Ma di Kriṣṇa si esaltano anche l'onnipotenza, l'onnipresenza e la maestà, soprattutto nella → *Bhagavadgītā*, dove il dio incarnato si fa maestro dell'eroe Arjuna, gli insegna le norme della morale propria della sua casta insieme allo spirito «ascetico», tradotto in sentimento di distacco dal successo, e infine si rivela nella sua gloria e nella sua universalità, confermando che l'uomo può accedere a lui tramite la fede e la devozione, più che per mezzo dello studio dei *Veda* e la pratica delle austerità o delle offerte sacrificali.

• *Riti e norme di vita.* La preghiera, i digiuni e i riti, in particolare quelli privati, secondo le norme dell'antico rituale domestico, e i «sacramenti» che segnano le tappe fondamentali della vita indù (dalle cerimonie prenatali alle celebrazioni funebri) trasformano in senso sacrale l'esistenza individuale e sociale dell'India. La preghiera, vocale e mentale, è basata su invocazioni di *mantra* (formule sacre) spesso ripetute su rosari o cantate in forma litanica, ed è essenzialmente contemplativa, simile a quella proposta dall'→ esicasmo cristiano (che senza dubbio subì influssi orientali). Di tutti i *mantra*, il più celebre è il fonema → OṂ (scomponibile nelle tre lettere a, u, m), cui è stato attribuito grande valore in sede mistico-filosofica.

Il culto privato, che si celebra soprattutto al tempo della *samdhyā* (congiunzione tra il giorno e la notte), comprende, oltre all'abluzione del corpo, una serie di preghiere tra cui la più celebre è la *gāyatrī*, invocazione al dio Savitar, «Colui che stimola il pensiero e la vita». Assai diffuso è il culto delle immagini sacre, previamente consacrate, la cui adorazione (*pūjā*) comporta la nozione religiosa di «presenza reale», poiché la divinità realmente discende e abita l'immagine venerata; ma lo śivaismo pratica anche il culto aniconico del *liṅga*, simbolo (di origine fallica) della presenza divina.

Le cerimonie collettive nei templi avvengono in occasione delle *pūjā*, e sono accompagnate da offerte di fiori, incenso, frutta e *ghī* (burro fuso), alimento per il fuoco sacro. I sacrifici cruenti (limitati a immolazioni di capre o pollame) sono riservati al culto della dea Kālī o di altre divinità femminili venerate nei villaggi. Le feste uniscono elementi di antichi culti cosmici e naturistici con celebrazioni «brahmanizzate»: vi si assiste all'esplosione di una gioia esuberante e sacrale che investe l'intero paese.

Tipici delle tre caste superiori dell'India (brahmani, guerrieri, artigiani) sono i quattro *āśra-*

ma, cioè i quattro stadi della vita: studentato (con l'apprendimento delle sacre scritture vediche e di altri testi della tradizione); vita di *paterfamilias* (con tutti gli obblighi morali, religiosi e civili); vita di ritiro nella foresta (in età avanzata), dedicata alla preghiera e alla contemplazione; e infine vita di rinuncia totale, come monaco mendicante (*sannyāsin*) senza più dimora né casta né nome. Se sono pochi coloro i quali raggiungono l'ultimo stadio di vita ascetica (che peraltro può, opzionalmente, essere abbracciato fin dalla giovinezza), l'ideale di povertà assoluta, di castità perfetta e di pura contemplazione resta comunque il più alto della spiritualità indù e l'ideale ultimo cui tutti possono aspirare. Dopo la riforma dell'induismo monastico, non esistono più esclusioni di casta per l'ammissione alla vita religiosa, cui, di solito, si accede tramite una iniziazione (*dīkṣā*): è il monaco che può accettare la consacrazione di un nuovo adepto, poiché egli è colui che, in modo eminente, rappresenta Dio, al di là di ogni mediazione sacerdotale o sacramentale.

• *Correnti extra-brahmaniche.* Tra le numerose correnti religiose di origine extra-brahmanica, anche se poi confluite nel mosaico religioso dell'induismo, si possono ricordare, oltre al culto della → *śakti*, e al → tantrismo con le sue ramificazioni e le sue varianti, una serie di «sette» riformiste, che tendono al superamento dell'organizzazione sociale brahmanica (cioè della ripartizione castale) e alla purificazione del culto da ogni forma di idolatria. Così i vīraśaiva o i lingāyata ripudiarono i *Veda*, pur conservando della tradizione brahmanica i riti privati e i sacramenti. Non meno innovatori, i rāmānandī cercarono di introdurre modifiche in materia di organizzazione castale e rituale in seno al viṣṇuismo e introdussero, come primario, il culto di Rāma. Le istanze riformistiche che, dal sec. XV in poi, verranno via via affermandosi in seno all'induismo, costituiscono anche tentativi di apertura interreligiosa, come attestano per es. i kabīrpanthī, seguaci del mistico → Kabīr, che fu il primo, forse, a cercare il superamento della divisione tra Islam e induismo proprio nella città di Benares, provata a lungo, nel medioevo, da lotte religiose.

Al di fuori dell'induismo ufficiale vi sono poi le religioni tribali, fondate su tradizione non scritta e aperte a influssi diversi: assai vicine alla natura, escluse, per secoli, dai templi dell'induismo, le popolazioni al di fuori delle caste ufficiali hanno subito il peso di umilianti emarginazioni. Per questo le religioni di ispirazione universalistica, come il buddhismo, il cristianesimo e l'islamismo, hanno esercitato su di esse una forte attrattiva, anche perché offrivano una promozione umana e sociale: da «intoccabili», i convertiti divenivano infatti membri di una nuova comunità che, almeno di diritto, li riconosceva uguali agli altri.

• *I sistemi speculativi.* I grandi sistemi filosofico-teologici ortodossi (quelli cioè che, a differenza del buddhismo e del giainismo, riconoscono l'autorità dei *Veda*) si possono dividere in due categorie: i sistemi non-dualisti e quelli dualisti. → Śaṅkara (sec. VIII), che elabora la teoria del non-dualismo (*advaita*) ontologico, si allinea con uno dei motivi fondamentali della teologia upaniṣadica, anche se influenzato dalla filosofia del buddhismo. La mistica advaita è presente, parimenti, nello → śivaismo kaśmirico di Abhinavagupta (secc. X-XI) e nel viṣṇuismo di Vallabha (sec. XV), e si prolunga nelle scuole odierne, che si ricollegano ai grandi maestri classici, anche se non sempre in modo esplicito. Sul piano spirituale, l'advaitismo mira a conoscere, o riconoscere, l'unicità della coscienza universale, presente in noi, e quindi a ritrovare l'originaria natura divina del tutto. Alla salvezza si accede fondamentalmente attraverso il conoscere; ma la conoscenza presuppone e implica l'impegno etico e non esclude i mezzi rituali e la penitenza. Alcuni maestri attribuiscono tuttavia il primato alla grazia divina, senza la quale l'anima individuale non potrebbe recuperare la sua unità con Dio (comunque egli venga concepito, in forma personale o soprapersonale). Il non-dualismo qualificato (*viśiṣṭādvaita*) di → Rāmānuja (secc. XI-XII), che concepisce Dio in forma personale e qualificabile con attributi, svolge una dottrina spirituale fondata sulla devozione e sull'abbandono (*prapatti*) a Brahmā-Viṣṇu. La devozione è il frutto della conoscenza, il risultato che consegue alla meditazione, ed è quindi legata allo studio dei testi fondamentali: le *Upaniṣad*, la *Bhagavadgītā*, il *Brahmasūtra*, il *Viṣṇupurāṇa*. Il concetto di Dio personale e la necessità di abbandonarsi completamente a lui per ottenere la salvezza finale sono presenti e vivi anche in → Nimbārka (sec. XIII), la cui dottrina (detta *dvaitādvaita*, vale a dire «dualismo-nondualismo» si esplicita nella fede in Dio protettore e salvatore, nel riconoscimento della propria incapacità e nell'effettivo, continuo atto di affidare a Dio la propria anima.

La teologia di Madhva, o *Ānandatīrtha* (sec. XIII), ha dato origine alla setta religiosa viṣṇuita dei *mādhva*, viva ancor oggi. Sulla base di una metafisica *dvaita* (impropriamente tradotta col termine di «dualismo»), che si oppone a ogni equivoco panteista, poiché riconosce la distinzione tra Dio, anime individuali e mondo corporeo, Madhva elabora una dottrina di fede-amore che comporta il completo affidarsi a Dio (*śaranāgati*) in ogni azione della vita. Sulla linea «dualistica» in senso ontologico si colloca anche la scuola del *śaivasiddhānta*, che riconosce le tre categorie metafisiche di Dio, anima, mondo e quattro mezzi fondamentali per ottenere la salvezza: conoscenza (*jñāna*), azione rituale (*kriyā*), meditazione (*yoga*), e pratica etica (*caryā*). Più vicino al non-dualismo qualificato (*viśiṣṭādvaita*) è invece lo śivaismo di Śrīkaṇṭha (secc. XII-XIII), per il quale il non-dualismo è paragonabile, come in Rāmānuja, al rapporto che intercorre tra anima e corpo o fra attributo e oggetto di attribuzione. L'anima ottiene la liberazione e raggiunge il fine ultimo mediante le opere compiute in maniera disinteressata, giacché dal compimento del proprio dovere consegue una purificazione interiore e da questa deriva la possibilità del conoscere, nel senso sapienziale, da cui ha origine poi la meditazione. Una volta liberata dal ciclo della trasmigrazione, l'anima diviene simile, ma non identica, a Śiva, condividendo con lui le gioie supreme.

• *Lo yoga.* Disciplina antichissima, spesso intesa nel senso generale di ascesi, si è precisata nella formulazione classica dello *Yogasūtra* di Patañjali (sec. V d.C.?), e si è estesa anche alle discipline tantriche. Fra le tecniche più conosciute dello yoga, vi è quella del controllo del respiro e della conseguente ritrazione delle facoltà sensoriali, che consente poi la concentrazione, la meditazione e il *samādhi* (estasi o enstasi). Ma le tecniche suddette presuppongono sempre l'osservanza delle norme etiche, senza le quali non è possibile avere il controllo di sé e accedere alla meditazione. È quindi illusorio pensare che lo yoga si riduca a una disciplina psicosomatica, perché esso vuol essere, anzitutto, porta di accesso a una vita spirituale elevata. Se lo yoga può avere conseguenze benefiche per la vita fisica e risultati terapeutici per quella psichica, e se infine può condurre all'acquisizione di facoltà straordinarie, esso resta, essenzialmente, orientato in direzione mistica, poiché deve far giungere lo *yogin* (il praticante) all'«unione» con l'Assoluto (teisticamente o non teisticamente concepito, a seconda delle diverse scuole). Non tutti possono servirsi dello yoga fino al suo più alto grado: c'è chi si limita ad alcuni aspetti, come quello già menzionato della preghiera contemplativa (*japa-yoga*), o chi raggiunge soltanto i gradi inferiori della meditazione. Lo yoga tantrico è basato sulla teoria fisiologica dei sei centri (*cakra*) di energia all'interno del corpo, attraverso i quali dovrebbe risalire l'energia cosmica, detta *kuṇḍalinī*, a partire dal centro inferiore fino a raggiungere quello extracorporeo (al di sopra del cranio), sede del Dio trascendente. Si tratta probabilmente di una tecnica di sublimazione dell'energia sessuale, unita a una prassi iniziatica. Vi è altresì uno yoga che fa uso di pratiche sessuali per raggiungere l'unione con l'energia cosmica: esso è oggi quasi totalmente emarginato dall'induismo ufficiale, a causa degli abusi cui è andato incontro. Assai più diffuso è lo yoga della meditazione sui *mantra*, tipico dello śivaismo e di altre scuole indù.

• *L'induismo moderno.* Con l'arrivo dei missionari cristiani l'induismo subì l'influenza del cristianesimo, grazie anche all'ampia tolleranza professata verso tutte le credenze e alla sua notevole capacità assimilatrice: all'induismo è infatti estranea l'idea di una rigida ortodossia e per esso tutte le vie conducono a un'unica meta che è l'Assoluto. I movimenti di riforma del sec. XIX (come il *Brāhma samāj*, fondato da Rām Mohan Ray, e la *Ramakrishna Mission*, fondata da Vivekānanda) furono caratterizzati da serietà morale e da zelo nell'impegno sociale. Il Mahātmā Gandhi poi risvegliò le coscienze di fronte a scandali come quello degli intoccabili (i membri delle classi infime considerati impuri) facendo appello ai valori propri dell'induismo stesso: la sua religione assorbiva gli insegnamenti del Discorso della Montagna, ma serbava — riconoscibile — il carattere dell'induismo classico, accentuando in particolare la rinuncia, la non-violenza e la costante ricerca della verità ovunque essa si trovi. Prendendo a prestito le parole dell'*Īśa Upaniṣad*, Gandhi così sintetizza l'essenza dell'induismo: «Rinuncia al mondo e, avendo rinunciato a esso, godine, ma non provare piacere di tale godimento. Solo così potrai raggiungere quella liberazione da questo mondo di continua rinascita fino a trovare una pace infinita in Brahman o in Dio; poiché la ricerca della Verità non ha mai fine.» In occidente negli ultimi decenni si è assistito a una certa diffusione dell'induismo, nonostante l'attività divulgativa dei «guru» sia stata guardata con diffidenza dai più autorevoli ambienti religiosi dell'India tradizionale. Oggi questo processo sembra in declino, mentre invece si è aperto un dialogo fecondo fra cristianesimo e induismo a livello teologico e spirituale. *C. Co.*

induzione, forma di ragionamento che dall'esame di uno o più casi particolari giunge a una conclusione la cui portata si estende al di là dei casi esaminati. Le argomentazioni induttive hanno di norma la seguente forma: poiché gli oggetti di una certa classe individuata attraverso la proprietà P godono anche della proprietà Q, qualsiasi altro oggetto che goda di P godrà anche di Q. Psicologicamente comune, questo tipo di inferenza presenta molte difficoltà per quanto concerne la sua giustificazione logica. I tentativi di sviluppare puntualmente una logica dell'induzione sono relativamente recenti; qualche traccia si trova già in Aristotele, che però si limitò a quella forma, detta anche «induzione perfetta», nella quale i casi esaminati esauriscono il campo di indagine. Nel *Novum Organum* di F. Bacone per la prima volta si trova espressa una serie di regole cui spetterebbe di condurre alla formulazione di leggi generali certe, a partire dall'esame di casi particolari; per contro Hume nel *Trattato sulla natura umana* osservò che i ragionamenti induttivi si fondano sulla credenza, psicologica e non razionale, nell'uniformità della natura, sulla assunzione, cioè, di un rapporto *necessario* tra causa ed effetto. Filosofi positivisti come W. Whewell e J.S. Mill tentarono di riconfermare il programma baconiano, ma oggi si riconosce generalmente che nessuna regola meccanica è in grado di portare alla scoperta di leggi generali, e nemmeno di garantirne la validità; compito della logica induttiva sarebbe quindi quello di esplicitare i canoni metodologici atti a determinare il grado di conferma fornito a una ipotesi da un certo insieme di dati (→ conferma, teoria della). È questa la posizione sostenuta da R. Carnap nei *Fondamenti logici della probabilità* (1962), in cui si sviluppa l'idea keynesiana (ma già reperibile in Leibniz) di un rapporto essenziale tra induzione e probabilità. Ulteriori contributi in tal senso si devono a J. Hintikka, il quale, per es., ha costruito un sistema di logica induttiva nei cui confronti cadrebbe una parte delle critiche rivolte da K. Popper a tutte le concezioni induttivistiche.

induzione matematica, principio che permette di inferire che una certa proprietà P vale per ogni numero naturale una volta che sia stato dimostrato che P vale per 0 (*base* dell'induzione) e che per ogni numero n, se P vale di n, allora vale anche del successore di n, cioè di $n+1$ (*passo induttivo*). Questo principio è detto di induzione *debole*, o *completa*, o *Peaniana*, perché fu esplicitamente formulato da G. → Peano nella sua assiomatizzazione dell'aritmetica. Già in precedenza, però, esso aveva costituito un momento essenziale delle analisi con cui G. Frege e J. Dedekind avevano cercato di enucleare le caratteristiche logiche che i numeri naturali — divenuti, in seguito all'aritmetizzazione dell'analisi (→ aritmetica), il principio base della costituzione dei vari sistemi numerici — devono possedere per giustificare a livello deduttivo le proprietà che a essi l'aritmetica assegnava. Il principio di induzione matematica veniva così a costituire una delle essenziali proprietà della stessa nozione di numero, in quanto era quello che giustificava le definizioni delle operazioni aritmetiche di somma e prodotto, permettendo la formulazione e dimostrazione di teoremi aritmetici generali. Anche all'interno dei sistemi formali, il principio di induzione interviene in modo essenziale come strumento sia definitorio sia dimostrativo.

Una generalizzazione del principio di induzione (detta principio di induzione *forte*) è la seguente: se per ogni numero n, n ha una data proprietà P se ogni $m < n$ ha P, allora tutti i numeri hanno P. Il principio di induzione debole è una conseguenza di quello di induzione forte, il quale a sua volta è equivalente al principio di *buon ordinamento* (ogni sottoinsieme non vuoto dell'insieme dei numeri naturali ha un elemento minimo). In questa forma, il principio è fondamentale per le applicazioni della teoria degli insiemi all'analisi e alle altre branche della matematica.

infallibilità, termine che, nella teologia cattolica, designa l'immunità da errore del magistero ecclesiastico quando insegna autoritativamente verità concernenti la fede o i costumi. I fondamenti remoti della dottrina si debbono ricercare nel Nuovo Testamento, là dove la promessa dello Spirito e della continua assistenza divina si traducono in una certezza di indefettibilità della chiesa e soprattutto dei suoi ministri (così per es. Giovanni 16, 13; Atti 15, 28). Attraverso i secoli l'idea si precisa, nell'ambito della tradizione cattolica, sino alla definizione del Vaticano I (costituzione *Pastor aeternus* 4), che parla dell'infallibilità della chiesa in genere, e dell'infallibilità del romano pontefice quando si pronuncia *ex cathedra*, cioè quando «quale pastore e dottore di tutti i fedeli... sancisce con atto definitivo una dottrina riguardante la fede e la morale». Il Vaticano II (*Lumen gentium* 25) riprende la definizione del Vaticano I, e afferma l'infallibilità del magistero dei vescovi quando «convergono su una sentenza da ritenersi come definitiva», ciò che avviene in modo più manifesto nel concilio ecumenico. Questa dottrina dell'infallibilità del concilio ecumenico è condivisa anche dalle chiese orientali separate.

La questione dell'infallibilità è stata ampiamente dibattuta negli anni Settanta di questo secolo, quando il confronto ecumenico si è fatto più serrato, anche a causa del fatto che alcuni teologi cattolici (soprattutto H. → Küng, colpito da censura nel 1979) si sono fatti interpreti delle ragioni della teologia protestante: la trascendenza della verità e della grazia divina rispetto alla chiesa comporta che si possa al massimo parlare di una indefettibilità della chiesa nel suo complesso, non di infallibilità nel senso tecnico sostenuto dal magistero e dalla teologia dell'ultimo secolo. Un problema grave e carico di concreta rilevanza per il governo della chiesa è inoltre costituito dal rapporto tra l'infallibilità del pontefice e quella del magistero collegiale dei vescovi. La definizione del Vaticano I costituisce per la ricerca ecumenica un ostacolo che può essere superato solo attraverso un'operazione di storicizzazione e di relativizzazione profonde, collocando la definizione nel suo contesto politico, e valutando il peso teologico dell'assenza delle chiese orientali, e quindi di una parte essenziale della cristianità: operazione di revisione evidentemente non facile e certo non imminente.

inferenza, sinonimo di «argomentazione logica» (→ argomento), usato ambiguamente per designare sia l'argomentazione stessa (cioè l'insieme di premesse e conclusione), sia la sua costruzione, sia — nelle prospettive mentalistiche — il processo mentale mediante il quale un'argomentazione viene costruita. Così «regole d'inferenza» è sinonimo di «regole logiche», «schemi d'inferenza» è sinonimo di «schemi logici», solitamente con riferimento alla logica deduttiva, ma a volte applicato anche alla logica induttiva. Si deve tuttavia ricordare che «inferenza» è stato a lungo usato come traduzione di *consequentia*, e ne ha ereditato — anche al di fuori del contesto della logica medievale (→ logica) — il senso di «enunciato condizionale logicamente valido». Un esempio di inferenza in questo senso è «Se Socrate corre e Socrate è saggio, allora Socrate è saggio». Di questo uso antico del termine rimane traccia anche in formulazioni molto vicine all'uso attuale, come questa di A. → De Morgan: «*Inferenza* è la produzione di una proposizione come conseguenza necessaria di una o più proposizioni... quando l'inferenza è da più di una proposizione, il risultato è detto *conclusione*, e i suoi antecedenti *premesse*» (*Sillabo*, 141-142).

inferiorità, senso di, nella psicologia individuale di A. Adler, la condizione del sentirsi inferiore agli altri determinata da una effettiva inferiorità organica. Quest'ultima, nell'infanzia e nello sviluppo di tutti gli individui, è costituita dall'immaturità biologica; oppure, in termini più specifici e variando da individuo a individuo, è costituita da una determinata «inferiorità d'organo» ereditaria, che può essere morfologica, se sussiste un totale o parziale deficit anatomico di un organo, oppure funzionale, se il funzionamento di un organo è inadeguato; Adler parla anche di «inferiorità coordinata simultanea» in riferimento a inferiorità contemporanee di organi diversi, determinate da connessioni embrionali fra i medesimi. Secondo Adler, il sentimento d'inferiorità e l'umiliazione che ne deriva mettono in moto nell'individuo meccanismi di compensazione e di ipercompensazione che ne strutturano la personalità, ma in caso di fallimento sono all'origine delle nevrosi e delle altre affezioni psichiche.

inferno, nell'accezione cosmologica antica, termine indicante la parte inferiore della terra (in latino *infernus*, «appartenente alla regione inferiore»), sede dei defunti e degli dei sotterranei o inferi. Allorché la morte non fu più considerata come un fatto naturale, ma come qualcosa di negativo cui si contrapponeva una immortalità beata, sorse la concezione dell'inferno come luogo di pena. Secondo l'Antico Testamento, i morti si raccolgono tutti nell'inferno (in ebraico *she'ôl*), ove conducono una vita umbratile uguale per tutti; più tardi, in epoca ellenistica, il II libro dei Maccabei attesta la credenza in un duplice stato dei morti: uno felice, per i giusti; l'altro infelice, per i cattivi. Il messaggio del Nuovo Testamento, riproponendo nelle sue formule apocalittiche ed escatologiche le rappresentazioni del giudaismo contemporaneo, vuole soprattutto illuminare la condizione terrena di fronte a Dio, e le due supreme possibilità, di salvezza o di perdizione eterne, sul fondamento della grazia divina e della responsabile risposta dell'uomo. La scolastica vede nell'inferno due pene: la pena del danno o assenza della visione di Dio, e la pena del senso, cioè i supplizi vari a seconda dei peccati e in particolare il fuoco; di qui l'iconografia medievale e popolare dell'inferno, che si fonda però esclusivamente su scritti apocrifi cristiani.
La riflessione teologica contemporanea ha superato il quadro prevalentemente cosmologico nel quale si proponeva la dottrina dell'inferno: essa interpreta la nozione di inferno come la radicalizzazione ultima e definitiva della decisione che l'uomo assume, già in questa vita, nei confronti di Dio, rifiutandone l'amore ed escludendosi dalla comunione vitale con lui, comunione che rappresenta per l'uomo il fine e la realizzazione perfetta.

infinito, ciò che non ha limite, misura o conclusione: così inteso, il concetto ha avuto interpretazioni e sviluppi diversi nella storia del pensiero filosofico. La concezione antica di infinito, elaborata dalla filosofia greca in termini prevalentemente negativi, si differenzia da quella cristiana, fondata sulla identificazione dell'infinito con Dio, nonché dalle moderne concezioni del cosiddetto infinito attuale che interessano soprattutto il pensiero matematico.
• *Il concetto di infinito nel pensiero greco.* Il termine greco che esprime l'infinito è *ápeiron*, che propriamente significa «indeterminato, indefinito, illimitato». Nella tradizione filosofica lo troviamo impiegato per la prima volta nel celebre frammento di → Anassimandro. *Ápeiron* è qui detta l'*archè* o principio primo, in quanto luogo dal quale tutte le cose hanno origine e nel quale tutte ritornano, dissolvendovisi. In che senso vada inteso l'infinito anassimandreo è ancora oggetto di discussione, ma oggi è generalmente rifiutata l'interpretazione aristotelica che lo assimila alla materia infinita e potenziale. Sono però i pitagorici e gli eleati a fornire i più tipici sviluppi del concetto di infinito, al quale i greci associavano un'idea di incompiutezza, di imperfezione, di mancanza di forma. Di qui quell'*horror infiniti* che si manifesta nei paradossi di Zenone di Elea nei confronti di grandezze infinite o infinitesime (per es. prodotte dall'infinita suddivisione di un segmento) e che determina un generale ostracismo del concetto di infinito da parte dei maggiori scienziati greci, da Euclide a Eudosso ad Archimede. I pitagorici (Filolao) ammettono l'infinito, unitamente al finito, come la prima delle dieci coppie di contrari o principi costitutivi delle cose, ma nella coppia *péras-ápeiron* il secondo termine designa appunto il non-essere e l'imperfezione. Melisso di Samo ricava poi dalla tesi parmenidea dell'unicità dell'essere la conclusione che l'essere stesso debba considerarsi infinito, non dovendo esso ammettere null'altro

fuori di sé. Tuttavia la tendenza prevalente è quella rappresentata da Aristotele, che nega all'infinito qualsiasi realtà, o lo identifica con la pura negatività della materia potenziale, che è agli antipodi di tutto ciò che è dotato di forma e che è pensabile. Così lo stesso *progressus* o *regressus in infinitum* di un ragionamento viene considerato come esempio di un pensare illogico e infondato. Questa valutazione è ancora alla base delle antinomie della *Critica della ragion pura* di Kant: l'uomo può pensare con coerenza il finito, ma di fronte all'idea della serie infinita di tutti gli enti finiti il pensiero non può che avvolgersi in contraddizioni irresolubili. Nella filosofia greca solo gli epicurei, richiamandosi anche a Democrito, accolsero una concezione a suo modo positiva dell'infinito, in quanto, identificandolo col vuoto, ne fecero, assieme agli atomi, la condizione originaria dell'universo e del suo divenire.

• *Il concetto di infinito nel pensiero cristiano.* È attraverso la mediazione del neoplatonismo che il pensiero cristiano è venuto elaborando, in sede metafisica e teologica, una concezione interamente positiva dell'infinito, sotto la spinta di esigenze mistiche e della nuova nozione di Dio inteso come creatore delle realtà finite. I neoplatonici, da Plotino a Proclo, tendono ad ammettere la contemporanea presenza del finito e dell'infinito nell'Uno divino; ma è poi san Basilio, seguito da Nicola di Metone e da sant'Anselmo, a dichiarare esplicitamente l'identità dell'essenza divina con l'infinito, sia perché tale essenza non può avere limiti, sia perché essa, come dirà san Tommaso, ha in sé un'infinita virtù creativa (*Commentario* al *De causis*, IV). L'identità di Dio con l'infinito è oggetto di minuziosa dimostrazione razionale in Duns Scoto e in Gregorio da Rimini, con i quali la dottrina cristiano-medievale dell'infinito tocca il suo apice. Accanto a questa tradizione si aggiunge poi quella, più propriamente mistica, della teologia negativa, che, identificando l'infinito col divino, intende sottolineare il carattere totalmente trascendente del divino medesimo. Questa linea di pensiero sfocia, all'inizio dell'umanesimo, nella originale e profonda concezione di N. → Cusano, che unifica il concetto astratto dell'infinito matematico con l'infinità reale di Dio. Il misticismo della teologia negativa si solleva così, in virtù della dottrina neoplatonica della *coincidentia oppositorum*, a concezione generale dell'universo: finito e infinito, Dio e mondo, si trovano conciliati nella stessa essenza divina, alla cui comprensione l'uomo si avvicina non solo con l'intuizione mistica, ma anche col pensiero matematico e con la scienza. Le idee di Cusano esercitarono un'influenza decisiva sulle moderne concezioni dell'infinito.

• *Il concetto di infinito nel pensiero moderno.* L'iniziatore del moderno concetto di infinito è Giordano → Bruno, che attinge peraltro ampiamente dal neoplatonismo di Cusano. In Bruno, con l'assunzione del copernicanesimo, l'infinito diviene il fondamento stesso dell'universo, in quanto il mondo è penetrato in ogni punto dall'attività creatrice di Dio. La *coincidentia oppositorum* (di centro e periferia, parte e tutto ecc.) si trasferisce da Dio all'infinità stessa degli innumerabili mondi. La concezione bruniana, mirando all'unificazione reale o attuale (e non solo potenziale) dell'infinito e del finito in ogni ente creato, costituisce il punto di partenza delle elaborazioni metafisiche del concetto di infinito che trovano le loro più tipiche espressioni nella sostanza di Spinoza, nell'Io puro di Fichte, nell'Assoluto di Schelling e infine nello Spirito di Hegel. Proprio in Hegel si assiste alla totale identificazione speculativa del finito con l'infinito, in quanto il secondo è «verità» del primo (*Lezioni sulla filosofia della religione*, II, 2). Bisogna pertanto distinguere tra la «cattiva infinità» prodotta dall'intelletto astraente (l'infinità *senza* il finito, o l'infinità del *progressus* e del *regressus in infinitum* della dialettica kantiana) e l'infinità «buona» della ragione, la quale mostra che infinito e finito sono aspetti complementari della realtà. Il finito, infatti, non è mai «fuori» dell'infinito, poiché la sua stessa «posizione» esige il riferimento implicito alla totalità infinita del reale. Quest'ultima, poi, non è altro dal movimento dialettico dello spirito che si incarna via via e si supera nei suoi momenti finiti e attraverso le sue stesse *figure* finite.

Accanto alla tradizione speculativa, e talora in contrasto con essa, si è sviluppata una diversa concezione dell'infinito, legata alla matematica e alla logica (Cartesio, Newton, Leibniz, Bolzano). Essa ha in comune con la concezione speculativa il riferimento all'infinito attuale, anziché potenziale, cioè a un concetto di infinito interamente positivo (sebbene in senso più ideale o talora strumentale che ontologico). Questo indirizzo ebbe i suoi iniziali svolgimenti nel calcolo infinitesimale, e nella revisione dei suoi fondamenti realizzata da A.-L. Cauchy con l'introduzione del concetto di limite.

In seguito la storia del concetto di infinito ha trovato i suoi più concreti sviluppi nell'ambiente specialistico della matematica e della logica formale, con i fondamentali contributi di K. Gauss, K. Weierstrass, G. Cantor, J. Dedekind, L. Brouwer, e D. Hilbert. (Per la definizione del concetto di infinito attuale e la distinzione da infinito potenziale, → insiemi, teoria degli.) *C. Si.*

informazione, teoria dell', teoria matematica, elaborata da C.E. Shannon e N. Wiener, che consente di misurare la riduzione d'incertezza determinata da un segnale; l'unità di misura è il «bit/s». In un qualunque sistema di comunicazione vi è un'informazione iniziale o «input» (per es., le parole pronunciate al telefono), che mediante la «codificazione» viene trasformata in «segnali» (per es., le parole pronunciate al telefono vengono trasformate in onde elettriche); l'informazione codificata viene trasmessa al destinatario, che la decodifica; l'informazione decodificata («output») o finale non è identica all'input iniziale, perché durante le operazioni di codificazione, trasmissione e decodificazione si sono verificate interferenze che hanno ridotto l'intelligibilità del messaggio. Sorta inizialmente (Shannon, *La teoria matematica della comunicazione*, 1949) nell'ambito della radiotelegrafia e radiotelefonia, e utilizzata allo scopo pratico di calcolare con precisione la perdita d'informazione che ha luogo nel corso di una trasmissione, la teoria è stata applicata allo studio teorico del linguaggio, della percezione, dell'apprendimento e della memoria; le parole, per es., possono essere interpretate come messaggi che l'interlocutore deve decodificare per comprendere il loro significato.

Ingarden, Roman Witold (Cracovia 1893-1970), filosofo polacco. Discepolo di D. Hilbert e Husserl, ha insegnato presso le università di Leopoli e di Cracovia. Ciò che caratterizza il pensiero di Ingarden è l'utilizzazione dell'analisi fenomenologica e degli strumenti della filosofia analitica al fine di costruire un'ontologia oggettivistica, tesa alla definizione dei diversi «modi d'esistenza» possibili. Nella sua opera principale, *La disputa sull'esistenza del mondo* (1947-48), Ingarden riesce a caratterizzare quattro modi d'esistenza fondamentali (esistenza assoluta, temporale o reale, extratemporale o ideale e intenzionale) riconducendoli a combinazioni diverse di unità oppositive elementari, da lui chiamate *momenti esistenziali*. In questa cornice si inserisce l'aspetto più noto del pensiero di Ingarden, ossia la sua estetica, che definisce l'opera d'arte come oggetto intenzionale, nel duplice senso che a essa è essenziale sia l'intenzione del creatore di fornirla di significato, sia l'intenzione del fruitore di decifrare tale significato. Dato che l'opera d'arte è pur sempre un oggetto fisico (fatto di suoni, di colori, di parole ecc.), è necessario analizzare il processo attraverso cui dall'intenzione significante dell'artista si passa all'opera, e da questa alla decifrazione da parte del fruitore. In tale analisi, svolta in *L'opera d'arte letteraria* (1931), Ingarden individua come nozione centrale quella di *stratificazione*; nell'opera letteraria egli distingue lo strato fonico, lo strato dei significati delle parole e delle frasi, lo strato degli oggetti denotati e lo strato delle apparenze di tali oggetti. Siccome l'intenzione poetica si oggettiva nell'articolazione dei diversi strati, ne segue la necessità di ricostruire tale articolazione per interpretare l'opera. Per questo aspetto, l'estetica di Ingarden delinea un collegamento tra critica letteraria di ispirazione fenomenologica e orientamenti critici formalisti e strutturalisti.

ingenuo - sentimentale, concetti contrapposti con cui F. Schiller, nel saggio *Sulla poesia ingenua e sentimentale* (1795-96), definisce due tipi o modi fondamentali di poesia. Il concetto di «ingenuo» compare già in M. Mendelssohn, che lo intende come il modo di espressione derivante dal contrasto tra un'apparenza semplice e insignificante e un fondo moralmente superiore (*Sul sublime e l'ingenuo nelle scienze belle*, 1758), e in Kant, per il quale esso è un sentimento misto, derivante dal contrasto fra natura e artificio (*Critica del giudizio*, par. 54). A J.G. Herder risale poi la contrapposizione tra poesia di natura e poesia d'arte (*Saggio sull'origine della lingua*, 1772), che acquista però in Schiller implicazioni diverse. Ingenua è in Schiller la poesia «naturale», che riflette cioè un'armonia spontanea tra uomo e natura; sentimentale è la poesia riflessiva, personale, che «cerca» la natura come un ideale che non sarà mai compiutamente attingibile. La prima è una poesia oggettiva, plastica; la seconda è musicale, soggettiva. Questi due atteggiamenti valgono anche in parte come caratterizzazioni di due periodi storici: gli antichi furono, in generale, poeti «ingenui», in quanto non conoscevano il dramma interiore della separazione fra spirito e senso, nato con il cristianesimo. In questa concezione dell'antichità (soprattutto di quella greca) come epoca «ingenua», confluivano le teorie di J.J. → Winckelmann e l'idealizzazione rousseauiana dello stato di natura. Ma la concezione di Schiller non è così schematica: anche tra gli antichi ci furono poeti «sentimentali» (Euripide, Tibullo e Virgilio) e tra i moderni non mancano poeti «ingenui», come Shakespeare e Goethe (il *Werther*, per es., ha un soggetto «sentimentale», ma trattato con «ingenuità»). Resta comunque fermo il concetto che una poesia fondamentalmente «ingenua» come quella degli antichi non si dà se non eccezionalmente per i moderni; questi devono invece, afferma Schiller, riconquistare la naturalezza attraverso il sentimento: l'«idillio sentimentale» sarà il genere di tale riconquistata naturalezza.

inibizione, in un'accezione generale, la condizione di un processo psichico o neurofisiologico temporaneamente o permanentemente bloccato da un altro o da diversi altri processi psichici o neurofisiologici. In psicoanalisi, S. Freud parla di «inibizione nella meta» per indicare una pulsione che non ottiene il proprio soddisfacimento diretto (non raggiunge la meta, appunto) e ripiega verso altri oggetti ricavandone un soddisfacimento sostitutivo. Freud non ha chiarito i rapporti fra inibizione nella meta e rimozione; e sembra che abbia interpretato l'inibizione nella meta come un inizio della sublimazione. In psicologia sperimentale dell'apprendimento, da I.P. Pavlov in poi, l'espressione «inibizione interna» indica un processo ipotetico, avente luogo nel tessuto nervoso, che determina l'eliminazione di una risposta appresa; e l'espressione «inibizione esterna» indica la soppressione temporanea di una risposta condizionata, a causa di una stimolazione di disturbo che accompagna lo stimolo condizionante.

iniziazione, termine, derivato dal vocabolario sacrale latino (*initium* designava la cerimonia con la quale si entrava nell'associazione misterica), con cui si sogliono indicare alcune categorie di riti, riunibili in quattro gruppi: riti di iniziazione tribale compiuti sui giovani maschi che abbiano raggiunto la maturità fisiologica (sono detti a volte «iniziazioni puberali»); cerimonie e particolari esperienze fisiche e spirituali che conferiscono il diritto di entrare e di appartenere a gruppi chiusi, associazioni, società segrete; particolari riti che in alcune società (soprattutto in Africa e in America) accompagnano il passaggio da una classe d'età a un'altra (sulla classe d'età si fonda una specifica gerarchia all'interno del gruppo cultuale, militare ecc.); addestramento attraverso cui determinati individui accedono alla condizione di sciamani, di stregoni, di maghi, di *medicine-men*, ricevendo l'istruzione e l'investitura sia da altri uomini già iniziati, sia direttamente da spiriti in un personale rapporto col trascendente. Sono inoltre presenti riti d'iniziazione nelle varie religioni, come momento necessario per accedere al gruppo religioso stesso (catecumenato e battesimo nel cristianesimo) o alla condizione monastica, sacerdotale ecc.

Tale ampia serie di istituti e fenomeni viene di solito ricondotta a un unico denominatore iniziatico: un particolare complesso rituale e ideologico definibile della «morte-resurrezione», in quanto prevede il passaggio dell'iniziando da uno status religioso e sociale (morte) a un nuovo status (resurrezione, nuova nascita). Per questa loro caratteristica A. → Van Gennep (*I riti di passaggio*, 1909) annovera tali fenomeni in un'unica vasta categoria di riti di «passaggio», che sarebbero in particolare caratteristici dei momenti critici della vita umana: nascita, pubertà, matrimonio, morte. Egli nota inoltre come nelle iniziazioni tribali, che si trovano in quasi tutte le società arcaiche e primitive, bisogna distinguere il momento dell'ingresso del giovane membro nel corpo sociale, cui egli prima apparteneva soltanto come numero senza godimento della piena personalità (di qui, per es., la connessione del rito col matrimonio, sia per i maschi sia per le femmine), dall'insegnamento impartito da parte degli anziani circa il patrimonio culturale, il modello etico, mitico, tradizionale su cui il gruppo stesso si fonda: tale insegnamento serve a immettere gli iniziandi nell'ambito del «potere», della leadership del gruppo, dalla quale tutti i non iniziati sono esclusi. Per questo è scientificamente errato omologare i rituali che circondano la pubertà femminile con l'iniziazione vera e propria: alle ragazze non viene consegnato nessun tipo di conoscenza fondante del gruppo, né il potere che detiene colui che possiede questo tipo di conoscenze. Aspetto fondamentale del rito iniziatico, quasi sempre presente, sono le mutilazioni cruente (circoncisione, subincisione, scarificazioni, tatuaggi, ablazioni di denti, perforazione del setto nasale ecc.). Di solito gli etnologi spiegano tali mutilazioni, che comportano gravi sofferenze e a volte anche la morte per emorragie e infezioni, come prove cui l'iniziando deve sottoporsi. Tuttavia, nonostante gli estesi studi in proposito, la presenza dello stesso tipo di mutilazione (per es. la circoncisione) in zone geografiche non contigue e il riferimento costante agli organi sessuali rimangono non spiegati, anche accettando l'ipotesi di una estensione dei riti dovuta al contatto fra popoli, che li avrebbero quindi soltanto appresi e poi messi in atto. Se, infatti, molto spesso le invenzioni e le scoperte culturali vengono apprese piuttosto che inventate, per una sorta di pigrizia, come dice F. Boas (*L'uomo primitivo*, 1911), e se è possibile supporre un apprendimento per tutte quelle tecniche che rendono più rapido e più sicuro provvedere ai propri bisogni materiali, è invece ben difficile supporre che vengano accolti e messi in atto costumi così traumatizzanti e pericolosi per la sopravvivenza dell'individuo, come appunto certe mutilazioni. D'altra parte non si è riusciti, per es., a dimostrare che la circoncisione si è diffusa soltanto attraverso il contatto di popolazioni geograficamente vicine, tanto più quando le spiegazioni che ne giustificano l'uso sono profondamente diverse tra loro, e comunque prive di una vera connessione logica.

C'è poi da spiegare la presenza di rituali che riguardano le ragazze, che è impossibile omologare a quelli dell'iniziazione maschile. Anche la spiegazione che viene di solito data per le mutilazioni maschili (esse sono prospettate come prove di coraggio da parte dell'iniziando) non ha ragion d'essere nel caso delle ragazze, dal momento che a esse non viene fatta nessuna rivelazione mitica o segreta, così come manca, nei riti tribali femminili, il caratteristico passaggio dalla morte alla rinascita che è invece indispensabile in quanto garanzia di appartenenza alla vera vita (la vita culturale del gruppo) e che è quindi l'unico fattore che giustifica un rituale d'iniziazione. Per quanto, quindi, sui riti d'iniziazione si sia accumulata una vastissima bibliografia, l'etnologia e l'antropologia non sono ancora riuscite a comprenderne appieno le motivazioni e i significati profondi che ne accompagnano la varia fenomenologia. *I. Ma.*

innatismo, nell'accezione più generale, ogni

concezione secondo la quale l'uomo porta in se stesso fin dalla nascita (prima, quindi, di qualsiasi esperienza) determinate idee o principi conoscitivi o attitudini comportamentali. In senso stretto, innatistica è la posizione di Platone, il quale spiega la capacità del pensiero di cogliere la forma universale e concettuale delle cose empiriche mediante un «riconoscere» e un «ricordare», sotto lo stimolo dell'esperienza, la visione delle pure essenze o idee che l'anima conseguì prima di incarnarsi nel corpo (*Fedro*, 247*c-e*; *Fedone*, 72*e*-77*b*; *Menone*, 81*c*-86*c*). Ciò significa che l'anima ha in sé, sin dalla nascita, la cognizione completa di tutto ciò che è vero, buono e bello, sebbene di tale perfetto sapere essa perda memoria cadendo nel «carcere» corporeo. L'innatismo platonico venne ripreso dal pensiero cristiano di ispirazione agostiniana (san Bonaventura) con la dottrina dell'illuminazione divina che ispira direttamente all'anima le verità eterne che sono in Dio. Questa tradizione di pensiero venne rinnovata da Marsilio Ficino (*Theologia platonica*, XI, 3), dal quale si trasmise ai platonici della scuola di Cambridge, che accentuarono il carattere innato delle verità religiose e morali (Herbert di Cherbury, *De veritate*; G.E. More, *Antidotus adversus atheismum*; R. Cudworth, *Sulla morale eterna e immutabile*).

All'innatismo di Platone si oppose Aristotele (*Metafisica*, I, 993*a*), sia attraverso il rifiuto del concetto platonico di idea, sia attraverso la rivalutazione dell'esperienza sensibile. Tuttavia l'aristotelismo costituisce l'avvio di una differente e più sottile forma di innatismo, rivolta alle capacità e attitudini dell'intelligenza e dell'animo umano. Ne è uno sviluppo la dottrina stoica delle *communes notiones* e del *consensus gentium*, posti a base di una concezione etica cosmopolitica, ripresa da Cicerone nel *De legibus*. Anche Locke, che nel I libro del *Saggio sull'intelletto umano*, in polemica con i platonici della scuola di Cambridge, sottopone l'innatismo a una celebre quanto radicale confutazione, ammette nondimeno l'attitudine della mente a riflettere sulle idee semplici e a ricavarne idee complesse. Già in Cartesio, del resto, si annuncia la moderna trasformazione dell'innatismo in una teoria delle strutture a priori del pensare e del conoscere, ovvero delle forme che pertengono all'attività dello spirito (*Meditationes*, III). Tappa ulteriore di questo cammino è il riconoscimento del carattere innato delle verità di ragione avanzato da Leibniz, in polemica con Locke, nei *Nuovi saggi* (I, 3, 3): posizione che eserciterà una diretta influenza sulla dottrina kantiana della trascendentalità delle forme del conoscere, «già pronte nello spirito» (*Critica della ragion pura*, Estetica trascendentale, par. 1), e del carattere a suo modo innato dell'imperativo categorico.

Nel pensiero moderno il problema dell'innatismo mostra minore incidenza, se si eccettuano la difesa svolta da A. Rosmini del carattere innato dell'idea dell'essere e la tesi di H. Spencer secondo la quale i caratteri che appaiono innati negli individui costituiscono in realtà il frutto evolutivo delle esperienze della specie. In effetti i temi tradizionali dell'innatismo non hanno più trovato spazio dopo le critiche di Locke e il conseguente affermarsi di considerazioni psicologiche, antropologiche, sociali e in generale storiche in riferimento al problema della «comune natura umana».

Tuttavia il problema profondo dell'innatismo non può dirsi cancellato. Esso si ripresenta in nuove forme nell'ambito delle scienze umane, quando per es. esse si interrogano sui caratteri strutturali dei tabù o dei miti (C. Lévi-Strauss), oppure sulla possibile esistenza di un'universale grammatica generativa (→ grammatica generativo-trasformazionale) come base comune di tutti gli umani linguaggi (N. Chomsky) → ambientalismo.

insiemi, teoria degli, teoria sviluppata dal matematico tedesco G. Cantor nell'ultimo quarto del sec. XIX al fine di dare una fondazione unitaria alla matematica e risolvere, nel contempo, problemi tecnici connessi con la teoria dei numeri irrazionali e con gli sviluppi in serie trigonometriche (problemi che coinvolgevano questioni squisitamente filosofiche come, per es., il rapporto fra infinito potenziale e infinito attuale). La nozione fondamentale è quella di *insieme*, considerato come una collezione completamente caratterizzata dagli enti che le appartengono. Nella concezione cantoriana si possono però individuare tre differenti accezioni del termine, ossia *1*) insieme finito, *2*) sottoclasse di una collezione di enti già dati (per es. di punti o di numeri reali), *3*) insieme di enti che soddisfano una data proprietà (principio di comprensione). La confusione di questi aspetti diede origine a notevoli difficoltà, che trovarono espressione nei dibattiti sulla crisi dei fondamenti della matematica. Di particolare rilevanza ai fini della teoria fu la soluzione proposta da E. Zermelo, basata sull'assiomatizzazione delle proprietà relative all'accezione *2*), e tale da prevenire la formazione di insiemi «troppo grandi» (come «la classe di tutti gli insiemi» dell'antinomia di Cantor) o comunque corrispondenti a proprietà estensionalmente mal definite (come «l'insieme di tutti gli insiemi che non appartengono a se stessi» dell'antinomia di B. → Russell).

In questo contesto è possibile ricostruire la teoria cantoriana e riformularne i problemi più interessanti. Così, all'interno della teoria dei *numeri transfiniti*, che propone un ordinamento per grandezza degli insiemi infiniti (infatti per un teorema di Cantor essi non risultano affatto tutti equivalenti), si distingue fra considerazioni di carattere ordinale (relative alla possibilità di ordinare opportunamente gli elementi degli insiemi) e considerazioni di carattere cardinale (che riguardano la possibilità, dati due insiemi, di associare a ogni elemento dell'uno esattamente un elemento dell'altro). La questione dei rapporti fra ordinali e cardinali (che nel caso finito collimano) si sostanzializza nell' *ipotesi generale del* → *continuo* e nella possibilità di deciderla a partire dagli usuali assiomi della teoria. I risultati di K. Gödel del 1938 e di P. Cohen del 1963 hanno mostrato che l'ipotesi è indipendente dalla teoria e si trova in una situazione analoga al famoso postulato delle parallele nella geometria elementare.

integrazione sociale, in sociologia, disponibilità degli individui che compongono una società a coordinare regolarmente ed efficacemente le proprie azioni, mantenendo a un livello tollerabile i conflitti (e risolvendoli per lo più pacificamente). All'integrazione sociale possono associarsi gradi variabili di integrazione culturale, espressione con cui i sociologi si riferiscono alla coerenza logica e funzionale della cultura di una società, cioè del sistema di credenze e di valori in essa vigenti. Realizzare un certo grado di integrazione sociale è una condizione necessaria per l'esistenza stessa di una società.

I sociologi positivisti (A. Comte, H. Spencer) attribuivano all'intervento umano nella storia, con guerre, rivoluzioni, politiche statali, la mancata integrazione sociale che invece l'osservanza delle leggi di evoluzione della società — rese note dalla sociologia — avrebbe permesso, essendo la società un fatto naturale.

La moderna sociologia dell'integrazione sociale inizia con E. Durkheim e G. Simmel, i quali negano la naturalezza dell'ordine sociale, rifacendosi, dal punto di vista teorico, alle filosofie di Hobbes e di Locke e, sul versante empirico, all'osservazione delle trasformazioni sociali indotte dall'industrializzazione in Europa. Sono state così formulate teorie che individuano diversi fattori di integrazione sociale, comuni a tutte le società o specifici di società preindustriali o industriali. *1*) Un'ipotesi generale, presente in molti autori, da Durkheim a T. Parsons, fonda l'integrazione sociale sulla diffusione di disposizioni comuni derivanti da modelli di valore interiorizzati con l'educazione. L'integrazione sociale e culturale si realizzerebbe perciò entro ciascun soggetto e di conseguenza nella società. Una variante di questa concezione, dovuta a V. Pareto, fa derivare le disposizioni comuni da tendenze innate al conformismo («residui»). *2*) F. Tönnies ed Durkheim intesero distinguere i fattori di integrazione delle società preindustriali e di quelle industriali: nelle prime, secondo Tönnies, l'integrazione è assicurata da disposizioni comuni derivanti dalla parentela, dal vicinato, dall'amicizia; secondo Durkheim, invece, dall'autorità dello stato, che si impone con la morale sociale. Nelle seconde, l'integrazione è fondata anzitutto sul consenso razionale e libero dei membri, legati da rapporti contrattuali, secondo Tönnies; sulla reciproca interdipendenza, stabilita dalla nuova divisione del lavoro, secondo Durkheim. *3*) Un gruppo di teorie più recenti individua nello scambio il meccanismo che assicura l'integrazione sociale: scambio di beni economici e di oggetti culturali d'ogni tipo tra individui, secondo G.C. Homans e P. Blau, o tra collettività, secondo C. Lévy-Strauss (che si riferisce a gruppi parentali nelle società primitive) e A. Pizzorno (che si riferisce a sindacati, governi, imprese nelle società avanzate).

Le teorie citate si riferiscono tutte all'integrazione di un sistema sociale complessivo. Il termine «integrazione» è usato però anche in un'accezione più debole, riferita all'inserimento di una parte in un tutto: l'integrazione degli immigrati in una città industriale, l'integrazione della classe operaia nell'ideologia borghese ecc. D. Lockwood ha proposto di riservare a questo significato debole l'espressione «integrazione sociale» e al significato forte l'espressione «integrazione sistemica», sottolineando così che il problema dell'integrazione di una società è essenzialmente un aspetto del problema del suo governo.

intelletto, termine adottato dalla scolastica medievale per tradurre il *noûs* greco, in quanto contrapposto alla *diánoia* (→ ragione). Nel pensiero greco, dopo la sua fugace comparsa nella filosofia di Anassagora, è con Platone che il *noûs* viene definito.

• *L'intelletto come visione e intuizione.* Per Platone, esso è il grado supremo della conoscenza, e quindi (data la concezione platonica dell'etica) anche il principio della moralità. Nel campo della «scienza», la conoscenza intellettuale si distingue dalla conoscenza matematica per il suo carattere completamente non sensibile e non ipotetico: è contemplazione delle Idee (→ idea) e dei loro rapporti. Ha così origine, nel pensiero occidentale, la concezione d'un «vedere» puro, quale organo della conoscenza filosofica, via d'accesso all'essere vero. Il mito della caverna, col quale Platone intende rendere accessibile la propria dottrina della conoscenza (VII libro della *Repubblica*), è appunto costruito sul paragone della conoscenza con la visione sensibile. L'elemento concettuale corrispondente alla metafora della visione è il carattere diretto, o immediato, della conoscenza intellettuale: essa è intuitiva, mentre la conoscenza mediata (*diánoia*) è quella che procede per dimostrazioni, passando discorsivamente da una proposizione a un'altra. Per distinguere questo tipo di intuizione da quella sensibile, la si può chiamare «intuizione intellettuale». In Aristotele rimane la tesi della superiorità del conoscere immediato rispetto al conoscere mediato, ma con l'importante differenza (dipendente dal rifiuto della teoria platonica delle Idee) che il *noûs* non coglie contenuti concettuali determinati, bensì soltanto «principi», a cominciare dal principio supremo di tutto il conoscere, quello di non contraddizione. Esso è certo intuitivamente, non suscettibile di dimostrazione diretta; e se non fosse così, sarebbe impossibile la conoscenza stessa, perché, se ogni verità dovesse esser derivata come conclusione da premesse anteriori, si andrebbe all'infinito, risalendo alle premesse, senza potersi mai arrestare. Oltre al principio di non contraddizione, da cui deriva quello del terzo escluso, si hanno poi, per Aristotele, anche principi o «assiomi» comuni a più scienze (per es., quantità uguali, aggiunte a quantità uguali, danno luogo a quantità uguali) o propri di ciascuna scienza particolare. Dai principi dipendono infatti le dimostrazioni, con cui procede la «scienza»; e l'unità di questa con l'intelletto è la sapienza (*sophía*). Questa concezione verrà riprodotta dalla scolastica aristotelizzante, nel medioevo, e particolarmente da san Tommaso; ma si avranno allora divergenze profonde nella concezione metafisica dell'«intelletto», in rapporto alle altre funzioni dell'anima (divergenze che, del resto, erano già sorte nella scuola di Aristotele, fra i commentatori delle sue opere: → intelletto agente). Nel pensiero cristiano rimase sempre presente anche la teoria agostiniana dell'intelletto divino come il luogo delle «idee» (archetipi delle cose creabili) e dell'→ illuminazione dell'intelletto umano da parte di Dio. Siffatta teoria era a sua volta una traduzione del platonismo all'interno del cristianesimo, storicamente mediata dal neoplatonismo.

Dopo il rinascimento, il pensatore che più nettamente sostiene la superiorità della conoscenza intellettuale su quella discorsiva è Spinoza. Dei vari gradi della conoscenza, quello supremo è per lui appunto l'intelletto intuitivo (che coincide con la conoscenza divina), per cui tutto è considerato «sub specie aeternitatis», mentre la conoscenza discorsiva, o «razionale», per quanto certa, è involta nella finitezza. L'idea che all'uomo sia accessibile una conoscenza pari a quella di Dio dipende naturalmente dalla negazione della trascendenza di Dio.

• *Intelletto e sensibilità. La finitezza della conoscenza.* Nel corso del sec. XVII, tuttavia, vien meno l'opposizione fra intelletto e ragione, particolarmente con Locke, per il quale l'intelletto è la facoltà di conoscere in generale, in opposizione alla volontà. Questo significato larghissimo rimarrà tipico della filosofia inglese (*understanding* meglio che con «intelletto» si potrebbe rendere con «intelligenza»). Secondo Leibniz, l'intelletto è la facoltà superiore della conoscenza, in opposizione alla facoltà inferiore, che è la sensibilità. Ma per Leibniz, e poi per la scuola di Ch. Wolff, la differenza fra la sensibilità e l'intelletto non è di natura, bensì semplicemente di grado: la conoscenza sensibile è oscura, mentre quella intellettuale è chiara e distinta. A fondamento di questa concezione c'è un motivo metafisico: la tesi della spontaneità delle monadi, per cui soltanto in apparenza l'anima è passiva, mentre in realtà è sempre in qualche misura attiva; il passaggio dall'oscurità e dalla confusione alla distinzione è quindi uno sviluppo graduale e continuo, per l'appunto.

Questa posizione è contestata da Kant, che la giudica un'indebita «intellettualizzazione dei fenomeni» (in particolare nell'«Anfibolia dei concetti della riflessione», appendice dell'Analitica trascendentale, nella *Critica della ragion pura*). Per Kant, la distinzione fra la sensibilità e l'intelletto non è di grado, ma di natura: la prima è passiva, o «ricettiva», e il secondo è spontaneo; la prima è conoscenza intuitiva, il secondo è conoscenza mediata e concettuale. L'intelletto «pensa», a differenza della sensibilità; anche se di per sé i concetti dell'intelletto sono mere forme vuote, e si ha conoscenza solo se a essi è data una materia, la quale può esser fornita soltanto dalla sensibilità. La conoscenza dipende quindi dalla collaborazione di due facoltà dotate di funzioni del tutto diverse; e per risolvere quest'arduo problema Kant elabora la dottrina dello schematismo trascendentale. La sensibilità è per Kant l'unica forma di intuizione che sia concessa all'uomo; e così si riconferma l'eterogeneità fra essa e l'intelletto: «L'intelletto non può intuire nulla, e i sensi non possono pensare nulla» (Introduzione alla Logica trascendentale, nella *Critica della ragion pura*). È quindi esclusa, per l'uomo, una facoltà come un intelletto intuitivo, capace cioè di conoscere direttamente le cose senza la mediazione della sensibilità: una siffatta facoltà si può pensare come propria di Dio, il cui conoscere è tutt'uno col creare; ma la conoscenza umana è limitata ai «fenomeni», ossia a rappresentazioni delle cose non come sono in se stesse, ma come si presentano ai nostri sensi, e sempre all'interno di forme come lo spazio e il tempo, che sono esclusivamente umane. La negazione all'uomo dell'intelletto intuitivo è quindi la definizione della sua insuperabile finitezza; mentre nella pretesa contraria Kant individua la radice del «fanatismo» filosofico, o delle «fantasticherie» metafisiche, a cominciare da Platone (*Critica della ragion pura*, cap. Storia della ragion pura).

• *Intelletto e ragione.* In dipendenza da queste tesi è anche il rapporto che Kant stabilisce fra l'intelletto e la ragione. La loro differenza attiene al tipo di oggetti a cui rispettivamente si rivolgono: l'intelletto ha come oggetto i fenomeni, quindi il condizionato; la ragione si rivolge invece all'incondizionato, aspirando a conoscere tre «idee» trascendenti: l'anima, il mondo (come totalità assoluta), Dio. Per Kant, al contrario che per la tradizione classica, la ragione è quindi superiore all'intelletto dal punto di vista della sua pretesa; ma si tratta poi d'una superiorità fittizia, dal momento che la pretesa della ragione è destinata a rimanere insoddisfatta, come Kant mostra attraverso la critica della metafisica trascendente che elabora nella sezione Dialettica trascendentale della *Critica della ragion pura*. La tesi della superiorità della ragione rispetto all'intelletto sarà propria anche di Hegel; ma con la differenza che per Hegel la ragione realizza positivamente la sua aspirazione: è l'organo della conoscenza filosofica, mentre il modo di procedere proprio dell'intelletto è quello delle scienze particolari, dell'empirismo e della metafisica wolffiana. Da F.H. Jacobi e da Fichte, Hegel riprende la concezione dell'intelletto (*Verstand*) come facoltà dell'astrazione, che determina e fissa rigidamente le proprie rappresentazioni, così che si lascia sfuggire irrimediabilmente il movimento e la vita, ma egli approfondisce questa concezione sostenendo che l'intelletto si attiene al principio di non contraddizione, laddove la ragione lo supera con la dialettica. Nello stesso tempo, tuttavia, Hegel rivendica anche l'insostituibilità della funzione dell'intelletto astratto, di contro al rifiuto di esso da parte di Schelling, il quale aveva elevato a organo della filosofia, o via d'accesso all'Assoluto, l'«intuizione intellettuale». Nel corso dello sviluppo del cosiddetto idealismo tedesco, si ha dunque una doppia rottura: Fichte e Schelling oppongono l'intuizione intellettuale all'intelletto discorsivo di Kant, per poter accedere a quell'Assoluto la cui conoscenza Kant aveva negato all'uomo; e poi Hegel contrappone la ragione all'intuizione intellettuale, ma per il medesimo fine.

Nel nostro secolo, è H. Bergson a sviluppare una critica dell'intelletto astratto (in qualche modo affine a quella di Hegel), ma interpretandone la funzione come pratica («economica») e contrapponendogli l'intuizione, per la comprensione della vita. *S. La.*

intelletto agente, o intelletto attivo, nella filosofia aristotelica la facoltà attraverso la quale l'anima passa dalla conoscenza in potenza a quella in atto, ricavando dalle immagini sensibili le forme o essenze astratte delle cose. Mentre l'intelletto potenziale (o passivo, o possibile) «diventa tutte le cose», l'intelletto agente «tutte le produce... E questo intelletto è separato, impassibile e senza mescolanza, perché la sua sostanza è l'atto stesso» (*L'anima*, III, 5, 430*a* 10). Questa distinzione aristotelica ha avuto divergenti interpretazioni nella successiva storia della filosofia: Alessandro di Afrodisia (secc. II-III d.C.) identificò l'intelletto agente con Dio, da cui è illuminato l'intelletto passivo, composto da elementi materiali, presente nell'uomo; Temistio (sec. IV) affermò che l'intelletto agente è parte dell'anima umana, pur non precisando chiaramente se esso sia unico per tutti gli uomini o proprio di ogni individuo. Tra gli arabi, Avicenna (secc. X- XI) intese l'intelletto potenziale come una sostanza incorporea che è nell'uomo, la quale conosce in atto per opera dell'intelletto agente; quest'ultimo è una intelligenza separata dalla materia e unica per tutta la specie umana. Sviluppando la dottrina di Alessandro di Afrodisia, Averroè (sec. XII) attribuì a Dio sia l'intelletto agente sia quello possibile, assegnando all'uomo la sola facoltà sensibile dell'immaginazione. Gli aristotelici cristiani tentarono di correggere le interpretazioni precedenti, anche perché ne derivava la negazione dell'immortalità dell'anima individuale: Alberto Magno e Tommaso d'Aquino sostennero la presenza diretta, nell'anima, di entrambi gli intelletti, in virtù della creazione divina. Più radicalmente, Occam negò l'esistenza di una distinzione reale fra intelletto agente e possibile, affermando l'esistenza di un unico intelletto immanente nell'uomo, le cui operazioni presentano momenti di potenzialità e momenti di attività. Il dibattito proseguì in età rinascimentale, quando le diverse correnti di pensiero riproposero ora l'interpretazione di Alessandro di Afrodisia (P. Pomponazzi), ora l'averroismo (A. Achillini), ora il tomismo (F. Silvestri, F. Suárez, Tommaso de Vio).

intellettualismo, termine che designa la preminenza dei fattori intellettivi sui fattori governati dalla volontà, dall'intuizione o dall'impulso emozionale. Si parla così di intellettualismo etico a proposito della dottrina socratica, secondo la quale l'uomo pecca per ignoranza, cioè per un'errata valutazione intellettuale di quale sia il vero bene da perseguire. Analoghe considerazioni svolse Spinoza nell'*Ethica* e nel *De intellectus emendatione*. A tali posizioni si suole contrapporre il → volontarismo etico cristiano. In verità il termine «intellettualismo» ha un uso più appropriato nella filosofia contemporanea. Esso può per es. riferirsi a buon diritto alla critica che Hegel rivolge all'intelletto astraente (*Verstand*), che fissa in concetti statici il divenire concreto della realtà. L'intelletto incarna pertanto il momento «negativo» del conoscere; esso prepara sì la superiore sintesi della ragione (*Vernunft*) ma, preso per sé e assolutizzato, conduce a insolubili contraddizioni (*Scienza della logica*, Introduzione). H. Bergson usa il termine «intellettualismo», in un senso dichiaratamente peggiorativo, per designare quel conoscere mediante schemi e simboli astratti (per es. matematici) che caratterizza l'operare pratico dell'intelligenza, sia nell'ambito del linguaggio e delle credenze del senso comune, sia e più nell'ambito delle scienze. Intellettualistica è quindi l'erronea opinione che i concetti della scienza, nati a fini esclusivamente pratici, possano condurre a una reale conoscenza delle cose (*Introduzione alla metafisica*). La polemica contro l'intellettualismo diviene così comune a tutte quelle correnti di pensiero che, in opposizione al positivismo e allo scientismo, rivalutano l'intuizione (lo stesso Bergson, Husserl), gli aspetti vitalistici e irrazionali dell'esperienza (Nietzsche), il carattere pragmatico del conoscere (W. James, F.C.S. Schiller). I concetti scientifici e la loro sopravvalutazione conoscitiva vennero definiti intellettualistici anche da G. Gentile e B. Croce, sulla base di un autonomo ripensamento della concezione hegeliana della ragione e dello spirito.

intellettualizzazione, termine psicoanalitico (ma assente in Freud) che indica il processo attraverso il quale il soggetto cerca di padroneggiare i propri affetti e conflitti mediante la sistematica concettualizzazione dei medesimi in termini generali, astratti e impersonali. In *L'Io e i meccanismi di difesa* (1936) Anna Freud ha classificato l'intellettualizzazione nell'adolescente fra i meccanismi di difesa, ma ha riconosciuto in essa, quando non è portata all'estremo, un'esigenza necessaria e generale dell'essere umano. Nella terapia analitica l'intellettualizzazione si presenta come → resistenza.

intelligenza, in un'accezione ampia, processo mentale che consente all'uomo o all'animale dotato di struttura cerebrale evoluta la soluzione di problemi nuovi che implicano una ristrutturazione del rapporto adattivo con l'ambiente; in un'accezione specifica, processo o insieme di processi mentali molto complessi e specificamente umani: dal ragionamento logico alla capacità di perseguire uno scopo anche a lunghissimo termine (sapendo scegliere i mezzi appropriati), alla capacità di formulare valutazioni e giudizi di valore, alla capacità di autocorrezione e autocritica. Nella prima accezione l'intelligenza implica la presenza della simbolizzazione, in base alla quale l'uomo e l'animale evoluto sono in grado di esprimere condotte finalizzate in assenza dei loro stimoli effettivi; molti esperimenti eseguiti sugli animali hanno dimostrato che questi ultimi sono capaci di simbolizzazione, sotto forma di «reazioni dilazionate» e di «comportamenti alternativi», e che quanto più si sale nella scala zoologica tanto più lungo è il lasso di tempo che può intercorrere fra lo stimolo e la reazione dilazionata, e tanto meno necessario diventa il mantenimento dell'atteggiamento posturale funzionale alla risposta stessa (nello scimpanzé, per es., tale atteggiamento durante il lasso di tempo intermedio è del tutto assente e la risposta può essere differita di molte ore). Tuttavia — ed è questo il limite dell'intelligenza dell'animale anche più evoluto — i simboli che gli animali utilizzano si riferiscono a situazioni fisicamente assenti dal loro ambiente attuale ma sempre «concrete» e «specifiche», mentre l'uomo è in grado di utilizzare anche simboli «astratti» e «generali», relativi a classi di oggetti o di situazioni.

• *Intelligenza e psichismo umano.* Nella seconda accezione, l'intelligenza è una forma caratteristica del pensiero umano, il quale si esprime altresì, sempre attraverso la simbolizzazione, nell'autismo (sogno, fantasticheria normale e patologica) e nell'immaginazione. L'intelligenza umana coinvolge praticamente tutte le altre funzioni psichiche: dall'attività sensomotoria all'apprendimento, alla memoria a breve e lungo termine, al linguaggio, alla motivazione, e presuppone la riattivazione dell'esperienza passata, nonché l'intervento di fattori genetici e l'integrità del sistema nervoso. Quanto al rapporto fra l'intelligenza da un lato, e il linguaggio verbale e la motivazione dall'altro, le parole sono il supporto dei concetti, soprattutto nella fase dello sviluppo, e le forme più complesse del ragionamento logico non possono fare a meno di simboli verbalizzati, anche se è stato dimostrato che è possibile un pensiero intelligente senza linguaggio (come quando il soggetto sperimentale giunge alla soluzione esatta di un problema senza riuscire a verbalizzare i concetti dei quali si è servito, e anzi, se tenta di verbalizzarli, subisce un'interferenza che lo allontana dalla soluzione). Il rapporto fra intelligenza e motivazione è illustrato dal fatto che i nostri processi intellettivi sono resi più acuti quando dobbiamo risolvere un problema che si frappone fra noi e uno scopo vitale, relativo al nostro adattamento con l'ambiente.

Nella storia della psicologia lo studio dell'intelligenza umana è stato trascurato in rapporto alla sua importanza, e questo per diversi motivi: anzitutto a causa della sua obiettiva difficoltà (se paragonato, per es., allo studio della sensazione o della percezione); in secondo luogo, a causa del «veto» posto da W. Wundt, secondo il quale i processi mentali superiori non potevano diventare oggetto di ricerca sperimentale rigorosa; in terzo luogo, perché l'associazionismo prima, e il comportamentismo poi, hanno di gran lunga privilegiato lo studio dell'apprendimento, e per giunta animale, rispetto a quello degli altri processi mentali, o hanno tentato di ridurre questi ultimi, e specialmente l'intelligenza, all'apprendimento stesso: in particolare, l'associazionista E.L. Thorndike fin dal 1898 ha inaugurato una tradizione di ricerca centrata sull'intelligenza soltanto animale, e condotta all'interno della più ampia ricerca sull'apprendimento; e il comportamentista J.B. Watson (1913) ha inaugurato una linea di ricerca semplicistica, consistente nella riduzione aprioristica del pensiero a risposte periferiche latenti ovvero a microcomportamenti muscolari (la cosiddetta «teoria periferica del pensiero», successivamente corretta in «teoria centrale-periferica», che pone l'accento sulle interazioni fra i processi motori e quelli corticali). A partire dagli anni Venti, poi, da un lato il gestaltismo (→ Gestaltpsychologie) ha proseguito, seppure in una prospettiva opposta a quella associazionistica, la tradizione della ricerca sull'intelligenza animale, e a essa ha applicato il proprio concetto innovatore di «insight»; dall'altro lato, le ricerche di J. → Piaget si sono applicate molto più allo sviluppo dell'intelligenza che non allo studio dell'intelligenza adulta in quanto tale. Queste considerazioni aiutano a capire il «destino» dell'intelligenza nella trascorsa psicologia: respinta dai laboratori e dalla ricerca pura, essa è stata fatta oggetto di crescente ricerca applicata, dal primo → test d'intelligenza di A. Binet e T. Simon (1905) alle metodologie fattoriali di L.L. Thurstone (*La natura dell'intelligenza*, 1924) e C.E. Spearman (*La natura dell'intelligenza*, 1927), fino alle indagini più recenti; e tale è stata la pretesa di ridurre la problematica posta dall'intelligenza a un ambito puramente empirico, misurazionistico e applicativo, ovvero tanto diffusa si è fatta la convinzione dell'impossibilità di una definizione intrinseca dell'intelligenza, che per molti anni gli psicologi si sono compiaciuti della definizione secondo cui essa «*è* ciò che i test d'intelligenza misurano». Ultimamente questo approccio antiteoretico ha suscitato molte critiche, soprattutto da parte del → cognitivismo, e si assiste a un'inversione di tendenza, caratterizzata dal convincimento che la conoscenza pura, nel caso dell'intelligenza forse più che in ogni altro caso, deve precedere e fondare la conoscenza applicata. *S. Ma.*

intelligenza artificiale, la progettazione di sistemi artificiali capaci di prestazioni paragonabili a quelle umane nello svolgimento di attività «intelligenti» (tipicamente, la risoluzione di problemi e la comprensione del linguaggio naturale). L'intelligenza artificiale (IA) non è una disciplina scientifica, ma un'area di ricerca tecnologica resa possibile dalla convergenza di varie discipline (psicologia, logica, linguistica) con al centro l'informatica. Di per sé, l'IA non si propone né lo studio della mente umana, né la *simulazione* dei processi cognitivi umani, ma la realizzazione di sistemi capaci di svolgere certi compiti: il suo obiettivo è cioè *emulativo*. Tuttavia, di fatto molti ricercatori dell'IA hanno concepito la loro attività come parte della → scienza cognitiva, che si propone esplicitamente lo studio della mente; inoltre, l'analisi dei processi cognitivi umani può essere — e in certi casi è stata — funzionale alla realizzazione di sistemi più efficienti. All'interno della comunità dell'IA convivono e interagiscono progetti diversi, e aspetti simulativi ed emulativi possono coesistere addirittura nello stesso sistema.

L'IA nasce negli anni Cinquanta, come frutto naturale della comprensione delle possibilità di elaborazione inerenti al calcolatore digitale di A. M. Turing e J. von Neumann. Fu subito chiaro, infatti, che il calcolatore non era di per sé confinato all'elaborazione di dati numerici, ma poteva elaborare dati di qualsiasi tipo, opportunamente codificati. Queste possibilità furono valorizzate dallo sviluppo di un linguaggio di programmazione, il LISP (abbr. di List Processing; J. McCarthy 1960), basato sul λ-calcolo di A. → Church; nato per definire funzioni matematiche, il LISP risultò particolarmente adatto alla scrittura di programmi per l'elaborazione di dati simbolici qualsiasi. Negli anni Settanta al LISP si affiancò il PROLOG (abbr. di Processing in logic; D.M.D. Warren 1977), basato sul calcolo dei predicati del prim'ordine (→ predicativo, calcolo) e molto adatto alla rappresentazione simbolica di conoscenze e alla risoluzione di problemi per deduzione da basi di conoscenze. I primi successi dell'IA furono nell'area della dimostrazione automatica di teoremi (A. Newell e H. Simon 1956) e della risoluzione di problemi, tra cui in particolare i giochi, come il gioco degli scacchi (A.L. Samuel 1963). Nell'area del linguaggio naturale i primi tentativi di traduzione automatica fallirono così clamorosamente da gettare un'ombra sull'intero progetto. Negli anni Settanta, tuttavia, i problemi di comprensione del linguaggio furono affrontati in modo più maturo e meno semplicistico: si ebbero così alcuni sistemi classici, come SHRDLU (T. Winograd 1972), LUNAR (W.A. Woods e altri 1972) e MARGIE (R. Schank 1975). Questi sistemi sono basati su rappresentazioni dettagliate della nostra conoscenza sintattica e semantica della lingua elaborata (l'inglese). Oggi sono disponibili sistemi di analisi sintattica, basati su questa o quella teoria grammaticale (per es. la teoria della reggenza e legamento di N. Chomsky), capaci di un livello di precisione pari a quello di un linguista esperto. Notevoli passi avanti sono stati realizzati anche nei campi della traduzione automatica e della comprensione di testi; ma molto resta da fare in tutte le aree dell'elaborazione del linguaggio naturale in cui sia centrale il ruolo della semantica e della pragmatica. Sempre negli anni Settanta furono sviluppati i primi *sistemi esperti*, sistemi artificiali che emulano la competenza di un esperto umano in un *dominio* determinato: per es., DENDRAL (E.A. Feigenbaum, B.G. Buchanan e J. Lederberg 1971) formulava ipotesi di struttura molecolare sulla base di spettrogrammi, mentre MYCIN (E.H. Shortliffe 1976) era un sistema per la diagnosi e la terapia della malattie infettive. Questi sistemi includono una rappresentazione più o meno strutturata delle conoscenze relative al dominio, e un modulo di ragionamento (detto a volte *motore inferenziale*) che è in grado di usare le conoscenze rappresentate per risolvere un problema di cui siano stati forniti i dati. Sistemi più progrediti sono in grado di ricostruire passo per passo il procedimento seguito per arrivare

alla conclusione, indicando le conoscenze a cui hanno fatto ricorso, e di assegnare alla conclusione una certa probabilità.
Un problema centrale della costruzione dei sistemi esperti e di tutta l'IA è stato ed è quello della *rappresentazione della conoscenza.* Si tratta infatti di rappresentare in modo economico grandi masse di conoscenze: esse devono risultare accessibili al modulo di ragionamento, ma in misura limitata e controllata, essendo sempre presente il rischio dell'*esplosione combinatoria,* cioè della moltiplicazione dei possibili percorsi all'interno della base di conoscenze, della lunghezza dei percorsi e della complessità dei ragionamenti, al di là delle risorse di calcolo del sistema. Si è discusso, nel corso degli anni Settanta, se le rappresentazioni dovessero essere *dichiarative,* cioè in forma di dati, o *procedurali,* cioè in forma di programmi. Un'altra controversia ha riguardato l'alternativa tra IA «pulita» e IA «sporca» (*scruffy*), cioè tra rappresentazioni in linguaggi logici e metodi di ragionamento strettamente logici, da una parte, e metodi di ragionamento (supposti) più affini a quelli comuni e quotidiani, con una separazione meno rigida tra conoscenze (e dati) e regole di ragionamento, dall'altra. I sostenitori dell'approccio *scruffy*, come M. Minsky, avevano un intento più apertamente simulativo e si facevano forti della difficoltà di formalizzare logicamente molte nozioni usate nel ragionamento quotidiano; i logicisti come McCarthy ritenevano le preoccupazioni simulative irrilevanti per l'IA, e insistevano sul primato delle rappresentazioni mediante enunciati di un linguaggio logico, e sul fatto che lo stesso senso comune, in fondo, si riduce a logica. La controversia era legata alla preferenza per certe forme di rappresentazione: varianti del linguaggio predicativo del prim'ordine per i logicisti, nuove forme di rappresentazione come le *reti semantiche* e i *frames* (Minsky 1975) per gli antilogicisti. Oggi sono state meglio isolate le poche differenze essenziali tra i diversi stili di rappresentazione, e la controversia si è in parte trasformata in una discussione su come debbano essere interpretate certe forme di ragionamento, e se siano logicamente trattabili.
Da un punto di vista filosofico, è stata molto influente per l'IA l'*ipotesi del sistema fisico di simboli* di Newell e Simon (1976), secondo cui il carattere di *simbolo* di ente fisico dipende soltanto dalle sue relazioni (fisiche) con altri enti fisici; e un sistema fisico di simboli è in grado di realizzare azioni intelligenti. Le pretese di intelligenza dei sistemi artificiali sono state invece radicalmente criticate da H. Dreyfus (*Quel che i calcolatori non sanno fare*, 1972), sulla base di considerazioni, di taglio ermeneutico, intorno all'irriducibile soggettività dell'azione intelligente; e da J. → Searle, per il carattere non intenzionale, e quindi semanticamente vuoto, dei simboli elaborati da un sistema artificiale. Critiche di altro genere, basate sulla radicale differenza tra le architetture cognitive del cervello umano e quelle che caratterizzano l'elaborazione in un calcolatore di von Neumann, sono venute dai sostenitori del → connessionismo. *D. Ma.*

intensione, → estensione - intensione.

intenzionalità, il riferimento interno di un atto o uno stato mentale a un determinato → oggetto, cioè la connessione che l'atto o lo stato ha, in virtù della sua identità, con un certo oggetto, indipendentemente dall'eventuale sussistenza di questo oggetto nella realtà esterna. Dell'identità di uno stato emotivo di speranza fa parte ciò che è sperato, indipendentemente dal fatto che si realizzi oppure no. Nel pensiero medievale l'atto del concepire è inteso come → intenzione. L'aristotelismo del XIII secolo, tuttavia, ritiene che il pensare presupponga l'esistenza nella mente di un simulacro della cosa pensata: la «specie intelligibile». La nozione di intenzionalità acquista il suo pieno rilievo filosofico solo allorché cade in discredito tale idea. Durando di S. Pourçain sostiene che, se l'intelletto pensa un oggetto, è necessario che l'immaginazione possieda una «specie sensibile» di esso (la percezione sensibile è un'effettiva assimilazione), ma non è necessario che l'intelletto possieda una «specie intelligibile»; questa infatti non può spiegare il genere di presenza che l'oggetto ha nella mente senza creare la nuova difficoltà del genere di presenza proprio della specie intelligibile stessa; supporre che il pensare richieda l'esistenza nella mente di un intermediario è solo spostare il problema. Pietro Aureolo trarrà la conseguenza che il fatto che la mente pensi un oggetto coincide con il fatto che l'oggetto viene ad avere un «essere intenzionale» o «apparente» non ulteriormente analizzabile. Occam, nell'interpretare il concetto come «intenzione» e nel farne un segno della cosa, raccoglie l'eredità di queste polemiche contro il presupposto dell'intermediazione e del simulacro intellettuale. Conformemente alla tradizione medievale, anche Descartes distinguerà tra l'«essere formale» di una cosa e il suo «essere obiettivo», ovvero la sua presenza al pensiero: il problema delle *Meditazioni metafisiche* è appunto di mostrare se, e in quale misura, le cose dotate di un essere obiettivo di fronte alla nostra mente abbiano anche un essere formale.
Dopo due secoli di relativo oblio, la nozione di intenzionalità recupera un ruolo centrale nella filosofia a opera di F. Brentano. Egli ritiene che l'intenzionalità non sia solo il carattere costitutivo del fenomeno del pensare, ma in generale di ogni fenomeno psichico: quest'ultimo implica sempre il riferimento a un «oggetto immanente» (*Psicologia dal punto di vista empirico*, 1874). Brentano, anzi, distingue i fenomeni psichici secondo il tipo del riferimento inten-

zionale: nella rappresentazione l'oggetto è semplicemente presente, nel giudizio è affermato o negato, nel sentimento amato o odiato. Dapprima, egli ritiene che l'oggetto intenzionale possa essere indifferentemente reale o irreale; in seguito, nella *Classificazione dei fenomeni psichici* (1911), abbandona questa tesi e cerca di ricostruire l'apparente riferimento a oggetti irreali come un genere di riferimento indiretto a oggetti reali. Alle posizioni originarie di Brentano si riallaccia il suo discepolo A. Meinong, che costruisce una ontologia nella quale l'esistenza è appunto solo una delle possibili forme dell'oggettualità. Anche Husserl si ispira all'opera di Brentano; ma, mentre quest'ultimo vede nell'intenzionalità solo il carattere distintivo di una regione particolare del reale, Husserl fa dell'intenzionalità il carattere costitutivo della coscienza e del rapporto soggetto-oggetto in generale, attribuendole un valore filosofico centrale che non aveva in Brentano. Nella → fenomenologia, la filosofia stessa è caratterizzata dal compito di descrivere la struttura immanente con cui l'oggetto è intenzionato dalla coscienza; ciò presuppone che sia sospesa l'attenzione alle connessioni trascendenti che fanno dell'oggetto un «oggetto naturale» e che l'oggetto sia ridotto al «fenomeno puro». Ma, già a partire dalle *Idee per una fenomenologia pura e una filosofia fenomenologica* (1913), l'importanza dell'intenzionalità non è più circoscritta da Husserl al piano del metodo e viene a investire quello degli stessi contenuti della filosofia; la fenomenologia tende infatti a definirsi sempre più come una forma di idealismo trascendentale. Ed è in questa prospettiva che la *Crisi delle scienze europee* (1936) si propone di analizzare il costituirsi della stessa oggettività scientifica all'interno delle strutture originarie del → mondo della vita. A partire da Husserl, il tema dell'intenzionalità resta canonico nel dibattito filosofico. La trascendenza, che in Heidegger definisce il rapporto dell'esserci con il mondo, rappresenta uno sviluppo dell'intenzionalità di Husserl. Il tema è presente anche nella filosofia analitica, dove è vivo in primo luogo l'interesse per la questione della natura degli oggetti intenzionali. Alcuni filosofi, mossi dal medesimo rifiuto delle ontologie pletoriche che aveva spinto B. Russell a polemizzare contro Meinong, hanno proposto di individuare tali oggetti in entità linguistiche (R. Carnap, *Sintassi logica del linguaggio*, 1934) o di sostituire agli oscuri atteggiamenti intenzionali delle relazioni con entità linguistiche (W.V.O. Quine e I. Sheffler). Motivati dalla medesima preoccupazione, altri hanno scelto la strada di una analisi comportamentistica. Solo pochi filosofi come A. Church hanno preferito conservare un legame con l'idea medievale dell'essere intenzionale, individuando nei concetti gli oggetti intenzionali. È vivo inoltre il problema della struttura logica dei contesti che esprimono atteggiamenti intenzionali. Particolarmente importanti sono, a questo proposito, i contributi di R. Chisholm, che ha mostrato come siano insufficienti a caratterizzare tale struttura tanto l'impossibilità della generalizzazione esistenziale quanto l'opacità referenziale, e ha indicato come distintivo dei contesti intenzionali il fatto di essere introdotti da operatori enunciativi che, a differenza di altri (e in particolare di quelli modali), del tutto indipendentemente dall'enunciato cui si applicano, rendono contingente la verità dell'enunciato che producono. *M. Me.*

intenzione, nel neoplatonismo arabo il rapporto di qualsiasi atto (percettivo, cognitivo o pratico) con un → oggetto. Avicenna caratterizza l'oggetto della logica distinguendo gli individui, che sono la «prima intenzione» del nostro pensiero, dai concetti per mezzo dei quali li pensiamo (per. es. gli universali), che del pensiero stesso costituiscono la «seconda intenzione» (*Metaphysica*, I, 2). La nozione di intenzione fu divulgata in occidente dalla traduzione latina dell'opera di Avicenna e dal commento di Alberto Magno, e nei secoli XIII e XIV venne a interferire con quella di «specie intelligibile». Come specie intelligibile, cioè come simulacro intellettuale, è infatti interpretato il concetto nella psicologia di ispirazione aristotelica: il pensare si intende come un genere di assimilazione e si suppone che esso presupponga un rapporto di similitudine o di analogia tra il concetto e il concepito. Per questo Tommaso d'Aquino talvolta identifica l'intenzione e la specie intelligibile, che chiama anche «specie intenzionale» (*Summa contra Gentiles*, IV, 11). Egli inoltre usa l'espressione «essere intenzionale» per intendere la maniera d'essere con cui la natura pensata è presente alla mente, pur senza informarvi alcuna materia (→ intenzionalità). Nel pensiero moderno, il concetto assume quasi soltanto il senso specifico di intenzione della volontà. Già Tommaso d'Aquino identifica talvolta l'intenzione in particolare con l'«atto della volontà», che rende possibile l'attività esteriore (*Summa theologiae*, I-II, q. 12). Egli si serve di tale concetto per rendere la *proáiresis* (proponimento) aristotelica: per questo motivo precisa che l'intenzione è atto della volontà non «absolute», ma «in ordine ad rationem». Come atto della volontà la intende anche Bonaventura. Per secoli, il concetto di intenzione e di fine della volontà restano confusi tra loro. È Kant a distinguere nettamente tra l'intenzione (*Gesinnung*) e l'aspettativa (*Absicht*): compiere l'azione con un'intenzione non è necessariamente compierla in vista del conseguimento di un certo risultato; anzi, l'intenzione è pura solo quando è disinteressata e scevra da qualsiasi aspettativa (*Fondazione della metafisica dei costumi*, sez. 1). Nella filosofia analitica, l'idea dell'intenzione come atto della volontà è stata al centro di un'ampia contestazione. G. Ryle ha criticato il «mito della volizione» e polemizzato contro l'interpretazione causale del rapporto tra volontà e azione, che confonde la volontà *con la quale* un atto è eventualmente compiuto e la causa *per la quale* è compiuto (*Lo spirito come comportamento*, 3). Altri filosofi analitici hanno insistito sul fatto che la connessione tra l'intenzione e l'azione non è una connessione causale e contingente, bensì analitica o comunque concettuale. Nel tentativo di superare del tutto l'interpretazione causale, G.E.M. Anscombe ha distinto nella sfera motivazionale l'intenzione dal motivo retrospettivo (p. es. il rimorso) e dal motivo interpretativo (p. es. l'amicizia).

• *Il valore etico*. La questione del valore etico dell'intenzione è un tema sostanzialmente estraneo alla riflessione morale antica ed è invece centrale a partire dal medioevo. Aristotele riconosceva un valore etico all'abito comportamentale e all'azione, ma non al proponimento. La questione emerge con forza nel pensiero cristiano, per es., in Agostino, come eredità della denuncia evangelica del fariseismo. Abelardo ricorda che «Dio tiene conto non delle cose che si fanno, ma dell'animo con cui si fanno; e il merito e il valore di colui che agisce non consiste nell'azione ma nell'intenzione» (*Scito te ipsum*, 3). Anche la critica di B. → Pascal alla morale dei Gesuiti presuppone il rifiuto di ogni interpretazione meramente legalistica del rispetto della legge divina. Nel sec. XVIII si viene precisando il concetto della moralità appunto come virtù non del comportamento, ma dell'intenzione. Nella *Fondazione della metafisica dei costumi*, Kant dichiara che l'intenzione buona, la scoperta etica decisiva compiuta dal cristianesimo, è l'unico valore incondizionato; non l'unico bene, ma l'unico bene suscettibile di valere senza essere accompagnato da altri valori: gli altri beni, e in particolare la felicità, hanno valore solo se si aggiungono all'intenzione buona (sez. 1). Egli ritiene che l'intenzione buona coincida con l'autonomia della volontà e perciò con la motivazione della volontà da parte di un principio pratico formale (*Fondazione*, sez. 1-2; *Critica della ragion pratica*, I, 1). M. Scheler, pur condividendo il proposito antifarisaico dell'analisi kantiana, ha contestato l'assunto che la purezza dell'intenzione si debba identificare con la subordinazione della volontà a principi formali: secondo Scheler, Kant considera ogni principio etico materiale incompatibile con una motivazione disinteressata, e lo rifiuta, solo perché confonde il valore con il fine desiderato. In realtà, per Scheler il valore, proprio in virtù del suo contenuto, è suscettibile di valere di fronte alla volontà oggettivamente e indipendentemente dalla particolarità dei desideri individuali. Egli trova inoltre nella condizione sentimentale dell'amore il fondamento della scoperta dei valori e si discosta quindi anche dall'idea kantiana della ragione come sola possibile sorgente di una legislazione morale oggettiva (*Il formalismo dell'etica e l'etica materiale dei valori*). M. Weber ha distinto tra etiche dell'intenzione ed etiche della responsabilità: le prime, come l'etica cristiana, orientate verso l'idea dell'intenzione buona come valore fondamentale; le altre, come l'utilitarismo politico, basate sull'idea che il valore dell'azione dipende da quello delle sue conseguenze (*Il significato della avalutatività delle scienze sociologiche ed economiche*). Nelle discussioni più recenti la questione si ripropone come scelta tra fondazioni consequenzialistiche dell'etica (per es. l'utilitarismo di J. Harsanyi) e fondazioni anticonsequenzialistiche (per es. il contrattualismo di J. Rawls). Alcuni filosofi, come B. Williams, hanno anche rinnovato il dubbio su quanto una giustificazione procedurale (l'equivalente contemporaneo della motivazione formale kantiana), come quella del contrattualismo, sia idonea a rispettare la concretezza del nostro senso morale (*L'etica e i limiti della filosofia*). *M. Me.*

interazione sociale, relazione sociale generica tra due soggetti, nel corso della quale ciascun soggetto modifica reiteratamente i propri comportamenti in rapporto con quelli dell'altro, rispondendovi o anticipandoli. Una forma universale di interazione ritualizzata è il gioco. Quando non si richiama a dottrine deterministiche o teleologiche, lo studio della formazione sociale del soggetto e dell'azione sociale, da M. Weber a G. Simmel, a T. Parsons, è sempre implicitamente o esplicitamente interazionale. *Interazionismo simbolico* è detto un indirizzo di ricerca sviluppato soprattutto dal filosofo e psicologo G.H. Mead, che si sofferma sugli aspetti linguistici e comunicativi dell'interazione sociale. Veicoli dell'interazione sono dei simboli: l'io si forma nel bambino attraverso l'interazione sociale con i genitori, i compagni, gli estranei (Mead); i soggetti assumono una identità interagendo con altri soggetti (E. Goffman, S. Berger). All'interazionismo simbolico si è rimproverato di disconoscere l'influsso dei fattori genetici nella formazione della personalità. Un approccio «drammaturgico» all'interazione sociale (inaugurato da K. Burke, 1945) indica nel teatro una metafora e, nello stesso tempo, un modello per lo studio dei fenomeni di azione e interazione sociale.

Analisi recenti si sono mosse in una prospettiva vicina a quella degli etologi: centrale in questo campo è l'opera di R.A. Hinde (*Le relazioni interpersonali*, 1979; *Le relazioni sociali dei primati*, 1983; *Individui, relazioni e cultura*, 1987). Altri studiosi si sono invece occupati delle condizioni in cui dalla interazione sociale può emergere e svilupparsi la cooperazione (R.

Axelrod, 1984), e dell'importanza della fiducia in ogni rapporto di cooperazione (D. Gambetta, 1989). Infine, J.H. Turner (*Una teoria dell'interazione sociale*, 1988) ha esaminato la possibilità di una sociologia che faccia dell'interazione sociale l'unità di base delle sue analisi in luogo dell'azione, come teorizzava T. Parsons.

International Encyclopedia of Unified Science (Enciclopedia internazionale della scienza unificata), pubblicazione costituita da una serie di fascicoli monografici su problemi concernenti questa o quella disciplina particolare (la filosofia della scienza, la teoria del linguaggio e della valutazione, la storia del pensiero scientifico e filosofico ecc.). Originariamente fu progettata soprattutto da O. Neurath sulla base della sua concezione fisicalista (→ fisicalismo): i primi fascicoli comparvero a partire dal 1938 presso l'università di Chicago, sotto la direzione di un comitato editoriale composto da Neurath stesso, da R. Carnap e dal filosofo statunitense Ch. Morris. Pervasa da un forte spirito di tolleranza scientifica, essa mirava non tanto a una costruzione *del* sistema della scienza, quanto piuttosto a una sistemazione e integrazione dei metodi e dei contenuti delle scienze particolari. Questo scopo doveva venir conseguito attraverso la più ampia collaborazione dei maggiori specialisti delle varie discipline. Il primo fascicolo, che presentava carattere programmatico, conteneva infatti scritti di Neurath (*La scienza unificata come integrazione enciclopedica*), N. Bohr (*Analisi e sintesi nella scienza*), J. Dewey (*L'unità della scienza come problema sociale*), B. Russell (*L'importanza della forma logica*), Carnap (*I fondamenti logici dell'unità della scienza*) e Morris (*Empirismo scientifico*).

interpretazione, in generale, il risalire da un segno al suo significato. Il termine latino *interpretatio* (che, insieme al verbo *interpretari*, ha fin dall'età classica tutti i significati del corrispondente italiano) traduce il greco *hermēnéia*, che però aveva un significato più ristretto. Platone parla di *hermēnéia* in un contesto in cui distingue tra oggetti che non sollevano problemi per l'intelligenza, e oggetti che, invece, pongono un problema perché «colpiscono il senso con impressioni fra loro opposte»; «interpretazioni» sono dette per l'appunto queste impressioni opposte (*Repubblica*, 523*b* sgg.), e non invece il lavoro dell'intelletto volto a eliminare le loro contraddizioni. «Interpretare» sembra dunque indicare (qui come anche in *Teeteto*, 209*a*) il modo di cogliere, di afferrare, qualcosa offerto dal mondo esterno. Più vicino al senso moderno appare l'uso del verbo *hermēnéuein* nello *Ione* (535*a*), dove si dice che i poeti sono per noi interpreti degli dei; e nel *Politico* (260*d*), dove si parla di un'arte interpretativa, che è quella di coloro che spiegano gli oracoli. Un altro senso, connesso a questi, che prevale in Aristotele, è quello che identifica l'*hermēnéia* con l'espressione: la lingua è «interprete» dei pensieri in quanto li esprime all'esterno (*Parti degli animali*, 660*a* 35; e *L'anima*, 420*b* 19); in questo senso, Aristotele usa il termine come titolo di uno dei trattati che costituiscono l'*Organon*, il *Perì hermēnéias*. Questo uso tecnico del termine passa nel medioevo attraverso Boezio, che commenta il trattato aristotelico, e si ritrova in san Tommaso, autore anch'egli di un commento all'opera di Aristotele.

• *Interpretazione e senso nascosto. L'esegesi medievale.* In san Tommaso, tuttavia, è presente anche il significato di interpretazione come elucidazione dei significati oscuri di un testo (*Summa theologiae*, II-II ae, q. 120, art. 1, ad 3; e q. 176, art. 2, ad 4). È soprattutto in tale accezione che il termine passerà nell'uso moderno. Decisiva, nell'accentuare questa componente del significato della parola, è certamente la lunga elaborazione che, nei padri della chiesa e nel medioevo, si ha intorno al problema dei sensi della Sacra Scrittura (→ esegesi). Questa elaborazione parte dai testi di san Paolo in cui (per es. in 1 Corinti 10, 1-11) si parla degli eventi dell'Antico Testamento come figure e allegorie profetiche dei fatti del Nuovo; in questo senso parla di interpretazione sant'Agostino (per es., *Enarrationes in psalmos* 89, n. 1; 47, n. 1; 78, n. 26). La riflessione esegetica medievale procederà oltre questo punto, sia estendendo l'interpretazione figurale anche al Nuovo Testamento (giacché anch'esso narra fatti che hanno un senso riposto, e cioè la salvezza del genere umano attraverso la chiesa), sia riconoscendo che si può dare una interpretazione figurale anche di testi non biblici, per es. dei filosofi antichi (così Abelardo, *Introductio ad theologiam*). Mentre il tema della lettura figurale della Scrittura è vivo in tutti gli autori medievali, relativamente raro è, in confronto, l'uso del termine «interpretazione» e dei termini connessi; a essi vengono preferite parole come *intelligentia* (comprensione), *expositio* (spiegazione) e simili. «Interpretare», applicato alla Scrittura, viene a significare sempre più specificamente «mettere in luce» un senso nascosto; questo significato si accentua ulteriormente nell'età umanistica, a opera di pensatori come Marsilio Ficino e Pico della Mirandola, nei quali la dottrina dei vari sensi della Scrittura si complica con l'inserimento di un simbolismo naturale di derivazione neoplatonica e di elementi cabalistici (la qabbalah stessa è intesa nel senso letterale di «ricezione» o «tradizione», dunque anche come repertorio interpretativo). Attraverso una lettura figurale della Scrittura e l'utilizzazione della qabbalah, che è destinata soprattutto ad aprire gli occhi dei giudei sulla divinità di Gesù, Pico si propone di realizzare il suo grande progetto di unificazione religiosa del genere umano. Speculazioni come quelle di Pico e, sulle sue tracce, di G. Reuchlin (*De verbo mirifico*) confluiscono in testi sistematici come il *De Sacra Scriptura recte interpretanda* di Pietro Galatino (1526). A tali orientamenti ermeneutici si opporranno, dal punto di vista di una lettura spirituale e ascetica della Scrittura, Erasmo da Rotterdam e, soprattutto, la riforma protestante, che vede nell'accumularsi di letture figurali della Bibbia una indebita sovrapposizione alla chiarezza della parola di Dio, la quale deve essere accessibile a tutti gli uomini.

• *L'interpretazione come sapere storico.* L'età moderna, da parte protestante ma anche da parte cattolica, si apre sotto il segno della ricerca di un criterio che serva a limitare gli arbitri dell'interpretazione figurale, giunta ai suoi estremi proprio nella speculazione rinascimentale. In ambito cattolico, il criterio, con il concilio di Trento, viene a identificarsi sempre più nettamente con l'autorità della chiesa (a essa appartiene «il giudicare del vero senso e dell'interpretazione delle Scritture sante», *De editione et usu sanctorum librorum*, concilio di Trento, 8 aprile 1546). Per i protestanti, la chiarezza del senso della Scrittura deve essere riconosciuta anche attraverso un più accurato studio filologico e storico del testo, guidato solo dallo sforzo di mantenersi fedeli allo «spirito» oltre che alla «lettera» dei testi sacri. Il razionalismo seicentesco si inserirà su queste premesse, riservando il lavoro interpretativo a quei testi e passi della Scrittura che, palesemente, non ammettono una comprensione letterale: è questo il principio che trova esposizione sistematica nel *Tractatus theologico-politicus* (cap. VII) di Spinoza.

Attraverso il rifiuto delle esagerazioni figurali e l'insistenza sul significato letterale e storico dei testi, oltre che attraverso la polemica razionalista, la dottrina dell'interpretazione era pronta a passare dal campo ristretto dell'esegesi biblica a ogni tipo di testi: è questo il senso dello sviluppo che l'ermeneutica subisce nel Settecento, a opera dapprima di J.M. Chladenius (*Guida alla retta interpretazione di scritti ragionevoli*, 1742) e, soprattutto, di F.D. Schleiermacher. Interpretazione viene così a significare la comprensione di ogni testo il cui senso non sia immediatamente perspicuo, dal quale ci separi, cioè, una qualche distanza (linguistica, storica, psicologica ecc.). Anche in questo senso più ampio, non più legato ai testi sacri, l'interpretazione ha da fare dunque con lo svelamento di un senso nascosto, che però appare tale ormai non più perché espressione della trascendente sapienza divina, ma solo per ragioni linguistiche, storiche, culturali. Anche rispetto a questo senso nascosto, tuttavia, sembra poter valere il precetto espresso da Schleiermacher (*Ermeneutica*, ed. Kimmerle, pag. 87): «capire il discorso anzitutto altrettanto bene e poi meglio di quanto non lo capisse l'autore stesso». Sebbene l'ermeneutica successiva non abbia più formulato esplicitamente questo precetto, si può dire che il dibattito sull'interpretazione si è svolto intorno al problema che esso poneva, il quale è enunciabile in questi termini: fino a che punto l'interpretazione miri semplicemente a ricostruire il senso inteso dall'autore, e fino a che punto essa apporti conoscenze nuove circa i testi, legate per es. al quadro storico-culturale che è possibile delineare rispetto a ciascun testo e a ciascun autore. Con l'impostazione del problema da parte di Schleiermacher, nella quale il carattere oscuro dei testi, che esige l'interpretazione, è legato alla stessa distanza storica che li separa da noi, l'interpretazione si definisce come sapere storico e, viceversa, tutta la conoscenza storica è posta sotto il segno dell'interpretazione. Questa identificazione di ambiti si compie esplicitamente in W. Dilthey, per il quale ogni «intendere intenzionale di manifestazioni della vita fissate in maniera durevole è detto interpretazione»; ma «poiché la vita spirituale trova soltanto nella lingua la sua espressione compiuta, ..., l'interpretazione giunge al suo culmine in rapporto ai resti dell'esistenza umana contenuti nello scritto» (*Piano per la prosecuzione della costruzione del mondo storico nelle scienze dello spirito*, parte I, 2, par. 6). Una volta identificato il prodotto storico per eccellenza nello scritto, l'interpretazione può divenire la forma di conoscenza tipica di tutte le scienze storiche, pur mantenendo il suo costitutivo riferimento ai testi.

• *Ermeneutica e pensiero del Novecento.* Sulla linea aperta da Schleiermacher e da Dilthey si collocano gran parte delle teorie dell'interpretazione elaborate nel Novecento: esse accentuano, di volta in volta, l'uno o l'altro degli elementi che si sono accumulati nella nozione lungo il corso della storia (e cioè, essenzialmente: il riferimento al linguaggio, la storicità, lo svelamento di sensi oscuri e arcani, il «saperne di più dell'autore stesso» ecc.). Così, l'aspetto di storicità (per cui richiede interpretazione ciò che è storicamente remoto) e il legame col linguaggio e i testi stanno al centro della nozione di interpretazione data da Heidegger, per il quale l'uomo è «gettato» nel mondo, nel senso che la sua esistenza è già sempre qualificata da una certa pre-comprensione del mondo che è incarnata nel linguaggio di cui ognuno si trova a disporre; interpretazione è allora «l'articolazione della comprensione» che ci costituisce come esistenti (*Essere e tempo*, par. 32). Questa generalizzazione dell'interpretazione, che diviene la dimensione costitutiva di tutta l'esistenza, è ripresa e proseguita da H.G. Gadamer, che ha proposto una vera e propria ontologia ermeneutica. Altri aspetti del fenomeno interpretativo sono accentuati nelle altre principali elaborazioni contemporanee: P. Ricoeur sottolinea specialmente il concetto di interpretazione come svelamento di sensi nascosti, in quanto concepisce l'interpretazione come riservata alla comprensione dei simboli (cioè di quei segni che hanno significati equivoci), collegandosi in tal modo anche al senso che il termine ha nel fondatore della psicoanalisi, S. Freud (Ricoeur, *Dell'interpretazione. Saggio su Freud*, libro I, 1). L. Pareyson, dal canto suo, definendo l'interpretazione «conoscenza di forme da parte di persone» (*Esistenza e persona*, sez. II, cap. 6), ne elabora soprattutto i peculiari caratteri di inesauribilità, riprendendo in qualche modo il precetto di Schleiermacher sul «saperne di più dell'autore stesso». Una teoria dell'interpretazione poggiante non sul modello del dialogo interpersonale, ma su quello del rapporto con il testo come interlocutore muto e potenzialmente esposto al malinteso è stata elaborata, nel solco della riflessione heideggeriana, da J. Derrida (*Della grammatologia*, 1967).

La generalizzazione del concetto di interpretazione operata dallo storicismo tardo-ottocentesco e poi da Heidegger non ha toccato in modo rilevante la cultura anglosassone: qui il termine rimane ristretto a designare la comprensione di discorsi e di testi letterari, e lo studio dei problemi relativi è oggetto della retorica e della teoria della critica (I.A. Richards, *Filosofia della retorica*, 1937, e *Principi della critica letteraria*, 1924). Questa tradizione anglosassone si caratterizza in generale per una più spiccata preoccupazione metodologica, che trova il criterio direttivo dell'interpretazione nell'attribuire ai testi il senso che gli attribuirebbe l'autore se potesse essere anche lettore dei propri scritti (*Filosofia della retorica*, cap. I). Una maggiore consistenza filosofica, sempre in ambito anglosassone, è stata conferita alla nozione di interpretazione da Ch.S. Peirce che, nella prospettiva di una teoria pragmatistica del segno, fa coincidere l'ambito dell'interpretazione con quello degli «effetti veicolati dai segni» (*Scritti*, 5.475); questi effetti, che Peirce chiama «interpretanti», sono di tre generi: emotivi (cioè le reazioni sentimentali a un segno), energetici (gli atti che il segno fa accadere) e logici. L'interpretante logico può essere identificato con un concetto nella mente di chi riceve il segno; ma il concetto è a sua volta un segno che ha bisogno di un interpretante ulteriore. Anche l'altra definizione, più schiettamente pragmatistica, che intende l'interpretante logico non solo come un concetto, ma come un mutamento negli orientamenti d'azione di chi riceve il segno, comporta un'apertura indefinita sul futuro, che rende difficile darne una descrizione conclusiva. Sembra quindi che anche Peirce, di là dalle interpretazioni comportamentistiche, alquanto riduttive, date al suo pensiero, conservi all'interpretazione un certo carattere di apertura e di infinità.

Fuori dall'ambito della riflessione sulle scienze storiche e sull'esegesi, e dall'ambito dell'ontologia esistenzialistica e del pragmatismo, il termine «interpretazione» è utilizzato anche dalla logica formale contemporanea: qui, esso designa l'operazione con cui, dato un sistema di relazioni formali (puramente sintattico), se ne mostra l'applicabilità a un campo di oggetti, mediante l'elaborazione di apposite regole semantiche e di specifiche condizioni di verità. *G. Va.*

introiezione, termine psicoanalitico che indica il processo mediante il quale il soggetto «introduce» fantasmaticamente al proprio interno oggetti (parziali o totali) e qualità dei medesimi. Elaborata da S. Ferenczi in *Introiezione e transfert* (1909), la nozione di introiezione è stata adottata da Freud in opposizione a quella di → proiezione. Dopo Freud, in particolare Melanie Klein ha fatto ricorso al concetto di introiezione in rapporto ai destini fantasmatici degli oggetti «buoni» e «cattivi». L'introiezione costituisce una generalizzazione dell'incorporazione, processo fantasmatico mediante il quale il soggetto «introduce e conserva» un oggetto dentro il proprio corpo: nell'introiezione il limite tra esterno e interno non è solo somatico, ma è in causa l'intero apparato psichico o una sua specifica istanza (per es. l'Io).

introspezione, in senso generale, autoosservazione o autoesame psicologico; in senso specifico, metodo esclusivo dell'→ introspezionismo, consistente nell'analisi, da parte del soggetto sperimentale, della sua esperienza cosciente nei più semplici elementi sensoriali immaginativi e affettivi, e nella descrizione della loro soggettiva intensità, durata e chiarezza.

introspezionismo, scuola psicologica della fine dell'Ottocento e dell'inizio del Novecento, rappresentata principalmente da W. → Wundt e da E. → Titchener, e caratterizzata dall'assunzione della coscienza quale oggetto unico dell'indagine psicologico-scientifica, e dell'introspezione elementistica quale unico metodo della medesima. Le origini dell'introspezionismo coincidono con le origini della psicologia sperimentale, e quindi con la fondazione, nel 1879, del laboratorio psicologico di Lipsia a opera di Wundt. In tale laboratorio vennero affrontati soprattutto quattro settori d'indagine: la psicofisiologia dei sensi, in particolare della vista e dell'udito, secondo la tradizione helmholtziana; la → psicofisica, precedentemente inaugurata da E.H. Weber e da G. Fechner; il tempo di reazione, in linea con la tradizione iniziata da F.C. Donders e da von Helmholtz; infine l'associazione mentale, sulla scia dell'→ associazionismo della filosofia empirica anglosassone. La grande novità del laboratorio di Lipsia consistette nell'unificazione di queste correnti nella teoria introspezionistica. L'introspezionismo wundtiano distingue nei processi mentali quattro fasi: la stimolazione; la percezione, che rende cosciente il dato psichico; l'appercezione, mediante la quale il dato psichico viene identificato e sintetizzato dalla mente; l'atto di volontà, specificamente umano, che suscita la reazione psichica del soggetto, e che è caratterizzato dal libero arbitrio. L'introspezionismo del principale allievo di Wundt, Titchener, non riconobbe valore al fattore soggettivo della volontà e assunse la forma di un sistema concettuale interamente naturalistico la cui più matura espressione consistette nel *Manuale di psicologia* (1910).

• *L'introspezionismo come sistema: Titchener.* Secondo Titchener, lo scopo della ricerca psicologica consiste nel descrivere i contenuti *elementari* della coscienza e nello scoprire le leggi che determinano il loro susseguirsi e il loro combinarsi; quanto alla spiegazione dei contenuti coscienti, essa è demandata alla fisiologia e alla biologia generale, cioè non viene considerata uno scopo specifico della scienza psicologica. La descrizione elementistica dei contenuti coscienti, la loro scomposizione in elementi semplici e irriducibili, viene prescritta sul modello del procedere analitico della chimica (in particolare della chimica ottocentesca), e costituisce il più importante fondamento epistemologico dell'introspezionismo, contro cui si eleveranno le psicologie globalistiche o molaristiche degli anni Venti e Trenta, specialmente il gestaltismo. Nel linguaggio titcheneriano la «struttura» mentale è il risultato della somma di molteplici elementi semplici, come in una sorta di complicatissimo mosaico. L'analisi scientifica dello psicologo ha per oggetto — secondo Titchener — gli elementi semplici delle percezioni, costituiti dalle «sensazioni»; delle idee, costituiti dalle «immagini mentali»; delle emozioni o dei sentimenti, costituiti dagli «stati affettivi». Dei tre elementi, il più importante e ricorrente è la sensazione (visiva, uditiva, olfattiva, gustativa, tattile e cinestesica), senza la quale non si danno né immagini mentali né stati affettivi. Nell'esperienza quotidiana tali elementi fondamentali della coscienza si combinano poi tra loro, dando luogo a situazioni psichiche apparentemente unitarie: la fame, per es., altro non è se non il complesso risultato della somma di sensazioni e stati affettivi fra loro inizialmente eterogenei. Gli elementi della coscienza hanno poi degli attributi. Nel caso della sensazione e dell'immagine mentale essi sono: la «qualità» (per es. «salato», «rosso», «caldo»), l'«intensità» (per es. un rumore «assordante»), la «durata» (per es. una «lunga» scampanellata) e la «chiarezza» (per es. un mormorio «più o meno udibile»). Gli stati affettivi invece non possiedono l'attributo della chiarezza, perché l'emozione si dissolve non appena l'osservatore tenta di definirla e di chiarirla. L'unico metodo d'indagine della psicologia titcheneriana è rappresentato dall'introspezione sistematica, eseguita da osservatori specializzati. Nel praticarla, lo psicologo o l'allievo-psicologo devono adottare fino in fondo il criterio elementistico di scomposizione in elementi semplici e irriducibili. Seguendo tale criterio, lo psicologo ottiene resoconti introspettivi che contengono una sequenza di parole («freddo», «spiacevole», «indistinto», «vivido» ecc.), ciascuna delle quali designa univocamente un singolo elemento dell'esperienza cosciente totale. Grazie a un lungo addestramento, il soggetto introspettore impara a distinguere ciò che effettivamente esperisce (e che solo conta) da ciò che *sa* riguardo all'oggetto della propria esperienza; per es., di fronte all'oggetto-stimolo «libro» egli non riferisce «vedo un libro», come farebbe l'osservatore profano, mentre riferisce una serie di sensazioni semplici reciprocamente distinte, come «vedo un colore rosso, una luminosità di media intensità, uno spessore piccolo ecc.». Negli anni compresi fra il 1915 e il 1925 l'introspezionismo titcheneriano scomparve quasi completamente dalla scena della psicologia internazionale, con l'avvento del gestaltismo, del funzionalismo e del comportamentismo. *S. Ma.*

intuizione, la percezione diretta — senza la mediazione della conoscenza discorsiva — di un oggetto e delle sue relazioni. Nella filosofia antica e medievale, l'intuizione venne intesa ora come modalità di conoscenza delle cose divine da parte dell'uomo, ora come conoscere proprio di Dio; in entrambi i casi la conoscenza intuitiva era caratterizzata da un prevalere dell'esperienza di *visione* immediata rispetto alla conoscenza logico-deduttiva (secondo una tradizione di ascendenza platonica: nel *Fedro* 247*b-c*, Platone afferma che le idee sono «visibili solo all'intelletto e oggetto di vera scienza»). L'evidenza originaria e la presenza immediata alla mente dell'oggetto della conoscenza intuitiva si precisano nella filosofia moderna, dove però a un significato mistico-contemplativo dell'intuizione se ne sostituisce uno psicologico. Così Cartesio (*Regulae ad directionem ingenii*, reg. III) afferma che la conoscenza avviene secondo le due modalità dell'intuizione evidente e della deduzione necessaria; e conferisce alla prima uno statuto più originario e fondante proprio per la sua maggiore evidenza psicologica (l'intuizione comprende infatti «tutto ciò che l'intelletto sperimenta con precisione in se stesso o nell'immaginazione»: *Ibid.*, reg. XII). Lo statuto originario e fondamentale dell'intuizione viene ribadito sia in ambito empirista (Locke) sia in ambito razionalista (Leibniz); e Kant formalizzerà il concetto di intuizione quale risulta dalla riflessione della filosofia moderna, riprendendo però anche il significato che essa aveva assunto in quella antica e medievale. Kant distingue infatti un'intuizione *sensibile*,

di natura passiva e ricettiva, consistente nell'apprensione immediata di un oggetto, che è all'origine dei concetti (*Critica della ragion pura*, Estetica trascendentale, sez. I, par. 1); e un'intuizione *intellettuale*, propria di un intelletto divino, che si rapporta agli oggetti senza la mediazione dei sensi: mancando di questo aspetto di passività, essa non riceve il suo oggetto ma lo crea (*Ibid*., sez. II, par. 8). L'intuizione intellettuale sarà sviluppata dall'idealismo tedesco, in particolare da Fichte e da Schelling, che non la attribuiranno solo all'intelletto divino, ma anche all'Io nell'atto in cui conosce e pone se stesso.
Nella riflessione post-idealistica, l'intuizione è venuta a designare un tipo di conoscenza *sui generis*, o per le modalità con cui si riferisce all'oggetto, come avviene in Bergson, il quale la concepisce come una conoscenza immediata e irrazionale; o per il tipo di oggetti indagati, come in Husserl, secondo il quale l'intuizione *eidetica* coglie l'essenza delle cose allo stesso modo che l'intuizione empirica individuale coglie gli oggetti individuali.

intuizionismo, atteggiamento filosofico che pone l'intuizione alla base del processo conoscitivo. L'intuizionismo non designa una scuola di pensiero determinata, ma caratterizza diverse correnti filosofiche: la scuola scozzese del «senso comune» (T. Reid, D. Stewart, T. Brown, G. Hamilton), per la quale l'intuizione, intesa come possibilità di cogliere principi razionali al di là della conoscenza empirica, è il fondamento dell'agire etico e del conoscere; il pensiero di H. Bergson, che accentua la portata gnoseologica dell'intuizione, considerandola come una «simpatia intellettuale» per cui «ci si trasporta nell'interiorità di un oggetto per coincidere con ciò che esso ha di unico e di conseguenza di inesprimibile» (*Introduzione alla metafisica*, 1903); la fenomenologia di N. Hartmann e di M. Scheler, che sottolineano invece il rilievo etico dell'intuizione, la quale consentirebbe di conoscere i valori morali mediante un procedimento prerazionale, di natura affettiva. Più in generale, il termine intuizionismo è usato nell'etica analitica per riferirsi alle posizioni secondo cui principi e valori morali sono oggetto di conoscenza intuitiva ma non di conoscenza discorsiva (un esempio è la posizione di G.E. → Moore).

intuizionismo matematico, concezione della matematica che ha il suo fondatore in L.J.E. → Brouwer. L'intuizionismo contemporaneo si differenzia però dall'originario pensiero brouweriano per avere drasticamente smussato i tratti irrazionalistici tipici di questo, giungendo a una rivalutazione del ruolo del linguaggio, se non sul piano del puro pensiero matematico, almeno sul piano della comunicazione intersoggettiva e della descrizione dell'attività matematica. A partire infatti dall'opera di A. → Heyting, il maggiore degli allievi di Brouwer, gli intuizionisti hanno preso dimestichezza con i rigorosi metodi formalisti e hanno proposto → sistemi formali sempre più adeguati per la descrizione della matematica intuizionista che, fondamentalmente, resta quella creata da Brouwer. Quest'opera di formalizzazione, che probabilmente a tutt'oggi non è del tutto compiuta, ha consentito di chiarire le spesso oscure e ambigue asserzioni brouweriane, aprendo in tal modo un canale di comunicazione col mondo logico-matematico non intuizionista attraverso il quale molti hanno potuto prendere atto della rilevanza del pensiero intuizionista e addirittura dare contributi scientifici in quella direzione, pur senza condividerne le assunzioni filosofiche.
• *Logica intuizionista*, logica descritta formalmente per la prima volta da Heyting nel 1930. Tipica del pensiero brouweriano e intuizionista è l'assunzione che l'esistenza degli enti matematici coincida con la loro costruibilità mentale. Questo non avviene nella matematica classica, in primo luogo per l'accettazione delle dimostrazioni per assurdo, attraverso le quali si può inferire l'esistenza di un certo oggetto senza per altro avere alcuna informazione su come esso sia fatto. La logica classica va dunque intuizionisticamente riformata. Il frutto di tale riforma costituisce appunto la logica intuizionista. Essa è caratterizzata dall'esclusione della validità generale di principi logici classici quali quello del terzo escluso (*A* o *non-A*) e della doppia negazione (se *non-non-A*, allora *A*), che costituiscono di fatto la giustificazione logica delle dimostrazioni per assurdo. Il riferimento heytinghiano a un preciso linguaggio logico di tipo tradizionale permette di fondare anche una teoria intuizionista del significato dei connettivi e quantificatori da cui risulta che l'intuizionismo attribuisce lo *status* di costruzione mentale non solo agli oggetti matematici, ma in particolare anche ai significati delle proposizioni, costituendosi in tal modo come una coerente teoria soggettivistica della verità.

investimento - controinvestimento, termini psicoanalitici inquadrabili nell'ipotesi «economica» freudiana, secondo cui i processi dell'apparato psichico sono costituiti dal fluire e dal distribuirsi di un'energia pulsionale quantitativamente variabile.
L'*investimento* designa l'aderire di una determinata quantità di energia pulsionale a un determinato oggetto, o rappresentazione, o parte del corpo ecc. Il termine viene usato spesso in connessione con «libido»: l'investimento libidico è l'investimento che utilizza l'energia della pulsione sessuale. Preceduta da concettualizzazioni a essa vicine, la nozione di investimento compare in Freud nel 1895, negli *Studi sull'isteria*, dove il fenomeno della conversione isterica chiama in causa una sorta di «principio di

conservazione» dell'energia nervosa; il concetto viene approfondito in *Progetto per una psicologia scientifica* (1895), lo scritto freudiano in cui i processi nervosi vengono spiegati esclusivamente in termini di variazioni energetiche quantitative nell'ambito di un sistema di neuroni. Successivamente, in coincidenza con il suo crescente interesse per la dinamica puramente psichica, Freud attenua notevolmente (senza mai rinunciarvi del tutto) le implicazioni neurofisiologiche dell'investimento, conservandone il concetto fondamentale relativo al bilancio energetico cui non sfugge nessuna componente e nessuna operazione psichica (per es., un superinvestimento affettivo per una persona sottrae energia agli investimenti sugli altri oggetti e persone), e prima definisce l'energia investita in termini pulsionali (non più nervosi), poi (nella seconda topica, elaborata nel 1920) ne individua l'origine nell'Es.
Il *controinvestimento* è l'investimento — da parte dell'Io — delle rappresentazioni, delle situazioni, dei tratti di carattere, dei comportamenti e così via che sono in grado di impedire l'accesso dei desideri inconsci alla coscienza e alla condotta manifesta. Secondo Freud, il controinvestimento interviene soprattutto nelle operazioni difensive dell'Io, e spiega il loro successo; nel caso della rimozione, in particolare, l'Io deve lottare con rappresentazioni permanentemente investite dalla pulsione, e per impedire il loro affiorare alla coscienza non ha altra scelta se non quella del controinvestimento permanente, che utilizza l'energia disinvestita da una rappresentazione sgradevole cosciente o preconscia.

invidia del pene, concezione psicoanalitica che caratterizza l'aspetto più specifico della sessualità femminile: una volta scoperta la differenza anatomica fra i sessi, la bambina si sente ingiustamente discriminata perché non possiede il pene; successivamente, nel periodo edipico, l'invidia del pene (o desiderio del pene, secondo un'altra ed equivalente espressione freudiana) subisce un'evoluzione che conduce la donna da un lato a desiderare di avere un bambino (eguagliato al pene nella simbologia dell'inconscio), e dall'altro a desiderare il coito come mezzo di appropriazione del pene; in tal modo la clitoride lascia il posto alla vagina come zona erogena primaria. Diversamente da Freud, altri psicoanalisti, soprattutto donne (come K. Horney e Melanie Klein), considerano l'invidia del pene non già un fatto necessario e universale, bensì una formazione difensiva secondaria.

io, in filosofia, concetto che è opportuno distinguere da quello di → coscienza, in quanto quest'ultimo, già presente nella tradizione platonica e agostiniana, si caratterizza per gli aspetti morali che esprime, mentre l'io è stato oggetto di una riflessione essenzialmente teoretica. L'io assume una rilevanza fondamentale in filosofia quando Cartesio (in particolare nella terza delle *Meditazioni* e nel *Discorso sul metodo*, IV), opponendosi al realismo gnoseologico antico e medievale, afferma che la prima conoscenza sicura che si presenta a chi guidi ordinatamente i propri pensieri non concerne gli oggetti esterni, ma l'esistenza di un soggetto pensante, cioè di un io (è il noto *cogito, ergo sum*).
• *Dall'io come sostanza all'io come funzione.* Contro la sostantificazione cartesiana dell'io si diressero le obiezioni degli empiristi (→ identità personale), che pure ammisero l'equazione tra io e coscienza formulata da Cartesio. Per Locke, l'io è l'*intuizione* che lo spirito ha della propria esistenza fenomenica (*Saggio sull'intelletto umano*, IV, 9) e il *sentimento* della realtà delle cose finite (*Ibid.*, IV, 11). Non è quindi sostanza, ma semplice coscienza del molteplice dell'esperienza: «L'io non dipende da un'identità o diversità di sostanza, di cui non si può mai essere sicuri, ma solo dall'identità della coscienza» (*Ibid.*, II, 25). La posizione di Hume radicalizza la posizione che era di Locke, arrivando a sostenere che l'io «non è altro che un fascio o collezione di diverse percezioni, che si succedono a una velocità inconcepibile, e sono in perpetuo flusso e movimento» (*Trattato sulla natura umana*, I, IV, 6). L'io si costituisce quindi a posteriori, sulla base delle esperienze vissute, e si struttura secondo la spinta utilitaristica delle passioni e la forza dell'immaginazione. Esso è quindi un soggetto «pratico» e non più una funzione «teoretica» come nel *cogito*. Anche per Condillac l'io — in questo caso espresso attraverso la famosa metafora della statua — «è una collezione delle sensazioni che prova e di cui ha ricordo» (*Trattato delle sensazioni*, I, 6).
La reazione empirista alla sostantificazione cartesiana dell'io denunciava il fatto che nel *cogito* si sovrapponevano due istanze eterogenee: un io puro, fondamento del conoscere, e un io empirico, pratico e psicologico. Questa distinzione sarà chiaramente segnalata da Kant, il quale distingue l'io inteso come coscienza, per cui «io, come pensante, sono oggetto del senso interno, e mi chiamo anima» (*Critica della ragion pura*, Dialettica trascendentale, II, cap. I), che è un fenomeno empirico, oggetto della psicologia; e l'io penso, cioè «l'unità sintetica dell'appercezione», che «deve poter accompagnare tutte le mie rappresentazioni: altrimenti bisognerebbe immaginare qualche cosa che non potesse essere pensato; e in tal caso la rappresentazione sarebbe impossibile o, almeno per me, non sarebbe» (*Ibid.*, par. 16). Kant oppone così alla nozione cartesiana di *cogito* il fatto che la determinazione «io penso» implica evidentemente qualcosa di indeterminato («io sono»), ma che nulla mostra ancora come l'indeterminato sia determinabile dall'io penso, il

quale è per Kant una semplice funzione trascendentale, che unifica i dati di una conoscenza possibile. Dando avvio all'idealismo, Fichte sostantificherà il trascendentale kantiano, trasformando l'io penso in un Io assoluto, che non è più la condizione di possibilità del conoscere, ma «il primo principio, assolutamente incondizionato, dell'intera dottrina della scienza, ossia della filosofia» (*Dottrina della scienza*, par. I).

• *Idealismo e post-idealismo.* L'Io fichtiano non è, come quello kantiano, un principio gnoseologico che unifica un materiale già dato, ma è invece un principio ontologico, che pone gli oggetti nell'atto in cui pone se stesso. Secondo Fichte «il porsi dell'Io per se stesso è la sua pura attività. L'Io *pone se stesso*, ed *è*, in forza di questo puro porsi per se stesso; o viceversa l'Io è, e pone il suo essere in forza del suo puro essere» (*Ibid.*, par. I, nota 6). Ponendo se stesso, l'Io, in quanto → assoluto, determina anche il suo opposto, cioè il Non-Io (il mondo degli oggetti); e quest'ultimo, che risulta dall'Io assoluto, non può evidentemente opporsi a quello, ma si oppone invece a un io empirico. Ne deriva che le due funzioni dell'io puro e dell'io empirico, separate in Kant, divengono in Fichte due istanze gerarchizzate, una delle quali (l'Io assoluto) pone l'altra (l'io empirico) per la mediazione del Non-Io. Abbandonata da Schelling e da Hegel, che videro nell'Io non un dato incondizionatamente originario, ma un prodotto dell'evoluzione dell'Assoluto, la dottrina fichtiana sarà ripresa, nel Novecento, da G. Gentile (*Teoria generale dello spirito come atto puro*, 1916), per il quale l'Io costituisce un atto puro, che pone se stesso nell'atto in cui si pensa. La riflessione post-idealistica seguirà, nella valutazione dell'io, due direzioni fondamentali. Da una parte, si osserva il tentativo della fenomenologia husserliana di sviluppare la funzione trascendentale dell'io penso kantiano al fine di conseguire, attraverso l'→ epoché di ogni riferimento all'esistente empirico, «l'*ego* assoluto, l'*ego* in quanto centro funzionale ultimo di qualsiasi costituzione» (*La crisi delle scienze europee*, 1936, par. 55). Dall'altra, si registra la tendenza a considerare come inevitabile la compromissione dell'io con i dati empirici dell'esperienza e dell'esistenza, e a giudicare pertanto vana la ricerca di un io puro. Così, le filosofie dell'esistenza valutano l'io come l'espressione più radicale dell'«essere nel mondo» proprio dell'uomo: nell'Ottocento, Kierkegaard afferma che l'io è «un rapporto che si rapporta a se stesso» (*La malattia mortale*, cap. I), e che quindi non può uscire in alcun modo dalla sfera della soggettività empirica (che anzi ne viene confermata); e, nel nostro secolo, Heidegger sostiene che «il dire io si riferisce all'ente che io sono in quanto io-sono-in-un mondo» (*Essere e tempo*, par. 64). In un ambito di pensiero differente, Nietzsche sostiene che l'io è una finzione, in quanto il soggetto è il risultato di forze eterogenee (desideri e volizioni) irriducibili a un'identità, e che pertanto la nozione di io non ha alcuna validità teorica o pratica.

Io, termine con cui Freud, nella sua seconda teoria dell'→ apparato psichico (1920), distingue una delle tre istanze psichiche (le altre due sono l'→ Es e il → Super-Io). Da un lato l'Io freudiano controlla la percezione, il comportamento, il pensiero logico e così via; d'altro lato esso è in parte inconscio e in parte preconscio. La componente inconscia dell'Io è evidente soprattutto nei meccanismi di → difesa, che molto spesso sono inconsci in due sensi: il soggetto non ricorre a essi coscientemente, e il principio che li governa è primario (→ processo primario) esattamente come quello che vige all'interno dell'Es. In quanto istanza distinta dalle altre due, l'Io ha una propria autonomia, che però di fatto è limitata poiché deve continuamente confrontarsi con le esigenze e i pericoli della realtà esterna, con le esigenze pulsionali dell'Es, e con le imposizioni del Super-Io. Geneticamente, l'Io costituisce una differenziazione dell'Es, determinata dalla penetrazione in quest'ultimo della realtà esterna attraverso i processi percettivi; da un altro punto di vista, l'Io è il risultato di identificazioni che generano un oggetto d'amore investito dall'Es.
La nozione dell'Io più di ogni altra concentra in se stessa le molte vicissitudini teoriche che hanno segnato l'evolversi della metapsicologia freudiana, dai primi *Studi sull'isteria* (1892-95) sino a *L'Io e l'Es* (1922). Per la complessità e la contraddittorietà della sua elaborazione, l'Io ha così condizionato gli sviluppi, spesso antitetici, della psicoanalisi dopo Freud: la → psicologia dell'Io; la → psicologia del Sé; J. → Lacan.

ionica, scuola, scuola filosofica greca fiorita fra i secc. VII e VI a.C. nelle città della Ionia; principali esponenti ne furono i tre maestri di Mileto (Talete, Anassimandro e Anassimene) ed Eraclito di Efeso. Comune a questi pensatori è la ricerca «naturalistica», volta cioè a individuare il primo principio di tutte le cose: la realtà prima e originaria per Talete è l'acqua, per Anassimandro è l'infinito o illimitato, per Anassimene è l'aria. Con → Eraclito, che rappresenta il vertice della speculazione ionica, il continuo divenire di tutte le cose diventa il problema centrale della filosofia. Eraclito spiega il divenire mediante i contrari, la cui armonia o sintesi postula una unità dinamica a livello superiore. Nell'accettazione del divenire, implicita nei tre filosofi di Mileto ed esplicita in Eraclito, sta il carattere distintivo della scuola ionica rispetto alla successiva scuola eleatica, che nega la realtà del divenire, riducendolo a semplice apparenza.

Ipazia, o Ipatia (morta nel 415 ca), filosofa neoplatonica. Sulla sua vita si hanno scarsissime notizie. Le fonti che ce ne parlano (il lessico Suda; Socrate di Costantinopoli, *Historia ecclesiastica*, VII, 15) ci informano che fu figlia del matematico Teone di Alessandria, che coltivò essa stessa gli studi matematici e che abbracciò il pensiero filosofico neoplatonico, diventandone uno dei maggiori rappresentanti. Delle sue opere, nulla ci è pervenuto, se non tre titoli di soggetto matematico. Da quel che possiamo desumere dalle fonti, la sua filosofia si rivolgeva soprattutto all'interpretazione del pensiero di Platone e di Aristotele. Essa dovette essere molto stimata negli ambienti filosofici alessandrini, come testimoniano le lettere di Sinesio a lei indirizzate, nelle quali il vescovo cristiano, nonostante la differenza di fede religiosa, le manifesta la sua stima e non disdegna di sottoporre al suo giudizio il valore di alcune opere. Ipazia dovette avere un notevole ascendente anche sulle autorità civili, se è vero, come ci testimoniano Socrate di Costantinopoli e altri, che i cristiani la ritennero colpevole delle persecuzioni nei confronti del vescovo Cirillo, e l'assassinarono.

ipnoanalisi, → ipnosi.

ipnosi, condizione psichica specifica, eteroindotta o autoindotta, di natura a tutt'oggi non determinata con precisione, e fenomenicamente intermedia fra lo stato di veglia e lo stato di sonno. L'elettroencefalogramma del soggetto in stato d'ipnosi è analogo a quello del soggetto in stato di veglia. La *trance*, come viene definito il «sonno» ipnotico, è caratterizzata dall'affievolimento delle capacità critiche e dall'aumento della suggestionabilità del soggetto, la cui attenzione è interamente ed esclusivamente captata dalle richieste verbali o dagli ordini dell'ipnotista.

Conosciuta e praticata fin dall'antichità, l'ipnosi in Europa viene riscoperta e riproposta in termini pseudoterapeutici ma spettacolari dal medico viennese F.A. Mesmer (1734-1815), e fino alla metà dell'Ottocento il «mesmerismo», che fa uso di tecniche fisiche e si fonda sull'ipotesi di un misterioso fluido magnetico animale sprigionantesi dall'ipnotista, conosce un notevole successo popolare e un totale rifiuto da parte della medicina ufficiale, che lo bolla di ciarlataneria e di simulazione. L'inglese J. Braid (1795-1860), che conia il termine «neuripnologia» da cui deriva l'attuale termine «ipnosi», incrementa la credibilità di quest'ultima nell'ambito medico ponendola in rapporto con il sistema nervoso, e ricorre per primo all'induzione verbale. Braid apre la strada al neuropatologo francese J.-M. Charcot, direttore della clinica neurologica della Salpêtrière, a Parigi; a partire dal 1878 Charcot si dedica esclusivamente allo studio dell'ipnosi, della quale distingue tre stadi (letargo, catalessi, sonnambulismo) e della quale soprattutto individua alcune concomitanti organiche (come la modificazione del tono muscolare e dei movimenti riflessi), dimostrando che essa non è attribuibile a simulazione e riuscendo a farla accettare dalla scienza e dalla medicina ufficiale (1882), rappresentate dall'Accademia francese delle scienze. Negli ultimi vent'anni del secolo l'interesse per l'ipnosi conquista gli ambienti psichiatrici e psicologici europei; anche in Italia i nostri positivisti, come E. Morselli, le dedicano molti studi. Ma H. Bernheim (1837-1919), professore a Nancy, vede nell'ipnosi semplicemente l'effetto della comune suggestione (egli la ritiene riconducibile all'«influenza provocata da un'idea suggerita e accettata dal cervello»), asserendo che gli stadi ipnotici descritti da Charcot in realtà erano simulati per compiacenza dai soggetti, e che quello della Salpêtrière era un «ipnotismo culturale». Alla morte di Charcot (1892), anche se il suo successore P. Janet continua la pratica terapeutica dell'ipnosi, essa decade nell'interesse dei medici e degli scienziati.

L'importanza dell'ipnosi nella storia del pensiero medico consiste nell'avere spostato l'asse di riferimento della psicopatologia dal *soma* alla *psiche*, mettendo in crisi la tradizionale psichiatria organicistica, che individuava in ipotetiche lesioni cerebrali la causa di tutte le malattie mentali. La più rilevante fra le conseguenze della rivoluzione operata dall'ipnotismo è la nascita della psicoanalisi: è alla scuola di Charcot, infatti, che Freud getta le basi di tutto il suo successivo pensiero (→ isteria). Inizialmente, anche Freud dà credito all'ipnosi, e soprattutto agli «stati ipnoidi» (secondo l'espressione coniata da P.J. Moebius), che secondo J. Breuer determinano una scissione nella sfera psichica e sono all'origine delle manifestazioni isteriche; ma ben presto egli si allontana dalla linea di Breuer e, contro l'«ipnosi catartica» di quest'ultimo e contro ogni tipo di ricorso all'ipnosi, elabora due capisaldi della psicoanalisi: sul piano clinico, la regola dell'associazione libera; sul piano teorico, la nozione di difesa, comparsa inizialmente nella definizione di «isteria da difesa».

Oggi — sebbene gli psicoterapeuti abbiano generalmente fatto propria la tesi psicoanalitica relativa alla necessità della partecipazione cosciente e totale del paziente nel corso del processo terapeutico — esistono una «ipnoterapia» e una «ipnoanalisi».

L'*ipnoterapia* si avvale anzitutto dell'effetto rilassante, e pertanto genericamente terapeutico, del «sonno» ipnotico; in secondo luogo, di suggestioni esplicitamente rivolte contro il sintomo o la tendenza che si vuol sopprimere (fumo, droga, alcolismo ecc.); in terzo luogo, ricollegandosi all'«ipnosi catartica» di Breuer, essa provoca il riaffiorare alla memoria del soggetto di esperienze significative da lui dimenticate o rimosse. Nonostante le speranze per lungo tempo in essa riposte, l'ipnoterapia è impotente di fronte alle due principali famiglie di disturbi psichici, le nevrosi e le psicosi. Nel caso delle nevrosi, il suo effetto non va oltre la temporanea attenuazione di alcuni sintomi, e lascia intatto il meccanismo eziologico, come del resto già da tempo era stato rilevato da Freud. Quanto alle psicosi, l'effetto su di esse dell'ipnoterapia (quando è attuabile) è decisamente dannoso, perché derealizzante in un terreno già dominato dal processo primario. Diversamente dall'ipnoterapia, l'*ipnoanalisi* si pone, in aperta eterodossia rispetto al pensiero psicoanalitico di derivazione freudiana, come sintesi empirica fra l'ipnotismo e la psicoanalisi. Nata durante la prima guerra mondiale, in una situazione in cui il breve tempo a disposizione e il grande numero delle «nevrosi da combattimento» non consentivano l'analisi nei termini definiti da Freud, essa si avvale di varie tecniche volte ad accelerare e facilitare la scoperta della dinamica inconscia individuale: effetto ipermnesico, regressione indotta, induzione di fantasmi e di sogni, stimolazione dell'associazione libera, creazione di conflitti artificiali ecc. In Italia V. Benussi è stato il primo a utilizzare i procedimenti ipnotici non già in campo clinico-patologico, bensì in campo psicologico-sperimentale, allo scopo puramente conoscitivo di analizzare (per es. rallentandoli artificialmente) i processi mentali nelle loro componenti.

ipocondria, preoccupazione morbosa per la salute del proprio corpo. Il soggetto ipocondriaco si rivolge continuamente a medici e specialisti anche per i sintomi più leggeri e insignificanti. Se l'ipocondria è latente, si sviluppa spesso una → formazione reattiva, che si traduce sul piano della condotta manifesta nella completa trascuratezza per le condizioni del proprio corpo. Freud classificò inizialmente l'ipocondria fra le nevrosi attuali, caratterizzandola come disinvestimento della libido dal mondo esterno e investimento di essa su uno o più organi del corpo.

ipostasi, nelle *Enneadi* di Plotino, le tre sostanze principali del mondo intelligibile: l'Uno; l'Intelletto, che procede dall'Uno (*Enneadi*, v, 4, 2); e l'Anima, che procede dall'Intelletto (*Ibid.*, IV, 8, 3). Il concetto di ipostasi svolse un ruolo decisivo nella formulazione della dottrina trinitaria, in quanto designa un'essenza che non è, come l'*ousía*, generale, ma è invece personale; di conseguenza, nella dottrina trinitaria quale fu stabilita dai padri cappadoci nel sec. IV, l' *ousía* venne a designare l'essenza divina comune alle tre Persone, mentre i caratteri specifici del Padre, del Figlio e dello Spirito Santo vennero definiti come ipostasi. Tramandatasi nella filosofia scolastica, dove indicò ogni genere di sostanza individuale, in opposizione alla sostanza in generale (Tommaso d'Aquino, *Summa theologiae*, q. 29, a 1), questa accezione di ipostasi venne in seguito abbandonata dalla filosofia moderna, dove il termine designa, in senso negativo, un concetto astratto al quale si conferisce indebitamente una portata ontologica o, più genericamente, l'assolutizzazione di un principio relativo (ipostatizzazione).

ipotesi, enunciato che viene assunto per indagarne le conseguenze logiche, a prescindere dalla sua eventuale correttezza. Ciò risulta evidente nelle dimostrazioni per assurdo, in cui si assume come ipotesi la negazione dell'enunciato che si desidera dimostrare, per ricavarne una contraddizione. Spesso l'assunzione di un'ipotesi ha la funzione di isolare un certo insieme di enti all'interno di una più vasta classe.

ipotetico-deduttivo, si dice di metodo o ragionamento che procede per formulazione di ipotesi generali, da cui vengono logicamente dedotte conseguenze controllabili in modo sperimentale; il controllo delle conseguenze consente di confermare o falsificare, indirettamente, anche le ipotesi di partenza. Il metodo ipotetico deduttivo, in questo senso, è una specie di traduzione metodologica del modello → Popper-Hempel della spiegazione scientifica. Si parla a volte anche di *sistema* ipotetico-deduttivo per intendere un sistema assiomatico (→ assiomatica).

Ippia di Elide (443 ca - prima metà del sec. IV a.C.), filosofo greco. Conformemente alla concezione sofistica del sapere come possesso di «tecniche», coltivò numerosi interessi politici, filosofici, retorici e letterari; si occupò inoltre di astronomia, di aritmetica e di geometria (Proclo gli riconosce la scoperta della «quadratrice», cioè di una curva particolare, utile per la soluzione dei problemi della trisezione dell'angolo e della quadratura del cerchio). Nei suoi numerosi viaggi (si recò, tra l'altro, a Sparta, ad Atene, in Sicilia e a Olimpia) fu ovunque apprezzato per l'abilità oratoria e l'efficacia dell'insegnamento. Dei suoi scritti restano solo scarsi frammenti e alcuni titoli: il *Troiano* (discorso, forse in forma dialogica), il *Registro dei vincitori ad Olimpia*, la cosiddetta *Raccolta* e i *Nomi dei popoli*. Nella teoria politica, Ippia oppone alle «leggi scritte», fonti di un potere arbitrario e tirannico, le «leggi comuni», fondate sulla universale natura umana, su cui egli costruisce il suo ideale egualitario, cosmopolitico e democratico.

Ippocrate (Cos 460 ca - Larissa 377 ca a.C.), medico greco, il maggior esponente della scuola di Cos. Compì numerosi viaggi, ad Atene, a Taso, in Tessaglia, e probabilmente anche fuori della Grecia, in Egitto, in Libia e in Scizia. A lui fu attribuito il *Corpo ippocratico*, una raccolta di circa sessanta scritti, di cui però soltanto una parte sono attribuibili alla scuola di Cos, e, tra questi, solo alcuni direttamente a Ippocrate. Conformemente al generale interesse del pensiero greco della seconda metà del sec. V per le tecniche e per il metodo scientifico, la dottrina ippocratica si propone di liberare la medicina da ogni concezione magica o religiosa, per farne una scienza basata su un metodo sicuro e razionale di diagnosi e di terapia. La sanità o la malattia dell'organismo umano sono il risultato di un'armonia o disarmonia interna dell'organismo, legata all'equilibrio dei quattro umori che esso contiene (sangue, flegma, bile gialla, bile nera), la cui diversa proporzione determina anche il temperamento dell'individuo (teoria umorale); e dipendono dall'equilibrio (o squilibrio) e adeguamento dell'organismo all'ambiente climatico, idrologico, geografico e politico-sociale. L'accesso alla scuola ippocratica era condizionato dall'impegno giurato dell'aspirante a osservare un codice deontologico di alto valore etico, la cui formulazione ci è pervenuta nello scritto *Il giuramento*.

Ippolito, → padri della chiesa.

Ireneo (Asia Minore 130 ca - Lione 200 ca), teologo e scrittore cristiano di lingua greca; santo. Fu vescovo di Lione. Scrisse lo *Smascheramento e confutazione della falsa gnosi*, in cinque libri (opera che è meglio nota come *Adversus haereses*), e la *Dimostrazione della predicazione apostolica*. La sua dottrina trinitaria si fonda sulla concezione di Dio padre di tutte le cose, che contiene in sé dall'eternità la Parola e la Sapienza; e solo attraverso la sua progressiva automanifestazione nella storia, Dio si rivela anche come Figlio e Spirito. Ireneo ritiene che la responsabilità della disobbedienza al volere di Dio riguardi non solo Adamo ma l'intera umanità, in virtù di una solidarietà mistica e di una sorta di identità fra il primo uomo e tutti gli altri. La redenzione è attuata dall'incarnazione del Verbo divino, che ha ristabilito l'amicizia di Dio con tutti gli uomini. Nella linea di Paolo, Ireneo insiste sulla «ricapitolazione» (*anakephaláiōsis*) di tutte le cose avvenute in Cristo, il quale, comprendendo e riassumendo in sé ogni realtà, è il «secondo Adamo» che col proprio sacrificio salva l'intero genere umano. In polemica con gli gnostici, Ireneo sottolinea che la resurrezione di Cristo è avvenuta nella carne, e che la condizione futura degli eletti sarà un regno costituito anche di corpi.

Per Ireneo la chiesa è l'unica depositaria della verità, in quanto tramanda la fede degli apostoli, custodisce il loro insegnamento orale e conserva gli scritti in cui si trova espressa la rivelazione divina. Ireneo, che è il primo autore a parlare di un Nuovo Testamento rispetto all'Antico (*Adversus haereses*, IV, 9, 1), insiste in particolare sull'esistenza del «canone della verità», cioè di un patrimonio letterario comune, fissato attraverso il consenso di diverse chiese e definito da Roma.

ironia, termine che nel greco classico (*eirōnéia*) aveva il significato generale di «simulazione-dissimulazione»; in modo più specifico — e non peggiorativo — era usato sia in letteratura (con l'espressione «ironia tragica» si indicava, nella tragedia, il disvelarsi della catastrofe imminente attraverso le parole di un personaggio per lo più inconsapevole) sia in retorica, dove definiva la figura consistente nell'impiego di una parola o espressione nel senso del suo antonimo. Ma è soprattutto significativo l'uso filosofico del concetto, a indicare un caratteristico procedimento socratico. In Socrate, «ironia» è l'atteggiamento di colui che pone domande al suo interlocutore mostrando di considerarsi incapace di trattare compiutamente l'argomento in questione e «fingendosi» ignorante. Esempi di tale socratica sottovalutazione di sé si trovano in tutti i dialoghi platonici (per es.: *Repubblica*, I, 336*e* - 337*a-e*): il movimento della finzione è sempre il medesimo, e consiste nel far ammettere come vera una contraddizione mascherata, per svelarla infine come tale, facendo cadere l'avversario vittima del proprio presunto sapere. La nozione di ironia si ritrova anche, con un senso vicino a quello generale del termine (dissimulazione, mascheramento di un sentimento o di una verità dietro il suo contrario), in Aristotele, secondo il quale è veritiero colui che si tiene nel giusto mezzo tra la millanteria, esagerazione del vero, e l'ironia, sua diminuzione (*Etica nicomachea*, II, 7, 1108*a* 20 sgg.); e riappare poi in san Tommaso (*Summa theologiae*, II, IIae, q. 113, a. 1).

In età moderna, il concetto riacquista importanza nel Settecento; in particolare, A.A.C. Shaftesbury nel *Sensus communis* (1709) distingue un'«ironia difensiva» dall'ironia utilizzata «al fine di porre in luce il vero al di là delle convenzioni del discorso» (parte I, sez. II), mentre nella *Lettera sull'entusiasmo* (1708) suggerisce di usare l'arma dell'ironia contro quella forma esasperata di entusiasmo che è il fanatismo, religioso o politico (sez. II). Tuttavia solo nell'ambito della speculazione e della poesia romantica l'ironia assumerà un ruolo centrale, giungendo a indicare l'inadeguatezza tra l'artista creatore come soggetto assoluto, da una parte, e l'opera d'arte insieme al mondo, in quanto elementi relativi, dall'altra. In F. Schlegel il concetto, che nasce dalla riflessione sulle difficoltà interpretative del «filologo», viene identificato come «estrema mobilità spirituale» (*Filosofia della filologia*), e l'ironia o forma del paradossale ha il proprio terreno specifico nella filosofia (*Lyceum*, frammenti 42 e 48). Anche K.W. Solger intende l'io artistico come io assoluto, ma radicalizza l'ironia, identificandola con il movimento per cui l'idea, incarnandosi nell'opera d'arte, si distrugge (*Lettera a Tieck*, 7 aprile 1816). L'ironia romantica sarà poi oggetto di critica da parte di Hegel, il quale la intenderà come atteggiamento esasperato di una «soggettività che conosce se stessa come cosa suprema» (*Filosofia del diritto*, II, nota 39), riconducendola al principio della filosofia fichtiana che fa di un io astratto e formale il principio assoluto del sapere. Per Hegel l'aspetto negativo di questa «ironia che sa di dominare qualsiasi contenuto, ... non prende nulla sul serio, scherza con tutte le forme» (*Storia della filosofia*, parte III, sez. 3, C, 3 a), consiste nel suo essere un atteggiamento di negazione implicante la relatività di tutte le cose nei confronti della «genialità divina» posseduta dall'artista (*Estetica*, intr. III, B, 3). Anche Kierkegaard prende posizione negativa rispetto alla concezione romantica dell'ironia (nella dissertazione *Sul concetto di ironia*, 1841); pur valutando positivamente l'ironia socratica, egli mette in luce il carattere puramente estetico, nichilista, e quindi inaccettabile da parte di un cristiano, di tale concetto. Nel *Diario* la definisce «infinitizzazione dell'interiorità» (VI, A, 38) e derivandola da un'estraneità rispetto al mondo (I, A, 154) la connette con l'infanzia e la fantasia della storia e del pensiero (I, A, 125). In veste nuova, e attraverso la mediazione di Nietzsche («Tutto ciò che è profondo ama mascherarsi», *Al di là del bene e del male*, n. 40), l'ironia diverrà protagonista del romanzo novecentesco (si pensi per es. a R. Musil e a Th. Mann).

irrazionalismo, termine con cui si qualifica, più che una corrente filosofica specifica, un atteggiamento di pensiero comune a filosofie tra loro diverse e lontane. È pertanto opportuno distinguere tra un irrazionalismo gnoseologico e un irrazionalismo metafisico, sebbene entrambe le istanze possano trovarsi congiunte in una medesima filosofia.

L'*irrazionalismo gnoseologico, o metodologico*, va riferito a quelle posizioni che giudicano le capacità della ragione o del pensiero discorsivo inadeguate a far luce sulla concreta ricchezza dell'esperienza o sul senso ultimo della realtà. L'uomo non sarebbe dunque in grado di conoscere la verità assoluta delle cose, sia per la limitatezza dei sensi, sia per il carattere astratto e finito dei concetti logici. All'interno di questo atteggiamento, che interessa in un modo o in un altro numerose scuole filosofiche, vanno distinte le posizioni di tipo più radicale e più schiettamente irrazionalistico da quelle più moderate. Tra le prime si può includere il relativismo dei sofisti greci, in particolare di Protagora e di Gorgia, che trova ulteriore sviluppo nelle scuole socratiche minori (cinici, megarici, cirenaici), tutte egualmente critiche verso il sapere. A questa tradizione di pensiero appartiene anche la scuola scettica, da Pirrone a Sesto Empirico, che ebbe una ripresa moderna in Hume. Analogamente radicale è la posizione del misticismo che ha i suoi modelli in Plotino, Scoto Eriugena, Meister Eckhart, J. Böhme, B. Pascal. Un tratto comune a questi autori è il fatto che essi rivendicano il ruolo essenziale — irriducibile a un contesto razionalmente spiegabile — dell'intuizione, del sentimento, della fede. In un contesto storico-culturale affatto diverso, tali valori hanno grande rilievo in vari pensatori romantici, tutti in polemica con la ragione illuministica, come J.G. Hamann, F.H. Jacobi, Schlegel, Schelling. Ancora all'intuizione come fonte di conoscenza superiore all'intelletto, esaltato dallo scientismo positivistico, si appella H. Bergson, mentre il contemporaneo pragmatismo (W. James, F.C.S. Schiller) preferisce affidarsi all'azione e ai risultati delle credenze pratiche come criterio ultimo di verità. L'irrazionalismo gnoseologico di tipo moderato riguarda invece quegli atteggiamenti che, pur senza negare alla ragione valore e funzioni legittime, riconoscono, accanto a essa, altre istanze e altre funzioni non riducibili a contenuti concettuali. Di questa natura è l'appello al sentimento come forza autonomamente fondativa della morale (A.A.C. Shaftesbury, F. Hutcheson, Hume) o anche della religione (F. Schleiermacher); oppure il riconoscimento della funzione della fantasia in G.B. Vico, del «vitale» in B. Croce ecc.

L'*irrazionalismo metafisico, o assoluto*, concerne quelle dottrine che insistono sul carattere assurdo, insensato, privo di ogni scopo, della realtà. Soprattutto negli ultimi due secoli esso si è imposto al pensiero, come segno eloquente di quella crisi della ragione borghese, e più in generale europea, che è ancora di viva attualità. L'espressione più tipica di tale irrazionalismo contemporaneo è quella di Schopenhauer per il quale la natura, l'uomo, la storia sono retti da una cieca volontà che tormenta tutte le creature e le scatena in un brutale quanto insensato, perenne e universale conflitto. A Schopenhauer vanno affiancati Schelling e Kierkegaard, in quanto anche questi due autori combattono, in nome di istanze irrazionali, il panlogismo e la ragione assoluta hegeliani; ma da Schopenhauer ha tratto ispirazione sia quell'irrazionalismo della volontà che ha dato luogo a esiti diversi (dal pensiero di E. von Hartmann alla psicoanalisi di Freud), sia il nichilismo di Nietzsche, tuttora considerato tra le più acute denunce della crisi dei valori della civiltà occidentale, sia infine quel fiorire di filosofie vitalistiche e della cosiddetta «intuizione del mondo» (*Weltanschauung*) che ha caratterizzato il pensiero della fine dell'Ottocento e dell'inizio del nostro secolo (W. Dilthey, G. Simmel, R. Eucken e altri). A Kierkegaard si ricollega piuttosto l'esistenzialismo, che, tanto sul versante cosiddetto ateo (Heidegger, K. Jaspers, J.-P. Sartre, A. Camus) quanto su quello religioso (K. Barth), sottolinea — con i temi dell'angoscia, dello scacco e del naufragio dell'esistenza, dell'assurdo, dell'insolubile enigma dell'individuo «gettato» nel mondo e destinato alla morte — il fondo irrazionale o arazionale dell'essere, irriducibile agli schemi metafisici o scientifici del razionalismo.

• *Il dibattito sull'irrazionalismo del Novecento.* Proprio la fortuna dell'esistenzialismo ha fatto esplodere la questione dell'irrazionale, resa particolarmente acuta dall'utilizzazione politico-ideologica di alcuni temi e autori irrazionalisti da parte del nazismo e del fascismo. Il nazismo si richiamava soprattutto al fortunato libro di O. Spengler *Il tramonto dell'Occidente* (1918-22), che sviluppava le tesi del vitalismo in sede di storia della civiltà e avallava, sulla base di un esasperato pessimismo, le istanze imperialistiche del capitalismo europeo. Il fascismo si richiamava invece alla «filosofia della violenza» di G. Sorel, mentre lo stesso marxismo si trovava a fare i conti con le tesi irrazionalistiche dell'anarchismo bakuniniano, ancora operanti negli anni della rivoluzione russa. È muovendo da questa situazione storica che G. Lukács, nel noto libro del 1954 *La distruzione della ragione*, cercava di dimostrare come l'irrazionalismo, da Schelling a Nietzsche, altro non fosse che una manifestazione ideologica con la quale la borghesia aveva cercato di reagire alla propria interna crisi mediante una giustificazione apologetica della propria volontà di potenza e della propria prassi imperialistica. Di contro alle tesi di Lukács il «pensiero negativo» della scuola di Francoforte (M. Horkheimer, Th.W. Adorno, H. Marcuse, J. Habermas) ha ripreso le tematiche «irrazionalistiche», in particolare di Nietzsche, nella sua critica della razionalità del mondo borghese. Nel contempo la stessa corrente del neopositivismo logico è venuta manifestando talune componenti irrazionalistiche, per es. nel riconoscimento della ineffabilità «mistica» del mondo, in quanto esso si sottrae a ogni «sintassi», a ogni «semantica» e a ogni «gioco linguistico» (Wittgenstein), o nella dichiarata indimostrabilità dei giudizi di valore sui quali si fonda il vivere morale e sociale dell'uomo. L'irrazionalismo moderno sembra sfociare pertanto in una radicale presa di coscienza dei limiti storici e teorici della *ratio* occidentale, verificando le tesi dell'ultimo Heidegger, secondo cui il pensiero umano è più ampio di ciò che la metafisica e le scienze occidentali hanno preteso di stabilire in forza di un dogmatismo che ha fatto sì che la ragione diventasse «la peggiore nemica del pensiero».

Isaia (secc. VIII-VII a.C.), profeta biblico, primo dei profeti maggiori secondo il canone cristiano. Predicò nel regno di Giuda e a Gerusalemme in difesa della fede jahwistica, minacciata dai costumi stranieri, dall'idolatria e, non ultimo, dal formalismo cultuale. Ebbero origine dalla sua missione i conflitti che lo condussero, secondo un'antica tradizione, a subire il martirio sotto Manasse nei primi anni del sec. VII.

A Isaia sono generalmente attribuiti, del libro che va sotto il suo nome, i capp. 1-39 (Protoisaia). All'epoca esilica andrebbero invece ricondotti i capp. 40-55 (Deuteroisaia), e all'epoca postesilica i capp. 56-66, supplementi del Deuteroisaia od opera di un altro autore (Tritoisaia). Al centro della prima parte sta la vocazione di Isaia (cap. 6): dinanzi a Dio — che si presenta come il Santo, cioè il Separato, l'Altro — il profeta si riconosce peccatore; la purificazione divina, però, non solo può salvarlo, ma può fare di lui l'inviato di Dio. All'azione di Dio che purifica e suscita nuova vita è legata l'idea del «resto di Israele» (la piccola parte del popolo rimasta fedele e destinataria delle divine promesse). Nell'esercizio della sua missione Isaia si incontra con Achaz e la sua incredulità (a lui è diretta la profezia della «vergine» che darà alla luce un figlio), e con il popolo, del quale denuncia il misconoscimento di Dio e il formalismo religioso. Alle condanne che leva contro di esso si affiancano gli oracoli contro le nazioni. Emergono i capp. 24-27, che per il contenuto e per il genere letterario sono prossimi all'apocalittica dell'Antico e del Nuovo Testamento, donde la loro denominazione di Apocalisse di Isaia. La narrazione della minaccia e della liberazione di Gerusalemme da Sennacherib conclude il Protoisaia (capp. 36-39).

Nel Deuteroisaia, compiutasi la condanna del popolo nella deportazione babilonese, la voce del profeta si volge alla consolazione e alla speranza della imminente liberazione, mediante oracoli di salvezza. Tra questi emerge la serie degli oracoli che s'accentrano su una delle figure più alte e drammatiche dell'Antico Testamento: il servo di Jahweh (42, 1 - 4.6-9; 49, 1 - 6; 50, 4 - 9; 52, 13 - 53, 12). Nell'ultimo di questi canti compare per la prima volta il tema della sofferenza vicaria, che avrà decisivo rilievo nell'interpretazione neotestamentaria della morte di Cristo. L'anonimo autore del Deuteroisaia è senza dubbio una delle maggiori personalità del profetismo biblico: a lui si devono la prima enunciazione dottrinale del monoteismo, l'universalismo più profondo, la presentazione del ritorno degli esiliati come un nuovo grandioso esodo, la dialettica sofferenza-redenzione incarnata nella figura del servo di Jahweh. Gli oracoli del Tritoisaia, collocandosi dopo l'esilio, esprimono non solo la gioia della liberazione, ma anche la delusione delle speranze, nella fatica della ricostruzione della patria e della religione di Israele; a conclusione si profila una visione apocalittica della salvezza definitiva.

Iser, Wolfgang (Marienberg, 1926), teorico della letteratura tedesco. Professore all'università di Costanza, è, insieme con H.-R. Jauss, il maggiore esponente della cosiddetta «estetica della ricezione». Muovendo dall'estetica fenomenologica di R. Ingarden, Iser elabora una fenomenologia dell'atto della lettura. Ingarden (*L'opera d'arte letteraria*, 1931) aveva teorizzato il rapporto di complementarità fra testo e lettore come carattere specifico dell'opera letteraria: questa, non avendo un corrispettivo mondano evidente ed esponendo un mondo che si esplicita solo attraverso la successione lineare di frasi, richiede l'intervento del lettore, chiamato a concretare i punti di vista schematicamente offerti dall'opera. Il fine di questa interazione era, per Ingarden, la ricostruzione della emozione originaria deposta nel testo. Rifiutando quest'ultimo assunto, Iser tiene ferma la complementarità fra testo e lettore, ravvisandovi l'aspetto costitutivo dell'opera d'arte come tale. Il testo letterario, infatti, a differenza di quelli che descrivono un mondo effettivamente esistente, o di quelli che — come i testi giuridici — hanno un ruolo normativo, non raffigura né crea oggetti, ma si risolve nella interazione col lettore, e nel significato che scaturisce dalla reazione di quest'ultimo. L'indeterminatezza derivante dalla mancanza di referente, ma non di destinatario, costituisce allora la risorsa fondamentale del testo letterario, che per un verso non può trarre la propria verità dall'essere conforme a un mondo esistente, ma che, per altro verso, e proprio in forza della sua indeterminatezza, attiva l'intervento intenzionale del lettore. Opere principali: *La struttura di appello del testo* (1970); *Il lettore implicito* (1972); *L'atto della lettura* (1976).

Islam, religione fondata da Maometto nei primi decenni del sec. VII d.C. Il termine è presente già nel Corano, dove sta a denotare la fede e la religione musulmana: *muslim* (plurale *muslimun*) è sostantivo che proviene dallo stesso verbo *aslama*, che ha il duplice senso, appunto, di interiore sottomissione a Dio e di esterna professione religiosa. La parola *islām*, nel Corano, sta cioè a significare sia la fede (*imām*), l'intimo abbandono a Dio, l'atto di conversione, il «ritorno», che è dono di Dio stesso, sia la religione (*dīn*) perfetta, perché rivelata da Dio stesso a Maometto. Fonte per eccellenza per la conoscenza dell'Islam è perciò il libro sacro, il → Corano, «recitazione» di quanto Maometto ha appreso da Dio per rivelazione. Accanto al Corano si colloca, per la conoscenza dell'Islam, la tradizione autentica (→ Sunna), espressa sotto forma di insegnamenti o detti (*ḥadīth*) che si fanno risalire al Profeta attraverso catene di testimoni, la cui attendibilità viene valutata con rigore dalla stessa scienza tradizionale musulmana. Varie sono le compilazioni della tradizione e particolarmente autorevole è quella di al-Bukhārī (morto nell'870). La forza originaria (e ancora attuale) dell'Islam sta nel porsi come coronamento della rivelazione di Dio nella storia. Dio ha parlato ai vari popoli, testimoniando la propria unicità e avvertendo del giudizio finale per mezzo dei profeti (parecchi sono nominati dal Corano e la maggior parte sono figure bibliche). Essi furono in genere respinti dai vari popoli, perseguitati, talvolta uccisi. Tra questi profeti spiccano Mosè, cui Dio affidò la Torah, la Legge, e Gesù, cui Dio conferì l'Evangelo. Ma il Corano comprende tutte queste rivelazioni e le supera, in quanto «sigillo della profezia». Le comprende, nel senso che molti elementi del Corano sono mutuati dalla rivelazione biblica, non solo sotto il profilo dottrinale, ma anche sotto quello narrativo (sebbene, propriamente, l'ortodossia islamica non ammetta la possibilità di una derivazione da fonti preesistenti, come la Bibbia: tutto è «sceso» direttamente su Maometto da Dio). Le supera, in quanto si presenta come il loro più perfetto compimento, il loro sbocco necessario: né il musulmano ha più bisogno di riferirsi alle scritture sacre precedenti, perché il Corano non le incorpora (come la Bibbia cristiana, che ingloba l'Antico Testamento), e le dichiara invece ormai superflue e anzi inattendibili, inficiate da «errori» o «falsificazioni» di mano cristiana o ebraica. Così vengono spiegate anche le numerose e importanti divergenze fra tradizione biblica e tradizione coranica nella trasmissione di dati pur comuni a entrambe (per es. a proposito della morte di Gesù, che viene dichiarata solo apparente). L'Islam del resto, oltre a presentarsi come compimento e rettifica dell'ebraismo (ricondotto a Mosè) e del cristianesimo (a Gesù), intende direttamente riallacciarsi ad Abramo, autentico fondatore del monoteismo, prima ancora che esistessero giudaismo e cristianesimo. La dottrina coranica è comunque nei suoi fondamenti un monoteismo biblico, iscritto cioè nella linea di sviluppo storico creazione-rivelazione-giudizio ultimo, linea anche giudaica e cristiana.

• *Caratteri del monoteismo islamico.* L'esperienza fondamentale dell'Islam (e anzitutto di Maometto) è quella della sovranità dell'unico Dio, «signore dei mondi»: gli uomini come singoli e l'umanità nel suo complesso sono sottoposti alla potenza creatrice, legislatrice, giudicatrice di Dio. Gli uomini «acquistano» le proprie azioni, che sono tutte create direttamente da Dio: non esistono cause seconde. Ma Dio è anche «il compassionevole, il misericordioso», pronto ad accogliere chi si pente. Nella sua vicenda terrena il credente si trova a lottare con il mondo degli angeli ribelli, il cui capo è Iblīs ovvero lo Shaytān, ma è assistito dagli angeli fedeli. Al centro della fede islamica è naturalmente la professione di fede monoteistica, la *shahāda* («Non c'è Dio se non Dio, e Maometto è il messaggero di Dio»). Il monoteismo islamico è antitrinitario (Dio non genera e non è generato, come invece il Padre e il Figlio della teologia cristiana) e non conosce perciò la soteriologia cristiana, imperniata sulla figura del Figlio di Dio, incarnato, morto e risorto per la salvezza degli uomini. Oltre che sulla professione di fede, l'Islam poggia su altri quattro «pilastri» (come si dice correntemente): la preghiera canonica, che a poco a poco attraverso la storia si precisa e si ritualizza anche nei gesti; l'elemosina, che è in realtà una sorta di decima, di tributo obbligatorio; il digiuno nel mese di Ramadan; il pellegrinaggio alla Mecca, da compiersi almeno una volta nella vita, con un rituale preciso, alla cui base è la stessa pratica di Maometto, che lo osservò nei suoi ultimi anni. Un ulteriore impegno per il credente, o meglio per la comunità musulmana, è la «guerra santa», *ǧihād*, contro i nemici di Dio, cioè i pagani che rifiutino la conversione, mentre le «genti del libro» (ebrei, cristiani e zoroastriani, possessori di un libro sacro) non devono essere costretti a convertirsi.

• *Teologia e legge coranica.* L'Islam non ha originariamente colorazione ascetica o mistica, ed esclude il monachesimo, con l'eccezione importante, tuttavia, del → sufismo e, in qualche misura, delle confraternite (*ṭarīqa*, cioè «via») medievali. Coerentemente con lo stesso progetto politico-religioso di Maometto, l'Islam dà grande importanza al nesso tra religione e diritto (*sharī 'a*): il diritto religioso tradizionale si costituisce nei primi secoli, oltre che sul Corano e sulla Sunna, anche sulla regola del «consenso» (*iǧmā'*) della comunità intera (ciò non impedì in seguito che la classe degli *'ulamā*, o esperti nella *sharī 'a*, assumesse un forte rilievo nella vita sociale dell'Islam) e, come quarta fonte, sul ragionamento analogico (*qiyās*). All'interno della tradizione giuridica si formarono ed esistono tuttora varie scuole (talora dette impropriamente «riti»), che predominano nei diversi paesi islamici: le scuole hanafita, shafiita, malikita e hanbalita. Attraverso i secoli l'Islam ha conosciuto, al pari della chiesa cristiana, vari scismi, eresie, movimenti settari. Nei secc. VIII-IX i → mu'taziliti, sotto l'influsso della filosofia ellenica e del → *kalām*, o teologia razionale, considerarono lesiva della trascendenza divina la dottrina ortodossa degli attributi divini, della predestinazione, del Corano increato ed eterno, preesistente presso Dio. Il razionalismo mu'tazilita fu in seguito (secc. XI-XIII) superato dal partito «ortodosso», che a sua volta si sviluppava su due linee: il tradizionalismo, che trovò la sua espressione teologica nel sistema asharita (da al-Ash'arī, m. 935 ca), e la «scolastica», che si rifletté nella grande filosofia di autori come al-Kindī, al-Farābi, Avicenna e Averroè. Una sintesi tra elemento mistico (sufico), elemento etico e ricerca teologica è rappresentata dall'opera di al-Ghazālī. Grande rilievo ha poi, nella storia dell'Islam, la presenza della *shī 'a* (→ sciiti), un movimento inizialmente politico che si rifà ad 'Alī (genero di Maometto e quarto califfo dell'Islam) per svilupparsi poi storicamente in modo autonomo anche sul piano dottrinale e culturale in una sintesi dove confluiscono elementi antico-iranici, gnostico-cristiani, neoplatonici. Suoi tratti distintivi rispetto all'ortodossia sunnita sono: l'idea di successione profetica e di intermediari celesti tra Dio e mondo; l'interpretazione allegorica del Corano, con cui il testo viene adeguato a sempre nuove esigenze teologiche; il ruolo di una gerarchia che esercita la sua autorità con un peso sconosciuto altrove; la tradizione di lotta contro il potere, caratteristica di una lunga condizione di minorità e di emarginazione: questa tradizione si riflette anche nel culto dei santi e dei martiri, di cui sono prototipi il già citato 'Alī e Ḥusayn.

L'ultimo secolo ha visto l'emergere del modernismo islamico, così chiamato per analogia con il movimento che percorre il cattolicesimo agli inizi del Novecento. Esso intende comporre razionalità moderna, spesso compendiata in un marxismo depotenziato e semplificato (come nell'esperienza nasseriana), e principi religiosi; è alimentato soprattutto dalle élites borghesi progressiste. Negli ultimi anni quest'approccio sembra essere entrato in crisi a favore di riproposizioni integrali o anche integralistiche dell'Islam, la cui valutazione è assai complessa proprio perché si tratta di fenomeni ancora in atto. Quanto al dialogo ecumenico con l'Islam (non la controversia, che è da sempre esistita), esso è appena iniziato, e grandi sono le difficoltà, che nascono non solo dalle pretese reciproche di assolutezza proprie di entrambe le parti, ma anche dalla pretesa, specificamente islamica, che il Corano abbia caratteri di conclusività e definitività rispetto a giudaismo e cristianesimo, considerati come fasi precedenti e superate. *P.C. Bo.*

ismailiti, comunità eretica musulmana sciita. Il nome deriva dal fatto che essi ritengono legittimo imām, dopo il sesto (Gia'far al-Ṣādiq, morto nel 765), il figlio primogenito Ismā'īl anziché il secondogenito Mūsā al-Kāẓim (→ imamiti), e ritengono con lui chiuso l'imamato: sono perciò detti anche «settimani». Tuttavia il termine «ismailita» è spesso divenuto sinonimo di sciita estremo (→ sciiti). In questo senso generico l'ismailismo si può identificare con l'esoterismo islamico, basato sulla credenza che esista un senso esoterico del Corano cui si accede mediante un'interpretazione simbolica impartita da una gerarchia di maestri iniziatici. Gli ismailiti attuali non sono settimani, perché continuano la linea degli imām fino all'età presente. Il concetto centrale dell'ismailismo è che Dio non può aver lasciato il mondo privo di una guida infallibile. Dopo la morte di Maometto (il profeta essoterico o «parlante», affiancato da una guida esoterica o «tacita», che nel caso di Maometto è 'Alī) la profezia continua, in forme diverse, con la *wilāyā* (guida infallibile esoterica). La teologia ismailita è chiaramente neoplatonica: da Dio, inaccessibile e senza attributi, derivano successivamente l'intelletto universale, l'anima universale, la mate-

ria prima, lo spazio, il mondo terrestre. L'intelletto universale si manifesta in sette personaggi: Adamo, Noè, Abramo, Mosè, Gesù, Maometto e il *Qā'im* (figura escatologica). Il «sette» ricorre quindi non tanto come numero degli imām, ma come numero delle manifestazioni divine, l'ultima delle quali, almeno nell'ismailismo medievale, doveva realizzarsi in un vero e proprio fondatore di una nuova religione definitiva. La «verità» è rivelata solo a chi è passato attraverso vari gradi (sette o nove) di iniziazione. Fra l'una e l'altra manifestazione si colloca la serie degli infallibili imām.
Ismailiti furono lo stato dei carmati o batiniti (di cui il termine è talora, impropriamente, sinonimo), sul golfo Persico (secc. X-XI), e il principato di Alamūt, che dalle rive meridionali del Caspio si estese con i suoi castelli fortificati in Siria e in Persia, e al quale si collega la setta iniziatica mistico-militare — forse tendenzialmente panteistica — degli assassini, ben nota ai crociati. Di questo grandioso movimento restano ora scarsi residui: gli ismailiti seguaci dell'Āghā Khān (successore degli imām di Alamūt) e altre piccole sette diffuse in India, Asia centrale, Yemen e altrove. Diramazione degli ismailiti in senso lato sono anche i → drusi. Sebbene gli attuali ismailiti custodiscano i loro antichi libri (del resto letti solo da pochi iniziati), c'è una tendenza a trasformare l'antico esoterismo in una sorta di «teosofia islamica» e a spostare il robusto e pericoloso escatologismo politico-religioso verso una lontana «fine del mondo».

isomorfismo, concetto elaborato nell'ambito della → Gestaltpsychologie.

ispirazione, termine designante l'azione di uno spirito divino nell'uomo, la quale si manifesta nella conoscenza e nella comunicazione di visioni o rivelazioni. In generale essa presuppone nella persona ispirata particolari attitudini e predisposizioni, variamente intese nei diversi contesti culturali. In un'accezione più specifica, l'ispirazione è considerata, in alcune religioni (ebraismo e cristianesimo, Islam, induismo), all'origine dei libri sacri, dei quali fonda e garantisce il valore normativo (→ rivelazione).
Nell'ebraismo e nel cristianesimo il concetto di ispirazione si precisa in rapporto alla Bibbia. Il termine manca nell'Antico Testamento, e appare appena nel Nuovo; ma la dottrina è largamente diffusa nel giudaismo, la cui forma palestinese riconosceva maggiormente la singolarità caratterizzante degli autori, mentre la forma ellenistica (Filone) vedeva piuttosto nell'ispirazione uno stato estatico, nel quale l'uomo diventa strumento largamente passivo dello Spirito divino. Il cristianesimo primitivo ereditò il concetto di ispirazione in prevalenza dal giudaismo ellenistico; ma presto, grazie soprattutto a Origene, l'ispirazione venne riconosciuta non tanto nell'obnubilamento estatico della coscienza, quanto piuttosto nella sua illuminazione somma, al punto che più tardi l'estasi apparirà come contrassegno della falsa profezia. Il concetto di dettato che lo Spirito eserciterebbe nei confronti dell'autore ispirato portò l'ortodossia protestante, e anche alcuni cattolici, all'idea estrema dell'ispirazione verbale, messa poi in crisi dall'illuminismo e dalle teologie del romanticismo, particolarmente da F. Schleiermacher. Nella moderna teologia cattolica, esclusa l'idea di ispirazione come «dettatura» meccanica o come semplice assistenza divina, si insiste sull'intima cooperazione tra Dio e l'agiografo, in forza della quale la Scrittura va considerata insieme opera di Dio e dell'uomo. Il riconoscimento dell'uomo come vero autore, sebbene secondario, degli scritti biblici ha significato ammettere la possibilità di un loro accostamento attraverso gli strumenti della critica storica e dell'ermeneutica letteraria.

isteria, sindrome nevrotica dal quadro clinico molto eterogeneo, caratterizzato da sintomi fisici, privi tuttavia di un substrato organico patologico dimostrabile. Ciò ha spesso condotto a ritenere che isteria fosse sinonimo di simulazione. Il termine fu introdotto da Ippocrate che, rifacendosi a una teoria medica dell'età periclea, riteneva l'isteria una malattia esclusivamente femminile, dovuta a una sofferenza dell'*utero* (in gr., *hystéra*) che, a causa dell'astinenza sessuale, «errava» all'interno del corpo premendo sugli altri organi. Questa interpretazione, attraverso Galeno (sec. II), si trasmise al medioevo, durante il quale le isteriche venivano sottoposte a esorcismo. Soltanto nel Settecento fu gradualmente abbandonata la convinzione che si trattasse di una malattia soprannaturale, esclusivamente femminile. Una definizione più esatta dell'isteria si ebbe alla fine del sec. XIX e agli inizi del XX, grazie all'opera di due neurologi, J.-M. Charcot e J.F.F. Babinski. Il primo sottolineò l'importanza di emozioni traumatiche nella genesi della malattia, pur confermandone l'origine organica; il secondo escluse dall'isteria tutte quelle manifestazioni sintomatiche riconducibili con certezza ad alterazioni organiche, convinto che si trattasse di uno stato psichico dovuto all'autosuggestione e curabile con la persuasione (coniò infatti per l'isteria il termine *pitiatismo*, dal gr. *péithō*, persuadere, e *iatós*, curabile). In seguito, gli studi di P. Janet individuarono nell'individuo isterico una forma di dissociazione, una tendenza, provocata dalla tensione emotiva troppo forte rispetto alle proprie capacità di difesa, a isolare gruppi di idee e di ricordi dalla coscienza.
Influenzato da Charcot, Freud si convinse della eziologia sessuale della malattia isterica, che successivamente estenderà alle altre nevrosi. Venuto a contatto col caso di Anna O., una paziente isterica curata dal suo amico J. Breuer in

parte col metodo catartico (→ catarsi) e in parte col metodo ipnotico (→ ipnosi), Freud si rese conto dei gravi limiti terapeutici di quest'ultimo, che cela le resistenze psichiche anziché evidenziarle. Così, con un'altra paziente isterica, Lucy R., egli inaugurò il metodo dell'associazione libera in stato di veglia. Nel 1893, in *Il meccanismo psichico dei fenomeni isterici*, Freud definì il processo fondamentale dell'→ abreazione, o scarica emozionale che libera l'affetto legato al ricordo di un evento traumatico. Nel 1894, in *Studi sull'isteria*, scritti in collaborazione con Breuer, Freud diede un risalto molto maggiore all'isteria da difesa rispetto alle altre due forme, l'isteria da ritenzione (caratterizzata dal fatto che alcuni affetti non hanno potuto essere «abreagiti») e l'isteria ipnoide (che avrebbe la sua origine appunto negli «stati ipnoidi»). Negli anni successivi Freud eliminò questa tripartizione e la stessa espressione «isteria da difesa», essendo ormai convinto che il conflitto difensivo contro determinate pulsioni sessuali e rappresentazioni capaci di provocare affetti spiacevoli fosse l'unico responsabile dell'isteria e di tutte le altre nevrosi e nel 1897 scoprì che le esperienze infantili di seduzione paterna, riferitegli dalle sue pazienti isteriche, non hanno quasi mai luogo nella realtà ma solo nell'immaginario. Nel 1901, in rapporto al caso di Dora, una paziente affetta da «piccola isteria», con sintomi di depressione, di dispnea, afonia ed emicrania, Freud enucleò esaustivamente il ruolo patogenetico del complesso edipico, e, prendendo lo spunto dal teatralismo autoscenico dei soggetti isterici, sviluppò la tematica del transfert analitico ed extra-analitico. L'isteria venne così classificata da Freud fra le nevrosi di transfert, con punto di fissazione nella fase edipica e con la rimozione e la dissociazione quali meccanismi di difesa caratteristici. Sul piano sintomatologico le due forme meglio isolate sono: l'isteria di conversione e l'isteria d'angoscia.

Nell'*isteria di conversione* il conflitto intrapsichico dà luogo, in assenza di alterazioni anatomiche, a sintomi somatici, registrabili sia a livello sensoriale (cecità, sordità, anestesia cutanea, iperestesia ecc.), sia a livello motorio (paralisi, contratture, convulsioni ecc.). La conversione, equivalente secondo Freud all'innervazione somatica di un contenuto psichico rimosso, sceglie un organo piuttosto che un altro in funzione di un trasparente metaforismo inconscio: così la cecità corrisponde a un rifiuto di vedere, la paralisi a un rifiuto di camminare ecc. Nell'*isteria da angoscia* i sintomi sono costituiti da sensazioni angosciose e da fobie relative ai più svariati oggetti esterni, in assenza di fenomeni conversivi. Fu l'analisi del piccolo Hans (1909) a consentire a Freud di studiare la nevrosi fobica e di coglierne le somiglianze con l'isteria di conversione. In entrambi i casi la rimozione separa l'affetto dalla rappresentazione: nella nevrosi fobica, però, la libido non è convertita, ma è liberata sotto forma di angoscia e spostata successivamente su un oggetto, l'oggetto fobico.

In psichiatria si parla di *personalità isterica* quando, anche in mancanza di sintomi conversivi e fobici, siano rilevabili tratti di istrionismo, mitomania e suggestionabilità accentuata.

istinto, in psicologia animale e in → etologia, «meccanismo nervoso organizzato gerarchicamente, sensibile a determinate stimolazioni ambientali che lo risvegliano, lo mettono in funzione e lo dirigono, alle quali esso risponde con movimenti ben coordinati che hanno per fine la conservazione dell'individuo o della specie» (N. Tinbergen). L'istinto animale (che porta per es. gli uccelli a costruirsi il nido) è più complesso del riflesso; non muta né durante la vita dell'individuo né attraverso le varie generazioni di individui di una stessa specie; e diventa tanto meno rigido o preformato e tanto più legato all'apprendimento quanto più si sale nella scala zoologica. In passato la psicologia classica contrapponeva l'istinto all'apprendimento intelligente; oggi questa contrapposizione non è più accettata sul piano scientifico, anche se è rimasta nell'uso comune. Il più noto rappresentante dell'interpretazione istintualistica del comportamento umano è stato W. McDougall (*Introduzione alla psicologia sociale*, 1908), il quale ha distinto un numero considerevole di istinti umani specifici (primari, come l'istinto di fuga, e secondari, come l'istinto di ridere) e ha contrapposto a essi i cosiddetti «pseudoistinti», come la tendenza imitativa. Ma questa concezione e quelle analoghe sono oggi prive di sostenitori, fin da quando per un verso il comportamentismo ha messo in luce l'importanza dei fattori di apprendimento, e per altro verso le varie psicologie dinamiche, e soprattutto la psicoanalisi, hanno sviluppato e articolato il concetto di motivazione in maniera assai più ricca ed euristica rispetto al vecchio e puramente classificatorio concetto di istinto. (Per la psicoanalisi → pulsione.)

istituzione, complesso di valori, norme e consuetudini che definiscono e regolano, durevolmente e in modo relativamente indipendente da finalità particolari e caratteristiche personali dei singoli componenti, *a*) i rapporti sociali e i comportamenti d'un gruppo di soggetti la cui attività è considerata socialmente rilevante per la struttura della società o di importanti settori di essa, e *b*) i rapporti che altri soggetti possono avere a vario titolo con tale gruppo, nonché i relativi comportamenti. In un'accezione più estesa si considera l'istituzione comprensiva, oltre che del complesso normativo di cui s'è detto, anche del personale stesso che con la sua attività lo sostiene, lo realizza e lo riproduce, nonché delle risorse materiali necessarie per

svolgere l'attività in questione. Nel primo senso sono istituzioni, per es., il matrimonio, il divorzio, la proprietà privata, la successione ereditaria; nel secondo, la famiglia, la scuola, la chiesa, lo stato.
La convinzione che la sociologia sia la scienza delle istituzioni sociali è stata espressa inizialmente da E. Durkheim: preoccupato di non esaurire i fatti sociali nella sfera delle rappresentazioni, delle motivazioni, della coscienza dell'individuo, egli intende per istituzione «ogni credenza e forma di condotta istituita dalla collettività», e afferma che i soggetti fanno parte di una realtà composta da istituzioni che preesistono a essi. Ogni soggetto deve in qualche modo accettarle e comprenderle. La sociologia risulta così «la scienza delle istituzioni, della loro genesi e del loro funzionamento». Nell'applicarsi a fatti, a realtà non immediatamente trasparenti, la sociologia deve interrogarsi sulla natura delle varie istituzioni sociali, sulle cause che le hanno determinate, sulle funzioni che assolvono, sulle «leggi» in base alle quali esse mutano nel corso della storia. Ma l'attenzione di Durkheim non è rivolta soltanto alle uniformità (che derivano dall'esistenza delle istituzioni) individuabili nei fatti sociali, ma anche alle modalità attraverso cui gli individui — inseriti in un processo di consolidamento istituzionale — interiorizzano le norme, le credenze, le condotte socialmente riconosciute.
Sul processo di interiorizzazione delle norme sociali si sono soffermati sia M. Weber che T. Parsons. Il primo è attento soprattutto alle condizioni in cui un ordinamento viene legittimato dai soggetti. Egli non fa risalire la validità di una norma e di un'istituzione alla semplice influenza del costume sugli individui o alla rispondenza a determinati interessi. Oltre che da questi aspetti, l'accettazione di un'istituzione dipende anche — secondo Weber — dall'interiorizzazione di determinati valori, la cui funzione sta nell'orientare e vincolare l'azione sociale dei soggetti. Per Weber, inoltre, la legittimità sociale di determinati ordinamenti emerge anche nel momento della violazione da parte di alcuni. In questi casi, infatti, i soggetti vanno incontro a sanzioni o ad azioni repressive che esprimono la legittimità delle istituzioni dal punto di vista della maggioranza dei soggetti di una società. Per Parsons la conformità ai valori che si riscontra in una società tende a formare particolari «disposizioni di bisogno» che caratterizzano la struttura della personalità dei soggetti. Si ha qui una prospettiva teorica nella quale appaiono integrate le strutture della personalità con gli elementi culturali e con l'organizzazione del sistema sociale.
Alla conformità del comportamento di ruolo alle norme e ai valori emessi dalla cultura, i soggetti sono spinti, oltre che dall'interiorizzazione, anche dalla gratificazione soggettiva che tale adesione comporta. La convergenza tra il comportamento del soggetto e le aspettative che in rapporto a esso si producono nell'interazione tra un soggetto e l'altro è uno dei fattori che più contribuiscono all'equilibrio del sistema sociale.
Tra i contributi più recenti allo studio delle istituzioni si colloca l'opera di F. Alberoni. Nell'analisi dell'istituzionalizzazione come passaggio all'assetto strutturato dei gruppi formati nel processo di stato nascente, egli ha distinto le istituzioni di reciprocità, quelle di dominio, quelle di rappresentanza e quelle conflittuali (*Statu Nascenti*, 1968; *Movimento e istituzione*, 1977; *Genesi*, 1989).

Jacobi, Friedrich Heinrich (Düsseldorf 1743 - Monaco 1819), filosofo tedesco. Dedicatosi agli studi letterari e filosofici, entrò in contatto con gli enciclopedisti e Rousseau, e con i maggiori esponenti della cultura tedesca (Goethe, Herder, Hamann, Wieland), con i quali intrattenne anche un vasto epistolario che è un importante documento del pensiero dell'epoca. A partire dal 1775 pubblicò, in varie redazioni e rielaborazioni, *Il carteggio di Allwill* e *Woldemar* (1777), due romanzi filosofici di argomento morale. Del 1780 sono l'incontro con Lessing e la celebre discussione su Spinoza che Jacobi, dopo la morte di Lessing, rese pubblica con le *Lettere a Mosè Mendelssohn sulla dottrina di Spinoza* (1785), indirizzate appunto a Mendelssohn e subito divenute oggetto di una vivace polemica. La questione, dapprima ristretta al supposto spinozismo di Lessing, si allargò in seguito al significato generale dello spinozismo, che, anche per effetto delle *Lettere* e al di là delle intenzioni di Jacobi, divenne un tema di primo piano nella cultura tedesca di fine Settecento e del primo Ottocento, coinvolgendo Herder, Goethe e il pensiero idealistico e romantico nella sua prima fase. Nelle *Lettere* Jacobi opponeva al razionalismo la necessità della fede come sapere immediato; di qui le accuse di fideismo, misticismo, criptocattolicesimo, alle quali egli rispose appellandosi all'autorità di Hume con il dialogo *D. Hume, sulla fede o idealismo e realismo* (1787), che reca in appendice il saggio *Sull'idealismo trascendentale*, una delle prime posizioni critiche nei confronti di Kant. Del 1799 è la *Lettera a Fichte*, con in appendice il saggio *Inseparabilità del concetto di libertà e preveggenza dal concetto di ragione*. Seguono, nel 1801, *Il tentativo di ridurre la ragione a intelletto* e *Una profezia di Lichtenberg*. Del 1807 è il discorso inaugurale all'Accademia delle scienze di Monaco, *Le società scientifiche, il loro spirito e il loro scopo*; del 1811 *Le cose divine e la loro rivelazione*, scritto rivolto contro Schelling, che reagì aspramente. Di notevole importanza, infine, l'*Introduzione alla raccolta delle opere filosofiche* (1815), premessa al secondo volume delle *Opere*, in cui Jacobi riprende le fila del suo pensiero e ne chiarisce il significato e gli intenti.

• *La polemica contro il razionalismo. La fede.* Lo sviluppo del pensiero di Jacobi, formulato per lo più, come egli stesso ebbe a dire, in «scritti di occasione», riflette efficacemente un'intera stagione della cultura tedesca, che va dall'illuminismo all'idealismo hegeliano, attraverso lo Sturm und Drang, il nascente romanticismo, il classicismo e naturalismo goethiano, il criticismo kantiano e l'idealismo di Fichte e Schelling. Confrontandosi con il pensiero del suo tempo attraverso romanzi, dialoghi, lettere e saggi, Jacobi polemizza contro la morale astratta dell'illuminismo, alla quale oppone l'esigenza di riconoscere il peso del sentimento e della passione, purché inquadrati in una sorta di morale superiore in cui si contemperino le motivazioni del «cuore» e i principi della ragione. Dello spinozismo, Jacobi apprezza la coerenza e il rigore: quella di Spinoza è una perfetta filosofia della dimostrazione razionale; a essa, però, egli contrappone l'esigenza di una libertà che, pur non potendo essere dimostrata, neppure può essere negata, se si vuole adeguatamente comprendere l'essenza dell'uomo. La libertà umana, infatti, è qualcosa che si rivela immediatamente, in una forma di sapere che è quindi *fede*, quella stessa fede in forza della quale l'uomo ammette Dio sopra di sé e il mondo sensibile fuori di sé. Nel trascendentalismo di Kant, e soprattutto nell'idealismo di Fichte in quanto risolve coerentemente la contraddizione kantiana relativa alla cosa in sé, Jacobi vede la logica continuazione e l'assoluto compimento delle esigenze razionalistiche spinoziane. La *Dottrina della scienza* di Fichte è per Jacobi una sorta di «spinozismo rovesciato», che muove dal principio più profondo dell'Io puro per risolvere lo spirito, la natura, o meglio l'intera realtà, nell'assoluta razionalità del pensiero. Agli occhi di Jacobi non poteva darsi nessuna migliore conferma di questa interpretazione del sistema schellinghiano, che, soprattutto nei primi anni dell'Ottocento, faceva posto allo spinozismo per affermare l'identità di spirito e natura; in questo modo, secondo Jacobi, Schelling giungeva necessariamente alla più completa negazione tanto di Dio quanto dell'uomo e della stessa natura, risolvendoli in una vuota identità assoluta e mostrando così come l'idealismo non fosse altro che «nichilismo» (termine che Jacobi introdusse per primo nella terminologia filosofica e che avrà in seguito varia fortuna). Nel contempo Jacobi, anche per evitare che il suo pensiero venisse identificato con una professione di fede religiosa o confessionale, cercava di precisare i caratteri del sapere immediato (o fede) al quale si appellava, definendolo come qualcosa di «comandato dalla natura» (si ricordi la «forza naturale» che, in Hume, è alla base della «credenza» o *belief*). In particolare negli ultimi anni Jacobi insisté sulla differenza tra il sapere immediato che ci consente di cogliere la realtà sensibile e quello rivolto invece alle «cose divine»; a quest'ultimo, come intuizione del soprasensibile, riservava il termine di «ragione», rigorosamente distinta e anzi contrapposta all'intelletto come sapere mediato e facoltà della dimostrazione. Tutta questa tematica ebbe particolare importanza come termine di riferimento e di confronto per la filosofia hegeliana, che rivolse alla ragione intuitiva jacobiana critiche decisive quanto famose.

Jaeger, Werner (Lobberich, Renania, 1888 - New York 1961), filologo e storico della filosofia tedesco. Allievo di U. von Wilamowitz, insegnò a Basilea, a Kiel e a Berlino, dal 1914 al 1933. In seguito all'avvento del nazismo, emigrò negli Stati Uniti, dove insegnò, dal 1934, a Berkeley, a Chicago e alla Harvard University. Eminente filologo, Jaeger fu sempre animato, nella sua ricerca, da un'autentica e viva ammirazione per il mondo classico. Con la sua opera su Aristotele (*Aristotele. Prime linee di una storia della sua evoluzione spirituale*, 1923), egli ne iniziò l'interpretazione «genetica», secondo la quale la filosofia aristotelica è costituita da una serie di dottrine, sviluppatesi in diverse fasi successive, e non un complesso sistematico. Jaeger distingue tre fasi: la prima corrisponde agli anni trascorsi da Aristotele all'Accademia, in cui egli è ancora profondamente platonico; la seconda è segnata dal suo soggiorno in Asia Minore e in Macedonia: il filosofo inizia a sviluppare la sua critica a Platone, ma il suo pensiero resta ancora prevalentemente teologico, conserva cioè l'impronta platonica; la terza corrisponde al periodo del Liceo, in cui Aristotele si rende completamente indipendente dal pensiero platonico, e si dedica soprattutto alla ricerca scientifica ed empirica. In un altro studio fondamentale, *Paideia. La formazione dell'uomo greco* (vol. I 1933, voll. II-III 1943-46), Jaeger identifica nell'uomo greco il risultato più alto e compiuto della cultura classica. Nell'ultimo periodo, Jaeger cercò di configurare un ritorno della società moderna all'umanismo della cultura classica. Altre opere: *La teologia dei primi pensatori greci* (1948); *Cristianesimo primitivo e paideia greca* (1961).

Jakobson, Roman (Mosca 1896 - Cambridge, Massachusetts 1982), linguista statunitense di origine russa. Partecipò, quando era ancora studente, alla formazione del Circolo linguistico di Mosca (1915) e nel suo ambito cominciò a occuparsi dei problemi del linguaggio e della teoria dell'arte e dei loro rapporti. Trasferitosi in Cecoslovacchia dopo la rivoluzione, fu nel 1923 professore di filologia russa a Praga e nel 1937 di letteratura ceca antica a Brno. Nel 1926 fu uno dei fondatori del Circolo linguistico di Praga (con altri due russi: N. Trubeckoj e

S. Karčevskij). Al I Congresso internazionale di linguistica, all'Aia nel 1928, i tre studiosi presentarono un programma noto come Manifesto fonologico. In collaborazione con gli altri membri del Circolo linguistico di Praga preparò le celebri *Tesi per il I Congresso dei filologi slavi* (Praga, 1929). Nel 1939 l'invasione nazista della Cecoslovacchia lo costrinse a riparare in Norvegia e poi in Svezia. Al V Congresso internazionale di linguistica, a Bruxelles, svolse una relazione su *Lo sviluppo fonologico del linguaggio infantile e le coerenze corrispondenti nelle lingue del mondo*, inserendo le sue teorie in una considerazione unitaria del ritmo dell'apprendimento e della perdita del linguaggio (afasia). Nel 1941 si recò negli Stati Uniti, dove si stabilì, insegnando dapprima a New York, e poi dal 1949 a Harvard e dal 1957 anche al Massachusetts Institute of Technology. Nel 1962 è iniziata all'Aia la pubblicazione dei suoi *Scritti scelti* in sette volumi (postumi il VI, 1984 e il VII, 1985). Le opere più importanti sono: *Sul verso ceco, con particolare riferimento al verso russo* (1923); *Note sull'evoluzione fonetica del russo paragonata a quella delle altre lingue slave* (1929); *Principi di fonologia storica* (1931); *Sulla struttura del verbo russo* (1932); *Contributo alla teoria universale dei casi* (1936); *Linguaggio infantile, afasia e leggi fonetiche universali* (1941); *Sulla identificazione delle entità fonematiche* (1949); *Preliminari all'analisi della parola* (1952, con G. Fant e M. Halle); *Fondamenti del linguaggio* (1956, con Halle); *Linguistica e poetica* (1958). Gli articoli di linguistica più interessanti sono stati pubblicati in due raccolte di *Saggi di linguistica generale* (1963 e 1973), quelli di semiotica in *Lo sviluppo della semiotica* (1978).

Partito dall'esperienza del formalismo russo, Jakobson ravvisa dapprima nella scrittura artistica e poi nei disturbi del linguaggio due direttrici opposte e complementari, quella della similarità (o metafora) e quella della contiguità (o metonimia), fondate sui due assi paradigmatico e sintagmatico del linguaggio (→ paradigmatica - sintagmatica). Quella poetica è per Jakobson una delle funzioni del linguaggio che egli definisce mediante un'analisi del messaggio (→ funzionalismo in linguistica).

Nell'ambito dello strutturalismo praghese, cui dette un contributo fondamentale, Jakobson si occupò soprattutto di fonologia generale e storica: i suoi sono i primi, e restarono a lungo gli unici, saggi di fonologia storica strutturale. A poco a poco egli si distaccò dalla fonologia come la intendeva Trubeckoj, cercando di ridurre i fonemi a diverse configurazioni di certi tratti distintivi (definiti in termini acustici anziché articolatori) che si ritroverebbero in tutte le lingue. Questa teoria, che ha preso il nome di binarismo per il tipo di opposizione esistente fra i tratti, ha incontrato la critica dei fonologi tradizionalisti, ma anche l'adesione di nuove correnti come la fonologia generativa. Jakobson ha cercato di estendere il principio dell'opposizione binaria anche agli aspetti del linguaggio, a cominciare dalla morfologia strutturale.

James, William (New York 1842 - Chocorua, New Hampshire, 1910), filosofo e psicologo statunitense. Figlio del filosofo trascendentalista Henry Sr. e fratello del celebre romanziere Henry Jr., trascorse la giovinezza viaggiando per l'Europa e assimilando le lezioni delle più vitali ed eterogenee correnti culturali europee. Si laureò in medicina nel 1869, ma negli anni successivi si dedicò allo studio autodidattico della psicologia, di cui negli Stati Uniti fu il primo docente universitario (a Harvard, dove, a partire dal 1873, fondò uno dei primi laboratori di psicologia sperimentale) e il più autorevole rappresentante per moltissimi anni grazie all'opera in due volumi *Principi di psicologia* (1890), precorritrice diretta del → funzionalismo. Opera estremamente innovativa, i *Principi* applicano alla comprensione dei fenomeni psichici un metodo insieme fenomenologico e genetico-funzionale di matrice darwiniana: la realtà psichica è vista infatti come «flusso di coscienza» da descriversi nella sua immediatezza al di là di ogni sovrastruttura metafisica (positivistica o idealistica) ed è studiata nel «bel mezzo delle sue relazioni concrete», legata cioè a un organismo che interagisce con l'ambiente. Altre opere: *La volontà di credere e altri saggi di filosofia popolare* (1897); *Le varietà dell'esperienza religiosa* (1902); *Pragmatismo* (1907); *Il significato della verità* (1909); *Un universo pluralistico* (1909); *Alcuni problemi di filosofia* (incompiuta, 1911) e *Saggi sull'empirismo radicale* (postumi, 1912).

• *La teoria pragmatistica della conoscenza.* Il pensiero di James nel suo complesso può essere caratterizzato come un empirismo non riduzionistico che sostituisce all'amore della necessità logica propria del razionalismo l'amore per l'esperienza nella varietà delle sue dimensioni. Tre sono le direzioni fondamentali in cui egli elaborò la sua filosofia: la teoria pragmatistica della conoscenza e della verità, lo svolgimento di una problematica etico-religiosa e il tentativo di costruire una metafisica dell'esperienza, che egli battezzò empirismo radicale. James sottolineò la novità del suo pragmatismo come teoria della conoscenza nei confronti dell'empirismo classico, cui pure si rifaceva: mentre l'empirismo classico intendeva l'esperienza più che altro nella sua dimensione passata, come causa della conoscenza (donde l'importanza che ha per esso il problema dell'origine delle idee), il pragmatismo la vede anzitutto nella sua dimensione futura, che è banco di prova e strumento di verifica. L'empirismo classico disconosce la spontaneità della mente umana nella sua relazione con l'ambiente: tale spontaneità si manifesta per James nel dispiegamento di una fertile inventività di ipotesi, le quali a loro volta debbono essere considerate come strumenti che permettono all'uomo il dominio teoretico e pratico dell'ambiente. Il pragmatismo di James è insieme una teoria del metodo e una teoria genetico-funzionale della verità. Come teoria del metodo, esso rappresenta un procedimento per indicare il *significato* delle nostre idee, che consiste nel rimandare alle loro conseguenze pratico-sperimentali. James attribuisce la scoperta di questo metodo a Ch.S. → Peirce: nella formulazione che egli ne dà, viene tuttavia accentuato il carattere empiristico e sensistico di queste conseguenze. Il pragmatismo è però per James, a differenza che per Peirce, anche una teoria genetico-funzionale della verità. La verità è definita come l'attitudine delle nostre idee ad «adattarsi in modo soddisfacente alla realtà». Un'idea può dirsi vera quando si accorda con la realtà, ossia quando essa può svilupparsi in un complesso di operazioni capaci di portarci alla cosa di cui è idea o nei suoi «dintorni» (cioè i suoi effetti, le sue conseguenze, i suoi prolungamenti spazio-temporali). Non si tratta dunque di una corrispondenza «generale» (che sarebbe poco significativa), ma dell'«accordo specifico» che nasce in una situazione concreta tra l'idea e la cosa. La verità è insomma qualità funzionale, non strutturale, dell'idea: l'idea è vera perché «lavora» soddisfacentemente, funziona con successo, in rapporto all'ambiente in cui deve compiere il suo lavoro e all'intenzione per cui è stata formata.

• *La volontà di credere e la metafisica pluralistica.* La teoria pragmatistica della verità in questo senso deve essere distinta dalla teoria jamesiana della «volontà di credere». La prima è una teoria della verità come verificabilità, che sottolinea il carattere operazionale di questa verificabilità. La seconda riguarda invece le credenze che trascendono il campo del verificabile. Essa afferma il diritto che l'uomo ha di scegliere secondo le esigenze più profonde del proprio essere quando si trovi di fronte a un'opzione teoreticamente non decidibile e tale da esigere una scelta, come per es. quella dell'atteggiamento da prendere di fronte all'universo come un tutto (accettazione incondizionata, rifiuto ed evasione, azione volta al miglioramento?). Il diritto di credere è in questo caso legittimo, anche perché (come è dimostrato ampiamente dai rapporti interumani) la fede può essere condizione della stessa verifica: l'universo potrebbe avere bisogno della nostra «complicità teoretico-pratica» per esplicitare e attuare quelle sue virtualità che ci stanno a cuore. Su queste basi James propone la sua teoria etico-religiosa del «migliorismo». La salvezza dell'universo, a cui ogni uomo non può non essere interessato, non è garantita, ma è una «possibilità reale», che si attuerà se tutte le sue parti cospireranno ad essa liberamente. L'universo migliorista ha come suoi tratti fondamentali il pluralismo e l'indeterminismo, in quanto postula una pluralità di centri d'iniziativa relativamente indipendenti. Dio è concepito come un membro di esso che ci stimola all'azione mettendo in moto le nostre più profonde energie morali. Il Dio di James è un Dio *finito*: se da una parte rappresenta «la tendenza ideale delle cose», ossia è la pura idealità che muove il processo, dall'altra è con noi nel processo, combatte con noi il male ed è nostro coadiutore nella ricerca del bene come noi lo siamo di lui. Solo l'assunzione di un Dio finito è compatibile con la presenza del male nell'universo e solo essa può corrispondere a quel bisogno di «intimità» col divino che è proprio dell'uomo.

James dedicò gli ultimi anni della sua vita alla elaborazione di una metafisica pluralistica dell'esperienza, in cui inquadrare in modo più rigoroso le sue precedenti indagini. Di tale metafisica, fondata sul presupposto che l'esperienza ci dia gli elementi ultimi di cui il reale è fatto e le loro relazioni, egli abbozzò gli sviluppi in due direzioni diverse. Per la prima (secondo un'ipotesi che sarà poi elaborata dal neorealismo americano) la realtà risulta da una composizione di esperienze neutre, né mentali né fisiche, che a seconda del contesto in cui entrano, ossia del modo in cui sono correlate fra loro, sono fisiche o mentali. Per la seconda, invece, gli elementi ultimi costitutivi del reale sono pulsazioni o momenti di esperienza concreta, ciascuno dei quali è dotato di individualità e insieme di relatività essenziale al resto dell'universo: cose e persone sono integrazioni di queste pulsazioni di esperienza secondo una linea di pensiero tendenzialmente panpsichistica. James svolse abbastanza compiutamente, ma senza esserne soddisfatto, la prima di queste ipotesi; la seconda, appena accennata, doveva poi essere svolta in tutta la sua compiutezza e in un vasto ambito di pensiero metafisico da A.N. Whitehead. *G. Ri.*

Janet, Pierre (Parigi 1859-1947), psicopatologo francese. Medico, fu allievo di Th. Ribot e succedette (1890) a J.-M. Charcot come direttore del laboratorio psicologico del celebre ospedale parigino della Salpêtrière. Nel 1904 fondò, con G. Dumas, il «Journal de psychologie normale et pathologique», una delle più autorevoli riviste francesi di psicologia. Janet approfondì lo studio dell'isteria, definendola di natura psichica, diversamente da molti contemporanei che l'attribuivano a disfunzioni fisiologiche; compì indagini cliniche sul deterioramento della memoria e sulle idee fisse; definì la nozione psicopatologica di psicastenia, e sostenne che in quest'ultima, come nelle altre nevrosi, le prime a essere deteriorate sono le funzioni psichiche che richiedono una «tensione» elevata, e le ultime sono le funzioni psichiche «automatiche». In campo strettamente psicologico Janet introdusse il concetto di «condotta», come «comportamento globale, intenzionale e intrinsecamente significante», contrapposto alla nozione di «comportamento» molecolare propria del primo → comportamentismo nordamericano. Fra le sue opere: *L'automatismo psicologico* (1889); *Nevrosi e idee fisse* (1898); *Le ossessioni e la psicastenia* (1903); *Le nevrosi* (1909); *I rimedi psicologici* (1919); *Lo sviluppo della memoria e la nozione del tempo* (1928); *L'intelligenza prima del linguaggio* (1936).

Jankélévitch, Vladimir (Bourges 1903 - Parigi 1985), filosofo francese. Nato da una famiglia ebrea di emigrati russi, ha insegnato filosofia morale alla Sorbona dal 1951 al 1978. Il motivo di fondo delle sue ricerche — anticipato nella tesi complementare di dottorato, *La cattiva coscienza* (1933) — è l'analisi della dimensione morale, che raggiunge il suo culmine nel *Trattato delle virtù* (1949 e 1971). Accanto a numerose opere di filosofia, Jankélévitch è autore di monografie musicologiche su Fauré, Debussy, Ravel, Satie. La filosofia di Jankélévitch tematizza gli elementi più ovvi del mondo umano (tempo, morte, coscienza morale, musica, amore), rivendicandone l'inafferrabilità da parte di un pensiero che si voglia concettualmente univoco: il tempo è la tragedia dell'irreversibile, ma segna anche il valore dell'istante, dell'occasione; la morale precede il pensiero, e reca in sé il conflitto insanabile dei valori; l'amore è dedizione totale all'altro, ma per questo rischia l'annientamento e per vivere è costretto in parte a negarsi; la musica allevia il tormento dell'irreversibile, proprio confermandolo. Quanto alla morte, Jankélévitch rifiuta l'opinione classica, ripetuta da Montaigne, secondo cui la filosofia consiste nell'imparare a morire: non si impara a morire come non si impara a volere, ad amare, a iniziare. L'atto volitivo, così come l'atto morale, nasce e si fonda in se stesso: il compito della filosofia non consiste nello spiegare, ma nell'accettare questo paradosso. Essa deve semmai cercare di adombrare quel «non so che» (termine che nel Settecento alludeva alla natura indefinibile del bello), quel «quasi nulla» (il *presque rien* degli spartiti musicali) che lo determina e per sua natura non può essere afferrato, ma solo sfiorato.

Jaspers, Karl (Oldenburg 1883 - Basilea 1969), filosofo e psichiatra tedesco. Studiò legge e medicina. Libero docente in psicologia, pubblicò nel 1913 la *Psicopatologia generale*, in cui, mettendo a frutto il metodo fenomenologico di E. Husserl, presentava la psicopatologia come una parte della psicologia. Nel 1919 pubblicò la *Psicologia delle visioni del mondo*. Quest'opera non segnava soltanto il passaggio di Jaspers a interessi di natura filosofica (nati dall'incontro con M. Weber, nel 1909, e poi dalla lettura di Spinoza, Kierkegaard, Nietzsche e Husserl) ma, annunciando alcuni temi che saranno propri del suo pensiero maturo, costituiva anche la prima espressione della corrente esistenzialistica tedesca. Nominato professore di filosofia all'università di Heidelberg, fu esonerato dall'insegnamento nel 1937 per la sua opposizione al nazismo. Era intanto apparsa nel 1932 la sua opera principale, *Filosofia* (vol. I *Orientamento filosofico nel mondo*; vol. II *Chiarificazione dell'esistenza*; vol. III *Metafisica*), cui si accompagnarono *La situazione spirituale del nostro tempo* (1931); *Max Weber* (1932); *Ragione ed esistenza* (1935); *Nietzsche* (1936); *Descartes e la filosofia* (1937); *Filosofia dell'esistenza* (1938). Nel 1938 Jaspers dovette sospendere ogni pubblicazione per ordine del governo nazista. Nel 1945 riebbe la cattedra a Heidelberg, ma nel 1948 si trasferì all'università di Basilea. Cominciò in questi anni l'ultima fase produttiva jaspersiana: *Il problema della colpa* (1946, sulle responsabilità del popolo tedesco nei confronti del nazismo e della guerra); *Lo spirito vivente dell'università* (1946); *Sulla verità* (1948); *La fede filosofica* (1948); *Origine e fine della storia* (1949); *Introduzione alla filosofia* (1950); *Ragione e antiragione nel nostro tempo* (1950); *Il problema della demitizzazione* (1954); *Schelling* (1955); *I grandi filosofi* (1957); *Ragione e libertà* (1959); *La bomba atomica e il futuro degli uomini* (1962); *La fede filosofica di fronte alla rivelazione* (1962).

• *La chiarificazione dell'esistenza*. La chiarificazione dell'esistenza è, secondo Jaspers, il compito principale della filosofia. «Questo modo di filosofare — egli ha scritto — ebbe per me la sua prima origine nella psicologia». Da psicologico il problema diviene filosofico in quanto l'esistenza (*Dasein*) è sempre esistenza nel mondo, esistenza «situata». L'esistenza si deve chiarire, dunque, in relazione all'*essere* del mondo, e cioè in quanto «orientamento nel mondo». Tuttavia questa ricerca non può per principio concludersi, poiché essa è destinata a non raggiungere il proprio fine né tramite il sapere scientifico (fondato sull'intelletto), né in virtù del sapere filosofico (fondato sulla ragione). Le scienze studiano un mondo preventivamente «oggettivato», cioè contrapposto come puro oggetto al soggetto. Esse applicano all'oggetto schemi quantitativi e categorie esatte, ma in tal modo si ottiene solo la conoscenza di oggetti *nel* mondo, e non la comprensione del mondo stesso: esso, nel suo essere, è sempre presupposto, irraggiungibile, trascendente (*Filosofia*, I). La filosofia invece si rivolge all'esistenza in quanto unità di soggetto e oggetto; ogni esistenza infatti è la sua stessa situazione nel mondo: «Il mio io è identico con il *luogo della realtà* in cui mi trovo». La chiarificazione di tale originaria situazione conduce ai temi della *colpa*, della *libertà* e della *comunicazione*. In quanto «situata», ogni esistenza è «colpevole»: essa sconta fatalmente la parzialità ineliminabile che la caratterizza e la fa essere questa singola esistenza concreta. Alla colpa è poi connessa la «scelta»: ogni esistenza non può che accettare il «rischio» delle proprie *possibilità*, poiché ogni esistenza è «esistenza possibile», libertà della scelta e del volere. Ma questa possibilità è più propriamente un'*impossibilità*: io devo scegliere, ma in realtà sono già scelto dalla situazione storica e di fatto che mi contraddistingue come esistenza singola: io non posso scegliere «tra l'essere me stesso e il non essere me stesso». Sicché la libertà si riduce a un'accettazione del proprio destino, secondo il motto nietzscheiano «divieni ciò che sei». A un'analoga difficoltà conduce infine la comunicazione: ogni esistenza è unica, eccezionale, irripetibile; e tuttavia essa si manifesta a sé e si fa reale solo attraverso la comunicazione con le altre esistenze (*Ragione ed esistenza*). Solo mediante la comunicazione l'io attinge la verità del suo essere, ma la comunicazione si rivela al limite impossibile, sia perché ogni esistenza, chiusa nella propria situazione, non può unirsi con le altre esistenze in una verità comune, sia perché la verità dell'essere sempre la trascende e si sottrae.

• *Le situazioni limite e le cifre dell'essere.* Lo scacco cui conduce la ricerca di una chiarificazione dell'esistenza diviene palese nel vol. III di *Filosofia*. Qui la ricerca «metafisica» dell'essere conduce al riconoscimento che l'essere, inoggettivabile e trascendente, *non è una possibilità dell'esistenza*. Questo scacco si manifesta in particolare in quelle che Jaspers chiama «situazioni limite», di cui la morte, nella sua inevitabilità e inesplicabilità, è un tipico esempio. Nelle situazioni limite l'uomo scopre all'interno del suo stesso io qualcosa che lo trascende. Egli si scontra con l'impossibilità radicale della sua esistenza (col suo *non poter non* morire, essere colpevole, essere incomunicabile ecc.), sicché l'esistenza stessa è condotta al «naufragio» di tutte le sue possibilità. Questo silenzio rassegnato della ragione non è però un vuoto tacere: nella sua negatività tale esperienza incarna anche una nuova possibilità d'interpretazione e di ascolto del mistero dell'essere. L'essere, infatti, pur rimanendo trascendente e inoggettivabile, nel contempo si manifesta attraverso la «cifra» e il «simbolo»: il mondo appare ora, alla fantasia intuente e interpretante, come una «scrittura cifrata» in cui qualcosa della trascendenza si dà «di traverso», si rivela, sebbene in modi sempre inadeguati, perché condizionati di volta in volta dalla situazione storica dell'uomo.

• *La verità e la storia.* L'apertura all'interpretazione e alla cifra conduce Jaspers al riconoscimento della contemporanea unità e molteplicità della verità: la verità è unica perché coincide col mio stesso esistere individuale, ed è molteplice perché essa è in tutte le esistenze e nella difformità dei loro punti di vista. Noi non possiamo contemplare la verità dall'esterno (dogmatismo), poiché essa coincide con le nostre esistenze, né possiamo ammettere una pluralità di verità (relativismo e scetticismo). Dobbiamo dunque pensare che la verità sia una «totalità aperta» (*Sulla verità*) che si sviluppa *insieme* alle molteplici esistenze e alla loro problematica comunicazione. Di qui nasce l'esigenza di una «fede filosofica» che sia diretta alla «profondità concettuale» della comprensione del mondo, inteso come «orizzonte onnicomprensivo» (*Umgreifende*). Tale senso profondo dell'esistenza ha cominciato a rivelarsi in quella che Jaspers chiama l'«età assiale dell'uomo» (*Origine e fine della storia*), periodo in cui, tra l'VIII e il II secolo a.C., sorsero le grandi religioni e filosofie dell'Oriente e dell'Occidente. L'età della scienza e della tecnica che caratterizza l'uomo contemporaneo potrebbe allora costituire l'inizio di una nuova età assiale, in cammino verso l'«unità dell'umanità», resa possibile dall'apertura di un'infinita comunicazione tra verità storiche (cioè culture) differenti, lontane e tuttavia decise a un dialogo costruttivo e pacifico. *C. Si.*

Jauss, Hans Robert (Göttingen 1921), storico e teorico della letteratura tedesco. Formatosi a Heidelberg, ha insegnato dal 1966 al 1987 scienza della letteratura nell'università di Costanza. La sua prolusione, *La storia della letteratura come provocazione della scienza della letteratura*, pubblicata nel 1967, è considerata l'atto di nascita di un'ermeneutica letteraria sviluppata in chiave di «estetica della ricezione», l'orientamento caratteristico della cosiddetta «Scuola di Costanza» (W. Iser, W. Preisendanz, M. Fuhrmann, K. Stierle, R. Warning e altri).

Alla base della prospettiva di Jauss si colloca l'idea, elaborata dall'ontologia ermeneutica di H.G. → Gadamer, di *Wirkungsgeschichte* (letteralmente «storia degli effetti»): il significato di un'opera d'arte non è mai un dato conchiuso che si possa acquisire definitivamente, ma si trasforma e accresce attraverso il susseguirsi delle interpretazioni autorevoli che ne attualizzano la portata storica e ne sviluppano le valenze implicite. Jauss propone un approccio all'opera che conservi la compresenza dei tre momenti aristotelici della *póiēsis*, della *áisthesis* e della *kátharsis*. La produzione (*póiēsis*), che tradizionalmente ha polarizzato la riflessione estetica, va integrata attraverso il riferimento all'*áisthesis*, cioè al momento sensibile della ricezione. Riconoscere un valore effettivo al godimento sensibile significa andare contro un radicato pregiudizio dell'estetica moderna, che si è costituita attraverso la svalutazione della sensibilità e che da ultimo (si pensi all'estetica negativa di Adorno) ha ravvisato lo specifico della grande arte proprio nel rifiuto ascetico di qualsiasi seduzione sensibile, identificata con la trivialità della pseudo-arte di consumo. Il processo che dalla *póiēsis* conduce alla *áisthesis* trova il proprio coronamento nella *kátharsis*, dove il soggettivismo del giudizio estetico viene integrato all'interno di un più ampio orizzonte comunitario, tale per cui la funzione comunicativa dell'opera accede al suo significato più proprio: il colloquio tra l'opera e il suo pubblico pone capo a un orizzonte partecipato di comprensione, nel quale una comunità si riconosce riflessivamente attraverso l'individuazione di valori e significati condivisi. Tale riconoscersi collettivo e politico consente anche di porre le basi per l'emancipazione: il fine ultimo della catarsi estetica risiede nel mostrare a una comunità reale i tratti di una comunità ideale libera dal bisogno, e le forme di una comunicazione svincolata dagli interessi tecnico-strumentali. Tra le opere di Jauss connesse con questa problematica vanno ricordate *Apologia dell'esperienza estetica* (1972) e la monumentale *Esperienza estetica ed ermeneutica letteraria* (3 voll., 1977-82).

Jean Paul, pseud. di Johann Paul Friedrich Richter (Wunsiedel, Baviera, 1763 - Bayreuth 1825), romanziere, pedagogista e filosofo tedesco. Studiò teologia all'università di Lipsia, senza però laurearsi. Si dedicò invece all'attività letteraria e nel 1796, A Weimar, strinse amicizia con Herder, mentre avversò il classicismo di Goethe e Schiller. Dal 1804 soggiornò a Bayreuth dove, ottenuto uno stipendio dal re di Baviera, rimase sino alla morte. Tra il 1793 e il 1803 pubblicò i suoi maggiori romanzi, che ne fanno uno dei massimi narratori tedeschi: *La loggia invisibile* (1793); *Hesperus* (1795); *La vita di Quintus Fixlein* (1796); *Siebenkäs* (1796-97); *Titan* (1800-03).
Filosoficamente rilevanti sono lo scritto *Avviamento allo studio dell'estetica* (1804) e il trattato di pedagogia *Levana* (1807). Nell'opera di Jean Paul confluiscono e si intrecciano, senza pervenire a una sintesi chiarificatrice, temi e motivi di diversa origine, spesso tra loro in contrasto. Di questi temi il più celebre è quello dell'«anima bella» (di provenienza pietistica), come interiore purezza dell'io contrapposta alla malvagità del mondo e centro propulsore di una «rinascita» spirituale. Accanto a questa concezione, che avrà ampia influenza sui romantici, si svolgono motivi derivati dal razionalismo e dal materialismo illuministico che conducono a una concezione «nichilistica» del mondo: nel celebre *Discorso che Cristo morto tenne dall'alto dell'universo sulla non esistenza di Dio* (contenuto nel romanzo *Siebenkäs*) balena la visione di un universo privo di scopo e di senso, preda dell'anarchia e del caos. A questa possibile insensatezza dell'esistenza Jean Paul oppone l'«umorismo», l'«arguzia», il «distacco» aristocratico dal mondo, che sono temi che egli sviluppa anche in sede estetica accanto ai concetti di «immaginazione» e di «genio», e che avranno un loro peso nel determinare la poetica romantica e l'identificazione, attraverso il concetto di «ironia», del genere letterario «moderno» contrapposto a quello «classico». Notevole rilevanza ha anche la critica di Jean Paul all'Io trascendentale di Fichte (in *Clavis fichtiana*, in appendice al romanzo *Titan*), inteso come solipsismo metafisico e come premessa di quel solipsismo estetizzante, fantastico, onirico e incapace di affrontare la vita reale, che in *Titan* è raffigurato nel personaggio di Roquairol, penetrante anticipazione della celebre figura dell'esteta descritta e analizzata poi da Kierkegaard. Jean Paul è anche uno dei più originali rappresentanti della pedagogia romantica. In *Levana* difende l'autonomia spirituale del fanciullo e la sua spontaneità naturale, sviluppando il concetto rousseauiano di educazione indiretta e il peso che ha in essa l'ambiente sociale. Particolarmente acuta è poi la sua critica alla concezione rousseauiana di un'educazione soltanto «negativa»: anche la vita organica ha bisogno di stimoli esterni e ciò è altrettanto vero per la natura umana; sicché l'educazione deve sollecitare abilmente l'educando, pur nel rispetto della sua autonoma personalità.

Jespersen, Otto (Randers 1860 - Copenaghen 1943), linguista danese. Professore di anglistica all'università di Copenaghen dal 1893, scrisse una monumentale *Grammatica inglese moderna basata su principi storici* (1909-49), in sette volumi, dalla quale fu estratto un volumetto di sintesi, *Linee essenziali di grammatica inglese* (1933). Come fonetista (fu tra i primi a proporre la trascrizione fonetica analfabetica) pubblicò alcune fondamentali opere di sintesi (*Fonetica*, 1897-99; *Manuale di fonetica*, 1904), ma ha lasciato i suoi maggiori contributi nel campo della linguistica teorica: ha formulato una teoria del «progresso delle lingue» (*Il progresso nella lingua*, 1894) secondo cui l'evoluzione diacronica delle lingue è governata da principi di funzionalità e di semplificazione (questa teoria sarebbe poi stata ripresa e sviluppata da A. Martinet col nome di «economia linguistica»); inoltre ha elaborato un modello di analisi «nozionale» delle categorie linguistiche, consistente nell'indagare il significato che ciascuna di esse presenta, e nell'esaminare l'interpretazione della realtà esterna che ciascuna categoria comporta. Altre opere: *Il linguaggio* (1922); *Filosofia della grammatica* (1924); *Umanità, nazione e individuo dal punto di vista linguistico* (1925); la raccolta di saggi diversi apparsa col titolo *Linguistica* (1933).

Jevons, William Stanley (Liverpool 1835 - Gally Hill, Bulverhythe, 1882), filosofo, logico ed economista inglese. Insegnò a Manchester (1863-76) e a Londra (1876-81). Filosofo di orientamento utilitarista, formulò e sviluppò il concetto economico di *utilità marginale*; fu critico radicale dell'economia ricardiana (*Teoria dell'economia politica*, 1871). Come logico, fu allievo di A. De Morgan e corrispondente di G. Boole; contribuì alla semplificazione dell'algebra della logica proponendo l'uso del segno '+' come segno di disgiunzione non esclusiva, senza restrizione sui suoi argomenti. Intuì la meccanizzabilità dei metodi logici booliani, realizzando nel 1869 una «macchina logica» per il calcolo delle funzioni booliane (definite su classi o su proposizioni). Principali opere di argomento logico: *Logica pura, o logica della qualità separata dalla quantità* (1864); *Lezioni elementari di logica, deduttiva e induttiva* (1870); *Principi della scienza* (1874).

Jhering, Rudolf von (Aurich, Frisia orientale, 1818 - Gottinga 1892), teorico e storico tedesco del diritto. Ottenne il dottorato a Berlino nel 1842, e dal 1845 fu professore di diritto romano in molte università tedesche. Nel suo pensiero si possono distinguere due fasi, che corrispondono alle due opere principali della sua produzione: lo *Spirito del diritto romano* (4 voll. pubblicati tra il 1851 e il 1865), tentativo monumentale e incompiuto di una ricostruzione logica dell'evoluzione del diritto romano, e *Lo scopo nel diritto* (1877, i cui temi sono anticipati nel volumetto *La lotta per il diritto*, 1872). Qui la forma di connessione delle norme non è più logico-formale, come nell'opera sul diritto romano, ma teleologica: lo scopo è il principio di organizzazione del diritto, analogamente alla legge di causalità per i fenomeni naturali. Gli scopi egoistici dell'agire umano sono costretti a cooperare nel meccanismo armonico della società dalle due molle del movimento sociale: la *ricompensa*, che muove la sfera dei rapporti economici, e la *coercizione*, che muove la sfera dei rapporti giuridici. Anche se questa distinzione riprende il modello teorico liberale classico di limitazione del potere statale sugli interessi economici, tuttavia il tema della ricompensa anticipa quella funzione non repressiva ma incentivante della legislazione che è dello stato industriale moderno.

Jochanan ben Zakkaj (sec. I d.C.), dottore ebreo palestinese. Fariseo, seguace della scuola di rabbi Hillel, al tempo della guerra giudaica fu favorevole alla pace con i romani. Riusciti vani i suoi sforzi, e persuaso che la guerra avrebbe portato non solo alla catastrofe nazionale, ma anche a quella religiosa, uscì nascostamente dalla città e ottenne da Tito di poter aprire una scuola nel piccolo centro costiero di Javne. Qui, grazie all'accademia rabbinica e al sinedrio accademico di 71 membri da lui istituiti, si preservarono e si elaborarono le tradizioni che costituiscono la cosiddetta Legge orale, e si assicurò in tal modo la sopravvivenza del giudaismo dopo la distruzione di Gerusalemme. Jochanan è ricordato in particolare per una spiccata inclinazione verso l'insegnamento morale e parabolico e per aver coltivato, nella piccola cerchia dei suoi discepoli, speculazioni mistiche allora infrequenti.

Jodl, Friedrich (Monaco 1849 - Vienna 1914), filosofo tedesco. Insegnò a Praga (1895) e a Vienna (1896). Intese la filosofia come una concezione generale del mondo in funzione del pensiero scientifico e come un'enciclopedia delle scienze. Sul problema della conoscenza assunse una posizione empiristica e realistica. La sua concezione naturalistica e materialistica del mondo si allineò con il monismo radicale, caratteristico del positivismo tedesco a lui contemporaneo. Il suo interesse principale fu quello etico. In tale campo egli si sforzò di separare l'etica dalla religione positiva: in linea col pensiero di Feuerbach, da una parte, e di Comte, dall'altra, propugnò una religione dell'umanità che consiste non nella fede in un Dio trascendente, ma nell'ideale del «diventar dio dell'uomo». La moralità, per Jodl, ha un fondamento psicologico e sociologico nella naturale tendenza al piacere e all'affermazione delle proprie forze vitali, ma deve avere anche una base assiologica e oggettiva, che ne costituisce l'aspetto ideale e obbligatorio. Opere principali: *Vita e filosofia di David Hume* (1872); *Storia dell'etica nella filosofia moderna* (1882-89); *Essenza e scopo del movimento etico in Germania* (1893); *Manuale di psicologia* (1897); *L. Feuerbach* (1904); *Sapere e religione* (1909); *Il monismo e i problemi della cultura* (1911); *Critica dell'idealismo* (postuma, 1920).

Joël, Karl (Hirschberg, Slesia, 1864 - Wallenstadt, San Gallo, 1934), filosofo e storico della filosofia tedesco. Fu allievo di W. Dilthey, J. Freudenthal e R. Eucken. Insegnò a Basilea dal 1897. La sua concezione organicistica della natura, con la quale egli si oppone al meccanicismo e al positivismo, si collega soprattutto alle teorie di Schelling. La vita organica è, per Joël, il punto di incontro tra natura e pensiero: la natura, in quanto vita, è già manifestazione dello spirito, e il pensiero non è che l'autoconsapevolezza della vita. Nei suoi studi di storia della filosofia, Joël fu attento in particolare al pensiero greco, in cui credette di cogliere un'originaria e costante presenza del sentimento mistico, ossia di una concezione organicistica e spiritualistica del mondo, un elemento «romantico» da cui sarebbe derivata la filosofia della natura. Il compito della filosofia contemporanea è, secondo Joël, quello di conservare e di far rivivere lo spirito romantico, che si è tramandato attraverso la filosofia antica e moderna e i cui ultimi rappresentanti sono Schopenhauer, Wagner e Nietzsche. Opere principali: *Il Socrate autentico e il Socrate di Senofonte* (1892-

1901); *Nietzsche e il romanticismo* (1905); *Origine della filosofia della natura dallo spirito della mistica* (1906); *La crisi filosofica attuale* (1914); *Storia della filosofia antica* (I, 1921); *Mutamenti della concezione del mondo. Una storia della filosofia come filosofia della storia* (1928-34).

Johnson-Laird, Philip N. (Leeds, Yorkshire, 1936), psicologo inglese. Ha insegnato all'università del Sussex e a Cambridge; dal 1989 insegna a Princeton. Johnson-Laird si è occupato soprattutto di psicologia del linguaggio e del ragionamento. Il contributo alla psicologia e alla scienza cognitiva per cui è più noto è la teoria dei *modelli mentali*. Concepita inizialmente come una teoria del ragionamento sillogistico (cioè dei processi mentali eseguiti da un soggetto che cerca di trarre una conclusione dalle premesse di un → sillogismo), la teoria è stata estesa ad altri tipi di ragionamento e alla comprensione del linguaggio naturale. Secondo Johnson-Laird, un sillogismo è valutato costruendo un modello mentale integrato delle premesse e visualizzando la relazione tra i termini estremi che figurano nel modello integrato. L'integrazione dei modelli delle premesse può avvenire in più di un modo, ed è verosimile che un sillogismo sia tanto più «difficile» quanto più numerosi sono i modelli integrati costruibili. Questa previsione è infatti confermata dai dati sulle prestazioni di soggetti umani impegnati nella risoluzione di sillogismi (*Modelli mentali*, 1983). Come ipotesi sulla comprensione del linguaggio, la teoria prevede che a una *rappresentazione proposizionale* del testo in ingresso (cioè a una traduzione nel «linguaggio del pensiero») faccia seguito in certi casi la costruzione di un modello mentale del testo, in cui le nuove informazioni vengono man mano integrate, e sulla base del quale un soggetto è in grado di ragionare sul testo, rispondere a domande ecc. Sia nel caso del ragionamento, sia nel caso della comprensione Johnson-Laird ha tradotto le procedure mentali ipotizzate in programmi per calcolatore: la realizzazione computazionale consente di valutare meglio non solo la coerenza, ma anche l'adeguatezza empirica della teoria (se la teoria è adeguata, il calcolatore deve «sbagliare» con frequenza analoga ai soggetti umani, e negli stessi casi). Altre opere: *Psicologia del ragionamento* (1972, con P.C. Wason); *Linguaggio e percezione* (1976, con G.A. Miller); *La mente e il computer* (1988).

Jonas, Hans (Mönchengladbach 1903 - New York 1993), filosofo e storico delle religioni tedesco, naturalizzato statunitense. Studiò con Husserl, Heidegger e Bultmann. Rifugiatosi in Inghilterra con l'avvento del nazismo, emigrò nel 1935 in Palestina. Ha insegnato in Israele, Canada, Stati Uniti.
In *Gnosi e spirito tardo antico* (vol. I, 1934; vol. II, 1954), una delle sue opere più importanti, Jonas affianca la gnosi antica all'esistenzialismo contemporaneo, riconducendoli a una comune esperienza di separatezza: la perdita di un ordine cosmico compiuto nel primo caso; l'obiettivazione della natura sotto lo sguardo della conoscenza scientifica nel secondo caso. La separatezza è insita nello stesso sorgere e differenziarsi del mondo organico, e in ciò essa trova una ragione metafisica; su questa base, Jonas fornisce una spiegazione dei fenomeni biologici che mette capo a una filosofia della vita. Prendendo le distanze dall'antropocentrismo condiviso sia dal pensiero idealistico sia dall'esistenzialismo, come pure dal materialismo implicito nell'atteggiamento delle scienze della natura, egli afferma che il concetto-chiave per la comprensione della vita e del suo sviluppo è la libertà. L'irruzione della libertà comporta l'infrangersi della compattezza dell'essere, il suo dissolversi nello spazio illimitato dei possibili. La libertà si prefigura nel mondo organico come indipendenza della materia dalla forma. Per l'uomo la libertà costituisce la condizione dell'incontro con se stesso: dalla filosofia della natura come «biologia filosofica», siamo così condotti all'etica. In particolare Jonas ha inteso formulare, a partire dal *Principio responsabilità* (1979), un'etica adatta all'età della tecnica. È la natura stessa che sembra chiedere una tutela della sua integrità contro le minacce dello sviluppo tecnolgico. L'orizzonte dell'etica viene su questa via a dilatarsi: suo oggetto non sono più soltanto i rapporti interumani, ma l'intera biosfera. Si modifica così anche il concetto di responsabilità, che non riguarda più semplicemente il soggetto singolo, ma l'umanità nel suo complesso. Altre opere importanti: *Il fenomeno della vita: verso una biologia filosofica* (1966); *Lo gnosticismo* (2ª ed., 1972); *Tecnica, medicina ed etica* (1985); *Il concetto di Dio dopo Auschwitz* (1987); *Materia, spirito e creazione* (1988).

Jouffroy, Théodore-Simon (Pontets, Giura, 1796 - Parigi 1842), filosofo francese. Insegnò filosofia all'Ecole Normale, alla Sorbona e al Collège de France. Jouffroy rivendica l'autonomia della psicologia dalla fisiologia e dalla metafisica: essa ha per oggetto specifico la sfera della coscienza. Influenzato dalle teorie della scuola scozzese, egli indica nel senso comune la fonte dei principi autoevidenti della logica e della morale. In campo etico, Jouffroy formula una concezione radicalmente finalistica di un destino cosmico, un Bene assoluto, in cui si inseriscono organicamente i destini specifici degli esseri particolari della natura. Anche l'uomo ha il compito di realizzare il proprio destino, per il quale egli diventa persona e partecipa dell'armonia universale. Opere principali: *I sentimenti del bello e del sublime* (1816); *Corso di diritto naturale* (1834-35); prefazione e traduzione degli *Schizzi di filosofia morale* di D.

Stewart (1826) e delle *Opere* di Th. Reid (1835); *Miscellanea filosofica* (1833); *Nuova miscellanea filosofica* (1842).

Jung, Carl Gustav (Kesswil 1875 - Küsnacht 1961), psichiatra e psicologo svizzero, fondatore della psicologia analitica. Cresciuto in ambiente fortemente permeato di religiosità (il padre era pastore protestante), si trovò ben presto ad affrontare il conflitto tra tradizione etico-religiosa e spinta individuale all'indipendenza del giudizio. È probabile che questo conflitto adolescenziale e giovanile abbia lasciato tracce nello sviluppo maturo del suo pensiero, sempre conteso tra l'affermazione dell'irriducibile esperienza personale (di cui non si può dare «scienza» alcuna) e la formulazione di una teoria psicologica e antropologica con pretese universali e «oggettive». Fu in ogni caso l'ambiente culturale della sua infanzia e, più tardi, della sua prima giovinezza a renderlo per tempo sensibile ai valori della tradizione storica e a motivarlo alla ricerca di costanti universali sottese all'esperienza individuale.

L'immensa opera di Jung (più di venti volumi, a parte i numerosi inediti) non può essere in alcun modo riassunta nel diagramma di una teoria unificata e organica per quanto complessa. Jung non scrisse mai, al contrario di Freud, un'esposizione riassuntiva ed esauriente del suo «sistema» e lasciò che altri lo facessero per lui, con risultati per lo più deludenti e parzializzanti. Tentennante anche nella denominazione ufficiale della sua posizione psicologica («psicologia analitica» o «psicologia complessa»), Jung non volle mai essere identificato con una teoria formalizzata, convinto che «non avendo alcun punto di appoggio fuori di sé», la psicologia fosse una scienza del tutto particolare che, nel migliore dei casi, descrive il processo psicologico singolare e inimitabile di chi di questa scienza si dice cultore. Essa avendo come oggetto il «soggetto» di ogni indagine, è, nello stesso tempo, limitata e privilegiata da questo paradosso fondativo. Occorre pertanto distinguere il pensiero di Jung dalla cosiddetta →psicologia analitica, tentativo di formalizzare una lunga meditazione tanto ricca quanto divergente o imprecisa

• *La teoria dei complessi*. Laureatosi in medicina presso l'università di Basilea, Jung entrò nel 1900 come assistente psichiatrico nell'ospedale di Burghölzli presso Zurigo dove esercitò sia come medico sia come psicologo ricercatore sotto la guida di E. Bleuler, uno degli psicopatologi più influenti dei primi decenni del secolo. Grazie a Bleuler Jung matura una certa sensibilità alla nozione di *affettività* quale elemento unificatore di dati esperienziali sia consci sia inconsci del soggetto umano; e proprio negli anni del loro sodalizio egli perviene al concetto di «complesso a tonalità affettiva», che avrà poi grande impiego nel vocabolario psicoanalitico (lo stesso Freud riconoscerà a Jung e a Bleuler la paternità della nozione di *complesso*). Su questa base teorica Jung elabora la cosiddetta «teoria dei complessi», che rimane un nodo di collegamento fondamentale di tutto il suo pensiero. La psiche umana è concepita come indeterminato e indeterminabile insieme di complessi tra i quali è da considerare lo stesso *Io* (complesso di rappresentazione con comuni tonalità affettive ma caratterizzato dall'appannaggio particolare della coscienza). La relazione, più o meno forte o duratura, che i complessi in generale stabiliscono con il complesso dell'Io è responsabile del loro diverso grado di «inconscietà» e, sul piano psicopatologico, dei vari stati nevrotici (reversibili) o psicotici (a reversibilità fortemente ridotta). Sulla «teoria dei complessi» si fondano sia le vaste ricerche sperimentali sulle associazioni verbali in soggetti normali o malati (*Ricerche sperimentali*, 1904-07) sia la *Psicologia della dementia praecox* (1907), che costituisce il primo cospicuo omaggio della psichiatria ufficiale europea al pensiero di Freud. In questo scritto Jung riconosce a Freud il merito di aver individuato un'importantissima motivazione del disturbo psichico (quello che Jung chiama «complesso sessuale»), ma al contempo limita il significato eziologico universale che Freud vorrebbe assegnare a tale nucleo motivazionale. Si delinea così la critica che lo Jung maturo continuerà a rivolgere alla psicoanalisi: l'errore della *pars pro toto*, della parte per il tutto, vale a dire l'errore di aver esteso alla vita psichica nella sua interezza ciò che è valido solo in alcuni aspetti di essa e sotto determinate condizioni.

• *Il sodalizio scientifico con Freud*. Gli anni che vanno dal 1907 al 1912 sono caratterizzati da uno stretto rapporto di studio e di lavoro clinico con Freud, documentato da una fittissima corrispondenza (*Lettere tra Freud e Jung*, 1974). Jung fu considerato, con evidente abbaglio, dal fondatore della psicoanalisi il suo continuatore e il suo «delfino». Egli in realtà sembrò aderire senza riserve all'impianto teorico freudiano, peraltro in via di rapido sviluppo e trasformazione in quegli anni, e diresse con impegno lo «Jahrbuch für psychoanalitische und psychopathologische Forschungen», primo periodico della psicoanalisi. Nel 1909 assunse anche l'incarico di primo presidente dell'Associazione psicoanalitica internazionale. Senonché, al di sotto dell'apparente adesione al pensiero di Freud, Jung continuava ad alimentare sia il suo originario pluralismo eziologico relativo ai disturbi psichici di livello nevrotico o psicotico sia le sue riserve nei confronti di una radicalizzazione della teoria freudiana della libido sessuale (*Saggio di esposizione della teoria psicoanalitica*, 1913). Oltre a ciò le prime divergenze teoretiche e cliniche all'interno della psicoanalisi (si pensi soprattutto all'opposizione Freud-

Adler) sospingevano Jung verso una concezione relativistica della psicologia dell'inconscio: ogni dottrina con fondamenti empirici adeguati viene giustificata dal «tipo» di atteggiamento psicologico del suo costruttore — il relativismo junghiano avrà la sua prima espressione nella comunicazione al convegno psicoanalitico di Monaco del 1913 (*Sulla teoria dei tipi psicologici*).

• *La teoria della libido e il processo di individuazione.* La pubblicazione, nel 1912, di *Simboli e trasformazioni della libido*, segna la rottura con Freud, ufficialmente consumata con le dimissioni di Jung dall'Associazione psicoanalitica internazionale e dalla direzione dello «Jahrbuch» nel 1913. In questo poderoso lavoro cominciano a delinearsi, sia pure ancor confusamente, alcuni motivi del pensiero maturo di Jung: la nozione di «libido», la teoria dell'«individuazione», la concezione originale del «simbolo» e il primo abbozzo dell'ipotesi degli «archetipi». Il concetto di *libido* che Jung propone può essere assimilato a quello di energia psichica in generale, capace di assumere ogni forma possibile (ivi compresa, naturalmente, quella della libido specifica di Freud) sia a livello di istinto sia a livello di realizzazione culturale. La libido junghiana (nella cui concezione sono evidenti influssi schopenhaueriani e bergsoniani) può considerarsi il motore di ogni manifestazione naturale e culturale dell'uomo, e le sue «trasformazioni» sono dovute alla presenza, nella psiche umana, di un particolare apparato di conversione da una forma all'altra, la *funzione simbolica.* Il simbolo junghiano, d'altra parte, lungi dal risolversi (come in Freud) in mero «segno» difensivo che «sta al posto di» una manifestazione inaccettabile della pulsione istintuale, ha la funzione di unire in una sintesi di carattere tensionale gli opposti in cui inevitabilmente si dirimono e all'occasione si dilacerano sia il pensiero razionale sia la volontà del soggetto umano. Nel 1916 Jung conierà, per tale apparato funzionale, l'espressione di «funzione trascendente», proprio perché capace di «andare al di là» di qualsiasi opposizione, congiungendo gli opposti in una nuova sintesi ricca di tensione creatrice. Operante sul piano della cultura, la funzione simbolica lo è ancor più sul piano dell'individuo; essa è infatti responsabile di un processo di *individuazione*, vale a dire del perseguimento di un'autonomia individuale, ostacolata o addirittura impedita dagli stereotipi culturali in cui il soggetto umano è originariamente immerso e con cui è in parte identificato. In questo senso l'individuazione è soprattutto un processo di «differenziazione» dal collettivo; essa non va tuttavia intesa come individualismo. Assieme alla differenziazione, infatti, l'individuazione implica un processo di «integrazione» dei valori universali custoditi dalla cultura, con l'implicito compito di trovare una modalità unica e inconfondibile per viverli e attuarli personalmente. L'individuazione viene così, in Jung, a sostituirsi alle motivazioni parziali del divenire umano proposte dalla psicoanalisi (Eros - Thanatos) o dalla psicologia individuale di A. Adler (volontà di autoaffermazione), non già perché essa disconosca quelle motivazioni istintuali ma perché le assume, assieme a molte altre, in un processo di sintesi finalizzato al costituirsi di una soggettività responsabile e capace di relazioni interpersonali creatrici. Alle trasformazioni della libido e ai simboli che ne sono gli organi funzionali Jung ipotizza che sia sottesa una pluralità indeterminata di «immagini primordiali» (simili ai «fantasmi originari» di Freud) atemporali, collettive e immutabili, da lui dette *archetipi.* La primitiva concezione degli archetipi fu in seguito trasformata da Jung in quella, peraltro assai ambigua, di «disposizione alle immagini» e, più tardi ancora, assimilata alla nozione kantiana di «forma a priori», responsabile però non di concetti ma di immagini universali; in ultimo fu assimilata al concetto di struttura etologica ereditaria propria della moderna biologia. La dottrina degli archetipi, tuttavia, rimase sempre in Jung allo stadio di ipotesi euristica da verificare, e gran parte della sua «psicologia» può essere accettata prescindendo da essa. Ovviamente connessa all'ipotesi degli archetipi è l'ipotesi della presenza nella psiche umana di un «inconscio collettivo».

• *Il relativismo tipologico e la nozione di psicologia come prospettiva possibile.* Contemporaneamente allo sviluppo di tali abbozzi teoretici, Jung approfondisce quegli interessi epistemologici che forse meglio caratterizzano il suo pensiero e che trovano la loro prima formulazione estesa in *Tipi psicologici* (1921). Il gioco combinatorio di due atteggiamenti fondamentali (estroversione e introversione) e di due coppie bipolari di funzioni razionali (pensiero e sentimento) e irrazionali (intuizione e sensazione) portano alla costituzione di «tipi» psicologici, in base ai quali è possibile distinguere e classificare i diversi comportamenti umani e i vari modi di orientamento nella realtà. Ogni costrutto psicologico è determinato dal tipo dell'autore del costrutto stesso ed entro i limiti di tale tipo va giudicato e utilizzato. Ma poiché ogni tipologia è, a sua volta, determinata dalla particolare prospettiva del suo costruttore, si giunge a un relativismo psicologico ancora più esteso di quello formulabile attraverso una delimitata tipologia; ogni psicologia è dunque vera e parziale nello stesso tempo, essendo l'espressione del particolare «punto di vista» connaturato alla psiche di chi la elabora. Questa via non conduce allo scetticismo ma, al contrario, al dialogo collaborativo fra le varie prospettive psicologiche.

• *Strutture psicologiche.* Nonostante l'atteggiamento relativistico riguardo alla scienza psicologica, Jung tentò di formulare «strutture» possibili della realtà psichica (a questi tentativi è dedicata gran parte degli scritti della maturità: *Le relazioni tra l'Io e l'inconscio*, 1928; *Energetica dell'anima*, 1928; *Psicologia dell'inconscio*, 1943; *Aion*, 1951; *Gli archetipi dell'inconscio collettivo*, 1954). La stessa prima «topica» freudiana (conscio, preconscio, inconscio) è da Jung modificata, in via prudentemente ipotetica, in una «topografia» della psiche che, accanto all'inconscio personale (prodotto della rimozione secondaria e di quella primaria descritte da Freud), contempla un *inconscio collettivo* precedente a ogni esperienza individuale, matrice «formale» di ogni esperienza e depositario degli archetipi. Un'altra struttura possibile è costituita dalle coppie di opposti bipolari (aggiunte alle coppie identificate in *Tipi psicologici*) individuabili nella psiche intesa come attività funzionale: Io-Ombra, Persona-Anima, Io-Sé ecc. Ma ciò che realmente interessa a Jung non è la definizione di una struttura possibile della psiche quanto mostrare come la vita psichica si svolga nell'inesauribile gioco di opposti e come questi vengano sintetizzati dalla funzione simbolica che li «tiene assieme» (simbolo da *syn-bállein*, «mettere insieme»). Particolare interesse acquista in questo contesto il concetto di Sé a cui Jung giunge attraverso un gioco complesso e interminabile di antinomie: centro e totalità della psiche, struttura a priori e risultato di un processo evolutivo personale, necessità e possibilità ecc. L'interesse per la dinamica delle strutture bipolari della psiche sembra unificare tutta la frammentaria e spesso divergente ricerca di Jung che si conclude con l'opera (scritta a 80 anni) significativamente intitolata *Mysterium coniunctionis* (1956). L'interesse di Jung per le esperienze religiose (*Psicologia e religione*, 1938-40; *Risposta a Giobbe*, 1952 ecc.) si spiega, all'interno del suo pensiero, non solo come studio di una manifestazione culturale e autonoma della polimorfa libido, ma anche come utilizzazione dell'immaginario religioso di tutti i tempi ai fini di una comprensione più vasta e dinamica della vita psichica. La religione (come peraltro la filosofia) è per Jung la testimonianza più appariscente e completa del continuo sforzo umano di afferrare in modo olistico e intuitivo la psiche. Da questo punto di vista l'immaginazione religiosa di tutte le epoche e di tutte le culture può essere proficuamente studiata dallo psicologo come fonte di concezioni non riduttivistiche della psiche, del tutto opposte a quelle che una psicologia intesa alla stregua di una scienza della natura tende invece a fornire. Sotto l'influsso di H. Bergson — che distingueva una religione «statica», con funzione di mera, anche se indispensabile, conservazione della specie umana, e una religione «dinamica», che prolunga nelle figure dei mistici lo slancio creativo dell'azione divina — Jung vede nelle manifestazioni religiose l'aspetto paradigmatico del processo d'individuazione, quando esse non assumono la forma cristallizzata dell'istituzione religiosa. Al di là dell'inganno storiografico che ha voluto confrontarlo e talvolta contrapporlo a Freud, Jung avrebbe aspirato in realtà sia a relativizzare l'impianto teoretico freudiano, sia a «inglobarlo» in una visione più vasta e completa della vita psichica, mai in ogni caso a negarlo. Nei confronti di Freud egli è semmai originale portatore della consapevolezza, per solito ignorata dalla psicoanalisi, di un'antropologia sottesa a ogni psicologia, e pertanto del bisogno di esplicitare tale antropologia al fine di non barattare la psicologia stessa per scienza universale e «oggettiva». In questo senso Jung, grazie a quegli elementi che caratterizzano in modo così problematico e apparentemente frammentario la propria concezione della psiche — presenza delle immagini archetipiche, insopprimibilità dell'inconscio che non è solo luogo di rimozione, processo d'individuazione e impossibilità da parte della psicologia a fondarsi come scienza oggettiva — sembra aver anticipato molti dei temi che hanno contrassegnato lo sviluppo del pensiero psicoanalitico post-freudiano, da Melanie Klein a W. Bion, da D.W. Winnicott a H. Kohut. *M. Tr.*

Jüngel, Ebehrard (Magdeburgo 1934), teologo evangelico tedesco, attualmente professore di teologia sistematica nella facoltà evangelica di Tubinga. Centro della sua rilessione è l'istituzione e la legittimazione del sapere teologico nell'orizzonte del sapere universale. L'opera principale *Dio mistero del mondo. Per una fondazione della teologia del Crocefisso nella disputa tra teismo e ateismo* (1977), pone il problema del discorso su Dio oggi nei termini di «necessità» e «non necessità», condividendone il luogo di massima aporeticità nella «morte di Dio», esaminata in D. Bonhoeffer e Hegel. Se il mondo è pensabile senza Dio (che quindi non è necessario), Dio non è pensabile senza il mondo. Come dunque si può pensare e dire Dio? La risposta, per Jüngel, in linea con il suo maestro, K. Barth, è nell'evento Gesù Cristo: Dio è pensabile solo parlando della sua autodeterminazione nell'uomo Gesù (*L'essere di Dio è nel divenire*, 1964).

Jünger, Ernst (Heidelberg 1895), scrittore e saggista tedesco. Nel saggio *L'operaio* (1932) polemizzò con il romanticismo politico e, guardando la storia e la cronaca con occhio «non storico», individuò nell'epoca attuale la distruzione di ogni possibilità di realizzazione dei progetti borghesi e ottocenteschi, sia quelli basati sull'idea dell'individuo, sia quelli basati sull'idea di massa. Nella ripresa e nello sviluppo di queste e altre tematiche proprie di un'atmosfera culturale influenzata dall'ultimo

Nietzsche, il saggio propone un'idea di economia e di lavoro come dispiegamento dell'organizzazione e della tecnica, come «mobilitazione totale», da cui si determina il tipo umano del lavoratore-soldato. Questi argomenti, nonché lo sforzo di ricomprenderli in una riflessione sulla «forma» come «metafisica» assente nell'ultima modernità, vennero ripresi esplicitamente da Heidegger. Sempre più orientato, dopo la guerra, verso interessi filosofico-religiosi fondò nel 1959 la rivista «Antaios» che diresse insieme con M. Eliade. Fra i suoi scritti vanno ricordati: il romanzo *Sulle scogliere di marmo* (1939); il diario di guerra *Irradiazioni* (1949); la trilogia di romanzi allegorici *Heliopolis* (1949), *Le api di vetro* (1957) e *Eumeswil* (1978), che dipingono la nostra civiltà e i suoi organismi politici decaduti.

Juvalta, Erminio (Chiavenna 1865 - Torino 1934), filosofo italiano. Allievo a Pavia del kantiano C. Cantoni, fu dal 1915 ordinario di filosofia morale nella facoltà di lettere di Torino. Il pensiero di Juvalta è stato ricondotto sia al neokantismo, per l'esigenza di autofondazione della morale indipendentemente dalla metafisica e, in generale, da principi teoretici; sia al positivismo, soprattutto per l'analisi critica dei falsi postulati che sorreggono problemi irrisolti i quali si rivelano essere problemi mal posti, viziati all'origine da un assurdo logico: tale è, per es., il «vecchio problema della morale», consistente nel giustificare i postulati di valutazione morale riconducendo i giudizi di valore a giudizi di realtà, o fondando le norme morali su di un'autorità. I giudizi di valore, infatti, non sono riconducibili se non ai postulati di valore primari sui quali si fondano e che, a loro volta, non si fondano su niente; il razionalismo in etica non può dunque oltrepassare questo limite: il postulato di valore è assunto come dato extrarazionale primario. D'altra parte, Juvalta criticò anche l'identificazione kantiana di moralità e dovere, attraverso la distinzione di due istanze tra loro irriducibili, quella giustificativa (soddisfatta quando la norma morale sia ricondotta a un postulato primario riconosciuto come valido) e quella esecutiva (relativa, cioè, all'efficacia effettiva della norma morale). La pluralità dei postulati di valutazione morale è un dato insuperabile, che nessun razionalismo etico può ricondurre a unità e universalità. L'unica norma che deve valere universalmente è quella riguardante le precondizioni della vita morale, ossia l'esistenza di fatto (e il rispetto) di uno stato di libertà e di giustizia capace di dare a tutti eguali possibilità di tradurre in pratica i valori ai quali è orientata ciascuna persona morale. Opere principali: *Prolegomeni a una morale distinta dalla metafisica* (1901); *Postulati etici e postulati metafisici* (1909); *Postulati etici e imperativo categorico* (1911); *Per uno studio dei conflitti morali* (1927).

Kabīr (Benares 1398 ca - Maghar 1518), maestro religioso indiano. La sua straordinaria longevità è probabilmente leggendaria, e dati leggendari caratterizzano in generale la sua biografia: sembra che fosse un trovatello, raccolto da un tessitore musulmano che egli avrebbe poi lasciato per condurre vita di predicatore itinerante, percorrendo l'India occidentale e in special modo il Punjab. Fu uomo di scarsa cultura: le opere a lui attribuite (fra cui *Il seme* e *I messaggi*, oltre a numerosi apocrifi), scritte in un hindī assai composito e personale, sono, per la maggior parte, di carattere didattico. Kabīr polemizzò contro le pratiche superstiziose popolari, sia indù sia musulmane, e mirò con la sua predicazione al superamento delle divisioni confessionali e alla creazione di una comunità di fedeli adoratori del Dio Uno, che egli chiama sia Rāma sia Allāh, e che concepisce come il supremo principio maschile al quale le anime si uniscono nuzialmente. Per conoscere questo Dio, che si trova al di là di ogni determinazione teologica o rituale, occorre anzitutto aprire l'animo alla compassione, moderare l'orgoglio e conoscere se stessi. Tale posizione mistica mostra l'influsso su Kabīr tanto della → bhakti, che egli apprese dall'asceta viṣṇuita Rāmānanda, quanto del → sufismo islamico.

kalām, termine arabo («parola») usato per indicare sia la parola di Allāh (*kalām Allāh*), sia la scienza della parola di Allāh (*'ilm al-kalām*). Storicamente kalām designa un preciso indirizzo della teologia speculativa araba, i cui seguaci furono detti mutakallimūn (tradotto in latino medievale con *loquentes*, «ragionatori»). Il kalām si sviluppò già nel primo secolo dell'Islam come disciplina che metteva al servizio delle credenze religiose gli argomenti discorsivi, nella convinzione che la ragione, da sola, potesse conoscere tutto ciò che è rivelato. Da queste posizioni prese il via, nei secc. VIII-IX, il movimento teologico dei → mu'taziliti, che spinsero sino in fondo la riflessione razionale al servizio del dogma e dell'apologetica religiosa, giungendo a negare la distinzione degli attributi divini affermata dal Corano. Nella reazione dell'ortodossia asharita (→ Islam) del sec. XI contro i mu'taziliti fu coinvolto anche il kalām, poiché venne messo in questione il metodo stesso dell'argomentazione razionale sul dato rivelato.

kāma, termine sanscrito che significa «amore, desiderio, attrazione dei sensi». Per l'induismo il kāma è uno dei quattro scopi della vita umana, insieme all'utile, la rettitudine e la liberazione dalle rinascite. Ma fin dai tempi vedici Kāma è anche una forza cosmica e creatrice; talvolta è identificato con lo stesso Dio creatore; più comunemente è concepito come una sorta di demone, parallelo all'Eros greco, e viene considerato il dio delle Apsara, le ninfe celesti: lo si rappresenta come un giovane prestante, munito di un arco col quale lancia frecce dalle punte fiorite. Secondo una tradizione, che è forse la più antica, il dio Amore è eterno, senza origine; secondo altre leggende egli è invece figlio di Dharma (legge) e Śrāddha (fede), oppure si dice che sia nato dal cuore di Brahmā.

Kant, Immanuel (Königsberg, odierna Kaliningrad, 1724-1804), filosofo tedesco. Massimo rappresentante tedesco dell'illuminismo, è l'autore di una vera e propria rivoluzione filosofica. Kant distrugge infatti la metafisica dogmatica, per lui impersonata dalla sistematica di Ch. → Wolff e della sua scuola, procedendo a una critica della ragione che determina le condizioni di possibilità e i limiti di validità delle capacità conoscitive dell'uomo, a seconda delle sue facoltà (di conoscere, di desiderare, di provare piacere o dispiacere). Con la sua posizione han fatto i conti i maggiori rappresentanti dell'idealismo tedesco, Fichte, Schelling, Hegel, che a Kant si sono in vario modo richiamati, sia pure per orientare poi la riflessione filosofica in direzioni da lui precluse. D'altra parte l'opera di Kant, in quanto muove, a differenza di quella degli idealisti, da una considerazione approfondita di caratteri e problemi della moderna scienza della natura, nell'assetto conferito a questa da Newton, si è prestata a serie discussioni in rapporto allo svolgimento successivo delle scienze e della riflessione epistemologica.

• *Vita e opere.* Di famiglia modesta, Kant ricevette un'educazione moralmente improntata dal pietismo della madre. Uscito dalla severa disciplina del Collegium Fridericianum, si iscrisse, nel 1740, all'università Albertina di Königsberg, ove s'intrecciavano orientamenti aristotelici, pietistici e wolffiani. Il suo primo scritto è un intervento nella disputa tra leibniziani e cartesiani attorno al concetto di forza: *Pensieri sulla vera valutazione delle forze vive* (1746, edito nel 1749). Dopo la morte del padre (1746), Kant fece il precettore per parecchi anni. Nel 1755 ottenne il dottorato con la dissertazione *De igne* e la libera docenza con la dissertazione *Principiorum primorum cognitionis metaphysicae nova delucidatio.* Sempre nel 1755 uscì, anonima, la sua *Storia universale della natura e teoria del cielo* in cui, per mezzo della teoria newtoniana delle forze attrattiva e repulsiva, è esposta l'ipotesi della formazione del sistema solare da una nebulosa originaria, ipotesi che allora passò inosservata ma che è prossima a quella formulata nel 1796 dal fisico P.-S. de Laplace, sì che essa va comunemente sotto il nome di «ipotesi di Kant-Laplace». Col 1755 iniziò per Kant un periodo di quindici anni, socialmente assai vivace, durante il quale egli tenne una grande quantità di lezioni in discipline disparate, dalla logica alla geografia fisica. Del 1756 è la *Monadologia physica*, tentativo di conciliare, a proposito della divisibilità dell'esteso, il monadismo di Leibniz con la dottrina dell'attrazione di Newton. Del 1762 sono *La falsa sottigliezza delle quattro figure sillogistiche* e *L'unico argomento possibile per una dimostrazione dell'esistenza di Dio*; a cui seguirono, tra l'altro, il *Tentativo per introdurre nella filosofia il concetto delle quantità negative* (1763); lo *Studio sull'evidenza dei principi della teologia naturale e della morale* (1764); le *Osservazioni sul sentimento del bello e del sublime* (1764), che testimoniano dell'interesse per il pensiero dei moralisti inglesi; i *Sogni di un visionario chiariti con sogni della metafisica* (1766), contro E. Swedenborg, d'intonazione ironico-scetticheggiante nei confronti della metafisica; *Del primo fondamento della distinzione delle regioni nello spazio* (1768). Finalmente, nel 1770, con la dissertazione *De mundi sensibilis atque intelligibilis forma et pricipiis*, Kant ottenne la nomina a professore ordinario di logica e metafisica nell'università di Königsberg, dove continuerà a insegnare fino al 1796, rifiutando chiamate da altre università.

Il progetto, lungamente meditato, di porre in discussione la metafisica nel quadro di una critica della ragione trovò, dopo un percorso non lineare, la prima, fondamentale realizzazione nella *Critica della ragion pura* (1781). Tra la prima edizione di questa, che è l'opera maggiore di Kant, e la seconda edizione (1787), notevolmente modificata, uscirono i *Prolegomeni ad ogni futura metafisica che voglia presentarsi come scienza* (1783), un'esposizione più divulgativa (nella quale, tra l'altro, c'è il celebre riconoscimento a Hume di averlo destato dal «sonno dogmatico») e i *Primi principi metafisici della scienza della natura* (1786), un'analisi del concetto generale di materia, intesa a dare conto della parte della fisica che non è matematica e che tuttavia è pura. La nuova impostazione venne proseguita, in campo morale, con la *Critica della ragion pratica* (1788), preceduta dalla *Fondazione della metafisica dei costumi* (1785) e seguita dalla *Metafisica dei costumi* (1797), quest'ultima in due parti: *Principi metafisici della dottrina del diritto*, e *Principi metafisici della dottrina della virtù*. Nel 1790 uscì, terza e ultima, la *Critica del giudizio*, consacrata al giudizio estetico e al giudizio teleologico (vertente cioè sulla ipotesi di una finalità intrinseca della natura).

Della vasta produzione che accompagna le opere principali sono da ricordare: le *Idee di una storia universale dal punto di vista cosmopolitico* (1784); la *Risposta alla domanda: che cos'è l'Illuminismo?* (1784); le recensioni alle *Idee sulla filosofia della storia dell'umanità* di Herder (1785); *Che cosa significa orientarsi nel pensare* (1786); la replica antileibniziana a Eberhard *Su una scoperta dopo la quale ogni nuova critica della ragion pura sarà resa inutile da una più antica* (1790); *Sul detto comune: questo può essere giusto in teoria, ma non vale per la pratica* (1793); *Per la pace perpetua* (1795), che incontrò un rapido successo; infine, l'*Antropologia pragmatica* (1798), sintesi di trent'anni di corsi, subito popolarissima. Nel 1794, in seguito alla pubblicazione de *La religione nei limiti della semplice ragione* (1793) e de *La fine di tutte le cose* (1794), Kant ricevette un rescritto regio che lo diffidava dal proseguire quella che veniva giudicata una denigrazione del cristianesimo. Nel 1799, Kant dichiarò «sistema insostenibile» la *Dottrina della scienza* di Fichte, vista la crescente fortuna di questa che si presentava come una continuazione coerente e unitaria del suo pensiero. Gravemente debilitato, negli ultimi anni Kant attese a una trattazione del passaggio dalla metafisica della scienza della natura alla fisica, in pratica a una ridelineazione del suo sistema, rimasta però incompiuta: i frammenti ne sono stati editi, sotto il titolo *Opus postumum*, nel 1882-1884. Lui vivente, uscirono le lezioni di logica (1800), di geografia fisica (1802), di pedagogia (1803); altri gruppi di lezioni sono stati pubblicati postumi.

• *La «Critica della ragion pura».* La correzione fondamentale che Kant apporta alla metafisica leibniziano-wolffiana consiste nel rigettare una concezione che tra rappresentazioni sensibili e rappresentazioni intellettuali sussista soltanto una differenza di grado: dal confuso al distinto. Una differenza — sottolinea Kant — che non concerne né il contenuto né l'origine delle nostre rappresentazioni. Per contro, Kant individua nella sensibilità e nell'intelletto due fonti specifiche del conoscere, inassimilabili l'una all'altra. I loro caratteri distintivi sono da vedere infatti, per quanto riguarda la sensibilità, nell'immediatezza del riferimento agli oggetti (intuizione) e nella ricettività; per quanto riguarda l'intelletto, nel procedere discorsivo (per concetti) e nella spontaneità con cui sintetizza i dati molteplici offerti dall'intuizione. Resta esclusa per l'uomo, come per ogni essere finito, una intuizione che non sia sensibile, esposta all'azione di oggetti dati indipendentemente da essa. Intuizioni e concetti sono per Kant gli elementi, il cui cooperare è indispensabile affinché si dia in genere conoscenza, cioè un pensare fornito di contenuto. Kant ammette quindi che ogni nostra conoscenza comincia con l'esperienza, ma soggiunge: essa non deriva però interamente dall'esperienza. Quel che però l'esperienza per definizione non le fornisce è una validità universale e necessaria. Ora, una simile validità è stata riconosciuta pure dallo scettico Hume, se non altro alle proposizioni della matematica, le quali risultano vere in virtù semplicemente di operazioni di pensiero, indipendentemente dall'esperienza: conoscenze a priori, nel linguaggio di Kant. Pur tenendo conto delle istanze critico-scettiche di Hume, egli intende garantire alla ragione un potere più esteso di quanto Hume le conceda, e diversamente fondato. Egli scopre che l'ambito dell'a priori non è circoscritto al tipo di proposizioni o giudizi che chiama analitici.

Giudizi analitici e sintetici. I giudizi analitici sono quelli in cui il concetto che figura quale predicato è già contenuto nel concetto che figura quale soggetto (per es. «i corpi sono estesi»). Governati unicamente dal principio di non contraddizione (il quale vige peraltro per qualsiasi proposizione), essi hanno valore esplicativo, ma non estendono per nulla il contenuto della conoscenza. Kant chiama invece sintetici quei giudizi che connettono col soggetto un predicato che non rientra nel concetto di quello; essi perciò estendono la nostra conoscenza. Ora, mentre un giudizio come «i corpi sono pesanti» ha validità solamente sotto condizioni determinate empiricamente, è un esempio di giudizio sintetico a posteriori, Kant sostiene che vi sono altresì dei giudizi, anch'essi sintetici o estensivi, eppure validi a priori, ossia dotati dei requisiti della universalità e della necessità (per es. «ogni cangiamento ha una causa») e che su questo terzo tipo di giudizi si fondano la matematica e la fisica. Egli cerca così di mantenere le acquisizioni della scienza newtoniana al riparo delle obiezioni mossele da Hume, assumendo il problema del sintetico a priori come filo conduttore per una disamina della ragione, quale facoltà delle conoscenze a priori.

La concezione kantiana dello spazio e del tempo. Per tale obiettivo risulta essenziale la teoria originale che Kant propone dello spazio e del tempo. Spazio e tempo sono concepiti da Kant come antecedenti l'esperienza, ma dalla parte del soggetto. Vengono a far parte della nostra costituzione soggettiva, quali forme a priori della sensibilità: del senso interno, il tempo; del senso esterno, lo spazio. Ciò non li priva di validità oggettiva, ma fa sì che questa sia limitata agli oggetti in rapporto a noi («fenomeni»). Gli «oggetti per noi» rimandano a, o presuppongono, degli oggetti in sé; ma quest'altro riguardo ci resta precluso. Le cose in sé non rientrano dunque fra gli oggetti della nostra conoscenza; si situano al limite di essa, come oggetti possibili di puro pensiero («noumeni»). È nei limiti stabiliti dalla distinzione tra fenomeni e cose in sé che la fisica newtoniana si rivela inattaccabile, con le sue leggi in ferrea corrispondenza con le verità geometriche. Quanto a queste ultime, Kant rileva che lo spazio (così come il tempo) costituisce un tutto unico che non si esaurisce e non s'identifica con nessuna sua porzione determinata, e che proprio in quanto tale è capace di contenere una moltitudine di rappresentazioni infinita. Dalle intuizioni spaziali empiriche risulta possibile allora sceverare una intuizione pura, in termini esclusivamente di figura e estensione; e ciò spiega la possibilità, per la geometria, di esporre le proprietà dello spazio costruendo proposizioni sintetiche a priori mediante un'intuizione pura. Così, nel concetto della linea più breve non è già incluso il concetto di retta; questo è il risultato d'una connessione a priori in riferimento all'intuizione spaziale. Analogamente, l'aritmetica costruisce i suoi concetti nell'intuizione pura del tempo, senza di che l'intelletto non sarebbe in grado di pervenire, dalla mera nozione di una somma, a un risultato determinato.

La logica trascendentale. La concezione dello spazio e del tempo come forme a priori della sensibilità (Kant definisce la propria posizione idealismo «formale», appunto, ovvero «trascendentale», per contrapporsi all'idealismo di Berkeley, che qualifica «materiale» o «empirico») è esposta da Kant nella prima parte della *Critica della ragion pura*, sotto il titolo «Estetica trascendentale» (estetica nel senso di dottrina della sensibilità). Essa costituisce, insieme con la «Logica trascendentale», la «Dottrina degli elementi» (intuizioni e concetti, appunto), a cui segue, di molto più breve, la «Dottrina del metodo». Kant poi distingue la logica in logica «generale» o formale, che egli giudica compiuta per l'essenziale con Aristotele, e logica trascendentale, e indica in quest'ultima il suo apporto originale. L'attributo «trascendentale» designa una trattazione che concerne non direttamente oggetti, bensì il «nostro modo di conoscerli, in quanto è possibile a priori». Ora, a differenza della logica generale, la logica trascendentale si assume il compito di indagare la possibilità delle nostre conoscenze senza astrarre dal riferimento a oggetti, in quanto possibile a priori. Le due grandi suddivisioni della logica trascendentale, «Analitica» e «Dialettica», rappresentano rispettivamente la *pars costruens* e la *pars destruens* di tale assunto, coincidendo la prima con una logica della verità, a cui presiede l'intelletto (*Verstand*); la seconda con una logica dell'apparenza, a cui presiede la ragione (*Vernunft*).

L'Analitica trascendentale. L'Analitica consiste di due libri: «Analitica dei concetti» e «Analitica dei princìpi». Dapprima Kant determina le condizioni sotto cui è possibile pensare in generale un oggetto, pur senza intuirlo. Esse risiedono nell'intelletto, sotto forma di categorie o concetti puri. Siccome la funzione unificante esercitata dall'intelletto si esplica nel giudizio, Kant prima di tutto stabilisce, in corrispondenza con una tavola logica dei giudizi, quadripartita, una tavola pure quadripartita delle → categorie, che vuol offrire una risistemazione delle categorie aristoteliche. Con la «deduzione», nel senso giuridico del termine, cioè con la giustificazione della validità delle categorie (rifatta per la seconda edizione dell'opera) Kant mostra che ogni uso dell'intelletto, ossia ogni sintesi del molteplice, presuppone sempre un'operazione unificante da parte del soggetto di conoscenza, ossia è accompagnato dalla rappresentazione pura «Io penso». Cerca poi di spiegare come le condizioni soggettive del pensare così definite possano assumere validità oggettiva. Esse riescono ad attingerla nella misura in cui s'applichino a dati dell'intuizione sensibile. L'Analitica dei principi contiene appunto le regole a priori per un tale uso, a spiegare il quale viene introdotta la dottrina dello «schematismo». Con «schema» si intende una figurazione pura (a differenza della mera immagine), la quale realizza la categoria, e al tempo stesso ne restringe l'uso, nell'ambito di condizioni extraintellettuali, ossia sensibili. Sono, precisamente, le determinazioni pure del tempo (quale forma del senso interno, e pertanto condizione di ogni nostra rappresentazione) a fungere da schemi. Per es. lo schema della quantità è il numero, inteso come addizione successiva di unità omogenee. Per le categorie della relazione (sostanza-accidente, causa-effetto, azione reciproca) gli schemi corrispondenti sono: permanenza, successione, simultaneità. E i principi che presiedono a questo gruppo sono quelli mediante cui si determina l'esistenza di fenomeni nel tempo. In particolare, Kant rivendica, contro Hume, la necessità del principio di causalità, in termini di una capacità di distinguere tra una successione meramente soggettiva, relativa al flusso delle nostre rappresentazioni, e una successione oggettiva, valida rispetto ai fenomeni (altro è per es. percepire le varie parti di una casa secondo un ordine che è reversibile, altro è percepire una nave che occupi successivamente luoghi distinti di un corso d'acqua, nel qual caso non si dà reversibilità); cioè in termini della funzione costitutiva, riguardo all'esperienza, che è da attribuirsi all'intelletto.

La Dialettica trascendentale. Se la facoltà conoscitiva pretende di estendere l'uso dei concetti a priori oltre il limite dell'intuizione, essa cade vittima di un'illusione. Spiegare tale illusione, tuttavia, non equivale a dissiparla, poiché si tratta di un'illusione «naturale», che ha la sua sede nella ragione. Essa è legata al tentativo che la ragione effettua di risalire la serie delle condizioni alla ricerca di un incondizionato, di una totalità assoluta delle condizioni; in tale tentativo, la ragione perviene a concetti a cui non può corrispondere alcun oggetto di esperienza. A essi non compete quindi alcuna funzione costitutiva, ma solamente l'ufficio «regolativo» di indirizzare all'ampliamento e all'unificazione sistematica del sapere. Kant chiama «idee» tali concetti, e in questo senso definisce la ragione facoltà produttrice delle idee. Esse sono: l'anima, il mondo, Dio; al che corrispondono altrettante dottrine della «metaphysica specialis» di Wolff — la psicologia, la cosmologia e la teologia razionali — che Kant si dà a demolire partitamente. In particolare, quanto alla cosmologia, egli mostra che s'incaglia in antinomie, coppie di proposizioni antitetiche le quali differiscono dalle contraddittorie per il fatto di non essere necessariamente vera l'una, l'altra falsa. La dottrina delle antinomie è comunemente ritenuta la parte più antica della *Critica della ragion pura* e quella che ne contiene il motivo ispiratore.

• *La «Critica della ragion pratica».* La seconda critica tratta della ragione nel suo uso pratico. Si noti che, mentre la pura ragione non è, secondo Kant, di per sé teoretica, ovvero «speculativa», ma assolve una funzione di conoscenza solamente con il concorso e la limitazione della sensibilità, invece essa è di per sé pratica, capace di determinare la volontà ad agire.

Pertanto — all'inverso che per l'uso teoretico — non è la ragion *pura* pratica ad avere bisogno di critica, ma semplicemente la ragione pratica. Un «ente ragionevole finito» quale l'uomo è comunque capace di agire secondo princìpi: tutto sta a vedere se si diano princìpi a priori, e su che base. Kant esclude che questi possano essere desunti, come pure da molti filosofi è stato tentato, dal riferimento a qualsivoglia oggetto quale motivo determinante della volontà. Ché non si hanno, così, altro che princìpi materiali, e quindi empirici: i più vari, tutti però riconducibili al principio fondamentale dell'amor proprio, della felicità. Muovendo in senso opposto all'eudemonismo di tanta parte del pensiero morale settecentesco, Kant sostiene che solamente un principio pratico-formale garantisce validità universale alla nostra volontà. Vi perviene attraverso la distinzione tra «massime», princìpi valevoli per un soggetto particolare (ancorché suscettibili di generalità, cioè di valere nella maggior parte dei casi) e «leggi», princìpi dotati di una validità oggettiva, idonei cioè a determinare ad agire qualunque essere razionale. È nella semplice forma di una legislazione possibile mediante le nostre massime che deve risiedere il motivo determinante della volontà. Di qui il criterio secondo cui occorre sempre soltanto domandarsi se la massima della propria volontà possa valere allo stesso modo che una legge di natura. Ora, per l'uomo il rapporto con la legge morale non può essere che di dipendenza, visto che l'uomo è ben capace di massime contrarie alla legge. Non gli si può attribuire una volontà «santa», non esposta al contrasto tra virtù e inclinazioni, ma soltanto una volontà «buona», che si basi sulla rappresentazione del dovere. Tale dipendenza si esprime nella forma di un comando, di un imperativo che, per differenziarlo da altra sorta di consigli o precetti pratici relativi al nesso mezzi-scopo (imperativi ipotetici, che si esprimono nella forma *se... allora*), Kant chiama «categorico», cioè incondizionato.

Kant ritiene di aver fornito in tal modo una formula rigorosa per quello che lui chiama il «fatto» della ragione, in forza del quale l'idea di libertà, non impensabile ma neppure dimostrabile in sede speculativa, acquisterebbe realtà oggettiva. La legge morale, infatti, implica l'autonomia della volontà, da intendersi sia in senso negativo, come indipendenza appunto da motivi materiali, sia in senso positivo, come autodeterminazione razionale spontanea. L'autonomia del soggetto morale è la condizione per cui le massime possano accordarsi con la legge. Per un verso, dunque, la libertà è *ratio essendi* della legge morale. Per un altro verso, la legge morale è *ratio cognoscendi* della libertà: è attraverso il riconoscimento della legge che giungiamo a consapevolezza della libertà. La «voce della ragione» si fa sentire anche nell'uomo più ordinario, anzi più distintamente — afferma Kant — che non nelle speculazioni dei filosofi. Un motivo, questo (l'appello alla «coscienza» dell'uomo comune), del quale Kant si riconosceva debitore a Rousseau.

Tra il desiderio insopprimibile della felicità e la virtù, si dà una contraddizione che non è semplicemente logica ma «pratica», e che il principio della morale risolve con una rigorosa subordinazione del primo termine al secondo. Solo il virtuoso è degno di felicità. Altro però è essere capace o partecipe della felicità. Di qui il problema che occupa la Dialettica della *Critica della ragion pratica.* L'antinomia della ragion pratica si presenta a proposito dell'oggetto e dello scopo finale imposto dalla regola morale. Esso non si esaurisce nella virtù, che pure costituisce il bene supremo: non però tutto il bene a cui può legittimamente aspirare un ente ragionevole finito. La felicità entra pure a far parte del «sommo bene» — espressione con la quale Kant designa l'oggetto della ragione pratica nella sua totalità incondizionata. Problema sollevato, ma lasciato irrisolto dalle grandi scuole antiche degli stoici e degli epicurei, le quali identificavano i due elementi di esso, sia pure in guise opposte. Tenendo invece ferma la loro differenza e investigandone il legame sintetico, Kant enuncia così l'antinomia: il desiderio della felicità condiziona l'essere virtuoso (tesi); la virtù è causa efficiente della felicità (antitesi). La prima affermazione è assolutamente falsa, alla luce dell'Analitica. La seconda affermazione è pure falsa, non però assolutamente, ma solo in quanto riferita al determinismo dei fenomeni. La via d'uscita è additata da Kant sulla scorta d'un richiamo al cristianesimo nella sua figura più razionale. Nella prospettiva d'un ordine superiore, soprasensibile, del quale facciamo parte in quanto soggetti morali, vengono introdotti alcuni postulati, proposizioni cioè non dimostrabili, ma che si rendono necessarie sotto il rispetto pratico, contenendo le condizioni dell'oggetto necessario della volontà: l'immortalità dell'anima, affinché sia possibile il compito di adeguarsi alla legge morale, in un progresso all'infinito; l'esistenza di Dio, perché per l'attuazione d'una proporzione tra virtù e felicità è da supporre un essere intelligente e santo quale autore della natura. Queste idee, attinenti rispettivamente al bene supremo e al bene sommo, esprimono una necessità morale soggettiva (voglio che ci sia un Dio, dice l'uomo giusto), un bisogno pratico della ragione fondato sulla coscienza di dover promuovere il sommo bene. Si attua così l'affermazione, da parte di Kant, d'un primato della ragion pratica, in vista dell'interesse «superiore» di questa. Di qui l'idea di una destinazione pratica dell'uomo, che tanta fortuna ha avuto poi e che è solo un aspetto della lunga risonanza avuta da questa etica formale del dovere e dell'intenzione.

Da questa rivendicazione del carattere autonomo della morale dipende pure la concezione kantiana della religione, che viene ricondotta alla moralità e fondata su di essa. Secondo Kant, significherebbe cadere nell'eteronomia — e quindi andare contro la morale e la libertà — considerare obbligatorie certe azioni perché sono comandi di Dio; al contrario si devono considerare comandi di Dio quelle azioni a cui siamo moralmente obbligati. La religione «nei limiti della semplice ragione» diventa la conoscenza di tutti i doveri come comandi divini, ma non come «sanzioni» o ordinamenti di per sé arbitrari e contingenti dettati da una volontà esterna. Perciò non ci saranno propriamente religioni diverse, ma soltanto una religione morale universale, una sorta di chiesa invisibile che abbraccia tutti coloro che adorano Dio in modo puro e incondizionato.

• *La «Critica del giudizio».* Nella sua opera destinata a maggior successo fra i romantici tedeschi, Kant si propone di completare il sistema della critica indagando la funzione relativa alla facoltà del giudizio, a cui assegna una posizione intermedia, tra intelletto e ragione (ovvero, tra natura e libertà). In generale, il giudizio è la facoltà di pensare un particolare come contenuto nell'universale. Il che può avvenire in due modi: o sussumendo, in base a una regola, il caso particolare sotto un universale dato; o cercando di trovare un universale per un caso particolare dato. Il primo è il giudizio «determinante», il secondo è il giudizio «riflettente». Del primo Kant ha già trattato nella *Critica della ragion pura* (specialmente a proposito dello schematismo), mentre ora solleva la questione se anche la ricerca di regolarità empiriche e in genere la riflessione sopra oggetti per i quali non ci sia data una legge sia condotta secondo un qualche principio, connesso a un'applicazione peculiare del concetto di fine. La *Critica del giudizio* si articola in due parti, dedicate rispettivamente a una «critica del giudizio estetico» e a una «critica del giudizio teleologico».

La prima tratta del giudizio in rapporto con una determinata facoltà dell'animo, il sentimento di piacere e dispiacere. Kant intende fornire, propriamente, una «critica del gusto», una disamina della nostra capacità di giudizio estetico (estetico non nel senso dell'Estetica trascendentale, bensì nel significato di → estetica corrente da Baumgarten innanzi). Secondo Kant, i giudizi di gusto non contribuiscono minimamente alla conoscenza delle cose; nondimeno istituiscono una relazione immediata tra sentimento di piacere-dispiacere e facoltà conoscitiva. Essi hanno di peculiare che, pur poggiando sul sentimento, sono comunicabili, esigono il consenso di ognuno, facendo appello a una sorta di «senso comune» estetico. Appaiono perciò forniti non di una universalità oggettiva, fondata su un concetto, bensì di una universalità *sui generis*, «soggettiva». Quando diciamo che un oggetto è bello, siamo consapevoli che tale affermazione non equivale solo a un «mi piace»; presupponiamo cioè una umanità capace di concordare su questo giudizio. Una differenza che gli empiristi non colgono, riportando interamente il bello alla sensazione individuale. Se gli empiristi non spiegano la differenza tra bello e piacevole, non meno fuorviante è secondo Kant il punto di vista razionalistico, che considera il bello un concetto confuso della perfezione di un oggetto. Kant obietta che il bello non è il perfetto, giacché ha a che fare non con la materia ma solamente con la forma di un oggetto. Noi diciamo bello un oggetto che piace in virtù di una finalità peraltro non riferibile a uno scopo o a una volontà, ma unicamente al gioco armonico che si instaura tra immaginazione (detta in questo caso «produttiva») e intelletto in occasione della rappresentazione di un oggetto dato. Kant definisce pertanto la bellezza forma della finalità di un oggetto, non accompagnata dalla rappresentazione di uno scopo; e ciò vale tanto per il bello della natura quanto per il bello dell'arte. Per giudicare degli oggetti belli è necessario il gusto; per produrre opere d'arte belle occorre il → genio, inteso come capacità dell'artista di operare non sottoposto alla costrizione di regole intenzionali: ossia come il medio attraverso cui la *natura* dà regola all'arte, come analogo della natura legislatrice.

Kant prosegue una tradizione settecentesca, affiancando alla trattazione del bello una trattazione del sublime. Egli definisce il sublime come ciò che è grande assolutamente (e non comparativamente), ossia infinito, sia per grandezza (sublime matematico) sia per potenza (sublime dinamico) e lo riporta a una connessione non armonica dell'immaginazione con la ragione.

Se la kantiana critica del gusto è tra i non molti episodi rilevanti della filosofia dell'arte, ed è comunemente riconosciuta un *terminus a quo*, la seconda parte della *Critica del giudizio*, dedicata al giudizio teleologico, appare più legata alla problematica dell'epoca, e ha esercitato un'influenza decisiva sull'idealismo. Kant è il primo a distinguere nettamente tra la finalità «esterna» (che tanti strali s'era attirata negli ultimi due secoli) e una finalità «interna», rinvenibile negli esseri organizzati. Tratti precipui di questa sono l'autoprodursi del vivente, sia come individuo (assimilazione e accrescimento) sia come specie (riproduzione); e il nesso reciproco di causa ed effetto, di mezzo e scopo delle parti di un «prodotto naturale organizzato» (dal filo d'erba in su) tra di loro e col tutto. Il giudizio teleologico serve a stabilire, a vari gradi, leggi particolari e tassonomiche della natura, in quanto distinte dalle leggi universali a cui dà luogo l'intelletto. Di qui poi l'idea d'una unità, d'un ordine della natura, «come se», tutta quanta, fosse prodotta in vista di un fine. Si ha pertanto un principio regolativo per il giudizio riflettente che, pur non soppiantando il meccanicismo, gli può essere associato; ma che rimane comunque un principio «soggettivo»: che la natura sia possibile in grazia di una finalità oggettiva siamo indotti a pensare dalla conformazione della nostra facoltà conoscitiva. Di qui la situazione particolare di questa *Critica*, alla quale non deve corrispondere alcuna trattazione dottrinale: del giudizio, cioè, si dà critica, ma non scienza.

• *La concezione della storia.* Al centro delle riflessioni di Kant sulla storia umana vi è l'idea d'un progresso culturale dell'umanità, tale che può essere interrotto, non però arrestato. Accanto allo studio concreto della storia, Kant ritiene infatti vi sia posto per una considerazione filosofica, in cui l'idea di una destinazione dell'uomo serve da filo conduttore per orientarsi in un'esperienza che pur ne offre riscontri intermittenti e parziali. In effetti, muovendo dal rilievo che gli uomini operano sulla scena del mondo secondo piani e fini disparati, egli cerca di determinare un «disegno della natura», in base alla nozione di «disposizioni naturali» dell'uomo, come destinate a un completo svolgimento. Poiché l'uomo è un essere non meramente istintivo, ma che procede per tentativi imperfetti, aiutandosi con la ragione, un tale svolgimento non può verificarsi che per la specie, lungo un cammino che non va dal bene al male, ma dal peggio al meglio. Il genere umano è definibile come «la totalità di una serie di generazioni che vanno all'infinito»; ora, noi possiamo rappresentarcene il decorso non come tale che s'avvicini asintoticamente alla linea della sua «destinazione», considerando codesta totalità in tutte le sue parti; ma come tale invece che con questa linea si incontri, considerando la totalità nel suo complesso.

Kant individua la molla della civilizzazione nell'antagonismo degli uomini nella società («insocievole socievolezza»). È attraverso di esso che i talenti individuali primamente si dischiudono e gli uomini escono dallo stato di pigrizia animale, per passare via via dalla barbarie alla cultura, e autodisciplinare l'insocievolezza. Successivamente la società, da unione «patologica» coercitiva, tende a divenire un tutto morale. Ed è infine entro un maturo ordinamento civile (giuridico-politico) della società che il fine della natura diviene realizzabile, e l'umanità può dispiegare le sue facoltà peculiari attuando la sua destinazione. Si tratta pertanto di instaurare una costituzione civile perfetta, il che dipende a sua volta dal problema di regolare legalmente quel rapporto esterno tra stati nel quale vediamo perpetuarsi gli effetti della naturale insocievolezza. Kant prefigura una federazione di popoli nella quale ogni stato sia tutelato. Per quanto paia chimerica, egli osserva, questa è la sola via d'uscita dai mali che affliggono l'umanità. Fine supremo della natura è dunque un ordinamento cosmopolitico, per raggiungere il quale si richiede il progredire dell'illuminismo, purché questo si estenda fino ai troni. Qui viene a inserirsi il celebre progetto «per una pace perpetua», che corona la riproposizione, da parte di Kant, di ideali tipicamente settecenteschi. *R. To.*

• *Interpretazioni di Kant nella filosofia contemporanea.* L'influsso di Kant è rintracciabile in tutti i filosofi successivi e si estende dall'idealismo trascendentale di Fichte, Schelling e Hegel al → neokantismo otto-novecentesco, sino a varie correnti nella filosofia contemporanea. Nell'ambito della filosofia contemporanea si possono individuare alcune interpretazioni chiave del pensiero kantiano: esse si presentano come altrettante posizioni speculative che dalla filosofia kantiana pretendono di essere derivate o che in essa cercano strumenti per la loro giustificazione. Così, a parte il neokantismo, si devono ricordare: *1*) l'interpretazione finzionistica e scetticheggiante avanzata, anche dietro a suggestioni nietzscheane, da H. Vaihinger, che considera idee e categorie come strumenti creati dallo spirito umano in vista di un padroneggiamento pratico del reale; *2*) l'interpretazione psicologica, che, sulla scorta di quanto già nell'Ottocento era stato affermato da J.F. Fries in Germania, interpreta l'a priori come struttura psicologica, giungendo così a una empiricizzazione di Kant (per es. C. Cantoni); *3*) l'interpretazione praticistica o moralistica (E. Adickes, C. Göring, A. Renda), che pone l'ispirazione fondamentale di Kant nelle sue dottrine etico-religiose, considerando la sua critica alla metafisica un movimento necessario per garantire all'uomo l'accesso alla sfera etico-religiosa nella sua purezza; *4*) l'interpretazione spiritualistica, che cerca di utilizzare le tesi kantiane per la fondazione critica di una metafisica spiritualistica (F. Paulsen, P. Martinetti); *5*) l'interpretazione neoidealistica, che, prolungando le tesi dell'idealismo romantico,

considera Kant come colui che avrebbe aperto la via a una nuova metafisica della mente da sostituire alla vecchia metafisica dell'essere (B. Spaventa, E. Caird, K. Fischer, G. Gentile); *6*) l'interpretazione esistenzialistica, che vede in Kant colui che, con il mettere in luce la passività fondamentale del conoscere e l'impossibilità per il pensiero umano di trascendere il tempo considerato come forma generale dell'esistenza, apre la via a una nuova ontologia del finito (Heidegger); *7*) l'interpretazione neoilluministica, per la quale il vero spirito del kantismo sarebbe non l'idealismo, ma l'illuminismo, ponendosi la filosofia di Kant come ricerca in ogni campo delle possibilità autentiche dell'uomo, possibilità che sono fondate entro limiti che è appunto compito della filosofia rilevare (N. Abbagnano); *8*) l'interpretazione linguistica di K.O. Apel che intende l'a priori come una funzione comunicativa e propone, sulla scia di Ch.S. Peirce, una «semiotizzazione del kantismo».
Le ricerche kantiane più significative del nostro tempo tendono tuttavia a trascendere queste interpretazioni del kantismo (unilaterali in quanto si limitano a sottolineare di volta in volta solo alcuni dei molteplici motivi che esso porta con sé) per ricostruire la dottrina kantiana nella molteplicità delle sue suggestioni, inserendola sempre meglio nell'ambiente culturale in cui nacque e si svolse e nell'orizzonte generale del pensiero europeo moderno (H.J. De Vleeschauwer, G. Martin). *S. Kö.*

Kardiner, Abram (New York 1891 - Easton, Connecticut, 1981), psicoanalista e antropologo statunitense. È tra i maggiori esponenti della scuola di → personalità-cultura, e nell'ambito di questo indirizzo di ricerca ha tentato di costruire una teoria dell'analisi psicoculturale basata sul concetto di «personalità di base».
Secondo Kardiner (*L'individuo e la società*, 1939), la fonte delle differenze di personalità va ricercata in una gamma di fattori condizionanti, molto più estesa di quella considerata da Freud. Postulando l'esistenza di una «struttura della personalità di base», tipica dei componenti di una data società, egli divise gli aspetti istituzionali della cultura in due categorie: la primaria e la secondaria. Gli istituti primari sarebbero quelli da cui dipende la formazione della struttura della personalità di base, in quanto sono gli istituti più direttamente connessi con fattori di punizione, soddisfacimento e inibizione del bambino piccolo. Queste istituzioni primarie, poiché variano da una cultura all'altra, formano personalità di base diverse secondo i vari gruppi. Le istituzioni secondarie sono quelle che devono soddisfare i bisogni e alleggerire le tensioni create dalle istituzioni primarie. Tra gli istituti secondari Kardiner attribuiva la maggiore importanza ai tabù, alle religioni, ai riti, ai racconti popolari, alle tecniche di pensiero. La struttura della personalità di base veniva così a inserirsi fra gli istituti primari e quelli secondari, essendo plasmata dalle regole dell'infanzia ed esprimendosi a sua volta nelle ideologie del gruppo. Partendo dalle tesi freudiane, sulla corrispondenza tra le modalità con cui gli uomini esperiscono le proprie divinità e le figure parentali dell'infanzia, Kardiner si proponeva di seguire il corso delle reazioni infantili, prima nella psiche individuale e poi proiettate su quello schermo più vasto che sono le leggende, i miti, i rituali e le dottrine religiose. Altre opere: *Lo stress di guerra e le nevrosi* (1947); *Le frontiere psicologiche della società* (1945).

karman, o *karma*, parola sanscrita il cui significato letterale è quello di «azione», ma che nella speculazione indiana ha assunto il senso di «conseguenza ineluttabile dell'azione», cioè di rinascita dell'anima in condizioni di vita commisurate alla qualità delle azioni che si sono compiute nella vita precedente. Il concetto di karman è legato da una parte a quello di *saṃsāra* (il ciclo eterno delle rinascite dell'anima) e dall'altra a quello di → *dharma* (la legge del dovere sociale). Questa dottrina nacque in India, anche per la necessità di dare una giustificazione etica alla situazione sociale, che vedeva affermarsi un rigido sistema gerarchico (quello delle caste, sostenuto dalla teoria del *dharma*) rivolto in pratica a mantenere lo *status quo*. Così, si forniva una motivazione morale alle condizioni di inferiorità in cui veniva a trovarsi, per es., il membro di una casta servile, attribuendo la sua attuale situazione ai demeriti delle azioni compiute da quell'anima nella vita precedente. Viceversa, rispettando il proprio *dharma* sociale, si può ottenere una buona rinascita, anche se, una volta rinati in una condizione superiore, si è sempre esposti a errori d'azione che portano a una nuova vita inferiore e dolorosa (l'anima può incarnarsi nella persona di uno schiavo e anche nel corpo di un animale). La pace suprema, la felicità assoluta, si ha dunque solo spezzando il *saṃsāra*, interrompendo la legge del karman. Tutta la speculazione indiana si impernia su questo tema: il brahmanesimo, il giainismo, il buddhismo, l'induismo propongono ciascuno una propria via di salvazione dal karman. Per il giainismo e il buddhismo il karman nasce dal desiderio di agire: perciò oggetto centrale della speculazione è il desiderio (*lobha*), che va estirpato; con la scomparsa del desiderio, il karman perde la sua forza cogente e con esso si estingue il *saṃsāra*.

kashèr, o *kòsher* nella pronuncia ashkenazita, termine ebraico designante oggetti e soprattutto cibi «appropriati» o «idonei», cioè rispondenti alla Legge (l'opposto di *kashèr* è *taréf*). Con il sostantivo *kasherût* si indicano complessivamente le prescrizioni alimentari, intorno alle quali si è formata — nel corso dei secoli —

una vasta letteratura giurisprudenziale che interpreta e applica norme bibliche, specie del Levitico e del Deuteronomio. In base a esse sono vietati determinati cibi, soprattutto animali, sia per loro stessa natura (per es. sangue, suini, molluschi, uccelli rapaci), sia per la loro preparazione (per es. macellazione per soffocamento e quindi con ritenzione di sangue), sia per la loro reciproca incompatibilità (per es. latte e carne insieme). Esiste inoltre una kasherût particolare per i giorni di Pasqua, basata sull'esclusione del lievito. Di queste norme l'apologetica ha recentemente cercato giustificazioni in motivi di indole igienica, di polemica antidolatrica o in particolari tabù. Ma le spiegazioni non risultano sempre soddisfacenti. Nella kasherût la tradizione ebraica vede soprattutto una manifestazione misteriosa della volontà divina, che pervade e consacra intimamente la sfera del profano e richiede di essere accettata per pura fede. È certo che essa è servita attraverso il tempo a mantenere l'identità culturale e religiosa del popolo ebraico, in situazioni di minoranza in cui grave e continuo era il rischio dell'assimilazione. Per questo la kasherût è sempre stata considerata un pilastro dell'ebraismo, come appare anche dagli episodi di martirio sofferto per non violarla, narrati dal secondo libro dei Maccabei (un deuterocanonico, assente quindi dalla Bibbia ebraica).

Kautsky, Karl (Praga 1854 - Amsterdam 1939), filosofo e uomo politico tedesco. Compiuti gli studi a Vienna si diede al giornalismo, lavorando per la stampa socialista. Nel 1883 fondò «Die neue Zeit», che diresse sino al 1917 e che divenne la più importante rivista marxista dell'epoca. Nel 1914 prese netta posizione contro la guerra e diede quindi la sua adesione al gruppo dei socialisti indipendenti; nel 1918, in veste di direttore dell'Archivio del ministero degli esteri, promosse la pubblicazione di documenti segreti sull'origine della guerra.
Fortemente influenzato dall'evoluzionismo darwiniano, convinto dell'assoluta esattezza delle analisi marxiane, Kautsky è il maggiore esponente dell'ortodossia marxista, in polemica con l'ala revisionista facente capo a E. Bernstein. Sostenitore della naturalità e della necessità delle leggi dell'economia, riteneva inevitabile la fine del capitalismo e il suo superamento nel socialismo, anche se vedeva in questo «passaggio» termini di evoluzione, più che di rottura rivoluzionaria. A ciò lo portava il suo totale rifiuto della violenza, che spiega la sua polemica con i metodi di governo di Lenin e Trockij dopo la rivoluzione d'ottobre. Riteneva inoltre valida la teoria dell'impoverimento crescente delle masse popolari, e in base a questa teoria giudicava auspicabile l'aggravarsi della condizione di miseria dei contadini tedeschi in funzione di una possibile crisi capitalistica. Sino all'instaurarsi del socialismo, cioè fino a quando non si fosse trasformata in senso rivoluzionario la produzione agricola, non vi era per Kautsky alcun interesse comune tra proletariato industriale e contadini. Le tesi da lui sostenute in *Etica e concezione materialistica della storia* (1906) risentono del clima culturale del tempo, caratterizzato da un «ritorno a Kant» che aveva convinto anche intellettuali marxisti. Contro l'universalità etica della massima kantiana «Agisci in modo da trattare l'umanità sempre come fine e mai come mezzo», Kautsky ribadisce il materialismo marxiano e riconduce l'etica a espressione di «istinti sociali» spiegabili in senso darwiniano. In quanto derivati dall'origine di classe, questi istinti danno luogo per Kautsky a un'etica che esprime i valori universali di liberazione del proletariato, in antitesi con i ristretti confini della morale borghese. Altre opere: *Le dottrine economiche di Carlo Marx* (1887); *Il programma di Erfurt* (1892); *La rivoluzione sociale* (1909); *La concezione materialistica della storia* (1927).

Kelsen, Hans (Praga 1881 - San Francisco 1973), filosofo austriaco del diritto. Insegnò all'università di Vienna dal 1911 al 1930, per poi passare all'università di Colonia. Nel 1933, per la minaccia del nazismo, si trasferì a Ginevra; nel 1941 si stabilì negli Stati Uniti, dove fu docente di diritto internazionale a Berkeley. I lineamenti fondamentali della sua produzione teorica sono già elaborati nelle opere principali del periodo viennese: *Problemi fondamentali della dottrina del diritto e dello stato* (1910) e *Dottrina generale dello stato* (1925). Nel 1920 collaborò al progetto della costituzione austriaca; degli anni Venti sono gli scritti in cui si precisano la sua posizione politica (*Essenza e valore della democrazia*, 1920 e 1929) e la sua critica della teoria marxista dello stato (sviluppata in *Socialismo e stato* del 1920 e ripresa nella polemica con Otto Bauer del 1924). Nel 1933 pubblicò la *Dottrina pura del diritto*, un breve saggio che costituisce la sintesi forse più felice della sua teoria. Il prodotto più importante del suo contatto con l'ambiente culturale anglosassone è la *Teoria generale del diritto e dello stato*, del 1945. Nel 1960 pubblicò la seconda edizione della *Dottrina pura del diritto*, notevolmente ampliata e arricchita di tutti gli sviluppi successivi della sua ricerca. La dottrina pura del diritto «vuole conoscere esclusivamente e unicamente il suo oggetto», «vuole cioè liberare la scienza del diritto da tutti gli elementi che le sono estranei». Di qui la polemica contro il giusnaturalismo e contro la concezione sociologica del diritto. Il giusnaturalismo presuppone un ordine naturale, divino o razionale, che costituisce un valore assoluto, in base al quale il diritto positivo viene o giustificato o criticato. Ma questa valutazione del diritto positivo è irrazionale e ideologica: la dottrina pura del di-

ritto deve soltanto rappresentare il diritto come esso è, indipendentemente dal suo valore morale. Né l'oggetto della scienza giuridica può essere confuso con la realtà sociale in cui il diritto viene applicato: i fenomeni sociali sono fatti naturali che la sociologia pone in un rapporto di causa ed effetto, ma il diritto è specificamente autonomo dalla causalità naturale. La sua autonomia è fondata sulla antitesi tra «dover essere» (*sollen*) ed «essere» (*sein*). L'uso del termine *sollen* esprime il fatto che la connessione tra i fatti giuridici è posta da una norma, e quindi da un atto di volontà dell'autorità giuridica, a differenza della legge naturale, che è indipendente da ogni intervento di una volontà; tuttavia la scienza giuridica con questo termine dà solo una descrizione scientifica e avalutativa del proprio oggetto, analogamente alle scienze naturali, senza identificarsi con il diritto statuito dall'autorità giuridica.
Da queste premesse Kelsen elabora una concezione formalistica del diritto. Il fondamento di validità di una norma non può essere un fatto naturale, ma può essere soltanto un'altra norma. L'ordinamento giuridico risulta allora strutturato secondo un ordine gerarchico in cui la norma inferiore trae validità dalla superiore. Questa deduzione non può però proseguire all'infinito: il processo deve approdare a una norma la cui validità non sia fondata da una norma superiore e che quindi non venga posta da un'autorità, ma sia presupposta. Tale norma viene definita norma fondamentale, e in essa si trova il fondamento comune di tutte le altre. La norma fondamentale di un ordinamento giuridico positivo non è una norma materiale da cui si possa dedurre il contenuto del sistema normativo, ma è una regola che determina come si devono produrre le norme del sistema: una norma appartiene quindi a un determinato ordinamento giuridico in base al modo formale della sua produzione. Lo stesso Kelsen deve però riconoscere che la rigorosa autonomia formale del mondo normativo ha un rapporto immanente e necessario con la realtà fattuale, in quanto, se si pone il caso critico in cui la costituzione istituita dalla norma fondamentale perde la sua efficacia concreta, allora la totalità formale dell'ordinamento giuridico perde la propria validità. Tale rapporto tra validità ed efficacia resta sostanzialmente irrisolto, anche se Kelsen accenna uno sviluppo del problema facendo coincidere questo rapporto con quello tra diritto e potere. *F. Fu.*

kenosi, o chenosi, termine teologico (in gr. *kénōsis*, svuotamento) che designa la spoliazione della condizione divina compiuta da Gesù incarnandosi. Ha assunto rilevanza teologica con san Paolo: nella lettera ai Filippesi (2, 7) egli scrive che Gesù ha «annientato se stesso, assumendo la condizione di schiavo». Interpretata dai padri della chiesa in senso morale, ossia come riferita a un'umiliazione volontaria del Figlio, l'espressione paolina è stata ripresa dalla teologia luterana, che ha visto nella kenosi la libera rinuncia di Cristo ai suoi diritti alla maestà divina, con lo scopo di rendere possibile la sua piena umanità.

Keplero, Giovanni, nome italianizzato di Johannes Kepler (Weil, Württenberg, 1571 - Ratisbona 1630), astronomo e matematico tedesco. A Tubinga seguì le lezioni di astronomia di M. Maestlin, dal quale fu convertito alla teoria copernicana. Nel 1594 si trasferì a Graz per insegnarvi matematica e qui ebbe l'idea di quella che sarebbe stata la sua prima opera, *Prodromus dissertationum*, stampata nel 1596. In essa si espone una cosmografia di carattere mistico e matematico che stabilisce correlazioni fra le sfere planetarie e i cinque poliedri regolari, la successione dei quali è messa in rapporto con la successione delle note musicali. Chiamato nel 1600 a Praga da Tycho Brahe come assistente, l'anno dopo gli succedette come astronomo di corte. Al periodo di Praga appartengono le opere maggiori, fra le quali la celebre *Astronomia nova, seu physica coelestis*, che uscì nel 1609, lo stesso anno in cui Galileo compiva le prime osservazioni col cannocchiale, e che contiene la prima formulazione, riferita al moto di Marte, delle prime due «leggi di Keplero» sul movimento dei pianeti, generalizzate poi nella *Epitomae astronomiae copernicanae* (1618-21), mentre la terza legge sarà enunciata nella *Harmonices mundi* pubblicata a Linz nel 1619. Le tre leggi di Keplero saranno poi riformulate da Newton, nel 1687, a partire da considerazioni dinamiche. Nel 1627, per sollecitazione degli eredi di Brahe, Keplero stampò a Ulm, ove si era trasferito, le *Tavole rudolfine*, che sostituirono le tavole planetarie in uso fino ad allora e che resteranno le più esatte per oltre un secolo. Come filosofo, Keplero muove dal pitagorismo e dal platonismo rinascimentale. La sua stessa adesione al copernicanesimo è fondata all'inizio su ragioni più metafisiche che scientifiche. Egli però, anche grazie all'insegnamento di Brahe e al contatto epistolare con Galileo, l'altro grande scienziato «copernicano», non resta prigioniero di questi schemi filosofici e, per es., non esita a lasciar cadere una delle ipotesi centrali del suo «pitagorismo» (quella della circolarità delle orbite, cui era rimasto fedele anche Copernico) pur di trovare un accordo fra la teoria e i risultati del calcolo.

Kerényi, Károly (Temesvár, oggi Timişoara, Romania 1897 - Zurigo 1973), mitologo e storico delle religioni di nazionalità ungherese. Insegnò scienza delle religioni a Budapest e filologia classica a Pécs e Szeged. Nel 1943 si trasferì in Svizzera. Formatosi come filologo nell'ambiente tedesco influenzato da U. von Wilamowitz, ben presto assunse posizioni originali elaborando un metodo di interpretazione dei testi classici che teneva conto dei risultati della storia delle religioni e dell'etnologia. Già la sua prima opera, *Il romanzo greco-orientale, esaminato dal punto di vista della storia delle religioni* (1927), rivela la novità dell'impostazione: Kerényi interpreta infatti il romanzo ellenistico come trasposizione letteraria di un'esperienza che è sostanzialmente religiosa. Nel 1929 conobbe Walter F. Otto, che ebbe una grande influenza su di lui. Si precisa in quegli anni l'ambito delle sue ricerche, la scienza del mito, o mitologia, cui sono dedicate tutte le opere successive: la raccolta di studi *Apollon* (1937); *La religione antica* (1940); *Figlie del sole* (1944); *Miti e misteri* (1945); *Gli dei e gli eroi della Grecia* (1951); *Zeus e Hera* (1973); *Dioniso* (postumo, 1976). In esse Kerényi sviluppa un'indagine unitaria sul mito inteso sempre come «mito dell'uomo», cioè creato *dall'*uomo *intorno* all'uomo. Il suo interesse per alcune figure mitologiche ricorrenti (il fanciullo e la fanciulla divini, il «briccone» divino) costituì l'occasione per la sua collaborazione con Jung, documentata dai *Prolegomeni allo studio scientifico della mitologia* (1941). Kerényi, tuttavia, non accetta i concetti junghiani di archetipo e di inconscio collettivo: i materiali mitologici non sono per lui «traducibili» nel linguaggio di una scienza che voglia abbracciare tutti i campi della creatività umana. Di Kerényi va ricordato ancora il fecondo scambio di idee, documentato da un carteggio, con Thomas Mann.

Kernberg, Otto (Vienna 1928), psichiatra e psicoanalista statunitense di origine austriaca. È direttore del Cornell Medical Center di New York e insegna psichiatria presso il Medical College della Cornell University.

Kernberg si occupa particolarmente della patologia → borderline, posta in una posizione intermedia tra la nevrosi e le psicosi (*Sindromi marginali e narcisismo patologico*, 1975). Partendo dall'osservazione clinica di soggetti borderline, che appaiono caratterizzati da diversi «stati dell'Io» contraddittori eppure nettamente separati, Kernberg (*Teoria della relazione oggettuale e clinica psicoanalitica* 1976; *Mondo interno e realtà esterna*, 1980) ha proposto un modello evolutivo — che tende a sintetizzare gli apporti della teoria kleiniana e della psicologia dell'Io — secondo il quale lo sviluppo inizia a partire da una matrice indifferenziata nella quale coesistono l'Io e l'Es.

Kerschensteiner, Georg (Monaco di Baviera 1852-1932), pedagogista tedesco. È considerato uno dei maestri dell'→ attivismo in Germania. Dal 1895 fu direttore dell'organizzazione scolastica di Monaco di Baviera. Rifacendosi a Rousseau, Kant, Fichte, e specialmente a Dewey, introdusse in pedagogia il concetto della cosiddetta «scuola di lavoro», come via attraverso cui l'allievo si educa accedendo al mondo della cultura, che Kerschensteiner intende in una prospettiva mutuata dal contemporaneo storicismo tedesco. Opere principali: *Il concetto della scuola di lavoro* (1918); *Teoria dell'educazione* (1926).

kerygma, o cherigma, termine (dal gr. *kérygma*, messaggio, annuncio) che designa la prima testimonianza della predicazione cristiana; esso si applica sia all'annunzio (l'atto della predicazione) sia al contenuto primitivi. Nella comunità delle origini il kerygma designava il nucleo essenziale del cristianesimo, l'annuncio di fede da comunicare ai non credenti; ad esso succedeva, per coloro che avevano creduto nel kerygma, la «didachè» o spiegazione, che era sviluppo e approfondimento del kerygma stesso.

Oggi l'espressione «teologia cherigmatica» designa ogni teologia che assuma come suo oggetto formale non più Dio indagato nel suo essere divino (teologia scientifica, scolastica), bensì l'annuncio dell'azione salvifica di Dio nel Cristo, qual è presente nel kerygma. Storicamente, tale movimento si è affermato nei primi trent'anni del nostro secolo a opera soprattutto del teologo protestante R. Bultmann, e si è sviluppato in molteplici forme, influenzando in pratica sia la teologia vera e propria (cattolica e protestante) sia la catechesi.

Keyserling, Hermann (Könno 1880 - Innsbruck 1946), filosofo estone. Studiò scienze naturali e poi filosofia, in Germania e in Austria. Nel 1920 fondò a Darmstadt una «Scuola della saggezza», per diffondere praticamente la sua concezione, profondamente antiaccademica, del sapere e della filosofia. La scuola fu poi chiusa dal regime nazista, che costrinse Keyserling a stabilirsi in Austria. Pur nella molteplicità dei suoi interessi, che abbracciano la scienza (*Conoscenza creatrice*, 1921), la religione (*Immortalità*, 1920), l'arte (*Filosofia come arte*, 1920), la politica (*Presagi di un mondo nuovo*, 1926), l'opera di Keyserling ruota intorno a un'unica idea centrale: la filosofia non è scienza, sapere dogmatico e astratto, ma è la vita stessa nella forma del sapere. Alle teorie oggettivanti, proprie del sapere tecnico-scientifico, Keyserling oppone un progetto speculativo che mira, anziché a ricercare astrattamente i principi del mondo, alla comprensione intuitiva e immediata del suo senso. Solo con la rinascita dello spirito antico della saggezza si comunicherà al mondo un impulso spirituale nuovo, differente dall'arido intellettualismo che attualmente lo domina. Echeggiano nella dottrina di Keyserling temi della «filosofia della vita» (Bergson, Simmel, Spengler), ripensati in un modo fortemente personale, che ebbe largo influsso soprattutto fuori dagli ambienti accademici.

Kierkegaard, Søren Aabye (Copenaghen 1813-1855), filosofo danese.

• *Vita e opere.* La biografia di Kierkegaard è assai povera di avvenimenti esteriori: egli non si spostò quasi mai da Copenaghen (a parte alcuni viaggi a Berlino, durante il primo dei quali, nel 1841-42, ascoltò le lezioni di Schelling) e visse di rendita, tutto dedito alla sua produzione letteraria; sia il progetto di sposarsi sia quello di farsi pastore furono da lui abbandonati dopo tormentati ripensamenti. Tuttavia Kierkegaard visse la propria vita, «soggettivamente», in modo intensissimo, interpretando spesso le proprie vicende personali come segni di un destino. Questo atteggiamento è assai significativo per poter comprendere la sua concezione della filosofia, da lui intesa non come conoscenza oggettiva, ma come riflessione esistenziale da parte del singolo. I *Diari* (postumi) indicano appunto i molteplici nessi, che spesso sono assai intricati, fra la biografia del filosofo e il suo pensiero.

La vita privata di Kierkegaard fu segnata soprattutto da tre fatti: il rapporto col padre, il «pungolo nella carne» e la breve relazione con Regina Olsen. Educato dal padre a una severa religiosità, il giovane Kierkegaard rimase tanto più sconvolto dalla rivelazione di un peccato del padre tale da fargli ritenere che una maledizione divina gravasse su tutta la famiglia; nello stesso modo oscuro ma pieno d'angoscia egli parla di un «pungolo nella carne» (simile a quello di san Paolo) che lo richiamava continuamente alla sua condizione di penitente; infine, fidanzatosi nel 1841 con Regina Olsen, ruppe dopo pochi mesi il fidanzamento, ormai convinto di non poter realizzare una vita «normale» e di essere un'«eccezione» (la tematica dell'eccezione e dell'irriducibile individualità del singolo ha un peso teorico fondamentale in tutte le sue opere). Un significato affine ebbero per Kierkegaard gli avvenimenti della sua vita pubblica, attraversata da tre grandi polemiche: contro il «sistema» (cioè l'hegelismo), contro la «cristianità stabilita» e contro la stampa (motivazioni occasionali furono l'attacco sferratogli dal giornale satirico «Il Corsaro» di M.A. Goldschmidt e il contrasto col vescovo Martensen). Il «sistema» viene combattuto da Kierkegaard in nome di istanze sia teoretiche sia etiche: la pretesa di un colpo d'occhio oggettivo sul mondo è insostenibile (giacché ogni pensatore non è che un singolo esistente, immerso nella temporalità) e immorale (in quanto è una fuga dalla propria responsabilità individuale). La «cristianità stabilita» è la situazione storica in cui il messaggio cristiano, esaltato a parole, è di fatto reso lettera morta, sottoposto a compromessi e mondanizzato, privato della sua verità più profonda e terribile: il rapporto personalissimo e «assurdo» fra il singolo peccatore e Cristo. La stampa, infine, viene combattuta quale ulteriore espressione del principio dell'«anonimo» che vige nella società moderna (e al quale Kierkegaard contrappone il «singolo»). Oltre ai *Diari*, le opere principali di Kierkegaard sono: la sua dissertazione di laurea, *Sul concetto dell'ironia con particolare riguardo a Socrate* (1841); gli scritti pseudonimi: *Aut-aut* (1843); *Timore e tremore* (1843); *La ripresa* (1843); *Briciole di filosofia* (1844); *Il concetto dell'angoscia* (1844); *Stadi sul cammino della vita* (1845); *Postilla conclusiva non scientifica* (1846); *La malattia mortale* (1849); *Esercizio del cristianesimo* (1850); infine, i *Discorsi edificanti* (pubblicati col nome di Kierkegaard). Fra gli scritti postumi vanno poi ricordati *Il punto di vista sulla mia attività di scrittore*, il *Libro su Adler* e gli abbozzi per *La dialettica della comunicazione etica ed etico-religiosa.* I caratteri formali delle sue opere — per es. la varietà dei loro «generi letterari», la diversità delle tesi di volta in volta sostenute (che non pare riconducibile a uno «sviluppo interno»), il significato della pseudonimia o polionimia ecc. — rendono impossibile ricostruire un «sistema» filosofico kierkegaardiano, il che sarebbe del resto del tutto contrario allo spirito del suo pensiero. Tuttavia la *Postilla conclusiva non scientifica*, che è la sua opera più propriamente filosofica, esplicita i temi di fondo, fra loro connessi, dell'esistenza e della comunicazione, che fungono da orizzonte filosofico per tutta la produzione kierkegaardiana e che diverranno uno dei punti di riferimento dell'→ esistenzialismo novecentesco.

• *Esistenza e comunicazione.* Il richiamo alla concretezza dell'esistenza può far avvicinare Kierkegaard ad altri pensatori dell'Ottocento, nel contesto della «dissoluzione dell'hegelismo»: Schelling, Feuerbach, Stirner, Marx, Schopenhauer e Nietzsche; rispetto a questi autori, la peculiarità filosofica di Kierkegaard sta soprattutto nell'analisi dell'*esistenza*, intesa come il modo d'essere proprio dell'uomo, e nella teoria e nella pratica di un metodo di *comunicazione* basato proprio su quella singolarità dell'esistere che apparentemente sembrerebbe rendere impossibile ogni comunicazione. Anzi, la possibilità stessa della filosofia o, almeno, della filosofia dell'esistenza sembra essere preclusa dal fatto che il filosofo stesso è un uomo e non può «tirarsi fuori» dall'esistenza e dal tempo e contemplarli oggettivamente, disinteressatamente. Ma a ben vedere questa situazione rende impossibile non la filosofia in genere, ma solo la metafisica speculativa. Al «pensatore oggettivo» di stampo hegeliano Kierkegaard contrappone perciò, nella *Postilla*, il «pensatore soggettivo esistente», che è «soggettivo» appunto perché «esistente» e, in quanto tale, soggettivamente interessato al tema della sua filosofia, cioè all'esistenza. Questo «interesse» va inteso soprattutto in senso etico, come senso di responsabilità, giacché esistere significa essenzialmente scegliere, ma comporta anche tutta una serie di conseguenze squisitamente teoretiche, che vengono così enunciate nella *Postilla*: il pensatore soggettivo esistente è attento alla dialettica della comunicazione, è tanto positivo quanto negativo nel suo rapporto esistenziale con la verità, è dialettico rispetto al tempo, è ricco di senso del comico, la sua astrazione è intermittente e condizionata e non si pretende assoluta come quella del pensiero puro. Giacché l'esistenza è al tempo stesso *tema* e *situazione* del suo filosofare, il pensatore soggettivo esistente deve cercare di «reduplicare» questa duplicità nella sua filosofia, esprimendola, per es., in una tensione tra forma e contenuto. D'altronde, la «reduplicazione» è necessaria anche per motivi maieutici, giacché la verità che si tratta di comunicare non è un dato oggettivo, ma piuttosto un *pathos* esistenziale: l'importante è che il destinatario si senta messo soggettivamente in questione nella questione dell'esistenza. Conformemente a questa impostazione, Kierkegaard distingue in un'altra opera, *La dialettica della comunicazione etica ed etico-religiosa*, fra la «comunicazione di sapere» (la trasmissione oggettiva di dati, l'informazione) e la «comunicazione di potere», che è piuttosto «educazione»: la prima è orientata sull'oggetto, la seconda sulla comunicazione; la prima è diretta, la seconda è essenzialmente indiretta; la prima privilegia il «che cosa», la seconda privilegia il «come».

Dialettica e maieutica, approccio esistenziale e finalità religiosa, retorica e psicologia s'incontrano così nel progetto kierkegaardiano di comunicazione. In questo contesto assume un significato particolarissimo anche il fatto che la maggioranza degli scritti di Kierkegaard siano pseudonimi. Egli si servì di pseudonimi soprattutto per tentare di parlare «dall'interno» delle varie possibilità esistenziali (le principali sono: l'estetica, l'etica e la religiosa); negli scritti pseudonimi non solo vi sono diversità formali tra un'opera e l'altra (giacché ogni forma di vita ha il suo proprio linguaggio), ma la visione del mondo che si esprime nell'una è spesso contrapposta a quella che si esprime nell'altra. Tutto questo, se da un lato è ancora una volta in polemica contro il carattere anonimo e impersonale del pensiero moderno, risponde dall'altro a precise finalità maieutiche, chiarite da Kierkegaard nei suoi scritti autobiografici, che fanno di lui una sorta di «Socrate cristiano» che vuole seguire l'astuzia di san Paolo di farsi «tutto a tutti per salvare comunque qualcuno». Infine, a queste motivazioni maieutiche si accompagna un metodo dialettico che gioca sul carattere provocatorio della maschera (analizzato da Kierkegaard in una sezione dell'*Esercizio del cristianesimo*): di fronte a un paradosso, a una contraddizione — e la comunicazione di Cristo stesso fu paradossale, giacché egli era «segno di contraddizione» — non è più possibile una semplice assunzione diretta dei «contenuti» trasmessi: se la comunicazione è paradossale, se il comunicante porta una maschera, la comunicazione diventa un'interrogazione che impone una scelta.

• *Le possibilità dell'esistenza.* La finalità ultima della comunicazione esistenziale è secondo, Kierkegaard, dichiaratamente religiosa. Ma proprio perché il cristianesimo non è una «dottrina», bensì una «comunicazione d'esistenza», per arrivare anche solo a porre il problema della verità cristiana in termini adeguati bisogna aver prima riscoperto che cosa significa esistere e che cos'è una verità esistenziale. Alla verità nuda e cruda, oggettiva, indifferente al fatto che la si riconosca o no, Kierkegaard contrappone una «verità per me», una verità «per cui vivere e morire», che informi di sé l'esistenza. Quest'ultima è vista dunque come impegno, scelta, progetto: è per questo che alla categoria metafisica fondamentale, quella di necessità, Kierkegaard contrappone quella di *possibilità* (a cui si lega il concetto di angoscia): se la necessità vige nel mondo della logica — egli sostiene nell'*Intermezzo* delle *Briciole*, — nell'esistenza domina la possibilità. Questa non è mai potenzialità pregarantita, giacché può realizzarsi o no, e anche quando si realizza non diventa per questo necessaria (la possibilità e la realtà appartengono al mondo del divenire, della libertà; la necessità appartiene al mondo dell'essere). Le nozioni di scelta e di possibilità sono così i cardini della fenomenologia kierkegaardiana dell'esistenza, che non può venir ridotta a una teoria oggettiva, ma va vista nel contesto di tutto il complesso gioco di specchi (o di maschere) degli scritti pseudonimi. È per questo che Kierkegaard, ancora attraverso uno pseudonimo (Johannes Climacus, autore della *Postilla*), dichiara che l'unica recensione possibile delle sue opere è quella che si appunta sulla forma e non sul contenuto. Più che venir descritte, le varie possibilità esistenziali si esprimono concretamente nei personaggi pseudonimi e nel linguaggio proprio a ciascuno di loro; è in questa forma, per es., che viene in luce, in *Aut-aut*, il conflitto fra l'«uomo estetico», la cui personalità è dispersa in un mare di possibilità, senza continuità alcuna, e l'«uomo etico», che consacra la propria vita al lavoro e al matrimonio, opponendo all'esistenza eccentrica dell'esteta l'esigenza di dare un centro alla propria personalità, costituendosi a soggetto morale e razionale. Così la scelta, si sostiene in *Aut-aut*, non è *fra* vita estetica e vita etica: la scelta è una categoria etica. Ma c'è anche un'ulteriore forma di esistenza, in cui le certezze morali e razionali dell'uomo etico vengono meno: è l'esistenza religiosa, la cui possibilità è avvicinata, nelle opere pseudonime successive, in modo di volta in volta diverso. Il proposito di Kierkegaard di annunciare il cristianesimo all'interno della «cristianità stabilita» (con tutto quanto ciò comporta di «dialettico» e di «paradossale») esclude ogni apologetica diretta: Kierkegaard sottolinea piuttosto la «disumanità», il carattere «assurdo» della verità e dell'esistenza cristiane; ma il *pathos* del suo messaggio è sostenuto dalla lucidità dialettica dell'analisi in cui diventano problema l'esistenza umana — nella sua irriducibile soggettività, culminante appunto nell'esistenza cristiana — e la possibilità di un discorso che ne voglia esprimere e comunicare la verità. *L. Am.*

Kiesow, Friedrich (Brüel, Schwerin, 1858 - Torino 1940), psicologo polacco naturalizzato italiano. Allievo e stretto collaboratore di W. Wundt a Lipsia, dal 1906 al 1933 diresse l'Istituto di psicologia sperimentale dell'università di Torino. Sperimentalista di orientamento rigorosamente wundtiano, Kiesow compì apprezzate ricerche sulle sensazioni (gustative, tattili, dolorifiche, termiche), sui tempi di reazione, sui fenomeni eidetici e sulla percezione visiva. Sul piano teorico si oppose al globalismo dei gestaltisti, e attribuì molta importanza alla wundtiana «psicologia dei popoli», di cui scorgeva le radici nel pensiero di Vico. Fece tradurre in italiano la terza edizione del *Trattato di psicologia* di Wundt (1900), e nel 1919 fondò con A. Gemelli l'«Archivio italiano di psicologia», seconda rivista psicologica italiana dopo la «Rivista di psicologia» fondata da G.C. Ferrari nel 1905.

Kilpatrick, William Heard (White Plains, Georgia, 1871 - New York 1965), pedagogista statunitense. È noto particolarmente per aver ideato, realizzato e diffuso il «metodo dei progetti». Questo metodo, ispirato ai principi della scuola progressiva americana, pone al centro dell'attività scolastica un piano di lavoro, scelto liberamente dagli alunni e organizzato in modo da superare l'impegno individuale e da richiedere la collaborazione di gruppi di allievi. In tale «progetto» nozioni e attività pratiche sono coordinate intorno a un nucleo d'interessi che dà organicità al sapere. Riguardo al processo educativo, Kilpatrick insiste sulla maggiore validità delle motivazioni soggettive rispetto alla costrizione indirettamente attuata mediante premi o castighi che vengono dall'esterno; riconosce tuttavia che le motivazioni intrinseche del fanciullo sfuggono quasi interamente all'educatore, riducendo in tal modo lo spazio proprio di ogni processo eteroeducativo. Ne deriva la necessità di puntare sull'autoformazione, attraverso un'intensa socializzazione della scuola. Opere principali: *Il metodo dei progetti* (1919); *I fondamenti del metodo* (1926); *Educazione per una civiltà in cammino* (1926); *Educazione e vita sociale* (1932); *Filosofia dell'educazione* (1951).

Kilwardby, Robert (contea di Leicester inizio sec. XIII - Viterbo 1279), teologo e filosofo inglese. Appartenente all'ordine domenicano, insegnò teologia a Oxford (1248-61). Successivamente fu arcivescovo di Canterbury (1272-78) e cardinale. Il nome di Kilwardby è legato al decreto (18 marzo 1277) con cui vennero censurate a Oxford alcune dottrine aristoteliche, tra cui quella, accettata anche da Tommaso d'Aquino, dell'unicità della forma sostanziale nell'uomo. Seguace dell'→ agostinismo, Kilwardby sostiene la teoria dell'illuminazione come elemento a priori nel processo conoscitivo dell'uomo; afferma inoltre la composizione ilemorfica degli angeli e la pluralità delle forme sostanziali in un composto. Kilwardby si oppone anche alla identificazione tomista delle intelligenze motrici delle sfere celesti con gli angeli, e sostiene invece che i corpi celesti si muovono di moto circolare in virtù delle proprie inclinazioni naturali. Opere principali: *Commento alle Sentenze*; *De ortu scientiarum*; *De natura theologiae*; *De unitate formarum*; *De imagine et vestigio Trinitatis*; *Tabulae super originalia Patrum*.

Kindī, al-, Abū Yūsuf Ya'qūb ibn Isḥāq (Bassora-Baghdad 870 ca), filosofo e scienziato arabo. È autore di oltre 270 scritti, in gran parte perduti, fra i quali numerosi commenti ad Aristotele, un *Trattato dell'intelletto*, uno *Sulle cinque essenze* e il *Libro del sonno e dei sogni*. L'aristotelismo di al-Kindī è fortemente colorato di neoplatonismo: egli pone come fine ultimo della filosofia quello di avvicinarsi, per via negativa, a Dio definito l'Uno; ammette inoltre l'esistenza di un intelletto attivo eterno, unico per tutti gli uomini. Tuttavia la sua fede religiosa gli fa rifiutare la creazione *ab aeterno* del mondo e accettare dalla rivelazione coranica la dottrina della resurrezione dei corpi. Notevoli sono le sue indagini in diversi campi scientifici: particolarmente importante è il suo trattato di ottica, tradotto in latino con il titolo *De aspectibus* da Gherardo da Cremona (sec. XII).

Klages, Ludwig (Hannover 1872 - Kilchberg, Zurigo, 1956), filosofo e psicologo tedesco. Laureatosi in chimica, fu dapprima libero docente a Monaco, dove conobbe Stefan George e collaborò ai suoi «Blätter für die Kunst», ma se ne staccò polemicamente nel 1904. Nel 1905 fondò il «Seminario di scienza dell'espressione».

Le linee del pensiero di Klages si possono già intuire nei loro elementi portanti fin dalle sue prime ricerche scientifiche dedicate alla grafologia (*I problemi della grafologia*, 1910) e alla caratterologia (*Principi di caratterologia*, 1910). Il centro speculativo di tutta la filosofia di Klages è riassunto dal titolo stesso della sua opera maggiore, *Lo spirito come antagonista dell'anima* (3 voll., 1929-32). Spirito e vita sono concepiti come due forze fra loro nettamente ostili. La vita dell'anima è un'immediata partecipazione all'ininterrotto fluire spazio-temporale del cosmo. La sua realtà antecede la separazione della coscienza dal mondo; in essa non c'è nulla che abbia carattere di «cosa», di artificiale determinazione di un intelletto astraente. Il cosmo si rispecchia qui in una rete di qualità, di forze demoniche, che posseggono tutte natura di immagine (*Dell'eros cosmogonico*, 1922). Questo passivo e beato pulsare della vita ritmica del cosmo costituisce il momento «pelasgico» della storia umana, attestato ancora in qualche modo dalla vita dei «primitivi» attuali. Il flusso di immagini dell'esperienza vissuta dell'anima viene però arrestato e spezzato da un atto esattamente antitetico — perché acosmico e libero dallo spazio e dal tempo — a quello della vita: l'irruzione dello spirito. Sotto il suo dominio, l'anima diviene coscienza, principio astratto di una determinazione razionale del mondo; lo strumento con cui si afferma la realizzazione storica dello spirito è la volontà. Essa è il sostegno di una libertà vuota, che trionfa nel mondo della tecnica, punto di massima estraneazione dall'involontarietà del cosmo. Compito precipuo della filosofia è quello di rivolgere contro se stessa la potenza negativa e separatrice dello spirito, affinché vita e spirito ritrovino la loro originaria realtà di opposti non mescolati.

Klein, Melanie (Vienna 1882 - Londra 1960), psicoanalista inglese di origine austriaca. Dopo studi di medicina, si interessò all'opera di Freud e a Budapest iniziò l'analisi personale con S. Ferenczi. Nel 1919, già membro della Società psicoanalitica ungherese, comunicò in quella sede il suo primo lavoro, *Lo sviluppo di un bambino*, pubblicato nel 1923 in «International Journal of Psycho-Analysis». Al congresso dell'Aia del 1920 incontrò K. Abraham, che la cooptò come collaboratrice all'Istituto psicoanalitico di Berlino. Alla morte di Abraham, nel 1926, E. Jones la volle in Gran Bretagna, dove la Klein visse e lavorò fino alla morte. Opere principali: *La psicoanalisi dei bambini* (1923); *Contributi alla psicoanalisi* (1921-45); *Invidia e gratitudine* (1957).

I lavori della Klein si incentrano sull'analisi dei bambini e in particolare sui bambini nella prima infanzia. Elaborò per questo scopo una tecnica di espressione sostitutiva di quella delle libere associazioni, la tecnica del libero gioco, che permetteva ai piccoli pazienti di mostrare i tratti della loro vita interiore mediante l'impiego di giocattoli, con i quali venivano messe in scena significative rappresentazioni. Centrale, nel pensiero della Klein, è la nozione di *fantasma*: un lattante che, sul punto di addormentarsi, fa movimenti e rumori con la bocca come se succhiasse, fantastica il succhiamento di una mammella. Ciò significa che ogni pulsione è accompagnata da una fantasia di un oggetto che può soddisfarla. Le nozioni di oggetto «buono» e oggetto «cattivo», introdotte dalla Klein, sono correlative a quella della psicoanalisi classica di pulsione parziale, una pulsione cioè che sceglie parti di una persona come il seno, le feci, il pene; un oggetto è buono o cattivo non solo in relazione alla gratificazione (un seno è buono perché soddisfa la fame), ma soprattutto in relazione alla dialettica della fantasia e alla qualità delle pulsioni (libidiche o distruttive) su di esso proiettate. Un'altra nozione di grande importanza introdotta dalla Klein fu quella di *posizione* (depressiva o paranoica): con essa si illustrano le modalità delle relazioni con gli oggetti prima del quarto mese di vita (posizione paranoica) e dopo il quarto mese di vita (posizione depressiva); nella prima si ha una scissione dell'oggetto in buono e cattivo (per es. il seno) e l'angoscia è persecutoria; nella seconda, che è un superamento della precedente e si attenua nel corso del primo anno di vita, gli oggetti d'amore (per es. la madre) sono già percepiti nella loro totalità.

Klossowski, Pierre (Parigi 1905), letterato, saggista e pittore francese. Nella sua attività di romanziere e saggista l'ambiguità morale teorizzata già da A. Gide si intreccia con una pulsione ateologica di tipo neognostico mutuata da G. Bataille. Con il volume *Nietzsche e il circolo vizioso* (1969) il pensiero di Klossowski assume le sue movenze più proprie, congedando il *pathos* esistenzialistico trasmessogli da Bataille e dal suo ambiente. La fine della trascendenza e la destituzione del soggetto, secondo Klossowski, non pone capo alla tragedia, che era resa possibile proprio dalla solidità dei fondamenti metafisici e della identità personale. Piuttosto prende ora avvio la *parodia*, la maggiore leggerezza dell'essere e della vita propria di una umanità che si è lasciata alle spalle con un medesimo gesto i vincoli autoritari, il principio di realtà, e il loro correlato interiorizzato, l'indentità personale. Klossowski ha elaborato, su questo quadro, la nozione di *simulacro*, destinata a un largo seguito nel pensiero francese degli anni Sessanta e Settanta (G. Deleuze, J. Baudrillard): il mondo moderno sostituisce l'istanza normativa del principio di realtà con un mondo di simulazione, così che noi non incontriamo mai una esperienza autentica, bensì sempre riproduzioni più o meno fedeli di una realtà assente.

Kluckhohn, Clyde (Le Mars, Iowa, 1905 - Santa Fe, New Mexico, 1960), antropologo statunitense. Dopo avere studiato all'università di Vienna, dove fu per qualche tempo allievo di W. Schmidt, e a Oxford con R. Marett, insegnò presso l'università del Nuovo Messico, e infine fu nominato professore di etnologia a Harvard. Influenzato dapprima dalle posizioni metodologiche di Schmidt, abbandonò poi il metodo della scuola di Vienna per affrontare autonomamente i problemi teorici più complessi dell'antropologia. A questo scopo tentò, insieme a

A.L. Kroeber, di raccogliere tutte le possibili formulazioni del concetto di cultura, definendola egli stesso come «una serie di attributi e di prodotti delle società umane, e quindi del genere umano, che sono extrasomatici e trasmissibili per mezzo di meccanismi diversi dall'eredità biologica» (*La cultura: revisione critica di concetti e definizioni*, 1952). Più in generale si sforzò di formulare termini tecnici non ambigui in antropologia, tentando di isolare, sull'esempio della linguistica, delle unità elementari «universali», obiettive e teoricamente significative. Accettando poi in pieno la proposta metodologica di Boas, Kluckhohn si è posto il problema di studiare i sistemi di valore dei primitivi, assumendoli secondo il punto di vista del popolo oggetto di studio (*Lo specchio dell'uomo*, 1949). Elaborando tematiche comuni della scuola di → personalità-cultura (di cui è un esponente di primo piano) egli sottolinea la distinzione fra i *patterns* culturali (corrispondenti alle regolarità direttamente osservabili, o coscienziosamente espresse dagli interessati) e le «configurazioni» culturali (postulati stabiliti dall'antropologo, in funzione dei significati impliciti dei comportamenti che egli osserva), anche se questo metodo comporta il rischio di una certa soggettività nell'analisi, come appare dagli studi di Kluckhohn stesso sulla visione del mondo degli indiani navaho (*Stregoneria navaho*, 1944). Cercando di approfondire la conoscenza dei sistemi dei valori, egli ha poi tentato di classificare in serie binarie o ternarie le risposte possibili dei gruppi umani a una stessa domanda. L'insieme delle risposte che, quasi sempre in modo implicito, vengono date da una certa cultura alle domande che tutta l'umanità si pone, serve a disegnare il «profilo» di quella cultura. Nel quadro del rapporto fra personalità e cultura, Kluckhohn si ritrova a fare i conti con la difficile elaborazione dei concetti di «normalità» e «anormalità», che è al centro della → etnopsichiatria. Egli afferma in proposito che tutte le società sono costrette a distinguere fra individui con i quali è possibile comunicare, e dai quali ci si può aspettare che rispettino le norme comuni, e individui i cui comportamenti sono invece imprevedibili, sebbene le civiltà primitive siano forse più adatte delle nostre a difendere il soggetto dalle malattie mentali, proprio perché lo proteggono con i rituali e i contenuti religiosi dalle tensioni psicologiche e sociali troppo forti (*La personalità nella natura, nella società e nella cultura*, 1948, a cura anche di H.A. Murray).

Knox, John (Giffordgate, Haddington, tra il 1505 e il 1513 - Edimburgo 1572), riformatore religioso scozzese. Di famiglia borghese, studiò teologia e diritto a Glasgow e probabilmente fu ordinato sacerdote nel 1530. Aderì alla riforma nel 1546 e collaborò, durante il regno di Edoardo VI, alla redazione dei *Quarantadue articoli di religione* della chiesa anglicana. Fuggito dalla Gran Bretagna con l'ascesa al trono di Maria la Cattolica (1553), si recò a Zurigo, dove incontrò H. Bullinger, e a Ginevra, dove fu conquistato dal calvinismo. Ritornato in patria, organizzò la chiesa di Scozia sull'esempio di quella di Ginevra. Nel 1560 una commissione di sei pastori, guidata da Knox, formulò la *Confessio fidei scotica*, una professione di fede robustamente ispirata alla *Christianae religionis institutio* di Calvino, nella quale era ripudiata l'autorità del papa, proibita, pena la morte, la celebrazione della messa, soppresse le immagini e ogni forma di «idolatria» cattolica. La stessa commissione elaborò anche un *Libro di disciplina*, nel quale era definita la struttura della chiesa di Scozia, di tipo presbiteriano, in cui le comunità locali eleggevano i pastori. Il *Libro di disciplina* forniva istruzioni sull'amministrazione dei sacramenti, il culto domenicale, la celebrazione dei matrimoni e dei funerali, l'elezione degli anziani e dei diaconi, lo studio e la predicazione della Sacra Scrittura, l'insediamento dei predicatori. Ogni anno i membri della chiesa dovevano essere sottoposti a un pubblico esame che verificasse la loro cultura biblica. Se i capifamiglia trascuravano l'educazione dei figli e dei servi, potevano essere scomunicati e deferiti al magistrato. La severa disciplina che caratterizza la chiesa scozzese si estendeva così alla vita del singolo fedele, tenuto a «onorare padre, madre e autorità superiori, mantenere puro e sano il proprio corpo, vivere con sobrietà e temperanza». Oltre alla *Confessio* e al *Libro di disciplina*, Knox compose il *Libro dell'ordine comune*, che mirava a regolare lo svolgimento della liturgia (il culto si basava essenzialmente sulla confessione dei peccati, il canto dei salmi, la lettura della Bibbia, il sermone, la recita del Padre Nostro e del Simbolo Apostolico), e un *Trattato sulla predestinazione* (1560): ma egli non ebbe come teologo la statura che ebbe come organizzatore. La sua opera principale rimane la *Storia della riforma della religione nel regno di Scozia*, pubblicata postuma e incompleta nel 1586.

Koffka, Kurt (Berlino 1886 - Northampton, Massachusetts, 1941), psicologo tedesco. Allievo di O. Külpe a Würzburg, divenne con M. Wertheimer e W. Köhler uno dei principali rappresentanti della → Gestaltpsychologie. Si trasferì negli Stati Uniti nel 1927, e divenne professore alla Cornell University. Nel 1935 pubblicò la sua opera principale, *Principi di psicologia della Gestalt*, nella quale tentò di applicare i principi gestaltisti all'insieme delle funzioni psichiche (memoria, motivazione ecc.) e non soltanto alla percezione, secondo l'impostazione del primo gestaltismo.

Köhler, Wolfgang (Reval, Estonia, 1887 - Enfield, New Hampshire, 1967), psicologo tedesco. Allievo a Berlino di C. Stumpf, divenne, con M. Wertheimer e K. Koffka, uno dei massimi rappresentanti della → Gestaltpsychologie, e nel 1921 fu tra i fondatori della rivista «Psychologische Forschung». Nel 1922, grazie a un'importante pubblicazione sull'epistemologia della fisica, ottenne una cattedra nell'università di Berlino. Nel 1934 si trasferì negli Stati Uniti, dove divenne professore nell'università di Swarthmore (Pennsylvania). Il contributo principale di Köhler consiste nella formulazione del principio dell'«isomorfismo psicofisico» e nell'applicazione dei criteri gestaltisti al di là dell'ambito strettamente psicologico. Nel 1929 pubblicò *La psicologia della Gestalt*, a tutt'oggi la più chiara e rigorosa esposizione delle teorie di questa scuola psicologica. Altre opere: *L'intelligenza nelle scimmie antropoidi* (1917) e *Il posto del valore in un mondo di fatti* (1938).

Kohut, Heinz (Vienna 1913 - Chicago 1981), psicoanalista statunitense di origine austriaca. Laureatosi in medicina a Vienna nel 1938, iniziò a esercitare come neurologo per poi interessarsi sempre più di psichiatria e psicoanalisi. Negli anni Quaranta si trasferì a Chicago dove esercitò e insegnò presso il Chicago Institute of Psychoanalysis.

Partito da una rigorosa visione psicoanalitica, elaborò gradualmente una propria teoria, la *psicologia del Sé*. Kohut pone al centro del suo modello un apparato psichico primitivo, il Sé, la cui coesione e integrazione è essenziale per lo sviluppo successivo dell'Io. La patologia del Sé si verifica quando, venendo a mancare un'adeguata relazione adulto-bambino, l'esperienza del Sé, normalmente appagante, si disintegra e si cristallizza, in modo difensivo, in un frammento dell'esperienza psicologica stessa, dando luogo a un Sé «grandioso» e onnipotente (→ narcisismo). Corrispondentemente la terapia proposta da Kohut è centrata sul contenimento e la ricostruzione del Sé frammentato. Le teorie di Kohut sono raccolte negli scritti: *Narcisismo e analisi del Sé* (1971); *La guarigione del Sé* (1977); *La ricerca del Sé* (1978).

Kojève, Alexandre (Mosca 1900 - Parigi 1968), filosofo francese di origine russa. Contribuì, con J. Wahl e J. Hyppolite, alla rinascita degli studi hegeliani in Francia. I suoi seminari sulla *Fenomenologia dello spirito*, tenuti all'Ecole pratique des hautes études dal 1933 al 1939, ebbero una vasta risonanza sia in ambito filosofico (furono seguiti da R. Aron e M. Merleau-Ponty) sia in campo letterario e psicoanalitico (P. Klossowski, G. Bataille, J. Lacan), e diffusero una interpretazione di Hegel di tipo umanistico, venata di sfumature esistenzialistiche. Secondo Kojève, il pensiero hegeliano non riconosce nella storia un movimento per sé ragionevole: la razionalità in atto nella storia si dispiega solo al termine del processo storico, il quale è però inteso, esistenzialisticamente, come insensato e intimamente irragionevole; analogamente, il soggetto hegeliano non è concepito da Kojève come immediato portatore di razionalità e di libertà: la razionalità sorge da un fondamento irrazionale, e la libertà trae origine dall'illibertà, e non consiste «in una scelta *tra* due dati: è la negazione del dato». Opere principali: *Introduzione alla lettura di Hegel* (seminari 1933-39, raccolti e pubblicati da R. Queneau, 1947); *Saggio di storia ragionata della filosofia pagana* (2 voll., 1968); *Kant* (postumo, 1973).

Korsch, Karl (Tostedt 1886 - Cambridge, Massachusetts, 1961), filosofo tedesco. Studiò economia, filosofia e diritto, laureandosi in giurisprudenza nel 1912. Iscrittosi al Partito socialdemocratico tedesco indipendente, guidato da K. Kautsky, alla sua scissione (1920) aderì al Partito comunista tedesco. Nel 1924-25 diresse la rivista «Die Internationale»; nel 1926 venne espulso dal partito per le tesi sostenute in *Marxismo e filosofia* (1923). Nel 1933 abbandonò la Germania, soggiornando in Inghilterra e in Danimarca; nel 1936 si trasferì negli Stati Uniti. Tra le sue opere: *Il materialismo storico* (1929); *Karl Marx* (1938). Insieme a Lukács, Korsch è tra le figure di maggior rilievo di quello che egli stesso definì «marxismo occidentale», per distinguerlo dalla dottrina materialistica dialettica che andava imponendosi, grazie all'egemonia sovietica, in campo comunista. Tra i motivi ispiratori di questa posizione è rintracciabile l'esigenza di un recupero del pensiero hegeliano, soprattutto per quanto riguarda il concetto di totalità. L'interpretazione dell'opera di Marx da parte di Korsch insiste sull'unità dell'analisi marxiana, capace di sintetizzare la critica dell'economia con la critica dell'ideologia, sottraendosi perciò al rischio di ricadere nel «naturalismo», nella fiducia cioè in una sistemazione statica, positiva e scientifica, in senso borghese, dell'ambito delle varie discipline. Perciò viene visto con sospetto il socialismo «scientifico» del *Capitale*, che per Korsch tende a riprodurre la separazione tra le diverse sfere, dell'economia, della politica, della cultura in senso lato, che costituiscono invece il terreno concreto, sul piano storico, della prassi rivoluzionaria. Vengono invece rivalutati quei testi, come i *Manoscritti economico-filosofici del 1844* o il *Manifesto*, in cui si configura un «comunismo immediatamente rivoluzionario». Queste considerazioni non approdano tuttavia a una contrapposizione tra un Marx giovane e un Marx maturo: Korsch infatti individua l'unità profonda del pensiero di Marx nella costituzione di una «scienza sociale» capace di vedere, partendo da un'accurata analisi empirica, le specificità storiche della società capitalistica, e quindi il suo carattere dinamico, che non può essere concepito in base a leggi rigide; l'esito di questa impostazione è una teoria critica che, dalle tendenze osservabili nel suo sviluppo, individua i modi del suo rovesciamento attraverso l'azione rivoluzionaria.

Korzybski, Alfred (Varsavia 1879 - Sharon, Pennsylvania, 1950), psicologo e linguista statunitense di origine polacca. È considerato l'ideatore della cosiddetta «semantica generale». Nella sua opera principale, *Scienza e sanità. Introduzione ai sistemi non-aristotelici e alla semantica generale* (1933), Korzybski muove da un'analisi dell'«astrazione» intesa come risultato di procedimenti molto disparati: è un'astrazione l'oggetto del senso comune rispetto al corrispondente oggetto «reale» quale è definito dalla scienza, ma anche il nome rispetto alla cosa nominata (la parola «mela» rispetto alla mela reale), l'enunciato metalinguistico rispetto all'enunciato di cui parla, l'enunciato inferito rispetto a quelli da cui è inferito e altro ancora. Dalla tendenza a confondere o persino a identificare astrazioni di ordine differente (o addirittura l'oggetto reale con una sua astrazione) derivano per Korzybski molte conseguenze negative e, in generale, l'«insanità» della società attuale. L'abitudine «infantile» e «animalistica» a identificare, per es., le parole con le cose è espressa e rinforzata dalla tendenza a interpretare la copula «è» come segno di identità, tendenza di cui Korzybski vede l'origine in Aristotele (senza alcun fondamento storico). Al modo di pensare aristotelico si oppone la semantica generale, che identifica il significato di un'espressione verbale con la reazione che essa produce in un sistema nervoso e si preoccupa di indurre l'abitudine ad attribuire a ogni stimolo il «significato» adeguato. La semantica generale ebbe grande successo negli Stati Uniti negli anni Trenta e Quaranta; essa appare oggi come una psicotecnica dalle fragilissime basi teoriche, intesa a ridurre il coinvolgimento emotivo indotto dall'interazione sociale, aumentando l'autocontrollo dell'individuo. Il movimento della semantica generale fondò un istituto e una rivista («ETC.»), e tenne vari congressi.

Koselleck, Reinhart (Görlitz 1923), storico e teorico del pensiero politico tedesco. Attualmente è professore emerito nell'università di Bielefeld e presidente dell'«Arbeitskreis für moderne Sozialgeschichte». Koselleck si è a lungo dedicato allo studio dei concetti di critica e crisi nella filosofia illuministica, intesa come generatrice di una concezione della realtà fondata in modo interamente storico, e del loro significato all'interno del processo di formazione della cultura borghese (*Critica illuminista e crisi della società borghese*, 1959). Successivamente, in *Prussia tra riforma e rivoluzione. Diritto nazionale, amministrazione e movimenti sociali* (1967), si è soffermato sullo sviluppo dello stato prussiano verso un'economia moderna tra la fine del Settecento e la prima metà del secolo successivo; mentre le implicazioni teoriche della filosofia della storia dall'illuminismo innanzi sono affrontati nei saggi raccolti in *Futuro passato* (1979). Ai problemi della modernità, alla semantica dei concetti storici, alla metodologia e alla teoria della ricerca storica Koselleck ha inoltre dedicato numerosi contributi. In questo contesto s'inserisce il suo apporto all'ermeneutica. Egli ha edito, insieme con W.D. Stempel, il quinto volume (*Storia evento e narrazione*, 1973) e, insieme a R. Herzog, il dodicesimo volume (*Soglia di un'epoca e coscienza epocale*, 1987) della serie *Poetik und Hermeneutik* (che riflette il lavoro collettivo di un vasto e autorevole gruppo di letterati, filosofi, storici). Importante il dibattito con H.-G. Gadamer raccolto nel volumetto *Ermeneutica e istorica* (1987). Koselleck ha curato, inoltre, insieme con O. Brunner e W. Conze il monumentale lessico del linguaggio storico-politico, *I concetti storici fondamentali* (1972-78).

Kotarbinski, Tadeusz (Varsavia 1886-1981), logico e filosofo polacco. Insegnò, dal 1918, presso l'università di Varsavia. Le sue ricerche ebbero inizio dal problema di definire il senso stesso della parola «filosofia»: stabilito che molti degli argomenti tradizionalmente trattati da questa disciplina dovevano essere invece attribuiti a scienze specializzate, egli giunse a restringere il campo della filosofia all'etica e alla logica (concepita nel senso generale di scienza del linguaggio e della metodologia scientifica). La posizione di Kotarbinski, nota come concretismo, risente vivamente dell'influsso nominalista: esistono infatti per lui solo oggetti individuali concreti, non proprietà, e le asserzioni relative a proprietà hanno senso solo in quanto possano essere parafrasate in termini di asserzioni relative a oggetti. Ciò comporta l'eliminazione dell'aspetto psichico dei fenomeni: il cosiddetto «contenuto» della percezione non è nient'altro che una parte dell'oggetto fisico percepito, e tutte le asserzioni di carattere mentale vanno considerate riducibili ad asserzioni relative a persone e al loro comportamento. Le esperienze degli altri, in particolare, sono comprensibili solo attraverso l'*imitazione* del loro agire (Kotarbinski chiama questa dottrina *imitazionismo*). Opere principali: *Elementi di teoria della conoscenza, logica formale e metodologia della scienza* (1929); *Trattato sul buon lavoro* (1955).

Koyré, Alexandre (Taganrog 1892 - Parigi 1964), filosofo e storico della scienza francese di origine russa. I suoi interessi si svolsero nei due campi distinti, ma strettamente legati, della storiografia filosofica e di quella scientifica, e tutta la sua opera fu ispirata dalla convinzione dell'unità del pensiero umano e dell'impossibilità di separare la storia del pensiero filosofico da quella del pensiero religioso e da quella del pensiero scientifico. Nelle sue ricerche sullo sviluppo del pensiero scientifico — dallo studio su Paracelso e i mistici tedeschi del sec. XVI

(1933) ai famosi *Studi galileiani* (1940), dall'analisi dei cambiamenti delle concezioni dello spazio in *Dal mondo chiuso all'universo infinito* (1957), alle dettagliate discussioni del pensiero scientifico di Keplero, in *La rivoluzione astronomica* (1961), e di Newton negli *Studi newtoniani* (pubblicati postumi nel 1965) — l'idea direttrice di Koyré fu quella di ripercorrere il cammino, spesso tortuoso, del pensiero scientifico nel processo stesso della sua attività creatrice, ricollocando le opere studiate nel loro ambiente intellettuale e spirituale e interpretandole in funzione delle abitudini mentali dei loro autori. Il suo modo di affrontare la storia delle idee scientifiche — ispirato a un costante platonismo e a una profonda avversione per il positivismo, e attento allo studio degli errori e degli insuccessi che hanno accompagnato la ricerca della verità scientifica — esercitò grande influenza su tutta una generazione di storici della scienza ed è oggi noto col nome di «analisi concettuale».

Kraepelin, Emil (Neustrelitz, Meclemburgo, 1856 - Monaco 1926), psichiatra tedesco. Dedicatosi alla ricerca sotto la guida di W.M. Wundt e di W. Erb, nel 1922 assunse la direzione dell'Istituto di ricerca psichiatrica di Monaco. Kraepelin portò a compimento il tentativo di W. Griesinger (e di molti altri psichiatri tedeschi del sec. XIX) di ancorare saldamente la psichiatria alla medicina attraverso la mediazione dell'anatomia cerebrale, della neuropatologia e della fisiologia. Convinto assertore del metodo clinico-nosografico descrittivo, studiò la malattia mentale come una malattia somatica. Dall'osservazione di migliaia di casi, trasse il materiale per un nuovo sistema di classificazione delle malattie mentali che costituì la base della moderna nosologia psichiatrica; esso distingue e definisce due quadri principali: la dementia praecox (in cui riunì la catatonia, l'ebefrenia e la vesania typica, già descritte da K.L. Kahlbaum e da E. Hecker) e la psicosi maniaco-depressiva, simile alla ciclotimia di Kahlbaum; la paranoia, invece, fu considerata a parte. Fondamentale nella diagnosi fu anche la valutazione prognostica: sfavorevole per la dementia praecox, meno infausta per la psicosi maniaco-depressiva. L'influenza di Kraepelin si estese oltre i confini della Germania, ed è tuttora possibile rintracciarne i segni nelle correnti più tradizionaliste della psichiatria. Opere principali: *Manuale di psichiatria* (1883); *Lavori di psicologia* (1895); *Introduzione alla clinica psichiatrica* (1901).

Krafft-Ebing, Richard von (Mannheim 1840 - Graz 1902), psichiatra tedesco. Docente di neurologia alle università di Strasburgo, Graz e Vienna, fu celebre soprattutto come psichiatra. Accanto a lavori classici di neurologia sull'epilessia, l'emicrania e la paralisi progressiva, di cui stabilì il rapporto con l'infezione sifilitica prima della scoperta della reazione di Wassermann, si occupò di ipnotismo (*L'esperimento ipnotico*, 1893) e tentò di dare una sistemazione più semplice dei disturbi mentali rispetto alla gran pletora delle classificazioni psichiatriche dell'epoca (*Manuale di psichiatria*, 1879). Il suo contributo maggiore venne però dalla pubblicazione di *Psychopathia sexualis* (1886), in cui, attraverso la descrizione di numerosi casi clinici, studiò, con impegno quasi esclusivamente classificatorio, le cosiddette anormalità sessuali. In questo lavoro Krafft-Ebing distinse due gruppi fondamentali di aberrazioni dell'impulso sessuale: quello comprendente le aberrazioni relative allo scopo della sessualità (nel quale egli incluse sadismo, masochismo, feticismo ed esibizionismo) e quello comprendente le aberrazioni relative all'oggetto (omosessualità, pedofilia, zoofilia, gerontofilia e autoerotismo).

Krause, Karl Christian Friedrich (Heisenberg, Turingia, 1781 - Monaco di Baviera 1832), filosofo tedesco. Studiò a Jena con Fichte e Schelling e insegnò nelle università di Berlino, Gottinga e Monaco di Baviera; espose le sue dottrine nelle *Lezioni sul sistema della filosofia* (1828) e nelle *Lezioni sulle verità fondamentali della scienza* (1829), articolando poi gli aspetti particolari del suo sistema in numerose altre opere quasi tutte pubblicate dopo la sua morte, come le *Intuizioni o dottrine e saggi per un più alto sviluppo della vita umana* (1902), le *Lezioni di estetica* (1882) e il *Sistema di estetica* (1882). La sua filosofia è nota come «panenteismo», o filosofia del «tutto-in-Dio», poiché egli muove dall'assunto, di origine romantica, di conciliare il teismo e il panteismo, il finito e l'infinito, il mondo e Dio senza sacrificare alcun termine del rapporto. Il pensiero di Krause procede su due piani indipendenti e tuttavia uniti, quello *soggettivo-analitico* e quello *oggettivo-sintetico*. Il pensiero, muovendo dal soggetto, sale fino all'essenza originaria attraverso una scala di valori e categorie che lo conducono all'intuizione assoluta di Dio; quindi, esso segue la serie discendente delle forme che, muovendo dall'essenza divina, costituiscono il mondo della realtà concreta come progressiva e inesauribile esplicitazione dell'unità organica originaria. In questo concetto di «unità organica» va visto il centro unificatore di tutto il sistema krausiano nel suo articolarsi nelle numerose «filosofie seconde», fra le quali la filosofia del diritto e l'estetica. Il pensiero di Krause, poco apprezzato e presto dimenticato in Germania, ebbe una vasta eco in Spagna, ove ispirò il cosiddetto «krausismo spagnolo».

Kretschmer, Ernst (Wüstenrot, Heilbronn, 1888 - Tubinga 1964), psichiatra tedesco. Professore di psichiatria a Tubinga, si occupò soprattutto della correlazione fra costituzione somatica e caratteristiche psicologiche. Sulla base della classificazione delle psicosi in dementia praecox e psicosi maniaco-depressiva (la classificazione di E. Kraepelin), Kretschmer tentò di mettere in relazione i quadri clinici con i tipi psicologici, e questi ultimi con i tratti somatici. In *Costituzione del corpo e carattere* (1921) egli distinse tre tipi somato-costituzionali: *1*) il leptosomico o astenico, alto ed esile, di più frequente riscontro fra gli schizofrenici; *2*) il picnico, basso e tarchiato, più frequente fra i maniaco-depressivi; *3*) l'atletico, dall'apparato muscolo-scheletrico ben sviluppato, più frequente fra gli epilettici. La *tipologia* di Kretschmer ha trovato in seguito scarsa conferma ed è oggi ritenuta superata.

Kripke, Saul (Omaha, Nebraska, 1941), logico e filosofo statunitense. Insegna all'università di Princeton. Kripke diventò famoso a diciassette anni dimostrando la completezza della logica modale qualificata (più precisamente, del sistema S5 di C. I. Lewis) grazie a un metodo modellistico molto originale e potente, la cosiddetta «semantica dei → mondi possibili». In seguito (1961-63) egli applicò il metodo agli altri principali sistemi di logica modale e alla logica intuizionistica, aprendo la strada a una piena comprensione delle proprietà matematiche di molti sistemi di logica cosiddetta «filosofica» (come le logiche deontiche e quelle temporali), influenzando in modo determinante la ricerca sul significato nelle lingue naturali (soprattutto il lavoro di R. → Montague e dei suoi collaboratori) e suscitando molte discussioni filosofiche intorno alle nozioni di «possibile» e «necessario» e al modo in cui esse venivano interpretate nella semantica dei mondi possibili. La semantica di Kripke ha infatti alcune conseguenze filosoficamente controverse: per es., tutte le identità della forma 'a=b', dove 'a' e 'b' sono nomi propri, se sono vere, sono vere in tutti i mondi possibili, cioè sono necessarie (Kripke infatti, come Leibniz, tratta la necessità come verità in tutti i mondi possibili, e la possibilità come verità in almeno un mondo possibile). Inoltre, almeno secondo alcuni (tra cui W.V.O. Quine), la semantica di Kripke implica una forma di *essenzialismo*: se infatti si parla di qualcosa come di *uno stesso* individuo che esiste in mondi possibili diversi con proprietà parzialmente diverse, sarà per il fatto che la sua *essenza* è identica nei vari mondi possibili in cui esiste. In vari saggi (tra cui *Identità e necessità*, 1971), ma soprattutto nelle conferenze su *Nome e necessità* (1970, pubblicate nel 1972 e poi, come volume, nel 1980) Kripke si assunse in pieno le conseguenze filosofiche della sua semantica, che giustificò tra l'altro formulando una nuova teoria del significato dei nomi propri (in contrapposizione a quelle di G. Frege e B. Russell). Secondo Kripke, l'uso dei nomi propri è determinato dall'istituzione del loro riferimento («battesimo iniziale»), che si trasmette di parlante in parlante in forza delle loro interazioni concrete («catena causale») e dell'intenzione di ciascun parlante di usare il nome conformemente all'uso della comunità linguistica. Il nome 'Giulio Cesare' designa Giulio Cesare in forza di una catena causale che mette capo appunto a Giulio Cesare, non in forza del suo senso, cioè di un contenuto cognitivo espresso da una descrizione (per es. «il condottiero romano che conquistò le Gallie e passò il Rubicone») che sarebbe soddisfatta da Giulio Cesare e da lui soltanto. Se così fosse, un nome designerebbe — in ciascun mondo possibile — l'individuo che soddisfa il suo senso in quel mondo. Invece, i nomi propri sono → designatori rigidi: designano lo stesso individuo in tutti i mondi possibili. Se diciamo che Giulio Cesare avrebbe potuto non passare il Rubicone, intendiamo parlare proprio di quell'individuo — Giulio Cesare — in un altro mondo possibile, non di una «controparte» del «nostro» Giulio Cesare. In seguito (1975), Kripke ha proposto una nuova teoria della verità, che dovrebbe trattare vari fenomeni linguistici — tra cui i paradossi semantici — meglio di quanto non faccia la teoria di A. Tarski. Più recentemente, egli ha dato una nuova interpretazione dell'«argomento contro il linguaggio privato» di Wittgenstein, che ha inteso come un'applicazione delle considerazioni sul «seguire una regola» delle *Ricerche filosofiche*. Secondo Kripke, la tesi di Wittgenstein è che la conformità di un certo comportamento a una regola non può essere fondata nella regola stessa, ma dipende essenzialmente dal fatto che la comunità riconosce quel comportamento come applicazione di quella regola (*Wittgenstein su regole e linguaggio privato*, 1982).

Kroeber, Alfred Lewis (Hoboken, New Jersey, 1876 - Parigi 1960), antropologo statunitense. Allievo di F. Boas alla Columbia University, insegnò quindi all'università di Berkeley fino al 1946. Dedicò la sua opera di ricerca etnologica allo studio delle popolazioni indigene del Nordamerica, soprattutto della California: di questo studio, di cui è parte importante anche l'analisi etnolinguistica condotta sui dialetti indiani, è documento importante il suo *Manuale degli indiani di California* (1925). Sul piano metodologico, all'attrazione per l'indagine diacronica (di qui il suo interesse per le ricerche archeologiche in Messico e in Perú), si accompagna in Kroeber l'eredità di Boas, evidente nell'impostazione particolaristica per cui ogni cultura ha caratteri specifici ed è quindi arbitrario procedere a raffronti interculturali per giungere a leggi generali (*La natura della cultura*, 1952). Fondamentale, a partire dal saggio *Il superorganico* (1917), è il principio dell'assoluta autonomia della cultura; distinti nettamente tre diversi ordini di fenomeni (l'inorganico, l'organico, il superorganico o socioculturale),

Kroeber sostiene che i fatti culturali, appartenendo a quest'ultimo campo, non possono avere se non spiegazioni di tipo culturale. A questa affermazione si accompagna la teorizzazione del determinismo culturale: la storia è il prodotto di «regolarità culturali», e l'azione dell'individuo è subordinata a esse. Questo principio è ribadito in *Configurazioni dello sviluppo culturale* (1944), in cui Kroeber spiega come anche l'apparizione di un genio, il climax di una cultura, sia in realtà il prodotto di una «configurazione culturale», cioè il risultato di un gioco di interazioni superindividuali, dalle proprie norme autonome, che caratterizzano ogni singola cultura. Altre opere: il manuale *Antropologia* (1923 e 1948); *Aree culturali e naturali del Nordamerica indigeno* (1939); il volume enciclopedico *L'antropologia oggi* (1953).

Kroner, Richard (Breslavia 1884 - Mammern, Turgovia, 1974), filosofo e storico della filosofia tedesco. Insegnò a Friburgo, a Dresda, a Kiel e (dal 1934) a Francoforte; dal 1910 al 1935 diresse la rivista «Logos». Allievo di H. Rickert, si formò in ambiente neokantiano, interessandosi alla tematica della filosofia dei valori. Successivamente si avvicinò all'idealismo, diventando uno dei principali neohegeliani. Kroner inserisce la ripresa di temi hegeliani in una concezione più generale della filosofia della cultura, capace di spiegare lo sviluppo storico-concettuale della filosofia classica tedesca. Rifarsi a Hegel significa assumere come attuale il problema che Hegel fu in grado di risolvere: la conciliazione tra coscienza mondana e coscienza religiosa, il superamento dell'antitesi tra antichità e cristianesimo, l'unificazione dello spirito greco con quello tedesco. Per Kroner la dialettica hegeliana è lo strumento speculativo adeguato per superare il pessimismo di Schopenhauer e l'esasperato individualismo di Nietzsche, entro una concezione sistematica che spiega la storia. La sua opera più importante è *Da Kant a Hegel* (1921-24). Tra le altre opere: *Fine e legge della biologia* (1913); *L'autorealizzazione dello spirito* (1928); *Fondazione filosofico-culturale della politica* (1931); *La funzione religiosa dell'immaginazione* (1941).

Kruszewski, Mikoaj Habdank (Luck, Volinia, 1851 - Kazan 1887), linguista polacco. Con il suo maestro e collega J.I. Baudouin de Courtenay (1845-1929) viene considerato come uno fra i più importanti precursori dello strutturalismo linguistico. Dopo avere studiato filologia all'università di Varsavia, vi si laureò nel 1875 con una tesi sulle *Formule magiche russe*, opera in cui provava a ricondurre i fenomeni linguistici e folclorici ai loro fondamenti logici e psicologici. Dai suoi paralleli studi filosofici aveva tratto la convinzione che la linguistica, per essere davvero scienza, deve proporsi di scoprire le regolarità latenti e le leggi generali che governano ciò che egli chiamava il «sistema strutturale» della lingua. Professore all'università di Kazan dal 1880, si impegnò a creare una linguistica generale più comprensiva della linguistica storica allora trionfante: un progetto «fenomenologico» condiviso da Baudouin e che costituisce la caratteristica originale di quella che si sarebbe chiamata poi la Scuola di Kazan. Le tesi di Kruszewski si trovano esposte nel *Profilo della scienza del linguaggio* (1883) e in pochi altri lavori, tra cui si devono menzionare quelli sull'*Analogia e etimologia popolare* (1879) e sul *Mutamento fonetico* (1881), nonché un *Corso di grammatica francese* pubblicato postumo (1891).

Kuhn, Thomas (Cincinnati, Ohio, 1922), storico e filosofo della scienza statunitense. Di formazione scientifica, Kuhn passò dalla fisica alla storia della scienza (*La rivoluzione copernicana*, 1957). Nel corso dei suoi studi storici maturò la convinzione «ermeneutica» — come egli stesso la definì — che i testi scientifici del passato non devono essere letti dal punto di vista della scienza del presente (cioè, nel più dei casi, come sequele di errori grossolani e inspiegabili), ma sforzandosi di recuperare l'insieme di presupposti e scopi, per lo più impliciti e comunque diversi dai nostri, che danno senso agli «errori» dello scienziato del passato. Le rivoluzioni scientifiche, che separano le diverse fasi della storia di una scienza, non devono essere pensate — alla maniera di K. → Popper — come confutazioni di singole ipotesi prima accreditate, ma come cambiamenti complessivi degli impegni teorici di una comunità scientifica, compreso il linguaggio, i metodi di convalida, i problemi considerati pertinenti o importanti. Nel libro *La struttura delle rivoluzioni scientifiche* (1962) questo insieme di impegni teorici è chiamato → paradigma: le rivoluzioni scientifiche sono cambiamenti di paradigma. Come ha spiegato Kuhn stesso, col termine 'paradigma' egli intende riferirsi anzitutto a una soluzione esemplare di un problema, che viene appresa da chi entra a far parte di una determinata comunità scientifica come momento essenziale della sua formazione, e come modello a cui conformare la sua pratica scientifica. La prevalenza di un paradigma (in senso lato) caratterizza una fase di *scienza normale*, in cui gli scienziati si dedicano alla soluzione di *puzzles*, cioè di problemi che possono essere formulati in relazione ai concetti e agli strumenti propri del paradigma prevalente, e che hanno una soluzione al suo interno. Ma la ricerca scientifica guidata da un paradigma può imbattersi in *anomalie*, cioè in violazioni delle aspettative create dal paradigma. Il riconoscimento di un'anomalia non provoca di per sé una rivoluzione scientifica, ma produce una situazione di *crisi*, in cui la comunità cerca di negare o ridimensionare il fenomeno anomalo, o di adattare il vecchio paradigma in modo da renderne ragione. È caratteristica di una situazione di crisi la proliferazione di varianti teoriche (spesso sempre più complicate) che cercano di salvare il vecchio paradigma: esso viene abbandonato da una parte significativa dei ricercatori solo quando emerge un paradigma alternativo. L'adozione di un nuovo paradigma istituisce una nuova comunità scientifica, che non comunica con quella vecchia e i cui prodotti teorici sono *incommensurabili* coi precedenti, perché sono espressi in un linguaggio diverso, si sottomettono a criteri di convalida diversi, e in generale «parlano di un altro mondo» rispetto a quello riconosciuto dal vecchio paradigma. In scritti successivi, Kuhn ha ripensato il rapporto tra teorie incommensurabili alla luce delle idee di W.V.O. → Quine sull'indeterminatezza della traduzione e del riferimento. Il pensiero di Kuhn ha indotto a prendere in considerazione la comunità scientifica (più che il singolo ricercatore) come soggetto della scienza, e a indagare i rapporti sociali e gli elementi culturali che ne condizionano l'attività, e i processi psicologici che la caratterizzano. Molti scritti importanti di Kuhn sono raccolti in *La tensione essenziale. Cambiamenti e continuità nella scienza* (1977).

Külpe, Oswald (Landau, Curlandia, 1862 - Monaco di Baviera 1915), psicologo tedesco. Discepolo di W. Wundt a Lipsia, divenne nel 1894 professore a Würzburg, dove si distaccò progressivamente da molti aspetti della psicologia del maestro e fondò una propria scuola indipendente. In particolare, egli riteneva — diversamente da Wundt — che i processi superiori del pensiero potessero essere studiati sperimentalmente con lo stesso rigore con cui venivano studiati i processi sensoriali e percettivi, ed elaborò in questa prospettiva il metodo dell'«introspezione sistematica», in base al quale al soggetto sperimentale veniva fra l'altro richiesto di stabilire connessioni logiche fra i concetti. Nella storia della psicologia Külpe viene ricordato soprattutto per la sua fondamentale scoperta del «pensiero senza immagini», che evidenziò, contro la tradizione associazionistica fatta propria dalla psicologia wundtiana, la presenza nell'esperienza cosciente di elementi non sensoriali. Nel 1893, prima del suo distacco dal wundtismo, Külpe aveva pubblicato un *Sommario di psicologia* che conobbe un notevole successo. Fra i suoi allievi (la cosiddetta scuola di Würzburg) si ricordano K. Marbe e J. Orth. Vicini a Külpe furono anche F. Kiesow, A. Gemelli e J.R. Angell, uno dei principali esponenti del funzionalismo nordamericano.

Kultur, → cultura-civiltà.

Küng, Hans (Sursee, Lucerna, 1928), teologo cattolico svizzero. La sua vasta produzione è caratterizzata da un grande impegno ecumenico che sfocia, soprattutto nelle ultime opere, nel più ampio campo della teologia delle religioni (*Cristianesimo e religioni universali*, 1984; *Cristianesimo e religione cinese*, 1989; *Progetto per un ethos mondiale*, 1990). Nella sua prima opera, *La giustificazione. La dottrina di K. Barth e una riflessione cattolica* (1957), Küng mostra come sul tema fondamentale della «giustificazione» possano non esservi differenze sostanziali fra un teologo evangelico (come Barth) e la dottrina cattolica. La stessa tematica delle differenze ritenute insuperabili fra cattolici e protestanti viene trattata anche all'interno dell'ecclesiologia cattolica in chiave ecumenica (*La chiesa*, 1967). Comune a queste opere di Küng è l'uso di una metodologia fondata sul ricupero dell'autentico messaggio della Scrittura in vista di una rilettura critica della tradizione cristiana. Importante è l'ampia monografia *Incarnazione di Dio* (1970), un'introduzione al pensiero di Hegel come prologo a una futura cristologia. Processato più volte dall'ex-Santo Ufficio, Küng è stato interdetto dall'insegnamento nelle facoltà teologiche cattoliche.

Kunstwissenschaft, parola tedesca che significa letteralmente «scienza dell'arte». È il nome che alcuni studiosi di estetica tedeschi del sec. XX (in particolare M. Dessoir, *Estetica e teoria generale dell'arte*, 1906; ed E. Utitz, *Ricerche sulla teoria generale dell'arte*, 1929) diedero a una scienza che avrebbe dovuto occuparsi sistematicamente dei vari aspetti (etici, sociali, psicologici ecc.) dell'arte, riservando all'estetica il campo più ristretto della pura teoria del bello.

Labadie, Jean (Bourg-en-Guyenne, Bordeaux, 1610 - Altona 1674), teologo e mistico francese. Studiò nel collegio dei gesuiti di Bordeaux ed entrò quindi nella Compagnia di Gesù, ma non fu mai professo. Ordinato prete nel 1635, si dedicò con successo alla predicazione e all'insegnamento. Spirito inquieto, si sottopose ad austere penitenze che compromisero la sua salute, cosicché chiese e ottenne di lasciare la compagnia (1639). Dopo una vita errabonda, si convertì nel 1650 al protestantesimo, senza trovare tuttavia la pace e l'equilibrio interiore. Approdò infine a una religione senza sacramenti e senza pratiche devote nella quale la Scrittura stessa era dichiarata inutile al fine della salvezza; del pari diventavano superflui il dogma, i sacramenti e l'organizzazione ecclesiastica. Labadie raccolse intorno a sé gruppi di fedeli e diede vita a chiese organizzate in forme comunitarie, che si estinsero nel sec. XVIII. Tra le sue opere ebbe grande risonanza il *Manuale di pietà*. Per il rilievo accordato all'esperienza mistica, Labadie è stato considerato un precursore degli atteggiamenti che sfociarono tra i cattolici nel → quietismo e tra i protestanti nel → pietismo.

Laberthonnière, Lucien (Chazelet, Indre, 1860

- Parigi 1932), filosofo francese. Appartenne alla congregazione dell'oratorio e fu uno dei più noti rappresentanti del → modernismo. Dal 1905 diresse le «Annales de philosophie chrétienne», organo del movimento modernista francese, soppresso dalla Santa Sede nel 1913. Seguace della filosofia dell'azione di M. Blondel, Laberthonnière sostenne il cosiddetto «metodo dell'immanenza», secondo il quale una qualsiasi verità (comprese quelle di carattere religioso e soprannaturale) non diviene nostra se non in quanto noi stessi operiamo per ricrearla in noi. Così all'«idealismo greco», incentrato sulla contemplazione delle essenze astratte e su una concezione statica della divinità, egli contrappone il «realismo cristiano», che si incentra sugli aspetti dinamici e concreti della vita interiore divino-umana. Secondo Laberthonnière, la filosofia, più che conoscenza, è azione: è lo sforzo attivo dell'uomo che tende a ricreare per proprio conto la verità. Il «metodo dell'immanenza» va però distinto dall'immanentismo: Laberthonnière non intende eliminare la sovra-natura, ma piuttosto mostrare come la natura sia già penetrata da essa. Opere principali: *Saggi di filosofia religiosa* (1903); *Il realismo cristiano e l'idealismo greco* (1904); *Sulla via del cattolicesimo* (1912); *Studi su Cartesio* (2 voll. postumi, 1935).

labirinto, in psicologia sperimentale, dispositivo composto da percorsi ciechi e da percorsi aperti, introdotto nel 1900 da W.S. Small, e da allora in poi usato intensivamente, soprattutto dai comportamentisti, nello studio dell'apprendimento del ratto bianco. Negli esperimenti più comuni, il labirinto viene utilizzato per dimostrare il tipo di apprendimento per «prove ed errori»: l'animale impara, compiendo un numero sempre minore di errori, a evitare i percorsi ciechi e a imboccare il più breve percorso aperto al termine del quale si trova il cibo. In situazione di labirinto, l'apprendimento percettivo non è possibile, perché l'animale non dispone di una visione d'insieme degli elementi che compongono la situazione stessa. Sotto forma di rappresentazione grafica, il labirinto viene utilizzato nell'ambito di test volti a misurare l'intelligenza umana; si ricordano in particolare i «labirinti di Porteus», costituiti da una serie di prove di difficoltà crescente: il soggetto parte dal centro della figura, e segna con una matita il percorso che, a suo parere, gli consentirà di uscire dal labirinto; naturalmente non gli è permesso né di sollevare la matita, né di tornare indietro, né di «tagliare» le linee del labirinto.

La Boétie, Etienne de (Sarlat, Dordogna, 1530 - Germignan, Gironda, 1563), poeta e umanista francese. Espresse il suo pensiero, di ispirazione stoica, per lo più in poesie, in latino e in francese: 29 sonetti sono riportati nei *Saggi* di Montaigne. A Montaigne La Boétie fu legato da profonda amicizia: all'amico egli affidò, prima di morire, tutte le sue opere, che furono poi stampate nel 1571. Montaigne manifestò l'intenzione di inserire nei suoi *Saggi* il breve scritto di La Boétie *Discorso sulla servitù volontaria*. Ma non fu così, poiché lo scritto di La Boétie (composto, secondo Montaigne, intorno al 1546-48, ma, più probabilmente, nel 1552-53) era già stato parzialmente pubblicato, inserito in uno scritto anonimo, *La sveglia dei francesi e dei popoli loro vicini*, nel 1574, e integralmente nella raccolta di scritti calvinisti e antimonarchici *Memorie degli stati di Francia sotto Carlo IX*, nel 1576, con il titolo *Contr'uno*, con cui diventò poi noto. Le tesi fondamentali di questo saggio sono l'arbitrarietà di ogni potere e l'individuazione della causa della servitù nella mancanza di una reale volontà di riacquistare la libertà naturale da parte del popolo: se il popolo si limitasse anche solo a un rifiuto passivo del potere, questo cadrebbe; ma in realtà il popolo preferisce il sistema di favori e di privilegi, che il potere assicura, al proprio diritto alla libertà. Lo scritto di La Boétie costituì un punto di riferimento per i vari movimenti di contestazione che si succedettero in Francia e fuori: dall'opposizione calvinista alla monarchia cattolica, alla successiva opposizione cattolica a Enrico IV; dalla contestazione rivoluzionaria di Marat, prima, e poi del circolo di Babeuf, sul finire del sec. XVIII, al socialismo cristiano di Lamennais e al rivoluzionarismo anarchico di G. Landauer.

Labriola, Antonio (Cassino 1843 - Roma 1904), filosofo italiano. Allievo dello hegeliano B. Spaventa, in seguito volse i suoi interessi verso la psicologia tedesca di ispirazione herbartiana, ciò che si riflette, fra l'altro, nei due saggi *Della libertà morale* (1873) e *Del concetto della libertà* (1878). Insegnò all'università di Roma, dal 1874 filosofia morale e pedagogia, dal 1887 filosofia della storia. Politicamente, si venne avvicinando al socialismo, fino a diventare marxista e a prendere posizione contro i vari indirizzi cosiddetti revisionistici (E. Bernstein, G. Sorel ecc.) emersi dopo la morte di F. Engels (col quale Labriola s'era tenuto in rapporto). Labriola è noto soprattutto per i tre saggi: *In memoria del manifesto dei comunisti* (1895), *Del materialismo storico. Dilucidazione preliminare* (1896) e *Discorrendo di socialismo e di filosofia* (1898). Egli individua, in diversi campi della ricerca scientifica e filosofica a lui contemporanea, una crescente emancipazione dal modo di pensare metafisico, il quale consiste nel trasformare, per via di metaforizzazione, i rapporti relativi in attributi eterni. Al pensiero metafisico subentra un metodo che, trattando i termini del pensiero non più «come cose ed entità fisse, ma come funzioni», si dà a ricostituire processi di formazione e di relazione. Labriola denomina tale metodo «genetico», a preferenza di «dialettico», quest'ultima espressio-

ne essendo gravata da un formalismo che lascia meno impregiudicata l'empiria. Per quanto riguarda lo sviluppo del modo di pensare «genetico», l'opera di Marx e di Engels appare contigua, tra l'altro, a quella di Darwin. Sennonché Labriola non accetta l'estensione di quest'ultima, che va sotto il nome di «darwinismo politico o sociale», e rivendica invece con forza una distinzione tra «terreno naturale» e «terreno artificiale», nel senso che gli uomini, pur dipendendo dalla natura, si trovano a vivere su un terreno che è via via il risultato del loro comune operare. La storia umana non è se non storia della società, ossia del «variare della cooperazione umana». Rispetto a questo ambito, Labriola fa consistere l'autonomia teorica del marxismo non nella pretesa di costruire un insieme della filosofia di Marx, ma in un punto di vista che considera l'operosità umana in tutta la sua estensione, di là dalla «volgare opposizione tra pratica e teoria». Nello stesso tempo egli sottolinea la criticità peculiare di questo punto di vista nei confronti delle ideologie di ogni sorta; per parte sua, ha di mira soprattutto l'ideologia del progresso, che egli tenta di ridurre alla nozione di una continuità empiricamente accertabile, mentre ne espunge qualunque «finalità intenzionale o latente» (una critica che finisce con l'investire anche il significato dilatato che era venuto assumendo il concetto di «evoluzione»).
Anche se non ritiene che la dottrina detta «materialismo storico» sia rappresentata unicamente dal marxismo, Labriola giudica severamente alcuni sviluppi della sociologia e della storiografia positivistiche: sia, per un verso, la «dottrina dei fattori storici», quando questi non indichino semplicemente punti d'orientamento per l'indagine (suddivisioni provvisorie del materiale), ma irrigidiscano in categorie i lati diversi del complesso sociale; sia, per altro verso, la ricaduta in una fraseologia metafisica del tipo «organismo sociale» o «spirito collettivo». Infine, critica le tipizzazioni omogenee riferite a «forme generiche sociali» (per es. economia a schiavitù), in quanto disconoscono la «eterogeneità», ossia le forme complesse della combinatoria sociale che risulta dai rapporti e dalla lotta delle classi, e si rivelano quindi scarsamente idonee — in confronto al marxismo — a dar conto degli accadimenti storici nel senso forte di mutamenti rivoluzionari dello stato di una società. *R. To.*

Lacan, Jacques (Parigi 1901-1981), psicoanalista francese.

• *Dalla psichiatria alla psicoanalisi.* Formatosi alla scuola psichiatrica di E. Kretschmer, E. Kraepelin, G. Clérambault, nel 1932 discusse la sua tesi di laurea in psichiatria: *La psicosi paranoica nei suoi rapporti con la personalità*; nel 1936 presentò la sua prima comunicazione a un congresso internazionale di psicoanalisi, sullo *Stadio dello specchio*, che in un congresso del 1949 venne ampliata con il titolo *Lo stadio dello specchio come formatore della funzione dell'«io»*. L'originalità dei suoi primi lavori gli valse un uditorio sempre più vasto nel corso dei seminari tenuti dapprima alla sezione clinica della facoltà dell'ospedale Sainte-Anne, poi alla VI sezione dell'Ecole Pratique des Hautes Etudes. Nel 1952 decise di uscire dall'Associazione internazionale di psicoanalisi e l'anno successivo fondò la Société Française de Psychanalyse (nel 1964 fonderà poi l'Ecole Freudienne de Paris, che scioglierà nel 1980). Queste vicende illustrano bene l'intento costantemente polemico di Lacan nei confronti di ogni istituzione strutturata secondo il modello universitario, in cui l'insegnamento funzioni come la trasmissione di un sapere già dato, caratteristica, questa, antitetica alla ricerca e agli scopi di un'associazione psicoanalitica.
Le sue opere destinate alla pubblicazione, originariamente raccolte nei due volumi degli *Scritti* (1966), si sono successivamente arricchite con la stampa dei ventisei seminari tenuti dal 1953 al 1979, e ancora in corso.

• *Il ritorno a Freud.* Tra le travagliate — e spesso ferocemente criticate — vicissitudini di ricerca di uno stile, ciò che anima il lavoro di Lacan è l'ideale di un ritorno a Freud che consenta un avanzamento teorico e clinico nell'aderenza allo spirito — e non solo alla lettera — del messaggio freudiano: ritorno al metodo di Freud come procedimento appropriato al campo psicoanalitico e tale da salvare la specificità di questo rispetto agli altri campi del sapere. È quanto esige, secondo Lacan, la scoperta freudiana: quella di un soggetto dell'inconscio il cui sapere non è in alcun modo riducibile alla coscienza e dunque non traducibile in termini filosofici o scientifici.

• *L'ordine simbolico.* Nel campo della coscienza si svolge un discorso che Lacan chiama *immaginario* («la coscienza si produce tutte le volte che è data una superficie tale che possa produrre quella che si chiama *un'immagine*»): in esso si istituisce un rapporto tra l'io e il sapere che risulta, per il soggetto, non esaustivo. Nella logica duale in cui si fonda l'autocoscienza il soggetto si trova infatti alienato in un senso in cui non si ritrova come soggetto del proprio desiderio. Questo infatti si manifesta su una scena non specularizzabile: un'*altra scena*, quella dell'inconscio, in cui qualcosa parla (*ça parle*) attraverso i lapsus, i sogni, i sintomi ecc. senza che il soggetto ne sia avvertito sul piano della coscienza. Ciò che sfugge alla presa dell'ordine razionale esige, per il riconoscimento, una mediazione: quella dell'ordine *simbolico*, di quell'aspetto del linguaggio che è intersoggettività, patto, legge preesistente alla nascita del soggetto, ordine analogo a quello individuato dallo strutturalismo in linguistica e in

antropologia. Rifacendosi alla linguistica saussuriana, Lacan indica come il soggetto si costituisca a partire da un ordine *significante*, essendo il significante ciò che, pur entrando a costituire il senso, a esso non si riduce, così come la soggettività non si esaurisce nell'autocoscienza. Tra l'ordine del significato e l'ordine del significante si possono rintracciare precise analogie di struttura: così l'inconscio, per cui non funzionano le leggi logiche e temporali del discorso cosciente, si presenta tuttavia strutturato *come* un linguaggio, nel quale si ritrovano per es. figure retoriche come la metafora e la metonimia, ossia, in termini linguistici, la condensazione e lo spostamento individuati da Freud. Ciò che parla attraverso ciò che sfugge al dominio della coscienza può quindi, in una psicoanalisi, organizzarsi come un discorso, la cui struttura è simbolizzabile secondo algoritmi.
• *La psicoanalisi lacaniana.* L'ascolto dello psicoanalista sarà quindi focalizzato sui significanti che insistono nel discorso del soggetto in analisi; in particolare, ciò che conta in una psicoanalisi è «come» si parla piuttosto che «ciò che» si dice. Di qui la polemica lacaniana nei confronti di ogni terapia intellettualizzante, adattativa, normativa, vicina al tradizionale discorso medico, facente uso dell'interpretazione come di uno strumento per ricomporre in un qualunque senso eteronomo il discorso di chi chiede un'analisi. Nella psicoanalisi lacaniana, l'analista affida al soggetto la posizione di analizzante; le sue interpretazioni sono soprattutto volte a scandire il discorso del soggetto, a sottolinearne il ritmo entro il percorso dei significanti. È questa la funzione del «tempo variabile» di una seduta, la cui durata non è fissata in anticipo secondo una misura cronologica costante, ma si definisce secondo un tempo la cui scansione logica è segnata dall'interruzione operata dall'analista: cesura che funziona, così, come un'interpretazione.
In campo clinico, fondamentale è il concetto di → forclusione del simbolico con cui Lacan apre nuove prospettive nella cura delle psicosi.

Lachelier, Jules (Fontainebleau 1832-1918), filosofo francese. Allievo di F. Ravaisson-Mollien, e poi professore all'Ecole normale supérieure. Tra gli esponenti più tipici della rinascita dello spiritualismo in Francia, Lachelier si richiama soprattutto all'insegnamento di Maine de Biran. Il suo pensiero si sviluppa a partire dall'esperienza religiosa, la sola che ci consenta di afferrare la realtà nella sua integrità vivente. Lachelier dedicò molta attenzione al problema della natura, opponendosi a un atteggiamento di ingenua fiducia nei confronti della conoscenza scientifica, che guarda alla realtà solo dal punto di vista dell'intelletto; il fondamento dei fenomeni è spirituale e lo spirito è sia intelletto sia volontà. Il metodo riflessivo, che egli considera proprio della filosofia, consiste nell'atto interiore per cui il pensiero coglie immediatamente la propria natura e la relazione che istituisce con i fenomeni: da questa relazione si possono dedurre le leggi o principi dei fenomeni. Essi sono la causalità e la finalità. Rileggendo Kant Lachelier pone sullo stesso piano la *Critica della ragion pura* e la *Critica del giudizio*, e afferma che la legge di causalità deve essere completata da quella di finalità, escludendo qualsiasi prospettiva di tipo meccanicistico. Ogni fenomeno può essere veramente conosciuto solo se incluso, oltre che in una *serie*, in cui l'esistenza di ogni termine determina il seguente, anche in un *sistema*, in cui l'idea del tutto determina quella delle parti. Solo sulla base della finalità si può intendere la coordinazione dei movimenti, il raggrupparsi dei fenomeni in totalità persistenti e armoniche — gli individui biologici, i composti chimici — di cui abbiamo esperienza. La natura ha un'esistenza astratta, oggetto della scienza, fondata sulla legge della necessità delle cause efficienti, e un'esistenza concreta, identica a quella che si può chiamare la funzione estetica del pensiero, che riposa sulle cause finali. L'esistenza astratta, che procede secondo necessità, è subordinata a quella concreta delle cause finali, che costituiscono il dominio della contingenza e, nei gradi più alti, della libertà. Tra le sue opere si ricorda *Fondamento dell'induzione* (1871, accresciuta dal 1883 con l'importante saggio *Psicologia e metafisica*); tutti i suoi scritti sono stati raccolti in *Opere complete* (2 voll., 1933).

Lacordaire, Jean-Baptiste-Henri (Recey-sur-Ource, Côte d'Or, 1802 - Sorèze, Tarn, 1861), religioso francese. Ordinato sacerdote nel 1827, divenne fautore di uno stretto rapporto tra cattolicesimo e mondo moderno, e nel 1830 fondò, con H.-F.-R. de Lamennais e Ch. Montalembert, «L'Avenir», giornale di dibattito e di impegno militante sui grandi temi della libertà nel mondo contemporaneo. Separatosi da Lamennais dopo la condanna (1832) della rivista da parte del pontefice Gregorio XVI, si mantenne su una linea di cattolicesimo liberale, che espresse nella sua attività di predicatore a Notre-Dame. Entrato nell'ordine domenicano nel 1839, intensificò questa attività, conquistandosi una vasta popolarità. Nel 1848, sostenitore della rivoluzione, fu eletto deputato di Marsiglia alla costituente, incarico al quale però rinunciò poco dopo. Gli scritti di Lacordaire sono importanti non solo come testimonianza di un itinerario spirituale di notevole profondità, ma anche come documenti circa il rapporto tra cattolicesimo e mondo moderno nella prima metà dell'Ottocento. Oltre alle *Considerazioni sul sistema filosofico di Lamennais* (1834), il nucleo più importante delle opere di Lacordaire è rappresentato dalle *Conferenze di Notre-Dame: 1833-51* (1844-51).

Laing, Ronald David (Glasgow 1927 - Saint-

Tropez 1989), psichiatra inglese. Considerato il massimo esponente dell'→ antipsichiatria, fornì contributi di primo piano alla psicopatologia della schizofrenia. Le sue opere acquisirono, soprattutto alla fine degli anni Sessanta, una vasta popolarità anche fuori dell'ambito specialistico. Insieme a un gruppo di altri studiosi fondò nel 1965, nell'East End di Londra, la prima comunità terapeutica autogestita, Kingsley Hall; in seguito collaborò alla nascita di altre strutture «antistituzionali» e antiautoritarie alternative alla psichiatria tradizionale. I suoi scritti principali raccolgono i contributi di due scuole: quella statunitense di Palo Alto facente capo a D. Jackson e G. Bateson, attenta allo studio della comunicazione e della sua patologia all'interno della famiglia, nonché ai meccanismi relazionali che possono dar luogo allo sviluppo della schizofrenia (come per es. il cosiddetto → «doppio legame»); e quella dell'esistenzialismo e della fenomenologia europea, sia nei suoi aspetti attinenti agli studi psicopatologici (E. Minkowski, L. Binswanger, M. Boss), sia in quelli più strettamente filosofici (J.-P. Sartre, da cui Laing fu influenzato). Su queste basi Laing seppe fondare una psicopatologia dell'intersoggettività attenta al tempo stesso all'aspetto relazionale come a quello esperienziale, alla comunicazione come all'esperienza, e più precisamente all'esperienza della comunicazione, nonché alle sue distorsioni, in particolare in rapporto alla genesi della schizofrenia. Con questo tipo di analisi dell'esperienza psicotica, Laing portava a compimento la critica alla separazione fra normalità e anormalità, fra sano e malato. Di qui le sue tesi tendenti non solo a negare ogni significato al termine «malattia mentale» ma anche, in un modo più ardito sebbene decisamente più discutibile, a rivalutare il significato del «viaggio» individuale nella follia. Opere principali: *L'Io diviso* (1959); *L'Io e gli altri* (1961); *La politica dell'esperienza* (1967); *Nodi* (1970). In collaborazione con A. Esterson ha scritto *Normalità e follia nella famiglia* (1964).

Lakatos, Imre (pseudonimo di Imre Lipsitz; Ungheria, 1922 - Londra 1974), filosofo della scienza ungherese, naturalizzato inglese. Fu alto funzionario del regime comunista in Ungheria. Incarcerato per revisionismo nel 1950, poi liberato, lasciò l'Ungheria in seguito alla rivoluzione del 1956, e riparò in Inghilterra. La sua formazione filosofica era stata inizialmente hegelo-marxista, sotto l'influenza di G. Lukács; più tardi studiò a fondo la psicologia e l'euristica della matematica di G. Polya. In Inghilterra fu allievo di K. Popper e suo successore alla London School of Economics. Lakatos fu inizialmente, e si considerò sempre, soprattutto un filosofo della matematica. Nel saggio *C'è una rinascita dell'empirismo nella recente filosofia della matematica?* (1965-67, postumo, 1976) egli applicò alla matematica concetti introdotti da Popper in riferimento alle scienze naturali, sostenendo che, come queste ultime, essa consiste di teorie falsificabili; il ruolo di falsificatori potenziali sarebbe svolto dagli asserti della teoria informale, di cui una teoria matematica costituisce la formalizzazione. In un precedente studio, ricavato dalla sua dissertazione di dottorato (*Dimostrazioni e confutazioni*, postumo, 1976), Lakatos aveva sostenuto che l'epistemologia della matematica deve muovere da una ricognizione degli schemi euristici e dei metodi informali effettivamente usati dai matematici. Da uno studio delle vicende della congettura di Eulero sui poliedri (secondo cui il numero delle facce più quello dei vertici è uguale a quello degli spigoli più 2) aveva ricavato un'immagine dialettica dell'evoluzione di una teoria matematica: essa non consiste in un'accumulazione di verità eterne, ma procede per dimostrazione di teoremi, confutazione dei teoremi mediante controesempi e riformulazione dei teoremi in modo da assorbire i controesempi. La riformulazione, per Lakatos, comporta un cambiamento del significato dei termini: il concetto di poliedro, per es., viene esteso — rispetto alle intuizioni iniziali, rispecchiate dal teorema che il controesempio confuta — in modo da includere il controesempio. Nel suo saggio più noto, *La falsificazione e la metodologia dei programmi di ricerca scientifici* (1968-69, 1970) Lakatos si occupa invece di scienze empiriche. Il falsificazionismo popperiano non è in grado di spiegare come mai teorie già confutate continuino a essere sostenute, e anzi molte teorie nascano confutate, cioè contraddette da «fatti» ben noti. Il punto è che a essere in gioco nella storia della scienza non sono singole teorie, ma successioni di teorie, chiamate da Lakatos *programmi di ricerca*. Un programma di ricerca è caratterizzato da un «nocciolo duro» di ipotesi fondamentali, considerate immuni dalla confutazione; le smentite dei fatti vengono prese in carico da una «cintura protettiva» di ipotesi ausiliarie, che consentono al programma di restare in vita fintantoché è in grado di generare *slittamenti progressivi di problema*, cioè finché dà luogo a teorie che prevedono fatti nuovi, dei quali almeno alcuni sono effettivamente constatati. Per es., il programma di Newton diede luogo a una lunga serie di ipotesi ausiliarie, che i «fatti» continuavano a smentire; ma, a forza di mettere in discussione le teorie osservative da cui dipendevano i «fatti» falsificanti, il programma trovò in ultimo la sua conferma nei nuovi fatti che aveva contribuito a descrivere. Un programma che non sia così fortunato a un certo punto *degenera*, cessando di produrre nuove previsioni; ma anche in questo caso esso viene abbandonato solo quando sia stato formulato un programma alternativo, che prometta di avere più meriti esplicativi del suo predecessore. Lakatos ritenne così di avere spiegato sia gli aspetti inerziali, sia quelli rivoluzionari della storia della scienza. I suoi saggi sono in larga parte raccolti nei due volumi degli *Scritti filosofici* (postumi, 1978).

Lalande, André (Digione 1867 - Asnières, Parigi, 1963), filosofo francese. Insegnò filosofia alla Sorbona e collaborò a molte riviste filosofiche. Polemico nei confronti del positivismo e, in particolare, della dottrina evoluzionistica spenceriana, egli vede nella trasposizione di un'ipotesi biologica a principio interpretativo dell'universo l'insorgere, all'interno della scienza, di una metafisica che il positivismo credeva di avere definitivamente espunto. Secondo Lalande, la filosofia è un sapere rigoroso, la cui verità è sorretta dal principio di unità: alla verità infatti si arriva mediante la graduale eliminazione dei punti di vista individuali; la ragione unifica, là dove la vita divide. Anche in etica Lalande combatte l'individualismo, a favore di una «società morale» concepita neoilluministicamente nella quale ognuno si riconosca persona e insieme sia partecipe del destino dell'intera comunità, all'insegna degli ideali di libertà e fraternità. Opere principali: *Letture sulla filosofia delle scienze* (1893); *La dissoluzione opposta all'evoluzione nelle scienze fisiche e morali* (1899); *Vocabolario tecnico e critico della filosofia* (1907); *Le teorie dell'induzione e della sperimentazione* (1929); *La psicologia dei giudizi di valore* (1929); *La ragione e le norme* (1948).

lamaismo, nome designante la forma assunta dal buddhismo nel Tibet. Ebbe origine nella prima metà del sec. VII d.C. con l'introduzione, in quella regione, di un buddhismo mahāyāna con forti elementi tantrici, propagandato da monaci indiani e cinesi. La nuova religione, sostenuta dai re, dovette vincere la resistenza accanita della religione locale, appoggiata dai nobili; a tal fine fu chiamato dall'India Padmasaṃbhava (seconda metà del sec. VIII), fondatore della Chiesa rossa. Perseguitato in seguito dal re gLañ-dar-ma, il lamaismo scomparve dal Tibet centrale per oltre un secolo; quando rinacque, si sentì la necessità di purificarlo dalle contaminazioni locali, e venne perciò chiamato il riformatore indiano Atīśa (metà del sec. XI). Il rilassamento del clero fu la causa della seconda grande riforma, dovuta a Tson-kha-pa (1357-1419), fondatore della Chiesa gialla. Il lamaismo si fonda essenzialmente sul clero, composto da monaci, i lama (dal tibetano *bla-ma*), a capo dei quali sono il dalai-lama, fino alla conquista cinese capo temporale del Tibet, e il panchen-lama, capo spirituale. I lama, che vivono in monasteri o in eremitaggio, oltre a esercitare le funzioni strettamente rituali, presenziano alle nascite, alle morti, ai matrimoni, alle malattie, fanno oroscopi e incantesimi, fabbricano immagini sacre. Il lamaismo è articolato in numerose sette o scuole e ha un rituale assai ricco. Grande importanza culturale ha avuto l'estesa e precisa attività di traduzione in tibetano degli antichi testi buddhisti, soprattutto indiani (fra i traduttori, emerge il poeta Marpa, 1012-1096, fondatore di una setta lamaista), che sono compresi nel *bKa'-'gyur* o *Kangyur* (Canone), comprendente 100 o 108 volumi, e nel *bsTan-'gyur* o *Tangyur* (Commentari), composto di 225 volumi. Il Canone è diviso in tre sezioni: la prima tratta della disciplina monastica; nella seconda sono riportati i Discorsi del Buddha e i testi tantrici; la terza tratta questioni di metafisica. I Commentari si compongono di testi concernenti le cerimonie tantriche e di un volume di inni e preghiere. Il lamaismo si è diffuso oltre i confini del Tibet: nella seconda metà del sec. XVI la Mongolia venne completamente convertita; in seguito si convertirono anche popolazioni della Siberia (buriati e calmucchi), del Turkestan e della Cina: a Pechino esiste un importante tempio lamaista.

Lamarck, Jean-Baptiste de Monet de (Bazentin, Piccardia, 1744 - Parigi 1829), naturalista francese. Attirò l'attenzione di G.-L.L. Buffon per le sue ricerche botaniche, e la sua opera *Flora francese* (1778) gli valse l'ammissione all'Accademia delle scienze l'anno successivo. Si occupò anche di chimica e fisica, e proprio le sue concezioni chimiche ebbero una notevole influenza sulla sua teoria biologica: fautore della generazione spontanea, Lamarck sosteneva che la natura fosse pervasa da un principio vitale di tipo organico in continuo sviluppo ed evoluzione. L'occasione per approfondire questo tipo di ricerche in biologia gli fu data nel 1793, quando gli venne affidata, presso il Museo di storia naturale, la cattedra di anatomia degli animali invertebrati.

Nella *Filosofia zoologica* (1809), Lamarck espone le tesi che fanno di lui uno dei primi sostenitori dell'evoluzionismo. In una prospettiva complessivamente deistica, secondo la quale la natura costituisce una totalità regolata da leggi poste dal Creatore, ma funzionanti in modo rigoroso e conoscibili dalla scienza, egli muove dalla convinzione che le specie animali si sviluppano l'una dall'altra, da quelle più semplici a quelle più complesse; quindi, fondandosi sulla teoria di P.-J.-G. Cabanis circa il rapporto tra attività psichiche e fisiologiche, concepisce l'evoluzione degli organi animali come una reazione e un adattamento degli individui all'ambiente, e, sulla base degli studi di Buffon sull'ereditarietà, teorizza la trasmissione ereditaria dei mutamenti favorevoli all'adattamento all'ambiente. Queste teorie non riuscirono ad affermarsi tra i contemporanei, soprattutto per l'opposizione di G.-L. Cuvier, che le criticò radicalmente da una posizione rigidamente fissista. Anche in seguito, quando l'evoluzionismo fu universalmente accettato, il pensiero di Lamarck venne seriamente criticato da Ch. Darwin e dalla sua scuola, perché non sostenuto da un'adeguata base di osservazioni sperimentali. In effetti l'argomentazione di Lamarck è viziata da presupposti scientificamente inverificabili, quali l'idea di un continuo perfezionamento della natura che raggiunge il suo culmine nell'uomo. Altre opere: *Storia naturale degli animali senza vertebre* (1815-22); *Sistema analitico delle conoscenze positive dell'uomo* (1820).

Lambert, Johann Heinrich (Mühlhausen 1728 - Berlino 1777), filosofo e scienziato tedesco. Autodidatta, si dedicò a studi di matematica, fisica e astronomia, oltre che di filosofia; in questo campo ebbero particolare importanza per la sua formazione Locke, Malebranche e Wolff. Opere principali: *Photometria* (1760), *Lettere cosmologiche sulla struttura dell'universo* (1761), *Nuovo Organo* (1764), *Contributi all'uso della matematica e alla sua applicazione* (1765-72), *Disegno dell'architettura* (1771), *Saggi logici e filosofici* (postumi, 1782-87).
L'opera di Lambert, al di là dei suoi contributi in campo scientifico (in particolare le sue ricerche sul numero immaginario e sul postulato euclideo delle parallele), è considerata una tappa importante nello sviluppo della logica — dove Lambert ha introdotto alcune notevoli innovazioni sul piano del calcolo e della simbolizzazione — e, più in generale, nello sviluppo della *mathesis universalis* quale applicazione sistematica del metodo matematico alla filosofia. Nell'alveo della tradizione wolffiana il contributo specifico di Lambert sta nell'aver sottolineato la funzione del metodo matematico, non solo nella dimostrazione, ma anzitutto nella ricerca e definizione di alcuni concetti fondamentali «semplici» (estensione, solidità, movimento, esistenza, durata e successione, unità, coscienza, forza motrice e volontà) da cui muovere per dare un impianto veramente scientifico alla filosofia. Di qui la funzione tanto della «caratteristica» quanto della «combinatoria», nel senso che soltanto valendosi di segni precisi, che non sottostiano a fattori psicologici variabili e opinabili, è possibile un «calcolo logico» coerente delle conseguenze che si possono ricavare da tali concetti semplici. Perciò nel *Nuovo Organo* accanto alla «dianoiologia» (scienza delle leggi secondo cui procede l'intelletto), alla «aletiologia» (scienza della verità) e alla «fenomenologia» (studio delle possibili fonti di errore insite nelle varie forme dell'«apparenza»), occupa un posto essenziale la «semiotica» come studio della conoscenza simbolica e, in particolare, della lingua e del suo possibile influsso sulla conoscenza della verità.

Lambruschini, Raffaello (Genova 1788 - San Cerbone, Figline Valdarno, 1873), pedagogista italiano. Dopo un'iniziale carriera ecclesiastica, nel 1814 lasciò ogni incarico e si ritirò nella tenuta paterna di San Cerbone. Ben presto entrò in contatto con il circolo culturale toscano che faceva capo all'«Antologia», e ai principi di rinnovamento sociale e culturale di questo gruppo si collegano le numerose iniziative da lui intraprese in quegli anni: collaborò alla fondazione di casse di risparmio, si batté per l'introduzione nell'agricoltura di metodi più moderni e a favore della mezzadria, contribuì allo sviluppo e alla diffusione della stampa periodica e alla fondazione di nuove scuole, dagli asili a quelle per la preparazione magistrale e professionale. Nel 1830 creò nella propria casa un istituto educativo, la cui cronaca, con osservazioni e proposte di altri pedagogisti, venne pubblicata nella «Guida dell'educatore» (1836-42 e 1844-45), la prima rivista pedagogica italiana moderna. Nel 1867 ebbe la cattedra di pedagogia nell'Istituto di studi superiori di Firenze.
Il nucleo centrale del pensiero pedagogico di Lambruschini è costituito dal tema della libertà, intesa come motivo ispiratore e obiettivo finale dell'agire umano. Di conseguenza, l'azione educativa può nascere solo dalla cooperazione tra educatore ed educando: compito del primo è riconoscere e rispettare le intime potenzialità del discepolo, facilitandone dall'esterno l'autonoma crescita spirituale e realizzando un esercizio dell'autorità che produca un'obbedienza spontanea e non costretta; dovere dell'educando è riconoscere nella voce del maestro l'espressione della legge interiore. Alla base di ogni azione educativa Lambruschini pone la religione cristiana, intesa non come struttura esterna ma come sentimento universale della centralità di Dio rispetto a ogni realtà. In tale prospettiva, pur professandosi fedele al cattolicesimo, Lambruschini accoglie istanze che saranno più tardi proprie del modernismo, come l'accentuazione del sentimento, un certo minimalismo dogmatico, il liberalismo teologico. Scritti principali: *Difesa delle scuole infantili* (1836); *Dell'educazione* (1849); *Dell'istruzione elementare e di secondo grado* (1850); *Dell'istruzione. Dialoghi* (1871); *Delle virtù e dei vizi* (1873); *Dell'autorità e della libertà. Pensieri di un solitario* (opera iniziata nel 1860 e apparsa postuma nel 1932).

Lamennais, Hugues-Félicité-Robert de (Saint-Malo 1782 - Parigi 1854), filosofo francese. Da un giovanile ateismo, assorbito nel clima della rivoluzione francese, approdò alla fede cattolica e nel 1816 venne ordinato sacerdote. Nelle *Riflessioni sullo stato della chiesa in Francia durante il sec. XVIII* (1808), nella *Tradizione della chiesa sulla istituzione dei vescovi* (1814) e soprattutto nel *Saggio sulla indifferenza in materia di religione* (4 voll., 1817-23), Lamennais da una parte combatté il razionalismo e le «dibertà» propugnate dalla rivoluzione, dall'altra riaffermò, contro le tendenze gallicane, l'autorità del papa sui vescovi e sulle chiese nazionali. Ma nell'opera *Dei progressi della rivoluzione e della guerra contro la chiesa* (1829) e nel giornale l'«Avenir», fondato con J.-B.-H. Lacordaire, Ch. Montalembert e Ph.-O. Gerbet (1830), abbandonò gli atteggiamenti controrivoluzionari, rivendicò le «libertà moderne» e sostenne la conciliazione di cattolicesimo e liberalismo. In questa prospettiva invitò il clero francese a rinunciare agli stipendi governativi in cambio di un'effettiva indipendenza dal potere politico, si oppose alla nomina regia dei vescovi e reclamò la separazione di chiesa e stato. Ma questa prospettiva cattolico-liberale assunse in lui coloriture teocratiche. Infatti le «libertà moderne» diventarono gli strumenti per la conquista della società alla chiesa attraverso l'alleanza non più con i governi, ma con i popoli. Secondo questa concezione, la chiesa assume la guida della società civile per trasformarla in società cristiana. L'enciclica *Mirari vos* di Gregorio XVI (15 agosto 1832) condannò però la posizione dei cattolici liberali francesi e specialmente il loro desiderio di porre fine al concordato. In *Parole di un credente* (1834) Lamennais radicalizzò il suo pensiero nel senso che vagheggiò un cristianesimo democratico, spogliato della sua dimensione soprannaturale e proiettato totalmente in campo sociale. Fu questa la terza fase dell'evoluzione spirituale di Lamennais, che determinò la sua rottura definitiva con la chiesa. Eletto deputato all'assemblea costituente del 1848, egli si dedicò all'attività politica, fino all'avvento del secondo impero. In Italia tracce del pensiero di Lamennais si ritrovano nel cattolicesimo liberale di Capponi, Lambruschini, Ricasoli e in Mazzini.

La Mettrie, Julien Offroy de (Saint-Malo 1709 - Berlino 1751), filosofo francese. Studioso di medicina, mentre era medico militare osservò su se stesso le conseguenze psichiche di una malattia organica e ne trasse la convinzione di una stretta interdipendenza tra anima e corpo, anzi della riconducibilità di tutti i processi psichici a modificazioni ed eventi corporei; queste osservazioni, di derivazione lockiana, confluirono nell'opera *Storia naturale dell'anima* (1745), che gli attirò ogni sorta di persecuzioni. Rifugiatosi in Olanda, fu costretto a fuggire anche di lì e a riparare a Berlino, sotto la protezione di Federico di Prussia, presso il quale rimase fino alla morte, dedicandosi a studi filosofici e medici. Opere principali, oltre quella citata: *L'uomo-macchina* (1748); *L'uomo-pianta* (1748); *Anti-Seneca* (1750); *Sistema d'Epicuro* (1750); *Riflessioni filosofiche sull'origine degli animali* (1750); *Gli animali più che macchine* (1755).

Già nei titoli di alcune sue opere è visibile la ripresa, se pur in chiave spesso polemica, delle teorie cartesiane sulla natura e il funzionamento dei corpi viventi. La Mettrie accetta in un primo momento il meccanicismo cartesiano, respingendo però l'opposizione ontologica tra sostanza estesa e sostanza pensante. La differenza tra animale e uomo gli sembra infatti solo quantitativa, non qualitativa, e tutto ciò che nella metafisica cartesiana è attribuito all'anima può essere spiegato, secondo La Mettrie, come modificazione della materia: anche il pensiero non è che un prolungamento della sensazione, comune a tutti gli animali e interamente materiale. In seguito, rifiutando il modello meccanicistico, La Mettrie afferma che tutta la materia è senziente, anche ai livelli più bassi e inerti, e, riprendendo l'immagine leibniziana della monade, sostiene l'unità dell'universo, costituita da una catena di esseri disposti gerarchicamente dal più semplice al più complesso. Non è estranea al pensiero di La Mettrie l'idea di un'evoluzione biologica delle specie e dell'eliminazione selettiva degli individui dalla struttura più debole, idea mediante la quale egli intendeva superare il dilemma tra finalismo e casualità nei processi naturali. In morale, La Mettrie, che si considera seguace di Epicuro e Lucrezio, rifiuta ogni trascendenza e considera come fine l'utilità sociale e il piacere individuale, condannabile solo nel caso che sia nocivo agli altri. Nell'*Arte di godere* (1751), La Mettrie elabora una minuziosa precettistica che ha per fine, appunto, il raggiungimento del massimo piacere.

La Mothe le Vayer, François de (Parigi 1588-1672), filosofo francese. Fu uno dei personaggi di maggior rilievo del gruppo dei «libertini eruditi», amico e frequentatore di G. Naudé, G. Patin, P. Gassendi e M. Mersenne. Nel 1639 venne eletto all'Académie Française e nel 1647 nominato precettore del duca di Orléans, il futuro Luigi XIV. Richiamandosi all'insegnamento di Sesto Empirico, professò uno scetticismo radicale, confortato anche da una vasta esperienza di viaggiatore: la varietà degli usi e dei costumi, delle opinioni e dei valori morali lo convinse dell'impossibilità di affermare un criterio di verità razionalmente fondato. In campo religioso, più che di un suo ateismo si può parlare di un atteggiamento fideistico estremo, che critica la validità delle prove dell'immortalità dell'anima e dell'esistenza di Dio. In un certo senso La Mothe le Vayer porta alle estreme conseguenze lo scetticismo di Montaigne, preparando il terreno alle indagini di P. Bayle, soprattutto per quanto riguarda la critica metodica alle testimonianze che dovrebbero fondare la conoscenza storica. Tra le sue opere: *Quattro dialoghi composti a imitazione degli antichi* (1630); *Due discorsi: il primo sulla poca certezza che c'è nella storia, il secondo sulla conoscenza di se stessi* (1668); *Soliloqui scettici* (1670).

Landauer, Gustav (Karlsruhe 1870 - Monaco di Baviera 1919), filosofo e uomo politico tedesco. Morto assassinato durante la repressione della cosiddetta Repubblica dei consigli formatasi a Monaco nel 1919, Landauer è la figura centrale dell'anarchismo teorico tedesco. Le sue opere di filosofia sociale (*La rivoluzione*, 1908; *Appello al socialismo*, 1911) contrappongono al modello autoritario e centralizzato del socialismo di Marx il progetto di un socialismo comunitario, da realizzare attraverso la formazione, su base essenzialmente rurale, di leghe autonome e decentralizzate, legate da vincoli non statuali, ma umani. Il suo programma sociale sottende, però, una critica anche più radicale dei postulati teorici del marxismo e, in primo luogo, del materialismo storico e del determinismo economico. Alla base del suo progetto Landauer pone infatti una visione ideale e utopica, quasi religiosa, dell'evoluzione umana. Perché esso si realizzi, non occorrono aride analisi scientifiche: piuttosto, è la forza dell'ideale che deve spingere le masse a dimettere fin da ora quella che E. de La Boétie (principale ispiratore di Landauer) definiva la loro «servitù volontaria», ritirando gradualmente ogni sostegno allo stato e alle sue istituzioni e sviluppando forme di cooperazione alternative. La tensione religiosa che sorregge i principi di questa filosofia sociale è stata, d'altra parte, esplicitamente tematizzata dallo stesso Landauer. Studioso appassionato di Meister Eckhart, egli ha abbozzato, sulle orme della filosofia criticolinguistica di F. Mauthner, il progetto di una nuova mistica, una mistica senza Dio (*Scepsi e mistica*, 1903).

Landgrebe, Ludwig (Vienna 1902), filosofo tedesco. Assistente di Husserl dal 1923 al 1930 a Friburgo, ha curato l'edizione dei manoscritti del maestro raccolti in *Esperienza e giudizio* (1939), collaborando in seguito con lo «Husserl-Archiv» di Lovanio. È stato poi professore nelle università di Praga, Kiel, Amburgo e Colonia. Influenzato dal pensiero dell'ultimo Husserl, Landgrebe ne ha difeso dapprima le posizioni entrando in discussione con la «filosofia della vita» e con l'esistenzialismo (*La teoria delle scienze dello spirito di W. Dilthey*, 1928); in seguito ha però riconosciuto l'esigenza di una «reciproca integrazione» tra Husserl e Heidegger (*Che cosa significa per noi oggi filosofia*, 1948, e *Fenomenologia e metafisica*, 1948, che è la sua opera maggiore). In questa nuova prospettiva, Landgrebe, correggendo in parte l'idealismo fenomenologico, ha affrontato i problemi del rapporto dell'uomo col mondo e con la storia, pervenendo infine a una conclusione di stampo spiritualistico che riconosce, oltre l'uomo, un Assoluto trascendente, irriducibile alle categorie del pensiero metafisico. Da tale riconoscimento deriva la possibilità di una reinterpretazione in senso nuovo della storicità del mondo-della-vita husserliano e dell'essere-nel-mondo di Heidegger: una reinterpretazione aperta al confronto con la tradizione dell'idealismo tedesco e del marxismo, ma soprattutto rivolta a delineare i compiti di un'umanità consapevole del significato e del fine trascendente della storia (*Filosofia del presente*, 1952; *La via della fenomenologia. Il problema dell'esperienza originaria*, 1963; *Fenomenologia e storia*, 1968).

Landsberg, Paul (Bonn 1901 - Oranienburg, Berlino, 1944), filosofo tedesco. Fu allievo di M. Scheler; insegnò all'università di Bonn; all'avvento del nazismo emigrò in Spagna e poi a Parigi, da dove fu deportato nei campi di sterminio per la sua origine ebraica. Significativo rappresentante del personalismo, Landsberg fu uno dei principali collaboratori della rivista «Esprit». Riprendendo i temi della riflessione esistenziale cristiana (Agostino, Pascal, Kierkegaard), egli concepisce la persona in un rapporto essenziale ed esistenziale (non solamente razionale) con la trascendenza (Dio e i valori): Landsberg tematizza i contrasti dell'esistenza umana, rinchiusa tra i limiti della natura individuale e le aspirazioni dell'eterno, e, sviluppando un tema prettamente scheleriano, vede nella morte il momento decisivo per l'ingresso dell'eterno nel tempo. Opere principali: *La vocazione di Pascal* (1929); *Introduzione all'antropologia filosofica* (1934); *Saggio sull'esperienza della morte* (1937); *Il problema morale del suicidio* (1937); *Problemi del personalismo* (postumo, 1952).

Lanfranco di Pavia, (Pavia 1005 ca - Canterbury 1089), filosofo e teologo italiano. Fattosi monaco nel monastero di Le Bec in Normandia, nel 1045 ne divenne priore (di qui anche la sua denominazione di Lanfranco del Bec). Maestro delle arti liberali nella scuola annessa al monastero, Lanfranco entrò in polemica sul dogma eucaristico con → Berengario di Tours: mentre questi negava che le parole della consacrazione operino una mutazione sostanziale, Lanfranco sosteneva che, con la consacrazione, le sostanze del pane e del vino si convertono nell'essenza del corpo e del sangue di Cristo, pur mantenendo le loro apparenze. La polemica portò alla stesura del *Liber de corpore et sanguine Domini*, scritto tra il 1059 e il 1062, in cui Lanfranco rifiuta un uso teologico del metodo dialettico; alla dialettica egli contrappone le *auctoritates* della Scrittura e dei padri. Altre opere: *Statuta sive decreta pro ordine sancti Benedicti*; *Epistolae decretales*; e un commento ai *Salmi* e alle *Epistole* di san Paolo.

Lange, Friedrich Albert (Wald, Solingen, 1828 - Marburgo 1875), filosofo tedesco. Professore all'università di Zurigo dal 1870, e a quella di Marburgo dal 1872, svolse un'intensa attività politica: fu membro del Partito del progresso (*Fortschrittspartei*) e membro permanente del-

l'Associazione dei lavoratori tedeschi. Lange si occupò inizialmente di psicologia, muovendo da posizioni herbartiane, da cui però si allontanò presto, criticando in Herbart soprattutto l'uso della matematica nella filosofia (*I principi della psicologia matematica, un tentativo per la dimostrazione dell'errore fondamentale in Herbart e Drobisch*, 1865). Interessato in seguito dal pensiero e dall'azione politica, professò un socialismo etico, le cui matrici filosofiche erano essenzialmente in Kant e Schiller (*La questione operaia nel suo significato per il presente e per il futuro*, 1865). Con la sua opera principale, *Storia del materialismo* (1866), egli si affermò, infine, come uno dei maggiori rappresentanti del neokantismo.
Secondo Lange, nella storia del pensiero prekantiano il materialismo è l'unica concezione fondata e coerente, è la condizione stessa che rende possibile una concezione scientifica della realtà. Ma dopo Kant il materialismo (J. Moleschott, L. Büchner) è diventato un principio metafisico, e come tale va rifiutato al pari dell'idealismo. Riprendendo il kantismo di H. Helmholtz, Lange rileva che i fenomeni studiati dalla scienza sono relativi alla nostra percezione, che a sua volta è condizionata dalla nostra organizzazione mentale innata. Perciò è necessario, di fronte alla questione del materialismo, rifarsi alla posizione di Kant, riconoscendo il suo aspetto positivo, cioè il determinismo dei fenomeni, e opponendosi alla pretesa speculativa di determinare la cosa in sé. Altre opere: *Nuovi contributi alla storia del materialismo* (1867); *Studi logici, un contributo alla nuova fondazione della logica formale e della teoria della conoscenza* (postumo, 1877).

langue - parole, distinzione introdotta in linguistica da F. de → Saussure: in essa convergono la distinzione tra sociale e individuale, nonché quella tra astratto e concreto. La *langue* è intesa dal linguista svizzero come «insieme di convenzioni necessarie» o «codice» o «sistema di segni»; la *parole* come atto dell'individuo, come parte individuale del linguaggio, come uso individuale del codice. Di fronte alla eterogeneità del linguaggio (*langage*), Saussure propone, con una linguistica della *langue* e una linguistica della *parole*, due domini fondati su due «oggetti» metodologicamente distinti, ma presupponentisi a vicenda. Come si legge nel *Corso* saussuriano, v'è «interdipendenza tra *langue* e *parole*; la prima è nello stesso tempo lo strumento e il prodotto della seconda». È l'uso del codice, la *parole*, che fa «evolvere» il codice, la *langue*, modellizzata da Saussure come ordine di rapporti associativi, cioè paradigmatico di contro all'ordine sintagmatico della *parole* (→ paradigmatica-sintagmatica), nella quale viene individuato così l'aspetto creativo del linguaggio. La considerazione della *langue* come paradigmatica non pregiudica la concezione della *langue* come sistema anche di tipi o possibilità sintagmatiche. L'opposizione saussuriana *langue-parole* è interpretabile secondo le dicotomie → codice-messaggio, → competenza-esecuzione.

Lao-tzu, in cinese «Vecchio maestro», qualifica che indica un personaggio il quale probabilmente si chiamava Li ed era contemporaneo di Confucio (secc. VI-V a.C.), per quanto di qualche decina d'anni più vecchio. Lao-tzu è considerato il fondatore del → taoismo, l'unica corrente filosofica postasi come alternativa, totale e antitetica, al confucianesimo, e che ha avuto un'influenza fondamentale e spesso preponderante sul pensiero cinese. Sulla reale esistenza del personaggio si nutrono, tuttavia, molti dubbi e tutta l'agiografia concernente la sua persona è indubbiamente un'invenzione posteriore dei suoi discepoli, che tendevano a innalzare la loro dottrina a scapito del confucianesimo. A Lao-tzu è stata attribuita la paternità di un libro chiamato dapprima il *Lao-ci*, in seguito *Tao Teh Ching*, cioè «Libro della Via e della Virtù». Numerosi brani di questo testo lasciano supporre il ricorso a pratiche magico-religiose più antiche, e in effetti pare proprio che il punto di partenza dei pensatori taoisti non sia filosofico ma religioso. La salvezza di ciascuno e di tutti risiede non nell'azione collettiva con finalità ma nel ritiro e nelle pratiche di comportamento che permettono di astrarsi dal mondo e dominarlo.

Laplace, Pierre-Simon de (Beaumont-en-Auge 1749 - Parigi 1827), astronomo, fisico e matematico francese. Di modesta famiglia di agricoltori frequentò la scuola militare di Beaumont; nel 1771 si trasferì a Parigi, ove d'Alembert gli procurò un posto di professore all'Ecole Militaire. Legato a Bonaparte ebbe da questo il ministero degli interni (1799). Dopo la caduta di Napoleone fu tra i primi a fare pubblico atto di sottomissione a Luigi XVIII, il quale lo nominò pari di Francia.
Nell'*Esposizione del sistema del mondo* (1796) Laplace traccia una storia ideale dell'astronomia dentro il sistema newtoniano (movimenti reali dei corpi celesti e gravitazione universale, perturbazioni periodiche e secolari) per giungere all'affermazione che l'intero universo oscilla intorno a uno stato medio. L'opera si chiude con la formulazione rigorosa della teoria cosmogonica di Kant sull'origine del sistema solare, intesa come una correzione ma anche come un perfetto coronamento delle elaborazioni di Newton («ipotesi di Kant-Laplace»). Tali linee generali di meccanica celeste saranno riprese ed esposte col massimo rigore scientifico nel *Trattato di meccanica celeste* (1799-1815) con l'intento di dimostrare la completa riconducibilità dell'astronomia alla meccanica. Laplace diede poi fondamentali contributi alla teoria delle probabilità (*Teoria analitica delle*

probabilità, 1812) inserendo l'insieme delle tecniche di calcolo per tale teoria (funzioni generatrici) in un quadro di ipotesi in grado di fornire dignità autonoma alla definizione stessa di probabilità. Nel *Saggio filosofico sulle probabilità* (1814), che divenne poi introduzione alle ulteriori edizioni della *Teoria analitica*, egli considerò criticamente i problemi posti dall'applicazione del calcolo probabilistico allo studio dei fenomeni naturali. In un periodo dominato dall'ideale deterministico, il ricorso a criteri probabilistici nella conoscenza creava infatti non pochi problemi, che Laplace tentò di superare facendo riferimento a un'intelligenza onnicomprensiva, l'unica per la quale nulla sarebbe incerto.

Laporte, Jean (Limoges 1886 - Parigi 1948), filosofo e storico della filosofia francese. Professore nelle università di Caen, Nancy e Parigi, si interessò in particolare allo sviluppo della gnoseologia moderna, avendo come punti di riferimento lo scetticismo di Hume e il razionalismo di Cartesio. Nel *Problema dell'astrazione* (1940) nega che si possa fondare oggettivamente la conoscenza astratta e generale, affermando che l'unica conoscenza fondata si può attingere solo a partire dai dati intuitivi della coscienza. L'immediatezza di essi ci consente di fondare un'*esperienza pura*, che sintetizza l'esigenza humeana di una radicale critica dei principi astratti arbitrari con il recupero dell'oggettività dei dati stessi. Come storico della filosofia Laporte si è soprattutto occupato del Seicento francese e del giansenismo: *Il cuore e la ragione secondo Pascal* (1927); *La dottrina di Port-Royal. La morale secondo Arnauld* (postumo, 1951-52). Particolarmente importante è la sua interpretazione del pensiero di Cartesio (*Il razionalismo di Cartesio*, 1945), fondata su un'analisi della natura e del valore della ragione in questo filosofo e sullo studio del rapporto tra ragione e religione, che lo porta a concludere che in Cartesio è presente una concezione della religione perfettamente compatibile con il suo razionalismo. Tra le altre opere: *L'idea di necessità* (1941); *La coscienza della libertà* (1947).

lapsus, termine latino («passo falso», «errore») con cui in psicoanalisi si designa un errore nel parlare, nello scrivere o nel leggere che appare fortuito o attribuibile a disattenzione, mentre in realtà non è affatto casuale. I lapsus rientrano nella categoria generale degli «atti mancati», analizzata per la prima volta da Freud nella *Psicopatologia della vita quotidiana* del 1900. Secondo Freud, l'atto mancato (che può anche essere una dimenticanza, o uno smarrimento di oggetti, o un falso riconoscimento visivo ecc.) soddisfa in modo manifesto un desiderio inconscio, e rispetto a tale soddisfacimento costituisce un atto pienamente riuscito.

Lask, Emil (Wadowice 1875 - Galizia 1915), filosofo tedesco. Fu professore all'università di Heidelberg. Cadde sul fronte galiziano durante la prima guerra mondiale. La sua tematica verte specialmente sulla logica e sulla filosofia dei valori. Muovendo dal neokantismo del suo maestro H. Rickert, dal quale riprende rielaborandola originalmente la distinzione tra sfera dell'essere e sfera del valore, Lask approda a una posizione metafisica su basi realistiche. In particolare egli reagisce contro il tentativo di riduzione di tutte le forme della vita spirituale alla logica, distinguendo fra le categorie logiche e i contenuti (o essenze) a cui esse si applicano, che di per sé possono essere alogici o irrazionali: è quindi assicurato un razionalismo formale come metodo di indagine senza che ciò comporti il panlogismo o la razionalizzazione senza residui del contenuto. La teoria della logica, che studia le categorie, deve essere distinta dalle teorie delle diverse «regioni categoriali», cioè delle varie filosofie dell'arte, della religione, della natura ecc., e queste ultime vanno distinte dai contenuti (o essenze) che sono appunto l'arte, la filosofia ecc. La filosofia di Lask si deve collocare nell'ampio movimento di reazione all'idealismo volto alla fondazione di un'ontologia critica. Opere principali: *La logica della filosofia e la dottrina delle categorie* (1911); *La dottrina del giudizio* (1912).

Lassalle, Ferdinand (Breslavia 1825 - Ginevra 1864), filosofo e uomo politico tedesco. Figlio di un ricco mercante ebreo, studiò storia, filosofia e diritto a Berlino, ove ebbe modo di conoscere e di aderire alla dottrina di Hegel. In seguito, mentre a Parigi preparava uno studio su Eraclito (*Eraclito, l'oscuro*, 1857), venne a contatto con le teorie socialiste francesi, in particolare con quelle di L. Blanc, e aderì al socialismo. Nel 1848 fu tra i capi del movimento democratico a Düsseldorf, per cui dovette scontare un anno di carcere. Entrò in rapporto con Marx ed Engels, anche se le sue concezioni teoriche e pratiche divergevano notevolmente da quelle dei fondatori del socialismo scientifico; nel 1859 rese possibile la pubblicazione in Germania di *Per la critica dell'economia politica* di Marx, ma nel 1862 si verificò tra loro un'insanabile rottura. Dopo il 1848 fu la personalità più influente del socialismo tedesco, sia per le sue straordinarie capacità di organizzatore e di capo carismatico, sia per le iniziative che assunse, acquistando grande popolarità.

Dal punto di vista teorico lo scritto più importante di Lassalle è il *Sistema dei diritti acquisiti* (1861). In esso egli sostiene che è giuridicamente fondato modificare la legislazione quando questa non sia più adeguata allo spirito del popolo; in questa prospettiva, egli delinea una concezione idealistica della storia, il cui motore è, hegelianamente, lo spirito etnico. Nutrì grande fiducia nel suffragio universale e favorì l'alleanza del movimento socialista — nel 1863 costituì l'Associazione nazionale degli operai tedeschi, che nel 1869 confluirà nel Partito socialdemocratico — con lo stato in funzione antiborghese. Lassalle infatti sosteneva che la realizzazione degli obiettivi socialisti doveva essere preceduta dalla conquista dell'apparato statale e non riteneva possibile alcun successo o emancipazione economica, senza il controllo dell'apparato politico. Per Lassalle lo stato, in quanto stato di diritto, non è necessariamente espressione di interessi di classe e può diventare strumento dei lavoratori.

lassismo, → morali, sistemi.

Lasswell, Harold Dwight (Donnellson, Illinois, 1902-1979), sociologo e politologo statunitense. Formatosi nel dipartimento di sociologia dell'università di Chicago, si dedicò allo studio dei fondamenti del potere e del ruolo della personalità nel sistema politico, prendendo in esame temi quali la socializzazione politica, la propaganda, la leadership, le relazioni tra gli stati, i militari, le élites politiche. La sua formazione fu profondamente influenzata dallo studio di Freud, dai teorici italiani delle élites (V. Pareto, G. Mosca), dalla filosofia di A.N. Whitehead. La produzione di Lasswell riflette l'orientamento empiristico della sociologia politica americana; i fenomeni politici sono concepiti come risultato di comportamenti individuali, donde l'importanza attribuita alla personalità (*L'analisi del comportamento politico*, 1947; *Potere e personalità*, 1948). Sul problema del potere Lasswell ha sviluppato sia una metodologia di analisi (*Politica: chi ottiene che cosa, quando, come*, 1936) sia una teoria sistematica (*Potere e società*, scritto con A. Kaplan, 1950), che si estende anche alle caratteristiche del linguaggio del potere, alle tecniche della persuasione di massa e alle modalità di svolgimento della propaganda politica (*Il linguaggio della politica*, a cura di Lasswell e N. Leites, 1949, 1 ed.; 1965, 2 ed.). Per Lasswell il potere costituisce un caso di influenza coercitiva: esso si forma attraverso gli scontri fra diversi schieramenti. L'effettiva partecipazione alle decisioni significative consente la distinzione tra élites del potere, connesse direttamente con la politica, ed élites o classi dominanti, che rappresentano invece solo la base di reclutamento dell'élite politica. In *Potere, politica e personalità* (1975) Lasswell delinea l'ipotesi che il mondo si configuri come un insieme di stati-caserma, in cui gli specialisti della violenza vengono a rappresentare il gruppo più potente della società; contro tale possibilità occorre instaurare una comunità mondiale capace di mantenersi con il minimo di violenza.

latenza, in psicoanalisi, periodo compreso fra il quinto-sesto anno e l'inizio della pubertà, durante il quale l'evoluzione della sessualità segna una pausa, in seguito all'attenuarsi del → complesso d'Edipo e al rafforzarsi del meccanismo della → rimozione. Durante il periodo di latenza le attività sessuali si riducono nel numero e nell'intensità, e le relazioni oggettuali vengono ad essere desessualizzate, mentre i sentimenti estetici ed etici trovano un terreno particolarmente favorevole e si consolida il senso del pudore veicolato dalle istituzioni sociali. È importante sottolineare che, nella teoria psicoanalitica, il periodo di latenza possiede un significato solamente temporale, cioè non corrisponde a una → fase (evolutiva o regressiva) dell'organizzazione della sessualità. Secondo Freud (soprattutto in *Tre saggi sulla teoria della sessualità*, 1905), questo periodo non ha bisogno d'essere spiegato in termini psicologici, perché la sua esistenza, come quella della → libido, rappresenta un dato biologico irriducibile.

latitudinarismo, corrente teologica anglicana che considera legittima la molteplicità delle opinioni e delle dottrine teologiche delle diverse confessioni protestanti. Nata in seno all'anglicanesimo nell'inquieto ambiente religioso inglese del sec. XVII (che era caratterizzato da vivaci dissidenze: puritani, quaccheri, arminiani, unitariani), distingueva in fatto di religione ciò che è essenziale da ciò che non lo è, per cui, realizzato l'accordo sui punti fondamentali, si potrebbe tollerare il disaccordo sul resto. In realtà i latitudinari, che da un lato subirono l'influsso degli → arminiani e dall'altro anticiparono i deisti inglesi del sec. XVIII, miravano ad ammorbidire i contrasti tra le varie confessioni e a promuovere la pacificazione religiosa. I più illustri rappresentanti del movimento furono i «neoplatonici di Cambridge» (→ Cambridge, scuola di) e alcuni vescovi anglicani come J. Tillotson, arcivescovo di Canterbury (*Dei metodi protestanti e papisti di interpretare la Sacra Scrittura*, 1669), e E. Stillingfleet, vescovo di Rochester (*Esposizione razionale dei fondamenti della religione protestante*, 1664). Il latitudinarismo caratterizzò nell'anglicanesimo la corrente della «Chiesa larga» (*Broad Church*) in contrapposizione alla «Chiesa alta» (*High Church*), tradizionalista.

Lavater, Johann Kaspar (Zurigo 1741-1801), letterato e filosofo svizzero. Pastore protestante a Zurigo dal 1769 sino alla morte, godette di larga fama e di grande prestigio nella cultura di lingua tedesca del tempo, cui partecipò attivamente non solo con i suoi scritti teorici, apologetici e polemici, ma anche con la fitta rete di relazioni e di conoscenze che si creò attraverso una lunga serie di viaggi e intrattenendo un vasto epistolario (furono suoi corrispondenti, fra gli altri, Goethe, J.G. Hamann, J.G. Herder, F.H. Jacobi, M. Mendelssohn, i fratelli Stolberg). Nelle sue grandi opere di apologia del cristianesimo (*Ponzio Pilato*, 1782-85; *Nataniele*, 1786) Lavater combatté aspramente l'esito irreligioso dell'illuminismo e, rivendicando come momento essenziale della religione cristiana il rapporto diretto e personale con un Dio vicino e presente, denunciò l'ateismo latente in ogni forma di deismo in quanto dottrina configurante Dio in una lontananza che di fatto finisce per coincidere con l'inesistenza. La religiosità di Lavater si presenta nei termini di una religione mistica i cui tratti egli espone nelle *Vedute sull'eternità* (1768-78).

Nei *Frammenti fisiognomici* (1775-78, l'opera più celebre di Lavater, scritta in collaborazione con Goethe) egli riprende, sviluppandola in senso cristiano, la tradizione antica e rinascimentale delle ricerche di fisiognomica: l'esteriore è segno e manifestazione dell'interiore, sì che attraverso lo studio del corpo si possono indagare i caratteri. Ma ciò a cui Lavater soprattutto mira è ricostruire congetturalmente il volto mistico di Adamo, dell'uomo prima del peccato. Di grande rilevanza nella diaristica preromantica è infine il suo *Diario segreto di un osservatore di se stesso* (1771-73).

Lavelle, Louis (Saint-Martin-de-Villeréal, Lot e Garonna, 1883 - Parranquet, Lot e Garonna, 1951), filosofo francese. Insegnò alla Sorbona dal 1932 al 1934 e al Collège de France dal 1941. Lavelle intende fare della sua «filosofia dello spirito» una metafisica, anzi un'ontologia: compito fondamentale della filosofia è l'indagine sull'Essere. L'Essere è l'Uno, il Tutto e l'Assoluto, in cui ogni cosa è contenuta; e la coscienza può avere intuizione dell'Essere nell'esperienza dell'intimità spirituale, e non nella conoscenza degli oggetti esterni. Questa sintesi di ontologia e psicologia non è condotta però da Lavelle in senso idealistico, ma piuttosto come una fondazione ontologica del pensiero: il cartesiano *cogito, ergo sum* inscrive il pensiero nell'Essere, e non l'Essere nel pensiero. L'uomo ha dunque il suo fondamento in Dio e Dio è presente nella coscienza, poiché l'Essere è univoco. Tuttavia Lavelle non giunge a esiti panteistici: l'essente partecipa dell'Essere, ma ne è anche separato da un «intervallo», costituito dall'esistenza nello spazio e nel tempo. Si apre così una «dialettica della partecipazione», per la quale l'esistenza stessa, che è il principio del distacco dell'essente dall'Essere, è anche la possibilità dell'unificazione attraverso la libertà. Opere principali: *Dialettica del mondo sensibile* (1921); *La percezione visiva della profondità* (1921); *La dialettica dell'eterno presente*: vol. I, *L'essere* (1928), vol. II, *L'atto* (1937), vol. III, *Il tempo e l'eternità* (1945); *La coscienza di sé* (1933); *La presenza totale* (1934); *L'io e il suo destino* (1936); *L'errore di Narciso* (1939); *Il male e la sofferenza* (1940); *Introduzione all'ontologia* (1947); *Trattato dei valori* (2 voll., 1951-55).

lavoro, attività umana intenzionalmente diretta a trasformare qualsiasi risorsa materiale (materie prime, prodotti industriali) o simbolica (informazione) al fine di soddisfare direttamente o indirettamente bisogni individuali (propri o di altri) o collettivi. Oltre a costituire un aspetto importante dell'interazione tra uomo e natura, l'attività lavorativa è eminentemente sociale in quanto pone gli uomini in rapporto tra loro.

Le variazioni dell'organizzazione, della qualità e del valore del lavoro, insieme agli effetti che il lavoro ha sulle condizioni di vita dei lavoratori e sui diversi settori della società, hanno attratto l'interesse di sociologi ed economisti fin dalle primissime fasi della rivoluzione industriale. A. Smith descrive in *Indagine sopra la natura e le cause della ricchezza delle nazioni* (1776) il grandissimo incremento della produttività ottenuto attraverso la divisione del lavoro, ossia la scomposizione di una singola attività professionale in operazioni elementari affidate ognuna a un diverso lavoratore. Marx (*Il capitale*, 1857) pone l'accento, da un lato, sugli effetti alienanti (→ alienazione) della separazione dei lavoratori dai mezzi di produzione e della divisione del lavoro all'interno della fabbrica, dall'altro sui rapporti tra divisione del lavoro nella società e sviluppo del macchinismo industriale. E. Durkheim, invece, pur non trascurando gli effetti patologici di una frammentazione eccessiva, sottolinea il ruolo della differenziazione del lavoro in settori produttivi e professioni distinte nel rafforzamento della solidarietà sociale (*La divisione del lavoro sociale*, 1893).

La netta separazione delle attività di programmazione e controllo del lavoro, prerogativa della direzione d'impresa, da quelle strettamente esecutive e manuali, riservate ai lavoratori, all'interno dell'organizzazione produttiva riceve veste formale agli inizi del secolo dall'ingegnere statunitense F.W. Taylor (*Direzione d'officina*, 1903), che elabora la cosiddetta organizzazione scientifica del lavoro o *scientific management*: il processo produttivo viene ricondotto a singole operazioni, a loro volta scomposte in movimenti fondamentali ottimali, che il lavoratore deve imparare a eseguire meccanicamente entro tempi rigidamente prestabiliti. La teoria dell'organizzazione scientifica del lavoro viene poi completata dalla proposta di un metodo di razionalizzazione dall'alto dell'organizzazione delle aziende dovuta a H. Fayol (*L'amministrazione industriale e generale*, 1916).

Mentre nascono centri di analisi e di sperimentazione per la ristrutturazione e il miglioramento qualitativo del lavoro (tra questi si colloca in primo piano il Tavistock Institute di Londra), gli effetti negativi del «lavoro in frantumi» diventano oggetto di analisi sempre più frequente e, nel dopoguerra, hanno un punto di riferimento obbligato nel libro del sociologo francese G. Friedman, *Problemi umani del macchinismo industriale* (1946).

A. Touraine, che ha dedicato particolare atten-

zione alle trasformazioni del lavoro verificatesi in rapporto allo sviluppo di macchine utensili nell'industria meccanica di grande serie (*L'evoluzione del lavoro operaio alla Renault*, 1955), individua tre fasi nell'evoluzione del lavoro: la prima in cui le abilità necessarie per realizzare un prodotto sono possedute interamente dall'operaio; una seconda in cui la macchina si specializza in un'unica lavorazione ripetitiva e l'operaio è ridotto a servire la macchina; la terza, in cui l'automazione ricompone una certa unità del lavoro a livello della macchina a scapito però della specializzazione del lavoratore. Nei rapporti sulle conseguenze economiche e sociali dell'automazione, che compaiono negli anni seguenti, l'enfasi è posta sulla trasformazione radicale di milioni di posti di lavoro. Intanto, alla fine degli anni Sessanta prende forza un movimento che contesta l'organizzazione scientifica del lavoro di stampo tayloristico e rivendica un miglioramento della qualità della vita all'interno ma anche all'esterno dell'azienda. La crisi del taylorismo, dovuta da un lato alla maggiore scolarizzazione dei lavoratori e al maggior potere dei sindacati, dall'altro allo sviluppo dell'automazione, ha suggerito l'ipotesi che la divisione tecnica del lavoro abbia concluso il suo ciclo storico nell'industria dei paesi economicamente più sviluppati (H. Kerr e M. Schumann, *La fine della divisione del lavoro?*, 1984).
A partire dagli anni Ottanta le ricerche di sociologia del lavoro si sono concentrate soprattutto sulle trasformazioni del lavoro indotte dalle nuove tecnologie, e in particolare dall'informatica. Per la prima volta le stesse macchine (*main frame*, terminali, personal computer) si ritrovano sia nell'industria sia nel settore dei servizi: il lavoro in settori diversi diventa più simile. Gli strumenti informatici permettono inoltre una visione più ampia del processo produttivo e, di conseguenza, modificano i processi di decisione nell'azienda. Nasce anche, con le nuove tecnologie, la possibilità di lavorare a distanza (telelavoro), con notevoli implicazioni per quanto riguarda la dimensione dell'impresa, l'organizzazione del lavoro e il potere dei sindacati.

Lazarsfeld, Paul Felix (Vienna 1901 - New York 1977), sociologo statunitense di origine austriaca. Laureatosi a Vienna nel 1925 in matematica teorica, dopo aver collaborato agli studi di M. Horkheimer sull'autoritarismo nella famiglia, nel 1933 si trasferì negli Stati Uniti, dove condusse inchieste sugli effetti della disoccupazione nella società (*I disoccupati di Marienthal*, scritto in collaborazione con M. Jahoda e H. Zeisel, 1933, 2ed. 1971), sull'influenza dei mezzi di comunicazione di massa (*Ricerche sulla radio nel 1941, 1942 e 1943*, 1942-44) e sugli atteggiamenti e i modelli culturali (*La scelta del popolo*, 1944). In quest'ultimo lavoro, che resta una delle ricerche più importanti sul comportamento elettorale, viene applicata per la prima volta la tecnica del *panel*, cioè della ripetizione a intervalli regolari della stessa intervista allo stesso gruppo di soggetti, al fine di valutare l'evoluzione dei loro atteggiamenti e delle loro opinioni. Nell'amplissima ricerca sul *Soldato americano* (1950), cui collaborò con altri sotto la direzione di S.A. Stouffer, Lazarsfeld introdusse l'originale analisi della struttura latente: un metodo matematico che, applicando l'analisi fattoriale, tende a stabilire con quale indice di probabilità la relazione manifesta tra due o più risposte a un questionario corrisponda a certi atteggiamenti latenti dell'intervistato. In seguito Lazarsfeld continuò a sviluppare gli studi, intrapresi fin dal periodo viennese, sulla metodologia della ricerca empirica (misure della variabilità, distribuzioni, prova delle ipotesi, connessione e correlazione) e su specifiche tecniche di analisi (*Il ragionamento matematico nelle scienze sociali*, 1954; *Il linguaggio della ricerca sociale*, 1955; *L'analisi qualitativa*, 1972 ecc.), anche in collaborazione con il metodologo francese R. Boudon (*L'analisi empirica della causalità*, 1966, e *Filosofia delle scienze sociali*, 1970). Parallelamente, Lazarsfeld aveva proseguito il lavoro di ricerca sui modi e i meccanismi di svolgimento dei processi decisionali (politici, economici, di consumo): particolarmente importante, in questo filone, è lo studio condotto con E. Katz sull'*Influenza personale* (1955), dove si analizzano le strutture che svolgono un ruolo di mediazione e diffusione (cioè appunto di «influenza») nei processi di trasmissione culturale, e si indaga il ruolo dei leader d'opinione.

Leach, Edmund R. (Sidmouth 1910 - Cambridge 1989), antropologo inglese. Seguì l'insegnamento di B. Malinowski. Fu professore all'università di Cambridge. I risultati della ricerca da lui condotta dal 1939 al 1945 presso i Kachin dell'altopiano birmano, operando in un campo di addestramento alla guerriglia contro i giapponesi, confluirono nella sua opera principale, *Sistemi politici birmani* (1954). Questo studio introdusse un importante elemento di innovazione nel filone della tradizione funzional-strutturalista iniziata da A.R. Radcliffe-Brown. In contrasto con quest'ultima, che privilegiava la permanenza delle strutture sociali rispetto al cambiamento, Leach offrì un'immagine della struttura socio-politica Kachin fondata sull'esistenza di «collassi strutturali» ciclicamente ricorrenti, e tali da comportare delle trasformazioni nella logica stessa dell'organizzazione politica. Il sistema Kachin consisterebbe di due forme opposte, una «aristocratica» e una «egualitaria», che emergono alternativamente a intervalli di un secolo circa come prodotto della dinamica sociale interna al sistema.

Nonostante la grande importanza per la teoria antropologica, la prospettiva adottata da Leach nello studio del cambiamento è stata oggetto di critiche che hanno rilevato come essa si limiti a registrare oscillazioni all'interno di una forma più generale senza affrontare il problema del cambiamento storico radicale. Si tratta in effetti di una posizione più vicina allo → strutturalismo antropologico, di cui Leach fu il più autorevole esponente in Gran Bretagna. Altre opere: *Pul Eliya: un villaggio di Ceylon* (1961), *Cultura e comunicazione* (1976).

leadership, autorità che deriva a un individuo da doti naturali o dalla sua posizione sociale: l'individuo assume il ruolo di capo di un'organizzazione, di un'associazione, di un gruppo, grazie al fatto che le sue decisioni e idee, i suoi comportamenti e atteggiamenti, influenzano in modo notevole i componenti della collettività considerata. La leadership non può però essere ridotta a un fatto di «ascendente personale» che metterebbe la persona in grado di esercitare un'influenza in ogni circostanza, posizione e ruolo sociale; né a un fatto del tutto accidentale, casuale, imprevedibile, nel senso che la leadership dipende sempre, nelle sue manifestazioni, da particolari situazioni che si vengono a determinare in una collettività. Nel quadro di questa definizione generale si possono distinguere due tipi di leadership, una carismatica e l'altra istituzionale. Al primo tipo si ricollega la figura dell'eroe carismatico di M. Weber, il quale fa riferimento a un potere fondato su presunte facoltà straordinarie del soggetto, in una prospettiva che supera e si contrappone a quella della vita quotidiana. Il concetto di leadership come influenza esercitata da un soggetto in base alle sue qualità personali, riformulato da R.M. McIver negli anni Trenta, è stato successivamente ripreso da altri autori soprattutto in periodi di profondo mutamento socioculturale, per spiegare il prodursi di movimenti collettivi e delle loro dinamiche. La leadership istituzionale si riferisce invece al rapporto che si stabilisce a diversi livelli tra dirigenti e subalterni in un sistema sociale (politico, produttivo, educativo) o anche in un piccolo gruppo formale. Essa è funzionale ai problemi di organizzazione, direzione, progettazione, e più in generale al raggiungimento di un fine o di una meta determinata. Nel considerare questo tipo di leadership C.W. Mills e H. Gerth distinguono tra il leader di routine, che interpreta rigidamente il suo ruolo secondo le modalità più collaudate e secondo i limiti imposti dall'istituzione; il leader innovatore, orientato a ridefinire in modo anche radicale il suo ruolo all'interno dell'istituzione; e il leader precursore, in grado di determinare autonomamente il proprio ruolo anche senza la possibilità di svolgerlo effettivamente. Si va pertanto da un tipo di leader specificamente istituzionale a un tipo di leader che presenta caratteri simili alla leadership carismatica.

Leenhardt, Maurice (Montauban, Tarn e Garonna 1878 - Parigi 1954), etnologo francese. Fu missionario in Nuova Caledonia e poi nell'Africa nera; nel 1942 iniziò a insegnare all'Ecole des Hautes Etudes e lavorò al Musée de l'Homme. Ha diretto il dipartimento dell'Oceania nel Musée de l'Homme. Sulla scia di P. Rivet, Leenhardt si è mosso contemporaneamente su tre piani: quello della tecnologia, soprattutto attraverso l'analisi dell'abitazione e dell'habitat, quello della linguistica e quello della struttura sociale. È stato l'etnologo francese che si è valso più finemente delle risorse dell'etnolinguistica per comprendere i meccanismi originali del pensiero neocaledoniano, esponendone i risultati in tre opere principali: *Note di etnologia neocaledoniana* (1930), *Il Popolo della Grande Terra* (1937), e *Do Kamo* (1947), studio sul mito e la persona nel mondo melanesiano. Leenhardt ha ripensato, studiando la Nuova Caledonia, la classica opposizione fra «mentalità primitiva» (L. → Lévy-Bruhl) e «mentalità moderna», dimostrando che si tratta di un falso problema, attraverso un'approfondita descrizione dell'esperienza mitica presso i canachi. Il mito è l'intuizione dell'unità dell'uomo e del mondo (*cosmomorfismo*); e questa intuizione «non è formulata, ma vissuta nelle fibre dell'essere». Per questa intuizione non vi è differenza fra gli atti degli uomini nel loro aspetto psicologico e i fatti della natura; la parola mitica tesse i legami sociali, agisce fin dentro le realizzazioni tecniche, e ogni distanza fra l'oggetto e il soggetto è cancellata. Nel *Popolo della Grande Terra*, Leenhardt ha dimostrato che, presso i canachi, l'opposizione fra la cultura del *taro*, pianta femminile, e quella dell'*igname*, pianta maschile, non è una semplice opposizione di procedimenti agricoli, non si spiega soltanto con la semplice divisione sessuale del lavoro, perché, anzi, la divisione sessuale del lavoro non è che la traduzione empirica di un'esperienza mitica primordiale; così come i procedimenti agricoli a loro volta sono dei veri riti religiosi.

Lefebvre, Henri (Hegetmau, Guascogna, 1901 - Pau, Pirenei, 1991), filosofo francese. Membro del Partito comunista francese dal 1928, partecipò alla resistenza e abbandonò il partito dopo l'invasione sovietica dell'Ungheria nel 1956. Nella sua elaborazione del materialismo dialettico occupano un posto centrale l'individuo e la prassi concreta. Proponendo un'antropologia sociale alternativa, ha sostenuto la necessità che la quotidianità si affranchi dal ruolo che essa riveste sotto il capitalismo, dove serve solo a riprodurre i caratteri imposti alla vita collettiva dalla classe dominante. L'abitudine, con la sua temporalità inautentica perché astorica, non farebbe altro che rinsaldare e perpetuare i rapporti di dominio. La quotidianità è una sorta di deposito sotterraneo entro cui si sedimentano le convenzioni e le menzogne del potere. Essa è la barriera che impedisce alla fantasia e all'inventiva di trovare le vie per una propria espressione autonoma. Discende da qui il privilegio accordato da Lefebvre all'arte, intesa non tanto nella sua autonomia, quanto come tramite di un'esperienza estetica capace di scardinare l'esangue astrattezza e convenzionalità dei modi di vita di ogni giorno. L'arte moderna pone le condizioni per la soppressione della quotidianità. Queste teorie si rifanno all'esperienza e alle riflessioni del movimento surrealista, cui Lefebvre, in gioventù, era appartenuto. Nell'ultima fase del suo pensiero si è dedicato particolarmente ai problemi dell'urbanistica e del territorio, prospettando la città come il fulcro dell'insurrezione estetica contro il quotidiano. Opere principali: *La coscienza mistificata* (1936); *Il materialismo dialettico* (1939); *Logica formale e logica dialettica* (1947); *Critica della vita quotidiana* (1947); *La somma e il resto* (1959); *Il diritto alla città* (1968); *La fine della storia* (1970).

Lefort, Claude (Parigi 1924), filosofo francese. Allievo liceale di M. Merleau-Ponty, Lefort ha affiancato gli studi universitari di sociologia e filosofia con una intensa militanza politica. Nel 1945, fu tra i primi intellettuali della sinistra francese a criticare lo stalinismo, sino a una rottura con J.-P. Sartre e con il gruppo di *Les Temps modernes*. In seguito a ciò, Lefort fondò, con C. Castoriadis e J.-F. Lyotard, il gruppo *Socialisme ou barbarie*, da cui si allontanò nel 1958 ravvisandovi i germi della ricostruzione di una burocrazia politica. Anche in ambito accademico Lefort, che ha insegnato a lungo nella Ecole des Hautes Etudes en Sciences Sociales di Parigi, si è orientato verso una critica della burocrazia e una elaborazione antidogmatica del marxismo (*Elementi di una critica della burocrazia*, 1971; *Un uomo di troppo*, 1976; *L'invenzione democratica*, 1981). Ma nel caso di Lefort, l'antidogmatismo oltre che tema, si fa anche metodo ermeneutico. La lettera di un autore va costantemente integrata con il suo *lavoro di pensiero*, cioè con le potenzialità teoriche presenti nel testo e magari non recepite dai contemporanei o persino dai posteri. Proprio questo tipo di interpretazione sarebbe in grado di restituire la verità di un'opera. Altri scritti: *Il lavoro dell'opera, Machiavelli* (1972); *Su una colonna assente, scritti intorno a Merleau-Ponty* (1978); *Le forme della storia* (1978).

legge, nozione riferita originariamente ai comportamenti umani, nel senso di regola di condotta o norma di giustizia che, se violata, comporta la punizione del colpevole. Secondo un'interpretazione moderna, questa nozione sarebbe stata poi trasferita al cosmo dai filosofi presocratici, a cominciare da Anassimandro, con una proiezione antropomorfica. Ma già presso altri presocratici, come Eraclito, si trova accennato pure il rapporto inverso: a sua volta l'uomo è sottomesso, attraverso la ragione, alla legge divina che regge tutto il cosmo. Questa concezione verrà elaborata particolarmente con lo stoicismo e resa popolare da Cicerone; e di qui passerà nel successivo pensiero cristiano l'idea d'una legge eterna, immutabile, universale, coincidente con «la retta ragione conforme a natura», che definisce la giustizia nei rapporti tra gli uomini, indipendentemente dalla molteplicità e variabilità delle leggi di fatto in vigore presso i diversi popoli. Sulla varietà dei costumi e delle leggi civili avevano insistito particolarmente i sofisti (importanti, al riguardo, i *Dissoì lógoi*, ossia «ragionamenti duplici», un testo anonimo della fine del sec. v a.C. in cui si dimostra come concetti opposti, quali giusto-ingiusto, vero-falso, possano applicarsi, di volta in volta, alle stesse cose), ritenendoli mere «convenzioni», e talora contrapponendoli alla «natura». Alcuni dei sofisti più tardi, come Callicle o Trasimaco, avevano tratto di qui la dottrina che conforme a natura sia solo il diritto del più forte.

• *Legge naturale e legge positiva.* Per reagire a queste posizioni, e proseguendo la critica già di Platone, Aristotele affermava l'esistenza, al di sopra delle varie leggi dei singoli popoli, di norme «non scritte», universalmente valide, tali quindi da prescrivere ciò ch'è giusto «per natura». L'idea di leggi naturali, intese in questo senso, verrà invece negata dagli scettici. Di contro, il successo di tale idea nella formulazione stoica sarà dovuto particolarmente ai giuristi imperiali dell'età romana: con essi entra nell'uso la nozione di un «diritto naturale» (nel senso oggettivo della parola «diritto», appunto quale sinonimo di legge giusta) che trapasserà tanto nella patristica quanto nella codificazione giustinianea. Intesa in genere come un «istinto», impresso da Dio nell'animo umano, la legge di natura veniva a coincidere con la morale stessa, funzionando quindi quale criterio ideale per la valutazione degli usi e delle norme giuridiche esistenti. Secondo san Tommaso, queste sono le leggi «umane», in seguito denominate «positive», distinte da quelle «divine» concernenti il fine soprannaturale dell'uomo. Le prime sono valide solo se non violano, ma semplicemente specificano e particolarizzano, la legge «naturale», la quale è il modo in cui è presente nelle creature razionali quella legge oggettiva «eterna» che ha la sua sede nella mente di Dio e regge tutt'intero l'universo, identificandosi quindi con la Provvidenza. La concezione tomistica della legge naturale è nettamente razionalistica; a questa concezione si opporrà il volontarismo, con Occam: una legge richiede un legislatore, e nel caso della legge naturale questi è Dio, il quale ha deciso del tutto liberamente, e non secondo una supposta razionalità etica oggettiva, cosa fosse virtù e cosa vizio, sicché, se avesse voluto, avrebbe potuto decidere del tutto diversamente. Questa posizione verrà adottata anche da Lutero e da Calvino; mentre la posizione razionalistica verrà difesa da Grozio, il quale col *De jure belli ac pacis* (1625) rappresenta la transizione dalla tradizione antica e medievale del «diritto naturale» a quella moderna, che proseguirà sino a Kant, pur con molte differenze di posizioni (rappresentanti principali: Hobbes, Spinoza, Pufendorf, Locke, Rousseau). Contemporaneamente, tuttavia, riviveva anche la negazione scettica dell'idea della legge naturale, a cominciare da Montaigne, sotto l'impressione dei contrasti fra le norme seguite dai vari popoli della Terra, in seguito alle scoperte etnografiche nel Nuovo Mondo e nell'Estremo Oriente. Nel secolo scorso e nel nostro, contro il giusnaturalismo si è affermato il «positivismo giuridico», con la tesi che l'unico diritto esistente sia quello «valido» di fatto, cioè quello cosiddetto positivo, indipendentemente dal suo valore morale o dalla sua conformità all'idea di «giustizia». Il maggior rappresentante contemporaneo di questa posizione è H. → Kelsen.

• *La legge scientifica*. Nella prima metà del sec. XVII, contemporaneamente all'avvio del giusnaturalismo moderno, si afferma l'uso dell'espressione «leggi della natura» nel quadro della scienza fisica, nell'accezione che poi è rimasta corrente ed è stata progressivamente estesa anche alle altre scienze, via via che queste si costituivano. Si può anzi dire che d'allora in poi la scoperta di «leggi» in questo senso è considerata come il compito proprio di una scienza. Già anticipato da F. Bacone, quest'uso si è imposto con Cartesio, come designazione sia di principi (per es. quello d'inerzia), sia di relazioni funzionali fra grandezze variabili, quando il rapporto fra esse sia costante e quindi enunciabile in una formula matematica, alla maniera galileiana. Alla metà del sec. XVIII risale la proposta, da parte di Montesquieu, di estendere la nozione di «legge» al campo dei fenomeni sociali e politici, nella prospettiva di determinare i «rapporti» fra le varie istituzioni dei diversi popoli e le loro condizioni naturali o storiche. È l'origine di quella scienza che poi si sarebbe denominata «sociologia». Anche la psicologia si sarebbe presentata come scienza sperimentale all'insegna della ricerca delle «leggi» dei fenomeni mentali. Invece, l'espressione «leggi del pensiero» per indicare i principi del ragionamento, tipicamente ottocentesca, dipende da una concezione psicologistica della logica che in seguito è stata completamente abbandonata. Le leggi della fisica classica, che storicamente rappresentarono il modello ideale anche per le scienze costituitesi successivamente, erano tutte leggi deterministiche, cioè rigorosamente universali (nel senso di prive di eccezioni). Questo modello è venuto meno nel nostro secolo con lo sviluppo della meccanica quantistica, le cui leggi sono probabilistiche, o statistiche, anche se rimangono di tipo causale; donde la concezione delle leggi deterministiche, proprie del macrocosmo, come casi-limite, rispetto a quelle probabilistiche proprie del livello subatomico della materia. La nozione di legge scientifica viene generalmente collegata a quella di previsione (ma, perché adempia a questa funzione, occorre che la legge abbia una sufficiente «semplicità»). Su ciò hanno insistito, all'origine, tanto Ch. S. Peirce quanto E. Mach, nel quadro di una concezione pragmatistica della scienza (condivisa del resto anche da pensatori avversi all'empirismo, come H. Bergson e B. Croce). *S. La.*

legisti, nome (in cinese *fa chia*) con cui erano designati gli esponenti di un'antica scuola politico-filosofica cinese, fiorita all'epoca degli stati combattenti (403-222 a.C.). Principale esponente ne fu Han Fei (sec. III a.C.), il quale, contro i confuciani che sostenevano di poter ottenere il buon governo unicamente coltivando la virtù, distingueva tra morale e politica: egli proponeva un governo autoritario basato sulla legge, intesa come strumento per regolare minutamente le relazioni sociali e far fronte così a ogni esigenza politica e amministrativa. Le teorie dei legisti sulla legge (*fa*), sul potere (*shih*) e sull'arte del governo (*shu*) miravano a instaurare la supremazia del sovrano assoluto rispetto ai vari principi e ministri, e vennero adottate dallo stato di Ch'in, il cui «primo imperatore» Shih Huang-ti riuscì a soggiogare gli stati rivali e a unificare per la prima volta la Cina nel 221 a.C. Ma già con la successiva dinastia Han (206 a.C. - 220 d.C.), la scuola legista, che pure aveva avuto parte determinante nel creare l'idea di stato unitario, fu osteggiata ed eclissata dalla tradizione confuciana.

Leibniz, Gottfried Wilhelm (Lipsia 1646 - Hannover 1716), filosofo, scienziato e storico tedesco.

• *Vita e opere*. Studiò filosofia e diritto all'università di Lipsia. Il suo primo scritto importante è la dissertazione *De arte combinatoria* (1666), in cui propone l'aritmetizzazione della logica (*mathesis universalis*) progettando una «caratteristica universale», da fondarsi sull'enumerazione di tutti i concetti primitivi necessari per procedere a una ricostruzione razionale del sapere umano e alla scoperta di nuove verità. Questo progetto, ripreso poi in altri scritti, contiene alcune intuizioni profondamente innovatrici che saranno riconosciute e apprezzate solo con la nascita della logica matematica della fine del secolo scorso. I testi relativi verrano pubblicati da L. Couturat nel volume *Opuscoli e frammenti inediti di Leibniz* (1903). Nel 1667 Leibniz intraprende la carriera politico-diplomatica al servizio dell'elettore di Magonza; dal 1676 alla morte la proseguirà al servizio della corte di Hannover, con vari compiti, fra cui quello di storiografo ufficiale. Parallelamente si impegna nel progetto, destinato al fallimento, di un'unificazione tra cattolici e protestanti. La produzione scientifica e filosofica di Leibniz consta di scritti per lo più brevi, in genere pubblicati nelle riviste letterarie del tempo, e di moltissimi abbozzi rimasti inediti, ai quali vanno aggiunti i carteggi amplissimi con dotti di tutta Europa. Per tali contatti, oltre che per la sua formazione scientifica, erano stati fondamentali gli anni passati a Parigi dal 1672 al 1675. Nel 1684 egli rende pubblica la sua scoperta del calcolo infinitesimale, del tutto indipendente da quella di Newton (ingiustificate quindi le accuse di plagio da parte di alcuni matematici inglesi). Gli scritti filosofici sono quasi tutti in francese. Assai sintetici e complessivi sono il *Discorso di metafisica* (1686), il *Nuovo sistema della natura, della comunicazione tra le sostanze e dell'unione tra l'anima e il corpo* (1695), i *Principi della natura e della grazia fondati sulla ragione* e la *Monadologia*, entrambi del 1714. Al 1705 risalgono i *Nuovi saggi sull'intelletto umano*, commento puntuale del *Saggio* di Locke (pubblicati postumi nel 1765); al 1710 l'unica opera filosofica di ampio respiro: i *Saggi di teodicea*, intesi a giustificare la presenza del male nel mondo, in polemica con la tesi di P. Bayle della inconciliabilità di essa con la perfezione di Dio.

• *Fisica e metafisica.* Formatosi nella tradizione dell'aristotelismo scolastico dominante nelle università luterane, Leibniz se ne allontana presto, in seguito alla conoscenza della nuova scienza meccanicistica della natura e della filosofia contemporanea (Cartesio, Hobbes, Spinoza). Tuttavia, dopo un breve periodo di simpatia per l'atomismo, rifiuta anche il meccanicismo come prospettiva filosofica, pur riconoscendogli sempre validità quale metodo per la mera indagine fisica. L'inadeguatezza metafisica del meccanicismo, la sua incapacità di spiegare l'essenza della materia, è dimostrata da Leibniz a partire dalla confutazione della legge cartesiana della conservazione, nell'universo, della medesima quantità di movimento (definita dal prodotto della massa per la velocità di un corpo): quel che si conserva nel creato è invece, secondo Leibniz, la quantità complessiva della forza viva (definita dal prodotto della massa per il quadrato della velocità). Ciò consente l'apertura di una nuova prospettiva filosofica: il movimento è una semplice manifestazione sensibile della forza, un fenomeno semplicemente «fisico», di contro alla realtà «metafisica» della forza. Questa differenza tra i due ordini, fisico e metafisico, vanifica nel contempo la riduzione cartesiana della materia a estensione geometrica: l'estensione è anch'essa una mera manifestazione fisica, un'apparenza «fenomenica», che suppone una sostanzialità vera, rintracciabile solo a livello metafisico. Tale sostanzialità è un principio dinamico e attivo: non si dà sostanza che non agisca e, se qualcosa agisce, è una sostanza. Contro Spinoza, poi, Leibniz afferma la pluralità delle sostanze: nel mondo ce ne sono in numero infinito e ognuna di esse è individuale, diversa da ciascun'altra. Leibniz fonda tale concezione sul principio dell'identità degli → indiscernibili: due o più cose che differissero solo numericamente, ma che per il resto non avessero alcuna differenza interna, sarebbero in realtà identiche; ciò non può accadere in natura perché sarebbe in contrasto con la saggezza della creazione divina, la quale non avrebbe avuto alcuna ragione nel creare una molteplicità di cose identiche anziché una sola. La massima varietà è così affermata come uno dei valori supremi dell'opera di Dio; pari solo al valore della continuità, per cui nel creato non si dà alcun vuoto né alcun salto e le differenze tra le cose sono sempre solo di grado, senza soluzione di continuità. A questa conclusione Leibniz è indotto anche per la suggestione delle sue ricerche matematiche sulle grandezze infinitesimali, dalle quali deriva inoltre il rifiuto dell'atomismo. Per Leibniz, la materia è composta da ciò che in sé è semplice, dotato di vera unità, cioè dalle sostanze individuali o centri di forza. Queste sostanze sono prive pertanto di spazialità e di figura e in qualche modo sono simili ad anime. Per designarle Leibniz adotterà il termine (di lontana origine pitagorica e poi bruniano) «monade», che significa appunto unità. La distinzione tra l'ambito fisico e quello metafisico è così compiuta: la materia stessa è puramente fenomenica (così come lo spazio è meramente relativo, al pari del tempo); metafisicamente sono reali soltanto le monadi. È il rovesciamento più drastico di qualsiasi ipotesi materialistica.

• *La teoria delle monadi.* Le monadi sono create direttamente da Dio e indistruttibili naturalmente; sono enti in sé completi e reciprocamente indipendenti. Leibniz propone di pensare l'attività delle monadi in analogia all'anima umana: ogni monade è dotata di attività rappresentativa, nei confronti del resto del creato, e di appetizione, o tendenza a passare da uno stato a un altro. Le monadi differiscono, in una scala continua, per il diverso grado di chiarezza e distinzione delle loro rappresentazioni. Contrariamente a Cartesio, infatti, Leibniz distingue la «percezione» dalla coscienza o → «appercezione»: nei gradi inferiori le monadi hanno percezioni senza esserne consapevoli, agiscono cioè in modo inconscio. Del resto negli stessi gradi superiori (per es. nell'uomo) sono continuamente operanti anche alcune «piccole percezioni», inavvertite dalla coscienza, a

meno che non raggiungano, integrandosi insieme, una certa soglia di intensità. Sebbene le differenze tra le monadi siano solo di grado, tuttavia si possono distinguere tre tipi principali di creature: le monadi, del tutto prive di coscienza; gli animali, dotati in senso proprio di anima e di memoria; gli spiriti, dotati in più di razionalità e di volontà (anziché di sola appetizione). Tali sono gli uomini, e anche una miriade di «geni» che si devono supporre tra l'uomo e Dio, in base al principio della continuità. In tutte le monadi create è comunque sempre presente un grado, maggiore o minore, di oscurità e passività: solo Dio è perfetta chiarezza e attività. Tale limitazione è la radice metafisica di ciò che si manifesta come materia (o «materia prima»), sicché solo Dio è uno spirito puro. Per il resto, i corpi materiali sono meri aggregati di monadi, privi di effettiva unità («materia seconda»). Non tutto è vivente, quindi, ma ovunque si trova vita, anche se alla nostra grossolana immaginazione sensibile ciò non appare (in questa concezione opera la suggestione delle scoperte contemporanee compiute attraverso l'impiego del microscopio). Quelli degli animali, poi, sono corpi organici, caratterizzati dalla presenza di una monade (l'anima) che, dominando sulle altre che compongono il corpo, conferisce a questo un'unità ben maggiore di quella dei meri aggregati e ne garantisce inoltre l'identità nel corso del tempo. Ogni monade è come un mondo in sé concluso e completo, in quanto in ogni momento rispecchia («percepisce») tutto il creato. Lo rispecchia tuttavia dal suo punto di vista particolare, e l'individualità delle sostanze è definita appunto dalla particolarità di tale percezione del tutto. Ogni monade è quindi in rapporto con tutte le altre (sebbene non mediante percezioni chiare, ma attraverso «piccole percezioni») e reca le tracce di tutto il passato, così come è gravida di tutto l'avvenire (sia proprio, sia, indirettamente, del resto dell'universo). I rapporti tra le monadi create non dipendono però da alcuna azione reale delle une sulle altre, azione inconcepibile se le monadi sono unità metafisiche prive di estensione e di parti componenti. Le monadi dunque sono «senza porte e senza finestre». L'azione reale è solo del creatore sulle creature ed essa consiste nello stabilire una «corrispondenza» tra ciò che accade all'interno di tutte le monadi.
In tal modo Leibniz fa propria la tesi dell'→ occasionalismo, ma correggendola in un punto essenziale: anziché un Dio che interviene continuamente nel creato, per compiervi ogni azione, il Dio di Leibniz è un supremo architetto che dall'inizio ha accordato insieme ogni creatura, calcolando lo sviluppo di ognuna nel tempo, in modo che, nel preciso momento in cui l'una intende agire su un'altra, si verifichino in questa i mutamenti corrispondenti (così come un buon artigiano costruisce orologi che in ogni momento segnano la stessa ora, ma ovviamente senza che alcuno agisca sugli altri). È questa la teoria dell'«armonia prestabilita», per cui le creature sono «automi» regolati una volta per tutte dal creatore: in ognuna è iscritta tutta la storia successiva, in accordo con le storie di tutte le altre. Ciò rende tuttavia difficile ammettere la → libertà del volere delle creature razionali, e sebbene Leibniz abbia ragione di osservare che tale difficoltà non è maggiore di quella che i teologi cristiani incontrano nel non voler rinunciare né alla libertà degli individui né alla prescienza e all'onnipotenza di Dio, il problema permane nondimeno irrisolto. Resta il fatto che la teoria dell'armonia prestabilita consente a Leibniz una soluzione del problema relativo ai rapporti tra l'anima e il corpo sollevato dagli occasionalisti: allorché sembra che l'anima agisca sul corpo, e viceversa, si realizza in realtà una perfetta corrispondenza in virtù dell'armonia che presiede allo sviluppo di tutte le monadi.
• *Dio e il mondo.* Il mondo creato da Dio è solo uno tra gli infiniti possibili che Dio avrebbe potuto egualmente creare. Ogni combinazione, infatti, che differisca anche minimamente da un'altra, e che non contenga elementi reciprocamente contraddittori ma solo compossibili, equivarrebbe a un mondo diverso. A Dio non deve essere attribuita, come voleva Cartesio, una libera creazione delle → verità eterne, poiché anche Dio deve seguire il principio di non contraddizione; né egli potrebbe fare qualsivoglia cosa, per es. far sì che non sia vero un teorema matematico. D'altra parte, contro Spinoza, Leibniz sostiene che tra Dio e il creato non c'è un rapporto necessario, ma di libera scelta; anche se questa libertà, data la perfezione di Dio, non è affatto indifferenza: Dio non sceglie a caso, bensì preferisce infallibilmente l'ordine migliore. Nell'infinito campo del possibile, che egli conosce intellettualmente, Dio sceglie la migliore tra le infinite combinazioni, ossia quella che contiene la minore quantità di male per le creature. E dal momento che di fatto Dio ha creato un mondo, questo è quindi senz'altro il migliore tra tutti quelli che avrebbe potuto creare: per quanti mali contenga agli occhi degli uomini, la somma totale di essi è inferiore a ogni altra possibile. È questo il cosiddetto «ottimismo» di Leibniz (sul quale ha polemicamente ironizzato Voltaire), che non è quindi un atteggiamento psicologico, un modo di sentire, ma esclusivamente una tesi metafisica. Data infatti la santità, o perfezione morale, di Dio, l'ottimismo ne discende per definizione. La «giustificazione di Dio», che Leibniz oppone a Bayle nei *Saggi di teodicea*, consiste dunque nel postulare come logicamente impossibile una combinazione di beni e mali che nel totale dia una somma di bene maggiore di quella che è propria del mondo attuale. Sostenendo la

distinzione in Dio tra intelletto e volontà, e la priorità di quello rispetto a questa, Leibniz fa proprio il punto centrale della teologia molinistica (→ molinismo) e di quella arminiana (→ arminiani): l'attributo principale di Dio non è l'onnipotenza, né egli agisce per puro arbitrio, ma egli è primariamente saggezza e bontà. Quanto alle lamentele degli uomini per i mali che incontrano nel mondo, vale il vecchio argomento agostiniano che essi non conoscono se non parti limitatissime del creato (che per Leibniz si estende all'infinito), e quindi non sono in grado di comprendere che ciò che, isolatamente considerato, appare come un difetto, concorre in realtà all'armonia e alla perfezione del tutto, al pari di una dissonanza nel complesso di un brano musicale.

• *La conoscenza umana.* Alla battaglia contro il materialismo e l'empietà Leibniz accompagna la critica dell'empirismo in gnoseologia, giudicando tale atteggiamento non solo inadeguato, ma anche pericoloso dal punto di vista di una concezione cristiana del mondo. È vero che anche gli uomini procedono, come gli animali, in base a mere associazioni mentali che scaturiscono dalla memoria delle conoscenze passate. Ma se questo è in genere sufficiente per la vita pratica, è però del tutto insufficiente per la conoscenza scientifica, giacché non ne potrebbe mai derivare alcuna necessità e universalità. Basta al riguardo l'esempio delle scienze matematiche per confutare l'empirismo: se ogni conoscenza derivasse infatti dai sensi, come sostiene Locke, non sarebbe possibile dimostrare neppure un solo teorema matematico. Come aveva compreso Platone, molte conoscenze sono «innate» nell'anima umana, la quale le trae quindi da se stessa. Ciò non significa che tali conoscenze siano sin dalla nascita tutte dispiegate e presenti alla mente in un possesso attuale. Piuttosto, l'anima ha originariamente, per dono di Dio, la capacità, o la disposizione, a scoprire delle idee e delle verità che non traggono la loro validità da alcuna esperienza sensibile. Il patrimonio innato nell'uomo è quindi posseduto in forma potenziale («innatismo virtuale»); solo con l'attività della mente si giunge ad acquisirne consapevolezza; rispetto a ciò, l'esperienza sensibile può tutt'al più avere una funzione di stimolo o di occasione. Il vecchio adagio aristotelico «niente è nell'intelletto che non sia stato prima nei sensi» è quindi da correggere con l'aggiunta: «...salvo però l'intelletto stesso», in quanto capacità di conoscenza a priori. Suscettibili di un siffatto tipo di conoscenza sono peraltro solo le «verità di ragione», vale a dire quelle tradizionalmente dette «eterne», dipendenti dal principio di non contraddizione (è necessario tutto ciò la cui negazione sarebbe contraddittoria ed è possibile tutto ciò che non è contraddittorio). Le altre verità, per la conoscenza delle quali l'uomo ha bisogno dell'esperienza, sono le «verità di fatto», relative cioè a tutto ciò che è o accade, ma avrebbe potuto anche non essere o non accadere: esse riguardano ciò che è logicamente contingente, ciò che è, solo perché Dio ha voluto che fosse. È bensì vero che Dio conosce a priori anche quello che noi uomini apprendiamo per esperienza, poiché nella sua conoscenza completa di ogni monade egli ha già presente anche ogni particolare della storia di essa; ma neppure per Dio questo ordine di verità cessa di essere contingente. Infatti tali verità sono rette, tanto per Dio quanto per gli uomini, da un principio del tutto diverso da quello di non contraddizione, il principio di → ragion sufficiente (o determinante), il quale esclude che alcunché avvenga mai a caso. Di ogni cosa è dunque possibile, in linea di principio, una spiegazione completa, fondata in ultima analisi sulla scelta divina e sul principio che la guida: la preferenza per il meglio. Questo è il fondamento *teleologico* che regge le «esistenze», di contro alla necessità logica che regge le «essenze». Alla conoscenza delle verità di ragione si accompagna dunque nell'uomo la consapevolezza dell'ordine finalistico che informa il creato tramite la volontà divina, in contrasto con le pretese del meccanicismo, che Leibniz giudicava pericolosamente inclinate verso l'ateismo o il panteismo spinoziano. *S. La.*

lektón, termine greco («enunciato», «significato»): → stoicismo; → linguaggio, filosofia del.

Lenin, Nikolaj, pseudonimo di Vladimir Il'ič Ul'janov (Simbirsk, odierna Ul'janovsk, 1870 - Gor'kij, Mosca, 1924), uomo politico e pensatore russo. Laureatosi in legge a Pietroburgo nel 1891, comincia a esercitare la professione d'avvocato, mentre la sua milizia politica si attesta presto su posizioni marxiste, nel ripudio del terrorismo. Confinato in Siberia dal 1897 al 1899, conduce una serrata discussione con i populisti, i quali escludevano per la Russia un processo di sviluppo di tipo capitalistico europeo: la sua principale analisi, al riguardo, concerne la costituzione in Russia di un mercato interno per la grande industria ed è contenuta in *Lo sviluppo del capitalismo in Russia* (1899), sulla base di un'applicazione sistematica del *Capitale* di Marx. Da questo momento, Lenin deve proseguire all'estero l'attività politica, quale dirigente e organizzatore del Partito operaio socialdemocratico russo (sorto nel 1898). Avanti e durante la rivoluzione del 1905 egli avvia una riflessione strategica di vasta portata (*Che fare?*, 1902; *Un passo avanti e due passi indietro*, 1904; *Due tattiche della socialdemocrazia nella rivoluzione democratica*, 1905; ecc.), convogliando le peculiarità della situazione russa nella prospettiva di un processo continuativo tra rivoluzione borghese, antifeudale, a carattere democratico, e rivoluzione proletaria, anticapitalistica. Il partito leniniano rappresenta in termini nuovi l'avanguardia della classe operaia; esso è espressione consapevole del movimento di questa, e direzione organizzata e disciplinata delle sue lotte politiche, affidata a rivoluzionari di professione e funzionante secondo il principio di quello che sarà detto in seguito «centralismo democratico». In tal senso, Lenin è indotto a sottolineare il ruolo di cultura teorica, quale componente non semplicemente autoprodotta dal seno delle lotte operaie. Egli si contrappone così sia alle interpretazioni «economistiche» del marxismo (la forza politica quale prolungamento immediato della forza economica), sia allo «spontaneismo» pratico, cioè alla sottomissione della lotta politica alla spontaneità operaia.

Nel 1908-09 Lenin conduce una battaglia filosofica contro Bogdanov e altri fautori, tra gli stessi marxisti russi, di concezioni ispirate dall' → empiriocriticismo di E. Mach e di R. Avenarius: Lenin (*Materialismo ed empiriocriticismo*, 1909) le respinge sotto la taccia di «idealismo» e, infine, di cedimento al fideismo (esemplato dallo scrittore M. Gor'kij).

Sempre più convinto del fallimento della II Internazionale, Lenin parlerà senz'altro di «tradimento» da parte di questa, in occasione della prima guerra mondiale, che vede i partiti socialdemocratici subalterni alle rispettive borghesie nazionali. Mentre ne combatte le radici teorico-politiche nell'«opportunismo» di K. Kautsky, Lenin ne ricerca le radici storico-economiche (riferendosi a fenomeni come la cosiddetta aristocrazia operaia) nelle condizioni create da quella che egli definisce come una fase nuova dello sviluppo del capitalismo (*L'imperialismo, fase suprema del capitalismo*, 1916; *L'imperialismo e la scissione del socialismo*, 1917). Si tratta di una forma ulteriore di concentrazione e di socializzazione della produzione, per cui la libera concorrenza tende a essere soppiantata, sia pure non interamente, dalla formazione di monopoli (capitalismo monopolistico), ai quali s'accompagna il predominio del capitale finanziario (fusione di capitale industriale e capitale bancario). L'argomento essenziale, contro Kautsky, è poi il nesso che Lenin stabilisce tra questo sviluppo economico e la politica «imperialistica» delle grandi potenze.

Rientrato in Russia il 3 aprile 1917, a zarismo abbattuto, Lenin guida la vincente linea insurrezionale che porta a rovesciare, nell'ottobre dello stesso anno, il governo provvisorio, sotto la parola d'ordine «tutto il potere ai soviet», cioè ai consigli operai, già sorti nella rivoluzione del 1905. Nei soviet Lenin adesso indica il germe di una democrazia di massa più avanzata che non la democrazia parlamentare, in un abbozzo di riflessione sullo stato relativamente al periodo di transizione al comunismo (*Stato e rivoluzione*, 1917). Lenin si riallaccia alle osservazioni di Marx a proposito della Comune parigina, e al tempo stesso rilancia la tesi della «dittatura del proletariato», la quale comporta un elemento coercitivo ma può attuare il compito, di là dalla presa del potere, di una trasformazione dell'apparato statale ereditato. Negli anni seguenti, egli prepara le tesi per la III Internazionale — che si era costituita a Mosca nel 1919 con la denominazione «comunista» (già rimessa in uso per il partito bolscevico, nel 1918) — e si trova a far fronte all'isolamento della Russia e alla guerra civile. Si fa promotore della «nuova politica economica» (concessione del libero commercio ai piccoli produttori, introduzione di una sorta di capitalismo di stato), sostenendo la necessità di utilizzare le forze della borghesia (*L'estremismo, malattia infantile del comunismo*, 1920). Quanto all'articolazione del nuovo potere, Lenin s'industria di tener aperto un intreccio partito-stato-sindacati, insistendo sulla «lotta contro il burocratismo» (da lui collegato alla presenza soverchiante di un elemento piccolo borghese). Se il problema fondamentale risulta sempre più essere il rapporto con i contadini, l'ultimo Lenin punta in positivo su una «rivoluzione culturale», da intendersi in un senso assai elementare, ed evitando l'alternativa, teorizzata da alcuni, tra cultura proletaria e cultura borghese.

Il centro di gravità del pensiero di Lenin è costituito indubbiamente dal nesso economia-politica (consegnato in tesi famose: la politica come concentrato dell'economia, primato della politica sull'economia). Emergono nondimeno due dimensioni teoriche specifiche entro cui si configura la sua appropriazione-rilancio del marxismo. Si tratta, per un verso, della interpretazione del marxismo come sociologia scientifica, avanzata per es. nello scritto giovanile *Che cosa sono «gli amici del popolo» e come lottano contro la socialdemocrazia?* (1894). Il *Capitale* vi figura come l'opera che mette in scacco gli orientamenti soggettivistici in sociologia grazie a un'analisi che riesce a sceverare dai restanti rapporti sociali («ideologici», dice Lenin) i rapporti di produzione nella loro peculiare oggettività (rispetto alla coscienza degli uomini), e a esibire per questa via ripetibilità e regolarità nei fenomeni sociali. La categoria fondamentale del materialismo storico viene a essere pertanto quella di «formazione sociale», per cui l'analisi di una determinata formazione sociale viene contrapposta ai pensamenti acritici sulla società in generale. Per un altro verso, Lenin rivendica la portata filosofica del marxismo, nel senso di ribadirne il fondamento materialistico e insieme di mettere in luce la forma nuova che a questo deriva e che va sotto la denominazione di materialismo dialettico.

Successivamente, in appunti degli anni 1914-16, raccolti e pubblicati postumi nel 1933, sotto il titolo *Quaderni filosofici*, Lenin porterà l'attenzione sulla dialettica, attraverso una lettura critica della *Logica* di Hegel, lettura attenta a districarne i contenuti — soprattutto quelli in chiave antikantiana — dalla funzione speculativa che Hegel conferisce all'«idea».

leninismo, → marxismo.

Leonardo da Vinci (Vinci, Firenze, 1452 - Cloux, Amboise, 1519), pittore, scienziato e filosofo italiano. Dopo aver goduto a Firenze della protezione dei Medici, trascorse molti anni a Milano (1483-99), alla corte di Ludovico il Moro. Lasciata Milano nel 1499, dopo essere stato al servizio di Cesare Borgia e, nuovamente, dei Medici, nel 1517 si trasferì in Francia, accogliendo l'invito di Francesco I.

Oltre al *Trattato sulla pittura* (pubblicato in Francia nel 1651), che è considerato la sua opera più organica, Leonardo lasciò una mole imponente di appunti, raccolti in alcuni codici (all'incirca per settemila fogli) e pubblicati solo a partire dal 1881. Questi manoscritti comprendono note, frammenti, abbozzi di trattati sugli argomenti più vari: matematica, ottica, meccanica, astronomia, anatomia, fisiologia, botanica, nonché progetti, disegni di macchine ecc. Essi non erano in ogni caso il frutto di un'attività separata da quella artistica, giacché per Leonardo arte e scienza hanno come scopo comune la conoscenza della natura. La pittura, massima fra tutte le arti, è essa stessa scienza, poiché «si estende nelle superficie, colori e figure di qualunque cosa creata dalla natura»; ciò che la differenzia dalla scienza è che quest'ultima «penetra dentro i medesimi corpi». La natura, secondo Leonardo (che si riallaccia in questo alla tradizione platonica), è scritta in caratteri geometrici; l'arte ne coglie l'aspetto qualitativo, cioè quella «proporzione» esistente nei corpi che ne costituisce appunto la bellezza, mentre la scienza esprime gli stessi rapporti in termini di leggi matematiche. La matematica diventa così strumento fondamentale della conoscenza della natura, accanto all'esperienza, che costituisce l'altro polo del metodo scientifico di Leonardo. Egli polemizza infatti contro le scienze «che principiano e finiscono nella mente», ed esalta il ruolo dell'esperienza, in quanto essa è all'origine di tutte le nostre conoscenze. La natura, secondo Leonardo, è retta da «ragioni», cioè da leggi: «nessun effetto è in natura sanza ragione». Una volta che l'esperienza ci ha posto in contatto diretto con la natura, la matematica ci permette di scoprire e formulare leggi; conosciuta la legge, da questa si possono dedurre gli effetti, anche senza ricorrere nuovamente all'esperienza. Questo è il senso del celebre asserto «intendi la ragione e non ti bisogna esperienza». Basandosi su tale metodo, Leonardo arrivò a una prima formulazione di alcuni fondamentali principi della fisica: il principio di azione e reazione, di composizione delle forze e, soprattutto, quello di inerzia. Essi non hanno ancora, in lui, il valore di nozioni generali, tali da costituire i fondamenti di una nuova fisica, come avverrà poi con Galileo, Cartesio e Newton: emergono piuttosto attraverso ricerche particolari, giacché, quanto al quadro generale, Leonardo rimane fedele alla fisica scolastica.

Leone Ebreo, appellativo con cui è noto Giuda o Jehudah Abravanel o Abarbanel (Lisbona 1463 ca - morto dopo il 1523), filosofo e medico ebreo portoghese. Di illustre famiglia ebraica rifugiatasi nel 1483 dal Portogallo in Spagna, vi soggiornò fino al 1492, anno della cacciata degli ebrei. Trasferitosi in Italia, visse a Napoli, Genova, Firenze, Venezia, Roma, entrando in contatto diretto con la cultura umanistica e con il rinnovato neoplatonismo di cui essa era portatrice. Non si hanno notizie sicure sulla sua vita successivamente al 1507. L'unica sua opera pervenuta sono i *Dialoghi d'amore*, scritti intorno al 1502, forse in ebraico, e pubblicati postumi in italiano a Roma nel 1535. In essi si espone una sistematica visione del mondo come «armonia» retta dall'amore di Dio, inteso quale universale vincolo unitivo che, permeando di sé e animando tutte le cose, le avvince in un rapporto di mutua corrispondenza e concordia. In questa prospettiva, di chiara impronta neoplatonica e specialmente ficiniana, il mondo assume così l'aspetto di un vero e proprio essere vivente. Microcosmo, l'uomo è immagine dell'armonia cosmica, nella quale è a sua volta inserito e di cui è parte integrante; egli è destinato peraltro — e qui sta la ragione della sua eccellenza su tutte le altre creature — a ricongiungersi in mistica unione al Dio da cui è stato creato. Via all'unione è però non l'intelligenza, la cui caratteristica è il distinguere e il separare, ma solo l'amore, che è invece capace di trasfigurare l'amante nell'amato e che Leone concepisce come estasi. I *Dialoghi* esercitarono un vasto influsso, che si avverte anche nella poesia di Michelangelo e nel pensiero di Giordano Bruno e di Spinoza.

Leone I Magno, → padri della chiesa.

Leopardi, Giacomo (Recanati 1798 - Napoli 1837), scrittore italiano. L'apertura della propria riflessione a temi filosofici è datata da Leopardi al 1819 quando l'aggravarsi della malattia agli occhi lo costringe a lunghe pause nella lettura e dunque a una meditazione più astratta, e prende corpo anzitutto nelle pagine dello *Zibaldone*. La stesura di questa opera comincia nel 1817 e si svolge soprattutto negli anni 1820-26, precedendo la redazione delle *Operette morali* (1827). Composte in una lingua sceltissima per lessico e costruzione, e dotate di una rigorosa organizzazione interna, le venti *Operette* rispondono al progetto, più volte preannunciato da Leopardi all'amico Pietro Giordani, di dotare l'Italia di una prosa filosofica. L'assunto centrale, svolto attraverso diverse rappresentazioni mitiche e letterarie, è quello di una condizione umana radicalmente dannata dalla natura, che ne limita l'esistenza, e dalla ragione, anch'essa materialisticamente considerata quale organo naturale, che dà all'uomo la possibilità di intendere la propria infelicità. In nome della stessa ragione però, e valendosi qui degli apporti della tradizione illuministica, Leopardi insiste sulla necessità di rifiutare qualsiasi illusione, sia la speranza religiosa sia il progressismo scientifico che ne aveva preso il posto presso i contemporanei, qualificati appunto come *nuovi credenti*. E infine nella *Ginestra* (composto dopo l'edizione dei *Canti* del 1835 e accolto nella loro riedizione postuma del 1843), che chiude la produzione poetica leopardiana, egli perviene a un nuovo messaggio di solidarietà, che si appoggia non sulla speranza della salvezza, ma sulla certezza della irredimibilità della sorte umana. Diffuso come pessimismo in Europa da Schopenhauer e, sulla sua scia, da Nietzsche e J. Burckhardt il pensiero leopardiano fu riproposto in Italia da F. De Sanctis, e ha conosciuto nel nostro secolo varie interpretazioni filosofiche, legate soprattutto, diversamente che nella circolazione europea, al tema del materialismo (S. Timpanaro, C. Luporini).

Lequier, Joseph-Louis-Jules (Quintin, Côtes-du-Nord, 1814 - Baia di Rosaire, Saint-Brieuc, 1862), filosofo francese. Visse in solitudine, nell'impegno di un'aspra meditazione filosofica e nella ricerca di una perfezione espressiva del suo pensiero, di fatto mai raggiunta. Postumi furono pubblicati da Ch. Renouvier i suoi frammenti su *La ricerca di una prima verità* (1865): successivamente J. Grenier fece conoscere gli aspetti più propriamente religiosi del suo pensiero, dando infine un'edizione completa degli scritti (1952). Il problema filosofico più importante per Lequier è quello antropologico; al centro di esso è la questione della libertà intesa come *libertas minor*, o potenza di scelta fra gli opposti, e contrapposta alla necessità, come forma di libertà che in nessun modo può essere cancellata dalla *libertas major*, identica alla perfezione nella verità e contrapposta alla servitù. La parte più propriamente filosofica del pensiero di Lequier è costituita da una critica del determinismo, il quale ha come sua prima conseguenza quella di cancellare ogni distinzione fra verità e falsità, e come esito ultimo lo scetticismo. Il determinismo non può dunque essere pensato come verità, mentre può essere pensata come verità la libertà. Il ragionamento di Lequier non deve essere inteso però nel senso che l'affermazione della verità possa essere presentata come necessaria. Esso sbocca in un'istanza esistenziale: nell'invito rivolto al soggetto a realizzarsi come persona in riferimento alla verità presente in lui, che invece è tradita dal pensiero necessitario: tale realizzazione permetterebbe la conquista dell'io e del mondo, fondando a un tempo la scienza e l'etica. Il pensiero di Lequier ebbe, attraverso Ch. → Renouvier, una certa influenza sui filosofi impegnati nella polemica antideterministica a cavallo del secolo, giungendo sino a W. James: più recentemente ne è stata invece sottolineata la componente pre-esistenzialistica.

Leroi-Gourhan, André (Parigi 1911-1986), etnologo e paleontologo francese, professore di etnologia alla Sorbona dal 1943. In possesso di una formazione di linguista acquisita nelle lingue orientali, utilizzò nella sua ricerca gli apporti della tecnologia, della scienza della preistoria, dell'antropologia fisica, della sociologia, dell'estetica, della storia delle religioni, e in genere tutti gli aspetti simbolici della cultura. Condusse diverse ricerche in Giappone e nella zona artica (*Archeologia del Pacifico del Nord*, 1946) e si dedicò all'analisi comparata delle tecniche (*L'uomo e la materia* e *Ambiente e tecniche*, 1943). Allargò progressivamente il suo campo di ricerca in un vasto programma di esplorazione preistorica, elaborando un'interpretazione etnosociologica degli elementi originali raccolti, e non solo mettendo a punto nuove tecniche di scavo, ma tentando una sintesi culturale dei documenti raccolti. Nei due volumi *Il gesto e la parola* (1964) Leroi-Gourhan arriva a una vera paleontologia del gesto tecnico, in base alla quale propone la ricostruzione, per es., di un «avvenimento gestuale» svoltosi in un accampamento del Paleolitico superiore. Ma ciò che soprattutto interessa Leroi-Gourhan è quella che egli ritiene la prima e la principale delle tecniche umane, il linguaggio; egli riesce per es. a dimostrare aspetti del tutto nuovi sui rapporti fra l'architettura del corpo umano e la possibilità della parola: si pensi all'organizzazione verticale che permette all'uomo l'uso della mano e rende libera e sviluppa una zona encefalica che diventa disponibile per la parola; di qui tutto l'itinerario dell'*homo sapiens*, con la sua capacità simbolica e al tempo stesso con il suo proiettarsi sempre più all'esterno dell'organismo biologico, mediante prolungamenti che, pur facendo parte di esso, pongono però l'uomo in una dimensione via via più difficile da controllare.
Nel volume *Le religioni della preistoria. Paleolitico* (1964) Leroi-Gourhan discute i problemi relativi alla comprensione del simbolismo religioso dell'uomo preistorico.

Le Roy, Edouard (Parigi 1870-1954), filosofo francese. Fu professore al Collège de France dal 1921. Sulla traccia di H. Bergson, ma anche di J.-H. Poincaré, Le Roy considera il pensiero scientifico come una semplice schematizzazione della realtà, utile a fini pragmatici, ma incapace di cogliere la vera realtà, la quale è avvenimento e dinamismo, in un continuo progresso evolutivo, che dalla materia, attraverso la vita e l'uomo, muove verso un sempre ulteriore perfezionamento. Seguendo Bergson, Le Roy tende perciò a vedere la realtà come movimento e slancio e a risolvere, perciò, la materia nel pensiero. Lo strumento per conoscere veramente il reale non è pertanto l'intelletto schematizzante, ma l'intuizione vitale. Parallele alle sue riflessioni sulla scienza, si svolgono quelle sulla religione, che lo avvicinano alle posizioni del → modernismo: la religione non è un sistema statico di dogmi e di dimostrazioni, che possono solo avere un valore pratico, come direttive per l'azione, ma un processo dinamico e creativo di autorealizzazione e di autosuperamento morale e spirituale. Opere principali: *Scienza e filosofia* (1899-1900); *Scienza positiva e filosofia della libertà* (1900); *Dogma e critica* (1906); *Una nuova filosofia: H. Bergson* (1912); *L'esigenza idealista e il fatto dell'evoluzione* (1927); *Le origini umane e l'evoluzione dell'intelligenza* (1928); *Il problema di Dio* (1929); *Il pensiero intuitivo* (1929-30); *Introduzione allo studio del pensiero religioso* (1944).

Le Senne, René (Elbeuf-sur-Seine 1883 - Parigi 1954), filosofo e psicologo francese. Insegnò dal 1942 alla Sorbona. La sua filosofia — che egli chiama «ideo-esistenziale» — è di ispirazione essenzialmente etica. Essa ha come oggetto fondamentale l'esperienza umana, intesa come esperienza di contraddizione, di ostacoli e di conflitto insoluto: la contraddizione, però, può e deve essere superata nella tensione morale del dovere, cioè nell'aspirazione a non cedere alla contraddizione e a risolverla nell'armonia dello spirito. Le funzioni particolari della coscienza (metafisica, scienza, religione, morale, arte), pur diverse e contrastanti, si completano nell'unica e ricca complessità dello spirito. L'esperienza di sé è sempre esperienza delle determinazioni che limitano il soggetto; ma queste stesse determinazioni esigono un continuo superamento e quindi una tensione verso ciò che è al di là della determinazione, verso il Valore. Il Valore è l'Assoluto, unico e infinito; l'uomo però non può mai attingerlo immediatamente, ma solo nelle sue manifestazioni, cioè nei valori particolari, che costituiscono — non ciascuno singolarmente, ma insieme — la pienezza del Valore. La dialettica tra determinazione e libertà è presente anche nella psicologia di Le Senne, il quale formula un sistema dei caratteri basato sull'individuazione di alcune proprietà fondamentali che li determinano. Opere principali: *Introduzione alla filosofia* (1925); *Il dovere* (1930); *La menzogna e il carattere* (1930); *Ostacolo e valore* (1934); *Trattato di morale generale* (1942); *Trattato di caratterologia* (1945); *Il destino personale* (1951); *La scoperta di Dio* (1955).

Leśniewski, Stanislaw (Serpuhov 1886-Varsavia 1939), filosofo e logico polacco. Dal 1919 fino alla morte fu professore di filosofia della matematica all'università di Varsavia. Elaborò un sistema fondazionale notevole per ampiezza, complessità e originalità. Punto di partenza delle sue ricerche fu la riflessione sui paradossi insiemistici (→ paradosso), nella cui formulazione ravvisò una commistione indebita di due idee diverse: quella di totalità distributiva e quella di totalità collettiva. Per chiarire quest'ultima, costruì una teoria assiomatica detta 'mereologia' (cioè 'teoria delle parti'), in cui l'usuale nozione di appartenenza di un elemento a un insieme è sostituita, quale nozione fondamentale, da quella di parte costituente di un oggetto complesso. Successivamente, al fine di esplicitare e sistematizzare i presupposti logici della mereologia, Leśniewski si impegnò nell'elaborazione di un'ontologia e di una 'prototetica' (o 'teoria delle tesi primarie'). Importante fu, in questo quadro, la messa a punto del concetto di 'categoria semantica', sulla scorta di indicazioni ricavate da Husserl e da B. Russell. La prototetica è una generalizzazione della logica proposizionale nella quale figurano variabili per tutte le categorie generate a partire dalla categoria delle proposizioni, e nella quale tali variabili sono passibili di quantificazione. Quanto alla cosiddetta 'ontologia', si tratta di una teoria della predicazione che può essere sviluppata espandendo in modo opportuno la prototetica. Le proposizioni ontologiche elementari sono quelle della forma «a è b» dove a e b sono nomi (la distinzione usuale fra nomi propri e nomi comuni è qui trascurata come inessenziale). Nonostante l'adesione a un approccio rigorosamente assiomatico e il ricorso, da un certo momento in poi, alla notazione simbolica, Leśniewski mantenne sempre un atteggiamento decisamente antiformalistico, concependo le proprie teorie come dotate di contenuto e vere rispetto all'interpretazione intesa.

Opere principali: *Studi logici* (1913); *Fondamenti della teoria generale degli insiemi* (1916); *Sui fondamenti della matematica* (1927-31).

lessico, l'insieme delle parole di una lingua naturale (nel caso di un linguaggio artificiale, l'insieme dei suoi simboli atomici è detto più comunemente *vocabolario*). Il lessico è stato oggetto privilegiato di studio della linguistica storica e strutturale (→ linguistica). In tempi più recenti, il maggior peso attribuito alla → sintassi e, per quanto riguarda la → semantica, agli aspetti composizionali del significato aveva in parte distolto dal lessico l'interesse dei linguisti teorici e dei filosofi del linguaggio. Solo a partire dagli anni Settanta il lessico è tornato al centro dell'attenzione: in particolare, la linguistica generativa e in generale post-chomskyana ha analizzato (sotto vari nomi: ruoli tematici, casi ecc.) la struttura valenziale delle unità lessicali, cioè le possibilità combinatorie delle parole nella frase (per es. la proprietà di un verbo di essere transitivo, intransitivo, riflessivo ecc.), che la linguistica strutturale aveva categorizzato come relazioni sintagmatiche. La filosofia del linguaggio, anche sotto l'impulso della ricerca in → intelligenza artificiale, è tornata a porsi il problema del significato lessicale, sia ripercorrendo a livello semantico le articolazioni identificate dai sintatticisti (D. Dowty, J. Higginbotham) sia discutendo della struttura della competenza lessicale — la conoscenza del significato delle parole — in relazione a classi distinte di unità lessicali (H. Putnam, G. Harman, Ph. Johnson-Laird, R. Jackendoff, C. McGinn).

Lessing, Gotthold Ephraim (Kamenz, Sassonia, 1729 - Brunswick 1781), drammaturgo e filosofo tedesco. Studiò a Lipsia e visse in seguito a Breslavia, a Berlino e ad Amburgo; dal 1770 fu bibliotecario a Wolfenbüttel. Compose varie opere di estetica, nella più celebre delle quali, il *Laocoonte* (1766), sostenne, contro J.J. Winckelmann, che si devono contrapporre tra le arti la poesia e la pittura: questa ha come elemento fondamentale lo spazio, mentre la prima opera nel tempo, poiché racconta una successione di eventi. Autore anche di numerosi testi teatrali, Lessing rinnovò la drammaturgia, mantenendo però l'originalità dei caratteri nazionali e sottraendosi all'influsso, allora dominante, del teatro francese. Come filosofo, si dedicò prevalentemente a problemi di religione; si ricordano tra le opere più importanti: *Il cristianesimo della ragione* (1753); *Sulla genesi della religione rivelata* (1753-55); *Sulla prova dello spirito e della forza* (1777); *Anti-Goeze* (1778, diretta contro un pastore protestante rigidamente ortodosso); *L'educazione del genere umano* (1780); *Dialoghi per massoni* (1780).
Nell'opposizione illuministica tra religione naturale e religione positiva, Lessing assume una posizione originale: egli è convinto infatti dell'incommensurabilità tra verità di fatto, verità storica e verità filosofica, e quindi dell'irrilevanza, ai fini di una filosofia della religione, della critica filologica dei testi volta all'accertamento della loro attendibilità come testimonianze storiche. Inoltre i testi sacri gli sembrano inaccettabili e umilianti per la ragione, soprattutto a causa del continuo ricorso al miracolo e all'evento prodigioso. Tuttavia una pura religione razionale gli appare inefficace, perché non parla al cuore e all'immaginazione. Affinché una religione sia capace di commuovere gli uomini e di educarli alla vita morale, occorre che faccia uso di tutto il bagaglio storico e «positivo» della rivelazione. Le religioni rivelate sono tappe nel cammino dell'educazione del genere umano: attraverso le religioni storiche si apprende progressivamente ad agire in modo morale, in un primo tempo solo per paura delle sanzioni, poi per amore del bene in se stesso. Non è quindi saggio criticare in modo radicale una religione positiva, come fanno gli illuministi, quando ancora la sua missione pedagogica non sia esaurita e la sua efficacia morale presso il popolo sia viva; è invece necessario farlo quando la credenza nei dogmi positivi e le pratiche esteriori del culto si siano fossilizzate in superstizioni. L'ultima tappa nel progresso dell'educazione del genere umano è la religione cristiana, che apre la via alla pura religione razionale. Nonostante la complessità della sua posizione, Lessing può essere considerato un illuminista: fu lui a pubblicare una parte dell'opera di Reimarus — un deista che aveva nascosto prudentemente il suo credo filosofico dietro una facciata ortodossa — presentandola come un manoscritto anonimo trovato nella biblioteca di Wolfenbüttel. Lo stesso Lessing si spinse probabilmente più in là di quanto non risulti dai suoi scritti (ma in questo senso è indicativa l'opera *Sulla realtà delle cose fuori di Dio*, 1760-65, che inclina molto verso una concezione panteistica). F.H. Jacobi, nelle *Lettere sulla dottrina di Spinoza* (1785), espone il contenuto di dialoghi avuti con Lessing, nel corso dei quali quest'ultimo si sarebbe dichiarato spinoziano. Questa rivelazione, che seguiva di poco la morte di Lessing, suscitò un grande scandalo data l'equivalenza, ormai divenuta luogo comune, tra spinozismo e ateismo. *M. Mo*

Leucippo (seconda metà del sec. V a.C.), filosofo greco. Sulla sua vita e le sue opere le notizie sono scarse e incerte, tanto che da parte di Epicuro fu messa in discussione la sua stessa esistenza. Tuttavia sia Aristotele sia Teofrasto attestano la sua storicità e danno anche alcune indicazioni sul suo pensiero (questa differenza di opinione tra gli antichi fu spiegata da H. Diels, *I frammenti dei presocratici*, II, 80, con la formazione del *corpus democriteum*, verso il sec. IV, in cui furono inserite anche le opere di Leucippo: per questo, a partire da quell'epoca, gli antichi non seppero più distinguere le teorie di Leucippo da quelle di Democrito e giunsero anche a mettere in dubbio l'esistenza del primo). Sembra che Leucippo fosse più giovane di Parmenide, più anziano di Democrito e contemporaneo di Empedocle e di Anassagora. Nato probabilmente a Mileto, sarebbe poi stato a Elea, discepolo di Parmenide o di Zenone, e ad Abdera, maestro di Democrito. Molto probabile è l'attribuzione a Leucippo di un'opera intitolata *L'ordinamento* o *Il grande ordinamento*; più incerta l'attribuzione di un'opera *Sull'intelletto*. Secondo le notizie di Aristotele e di Teofrasto, Leucippo formulò già tutte le principali teorie atomistiche, sviluppate poi da Democrito: la considerazione razionale, e non puramente empirica, della natura; la considerazione dell'essere eleatico come molteplice materiale (*pieno*) composto di particelle indivisibili (*atomi*); l'affermazione dell'esistenza del non essere (*vuoto*) e del movimento degli atomi nel vuoto; la concezione deterministica e meccanicistica della realtà; la formazione dei mondi mediante un movimento vorticoso di atomi, per il quale i più pesanti si separano dai più leggeri e si raccolgono al centro a formare la Terra. Quanto all'ordinamento degli astri, secondo Diogene Laerzio (IX, 33) Leucippo considerava la Luna come l'astro più vicino alla Terra e il Sole come quello più lontano, ponendo tutti gli altri astri tra questi due.

Lévinas, Emmanuel (Kaunas, 1905), filosofo francese di origine lettone. Si formò alla scuola di Husserl e di Heidegger. Di famiglia ebraica, fu internato in un campo di concentramento; dopo la guerra fu insegnante e direttore della Scuola normale israelita di Parigi e, dal 1973, professore alla Sorbona. Sviluppando il tema husserliano dell'oltrepassamento dell'oggettività in direzione della coscienza costituente, Levinas giunge ad affermare la necessità di superare anche questa per accedere a una relazione più originaria del rapporto di → intenzionalità. In questo sviluppo della fenomenologia il suo itinerario si affianca a quello di Heidegger, dal quale tuttavia si differenzia per il primato accordato al punto di vista etico rispetto a quello ontologico. La filosofia di Levinas, largamente ispirata a temi biblici ed ebraici, muove da una contestazione della tradizione ontologica del pensiero occidentale come ricerca di una teoria *generale* dell'essere, dominata dal principio della totalità. La totalità, in quanto negazione dell'alterità, è infatti fonte di egemonia, egoismo e violenza. Alla totalità va opposto il principio dell'alterità, il quale non può essere colto dalla ragione, che tende piuttosto a identificare e quindi a negare le differenze. Esso si manifesta originariamente solo nel rapporto etico, cioè in un rapporto in cui l'alterità dell'altro uomo sia radicalmente riconosciuta e rispettata. Questa relazione — che precede e fonda l'uso della ragione e del linguaggio — rompe la continuità dell'essere, introducendo una dimensione di infinità e di trascendenza, nei limiti della quale soltanto riacquista senso l'idea di Dio. L'etica è anche l'unica via attraverso la quale si può ridare senso alla soggettività. Secondo Levinas, il soggetto come identità piena e forte deve sì perdersi, ma solo per farsi «soggetto» all'altro uomo; e nella responsabilità inalienabile di fronte a lui consiste la sua identità. Le sue opere più importanti sono: *Totalità e infinito* (1961); *Altrimenti che essere* (1974). Tra gli altri suoi scritti si ricordano: *La teoria dell'intuizione nella fenomenologia di Husserl* (1930); *Dall'esistenza all'esistente* (1947); *Difficile libertà. Saggio sul giudaismo* (1963); *Dal sacro al santo* (1977).

Lévi-Strauss, Claude (Bruxelles 1908), antropologo francese.

• *Vita e opere.* Nato in Belgio da genitori francesi, trascorse l'infanzia e la prima giovinezza a Parigi, dove si laureò in filosofia nel 1931. Dopo un breve periodo d'insegnamento nei licei, venne invitato a ricoprire la cattedra di sociologia all'università di San Paolo. Durante il soggiorno in Brasile, dal 1934 al 1939, effettuò due spedizioni etnografiche nel Mato Grosso e in Amazzonia, ricavandone un'esperienza cui resterà sempre legato e che lo indurrà a scegliere l'americanistica come propria specializzazione in campo antropologico. Tornato in Francia nel 1939, si trasferì a New York nel 1941, dove ebbe modo di studiare a fondo, soprattutto attraverso R. Lowie, la scuola di antropologia culturale fondata da F. Boas e di conoscere il linguista russo R. Jakobson, dalle cui lezioni sulla fonologia trarrà il metodo dell'analisi strutturale e ricaverà ispirazione per quell'analogia tra linguistica e antropologia che costituirà poi il nucleo centrale del suo strutturalismo. Tornato definitivamente a Parigi nel 1947, venne nominato vicedirettore del Musée de l'Homme. Nel 1949 effettuò un viaggio in Pakistan per conto dell'UNESCO; nel 1950 succedette a M. Leenhardt nella cattedra di «religioni comparate dei popoli senza scrittura» presso l'Ecole des Hautes Etudes; nel 1959 venne nominato titolare anche della cattedra di antropologia sociale presso il Collège de France e nel 1973 fu eletto all'Académie Française. La sua notorietà è dovuta non solo al fatto di aver fatto conoscere in Francia (e indirettamente in altri paesi, fra cui l'Italia) il concetto di cultura quale era stato elaborato dall'antropologia statunitense, ma anche alle accese discussioni che le sue teorie suscitarono negli anni Sessanta tra filosofi, storici, sociologi, linguisti e critici letterari allorché in esse si vide il nucleo di un nuovo indirizzo di metodo e di pensiero, lo strutturalismo, avverso allo storicismo.

Fra i suoi numerosi scritti rivestono particolare importanza: *La sociologia francese* (1945), un saggio in cui Lévi-Strauss fa i conti con la propria formazione sociologica, basata sullo studio di E. Durkheim e M. Mauss, alla luce dell'antropologia culturale statunitense; *La vita familiare e sociale degli indiani nambikwara* (1948), uno studio monografico su una popolazione del Mato Grosso; *Le strutture elementari della parentela* (1949), il libro fondamentale del primo Lévi-Strauss, che espone una vasta indagine comparativa sui sistemi di parentela dell'Australia, dell'India, della Cina e delle Americhe; *Introduzione all'opera di M. Mauss* (1950), un'analisi del pensiero del sociologo che Lévi-Strauss riconosce come il proprio maestro; *Razza e storia* (1952), una critica del razzismo e del carattere etnocentrico dell'idea di progresso propria della civiltà occidentale; *Tristi Tropici* (1955), un racconto di viaggio che ripercorre le spedizioni etnografiche compiute in Mato Grosso e Amazzonia venti anni prima; *Antropologia strutturale* (1958), una raccolta di saggi, per la maggior parte teorici e metodologici, scritti a partire dal 1945; *Elogio dell'antropologia* (1960), prolusione inaugurale al Collège de France, nella quale l'autore chiarisce in che senso l'antropologia sociale sia per lui sinonimo di una scienza generale dei segni o semiologia; *Colloqui* (1961), conversazioni radiofoniche che riassumono le sue principali posizioni teoriche; *Il totemismo oggi* (1962) e *Il pensiero selvaggio* (1962), due studi correlati, fra i più importanti del Lévi-Strauss maturo, che confutano i concetti di totemismo e di mentalità primitiva, giudicandoli etnocentrici, e gettano le basi per intendere anche gli aspetti non verbali delle culture come altrettanti sistemi di segni semiologicamente analizzabili; *Il crudo e il cotto* (1964), *Dal miele alle ceneri* (1966), *L'origine delle buone maniere a tavola* (1968) e *L'uomo nudo* (1971), quattro volumi, raccolti sotto il titolo comune di *Mitologica*, dedicati all'analisi strutturale della mitologia delle due Americhe; *Antropologia strutturale due* (1973), una nuova raccolta di saggi; *La via delle maschere* (1975), un'analisi strutturale delle maschere rituali americane.

• *L'antropologia strutturalista, le sue componenti e il significato filosofico*. Tre scuole diverse, come già s'è accennato, confluiscono nello strutturalismo di Lévi-Strauss: la sociologia francese di E. Durkheim e M. Mauss, l'antropologia culturale di F. Boas, R. Lowie e A. Kroeber, e la linguistica strutturalista di R. Jakobson. Lévi-Strauss ritiene infatti che il contrasto tra il positivismo di Durkheim, assertore dell'esistenza di leggi e costanti in sociologia così come in qualsiasi scienza della natura, e il particolarismo storico di Boas, difensore della diversità irriducibile di ciascuna cultura in nome della irripetibilità del suo processo di formazione, possa essere superato purché si estenda all'antropologia la teoria sostenuta in linguistica da Jakobson, secondo la quale la struttura costante di una lingua è data dal sistema di differenze che intercorre fra i suoi termini. Allo stesso modo, conclude Lévi-Strauss, le costanti universali delle società umane che cercava Durkheim non devono essere individuate in ciò che le culture dei vari popoli hanno in comune, bensì nel carattere sistematico delle relazioni fra quelle loro differenze che Boas con tanta tenacia giustamente privilegiava rispetto alle generiche analogie. In termini epistemologici ciò significa che le vere costanti non sono rappresentate dalle apparenti e generiche somiglianze, bensì dalla invarianza nascosta delle relazioni intercorrenti tra le variabili. Con questo metodo Lévi-Strauss ritiene di poter isolare alcune costanti universali di tutte le culture che chiama «strutture dello spirito umano» oppure «inconscio».

Sul piano filosofico questa ricerca di invarianti lo conduce a scontrarsi anzitutto con lo storicismo, che giudica unico e irripetibile ogni evento storico. Per Lévi-Strauss invece la storia è una serie di variazioni meramente contingenti entro la gamma di possibilità offerta da strutture che restano costanti, atemporali. Ciò implica anche, in contrasto con una filosofia della storia divenuta in Occidente senso comune, che non esistono alcuna evoluzione sociale e alcun progresso, se non come mera illusione etnocentrica di chi guarda al passato credendo che esso abbia avuto il compito di preparare il suo presente. Lévi-Strauss ritiene inoltre, in polemica con la fenomenologia e l'esistenzialismo, che il senso vissuto che ciascun soggetto ha della propria cultura sia solo un ostacolo alla scoperta delle strutture invarianti di quest'ultima e debba pertanto essere posto rigorosamente in parentesi, almeno all'inizio della ricerca, dal momento che non esiste alcun metodo della comprensione vissuta che sia proprio delle cosiddette scienze dello spirito e opposto al metodo della spiegazione secondo leggi qual è praticato dalle scienze della natura.

• *Il metodo strutturale e le sue applicazioni*. Attenuando sempre più l'opposizione fra natura e cultura, ancora pienamente accettata nei primi scritti, Lévi-Strauss giunge nella sua fase più matura ad affermare, in polemica con J.-P. Sartre, che compito dell'antropologo è studiare gli uomini dall'esterno, con distacco, come se fossero formiche. L'analogia di metodo e di oggetto fra linguistica e antropologia implica inoltre che le società vengano considerate come insiemi di individui messi in comunicazione mediante vari aspetti della cultura costituenti altrettante forme di linguaggio. Secondo Lévi-Strauss infatti gli uomini comunicano non solo mediante la lingua propriamente detta, ma anche mediante altri aspetti non verbali della cultura, i quali — grazie a un sistema di opposizioni fra i loro termini analogo a quello delle lingue — funzionano come veri e propri «sistemi simbolici». La cucina, per es., usa al posto delle parole termini come crudo e cotto; i sistemi totemici simboleggiano le differenze tra i clan attraverso specie differenti di animali; i tabù alimentari, sessuali e verbali, invece, simboleggiano analoghe differenze sociali imponendo a ciascun gruppo o individuo una differente proibizione. Così, l'antropologia si trasforma in semiologia e le culture in insiemi di linguaggi verbali e non verbali.

Lévi-Strauss ha applicato questo metodo soprattutto a due ambiti di ricerca: alle strutture elementari della parentela e all'analisi dei miti e delle maschere rituali. Nel primo caso, ha cercato di dimostrare che il tabù universale dell'incesto non ha alcun fondamento biologico, bensì una funzione esclusivamente sociologica: la proibizione di sposare donne consanguinee costringe infatti i gruppi umani a scambiarsi le donne, a comunicare mediante le donne, e perciò stesso a instaurare una rete di rapporti interfamiliari che, essendo più vasta di quella consentita da un mero istinto naturale di tipo gregario, costituisce il primo nucleo della cultura, il primo elemento di differenza tra l'uomo e l'animale. Nel secondo caso, Lévi-Strauss ha cercato di ricostruire, attraverso una vasta analisi comparativa, quali strutture nascoste di termini in opposizione abbiano consentito ai miti e alle maschere rituali delle popolazioni indigene delle due Americhe di funzionare come codici, emettenti messaggi capaci di regolare la vita di quelle società pur restando largamente inconsci ai loro membri. *S. Na.*

Lévy-Bruhl, Lucien (Parigi 1857-1939), storico della filosofia ed etnologo francese. Insegnò storia delle idee della Germania moderna all'Ecole des Sciences Politiques e in seguito, nel 1899, fu chiamato a succedere a E.-E. Boutroux alla Sorbona. Fu anche, dal 1916, direttore della «Revue philosophique». Come storico della filosofia, Lévy-Bruhl si occupò soprattutto di Leibniz, F.H. Jacobi e Cartesio; più tardi, sotto l'influenza del pensiero di Comte e di E. Durkheim, si rivolse alla sociologia, nella forma estesa e profondamente caratterizzata dalle ricerche etnologiche e psicologiche che questa aveva in Francia. Ricollegandosi alla teoria di Durkheim sulle «rappresentazioni collettive», propose una definizione della «mentalità primitiva» (*La mentalità primitiva*, 1922) intendendola come essenzialmente «mistica»: essa muove dalle impressioni sensibili (che sonò le stesse per i primitivi e per noi), ma, dopo questa prima esperienza del reale, ne ricerca le cause in direzione diversa rispetto alla mentalità europea. Vivendo in un mondo in cui egli sente presenti e attive innumerevoli potenze occulte, il primitivo considera il mondo visibile e il mondo invisibile come un'unica realtà, nella quale gli avvenimenti del mondo visibile dipendono in ogni istante dalle potenze dell'invisibile (di qui l'importanza che nelle culture primitive assumono i sogni, i presagi, la divinazione, i sacrifici, gli incantesimi, la magia). La causa reale, per i primitivi, è dunque «causa mistica», e il loro atteggiamento fondamentale è «prelogico», non certo perché rifletta una sorta di stadio anteriore alla formazione del pensiero logico, ma perché non si muove secondo i nostri principi di identità e di non-contraddizione, ma obbedisce in primo luogo a una «legge di partecipazione», mirando cioè a stabilire connessioni emozionali tra oggetti ed esseri. La mentalità primitiva è perciò connessa con la categoria affettiva del soprannaturale, per cui molte rappresentazioni senza rapporti logici trovano unità nell'insieme di emozioni che le sollecitano.

Nella conoscenza-esperienza dei primitivi, insomma, il dato reale, pur riconosciuto nei suoi tratti specifici, è percepito e assunto nelle sue valenze simboliche. «Se i primitivi — osserva Lévy-Bruhl — percepiscono l'immagine diversamente da noi, è perché essi percepiscono diversamente anche il modello. Noi afferriamo in quello i caratteri oggettivi, reali, e non afferriamo che essi: per es. la forma, la grandezza, le dimensioni del corpo, il colore degli occhi ecc. Ma per il primitivo, la cui percezione è orientata diversamente, questi caratteri oggettivi, anche se egli li coglie come noi, non sono il più delle volte che i veicoli di forze occulte, di potenze mistiche e tali che ogni essere vivente può manifestarne» (*Le funzioni mentali nelle società inferiori*, 1910). Tale tesi, qui applicata alle immagini in senso materiale (per es. quelle degli antenati), è estensibile, secondo Lévy-Bruhl, a ogni altra espressione simbolica; un'interpretazione, questa, che l'autore non modificò neppure nei *Quaderni* (dove pure egli espresse riserve sulle proprie idee circa il prelogismo, anche in seguito alle critiche mossegli per aver collocato i primitivi in una fase «inferiore» a quella «logica» dei popoli cosiddetti civili). Pur variamente discusse e criticate, le intuizioni di Lévy-Bruhl hanno lasciato una traccia profonda negli studi antropologici e psicologici, e oggi è possibile collocare la «partecipazione mistica» in un vasto arco di fenomeni culturali, presenti in tutte le società, ivi inclusa quella occidentale. Opere principali: *L'idea di responsabilità* (1884); *La Germania dopo Leibniz* (1890); *La morale e la scienza dei costumi* (1903); *Le funzioni mentali nelle società inferiori* (1910); *La mentalità primitiva* (1922); *L'anima primitiva* (1927); *Il soprannaturale e la natura nella mentalità primitiva* (1931); *I quaderni* (postumi, a cura di M. Leenhardt, 1949).

Lewin, Kurt (Mogilno, Posnania, 1890 - Newton, Massachusetts, 1947), psicologo statunitense di origine tedesca. Studiò nelle università di Friburgo, Monaco e Berlino. In quest'ultima città divenne uno dei membri più attivi del movimento gestaltista (→ *Gestaltpsychologie*). Rispetto a M. Wertheimer, K. Koffka e W. Köhler, interessati quasi esclusivamente allo studio della percezione, Lewin si caratterizzò per il suo interesse per i processi motivazionali e interpersonali. Nel 1934 si trasferì negli Stati Uniti per sfuggire alle leggi naziste antisemitiche. Condusse nell'università dello Iowa una serie di esperimenti di psicologia sociale con soggetti in età infantile, e quest'attività, per il suo carattere pionieristico, gli meritò la direzione di un centro di ricerche sulla dinamica di gruppo presso il prestigioso Massachusetts Institute of Technology a partire dal 1944. Dopo la morte di Lewin il centro continuò a funzionare, divenendo uno dei punti di forza della psicologia sociale nordamericana e internazionale. Nelle sue opere principali (*Teoria dinamica della personalità*, 1935, e *Principi di psicologia topologica*, 1936) Lewin sviluppa la propria «teoria del campo» (che applica al comportamento interpersonale i principi strutturali evidenziati dai gestaltisti nello studio della percezione) e compie un'analisi epistemologica della psicologia che lo conduce a rifiutare il metodo classificatorio e l'elaborazione statistica.

Lewis, Clarence Irving (Stoneham, Massachusetts, 1883 - Cambridge, Massachusetts, 1964), logico e filosofo statunitense. Professore all'università della California e alla Harvard University, come logico è noto soprattutto per la sua critica dell'analisi classica del → condizionale e per i sistemi alternativi che egli elaborò, detti dell'«implicazione stretta», in seguito interpretati come sistemi di logica modale (→ modalità).

In epistemologia, il punto di vista di Lewis è che non ha senso parlare di conoscenza là dove non esiste possibilità di errore; la conoscenza deve essere falsificabile, e pertanto non può consistere nell'apprensione del dato sensibile (nella quale l'errore non è possibile) ma, al contrario, inizia al livello di asserzioni della forma «Dato *X*, se *Y* allora *Z*», dove *X* è un certo dato sensibile, *Y* è una certa azione e *Z* un certo altro dato sensibile (per es., «Data questa macchia di colore, se giro la testa la macchia scompare»); tali asserzioni infatti, pur essendo ancora relative a dati, comportano una previsione e pertanto sono falsificabili. Per quanto riguarda la conoscenza a priori (quella cioè rispecchiata in discipline quali la logica e la matematica), Lewis, oltre ad asserire che la sua natura è puramente definitoria, sottolinea kantianamente la sua importanza nella formulazione della struttura del mondo in quanto oggetto di esperienza. Egli afferma però che tale struttura concettuale non è immutabile: anche le leggi logiche, infatti, possono cambiare, e l'unico criterio della loro accettabilità è l'efficienza pragmatica. Anche i giudizi etici, secondo Lewis, non hanno un carattere empirico; la loro validità, infatti, si fonda su una scelta: quella di seguire la ragione nelle proprie azioni piuttosto che farsi guidare dalla modalità affettiva dell'esperienza immediata (piacevole-spiacevole).

Opere principali: *Sommario di logica simbolica* (1918); *La mente e l'ordine del mondo* (1929); *La logica simbolica* (1932, con C.H. Langford); *Un'analisi della conoscenza e della valutazione* (1946).

Lewis, David (Oberlin, Ohio, 1941), filosofo statunitense. Insegna all'università di Princeton. Ha contribuito, con interventi originali e brillanti, alla discussione relativa a vari problemi di filosofia del linguaggio e filosofia della logica. Nel suo primo libro (*La convenzione*, 1969) ha utilizzato l'apparato concettuale della teoria dei → giochi per precisare la nozione di convenzione e chiarire in che modo essa possa gettare luce sulla natura del linguaggio. In *Controfattuali* (1973) ha messo a punto una ingegnosa analisi dei cosiddetti 'condizionali controfattuali' (enunciati come: 'Se il Colosseo fosse in Antartide, sarebbe pieno di pinguini'). Secondo Lewis il significato di un condizionale 'Se A, B' può essere esplicitato mediante la parafrasi seguente: 'Esiste un mondo possibile m in cui A e B sono veri tale che nessun mondo in cui sono veri A e non-B è più simile di m al mondo reale'. Circa la natura dei → mondi possibili, Lewis sostiene una posizione nota come 'realismo modale', illustrata con ampiezza nel volume *Sulla pluralità dei mondi* (1986): i mondi possibili non sono costrutti linguistici o concettuali, come molti hanno affermato, ma godono di uno status ontologico autonomo. Va ricordato, infine, il saggio *Parti di classi* (1991), in cui Lewis ha proposto una riformulazione 'mereologica' (cioè secondo una teoria delle parti) della teoria degli insiemi.

liberalismo, la concezione politica che fa valere il principio della libertà individuale. Più che un sistema di pensiero ben definito, il liberalismo è un atteggiamento intellettuale e morale che sottolinea con forza il valore positivo della libertà individuale intesa non come mera negazione di ogni autorità (libertà negativa), ma come autonomia o capacità di obbedire a norme razionali che scaturiscono dall'intimo dell'uomo. Ponendo la fonte dell'autorità e della legge nell'individuo, il liberalismo si oppone dunque a forme di conservatorismo sociale fondato sull'arbitrio o su convenzioni consuetudinarie. Al di là di questo senso generale, è difficile individuare un significato univoco di liberalismo, e si deve riconoscere che in genere con tale termine si indica una prospettiva sociale e politica diversa a seconda dell'obiettivo polemico di volta in volta considerato. La vita umana richiede norme che rendano possibile la cooperazione sociale necessaria per garantire un adeguato livello di vita: in un senso, con «liberalismo» si indica un modo di individuare queste norme sociali. Mentre i sostenitori delle tradizionali prospettive religiose (soprattutto i cattolici) sostengono che tali norme sono «date» indipendentemente dalla volontà umana, in quanto sono stabilite da un'autorità assoluta e indiscutibile, sia essa l'«ordine naturale» o una rivelazione divina o la tradizione, per il liberalismo tutte le relazioni sociali sono «artificiali», nel senso che dipendono dalla volontà umana; perciò la vita sociale dipende da una sorta di «contratto sociale» (come ha sostenuto J. → Locke, uno dei padri del liberalismo), o da qualche altra forma di relazione umana. In questo senso il liberalismo è un portato tipico dell'epoca moderna e sembra essere ormai una conquista stabile della civiltà occidentale.

Anche tra chi riconosce che le norme sociali dipendono dall'uomo, restano dissensi circa il modo di individuare tali norme e intendere la società. Secondo la concezione dell'«olismo so-

ciale» la società è più della somma dei singoli individui, per cui può darsi che alcuni individui siano in posizione tale da individuare le norme adeguate richieste dalla società come ente «sopra-individuale» e abbiano l'autorità di imporle al resto della società, indipendentemente dalle maggioranze. Il liberalismo in genere nega ogni forma di «olismo sociale»; e in questo senso, quindi, si oppone al comunismo e al fascismo, e afferma lo stato democratico-rappresentativo con la divisione dei poteri e l'affermazione della sovranità popolare. Spesso il liberalismo si associa all'individualismo e si fa garante della difesa dei diritti individuali contro l'oppressione della collettività, soprattutto i diritti di proprietà, di libertà di parola e di associazione.
In modo ancor più specifico si intende per liberalismo la prospettiva che difende il *laissez faire*, ossia la manifestazione spontanea delle forze economiche, negando allo stato l'autorità di intervento in materia sociale. Tuttavia, vari autori liberali hanno osservato che la politica del *laissez faire*, praticata senza vincoli, può generare gravi difficoltà sociali e hanno riconosciuto allo stato una funzione più ampia di quella meramente difensiva, dando origine a varie forme di liberal-socialismo. *Ma. Mo.*

libero arbitrio, espressione che nel linguaggio teologico, da Agostino in poi, designa la → libertà della scelta o del volere umano. Ma in che cosa questa consista, o in che senso essa sia o non sia ammissibile, è naturalmente anche un problema filosofico. In termini assai vaghi, la libertà del volere è già riconosciuta da Platone e da Aristotele come fondamento della responsabilità morale; e questo nesso libertà-responsabilità si è mantenuto nel pensiero occidentale, fino a oggi. Nella prospettiva cristiana, il problema drammatico è come conciliare il libero arbitrio della creatura con l'onnipotenza del creatore, la sua prescienza e la sua provvidenza, oltre che con dottrine come quella della predestinazione e quella della grazia. I grandi conflitti su questo problema, con la polarizzazione netta delle tesi contrapposte, si ebbero nel sec. V, col contrasto fra Pelagio (→ pelagianesimo) e Agostino, e nei secc. XVI e XVII, col contrasto fra Erasmo e Lutero, e poi fra molinisti (o molinismo) e giansenisti (→ giansenismo) in campo cattolico e fra → arminiani e gomaristi (→ gomarismo) in campo calvinistico. In seguito all'affermarsi del determinismo nella scienza moderna, il problema si impose anche sul terreno strettamente razionale: se ogni evento è determinato univocamente dai suoi antecedenti causali, secondo le leggi universali della natura, come pensare che almeno alcune delle scelte degli uomini siano libere? La risposta negativa da parte di Hobbes e Spinoza non chiuse affatto il dibattito al riguardo, che proseguì infatti, in questi termini, almeno fino a Kant, il quale sostenne la risposta contraria a quella di Hobbes e Spinoza. Nella *Critica della ragion pratica*, infatti, Kant distingue fra il mondo fenomenico, nel quale vige il determinismo più stretto, come richiesto dall'universalità della categoria della causalità, e il mondo intelligibile («noumenico»), nel quale sarebbe invece possibile l'iniziativa autonoma dell'uomo.
L'alternativa che attraversa tutto il pensiero teologico e filosofico occidentale e ancora è presente nelle discussioni contemporanee (che si svolgono soprattutto nell'ambito della filosofia analitica) può essere riassunta così: «libero arbitrio» significa solo assenza di costrizione, ossia siamo liberi ogniqualvolta non siamo indotti a una scelta in contrasto con quelle che sarebbero altrimenti le nostre preferenze? Oppure, perché una scelta sia libera, è necessario di più, e cioè una capacità di scegliere anche in contrasto con le proprie preferenze, senza essere univocamente determinati dal proprio carattere per un verso e per un altro verso dalle circostanze in cui avvenga la scelta? La difficoltà della prima soluzione è se sia ancora giustificata, con essa, l'imputazione della responsabilità: basta che un uomo scelga in accordo con le proprie preferenze — anche se queste sono completamente determinate in senso causale, dato il suo carattere ecc. — per ritenerlo responsabile? La difficoltà della seconda soluzione è che essa richiede necessariamente l'indeterminismo, almeno per quanto attiene alla volontà umana, anche se normalmente essa non s'esaurisce in questo (nel qual caso si avrebbe un mero casualismo); ma anche la capacità di autodeterminazione da parte della volontà umana, che viene aggiunta al presupposto indeterministico, è giudicata da molti filosofi come una nozione intrinsecamente oscura.

libero esame, espressione designante un criterio di interpretazione della Sacra Scrittura sganciato da qualunque autorità. I cattolici nel fervore della polemica accusarono i protestanti di averlo applicato alla Bibbia in conseguenza del loro rifiuto del magistero ecclesiastico. Ma i protestanti, affermando che la Sacra Scrittura è «da sola interprete di se stessa», non sostennero il libero esame, ma l'assistenza personale dello Spirito Santo, come garanzia della retta interpretazione della Sacra Scrittura, quella garanzia che il magistero della chiesa cattolica rivendicava per sé. Poiché i riformatori si accorsero ben presto che la testimonianza dello Spirito Santo non era sufficiente per mantenere l'unità di interpretazione biblica in seno al protestantesimo, giunsero alla redazione di professioni di fede, affermando indirettamente un'interpretazione ecclesiastica ufficiale. Il libero esame non fu sostenuto, quindi, dalle chiese della riforma, ma dalle correnti radicali del protestantesimo, come i sociniani (→ socinianesimo), che, affidando al metodo storicofilologico la comprensione della Bibbia, respingevano ogni interpretazione autoritativa, o come gli anabattisti, che facevano appello all'illuminazione diretta dello Spirito Santo al di sopra della stessa lettera della Bibbia. Anche il protestantesimo liberale nel sec. XIX e nei primi decenni del sec. XX ha applicato con radicalità il principio del libero esame.

libero spirito, movimento religioso diffuso nei secc. XIII-XV prevalentemente nell'area compresa tra la Francia del nord, i Paesi Bassi, la Germania e la Boemia. Caratteristica del movimento (in realtà un insieme di gruppi scarsamente collegati fra loro) era la certezza nutrita dagli adepti (fratelli e sorelle del libero spirito) di aver raggiunto l'autodivinizzazione attraverso l'ascesi mistica e la perfezione della vita apostolica: fondandosi sull'espressione di san Paolo «ubi Spiritus Domini, ibi libertas», essi ritenevano di essere giunti a un grado tale di perfezione da trovarsi nella libertà di compiere qualsiasi gesto senza peccare. In realtà è difficile stabilire sin dove li abbia condotti tale certezza; i loro accusatori denunciarono insistentemente la pratica dei rapporti sessuali fuori del matrimonio; il libertinismo sarebbe stato, per gli aderenti al libero spirito, il segno della raggiunta emancipazione spirituale rispetto alla legge.

Il gruppo italiano, denominato «movimento degli apostolici», guidato prima da Gherardo Segarelli e poi dal suo discepolo fra Dolcino, operò tra la fine del sec. XIII e gli inizi del XIV. Appartenenti a un gruppo detto «spirito di libertà» sono segnalati, negli stessi anni, in alcuni conventi francescani umbri. Denunciati da santa Chiara di Montefalco, furono processati nel 1307 da Ubertino da Casale, nominato giudice istruttore; il loro capo, Bentivenga da Gubbio, fu condannato al carcere a vita. Dopo la bolla *Dilectus Domini* (1311) con cui Clemente V condannò gli errori del movimento, le tracce dello «spirito di libertà» divengono inconsistenti.

libertà, in generale, lo stato in cui un soggetto può agire senza costrizioni o impedimenti e possedendo la capacità di determinarsi secondo un'autonoma scelta dei fini e dei mezzi adatti a conseguirli. A seconda del campo in cui la scelta si esercita, si può parlare di libertà morale, giuridica, politica, religiosa, economica, di pensiero ecc. La questione filosofica della libertà, già presente nel pensiero greco, trova il suo maggiore sviluppo nella speculazione cristiana e nel pensiero moderno.

• *La libertà nel pensiero antico.* Nel mondo greco il concetto di libertà concerne l'ambito politico e l'ambito mitico-religioso. Nel primo senso i greci, e poi anche i romani, parlarono di libertà della *pólis* o della *res publica*. Come osservò Hobbes (*De cive*, X, 8), gli antichi concepirono la libertà in relazione alla potenza e all'autonomia dello stato, piuttosto che in relazione agli individui. Tuttavia i greci e i romani esaltarono anche la libertà del cittadino fornito di pieni diritti politici, in quanto non sottomesso, come accadeva in particolare negli stati assolutistici dell'oriente, al potere dispotico del re o del tiranno. Tale concetto di libertà si definiva pertanto in riferimento alla schiavitù personale e politica, condizione indegna di una natura umana pienamente realizzata. In un secondo senso la nozione di libertà era assunta in relazione al concetto di fato, in quanto ordine cosmico predestinato al quale anche gli dei devono soggiacere. In questo caso libertà significava per l'uomo accettazione del destino e adesione alla legge dell'armonia universale. Questa tematica, espressa nella poesia arcaica e nella tragedia, venne elaborata filosoficamente dagli stoici, che la trasmisero al pensiero successivo. Con l'età della sofistica si sviluppò il tema della responsabilità morale: dalle tesi paradossali svolte da Gorgia nell'*Encomio di Elena* (dalle quali si ricava la totale soggezione dell'incolpevole volontà umana agli agguati del caso, agli impulsi delle passioni e al volere degli dei) alle tesi socratiche in cui il bene e il male sono ricondotti alla conoscenza della vera felicità (sicché il peccato è un'involontaria conseguenza dell'ignoranza). L'analisi tematica della libertà del volere è svolta nel modo più dettagliato da Aristotele nell'*Etica nicomachea* (III, 1), con argomentazioni divenute classiche. Volontaria e libera è, secondo Aristotele, quell'azione che ha origine nell'agente (e non da costrizione esterna) in base a una conoscenza adeguata di tutte le circostanze particolari dell'azione medesima. Questa concezione razionale del volere libero ebbe ulteriori sviluppi in Plotino (*Enneadi*, VI, 8), il quale, correggendo Aristotele, aggiungeva alla conoscenza delle circostanze particolari dell'azione anche una conoscenza universale volta al Bene ultimo, ossia all'Uno divino. Il problema del libero volere si specificava così come opposizione dell'anima agli impulsi sensibili e come adesione a un Bene soprasensibile che conservava echi platonici, ma che soprattutto si avvicinava alla concezione cristiana della libertà.

• *Libertà, grazia, salvezza.* Il pensiero cristiano rivoluzionò profondamente il concetto classico di libertà, definendolo in opposizione, non alla schiavitù politica ed esteriore, ma alla schiavitù interiore generata dal peccato originale. Il problema della libertà si accentra sulla volontà buona, piuttosto che sull'intelletto, e chiama in causa la grazia divina come indispensabile strumento di liberazione dell'uomo. La volontà, corrotta dal peccato di Adamo, non potrebbe liberarsi dalla schiavitù del corpo senza l'intervento divino e la rigenerazione operata dal Cristo (san Paolo, Lettera ai Romani, 7, 24-25). La libertà dell'uomo viene posta pertanto in relazione con il giudizio finale, al di là del tempo e della storia, e con il regno dei cieli, essendo invece la vita terrena caratterizzata da una schiavitù mai del tutto eliminabile nei confronti del male, della violenza e della colpa. Quale sia però il rapporto tra libertà umana e grazia divina e come si debba intendere il → libero arbitrio diviene allora un tema lungamente dibattuto e fonte di accese polemiche: dal *De libero arbitrio* di sant'Agostino al *De praedestinatione* di Scoto Eriugena, alla *Summa theologiae* (I, 83) di san Tommaso, sino alla celebre polemica tra Erasmo (*De libero arbitrio*) e Lutero (*De servo arbitrio*), polemica proseguita tra gli stessi luterani e calvinisti e tra questi e i cattolici (L. Vives, *De anima et vita*; F. Suárez, *Metaphysicae disputationes*).

• *La libertà tra razionalismo ed empirismo.* Il pensiero filosofico moderno, ereditando la problematica religiosa cristiana, ha sviluppato il concetto di libertà in due fondamentali direzioni, l'una riconducibile al razionalismo spiritualistico cartesiano e l'altra alla tradizione empiristica. Cartesio definisce la libertà non come semplice «libero arbitrio di indifferenza» (come dicevano i tardi scolastici), ma come scelta concreta che apre la via, mediante il dubbio, alla ricerca della verità (*Principia*, I, 41). In opposizione a questa concezione speculativa, Hobbes definisce invece la libertà come «assenza di ogni impedimento al moto»: ognuno cioè «gode di una maggiore o minore libertà secondo l'ampiezza dello spazio di cui dispone per muoversi» (*De cive*, IX, 9); la libertà concerne dunque il potere di agire (*De corpore*, 25, 12), come in seguito sottolineeranno anche Locke (*Saggio sull'intelletto umano*, II, 21) e Hume (*Ricerca sui principi della morale*, VIII, 1). Tale considerazione puramente negativa della libertà ebbe ulteriori sviluppi nel pensiero illuministico, da E.B. de Condillac (*Dissertazione sulla libertà*) a A.-L.-C. Destutt de Tracy (*Elementi di ideologia*, IV). Alle concezioni lockiane si oppose Leibniz, il quale nei *Nuovi Saggi* (II, 21, 21) osservò che «quando si discute intorno alla libertà del volere o del libero arbitrio, non si domanda se l'uomo possa far ciò che vuole, bensì se nella sua volontà vi sia sufficiente indipendenza». Anche Leibniz tuttavia incontrò non poche difficoltà nella definizione positiva del libero volere, per la dipendenza della sua posizione dalla filosofia spinoziana. Spinoza infatti, in opposizione alla tradizione cristiana e con una ripresa di temi stoici e neoplatonici, nega la libertà individuale dell'uomo. Solo la sostanza è libera in quanto è in grado di causarsi da sé (→ *causa sui*), il che compete unicamente a Dio. L'uomo è solo un mero «modo» della sostanza, e il modo può solo «immaginare» di essere libero, come una pietra che prenda coscienza del suo moto e scambi tale coscienza con la causa del muoversi. Allo stesso modo l'uomo immagina di volere liberamente i propri impulsi; mentre libertà è un cammino di liberazione da ogni immaginazione e passione, sino a raggiungere l'unità con la legge necessaria della sostanza (*Ethica*, V, 3). Leibniz condivide il concetto spinoziano di libertà come autonomia (*Saggi di teodicea*, 46), ma si propone nel contempo di mantenere il concetto cristiano di libertà individuale e di responsabilità personale, metafisicamente fondato sul concetto di monade. La libertà assegnata alle monadi urta peraltro contro il concetto di «armonia prestabilita», intesa come ordine dell'universo scelto da Dio secondo il criterio del minor male possibile. Non si vede allora né come le monadi, impossibilitate a contravvenire a tale ordine, possano rendersi responsabili delle loro azioni, né come Dio possa scegliere altrimenti che il migliore tra i vari mondi logicamente possibili.

• *Libertà, ragione, storia.* Queste difficoltà insite nella tradizione razionalistica ed empiristica motivarono la netta separazione kantiana tra mondo dell'esperienza e mondo della libertà: fenomenico il primo e noumenico il secondo. Per Kant della libertà non si dà esperienza, poiché quest'ultima è rigorosamente deterministica. Tuttavia nulla vieta di pensare che le cose in se stesse, e anzitutto l'anima, obbediscano a una causalità libera. Questa possibilità diviene necessità di fronte a ciò che Kant chiama il «fatto della ragione», ovvero di fronte alla presenza — nell'uomo — della legge morale. Poiché l'uomo si considera responsabile delle proprie azioni, egli deve necessariamente *postulare* la propria libertà, in quanto non avrebbero senso doveri e divieti se in qualche modo la volontà non fosse libera («Devi, dunque puoi»: *Critica della ragion pratica*, II, 2). Il concetto kantiano di libertà come «postulato della ragion pura pratica» si mantiene peraltro su un piano puramente formale, restando inibita all'impostazione criticistica ogni definizione contenutistico-speculativa della libertà. Contro tale formalismo il pensiero romantico, da F.H. Jacobi a Fichte e a Schelling, mirò a identificare concretamente la libertà con l'essenza metafisica del sentimento, dell'Io puro, dell'Assoluto, riavvicinandosi però, soprattutto con Schelling, alla posizione panteistica di Spinoza. Tale tendenza trova in Hegel il suo culmine, in quanto la libertà viene da lui identificata con l'essenza razionale della realtà e della storia. È propriamente in quest'ultima che Hegel indica il luogo della realizzazione della libertà, in quanto processo che attraversa le istituzioni politiche, dal dispotismo orientale alle monarchie costituzionali dell'Europa moderna. Al di sopra di questa libertà acquisita dall'uomo in forza della ragione storica e della sua «astuzia», Hegel pone però una più alta libertà, consistente nella trasformazione dell'intera realtà in verità spirituale, quale si attua attraverso l'arte, la religione e la filosofia. La libertà pertanto non concerne propriamente gli individui, ma lo Spirito Assoluto nel suo tornare a se stesso dopo e mediante l'alienazione nella natura e nella storia.

• *Libertà e finitezza dell'esistenza.* Opponendosi a Hegel, Kierkegaard ribadì la dimensione radicalmente individuale e personale del problema della libertà, sottolineandone i caratteri contraddittori e drammatici in modi da cui trassero poi ispirazione le correnti esistenzialistiche del Novecento. Da un lato l'uomo è l'essere della scelta e della decisione. Come Abramo che crede di ascoltare la voce di Dio, così ogni uomo non può sottrarsi alla chiamata che gli impone di dare un senso trascendente alle sue azioni. Da un altro lato però questa scelta si rivela impossibile, perché l'uomo è confinato nella singolarità accidentale della sua esistenza: ogni ragione e fondamento assoluto del suo scegliere gli rimangono indecifrabili e in ultimo destinati allo smacco. In questa paradossalità costitutiva sta nondimeno un varco verso la libertà autentica, che è abbandono religioso alla speranza nella salvezza in Cristo: uomo e Dio, morto in croce e risorto, la figura di Gesù è l'incarnazione emblematica del paradosso dell'esistenza umana. A sua volta Marx, in polemica con l'hegelismo, concepì la libertà non come un processo speculativo della ragione universale, ma come un processo di liberazione economica, politica e sociale il cui fine è quello di affrancare l'uomo dalla schiavitù del bisogno, della guerra, della lotta di classe, consentendo a ciascuno una concreta autorealizzazione materiale e spirituale. Il problema della libertà, ricondotto dalle varie correnti dello spiritualismo del Novecento alla tradizionale impostazione personalistica di ispirazione cristiana, è ancora al centro dell'esistenzialismo. Proprio nell'aspirazione sempre delusa alla libertà K. Jaspers ravvisa lo «scacco» dell'esistenza, mentre J.-P. Sartre sottolinea che la libertà caratterizza l'assurdità della condizione umana. L'uomo infatti è «condannato a essere libero» (*L'essere e il nulla*), in quanto la sua continua negazione del dato naturale non può trascendersi in un valore stabile e assoluto. La più profonda elaborazione del concetto esistenziale di libertà si deve a Heidegger, che riprende Kierkegaard e soprattutto Nietzsche. Quest'ultimo aveva sottolineato la coincidenza di libertà e *amor fati* libertà non è affermazione del volere né sua estinzione (come pensava A. Schopenhauer); libera è la volontà che impara a volere a ritroso, cioè a trasformare il «così fu» in «così volli che fosse» (*Così parlò Zarathustra*, II, 20). Libera è l'accettazione della vita nella sua fatalità necessaria. Anche in Heidegger la libertà si connette col problema del tempo; non però come accettazione del passato, ma come «decisione anticipatrice» rivolta all'evento futuro e necessario della morte (*Essere e tempo*, par. 62). Tale anticipazione consente la liberazione dalla quotidianità inautentica del vivere, legato a progetti fatalmente votati all'insignificanza e al fallimento, per aprirsi alla «chiamata dell'essere» e alla sua libertà. Libertà non è arbitrio della soggettività, ma disposizione dell'uomo ad accogliere la manifestazione dell'essere nell'ente, a «lasciarla essere» nel suo evento incontrollabile. E poiché la manifestazione dell'essere è la verità (*alétheia*) libertà e verità coincidono (*Dell'essenza della verità*, 4). *C. Si.*

libertini, termine solitamente riferito, non tanto agli esponenti di una precisa filosofia, quanto agli appartenenti a un movimento culturale composito che ebbe massima diffusione in Francia nel sec. XVII. L'origine del termine è tuttavia più antica e risale alle sette del → libero spirito sorte nel sec. XIII in Italia, Francia e Germania. Secondo i loro accusatori, queste sette propugnavano un panteismo teorico e una pratica amoralistica che consentiva un totale edonismo degli istinti, in particolare sessuali. Ulteriori propaggini di questi precedenti medievali furono la setta dei libertini francesi diffusasi a Lilla e a Parigi intorno al 1525 con la protezione di Margherita di Navarra, sorella del re Francesco I, e la setta dei libertini di Ginevra, entrambe combattute da Calvino sia con gli scritti sia con la persecuzione (celebre in proposito la condanna al rogo di Michele Serveto nel 1553). Questi libertini rinascimentali avevano in comune la tesi panteistica di uno Spirito animatore del mondo presente in ogni cosa e la convinzione che la redenzione operata dal Cristo restituisse all'uomo la possibilità della purezza e dell'ingenuità adamitica originarie, donde la liceità, per i membri della setta, di ogni azione conforme al desiderio. Queste tradizioni si intrecciarono nel rinascimento col naturalismo (Telesio, Campanella, Vanini), l'ermetismo panteistico (Bruno), la magia (Cardano) e l'atomismo di Epicuro.

È in riferimento a queste premesse culturali (cui si aggiunsero il materialismo di Hobbes e la scienza galileiana) che si sviluppò il movimento dei libertini (o liberi pensatori) del Seicento, i quali vanno considerati come un episodio rilevante della lotta per la difesa della ragione, in opposizione anche politica all'intolleranza del controriformismo cattolico allora in piena espansione. Vi parteciparono filosofi, letterati, magistrati, uomini politici, i quali operarono per lo più nascostamente, dando vita a pubblicazioni anonime e clandestine e a riunioni private di circoli ristretti e aristocratici che miravano a influenzare i vertici del potere, senza coinvolgere la pubblica opinione e l'ordine sociale. Il movimento libertino conobbe varie tendenze: dal gruppo degli «eruditi» dei circoli parigini che ebbe P. Gassendi come suo più noto esponente (e inoltre F. de la Mothe le Vayer, G. Naudé, É. Diodati, G. Patin) e che fu caratterizzato da un generale scetticismo nei confronti di ogni fede o credenza tradizionali, al gruppo dei «naturalisti» come Théophile de Viau, lo scrittore Cyrano de Bergerac (che si ispirò a Campanella da lui frequentato a Parigi) e ancora Gassendi, del quale è nota l'adesione all'atomismo epicureo. Comune a questi ultimi è la concezione dell'unità o continuità tra spirito e materia, che mette capo o a un panteismo naturalistico ostile a ogni concezione antropomorfica del divino, o a una forma di atomismo panpsichistico che elimina la differenza tra corpo e spirito, o infine a un vero e proprio ateismo materialistico.

Sono poi da considerarsi nella schiera dei libertini numerosi poeti francesi del Seicento (N. Vauquelin des Yveteaux, J. Vallée des Barreaux, Mme Deshoulières, J. Dehénault, F. Payot de Linières, l'abate di Choisy, l'abate di Chaulieu e altri), i quali, in composizioni spesso non pubblicate, esprimevano l'amore per la sincerità e l'avversione per l'ipocrisia, e la concezione edonistica della vita come ricerca della felicità attraverso le sensazioni e le emozioni. Le tesi più radicali del movimento libertino si trovano esposte nell'anonimo *Theofrastus redivivus*, trattato composto intorno al 1660 e che si collega al *De tribus impostoribus* medievale (attribuito a Federico II di Svevia, ma anch'esso anonimo): Dio non esiste; le religioni derivano dal timore superstizioso dei popoli e dalla consapevole impostura dei legislatori che se ne servono come *instrumentum regni*; l'uomo è un animale con l'unica prerogativa di possedere la parola (e a ciò si riduce l'anima); l'azione dell'uomo è interamente mossa dall'edonismo pratico; da questo deriva la legge naturale che si traduce in legge sociale secondo il principio di non fare agli altri ciò che non si vuole sia fatto a sé.

Il fenomeno del libertinismo, combattuto da Mersenne, Pascal e forse anche da Cartesio, è stato a lungo sottovalutato dagli storici. Negli studi più recenti esso appare come il tramite sotterraneo che collega strettamente il pensiero rinascimentale e l'ermetismo con gli aspetti irrazionalistici, mistico-umanitari, rivoluzionari e blasfemi dell'illuminismo, attualmente al centro dell'interesse storiografico. Inoltre il pensiero libertino, attraverso Fontenelle e Bayle, influì sull'aspetto più noto e «razionale» dell'illuminismo: dalle teorie liberali di Locke al deismo, alla scienza newtoniana, alla critica sociale, religiosa e politica di Voltaire e infine al materialismo di Helvétius, d'Holbach, Diderot e altri, secondo una linea di continuità che è da tempo studiata e riconosciuta.

libido, termine psicoanalitico che nell'accezione ortodossa freudiana indica l'energia corrispondente all'aspetto psichico della → pulsione sessuale, e pertanto distinta dall'eccitazione sessuale puramente somatica. La libido non esaurisce la dimensione pulsionale dell'individuo: difatti in una prima fase del pensiero freudiano essa viene distinta dalle pulsioni di autoconservazione, e in una seconda fase, caduta la suddetta distinzione, viene contrapposta alle pulsioni di morte. La libido può investire un oggetto esterno all'individuo («libido oggettuale») o l'individuo stesso («libido dell'Io» o «libido narcisistica»); quanto più aumenta la libido narcisistica, tanto più diminuisce la libido oggettuale, e viceversa. Dal punto di vista genetico la libido è inizialmente narcisistica, e solo successivamente si trasferisce sugli oggetti esterni all'individuo (persone e cose); in molti stati psicotici la libido oggettuale si ripiega interamente sull'Io (come nei deliri di grandezza), e in questo caso si parla di «narcisismo secondario». Fra il 1905, anno in cui compare *Tre saggi sulla teoria della sessualità*, e il 1923, anno in cui compare *L'organizzazione genitale infantile*, Freud articola e sviluppa in modo complesso la tematica relativa all'«organizzazione della libido». Quest'ultima consiste nella coordinazione delle pulsioni parziali, che di volta in volta pone in primo piano una determinata zona erogena e una determinata modalità di relazione oggettuale (fase fallica, genitale, libidica, orale, sadico-anale). Nel suo dispiegarsi, la libido si comporta talora in modo plastico, e talora in modo viscoso; nel primo caso essa si trasferisce con facilità da un oggetto all'altro e da una forma di soddisfacimento all'altra, secondo un modello di compensazione omeostatica; nel secondo caso, al contrario, essa si fissa a un determinato oggetto o fase e vi si stabilizza in modo più o meno accentuato. Plasticità e viscosità della libido costituiscono due caratteristiche differenziali degli individui; la seconda, inoltre, tende ad aumentare con l'invecchiamento biologico, e può rappresentare un serio ostacolo nell'ambito del processo terapeutico. Infine, Freud parla di «stasi della libido» per riferirsi al processo che precede la comparsa delle nevrosi o delle psicosi: la libido non riesce più a scaricarsi adeguatamente, e si accumula a livello intrapsichico, costituendo una sorta di serbatoio da cui i sintomi patologici attingeranno la loro energia.

Nella concezione junghiana il concetto di «libido» viene allargato fino a identificarsi con l'energia psichica in generale, ovvero con il «tendere verso» in quanto tale.

Liceo, scuola filosofica fondata da Aristotele; è detta anche Peripato (di qui l'appellativo di peripatetici con cui vengono talvolta designati i seguaci del maestro): Aristotele aveva, infatti, scelto come sede della sua scuola un edificio adiacente a un tempietto sacro ad Apollo Licio e a un giardino con un viale per il passeggio (in gr. *peripatêin* significa «passeggiare»). Dopo la morte di Aristotele, la direzione della scuola passò a Teofrasto di Ereso (sino al 288-286) e a Stratone di Lampsaco (sino al 272-268), sotto la guida dei quali la ricerca prese un indirizzo scientifico e naturalistico. Succedette poi Licone di Troade (sino al 228-224), che scrisse una *Storia del Peripato*. Con Critolao di Faseride e Diodoro di Tiro, la scuola si aprì a una filosofia di tipo eclettico. Dal sec. I a.C., gli appartenenti al Liceo si dedicarono anche alla raccolta, alla pubblicazione e al commento dei testi di Aristotele: dalla scuola stessa, quindi, uscirono i primi importanti commenti delle opere del maestro. Tra coloro che si distinsero in tale lavoro vanno ricordati soprattutto Andronico di Rodi, Alessandro di Afrodisia e Temistio.

Liebmann, Otto (Löwenberg, Slesia, 1840 - Jena 1912), filosofo tedesco. Insegnò a Strasburgo e a Jena. Nel celebre libro *Kant e gli epigoni. Un saggio critico* (1865), difendendo l'esigenza di tornare a Kant sostenne che il pensiero kantiano aveva trovato sviluppo in quattro direzioni fondamentali: la corrente idealistica (da Fichte a Hegel), quella realistica (Herbart), quella empiristica (Fries) e quella trascendente (Schopenhauer). Tutte queste correnti, però, lasciavano irrisolto il problema della «cosa in sé», oppure, per risolverlo, stravolgevano il senso originario del criticismo, perdendo di vista la grande lezione filosofica di Kant. Questa va individuata nell'«idealismo trascendentale», cioè nell'aver posto in luce la necessaria e insormontabile correlazione tra le forme soggettive, o condizioni a priori, dell'esperienza e l'oggettività del conoscere. Per Liebmann, Kant stesso tuttavia fu infedele al metodo trascendentale in quanto, definendo «apparenze» (*Erscheinungen*) i dati della sensibilità, fu poi indotto ad ammettere l'esistenza di una metafisica «cosa in sé» oltre e dietro l'esperienza. Nelle opere successive Liebmann si sforzò di applicare il genuino metodo trascendentale all'intero campo della filosofia: *La testimonianza individuale della libertà del volere* (1866); *La visione oggettiva* (1869); *Analisi della realtà* (1876); *La tradizione filosofica* (1883); *Il climax delle teorie* (1884); *Pensieri e fatti* (I, 1882-89; II, 1901-04); *Aforismi psicologici* (1892); *I. Kant* (1904).

Lietz, Hermann (Dumgenewitz, Rugen, 1868 - Haubinda, Turingia, 1919), pedagogista tedesco. Precorritore dell'attivismo pedagogico, fondò e diresse istituti educativi a Ilsenburg (per ragazzi dai 7 ai 12 anni), Haubinda (12-16 anni), Bierberstein (16-20 anni), organizzati come «libere comunità scolastiche» (*freie Schulgemeinden*). In esse gli allievi vivevano un'esperienza di vita semplice e comunitaria a diretto contatto con la natura e le attività della campagna, in opposizione alle carenze educative della famiglia-tipo e all'azione corruttrice della società urbana; questa pratica educativa era finalizzata al libero e positivo sviluppo della peculiare personalità di ogni fanciullo. Sulla formazione delle teorie pedagogiche di Lietz ebbe influenza determinante un suo soggiorno in Inghilterra (1896-97) presso la scuola di C. Reddie ad Abbotsholme: l'inverso del nome della località diede il titolo al libro che commenta tale esperienza inglese, *Emlohstobba* (1897). Ma lo spirito pedagogico di Lietz appare oggi affatto differente da quello di Reddie, perché si tinge di motivi deteriori come un esasperato patriottismo, il culto degli eroi della storia tedesca, un latente autoritarismo, e anche pregiudizi razziali antisemiti.

Altre opere: *La scuola nazionale tedesca* (1911); *Scuola agraria tedesca, principi e orientamenti* (1917).

lingua, uno dei codici verbali umani in cui e attraverso cui si realizza, in modi storicamente determinati, la facoltà del linguaggio (→ codice - messaggio; → linguaggio). L'insieme di proprietà che caratterizza una lingua come codice comprende la creatività sintattica e semantica (da intendere non solo come possibilità di costruire un numero infinito di messaggi diversi da un insieme di segni, o lessico, e da un insieme di regole di combinazione dei segni, o grammatica, ma anche come non chiusura dell'insieme del lessico e dell'insieme della grammatica; in altre parole, una lingua è un codice soggetto a cambiamenti e «sfumato»), la linearità o ordinamento lineare dei → significanti nei messaggi o enunciati, la doppia articolazione dei messaggi o enunciati (cioè il fatto che essi rivelino una prima segmentabilità in unità successive minime dotate di significato o → monemi — in altra terminologia, → morfemi, — a loro volta segmentabili in unità successive minime non dotate di significato, o foni: → fonemi), e infine l'oralità dei foni, la loro dipendenza dagli organi della fonazione e dell'udito (caratteristica delle lingue come codici orali è dunque la fonicità).

Come ogni codice, una lingua può essere studiata a livello morfologico (→ morfologia), sintattico (→ sintassi), semantico (→ semantica; → lessico) e pragmatico (→ pragmatica). In quanto codice orale essa può essere studiata a livello fonetico (→ fonetica) e fonologico (→ fonologia). Il fatto che una lingua sia modellizzabile come codice non deve far pensare che essa sia del tutto simmetrica e omogenea. Se da un lato una lingua è un sistema di possibilità, un sistema potenziale di risorse comunicative, delle quali solo una parte è effettivamente sfruttata nell'uso, e nulla impedisce che, nell'evoluzione storica della lingua, le possibilità inutilizzate vengano successivamente impiegate, dall'altro essa rivela un insieme di varietà o subcodici diversamente, quanto inconsapevolmente e «regolarmente», utilizzati dai parlanti (→ sociolinguistica). Per quanto concerne gli aspetti analitici della lingua si vedano: → paradigmatica - sintagmatica; → *langue - parole*; → competenza - esecuzione; → espressione - contenuto; → sincronia - diacronia; → tipologia linguistica; → universali linguistici ecc. Sulle articolazioni interdisciplinari delle ricerche linguistiche si vedano: → psicolinguistica; → sociolinguistica; → geolinguistica ecc. Confusi nell'antichità, nel medioevo e nei secoli successivi con la filosofia, la filologia e altre discipline, soltanto nel sec. XIX gli studi e le ricerche sulla lingua si sono dati un'identità propria, attraversata tuttavia da due tradizioni rivali come quella logicistica o razionalistica, risalente ad Aristotele, e quella empiristica e storicistica, impostasi nell'Ottocento con F. Bopp (si vedano: → linguaggio, filosofia del; → linguistica). Per un quadro completo delle concezioni e ricerche sulla lingua si vedano inoltre: → distribuzionalismo; → funzionalismo; → grammatica generativo-trasformazionale; → glossematica; → atto linguistico; → semiotica; → stratificazionalismo; → strutturalismo linguistico; → tagmemica, nonché le direzioni interdisciplinari di ricerca sopra richiamate.

linguaggio, termine usato sia per indicare uno o l'insieme dei codici umani (verbali, non-verbali, artificiali, formali, profondi) o anche animali (→ zoosemiotica) che trasmettono, conservano ed elaborano informazioni, sia per designare la facoltà del linguaggio (come la chiamò F. de Saussure) che si manifesta, attraverso codici, in messaggi, oltreché nei codici stessi (→ codice - messaggio; → semiotica). Come linguaggio si definiscono solitamente anche fenomeni, non sempre consci, di espressione e comunicazione a basso grado di codifica (ipocodificati), o di trasgressione o di invenzione di codici. Attraverso gli apporti di più discipline, dalla considerazione che la vita umana sarebbe inconcepibile senza linguaggio si è giunti progressivamente a quella per cui la vita stessa (umana, animale, vegetale) sarebbe impossibile senza linguaggio, cioè senza circolazione codificata o ipocodificata di informazione. Da questa concezione, che si potrebbe chiamare informazionalismo, alla riduzione di tutto a linguaggio, a segno (nuova versione del panlogismo o del logocentrismo nota come pansemioticismo) il passo è stato breve, quanto ingiustificato. Nell'interazione dell'organismo con l'ambiente (altri organismi inclusi) e con se stesso non va sopravvalutata, ma nemmeno sottovalutata, la componente informazionale, cioè la componente linguaggio. Ch. Morris ha proposto tre dimensioni di analisi di qualsiasi linguaggio o codice, definite rispettivamente → sintattica, → semantica e → pragmatica, a seconda che si considerino le relazioni *1*) tra le unità del linguaggio, *2*) tra unità del linguaggio (intese solo come significanti, nella terminologia saussuriana) e significati, e *3*) tra unità del linguaggio e utenti del linguaggio stesso. La distinzione di queste tre dimensioni non deve far dimenticare le loro correlazioni; inoltre, essa non considera una morfologia delle unità del linguaggio, cioè la forma o struttura delle unità sia dell'espressione, sia del contenuto (intesi secondo la terminologia di L.T. Hjelmslev: → espressione - contenuto). Sul linguaggio in psicologia si veda la voce psicolinguistica. *C. Pr.*

linguaggio, filosofia del, qualunque insieme di dottrine filosofiche aventi per oggetto il linguaggio umano o, più in generale, i sistemi di comunicazione elaborati dall'uomo. Una definizione più precisa sarebbe inopportunamente restrittiva, e soprattutto oscurerebbe la caratteristica essenziale della filosofia del linguaggio, che è quella di essere, oggi come nel passato, una disciplina di frontiera, posta all'intersezione di aree diverse della riflessione filosofica e della ricerca scientifica quali la metafisica, l'epistemologia, la logica, la linguistica, la semiotica. Mentre in Democrito si ha una concezione convenzionalistica del linguaggio — motivata con diverse considerazioni, dal carattere polisenso di certi nomi alla molteplicità di nomi per una sola cosa, alla variabilità dei nomi ecc., — il legame tra riflessione sul linguaggio e speculazione metafisica è particolarmente evidente in Platone e Aristotele, che considerano assolutamente legittimo e motivato il procedimento che consiste nel trarre conseguenze di natura ontologica da considerazioni relative alla struttura del linguaggio. Così, per es., per Platone è naturale dedurre, dall'osservazione che parole come «uomo» o come «bello» si applicano a più individui, la conseguenza che tutti i singoli uomini o tutte le singole cose belle partecipano di una medesima «idea», nominata appunto da quei termini generali e oggettivamente esistente. Allo stesso modo, Aristotele trae la convinzione della priorità ontologica delle sostanze individuali rispetto ad altre entità, come le qualità o le azioni, dall'osservazione linguistica della non autonomia grammaticale degli aggettivi e dei verbi (che non vengono mai usati isolatamente) contrapposta all'autonomia dei nomi. Tuttavia, in Aristotele la riflessione linguistica (sviluppata in particolare nel *De interpretatione*) è finalizzata soprattutto alla chiarificazione della sua teoria logica; vanno visti in questa luce sia la sua distinzione tra le categorie grammaticali del nome e del verbo o predicato, sia il suo riconoscimento del fatto che la verità e la falsità sono proprietà attribuibili solo alle frasi dichiarative o «apofantiche», in cui un attributo espresso da un verbo o dalla copula viene affermato o negato a proposito di un soggetto designato da un nome.

• *Il nome e la frase*. Nel pensiero di Platone, invece, il problema del linguaggio acquista un rilievo più autonomo. Il *Cratilo*, riprendendo temi già avanzati dai sofisti (in particolare Prodico e Ippia), ha come argomento la natura della relazione che intercorre tra i nomi e le cose da essi nominate: le cose hanno il loro nome «per natura» o «per convenzione»? Platone critica in primo luogo il convenzionalismo, che ha come conseguenza estrema la tesi secondo cui ciascuna cosa potrebbe essere convenzionalmente denominata con qualunque nome, e quindi non riesce a spiegare come mai, in una data lingua, per denominare una certa cosa viene ritenuto «corretto» un nome piuttosto che un altro. In secondo luogo viene esposta una versione non ingenua del naturalismo, secondo la quale ciò che fa di un nome il nome «corretto» di una cosa è il fatto che esso è l'incarnazione (diversa da una lingua all'altra) di un unico «nome ideale» della cosa, appartenente alla cosa stessa «per natura», e che quindi è lo stesso per ogni uomo. Però solo il filosofo, che conosce l'articolazione del sistema delle idee, è in ultima analisi in grado di giudicare della «correttezza» dei nomi. Anche nel *Parmenide* e nel *Sofista* Platone elabora prospettive originali sul linguaggio, dalla chiara distinzione tra la funzione semantica dei nomi e quella delle frasi (i primi denominano soltanto, le seconde asseriscono) alla tesi secondo cui, contrariamente a quanto sosteneva Parmenide, la verità di una frase va distinta dalla sua significanza e la sua falsità dall'essere priva di significato.

Una posizione a sé nel panorama dell'antichità occupa la filosofia del linguaggio degli stoici. Essi svilupparono innanzitutto un'accurata analisi grammaticale, distinguendo cinque parti del discorso: nomi («Socrate»), verbi, appellativi («uomo»), congiunzioni e articoli, e caratterizzando le loro funzioni sintattiche e semantiche. In secondo luogo elaborarono l'importante dottrina del *lektón* associato a ogni segno di una lingua e distinto tanto dal segno stesso quanto dall'oggetto cui il segno si riferisce, e caratterizzato come ciò che è significato dal segno, come ciò che i parlanti di quella lingua (e solo loro) sono in grado di apprendere tramite il segno. I *lektá* possono essere completi (come quelli associati alle frasi) o incompleti (come quelli associati al soggetto e al predicato di una frase); il *lektón* associato a una frase della forma soggetto-predicato è detto «proposizione» (*axioma*), ed è di esso che ha senso dire che è vero o falso, non della frase stessa. Ma le frasi possono esprimere *lektá* diversi dalle proposizioni, come comandi, divieti, domande, e anche più *lektá* simultaneamente.

• *Logica e riflessioni sul linguaggio nel medioevo.* A partire dal medioevo la filosofia del linguaggio comincia a emanciparsi dalla metafisica, pur continuando a rimanere sostanzialmente confusa con la logica. Mentre la posizione di Aristotele era stata ambigua riguardo alla natura dei predicati (entità linguistiche, mentali o extramentali?), cosicché i confini tra metafisica e logica erano rimasti alquanto sfumati, già i filosofi dell'alto medioevo sono espliciti nel considerare la logica come *scientia sermocinalis*, scienza del linguaggio. Questa nuova consapevolezza determinò un acuirsi dell'attenzione alle peculiarità strutturali delle lingue naturali; il risultato fu l'elaborazione di concezioni filosofico-linguistiche il cui grado di complessità e raffinatezza solo in questo secolo ha cominciato a essere apprezzato nella giusta misura. In effetti, quasi tutti i problemi più sottili e interessanti della filosofia del linguaggio contemporanea furono formulati e affrontati per la prima volta nel medioevo. I fenomeni della vaghezza e soprattutto dell'ambiguità del linguaggio vennero studiati analiticamente, e ciò determinò un crescente interesse verso i problemi determinati dall'uso delle parole *sincategorematiche* (come «e», «o», «non», «se», «ogni»), che non sono in grado di fungere da soggetti o predicati di una frase (come lo sono i nomi, i verbi, gli aggettivi, detti *categorematici*) e non hanno un significato autonomo, ma contribuiscono a modificare quello delle parole assieme alle quali occorrono, sono insomma «cosignificanti». Si sviluppò così un'ampia trattatistica sui *sofismi* e sugli *esponibili* (frasi di senso oscuro a causa dell'implicita presenza in esse di sincategorematici); e, in generale, i paradossi connessi con l'uso del linguaggio (in particolare il → paradosso del mentitore) ricevettero una crescente attenzione. Lo studio delle parole categorematiche (o *termini*), delle loro proprietà e dei loro modi di significare costituì l'altro grande filone della ricerca logico-linguistica medievale. In quest'area va ricordata soprattutto la dottrina della *suppositio*. La suppositio di un termine è l'interpretazione che di esso si dà in uno specifico contesto d'uso; può essere *propria* oppure *impropria*, come quando il termine viene impiegato in uno dei vari usi figurati (metaforico, metonimico, antonomastico e così via); la suppositio propria può essere *formalis* o *materialis*, secondo che il termine si riferisca all'entità extralinguistica cui normalmente è inteso riferirsi (come in «Carlo è un uomo») o a se stesso come entità linguistica (come in «Carlo ha cinque lettere»): una classificazione, questa, che precorre la moderna distinzione tra uso e menzione di un termine, e tra linguaggio oggetto e metalinguaggio. La suppositio formalis è detta *personalis* quando il termine si riferisce alle entità individuali cui si applica in virtù del suo significato; a sua volta la suppositio personalis può essere *determinata* (come in «Qualche uomo corre»), *confusa et distributiva* (come in «Ogni uomo è razionale», da cui seguono «Carlo è razionale», «Luigi è razionale» ecc.) e *confusa tantum* (come quella di «una donna» in «Ogni uomo ama una donna», da cui *non* segue che c'è una specifica donna amata da ogni uomo).

• *Riflessioni sul linguaggio ed epistemologia: l'età moderna.* Il panorama dei problemi filosofici connessi al linguaggio era ormai assai ampio e articolato nel medioevo, al punto che Giovanni di Salisbury poteva affermare che «la grammatica è la culla di tutta la filosofia» mentre i *modisti*, sostenitori di un'ontologia desunta dalla struttura del linguaggio (*grammatica speculativa*), esaltavano la portata universale della ricerca linguistica con l'affermazione che «rispetto alla *sostanza* la grammatica è la stessa in tutte le lingue, sebbene vari *accidentalmente*».

Con il rinascimento e l'età moderna la filosofia del linguaggio acquista una propria autonomia anche rispetto alla logica, accostandosi però sempre di più all'epistemologia (o, specialmente in certe fasi della cultura europea come il romanticismo e il primo Novecento, alla problematica dell' → estetica). L'interesse di filosofi come Locke e Berkeley, Maupertuis e Condillac, gli «idéologues» e J. Bentham nei confronti del linguaggio verte dichiaratamente sulla natura epistemologica della relazione semantica di denotazione: che cosa denotano le parole? La risposta lockiana, divenuta classica nella filosofia del linguaggio moderna, è che le parole stanno per idee nella mente di chi le usa. Oltre a essere ampiamente discussa, elaborata e criticata dai filosofi posteriori, questa risposta sollevava a sua volta quesiti epistemologici di ordine più generale: quali relazioni ci sono tra il linguaggio e l'acquisizione di conoscenze? Il linguaggio ha come funzione principale quella di comunicare conoscenze, come voleva Locke, oppure quella di analizzare il pensiero, come afferma Condillac, oppure addirittura quella di consentire il costituirsi nell'uomo di un universo concettuale articolato? Quest'ultima posizione fu vigorosamente sostenuta, in un clima filosofico ormai molto lontano da quello empirista e illuminista, da W. von Humboldt, secondo il quale «l'uomo circonda se stesso di un mondo di suoni al fine di assimilare il mondo degli oggetti»; ed è stata ripresa nel Novecento da E. Cassirer, nel contesto di una concezione filosofica in cui svolgono un ruolo centrale appunto il linguaggio e le altre «forme simboliche».

Ma nel panorama del Seicento e del Settecento emergono anche temi nuovi, più strettamente collegati alla ricerca logica e destinati a essere ripresi e sviluppati nel Novecento. Il progetto leibniziano di una *characteristica universalis*, cioè di una sorta di alfabeto simbolico del pensiero umano che permetta di estendere le nostre conoscenze mediante il semplice calcolo razionale, poneva il problema dei rapporti tra lingue naturali e lingue artificiali, e quindi il problema dell'esistenza o meno di una struttura logica delle lingue naturali, indagabile mediante la costruzione di modelli artificiali; emergeva così il concetto di *grammatica universale* o *logica*, implicito anche in certe formulazioni della filosofia cartesiana e variamente elaborato da filosofi come A. Arnauld e C. Lancelot (nella *Grammatica* di Port-Royal), Du Marsais, Condillac, A. Destutt de Tracy, J.H. Lambert; quest'ultimo arrivò per tale via a concepire il progetto di una *semiotica* o teoria generale dei segni, progetto sviluppato indipendentemente, nella seconda metà dell'Ottocento, da Ch.S. Peirce.

• *Riflessioni sul linguaggio e logica matematica. I giochi linguistici.* L'inizio del Novecento segna, con la nascita della logica matematica, un riavvicinamento della filosofia del linguaggio alla logica stessa. Da G. Frege a B. Russell, a Wittgenstein, tutti i più importanti filosofi del linguaggio di questo secolo sono anche, o soprattutto, dei logici. Tra i fondamentali contributi di Frege vanno ricordati almeno i seguenti: *1*) l'ampliamento del concetto matematico di funzione fino a comprendere tra le funzioni i concetti espressi dai predicati delle lingue naturali; *2*) la netta distinzione ontologica tra oggetti e concetti, con la conseguente distinzione tra la funzione dei nomi propri e quella dei predicati; *3*) la distinzione tra la denotazione e il senso delle espressioni linguistiche, distinzione non priva di analogie con quelle tra estensione e comprensione, estensione e intensione, denotazione e connotazione dovute, rispettivamente, a Arnauld, Leibniz e J.S. Mill, ma sviluppata da Frege in modo sistematico e da lui utilizzata per affrontare un tipico problema della filosofia del linguaggio attuale: quello rappresentato dai cosiddetti contesti *referenzialmente opachi* (come «è necessario che», «*x* sa che», «*x* crede che» ecc.), nei quali non vale il principio leibniziano noto come «indiscernibilità degli identici» (→ identità). Non va però dimenticato che l'atteggiamento generale di Frege nei confronti della possibilità di individuare una precisa struttura logica nelle lingue naturali era sostanzialmente pessimistico. Ben diverso l'atteggiamento di Russell e del primo Wittgenstein, per i quali l'esigenza essenziale era appunto quella di individuare, al di sotto della struttura grammaticale degli enunciati del linguaggio ordinario, la loro struttura *logicamente ideale*. La teoria delle → descrizioni di Russell, per es., era destinata in primo luogo a eliminare, con le descrizioni stesse, uno degli ostacoli più gravi che si opponevano a questo programma.

Ma a partire dagli anni Trenta, Wittgenstein cambia radicalmente prospettiva: non esiste qualcosa che si possa chiamare l'«essenza» del linguaggio; questo non è che un insieme di pratiche particolari, di *giochi linguistici*, che non presentano analogie strutturali significative ma al più una «somiglianza di famiglia»; quanto più cerchiamo di individuare nel linguaggio ordinario la struttura di un linguaggio ideale, tanto più perdiamo di vista la sua struttura effettiva, che richiede di essere descritta anziché analizzata. Posizioni come queste, oltre a quelle di G.E. Moore e J.L. Austin, influirono profondamente su quelli che sono stati chiamati «filosofi del linguaggio ordinario»: P.F. Strawson, G. Ryle, J. Wisdom e altri. *G. Us.*

• *La teoria del significato.* All'inizio degli anni Sessanta la semantica delle lingue naturali sembrava non aver fatto passi avanti decisivi rispetto a *Significato e necessità* di R. Carnap (1947). In quest'opera, il filosofo aveva cercato di rendere rigorose le nozioni di denotazione e senso proposte da Frege, sostituendo loro le due nozioni di *estensione* (ciò che un'espressione linguistica designa) e *intensione* (la funzione che determina ciò che un'espressione designa — dunque la sua estensione — in ciascuna situazione o «mondo possibile»). Il concetto intuitivo di significato linguistico corrisponde all'intensione: conoscere il significato di un'espressione, infatti, è sapere che cosa essa designa in ciascuna situazione. Per es., comprendere un enunciato dichiarativo è sapere in quali circostanze, ovvero a quali condizioni, esso è vero, cioè quali sono le sue *condizioni di verità*. Carnap aveva usato le sue nozioni di intensione ed estensione per analizzare il significato degli enunciati modali (→ modalità), mostrando che essi rispettano il *principio di composizionalità* di Frege, secondo cui il significato di un'espressione complessa è funzione dei significati dei suoi costituenti. L'analisi di Carnap, tuttavia, non verteva direttamente sul linguaggio naturale, ma su linguaggi artificiali costruiti in modo da rispecchiare certe proprietà del linguaggio naturale. Restava sullo sfondo la convinzione — condivisa dal fondatore della semantica formale, A. Tarski — che il linguaggio naturale fosse troppo disordinato, incoerente e anarchico per ammettere una semantica precisa. Inoltre, le nozioni centrali della semantica carnapiana subivano la critica distruttiva di W.V.O. → Quine, secondo cui la nozione di significato era irrimediabilmente oscura, e quella di intensione (essendo definita, in ultima analisi, in termini di mondi possibili) era coinvolta nelle insuperabili antinomie della modalità, che inficiavano la stessa logica modale e la sua semantica (la «semantica dei → mondi possibili»).

Questi limiti e queste critiche vennero, se non superate, accantonate dall'opera di R. → Montague. Alla fine degli anni Sessanta, Montague diede vita a un programma di ricerca in cui un linguaggio naturale (l'inglese) era trattato a tutti gli effetti come un linguaggio formale (→ grammatica di Montague). Le novità e i pregi del lavoro di Montague (il fatto che per la prima volta venisse analizzato in modo diretto il significato di un ampio frammento di una lingua naturale, l'assoluto rigore della formalizzazione, l'ingegnosità di molte soluzioni per il trattamento di particolari espressioni e strutture sintattiche) ne fanno ancor oggi il più maturo programma di ricerca sul linguaggio naturale elaborato in sede di filosofia del linguaggio. L'altra importante proposta teorica della fine degli anni Sessanta, la *teoria della conversazione* di H.P. → Grice, non si presenta come alternativa al programma di Montague e più in generale alla semantica modellistica, ma come sua integrazione: Grice intende mostrare che molti interventi in una normale conversazione hanno un contenuto comunicativo che eccede (ma include) le condizioni di verità degli enunciati in cui si esprimono.

La teoria di Montague, peraltro, non era esente da problemi: essa non trattava in modo soddisfacente gli *enunciati di atteggiamento proposizionale* (→ credenza, enunciati di), non si occupava di nessi testuali (per cui non forniva un trattamento adeguato dei fenomeni di anafora), non diceva quasi nulla sul lessico (cioè sul significato delle parole singole: la grammatica di Montague dà conto del modo in cui i significati dei costituenti determinano il significato di un enunciato, ma non del significato dei costituenti stessi: non distingue, per così dire, tra 'gatto' e 'tavolo'). Da un altro punto di vista, gli enti teorici di Montague non avevano *contenuto cognitivo*: le operazioni di determinazione del significato non corrispondevano, né si presumeva dovessero corrispondere, a processi di costruzione della *comprensione* del significato da parte di una mente. Le difficoltà del primo tipo diedero luogo a numerosi tentativi di riforma e proposte teoriche parzialmente alternative, la più nota delle quali è la *semantica situazionale* di J. Barwise e J. Perry (*Situazioni e atteggiamenti*, 1982): un elaborato tentativo di risolvere — tra gli altri — il problema degli atteggiamenti proposizionali interpretando gli enunciati come riferentisi a *situazioni* complesse e strutturate, anziché a valori di verità (come nella semantica di Frege, e anche in Montague). La teoria di Barwise e Perry presenta qualche analogia con la teoria della *rappresentazione del discorso* di H. Kamp, che però è più nettamente orientata in senso cognitivo: nata per risolvere problemi di anafora, la teoria di Kamp vuole in qualche modo rispecchiare la costruzione (mentale) di una rappresentazione del contenuto del discorso che si comprende. Per questo aspetto, essa si avvicina a proposte di semantica cognitiva di altra origine.

• *La teoria del riferimento diretto.* Lo schema teorico fregeano (senso-denotazione), fatto proprio da Carnap e poi da Montague, viene messo in crisi parzialmente, ma in modo radicale, nella prima metà degli anni Settanta dal lavoro di S. Kripke e H. Putnam. Le loro tesi, e quelle degli altri sostenitori della teoria del riferimento *diretto* (non mediato da contenuti cognitivi del tipo dei sensi di Frege) sono strettamente intrecciate con la tesi generale del *realismo*: il significato di un enunciato si identifica con le sue condizioni di verità, e queste sono determinate assolutamente: "X è P" è vero o falso a seconda di come è fatto il mondo, indipendentemente dal fatto che lo sappiamo o no, e dal modo in cui possiamo o non possiamo accertarlo. Contro il realismo, M. → Dummett ha sostenuto che se una teoria del significato deve render conto della *comprensione* del linguaggio e quindi della nostra capacità di *usare* espressioni linguistiche, essa non può non mettere in primo piano le condizioni a cui un enunciato è *asseribile* da un parlante: se conoscere il significato equivale a saper usare, comprendere un enunciato è (anzitutto) conoscerne le *condizioni di asseribilità*. Gli anni Settanta hanno visto un intenso confronto tra la posizione di Dummett (caratterizzata come «antirealismo») e quelle dei sostenitori del realismo e della semantica basata sulle condizioni di verità, tra cui spicca D. → Davidson.

• *Intelligenza artificiale e semantiche cognitive.* Insistendo sul fatto che la semantica deve render conto della comprensione del linguaggio, Dummett esprimeva un'esigenza comune anche a ricercatori di provenienza e interessi diversi. Per questi studiosi (psicologi cognitivi, linguisti, ricercatori dell'→ intelligenza artificiale) la comprensione del linguaggio è un processo mentale, e dar conto del suo contenuto — il significato — è dare una teoria dell'elaborazione del linguaggio da parte di una mente, umana o artificiale. In ambito informatico, la proposta che emerge più spesso è quella della *semantica procedurale* (T. Winograd, Y. Wilks, W.A. Woods): il significato di un'espressione linguistica è il suo contributo alla costruzione di una rappresentazione interna del discorso in cui compare ed è, quindi, una procedura di costruzione (o un modificatore di procedure). Altri, come Ph. Johnson-Laird (*Modelli mentali*, 1983), hanno inteso modellare direttamente il funzionamento della mente umana quando comprende; le loro teorie tengono conto dei dati empirici sulle prestazioni dei soggetti umani in vari compiti di elaborazione del linguaggio. Altri ancora, come G. Fauconnier (*Spazi mentali*, 1985), hanno introdotto (presunte) rappresentazioni mentali come costrutti teorici utili a spiegare fenomeni linguistici altrimenti difficili da trattare.

La ricerca attuale in filosofia del linguaggio sembra dominata dalla valutazione di queste nuove teorie e dalla ricerca di un nuovo paradigma, che unisca il rigore di Montague alla plausibilità cognitiva propugnata dai teorici della comprensione. *D.Ma.*

linguistica, la scienza che ha per oggetto le lingue (→ lingua). Se al termine «scienza» diamo l'accezione che esso ha oggi, diremo che la linguistica è nata non prima del sec. XIX, con lo sviluppo della grammatica comparativa; ma se relativizziamo il concetto ai paradigmi di scientificità propri di ciascuna epoca, dovremo riconoscere che lo studio scientifico del linguaggio, perlomeno nel mondo occidentale, risale all'inizio stesso della speculazione filosofica.

• *La codificazione della «grammatica tradizionale».* Nel mondo greco, infatti, furono i filosofi i primi a porsi interrogativi sulla natura del linguaggio: il problema affrontato da Platone nel *Cratilo* è appunto se tra i nomi e le cose da essi nominate ci sia un rapporto «convenzionale» o «naturale» (→ linguaggio, filosofia del). Il dibattito tra convenzionalisti e naturalisti proseguì a lungo, stimolando lo studio dell'etimologia delle parole (alla ricerca del loro nesso «naturale» con le cose nominate) e trasformandosi, attorno al sec. II a.C., nella disputa sulla regolarità o irregolarità del linguaggio. I convenzionalisti erano inclini a sottolineare la presenza nel linguaggio — frutto di una convenzione — di principi di regolarità (*analogia*) quali i paradigmi di formazione di molte classi di parole, mentre i naturalisti mettevano in luce l'importanza dell'*anomalia*, dell'irregolarità (esemplificata dai fenomeni della sinonimia, dell'omonimia ecc.), e rivendicavano la necessità di una maggiore attenzione all'uso linguistico effettivo. Un nuovo impulso allo sviluppo degli studi linguistici venne dalla duplice esigenza, avvertita dai grammatici alessandrini dei secc. III e II a.C., di ricostruire con esattezza la lingua degli autori classici e di preservare il greco dalla minaccia della corruzione. L'efficacia di questo impulso non va sottovalutata, se è vero che motivazioni analoghe (cioè la necessità di ricostruire e preservare la lingua dei testi sacri della tradizione indù) determinarono lo sviluppo, in India, di una tradizione di studi linguistici che è forse la più importante dell'antichità e che culminò nell'opera di Pāṇini (sec. IV a.C. ca), autore di una grammatica del sanscrito che per esaustività, coerenza interna ed economia di formulazione è rimasta insuperata. Nel periodo alessandrino viene definitivamente codificata quella che oggi si suole chiamare «grammatica tradizionale», elaborata nel corso di sei secoli da numerosi autori, tra cui vanno ricordati almeno Platone, Aristotele, gli stoici e gli stessi grammatici alessandrini, da Dionisio Trace ad Apollonio Discolo. Se Platone fu il primo a fare un'esplicita distinzione tra le categorie dei nomi e dei verbi, Aristotele vi aggiunse quella delle congiunzioni, e gli stoici definirono cinque categorie grammaticali (verbo, nome comune, nome proprio, congiunzione, articolo), caratterizzarono la nozione di caso e introdussero distinzioni fondamentali come quelle tra attivo e passivo e tra verbi transitivi e intransitivi; Dionisio Trace distinse ulteriori «parti del discorso» (pronomi, avverbi, participi, preposizioni) e compose la prima grammatica sistematica pubblicata in Occidente. La somiglianza tra greco e latino assecondò senz'altro l'idea che le categorie grammaticali individuate dai greci fossero universali e connaturate all'essenza del linguaggio; in effetti i grammatici del periodo romano (si ricordano Varrone, Elio Donato e Prisciano) non ebbero difficoltà a utilizzare tali categorie nell'analisi grammaticale della lingua latina.

Nel medioevo il quadro della grammatica tradizionale non subì modifiche rilevanti, mentre si accentuò l'interesse filosofico nei confronti del linguaggio, analizzato allo scopo di desumere le categorie grammaticali da quelle della logica e della metafisica. La *grammatica speculativa* medievale si configurava quindi come una vera e propria ontologia del linguaggio, che cercava nelle varie parti del discorso funzioni corrispondenti alle categorie aristoteliche di materia, forma, sostanza ecc., e in tal modo tentava di cogliere nella struttura del linguaggio il «riflesso» della struttura del reale. Ma le parole non diventano parti del discorso (e quindi non arrivano a rappresentare la realtà) se non assumendo un «modo di significazione», e quindi la grammatica è essenzialmente una teoria delle parti del discorso e dei loro *modi significandi* (per questo i grammatici del sec. XIII vengono spesso chiamati «modisti»).

• *Dalla grammatica speculativa al metodo comparativo.* L'atteggiamento nei confronti del linguaggio mutò radicalmente con il rinascimento: da un lato si sviluppò un grande interesse per le lingue «volgari» dei vari paesi europei, delle quali venne riconosciuta la dignità letteraria e culturale (come del resto aveva già fatto Dante nel *De vulgari eloquentia*) e venne studiata la struttura grammaticale; d'altro lato il latino si trasformò, da strumento universale della comunicazione culturale quale era stato nel medioevo, in oggetto di studio filologico e di recupero letterario, simbolo e componente essenziale, assieme al greco e all'ebraico, dei valori della cultura classica. Tutto questo determinò, nel periodo rinascimentale, la presa di coscienza della dimensione sociale e storica del linguaggio: tale consapevolezza è testimoniata dai numerosi dibattiti sulla questione della lingua: si pensi, in Italia, ai contributi di P. Bembo, P.F. Giambullari, L. Castelvetro e S. Speroni, autore del *Dialogo de le lingue* (1542 ca); e va ricordato il *De causis linguae latinae* (1540) di G.C. Scaligero, primo tentativo di grammatica scientifica del latino. A partire dal sec. XVII l'influsso del pensiero cartesiano provocò una rinascita degli ideali della grammatica speculativa, e in particolare dell'idea di elaborare una *grammatica universale*; si spiega così l'enorme influenza esercitata dalla *Grammatica generale e ragionata* (1660) di A. → Arnauld e C. Lancelot, più nota come *Grammatica di Port Royal*, alla quale in Italia si oppose G.B. Vico; ma opere di questo tipo si collocano più nell'area della filosofia del linguaggio che in quella della linguistica.

In campo specificamente linguistico va ricordato che alla fine del sec. XVIII risale l'importante scoperta del fatto che tra sanscrito, latino e greco esiste, secondo le parole di W. Jones (1786), «una affinità più stretta [...] di quella che avrebbe potuto essere prodotta dal caso», tale quindi da richiedere una spiegazione. È da questa scoperta che trae origine la *grammatica comparativa*, volta sia a studiare i processi attraverso i quali da una lingua originaria si sono sviluppate lingue diverse, sia a determinare i criteri che permettono di postulare una parentela tra lingue diverse. Uno degli strumenti essenziali allo sviluppo del metodo comparativo fu la cosiddetta legge di Grimm, che postulava una «rotazione dei suoni» (avvenuta in epoca preistorica) per render conto del vasto complesso di mutamenti fonetici che aveva trasformato l'originario sistema consonantico indoeuropeo in quello germanico. La teoria di Grimm e le numerose leggi fonetiche che a essa seguirono, integrandola e generalizzandola, da una parte mostrarono la fecondità dell'approccio comparativo (che diede i suoi frutti nelle opere di F. Bopp, K.R. Rask, H. Paul, K. Brugmann, B. Delbrück), e dall'altra misero chiaramente in luce la presenza di regolarità nel mutamento linguistico e in particolare fonetico. Parallelamente, W. von → Humboldt elaborava una teoria linguistica destinata a esercitare una profonda influenza sugli sviluppi successivi della ricerca. Verso il 1875 la fiducia nelle leggi del mutamento linguistico era così assoluta che un gruppo di studiosi (A. Leskien, W. Scherer, Brugmann, Paul, H. Osthoff), divenuti poi noti con il nome di «neogrammatici», poteva dichiarare che «i mutamenti fonetici [...] procedono in accordo a leggi fisse che non ammettono deroghe se non in accordo ad altre leggi», e sanciva in tal modo l'adozione di metodi assolutamente rigorosi nello studio scientifico del linguaggio. Una posizione a parte, ma di grande rilievo, nella linguistica dell'Ottocento è occupata da A. Schleicher, che, fortemente influenzato dalla filosofia hegeliana e dalle teorie di Darwin, giunse a una concezione del linguaggio come organismo naturale, suscettibile di essere studiato scientificamente proprio perché retto da leggi oggettive: era quindi possibile, attraverso il metodo comparativo, giungere a una classificazione tipologica delle lingue. Queste apparterrebbero a tre tipi fondamentali: isolante, agglutinante e flessivo, caratterizzati dai diversi rapporti che in ciascuno intercorrono tra forma e significato; ciascun tipo va visto anche, secondo Schleicher, come un momento dello sviluppo dialettico del linguaggio, dalla primitiva fase isolante fino al culmine della fase flessiva. Una critica radicale all'indirizzo neogrammatico fu mossa da H. Schuchardt, il quale, sottolineando il valore creativo dell'attività linguistica del parlante, apriva la via alla cosiddetta linguistica idealistica, che trovò alimento anche nel pensiero di B. Croce (K. Vossler, L. Spitzer; e, in Italia, M. Bartoli, G. Bertoni ecc.). Ai neogrammatici si oppose anche G.I. Ascoli.

• *La rivoluzione strutturalista: Saussure.* Agli inizi del Novecento la linguistica conosce una vera e propria rivoluzione metodologica con l'opera di F. de → Saussure. Alcune fondamentali distinzioni da lui introdotte nel *Corso di linguistica generale* (1916), come quelle tra → *langue* e *parole*, tra → sincronia e diacronia, tra rapporti sintagmatici e associativi (→ paradigmatica-sintagmatica) e alcune tesi di fondo, come quella dell'arbitrarietà del segno, erano destinate a rinnovare radicalmente il paradigma scientifico della linguistica, polarizzando l'interesse degli studiosi verso le caratteristiche *strutturali* del linguaggio, concepito come un sistema di entità interrelate che non è possibile caratterizzare se non in modo differenziale, cioè facendo riferimento ai rapporti di opposizione o di equivalenza tra loro intercorrenti. La metafora spesso usata da Saussure per rappresentare la *langue* era quella del gioco degli scacchi: a uno stato del gioco corrisponde uno stato di *langue*, per passare da uno stato all'altro — da una sincronia all'altra — basta lo spostamento di un solo pezzo (i mutamenti riguardano elementi isolati), ma tale mossa ha incidenza su tutto il sistema; e così via. Tra gli allievi di Saussure vanno ricordati almeno A. Meillet e Ch. Bally.

• *La scuola di Praga e i suoi sviluppi: Jakobson e Martinet.* Lo studio strutturale del linguaggio è oggi l'obiettivo principale della linguistica, o almeno della linguistica detta «generale»; ma i metodi impiegati sono talmente differenti che risulta necessario distinguere scuole e indirizzi diversi. Tra questi va ricordato innanzitutto il circolo linguistico di Praga, che nel 1929 pubblicò un manifesto teorico collettivo in cui veniva formulato un complesso programma di ricerche incentrate sulla lingua intesa come «sistema funzionale», cioè come un sistema di mezzi espressivi appropriati alla realizzazione del fine comunicativo; in quanto sistema, la lingua va studiata da un punto di vista sincronico, ma questo non si oppone radicalmente a un punto di vista diacronico (come accadeva invece in Saussure): anzi è proprio l'integrazione delle due prospettive che consente una migliore comprensione strutturale; allo stesso fine va tenuto conto anche delle diverse *funzioni* che il linguaggio può svolgere, da quella comunicativa a quella poetica a quella emotiva. Ma le ricerche dei linguisti praghesi furono dedicate in prevalenza alla fonologia; nel 1939 N.S. Trubeckoj, uno degli esponenti principali del circolo, pubblicò i *Principi di fonologia*, in cui la complessa nozione teorica di fonema veniva definita entro una cornice metodologica ormai decisamente originale rispetto a quella saussuriana.

In varia misura legati alla scuola di Praga, ma autonomi per l'originalità delle loro concezioni linguistiche, sono R. Jakobson e A. Martinet. Il primo, una delle figure più rappresentative della linguistica contemporanea, ha radicalizzato la tesi praghese del nesso tra sincronia e diacronia fino a sostenere che le due prospettive sono indissolubili, nel duplice senso che il mutamento linguistico è parte integrante del sistema stesso della lingua e che il punto di vista sincronico non si caratterizza come privilegiamento degli aspetti statici del sistema linguistico, bensì come tentativo di cogliere la struttura di un complesso *dinamico* di fenomeni linguistici. Di importanza fondamentale sono gli studi fonologici di Jakobson, come l'analisi del fonema in «tratti distintivi» definiti in termini di un inventario di dodici opposizioni binarie (vocalico-non vocalico, sonoro-sordo ecc.) dotate di validità universale in quanto tutti i fonemi di ciascuna lingua sono caratterizzabili selezionando entro tale inventario le opposizioni pertinenti. Altrettanto importanti sono gli studi di Jakobson sull'afasia e l'apprendimento del linguaggio, e quelli sulla funzione poetica del linguaggio; in entrambi i casi, l'opposizione saussuriana tra asse sintagmatico e asse paradigmatico viene approfondita e articolata fino a diventare utilizzabile come principio esplicativo (in un caso della distinzione tra due tipi di afasia, nell'altro caso della differenza tra metafora e metonimia). La visione funzionale dei fenomeni linguistici, già implicitamente presente nelle tesi del circolo di Praga, è sviluppata da Martinet e applicata sia alla linguistica generale sia alla fonologia diacronica. In campo fonologico, il mutamento può essere spiegato in termini di una generale tendenza della lingua ad armonizzare due esigenze opposte, quella comunicativa (che comporta la necessità di un numero massimo di unità il più possibile diverse tra loro) e quella del minimo sforzo (con conseguente necessità di un numero minimo di unità il meno possibile diverse tra loro); il mutamento fonetico viene quindi spiegato non in termini teleologici, ma in base a un principio di economia funzionale.

• *La glossematica.* Più strettamente legata al pensiero di Saussure risulta la *glossematica* di L. Hjelmslev, caratterizzata da un approccio altamente astratto ai problemi linguistici, inteso a soddisfare requisiti di rigore metodologico che permettano di fondare la teoria linguistica come scienza ipotetico-deduttiva. Un esempio significativo dello sviluppo che Hjelmslev dà a certi temi saussuriani nei *Fondamenti della teoria del linguaggio* (1943) riguarda la nozione di segno linguistico. Il segno è un'entità generata dalla connessione tra il piano dell'*espressione* e quello del *contenuto*; può sembrare naturale dedurre da ciò, per es., che il segno «bianco» è segno di un particolare colore; ma se si riflette sul fatto che, in lingue diverse, lo spettro dei colori viene organizzato diversamente, ci si accorgerà che il colore in questione non è concepibile come un'entità indipendente dalla particolare segmentazione dello spettro cromatico che la lingua italiana effettua, e quindi si riconoscerà l'opportunità di distinguere, all'interno del piano del contenuto, due livelli: quello della *sostanza* del contenuto (il continuum dello spettro cromatico) e quello della *forma* del contenuto (il principio di segmentazione adottato da una lingua). Considerazioni analoghe si applicano al piano dell'espressione, dove Hjelmslev distingue una forma e una sostanza dell'espressione.

• *La linguistica statunitense: «umanismo», comportamentismo, grammatica trasformazionale.* La linguistica statunitense comincia ad acquistare una fisionomia distinta da quella della linguistica europea a partire dagli anni Venti, grazie soprattutto alle personalità, pur così diverse, di E. Sapir e L. Bloomfield. Sapir è particolarmente attento alla complessità del fenomeno linguistico, che studia dai punti di vista più diversi — psicologico, estetico, letterario, ontologico, sociale, antropologico — sottolineando sempre il carattere simbolico del linguaggio, che egli concepisce come un'attualizzazione vocale della fondamentale tendenza a vedere la realtà simbolicamente piuttosto che della tendenza a comunicare. Se dagli scritti di Sapir emergono una visione «umanistica» del linguaggio e una concezione «mentalistica» dei rapporti tra linguaggio e pensiero, l'opera di Bloomfield è interamente ispirata al criterio del massimo rigore metodologico e a una impostazione comportamentistica del rapporto linguaggio-pensiero; così per es., l'individuazione delle unità linguistiche fondamentali (fonema, morfema ecc.) va effettuata sulla base di metodi assolutamente formali e non psicologici, nei quali ogni ricorso al significato delle espressioni linguistiche va evitato, e lo stesso significato linguistico andrà caratterizzato non ricorrendo a locuzioni vaghe come «immagine mentale», «pensiero», «concetto», ma in termini di risposta dell'ascoltatore allo stimolo rappresentato dall'atto linguistico del parlante. In campo grammaticale Bloomfield arriva a una formulazione molto rigorosa dei principi dell'analisi linguistica e la sua impostazione metodologica permetterà lo sviluppo di tecniche di analisi grammaticale (dall'analisi in costituenti ultimi all'analisi distribuzionale) che costituiranno il patrimonio essenziale dello strutturalismo americano, tra i cui esponenti principali vanno ricordati K. Pike, Z.S. Harris, C.F. Hockett, B. Bloch, G.L. Trager.

In un orizzonte diverso da quello dello strutturalismo, del quale ingloba però alcuni tratti essenziali, si colloca la → grammatica generativo-trasformazionale di N. → Chomsky, che ha determinato nella linguistica più recente una rivoluzione metodologica paragonabile a quella saussuriana. Nelle *Strutture della sintassi* (1957) Chomsky ha formulato una serie di decisive argomentazioni a favore dell'introduzione delle regole trasformazionali nella grammatica di una lingua, ma nello stesso tempo ha costruito una complessa cornice teorica entro la quale risulta possibile «parlare» delle possibili grammatiche di una lingua: valutarne l'adeguatezza e definirne i concetti teorici basilari, imponendo a esse una serie di requisiti metateorici da soddisfare; è l'ambito che più tardi Chomsky, ricollegandosi alla tradizione linguistica del razionalismo del Seicento, chiamerà «grammatica universale», ed entro il quale svilupperà, in polemica con il comportamentismo, un articolato approccio mentalista al problema dell'apprendimento linguistico e a quello dei rapporti tra mente e linguaggio. E proprio l'enucleazione di una «teoria delle grammatiche», o *teoria linguistica*, ha permesso a Chomsky di conservare, nonostante le profonde modifiche che ha apportato alle sue originarie concezioni grammaticali, un impianto metodologico decisamente unitario e fecondo, come mostra anche la vivacità dei dibattiti linguistici e filosofici cui ha dato luogo. *G. Us.*

• *Sviluppi della linguistica storica.* Il problema attualmente più rilevante è quello della spiegazione del mutamento della lingua, cioè dei meccanismi tramite i quali le lingue naturali si evolvono, e delle cause e dei motivi della loro evoluzione (R. Lass, *La spiegazione del mutamento linguistico*, 1980). Le ricerche hanno una impostazione fondamentalmente induttiva e si basano sull'esame dei mutamenti avvenuti e sull'identificazione da una parte dei fattori 'esterni' — storici, geografici, sociali — che li hanno accompagnati, e dall'altra dei fattori 'interni', più strettamente linguistici e legati al funzionamento del sistema. Nello studio dei fattori esterni sono importanti le ricerche della geolinguistica e della sociolinguistica, che, con le osservazioni sulla inerente variabilità ed eterogeneità sincronica della lingua anche in condizioni storico-sociali apparentemente uniformi (W. Labov, *Il continuo e il discreto nel linguaggio*, 1977), hanno dato un contributo anche alla comprensione dei fattori interni del mutamento. E per l'analisi dei fattori interni sono rilevanti anche i risultati degli studi tipologici, in quanto permettono di identificare degli 'stati linguistici possibili' (ovvero dei tipi), e dei tipi di mutamento possibile, entrambi dipendenti dall'equilibrio che nel sistema linguistico si viene a creare tra fattori semantici, pragmatici e sintattici, e fra le spesso opposte esigenze del parlante e dell'interlocutore; considerazioni di questo genere erano peraltro già presenti nei lavori di A. Martinet, e sono state riprese da C. Lehmann, P.J. Hopper e Elisabeth Closs Traugott nel quadro della recente teoria della *grammaticalizzazione.*

• *Acquisizione del linguaggio.* Gli studi sull'acquisizione delle lingue naturali si sono mossi in prospettiva universalistica, alla ricerca dei meccanismi fondamentali e generali sottostanti l'apprendimento di un sistema linguistico (W. Rutherford (a cura di), *Universali linguistici e acquisizione della seconda lingua*, 1984). Si sono quindi sviluppate ricerche sull'acquisizione della lingua madre da parte dei bambini, e delle lingue seconde in situazione naturale (per es. in contesti migratorî) o guidata (l'insegnamento delle lingue straniere nelle scuole), con diverse coppie di lingue di partenza e d'arrivo. Contributi interessanti in questo senso sono giunti dagli studi sulle lingue di contatto *pidgin* e creole, nelle quali sembrerebbero operare nella maniera più 'naturale' (cfr. per es. D. Bickerton, *Le radici del linguaggio*, 1981) i principi basilari che presiedono allo sviluppo e all'apprendimento di una lingua: si tratta di proprietà universali del linguaggio, e delle strategie semantiche e pragmatico-comunicative che si intersecano nella sintassi delle lingue. Ultimamente le ricerche si sono indirizzate verso lo studio di determinati domini semantico-concettuali come la spazialità, la temporalità e la modalità, e degli strumenti linguistici (lessico, morfologia, prosodia, ordine lineare degli elementi nel discorso etc.) con cui gli apprendenti esprimono le differenti categorie semantiche.

Per un quadro più completo degli sviluppi recenti della linguistica si vedano le voci: atto linguistico, fonologia, grammatica generativo-trasformazionale, intelligenza artificiale, linguistica testuale, psicolinguistica, tipologia linguistica. *Ma. Ma.*

linguistica testuale, branca della linguistica moderna che assume il testo come unità di riferimento teorico e come dimensione di analisi. Per 'testo' si intende qualunque enunciato (scritto o orale) che costituisca una compiuta unità comunicativa. La dimensione non è criterio pertinente: anche enunciati minimi come il grido 'Aiuto!' di una persona in pericolo o la scritta sui treni 'È pericoloso sporgersi' sono testi. Per definirsi testo una sequenza di frasi deve rispondere a uno scopo comunicativo globale: ciò è garantito dall'osservanza di *principi di testualità*, relativi alla costituzione e all'utilizzo del testo (M.A.K. Halliday e R. Hasan, *La coesione in inglese*, 1976; R.A. de Beaugrande e W.U. Dressler, *Introduzione alla linguistica testuale*, 1981). L'espressione 'linguistica testuale' comincia a designare una specifica corrente di studi con R. Harweg (1968) e Dressler (1972-74). La nuova dimensione dell'analisi linguistica nasce dall'esigenza di superare i confini della frase, prescritta come massima unità analizzabile sia dalla grammatica tradizionale e strutturalista sia dalla → grammatica generativo-trasformazionale. Alcuni fatti linguistici apparivano analizzabili solo facendo riferimento a sequenze di frasi o addirittura al testo nella sua globalità: per es. anafore, ellissi, connettivi, selezione dell'articolo, pronominalizzazione, successione dei tempi verbali, organizzazione tematica. J. Petöfi e T. van Dijk hanno il merito di aver elevato la disciplina a livello di teoria, il primo contribuendo con il concetto di interazione tra «struttura del testo» e «struttura del mondo», il secondo integrando il testo con fattori psicologici e sociologici. Nasce così un'idea di testo come risultato di fattori linguistici ed extralinguistici, e non semplicemente come unità grammaticale più grande della frase. Si approfondiscono le influenze reciproche tra ambiti in precedenza distinti, come quello dell'*analisi del discorso*, quello della → pragmatica e quello, di stampo sociologico, dell'etnometodologia. Rappresentativo della fase più recente e più integrata della linguistica testuale è l'*approccio procedurale* di de Beaugrande e Dressler, in cui il testo è concepito come risultante di operazioni con cui il produttore controlla il corso degli eventi comunicativi e istruisce i riceventi a ricostruirne la *coerenza*, intesa come continuità di natura semantica e pragmatica.

Lipps, Theodor (Walhalben, Palatinato, 1851 - Monaco 1914), filosofo e psicologo tedesco. Insegnò a Bonn, Breslavia e Monaco, ove fondò l'Istituto psicologico. Formatosi negli anni in cui la psicologia sperimentale dominava la cultura scientifica tedesca, Lipps tentò una completa riduzione della filosofia a psicologia. Distinse tuttavia la psicologia come analisi della coscienza interiore dalla psicologia come analisi sperimentale dei fenomeni nervosi, e finì per riconoscere, sotto l'influenza del neocriticismo e di Husserl, l'autonomia di metodo della prima e delle connesse scienze dello spirito. Nella storia dell'estetica, Lipps è noto per aver elaborato il concetto di empatia (→ *Einfühlung*), su cui fonda tutta la teoria del bello. È inoltre autore di una teoria del comico, che riporta la comicità a un momentaneo equilibrio dell'investimento dell'energia psichica, e che fu utilizzata da Freud nel suo studio sul motto di spirito. Opere principali: *Studi psicologici* (1885); *Elementi di logica* (1893); *Comicità e umorismo* (1898); *Le questioni fondamentali dell'etica* (1899); *Sentire, volere e pensare* (1902); *Esteti-*

ca (2 voll., 1903-06); *Scienza della natura e visione del mondo* (1907); *Ricerche psicologiche* (2 voll., 1907-12); *Filosofia e realtà* (1908).

Lipset, Seymour Martin (New York 1922), sociologo statunitense. Laureato alla Columbia University, ha insegnato nelle università di Berkeley, Yale e Harvard. Con R. Bendix ha curato una fondamentale raccolta di studi sulla stratificazione sociale, *Classe, potere, status* (1953); con lo stesso Bendix ha lavorato sul problema della mobilità sociale (*La mobilità sociale nella società industriale*, 1959). Il settore principale di attività di Lipset resta però l'analisi dei sistemi politici, con le tematiche connesse della partecipazione e del conflitto. In quest'ambito rientrano, oltre a opere di ampio respiro come *L'uomo e la politica* (1963) e *Politica e scienze sociali* (1970), anche l'interessante ricerca condotta con Trow e Coleman sulla *Democrazia sindacale* (1956) e gli studi sul movimento studentesco americano e in genere sul comportamento politico degli studenti e degli intellettuali (*Studenti e politica*, 1967; *Tipi d'intellettuali e loro ruolo politico*, 1975). Molte ricerche di Lipset si possono considerare esempi avanzati di applicazione dell'analisi funzionale a fenomeni storici; le sue elaborazioni rientrano nel quadro delle teorie statunitensi del pluralismo politico e più in generale dei tentativi liberali di fondare le condizioni di possibilità di una democrazia pluralista che sfugga alla ferrea «legge dell'oligarchia» di R. → Michels.
Tra le opere più recenti ricordiamo *Il fallimento di un sogno? Saggi di storia del socialismo americano* (a cura di Lipset e J.H.M. Laslett, 1974; 2ed. riv., 1984) e *Sindacati in transizione* (a cura di, 1986), valutazione dei risultati ottenuti e degli errori compiuti dal movimento sindacale americano.

Lipsius, Iustus, nome latinizzato di Joost Lips (Overijse, Bruxelles, 1547 - Lovanio 1606), umanista e filosofo fiammingo. Dopo un triennio trascorso a Roma (1567-70), fu professore a Jena (1572-74), a Lovanio e presso l'università calvinista di Leida (1578); riconciliatosi quindi con il cattolicesimo tornò a Lovanio (1592). Autore di pregevoli commenti ai classici latini, curò edizioni di Valerio Massimo (1584) e soprattutto di Tacito (1574) e Seneca (1589-1605). In seguito alla diretta conoscenza del pensiero di Seneca, Lipsius si propose di far risorgere lo stoicismo antico, dal quale rielaborò in particolare la dottrina della provvidenza, accostandola allo spirito del cristianesimo. Come scrittore politico si ispirò a Tacito e a Machiavelli, e cercò nella «prudenza» una via per conciliare la morale e l'utile, il rigorismo etico della controriforma e la ragion di stato. Notevoli, nell'ambito della sua vasta bibliografia, sono: *Politicorum sive civilis doctrinae libri VI* (1589); *Tractatus ad historiam romanam cognoscendam utilis* (1592), opera di erudizione e di storia; e le opere filosofiche: il dialogo *De constantia* (1584); *Manuductio ad stoicam philosophiam* (1604); *Physiologia stoicorum* (1604).

Litt, Theodor (Düsseldorf 1880 - Bonn 1962), filosofo e pedagogista tedesco. Insegnò fino all'avvento del nazismo nell'università di Lipsia, alla quale ritornerà solo nel 1945, per passare poi a Bonn nel 1947. Litt ha proposto una filosofia della storia nella cui elaborazione opera fattivamente una forte influenza del pensiero hegeliano, e che si fonda sulla convinzione che vi sia un assoluto sovratemporale che si esprime nelle singole culture storiche. Solo attraverso l'agire storico l'uomo è in grado di inserirsi in un movimento che lo «risolve» e ne trascende la dimensione strettamente individuale, ma per restituirlo alla sua vera seconda natura. La tendenza del pensiero di Litt a identificare dialetticamente generale e particolare è rilevabile anche nella sua concezione pedagogica, secondo la quale l'apprendimento autentico realizzerebbe una sorta di «mediazione» fra l'universalità dell'«idea» e l'individualità della vita psichica, attuabile proprio attraverso la comunicazione ai singoli discenti di contenuti ideali. Opere principali: *Individuo e comunità* (1919); *Pedagogia* (1921); *Conoscenza e vita* (1923); *Kant e Herder interpreti del mondo spirituale* (1930); *Pensiero ed essere* (1948); *Uomo e mondo* (1948); *Hegel* (1953); *Natura e compito dell'educazione politica* (postuma, 1964).

liturgia, nel linguaggio religioso, termine designante il culto, e in particolare il culto cristiano, nella sua forma pubblica e regolata. Il vocabolo, nel greco dell'età classica, indicava un istituto consistente in un'opera o un servizio a favore della collettività, imposto per legge a un cittadino o a un meteco abbiente; ma progressivamente, già nell'ambito della religione ellenistica (→ misteri), il termine fu riferito al servizio dovuto alla divinità. Nella versione greca dei Settanta, il vocabolo «liturgia» (e derivati) traduce i termini ebraici *shèret* e *'abhodah* (servizio), riferiti al culto prestato specificamente dai leviti, nel tempio, e secondo legge divinamente stabilita.
Il Nuovo Testamento, pur conoscendo le predette accezioni, introduce però il significato di «culto spirituale» (oltre a quello, rarissimo, di celebrazione della intera comunità cristiana): l'espressione viene a indicare la partecipazione dei cristiani all'unico e fondante atto di culto che è la vita e la morte di Gesù, come sacrificio e offerta di sé per la vita di tutti. Il nuovo rapporto (sotto la categoria dominante di «memoriale») stabilito tra vita profana e celebrazione sacra, tra storia e metastoria — o, in termini cristiani, «mondo nuovo» — è dunque il fondamento della liturgia cristiana. Ne nasce un'antropologia della celebrazione che caratterizza singolarmente il cristianesimo (e, con cer-

te diversità, l'ebraismo) nei confronti delle espressioni cultuali delle altre religioni. Proprio sul valore della storia, e sul suo rapporto (attraverso il mondo simbolico del rito) con il «mistero» del divino, pare infatti possano essere istituiti il confronto e la reciproca caratterizzazione o differenziazione tra le varie «liturgie» religiose. Pur nella persistenza di certi simboli primari (fuoco, acqua, suono, tempi e spazi, testi sacri ecc.), le altre religioni, fuori della sfera ebraico-cristiana, paiono infatti caratterizzarsi per un rapporto di carattere «archetipico» con la sfera cultuale, di fronte al quale la storia assume colore o insignificante o negativo. Limitando la considerazione alla liturgia cristiana, si osserva come progressivamente il culto si vada concentrando sulla eucaristia (→ messa), attorno alla quale si organizzano gli altri elementi della celebrazione del mistero della fede (sacramenti, sacramentali, liturgia delle ore). Il periodo tra il sec. IV e il VI è quello nel quale si costituiscono le grandi famiglie liturgiche, spesso su basi politico-linguistiche: le cinque orientali (riconducibili a due tipi originari: antiocheno e alessandrino), le due occidentali (gallicana — con la variante celtica, mozarabica e ambrosiana — e romana). L'evoluzione avviene anche sul piano del rito: progressiva fissazione di testi e di forme (sotto l'influsso della *mens* giuridica romana, in Occidente) e, con il medioevo, ritorno in certo modo alle categorie veterotestamentarie di una liturgia fortemente clericalizzata. L'allegorismo e il sorgere del devozionismo sono le due conseguenze di questo progressivo iato tra celebrazione e popolo. Il processo subito dalla prassi della liturgia in Occidente (e implicitamente anche dalla teologia) è a questo proposito emblematico. Né l'epoca rinascimentale cambia di molto il quadro; se pure nei testi e nello stile della celebrazione si introducono forme più «classiche», essa rimane pur sempre, e anzi con rinnovato fervore per la polemica antiprotestante, appannaggio del clero, fortemente legata alla struttura gerarchica della società mondana.

Il concilio di Trento opera nel senso di liberare la liturgia dagli «abusi» infiltratisi nelle epoche precedenti, e di fissare i «libri liturgici» (sacramentari, o raccolta di preghiere per il presidente dell'assemblea; lezionari, o raccolta delle pericopi bibliche da proclamare nella celebrazione; antifonari, o raccolta di canti; e, di nuova invenzione, il breviario, per la recita dell'ufficio divino, o liturgia delle ore). Ma neppure Trento intacca la concezione sacrale-clericale della liturgia, accentuandone anzi gli aspetti trionfali, sullo sfondo teologico, architettonico e musicale dell'età barocca. I germi di rinnovamento, già intravedibili nelle diverse espressioni dell'illuminismo-giansenismo (si pensi al sinodo di → Pistoia del 1786, promosso da Scipione de' Ricci; a Giuseppe II e alle riforme da lui sostenute nel congresso di Ems, 1786; allo scritto *Della regolata divozione de' cristiani*, di L.A. Muratori, 1747; ai libri liturgici neogallicani dei secc. XVII e XVIII; al vescovo J.M. Sailer, morto nel 1832), maturano solo tra la fine del sec. XIX e l'inizio del XX, con il cosiddetto «movimento liturgico» e i valori teologico-pastorali da esso proposti: il carattere comunitario e cristocentrico della liturgia. Il movimento liturgico ha i suoi primordi nella restaurazione monastica di fine Ottocento (come quella musicale promossa dall'abbazia di Solesmes), si esprime in concomitanza con il rinnovamento dell'ecclesiologia all'inizio del sec. XX e sfocia nella riforma liturgica avviata dal concilio Vaticano II. Problemi e sviluppi analoghi vengono alla luce anche nel mondo protestante, e soprattutto nell'anglicanesimo, che alla liturgia ha dedicato — oltre a una posizione considerevole nella vita ecclesiale — studi teorici e ricerche storiche rilevanti. *I. Am.*

Locke, John (Wrington, Bristol, 1632 - Oates, Essex, 1704), filosofo inglese.

• *Vita e opere.* Studiò e insegnò a Oxford; di questo primo periodo ci restano alcuni scritti, pubblicati recentemente, che lo mostrano su posizioni politiche filoassolutistiche. Abbandonò Oxford nel 1667 per seguire Lord Ashley, futuro conte di Shaftesbury, nelle alterne vicende che caratterizzeranno la vita politica di questo esponente del nascente partito *whig*, sotto la monarchia degli Stuart. Del 1667 è il suo *Saggio sulla tolleranza* in materia religiosa (che mostra il mutamento intervenuto nelle concezioni politiche di Locke, in senso antiassolutistico); del 1668 è un'opera di economia politica, *Considerazioni sulle conseguenze della riduzione dell'interesse*; del 1671 due distinti «abbozzi» di quello che sarà poi il *Saggio sull'intelletto umano*. Dal 1674 al 1679 Locke è in Francia, dove s'interessa del pensiero di Cartesio, di Gassendi e dei libertini. Dall'83 all'89, in seguito alla definitiva sconfitta del conte di Shaftesbury, si rifugia in Olanda, dove frequenta gli ambienti arminiani e pubblica l'*Epistula de tolerantia*, fondata sul rispetto della coscienza religiosa del singolo, secondo una concezione spirituale, anziché temporale, della religione; dalla quale discende altresì la riduzione di ogni chiesa a mera «associazione volontaria» e quindi una netta separazione tra le chiese e lo stato (la tolleranza va però negata alle confessioni intolleranti, come il cattolicesimo romano, e agli atei, giudicati da Locke un pericolo per la società). Al periodo olandese risalgono anche i due *Trattati sul governo* (1690), che Locke pubblicherà appena tornato in patria in seguito alla rivoluzione vittoriosa del 1688. Nello stesso anno appare anche il *Saggio sull'intelletto umano*; nel 1693 vengono pubblicati i *Pensieri sull'educazione*; nel 1695 la *Ragionevolezza del cristianesimo*, manifesto di un deismo moderato che intende liberare il cristianesimo da ogni elemento fanatico o intollerante, riconducendolo a una religiosità puramente razionale e alla sola fede rivolta al Cristo come Messia. Postumi usciranno un ampio commento alle epistole di san Paolo e la *Guida dell'intelligenza.* Per la formazione del pensiero filosofico di Locke determinante fu l'influenza della tradizione empiristica inglese, impersonata da Bacone. A essa vanno aggiunti il pensiero francese (in particolare di Gassendi) e la nuova scienza della natura. Oltre che studiare e praticare la medicina con Th. Sydenham, Locke fu in contatto con lo scienziato irlandese R. Boyle e in genere con la Royal Society (costituita da Carlo II dopo la morte di Cromwell). L'ispirazione antidogmatica e «sperimentale» che animava questo gruppo di scienziati guida anche il *Saggio sull'intelletto umano*, che propone originalmente l'esame della nostra facoltà conoscitiva per determinarne le possibilità, ma nel contempo anche i limiti, onde non accada di oltrepassarli senza accorgersene, inseguendo questioni che superano le nostre capacità. La ricerca si articola in quattro libri: *Non esistono principi né idee innate*; *Le idee*; *Le parole*; *La conoscenza e la probabilità.*

• *Critica dell'innatismo.* La critica dell'innatismo che apre il *Saggio* si riferisce esplicitamente alle tesi di → Herbert di Cherbury, ma investe anche tale dottrina in generale. L'argomento fondamentale è che non esiste affatto un consenso universale, cioè un accordo di tutti gli uomini, nel riconoscere quelle idee e verità che si pretende siano innate (l'idea di Dio, i principi speculativi a partire da quello di non contraddizione, i principi morali). Ci sono popoli primitivi che mancano dell'idea di Dio e altri ne hanno immagini ridicole e comunque assai diverse le une dalle altre. Altrettanta varietà si riscontra nelle concezioni morali, alcune poi eccentriche e ripugnanti. I principi speculativi, infine, sono sconosciuti ai fanciulli, agli idioti ecc. e in genere a chi non abbia avuto occasione di apprenderli. Questi esempi mostrano che non esistono idee innate consapute esplicitamente da tutti gli uomini. Se poi per innatismo si intende la tesi che sia innata la capacità di pervenire a determinate idee e conoscenze, Locke ribatte che ciò è vero per qualsiasi idea o conoscenza (sicché è più ragionevole pensare che tutte derivino dall'esperienza) e che inoltre non ha senso affermare che la mente possiede un'idea finché questa non sia attualmente presente al pensiero. Quanto all'innatismo morale e religioso, Locke argomenta che gli uomini ritengono innate o naturali quelle credenze che hanno ricevuto dalla prima educazione, avendole assimilate senza consapevolezza alcuna di come esse siano penetrate via via nel loro animo. Da questa illusione spontanea deriva la dogmatica convinzione che ci siano credenze che si garantiscono da sé, senza bisogno di un esame razionale, e questa è anche la radice di ogni fanatismo e intolleranza.

• *Origine e classificazione delle idee.* Come già Cartesio, Locke intende per «idea» qualsiasi contenuto mentale o oggetto psichico. Di per sé la mente umana è come un «foglio bianco», se non interviene l'esperienza a incidervi i propri segni. L'esperienza è di due tipi: esterna (per il concorso delle sensazioni) e interna (per gli atti di «riflessione» della mente stessa). Alcune idee sono dunque acquisite per sensazione (colori, odori, solidità, figura, distanza, movimento ecc.); altre per riflessione (percezione o pensiero, memoria, discernimento, volere ecc.); altre ancora per il combinarsi di sensazioni e riflessioni (esistenza, unità numerica, piacere e dolore ecc.). Seguendo la tesi del → meccanicismo di Galileo e Cartesio e la teoria corpuscolare della materia di Boyle, Locke distingue poi le qualità sensibili in «primarie» o oggettive (come figura, estensione, solidità, movimento: esse corrispondono a caratteristiche effettive dei corpi, inseparabili da essi e del tutto indipendenti dal nostro rapporto con essi) e in «secondarie» o soggettive (colori, odori, suoni: esse si trovano soltanto nel soggetto senziente, senza nessuna corrispondenza nei corpi che pur causano tali impressioni nel soggetto). Tutte quelle enumerate sono però ancora *idee semplici*, chiare, distinte e indefinibili; si impongono senza che noi abbiamo alcun potere su di esse: non possiamo né inventarne né distruggerne neppure una; e sono il materiale di tutta quanta la conoscenza. Su di esse si esercita l'attività della mente, che produce in tal modo ulteriori idee: quelle *complesse* e quelle *astratte.* Tale capacità inventiva della mente non toglie che l'esperienza costituisca per l'uomo un orizzonte non oltrepassabile; le idee complesse e le idee astratte sono infatti senza eccezione tutte risolubili in idee semplici, sicché anche le idee più sublimi sono costruite a partire dai dati empirici. Le idee complesse si raggruppano in tre classi: idee di «sostanze», di «modi», di «relazioni».

Le idee delle *sostanze* sono mere collezioni di idee semplici. La sostanza «argento», per es., è l'insieme di un certo colore, peso specifico ecc.; queste qualità, che percepiamo constantemente congiunte, vengono contrassegnate da appositi nomi (per es. «argento»), ma della cosiddetta sostanza che noi indichiamo con un nome unitario abbiamo conoscenza solo attraverso le corrispondenti idee semplici, prescindendo dalle quali non resterebbe per noi null'altro da conoscere. Questo spunto critico verrà sviluppato in vario modo da Berkeley e da Hume. Locke distingue inoltre tra sostanze materiali e spirituali, ma rifiuta l'identificazione cartesiana dell'essenza delle prime con l'estensione e delle seconde col pensiero. Poiché non conosciamo i corpi più di quanto conosciamo le anime, è ingiustificata l'ipotesi materialistica, anche se non si può escludere che Dio possa aver dotato certi corpi della facoltà di pensare (ammissione che verrà ripresa da Voltaire per propagandare il materialismo). I *modi* (così denominati perché non sussistenti per sé, come invece le cosiddette sostanze) si distinguono in «semplici» e «misti». I primi risultano dalla ripetizione a piacere di una sola idea semplice (per es. le idee aritmetiche come ripetizione dell'idea dell'unità sino all'infinito; oppure le idee di spazio e di tempo, risultanti da svariate ripetizioni delle due idee semplici della distanza e della durata). I secondi derivano invece dalla combinazione di più idee semplici di specie diversa, combinazione forgiata dalla mente senza che nulla vi corrisponda in natura. Di questo genere sono i criteri di valore: per es. bellezza, sincerità ecc., e i loro contrari. Tutte le nozioni estetiche, morali e giuridiche sono pertanto dei modi misti. Nel corso dell'analisi dei modi semplici, a proposito dell'idea di «potere», Locke prende posizione sulla questione della → libertà del volere, negandola risolutamente all'uomo (come già Hobbes): la libertà è il potere di fare quel che si vuol fare, ed è quindi relativa solo all'agire e non al volere stesso. Tuttavia l'uomo ha pur il potere di sospendere le proprie decisioni fino a che non abbia valutato a fondo le varie alternative. Le idee di *relazione* indicano rapporti tra due o più cose (per es. «padre», «maggiore» ecc., e le loro reciproche: «figlio», «minore» ecc.). Di queste coppie di idee Locke esamina particolarmente quelle di causa ed effetto e di identità e differenza, soffermandosi sulla questione dell'«identità personale» nell'uomo, che egli fonda sulla continuità della coscienza o io, testimoniata dalla memoria. Le idee di conformità o difformità tra un'azione e una norma danno luogo alle idee del bene e del male in senso morale e giuridico. A questo proposito Locke abbozza il progetto di un'etica dimostrativa che abbia la medesima evidenza e certezza della matematica, in contrasto con quella varietà di norme seguite di fatto dai diversi popoli su cui egli aveva fatto leva contro la tesi del consenso universale in fatto di morale.

• *Pensiero e linguaggio.* Già a proposito dell'idea di sostanza Locke intraprende una critica del verbalismo che caratterizza sia la metafisica tradizionale sia quella contemporanea (Cartesio, Spinoza): che cos'è la sostanza di cui parlano i filosofi se non l'idea vaga di un «sostrato», cioè di qualcosa che «sta sotto» ai cosiddetti accidenti e li «regge»? Si tratta di un insieme di metafore grossolane cui non corrisponde alcuna idea chiara. Le «essenze reali» di cui parla la filosofia sono entificazioni abusive delle uniche essenze che effettivamente conosciamo: quelle meramente «nominali», costituite cioè dalle definizioni dei nomi generali che usiamo per classificare le cose in generi e specie. Questi nomi sono le idee *astratte*, costruite cioè tralasciando certe caratteristiche particolari delle cose per rivolgerci invece alle caratteristiche più generali e comuni, ai fini pratici della vita e conoscitivo-classificatori della scienza. Proprio perché le abbiamo forgiate noi, queste idee le conosciamo perfettamente; a esse però non corrisponde nulla nella realtà, poiché ogni cosa esistente è sempre individuale. Gli universali, le idee generali, si trovano solo nella mente degli uomini. Essi sono tradotti in segni linguistici per le necessità della comunicazione, cui obbediscono appunto le lingue. Al rapporto tra il pensiero e il linguaggio è dedicato il III libro del *Saggio*: le parole sono segni delle idee, e non direttamente delle cose; il rapporto tra le idee e le parole è del tutto arbitrario (e a maggior ragione tra le parole e le cose), anche se l'abitudine lo fa passare per naturale. Ne deriva che in un pensiero non controllato criticamente l'oscurità e l'indeterminatezza delle parole viene a sostituirsi alle idee: questo errore è l'origine della maggior parte delle dispute filosofiche e dei conflitti religiosi e civili che hanno travagliato l'umanità. La minuziosa analisi dedicata da Locke alla genesi e al valore delle idee ha appunto lo scopo di liberare l'uomo da tale errore e dalle sue nefaste conseguenze.

• *La conoscenza umana e la probabilità.* La conoscenza è la percezione dell'accordo o disaccordo tra le idee. Essa è di due tipi: *intuitiva* (immediata e chiara, perciò non bisognosa di alcuna prova); *dimostrativa*, o per prova (ottenuta mediante una serie più o meno complicata di passaggi, ognuno dei quali però, singolarmente considerato, è pur sempre di carattere intuitivo). La conoscenza non può quindi andare al di là delle idee che possediamo e non può avere la pretesa di estendersi all'intero universo. Possiamo tuttavia pervenire alla conoscenza della *esistenza* reale delle cose, e ciò in tre modi: conosciamo intuitivamente, senza bisogno di prova, la nostra propria esistenza; dimostrativamente, quella di Dio (poiché è logicamente necessario postulare una causa prima del mondo); per sensazione, infine, l'esistenza delle cose fuori di noi. La sensazione attuale, infatti, non è confondibile con le immagini dei sogni e dei ricordi, e noi ci sentiamo passivi rispetto a essa. Per la presenza di queste caratteristiche psicologiche noi siamo costretti ad ammettere che la causa della sensazione risieda nell'influsso di cose esistenti fuori di noi. Se la conoscenza umana è grandemente limitata, la ragione invece si estende ben al di là di essa, giacché si esplica (oltre che nella conoscenza dimostrativa) anche nei giudizi di probabilità, che sono l'unico mezzo per orientarsi là dove manchi la certezza delle prove. Di qui la credenza o opinione, la quale, pur essendo una semplice presunzione di verità, è nondimeno indispensabile per la condotta pratica. Anche in questo campo bisogna procedere con una minuziosa analisi del grado di verosimiglianza di ogni opinione, prima di accordarle il nostro assenso pratico. Anche la fede religiosa deve essere subordinata a un'analisi razionale: sia perché è pur sempre la ragione a decidere l'attendibilità di chi riferisce la rivelazione, sia perché proposizioni in contrasto con la conoscenza certa sono inaccettabili. Far tacere la ragione di fronte alla pretesa rivelazione è come cavarsi gli occhi nell'illusione di vederci meglio, illusione che dà luogo al fanatismo («entusiasmo»).

• *La società e lo stato politico.* Dei *Due trattati sul governo* il primo critica l'assolutismo (nella versione biblico-patriarcale di Robert Filmer), il secondo elabora una teoria liberale dello stato. A fondamento di entrambi c'è il concetto di «legge di natura» (norme dettate dalla ragione per garantire a ogni uomo la vita, la libertà e la proprietà, cioè quei diritti fondamentali la cui violazione va punita). Particolarmente innovatrice è la tesi lockiana del carattere naturale del diritto alla proprietà, in quanto fondato sul lavoro personale e il legittimo possesso dei suoi frutti. Prima dell'instaurazione dello stato politico, nel cosiddetto «stato di natura», è già possibile una vita sociale, ma quel che ancora manca è un giudice imparziale che dirima i conflitti tra i singoli. A questa mancanza sopperisce lo stato, che impone la rinunzia a un solo diritto naturale, quello di farsi giustizia da sé, e la delega di esso al potere legislativo (che per Locke comprende anche la funzione giudiziaria). Per il resto lo stato ha solo il compito di garantire i diritti naturali stessi, senza alcuna rinuncia — da parte degli uomini — alle libertà naturali, come voleva invece Hobbes. In uno stato secondo ragione vanno subordinati a quello legislativo anche i poteri esecutivo e di pace e di guerra, o «federativo». Poiché il fondamento naturale dello stato è solo il consenso dei suoi membri, ogni forma di stato assoluto o arbitrario è contro ragione e i cittadini hanno allora il diritto di resistere a esso e di mutarlo. In tal modo Locke inaugura la teoria della limitazione dei poteri civili, della distinzione tra essi e del diritto di resistenza e di rivoluzione, destinati a divenire cardine del successivo liberalismo. Per quanto concerne gli sviluppi delle dottrine lockiane, si veda la voce → empirismo. *S. La.*

logica, in senso stretto, teoria dell'inferenza valida, ossia delle condizioni alle quali un ragionamento risulta corretto, qualunque sia l'universo di discorso cui esso appartiene. Si riserva usualmente il termine «logica», privo di ulteriori qualificazioni, alla disciplina che ha in particolare per oggetto l'argomentazione *deduttiva.* Una conclusione è validamente inferita o dedotta da certe premesse, cioè è una loro *conseguenza logica*, se non può essere falsa dato che le premesse siano vere. (La logica «induttiva» si occupa invece delle condizioni alle quali una conclusione è, sulla base di certe premesse vere, non necessariamente vera, ma asseribile con un certo grado di certezza: → probabilità.) Un'argomentazione deduttiva è valida se la conclusione è validamente inferita dalle premesse, ed è inoltre corretta se le premesse sono vere. (Per es. l'argomentazione: «Napoleone era francese; tutti i francesi sono europei; dunque Hitler era austriaco» non è valida, benché premesse e conclusione siano vere.) Intuitivamente, il fatto che non vi sia consequenzialità logica fra premesse e conclusione può verificarsi costruendo un'argomentazione *della stessa forma*, con premesse vere e conclusione falsa. Perciò si dice anche che un'argomentazione è valida se in tutte le argomentazioni della stessa forma la conclusione è vera dato che le premesse lo siano; ovvero che la validità delle argomentazioni dipende esclusivamente dalla loro *forma.* Naturalmente, è compito della logica fornire un metodo *generale* per distinguere le argomentazioni valide da quelle invalide in base esclusivamente alla loro forma, e quindi in primo luogo per individuare la forma di qualunque argomentazione concreta data. In quanto assolve questo compito la logica è (ed è sempre stata) «formale».

• *Logica formale e formalizzazione della logica.* C'è tuttavia una differenza di fondo fra la logica tradizionale e quella moderna (detta anche «matematica» o «simbolica»), proprio riguardo al metodo di individuazione della forma delle proposizioni, e quindi delle argomentazioni. Il punto di partenza è in entrambi i casi dato da una certa analisi degli enunciati tramite i quali esprimiamo proposizioni. Ma l'analisi tradizionale si basa su un principio di *classificazione* delle proposizioni elementari in alcune categorie fondamentali, cui corrispondono *schemi di enunciati* (già Aristotele faceva uso di *lettere schematiche* per espressioni qualunque di una stessa categoria logica), che, di fatto, non esauriscono i casi possibili. L'approccio moderno si ispira invece a un principio di *generazione ricorsiva* (→ ricorsività, teoria della) di tutte le possibili forme di enunciati da un insieme di simboli semplici, mediante applicazione reiterata di un insieme finito di operazioni (per es. applicando la congiunzione a enunciati «atomici» si ottengono enunciati complessi di una certa forma). L'idea è quindi anzitutto di sostituire alla lingua ordinaria che è oggetto dell'analisi logica un *linguaggio formale*, un insieme cioè perfettamente specificato di simboli semplici e regole per la loro combinazione in enunciati. Questi esibiscono, in virtù delle loro regole di formazione, la loro *struttura sintattica*: cioè il modo della loro composizione a partire da espressioni non logiche (costanti e variabili enunciative, individuali e predicative) mediante applicazione di operatori logici (i *connettivi*, corrispondenti a particelle come «e», «o», «non», «se... allora», e i *quantificatori*, corrispondenti alle espressioni «tutti» e «qualche»). Una *formalizzazione* della logica consiste allora nella stipulazione, per questo linguaggio, *a*) di regole che governano l'uso degli operatori logici nelle inferenze (regole di inferenza) ed eventualmente l'uso di assiomi che li contengono; *b*) di regole che governano l'assegnazione di *valori di verità* (Vero, Falso, ed eventualmente altri: logica polivalente) agli enunciati composti per loro mezzo, in funzione dei valori degli enunciati componenti (e in questo modo esplicitano il «significato» degli operatori). In *a*) e *b*) consiste la parte elementare della *sintassi*, e rispettivamente della *semantica*, del sistema in questione, entrambe formulate in un opportuno metalinguaggio. Con l'aiuto di questo apparato tecnico si ottengono risultati teorici notevoli, se paragonati a quelli della logica tradizionale. Nel migliore dei casi, una teoria tradizionale dell'inferenza offre un metodo per ottenere tutti gli schemi validi di argomentazione di una certa classe, derivandoli da un insieme di schemi primitivi, dati per *evidentemente* validi (sul modello, in sostanza, di una teoria assiomatica). Ma una teoria tradizionale non può fornire una caratterizzazione *effettiva* della nozione di prova logica, cioè una procedura meccanica per controllare se una conclusione è validamente inferita dalle sue premesse; né una dimostrazione della validità degli schemi primitivi. La sintassi di un sistema formale fornisce invece una tale procedura, mentre la sua semantica consente di giustificare le stesse regole primitive di inferenza (o gli assiomi), dimostrandone la validità in base al significato degli operatori logici.

• *Logica formale e logica «filosofica»*. In un senso più lato, il termine «logica» si applica alla riflessione sulla natura del pensiero, e in questa accezione la storia del termine coincide praticamente con la storia della filosofia. L'espressione «logica filosofica» è un po' fuorviante, perché sembra implicare l'esistenza di una logica diversa da quella formale, invece che di un diverso livello di riflessione sulle strutture del pensiero «puro» (cioè considerato in astrazione dai suoi particolari contenuti). Tuttavia non c'è dubbio che le dottrine filosofiche hanno in tutte le epoche affrontato sia la questione dei fondamenti e della natura delle leggi logiche, sia l'elucidazione di concetti di base della logica. Poiché la nozione di validità di un'inferenza si definisce in termini di quella di verità, è naturale che l'elucidazione del concetto di verità sia stato il primo problema della logica filosofica. Nella forma più classica, esso è sollevato da Platone e discusso sistematicamente nei dialoghi maturi (*Teeteto* e *Sofista*): che cos'è ciò che può propriamente chiamarsi vero o falso? Con Aristotele la questione viene impostata nei termini di un'indagine sulle proprietà del *discorso* che lo rendono atto a rispecchiare la realtà, una realtà previamente articolata in base alle categorie della *Metafisica*, che a loro volta rinviano, per la loro definizione, alle proprietà logiche del discorso (la sostanza è ciò di cui *si predica* ogni cosa, e che non può essere predicata di nessuna cosa, e le altre categorie sono categorie di *predicabili*, proprietà essenziali e accidentali ecc.). Ampie parti della *Metafisica* (e in generale dell'ontologia tradizionale) trattano di problemi che oggi definiremmo di filosofia della logica. In Aristotele, d'altra parte, la *epistḗmē logikḗ* propriamente detta è caratterizzata come strumento (*órganon*) della conoscenza scientifica, e non come base dell'ontologia: come teoria dell'argomentazione cogente, e non come teoria della verità. In epoca medievale la logica filosofica (*logica maior*) coincide con dettagliatissime indagini di carattere sintattico e semantico, e, insieme con la logica formale (*logica minor*), costituisce la parte propriamente filosofica (densa di implicazioni teologiche e metafisiche) di una più ampia *scientia sermocinalis* (che include retorica e grammatica, arti del «trivio» o programma di base dell'insegnamento nelle *scholae*). Con la grande eccezione di Leibniz, l'epoca moderna, con la sua tipica rifondazione della filosofia come teoria della conoscenza, tende a riassorbire la riflessione logica all'interno di quella epistemologica. La logica filosofica riguadagna con Kant la dignità di disciplina fondamentale: sotto il nome di logica trascendentale, essa viene a costituire il cuore della filosofia «critica» stessa. Essa indaga a quali condizioni è possibile parlare di oggetti, e quindi dire cose che siano vere o false: cercando così di far luce sui presupposti stessi della logica formale. Questa concezione, più che nell'idealismo tedesco, trova originali sviluppi nel pensiero husserliano (cfr. *Logica formale e logica trascendentale*). La logica filosofica husserliana, come in generale il pensiero logico-filosofico del nostro secolo, nasce sulle ceneri dello psicologismo, ossia della dottrina (difesa da J.S. Mill e da molti altri nella seconda metà dell'Ottocento) che le leggi logiche non siano che espressione di leggi psichiche. L'enorme sviluppo degli studi logico-filosofici nella nostra epoca si inquadra nel progetto complessivo di una *teoria del significato* per le lingue naturali, cui un sistema formale di logica fra quelli oggi in competizione dovrebbe fornire l'ossatura sintattico-semantica. L'idea di rifondare rigorosamente su queste basi l'intera ricerca filosofica viene attribuita a G. → Frege, e impegna oggi in ricerche dettagliate e tecnicamente raffinate la grande maggioranza degli studiosi di formazione analitica (→ analitica, filosofia).

• *La logica dei greci.* Le teorie logiche aristoteliche, esposte nel corpus poi chiamato *Organon* (*Categorie, De Interpretatione, Topici, Analitici primi e secondi, Elenchi sofistici*) si basano su una analisi del discorso → apofantico, cioè della proposizione, in *termini* o concetti, cioè nome e verbo, rispettivamente in funzione di soggetto e predicato (a esclusione dei termini singolari, ogni termine può stare in entrambe le posizioni). In base alla loro *qualità* (affermative o negative) e alla loro *quantità* (universali o particolari), le proposizioni a soggetto e predicato o categoriche vengono distinte in quattro classi, e i rispettivi schemi vengono studiati nelle loro interrelazioni logiche (contraddittorietà, contrarietà, subcontrarietà, implicazione) dando luogo al → quadrato aristotelico. Vengono quindi formulate *leggi di conversione*, che governano le derivazioni di proposizioni (della stessa forma o di forma diversa) da proposizioni date per scambio dell'ordine dei termini. Di queste relazioni e di queste leggi Aristotele si serve nella successiva riduzione agli schemi validi di base di altri schemi di inferenza. La teoria dell'inferenza copre una classe formalmente limitata di argomentazioni a due premesse categoriche, dette → sillogismi. Aristotele sviluppa anche una teoria delle → modalità e una sillogistica modale.

La scuola megarica, fondata dal discepolo di Socrate, Euclide, apportò tre nuovi importanti contributi: la formulazione e discussione di molti paradossi logici (→ paradosso), fra cui quello famoso del mentitore, o di Eubulide; una reinterpretazione delle nozioni modali, indipendente dai presupposti metafisici aristotelici; l'avvio di un dibattito sui condizionali. Si deve al megarico Filone l'interpretazione appunto «filoniana» degli asserti del tipo «se *p* allora *q*», in base alla quale essi sono veri se e solo se o l'antecedente è falso oppure il conseguente è vero (cioè in termini moderni l'interpretazione del condizionale come *implicazione materiale*). Si cita la posizione alternativa di Diodoro Crono, la cui interpretazione corrisponde piuttosto a quella rappresentata dall'*implicazione stretta* (l'asserto è vero quando è *impossibile* che l'antecedente sia vero e il conseguente falso). L'eredità della scuola megarica fu raccolta dalla scuola stoica, che ebbe il maggiore esponente in → Crisippo (281-204). Si riconosce agli stoici (→ stoicismo) il merito di aver elaborato un sistema di logica delle proposizioni come base di una teoria dell'inferenza, che risulta quindi più generale di quella aristotelica, avendo a base un'analisi del ruolo dei connettivi nelle deduzioni.

• *La logica medievale.* I principi della logica antica furono trasmessi all'alto medioevo dagli scritti di Boezio (480-526); gli studi logici conobbero tuttavia nelle scuole e nelle università la loro fioritura fra i secc. XI e XV. Caratteristica della logica medievale è la sua formulazione metalinguistica come sistematizzazione rigorosa della sintassi e della semantica del latino scolastico. I contributi dei logici medievali si possono riassumere in: *1*) una teoria generale del riferimento (*suppositio terminorum*) che fu applicata tanto alla distinzione semantica fra uso e menzione delle espressioni, quanto alla formulazione di ciò che va oggi sotto il nome di teoria della quantificazione; *2*) una teoria generale dell'implicazione (*consequentia*), posta alla base della logica delle proposizioni; *3*) dettagliate indagini modali; *4*) discussione dei paradossi logici. Il primo grande logico medievale è → Abelardo (1079-1142), autore di una ricostruzione sistematica in chiave linguistico-formale del materiale boeziano, sostenitore di una posizione concettualistica nella disputa sugli universali. In seguito alla restituzione (in traduzioni dal greco e dall'arabo) dell'intero corpus aristotelico, e alle traduzioni di Averroè e Avicenna, fioriscono nelle università di Parigi e di Oxford i grandi commentari alla logica aristotelica, per mano di Roberto Grossatesta (1175-1253), Tommaso d'Aquino (1221-1274), Alberto Magno (1205-1280) e altri. Guglielmo di Sherwood e Pietro Ispano sono le figure dominanti la logica del sec. XIII: il primo provvede, oltre che a un'elegante sistemazione della sillogistica, a una serie di definizioni vero-funzionali dei connettivi e a un'interessante teoria delle proposizioni a generalità multipla; le *Summulae logicales* del secondo costituiscono il manuale standard per tutto il tardo medioevo. L'apice della maturità teorica è raggiunto nel sec. XIV a opera di figure come quelle di Guglielmo di Occam (1280-1349), Walter Burleigh (1275-1345) e Giovanni Buridano (1295-1358).

• *L'età moderna e Leibniz.* È nota la reazione rinascimentale contro la scolastica. Essa trova un punto di incontro con il pensiero cartesiano nel trattato di A. Arnauld e P. Nicole *Logica o l'arte di pensare* (1662). La «logica di Port-Royal», di cui questo trattato costituisce la sistemazione, ebbe una grande influenza sulla manualistica sette e ottocentesca, in cui una terminologia epistemologica riveste il nocciolo semplificato delle teorie logiche tradizionali. Leibniz, alla cui idea di una *characteristica universalis* o simbolismo perfettamente adeguato alla rappresentazione logica del pensiero si ispireranno i logici fra Otto e Novecento, è autore di contributi innovativi alla teoria della predicazione e dell'identità (→ indiscernibili, identità degli); alla sua definizione della verità logica si rifanno i creatori della moderna semantica dei mondi possibili; egli costruì inoltre numerosi frammenti di calcolo dei predicati e delle classi.

• *La svolta di fine Ottocento.* Si individuano da un lato nell'algebrizzazione della logica culminata nell'opera di G. → Boole (1815-1864), dall'altro nell'esigenza di chiarificazione logica dei fondamenti della teoria degli → insiemi le premesse della ricostruzione della logica nella veste contemporanea di sintassi e semantica dei sistemi formali. La formalizzazione della logica dei predicati del primo ordine, portata per l'essenziale a termine da Frege, apre la storia della logica del nostro secolo, i cui sviluppi sono in gran parte legati a quello dell'indagine sui → fondamenti della matematica. La «grande logica» che in base al programma logicistico avrebbe dovuto costituire il fondamento dell'intera matematica trova la sua espressione classica nei *Principia mathematica* (1910-13) di A.N. Whitehead e B. Russell, il cui simbolismo deriva largamente dall'opera del matematico G. Peano. *R. De Mo.*

• *Logica e fondamenti della matematica nel Novecento.* In seguito al sostanziale fallimento del programma logistico, e in alternativa ad esso, fioriscono le indagini all'interno dei due grandi filoni del → formalismo di D. Hilbert e dell'→ intuizionismo di L. Brouwer. Il primo conduce alla precisa formulazione della teoria puramente sintattica dei sistemi formali: nella sua versione hilbertiana, il formalismo consiste appunto nell'ipotesi che la fondazione della matematica possa ridursi alla dimostrazione di alcune fondamentali proprietà sintattiche dei sistemi formali in cui è formulabile la teoria dei numeri, in particolare della loro non contraddittorietà. Attraverso la *teoria della dimostrazione*, ovvero l'indagine del concetto di teorema della teoria dei numeri strutturata come sistema formale, Hilbert si propone di provare l'assenza di contraddizioni tra quei teoremi, e quindi la non contraddittorietà della teoria dei numeri. Questo specifico proposito e i particolari metodi impiegati vanno sotto il nome di *programma hilbertiano di fondazione della matematica*. La questione del metodo dimostrativo impiegato è molto importante. Infatti l'eventuale impiego della teoria dei numeri come strumento d'indagine circa i sistemi formali dell'aritmetica la cui non contraddittorietà era da provare, avrebbe reso la prova circolare. Hilbert propone allora di limitarsi alla cosiddetta aritmetica finitista, ovvero a quei metodi numerici che esprimono operazioni aritmetiche di carattere «concreto», cioè combinatorio. Questi metodi dominano quasi tutte le ricerche metalogiche (→ metamatematica) provenienti da ambiente matematico negli anni Venti e non solo tra i diretti allievi di Hilbert. Nasce allora, in particolare, quella che sarà poi nota come *teoria delle funzioni ricorsive*, parte fondamentale delle moderne teorizzazioni del combinatorio. L'interesse per simili problematiche è testimoniato anche dalla nascita (M. Schönfinkel, 1920) della *logica combinatoria*, ove si cerca, attraverso un numero finito di ben controllabili operazioni, di caratterizzare i concetti e poi i metodi della logica. Nel 1931 K. → Gödel scopre, e ne dà una famosissima dimostrazione nota come teorema di Gödel, che il programma hilbertiano non poteva essere condotto a termine perché nessuno dei metodi numerici contenuti entro la teoria formalizzata dei numeri poteva essere un metodo metateorico sufficiente per dimostrare la non contraddittorietà di quella teoria. Il fallimento del programma hilbertiano viene così a identificarsi con l'insufficienza dell'approccio combinatorio alla metalogica. S'ingenera dunque la necessità di mutare i punti di vista teorici metalogici. Già Gödel (1930) aveva usato metodi astratti per dimostrare la coincidenza del concetto di legge logica, basato sulla nozione intuitiva di formula *vera*, con quello teorizzato entro i sistemi logici, ma spetta ad A. → Tarski (1935) il merito di una precisa fondazione della metateoria *semantica* dei linguaggi formalizzati.

Nasce con questo la *teoria dei modelli* (→ modello), branca basilare della moderna logica matematica. Pur fallito, il programma hilbertiano lasciò però aperta la questione di che cosa potesse significare una dimostrazione di non contraddittorietà della teoria dei numeri attraverso l'indagine specifica della nozione di teorema formale. Una risposta alla domanda venne da G. → Gentzen (1936), che diede una tale dimostrazione usando nuovi e più astratti metodi (induzione transfinita) che andarono a costituire gli strumenti di gran parte della moderna teoria della dimostrazione.

Le ricerche che si ispirano alla filosofia neointuizionista della matematica conducono invece alla formalizzazione di quella che è forse oggi la più interessante delle logiche «non classiche». Alcune delle idee di Hilbert subirono lo stimolo delle critiche che il famoso matematico olandese L. → Brouwer fin dal 1907, anno della sua tesi di dottorato, rivolse ai metodi generalizzanti della matematica moderna e, parallelamente, all'uso nell'ambito delle matematiche della *logica classica*, cioè delle leggi proprie della tradizione logica e codificate dalla sistematica logica ottocentesca e novecentesca. In primo luogo la critica di Brouwer si rivolge al principio logico del *terzo escluso*, A *o non*-A, che secondo Brouwer, è valevole solo nel mondo esterno, la finitezza del quale consente di andare a *controllare*, caso per caso, la validità di affermazioni quali «c'è un uomo con due stomaci o non c'è». Il terzo escluso non è valevole nelle matematiche che in generale hanno a che fare con l'*infinito*, e a detta di Brouwer l'applicazione di quel principio logico può addirittura ingenerare contraddizioni. Brouwer fonda la filosofia neointuizionista della matematica e crea una logica diversa da quella classica, abolendo la validità di alcune leggi di questa. Un trattamento sistematico della *logica intuizioni-*

ta si avrà nel 1930 a opera di A. Heyting (1898-1980). *S. Be.*

• *Logica e informatica.* Gli sviluppi delle ricerche logiche alla fine del secolo sono caratterizzati da un costante ampliamento delle tradizionali problematiche e da crescenti applicazioni in campi diversi. Le nuove prospettive devono molto all'interazione con l'informatica e con gli studi sull'→ intelligenza artificiale. Paradossalmente, proprio le applicazioni informatiche hanno favorito lo sviluppo di alcuni rami della logica che in passato erano stati classificati come «filosofici» e di scarsa rilevanza per la problematica dei fondamenti della matematica. Per es., le *logiche modali* (→ modalità) e le *logiche temporali* (→ logica temporale) hanno trovato applicazione nelle ricerche astratte sul concetto di *programma* per un computer. Un altro esempio è rappresentato dalle *logiche epistemiche*, che studiano il comportamento di operatori come 'conoscere', 'credere' (→ credenza, enunciati di). Un altro ramo delle applicazioni della logica alla *computer science* è rappresentato dalla teoria della *dimostrazione automatica.* In virtù di un teorema di A. → Church del 1936, si sa che il concetto di *legge logica* (o *teorema logico* o *verità logica*) non è, in generale, *decidibile.* Ciò significa che, in linea di principio, non può esistere una macchina capace di risolvere in un numero finito di passi, per ogni possibile espressione, il problema se si tratti di un teorema logico o meno. Ciononostante, l'insieme dei teoremi della logica classica elementare (e di molte logiche non classiche) è *ricorsivamente enumerabile*: ogni singolo teorema è raggiungibile in un numero finito di passi. Ha senso allora la ricerca di *dimostratori automatici*, per cui risultano adatti particolari calcoli logici, con caratteristiche diverse rispetto ai calcoli che sono naturali per l'intuizione umana (J.A. Robinson). Una questione che sorge in questo contesto riguarda la possibilità di costruire una logica per i ragionamenti *in parallelo.* È noto che i ragionamenti formali procedono di norma *in serie*, nel senso che sono descrivibili attraverso una *successione lineare* di passi distinti; al contrario, i meccanismi umani inconsci procedono anche in parallelo. È possibile trasmettere al pensiero formale alcune caratteristiche strutturali, che sembrano comuni nello stesso tempo ai meccanismi inconsci e ai sistemi dei circuiti elettronici? Si tratta di una delle questioni più critiche della odierna teoria della dimostrazione.

• *Dalla metalogica alla metametalogica.* Un fenomeno che ha acquistato un'importanza crescente è quello della pluralità delle logiche: il moltiplicarsi delle logiche ha sollevato spinosi problemi tecnici e filosofici. Un problema tecnico, in gran parte ancora aperto, è quello di individuare ragionevoli criteri di classificazione, che permettano di stabilire un ordine razionale nell'apparente caos delle diverse logiche. Ciò ha determinato uno spostamento di livello negli studi sui fondamenti della logica. Negli anni Venti e Trenta si faceva soprattutto *metalogica*; si studiavano cioè le proprietà sintattiche e semantiche di calcoli, che codificavano schemi di ragionamento ritenuti corretti, e di sistemi formali, che corrispondevano a importanti teorie matematiche. Oggi, invece, si ha spesso occasione di lavorare su un piano *metametalogico*, studiando contemporaneamente proprietà di *classi* di logiche. Un caratteristico problema metametalogico è decidere quale tipo di semantica sia adatta per caratterizzare gli elementi di una certa classe di logiche. Dove si intende che una semantica *caratterizza* una logica L se e solo se definisce una classe K di modelli tali che le leggi della logica L siano tutti e soli gli enunciati veri in ogni modello di K.

Le logiche non classiche hanno trovato due strumenti semantici, che fino a oggi hanno avuto un ruolo privilegiato: la semantica algebrica e la semantica dei → mondi possibili, detta anche semantica kripkiana (S. → Kripke). Mentre l'approccio algebrico sembra almeno in una certa misura fondato su un metodo di carattere universale, i limiti dell'applicabilità della semantica kripkiana sono tuttora oggetto di discussione. Il punto di partenza intuitivo di tale semantica è rappresentato dall'idea secondo cui interpretare un linguaggio (o una teoria) significa essenzialmente individuare per ogni enunciato A l'insieme delle situazioni (o *mondi possibili*) in cui A è vero. Nei casi più semplici, un modello kripkiano per un linguaggio formale è una struttura costituita da un insieme di mondi possibili, da una relazione di *accessibilità* (o *affinità*) fra mondi e da una funzione che a ogni enunciato associa la classe dei mondi possibili in cui l'enunciato è vero. Facendo variare opportunamente le proprietà formali della relazione di accessibilità e le condizioni di verità rispetto ai mondi, è possibile caratterizzare logiche diverse. Per es., restano così caratterizzate la logica intuizionistica, molte logiche intermedie fra la logica intuizionistica e quella classica, la logica quantistica, molte logiche modali e temporali. Può essere significativo studiare modelli in cui si considerano non solo relazioni, ma anche operazioni fra mondi. In tal modo è possibile caratterizzare logiche in cui i tradizionali connettivi vengono moltiplicati: si studiano allo stesso tempo più congiunzioni, più disgiunzioni, a cui è ragionevole associare significati intuitivi diversi. Per es., la semantica delle fasi per la *logica lineare*, proposta da J.I. Girard (1987), ammette una descrizione di questo tipo.

• *Semantiche intensionali.* La semantica dei mondi possibili ha trovato applicazioni anche nel campo della linguistica e delle logiche intensionali (→ grammatica di Montague, → linguaggio, filosofia del). La scelta riduzionista delle semantiche di Carnap-Montague (per cui l'intensione non è che una funzione da mondi possibili a estensioni) ha incontrato difficoltà in vari campi, dalla linguistica alle teorie logiche degli operatori epistemici, alla semantica delle teorie fisiche. Un atteggiamento opposto è quello, antiriduzionistico, che tratta le intensioni come oggetti astratti autonomi, e non cerca di ridurle a sistemi più o meno complicati di estensioni. Ciò ha portato alla creazione di teorie intensionali degli insiemi (S. Feíerman, P. Aczel, G. Bealer, A. Cantini), che costituiscono metateorie adeguate per vari tipi di logiche, difficilmente trattabili con mezzi puramente estensionali. *M.L. D.C.*

logica deontica, branca della logica che si occupa non di proposizioni che possono essere vere o false, ma di prescrizioni che possono essere valide o invalide. La sua denominazione deriva dal greco *déomai* (devo); essa viene comunemente contrapposta alla logica delle asserzioni, detta altrimenti logica aletica (dal gr. *alètheia*, verità). Le sue origini lontane risalgono al giusnaturalismo di Leibniz, il quale pensava, razionalisticamente, che fosse possibile dedurre tutta la morale e tutto il diritto da pochi principi (*Scritti politici e di diritto naturale*). La logica deontica si è affermata nella prima metà del sec. XX come settore di studio autonomo. Il suo sviluppo è stato molto contrastato perché il neopositivismo e il circolo di Vienna, nella loro lotta contro la metafisica, consideravano come privo di significato qualsiasi enunciato che non fosse suscettibile di una verifica empirica. Di conseguenza il discorso normativo o veniva squalificato come un completo nonsenso, o era ridotto a situazioni di fatto con quella che da G.E. → Moore in poi fu detta «fallacia naturalistica», oppure, infine, veniva ricondotto alle emozioni (così in *Linguaggio, verità e logica* di A. Ayer nel 1936) o alle definizioni persuasive (come fece C.L. Stevenson in *Etica e linguaggio*, 1945). Questa situazione venne poi superata, con la progressiva liberalizzazione del positivismo logico, soprattutto grazie all'opera di G.H. von Wright, l'autore di *Norma e azione* (1963), e di R.M. Hare, cui si deve *Il linguaggio della morale* (1952). Il primo ha ricondotto la logica deontica alla logica modale; per lui i modi deontici sarebbero essenzialmente quattro: permesso, proibito, obbligatorio, indifferente. Invece Hare ha distinto nei comandi del discorso normativo una parte «frastica» comune alle asserzioni e una parte «neustica» che indica la funzione dell'enunciato (asserire o comandare). Perciò «Marco sta chiudendo la porta» e «Marco deve chiudere la porta» avrebbero lo stesso «frastico» (Marco chiudere la porta), ma un «neustico» differente (sta-deve). In questo e in altri modi si risolve il problema del cosiddetto «sillogismo pratico».

logica paraconsistente, famiglia di logiche caratterizzata dalla «compatibilità con la contraddizione»: se una logica paraconsistente L è estesa a una teoria contenene una contraddizione, la teoria risultante $T = L \cup \{A. \sim A\}$ non è banale, cioè non ogni formula B è un teorema di T. I primi sistemi paraconsistenti furono formulati da S. Jaśkowski (1948); lo sviluppo della teoria e la formulazione di molti altri sistemi si deve principalmente al logico brasiliano N. da Costa e ai suoi collaboratori (A. Arruda, E. Alves e altri). Le logiche paraconsistenti sono state applicate allo studio della dialettica, dei concetti vaghi, e più recentemente allo studio delle basi di dati inconsistenti. Contributi significativi allo sviluppo del campo sono stati apportati da R. Routley, G. Priest, D. Batens, J. Kotas, M.M. Fidel, D. Marconi, V.S. Subrahmanian e altri.

logica quantistica, sistema di logica (proposto originariamente negli anni Trenta da G. Birkhoff e J. von Neumann) che rispecchia certi aspetti salienti del formalismo matematico proprio della fisica quantistica. Tutte le leggi della logica quantistica sono leggi della logica classica, ma non viceversa: fra le leggi della logica classica eliminate dalla logica quantistica ci sono, in particolare, le leggi che consentono di inferire '(A e B) oppure (A e C)' da 'A e (B oppure C)' e 'A oppure (B e C)' da '(A oppure B) e (A oppure C)'. Secondo H. → Putnam, il ricorso alla logica quantistica sarebbe indispensabile per risolvere certi paradossi concettuali generati dalla fisica quantistica e ciò dimostrerebbe la natura empirica della logica.

logica temporale, lo studio degli aspetti logicamente rilevanti della temporalità. Interessanti riflessioni in proposito, variamente frammiste a considerazioni di ordine metafisico, sono dovute a filosofi antichi (Aristotele e Diodoro Crono) e medievali (Avicenna, Occam ecc.). Per lo più indifferenti al problema della temporalità sono invece i pionieri della logica moderna: ciò si spiega tenendo conto del fatto che la rinascita della logica formale tra Ottocento e Novecento è determinata non tanto dall'interesse per la struttura logica del linguaggio naturale (dove, ovviamente, il riferimento al tempo è onnipresente), quanto piuttosto dal desiderio di disporre di uno strumento utile per le indagini sui fondamenti della matematica. I linguaggi artificiali ancora oggi più comuni in logica non contengono nulla che corrisponda ai tempi verbali: alla base di tali linguaggi c'è l'idea che il possesso di una proprietà da parte di un singolo oggetto o il vigere di una relazione fra più oggetti vadano sempre concepiti atemporalmente. W.V.O. Quine ha sostenuto che un linguaggio siffatto può esprimere tutte le relazioni temporali che il linguaggio naturale esprime per mezzo dei tempi verbali, purché si introducano variabili e costanti per intervalli temporali. Così, per es., un enunciato come 'Mario si è sposato' può essere parafrasato, secondo Quine, più o meno nel modo seguente: 'Esiste un tempo t tale che Mario si sposa a t e t viene prima di adesso', dove la clausola 'Mario si sposa a t' va interpretata come esprimente il sussistere di una certa relazione atemporale fra Mario e il tempo t. A questa strategia detemporalizzante si oppone quella, proposta da A.N. → Prior, che tende alla costruzione di una logica in cui gli enunciati temporalizzati, anziché venire eliminati per mezzo di parafrasi, sono oggetto di studio in quanto tali. È stato soprattutto per merito di Prior che, a partire dalla seconda metà degli anni Cinquanta, la logica temporale è andata costituendosi come branca autonoma della logica. Ai contributi di Prior si sono poi aggiunti via via quelli di molti altri studiosi, tra i quali si possono citare N. Rescher, N. Cocchiarella, H. Kamp, L. Humberstone, D. Gabbay, J. Burgess, J. van Benthem. La logica proposizionale temporale può essere formulata in un linguaggio che, oltre ai simboli della logica proposizionale, comprende due nuovi connettivi monadici, G e H: Gp significa 'si verificherà sempre che p' e Hp significa 'si è sempre verificato che p' (in alternativa, si possono impiegare i connettivi F e P, che significano rispettivamente 'accadrà almeno una volta che' e 'è accaduto almeno una volta che'). Un modello del tipo più semplice è costituito da un insieme non vuoto I (i cui elementi corrispondono intuitivamente agli istanti) sul quale è definita una relazione binaria R (che corrisponde intuitivamente alla relazione di anteriorità temporale). Imponendo su R condizioni di varia natura, si possono definire diverse nozioni di validità, ciascuna delle quali corrisponde a un certo modo di concepire l'ordinamento degli istanti. Un problema che, nell'ambito di questo quadro teorico, è stato intensamente studiato è quello della definibilità in termini temporali dei concetti modali: in particolare, si è cercato di stabilire quali sistemi di logica modale si ottengano definendo 'necessariamente p' come 'p e Gp' ('necessità diodorea') oppure come 'Hp e p e Gp' ('necessità aristotelica'). Sviluppi ulteriori della logica temporale contemplano l'introduzione di connettivi diversi da quelli menzionati, l'uso di modelli più complessi (per es. basati su intervalli anziché su istanti), lo studio delle interazioni fra temporalità e quantificazione ecc.

logiche libere, sistemi di logica liberi dall'assunzione che ogni termine singolare sia denotante. Tale assunzione è invece implicita nella logica dei predicati classica, che consente per es. di inferire 'esiste un x tale che x è P' da qualsiasi enunciato della forma 't è P' dove t è un termine singolare. Uno schema inferenziale del genere cessa di essere valido — dicono i fautori delle logiche libere — se appunto si introduce qualche termine non denotante, come 'Pegaso': dalla verità di 'Pegaso è un cavallo alato', infatti, non sembra seguire la verità di 'esiste un x tale che x è un cavallo alato'. La costruzione di calcoli logici da cui fossero esclusi schemi inferenziali problematici come quello menzionato fu intrapresa, tra gli anni Cinquanta e Sessanta, da studiosi come J. Hintikka, T. Hailperin, K. Lambert, H. Leblanc e H.S. Leonard. Successivamente si è affrontato il compito di fornire per le logiche libere una semantica adeguata. L'approccio più semplice (sviluppato per es. da N. Cocchiarella e da Leblanc e R. Thomason) consiste nel fare riferimento a un universo di discorso che include, oltre a un insieme di individui 'esistenti' su cui si quantifica, anche un insieme di individui 'possibili ma non esistenti', che servono per l'interpretazione dei termini non denotanti. Approcci più sofisticati si rifanno alla cosiddetta semantica delle supervalutazioni, ideata da B. → van Fraassen.

logiche polivalenti, logiche in cui i possibili valori di un enunciato sono non soltanto due come nella logica classica (il vero e il falso), ma tre o più, eventualmente infiniti. Le varie logiche polivalenti si differenziano da un lato per il numero di valori previsti, dall'altro per il modo in cui il valore di un enunciato complesso viene determinato a partire dai valori degli enunciati più semplici in esso contenuti. Il primo a delineare un sistema di logica a tre valori fu nel 1918 J. → Łukasiewicz, il quale, muovendo da una prospettiva radicalmente antideterministica, sostenne che gli enunciati relativi ai cosiddetti «futuri contingenti» non sono né veri né falsi, bensì 'possibili', dove il possibile va concepito, appunto, come un terzo valore di verità. Sistemi di logica polivalente diversi da quelli di Łukasiewicz furono proposti da E. Post nel 1921, da S. Kleene nel 1938 (con motivazioni tratte dalla teoria della → ricorsività) e da D. Bochvar nel 1939 (come tentativo di soluzione al problema dei paradossi).

logiche rilevanti, → condizionale.

logicismo, → fondamenti della matematica.

lógos (dal gr. *léghein*, scegliere, enumerare, raccontare), termine che ha fondamentalmente il senso di «calcolo» e «discorso» (lat. *ratio, oratio*), al quale si collegano gli altri molteplici significati assunti dal vocabolo nella storia della lingua greca: stima, apprezzamento; relazione, proporzione, misura; ragion d'essere, causa; spiegazione, frase, enunciato, definizione; argomento, ragionamento; ragione, pensiero. (Il significato di «scelta» o «raccolta» è attestato solo in vari composti e derivati, come «silloge»; recentemente Heidegger lo ha riproposto a interpretazione del *lógos* di Eraclito).

Come termine filosofico, Platone nel *Teeteto* (206*d* sgg.) ne distingue tre accezioni in riferimento alla definizione del sapere come «credenza vera associata a un *lógos*»: *lógos* è la manifestazione del pensiero attraverso i suoni articolati di una lingua; è il render conto di una cosa enumerandone gli elementi; è l'enunciazione della «differenza» (*diaphorótēs*) o segno distintivo che individua qualcosa (per cui comprenderne il *lógos* significa comprenderne la «differenza» o «definizione reale», 208*d*). Il campo del *lógos* filosofico, così delimitato, è quello del discorso e, in particolare, del discorso definitorio; a cui è associato il *lógos apophantikós* o «dichiarativo» (cioè la proposizione o asserzione vera o falsa), oggetto, con Aristotele, della teoria logica.

A Eraclito è attribuita invece da interpreti antichi e recenti una dottrina del *lógos* come «legge universale» (insieme «ragione» e «necessità», come forse al fr. 2 di Leucippo: «nessuna cosa avviene per caso, ma tutto secondo *lógos* e necessità»). Eraclito parla infatti all'inizio della sua opera di un *lógos* secondo cui avvengono tutte le cose e del quale gli uomini restano inconsapevoli sia prima sia dopo averlo ascoltato (fr. 1). Questo *lógos* è comune, ma i più vivono come se ognuno avesse una sua *phrónēsis*, una sua privata saggezza e comprensione (fr. 2). I discorsi assennati sono invece quelli di chi si fa forte di ciò che è comune, come la città della sua legge e le leggi umane dell'unica legge divina (fr. 114). D'altra parte il motivo dell'«ascolto *del lógos*» (si ritrova al fr. 50: «dando ascolto non a me, ma al *lógos*...») rinvia al significato corrente del termine, quello di «discorso» (orale o scritto); e quindi al *lógos* di Eraclito come al suo scritto o alla sua spiegazione e dottrina che i più fraintendono. Inoltre, né Platone né Aristotele parlano mai di una dottrina del *lógos* in Eraclito: Platone fa consistere il pensiero eracliteo nella tesi del flusso universale e dell'essere ogni cosa uno e molti; mentre Aristotele (seguito da Teofrasto) gli attribuisce anche quella del fuoco come principio e causa di tutte le cose. È solo con lo stoico Cleante, autore di un commento in quattro libri a Eraclito, che la legge divina comune a tutte le leggi umane di cui parla quest'ultimo è identificata col *lógos spermatikós* della teoria stoica, cioè con la ragione «seminale» o principio «attivo» (*poioûn*) del cosmo, che fecondando la materia inerte e senza qualità la rende capace di generare. Nell'*Inno a Zeus* di Cleante il *lógos* comune «attraversa tutte le cose mescolandosi al grande come ai piccoli astri luminosi». La sua presenza garantisce l'unità e la «simpatia» del cosmo; e in quanto legge naturale è a fondamento dell'etica stoica del «vivere in conformità alla natura». Come principio fisico è identificato col fuoco e contiene in se stesso le ragioni seminali dei vari individui, affini alle specie naturali aristoteliche in quanto immanenti alla materia e chiamate a spiegare insieme la pluralità e la teleologia della vita. Esse sopravvivono alla «conflagrazione» ciclica del cosmo (*ekpýrosis*) e sono i semi generatori del nuovo universo. La dottrina stoica delle ragioni seminali è ripresa in seguito da Plotino, per il quale esse appartengono alla terza ipostasi o anima del mondo, sono la causa dei suoi movimenti e contengono le ragioni che distinguono i vari individui fra loro (*Enneadi*, II 3, 14; IV 3, 15; IV 4, 12). Il duplice significato di *lógos* (*ratio-oratio*) è ribadito dalla distinzione stoica tra *lógos endiáthetos* o «interiore», cioè la *oratio concepta*, il pensiero, e *lógos prophorikós* o «proferito», ossia la *oratio prolata*, il discorso (Sesto Empirico, *Contro i matematici* VIII 275); distinzione ripresa da Filone Alessandrino, insieme forse al motivo stoico della ragione comune, in una teologia del *lógos* che unisce elementi della tradizione greca (in particolare platonica) al tema biblico della «parola di Dio». Il *lógos* di Filone opera da supremo mediatore tra Dio nella sua trascendenza e il mondo creato, in quanto «idea delle idee», cioè in quanto modello archetipo della creazione. Nel prologo del Vangelo di Giovanni, infine, il Verbo divino, creatore di tutte le cose, si è fatto carne nella figura storica del Cristo, «ha abitato tra noi»; la teologia del *lógos* si compie così nei due fondamentali dogmi cristiani della trinità e incarnazione sanciti dal concilio di Nicea (325). *W. Ca.*

Loisy, Alfred (Ambrières, Marna, 1857 - Ceffonds 1940), biblista e storico delle religioni francese. Professore di ebraico e Sacra Scrittura all'Institut catholique di Parigi (1889), fu rimosso dall'incarico nel 1893 perché sospettato di coltivare idee eterodosse sulla inerranza della Bibbia. Un decreto del Sant'Uffizio (1903) mise all'Indice cinque sue opere, tra cui *Il Vangelo e la chiesa*, composto nel 1902 in risposta all'*Essenza del cristianesimo* di A. Harnack. Considerato l'iniziatore del modernismo, Loisy fu scomunicato nel 1908 dopo le sue *Riflessioni semplici* sulla condanna del movimento.

Applicando i metodi della critica filologica e storica alla esegesi biblica, Loisy contesta l'interpretazione che attribuisce valore storico ad alcuni fatti essenziali della vita di Gesù, come la resurrezione, e propone un'interpretazione in senso escatologico del Vangelo: Gesù, convinto che la fine del mondo fosse imminente, non avrebbe fondato la chiesa. L'istituzione ecclesiastica sarebbe nata e si sarebbe affermata in seguito al progressivo venir meno, fra i credenti, della tensione escatologica iniziale, e in risposta a esigenze storico-sociali estranee all'originario annuncio di fede. Loisy afferma polemicamente: «Cristo predicò il regno di Dio, ed è venuta la chiesa».

lollardi, termine di derivazione incerta (forse dall'olandese *lollen*, cantare) designante un movimento ascetico e pauperistico diffuso nel sec. XIV in Olanda e affine ai begardi e al → libero spirito. Successivamente furono definiti lollardi i seguaci del movimento riformatore inglese di J. → Wycliffe. In polemica con la chiesa romana, identificata con la chiesa carnale, il cui papa era per loro l'anticristo, i lollardi inglesi si ritenevano appartenenti a una chiesa degli eletti, spirituale e invisibile, composta dai veri seguaci di Cristo. Rifiutavano i sacramenti e in particolare la dottrina cattolica sull'eucaristia; condannavano le preghiere e il culto dei santi come idolatrico; negando valore al matrimonio ecclesiastico, permettevano ai membri del movimento di sposarsi solo al suo interno. Per raggiungere con il proprio messaggio i ceti popolari, i lollardi tradussero l'intera Bibbia in inglese e ne attuarono una capillare diffusione. Le loro istanze, riprese in Boemia dai seguaci di J. → Hus, confluirono nella riforma protestante.

Lombardo Radice, Giuseppe (Catania 1879 - Cortina d'Ampezzo 1938), pedagogista italiano. Le sue idee pedagogiche, esposte in *Educazione e diseducazione* (1922), risentono del neoidealismo gentiliano; e da Gentile, divenuto ministro della pubblica istruzione, Lombardo Radice fu chiamato alla direzione generale dell'istruzione elementare, come collaboratore alla riforma scolastica (1923-24). Egli preparò i programmi per la scuola primaria (considerati da molti studiosi la parte più viva della riforma) rifacendosi sia alle aspirazioni neoidealistiche all'autosviluppo spontaneo del discente, sia alle teorie delle nuove scuole europee e americane, fondate sulla fiducia nella creatività e nella libera crescita dei fanciulli. Introdusse nei programmi svariate novità quali il gioco, il lavoro manuale, il diario, il racconto mensile, dedicando un'attenta considerazione all'ambiente d'origine dei fanciulli, al loro dialetto e alle tradizioni popolari.

Nel 1924 ottenne la cattedra di pedagogia al magistero di Roma: ma il delitto Matteotti lo indusse a rivedere radicalmente la sua iniziale simpatia per la dottrina fascista e a ritirarsi dalla vita politica attiva. Da allora si impegnò soprattutto nella diffusione del pensiero pedagogico contemporaneo. Tra i numerosi scritti: *Lezioni di didattica e ricordi di esperienza magistrale* (1913); *Lezioni di pedagogia generale* (1922); *Accanto ai maestri* (1925); *Saggi di critica didattica* (1928) e *Didattica viva* (un'antologia di saggi pedagogici pubblicata nel 1951).

Lombroso, Cesare (Verona 1835 - Torino 1909), psichiatra italiano. Professore nell'università di Pavia, direttore dell'ospedale psichiatrico di Pesaro, nel 1905 ottenne presso l'università di Torino una cattedra di antropologia criminale, disciplina di cui egli stesso fu l'inventore e secondo la quale i tratti della personalità criminale sono determinati da tare e anomalie somatiche. Lombroso fu uno dei principali rappresentanti del positivismo italiano, e le sue tesi ebbero larga risonanza negli ambienti giuridici e criminologici europei e sudamericani. Le sue opere principali, pluriedite e tradotte in molte lingue, sono *Genio e follia* (1864) e *L'uomo delinquente studiato in rapporto all'antropologia, alla medicina e alle discipline carcerarie* (1876). Nel 1880, insieme al magistrato Raffaele Garofalo, fondò l'«Archivio di psichiatria, antropologia criminale e scienze penali per servire allo studio dell'uomo alienato e delinquente», il cui scopo principale era quello di promuovere il rinnovamento in senso positivistico della legislazione psichiatrica e carceraria vigente in Italia. Nonostante i suoi gravi limiti, riassumibili nell'interpretazione aprioristicamente patologistica e organicistica della condotta criminale, l'opera lombrosiana ebbe il merito di sostituire al tradizionale studio astratto del delitto lo studio concreto del delinquente, aprendo la strada alle più moderne e articolate formulazioni della psicologia criminale, che in Italia ebbe i suoi rappresentanti principali in Sante De Sanctis e Agostino Gemelli.

Longino Cassio (Atene? 213 - Palmira 273), retore e filosofo greco. Studiò insieme a Plotino ad Alessandria, sotto la guida di Origene e del neoplatonico Ammonio Sacca. Ad Atene fu maestro di filosofia, retorica e grammatica, ma lasciò poi la Grecia per recarsi in Siria, dove diventò ministro di Zenobia, regina di Palmira; essendo stato fautore della resistenza antiromana, fu giustiziato, dopo la conquista della città, per ordine di Aureliano. Delle sue opere filosofiche non ci sono pervenuti che due titoli: *Sul sommo bene* e *Delle cause prime*; fu autore di commentari a dialoghi platonici (*Timeo*, *Fedone*) e al manuale metrico di Efestione, e scrisse un modesto trattato scolastico di tecnica retorica. La critica moderna ha definitivamente accantonato l'ipotesi che lo faceva autore del famoso trattato di estetica *Del sublime* (→ sublime).

Lorenz, Konrad Zacharias (Vienna 1903 - Altenberg, Austria Inferiore, 1989), psicologo e zoologo austriaco. Laureatosi in medicina a Vienna, nel 1954 fu nominato direttore dell'Istituto di fisiologia del comportamento Max Planck a Seewiesen, in Baviera. Nel 1973 ebbe il premio Nobel per la medicina, insieme a K. von Frisch e N. Tinbergen. Lorenz è uno dei fondatori dell'→ etologia, di cui fra l'altro ha elaborato fin dal 1937 il concetto di «imprinting», l'apprendimento istintivo caratteristico di una specie, che sembra non dipendere dall'esperienza individuale. Fondamentale per la quantità e l'interesse delle osservazioni raccolte è il suo contributo allo studio del comportamento degli animali in libertà. Fra le sue opere più note al largo pubblico si ricordano *L'anello di re Salomone* (1949), il cui titolo richiama la leggenda dell'anello magico che dava al suo possessore il potere di parlare agli animali e di comprendere il loro linguaggio, e *Il cosiddetto male* (1963), uno studio sull'aggressività nel quale l'autore estende al mondo umano concetti ricavati dallo studio del comportamento animale. Lorenz ha dedicato particolare attenzione ai problemi dei codici di comportamento, dei riti e delle cerimonie nel mondo animale, legati alla cova, al corteggiamento, alle pratiche sessuali. Le sue tesi hanno suscitato vivaci discussioni e polemiche tra etologi, biologi e psicologi, venendo giudicate innatistiche, e quindi suscettibili di interpretazioni razziste. Nonostante queste critiche, la prospettiva di Lorenz resta un punto di riferimento per correggere posizioni che tendono a interpretare il comportamento (umano e animale) secondo sequenze lineari e concatenazioni rigide di causa ed effetto, in un'ottica che privilegia i dati culturali e ambientali rispetto alla complessità e alla varietà dei comportamenti concretamente osservabili. Altre opere: *Evoluzione e modificazione del comportamento* (1965); *Sul comportamento degli animali e dell'uomo* (1965); *Gli otto peccati capitali della nostra civiltà* (1973); *L'altra faccia dello specchio* (1973); *L'etologia* (1978); *Io sono qui tu dove sei?* (1988).

Losev, Aleksej Fedorovič (Novočerkassk sul Don 1893 - Kratovo, Mosca, 1988), filosofo e filologo russo. Dopo un primo periodo fondamentalmente idealistico (partecipa al movimento *imjaslavie*, di ispirazione mistica e gnostica), Losev tentò fra gli anni Trenta e Cinquanta un difficile compromesso con il marxismo, per tornare poi sempre più esplicitamente ai temi idealistici. Fenomenologia e metodo dialettico costituiscono in Losev i termini fondamentali di un pensiero che mantiene una costante neoplatonica. L'analisi fenomenologica, considerata un momento preliminare e non conclusivo, presenta i fenomeni-significati, e il metodo dialettico li ricompone nelle loro essenziali connessioni rispetto a un tutto che si lascia cogliere solo negativamente, cioè attraverso il carattere apofatico dei fenomeni. L'opera d'arte nel suo alludere per via negativa è un simbolo, e costituisce una via privilegiata al tutto.

Gli scritti più importanti della sua vasta opera (più di quattrocento titoli) sono dedicati in prevalenza all'estetica e alla storia del pensiero antico. Vanno ricordati in particolare: *Il cosmo antico e la scienza contemporanea* (1927); *La filosofia del nome* (1927); *Dialettica della forma artistica* (1927); *Dialettica del mito* (1930); *Storia dell'estetica antica* (opera monumentale in sette volumi usciti tra il 1963 e il 1988).

Losskij, Vladimir (Gottinga 1903 - Parigi 1958), teologo ortodosso russo. Fu espulso dalla Russia con la famiglia nel 1922 e visse quasi sempre in Francia, scegliendo tuttavia di restare canonicamente legato al patriarcato di Mosca. Studiò la spiritualità occidentale (Eckhart) e reinterpretò creativamente la teologia orientale, da lui vista in una linea esemplare che da Ireneo conduce ai padri cappadoci, a Massimo il Confessore e a Gregorio Palamàs. Molto rilievo diede alla dimensione mistico-negativa della teologia: Dio infatti è Trinità sovraessenziale, al di là di ogni presa concettuale, raggiungibile apofaticamente solo nell'estasi di colui che continuamente si purifica ed è reso degno di penetrare nel silenzio eloquentissimo e nella tenebra luminosissima della presenza divina (Dionigi Areopagita). Sulla scia di Palamàs, Losskij distinse nettamente tra essenza (*ousía*) e «energie» di Dio: le energie sono Dio, ma non sono l'essenza di Dio. Dio si manifesta a noi attraverso il Figlio (come vita assolutamente sprovvista di volontà egoistica e individuale) e attraverso lo Spirito (che resta nascosto per dare testimonianza al Figlio). La rinuncia di sé è quindi al centro della Trinità, e anche la personalità umana è vista come irriducibilità alla natura, uscita dal determinismo, estasi. Su questa base, Losskij elaborò un'antropologia personalista e dinamica. Nei rapporti con la chiesa d'Occidente diede molta importanza alla questione del → Filioque: la differenza su questo punto a suo avviso non era secondaria, ma comportava una differente visione della «sinergia» del Figlio e dello Spirito. Opere principali: *Saggio sulla teologia mistica della chiesa d'Oriente* (1944); *A immagine e somiglianza di Dio* (postuma, 1967).

Lotman, Jurij Michailovič (San Pietroburgo 1922), semiologo, teorico e storico della letteratura russo. Compì gli studi universitari nella città natale. Dal 1963 insegna letteratura russa presso l'università di Tartu, in Estonia. Nel 1964 Lotman pubblica le *Lezioni di poetica strutturale* (poi organicamente rielaborate nel volume *La struttura del testo poetico*, 1970) come primo numero del periodico dell'università di Tartu «Trudy po znakovym sistemam» («Ricerche sui sistemi di segni»).

Tutta l'opera di Lotman è caratterizzata dall'idea di una fondamentale unità della sfera delle conoscenze. Dapprima questa unità viene evidenziata dall'interno dell'opera letteraria, attraverso il riconoscimento della sua specifica struttura; in seguito l'attenzione di Lotman si sposta sulla cultura, cioè sulle tipologie e sui modelli culturali all'interno dei quali opere e testi sono contestualizzati. Nell'ultimo decennio i suoi scritti gravitano intorno al concetto di «semiosfera», fondato sull'unità dei meccanismi di sviluppo di tutte le strutture vive, ossia capaci di trasmettere significati: dagli atomi agli organismi umani, ai testi artistici, alla cultura, al cosmo. Fra le opere (per lo più raccolte di saggi apparsi su «Trudy» o su altre riviste russe) vanno ricordate: *Tipologia della cultura* (1975 in collaborazione con B.A. Uspenskij); *Semiotica e cultura* (1975); *Testo e contesto*

(1980); *Da Rousseau a Tolstoj* (1984); *La semiosfera. L'asimmetria e il dialogo nelle strutture pensanti* (1985).

Lotze, Rudolf Hermann (Bautzen, Lausitz, 1817 - Berlino 1881), filosofo tedesco. Studiò a Lipsia, ove ebbe come maestri C.H. Weisse e Th. Fechner, laureandosi nel 1838 in medicina e filosofia. Fu professore di filosofia nelle università di Gottinga e di Berlino. La sua opera più importante, poiché contiene l'esposizione generale e completa di tutto il suo pensiero, è il *Microcosmo. Idee sulla storia naturale e sulla storia dell'umanità* (3 voll., 1856-64), ove confluiscono molti temi già tipici del tardo idealismo tedesco e del teismo speculativo. Cercando una posizione di equilibrio fra le istanze dello spiritualismo e quelle del materialismo meccanicistico che andava affermandosi nelle scienze, Lotze vuol dimostrare che non v'è contrasto fra le leggi meccaniche della natura e l'essenza intimamente spirituale dell'uomo e della natura stessa. Le leggi meccaniche, infatti, solo apparentemente cieche, manifestano in realtà l'ordine del mondo e il suo interno finalismo, quindi la sua natura razionale. La spiegazione data da Lotze della natura spirituale di ciò che apparentemente è meccanico e corporeo rivela la sua matrice leibniziana nel concetto dell'atomo come centro di forza immateriale, e tuttavia tale che l'aggregazione di più atomi genera la materia, la cui base ultima è pertanto spirituale. L'evoluzionismo è da Lotze ammesso, ma come un processo che dallo spirito torna allo spirito, sotto la guida di un principio razionale sovrasensibile, che è Dio inteso come sorgente dell'ordine della materia e del suo movimento. Il sistema di Lotze è dunque essenzialmente un evoluzionismo spiritualistico, poiché l'unità che Dio conferisce al mondo è anche istituzione di valori, che servono di fondamento all'etica. In questa prospettiva, è necessario concepire Dio non solo come spirito, ma come essere personale e come soggetto dotato di volontà. Per questo emergere, nel pensiero di Lotze, del concetto di *valore*, si è voluto spesso vedere in lui un precursore della filosofia dei valori che verrà espressa da alcuni orientamenti di pensiero appartenenti al neokantismo; ma è possibile affermarlo, più che in relazione alla sua metafisica, osservando la sua *Logica* del 1874, che propone un'identificazione senza residui fra il concetto di *validità* e quello di *significato* per quanto riguarda l'uso dei termini logici. Ad avere validità sono per Lotze le *proposizioni*, entità diverse sia dalle sostanze (che durano nel tempo) sia dagli eventi (che accadono nel tempo), e il cui essere atemporale Lotze attribuisce anche a concetti e relazioni. Questa dottrina avrebbe influito potentemente su G. → Frege ed E. → Husserl. Altre opere: *Metafisica* (1841); *Logica* (1843); *Fisiologia generale della vita corporea* (1851); *Storia dell'estetica in Germania* (1868); *Sistema di filosofia* (2 voll.: I *Logica*, 1874, II *Metafisica*, 1879); *Scritti minori* (postumi, 1885-91).

Lovejoy, Arthur Oncken (Berlino 1873 - Baltimora 1962), filosofo statunitense di origine tedesca. Insegnò filosofia all'università Johns Hopkins (Baltimora) e diresse il «Journal of the History of Ideas», organo del circolo di storia delle idee, da lui fondato nel 1923. Famosi e influenti furono i suoi articoli su Kant, Rousseau, Bergson, James, il romanticismo, l'evoluzionismo, il neorealismo, il pragmatismo, e i suoi *Saggi di storia delle idee* (1935). Lovejoy propose una filosofia che chiamò «realismo temporalistico» perché in polemica con l'idealismo e il neorealismo, postulava una «biforcazione dell'esperienza» che vieta di identificare il mentale e l'extramentale, e indica nella temporalità lo specifico dell'esperienza umana. In nome di questo dualismo, Lovejoy aderì al movimento del «realismo critico», che alla gnoseologia «presenzialista» dei neorealisti opponeva la tesi della rappresentatività, intenzionalità e autotrascendenza della conoscenza. Non gli «oggetti», ma solo i «mezzi» o «dati» del conoscere sono presenti alla coscienza; si ha verità quando gli esistenti mentali e quelli reali «esemplificano» le medesime «essenze» o «caratteri». Senza questa distinzione tra essenze ed esistenti, verità, errore, sogno, illusione sono indistinguibili, e l'esperienza del tempo è vanificata nella presenzialità della coscienza immediata. Opere principali: *La rivolta contro il dualismo* (1930); *La grande catena dell'essere* (1936); *Un mondo in divenire* (1945).

Löw ben Bezalel, Jehudah (1525 ca - Praga 1609), pensatore ebreo boemo, noto anche come Rabbi Löw o il Maharal. Dopo essere stato per vent'anni rabbino capo in Moravia, si stabilì a Praga (1573) dove rimase, salvo brevi periodi di ministero a Poznań, fino alla morte. Nelle sue opere *Le possenti imprese di Dio* e *Il pozzo dell'esilio* fu uno dei principali codificatori del messianismo rabbinico e diffuse le idee della → qabbalah, senza però ricorrere alla terminologia esoterica peculiare di quella dottrina. Considerato da alcuni il primo esponente di rilievo del razionalismo ebraico per questo suo rifiuto del linguaggio iniziatico dei qabbalisti, Rabbi Löw fu, per lo stesso motivo, venerato come precursore dal chassidismo. Ma in realtà egli si interessò anche all'esoterismo: di qui la leggenda che vide in lui il creatore del Golem, fantoccio di creta animato dal nome divino, magico servitore e poi ribelle. L'importanza di Rabbi Löw nella storia della cultura consiste inoltre nelle sue riflessioni sulla filosofia della storia e sui diritti dei popoli, contenute specialmente in *Eternità di Israele*. Egli affermò che, per un diritto fondato sull'ordine metafisico del mondo, ogni popolo è padrone di se stesso, ha una sua sede stabilita dalla natura nella quale ha diritto di vivere libero e di scegliersi e venerare il proprio Dio. Ogni popolo, sostenne Rabbi Löw, possiede una propria natura e fisionomia che non vanno perdute neppure se, per una «malattia» sopravvenuta nell'ordine del mondo, un popolo perde la sua sovranità statale e perfino la sua unità territoriale (questo pensiero sarà poi ripreso dal sionismo moderno).

Löwith, Karl (Monaco 1897 - Heidelberg 1973), filosofo e storico della filosofia tedesco. Allievo di Husserl e di Heidegger, dal 1936, a causa delle persecuzioni razziali, soggiornò prima in Giappone, poi dal 1941 negli Stati Uniti. Nel 1952 tornò in Germania e insegnò all'università di Heidelberg fino al 1964. Nel suo libro più importante, *Da Hegel a Nietzsche* (1941), Löwith vede nell'idealismo hegeliano il culmine di un'epoca di pensiero, e nella critica di Marx e di Kierkegaard la dissoluzione di tale epoca. Il marxismo e l'esistenzialismo, eredi di quelle due posizioni critiche, sono, secondo Löwith, i momenti più significativi della filosofia contemporanea, caratterizzata dallo storicismo e dal relativismo. Solamente nella teoria dell'eterno ritorno di Nietzsche si apre di nuovo la prospettiva di un recupero della natura, a preferenza della storia, e quindi anche dell'eternità contro il relativismo storicistico. In *Significato e fine della storia* (1949), Löwith riprende la sua polemica antistoricistica e, ripercorrendo a ritroso lo sviluppo delle visioni della storia, da J. Burckhardt sino alla concezione biblica, dimostra, da una parte, che la moderna filosofia della storia deriva dall'originaria impostazione teologica ebraico-cristiana, dall'altra che la secolarizzazione di tale concezione ha portato a un relativismo senza sbocchi, se si eccettua un ritorno alla concezione ciclica dei greci o a quella escatologica del cristianesimo. Tra le altre opere: *L'individuo nel ruolo del prossimo* (1928); *La filosofia dell'eterno ritorno di Nietzsche* (1936); *M. Heidegger. Pensatore in tempo di povertà* (1953); *Critica dell'esistenza storica* (1960); *Dio, uomo e mondo nella metafisica da Descartes a Nietzsche* (1966).

luce, termine che, in differenti esperienze religiose e dottrine filosofiche, designa l'elemento simbolico fondamentale. La religione iranica del dio solare Mitra è considerata la forma più antica di culto della luce. La contrapposizione fra luce e tenebre presente già nel racconto della Genesi acquista nel cristianesimo nuovo significato, in quanto viene riferita dai padri alla vicenda di Cristo: questi, avendo fatto dileguare le tenebre del peccato e mostrato all'uomo la verità evangelica, è detto «fotòforo», cioè — dal greco — «portatore di luce».

Nella filosofia antica, Aristotele attribuisce alla luce la caratteristica di essere il quinto elemento, l'etere, composto di materia fluida e sottile, che circonda e comprende l'universo degli enti composti dai quattro elementi primordiali (acqua, aria, terra, fuoco). Nella filosofia neoplatonica la luce è invece considerata come la manifestazione propria del divino, attraverso cui l'Uno si comunica per emanazione alle intelligenze celesti e quindi al mondo sensibile. Roberto Grossatesta opera una sintesi fra elementi dottrinali aristotelici e neoplatonici, proponendo una vera e propria metafisica della luce, di cui restano tracce nel pensiero di san Tommaso e soprattutto di Bonaventura da Bagnoregio. Secondo questa concezione, la luce è il principio fisico originario da cui tutti gli enti derivano la corporeità. È inoltre corrente nel pensiero medievale la convinzione che la luce renda possibile la generazione dei corpi. Alla concezione del divino come luce si connette una peculiare dottrina della conoscenza elaborata da sant'→ Agostino. L'uomo conosce i principi ideali per illuminazione, cioè attraverso l'aiuto di una particolare facoltà conoscitiva offerta da Dio. Nella linea agostiniana, Meister Eckhart fa coincidere tale luce con la *scintilla animae*, l'elemento divino presente nell'interiorità di ciascun uomo.

Luciano di Samosata, (Samosata, Siria, 120 d.C. - Egitto 180 d.C.), retore e filosofo ellenistico. La sua attività, soprattutto nella fase iniziale, presenta più di un'analogia con la produzione della cosiddetta «Seconda Sofistica», vale a dire con quel movimento culturale, mirante al recupero degli aspetti retoricamente più spettacolari della sofistica, che interessò il mondo greco-romano nel II sec. d.C. Intorno al 160 d.C. trascorse un periodo ad Atene: a questi anni risale forse la sua scelta di adottare la forma dialogica, attraverso la quale mirava a riprendere, seppure solo esteriormente, motivi socratico-platonici. Luciano fece propri temi legati alla tradizione scettica, evidenti nella critica alla religione tradizionale testimoniata dai *Dialoghi degli dei* e dai *Dialoghi marini*. Subì anche influssi epicurei e fu molto vicino al cinismo, scagliandosi contro l'avidità e la gelosia dei filosofi del suo tempo. Nell'*Eunuco* la felicità di chi non ha bisogni è contrapposta alla follia di chi cerca di raggiungere la ricchezza. Nell'ultima parte della sua carriera, Luciano rivitalizzò la diatriba cinica di tipo menippeo, un discorso di propaganda percorso da motivi umoristici e polemici.

Lucrezio Caro, Tito (98 ca - 54 ca a.C.), poeta latino. Della sua vita sappiamo pochissimo: secondo le brevi notizie tramandate da san Girolamo, sarebbe impazzito in seguito a un filtro amoroso e morto suicida. Nei «momenti di lucidità» compose il *De rerum natura*, ampio poema filosofico in sei libri che alla sua morte fu edito da Cicerone. Il *De rerum natura* rivela una stretta fedeltà a Epicuro (la fonte principale deve essere stata l'opera del filosofo greco *Sulla natura*), non offrendo quindi elementi

dottrinali originali. Ma il poema è fortemente segnato dalla personalità umana e poetica dell'autore. Il pensiero di Epicuro, filtrato attraverso la psicologia lucreziana, assume accenti in cui l'ansia di liberazione si fonde con l'angoscia per la condizione umana e con note di drammatico pessimismo. Partendo dall'analisi delle particelle minime e indivisibili, gli atomi, Lucrezio analizza la sensibilità, i processi di formazione delle immagini e della conoscenza, i meccanismi che presiedono ai fenomeni naturali, la struttura dell'universo. Sempre sulla base del materialismo atomistico, espone le tappe dell'evoluzione umana: l'invenzione del linguaggio, delle leggi, dei governi. Epicuro è celebrato come colui che ha liberato gli uomini dal timore degli dei, della vita futura e della morte. Solo la scienza è lo strumento della liberazione umana, in quanto mostra come le vicende terrene siano semplici e transitorie aggregazioni e dissoluzioni, in cui, come nulla nasce dal nulla, così nulla si riduce al nulla.
Un'ampia diffusione del *De rerum natura* nella cultura moderna ebbe inizio dalla seconda metà del Quattrocento. Il neoplatonizzante Marsilio Ficino lo conobbe e lo combatté. Seguire l'influenza di Lucrezio dal Cinquecento in poi significherebbe toccare molta parte della più grande cultura europea. Come fonte essenziale per la conoscenza dell'epicureismo, egli influì sulla concezione della natura. Già operante in Giordano Bruno per il concetto della pluralità e infinità dei mondi, il suo insegnamento fu poi alla base dell'atomismo, da P. Gassendi in poi (prima metà del Seicento); e ispirò, pur senza avere una funzione centrale, il materialismo del Settecento e della seconda metà dell'Ottocento. Una fortuna notevole ebbe il quadro dell'umanità ferina tracciato da Lucrezio nel libro v del poema: esso suscitò forti reazioni nei difensori della tradizione biblica, e se la sua incidenza non è chiara in Hobbes, essa è però evidente, per es., in G.B. Vico. Oltre che maestro di morale edonistica, Lucrezio è stato anche sentito, in varie epoche, come difensore della libertà della ragione contro il fanatismo religioso: ambedue questi aspetti sono presenti, per es., in Voltaire.

Luhmann, Niklas (Lüneburg, Bassa Sassonia, 1927), sociologo tedesco. È stato funzionario nell'amministrazione della Bassa Sassonia. A partire dai primi anni Sessanta ha iniziato una revisione dei fondamenti teorici della sociologia contemporanea. Dopo essersi specializzato nel 1960-61 con T. → Parsons presso l'università Harvard, si è dedicato a studi di scienza dell'amministrazione e soprattutto a un'applicazione della teoria generale dei → sistemi alla teoria sociale. Da Parsons, e in generale dal funzionalismo, Luhmann ha ereditato l'esigenza di studiare la società come sistema integrato. Tuttavia egli non condivide né l'enfasi tipicamente parsonsiana sul «sistema di valori» come meccanismo regolativo della società, né la concezione che ruota intorno ai problemi dell'equilibrio del sistema sociale. Per Luhmann il meccanismo fondamentale della società è quello relativo alla coppia sistema-ambiente; in questo senso, può essere considerato uno dei principali esponenti della teoria generale dei sistemi (*Sistemi sociali. Fondamenti di una teoria generale*, 1984).
Il suo primo contributo veramente originale alla sociologia politica e giuridica è il concetto di *contingenza*, elaborato nei due studi *La fiducia* (1968) e *Legittimazione mediante procedure* (1969). Secondo Luhmann, fenomeni sociali fondamentali come la fiducia nei confronti degli altri → attori sociali, e in generale della società, non si basano su scelte universalistiche di valore ma su risposte selettive e contingenti. In altri termini, gli attori sociali hanno problemi locali, e si aspettano risposte *ad hoc* da parte delle istituzioni. La fiducia, perciò, designa un fenomeno di «sfondo», un orizzonte non tematizzato (in ciò Luhmann riprende alcune intuizioni di A. → Schutz), e non un consenso di valore. L'importanza sociologica di queste analisi risulta dal saggio sulla legittimazione, in cui Luhmann elabora il concetto di *procedura*. Le procedure sono i meccanismi contingenti attraverso cui le istituzioni pubbliche si legittimano di fatto, nell'interazione con i sotto-sistemi sociali, indipendentemente da problemi (e difficoltà) di consenso. Luhmann ha sviluppato queste analisi con degli studi di teoria delle organizzazioni e di sociologia giuridica (*Sociologia del diritto*, 1972; *Sistema giuridico e dogmatica giuridica*, 1974).
A partire dalla metà degli anni Settanta estende la sua concezione di una sociologia sistemica al problema del potere. In *Potere e complessità sociale* (1975), egli rifiuta le teorie *sostanziali* del potere sostenute, a vario titolo, dalle concezioni liberal-democratiche, dal marxismo e dalla sociologia weberiana. Il potere non è più appannaggio di determinate classi e ceti, né può essere considerato un mero sottoprodotto della forza, ma è un «mezzo di comunicazione» generalizzato mediante simboli, che circola nella società ed è oggetto di continue transazioni. Questa concezione rientra in una critica generale delle categorie della sociologia classica. Così nella sua opera fondamentale, *Illuminismo sociologico* (vol. I, 1970; vol. II, 1975), Luhmann giunge a definire come oggetto primario delle scienze sociali la «riduzione di complessità», ovvero la risposta selettiva delle organizzazioni e dei sistemi agli elementi di contingenza e di imprevedibilità che ogni ambiente introduce nei sistemi.
Gli sviluppi della sociologia luhmanniana possono essere intesi come progressiva ridefinizione del problema del senso. Senso, e significato,

vengono concepiti — al pari del potere, del denaro, o di altri «valori» sociali — come puri mezzi di comunicazione. Recentemente questa prospettiva si è spinta sino ad abbracciare problemi emergenti delle società occidentali contemporanee (*Comunicazione ecologica*, 1986). Tra le ultime opere si ricorda: *La scienza della società* (1990), nella quale la scienza contemporanea viene analizzata come un gigantesco sistema autoreferenziale (→ autoriferimento) orientato soprattutto a riprodurre se stesso.

Lukács, Giörgy (Budapest 1885-1971), filosofo ungherese. Formatosi in diretto contatto con la cultura letteraria e filosofica mitteleuropea, fino alla prima guerra mondiale si mosse entro un ambito etico-estetico fortemente impregnato di pessimismo (*Il dramma moderno*, 1908; *L'anima e le forme*, 1911; *Teoria del romanzo*, 1916). La riflessione sulla civiltà moderna, il bisogno di un rinnovamento radicale, espressi in un linguaggio accesamente idealistico e soggettivistico, subirono una brusca cristallizzazione con la sua adesione al comunismo e la sua partecipazione alla Repubblica dei consigli ungherese (1919). Da questo momento la sua vita e il suo pensiero furono strettamente intrecciati con le vicende del comunismo in Occidente e con il complesso e tormentato sviluppo del marxismo contemporaneo. Primo frutto di questa svolta fu *Storia e coscienza di classe* (1923), scritta, come la maggior parte delle sue opere, in tedesco. Tentativo di rifondazione del marxismo in una prospettiva dialettica e rivoluzionaria, il libro proponeva in modo originale e approfondito temi decisivi: il significato della dialettica e il nesso Hegel-Marx; la centralità della nozione di merce nell'analisi della società capitalistica; il nesso teoria-prassi; il tema dell'alienazione interpretata in base al concetto di reificazione, che il saggio centrale dell'opera sviluppava in una teoria organica. Né mancavano riflessioni su temi più direttamente politici, quali la natura del soggetto storico rivoluzionario e il suo rapporto con l'organizzazione del partito. Duramente attaccato dell'ortodossia sovietica e socialdemocratica, il libro ebbe diffusione clandestina, riuscendo a influenzare tutta un'ala del marxismo occidentale.

A partire dagli anni Trenta, dopo un profondo ripensamento teorico e politico, Lukács impostò un vasto programma di sviluppo del marxismo in più di una direzione: teoria estetica, critica letteraria e storia della letteratura, definizione filosofica del marxismo, costruzione di un nuovo umanesimo storicista. Di questo periodo sono le sue opere più importanti: *Goethe e il suo tempo* (1947); *Il giovane Hegel* (1948); *Thomas Mann e la tragedia dell'arte moderna* (1953); *La distruzione della ragione* (1954); *Contributi alla storia dell'estetica* (1954). Il volume su Hegel offre una radicale reinterpretazione degli scritti del filosofo, in cui viene meno l'immagine di uno Hegel romantico, teologo o mistico, mentre prende corpo la figura di un pensatore fortemente impegnato nell'analisi dei problemi storici, sociali ed economici della sua epoca. In *La distruzione della ragione* Lukács esprime un giudizio radicalmente negativo sulla filosofia e sulla letteratura contemporanee, interpretate secondo uno sviluppo che ne vede il progressivo decadimento culturale, sino a proporle come espressione subalterna degli interessi ideologici dell'imperalismo. A tale distruzione della ragione, di cui sono simboli Heidegger da un lato e Kafka dall'altro, si è tuttavia sottratto un grande rappresentante del realismo e della razionalità umanistica: l'amato Thomas Mann. Delle altre opere, molte sono raccolte di saggi, dimensione questa cui Lukács aveva dedicato uno scritto giovanile (*Il saggio come forma*), e a cui nel periodo staliniano si attenne anche per motivi di prudenza. Soltanto negli ultimi anni, tornato a Budapest dopo un esilio quasi trentennale (Vienna, Berlino e Mosca), riprese a comporre opere sistematiche: una monumentale *Estetica* e una *Ontologia dell'essere sociale*, scritte in un periodo di forzato ripiegamento sullo studio, in seguito alla sua partecipazione al governo Nagy nel 1956. Al centro della sua vasta produzione sta la proposta di un arricchimento filosofico del marxismo mediante il recupero delle migliori tradizioni della cultura borghese: lo storicismo hegeliano e la dialettica, la concezione umanistica, la grande vena del realismo (Goethe, Balzac, Tolstoj). *M. Va.*

Lukasiewicz, Jan (Leopoli 1878 - Dublino 1956), filosofo e logico polacco. Insegnò all'università di Leopoli e quindi a quella di Varsavia. Si dedicò alle problematiche connesse allo sviluppo della logica matematica, mantenendo però sempre in primo piano le questioni filosofiche a essa connesse. Fu anche uno dei pochi logici che nella prima metà del secolo dedicarono ampi studi alla storia della logica, recando notevoli contributi, con particolare riguardo all'interpretazione del pensiero logico stoico e della sillogistica aristotelica. Nel saggio *Sul principio di contraddizione in Aristotele* (1910) egli sostenne che, anche nella logica classica, il principio di non contraddizione non svolge affatto il ruolo fondamentale che la tradizione gli ha assegnato. Lukasiewicz considerava la bipartizione — usualmente accettata dai logici — delle proposizioni in vere e false inadeguata alla trattazione dei cosiddetti «futuri contingenti»: se una proposizione riguardante il futuro potesse essere caratterizzata come vera o falsa già nel presente, si dovrebbe ammettere che il corso degli eventi è predeterminato. Il tentativo di risolvere il problema lo portò all'elaborazione di una logica a più valori, i cui sviluppi sono trattati nelle *Ricerche sul calcolo proposi-*

zionale (1930), alla cui stesura collaborò anche A. Tarski.

Lullo, Raimondo, nome italianizzato di Ramón Llull (Palma di Majorca 1235-1315), teologo e filosofo catalano. Dopo aver abbandonato la vita mondana in seguito a una crisi religiosa (1263), dedicò la propria attività alla conversione al cristianesimo dei musulmani e degli ebrei. A questo fine studiò la lingua e la cultura araba, e si batté per la fondazione di collegi missionari, per promuovere una crociata e per riformare il clero, mettendosi in contatto con papi e sovrani. Viaggiò in Europa e in Oriente e insegnò in varie università (Parigi, Montpellier e Napoli). Scrisse molte opere su svariati argomenti: teologia, mistica, logica, astronomia, medicina, matematica, pedagogia. In campo teologico, la sua opera principale è il *Liber contemplationum* (1271-73); in campo logico l'*Ars compendiosa inveniendi veritatem* (1274), successivamente rielaborata in altre opere, dall'*Ars demonstrativa* (1275) fino all'*Ars generalis ultima* (1305-08) e all'*Ars brevis* (1308). Richiamandosi alla tradizione agostiniana, Lullo sostiene, in polemica con l'averroismo, la subordinazione della filosofia alla teologia. Gli errori della filosofia dipendono dall'ignoranza delle verità di fede, alla cui luce va interpretato e organizzato tutto il sapere mondano. Lullo pensa che se il sapere fosse presentato in modo unitario, con caratteri di rigorosa evidenza e in stretta relazione con i contenuti della fede, chiunque ne rimarrebbe convinto, anche gli infedeli. A questo scopo egli elabora un'«arte generale», basata su principi tali da contenere i fondamenti di tutte le scienze. Questi principi generalissimi sono elementi semplici, cui si possono ridurre i termini di tutte le proposizioni. Lullo ne indica diciotto; nove sono gli attributi divini («dignità»), ricavati attribuendo a Dio in grado superlativo le perfezioni che si riscontrano negli esseri finiti, ossia bontà, grandezza, eternità, potenza, saggezza, volontà, virtù, verità e gloria; nove sono i termini che indicano le relazioni fra gli esseri contingenti: differenza, concordanza, contrarietà, principio, mezzo, fine, maggioranza, eguaglianza e minoranza. Questi elementi primi vengono indicati da Lullo con lettere dell'alfabeto o altri simboli e sono combinati fra loro per mezzo di cerchi concentrici o altre figure mobili. Attraverso tutte le possibili combinazioni si otterranno i ragionamenti tipici per risolvere tutti i problemi; si troveranno così i principi delle scienze particolari e si proveranno i contenuti essenziali della religione. Lullo ritiene infatti che la sua sia un'arte «inveniendi veritatem», capace cioè non solo di ordinare verità già note, ma anche di trovarne di nuove. Gli elementi semplici sono, per Lullo, i fondamenti stessi della realtà: logica e metafisica dunque coincidono. La natura è stata infatti creata da Dio sulla base di «rationes» eterne, per cui tutto l'essere delle creature non è niente altro che un'imitazione di Dio, e questo medesimo ordine deve rispecchiarsi nella conoscenza umana. L'universo si presenta quindi, secondo la tradizione agostiniana, come lo specchio del divino, come «un libro in cui si impara a conoscere Dio»; l'esito finale del processo conoscitivo è indicato da Lullo nella mistica: l'unione con Dio nella contemplazione.

• *La diffusione del lullismo.* Alla morte di Lullo si erano già costituiti a Parigi e a Montpellier, e poi a Valencia, gruppi di suoi seguaci, fra i quali va ricordato Tommaso le Myésier, che nell'*Electorium Remundi* (1325) applicò le regole lulliane alla cosmologia. Nel corso del sec. XIV un segno della fortuna di Lullo fu l'attribuzione al suo nome di molte opere di magia, astrologia e, soprattutto, di alchimia; la diffusione delle sue dottrine provocò vivaci reazioni, tanto che nel 1390 la facoltà di teologia di Parigi vietò il loro insegnamento. Ma il Quattrocento segnò l'inizio di una grandissima fortuna del lullismo, che penetrò in tutta la cultura europea, come appare dalle opere di Cusano, Bessarione, Pico e, poi, di Bovillo, Bruno ecc. L'aspirazione enciclopedica del rinascimento era naturalmente attratta dall'«arte» lulliana, che si presentava come scienza capace di unificare tutto il sapere. Significative in tal senso le opere: *De arte cyclognomica* (1569) di Cornelio Gemma, in cui l'autore espone un metodo valido per la medicina come per tutte le altre scienze; *Syntaxes artis mirabilis...* di Pedro Gregoire di Tolosa e l'*Opus aureum* (1589) di Valerio de Valeriis, ispirato all'*Arbor scientiae* di Lullo. D'altra parte, la combinatoria e la mnemotecnica lulliane offrivano soluzioni valide alla ricerca — connessa a ogni ideale enciclopedico — di tecniche della memoria; su questo piano, il lullismo, durante il sec. XVI, si saldò alla tradizione classica dell'arte della memoria, risalente a Cicerone e Quintiliano, come si vede, ad es., nell'*Explanatio compendiosaque applicatio artis Raymundi Lulli* (1523), opera del francescano Bernardo de Lavinheta. Questa sintesi di mnemotecnica lulliana e classica è presente anche in alcune opere latine di Bruno, come *De umbris idearum* e *Cantus Circaeus*, in cui l'arte della memoria diventa il fondamento di una nuova logica, capace di individuare la struttura dell'universo. Contro la tradizione lulliana della mnemotecnica, che si era andata sempre più legando a un'interpretazione dell'universo in chiave magico-simbolica, polemizzarono F. Bacone e Cartesio, nei quali è comunque ravvisabile un'eco della tradizione lullista, attraverso la ripresa dell'immagine dell'albero della scienza. La stretta connessione fra i due aspetti — tecnica della memoria e unità del sapere — sotto i quali si realizzò la diffusione del lullismo, sta al centro dell'ideale enciclopedico che dominò tutto il sec. XVII, da Alsted a Leibniz, il quale riprese il concetto lulliano di un'arte combinatoria (→ ars combinatoria) posta a fondamento della logica inventiva. *P. La.*

Luporini, Cesare (Ferrara 1909 - Firenze 1993), filosofo e storico della filosofia italiano. Formatosi in Germania con N. Hartmann e Heidegger, esordì inserendosi nel dibattito sull'esistenzialismo, con *Situazione e libertà nell'esistenza umana* (1942). Dalla concezione dell'esistenza umana come dominata dalla libertà deriva la centralità della problematica morale, che caratterizza l'esistenzialismo nella formulazione di Luporini. Ma negli anni della guerra egli abbandonò l'esistenzialismo passando al marxismo (e in politica aderirà al Partito comunista italiano). Nel dopoguerra fu animatore di cultura, particolarmente con la rivista «Società», e si dedicò prevalentemente a studi di storia del pensiero moderno: *Filosofi vecchi e nuovi* (1947), scritti su Kant, «Fichte, Hegel, Leopardi e Scheler; *La mente di Leonardo* (1955); *Voltaire e le «Lettres philosophiques»* (1955); *Spazio e materia in Kant* (1961). Successivamente la sua attività si è concentrata, oltre che nell'interpretazione del pensiero di Marx e di Engels, direttamente nella discussione e nell'elaborazione teorica, attorno a temi come verità e libertà, le radici della vita morale, la soggettività umana e i condizionamenti, strutture e processi (nel dibattito internazionale sul marxismo, Luporini si segnala particolarmente per la sua critica dello storicismo), politica ed economia. I documenti di tale attività sono raccolti in *Dialettica e materialismo* (1974), in *Critica della politica e critica dell'economia politica. Studi su Marx* (1980).

Luria, Jizchaq (Gerusalemme 1534 - Safed 1572), mistico ebreo, noto anche come ha-Arì, il Leone. Dopo alcuni anni di vita eremitica in Egitto, intorno al 1569 si stabilì a Safed, in Galilea, dove divenne il maggiore esponente di quella scuola cabbalistica. Scrisse alcune poesie mistiche, fra cui tre celebri inni sabbatici in aramaico, entrati nella liturgia sinagogale, e un parziale commento al *Libro dell'arcano*, una delle parti più difficili dello *Zohar*, mentre affidò il suo insegnamento cabbalistico, svolto sempre oralmente, ai discepoli e specialmente a Chajjim Vital Calabrese (1543-1620), che l'espose in forma sistematica nell'opera *Albero di vita.*

Le dottrine luriane, che esercitarono enorme influenza sulla mistica ebraica successiva, e in particolare sul → chassidismo, richiamano e sviluppano in modo originale la qabbalah precedente, e in particolare lo → *Zohar* (Luria presentava il suo pensiero come la vera interpretazione dello *Zohar*, rivelatagli dal profeta Elia).

Nella dottrina dello *zimzûm* («contrazione») Luria postula un movimento originario per il quale Dio, che è tutto in tutte le cose, si ritira e si concentra in se stesso, per lasciare uno spazio vacante, in cui ritornare nel movimento inverso della creazione e della rivelazione. Questo secondo movimento è descritto da Luria nella dottrina della *shevirath ha-kelîm* («rottura dei vasi»), secondo la quale la luce divina irruppe nello spazio primordiale e, attraverso le *sefirôth* (→ qabbalah), pervase in misura decrescente la materia (la «rottura dei vasi» di luce spiega anche l'origine del male, identificato con le scorie di tale rottura).

Nella dottrina del *tiqqûn* («restaurazione») Luria parla di una ricostituzione dell'unità originaria, attraverso un processo redentivo, a cui partecipa l'uomo, ispirando con la *kawwanah* (l'«intenzione» mistica) ogni sua azione.

Lurija, Aleksandr Romanovič (Kazan 1902 - Mosca 1977), neuropsicologo sovietico. Nel 1936 fondò a Mosca il Laboratorio di Neuropsicologia; dal 1945 fu professore di neuropsicologia all'università di Mosca. In gioventù, Lurija fu vicino alla psicoanalisi, ed elaborò un «metodo motorio combinato» che univa il metodo psicoanalitico dell'associazione libera allo studio delle risposte motorie del soggetto. Le ricerche a cui è affidata la sua fama sono quelle sui disturbi cerebrali, iniziate a metà degli anni Trenta. Sulla base dell'osservazione di pazienti afasici, parkinsoniani e affetti da altri disturbi, Lurija formulò — contro il tradizionale localismo delle funzioni — l'ipotesi secondo cui le funzioni cerebrali sono sistemi funzionali, che investono varie aree cerebrali e non possono essere ascritti a una sola di esse. I disturbi di un'area possono portare alla perdita dell'intera funzione, ma ciascuna area contribuisce per un fattore specifico al sistema funzionale. Lurija elaborò un complesso metodo sperimentale per attribuire un sintomo neurologico a un determinato sistema funzionale e per ricondurre un particolare disturbo del sistema funzionale a un'area cerebrale determinata. Egli scoprì la funzione cruciale dei lobi frontali per le funzioni cognitive specificamente umane: le lesioni dei lobi frontali portano a una disgregazione della pianificazione interna che è alla base delle attività complesse, pur lasciando inalterata la capacità di compiere semplici atti di comportamento. Opere principali: *Le funzioni corticali superiori nell'uomo* (1962); *La mente di uno mnemonista* (1968); *L'uomo dal mondo a pezzi: storia di una lesione cerebrale* (1971); *Introduzione alla neuropsicologia* (1973); *La neuropsicologia della memoria* (1972-76); *Problemi fondamentali della neurolinguistica* (1975).

luteranesimo, movimento religioso che nella teologia, nella disciplina ecclesiastica, nella liturgia e nell'etica è stato improntato dal pensiero e dall'opera di Lutero. La dottrina del luteranesimo è rintracciabile, oltre che nelle opere di Lutero, nelle varie professioni di fede: la *Con-*

fessione di Augusta (1530) e la sua *Apologia* (1531), redatte entrambe da Melantone, gli *Articoli smalcaldici* (1537), la *Formula di concordia* (1577). L'organizzazione ecclesiastica è delineata nell'*Instructio visitatorum* (1527) di Melantone, e il culto liturgico è regolato dalla *Messa tedesca* di Lutero (1525) e da vari *Formulari*. La teologia del luteranesimo si caratterizza per il riconoscimento della Bibbia come unica norma in materia di fede e di morale, per la dottrina della giustificazione per grazia mediante la fede, per il rifiuto del magistero ecclesiastico in nome del sacerdozio universale dei credenti, per il → libero esame, nel senso che i credenti nella comprensione della Bibbia sono assistiti direttamente dallo Spirito Santo. Fondamento della costituzione ecclesiastica è la comunità dei fedeli in cui i pastori, eletti, ma destituibili qualora si discostino dal puro Vangelo, hanno il compito di predicare la parola di Dio, amministrare i sacramenti (battesimo e cena, i soli che Lutero mantenga) e conservare la disciplina. La confessione dei peccati può essere fatta a ogni fratello perché le parole del Vangelo «Qualunque cosa legherete...» sono rivolte a tutti i cristiani. In ogni comunità un organo collegiale, il concistoro, ha il compito di vigilare sulla pura dottrina e sulla disciplina. La Santa Cena costituisce, con la predicazione della parola di Dio, il centro del culto o «servizio divino». Le chiese luterane hanno energicamente respinto la concezione cattolica della messa come rinnovazione del sacrificio della croce, ma hanno conservato la fede nella presenza reale di Cristo nel pane e nel vino, e introdotto la comunione sotto le due specie. Nel culto luterano hanno un posto rilevante anche i canti in volgare, corali (le liturgie nate dalla riforma hanno sostituito al latino le lingue nazionali), e la meditazione di pagine bibliche.

• *La diffusione del luteranesimo*. Il luteranesimo si diffuse rapidamente in Svezia, Danimarca, Norvegia e Islanda, dove costituì chiese di stato. In Francia, Spagna, Italia, Inghilterra, Paesi Bassi, Polonia e Ungheria si espresse invece in gruppi minoritari. Nella sua diffusione e organizzazione interferirono spesso i principi territoriali, che rivendicarono lo *ius reformandi* e la qualifica di *summi episcopi*, cioè di reggitori delle chiese. Nella seconda metà del sec. XVI il luteranesimo conobbe un rallentamento nella sua diffusione, sia per la concorrenza del calvinismo, sia per l'azione della controriforma cattolica, e fu presto lacerato da conflitti dottrinali. La dottrina sulla libertà evangelica originò la controversia degli «antinomisti», secondo i quali Lutero avrebbe attribuito un eccessivo valore alla legge; la dottrina della *sola gratia* alimentò la disputa dei «sinergisti», che sostenevano la collaborazione (sinergismo) dell'uomo all'azione della grazia; mentre la dottrina della *sola fides* diede luogo alla disputa dei «maioristi» (da Georg Major), che affermavano la necessità delle buone opere per la salvezza. L'esigenza di evitare una frattura dell'unità dottrinale, oltre che politico-organizzativa, del luteranesimo, spinse teologi e principi a elaborare una *Formula di concordia* (1577) che entrò nel *Libro di concordia* (1580), silloge di scritti confessionali luterani e base della nuova ortodossia. Ma, già verso la fine del sec. XVII, contro una chiesa irrigidita nella dottrina e burocratizzata nelle pratiche religiose, insorse il → pietismo, che rivendicava il valore dell'esperienza interiore e prospettava un ideale di cristianesimo sostanziato di fervore, di impegno morale, di *pietas*. Da questo e da altri gruppi trasse origine, nei primi decenni del sec. XIX, un movimento di «risveglio» caratterizzato sia dalla opposizione alla critica razionalistica della Bibbia e alla interpretazione idealistica della teologia cristiana (Hegel, Schleiermacher) diffuse nel luteranesimo dei secc. XVIII e XIX, sia dalla tendenza a rivendicare la centralità dell'esperienza religiosa. Sulla linea del risveglio e in opposizione al protestantesimo liberale, il *neoluteranesimo* del sec. XX riafferma il ritorno a Lutero e alle confessioni di fede elaborate nel sec. XVI, e rivendica l'autonomia delle chiese nei confronti dello stato. In questo quadro assume grande rilievo l'opera di K. → Barth che, rifacendosi a Kierkegaard, afferma il carattere assoluto della rivelazione divina, contesta la pretesa del protestantesimo liberale di esprimere con concetti umani la realtà trascendente di Dio, e rivendica con energia l'alterità di Dio nei confronti delle creature. La «teologia dialettica» di Barth ha determinato una rinascita del calvinismo, ma si è riverberata anche sul luteranesimo, portando fra l'altro a una reinterpretazione di Lutero e in particolare del giovane Lutero, con il suo dramma di peccato e redenzione. Le chiese luterane, con circa 75 milioni di aderenti, fanno parte della Federazione luterana mondiale e del Consiglio mondiale delle chiese.

Lutero, Martin (Eisleben 1483-1546), riformatore religioso tedesco. Di famiglia di origine contadina, frequentò le elementari a Mansfeld, continuò gli studi a Magdeburgo presso i Fratelli della vita comune, dove venne a contatto con la → *devotio moderna*, e poi a Eisenach (1498-1501). Nel 1501 iniziò alla università di Erfurt lo studio delle arti liberali e nel 1505 conseguì il titolo accademico di *magister artium*. Nel maggio del 1505 si iscrisse alla facoltà di giurisprudenza per desiderio del padre, che aspirava a fare di lui un segretario di principi o di amministrazione cittadina. Mentre il 2 luglio 1505 ritornava a Erfurt da una visita ai genitori, un fulmine gli scoppiò vicino e Lutero, terrorizzato, fece voto a sant'Anna di farsi monaco. Due settimane dopo, entrava a Erfurt nel convento degli eremiti di sant'Agostino di stretta osservanza, pronunciava i voti nel 1506 e veniva ordinato sacerdote il 3 aprile 1507. Indirizzato dai superiori allo studio della teologia, Lutero accostò la Bibbia, Aristotele, Pietro Lombardo, i teologi agostiniani (Gregorio da Rimini, Agostino Trionfo) e Gabriel Biel. L'orientamento dominante in teologia era allora l'occamismo, che esalta la volontà sovrana di Dio (*potestas Dei absoluta*) e che nel processo della salvezza sopravvaluta le forze dell'uomo («A chi fa quel che dipende da lui, Dio dà la sua grazia»). Divenuto baccelliere in teologia nel 1509, Lutero fu incaricato di commentare le *Sentenze* di Pietro Lombardo nello Studio degli agostiniani a Erfurt. Nel 1510 andò a Roma per discutere una questione interna dell'ordine. Conclusasi la missione con un insuccesso, fu trasferito al convento di Wittenberg, di cui divenne priore, e nell'ottobre del 1512 conseguì il dottorato in teologia. Nel 1513 iniziò all'università l'insegnamento di esegesi biblica con il commento ai salmi (1513-15), cui seguirono gli scolii sulle lettere ai Romani (1515-16), ai Galati (1516-17), agli Ebrei (1517-18) e nuovamente ai salmi (1518-19).

• *Fede e opere. Le 95 tesi.* Questi anni di intenso studio e di severa vita ascetica furono caratterizzati da aspri conflitti interiori. Lutero, pur compiendo in modo irreprensibile i doveri di monaco, avvertiva la propria incapacità a soddisfare un Dio sentito come esigente e severo, e dubitava di poter raggiungere la salvezza. Deluso dall'occamismo, accostò l'Agostino antipelagiano del *De spiritu et litera*, meditò Bernardo e i mistici renani (soprattutto Taulero) e lesse il *De consolatione theologiae* di Gerson, dai quali apprese la rinuncia all'attivismo e l'abbandono a Dio in un atteggiamento di quiete e di passività (*Gelassenheit*). Ma intorno al 1514, meditando l'epistola ai Romani, scoprì che l'espressione «giustizia di Dio» non si deve intendere come giustizia rimunerativa (Dio che premia il bene e che punisce il peccato), ma come volontà salvifica di Dio che «rende giusti» i peccatori in quanto dona loro la sua «giustizia». Tale «scoperta del Vangelo» si approfondì negli scolii sulla lettera ai Romani (1515-16), dove Lutero elaborò quella *theologia crucis* che non era per lui un capitolo della dogmatica, ma il punto di vista dal quale tutto va considerato e compreso. La dottrina della giustificazione per grazia mediante la fede si inserisce nel quadro della *theologia crucis*, in quanto la salvezza viene non dall'uomo, ma unicamente da Dio per i meriti di Cristo (*sola gratia iustificat*). Non è possibile surrogare la mancanza di fede con le opere: dalla fede, che è grazia, scaturiscono le opere, che non vengono pertanto negate; ma dalle opere non nasce la fede, e perciò in esse non c'è né redenzione né vita. Nel 1517, quando rende pubbliche a Wittenberg le 95 tesi sulle indulgenze, Lutero ha già maturato un nuovo modo di vedere il cristianesimo, e in questa prospettiva si comprende la sua critica delle indulgenze, dei voti, dei pellegrinaggi, dei digiuni, delle opere devote, in quanto tali opere pretendono di essere «meritorie» e di riuscire gradite a Dio per efficacia propria. Solo il sacrificio di Cristo ha per Lutero efficacia espiatrice e redentrice; esso solo è fonte del merito. Le 95 tesi ebbero una grande diffusione e suscitarono vivaci polemiche. Denunciato alla curia romana, il 7 agosto 1518 Lutero ricevette l'invito a recarsi a Roma entro 60 giorni per discolparsi. Ma il 23 agosto un «breve» papale lo dichiarava eretico e ne imponeva la consegna. Per l'intervento del principe elettore Federico di Sassonia, Lutero poté comparire ad Augusta, durante la dieta, dinanzi al cardinale legato Caetano. Rifiutò di ritrattare le opinioni che gli erano state contestate; anzi, nella disputa di Lipsia (1519) con J. Eck, negò, oltre il primato papale, la infallibilità dei concilii e dichiarò che la Sacra Scrittura era l'unica norma della fede. La bolla *Exurge Domine* (15 giugno 1520) condannava 41 proposizioni di Lutero e lo minacciava di scomunica qualora non le avesse ritrattate entro 60 giorni. Lutero, conosciuta la bolla, scrisse un opuscolo durissimo contro il papa, considerato l'Anticristo (*Adversus execrabilem Antichristi bullam*). Poi, il 10 dicembre 1520, bruciava una copia della bolla, il *Corpus iuris canonici*, simbolo del potere disciplinare della gerarchia, e la *Summa theologiae* di Tommaso d'Aquino, espressione della teologia scolastica.

• *Gli inizi della riforma.* In quello stesso anno, Lutero compose tre importanti opere che segnavano il suo aperto distacco dalla dottrina di Roma: *Alla nobiltà cristiana di nazione tedesca per la riforma del ceto cristiano*, *De captivitate babylonica ecclesiae praeludium* e *De libertate christiana*. Nella prima, Lutero propugna, come premessa per la riforma della chiesa, la distruzione dei «tre ordini di mura dei romanisti», cioè la distinzione tra preti e laici, il diritto esclusivo della gerarchia di interpretare la Sacra Scrittura, il diritto riservato al papa di convocare il concilio. Nel *De captivitate babylonica* Lutero denuncia come «schiavitù» della chiesa il rifiuto del calice ai laici, il carattere di sacrificio della messa, la transustanziazione, la dottrina dei sette sacramenti (hanno carattere sacramentale solo il battesimo e la cena). Nel trattato sulla libertà del cristiano, Lutero presenta la fede come liberazione dal peccato, cosicché il cristiano è «un libero signore sopra tutte le cose e non è soggetto ad alcuno». Nei confronti del prossimo, invece, il cristiano è per amore servo di tutti, ma le opere buone derivano immediatamente dalla fede e non sono compiute per acquistare meriti davanti a Dio. Con la bolla *Decet romanum pontificem* (3 gennaio 1521), Lutero veniva scomunicato. Secondo le leggi dell'impero, la bolla papale di scomunica avrebbe dovuto essere eseguita dalla autorità laica. Ma la dieta imperiale, che si era aperta a Worms il 6 gennaio 1521, considerando la inquieta situazione della Germania e il favore che il messaggio di Lutero aveva suscitato, preferì invitare Lutero a Worms, affinché ritrattasse le sue posizioni. Poiché egli rifiutò la ritrattazione di quanto aveva scritto, fu bandito dall'impero (8 maggio 1521). Mentre viaggiava verso Wittenberg, cadde in una imboscata simulata e i cavalieri dell'elettore di Sassonia lo condussero nel castello della Wartburg, per sottrarlo all'arresto. Qui scrisse opere polemiche come il *De votis monasticis* contro i voti, e il *De abroganda missa privata* contro il carattere sacrificale della messa, ma anche il commento al *Magnificat*, pervaso di afflato religioso. Alla Wartburg Lutero attese pure alla traduzione in tedesco del Nuovo Testamento, condotta sul testo greco di Erasmo, che renderà accessibile a vaste cerchie del popolo la Scrittura e influenzerà la formazione della lingua letteraria tedesca. Nel marzo del 1522 egli tornò con urgenza a Wittenberg per fronteggiare sia gli eccessi di A. → Carlostadio, che, oltre ad aver abolito nella messa il latino e i paramenti, aveva distrutto immagini sacre e altari, sia gruppi di «fanatici» (*Schwärmer*) che rifiutavano l'organizzazione religiosa e sociale e l'interpretazione biblica della chiesa ufficiale in nome di una illuminazione interiore dello Spirito Santo. I contadini, influenzati dalla predicazione dei «fanatici», rivendicavano, in nome del Vangelo, l'abolizione della servitù della gleba e dei tributi, la libertà di caccia e di pesca, il diritto di eleggere i parroci. Lutero, richiesto di un parere, riconobbe giuste alcune richieste dei contadini e stigmatizzò le angherie dei proprietari della terra nella *Esortazione alla pace* (1525). Ma quando i contadini, sotto la guida di capi come Th. Müntzer, organizzarono una rivolta con devastazioni e massacri, Lutero, nello scritto *Contro le brigantesche e micidiali masnade dei contadini* (maggio 1525), li condannò come ribelli all'ordine temporale stabilito da Dio e ne approvò lo sterminio da parte dei principi.

• *La chiesa luterana*. Nel 1525, con la polemica tra Lutero ed Erasmo sul libero arbitrio, si consumò anche la rottura tra la riforma e il mondo umanistico che, al seguito di Erasmo, considerava inconciliabile la sua concezione della «dignità dell'uomo» con l'antropologia luterana improntata al crudo pessimismo del *De servo arbitrio*. La rapida diffusione del suo messaggio impose a Lutero di intervenire su questioni di natura organizzativa: egli vagheggiava un'organizzazione ecclesiastica fondata sull'autogoverno delle singole comunità sia nel campo del culto sia in quello del ministero pastorale, ma, per l'anarchia dottrinale e pratica che in nome della libertà evangelica era esplosa in molti luoghi, riordinò la liturgia (*Messa tedesca e ordine del culto*, 1525), compose inni (corali), redasse il *Piccolo catechismo* e il *Grande catechismo* (1529) ed eseguì la traduzione dell'Antico Testamento (1534). A questi scritti pastorali si deve aggiungere l'*Instructio visitatorum* scritta da Melantone per ordine di Lutero nel 1527. Per esigenze di ordine, tuttavia, Lutero ritenne necessario affidare ai signori temporali «quali membri eminenti della chiesa» il compito di conservare la purezza della dottrina e di sorvegliare la vita ecclesiastica. Nacquero così chiese territoriali (*Landeskirchen*) che furono vere e proprie chiese di stato. Gli ultimi anni di Lutero furono rattristati dalle malattie, dai disordini che turbavano le comunità, dagli interventi dei principi nella vita delle chiese, dalla presenza delle correnti anabattistiche e spiritualistiche. Egli rimase saldo, però, nella convinzione di predicare il vero Vangelo e inflessibile nella polemica contro il papato. Nel marzo del 1545, per la convocazione del concilio di Trento, scrisse il suo libro più violento e sarcastico: *Contro il papato in Roma fondato dal diavolo*. *M. Ma.*

Luxemburg, Rosa (Zamość, Rutenia, 1870 - Berlino 1919), pensatrice e rivoluzionaria polacca. Aderì giovanissima al movimento socialista, divenendo ben presto uno dei dirigenti del Partito socialdemocratico polacco. Dal 1897, assunta la cittadinanza tedesca, si trasferì in Germania. Allo scoppio della guerra ruppe con la socialdemocrazia, proponendosi la costituzione di un nuovo partito rivoluzionario. Partecipò quindi alla fondazione e alle iniziative della Lega di Spartaco. Il 15 gennaio 1919 fu uccisa a Berlino dai soldati inviati dal governo socialdemocratico a reprimere un tentativo insurrezionale.

Contro il revisionismo di E. Bernstein che, negando l'idea marxiana del crollo del regime capitalistico, opponeva una transizione riformistica verso il socialismo alla via rivoluzionaria considerata ormai inattuale, la Luxemburg riafferma la validità, nell'epoca imperialistica, della teoria della catastrofe (*Riforma sociale o rivoluzione?*, 1899). Al consolidamento di questa teoria, indispensabile perché il socialismo abbia un fondamento non soltanto soggettivo, ma reale, è dedicata la sua opera principale, *L'accumulazione del capitale* (1913). Al centro di essa sta l'idea che l'accumulazione del capitale si determini solo in forza dello scambio con ambiti non-capitalistici. Ma, proprio perché si sviluppa a causa di questo ambito non-capitalistico, il capitale, vivendo a spese di esso, come mostra l'imperialismo, finirà con l'esaurirlo e così col distruggere se stesso. Benché sostanzialmente convergente — nella lotta al revisionismo e nell'analisi dell'imperialismo — con le posizioni svolte da Lenin in polemica con gli indirizzi dominanti nella seconda Internazionale, l'atteggiamento della Luxemburg ne diverge in maniera sostanziale sulla questione politica. Avversando la concezione bolscevica del partito centralistico e autoritario, la Luxemburg ricerca il principio motore della rivoluzione nella spontaneità elementare delle masse e considera la forma organizzativa politica nulla più che un fenomeno di crescita organica della coscienza immediata. Pur appoggiando perciò senza riserve la rivoluzione d'ottobre, ella ne criticherà immediatamente quegli aspetti nei quali la direzione politica centralizzata opera come dittatura sulla coscienza delle masse (*La rivoluzione russa*, scritto nel 1919, uscito postumo nel 1921).

Lynd, Robert Staughton (New Albany, Indiana, 1892 - Warren, Connecticut, 1974), sociologo statunitense. La sua opera principale, *Middletown* (1929), scritta come la successiva in collaborazione con la moglie Helen Merrell Lynd, analizza una città «media» americana, socialmente e culturalmente divisa dalla contrapposizione che l'autore (non marxista) scopre tra classe operaia e imprenditori. In *Middletown in trasformazione* (1937) Lynd analizza i mutamenti indotti nella stessa città dalla grande crisi, e li trova profondamente condizionati dalla capacità del capitalismo di controllare e manipolare le istituzioni e i processi economici, sociali, politici. In *Conoscenza per che fare?* (1939) egli sostiene, in polemica con i sociologi coevi, che il ricercatore deve abbandonare ogni neutralità e disimpegno e sviluppare un'analisi critica del capitalismo e un progetto di trasformazione democratica e pianificata.

Lyotard, Jean-François (Versailles 1924), filosofo francese. Già assistente alla Sorbona e professore all'università di *Paris-Vincennes*, attualmente insegna in alcuni atenei americani. Una prima sintesi della prospettiva teoretica di Lyotard si trova in *Discorso, figura* (1971), dove l'apporto della fenomenologia dell'esperienza mutuata da M. Merleau-Ponty viene fatto interagire con la psicoanalisi freudiana: il concetto di «figurale» polarizza questo duplice ambito di riferimento, e si qualifica come una dimensione corporea e pulsionale irriducibile alla razionalità discorsiva. In *Economia libidinale* (1974) Lyotard propone una critica della ideologia dove l'economicismo marxiano e il suo predominante riferimento al lavoro produttivo venga inserito in una prospettiva allargata, in grado di tener conto della problematica freudiana del «lavoro onirico» come ambito elettivo della fantasia e della creatività, e di quella energia «originaria» e afinalistica che è il desiderio. Come il figurale, il concetto di libidinale rivendica i diritti del corpo e delle pulsioni all'interno del discorso critico, e conforta il progetto di una società non repressiva e di una emancipazione che si configuri anzitutto come liberazione del desiderio. Ancora questa peculiare critica della ideologia ispira il fortunato saggio *La condizione postmoderna* (1979), Lyotard ravvisa il tratto caratteristico dell'epoca attuale nel venir meno delle «grandi narrazioni» (illuminismo, idealismo, marxismo) che giustificavano ideologicamente la coesione sociale e ispiravano le utopie rivoluzionarie. Dopo il declino delle ideologie totalizzanti si apre il problema di reperire criteri di giudizio e di legittimazione che abbiano un valore locale e non globale. Questa ricerca ispira la parte più recente della riflessione lyotardiana e si appoggia sia al recupero della razionalità pratica di tradizione aristotelica (la *phronesis* come saggezza), sia alla problematica del giudizio riflettente nella terza Critica kantiana (*Il dissidio*, 1983), sia infine, alla rivalutazione della istanza critica apparentemente non storica né ideologica immanente alla nozione di entusiasmo e di sublime (*L'entusiasmo*, 1986; *Lezioni sull'analitica del sublime*, 1991).

Mably, Gabriel Bonnot de (Grenoble 1709 - Parigi 1785), filosofo e storico francese. Di famiglia nobile, fratello maggiore di Condillac e nipote del cardinale di Tencin, fu avviato alla carriera ecclesiastica. Dopo una prima fase di conservatorismo illuminato, si volse a una critica generale di tutto il sistema dell'«ancien régime», della monarchia, della nobiltà, ma anche della borghesia illuminata e imprenditoriale e delle teorie filosofiche, politiche ed economiche a essa legate, principalmente la scuola fisiocratica. Convinto che la proprietà sia all'origine di tutti i vizi e della degradazione della convivenza civile, ne propose l'abolizione graduale per instaurare uno stato egualitario, ispirato alla repubblica di Platone e alla costituzione di Sparta. Contro l'assolutismo della monarchia francese invocò l'antica democrazia dei franchi e dichiarò revocabile il potere monarchico da parte del popolo («i re sono fatti per i popoli e non i popoli per i re»). La sua influenza di ideologo politico si estese lungo tutto l'arco della rivoluzione francese, fino alla rivoluzione del '48 e fino a far sentire i suoi echi nella Comune del 1870. Opere principali: *Parallelo tra i romani e i francesi riguardo al governo* (1740); *Diritto pubblico dell'Europa* (1746); *Osservazioni sulla storia di Francia* (1765); *Dubbi proposti ai filosofi economisti sull'ordine naturale ed essenziale delle società politiche* (1768); *Dello studio della storia* (1775); *Della legislazione ovvero principi delle leggi* (1776); *Del governo e delle leggi della Polonia* (1781); *Della maniera di scrivere la storia* (1783), progetto di costituzione richiestogli dai confederati polacchi. A una richiesta analoga avanzata da B. Franklin per la costituzione americana, Mably oppose un rifiuto, scrivendo invece le *Osservazioni sul governo e le leggi degli Stati Uniti d'America* (1784), che suscitò grandi polemiche per le critiche che muoveva all'aristocrazia del denaro americana.

McCosh, James (Carskeoch, Ayrshire, 1811 - Princeton, New Jersey, 1894), filosofo scozzese. Pastore della chiesa scozzese costituita, fu tra i fondatori della libera chiesa scozzese, professore di logica e metafisica al Queen's College di Belfast, e dal 1868 presidente dell'università statunitense di Princeton, che grazie a lui divenne la roccaforte americana dell'intuizionismo scozzese. Discepolo di W. → Hamilton a Edimburgo, McCosh ben presto ne rifiutò l'agnosticismo metafisico e teologico, accostandosi all'intuizionismo di Th. Reid. Nel suo primo libro, *Il metodo del governo divino fisico e morale* (1850), è già presente la polemica contro l'empirismo logico, l'associazionismo psicologico, l'utilitarismo etico, l'agnosticismo metafisico-religioso, che sarà sviluppata in *Un esame della filosofia di J.S. Mill* (1866) e in *Cristianesimo e positivismo* (1871). Parallelamente McCosh venne formulando un suo realismo metafisico, fondato su una gnoseologia intuizionistica, e, a sua volta, fondante una filosofia della religione intesa a conciliare il teismo tradizionale con l'evoluzionismo scientifico. Secondo McCosh, vi sono principi costitutivi della mente, intuizioni singole successivamente elaborate in forme astratte e universali, che condizionano l'esperienza interna ed esterna, e con la loro evidenza e necessità garantiscono l'oggettività delle nostre opinioni fondamentali in etica, fisica, metafisica e religione. Alla loro enunciazione e giustificazione sono dedicate le sue opere principali: *Le intuizioni della mente indagate induttivamente* (1860); *Il soprannaturale in rapporto al naturale* (1862); *Le leggi del pensiero discorsivo. Un testo di logica formale* (1870); *Psicologia delle facoltà conoscitive* (1886); *Verità prime e fondamentali* (1889).

macedoniani, seguaci di una dottrina eretica sullo Spirito Santo che prendono il nome da Macedonio, vescovo di Costantinopoli dal 342 al 360 (la paternità del movimento pare però da attribuire ad alcuni discepoli di Macedonio). I macedoniani furono detti anche, e più propriamente, pneumatomachi (ossia ostili allo Spirito), in quanto negavano la piena divinità dello Spirito Santo, cioè la sua consustanzialità al Padre e al Figlio: lo Spirito sarebbe piuttosto una realtà intermedia tra Dio e le creature. Le ultime notizie su questo movimento risalgono al 392.

Mach, Ernst (Turas, Moravia, 1838 - Haar, Baviera, 1916), scienziato e filosofo austriaco. Compiuti gli studi a Vienna, divenne professore di fisica a Praga (allora parte dell'impero austro-ungarico) nel 1867. Tra il 1895 e il 1901 insegnò storia e teoria delle scienze induttive a Vienna, contribuendo, sia dalla cattedra sia con la sua intensa attività di conferenziere e divulgatore scientifico, a formare il clima di pensiero laico, antimetafisico e scientista che è all'origine dell'esperienza del circolo di → Vienna. Come scienziato, Mach diede contributi alla meccanica, all'acustica, all'elettrologia, all'ottica, alla termodinamica, all'idrodinamica e alla psicologia della percezione. Ma, nonostante egli negasse di aspirare «alla fama di filosofo», il suo nome resta legato a un complesso di dottrine dell'esperienza che va sotto il nome di *fenomenismo*. Si tratta essenzialmente di un empirismo radicale, che priva i concetti e le teorie scientifiche del potere di rispecchiare la natura delle cose, e conferisce loro esclusivamente il valore di strumenti pragmatici per organizzare nel modo più economico (e cioè, fra l'altro, più efficace predittivamente) la molteplicità dei dati di senso. Questa visione si concretizza nelle opere storiche di Mach, la più famosa delle quali è la *Storia critica dello sviluppo della meccanica* (1883), una critica dei fondamenti metafisici della meccanica classica, cioè dei concetti newtoniani di spazio, tempo e velocità assoluti. Più sistematicamente, l'epistemologia machiana trova espressione in *Analisi delle sensazioni* (1886, 5ª ed. accresciuta 1906) e in *Conoscenza ed errore* (1905). Mach vi sostiene l'eliminabilità, sia in fisica che in psicologia, dei concetti di sostanza e causa; i corpi fisici sono costituiti da aggregati di sensazioni organizzate da regole di dipendenza funzionale, regole che appunto vengono fissate dai concetti ed elaborate quindi matematicamente. I paradigmi concettuali stessi hanno valore solo in quanto promuovono l'elaborazione matematica dei dati, e sopravvivono in funzione esclusiva di questa loro efficacia strumentale. Lo stesso concetto di «io» è un concetto ausiliario e provvisorio; la differenza fra fisica e psicologia si riduce al diverso modo di considerare i rapporti fra le sensazioni, cioè nelle loro dipendenze funzionali, studiate dalla fisica, o nelle loro precarie e temporanee aggregazioni in una coscienza, studiate dalla psicologia. Affini alle dottrine di Avenarius (→ empiriocriticismo), e criticate dai realisti (fra cui Lenin, in *Materialismo ed empiriocriticismo*) come fatali all'idea di oggettività del sapere scientifico, le concezioni di Mach debbono alle sue doti di scrittore e di lucido analista un enorme potere di suggestione e di stimolo intellettuale. Il pensiero di Mach non solo ha inciso sulla moderna metodologia della conoscenza, dove la sua eredità è stata raccolta dai neopositivisti, ma ha anche concorso a informare la cultura e la sensibilità moderne, di cui la «grande Vienna» degli inizi del secolo costituisce il più lucido specchio. Degno di nota è a questo riguardo il fatto che il massimo scrittore «viennese», R. Musil, si addottorò proprio con una tesi su Mach.

Machiavelli, Niccolò (Firenze 1469-1527), uomo politico e scrittore italiano. Di famiglia antica ma di modeste fortune, dopo una buona formazione umanistica, nel 1498 entrò al servizio della repubblica fiorentina come segretario di cancelleria. L'esperienza diretta acquisita in questo modo, e già consegnata alle lettere e ai vari scritti di questo periodo, starà anche alla base della sua successiva riflessione teorica e storica, allorché, in seguito alla caduta della repubblica (1512), egli verrà escluso dalla vita pubblica. Costretto al ritiro in campagna, dal 1513 al 1520 compose *Il Principe* (seconda metà del 1513), i *Discorsi sopra la prima deca di Tito Livio*, *Dell'arte della guerra*, oltre a scritti minori e alla commedia *Mandragola*. Dal 1520 riprese, seppur in forme modeste, l'attività pubblica, al servizio dei Medici (di questo periodo sono anche le incompiute *Istorie fiorentine*); e per ciò verrà tenuto da parte al momento della restaurazione della repubblica a Firenze (1527), d'altronde ormai alla vigilia della sua morte. Solo nel 1531-32 usciranno, postumi, *Il Principe* e i *Discorsi*, che sono le opere di maggior rilevanza teorica di Machiavelli, dedicate rispettivamente ai problemi dei principati e a quelli delle repubbliche.

• *Il pensiero politico*. Al centro di tutti gli interessi di Machiavelli c'è il problema politico: come possa costituirsi saldamente uno stato nuovo, e, una volta costituito, come possa conservarsi. Per la durata di uno stato, Machiavelli pensa che siano soprattutto rilevanti le qualità («virtù») del popolo; per l'instaurazione dello stato, le virtù di un singolo. Ma, come concepita da Machiavelli, la «virtù» non ha più nulla della omonima nozione cristiana: non soltanto perché la virtù di Machiavelli è politica anziché individuale, riguarda il cittadino anziché la sua anima, ha per scopo la patria terrena anziché l'aldilà, ma anche perché è intesa nel senso antico, come capacità e forza, e secondo Machiavelli può qualificare anche comportamenti che sarebbero senz'altro condannati dall'etica cristiana. Questa spregiudicatissima concezione dell'agire politico (alla quale verrà peculiarmente legato il nome di Machiavelli nei secoli successivi) è esposta particolarmente in riferimento a chi intenda fondare uno stato nuovo: per avere prospettive di successo, egli deve impiegare la sua forza e la sua abilità senza lasciarsi intralciare da scrupoli morali, fino a usare anche la crudeltà e la frode, ai propri fini, cioè contro chi si opponga al suo disegno o anche solo potenzialmente si trovi in contrasto con esso. Del resto, la religione stessa è considerata da Machiavelli quale strumento di potere e di governo (per cui fa parte dell'abilità di un principe farsi credere privilegiato dalla divinità, come usava in antico) o comunque quale strumento di coesione e ordine sociale, poiché la sanzione religiosa favorisce l'osservanza di patti e impegni giurati all'interno di un popolo, diminuendo le contese fra i privati.

• *«Fortuna» e «virtù» negli eventi umani*. A fondamento di questa concezione c'è il programma metodologico nitidamente esposto da Machiavelli: una concezione dell'uomo e della politica che sia il più possibile realistica, rivolta solo alla «verità effettuale», di contro ai miti e alle utopie che ipocritamente abbelliscono la realtà, caratteristici della tradizione filosofica e teologica. Infatti tutta la storia degli uomini, grande maestra di vita, dimostra che l'uomo rimane sempre lo stesso, sostanzialmente, nelle diverse epoche e sotto i vari regimi politici, che non c'è modo di estirpare dal cuore dell'uomo le passioni che vi albergano naturalmente; e fra esse non sono certo le meno forti quelle che portano alla competizione e ai conflitti, come l'avidità, l'ambizione e il desiderio di potere. Relativamente alle vicende politiche, Machiavelli accenna ad adottare lo schema ciclico teorizzato da Polibio, secondo il quale la decadenza di uno stato seguirebbe naturalmente al suo splendore; ma vi apporta un'importante correzione, sostenendo che un tal processo non è inevitabile, poiché può venir contrastato efficacemente dalla «virtù» del popolo e dei suoi magistrati, come è avvenuto tante volte nell'antica Roma, attraverso una sorta di ritorno alle origini, cioè di restaurazione delle condizioni che primitivamente costituirono la forza dello stato. Questa posizione s'inquadra nel problema, che travagliò Machiavelli, del rapporto tra la «virtù» e la «fortuna» negli eventi umani. Il termine «fortuna» (ma spesso Machiavelli usa l'endiadi «Dio e la fortuna») denota le condizioni di fatto, sulle quali non può nulla la scelta e la volontà degli uomini; ma, se c'è un compito che Machiavelli considera come proprio dell'uomo, è quello di non attendersi nulla dagli eventi, adagiandosi passivamente nella speranza, bensì d'intervenire attivamente in essi, per dominarli e guidarli il più possibile. Talvolta Machiavelli dice che, all'ingrosso, si può stimare che la fortuna domini per metà le vicende umane; talora sembra invece assegnare alla virtù possibilità ben maggiori, di contro alla fortuna; ma in ogni caso egli pensa che, se l'agire umano non è mai incondizionato e perciò la scelta è sempre limitata, tuttavia l'intervento attivo negli eventi, da parte dell'uomo, non è votato al fallimento necessariamente, per natura: le probabilità di successo dipendono comunque anche dalla virtù di chi agisce. *S. La.*

MacIntyre, Alasdair Chalmers (Glasgow 1929), filosofo scozzese. Dopo studi di filosofia presso le università di Manchester e Oxford, ha insegnato in varie università inglesi. Trasferitosi negli Stati Uniti nel 1969, è attualmente professore di filosofia presso l'università di Notre Dame, nell'Indiana. Nel suo libro più celebre, *Dopo la virtù. Saggio di teoria morale* (1981, 2ª ed. riv. 1984), MacIntyre ha proposto una concezione comunitaria dell'etica, secondo cui tanto i criteri delle scelte morali individuali quanto la legittimità dell'ordine politico e sociale avrebbero il loro fondamento nella cultura morale di una comunità, anziché in un insieme di diritti riferibili direttamente all'individuo. La secolarizzazione della morale operata dall'illuminismo è da intendere, secondo MacIntyre, più come una perdita di contenuti etici significativi che come una liberazione dell'individuo, più come una caduta nell'anomia che come una conquista di autonomia. Le teorie politiche liberali appartengono intimamente al «progetto illuminista», e con la loro enfasi sull'individuo si sono rivelate incapaci di fornire una giustificazione razionale dell'ordine politico e delle scelte morali. Il risultato è l'attuale crisi del pensiero morale, e la perdita di legittimità delle istituzioni, la cui autorità non si fonda su un genuino consenso. Secondo MacIntyre si deve invece riaffermare la tradizione dell'etica aristotelica basata sulle virtù, che la modernità aveva rifiutato: i soli fondamenti delle leggi e delle virtù vanno ricercati nell'*ethos*, nelle tradizioni e nelle relazioni interindividuali che costituiscono una comunità, il vincolo centrale della quale è una visione dei beni comuni condivisa da tutti i membri. Solo così sarà possibile restituire intelligibilità e razionalità all'impegno morale e sociale: non nei confronti della società in generale, ma di più ridotte «comunità locali» entro cui soltanto la vita intellettuale e morale può svilupparsi. In *Giustizia di chi? Quale razionalità?* (1988) MacIntyre, pur continuando a sostenere la centralità etica delle comunità locali, polemizza accanitamente con il relativismo etico e sceglie di identificarsi con una tradizione — quella del cristianesimo cattolico — di cui sostiene l'assoluta superiorità razionale. Altre opere: *Marxismo e cristianesimo* (1954); *Secolarizzazione e mutamento morale* (1967).

MacIver, Robert Morrison (Stornoway 1882 - New York 1970), sociologo statunitense di origine scozzese. Docente alla Columbia University, esercitò grande influenza tra le due guerre mondiali come sostenitore del formalismo sociologico e della metodologia qualitativa: la sociologia, secondo MacIver, non deve imitare le scienze della natura, bensì rintracciare le forme della vita associata e le cause del loro mutamento, astraendole dall'osservazione empirica dei fenomeni, senza stabilire leggi. Egli ha sviluppato tali principi in *La causalità sociale* (1942) e *Società* (1949). In una importante opera di sociologia politica, *Governo e società* (1947), ha trattato in modo specifico il problema che percorre tutto il suo pensiero: il rapporto tra controllo sociale e libertà nella società moderna. Egli ha poi indagato i termini del problema in varie opere sulle teorie della comunità, dell'interesse e dello stato, contribuendo a far conoscere in America la tradizione tedesca di questi studi. Fautore di soluzioni liberali progressiste, ha svolto anche ricerche empiriche sulla libertà di ricerca, sulle Nazioni Unite, sullo stato moderno. Tra le altre opere: *Lo stato moderno*, 1926; *Il potere trasformato*, 1964; *Politica e società*, 1969 (raccolta di saggi, a cura di D. Spitz).

McLennan, John Ferguson (Inverness 1827 - Hayes Common, Kent, 1881), giurista scozzese. Si dedicò al diritto comparato e contribuì, con le sue ricerche sulle società primitive, alla nascita della moderna etnologia. Secondo l'evoluzionismo antropologico del periodo, elaborò uno schema di trasformazione delle istituzioni, individuando, a partire dall'ipotesi dell'orda e della promiscuità primitiva, forme successive nella storia del matrimonio e delle relazioni di parentela e cercando di scoprire le cause che determinano il passaggio dall'una all'altra. Per McLennan, come per L.H. → Morgan (col quale, tuttavia, sostenne un'aspra controversia sul significato delle terminologie di parentela), le trasformazioni del sistema di discendenza sono connesse con i cambiamenti che si producono in altri settori della realtà sociale: per es. l'apparizione del diritto paterno sarebbe collegata allo sviluppo della proprietà privata. A lui si deve l'introduzione dei termini «endogamia» ed «esogamia». Opere principali: *Il matrimonio primitivo* (1865); *Studi sulla storia antica* (1876).

McLuhan, Herbert Marshall (Edmonton 1911 - Toronto 1980), sociologo canadese. Ha insegnato presso diverse università, da quella del Wisconsin a quella di Saint Louis, all'università di Toronto, dove ha diretto il Center for Culture and Technology. Si deve a McLuhan l'introduzione del metodo di analisi dei mezzi di comunicazione di massa che si riassume nel principio «il mezzo è il messaggio»: gli strumenti di comunicazione di massa (tra i quali egli annovera anche l'elettricità, i mezzi di trasporto, il denaro, l'abbigliamento ecc., che trasmettono informazioni anche se questa non è la loro finalità elettiva) non vanno definiti e studiati a partire dal contenuto del messaggio che trasmettono, ma in base ai *criteri strutturali* specifici attraverso i quali essi organizzano la comunicazione, poiché questa si identifica totalmente con il mezzo che la veicola (cfr. in particolare *Gli strumenti del comunicare*, 1964). Una simile opzione metodologica si giustifica con l'assunto che i mezzi di comunicazione di massa *determinano* le condizioni dell'informazione e della percezione del mondo da parte del soggetto, invece di trasmettere informazioni e percezioni già acquisite. Ne deriva che il controllo e l'azione umana sul mezzo di comunicazione intervengono solo al livello dell'invenzione del mezzo stesso, ma non influiscono sulla sua gestione, che sfugge a ogni controllo umano ed è subordinata esclusivamente alle caratteristiche tecnologiche di ogni *medium* particolare. Di conseguenza, è possibile fondare un'antropologia culturale che si basi esclusivamente sullo studio dei mezzi di comunicazione di massa e sulla loro incidenza nella storia umana. A questo riguardo, l'analisi di McLuhan distingue due epoche principali: la *modernità*, che va dall'invenzione della stampa sino alla metà dell'Ottocento; e la *contemporaneità*, inaugurata dall'uso dell'energia elettrica. Caratteristica della modernità (*La galassia Gutenberg: nascita dell'uomo tipografico*, 1962) è la frammentazione dell'«esperienza», dovuta ai caratteri specifici della trasmissione di dati mediante la stampa (per cui l'«apprendimento» avviene in assenza di interlocutori, l'atto conoscitivo si trasforma in un fatto individuale, ossia la lettura). Viceversa, la contemporaneità costituisce un ritorno a condizioni premoderne: la restaurazione della voce e della presenza del soggetto parlante (in un processo che va, con progressivo affinamento, dal telegrafo al telefono, e da questo alla televisione) restituisce una modalità di esperienza più continua e immediata, per cui il mondo viene a essere un «villaggio planetario» ove l'uomo esercita funzioni (come la forte mobilità, la pluralità delle prestazioni richieste ecc.) più simili a quelle dell'uomo antico che a quelle dell'uomo moderno (*La sposa meccanica: il folclore dell'uomo industriale*, 1951; *Guerra e pace nel villaggio planetario*, 1968).

macrosociologia-microsociologia, termini con cui si fa riferimento rispettivamente all'analisi sociologica di intere società (o delle loro principali strutture) e, all'opposto, allo studio di aspetti circoscritti della vita sociale (per es. le regole dentro la famiglia). L'esigenza di una simile distinzione è emersa solo verso gli anni Cinquanta, in seguito all'affermarsi di un orientamento volto a indagare la formazione sociale di un individuo, le sue modalità di interazione con i consimili, le sue reazioni agli stimoli della società. Si definiscono 'macro' le analisi sociologiche dell'economia, della politica, dello stato, dei modi di produzione o la costruzione di teorie del mutamento sociale, della modernizzazione, dell'evoluzione. Le analisi delle relazioni interpersonali, della dinamica dei piccoli gruppi o dei fenomeni di interazione formale e informale tra i membri di una organizzazione sono, invece, tipiche analisi microsociologiche.

Il rapporto micro-macro è attualmente oggetto di un dibattito che tende a sminuire la centralità del tema per la sociologia e a interpretare il nesso micro-macro come una variabile continua anziché dicotomica. Si tratterebbe di due livelli di analisi complementari anziché opposti, per i quali si rende necessario un nuovo approccio integrato (J.C. Alexander, B. Giesen, R. Munch e N.J. Smelser, *Il nesso micro-macro*, 1987; L. Bovone e G. Rovati, *Sociologie micro, sociologie macro*, 1988).

McTaggart, Ellis John (Londra 1866-1925), filosofo inglese. Lettore di filosofia morale a Cambridge, fu uno dei più tipici rappresentanti del → neohegelismo inglese di fine Ottocento. Opere principali: *Studi di dialettica hegeliana* (1896); *Studi di cosmologia hegeliana* (1901); *Alcuni dogmi della religione* (1906); *Commentario alla logica di Hegel* (1910); *La natura dell'esistenza* (2 voll., 1921 e 1927); *Studi filosofici* (postumo, 1934).

L'originalità dell'hegelismo di McTaggart, rispetto per esempio a quello di Bosanquet o Bradley, consiste nella difesa dei soggetti individuali, il che avvicina la sua filosofia a uno spiritualismo monadologico come quello di Leibniz o di Lotze, inserito nel contesto di una dialetticità hegeliana molto liberamente intesa. Muovendo dalla semplice affermazione che qualcosa esiste e ha delle qualità, McTaggart giunge a risolvere la realtà in un complesso di sostanze individuali infinitamente complesse e tra loro correlate dal principio che egli chiama della «corrispondenza determinante». Esso si specifica in un assoluto delle correlazioni che non può essere colto dall'intelletto, ma solo dall'«emozione» dell'amore per la quale ogni io percepisce e «ama» gli altri io. L'assoluto è questa stessa correlazione degli io, che è da intendersi come eterna e immutabile, essendo il tempo e la materia pure irrealtà fenomeniche. In forza di tale conclusione, lo spiritualismo di McTaggart, nonostante le sue evidenti componenti mistiche, si pone in atteggiamento critico nei confronti dell'idea di Dio. Questa idea infatti non regge a un esame metafisico: non possiamo ammettere un Dio onnipotente perché ciò è incompatibile con la sua personalità (la quale richiede che esista qualcosa al di fuori del proprio volere), né un Dio sommamente buono, poiché ciò contrasta con l'esistenza del male nel mondo. Ma l'idea di Dio non è essenziale alla religione, la quale è un'emozione che riposa sulla convinzione di un'armonia tra l'io e l'universo: se tutta la realtà è un «insieme armonioso di io individuali», essa è «sufficientemente divina» da permetterci di fare a meno della divinità. La filosofia di McTaggart costituisce il punto di massimo allontanamento dell'idealismo anglosassone dalla religione tradizionale. Più che la sua visione religiosa vennero però discusse le sue argomentazioni logiche dirette a negare la materia e il tempo, che costituirono il bersaglio della nuova filosofia analitica di ispirazione realistica (G.E. Moore e B. Russell).

magia, termine che designa sia atteggiamenti spirituali e mentali sia pratiche rituali presenti in ogni cultura e tendenti a dominare e a controllare la realtà, là dove l'uomo sente di non poterlo fare concretamente o nei confronti di «potenze» o «forze» che egli non conosce. Gli studiosi occidentali hanno tracciato una distinzione fra atteggiamento magico e atteggiamento religioso, col presupposto che ci sia stata evoluzione da magia a religione (→ animismo), oppure, secondo la teoria della scuola → storico-culturale, che si sia verificata una «caduta» dal monoteismo primordiale all'atteggiamento magico. Tale distinzione tuttavia, con l'accrescersi delle conoscenze etnologiche, si è dimostrata infondata, in quanto il sistema magico fa parte, con le religioni e i numerosi e diversi comportamenti di tipo tabuistico, del vasto campo del piano di → potenza. Un esempio evidente si ritrova nell'ambito della religione cattolica, dove coesistono, insieme a motivi religiosi raffinatissimi come la dottrina della grazia, anche comportamenti e azioni di tipo magico, quali l'uso delle reliquie, i santi guaritori, gli aspetti automatici dei sacramenti *ex opere operato*.

• *Magia e religione*. Le correnti interpretative preanimistiche tendevano a ritrovare, all'origine della magia e della religione, talune forme di esperienze emozionali, sentimentali, affettive e non razionali; si trattava, di fatto, di una posizione critica nei confronti dell'animismo di E.B. Tylor, perché partiva dall'esigenza di ricercare un determinato stadio, in senso cronologico-evolutivo, che, diverso dall'animismo, potesse essere considerato la matrice della vita magica e religiosa. Tylor, del resto, per quanto riguarda la magia, aveva analizzato esclusivamente la stregoneria e la divinazione, e riteneva che esse dipendessero da una «confusione della connessione fra il soggettivo e l'oggettivo». Aveva, quindi, ricondotto i fenomeni magici a errate associazioni di idee, ossia a un meccanismo generale di «associazione» che avrebbe dato origine anche alla religione (*Ricerche sugli inizi della storia del pensiero*, 1865). Nel 1892, J.H. King indicò per la prima volta la magia come matrice dello sviluppo religioso (*Il sovrannaturale, sua origine, natura ed evoluzione*), sostenendo che le forze impersonali sono avvertite dall'uomo prima delle forze personali, umane o animali, e che necessariamente, quindi, la magia è una fase precedente alla religione; l'atto magico sarebbe soltanto il tentativo dell'uomo di operare nei confronti di un avvenimento eccezionale o inspiegabile, che può essere giudicato buono o cattivo, e suscita perciò la paura o il desiderio di usufruirne. Questo stesso tipo di spiegazione segue R. → Marett, che, pur ponendo in dubbio la teoria di J.G. Frazer sulla magia come stadio primordiale della religione, riconferma che l'atteggiamento emozionale proprio della magia sta nel senso di rispetto e di timore di fronte a una «potenza» o *mana*; teoria, questa, che viene sostenuta anche da E.S. Hartland (*Le relazioni fra religione e magia*, 1906). Hartland accentua e definisce meglio quale sia l'atteggiamento dell'uomo nei confronti della «potenza», più o meno personificata, e che sarebbe la stessa poi costituentesi come oggetto della religione, tanto che il mago, il sacerdote e il *medicine-man* sarebbero operatori simili, in quanto ciò cui si rivolge (nonostante le diversità di atteggiamento) chi crede, coinvolge tuttavia sempre una «potenza». Nell'edizione del 1900 dell'opera *Il ramo d'oro*, Frazer afferma che, nell'evoluzione del pensiero, la magia rappresenta lo stadio più basso dell'attività intellettuale, e che, quindi, essa ha preceduto dovunque la religione, pur rimanendo in qualche modo sorella della scienza, con la quale condivide il concetto fondamentale: che nella realtà vi sia una successione di eventi determinati da una legge. Nello studio di M. Mauss e H. Hubert, *Abbozzo di una teoria generale della magia* (1902), la magia viene interpretata come un fenomeno sociale, che ha collegamenti sia con la religione sia con la scienza e la tecnica. Le vere tecniche (per es. la farmacia, la medicina, la chirurgia, la metallurgia ecc.) sarebbero sorte sul terreno della magia; ma per spiegare la magia bisogna risalire alle stesse «forze collettive» che agiscono nel fenomeno religioso. Fra queste, la prima e la più importante è la «credenza» o fede in una forza, potenza o *mana* da cui deriva anche la religione. Tuttavia, per Mauss come per E. Durkheim (*Le forme elementari della vita religiosa*, 1912), la differenza fra magia e religione consisterebbe nel fatto che la religione tende a collegare fra loro i membri del gruppo, cioè a formare una chiesa, mentre la magia non avrebbe lo scopo di creare dei legami solidali fra coloro che la praticano. Tuttavia questa distinzione è oggi difficilmente sostenibile, almeno per quanto riguarda il campo etnologico, poiché se la credenza nel *mana*, che sottende tutto l'arco fenomenologico della sacralità, non unifica tutto il gruppo, è perché il gruppo è già diviso socialmente in attivo e passivo nei confronti dell'uso della magia, con la distinzione dei membri maschili «iniziati», con le classi d'età, con le società segrete ecc.

• *Significato sociale della magia*. Per quanto concerne gli «effetti» della magia, gli etnologi e antropologi non hanno quasi mai fornito «dati» statisticamente validi perché qualsiasi «effetto» è correlato con il contesto culturale nel quale si esplica. Un esempio evidente lo offre la teoria della magia e della religione di B. → Malinowski, che ne ha rilevato l'aspetto utilitaristico, ma che comunque finisce col coincidere con l'interpretazione di Mauss. È la fede del gruppo che rende operante l'arte del mago. Lo stesso Malinowski, descrivendo quello che è avvenuto nel corso di un uragano monsonico durante il suo soggiorno alle Trobriand, dà la chiave di una possibile spiegazione. Mentre la popolazione è invasa dalla paura, il «mago del vento», con canti che egli solo conosce, ordina al vento di placarsi; ma, mentre rassicura così il gruppo, dà anche specifici ordini, stabilendo che cosa debba essere fatto, e assume in questo modo le funzioni di «capo», che, in una società dove non esistono istituzioni organizzative, opera concretamente (*Sesso, cultura e mito*, 1963). Malinowski distingue, poi, fra la magia e la religione: mentre la magia potrà venir meno con il progredire della scienza, la religione rimane ineliminabile per la sua funzione rassicurante di fronte al rischio, al dolore, alla morte (*Il mito nella psicologia primitiva*, 1926). *I. Ma.*

mahāyāna, denominazione (che in sanscrito significa «grande veicolo») di una corrente del buddhismo staccatasi dallo → *hīnayāna* intorno al sec. I a.C. Se ne distinguono due periodi, quello dello sviluppo spontaneo, che va dal 100 a.C. al 500 d.C., e quello della sistemazione filosofica, che si articola nelle due scuole *yogācāra* («cultori dello yoga») e *mādhyamika* («sentiero intermedio»). Tra i grandi maestri del mahāyāna spiccano Nāgārjuna, Āryadeva, Asaṅga e Vasubandhu, autori di vari *sūtra* e *śāstra*; del canone mahāyānico fanno parte opere come il *Mahāvastu*, il *Lalitavistara* e diversi *Avadāna* (narrazioni edificanti arricchite da strofe di carattere mistico) che, pur essendo palesemente posteriori all'epoca di Buddha, vengono dai seguaci considerate depositarie delle parole stesse del maestro. Il movimento laico del mahāyāna prese le mosse dalla necessità di riformulare le verità di fede e il *dharma* buddhista per adeguarli alla realtà sociale di un'India in evoluzione. Al modello di vita hīnāyānico, costituito dalla figura del monaco *ạrhat* («colui che è degno» di entrare nel nirvāṇa), si sostituisce l'ideale del → bodhisattva («la cui essenza è l'illuminazione»), un laico che ha raggiunto la pienezza della compassione universale ed è talora disposto a rimandare la propria conquista del nirvāṇa per amore degli altri. Il suo sforzo, rivolto alla vera natura della realtà (*svabhāva*) che egli deve realizzare in se stesso, lo fa passare per la conquista delle «dieci perfezioni», le *pāramitā*: generosità, moralità, capacità di sopportazione, energia spirituale, meditazione, saggezza, abilità nell'uso dei mezzi di salvezza, devota dedizione alla religione, potere sulle cose, conoscenza. Con il mahāyāna anche la fede nel divino acquista più peso, tanto che si divinizzano le figure di numerosi Buddha (ipostasi dell'Unico), di cui lo stesso Buddha storico è considerato una delle incarnazioni; in molti casi si giunge anche a una forma di devozione amorosa nei confronti del Buddha, simile alla → *bhakti* induista.

Mahdī, termine arabo che significa «il ben guidato (da Dio)», e designa presso i musulmani un personaggio che, alla fine dei tempi, verrà a estirpare il male e l'eresia, a far regnare il bene e l'Islam, a stabilire la pace e la giustizia nel mondo. Porta anche il titolo di «signore del tempo». Per gli sciiti duodecimani o → imamiti il Mahdī si identifica con il dodicesimo imām, scomparso o meglio «occultatosi» nell'878 o nell'888, e che tornerà in epoca imprecisata. Tale credenza, almeno per l'Islam sunnita, non è un articolo di fede vero e proprio e non ha basi esplicitamente coraniche (non le sono estranee, forse, influenze ebraiche), ma è molto diffusa, e molti sono nella storia i personaggi che si proclamarono Mahdī.

maieutica, termine (dal gr. *maieutikè*, sottintesa *téchnē*, l'arte della levatrice o arte dell'ostetricia) che designa il metodo socratico esposto da Platone nel *Teeteto* (148*e* 6 sgg.): l'arte di Socrate, la dialettica, vi viene paragonata a quella della levatrice, all'arte maieutica appunto, che Socrate avrebbe ereditato dalla madre Fenarete.

Maimon, pseud. di Salomon ben Josua (Nesviž, Minsk, 1754 - Nieder-Siegersdorf, Slesia, 1800), filosofo tedesco di origine ebraico-lituana. Figlio di un rabbino, studiò il Talmud e i pensatori ebraici, restando in particolare affascinato da Mosé Maimonide, del quale prese il nome. Nel corso di numerosi viaggi ampliò i suoi studi, occupandosi di Spinoza e Wolff ed entrando in contatto con M. Mendelssohn. Nel 1790 scrisse il *Saggio sulla filosofia trascendentale*, pubblicato per l'appoggio di Kant. Con quest'opera Maimon si impose come uno dei più acuti interpreti del criticismo negli anni in cui ferveva la polemica tra i cosiddetti epigoni di Kant. Successivamente pubblicò l'*Autobiografia* (1793); *Scorrerie nel campo della filosofia* (1793); *Le categorie di Aristotele* (1794); *Saggio di una nuova logica o teoria del pensiero* (1794); *Ricerche critiche sullo spirito umano* (1797).

Maimon giudica contraddittorio il concetto di «cosa in sé» e critica in particolare lo sviluppo datone da Reinhold. Se è vero che la coscienza è il principio imprescindibile dell'esperienza e del sapere, resta il fatto che la genesi delle sue rappresentazioni attuali, spazialmente e temporalmente definite, non è mai attingibile nella sua totalità originaria e in piena chiarezza. Supporre a questo punto una cosa in sé come origine materiale delle rappresentazioni e una coscienza assoluta come principio della forma del conoscere significa ricadere nel dogmatismo. Cosa in sé e coscienza assoluta sono da un lato «pure immaginazioni», dall'altro concetti impossibili, analoghi ai numeri immaginari della matematica (*Ricerche critiche*). Bisogna invece ricondurre tali nozioni all'interno del concreto processo dell'esperienza, intendendole come «idee limite», cioè come il fine ideale verso il quale tende la conoscenza nella sua pretesa di appropriarsi della totalità dell'esperienza. Solo la matematica, infatti, è capace di un «pensiero reale», ovvero in grado di darsi da sé i propri oggetti e quindi di conoscerli senza residui. La conoscenza empirica, invece, non può mai superare la propria contingenza costitutiva e cioè il proprio margine di irrazionalità. Tale limite della coscienza può essere sempre spostato dal procedere della conoscenza, ma mai eliminato del tutto. Le stesse leggi scientifiche quindi, pur fondando la loro legittimità sulla sintesi dei dati empirici operata dalle categorie dell'intelletto, non possono garantirsi a priori la loro universale applicabilità a tutti i singoli oggetti concreti offerti dall'esperienza.

Maimonide, Mosè, nome latinizzato con cui è noto Mosheh ben Maimôn (Córdoba 1135 - Il Cairo 1204), filosofo e medico ebreo spagnolo. In seguito alle persecuzioni degli Almohadi, emigrò con la famiglia a Fez, in Marocco, nel 1148, e di qui in Palestina, nel 1165, e poi (1170) in Egitto, a Fustāt (vecchio Cairo), dove esercitò la professione medica. Tra le sue opere, scritte per lo più in arabo, alcune trattano diversi argomenti di medicina; il suo contributo più importante, tuttavia, fu nel campo dell'interpretazione della legge ebraica (→ halakhah) e della sintesi tra fede religiosa e filosofia: *Luminare*, scritto nel 1168, è un commento alla → *Mishnah*; *Mishneh Torah* (che significa «ripetizione della Legge»), detta anche *La mano forte*, e composta tra il 1170 e il 1180, è una codificazione e, in parte, una reinterpretazione delle norme giuridiche e rituali della tradizione. L'opera più famosa di Maimonide è la *Guida dei perplessi* o *Guida degli smarriti*, scritta in arabo nel 1170, e tradotta in ebraico da Shemuel ibn Tibbon prima della morte dell'autore. L'obiettivo fondamentale della *Guida* è quello di dimostrare l'accordo tra fede e ragione, in quanto una sola è la verità che l'uomo conosce attraverso la rivelazione e la filosofia.

Il pensiero di Maimonide si rifà essenzialmente a quello di Aristotele attraverso le interpretazioni arabe ed ebraiche, senza però trascurare alcuni temi neoplatonici. Nella maggior parte dei casi, secondo Maimonide, la ragione non solo non contraddice le verità della fede, ma è anche in grado di dimostrarle, come nel caso della concezione di un Dio unico, che Maimonide spiega sulla base della concezione aristotelica del motore immobile, e nel caso dell'esistenza di Dio, che egli dimostra attraverso alcune prove a posteriori. La ragione ha anche il compito di eliminare gli aspetti antropomorfici della concezione biblica di Dio, formulando una teologia razionale di tipo negativo, che si limita cioè a sottolineare la differenza radicale tra gli attributi di Dio e ogni attributo umano. In alcuni casi la ragione non è in grado di provare la verità dei dogmi di fede, ma può almeno provare l'infondatezza delle tesi opposte, come nel caso della teoria aristotelica dell'eternità del mondo (opposta al dogma della creazione), che Maimonide ritiene insufficientemente fondata. L'ordine gerarchico dell'universo è costituito dalle nove intelligenze, che presiedono al moto delle sfere celesti, e dall'intelletto agente, decimo grado della scala gerarchica, che agisce direttamente sull'anima umana. Tutti questi gradi dell'universo hanno la loro origine nell'Unità divina. Il pensiero di Maimonide esercitò notevole influsso su tutto l'ebraismo, che, dopo un periodo di vivace resistenza contro l'impostazione razionalistica di questo autore, per lo più lo accettò e lo tenne in grande onore e autorità. Anche la scolastica cristiana, non escluso Tommaso d'Aquino, subì la potente influenza di Maimonide. Nella filosofia moderna, poi, risentì di lui Spinoza.

Maine de Biran, François-Pierre (Bergerac 1766 - Parigi 1824), filosofo francese. Politicamente conservatore, fu il maggiore rappresentante, dopo un breve periodo di vicinanza agli «idéologues», della rinascita dello spiritualismo, nella tradizione di Cartesio e Malebranche, in contrasto con l'illuminismo. Nel clima della restaurazione, esercitò profonda influenza sui futuri esponenti dell'eclettismo: a V. Cousin si dovrà la prima edizione, postuma, dei suoi scritti; Biran aveva, infatti, pubblicato solo la prima delle sue opere maggiori, *Influenza dell'abitudine sulla facoltà di pensare* (1802), e qualche altra minore, lasciando invece inedito tutto il resto: *La scomposizione del pensiero* (1805); *L'appercezione immediata* (1807); *Sui rapporti tra il fisico e il morale dell'uomo* (1811); *Saggio sui fondamenti della psicologia* (1812); *Fondamenti della morale e della religione* (1818); e soprattutto *Nuovi saggi di antropologia o della scienza dell'uomo interiore* (1824); oltre al *Diario intimo*, proseguito per tutta la vita.

Biran si affida interamente all'introspezione: lo strumento per la conoscenza della verità e per la salvaguardia della religione (intesa in senso non confessionale) è il «senso intimo» o coscienza, in opposizione al sensismo. Esso rivela l'io a se stesso originariamente, come volontà e sforzo, quindi come attività, in contrasto con ciò su cui intende agire e che sente resistergli, cioè il corpo. Questa polarità di attività e resistenza è la matrice anche di tutte le nozioni metafisiche. Per un verso infatti, cogliendosi come attività, l'io si conosce come libertà, la quale è quindi immediatamente certa in quanto consapevolezza del proprio potere d'agire, e antecede qualsiasi avvertimento di passività (non mi sentirei mai passivo, se prima non mi fossi sentito attivo). Il medesimo fondamento ha l'idea della causalità, mentre l'idea di sostanza si fonda sulla permanenza dell'io attraverso i suoi mutevoli stati di coscienza. Per un altro verso, dalla resistenza opposta dal corpo all'io hanno origine l'idea dell'estensione e tutte le altre che caratterizzano i corpi materiali; l'idea della forza fisica rappresenta l'esteriorizzazione della coscienza primitiva dello sforzo volontario, e così via. Il radicale dualismo, nell'uomo, fra l'attività e la passività, fra il versante costituito dalla coscienza e dalla riflessione, che lo fa persona, e il versante organico e fisiologico, che lo accomuna agli animali, è però offuscato da fenomeni psicologici come quello dell'abitudine, che rappresenta una meccanizzazione, rispetto alla volontà libera; e perciò compito del filosofo è di riaffermare tale dualismo, non soltanto contro le dottrine avversarie, ma anche contro le deformazioni che nell'animo umano si producono spontaneamente. Nei *Nuovi saggi di antropologia*, infine, Biran aggiunge alla considerazione dell'uomo fisiologico e della coscienza quella d'una «terza vita» dell'uomo, la vita «spirituale», ch'egli presenta in termini di misticismo, come la scelta d'identificarsi, per quanto è possibile, con Dio stesso, attraverso la meditazione e con l'intervento della grazia, in modo che l'anima torni prossima a quella condizione da cui si può pensare che sia uscita originariamente. Essere intermedio fra Dio e gli animali, l'uomo ha la possibilità di assimilarsi a questi ultimi, rendendosi schiavo del proprio corpo e così perdendosi nel resto della natura, ma anche quella di elevarsi con l'amore fino al creatore, perdendosi in lui. Di qui la superiorità dell'amore sulla ragione, anche se a quest'ultima soltanto è connessa la personalità e la libertà dell'uomo.

Maistre, Joseph de (Chambéry 1753 - Torino 1821), uomo politico e filosofo savoiardo. Nominato senatore del regno di Sardegna nel 1788, quando nel 1792 i francesi invasero la Savoia fuggì in Svizzera, da dove ispirò un'intensa campagna controrivoluzionaria. In questo periodo scrisse le *Considerazioni sulla Francia* (1796), in cui criticava le istituzioni nate dalla rivoluzione francese. Nel 1802 fu inviato da Vittorio Emanuele I come ministro plenipotenziario in Russia. Trascorse gli ultimi anni a Torino. *Le serate di San Pietroburgo* (incompiuto, pubblicato nel 1821 subito dopo la sua morte) è il suo scritto più famoso. Altre opere: *Studio sulla sovranità* (1795); *Riflessioni sul protestantesimo nel suo rapporto con la sovranità* (1797); *Saggio sul principio generatore delle costituzioni politiche* (1815); *Del papa* (2 voll., 1819). Il suo scritto filosofico più importante, l'*Esame della filosofia di Bacone*, del 1815, venne pubblicato postumo, nel 1836.

L'opera di de Maistre è un polemico atto d'accusa nei confronti del mondo moderno, svincolatosi via via, dopo la riforma protestante, dall'autorità religiosa e dalla tradizione. Tutto il pensiero moderno è ispirato da un principio di universale negazione che si concreta in una sorta di «teofobia»; essa consiste, non tanto in una negazione formale della divinità, quanto nel prescindere da ogni riferimento a Dio per l'interpretazione dei fenomeni naturali e storico-sociali. L'uomo però, corrotto dal peccato originale, non è in grado di governarsi da sé, e la pretesa di fondare lo stato sul contratto e su principi puramente razionali non può che concludersi nel fallimento e nella tragedia, come dimostra la rivoluzione francese. De Maistre propugna una restaurazione del potere assoluto, il quale tuttavia, per non trasformarsi in tirannide, deve riconoscere la superiore autorità della chiesa cattolica: essa sola può autorizzare i sudditi a sottrarsi alla giurisdizione del loro sovrano naturale, qualora egli si trasformi in tiranno. Al fine di realizzare una nuova subordinazione del potere temporale al potere spirituale, de Maistre si adoperò per una riunificazione di tutte le chiese cristiane, servendosi, per un certo tempo, della diplomazia segreta massonica, che più tardi ripudiò. Egli era convinto che gli errori della rivoluzione francese rientrassero in un disegno della provvidenza per ricondurre gli uomini a un'età di rigenerazione e di pace universale, ispirata a profondi valori religiosi. In tal modo de Maistre anticipava la filosofia della storia di ispirazione cattolica del primo romanticismo.

Makarenko, Anton Semënovič (Belopol'e, Ucraina, 1888 - Mosca 1939), pedagogista sovietico. Di famiglia operaia, a 17 anni iniziò l'attività di maestro; nel 1920 venne nominato direttore di un istituto per ragazzi abbandonati e devianti nei pressi di Poltava. Successivamente gli venne affidata la direzione di una nuova colonia, la Comune Dzeržinskij, in cui egli istituì due stabilimenti industriali. In essa i ragazzi lavoravano alternativamente a scuola e in fabbrica, svolgendo anche un'intensa attività politica e ricreativa. Motivo costante della pedagogia di Makarenko è il rifiuto di qualsiasi soluzione individualistica: la vera funzione educativa viene svolta dal collettivo scolastico, e ha come obiettivo generale «le mete e i compiti della rivoluzione russa», raggiungibili mediante lo sforzo del soggetto nella lotta e nel lavoro. Un posto di primo piano spetta al lavoro produttivo e salariato, perché, secondo Makarenko, l'attività del collettivo deve sempre essere impegnata a risolvere i problemi reali della vita. A tal fine sono indispensabili l'emulazione personale e di squadra, e anche la disciplina, intesa non come mero strumento di repressione, ma come criterio morale, come stimolo all'autocontrollo. Il principale strumento operativo del collettivo è costituito dall'assemblea generale, che adotta le ammonizioni e le punizioni indispensabili, e nella quale ognuno è soggetto alla valutazione di ciascun altro. Opere principali: *Poema pedagogico* (1928; pubblicato nel 1933); *La marcia dell'anno '30* (1932); *Il libro dei genitori* (1937); *Pedagogia scolastica sovietica* (1938); *Bandiere sulle torri* (1938).

male, concetto presente in tutte le mitologie primitive e arcaiche, le quali, secondo una concezione dualistica, fanno dipendere il bene e il male rispettivamente da una divinità buona e da una cattiva; come esempio elaborato, si pensi alla dottrina di Zoroastro (→ Zarathushtra). Residui di tale concezione si trovano anche nel pensiero greco classico. Per es., nelle *Leggi*, Platone suggerisce che esistono due «anime del mondo», una che produce il bene e l'altra che produce il male. Ma Platone rifiuta risolutamente che il male derivi da Dio; e per quanto riguarda i vizi umani, la responsabilità è solo degli uomini. Quest'ultima soluzione viene sviluppata dal pensiero cristiano, da Agostino in poi (le difficoltà che poi insorgono per accordare la libertà del volere umano con la prescienza di Dio, e con i dogmi della grazia e della predestinazione, vengono variamente risolte dalle diverse correnti teologiche). Per i cristiani, il peccato è il male morale, colpa volontaria; e il male cosiddetto «fisico», costituito dalle sofferenze degli uomini, è la pena giustamente subita per la colpa (cominciando dal peccato originale) ed è la prova a cui Dio vuol sottomessa la volontà umana perché si eserciti nella virtù. In tutto il pensiero cristiano, tuttavia, si trova anche una teoria del male tesa a negarne la realtà positiva: adottata alle origini da Agostino per far fronte al dualismo sostenuto dalla setta dei manichei, derivava anch'essa dal pensiero antico. Nella filosofia ellenistica, anche sul problema del male s'erano contrapposti stoici ed epicurei. Per Epicuro, la presenza del male nel mondo è la prova che gli dei si disinteressano delle vicende umane: altrimenti, se gli dei volessero togliere il male dal mondo, ma non potessero farlo, sarebbero impotenti, o, se lo potessero ma non lo volessero, sarebbero maligni. Gli stoici invece (secondo i quali il mondo è retto dalla provvidenza divina) ritengono che ciò che da un punto di vista particolare appare come un male, contribuisca in realtà alla perfezione complessiva del tutto. Questa argomentazione verrà ripresa da Agostino: in una musica, un frammento preso a sé può ben sembrare una dissonanza, ma concorre all'armonia dell'insieme. A questa Agostino aggiungeva una tesi che derivava dal neoplatonismo: il male non è alcunché di positivamente reale, bensì è meramente negativo, è un non-essere. Senonché, mentre per i neoplatonici il non-essere era rappresentato dalla materia (e a questa andava quindi riportato il male), per i cristiani anche la materia è creata da Dio e quindi non è affatto male né origine del male; piuttosto, il male è una deficienza d'essere, che può toccare alle creature in quanto esse sono imperfette per essenza (in seguito si sarebbe denominata «male metafisico» questa imperfezione intrinseca delle creature).

Tale complesso di dottrine rimase costante fino al sec. XVII, salvo il riaffiorare talora di concezioni dualistiche. Un'interiorizzazione dei due principi, del bene e del male, nell'unico Dio, fu sostenuta per es. da J. Böhme; e verrà ripresa ancora da Schelling, nelle *Ricerche filosofiche sull'essenza della libertà umana* (1809). Ma il fatto nuovo, nel Seicento, fu la rinascita dell'epicureismo e in genere il diffondersi di correnti anticristiane. Alla fine del secolo P. Bayle concentrò sul problema del male l'attacco al cristianesimo con gli articoli del *Dizionario storico-critico* in difesa dei «manichei» e con le polemiche successive. A Bayle intese rispondere Leibniz, con i *Saggi di teodicea*, in cui venivano riaffermate le tradizionali tesi cristiane. Invece, una posizione originale era stata assunta da → Malebranche, il quale, per reagire alle provocazioni degli «empi», elaborò un sistema complesso, inteso a giustificare la presenza del male nel mondo in rapporto alla perfezione di Dio. Con Malebranche, per la prima volta in ambito cristiano, il male non era più ridotto a mera negazione di essere né ad apparenza provocata dalla limitatezza del punto di vista umano, ma acquisiva piena realtà, anche nei confronti di Dio stesso, tenuto a tollerarne la presenza nella propria opera. Contro questa conseguenza si levò A. Arnauld, in una violenta polemica in difesa della concezione tradizionale. Nel sec. XVIII, con l'illuminismo, prevalse la critica della posizione tradizionale (com'era stata rinnovata da Leibniz) con un'amplissima diffusione degli argomenti critici di Bayle; esemplare in questo senso il *Candido* di Voltaire. Successivamente, con l'interrompersi d'uno stretto rapporto tra la filosofia e la teologia, il problema del male è rimasto ai margini del dibattito filosofico. In forma immanentizzata e laicizzata, la soluzione agostiniana si trova ripresa da Hegel; mentre Schopenhauer, col suo pessimismo, fa rivivere in pieno sec. XIX l'ispirazione del buddhismo. *S. La.*

Malebranche, Nicolas (Parigi 1638-1715), filosofo e scienziato francese. Entrato nella congregazione dell'Oratorio e ricevuta l'ordinazione sacerdotale, condusse una vita ispirata a grande rigore e pietà. La sua prima formazione fu segnata dallo studio di sant'Agostino, ma nel 1664 scoprì Cartesio, nel clima dell'→ occasionalismo che egli adottò subito e poi svolse ulteriormente. Già nella sua opera *Ricerca della verità* (1674-75) si delineavano tuttavia alcuni punti di distacco da Cartesio, poi più netti negli *Schiarimenti* aggiunti nel 1678. Nel 1676 pubblicò un'opera di apologetica, le *Conversazioni cristiane*. In seguito al *Trattato della natura e della grazia* (1680), in cui affrontava i temi della disputa tra gesuiti e giansenisti, egli ebbe una lunga polemica con A. Arnauld. Dopo le *Meditazioni cristiane e metafisiche* (1682), il *Trattato di morale* (1684) e i *Colloqui sulla metafisica e sulla religione* (1688), i quali forniscono una sintesi di tutto il suo pensiero, si dedicò all'attività scientifica sia in campo matematico (con studi sul calcolo infinitesimale), sia in campo fisico (con la correzione delle leggi del moto di Cartesio e l'elaborazione di nuove teorie sulla luce e sui colori). Del 1698 è il *Trattato dell'amore di Dio*, contro il quietismo. Ultime opere sono il *Dialogo d'un filosofo cristiano e d'un filosofo cinese sulla natura di Dio* (1708), in realtà dedicato alla critica di Spinoza, e le *Riflessioni sulla premonizione fisica* (1715), contro la teoria della grazia dei tomisti estremisti.

• *L'anima e il corpo.* In contrasto con la separazione rigorosa tra ragione e fede propugnata da Cartesio, Malebranche sostiene che esse devono collaborare nella scoperta della verità. Ogni conflitto tra esse dipende dai limiti della nostra natura, corrotta dal peccato originale. Di qui anche la facilità umana all'errore: l'intelletto è facilmente sopraffatto dalle sensazioni e dai sentimenti e l'anima perde l'originaria signoria sul corpo. Ne deriva una falsa visione delle cose di cui è tipica espressione la pretesa di attribuire alle creature la capacità di agire le une sulle altre, ritenendole cause seconde, laddove l'unica potenza è quella divina. A questa concezione, che dimostra come la filosofia corrente tra i cristiani sia ancora impregnata di paganesimo e di politeismo larvato, Malebranche oppone la netta separazione occasionalistica di anima e corpo, dalla quale deriva la negazione della capacità di azione reale da parte delle creature. L'anima, inoltre, non è in grado di produrre da sé le proprie idee, né essa possiede in modo innato, come voleva Cartesio, idee infinite di tipo matematico. Tutte le idee immutabili ed eterne, quindi tutte le idee matematiche, hanno il loro luogo unicamente in Dio, in quanto costitutive della sua sapienza infinita. Ed è appunto in Dio stesso che noi le vediamo, in virtù di quell'illuminazione che egli ci elargisce ogni volta che c'impegnamo in uno sforzo dell'attenzione.

In tal modo Malebranche estende l'occasionalismo dai rapporti tra corpo e anima alla partecipazione dell'anima alla ragione eterna e increata, rinnovando la tesi agostiniana della visione in Dio e della sua illuminazione. In Dio però noi vediamo solo le cose che conosciamo mediante «idee» e cioè, in generale, le caratteristiche geometriche dei corpi; le sensazioni e le qualità sensibili sono invece mere modificazioni dell'anima, prive di oggettività. La nostra stessa anima, poi, la conosciamo solo per sentimento interno («coscienza»), senza averne l'idea, sicché la conoscenza che ne abbiamo è di gran lunga inferiore a quella dei corpi. L'esistenza delle anime altrui può essere solo congetturata e non possediamo neppure l'idea di Dio: quel che conosciamo di lui ci viene dalla nostra partecipazione alla sua stessa increata ragione. Infine Malebranche si pone la questione dell'esistenza reale dei corpi: di essa non è possibile una dimostrazione razionale (come riteneva invece Cartesio); ce ne rende certi solo la rivelazione, assicurandoci che Dio ha creato anche un mondo materiale. È questo un avvio in direzione di → Berkeley che, in una celebre visita al vecchio Malebranche, pose appunto questioni relative alla realtà dei corpi. Malebranche ammette inoltre l'esistenza di un ordine ideale al quale Dio stesso è sottomesso: la sua santità consiste infatti nel suo perfetto e spontaneo adeguarsi a tale ordine.

• *Occasionalismo e leggi della natura.* Giunge così al culmine la rottura con Cartesio, il quale aveva invece sostenuto che Dio crea ad arbitrio le verità matematiche e i valori morali. È vero che la creazione dipende dalla scelta di Dio, ma essa non si dirige, come dirà poi Leibniz, al migliore dei mondi possibili, ma solo al migliore dei mondi compatibili con la semplicità delle leggi che ne conservano l'esistenza. Dio, nella sua saggezza, non può preferire che un mondo regolato in modo uniforme e costante (salvo il caso dei miracoli, che Malebranche naturalmente non nega); ciò consente di correggere l'immagine dell'occasionalismo come soluzione del rapporto tra Dio e mondo in una sorta di miracolo perpetuo (che finirebbe per cancellare anche i miracoli veri e propri), e di ammettere invece l'esistenza di leggi uniformi alla base della creazione. Il valore di tali leggi è dato dalla loro maggiore «semplicità» possibile, riconducibile a un piccolo numero di principi supremi. È vero che se Dio creasse un mondo privo di leggi, oppure retto da leggi assai più complicate di quelle che reggono il mondo attuale, non si troverebbe alcun male nel mondo, oppure assai meno di quanto vi si trovi; ma, in quest'ipotesi, Dio mirerebbe solo al valore dell'opera e non anche al suo modo di operare, che è invece motivo di gloria e di onore. Questi ultimi sono da ritenere infatti i motivi della sua creazione, se non si vuol cadere in antropomorfismi grossolani. La semplicità delle leggi della natura risulta così un valore di carattere estetico-architettonico al quale vengono subordinati altri attributi di Dio, come la bontà nei confronti delle creature. Da siffatta semplicità derivano in effetti i mali o «disordini» che si trovano nel creato: mostri, catastrofi naturali e anche il gran numero dei dannati; mentre dal carattere di «generalità» dell'azione di Dio dipende che egli normalmente non intervenga a porre rimedio ai mali provocati dalle leggi della natura e della grazia (essa pure governata da una legge «semplice», poiché la grazia ricade su un uomo solo quando Gesù la desideri per lui dal proprio Padre). La maggiore novità implicita in questa teoria è la nozione di → male che ne risulta. *S. La.*

Malinowski, Bronislaw Kaspar (Cracovia 1884 - New Haven, Connecticut, 1942), antropologo inglese di origine polacca. Studiò in Austria, in Germania e successivamente in Inghilterra, dove compì la sua carriera accademica e scien-

tifica; si trasferì poi, negli ultimi anni, negli Stati Uniti. Internato (come suddito austro-ungarico) in Australia durante la prima guerra mondiale, si dedicò allo studio degli indigeni di alcune isole melanesiane (i mailu e i trobriandesi). Il nome di Malinowski è legato alla teoria del → funzionalismo e al metodo etnografico del lavoro sul campo, fondato sulla «osservazione partecipante», praticata cioè mediante il diretto contatto con le popolazioni studiate. Sebbene la sua opera di ricercatore sul campo sia di gran lunga più ricca di quella teorica, Malinowski tentò di formulare anche delle «leggi» della vita culturale, che espose in diversi saggi, raccolti nell'opera *Teoria scientifica della cultura* (postuma, 1944). Il problema fondamentale della metodologia antropologica è per Malinowski la comprensione scientifica di cosa sia realmente la cultura, da lui intesa come un vasto apparato artificiale, creato dall'uomo per soddisfare i suoi bisogni come individuo e come gruppo. La creazione culturale suscita essa stessa nuovi bisogni e determina l'insorgere anche di valori integrativi — idee, fedi, regole morali — sintetizzati dall'attività simbolica che concorre alla formazione della cultura. La religione e la magia, che appartengono appunto a questi valori integrativi, svolgono la funzione di liberare l'uomo da una condizione esistenziale di ansia e di conflitto (*Scienza e religione*, 1930; *Il gruppo e l'individuo*, 1939).
Con Malinowski nasce pure un indirizzo di antropologia giuridica, perché egli tende a stabilire quali siano le norme etiche e i costumi che reggono le singole società, laddove manchino una reale organizzazione politica ed espliciti organismi legislativi e coercitivi (*Delitto e costume nelle società primitive*, 1926). In *Gli Argonauti del Pacifico occidentale* (1922) e in *I giardini corallini e la loro magia* (1935) Malinowski si occupa degli aspetti economici della vita melanesiana, mettendo in luce l'importanza dei rituali magici sia nella coltivazione degli orti, sia nello scambio di collane e bracciali fra le popolazioni delle varie isole. Un altro settore di ricerca in cui Malinowski è rimasto famoso è quello del comportamento sessuale, da lui descritto in diversi saggi — *Sesso e repressione sessuale tra i selvaggi* (1927); *Il padre nella psicologia primitiva* (1927); *La vita sessuale nella Melanesia nordoccidentale* (1929) — nei quali tenta di verificare le tesi di Freud sul complesso edipico, negandone la presenza nella società matrilineare trobriandese, dove anzi non è conosciuta la capacità fecondatrice dell'uomo e l'autorità è attribuita, invece che al padre, al fratello della madre. La parte forse meno nota dell'opera di Malinowski è quella linguistica, che pure è di grande importanza. Nei suoi lunghi soggiorni di studio tra i melanesiani egli aveva appreso la loro lingua e, confrontandola con le diverse lingue europee che conosceva, si era reso conto che i concetti impiegati nella ricerca sul campo erano difficilmente traducibili: ciò lo condusse a comprendere gli stretti legami fra l'atto linguistico e il contesto della situazione in cui una frase viene pronunciata (cfr. l'introduzione a *I giardini corallini e la loro magia*). Per questo aspetto, Malinowski appare molto vicino ai metodi e alle teorie già propugnate da F. → Boas; ma questa impostazione teorica gli impedì (come era successo a Boas) di interessarsi al problema dei processi storici delle culture. Scritti postumi: *La dinamica del mutamento culturale* (1945), *Libertà e civiltà* (1947), *Un diario nel senso stretto del termine* (1966).

Malthus, Thomas Robert (Wotton, Surrey, 1766 - Bath 1834), economista inglese. Formatosi su Hume e A. Smith, acquistò celebrità con il breve *Saggio sul principio della popolazione* (1798), successivamente (a cominciare dall'edizione del 1803) molto rimaneggiato e ampliato. In polemica con i teorici della perfettibilità indefinita del genere umano (dei quali è assunto a simbolo Condorcet) e con i propugnatori di riforme sociali a favore dei poveri, Malthus sostiene che la popolazione tende naturalmente ad accrescersi con un ritmo estremamente più rapido di quello con cui si possono accrescere i mezzi di sostentamento. Se non intervenissero fattori in senso contrario, com'è fatale che avvenga, la popolazione si raddoppierebbe all'incirca ogni venticinque anni, procedendo quindi secondo una progressione geometrica (1, 2, 4, 8...), mentre nella più ottimistica delle ipotesi i mezzi di sostentamento potrebbero aumentare secondo una progressione aritmetica (1, 2, 3, 4...). Anche nel mondo animale si verifica, in conseguenza di ciò, una «lotta per l'esistenza» che ha per risultato l'estinzione di una parte della popolazione. Nella società umana ne deriva un periodico peggioramento delle condizioni di vita delle classi inferiori: un aumento di miseria che limita momentaneamente l'incremento demografico, il quale però riprende a causa del relativo miglioramento che in seguito a ciò si produce; e così via, ciclicamente. I provvedimenti a favore dei poveri si ritorcono perciò a loro danno in breve tempo, in quanto favoriscono appunto l'aumento della popolazione. In alternativa, Malthus propone l'educazione all'astensione volontaria dalla procreazione. Attaccata tanto da economisti liberali quanto, successivamente, da quelli socialisti, l'analisi di Malthus ebbe tuttavia importanza per la formazione della teoria ricardiana della rendita fondiaria, che del resto egli stesso anticipò parzialmente con la *Ricerca sulla natura e il progresso della rendita* (1815). In polemica con i ricardiani sono invece i *Principi di economia politica*, del 1820.

mana, termine con cui le popolazioni della Polinesia e della Melanesia indicano una forza soprannaturale impersonale. Il vocabolo fu rilevato per la prima volta nel 1814 da W. Williams, il quale lo tradusse già allora come «potere», «influenza». Nel 1891, con la pubblicazione dell'opera *I melanesiani*, di H. Codrington, il termine conobbe grande diffusione con la valenza di «forza soprannaturale», potere distinto dalla forza fisica e capace di produrre bene e male, che può essere comunicato a ogni oggetto o a ogni uomo, e che gli spiriti e le anime disincarnate possiedono e possono trasmettere. All'inizio del nuovo secolo R. Hubert e M. Mauss formularono la teoria secondo cui la → magia si riconnette alla nozione di mana intesa come entità complessa che non soltanto è forza, ma anche azione, qualità, stato (*Saggio di una teoria generale della magia*, 1902). Pochi anni dopo, Robert Ranulph Marett, uno dei maggiori rappresentanti della corrente cosiddetta preanimistica o magistica, sostenne che l'idea di mana è la «radice dell'esperienza religiosa» (*Mana*, in *Encyclopaedia of Religion and Ethics*, 1915), una categoria universale che magia e religione hanno in comune, e che, insieme al → tabù, presenta il quadro minimale ma indispensabile di tutti i fenomeni magico-religiosi. Il mana, infatti, implica il tabù e viceversa: il tabù è l'aspetto negativo del mana, quello che nasce dalla paura, mentre il mana è l'aspetto positivo della potenza. La nozione di mana è stata in seguito rintracciata dagli studiosi in altre aree, come base della magia, e il termine è stato sempre più usato nel senso di → potenza.

maṇḍala, termine sanscrito indicante un'immagine simbolica fondata sulle figure geometriche del cerchio e del quadrato, intesa a rappresentare le relazioni intercorrenti tra i diversi piani della realtà. Forma religioso-estetica caratteristica del buddhismo, e in particolare del → tantrismo, il maṇḍala ha seguito la diffusione di queste correnti religiose dall'India a Giava, in Cina, Tibet, Giappone ecc. I maṇḍala vengono tracciati a terra con polveri colorate, o dipinti, o possono perfino costituire la pianta di edifici come il celebre Borobudur di Giava; ne esistono infinite varietà, dalle semplici figure geometriche a quelli in forma di loto o di ruota, a quelli che sullo schema geometrico innestano elementi di paesaggio e personaggi, anche molto numerosi: per es. il maṇḍala *vajradhātu* («cerchio del diamante») contiene, nella forma assunta in Giappone, 1314 divinità. Nell'esperienza religiosa orientale i maṇḍala vengono utilizzati per delimitare uno spazio sacro, o, più sovente, per aiutare il meditante a visualizzare in modo simbolico i diversi piani della realtà e le loro reciproche relazioni, fino a cogliere sinteticamente, dopo il lungo itinerario interiore, la realtà suprema dell'intero universo.

La psicologia junghiana considera il maṇḍala una forma archetipica dell'inconscio, presente quindi sotto forme diverse (come, per es., le piante centrali di numerosi villaggi primitivi o i rosoni gotici) in tutte le culture e nella psiche individuale, dove rappresenta l'immagine simbolica e onirica del raggiunto equilibrio con il Sé, di una globalità interiore armonica ed equilibrata.

mandei, membri di un'antica setta gnostica mesopotamica tuttora esistente; sono anche detti «cristiani di san Giovanni». Il nome (*mandājē*) deriva probabilmente dal mandaico *manda* (conoscenza, gnosi). La loro dottrina, spesso oscura e attestante più stadi evolutivi che risalgono forse a una gnosi precristiana, con successivi apporti giudaici, gnostici e cristiani, evidenti anche nel culto, è nota dai libri sacri, scritti in un dialetto aramaico orientale e in un alfabeto affine al siriaco. Essi sono: il *Tesoro* o *Grande libro*, raccolta di scritti poetici, cosmogonie ecc.; il *Libro di Giovanni Battista* o *Discorsi del re*, comprendente leggende e allegorie con elementi cristiani; la *Raccolta*, rituale della setta.

I mandei, dopo una più antica fase di dualismo assai vicino a quello manicheo (→ manicheismo), sono passati alla credenza in un dio supremo della luce, detto Gran re della luce o Intelligenza o Vita, di sostanza materiale, circondato da esseri angelici detti menti o *m'uthrā* (entità divine) o vite. A essi si oppone il mondo delle tenebre, del caos, dei demoni; tra questi demoni sono 'Ūr o Rūhā, lo spirito malvagio, i sette pianeti creati da lui (concezione che si oppone alla religione astrale mesopotamica e manichea) e, fra essi, il dio degli ebrei detto Jorabbā e identificato con il Sole, Gesù, identificato con il pianeta Mercurio, e Maometto, identificato con il pianeta Marte (i mandei sono infatti avversari del giudaismo, del cristianesimo e dell'Islam). Il mondo terreno è creato dai due opposti poteri, ed è perciò misto di luce e tenebre. L'azione malefica delle tenebre nel mondo è combattuta da un salvatore, personificazione della conoscenza, detto Mandā d Ḥajjē (Dottrina della vita). I mandei credono inoltre nella missione di un'altra figura, Anōsh 'Uthrā (Testimone della vita), che smaschera Gesù a Gerusalemme e poi sale al cielo. Giovanni Battista è venerato infine come l'iniziatore della pratica battesimale e il battezzatore del salvatore Mandā d Ḥajjē. L'anima, imprigionata nel corpo da demiurghi malefici, aspira a liberarsi e a tornare nel mondo della luce; la morte è quindi considerata l'inizio della vita. Oltre ad abluzioni «battesimali» giornaliere, i mandei praticano il battesimo solenne (*masbothā*) al quale seguono l'unzione con olio, una sorta di cresima, e un banchetto consumato comunitariamente (*masiqtā*) con pane azzimo consacrato e acqua mista a vino, che ha valore di anticipazione del banchetto escatologico, di perdono dei peccati e di suffragio per le anime dei defunti.

Mandeville, Bernard de (Dort 1670 - Hackney 1733), medico e filosofo olandese. Compiuti gli studi di medicina e filosofia all'università di Leida, lasciò l'Olanda per stabilirsi a Londra, dove pubblicò le sue opere più celebri. La sua fama è legata soprattutto alla serie di scritti che vanno sotto il titolo di *Favola delle api, ovvero vizi privati, pubblici benefici*, a cui si aggiunsero i sei dialoghi editi nel 1729 col titolo *Favola delle api. Parte seconda.* Pubblicò inoltre una *Ricerca sull'origine dell'onore e l'utilità del cristianesimo in guerra*, del 1732, e i *Pensieri liberi sulla religione, la chiesa e la felicità nazionale* del 1720.

Il poemetto che apre la serie degli scritti della *Favola delle api* narra di un alveare che simbolicamente raffigura la condizione dell'Inghilterra contemporanea: le api, intente ai loro traffici, ricche, raffinate, si dimostrano incapaci di comprendere che i vizi e la disonestà di cui continuamente si lamentano sono il vero fondamento della loro prosperità, e insistono nel pregare gli dei per esserne definitivamente liberate. Infine gli dei le accontentano e rendono interamente onesti i loro cuori, ma insieme al vizio anche la prosperità abbandona l'alveare. I mestieri che si fondavano sull'amore del lusso, sull'orgoglio, sul crimine languono e muoiono, ognuno si accontenta dello stretto indispensabile per vivere e infine le api, povere e virtuose, si riducono all'unica condizione adatta alla virtù: lo stato animale di pura sussistenza. Il brillante apologo mandevilliano si rivolge contro quei pensatori che dipingono l'uomo come spontaneamente benevolo e non aggressivo e che si rifiutano di riconoscere nei vizi umani la base reale dei vantaggi materiali portati dalla nascente rivoluzione industriale. Secondo Mandeville la natura umana è di per sé aggressiva e competitiva: prima dell'istituzione dello stato, i nuclei familiari conoscono la guerra continua descritta da Hobbes, ma, a differenza di Hobbes, Mandeville pensa che l'uomo, nella ricerca della superiorità sul proprio simile, sia capace di costruire spontaneamente gli strumenti con cui mascherare e dissimulare la propria aggressività: le buone maniere, la virtù, l'onore. Così, una volta costituito lo stato, alla guerra succedono le forme di competizione che costituiscono le pietre miliari del progresso umano: l'uomo combatte non più per uccidere ma per essere stimato, ammirato e invidiato; per ottenere questo si renderà colto, ricco e raffinato e così facendo procurerà lavoro ai poveri e contribuirà al benessere economico dell'intera nazione. Per questo, anche se Mandeville non arriva a una teorizzazione dei principi economici del liberoscambismo, per la sua teoria della spontanea armonia degli interessi individuali risulta essere un precursore delle idee di Adam Smith.

Manegoldo di Lautenbach (morto nel 1103), filosofo e teologo alsaziano. Canonico regolare a Lautenbach, fu nominato penitenziere apostolico da Urbano II nel 1096. In seguito alla riesplosione della lotta per le investiture, nel 1098 venne imprigionato da Enrico IV. Nel *Liber Manegoldi ad Gebehardum* difese le posizioni di Gregorio VII dalle accuse indirizzategli da Wirich di Treviri; contemporaneamente, Manegoldo delineò una concezione della società civile che può essere considerata la prima trattazione politica medievale: a differenza del potere pontificale, che deriva direttamente da Dio, il potere civile deriva da Dio attraverso l'elezione del popolo, il quale perciò è autorizzato a eliminare i sovrani che gestiscano il potere in modo tirannico. Nell'altra sua opera pervenutaci, l'*Opusculum Manegoldi contra Wolfelmum coloniensem*, egli mise in guardia Wolfelmo dai pericoli derivanti dall'eccessivo entusiasmo umanistico: la ragione umana è certamente abilitata a raggiungere conclusioni universalmente valide, ma, di fatto, molti filosofi sono caduti in errore, avendo sopravvalutato le proprie capacità.

mania, alterazione psichica dell'umore annoverabile fra le psicosi cosiddette endogene, e manifestantesi con una esaltazione euforica abnorme. Quando è meno marcata, viene detta *ipomania*. La mania può presentarsi sia come episodio isolato sia, più spesso, nell'ambito della psicosi → maniaco-depressiva, come periodo che si alterna ad altri di normalità, e a periodi di → depressione dell'umore. Le cause della mania sono imperfettamente note e sono probabilmente simili, o sovrapponibili, a quelle della depressione; rispetto a quest'ultima, di cui rappresenta in qualche modo la polarità opposta, essa si presenta talora come una difesa derealistica, cioè come una fuga in un universo soggettivo esaltato, dal quale il polo depressivo è stato radicalmente negato e rimosso. Le crisi maniacali tendono in genere a estinguersi spontaneamente dopo un periodo di giorni o di settimane, più raramente di mesi; spesso a una depressione endogena di una certa gravità succede un brevissimo periodo maniacale non grave. Esistono personalità euforiche, o espansive, che presentano in periodi irregolari comportamenti di tipo ipomaniacale. La terapia è sintomatica e consiste nell'impiego di sedativi, in un aiuto psicologico continuato e, se necessario, in una vera e propria sorveglianza.

maniaco-depressiva, psicosi, malattia mentale caratterizzata dall'alternarsi di stati di eccitazione (mania) e stati di depressione (melanconia). Il termine venne introdotto da E. → Kraepelin nel 1896. La psicosi maniaco-depressiva può manifestarsi sotto forma di soli accessi maniacali o di soli accessi depressivi; durante i primi il malato è euforico, irritabile fino alla violenza distruttiva, logorroico e spesso preda di allucinazioni e illusioni sensoriali; durante i secondi la sua attività psichica subisce un grave rallentamento, e non mancano le manifestazioni autolesive, che possono giungere fino al suicidio. Diversamente dal paziente schizofrenico e da quello paranoico, il paziente affetto da psicosi maniaco-depressiva attraversa periodi di tempo più o meno lunghi durante i quali il suo comportamento appare normale. Secondo F.J. Kallmann, la psicosi maniaco-depressiva è determinata da una specifica disfunzione neuroormonale. Secondo Melanie Klein, la fase maniacale corrisponde all'azione di uno specifico meccanismo di difesa, caratterizzato dal momentaneo convergere delle esigenze dell'Io e del Super-Io.

manicheismo, religione fondata da Mani (216-277 d.C.), principe persiano che in seguito a una rivelazione divina si convertì a una stretta disciplina di vita. Mani e i suoi primi seguaci si dedicarono a un'intensa attività missionaria, in polemica con il cristianesimo, il buddhismo e soprattutto il mazdeismo, giungendo sino in Egitto. Il manicheismo si fonda sulla concezione secondo cui nella realtà il bene e il male operano costantemente come due principi distinti e contrapposti, quello della Luce e quello delle Tenebre. In un momento anteriore i due principi esistono separatamente; nel momento intermedio le Tenebre hanno invaso la Luce. Mediante la «grande calamità», cioè il corpo, «si ottiene il disgusto che ci spinge a separarci dal corpo...». Nel terzo momento, infine, si ritorna a quello anteriore, ma ormai la liberazione è definitiva e la coesistenza dei due principi è sostituita dal definitivo trionfo della Luce. Questo nucleo dottrinale viene espresso in innumerevoli varianti di un unico mito di liberazione dell'anima-luce dalla materialità e dalla corporeità di questo mondo fisico creato dalle Tenebre.

La morale manichea è strettamente connessa con questo mito centrale. Scopo dell'uomo è separare in sé l'io divino dall'io demoniaco. Il grado perfetto di liberazione, che implica sacrifici gravissimi (astensione completa dal rapporto sessuale, frequenti digiuni, dieta speciale a base di vegetali), può essere raggiunto da pochi. Di qui una rigida gerarchia, imperniata sulla distinzione fra eletti e semplici fedeli; gli eletti sono organizzati in cinque gradi, culminanti in un supremo pontefice-maestro. Perseguitato in Persia, il manicheismo si diffuse con rapidità in molte zone dell'Asia e dell'Africa; gli scritti di Mani vennero tradotti dall'iranico in varie lingue, tra le quali il cosiddetto dialetto manicheo, varietà dell'aramaico orientale. Dopo la conquista araba, il manicheismo conobbe un certo favore sotto gli Omayyadi (secc. VII-VIII), favore che diminuì con gli Abbasidi. Nel sec. X iniziò la diaspora; in Estremo Oriente il manicheismo sopravvisse sino al sec. XII. Esiste una profonda analogia dottrinale fra il manicheismo e le dottrine dei → bogomili stanziati in Bulgaria e dei → catari diffusi in particolare nella Francia meridionale e in Italia fra i secc. XII e XIII; non è però attestata con sicurezza una filiazione diretta dal punto di vista storico di questi movimenti medievali dal manicheismo antico.

manipolazione, comportamento adattivo, animale e umano, mediante cui l'organismo seleziona uno o più oggetti-stimolo del proprio ambiente e interagisce con essi a livello prevalentemente motorio. Difficilmente interpretabile in termini comportamentistici, a causa della sua apparente spontaneità, il comportamento di manipolazione riveste spesso la forma dell'esplorazione e della curiosità nei confronti di un ambiente nuovo, e la sua funzione adattiva principale sembra consistere nell'acquisizione, da parte dell'organismo, di appropriate coordinate di riferimento spaziale. Nei processi di apprendimento in età evolutiva le condotte esploratorie spontanee svolgono un ruolo di primo piano.

Mannhardt, Wilhelm (Friedrichstadt 1831 - Danzica 1880), filologo e folclorista tedesco. Inizialmente vicino alle tesi di M. Müller sul rapporto fra linguaggio e mito, se ne distaccò poi in modo sempre più netto, sottoponendole a esame critico e rifiutando la derivazione meccanica delle immagini mitologiche dai processi linguistici. Si dedicò in particolare allo studio delle mitologie e del folclore dei popoli indoeuropei (religione dei celti e dei germani ecc.) in rapporto alla vegetazione, rilevando come i culti agrari (soprattutto con il diffusissimo tema della ierogamia) mirino a mantenere il ritmo della vita vegetale e a incrementare la fecondità. Nell'interpretazione dell'antica religione germanica delineò, seguendo in parte la teoria di E. → Tylor sull'animismo, un processo evolutivo dalla «bassa mitologia» all'«alta mitologia». Questa, che consisterebbe nelle credenze relative agli spiriti e ai geni animanti la natura, sarebbe all'origine della religione, articolandosi in più fasi: riconoscimento di un'anima nell'albero («albero cosmico», che rappresenterebbe anche il membro virile come fonte della procreazione), creazione di uno spirito della vegetazione e infine di un dio della vegetazione. Mannhardt esercitò una notevole influenza su J.G. Frazer. Opere principali: *Gli spiriti del grano* (1868); *Antichi culti dei boschi e dei campi* (1873-77); *Indagini mitologiche* (postuma, 1884).

Mannheim, Karl (Budapest 1893 - Londra 1947), sociologo tedesco. Formatosi negli anni Venti all'università di Heidelberg, nel 1930 divenne professore di sociologia all'università di Francoforte; con l'avvento di Hitler, si stabilì in Inghilterra, dove fu chiamato a insegnare alla *London School of Economics*. Nelle opere del periodo tedesco (*Il pensiero conservatore*, 1927; *Ideologia e utopia*, 1929; e gli articoli raccolti in *Saggi sulla sociologia della conoscenza*, 1952), Mannheim elaborò i fondamenti di una teoria sociologica della conoscenza che muove dal ripensamento della concezione marxiana dell'ideologia. A Marx viene riconosciuto il merito di aver concepito le ideologie non come rappresentazioni individuali che deformano in modo interessato la realtà (*concezione parziale dell'ideologia*), ma come visioni del mondo caratterizzate dallo stile di pensiero proprio di un determinato gruppo sociale (*concezione totale*). Nell'ottica marxiana, però, 'ideologie' sono solo le concezioni delle classi dominanti e, in particolare, degli avversari del proletariato; la sociologia della conoscenza deve, secondo Mannheim, superare questo limite, adottando il punto di vista (*relazionismo*) secondo il quale ogni manifestazione del pensiero umano (con la sola eccezione della matematica e di alcune scienze naturali) è condizionata da interessi di natura sociale. Spetta al sociologo della conoscenza preparare il terreno all'elaborazione di concezioni del mondo meno parziali di quelle finora esistite; l'impresa è resa possibile dall'esistenza di uno strato sociale, quello degli *intellettuali*, più libero di tutti gli altri dal condizionamento degli interessi di classe. Mannheim analizza inoltre numerose forme di pensiero ideologico (conservatorismo borghese, storicismo conservatore, pensiero borghese liberaldemocratico, mentalità socialista e comunista, fascismo) e mette in luce il contrasto tra le ideologie di orientamento conservatore, espressioni degli interessi dei gruppi dominanti, e le concezioni «utopiche», espressioni dei gruppi dominati e fondamento di feconde azioni riformatrici o rivoluzionarie. Negli anni dell'emigrazione inglese Mannheim, venuto a contatto con i problemi e i metodi della sociologia anglosassone, spostò i suoi interessi dal problema dell'ideologia a quello del condizionamento sociale dell'azione degli individui in una società complessa. Egli sostiene, in polemica con le concezioni liberali classiche, che la libertà individuale può essere difesa solo mediante il controllo democratico sui fattori di condizionamento sociale, e l'azione equilibrante dei processi educativi (*Libertà, potere e pianificazione democratica*, postumo, 1950).

Mansel, Henry Longueville (Cosgrove, Northamptonshire, 1820 - Oxford 1871), teologo inglese. Formatosi a Oxford, fu docente di teologia e poi di storia della chiesa al Magdalen College, e, dal 1868, decano della cattedrale di St. Paul. In uno dei suoi scritti più noti, l'articolo *Metaphysics* dell'8ª ed. dell'*Enciclopedia Britannica* (1857), Mansel, riprendendo la critica di V. Cousin alla dottrina lockiana del giudizio, sostiene che ogni forma di sapere empiricamente verificabile presuppone l'esistenza di evidenze intuitive indipendenti dall'esperienza, dello stesso genere del *cogito* cartesiano. L'opera più importante di Mansel, *I limiti del pensiero religioso* (1858), contiene una rielaborazione teologica del fenomenismo agnostico del filosofo scozzese W. → Hamilton, di cui Mansel fu il principale seguace in Inghilterra. La tesi principale del libro è che la ragione umana, confinata a una conoscenza sempre relativa, deve rinunciare alla pretesa di comprendere l'essenza di Dio nella sua assolutezza. Mansel sostiene anche che, nella loro applicazione alla natura divina, i predicati morali come 'buono' o 'potente' hanno un significato diverso da quello corrente, e si lasciano intendere solo parzialmente e per via analogica. L'attacco di J.S. Mill a questa e ad altre tesi del fenomenismo di Hamilton e Mansel provocò un dibattito nel quale lo stesso Mansel intervenne con lo scritto *La filosofia del condizionato* (1866).

mantica, termine designante complessivamente l'«arte di rivelare il futuro» (in gr. *mantikè téchnē*), sia attraverso la decifrazione di segni e presagi di diversa specie, sia attraverso un'ispirazione di tipo profetico capace di attingere direttamente la sfera sovraempirica. La differenza fra queste due forme di mantica, che si possono designare come del tipo inferiore o superiore, profano o divino (sull'esempio della spiritualità greca che aveva distinto una mantica di Ermete e una mantica di Apollo), si lascia afferrare, anzitutto, come una separazione attinente a due diversi ordini dell'esperienza, l'uno di tipo magico-strumentale, l'altro più specificamente religioso. Nelle società primitive, prive di scrittura e di organizzazione statuale, la mantica come arte di decifrazione dei presagi è una risposta rassicurante alla sfida che gli elementi accidentali, imprevisti, casuali dell'esperienza quotidiana pongono all'esistenza. Le pratiche divinatorie operano qui come una tecnica magica di reintegrazione e di ricostituzione entro l'ordine del gruppo sociale degli eventi avvertiti come aleatori o improbabili.
L'interpretazione in senso funzionalistico del ruolo della mantica nell'universo primitivo, attuata soprattutto dalla scuola inglese (E.E. → Evans-Pritchard), consente di cogliere il senso del processo di secolarizzazione che la mantica di tipo magico subisce col passaggio alla civiltà. A livello dello sviluppo civile, la strumentalità magica della mantica primitiva si decanta come una forma di legittimazione dei processi di decisione che intervengono nella vita pratica. Essa è una forma di razionalità strumentale, le cui differenti articolazioni dipendono soprattutto dalla sua più o meno stretta connessione con la scrittura. Nelle grandi civiltà della scrittura (Cina, Egitto, civiltà mesopotamiche) c'è un organico legame fra l'invenzione del segno grafico, il suo impiego come strumento intellettuale riservato a un corpo di «specialisti» al ser-

vizio esclusivo del potere, e lo sviluppo di un pensiero divinatorio che ha i caratteri di una vera e propria scienza generale dei segni. In questo ambito, i progressi della razionalità procedono sullo stesso sentiero delle pratiche divinatorie, fra le quali prevalgono, a testimonianza dell'inestricabile intreccio fra sacro e profano, fra magia e scienza, quelle di tipo sovraempirico, come l'astromantica.
Affatto diversa è la situazione della divinazione in Grecia, in età classica. La netta separazione fra scienza e magia, introdotta dagli sviluppi del discorso razionale della filosofia, conduce la mantica del tipo «oracolare», non profetico, a sviluppare una propria specifica logica, di carattere propriamente «politico». Essa serve ad accreditare la validità di scelte di comportamento pratico sulla base di una logica di tipo sostanzialmente binario, chiamata a decidere su di un'alternativa. D'altra parte, il procedimento dei responsi oracolari è di natura soprattutto orale, sul modello della razionalità discorsiva e pubblica esercitata dalle assemblee e dai tribunali della *pólis*. Una funzione superiore e teorica, profetica nel senso stretto del termine, come visione del destino e del fato che incombono sull'esistenza umana, si svolge in Grecia solo in un ambito contiguo a quello dell'ispirazione filosofico-religiosa, sotto il segno della «divina follia» di Apollo. La religione romana e quella cristiana si porranno, in seguito, alle origini del declino della mantica proprio perché esse costituiscono una radicalizzazione in senso opposto delle due funzioni (profana e religiosa) del cui equilibrio la mantica vive. Da un lato, nel puro funzionalismo ritualistico della religione romana, la mantica assolverà compiti puramente pragmatici, immediatamente politici; dall'altro, il cristianesimo, combattendo ogni residua religiosità magica, assorbirà completamente nella sua spiritualità pura i tratti più genuinamente profetico-religiosi dell'attività divinatoria.

mantra, → tantrismo.

Mao Dzedong (Shaoshan, Hunan, 1893 - Pechino 1976), uomo politico e pensatore cinese. Dal 1921, quando prese parte al congresso costitutivo del Partito Comunista Cinese a Shangai, ebbe un ruolo fondamentale nelle vicende politiche della Cina, dalla «lunga marcia» del 1934-35 alla proclamazione (1949) della Repubblica Popolare Cinese (di cui fu eletto presidente), alla «grande rivoluzione culturale» (1966-69). Mao si dichiara marxista fin dal 1920 e nelle sue due uniche brevi opere di carattere filosofico, *Sulla contraddizione* e *Sulla prassi* (entrambe del 1937), sostiene apertamente di rifarsi al «materialismo dialettico» di Marx, Engels e Lenin. Nel saggio *Sulla contraddizione*, infatti, egli afferma che la contraddizione è reale, insita nella natura delle cose, che è universale (non si danno cose prive di contraddizioni) e che è causa del movimento e del divenire della realtà. Nella concezione maoista è dato tuttavia cogliere, rispetto alla tradizione del marxismo e del leninismo europeo, alcuni elementi di originalità legati alla tradizione cinese e al taoismo. Da un lato, secondo Mao, le contraddizioni sono tutte determinate (particolarità della contraddizione) e diverse l'una dall'altra (secondo lo Han Fei-tzu, tutti i fenomeni hanno un proprio differente *li* — o ordine interno — e l'uno non può essere l'altro). Ma la contraddizione per Mao non si risolve nella mistica sintesi degli opposti taoista e neppure nella sintesi teorizzata da Hegel: essa sfocia nella distruzione di uno dei due opposti a opera dell'altro, distruzione che prefigura e costituisce una situazione totalmente nuova, anch'essa contraddittoria. Il reale è in continuo divenire: anche la futura società comunista non sarà priva di contraddizioni (secondo Mao, sarebbe illusorio pensarlo), in quanto queste sono il motore della storia (si tratta dell'universalità del mutamento sostenuta dai taoisti).

Maometto (La Mecca 570 ca - Medina 632), fondatore dell'→ Islam. Vissuto in una società, quella araba del sec. VI, carica di fermenti sociali e tutt'altro che priva di rapporti culturali e religiosi con le regioni vicine, Maometto ebbe intense esperienze mistiche, legate alla rivelazione del → Corano, che per comando dell'angelo Gabriele egli doveva «recitare» (si ammette anche tra gli studiosi che la sura 96 segni l'inizio di questa rivelazione). Inizialmente la rivelazione aveva il carattere e il tono escatologico tipico anche della profezia biblica, come invito alla conversione e al pentimento, nella prossimità del giudizio finale. Dinanzi alle difficoltà frapposte alla sua predicazione, Maometto emigrò (egira, dall'arabo *hiğra*, emigrazione) nel 622 a Yathrib, la futura Medina; qui il movimento islamico assunse la forma di comunità politico-religiosa, guidata dallo stesso Maometto, distinta oramai e anzi progressivamente contrapposta al cristianesimo e all'ebraismo; parallelamente, la rivelazione coranica prese carattere di legislazione atta ad affrontare i problemi connessi alla vita della nuova comunità, che si veniva espandendo e affermando in maniera inaudita. Quando Maometto morì, l'Islam era già avviato a conquistare il Vicino Oriente, e a minacciare l'Europa.
La singolare forza della personalità di Maometto, che giganteggia sulla storia islamica, consiste nella combinazione dell'elemento religioso, anzi mistico, con quello politico-organizzativo (il tutto unito a tratti di grande vitalità, di passionalità, che rendono la sua figura estranea ai modelli cristiani di santità). Le esperienze mistiche di Maometto non costituiscono momenti di esperienza solitaria, di fruizione individualistica della divinità, ma sono proiettate all'esterno, verso la predicazione dei

capisaldi del monoteismo biblico (creazione, rivelazione, giudizio finale) e verso la convocazione e l'organizzazione della comunità. Maometto si pone come «sigillo della profezia»: elementi ebraici e cristiani sono abbondantemente assunti dall'Islam, ma sono rifusi in una sintesi originale e autonoma, che non esige il diretto rinvio a scritture diverse dal Corano stesso.

Marburgo, scuola di, → neokantismo.

Marcel, Gabriel (Parigi 1889-1973), filosofo francese. Insegnò dapprima in alcuni licei, per occuparsi però presto di giornalismo e di critica letteraria: fu, tra l'altro, critico teatrale per «Les Nouvelles Littéraires» e autore egli stesso di numerosi drammi. Nel 1929 si convertì dall'ebraismo al cattolicesimo. Le sue opere filosofiche principali sono: *Giornale metafisico* (scritto fra il 1913 e il 1922 e pubblicato nel 1927); *Essere e avere* (1935); *Dal rifiuto all'invocazione* (1940); *Homo viator* (1945); *Il mistero dell'essere* (1951); *In cammino, verso quale risveglio?* (1971), la sua autobiografia.

Dopo aver rivolto il suo interesse all'idealismo, soprattutto a quello anglo-americano (studiò Coleridge, Bradley e Royce), Marcel si orientò, sulla linea della tradizione filosofica francese e in particolare di Bergson, verso una «filosofia concreta». Il tema dell'incarnazione, «l'oscura notte del corpo», lo porta a svolgere in molte opere un'analisi e una fenomenologia accurata dell'esistenza, ma il suo pensiero non si risolve mai in una forma di esistenzialismo (che egli stesso rifiuta come un «orribile vocabolo») in quanto l'oggetto della sua indagine è costantemente l'essere. Per l'uomo, però, l'essere non è uno spettacolo, un problema, che l'io può oggettivare, determinare e trasformare, ma un mistero, in cui l'io si trova coinvolto e impegnato, e che non può rappresentare né dimostrare, ma solo riconoscere nell'intuizione di una trascendenza con cui la propria esistenza è in rapporto. L'uomo ha di fronte l'alternativa tra essere e avere, tra il risolvere la propria vita nel mondo dell'oggettivazione, del possesso e della tecnica, e il viverla come mistero del proprio coinvolgimento nell'essere, allo stesso tempo trascendente e fondante l'esistenza concreta. L'accesso all'essere come mistero comporta l'esplicita adesione a un atteggiamento metafisico. Occorre superare la scissione prodotta dal *cogito* cartesiano tra soggetto capace di conoscenza e soggetto vitale: dal recupero della propria intimità, dal rapporto consapevolmente vissuto con il proprio corpo, ci si può aprire al mistero dell'essere. Fedeltà e amore, un impegno personale costante sono le condizioni per avvertire la presenza dell'Assoluto, in una prospettiva in cui filosofia e letteratura sembrano confondersi, con esiti non privi di ambiguità, che paiono configurare una soluzione di edificante apologetica, ove coesistono sensualismo e misticismo. In definitiva Marcel vuol ricondurre alla dimensione dell'esperienza personale il riconoscimento del sacro e di quel Dio che il tomismo aveva allontanato dal mondo concreto. Il maggior ostacolo a questo esercizio spirituale è costituito dallo spirito di astrazione: le finzioni della riflessione impediscono infatti lo spontaneo abbandono all'essere.

Marcione (Sinope, Ponto, 85 ca - 160 ca), scrittore e teologo greco. Scomunicato dal padre, vescovo di Sinope, si trasferì verso il 140 a Roma, ove incorse in una nuova scomunica (144). Diede allora vita a una chiesa che si diffuse soprattutto in Oriente e sopravvisse sino al sec. v. Marcione espose le sue dottrine in un'opera andata perduta, le *Antitesi*, cioè le contraddizioni fra Antico e Nuovo Testamento. Per quanto attestano Tertulliano e Ireneo, egli avrebbe sostenuto una cosmologia e una teologia imperniate sulla contrapposizione fra il Dio buono, vivente nel sommo cielo, e il Dio giusto, inferiore rispetto al primo. Il Dio giusto è il creatore e padrone del mondo (cosmocratore) e coincide per Marcione con il Dio dell'Antico Testamento. Nonostante il suo nome, egli è responsabile di ogni male terreno e di tutte le guerre. Il suo dominio sul mondo è stato vittoriosamente contrastato dalla venuta di Gesù Cristo, che ha sostituito l'amore alla legge e ha sottratto le anime umane al potere del Dio creatore. Per offrire un fondamento esegetico alla sua teologia, Marcione limita il canone del Nuovo Testamento al Vangelo di Luca e alle lettere di Paolo, sottolineando in questi testi le affermazioni riguardanti la novità liberatrice di Cristo e la sua rottura rispetto alla legge giudaica, ed eliminando tutti i passi che affermano l'identità fra il Dio creatore e Gesù Cristo (sul quale egli professa una cristologia ispirata al → docetismo, per non contaminarne la figura con la materia).

Marco Aurelio (Roma 121 - Vindobona, odierna Vienna, 180 d.C.), filosofo stoico; imperatore romano dal 161, col nome di Marco Aurelio Antonino. Compose in greco una raccolta di riflessioni e massime filosofiche intitolata *Tà eis heautón* («a se stesso» o «colloqui con se stesso») e suddivisa poi in 12 libri; in italiano l'opera è comunemente denominata *Ricordi*. La constatazione della apparente vanità e caducità delle cose spinge Marco Aurelio a cercare una ragione profonda nell'universo. In effetti, ogni realtà fa parte dell'unico organismo divino ordinato e armonico. Nel cosmo l'uomo occupa una posizione centrale: composto di tre principi (corpo, anima, intelletto o mente), nel suo agire egli è diretto dal più alto, l'intelletto, particella divina presente in ciascun individuo. Il riconoscimento dell'appartenenza al divino deve ricondurre l'uomo costantemente alla propria interiorità (in quanto solo in se stesso egli può ritrovare la pace assoluta), e disporlo a sentirsi partecipe di una condizione di solidarietà e di amore universale.

Marcuse, Herbert (Berlino 1898 - Starnberg, Baviera, 1979), filosofo tedesco. Laureatosi con Heidegger nel 1921, dalla metà degli anni Venti entrò a far parte dell'Istituto per la ricerca sociale di Francoforte. Nel 1933 collaborò, a Parigi, con M. Horkheimer alla stesura definitiva degli *Studi sull'autorità e la famiglia* (1936) e l'anno seguente emigrò negli Stati Uniti, a New York, dove lavorò presso l'Istituto per la ricerca sociale della Columbia University. Insegnò quindi in varie università americane, sino al 1965.
Tra le fonti ispiratrici del pensiero di Marcuse, a parte l'iniziale influenza di Heidegger, vanno indicati il marxismo e la psicoanalisi. In *L'ontologia di Hegel e la fondazione di una teoria della storicità* (1932) Marcuse individua nella teoria dell'essere hegeliano un'anticipazione della storicità heideggeriana; ciò che lo interessa è cogliere i momenti di differenziazione nello sviluppo storico dell'essere, alla luce del concetto di vita. Profondamente mutato il punto di vista in *Ragione e rivoluzione* (1941), che coglie nella filosofia hegeliana soprattutto il carattere di pensiero critico o negativo. Per Marcuse la negatività rappresenta sul piano teorico lo scarto che separa il dato di fatto, l'esistente, rispetto alle esigenze della razionalità. Questa potenza del negativo, così inteso, fa avvicinare Hegel e Marx, i quali si configurano entrambi per Marcuse anzitutto come modelli di pensiero utili a tracciare una metodologia della conoscenza storica. Su questo terreno si innesta il contributo della psicoanalisi, intesa soprattutto come la conoscenza delle condizioni che rendono possibile la felicità. Marxismo e psicoanalisi consentono l'identificazione di ragione e felicità, attraverso lo smascheramento e la critica dello sfruttamento e della repressione degli istinti. Da questo punto di vista Marcuse ha svolto una critica radicale al marxismo diventato ideologia positiva, in *Marxismo sovietico* (1958), e al freudismo inteso come teoria dell'integrazione psicologica individuale nella società esistente, in *Eros e civiltà* (1955).
La nota pessimistica che segna profondamente il pensiero di Marcuse è evidente in *L'uomo a una dimensione. L'ideologia della società industriale avanzata* (1964), critica estremamente efficace della contemporanea società industriale, in cui l'individualità della persona viene schiacciata dalla strumentalizzazione e dalla repressione attraverso una organizzazione sociale apparentemente tollerante. La speranza di una liberazione resta affidata, per Marcuse, agli strati degli emarginati sociali, che soli avvertono il peso e l'insostenibilità di questo assetto, dal momento che la classe lavoratrice — il riferimento è in particolare agli Stati Uniti — risulta ormai profondamente integrata al sistema. Tali tesi hanno fatto di Marcuse, nella seconda metà degli anni Sessanta, uno degli ispiratori e per certi aspetti il teorico dei movimenti di contestazione della nuova sinistra, prima negli Stati Uniti e quindi in Europa. Tra le altre opere: *Critica della tolleranza* (1965, in collaborazione con Barrington Moore e Wolff); *La fine dell'utopia* (1967).

Marett, Robert Ranulph (Jersey 1866 - Oxford 1943), etnologo inglese. Fu allievo e successore di E. → Tylor a Oxford. Esponente dell'evoluzionismo, si occupò soprattutto delle credenze religiose e magiche dei primitivi, introducendo la distinzione fra → animismo e preanimismo (termine usato per la prima volta appunto da Marett: *Religione preanimistica*, in «Folklore», vol. XI, 1900). Mentre Tylor aveva individuato nell'animismo una forma primordiale di credenza nel soprannaturale, Marett assegnava questa posizione nella scala evolutiva delle forme religiose al sentimento di timore e di rispetto di fronte a una realtà carica di «potenza», che egli identifica con il → mana melanesiano. Marett riteneva che la tendenza dell'uomo primitivo a considerare gli oggetti inanimati come se fossero viventi (secondo la teoria dell'animatismo di W. → Wundt) non implicasse una propensione religiosa a popolare la natura di spiriti. Solo in un secondo tempo il misterioso e il soprannaturale verrebbero assoggettati a un processo di personificazione che darebbe origine alle rappresentazioni religiose e agli dei. Opere principali: *Nascita della religione* (1909); *Antropologia* (1912); *Psicologia e folclore* (1920); *La diffusione della cultura* (1927).

marginalità, in ogni società, condizione di quegli strati sociali, di quelle categorie, di quei gruppi che, pur avendovi diritto, non arrivano di fatto a godere delle risorse, dei privilegi, delle garanzie formalmente riconosciuti a tutti. Le forme di marginalità sono molte e possono riguardare, oltre che il campo economico, «la partecipazione politica, l'accesso alla cultura superiore, l'accesso a certe forme di ozio o di uso del tempo libero, a certe zone della città, alle vacanze fatte in un certo modo» (G. Germani).
Nell'Ottocento si poteva considerare marginale il proletariato operaio urbano, una grande massa di esclusi dal potere politico ed economico e dalla distribuzione dei beni, che da questa condizione fu indotta a impegnarsi per la conquista dei diritti politici, sociali, economici. Secondo l'analisi marxiana, la marginalità economica dipende dal modo di produzione capitalistico, dal momento che esso crea un esercito industriale di riserva avente la funzione di contenere o di deprimere i salari e di produrre una manodopera di cui si può disporre in modo flessibile nelle crisi (di sovrapproduzione) che caratterizzano ciclicamente l'economia capitalistica.
Si delinea pertanto un particolare tipo di marginalità, propria di soggetti che, a seconda del-

l'andamento economico, sono inseriti o esclusi dal sistema produttivo. In seguito, mentre alcuni studiosi marxisti mireranno a riproporre questa analisi della marginalità senza apportarvi sostanziali modifiche, correlabili con le diverse fasi dello sviluppo capitalistico, altri individueranno nuove forme di marginalità connesse con le diverse fasi dello sviluppo del capitalismo e dei diversi paesi.
Secondo quest'ultima prospettiva, J. O'Connor (*La crisi fiscale dello stato*, 1977) rileva nuove forme di marginalità che si determinano nella società industriale avanzata americana (e che possono riproporsi in contesti analoghi), caratterizzate dalla compresenza di mercati del lavoro diversi, uno trainante di tipo monopolistico (concentrazione di grandi imprese con tecnologia avanzata, continuo miglioramento dei livelli di produttività, eccedenza di manodopera in seguito allo sviluppo tecnologico) e uno concorrenziale (standard produttivi bassi, forte variabilità della domanda di beni, impossibilità di programmare la produzione, abbondante offerta di lavoro). Alla diminuzione degli addetti del primo settore si accompagna il progressivo impoverimento degli operatori del mercato concorrenziale, per cui assume consistenza una massa marginale che sopravvive grazie a interventi di integrazione (sussidi, assistenza, indennità) da parte dello stato. Proprio quest'area rappresenta il terzo settore del mercato del lavoro, quello assistito, in cui confluiscono sia una parte della popolazione eccedente del settore monopolistico, sia una parte del settore concorrenziale. Lo stato non esaurisce la sua funzione con l'intervento a favore delle masse marginali, ma contribuisce in modo determinante all'espansione del settore monopolistico, dal momento che tende alla socializzazione dei costi di produzione di questo settore mediante lo sviluppo del capitale sociale. La presenza, non solo nel settore monopolistico ma anche in quello statale garantito, di sindacati forti produce una differenziazione del mercato del lavoro in aree forti e in aree deboli, che impedisce il passaggio dei soggetti dalle seconde alle prime e irrigidisce la posizione dei soggetti nel mercato in cui sono originariamente inseriti.
In questa situazione si determina un nuovo tipo di marginalità. Più che con persone in condizione di effettiva emarginazione abbiamo a che fare con soggetti in posizione precaria, ma che trovano all'interno dei settori concorrenziale o assistito possibilità di sussistenza. Non si tratta pertanto di «disoccupati integrali, ma di persone che hanno un mezzo lavoro, sono disoccupati precari, [...] che partecipano ad un livello inferiore, subalterno, [...] diritti sociali che vengono affermati come validi per tutti» (M. Paci).
Alcuni studiosi, in particolare dell'America latina, nell'analizzare il tipo di marginalità nella quale vengono a trovarsi i paesi del Terzo Mondo rispetto alle aree più industrializzate, si rifiutano da un lato di considerare lo sviluppo economico come un processo che si esaurisce all'interno dei confini nazionali, e dall'altro di interpretare la situazione economica di questi paesi come uno sviluppo ritardato o incompleto rispetto al processo «ottimale» di industrializzazione che caratterizzerebbe altri paesi. L'arretratezza di alcune aree geografiche viene infatti messa in relazione con la condizione di dipendenza di esse dalle aree più industrializzate, le quali svolgono in tal modo una funzione di dominio e di sfruttamento, realizzando la propria espansione economica attraverso lo sviluppo delle aree arretrate. Viene così superata una concezione ottimistica dello sviluppo e si rilevano, anche a questo livello, le contraddizioni strutturali del processo di produzione capitalistico.
Una concezione della marginalità assai diversa rispetto a quelle sinora descritte si riscontra nell'opera del sociologo statunitense R.E. Park (1864-1944): riprendendo un concetto già espresso da G. → Simmel (che considerava lo straniero come l'immigrato che si inserisce stabilmente nella società d'arrivo), egli intende per «uomo marginale» un soggetto che, pur inserito in un contesto etnico diverso da quello d'origine, mantiene con quest'ultimo forti legami, che lo portano a consolidare una precedente identità, pur nella tendenza a inserirsi a pieno titolo nella nuova società. Park descrive in tal modo quegli immigrati che, pur inserendosi nel sistema americano, di fatto non si identificano con i gruppi razziali neri e bianchi. La doppia appartenenza (alla cultura d'origine e a quella d'arrivo) espone pertanto tali soggetti a tensioni dissociative.
Nel dibattito odierno sulla crisi dello stato del benessere, e sulle sue conseguenze per i soggetti «marginali» che subiscono scambi ineguali nei confronti delle principali istituzioni sociali, le politiche sociali sono considerate incapaci di rimediare ai tradizionali problemi dell'emarginazione e della dipendenza sociale. Secondo alcuni studiosi esse, a causa delle modalità in cui si svolge l'azione (virtualmente compensativa e per principio compromissoria) degli apparati di intervento pubblico in campo sociale, provocherebbero nuove forme di deprivazione, di esclusione e di povertà sociali (G.B. Sgritta, *Emarginazione, dipendenza e politica sociale*, 1984).

Maria, la madre di Gesù Cristo. Di lei i Vangeli e un limitato numero di altri passi neotestamentari dicono pochissimo: in sezioni di composizione successiva e già fortemente teologizzate, vengono narrati gli eventi delle origini, legati alla nascita di Gesù (annunciazione della nascita di Gesù e accettazione di Maria: Luca

1, 26-38; concezione verginale: ivi e Matteo 1, 18-25; natività: Luca 2, 1-40; fuga in Egitto, ritorno e stanziamento a Nazareth: Matteo 2, 1-33; pellegrinaggio a Gerusalemme: Luca 2, 41-52). Ancora più scarsi i riferimenti per quel che riguarda gli anni della vita pubblica di Gesù (presenza al primo «segno» operato da Gesù a Cana: Giovanni 2, 1-12; proclamazione da parte di Gesù della beatitudine di sua madre, legata al suo credere alla parola di Dio piuttosto che al fatto della maternità biologica: Matteo 3, 31-35 e paralleli; la sua presenza muta accanto al figlio nell'ora della sua morte sulla croce: Giovanni 19, 25-27; la sua presenza, altrettanto silenziosa, in seno alla prima comunità cristiana nell'ora delle origini, all'effusione dello Spirito Santo: Atti 1, 14).

La successiva riflessione della chiesa, concentrata intorno alla questione cristologica, arriverà — in uno dei suoi passaggi qualificanti, il concilio di Efeso (431) — alla definizione di Maria come *theotókos* («madre di Dio»), quale espressione simbolica della realtà teandrica di Gesù. Pur rimanendo la divina maternità l'elemento essenziale della singolarità di Maria («nato da donna», dice Paolo di Gesù in Galati 4,4; «nato da Maria Vergine», dice il Credo), le successive affermazioni della fede cristiana (come, limitatamente alla chiesa cattolica, i dogmi dell'«immacolata concezione» e dell'«assunzione») mettono in luce in Maria il carattere di esemplarità-primizia della economia della salvezza. Su questo piano le singolarità di Maria sono intese dai teologi, più che come «privilegi», come anticipazione della comune salvezza e, per la natura essenzialmente solidale della grazia di Cristo, funzionalizzate alla comune salvezza dell'umanità. Si fonda così il rapporto tra Maria e la chiesa, sottolineato dal concilio Vaticano II. Coinvolta, insieme agli apostoli, nell'«ora» singolare e irripetibile della storicità di Cristo, e conseguentemente coinvolta nella immagine originaria della chiesa, Maria rimane «accanto» al Figlio, immagine significante della presenza obbediente-materna nella quale si storicizza, solidalmente, la salvezza cristiana. Oltre alla teologia in senso stretto (che ha sviluppato, soprattutto in età post-tridentina una vera e propria «mariologia»), la liturgia, la spiritualità, l'iconografia e la simbologia cristiana in genere costituiscono «luoghi» di comprensione della figura di Maria, in reciproco rapporto di integrazione. Il culto di Maria spesso, nell'antichità ma anche oggi, assume il simbolismo di quello delle potenze femminili-divine cosmiche; l'assunzione avviene però attraverso un processo critico di contestazione: Maria come persona pienamente umana, storica, donna povera, libera, credente, contesta ogni sua mitizzazione. Il simbolo stesso con il quale la tradizione cristiana la indica — «nuova Eva» — illumina in lei la realtà femminile-materna, non disgiunta dalla sua apertura all'Altro-da-sé, che la pone, nella fede, all'origine di ogni cammino in cui l'uomo sia alla ricerca di «nascita nuova». *I. An.*

Mariana, Juan de (Talavera de la Reina, Toledo, 1536 - Toledo 1626), teologo e scrittore politico spagnolo. Gesuita, insegnò teologia a Roma e a Parigi. La sua opera più nota è il *De rege et regis institutione* (1599), in tre libri, in cui sviluppa una propria concezione dell'origine dello stato e del potere monarchico. Mariana ritiene che la condizione naturale e originaria degli uomini fosse pacifica, e che solo lo sviluppo delle scienze e delle arti abbia successivamente determinato tensioni e conflitti. Al fine di garantire la pace sociale, gli uomini avrebbero allora deciso di delegare a un principe il governo dello stato. Nell'esercizio dei suoi poteri il legittimo sovrano è quindi vincolato a questo contratto sociale, né può alterare senza il consenso dei sudditi le leggi fondamentali dello stato, riguardanti la successione al trono, le questioni finanziarie e i rapporti fra stato e chiesa. Per Mariana il sovrano che non si attenga a questi principi va considerato un tiranno e come tale può essere deposto o, in caso estremo, ucciso. Accusata di istigare al tirannicidio, l'opera fu condannata e ritirata dalla circolazione in Francia, subito dopo l'assassinio di Enrico IV (1610). Fra gli altri scritti di Mariana si ricordano le *Historiae de rebus Hispaniae* (storia di Spagna edita per la prima volta nel 1592, in venti libri, e successivamente ampliata) e il *De mutatione monetae*.

Maricourt, Pietro di, noto anche con il nome umanistico di Petrus Peregrinus (sec. XIII), scienziato francese. L'unica data certa della sua biografia è il 1269, anno in cui partecipò all'assedio posto dai crociati alla città di Lucera dei Pagani in Puglia. È ricordato da Ruggero Bacone, che fu suo discepolo, con il titolo di «dominus experimentorum». La sua celebre *Epistola de magnete* (1269) consta di due parti: nella parte teorica, dopo avere descritto il metodo sperimentale, Pietro indica come si possono riconoscere le calamite e determinarne i poli; fra le cause del magnetismo include la *virtus* divina. Convinto della necessità di comporre il metodo matematico con il metodo sperimentale, e che all'abilità del calcolo occorresse aggiungere quella manuale, la sola capace di correggere errori che la fisica e la matematica non riescono a individuare, Pietro scrisse anche un trattato sull'astrolabio (*Nova compositio astrolabii particularis*) e progettò un trattato sugli specchi (*De operibus speculorum*).

Maritain, Jacques (Parigi 1882 - Tolosa 1973), filosofo francese. Discepolo di H. Bergson, aderì per qualche tempo al socialismo rivoluzionario. Per l'influenza di Léon Bloy si convertì nel 1906 al cattolicesimo. Professore nell'Istituto cattolico di Parigi nel 1914, insegnò in seguito nelle università di Toronto e Princeton e nella Columbia University di New York. Dal 1945 al '48 fu ambasciatore di Francia presso il Vaticano. Maritain è il maggiore esponente del contemporaneo neotomismo (→ neoscolastica), che egli oppone al soggettivismo, all'irrazionalismo, al materialismo e al pragmatismo. Contro i mali e le deviazioni che affliggono l'uomo contemporaneo Maritain propone infatti un ritorno alla filosofia di san Tommaso la cui vitalità, lungamente misconosciuta dal pensiero moderno, egli tende a rivalutare confrontandola con le tematiche culturali, sociali e religiose contemporanee. Di qui un «umanesimo integrale», che si trova principalmente sviluppato nell'opera omonima. All'umanesimo Maritain affida il compito della ricostituzione di un mondo organico che riconduca la società profana sotto la guida dei valori cristiani. La civiltà del futuro, tuttavia, non dovrà ripetere la soggezione medievale del potere politico a quello religioso; dovrà invece integrare le funzioni profane e il senso sacrale dell'esistenza umana in un'armoniosa fusione di fini e di mezzi. Opere: *La filosofia bergsoniana* (1914); *Arte e scolastica* (1920); *Tre riformatori: Lutero, Descartes, Rousseau* (1925): *Distinguere per unire o i gradi del sapere* (1932); *Sul regime temporale e sulla libertà* (1933); *Scienza e saggezza* (1935); *Umanesimo integrale* (1936); *Da Bergson a Tommaso d'Aquino* (1944); *Breve trattato dell'esistenza e dell'esistente* (1947); *Cristianesimo e democrazia* (1948); *L'intuizione creatrice nell'arte e nella poesia* (1953); *La responsabilità dell'artista* (1962); *La chiesa del Cristo* (1973).

Marr, Nikolaj Jakovlevič (Kutais, Georgia, 1865 - Leningrado 1934), linguista sovietico. Dal 1902 professore di filologia armena e georgiana a Pietroburgo, formulò una teoria secondo la quale andavano ricondotte a una origine comune le lingue semitiche, le camitiche e le «giafetiche»: con questo nome (da Jafet, figlio di Noè e fratello di Sem e Cam) egli indicò dapprima solo le lingue caucasiche, poi tutte le lingue mediterranee preindoeuropee, di cui quelle indoeuropee sarebbero una trasformazione. Più tardi si occupò della natura sociale del linguaggio: le lingue sarebbero prodotti di classe, in così stretto rapporto con la struttura sociale che il georgiano «popolare» sarebbe tipologicamente più simile all'armeno popolare che al georgiano dei feudatari; per la sua appartenenza alla sovrastruttura, il linguaggio inoltre si svilupperebbe in relazione con l'economia, cioè non gradualmente ma per «salti», da uno stadio all'altro. Divenuto nel 1919 responsabile dell'Accademia delle Scienze dell'Unione Sovietica per la sezione di storia della cultura materiale, e nel 1930 vicepresidente di questa istituzione, Marr riuscì a imporre in URSS la sua teoria come modello di linguistica marxista, opposta alla linguistica «borghese» occidentale. Ma nel 1950 Stalin intervenne sulla «Pravda» con un articolo intitolato *Marxismo e linguistica*, che condannava le teorie di Marr e ne sanciva ufficialmente il rigetto. Marr fu un valente filologo e le sue edizioni e analisi di testi antichi georgiani e armeni costituiscono un contributo importante allo studio di queste lingue. Opere principali: *Testi e ricerche di filologia armeno-georgiana* (1900 e sgg.); *Paradigmi fondamentali della grammatica georgiana antica* (1908); *Il Caucaso giafetico e il terzo elemento etnico nella formazione della cultura mediterranea* (1920); *Le tappe dello sviluppo della teoria giafetica* (1926).

Marsilio da Padova (Padova 1275 ca - Monaco di Baviera 1343 ca), filosofo italiano. Dopo aver studiato medicina a Padova, completò gli studi a Parigi, dove in seguito divenne maestro nella facoltà delle arti e rettore dell'università (1313). In collaborazione con → Giovanni di Jandun, nel 1324 compose la sua opera più celebre, il *Defensor pacis*. Dal 1326 si trasferì a Norimberga presso l'imperatore Ludovico il Bavaro. Il *Defensor pacis* è un vasto trattato politico, diviso in tre parti, in cui Marsilio analizza le cause delle discordie civili presenti nella società del suo tempo e propone l'ideale di una pacifica convivenza, fondata su una rigorosa distinzione tra l'ambito del potere civile e la sfera religiosa. Frutto di un'originale sintesi fra elementi dottrinali aristotelici (in particolare la *Politica*) e agostiniani, l'opera è considerata la prima grande teorizzazione dello stato laico moderno in contrapposizione alle concezioni teocratiche medievali. Marsilio attribuisce la facoltà legislativa alla totalità dei cittadini (*universitas civium*), la quale può delegare i poteri esecutivi a una o più persone (la *pars principans* o *pars valentior*), che li esercitano in nome della volontà comune. Le leggi dello stato non devono ispirarsi ad alcun ideale che ipostatizzi un ordine definitivo del cosmo, ma devono mirare piuttosto a evitare ogni possibile discordia e contesa. A questo scopo lo stato rivendica a sé l'esercizio di ogni potere coattivo. Fondandosi sulla convinzione che Cristo, pur essendo «re dei re», non volle esercitare alcun potere né dominio, Marsilio attribuisce alla chiesa il solo compito dell'annuncio del Regno celeste, negandole ogni potere giuridico di tipo coercitivo. In linea con le concezioni del gruppo di francescani avversari del papa e anch'essi rifugiati alla corte dell'imperatore (Guglielmo di Occam, Michele da Cesena, Bonagrazia da Bergamo), Marsilio vede nella povertà un elemento distintivo della chiesa: il perfetto cristiano deve vivere alla stregua di Cristo e degli apostoli, accontentandosi di poter disporre dello stretto necessario per vivere. In contrapposizione alle concezioni dei teologi curialisti che attribuivano al papa la «pienezza del potere»,

Marsilio afferma che il pontefice non ha alcun primato di origine divina rispetto agli altri vescovi, e rivendica al concilio il compito di verifica del governo della chiesa. Nel *Defensor minor* (1342) Marsilio sottolinea la funzione dell'imperatore come effettivo detentore del potere politico, e amplia la polemica contro la chiesa estendendola alle crociate e ai pellegrinaggi.

Marsilio di Inghen (morto nel 1396), filosofo e scienziato tedesco. Discepolo di Buridano, fu per due volte rettore dell'università di Parigi, nel 1367 e nel 1371. Fu anche il primo rettore dell'università di Heidelberg. La sua opera comprende commenti alle opere di Aristotele sulla logica e sulla fisica, un commento alle *Sentenze* di Pier Lombardo, uno scritto intitolato *Textus dialecticus de suppositionibus*. Marsilio critica il nominalismo e afferma che l'universale non è soltanto nella mente, ma ha qualche aggancio con la realtà. Egli distingue tra la dimostrazione di tipo matematico, incapace di provare l'esistenza di Dio, e la prova metafisica, che la può dimostrare; nega però che si possa dimostrare la creazione dal nulla. Marsilio sviluppa la teoria dell'*impetus*, introdotta da Buridano, in base alla quale il movimento dei corpi celesti e dei proietti si spiega per una sorta d'impulso impresso dal motore al corpo mosso. Pur restando sul terreno della nuova scienza fisica, Marsilio riconduce le discussioni sull'impetus al loro aspetto speculativo. Per sua natura l'impetus è permanente, anche se non dura a lungo. Ci sono diverse specie di impetus: alcuni agiscono secondo moto rettilineo, altri secondo moto circolare; alcuni spingono il corpo mobile verso l'alto, altri verso il basso. Pur rientrando nella filosofia scolastica, queste riflessioni preludono alla formulazione, da parte della scienza moderna, del principio d'inerzia.

Martineau, James (Norwich 1805 - Londra 1900), filosofo inglese. Fu pastore unitariano e professore di filosofia ed economia, poi di filosofia morale e della religione, infine rettore al New College di Manchester (trasferitosi poi a Londra). Insoddisfatto dell'empirismo e del naturalismo, conobbe F.A. Trendelenburg a Berlino nel 1848 e attraverso di lui il pensiero idealista. L'interesse religioso lo portò tuttavia a elaborare una filosofia spiritualista più che idealista, incentrata sull'affermazione della libertà del volere, dell'evidenza dei principi morali, della realtà di Dio, inteso come principio spirituale della causalità cosmica ma anche come vita e amore immediatamente percepiti e partecipati dalla coscienza umana. Secondo Martineau, oggetto dell'etica non sono i risultati ma solo le intenzioni; essa non dipende dalla religione, ma vi conduce. Con il neoidealismo inglese Martineau ebbe in comune la polemica contro l'agnosticismo, l'utilitarismo, il naturalismo, e soprattutto il materialismo, da lui vigorosamente attaccato in *La religione inquinata dal materialismo moderno* (1874) e *Il materialismo moderno* (1876). Tra le sue numerose opere: *La razionalità della ricerca religiosa* (1836); *Studi di cristianesimo* (1858); *Tipi di teoria etica* (2 voll., 1885); *Uno studio di religione* (2 voll., 1888); *La sede dell'autorità nella religione* (1890); *Saggi, recensioni e discorsi* (4 voll., 1890-91).

Martinet, André (Saint-Albans-des-Villards, Savoia, 1908), linguista francese. Germanista e comparatista di formazione, insegnò fonologia all'Ecole pratique des hautes études di Parigi a partire dal 1938. Dal 1947 al 1955 diresse il dipartimento di linguistica della Columbia University di New York. Dal 1955 è professore di linguistica generale alla Sorbona e direttore di studi all'Ecole pratique. Dopo diversi lavori descrittivi nel campo della fonologia, dedicati alla *Geminazione consonantica di origine espressiva nelle lingue germaniche* (1937), alla *Fonologia della parola in danese* (1937) e alla *Pronuncia del francese contemporaneo* (1945), espresse i suoi punti di vista generali al riguardo nella *Descrizione fonologica* (1956) e nella prima parte degli *Elementi di linguistica generale* (1960), il suo manuale di linguistica funzionale. Quest'ultima teoria, presentata nel 1955 in *Fonologia come fonetica funzionale*, fu sintetizzata poi nel libro *La considerazione funzionale del linguaggio* (1962). Desideroso di estendere la prospettiva strutturale allo studio dell'evoluzione della lingua, elaborò una concezione sistematica e finalizzata della → sincronia-diacronia, delineata ed esemplificata nell'*Economia dei mutamenti fonetici* (1955), opera in cui un largo posto teorico viene riconosciuto agli aspetti statistici dei mutamenti. Oltre a questo strutturalismo diacronico, la teoria linguistica gli deve una definizione generale di → lingua, secondo cui essa presenta non solo il carattere della vocalità (cioè l'espressione fondamentalmente orale dei segni linguistici), ma anche la doppia articolazione delle sue espressioni. Sviluppato secondo l'influenza di L. Hjelmslev e della → glossematica, il principio della doppia articolazione venne poi, nell'articolo *Arbitrarietà linguistica e doppia articolazione* (1957), esplicitamente ricollegato all'insegnamento di F. de Saussure, che Martinet contribuì a far conoscere in Francia. Altre opere: *La linguistica sincronica. Studi e ricerche* (1965); *Lingua e funzione* (1971).

Martinetti, Piero (Pont Canavese, Torino, 1872 - Cuorgné, Torino, 1943), filosofo italiano. Dal 1906 insegnò filosofia teoretica nell'università di Milano; lasciò la cattedra nel 1931 per non ottemperare al richiesto giuramento di fedeltà al fascismo. Si ritirò a Castellamonte, continuando la sua azione culturale con gli scritti e sulle pagine della «Rivista di filosofia». Opere principali: *Il sistema Sankya* (1897); *Introdu-*

zione alla metafisica (1902-04); *Il compito della filosofia nell'ora presente* (1920); *Breviario spirituale* (1923); *Funzione religiosa della filosofia* (1926); *La libertà* (1928); *Gesù Cristo e il cristianesimo* (1934); *Ragione e fede* (1942); *Kant* (1943); *Saggi filosofici e religiosi* (postumi, 1972); *Scritti di metafisica e di filosofia della religione* (2 voll., postumi, 1976).

In opposizione all'«idealismo immanente» di B. Croce e G. Gentile, ispirato all'hegelismo, Martinetti ha sostenuto un «idealismo trascendente» di matrice kantiana e leibniziana. La filosofia non deve rifiutare il contributo della scienza, ma deve anzi configurarsi come «metafisica empirica» volta per successive sintesi all'unità del sapere empirico stesso. In tal modo essa si pone come correttivo del dogmatismo positivistico, incapace di comprendere la funzione dell'unità dell'autocoscienza in quanto condizione di ogni esperienza. L'autocoscienza umana è però solo una «manifestazione empirica» del Soggetto assoluto, cioè di quell'Unità trascendente alla quale la conoscenza e anzi l'intero universo si dirigono senza poterla mai adeguare. Dell'Unità non può darsi concetto speculativo; essa può venire solo intuita mediante «simboli» e «ideogrammi», in quanto «il sapere nostro è un atto di unione mistica col Logos eterno» (*Introduzione alla metafisica*). L'idealismo martinettiano mette capo così al misticismo, in cui forti sono gli influssi della filosofia indiana (studiata nel libro del '97). Religione e filosofia si identificano e si traducono in una vita etico-religiosa come superiore sintesi del diritto e della morale. La religione di Martinetti (in parte ispirata al Kant della *Religione nei limiti della sola ragione*) ripudia ogni «chiesa visibile» storicamente determinata. Buddha, Cristo, Giamblico, Marcione e altri personaggi sono visti da Martinetti come coloro che vollero riportare la religione alla sua pura spiritualità, liberandola dalla superstizione e dal dogmatismo, in vista di quella «chiesa invisibile» che si identifica con la ragione universale e con il kantiano «regno dei fini».

Marty, Anton (Schwyz 1847 - Praga 1914), filosofo del linguaggio svizzero. Allievo e amico di F. → Brentano, fu professore nell'univesità di Czernowitz e poi, dal 1880, in quella di Praga. Studiò la genesi e la struttura psicologica del linguaggio. Rifiutando l'esistenza di strutture logico-linguistiche a priori, sostenne che il linguaggio ha origine da una serie di tentativi coscienti, anche se non sistematici, volti a utilizzare ai fini della comunicazione segni fonetici imitativi. Negò inoltre che il pensiero fosse vincolato strettamente alla possibilità di una espressione linguistica. Egli riteneva che vi fosse una forma interiore del linguaggio rappresentata dal linguaggio figurato: secondo Marty, è per mezzo di essa che si stabilisce il nesso tra suoni e significati. Opere principali: *Sull'origine del linguaggio* (1875); *Ricerche per la fondazione della grammatica generale e della filosofia del linguaggio* (1908).

Marx, Karl (Treviri 1818 - Londra 1883), filosofo, economista e uomo politico tedesco. Figlio di un avvocato, riceve una educazione di impronta liberale illuministica. Incomincia studi di diritto all'università di Bonn, poi a quella di Berlino, finché non si volge verso la filosofia, secondo un impulso a «cercare l'Idea nella realtà stessa», alimentato dalla lettura di Hegel. A Berlino, Marx stringe amicizia con B. Bauer e con altri «giovani hegeliani». Addottoratosi a Jena nel 1841 con una dissertazione sulla *Differenza tra la filosofia della natura di Democrito e quella di Epicuro*, Marx rinuncia alla carriera accademica, in seguito all'allontanamento di Bauer dall'università. Collaboratore, dal maggio 1842, e poi redattore capo del giornale liberale «Rheinische Zeitung», Marx conduce, fino alla vigilia della soppressione di esso (marzo 1843), una puntigliosa battaglia nei confronti delle istituzioni statali, basandosi su una concezione del diritto come figura razionale della libertà.

• *Gli scritti giovanili: critica della politica e teoria dell'uomo.* Nel corso del successivo ripensamento intorno alla natura dello stato, Marx si attesta su una posizione democratica. Confida in una «tendenza della società civile a trasformarsi in società politica», specialmente attraverso una «partecipazione il più possibile generale al potere legislativo» (di qui la richiesta del suffragio universale), onde superare la dissociazione verificatasi modernamente tra la società civile e lo stato politico. Marx fa merito a Hegel di avere descritto una tale scissione: pur se in modo tale da assorbirla in una idealizzazione dello stato quale «fine immanente» delle restanti sfere della vita «etica». Nei manoscritti *Critica della filosofia hegeliana del diritto pubblico* (1843, editi nel 1927) Marx prende di mira appunto il finalismo hegeliano, giovandosi tra l'altro di argomenti sostenuti da L. → Feuerbach nella sua discussione del metodo speculativo di Hegel (come la critica alla «inversione» di soggetto e predicato).

Nell'ottobre 1843 Marx si trasferisce a Parigi per dare vita, insieme con A. Ruge, ai «Deutsch-französische Jahrbücher», un tentativo di fondere il proprio radicalismo filosofico con il democratismo francese. Della rivista esce un solo fascicolo, contenente, di Marx, *Sulla questione ebraica* e *Per la critica della filosofia del diritto di Hegel. Introduzione*, oltre che alcune lettere. Marx sostiene ora, differenziandosi da Bauer, che di fronte alla scissione in cui vive l'uomo moderno — da un lato, il concreto, particolare *bourgeois*, membro della società civile; dall'altro l'astratto, universale *citoyen*, membro dello stato — l'emancipazione politica non basta; la democrazia, là dove è più progredita, perfeziona anzi una tale separazione. Occorre una «emancipazione umana», consistente in una riappropriazione, a opera della società, delle essenziali forze umane estraniate nello stato. Marx indica, come portatrice di una azione rivoluzionatrice in Germania, la classe proletaria in formazione. Non per questo Marx, che a Parigi viene in contatto sia con socialisti francesi sia con operai e dirigenti comunisti tedeschi, aderisce ad alcuna delle posizioni socialiste o comuniste allora esistenti, ma tiene fermo il principio della emancipazione umana, intesa in un senso integrale, pratico-teoretico. Al riguardo, egli compie un passo innanzi a Feuerbach: il fenomeno della alienazione religiosa, colto da Feuerbach come alienazione nella coscienza, è sì rivelatore, ma va a sua volta riportato a una alienazione nel mondo reale dell'uomo, nella attività stessa dell'uomo.

A Parigi Marx compie anche un primo studio dell'economia politica, di cui ravvisa il punto di forza in una concezione del lavoro che sarebbe affine a quella hegeliana (lavoro come appropriazione-oggettivazione). Nei cosiddetti *Manoscritti economico-filosofici del 1844* (editi nel 1932) egli perviene a illuminare la situazione del lavoro nella attuale società capitalistica, come «lavoro alienato». Sotto tre aspetti: *a*) separazione del produttore rispetto ai prodotti della sua attività; *b*) separazione del produttore rispetto alla sua stessa attività, ossia autoestraneazione nella produzione; *c*) alienazione dell'uomo rispetto alla sua essenza di «ente generico» (L. Feuerbach, *Essenza del cristianesimo*, 1841), il quale — precisa Marx — è suscettibile, in una futura società comunista, di uno sviluppo (inclusa la sensibilità, in una forma peculiarmente umana) onnilaterale, in una dimensione accentuatamente pratico-sociale. A partire da questa analisi Marx spiega sia il movimento storico della proprietà privata, intesa appunto come «la espressione materiale riassuntiva del lavoro alienato», sia la possibilità che essa sia soppressa: infatti «l'opposizione fra non proprietà e proprietà» viene a essere «rapporto di contraddizione... motivo di risoluzione» dacché si presenta, in una certa fase storica, come «opposizione di capitale e lavoro». Al tempo stesso Marx prospetta un comunismo affatto diverso dal comunismo che egli qualifica «rozzo». Quest'ultimo «in quanto nega la personalità dell'uomo ovunque, è soltanto l'espressione conseguente della proprietà privata»; esso altresì rifiuta «tutto il mondo della cultura e della civiltà». Marx pensa invece a un superamento della alienazione come al risultato di un processo storico, risultato nel quale ciò che è stato via via acquistato in forma sia pure alienata viene mantenuto. Si tratta di una negazione della negazione. Marx ritiene, in questo modo, di assimilare il punto forte della dialettica hegeliana (trascurato da Feuerbach), sbarazzandosi del suo punto debole — l'aver cioè identificato senz'altro oggettivazione e alienazione.

• *Materialismo storico e nuovo comunismo.* Nell'agosto-settembre 1844 Marx incontra a Parigi, per la seconda volta, F. Engels e inizia con lui una collaborazione politica e teorica il cui primo frutto è *La sacra famiglia* (febbraio 1845), opera intesa a liquidare la posizione più recente dei fratelli Bauer, i quali contrapponevano la loro «critica assoluta» all'inerzia della «massa». Ben presto Marx ed Engels si accingono a una definitiva resa dei conti (come si esprimerà Marx, nel 1859) con la loro «anteriore coscienza filosofica». Non solo tagliano netto con tutto il movimento post-hegeliano, impregnato di «ideologia», ma abbandonano anche l'antropologia filosofica di Feuerbach, sostituendo alla sua nozione di «essenza umana» (come alcunché di immanente a un individuo astratto) quella di «insieme dei rapporti sociali» (*Tesi su Feuerbach*, scritte da Marx nel 1845, edite da Engels nel 1888). Con l'*Ideologia tedesca* (1845-46, edita nel 1932) essi aprono la strada a una storiografia che, in alternativa alla filosofia hegeliana della storia e alla storiografia tedesca, si fondi in generale su una ricostruzione delle condizioni materiali in cui gli individui umani producono e riproducono la loro vita immediata; in modi via via determinati, correlati per un verso alla forma dei rapporti sociali, per un altro allo sviluppo delle forze produttive. Si delinea così un primo abbozzo del cosiddetto → materialismo storico, al centro del quale Marx e Engels vengono intanto a porre la divisione del lavoro. In particolare, connettono al progredire di questa il sorgere di classi sociali antagonistiche, così come del contrasto di città e campagna ecc.; e indicano poi nella divisione di lavoro fisico e lavoro intellettuale la radice di quella che essi chiamano → ideologia.

Nel 1845, espulso dalla Francia, Marx ripara a Bruxelles. Nel 1847 pubblica un importante scritto polemico contro Proudhon, la *Miseria della filosofia*, che segna l'adozione esplicita della teoria del lavoro-valore. Teoria in cui Marx ravvisa il nucleo del «sistema scientifico» di Ricardo e della quale il socialista Proudhon non farebbe che escogitare una «interpretazione utopica». Per il resto, Marx insiste sul fatto che l'opposizione di classe lavoro-capitale si sviluppa in lotta di classe politica. Il tema della classe operaia che nella lotta si costituisce in classe «per sé», cioè si unifica e organizza e diviene soggetto politico, domina il *Manifesto del partito comunista* (1848), steso da Marx e da Engels su incarico della Lega dei comunisti. In esso Marx ed Engels non si presentano quali propositori di un ennesimo sistema o principio comunista (→ comunismo). Riferendosi ai più avanzati movimenti di lotta esistenti in Francia e in Inghilterra, essi intendono solamente fornire «l'espressione generalizzata delle condizioni di fatto di una lotta di classi che realmente esiste», e che investe borghesi e proletari ma coinvolge ogni altro strato sociale. La prospettiva è quella di una trasformazione della società che, resa possibile dalle condizioni materiali createsi sotto il dominio della borghesia, dovrà passare attraverso la presa del potere da parte della classe operaia, in vista di una graduale estinzione dello stato quale organo separato dalla società. «Al posto della vecchia società borghese con le sue classi e coi suoi antagonismi di classe subentra un'associazione nella quale il libero sviluppo di ciascuno è la condizione per il libero sviluppo di tutti.» Quanto alla letteratura socialista e comunista, Marx ed Engels la caratterizzano a seconda della sua effettiva collocazione di classe (rispetto ad aristocrazia feudale, borghesia, piccola borghesia, proletariato) e storica (regressiva, conservatrice o progressiva), sceverandone gli elementi critici e rivoluzionari da quelli di progettazione sistematico-sperimentale («utopistici»).

• *Gli scritti di politica ed economia del periodo londinese.* Nell'aprile 1848 Marx ed Engels tornano in Germania e fondano, a Colonia, il quotidiano «Neue Rheinische Zeitung» (giugno '48 - marzo '49), fautore di un fronte democratico; ma finiranno per constatare, con il fallimento del moto rivoluzionario su scala europea, la impraticabilità — in Germania — di una alleanza del proletariato con la borghesia liberale. Espulso dalla Germania, e successivamente dalla Francia, nell'agosto del '49 Marx si trasferisce con la famiglia a Londra; dove trascorrerà la seconda metà della sua vita, in condizioni di grave miseria alleviate solo dall'aiuto e dall'amicizia di Engels. Nel 1850 Marx ed Engels danno seguito alla «Neue Rheinische Zeitung» sotto forma di «Politisch-ökonomische Revue»: Marx vi pubblica *Le lotte di classe in Francia dal 1848 al 1850.* Nel 1852 esce sulla rivista «Die Revolution» un altro suo scritto di ricostruzione storico-politica, *Il 18 Brumaio di Luigi Bonaparte.* Dall'agosto 1851 al marzo 1862 Marx collabora (tra l'altro) alla «New York Daily Tribune». È il periodo in cui egli dedica il meglio delle sue energie all'immane lavoro per la «critica dell'economia politica». Esso consiste: di una quantità di manoscritti, parzialmente pubblicati nel 1939-41 sotto il titolo di *Lineamenti fondamentali della critica dell'economia politica*, compresa una incompiuta *Introduzione metodologica* (1857) già edita nel 1903; di *Per la critica dell'economia politica* (1859), la cui *Prefazione* contiene tra l'altro una delle esposizioni più celebri (anche se estremamente succinta) della concezione nota come «materialismo storico»; e, soprattutto, del *Capitale*, di cui Marx fa in tempo a pubblicare solo il primo libro (1867, 1873[II]; gli altri due libri usciranno a cura di Engels, rispettivamente nel 1885 e nel 1894). A sua volta il *Capitale* doveva essere integrato dalle *Teorie sul plusvalore* (stese nel 1862-63), le quali saranno edite nel 1905 da Kautsky.

Quanto all'attività politica, Marx ha una parte primaria nella fondazione (1864) e nelle vicissitudini della Prima internazionale, fino alla rottura con l'anarchico Bakunin e all'esaurirsi dell'associazione stessa. Nel 1871, dopo una iniziale disapprovazione, Marx saluta con convinto fervore la Comune parigina, per aver comunque affrontato praticamente una trasformazione dell'apparato statale: compito cruciale per la classe operaia, al di là della mera presa del potere. Il punto più avanzato del pensiero politico di Marx è rappresentato dalla *Critica del programma di Gotha* (1875), che è diretta contro il lassallismo (F. → Lassalle) fortemente presente nel partito operaio tedesco; e in cui si riafferma che, in corrispondenza con il periodo di trasformazione rivoluzionaria in una società comunista, si avrà un periodo di transizione politica «in cui lo stato non può essere altro che la dittatura rivoluzionaria del proletariato». Negli ultimi anni Marx s'interessa ai fermenti politico-intellettuali e alla situazione economica della Russia, arrivando a non escludere che di lì sarebbe venuto un inizio rivoluzionario; e condivide con Engels l'entusiasmo per le ricerche etnologiche di L.H. Morgan.

• *La «critica dell'economia politica».* Il Marx maturo viene definendo l'assunto di una critica dell'economia politica in alternativa a un tentativo — che giudica fallimentare — compiuto da Proudhon. Secondo Marx, Proudhon non è riuscito a dare né una ricostruzione storicamente fondata né una attendibile trattazione sistematica delle categorie economiche. Proudhon infatti dispone le categorie economiche, ciascuna isolatamente presa, come se si generassero l'una dall'altra successivamente, in una serie presuntamente dialettica; per Marx invece si tratta di spiegare come esse siano date simultaneamente, cioè di analizzare «l'insieme del modo di produzione attuale» nel suo funzionamento e nella sua dinamica. Ogni modo di produzione (asiatico, feudale ecc.) è definito dal fatto che una determinata produzione domina su tutte le altre, modificandole rispetto a precedenti loro fasi di esistenza storica (è il caso, p. es., della rendita fondiaria nel modo di produzione dominato dal capitale industriale). La società non è altro, per Marx, che l'insieme dei rapporti interindividuali; e fra questi egli enuclea come fondamentali quei rapporti («rapporti materiali della produzione») entro cui ha luogo via via la produzione e riproduzione della vita immediata degli individui umani. Quanto agli economisti borghesi, Marx muove

dal riconoscimento delle acquisizioni scientifiche dell'economia politica che egli qualifica «classica» (Smith e Ricardo, soprattutto), in contrapposizione all'economia politica da lui detta «volgare», dominata da istanze apologetiche verso il capitalismo e teoricamente superficiale. Marx tuttavia si propone di discutere analiticamente e di riconfigurare le categorie economiche così come sono assunte dalle teorie classiche, in modo da risolvere le difficoltà interne a queste ultime e mostrare al tempo stesso i limiti del loro orizzonte «borghese». Le principali risultanze analitiche conseguite nel *Capitale* sono, a partire da una analisi della merce quale forma normale in cui si presentano i prodotti del lavoro nella attuale società: *A*) Il lavoro di cui la merce è il prodotto ha un carattere duplice a seconda che si esprima in valori (oggetti) d'uso o in valori di scambio: gli oggetti d'uso procurati da modi di lavoro determinati (lavoro «concreto» o «utile») possono essere scambiati, ossia trattati come equivalenti, per il fatto che in essi è comunque oggettivato lavoro umano («lavoro astratto»). Distinzione a cui Marx fa corrispondere poi la distinzione tra processo lavorativo semplice (i cui elementi sono comuni a qualunque forma di produzione sociale) inteso come rapporto uomo-natura, e processo sociale di produzione. *B*) Il lavoro «astratto» viene definito in termini di uguale dispendio di forza-lavoro umana; ossia bisogna distinguere tra lavoro e forza-lavoro: quest'ultima è propriamente l'unico valore d'uso che ha la proprietà di esser fonte di valore. Non è il proprio lavoro bensì la propria forza-lavoro che l'operaio si trova a vendere sotto determinati rapporti economici e giuridici: a differenza di quel che accade al lavoratore in altre forme di società, il lavoratore moderno infatti è «libero» di vendere la propria forza-lavoro e, siccome non dispone di mezzi di produzione, non può che venderla. *C*) Ne viene che, al di là del tempo di lavoro necessario per il suo riprodursi, la forza-lavoro è impiegata dal capitalista per un tempo di lavoro ulteriore, così da formare plusvalore. Si spiega così, dal punto di vista del processo di produzione e non da quello della mera circolazione delle merci, il meccanismo del plusvalore, quale risultato dello sfruttamento: provvisoriamente prescindendo dalle forme particolari del plusvalore (profitto, rendita ecc.). *D*) Rispetto alla distinzione corrente di capitale fisso e capitale circolante, risulta fondamentale un'altra distinzione: tra la parte di capitale impiegata in mezzi di produzione e il cui valore si trasferisce invariato nel prodotto finito («capitale costante») e la parte di capitale impiegata in forza-lavoro e il cui valore aumenta nel corso del processo lavorativo («capitale variabile»). È il rapporto tra plusvalore e capitale variabile, e non il rapporto tra plusvalore e capitale totale, a determinare il «saggio del plusvalore», ossia il grado dello sfruttamento.
La legge della accumulazione capitalistica consiste nel reimpiego di plusvalore nella produzione, specialmente in capitale costante; di qui un processo di concentrazione, nel doppio significato di accumulazione allargata del capitale e di «centralizzazione» o fusione di capitali. Si palesano le conseguenze di ciò sulla esistenza della classe operaia (permanente riserva di disoccupati ecc.), nonché sulla sua «educazione».
La contraddizione fondamentale del modo di produzione capitalistico consiste nel rapporto tra la tendenza a uno sviluppo illimitato delle forze produttive del lavoro sociale (con le nuove forme sorte soprattutto per via della rivoluzione industriale) e lo sviluppo limitato imposto dal presente assetto dei rapporti di produzione e di distribuzione.
Entro il complesso impianto espositivo imperniato sulla unità di processo di produzione e processo di circolazione del capitale, Marx ha inserito alcune ampie parti documentarie, ovvero storiche: tale è il capitolo sulla «cosiddetta accumulazione originaria», da intendersi come la fase dello stabilirsi del modo di produzione capitalistico, caratterizzata dal decisivo intervento del potere statale. *R. To.*

marxismo, termine che designa sia l'insieme delle dottrine di Marx e di Engels, sia il movimento di pensiero e di azione che a tali dottrine si è via via richiamato, con svolgimenti e interpretazioni notevolmente diversi. Marxisti erano denominati intorno al 1880 i seguaci di una particolare corrente del socialismo francese, di fronte ai seguaci delle altre correnti (anarchici, proudhoniani ecc.), detti anche antimarxisti. Il termine «marxismo» emerse a poco a poco tra altre designazioni allora correnti del pensiero teoretico e politico di Marx quali «socialismo scientifico», «comunismo critico», «concezione materialistica della storia» o → «materialismo storico». Ciò avvenne nel periodo dell'ampia ed efficace diffusione degli scritti di Marx compiuta da Engels, in concomitanza con le fortune del primo grande partito operaio di massa, il partito socialdemocratico tedesco (lungamente travagliato dai contrasti tra lassalliani e marxiani); nonché per contraccolpo alla «crisi del marxismo» proclamata da T.G. Masaryk (1898), la cui formula fu prontamente raccolta da G. Sorel e da B. Croce, e al revisionismo di E. → Bernstein. Nei suoi lineamenti generali, la periodizzazione del marxismo è connessa con la storia politica del movimento operaio internazionale e dei vari partiti socialisti e comunisti, prima di tutto europei.
Il marxismo della Seconda internazionale (1889-1914) fu percorso dalle discussioni tra i marxisti «ortodossi», tra i quali K. → Kautsky in Germania e G.V. → Plechanov in Russia, e i «revisionisti»; e fu in genere improntato da una

filosofia evolutivistica della storia. Una fisionomia per qualche rispetto originale presenta l'austromarxismo (R. Hilferding, M. e F. Adler, O. Bauer), di orientamento neokantiano, interessato al nesso casualità-teleologia e a problemi etici. Si noti che, di contro a figure di filosofi come A. Labriola o Plechanov, non pochi dei marxisti più notevoli di questo periodo compirono approfonditi studi e analisi socioeconomici. È il caso dei citati Kautsky e Hilferding, così come di R. → Luxemburg e di N. → Lenin. E ciò consentì a questi ultimi di respingere energicamente il revisionismo, da posizioni rivoluzionarie, pur se tra loro in certa misura divergenti. Lenin in particolare caratterizzò il revisionismo in base ai seguenti tratti: in filosofia, ritorno a Kant, antimaterialismo e concezione adialettica dell'evoluzione; in economia interpretazione dei recenti sviluppi monopolistici dell'economia capitalistica nel senso di una attenuazione dei contrasti di classe; in politica, strategia di riforme per via parlamentare e di alleanza democratica con la borghesia, e conseguente rinuncia all'obiettivo del socialismo (secondo il noto aforisma dello stesso Bernstein: «per me il movimento è tutto, lo scopo finale nulla»).

Il fallimento politico e ideologico della Seconda internazionale e, poco dopo, la rivoluzione d'ottobre indussero una tendenziale polarizzazione pro o contro l'«opportunismo» socialdemocratico e in pari tempo per o contro il «bolscevismo» o «leninismo». Non leniniani ovvero antileniniani furono non solamente i riformisti, ma anche alcuni rivoluzionari, di estrazione per es. luxemburghiana, che ritenevano il leninismo espressione di arretratezza orientale, quindi impraticabile per la classe operaia occidentale. Viceversa, dopo la morte di Lenin, alcuni dei suoi apporti più significativi — quali la teoria (di ispirazione antieconomistica e antispontaneistica) del partito rivoluzionario organizzato, la teoria dell'imperialismo come fase nuova e ultima del processo del capitalismo su scala mondiale, la rivendicazione del materialismo e della dialettica — furono istituzionalizzati nel «marxismo-leninismo». Il marxismo-leninismo venne presentato da Stalin come la concezione del mondo propria del partito bolscevico, coronata dal → materialismo dialettico, e dominò il periodo della Terza internazionale. In base a esso una quantità di posizioni venne emarginata sotto l'accusa di deviazionismo (per es. Trockij). Inoltre, mentre Lenin aveva indicato nel marxismo la continuazione organica di precedenti correnti ideali (l'economia politica inglese, il socialismo francese, la filosofia classica tedesca e specialmente la dialettica hegeliana) e non aveva accettato la contrapposizione tra cultura borghese e cultura proletaria, la politica culturale che fece capo a Stalin dette luogo ad atteggiamenti fortemente riduttivi verso la questione dell'eredità culturale e liquidatori nei confronti degli svolgimenti contemporanei della filosofia e delle scienze esterni al marxismo (anche G. Lukács, che pure ebbe a cuore il problema dell'eredità borghese, condivise a modo suo questo ostracismo). Rispetto a tale situazione segnò una svolta il XX Congresso del PCUS (1956).

Un posto a sé occupa uno dei maggiori pensatori marxisti che si siano avuti dopo Lenin, e cioè A. Gramsci, leninista convinto ma al tempo stesso estraneo allo stalinismo e al materialismo dialettico. Fin dagli anni Venti al marxismo «orientale» (il cosiddetto Diamat) si è venuto contrapponendo un marxismo «occidentale», che conta tra i suoi rappresentanti più notevoli due filosofi: K. Korsch e il Lukács giovane. Quest'ultimo reagiva all'evoluzionismo positivistico e al riformismo della Seconda internazionale puntando sul tema della «coscienza di classe» e della soggettività rivoluzionaria, e concentrandosi criticamente sulla alienazione e reificazione capitalistiche. Questa concezione costituì uno spunto per il marxismo «critico» della scuola di → Francoforte, e ricomparve, spesso sprovvista della sua carica rivoluzionaria, in pensatori diversi ma accomunati da un reciso rifiuto del materialismo dialettico e dall'interesse per il rapporto marxismo-filosofia. La discussione è stata poi alimentata dalla pubblicazione degli inediti giovanili di Marx, che ha provocato una discussione in termini di scelta alternativa tra il Marx giovane e il Marx maturo del *Capitale*. Per la prima via si delineava una versione del marxismo in chiave di filosofia dell'uomo, con tentativi di collegarsi di volta in volta a Hegel o all'esistenzialismo (per es. J.-P. Sartre). Tra i critici non stalinisti di questa posizione è da ricordare L. → Althusser. *R. To.*

• *Teorizzazioni recenti nell'ambito del marxismo.* Il dibattito più recente sul marxismo si è incentrato sulla teoria del valore-lavoro, interessando anche la teoria dello sfruttamento. Nel libro III del *Capitale*, Marx aveva cercato di determinare *prezzi* delle merci e *saggio generale del profitto* a partire dai *valori*, calcolati in tempo di lavoro. Già agli inizi del Novecento (L. von Bortkievicz, 1906-07) il procedimento marxiano per «trasformare» i valori in prezzi era risultato viziato da circolarità. Nel 1960, con *Produzione di merci a mezzo di merci*, l'economista italiano P. Sraffa mostrava che era possibile calcolare *simultaneamente* saggio del profitto e prezzi di produzione, *senza* ricorrere alla nozione di valore (e quindi senza passare per il saggio del plusvalore calcolato in tempo di lavoro incorporato nelle merci). Il fatto che il concetto di valore-lavoro non servisse per calcolare il saggio del profitto, poneva così il problema del nesso sussistente tra quel particolare concetto e la convinzione che, nel modo di produzione capitalistico, vi fosse sfruttamento dell'operaio da parte del capitalista. Ciò avviava una serie di proposte, soprattutto in ambito economico, ma con importanti ricadute in filosofia, concernenti la possibilità di fondare il concetto di *sfruttamento* indipendentemente dal riferimento alla teoria del valore-lavoro. Recentemente P. Garegnani (*Marx e gli economisti classici. Valore e distribuzione nelle teorie del sovrappiù*, 1981) ha cercato di fondare la nozione marxiana di sfruttamento sui rapporti di proprietà, e quindi sull'antitesi tra proprietà privata dei mezzi di produzione e proprietà della sola capacità lavorativa (forza lavoro). Una proposta per certi versi analoga, benché all'interno di un'impostazione economica assai diversa, è stata avanzata, negli stessi anni, dall'economista americano J.E. Roemer (*Una teoria generale dello sfruttamento e della classe*, 1982). Quest'ultimo, a differenza di Garegnani, che privilegia il punto di vista teorico dell'economia «classica», accetta senza riserve la prospettiva «neoclassica» e riconsidera il concetto di sfruttamento collocandolo nell'ambito delle teorie della giustizia.

L'interesse filosofico per il marxismo ha subito nell'ultimo decennio un drastico ridimensionamento. Le indagini di tipo filologico-esegetico dei testi marxisti risultano ormai improponibili; e anche in Italia, dove la cultura di «sinistra» si era impegnata a fondo nell'interpretazione del marxismo (sul piano strettamente filosofico sono fondamentali i lavori di C. → Luporini), si è assistito al ripensamento di alcune analisi. La filosofia analitica anglo-americana, invece, ha sviluppato promettenti indagini relativamente alla concezione marxiana della storia (G. A. Cohen, *Una difesa della teoria della storia di Marx*, 1978) e intorno ai concetti di libertà e giustizia presenti nell'opera di Marx. Anche da parte di filosofi e sociologi non-marxisti (per es. J. → Elster) si registra, in questo ambito, il tentativo di enucleare dal pensiero di Marx concetti guida (come, per es., quello di «auto-realizzazione»), intorno ai quali articolare una serie di prospettive per un migliore assetto della società. Contributi come quelli di Elster, Roemer, Cohen e altri sembrano indicare, per gli anni a venire, la possibilità di un punto d'incontro tra posizioni critiche della società capitalistica ispirate, rispettivamente, al marxismo e al → liberalismo «di sinistra». *M. Mu.*

Maslow, Abraham (New York 1900 - Menlo Park, California, 1970), psicologo statunitense. Fondatore della psicologia umanistica (→ psicologia) e nel 1964 della rivista «Journal of Humanistic Psychology», iniziò la propria carriera come psicologo sperimentalista, interessandosi soprattutto del problema della motivazione. Successivamente, convintosi da un lato dell'irrilevanza (in termini di significatività esistenziale) delle consuete ricerche psicologico-sperimentali, e d'altro lato della natura filosofico-ideologica dei presupposti tanto psicoanalitici quanto comportamentistici (riassumibile in una concezione restrittiva, meccanicistica e pessimistica dell'essere umano), divenne il leader, affiancato da non pochi comportamentisti e psicoanalisti «convertiti» e da autori come Ch. Bühler e J.F.T. Bugental, di un vasto movimento psicologico scarsamente penetrato in Europa ma che ebbe grande successo nelle università nordamericane degli anni Sessanta. Diversamente da molti esponenti della psicologia umanistica, Maslow ha anche intrapreso un'originale riformulazione su base psicologica delle tematiche epistemologiche e metodologiche. Fra le sue opere: *Motivazione e personalità* (1954); *Verso una psicologia dell'essere* (1962); *L'unità di fatti e valori* (1963); *Psicologia della scienza* (1966); *Il bisogno di conoscere e la paura di conoscere* (1968).

masochismo, → sadismo - masochismo.

massa, nella società industriale, termine che si applica a vasti insiemi di individui coinvolti in fenomeni dinamici quali l'urbanizzazione, le migrazioni, la scolarizzazione, le comunicazioni, la divisione parcellare del lavoro ecc... Rientrano tra questi, nell'Ottocento, i processi di formazione del proletariato industriale, l'ascesa politica delle classi piccolo-borghesi, i moti rivoluzionari del 1848 e della Comune di Parigi (1871), e nel Novecento il fenomeno di manipolazione delle masse rappresentato, nel contesto occidentale, dal fascismo e dal nazismo.

Proprio le azioni distruttive delle folle rivoluzionarie francesi (descritte da H. Taine in *L'ancien Régime*, 1876) costituiscono il referente dell'opera *Psicologia delle masse* di Le Bon (1895). L'uniformità degli atteggiamenti individuali che si registra nelle masse, sarebbe, secondo Le Bon, frutto non tanto della vicinanza fisica o della presenza simultanea nello stesso luogo di più individui, quanto di una modificazione che porta al prevalere nei soggetti di istinti immediati e incontrollabili rispetto al comportamento razionale. «Modificati» in massa e contrassegnati da idee, atteggiamenti e comportamenti nei quali — come singoli — non si riconoscerebbero, gli individui appaiono impotenti, annullati nella loro individualità da un'anima collettiva in grado di uniformare e plagiare i comportamenti.

Fa parte dell'interpretazione negativa e irrazionale delle masse anche l'opera *La ribellione delle masse* del filosofo spagnolo J. Ortega y Gasset (1883-1955). Secondo Ortega è lo stesso sviluppo produttivo e tecnico a creare agglomerati sociali, a concentrare folle, a determinare condizioni di vita uniformi. La novità del contributo di quest'autore consiste nell'aver rilevato come la massificazione risulti gratificante per gli individui, dal momento che sembra per-

mettere un elevato soddisfacimento dei bisogni culturali e sociali. In tal modo gli individui non ricercherebbero una realizzazione sociale al di là degli standard di vita dominanti e presenterebbero un atteggiamento socialmente passivo.
Si staccano da tali formazioni sociali emergenti (le masse) alcune minoranze, un concetto recuperato da Ortega y Gasset per indicare gruppi sociali che per livello di cultura, di partecipazione, di moralità o di riferimento ideale, non accettano di uniformarsi alle condizioni di scarso stimolo sociale e culturale e allo stato di appiattimento e di livellamento che caratterizza le masse.
Al concetto di massa ha fatto ampio riferimento anche la psicologia del profondo, nel tentativo di individuare nell'infanzia in successive esperienze del soggetto i motivi della sua identificazione con una massa. Secondo Freud (*Psicologia e analisi dell'io*, 1921) la massa rappresenta per il singolo un momento in cui egli può liberare il suo inconscio. Si esprimono nel comportamento irrazionale di massa, nella suggestione, nella partecipazione emotiva, nell'identificazione con un capo (reale o immaginario), nell'appartenenza a istituzioni totali, tutta una serie di pulsioni sessuali irrisolte o inibite; si cerca nella massa e nei modelli di capo in essa emergenti o inventati, la sublimazione degli istinti che risultano deviati dal loro carattere originario. La massa, secondo Freud, acquista pertanto per l'individuo una funzione liberatoria dagli impulsi istintuali inconsci. Secondo tale concezione la massa possiederebbe una qualità positiva, dal momento che costituisce uno sbocco, un esito della libido repressa e uno stadio avanzato di liberazione dalle pulsioni psichiche. L'identificazione con la massa segna per il soggetto l'uscita dall'individualità egoistica e l'apertura nell'alterità. Ciò non toglie che anche per Freud la massa rappresenti una formazione dominata dall'irrazionalità. E questo spiega il motivo per cui la teoria freudiana delle masse venga da molti fatta rientrare nel filone che valuta in modo conservatore le masse, mettendone in particolare rilievo gli aspetti violenti, gregari, incontrollabili, irrazionali.
La versione progressista del concetto di massa è stata elaborata soprattutto dal marxismo, partendo dalla considerazione che proprio coloro che più sono al centro delle contraddizioni del modo di produzione capitalistico non cerchino tanto gli esiti della loro condizione di sfruttati in una espressione emotiva, ma maturino piuttosto la coscienza della propria forza, derivata dalla centralità e dalla contraddittorietà della loro posizione nei rapporti di produzione. Le masse, pertanto, quale moltitudine di proletari sfruttati ma non ancora in grado di tendere a un'efficace mobilitazione sociale e politica, trovano nella coscienza di classe la condizione della loro emancipazione sociale. Secondo vari autori del Novecento (Th.W. Adorno, E. Fromm, H. Marcuse) nelle società a regime capitalistico avanzato le masse, che pur si presentano socialmente emancipate e culturalmente illuminate, sono in realtà soggette a un elevato grado di alienazione, in stretta connessione con la persuasione occulta esercitata dai detentori del potere economico e politico mediante i mezzi dell'industria culturale. Occorre perciò restituire all'individuo il senso del proprio valore, riportandolo alla preminenza dell'essere sull'atteggiamento piu livellante dell'avere (Fromm).

Massimo il Confessore (Costantinopoli 580 ca - Caucaso 662), teologo bizantino; padre della chiesa, santo. Dapprima segretario dell'imperatore Eraclio, divenne monaco nel 613. L'opera di Massimo è interamente animata da intenti polemici; egli si oppose prima ai monofisiti, sostenitori dell'esistenza nella persona di Cristo della sola natura divina, e poi ai monoteliti, sostenitori dell'esistenza in Cristo della sola volontà divina (e per l'opposizione al → monotelismo morì in esilio). Contro di essi Massimo sottolinea che Cristo è il Logos incarnato, dotato di due nature e due volontà. La sua esposizione teologica si ispira a Dionigi Areopagita e Gregorio di Nazianzo, del quale commenta alcuni scritti negli *Ambigua*. Nei *Trattati dogmatico-polemici* e nelle *Lettere*, Massimo delinea una teologia incentrata sul mistero dell'incarnazione: la storia si divide infatti in un tempo anteriore a Cristo, completamente ordinato alla sua venuta, e in un tempo successivo, nel quale dovrà compiersi la piena divinizzazione dell'uomo anticipata da Cristo. Tale divinizzazione si inscrive nel processo cosmico di ritorno dell'intera realtà in Dio. Per questa prospettiva escatologica di redenzione universale, Massimo si ispira alla dottrina origeniana dell'→ apocatastasi.

matematica, fondamenti della, → fondamenti della matematica.

materia, termine che, in senso specificamente filosofico, ricorre per la prima volta in Aristotele a designare il sostrato comune del mutamento e insieme il principio di individuazione (il vocabolo greco *hýlē* significava, propriamente, «selva», e quindi «legna, legname, materiale per costruzione»: e in latino *materia* o *materies* corrispondono nelle varie accezioni a *hýlē*). Il concetto di una materia o matrice originaria del divenire corporeo è già prefigurato nel *Timeo* di Platone: «Perciò non diremo che la *madre* è il *ricettacolo* di ciò che è generato, visibile e in genere sensibile, sia terra o aria o fuoco o acqua, né altra cosa nata da queste o da cui queste siano nate. Ma non ci sbaglieremo dicendo che è una specie invisibile e amorfa, che tutto accoglie, e che in qualche modo molto problematico partecipa dell'intelligibile ed è assai difficile a comprendersi» (51*a*). Aristotele riprende il concetto nel primo libro della *Fisica* per spiegare il fenomeno del mutamento concepito come passaggio da contrario a contrario, da una privazione a una forma, per es. dal caldo al freddo o dal movimento alla quiete; a tale scopo postula qualcosa come un «soggetto primo» o sostrato originario (*prôton hypokéimenon*), che è appunto la materia costitutiva, immanente al divenire di ogni cosa (I 9, 192*a* 31-32). Oltre alla *materia sensibile* o *mobile* del divenire corporeo vi è anche la *materia intelligibile*, sostrato comune degli enti matematici o astratti (*Metafisica* VII 10, 1035*a* 9-12), un concetto ripreso in seguito da Plotino e da lui esteso all'intero «mondo intelligibile» dei generi e delle specie ideali (*Enneadi* II 4, 4). La materia dunque, insieme alla *forma* e alla *privazione* di forma, costituisce la triade dei principi aristotelici: qualcosa muta da una privazione (per es. illetterato) a una forma (letterato) grazie al sostrato comune, la materia uomo. L'uomo a sua volta è fatto di carne e ossa, che si generano dagli elementi fondamentali, come l'umido e il caldo (l'acqua e il fuoco). Si arriva così all'ipotesi di una *materia prima*, qualcosa di originario «di cui non si dice più che è fatto di qualche altra cosa» (*Metafisica* IX 7, 1049 *a* 24-26). In tal senso la materia non è ente di nessuna categoria, per es. non è una quantità come la grandezza o estensione, ma pura potenza; quindi è inconoscibile per sé e di essa si può avere solo una conoscenza analogica (in analogia per es. al materiale da costruzione degli artefatti: *Fisica* I 7, 191*a* 8-12). Infine, la materia aristotelica è principio di individuazione o *materia ultima* di un individuo concreto: per es. la carne e le ossa di Socrate (*Metafisica* VII 10, 1035*a*).

A partire da Zenone di Cizio, l'antica Stoa identifica la materia col *principio passivo*, la sostanza inerte e senza qualità, che il principio attivo divino attraverso le sue «ragioni seminali» feconda e rende produttiva (Diogene Laerzio, *Raccolta delle vite e delle dottrine dei filosofi*, VII 134). Ma i due principi rappresentano in realtà aspetti inscindibili dell'unica sostanza, il corpo attivo e passivo, che sta a fondamento dell'ontologia stoica. Pertanto, la materia senza qualità, in quanto corporea, gode almeno dell'attributo dell'estensione. Una sistemazione originale del problema della materia si incontra nel pensiero di Plotino (in particolare *Enneadi* II 4). Reagendo alle tesi aristoteliche e stoiche, egli ritorna ai testi platonici sul principio «illimitato» (*ápeiron*) del *Filebo* (15*d*-17*a*, 23*c*-25*b*) e alle dottrine platoniche «non scritte» della *diade indefinita* del *grande* e del *piccolo*, come già prima di lui Filone Alessandrino (I sec. d.C.) e Numenio di Apamea (II sec. d.C.); la materia sensibile o ricettacolo diviene inoltre il male originario e l'assoluta indigenza, secondo un'interpretazione «religiosa» già presente in Filone e Plutarco e nel neopitagorico Moderato. Contro la Stoa e il platonismo stoico che identificavano la materia con l'estensione e il volume dei corpi, Plotino ne riafferma l'assoluta indeterminatezza; mentre ad Aristotele che aveva distinto tra materia e privazione di forma, opponendosi in questo a Platone (cfr. *Fisica* I 9), Plotino ribatte identificando materia e privazione. La materia sensibile è copia della materia intelligibile. Quest'ultima è chiamata a spiegare la pluralità delle specie e dei generi ideali; mentre la sua copia, ricettacolo della generazione e corruzione, come uno specchio informe riflette le immagini dei paradigmi eterni, cioè il mondo sensibile, ultimo riflesso del mondo delle idee ed estrema emanazione dell'uno (*Enneadi* III 6, 13).

• *Il pensiero scolastico e rinascimentale.* Nel pensiero cristiano della patristica il concetto di materia discrimina abbastanza nettamente i padri della chiesa orientale dai padri della chiesa occidentale. I primi infatti, influenzati dal neoplatonismo, tendono a una radicale spiritualizzazione della realtà, riducendo la materia a puro non essere. I secondi ravvisano in tale posizione la vanificazione della tesi creazionistica che distingue il pensiero cristiano dalla filosofia pagana; di qui la rivalutazione della sostanzialità della materia, che giunge al suo estremo in Tertulliano con l'attribuzione della materialità anche a Dio.

Con il pensiero scolastico si ha una ripresa del concetto aristotelico di materia, reso compatibile da Alberto Magno e da Tommaso con il dogma cristiano dell'immortalità dell'anima individuale. In senso dichiaratamente antiaristotelico si svolge invece il pensiero rinascimentale, caratterizzato da un'interpretazione vitalistica dell'ilozoismo presocratico. Telesio, oltre a respingere il concetto aristotelico di forma, al quale sostituisce le «forze» o *principia agentia*, intende la materia non come pura indeterminazione, ma come concreto sostrato fisico, massa corporea idonea a ricevere l'azione delle forze. Bruno, a sua volta, sconvolge l'intera tradizione concettuale classica con l'attribuire alla materia i due aspetti complementari (sensibile e intelligibile) della *natura naturata* e della *natura naturans*: la materia e la *mens* divina che è *causa insita omnibus* si compenetrano e, al limite, si identificano.

• *Il pensiero moderno e contemporaneo.* In direzione antiaristotelica si muove anche il concetto di materia elaborato dalla moderna scienza naturale; esso culmina nel meccanicismo della pura estensione (Cartesio) cui Newton aggiunge i principi della forza e del movimento. Con Leibniz la tradizione meccanicistica della scienza si fonde con le esigenze della metafisica, dando vita a un originale concetto di materia intesa come forza passiva, inerzia o resi-

stenza. Come tale, la materia non è una realtà in sé sussistente, ma nomina un aspetto dell'attività percettiva della monade, il suo grado di rappresentazione inconscia e oscura. In questo concetto leibniziano sono state ravvisate alcune premesse dell'interpretazione romantica della materia, per es. come «spirito addormentato» o inconscio (Schelling, nel quale è evidente anche l'influsso del vitalismo bruniano) o come spirito degenerato in ripetitività e abitudine (Ravaisson, Boutroux); ma soprattutto da Leibniz prende avvio quel concetto di inconscio materiale che, attraverso la mediazione di Schopenhauer, trova nella psicoanalisi di Freud il suo punto di approdo. La filosofia contemporanea ha in generale abbandonato il concetto speculativo di materia, se si eccettua l'analisi fenomenologica fornitane da Husserl. Lo sviluppo della fisica ha posto in crisi la distinzione newtoniana di materia ed energia, togliendo alla pura riflessione filosofica sul concetto di materia ogni punto d'appoggio o di riferimento scientifico.
Dopo le sottili polemiche sul carattere ultimo della realtà materiale sviluppatesi nell'ambito della fisica relativistica e quantistica, una riflessione meramente concettuale relativa alla materia non potrebbe che apparire ingenuamente limitata ai termini del linguaggio comune e perciò dogmatica e astratta, come i neopositivisti hanno più volte ribadito.

materialismo, termine comparso nella seconda metà del sec. XVII per designare le filosofie che negano l'esistenza di sostanze spirituali (anime), quindi riconoscono l'esistenza soltanto di sostanze corporee. Questa tesi implica comunemente l'ateismo; a meno che non si sostenga la corporeità della divinità stessa, come hanno sostenuto per es. Epicuro o Hobbes. Tuttavia, la storia della filosofia conosce anche forme di negazione dell'esistenza di sostanze spirituali nel mondo alle quali non s'accompagna l'ateismo: per es., lo stoicismo nell'antichità (nel pensiero cristiano si può ricordare solo Tertulliano) e nel sec. XVIII gran parte del deismo (fra gli altri, Voltaire).

• *L'atomismo antico.* Il primo materialista del pensiero occidentale è senz'altro Democrito, con la tesi che «i principi di tutte le cose sono gli atomi e il vuoto» e che anche l'anima è composta di atomi, sia pure particolarmente fini, di natura analoga a quella degli atomi del fuoco. Il movimento necessario degli atomi dà origine ai corpi visibili, attraverso aggregazioni e disaggregazioni, senza che v'intervenga alcun principio superiore. Anche la conoscenza avviene per vie materiali, quando gli effluvi di atomi che si dipartono dai corpi vengono a colpire i nostri organi di senso. Riprendendo questa dottrina, Epicuro vi apportò un'unica correzione rilevante, sostituendo al necessitarismo di Democrito un principio di casualità, al fine di spiegare come gli atomi vengano a incontrarsi e ad aggregarsi, anziché disperdersi negli spazi infiniti, e come gli uomini abbiano una capacità di determinazione volontaria. Inoltre, Epicuro e il suo seguace Lucrezio si appropriano anche della teoria biologica di Empedocle, che nel frattempo era stata criticata da Aristotele; secondo tale teoria, una volta sorta spontaneamente in forme elementari, la vita si sarebbe evoluta, attraverso mutazioni casuali, per un processo di selezione naturale: degli animali che anticamente la natura produceva, sarebbero sopravvissuti e si sarebbero riprodotti quelli meglio adatti a ciò, mentre gli altri si sarebbero via via estinti. In tal modo, il rifiuto del → finalismo si faceva forte d'una spiegazione di come l'ordine possa emergere spontaneamente dal disordine, senza bisogno d'alcun intervento superiore. Già avversato da tutte le principali correnti del pensiero antico, il materialismo atomistico venne costantemente ritenuto l'avversario principale da parte di tutto il pensiero cristiano e spesso denigrato come una visione del mondo volgare, propria di persone grossolane e sensuali (con riferimento sommario all'etica edonistica di Epicuro).

• *Materialismo e meccanicismo.* La rinascita del materialismo, nel pensiero moderno, dipende dalla rinascita, nel sec. XVII, del → meccanicismo, anche se in genere non più in forma strettamente atomistica. A far rivivere l'atomismo antico è Gassendi, tuttavia in una cornice cristiana: gli atomi sono creati da Dio, il quale dà origine soprannaturalmente anche alla vita e sovrintende al mondo con la sua provvidenza. Francamente materialista è invece Hobbes, con l'asserzione della sinonimia della nozione di sostanza e di quella di corpo: l'espressione «sostanza spirituale» è addirittua priva di senso, assurda. Per Hobbes, il pensiero umano non è che un'elaborazione, resa possibile dall'uso del linguaggio, delle «immagini» sensibili delle cose; e l'immaginazione non è che una combinazione di movimento fisico nei nostri organi cerebrali, che prolunga il movimento proveniente dagli organi di senso. In tal modo Hobbes estende alla vita psichica dell'uomo il meccanicismo, ossia la tesi che tutto si spiega in base ai due soli principi della materia e del movimento, che era già stata sostenuta da Cartesio, ma esclusivamente per il mondo fisico (dualismo di «res extensa» e «res cogitans»). Ma allo sviluppo del materialismo moderno contribuì indirettamente, e contro ogni intenzione, anche Cartesio. Anzitutto per le aporie provocate proprio dal dualismo radicale di anima e corpo: come concepire che due sostanze completamente eterogenee possano agire l'una sull'altra, come Cartesio aveva pure riconosciuto? La tesi della materialità dell'anima divenne allora un luogo comune della letteratura clandestina d'intonazione libertina: in genere si parlava di un'«anima ignea», alla maniera di Democrito. Inoltre, la tesi cartesiana degli animali-macchine si presentava suscettibile di estensione anche all'uomo; come mostra, un secolo dopo Cartesio, *L'uomo macchina* di La Mettrie. Analogamente penseranno i maggiori materialisti del sec. XVIII, come Diderot nella maturità e d'Holbach. Con essi, il materialismo si presenta come la punta avanzata dell'illuminismo, in lotta non soltanto con la tradizione cristiana, ma anche con il → deismo contemporaneo. Tuttavia, al materialismo francese del sec. XVIII contribuì anche la diffusione del pensiero di Locke: per l'ipotesi, che Locke aveva avanzato, che la materia possa pensare, e più in generale per la gnoseologia empiristica, che dai materialisti venne assunta nella forma del sensismo. Lo sviluppo in senso materialistico dell'eredità di Locke è particolarmente evidente in Helvétius, col suo determinismo ambientale: tutta la vita psichica degli uomini sarebbe strettamente determinata dalle condizioni, naturali e sociali, in cui si svolge.

• *Materialismo, positivismo, evoluzionismo*. All'inizio del sec. XIX, la reazione contro il materialismo fu caratterizzata dalla comparsa d'un avversario nuovo, rispetto al tradizionale spiritualismo: l'idealismo tedesco. Ma nella seconda metà del secolo il materialismo riprese vigore, nel quadro del positivismo e dell'evoluzionismo darwiniano, particolarmente in Germania, con L. Büchner, E. Haeckel, J. Moleschott e K. Vogt, del quale ultimo è il celebre aforisma: «il pensiero è rispetto al cervello quel che la bile è rispetto al fegato». Meno propria è la definizione di materialismo per il pensiero di Feuerbach. Si definirono senz'altro materialisti, invece, Marx ed Engels; tuttavia il loro contributo originale fu il → materialismo storico, e, particolarmente per eredità di Engels, il → materialismo dialettico.

Nel nostro secolo, la discussione sul materialismo è più attenuata che in passato; perché gli indirizzi filosofici maggiormente collegati con le scienze della natura hanno assunto una posizione nettamente antimetafisica, coinvolgendo nella critica delle visioni complessive del mondo anche il materialismo, in quanto si presenti appunto come un sistema globale e compiuto. Per tali indirizzi, la prospettiva d'una riduzione della psicologia alla biologia e di questa alla fisica, anche se può venir auspicata come ideale, è però tutta affidata ai progressi delle scienze. *S. La.*

materialismo culturale, prospettiva affermatasi all'interno della tradizione antropologica a partire dagli anni Settanta per opera soprattutto di M. → Harris. Il materialismo culturale fonde tematiche tipiche del → neoevoluzionismo con l'attenzione per i fatti ambientali, allo scopo di spiegare la cultura come prodotto di scelte precise sul piano produttivo, demografico ed ecologico. Il materialismo culturale si ispira anche alle teorie di Marx, di cui però rifiuta l'hegelismo implicito nella concezione del movimento storico. Per contro, a motivo della sua propensione a stabilire forme di causalità diretta tra le condizioni materiali di esistenza e la produzione simbolica, il materialismo culturale è stato definito come una tendenza più vicina al «materialismo volgare» che non al «materialismo storico» marxiano.

materialismo dialettico, la dottrina filosofica che, a cominciare da Lenin, è stata associata al nome di Marx, e particolarmente alla sua concezione della società e della storia (→ materialismo storico). Essa si è costituita soprattutto sulla base delle riflessioni sulla «dialettica della natura» svolte da F. → Engels in rapporto agli svolgimenti ottocenteschi delle discipline chimiche e biologiche. Secondo Engels, questi si spingono oltre i limiti del modello meccanicistico (meccanica dei gravi) e mostrano l'obsolescenza del materialismo a esso legato: il materialismo settecentesco francese, o il suo residuo ottocentesco, il materialismo «volgare» di Büchner, Vogt, Moleschott. Nei settori-guida delle scienze naturali (fisiologia, embriologia, geologia ecc.), attraverso le rivoluzionarie scoperte della cellula come unità organica, della trasformazione dell'energia, e soprattutto della evoluzione darwiniana, risulterebbero decisive categorie come processo e azione reciproca. Al modo di pensare metafisico finora vigente, che tratta il mondo della natura come un complesso di cose, di entità fisse isolabili, tende a sostituirsi un modo di pensare che tratta il mondo come un complesso di nessi e di processi: metodo che Engels chiama dialettico, con richiamo esplicito a → Hegel. Ciò ha un riscontro nel rivolgimento operato da Marx nella concezione della società e della storia, con il vantaggio, in questo caso, di assimilare consapevolmente la dialettica hegeliana, sceverata dal «sistema» idealistico che in Hegel la snaturerebbe. Se la filosofia della natura e la filosofia della storia vengono così a esurimento, e insomma è esclusa ormai una filosofia sopraordinata alle scienze, resta nondimeno un posto per la dialettica intesa come scienza generale delle leggi del movimento, o delle relazioni.

Engels rimprovera poi a Feuerbach di non aver distinto tra il contrasto fondamentale dei punti di vista materialistico e idealistico e i cambiamenti di forma del materialismo via via promossi dalle scienze. Tesi destinata a grande fortuna in N. → Lenin. Questi ha di mira, in *Materialismo ed empiriocriticismo*, il processo di revisione della fisica classica e i relativi dissidi filosofico-epistemologici, con il prevalere di orientamenti francamente idealistici, ovvero agnostici, o convenzionalistici. Lenin sottolinea che il fatto di non poter mantenere, di fronte alla teoria atomica per es., il vecchio concetto di materia, di dover negare la immutabilità della materia e alcune proprietà di essa (come l'impenetrabilità), non comporta una rinuncia al postulato materialistico. Lenin cioè distingue il concetto scientifico di materia (ossia un determinato modello del mondo fisico) e la categoria filosofica di materia: quest'ultima si riassume nel riconoscimento della dipendenza di ciò che è spirituale da ciò che è naturale, del pensiero dall'essere, e così via. Si tratta del materialismo «in basso», proprio delle scienze naturali che Marx ed Engels hanno contribuito a liberare dalla unilateralità della vecchia forma meccanicistica per il fatto stesso di completarlo «in alto» (con il materialismo storico). Lenin si serve, per questo materialismo nuovo, della espressione «materialismo dialettico», sia pure seguitando a usare «dialettica materialistica».

Sul piano gnoseologico, egli sostiene la teoria del rispecchiamento (le sensazioni sono l'immagine fedele della realtà obiettiva; ciò che è rispecchiato — la realtà — esiste ed è determinato indipendentemente dalla conoscenza che lo rispecchia). Con essa intende tenere ferma la differenza specifica di scienza e ideologia, evitando di ridurre (come fa A. → Bogdanov) la validità conoscitiva della prima alla funzione di organizzazione sociale dell'esperienza attribuita alla seconda. Per il resto Lenin rimane legato a una concezione realistica della sensazione, e in un certo modo della stessa teoria, anche se avverte che nessuna immagine può mai coincidere con il suo oggetto. Di qui discende la affermazione del carattere relativo di qualunque acquisizione conoscitiva, in riferimento tuttavia alla nozione-limite di una verità obiettiva, assoluta. Secondo Lenin, è dal punto di vista della pratica (inclusa la pratica osservativo-sperimentale delle scienze) che si giustifica materialisticamente la dialettica di verità relativa e verità assoluta, anche se non si riesce propriamente a fornire un criterio di verità.

Il doppio contrasto di materialismo e idealismo, e di dialettica e metafisica, costituisce la cornice dell'opuscolo di Stalin *Materialismo dialettico e materialismo storico* (1938), che codifica in due gruppi di principi — attinenti rispettivamente al metodo (dialettica) e alla concezione (materialismo) — enunciazioni di Engels e di Lenin, drasticamente semplificate. Mentre il materialismo dialettico designa ormai la «concezione del mondo del partito marxista-leninista», il materialismo storico rappresenta solamente una estensione-applicazione dei principi di esso allo studio della vita sociale. Variamente discusso, sviluppato (per esempio da Lukács, nella sua teoria della letteratura, basata sulla nozione di rispecchiamento) o respinto (anche da marxisti), il materialismo dialettico ha conosciuto recentemente un tentativo di riformulazione a opera di L. → Althusser, nel senso di una epistemologia incentrata sulla differenza scienza-ideologia. *R. To.*

materialismo storico, il punto di vista introdotto da Marx e da Engels relativamente allo studio delle società umane e della loro storia. Il termine è entrato in uso durante gli ultimi anni della vita di Engels, il quale più spesso si serve della espressione «concezione materialistica della storia». Successivamente esso è divenuto il termine più diffuso per designare la scoperta o l'apporto teorico essenziale di Marx e di Engels, anche se gli si è venuta affiancando, fino a soverchiarlo (soprattutto per opera di Stalin), l'espressione → «materialismo dialettico» quale designazione comprensiva della filosofia peculiare del marxismo. Il materialismo storico è consegnato fondamentalmente nella tesi che le produzioni cosiddette spirituali degli uomini — fino all'arte, alla religione e alla filosofia — sarebbero determinate in ultima istanza dalla struttura economica delle diverse formazioni sociali, ossia sarebbero modi in cui giungono a coscienza e vengono espressi i contrasti fra le diverse classi sociali (→ ideologia). Si noti che Marx non rivendicò a sé la scoperta della esistenza delle classi o della loro lotta, ma unicamente il merito di averle poste in connessione con determinate fasi dello sviluppo storico della produzione. Con «struttura economica della società» e con la congiunta metafora della «base reale» su cui si eleva una «sovrastruttura», egli intende appunto l'insieme dei rapporti di produzione corrispondenti a un certo stadio di sviluppo delle forze produttive. Di qui la nozione di modo di produzione come unità delle condizioni sociali e delle condizioni tecnico-materiali della produzione. È la dialettica rapporti di produzione-forze produttive a dar conto dello sviluppo e della successione delle diverse formazioni sociali (per es. di quella basata sulla schiavitù, e di quella basata sul lavoro salariato). In Marx e in Engels il materialismo storico non solo ha come suo correlato la critica dell'ideologia, ma si costituisce specificamente in polemica verso qualunque filosofia della storia, in particolare contro quella hegeliana.

Quanto al nesso del materialismo storico con il metodo della «critica della economia politica» (→ Marx), l'assunto di Marx è di muovere da una analisi del presente, intesa in senso sistematico; distinguendo tra il funzionamento attuale del suo maggior oggetto di indagine (il modo di produzione capitalistico) e la genesi storica di esso. D'altra parte, la nota di rimprovero che egli rivolge agli economisti «classici», di concepire le categorie economiche in maniera astorica, non esclude per nulla da parte sua la ricerca di determinazioni costanti. La quale non si limita ad analizzare il «processo lavorativo semplice», introdotto nel *Capitale* quale astrazione comune a tutte le forme di produzione sociale, ma investe anche i fondamenti di

queste ultime. Sembra quindi incongruo identificare il materialismo storico con una sorta di → storicismo.
Fra i contributi variamente significativi avutisi dopo la morte di Marx, sono da ricordare: le precisazioni portate da Engels sulla scorta dei suoi studi etnologici, le osservazioni dello stesso Engels e di Labriola intorno alle sovrastrutture ideologiche e al loro interagire con la «base»; lo sviluppo dato da Lenin alla categoria di formazione economico-sociale, con una interpretazione del *Capitale* in chiave di sociologia critico-scientifica; le annotazioni di Gramsci su società, politica e stato.
Quanto alle versioni complessive del materialismo storico lungo la storia del marxismo, l'orientamento — prevalente nel periodo staliniano ma già fortemente radicato nella Seconda internazionale — a fare del materialismo storico una dottrina generale della evoluzione della società umana è stato contrastato con vigore, tra gli altri, dal giovane Lukács e da Korsch. Costoro hanno puntato su una interpretazione in chiave di autocoscienza critica del presente, dal punto di vista rivoluzionario di una classe: «Il materialismo storico è la teoria della rivoluzione proletaria» scrisse per es. Lukács. A sua volta Gramsci reagì alla separazione fissata da Bucharin tra materialismo storico (come sociologia) e filosofia materialistica, rivendicando per il materialismo storico il carattere di una filosofia integrale, la quale si situa — mercé la dialettica — al di là della opposizione tradizionale tra materialismo e idealismo.
Il materialismo storico è l'aspetto del pensiero marxista sul quale più vivo si è mantenuto il dibattito, anche da parte di non marxisti (sociologi, antropologi, storici ecc.). Fra i suoi contestatori è da ricordare M. → Weber. *R. To.*

matriarcato, termine con il quale si indica un sistema sociale — ipotizzato dagli storici e dagli etnologi, ma del quale non si ha documentazione — in cui la donna, come madre e come capo di famiglia, realizzerebbe il dominio sul gruppo. Secondo le teorie evoluzionistiche dell'Ottocento, esso sarebbe stato uno degli stadi primitivi dell'organizzazione umana. Già L.H. → Morgan (*La società antica*, 1877) aveva supposto che alle origini della società vi fosse stata un'orda promiscua, in cui, mancando un'effettiva certezza sull'identità del padre, l'organizzazione doveva essere necessariamente matrilineare. In effetti, la disputa degli studiosi evoluzionisti sull'esistenza o meno di un matriarcato è nata, almeno per quanto riguarda i suoi aspetti storici, dall'equivoco sull'identità fra → matrilinearità e matriarcato. Nella polemica sull'esistenza del matriarcato, come organizzazione familiare a diritto materno implicante un «potere» politico simile a quello del patriarcato, furono coinvolti in particolar modo J.J. Bachofen (*Il matriarcato*, 1861), il quale suppose l'esistenza di un periodo iniziale di supremazia femminile nella storia della società (ginecocrazia), dato che il principio della maternità è comune a tutte le specie di vita animale; su questa strada lo seguì entusiasticamente F. Engels (*L'origine della famiglia, della proprietà privata e dello stato*, 1884), il quale era convinto soprattutto dell'attendibilità delle teorie di Morgan sull'evoluzione del diritto familiare. Il giurista H.S. Maine (*La legge antica*, 1861) aveva sostenuto invece che, nella sua forma originaria, la famiglia doveva essere stata patrilineare e patriarcale, perché era impossibile pensare alle «*gentes* femminili come corpi di potere e combattenti». A sua volta J.F. McLennan (*La teoria patriarcale*, 1885) riteneva che nella fase originaria dovesse esserci stata la poliandria, a causa della durezza della vita e della scarsità delle donne, e che quindi, in base all'impossibilità di accertare la paternità, si tenesse conto soltanto della discendenza nella linea femminile. Anche nell'ipotesi di McLennan, dunque, il dato di base era la matrilinearità e non un concomitante esercizio del potere da parte delle donne; invece, il primo che enunciò nei suoi termini precisi la necessità di separare il discorso del «potere» dal discorso sulla parentela fu L. Dargun (*Diritto materno e ratto*, 1883), mentre C. Stärcke (*La famiglia primitiva*, 1888) ed E. Westermarck (*Storia del matrimonio umano*, 1901) sostenevano che il predominio maschile nella famiglia, oltre che nella vita politica, era compatibile con la discendenza matrilineare. Nel 1904 G.E. Howard (*Storia delle istituzioni matrimoniali*) affermò che la ricerca, dimostrando chiaramente l'esistenza del diritto materno, aveva nel contempo dimostrato l'infondatezza storica della ginecocrazia, ma la polemica sul matriarcato è continuata, specialmente nelle teorie in cui si è tentata una connessione fra culture coltivatorie e immagine divina della Terra Madre (W. Schmidt, *Il matriarcato*, 1955), o dove si è dato rilievo, in una forma di neoevoluzionismo, all'organizzazione familiare a diritto materno senza scinderla dall'organizzazione sociopolitica ed economica del gruppo (→ parentela).

matrici progressive, test non verbale d'intelligenza generale per adulti (1938) e per bambini di età superiore ai cinque anni (1947). Molto utilizzato in psicologia applicata per la sua elevata attendibilità, consta di una serie di problemi di difficoltà crescente, in ciascuno dei quali il soggetto deve trovare l'elemento astratto mancante in una sequenza di elementi astratti (per es. numeri) disposti secondo precisi rapporti di carattere logico.

matrilinearità, termine con il quale si indica un sistema di parentela (ascendenza, discendenza, eredità) vigente presso alcune popolazioni, in cui viene presa in considerazione la linea da madre in figlio e si connette il rapporto di parentela del nuovo nato con il fratello della madre. È stato a lungo ritenuto come residuo e testimonianza di un sistema di organizzazione di potere matriarcale.

Matte Blanco, Ignacio (Santiago del Cile 1908), psichiatra e psicoanalista cileno. Laureatosi in medicina in Cile, si è poi specializzato in psichiatria a Londra dove ha condotto il *training* psicoanalitico. Dal 1966 opera in Italia. Nella sua opera maggiore *L'inconscio come insiemi infiniti* (1975) Matte Blanco ha proposto un ripensamento sistematico dell'epistemologia psicoanalitica attraverso i risultati della logica matematica. In contrapposizione con le teorie della psicologia dell'Io di scuola americana, che tendevano a isolare l'inconscio facendone un mero contenitore di elementi rimossi, Matte Blanco ritiene che ciascun atto psichico sia il frutto di entrambe le funzioni, conscia e inconscia, le quali mettono capo a strutture logiche differenti ma unite (tesi della bi-logica) all'interno del medesimo apparato psichico. Mentre la logica cosciente risponde ai principi noti della logica classica e razionalistica che da Aristotele giunge alle procedure scientifiche, quella inconscia — da cui deriva la precedente — si definisce nei termini con cui Freud descrisse il → processo primario. Essa è regolata da: a) *il principio di generalizzazione*, per cui l'inconscio tratta l'elemento individuale come se esso fosse membro di un insieme che contiene altri elementi, e questo insieme, a sua volta, come sottoinsieme di un altro insieme e così via all'infinito; e b) *il principio di simmetria*, secondo il quale inconscio tratta le relazioni asimmetriche come se fossero simmetriche, per cui per es. 'x è padre di y' implica 'y è padre di x'. Il risultato di questi due principi darebbe luogo all'abolizione della successione spazio-temporale, alla negazione del principio di non-contraddizione, all'identità tra la parte e il tutto. Dato che la logica conscia e quella inconscia di fatto coesistono e solo la prevalenza quantitativa della prima sulla seconda differenzia la normalità dalla follia, la terapia consisterà nel ridistribuire più equilibratamente gli elementi tra conscio e inconscio e non nell'«eliminare» l'inconscio.

Matteo d'Acquasparta (Acquasparta, Todi, 1240 ca - Roma 1302), filosofo e teologo italiano. Dal 1287 al 1289 ministro generale dell'ordine francescano, e cardinale dal 1288, Matteo fu il principale collaboratore del pontefice nella stesura della bolla *Unam sanctam* (1302), che rivendicava il potere temporale della chiesa. Scrisse un commento alle *Sentenze* di Pier Lombardo, commenti alla Bibbia e numerose *Quaestiones disputatae*, alcune delle quali sono prettamente teologiche (*de fide*, *de productione rerum*, *de providentia*, *de anima separata*) mentre altre sono di indole filosofica (*de cognitione*). Ispirandosi all'insegnamento di san Bonaventura, Matteo d'Acquasparta difende le dottrine tradizionali dell'agostinismo: la temporalità della creazione, l'ilemorfismo universale e la pluralità delle forme sostanziali in un composto. Secondo Matteo, la conoscenza delle realtà spirituali da parte dell'uomo è resa possibile dall'influenza delle idee divine sulla mente (teoria dell'illuminazione); dall'esperienza sensibile l'uomo ricava, mediante l'astrazione, i concetti universali. L'intelletto tuttavia dispone anche di una conoscenza diretta delle cose particolari.

Maupertuis, Pierre-Louis Moreau de (Saint-Malo 1698 - Basilea 1759), filosofo e scienziato francese. Matematico e fisico, introdusse in Francia il newtonianismo, nel 1732, con la memoria *Sulle leggi dell'attrazione* e il *Discorso sulle differenti figure degli astri*. Nel 1740 fu incaricato da Federico II della riorganizzazione e presidenza dell'Accademia delle scienze di Berlino, il cui programma traccerà nelle *Lettere sul progresso delle scienze* (1752), nel segno dello sperimentalismo e dell'empirismo.

Maupertuis rifiuta i «sistemi» metafisici, riprendendo la polemica di → Condillac, e sostiene che la nostra conoscenza è limitata al mondo come ci appare e non perviene affatto al mondo com'è indipendentemente da come noi lo conosciamo. Questa tesi fenomenistica, derivata dall'empirismo inglese, è d'altronde ben presente nel pensiero del sec. XVIII, prima di culminare in Kant. Dal contatto con la cultura tedesca Maupertuis deriva pure elementi leibniziani, che improntano la sua dinamica e la sua biologia (cui già aveva dedicato la *Venere fisica*, nel 1745), esposte nel *Saggio di cosmologia* (1750) e nel *De universali naturae systemate* (1752). La dinamica di Maupertuis ha al centro il principio della «minima azione», secondo il quale, in tutti i mutamenti che avvengono nell'universo, la quantità d'azione per essi necessaria è sempre la minore possibile. Sono evidenti le implicazioni finalistico-deistiche che potevano esser tratte da un siffatto principio, assunto quale testimonianza della saggezza del creatore. Quanto alla biologia, Maupertuis insiste, contro Cartesio, sull'inadeguatezza del meccanicismo a spiegare il fenomeno della vita e della riproduzione di essa; in alternativa, sostiene l'ipotesi vitalistica di molecole organiche, dotate d'un qualche grado di coscienza, per quanto oscura (e quindi di qualcosa di simile alla memoria, al desiderio e all'avversione ecc.), quali elementi originari degli organismi viventi.

Nel *Saggio di filosofia morale* (1749), che sollevò discussioni soprattutto in Italia, Maupertuis propone di istituire un «calcolo» dei piaceri e dei dolori, misurandoli in base ai due parametri dell'intensità e della durata e trattandoli come grandezze rispettivamente positiva e negativa. Ne deriva un principio di etica sociale, del resto già sostenuto di F. → Hutcheson: assicurare al maggior numero di persone la maggiore felicità possibile. È convinzione di Maupertuis che, nella vita degli uomini, all'universalità del desiderio di felicità corrisponda normalmente, di fatto, una prevalenza di infelicità.

Mauss, Marcel (Epinal, Lorena, 1872 - Parigi 1950), sociologo francese. Nipote di E. Durkheim, ne divenne il primo e principale allievo; dopo aver studiato filosofia all'università di Bordeaux, si avvicinò al neokantismo, mentre politicamente aderiva al socialismo propugnato da J. Jaurès. Nel 1896, quando Durkheim fondò l'«Année sociologique», divenne uno dei redattori permanenti della rivista in qualità di curatore della sezione dedicata alla storia delle religioni, e maturò le sue conoscenze sia con lo studio del sanscrito, sia, a Oxford, con l'approfondimento delle teorie antropologiche alla scuola di E.B. Tylor. Fra le sue opere precedenti la prima guerra mondiale rivestono particolare importanza il *Saggio sulla natura e la funzione del sacrificio* (1899) e l'*Abbozzo di una teoria generale della magia* (1902), scritte insieme con H. Hubert; *Alcune forme primitive di classificazione* (1903), in collaborazione con Durkheim, e il *Saggio sulle variazioni stagionali delle società eschimesi* (1904), in collaborazione con H. Beuchat. La sua opera di saggista e di insegnante, fra le due guerre, fu imponenete. Dell'importanza del suo modo globale di accostarsi ai comportamenti umani fondamentali (che si riassunse poi nella celebre formula del «fatto sociale totale») sono testimonianza la varietà e la ricchezza di pensiero di tutti coloro che poterono studiare con lui, fra i quali basti citare G. Gurvitch, M. Bloch, L. Febvre, R. Bastide, G. Dumézil. Mauss, inoltre, fondò nel 1925, insieme a P. Rivet e a L. Lévy-Bruhl, l'Istituto francese di etnologia.

Uno dei contributi più originali di Mauss è senza dubbio l'aver individuato e messo in rilievo l'importanza dei codici sociali precipui delle singole culture per quanto riguarda l'espressione dei sentimenti e l'atteggiamento stesso del corpo (*L'espressione obbligatoria dei sentimenti*, 1921; *Le tecniche del corpo*, 1936). Fra gli scritti del secondo periodo di attività spiccano il *Saggio sul dono. Forme e ragione dello scambio nelle società arcaiche* (1924) e altri saggi etnologici raccolti dopo la sua morte da Gurvitch e da C. Lévi-Strauss sotto il titolo di *Sociologia e antropologia* (1950). È nel *Saggio sul dono* che si trova elaborata compiutamente la nozione di «fatto sociale totale». Tutta la sua riflessione e il suo lavoro tendono a congiungere in un unico arco interpretativo i diversi fenomeni sociali con quelli esplicitamente religiosi come il «sacrificio». Una volta individuato il campo del «sacro» come quello in cui si possono rintracciare le espressioni più esplicite e al tempo stesso più simboliche e trascendenti del tessuto socio-psicologico di un gruppo, Mauss non fa che approfondire sempre di più la ricerca in questa direzione. La bipolarità sacro-profano, per es., teorizzata da Durkheim nel 1912, era già presente nello studio di Mauss del 1899, che interpretava il sacrificio come il mezzo attraverso il quale il profano entra in comunicazione con il sacro servendosi di una vittima. In seguito, cercando di penetrare più a fondo nel significato della magia, Mauss si è servito prevalentemente, appoggiandosi ai materiali etnologici, del concetto di → mana, assunto come una «potenza», una «forza» in cui il sacro è ricompreso, anche se con caratteristiche analoghe di ambivalenza, di tabuizzazione, di ritualizzazione ecc. Del resto il concetto di «forza», implicito nel mana, anche se così difficile da definire, è per Mauss presente in tutte le forme di dono e di scambio nelle società arcaiche e di livello etnologico. Sia nel tipo di accumulazione e di distruzione di beni chiamato *potlatch*, proprio di alcune popolazioni indigene dell'America settentrionale, sia negli scambi di doni dell'area polinesiana (per es. il *kula* descritto da B. Malinowski), si tratta di individuare «quale forza vi sia nella cosa che si dona, tale che faccia sì che il donatore la renda». Questa forza, ben diversa dal valore materiale ed economico, va al di là degli oggetti scambiati perché è essa stessa il vero motivo dello scambio. E siccome il primo, fondamentale scambio è quello con gli spiriti dei morti e con gli dei, «la distruzione sacrificale ha precisamente per scopo una donazione che deve essere necessariamente resa».

Mauthner, Fritz (Horitz 1849 - Meersburg, lago di Costanza, 1923), filosofo boemo. Formatosi in un clima culturale sensibile alla ripresa di tematiche filosofiche d'indirizzo neocriticistico, le sviluppò in direzione di una critica del linguaggio (*Contributi a una critica del linguaggio*, 1902) la quale mette capo a un assoluto nominalismo, i cui corollari sono costituiti da un radicale scetticismo gnoseologico e da un sostanziale anarchismo storico-sociale (*L'ateismo e la sua storia in Occidente*, 1920-23); la valenza metafisica di questo nominalismo è, però, non già immanentistica, bensì, sulle orme di Eckhart e di Schopenhauer, decisamente mistica e trascendente (*Mistica senza Dio*, postumo, 1925). La realizzazione più perfetta del programma critico-linguistico di Mauthner, che si svolge in parallelo e per taluni aspetti in sintonia con l'analisi delle sensazioni di Mach, è rappresentata dal suo singolare *Dizionario di filosofia* (1910). In esso si mostra come i capisaldi concettuali della metafisica occidentale non siano altro che astrazioni reificate di termini linguistici, la cui origine si colloca nell'assoluta contingenza del nostro apparato sensoriale ma è occultata dal loro mistificato impiego filosofico. In realtà, i nomi sono pure metafore delle percezioni sensoriali; dove la filosofia ha preteso di andar oltre questa descrizione metaforica del mondo con i concetti astratti e generali, ha prodotto un tirannico dogmatismo, fonte di male e di ingiustizia, che è compito dell'analisi linguistica smascherare.

māyā, nei sistemi filosofici indiani, potere divino mediante il quale l'Essere supremo (→ brahman) può far sorgere e scomparire ciò che vuole. Di qui il significato di forza creatrice, ma anche di potere illusionante. In alcuni sistemi la māyā è attributo della natura e ha valore positivo e durevole, in altri invece essa si identifica con la *avidyā* (ignoranza) e con essa è destinata a scomparire. Nella filosofia del buddhismo il carattere elusivo della māyā è accentuato.

La categoria di māyā è penetrata anche nel pensiero occidentale tramite la filosofia di A. Schopenhauer, il quale equiparò il mondo fenomenico all'illusione della māyā, indicando invece la vera realtà quale noumeno, volontà infinita e dolore.

Mayo, Elton (Adelaide 1880-1949), sociologo statunitense di origine australiana. Fu uno dei fondatori della sociologia industriale e insegnò questa disciplina presso la Graduate School of Business della Harvard University. Le ricerche condotte dal 1926 al 1945 presso la Western Electric Company di Hawthorne (Illinois), di cui Mayo fu il principale consulente e supervisore, dimostrarono che la produttività del lavoro operaio non dipendeva tanto da incentivi economici individuali — come sosteneva l'«ipotesi dell'orda» accettata da F.W. Taylor — quanto da un «fattore umano» costituito dall'atteggiamento verso il lavoro, dal morale del gruppo di lavoro e in ultima analisi dalle relazioni formatesi spontaneamente tra gli operai sul luogo di lavoro. Tale tesi diede origine al movimento delle «human relations» come tecnica di gestione del personale (→ organizzazione). Mayo assegnava alla sociologia un importante ruolo nella trasformazione sociale, rivendicandole il carattere di strumento scientifico capace di ridurre l'irrazionalità sociale e di sviluppare la personalità umana. I suoi scritti sono stati raccolti in italiano col titolo *I problemi umani e sociopolitici della civiltà industriale* (1933 e 1945).

mazdeismo, termine designante la religione dell'Iran preislamico, e derivante da [Ahura] Mazdā («Signore Pensante», «Signore Saggio») che ne è il dio supremo; correntemente, il mazdeismo è chiamato anche zoroastrismo. Tuttavia, se in base agli studi tradizionali i termini mazdeismo e zoroastrismo hanno significati quasi identici, secondo più recenti convinzioni si intende per mazdeismo la religione etnica dell'Iran, per zoroastrismo la dottrina esoterica particolare, anche se radicata nella tradizione mazdaica, che è contenuta nelle *Gāthā* (→ Avesta) e attribuita dalla tradizione a Zoroastro stesso. E mentre per gli studiosi che identificano mazdeismo e zoroastrismo, Zoroastro (in avestico, → Zarathushtra) è il profeta storico che ha fondato la nuova religione iranica, riformando dalle basi la precedente religione indoiranica tradizionale, per gli studiosi più recenti il mazdeismo è un naturale, anche se autonomo, sviluppo di questa, e Zoroastro è un personaggio mitico, sebbene non necessariamente astorico, la cui leggenda, molto antica, trae origine da realtà di ambito rituale. Aspetto fondamentale del mazdeismo è la venerazione per Ahura Mazdā, l'onnisciente dio supremo «che ha creato questa terra / che ha creato quel cielo / che ha creato l'uomo / che ha creato la felicità dell'uomo». Egli è circondato da altre divinità, che le iscrizioni achemenidi chiamano *baga* («colui che divide, distribuisce»), e l'*Avesta* chiama *yazata* («venerando»): Mithra, Anāhitā (la triade è documentata nelle iscrizioni a partire dal regno di Artaserse II, 405-359 a.C.), Hvara Khshaēta (il sole), Māh (la luna), Zam (la terra), Ātar (il fuoco), Apam Napat (le acque), Vayu (il vento). Mentre nell'ambiente iranico occidentale, che fa da sfondo alle iscrizioni achemenidi, sia Ahura Mazdā sia i *baga* sono concepiti e interpretati sotto l'influsso delle confinanti civiltà mesopotamiche, e quindi in stretta connessione con l'ideologia del potere regale, nell'ambiente iranico orientale, che fa da sfondo all'*Avesta*, le loro figure e il culto tributato conservano maggiormente l'aspetto indoiranico tradizionale.

Altra concezione centrale e generale del mazdeismo è il dualismo che oppone lo *asha*, cioè la verità, l'ordine rituale, cosmico (e sociale), alla *drug*, cioè la menzogna, l'ignoranza delle cause reali, il disordine cosmico e sociale. Ogni essere, a partire dallo stesso Ahura Mazdā, è chiamato a compiere la scelta «in pensiero, parola e azione» fra asha e drug, e a determinare così il proprio destino e la propria collocazione nel cosmo e nella storia: risalta qui l'accento posto dal mazdeismo sulla libertà e la volontà, in contrasto rispetto a concezioni deterministiche o fatalistiche dell'uomo. A compiere la scelta rispettivamente di asha e di drug sono in particolare i due Mainyu («spirito», ma più esattamente «impulso, forza psichica»): Spenta («santo», ma etimologicamente «incrementante, fortificante») Mainyu, e Aṅra («distruttore») o Aka («malvagio») Mainyu, che le *Gāthā* proclamano gemelli, figli di Ahura Mazdā, e che, a seguito dell'opzione esercitata, divengono per sempre l'impulso al bene e quello al male. Nel mazdeismo tardo, Spenta Mainyu sarà per così dire identificato e riassorbito in Ahura Mazdā (Ōhrmazd), e il dualismo si restaurerà fra quest'ultimo e Aṅra Mainyu (Arimane), concepiti ora come esseri personali anche se trascendenti.

Se questo rappresenta il nocciolo delle concezioni generalmente mazdaiche, caratteristiche particolari della dottrina delle *Gāthā* sono innanzi tutto il rigoroso monoteismo (Ahura Mazdā è l'unico dio) e quindi la presenza dei sei Amesha Spenta («Immortali Santi»), che rappresentano gli aspetti di dio, gli organi attraverso cui l'unico si articola nel molteplice e nel definito, e che hanno infatti ognuno un corrispondente nel mondo materiale: Vohu Manah (il «Buon Pensiero», il bue), Asha (la «Rettitudine», il fuoco), Khshathra (il «Regno», i metalli), Ārmaiti (la «Devozione», la terra), Haurvatāt (la «Totalità», le acque), Ameretāt (l'«Immortalità», le piante). L'interpretazione delle sei figure (spesso indicate dagli studiosi con i termini di «arcangeli» o «entità») è stata oggetto di infinite controversie, ma non va in ogni caso disgiunta da un altro fondamentale aspetto della dottrina gathica, ossia la particolare concezione del sacrificio, o meglio della pratica rituale, dalla cui attuazione corretta deriva all'uomo lo stato di *maga*, che consente la visione e la conoscenza, extrasensoriale, delle realtà superiori, cioè della creazione *mēnōk* (invisibile, ideale) cui appartengono gli Amesha Spenta; così, accedendo al mondo delle cause prime, l'iniziato, l'uomo «perfetto» (di cui modello primo è Zoroastro) opera il rinnovamento, la trasfigurazione (*frashkart*) della propria vita, e può anche intervenire in modo realmente efficace sul piano della creazione *gētik*, cioè del mondo materiale. A tali concezioni fondamentali, che rappresentano l'essenza del mazdeismo o dell'elitaria dottrina gathica, si intrecciano altri aspetti, sovente di documentazione assai tarda, posteriore all'invasione islamica (sec. VII) e alla scomparsa del mazdeismo dall'Iran, aspetti che investono in particolare l'antropologia e l'escatologia.

Una psicologia complessa distingue, per es., nell'uomo cinque parti: corpo, anima, spirito, «prototipo» e *fravashi*. La fravashi è una specie di doppio animico dell'uomo sempre in presenza di Ahura Mazdā, paragonabile per certi aspetti più esterni all'angelo custode, o alla Valkiria. L'uomo e il suo corpo hanno parte positiva e importante nella lotta contro il male, che si svolge durante l'immissione (la «miscela») di elementi ahrimanici nella buona creazione di Ahura Mazdā e che finirà con la vittoria del bene. Grandissima importanza ha nel mazdeismo l'escatologia: alla fine della lotta la «miscela» sarà di nuovo dissolta, gli eroi dei primordi ritorneranno come eroi della fine, e avrà luogo la *frashō-kereti* universale, cioè l'→ apocatastasi e la resurrezione dei corpi. *G. Bo.*

Mc, variante grafica abbreviata per Mac: in quest'opera i cognomi che iniziano per Mc sono alfabetizzati come se iniziassero per → Mac.

Mead, George Herbert (South Hadley, Massachusetts, 1863 - Chicago 1931), filosofo e psicologo statunitense. Insegnò filosofia all'università di Chicago. Le sue opere principali — *La filosofia del presente* (1932); *Mente, io e società* (1934); *La filosofia dell'atto* (1938); *La psicologia sociale* (1956) — sono tutte raccolte postume di manoscritti e appunti, di non sempre facile interpretazione. Muovendo dall'evoluzionismo darwiniano, Mead giunse a formulare un pragmatismo o comportamentismo sociale secondo cui la mente e l'io non sono individuali né sostanziali, ma emergono entro il processo mediante il quale organismi viventi stabiliscono rapporti reciproci, dapprima gestuali, poi verbali e concettuali. Il gesto diventa parola quando è compiuto e riconosciuto come simbolo, dotato di significato universale, cioè come provocazione consapevole di una determinata risposta. L'esperienza della comunicazione sociale diventa mente o soggetto quando il ruolo dell'«altro» è interiorizzato, razionalità o persona quanto più l'altro è «generalizzato». L'esistenza personale è la continua dialettica del «me», espressione del controllo sociale, e dell'«io», risposta spontanea e selettiva del soggetto; inscindibile dal contesto sociale, essa lo modifica attivamente. La scienza è lo strumento più efficace per l'azione, cioè per la rimozione di ciò che ostacola il compimento di operazioni capaci di soddisfare impulsi e interessi. Nel «presente sperimentale» della scienza ci è data la cosiddetta «realtà», il passato è ricompreso come «storia», il futuro anticipato come «profezia».

Mead, Margaret (Filadelfia 1901-1979), antropologa statunitense. Allieva di F. Boas e di Ruth Benedict, è, con quest'ultima, R. Linton e A. Kardiner, esponente della scuola di → personalità-cultura. I suoi studi si orientarono fin dall'inizio verso la verifica dell'ipotesi di Boas della plasticità biopsichica dell'uomo, e quindi sui rapporti fra psicologia, biologia e cultura. L'indagine condotta fra il 1925 e il 1927 nelle isole Samoa ha come oggetto il passaggio dall'infanzia all'età adulta (*L'adolescenza in Samoa*, 1928). La Mead rileva l'assenza di quei fenomeni di crisi che accompagnano la pubertà nelle società occidentali e che vengono ritenuti «naturali» perché legati a fatti biologici; ne deduce che è il tipo di modello culturale a condizionare il comportamento degli individui, soprattutto nel campo sessuale. In questa prima ricerca (sulla cui scientificità sono stati recentemente avanzati alcuni dubbi) la Mead poneva già, quindi, l'accento su quello che diventerà uno dei temi più dibattuti nella cultura contemporanea: l'influenza del tipo di educazione sessuale sulla condizione delle donne. Il successo che in quegli stessi anni riscuotevano negli Stati Uniti le teorie di Freud rese più facile alla Mead elaborare una teoria in cui si sosteneva l'esistenza di un rapporto diretto fra modelli culturali e struttura della personalità adulta: ogni membro della collettività assorbirebbe a

livello inconscio fin dalla prima infanzia, attraverso le tecniche di allevamento e i metodi educativi, le caratteristiche sociologiche dominanti della cultura cui appartiene. La Mead condusse altre ricerche in Nuova Guinea, sulla traccia di quella svolta a Samoa, per verificare l'influenza del modello culturale sul determinismo biologico. In *Crescita in Nuova Guinea* (1930) è affrontato più decisamente il problema della differenza di comportamento fra i sessi, e si mette in luce come, in modelli culturali diversi, il ruolo maschile e femminile diventi determinante nel condizionare la struttura psicologica: un problema, questo, sul quale la studiosa ritornerà in un'opera molto nota, *Maschio e femmina* (1949), anch'essa influenzata dalle teorie freudiane. Parimenti legate alla psicoanalisi (interpretata, però, piuttosto unilateralmente, come conferma delle tesi sulla determinazione della struttura psichica da parte dei modelli culturali) sono le ricerche della Mead sui «caratteri nazionali» di società moderne (*Tieni asciutta la tua polvere*, 1942, sugli Stati Uniti; *Società e autorità nell'Unione Sovietica*, 1951).
La Mead si sforzò di rendere sempre più verificabili le sue affermazioni, ricorrendo, per una ricerca a Bali svolta insieme a G. Bateson (*Il carattere balinese*, 1942), alla macchina cinematografica e fotografica, e a registratori a nastro per le comunicazioni verbali, e inaugurando — in tal modo — un metodo documentario in etnografia che può essere considerato uno dei suoi maggiori meriti.

meccanicismo, concezione che riduce i parametri esplicativi di un settore determinato della realtà o di essa tutt'intera a due soli: materia e movimento locale. Se è esteso a tutta la realtà, compresa la psiche umana, allora è una forma di → materialismo (anche se non ogni materialismo è meccanicistico: il → materialismo dialettico per es. si contrappone a quello meccanicistico). Questa coincidenza si ha già nella forma antica del meccanicismo: l'atomismo di Democrito e di Epicuro; modernamente, si presenta in Hobbes e poi nei materialisti del sec. XVIII, come d'Holbach. Il successo del meccanicismo, nel pensiero moderno, è legato alla nuova scienza della natura, che si sviluppa allorché la meccanica riceve un impulso potente con la fondazione della dinamica, cioè della scienza del movimento dei corpi, a partire da Galileo. A proposito della natura non vivente, il meccanicismo è sostenuto da pressoché tutti i filosofi dell'epoca, in alternativa tanto alla fisica scolastica quanto alle concezioni magiche fiorite nel rinascimento, entrambe accusate di antropomorfismo e di animismo. Il principio d'inerzia, formulato da Cartesio e da Newton, viene appunto ad asserire che la materia è priva di attività propria. Altro principio essenziale, affermato da Galileo e poi da tutti i filosofi del sec. XVII, è la negazione dell'oggettività delle qualità sensibili (colori, suoni ecc.), considerate come effetti determinati, in un soggetto senziente, da meri movimenti di particelle materiali. Peculiare di Cartesio è l'estensione del meccanicismo anche ai viventi (meccanicismo biologico), con l'eccezione dell'uomo, attraverso l'ipotesi che gli animali non siano altro che macchine, seppur estremamente complicate. L'ulteriore estensione di questa ipotesi anche all'uomo, contro le intenzioni di Cartesio, darà luogo a un materialismo come quello sostenuto da J.O. de → La Mettrie, un secolo dopo, nell'opera *L'uomo macchina*. Il modello della macchina, per la comprensione della natura, è l'emblema del meccanicismo dei secc. XVII e XVIII. Nella maggior parte dei casi, si riteneva che autore della macchina dell'universo fosse Dio, quale supremo ingegnere. In tal modo, il meccanicismo, che di per sé è alternativo al finalismo, poteva tuttavia esser interpretato, globalmente, in una prospettiva finalistica; e se ne traeva anzi un argomento in favore dell'esistenza di Dio: così come una macchina costruita da un uomo ne manifesta l'abilità e le intenzioni, altrettanto avviene per l'intero universo in rapporto al suo autore, apparendo troppo inverosimile ch'esso sia dovuto al caso. Invece, una contrapposizione netta del finalismo al meccanicismo, come attinenti rispettivamente alla natura profonda e all'aspetto superficiale (fenomenico) della realtà, è propria di Leibniz. Un'animosa avversione nei confronti del meccanicismo è caratteristica dei filosofi idealisti successivi a Kant. Nel Novecento, il meccanicismo è avversato dai sostenitori del vitalismo. A parte le prospettive specificamente filosofiche, la crisi del meccanicismo, tra la fine del secolo scorso e l'inizio del nostro, è dovuta alla profonda revisione dei fondamenti della meccanica, particolarmente a seguito della scoperta e della generalizzazione della nozione di «campo». Comunemente il meccanicismo viene identificato anche col determinismo, e perciò si dice che la crisi di questo, a seguito dello sviluppo della meccanica quantistica, è anche un motivo di crisi ulteriore del meccanicismo; ma storicamente ciò non è del tutto esatto. È vero infatti che il meccanicismo si è sempre accompagnato al determinismo, dal sec. XVII al XIX, ma almeno il pensiero antico ha conosciuto una forma di meccanicismo nettamente indeterministico: l'epicureismo.

mediazione, passaggio da una proposizione a un'altra attraverso una o più proposizioni intermedie, che lo rendono possibile. Aristotele qualifica come «medio» il termine che nel sillogismo è comune a entrambe le premesse (contenuto nel termine d'estensione maggiore e contenente il termine d'estensione minore) e che consente quindi di passare alla conclusione, nella quale esso non compare più. In generale, la mediazione è il carattere essenziale dei procedimenti discorsivi, che si svolgono appunto per passaggi intermedi, in contrapposizione all'evidenza intuitiva di ciò che conosciamo «immediatamente». La mediazione è pertanto peculiare della → ragione, che procede dimostrativamente, mentre i «principi» che reggono ogni dimostrazione sono colti intuitivamente (ovvero, secondo le concezioni della moderna assiomatica, sono postulati). Considerando la ragione quale organo del conoscere filosofico, Hegel ha rivendicato la necessità della mediazione in polemica con l'ideale del «sapere immediato» sostenuto ai suoi tempi da Jacobi e Schleiermacher in difesa della fede e del sentimento. Ma, poiché assegna alla razionalità un valore ontologico, Hegel intende in termini ontologici anche la mediazione. Essa è rappresentata dal termine intermedio, in ogni triade dialettica (per es. idea, natura, spirito), il quale consente l'oltrepassamento o lo sviluppo del termine originario, che altrimenti rimarrebbe «in sé». Normalmente, un termine è in sé o ancora immediato solo in un senso comparativo, in rapporto cioè allo sviluppo ulteriore; ma è a sua volta già un risultato. Altrimenti, la pura immediatezza è propria solo del mero cominciamento, rappresentato da quell'Essere indeterminato da cui infatti comincia la Logica; invece, la mediazione c'è sempre, seppure in gradi diversi, dacché c'è determinatezza. La mediazione è quindi sinonimo di dialettica, per Hegel; per il quale il momento propriamente dialettico è difatti quello intermedio, o «negativo». In ogni coppia concettuale, il termine negativo è quello che rivela l'opposizione, quindi la relatività reciproca dei due termini; e questa reciprocità, onde non c'è l'uno senza l'altro e ognuno è immanente nell'altro, è appunto la mediazione di entrambi, che manifesta il proprio risultato nel termine superiore a cui mette capo, costituito appunto, volta a volta, dall'«unità» dei due opposti.

medioplatonismo, categoria storiografica con cui si è soliti indicare la fase della storia del platonismo antico che va dal I sec. a.C. al II sec. d.C. e che anticipa alcuni aspetti del neoplatonismo. Gli autori che vengono fatti rientrare nell'ambito del medioplatonismo sono Eudoro di Alessandria, Antioco di Ascalona, Albino, Alcino, Apuleio, Plutarco, Attico, Massimo di Tiro, Tauro, Galeno, Numenio. È difficile individuare un patrimonio dottrinario comune a questi autori, alcuni dei quali innestano nella tradizione platonica elementi ricavati dal pitagorismo, altri dall'aristotelismo, altri ancora dallo stoicismo. In generale si assiste a una presa di distanza dalla fase scettica dell'Accademia e alla riproposizione di teorie positive, sia nel campo della fisica sia in quello dell'etica. Gli autori medioplatonici spostano l'attenzione su tematiche di carattere teologico (la più alta forma di realtà non sono le idee, ma il «primo dio», quasi sempre identificato con l'idea del Bene e con l'intelletto aristotelico, di cui le idee non sono che pensieri) e cosmologico (il *Timeo* è il dialogo più studiato). Nel campo dell'etica, essi pongono il fine dell'uomo nell'«assimilazione a dio».

megarica, scuola, una delle cosiddette «scuole socratiche minori», risalente a → Euclide di Megara (secc. V-IV a.C.), amico e seguace di Socrate, e presente alla sua morte, come narra Platone nel *Fedone*. Euclide ricompare anche, in veste di narratore, nel *Teeteto*; ma Platone non lo nomina mai espressamente come filosofo. Lo stesso vale per Aristotele, il quale tuttavia, per primo, parla dei «megarici» come di una scuola filosofica (*Metafisica* IX 3, 1046*b* 29). A Euclide si attribuisce in particolare la dottrina dell'unità del bene, una sorta di contaminazione della tradizione eleatica con la ricerca morale del socratismo. Uno solo è il bene ed è l'essere uno o il puro ente di Parmenide, che Euclide chiama con vari nomi: saggezza, dio o intelletto (Diogene Laerzio II 106). I più noti fra i megarici furono → Eubulide di Mileto, o Stilpone di Megara e → Diodoro Crono, fioriti nella seconda metà del sec. IV a.C. Assai rilevante fu il loro contributo agli studi logici, dove i «nuovi eleati», eredi della dialettica di Zenone, si distinsero in particolare per la formulazione di celebri paradossi come il *mentitore*, l' *Elettra*, il *calvo* o *sorite* e il *cornuto*, attribuiti a Eubulide; e per l'approfondimento delle nozioni modali (→ modalità) di *possibile* e *necessario* e della natura dell'implicazione. Tesi caratteristica della scuola megarica è la negazione della possibilità della *predicazione*, cioè che di uno stesso soggetto si predichino più attributi; e insieme della *generalità* dei predicati, cioè che uno stesso predicato sia detto di più soggetti. Ogni giudizio è risolto in una identità («uomo è uomo», «buono è buono» ecc.), in accordo con la tesi parmenidea del puro ente non contraddittorio.

Mehring, Franz (Schlawe 1846 - Berlino 1919), storico e uomo politico tedesco. Cresciuto in un clima conservatore (il padre era funzionario del governo prussiano), studiò a Lipsia e a Berlino, formandosi una solida cultura umanistica e maturando una posizione di critica democratica e liberale verso l'assetto politico-sociale della Germania. Si dedicò quindi con successo al giornalismo, divenendo tra l'altro direttore della «Volkszeitung» di Berlino. Nel 1876 iniziò una campagna polemica contro la «Frankfurter Zeitung», vicina alle posizioni socialdemocratiche, allo scopo di denunciare le collusioni tra stampa e potere; l'aspra critica di Mehring alla socialdemocrazia tedesca è esposta nel libro *La socialdemocrazia tedesca, la sua storia e la sua dottrina* (1877). Egli si schierò quindi con Bismarck, sostenendone la politica

imperialista sino al 1880 circa. Da questo momento, però, assumerà atteggiamenti sempre più critici nei confronti di Bismarck e della sua politica, sino ad approdare, verso il 1890, a posizioni di marxismo di sinistra e a collaborare attivamente col gruppo di Rosa Luxemburg.
Oltre a importanti contributi sul terreno della storia politica (*Storia della Germania moderna*, 1910) e della storia culturale (*Leggenda di Lessing*, 1892), Mehring è autore di una importante storia delle origini del movimento socialista (*Storia della socialdemocrazia tedesca*, 1897-98) e di una *Vita di Marx* (1918) tuttora preziosa nonostante i limiti della documentazione di cui egli disponeva. Alla sua edizione del lascito letterario di Marx ed Engels (*Marx-Engels Nachlass*, 4 voll.) è legata la prima conoscenza degli scritti dei fondatori del socialismo scientifico precedenti il 1850. Dal punto di vista teorico, Mehring fu un deciso oppositore delle interpretazioni economicistiche ed evoluzionistiche del marxismo, sostenendo la necessità di una rottura con il passato politico e culturale della Germania; avversario di Bernstein e Kautsky, negava la possibilità di una via parlamentare al socialismo, e rivendicava il carattere critico e rivoluzionario delle dottrine di Marx.

Meillet, Antoine (Moulins 1866 - Châteaumeillant, Cher, 1936), linguista francese. È il maggior esponente della linguistica storica nel nostro secolo. Allievo, tra gli altri, di M. Bréal e di F. de Saussure, insegnò all'Ecole des Hautes Etudes di Parigi a partire dal 1891 e, dal 1905, anche al Collège de France. Comparatista di eccezionali doti, raccolse l'eredità teorica di Saussure, assimilandone in particolare l'idea di lingua come sistema; vicino peraltro alle scienze sociali francesi del suo tempo (specialmente a E. Durkheim e L. Lévy-Bruhl), ebbe chiara coscienza dell'effetto delle forze sociali sull'evolversi delle lingue. Si ricordano in particolare, tra le numerosissime opere: *Introduzione allo studio comparato delle lingue indoeuropee* (1903); *Schizzo di storia della lingua greca* (1913); *Grammatica dell'antico persiano* (1915); *Caratteri generali delle lingue germaniche* (1917); *Lo slavo comune* (1924); *Trattato di grammatica comparata delle lingue classiche* (1925, in collaborazione con J. Vendryes); *Schizzo di una storia della lingua latina* (1928); *Dizionario etimologico della lingua latina* (in collaborazione con A. Ernout, 1932). La vastità e l'acume delle sue concezioni teoriche generali sono attestati nei due volumi di saggi raccolti col titolo di *Linguistica storica e linguistica generale* (1921 e 1936).

Meinecke, Friedrich (Salzwedel, Magdeburgo, 1862 - Berlino 1954), storico e filosofo tedesco. Compiuti gli studi a Bonn e Berlino, dove fu allievo di J.G. Droysen, nel 1895 assunse, con H. von Treitschke, la direzione della prestigiosa «Historische Zeitschrift». Dal 1901 insegnò nelle università di Strasburgo, Friburgo e Berlino, di cui nel 1949 fu rettore, dopo essere stato lontano dalla vita pubblica negli anni del nazismo.
Formatosi alla scuola della storiografia prussiana di Droysen e R. Koser, di H. von Sybel e Treitschke, Meinecke concentrò dapprima la sua ricerca su argomenti eruditi (*La vita del generale H. von Boyen*, 2 voll., 1896-99); ma già nel volume *L'epopea della sollevazione tedesca* (1906) il suo orizzonte si allarga a considerare il «problema del rapporto tra libertà individuale e dovere verso lo stato», donde il primo nucleo di una interpretazione delle realtà politiche in chiave di storia delle idee, concepite come forze operanti nelle personalità singole e nelle collettività e quindi — nel loro interagire — come forze motrici della storia. Ulteriore impulso venne dal contatto con W. Windelband e H. Rickert, F. Naumann, M. Weber ed E. Troeltsch, che in forme diverse influenzarono la sua visione scientifica e politica. L'esperienza della fine del Reich bismarckiano ispirò a Meinecke una duplice ricerca, volta da un lato a indagare il tema della *Realpolitik* (inaugurato da Machiavelli) e della ragion di stato, dall'altro ad approfondire la genesi dello storicismo. L'essenza problematica della ragion di stato forma il tema de *L'idea della ragion di stato nella storia moderna* (1924). Se Hegel e L. von Ranke (e ancora Bismarck) potevano includere la «potenza politica» in una visione del mondo idealistica, riconoscendone la fonte spirituale, nell'età dell'imperialismo l'«eticizzazione» della ragion di stato appariva ormai soltanto come una terribile maschera. Di qui la necessità, per Meinecke, di riconquistare una visione cosmopolitica, seguendo il cammino inverso rispetto a quello compiuto sino allora dai suoi studi (dal cosmopolitismo allo stato nazionale). In tal modo Meinecke era consapevole di sfidare il destino del proprio tempo sostenendo la fedeltà all'ideale rankiano di un «sentimento universale europeo». Ciò comportò a un tempo il «riesame di sé» dello storicismo, ed è significativo che in *Le origini dello storicismo* (1936) la storia della sua gestazione culmini in Goethe, la cui contemplazione della vita storica da un punto di vista temporale-individuale e insieme *sub specie aeternitatis* esprime anche l'esigenza dello storicismo maturo di riannodare la visione storica, individualizzante e relativizzante, alla fede nei valori supremi della cultura e in «un'assoluta sorgente di vita». Alla definizione di uno storicismo problematico (che tiene conto della critica di Nietzsche) mirano anche i numerosi saggi di teoria della storiografia in gran parte raccolti in *Senso storico e significato della storia* (1939), *Aforismi e schizzi sulla storia* (1942), *Specchio creativo* (1948); e di esso è indice anche la riflessione sul destino del

popolo tedesco compiuta da Meinecke in *La catastrofe della Germania* (postumo, 1956). Degli altri scritti si ricordano: *Cosmopolitismo e stato nazionale* (1908); *Radowitz e la rivoluzione tedesca* (1913); *Dopo la rivoluzione* (1919); e gli scritti politici raccolti nel II vol. delle *Opere*.

Meinong, Alexius von (Leopoli 1853 - Graz 1920), filosofo austriaco. Discepolo di F. Brentano, insegnò all'università di Graz. Intento di Meinong è quello di condurre la filosofia alla scienza rigorosa, sviluppando la teoria brentaniana dell'intenzionalità in senso non psicologico ma «realistico». Il suo programma si svolge pertanto in direzione parallela alla contemporanea fenomenologia del condiscepolo Husserl. A differenza di Husserl, Meinong non intende però fondare la filosofia sulla coscienza trascendentale, ma su una rigorosa analisi dell'«oggetto puro», colto nella sua datità originaria e indipendentemente dalla sua esistenza empirica, ritenuta sinora erroneamente l'unico campo di validità degli oggetti. Meinong distingue pertanto quattro categorie di oggetti, corrispondenti ad altrettanti processi di manifestazione psichica: oggetti della rappresentazione, del giudizio, della valutazione e del desiderio. Particolare importanza riveste la distinzione tra le prime due categorie: se l'oggetto della rappresentazione concerne una fattualità empirica ed esistente, l'oggetto del giudizio concerne invece il puro essere «oggettivo», indifferente all'esistenza e al tempo e tuttavia condizione del vero e del falso e, più in generale, della conoscenza scientifica. Come è stato notato, tale distinzione presenta analogie con la distinzione proposta da G. → Frege tra «significato» e «senso» di un enunciato. Le idee di Meinong vennero sviluppate da Ch. von Ehrenfels, V. Benussi e da altri discepoli di valore; e influenzarono la teoria della denotazione di B. Russell e il neorealismo americano (G. Santayana). Scritti principali: *Studi su Hume* (2 voll., 1877 e 1882); *Ricerche etico-psicologiche sulla teoria del valore* (1894); *Ricerche sulla teoria degli oggetti e sulla psicologia* (1904); *Il posto della teoria degli oggetti nel sistema delle scienze* (1907); *Fondazione di una teoria universale dei valori* (postumo, 1923) e infine i *Saggi raccolti* (3 voll., 1913-14: il I dedicato alla psicologia, il II alla gnoseologia e alla teoria dell'oggetto, il III all'etica).

Melantone, Filippo, nome umanistico di Philipp Schwarzerd (Bretten, Basso Palatinato, 1497 - Wittenberg 1560), riformatore tedesco. Pronipote dell'umanista J. Reuchlin, ebbe particolare rilievo nell'umanesimo tedesco, anche perché, a differenza di altri noti umanisti (come Erasmo), aderì alla riforma luterana. A questa egli diede un imponente contributo culturale (le sue opere occupano nel «Corpus reformatorum» ben 28 volumi) e un decisivo contributo pratico nell'organizzazione ecclesiastica.

Non ancora quattordicenne, nel 1511, Melantone conseguì il baccellierato a Heidelberg presso la facoltà delle arti; nel 1512 si immatricolò all'università di Tubinga, dove, dopo essersi occupato di retorica, di filosofia e di scienza, si addottorò in filosofia (*magister artium*) nel 1514. Poco più che ventenne insegnava già ebraico e greco all'università di Wittenberg. Si dedicò quindi allo studio della teologia su esortazione di Lutero, alle cui idee aderì dopo la disputa di Lipsia (1519). Tra le molte opere di Melantone (che coprono svariati campi) le principali sono i *Loci communes rerum theologicarum* (1521), la prima esposizione sistematica della teologia della riforma. Melantone vi espone le idee centrali della teologia di Lutero su peccato, legge, vangelo, grazia, giustificazione per fede, differenza tra Antico e Nuovo Testamento, «segni», cioè sacramenti (battesimo, penitenza, eucaristia), carità, magistrati, scandalo. Tutta la trattazione è riferita alla vita spirituale del credente, perché «questo significa conoscere Cristo: conoscere i suoi benefici, non le sue due nature e i modi dell'incarnazione». Come Lutero, Melantone intende la fede essenzialmente quale fiducia nella misericordia di Dio, non già quale accettazione di determinati fatti storici. Tipico di Melantone è lo stile: all'impeto spesso violento di Lutero egli sostituisce una esposizione di tono moderato e alieno da polemiche. Predestinazionista nella prima edizione dei *Loci*, in quella del 1535 abbandonò questa posizione rigida e ammise una certa collaborazione dell'uomo alla propria salvezza (Dio salva chi lo vuole, affermava in opposizione a Lutero). Attribuì importanza alla tradizione ecclesiastica e in qualche misura anche alla rivelazione naturale e nella sua *Instructio visitatorum* (1527) per i visitatori preposti alle chiese luterane sassoni volle che alla predicazione della «grazia» fosse premessa la predicazione della «legge».

Decisivo fu il contributo all'affermazione delle idee luterane da lui dato con la redazione della *Confessione di Augusta* o *augustana* (1530), che rimane tuttora il più autorevole testo programmatico del luteranesimo, il primo dei suoi scritti simbolici. Se i suoi interessi pedagogici influenzarono l'umanesimo tedesco e gli valsero il titolo di «praeceptor Germaniae», Melantone è soprattutto ricordato per il suo apporto alla diffusione del luteranesimo, di cui smussò alcuni rigorismi cercando l'accordo fra tutte le correnti della riforma, e per la *pietas* religiosa di tipo medievale. Nel suo atteggiamento ecumenico fu piuttosto isolato: i luterani intransigenti, capeggiati da Flacio Illirico, accusarono lui e i suoi seguaci, detti «filippisti», di criptocalvinismo (Melantone aveva manifestato un'inclinazione verso la dottrina eucaristica di Calvino sin dal 1540, nell'edizione cosiddetta «variata» della *Confessione augustana*). Le dispute suscitate dalle sue oscillazioni e conciliazioni teologiche furono violente e gli amareggiarono gli ultimi anni di vita.

melchiti, termine introdotto nel sec. V per designare i cristiani di rito bizantino appartenenti ai patriarcati di Antiochia, Gerusalemme e Alessandria, che accettavano la dottrina definita dal concilio di Calcedonia (451) circa la sussistenza di due nature nell'unica persona di Cristo. Questi fedeli furono detti melchiti, ossia seguaci della fede del re, perché l'ortodossia calcedonese era difesa dall'imperatore greco (in siriaco *malkâ*, re). La maggioranza dei melchiti era costituita dalle popolazioni ellenizzate delle città, mentre il resto delle popolazioni aderì al → monofisismo, sia pure per motivi quasi esclusivamente nazionalistici. I melchiti uniti a Roma sono attualmente 400.000, i melchiti ortodossi oltre 500.000.

Melisso (Samo fine sec. VI - inizio sec. V a.C.), filosofo greco. È noto alla tradizione come discepolo e continuatore, con Zenone di Elea, del pensiero di Parmenide; attraverso Simplicio ci sono pervenuti alcuni frammenti (una decina circa) di *Della natura o dell'essere*. Da essi risulta che quest'opera non costituiva una difesa dialettica del pensiero parmenideo (come invece fu la speculazione di Zenone), bensì un'ampliamento originale della teoria eleatica dell'essere. L'essere, che in Parmenide viene definito come immutabile, indivisibile, immobile e finito, acquista, nell'elaborazione di Melisso, due nuovi attributi: è infatti «infinito» e «incorporeo», e proprio l'attribuzione dell'infinità all'essere parmenideo ha spinto la critica più recente a porre maggiormente l'accento sui legami tra Melisso e la scuola ionica (con particolare riferimento al concetto anassimandreo di *ápeiron*). Al pari di Parmenide, Melisso ritiene che solo il pensiero razionale possa accedere all'essere, superando i limiti costituiti da una visione pluralistica del mondo. Il pluralismo sarebbe infatti un equivoco, generato dalla credenza nella validità della conoscenza empirica, la quale è terreno dell'opinione (*dóxa*) e fonte di conoscenza illusoria che spinge l'uomo a vedere la realtà come molteplice e quindi contradditoria.

memoria, concetto che acquista rilevanza filosofica con la dottrina platonica dell'→ anamnesi, la quale a sua volta si ricollega alle dottrine misteriosofiche della reincarnazione: l'anima, stimolata dalle sensazioni, ricorda le idee intuite nell'iperuranio e così conosce (o riconosce) gli enti. Le stesse sensazioni, poi, possono essere ricordate in virtù dell'anima, che conserva in immagine (*éidōlon*) ciò che essa ha subito tramite il corpo, come la cera conserva l'impronta del sigillo (*Teeteto*, 191*d*). Aristotele sviluppa tali spunti platonici, lasciando però cadere la tesi della pura reminiscenza delle idee, in accordo con l'impianto immanentistico della sua metafisica. La memoria delle sensazioni è anzitutto indispensabile perché da esse si formi il concetto. Nel *De memoria* Aristotele analizza poi il processo di memorizzazione riconducendolo essenzialmente alla ritenzione potenziale di un movimento (*kínēsis*) che a partire dal corpo si trasmette nell'anima in virtù dell'azione iniziale di un agente esterno (450*b*-451*b*). L'atto concreto del ricordo segna il passaggio dal movimento potenziale a quello attuale. Gli stoici ripresero la dottrina dell'impronta materiale, mentre gli epicurei svilupparono piuttosto la tesi del movimento combinandola con l'azione dell'anima. La dottrina cinematica della memoria elaborata dagli epicurei sarà ripresa modernamente da Hobbes (*De homine*, 3, 6). Nella IV *Enneade* Plotino confuta tutte queste teorie della memoria, osservando che il corpo, in se stesso, non può ricordare, né può quindi influire sull'anima; è solo l'anima quindi che rammenta. Ma non si può ammettere neppure una memoria puramente intellettuale qual è l'anamnesi platonica, perché un intelletto incorporeo, non limitato dal divenire e dalla corporeità, non ha motivo di dimenticare e di ricordare poi; a esso può solo convenire una continua visione. Il fenomeno della memoria si spiega dunque solo ammettendo che alla nostra coscienza finita e temporale pervengano le visioni di una sua facoltà o intelletto superiore, del tutto intemporale, che vede continuamente ciò che alla coscienza si manifesta di quando in quando sotto forma di ricordo.

Questa soluzione sarà fatta propria, in parte, da Agostino, mentre nella filosofia moderna, caratterizzata dalla disputa sei-settecentesca sulle idee innate, sarà frequente il richiamo all'anamnesi platonica, prescindendo però dalla tesi della reincarnazione. Nel secondo libro del *Saggio* Locke nega l'esistenza di un deposito di idee nell'anima, poiché ogni idea è tale solo se accompagnata da coscienza, sicché un'idea ricordata è soltanto il ripresentarsi di quella stessa idea accompagnata dalla coscienza di essere già stata concepita. Ma Th. Reid, nel *Saggio sulla memoria*, obietta a Locke che in tale ripresentarsi qualcosa di reale si deve pur essere conservato nel passaggio dal passato al presente. Lo stesso Reid, peraltro, rifiuta la tesi materialistica dell'impronta cerebrale o traccia mnestica, poiché un fatto fisico non può spiegare il ricordo che è un fenomeno spirituale, e finisce per fare della memoria una facoltà unica nel suo genere e inanalizzabile. A sua volta in polemica con Locke è Leibniz, che nei *Nuovi Saggi* sostiene l'impossibilità di apprendere qualcosa di cui non esista già una qualche idea. La memoria è concepita da Leibniz come conservazione, sotto forma di virtualità o di «piccole percezioni», delle idee che non sono più o non sono ancora «appercezioni», cioè percezioni consapevoli. È attraverso questa nozione della memoria che fa il suo ingresso nella filosofia occidentale la problematica dell'→ inconscio.

Nello spiritualismo e nell'idealismo tedesco è variamente rintracciabile la presenza della dottrina leibniziana. Hegel usa largamente e in modo del tutto caratteristico la parola *Erinnerung* (letteralmente «ricordo»), di cui evidenzia la componente etimologica *Inner* per esprimere lo sviluppo dello spirito inteso insieme come approfondimento ed esplicitazione di potenzialità (*Enciclopedia*, par. 452-54). Non diversamente Schelling parla di una «memoria trascendentale» della ragione. La storia dello spirito consiste — di conseguenza — nel ricordo degli stadi percorsi dalla natura, stadi che per Schelling rappresentano il passato inconsapevole dell'Io (*Idee per una filosofia della natura*). Di nuovo il richiamo è a Platone: «La filosofia per l'Io non è niente altro che anamnesi.»

La nozione leibniziana della memoria come virtualità è largamente presente in Bergson, secondo il quale accanto alla memoria osservabile empiricamente nel fenomeno del ricordo, esiste una memoria «pura», totalmente indipendente da ogni base fisiologica e quindi non soggetta a menomazioni per imperfezioni o disturbi cerebrali. Questi possono invece incidere sul ricordo attuale, da Bergson interpretato come inserimento della memoria pura nel corpo (*Materia e memoria*). La memoria così non si caratterizza come un flusso che dal presente porta al passato, ma piuttosto come attualizzazione del passato che reagisce e impronta di sé l'esperienza presente. La dottrina bergsoniana è, tra l'altro, volta a combattere un'interpretazione materialistica della memoria, quale veniva contemporaneamente ripresa dal positivismo e dall'evoluzionismo. L'evoluzionismo soprattutto accentua la teoria di una memoria organica: ogni eccitazione produrrebbe un «engramma», una sorta di cicatrice materiale, mentre una nuova eccitazione sarebbe in grado di far risorgere l'engramma primitivo.

• *La memoria in psicologia.* Le prime classiche ricerche psicologiche sulla memoria sono del 1879-80 (pubblicate poi nel 1885), quando H. Ebbinghaus cominciò a condurre i suoi esperimenti sulla memorizzazione delle sillabe senza senso, iniziati al suo ritorno da un soggiorno in Inghilterra, dove era fiorente una tradizione di studi sulla memoria. L'uso delle sillabe senza senso era particolarmente adatto per queste ricerche; infatti una sillaba senza senso poteva essere considerata l'equivalente dell'«idea semplice» degli associazionisti inglesi, mentre utilizzare materiale dotato di significato avrebbe reso molto dubbia l'individuazione di unità di analisi della ricerca: le associazioni che possono avere luogo tra le parole di una lista fanno sì che la facilità di ricordare una determinata parola sia ben diversa se questa si trova accanto una cui è associata, o se si trova accanto a una con cui non ha relazioni semantiche. Ebbinghaus costruì 2300 sillabe senza senso; con queste egli misurava la memorizzazione calcolando il tempo necessario a un soggetto per padroneggiare una lista; e la ritenzione, o l'oblìo, con il metodo del «risparmio», considerando cioè quanto minore fosse il tempo necessario a riapprendere una lista precedentemente memorizzata. Egli poté così dimostrare che il massimo oblìo si aveva nel breve termine; che l'esercizio ripartito in giorni diversi era più produttivo di quello concentrato in un solo giorno; che le associazioni che si creavano all'interno di una lista non erano limitate a sillabe adiacenti.

Le ricerche di Ebbinghaus hanno improntato in larga misura tutta la sperimentazione sulla memoria sino all'ultimo dopoguerra. In particolare, sono stati gli psicologi di matrice più o meno direttamente associazionistica, come i comportamentisti, che hanno posto il suo paradigma sperimentale alla base della ricerca. Lo studio è stato rivolto soprattutto ai fattori che determinano l'apprendimento verbale, sia di sillabe senza senso sia di liste di parole non collegate tra di loro; dedicando invece poca attenzione alla memorizzazione di brani o di eventi di maggiore ampiezza. A fianco del metodo delle liste seriali, i comportamentisti hanno utilizzato largamente anche quello delle «coppie associate», messo a punto già nel 1894 da Calkins. Esso consiste nel presentare una lista di elementi a coppie (sillabe senza senso o parole), e quindi, nella fase di verifica, presentare un elemento di ogni coppia e chiedere al soggetto di produrre l'altro elemento. I comportamentisti hanno particolarmente studiato i problemi del *transfer*: dell'influenza, cioè, che un apprendimento ha su un altro apprendimento. Il risultato più rilevante ottenuto è relativo all'influenza della somiglianza tra compiti: si è potuto inequivocabilmente dimostrare che apprendere materiale simile genera interferenza, con conseguente inibizione sia in senso *proattivo* (l'apprendimento di nuovo materiale è più difficile se quello memorizzato precedentemente era simile) sia in senso retroattivo (il nuovo materiale, se simile, ostacola la ritenzione di quello memorizzato precedentemente).

Anche gli psicologi della Gestalt si sono occupati di memoria: basti ricordare i classici studi di K. Lewin, negli anni Venti, quelli di H. von Restorff, negli anni Trenta, e le più recenti teorizzazioni di K. Goldmeier. Lewin dimostrò con i suoi allievi il cosiddetto *effetto Zeigarnik*: se un soggetto sta eseguendo un compito, e gli viene impedito di portarlo a termine, ricorderà questo compito interrotto assai meglio di un compito che ha invece potuto terminare. La

von Restorff dimostrò invece il cosiddetto *effetto di isolamento*: nella memorizzazione di una lista di elementi, si ricorderà meglio quello che spicchi rispetto agli altri per una qualche caratteristica (una parola scritta in rosso in un elenco di parole scritte in nero, una parola detta da una voce femminile, e così via). Un contributo molto importante degli psicologi della Gestalt allo studio della memoria è costituito dall'analisi della trasformazione delle tracce mnemoniche di materiale significativo (racconti, episodi vissuti, filmati). In generale, come dimostrò anche C. Musatti negli anni Trenta a proposito della psicologia della testimonianza, la traccia mnemonica tende con il tempo a modificarsi, e il ricordo si fa sempre più regolare, le eventuali contraddizioni vengono eliminate, i possibili vuoti colmati, in ossequio al principio generale, enunciato dai gestaltisti, della tendenza alla «pregnanza», e cioè alla massima regolarità, armonia, simmetria ecc.
In posizione relativamente isolata, ma destinata ad assumere in seguito notevole rilievo, si poneva all'inizio degli anni Trenta a Cambridge sir Frederic Bartlett. Questi lavorando sulla memorizzazione di elementi significativi, di storie, e sulle trasformazioni della memoria con il tempo, dimostrò che quando un soggetto memorizza un racconto, quella che in realtà memorizza è una rappresentazione astratta del racconto stesso, uno «schema». Con il tempo, lo schema rimane invariabile, mentre possono modificarsi i particolari del ricordo, che anzi tendono a cambiare per armonizzarsi sempre più con lo schema memorizzato.
• *La memoria nel cognitivismo.* In questo dopoguerra, a partire dagli anni Cinquanta, la psicologia cognitiva (→ cognitivismo) ha profondamente modificato le nostre idee sulla memoria, segnando in particolare una rottura radicale con la tradizione di ricerca comportamentista. Già nel 1960, in *Piani e struttura del comportamento* di G.A. Miller, E. Galanter e K. Pribram, un libro che è stato un po' il manifesto del cognitivismo, veniva criticato l'uso delle sillabe senza senso e delle parole scollegate, e veniva sottolineata l'importanza dello studio delle strategie di memorizzazione, come risultava, per es., dall'analisi delle mnemotecniche. Il primo cognitivismo, quello del cosiddetto *human information processing* (l'elaborazione delle informazioni da parte dell'uomo, nell'analogia tra uomo e calcolatore — fase del cognitivismo esauritasi negli anni Settanta) contribuì soprattutto alla distinzione di diversi processi di memoria, sulla base del tempo di immagazzinamento delle informazioni. Secondo il comportamentismo esisteva un solo tipo di memoria. I cognitivisti già a metà degli anni Cinquanta avvertirono la necessità di distinguere tra una memoria *a breve termine* (MBT) e una memoria *a lungo termine* (MLT), o tra una memoria primaria e una memoria secondaria. La prima consente l'immagazzinamento di ricordi per pochi secondi, la seconda può durare quanto la vita intera dell'individuo. Si tratterebbe di processi profondamente diversi: per es., nella MBT non avrebbero influenza i fenomeni di interferenza *semantica*, tanto importanti invece nella MLT, mentre sarebbero determinanti quelli di interferenza *acustica*, irrilevanti nella MLT. Nel 1960, a seguito di esperimenti estremamente ingegnosi, G. Sperling riuscì a individuare anche una memoria a brevissimo termine, della durata di circa 100 *msec* nella modalità visiva, di 200 in quella acustica, cui U. Neisser nel 1967 diede il nome, divenuto rapidamente popolarissimo, di memoria *iconica* (per la modalità visiva — *ecoica*, per quella uditiva).
In questi ultimi anni il quadro delle ricerche e delle ipotesi sulla memoria si è di nuovo profondamente modificato. Già alla fine degli anni Settanta è stato riscoperto lo «schema» bartlettiano, cui già si è accennato. Gli psicologi cognitivisti preferiscono ormai parlare, anziché di MLT, di «rappresentazione delle conoscenze», intendendo con questa espressione il modo in cui le conoscenze circa il mondo sono rappresentate nella mente degli individui. Tale rappresentazione avrebbe appunto carattere astratto generale: ciò che io so di una cosa è uno schema, ma questo schema presenta poi degli *slots*, dei valori vuoti di variabile a cui assegnare valori specifici per le cose singole reali alle quali applico questa conoscenza generale. Anche il concetto di MBT è cambiato; vi è chi, come K. Craik e R.S. Lockhart, tende a ritenerlo quasi un artefatto: quando uno svolge un compito (ma lo svolgere il compito è il processo cognitivamente rilevante), come «sottoprodotto» ricorda a breve termine gli eventi che ha incontrato. Soprattutto si è affermato, particolarmente con A. Baddeley, il concetto di *memoria di lavoro* o di *servizio*: lo spazio di coscienza in cui possono essere presenti insieme tutti gli elementi rilevanti per l'attività che l'individuo va man mano svolgendo.
Altri importanti contributi nello studio della memoria sono venuti dallo sviluppo dei modelli cosiddetti connessionistici, che vedono l'architettura mentale in termini di *reti neurali* (→ connessionismo). Questi modelli sono caratterizzati dal rifiuto di un'idea di memoria svincolata dal pensiero, di un magazzino (*storage*, come veniva chiamato nel primo connessionismo) i cui contenuti attendono passivamente di essere elaborati: la mente viene invece concepita come un tutto profondamente interconnesso, dove non vi è distinzione tra luoghi della memoria e luoghi del pensiero.

Mencio, nome italianizzato di Meng-tzu (371 ca - 289 ca a.C.), filosofo cinese. Rappresenta la corrente idealistica del confucianesimo e la sua opera, il *Libro di Mencio* (in cui sono riferite le conversazioni da lui avute con i signori feudali del tempo), venne compresa dal sec. XIV fra i *Quattro libri*, i classici della scuola confuciana che per oltre un millennio sono stati alla base della cultura e dell'educazione cinese tradizionali. La teoria principale espressa da Mencio è quella della bontà originaria della natura umana: ogni uomo possiede i quattro semi, ossia i sentimenti della compassione, della vergogna, della modestia, del giusto, allo stesso modo in cui possiede due gambe e due braccia. Scopo dell'educazione è sviluppare questi semi, che diventeranno così le «quattro virtù costanti». Per Mencio tuttavia queste virtù possono dispiegarsi unicamente nei rapporti sociali, essendo l'uomo un animale eminentemente politico la cui esistenza ha senso solo entro la società e lo stato. Lo stato è concepito da Mencio come istituzione morale: ne consegue che chi ne è a capo deve possedere in somma misura le quattro virtù costanti e imporsi come guida morale. Qualora un sovrano si dimostri privo delle qualità etiche richieste, il popolo ha il diritto di ribellarsi. Questa teoria, nota come «revoca del mandato celeste», ha avuto grande influenza nella storia cinese legittimando tutti i cambiamenti dinastici fino alla rivoluzione repubblicana del 1911. Per Mencio inoltre il governante ideale deve preoccuparsi del benessere popolare, garantire quindi solide basi economiche, soprattutto attraverso un'equa distribuzione delle terre. Mencio auspica così il ritorno all'antichissima pratica del «campo comune», detta del «pozzo». Ogni quadrato di terra (circa mezzo chilometro) deve essere diviso in nove quadrati equivalenti: il quadrato centrale è coltivato in comune dalle otto famiglie contadine che sono proprietarie ciascuna di un appezzamento; il raccolto del campo pubblico centrale va allo stato come pagamento di imposte. La disposizione dei nove quadrati assomiglia alla forma del carattere cinese che significa «pozzo», e per questo viene così definita.

Mencio, che oggi viene considerato pensatore di scarsa originalità, ebbe notevole fortuna a partire dai secc. IX e X per certe analogie delle sue concezioni con le teorie buddhiste e, soprattutto, per la concordanza delle sue idee politiche con le tendenze filosofiche sviluppatesi in epoca Sung.

Mendelssohn, Moses (Dessau 1729 - Berlino 1786), filosofo tedesco. Autodidatta, fu con C.F. Nicolai uno dei più attivi sostenitori della «filosofia popolare», cioè dell'esigenza di divulgare e diffondere tra più ampi strati del pubblico le dottrine conosciute solo in un ristretto ambito di dotti. A questo scopo svolse un'intensa attività pubblicistica, collaborando a diverse riviste di Nicolai. Mendelssohn fu anche in relazione con le principali personalità dell'illuminismo tedesco, in particolare con G.E. Lessing. Proprio la contraddittorietà di questo rapporto ci permette di capire il suo atteggiamento verso la cultura illuminista. Quando F.H. Jacobi accusò Lessing di essere un panteista seguace di Spinoza, egli lo difese, sostenendo, sia pure a torto, che Spinoza ammetteva un dio trascendente, e che quindi seguire il suo insegnamento non portava a posizioni irreligiose. D'altro canto egli rifiuta il concetto tipicamente lessinghiano di una «educazione del genere umano» e ritiene che il fine della Provvidenza e il destino dell'uomo consistano nella salvezza del singolo. In questo senso, in contrasto con le tendenze critiche dell'illuminismo, recupera interamente il patrimonio biblico, intendendolo come una legislazione rivelata e indiscutibile. L'eclettismo della sua posizione, nutrita della metafisica di Ch. Wolff, dell'empirismo inglese e di Spinoza, ne fa uno dei più tipici esponenti dell'ala moderata dell'illuminismo tedesco.

Nel *Fedone* (1767) e nelle *Ore mattutine* (1785) Mendelssohn ripropone le tradizionali prove dell'immortalità dell'anima e quella ontologica dell'esistenza di Dio, cercando contemporaneamente di fondare l'etica sulla libertà del soggetto e rivendicando pari dignità all'arte rispetto alla filosofia e alla morale. Mentre nei suoi scritti filosofici è molto accentuata la fedeltà alla tradizione metafisica precedente, nei campi della psicologia, dell'estetica e della letteratura si fanno valere l'influenza dell'empirismo e una concezione laica della cultura. Con Sulzer, Mendelssohn fu uno dei primi assertori della tripartizione psicologica della coscienza in pensiero, volontà e sensibilità. Quest'ultima è la facoltà che valuta il bello, per cui l'arte assume caratteri soggettivi e creativi, affidata più alla spontaneità del genio che a una precettistica normativa. In campo religioso promosse l'apertura dell'ebraismo alla cultura occidentale e un suo maggiore inserimento nella società civile: di ciò è testimonianza la sua traduzione tedesca della Bibbia, limitata ai cinque libri della Torāh e ai Salmi. Tra le sue opere: *Dialoghi filosofici* (1755); *Lettere sulle sensazioni* (1755); *Sui principi fondamentali delle belle arti e delle scienze* (1757); *Sull'evidenza delle scienze metafisiche* (1763), scritto premiato dall'Accademia di Berlino, che lo preferì a un analogo saggio di Kant; *Gerusalemme, o sul potere religioso e sul giudaismo* (1783).

Menippo (Gadara, Palestina, secc. IV-III a.C.), filosofo e scrittore greco. Di provenienza fenicia e di origine servile, sarebbe stato allievo del filosofo cinico Metrocle. Con Bione di Boristene, Cercida di Megalopoli e Telete, Menippo si inserisce nella polemica cinico-stoica, e nella sua opera principale — le *Satire* (da lui poi dette «menippee»), miscellanea di versi e prosa — scienza, cultura, luoghi comuni del buon senso e dottrine avversarie sono oggetto di canzonatura e derisione mordaci; la stessa scelta di un genere letterario popolare testimonia di uno spirito polemico e ribelle, anticonformista e attento alle ingiustizie sociali. Le *Satire*, composte nello spirito di Diogene di Sinope e Cratete di Tebe e note a tutta l'antichità (vi attinsero, fra gli altri, Varrone, Lucilio, Orazio, Meleagro di Gadara e l'imperatore Giuliano l'Apostata), sono andate interamente perdute, così come sono andati perduti gli altri scritti di cui abbiamo notizia: *Diathêkai*, finti testamenti comici, l'*Arcesilao*, parodia della vita tranquilla dell'Accademia, la *Nascita di Epicuro*, in cui si irride il culto degli epicurei nei confronti del maestro, e la *Nekyia*, sull'assurdità delle credenze nell'aldilà. Menippo è protagonista dei *Dialoghi dei morti*, il cui autore, Luciano di Samosata, è considerato il suo autentico continuatore greco.

mennoniti, seguaci di una setta anabattista non violenta fondata intorno al 1540 dall'olandese Menno Simons (1496-1561). Rifiutavano l'organizzazione ecclesiastica, il battesimo dei bambini e la presenza reale di Cristo nell'eucaristia; inoltre respingevano il servizio militare, il giuramento e la magistratura. Nonostante le persecuzioni, i mennoniti si diffusero dall'Olanda in Inghilterra, Germania, Ungheria, dove si distinsero per l'integrità morale e la correttezza professionale. Nel 1663 raggiunsero le colonie inglesi del Nordamerica e lottarono contro il commercio degli schiavi. Nel 1786, su invito dell'imperatrice Caterina II, un gruppo di mennoniti si stabilì in Russia, dove ottenne la libertà di religione e l'esenzione dal servizio militare. In seguito all'introduzione del servizio militare in Germania e Russia durante il sec. XIX, molti mennoniti si trasferirono in America. L'esodo terminò quando in Prussia (1868) e in Russia (1881) fu consentito loro di servire lo stato come addetti alla sanità, anziché come soldati. Negli anni a cavallo tra i secc. XIX e XX colonie di mennoniti si stabilirono nel Turchestan e in Siberia. I mennoniti sono sempre stati strenui sostenitori della libertà di coscienza e della tolleranza religiosa. Attualmente sono circa 600.000, per lo più diffusi negli Stati Uniti in comunità largamente autonome.

mentalismo, tendenza a spiegare la condotta animale o umana (soprattutto quest'ultima) mediante il riferimento a stati o processi mentali non rilevabili dall'esterno. Il termine è stato usato in senso dispregiativo dai comportamentisti, per i quali sono mentalistiche e pertanto non scientifiche tutte le psicologie che fanno uso di concetti come «coscienza», «intenzionalità», «motivazione» e simili; polemicamente, dal canto loro, i cognitivisti si autodefiniscono «mentalisti», volendo così significare, contro la tradizione comportamentistica, che il far scienza presuppone anche o soprattutto il far ipotesi su ciò che non è direttamente osservabile.

mente, filosofia della, espressione usata soprattutto in area anglo-americana per designare una serie estremamente complessa di indagini e questioni riguardanti l'universo mentale. Sotto vari aspetti la filosofia della mente è quindi strettamente intrecciata con la psicologia. Se ne differenzia anzitutto per il carattere accentuatamente teorico dei suoi problemi e per il fatto che si riferisce e si intreccia a una vasta gamma di altre discipline: la neurofisiologia, la → scienza cognitiva, la teoria dell' → informazione, l'→ intelligenza artificiale, la teoria dell'→ azione e quella dell'identità e della persona.

Le domande più generali della filosofia della mente concernono: la natura della mente e il suo rapporto col corpo; le condizioni d'essere e di operare di funzioni quali il sentire, il percepire, il pensare, l'esser-coscienti; la relazione tra la sfera mentale e la sfera dell'io, dell'azione, del rapporto col mondo e coll'altro. Sul piano epistemologico la filosofia della mente si interroga sui modi più rigorosi e più adeguati di esaminare gli eventi e i processi mentali. A questo proposito una delle questioni di fondo è se tali modi possono essere gli stessi impiegati nell'esame degli eventi e dei processi fisici. Ciò implica naturalmente una risposta positiva a delicati quesiti circa l'oggettività, o l'oggetivabilità, dei fenomeni mentali (che parrebbero invece costituiti, almeno in parte, di componenti irriducibilmente soggettive). Ci si domanda anche quale sia il grado di attendibilità delle indagini introspettive, delle descrizioni degli stati mentali compiute in prima persona, e se le une e le altre possono essere tradotte in termini non soggettivo-personali. Da quest'ultimo punto di vista almeno una classe di stati mentali — i cosiddetti *qualia* (gusti, dolori, sapori ecc. in quanto percepiti soggettivamente dagli individui) e, più in generale, i modi in cui i singoli esseri umani colgono il loro mondo interno e le loro relazioni con quello esterno — crea per vari studiosi problemi assai ardui. Un'altra questione cruciale riguarda la natura dei concetti mentali. Il problema è se essi esprimano direttamente altrettanti dati oggettivi (o se, almeno, si riferiscano a funzioni o processi esistenti in sé, anche se denominabili e interpretabili in modi diversi), o se vadano invece considerati come costrutti linguistico-teorici costituenti in maniera relativamente autonoma il mondo mentale nelle sue articolazioni interne (la memoria, il ricordo, la nostalgia, la gelosia, la rivalità, la competitività ecc.).

Anche indipendentemente da quest'ultima posizione, la filosofia della mente riflette sul rapporto esistente tra la componente simbolico-culturale e sociale dell'universo, che chiamiamo mentale, e la sua componente endopsichica, biofisica, naturale. Un ulteriore problema concerne infine quelle che potrebbero essere definite l'*omogeneità* e la *legalità* degli eventi

mentali: *1*) È possibile concepire l'insieme di tali eventi come un sistema fondamentalmente unitario, o si devono ammettere nette differenze tra certe classi di eventi mentali e altre? *2*) È possibile cogliere nei processi mentali delle regolarità sottoposte a leggi, oppure tali processi non obbediscono a norme fisse, tantomeno del tipo di quelle operanti nel mondo fisico? Di recente quest'ultimo interrogativo (insieme con quelli circa l'oggettività/oggettivabilità di certi atti mentali) è stato riproposto dagli studi di intelligenza artificiale, in quanto il progetto di far eseguire a determinate 'macchine' operazioni implicanti l'uso di funzioni mnestiche, inferenziali, decisionali implica non solo che tali funzioni risultino individuabili o oggettivabili, ma anche che seguano regole relativamente precise.
Le teorie generali elaborate nell'ambito della filosofia della mente sono assai numerose. Esse si possono suddividere in tre orientamenti fondamentali: uno materialistico-identitistico, uno mentalistico-funzionalistico, uno ermeneutico-personologico. Per il primo di essi (H. → Feigl, D.M. Armstrong) la mente non è in alcun modo un ente autonomo. Quanto ai cosiddetti fenomeni mentali, essi sono considerati *identificabili* con corrispondenti fenomeni corporeo-materiali (neurocerebrali, biochimici ecc.). Anche le funzioni e le facoltà tradizionalmente concepite come «psichiche» sono in realtà meccanismi che solo le bio- e le neuroscienze possono cogliere con rigore. Ne consegue: a) che la scienza della mente deve essere rifondata e riespressa in termini bio-e/o neuroscientifici; b) che il metodo e le procedure da impiegare nello studio del mondo «mentale» sono quelli impiegati da tali scienze; c) che tale mondo appare perfettamente oggettivabile in fatti e processi obbedienti a leggi, ed esaminabili con ben precisi strumenti scientifici. Nonostante i successi ottenuti in certi ambiti di ricerca, la prospettiva identitistica si è scontrata con serie difficoltà di principio. Anche per questo vari studiosi hanno cercato di realizzare un approccio all'universo mentale di tipo diverso, «mentalistico». In linea generale il mentalismo afferma la relativa specificità di un polo o sistema «mente» e la non-identità dei singoli eventi mentali con corrispondenti fenomeni neurofisiologici e/o biochimici. Questa prospettiva ha però avuto sviluppi teorici assai diversi tra loro. Si è così delineato un mentalismo di carattere ontologico (K. Popper e J. Eccles), che interpreta la mente come una vera e propria realtà autonoma. E si è delineato un mentalismo di carattere funzionalistico (J. → Fodor e H. → Putnam), che ha esercitato un'influenza particolarmente viva nella filosofia della mente contemporanea. Per tale indirizzo la mente non si identifica col corpo, e tuttavia non si configura come una *res* meta-corporea. Essa va invece concepita come una *funzione*, che se certo si «incarna» in determinati organi o processi fisici non perciò coincide con essi. Al contrario, la funzione-mente mantiene una propria indipendenza che le consente di avere caratteristiche sue proprie, da studiare con metodi anche diversi da quelli bio-e/o neuro-scientifici.
Lo sviluppo della scienza cognitiva e dell'intelligenza artificiale ha insieme utilizzato e convalidato questa interpretazione del mentale: la mente è effettivamente apparsa concepibile come un insieme di funzioni nello stesso tempo autonome da rigide corrispondenze con la struttura biochimica e/o neurofisiologica dell'uomo, eppure obbedienti a sequenze causali e nomologiche tali da consentire una rigorosa «scienza del mentale». Una parte della ricerca di punta sul *modus operandi* del mentale si è riferita sempre più alle procedure e ai concetti elaborati dalle discipline di cui sopra: la mente si configura sostanzialmente come un sistema di informazioni acquisite ed «elaborate» secondo regole formali (H. Simon, D.A. Norman, Z. Pylyshyn). In anni recenti questo orientamento è stato tuttavia sottoposto a critiche assai consistenti (H. Dreyfus) e a significativi mutamenti o integrazioni teoriche (T. Winograd, M. Minsky). Si è sottolineato in particolare (J. → Searle) che la modellistica di ascendenza computazionale privilegia l'architettura puramente «sintattica» delle funzioni mentali, trascurandone l'aspetto intenzionale-semantico. Si è tornati ad approfondire la specifica organizzazione e azione della mente in sé (che secondo la teoria «modulare» di Fodor sarebbe costituita da un lato da sistemi centrali deputati alle funzioni psichiche superiori e dall'altro da sistemi periferici, o «moduli», operanti in modi indipendenti e interattivi). Si è, soprattutto, proposto di utilizzare come modello interpretativo della mente lo stesso cervello, con la sua struttura insieme estremamente complessa e relativamente semplice di *connessioni* neurali (donde il nome di → connessionismo attribuito a questa prospettiva).
Su un altro versante, quello che si è definito l'indirizzo ermeneutico-personologico ha invece proposto un approccio assai diverso ai problemi della filosofia della mente (H. Dreyfus, J. Margolis, Ch. Taylor). Per esso, le concezioni cui ci si è riferiti fin qui delineano un'interpretazione per più versi riduttiva del mentale, in quanto considerano l'evento mentale un mero *fatto*, e un fatto tendenzialmente *oggettivo* e *generale*. Ciò che tali concezioni trascurano è la dimensione *esperienziale* e *soggettivo-particolare* di tale evento. Quest'ultimo è non solo e non tanto un fenomeno standard obbediente a leggi, quanto un'esperienza vissuta da un *soggetto* secondo un determinato *contesto* socioculturale, un determinato *sistema* simbolico, determinate *maniere* individuali. Come dire che, per es., una credenza è non solo e non tanto

un fatto connesso a meri meccanismi endogeni (bio-fisiologici o funzionali-informazionali), quanto un evento coinvolgente una persona entro un sistema di relazioni e significati di cui vanno colti, con procedure opportune (fenomenologiche, ermeneutiche, idiografiche), anche le ragioni, i contenuti e i modi culturali e soggettivi (S. Moravia).
Al centro di questa prospettiva si colloca non tanto il *dato* mentale quanto l'*atto* mentale e, ancor più, il suo *agente*, coi suoi fini, le sue intenzioni, i suoi valori (R. Rorty); ovvero, non tanto il complesso di corredi bio-fisiologici o di funzioni e facoltà psichiche dell'uomo, quanto la *persona* (la persona *nel mondo*) come produttrice di azioni caratterizzate anche dalle intenzioni e dai sensi secondo cui vengono compiute e vissute. *Se. Mo.*

Mercier, Désiré (Braine-l'Alleud, Brabante, 1851 - Bruxelles 1926), filosofo e teologo belga. Prima arcivescovo di Malines, poi primate del Belgio (1906) e cardinale (1907), svolse una funzione determinante nello sviluppo della → neoscolastica. Nel 1882 ebbe a Lovanio la cattedra di filosofia tomista, e sotto la sua guida riprese la pubblicazione (1894) della «Revue néo-scolastique» (in seguito nota come «Revue philosophique de Louvain»). Tra il 1921 e il 1926 gli toccò il compito di guidare la delegazione cattolica durante le conversazioni di Malines con gli esponenti della chiesa anglicana, in vista di una possibile riunificazione delle due chiese. Intento principale del pensiero di Mercier è una rivalutazione del tomismo volta a inserirlo nel dibattito filosofico contemporaneo, dominato dal criticismo neokantiano e dal positivismo; a questo fine mirano i suoi studi, che si propongono di confutare il materialismo (*Logica*, 1894; *Criteriologia*, 1899) e di evidenziare l'attualità della gnoseologia tomista. Sua opera principale è il *Corso di filosofia di san Tommaso d'Aquino*, comprendente i corsi tenuti a partire dal 1892.

Merleau-Ponty, Maurice (Rochefort-sur-Mer 1908 - Parigi 1961), filosofo francese. Insegnò in vari licei di provincia, poi all'università di Lione e, dal 1949, alla Sorbona. Nel 1952 fu chiamato a succedere a Lavelle nella cattedra al Collège de France che era stata di Bergson. Durante la guerra aveva partecipato al movimento di liberazione e alla fine del conflitto divenne uno dei teorici esistenzialisti dell'«engagement» su posizioni di «terza forza», nel tentativo cioè di rappresentare un'area intellettuale tra il Partito comunista e i partiti liberal-democratici. Su queste posizioni fondò insieme a Sartre «Les Temps Modernes» e collaborò alla direzione del mensile dal 1945 al 1953, separandosi poi da Sartre (che attaccò aspramente per le sue simpatie per il Partito comunista francese e l'URSS), pur continuando a occuparsi di politica su posizioni socialiste.
Le divergenze politiche con Sartre avevano lontane radici in una versione profondamente diversa di quell'ontologia fenomenologica, di derivazione husserliana e heideggeriana, che entrambi perseguirono. Anche per Merleau-Ponty l'essere-nel-mondo, costitutivo dell'esistenza, è rapporto tra *coscienza* e mondo; tuttavia questo rapporto non può essere adeguatamente interpretato attraverso la contrapposizione sartriana tra *per sé* e *in sé*, che gli sembra riproporre il tradizionale dualismo cartesiano tra *res cogitans* e *res extensa* e sopravvalutare soggettivisticamente la libertà della coscienza. Soggetto e oggetto, io e mondo, libertà e necessità, non vanno visti nei termini antitetici della filosofia classica e delle sue soluzioni unilaterali (materialismo e idealismo). Seguendo le riflessioni dell'ultimo Husserl sul mondo della vita (*Lebenswelt*), che egli conosceva per aver studiato gli inediti husserliani dell'Archivio di Lovanio, Merleau-Ponty identifica il luogo fondamentale dell'esistenza nell'esperienza vissuta della percezione, dove soggetto e oggetto, coscienza e mondo si costituiscono in un rapporto di implicazione reciproca, di scambio e di interazione che la fenomenologia deve restituire nella sua ambiguità originaria.
• *Il corpo e l'esperienza del senso.* Tale progetto filosofico è perseguito da Merleau-Ponty a partire da *La struttura del comportamento* (1942). Passando in rassegna i risultati della psicologia contemporanea — dal comportamentismo e dalla teoria dei riflessi condizionati alla psicologia della forma e all'organicismo di Goldstein — Merleau-Ponty intende dimostrare che materiali empirici e concetti di grande rilievo, come quello di «forma», sono inseriti in costruzioni filosoficamente ingenue in quanto ancora troppo legate all'eredità del meccanicismo e del modello fisicalista. Il concetto di «forma» può diventare fecondo solo se lo si interpreta come *senso* della situazione, cioè come struttura e prospettiva per l'essere vivente in essa impegnato. La coscienza è sempre apertura al mondo, fisico e sociale, in quanto continua e mai conclusa ripresa di significati possibili che nella situazione sono soltanto abbozzati. Merleau-Ponty esclude quindi un'interpretazione idealistica della fenomenologia (sia nel senso hegeliano, sia nel senso del primo Husserl). La riduzione fenomenologica non ci mette in presenza di una coscienza «pura» e di un mondo a essa correlato di significati trasparenti, ma ci fa attingere una coscienza sempre definita dal corpo come rapporto originario con il mondo e dalla situazione storica come rapporto originario intersoggettivo.
La percezione assume il significato di esperienza primaria, pre-discorsiva, la cui analisi — che Merleau-Ponty svolge nella sua opera fondamentale, *Fenomenologia della percezione* (1945) — può offrire la chiave per la reinterpre-

tazione dei problemi classici della filosofia, in modo da evitare sia la riduzione idealistica del mondo a proiezione della coscienza, sia la riduzione positivistica dell'esistenza a parte di un meccanismo oggettivo e «cosa» del mondo. L'ultima parte della *Fenomenologia della percezione* è dedicata alla libertà e alle questioni connesse all'impegno. Contro l'interpretazione sartriana dell'intersoggettività come lotta tra le coscienze e reificazione reciproca, Merleau-Ponty insiste sulla complementarità del corpo proprio e del corpo altrui nell'esperienza percettiva, per evidenziare l'originarietà dei rapporti di comunicazione e di solidarietà. Allo stesso modo egli respinge la concezione sartriana della libertà assoluta: perché ci sia libertà occorre che ci sia un campo strutturato di condizionamenti e di possibilità, per cui la situazione sia aperta ad alcune soluzioni piuttosto che ad altre. Deve essere respinto l'oggettivismo positivistico di gran parte del marxismo contemporaneo; tuttavia occorre pensare la libertà all'interno delle coordinate storiche e delle tendenze che possono rendere efficace l'impegno: perché esista responsabilità bisogna tenere insieme la contingenza e la logica della storia.

• *Il confronto con il marxismo. L'iperdialettica.* I saggi raccolti in *Senso e non-senso* (1948) propongono una lettura esistenzialistica del marxismo fondata sul giovane Marx e stabiliscono la base teorica di un confronto critico-costruttivo con la politica comunista. Il momento di massimo avvicinamento al comunismo è in Merleau-Ponty l'interpretazione dei processi staliniani come tragedie da collocare in una storia rivoluzionaria che ha comunque come fine la fondazione di rapporti autenticamente comunitari (*Umanismo e terrore*, 1947). Ma all'inizio degli anni Cinquanta, nel clima della guerra fredda e della minaccia di un nuovo conflitto mondiale, Merleau-Ponty abbandonò qualsiasi privilegiamento della filosofia marxista della storia, le cui tappe vengono ripercorse criticamente in *Le avventure della dialettica* (1955). Nell'ultima raccolta di saggi (*Segni*, 1960), il marxismo è ridefinito come una componente indispensabile della nostra cultura accanto ad altre, e Marx come un «classico», operante ma inattuale.

Nelle note di lavoro degli ultimi anni (pubblicate postume da C. Lefort, *Il visibile e l'invisibile*, 1964) Merleau-Ponty riprende la riflessione sui temi più generali della sua filosofia avvicinandosi da un lato all'ontologia dell'ultimo Heidegger e formulando dall'altro una nozione di «iperdialettica» come apertura, senza sintesi e senza direzione univoca, alla pluralità e alla complessità relazionale dell'esperienza.

Contemporaneamente approfondisce l'analisi dell'arte, in particolar modo della pittura, come rapporto privilegiato all'Essere ante-predicativo che è per lui il terreno e la radice di ogni operazione scientifica, filosofica e politica di conferimento di senso (*L'occhio e lo spirito*, 1960). *C. Pi.*

Mersenne, Marin (Oizé, Maine, 1588 - Parigi 1648), teologo, filosofo e scienziato francese. Frate dell'ordine dei minimi, fu in relazione con pressoché tutti i dotti contemporanei, spesso operando da tramite fra essi; e raccolse attorno a sé un gruppo di matematici e fisici che sarà all'origine della futura Accademia delle scienze. Ammiratore e traduttore di Galileo, fu particolarmente amico di Cartesio: dopo che questi si stabilì in Olanda, divenne il suo corrispondente abituale, e curò l'edizione delle *Meditazioni metafisiche*, comprese le *Obiezioni*, delle quali stese egli stesso una parte. Privo di particolare originalità di pensiero, Mersenne è tuttavia un personaggio storicamente assai significativo. Abbandonò la tradizione scolastica per il meccanicismo, considerandolo il miglior antidoto all'eredità della magia e del naturalismo del rinascimento, di cui denunciò gli esiti atei, e comunque empi, in polemica con i libertini (*L'empietà dei deisti, atei e libertini del nostro tempo*, 1624). Nel contempo, in contrasto con la fondazione metafisica della fisica da parte di Cartesio, sostenne che il meccanicismo ha un valore esclusivamente metodologico e che la scienza deve limitarsi alla descrizione dei fenomeni e a ipotesi verosimili, ma sempre provvisorie, senza pretendere di cogliere l'«essenza» delle cose, la cui conoscenza è preclusa a noi uomini. Questa insistenza sui limiti della conoscenza umana ha anche lo scopo di salvaguardare la verità religiosa delle insidie della ragione filosofica. Tra le molte sue opere: *Quaestiones celeberrimae in Genesim* (1623); *La verità delle scienze contro gli scettici* (1625); *Synopsis mathematica* (1626); *L'armonia universale* (1636); *Cogitata physico-mathematica* (1644); *Nuove osservazioni* (1647).

Merton, Robert King (Filadelfia 1910), sociologo statunitense. Docente presso le università Tulane e Columbia, è il primo e più significativo esponente del funzionalismo critico. La sua opera maggiore, *Teoria e struttura sociale* (1951; nuova ediz. 1968), è costituita da saggi sulla necessità di integrare sociologia, e ricerca empirica, sulla storia della teoria sociologica, sulla sociologia della conoscenza e della scienza, e infine sull'analisi della struttura sociale da un punto di vista funzionalista. Le diverse prospettive che caratterizzano la produzione mertoniana (quella teorico-sistematica e quella relativa all'analisi della realtà sociale contemporanea) trovano unità nell'interesse dell'autore per i «problemi sociali», cioè per gli aspetti più critici della vita e dell'organizzazione della società contemporanea. Infatti sia il richiamo ai classici, sia la sua concezione del funzionalismo e della teoria sociologica (a medio raggio) servono a Merton per individuare un metodo e

un apparato teorico in grado di interpretare gli avvenimenti contemporanei e favorirne la comprensione. Per quanto riguarda la realtà contemporanea Merton individua i «problemi sociali» nei meccanismi dell'ordine, della stabilizzazione, del consenso, dell'organizzazione, della riproduzione della società, in rapporto ai quali egli esamina anche i fenomeni di conflitto, disorganizzazione, devianza, anomia, a cui i meccanismi dell'ordine sociale possono dar luogo. L'approccio funzionalista di Merton non dà per scontate la stabilità e l'integrazione funzionale delle varie parti di un sistema, ma considera la possibilità che il sistema sia mal integrato. Egli ha infatti criticato i postulati dell'analisi funzionale (unità funzionale della società, funzionalismo universale, indispensabilità), anche se ha vigorosamente difeso l'approccio funzionalista dalle accuse che a esso venivano mosse di rappresentare una prospettiva conservatrice.
Un buon esempio dell'analisi mertoniana è offerto dalla spiegazione di molti fenomeni sociali grazie alla distinzione tra le funzioni manifeste e quelle latenti, per cui la reale funzione esercitata da un'azione o da una struttura sociale può divergere rispetto a quella a essa attribuita da una collettività o da un gruppo sociale. Queste ambivalenze impediscono di considerare le società totalità unificate e coerenti (*Ambivalenze sociologiche e altri saggi*, 1976). Altre opere: *Sulle spalle dei giganti*, 1965; *Scienza, tecnologia e società nell'Inghilterra del XVII secolo*, 1970; *La sociologia della scienza* (1938; 2 ed., 1973).

Merton, Thomas (Prades, Pirenei, 1915 - Bangkok 1968), monaco cisterciense statunitense. Nei suoi scritti Merton si è impegnato in un'opera di divulgazione dei valori e delle scelte della vita monastica, mantenendo un costante contatto con la cultura contemporanea. La povertà, l'obbedienza, la rinuncia, la preghiera non portano alla separazione dal mondo, ma alla liberazione da ogni egoismo, e la contemplazione non è un valore in sé, ma una via verso tale liberazione (*La montagna delle sette balze*, 1947; *Semi di contemplazione*, 1951). Il trasferimento in Oriente e l'esperienza monastica propria di quelle religioni non furono altro per Merton che la logica conseguenza di questa ricerca di «liberazione» (*Mistici e maestri zen*, 1966; e il volume postumo *Lo zen e gli uccelli rapaci*, 1968).

mesótēs, termine greco (in ital., letteralmente, 'medietà') designante un concetto chiave dell'etica aristotelica secondo la quale la virtù nel campo delle passioni e delle azioni consiste nel «giusto mezzo» tra eccesso e difetto. (*Etica nicomachea*, II, 6). Già Platone conosceva la distinzione tra eccesso-difetto e «giusta misura» e se ne servì nel *Politico* per definire la «scienza regia», cioè il sapere pratico dell'uomo politico. In Aristotele la teoria del giusto mezzo non riguarda l'intera struttura del sapere pratico, ma solo la parte emotiva e irrazionale dell'anima. Questo significa che le virtù dianoetiche non sono determinate sulla base della mesótēs: la → *phrónēsis* non è giusto mezzo tra eccesso e difetto. È importante tenere presente che la mesótēs non si definisce sulla base di una determinazione quantitativo-geometrica del medio tra due estremi: non esiste una norma assoluta, ma il medio è sempre riferito al soggetto che agisce e alle circostanze in cui agisce, quindi a una situazione di radicale contingenza. Il cittadino virtuoso deve perciò essere in grado di fornire risposte giuste alla variabilità delle situazioni date. Per Aristotele la virtù del coraggio sarà la mesótēs tra temerarietà e viltà, così, come la liberalità lo sarà tra avarizia e prodigalità. La definizione della virtù come mesótēs stabilisce dunque la sua essenza in un comportamento fermo nel controllo degli eccessi passionali, capace di scegliere di volta in volta una rotta mediana flessibile di fronte alle vicende della vita morale e sociale. In questo contesto diventa centrale, ai fini della formazione del cittadino, l'abitudine a comportarsi in una certa maniera: compiendo via via atti virtuosi, determinati da norme e modelli estrinseci, si finisce per diventare virtuosi, per assumere la virtù come un *habitus* (→ abito-abitudine).

messa, nome con cui si indica nel rito latino la celebrazione liturgica dell'eucaristia (il termine deriva dal latino *missio, dimissio*, il congedo-benedizione con il quale si conclude la celebrazione stessa). La messa, che rappresenta l'azione liturgica centrale del cristianesimo, venne designata fin dall'origine sotto altri nomi: «cena del Signore» (dall'evento che è all'origine del rito); «frazione del pane» (dal gesto caratteristico della cena ebraica, assunto da Gesù a significare la donazione della propria vita «per i molti»); e, sempre più accentuatamente, → «eucaristia» (in rapporto al carattere di preghiera-benedizione dato da Gesù a questo rito, riattualizzando — in riferimento alla propria morte — l'antica preghiera di «memoriale» della liturgia pasquale ebraica: Marco 14, 22). Le successive denominazioni sottolineano il carattere comunitario (*agápē, synáxis, leitourghía, servitium, officium* ecc.) e, successivamente, sacrificale (*sacrificium, oblatio*) dell'azione stessa. La varietà della terminologia illumina i diversi legami che connettono il rito, istituito da Gesù alla vigilia della sua morte violenta, con la storia passata del suo popolo, con la propria esistenza e con il futuro dell'umanità nella chiesa. Con il passato: il rapporto stabilito da Gesù con la pasqua ebraica si coglie nelle parole da lui pronunciate, secondo il racconto degli evangelisti e di san Paolo, sul pane e sulla coppa di vino, parole ispirate al rituale ebraico; dove però al «memoriale» della liberazione dalla schiavitù egiziana viene sostituito il ricordo di Gesù stesso, della sua vita data per tutti, come nuovo e compiuto evento di salvezza. Con la propria vita: l'interpretazione data a essa da Gesù, sotto i simboli del pane e del vino offerti, è quella di una esistenza che si dona per far vivere gli altri; così Gesù anticipa il senso rivelativo-salvifico della propria morte. Con il futuro della storia dei credenti: il rito viene istituito da Gesù perché, attraverso la sua celebrazione, gli uomini possano essere inseriti nella forma di esistenza di Gesù risorto, e anticipare, nella fede in lui, il compimento escatologico.

La struttura della messa, fino al sec. IV abbastanza imprecisata, si venne poi progressivamente fissando, aggiungendosi a elementi derivati dalla liturgia ebraica sinagogale (centrale è quello della celebrazione della parola: Antico Testamento, Nuovo Testamento e omelia) simboli e riti delle culture nelle quali questa azione liturgica si andava inserendo (Bisanzio, tardo impero latino, curtis medievale ecc.). La messa, nella tradizione cattolica, viene così strutturata in tre momenti principali: liturgia della parola, offerta dei doni e anafora o canone eucaristico, comunione e congedo. Sussistono però, anche a fissazione avvenuta, notevoli varianti fra le grandi famiglie liturgiche (→ liturgia). La messa romana — stabilita tra i secc. VI e VII, e in un contesto ancora fortemente «patristico», sia dal punto di vista teologico sia dal punto di vista culturale in genere (primato della soteriologia, discorso sull'eucaristia non ancora definito con rigide categorie filosofiche, pur muovendosi entro un ambito di mentalità simbolico-platonica) — è testimoniata dai «libri liturgici». La fissazione definitiva, anche nei particolari, avviene però col concilio di Trento (messale di Pio V) e rimane pressoché immutata fino al concilio Vaticano II. Nella storia della messa, le variazioni sono in rapporto alle istanze teologico-spirituali prevalenti nelle varie epoche: nel medioevo, in un clima di allegorismo e di dispute eucaristiche sulla «presenza reale» (le più note sono quelle che vedono impegnato → Berengario di Tours), domina nello stile della celebrazione il desiderio di «vedere l'ostia» (elevazione, esposizioni eucaristiche ecc.). Nell'età moderna, in clima post-tridentino, per reazione alle istanze dei riformatori torna a prevalere la sottolineatura della «presenza reale» e del carattere sacrificale della messa. Nell'età contemporanea, in sintonia con le varie dispute tra gli «immolazionisti» e gli «oblazionisti», fioriscono espressioni varie di devozione eucaristica.

Il sec. XX apre un nuovo capitolo nella teologia e nella prassi liturgica della messa: nasce una teologia sacramentaria (C. Vonier, O. Casel, movimento liturgico ecc.), e si riscopre il carattere conviviale della messa, che prima era stato messo in ombra dalla polemica antiprotestante. Si recupera quindi il senso della partecipazione del popolo e, sul piano più propriamente filosofico, si introducono categorie personalistico-dinamiche, più vicine alla concezione originaria, biblico-patristica, della messa. Il concilio Vaticano II rappresenta in questo senso una tappa decisiva: introduce, con i suoi documenti applicativi, oltre che l'uso delle lingue nazionali, anche la varietà delle anafore e altri elementi che mettono in risalto la partecipazione del popolo all'azione liturgica, e il rapporto intrinseco, teologicamente pregnante, tra celebrazione e storia. *I. An.*

messaggio, in linguistica, → codice - messaggio.

messia, termine del linguaggio biblico che designava originariamente una persona consacrata con unzione di olio (dall'ebraico *mashîach*, unto, in greco *christós*). L'unzione è il rito che consacra il re di Israele, e più tardi il sommo sacerdote e i sacerdoti; essa significa la loro assunzione da parte di Dio, per la funzione che è loro propria; per essa diventano inviolabili e ufficiali rappresentanti di Dio, cui sono consacrati. «Unti» potranno essere detti, in più generale significato, i profeti, o altri, come Ciro, re dei persiani, in quanto riservati da Dio a realizzare un suo peculiare disegno. Il titolo di messia resta così intrecciato anzitutto al concetto di regalità, anche se in epoca tardiva potrà essere ravvisata una sorta di sdoppiamento tra un messia con caratteri regali e un messia con caratteri sacerdotali. Ma sin dall'inizio l'istituzione della monarchia regale incontrò in Israele l'opposizione del sacerdozio, che la denunciò come usurpazione dell'autentica regalità di Dio; e, anche quando fu accettata, vide spesso levarsi contro di sé le riserve e le condanne profetiche. L'effettiva prevaricazione della monarchia e la disincantata coscienza della fragilità e caducità di ogni regno umano indussero i profeti a volgere il proprio sguardo verso un regno nel quale Dio stesso garantisse, mediante un suo peculiare messia, un'epoca di prosperità e di pace per il suo popolo.

L'orizzonte nel quale questo regno si delinea è mondano e storico; la pace che esso apporterà è la liberazione dai mali di ogni genere che incalzano l'esistenza del popolo di Dio e gravano su di essa: sono i mali propri della condizione umana, la malattia e la morte, e insieme mali economici, sociali, politici, concretamente identificati nell'indigenza che affligge i poveri, nell'ingiustizia sofferta, nell'esilio e nella diaspora, nella dipendenza politica. Progressivamente questa visione si allarga sino a travalicare i limiti del popolo, e — mentre in certe linee e correnti si accentuerà il senso politico della liberazione, nell'attesa di una strepitosa vittoria del popolo eletto che annienterà gli avversari pagani (testimoniata soprattutto nella letteratura apocrifa dell'Antico Testamento) — in altre tendenze la pace e la salvezza appaiono co-

me un bene che Dio offrirà, attraverso il suo popolo, a tutta l'umanità. All'universalismo si accompagnerà una certa spiritualizzazione del regno messianico e del messia, nella quale troverà anche più matura espressione la dimensione escatologica a essi essenziale.
All'epoca di Gesù, le attese della futura salvezza si presentano non solo legate a figure diverse, che ne sarebbero i portatori (messia, figlio dell'uomo, profeta, sacerdote, maestro di giustizia, solo per indicarne alcune), ma la stessa categoria di messia appare internamente differenziata secondo tratti eterogenei e talvolta fra loro in tensione. Di qui la difficoltà che Gesù incontrò e che lo indusse a esprimere costanti riserve di fronte ai riconoscimenti e alle proclamazioni messianiche dei quali fu oggetto, sino a denunciare di alcune l'origine diabolica: egli non rivendicò mai per sé il titolo di messia, e solo alla fine della sua vita dichiarò di essere il «figlio dell'uomo». Le riserve di Gesù sollevarono gravi problemi di interpretazione circa la sua coscienza messianica: una delle tesi storicamente più interessanti fu quella del cosiddetto «segreto messianico» (W. Wrede), secondo cui Gesù impose il silenzio a chi lo designava con titoli messianici all'inizio del suo ministero, non invece nell'ultimo periodo, rifiutando però ogni coloritura politico-temporale. Al contrario, l'identificazione neotestamentaria di Gesù con il messia compie una sintesi — nuova per il giudaismo — tra il messia e la figura sofferente del «servo di Jahweh», che Gesù aveva assunto nella sua vita e nella sua passione. Da allora «messia», nella forma greca di «cristo», andò addirittura perdendo il suo valore di titolo, per divenire il nome stesso di Gesù. *G. B.*

messianismo, complesso di aspettative, speranze, tensioni orientate verso un'epoca escatologica di pace e di salvezza. Tale epoca è pensabile anche senza riferimento alla figura di un → messia personale e individuale. Già nell'Antico Testamento, del resto, è difficile identificare il messia quale persona singola, come invece risulta chiaramente nel Nuovo Testamento e nel giudaismo extrabiblico. Nel tardo giudaismo il messia ha una parte assai ristretta nelle speranze escatologiche. Alcuni aspetti essenziali del messia sono tramandati nella letteratura rabbinica; tuttavia manca una dottrina unitaria, e ogni tentativo di sistematizzazione è inconcludente. Uno dei 13 articoli di fede di Maimonide afferma: «Crediamo che (il messia) verrà e non tarderà, e se indugia, attendilo» (art. 12); ma in molte correnti del pensiero ebraico il concetto di messia risulta sfumato e impersonale, e in suo luogo è subentrata una teologia della Legge e della sovranità di Dio, dal quale si attende quanto si attribuiva al messia. D'altra parte più volte le comunità giudaiche furono turbate e divise dalla comparsa di falsi messia, il più noto dei quali fu Shabbetaj Zevì (→ sabbatianismo). Il sionismo e la fondazione dello stato di Israele hanno sottolineato certi aspetti tradizionalmente connessi con il messia, rilevando la grande ricchezza del concetto.
In una accezione generale, il messianismo può essere inteso non solo come una dimensione costante della Bibbia, e criterio interpretativo delle vicende che essa presenta, ma ancora come utopia feconda per il processo storico, quale guida e stimolo all'azione dell'uomo, che anche sotto la sovrana volontà di Dio resta responsabile della propria esistenza e della propria storia, anzi dalla sovranità di Dio è chiamato a questa responsabilità. Non del tutto indipendente dal messianismo biblico è quello rinvenibile nell'Islam, in particolare tra gli sciiti, per i quali l'avvento del → Mahdī segnerà il trionfo della giustizia e della pace. Fuori dell'influsso biblico, è rilevante la tensione messianica nel → mazdeismo, aperto alla speranza di un salvatore, il quale, apportando la vittoria della luce sulle tenebre, realizzerà la risurrezione e l'apocatastasi. Né va dimenticato il tratto messianico della IV egloga virgiliana.
Nel senso di una secolarizzazione del messianismo biblico e cristiano muovono certi movimenti che l'antropologia culturale rileva nei popoli soggetti alla colonizzazione; elementi religiosi, e spesso tipicamente cristiani, nel contesto della oppressione politica, sociale, culturale che minaccia di distruggere l'identità originaria dei gruppi, sono rivissuti e interpretati come stimolo e spinta a una riaggregazione che non solo garantisca la continuità del gruppo, ma lo conduca a piena e libera realizzazione.
Totale secolarizzazione e laicizzazione del messianismo si hanno in alcune correnti di pensiero e in movimenti storici dell'Occidente contemporaneo: dal nazismo al marxismo e, prima ancora, nelle loro radici storico-culturali quali l'illuminismo, l'idealismo e il positivismo. Benché si esprima in contenuti ideologici non solo diversi, ma spesso opposti, tale messianismo presenta in genere la costante della coscienza, elaborata da un gruppo, di una missione universale, aperta al futuro e di esso responsabile: futuro che realizzerà pienamente l'ideale di umanità di cui il gruppo è portatore, e come tale è vero interprete e autentico soggetto della storia umana. In questa radicale laicizzazione viene meno la presenza del divino e della sua azione efficace, quale componente del messianismo; il quale peraltro si trasfigura talvolta nella forma di un destino sovrano, che contende lo spazio alla libera determinazione dell'uomo. L'affermarsi, invece, di questa determinazione, l'affidarsi alla propria energia anche contro le ipostasi del divino, e le mitologie che ne sono l'avallo, conferisce all'impegno umano i tratti del mito prometeico.

metacritica, termine introdotto da J.G. Hamann nell'opera *Metacritica sul purismo della ragione* (1784), pubblicata postuma (1788) e diretta contro il trascendentalismo kantiano. In esso viene confutata la separazione kantiana «di ciò che la natura ha unito», cioè della sensibilità e dell'intelletto. La stessa pretesa, avanzata nella *Critica della ragion pura*, di partire da una trattazione della sensibilità priva di riferimento al linguaggio, mostra, secondo Hamann, che Kant sottace ingannevolmente quella che è invece la premessa di tutto il funzionamento della ragione, il linguaggio e la scrittura, vere condizioni di ogni sapere umano. Le parole sono insieme intuizione e concetto, sicché una filosofia fondata sul linguaggio annullerebbe la distinzione kantiana. L'unità di senso e concetto è già fondata nella «ricettività del linguaggio», che viene così contrapposta alla «ricettività della sensibilità» kantiana. Lo scolaro e amico di Hamann, J.G. Herder, riprese nalla *Metacritica alla Critica della ragion pura* (1799) la tematica hamanniana. Anche Herder rimprovera a Kant la scissione di materia e forma, cui contrappone la visione di un'unità fondamentale tra natura e spirito come l'aveva concepita Spinoza. Il linguaggio trascurato da Kant costituisce per Herder lo strumento fondamentale della ragione, forgiato dall'uomo per sopperire all'assenza di istinto che lo distingue dagli animali. La critica kantiana, sollevando la riflessione al di sopra del senso, ha finito, secondo Herder, per produrre una trascendenza ancora peggiore di quella della vecchia metafisica, generando una «ragione prima della ragione» in cui si attua una sintesi prima e fuori di qualsiasi dato. Il termine metacritica è oggi diffuso per indicare genericamente una critica rispondente a una critica, una replica filosofica a obiezioni.

metaetica, termine con cui si designa — specialmente nella filosofia di lingua inglese — lo studio dei caratteri specifici del *discorso* etico. L'espressione si contrappone a 'etica normativa', che designa invece la filosofia morale in quanto si propone di giustificare determinati contenuti etici (norme, valori). La metaetica ha avuto la sua stagione più intensa tra gli anni Quaranta e Sessanta, con l'opera di Ch.L. → Stevenson, R.M. → Hare, S. → Toulmin, W. Frankena, K. Baier e molti altri. Precedenti importanti di queste discussioni sono stati, in epoca recente, le riflessioni di → Wittgenstein (sia nel *Tractatus* sia nella *Conferenza sull'etica*, 1929) e dei neopositivisti (specialmente M. → Schlick e A.J. → Ayer), e prima ancora la tassonomia delle posizioni morali di H. → Sidgwick, e le analisi del linguaggio e dell'argomentazione morale svolte da G.E. → Moore nei *Principia ethica* (1903).

metafisica, termine che ebbe un'origine accidentale — *tà metà tà physiká*, cioè libri «successivi a quelli sulla fisica», furono intitolati dalla scuola aristotelica, nell'ordinamento del corpus del maestro, i 14 libri in cui questi aveva trattato la «filosofia prima» — ma che nel pensiero filosofico arabo e latino del medioevo divenne un termine dottrinale, usato appunto per indicare quella che Aristotele aveva denominato «filosofia prima».

• *Filosofia prima e teologia.* Per Aristotele, la filosofia prima è la scienza suprema in assoluto, perché la suprema fra le scienze teoretiche (le altre due, subordinate, sono la fisica, o «filosofia seconda», e la matematica); e ha due campi d'indagine: in generale «l'essere in quanto essere», e in particolare il sovrasensibile, ossia gli enti privi di materia, eterni. Come scienza dell'essere in generale, nel sec. XVII la metafisica riceverà il nome di → ontologia. Come scienza del sovrasensibile, la metafisica è la teologia; beninteso, la teologia filosofica, o «razionale», come si sarebbe precisato nel medioevo e nell'età moderna, per distinguerla allora da quell'altra teologia che trae il proprio contenuto dalla rivelazione e presuppone quindi la fede. Nel primo senso, per Aristotele la metafisica ha al suo centro la dottrina della → sostanza, in quanto questo è il significato fondamentale dell'→ essere, al quale si riconducono anche gli altri. Nel secondo senso, è la dottrina dell'Atto puro, o Motore immobile, e delle intelligenze motrici dei vari cieli, secondo la cosmologia aristotelica. Siffatta duplicità di significato rimarrà nei pensatori medievali che si rifaranno ad Aristotele, anche se con differenze fra gli uni e gli altri quanto alla collocazione della metafisica nel complesso del sapere: per es., per san Tommaso essa è nettamente subordinata rispetto alla «sacra dottrina», cioè alla teologia rivelata, poiché anche questa è una vera e propria scienza; mentre per Duns Scoto la metafisica torna a essere la scienza suprema perché, a suo giudizio, la teologia rivelata non è propriamente una scienza, essendo il suo scopo non già teoretico, bensì pratico (la salvazione, per via del buon volere e del ben fare). Quanto ai contenuti, divergenze notevoli si produssero, oltre che sul famoso problema degli → universali, a proposito dell'estensione della conoscenza puramente razionale di Dio da parte dell'uomo (per Tommaso assai più vasta che per Duns Scoto e poi per Occam, per il quale non sono dimostrabili né l'unicità né l'onnipotenza né l'infinità di Dio) e a proposito del rapporto fra l'«essere» di Dio e quello delle creature. Per Tommaso le creature *sono* in un senso che non è né univoco né equivoco rispetto all'essere di Dio, bensì «analogo», ossia di somiglianza imperfetta. Questa posizione dipende dal rapporto posto da Tommaso fra l'essenza e l'essere delle creature: mentre in Dio l'essenza e l'esistenza coincidono, in quanto egli esiste necessariamente, nelle creature c'è una distinzione «reale» fra l'essenza e l'esistenza poiché la loro esistenza non è necessaria. Invece, per Duns Scoto e per Occam, in ciò più fedeli ad Aristotele, l'essere si predica in senso «univoco» di Dio e delle creature (naturalmente, finché ci si limiti alla considerazione metafisica, cioè puramente razionale). Con Occam, comunque, si ha una critica dei concetti della metafisica tradizionale (sostanza, causalità, finalità) che prelude a quella dell'empirismo inglese.

• *Metafisica e scienza. La sistemazione kantiana.* Nel pensiero moderno, fino a oggi, la nozione di metafisica oscilla ancora fra i due poli della definizione aristotelica, in quanto contraddistinta ora dal suo carattere di generalità massima, ora dalla specificità dei suoi oggetti. In questo secondo senso, F. Bacone assegna alla metafisica la determinazione delle cause formali e finali, di contro alla «fisica», che si limita alle cause materiali ed efficienti. Una contrapposizione analoga si ha anche in Leibniz, per il quale la materia e il movimento sono meri fenomeni «fisici», mentre alla metafisica appartengono la sostanza e la forza. E per Cartesio, oggetto della metafisica sono le sostanze spirituali, la cui essenza è il pensiero, cioè Dio e le anime umane. Nel primo senso, invece, usano il termine «metafisica» alcuni illuministi, come E.B. de Condillac, J.B. D'Alembert e poi gli «ideologues», intendendo con esso la ricerca preliminare sull'origine delle idee, in opposizione alla «cattiva metafisica» tradizionale. Comunque, nell'illuminismo è già prevalente l'uso spregiativo di «metafisica», accusata di apriorismo e verbalismo: uso che occasionalmente era già comparso nel sec. XVII e poi proseguirà sino ad oggi, nelle correnti empiristiche. Nella prima metà del sec. XVIII una sistemazione venne tentata da Ch. Wolff, con la distinzione fra la «metafisica generale», od ontologia, e la «metafisica speciale», costituita da tre scienze razionali (cioè né empiriche né dipendenti dalla rivelazione): la psicologia, o scienza dell'anima come sostanza, la cosmologia, o scienza del mondo come totalità, e la teologia, o scienza di Dio. Seguirà questo schema anche Kant. Per Kant, la metafisica è «conoscenza razionale pura per concetti», distinta tanto dalla conoscenza empirica quanto dalla conoscenza matematica (che procede invece per «costruzione» di concetti). A rigore, quindi, fa parte della metafisica anche la «critica», propedeutica rispetto al «sistema» scientifico della conoscenza filosofica pura. Questo si divide in due parti, a seconda che si consideri l'uso teoretico o l'uso pratico della ragione: la «metafisica della natura», o dottrina dei principi a priori che costituiscono la fisica pura (secondo la sistemazione newtoniana), e la «metafisica dei costumi», o dottrina della virtù (sistema dei doveri) e del diritto (*Critica della ragion pura*, cap. L'architettonica della ragion pura). Ma, oltre la metafisica della natura, che è «immanente», in quanto riguarda il campo della nostra esperienza possibile, c'è poi la pretesa anche di una metafisica «trascendente», rivolta cioè al sovrasensibile e all'incondizionato, secondo le tre scienze metafisiche speciali ch'erano state distinte da Wolff; e a quest'altra metafisica Kant rivolge una critica distruttiva, nella Dialettica trascendentale della *Critica della ragion pura*, pur riconoscendo che nell'uomo è del tutto naturale l'aspirazione alla conoscenza dell'anima, del mondo (segnatamente per quanto attiene alla possibilità della libertà del volere) e di Dio. Naturalmente, altrettanto infondate quanto le affermazioni trascendenti risultano per Kant anche le negazioni corrispondenti: il materialismo, il fatalismo e l'ateismo. Comunque, la critica kantiana alla metafisica trascendente, di carattere epistemologico e fondata su argomenti logici, segna il culmine dell'illuminismo (il precedente più rilevante dal punto di vista filosofico è Hume) e nello stesso tempo anticipa le posizioni dell'empirismo del nostro secolo.

• *Metafisica e dialettica.* Nell'idealismo tedesco successivo a Kant la «metafisica» è in sostanza identificata con il sistema di Wolff, preso a modello dell'intellettualismo. Di qui è derivata anche l'opposizione, alla «metafisica», della → dialettica, enfatizzata da Engels: il pensiero metafisico (ivi compresi anche il meccanicismo moderno e il materialismo settecentesco) si preclude la comprensione del movimento e della vita, quindi della storia. Tuttavia Hegel stesso aveva identificato la propria logica, in opposizione alla logica formale, giustappunto con la «metafisica», sostenendo la tesi dell'identità del pensiero e dell'essere. In questo senso, il sistema di Hegel è l'esempio classico d'una metafisica dell'immanenza; ma in un significato contrario a quello in cui Kant aveva parlato della «metafisica immanente», giacché questa si fondava proprio sul principio dell'irriducibilità dell'essere al pensiero. A un siffatto principio tornerà, contro Hegel, L. Feuerbach, il quale critica la metafisica, tanto quella prekantiana quanto quella immanentistica dell'idealismo, denominandola «filosofia speculativa». Intanto, con una critica epistemologica della metafisica si annuncia anche il positivismo, con Comte: fra gli stadi che tutte le scienze attraversano nel loro sviluppo storico, quello metafisico è intermedio fra lo stadio primitivo, «teologico», e lo stadio «positivo» o scientifico. Lo stadio metafisico è per Comte una variante di quello precedente; si ha infatti allorché agli agenti soprannaturali, per la spiegazione dei fenomeni del mondo, vengono sostituite delle «entità astratte», come le idee platoniche, le sostanze e forme aristoteliche e così via, mentre l'atteggiamento genuinamente scientifico consiste nel limitarsi a determinare le «leggi» dei fenomeni, sull'esempio della legge della gravitazione universale.

• *La ripresa di metafisica e ontologia tra Otto e Novecento.* La necessità della metafisica viene invece rivendicata vigorosamente da J.F. Herbart, come affermazione dell'autonomia del reale rispetto al pensiero, fondata sull'assolutezza d'ogni singolo reale, in quanto in sé privo di molteplicità e irrelativo. Successivamente, essa viene rivendicata polemicamente dalle varie correnti spiritualistiche sviluppatesi, nel secolo scorso e nel nostro, in tutt'Europa, oltre che naturalmente dalla neoscolastica. Una difesa della metafisica, all'inizio del nostro secolo, è anche la filosofia di H. Bergson, che ne individua l'organo nell'«intuizione», la quale permetterebbe di cogliere l'interiorità e l'essenza del reale, cioè la vita e lo spirito, di contro all'intelletto, organo delle scienze, che si limita a ciò ch'è spaziale e discontinuo. Anziché di «metafisica», hanno parlato di «ontologia» Husserl e poi, seppur in sensi diversi, alcuni pensatori che da lui presero le mosse, come N. Hartmann e Heidegger. Quest'ultimo, nella seconda fase del suo pensiero, ha opposto l'ontologia alla «metafisica», concependo quest'ultima come caratterizzata — a cominciare da Platone e per arrivare sino a Nietzsche — da un «oblio dell'essere» inconsapevole, quindi come una sorta di «fisica» anch'essa. La metafisica occidentale si limiterebbe infatti agli enti, nel progetto di dominarli conoscitivamente e praticamente (attraverso la tecnica), e rovescerebbe il rapporto originario fra l'essere e la verità, concependo questa, anziché come l'autorivelazione dell'essere, come la norma o il valore che pretende di fondare l'essere.

• *La critica neoempirista.* Contemporaneamente, tuttavia, l'empirismo logico riprendeva la critica della metafisica, rinnovando la drastica alternativa ch'era stata formulata da Hume: sono da considerare «privi di senso» (conoscitivo) tutti gli asserti che non siano né analitici, come quelli della logica e della matematica, né osservativi o traducibili in termini osservativi. Questa posizione ha una formulazione classica nel saggio di R. Carnap *Il superamento della metafisica mediante l'analisi logica del linguaggio* (1932). Era stato Hobbes a sostenere per primo che l'alternativa fra il vero e il falso si applica alle proposizioni dotate di significato, ma che si danno anche proposizioni né vere né false, bensì «assurde»; e di quest'ultimo tipo erano, per Hobbes, le asserzioni tipiche della metafisica scolastica (*Leviatano*, cap. v). Per i neopositivisti, esempi tipici di «pseudo-proposizioni» sono asserti come quelli degli idealisti tedeschi o di Heidegger. In polemica (in parte solo apparente) col neopositivismo, K. Popper ha sostenuto che la «demarcazione» fra la scienza e la metafisica non coincide con quella fra presenza e assenza di significato conoscitivo, ma è data dalla falsificabilità, e quindi controllabilità, o non falsificabilità delle teorie. Le teorie genuinamente scientifiche sono quelle per le quali è possibile predisporre o almeno ipotizzare esperimenti tali che, se avessero un determinato risultato, le confuterebbero, mentre sono metafisiche le teorie che si sottraggono a qualsiasi controllo, come per es., secondo Popper, l'astrologia, la magia, o, modernamente, la psicoanalisi e il marxismo. Sul rapporto metafisica-scienza è attualmente di nuovo aperta la discussione, in rapporto alla storia della scienza, ad opera di T. Kuhn, I. Lakatos, P. Feyerabend ecc. (si veda il vol. collettivo *Critica e crescita della conoscenza*, 1970). Nell'ambito della filosofia analitica, P.F. Strawson ha avanzato la proposta d'una «metafisica descrittiva», quale descrizione della «struttura effettiva del nostro pensiero sul mondo» nei suoi tratti più generali e centrali (per es., l'opposizione fra i corpi materiali e le persone, studiata in *Individui*, 1959), in contrasto con la metafisica speculativa tradizionale. *S. La.*

metafora, procedimento che, nella *Poetica*, Aristotele definisce come «il trasferimento del nome di una cosa a un'altra cosa», annoverando il termine (in gr. *metaphorá*) tra quelli che non rientrano nell'uso corrente; Aristotele distingue quattro sorte di metafora: *1*) dal genere alla specie; *2*) dalla specie al genere; *3*) dalla specie alla specie; *4*) secondo analogia ($B{:}A = D{:}C$; per es., vecchiaia: vita=sera: giorno, così che D è sostituibile con B e viceversa); e assegna importanza preminente a quest'ultima. Nella *Retorica* mostra poi l'uso e la funzione della metafora, oltre che in poesia, anche nel discorso comune: le metafore piacciono perché hanno il vantaggio di produrre rapido apprendimento e conoscenza (il che vale anche per i paragoni, ma in grado minore, perché si tratta di metafore diluite). Le buone metafore sono distanti tanto dal banale quanto dallo stravagante, allo stesso modo che «in filosofia è da sagace vedere il simile in cose assai diverse»; esse sono contraddistinte dalla pertinenza e, insieme, dalla vivacità. La trattazione aristotelica, sia pure con qualche modifica tipologica ed esplicativa, è rimasta canonica nella tradizione retorica attraverso Cicerone e Quintiliano, i quali serbano alla metafora una posizione centrale nell'ambito dei tropi o traslati. Significativa, storicamente, l'avversione di Hobbes (*Leviatano*, parte prima, cap. v) per l'impiego di metafore ed espressioni figurate in luogo di parole proprie, perlomeno in filosofia: tale impiego sarebbe una delle fonti delle asserzioni assurde in cui incorrono i filosofi. Per un altro verso, è da segnalare la teoria di G.B. Vico (nella *Scienza nuova*) intesa a rovesciare la prospettiva che attribuisce la metafora all'inventiva degli scrittori: la metafora sarebbe stata in origine un modo di espressione necessario delle «nazioni poetiche»; solo più tardi, con il sorgere di termini astratti, sarebbe divenuta traslato.

Oggi la metafora, mentre rappresenta un problema serio sia per la stilistica sia per la linguistica, è oggetto di rinnovata attenzione e analisi in sede di filosofia del linguaggio e di filosofia della scienza, a opera tra gli altri di M. Black e di N. Goodman. Black (*Modelli e metafore*, III e XIII) sottolinea l'inadeguatezza di una spiegazione della metafora in termini di paragone implicito — «Riccardo è un leone» equivarrebbe, poniamo, a «Riccardo è come un leone (riguardo all'esser coraggioso)» — ossia come la formulazione di una qualche somiglianza preesistente: in taluni casi, sembra invece più illuminante dire che è la metafora «a creare la somiglianza». Black giudica interessanti filosoficamente le metafore in cui si dà «interazione», tali cioè che il sistema di implicazioni (ordinario, oppure appositamente costruito) relativo al termine che viene applicato metaforicamente funge da mezzo per selezionare e organizzare relazioni in un campo diverso. Secondo Black, si tratta di un'operazione che non si riduce a un confronto tra due contesti (originale, applicato) ma che li modifica entrambi (per es., dire che l'uomo è un lupo non getta soltanto una luce speciale sull'uomo ma rende in qualche modo più umano il lupo); sostituirvi una traduzione letterale comporterebbe allora una perdita non soltanto stilistica, ma di contenuto conoscitivo. Sotto questo aspetto, l'uso della metafora sembra potersi mettere in parallelo con l'uso di modelli nella scienza. In questo spirito, M. Hesse (*Modelli e analogie nella scienza*, 1966) ha sostenuto che la spiegazione teorica nelle scienze deve essere intesa non solo secondo il modello deduttivo (→ Popper-Hempel, modello) ma anche come «ridescrizione metaforica del dominio dell'*explanandum*».
Contro Black, e contro l'intera tradizione che parla di «significato metaforico», D. Davidson (*Quel che le metafore significano*, 1978) ha sostenuto che le metafore ottengono il loro effetto — orientare la nostra attenzione su certe somiglianze — attraverso il loro significato letterale. È proprio per il fatto che un enunciato metaforico ('Mr. Smith è un maiale') è falso, ed è riconosciuto come ovviamente falso, che si mette in moto il meccanismo di ricerca di ciò che l'asserzione dell'enunciato implica. La metafora non è dunque un fenomeno semantico: non esistono «significati metaforici». Una metafora non veicola alcun contenuto cognitivo speciale (a parte il suo significato letterale); la sua non parafrasabilità dipende dal fatto che ciò su cui essa attira l'attenzione non è esauribile da una formulazione linguistica (perché non ha carattere proposizionale). Una interpretazione della metafora molto simile a questa (anche se formulata in modo più sintetico) era stata presentata da H.P. → Grice in *Logica e conversazione* (1975).

metaforologia, termine designante l'orientamento di ricerca inaugurato dal saggista e filosofo tedesco H. → Blumenberg con la pubblicazione di *Paradigmi per una metaforologia* (1960) nell'«Archiv für Begriffsgeschichte» di E. Rothacker. L'idea di una metaforologia filosofica attecchisce in un *humus* culturale ricco anche di indirizzi extra-filosofici, quali anzitutto la *Toposforschung* — l'indagine sistematica dei «luoghi retorici» e delle grandi metafore operanti nella tradizione letteraria europea — dello storico della letteratura E. R. Curtius (1886-1956) e gli studi di semantica storica del linguista L. Spitzer (1887-1960). Sul versante propriamente filosofico la metaforologia si collega, sempre in area tedesca, a quelle teorie della cultura (anzitutto il neokantismo di E. → Cassirer) che nei primi decenni del secolo si proposero di individuare costanti interpretative («tipi», «visioni del mondo», «forme simboliche») intorno a cui raccogliere la varietà delle forme storiche concrete. Su questo sfondo la metaforologia di Blumenberg si articola come un'analisi dei complessi metaforici che presiedono alle grandi svolte storico-culturali (la «rivoluzione copernicana», il «libro del mondo» ecc.): figure-limite o idee regolative aconcettuali entro cui ogni cultura definisce il proprio orientamento d'insieme. I lavori di Blumenberg si inseriscono tuttavia nel quadro di un generale risveglio degli studi filosofici sulla metafora. Vanno a questo proposito ricordati, in ambito anglosassone, *Modelli archetipi e metafore* (1962) di M. Black e *Retorica e storia* (1973) di H. White, sulla funzione delle metafore nella narrazione storiografica. Di particolare rilievo, in ambito francese, i contributi di J. Derrida e di P. Ricoeur: in *La metafora viva* (1975) Ricoeur svolge un'indagine per definire il contenuto cognitivo delle metafore, mentre Derrida in *La mitologia bianca* (1971 e in *Margini della filosofia*, 1972) muove, seguendo Nietzsche, dall'assunto secondo cui la metafora è lo strato profondo e dimenticato del concetto. Ma radicalizzando alcune tesi di Heidegger che vede nella metafora la vocazione stessa della metafisica occidentale (in quanto fondata sull'opposizione tra proprio e improprio, sensibile e intelligibile), Derrida giunge a negare la possibilità di una metaforologia come disciplina filosofica autonoma, giacché i termini elementari di ogni discorso filosofico sarebbero implicati fin dall'inizio in una rete metaforica irriducibile.

metalinguaggio, in logica, linguaggio all'interno del quale sia possibile parlare di un altro linguaggio (che in tale contesto viene detto *linguaggio-oggetto*). Per fungere da metalinguaggio, un linguaggio deve rispondere ad alcune condizioni di adeguatezza; in particolare, deve contenere dei nomi per tutte le espressioni del linguaggio-oggetto, e deve essere in grado di

esprimere le relazioni tra queste espressioni (la *sintassi* del linguaggio-oggetto), e tra le espressioni e le entità extralinguistiche nei cui termini esse vengono interpretate (la *semantica* del linguaggio-oggetto). Nelle lingue naturali queste caratteristiche risultano con particolare chiarezza quando si parla di una lingua straniera; dicendo «il termine inglese «man» è un sostantivo» e «il termine inglese "Italy" denota l'Italia», si parla *in* italiano *dell'*inglese. In tal caso, in italiano (cioè nel metalinguaggio) si ottengono i nomi per le opportune parole inglesi ponendole tra virgolette, ed esprimendone quindi rispettivamente la natura sostantivale («man») e il rapporto di denotazione con l'*oggetto* Italia («Italy»). Quando però linguaggio-oggetto e metalinguaggio sono un'*unica* lingua naturale, si originano notevoli difficoltà: poiché, infatti, il metalinguaggio è in grado di esprimere la verità o falsità degli enunciati del linguaggio-oggetto, si può costruire un enunciato che asserisca la propria falsità, vero quindi se e solo se falso («antinomia del mentitore»; → paradosso). Ogni lingua naturale, potendo parlare di se stessa, è perciò contraddittoria.
La nozione di metalinguaggio torna particolarmente utile nello studio dei linguaggi formalizzati e dei sistemi formali (gruppi di assiomi e regole sintatticamente determinati) in essi definiti. Convenendo di chiamare *teoria deduttiva* un tale sistema per il quale sia stata fissata una semantica, e *metateoria* quella porzione di linguaggio naturale (o eventualmente di un nuovo sistema formale) in cui sia possibile «parlare» del primo sistema, la distinzione rigorosa dei rispettivi ambiti, ottenuta con la → formalizzazione, consente di conseguire notevoli risultati evitando inoltre il ripresentarsi di situazioni antinomiche.
Le più interessanti teorie sono tuttavia quelle ancora in grado di esprimere, con alcuni accorgimenti, tanto la propria sintassi quanto la propria semantica (teorie sintatticamente e semanticamente *chiuse*). In tali casi, la salvaguardia dai paradossi comporta drastiche limitazioni: così una teoria sintatticamente chiusa non può decidere di una fondamentale proprietà, quella di essere coerente (anche se può *esprimerla*), pena la perdita della coerenza stessa (teoremi di K. → Gödel). Per le teorie semanticamente chiuse, un teorema dovuto a A. Tarski (1935) rivela la necessità di limitare la potenza espressiva delle teorie, ammettendo che in esse sia possibile definire un predicato di → verità solo «parziale», vale a dire relativo ad «ambiti di discorso» per i quali le condizioni di verità della proposizione non coincidano esattamente con quanto da essa espresso.

metamatematica, o teoria della dimostrazione, termine con cui si indica il programma proposto da D. → Hilbert al fine di garantire che le usuali procedure dimostrative matematiche sono sufficienti a derivare l'intero corpo della matematica classica, ma non permettono di derivare nessuna contraddizione. Dopo aver costruito dei sistemi formali per varie teorie matematiche, era necessario porsi a un livello teorico superiore, in cui considerare le dimostrazioni della matematica formalizzata come oggetti di un'indagine informale, allo scopo di fornire la prova della coerenza del sistema in esame. Per porsi al riparo dalle critiche rivolte dall'→ intuizionismo alla matematica classica, si richiedeva che i metodi utilizzati nella dimostrazione di coerenza fossero di carattere finitista. La metamatematica si poneva quindi come un'analisi in termini costruttivi delle teorie formali, così da mostrare superfluo il ricorso al transfinito nelle dimostrazioni matematiche. L'irrealizzabilità del programma hilbertiano, almeno nei termini testé esposti, divenne palese in seguito a due noti teoremi di K. → Gödel. Da allora la nozione di teoria della dimostrazione ha subito una notevole trasformazione, divenendo essa stessa oggetto di una trattazione formale, in relazione anche alla riformulazione del programma hilbertiano a opera di G. → Gentzen.

metapsicologia, termine usato da Freud per designare l'aspetto più teorico e sistematico della concezione dell'individuo nella psicoanalisi. Essa prende in considerazione tre aspetti: il dinamico, il topico e l'economico (→ psicoanalisi).

metateoria, teoria che abbia come proprio oggetto d'indagine una data teoria; nel qual caso quest'ultima è detta teoria *oggetto*. Affinché una teoria possa realmente sostenere una rigorosa indagine razionale su di sé, è necessario che essa sia sufficientemente *precisata*. In generale questo tipo di precisazione è identificato nella formalizzazione, ovvero nella sostituzione alla teoria data di corrispondenti → sistemi formali. In tal modo il termine «metateoria» è spesso sinonimo di «teoria dei sistemi formali». Se questi ultimi sono considerati solo dal punto di vista della loro sintassi, si ha una metateoria *sintattica*. Si ha invece una metateoria *semantica* se ci si occupa della verità o falsità delle loro formule. La metateoria di una data teoria oggetto può, in quanto teoria, essere a sua volta oggetto d'indagine razionale; si ha così una *meta-metateoria* la quale, a sua volta, può essere oggetto d'indagine ecc. La gerarchia delle possibili metateorie è dunque *infinita*. La distinzione netta fra teoria oggetto e metateoria, oltre che alle problematiche metamatematiche hilbertiane (D. → Hilbert), è legata alle ricerche semantiche di A. → Tarski, secondo le quali una adeguata nozione di verità delle proposizioni di una teoria non può essere trattata entro la teoria stessa ma solo in una specifica metateoria semantica.

metempsicosi (dal gr. *metempsýchōsis*, passaggio delle anime), teoria secondo la quale le anime vanno soggette a successive reincarnazioni. La testimonianza di Erodoto, che la metempsicosi derivasse ai greci dall'Egitto, è considerata infondata dagli storici, dal momento che nell'antico Egitto non si riscontra una teoria siffatta. In Grecia, orfismo e pitagorismo inserirono la dottrina della trasmigrazione delle anime in un quadro cosmologico che prevedeva un tempo ciclico per l'universo; su questa linea si mosse Platone, che concepì le successive reincarnazioni come necessarie per espiare una colpa originaria, di modo che all'anima fosse concesso di ritornare nel mondo delle idee, in uno stato di eterna e immutabile beatitudine, conseguita mediante la contemplazione della verità. Lo gnosticismo vide nella metempsicosi un mezzo necessario all'anima, oltre che per espiare le colpe, per sviluppare la capacità latente di aprirsi alla gnosi totale. Tracce di dottrine reincarnazioniste si trovano anche in alcuni scrittori cristiani delle origini: san Giustino parla di preesistenza dell'anima e di necessarie sue esistenze future, mentre Origene inserisce la convinzione della preesistenza delle anime nel contesto dell'universale → apocatastasi o ricostruzione dell'universo. Nel giudaismo, la metempsicosi è ammessa in varie forme solo in alcune correnti della → qabbalah e del → chassidismo. In età moderna, richiami alla metempsicosi si hanno in G. Cardano, B. Telesio, G. Bruno e nei seguaci delle diverse sette teosofiche, antroposofiche e spiritistiche. Oltre che nella civiltà greca e nella tradizione europea, la credenza nella metempsicosi è presente in altre aree culturali: il caso più notevole è costituito dal complesso teorico elaborato dall'induismo e dal buddhismo, che fa perno sul concetto di → *saṃsāra*, il ciclo di nascite e morti, e sulle tecniche di liberazione da tale ciclo.

metessi, → mimesi.

metodismo, movimento evangelico di «risveglio» (*revival*) sorto in seno all'anglicanesimo nel sec. XVIII per iniziativa del prete anglicano J. → Wesley e di suo fratello Charles, come reazione alla sclerosi teologica e religiosa della chiesa ufficiale (il termine deriva probabilmente dai metodi sistematici impiegati negli esercizi spirituali). Mediante una infaticabile predicazione itinerante, fatta in forme semplici e popolari, Wesley stigmatizzava il peccato, sollecitava alla conversione (anche con l'evocazione dei castighi infernali e del tremendo giudizio di Dio) e propugnava un ideale di religiosità calda e fervorosa. Sono evidenti nella predicazione di Wesley gli influssi del puritanesimo inglese e del pietismo tedesco. I «convertiti», provenienti dal proletariato delle miniere, dal popolo delle città e delle campagne e da quella parte del ceto medio che la chiesa anglicana aveva trascurato, costituirono piccoli gruppi, dediti alle pratiche devote (lettura della Bibbia, conversazioni spirituali, comunione settimanale, digiuno, canti) e all'impegno caritativo (assistenza degli ammalati, dei poveri e dei carcerati, istruzione dei ragazzi abbandonati). Wesley organizzò i gruppi, o «società», in «circoli» (*circuits*), che vennero riuniti in «distretti», e costituì una schiera di predicatori itineranti destinati a visitarli. In virtù del suo spirito missionario e nonostante l'opposizione del clero anglicano, che escluse dal pulpito i predicatori del movimento, accelerandone così il distacco, il metodismo si diffuse largamente in Inghilterra e in America, dove furono ordinati i primi vescovi, e, attraverso le missioni, in Africa, Asia e Australia. Il metodismo ha in comune con le chiese nate dalla riforma la dottrina della giustificazione per grazia mediante la fede, ma per l'influsso del pietismo ha sottolineato il valore della testimonianza interiore dello Spirito Santo, per cui il cristiano, sicuro di partecipare alla redenzione di Cristo, si sforza di liberarsi dal male e di attuare la propria santificazione adempiendo i precetti dell'amor di Dio e del prossimo. Questa prospettiva, che pone Dio a diretto contatto con l'uomo, porta il metodismo a respingere la dottrina calvinista della predestinazione e ad avvertire più profondamente la dimensione etica di quella dogmatica (e in ciò è la ragione della sua vitalità). Oggi il metodismo (che si può considerare chiesa indipendente sin dal 1739) conta circa 43 milioni di aderenti, diffusi in particolare negli Stati Uniti. Le comunità metodiste, che godono di grande autonomia, sono associate nel World Methodist Council.

metodo, insieme di prescrizioni relative allo svolgimento di un'attività in modo ottimale. L'attività in questione può essere sia una prassi collettiva assai complessa, come la gestione della comunità politica («metodo democratico»), sia la risoluzione di un problema teorico specifico («metodo diagonale di Cantor», «metodo delle tavole semantiche»). Nonostante questa estrema generalità d'uso, tuttavia, il concetto di metodo è storicamente legato soprattutto al problema dell'acquisizione della certezza in campo conoscitivo. Nella storia del pensiero occidentale, si deve probabilmente a Socrate l'idea che l'attività avente per fine la conoscenza debba conformarsi a regole, come ogni altra arte; nei dialoghi platonici che sembrano riflettere più da vicino il suo insegnamento, Socrate appare pienamente consapevole del rapporto tra la validità di una conoscenza e il modo in cui essa viene raggiunta, che è poi l'essenza di ogni posizione che riconosca importanza preminente al metodo. Sia il metodo maieutico di Socrate, sia il metodo dialettico (→ dialettica) teorizzato da Platone, sono procedure volte a evitare l'errore nell'analisi dei concetti; specialmente quella forma di errore che consiste nell'accettazione tacita di pregiudizi. Il metodo dialettico, peraltro, contiene anche istruzioni positive che dovrebbero consentire la corretta analisi di un concetto. Già in Platone sono quindi presenti i due tipi di prescrizioni che caratterizzeranno le successive soluzioni del problema del metodo: un metodo consta di solito di prescrizioni negative, o «igieniche», intese a evitare gli errori, e di prescrizioni positive, o regole euristiche, finalizzate alla costruzione della conoscenza. Appartengono, per es., al primo tipo di prescrizioni le regole di F. Bacone per l'eliminazione degli *idola* e la prima e la quarta regola del metodo di Cartesio; sono istruzioni del secondo tipo le regole per la costruzione delle tavole di presenza e assenza in Bacone e la seconda e terza regola del metodo di Cartesio. Mentre le regole del primo tipo sono di solito desunte da una teoria filosofica dell'errore, quelle del secondo tipo vengono spesso derivate dall'analisi di un'impresa conoscitiva esemplare. Storicamente, i modelli più influenti da questo punto di vista sono stati la geometria, nella forma in cui essa è esposta negli *Elementi* di Euclide e, a partire dal sec. XVII, la fisica e in particolare la meccanica. Dall'analisi del modo di costruzione della geometria euclidea derivò il *metodo geometrico*, che insegna a procedere da assiomi e definizioni alla deduzione di teoremi; dall'analisi del modo di procedere della fisica (analisi cui gli stessi fondatori della fisica classica, come Galileo e Newton, diedero importanti contributi) fu desunto il *metodo sperimentale*, che consiste nella formulazione di ipotesi e nella loro verifica mediante l'esperienza. Con l'espressione «metodo ipotetico-deduttivo» si allude talvolta a certe caratteristiche comuni ai due metodi, una delle quali, cioè l'assunzione di ipotesi e la derivazione delle loro conseguenze logiche, è propria soprattutto del metodo geometrico.

In epoca contemporanea, entrambi i metodi sono stati sottoposti a serrata discussione. I tentativi di rendere assolutamente rigoroso il metodo geometrico hanno portato, soprattutto per opera di D. Hilbert e della sua scuola, alla costituzione di almeno due discipline logico-matematiche, l'assiomatica e la teoria della dimostrazione. Del metodo sperimentale fu sottoposto a critica specialmente il concetto di verificazione; ai neopositivisti — per i quali le scienze sperimentali sono caratterizzate dallo sforzo di aumentare il grado di conferma empirica delle ipotesi, cioè la massa di dati osservati che coincidono con conseguenze deduttive di un'ipotesi scientifica — K. Popper contrappose la sua teoria della *falsificazione*. Sviluppando le idee di Popper, I. Lakatos (*Critica e crescita della conoscenza*, 1970; *Dimostrazioni e confutazioni*, 1976) ha mostrato che in tutte le scienze i tentativi riusciti di falsificazione mettono capo il più delle volte a una riformulazione dell'ipotesi, più che al suo abbandono. Il processo euristico appare quindi estremamente complesso e difficilmente riducibile all'osservanza di semplici regole; ciò ha indotto P. Feyerabend (*Contro il metodo*, 1970) a negare ogni interesse alla ricerca metodologica, che consisterebbe nel tentativo di imporre alla «nuova» scienza canoni desunti dai procedimenti attraverso cui la «vecchia» scienza si è costruita. L'adesione a un metodo sarebbe quindi di ostacolo all'innovazione scientifica, che si realizza proprio mettendo in discussione i pregiudizi incorporati nelle vecchie teorie e nei «dati» osservativi che le corroborano.

Métraux, Alfred (Losanna 1902 - Parigi 1963), etnologo svizzero. Allievo di M. Mauss e di E. Nordenskiöld, ha insegnato nelle università di Tucumán (Argentina), Santiago del Cile, Città del Messico, Berkeley, Yale, Parigi e Honolulu e ha svolto ricerche sul campo in Polinesia, nell'isola di Pasqua, in Africa e nelle Americhe (Chaco, regione andina, Messico, Haiti). La maggior parte delle sue indagini riguarda problemi di storia delle religioni, e in particolare aspetti della sopravvivenza e delle metamorfosi di antiche religioni presso le popolazioni cosiddette «primitive» venute in contatto con il mondo occidentale. Oltre alle sue indagini sullo sciamanesimo, si ricorda in special modo l'ampio lavoro di raccolta e interpretazione dei materiali religiosi da lui compiuto ad Haiti (*L'Africa viva di Haiti*, 1951; *Haiti, la terra, gli uomini, gli dei*, 1957). Da questi materiali Métraux ha ricavato, tra l'altro, uno studio sul → vudu (*Il vudu haitiano*, 1958), sottolineandone l'aspetto di «possessione controllata, obbediente a regole precise», non dionisiaca, dunque, ma simile semmai a certe forme di ipnosi. Altre opere: *L'isola di Pasqua* (1941); *Gli incas* (1961); *Religioni e riti magici indiani nell'America meridionale* (postuma, 1967). Collaborò al *Manuale degli indiani sudamericani* della Smithsonian Institution.

Metrodoro di Chio (seconda metà del sec. V - prima metà del sec. IV a.C.), filosofo greco. La tradizione lo considera allievo di Democrito e le fonti concordano sul carattere atomistico della sua dottrina. Della sua opera, intitolata *La natura*, restano due frammenti. Gli vengono attribuite anche le *Storie ioniche* e le *Storie troiane*. Nella *Natura* Metrodoro avrebbe sostenuto l'eternità e l'infinità dell'universo e l'infinita molteplicità dei mondi esistenti, sviluppando, attraverso studi di astronomia e di meteorologia, analoghe tesi di Democrito. Ma tra gli antichi ci fu chi lo considerò uno scettico, basandosi soprattutto sull'esordio della sua opera: «Io affermo che noi non sappiamo se sappiamo o ignoriamo qualche cosa; e che non sappiamo neppure se sappiamo o non sappiamo questa cosa stessa, né assolutamente se esista qualche cosa o no» (in Cicerone, *Academica priora*, II, 23). La critica moderna, però, tende a interpretare questo frammento come espressione di una concezione razionalistica della conoscenza, che rifiuta la semplice testimonianza dei sensi e il conoscere come adeguazione dell'intelletto alla cosa. In questa luce sarebbe da intendere anche il secondo frammento pervenutoci: «Tutto è quel che si pensa», o, come altri traducono, «Esiste tutto ciò che si può pensare» (Eusebio, *Preparazione evangelica*, XIV, 19, 8).

Metz, Johann Baptist (Velluck, Baviera, 1928), teologo cattolico tedesco. Principale rappresentante della → teologia politica europea. Discepolo di K. Rahner, Metz si differenzia dal maestro soprattutto nell'intento di ridare carattere pubblico al messaggio cristiano, sottoposto a un processo di privatizzazione da parte della società borghese (*Sulla teologia del mondo*, 1968). A questo scopo egli, oltre a sostenere un approccio più sociale al cristianesimo, opera un confronto non solo critico, ma anche pratico con la modernità. Nell'opera *La fede nella storia e nella società. Studi per una teologia fondamentale pratica* (1977), Metz esamina le tre categorie che agirebbero nel processo di pragmatizzazione della teologia: a) la memoria della passione, morte, resurrezione di Gesù Cristo, definita dallo stesso autore una «memoria pericolosa» che apre una speranza generatrice di nuove energie; b) la narrazione di ciò di cui si ha memoria, intesa come completamento, tramite la teologia narrativa, della teologia ermeneutica e argomentativa; c) la solidarietà, che in *Tempo di religiosi? Mistica e politica della sequela* (1977) viene definita mistico-politica (mistica perché nasce dalla memoria e dalla narrazione della vita di Gesù di Nazareth, politica perché diventa prassi in favore dell'uomo).

Meyerson, Émile (Lublino 1859 - Parigi 1933), filosofo francese di origine polacca. Discendente da famiglia ebraica, compì gli studi scientifici in Germania; si stabilì quindi in Francia. Indagando il fondamento critico delle scienze, Meyerson contesta ai positivisti la legittimità di assegnare alla scienza soltanto il compito di studiare come accadano i fenomeni, le loro leggi; compito della scienza deve essere invece quello di spiegare il perché dei fenomeni, riconducendoli alle loro cause. La spiegazione razionale mira, secondo Meyerson, all'identificazione del molteplice con l'uno, mediante il principio di identità, che sta alla base del principio di causalità (la sostanziale equivalenza di causa ed effetto), della legge d'inerzia (la permanenza del moto) e del principio di conservazione dell'energia. La teoria della relatività di Einstein, che riduce la fisica a geometria, si muove secondo Meyerson in tale direzione. Nonostante i molti successi, la conoscenza scientifica deve però fare i conti con i fenomeni non unificabili, denominati da Meyerson «irrazionali» e che non sono riducibili al processo di identificazione: primo fra questi è il principio di Carnot, riguardante l'irreversibilità delle trasformazioni termiche e che perciò «è chiaramente un enunciato di mutamento, non di conservazione». La filosofia compie lo stesso cammino della scienza e realizza il suo compito di afferrare l'identità del molteplice quando oltrepassa il mondo dei fenomeni per diventare «metafisica». Opere principali: *Identità e realtà* (1908); *La spiegazione nelle scienze* (2 voll., 1921); *La deduzione relativista* (1925); *Il cammino del pensiero* (3 voll., 1931); *Reale e determinismo nella fisica quantistica* (1933).

Michels, Roberto (Colonia 1876 - Roma 1936), sociologo tedesco. Formatosi in Germania, dove ebbe tra i suoi maestri M. Weber, dovette rinunciare alla carriera accademica in patria per le sue simpatie socialiste, e insegnò quindi nelle università italiane, a Torino e Perugia. È noto soprattutto per la «legge ferrea dell'oligarchia», formula in cui riassunse la constatazione che nelle organizzazioni politiche (partiti e sindacati del movimento operaio, le principali organizzazioni di massa della sua epoca) la direzione e la rappresentanza politica tendono a essere monopolizzate da una oligarchia di politici di professione, di fatto insostituibili, per attitudini e competenze che i membri della base né hanno né possono formarsi. Anticipando le teorie delle *élites*, Michels sviluppò nella sua opera principale, *Sociologia del partito politico nella democrazia moderna* (1911), la teoria che il fenomeno del professionismo politico e sindacale fosse dovuto a crescenti esigenze di organizzazione dei partiti e dei sindacati operai che rendono necessaria la prestazione continuativa e specializzata di funzionari e dirigenti. L'adesione di Michels al socialismo si riflette nella sua ampia produzione scientifica sulla situazione delle classi popolari e del movimento operaio in Italia, Francia e Germania intorno alla prima guerra mondiale, sull'impresa italiana in Libia (che considerò un «imperialismo della povera gente»), sul ruolo dell'intellettuale di formazione borghese nel movimento operaio. Consapevole della dissociazione del movimento socialista tra una teoria rivoluzionaria e una prassi riformista, e non trovando obiezioni scientificamente valide a una teoria dell'*élites* che considerava le masse incapaci di partecipazione politica se non saltuaria ed emotiva, egli mutò il proprio atteggiamento in senso conservatore negli scritti sull'Italia degli anni Venti. La sua opera tarda è tutta rivolta alla storia delle dottrine economiche e morali.

Michelstaedter, Carlo (Gorizia 1887-1910), filosofo italiano. Compì gli studi dapprima a Vienna, poi a Firenze. Morì suicida subito dopo la stesura della tesi di laurea. Oltre a questa (*La persuasione e la rettorica*, uscita postuma nel 1913), la sua produzione comprende il *Dialogo della salute*, poesie, frammenti critici, aforismi ecc. (la scelta più ampia si trova in *Opere*, a cura di G. Chiavacci, 1958). Nata in sede storiografica come articolazione di un serrato confronto critico fra l'autentica sapienza originaria dei pensatori presocratici e la successiva «degenerazione mondana» della filosofia a partire da Platone, l'opera di Michelstaedter amplia questo confronto fino a farne il nucleo di una critica radicale che investe tutto il pensiero e tutta la cultura eredi del sapere post-socratico. Rifacendosi all'antica distinzione di Parmenide fra il mondo dell'*alétheia* e il mondo della *dóxa*, Michelstaedter la reinterpreta opponendo la via vera di ciò che egli chiama «persuasione» al mondo falso della «rettorica». L'universo della «rettorica» è quello (definito per la prima volta in tutta la sua portata da Aristotele) dove dominano tutte le istituzioni (economia, diritto, stato, cultura ecc.), con le quali l'uomo si è illuso di mascherare il violento impulso all'autoconservazione che lo porta a considerare i suoi simili come meri strumenti del proprio egoismo. Opponendosi a ciò che definisce la «comunella dei malvagi», e alla loro lingua menzognera, la filosofia di Michelstaedter delinea nella sua parte positiva l'ideale — un ideale dai connotati fortemente schopenhaueriani — di un'individualità non più falsa e dimidiata, bensì integra e pura. La via della «persuasione» è la via di quelle personalità etiche che, sotto l'urgenza del dolore, si mostrano in grado di trascendere l'irretimento nella sfera egoistica dei propri bisogni umani per affermare una superiore realtà spirituale: la realtà del «beneficio», vale a dire di un dono di sé capace di rilevare la presenza, nell'umano, di una superiore trascendenza.

microcosmo, termine filosofico designante l'uomo concepito come un «piccolo mondo» (dal greco *mikrós*, piccolo, e *kósmos*, mondo), in cui è riflesso l'universo o macrocosmo. Nell'antichità era predominante la credenza che il mondo o cosmo fosse animato, ossia dotato di un'anima. Questa concezione implicava l'idea che le parti e le membra degli esseri viventi o degli organismi dovessero avere la loro controparte nelle membra dell'universo, e che il corpo umano a sua volta rappresentasse un universo in miniatura. Questa idea dell'uomo come microcosmo ricorre costantemente nella filosofia greca, da Anassimene a Pitagora, da Eraclito a Empedocle, dagli stoici ai neoplatonici. Essa trovò la sua espressione più famosa nel mito platonico dell'origine del mondo raccontato nel *Timeo*, secondo il quale l'anima e il corpo del mondo furono creati dal demiurgo avendo a modello la forma ideale della creatura vivente: l'anima del mondo fu costruita secondo complessi rapporti musicali, e a essa fu unito un corpo perfettamente sferico e privo di organi di senso. Assente dalla fisica aristotelica, che voleva evitare qualsiasi animismo cosmologico, l'idea di una corrispondenza tra macrocosmo e microcosmo riappare nel pensiero degli stoici, che concepivano il mondo come un continuo animato e cosciente, le cui parti agivano le une sulle altre per simpatia. Nel trattato *Sulla dieta* contenuto nel *Corpus hippocraticum* (complesso di scritti a carattere medico composti tra il sec. v e l'epoca ellenistica) è possibile rilevare come per la medicina antica la corrispondenza fra microcosmo e macrocosmo fosse determinante, al punto che su di essa era fondata ogni scelta terapeutica.
Il significato del termine non mutò, sostanzialmente, nei neoplatonici, negli gnostici e nella → qabbalah ebraica. La scolastica cristiana approfondì il senso della somiglianza tra uomo e universo, richiamandosi al rapporto esistente tra l'uomo «immagine di Dio» e il cosmo, anch'esso segnato dalle orme del suo creatore. I filosofi della natura del rinascimento, come Paracelso e G. Bruno, immaginarono elaborati sistemi di simpatie e di corrispondenze tra gli astri del firmamento e le parti dell'organismo umano. L'idea di una corrispondenza tra macrocosmo e microcosmo, con le sue applicazioni magiche e occultistiche, perse sempre più vigore nel corso del sec. XVII di fronte all'affermarsi della concezione meccanicistica della natura e del mondo, ma una ripresa si ebbe nel sec. XIX a opera di R.H. Lotze, il quale nell'opera *Microcosmo. Idee sulla storia naturale e sulla storia dell'umanità* (1856-64) tentò di elaborare un sistema spiritualistico-monadologico, regolato dall'idea leibniziana di armonia prestabilita fra le forze spirituali e quelle materiali dell'universo.

midrash, termine della letteratura rabbinica (dall'ebraico *darash*, investigare, studiare) designante sia il metodo di esegesi biblica seguito dalla tradizione ebraica, sia le opere che ne contengono il frutto, sia il genere letterario di tali opere. Il midrash (plurale *midrashîm*) — che ha le sue origini nello studio e nella spiegazione della Torah (Legge) da parte degli scribi del sec. v a.C. (cfr. Neemia 8, 1-8) e che si sviluppa fino al sec. XII — risponde alle esigenze di ricercare con la massima precisione il significato, anche più implicito e sottile, della norma biblica, per renderla applicabile alle nuove condizioni di vita e consacrare antiche tradizioni e nuovi istituti giuridici e religiosi mediante un collegamento alla Legge stessa. Il midrash raccoglie anche tradizioni storiche e leggendarie relative a fatti o a personaggi biblici, racconti, parabole, proverbi, spiegazioni morali e speculazioni messianiche. Il midrash assume perciò due forme distinte, a seconda dei contenuti e delle finalità: il midrash giuridico o halakhico (→ halakhah) e il midrash parenetico o haggadico (→ haggadah), che a differenza del primo non si applica solo al Pentateuco, ma anche agli altri libri biblici. I midrashîm si dividono inoltre in esegetici o accademici (sorti cioè nelle accade-

mie rabbiniche), che seguono l'ordine dei testi biblici commentati, e omiletici o sinagogali, che sono raccolte di prediche sulle pericopi sabbatiche e festive della Bibbia lette nella sinagoga, oppure su passi di un singolo libro biblico.
Da un punto di vista cronologico (con riferimento però alla redazione finale, dato che i materiali incorporati possono essere molto più antichi), i midrashîm si classificano in antichi o tannaitici (epoca dei tannaiti o maestri della *Mishnah*, secc. I-III d.C.), prevalentemente halakhici; medi o amoraici (epoca degli amorei o maestri del Talmud, secc. III-V), prevalentemente haggadici; tardi (secc. VI-XII); antologie (tardo medioevo e rinascimento). La lingua è l'ebraico o, per i midrashîm amoraici, l'aramaico. Il midrash è importante anche per l'esegesi del Nuovo Testamento: presenta infatti analogie con forme e contenuti degli scritti neotestamentari, che contribuisce a chiarire sotto vari aspetti.

Miegge, Giovanni (Savona 1900 - Massello, Torino, 1961), teologo valdese italiano. La sua prima attività teologica fu quella di traduttore e mediatore del pensiero protestante d'oltralpe, da Lutero a K. Barth. Alla teologia di quest'ultimo dedicò subito una particolare attenzione, sottolineando il suo ricupero del protestantesimo come fede nella rivelazione trascendente, contro l'ottimismo umanistico dell'età borghese. Pastore valdese dal 1924, iniziò la sua lotta per il rinnovamento teologico della piccola chiesa protestante italiana, attraverso la rivista «Gioventù cristiana», che diresse dal 1931. Nel 1937-38 e nel 1952-61 fu professore nella facoltà valdese di teologia a Roma. Nel 1946 pubblicò la sua opera fondamentale, *Lutero* (ristampata in seguito con il titolo *Lutero giovane*). In questo studio sulla vita e la formazione teologica di Lutero fino al 1521, Miegge, rifiutando le interpretazioni apologetiche o polemiche della figura del riformatore, ne mette in rilievo l'originalità teologica ed ecclesiologica: teologia della croce, sacerdozio universale, concezione della chiesa come comunità locale. L'opera si colloca in una prospettiva non solo di critica storica, ma anche di apertura ecumenica: e alla problematica ecumenica Miegge dedicò buona parte dei suoi ultimi anni. Opere principali: *La Vergine Maria* (1950); *Per una fede* (1952); *L'Evangelo e il mito nel pensiero di Rudolf Bultmann* (1956). Nel 1977 è uscita postuma una raccolta di scritti teologici: *Dalla «riscoperta di Dio» all'impegno nella società*. Sul piano ecclesiastico Miegge si caratterizzò per le sue posizioni di punta: fu tra i primi sostenitori, in Italia, dell'accesso delle donne al ministero pastorale.

Mill, James (Northwater Bridge, Scozia, 1773 - Londra 1836), filosofo ed economista inglese. Discepolo di J. Bentham e amico di D. Ricardo, collaborò alla «Westminster Review», periodico da lui fondato nel 1823 con Bentham, e all'*Encyclopaedia Britannica* per cui stese voci importanti quali: governo, giurisprudenza, libertà di stampa, educazione. Nella sua opera filosofica principale, *Analisi dei fenomeni della mente umana* (1829), ispirandosi a Hume, D. Hartley e Bentham, Mill formula una concezione psicologica radicalmente associazionistica: le idee si formano per associazioni di sensazioni sincroniche o successive. Mill chiama il suo associazionismo «chimico» (distinguendolo da quello «meccanico» di Hartley), in quanto il risultato delle associazioni rappresenta qualcosa di nuovo rispetto agli elementi semplici che lo costituiscono. Tale concezione ha una particolare importanza nelle applicazioni etiche e politiche, poiché secondo Mill — che pur si ispira all'utilitarismo di Bentham nel riconoscere il piacere e il dolore come le sensazioni originarie della coscienza e quindi l'egoismo come il movente fondamentale dell'agire etico e sociale dell'individuo — l'associazione di tali elementi originari dà luogo a moventi disinteressati, con un valore autonomo, tanto da poter spingere l'individuo a sacrificare il proprio interesse egoistico per il bene pubblico. Altre opere importanti: *Elementi di economia politica* (1820); *Un frammento su Mackintosh* (1835).

Mill, John Stuart (Londra 1806 - Avignone 1873), filosofo ed economista inglese. Fece studi scientifici in Francia e giuridici in Inghilterra; entrò a sedici anni nella Compagnia delle Indie, in cui restò fin quando venne sciolta (1858), svolgendo parallelamente un'intensa attività scientifica e pubblicistica; passò il resto della vita presso Avignone, eccetto il triennio 1865-68, in cui fu membro della camera dei comuni (sostenne tra l'altro l'estensione del suffragio alle donne). Formatosi sotto l'influenza del padre James e dell'amico di questi J. Bentham, diede organica sistemazione alla tradizione empirista e liberale inglese. L'intera conoscenza è per Mill di origine empirica, e il metodo attraverso cui essa è fondata è l'induzione; gli stessi procedimenti deduttivi muovono da premesse che, se sono fondate, non sono altro che generalizzazioni empiriche. Anche le verità logiche e matematiche sono generalizzazioni basate sulla nostra esperienza dello spazio e delle relazioni tra oggetti. La generalizzazione induttiva è a sua volta fondata sull'idea dell'uniformità e regolarità della natura: possiamo passare da affermazioni su un numero limitato di casi osservati ad affermazioni sulla totalità dei casi possibili perché riteniamo che la natura è ordinata da leggi, che a un determinato stato dell'universo ne segue immancabilmente un altro, «sicché uno che conosca tutti gli agenti che esistono al momento presente, la loro collocazione nello spazio e tutte le loro proprietà

— in altre parole, le leggi della loro azione — potrebbe predire l'intera storia susseguente dell'universo» (*Sistema di logica*, III, 5, par. 8). In questa affermazione della ferrea legalità dell'universo si può vedere un tratto del positivismo di Mill, profondamente influenzato da A. Comte, di cui condivise tra l'altro la convinzione che fosse possibile una scienza dei fenomeni umani modellata sulla fisica. Come Comte, Mill intese la sociologia come teoria empirica del progresso; diversamente da Comte, sostenne la legittimità e l'autonomia dell'economia politica, di cui divise l'ambito in due sfere: nella sfera della produzione dominano leggi che hanno il carattere di leggi di natura, e sono perciò immodificabili; nella sfera della distribuzione, il diritto e il costume possono modificare le leggi in funzione di una migliore distribuzione della ricchezza prodotta.
Ostile a ogni forma di socialismo, che avrebbe limitato la libertà individuale, Mill si pronunciò per una politica di riforme istituzionali e distributive intese a realizzare una maggiore giustizia e un «governo di tutti per tutti». Il criterio utilitarista del massimo benessere del maggior numero di individui deve essere alla base di queste riforme; ma nel benessere di ciascuno è incluso quello che deriva, per ciascuno, dalla felicità degli altri. Affermando che la realizzazione della felicità altrui comporta per ciascun individuo un accrescimento di piacere, Mill giustifica, all'interno di una prospettiva utilitaristica, la razionalità di comportamenti guidati dal sentimento dell'unità e solidarietà del genere umano, che Comte aveva teorizzato come «altruismo» e messo alla base della sua filosofia politica. Opere principali: *Sistema di logica deduttiva e induttiva* (2 voll., 1843); *Principi di economia politica* (2 voll., 1848); *Sulla libertà* (1859); *Considerazioni sul governo rappresentativo* (1861); *Utilitarismo* (1863); *Comte e il positivismo* (1865); *Sulla servitù delle donne* (1869); *Tre saggi sulla religione* (postuma, 1874).

millenarismo, dottrina secondo la quale il compimento dell'anno 1000 avrebbe coinciso con la fine del mondo. In altra accezione, il termine indica l'attesa del regno millenario che Cristo avrebbe dovuto instaurare con i suoi fedeli ritornando sulla terra prima del giudizio universale. L'attesa del tempo messianico come di un'epoca terrena è diffusa nell'Antico Testamento; nel Nuovo la fiducia nella seconda venuta di Cristo si caratterizza nell'Apocalisse come speranza in un'epoca terrena di felicità e di pace, la cui durata prevista è di mille anni. In tale periodo Satana sarà incatenato e la sua azione impedita. Al termine del millennio riprenderanno i conflitti sino al definitivo ritorno di Cristo e al giudizio ultimo (Apocalisse 20, 1-7). L'attesa del millennio si trasmise in numerosi autori cristiani dei primi secoli, fra i quali Giustino e Tertulliano, e animò differenti movimenti di impronta escatologica quali gli ebioniti e i montanisti. Agostino interpreta il passo dell'Apocalisse in chiave simbolica e, nel *De civitate Dei*, sostiene che il millennio non è altro che il periodo storico aperto dalla venuta di Cristo e destinato a concludersi con la fine del mondo. Successivamente l'attesa del «millennio» sopravvive in esperienze religiose minoritarie quali i gruppi di ispirazione gioachimita (→ Gioacchino da Fiore), gli anabattisti e gli avventisti.

Mills, Charles Wright (Waco, Texas, 1916 - New York 1962), sociologo statunitense. Docente all'università del Maryland e poi alla Columbia University, da un lato ha affrontato i problemi fondamentali della teoria della struttura sociale, con attenzione al pensiero di Freud, Marx, M. Weber; dall'altro s'è interessato ai problemi concreti posti dalla realtà sociale e nazionale: la trasformazione della struttura di classe in seguito allo sviluppo capitalistico, l'intreccio del potere economico e politico, il pericolo di guerra. Costanti risultano comunque, nella sua opera, il riferimento ai meccanismi che collegano l'economia alla stratificazione sociale, il ricorso all'analisi storica nello studio della società, il rifiuto della dicotomia di classe marxiana e della centralità della classe operaia come agente storico fondamentale, la fiducia nella funzione politico-sociale degli intellettuali.
Tra i suoi scritti vanno ricordati: *Colletti bianchi* (1951), studio empirico delle trasformazioni verificatesi nella struttura di classe in America in seguito allo sviluppo capitalistico, con la formazione di una nuova classe media di lavoratori dipendenti, incapace di azioni politiche organizzate, differente dalla classe operaia non tanto per il livello economico quanto per lo stile di vita e per la concezione della società; *Carattere e struttura sociale* (1953, in collaborazione con H. Gerth), trattato di psicologia sociale che delinea l'evoluzione storica delle grandi strutture sociali e in cui vengono definiti alcuni concetti chiave come carattere sociale, ruolo, istituzione, ordine istituzionale; *L'élite del potere* (1956), analisi empirica del vertice del potere in America, detenuto da coloro che controllano le grandi *corporations*, la macchina dello stato e quella militare; *L'immaginazione sociologica* (1959), che è una severa critica della sociologia statunitense — a cui si rimprovera l'eccessiva preoccupazione sia per la teoria generale della società, sia per i metodi quantitativi — e un appello ai sociologi perché sviluppino quell'immaginazione che permette di comprendere la connessione tra destino individuale e struttura sociale, al fine di costruire un mondo più umano.

mīmāṃsā, termine sanscrito («indagine») che designa uno dei sei sistemi filosofici indiani, sorto a opera di brahmani ortodossi con l'intento di confutare la speculazione post-vedica e restituire posizione centrale al verbo dei → Veda. La mīmāṃsā vera e propria, *pūrvamīmāṃsā* (da non confondere con la *uttaramīmāṃsā*, meglio detta → vedānta), fu organizzata, secondo la tradizione, dal saggio Jaimini (secc. II-III d.C.), autore dei *Mīmāṃsasutra*, commentati poi da Kumarila (sec. VIII), dove si insegnava a cercare la salvazione nell'azione sacrificale (→ *karman*), cioè nella ritualità vedica, in quanto rivelata dal Brahma (→ brahman) stesso; di qui l'importanza essenziale della corretta conoscenza dei Veda, il cui studio diviene condizionante per la salvezza. Si tratta in fondo di una rielaborazione sistematica del dettato dei Brāhmaṇa, gli antichi testi di speculazione rituale successivi ai Veda e a questi riferiti. Originali della mīmāṃsā sono invece l'articolazione della dialettica in cinque parti: proposizione, dubbio, tesi avversaria, replica confutatrice, applicazione; e la dottrina della conoscenza, basata su sei mezzi conoscitivi: percezione diretta, illazione, analogia, evidenza, testimonianza degna di fede, non-percezione (indice dell'inesistenza del fenomeno).

mimesi, termine che in greco (*mímēsis*) significava «imitazione, riproduzione», e in particolare «rappresentazione teatrale» (cfr. *miméomai*, rappresento, e *mîmos*, mimo, attore). In Platone la *eidōlopoiētikè mímēsis* è la produzione di immagini, opposta a quella delle cose stesse (*autopoiētikè*). In quanto arte poietica o produttiva, la mimesi platonica è sia umana sia divina: immagini divine sono per es. i sogni, immagini umane i dipinti. L'imitazione umana a sua volta è divisa, a seconda del tipo di immagini prodotte, in mimesi «icastica» (*eikastikè*), le cui immagini sono «copie fedeli» (*eikónes*) del modello in quanto ne riproducono le esatte proporzioni; e in mimesi «fantastica» (*phantastikè*), o arte dei «simulacri» (*phantásmata*), cioè imitazione attraverso copie illusorie del modello, come nella cosiddetta pittura a ombre, che sfrutta l'inganno della prospettiva e la posizione sfavorevole dell'osservatore (*Sofista* 235*d*-236*c*, 265*a* ss.). Quest'ultima è in particolare l'arte del sofista. Mimesi icastica è invece la produzione divina del cosmo nel *Timeo*: le cose sensibili sono infatti imitazioni fedeli dei modelli eterni (50*c* 5, e 49*a* 1) eseguite da un artefice divino. Secondo Aristotele (*Metafisica* I 6, 987*b* 10 ss.), anche per i pitagorici le cose sono «a imitazione» dei numeri, mentre per Platone «partecipano» delle idee. In realtà questi interpreta la relazione di partecipazione o *metessi* delle copie sensibili alle specie ideali come una imitazione divina al fine di risolvere le aporie della partecipazione avanzate nel *Parmenide* e riaffermare il primato della causa razionale e del fine o intenzione divina nella costituzione del mondo. Quanto alla mimesi letteraria, Platone nel III libro della *Repubblica* considera «mimetiche» in senso deteriore la commedia e la tragedia, ma anche il genere epico per l'uso dello stile diretto nei discorsi; e alla narrazione mimetica o mista contrappone la forma narrativa semplice, in particolare dell'antico ditirambo. Aristotele nella *Poetica* ridurrà invece ogni poesia a imitazione, distinguendo la mimesi drammatica o imitazione diretta della commedia e tragedia dalla mimesi dieghematica o narrativa dell'epica. Più in generale, Aristotele chiama mimetiche anche arti diverse dalle arti belle, per es. l'arte culinaria (che cuocendo i cibi anticipa una parte del processo di digestione), attribuendo a mimesi non il significato di rappresentazione, ma quello di un operare simile all'operare della natura. Anche questo secondo e più ampio senso di mimesi si riflette nella teoria aristotelica dell'arte bella come arte imitativa, una delle tesi che più hanno influito sul dibattito di tutta l'estetica occidentale, almeno fino all'Ottocento.

Minkowski, Eugène (Pietroburgo 1885 - Zurigo 1972), psicologo francese di origine polacca. Assistente di E. Bleuler, Minkowski è tra i fondatori della psicopatologia di indirizzo fenomenologico, in cui l'intuizionismo bergsoniano e le analisi di Husserl contribuiscono a definire una concezione della personalità umana atta a spiegare come aspetti patologici e aspetti normali si integrino. In *La schizofrenia* (1927) l'analisi fenomenologica della malattia riconduce questa alle varie possibilità che si danno di «essere nel mondo». In *Il tempo vissuto* (1933), ove è particolarmente accentuato l'influsso di H. Bergson, Minkowski esplora la natura del «profondo» che condiziona, a livello superficiale, i rapporti tra fenomeni e coscienza. Negli ultimi scritti — *Verso una cosmologia* (1951), *Trattato di psicopatologia* (1966) — egli mira a una sintesi tra psichiatria, psicopatologia e riflessione filosofica, con esiti palesemente «metafisici»: la ricerca tenta di definire una struttura atemporale che possa costituire il fondamento di un'antropologia. In questo senso assume importanza decisiva il linguaggio, come rivelatore della struttura più o meno ricca del «vissuto», così da costituire una «semantica esistenziale».

minoranze, termine usato specificamente per designare le popolazioni che eventi storici o politici o economici (migrazioni, invasioni, colonizzazioni, deportazioni, espulsioni, annessioni, rivoluzioni) hanno portato o costretto a vivere nel territorio di uno stato dove la maggioranza dei cittadini è di stirpe differente, parla una lingua diversa e, a volte, professa un'altra fede religiosa. Nel concetto di minoranza sono recentemente confluite, accanto a quelle citate, componenti di altra natura (condizioni di disuguaglianza sociale, pregiudizi di vario tipo, etnocentrismo, esclusivismo culturale, in-

tolleranza) per cui si tende, da parte degli studiosi di scienze sociali, a comprendere in esso tutte le situazioni in cui un gruppo più o meno consistente di cittadini viene a trovarsi in contrasto con i valori accettati e i costumi praticati dalla maggior parte della collettività, e quindi di fatto emarginato o conculcato in quelli che ritiene i suoi diritti. Lo studio delle minoranze affronta pertanto, a questo livello, i problemi dell'integrazione sociale e della devianza e l'azione dei movimenti tesi a modificare l'assetto sociale e a garantire alle minoranze i diritti e i privilegi della maggioranza.
Accanto alle minoranze tradizionalmente considerate dalle scienze sociali, quali gli ebrei, i neri negli Stati Uniti, i cattolici nei paesi protestanti, nei tempi recenti hanno acquistato maggior rilievo le minoranze nazionali, quali per es. i baschi in Spagna, la popolazione francofona in Canada, i curdi in Turchia; e inoltre le minoranze sessuali e culturali, come gli omosessuali e le donne. Si deve notare a questo riguardo che non sempre le minoranze sono effettivamente minoritarie sotto l'aspetto numerico: le donne rappresentano la maggioranza della popolazione, ma sono relegate, in molti campi, in una posizione subalterna a quella degli uomini, e perciò sono considerate da alcuni minoranza culturale.

miracolo, termine che nella definizione più comune designa un fatto empirico, trascendente le leggi della natura, dovuto a uno speciale intervento di Dio o di altra forza sovrumana. Diverse sono le teologie del miracolo, che scaturiscono dal differente contesto culturale e teologico in cui esso viene collocato e compreso nelle varie religioni. Nella tradizione ebraica il miracolo è primariamente un segno e una testimonianza dell'elezione e della benevolenza di Dio nei confronti del suo popolo. Nell'arco della storia religiosa del popolo ebraico due momenti fondamentali sono segnati soprattutto dal miracolo: il momento dell'Esodo, in cui Dio interviene come liberatore; e, in prospettiva futura, l'età messianica. Il Nuovo Testamento riprende questa tematica, concentrandola sulla figura di Gesù. A lui vengono attribuiti numerosi miracoli, ma nell'attività taumaturgica di Gesù si sottolinea non tanto il carattere «portentoso», quanto piuttosto la funzione rivelativa della sua missione in terra e della volontà salvifica del Padre; in questo senso, i miracoli sono detti «segni», particolarmente nel Vangelo di Giovanni. Il potere taumaturgico viene comunicato da Gesù agli apostoli e ai discepoli. Tutta la storia cristiana è popolata da figure di santi, che hanno il potere, del tutto eccezionale, di operare miracoli. Contro il razionalismo del sec. XIX, caratterizzato, nella varietà delle sue espressioni, dalla negazione del soprannaturale, il concilio Vaticano I ribadisce il ruolo del miracolo nell'atto di fede, come «argomento esterno certissimo». Il concilio Vaticano II comprende invece il miracolo nel quadro generale della storia della salvezza: la rivelazione avviene attraverso parole e fatti che manifestano l'intervento di Dio nella storia. La dimensione apologetica viene così assorbita e ridimensionata da una prospettiva teologica di più ampio respiro.

Misch, Georg (Berlino 1875 - 1965), filosofo tedesco. Discepolo e genero di W. Dilthey, Misch ha devoluto la sua attività, oltre che all'edizione delle opere diltheiane, a una monumentale *Storia dell'autobiografia* (4 voll. in più tomi, 1907-69, l'ultimo postumo), che approfondisce, su un'ampia casistica storiografica (dalle origini orientali al mondo classico, alla modernità), il ruolo dell'autobiografia come fondamento della conoscenza storica (in quanto in essa soggetto e oggetto della conoscenza storica vengono a coincidere) quale era stata tematizzata da Dilthey. Il presupposto metafisico di questo orientamento storiografico (che si chiarisce pure in uno studio su Husserl e Heidegger, *Filosofia della vita e fenomenologia*, 1930) va ricercato in una prospettiva che, ancora seguendo Dilthey, trova nella vita sia l'oggetto eminente di applicazione delle scienze dello spirito, sia il fine della ricerca, che consiste in modo specifico nel ridare vita a esistenze ed epoche trascorse.

Mishnah, la raccolta della «Legge orale» ebraica (*Torah she-be-'al peh*), che costituisce l'interpretazione, soprattutto di carattere giuridico e normativo, della Legge scritta (*Torah she-bi-khthabh*), ossia dei cinque libri del Pentateuco, nello spirito del pensiero farisaico. Il termine, che propriamente significa «ripetizione», «insegnamento», indica anche ogni singola legge della raccolta. La tradizione attribuisce la redazione della *Mishnah* a rabbi Giuda il Santo (secc. II-III d.C.). Tuttavia esistevano già redazioni orali precedenti (una di rabbi Meir, una di rabbi 'Aqibah e, forse, una ancora anteriore, del tempo di rabbi Hillel e di rabbi Shammaj, sec. I a.C.). Certo è che l'insieme del materiale raccolto poi nella *Mishnah* fu a lungo tramandato oralmente dai maestri della Legge, chiamati *sopherîm* (scribi), o *chakhamîm* (saggi), o *tannaîm* (ripetitori, insegnanti). La *Mishnah* è divisa in sei ordini (*sedarîm*), che a loro volta sono divisi in complessivi 63 trattati (*massekhôth*), in capitoli (*peraqîm*) e in paragrafi (*mishnajôth*). I titoli dei sei ordini, che ne indicano il prevalente contenuto, sono: *Zera'îm* (sementi), che raccoglie norme relative alla preghiera e all'agricoltura; *Mo'ed* (feste), sul sabato e ricorrenze varie; *Nashîm* (donne), sul diritto matrimoniale; *Neziqîn* (danni), sul diritto civile e penale; *Qodashîm* (cose sacre), sul culto sacrificale; *Tohorôth* (purità), sulle norme del puro e impuro. Va segnalato, per il suo ricco contenuto etico e religioso, il penultimo tratta-

to del quarto ordine, *Pirqè Avôth* (capitoli dei padri), che sottolinea la continuità della tradizione dalla rivelazione sinaitica e che è l'unico trattato non giuridico della *Mishnah.*
Il metodo della *Mishnah* è apodittico, cioè, a differenza di quello del → midrash, non allega l'esegesi del testo biblico fondante le singole sentenze; queste sono riportate con il nome dei maestri a cui sono attribuite, o anonime, quando rappresentano la norma obbligante. Nel sec. III si affiancò alla *Mishnah* una raccolta detta *Toseftâ* (aggiunta), a cui però non viene riconosciuto valore canonico: essa raccoglie le *halakhôth* (→ halakhah) dette *barajtôth* (esterne), cioè rimaste fuori della *Mishnah*, e quindi prive di autorità normativa. Altre *barajtôth* si trovano sparse nei due Talmud e nella letteratura midrastica.

missione, termine che nel linguaggio cristiano indica l'invio dei discepoli fatto da Gesù per annunziare il vangelo e battezzare tutte le genti. Tale termine ha provocato molte discussioni per la pluralità di significati che gli sono stati attribuiti. Il significato più comune è quello che il decreto *Ad gentes* del concilio Vaticano II precisa più correttamente come attività missionaria: con questa espressione si indicano le principali iniziative con cui viene assolto il compito, dichiarato dal Nuovo Testamento, di predicare il vangelo e fondare la chiesa in mezzo ai popoli che ancora non credono in Cristo.
Secondo la più recente riflessione teologica, la stessa vita intima di Dio si esprime nelle «missioni» divine: la «missione» del Figlio che si realizza nell'incarnazione e la «missione» dello Spirito inviato nella Pentecoste. La missione della chiesa è dunque di estendere a tutta l'umanità e a tutta la storia ciò che Cristo ha realizzato in un punto determinato dello spazio e del tempo. Essa è coestensiva della stessa esistenza della chiesa e attiene alla sua cattolicità (universalità). Da questo contesto deriva la convinzione di autorevoli studiosi che la teologia delle missioni, fiorita negli ultimi 150 anni, sia un capitolo della teologia della chiesa piuttosto che una disciplina autonoma.
L'attività missionaria di tutte le chiese cristiane si trova oggi di fronte ad almeno due grandi problemi: il rapporto del vangelo con i nuovi popoli e le nuove culture e la compresenza negli stessi luoghi di più missioni cristiane, legate a confessioni diverse. Il primo problema, spesso risolto nel passato con l'imposizione della cultura europea, è oggi affrontato nel suo rapporto fondamentale con il mistero dell'→ incarnazione. Poiché essa si è realizzata in un contesto storico concreto, ne deriva che l'azione salvifica conseguente si realizza nell'umanità esistenziale e concreta dei singoli popoli attraverso le chiese locali. Il secondo problema è la spia più drammatica dell'esigenza ecumenica, cioè di un'unità delle chiese cristiane, che predicano un solo Signore e amministrano un solo battesimo. Il punto di vista geografico, che caratterizzava la definizione delle missioni come chiese di paesi lontani, è oggi sostituito da un criterio socio-antropologico, che consente di usare il termine «missione» anche all'interno delle chiese di antica fondazione. Esemplare a questo proposito è la Missione di Francia, che tende a rifondare la chiesa all'interno del mondo operaio in quel paese.
Un'attività missionaria è presente anche presso altre religioni universalistiche come il buddhismo, il mazdeismo e l'Islam.

misteri, termine che designa talune esperienze religiose proprie del mondo classico, soprattutto dell'età ellenistico-romana. In quanto offrivano risposta ai problemi che erano estranei all'orizzonte della religione pubblica, concernenti il significato dell'esistenza e la salvezza dell'individuo, i misteri si posero di fatto in alternativa al culto ufficiale. Costitutivo dei misteri è l'elemento iniziatico, il segreto nel senso greco di *arrētón*, cioè di «indicibile»: esso è noto ai partecipanti, che sono però vincolati al silenzio rispetto ai non iniziati. (Suggestiva, in questo senso, è l'etimologia del termine, che sembra risalire alla radice indoeuropea *mu*, indicante il dito posto sulle labbra per intimare il silenzio.)
Alcuni misteri si formarono in Grecia, mentre altri appaiono il risultato di un incontro con culture orientali. Fra i primi furono i misteri di Eleusi (i più noti del mondo classico, legati al culto di Demetra e Persefone), i misteri di Andania, di Samotracia e i misteri orfici (→ orfismo); i misteri di Attis provenivano dalla Frigia, quelli di Isi e Osiri dall'Egitto, quelli di Mitra dalla Persia. Questi ultimi si caratterizzarono come un culto solare che contribuì allo sviluppo delle tendenze monoteistiche degli ultimi secoli dell'impero romano (→ Mitra). Solo i misteri orfici intesero richiamarsi a un fondatore storicamente individuato. Frequente è nei misteri il ricorso a una letteratura sacra, di contenuto rituale e dottrinale; gli elementi dottrinali non sono peraltro facilmente definibili, in quanto accentuato è il carattere di esperienza religiosa pratica e soteriologica. La promessa di salvezza per gli iniziati è fondata in genere sul mito di una divinità che muore e rinasce (e sull'identificazione dell'iniziato con essa), e si connette a una «visione periodica» del mondo, che comprende il ritmo vita-morte alla luce dell'alternarsi delle stagioni e dei fenomeni naturali.

mistica, in senso generico, ogni esperienza del divino da parte dell'uomo; più specificamente, quella parte della teologia che ha per oggetto il ritorno dell'uomo a Dio, attraverso un graduale itinerario ascetico culminante nella divinizzazione del soggetto o comunque nella sua salvezza o liberazione dal male. In genere tale processo implica il progressivo abbandono della condizione sensibile e della riflessione filosofica: in questo senso mistica diviene sinonimo di stato metarazionale, in cui la percezione del «numinoso» si manifesta in forme sovrannaturali o estatiche. Fra queste ultime possono essere annoverate innanzitutto le esperienze tipiche dello → sciamanesimo. Lo sciamano compie le sue funzioni di guida spirituale in uno stato di rapimento estatico. Preparata dall'invocazione degli spiriti e da atti liturgici e rituali, l'esperienza mistica si compie allorché lo sciamano cade nello stato di *trance*: allora egli entra in contatto con il mondo sovrannaturale, discende agli inferi e ascende al cielo.

• *La mistica nelle grandi religioni*. Nelle grandi religioni la mistica è oggetto di precise specificazioni e teorizzazioni riguardanti la sua natura e il suo fine. Se il fine è generalmente inteso come l'unione con Dio e con il Principio assoluto, le vie per raggiungerlo comprendono molteplici e differenti forme di raccoglimento, meditazione e rinuncia ascetica. Caratteristica dell'induismo è la pratica yoga, che si presenta come una forma di concentrazione fisico-spirituale atta a liberare le più profonde energie dello spirito. Un'esigenza di liberazione dal mondo sottende anche l'esperienza mistica del → tantrismo; consapevole che l'attuale condizione umana è quella del *kali-yuga* (l'età delle tenebre), caratterizzata dal condizionamento dello spirito da parte della carne, il tantrismo ritiene però che la via della liberazione debba essere ricercata nella conquista e nel dominio del mondo piuttosto che nella rinuncia a esso. La mistica buddhista si propone come un complesso di tecniche capaci di condurre dall'ascesi sino al → nirvāṇa, passando attraverso la meditazione e la contemplazione delle verità salvifiche.

Non è possibile rinvenire un'esplicita dottrina mistica nell'Antico Testamento, mentre si rilevano orientamenti mistici in circoli apocalittici e gnostici giudaici e in alcuni testi qumranici. Tendenze mistiche sono comunque riconoscibili lungo tutto il pensiero ebraico antico e medievale (la → qabbalah). L'espressione più caratteristica della mistica islamica è il → sufismo, originato da motivi presenti nel Corano, ma fortemente influenzato da apporti cristiani, iranici e indiani. È certamente discutibile affermare l'esistenza di una mistica propria del Nuovo Testamento; san Paolo, afferma sì di essere stato elevato misticamente sino al «terzo cielo» (2 Corinti 12, 2-4) e presenta i tipici motivi mistici della separazione dal corpo, del paradiso e del linguaggio segreto e ineffabile, ma avverte che solo nella vita ultramondana sarà dato agli eletti di gustare «ciò che occhio mai vide né orecchio mai udì» (1 Corinti 2, 9). In effetti, la formazione del patrimonio dottrinale mistico cristiano avviene in età post-apostolica. Ignazio di Antiochia elabora i tratti fondamentali di una mistica dell'unione con Cristo mediante il ministero episcopale e il martirio; il martirio della giovane madre Perpetua, narrato nella *Passio Perpetuae*, offre gli elementi di una simbologia sponsale che avrà molta fortuna nella mistica successiva. Nelle opere dei padri greci, in particolare Ireneo, Clemente e Origene, compaiono influssi del linguaggio gnostico e neoplatonico.

Sul piano delle concrete esperienze di vita cristiana, in un primo tempo si afferma l'ideale eremitico, secondo la linea tratteggiata nella *Vita di sant'Antonio* di Atanasio. La mistica è così intesa come esercizio ininterrotto e lotta solitaria contro le insidie di Satana. La successiva diffusione del modello cenobitico si connette con l'affermazione di una mistica comunitaria, che si ispira alle regole monastiche raccolte nell'*Asceticon* o *Regole* di Basilio. Quasi a chiusura dell'età patristica, la *Scala del paradiso* di Giovanni Climaco si propone come uno dei primi grandi manuali mistici cristiani: vi è delineato il cammino dell'anima che, staccatasi dalla condizione materiale, giunge sino alla quiete divina attraverso un itinerario di trenta gradini.

• *Le tappe dell'itinerario mistico e l'esperienza del divino. Il medioevo*. Ogni dottrina mistica esige sia l'individuazione e la descrizione delle tappe dell'ascesa, sia formulazioni adeguate a esprimere l'esperienza del divino nel suo progressivo disvelarsi. Entrambe le questioni sono tematizzate nel *De mystica theologia* di Dionigi Areopagita. Questa breve opera, punto di riferimento per l'intera tradizione mistica medievale, ha infatti per oggetto non solo l'ascesa dell'anima a Dio, ma anche la questione della dicibilità di Dio e dei suoi attributi. Nel celebre capitolo conclusivo, formato da una serie di negazioni e di negazioni delle negazioni, Dionigi dimostra l'ineffabilità di Dio, in quanto egli trascende ogni possibile affermazione e negazione umana. Nell'Oriente cristiano la tradizione mistica si concentra attorno al tema dell'→ esicasmo, sviluppato soprattutto da Gregorio Palamàs. Nel medioevo occidentale la mistica riceve impulso a opera di Bernardo di Chiaravalle, iniziatore della mistica cistercense. Nei suoi *Sermones super Canticum*, Bernardo esprime la dottrina dell'amore mistico, secondo cui, passando attraverso i successivi gradini dell'umiltà, della verità e della carità, l'anima giunge sino all'estasi e all'unione spirituale con Dio. In maniera analoga, ma con maggiore attenzione al tema agostiniano della memoria, si esprime Guglielmo di Saint-Thierry, discepolo di Bernardo. Inoltre Ugo e, soprattutto, Riccardo di San Vittore danno vita alla cosiddetta mistica speculativa, frutto di un elaborato tentativo di sintesi fra teologia e mistica. Nei suoi *De praeparatione animi ad contemplationem* (o *Beniamin minor*) e *De gratia contem-*

plationis (o *Beniamin maior*), Riccardo descrive la ricerca di Dio da parte dell'anima, che si volge nel suo itinerario prima verso la natura sensibile, poi alle proprie facoltà interiori, e infine giunge alla condizione estatica, in cui si smarrisce nella contemplazione dell'Assoluto. Le tre tappe proposte dai Vittorini diverranno un motivo classico, anche in forza dell'assunzione compiutane da san Bonaventura nel suo *Itinerarium mentis in Deum*. Più marcatamente speculative e segnate dalla tradizione dottrinale neoplatonica sono la scuola mistica renana del sec. XIV (J. Eckhart, H. Suso) e la scuola mistica fiamminga (J. Ruysbroeck), che teorizzano la fusione tra l'uomo e Dio attraverso l'anima, la cui zona più profonda coincide con lo stesso principio divino.
È rilevante, nel medioevo, un filone di mistica femminile animata da tensioni escatologiche e fermenti quietistici (Ildegarda di Bingen, Hadewich d'Anversa, Margherita Porete, Brigida di Svezia). Caterina da Siena è il personaggio più noto e caratteristico della mistica tardotrecentesca; in lei la tensione a unirsi con lo Sposo non si acquieta nelle tappe di un processo interiore, ma si esprime nella volontà riformatrice della chiesa e in un'intensa opera svolta per il ritorno del papato a Roma. Negli stessi anni matura nei Paesi Bassi un'esperienza mistica «comune» e intensa, la → *devotio moderna*. Completamente volta a Cristo, la *devotio* propone a ogni fedele un cammino di perfezione che si fonda sulla perfetta imitazione di Cristo nei suoi gesti e nei suoi atti interiori.
• *Scuole di mistica moderna*. Con l'inizio dell'età moderna si registrano in Spagna l'emergere di diverse personalità e la nascita di vere e proprie scuole di mistica ispirate all'esperienza di Teresa d'Ávila, Giovanni della Croce e successivamente Ignazio di Loyola. Teresa elenca sette «dimore» o gradini dell'ascesi mistica; i primi tre costituiscono la fase preparatoria, mentre i successivi permettono l'accesso alla contemplazione di Dio; questa avviene solo al termine di un percorso che comprende una fase di assoluto smarrimento, descritta da Teresa e Giovanni con la metafora della notte o del castello in cui Dio non può entrare. Erede della grande tradizione medievale appare anche la mistica francese del sec. XVII, raccolta attorno al tema centrale del mistero di Cristo incarnato. Francesco di Sales ne è l'iniziatore. Dal Settecento in poi la teologia mistica cristiana risulta in notevole decadenza, sia sul piano dottrinale, sia in relazione alla sua capacità di animare e orientare tensioni religiose di massa. La crisi delle forme tradizionali è più evidente nella chiesa latina, ove la rivalutazione dei valori mistici più profondi è affidata ad alcune testimonianze esemplari quanto isolate come quelle di Teresa di Lisieux (1873-1897) e di Charles de Foucauld (1858-1916). Meno estenuata appare la situazione nel cristianesimo ortodosso, ove permane un'esperienza mistica a carattere monastico cui si accompagna un notevole risveglio di interesse teorico riguardo all'«esperienza del divino» (P. → Evdokimov e V. → Losskij).
Negli ultimi anni, soprattutto dopo il Concilio Vaticano II e grazie a più intensi contatti con il monachesimo orientale, anche nella cristianità occidentale si può costatare una rinascita di esperienze mistiche, basate principalmente su nuove forme di contemplazione e preghiera.

mito, termine derivante dal gr. *mŷthos*, che in Omero significa «parola, discorso» ma anche «progetto, macchinazione», e che secondo W.F. Otto (1951) avrebbe originariamente indicato «la parola nel senso antico, che non distingue tra parola ed essere». In età classica il significato del termine si precisò in «racconto intorno a dei, esseri divini, eroi e discese nell'aldilà» (Platone, *Repubblica* 392*a*); e nel pensiero filosofico *mŷthos*, in quanto discorso che non richiede o non prevede dimostrazione, fu contrapposto a *lógos* nel senso di argomentazione razionale. La parola moderna «mito» ha un campo di applicazione assai ampio e numerose, diverse accezioni, sicché risulta improponibile una definizione univoca del concetto. Nel generale ripensamento dei problemi del sacro che caratterizza la fine dell'Ottocento e i primi decenni del Novecento, sia nell'ambito della storia delle religioni sia in quello antropologico, il mito viene assunto o come narrazione e struttura religiosa fondamentale, o come modalità di fondazione delle istituzioni culturali, o, infine, come «forma di pensiero», come creazione ideale, distinta dal pensiero logico o scientifico (temi che si ripresentano in parte nella → Mythosdebatte contemporanea). Il mito tuttavia, nonostante le ricerche e gli approfondimenti operati dalla cosiddetta scienza del mito, rimane uno dei fenomeni meno comprensibili nella storia delle società umane, e questo fa supporre che sia stato collocato dagli studiosi in un ambito e in uno schema errato alla radice, tanto da impedirne una reale interpretazione.
• *Le origini della scienza del mito*. Il problema del «significato» del mito emerse già in età classica. All'inizio del *Fedro* (229*b*-230*a*) Socrate ricorda l'interpretazione razionalistica, già corrente tra i sofisti, secondo la quale il mito è il rivestimento fantastico di un fatto reale, prosaico e comune (la favola di Orizia rapita dal dio Borea «significa» che una fanciulla cadde dalla rupe per un colpo di vento, e simili). Questa razionalizzazione antica del mito ebbe il suo più noto rappresentante in → Evemero, le cui tesi vennero accolte in seguito anche dai padri della chiesa in funzione polemica nei confronti del paganesimo. Accanto a questa tendenza si sviluppò, a partire dal sec. V a.C., con Ferecide,

Acusilao di Argo e poi col neoplatonismo, la tesi che il mito celasse, esprimendole in forma allegorica, profonde verità e insegnamenti morali. Questa tesi è ancora presente nel *De sapientia veterum* di F. Bacone e contro di essa combatte G.B. Vico. È con Vico infatti che la moderna scienza del mito ha il suo atto di nascita, dopo i tentativi della cultura umanistico-rinascimentale di applicare al mito un'interpretazione esoterica o cabbalistico-magica, tentativi che da Pico della Mirandola, Giannozzo Manetti e Giordano Bruno si protendono sino all'illuminismo (A.-J. Pernéty). Anticipando di un secolo le indagini di Ph. Buttmann e K.O. Müller, Vico afferma nella *Scienza Nuova* l'autonomia del mito: esso non ha «sapienze riposte» da rivelare, ma esprime la genuina concezione del mondo che è propria dell'umanità primitiva. Il mito va pertanto considerato come un insieme di materiali storici, antropologici e sociologici e perciò valutato in base all'evoluzione della mente e delle società umane. Tesi analoghe sosterrà Comte nell'Ottocento, sulla base della sua concezione positivistica del progresso umano e delle sue diverse «età».

• *Il mito tra illuminismo e romanticismo.* L'interesse per lo studio scientifico del mito si diffonde nell'illuminismo con i resoconti dei viaggiatori (Ch. de Brosses, A.-F. Lafitau) e le riflessioni filosofiche sulle culture «selvagge» (J.-J. Rousseau). L'interpretazione del materiale etnologico, della tradizione classica (da sempre oggetto della filologia) e della tradizione biblica (oggetto dell'esegesi testamentaria: G.E. Lessing e altri) diede luogo a due fondamentali indirizzi che, pur nel variare delle componenti storiche, giungono sino ai nostri giorni: un indirizzo «razionalistico» che mira alla *spiegazione* del mito e un indirizzo «ermeneutico» che mira piuttosto alla sua *comprensione*. Esponente tipico del primo atteggiamento è C.-F. Dupuis (*Origine di tutti i culti*, 1794) il cui intento è la scoperta della «verità» del mito, valutabile come grado inferiore, ma non eterogeneo, della verità razionale. Agli antipodi di questa è invece la posizione di G.F. Creuzer, esponente del romanticismo mistico di Heidelberg e influenzato dalla *Filosofia della mitologia* di Schelling. Nella sua opera *Simbolismo e mitologia dei popoli antichi, in particolare dei greci* (1810-12) Creuzer ravvisa nel mito la veste esteriore dei simboli originari che racchiudono l'eterna verità dell'uomo e del mondo: a essi può accedere solo l'intuizione immediata, non la scienza e il pensiero razionale. Un cinquantennio più tardi, queste tesi trovarono approfondimento in J.J. Bachofen, per il quale il mito incarna la lingua primordiale (e perciò eterna) dell'uomo: esso delimita così una dimensione metastorica che troverà particolare accentuazione, nel nostro secolo, nelle opere di M. Eliade (*Il mito dell'eterno ritorno*, 1949) e di R. Guénon. Di poco posteriore a Creuzer sono le opere di Ph. Buttmann (*Mythologus*, 1828) e di K.O. Müller (*Prolegomeni a una mitologia scientifica*, 1825) che, nell'affermare l'autonomia del pensiero mitico, in quanto esso rappresenterebbe una fusione tra forma espressiva e concezione del mondo propria dell'umanità mitica, aprirono la via a una considerazione schiettamente storica del materiale mitologico. La scuola storica, radicalmente polemica nei confronti di Creuzer prima e di Bachofen poi, venne illustrata dall'opera rigorosamente filologica di U. von Wilamowitz-Moellendorf (*La fede dei greci*, 1831), da M.P. Nilsson (*L'origine micenea della religione greca*, 1932) e da altri.

• *Pensiero logico e pensiero mitico.* Notevole risonanza ebbe anche la concezione «naturalistica» sostenuta da M. Müller (1823-1900) e dalla sua scuola sulla base dello studio comparato delle religioni (i miti sono personificazioni fantastiche di forze naturali e in particolare astrali); osteggiata in seguito dagli antropologi, la tesi di Müller venne criticata da E. Cassirer che, dopo Vico e Schelling, è il pensatore che più sistematicamente si è dedicato allo studio del mito. Nella *Filosofia delle forme simboliche* (1923-25) e in *Linguaggio e mito* (1925) Cassirer illustra l'autonomia semantica del simbolismo mitico, al quale corrisponde un proprio mondo e una propria sfera di verità; questi prodotti della creatività dello spirito umano sono irriducibili alle categorie del pensiero e delle verità logiche. Il nesso tra pensiero logico e pensiero mitico è anche al centro degli studi psico-etnologici influenzati dal positivismo e dall'evoluzionismo. W. Wundt, che di questo indirizzo di ricerca fu, dopo Comte e H. Spencer, il più autorevole esponente, ritiene che il mito sia un prodotto dell'immaginazione e che appartenga al mondo sentimentale e rappresentativo che chiama «appercezione mitica». Il meccanismo mitopoietico sarebbe però fondato su di un equivoco, perché i prodotti dell'appercezione mitica, che sono di per sé sempre soggettivi, si trasformano illusoriamente in percezioni oggettive, presentandosi come realtà immediate. Il mito, perciò, non contiene nessuna verità perché si forma soprattutto nella sfera psicologica dell'emozione (W. Wundt, *Psicologia dei popoli*, 1900-20). Anche L. Lévy-Bruhl (*Le funzioni mentali nelle società inferiori*, 1910) tenne presente, nelle sue teorie, la dimensione psicologica, e affermò che l'invenzione mitica rappresenta la «storia» sacra delle società inferiori, nelle quali prevale una carica sensibile, mistica, di rappresentazioni collettive (*La mitologia primitiva*, 1935). Successivamente, nei *Quaderni* (1949), Lévy-Bruhl ritorna su questa definizione e si chiede in quale senso debba essere intesa la «verità» della storia mitica. I miti sono storie realmente accadute, ma accadute in un tempo, in uno spazio, in un mondo diversi dal tempo, dallo spazio e dal mondo attuali, e tuttavia non meno reali. Il problema che si pone, allora, è proprio cosa si debba intendere per «realtà», e la discriminante intorno alla quale ci si muove per tentare di chiarire questo problema è necessariamente quella psicologica.

• *Mito, sogno, simbolo nella psicoanalisi. Gli archetipi.* Già con le ipotesi di Wundt si affaccia il tema della «proiezione». Con Freud, come è noto, il contenuto della proiezione sarà dato dall'inconscio; con l'analisi dei sogni, che diventa per Freud uno degli strumenti più importanti per la comprensione dei miti, si compie perciò un passo fondamentale per il raccordo fra antropologia e psicoanalisi, o meglio fra struttura psicologica e cultura. Secondo Freud il sogno traduce i movimenti profondi dell'inconscio; e diviene evidente, così, che il linguaggio dei sogni è analogo a quello dei miti, e che è possibile, quindi, decifrarne il particolare simbolismo. Il mito viene assunto, perciò, come una manifestazione collettiva altamente elaborata dello spirito umano, di cui rivela e, al tempo stesso, dissimula certe tendenze inconsce. Sarebbe questo il senso del mito di Edipo, in cui Freud ha creduto di riconoscere l'espressione drammatica di una fase universale dello sviluppo psichico dell'umanità. Seguito su questa strada da molti dei suoi più famosi allievi (quali O. Rank, K. Abraham, Jung), Freud tenta di scoprire il «linguaggio dimenticato» dei miti, mentre la sua «scienza dei sogni» serve a rivelare agli etnologi e agli antropologi che il contenuto manifesto di un simbolo o di un mito copre sempre un contenuto latente che non affiora alla coscienza. Per quanto riguarda il mito, è importante comprendere un punto essenziale della teoria dello «psichico» di Jung, che sembra affrontare proprio il problema del contenuto di «realtà» del mito. La *coscienza* che forma lo «psichico» insieme all'*inconscio* è, per Jung, la capacità dell'uomo di riferire al proprio Io cose, situazioni, persone. È, in altri termini, la condizione individuale di apprendimento della realtà esterna, nella sua relazione con il soggetto, e pertanto i contenuti della coscienza sono oggettivi; ma — ed è questo il punto essenziale — costituiscono una realtà psichica soggettiva, cioè una realtà che prescinde dal giudizio di valore ontologico sull'esistenza in sé dell'oggetto che entra nell'ambito della coscienza. La realtà psichica, tuttavia, si oggettivizza sempre più chiaramente quando a definirla concorra la presenza di un medesimo atteggiamento in più individui. Nel mito emergono dall'inconscio, e si attualizzano, gli «archetipi», che sono delle forme costanti, delle possibilità di rappresentazioni che si ritrovano simili sempre e dovunque (*La coscienza*, 1958).

Era questo uno dei problemi che si erano posti già diversi antropologi: la somiglianza e le analogie che si ritrovavano nei miti di popolazioni diverse e distanti fra loro. Già A. Bastian (citato in Th. Achelis, *L'ethologia moderna*, 1896) si era lamentato della «spaventosa monotonia» delle idee fondamentali degli uomini in tutto il globo, e F. Boas, a sua volta, diceva che «niente sembra viaggiare più in fretta e più facilmente delle storie fantastiche», per la «fame» che gli uomini ne hanno e al tempo stesso per la loro pigrizia nel crearne, cosa questa che giustificherebbe l'ipotesi della «trasmissione» e quindi la presenza delle stesse idee in luoghi distanti fra loro (*La mente dell'uomo primitivo*, 1911).

• *Il mito nella scuola storico-culturale e nella scuola fenomenologica.* Anche per la scuola storico-culturale l'attività fantastica e mitopoietica è uno stadio del pensiero diverso da quello razionale, ma è anche «inferiore», perché, in base alla teoria del monoteismo primordiale elaborata da W. Schmidt, l'elemento religioso corrisponde a bisogni speculativi e nei primitivi sarebbe relativamente integro, mentre nelle fasi posteriori ciclico-culturali l'elemento mitologico comincerebbe a infiltrarsi sempre più nell'elemento religioso, fino a superarlo (*Manuale di storia comparata delle religioni*, 1930). Per B. Malinowski, invece, il mito è una storia narrata per stabilire una credenza, per servire da precedente in una cerimonia o in un rituale, o per agire da modello di condotta religiosa o morale (*Il mito come sviluppo drammatico del dogma*, in *Sesso, cultura e mito*, 1962). La relazione del mito, quindi, con le strutture sociali è molteplice, nel senso che esso giustifica e determina certe azioni (quali per es. i riti) atte a risolvere momenti di crisi, e fonda certe verità morali e teoriche che operano come guida per il gruppo.

Un altro settore importante in cui prendono rilievo gli studi sul mito è quello della scuola fenomenologica, nel quale occupano un posto di primo piano R. Otto e G. Van der Leeuw. Otto considera il mito come una categoria del sacro nella sua apparizione storica. I vulcani, le cime delle montagne, il Sole, la Luna, le nuvole, sono considerati dall'uomo primitivo come viventi, non per un'ingenua credenza nell'animismo universale o nel panteismo, ma perché i primitivi riconoscono chiaramente la vita al di fuori dell'uomo. La vita, d'altra parte, viene riconosciuta dovunque si intraveda un principio di attività. Gli oggetti, a loro volta, diventano dei, ossia manifestazioni mitiche quando si applica loro la categoria del «numinoso». Un racconto diviene mitico quando si inserisce nell'ambito stesso del numinoso (*Il sacro*, 1917). Van der Leeuw, sia pure muovendosi nell'ambito della fenomenologia di Otto, elabora una teoria del mito che tiene maggior conto del rapporto tra mito e rito, e soprattutto individua nella presenza della «parola potente» la forza numinosa del mito. Anzi, per Van der Leeuw il mito non è altro che la parola stessa. A differenza della parola sacra, il mito contiene un elemento in più, che è la «configurazione», la «forma». Il mito, dunque, crea la realtà in un suo proprio tempo che è il fuori del tempo e il senza tempo (*Fenomenologia della religione*, 1933). Un posto a parte occupa l'etnologo A. Jensen, il quale pone l'accento sulla stretta relazione fra mito e culto, come carattere essenziale della maggior parte delle forme primitive della religione. Gli atti del culto, secondo Jensen, non sono che «rappresentazioni drammatiche» degli avvenimenti descritti nei miti corrispondenti; oppure il semplice atto di raccontare un mito può divenire un atto di culto. Sono i miti che tendono a realizzare la natura vera dell'uomo, rendendolo cosciente della sua origine divina e della sua partecipazione al divino (*Mito e culto fra i primitivi*, 1951). Le tesi fenomenologiche assumono la massima consistenza sia con l'opera del già ricordato Eliade, sia con K. Kerényi che collaborò, peraltro, con Jung accogliendone in parte le premesse psicologiche. Nel *Trattato di storia delle religioni* (1949) Eliade pone una netta separazione fra sacro e profano e, in questa prospettiva, il mito gli appare come uno dei «fatti sacri» accanto ai riti, alle forme divine, alle cosmologie ecc. Come tutti gli altri fenomeni del sacro, il mito è per Eliade una ierofania che possiede contemporaneamente un valore storico e un valore archetipale universale. Miti «esemplari» sono, per es., quelli cosmogonici, poiché essi contengono «il modello archetipico per tutte le creazioni, quale che sia il piano su cui esse si svolgono: biologico, psicologico, spirituale». In altri termini la funzione principale del mito è quella di fissare i modelli esemplari di tutti i riti e di tutte le azioni umane significative, in modo da fornire loro un modello extratemporale e astorico ogni volta che si tratta di «fare qualcosa» di per sé inaccessibile all'apprendimento empirico-razionale. Formatosi alla scuola storica, Kerényi venne indirizzato dalla lezione di Otto e del grande etnologo tedesco L. Frobenius verso una concezione autonoma del mito, inteso come forma in sé compiuta, analoga alla «forma musicale» (*Introduzione all'essenza della mitologia*, 1940-41). I mitologemi costituiscono una sorta di materiale originario che la fantasia mitopoietica elabora secondo regole non riconducibili né all'«evoluzione storica», né alle strutture sociali empiricamente considerate, come vogliono Malinowski e in genere tutti gli antropologi e i sociologi «funzionalisti», pur con le loro differenze di metodo (E. Durkheim, M. Mauss, A.R. Radcliffe-Brown). Il mito svolge una propria funzione simbolica consistente nel «fondare» (*begründen*), cioè nel collocare l'uomo mitico entro il cosmo che gli è proprio e a partire dal quale prende senso la sua esistenza. Contro la scuola che vede nel mito l'espressione di forze trascendenti, extra-umane, Kerényi considera il mito una realtà contemporaneamente umana e cosmica: i due termini (uomo e mondo, pensiero e realtà) che la razionalità scientifico-storica tiene distinti, si determinano reciprocamente in un'unità «originaria» e «archetipica» (qui interviene l'influsso di Jung) alla quale ci si può avvicinare solo mediante l'«ascolto» e la «partecipazione intuitiva» (*Einfühlung*) di tipo fenomenologico. È per tale via che si può rivivere la forza plasmatrice dei simboli mitici e la loro peculiare capacità di donare all'uomo un «ampliamento di coscienza» relativo alle esperienze originarie che da sempre lo accompagnano (vita e morte, amore e odio, perdita e ritrovamento ecc).

• *Mito e storia. L'approccio strutturalistico.* Fra gli studiosi italiani del mito, R. Pettazzoni si riallaccia ai temi già esposti da Vico sulla fantasia mitopoietica come funzione dello spirito, mettendo però l'accento sull'autonomia e gli aspetti creativi di interpretazione della realtà contenuti nel mito. Pettazzoni si rende ben conto dell'importanza del problema della «verità» o della «realtà» del mito; egli afferma che il mito non è finzione né favola, ma storia vera: per il suo contenuto, in quanto esso è narrazione di fatti accaduti in una condizione antecedente e determinante la realtà attuale, e per la sua sacralità, poiché mette in moto forme sacrali utili al gruppo, attraverso i riflessi rituali (*Verità del mito*, 1947-48).

Nell'ambito del metodo strutturalistico, C. Lévi-Strauss dimostra come ogni mito può essere rappresentato mediante una matrice, dove ogni elemento figura su una colonna orizzontale e su una colonna verticale (in analogia con uno spartito musicale). Le narrazioni mitiche sono esercizio ed espressione del pensiero mitico, e questo conduce alla comprensione dei valori e dei rapporti latenti, immanenti a tutto il racconto. In realtà, secondo Lévi-Strauss il pensiero mitico procede dalla presa di coscienza di talune opposizioni e tende alla loro mediazione progressiva; o meglio, l'oggetto del mito è fornire un modello logico per risolvere una contraddizione. Nei miti, che vengono dunque presi in considerazione non in rapporto agli elementi isolati (contenutistici) che entrano nella loro composizione, ma in rapporto alla maniera in cui tali elementi appaiono combinati tra loro, si debbono scoprire le «unità costitutive» o elementi strutturali che corrispondono agli elementi strutturali del linguaggio, e cioè i «mitemi» (*Il crudo e il cotto*, 1964). Le strutture mitiche, una volta individuate, non hanno tuttavia una sola valenza identificante, ma possono rivelarsi a più livelli di interpretazione, e cioè possono essere comprese in base a diversi codici. A ciò va aggiunta la particolarità dei contesti specifici, spazio-temporalmente determinati, sui quali ha insistito G. Dumézil

(*Miti ed epopee*, 1973), nel suo sforzo di mediare il metodo strutturalistico con la bachofeniana «comprensione» del mito secondo criteri non riducibili alla «spiegazione» scientifica. La dinamica interna delle strutture mitiche appare, quindi, come un veicolo logico destinato a superare le contraddizioni, le dualità o bipolarità che sono le forme di rappresentazione ed espressione universali del pensiero (*Il pensiero selvaggio*, 1962).
Tutti coloro che hanno fino a oggi studiato il mito hanno, sia pure in modi diversi, sottolineato la sua importanza per la costruzione ideale e concreta delle istituzioni sociali e culturali. E, tuttavia, proprio questo aspetto è rimasto ai margini della ricerca, perché non è stato mai posto chiaramente l'interrogativo su chi abbia inventato o narrato il mito. È invece in questa direzione che oggi il mito viene ripensato, nella sua capacità di fondare fortissime istituzioni, quali, per es., la dicotomia fra i due sessi, con la restrizione del potere solo a colui che è «iniziato», e cioè che conosce il mito. Il legame fra il mito e il potere appare chiaramente proprio nel rito dell'iniziazione, dove è fatto esplicito divieto all'iniziando di rivelare ciò di cui verrà a conoscenza attraverso il mito.

Mitra, divinità indoiranica della luce. Era in origine un dio ausiliario della divinità celeste, di Varuṇa nella religione vedica, di Ahura-Mazdā in ambito iranico. Nel dualismo tipico di quelle religioni, esso aiutava il dio celeste (il Bene) nella lotta contro il Male, e tale caratteristica facilitò la sua assimilazione a ideologie militari, come quella del Sole Invitto. Con l'espansione dell'impero persiano, Mitra si diffuse in Asia Minore, e fu oggetto di devozione anche dopo la caduta degli Achemenidi. Il culto di Mitra penetrò in Occidente nella seconda metà del sec. I d.C. A Roma, durante il regno dei Flavii, l'annessione della Commagene (72 d.C.), il rientro della legione XV Apollinare dall'Oriente in Pannonia e gli arruolamenti in Asia Minore contribuirono alla diffusione del culto soprattutto in ambiente militare, lungo le frontiere del Reno, del Danubio, in Africa, in Gallia, in Britannia. I Severi favorirono la popolarità del dio, come mostra l'attenzione prestata da Tertulliano al mitraismo, che divenne una delle religioni dominanti dell'impero romano, in larga misura religione dell'esercito, e seria concorrente del cristianesimo. Giuliano l'Apostata (361-363) fu iniziato al culto, e dedicò particolare attenzione alla religione solare. In effetti, Mitra non fu sempre meccanicamente identificato con il Sole, ma la sua caratteristica di divinità della luce favorì tale accostamento, e rafforzò la sua popolarità quando la religione solare fu propagandata anche come culto imperiale.
Secondo la più antica versione del mito, Mitra alle origini del mondo sgozza il Toro, simbolo della vita, per sottrarlo allo Spirito del Male; dal sangue del Toro nasce la vita (raffigurata spesso sotto forma di spighe) e, alla fine del mondo, questo sacrificio darà l'immortalità ai fedeli del dio. Questi, dopo l'atto sacrificale, sale al cielo per unirsi col Sole. Il tempo, l'aspettativa dell'immortalità dopo la fine del mondo erano componenti essenziali del mitraismo: i fedeli venivano iniziati secondo sette gradi corrispondenti ai pianeti, e nella esplosione universale che segna la fine dei tempi erano spesso raffigurati come ascendenti in cielo attraverso una scala con sette gradini, per essere dispersi dal vento nelle direzioni delle singole costellazioni. Il culto si svolgeva in santuari (*mitrei*), originariamente grotte naturali. Il significato simbolico del luogo è abbastanza evidente: il Sole, che rappresenta Mitra, sembra sprofondare nella montagna al tramonto, e da quella sembra sorgere al mattino; la montagna era dunque considerata dimora del dio. Le iniziazioni, che avvenivano nei mitrei, comportavano un banchetto sacro nel quale, frequentemente, al posto del toro si immolavano altre bestie minute, e si mangiava il pane e si beveva acqua o vino, secondo un rito che presentava alcune analogie con quello cristiano. L'organizzazione dei fedeli, le caratteristiche di religione iniziatica di salvezza, la complessità e ricchezza della dottrina rendono ragione della enorme diffusione del mitraismo tra il sec. II e il IV. Rimasto come culto ufficiale pagano dopo il trionfo del cristianesimo, praticato dagli aristocratici ma ormai sostituito dal cristianesimo nella religiosità popolare, precluso alle donne, il mitraismo decadde nel corso del sec. IV fino a scomparire.

mnemonica, o mnemotecnica, la tecnica o arte di coltivare la → memoria. Nel *De oratore* Cicerone afferma che quest'arte è antichissima, facendone risalire l'invenzione a Simonide di Ceo. Storicamente è nel *De memoria* di Aristotele che si trovano i primi fondamenti di una tecnica della memoria, poi sviluppati nell'opera citata di Cicerone e nel *De institutione oratoria* di Quintiliano. In questi trattati la mnemonica è vista come componente essenziale della tecnica dell'oratore. Per aiutarsi a ricordare, l'oratore deve avvalersi di questo espediente: escogitare a suo arbitrio dei «luoghi», formare le «immagini» dei fatti o dei concetti che vuole ricordare, e collocare quelle immagini nei luoghi. In questo modo la memoria naturale è corroborata e incrementata da una «memoria artificiale» costruita mediante l'impiego di «luoghi» e di «immagini». Tale concezione ritorna nel medioevo in Alberto Magno e in Tommaso d'Aquino che, fondendo testi aristotelici e ciceroniani, teorizzano a loro volta la possibilità di perfezionare la memoria mediante l'arte. A partire dal Trecento un'ampia trattatistica di mnemotecnica si diffonde in tutta l'Europa,

animata da intenti prevalentemente tecnico-pratici: sviluppare le regole della «disposizione dei luoghi» e della «formazione delle immagini», che aiutino a ricordare facilmente e ordinatamente quanto, con le sole forze naturali, non si riuscirebbe a rammentare.
La mnemotecnica acquista invece una notevole rilevanza filosofico-speculativa durante il Cinque e il Seicento nell'ambito di quella corrente di pensiero che si richiama a R. → Lullo e alla sua «grande arte» (*ars magna*), nota come «lullismo». Il problema della mnemotecnica viene qui sviluppato in stretta connessione con quello di un'arte suprema o scienza perfettissima che, includendo in sé ogni altra scienza, sia in grado di pervenire a una conoscenza totale dell'intera realtà. In autori come Giulio Camillo, Agrippa di Nettesheim, Bernardo de Lavinheta, Giordano Bruno, Giovan Battista Della Porta, Enrico Alsted, e ancora in Leibniz, la mnemotecnica assume l'aspetto di una *logica memorativa* che, se da una parte costituisce l'«arte suprema» o lo «strumento universale» in grado di esaminare, coordinare e classificare gli enunciati delle varie scienze particolari, dall'altra si configura come esaustivo «sistema mnemonico» o universale enciclopedia dell'intero scibile.

mobilità sociale, passaggio di un individuo o di un gruppo da una posizione sociale a un'altra, di norma superiore alla prima per ricchezza, potere o prestigio. Gli studi e le ricerche sulla mobilità sociale si sono sviluppati a partire dagli anni Venti, in relazione alle trasformazioni sociali indotte dallo sviluppo industriale. Anticipazioni del concetto di mobilità sociale si trovano tuttavia, verso la fine dell'Ottocento, in alcuni studi che sostengono il carattere naturale della selezione sociale. Sono i caratteri naturali la causa dell'abilità in base alla quale un individuo risulta idoneo a occupare una data posizione sociale. Le stesse istituzioni educative, professionali, religiose, che permettono agli idonei di accedere a posizioni socialmente elevate, bloccano la promozione dei non idonei e dei non meritevoli.
All'inizio del Novecento, V. Pareto descrive il processo di ricambio sociale che si determina in seguito all'ascesa nelle classi superiori di soggetti appartenenti a classi inferiori e alla discesa di individui che appartengono alle prime. Pareto si sofferma non solo sulla tendenza a uniformarsi ai modelli del gruppo sociale superiore da parte di quanti in esso si immettono, ma anche sulla capacità di modificare tali modelli manifestata da chi entra in un'altra classe, dal momento che questi porta con sé abitudini, atteggiamenti, valori acquisiti in un gruppo diverso.
L'espressione «mobilità sociale» si deve a P.A. Sorokin (*La mobilità sociale*, 1927) il quale, soffermandosi sui tre tipi di mobilità economica, politica e professionale, anticipa molti aspetti dell'analisi della mobilità sociale che saranno poi ripresi nelle ricerche successive. La maggior parte delle ricerche sono state sinora rivolte alla mobilità professionale. Rientra in questa prospettiva anche la nota ricerca di S.M. Lipset e R. Bendix, *La mobilità sociale nelle società industriali* (1959), per i quali i modelli di mobilità che si osservano nelle società industriali dell'Occidente sono influenzati, più che da ogni altro fattore, dalla professione manuale o non manuale dei soggetti. Di particolare interesse è l'opinione dei due autori secondo cui «il modello complessivo della mobilità sociale sembra in gran parte identico in tutte le società industriali dei diversi paesi occidentali».
Gli studi e le ricerche empiriche sulla mobilità hanno messo in risalto importanti aspetti di tale fenomeno, che si possono sintetizzare con M. Tumin (*La stratificazione sociale*, 1967) nelle forme che esso assume nella società; nei canali della mobilità (famiglia, scuola, organizzazioni politiche, religiose ecc.); nella direzione della mobilità (ascendente, discendente, orizzontale); nell'arco temporale (inter o intra-generazionale) e nel settore in cui si verifica la mobilità (politico, occupazionale, religioso); nei meccanismi della mobilità (ascrizione, acquisizione ecc.); nell'unità di studio della mobilità (individui, gruppi, strati sociali); nella distinzione tra aspetti soggettivi e oggettivi della mobilità. Oltre a questi aspetti, particolare attenzione è stata riservata ai fattori che condizionano, in generale, la mobilità sociale, tra i quali si distinguono quelli normativi (norme che direttamente o indirettamente favoriscono la mobilità di determinati soggetti); quelli strutturali (processi di industrializzazione, cicli economici, tipo di stratificazione sociale, fattori demografici, questi ultimi evidenziati da Pareto e da C. Gini) e quelli di tipo individuale (acquisizione di abilità da parte dei soggetti).
Anche le conseguenze della mobilità sociale si possono distinguere in individuali e strutturali: queste ultime concernono i mutamenti prodotti dai processi di mobilità nella stratificazione sociale di una determinata società; le prime comprendono le reazioni (studiate specialmente da Sorokin) che avvengono in un individuo interessato da un processo di mobilità (diminuzione del senso di appartenenza nei confronti di un particolare gruppo sociale, crisi di identità, ridefinizione del campo morale, aumento di stress ecc.). Molti sforzi sono stati compiuti per elaborare metodi di misurazione della mobilità. Tra gli studi in questo campo si possono ricordare quelli di N. Rogoff (*Tendenze recenti della mobilità occupazionale*, 1953), M. Tumin e A. Feldman (*Classi sociali e mutamento sociale a Porto Rico*, 1961), P.M. Blau e O.D. Duncan (*La struttura occupazionale americana*, 1967), J.H. Goldthorpe (*Mobilità*

sociale e struttura di classe nella Gran Bretagna moderna, 1980). Quest'ultimo ha introdotto una distinzione tra mobilità intergenerazionale assoluta e relativa: con la prima si intende il numero complessivo di persone che si spostano da una classe all'altra; con la seconda le probabilità di raggiungere una determinata classe che i membri di una certa classe hanno rispetto a quelli di un'altra. Questa distinzione è stata applicata anche all'analisi della società italiana. I dati esaminati dimostrerebbero inequivocabilmente che mentre nell'ultimo quarantennio la mobilità assoluta è aumentata, per quanto riguarda invece la mobilità relativa nulla è cambiato nel nostro paese. La società italiana non sarebbe cioè divenuta più fluida e meritocratica (M. Barbagli, A. De Lillo, A. Schizzerotto, A. Cobalti, *La mobilità sociale in Italia*, 1988). In ciò essa si allineerebbe alla tendenza di molte società avanzate, fra cui gli Stati Uniti (J. Goldthorpe).

modalismo, eresia dei primi secoli cristiani (particolarmente II e III), affermante che la distinzione tra le persone della Trinità è transitoria, connessa cioè alle esigenze del piano — o economia — di Dio, e le persone stesse della Trinità non sono che «modi» di essere dell'unico Dio. Si tratta di una forma di «monarchianismo» (cioè unicità di principio), per usare una definizione risalente soprattutto a Tertulliano (nel passaggio dal sec. II al III), il quale polemizzava contro quei movimenti teologici che enfatizzavano l'unità divina a rischio di sminuire la funzione autonoma del Figlio. Il modalismo si distingue dall'→ adozionismo (che accentua l'umanità del Cristo, vedendo in lui solo uno strumento storicamente contingente, subordinato alla potenza del Padre) perché, appunto, esalta l'unità divina sino a vedere nelle diverse persone solo aspetti provvisori dell'unica divinità. Suoi esponenti furono Noeto, Sabellio e Prassea; a quest'ultimo Tertulliano rinfacciò di «aver crocifisso il Padre»: tale è, infatti, la conseguenza logica del modalismo, donde anche l'appellativo di «patripassiani» ai suoi rappresentanti. Il modalismo — episodio per sé concluso — rimane come documento della complessa discussione che preparò i concili cristologici e trinitari dei secc. IV e V, discussione che in ultima analisi affrontò il rapporto tra monoteismo e molteplicità delle persone divine nella visione cristiana.

modalità, termine che designa ambiguamente le modalità ritenute fondamentali, cioè la → necessità, la → possibilità, la o contingenza, l'impossibilità; se questi concetti sono intesi come operatori formanti proposizioni da proposizioni, il termine designa qualsiasi combinazione finita, negata e non negata, di questi (inclusa quella vuota). In Aristotele, che è il fondatore della logica delle modalità, queste sono presentate come i modi dell'inerenza del predicato al soggetto, cioè come quelle che i medievali chiamavano modalità *de re*; nella logica contemporanea, invece, a partire da C.I. Lewis, è dominante la tendenza a trattare la logica modale prevalentemente come logica proposizionale, e quindi a trattare le modalità come modalità *de dicto* o particolari affermazioni circa proposizioni, rappresentabili formalmente come operatori proposizionali. Dato che non è disponibile una dimostrazione della riducibilità di tutte le formule esprimenti modalità *de re* a formule esprimenti modalità *de dicto*, non è del tutto refutata la critica di W.V.O. Quine alla logica modale, volta a sottolineare come l'assumere l'esistenza di predicati necessari e contingenti presuppone l'essenzialismo aristotelico, ossia una metafisica estranea, dal suo punto di vista, alla scienza contemporanea. Lo sviluppo delle semantiche per la logica modale dopo il 1960 ha ridato piena cittadinanza a questo ramo della logica, trascurata inizialmente dalla logica simbolica, che in quanto logica matematica ha cercato di eliminare le modalità trattandole alla stregua di → quantificatori camuffati (B. Russell). L'idea originaria di Lewis era quella di dare una trattazione sintattica delle nozioni modali, identificando «è necessario che» con «è dimostrabile che». Il fatto che questa interpretazione risultava insostenibile per le limitazioni intrinseche ai formalismi (come faceva osservare nel 1933 lo stesso K. → Gödel) ha bloccato qualsiasi sviluppo interessante della logica modale fino alla rigorizzazione della semantica modale dovuta a logici come S. Kripke, S. Kanger, J. Hintikka, R. Montague: intuitivamente, questa concezione riprende l'idea leibniziana di → mondo possibile, già rigorizzata da R. Carnap, aggiungendo la richiesta che i mondi possibili siano considerati tali solo *relativamente* a qualche mondo dato. Gli sviluppi di questa semantica hanno portato a far coincidere la logica modale con la logica intensionale (→ estensione - intensione), identificando l'intensione di un enunciato con la classe di mondi possibili in cui è vero. Nell'analisi dell'intensione la logica modale si è rivelata uno strumento prezioso, per es. per chiarire la distinzione tra identità necessarie (come $x = x$) e identità contingenti (come «l'elettricista del villaggio = l'idraulico del villaggio»). Una tendenza che si sta affermando recentemente è quella volta a estendere il concetto di modalità in modo da renderlo comprensivo di qualsiasi classe di nozioni le cui interrelazioni siano isomorfe a quelle delle modalità fondamentali (dette talvolta modalità aletiche). Sono state così individuate le modalità epistemiche («si sa che» ecc.), le modalità doxastiche («è creduto che»), le modalità bulomaiche («si spera che»), le modalità esistenziali, che per G.H. von Wright coincidono essenzialmente con i quantificatori. Un esempio della fecondità di queste ricerche è stato offerto da A.N. → Prior, che ha individuato il carattere modale delle nozioni temporali. Un'altra logica delle modalità in senso esteso è considerata la logica dei condizionali controfattuali (→ condizionale). La stessa logica delle probabilità può essere vista come una estensione metrica della logica delle modalità, mentre la logica modale può essere vista per converso come la logica di particolari asserzioni probabilistiche, ponendo «è possibile che *p*» come definitoriamente equivalente a «c'è qualche probabilità che *p*». *C. Piz.*

modello, termine di largo uso in molte discipline scientifiche e nelle relative filosofie, in vari sensi imparentati fra loro e non sempre ben definiti. Quelli fondamentali (e più chiari) possono ridursi a due, il primo prevalente in logica e in matematica, il secondo nelle scienze empiriche. Il primo senso è quello in cui si parla di «modello di una teoria». Se si intende per «teoria» un insieme di formule di un qualche linguaggio formalizzato (per es. il linguaggio del calcolo dei predicati del primo ordine) e per «interpretazione» (del linguaggio della teoria) una funzione che, assegnando un significato a ciascuna espressione ben formata del linguaggio, determina il valore di verità di ciascuna formula della teoria, allora diremo che ogni interpretazione che rende vere tutte le formule della teoria è un «modello» della teoria. Poiché la funzione-interpretazione assume solitamente valori in una struttura algebrica astratta (per es. assegnando a ciascuna costante individuale un elemento dell'insieme-base della struttura, a ciascun predicato una relazione definita sull'insieme ecc.), si chiama a volte modello la struttura stessa in relazione alla quale sono definibili interpretazioni che sono modelli di una data teoria; si dice così che ogni algebra di G. Boole è modello del calcolo classico degli enunciati. Il concetto di modello inteso in questo modo ha dato il nome a un ramo della matematica contemporanea («teoria dei modelli», secondo il termine proposto da A. Tarski nel 1954), che è la forma che ha di fatto assunto la semantica delle teorie formali. Un modello così inteso si può considerare intuitivamente come una realizzazione di una teoria, cioè come una struttura astratta che «si comporta» conformemente alla teoria.
Nelle scienze naturali e sociali si parla invece solitamente di «modello di un fenomeno o di un insieme di fenomeni» («modello dell'atomo», «modello del cervello», «modello dell'istinto animale»), per intendere una costruzione più o meno astratta che condivide alcune caratteristiche strutturali del dominio modellato. Le oscillazioni di questo uso del termine dipendono dal grado di astrazione che si ritiene il modello debba possedere: si può ritenere che esso debba essere soltanto la rappresentazione astratta delle strutture formali esibite dal dominio modellato (M. Wartofsky, *Fondamenti concettuali del pensiero scientifico*, 1968), e in questo senso si parla per es. di modelli matematici in economia; oppure il modello può essere una costruzione concreta che condivide soltanto alcune caratteristiche strutturali del dominio modellato (N.R. Hanson, *Osservazione e spiegazione*, 1971), come il modello «a centralino telefonico» del cervello; oppure il modello può essere pensato come una costruzione concreta «detratte» le caratteristiche per cui essa differisce dal dominio modellato (M. Hesse, *Modelli e analogie nella scienza*, 1966). Così un insieme di palle da biliardo in movimento casuale è modello di un gas (secondo la teoria dinamica dei gas) se si prescinde dalle caratteristiche (colore, durezza ecc.) possedute dalle palle da biliardo e non, ovviamente, dalle molecole di un gas. Nel secondo e nel terzo caso, la funzione dei modelli è prevalentemente euristica: la conoscenza delle proprietà del modello (che è più semplice del dominio modellato) consente di formulare previsioni sui fenomeni modellati, che dovranno peraltro essere verificate indipendentemente.

modello mentale, → Johnson-Laird, Philip N.

modernismo, movimento di riforma religiosa sviluppatosi tra la fine del secolo scorso e l'inizio del XX, con lo scopo di conciliare il cristianesimo con il pensiero moderno. Venne condannato dall'enciclica *Pascendi* di Pio X (1907). L'anelito di rinnovamento nasceva dal bisogno di colmare il fossato creatosi tra la cultura ecclesiastica ufficiale, arroccata su posizioni anacronistiche, e la mentalità scientifica, in modo da ricuperare i ceti intellettuali, per i quali i confini della fede tradizionale erano diventati troppo angusti. Ciò portò ad analizzare la Bibbia col metodo critico-filologico nell'intento di restituirle la sua autenticità storica e liberarla dalle sovrastrutture della speculazione greca, a seguire criteri più rigorosamente scientifici nello studio della storia della chiesa, a svecchiare la teologia usando come strumento ermeneutico la filosofia moderna invece del tomismo, a sostituire l'apologetica classica con il metodo dell'→ immanenza di M. Blondel, ritenuto più rispondente alle istanze interiori dell'uomo. Il modernismo rimase un movimento eterogeneo; neppure il *Programma dei modernisti* (1907) riuscì ad amalgamare le diverse posizioni in un sistema organico. Mentre taluni pensatori affrontarono i problemi posti dal mutato spirito dei tempi senza intaccare gli aspetti essenziali della dottrina cattolica, altri si distaccarono nettamente dalle posizioni tradizionali del magistero. Costoro, accettando i presupposti ideologici dell'agnosticismo circa l'incapacità della conoscenza di oltrepassare il mondo fenomenico ed elevando l'immanentismo a principio di giudizio dell'intera struttura

dogmatica, giunsero alla conclusione che Dio si rivela immediatamente alla coscienza, che la fede deve essere concepita come una facoltà extradialettica, prerazionale e irrazionale, che il cristianesimo consiste nella ripetizione sul piano personale dell'esperienza di adesione intima all'inconoscibile operatasi inizialmente nell'anima del Cristo, che la chiesa non ha un'origine soprannaturale e che i dogmi, essendo simboli della verità, vanno interpretati storicisticamente e continuamente riformulati. Quanto all'esegesi biblica, i seguaci del modernismo distinsero il «Cristo della storia» da quello «della fede» e avanzarono riserve circa l'idea tradizionale di ispirazione intesa come trasmissione meccanica di verità da Dio all'uomo. Questo fermento di idee si diffuse soprattutto in Francia, dove trovò l'esponente di maggior rilievo in A. → Loisy, il quale, basandosi soprattutto su istanze razionalistiche, finiva con il mettere in dubbio la divinità del Cristo e il valore storico della risurrezione. Rilevanti anche le ripercussioni del modernismo sul piano filosofico: L. → Laberthonnière, Ch. Denis, M. Hébert, che si riconoscevano nelle «Annales de philosophie chrétienne», fecero di Dio il fondamento metafisico della coscienza. Ancora più oltre si spinse E. → Le Roy: portando alle estreme conseguenze l'epistemologia di E. Mach, P. Duhem, J.-H. Poincaré, e svalutando il sapere discorsivo a vantaggio della intuizione, egli privò il dogma del suo contenuto dottrinale, ponendolo a semplice giustificazione della condotta. In Inghilterra, invece, G. → Tyrrell si orientava verso una concezione della rivelazione legata al sentimento dell'assoluto che l'uomo esperimenta nel proprio intimo.
In Italia il modernismo si incanalò lungo l'alveo tracciato dal cattolicesimo liberale, battendosi per il superamento della concezione giuridico-verticistica della chiesa, per uno sganciamento del laicato dalla tutela della gerarchia sul piano politico-sociale e per una maggior autonomia nella ricerca scientifica. Mentre E. → Buonaiuti, l'esponente più prestigioso, riconduceva la sostanza della fede all'attesa del Regno di Dio, la rivista milanese «Rinnovamento» (1907-09), che ebbe il suo esponente più prestigioso in T. Gallarati Scotti, si prefiggeva l'obiettivo di riformare la coscienza del paese e portare gli individui «dai miti alla libertà». Il modernismo italiano ebbe anche una dimensione politica negli scritti e nell'azione di R. Murri e un'espressione letteraria nelle opere di A. Fogazzaro. Nel darne una prima globale sistematizzazione, l'enciclica *Pascendi*, a cui seguì una repressione violenta e spesso indiscriminata fino alla fine del pontificato di Pio X, colse gli aspetti ereticali del movimento, ma nello stesso tempo individuò alcune direttrici culturali che sarebbero divenute dominanti del sec. XX: la secolarizzazione, l'ateismo, il prevalente intellettualismo sul piano teologico.

modernizzazione, in sociologia, l'insieme dei processi economici, sociali e culturali che hanno trasformato le società europee occidentali e nordamericane tra il sec. XVIII e il sec. XIX, e che oggi rendono sempre più simili a queste le altre società in via di sviluppo. Le ricerche sociologiche sulla modernizzazione muovono dalla dicotomia società tradizionale — società moderna (una delle idee fondamentali della storia della sociologia, secondo R. Nisbet, *La tradizione sociologica*, 1966), richiamata da F. Tönnies fin dal titolo della sua opera *Comunità e società* (1889; → comunità). La principale teoria della modernizzazione è contenuta negli studi di M. Weber (*Economia e società*, 1922) e nell'interpretazione che di essi ha fornito T. Parsons. Un orientamento razionale dell'azione sociale (→ razionalità), una disciplina fedele a valori mondani, una legittimazione del potere attraverso leggi scritte applicate da una burocrazia impersonale caratterizzano, secondo questa teoria, lo spirito del capitalismo che informa le società moderne, a differenza di quelle tradizionali dove il carisma, i valori sacri e tramandati prevalgono. L'aspetto etico-religioso di questo processo è stato successivamente chiamato secolarizzazione. Nel secondo dopoguerra, un nuovo interesse per una definizione della modernizzazione è stato suscitato tra sociologi e scienziati politici dalla comparsa sulla scena mondiale di nuovi stati, sorti in regioni sottosviluppate dell'Africa e dell'Asia dalla disgregazione degli imperi coloniali.
Generalmente, una società è considerata moderna in base alla presenza dei seguenti caratteri: *a*) la maggior parte dei suoi membri attivi sono occupati come salariati nell'industria o nei servizi; *b*) la posizione sociale dei membri è assegnata in base alle prestazioni lavorative fornite (status acquisito) piuttosto che in base alla nascita (status ascritto); *c*) esiste mobilità sociale tra classi inferiori e classi superiori nonché tra professioni (secondo una tendenza già individuata da A. de Tocqueville); *d*) sono ricercati e premiati atteggiamenti innovativi e comportamenti razionali, come hanno provato numerosi studi di psicologia sociale (cfr. per es. A. Inkeles, *Modernizzarsi*, 1978) che si ricollegano alle teorie classiche di J. Schumpeter, Weber e Parsons sull'imprenditore; *e*) si sviluppa un apparato giuridico-amministrativo burocratico; la crescita economica è continua e cumulativa; il mercato è generalizzato; la differenziazione dei ruoli e delle istituzioni che adempiono le varie funzioni sociali, per lo più mediante organizzazioni, è elevata, come teorizza il funzionalismo sociologico, da Parsons (*Il sistema sociale*, 1951) e M.J. Levy (*Modernizzazione e struttura delle società*, 1966) a N. Luhmann (*Potere e complessità sociale*, 1973); esistono forme organizzate e istituzionalizzate

di partecipazione — per lo più attraverso rappresentanti — dei membri della società alle decisioni che li riguardano in quanto cittadini (elezioni, partiti ecc.); le istituzioni politiche garantiscono un minimo di consenso al sistema, insieme con l'istruzione di base, la sicurezza di un livello minimo di reddito o di assistenza sociale e alcune libertà fondamentali.
La democrazia è stata spesso considerata dagli scienziati politici, a partire da *L'uomo e la politica* (1960), di R. Bendix, un coronamento della modernità, sebbene molti paesi che sono moderni, secondo gli altri criteri definitori sopra enunciati, non abbiano un regime democratico. Per B. Moore (*Le origini sociali della dittatura e della democrazia*, 1966), al contrario, la democrazia non è lo sbocco necessario dei processi di modernizzazione. Il passaggio dalla società preindustriale al mondo moderno è infatti avvenuto, secondo Moore, attraverso tre vie principali: la rivoluzione democratico-borghese (Inghilterra, Stati Uniti, Francia); il comunismo (Russia, Cina), il fascismo (Giappone, Germania), a seconda della struttura di classe di ciascun paese e, in particolare, a seconda delle diverse reazioni delle classi dominanti e dei contadini dinanzi allo sviluppo mercantile in agricoltura. Altri autori hanno messo l'accento sull'attitudine del sistema politico a favorire lo sviluppo economico, per l'avvio del quale occorrono interventi pubblici precisi ma limitati e istituzioni politiche non centralizzate (R.T. Holt e J.E. Turner, *Le basi politiche dello sviluppo economico*, 1966).
Studiosi come C. Black, A.F.K. Organski, W.W. Rostow hanno individuato nel processo di industrializzazione una successione di stadi politici, economici, sociali comune a tutti i paesi ed esprimibile anche in termini quantitativi. Gli stadi sono: costituzione dei prerequisiti della modernizzazione, decollo industriale, economia di consumo, diffusione del benessere attraverso interventi pubblici assistenziali. Benché non manchino ricerche che sottolineano le specificità locali (G. Germani, *Sociologia della modernizzazione*, 1971), prevale l'idea di una convergenza verso un modello unico di società, quale effetto della modernizzazione (T. Parsons, *Sistemi di società*, 1973; S.N. Eisenstadt, *Modernizzazione, protesta e mutamento*, 1966). Un orientamento meno evoluzionistico e più illuminista prevale invece tra gli scienziati politici, i quali affermano che ogni paese in via di modernizzazione deve superare una serie di crisi di identità, di integrazione, di partecipazione politica, di distribuzione delle risorse. Pertanto il suo sviluppo può stagnare o regredire se una di queste sfide non riceve risposta adeguata (S.P. Huntington, *Ordinamento politico e mutamento sociale*, 1965). In tale quadro, un potente fattore di avvio della modernizzazione, ma nello stesso tempo un motivo di distorsione, è considerato da sociologi radicali (J. Galtung, *Imperialismo e rivoluzioni*, 1972) e marxisti l'imperialismo economico, politico e culturale che i paesi avanzati praticano a danno di quelli originariamente arretrati, resi dipendenti e marginali. Nella modernizzazione sarebbe cioè insita, fin dagli inizi, l'instaurazione di rapporti che vedono i paesi meno avanzati dipendere dagli altri.
Il dibattito si è recentemente concentrato sui concetti di modernità e post-modernita (→ postmoderno). In questo contesto, J.C. → Alexander ha proposto una lettura meno deterministica e meno illuminista, che considera la modernità non come una necessità storica ma come un assetto sociale estremamente delicato, esito di un processo problematico e contingente (*Teoria sociologica e mutamento sociale. Un'analisi multidimensionale della modernità*, 1990). Sulla stessa linea di riflessione Z. Bauman, dopo aver sostenuto che l'Olocausto, il tratto più distintivo e insieme orribile del XX secolo, può essere compreso solo se si ammettono le sue profonde connessioni con la modernità (*Modernità e Olocausto*, 1989), ha affermato che la transizione dalla modernità alla postmodernità deve essere intesa come passaggio da un'idea lineare e trasparente della storia, promessa dalla ragione, all'accettazione dell'irrimediabile contingenza dell'esistenza umana e dell'irreparabile ambivalenza di ogni sua scelta (*Modernità e ambivalenza*, 1991). Numerosi sono stati gli studi sulle connessioni fra modernità e problemi tradizionali della teoria sociologica (*Teorie della modernità e della post-modernità*, a cura di B.S. Turner, 1991). Su questa tematica A. → Giddens (*Le conseguenze della modernità*, 1990, e *Modernità e identità*, 1991) ha studiato le trasformazioni della vita quotidiana che si accompagnano alle tendenze globalizzanti delle istituzioni moderne.

modisti, o grammatici speculativi, esponenti di un indirizzo di filosofia del linguaggio (secc. XIII-XIV) che cercava di dare una giustificazione logica delle regole grammaticali di Donato e di Prisciano e di mostrare la perfetta corrispondenza tra le parti del discorso (*modi significandi*), le categorie logiche (*modi intelligendi*) e le strutture della realtà (*modi essendi*), così da giungere a una sorta di grammatica universale comune a tutte le lingue. Iniziatore di tale indirizzo era stato nel sec. XII Pietro d'Elia, commentatore di Prisciano; principali modisti furono R. Bacone, Martino di Dacia, Boezio di Dacia, Sigieri di Courtrai, Tommaso di Erfurt.

modo, termine con cui si designano, in logica, le → modalità di connessione di un predicato a un soggetto. In senso più ristretto, a partire da Pietro Ispano, si indica con «modo» una determinazione non direttamente compresa nella definizione di un termine (*Summulae logicales*). Nella scolastica il vocabolo venne però a rivestire anche un significato ontologico, in quanto espressione di determinazioni secondarie, o accidentali, della sostanza. San Tommaso distinse quattro modi dell'essere: l'essere solo nella mente (è il caso delle negazioni e delle privazioni), l'essere soggetto al divenire (la generazione e la corruzione), l'essere in altro (le qualità e le quantità che per sussistere debbono riferirsi a una sostanza) e l'essere in sé e per sé (che è il carattere proprio della sostanza). In seguito, la dottrina dei modi si complicò con l'introduzione dei modi sostanziali e accidentali, introduzione soprattutto motivata dalla questione teologica del dogma cristologico (unità della persona e duplicità della natura del Cristo). Ancora in senso ontologico il termine «modo» è usato da Cartesio per indicare una qualità secondaria che può inerire alla sostanza, ma è distinta dall'attributo o qualità primaria. Diverso è il significato assunto nell'*Etica* di Spinoza: «Per "modo" intendo le affezioni della sostanza, ovvero ciò che è in altro, per il quale anche viene concepito» (I, definiz. 5). Il modo viene così sottoposto gerarchicamente all'attributo. I modi infatti sono le particolari specificazioni degli attributi della sostanza divina; possono essere infiniti (come per es. il movimento, in quanto modificazione della natura assoluta della sostanza) e finiti (le singole cose o, nell'esempio, i singoli movimenti). Tra i logici di Port-Royal scompare invece la distinzione tra modo e attributo ed entrambi i termini indicano semplicemente una determinazione della cosa che non può sussistere senza di essa. In Locke, infine, il modo non è una proprietà ontologica, ma un'idea complessa della mente (*Saggio*, II, 12, 4).

Möhler, Johann Adam (Igersheim, Württemberg, 1796 - Monaco 1838), teologo cattolico tedesco. Professore di storia ecclesiastica alla facoltà di teologia cattolica di Tubinga dal 1823 al 1835, e poi di esegesi neotestamentaria a Monaco, fu profondamente influenzato dall'indirizzo storico della cultura tedesca contemporanea. La prima sua opera, *L'unità nella chiesa* (1825), espone i principi costitutivi del cattolicesimo in base a un riesame della patristica dei primi tre secoli. La chiesa è studiata dapprima come unità mistica, intellettuale e personale, poi come unità esteriore. La comunità locale e il sacerdozio universale dei credenti sono organicamente collegati nella struttura episcopale e primaziale. Ad *Atanasio e la chiesa del suo tempo* (1827), seguì nel 1832 *Simbolica*, dedicata a un'analisi dei contrasti dottrinali tra cattolici e protestanti. La ricerca, condotta sui testi ufficiali delle due confessioni, vuole indicarne la natura spirituale più profonda. Riconosciuto legittimo il primato della Bibbia quanto al contenuto essenziale della fede, Möhler esige che si riconosca l'importanza storica e teologica della vita ecclesiastica per il riconoscimento e l'interpretazione della Bibbia stessa. Bibbia, tradizione, magistero e comunione ecclesiastica costituiscono un'unità inscindibile e organicamente collegata.
Möhler può essere considerato uno dei teologi cattolici più originali e creativi dell'Ottocento. Egli seppe utilizzare alcuni importanti concetti storico-psicologici della cultura filosofica e letteraria tedesca del suo tempo per riesaminare l'esperienza religiosa caratteristica del cattolicesimo. Spirito, comunione, unità, organismo, sviluppo storico diventano per lui criteri dominanti del pensiero teologico, che acquista così un notevole dinamismo intellettuale. Il suo pensiero è soprattutto importante per l'ecclesiologia moderna, che vi vede le premesse di una concezione personale e comunitaria dell'organismo ecclesiastico.

mokṣa, termine sanscrito designante la salvezza suprema. Diversamente concepita dalle diverse religioni e scuole filosofiche, la mokṣa può indicare il raggiungimento del nirvāṇa, o l'identificazione con il brahman o il semplice riconoscimento della propria originaria natura spirituale e immortale, oppure l'unione con Dio inteso in senso teistico. In ogni caso, però, la salvezza comporta la liberazione dal ciclo delle trasmigrazioni (*saṃsāra*).

molinismo, corrente teologica che si ispira alle dottrine del gesuita spagnolo Luis de Molina (1536-1600), autore della *Concordia liberi arbitrii cum gratiae donis, divina praescientia, providentia, praedestinatione et reprobatione* (1588). Il molinismo tenta di conciliare l'onnipotenza della volontà e della grazia divina con la libertà umana e l'universalità della grazia stessa, ricorrendo al concetto di «scienza media». Dio non conosce soltanto, nella sua stessa essenza, le pure necessità o possibilità delle cose (scienza naturale, di semplice intelligenza); Dio non conosce soltanto, nella sua volontà, tutto quanto egli determina con la propria libertà (scienza libera); Dio conosce altresì quelle libere decisioni che non saranno mai prese date le condizioni che si verificheranno, ma che verrebbero prese realmente in condizioni diverse (scienza media). Mediante la supercomprensione della scienza media Dio conosce un numero infinito di possibilità di ordinamenti della grazia e delle eventuali libere risposte delle creature in ognuno di essi. Tra questo numero infinito di ordinamenti Dio ne sceglie uno in assoluta libertà, e conseguentemente spartisce la sua grazia secondo la previsione della libera risposta della creatura, ma non dipendentemente da essa (perché Dio ha già scelto prima un ordinamento in assoluta libertà). È ancora essenziale al molinismo la concezione della libertà umana non distrutta né ferita dal peccato originale, per cui essa resta capace anche di credere, sperare, amare. Perché gli atti della libertà umana diventino capaci di salvezza, occorre però la grazia soprannaturale che li eleva, conferendo a essi non l'esistenza, ma la qualità salvifica. A questo proposito Molina distingue tra grazia «sufficiente», che mette la volontà in grado di scegliere un'azione salutare, e grazia «efficace», che permette il concreto effettuarsi dell'azione. Il molinismo fu fortemente avversato da D. Báñez e dai teologi della sua scuola, mentre trovò accoglienza favorevole tra i teologi gesuiti (R. Bellarmino, F. Suárez) e divenne lo strumento attraverso il quale una certa apologetica cattolica tentò di recuperare le istanze di libertà e di autonomia congenite con lo spirito moderno. Oggi tende a essere abbandonato per la problematicità del suo concetto centrale, quello di scienza media.

Molinos, Miguel de (Muniesa, Saragozza, 1628 - Roma 1696), teologo spagnolo. È considerato il massimo esponente del → quietismo. Si laureò in teologia a Valencia e fu ordinato sacerdote nel 1652. Venuto a Roma nel 1665, vi soggiornò fino alla morte. Compose a Roma il *Breve trattato della comunione quotidiana* (1675), la *Guida spirituale* (1675), che ebbe larga diffusione (tra il 1675 e il 1687 ne uscirono in Italia sette edizioni), e le *Lettere a un cavaliere spagnolo*. Molinos sosteneva che il fine della vita spirituale consiste nella completa quiete e passività dell'anima davanti a Dio. Pertanto egli ripudiava non solo le opere esteriori (preghiera vocale, orazione mentale, esercizi ascetici), ma anche ogni azione umana, perché «il voler operare attivamente è un offender Dio che vuol esser lui solo agente, e però bisogna abbandonarsi in lui e starsene poi come un corpo morto». Pervenuta allo stato di «annichilazione», l'anima non può più peccare, anche se esteriormente sembra ledere i comandamenti di Dio. Dopo una serie di attacchi mossi contro di lui dai gesuiti e dal cardinale I. Caracciolo, arcivescovo di Napoli, Molinos fu arrestato dal Sant'Uffizio (1685) e sottoposto a un lungo processo che si concluse con la condanna di 68 proposizioni estratte dalle sue lettere (1687). Nonostante la pubblica abiura, fu condannato al carcere perpetuo. La condanna del Sant'Uffizio riguardava anche il comportamento di Molinos, accusato di indulgere, nella direzione spirituale, ai disordini morali.

Moltmann, Jürgen (Amburgo 1926), teologo protestante tedesco. Docente di teologia sistematica a Bonn, e poi, dal 1967, a Tubinga, si dedicò dapprima a studi storici sulla teologia riformata, e fu tra i primi a cogliere l'importanza del pensiero di D. → Bonhoeffer. L'opera che gli diede rinomanza mondiale fu *Teologia della speranza* (1964). In essa Moltmann ripropone i temi dell'escatologia neotestamentaria, analizzata soprattutto in rapporto alla fede nella risurrezione di Gesù. Questo evento paradigmatico caratterizza la vita dei credenti nella storia. Essa è attesa, dinamismo, impegno concreto, speranza. La fede costituisce una sempre nuova «comunità dell'esodo», che cammina coraggiosamente verso la libertà più totale. Dopo i saggi *Prospettive della teologia* (1968), uscì *Il Dio crocifisso* (1972), dove si individua nel paradosso della croce la via verso la liberazione. In *La chiesa nella forza dello Spirito* (1975) Moltmann sviluppa gli aspetti ecclesiologici della speranza e della croce, mostrandone l'importanza sul piano collettivo.
Dopo la crisi bellica, la faticosa ricostruzione, l'esaurimento della teologia dialettica, Moltmann ha contribuito a ridare alla teologia protestante tedesca una risonanza mondiale. I temi più vivi della teologia neotestamentaria sono da lui elaborati alla luce delle esigenze della cultura contemporanea; particolarmente evidente è in lui l'influsso del filosofo E. →Bloch. Altre opere: *Trinità e Regno di Dio* (1980); *Dio nella creazione: teoria ecologica della creazione* (1985).

momento, nozione centrale della logica hegeliana. Accostando le definizioni di momento logico (tradizionalmente, stadio di una dimostrazione), temporale (parte minima di tempo priva in sé di successione: Locke, *Saggio sull'intelletto umano* II, 14, 10) e meccanico (o dinamico, azione istantanea di una forza su un corpo: Kant, *Primi principi metafisici della scienza della natura*), Hegel definisce il momento come ciò che è «tolto e conservato (*aufgehoben*)» in quanto è «entrato nell'unità con il suo opposto» (*Logica* I, I, I, Toglimento del divenire). In questo senso, i momenti che accedono a un processo dialettico (→ dialettica) differiscono quanto alle loro determinazioni, ma risultano reciprocamente inseparabili e quindi identificati nella sintesi che li raccoglie (così, per es., l'essere e il nulla rispetto all'essere determinato, *Dasein*).

monachesimo, fenomeno presente in pressoché tutte le grandi tradizioni religiose: le religioni dell'India, il buddhismo, alcune correnti dell'ebraismo (come gli esseni e i terapeuti), alcune correnti religiose classiche ed ellenistiche (pitagorici, cinici, tardo stoicismo, «reclusi di Serapide», gruppi neoplatonici), il manicheismo, l'Islam e, ovviamente, il cristianesimo. Il monachesimo è riconoscibile pertanto come una costante dell'*animus* religioso dell'uomo, la cui caratterizzazione è però estremamente delicata poiché, nella radicale tensione all'Assoluto, tipica di ogni monachesimo, è coinvolta l'immagine di Dio e del suo rapporto con l'uomo propria di ogni singola religione.
Il fenomeno monastico, in ogni caso, si caratterizza per il triplice significato che l'esperienza dell'uomo come *mónos* (solo) assume in esso: uomo «solo» perché vive in solitudine (in comunità o da eremita, ma comunque separato dal «mondo»); uomo «solo» perché vive da celibe; uomo «uno», che cioè ha realizzato (o ten-

de a realizzare) la unificazione-semplificazione essenziale di sé, in Dio. Marginalità sociale come scelta di «separazione dal mondo», cioè dal comune vivere secolare dell'ambiente di origine; una certa pratica o tecnica ascetica, che si costituisce a partire da un primo processo di «iniziazione», come obbedienza a una «regola» e a un «maestro»; tensione mistica come aspirazione alla comunione esperienziale con la Realtà, l'Assoluto: questi i tratti che accomunano ogni espressione del monachesimo, come fenomeno religioso universale.

Il problema dei reciproci influssi tra le diverse espressioni di monachesimo è abbastanza complesso. Particolarmente dibattuto quello delle origini del monachesimo cristiano. Nell'interpretazione di studiosi appartenenti soprattutto alle confessioni cristiane riformate, esso sarebbe nato sotto l'influenza di elementi religioso-culturali extracristiani. L'interpretazione cattolica e dell'ortodossia orientale sottolinea invece come determinante per il monachesimo l'ispirazione cristiana. Ma il problema non si riduce alla questione storica, per la quale sembra più realistica la visione che, pur identificando influssi dei monachesimi extracristiani sul primo configurarsi di quello cristiano (così come del resto il linguaggio e la cultura ellenistica influenzano la prima «acculturazione» del messaggio cristiano nella storia successiva alla generazione di Gesù), riconosce però l'originalità del monachesimo cristiano nel suo riferimento alla fede cristologica. Ancora più importante è la questione teologica del rapporto tra quello cristiano e gli altri monachesimi. Tutta la tradizione cristiana fin dagli inizi (Clemente Alessandrino, Giovanni Crisostomo, e la loro teoria del monachesimo come la vera *philosophia*: quella «sapienza» che attraverso il massimo impegno della *prâxis* prepara lo spirito alla *theōría*, ma che radicalmente è la «sapienza della croce») sottolinea il capovolgimento operato nelle categorie e strutture della vita monastica quando siano assunte a esprimere la tensione della fede verso la piena conoscenza di Dio, in Gesù Cristo. La singolarità sta nel passaggio da una motivazione «religiosa», cioè da un tentativo dell'uomo (tecniche meditative) di raggiungere Dio nella forma della identificazione panteistica (o, comunque, attraverso un processo metafisico di opposizione-negazione della realtà creata), a una motivazione «cristiana», cioè alla ricerca di Dio in Gesù di Nazareth (in forma di rapporto dialogico sul fondamento della fede di essere *già* stati da lui cercati e avvicinati). Perciò la vita monastica cristiana si pone primariamente come *sequela Christi* nella quale soltanto è cercata l'unità con Dio. Senza che vi sia una contraddizione insanabile tra il momento naturale-religioso dell'uomo che, trascendendosi o interiorizzandosi, tenta di raggiungere il divino, e il movimento della fede cristiana, viene però a evidenziarsi un rapporto dialettico, che non impedisce che nel monachesimo cristiano si diano storicamente continui movimenti oscillatori tra la accentuazione delle sue strutture «religiose» e la sottolineatura invece della singolarità cristiana: mentre nel primo movimento predominano gli aspetti tecnico-metodici, un certo esoterismo, valori (per sé ambigui) come «contemplazione», «punta dell'anima», trascendimento della prassi e delle mediazioni storico-corporee, nel secondo movimento appare in primo piano l'assoluto della carità, la logica della croce come → kenosi obbedienziale, e le grandi categorie del mondo e dell'antropologia biblica.

Più «cristiano», nel senso sopra indicato, è il monachesimo dei secoli patristici, con Antonio e Pacomio in Egitto, Basilio in Siria e Cappadocia, e poi Gerolamo, Agostino, Martino, Cassiano, fino a Benedetto da Norcia, che riassume tutta la tradizione patristica nella sua *Regula*. Più «religioso» è il monachesimo medievale (il medioevo nell'Occidente è l'epoca dominata dall'ideale monastico); nei secoli successivi, in età moderna, esso non perde mai del tutto, almeno nelle sue forme più vitali, quel carattere di «utopia» come contestazione della cultura dominante che lo caratterizza sin dalle origini.

All'indomani delle soppressioni ottocentesche, la storia del monachesimo cristiano occidentale registra una rinascita, prima nella forma di una restaurazione romantica del monachesimo medievale (Solesmes, Beuron ecc.), quindi con apertura ai nuovi fermenti di rinnovamento biblico, patristico, liturgico. Si assiste anche al sorgere, del tutto nuovo, di espressioni monastiche nell'area del cristianesimo anglicano e riformato (benedettini anglicani, comunità di Taizé ecc.). *I. An.*

monade, termine usato nella scuola pitagorica per indicare l'unità originaria dalla quale deriva la serie dei numeri (in gr. *monás*, unità). Archita e poi Proclo distinsero la monade dall'Uno assoluto, del quale essa costituisce il principio di limitazione intelligibile. Platone definisce a sua volta monadi le idee, per evidenziarne l'essenzialità e la lontananza dalla realtà empirica. Il termine, pur mantenendo la connotazione di «semplice» e di «irriducibile» insieme, acquisisce un significato trascendente nei neoplatonici cristiani (Teodorico di Chartres, Domenico Gundisalvi), per i quali indica Dio come unità ultima ed essenziale. Nel pensiero rinascimentale il concetto di monade viene utilizzato da Cusano, in quanto ogni cosa è un microcosmo, un'unità in piccolo, uno «specchio del tutto» (in questo senso esso già si trova in al-Kindi). Ma è soprattutto Giordano Bruno a sviluppare il concetto, facendone la base della sua matematica magica (*De minimo*; *De mo-*

nade). Per Bruno le monadi sono le parti componenti minime dei corpi e ciò che ne definisce la struttura. In un senso analogo la nozione di monade è ripresa da H. More (*Enchiridion metaphysicum*) e tale nozione viene ereditata da Leibniz, che fonderà su di essa una vera e propria concezione dell'universo o «monadologia». Le monadi leibniziane sono sostanze o principi attivi che, ognuna a suo modo, rispecchiano il tutto in un armonioso concatenamento di percezioni. Attraverso M. Knutzen il concetto venne ripreso da Kant nella fase precritica del suo pensiero. Nella *Monadologia fisica* Kant tenta infatti di conciliare la metafisica di Leibniz e la fisica di Newton mediante il concetto di monade fisica: impenetrabili ed elastiche, le monadi fisiche sono le costituenti prime dello spazio universale newtoniano.
Il termine ricompare nell'età del romanticismo, per es. in Goethe e soprattutto in J.F. Herbart, i cui «reali» sono una ripresa della monadologia leibniziana. Alla fine dell'Ottocento C. Renouvier usa il concetto di monade per indicare la «sostanza semplice» come elemento componente delle sostanze complesse, cioè dei dati dell'esperienza (*Nuova monadologia*). Ma in questo stesso periodo il termine ricorre anche in R.H. Lotze, che concepisce leibnizianamente le monadi come unità di coscienza o singolarità spirituali, le quali costituiscono la realtà ultima dell'universo (*Mikrokosmus*). Infine di monade parlano anche A.N. Whitehead e Husserl: nel primo il termine indica gli eventi temporali della mente, in Husserl caratterizza il rapporto intersoggettivo degli *ego* trascendentalmente «ridotti» (correlazione intermonadica).

mondi possibili, modi in cui potrebbe essere fatto il mondo, possibili conformazioni della realtà. La nozione, presente in → Leibniz, ha acquisito grande importanza nella logica e nella filosofia del linguaggio contemporanee. G. → Frege ha suggerito che comprendere un enunciato voglia dire sapere in quali circostanze risulterebbe vero e in quali falso. Muovendo da questa idea, ripresa poi da → Wittgenstein, si può identificare l'intensione (→ estensione-intensione) di un enunciato E — o, come anche si usa dire, la → proposizione espressa da E — con la funzione che a ogni mondo possibile associa il valore di verità di E in quel mondo. Più in generale, l'intensione di una qualsiasi espressione F può essere definita come la funzione che a ogni mondo possibile associa l'estensione di F in quel mondo. Il primo a proporre questa caratterizzazione delle intensioni fu R. Carnap, al quale si deve inoltre il primo tentativo di precisare formalmente il concetto di mondo possibile mediante la nozione di 'descrizione di stato'. Sviluppi successivi, cui ha contribuito in particolare S. Kripke, hanno condotto all'elaborazione della cosiddetta 'semantica dei mondi possibili', strumento rigoroso e potente per l'analisi dei contesti intensionali. Paradigmatica è l'applicazione della semantica dei mondi possibili all'analisi delle modalità aletiche, basata sull'identificazione della necessità con la verità in tutti i mondi possibili e della possibilità con la verità in almeno un mondo possibile (→ modalità). Altre applicazioni riguardano i condizionali, gli atteggiamenti proposizionali ecc. Lo sviluppo della semantica dei mondi possibili nei suoi aspetti formali è stato accompagnato da discussioni di carattere più strettamente filosofico. Circa lo statuto ontologico dei mondi possibili sono state espresse opinioni diverse, che vanno dalla concezione carnapiana dei mondi possibili come mere costruzioni linguistiche al realismo estremo di D. → Lewis.

mondo, (in gr. *kósmos*, in lat. *mundus*) termine che originariamente indica la totalità ordinata dell'esistente, in contrapposizione al caos, ciò che è «adorno», bello, armonioso contro lo spazio vuoto, il disordine selvaggio. I termini germanici (ted. *Welt*, da un ant. ted. *weralt*, ingl. *world*) rinviano invece originariamente al significato «età dell'uomo», «epoca» e hanno come riferimento l'immagine del «crescere nel tempo e invecchiare».
• *La concezione del mondo nell'antichità*. Il mito classico parla, nelle sue diverse teogonie, dell'*origine* del mondo da un precedente stato di confusione od oscurità le cui immagini sono tanto i flutti dell'oceano primigenio quanto la notte o il caos. Il sorgere della filosofia con la scuola ionica è contrassegnato dal tentativo di ritrovare, al di là delle molteplici apparenze e della pluralità degli enti che lo costituiscono, l'unità che fa del mondo un tutto ordinato. Questa unità è concepita insieme come *sostanza* e come *vita*, forza attiva inerente alla materia (→ ilozoismo). Pitagora e la sua scuola fecero un passo ulteriore nella direzione dell'identificazione di ciò che, costituendo il principio dell'ordine delle cose, fa del mondo propriamente un mondo: essi videro nel *numero*, come principio d'ordine e misura, la sostanza di tutto ciò che è.
La ricerca dell'ordine che regge il mondo non comporta per i Greci soltanto un interesse teorico-conoscitivo, perché il possesso, la conoscenza di tale legge suprema è altresì fondamento di ogni ordine, tanto divino quanto umano o materiale. Il problema dell'ordine del mondo si sviluppa quindi in tre direzioni distinte, per quanto intimamente connesse. Con Parmenide esso è posto per la prima volta nella sua massima universalità, come problema *ontologico*: ciò che è necessario, non può non-essere, è uno, immutabile, eguale; indivisibile ed eterno è l'essere; il divenire delle cose è pura apparenza. Una seconda direzione svolge la concezione parmenidea dell'essere in un senso ma-

teriale e naturalistico, dando luogo a una visione propriamente *fisica*: con Leucippo e Democrito sono poste alla base del mondo materiale e del suo continuo, «eracliteo» fluire, entità elementari piene e indivisibili, gli atomi, dalla cui aggregazione e disgregazione nascono e periscono le cose. La terza direzione, successiva alla svolta antropocentrica dei Sofisti e di Socrate, muove dal problema della giustizia nella città degli uomini, ma trova, con Platone, il suo compimento in una dottrina della *conoscenza vera* o scienza come accesso a ciò che assolutamente è, cui si contrappone l'opinione (*doxa*), corrispondente al divenire, che sta tra essere e non-essere. Il celebre mito della caverna nella *Repubblica* illustra la contrapposizione tra un mondo sensibile e un mondo intelligibile, di cui il primo è soltanto la copia e l'ombra. Culmine del mondo intelligibile, composto di sostanze eterne, le idee, è l'idea del bene, causa del loro essere e fondamento della loro conoscibilità. Nel *Timeo* Platone illustra la genesi del mondo materiale per opera di un demiurgo, una causa ordinatrice divina che traduce i modelli eterni del mondo intelligibile in un ricettacolo materiale amorfo: il mondo materiale è solo un'imitazione dell'ordine perfetto delle idee, di esso non può darsi dunque vera scienza, ma solo «racconti verosimili». Aristotele nega che vi sia un mondo ideale separato da quello materiale: forma e materia, pur non divenendo, sono unite all'interno della realtà determinata. Questa, la sostanza come sinolo di forma e materia, diviene. Alla materia e alla forma corrispondono la potenza e l'atto, e il divenire è un processo dinamico a carattere finalistico, in cui il reale passa dalla pura possibilità alla realizzazione di uno scopo immanente. Ma poiché ogni divenire è retto dal fine cui tende, l'intero mondo materiale dovrà tendere verso qualcosa che, pur muovendo tutto, non è mosso da nulla ed è in sé immobile, un dio non creatore, ma ordinatore del mondo.

Nell'età ellenistica l'interesse teoretico per la conoscenza della realtà è nettamente subordinato al preminente interesse etico-pratico. Così per gli Stoici le tesi che vedono nell'ordine immutabile del mondo dio stesso, come principio attivo che plasma e dirige la materia, hanno senso soprattutto ai fini di inculcare il principio etico del vivere secondo l'immodificabile legge della natura e la sottomissione al destino. Questo, come legge divina, determina i cicli, costituenti un eterno ritorno su di sé, di una realtà totalmente materiale, e si manifesta come *provvidenza.* Questo atteggiamento appare ancora più accentuato, in quanto fornisce lo sfondo di un'etica indirizzata anzitutto a orientare l'individuo eliminando il timore di interventi di forze soprannaturali, nell'altra grande scuola ellenistica, l'epicureismo. La filosofia epicurea riprende l'atomismo democriteo, correggendolo con l'introduzione di un principio casuale, per mostrare l'impossibilità di una provvidenza divina in un mondo che è solo uno degli infiniti e provvisori aggregati di atomi nel vuoto. Nella tarda antichità il neoplatonismo ripropone, in una dimensione religioso-speculativa, la contrapposizione platonica tra mondo intelligibile e mondo sensibile, pur facendo della totalità del reale un'emanazione dell'Uno divino: la seconda emanazione dopo l'intelletto, l'anima del mondo, conchiude il mondo intelligibile e dà forma, vita e realtà a un principio puramente oscuro e negativo, la materia.

• *La concezione cristiana del mondo.* Se per l'antichità classica il principio ordinatore che costituisce l'essenza del mondo non trascende la natura, anche quando è assegnato all'ambito di un intelligibile superiore alle entità materiali, con la concezione giudaico-cristiana della creazione divina e della colpa umana il principio ordinatore supremo diviene trascendente. La concezione del mondo si fa eminentemente *storica*, perché il quadro esplicativo è fornito dalla vicenda della creazione, della caduta, della redenzione e del giudizio finale. Mentre l'antichità classica concepisce il mondo come un ordine stabile nel tempo o che ciclicamente ritorna alla condizione iniziale o anche continuamente soggetto a processi di disgregazione-aggregazione senza direzioni privilegiate, il cristianesimo introduce una visione lineare del tempo che conduce dalla genesi alla fine del mondo. Questo risulta così una parentesi temporale aperta nell'eternità e segnata dal peccato. Il termine mondo, come l'espressione temporale «secolo», assume un significato radicalmente negativo: il mondo è il regno di Satana, da esso e in esso non v'è da attendersi salvezza alcuna e i cristiani, come Cristo stesso, sono nel mondo, ma non gli appartengono (Giov. 17, 9-19). Così per Agostino «mondo» sono tutti coloro che amano il mondo e non Dio.

• *La concezione del mondo nel pensiero moderno.* La nascita della scienza moderna è accompagnata da una riproposizione della concezione classica del mondo come insieme degli enti naturali retto da ordine e misura, ma con un'importante differenza, al cui insorgere non è estranea la visione giudaico-cristiana di un Dio infinitamente potente. Già Giordano Bruno, dando espressione filosofica alle tesi astronomiche di Copernico che vedevano l'allontanamento dal centro del mondo della sede dell'uomo, trasferisce all'universo fisico l'infinità divina, facendone l'immagine dell'intelletto divino, anima e vita di un universo composto da infiniti mondi (*De l'infinito, universo e mondi*, 1584; *De immenso et innumerabilibus*, 1591). Ma è soprattutto con Galilei che la nuova visione scientifica del mondo si annuncia con tutte le sue implicazioni: il nesso tra ciò che costituisce il fine delle cose e la dinamica del loro comportamento materiale è spezzato; alla visione di un unico ordine del mondo si sostituisce la contrapposizione tra un ambito di oggettività retto da un rigoroso ordine matematico e la soggettività umana. La comprensione dell'ordine oggettivo proprio del mondo materiale richiede una rinuncia a ricercare che cosa sia l'essenza delle cose, e la limitazione della conoscenza ai rapporti *quantitativi* che l'esperienza rinviene tra le qualità sensibili *oggettivamente* appartenenti ai corpi. Questa visione del mondo materiale come di un grande meccanismo retto da rapporti di causa-effetto improntati a rigorosa necessità conduce da un lato a una distinzione radicale tra ciò che è proprio dello spirito, libero e capace di proporsi fini, e ciò che è proprio della corporeità, ridotta a pura necessità meccanica, ma dall'altro lato al tentativo di *ridurre* lo stesso spirito a leggi «oggettive», e quindi alla corporeità. Se la prima via è quella seguita da Cartesio con la visione dualistica di un mondo materiale puramente meccanico (*res extensa*) contrapposto al mondo spirituale (*res cogitans*), la seconda compare già nelle *Terze obiezioni* presentate da Hobbes alle *Meditazioni metafisiche* di Cartesio (1641). Qui si afferma che la stessa cosa pensante deve essere intesa come cosa corporea poiché i soggetti di tutti gli atti sembrano essere intesi solo sotto una ragione materiale. Con Leibniz emerge tuttavia una possibilità di concepire il rapporto tra il mondo dello spirito e quello della materia che sfugge all'alternativa tra dualismo e riduzionismo. Il meccanismo naturale è per Leibniz solo apparenza di superficie, perché tutta la realtà corporea si riduce a un gioco di *forze*, che hanno una radice metafisica e non fisica nel rapporto delle monadi con l'intero universo, di cui ciascuna è rispecchiamento da un particolare punto di vista. La filosofia di Kant ritorna per un verso alla visione meccanicistica della natura, concepita come l'insieme dei fenomeni sottoposti a leggi universali e necessarie; e in questo contesto espunge il concetto di mondo dall'ambito degli oggetti propri della conoscenza, perché esso designa la totalità dei fenomeni, che come tale non può mai essere oggetto d'esperienza. Il concetto di mondo non appartiene all'intelletto, ma solo alla ragione, e di esso non si dà un uso costitutivo — come mostrano le antinomie che ne conseguono — bensì solo un uso regolativo, ai fini della progressiva unificazione dei vari ambiti fenomenici in un sistema della conoscenza. Ma se la *Critica della ragion pura* pone queste limitazioni al concetto di mondo ai fini della conoscenza, la *Critica della ragion pratica*, con il concetto di mondo noumenico o «regno dei fini», e la *Critica del giudizio*, con la visione di una convergenza dell'agire libero e finalizzato, mostrano un altro aspetto della concezione kantiana del mondo, che vede nell'uomo, in quanto portatore della legge morale, il soggetto di una ricomposizione finalistica della realtà. La distinzione kantiana tra fenomeno e noumeno è ripresa, con ben altri esiti, da Schopenhauer e costituisce il fondamento della sua opera *Il mondo come volontà e rappresentazione* (1819). Il mondo come fenomeno si identifica con la rappresentazione che noi ne abbiamo, e il soggetto conoscente stesso è ciò per cui il mondo esiste e senza di cui è inconcepibile. Ma se da questo punto di vista il nostro stesso corpo altro non è che rappresentazione, esso è per altro verso, come tutto ciò che costituisce il mondo dei fenomeni, la manifestazione o *oggettità* del noumeno, che è volontà, la cosa in sé che appare tanto nelle cieche forze della natura quanto nei propositi meditati dell'uomo. Essenza del mondo, la volontà è forza in sé, scissa e contraddittoria: la ragione stessa ne è un'oggettivazione, come semplice mezzo per la conservazione dell'individuo e della specie, e ne resta schiava.

Oltre alla contapposizione fenomeno-cosa in sé, l'eredità kantiana consente un'altra chiave di lettura del rapporto dell'uomo con il mondo, riconducibile alla contrapposizione tra l'atteggiamento usuale e «naturale» della coscienza, immersa nel suo mondo di oggetti all'interno delle sue attività pratiche e della scienza «oggettiva», e l'atteggiamento trascendentale, in cui il mondo è colto come una costruzione da parte di atti del soggetto che comportano una *generazione di senso*. È questo l'atteggiamento della fenomenologia: Husserl introduce nelle *Idee per una fenomenologia pura* (1913) la concezione di una «messa tra parentesi» (→ *epoché*) dell'atteggiamento naturale, che conduce però non già alla sospensione scettica della realtà del mondo, bensì all'attenzione a quegli atti costitutivi della coscienza che ne generano il senso e le strutture pure. Con l'atteggiamento fenomenologico noi usciamo dallo stato di interesse ingenuo per le cose e diveniamo spettatori disinteressati del mondo, accedendo alla conoscenza delle pure essenze. Successivamente, nella *Crisi delle scienze europee* (1936) Husserl introduce il concetto di → mondo della vita, come luogo di tutte le evidenze originarie, di cui le nozioni «oggettive» delle scienze sono un'elaborazione. Attraverso l'*epoché* il fenomenologo può sospendere l'intera oggettività del mondo e risalire al suo senso, che si dà nell'evidenza antepredicativa del puro e originario esperire soggettivo. La concezione fenomenologica del mondo esclude che questo sia pura oggettività irrelata, come esclude d'altronde che il «senso» di qualcosa possa essere compreso attraverso un processo di oggettivazione-isolamento: mondo è «mondo di», «ambiente» (*Welt*, *Um-welt*) e ogni comprensione rinvia a una precomprensione all'interno di un *orizzonte*. Il procedimento fenomenologico assume in *Essere e tempo* di Heidegger (1927) il carattere di un'analitica esistenziale. Partendo dalla precomprensione che permette di porre la domanda sul senso dell'essere, si perviene a identificare quell'ente cui tale domanda dev'essere posta perché gli appartiene essenzialmente: la domanda sul senso dell'essere appartiene al modo d'essere specifico dell'uomo, cioè alla sua esistenza. Solo a un essere come l'uomo si può attribuire un «essere in» e questo ha una diretta relazione con la sua capacità di porsi la domanda sull'essere: «essere in» non significa trovarsi come una cosa «spazialmente dentro» qualcosa, ma «abitare», «prendersi cura di», «avere confidenza con» ed è un'espressione esistenziale dell'essere dell'uomo, che pertanto «è nel mondo». Di questo essere nel mondo dell'uomo si danno due condizioni, una delle quali, quella autentica, è apertura all'essere nella sua totalità, alla possibilità, mentre l'altra, inautentica, comporta la «caduta» in un rapporto strumentale con gli enti. *F. Mo.*

mondo della vita, espressione husserliana che designa «un regno di evidenze originarie» da cui traggono fondamento tutte le successive operazioni logico-oggettivanti attuate dalle scienze naturali, ossia «il mondo in cui viviamo intuitivamente, con le sue realtà, così come si danno, dapprima nella semplice esperienza e poi anche nei modi in cui esse diventano oscillanti nella loro validità (oscillanti tra l'essere e l'apparenza ecc.)» (*Crisi delle scienze europee*, 1936, par. 44). L'espressione subentra a quella di «corrente delle esperienze vissute» usata da Husserl in precedenza. Con il concetto di mondo della vita Husserl amplia il campo trascendentale della fenomenologia a un ambiente irriducibile a quello definito da intenzioni puramente epistemologiche e lo contrappone a quello oggettivistico della scienza-tecnica, considerato come un «abito simbolico» (ivi, supplemento XIX). È ancora aperto il dibattito sull'influenza esercitata in questa revisione da parte dei fenomenologi dissidenti (e specialmente di Heidegger) che insistevano sulla necessità di un recupero della dimensione «mondana» dell'esperienza. La ricezione del termine teorico di mondo della vita si è comunque estesa presto ben al di là del territorio più o meno ortodosso della scuola fenomenologica, fungendo da concetto ponte nel dialogo tra fenomenologia e pensiero esistenzialistico (J.-P. Sartre, M. Merleau-Ponty), esistenzialistico-ermeneneutico (P. Ricoeur), marxista (E. Paci), critico-sociale (J. Habermas), poststrutturalistico (J.-F. Lyotard).

Mondolfo, Rodolfo (Senigallia 1877 - Buenos Aires 1976), filosofo italiano. Professore nelle università di Padova, Torino e Bologna, nel 1938 dovette emigrare in Argentina in seguito alle leggi antisemite del governo fascista; vi si stabilì definitivamente, insegnando nelle università di Córdoba e Tucuman. Alla storiografia filosofica Mondolfo ha dedicato importanti studi, volti a indagare il problema della conoscenza nel mondo moderno (*Memoria e associazione nella scuola cartesiana*, 1901; *Condillac*, 1902; *Figure e idee della filosofia italiana del rinascimento*, 1949), e a esaminare i temi della morale e del diritto (*Saggi per la storia della morale utilitaria: la morale di Th. Hobbes*, 1903; *Le teorie morali e politiche di Helvétius*, 1904; *Tra il diritto di natura e il comunismo*, 1909). Il saggio *Rousseau nella formazione della coscienza moderna* (1914), con l'esaltazione dei valori della libertà, della tolleranza e della democrazia, prelude all'adesione di Mondolfo al marxismo, interpretato in chiave umanistica e volontaristica, in diretta polemica con le interpretazioni materialistico-positivistiche (*Il materialismo storico di F. Engels*, 1912; *Sulle orme di Marx*, 1919; *Intorno a Gramsci e alla filosofia della prassi*, 1955; *Umanesimo di Marx*, 1968). È allo studio del pensiero antico che Mondolfo ha dato i suoi contributi più originali (i criteri del suo lavoro storiografico sono espressi nel vol. *Problemi e metodi di ricerca nella storia della filosofia*, 1952). Contro le interpretazioni idealistiche e tradizionali, Mondolfo ha inteso dimostrare la presenza nel pensiero antico di temi e problemi solitamente ritenuti come tipicamente moderni, quali la nozione di infinito e di soggettività e il senso della colpa e del peccato (*Il pensiero antico*, 1928; *L'infinito nel pensiero dei greci*, 1934; *Problemi del pensiero antico*, 1936; *Moralisti greci*, 1941; *La comprensione del soggetto umano nell'antichità classica*, 1955; *Socrate*, 1955).

monema, termine introdotto in linguistica da H. Frei per indicare un segno linguistico il cui → significante non è ulteriormente scomponibile in significanti minori, e ripreso da A. Martinet in luogo di → morfema (termine invece usato dal distribuzionalismo) per indicare radicali, affissi, desinenze.

monismo, termine usato per la prima volta da Ch. Wolff (nella *Psychologia rationalis*, 1734) per designare ogni sistema filosofico che ammetta una sola specie di sostanza (in gr. *mónos* significa «solo, unico»). Il termine si applicava sia alle concezioni idealistiche sia alle concezioni materialistiche, in quanto convenivano nel ricondurre l'insieme della realtà a un principio unitario sottostante all'apparente molteplicità e discontinuità dei fenomeni, negando (sia pure per diverse ragioni) qualsiasi dualità tra materia e spirito, tra mondo e Dio. In questa direzione vennero perciò definite «moniste» la filosofia di →Spinoza, in cui pensiero ed estensione sono attributi di un'unica sostanza; la concezione leibniziana della sostanza, che riduce la sostanza corporea alla sostanza spirituale; la visione materialistica del mondo connessa con il meccanicismo illuminista; e le filosofie idealistiche di Schelling, di Hegel e di

F.H. Bradley. Tra la fine del sec. XIX e l'inizio del XX furono qualificate «monistiche», da un lato, le concezioni del biologo tedesco E. → Haeckel (il quale fondò nel 1906, assieme a W. Ostwald, il «Deutscher Monistenbund», Associazione monistica tedesca), e, d'altro lato, le posizioni filosofico-scientifiche espresse dalla rivista americana «The Monist», fondata da P. Carus nel 1888. Dalla fondazione al 1936, su questa rivista apparvero contributi che concordavano nel voler liberare la filosofia dal soggettivismo per farne una scienza del reale inteso come sistema rigorosamente unitario.

monofisismo, eresia cristologica sostenuta dal monaco Eutiche (sec. V), che negò l'esistenza in Cristo delle due nature, umana e divina. Il monofisismo di Eutiche si presenta come un virtuale → docetismo: infatti Cristo, pur risultando dalle due nature, sussiste in una «sola natura» (in gr. *mónē phýsis*, donde il nome dell'eresia), quella divina che ha assorbito l'umana. Storicamente, non è facile determinare con precisione il contenuto delle dottrine di Eutiche: appaiono comunque dirette a lui le critiche di Teodoreto di Ciro contro i sostenitori della tesi secondo cui in Cristo la natura umana non è annientata, ma trasformata nella sostanza della divinità. Al termine di una polemica in cui intervenne anche papa Leone I, il monofisismo venne condannato nel concilio di Calcedonia (451). Le definizioni conciliari incontrarono opposizioni in Oriente, ove il monofisismo sopravvisse in molti patriarcati. Solo con l'imperatore Giustino e con il papa Ormisda si giunse a una «formula di unione» che ricostituì formalmente l'unità della chiesa (519). In Armenia, Siria, Mesopotamia, Egitto ed Etiopia si formarono tuttavia chiese nazionali monofisite. Attualmente ne esistono tre: la chiesa egiziana o copta, con la sua filiazione etiopica, la chiesa siriaca giacobita e la chiesa armena.

monopsichismo (dal greco *mónos*, solo, e *psychḗ*, anima), tesi che afferma l'esistenza di una sola anima, superindividuale, di cui le singole anime sono semplici manifestazioni. In particolare, con il termine si indica la dottrina di Averroè, poi variamente ripresa dai suoi continuatori, concernente l'unicità dell'intelletto che Aristotele chiamava attivo o agente (→ intelletto agente), ragione eterna del genere umano; l'anima individuale partecipa di tale intelletto come di un *habitus* che ne costituisce la perfezione, ma solo nel limitato ambito spaziotemporale che le è proprio, poiché l'immortalità, ammessa quale prerogativa dell'intelletto superindividuale, viene invece negata per il singolo. Tuttavia, per quanto solo l'intelletto agente garantisca all'uomo la partecipazione al vero, caratteristica del pensiero umano rimane quella capacità immaginativa che, attraverso un processo di astrazione, produce le forme dai dati sensibili. Una delle conseguenze primarie della teoria monopsichista è dunque l'affermazione della mortalità dell'anima, col conseguente privilegio della beatitudine legata alla ricerca teoretica. L'arcivescovo di Parigi, Stefano Tempier, condannò il monopsichismo in quanto dottrina eretica, una prima volta nel 1270 e di nuovo nel 1277. (Si veda anche la voce → averroismo).

monoteismo, termine designante ogni dottrina religiosa o filosofica che affermi l'esistenza di un unico Dio. Il monoteismo è proprio delle grandi religioni di derivazione biblica, l'ebraismo, il cristianesimo e l'islamismo. In quanto nucleo fondamentale dell'autorivelazione di Dio («Non avrai altro Dio all'infuori di me», Deuteronomio 5,7), il monoteismo è il perno su cui, dopo una più antica fase di monolatria, poggia la religione del popolo d'Israele. La dottrina trinitaria propria del cristianesimo non implica affatto una rinuncia al monoteismo, poiché la sostanza divina è unica, e le tre persone formano «non tre dei, ma un solo Dio», secondo la formula del Credo atanasiano; è anzi costante — da parte della chiesa — la polemica contro concezioni trinitarie tendenzialmente triteiste (→ Gioacchino da Fiore).

La questione dell'origine del monoteismo in rapporto alle altre forme religiose fu posta soprattutto nel sec. XIX. E.B. Tylor sostenne che all'interno di ogni cultura religiosa si registrerebbe una graduale evoluzione dall'animismo al monoteismo attraverso il politeismo. In senso opposto si espresse W. Schmidt, con la sua scuola, che ravvisò nel monoteismo la credenza religiosa originaria. La questione, storicamente insolubile, ha perso di attualità nel sec. XX. In particolare, gli studi di R. Pettazzoni hanno sottolineato le ambiguità derivanti dall'uso generico del termine «monoteismo», in quanto il culto dell'Essere Supremo da parte dei popoli primitivi differisce notevolmente dal monoteismo delle grandi religioni: le popolazioni dedite all'allevamento e alla pastorizia credono nel Padre Celeste, gli agricoltori nella Madre Terra, i cacciatori e raccoglitori nel Signore degli animali.

monotelismo, o monotelitismo, eresia cristologica del sec. VII che pone in Gesù Cristo una sola facoltà volitiva, quella del Verbo divino, un solo corrispondente atto del volere e un solo corrispondente oggetto di volontà. I seguaci del monotelismo riconoscevano in genere la dottrina delle due nature in Cristo formulata nel concilio di Calcedonia (451), ma affermavano un'unica volontà per escludere in Cristo l'opposizione tra due diverse volontà. In tal modo si cercava soprattutto di lanciare un ponte verso le popolazioni monofisite (→ monofisismo), per rinsaldare l'unità politica dell'impero contro le minacce persiana e araba. Tra i principali sostenitori di questo movimento emersero Sergio patriarca di Costantinopoli, Teodoro di Faran nel Sinai, Ciro patriarca di Alessandria, Pirro successore di Sergio e, ovviamente, gli imperatori di Costantinopoli, particolarmente Eraclio. Anche il papa Onorio I aderì alla proposta di Sergio, secondo cui occorreva evitare di parlare di due volontà in Cristo. I principali difensori della dottrina ortodossa furono Sofronio di Alessandria e Massimo il Confessore, il quale distinse tra una volontà «naturale» (che si trova in ogni uomo «in quanto è qualcosa secondo la natura e non in quanto è qualcuno secondo la persona») e una volontà «elettiva» (che presuppone l'ignoranza ed è esclusa da Cristo). Massimo ispirò il sinodo Lateranense del 649 sotto il papa Martino I, in cui fu fissata la dottrina delle due volontà, poi definita nel concilio Costantinopolitano III (680-681).

Montague, Richard Merritt (Stockton, California 1930 - Los Angeles 1970), logico e filosofo statunitense. Studiò all'università di Berkeley dove fu allievo di A. Tarski. Insegnò all'università di California a Los Angeles. Studioso versatile e originale, Montague ha lavorato in diversi settori della logica matematica. Importanti le sue ricerche nel campo della logica modale: a lui si devono acquisizioni che evidenziano le difficoltà di principio di una interpretazione 'sintattica' delle modalità, e contributi allo sviluppo della semantica dei → mondi possibili. L'analisi della necessità e della possibilità in termini di mondi possibili è, per Montague, niente altro che un'applicazione particolare della 'pragmatica' intesa come lo studio mediante strumenti formali di tutte quelle situazioni linguistiche in cui il valore di verità degli enunciati dipende dalla determinazione di 'indici' opportuni: nell'ambito della pragmatica così concepita ricadono dunque fenomeni disparati, da quelli relativi alle espressioni 'indicali' in senso stretto ('io', 'qui', 'ora' ecc.), a quelli concernenti i tempi verbali, gli enunciati esprimenti atteggiamenti proposizionali ecc. La ricca strumentazione tecnica messa a punto da Montague nel corso di queste sue indagini è uno degli ingredienti fondamentali della cosiddetta → grammatica di Montague, che costituisce tuttora il principale titolo di notorietà dello studioso: si tratta del primo tentativo sistematico di utilizzare gli strumenti della logica matematica ai fini di un'analisi semantica diretta del linguaggio naturale, punto di avvio di un filone di ricerca che ha avuto in seguito notevole sviluppo. Gli scritti di Montague più rilevanti dal punto di vista filosofico e linguistico sono raccolti nel volume postumo *Filosofia formale* (1974).

Montague, William Pepperell (Chelsea, Massachusetts, 1873 - New York 1953), filosofo statunitense. Professore alla Columbia University di New York, fu uno dei maggiori rappresentanti del → neorealismo. Secondo la sua concezione filosofica, spesso caratterizzata come «dualismo relazionistico», il mondo fisico (materiale) e quello psichico (mentale) non sono due realtà qualitativamente diverse che si escludano a vicenda; essi si distinguono solo per i differenti tipi di relazione che governano l'identica energia che li costituisce. L'unità dell'energia fisica e psichica si rivela nella sensazione e nella conoscenza intellettiva, due processi mediante i quali l'energia cinetica si trasforma in energia potenziale (o «anergia»). Anche la vita è un flusso di energie che si accumulano, e questa concezione imprime un fondamentale carattere ottimistico all'etica di Montague. Conciliando il vitalismo nietzscheano con gli ideali cristiani, egli vede tutto l'universo inserito in un processo di «spiritualizzazione», per cui ritiene probabile che all'uomo sia concessa l'immortalità. Opere principali: *Le vie del conoscere o i metodi della filosofia* (1925); *Le vie delle cose* (1940); *Grandi visioni della filosofia* (1950); in collaborazione con P.G. Adams, *La filosofia americana contemporanea* (2 voll., 1930).

Montaigne, Michel Eyquem de (Castello di Montaigne, Bordeaux, 1533-1592), filosofo e scrittore francese. Educato da umanisti e amico di letterati e poeti (fu particolarmente legato a Etienne de → La Boétie), compì studi di diritto e alternò la viva partecipazione alla vita politica del tempo a periodi di meditazione nel castello di famiglia: qui tra il 1572 e il 1573, nella Francia sconvolta dalle guerre di religione, iniziò la stesura della sua opera più celebre, i *Saggi*, di cui uscì una prima edizione in due libri nel 1580. Negli anni successivi continuò a rivedere e ampliare l'opera fino all'edizione del 1588, in tre libri. La morte gli impedì di ultimare la revisione di quest'ultima edizione.

La riflessione di Montaigne si colloca in un momento di profondi rivolgimenti nella cultura e nella storia europea, ed egli può dirsi testimone per eccellenza della crisi dei valori e del sistema di conoscenze scientifiche e filosofiche avvertita nell'Europa della seconda metà del Cinquecento: da un lato, la caduta del geocentrismo, la critica ai principi di Aristotele, le innovazioni mediche dimostravano la provvisorietà di ogni acquisizione umana nelle scienze; dall'altro, la scoperta del continente americano imponeva la riflessione su valori morali fino ad allora giudicati eterni e immutabili per tutti gli uomini. Lo sconvolgimento dell'orizzonte culturale convince Montaigne che il cambiamento non è uno stato provvisorio cui possa succedere un assestamento definitivo del mondo umano: la mutevolezza si rivela infatti espressione tipica della condizione umana, impossibilitata a raggiungere verità e certezze definitive; di qui ha origine lo scetticismo montaignano, la critica alla ragione stoica che, fiduciosa nella propria capacità di essere il veicolo della liberazione umana, non si accorge di essere a sua volta determinata da consuetudini, influenze geografiche e storiche. La critica all'arroganza della ragione rientra poi nel più generale attacco all'antropocentrismo, che porta Montaigne a mettere in discussione le capacità conoscitive umane, la pretesa di una differenza qualitativa tra l'uomo e l'animale, la sicumera con cui l'uomo ha sempre visto finalizzati a sé i fenomeni naturali. Ugualmente serrata è la critica montaignana della centralità dei valori dell'uomo europeo e del diritto a qualificare come «barbarie» tutto ciò che dal costume europeo si discosta. L'universo di Montaigne è multiforme e irriducibilmente variegato. Persino le usanze simili che si ritrovano in nazioni non europee e su cui si farà leva per un recupero dell'universalità e uniformità della «natura umana», stupiscono invece di rassicurare Montaigne, al quale appare impossibile costruire una teoria alternativa allo scetticismo: la natura umana che gli stoici raccomandavano di seguire si rivela inconoscibile. Per questo, se lo scetticismo montaignano è tutto impregnato di cultura classica, i *Saggi* contengono anche il rifiuto di alcuni temi centrali della tradizione umanistica, come quello della grandezza e centralità dell'uomo nel piano dell'universo, e non risparmiano neppure certi aspetti dell'enciclopedismo umanistico: a Montaigne si deve infatti la creazione del personaggio del «pedante», al cui vuoto enciclopedismo libresco si oppone la vera conoscenza dell'uomo e il metodo dell'introspezione. Lo scetticismo di Montaigne si esprime infine nel rifiuto della teologia razionale e nel fideismo religioso da un lato, e dall'altro nella proposta di una morale mondana, antistoica.

montanismo, movimento ereticale cristiano sorto per iniziativa del prete Montano in Asia Minore nella seconda metà del sec. II. Al movimento, che si diffuse presto in Occidente, aderì negli ultimi anni della sua vita Tertulliano. L'esperienza religiosa di Montano e delle sue prime seguaci, Priscilla e Massimilla, si fondava sulla convinzione di essere direttamente illuminati dallo Spirito Santo e dotati di capacità profetica. Convinti che fosse ormai imminente la parusia, cioè il ritorno definitivo di Cristo in terra, i montanisti vi si preparavano con un rigoroso esercizio ascetico. La sottolineatura dell'elemento entusiastico e carismatico e l'affermazione della superiorità dei profeti rispetto ai vescovi determinò l'immediata rottura con la chiesa ufficiale. Questa guardava con sospetto al montanismo, sia per la sua carica antigerarchica, sia per la presenza in esso di una significativa componente femminile. Le disposizioni legislative e le condanne emesse dal potere imperiale tra il sec. IV e il V determinarono la fine del montanismo, di cui restarono tracce in Oriente sino agli inizi del sec. VIII.

Montesquieu, Charles-Louis de Secondat barone di La Brède e di (La Brède, Bordeaux, 1689 - Parigi 1755), scrittore politico francese. Dopo essere stato educato in un collegio di oratoriani, compì studi di diritto a Bordeaux ove intraprese una brillante carriera di magistrato; nel 1714 venne nominato consigliere presso il parlamento di quella città. Sempre a Bordeaux collaborò con la locale accademia delle scienze. Nel 1721 pubblicò anonime le *Lettere persiane*, opera nella quale la società della Reggenza, le credenze religiose, le istituzioni politiche europee vengono colte nei loro aspetti grotteschi e irrazionali. In questo scritto Montesquieu prende posizione contro le teorie politiche di Hobbes, cui oppone la socievolezza naturale degli uomini, accenna una denuncia del dispotismo e delinea quell'analisi comparativa delle forme di governo, del diritto, della legislazione penale che sarà al centro del suo capolavoro, lo *Spirito delle leggi*. Tornato in Francia dopo un lungo viaggio, Montesquieu pubblicò nel 1734 le *Considerazioni sulle cause della grandezza dei romani e della loro decadenza*, opera nella quale tentò una ricostruzione globale della storia di Roma riconducendola, contro la prospettiva provvidenzialistica in cui era stata considerata da Bossuet, a cause e principi del tutto umani e naturali. La partecipazione di Montesquieu al movimento dei «philosophes» è testimoniata dalla sua collaborazione all'*Enciclopedia*, per la quale redasse un *Saggio sul gusto*. Nello *Spirito delle leggi*, pubblicato a Ginevra nel 1748, Montesquieu propone un metodo di interpretazione delle leggi in cui scompare l'alternativa tra la legge naturale universale e immutabile di cui avevano parlato i giusnaturalisti e l'incertezza e l'arbitrarietà delle leggi positive su cui dai sofisti greci fino a Montaigne e Pascal si era fondato il dubbio scettico sulla stabilità della giustizia umana. Montesquieu è infatti convinto che sia possibile stabilire i principi che regolano le leggi e ne determinano il carattere e la natura: le leggi, cioè, non si formano a caso o secondo il capriccio di qualche individuo, ma seguono la direzione loro imposta da tutto un insieme di condizioni che è compito del filosofo indagare. Lo «spirito» delle leggi indica il carattere di quel complesso di norme che regolano le relazioni umane nelle diverse società. Poiché tali norme variano nei diversi popoli, non è possibile valutarle in relazione a uno schema di principi dotati di validità assoluta, ma ne va chiarita caso per caso la dinamica interna, facendo uso di criteri costanti. Si vedrà così che a ogni forma di governo corrispondono determinate forme di legislazione politica, leggi sull'educazione, leggi civili, criminali, suntuarie, militari, legate a quella forma di governo e tra loro da una implicazione necessaria che fa di esse un complesso organico. A sua volta il governo, assieme al complesso delle leggi, è condizionato da fattori naturali (quali il clima e la natura del terreno) o acquisiti (i costumi, il commercio, l'uso della moneta, le credenze religiose ecc.). La ricerca scientifica e sociologica di Montesquieu si trasforma in programma morale e politico là dove egli cerca di determinare il sistema di leggi che, nelle circostanze storiche date, produca il massimo di libertà. Il problema della libertà politica era particolarmente presente a Montesquieu, preoccupato per le tendenze assolutistiche che rischiavano di mutare la monarchia francese in una forma di dispotismo. Il dispotismo, che pure Montesquieu considera una forma «naturale» di governo, si rivela come il pericolo supremo da evitare. Infatti, mentre repubblica e monarchia possono corrompersi soltanto accidentalmente, il dispotismo ha la radice endemica della propria corruzione nel principio stesso che lo regge: la paura dei sudditi verso il despota. Montesquieu, giudicata impraticabile per l'Europa la via della repubblica retta dal principio dell'amor patrio, propone una monarchia moderata, retta dal principio dell'onore, il sentimento in forza del quale ognuno è legato al proprio rango e alla propria condizione. Ma l'appello a evitare la caduta nel dispotismo non è soltanto una posizione politico-programmatica; anche in questo caso la vocazione scientifico-sociologica di Montesquieu fornisce la base più solida per un programma moderato: è infatti la stessa struttura geografica dell'Europa che, facilitando la formazione di stati di media grandezza, si rivela inadatta ai governi dispotici, i quali trovano invece nei vasti territori asiatici la loro giustificazione naturale. *E. Sc.*

Montessori, Maria (Chiaravalle, Ancona, 1870 - Noordwijk, L'Aia, 1952), pedagogista italiana. Laureatasi in medicina (1896), si dedicò, come assistente presso la clinica psichiatrica dell'università di Roma, allo studio dei bambini anormali, elaborando un programma di educazione speciale che trovò pratica applicazione nella creazione a Roma della Scuola ortofrenica magistrale, di cui ella stessa assunse la direzione (1899-1900). Il notevole successo ottenuto dai suoi metodi educativi, che avevano portato al recupero, talora totale, degli handicappati, spinse ad applicare tali tecniche anche in sede di pedagogia generale. Nel 1906 Maria Montessori fu chiamata a curare l'organizzazione di scuole materne per i figli di famiglie operaie di alcuni quartieri popolari romani; nacquero così le prime «case dei bambini» (1907), presto conosciute e imitate in tutto il mondo, grazie anche ai continui viaggi della Montessori all'estero. L'avversione al fascismo la spinse nel 1936 ad abbandonare l'Italia e a ritirarsi in Olanda, dove rimase fino alla morte.

Il fanciullo è essenzialmente, per la Montessori, un essere attivo, il quale racchiude in sé energie creative e disposizioni affettive, spesso represse dalle strutture educative volute dagli adulti. L'educatore deve porsi come scopo fondamentale quello di creare le condizioni che permettano l'estrinsecarsi di tali energie e disposizioni. La scuola materna deve quindi essere strutturata in funzione dell'autosviluppo e dell'autoeducazione dei bambini, fornendo loro un ambiente accogliente, familiare, in cui i vari oggetti (tavoli, seggiole, lavagne ecc.) siano proporzionati alle loro forze ed esigenze. Queste suppellettili in miniatura favoriscono la libera attività dei fanciulli che, aiutandosi a vicenda, compiono loro stessi tutte le operazioni necessarie all'organizzazione della vita quotidiana del gruppo. Gli adulti preposti alla loro educazione ne devono rispettare la spontaneità, lasciando che ognuno scelga e svolga liberamente la propria attività, intervenendo solo su richiesta d'aiuto ed esimendosi dal dispensare premi o castighi. L'ambiente della scuola stimola lo sviluppo dei piccoli anche mediante l'utilizzazione di serie di materiali preordinati, predisposti in parte sulla base di una ricerca personale della Montessori e in parte ricavati da una sua lettura delle opere dei medici francesi E. Séguin e J.-M.-G. Itard; tali materiali favoriscono l'attività intellettuale personale e permettono l'autocorrezione dell'errore. Con il sussidio di materiale speciale (lettere mobili, foglietti da applicare su oggetti, cose da contare) vengono insegnati anche i rudimenti della lettura, della scrittura e dell'aritmetica. Opere principali: *Il metodo della pedagogia scientifica applicata all'educazione infantile nella casa dei bambini* (1909); *L'autoeducazione nelle scuole elementari* (1916); *Manuale di pedagogia scientifica* (1930); *Il segreto dell'infanzia* (1950); *La mente del bambino* (1952).

Moore, George Edward (Londra 1873 - Cambridge 1958), filosofo inglese. Professore di filosofia e logica all'università di Cambridge dal 1925 al 1939, ebbe sull'ambiente filosofico inglese un'influenza paragonabile a quella che avrebbe avuto J.L. Austin a Oxford. Essa si esercitò, più che attraverso i non molti scritti pubblicati, nell'insegnamento e soprattutto nelle conversazioni e nei dibattiti ristretti, in cui Moore aveva modo di dispiegare, nel confronto con pensatori come B. Russell e L. Wittgenstein, la sua straordinaria intelligenza analitica. Per tutta la sua carriera filosofica, Moore evidenziò con la massima immediatezza e «ingenuità» la *stranezza* delle formulazioni dei filosofi (e in particolare dei neoidealisti inglesi come F.H. Bradley e J. McTaggart, che furono il suo primo e principale bersaglio polemico). Se il tempo non è reale, questo vuol dire che dovremo negare di aver fatto colazione *prima* di pranzare? Come si può mettere in dubbio che esistano oggetti materiali, dal momento che questa è una mano e questa è un'altra mano? Questi esempi del tipo di obiezioni rivolte da Moore ad alcune venerabili tesi metafisiche fanno vedere come il suo «stupore» filosofico non fosse diretto al mondo, ma alla filosofia stessa. Le tesi filosofiche apparivano immediatamente contrarie al senso comune; un minimo di riflessione su di esse mostrava che esse erano — nella maggior parte dei casi — irrimediabilmente confuse, e che comunque gli argomenti portati a loro sostegno erano affrettati, deboli e insufficienti.

Nei suoi scritti principali (*La confutazione dell'idealismo*, 1903; *La difesa del senso comune*, 1925; *Prova del mondo esterno*, 1939) Moore demolì efficacemente molte argomentazioni filosofiche tradizionali, e seppe accreditare la verità delle «ovvietà» del senso comune; ma ammise che l'indubbia certezza di queste ultime lasciava aperto il problema della loro *analisi*, cioè (approssimativamente) di che cosa si vuol veramente dire quando si dice, per es., che ciascuno di noi ha un corpo o che la Terra esisteva già molto prima della nostra nascita. Di questa analisi Moore fece uno dei compiti della filosofia; ma non spiegò mai in maniera convincente in che cosa consistesse il metodo analitico. Il difetto di consapevolezza che caratterizza l'attuale filosofia → analitica si trova quindi già in uno dei suoi fondatori. Nella sua opera più estesa (*Principia ethica*, 1903), Moore sembrò praticare il metodo analitico in maniera abbastanza conforme al senso più ovvio dell'espressione, cioè come sforzo di riduzione di enunciati complessi a combinazioni di enunciati più semplici, in cui compaiono elementi non ulteriormente riducibili. Un'espressione irriducibile è, in quest'opera, il predicato «buono»: la bontà è una qualità irriducibile di certi oggetti o processi, e il tentativo dei filosofi di ridurla ad altre proprietà naturali conduce ad alterare il senso degli enunciati valutativi contenenti l'espressione «buono» (fallacia naturalistica). La bontà di ciò che è buono può solo esser colta direttamente, e non attraverso la mediazione costituita dal possesso di altre qualità, come l'utilità o la piacevolezza. Questa posizione di Moore (intuizionismo etico) rimane una delle alternative principali dell'etica di ispirazione analitica.

morali, sistemi, espressione designante, nell'ambito della teologia morale, quelle dottrine che in caso di dubbio riguardo alla liceità di un atto permettono al soggetto di operare una scelta moralmente giustificabile. Diffusi prevalentemente nei secc. XVII e XVIII nell'ambito della teologia cattolica e in particolare della casistica gesuitica, i sistemi morali intendono risolvere la questione dei rapporti fra libertà e legge attraverso il ricorso a principi universalmente applicabili. I principali sistemi morali sono il lassismo, il probabilismo, l'equiprobabilismo, il probabiliorismo e il tuziorismo.

Il *lassismo* sostiene che in caso di dubbio è opportuno scegliere sempre l'ipotesi suggerita dalla coscienza piuttosto che quella proposta dalla legge morale, anche se non risulta probabile che la prima sia migliore della seconda. Sostenuto agli inizi del Seicento da gesuiti quali A. Escobar y Mendoza, E. Bauny, V. Filliucci e F. Amico, il lassismo venne condannato dal Sant'Uffizio (1665, 1666 e 1679), dopo essere divenuto sinonimo di quella morale gesuitica contro cui sono rivolte le *Lettere provinciali* di B. Pascal. Introdotto dal domenicano spagnolo B. Medina, il *probabilismo* sostiene che nei casi dubbi è lecito seguire l'ipotesi probabile, intendendo come tale quella sostenuta da almeno un teologo; ciò significa che anche nel caso che sia più probabile l'opinione favorevole alla legge, è lecito per il soggetto attenersi all'ipotesi prospettata dalla propria coscienza, purché questa sia suffragata da un parere autorevole. L'*equiprobabilismo* tiene minore conto della libertà: infatti secondo questo sistema morale è lecito accogliere le indicazioni della coscienza solo nel caso che esse risultino egualmente probabili, o quasi egualmente probabili, rispetto a quelle prospettate dalla legge. Ne è considerato iniziatore il gesuita C. Rassler (morto nel 1723). Le teorie probabilistica ed equiprobabilistica si diffusero grazie soprattutto a sant'Alfonso de' Liguori, il quale difese (*Istruzione e pratica*, 1762) il celebre assioma *lex dubia non obligat*. In polemica con i sostenitori di tali posizioni vennero proposti sistemi morali più rigorosi. Il *probabiliorismo* si fa risalire ai domenicani D. Concina e V. Patuzzi (sec. XVIII). Richiamandosi direttamente alle dottrine di Tommaso d'Aquino, i probabilioristi sostengono che la liceità di un'azione morale dipende dall'adesione alla legge. Questa può essere trasgredita solo nel caso che, per conseguire il bene, l'opinione proposta dalla coscienza risulti assai più probabile. In posizione specularmente opposta al lassismo, già nel sec. XVII si affaccia il *tuziorismo* di cui è considerato iniziatore J. Sinnich (1603-1666). Il tuziorismo si fonda sull'asserzione secondo la quale nel dubbio si deve seguire sempre l'opinione «più sicura» (in lat. *tutior*) intendendo per essa quella prevista o confortata dalla norma. Ogni opinione discordante dalla legge, anche se molto probabile, va rifiutata. Come tesi caratteristica del giansenismo, il tuziorismo venne condannato dal Sant'Uffizio (1690). A. Rosmini è ritenuto sostenitore di una forma di tuziorismo mitigato.

More, Henry (Grantham, Lincolnshire, 1614 - Cambridge 1687), filosofo inglese. Compì gli studi al Christ's College di Cambridge, dove subì l'influenza di W. Chappell, B. Whichcote e R. Cudworth, che gli trasmisero le tipiche convinzioni del latitudinarismo e del razionalismo teologico della scuola di → Cambridge. Divenuto *fellow* del Christ's College, More scrisse una serie di opere in cui difese la razionalità come unica garanzia per il teismo e la vera religione. In *Enthusiasmus triumphatus* (1656), egli sottolinea l'affinità tra ateismo ed entusiasmo (nel linguaggio del tempo entusiasmo significava affermazione della divinità concepita immanentisticamente): mentre l'ateismo è la negazione di Dio conseguente a un errato uso della ragione, l'entusiasmo è la negazione di Dio sulla base di un modo erroneo di immaginare la divinità. In entrambi i casi si tratta di forme degenerate di ragione, per liberarsi dalle quali basta un uso corretto della libera *ratio*. Nelle opere della maturità il razionalismo subisce una netta colorazione mistica: More postula infatti una conoscenza innata nell'uomo, riguardante Dio e le norme etiche fondamentali, e parla di una *divine sagacity*, ossia di un principio di conoscenza «superiore alla ragione discorsiva, che permette allo spirito di conseguire una conoscenza metafisica nel senso letterale del termine». More si interessò anche allo studio dei fenomeni magici e occultistici (soprattutto in *Conjectura cabbalistica*, 1653). La sua polemica contro l'identificazione cartesiana tra materia e spazio, formulata nell'*Enchiridion Metaphysicum* (1671), influenzò anche J. Newton. Fra gli altri suoi scritti: *Poemi filosofici* (1647); *Un antidoto contro l'ateismo* (1652); *Un'esposizione del grande mistero della religiosità* (1660); *De anima* (1677).

Morelly, o Morelli (sec. XVIII), filosofo francese. Mancano notizie biografiche. L'attribuzione delle opere è incerta: la più importante, il *Codice della natura*, pubblicata anonima a Liegi nel 1755, fu attribuita a D. Diderot, il quale non smentì mai pubblicamente la paternità dell'opera; ancora nel 1796 Babeuf, presentando ai giudici la sua autodifesa, dichiarava di essersi ispirato alle dottrine del *Codice*, e di essere quindi seguace di Diderot. Gli altri suoi scritti sono: *Saggio sullo spirito umano* (1743); *Saggio sul cuore umano* (1745) — ambedue recanti il sottotitolo «Principi naturali dell'educazione» — *Il principe* (1751); *Il naufragio delle isole galleggianti o Basiliade* (1743). Lockiano per quanto riguarda la dottrina dello spirito umano, dei sentimenti (tutti riconducibili all'amor di sé ossia all'istinto di conservazione) e dell'educazione, sul piano politico Morelly fu tra i pensatori più radicali del suo tempo. E se nel *Principe* è ancora incline a una monarchia illuminata, simile a quella di Federico II cui l'opera è dedicata, già nella *Basiliade* e poi nel *Codice* critica a fondo la società del tempo, sotto il profilo sia dei rapporti politici (sulla base delle dottrine giusnaturalistiche di U. Grozio, S. Pufendorf e C. Thomasius) sia dei rapporti sociali. Imputata principale è la proprietà, colpevole di aver rotto l'armonia dello stato di natura, della cui reale esistenza storica Morelly, al contrario di Rousseau, era convinto. Nello stato di natura regnano la più completa eguaglianza e la comunità dei beni; l'uomo è buono perché non ha alcun motivo per nuocere agli altri; l'abbondanza dei beni e la varietà dei bisogni fanno sì che la ricerca dell'appagamento di ciascuno non interferisca con quella degli altri. L'introduzione della proprietà privata corrompe i costumi degli uomini fino a cancellarne le naturali disposizioni: di qui nasce il mito della originaria perversità della natura umana, sulla base del quale si sono sviluppate la falsa morale e la falsa politica. Invece, una volta tolte le cause della corruzione, gli uomini ridiventano capaci di vivere in pace e in armonia, restaurando l'innocenza dello stato primitivo. Questo nuovo stato di natura non sarà tuttavia un puro ritorno al passato; alla caccia e alla pesca si saranno sostituite l'agricoltura e l'artigianato, capaci di assicurare una sussistenza non precaria a tutti gli uomini; leggi suntuarie veglieranno però contro l'eccessiva accumulazione di ricchezze e gli effetti corruttori del lusso. L'influenza delle idee di Morelly fu enorme sia sull'ala più radicale della rivoluzione francese, sia sul movimento babuvista e sul successivo socialismo utopistico.

Moreno, Jacob Levy (Bucarest 1892 - Beacon, New York, 1974), psicologo romeno. Formatosi culturalmente a Vienna, è noto soprattutto per l'invenzione del metodo sociometrico (→ sociometria), avvenuta nel 1916. Nella prospettiva personale di Moreno la sociometria aveva delle forti implicazioni etico-filosofiche che, una volta emigrato negli Stati Uniti, nel 1925, egli tentò di arricchire con l'apporto della filosofia pragmatistica. Inventore anche dello → psicodramma e del → sociodramma, Moreno ha esercitato una certa influenza sulla psicologia sociale e sulla psicoterapia di gruppo. Fondatore delle riviste «Sociometry», «Group Psychotherapy» e «Sociodrama», Moreno ha esposto in forma sistematica il proprio pensiero e la propria concezione sociometrica nell'opera *Chi sopravviverà?* (1934).

morfema, nella terminologia del → distribuzionalismo, unità minima dotata di significato in cui è segmentabile un enunciato. Successivamente il morfema è stato inteso come unità astratta la cui realizzazione concreta, segmento minimo di un enunciato, è detta *morfo*. Come uno stesso morfema può essere realizzato da morfi diversi (*allomorfi*), così un solo morfo può realizzare contemporaneamente morfemi diversi (*amalgama*). I morfi, che comprendono radici e affissi (prefissi, infissi e suffissi), sono stati distinti in *liberi* (se possono comparire isolati) e *legati* (se compaiono sempre con almeno un altro morfo). In luogo di morfema, A. Martinet ha proposto il termine → monema.

morfologia, settore della linguistica che studia la struttura delle parole, i processi di flessione, derivazione e composizione. In ogni caso, si tratta di analisi delle parole in componenti detti *morfemi* (→ morfema) o, in altra terminologia, *monemi* (→ monema). La flessione riguarda le diverse desinenze che uno stesso morfema radicale può assumere in una lingua (si parla così di flessione nominale, aggettivale e pronominale secondo il genere, il numero e il caso, o *declinazione*; e di flessione verbale secondo i modi, i tempi, le persone e i numeri, o *coniugazione*). La derivazione concerne la formazione, da una parola data, di altre parole mediante l'aggiunta di uno o più affissi: i derivati (nomi o aggettivi) da verbi sono definiti deverbali; i derivati (verbi o aggettivi) da nomi denominali ecc. La composizione si ha quando, date due o più parole (o radicali), se ne ottiene un'altra mediante una loro combinazione o giustapposizione. In analogia con una morfologia linguistica può essere pensata una più generale morfologia semiotica, come analisi della forma o struttura delle unità (di espressione e di contenuto) di ogni tipo di codice.

morfologico-culturale, scuola, scuola antropologica, chiamata anche scuola di Francoforte, che si è formata sulla base degli indirizzi e delle teorie interpretative dei fenomeni culturali proposti da L. → Frobenius. L'esperienza psichica che sarebbe all'origine delle singole formazioni culturali, cui Frobenius dà il nome di *páideuma* è un tipo di esperienza-conoscenza primordiale, fondata sulla commozione emozionale. Le forme di cultura che ne derivano sono state analizzate dai discepoli di Frobenius, e soprattutto da A.E. Jensen (*Come una cultura primitiva ha concepito il mondo*, 1948; *Miti e culti presso i popoli primitivi*, 1951). In polemica con la scuola storico-culturale, la quale tende a stabilire dei parallelismi fra le varie culture sulla base dei dati materiali rilevati statisticamente, secondo Jensen quello che veramente dà «forma» alle culture è un complesso omogeneo e organico, che può essere soltanto spirituale.

Riferendosi anche al prelogismo di L. Lévy-Bruhl, Jensen afferma che la differenza fra l'uomo primitivo e quello moderno non risiede nei processi conoscitivi, ma nell'essenza e nel contenuto della concezione del mondo che stanno alla loro base. Per questo, tutte le religioni si fonderebbero sulle «forme» culturali e, di conseguenza, il mito, forma di *espressione*, sarebbe primario sul rito, forma di *utilizzazione*. Nascerebbe di qui la necessità della continua «ripetizione» efficace del rito per riattualizzare il fatto primordiale mitico che ha dato origine alla «forma» culturale.

Nell'ambito della scuola morfologica si muove anche Ewald Volhard, il quale ha raccolto tutto il materiale etnologico riguardante i riti cannibalici, in base all'ipotesi che il cannibalismo sia direttamente connesso alle culture agricole e costituisca un'imitazione ritualizzata delle fasi della vita vegetale, basata sul ritmo della morte del seme e della sua rinascita in forma di pianta (*Il cannibalismo*, 1939). Organo della scuola morfologico-culturale è la rivista «Páideuma».

Morgan, Lewis Henry (Aurora, Illinois, 1818 - Rochester, New York, 1881), antropologo statunitense. Si dedicò alla ricerca etnologica studiando le società indiane del Nordamerica fra cui, direttamente, quella degli irochesi. Esponente di rilievo dell'evoluzionismo, tratteggiò (*La società antica*, 1877) uno schema di sviluppo unilineare delle società umane attraverso tre stadi, in ognuno dei quali lo sviluppo è connesso al tipo di economia: caccia e raccolta, nel primo; allevamento, coltivazione e irrigazione, nel secondo; introduzione della macchina fino all'industrializzazione, nel terzo. Le ricerche condotte fra gli irochesi gli fecero inoltre scoprire un particolare modo di catalogare i parenti (nomenclatura classificatoria) che non distingue fra → parentela diretta e collaterale: il fratello del padre, per es., è chiamato «padre» e i suoi figli sono «fratelli» e «sorelle»; la sorella della madre è chiamata «madre» (*Sistemi di consanguineità e di affinità nella famiglia umana*, 1871). Morgan suppose che, nell'epoca in cui questa terminologia si era formata, vi fosse una precisa corrispondenza fra le usanze matrimoniali e i termini di parentela, e che quindi ogni uomo chiamato «padre» potesse sposare ogni donna chiamata «madre». Egli ipotizzò quindi l'esistenza di un'originaria famiglia consanguinea in cui tutti i fratelli e le sorelle fossero marito e moglie fra loro. D'altra parte, la presenza presso gli irochesi della discendenza matrilineare e di una condizione di notevole prestigio delle «matrone» lo convinsero di un originario matriarcato. Le teorie di Morgan esercitarono una notevole influenza su Marx e, in particolare, su Engels, che a esse si rifece fondamentalmente in *L'origine della famiglia, della proprietà privata e dello stato*. Le ipotesi evolutive di Morgan sono oggi completamente abbandonate, ma rimane a suo merito l'aver iniziato lo studio sistematico delle strutture della parentela.

Morin, Edgar (Parigi 1921), sociologo francese. Attivo nella resistenza, militante comunista, fu espulso dal PCF nel 1951 in seguito alla pubblicazione di un articolo considerato eterodosso. Significativo a questo riguardo è il volume autobiografico *Autocritica* (1959), nel quale l'autore descrive l'evoluzione del suo impegno politico. Nel 1957 fondò con J.P. Sartre la rivista «Arguments». Attualmente è direttore di ricerca al Centre national de le recherche scientifique e condirettore del CETSAS, centro di studi transdisciplinari che coordina discipline come la sociologia, l'etnologia e la semiologia.

L'analisi dei fenomeni culturali, in relazione al diffondersi dei mezzi di comunicazione di massa, rappresenta un momento centrale nella biografia scientifica di Morin, come testimonia *L'industria culturale* (1962), opera antesignana in questo campo. In seguito però i suoi interessi si sono spostati verso l'epistemologia delle scienze umane per culminare in una poderosa opera teorica, *Il metodo* (4 voll., 1977-91), in cui Morin sviluppa e approfondisce la tematica della «complessità». A partire da una integrazione critica della teoria dei sistemi e della cibernetica, egli propone una relazione complessa tra ordine, disordine e organizzazione (*Ordine, disordine, organizzazione*,1977), teorizzando una rivoluzione del metodo che consenta l'accesso alla complessità del vivente (*La vita della vita*, 1980); e, dopo un'analisi delle condizioni, delle possibilità e dei limiti della conoscenza umana (*Conoscenza della conoscenza*, 1986), giunge ad applicare allo studio delle idee la prospettiva ecologica, intesa come esigenza di concepire ogni cosa (e quindi anche le idee) quale parte di un contesto più ampio, e di comprendere le interrelazioni e le retroazioni che a questo contesto la legano (*Le idee. Il loro habitat, la loro vita, i loro costumi e la loro organizzazione*,1991). In un'identica prospettiva Morin aveva sostenuto, in *Per uscire dal XX secolo* (1981), che solo l'elaborazione di modi di pensare adeguati avrebbe consentito il superamento del secolo in cui viviamo; l'idea della *matria*, intesa come unità fisica, geologica, biologica e umana, permetterà all'uomo di continuare ad abitare la Terra. Anche il concetto di scienza deve essere, secondo Morin, rinnovato: una scienza priva di riflessività e una filosofia puramente speculativa sono insufficienti nella società contemporanea. La scienza deve essere guidata da una ragione in grado di riconoscere la complessità delle relazioni soggetto-oggetto e ordine-disordine, di pensare in opposizione relativa e in complementarità termini prima antinomici come intelligenza e affettività, ragione e de-ragione (*Scienza con coscienza*, 1982).

Moritz, Karl Philipp (Hameln an der Weser, Bassa Sassonia, 1756 - Berlino 1793), scrittore tedesco. Di umili origini, riuscì a frequentare tra il 1771 e il 1776 il ginnasio di Hannover, ove ebbe modo di leggere gli autori dell'illuminismo tedesco, gli scrittori dello *Sturm und Drang* e il *Werther* goethiano. A partire dal 1789 insegnò teoria delle belle arti nell'Accademia di Berlino. Se nel romanzo *Anton Reiser* (1785-90), la sua principale opera letteraria, si profila un'inquietudine psicologica, venata di religiosità pietistica, il significato estetico e filosofico della sua riflessione si rivela soprattutto in alcuni saggi derivati dalla frequentazione di Goethe nel corso di un viaggio in Italia, intrapreso nel 1786. In particolare va ricordato *Sull'imitazione formatrice del bello* (1788), ove Moritz sostiene la tesi secondo cui l'imitazione della natura non si rivolge alla *natura naturata*, ma alla sua origine, ossia alla *natura naturans*.

mormoni, nome che designa abitualmente i membri della «Chiesa di Gesù Cristo dei santi dell'ultimo giorno», setta fondata nel 1830 a Fayette, New York (USA), dal «profeta» Joseph Smith. Questi affermava di aver ritrovato un libro misterioso, il *Libro di Mormon*, scritto dall'omonimo «profeta» su tavole d'oro e narrante la fantastica storia degli americani, dalla torre di Babele fino all'uscita da Gerusalemme e allo sbarco in America intorno al 600 a.C. Dopo che fu stabilita la chiesa, con la creazione di una «presidenza» nel 1833 e di un «apostolato di 12» nel 1835, Smith con i suoi seguaci si trasferì da New York a Kirtland (Ohio), dove fu costruito un tempio e avviata una notevole opera di diffusione del nuovo credo, di cui è testimonianza la missione nel Missouri; nel 1837 furono organizzate le missioni estere, con l'invio dei primi «missionari» in Inghilterra. Con l'affermarsi dei mormoni crebbe anche l'intolleranza nei loro confronti, che determinò le loro migrazioni: nell'Illinois essi acquistarono allora la città di Commerce, ribattezzata Nauvoo, «la bella» (1840). Nel 1844, a Carthage, sempre nell'Illinois, Joseph e il fratello Hyrum furono uccisi. Nello stesso anno Brigham Young, dal 1832 compagno di Smith, fu eletto capo della chiesa, che divenne nel 1852 la dissidente «Chiesa dei santi dell'ultimo giorno riorganizzata», con sede a Independence (Missouri). È di questo periodo la storica migrazione dei mormoni verso le Montagne Rocciose; presso il Gran Lago Salato fu fondata nel 1847 Salt Lake City, futura capitale dello stato dell'Utah. Nel 1852 venne reso pubblico il principio della poligamia; ne nacque un contrasto con le autorità federali che durò fino al 1890, quando la poligamia fu abrogata.

La dottrina dei mormoni è in continua evoluzione, per il principio che la rivelazione non è terminata; essa si fonda, comunque, sulla Bibbia, sul *Libro di Mormon*, sui *13 articoli* redatti da J. Smith e sul *Libro della dottrina e dei patti*. I mormoni proclamano la fede in una Trinità dotata di corporeità, il battesimo per immersione (amministrato nell'età della ragione), il dono dello Spirito Santo, la resurrezione fisica del corpo, il principio della tolleranza. Nel Credo dei mormoni componenti bibliche si mescolano ad altre fantastiche (Gesù Cristo avrebbe predicato in America dopo la sua resurrezione; il *Libro di Mormon* è parola di Dio; Sion sarà edificata in America ecc.), e perciò la loro chiesa non è considerata cristiana dalle altre confessioni. Il regime dei mormoni può essere definito teocratico; vi sono due specie di sacerdozio: quello per gli affari temporali (sacerdozio di Aronne) e quello per gli affari spirituali (sacerdozio di Melchisedec). Il primo comprende vescovi, sacerdoti (che predicano, battezzano, celebrano la cena con acqua anziché vino ecc.) e diaconi; il secondo comprende sei gradi: da un «presidente» (veggente, profeta, rivelatore) sino ai «patriarchi» che benedicono i membri della chiesa. Ancor oggi la «direzione mondiale», che dispone di larghissimi mezzi finanziari grazie alle decime pagate da ogni membro, si trova a Salt Lake City, dove sorge il tempio aperto solo ai fedeli.

Moro, Tommaso, nome italianizzato di Thomas More (Londra 1478-1535), umanista, uomo politico e filosofo inglese. Fece parte del circolo riformatore di Oxford e fu amico di Erasmo da Rotterdam. Percorse una brillante carriera politica durante il regno di Enrico VIII: fu membro della Camera dei comuni, poi componente del consiglio privato della corona e, infine, gran cancelliere. Tuttavia, quando il parlamento votò l'Atto di supremazia (1534), che sanciva lo scisma anglicano, Moro rifiutò di giurarlo: per questo venne imprigionato e giustiziato.
La sua opera maggiore, *Utopia* (il cui titolo completo è: *Libellus vere aureus nec minus salutaris quam festivus de optimo reipublicae statu deque nova Insula Utopia*), si compone di due libri, è dedicata a Pietro Gilles, amico di Moro e discepolo di Erasmo, e fu pubblicata nel 1516. Il termine «Utopia», che letteralmente significa «in nessun luogo», nell'opera di Moro rappresenta il nome di un'isola immaginaria, scoperta da un altrettanto immaginario navigatore, Raffaele Itlodeo. La struttura stessa dell'opera, il primo libro della quale descrive le disgraziate condizioni sociali e politiche dell'Inghilterra e il secondo le condizioni ideali della repubblica perfetta di Utopia, mostra l'intenzione di Moro di delineare un paradigma per la riforma del mondo reale in cui egli viveva: non, dunque, un'evasione nel fantastico, ma un serio impegno di critica e di riforma sociale, politica e religiosa. Nel primo libro, Moro critica soprattutto il capitale terriero, che per aumentare i propri profitti nell'allevamento e nella pastorizia aveva cintato i terreni privati e quelli comuni (*enclosures*), riducendo alla miseria un gran numero di contadini. Nel secondo libro, la repubblica ideale di Utopia viene descritta come una società in cui è abolita la proprietà privata e l'uso dei beni è permesso a ciascuno liberamente secondo i propri bisogni. Soppresso è anche l'uso del denaro, perché i beni siano stimati unicamente per il loro valore, e non come merce di scambio, ciò che spinge alla speculazione e alla tesaurizzazione. Il lavoro è un dovere sociale per tutti. Le cariche sono elettive e annuali, tranne la carica suprema di principe, che è a vita ma anch'essa elettiva. Le leggi sono poche, semplici e di facile interpretazione per tutti. I rapporti con gli altri popoli non si fondano su trattati, ma sul naturale legame di fratellanza tra gli uomini. In Utopia ognuno professa liberamente la religione che vuole, ma tutti convengono sull'esistenza di un Essere supremo, creatore e provvidente, sull'immortalità dell'anima, sul premio per la virtù e sul castigo per il vizio. Nel cristianesimo, gli abitanti di Utopia trovano una religione che si accorda perfettamente con i loro principi e non hanno perciò difficoltà ad accettarlo. Lo stato garantisce la massima libertà religiosa, punendo unicamente con l'esilio o la schiavitù l'intolleranza religiosa, e con l'emarginazione sociale l'ateismo.

morphḗ, sostantivo greco che indica la figura esteriore e la forma corporea o la bella forma, la grazia. In Aristotele il termine designa la forma immanente o il principio formale di un individuo concreto, ed è sinonimo in questa accezione di → *êidos* o specie formale, e opposto a materia (*hýlē*) e a privazione (*stérēsis*) di forma. In Husserl (*Idee per una fenomenologia pura*, I, 85), la *morphè* intenzionale è ciò che trasforma i dati di senso della percezione esterna o le impressioni ed emozioni interne (come il dolore e la gioia, la *hýlē* o «materia» sensuale) in una concreta esperienza intenzionale della coscienza, per es. nel desiderio o nel ricordo di qualcosa, in quanto attribuisce un senso (*Sinngebung*) all'elemento sensuale.

Morpurgo Tagliabue, Guido (Milano 1907), filosofo italiano. Professore a Milano e a Trieste, si è occupato di epistemologia (*I processi di Galileo e l'epistemologia*, 1963) e delle trasformazioni, da Kant sino all'esistenzialismo, dell'approccio trascendentale (*Le strutture del trascendentale*, 1951). Ma la sua ricerca concerne soprattutto l'estetica, sia dal punto di vista storico (*L'estetica contemporanea*, 1960. in francese) sia teorico. Si è occupato infatti dello stile e del suo significato emozionale (*Il concetto dello stile*, 1951), dei rapporti tra poetica e retorica (*Linguistica e stilistica di Aristotele*, 1967), e di varie figure della letteratura romantica e mitteleuropea. Fautore di un'estetica fenomenologica che indaghi l'esperienza estetica non solo come episodio del gusto o della critica ma nel suo più ampio significato antropologico, ritiene che alla considerazione dell'autonomia formale dell'opera debba seguire un'analisi della sua eteronomia, ossia di come l'opera, determinando valori e opzioni etiche, diventi cultura.

Morris, Charles (Denver, Colorado, 1901 - Gainesville, Florida, 1979), filosofo statunitense. Ha insegnato nelle università di Chicago, Harvard e del Texas. È stato fin dall'inizio in contatto con i neopositivisti di Vienna, partecipando nel 1934 e 1935 ai congressi internazionali per l'unità della scienza di Praga e Parigi, e diventando il principale punto di riferimento del movimento neopositivista americano, dopo l'emigrazione negli USA di molti suoi esponenti all'avvento del nazismo. Di formazione pragmatista (fu allievo di G.H. Mead), tentò di fondere le istanze del pragmatismo con quelle del neopositivismo in un programma di «empirismo scientifico» all'interno del quale ha un ruolo centrale la teoria dei segni, o semiotica, di cui Morris deve considerarsi uno dei fondatori. Nell'articolo *Fondamenti della teoria dei segni* (1938), scritto da Morris per l'→ *International Encyclopedia of Unified Science* (di cui era uno dei curatori, con O. Neurath e R. Carnap), egli chiamò *semiosi* il processo in cui qualcosa ha funzione di segno; essa comporta quattro fattori: ciò che fa funzione di segno (*veicolo segnico*), ciò a cui il segno si riferisce (*designatum*), la persona per cui il segno ha funzione di segno (*interprete*), e l'effetto in forza del quale il veicolo segnico agisce sull'interprete come segno (*interpretante*). La semiosi ha tre «dimensioni», che definiscono tre punti di vista per lo studio dei segni: si possono studiare le relazioni dei segni con gli oggetti a cui si applicano (semantica), o le relazioni dei segni con gli interpreti (pragmatica), o le relazioni dei segni tra loro (sintattica). Questo schema servì a Morris per integrare in un unico programma filosofico-scientifico le ricerche dei neopositivisti sui linguaggi naturali e artificiali e quelle dei pragmatisti sulla funzione dei segni (linguistici e non) nel comportamento. I linguaggi sono infatti «un tipo particolare di sistema segnico»: ricerche come quelle di A. Tarski appartengono alla semantica, i lavori di G. Frege, B. Russell e R. Carnap appartengono alla sintattica, e molti risultati di C.S. Peirce, W. James, Mead e J. Dewey fanno parte della pragmatica. Nel libro *Segni, linguaggio, comportamento* (1946), Morris arricchì la sua analisi classificando i segni, i significati, gli usi dei segni, nell'ambito di comportamenti rivolti a un fine (i quattro usi principali sono l'informativo, il valutativo, lo stimolante e il sistematico) e i modi di connettere i segni identificativi con altri tipi di segni; su questa base, definì e classificò vari tipi di discorso possibile (scientifico, poetico, religioso, retorico ecc.) a seconda del tipo di proposizioni in essi prevalenti e dell'uso a cui sono sottoposte. L'analisi delle relazioni pragmatiche che sta alla base di queste teorie è di tipo comportamentistico; e la psicologia comportamentistica, insieme allo schema concettuale semiotico, costituisce l'ossatura delle sue ricerche nell'altro campo in cui Morris dette contributi di rilievo, cioè la teoria dei valori (*L'estetica e la teoria dei segni*, 1939; *Le varie forme del valore umano*, 1956; *Significazione e significanza, studio della relazione tra segni e valori*, 1964).

Morris, William (Walthamstow, Essex, 1834 - Hammersmith, Londra, 1896), scrittore, artista e pensatore inglese. Nel 1855 comincia a lavorare presso lo studio dell'architetto neogotico G.E. Street, dove impara a disegnare, a modellare la creta e a intagliare il legno. Nel 1861 dà avvio alla ditta «Morris, Marshall, Faulkner & Co.», che produce mobili e arredi ispirati agli ideali del lavoro artigianale derivati da Ruskin. Intanto comincia anche a interessarsi di politica e ad avvicinarsi a posizioni radical-socialiste. Nel saggio *L'arte e la bellezza della terra* (1881) egli afferma che è necessario ripristinare lo spirito del lavoro artigianale di stampo medievale, perché solo così gli operai potranno recuperare la loro dignità e il piacere nel lavoro manuale. Di fatto egli arriva al socialismo non attraverso Marx, ma attraverso la lettura degli utilitaristi e del liberal-radicale Mill: il comunismo per Morris deve servire a instaurare un sistema economico fondato sulla collaborazione sociale (*I fini dell'arte*, 1887). Morris fu la figura più rappresentativa del movimento degli Arts and Crafts, fondato nel 1888 con l'intento di realizzare gli ideali ruskiniani di un'arte applicata organica alla società e non finalizzata essenzialmente al profitto e all'utile, e la sua opera influenzò largamente l'architettura e le arti applicate del nuovo secolo: da H. van De Velde a W. Gropius, tutti gli innovatori in questi campi si richiameranno a Morris come al loro predecessore ideale.

Morselli, Enrico (Modena 1852 - Genova 1929), psichiatra italiano. Docente universitario di psichiatria dal 1877, direttore, tra il 1877 e il 1899, degli ospedali psichiatrici di Mantova e Torino, inventò nuove tecniche di assistenza e cura per i malati di mente, introducendo modifiche negli ordinamenti manicomiali del tempo. Fu autore di varie scoperte sperimentali di neurofisiologia, e coltivò vasti interessi nel campo delle scienze mediche e umane (dalla medicina legale alla psicologia sperimentale), interessandosi nei suoi ultimi anni anche alla psicoanalisi. Legato alla corrente materialista e monista del positivismo italiano, tra il 1881 e il 1891 diresse a Torino la *Rivista di filosofia scientifica*, che, all'insegna della concezione spenceriana (H. → Spencer) della filosofia come sintesi delle dottrine scientifiche parziali, ospitò interventi dei più importanti positivisti italiani dell'epoca (R. Ardigò, C. Lombroso, G. Marchesini e altri). Insieme a P. Mantegazza, promosse l'introduzione dell'antropologia fisica in Italia.

morte, gli storici delle religioni e gli etnologi hanno quasi sempre ritenuto che la morte di un individuo sia, soprattutto nelle culture arcaiche e primitive, un «fatto sociale», un avvenimento che determina una crisi, non soltanto nel gruppo familiare, ma anche in quello più ampio della stirpe, della discendenza, del clan, della tribù; e che per questo le strutture sociali reagiscono alla morte attraverso una serie di mezzi mitici e rituali che inducono gli individui a vivere la morte secondo i paradigmi offerti dalla società.

• *Morte, vendetta, aldilà.* La morte viene interpretata dagli etnologi e antropologi come una crisi del gruppo che, per il sovrapporsi delle motivazioni mitiche e rituali che l'accompagnano, determina reazioni contrastanti ma, in fondo, logiche: il dolore, la perdita — attribuiti a un nemico, a un avvenimento eccezionale che ha turbato l'ordine — inducono di conseguenza a tentare azioni concrete di vendetta per stabilire la normalità. Intendendo la morte come evento innaturale, il gruppo tende a individuarne le cause con i metodi divinatori propri delle singole culture. Conoscere il motivo della morte serve a riprendere in qualche modo il controllo della situazione e a stabilire quali siano le azioni da compiere, dato che le responsabilità dell'evento luttuoso possono ricadere sul defunto stesso (per la violazione di un tabù, per un peccato o una mancanza nei confronti di un rito), oppure su altri membri del gruppo (familiari, nemici o avversari del morto) che abbiano agito direttamente o attraverso operazioni di magia nera o di stregoneria. La diagnosi propone alla famiglia o al gruppo un dovere di vendetta, da realizzarsi materialmente o magicamente contro il responsabile. Le testimonianze etnologiche sui processi divinatori sono molto numerose. Gli aborigeni australiani, per es., fanno un'inchiesta quasi in ogni caso di morte (A.P. Elkin, *Gli aborigeni australiani*, 1938), e sempre quando il defunto sia un giovane adulto di sesso maschile (il che si spiega facilmente perché in realtà il gruppo è formalmente costituito dagli adulti maschi, iniziati, e la morte di uno dei membri colpisce quindi il gruppo come se fosse stato mutilato o messo in pericolo nel suo insieme). In molti casi la persona che viene sospettata per prima è la moglie del defunto, sia perché appartiene, laddove vige la norma esogamica, a un gruppo estraneo, e quindi in qualche modo potenzialmente ostile, sia perché si ritiene che abbia l'occasione — anche soltanto con la non osservanza del tabù mestruale — di provocare la morte del marito (Marilyn Strathern, *Donne al bivio*, 1972). Una volta accertato con vari metodi chi è l'assassino, la vendetta viene praticata direttamente sul responsabile o sul gruppo cui appartiene; mentre se la responsabilità risale al defunto stesso in quanto ha violato qualche norma rituale, allora si ha il caso della «malamorte», decesso improvviso e terribile che colpisce il violatore (numerosi sono gli esempi di questo genere riportati da H. Webster, *Il tabù*, 1942).

La morte non è vista, tuttavia, come fine dell'esistenza dell'individuo, il quale va a far parte di un mondo di-là, che è sentito come «potente» (→ potenza), che crea timore, e che quindi conferisce al morto una virtuale aggressività o, al contrario, una forza benefica. Trasformato in «doppio», in «fantasma», in «ombra», in «spettro», il morto diventa temibile perché è stato strappato da una pienezza vitale, alla quale resta attaccato. Si costituisce, così, un particolare rapporto fra il morto e i sopravvissuti, i quali sono tenuti a sostenere, ad alimentare con offerte, a placare la sete di vita che ancora è presente nel «doppio» o «fantasma», col rischio di esporsi alle sue violenze malefiche o distruttrici se non vengono adempiuti gli obblighi prescritti. Nella maggior parte dei casi il → mito e il → rito mirano a indebolire la personalità del defunto, che si manifesterebbe soprattutto nel periodo immediatamente successivo al decesso. Nasce da qui anche l'usanza dei vari e successivi tipi di sepoltura (R. → Hertz). In molti casi il defunto diventerà l'antenato, destinato a proteggere il suo gruppo e la sua dinastia; oppure verrà cancellato dalla memoria, come avviene, per es., con l'abbandono del cadavere, o addirittura talvolta con l'abbandono e la messa a fuoco di tutto il villaggio. Per quanto riguarda le donne, è quasi certo che raramente si trasformano pienamente in antenate (anche se l'uso comune del plurale maschile da parte degli etnologi rende difficile stabilire i casi particolari); ma nella società dei vedda (isola di Ceylon) esiste un termine particolare femminile per indicare l'antenata potente *yakini*, accanto al termine *yaka* per quello maschile: presso queste popolazioni gli spiriti femminili appaiono spesso come malefici, disposti a rapire bambini e a ucciderli, mandando loro malattie, mentre quelli maschili sono sempre benefici (C.G. Seligman, *I vedda*, 1911).

• *Origine e figurazioni della morte.* Essendo la morte ritenuta un fenomeno estraneo all'originaria natura dell'uomo, sono numerosissimi i miti che spiegano in qual modo sia entrata la morte nel mondo mutando una condizione primordiale di pienezza vitale. Tale mutamento dipende dal peccato (come nell'ebraismo e nel cristianesimo) o dalla violazione di un tabù posto all'origine, o infine da alcuni avvenimenti mitici che introducono la morte nel mondo indipendentemente dalla volontà, o dalla responsabilità, degli uomini. Nel mito si tende ad accertare non tanto il perché dell'origine della morte in rapporto alla colpa umana, quanto il come e il quando la morte fu introdotta. Molto spesso lo strumento attraverso il quale la morte è entrata nel mondo è la donna, oppure la morte stessa è vista come un'immagine femminile. Questa concezione, estesissima in diverse aree culturali, è connessa alla particolare fisiologia femminile, che viene interpretata come segno che la donna è al limite, al confine fra la «natura» e l'aldilà, un aldilà che esiste sempre come mondo dei morti, come mondo prima della vita e dopo la morte. Presso i cagaba, per es., popolazione amerindia della Sierra Nevada de Santa Marta, è la dea Gautéovan, la Madre originale, che crea con il suo sangue mestruale prima il sole, poi tutte le altre cose, compresi gli spiriti della malattia e della morte (J. Curtin, *Miti di creazione dell'America primitiva*, 1899). In tutta l'area indoeuropea la Dea Madre è connessa con la morte e con il mondo dei morti. Presso i greci, Ecate, divinità degli Inferi, regina degli spettri e delle ombre, appare come una particolare epifania lunare di Artemide, divinità nefasta e vendicatrice. Artemide colpisce a morte con le sue frecce, ed è la padrona della morte improvvisa. Anche Persefone, la fanciulla del mito di rapimento che è alla base dei culti di Eleusi, è una figura di morte, strumento di comunicazione e di passaggio col mondo degli Inferi. Sempre in Grecia, le Erinni, divinità infernali, sono raffigurate in forma di serpenti, poiché il serpente simboleggia gli spiriti della morte (G. Thomson, *Eschilo e Atene*, 1940). La trinità delle Moire, che appare per la prima volta in Esiodo (*Teogonia*), sovrintende al destino dell'uomo stabilendo il momento della morte. Il concetto di Moira, come divinità che tesse il filo della vita e vi pone fine troncandolo, è comune anche ai romani e ai germani (presso i quali le Moire compaiono sotto il nome di Parche e di Norne). Nell'ambito dell'ebraismo è attraverso Eva che l'uomo è stato condannato alla morte: così pure in moltissimi miti indoamericani spesso la morte si introduce nel mondo per il gesto sconsiderato di una donna. La connessione fra la morte e la donna risulta anche dall'aspetto femminile dell'immagine della morte, che è presente in molte aree culturali. Presso i bambara dell'Alto Niger, la morte è una «donna», oggetto di unione sessuale, perché è nel coito che risiede l'enigma del dolore (D. Zahan, *Società di iniziazione bambara*, 1960). La femminilità della morte è presente anche nella frequente connessione della donna con la Luna e nella bipolarità luce-tenebre; e, come ha notato V. Propp (*Le radici storiche dei racconti di fate*, 1946), anche la strega delle fiabe è un personaggio che viene dal mondo delle ombre e dei morti.

• *Significati della morte.* Nel modello mitico più frequente la morte assume il valore di un «passaggio», a volte di una «prova» (A. → Van Gennep), attraverso la quale si accede a una condizione diversa, ma che, comunque, assicura una continuità di esistenza in un'altra vita. Questa condizione può essere il ricostituirsi dell'integrità e della perfezione originaria, nella quale l'uomo godeva dell'immortalità come del suo stato naturale; oppure può consistere nel passaggio a una nuova esistenza, più o meno corrispondente a quella terrena, di cui diventa la prosecuzione all'infinito (e l'uomo può vivere questa nuova vita, sia nella sua pienezza, sia nella forma di ombra). A volte la morte può rappresentare la liberazione dai limiti dell'individualità: di conseguenza l'uomo (non più individualizzato) o il suo spirito (liberato dai caratteri personali) viene assorbito nel tutto. Un'altra rappresentazione escatologica intende la morte come momento in cui si acquisisce una dimensione assolutamente differente da quella terrena, una dimensione libera dalla corruttibilità e dalla peccaminosità che è insita nella carne, con l'assunzione di un nuovo corpo glorioso o «pneumatico». Infine vi può essere l'identificazione del defunto (o della sua anima o del suo doppio) con il dio, modello esemplare dell'immortalità, del senza tempo, del senza corruzione. Spesso, nei casi in cui la morte è concepita come passaggio ad altro stato, è necessario uno specifico comportamento dell'uomo (osservanze rituali, purificazione dal peccato, innocenza ecc.), o anche una «rivelazione» di tipo iniziatico, che consenta all'uomo di conoscere la realtà centrale insita nella morte, la sua funzione determinante del nuovo ciclo di vite. Si hanno così varie concezioni che risolvono l'angoscia e la crisi connessa con la morte in una prospettiva escatologica, individuale o collettiva, la quale può realizzarsi *una tantum*, per i singoli morti o per i morti nella loro totalità (giudizio individuale e giudizio finale), proiettando questa prospettiva in un tempo remoto, indefinito; oppure concezioni religiose che si basano sulla credenza nella reincarnazione e nella trasmigrazione, e che fanno quindi della morte il passaggio a una nuova forma di vita. Questa non costituisce ancora la liberazione dalla mortalità, e si esaurisce soltanto nel decorrere di un certo ciclo e nella consumazione di una certa carica di male e di negatività, anche morale (come per es. nei misteri orfici).

Negli ultimi decenni gli storici, soprattutto francesi, influenzati dall'antropologia, si sono rivolti allo studio della morte nella cultura occidentale, mettendone in luce aspetti di rimozione, di allontanamento, o, di contro, motivi di speranza in una rianimazione futura conseguibile attraverso le conquiste della scienza (si pensi per es. all'ibernazione, che va di moda negli Stati Uniti). E. Morin (*L'uomo e la morte*, 1951), W. Fuchs (*Le immagini della morte nella società moderna*, 1969), F. Lebrun (*Gli uomini e la morte in Anjou nel XVII e nel XVIII secolo*, 1971), L.V. Thomas (*Antropologia della morte*, 1975), J. Baudrillard (*Lo scambio simbolico e la morte*, 1976), P. Ariès (*L'uomo davanti alla morte*, 1977) sono alcuni degli autori più importanti che si sono occupati del problema della morte, così come è vissuto nell'Occidente, una volta superata (sia pure in parte) la concezione cristiana di un «passaggio» ad altra vita.

Mosca, Gaetano (Palermo 1858 - Roma 1941), storico delle dottrine politiche italiano. Insegnò nelle università di Palermo, Roma e Torino, ma fu anche giornalista e alto funzionario del ministero delle colonie. È internazionalmente noto per la sua opera di storico delle dottrine politiche (*Lezioni di storia delle istituzioni e delle dottrine politiche*, 1933) e soprattutto per la sua teoria della classe politica (che figura negli *Elementi di scienza politica*, 1896). Assertore di un approccio realista, positivista e riformatore al problema politico, sostenne l'esistenza, in tutte le forme di governo, di una minoranza organizzata che detiene il potere politico (la classe politica) al di sotto della quale vi è una maggioranza di persone che non partecipano mai *realmente* al governo, e indicò nello studio del mutamento (da regime a regime) di qualità, composizione, organizzazione di tale minoranza l'oggetto della scienza della politica. La legittimità di una classe politica si fonda sulle credenze costituenti la «formula politica» con cui essa governa. Le organizzazioni politiche migliori sono quelle che permettono una «difesa giuridica» dall'egoismo della classe politica grazie alla presenza di una pluralità di poteri e gruppi (pluralismo e separazione dei poteri).

Mosè (sec. XIII a.C.), personaggio biblico. La sua figura domina l'Antico Testamento, e anche nel Nuovo la sua è una posizione di sommo prestigio, perché si accetta in gran parte quello che di lui propone la concezione giudaica, e anche perché se ne fa uno dei grandi «tipi» di Gesù. Ma non è facile districare il nucleo storico a lui relativo conservatosi nell'intreccio delle tradizioni veterotestamentarie, giunte a noi dopo secoli di trasmissione orale e attraverso successive rielaborazioni redazionali. Se, contro ogni fondamentalismo, la critica rifiuta la possibilità di una compiuta ricostruzione storica della figura di Mosè, essa riconosce oggi l'esistenza effettiva del personaggio e la sua importanza decisiva nella formazione di Israele e nell'origine di molte sue istituzioni. Le scoperte archeologiche e un più approfondito studio delle letterature dell'Antico Oriente hanno chiarito il contesto storico-culturale nel quale Mosè apparve. Secondo il racconto biblico, egli scampò all'infanticidio ordinato dal Faraone per un'abile astuzia della madre, che lo espose sul Nilo in un canestro, e per la compassione della figlia dello stesso Faraone, la quale l'avrebbe poi fatto educare a corte. La consapevolezza della propria origine ebraica lo indusse a farsi difensore del suo popolo oppresso, sin che l'uccisione di un sorvegliante egiziano non lo costrinse a fuggire nella terra di Madian, dove si unì a una tribù nomade, e sposò la figlia del re-sacerdote Jetro. Una teofania (la chiamata di Dio dal roveto ardente, e la rivelazione del nome divino: Esodo 3) determinò una svolta decisiva nell'esistenza di Mosè, che ritornò al Faraone con il compito di liberare il suo popolo, e di condurlo alla terra promessa ai patriarchi. Le «piaghe» che colpirono l'Egitto, per la riluttanza del Faraone a concedere la libertà agli ebrei, la celebrazione della Pasqua, la traversata del «mare di canne», nel quale furono invece sommersi gli egiziani inseguitori, furono gli episodi salienti che aprirono la via verso il deserto del Sinai. Qui, durante la lunga peregrinazione, Mosè visse gli ultimi quarant'anni della sua esistenza, senza che gli fosse permesso di giungere alla terra promessa, contemplata solo da lontano; e qui portò a compimento l'opera di fondazione del popolo di Israele, della quale momenti decisivi furono la grande teofania del Sinai, la celebrazione dell'→ alleanza, la consegna del Decalogo. Una notizia di Deuteronomio 34, 5-10 informa della morte di Mosè, all'eta di centoventi anni, e proclama che «non è più sorto in Israele un profeta come Mosè, con il quale il Signore parlava faccia a faccia».

Mosè fu il vero fondatore storico del popolo di Israele, del quale resta incerta e oscura l'unità etnica, ma è profonda l'unità culturale e spirituale, stabilita sulla alleanza con Jahweh, alimentata dalla coscienza del rapporto di assoluto privilegio che lo univa a Dio e ne faceva il suo popolo. Tale coscienza si sarebbe progressivamente tradotta nell'unità del culto, in legami cultuali e militari fra le tribù, sino alla unificazione politica del regno davidico; e, dopo la divisione del regno, si sarebbe conservata e trasmessa come patrimonio essenziale del giudaismo. Facilmente si può intravedere, nella esaltazione che ne fa il Pentateuco, come Mosè non sia stato propriamente né il fondatore né il legislatore del culto sacrificale, del sacerdozio e delle istituzioni politiche di Israele; ma giustamente la tradizione gli attribuì l'ispirazione di ciò che più tardi fu realizzato, nella linea di una intuizione risalente a lui, e della particolarissima intimità con Dio, che ne farà il modello dell'ideale religioso biblico. L'importanza di Mosè nel giudaismo crebbe parallelamente all'importanza della Torah; ne sono vivissima testimonianza i testi apocrifi (dei quali alcuni, insieme al Pentateuco, sono direttamente attribuiti a lui) e la tradizione rabbinica, per la quale non solo la tradizione scritta, cioè il Pentateuco, ma anche la tradizione orale, nella sua ininterrotta continuità di rapporto maestro-discepolo, deriva da Mosè. Anche nel Corano Mosè è una delle figure religiose più autorevoli e venerate. *G. B.*

Mosso, Angelo (Chieri, Torino, 1846 - Torino 1910), fisiologo italiano. Laureato in medicina, lavorò a Vienna nel laboratorio del famoso fisiologo K.F.W. Ludwig, e successivamente (dal 1879) occupò la cattedra di fisiologia dell'università di Torino. Nel laboratorio di questa università, allora uno dei più attrezzati in Europa, egli mise a punto alcune tecniche per la registrazione grafica delle pulsazioni, del respiro e dei movimenti muscolari volontari, e i suoi strumenti (ergografo, pletismografo, sfigmomanometro) lo resero famoso nei laboratori psicofisiologici di tutto il mondo, che li utilizzarono per almeno vent'anni nelle ricerche sulle concomitanti fisiologiche degli stati emotivi e nel periodo iniziale, intensamente sperimentale, della psicologia del lavoro. Lo stesso W. Wundt s'interessò delle tecniche di Mosso, e le impiegò nel proprio laboratorio di Lipsia. Abile divulgatore, Mosso contribuì alla diffusione delle tematiche psicofisiologiche mediante le opere *La paura* (1884) e *La fatica* (1891).

Mo Ti, noto in Occidente come Micio (vissuto probabilmente fra il 479 e il 381 a.C.), filosofo cinese. Fu l'iniziatore di una scuola filosofica che ebbe notevole seguito nei secc. III e IV, cioè prima dell'unificazione imperiale, ma non lasciò nessuna traccia profonda nella storia del pensiero cinese. Mo Ti può essere considerato come il primo oppositore di Confucio e, secondo l'opinione di alcuni studiosi cinesi contemporanei, le critiche di Mo Ti al confucianesimo, soprattutto al concetto della sacralità dei riti e della tradizione, si spiegano tenendo conto delle diversità dei rispettivi ambienti sociali di provenienza: per Confucio quello dei «ru» o letterati, più legato al ceto aristocratico, per Mo Ti quello degli «shi» o cavalieri, dediti alle arti marziali (*wu*). Mo Ti e i suoi discepoli, rigidamente organizzati e preparati ad agire militarmente, si differenziavano tuttavia dagli altri cavalieri in quanto decisamente contrari a qualsiasi guerra di aggressione e disposti a intervenire in aiuto di chi fosse ingiustamente attaccato. Secondo il *Libro di Mo Ti*, unica fonte del suo pensiero, la guerra è soltanto una forma di brigantaggio; per ovviare ai mali della sua epoca egli propone una rigida frugalità, l'assoluto rispetto delle leggi, il timore degli dei e degli spiriti (problema giudicato irrilevante dai confuciani) e la pratica dell'amore universale. Tale concetto, che è il nucleo della filosofia di Mo Ti, può essere interpretato come logica estensione a tutta la società dell'etica professionale della classe dei cavalieri ed è in netto contrasto con il confucianesimo che, basandosi sul complesso sistema sociale incentrato sulla famiglia, concepiva una graduatoria degli affetti in relazione ai rapporti esistenti tra individui.

motivazione, termine che in psicologia designa i fattori dinamici del comportamento animale e umano, ovvero il processo che funzionalizza le attività dell'organismo verso una meta. Le motivazioni sono coscienti o inconsce, semplici o complesse, transitorie o persistenti, e possono essere descritte in termini esclusivamente psicologici o parzialmente neurofisiologici e biochimici (→ riduzionismo). Le motivazioni vengono abitualmente distinte in «primarie» e «secondarie». Le prime sono di natura fisiologica, e comprendono da un lato i bisogni fondamentali (la fame, la sete, il sonno) e altre istanze molto forti come la pulsione sessuale, d'altro lato altre esigenze il cui substrato organico non è ancora stato chiarito, come il «bisogno» di manipolazione, di attività, di autostimolazione, di esplorazione dell'ambiente. Le motivazioni secondarie sono di natura personale e sociale, e vengono acquisite mediante l'esperienza dell'individuo e della specie; alcune, come il successo, la competizione, la cooperazione, sembrano dipendere dalle caratteristiche dei diversi contesti socioculturali; altre motivazioni secondarie, come l'imitazione, sembrano essere universali, probabilmente perché derivano da esperienze ancestrali di dipendenza della specie umana. In una terza categoria, la cui interpretazione pone seri problemi alla psicologia scientifica, vanno poste alcune motivazioni prettamente umane e di livello per così dire «superiore», come gli ideali e gli obiettivi esistenziali (per es. l'autorealizzazione).

Nella storia della psicologia la tematica della motivazione emerse relativamente tardi, dopo quella della sensazione, della percezione e dell'apprendimento, e venne assunta in modo differenziato dalla psicoanalisi, risolvendosi in una «psicologia della motivazione inconscia». Oggi, quindi, gli psicologi che s'interessano di motivazione non possono non fare riferimento agli apporti psicoanalitici, a meno che non preferiscano la ricerca sui fondamenti neurofisiologici (e recentemente anche biochimici) del comportamento motivato. Ciò non significa tuttavia che non esista una concettualizzazione prettamente e autonomamente psicologica della motivazione. In particolare: dopo l'esclusione da parte del comportamentismo di tutte le nozioni mentalistiche (→ mentalismo), e pertanto anche di quella di motivazione, gli autori neocomportamentisti hanno apportato una correzione a questa linea di tendenza e hanno preso in considerazione le determinanti del comportamento finalizzato, identificandole con pochi bisogni organici fondamentali, responsabili, attraverso il gioco dei meccanismi dell'apprendimento, della comparsa di tutte le più complesse e apparentemente autonome istanze motivazionali. A questa interpretazione riduttivistica si contrappone quella della psicologia umanistica comparsa alla fine degli anni Sessanta, secondo la quale le motivazioni di carattere elevato (come l'altruismo) non possono essere interpretate come elaborazioni o travestimenti o derivazioni delle motivazioni primarie, ma devono essere interpretate indipendentemente da queste ultime. Quanto agli psicologi di orientamento cognitivistico, essi pongono l'accento, al contrario di quelli di orientamento psicoanalitico, sulle determinanti coscienti della condotta umana, quali i «propositi», i «programmi» e le «aspettative». Fra gli apporti degli psicologi non inquadrabili nelle suddette correnti si ricorda quello classico di H.A. → Murray, il quale nel 1938 propose una serie di 12 «bisogni fisiologici» e una serie di 28 «bisogni psicogenici». Negli anni recenti anche gli psicologi sperimentalisti si sono occupati intensivamente della motivazione, creando ingegnosamente in laboratorio situazioni motivazionali simili o perlomeno non troppo dissimili da quelle della vita quotidiana; J.W. Atkinson, per es., ha dimostrato sperimentalmente (1964) che alcuni individui sono particolarmente motivati dal timore dell'insuccesso, mentre altri lo sono dall'aspettativa del successo. Malgrado il loro indubbio interesse, questi esperimenti presentano notevoli difficoltà esecutive e interpretative, sia perché nell'individuo psichicamente sano le condotte (anche quelle più «semplici») sono polimotivate, e pertanto il ricercatore si trova di fronte a un numero elevato di variabili interagenti, sia perché l'efficacia della situazione sperimentale presuppone spesso il deliberato inganno o fuorviamento del soggetto da parte del ricercatore, e pertanto una violazione del codice etico che non può non essere criticabile, per quanto esclusivamente finalizzata alla conoscenza scientifica.

Mounier, Emmanuel (Grenoble 1905 - Châtenay-Malabry, Parigi, 1950), filosofo francese. Formatosi sotto l'influenza di C. Péguy e di J. Maritain, fondò nel 1932 la rivista «Esprit», che doveva diventare una delle principali espressioni del cattolicesimo impegnato in Francia. Il movimento personalista raccoltosi intorno a Mounier, e al quale egli diede nel 1935 un programma teorico e politico con *Rivoluzione personalista e comunitaria* (completato dal saggio del '36 *Dalla proprietà capitalista alla proprietà umana*), nasce dalla riflessione sulla crisi mondiale del 1929 interpretata come crisi di civiltà e di valori che il cristianesimo deve affrontare dissociandosi dalle potenze del denaro e del «disordine stabilito». Mounier riprende da un lato e radicalizza la polemica del cristianesimo sociale contro l'individualismo egoistico della società borghese e l'atomismo contrattualistico liberale; dall'altro combatte il materialismo e l'ateismo della dottrina marxistica. La base del rinnovamento sociale, che Mounier presenta come terza via tra liberalismo e collettivismo, deve essere la valorizzazione della persona, intesa come libertà e trascendenza, cioè apertura agli altri e a Dio. La persona non è l'individuo: essa si realizza nella comunità, intesa come «persona collettiva» o «persona di persone», fondata su un'unità etica più che giuridica ed economica. Sul piano concreto il programma personalista prevede l'abolizione dell'interesse e della rendita, il controllo sociale del capitale, il lavoro come vocazione e servizio sociale, il cooperativismo e la cogestione delle imprese. Accusato dalla sinistra comunista e laica di rinnovare le tematiche dell'anticapitalismo romantico, con una denuncia del denaro e del capitale di carattere regressivo, Mounier fu contemporaneamente attaccato dal cattolicesimo più intransigente per le sue aperture al comunismo. Di fatto egli affermò che «il destino dei prossimi anni (era) di riconciliare Marx con Kierkegaard» (*Introduzione agli esistenzialismi*, 1946) e anticipò molti temi dei successivi tentativi di dialogo tra cristiani e marxisti.

movimento apparente, concetto basilare della → Gestaltpsychologie.

movimento sociale, forma di comportamento collettivo, che implica la mobilitazione di un numero considerevole di individui o di un gruppo sociale nell'intento di mutare l'ordine sociale esistente o qualche sua parte. A tale scopo il movimento sociale si serve di qualche forma di organizzazione. L'integrazione dei suoi membri e il loro orientamento all'azione sono ottenuti mediante l'elaborazione ideologica. Mentre per l'analisi marxista i movimenti sociali sono riconducibili, direttamente o indirettamente, alla contraddizione tra lo sviluppo delle forze produttive e i rapporti di produzione, M. Weber rileva che, con la cristallizzazione dell'ordine esistente (sociale e istituzionale), si produce — in forma di stato nascente — un movimento carismatico innovatore rispetto alla situazione presente. Nelle più recenti teorie del comportamento collettivo si parla di movimento sociale quando, in una situazione di diffuso scontento, i soggetti tendono a risolvere i problemi sociali accumulati unendosi per un'azione comune.

Movimenti sociali possono nascere in seguito a processi di mutamento socio-culturale riguardanti il sistema politico o quello produttivo; la stratificazione sociale; le condizioni delle minoranze etniche o religiose; la diffusione di nuove idee politiche o filosofiche. Tra i vari tipi studiati di movimento sociale si possono citare: i movimenti per l'estensione dei diritti civili, la partecipazione, l'ampliamento del potere politico delle classi subalterne; quelli che operano per l'indipendenza economica e politica di una nazione (movimenti nazionalisti, di liberazione); i movimenti di minoranze che rivendicano per sé l'estensione dei diritti e delle opportunità già goduti dalla maggioranza della popolazione; i movimenti religiosi tesi ad affermare le loro credenze e identità in presenza di altre religioni o di processi di avanzata secolarizzazione. Una teoria generale dei movimenti sociali è stata proposta da N.J. Smelser in *Il comportamento collettivo* (1963; → comportamento).

Particolare rilievo ha avuto, verso la fine degli anni Sessanta, nei paesi occidentali, il movimento degli studenti, sorto con l'intento di contestare, insieme con la scuola tradizionale, la trasmissione autoritaria della conoscenza e i meccanismi (spesso occulti) di discriminazione e di repressione operanti nei sistemi sociopolitici contemporanei, analizzati da autori quali W. Reich e H. Marcuse, cui la contestazione si è largamente ispirata. Il ruolo assunto dal movimento degli studenti e, negli anni Settanta, dal movimento delle donne, delle minoranze nazionali ecc., da un lato; l'istituzionalizzazione della conflittualità operaia, dall'altro, hanno suggerito l'ipotesi che i movimenti nelle

società postindustriali sostituiscano le classi come attori collettivi e agenti di mutamento sociale (A. Touraine, *Produzione della società*, 1973; *Il movimento operaio*, 1984, con M. Wieviorka e F. Dubet).
Gli studi sui movimenti sociali e le forme di azione collettiva sono ormai numerosissimi (si veda P.R. Donati e M. Diani, *Movimenti sociali contemporanei. Bibliografia 1975-1984*, 1984). In *Dalla struttura all'azione*, 1988, B. Klaudermans, H. Kriesi e S. Tarrow conducono un'analisi comparativa sulla letteratura sociologica relativa ai movimenti sociali e ne deducono due paradigmi: quello americano, definito «mobilitazione delle risorse», e quello europeo occidentale, definito «approccio dei nuovi movimenti sociali». Il primo è incentrato sugli aspetti strutturali dei movimenti sociali (cause strutturali, ideologie e relazioni con la cultura delle società capitalistiche avanzate), mentre il secondo punta sull'analisi del livello individuale e del gruppo, guardando sistematicamente ai gruppi che organizzano le proteste di massa, alle loro forme di azione e all'influenza che su queste hanno le motivazioni individuali.

Mukařovský, Jan (Písek, Boemia, 1891-1975), studioso di estetica e teorico della letteratura ceco. Ha insegnato nelle università di Bratislava (dal 1931) e di Praga (dal 1937). Insieme a V. Mathesius, R. Jakobson, N.S. Trubeckoj, B. Havránek, è stato uno dei principali esponenti del circolo linguistico di Praga, che negli anni Trenta riprese e sviluppò le tesi dei formalisti russi. Come il formalismo russo, lo strutturalismo praghese si proponeva un'analisi immanente dell'opera d'arte, specialmente letteraria e che facesse ricorso esclusivamente all'esame dei caratteri linguistici del prodotto letterario, prescindendo da ogni riferimento estrinseco (storico, ideologico, sociologico, psicologico ecc.). Ma, a differenza dei formalisti, i membri del circolo di Praga, e Mukařovský in particolare, hanno considerato la linguistica solo come uno strumento particolarmente efficace e concreto per l'analisi delle opere, e non hanno escluso altre modalità di ricerca (*Sullo strutturalismo*, 1946). I dati storici e sociologici, anche se non hanno una pertinenza diretta nell'analisi e nella produzione dell'opera d'arte, vi intervengono tuttavia mediatamente, nella genesi del contesto socio-culturale entro cui si produce il linguaggio che costituirà il tessuto dell'opera. Altre opere: *Capitoli di poetica ceca* (1948); *Il significato dell'estetica* (1966).

Münsterberg, Hugo (Danzica 1863 - Cambridge, Massachusetts, 1916), psicologo tedesco. Allievo di W. Wundt, lavorò presso il suo laboratorio di psicologia sperimentale a Friburgo e poi ad Harvard dal 1892. Le concezioni filosofiche di Münsterberg sono chiaramente ispirate all'idealismo volontaristico di Fichte, e la sua principale opera filosofica, *Filosofia del valore* (1908), tenta una sintesi dell'idealismo filosofico con la contemporanea filosofia dei valori. In campo psicologico sviluppò una teoria dell'azione della coscienza molto affine al comportamentismo; si occupò inoltre della correlazione tra attività motoria dei centri cerebrali e intensità della percezione. Negli ultimi anni si dedicò soprattutto a studi di psicologia applicata: ha lasciato contributi nel campo della psicologia giuridica in relazione al problema dell'attendibilità delle testimonianze; e nel campo della psicologia industriale, elaborando in particolare nel 1910 test di idoneità professionale. Tra le sue opere: *Lezioni di psicologia sperimentale* (1889-92); *Fondamenti di psicologia* (1900); *Psicologia ed efficienza industriale* (1911).

Müntzer, Thomas o Thomas Münzer (Stolberg, Harz, 1467 ca - Mühlhausen 1525), riformatore religioso tedesco. Monaco agostiniano, aderì al movimento riformatore di Lutero durante un soggiorno a Wittenberg negli anni 1519-20, ma ben presto se ne distaccò. Influenzato, durante una predicazione a Zwickau nel 1520, dai radicali spiritualisti («profeti celesti» li chiamerà sprezzantemente Lutero), egli respinse infatti l'organizzazione religiosa e sociale e rifiutò l'interpretazione biblica della chiesa ufficiale in nome dell'illuminazione interiore dello Spirito Santo che giunge all'uomo direttamente, senza bisogno di passare attraverso la mediazione della Sacra Scrittura, come affermava Lutero. In questa prospettiva egli respinse il battesimo dei bambini e considerò il «battesimo interiore» dello Spirito Santo come l'unico vero battesimo. Recatosi poi ad Allstedt in Sassonia, si sforzò di crearvi una «comunità di santi» impegnati nella rivoluzione religiosa e sociale, e di guadagnare alla sua causa i principi della Sassonia. A tale scopo compose il *Sermone ai principi di Sassonia sullo spirito di rivolta* (1524), che commenta il sogno di Nabucodonosor (Daniele 2). Espulso dalla Sassonia, scrisse contro Lutero un opuscolo ingiurioso intitolato *Apologia ben fondata e risposta alla carne senza spirito che vive mollemente in Wittenberg*. Raggiunta Mühlhausen, si unì ai contadini in rivolta che rivendicavano l'abolizione dei gravami feudali. Assunse la guida del movimento con la coscienza di una missione profetica da compiere (significativo è a questo proposito il *Proclama ai cittadini di Allstedt*, 1525), e innestò sulle rivendicazioni sociali ed economiche dei contadini una fortissima tensione escatologica, cosicché la rivolta dei contadini assunse il carattere di una crociata apocalittica. Sensibile alle idee di Gioacchino da Fiore e all'esperienza social-rivoluzionaria dei taboriti boemi (l'ala più radicale degli → hussiti), Müntzer sosteneva che prima della resurrezione dei morti i giusti avrebbero sgominato i

malvagi e instaurato sulla terra il Regno di Dio, costituito dagli «eletti amici di Dio» (cioè da coloro che avevano ricevuto lo Spirito Santo) e caratterizzato dall'eguaglianza civile e sociale. Sconfitto a Frankenhausen dalle truppe dei principi tedeschi, Müntzer fu catturato e decapitato.
Anche se oggettivamente anticipatore del comunismo, Müntzer fu in realtà un teologo cristiano che cercò di collegare la testimonianza sul futuro regno di Dio con la necessità di concrete svolte storiche e con una fortissima aspirazione alla giustizia. In questo egli è da considerare l'interprete più valido di quella «riforma popolare» che è stata storicamente sconfitta, ma che rimane, nella riforma e anche fuori di essa, un'esigenza costante.

Murdock, George Peter (Meriden, Connecticut, 1897 - Philadelphia 1985), antropologo statunitense. Si è occupato prevalentemente di statistica dei fenomeni sociali e del rilevamento comparativo dei tratti simili nelle diverse culture. A questo scopo diede inizio, nel 1937, a un enorme schedario (*Schedario settoriale delle relazioni umane*) noto fino al 1949 col nome di *Rilevamento interculturale*. L'opera statistica di Murdock rappresenta la realizzazione di quello che era stato un metodo propugnato e intrapreso già da diversi antropologi, in primo luogo da E.B. Tylor e poi da S.R. Steinmetz (1900). Ciò che spingeva Murdock alla raccolta di dati delle più diverse culture era la convinzione che esistessero leggi culturali capaci di spiegare le somiglianze di costumi fra diverse culture. Naturalmente una simile impostazione incontrava la critica di coloro che ritenevano (come per es. R. Benedict) che le culture sono mondi a sé stanti e perciò non possono essere comparate fra loro, venendo a mancare l'analisi e la comprensione del contesto in cui avvengono i fenomeni. D'altra parte la comparazione, essendo per sua natura sincronica, non può in nessun caso giungere a dimostrare relazioni causali. Questo limite è presente nell'opera *Struttura sociale* di Murdock (1949), in cui egli tende a verificare quali siano i fattori determinanti dei gruppi di parentela attraverso l'analisi delle terminologie usate per classificare e denominare i parenti. Murdock ha tentato, poi, la costruzione di un *Campionamento etnografico mondiale* (1957). Altre opere: *Correlazioni statistiche nella scienza della società* (1937); *Africa. I suoi popoli e la storia della loro cultura* (1959); *Cultura e società* (1965); *Atlante etnografico* (1967).

Murray, Henry Alexander (New York 1893-1988), psicologo statunitense. Fu professore di fisiologia a Harvard e, dal 1928, direttore della Harvard Psychological Clinic. Nelle sue ricerche sulla personalità è stato fortemente influenzato dalla psicoanalisi, ma rispetto a Freud ha accentuato l'importanza dei dati socioculturali e dedicato molta attenzione all'incidenza dei processi fisiologici sullo sviluppo della personalità, mirando soprattutto a perfezionare e sviluppare le tecniche proiettive nell'indagine psicologica: al suo nome è legata l'invenzione del reattivo di appercezione tematica (Thematic Apperception Test: → test). Tra le sue opere: *Indagini sulla personalità* (1938); *Manuale del test di appercezione tematica* (1943); *Valutazione dell'uomo* (1948).

Musatti, Cesare Ludovico (Dolo, Venezia, 1897 - Milano 1989), psicologo e psicoanalista italiano. Allievo di A. Aliotta e di V. Benussi, e successore di quest'ultimo dal 1927 nella direzione dell'Istituto di psicologia dell'università di Padova, venne allontanato per ragioni politiche, nel 1938, dall'insegnamento universitario, e vi rientrò nel 1947, vincendo presso l'università statale di Milano la prima cattedra di psicologia istituita nel dopoguerra in Italia. Insieme a Silvia De Marchi Musatti sviluppò le tre direttrici sperimentali dell'ultimo Benussi: la psicologia della percezione, la psicologia della testimonianza e lo studio della suggestione e dell'ipnosi. Studiando la psicologia della percezione, egli fece in parte propri i principi teorici e metodologici della → Gestaltpsychologie, che fu il primo a far conoscere in Italia con importanti lavori di livello internazionale (*Sui fenomeni stereocinetici*, 1924; *Analisi del concetto di realtà empirica*, 1926; *Sui movimenti apparenti dovuti ad illusione di identità di figura*, 1928; *Sulla percezione di forma di figure oblique rispetto al piano frontale*, 1928; *La psicologia della forma*, 1929; *I fattori empirici della percezione e la teoria della forma*, 1930; *Forma e assimilazione* 1931; *Elementi di psicologia della forma*, 1938). Sempre in ambito psicologico-sperimentale, Musatti proseguì le ricerche benussiane sulla testimonianza, e pubblicò nel 1931 gli *Elementi di psicologia della testimonianza*, con prefazione del penalista F. Carnelutti e destinato a una vasta diffusione fra magistrati e uomini di legge.
Infine, sviluppando la terza direttrice benussiana (quella della ricerca sperimentale sulla suggestione e l'ipnosi), Musatti approdò alla psicoanalisi freudiana, di cui divenne, con E. Weiss, uno dei primi e più autorevoli rappresentanti italiani. Della psicoanalisi italiana Musatti fu il leader indiscusso negli anni del dopoguerra, quando comparve il suo diffusissimo *Trattato di psicoanalisi* in due volumi (1949), e quando (dal 1955) si cominciò a pubblicare sotto la sua direzione la «Rivista di Psicoanalisi», erede della «Rivista Italiana di Psicoanalisi» fondata nel 1932 da Weiss.

mutamento sociale, in sociologia, variazione ampia, non episodica, che si verifica in un dato arco di tempo nella struttura e nel modo di funzionamento di un'unità di analisi (il sistema sociale, ma anche singole istituzioni, organizza-

zioni, gruppi), la quale continua però a conservare una propria riconoscibile identità.
Il problema del mutamento sociale fu affrontato dalla sociologia fin dalle sue origini. Nel clima positivistico ottocentesco, i sociologi miravano a formulare leggi generali del mutamento delle società inteso come uno sviluppo progressivo. Ricordiamo la «legge dei tre stadi» di Comte, secondo la quale il mutamento di tutte le società passa attraverso lo stadio teologico o fittizio, lo stadio metafisico o astratto, lo stadio scientifico o positivo (*Corso di filosofia positiva*, 1830); e la teoria di H. Spencer (→ evoluzionismo), secondo la quale le società evolvono da unità semplici, omogenee e indifferenziate a unità complesse, eterogenee e differenziate, in una successione che va dalle società teocratiche o militari alle società industriali (*Principi di sociologia*, 1855). Affine è l'orientamento marxista, secondo il quale le società cambiano in seguito alla lotta di classe, espressione della contraddizione tra forze produttive e rapporti di produzione, che provoca la transizione dalla formazione sociale antica a quella feudale, da quella feudale a quella borghese e da questa — immancabilmente — al socialismo, che tale contraddizione abolirà (K. Marx, *Ideologia tedesca*, 1845-46). Anche questa versione della teoria marxista, in auge fino agli inizi del nostro secolo, si rifà a una filosofia della storia come progresso necessario.
Minor fortuna hanno avuto in sociologia le concezioni della storia come ciclo o decadenza. Ne furono suggestionati tuttavia autori di rilievo come C.-H. de Saint-Simon, che concepiva il mutamento delle società come alternanza di epoche organiche e critiche. F. Tönnies e F. Oppenheimer fecero consistere il mutamento sociale nella transizione da una condizione comunitaria, solidale e organica, a una condizione societaria, conflittuale e meccanica, nella quale gli uomini lottano per recuperare valori e consuetudini perdute, da realizzare in una nuova società, socialista e comunitaria. P. → Sorokin elaborò una quantità importante di dati storici ne *La dinamica sociale e culturale* (1937), per dimostrare che il mutamento sociale dall'antichità ai giorni nostri segue un moto pendolare fra tre tipi fondamentali di struttura: ideazionale, sensista, idealista.
Il termine «mutamento sociale» è entrato in uso dagli anni Venti per designare il nuovo orientamento della sociologia su questo problema: anziché formulare leggi generali, si è cercato di verificare con analisi empiriche i modi e i motivi del cambiamento dei sistemi sociali. Tali modi possono anche assumere quei caratteri di continuità e cumulatività che i concetti di evoluzione e progresso attribuiscono al mutamento sociale. Ma si tratta di una constatazione a posteriori, valida per fenomeni determinati. Per esempio, W.F. Ogburn (*Mutamento sociale*, 1922) ha rilevato come lo sviluppo tecnologico fosse il movente fondamentale del mutamento proprio per questo carattere cumulativo. In generale i funzionalisti (T. Parsons, N.J. Smelser, M. Levy; → funzionalismo) hanno visto nella moltiplicazione e specializzazione di ruoli, organizzazioni, sistemi nelle società che si sono occidentalizzate la via maestra del mutamento sociale: queste società hanno realizzato un'evoluzione sociale e culturale e sono state un modello per numerose altre (T. Parsons, *Sistemi di società*, 1971-73). Parte della sociologia della → modernizzazione si muove secondo questo orientamento, rilevando le uniformità politiche e culturali, create (o presupposte) dalla industrializzazione, in società diverse; alcuni studiosi hanno anzi riproposto teorie del mutamento sociale come successione obbligata di stadi o tipi o modelli di società. Tali configurazioni risultano però da correlazioni rilevate tra vari processi economici, sociali, politici, culturali e le relative strutture (W.W. Rostow, A.F.K. Organski, C. Black). Anche il neo-funzionalismo enfatizza il ruolo della differenziazione sociale come motore del cambiamento sociale; e tuttavia riconosce l'esistenza di vincoli e barriere, ammettendo che le forme di differenziazione sociale si possono combinare tra loro in modi non necessariamente organici e di progresso, come invece sosteneva T. Parsons (J.C. Alexander, *Teoria sociologica e mutamento sociale*, 1990).
Il passaggio da uno stadio all'altro avviene mediante crisi. Proprio lo studio delle crisi ha introdotto una visione alternativa del mutamento sociale, considerato non più per stadi, ma come un albero di possibilità i cui rami sono le diverse vie di mutamento, prese dalle società nel risolvere le proprie crisi economiche, sociali e politiche. Questa concezione si rifà alla filosofia illuministica della storia come progresso possibile. L'Occidente, con l'avvento della razionalità capitalistica e del potere legale razionale, ha realizzato, secondo M. Weber, una di queste possibilità di mutamento sociale. Altra forma possibile di mutamento sociale è quella dovuta all'intervento di movimenti sociali e di leader carismatici. Ma anche l'assenza di mutamento sociale, la stabilità della tradizione, è una possibilità, tant'è vero che si è realizzata in Oriente, sempre secondo Weber, e compito della sociologia è spiegare perché l'una si è realizzata piuttosto dell'altra in una società data (*Economia e società*, 1922). Simile concezione del mutamento sociale si ritrova in Parsons. Egli si rifà al pensiero weberiano e sottolinea che la via occidentale al mutamento sociale l'ha accelerato in grande misura, perché l'ha istituzionalizzato (mediante la scienza, la tecnologia, il mercato), a differenza di altre società che istituzionalizzano la tradizione. I sistemi socia-

li però, secondo Parsons, non hanno alcuna spinta intrinseca al mutamento sociale, tendono piuttosto all'equilibrio, e sono cambiati solo dall'intervento di forze esterne. In questo le conclusioni di Parsons collimano con quelle di V. → Pareto, che vedeva permanere in ogni società motivazioni conservatrici, i cosiddetti residui. Gli scienziati politici contemporanei hanno concepito il mutamento sociale come un processo discontinuo, con punti di rottura e di scelta (le crisi), in cui intervengono classi sociali, élites, coalizioni, movimenti sociali a determinare vie di sviluppo tra le alternative rese possibili dalle circostanze obiettive (G. Almond, H. Eckstein, S.P. Huntington). Le loro analisi, quelle condotte dai sociologi industriali sulle strategie e sulle crisi delle organizzazioni produttive, nonché i progressi dell'informatica hanno stimolato l'elaborazione di teorie dei sistemi e del loro mutamento, fatto dipendere da meccanismi di retroazione, controllo, governo con cui i sistemi rispondono alle sfide dell'ambiente circostante. La loro efficacia consiste nel far evolvere e rendere più complessi i sistemi a fronte di ambienti sempre più variabili e imprevedibili, fonti di domande crescenti. Si vanno altresì intensificando i tentativi di matematizzare i mutamenti sociali discontinui: una brillante sintesi di elementi della teoria dei sistemi e della topologia, suscettibile di applicazione allo studio del mutamento sociale, è stata proposta dal matematico R. → Thom con la «teoria delle catastrofi».

Il lavoro dei sociologi consiste oggi nell'indagare non solo a livello di società, ma anche di collettività minori, i fattori di mutamento del → sistema sociale, culturale, motivazionale e i modi in cui essi si integrano in formazioni sociali specifiche. Tra i fattori esogeni più spesso presi in considerazione si possono elencare guerre e conflitti esterni, dimensioni della popolazione e ambiente naturale, tecnologia disponibile, leggi, contatti con altre culture, personalità innovative in posizioni chiave; tra i fattori endogeni si possono indicare dimensioni dell'unità di analisi, conflitti interni, accumulazione di capitale, movimenti collettivi.

mu'taziliti, termine designante i seguaci di una scuola teologica musulmana dei secc. VIII-IX, originaria dell'Iraq meridionale. Il nome arabo (che contiene l'idea di astensione) allude alla tendenza di certi pii personaggi dell'epoca a non prendere partito nelle sanguinose lotte fra i partigiani degli omayyadi, secondo i quali il peccatore anche grave mantiene la qualità giuridica di «credente», e i rigoristi e i ribelli kharigiti, per cui il colpevole di peccato grave è automaticamente fuori dell'Islam e può quindi essere ucciso. I mu'taziliti, pur sostenendo che il peccatore grave non è un miscredente, non gli attribuivano la qualità di perfetto credente, e lo consideravano un *fāsiq* (delinquente). In seguito il mu'tazilismo divenne una scuola più teologica che politica, e proclamò il libero arbitrio umano e la legittimità del raziocinio per spiegare o formulare le verità di fede: per questo i mu'taziliti furono gli iniziatori della tecnica dialettica del → kalām o teologia dogmatica musulmana. Questo raziocinare li portò però a negare, contro l'opinione «ortodossa», l'esistenza di attributi eterni di Dio e quindi anche dell'eternità del Corano; per loro, infatti, ammettere distinzioni in Dio significava politeismo. Questa rigorosa difesa dell'unità divina si accompagnava a una difesa della giustizia razionale di Dio: secondo i mu'taziliti Dio vuole il bene perché è bene, mentre, per l'opinione che finì per prevalere nell'Islam sunnita, bene è solo ciò che arbitrariamente Dio ha deciso sia tale. Sconfitti dall'ortodossia, essi scomparvero come scuola vera e propria già nel sec. XIII; le loro teorie hanno tuttavia esercitato un notevole influsso in vari ambienti musulmani.

Mythosdebatte, espressione designante il dibattito sviluppatosi in Germania negli anni Venti e Trenta del nostro secolo, quando numerosi esponenti della cosiddetta scienza del → mito legati alla destra tradizionale (L. Klages, A. Bäumler, A. Rosenberg) proposero una riabilitazione globale delle teorie romantiche, e in particolare di quelle di J.J. → Bachofen, con un approccio alla mitologia volto a comprendere piuttosto che a spiegare o a fornire un'interpretazione critica. Le questioni dibattute risalivano all'illuminismo tardosettecentesco, in particolare quelle dell'interpretazione del mito come forma attenuata di intellettualità, ovvero come forma autonoma di pensiero e di vita, e della sua efficacia come strumento di controllo sociale. Le stesse tematiche si ritrovano nel dopoguerra, in una seconda e diversa Mythosdebatte rilanciata da Th.W. Adorno, che nella *Dialettica dell'illuminismo* (1944) avanzò con M. Horkheimer la tesi del carattere totalitario e «mitico» della razionalizzazione moderna, retta comunque da una logica coattiva e di sfruttamento. Negli anni Sessanta si è aperto un nuovo dibattito ancora in corso sulla razionalità (o irrinunciabilità) del mito, ovvero sulla razionalità dei processi di secolarizzazione e demitizzazione, che vede protagonisti, fra gli altri, M. Fuhrmann, J. Habermas, O. Marquard, W. Pannenberg, M. Franck, H. Blumenberg, L. Kolakowski, J.-L. Nancy, Ph. Lacone-Labarthe.

Nabert, Jean (Izeaux, Delfinato, 1881 - Loctudy, Bretagna, 1960), filosofo francese. Fu professore a Metz e Parigi, ispettore generale dell'istruzione e conservatore della biblioteca V. Cousin alla Sorbona. Nella sua filosofia sono presenti sia il tema kantiano della coscienza trascendentale, sia il tema dell'esperienza interiore di Maine de Biran. Quest'ultima è concepita come tensione morale, mai compiutamente soddisfatta, tra «positività della coscienza» e «coscienza pura». In questo sforzo di adeguazione tra essere e dover essere, l'uomo si scontra però con l'«ingiustificabile», cioè col male e col peccato, realtà che trascendono ogni categoria etica e possono trovare solo nell'esperienza religiosa una chiarificazione. Nabert ha avuto soprattutto il merito di riproporre alla cultura francese il problema del male, ripreso poi, in un orizzonte speculativo più ampio, da P. Ricoeur. Opere principali: *L'esperienza interiore della libertà* (1924); *Elementi per un'etica* (1943); *Saggio sul male* (1955); *Il desiderio di Dio* (postuma, 1966).

Nadel, Siegfried Frederick (Vienna 1923 - Canberra 1956), antropologo inglese di origine austriaca. Dopo aver esordito nel suo paese natale come direttore d'orchestra e musicologo, divenne allievo di B. Malinowski a Londra. Dal 1933 al 1935 compì ricerche tra i Nupe della Nigeria da cui nacquero libri che sono considerati dei classici dell'antropologia anglosassone (*Bisanzio nera: il regno nupe della Nigeria*, 1942; *I Nuba*, 1947; *La religione nupe*, 1954). Antinazista, Nadel si arruolò, allo scoppio della seconda guerra mondiale, nell'esercito britannico e fu «segretario per gli affari indigeni» in Etiopia e in Tripolitania. Dopo aver insegnato per un breve periodo a Oxford, a Londra e a Durham, Nadel si trasferì a Canberra dove concluse la sua carriera universitaria. Importanti opere teoriche sono: *Lineamenti di antropologia sociale* (1951); *Teoria della struttura sociale* (postuma, 1956).

Nagel, Ernest (Nové Město 1901 - New York 1985), filosofo statunitense di origine cecoslovacca. Fu allievo di J. Dewey e, sotto l'influenza del pragmatismo americano e dell'empirismo logico europeo, si interessò di filosofia e metodologia della scienza e di logica. In *Logica senza ontologia* (1944), riedita nel 1957 col nuovo titolo *Logica senza metafisica*, egli criticò la pretesa di fondare metafisicamente la logica e sostenne che i principi logico-matematici devono essere compresi attraverso un'analisi procedurale, cioè un'indagine dei modi e delle funzioni specifiche che assumono nei contesti concreti. La pura ragione, in quanto opera analiticamente, non può acquisire, circa la realtà concreta, conoscenze vere ma solo probabili; compito della logica è chiarire i metodi della conoscenza, i cui risultati vanno sempre sottoposti a controllo empirico. In polemica con l'idealismo e con ogni forma di spiritualismo, Nagel sostiene che tutti gli eventi, le qualità e i processi devono essere sempre riferiti a corpi situati nello spazio e nel tempo. Ne consegue una visione deterministica del mondo, secondo la quale, se è nota la proprietà iniziale di un corpo e se sono conosciute le condizioni che operano su di esso, è possibile prevederne i successivi mutamenti. Opere principali: *Ragione sovrana* (1954); *La prova di Gödel* (1958, in collaborazione con J.R. Newman); *La struttura della scienza* (1961).

Nagel, Thomas (Belgrado 1937), filosofo statunitense di origine serba. Dopo aver insegnato a Princeton, è attualmente professore alla New York University. Si è occupato in particolare di filosofia della mente, di etica e di filosofia della politica. Tema centrale in tutta la sua riflessione è quello della polarità fra punto di vista soggettivo e punto di vista oggettivo. La soggettività è una dimensione essenziale e ineliminabile della realtà mentale, il che implica l'inadeguatezza di qualunque tipo di riduzionismo, sia esso fisicalistico, comportamentistico o funzionalistico. In un noto articolo del 1974 intitolato *Che effetto fa essere un pipistrello?*, Nagel mette in luce le conseguenze di questa tesi antiriduzionistica: siccome la qualità soggettiva dell'esperienza è un aspetto irriducibile della realtà, e siccome la soggettività altrui è accessibile solo attraverso uno sforzo di immedesimazione con il punto di vista dell'altro, non si può escludere che esistano forme di esperienza (come per es. quella di un pipistrello) pienamente reali, ma non suscettibili in linea di principio di comprensione e di descrizione da parte nostra, perché troppo diverse dalla forma di esperienza che ci è propria.
Nel campo dell'etica (un campo in cui Nagel ha manifestato un'attenzione non comune per i problemi concreti: guerra, discriminazione razziale, sessualità ecc.), è sbagliata la pretesa di valutare le nostre decisioni da una prospettiva meramente esterna, per cui ciascuno di noi viene considerato soltanto come una persona fra le altre. Se da un lato il trascendimento della propria condizione specifica e della propria specifica visione del mondo è un presupposto indispensabile per l'instaurazione del discorso etico, dall'altro, però, la ricerca dell'oggettività assoluta induce a negare fatti e valori soggettivamente rivelati, trascurando i quali non solo risulta impossibile un approccio corretto ai singoli problemi etici, ma, al limite, la stessa esistenza umana rischia di apparire priva di senso. Opere principali: *La possibilità dell'altruismo* (1970); *Questioni mortali* (1979); *Uno sguardo da nessun luogo* (1986); *Una brevissima introduzione alla filosofia* (1989).

Nānak, Guru (Talvandī, Lahore, 1469-1538), poeta e mistico indiano. È il fondatore del movimento spirituale che prese il nome di → sikhismo. Allievo fin da giovane di maestri religiosi indù e musulmani, Nānak pervenne infine a uno stadio di unione mistica con Dio, in forza del quale si sentì chiamato a diffondere il suo messaggio religioso. L'essenza del suo insegnamento è esposta nel prologo dell'*Ādi Granth* (o *Granth Sāhib*), in cui sono raccolte, oltre a quelle di Nānak, composizioni di altri maestri del sikhismo. Nel prologo egli professa che «l'Essere supremo è uno. Il suo nome è colui che veramente è: Dio personale, creatore, protettore e amico... non generato, autosussistente, Maestro, dispensatore di grazia...». Dopo una serie di viaggi durante i quali visitò i luoghi sacri dell'induismo e dell'islamismo e forse conobbe il maestro Kabīr (cui lo accomunavano il desiderio di superare le divisioni religiose, il costante richiamo all'interiorità e la lotta contro ogni forma di superstizione e di intolleranza), Nānak si ritirò nel villaggio di Kartārpur, sulle rive del fiume Ravi. Il suo pensiero, raccolto in particolare da uno dei suoi migliori seguaci e successori, Lahiṇā, venne trasmesso dalla tradizione dei guru e fissato nei canoni della comunità dei sikh. Uomo colto e sensibile poeta, Nānak non volle opporsi alle religioni del tempo istituendo un nuovo credo teologico, ma intese esprimere la propria fede entro il quadro del più puro monoteismo.

narcisismo, termine psicoanalitico che indica l'amore dell'individuo per la sua immagine, come nel mito greco di Narciso. Il più importante scritto di Freud sull'argomento è *Introduzione al narcisismo* (1914), in cui quest'ultimo è assunto come il tratto che differenzia la psicosi dalla nevrosi di transfert (→ nevrosi), ed è interpretato come un processo nel quale la libido disinveste gli oggetti esterni e reinveste l'Io. Precedentemente, nel 1910, Freud aveva utilizzato il termine (mutuato da P. Näcke e dal sessuologo H. Ellis, e già ripreso in una prospettiva psicoanalitica da K. Abraham nel 1908) per dar conto del comportamento omosessuale, postulando poi in *Totem e tabù* (1913) una fase narcisistica intermedia, nel corso dello sviluppo psicosessuale, fra l'autoerotismo e l'amore oggettuale. Dopo la revisione del suo pensiero avvenuta fra il 1920 e il 1923, e l'introduzione della nozione di Es, Freud differenzia il narcisismo in «primario» e «secondario». Il narcisismo primario, i cui prototipi sono la condizione intrauterina e il sonno, è caratterizzato dalla mancanza di distinzione fra l'Io e l'Es e dalla mancanza di rapporti oggettuali, giacché tutta la libido è ripiegata sull'individuo; il narcisismo secondario coincide sostanzialmente con quello trattato nell'*Introduzione al narcisismo*, anche se viene estratto dal contesto specifico dell'interpretazione del meccanismo psicotico, ed è concepito come funzionale al processo di strutturazione dell'Io.
La vera novità consiste quindi nell'introduzione del concetto di narcisismo primario; anche se si tratta di un concetto il cui significato reale è lungi dall'essere chiaro, perché il narcisismo implica pur sempre una *relazione*, sebbene soltanto con un'immagine, ciò che appare in contraddizione con l'assunto dell'assoluto indistinto rappresentato dalla condizione intrauterina. Per questa ragione l'esistenza di una fase narcisistico-primaria è stata contestata da molti psicoanalisti; secondo Melanie Klein, in particolare, fin dall'inizio il neonato esperisce → relazioni oggettuali di amore.
Tuttavia nella seconda metà del secolo il tema del narcisismo viene rivalutato, nell'ambito teorico della → psicologia del Sé, a opera soprattutto di H. Kohut. Muta infatti il modello antropologico di riferimento e alla tradizionale patologia edipica — incentrata sul conflitto interiore e sulla soddisfazione delle pulsioni — si sostituisce una malattia del → Sé. Si tratta del disturbo narcisistico tipico della società industriale dove si sperimenta la solitudine del bambino e il suo 'drammatico' tentativo di autorealizzazione. Contrariamente al modello evolutivo della psicoanalisi freudiana, Kohut ritiene che investimento narcisitico e investimento oggettuale non siano due momenti successivi, ma simultanei, anche se con sviluppi indipendenti l'uno dall'altro. Sulla medesima linea di Kohut, ma con l'esigenza di sintetizzare i due momenti del Sé e dell'oggetto, si trova O. Kernberg, uno dei maggiori rappresentanti dello studio e della terapia dei casi → *borderline*, che presentano forti analogie con i casi di disturbi narcisistici.

Natorp, Paul (Düsseldorf 1854 - Marburgo 1924), filosofo tedesco. Con H. Cohen ed E. Cassirer, è uno dei principali esponenti della scuola di Marburgo, fautrice di un ritorno al criticismo di Kant (→ neokantismo). Dal 1887 ha diretto i «Philosophische Monatshefte».
Nell'intento di ampliare la nozione coheniana di esperienza, per estenderla oltre quella puramente scientifica, Natorp trova che la logica non possa essere posta come unico fondamento del sistema filosofico; matematica e logica, infatti, sono sostanzialmente identiche, per cui l'allargamento dell'ambito del sapere si otterrà insistendo sulle altre «forme» di sapere, ossia sulla moralità, sull'arte e sulla religione. La fondazione di queste conoscenze settoriali, diverse da quelle logiche, compete alla psicologia, da Natorp elevata al rango di scienza filosofica, capace di analizzare l'unità della coscienza. Originale anche l'interpretazione data da Natorp alla filosofia di Platone (*La dottrina platonica delle idee*, 1903): le idee platoniche non sono realtà date, corrispondenti alle cose del mondo sensibile, ma funzioni e metodi del conoscere (come le categorie kantiane), leggi del procedimento scientifico.
Come Cohen, Natorp sostenne un socialismo non materialistico (*Idealismo sociale*, 1920). Altre sue opere importanti sono: *Pedagogia sociale* (1899); *Filosofia e pedagogia* (1909); *Fondamenti logici delle scienze esatte* (1910); *Psicologia generale* (1912); *L'opera filosofica di Cohen dal punto di vista del sistema* (1918).

natura, termine (in gr. *phýsis*) che i primi filosofi greci usarono con il significato di principio generativo delle cose soggette a nascita e morte, accrescimento e corruzione.

• *Natura e ordine del mondo.* Nella *Metafisica* Aristotele afferma che «la natura è la sostanza di quelle cose che hanno un principio di movimento in se stesse», distinte dagli enti ingenerati ed eterni (oggetto della metafisica e della matematica), da ciò che è «per caso» o «fortuna», e infine da ciò che è «per arte», ossia è dovuto al fare umano. Già i sofisti avevano distinto, in sede giuridico-morale, ciò che è «per natura» da ciò che è «per convenzione» umana (*nómos*). Ogni cosa naturale è dunque caratterizzata, secondo Aristotele, da un principio immanente che la spinge alla realizzazione della propria essenza (il seme è per es. indirizzato a divenire albero), secondo una concezione finalistica che stabilisce il senso del divenire e la meta (o «luogo naturale») del movimento. Anche gli stoici ebbero della natura un concetto finalistico e organicistico, in analogia con il modello del vivente; ma mentre Aristotele privilegia il modello diacronico della crescita e riproduzione, gli stoici si riferiscono al modello sincronico relativo al modo in cui gli organi di un essere vivente funzionano concordemente al fine di mantenerlo in vita. Questa funzione armonica e vitale è incarnata da un «fuoco artefice» o «soffio vitale» (*pnêuma*) che penetra il gran corpo dell'universo e dirige ogni suo membro secondo un ordine necessario e razionale, ordine che si manifesta anche in sede etica: la legge morale è una legge naturale e la libertà del saggio consiste nel seguire la natura (*naturam sequi*). Opposta al vitalismo teleologico di Aristotele e degli stoici è invece la concezione meccanicistica e materialistica che della natura hanno gli atomisti e poi gli epicurei. Con i neoplatonici la concezione della natura muta radicalmente. Nella processione delle ipostasi che dall'Uno, attraverso l'Intelletto e l'Anima, digrada verso la materia, intesa quale mero non essere, la natura rappresenta l'Anima nella sua forma inferiore perché rivolta verso il non essere stesso: «la natura — dice Plotino — è Anima fuori di sé». La concezione neoplatonica della natura, filtrata attraverso il tardo stoicismo, influenzò per secoli il pensiero cristiano a causa della comune svalutazione della realtà sensibile e materiale rispetto a Dio. Tutto il pensiero cristiano, dalla patristica alla scolastica, manifesta peraltro la preoccupazione di distinguere il creatore dal creato (la natura non emana dall'Uno, ma è creata da un Dio a essa trascendente), donde la distinzione scolastica tra *natura naturata* e *natura naturans*, di origine averroista, dove è il secondo termine a godere di maggiore considerazione da parte del pensiero. Con la riscoperta di Aristotele nel sec. XIII, tuttavia, anche la *natura naturata* diviene oggetto di particolare attenzione. La natura di un ente, dice Tommaso ripetendo Aristotele, è causa finale del suo movimento, ma è stato Dio che ha riposto tale movimento nelle cose, donde la divina dignità del creato e, in esso, dell'uomo, che, nonostante il peccato originale, conserva la sua peculiare somiglianza con Dio. A questa conciliazione di aristotelismo e cristianesimo si oppone la filosofia della natura del rinascimento (Telesio, Campanella, Bruno), la quale, con la ripresa di motivi stoici, manifesta una ispirazione panteistico-vitalistica e ilozoistica (→ ilozoismo) richiamantesi al platonismo e ai presocratici. Bruno concepisce pertanto la *natura naturans*, e quindi Dio stesso, come «mens insita omnibus» che, come lo *pnêuma* stoico, infonde vita all'universo infinito. Di qui anche l'animismo e la magia che sono tanta parte del naturalismo rinascimentale.

• *La natura come macchina.* Rispetto a queste tendenze la scienza moderna, da Galileo a Newton, opera un mutamento radicale. Unendo il meccanicismo degli atomisti alla concezione matematico-geometrica del reale di origine pitagorico-platonica (e intendendo poi tale matematizzazione in senso tecnico-applicativo o archimedeo), la nuova scienza concepisce la natura come una grande macchina creata da un Dio ingegnere secondo leggi matematiche. Il libro della natura, dice Galileo, è scritto in lingua matematica e i suoi caratteri sono triangoli, cerchi e altre figure geometriche. Attraverso l'osservazione dei fenomeni naturali, guidata dal metodo sperimentale, l'uomo può imparare a leggere tale lingua matematica, riscoprendo i calcoli del creatore. Per questa via l'uomo può sperare di conseguire quel dominio pratico-tecnico sulla natura che — in opposizione al mondo antico, chiuso in un sapere verbalistico e astratto — già F. Bacone aveva auspicato («alla natura si comanda solo obbedendole»).

Nel Seicento e nel Settecento l'incidenza della concezione meccanicistica formatasi attraverso la rivoluzione scientifica si estende all'intero campo della filosofia: dal materialismo di Hobbes e degli illuministi all'empirismo, che giungerà con Hume alla negazione scettica di leggi naturali necessarie, sostituite da regolarità empirico-fattuali; dalla distinzione cartesiana tra *res cogitans* e *res extensa* al monismo geometrico di Spinoza, cui in sostanza rimane fedele anche Leibniz, nonostante il suo tentativo di correggere il meccanicismo con l'attribuzione a Dio di una libertà creazionistica di natura teleologica. Alla concezione meccanicistica si riferisce anche Kant, per il quale il termine «natura» designa la totalità dei fenomeni causalisticamente connessi e necessitati. Tale ordine, che le scienze naturali scoprono *a posteriori*, non appartiene però alla natura considerata come «cosa in sé», ma alla natura come fenomeno, come oggetto di esperienza determinata *a priori* dalle categorie dell'intelletto umano. In questo modo Kant intende fornire una giustificazione filosofica al meccanicismo newtoniano, senza cadere nel dogmatismo dei razionalisti (cartesiani e leibniziani) e neppure nello scetticismo di Hume; ma la filosofia romantica ne trae ispirazione per la sua recisa opposizione al meccanicismo illuministico e per una ripresa di motivi neoplatonici e spiritualistici. Questa rivalutazione della spontaneità e creatività insite nella natura trova la sua premessa nel rousseauiano «ritorno alla natura» in quanto denuncia della artificiosità del vivere sociale e della cultura, fonti per l'uomo di ingiustizie e di mali.

• *Natura, spirito, storia.* A partire da Schelling la filosofia della natura, non distinguibile nei secoli precedenti dalla scienza naturale, viene a indicare una riflessione sulla natura che intende penetrarne i sensi profondi e la verità speculativa. Ispirandosi a motivi panteistici tratti da Bruno e da Spinoza e interpretando liberamente i fenomeni dell'elettromagnetismo allora scoperti, Schelling intende la natura e lo spirito come due aspetti congruenti e paralleli dell'Assoluto. In particolare la natura è «spirito visibile», «intelligenza immatura» che si incammina, attraverso strutture sempre più complesse che dal regno inorganico salgono al regno organico, verso l'autocoscienza spirituale. Analoga concezione dinamico-vitalistica e panteistica si ritrova in Goethe, per il quale la natura è «veste vivente della divinità». Per Hegel invece, che riprende a sua volta un motivo neoplatonico, la natura è «l'Idea nella forma dell'essere altro»; essa è il regno della cieca necessità e, insieme, della mera accidentalità, perché ripete in modo solo imperfetto ed esteriore quell'ordine razionale del concetto, da nulla determinato se non da se stesso, che costituisce la piena libertà dello spirito.

La contrapposizione della natura allo spirito (comunque lo si chiami) oppure il ritorno a una concezione vitalistica sono le due forme nelle quali continua a presentarsi durante l'Ottocento e il Novecento il rifiuto del concetto di natura proposto dalle scienze. Così in Schopenhauer, che sostituisce l'opposizione tra natura e spirito con quella tra natura come apparenza e volontà come sostanza; così in Bergson, che considera la natura il prodotto di uno «slancio vitale» e di un'«evoluzione creatrice»; così infine in Whitehead, che critica la distinzione tra qualità primarie e secondarie avanzata dalla scienza moderna e vede nella natura un processo della sensibilità intelligente. In posizione intermedia si situano i neokantiani e gli storicisti tedeschi (Dilthey): essi accettano l'esistenza di un mondo naturale retto da leggi meccaniche, ma ritengono che accanto a esso esista un'altra sfera di realtà, quella dell'uomo, governata da principi irriducibili a quelli della natura, in quanto quest'ultima è il campo degli oggetti «indifferenti ai valori»; alla natura si oppongono così la cultura e la storia, alle scienze naturali le «scienze dello spirito». Sul versante opposto, lo sviluppo delle scienze ha certo reso più complesso il concetto di natura, senza peraltro discuterlo mai in modo radicale. La tendenza prevalente è stata invece quella di estendere all'intero mondo umano il metodo dell'osservazione empirica, nel tentativo di ricondurre anche i fenomeni psicologici e sociali a leggi non teleologiche, e matematicamente formulabili. Dall'evoluzionismo darwiniano alle odierne scienze umane e sociali l'indagine scientifica ha proceduto con applicazioni tecnico-pratiche che non si sono preoccupate di rispondere alle obiezioni di principio e di metodo sollevate dalla filosofia, ma si sono piuttosto sforzate di rifarsi al modello rigoroso della scienza fisico-matematica. Quest'ultima, a sua volta, caratterizzata dall'applicazione galileiana della matematica alla natura, è apparsa irreversibile e indipendente sia dalla crisi che a più riprese ha investito il meccanicismo con lo sviluppo di nuovi campi di ricerca (la chimica, l'elettromagnetismo, la fisica dell'atomo, la teoria dei quanti, la teoria della relatività ecc.), sia dal carattere solo probabile che, secondo la teoria dell'«indeterminismo» di Heisenberg, dovrebbe essere riconosciuto alle leggi fisiche. Questo stato di cose ha di fatto posto termine, nel nostro secolo, a una riflessione filosoficamente autonoma sul concetto di natura.

natura - cultura, → opposizioni.

naturalismo, categoria d'interpretazione storiografica sotto la quale si classificano tutte quelle filosofie che non riconoscono l'esistenza di nessun'altra realtà se non quella naturale. Esistono tipi differenti di naturalismo a seconda del significato attribuito alla → natura stessa, ma a tutti è comune un monismo metafisico che esclude altre forme di realtà accanto a quella che, secondo accezioni diverse, viene comunque intesa come naturale. Come concezione generale, il naturalismo può riguardare l'etica (o come edonistica naturalità delle passioni e del piacere: → edonismo; o come sottomissione della condotta morale alle leggi naturali: → stoicismo), l'estetica, la pedagogia, il diritto ecc. In tutti questi casi la natura è assunta come criterio del bene, del bello, del giusto, del vero. Storicamente (tolti i → presocratici per i quali è dubbio che si possa parlare in modo appropriato di naturalismo) due sono essenzialmente le dottrine naturalistiche presenti nell'antichità: il materialismo meccanicistico degli atomisti e il panteismo vitalistico degli stoici.

A partire dalla svalutazione della natura effettuata dai neoplatonici fino all'età moderna, durante il lungo predominio del pensiero cristiano, il naturalismo scompare di scena. Anzi le dottrine naturalistiche, identificate per lo più con la loro versione meccanicistica nota attraverso l'epicureismo, vengono ad essere considerate come le dottrine empie per eccellenza,

in quanto negatrici dell'esistenza di Dio, del soprannaturale, della creazione, della rivelazione, dell'immortalità dell'anima ecc. Il naturalismo torna ad affermarsi in età rinascimentale, lungo due filoni che ricalcano quelli dell'antichità: l'uno panteistico-vitalistico e l'altro materialistico-meccanicistico. Al primo appartengono Telesio, Bruno, Campanella e, in senso lato, tutte quelle filosofie rinascimentali della natura che segnano una ripresa di motivi stoici. Successivamente confluiscono in questo filone anche Schelling e Goethe, insieme a molti romantici, ovvero quelle filosofie della natura che, agli inizi dell'Ottocento, reagiscono al meccanicismo della scienza sei-settecentesca. Al secondo filone appartengono, invece, i materialisti di ogni orientamento insieme agli empiristi (da Hume fino al neoempirismo del Novecento), ai pragmatisti e, in genere, a tutti quei filosofi che, da punti di vista differenti, convergono nel considerare l'intera realtà — l'uomo, il pensiero, lo spirito, l'agire morale ecc. — come coincidente con l'insieme dei campi dell'esperienza e dell'attività pratica, campi tutti suscettibili di indagine scientifica. Al materialismo e all'empirismo si accompagna inoltre — attraverso Hobbes, parte degli illuministi e poi i positivisti — una ripresa del naturalismo etico.
In polemica con le forme moderne del naturalismo quale concezione generale del mondo si trovano tutte quelle filosofie che, in vario modo, distinguono tra la natura e un qualche altro campo della realtà e dell'esperienza (teoretica o morale), in genere superiore alla natura stessa e comunque a essa irriducibile. Cartesio, per esempio, distingue tra corporeità e pensiero; Kant tra realtà fenomenica teoreticamente conoscibile (cioè la natura) e mondo morale; gli idealisti tra natura e spirito; i neokantiani tra natura e cultura o natura e storia. Al naturalismo etico si oppongono infine — da Hume e i neoempiristi a G.E. Moore e i neokantiani — quanti ritengono una tipica «fallacia naturalistica» (Moore) basare i giudizi di valore su quelli di fatto.

nazione, termine con cui si suole indicare una popolazione che abbia sperimentato per parecchie generazioni una comunanza di territorio, di lingua, di cultura, di economia e di storia tale che i membri ne abbiano una coscienza precisa. L'idea di nazione si è affermata col romanticismo e con la sua rivalutazione della tradizione. È divenuta un concetto delle scienze sociali alla fine del secolo scorso a opera degli storicisti tedeschi, che videro nella nazione la forma più estesa di → comunità. Alcuni, come O. Hintze, la consideravano basata sulla razza. In una accezione simile è adoperato il termine in ambito marxista: è stato infatti ricorrente nella storia dei movimenti operai d'ispirazione marxista (O. Bauer, A. Pannekoek, J. Stalin) il problema del rapporto tra la solidarietà di classe e la solidarietà nazionale, problema che si è posto in occasione dell'atteggiamento da prendere verso le guerre e nella storia dell'Unione Sovietica, per via delle numerose nazioni che la componevano. La nazione è divenuta oggetto di ricerca empirica tra le due guerre, quando è stata ripresa l'ipotesi del «carattere nazionale», risalente al Settecento. Questo tentativo di ricostruire il profilo dei caratteri psicologici più frequenti in una nazione o comunità, compiuto da antropologi come Ruth → Benedict e Margaret → Mead, non ha prodotto finora risultati convincenti. Più fruttuoso è stato, a partire dal secondo dopoguerra, l'uso del concetto di nazione nella scienza politica empirica: autori come S. Verba e R. Bendix hanno individuato nella costruzione di una nazione un compito prioritario delle élites politiche, miranti a ottenere un livello accettabile di integrazione sociale negli stati in formazione. Tale problema, presente nello sviluppo storico degli stati europei, è particolarmente drammatico oggi nei paesi ex coloniali, dove convivono più nazioni, talora in conflitto tra loro e con l'autorità centrale, entro confini disegnati artificialmente sulla carta geografica dai colonizzatori europei. Il problema delle nazioni senza stato — che è all'origine di conflitti spesso aspri e di nuovi movimenti nazionalistici, ed è ricomparso in Europa presso irlandesi, gallesi, ladini e in molti paesi già socialisti dell'Europa centro-orientale — è oggetto degli studi più recenti sulle nazioni.
I movimenti etnici nel mondo moderno sono stati considerati il prodotto dello sviluppo economico e dell'espansione industriale capitalistica; essi tenderebbero a superare l'allontanamento e l'esclusione prodotte dalla peculiare forma dello stato occidentale, fondato su un'economia dominata dalla tecnologia e dalla scienza (A.D. Smith, *Il revival etnico*, 1981; *Le origini etniche delle nazioni*, 1987; *Identità nazionale*, 1991). Le radici del nazionalismo si rintracciano, secondo E. Gellner, nell'organizzazione della società industriale, dove il principio dominante «uno stato-una cultura», fa sì che il funzionamento della stessa società dipenda da un sistema educativo onnicomprensivo, legato a una cultura e protetto da uno stato che si identifica con questa cultura (*Nazioni e nazionalismo*, 1983). Interessanti studi sui legami tra nazionalismo e razzismo e il ciclo di reciprocità storica che li lega sono stati svolti da E. Balibar e I. Wallerstein (*Razza, nazione, classe. Le identità ambigue*, 1988), secondo cui il razzismo è una forma di supernazionalismo (o nazionalismo «integrale»), fondato sul concetto di classe più che su quello di nazione. Al di là dell'orgoglio nazionale su cui fa leva, il nazionalismo rispecchierebbe i momenti di competizione sociale mediante i quali classi e ceti egemoni hanno rafforzato la loro posizione so-

ciale rivestendosi dei panni di realtà nazionale (E.J. Hobsbawn, *Nazioni e nazionalismo dal 1780. Programma, mito, realtà*, 1990).

necessità, termine che per Aristotele indica la → modalità principale. Il concetto è nato forse per proiezione antropomorfica dall'idea originaria di coercizione, cosicché risulterebbe storicamente prioritaria la nozione di necessità deontica (cioè di obbligo). La nozione di necessità fisica e causale come subordinazione alle leggi di natura e quella di necessità logica come proprietà di ciò che è «per forza» vero in virtù delle leggi logiche sarebbero nate in momenti successivi, secondo un ordine inverso a quello che è talvolta considerato logicamente corretto. La nozione leibniziana di necessità come verità in tutti i → mondi possibili è stata ripresa nell'analisi semantica contemporanea delle modalità, per la quale sembra che la nozione modale basilare sia quella di → possibilità piuttosto che quella di necessità. Accanto a questa nozione leibniziana di necessità assoluta la logica contemporanea ha caratterizzato diverse nozioni di necessità relativa, isolando opportune sottoclassi entro la classe di tutti i mondi possibili, come quella dei mondi in cui valgono le leggi di natura o le leggi del codice penale. Qualsiasi logica della necessità ha come requisito minimo quello di evitare il cosiddetto «collasso delle modalità», ossia la dimostrazione dell'equivalenza tra una proposizione necessaria e una priva di operatori modali (questa equivalenza è presente in qualsiasi filosofia fatalistica o strettamente deterministica; si pensi all'identificazione operata da Hegel tra ciò che è razionale e ciò che è reale). In un'accezione ampia, la necessità logica è talvolta identificata con l'analiticità. Gli enunciati analitici risultano necessari in quanto le regole linguistiche «creano» il significato dei termini che in essi occorrono, siano essi costanti logiche («e», «o», «tutti» ecc.) o parole del linguaggio ordinario come «scapolo» e «non sposato». Dal punto di vista pragmatista di autori come W.V.O. → Quine la necessità di qualunque enunciato consiste nella sua immunità entro il sistema delle conoscenze provate, ossia nel fatto che la rinuncia all'enunciato in questione è troppo costosa per il sistema nel suo complesso. Pur escludendo che esista una distinzione storicamente definitiva tra analitico e sintetico e tra necessario e contingente, Quine ritiene tuttavia che la necessità logica sia propriamente attribuibile a enunciati la cui verità dipende unicamente dalle costanti logiche in esse presenti. Si tratta di un passo avanti rispetto alla concezione del *Tractatus* di L. Wittgenstein, che identificava le necessità logiche con le tautologie del calcolo → proposizionale, escludendo in tal modo le verità logiche dipendenti dalla presenza di → quantificatori. Comunque, a quasi tutta l'epistemologia contemporanea, prevalentemente empirista, è comune la convinzione che la necessità delle leggi scientifiche e delle inferenze garantite da queste non dipenda dall'esistenza di connessioni necessarie in natura, ma sia indirettamente riconducibile alla necessità logica o al concetto di implicazione logicamente necessaria. *C. Piz.*

Necker de Saussure, Adrienne-Albertine (Ginevra 1766 - Mornay, valle della Salève, 1841), pedagogista svizzera. Formatasi nell'ambiente culturale preromantico ginevrino alla fine del sec. XVIII e legata intellettualmente a M.me de Staël, che era cugina di suo marito, la Necker subì l'influsso della pedagogia kantiana e della religiosità protestante. Alla «pedagogia negativa» e alla spontaneità naturale di Rousseau contrappose la proposta di un'autoeducazione, progressiva e permanente, alla libertà finalizzata allo sviluppo intellettuale e affettivo della persona umana in senso etico-religioso. Elaborò anche, in particolare, una proposta di educazione della donna alla vita privata, in opposizione alle istanze di totale parità dei sessi. L'opera cui è legato il suo nome, e che esercitò un considerevole influsso sul pensiero pedagogico in Italia (A. Rosmini, R. Lambruschini, G. Capponi), è *L'educazione progressiva ovvero studio sul corso della vita* (3 voll., 1828-38).

Needham, Rodney (Londra 1923), antropologo inglese. Ha condotto ricerche nell'isola del Borneo e in Malesia. Ha insegnato a Oxford. Needham è uno dei più brillanti antropologi britannici della generazione del secondo dopoguerra. Ha contribuito a diffondere le teorie di C. Levi-Strauss nel mondo anglosassone. Dopo un periodo caratterizzato dalla completa adesione alle posizioni dell'antropologo francese relative allo studio della parentela (*Struttura e sentimento*, 1962), Needham è divenuto portavoce di una corrente che mira a ridiscutere criticamente alcuni tra i concetti fondamentali dell'antropologia e degli studi sulla parentela in modo specifico (discendenza, matrimonio, ecc.). Significativa, a questo riguardo, l'opera collettiva da lui diretta *Critica della parentela e del matrimonio* (1971). Traendo ispirazione dall'opera di R. → Hertz, Needham ha dedicato gran parte della sua riflessione a una analisi della nozione di «credenza» (*Credere*, 1972), allo studio delle classificazioni dualiste (*Contrappunti*, 1985), e a una rilettura dell'antropologia attraverso le teorie di Wittgenstein.

negativismo, condotta di rifiuto sistematico e aprioristico nei confronti delle richieste altrui. In psicologia dell'età evolutiva, il negativismo caratterizza in parte il comportamento dei bambini normali soprattutto fra il secondo e il terzo anno (il ben noto «no» alle richieste degli adulti), e può essere interpretato come un elemento funzionale alla presa di coscienza dell'identità personale. In psichiatria, il negativismo è spesso associato alla schizofrenia catatonica e ad alcune forme di psicopatia.

negazione, operazione logica che trasforma un enunciato A nell'enunciato contraddittorio, cioè nell'enunciato non-A, vero se A è falso e falso se A è vero. Alcune interessanti osservazioni concernenti la negazione sono dovute a Frege, che in particolare ha sottolineato due punti: 1) è sbagliato concepire la negazione come un atto linguistico opposto all'asserzione: negare A significa semplicemente asserire non-A; 2) sebbene nel linguaggio naturale la negazione di un enunciato sia sovente espressa anteponendo un 'non' al predicato grammaticale, questo non è sempre possibile: così, per es., la negazione di 'Maria è bionda' è 'Maria non è bionda', ma la negazione di 'Ogni ragazza è bionda' non è 'Ogni ragazza non è bionda', bensì 'Non ogni ragazza è bionda'. Questo dimostra, secondo Frege, che la struttura logica di un enunciato quantificato è radicalmente diversa dalla struttura logica di un enunciato il cui soggetto grammaticale sia un nome proprio (→ quantificatore).
La negazione è coinvolta nella formulazione di parecchie leggi fondamentali della logica classica, come il principio del → terzo escluso ('A o non-A'), la legge della doppia negazione ('Se A, allora non-non A') e la legge dell'*ex falso quodlibet* ('Se A e non-A, allora B'). Alcune di queste leggi (per es. le prime due fra quelle appena menzionate) sono respinte dalla logica intuizionista (→ intuizionismo matematico).

Nemesio (secc. IV-V), filosofo cristiano. Di lui si sa solo che fu vescovo di Emesa in Siria. È autore del trattato *Sulla natura dell'uomo*, che, attribuito nel medioevo a Gregorio di Nissa e tradotto in varie lingue, esercitò notevole influenza, anche per la ricchezza delle nozioni di psicologia, fisiologia e anatomia, tratte prevalentemente da Galeno. La posizione di Nemesio è eclettica, ma con preferenza per Platone e il neoplatonismo. Particolarmente significativa la sua dottrina dell'anima, per la quale Nemesio dichiara di ispirarsi all'insegnamento di Ammonio Sacca: tra corpo e anima c'è unione, ma non confusione; l'anima infatti può sempre isolarsi dal corpo, come accade nel sonno e nella contemplazione. Ulteriore esempio di unione senza confusione si ha nell'incarnazione del Verbo, che però si realizza in un rapporto di sola azione e non anche di passione, come invece accade all'anima rispetto al corpo. L'opera si conclude con tre capitoli sulla provvidenza divina.

neoaristotelismo, → MacIntyre, Alasdair Chalmers.

neocriticismo, → neokantismo.

neoempirismo, → empirismo logico.

neoevoluzionismo, termine indicante l'insieme delle tendenze che, affermatesi nella ricerca antropologica soprattutto negli Stati Uniti dopo il 1940, hanno recuperato le ipotesi ottocentesche circa gli stadi di sviluppo della cultura (intesi come momenti di evoluzione), tentando di mettere in luce soprattutto le connessioni fra sviluppo tecnologico e risorse ambientali. Di fronte, quindi, al rifiuto totale dell'evoluzionismo, sostenuto da F. Boas, il quale riteneva ipotesi più valida la diffusione dei tratti culturali per vie geografiche e per contatto fra i vari popoli, molti etnologi, archeologi e antropologi americani sostengono che l'ipotesi diffusionista distoglie l'attenzione dalle relazioni causali, ossia da ciò che può produrre, separatamente, fenomeni identici in società diverse; e intendono cogliere i cambiamenti socio-culturali ricorrendo a metodi di analisi dettagliata e statistico-quantitativa dei più importanti fattori dell'evoluzione. Il neoevoluzionista di maggior rilievo è forse J. Steward, la cui opera *Teoria del cambiamento culturale* (1955) rappresenta il contributo più importante all'etnologia americana per quanto riguarda la cosiddetta teoria dell'«evoluzionismo multilineare», la quale ipotizza che l'evoluzione avvenga secondo fasi di sviluppo non necessariamente parallele in tutti i campi della vita sociale e culturale. Steward tende a mettere in luce e a formulare con esattezza le leggi generali che sottendono le condizioni di sviluppo della società e a coglierne le cause piuttosto che a descrivere semplicemente i fenomeni. In *Causalità culturale e legge* (1949), egli rileva i legami fra ambiente geografico, avanzamento tecnico, sistema sociale, politico e ideologico, comparando fra loro i modi in cui si sono sviluppati molti grandi stati e numerose società complesse. Steward pone così le basi di un nuovo indirizzo dell'antropologia culturale, l'«ecologia culturale», che tratta delle relazioni fra fenomeni socioculturali e ambiente naturale, fisico, biologico. Fra i neoevoluzionisti possono essere collocati anche G. V. → Childe e G. → Murdock. Un posto a sé occupa, invece, L. White con il suo «evoluzionismo universale», così definito in quanto assume un'unica legge causale per spiegare le trasformazioni verificatesi in tutte le società, e confronta alcune scoperte archeologiche (localizzate specialmente nel Perù settentrionale e nel Messico centrale) con alcune civiltà del Vecchio Mondo, per provare la conformità generale dell'evoluzione culturale. Il meccanismo dell'evoluzione si spiega, secondo White, per il ruolo che vi svolge l'energia: la cultura si evolve in funzione diretta della quantità d'energia sfruttata e utilizzata *pro capite* per anno, e cioè lo sviluppo è direttamente proporzionale allo sfruttamento dell'energia esistente nell'ambiente e all'efficienza dei mezzi per riprodurla (*La scienza della cultura*, 1949). Principali esponenti del neoevoluzionismo sono oggi negli Stati Uniti M. Fried, M. Harris, M. Sahlins ed E. Service.

neofreudiani, termine col quale nel Nordamerica si sono indicati alcuni autori accomunati dal tentativo di «depurare» la psicoanalisi freudiana da ogni richiamo biologistico o neurologistico, e di rifondarla interpretandone i concetti fondamentali in termini socioculturali. I più conosciuti fra i neofreudiani sono K. → Horney, E. → Fromm e H.S. → Sullivan.

neohegelismo, termine riferito principalmente a due correnti filosofiche sviluppatesi tra Otto e Novecento nella cultura angloamericana e in quella italiana. Il neohegelismo inglese prese le mosse dal libro di J.H. Stirling *Il segreto di Hegel* (1865), opera che mirava a presentare il pensiero hegeliano come la coerente continuazione del trascendentalismo di Kant. Il ritorno a Hegel fu poi prevalentemente motivato dalla polemica contro il positivismo e dal bisogno di contrapporre alla morale utilitaristica e sociologistica un'etica fondata su valori ideali e religiosi. In questa direzione ebbe notevole rilievo l'opera di Th.H. → Green, dalla quale presero ispirazione J. e E. Caird nei loro lavori dedicati alla filosofia della religione. La maggiore figura del neohegelismo inglese fu quella di F.H. → Bradley, la cui opera principale (*Apparenza e realtà*, 1893) diede origine a lunghe e accese polemiche. Da un lato Bradley mostrava, in virtù di una logica stringente, il carattere radicalmente contraddittorio dell'esperienza; dall'altro ne postulava il superamento in base all'identità assoluta hegeliana di finito e infinito. Nell'assoluto di Bradley il finito sembra però più naufragare neoplatonicamente che conservarsi, sicché non furono senza motivo il richiamo di B. Bosanquet alla funzione della contraddizione in Hegel e, ancor più, il recupero della dialettica e la difesa dei soggetti spirituali tentati da E.J. McTaggart (*La natura dell'esistenza*, 1921-27), che del neohegelismo inglese fu l'ultimo esponente di rilievo. Va tuttavia ancora ricordato J.B. Baillie, non solo per la concezione dell'assoluto come individualità (*Lineamenti della costruzione idealistica dell'esperienza*, 1906), ma anche per la sua sconfessione di Hegel dopo l'esperienza della prima guerra mondiale e l'adesione all'empirismo umanistico (*Studi sulla natura umana*, 1921). Negli Stati Uniti il ritorno a Hegel fu iniziato da W.T. Harris con un'esposizione critica della *Logica* hegeliana (1890) e un'interpretazione dell'idealismo in chiave religiosa. Massimo esponente di questa corrente fu J. → Royce, che cercò di conciliare l'assoluto hegeliano con la libera molteplicità degli intelletti finiti (*Il mondo e l'individuo*, 1900-01). Su questa base Royce affrontò anche i problemi della religione, della morale e della società, propugnando l'avvento di una «Grande Comunità» umana affrancata dalle degenerazioni del capitalismo. In Italia la filosofia di Hegel fu oggetto di particolari studi nell'ambiente napoletano, per opera soprattutto di A. Vera e di B. Spaventa (ma bisogna anche ricordare F. De Sanctis, che fu tra i primi ad avvicinare l'*Estetica* hegeliana). Spaventa fu autore di diversi saggi su Hegel e contribuì in modo rilevante ad aprire la cultura italiana alla filosofia tedesca. Da lui prese l'avvio quella tendenza a una interpretazione soggettivistica dell'idealismo che unì a Hegel temi kantiani e fichtiani. Per Spaventa la «mente», il pensare, è l'essere originario e produttivo (*Le prime categorie della logica di Hegel*, in *Scritti filosofici*, postumi, 1901). Questa interpretazione dell'Idea hegeliana trovò la più compiuta e radicale realizzazione nella filosofia di G. Gentile, che propose nel 1913 *La riforma della dialettica hegeliana*, consistente nell'identificare la categoria del divenire della logica hegeliana con l'atto puro del pensiero in cui tutta la realtà naturale, storica e spirituale si risolve. A questa versione soggettivistica reagì B. Croce, dal *Saggio sullo Hegel* del 1913 sino agli ultimi scritti. Croce interpreta la filosofia hegeliana dello spirito come storicismo immanentistico. Anch'egli peraltro corregge la dialettica hegeliana degli opposti: se la realtà è «spirito», cioè divenire storico concreto, la vita spirituale non può tollerare in se stessa opposizioni, ma solo «distinzioni» tra i suoi vari momenti (estetico, logico, utilitario ed etico). L'opposizione, come ulteriore specificazione empirica dello spirito, va invece ricondotta all'interno di ciascuno dei «distinti» dello spirito (bello-brutto, vero-falso ecc.). Nel secondo dopoguerra il neohegelismo, dopo aver dominato la cultura italiana per oltre un quarantennio, entrò in crisi di fronte al diffondersi dell'esistenzialismo, del neopositivismo, della fenomenologia e del marxismo.

neokantismo, o neocriticismo, termine con cui si indica una serie di posizioni e di indirizzi filosofici che nella seconda metà del secolo scorso e nella prima del nostro si richiamano a Kant, in alternativa tanto all'idealismo tedesco quanto al positivismo. Il «ritorno a Kant» è stato proposto, in questo senso, da E. Zeller, con la prolusione *Sul significato e il compito della teoria della conoscenza* (1862), e poi da O. Liebmann. Naturalmente, si rendevano necessari alcuni adattamenti rispetto al complesso delle dottrine sostenute da Kant; per es., già H. Helmholtz (1821-1894) rifiutò la concezione della geometria di Kant, in quanto questi aveva riconosciuto come necessari a priori gli assiomi della geometria euclidea, mentre nel frattempo s'erano sviluppate le geometrie non euclidee. All'agnosticismo kantiano (inconoscibilità delle cose in sé) si rifà F.A. → Lange nell'importante *Storia del materialismo*, che del materialismo è anche una critica; mentre A. → Riehl insiste sul presupposto realistico dell'esistenza delle cose in sé, per quanto inconoscibili. Intanto, indipendentemente da questi sviluppi tedeschi, il ritorno a Kant viene proposto anche in Francia, a opera di Ch. Renouvier; in Italia, da F. Fiorentino, F. Tocco e F. Masci; in Inghilterra, da R. Adamson (1852-1902). In Germania, il neokantismo si sviluppa particolarmente attraverso due scuole, entrambe importanti anche per l'influenza che avranno su correnti di pensiero successive: la scuola del Baden, rappresentata da W. → Windelband e da H. → Rickert, e la scuola di Marburgo, rappresentata da H. → Cohen e da P. → Natorp, e poi proseguita da E. → Cassirer. Alla scuola di Marburgo, e particolarmente a Cohen, si ricollega anche il socialismo neokantiano, inteso a riformare il materialismo storico attraverso l'etica kantiana: il suo rappresentante maggiore è K. Vorländer (1860-1928), autore di *Kant e il socialismo* (1900) e *Kant e Marx* (1911). La risposta da parte del marxismo ortodosso venne da K. Kautsky, con *Etica e concezione materialistica della storia* (1906). Fuori della Germania, dal neokantismo presero le mosse, in Francia, L. Brunschvicg, e in Italia A. Banfi.

Grosso modo, i tratti comuni ai pensatori raggruppabili sotto l'etichetta del neokantismo sono la concezione della filosofia quale teoria della cultura umana (conoscenza, morale, arte) indirizzata a rintracciarne il fondamento nelle strutture trascendentali della coscienza pura (o «normale», secondo l'espressione di Windelband), e la critica dello psicologismo e dell'empirismo, attraverso la radicale distinzione del piano della validità (valore) da quelli della genesi empirica e delle caratteristiche soggettive dei contenuti mentali. Rispetto a Kant, l'«oggettività» a cui mirano tanto la scuola del Baden quanto quella di Marburgo è definita esclusivamente come validità necessaria, normatività intrinseca; viene cioè abbandonato il riferimento al dato sensibile, che per Kant era invece ineliminabile e irriducibile. Di qui il rifiuto del dualismo kantiano di sensibilità e intelletto, a scapito dell'autonomia della prima e quindi della concezione realistica della cosa in sé. Natorp ha espresso queste posizioni con la sua interpretazione delle «idee» di Platone in termini kantiani (*La dottrina platonica delle idee*, 1903), che nello stesso tempo è anche una interpretazione di Kant in termini platonici. La scuola del Baden lasciò invece i suoi contributi più interessanti sul problema delle «scienze dello spirito» in rapporto alle «scienze della natura», inserendosi in quel complesso di discussioni che vanno da W. Dilthey a M. Weber. Col neokantismo, infine, si ha una intensa attività filologica e interpretativa sulle opere di Kant, che comincia con *La teoria kantiana dell'esperienza pura* (1871) di Cohen e si conclude con Cassirer.

neopaganesimo, termine polemico inteso a caratterizzare ideologie e comportamenti di opposizione al cristianesimo sviluppatisi nel Novecento, in specie dopo la prima guerra mondiale: il termine fu impiegato dapprima dagli avversari di queste tendenze e poi adottato dagli stessi fautori. La formulazione più sistematica e nota del neopaganesimo si è avuta in Germania nella cosiddetta «fede tedesca», teorizzata con l'appoggio e sotto l'influsso ideologico-politico del nazionalsocialismo e dei miti wagneriani. Essa intendeva riallacciarsi organicamente alle tradizioni religiose delle stirpi germaniche prima della loro conversione «forzata» al cristianesimo; in realtà era una «religione» (dottrina, organizzazione, culto) costruita sulla teoria della purezza della razza ariana proclamata da A. Rosenberg nel *Mito del secolo ventesimo* (1930). Dalla razza come struttura biopsichica e sociale tale neopaganesimo pretendeva di dedurre una religiosità veramente tedesca concepita in senso panteistico, come coscienza del Dio immanente nella natura, manifestantesi nella solidarietà del sangue e carismaticamente impersonata dal capo. Di qui i riti naturalistici celebrativi della solidarietà tra natura e uomo, tra generazione e generazione; di qui l'identificazione tra società religiosa e società politica in evidente analogia con il paganesimo ufficiale antico.

Scomparso il neopaganesimo nazista, sopravvivono piccoli gruppi di cultori delle tradizioni celtiche che, presso i monumenti megalitici inglesi, celebrano riti «pagani» a mezza strada fra il folclore e l'esoterismo.

neopitagorismo, movimento filosofico-religioso sorto in età ellenistica, propugnante un ritorno alle dottrine pitagoriche (→ pitagorismo). Vivo in Alessandria a partire dal sec. II a.C., fu introdotto a Roma già nel sec. I a.C. (come ci informa soprattutto Cicerone) da Vatinio, Appio Claudio e, in primo luogo, da Nigidio Figulo. Particolare rilievo hanno nella letteratura neopitagorica gli scritti di Alessandro Poliistore di Mileto e il trattato *Sulla natura del Tutto*, attribuito a Ocello Lucano. In questi scritti è comune l'indagine sull'Uno-Tutto e il tentativo di spiegare il rapporto tra l'Uno e il molteplice attraverso i concetti di monade e diade. Anche Moderato di Gades (sec. I d.C.) tenta un'interpretazione aritmetica dei principi dell'essere, formulando una dialettica triadica, che si muove però sempre all'interno dell'Uno. Nicomaco di Gerasa (secc. I-II), nella sua *Introduzione aritmetica*, compie un notevole lavoro di raccolta e di sistemazione dei vari risultati della riflessione matematica dei pitagorici, e partendo da una definizione di numero («numero è molteplicità racchiusa entro termini, o un insieme di unità, o un flusso di quantità, costituito di unità; la prima divisione del numero è il pari e il dispari»: *Introduzione aritmetica*, I, VII) tenta di dedurre da essa tutte le possibili combinazioni numeriche per costituire un sistema logico della realtà. Il neopitagorismo fu portatore di forti esigenze etico-religiose, soteriologiche e magiche. In scritti come il *De Pythagora*, il *De virtute* e il *De pietate* (apocrifi attribuiti alla scolara di Pitagora, Theano), i *Detti aurei* e nel pensiero di Nicomaco di Gerasa e di → Apollonio di Tiana (sec. I d.C.) è sviluppato il tema della purificazione delle anime, che le sottrae al conflitto tra i principi del Bene e del Male attraverso l'esercizio dell'ascesi, il cui modello viene indicato nello stesso Pitagora. Spesso gli stessi filosofi sono presentati come reincarnazioni di Pitagora, e come dispensatori di salvezza, di miracoli, di arti magiche e di tecniche mediche.

neoplatonismo, termine che indica le dottrine e le scuole platoniche sviluppatesi dal sec. III al VI e, precisamente, dalla fondazione della scuola di Alessandria a opera di Ammonio Sacca (prima metà del sec. III) alla chiusura della scuola di Atene da parte di Giustiniano, nel 529. Nel neoplatonismo confluiscono e operano motivi e correnti diversi: i risultati del cosiddetto «medioplatonismo» del sec. II d.C., dove si era affermata l'interpretazione delle «idee» platoniche come «pensieri della mente divina»; il neopitagorismo, con la ripresa del significato metafisico e teologico della dottrina dei numeri in funzione di una concezione unitaria della realtà nella sua complessa struttura scalare e gerarchica; l'ebraismo ellenizzante di → Filone, con la concezione del *lógos* quale espressione dell'attività divina e l'introduzione di «potenze» intermedie tra Dio e il mondo; un desiderio profondo di rinnovamento religioso e aspirazioni soteriche nutrite di dottrine e forme di religiosità orientali, tra cui occupano un posto notevole gli *Oracoli caldaici* del sec. II d.C. Proprio per questo il neoplatonismo è stato spesso considerato come una forma di eclettismo o sincretismo filosofico-religioso o addirittura di misticismo. Tra le diverse scuole e i diversi momenti sussistono però notevoli differenze, pur nella presenza di alcuni elementi comuni di fondo come l'accettazione dell'autorità di Platone, la tendenza a spiegare con gerarchie e livelli intermedi il rapporto tra intelligibile e sensibile, l'attribuzione alla filosofia di un compito di rinnovamento morale e religioso.

Per quanto riguarda la scuola di Alessandria, i cui discepoli più illustri furono Plotino e il retore Longino, è difficile ricostruirne con esattezza l'indirizzo, poiché il suo fondatore Ammonio Sacca non ha lasciato alcuno scritto; in base alle testimonianze gli viene però attribuita la tendenza a conciliare il pensiero di Platone con quello di Aristotele, superando le polemiche tra le rispettive scuole, e ad approfondire il rapporto tra intelligibile e sensibile, affermando la possibilità del primo di permanere e operare nel secondo, pur senza essere coinvolto in qualche forma di mutamento. Con Plotino e il suo insegnamento (seconda metà del sec. III) il neoplatonismo trova la sua formulazione filosofica più alta e vigorosa; alla sua conoscenza e diffusione contribuì notevolmente un discepolo di Plotino, Porfirio, nella cui opera peraltro si fa sentire una maggiore attenzione a quel tipo di dottrine e pratiche religiose orientaleggianti che dovevano trovare grande spazio negli ulteriori sviluppi del neoplatonismo. Mentre in Plotino, infatti, la pur forte venatura e tensione religiosa opera all'interno di un'aspirazione alla purificazione etico-filosofica, con Giamblico e la scuola di Siria (sec. IV) e ancora più con la scuola di Pergamo (sec. IV) il neoplatonismo assume la funzione di fondare filosoficamente e di riaffermare, anche nel culto (si pensi all'importanza attribuita alla → teurgia), il politeismo. Alla scuola di Pergamo si forma il neoplatonico Giuliano (332-363) detto l'Apostata, il futuro imperatore (361-363), al quale si devono il tentativo di restaurare il paganesimo e la lotta anche dottrinale contro il cristianesimo. Maggior ricchezza e consistenza speculativa presenta la scuola di Atene (secc. V-VI) fondata da Plutarco di Atene, che annovera esponenti come Siriano, Proclo, Domnino, Damascio, Simplicio e Prisciano. Anche dopo la chiusura della scuola di Atene (529) il neoplatonismo continua a essere coltivato ad Alessandria, fino ai primi decenni del sec. VII, ma su un piano sostanzialmente più erudito che speculativo.

Per quanto riguarda l'influenza del neoplatonismo sull'ulteriore sviluppo del pensiero, anche a prescindere dalla presenza di motivi neoplatonici nella patristica, va ricordata la sua incidenza sulla filosofia medievale soprattutto attraverso la traduzione degli scritti di → Dionigi Areopagita; la concezione gerarchica della realtà e la collocazione del suo principio supremo al di là dello stesso intelligibile ha segnato fortemente la tematica della «teologia negativa» e, in generale, il dibattito sui limiti e le possibilità del linguaggio speculativo in teologia. Per la fortuna del neoplatonismo nell'età moderna fu poi determinante l'Accademia platonica fondata da Marsilio Ficino a Firenze, da dove il pensiero neoplatonico si irradiò per tutta l'Europa. *V. Ve.*

neopositivismo, → empirismo logico.

neorealismo, teoria della conoscenza proposta (1910) negli Stati Uniti dagli psicologi E.B. Holt e W.B. Pitkin, e dai filosofi W.T. Marwin, W.P. Montague, R.B. Perry, E.G. Spaulding, con un manifesto dal titolo *Programma e prima piattaforma di sei realisti*. Gli autori si proponevano di fare filosofia con metodo scientifico, adottando un linguaggio comune e convenendo su alcune tesi elementari, così da ottenere una teoria «oggettiva». In realtà essi sostennero una vigorosa polemica contro il «vicolo cieco egocentrico» degli idealisti, ossia contro la riduzione della realtà alla coscienza, non priva di ambiguità e contrasti interni. Le otto tesi comuni (tre di Holt, due di Marwin, due di

Montague, una di Spaulding) si riducono in sostanza ad affermare che non tutte le entità sono mentali e che le entità non mentali sono, quanto alla loro realtà e natura, indipendenti dal loro essere conosciute. Per evitare la difficoltà del realismo, e cioè la corrispondenza tra mentale ed extramentale, i neorealisti finirono coll'associare acriticamente dualismo metafisico e monismo gnoseologico, affermando ora la «neutralità», ossia la bivalenza psicofisica degli oggetti mentali, ora la loro identità con gli oggetti reali. Il successivo volume collettivo *Il neorealismo* (1922) non superò né le difficoltà né i contrasti, e il gruppo si sciolse. Benché sostanzialmente fallito, il tentativo dei neorealisti americani resta importante come esempio, allora inconsueto, di lavoro filosofico collettivo e interdisciplinare, e per le reazioni provocate, soprattutto presso i realisti critici (→ realismo critico).

neoscolastica, indirizzo filosofico-teologico che si propone di attualizzare la filosofia → scolastica. Esso rivendica soprattutto la maggiore completezza della speculazione di Tommaso d'Aquino rispetto agli altri maestri medievali, per cui i termini «neoscolastica» e «neotomismo» sono spesso usati come sinonimi. Le origini storiche del movimento risalgono alla prima metà del sec. XIX; ne furono promotori, in Italia, V. Buzzetti, S. Sordi, L. Taparelli d'Azeglio e G. Pecci; in Germania, J. Görres, B. Liebermann, G. von Ketteler e E. Plassmann; in Austria, F. Guidi; in Spagna, F. Puigserver e Z. González. Tra i fattori che hanno contribuito allo sviluppo e alla diffusione del movimento vanno ricordati la fondazione del periodico «Civiltà Cattolica» (1849, a opera della Compagnia di Gesù) e l'enciclica di Leone XIII *Aeterni Patris* (4 agosto 1879), in cui si afferma che il tomismo è la dottrina che meglio si armonizza con la visione cristiana del mondo. La neoscolastica ha dato un notevole contributo alla ripresa dello studio e delle edizioni dei testi medievali; sul piano teoretico essa ha incrementato il dibattito riguardo ad alcune tesi della filosofia classica, quali la dottrina dell'essere come fondamento, dell'astrazione logica, dell'→ ilemorfismo e dell'anima umana come → forma del corpo. Contro il pregiudizio della cultura positivistica, che negava ogni credibilità scientifica alla metafisica e alla teologia, lo sforzo dei neoscolastici è stato quello di mostrare la piena legittimità della fede per l'uomo moderno; a tale scopo essi hanno fondato centri di ricerca specializzata, da cui sono nate nuove università cattoliche: in Italia (Milano), in Canada (Québec), negli Stati Uniti (Notre-Dame nell'Indiana, Washington), in Svizzera (Friburgo). I maggiori esponenti della neoscolastica contemporanea sono: J. Maréchal, J. Maritain, E. Gilson, M. Bontadini, A. Masnovo, S. Vanni Rovighi, C. Fabro.

neotomismo, → neoscolastica.

neoutilitarismo, termine che indica un insieme di teorie etiche e sociali contemporanee fondate sulla considerazione dell'interesse individuale come dato primitivo da cui può partire un'indagine etica e che si rifanno al punto di vista morale secondo cui ogni individuo deve essere trattato in egual modo. Il termine copre teorie fra loro molto diverse come la metaetica prescrittivista (R. Hare, *Il pensiero morale*, 1981), l'etica applicata (P. Singer, *Etica pratica*, 1979) e l'etica pubblica (J. Harsanyi, *Comportamento razionale ed equilibrio di contrattazione*, 1977). Le motivazioni autointeressate rappresentano il presupposto empirico, di natura psicologica, per le teorie neoutilitariste, mentre il principio dell'eguaglianza nella considerazione degli interessi, riassumibile nella massima «ciascuno conti per uno e non più di uno», costituisce la qualificazione propriamente etica della teoria. Entrambi gli elementi — l'autointeresse e l'universalismo — consentono di stabilire una continuità forte con l'utilitarismo classico di J. Bentham, J.S. Mill e H. Sidgwick. Il fatto fondamentale per l'indagine etica e sociale è la ricerca del benessere, comunque definito: di qui l'identificazione del bene con l'utilità, assunta a criterio di valutazione sia dei comportamenti individuali sia delle scelte e delle politiche sociali.

Altro elemento comune ai classici e ai neoutilitaristi è la dimensione teleologica della teoria, implicita nella stessa definizione di bene come utilità. L'etica utilitarista, infatti, proponendo una concezione del bene che coincide con il presunto movente naturale delle azioni, sostiene, di conseguenza, che la valutazione morale riguarda esclusivamente il *risultato* delle azioni, l'utilità o la disutilità prodotte nella società. Restano quindi esclusi dalla considerazione i principi e i valori assoluti, tutto ciò insomma che, indipendentemente dalla desiderabilità o meno di certi esiti, costituisce un vincolo morale alle azioni.

Nella dimensione teleologica, propria della tradizione utilitarista dalle origini ai giorni nostri, sono ricompresi due ulteriori elementi di continuità fra i classici e i contemporanei e, più esattamente, la priorità del bene sul giusto e la vocazione aggregatrice delle utilità individuali in utilità sociali. Nell'utilitarismo non esiste un criterio di giustizia indipendente da quello di utilità; disponendo di una concezione monistica del bene, che non contempla principi e valori assoluti, non è pensabile una difformità tra ciò che viene giudicato un bene per gli interessati e ciò che viene giudicato giusto per loro. Ciò è particolarmente rilevante per la discussione contemporanea entro la quale si sono affermate teorie etico-politiche alternative di natura deontologica, che si richiamano a una visione pluralistica delle concezioni del bene e sostengono l'indipendenza e la priorità del criterio del giusto come criterio di equità nei trattamenti pubblici e nella distribuzione sociale (J. → Rawls). Al contrario, il neoutilitarismo ritiene che le questioni di giustizia coincidano con il problema dell'utilità sociale. Poiché si pone un virtuale conflitto fra la realizzazione dell'utilità sociale più elevata e la considerazione eguale dell'utilità di chiunque, il problema della giustizia viene interpretato come quello, essenzialmente tecnico, di garantire eguale trattamento degli interessi in una qualche forma di massimizzazione dell'utilità sociale. Una soluzione viene individuata nell'«osservatore imparziale» di → Hare o nel «requisito di ignoranza» di Harsanyi, a garanzia dell'universalizzabilità della teoria. Infine, comune a tutta la tradizione utilitaristica è la vocazione ad aggregare le utilità individuali in una somma che realizzi l'utilità sociale; il presupposto è il principio individualistico 'una testa, un voto', dove, d'altra parte, gli individui sono concepiti come liste di preferenze e interessi. Ciò comporta il problema filosofico di non prendere sul serio né l'integrità, né la separatezza fra persone, come è stato rilevato sia da Rawls sia da R. → Nozick.

Il neoutilitarismo si distingue invece dall'utilitarismo classico per due aspetti relativi a due distinti programmi di ricerca. L'uno si propone di affrontare in chiave utilitarista dilemmi pubblici di natura etica, tradizionali come la pace, le relazioni internazionali e l'aborto, o emergenti come la fecondazione artificiale e l'ecologia (→ bioetica). La novità è qui rappresentata, da un lato, dalla dimensione applicativa della riflessione filosofica, che si propone di orientare la discussione pubblica, relativamente a problemi specifici, al di fuori dei valori tradizionali e delle intuizioni quotidiane; dall'altro, dall'ampliamento degli interessi moralmente rilevanti, che vanno al di là dei confini della specie umana per tener conto di tutti coloro che hanno capacità di piacere e di dolore (→ etica applicata). L'altro programma di ricerca, che si rivolge alle tematiche delle economie del benessere, si distingue dall'utilitarismo classico, oltre che per l'imponente e raffinato apparato tecnico, per la ridefinizione della nozione di utilità. L'economia del benessere giunge, con K. Arrow (*Scelte sociali e valori individuali*, 1951), a sostenere l'impossibilità di una funzione del benessere sociale che sia la somma delle funzioni di utilità individuali. Harsanyi risponde ricuperando l'idea utilitarista del confronto interpersonale e dell'assegnazione di valori cardinali alle funzioni di utilità, sulla base del presupposto della simpatia, che (come in A. → Smith) rende possibile l'identificazione con le posizioni altrui. Della nuova economia del benessere Harsanyi riconosce tuttavia la distinzione tra funzioni di utilità individuali, che esprimono preferenze autointeressate e possono comporsi nei termini della teoria dei giochi, e funzioni del benessere sociale, che esprimono ideali individuali circa la vita collettiva. Queste ultime, per trasformarsi in funzioni collettive del benessere sociale, richiedono un criterio condiviso di decisione tra preferenze conflittuali. La decisione è una scelta etica, qualificata come tale dall'ignoranza dei decisori rispetto alle proprie personali funzioni. In questa situazione, secondo Harsanyi, l'individuo razionale massimizza l'utilità attesa che rappresenta la media aritmetica delle utilità attese da tutti gli individui in società. Viene così abbandonata la classica aggregazione sommatoria di Bentham a favore della massimizzazione delle prospettive dell'individuo che occupa posizioni mediane nella società. *A.E.G.*

nestorianesimo, eresia cristologica del sec. V, secondo la quale Cristo è formato di due nature e due persone, connesse attraverso un'unione puramente morale. L'eresia prende nome e origine da Nestorio (morto nel 451), patriarca di Costantinopoli. Dall'esame delle sue opere, compreso il *Libro di Eracleide* ritrovato all'inizio del sec. XX, si deve concludere però che Nestorio non sostenne le convinzioni eretiche, ma che queste gli furono attribuite dal suo avversario Cirillo, patriarca di Alessandria. La discussione si era accesa intorno al termine *Theotókos* (madre di Dio) attribuito a Maria. Gli alessandrini, che insistevano sull'unità di Cristo partendo dalla persona del Verbo di Dio, affermavano che Maria è madre di Dio e che Dio ha sofferto. Nestorio non riteneva il termine appropriato e gli preferiva *Theodóchos* (che riceve Dio) o *Christotókos* (madre di Cristo). Egli intendeva in questo modo affermare da un lato che il Verbo divino non poteva essere la stessa persona che aveva sofferto ed era morta in croce, dall'altro che Cristo era realmente uomo e in quanto tale aveva sofferto ed era morto. Sostenne perciò che le due nature di Cristo incarnato erano rimaste inalterate e distinte nell'unione, e rinunciò al concetto di «unione ipostatica» fra natura umana e divina in Cristo, introducendo quello di «congiunzione», che evita ogni possibilità di confusione o mescolanza fra le due nature. Cirillo, convinto che non fosse possibile ammettere alcuna divisione in Cristo, denunciò Nestorio per aver diviso il Dio uomo in due persone distinte. La controversia, complicata da divergenze terminologiche, si concluse con la condanna di Nestorio nel concilio di Efeso (431). Il concilio di Calcedonia (451) tentò un accordo fra le due parti. I seguaci di Nestorio che non si sottomisero alle decisioni dei due concili formarono la chiesa nestoriana, tuttora esistente in Mesopotamia, che professò l'esistenza in Cristo di due nature e due persone e negò a Maria il titolo di *Theotókos*.

Neumann, Erich (Berlino 1905 - Tel Aviv 1960), psicoanalista tedesco. Dopo la laurea in filosofia nel 1927, conseguì quella in medicina nel 1933, anno in cui lasciò la Germania per la Svizzera dove intraprese un'analisi didattica con Jung. Trasferitosi a Tel Aviv, fondò la Israel Association of Analytical Psychology. È considerato uno dei rappresentanti più originali della scuola junghiana. Nella *Storia delle origini della coscienza* (1949) Neumann mostra come il processo di sviluppo che segna il cammino psicologico del singolo individuo sia strettamente collegato a quello dell'intera umanità, lungo un'asse che dall'inconscio conduce alla formazione della coscienza e secondo specifici intervalli scanditi mitologicamente. Si inizia da una fase «uroborica» in cui l'Io è totalmente immerso nell'inconscio, per giungere — almeno tendenzialmente e dopo esser riusciti a superare alcuni momenti critici — a uno stadio di autonomia, dove l'Io, mentre perfeziona il livello di coscienza raggiunto, si mantiene in costante rapporto con il Sé, centro autentico della globalità della psiche inassimilabile all'Io. Se quanto descritto rappresenta soprattutto lo sviluppo della coscienza maschile, in *La grande Madre* (1956) Neumann tratteggia lo sviluppo della coscienza femminile, dislocata tra due tendenze opposte dell'archetipo materno, la Madre buona e la Madre terrifica. In *La psicologia del femminile* (1953) egli sottolinea inoltre la sostanziale ignoranza della specificità del femminile da parte del sistema maschile-patriarcale della cultura occidentale. Fra le altre sue opere si ricordano: *Il tribunale: un'interpretazione psicologica de 'Il processo' di F. Kafka* (1958); *Il mondo archetipico di H. Moore* (1961).

Neurath, Otto (Vienna 1882 - Oxford 1945), filosofo e sociologo austriaco. Pur accettando le linee generali dell'economia marxiana, tentò di inquadrarle in un disegno di comportamentismo sociale, finendo con l'adottare una posizione di carattere pluralistico, fondata sul rifiuto di valori «assoluti» e sulla conseguente identificazione di questi ultimi con abitudini cristallizzate di comportamento. Neurath fu in seguito tra i fondatori del circolo di Vienna, e a lui principalmente (oltre che a H. Hahn e a R. Carnap) si deve la stesura del manifesto dell'empirismo logico che del circolo rappresentò l'espressione filosofica. All'interno del movimento neopositivista, si occupò in particolare delle scienze sociali, tentando di applicare in esse una metodologia radicalmente empirista. Egli insisté soprattutto sul tema dell'unificazione delle scienze: in questo senso mirò in primo luogo a costruire un linguaggio universale, detto «fisicalista», nei cui termini doveva essere possibile formulare l'intero corpus delle proposizioni scientifiche. Entro tale corpus, Neurath privilegiò un certo gruppo di proposizioni di base, o «protocolli», esprimenti il semplice resoconto di una particolare esperienza (per es., «Otto Neurath alle ore *x* del giorno *y* vede la lancetta del barometro sull'indice *z*»), che dovevano servire a convalidare tutte le altre. E sempre alla luce di questo tentativo di unificazione va intesa la sua direzione (insieme con Carnap e Ch. Morris) dell' → *International Encyclopedia of Unified Science*, che si pubblicò a Chicago a partire dal 1938. Opere principali: *Formazione della vita e lotta di classe* (1928); *Sociologia empirica: il contenuto scientifico della storia e dell'economia politica* (1931); *L'uomo in formazione* (1939); *Fondamenti della scienza sociale* (1944).

neuropsichiatria, → psichiatria.

nevrastenia, termine psicopatologico desueto, che indica una sindrome contraddistinta da stanchezza e facile esauribilità fisica e mentale, irritabilità, insonnia, cefalee, diminuzione dell'attività sessuale, e altri sintomi di iporendimento psicofisico; questa sindrome coincide con il ben noto «esaurimento nervoso» di cui abusa il linguaggio quotidiano. Il concetto di «nevrastenia» fu introdotto nel 1869 dal medico statunitense G. Beard e venne ripreso da Freud, che lo delimitò e lo approfondì all'inizio della sua opera. Secondo Freud, la nevrastenia fa parte delle nevrosi attuali, come la nevrosi d'angoscia, ed è determinata da una scarica inadeguata della libido, cioè dalla sostituzione del coito con la masturbazione.

nevrosi, disturbo di origine psichica i cui sintomi sono l'espressione simbolica di un conflitto psichico che trae origine dalla storia infantile del soggetto e rappresenta un compromesso tra il desiderio e la difesa. Il termine risale al sec. XVIII, e fino a Freud venne usato per designare, in modo molto vago e generico, le cosiddette «malattie del sistema nervoso». Con Freud, la tendenza a cercare per la nevrosi un'eziologia puramente psichica, indipendentemente da presunte alterazioni organiche, divenne l'essenza di tutta la concezione psicoanalitica. Fin dall'inizio Freud distinse le nevrosi dalle perversioni e dalle psicosi, precorrendo in gran parte la nosografia contemporanea, che distingue fra nevrosi, perversioni, disturbi psicosomatici e psicosi. Sia in Freud sia nella psicopatologia odierna la nevrosi è riconosciuta come un disturbo più o meno grave della sfera affettiva; mentre nella psicosi il contatto con la realtà viene a mancare, il nevrotico, per quanto sofferente e talora drasticamente limitato nella capacità di «amare e lavorare» (secondo la celebre definizione freudiana), mantiene tale contatto.

In base allo studio clinico, Freud distingue le *psiconevrosi* dalle *nevrosi attuali*. Le psiconevrosi, inizialmente (1894-96) denominate «neuropsicosi da difesa», si adattano perfettamente alla precedente definizione generale della nevrosi, e si suddividono nei due gruppi delle *nevrosi di transfert* e delle *nevrosi narcisistiche.* Le nevrosi di transfert vanno a loro volta distinte in due gruppi: da un lato l'isteria d'angoscia, l'isteria di conversione e la nevrosi ossessiva, nelle quali la libido è investita su oggetti reali o immaginari; d'altro lato le nevrosi cosiddette «artificiali», che sorgono nel contesto dell'interazione terapeutica (in situazione di transfert) e facilitano notevolmente il lavoro analitico; i due gruppi di nevrosi di transfert non sono rigidamente separati fra loro, e anzi l'evolversi di una nevrosi del primo gruppo in una nevrosi del secondo gruppo costituisce una situazione ideale ai fini del successo della terapia. Fra le nevrosi di transfert un posto importantissimo è occupato dalla *nevrosi ossessiva,* che è stata e continua a essere il terreno privilegiato dell'interpretazione psicoanalitica; in questa nevrosi i sintomi del conflitto sono pensieri, atti o affetti coatti, che il soggetto vive come indesiderabili e assurdi e contro i quali lotta inutilmente. Sul piano eziologico la nevrosi ossessiva implica un rapporto sadomasochistico fra il Super-Io e l'Io, e l'intreccio complesso di una serie di processi e meccanismi psichici. Le nevrosi narcisistiche, invece, sono caratterizzate dal ripiegamento della libido sull'Io, e nei primi scritti di Freud equivalgono alle psicosi funzionali, mentre nei suoi scritti successivi (a partire dall'articolo *Nevrosi e psicosi* del 1924) vengono distinte sia dalle nevrosi di transfert sia dalle psicosi.

Al contrario delle psiconevrosi, le nevrosi attuali, che comprendono la nevrosi d'angoscia, la nevrastenia e l'ipocondria, sono determinate non già dai conflitti dell'età infantile, bensì da conflitti attuali; inoltre, nella loro genesi manca il meccanismo dello spostamento che caratterizza la genesi delle psiconevrosi, e pertanto i loro sintomi non sono sovradeterminati, bensì derivano direttamente ed esclusivamente da squilibri di carattere somatico, per i quali Freud abbozza un'interpretazione in termini biochimici. La più rilevante fra le nevrosi attuali è la *nevrosi d'angoscia* (da non confondere con l'isteria d'angoscia o nevrosi fobica), nella quale, diversamente da quanto accade nella nevrastenia, l'angoscia (sotto forma di attesa angosciosa cronica, o di attacchi d'angoscia o di somatizzazioni) prevale nettamente sugli altri sintomi; sul piano eziologico, l'eccitazione sessuale accumulata si trasforma direttamente nel sintomo d'angoscia.

La differenziazione fra le nevrosi deriva da un'esigenza fondamentale di chiarezza concettuale, ma Freud è il primo a riconoscere che la pratica clinica effettiva costringe a parlare in molti casi di *nevrosi miste*, ossia di nevrosi i cui sintomi, che si presentano in un insieme unitario, rimandano a eziologie fra loro diverse. Vi sono, per es., nevrosi in cui i sintomi sono determinati tanto dal meccanismo responsabile della nevrosi d'angoscia (che è una nevrosi attuale, in cui la tensione somatica non riesce a passare sul piano psichico), quanto dal diverso meccanismo responsabile dell'isteria (che è una psiconevrosi, più esattamente una nevrosi di transfert, in cui l'eccitazione psichica si traduce sul piano somatico); ancora, i tratti dell'isteria si combinano molto frequentemente con quelli della nevrosi ossessiva; e nei cosiddetti «casi limite» i tratti generali della nevrosi si combinano addirittura con i tratti generali della psicosi.

Un discorso a parte meritano le *nevrosi del carattere*, sulle quali non tanto Freud quanto altri psicoanalisti (W. Reich, F. Alexander, E. Glover) hanno attirato l'attenzione, sulla base dell'approfondimento delle modalità dello sviluppo libidico. Nelle nevrosi del carattere, definite anche «asintomatiche», il conflitto fra il desiderio e la difesa determina non già sintomi specifici e circoscrivibili, bensì strutture patologiche stabili della personalità, relative a una parte o alla totalità di quest'ultima; si parla così di caratteri ossessivi, o fobici ecc., oppure, facendo riferimento alle diverse fasi dello sviluppo libidico, di caratteri orali, o anali, o genitali ecc. Fra le altre nevrosi messe in luce da Freud e dalla successiva pratica analitica si ricordano: la *nevrosi traumatica*, nella quale i sintomi compaiono in seguito a un grave trauma affettivo esattamente circostanziato (come un incidente stradale, un infarto, la morte improvvisa di una persona cara ecc.); la *nevrosi di scacco*, messa in luce da R. Laforgue, nella quale il soggetto vive come intollerabile il conseguimento delle mete (affettive, sociali, lavorative ecc.) cui pur tende con tutte le forze, cosicché, in seguito a un processo di razionalizzazione, la sua vita gli appare irrimediabilmente «perseguitata dal destino avverso»; la *nevrosi d'abbandono*, che secondo gli psicoanalisti svizzeri Ch. Odier e G. Guex è di origine costituzionale e preedipica, e nella quale il soggetto vive acutamente l'angoscia dell'abbandono affettivo e il bisogno di sicurezza.

Newman, John Henry (Londra 1801 - Edgbaston, Birmingham, 1890), ecclesiastico e teologo inglese. Studiò a Oxford e, ordinato sacerdote della chiesa anglicana (1825), ricevette l'incarico di curato nella parrocchia universitaria di Saint Mary's (1828). Nel 1833 Newman, con gli amici J. Keble, R.H. Froude ed E.B. Pusey, costituì il «movimento di → Oxford», che rappresentò una specie di coscienza critica dell'anglicanesimo illuminato dell'epoca vittoriana. Tra il 1833 e il 1841, attraverso una lunga crisi che lo spinse poi ad abbandonare il movimento di Oxford, egli maturò la convinzione che la chiesa romana è l'autentica continuatrice della chiesa apostolica. Nel 1845 Newman divenne cattolico, e scrisse il *Saggio sullo sviluppo della dottrina cristiana.* Ordinato sacerdote della chiesa cattolica nel 1847, Newman fondò la prima comunità inglese dell'Oratorio (1848); nel 1879 fu creato cardinale da Leone XIII.

La figura spirituale di Newman, pur attraverso un cammino di maturazione che va dall'evangelismo della chiesa bassa anglicana, attraverso l'→ anglocattolicesimo, sino al cattolicesimo, si evolve secondo una coerenza di fondo. Il superamento della fase dell'evangelismo avviene attraverso la scoperta del valore della tradizione, implicata dalla natura stessa della Bibbia, nel suo processo di conoscenza della verità rivelata. L'antichità patristica è l'ambito storico-teologico in cui Newman approfondisce questo rapporto tra verità (rivelata) e tradizione e, conseguentemente, tra ortodossia ed eresia (*Gli ariani nel IV secolo*, 1833). Sempre a partire dallo studio delle origini patristiche, Newman elabora una dottrina della retta interpretazione biblica, dominata dal «senso del mistero» e dal principio della globalità del disegno divino, contrapposta all'interpretazione letteralistico-razionalista. Nel primo periodo oxoniense questa riflessione lo porta a opporre agli argomenti dei razionalisti liberali una analogia di procedimento tra conoscenza religiosa e scienza (entrambe si fondano sull'intuizione e sul ragionamento concreto): egli abbozza così una filosofia della «conoscenza implicita», che svilupperà più tardi compiutamente nell'opera matura *Saggio per una grammatica dell'assenso* (1870). Del secondo periodo di Newman, la cosiddetta «via media» è il frutto più tipico. Posizione già nota ai teologi dell'anglicanesimo del sec. XVII, essa concepisce appunto l'anglicanesimo come medio tra protestantesimo e romanesimo. Anche l'opera *Sull'ufficio profetico della chiesa* (1837) segue la medesima linea, elaborando una distinzione tra due «tradizioni», quella «apostolica» (ufficiale e precisa) e quella profetica (voce del corpo della chiesa). Ma nei primi anni Quaranta, l'approfondimento degli studi patristici mise in crisi la dottrina newmaniana della via media e la concezione di un'infallibilità ecclesiale basata sull'unanimità, preludendo alla terza, e matura, fase del pensiero di Newman, incentrata sull'idea di sviluppo della dottrina cristiana. Il saggio omonimo del 1845, che verrà integrato dalla già citata *Grammatica dell'assenso*, più filosofica, si propone di dimostrare appunto la logica e le leggi dello sviluppo della dottrina della fede: l'interesse apologetico-pastorale (individuare l'autentica confessione cristiana) fa da sfondo al saggio.

Il pensiero di Newman si svolge su una linea totalmente distinta dall'hegelismo, adottato da molti teologi protestanti, e semmai è più affine a certo platonismo, nel senso che lo sviluppo storico è visto come manifestazione di una realtà metastorica, «soprannaturale», secondo una coerenza non meramente razionale, anche se intelligibile. Newman comprende il fatto cristiano come «impressione» nello spirito dell'uomo di una «idea» (in senso newmaniano: una realtà vivente, che informa prima il sentimento e l'azione, e solo dopo l'intelletto), nucleo originario di tutti gli sviluppi futuri derivati per via di inferenza non formale. Questa idea sarebbe l'incarnazione (sono infatti i primi quattro secoli con gli sviluppi del dogma cristologico a offrirgli la base storica per la elaborazione della sua interpretazione del cristianesimo). Percepita globalmente, intuitivamente, l'«idea» avrebbe poi dato origine alle singole proposizioni dogmatiche come visioni parziali, storicamente maturate sul «mistero» unico. La dottrina di Newman ha lasciato, per la sua stessa novità e imprecisione, lo spazio a influssi e interpretazioni diverse, non ultima quella del modernismo, che tuttavia ne diede una lettura «pregiudicata», nel senso di uno storicismo evoluzionistico e soggettivistico, specialmente riguardo alla questione del dogma. Il suo pensiero rimane comunque ricco di suggestioni, sul piano dell'ermeneutica dell'atto di fede e del problema del linguaggio del dogma. *I. An.*

Newton, Isaac (Woolsthorpe, Lincolnshire, 1642 - Kensington, Londra, 1727), scienziato inglese. Compì gli studi al Trinity College di Cambridge sotto la guida di J. Barrow, insigne matematico, che nel 1667, in seguito alla scoperta — da parte dell'eccezionale allievo — della legge di gravitazione universale, gli cedette spontaneamente la propria cattedra. Nel 1671 divenne membro della Royal Society, ove l'anno successivo lesse una comunicazione sulla teoria dei colori. Tanto questa quanto una successiva comunicazione, letta nel 1676, vennero per lo più fraintese dagli scienziati e sollevarono nugoli di polemiche, ciò che indusse Newton a non pubblicare i risultati dei suoi ulteriori studi di ottica. Intorno al 1680 il riaccendersi dell'interesse per i temi astronomici e il farsi strada, negli ambienti scientifici, del concetto generale di gravitazione indussero Newton a tornare su tali argomenti. Così nel 1687 uscivano i *Philosophiae naturalis principia mathematica*. L'opera, il cui presupposto metodologico è la riduzione dei fenomeni del movimento a dati quantitativi e misurabili, prende le mosse dall'esposizione delle nozioni fondamentali della meccanica razionale (massa, quantità di moto, inerzia, forza impressa, forza centripeta, tempo e spazio assoluti e relativi) ed elabora, a partire da questi, gli «assiomi o leggi del moto» già similmente formulati da Galileo e Cartesio (principio d'inerzia, principio di composizione delle forze, principio di uguaglianza dell'azione e reazione). Egli passa poi alla trattazione generale delle leggi dinamiche e infine, nell'ultimo libro, dopo una parte di carattere metodologico che porta il titolo *Regulae philosophandi*, alla presentazione del «si-

stema del mondo». Entro lo schema della legge gravitazionale, che si configura come la legge suprema dell'universo, Newton è in grado di inquadrare e spiegare un'amplissima serie di fenomeni, dando finalmente unitarietà e coerenza al sistema copernicano e riuscendo anche a risolvere una gran quantità di questioni fisiche e astronomiche rimaste fino ad allora senza una risposta adeguata (citiamo, fra le altre, la spiegazione del fenomeno delle comete e la teoria delle maree). Nel 1713, pubblicando la seconda edizione dell'opera, Newton aggiungerà lo *Scholium generale* nel quale riaffronterà questioni di metodo e soprattutto rivelerà le forti componenti religiose del suo pensiero.
Nel 1703, alla morte di R. Hooke, Newton fu fatto presidente della Royal Society e come tale esercitò fino alla morte una vera e propria «dittatura culturale» sul mondo scientifico inglese. Nel 1704 poté finalmente pubblicare la sua *Ottica*. Durante gli ultimi anni della sua vita Newton fu al centro di varie controversie, fra le quali andrà per lo meno menzionata quella con Leibniz circa la priorità nell'invenzione del calcolo infinitesimale.
Dal punto di vista filosofico è anzitutto da sottolineare la varia provenienza degli elementi che compongono la cultura newtoniana: la metafisica razionalistica, la concezione atomistica antica e moderna, ma anche il platonismo, la tradizione ermetica e quella alchemica. Soprattutto importante è però la sua definizione del metodo scientifico: riprendendo per certi aspetti l'«intreccio» galileiano di induzione e deduzione, tale metodo consiste in una specie di sintesi fra indagine sperimentale da una parte, considerata come la base della ricerca, e ragionamento matematico dall'altra. La matematica però è vista, a differenza di quanto avveniva in Galileo, non tanto come qualcosa che rispecchia ed esprime l'essenza ultima del reale, quanto come uno «strumento», un «linguaggio» (in un senso vicino a quello di Hobbes, e anche più accentuatamente empiristico), il quale permette di ricavare dai fenomeni le leggi che li regolano. Bersaglio polemico di una tale metodologia sono sia le concezioni scientifiche puramente deduttivistiche e basate su forme qualsivoglia di «a priori» (come la scienza cartesiana), sia quelle che si autopropongono come «congetture» (per es. le teorie della luce di Hooke e di Huygens). È da dire tuttavia che Newton stesso non fu pienamente fedele al suo celeberrimo detto «hypotheses non fingo» divenuto poi, a partire dall'illuminismo, uno dei canoni fondamentali della filosofia sperimentale e formulò congetture su svariati argomenti (per es. nelle *Questioni*); egli tuttavia tenne per lo più rigorosamente distinte tali ipotesi dalle acquisizioni scientifiche vere e proprie.
Sul piano religioso Newton sentì fortemente, al pari di Leibniz, la preoccupazione di evitare che dai nuovi sviluppi della scienza naturale potessero scaturire pericolosi esiti materialistici e ateistici. Innestando sulla nuova fisica argomentazioni teologiche tradizionali, egli sostenne pertanto che l'ordine dell'universo rimanda necessariamente, come propria causa, all'esistenza di un Ente sommamente potente ed espertissimo in matematica. In tal modo il meccanicismo naturalistico veniva a collocarsi entro una più ampia prospettiva finalistico-provvidenziale, per di più caratterizzata da una marcata accentuazione del carattere incessante e «capriccioso» dell'intervento divino nel mondo (di qui la celebre critica di Leibniz che paragonava il Dio di Newton a un mediocre orologiaio continuamente costretto a rimaneggiare il frutto della sua opera). Lo stesso concetto di spazio assoluto, uno dei principi cardine della sua meccanica, riceveva una sorta di spiegazione metafisico-teologica venendo definito l'«organo sensorio» di Dio. Sempre a proposito del tema religioso è da ricordare che Newton sviluppò segretamente (per il carattere non ortodosso delle proprie idee) una specie di religione biblica, lasciando su tale argomento una gran massa di manoscritti.

nichilismo, o nihilismo, termine derivato dal latino *nihil* (nulla), utilizzato a partire dalla fine del XVIII sec. per designare quelle dottrine che si facevano negatrici non solo di un determinato sistema di valori ma anche, più radicalmente, della stessa esistenza di una realtà oggettiva. La polemica di Jacobi contro Fichte (1799) inaugura la vera e propria storia del termine; tale confronto si risolse essenzialmente nell'accusa, rivolta alla filosofia trascendentale nata con Kant, di dissolvere il mondo in apparenza, di destituirlo della sua consistenza. Si tratta di un'accusa che coinvolse una vasta parte della cultura di età goethiana, a partire da W.H. Wackenroder fino a Clemens Brentano, a Jean Paul, a H. von Kleist. L'accezione negativa del termine si ritrova anche in Hegel che parla di «nichilismo logico» in riferimento alla logica, che vive della negazione del reale. Ma è Schopenhauer, nel *Mondo come volontà e rappresentazione* (1819), a inoltrarsi in un radicale confronto con il nulla semplificando la dottrina kantiana. Egli distingue un mondo di fenomeni concepito come pura apparenza, e un mondo invisibile della volontà; questa però esiste solo per essere negata attraverso l'ascesi, come *noluntas*, ossia come volontà che si nega o che anela al nulla. Il primo ad assumere un atteggiamento positivo nei confronti del nichilismo fu M. Stirner (*L'unico e la sua proprietà*, 1845), che lo intese come negazione di concetti quali «umanità» e «storia», considerati astrazioni che «gravano come spettri» sul soggetto individuale concreto. Il termine ricorre poi nelle *Lezioni di metafisica* (1859) di W. Hamilton che lo usa per designare le dottrine che, dalla sofi-

stica (Gorgia) al moderno fenomenismo (Hume), negano la realtà sostanziale delle cose, del mondo o più in generale dell'essere.
Con il nichilismo russo si coglie una dimensione quasi inedita, fatta eccezione per alcuni spunti nella cultura protoromantica. Nei *Fratelli Karamazov* (1878-80) di Dostoevskij si affaccia un orizzonte tragico in cui l'idea di Dio viene compromessa dalla logica della redenzione, che continua a rinviare all'infinito il momento in cui il mondo avrà un senso; laddove la «sofferenza inutile» (come quella dei bambini) costituisce un resto non recuperabile all'interno dell'ordine del senso. Ciò schiude la via all'indifferentismo morale e alla negazione di Dio. Per altro verso è la sofferenza stessa, nel suo carattere gratuito e insensato, che, se accolta dall'uomo, costituisce il momento della redenzione. Diversa, e orientata piuttosto in senso politico, era stata la posizione di I. Turgenev nel romanzo *Padri e figli* (1862). Qui il nichilista viene rappresentato come eroe della negazione, polemico nei confronti dell'avito immobilismo russo ma in realtà negatore solo in funzione di un ordine diverso, fondato sulla fede nella scienza e nella verità, che può sorgere esclusivamente dalla abolizione di quello esistente. Nel variegato panorama del populismo russo degli anni Sessanta del secolo scorso, emerge per importanza il gruppo che si raccolse intorno a D.I. Pisarev, il cui organo principale fu la rivista «Russkoe svlovo» («La parola russa», soppressa nel 1866). I componenti di questa cerchia fecero orgogliosamente propria la parola d'ordine di «nichilisti», e furono propugnatori di un materialismo di stampo scientistico, di una sorta di atteggiamento pragmatico volto a esaltare le scienze, l'egoismo, il calcolo, l'«utile».
Con Nietzsche si determina il significato non episodico, ma centrale del nichilismo, inteso come la base del pensiero contemporaneo. L'emancipazione da ogni fede metafisica, da ogni fondamento e senso tradizionalmente acquisiti, viene espressa da Nietzsche nel detto «Dio è morto». Al culmine della metafisica occidentale, tutta volta a sollevare il velo dell'apparenza, l'impulso alla verità e all'affinamento della coscienza si trasformano nell'amaro riconoscimento dell'assenza di ogni verità, nel tramonto di Dio. La risposta all'atteggiamento di 'afflizione risentita' che deriva dalla perdita di ogni definitivo orizzonte sta, per Nietzsche, in un *nichilismo attivo*, coincidente con la «trasvalutazione di tutti i valori». Nichilistico in senso negativo è dunque per Nietzsche il fenomeno della decadenza dell'uomo occidentale cristiano, educato alla rinuncia. Nichilistico in senso positivo è invece il «metodo genealogico» che lui stesso utilizza per smascherare i falsi valori del suo tempo (socialismo, cristianesimo «idealistico»): nichilistica è dunque la distruzione teorica e pratica dei valori tradizionali che annuncia il tramonto dell'uomo e l'avvento del «superuomo». La storia del nichilismo del Novecento è, nel complesso, più o meno direttamente connessa all'insegnamento nietzschiano, a partire da K. Jaspers che, nella *Psicologia delle visioni del mondo* (1919), identifica il nichilismo con il dissolversi della sostanza e il suo perdersi nell'*Erlebnis*, nell'esperienza puntuale sensitivamente vissuta. Con Heidegger l'insegnamento nietzschiano assume un ruolo propriamente fondante, laddove — come avviene esemplarmente nei due volumi del suo *Nietzsche* (una raccolta di corsi e seminari tenuti a Friburgo negli anni Trenta e Quaranta, pubblicata nel 1961) — nichilismo e metafisica vengono a identificarsi in un processo di cui la filosofia della volontà di potenza costituisce il culmine, contrassegnando il totale oblio dell'essere.
Il pensiero novecentesco è intriso della questione del nichilismo, anche fuori dall'ambito strettamente filosofico. Determinante è stato il confronto svoltosi negli anni Cinquanta tra Heidegger e E. Jünger, dove era in questione la possibilità — perorata da Jünger, contestata da Heidegger — di assumere un atteggiamento diagnostico nei confronti del nichilismo che indichi la via del suo oltrepassamento. Anche l'esistenzialismo francese e in particolare il pensiero di J.-P. Sartre, quale si configura in *L'essere e il nulla* (1943), può a buon diritto essere catalogato come nichilistico, là dove mette capo a un antagonismo tra io e mondo — *per sé* e *in sé* nella terminologia sartriana — che vanifica il senso dell'agire umano. Il problema del nichilismo s'insinua inoltre nella cultura teologica, come nel caso del progetto, elaborato negli ultimi anni della seconda guerra mondiale dal pastore protestante D. Bonhoeffer, di liberare la fede da quegli elementi a suo tempo denunciati da Nietzsche come propri del cristianesimo e del Dio metafisici. Molto devono a Bonhoeffer la cosidetta teologia radicale e la teologia della morte di Dio, che hanno avuto una particolare fortuna negli anni Sessanta, schiudendo in forme variegate la prospettiva di una religiosità totalmente secolarizzata. Sempre nell'ambito teologico si colloca il tentativo del filosofo tedesco W. Weischedel di elaborare una «teologia all'ombra del nichilismo», che passi attraverso le forche caudine di una «problematicità radicale». A ciò si aggiunga infine il vasto significato che il nichilismo, soprattutto attraverso il pensiero di Nietzsche, ha avuto presso le avanguardie artistiche, e in particolare nell'espressionismo. *F. Ve.*

Nicod, Jean (1893-1924), logico ed epistemologo francese. Dopo aver studiato per alcuni anni matematica, si trasferì all'università di Cambridge e, sotto la direzione di B. Russell, si dedicò alla ricerca logico-epistemologica. Dopo un primo importante articolo sulla logica proposizionale (*Una riduzione del numero delle proposizioni primitive della logica*, 1916) e alcuni scritti «minori», si occupò del problema della geometria (*La geometria nel mondo sensibile*, 1924) e, soprattutto, della giustificazione logica dell'inferenza induttiva (*Il problema logico dell'induzione*, 1923), cercando tra l'altro di mostrare, anche in polemica con le tesi avanzate da J.M. Keynes nel suo famoso *Trattato sulla probabilità*, i limiti dell'induzione per eliminazione, e l'imprescindibilità e la portata dell'induzione per enumerazione.

Nicola d'Autrecourt (Autrecourt, Verdun, 1300 ca - m. dopo il 1350), filosofo francese. Studiò e insegnò alla Sorbona. Nel 1340 venne accusato di diffondere dottrine ereticali e condannato da papa Benedetto XII in Avignone. Nel 1347 abiurò 60 sue tesi, mentre i suoi scritti (*Exigit ordo executionis* e le *Epistulae* a Bernardo d'Arezzo) venivano bruciati. Pare che in seguito si rifugiasse presso la corte di Ludovico il Bavaro. Nicola d'Autrecourt, detto «lo Hume del medioevo», sviluppò con ferrea coerenza il nominalismo di Occam, traendone conseguenze radicalmente scettiche. Ogni conoscenza certa deriva dall'esperienza e si traduce nell'autoevidenza immediata. Sulla base di tale evidenza l'intelletto opera le proprie inferenze logiche, ma il valore di verità di queste ultime è meramente presuntivo. In particolare, le nozioni di sostanza e di causa sono pure illazioni: noi non intuiamo direttamente né la prima né la seconda, ma solo gli accidenti delle presunte sostanze e le modificazioni fattuali dei dati sensoriali. Che tali modificazioni debbano risalire a una causa necessaria, è pura ipotesi che l'esperienza non può mai confermare. In tal modo Nicola tolse ogni fondamento alla tradizionale concezione razionale del cosmo, di ispirazione aristotelica, così come ripudiò la presenza in natura di ogni gerarchia tra gli esseri e di ogni causa finale. L'opera di Nicola d'Autrecourt anticipò le grandi contese che a fine secolo sarebbero esplose alla Sorbona tra i nominalisti della scuola di Oxford trasferitisi a Parigi e i rappresentanti dell'ortodossia scolastica.

Nicola di Oresme (Oresme, Bayeux, 1325 ca - Lisieux 1382), filosofo, matematico, teologo francese. Studiò e insegnò a Parigi; dal 1377 alla morte fu vescovo di Lisieux. Con Giovanni Buridano e Alberto di Sassonia, fu tra i massimi rappresentanti della cosiddetta scuola dei fisici di Parigi. La sua opera multiforme rappresenta uno dei contributi decisivi della cultura medievale alla nascita della moderna scienza della natura. Contro la tradizionale egemonia del latino nelle scuole, Nicola compose vari trattati in francese e tradusse in questa lingua la *Politica*, i libri di *Economia*, l'*Etica nicomachea* e altri scritti aristotelici. È andato perduto un suo *Commentario* alle *Sentenze* di Pier Lombardo, tranne il trattato *De communicatione idiomatum* relativo al III libro in cui si rilevano influenze del nominalismo oxoniense. Nicola di Oresme si occupò in modo originale di economia (*Trattato sulla prima invenzione delle monete*), ma la sua fama è soprattutto affidata agli studi di astronomia, di matematica e di fisica. Nel *Libro del cielo e del mondo* Nicola sostiene la tesi, molto discussa in quegli anni dalla scuola parigina, del moto rotatorio diurno della Terra. Egli suffraga tale ipotesi con una serie di prove e argomenti e ne dimostra (come farà Galileo) la compatibilità con la rivelazione biblica. Per tali contributi Nicola di Oresme deve considerarsi un diretto precursore di Copernico. Nelle *Quaestiones* alla geometria di Euclide e nel *Tractatus de configurationibus formarum* egli introduce l'uso delle coordinate geometriche, anticipando nei tratti generali la geometria analitica cartesiana. Queste geniali premesse teoriche, che hanno contribuito alla ripresa moderna della concezione democritea della natura, trovano applicazione nello studio dei moti, affrancati dal finalismo della fisica aristotelica. Gli studi di Nicola di Oresme sull'*impetus* nella caduta dei gravi, sul moto dei proiettili e sulla accelerazione aprirono la via alla cinematica galileiana.

Nicolai, Johann Christoph Friedrich (Berlino 1733 - 1811), scrittore ed editore tedesco. Diresse un'importante casa libraria a Berlino e fu uno dei principali promotori della cultura illuministica in Germania. Amico di G.E. Lessing e di M. Mendelssohn, fondò e pubblicò con loro due riviste, «Biblioteca delle belle scienze e delle arti liberali» (1756-59) ed «Epistole sulla letteratura contemporanea» (1759-65), e poi da solo la collana *Biblioteca universale tedesca* (1765-92). Critico acuto e brillante, fu un polemicissimo divulgatore del razionalismo, specie nei suoi romanzi a tesi (*Vita e idee del teologo Sebaldus Nothanker*, 1773-1776; *Storia di un uomo grasso*, 1794; *Vita e idee di Sempronius Gundibert filosofo tedesco*, 1798). Avversò il movimento dello *Sturm und Drang* fornendo in *Le gioie del giovane Werther* (1775) una grossolana parodia del capolavoro giovanile di Goethe. Pure di interesse letterario è la sua *Descrizione di un viaggio attraverso la Germania e la Svizzera nell'anno 1781*, composta con intenti documentaristici.

Nicole, Pierre (Chartres 1625 - Parigi 1695), filosofo e moralista francese. Insegnante di letteratura e filosofia nelle scuole dei giansenisti prima a Parigi, poi in provincia, si avvicinò egli stesso al giansenismo e iniziò una feconda collaborazione col teologo A. Arnauld, insieme al quale compose la *Logica o arte di pensare* (→ Port-Royal, Logica di). L'esperienza religiosa e morale del giansenismo, che già traspare nella *Logica* per quanto di anticartesiano essa contiene (il disprezzo delle scienze che compare nel primo discorso), trova ampio spazio nel Nicole moralista. In campo etico, attenuando gli aspetti estremi del pessimismo e del rigorismo giansenisti, Nicole fonda il suo pensiero sulla concezione di una natura umana corrotta (*Saggi di morale*, in 6 voll., di cui il primo edito nel 1671, il quinto e il sesto postumi).

Nicomaco di Gerasa, → neopitagorismo.

Niebuhr, Reinhold (Wright City, Missouri, 1892 - Stockbridge, Massachusetts, 1971), teologo luterano statunitense. Esercitò il ministero pastorale a Detroit fino al 1928; poi, chiamato all'Union Theological Seminary di New York, vi insegnò filosofia della religione (1928-30) e «cristianesimo applicato» (1930-60). *Uomo morale e società immorale* (1932), *Riflessioni sulla fine di un'epoca* (1934) e *Un'interpretazione dell'etica cristiana* (1935) mettono in luce l'ipocrisia dell'ottimismo borghese, il crollo del mito di un inevitabile progresso umano. Sensibile alla problematica marxista, pur non credendo in una soluzione meccanica di contrasti socioeconomici, Niebuhr aderì al movimento socialista americano: ma nel 1940 se ne staccò, giudicando troppo debole la sua opposizione al nazismo. In *Natura e storia* (1941-43) e *Fede e storia* (1949) la tematica del peccato e della grazia, caratteristica del pensiero cristiano, è opposta a quella antica della ciclicità dell'esperienza e a quella moderna della ragione operativa e conquistatrice: l'esistenza umana è grazia e peccato, libertà e colpa; essa è soggetta alla legge della croce e della lotta contro il male. Come appare da queste enunciazioni, merito principale di Niebuhr è di aver ripensato le grandi tesi del luteranesimo storico con una viva coscienza sociale e politica, nel contesto specifico della cultura contemporanea.

Niethammer, Friederich Immanuel (Beilstein, Heilbronn, 1766 - Monaco 1848), pedagogista tedesco. Autore del libro *La contesa tra filantropismo e umanesimo* (1808), propugnò l'indirizzo detto del neoumanesimo pedagogico, che avanzava l'esigenza di una formazione integrale della personalità in polemica contro le scuole di tipo utilitaristico e professionale ispirate al pietismo e al filantropismo. Il neoumanesimo di Niethammer consolida fortemente la posizione privilegiata della cultura classica nell'istruzione superiore, e accentua la distinzione tra educazione liberale e istruzione tecnica, precludendo a quest'ultima qualunque possibilità di sbocco universitario.

Nietzsche, Friedrich Wilhelm (Röcken, Lützen, 1844 - Weimar 1900), filosofo tedesco. Figlio di un pastore protestante, studiò dapprima nel ginnasio di Pforta, poi nell'università di Bonn e in quella di Lipsia. Il suo maestro, il famoso filologo Friedrich Ritschl, procurò a Nietzsche non ancora venticinquenne, nel 1869, la chiamata all'università di Basilea, su una cattedra di lingua e letteratura greca. A Basilea Nietzsche insegnò dal 1869 al 1879. A questo periodo risalgono, oltre a studi di carattere filologico, le sue prime grandi opere filosofiche: *La nascita della tragedia dallo spirito della musica* (1872); *Considerazioni inattuali* (1873-76); *Umano troppo umano* (1878). Dal 1879 (quando lasciò definitivamente l'insegnamento) Nietzsche visse con una modesta pensione assegnatagli dall'università, soggiornando sulla riviera francese e italiana, in Alta Engadina, e infine a Torino. Nacquero in questo periodo le opere della maturità: *Il viandante e la sua ombra* (1880); *Aurora* (1881); *La gaia scienza* (1882); *Così parlò Zarathustra* (1883-85); *Al di là del bene e del male* (1886); *Genealogia della morale* (1887); *Il caso Wagner* (1888); *Crepuscolo degli idoli* (1888); *L'Anticristo*, *Ecce homo* e *Nietzsche contra Wagner* (postumi).

Nel gennaio del 1889 Nietzsche fu colto a Torino da un grave attacco di pazzia. Sulla natura e l'origine di essa hanno discusso a lungo i biografi. Fin dagli anni Settanta, Nietzsche aveva cominciato a soffrire di forti emicranie, indebolimento della vista, disturbi digestivi, insonnia. Questi mali, aggravatisi, lo avevano costretto a lasciare l'insegnamento. La demenza, annunciatasi nel tardo autunno 1888 e fattasi conclamata ai primi dell'anno successivo, era probabilmente di origine luetica, ma si è pensato anche a un male ereditario. Salute e malattia hanno un peso teorico centrale nelle opere del Nietzsche maturo; ma, soprattutto, la circostanza biografica della sua malattia ebbe un ruolo decisivo nel far sorgere il problema degli scritti postumi. Dopo l'attacco di Torino, infatti, Nietzsche, trascorso un periodo in casa di cura, visse i suoi ultimi anni affidato prima alla madre, e poi alla sorella Elisabeth maritata Förster. Elisabeth aveva già avuto una parte importante nel far fallire il tentativo sentimentale di Nietzsche con Lou Andreas-Salomé, nel 1882; dopo la fine della vita cosciente del fratello e dopo la sua morte, toccò a lei il compito di riordinare e preparare per la pubblicazione l'ingente mole di appunti che Nietzsche era andato raccogliendo negli ultimi anni col proposito di comporli in una grande opera che doveva intitolarsi *La volontà di potenza*. Con la collaborazione di alcuni redattori dell'Archivio Nietzsche, da lei fondato, e in particolare di un discepolo di Nietzsche, Peter Gast, Elisabeth ordinò questo materiale, parte in due volumi di postumi riferiti al 'periodo della trasvalutazione' (1882-88), parte in una compilazione intitolata appunto *La volontà di potenza*. Nei due casi, il materiale era raccolto in ordine tematico, e presentava, soprattutto ne *La volontà di potenza* (che nella sua versione 'definitiva' del 1906 seguiva un piano di Nietzsche del 1887), tagli e accorpamenti dettati da esigenze di leggibilità e di commerciabilità. Denunciata fin dal suo apparire, questa gestione dei postumi avrebbe dovuto trovare rimedio nella edizione critica promossa da Elisabeth negli anni Trenta, ma interrotta dalla guerra. Dopo nuove polemiche, nel dopoguerra, due studiosi italiani, G. Colli e M. Montinari, pubblicarono i postumi in ordine cronologico e senza i tagli operati dall'Archivio Nietzsche.

• *Cultura tragica e decadenza.* Nella filosofia di Nietzsche giovane hanno una parte importante, oltre agli studi filologici, l'incontro con il pensiero di Schopenhauer e la fede nel valore rinnovatore dell'opera wagneriana. Durante gli anni di Basilea Nietzsche fu un ospite assiduo di casa Wagner a Tribschen, sul lago di Lucerna. In quegli anni egli si attendeva da Wagner la rinascita dello spirito e della civiltà «tragica», a cui è dedicata la sua prima grande opera, *La nascita della tragedia dallo spirito della musica.* In essa Nietzsche proponeva una nuova visione della classicità e, correlativamente, un nuovo concetto di decadenza. L'immagine della classicità che ha dominato la cultura europea dal rinascimento al romanticismo, afferma Nietzsche, riflette la civiltà greca vista (dai primi pensatori cristiani) già nella sua fase decadente, quando ormai la sua forza creativa si era esaurita. Le forme composte e armoniose con cui usiamo identificare lo spirito classico nascono in realtà da una dura reazione di difesa, sono il prodotto di una morbosa sensibilità al carattere caotico dell'esistenza, all'irrazionalità dell'uno primordiale (che Nietzsche pensa, da giovane, in termini schopenhaueriani). L'originario spirito greco è fatto di un elemento, o impulso, *dionisiaco*, che avverte la fondamentale caoticità dell'essere e che si esprime, sul piano artistico, nella musica; e di un elemento, o impulso, *apollineo*, che reagisce producendo un mondo di forme limpide e definite e che si esprime nella scultura. La grande tragedia greca, quella di Eschilo e Sofocle, è la forma suprema dell'arte in quanto in essa si compongono i due impulsi: la musica vi rappresenta il dionisiaco, mentre la vicenda dell'eroe è la definitezza apollinea. Questa sintesi dura poco: con Euripide la tragedia muore, e il responsabile di ciò è Socrate, di cui Euripide è idealmente discepolo. Socrate impone infatti una visione razionalistica e ottimistica del mondo, nella quale l'esistenza individuale e sociale si riduce tutta sul piano della quotidianità banale, senza alcun legame col mito e col fato. Il trionfo del razionalismo socratico, tuttavia, è anche il trionfo di una mentalità che rende impossibile la creazione di vera novità storica: è questo il tema che Nietzsche svolge nella seconda delle *Considerazioni inattuali* (intitolata: «Sull'utilità e il danno degli studi storici per la vita»). Se, come vuole Socrate, nell'universo tutto si svolge secondo un ordine oggettivo, conoscibile, ma non modificabile dall'uomo, l'azione storica non ha più senso. La consapevolezza di ciò costituisce per Nietzsche il nocciolo della decadenza: l'uomo dell'Ottocento, che è l'ultimo prodotto del processo di decadenza, si aggira come un turista nel giardino della storia, sommerso dalla propria consapevolezza storiografica, ma è incapace di creare nuova storia. Lo storicismo ottocentesco è per Nietzsche solo un altro aspetto del razionalismo che ispira la fede positivistica nella scienza: con questa intuizione, Nietzsche oltrepassa in anticipo molte delle dispute otto-novecentesche sulla differenza tra «scienze della natura» e «scienze dello spirito» (H. Rickert; W. Dilthey). Al problema della scienza è del resto dedicato espressamente un altro testo dello stesso periodo basileese, scritto nel 1873 ma pubblicato postumo, *Sulla verità e la menzogna in senso extramorale*, in cui Nietzsche anticipa alcuni temi essenziali della critica novecentesca allo scientismo positivistico.

• *Lo «smascheramento» e la critica della cultura.* Proprio la questione della portata e della funzione di modello delle scienze positive per il sapere in generale costituisce uno dei motori dello sviluppo del pensiero di Nietzsche negli anni basileesi: la familiarità con colleghi studiosi di discipline scientifiche (oltre che con lo storico J. Burckhardt) e una vasta serie di letture nel campo delle scienze positive (fisica, chimica, astronomia, paleontologia; anche la nascente antropologia culturale) ebbero un'importanza decisiva nel preparare il suo abbandono dell'estetismo giovanile e della fede nel wagnerismo. In *Umano troppo umano*, uscito nell'ultimo anno del soggiorno basileese, si annunciano già i temi di quella che sarà la filosofia del Nietzsche maturo: al sogno della rinascita di una civiltà tragica (da realizzare con l'opera di Wagner) è succeduto un atteggiamento che si può indicare come «critica della cultura» (o anche dell'ideologia), che fa un posto più ampio alla scienza, intesa come modello di un sapere disinteressato, libero dal pathos metafisico che domina la tradizione platonico-cristiana.

Nelle opere che vanno dal 1878 allo *Zarathustra*, Nietzsche sviluppa la sua critica della razionalità socratica, che domina la cultura europea, sulla base di un programma enunciato nel primo aforisma di *Umano troppo umano*: occorre una «chimica delle idee e dei sentimenti morali, religiosi ed estetici» che mostri come «i colori più magnifici» derivino da materiali bassi e spregiati, cioè impulsi e interessi egoistici. Se per questo aspetto è giusto ritenere che Nietzsche appartenga alla schiera di quei pensatori, come Marx e Freud, che hanno messo in luce le basi materiali (economiche o istintuali) di ogni produzione spirituale, è erroneo ritenere che il suo discorso miri a indicare una verità elementare a cui debbano essere riportate (per demistificarle) le «menzogne» dell'ideologia e i prodotti della sublimazione. La «chimica» di Nietzsche scopre invece che non c'è alcuna verità-base, giacché anche la credenza nel valore della verità è, appunto, una credenza storicamente condizionata; l'evidenza che ci fa ritenere vera una proposizione, del resto, non è segno di una sua verità, ma è solo segno che quella proposizione corrisponde meglio di altre ai condizionamenti psicologici e sociali che ci dominano. La coscienza a cui l'evidenza si impone non è nulla di immediato, ma già il risultato di un gioco di influenze e di un equilibrio gerarchico di forze contrastanti. Tutto ciò che di volta in volta si presenta come verità è solo il configurarsi, provvisoriamente stabile, di rapporti di forze, sia nella società, dove prevale un certo criterio del vero imposto da questo o quel gruppo, sia nel singolo, dove prevale l'uno o l'altro impulso, secondo una gerarchia che dipende anche dalle gerarchie sociali.

• *La filosofia dell'eterno ritorno.* Tradizionalmente si usa vedere, negli anni che si aprono con la pubblicazione della prima parte dello *Zarathustra* (1883), un terzo periodo della produzione di Nietzsche. Questa distinzione è legittimata dall'importanza che Nietzsche stesso, nelle pagine autobiografiche di *Ecce homo*, attribuisce alla scoperta dell'idea dell'«eterno ritorno dell'uguale» che, con le nozioni di «volontà di potenza», «nichilismo», *Uebermensch* (meglio tradurre con «oltreuomo» che, come si usa, con «superuomo»), costituisce un insieme di dottrine che diventano centrali appunto nelle opere successive a *Zarathustra*. Proprio questi temi presentano anche le più grosse difficoltà interpretative, intorno a cui gli studiosi di Nietzsche stanno ancora discutendo. La dottrina dell'«eterno ritorno dell'uguale», così come Nietzsche la formula, significa che, sulla base del «prospettivismo» e dell'essere inteso come «gioco di forze», non si può più ritenere che il tempo abbia una direzione lineare, che comporti una struttura articolata in passato, presente e futuro come momenti irripetibili, secondo la visione «storica» che si è imposta nella tradizione giudaico-cristiana. I sensi (significati e direzioni) che vengono attribuiti alla storia sono anch'essi prospettive interne al gioco di forze della «volontà di potenza». Questa però non si muove secondo un «senso» unitario. Su questa base, l'idea dell'eterno ritorno sembra avere, per Nietzsche, non tanto la funzione di affermare la circolarità del tempo, quanto piuttosto quella di negarne la linearità; di negare, cioè, che il corso storico vada verso un fine che trascende i singoli momenti di esso, come ha sempre voluto la metafisica platonico-cristiana. Ogni momento del tempo, quindi ogni esistenza singola in ogni suo attimo, ha tutto il suo senso in sé. Se lo si considera così, si capisce anche perché, secondo molte esplicite affermazioni di Nietzsche, l'eterno ritorno debba essere «istituito» da una decisione dell'uomo (si veda per es. il discorso di Zarathustra su «La visione e l'enigma»). Non basta, per Nietzsche, riconoscere che tutto è gioco di forze e prospettiva; occorre in qualche modo liberare il gioco delle forze, costruendo un'esistenza dove ogni momento possieda tutto intero il suo senso; un'esistenza felice, quella simboleggiata da Zarathustra che danza.

• *Le interpretazioni del pensiero di Nietzsche.* Nietzsche concepì l'istituzione dell'eterno ritorno come legata in qualche modo a un rinnovamento della cultura e anche delle strutture sociali. Ma diede su ciò indicazioni estremamente ambigue. Queste ambiguità, più ancora che la gestione dei postumi da parte dell'Archivio Nietzsche, sono all'origine dell'interpretazione e utilizzazione nazista del pensiero nietzschiano, che resta uno dei problemi con cui il lettore di Nietzsche deve fare i conti. Il fatto è che, mentre da un lato Nietzsche appare decisamente schierato con l'ala «eversiva» del pensiero europeo degli ultimi cento anni, d'altra parte condivide tutte le ambiguità che hanno segnato molte posizioni teoriche di rivolta delle avanguardie intellettuali e artistiche borghesi di questo secolo. Che una lettura non nazista di Nietzsche anche sulla base dei testi disponibili prima delle edizioni più recenti fosse possibile è dimostrato dalle grandi opere, uscite negli anni Trenta, di K. Jaspers e di K. Löwith; negli stessi anni Trenta nascevano gli studi nietzschiani di Heidegger, pubblicati solo nel 1961, che sono oggi uno dei punti di riferimento obbligato di ogni lettura di Nietzsche. Agli aspetti eversivi del pensiero nietzschiano è stata sempre particolarmente attenta la cultura francese, soprattutto quella legata al surrealismo: a questo filone interpretativo, oltre che a Heidegger, si ricollegano i numerosi studi su Nietzsche usciti negli anni Sessanta e Settanta, soprattutto in Francia, che configurarono una vera e propria «Nietzsche-renaissance» nella cultura contemporanea. *G. Va.*

Nifo, Agostino (Sessa Aurunca, Caserta?, 1473 ca - Salerno? 1564 ca), filosofo italiano. Insegnò a Padova, Napoli, Bologna, Pisa, Roma, Salerno. Oltre che di numerosi commenti alle opere di Aristotele, è autore di diversi trattati filosofici, tra cui *De infinitate primi motoris* (1504); *De immortalitate animae* (1518); *De pulchro et amore* (1535); *Opuscula moralia* (2 voll., postumi, Parigi, 1645).

Profondo conoscitore di Aristotele e della tradizione aristotelica, Nifo, che in gioventù aveva subito l'influsso dell'averroismo, si attestò successivamente su posizioni di aristotelismo eclettico, aperto anche (come appare soprattutto nel trattato sulla bellezza e sull'amore) a suggestioni platoniche e neoplatoniche. Particolare rilevanza nell'ambito della discussione filosofica italiana del rinascimento ebbe la sua polemica contro Pomponazzi in difesa dell'immortalità dell'anima.

Nimbārka (Nimba, India del sud, seconda metà del sec. XIII), filosofo indiano. È l'iniziatore di una scuola filosofica e setta induista tuttora esistente, nell'ambito della → bhakti. Il suo sistema è detto *dvaitādvaita* (dualismo-non dualismo), poiché cerca di conciliare dualismo e non dualismo del → vedānta, ammettendo l'eterno coesistere delle tre realtà: Brahman (supremo Signore e guida di tutte le cose), *cit* (spirito, intelligenza) e *acit* (natura non spirituale e non intelligente). Il Brahman è trascendente e immanente, personale, Dio di amore e di grazia, incarnatosi in Kṛṣṇa; egli è onnisciente, onnipotente, misericordioso, causa ultima del mondo e delle anime, che esistono, quindi, in dipendenza da lui. Nel considerare il rapporto tra Brahman e la «creazione» si può parlare di alterità e non alterità, differenza e non differenza, senza che vi sia contraddizione. Per giungere alla conoscenza di Dio, cioè alla salvezza, occorrono le opere, la devozione e la guida di un maestro spirituale.
Anche nello status di liberazione non vi sarà mai perfetta identificazione delle singole anime con Dio, essendo la differenza tra loro connaturata ed eterna; ma poiché le anime «dipendono» da Dio, è lecito parlare anche di una non diversità.

nirvāṇa, termine designante la condizione di salvezza suprema nelle tre grandi religioni indiane: buddhismo, induismo e giainismo. Ma è soprattutto nel → buddhismo che la nozione di nirvāṇa viene sviluppata e assume una posizione centrale. Il nirvāṇa è una delle quattro «nobili verità» insegnate dal Buddha, in ordine alla salvezza; esso è anzi questa stessa salvezza che consiste nella cessazione del dolore. Se infatti si elimina la «sete», o desiderio, causa del dolore, non vi saranno più rinascite nel ciclo della trasmigrazione e non vi sarà più dolore il che caratterizza l'esistenza empirica. Il nirvāṇa è considerato, per lo più, come una sfera, o uno stato indefinibile, anche se nei testi del canone buddhista (*Tipiṭaka*) vi sono immagini che tentano di descrivere analogicamente la condizione di colui che è salvo. Alcune scuole del buddhismo hīnayāna giunsero addirittura a concepire il nirvāṇa come totale annientamento (così per es. la scuola dei sautrāntika). Il buddhismo mahāyāna invece ha accentuato sempre più la positività del nirvāṇa e la sua mistica essenza. Anche quando si parla di «vacuità» in relazione al nirvāṇa, si intende soltanto la rinuncia a ogni pretesa di conoscenza puramente razionalizzata di esso: del resto il Buddha non pare si sia mai espresso sul nirvāṇa in termini metafisici. Ciò non toglie che siano esistite, fin dai primi secoli del buddhismo, speculazioni filosofiche sul nirvāṇa, identificato con una coscienza infinita e luminosa, oppure, nel pensiero mahayanico, con l'essenza stessa dell'uomo e del cosmo. Tale essenza veniva designata con termini astratti quali: *tathātā* (l'esser così) oppure *dharma-dhātu* (legge del dharma) e, in seguito, anche con *buddhatva* (buddhità). Quest'ultimo è stato teorizzato in particolare dalla scuola del tathāgatagarbha (grembo del Buddha): essenza latente in tutti gli esseri, la buddhità è celata, perché avvolta da impurità, ma è destinata a rivelarsi tramite una graduale purificazione. Una volta raggiunta la suprema trasparenza, non si ha più differenza tra questa e il nirvāṇa.
Anche il → tantrismo professa la buddhità come felicità suprema, identificabile con il nirvāṇa. Solo i mezzi per raggiungerlo sono diversi, giacché il tantrismo fa larghe concessioni al rituale e alle pratiche magiche.

Nizolio, Mario, o Mario Nizzoli o, latinamente, Nizolius (Brescello, Reggio Emilia, 1498 - Sabbioneta, Mantova, 1576), umanista e filosofo italiano. Allievo di L. Valla, insegnò a Parma. La sua opera più nota è il *De veris principiis et vera ratione philosophandi contra pseudophilosophos* (1553), ripubblicata da Leibniz nel 1671 col titolo *Antibarbarus philosophicus*. Importanti anche le *Observationes in M. Tullium Ciceronem* (1536, ristampate poi col titolo più noto *Thesaurus Ciceronianus*). Nizolio polemizza aspramente contro le astrusità metafisiche e dialettiche della scolastica, espresse per di più nella forma barbara del latino medievale. A esse contrappone il valore della retorica, cui accompagna l'adesione al nominalismo sensistico di Occam. Nizolio è un tipico esponente della corrente antitradizionalista dell'umanesimo, come dimostra anche la polemica sugli autori classici da lui sostenuta con lo studioso milanese M. Majoragio.

nóēma, termine greco che significa «pensiero» o «concetto», opposto a «sensazione» o «dato di senso» (*áisthēma*). Tale uso filosofico è testimoniato a partire da Parmenide, per il quale il pensiero è «pensiero della verità» ed è associato al «ragionamento certo» e opposto alle «opinioni mortali» fondate sulle percezioni dei sensi. Il termine sembra avere qui significato attivo, di attività del pensiero; sfumatura che conserva in un passo (132*b-c*) del *Parmenide* di Platone, dove si fa l'ipotesi che le idee siano pensiero (*nóēma*) di qualcosa pensato come uno (*nooúmenon hèn êinai*). In Aristotele, invece, *nóēma* ha correntemente il senso passivo di «cosa pensata» o «concetto» (*cogitatum*), e nel campo del pensiero corrisponde a ciò che è l'*áisthēma* o la «cosa percepita» (il «dato di senso») nel campo della percezione sensibile (cfr. per es. fr. 87 Rose[3]). Il *nóēma* aristotelico risulta dall'elaborazione dei dati di senso occasionali in immagini mentali persistenti (*phantásmata*), a opera della facoltà d'immaginazione o *phantasía*. Tali immagini sono di due tipi: o rappresentazioni di qualcosa in particolare

nella memoria, per es. il ricordo di un certo uomo; o rappresentazioni pure, per es. l'immagine «uomo» in generale (*La memoria* 1, 450*b* 25-28). Dalle prime nasce l'esperienza; dalle seconde invece si formano, a opera del pensiero razionale, i concetti puri o *noèmata* (*La memoria* 1, 450*b* 20 sgg.). Questi si dividono a loro volta in semplici o complessi: i semplici corrispondono ai significati dei termini generali di una lingua, per es. il termine «uomo» designa il *nóēma* «uomo»; mentre i complessi si generano dalla connessione (o disgiunzione) dei concetti semplici nell'unità di senso di un pensiero, corrispondente all'unità di senso di una asserzione, affermativa o negativa (*L'interpretazione* 1; *Metafisica* IX 10; *L'anima* III 6 ecc.).
Una ripresa moderna del termine *nóēma* (unitamente a *nóēsis*) si trova in Husserl (*Idee per una fenomenologia pura e una filosofia fenomenologica*, I, 88), per il quale il *nóēma* o «contenuto noematico» di una esperienza della coscienza intenzionale (*Erlebnis*), per es. del percepire o desiderare qualcosa, è il «senso» immanente a tale esperienza, cioè il modo in cui qualcosa è dato in essa, per es. come percepito o desiderato; mentre l'atto del percepire o desiderare è detto *nóēsis* o aspetto noetico, soggettivo, dell'*Erlebnis* intenzionale.

nóēsis, termine (da *noêin*, comprendere, intuire, pensare) che nella filosofia greca indica in generale l'attività del *noûs*, ossia il pensiero noetico, opposto alla «percezione sensibile» (*áisthēsis*) in quanto suo oggetto è la «cosa intelligibile» (*tò noētón*), opposta alla «cosa sensibile» (*tò aisthētón*). Il pensiero noetico è inoltre distinto dal pensiero discorsivo o *diánoia* quanto al modo del comprendere, che nel pensiero noetico è la comprensione diretta, mentre nel pensiero dianoetico è il ragionamento e il calcolo. La prima testimonianza dell'uso filosofico del termine è in Diogene di Apollonia (sec. V a.C.), per il quale l'aria, principio di tutte le cose, è un dio la cui *nóēsis* onnisciente dà ordine e misura al cosmo (fr. 3). Platone fa invece della *nóēsis* il grado più alto del sapere dell'anima, cioè la scienza dialettica delle specie intelligibili, distinta dal sapere matematico della *diánoia* e opposta alla *dóxa* od opinione sensibile (*Repubblica* VI 511*d*, VII 534*a*). L'uso del termine nel senso di comprensione diretta degli oggetti semplici del pensiero è largamente attestato in Aristotele e sarà in seguito ripreso e rielaborato dal neoplatonismo e da Plotino in particolare. Oggetti semplici o incomposti del pensiero noetico sono per Aristotele i singoli *noèmata* o «concetti», corrispondenti ai termini generali di una lingua (per es. «legno» e «bianco»), la cui articolazione nell'unità di senso della proposizione genera i *noèmata* complessi («il legno è bianco») oggetto del pensiero dianoetico. La comprensione discorsiva del senso del *nóēma* complesso presuppone la comprensione diretta del significato dei *noèmata* semplici. Tale comprensione avviene secondo Aristotele sotto forma di puro *contatto* (*thighêin*, toccare, colpire, atterrare); e l'essere vero o falso corrisponde in questo caso rispettivamente al «toccare» o «non toccare» il concetto (cfr. *Metafisica* VII 17, IX 10; *L'anima* III 6).
Al grado estremo, la *nóēsis* in quanto pensiero divino è comprensione di se stessa, della propria attività: è *noēseōs nóēsis*, «pensiero di pensiero» (*Metafisica* XII 9, 1074*b* 35).

Nolte, Ernst (Hattingen, Ruhr, 1923), storico tedesco. Professore di storia contemporanea al Friedrich Meinecke-Institut della Libera università di Berlino. Il presupposto dell'ideale metodico noltiano appare enucleato in *Marxismo e rivoluzione industriale* (1983) — che riprende e sviluppa in modo sistematico la tesi di dottorato, *Autoalienazione e dialettica nell'idealismo tedesco e in Marx*, sostenuta a Friburgo nel 1952, dove Nolte era stato allievo di Heidegger e di E. Fink. La rivoluzione industriale è l'origine della trasformazione radicale delle condizioni di vita dell'umanità sul piano ideale e pratico: Dio e il Cosmo cedono il posto alla storia, che diventa il centro delle ideologie della modernità. La rivoluzione comunista è la conseguenza della rivoluzione industriale, però nella rivoluzione russa è stato rovesciato il rapporto tra rivoluzione industriale e marxismo, e il marxismo è divenuto la premessa e non la conseguenza della rivoluzione industriale. Dopo il 1917, la rivoluzione comunista mondiale fallisce e si trasforma in guerra civile; è l'epoca in cui sorge il fascismo (*Il fascismo e la sua epoca*, 1963), che nega il sistema liberale in quanto fenomeno rivolto al passato, e dunque, in termini transpolitici, risulta moderno, prefigurando i movimenti di liberazione e i loro capi carismatici (*La Germania e la guerra fredda*, 1974). È anche l'epoca della guerra civile europea che oppone il nazionalsocialismo e il bolscevismo, intesi come fenomeni correlati: questa tematica è l'oggetto di *Nazionalsocialismo e bolscevismo, la guerra civile europea 1917-1945* (1987), il testo classico dello *Historikerstreit* (La polemica tra gli storici), stimolata in Germania da Nolte.

nominalismo, dottrina filosofica secondo cui gli universali o concetti generali non esistono come realtà anteriori e indipendenti né nelle cose né fuori delle cose, e la forma in cui si presentano alla mente umana è quella del nome. I concetti generali o universali non sono che segni i quali godono della proprietà di poter essere predicati di più individui concreti; tipica del nominalismo è quindi l'assunzione ontologica secondo cui propriamente reali sono soltanto gli individui o le entità particolari. Anche se si possono rinvenire posizioni nominalistiche già in filosofi come Gorgia, Antistene ed Epicuro, il primo contributo importante venne dagli stoici attraverso la dottrina dell'espressione (*lektón*), secondo cui occorre distinguere il semplice suono sensibile (*phōnè*) dal significato vero e proprio di questo suono (il *lektón* appunto), separato dal suono in quanto tale ma incorporeo e propriamente non-esistente. L'importanza di questa dottrina stoica consiste nell'aver posto la tesi nominalistica in rapporto con il problema della natura del significato dei termini e delle espressioni linguistiche. Ma l'apporto più rilevante alla dottrina del nominalismo è connesso a una delle posizioni assunte nella disputa medievale sugli universali (→ universali, problema degli). Il fondatore e il sostenitore più estremo di questa posizione fu Roscellino, il quale sembra sostenesse che l'universale è mero *flatus vocis* (ma la scarsità di notizie che di lui possediamo non consente di attribuire un significato completamente chiaro a questa tesi). Per Guglielmo di Occam, detto Princeps Nominalium, massimo esponente medievale del nominalismo, l'universalità del *nomen* ha senso solo per convenzione e non rinvia ad alcun significato universale nelle cose, le quali sono assolutamente individuali. Una posizione più moderata è quella di Abelardo, che però alcuni non ritengono di qualificare come nominalistica: secondo Abelardo, gli universali hanno una certa realtà nelle cose, anche se non indipendentemente da esse.

Nella filosofia moderna il nominalismo è stato sostenuto da Hobbes, Hume e soprattutto Berkeley, il quale ha insistito sull'inesistenza, non solo nella realtà ma soprattutto nella mente dell'uomo, di idee generali astratte. Secondo Berkeley, l'uomo possiede soltanto delle idee particolari, cui attribuisce però dei nomi comuni. Nella filosofia contemporanea la tendenza nominalistica risulta fortemente accentuata nel positivismo logico, che ha elaborato il progetto di ridurre ogni asserto scientifico e ogni termine universale a dati ultimi percettivi assolutamente individuali; ma il termine nominalismo è stato anche impiegato per indicare certe forme radicali di convenzionalismo, per es. quello di E. Le Roy. Più recentemente, infine, alcuni logici e filosofi del linguaggio hanno sostenuto una concezione nominalistica: secondo W.V.O. Quine il nominalismo, in opposizione al platonismo, ammette soltanto variabili individuali, ossia variabili che si riferiscono a oggetti concreti spazio-temporali, mentre non fa uso di classi, proprietà, relazioni ecc.; e il «nominalismo costruttivo» di N. Goodman ammette solamente quei predicati di oggetti astratti che sono riducibili a predicati di individui.

nomologico, che ha carattere di legge scientifica, o è basato su leggi scientifiche. Il termine è usato specialmente per contrapporre gli enunciati di forma universale che esprimono vere leggi scientifiche a quelli che esprimono mere generalizzazioni di fatto (come 'Tutte le viti di questa auto sono arrugginite'); → legge; → scienza, filosofia della.

nomotetico, termine (dal gr. *nomothetikós*, normativo) con cui Kant indica il giudizio riflettente, in quanto esso, non essendogli data una legge sotto cui sussumere il particolare, deve «fare da principio a se stesso», mentre il giudizio trascendentale, determinante, per la ragione opposta, non è nomotetico (*Critica del giudizio*, par. 69). W. Windelband riprende il termine per indicare il metodo delle scienze della natura — contrapposto a quello delle scienze storiche (idiografiche) — che mira a comprendere i fenomeni sotto leggi generali (*Storia e scienza della natura*, in *Preludi*, II).

norme sociali, prescrizioni in cui ogni società o gruppo traduce i valori nei quali si riconosce e sui quali fonda la propria cultura o subcultura: formulate con la finalità di far conformare a tali valori la condotta dei propri membri, le norme indicano i comportamenti cui attenersi o da evitare in determinate circostanze e sono spesso collegate ad altre che anticipano i costi o i benefici che l'adesione o la non conformità a esse comporta per i soggetti e per la collettività. Per tale via si mira a regolare e a integrare la vita sociale. Introdotto nella sociologia da E. Durkheim, lo studio delle norme ne ha individuato quattro tipi: norme d'uso, di costume, morali, tecniche (W.G. Sumner, *Costumi di gruppo*, 1906). Tra le classificazioni più recenti e influenti è da menzionare quella di T. → Parsons, basata sui contenuti delle norme. Sull'efficacia sociale delle prescrizioni (ossia sulla capacità di una società che emette norme di ottenere la conformità dei soggetti a esse), sul grado di conformità dei membri di una collettività alle norme da questa emanate, sulle modalità, sui tempi e strumenti, sulle strutture utilizzate dalla collettività per trasmettere e far interiorizzare — soprattutto dalle nuove generazioni — le norme in cui si riconosce, si è particolarmente soffermato l'indirizzo funzionalista della sociologia del Novecento. Il filone più critico di questo indirizzo ha studiato anche le motivazioni e le forme della → devianza di chi, pur appartenendo a una collettività, non uniforma il proprio comportamento alle norme in essa consolidate. A questo proposito Merton ha delineato non soltanto le caratteristiche di chi si conforma ai fini e ai mezzi indicati dalla società come i più idonei per raggiungerli, ma anche i vari tipi di devianza che si determinano, o perché la conformità rispetto ai fini non è seguita da quella dei mezzi o perché la conformità rispetto ai mezzi è accompagnata da una mancata adesione alle mete sociali o, ancora, perché si verifica una mancanza di conformità a entrambi. Numerosi studi, in particolare quelli della scuola di → Chicago, hanno messo in risalto il carattere relativo della normalità e

quindi della devianza, dal momento che esse sono definite socialmente. Si tratta di studi che contribuiscono ad arricchire le tematiche del relativismo culturale, riprendendo l'idea di W.I. Thomas secondo la quale «se la gente definisce come reale una situazione, essa avrà delle conseguenze reali». Sul fatto che un soggetto considerato deviante presenti un comportamento conforme a determinate norme s'è soffermato in particolare E.H. Sutherland, per il quale chi viola le norme di una determinata collettività si comporta secondo un modello di vita in sé congruente, frutto di apprendimento, ispirato a valori o basato su calcoli di convenienza o di opportunità di un gruppo particolare, di una subcultura di questa collettività.
Recenti studi hanno tentato di sviluppare una teoria fondata sulla centralità delle norme per la vita e l'ordine sociale, ma in grado di superare le posizioni polarizzate del normativismo e dell'interazionismo strategico. Il primo postula la sovranità delle norme, la loro coerenza, regolarità e continuità e la necessità di conformare i comportamenti a esse; mentre il secondo considera le norme flessibili, negoziabili e soggette a eccezioni, continuamente manipolate da individui che perseguono unicamente il proprio interesse. Un contributo notevole a questo proposito è venuto da R.B. Edgerton (*Norme, eccezioni e ordine sociale*, 1985), il quale sostiene che anche le eccezioni, definite norme per rompere le norme, contribuiscono al mantenimento dell'ordine sociale.

noumeno, termine (in gr. *tò nooúmenon*, participio sostantivato di *noêisthai*, pensare-essere pensato) che significa «cosa pensata», «oggetto del pensiero». In Platone è sinonimo di specie intelligibile o idea, ossia indica ciò che non cade nel dominio dell'apparenza «visibile e tangibile», ma che si coglie solo con il ragionamento (*Repubblica* VI 509*d*; *Timeo* 30*d*, 51*d*). La distinzione fenomeno-noumeno ricorre inoltre nella celebre definizione dello scetticismo data da Sesto Empirico all'inizio degli *Schizzi pirroniani* (I 8-9): «Lo scetticismo è la capacità di contrapporre *fenomeni* e *noumeni* in qualsiasi modo», dove «fenomeni» sono i dati di senso e «noumeni» i contenuti di pensiero o le cose opinate (per es. che vi sia una provvidenza divina).
In Kant il noumeno è l'oggetto intelligibile, contrapposto all'oggetto della sensibilità: «L'oggetto della sensibilità è il sensibile; ciò che non contiene nulla che non possa essere conosciuto dall'intelligenza è l'intelligibile. Il primo dalle scuole degli antichi era detto *fenomeno*, il secondo *noumeno*» (*De mundi sensibilis atque intelligibilis forma et principiis*, par. 3). Kant distingue un significato positivo e uno negativo di noumeno. Nel primo caso esso designa l'oggetto di un'intuizione, non sensibile, ma puramente intellettuale, intuizione peraltro di cui l'uomo non è fornito e della quale non può neppure comprendere la possibilità; nel secondo caso noumeno designa una cosa, fatta astrazione dall'intuizione sensibile che noi ne abbiamo, cioè come pura negazione di ogni determinazione sensibile (*Critica della ragion pura*, Appendice dell'Analitica trascendentale). Il concetto di noumeno è pertanto «problematico» e designa un «limite»; esso infatti non contiene contraddizione, ma non può trovar corrispondenza in alcuna verità conosciuta. Si tratta cioè di una «rappresentazione vuota» alla quale non sono applicabili le categorie dell'intelletto e la cui unica funzione è quella di «tracciare i limiti della nostra conoscenza sensibile» (Nota alla Anfibolia dell'Analitica trascendentale). È soltanto in sede pratica che il concetto di noumeno trova legittima applicazione, in quanto concetto che designa la volontà libera (*causa noumenon*). Il termine «noumeno» è poi usato anche da Schopenhauer, in un'accezione simile a quella kantiana, per indicare la «volontà» cieca, universale e assoluta, essenza reale del mondo illusorio delle rappresentazioni fenomeniche.

noûs, termine che in greco designa, a partire da Omero, la facoltà di comprendere, di rendersi conto di una situazione, di un evento o delle reali intenzioni di qualcuno. In origine riguarda atti di riconoscimento immediato, direttamente associati alla vista (per es. *Iliade* XV 422); ma è uno sguardo diverso dalla percezione visiva, che non si affida a organi di senso, ed è per lo più considerato come infallibile e divino o più che umano. Aristotele ne condensa la natura nell'opposizione tra pensiero noetico o comprensione diretta dei principi del sapere, e pensiero dianoetico, che è il processo discorsivo del ragionamento a partire dai principi di una scienza. In quanto è sentito come divino e impersonale, il *noûs* diviene con → Anassagora la mente ordinatrice del *mîgma* o mescolanza originaria, cui imprime il movimento vorticoso per il quale si distaccano gli elementi e si genera l'ordine del divenire. La tesi è ripresa in seguito da Platone, che nel *Filebo* e nel *Timeo* fa del *noûs* il «demiurgo» o «produttore» divino del cosmo generato, e, in opposizione ad Anassagora (espressamente criticato per questo da Socrate in *Fedone* 97*b-c* sgg; cfr. anche Aristotele, *Metafisica* 984*b*), lo considera causa razionale e provvidenziale distinta dalla «causa erratica» o «necessità» della sostanza corporea.
Il *noûs* divino è in Aristotele (*Metafisica* 1072*b*) il «primo motore» del movimento e della vita cosmica, che attrae a sé «come la cosa amata» ogni ente, di cui rappresenta l'ultima perfezione; e la cui attività, o *nóēsis*, non essendo comprensione di qualcosa d'altro, si risolve nella comprensione diretta del *noûs* stesso. Alessandro di Afrodisia identificherà il *noûs*

divino con l'intelletto attivo o produttivo, separato ed eterno, che nell'uomo rende possibile la comprensione dei primi principi, ponendo in atto l'intelletto passivo o materiale. La tradizione neoplatonica, da Albino a Numenio, a Plotino, fondendo elementi platonici e aristotelici con altri di derivazione stoica, fa del *noûs* la seconda delle tre ipostasi, il demiurgo che fornisce all'anima cosmica le ragioni seminali che sono le forme delle cose sensibili (Plotino, *Enneadi* v 9, 3).

Novalis, pseud. di Friedrich Leopold von Hardenberg (Oberwiederstedt, Mansfeld, 1772 - Weissenfels 1801), scrittore tedesco. Dopo l'incontro, nel 1792, con Friedrich Schlegel e le giovanili letture fichtiane (i cui apporti si avvertono negli scritti filosofici pubblicati negli anni 1795-97), l'orientamento intellettuale di Novalis fu segnato profondamente dalla morte (1797) della giovane fidanzata Sophie von Kühn. Si riaccostò alla religione, in particolare agli scritti di N.L. Zinzendorf, che cercò di mettere in relazione con Spinoza. L'*amore* gli apparve allora come forza creatrice e insieme come «*sophia*» divina e azione redentrice del Cristo; a questa visione si aggiunse anche il rinnovato influsso di F. → Hemsterhuis, che identifica l'amore con la forza dell'attrazione nella natura fisica, cui si oppone, come forza contrapposta, l'egoismo. Queste speculazioni si riflettono nelle raccolte di frammenti pubblicati sulla rivista «Athenäum». Poesia e filosofia appaiono qui a Novalis, come a Schlegel e a Schelling, unite nei tempi primitivi e identiche alla religione, e ancora destinate a rifluire in una nuova unità in futuro, per opera della stessa poesia. L'immaginazione produttrice di Fichte e l'intuizione intellettuale dello stesso Fichte e di Schelling si mutano per Novalis in una forza realmente creatrice di un mondo spirituale, attraverso la genesi di un senso interno dell'anima e il completo dominio spirituale sul proprio corpo. Di qui il tentativo dell'«idealismo magico» novalisiano di trasformare tanto la propria fisicità corporea quanto quella della natura esterna in un organo spirituale, facendo delle cose pensieri e dei pensieri cose. La natura reale non è per Novalis la «vera natura», e dev'essere resa tale per opera dell'uomo, che ne appare come il «messia». L'incontro a Dresda, nell'estate del 1798, con i due Schlegel e con Schelling diede origine alla «scuola romantica», che dal 1799 ebbe il suo punto di riferimento nella casa degli Schlegel a Jena, alla cui università era attivo Fichte e fu chiamato Schelling. Le speculazioni sulla natura dei *Sacerdoti di Sais* (1798-99) riflettono i numerosi studi naturalistico-filosofici di Novalis, e preludono al romanzo *Heinrich von Ofterdingen* (pubblicato postumo nel 1802), incompleto tentativo di una *summa* della visione romantica di redenzione della natura attraverso la «riconciliazione delle stagioni» e di compenetrazione finale tra uomo e mondo in una realizzata e vivente allegoria.

Nozick, Robert (New York 1938), filosofo statunitense. Insegna filosofia all'università Harvard. Autore di numerosi saggi, è noto soprattutto per due volumi, *Anarchia, stato e utopia* (1974) e *Spiegazioni filosofiche* (1981). Il primo, che si colloca propriamente nell'area della filosofia politica e in particolare nel quadro del dibattito sulla giustizia sociale sviluppatosi a seguito della teoria di → Rawls, sostiene la posizione di un liberalismo estremo. Facendosi interprete della tradizione libertaria americana e rivisitando teoricamente Locke e F. Hayek, Nozick articola la sua filosofia politica su due tesi centrali, tra loro connesse. La prima sostiene che l'unica forma di stato moralmente legittima, in quanto non lesiva dei diritti individuali, è lo stato minimo, cioè quello che, attraverso il monopolio legittimo della forza su un territorio, garantisce la protezione dei diritti di ciascuno con un meccanismo redistributivo di tassazione, finalizzato esclusivamente a ciò. La seconda riguarda la concezione della giustizia come titolo valido, secondo cui i beni e le posizioni di potere sono legittimamente posseduti dagli individui o dai gruppi, se questi ne sono entrati in possesso senza violazione di diritti. *Spiegazioni filosofiche* è invece una raccolta di studi su alcuni dei problemi più classici della filosofia — l'identità dell'io, la conoscenza e lo scetticismo, la libertà e la determinazione, la questione del perché ci sia qualcosa piuttosto che niente, la fondazione dell'etica e il significato della vita — accomunati da un'unica prospettiva di spiegazione filosofica, che si presenta come risposta a domande della forma «Come è possibile che x, dato q?», dove q è un elemento che, apparentemente, esclude x.

nulla, il contrario di «qualcosa» (il *nonnihil* latino). Alle origini del pensiero occidentale, il nulla fu identificato da Parmenide col non-essere: «Il non-essere non è, e quindi non è nulla». Dopo la critica di Platone (nel *Sofista*) al non-essere assoluto di Parmenide, la problematica del nulla sparisce dal pensiero classico, per poi ricomparire nel neoplatonismo, sia in riferimento alla materia informe sia in riferimento all'Uno stesso, per esprimerne enfaticamente la superiorità e irriducibilità rispetto all'Essere. Questa caratterizzazione di Dio sopravvive attraverso la tradizione della «teologia negativa», fino a pervenire al misticismo tedesco: J. Böhme, per es., definisce Dio come «Nihil aeternum». Nel pensiero cristiano, comunque, il concetto di nulla torna a essere decisivo per la formulazione stessa dell'idea della creazione, come un far essere «dal nulla». Per i cristiani la finitezza delle creature è appunto il segno della loro derivazione dal nulla; sicché il riferimento al nulla è essenziale per comprendere l'essere proprio delle cose create nella sua differenza da quello proprio di Dio: quel che esse hanno di perfezione proviene da Dio, quel che hanno di limitazione proviene dal loro esser tratte fuori dal nulla. Ancora Cartesio riprenderà, nella IV delle *Meditazioni metafisiche*, questa concezione, ch'era stata elaborata particolarmente da Agostino. Alla contrapposizione parmenidea dell'essere al nulla, invece, si rifà Hegel, all'inizio della *Scienza della logica*, ma per capovolgerla nella tesi dell'identità di essi, in quanto parimenti indeterminati, o astratti (l'essere di cui si tratta, in questo stadio iniziale, è infatti del tutto vuoto, privo d'alcuna determinazione). L'essere e il nulla si contrappongono entrambi, pertanto, all'«essere determinato»; e quest'ultimo (al pari di tutte le categorie che via via seguiranno, sempre più ricche di contenuto) è costituito tanto dall'essere quanto dal nulla, una volta che essi abbiano persa la loro astrattezza. Anzi, prima ancora che nell'«essere determinato», l'unità dell'essere e del nulla si trova già, per Hegel, nel «divenire», in quanto continuo passaggio dall'uno all'altro dei due opposti. Nella determinatezza, comunque, il nulla è presente nella forma della negatività, secondo l'asserto spinoziano che «ogni determinazione è una negazione» rispetto alla totalità dell'essere. In parte, questa posizione di Hegel è una originale riformulazione della critica di Platone all'eleatismo.

Il valore ontologico del nulla e la sua originarietà (rispetto alle negazioni espresse, linguisticamente, nei giudizi in cui compaia un *non*) sono sostenuti anche da Heidegger, particolarmente in *Che cos'è la metafisica?*, del 1929. Il nulla, che non è da intendere come una qualche entità negativa (e perciò Heidegger dice che si tratta piuttosto di un «nullificare»), rappresenta la nullità dell'ente, di tutti gli enti, e perciò rivela l'essere che è proprio di essi. L'esperienza in cui si realizza questa rivelazione è di carattere emotivo: è l'«angoscia», la cui caratterizzazione Heidegger riprende da Kierkegaard. L'esistenza umana è così aperta al nulla altrettanto che all'essere; e questa duplicità è la condizione per la comprensione, da parte dell'uomo, sia dell'essere sia degli enti del mondo sia della propria esistenza. Da Heidegger deriva la concezione di Sartre, in *L'essere e il nulla*, dove il nulla è però identificato con l'«essere-per-sé», o coscienza umana, di contro all'«essere-in-sé»: poiché questo, privo di differenze e di rapporti, esaurisce l'essere, di contro la coscienza, in quanto libertà e progettualità, non può essere pensata che come nulla. Ma, data la precedenza dell'essere sul nulla, che Sartre afferma energicamente, rimane assai oscura la derivazione dell'uno dall'altro. Alla critica dell'idea del nulla era dedicato il cap. IV dell'*Evoluzione creatrice* di H. Bergson: il nulla assoluto è una nozione assurda, impensabile, mentre il nulla relativo (come quando nella vita quotidiana si dice: «non c'è nulla») esprime semplicemente la delusione di una aspettativa, che dev'essere quindi presupposta: la constatazione della mancanza di quel che si desidererebbe o comunque ci s'attenderebbe. La riduzione dell'idea del nulla in termini psicologici era già stata sostenuta da Feuerbach, in polemica col significato ontologico che le aveva attribuito Hegel. Contro un tale significato (anche nella formulazione datagli da Heidegger) è rivolto il saggio di R. Carnap *Il superamento della metafisica attraverso l'analisi logica del linguaggio*: le proposizioni metafisiche in cui compaia la parola «nulla» sono un ottimo esempio di proposizioni ingannevoli, in realtà prive di senso, in quanto hanno una forma sintattica linguisticamente corretta ma sono intraducibili in un linguaggio logicamente corretto. La parola «nulla» è usata nelle lingue naturali solo per formulare delle proposizioni esistenziali negative («Fuori non c'è nulla» significa «Non c'è qualcosa che sia fuori»); ma, dai metafisici, viene usata come se davvero fosse un nome di alcunché. Con ciò è formalmente contraddetta la tesi di Hegel e di Heidegger che il nulla sia originario rispetto alle negazioni che compaiono nelle nostre proposizioni: al contrario, il concetto del nulla è derivato per equivoco da esse.

numero, il sistema numerico usuale comprende i numeri naturali: 0, 1, 2,...; gli interi: costituiti dai numeri naturali e da −1, −2,...; i numeri razionali: numeri della forma a/b, a, b interi, $b \neq 0$; i numeri reali: numeri razionali più numeri irrazionali, per es. $\sqrt{2}$; infine, i numeri complessi: numeri della forma $a + b\sqrt{-1}$, a, b reali.

• *Il problema degli irrazionali.* La nozione di numero naturale e, almeno in forma primitiva, quella di frazione di numeri naturali sono presenti già nelle manifestazioni più arcaiche del pensiero matematico. La scoperta, a opera dei pitagorici, dell'irrazionalità del rapporto fra lato e diagonale di un quadrato segnò una svolta importante, e influì profondamente su tutto lo sviluppo successivo della matematica greca. Anziché estendere il campo numerico al di là dei numeri razionali, i greci assunsero infatti un atteggiamento di generale sfiducia circa la possibilità di esprimere quantitativamente i rapporti fra grandezze, e adottarono perciò quello stile rigorosamente geometrizzante che caratterizza tutte le loro speculazioni in ambito matematico. Con Eudosso di Cnido (sec. IV a.C.) si giunse comunque all'elaborazione di una teoria geometrica delle proporzioni fra grandezze (accolta poi da Euclide nel libro V degli *Elementi*) che, per eleganza e rigore, regge bene il confronto con la fondazione ottocentesca del concetto di numero reale. Sul piano filosofico, i greci concepirono sempre il numero come elemento costitutivo della realtà. Sebbene in forme assai diverse, condivisero questa tesi i pitagorici (per i quali il numero è l'essenza di tutte le cose), Platone, che concepisce il numero come principio di ordine e che nell'ultima fase del suo pensiero avrebbe elaborato, secondo alcuni, l'assai discussa dottrina delle idee-numeri, e Aristotele, che definisce il numero «una pluralità misurata o una pluralità di misura».

L'aritmetica e l'algebra, che i greci avevano trascurato o comunque relegato in secondo piano, fioriscono durante il medioevo grazie al contributo dei matematici indiani e arabi. A una minore consapevolezza epistemologica fanno riscontro, nell'opera di questi autori, una maggiore spregiudicatezza sul piano tecnico e un maggiore interesse per gli aspetti computazionali della matematica. Gli indiani, in particolare, non esitano a introdurre nuovi tipi di numeri. Gli irrazionali sono impiegati con disinvoltura, e nel sec. VII l'astronomo Brahmagupta introduce per la prima volta i numeri negativi. Gli arabi assumono, nel complesso, un atteggiamento di maggiore cautela, ma è comunque attraverso la loro mediazione che, tra la fine del medioevo e l'inizio dell'età moderna, i nuovi tipi di numeri entrano a far parte del bagaglio tecnico della rinascente matematica europea.

• *Negativi e immaginari: l'epoca moderna.* Nel Cinquecento, l'impiego degli irrazionali è ormai considerato come non problematico dalla maggior parte degli studiosi, sebbene vengano ancora avanzati dubbi circa l'opportunità di considerarli numeri a pieno diritto. Secondo M. Stifel, per es., i numeri «reali» sarebbero solo gli interi e le frazioni. Un secolo più tardi, Pascal e Barrow insistono sul significato puramente geometrico di un'espressione come $\sqrt{2}$: gli irrazionali — essi sostengono — sono meri simboli, il cui uso può essere giustificato solo in quanto è riconducibile alla teoria eudossiana delle proporzioni. Un punto di vista non dissimile sarà espresso da Newton nell'*Arithmetica Universalis.* Tra coloro che accettano invece i numeri irrazionali come entità indipendenti vanno annoverati Cartesio e Wallis. Perplessità maggiori suscita, nel corso dei secc. XVI e XVII, l'impiego dei numeri negativi, che gran parte dei matematici giudicano insensato. Di diverso avviso è però Cartesio: la pretesa di rappresentare quantità minori di zero — egli afferma — è certamente assurda; tuttavia ne dà una giustificazione indiretta, basata sul fatto che da un'equazione se ne può sempre ottenere un'altra le cui radici sono maggiori di quelle dell'equazione originale di una qualunque quantità prefissata; in tal modo, una equazione con soluzioni negative può sempre essere trasformata in una con radici positive. A favore dei numeri negativi si schierano inoltre Wallis, Harriot, Girard e Stevin. Ulteriori problemi derivano dall'introduzione dei numeri immaginari e complessi, che fanno la loro comparsa in occasione delle indagini sulle equazioni cubiche condotte dagli algebristi italiani del Cinquecento (Cardano, Bombelli). Nonostante le vivaci discussioni e i progressi di ordine tecnico, l'esatta natura di questi nuovi enti numerici resterà a lungo oscura; ancora all'inizio del Settecento, Leibniz definisce il numero immaginario «meraviglia dell'analisi, mostro del mondo ideale, quasi anfibio tra l'essere e il non essere.»

• *Teorie filosofiche del numero.* In ambito filosofico, il sorgere di un modo nuovo di concepire il numero è espresso da Cartesio nel passo seguente: «Il numero che consideriamo in generale, senza riflettere su alcuna cosa creata, non esiste fuori del nostro pensiero, come non esistono tutte le altre idee generali che gli scolastici comprendono sotto il nome di universali.» Il numero, dunque, non è più un elemento costitutivo della realtà, bensì un'idea, un atto o una manifestazione del pensiero. Nei secoli seguenti, questo nuovo punto di vista sarà spesso ripreso e rielaborato da angolature differenti. Kant ne darà la versione più raffinata: il numero è uno «schema», la rappresentazione di un'operazione puramente intellettuale che opera sul molteplice dato dall'intuizione pura del tempo. Tra la fine del Settecento e l'inizio dell'Ottocento, l'alone di mistero che per tanto tempo aveva circondato i numeri complessi viene finalmente dissipato grazie alla rappresentazione geometrica che ne forniscono Wessel, Argand e Gauss. Qualche anno più tardi, Hamilton adotterà un diverso approccio, e definirà i numeri complessi come coppie ordinate di reali. È questo il primo esempio di «riduzione» di una classe di numeri a una classe più ristretta condotta in termini puramente astratti. In questa medesima direzione si muoveranno in seguito studiosi come Weierstrass, G. Cantor e Dedekind, i quali, nell'ambito di quel ripensamento complessivo dei concetti fondamentali della matematica classica che va sotto il nome di «aritmetizzazione dell'analisi», riusciranno a dimostrare che l'intero sistema dei numeri può essere logicamente fondato a partire dalla nozione di numero naturale.

La teoria degli insiemi, sviluppata da Cantor negli ultimi decenni del secolo scorso, non solo costituisce un contesto estremamente adeguato entro cui il processo di aritmetizzazione può essere portato a compimento, ma origina a sua volta estensioni ulteriori del concetto di numero: Cantor infatti, sfidando la tradizionale diffidenza dei matematici nei confronti dell'infinito attuale, edifica un'aritmetica dei numeri «transfiniti». Altri autori, come Dedekind e G. Frege, utilizzano un apparato di tipo logico-insiemistico per analizzare la nozione stessa di numero naturale, che fino a quel momento era stata assunta come primitiva. Questo grandioso sforzo di sistemazione concettuale è stato oggetto di valutazioni diverse da parte delle varie correnti della filosofia della matematica contemporanea. Così per i logicisti una eventuale fondazione di tipo insiemistico del sistema numerico dimostrerebbe in realtà che il concetto di numero è definibile in termini puramente logici; mentre per i formalisti una siffatta fondazione, anche se possibile, sarebbe superflua, giacché un certo dominio di numeri è sufficientemente specificato quando sia dato un sistema di assiomi che ne fissa le proprietà formali. Gli intuizionisti, infine, persuasi che l'intero edificio della matematica classica sia minato alla base da alcuni errori concettuali di fondo, propongono un approccio del tutto diverso: i numeri naturali sono ricondotti, kantianamente, all'intuizione pura del tempo; quanto ai numeri reali, si accettano solo in quanto soddisfino certi requisiti di costruibilità e di definibilità, oppure certe forme di realizzabilità mentale del soggetto pensante. *P. Ca.*

• *Numero ordinale e cardinale.* I numeri ordinali indicano *posizioni* (primo, secondo,...); i cardinali indicano *quantità* (zero, uno, due,...). Si può fare teoria sia degli uni sia degli altri; si ha però che le proprietà aritmetiche degli ordinali e dei cardinali sono le stesse, quando ci si limiti a numeri *finiti*. Cantor scoprì che, se si passava a situazioni infinite (posizioni al limite o quantità infinite), le proprietà delle due nozioni di numero divergevano in maniera essenziale e del tutto insospettata. Benché ricca di applicazioni in filosofia della matematica (la teoria degli ordinali transfiniti è tra le più potenti e irriducibili che si conoscano) la teoria degli ordinali è sopravanzata in importanza storica da quella dei cardinali; è infatti attraverso l'analisi della nozione di cardinale che si tentò di analizzare e di fondare (Frege) la teoria dei numeri naturali. Per il matematico Cantor, la cardinalità di un insieme, cioè il numero cardinale che misura la quantità di cose che l'insieme contiene, è il frutto di un'attiva facoltà del pensiero, ovvero del fare astrazione dalla natura e dall'ordine degli elementi dell'insieme. Per il logico oggettivista Frege, essa è invece indipendente dalla psicologia ed è identificata in una classe: la classe di tutti gli insiemi *equinumerosi* all'insieme dato.

nyāya, termine sanscrito designante il metodo insegnato dall'omonimo sistema filosofico indiano per il corretto uso del ragionamento e per giungere alla verità suprema. La trattazione più antica è costituita dal *Nyāyā-sūtra* di Gautama (sec. I ca d.C.), che sistematizza la logica indiana elaboratasi fino ad allora. Il nyāya conobbe poi una nuova fase, detta *navanyāya*, cioè nuovo nyāya, con Gangeśa, autore della celebre opera intitolata *Tattva-cintāmaṇi* (1200).

Il nyāya ammette sedici categorie, la prima delle quali riguarda i mezzi di conoscenza valida e la seconda il campo del conoscibile. Le altre vertono sulle regole del sillogismo, sulla confutazione degli errori e dei sofismi, e sulla dialettica. I mezzi di conoscenza valida ammessi dal nyāya sono: percezione, inferenza, conoscenza analogica e testimonianza autorevole. Da ciò si comprende come il nyāya non sia un semplice sistema di logica formale, ma comprenda anche una teoria della conoscenza e offra addentellati speculativi, così da potersi integrare nel quadro sapienziale della filosofia indiana intesa al raggiungimento del bene supremo. Di particolare interesse è la teoria del sillogismo articolato in cinque membri: tesi, ragione, esempio, applicazione, conclusione. Le prime due proposizioni, che corrispondono all'entimema della logica occidentale, sono in realtà sufficienti a costituire un sillogismo, ma i commentatori di Gautama ribadirono che il sillogismo completo di cinque membri è utile sia didatticamente sia dialetticamente. Il navanyāya ha arricchito il sistema logico con le importanti indagini intorno alle relazioni, distinguendole in contingenti, necessarie e *sui generis*, cui vanno aggiunte le relazioni indirette e l'assenza o negazione. Lo studio delle relazioni ha permesso alla logica indiana di perfezionare le regole del sillogismo determinandone meglio i limiti di validità.

Occam, Guglielmo di (Ockham, Surrey, 1280 ca - Monaco di Baviera 1349 ca), filosofo inglese. Compì gli studi all'università di Oxford, dove fu baccelliere di teologia (1316-20). Insegnante di logica e di teologia (1321-23) in alcune scuole dell'ordine francescano, cui apparteneva, abbandonò l'insegnamento per recarsi alla curia papale di Avignone (1324), chiamato a rispondere dell'accusa di eresia mossa nei confronti delle sue opere dall'ex cancelliere dell'università di Oxford, G. Lutterell. Fuggito da Avignone con un gruppo di francescani, critici nei confronti della politica ecclesiastica di Giovanni XXII (1328), Occam riparò dapprima in Italia, per seguire poi Ludovico il Bavaro a Monaco di Baviera, dove rimase sino alla morte.

La fuga da Avignone segnò una svolta anche nella produzione di Occam: durante gli anni dell'insegnamento in Inghilterra e del soggiorno avignonese egli aveva atteso alla stesura di un *Commento* alle *Sentenze*, di commenti all'*Organon* e alla *Fisica* di Aristotele, di un'ampia *Summa logicae*; dopo il 1328 lavorò quasi esclusivamente alla stesura di opere polemico-politiche: sulla questione della povertà francescana (*Opus nonaginta dierum*, 1333-34), sull'ecclesiologia dei papi del tempo (*De dogmatibus papae Johannis XXII*, 1334; *Tractatus contra Benedictum XII*, 1337-38; *Compendium errorum papae Johannis XXII*, 1338), sull'origine e la natura dello stato (*Dialogus*, *Octo Quaestiones*), sui rapporti tra chiesa e stato (*Brevilo-

quium de potestate papae, De imperatorum et pontificum potestate).
Riconosciuto come l'iniziatore della «via moderna», ossia del nuovo modo di fare teologia e filosofia che troverà consensi nell'età moderna, Occam si caratterizza per la scelta di una linea di confronto critico con le posizioni dei maestri che l'avevano preceduto. Sul piano logico, rifiuta ogni tipo di soluzione realistica del problema degli universali: la realtà è tutta individuale; l'universalità è il risultato dell'azione dell'intelletto, che raccoglie sotto un unico segno mentale (il concetto generico o specifico) gli individui contraddistinti da particolari gradi di somiglianza. Il concettualismo di Occam è però di stampo realistico: l'universale non è frutto di una convenzione arbitraria; esso è piuttosto un «segno naturale» delle cose particolari. La capacità significativa dei concetti è garantita dalla supposizione (→ suppositio), in particolare dalla supposizione personale, che si dà quando il termine, all'interno di una proposizione, mantiene la sua capacità originaria di rinviare a precise realtà individuali. È questo il piano delle «scienze reali», che sono tali non perché risultino costituite da *res*, ma perché i termini delle proposizioni che le costituiscono si richiamano, ultimativamente, alle *res* tramite la supposizione personale. Analogamente la supposizione semplice, che si dà quando il termine suppone per un significato mentale, consente alle «scienze razionali» di riferirsi all'universo logico, mediante i termini delle proposizioni che le costituiscono.
Anche la metafisica, secondo Occam, necessita di una rigorosa verifica critica. Per quasi tutti gli scolastici del sec. XIII, la dimostrazione dell'esistenza di Dio è fondata sull'asserto dell'impossibilità di procedere all'infinito nell'ordine delle cause efficienti. Occam ritiene discutibile questa affermazione, anche perché gli pare che non sia stata condivisa da quei pensatori (Aristotele e i filosofi arabi) che hanno sostenuto l'eternità del mondo; pertanto egli indica più valida la dimostrazione che si richiama all'impossibilità di andare all'infinito nell'ordine delle cause «conservanti», di quelle cause cioè che rendono ragione del fatto che gli enti finiti continuano a essere, pur essendo stati prodotti dal nulla. La principale novità occamistica nel campo della filosofia della natura è costituita dall'assunto metodologico noto anche come «rasoio di Occam»: non si devono postulare entità inutili, nel senso che sono da evitare le ipotesi complesse, in particolare quelle non suffragate dall'esperienza. Cadono perciò le nozioni di spazio e di tempo come entità autonome, distinte dall'estensione e dal moto; il ricorso alla quinta essenza si rivela un postulato inutile, perché la dinamica celeste tollera la presenza di una materia identica a quella dei corpi sublunari.
Sul piano teologico, il principio di verificazione empirica trova riscontro nel continuo richiamo al testo rivelato, che garantisce la teologia da ogni eccesso di razionalità astratta: l'ideale della povertà radicale, caratteristico della regola francescana, è pienamente legittimato dai testi del Nuovo Testamento; l'esistenza di un potere civile, indipendente da ogni investitura o delega papale, è riconosciuta nella Sacra Scrittura ed è documentata dalla tradizione storica. Il Sacro Romano Impero non è altro che la continuazione nell'Europa cristiana dell'impero universale dei romani. Tra chiesa e stato c'è dunque una diversità di origine e di natura, anche se l'impero, divenuto cristiano, deve collaborare con la chiesa perché ai cittadini sia facilitato il compito di raggiungere il loro fine ultimo, ossia la salvezza eterna.
L'influsso del pensiero di Occam, determinante per gli autori del sec. XIV (G. Buridano, Nicola di Autrecourt, Gregorio da Rimini, Giovanni di Mirecourt e Nicola Oresme), ha fornito le premesse per il rinnovamento del pensiero scientifico operato in età moderna da Copernico e da Galileo (→ occamismo).

occamismo, corrente filosofica, teologica, politica affermatasi nei secc. XIV-XVII in molti centri di studio europei, caratterizzata dalla rielaborazione e dalla diffusione del pensiero di Occam. I principali esponenti dell'occamismo furono R. Holkot, A. Woodham, Giovanni di Rodington, G. Buridano, Nicola d'Autrecourt, Giovanni di Mirecourt, Nicola Oresme, Gregorio da Rimini, Alberto di Sassonia, Pietro d'Ailly, G. Biel. L'originalità dell'occamismo è legata alla netta distinzione fra l'ambito della fede e quello della ragione, all'uso del metodo empirico e del principio di economia (o «rasoio» di → Occam) nell'elaborazione della filosofia della natura, alla separazione tra il potere civile e quello ecclesiastico. Qualificati come nominalisti dalla tradizione storiografica, in realtà gli occamisti sono fautori del concettualismo riguardo al problema degli → universali, mentre in logica seguono il → terminismo. Importanti tematiche dell'occamismo sono passate nella filosofia moderna: la distinzione fra la potenza assoluta e la potenza ordinata di Dio (→ onnipotenza) è ricorrente nei maestri della riforma protestante, mentre, strettamente legato alla dottrina occamistica della conoscenza intuitiva del non-esistente è il tema del Dio ingannatore, che ha avuto un peso determinante nella soluzione cartesiana del problema dell'oggettività della conoscenza.

occasionalismo, la dottrina elaborata pressoché contemporaneamente, nel decennio 1660-70, da alcuni seguaci di Cartesio, olandesi e francesi, come Johann Clauberg, A. → Geulincx, Louis de la Forge, Géraud de Cordemoy, e poi sviluppata da N. → Malebranche.
Cartesio aveva sostenuto, in polemica con tut-

ta la tradizione precedente, una radicale eterogeneità fra le anime e i corpi: le prime pensano e non sono estese (*res cogitans*), i secondi sono estesi e non pensano (*res extensa*). E già alcuni degli autori delle *Obiezioni* che seguivano le *Meditazioni metafisiche*, come Hobbes e Gassendi, avevano sollevato la difficoltà: com'è allora possibile che due sostanze completamente eterogeneee agiscano l'una sull'altra? L'azione reciproca non richiede una omogeneità di natura? Per Cartesio la difficoltà non esisteva, perché — egli rispondeva — l'azione reciproca fra l'anima e il corpo è un fatto attestato dall'esperienza quotidiana: dal corpo l'anima riceve sensazioni e sentimenti, e agisce su di esso nel caso dei movimenti volontari. I suoi discepoli avvertirono invece la difficoltà in tutta la sua gravità (come l'avvertiranno anche Spinoza e Leibniz), preoccupandosi che l'ammissione dell'azione reciproca potesse favorire una soluzione materialistica, secondo la tesi hobbesiana della corporeità anche di ciò che si chiama «anima». Fu questa preoccupazione di salvaguardare la tesi della spiritualità dell'anima il primo motivo che li indusse a negare l'azione reale del corpo sull'anima e viceversa, sostenendo in alternativa che è direttamente Dio ad agire, quando sembra che una delle due sostanze agisca sull'altra, provocando gli effetti che noi sperimentiamo. È Dio a produrre nell'anima una determinata sensazione, allorché il corpo è modificato in un certo modo, e a dare al corpo un determinato movimento, allorché l'anima lo vuole. Quelle che a noi sembrano le cause di questi eventi sono solo «occasioni» dell'intervento divino, quindi «cause occasionali», ma non effettive. La medesima soluzione venne subito applicata anche al rapporto fra i corpi stessi, per spiegare la trasmissione del movimento. A muovere i corpi è quel medesimo spirito che originariamente ha impresso il movimento alla materia, creandola; e in questo caso l'occasione del suo intervento è il fenomeno dell'urto fra i corpi. Un motivo di questo allargamento era una sorta di razionalismo estremistico, per il quale non sarebbe possibile che un essere compia ciò che non sa in qual modo avvenga («quod nescis quomodo fiat, id non facis», diceva Geulincx): come noi non sappiamo in qual modo avvenga che il nostro corpo si muova in corrispondenza della nostra volontà, ancor meno i corpi sanno in qual modo avvenga che in corrispondenza dell'urto altri corpi vengano messi in movimento. Un ulteriore motivo del successo dell'occasionalismo, nel clima dell'agostinismo seicentesco, era la concezione radicalmente teocentrica che ne risultava: le creature sono del tutto impotenti, e solo Dio agisce, come sovrano assoluto che non delega niente del suo potere.

Ochino, Bernardino (Siena 1487 - Slavkov, Moravia, 1565), riformatore italiano. Nato nella contrada senese dell'Oca (donde il soprannome), entrò nell'ordine dei francescani osservanti e poi tra i cappuccini, di cui divenne nel 1538 ministro generale. Predicatore vigoroso e appassionato, percorse tutta l'Italia, denunciando il peccato ed esortando all'imitazione del Cristo crocifisso. A Napoli conobbe lo spagnolo Juan de Valdés e fu affascinato dalla sua mistica dell'interiorità. Nei *Dialoghi sette*, che pubblicò in quegli anni, robusta è l'ispirazione valdesiana. Convertitosi alla riforma, Ochino si astenne dall'attacco aperto alla dottrina della chiesa, pur diffondendo in privato le idee luterane. Nel corso di una predicazione a Venezia, fu sospettato d'eresia e convocato a Roma da Paolo III Farnese. Abbandonata l'Italia (1542), si stabilì a Ginevra, dove Calvino gli affidò la comunità dei profughi italiani, e successivamente a Basilea e ad Augusta. Dopo la sconfitta della lega di Smalcalda, Ochino si rifugiò in Inghilterra (1547). Predicò alla colonia italiana e scrisse in inglese un'opera curiosa intitolata *Una tragedia o dialogo della preminenza ingiustamente usurpata dal vescovo di Roma*, in cui Lucifero e Belzebù, dibattendo il modo migliore di abbattere il regno di Cristo, decidono di elevare il vescovo di Roma alla dignità di papa, perché Cristo poteva essere rovinato dal suo stesso vicario. Durante la reazione cattolica sotto la regina Maria Tudor (1553-1558), Ochino con altri riformatori italiani fu costretto a lasciare l'Inghilterra e ritornò sul continente. Raggiunta Ginevra il giorno seguente al supplizio di M. Serveto, protestò contro l'intolleranza religiosa e abbandonò la città, stabilendosi a Chiavenna, Basilea e infine (1555) a Zurigo, dove si legò a P. Vermigli e a L. Sozzini o Socini, e difese la dottrina eucaristica di Zwingli. Espulso dalla città, perché nell'opera *Trenta dialoghi* la sua difesa della Trinità fu ritenuta debole e il ripudio della poligamia ambiguo, raggiunse la Polonia e quindi la Moravia, dove fu accolto dal veneziano Nicola Paruta in una colonia anabattista che metteva in comune i beni e praticava l'amore fraterno. Qui Ochino, deluso sia dai protestanti sia dai cattolici, trovò forti consonanze con l'ideale francescano di povertà e di fraternità, per cui alla fine della vita indirizzò le sue simpatie agli anabattisti.

Oetinger, Friedrich Christoph (Göppingen 1702 - Murrhardt 1782), filosofo e teologo luterano tedesco. Dopo essere stato parroco in diverse località della Svevia, nel 1766 fu nominato sovrintendente ecclesiastico a Murrhardt dove visse fino alla morte. Opere principali: *Inquisitio in sensum communem et rationem* (1753); *La filosofia degli antichi* (1762); *Theologia ex vita deducta* (1763); *Pensieri sulle facoltà del sentire e del conoscere* (1775). Allievo di Bilfinger e ottimo conoscitore della filosofia di Leibniz e di Ch. Wolff, subì, d'altro canto, l'influsso della tradizione mistica e teosofica tedesca e in particolare del pensiero di J. Böhme, cui si aggiunse poi quello di E. Swedenborg. Nelle sue opere Oetinger combatte il razionalismo illuministico su due fronti: da un lato contestandone la visione meccanicistica e quantitativa del mondo in nome di una concezione vitalistica e qualitativa di ispirazione ermetico-alchemica; dall'altro rifiutandone la pretesa di fare della ragione l'unico legittimo organo del sapere, e rivendicando invece il «senso comune», l'immediato sentimento del cuore come originaria facoltà conoscitiva dell'uomo. Notevole importanza hanno gli scritti teologici, in cui Oetinger fornisce un'originale interpretazione e sistemazione dei principali temi della speculazione teosofica di Böhme; tali scritti eserciteranno un rilevante influsso sulla filosofia religiosa del tardo Schelling.

oggetti, teoria degli, → Meinong, Alexius von.

oggetto, concetto introdotto nella filosofia occidentale dai filosofi scolastici (Tommaso d'Aquino, Duns Scoto, Occam) per designare il contenuto caratteristico di un atto intellettuale o percettivo; per Tommaso, per es., il colore è l'oggetto proprio della vista, perché le cose vengono viste in quanto sono colorate (*Summa theologiae* I, q. 1, a. 7); e Occam chiama oggetto di un atto di conoscenza la proposizione conosciuta, mentre il suo soggetto è ciò che corrisponde al termine soggetto della proposizione stessa (*Expositio super VIII libros Physicorum*, Prologus). Questo uso del concetto di oggetto — che non ha precedenti nell'antichità classica — deriva probabilmente da un uso terminologico della tarda latinità, dove *obiectum* (= ciò che è posto contro o davanti) significava sia l'ostacolo che si oppone allo svolgimento di un'attività, sia lo schermo che si frappone tra il soggetto di una potenza e il suo termine, come la Terra fra la luce del Sole e la Luna o la corporeità del Cristo fra la sua luce divina e il mondo. L'oggetto è quindi il modo in cui la realtà qualifica un atto intellettuale o percettivo rivolto a essa; e di qualcosa (per es. degli → universali) si dirà che possiede *essere oggettivo* per intendere che *non* è una cosa realmente esistente, ma il contenuto di un'attività dell'anima (Occam, *Ordinatio*, D. II, Q. VIII). Ciò che esiste realmente, una cosa, possiede invece *essere soggettivo*, perché è un soggetto (nel senso dello *hypokéimenon* aristotelico) di possibili predicati. L'uso medievale è quindi invertito rispetto a quello odierno. Solo all'inizio del Seicento si comincia a intendere per oggetto un ente esterno all'anima, che è *rappresentato* da un'idea nell'anima. Nell'epistemologia cartesiana, le idee sono copie dirette, più o meno adeguate, delle cose stesse: l'abolizione di ogni intermediario fra idea e cosa induce a identificare con la cosa stessa ciò che determina il contenuto di un atto intellettuale, vale a dire ciò che era stato chiamato «oggetto». Anche Hobbes considera «oggetto» sinonimo di «corpo esterno», dove il corpo esterno è la fonte delle sensazioni, cioè dei contenuti mentali. Solo alla fine dell'Ottocento F. Brentano tornerà a proporre un'analisi della mente più simile a quelle avanzate dai filosofi scolastici; e sulla sua scorta A. von Meinong presenterà la sua teoria degli oggetti come scienza di ciò che è conosciuto in quanto tale, in contrapposizione sia alle cose conosciute considerate per es. come oggetti fisici, sia agli eventi mentali considerati cone oggetti psichici; cioè come scienza dei contenuti degli atti intellettuali. E analogamente Husserl intenderà per oggetti ciò verso cui un atto intellettuale è orientato. Invece la corrente principale dell'epistemologia postcartesiana continua a usare la parola «oggetto» per riferirsi al termine extrapsichico dell'attività intellettuale, e in particolare — soprattutto con Kant — dell'attività conoscitiva. Kant parla sì di oggetto in generale come del possibile contenuto di un qualsiasi pensiero (per es. *Critica della ragion pura*, B 304-I, I, II, cap. III); ma un oggetto in senso stretto e proprio deve essere dato nell'intuizione (*Prolegomeni*, 13, Osserv. II), e ogni intuizione può entrare in possesso del suo oggetto solo attraverso l'intuizione empirica (*Critica della ragion pura*, B 298, ibid.). Un oggetto è dunque per Kant un *costrutto* il cui materiale è fornito dall'esperienza. L'idea che ciò che si chiama un oggetto sia il risultato di una costruzione operata dalle nostre facoltà conoscitive o dalle loro estensioni strumentali è prevalente nell'epistemologia postkantiana, praticamente fino a oggi.

Gli idealisti, da Fichte in poi, accentuarono il ruolo attivo del soggetto nella costruzione dell'oggetto, giungendo ad affermare l'origine soggettiva del materiale stesso della costruzione; una parte dei filosofi della scienza del Novecento, da E. Mach a R. Carnap, tentarono invece di mostrare analiticamente come gli oggetti fisici vengano costruiti a partire da sensazioni elementari, considerate come date e non ulteriormente analizzabili. Nella filosofia a orientamento linguistico, al contrario, il termine «oggetto» è stato spesso usato per indicare gli elementi ultimi e assolutamente semplici della realtà: gli oggetti di cui parla Wittgenstein nel *Tractatus logico-philosophicus* (1922) sono appunto i costituenti ultimi a cui ogni descrizione del mondo deve potersi ridurre e che non sono descrivibili, ma solo designabili con nomi propri. Già Frege aveva concepito l'oggetto come ciò che è designato da un nome proprio e non può mai essere designato dal predicato logico di una proposizione (i predicati designano invece → concetti). In generale, la parola «oggetto» è usata oggi nel linguaggio filosofico per indicare il termine di qualsiasi relazione o attività.

D. Ma.

oggetto «buono» - oggetto «cattivo», espressioni introdotte in psicoanalisi negli anni Trenta da Melanie Klein per indicare i primi oggetti pulsionali (→ pulsione) dell'esperienza fantasmatica infantile. Tali oggetti sono costituiti dalle deformazioni degli «oggetti parziali», cioè degli organi o prodotti del corpo (seno materno, pene, feci), o anche di una persona (la madre), che il bambino vive come esistenti esclusivamente allo scopo di soddisfare le sue esigenze. L'oggetto «buono» è quello su cui il bambino proietta le proprie pulsioni libidiche, ed è da lui vissuto come gratificante; l'oggetto «cattivo» è quello su cui il bambino proietta le proprie pulsioni distruttive, ed è da lui vissuto come frustrante. Scindendo l'oggetto parziale in «buono» e «cattivo», il bambino pone in atto quello che, nel suo sviluppo psichico, costituisce il primo meccanismo di difesa contro l'angoscia. Fra gli oggetti parziali, particolare importanza assume il seno materno, la cui scissione dà luogo al seno «buono» e al seno «cattivo», cioè al seno che si concede e al seno che si rifiuta. La teoria kleiniana si riallaccia ad alcuni spunti freudiani contenuti in *Pulsioni e loro destini* (1915), e soprattutto riprende il fondamentale dualismo fra le pulsioni di vita e le pulsioni di morte dell'ultimo Freud, dualismo che molti altri psicoanalisti invece rifiutano.

olismo, termine che designa la tesi epistemologica secondo la quale i sistemi complessi (organismi, menti, sistemi sociali) presentano caratteristiche non possedute dai loro elementi costitutivi (in questi sistemi, in altri termini, il tutto è maggiore delle parti). In un'accezione prossima a questa, il termine designa inoltre la tesi dell'*evoluzione emergente*, secondo la quale: 1) i fenomeni di organizzazione sono disposti in una gerarchia di livelli di complessità crescente, i gradi superiori della quale non sono riducibili (→ riduzionismo) a quelli inferiori, e vengono per ciò detti *emergenti* rispetto a questi ultimi; 2) eventi rari e imprevedibili determinano, nella storia evolutiva dell'universo, l'emergere di sempre nuovi e più complessi livelli di organizzazione della materia. Il termine, che è stato usato talvolta anche come sinonimo di → vitalismo, ha assunto significati molto diversi dai precedenti nell'ambito della filosofia analitica, nella quale è servito a indicare: a) la tesi (difesa da P. Duhem e da W.V.O. Quine), secondo la quale non i singoli enunciati delle teorie scientifiche, ma solo le teorie nel loro complesso sono suscettibili di prova o smentita empirica (*olismo metodologico*); b) la concezione semantica (sostenuta da Quine e da D. Davidson), secondo la quale ogni enunciato ha un significato determinato non isolatamente, ma solo in quanto parte di un intero sistema linguistico (*olismo semantico*).

Olivi, Pietro di Giovanni o Pierre Olieu (Sérignan, Linguadoca, 1248 - Narbonne 1298), teologo e filosofo francese. Entrato giovanissimo nell'ordine francescano, divenne l'esponente più significativo degli spirituali provenzali, la corrente rigorista che invocava un'osservanza più stretta delle disposizioni sulla povertà contenute nella Regola. Fra il 1287 e il 1289 insegnò allo studio teologico di Santa Croce a Firenze, ove fu maestro di Ubertino da Casale. Fra i suoi commenti biblici, il più noto è la *Lectura super Apocalipsim* (1296), che si ispira in parte ai commenti di Gioacchino da Fiore e Riccardo di San Vittore. Olivi vi espone la propria concezione delle sette età e dei tre *status* (epoche) in cui divide la storia della chiesa, e vi esprime le attese di riforma della chiesa e dell'ordine proprie degli spirituali. Dopo la sua morte l'opera subì numerose condanne ecclesiastiche. Sul piano filosofico, nel *Commento alle «Sentenze»* e nei *Quodlibeta* Olivi cerca di operare una sintesi fra concezioni aristotelico-tomiste e il neoagostinismo caratteristico della scuola francescana. Assertore della dottrina della pluralità delle forme sostanziali del composto umano, egli ritiene che l'anima sia costituita di tre potenze (vegetativa, sensitiva, intellettiva), delle quali solo le prime due sono direttamente forma del corpo, mentre la terza è unita al corpo in virtù della loro mediazione. L'unità dell'anima sarebbe assicurata dal fatto che tutte e tre le potenze sono di materia spirituale. Sul piano gnoseologico, Olivi diffida della dottrina agostiniana dell'→ illuminazione, cui sembra preferire la soluzione aristotelico-tomista dell'astrazione. Oltre a diverse lettere, ci sono giunti alcuni suoi trattati di etica economica, in cui si affronta dal punto di vista morale il problema dell'usura.

Ollé-Laprune, Léon (Parigi 1839-1898), filosofo francese. Insegnò all'Ecole Normale di Parigi. Postosi in luce con la fondamentale monografia *La filosofia di Malebranche* (2 voll., 1870), ottenne nel 1880 il dottorato con una dissertazione sull'etica di Aristotele. La sua opera più nota è *Il valore della vita* (1894). Altri scritti: *La certezza morale* (1880); *La filosofia e il tempo presente* (1890); *Le fonti della pace intellettuale* (1892); inoltre le due opere postume *La ragione e il razionalismo* (1906) e *Credenza religiosa e credenza intellettuale* (1908). Ollé-Laprune rinnova le tesi dello spiritualismo classico mostrandone la sostanziale congruenza con l'ortodossia cattolica, dalla quale — egli dice — è possibile trarre i principi essenziali atti a soddisfare ogni bisogno umano. La sua originalità consiste nel risalto conferito al tema della volontà. A differenza della certezza scientifica, che è limitata e astratta, la certezza pratica dà luogo a un «credere» di cui si nutre anche la fede. Quest'ultima, pur non ripugnando alla dimostrazione razionale dei suoi principi, non può e non deve risolversi in un «sapere», quanto piuttosto in un concreto «volere» che è nel contempo impegno integrale di tutto l'uomo e fonte vivificante delle sue facoltà spirituali. M. Blondel muoverà da queste premesse per sviluppare la sua «filosofia della volontà».

OṂ, nell'induismo, nel buddhismo e nel giainismo, sillaba mistica per eccellenza, simboleggiante l'assoluto (→ brahman) nella sua unità e nelle sue articolazioni. Il fonema, che nell'uso liturgico viene pronunciato prima e dopo la preghiera e la lettura dei testi sacri, si scompone secondo la fonetica sanscrita, nelle tre lettere A, U, M, che sono considerate simboli delle tre sfere della realtà psicofisica: mondo sensibile, rappresentato dallo stato di veglia; mondo delle immagini, rappresentato dal sogno; e mondo della causalità, rappresentato dal sonno senza sogni. Una quarta sfera, dell'assoluta trascendenza, è indicata dal suono O. Secondo alcune scuole tantriche (→ tantrismo) l'OM è scomponibile in dodici articolazioni rispondenti alle tappe di ascesa della energia cosmica, che conduce alla conoscenza dell'immanifesto, al di là della parola e del pensare discorsivo. L'OṂ è pure collegato alle tre funzioni della divinità (creazione, conservazione, riassorbimento nel cosmo).

omeomerie, termine (in gr. *homoioméreiai*, particelle simili) con cui Aristotele designa i *semi* di → Anassagora, ossia le singole parti di cui Anassagora ritiene si componga un corpo.

Ong, Walter Jackson, (Kansas City, Missouri, 1912) studioso statunitense di logica, retorica e teoria della comunicazione. In *Ramo, il metodo e la decadenza del dialogo* (1958) ha studiato (seguendo le indicazioni di M. Mc Luhan) le relazioni tra gli effetti dell'invenzione della stampa e l'affermazione del metodo ramista (P. → Ramo) nel XVI sec., mostrando come la tecnologia tipografica abbia favorito lo smantellamento del «vecchio mondo orale» del discorso e della retorica, in favore di una nuova cultura caratterizzata da strutture cognitive di tipo visivo e prevalentemente «monologico». Gli scritti successivi di Ong si basano sull'elaborazione della tesi secondo cui i più importanti mutamenti nella cultura e nelle strutture della coscienza sono intimamente connessi con l'evoluzione dei modi di espressione e comunicazione verbali (le «tecnologie della parola»). Così, in *Interfacce della parola* (1981), egli ha tracciato una sorta di storia delle tecnologie verbali, che mostra un andamento quasi dialettico. Il mondo dell'oralità (origine imprescindibile del discorso e del pensiero) è stato disintegrato dalle tecnologie chirografica (la scrittura) e tipografica. Queste hanno creato una cultura basata sull'analisi e sull'unificazione dell'esperienza a opera dell'io individuale, per lasciare posto, in seguito, all'«oralità secondaria» della cultura elettronica di oggi, in cui l'universo viene ricomposto secondo nuove strutture mentali. Altre opere: *Frontiere del cattolicesimo americano* (1957); *La presenza della parola* (1967); *Oralità e scrittura* (1982).

onnipotenza, nel linguaggio teologico, termine designante l'illimitata potenza di Dio, che si estende, oltre che al reale, a tutto ciò che è intrinsecamente possibile. È usato dalla teologia ebraico-cristiana (dalla quale è passato all'Islam, come uno dei 99 attributi di Dio) per indicare l'infinita perfezione della potenza attiva di Dio *ad extra*, ossia fuori di sé: egli, che ha creato le cose da solo, senza intermediari, può produrre da solo tutti gli effetti che normalmente vengono prodotti dalle cause naturali. Il tema dell'onnipotenza fu molto dibattuto nella scolastica: san Pier Damiani, nell'opera *De divina omnipotentia*, sostiene che Dio può fare tutto ciò che non è male; san Tommaso ritiene che l'onnipotenza sia un attributo divino dimostrabile razionalmente, connesso con l'essenza assoluta e infinita di Dio; Duns Scoto nega tale dimostrabilità filosofica; Occam, infine, con la distinzione fra l'onnipotenza divina in se stessa (*de potentia Dei absoluta*) e l'onnipotenza divina rapportata alle leggi che regolano l'universo creato (*de potentia Dei ordinata*), offre un decisivo criterio metodologico per stabilire i confini della riflessione teologica (che si muove nell'ambito del primo concetto) nei confronti dell'indagine scientifica (che deve rimanere nei limiti del secondo concetto).

ontico-ontologico, → differenza ontologica.

ontologia, termine introdotto nel sec. XVII per indicare la scienza dell'essere in generale. Corrisponde quindi a quella ricerca sull'«essere in quanto essere» che Aristotele aveva assegnato alla «filosofia prima» (poi denominata → metafisica) insieme alla ricerca su Dio. La fortuna del termine è dovuta all'*Ontologia* di Ch. Wolff (1729), che intendeva l'ontologia appunto come «metafisica generale», preliminare rispetto alle tre scienze metafisiche speciali che sono la psicologia razionale, la cosmologia razionale e la teologia razionale. La differenza della concezione wolffiana dell'essere, rispetto alla concezione classica, dipende dalle sue premesse leibniziane, per cui al reale è anteposto il possibile, sicché l'«ente» è definito come «ciò che può esistere», sia che di fatto esista sia che non esista, e l'esistenza come il «complemento della possibilità». I principi supremi dell'ontologia sono quello di non contraddizione e quello leibniziano di ragion sufficiente. Le determinazioni interne dell'ente sono gli attributi essenziali oppure i suoi «modi». Per il resto, l'ontologia studia una serie di coppie concettuali, come quantità e qualità, necessità e contingenza, mutabilità e immutabilità, singolarità e universalità, tutto e parte, sostanza e accidente, semplicità e composizione, finitezza e infinitezza, identità e diversità, causa ed effetto, e così via. Kant concepì la propria «analitica trascendentale» (prima parte della logica trascendentale,

nella *Critica della ragion pura*) come tale che venisse a prendere il posto della vecchia ontologia; e Hegel pensò altrettanto della propria logica, ch'egli identificava del resto con la metafisica.
Di ontologia è tornata a parlare, nel nostro secolo, la corrente fenomenologica: anzitutto Husserl, con le sue «ontologie regionali», o scienze ideali di generi di enti che empiricamente sono oggetto di più scienze (per es., l'ontologia regionale della natura fisica ecc.); e poi Heidegger, sia nella prima sia nella seconda fase del suo pensiero, e N. Hartmann.
Nella filosofia analitica, l'ontologia è strettamente intrecciata con la logica e la filosofia del linguaggio. Secondo W.V.O. → Quine, gli *impegni ontologici* di un discorso (tipicamente, di una teoria scientifica) non sono determinati tanto dalle sue asserzioni di esistenza, ma dal tipo di variabili su cui il linguaggio ammette la quantificazione: così una posizione nominalista — per cui esistono solo individui — ammetterà solo la quantificazione su variabili individuali (non, per esempio, su variabili predicative). L'ontologia di una teoria è quindi determinata dalla semantica del suo linguaggio, e di fatto coincide con gli aspetti generali di quella semantica. Una corrente significativa della filosofia analitica persegue la costruzione di un'*ontologia formale*, cioè di una teoria formale dei modi dell'essere. La costruzione di una siffatta teoria coincide con la definizione di una semantica per un linguaggio logico, in cui trovino posto i tipi di entità che la teoria ammette (mettiamo, individui, o individui e classi, o proprietà ecc.) e siano definite le relazioni tra i vari tipi di entità. Una tale ontologia formale si accredita mostrando di consentire la riformulazione, nel linguaggio logico così interpretato, di tutte le teorie sostantive (matematica, scienze naturali ecc.) che l'ontologo accetta. Ciò costituisce una *riduzione* delle ontologie delle teorie sostantive all'ontologia fondamentale proposta.

ontologico, argomento, espressione con cui Kant si riferisce alla classica prova dell'esistenza di Dio enunciata per la prima volta da sant'Anselmo nel *Proslogion* (cap. 2) con l'intento di riassumere le prove già fornite nel *Monologion*. In verità, mentre queste ultime muovevano dall'esperienza e dal concetto di causa per risalire a Dio, l'argomento del *Proslogion* fornisce una dimostrazione puramente a priori. Essa prende avvio da una frase dei Salmi: «Lo stolto in cuor suo disse che Dio non c'è». L'ateo però è uno stolto (*insipiens*), perché non sa quel che dice. Segue la dimostrazione divisa in due parti. Nella prima viene proposta la frase «qualcosa di cui nulla può pensarsi di più perfetto o maggiore»; lo stolto ascolta questa frase e la comprende, cioè l'accoglie nel suo intelletto: egli ha ora l'idea di «qualcosa di cui ecc.». Di qui la seconda parte dell'argomento: se lo stolto dice che il qualcosa di perfettissimo esiste solo come idea nel suo intelletto si contraddice, in quanto egli può anche pensare qualcosa che esiste nella realtà; tale cosa allora sarebbe più perfetta dell'essere perfettissimo, in quanto esistente tanto nella sua mente quanto nella realtà. In altri termini: se ho l'idea di qualcosa alla cui perfezione nulla manca, non posso negarle l'esistenza, perché altrimenti qualsiasi cosa che esistesse sarebbe più perfetta di quella, contrariamente a ciò che ne ho pensato.
Già i contemporanei di Anselmo sollevarono varie obiezioni all'argomentazione. In particolare il monaco Gaunilone, nel *Liber pro insipiente*, osservò che il concetto di qualcosa di cui nulla può pensarsi di più perfetto è vago e oscuro, poiché nulla gli corrisponde nell'esperienza; io posso farmene un'idea sforzandomi di immaginare qualcosa di sconosciuto, ma non si vede perché a questo mio immaginare dovrebbe corrispondere qualcosa di esistente. Sarebbe come immaginare un'isola perfettissima e poi pretendere che essa esista. A ciò ribatté Anselmo col *Liber apologeticus*: l'argomento dell'isola non è corretto, perché non vi è necessità che esista un'isola perfettissima (la perfezione non ha qui significato), mentre l'ente perfettissimo deve per forza esistere, o non è l'ente perfettissimo di cui stiamo parlando. L'argomento, insomma, ha valore solo se riferito a Dio. Nel corso del medioevo presero posizione in molti a favore o contro l'argomento di Anselmo. In generale gli aristotelici gli furono contrari (san Tommaso), in quanto antiinnatisti, e i platonici favorevoli (Alessandro di Hales, san Bonaventura). Duns Scoto ne propose un perfezionamento (giudicandolo peraltro non del tutto probante): il perno della questione non è se noi abbiamo o no l'idea nell'intelletto di un ente perfettissimo, ma se tale idea è logicamente possibile, cioè non contraddittoria. Se lo è, non si può negarle l'esistenza.
In questa forma l'argomento venne ripreso da Cartesio nelle *Meditationes* e considerato assolutamente probante; e così fece Leibniz nella *Monadologia* (par. 45): nell'essere assolutamente perfetto ogni possibilità è di necessità attuata, dunque è attuata anche la sua esistenza. La questione venne riesaminata da Kant, che respinse la deduzione ontologica dell'esistenza dal concetto di essere perfettissimo sia nell'*Unico argomento* (1763), sia nella Dialettica della *Critica della ragion pura*. L'esistenza non è una questione logica ma fattuale; pertanto essa si «mostra» e non si «dimostra». Né si può ricavare il predicato dell'esistenza dall'analisi di un concetto, poiché tale predicato consegue a una sintesi giudicativa fondata sull'esperienza e non a un'analisi a priori. Infine, il concetto di essere perfettissimo non è né chiaro né «positivo»; infatti l'unica esistenza che noi conoscia-

mo è quella fenomenica i cui enti sono condizionati e non perfetti. Nonostante questa radicale messa a punto, l'argomento ontologico viene ancora difeso dopo Kant, a partire da Hegel (*Enciclopedia*, par. 51), che rileva come nel caso di Dio sia essenziale al concetto l'esistenza; pensiero ed essere non possono qui che corrispondersi, pur restando vero che, per i concetti empirici, la loro concepibilità non comporta l'esistenza dell'oggetto corrispondente. Analoga difesa è ripetuta da P. Carabellese (*Il problema teologico come filosofia*, 1931), il quale distingue tra l'essere assolutamente oggettivo di Dio e l'esistenza relativa dei singoli enti, e poi da L. Brunschvicg (*La ragione e la religione*, 1939). Resta il fatto che l'argomentazione kantiana ha definitivamente ridimensionato le pretese della teologia razionale.

ontologismo, dottrina che afferma la conoscenza immediata, intuitiva, di Dio da parte dell'uomo e la pone a fondamento di ogni altra conoscenza. Presente, almeno embrionalmente, nel pensiero dei padri della chiesa e nella filosofia medievale, fu esplicitamente sostenuto solo in età moderna. Tipico rappresentante ne è Malebranche, che giunse all'ontologismo sviluppando il cartesianismo in senso occasionalistico (→ occasionalismo). La sua gnoseologia infatti è imperniata sull'affermazione che, in occasione di una modifica corporea da parte di un oggetto, intuiamo l'idea corrispondente all'oggetto in Dio. L'intuizione delle idee in Dio è poi concepita come intuizione di Dio nella sua esemplarità in quanto è partecipato dalle creature. Malebranche pensava, ed è questa una caratteristica precipua dell'ontologismo, di avere in tal modo evitato sia la confusione fra la visione naturale di Dio e la visione beatifica che si avrà nell'altra vita, sia il panteismo: l'esperienza immediata di Dio, se rende certi della sua esistenza, non fa conoscere della sua essenza se non quello che si disvela in riferimento al mondo creaturale; la passività dell'intuizione, d'altronde, segna la irriducibilità degli spiriti finiti a Dio. Presente nel Settecento in filosofi come S. Gerdil, che lo utilizzarono in funzione polemica contro l'illuminismo, l'ontologismo ebbe ampia diffusione nell'Ottocento. Suo rappresentante fu V. Gioberti, che contrappose ontologismo a psicologismo: mentre quest'ultimo chiude l'uomo nelle sue rappresentazioni e ha come conseguenza un soggettivismo scettico, l'ontologismo parte dall'intuizione che l'uomo ha dell'Ente o Dio, che sarebbe colto nella sua attività creante (donde di nuovo quella passività dell'intuizione che permette di escludere il panteismo). L'intuizione di Dio è abbacinante e solo mediante l'elaborazione che si serve del linguaggio l'uomo giunge a trasporre parzialmente il suo contenuto sul piano della riflessione. Quest'ultimo punto sottolinea un altro tratto comune a tutti gli ontologismi: l'intuizione dell'Essere o Dio ha carattere immediato e richiede sforzo e attenzione per essere tematizzata.
Una versione laica dell'ontologismo è stata data, nell'ambito della filosofia contemporanea, da P. Carabellese: egli identifica infatti Dio con la pura idea dell'essere, forma del pensiero a esso immanente. Reagendo alla filosofia di G. Gentile, Carabellese riduce l'essere a oggettività pensabile nel cui ambito si costituiscono i soggetti finiti, a esso irriducibili, così come esso è irriducibile a loro. Nel suo significato religioso tradizionale l'ontologismo è stato ripreso da L. Lavelle, che ha innestato su questa dottrina motivi esistenzialistici.

ontoteologia, nel pensiero di Heidegger, l'unione tra ontologia e teologia nella metafisica (*La costituzione ontoteologica della metafisica*, 1956-57). L'ontologia, ossia il discorso sull'essere, e la teologia, il discorso su Dio, convergono nel fatto che rappresentano una comune ricerca di fondamento: l'essere come fondazione-giustificazione degli enti e il Dio come → *causa sui* e fondazione del mondo. Questo concetto di fondazione, che è l'essenza della metafisica, presenta per Heidegger una duplice insufficienza. Da una parte, infatti, esso concepisce ontologicamente la teologia: il dio come *causa sui* non è il Dio cui si possano rendere dei sacrifici, è un puro costrutto razionale; pertanto, un pensiero che sappia fare a meno del Dio della filosofia sarebbe più autenticamente vicino al Dio divino. D'altra parte, l'ontoteologia pensa teologicamente l'ontologia, dal momento che finisce per identificare l'essere con l'ente supremo. Di qui, secondo una riflessione che Heidegger ha abbozzato (per poi accantonarla) nello scritto *Contributi alla filosofia* (1936-38, pubblicato postumo nel 1989), l'idea che il pensiero, in quanto si è emancipato dalla identificazione ontoteologica dell'essere con Dio, dovrebbe preparare l'avvento dell'«ultimo Dio» che non è assolutamente quello dell'ontoteologia.

operazionismo, teoria dei concetti scientifici formulata per la prima volta in maniera esplicita dal fisico statunitense P.W. → Bridgman. Per Bridgman (*La logica della fisica moderna*, 1927) il significato di un concetto coincide con l'insieme di operazioni mediante le quali esso è applicato. Il concetto di «lunghezza», per es., coincide con le operazioni di misurazione delle lunghezze (vi sono quindi vari concetti di lunghezza, perché le opeazioni implicate sono diverse a seconda che si misurino le dimensioni di una molecola, la lunghezza di un tavolo o la distanza tra due corpi celesti). In certi casi, le operazioni in questione sono operazioni mentali: per es. il concetto di «continuo matematico» è dato dall'insieme di operazioni mentali mediante cui stabiliamo se un aggregato è continuo. Concetti come quelli di spazio e tempo assoluto sono invece privi di significato, perché non riducibili a insiemi di operazioni. L'operazionismo tende a una purificazione della scienza, che ne escluda le formulazioni puramente verbali e i concetti empiricamente vuoti; per questo aspetto esso è vicino alla critica antimetafisica di E. → Mach e al verificazionismo neoempirista (→ empirismo logico).

Nel campo della fisica, le operazioni implicate si riducono in gran parte a operazioni metriche e a operazioni effettivamente eseguibili in laboratorio. Tuttavia, il punto di vista operazionista è stato adottato anche da sociologi e da psicologi, i quali l'hanno interpretato meno restrittivamente. Nel campo della sociologia e in quello della psicologia si è tentato, mediante l'operazionismo, non tanto di evitare concetti assoluti, quanto di eliminare concetti privi di significato e affermazioni puramente verbali. I concetti devono essere definiti in modo da permettere, di volta in volta, di stabilire la loro applicabilità al caso in questione: ciò è possibile soltanto se essi vengono definiti in termini di operazioni empiricamente eseguibili. Per es., un sociologo operazionista definirebbe l'opinione pubblica in rapporto ai processi effettivi attraverso i quali vengono fatte domande alla gente e vengono classificate le risposte; e definirebbe la mente o lo spirito non in termini di qualche «cosa» o entità interiore e inaccessibile all'osservatore, ma nei termini dei processi attraverso i quali vengono provocate nel soggetto certe complesse reazioni di comportamento, e dei metodi con cui queste reazioni vengono registrate per essere analizzate.

In considerazione della grande rilevanza data a operazioni specifiche e concrete, l'operazionista è incline a eliminare dalla scienza ogni concetto generale. L'operazionismo condivide le difficoltà incontrate da ogni forma di empirismo quando si tratta di valutare l'importanza dei concetti generali in tutte le attività di pensiero. Allo stesso modo, il punto di vista operazionista estremo finisce col non lasciare alcun posto alle ipotesi nella scienza: infatti, il valore di tali supposizioni consiste nella loro capacità di previsione; ma nessuna ipotesi definibile operativamente può offrire alcuna previsione. L'operazionismo ha tuttavia esercitato un effetto positivo sulla scienza, poiché ha stimolato l'interesse per le definizioni chiare e ha scoraggiato ogni forma di speculazione incontrollata.

opposizione, nozione che, già presente in alcuni filosofi presocratici (in particolare Eraclito), riceve con Aristotele una sistemazione che dominerà tutto il pensiero successivo. Nelle *Categorie* e nel libro IV della *Metafisica*, Aristotele ne distingue quattro forme, che implicano tutte la funzione della negazione, ma in maniera diversa. La forma più forte di opposizione è la contraddittorietà, la più debole è la correlatività, e intermedie sono la privazione e la contrarietà. La contraddittorietà si ha quando, di due termini, uno è la mera negazione dell'altro, come *non A* rispetto ad *A*: i due termini s'escludono, senza aver niente in comune. L'opposizione fra la privazione e il «possesso» si ha allorché uno dei due termini rappresenta la mancanza dell'altro: per es., vista e cecità; in questo caso, c'è qualcosa di comune a entrambi i termini opposti: il soggetto (o sostrato) che per l'appunto possiede quel determinato attributo o invece ne è privo. La contrarietà è l'opposizione fra due termini i quali costituiscano la differenza massima, o «perfetta», all'interno d'un determinato «genere»: per es., «bianco» e «nero», nel genere «colore». Infatti, come avviene in ogni forma di opposizione, anche i contrari si oppongono in coppie; ma, a differenza che nelle altre forme, in questo caso può ben darsi che ci siano dei termini intermedi fra i due opposti: nell'esempio dei colori, appunto quelli che stanno fra il bianco e il nero. Gli opposti contrari hanno in comune, oltre che il sostrato, anche il genere; e Aristotele adopera questa relazione per spiegare il movimento, inteso come alterazione: non è il bianco che si muta in nero o viceversa, ma è una medesima cosa che da bianca diventa nera o viceversa, pur rimanendo per il resto la stessa, cioè non perciò cambiando natura. Infine, la correlatività, o relatività reciproca fra due termini, si ha quando ognuno di essi non ha significato se non in riferimento all'altro: per es., «padre» e «figlio», «doppio» e «metà» ecc. In questo caso i due termini sono rigorosamente simultanei: non si dà l'uno senza l'altro; e questa forma di opposizione è così blanda che alcuni pensatori (per es. Ch. Wolff) limiteranno l'opposizione alle altre tre forme, espungendone appunto la correlatività.

Una riformulazione della contrarietà aristotelica si ha con Kant, con quell'«opposizione reale» che egli elabora in uno scritto apposito, *Tentativo d'introdurre in filosofia il concetto delle grandezze negative* (1763), e poi riprende nell'Anfibolia dei concetti della riflessione, in appendice alla Analitica trascendentale della *Critica della ragion pura*. L'«opposizione reale» è un contrasto fra due forze di verso contrario applicate a un medesimo oggetto, e in genere fra termini che siano rispettivamente qualificabili come positivo e negativo, nel senso aritmetico (per es. crediti e debiti, piacere e dolore ecc.). Nel caso che le due forze siano d'intensità uguale, il risultato è zero (per es., la quiete del corpo); ma ciò è ben diverso da quella nullità che risulta da una contraddizione logica (la quale non è reale, ma può aversi solo nel pensiero). Gli opposti reali di Kant sono quindi dei contrari, ma considerati in una prospettiva dinamica e dotati di quella simultaneità che classicamente caratterizzava invece solo i termini correlativi. Il termine che volta a volta venga qualificato come «negativo» è tale solo relativamente all'altro, quindi convenzionalmente, ossia in dipendenza del punto di vista che si adotti, ma in realtà è altrettanto positivo quanto l'altro: rispetto ad *A* non è un *non-A*, bensì un *B*. Altrettanto varrà per Hegel: neppure il *non-A* di cui parla Hegel come dell'opposto di *A* è un termine indeterminato, come nella contraddittorietà classica: «Il negativo è nello stesso tempo positivo» (*Scienza della logica*, Introduzione). Tuttavia, a differenza dell'opposizione kantiana, quella hegeliana è «immanente», costitutiva dei suoi stessi termini, nel senso che ognuno di essi c'è ed è quel che è solo in relazione all'altro, che gli è quindi interno; anzi ognuno è esaurito da questa sua relazione al proprio altro. Nella sua forma pura, questa relazione si trova solo fra i termini delle coppie concettuali che complessivamente costituiscono per Hegel la logica; ma, poiché nel pensiero hegeliano questa s'identifica con la metafisica, la medesima struttura si ritrova anche nel reale. Comunque, un esempio intuitivo può esser trovato nelle polarità fisiche: un polo non si dà se non in una connessione inscindibile con l'altro (mentre una forza è tale anche prima d'esser eventualmente applicata a un corpo al quale contemporaneamente venga applicata una forza contraria). Per questo suo carattere di internità e costitutività, l'opposizione è posta da Hegel in contrasto con la relazione di «diversità», che è esterna, in quanto intercorre fra cose reciprocamente «indifferenti». Per Hegel, dall'«opposizione» scaturisce la «contraddizione»; in contrasto col principio classico di non contraddizione (→ dialettica). *S. La.*

opposizioni, nella ricerca antropologica, quei particolari aspetti dualistici che contraddistinguono comportamenti e significati riconosciuti come base fondamentale soggiacente alle varie strutture e ai vari modelli culturali: maschio-femmina, sacro-profano; puro-impuro, natura-cultura. Su di esse, sia in riferimento alla struttura oppositiva stessa, sia, più largamente, sui contenuti di questa o quella coppia oppositiva considerata di volta in volta come centrale, si è sviluppata una vasta indagine da parte degli antropologi. Più ampie e articolate sono state però, finora, le ricerche antropologiche concernenti le coppie sacro-profano e puro-impuro, che hanno molti aspetti comuni e spesso addirittura si sovrappongono. Per ciò che riguarda la coppia *sacro-profano*, l'indagine è stata dapprima di carattere filologico, e ha teso ad accertare il significato del termine «sacro» nelle lingue ebraica, greca e latina. Nell'ebraico (ma si tratta di elementi ritrovabili, in varia misura, anche in greco e in latino), il termine «sacro» ha il significato di «separato», e sottolinea che la sacralità non è una condizione anzitutto morale, ma una qualità che inerisce a chi viene in contatto con Dio e con la sua → potenza; tale contatto comporta un rischio, perché Dio si oppone all'uomo come totalmente eterogeneo sul piano della forza; e per questo al contatto sono delegate persone consacrate, separate dal resto della comunità (i sacerdoti), e specifici luoghi («tempio», in greco, ha un etimo legato al tagliare, al segregare). La separatezza di ciò che è sacro si riflette poi su tutto ciò che è destinato a stabilire o a rinsaldare il rapporto con Dio, per es. sulle vittime sacrificali, o sulle prede conquistate nella «guerra santa», che non possono essere utilizzate per scopi profani. Sul sacrificio, come momento particolarmente emblematico dell'esperienza del sacro, si è concentrata l'attenzione di H. Hubert e M. Mauss (*Saggio sulla natura e la funzione del sacrificio*, 1897-99); essi lo studiarono come il momento in cui, attraverso la mediazione della vittima, si realizza una «rottura di livello» fra il piano del sacro a quello del profano che permette il passaggio da uno stato all'altro. Nel *Saggio su una teoria generale della magia*, del 1902-03, Mauss individuava però nel → mana una nozione più generale di quella di sacro e che la ricomprende. Poiché il mana, tuttavia, ha da fare non solo con la religione ma anche con la magia, si apriva la via a vedere la sacralità anche al di fuori della sfera strettamente religiosa. E di fatto E. Durkheim, nelle *Forme elementari della vita religiosa* (1912), concepisce la dicotomia sacro-profano come una categoria che struttura il modo in cui singoli e gruppi concepiscono il reale. Alla dicotomia sacro-profano, oltre che il sacrificio come «rottura di livello» si collegano anche tutte le altre strutture culturali destinate a produrre un passaggio dall'uno all'altro polo: così, in generale, i riti di passaggio (si veda l'opera omonima di A. Van Gennep, 1909), come le varie forme di → iniziazione. Al carattere separato del sacro fa in certo modo da corrispettivo la separatezza di ciò che è *impuro*. La differenza fra i due livelli di separazione, di ciò che è sacro e di ciò che è impuro, si manifesta nel fatto che il timore nei confronti del sacro è, anche, attesa di un bene, mentre il timore per l'impuro si risolve in repulsione ed emarginazione. Lo stato di impurità, poi, è per alcuni versi analogo a quello in cui ci si pone con il peccato, nel quale ultimo, però, prevale la motivazione di carattere morale, anche se i riti per annullare l'impurità spesso si identificano con quelli di espulsione dei peccati (R. Pettazzoni, *La confessione dei peccati*, 1925). Come sacro e profano, anche puro e impuro sono aspetti di un'unica realtà, e funzionalmente complementari; tale complementarità è divenuta in molte culture la base per giustificare ideologicamente divisioni e gerarchizzazioni sociali di vario tipo: inferiorità sociale della donna, razzismo, società delle caste in India ecc. (su ciò si veda L. Dumont, *Homo hierarchicus*, 1966). Al concetto di opposizione ha rivolto particolare attenzione l'antropologia culturale strutturalista: ma, piuttosto che studiare i contenuti e i significati di singole coppie oppositive, essa si è dedicata all'analisi della struttura dell'opposizione come tale, nel suo significato fondante rispetto alla cultura in generale, e in questa prospettiva ha conferito importanza decisiva soprattutto all'opposizione natura-cultura (C. → Lévi-Strauss).

orfismo, movimento religioso dell'antica Grecia, fondato, secondo la tradizione, dal leggendario poeta tracio Orfeo. Benché le sue più cospicue fonti documentarie (i cosiddetti *Inni orfici* e gli *Argonautici*) siano tardo-ellenistiche (fra il sec. II e il V d.C.), appartengano cioè all'epoca delle religioni misteriche, non vi sono dubbi che la tradizione orfica, la cui prima compiuta codificazione scritta è attribuita a Onomacrito, risalga almeno al sec. VI a.C. (si vedano i 363 frammenti e le 262 testimonianze raccolti nella fondamentale edizione di testi orfici curata da O. Kern nel 1922). Quanto alla sua genesi, è a tutt'oggi rilevante l'ipotesi di E. Rohde (*Psyche*, 1894), che scorse nell'orfismo un movimento di riforma religiosa iniziatosi in seno alla religione di Dioniso e volto a rovesciare in senso ascetico e catartico la fuga estatico-orgiastica dal mondo predicata dal dionisismo. Il richiamo alla figura mitica del cantore Orfeo, visto come l'antico fondatore delle nuove pratiche iniziatiche (dal vegetarianesimo a varie forme di disciplina spirituale), mostra l'intenzione originaria dell'orfismo di promuovere una religione capace di conciliare il suo originario contenuto dionisiaco (il mistero di Dioniso-Zagreus, che è il suo nucleo dottrinale) con la forma apollinea (la poesia nella quale si trasfigura il primitivo contenuto mitico). Questa dimensione formale poetica è un requisito essenziale della religione orfica; è essa, infatti, che le permette di trascendere la dimensione puramente cultuale delle pratiche ascetiche di contenuto quasi sciamanico e di accedere a una configurazione propriamente dottrinale. In età classica, infatti, l'orfismo è conosciuto innanzi tutto come una religione del «libro» (in tal senso si esprimono le testimonianze di Euripide e di Platone). Al centro di questo complesso dottrinale si colloca un'antropogonia che reinterpreta un mito dionisiaco, il mito di Dioniso-Zagreus e del suo sbranamento a opera dei Titani successivamente inceneriti da Zeus. Poiché il genere umano è nato da quelle ceneri, la nostra natura contiene insieme una dimensione malvagia o «titanica» e una dimensione divina, quella del corpo di Dioniso bambino inghiottito dai Titani. Con le sue purificazioni ascetiche, la «vita orfica» si propone di eliminare nell'anima umana questo elemento titanico e di accedere al divino, evidenziando la dimensione immortale della natura umana. La dottrina dell'immortalità dell'anima e le connesse dottrine escatologiche (contenute nelle differenti teogonie orfiche, che profetizzano l'avvento di un nuovo Dioniso destinato a ripristinare la pienezza delle origini simboleggiata dall'uovo cosmico primordiale) mostrano quale sia la lontananza del misticismo orfico dalla religione olimpica. Mentre quest'ultima, infatti, ha il suo cardine nella netta, invalicabile separazione fra gli esseri divini e i mortali (rappresentata soprattutto nel mito del sacrificio originario di Prometeo), al centro delle speculazioni orfiche e delle sue pratiche catartiche, che sottolineano il ruolo estatico di nuove dimensioni spirituali come il tempo e la memoria, si colloca il proposito di una rinuncia all'ordine mondano per conseguire la salvezza integrale dell'anima, intesa come la parte divina dell'uomo. *G. Ca.*

organicismo, dottrina che assimila l'universo a un grande organismo. L'idea che l'universo sia dotato di vita organica si presenta già in Anassagora come concezione finalistica in opposizione al meccanicismo atomistico. Tale intuizione è ripresa da Platone nel *Timeo* e nella *Repubblica*; in quest'ultimo dialogo anche la società è pensata in analogia con le parti del corpo umano. Le idee di Platone vennero riprese nel pensiero rinascimentale (Ficino, Bruno, Campanella) e poi nella filosofia della natura di Schelling e in generale dei romantici. Ma è soprattutto in polemica con il positivismo che l'organicismo ebbe vari sostenitori in biologia: l'essere vivente è un tutto organizzato finalisticamente e non il risultato meccanico della mera somma delle sue parti. Whitehead, facendo proprie tali critiche, definì organicismo la propria concezione filosofica complessiva, che considera l'universo come un processo dinamico di eventi collegati da «prensioni» sensoriali. Whitehead si riferiva espressamente alla monadologia di Leibniz, sostituendo però il concetto di sostanza con quello di relazione, da lui studiato anche sotto il profilo della fisica relativistica e della logica matematica (*Il concetto di natura*, 1920; *Principi della conoscenza naturale*, 1921). Il relazionismo organicistico di Whitehead è stato poi sviluppato da E. Paci (*Tempo e relazione*, 1954). In sede sociologica l'organicismo, oltre che da Comte, venne utilizzato da H. Spencer (*Principi di sociologia*, 1876), che peraltro riconobbe il carattere puramente analogico e spesso inadeguato di tale modello esplicativo: l'organismo sociale, infatti, non corrisponde in senso stretto all'organismo animale, se non altro per le complesse implicazioni psicologiche; Spencer ebbe comunque numerosi continuatori.

organicismo, in psicologia, concezione che sottolinea il ruolo dei fattori organici (anatomici, fisiologici, biochimici) nella genesi degli eventi psichici e psicopatologici. Prima di Freud la psichiatria, con pochissime eccezioni, era organicistica, cioè cercava di spiegare tutti i disturbi mentali, anche quelli leggeri e transitori, facendoli derivare da supposte alterazioni o lesioni, magari assai piccole, del sistema nervoso. Fra i sistemi organicistici del passato si ricordano l'antropologia criminale di C. Lombroso, la scuola psichiatrica di E. Kraepelin e il costituzionalismo di N. Pende, G. Viola e A. De Giovanni. Oggi il dibattito fra organicismo e antiorganicismo è ancora vivo, sebbene in termini più complessi e meno rigidi che nel passato, grazie soprattutto all'assimilazione della lezione psicoanalitica e più in generale psicodinamica da parte della più recente psichiatria.

organizzazione, in sociologia, l'attività di coordinare persone e cose allo scopo di svolgere funzioni determinate e, per estensione, il sistema così costituito. L'iniziatore dello studio delle organizzazioni è stato M. Weber (*Economia e società*, 1922). Nella → burocrazia egli vide la forma fondamentale di organizzazione dello stato e delle imprese moderne che operano in base a norme universalistiche e con finalità razionalizzatrici. Nel mondo anglosassone lo studio delle organizzazioni si è diretto soprattutto verso le imprese industriali a opera del Tavistock Institute, della Harvard School of Business e dell'università del Michigan, che hanno associato strettamente la ricerca scientifica all'applicazione pratica e alla formazione dei dirigenti. Le teorie dell'organizzazione derivanti da tali esperienze trovano però sempre più frequenti applicazioni in altri campi (scuola, ricerca, sanità, politica ecc.). Degli elementi che costituiscono un'organizzazione sono stati studiati anzitutto gli aspetti formali così come essi sono ufficialmente stabiliti (organizzazione *formale*). In base ai risultati di ricerche condotte in USA agli inizi degli anni Trenta, la scuola delle «relazioni umane» (E. Mayo, F. Roethlisberger) ha richiamato l'attenzione sull'organizzazione *informale*, che esprime le motivazioni anche inconsce degli individui e dei vari gruppi spontanei che agiscono tra le pieghe dell'organizzazione formale. Più recentemente alcuni studiosi hanno introdotto il concetto di organizzazione *reale* (risultato di adattamenti e modificazioni richieste dalla prassi quotidiana), rispetto alla quale quella formale rappresenta il modello teorico.

Le funzioni all'interno di un'organizzazione si articolano in ruoli interagenti fra loro, cioè in insiemi di comportamenti definiti, che obbediscono a regole conosciute dai membri dell'organizzazione, cosicché ciascun ruolo diventa per gli altri un insieme di *aspettative* riguardo ai comportamenti e ai compiti che costituiscono quel ruolo (T. Parsons). Le funzioni diventano ruoli perché esiste una *divisione del lavoro*: questa è articolata sia orizzontalmente in compiti che si collocano al medesimo livello sia verticalmente prendendo forma di una *gerarchia* di livelli, ciascuno dei quali controlla quello sottostante. A ogni ruolo compete uno → *status* corrispondente a quello del livello gerarchico in cui è collocato. L'interesse della sociologia dell'organizzazione per il ruolo dei dirigenti può essere fatto risalire all'opera di C. Barnard, *Le funzioni del dirigente* (1938). Ma tale interesse era stato preceduto di alcuni decenni dall'elaborazione di un modello di «organizzazione scientifica del lavoro» (*scientific management*) da parte di F. W. Taylor (→ taylorismo). Il *scientific management* è un insieme coerente di criteri normativi e di regole pratiche secondo i quali, ai vari livelli di responsabilità, l'azienda viene organizzata così da massimizzare l'efficienza economica.

Le relazioni che si instaurano all'interno dell'impresa non sono però esclusivamente economiche. La scuola statunitense delle «relazioni umane» si è proposta di rendere più realistico il modello del *scientific management*, introducendo la considerazione degli aspetti psicologici dei rapporti interpersonali che costituiscono l'organizzazione. A. Etzioni (*Sociologia delle organizzazioni*, 1961) ha individuato tre forme distinte di potere esercitato nelle organizzazioni (normativo, coercitivo, remunerativo), cui corrispondono altrettanti tipi di impegno (morale, alienato, utilitaristico). La congruenza tra potere esercitato e impegno richiesto è una condizione necessaria del conseguimento degli obiettivi da parte dell'organizzazione.

Collegata con lo studio del ruolo dei dirigenti nelle organizzazioni gerarchiche è l'analisi delle procedure razionali di scelta ai vertici dell'organizzazione. Le decisioni sono tanto più razionali quanto più si basano su informazioni esatte ed esaurienti. Ma disporre di dati esatti e completi permette un comportamento ottimizzante solamente se il costo dell'informazione è trascurabile, e ciò è impossibile in caso di informazioni complesse. Le decisioni al vertice vengono pertanto sempre prese in condizioni di incertezza (J. March, H. Simon, *Teoria dell'organizzazione*, 1958) e in base a criteri di «razionalità limitata» (→ razionalità).

All'interno dell'organizzazione gerarchica il flusso dell'informazione procede dall'alto verso il basso e selettivamente verso i livelli intermedi (che detengono informazioni sulle risorse disponibili e sulle regole di assegnazione ai diversi impieghi) e verso i livelli inferiori, che hanno scarso o nullo potere decisionale, divenendo via via più specifico. Il flusso informativo in senso opposto riguarda l'avvenuta esecuzione delle decisioni, nonché la segnalazione di anomalie e «disturbi» imprevisti.

Ricerche successive, partendo dal riconoscimento dell'inadeguatezza di una concezione dell'organizzazione come sistema chiuso, del tutto isolato dal resto della società, hanno af-

frontato il problema del rapporto tra organizzazione e ambiente, sviluppando un approccio sistemico (P.R. Lawrence e J.W. Lorsch, *Organizzazione e ambiente*, 1967). Il rapporto tra organizzazione delle imprese industriali e tecnologia è stato studiato, tra gli altri, da J. Woodward (*Organizzazione industriale*, 1965). Un tema di rilievo della sociologia delle organizzazioni è, infine, quello della conflittualità interna, considerata sia come conseguenza inevitabile del rapporto gerarchico e della divisione del lavoro sia, entro certi limiti, come soluzione delle tensioni nell'organizzazione stessa (L. Coser, M. Crozier). L'integrazione interna all'organizzazione non dipende però soltanto da cause endogene ma anche dalla legittimità che il resto della società riconosce agli scopi dell'organizzazione stessa.
La sociologia delle organizzazioni si è rivolta anche allo studio delle organizzazioni non industriali (servizi sociali, ospedali, partiti, sindacati, enti pubblici) e all'ideazione di modelli alternativi di organizzazione. Caratteristiche di questi modelli alternativi, oggetto di sperimentazione in vari paesi, sono la divisione orizzontale del lavoro, la rotazione dei ruoli, la circolazione libera dell'informazione, la possibilità di controllo dell'organizzazione da parte dei suoi membri. Ma la loro realizzazione non può prescindere dalla instaurazione, nel sistema esterno, di condizioni più appropriate: attenuazione delle disuguaglianze, diffusione di valori collettivistici e solidaristici, crescita non eccessiva delle dimensioni delle organizzazioni.
All'interno del dibattito sull'organizzazione sono emersi negli ultimi vent'anni vari indirizzi di studio che segnano, nel loro complesso, una sorta di rottura rispetto alla concezione dominante fino alla metà degli anni Settanta. Nell'ambito dei nuovi orientamenti si è delineata una pluralità di approcci teorici e metodologici, che vanno dall'analisi longitudinale all'analisi interorganizzativa imperniata sulla teoria dello scambio, all'economia organizzativa (con particolare attenzione per le transazioni), all'approccio culturale (focalizzato sui processi di apprendimento e la ricostruzione della specificità della cultura organizzativa), alla teoria delle decisioni, alle logiche d'azione organizzativa (*Logiche di azione organizzativa*, a cura di S. Zan, 1988).

Origene (Alessandria 185 ca - Tiro 253 ca), teologo e scrittore cristiano di lingua greca. Fondò e diresse nella città natale, a fianco della scuola catechetica, il celebre Didaskaleion, scuola teologica superiore fiorita sino alla fine del sec. IV. Condannato dal clero egiziano per essere stato nominato irregolarmente sacerdote, si ritirò poi a Cesarea di Palestina, dove fondò (230) un'altra scuola teologica. Durante la persecuzione di Decio fu arrestato (250) e morì in seguito alle torture subite per non aver voluto rinnegare la fede cristiana. Delle 800 opere che, secondo la testimonianza di Gerolamo, Origene avrebbe composto, gran parte sono andate perdute a seguito delle condanne ecclesiastiche (secc. V-VI), in particolare nei confronti della sua escatologia e della dottrina della preesistenza degli esseri spirituali. Le sue opere sulla Bibbia sono divise in tre categorie: *Scoli*, cioè spiegazioni di passi difficili; *Omelie*, prediche volte a illustrare interi libri della Scrittura; *Commentari*, in cui i testi sono esaminati con sistematicità. Nei suoi commenti Origene applica un'esegesi simbolica, distinguendo nella Scrittura tre livelli di significato, corrispondenti alle tre parti della natura umana (fisica, psichica, spirituale): vi sono un senso letterale, che si limita a considerare i fatti storici narrati, un senso morale, che individua nella storia indicazioni etiche e interpella perciò la volontà del lettore, e un senso mistico, attinente la profondità del mistero di fede celato nella *littera* del testo.
Le sue opere dottrinali fondamentali sono *Sui principii*, in 4 libri, e *Contro Celso*, confutazione in 8 libri delle critiche rivolte al cristianesimo dal neoplatonico Celso. Nella concezione trinitaria di Origene, influenzata dal platonismo medio, la distinzione fra le persone prevale rispetto all'unità della sostanza divina; il subordinazionismo che la impronta si manifesta nel rapporto gerarchico intercorrente fra le tre persone. Solo il Padre, la cui azione si estende a tutta la realtà, è Dio in senso stretto, in quanto è l'unico «ingenerato»; il Figlio, il Verbo che funge da intermediario fra Dio e la molteplicità degli esseri spirituali creati, è generato ed è perciò un Dio secondario, la cui azione è limitata agli esseri razionali; lo Spirito Santo deriva dal Figlio i suoi attributi distintivi ed estende la propria azione solo ai santi. Origene ritiene che tutte le anime provengano da un mondo di esseri spirituali preesistente per volontà di Dio. Tutti gli appartenenti a questo mondo fecero uso del libero arbitrio per allontanarsi da Dio, in misura maggiore (i demoni), minore (gli angeli) o intermedia (le anime umane, la cui condanna fu l'unione con i corpi). Soltanto l'anima di quell'uomo che sarebbe divenuto Gesù rimase devota e unita al Verbo sino a identificarsi pienamente con lui. La redenzione dal peccato è offerta dal Verbo (che è il «principio dominante» in Cristo incarnato) a tutte le creature. La soteriologia e l'escatologia origeniane si compendiano nella dottrina dell'→ apocatastasi, secondo la quale alla conclusione della vicenda cosmica l'inferno e le pene previste per i dannati avranno termine, e ogni cosa sarà restituita al suo stato originario di vicinanza con Dio.
L'influsso di Origene è stato determinante nella storia del pensiero cristiano, sia occidentale sia orientale, in molti campi: dall'esegesi biblica alla mistica, dalla dottrina trinitaria alla cristologia. Anche come filologo, con la sua mo-

numentale Bibbia Esaplare o *Hexapla* (che riportava in sei colonne il testo biblico ebraico e varie versioni), giuntaci in frammenti, egli diede un contributo fondamentale alla tradizione testuale della Bibbia.

Ortega y Gasset, José (Madrid 1883-1955), filosofo e saggista spagnolo. Dopo la laurea e la docenza in filosofia, nel 1906 studiò in Germania, dove fu allievo di H. Cohen a Marburgo. Dal 1910 al 1936 insegnò metafisica all'università di Madrid. Nel 1923 fondò la «Revista de Occidente», che diffuse in Spagna la filosofia e la cultura europee. Tra le sue opere: *Meditazioni sul Chisciotte* (1914); *Spettatore* (raccolta di saggi dal 1916 al 1934); *Spagna invertebrata* (1921); *La disumanizzazione dell'arte* (1925); *La ribellione delle masse* (1930); *Intorno a Galileo* (1933); *Storia come sistema* (1941); e inoltre i volumi postumi *L'uomo e la sua gente* (1957); *Che cos'è la filosofia?* (1958); *Meditazione d'Europa* (1960). Ortega fu uno dei maggiori esponenti dell'esistenzialismo europeo. Il suo pensiero, oltre ad anticipare alcune tematiche heideggeriane (per es. il concetto di verità come *alétheia*: dispiegarsi luminoso delle possibilità proprie dell'uomo), riprende originalmente il concetto nietzschiano di «prospettivismo»: la realtà è sempre in un rapporto dinamico con l'io («Io sono io e la mia circostanza», dice Ortega nelle *Meditazioni sul Chisciotte*), sicché la vita è da intendersi come un molteplice di possibilità umane e transumane mai esaurite né esauribili. Al razionalismo metafisico e scientifico Ortega oppone una «ragione vitale» che si manifesta essenzialmente nel dar forma al «fare», muovendo non da astratte categorie gnoseologiche, ma dalla concretezza storica delle situazioni e degli «usi» sociali. Di qui la funzione della cultura, funzione che Ortega vede gravemente minacciata dalla moderna massificazione dei valori, dei costumi e dei gusti estetici. Quale freno a tale degenerazione Ortega auspica, come Nietzsche, la formazione di una minoranza aristocratica, custode delle più alte tradizioni spirituali, ma soprattutto capace di rinnovare tali tradizioni in conformità con le esigenze e con i problemi vitali dell'uomo contemporaneo.

ortodossia, termine che in senso molto generale designa la «retta opinione» e quindi la «retta professione di fede». A poco a poco, a partire dal sec. V, venne adottato dalle chiese orientali in comunione con Costantinopoli, che intendevano distinguersi dalle chiese nestoriane e monofisite e poi autodefinirsi rispetto alla chiesa romana dopo lo scisma tuttora perdurante, a partire dalla fine del I millennio. (Ovviamente, al di là dell'uso pratico, nestoriani e monofisiti da un lato, e dall'altro canto i cattolici, non rinunciavano alla qualifica sostanziale dell'ortodossia, così come la chiesa ortodossa e le altre citate a quella della cattolicità). L'ortodossia si caratterizza per l'adesione ai primi sette concili ecumenici e in genere per il costante riferimento alla teologia e alla prassi ecclesiale del I millennio. E ciò benché il suo ambito geografico si sia alquanto spostato rispetto alla situazione originaria: impoverite le chiese d'Antiochia e di Alessandria dalla presenza giacobita e monofisita e, un po' più tardi, dall'espansione islamica, ridottasi ampiamente la possibilità di influire nell'area mediorientale, la chiesa ortodossa si è insediata nella regione balcanica e soprattutto in Russia. Questa è divenuta, accanto alla residua area tradizionale greco-bizantina, l'ambito più importante e creativo per la religiosità ortodossa. La diffusione dei regimi comunisti nell'est europeo ha inoltre dato una spinta alla diaspora ortodossa, soprattutto nell'Europa occidentale e negli Stati Uniti.

Nel quadro attuale della cristianità, l'ortodossia spicca precisamente in quanto depositaria di una tradizione teologica, ecclesiale, liturgica, spirituale che in Occidente si è attenuata attraverso le successive elaborazioni del secondo millennio. Sotto il profilo liturgico, l'ortodossia non conosce (o subisce solo di riflesso, in maniera non creativa, come nella Russia dei secc. XVII-XVIII) la sistemazione scolastica, medievale o controriformista o riformata. Non conosce neppure lo scontro con l'illuminismo, né sente di conseguenza l'esigenza di arroccarsi su posizioni apologetiche. Il pensiero religioso russo assume anzi positivamente nel secondo Ottocento e all'inizio del Novecento gli influssi dell'idealismo tedesco (Schelling), esprimendo sintesi originali come quella del → sofianismo (V. Solv'ev, S. Bulgakov, P. Florenskij). Le tendenze più recenti, rappresentate sia dai teologi di provenienza greca, sia soprattutto da quelli della diaspora russa (G. Florovskij, V. Losskij), insistono però piuttosto sulla fedeltà alla specifica tradizione greco-ortodossa, rifiutando le arditezze della speculazione filosofico-religiosa. L'ecclesiologia ortodossa fa perno sulla chiesa locale, sulla comunione tra «chiese sorelle», sul ruolo del vescovo inteso più come liturgo e sacerdote che come amministratore, o anche teologo e maestro. I fondamenti dell'ecclesiologia ortodossa sono stati riproposti da N. Afanas'ev, il quale si ispira soprattutto al modello di chiesa emergente dagli scritti di Ignazio d'Antiochia e di Cipriano di Cartagine. L'ortodossia ha attribuito storicamente al laicato un peso maggiore, rispetto al cattolicesimo, mentre in confronto agli ordini religiosi occidentali il compito del monachesimo in Oriente è più ristretto e specifico (esso consiste nella preghiera, nella contemplazione, nella direzione spirituale: lo *starec* o maestro di spirito nella tradizione russa).

La splendida eredità liturgica bizantina si è formata soprattutto a Costantinopoli a partire dal sec. v, ma, trasportata nei diversi ambiti, ha assunto varie lingue e colorazioni: liturgia melchita (in arabo), antico-slava, romena, anche francese, inglese, giapponese nelle comunità della diaspora ortodossa. Ancora oggi il culto ha grande rilievo nella vita religiosa orientale, e conseguentemente il ruolo del canto, del simbolo, delle immagini (icone) è assai maggiore di quello della predicazione e della catechesi diretta. La tradizione spirituale ortodossa preferisce insistere sul ruolo dell'esperienza che su quello della ricerca intellettuale (in questo anche aderendo al modello patristico del sec. IV, caratterizzato dalla polemica contro l'intellettualismo eretico). La teoria e una certa pratica dell'→ esicasmo si sono rinnovati recentemente con lo studio di Gregorio → Palamàs, influenzando anche ambienti cattolici. Ciò che vale per ogni grande movimento storico e per ogni chiesa vale comunque anche per l'ortodossia: l'avvertenza cioè di distinguere la teoria dalla pratica. Mancando l'efficienza e l'organizzazione tipiche del cattolicesimo romano, accade che i principi, soprattutto ecclesiologici (per es. l'ideale di comunione o → sobornost', esaltato come tipicamente ortodosso da A.S. Chomjakòv), non trovino facile riscontro nella realtà. L'assenza di un centro di unità, la lunga consuetudine di assuefazione ai poteri secolari (e non di lotta con essi, sia pure per inclinazioni temporalistiche, come accadde con il papato), la deficienza di una riflessione critica sulle realtà politico-sociali hanno fatto sì che, nello scontro con la durissima realtà di trasformazioni politiche tra le più gravi di questo secolo, le chiese ortodosse si trovassero impreparate, uscendone umiliate, decimate e divise. Ma non mancano da tempo segni di vitalità e di ripresa, mentre la larga diaspora occidentale dà, ormai da decenni, un notevole contributo culturale e teologico.

Osiander, Andreas (Gunzenhausen, presso Norimberga, 1498 - Königsberg 1552), teologo protestante tedesco. Avversario dell'ala radicale della riforma e di Zwingli, introdusse la riforma in Svevia (1528-29) e nel Brandeburgo (1530) e partecipò a numerosi colloqui di religione con cattolici e calvinisti tra il 1529 e il 1540, distinguendosi per la sua intransigenza. Nel 1548 dovette rifugiarsi presso Alberto di Prussia, che lo nominò primo professore della facoltà teologica della nuova università di Königsberg. Nello scritto *De justificatione* (1550), egli attaccò la dottrina luterana della giustificazione come esclusiva opera dei meriti di Cristo, imputati all'uomo in un modo del tutto estrinseco. Osiander affermava invece che la giustificazione per mezzo della fede produce nell'uomo la presenza reale della giustizia divina, generatavi dalla presenza dello spirito di Cristo.

osservanza, termine designante il movimento di riforma che iniziò alla fine del sec. XIV in seno agli ordini religiosi e che si proponeva il ritorno all'osservanza integrale delle regole. Tale movimento mirava a ristabilire il voto di povertà con l'eliminazione della proprietà personale, a ripristinare la clausura (la cui violazione determinava l'infrazione del voto di castità e l'affievolimento della vita in comune), a restaurare la serietà degli studi e soprattutto l'istruzione dei novizi, a migliorare il livello della predicazione, che era diventata verbosa e superficiale. I conventi e i monasteri «osservanti» si riunirono in congregazioni e tesero a coinvolgere nella loro azione riformatrice altri conventi e monasteri. Nacquero così congregazioni riformate in seno a benedettini, cisterciensi, camaldolesi, agostiniani, carmelitani, domenicani, francescani. Questi ultimi, in particolare, si divisero in due rami indipendenti, i conventuali e gli osservanti, che dal 1517 costituiscono un ordine autonomo. Il movimento dell'osservanza non riuscì, da solo, a risolvere la crisi della chiesa pretridentina, ma contribuì, con le altre componenti della → riforma cattolica, a preparare quell'atteggiamento degli spiriti che rese possibile la → controriforma tridentina.

osservazione, termine impiegato soprattutto dall'epistemologia di tradizione neoempirista, per definire l'uso di una qualche tecnica atta ad acquisire quei dati che costituiscono il banco di prova delle ipotesi scientifiche, nel senso che dal confronto con essi dipende la verificazione o la falsificazione delle ipotesi. L'osservazione può consistere semplicemente nell'uso dei sensi, come quando si riscontra che un oggetto macroscopico è, per es., giallo o ruvido (osservazione diretta), o invece può consistere nella messa in opera di tecniche e strumenti del genere più vario, dai telescopi ai sondaggi d'opinione. Nel neoempirismo classico, il dibattito sull'osservazione si concentrò sulla natura delle entità osservate e sulla formulazione più appropriata degli «enunciati d'osservazione», che registrano i risultati dell'osservazione: si discusse se essi dovessero essere formulati nel vocabolario che si usa nella descrizione di oggetti fisici, o nel vocabolario della psicologia introspettiva, o in un vocabolario fenomenologico ecc. Correnti epistemologiche più recenti hanno messo in luce che le osservazioni vengono non solo registrate e comunicate, ma anche svolte mediante concetti che presuppongono una massa ingente di assunti teorici; e ciò in due sensi distinti. Da una parte, osservare *un X* (una montagna, un tubo a raggi catodici, una popolazione ecc.) equivale ad attribuire già all'oggetto osservato una serie di proprietà e comportamenti prevedibili che esulano dall'esperienza percettiva dell'osservazione, descritta in termini di neurofisiologia (per questo osservatori diversi possono vedere cose diverse, pur avendo la stessa esperienza percettiva).

D'altra parte, l'osservazione mediata da strumenti presuppone l'attendibilità dello strumento, e quindi la verità della teoria su cui lo strumento è fondato (l'osservazione di fenomeni astronomici presuppone la verità della teoria ottica del telescopio); e anche l'osservazione diretta richiede che siano precisate (nei termini di una teoria della percezione) le condizioni a cui i sensi forniscono dati attendibili (I. Lakatos). È perciò difficile sostenere una rigida separazione (quale era stata data per scontata agli inizi del neoempirismo) tra osservazione e teoria, linguaggio osservativo e linguaggio teorico.

ossessione, sintomo patologico, consistente in pensieri, comportamenti o parole che il soggetto non può fare a meno di avere, compiere o dire. Per lo più si tratta di pensieri o comportamenti in sé ridicoli e assurdi (come i cerimoniali relativi al tabù del toccare, o i riti superstiziosi, o l'eccessiva meticolosità, o il lavarsi le mani un numero esagerato di volte durante la stessa giornata ecc.), che il soggetto è il primo a riconoscere come tali, ma che s'impongono con forza e con carattere ripetitivo alla sua coscienza (e pertanto vengono definiti «coatti»). Secondo la psicoanalisi le condotte ossessive rappresentano una difesa dell'Io contro le esigenze pulsionali dell'inconscio, e implicano una regressione alla fase sadico-anale.

Ostwald, Wilhelm (Riga 1853 - Grossbothen, Lipsia, 1932), chimico e filosofo tedesco. Laureatosi in chimica a Dorpat, insegnò nel politecnico di Riga e, dal 1887, nell'università di Lipsia; nel 1906 abbandonò l'insegnamento universitario per dedicarsi esclusivamente a studi filosofici. Le sue ricerche sulla catalisi gli valsero, nel 1909, il premio Nobel per la chimica. In sede filosofico-epistemologica, Ostwald fu il principale sostenitore dell'energetismo, la dottrina fisica inaugurata da H. → Helmholtz e diffusa da W. Rankine (1820-1874) secondo la quale — in opposizione al materialismo meccanicistico — la fisica non deve fondarsi sull'analisi della materia e della sua composizione atomica, ma sullo studio delle trasformazioni dell'energia, che presiederebbero a tutte le mutazioni fisico-chimiche della materia. Ma, a differenza di quanto avviene nell'energetismo classico, Ostwald fa un uso metafisico del concetto di energia, utilizzandolo come principio di spiegazione generale, valido non solo per i fenomeni fisici, ma anche per le scienze biologiche (che per Ostwald comprendono la fisiologia, la psicologia e la sociologia): cosicché l'energetismo viene a essere una dottrina idealistica, che riconosce nell'energia il principio primo di tutte le manifestazioni del reale. Una simile radicalizzazione rese caduche le sue teorie. Già all'inizio del secolo le sue concezioni apparivano superate dalle nuove conferme che l'ipotesi atomistico-materialista riceveva in ogni settore della fisica. Tra le sue opere: *L'energia e le sue trasformazioni* (1888); *La crisi del materialismo scientifico* (1895); *Saggio di una filosofia della natura* (1908); *La moderna filosofia della natura* (1914).

ottimismo-pessimismo, termini di origine moderna — il primo risale a un articolo dei «Mémoires de Trévoux» del 1737 dedicato alla *Teodicea* di Leibniz (1710) e il secondo a una lettera di S.T. Coleridge del 1795 — che riassumono un complesso di atteggiamenti pratici, modi di sentire, concezioni religiose e filosofiche.

In un contesto caratterizzato tanto dalla riflessione scientifica quanto dall'apologetica cristiana, Leibniz ritiene che ognuna delle sostanze costituenti il mondo, le monadi, sia retta da una legge — che ne esprime l'essenza — definente la combinazione di una serie di «perfezioni»; dalle infinite possibili combinazioni di perfezioni la bontà divina trae quella ottima, che esprime la realtà più ricca possibile. Il mondo attualmente esistente è dunque il *migliore dei mondi possibili* e anche le imperfezioni in esso presenti appaiono rispondere a una finalità complessiva. La diffusione dell'opera leibniziana influenzò non poco la concezione ottimistica del deismo europeo dell'età dei Lumi, ma verso la metà del secolo XVIII avvenne un cambiamento di sensibilità, cui non poco contribuì il disastroso terremoto di Lisbona del 1755 e la disputa che ne derivò. La più nota tra le opere che vi si riferiscono è il *Candido, o l'ottimismo*, di Voltaire (1759) in cui la visione leibniziana del migliore dei mondi possibili è fatta oggetto di satira. Elementi pessimistici si ritrovano nelle polemiche materialistiche contro la concezione finalistica della natura, versione laicizzata della concezione provvidenzialistica cristiana; ma una rottura dell'ottimismo illuministico si ebbe solo con la negazione kantiana della possibilità di ogni teodicea e l'affermazione di una corruzione irrimediabile della natura umana, comportante il proposito consapevole di allontanarsi dalla legge morale pur presente in modo indelebile nella coscienza (*Sull'insuccesso di ogni tentativo filosofico di teodicea*, 1791; *La religione nei limiti della semplice ragione*, 1793). Nella filosofia della libertà di Schelling, che segna la svolta del pensiero tedesco verso il tardo romanticismo, il pessimismo nasce dal convergere di due tematiche, quella kantiana — ma risalente al cristianesimo — della positività del male come volontaria resistenza alla legge, e quella antica — ma ripresa nel materialismo settecentesco — della natura come caos, ripetizione oscura e fatale opposta alla legge. Schelling pone una «natura in Dio», fondamento oscuro della sua esistenza, come origine della possibilità del male: vinta e ricacciata a fondo dalla manifestazione dello spirito divino nell'atto della creazione, essa può ridestarsi (per via del carattere assoluto della libertà) nel suo cieco egoismo e nella sua potenza generativa caotica. La filosofia della libertà schellinghiana era diretta contro la visione ottimistica presentata dalla *Fenomenologia dello spirito* di Hegel (1807). Qui Hegel trattava l'autocoscienza come bisogno del riconoscimento di sé in un altro. La «coscienza infelice», figura scissa in se stessa e segno di contraddizione, nasce dall'identificazione del sé e dell'oggetto che lo scetticismo ancora distingueva: la coscienza si concepisce come mutevole di fronte a un oggetto immutabile ed essenziale che le sfugge eternamente e le si può appropriare solo come simulacro vuoto. La coscienza è spinta a separarsi dal mondo, ritornando a se stessa come pura, ascetica libertà che gli si oppone. Ciò genera un'«infelicità», infecondità del ritirarsi in sé, che solo il momento successivo, che comporta il superamento del soggettivismo dell'autocoscienza nella ragione e l'identificazione della certezza con la reale presenza nel mondo, permette di distruggere. Al pessimismo dell'autocoscienza tiene così dietro l'ottimismo della ragione. A questo sostanziale equilibrio tra pessimismo e ottimismo (nonostante le diverse accentuazioni di Schelling e Hegel) si accompagna cronologicamente il pessimismo radicale di Schopenhauer, il filosofo che più decisivamente contribuì alla definizione di questo termine moderno. Il punto di partenza di Schopenhauer è la distinzione kantiana tra fenomeno e noumeno. L'identità di oggetto e rappresentazione nel mondo fenomenico, che Schopenhauer analogamente a Kant concepisce come costituito da catene causali, conduce però a riconoscere l'indistinguibilità di principio tra i nessi di oggetti percepiti durante la veglia e quelli che costituiscono i sogni, sicché il fenomenismo trapassa in una visione dell'illusorietà del mondo rappresentato che viene esplicitamente assimilata a quella della filosofia indiana. Con i Veda, Schopenhauer definisce la conoscenza sensibile il «velo di Maya». Ma ciò che appare alle spalle della rappresentazione, lacerato il velo dell'illusione, è non già il noumeno kantiano, bensì la *volontà*. Questa ha per Schopenhauer una tendenza irrequieta e mai soddisfatta, quale si ravvisa nell'infinito ripetersi degli eventi della natura, un avido occupare il posto lasciato dall'altro, senza scopo e senza interruzione. L'in sé delle cose è bisogno, la cui soddisfazione sempre momentanea genera un nuovo bisogno e il dolore. L'arte, come conoscenza disinteressata, permette di escludere la volontà e di provare quindi una gioia pura, ma è sollievo riservato a pochi. Poiché per Schopenhauer (come per Epicuro) ogni piacere ha carattere puramente negativo, non resta, per spegnere la sofferenza, che la via indicata dai santi cristiani e ancor più dagli indù e dai buddisti: la via dell'ascesi, la totale mortificazione dell'egoismo e la negazione della volontà di vivere (*Il mondo come volontà e rappresentazione*, 1819). Al pessimismo schopenhaueriano si richiama inizialmente Nietzsche, che però nella *Nascita della tragedia o grecità e pessimismo* (1872) inserisce la considerazione di ottimismo e pessimismo in un'interpretazione del destino della Grecia e dell'Occidente di tipo insieme storico e profetico. Contro l'unilaterale interpretazione classicistica della grecità all'insegna dell'ordine apollineo, Nietzsche evidenzia il lato oscuro, terribile e angoscioso dell'anima greca, che emerge soprattutto nel culto di Dioniso e nella tragedia, a questo connessa. Al Nietzsche successivo, tuttavia, il pessimismo della *Nascita della tragedia* apparve troppo legato alla rassegnazione schopenhaueriana e all'illusorietà consolatoria di una «metafisica da artisti» fondata sul wagnerismo. In *Così parlò Zarathustra* (1883-85) alla negazione schopenhaueriana del valore è opposto un gioioso esercizio della volontà. Nei frammenti postumi noti come *La volontà di potenza* (1906), infine, il pessimismo è messo in relazione con il nichilismo dell'età moderna, segno a un tempo dell'autodistruggersi della scienza e della morale dopo l'«uccisione di Dio» da parte dell'uomo occidentale. Al dilagare di un pessimismo «buddistico», fondato sulla perdita di senso del mondo e la calunnia degli istinti più potenti e fecondi dell'uomo, Nietzsche contrappone una visione né pessimistica né ottimistica, ma fondata sul superamento di questi atteggiamenti, ridotti a sintomi della condizione storico-esistenziale. Contro esaurimento e decadenza Nietzsche esorta a dir di sì a tutto ciò che rinvigorisce, giustifica il sentimento della forza. Il pessimismo estremo appare qui come un segno, che manifesta lo sgretolarsi del vecchio mondo e insieme l'inarrestabile crescita del nuovo: l'«epoca del grande meriggio, del terribile schiarirsi».

Il pensiero della seconda metà del XIX sec. fu, nell'insieme, dominato dall'ottimismo progressista poggiato sulla rivoluzione industriale e le conquiste tecnico-scientifiche predicate dal positivismo e dall'ottimismo di eredità hegeliana del pensiero liberale e marxista. Dopo la prima guerra mondiale la ripresa e la diffusione dell'opera di Kierkegaard si inseriscono nel processo di disgregazione dello hegelismo ponendo al centro della riflessione tematiche pessimistiche quali quelle dell'angoscia, dell'assurdo, della colpa e del nulla: particolare rilevanza ha qui la dottrina heideggeriana del carattere fondamentale di essere-per-la-morte attribuito all'uomo (*Essere e tempo*, 1927). Un ottimismo moralistico e attivistico caratterizza invece il pragmatismo americano con le figure di W. James e J. Dewey, legandosi in quest'ultimo ad aspetti pedagogici e politici. *F. Mo.*

Otto, Rudolf (Peine, Hannover, 1869 - Marburgo 1937), teologo e filosofo della religione tedesco. Professore di teologia sistematica a Gottinga, Breslavia e Marburgo, fu il massimo esponente dell'interpretazione irrazionalistica dei fatti religiosi con l'opera *Il sacro. L'irrazionale nella idea del divino e la sua relazione al razionale* (1917). In essa, accogliendo l'eredità di certo romanticismo tedesco (Schleiermacher), egli teorizza la necessità di liberarsi, nell'interpretare i fatti religiosi, da ogni concezione teistica e razionalistica, e afferma l'appartenenza della religione alla sfera dell'irrazionale; definisce quindi il «sacro» come categoria interpretativa propria delle realtà religiose nella loro assoluta autonomia. Per Otto, infatti, la religione ha la piena giustificazione di se stessa in sé, e per comprenderla non è necessario, anzi va rifiutato, ogni riferimento alla totalità della cultura entro cui ogni religione vive. Anzi, l'ambizione di Otto è quella di teorizzare, richiamandosi a Kant reinterpretato da J.F. Fries, il sacro come categoria a priori dello spirito, e la religione come realtà fondata sulla «conoscenza sintetica a priori» della simultaneità dei valori del sacro. Il sacro, o «numinoso», assolutamente non razionale e privo originariamente di connotazioni etiche, è per Otto alla base di tutte le religioni, che hanno il loro fondamento nella reazione nei confronti del numinoso in sé, avvertito come *ganz anderes*, ossia «totalmente altro». Reazione che è fondamentalmente ambivalente: da un lato infatti si avverte il numinoso come *misterium tremendum*, come qualcosa di inaccessibile che provoca terrore; ma in esso è compresente l'elemento opposto, il *fascinans*, il momento dell'attrazione. Di fronte al numinoso avvertito come «santo», come valore supremo, si genera il sentimento di dipendenza creaturale, il sentimento cioè di essere insignificanti al confronto di ciò che deve essere oggetto di infinito rispetto. Nella teoria di Otto, che rivela anche una venatura evoluzionistica, il sacro si manifesta alle origini nel momento del *tremendum*, del terrore; quindi si ha l'equilibrio del *tremendum* e del *fascinans*; la dipendenza sarebbe stata dapprima immediata e indipendente da valori morali, e solo in seguito l'introduzione di connotazioni etiche avrebbe dato origine alla nozione di colpa e di peccato. Tra le opere di Otto, sono inoltre da ricordare: *Saggi sul numinoso* (1923); *Mistica orientale e mistica occidentale* (1926); *Le religioni della grazia dell'India e il cristianesimo* (1930).

Otto, Walter Friedrich (Hechingen 1874 - Tubinga 1958), storico tedesco delle religioni. Insegnò in varie università fra cui Francoforte, Königsberg e Tubinga. Opere principali: *Lo spirito dell'antichità e il mondo cristiano* (1923); *Gli dei della Grecia* (1929); *Dioniso, mito e culto* (1933); *Il poeta e gli antichi dei* (1942); *Legge, immagine originaria e mito* (1951); *La forma e l'essere. Raccolta di saggi sul mito e il suo significato per l'umanità* (1955); *Teofania. Lo spirito della religione degli antichi greci* (1956).

Otto fu legato all'ambiente dell'etnologo L. → Frobenius, a filologi come K. → Reinhardt, a specialisti di scienza del mito come K. → Kerényi, cioè a quell'ambito della cultura europea dei primi decenni del Novecento che si proponeva di reagire alla scuola storico-filologica e di tentare un approccio, per via di riflessione fenomenologica, alle culture degli antichi e dei diversi.

Negando ogni interpretazione allegorica e speculativa del mito, Otto ne accentua il significato rivelativo e teologico. Il mito non è in origine la favola, opposta alla verità razionale, ma esso stesso verità, anzi la verità. L'oggetto di questa verità fondamentale, inattingibile all'esperienza e alla speculazione razionale, è la divinità. Vi è quindi, secondo Otto, una stretta unità tra mito e culto: il mito, la parola, è l'aspetto rivelativo, in cui la divinità si fa conoscere all'uomo; il culto, l'atto, è l'aspetto per cui l'uomo «agisce in comune con la divinità». La stretta relazione che Otto vede fra mito e poesia è alla base dei suoi studi dedicati a Hölderlin, come al poeta veggente per vocazione: *Il mito greco degli dei in Goethe e in Hölderlin* (1939); *La vocazione del poeta* (1943); *Hölderlin e i greci* (1947).

Overbeck, Franz Camille (Pietroburgo 1837 - Basilea 1905), filosofo e teologo svizzero. Professore nelle università di Jena e Basilea, nell'ambito della sinistra hegeliana sostenne un'originaria incompatibilità fra la teologia come scienza e la fede cristiana delle origini: il cristianesimo delle origini (dell'«Urgeschichte») viveva nell'attesa della parusia e perciò non poteva che ostacolare ogni teologia sistematica e ogni chiesa istituzionale. Questo dissidio si è manifestato apertamente quando il protestantesimo affrontò la storia del cristianesimo usando il metodo di critica storico-filosofica proprio delle scienze profane. Come risultato si arrivò a profonde riserve sul carattere ascetico della religione cristiana, culminate nell'hegelismo, che assegnò al cristianesimo un'esistenza esclusivamente concettuale. Contrario a qualsiasi sistemazione teologica, Overbeck ritenne fondamentale e positiva l'impotenza del cristianesimo a dominare il mondo. Alcune tematiche proprie di Overbeck, soprattutto la categoria dell'«Urgeschichte», hanno influenzato il pensiero di K. Barth e i fautori della teologia della → crisi. Fra le sue opere principali si ricordano: *Sulla cristianità della teologia del nostro tempo* (1873); *Studi sulla storia della chiesa antica* (1875); *Cristianesimo e cultura* (postuma, 1919).

Owen, Robert (Newtown, Montgomeryshire, 1771-1858), riformatore sociale inglese. Figlio di un sellaio, negli anni tumultosi della rivoluzione industriale divenne dirigente di fabbriche tessili e dal 1799 comproprietario delle filande di New Lanark (Scozia), dove attuò poi praticamente le idee filantropiche e riformatrici espresse in *Una nuova concezione della società* (1813) e *Rapporto alla contea di Lanark* (1821). Owen intese migliorare le condizioni di vita delle classi lavoratrici attraverso la limitazione dei profitti e l'aumento dei salari, la diminuzione dell'orario di lavoro, il divieto di assumere bambini sotto i dieci anni, l'istituzione di servizi sociali. In questo quadro assume particolare rilievo l'educazione delle nuove generazioni, fondata sul principio che «il carattere dell'uomo viene plasmato dalle circostanze» e non dalle volontà individuali. Owen prospettò un'educazione di vari gradi che unisse strettamente l'apprendimento alla pratica e combinasse istruzione e lavoro produttivo (elaborando l'idea base della futura pedagogia socialista). La morale laica e utilitaristica che informa il suo piano educativo per la formazione del carattere, la polemica razionalistica contro l'educazione religiosa, il tentativo di sviluppare un'ampia federazione di comunità socialistiche gli alienarono le iniziali simpatie dei ceti dominanti inglesi. Dopo un infelice esperimento di colonia socialista a New Harmony (Indiana, USA), egli lavorò nel movimento sindacale diffondendovi le sue idee comunitarie e cooperativistiche. Le sue ultime opere, tra le quali il *Libro sul nuovo mondo morale* (1836-44), riprendono e ampliano sistematicamente i programmi di riforma sociale elaborati nei primi due decenni del secolo.

Oxford, movimento di, movimento religioso sorto in seno all'anglicanesimo nella prima metà del sec. XIX, volto a sottolineare la continuità della chiesa anglicana con la chiesa cristiana antica, sia riguardo alla successione apostolica, sia riguardo al dogma e al rito. Promosso soprattutto da J.H. → Newman e dai suoi amici J. Keble, E. Pusey, R.H. Froude e C. Mariott, il movimento ebbe come centro Oxford e la sua università, e si espresse inizialmente attraverso la serie di scritti e saggi di critica storico-teologica noti come *Opuscoli per il tempo presente* (1833-1841), che sottolineavano la vicinanza dell'anglicanesimo alla tradizione cattolico-romana e cristiano-orientale, escludendo che i Trentanove articoli promulgati da Elisabetta nel 1562 implicassero l'accettazione della riforma protestante da parte della chiesa inglese: si doveva considerarli piuttosto come una condanna di abusi in atto. Ci si impegnò anche nella rivalutazione degli aspetti rituali della liturgia, nella restaurazione della vita monastica e nell'azione pastorale e sociale.

La diffusione del movimento, assai notevole nonostante l'opposizione di molti vescovi e del governo britannico, subì una battuta d'arresto prima con la definizione dell'infallibilità del papa da parte del concilio Vaticano I (1870), poi con la bolla *Apostolicae curae* (1896) di Leone XIII, che stabilì l'invalidità delle ordinazioni anglicane. I maggiori esponenti, tra cui Newman, si convertirono al cattolicesimo, e lo stesso movimento sboccò, con Pusey, nell'→ anglocattolicesimo.

Oxford, scuola analitica di, → analitica, filosofia.

Paci, Enzo (Monterado, Ancona, 1911 - Milano 1976), filosofo italiano. Docente a Pavia e a Milano dov'era stato allievo di A. Banfi, ne sviluppò in modi autonomi l'interesse per la fenomenologia di Husserl.

Già nei primi scritti (*Il significato del «Parmenide» nella filosofia di Platone*, 1938; *Principi di una filosofia dell'essere*, 1939) Paci delineava i termini di una tensione dialettica tra vita e ragione, esistente e valore, dove nessun irrigidimento è ammesso. Di qui l'incontro con l'esistenzialismo del dopoguerra, di cui venivano rifiutati gli esiti nichilistici a favore della libertà di scelta (*Il nulla e il problema dell'uomo*, 1950); e di qui il confronto con B. Croce, E. De Martino e la tradizione filosofica italiana (*Ingens sylva. Saggio su Vico*, 1949; *Esistenzialismo e storicismo*, 1950). L'apertura di Paci alle esperienze straniere si espresse in una serie di studi su J.-P. Sartre, M. Merleau-Ponty, A.N. Whitehead, il neopositivismo americano, in una cornice teoretica imperniata sulla ricerca delle relazioni tra soggetto e oggetto, filosofia e campi del sapere (*Tempo e relazione*, 1954; *Storia del pensiero presocratico*, 1957; *Dall'esistenzialismo al relazionismo*, 1957). Il bisogno sempre riproposto di una fondazione teoretica portava quindi Paci a rileggere lo schematismo trascendentale di Kant e infine alla proposta della fenomenologia husserliana come pensiero fondamentale per il nostro tempo. Alla luce di essa Paci faceva emergere i temi della crisi contemporanea e del soggetto concreto nel tempo, così da sostenere una reciproca correzione tra fenomenologia, scienza moderna, marxismo (*Funzione delle scienze e significato dell'uomo*, 1963; *Idee per una enciclopedia fenomenologica*, 1973). Numerosi i contributi del Paci saggista in campo letterario (scritti su Mann, Proust, Rilke), architettonico e musicale (*Relazioni e significati*, 1965-66).

Padoa, Alessandro (Venezia 1868 - Genova 1937), logico italiano. Allievo di G. Peano, si occupò soprattutto di questioni logiche connesse con l'assiomatizzazione delle teorie deduttive, fornendo nel 1900 un'assiomatizzazione della teoria dei numeri interi in cui assumeva come nozioni primitive *intero*, *successore* e *opposto*. Il suo nome è legato al cosiddetto «metodo di Padoa», esposto nel *Saggio di una teoria algebrica dei numeri interi, preceduto da una introduzione logica a una teoria deduttiva qualsiasi* (1900). Esso concerne il problema dell'irriducibilità dell'insieme dei termini primitivi di una teoria deduttiva (nel senso che nessuno di essi può essere *definito* sulla base degli altri). Se Q è l'insieme dei simboli primitivi (predicativi e funzionali) di una teoria T, allora un simbolo predicativo P (analogamente per i funzionali) non appartenente a Q è *definibile in termini di Q in T* se esiste una formula A, contenente solo simboli di Q, e tale che in T è dimostrabile l'equivalenza: $P(x_1 \ldots x_n) \leftrightarrow A$ (dove $x_1 \ldots x_n$ sono variabili individuali distinte). Allora il metodo di Padoa consiste nell'asserire che P è definibile in termini di Q in T se e solo se per ogni coppia di interpretazioni I e I' che sono → modelli di T vale che se I e I' hanno lo stesso universo e si accordano sull'interpretazione di tutti i termini di Q, allora I e I' si accordano anche sull'interpretazione di P. Quindi P è irriducibile se è possibile definire delle interpretazioni I e I' del tipo suddetto, e tali che non si accordano sull'interpretazione di P. Per il caso della logica del primo ordine, la dimostrazione di questo teorema (che Padoa si è limitato a enunciare) è stata fornita da E. Beth nel 1953.

padri apostolici, → padri della chiesa.

padri della chiesa, denominazione dei principali scrittori cristiani dei primi secoli (epoca che è appunto chiamata patristica). Adottata a partire dal sec. V, essa venne successivamente riservata agli autori dotati di quattro requisiti: ortodossia, santità di vita, antichità, approvazione ecclesiastica. La definizione è però tuttora adoperata con una certa genericità per indicare complessivamente gli antichi scrittori cristiani, sia latini sia orientali. Alcuni di essi sono stati insigniti di un ulteriore titolo, quello di «dottori della chiesa». In Occidente si comprendono con questa denominazione Ambrogio, Girolamo, Agostino e Gregorio Magno; nella chiesa d'Oriente sono considerati «dottori ecumenici» Basilio il Grande, Gregorio Nazianzeno e Giovanni Crisostomo, cui gli occidentali aggiungono, per simmetria, Atanasio.

L'impegno intellettuale dei padri (e qui il termine va inteso nell'accezione più ampia) si espresse innanzitutto nel tentativo di elaborare concetti teologici capaci di esprimere il contenuto del messaggio salvifico di Cristo: tentativo grandioso, che condusse i padri a misurarsi con gli esiti più maturi della filosofia greco-romana (neoplatonismo, stoicismo), del giudaismo e dello gnosticismo (Basilide, valentiniani), a creare una lingua e generi letterari nuovi, a elaborare un patrimonio di idee e di conoscenze nei cui confronti la cultura medievale rivelerà una profonda dipendenza. I primi padri (Clemente Romano, Ignazio di Antiochia, Erma, Policarpo di Smirne), detti padri apostolici, operarono nel corso del sec. II, in diretta continuità con le prime comunità cristiane. Ad alcuni dei loro scritti (è il caso del *Pastore* di Erma e della *Didaché* di autore anonimo) fu attribuito per un certo tempo valore dottrinale identico a quello dato ai testi biblici, sino a che la graduale fissazione del deposito rivelato non li escluse dall'ambito degli scritti canonici. La nozione di Nuovo Testamento parallelo all'Antico e la distinzione fra Scrittura e Tradizione risulta acquisita nelle opere di → Giustino e Taziano. Questi autori sono detti comunemente (assieme a Teofilo, Atenagora e Melitone di Sardi) padri apologisti, in quanto si impegnarono nella difesa della fede e della primitiva dottrina dagli attacchi dei «gentili», alcuni sottolineando gli elementi di continuità del cristianesimo rispetto alla cultura classica, altri sottolineandone polemicamente l'alterità e la distanza.

• *Teologia trinitaria e problema dell'incarnazione.* I padri dovettero applicarsi innanzitutto all'ambito della teologia trinitaria, in modo da fissare e approfondire il significato e le implicazioni dogmatiche della terminologia biblica. La questione trinitaria, fondamentale nella riflessione di Giustino, → Ireneo e → Tertulliano, fu al centro dell'opera di Ippolito di Roma (m. 235 d.C.). Nei dieci libri della *Confutazione di tutte le eresie* (opera nota anche sotto il titolo di *Philosophoúmena*) Ippolito insisteva sulla distinzione reale fra il Padre e il Figlio, in polemica con i sostenitori del monarchianismo modalista (→ modalismo), che, per affermare l'assoluta unità di Dio, ne parlavano come di un'unica persona. In stretta connessione con il dibattito trinitario, che si concentrava sul problema dei rapporti Padre-Figlio e sulla questione della preesistenza del Verbo, lasciando in secondo piano l'interesse per lo Spirito Santo, si aprì il grande dibattito cristologico. Argomento centrale era il rapporto fra divino e umano in Cristo, la necessità di precisare il significato profondo di espressioni bibliche quali «Verbo incarnato» o «Figlio di Dio». Tra le posizioni dei docetisti (→ docetismo), che consideravano l'umanità di Cristo una semplice finzione dietro cui si celava la sua essenza divina, e quelle degli adozionisti (→ adozionismo), che invece consideravano Cristo un semplice uomo straordinariamente dotato, vennero lentamente proponendosi posizioni intermedie che si sforzarono di chiarire in che modo si possa parlare di due nature, la divina e l'umana, nell'unica persona di Cristo. Tale orientamento, già presente in Giustino, Ireneo, Ippolito e Tertulliano, fu approfondito a opera della scuola teologica di Alessandria (→ Clemente Alessandrino; → Origene).

Il problema degli effetti salvifici dell'incarnazione indusse i padri a interrogarsi sull'uomo. Nella linea della filosofia greca, l'uomo è inteso dagli apologisti come composto di anima e corpo: fatto da Dio a propria immagine e somiglianza, l'uomo ha perso a causa del peccato originale questa condizione primitiva (Ireneo). Sulla questione del peccato e della redenzione si registrarono già nel sec. III profonde divergenze fra Occidente e Oriente: mentre i padri latini ritenevano che vi sia un'intima solidarietà dell'uomo peccatore con Adamo e insistevano quindi sulla negatività della condizione umana dopo la caduta (Tertulliano), i padri orientali attenuavano la nozione di partecipazione umana al peccato di Adamo e sottolineavano come il conseguimento della perfezione dell'uomo dipenda in massima parte dal libero arbitrio (Clemente Alessandrino, Origene).

Il concilio di Nicea (325) rappresentò una cesura fondamentale nella storia del pensiero patristico. Per colpire le concezioni dell'→ arianesimo, i vescovi riuniti a Nicea definirono i rapporti tra Padre e Figlio attraverso il dogma della consustanzialità (*homooúsios*, di identica sostanza). I contrasti subito sorti fra sostenitori dell'*homooúsios* (Marcello di Ancira) e fautori della dottrina dell'*homoiooúsios* (di sostanza simile: Melezio di Antiochia, Cirillo di Gerusalemme, Basilio di Ancira) vennero infine risolti in seguito all'opera di mediazione di Ilario di Poitiers e di Atanasio. Più che nei dodici libri del *De Trinitate*, in cui difese contro gli ariani la piena divinità di Cristo, l'eterna generazione del Verbo e l'assoluta consustanzialità del Figlio al Padre, Ilario (315 ca-367 ca) propose una lettura del dogma niceno accettabile anche per i sostenitori dell'*homoiooúsios* nella lettera enciclica *De synodis seu de fide orientalium*. Un analogo intento riconciliatore è riconoscibile nella spiegazione del dogma trinitario proposta da Atanasio (295-373) al concilio di Alessandria (362): Padre e Figlio, pur essendo «uno in sostanza», in quanto partecipano dell'unica natura divina, sono persone sussistenti individualmente. Inoltre Atanasio introdusse con forza, nelle quattro *Lettere a Serapione* (358-362) la tesi della piena divinità dello Spirito e della sua consustanzialità al Padre e al Figlio: fra lo Spirito e il Figlio vi è una strettissima relazione, in quanto lo Spirito appartiene come essenza al Figlio come il Figlio appartiene al Padre. In Oriente la soluzione di Atanasio venne accolta e approfondita dai padri cappadoci: → Basilio, → Gregorio Nisseno e Gregorio Nazianzeno. Dei quarantacinque discorsi composti da quest'ultimo, i più importanti dal punto di vista dottrinale sono i cinque *Discorsi teologici* (380), dedicati appunto alla teologia trinitaria. Gregorio Nazianzeno vi polemizza con gli eunomiani (secondo i quali il Figlio è «di un'essenza diversa» dal Padre, e lo Spirito Santo è la più nobile delle creature) e con i → macedoniani (che negavano la piena divinità dello Spirito Santo). Convinto che le tre persone abbiano una sola natura e si distinguano soltanto nella loro origine e nel loro reciproco rapporto, Gregorio caratterizza il Figlio come «essere generato» e lo Spirito come «missione» o «processione». Nella linea delle opere di Atanasio e dei cappadoci vanno pure collocati il trattato *Sullo Spirito Santo* di Didimo il Cieco (313 ca - 398 ca) e alcune sentenze di Evagrio Pontico (345 ca - 399); in Occidente l'ortodossia nicena fu approfondita da Agostino.

• *Il dibattito cristologico.* Diversamente da quanto era avvenuto per la teologia trinitaria, mancò sino al concilio di Calcedonia (451) una definizione dogmatica della questione cristologica. I cappadoci rinnovarono gli sforzi di contemperare piena umanità e piena divinità in Cristo, in polemica con la cristologia di Apollinare di Laodicea (→ apollinarismo), che escludeva in Cristo ogni mediazione psichica di natura umana e si fondava sull'idea di un nesso diretto fra divinità del Verbo e carne. La dottrina di Apollinare venne condannata come eretica in quanto considerata una forma di virtuale docetismo. Gli stessi cappadoci, però, si fondavano ancora sullo schema Verbo-carne. Tale orizzonte venne abbandonato solo con l'elaborazione della scuola di Antiochia, della quale Teodoro di Mopsuestia (350 ca - 428) fu il principale esponente nell'ambito delle dottrine cristologiche. Teodoro abbandonò lo schema Verbo-carne per lo schema Verbo-uomo; in tal modo egli insisteva sulla natura umana, completa e indipendente di Cristo e sul suo progressivo sviluppo psichico, intellettuale e morale. In effetti, il dibattito cristologico era lontano dall'essere risolto. La prima metà del sec. V fu dominata dallo scontro fra → Cirillo patriarca di Alessandria e Nestorio patriarca di Costantinopoli (→ nestorianesimo). La ricomposizione delle lacerazioni acuite dal concilio di Efeso (430) e dalla condanna di Nestorio avvenne in occasione del concilio di Calcedonia (451). Le definizioni dogmatiche di Calcedonia si ispirarono direttamente al *Tomus ad Flavianum* di papa Leone I (m. 461). L'opera, di scarsa originalità, determinava con precisione la questione dell'identità fra persona di Cristo e Verbo divino e della coesistenza, senza mescolanza né confusione, di natura divina e umana in Cristo.

Il dibattito cristologico fra il sec. IV e il sec. V non rappresentò che uno dei numerosi terreni di scontro dottrinale fra le due principali scuole teologiche di età patristica: la scuola di → Alessandria (cui appartennero Atanasio, Didimo e Cirillo) e quella di → Antiochia (rappresentata da Teodoro di Mopsuestia, Nestorio e quindi dall'allievo di questo, Teodoreto di Ciro). Le divergenze teologiche fra le due scuole si radicavano in due tradizioni esegetiche contrapposte: al metodo alessandrino, imperniato su una lettura allegorizzante e spiritualistica della Bibbia e ispirato all'insegnamento di Origene, Antiochia opponeva un metodo di lettura maggiormente attento al significato storico e lette-

rale del testo (Teodoreto di Ciro, Giovanni Crisostomo).
Le diversità fra Occidente e Oriente riguardo alle dottrine antropologiche, già rilevate per l'epoca prenicena, si manifestarono pienamente fra il sec. IV e il V. Convinti dell'esistenza di un legame quasi fisico fra la condizione di Adamo e quella dell'intero genere umano, i padri latini si preoccupavano di determinare gli effetti della caduta sul volere umano: di qui l'ampia discussione sui rapporti fra grazia e libero arbitrio (→ pelagianesimo) e gli esiti profondamente pessimistici di tale dibattito (Agostino). I padri cappadoci insistevano invece sulla condizione di perfezione e di beatitudine propria dell'uomo prima del peccato, e la descrissero come uno stato archetipico e ideale verso cui il genere umano (e con esso tutta la creazione) mirerebbe a ritornare attraverso la storia. Si trattava di una prospettiva maggiormente ottimistica di quella occidentale e agostiniana; già presente in Atanasio, essa trovò piena espressività nello schema dottrinale della «doppia creazione» elaborato da → Gregorio Nisseno.
Si vedano anche le voci → Ambrogio, → Girolamo, → Gregorio Magno, → Massimo il Confessore, → Giovanni Damasceno. *G.L. Po.*

Pagano, Francesco Mario (Brienza, Basilicata, 1748 - Napoli 1799), filosofo, giurista e uomo politico italiano. Allievo di A. Genovesi, che gli trasmise una profonda ammirazione per l'opera di Vico, insegnò filosofia morale e diritto criminale all'università di Napoli. Nel 1799, alla proclamazione della Repubblica Napoletana, fece parte del governo provvisorio e redasse un progetto di costituzione repubblicana. Alla caduta della repubblica morì impiccato, vittima della reazione borbonica. La sua opera principale sono i *Saggi politici. Del civile corso delle nazioni, ossia de' principii, progressi e decadenza delle società* (2 voll., 1783-85; 2ª ed. in 3 voll., 1791-92). Pagano vuole conciliare l'eredità vichiana con quella di Rousseau e dell'illuminismo sensista e progressista (Montesquieu, Turgot, Condorcet). Da un lato egli rivendica la tendenza nell'uomo alla libertà dello stato di natura; dall'altro sottolinea l'impulso non meno essenziale al vivere sociale e alla condizione politica. Queste due forze muovono la storia e la incamminano al progresso. Le società politiche, tuttavia, subiscono una vicenda di nascita, sviluppo e decadenza in tutto simile a quella degli organismi viventi. Gli stati si corrompono non per interventi esterni ma per interna dissoluzione, in quanto il carattere cogente delle leggi contraddice l'aspirazione alla libertà individuale. Per questo Pagano nel sottolineare, ispirandosi anche a G. Filangieri, la necessità di una costituzione liberale, manifesta non soltanto la sua opposizione ai regimi dispotici, ma anche la sua diffidenza verso taluni aspetti del riformismo illuminato.

Pagliaro, Antonino (Mistretta, Messina, 1898-1973), glottologo e critico letterario italiano. Allievo di G. Vitelli, si perfezionò a Heidelberg e fu professore all'università di Roma di filologia iranica (dal 1927) e di glottologia indoeuropea (dal 1929). Come iranista, studiò e curò la pubblicazione di epigrafi e testi letterari medievali, e scrisse, con A. Bausani, una *Storia della letteratura persiana* (1960). Più in generale, egli allargò i propri interessi a tutto il campo della linguistica storica nonché alla filosofia del linguaggio, mirando soprattutto a stabilire un nesso interno tra indagine glottologica e analisi filologica (come appare già dal *Sommario di linguistica arioeuropea*, 1930), con risultati persuasivi anche nel settore specifico della critica letteraria. Il suo metodo, che egli designò come «critica semantica», trova espressione dal punto di vista teorico in *Il segno vivente* (1952) e *Le funzioni del linguaggio* (1968), opere che documentano un approdo critico assai lontano dalle iniziali influenze crociane, riflettendo piuttosto l'elaborazione di tesi d'origine humboldtiana e cassireriana sul carattere conoscitivo dell'esperienza linguistica: le serie *Saggi di critica semantica* (1952), *Nuovi saggi di critica semantica* (1956) e *Altri saggi di critica semantica* (1961), nonché gli studi danteschi *Sul linguaggio poetico della «Commedia»* (1963) e *Ulisse* (1966), forniscono una ricca esemplificazione.

paidéia, termine greco che significa educazione, formazione. La nozione di paideia, intesa come trasmissione di un sistema di conoscenze e di valori, rappresenta uno dei concetti centrali in base ai quali si è articolata, anche ideologicamente, l'immagine del mondo culturale greco. Il filologo tedesco W. → Jaeger attribuì alla paideia un'importanza decisiva nella genesi estetico-culturale dell'uomo greco contrapposto al barbaro. È evidente che in un simile contesto, i valori trasmessi dalla paideia sono di tipo aristocratico e, almeno inizialmente, legati alla formazione del cittadino. Sul piano dei contenuti la paideia tradizionale era costituita dalla grammatica (conoscenza dell'alfabeto e lettura dei poeti), dalla musica e dalla ginnastica, finalizzata alla preparazione militare. Solo a partire dal IV sec., con la nascita di istituzioni culturali destinate alla trasmissione di un sapere di livello alto (l'→ Accademia, il → Liceo e la scuola di Isocrate), si incontra una vera e propria riflessione teorica sui fondamenti e i contenuti della paideia. In questo contesto si assiste alla contrapposizione di due modelli: quello propugnato da Isocrate e quello di matrice platonica. Il primo, negando all'uomo l'accesso alla conoscenza assoluta, era incentrato sull'importanza dell'eloquenza come strumento per acquisire quella saggezza di vita indispensabile a ben ordinare la propria casa e partecipare alla vita dello stato. Il secondo, esposto nel libro VII della *Repubblica*, prevedeva, dopo un tirocinio nelle discipline tradizionali del *corpus* educativo, un lungo apprendistato nelle scienze matematiche e, solo per pochi eletti, il passaggio alla filosofia vera e propria, vale a dire alla dialettica culminante nella conoscenza del Bene; esso comportava quindi una radicale rifondazione etica, politica e scientifica dell'educazione.

Palamàs, Gregorio (Costantinopoli 1296 ca - Tessalonica 1359), teologo bizantino, santo della chiesa greca. È il massimo teorico dell'→ esicasmo, che egli conobbe direttamente durante le lunghe permanenze al Monte Athos. L'occasione per esporre la teologia esicastica venne a Palamàs dalla controversia con il monaco calabro Barlaam, che sosteneva in forma esasperata l'inconoscibilità di Dio. Nelle sue *Triadi in difesa dei santi esicasti* (1338 ca), Palamàs distinse tra essenza inconoscibile di Dio e energie divine increate, che possono essere sperimentate misticamente (la «luce del Tabor», cioè della Trasfigurazione). La dottrina di Palamàs (che nel 1347 fu consacrato vescovo di Tessalonica) venne approvata e difesa da una serie di sinodi che si tennero al Monte Athos (1340-41, la dichiarazione detta «Tomo agioritico») e a Costantinopoli (1341, 1347 e 1351). Il rinnovamento della teologia ortodossa nell'ultimo secolo ha fatto molto riferimento all'opera di Palamàs, grazie soprattutto ai contributi di J. Meyendorff. Nella teologia esicastica l'ortodossia, in alcuni tra i suoi maggiori pensatori, ha visto una via per cogliere, in maniera coerente con la propria tradizione, istanze caratteristiche della ricerca spirituale contemporanea, che sottolinea appunto l'«alterità» di Dio, la sua inattingibilità a opera della ragione (si confronti la teologia dialettica protestante degli anni Venti, o l'insistenza del modernismo sull'«esperienza»).

palingenesi, termine usato dai filosofi stoici per designare la ricostituzione o → apocatastasi dell'universo, dopo che il fuoco l'ha distrutto. Anche se non espressa con questo termine, l'idea di una rinascita o rigenerazione (in gr. *palinghenesía*) del cosmo era già presente in Pitagora, Empedocle, Anassimandro ed Eraclito: fu proprio Eraclito a inserire il concetto di «palingenesi» in una visione della realtà assoggettata al divenire perpetuo, aprendo così la via al concetto dell'«eterno ritorno» delle cose e della trasmigrazione delle anime (metempsicosi). Il cristianesimo combatté duramente questa dottrina, rifacendosi ai testi biblici in cui l'idea di rinascita o (nel Nuovo Testamento) il vocabolo stesso «palingenesi» sono usati con significato diverso. Nell'Antico Testamento i profeti annunciano una palingenesi sotto due prospettive: una più vicina e limitata, che consiste nel ritorno degli esuli e nella ricostruzione della città santa (per es. il Deuteroisaia), l'altra, più universalistica ed escatologica, che consisterà nella finale riedificazione di Gerusalemme e nella chiamata a essa di tutte le nazioni (per es. il Tritoisaia). Da entrambe le prospettive è assente l'idea di ciclicità: il nuovo mondo sarà quello definitivo. Nel Nuovo Testamento, «palingenesi» indica la nuova situazione che si verificherà con l'avvento del Regno di Dio; la parola è messa sulle labbra a Gesù stesso: «Voi che mi avete seguito, nella palingenesi, quando il Figlio dell'uomo siederà sul trono della sua gloria, anche voi siederete su dodici troni» (Matteo 19, 28). Nella lettera a Tito, san Paolo afferma che la palingenesi del cristiano è data dal battesimo: «Ci ha fatti salvi mediante il lavacro di palingenesi e di rinnovamento dello Spirito Santo» (3, 5). Pur restando nel contesto escatologico, la nozione biblica di «palingenesi» oscilla tra l'idea di rinnovamento del singolo in rapporto al suo essere cristiano, e quella della riconciliazione finale di ogni realtà nella croce, attraverso la parusia o venuta del Cristo glorioso.

panenteismo, termine coniato da Ch. Krause (*Lezioni sul sistema della filosofia*, 1828) per indicare la propria dottrina teologica, che intendeva mediare fra panteismo e teismo, e successivamente usato per designare ogni tentativo analogo. Il panenteismo afferma con il panteismo la tesi che Dio include in sé il mondo, ma si distacca da questo e si avvicina al teismo in quanto sostiene anche l'irriducibilità, e quindi la relativa trascendenza, di Dio rispetto al mondo. Nell'ambito della filosofia contemporanea il termine è stato usato da alcuni filosofi e teologi statunitensi seguaci di A.N. Whitehead per indicare la loro visione «bipolare» della divinità: Dio è l'essere assoluto-relativo, necessario-contingente, infinito-finito. Egli infatti, pur avendo un'essenza immutabile ed esistendo per necessità intrinseca, si realizza solo in riferimento al mondo, assumendo nella propria vita imperitura i valori che emergono dal processo cosmico, di cui egli stesso è artefice.

Panezio di Rodi (Rodi 185 ca - Atene 110 ca a.C.), filosofo greco. Allievo ad Atene dello stoico Diogene di Seleucia, soggiornò dal 145 al 130 a Roma, dove fu accolto nel circolo letterario filoellenico degli Scipioni; ritornato nel 129 ad Atene, succedette ad Antipatro di Tarso nella guida della Stoà. Panezio è considerato l'iniziatore dello stoicismo medio, nel quale si attenuano sensibilmente la sistematicità teoretica e il rigorismo etico dello stoicismo antico in vista di una maggiore penetrazione culturale nel mondo romano. In sede etica, Panezio, contro la dottrina stoica classica per cui non esistono gradazioni nella virtù, ammette una «virtù dell'uomo comune», la quale non consiste nella perfetta conformità alla ragione (conformità che è richiesta solo al saggio), ma nel ragionevole accordo con le consuetudini e i doveri sociali. Sul piano teoretico, Panezio si orienta verso un eclettismo in cui la tradizione stoica viene in più punti contaminata da apporti di origine platonica e aristotelica: in particolare, egli abbandona la teoria stoica dell'eterno ritorno e della conflagrazione universale, per aderire alla dottrina aristotelica dell'eternità del mondo. I numerosi scritti attribuiti a Panezio non ci sono pervenuti; ma nell'antichità ebbero grande fama le sue opere *Della provvidenza*, *Del dovere* (cui si ispirò Cicerone nel *De officiis*) e un commentario al *Timeo* di Platone.

Panikkar, Raimundo (Barcellona 1918), teologo cattolico spagnolo. Di origini indù per parte di madre, Panikkar si è sempre distinto per l'impegno a integrare la molteplicità delle dimensioni religiose. In *Il dialogo intrareligioso* (1978) distingue fra «fede», come tensione sempre aperta verso l'inesprimibile, e «credenze», come incarnazioni storiche della fede. Il pluralismo non dipende dalla debolezza della mente umana, ma è nella natura della realtà, che esige l'accettazione positiva della diversità. La verità è radicale relazionalità, come hanno intuito alcune dottrine religiose (quella della trinità cristiana, dell'*advaita* induista, della *pratītyasamutpāda* buddhista); per un cristiano diventa allora necessario liberare il cristianesimo da una esclusività che proibisce qualsiasi dialogo intrareligioso. In *Il Cristo sconosciuto dell'Induismo* (1981), Panikkar distingue fra Gesù storico e Cristo simbolo universale dello stesso simbolo Dio, operante in qualsiasi religione. Nell'incontro con le religioni il cristianesimo dovrà rendersi conto che il Cristo non gli appartiene, ma appartiene unicamente a Dio.

Pāṇini (sec. IV o III a.C.), grammatico e letterato indiano. Originario dell'India settentrionale, presso l'attuale Peshawar, scrisse due poemi epici perduti, *La vittoria sull'inferno* e *La vittoria di Jāmbavatī*. Ma la sua fama è legata alla sua grande opera grammaticale *Spiegazione delle parole* o *Gli otto capitoli*, di cui, secondo la leggenda, una parte gli fu rivelata dal dio Śiva. In quest'opera, che riassorbe e supera di gran lunga per rigore formale e acume analitico una tradizione di studi grammaticali risalente alla fine del periodo vedico e ora perduta, Pāṇini offre una descrizione sistematica, precisa e completa delle lingua sanscrita, sia letteraria sia parlata. In quasi 4000 sūtra (regole o definizioni), che si valgono anche di simboli analoghi a quelli dell'algebra, Pāṇini individua accuratamente i tratti salienti del sanscrito: da una parte le leggi dell'alternanza vocalica o apofonia, per cui una stessa radice, per esempio *kṛ*, «fare», può manifestarsi con tre gradi vocalici diversi (*kṛ-*, *kār-* e *kār-*) secondo il tipo di parole in cui compare; dall'altra parte la distinzione tra radice (*dhātu*) e suffisso (*pratyaya*), sulla cui base si stabiliscono i principi dell'analisi morfologica delle parole. Particolarmente importante dal punto di vista della storia linguistica è il riconoscimento della centralità delle radici verbali che, nelle varie forme consentite dall'apofonia, intervengono nella formazione di numerosissimi derivati (verbi, sostanti vi e aggettivi). È proprio in base alla nozione di radice verbale estesa ipoteticamente al prototipo indeuropeo ricostruito che si è sviluppata tutta la grammatica comparata, da F. Bopp ad A. Schleicher, e alla teoria moderna della radice di E. Benveniste e J. Kuryowicz.
La grammatica di Pāṇini fu completata, e talora riveduta, dalle *Osservazioni* di Kātyāyana, mentre Patañjali (sec. II o I a.C.) dedicò all'opera dei suoi due predecessori il *Grande commentario*. L'opera di Pāṇini e dei suoi continuatori ebbe importanza non solo per la scienza grammaticale, ma anche per la letteratura indiana posteriore: infatti nell'epoca successiva ai tre autori il sanscrito cessò di essere lingua dell'uso quotidiano, e gli scrittori presero a modello la loro codificazione.

panlogismo, termine coniato da J.E. Erdmann per caratterizzare la filosofia di Hegel (*Storia della filosofia moderna*, III), ed entrato poi nell'uso a proposito di qualsiasi altra posizione che riduca il «tutto» (in gr. *pân*) alla «ragione» (*lógos*). Nel sistema filosofico hegeliano Erdmann intendeva sottolineare la programmatica risoluzione dialettica di ogni aspetto irrazionale della realtà nella finale e compiuta sintesi del sapere assoluto e dello Spirito (*Geist*). Si tratta in sostanza della celebre identità tra reale e razionale che lo stesso Hegel enuncia nella Prefazione della *Filosofia del diritto* e che è stata fatta oggetto di ricorrenti critiche, non esenti talora da fraintendimenti e da indebite semplificazioni della effettiva complessità e ricchezza del sistema hegeliano.

Pannenberg, Wolfhart (Stettino 1928), teologo protestante tedesco. Professore nelle università di Wuppertal, Magonza e Monaco, ha affermato, in polemica con K. Barth e con R. Bultmann, che la rivelazione non deve essere autoritativa né deve mettere l'uomo di fronte a una decisione cieca, ma deve piuttosto convincere la ragione, e rispondere alle domande dell'uomo su di sé e sul senso della storia. La storia è per l'uomo una realtà continuamente mutevole, il cui senso complessivo sfugge nel presente. La religione di Israele ha presentato all'uomo un Dio che agisce nella storia, e una speranza escatologica nella salvezza per l'uomo e nella realizzazione piena del significato della storia. Il cristianesimo presenta in Gesù l'attuazione anticipata di questa promessa, e quindi la risposta definitiva alle domande dell'uomo, e apre per la chiesa il periodo dell'attesa e della speranza attiva dell'instaurazione del Regno di Dio. In polemica con O. Cullmann, Pannenberg ritiene che la storia nella sua totalità, e non solo un aspetto di essa, la «storia sacra», abbia un significato salvifico. Opere principali:

Che cos'è l'uomo? (1962); *Cristologia. Lineamenti fondamentali* (1964); *La teologia e il regno di Dio* (1969); *Il Credo e la fede dell'uomo d'oggi* (1972); *Epistemologia e teologia* (1973); *La destinazione dell'uomo* (1978); *Questioni fondamentali di teologia sistematica* (I, 1967; II, 1980); *Antropologia in prospettiva teologica* (1983); *L'idea di Dio e il rinnovamento della metafisica* (1988); *Teologia sistematica* (I, 1988; II, 1991).

panpsichismo, termine (dal gr. *pân*, tutto, e *psychè*, anima) con cui si designa ogni dottrina che attribuisca alla realtà fisica forze e attività proprie dell'anima umana. Si contrappone all'→ ilozoismo, che conferisce alla materia forze immanenti, biologiche e non spirituali; e si differenzia dall'→ animismo, in quanto non ammette propriamente l'esistenza di anime nelle singole cose, ma riconosce in esse un'unica forza animatrice. In questo senso, si parla di panpsichismo in relazione alla dottrina neoplatonica dell'→ anima del mondo (e a tutte le filosofie che vi si ispirano, come quella di Bruno, o quella dei neoplatonici di Cambridge), oppure alla tesi della sensibilità universale, sostenuta da Telesio e da Campanella. Diffusissime nel rinascimento, le dottrine panpsichistiche si configurarono inizialmente come giustificazioni metafisiche della magia (questa ha d'altronde come fondamento il concetto, correlato, di «simpatia» universale tra le cose); più tardi, gli stessi temi del panpsichismo rinascimentale e neoplatonico sopravvivono anche in ambiti differenti, per cui sono talora definite come forme di panpsichismo la teoria leibniziana della monade come costituente spirituale della materia, o la filosofia della natura di Schelling, o la metafisica della volontà di Schopenhauer e altre forme di idealismo o di spiritualismo applicate alla natura. Ma anche, inversamente, è possibile riconoscere motivi panpsichistici nel materialismo di Diderot, o nelle teorie psicofisiche di T. Fechner, W. Wundt, F. Paulsen.

pansofia, → Comenio.

panteismo, termine che congiunge le parole greche *pân* (tutto) e *theós* (Dio) e che si applica perciò a quelle dottrine che identificano in vario modo Dio e il mondo. Di panteismo si parla per la prima volta espressamente nella *Defensio religionis* (1709) di J. Fay che, difendendo il teismo, polemizza contro il deista J. Toland. Questi si era definito «panteista» in uno scritto sul socinianesimo del 1705 e intitolerà poi *Pantheisticon* la sua ultima opera (1720). Se il termine dunque ha un uso recente, la dottrina che esso designa è invece molto antica. Bisogna tuttavia distinguere, tra le molte possibili, almeno due fondamentali accezioni di panteismo. La prima (*panteismo acosmistico*) tende a risolvere interamente il mondo in Dio come sua mera manifestazione. Tale versione risale alla religione vedica dell'India e ha trovato poi in Occidente una classica e durevole espressione nel neoplatonismo. La seconda (*panteismo ateistico*), rappresentata dalla scuola stoica, considera al contrario il divino come una forza, un'energia, un «soffio vitale» animante il mondo dall'interno, e perviene a conclusioni naturalistiche o materialistiche. Il panteismo neoplatonico, in origine dichiaratamente ostile al cristianesimo, penetrò in seguito nelle dottrine di alcuni pensatori cristiani, come Dionigi Areopagita, Giovanni Scoto Eriugena (*De divisione naturae*, I, 3; I, 74), Meister Eckhart, Cusano (*De docta ignorantia*). Questa tradizione conserva ancora qualche risonanza nel pensiero moderno (per es. in V. Gioberti). In una versione più decisamente naturalistica il panteismo neoplatonico trovò espressione in alcuni pensatori rinascimentali come F. Patrizi e A. Cesalpino, e soprattutto in G. Bruno, che elaborò il problema del rapporto di Dio con l'universo in modi complessi che influiranno sul pensiero successivo. È però con → Spinoza che il panteismo trova la sua più coerente e sistematica esposizione. Spinoza unisce la tradizione neoplatonica della qabbalah con le tradizioni moderne del naturalismo, del deismo e del materialismo dei libertini per giungere a una totale confutazione dei concetti di persona divina, di creazione e di libertà del volere. Il mondo e la sostanza divina si identificano nell'unità «geometrica» di un «ordine» di cui le cose e gli esseri singoli sono puri «modi» transeunti. Lo → spinozismo viene assunto in seguito come modello e sinonimo di panteismo ed è infatti in riferimento a Spinoza che si sviluppa in Germania, alla fine del Settecento, il *Pantheismusstreit* (disputa sul panteismo). Essa vede contrapposti Jacobi da un parte e Mendelssohn e Goethe (in difesa di Spinoza e dello spinoziano Lessing) dall'altra. Sulla questione, e in particolare sull'alternativa panteismo-teismo, interviene anche J.G. Herder (*Dio*, 1787), ma è soprattutto F. Schleiermacher, con la sua proposta di identificare la sostanza spinoziana con il noumeno kantiano (*Spinozismo; presentazione del sistema di Spinoza*, 1788), a impostare concettualmente il problema del panteismo in senso idealistico e romantico, accentrandolo sulla coincidenza dinamica di finito e infinito (*Discorsi sulla religione*, 1799). In questa forma il problema del panteismo coinvolge dapprima Fichte e poi soprattutto Schelling (*Lettere filosofiche*, 1796) che tuttavia, dopo l'arduo tentativo di conciliare il panteismo con la libertà del volere (*Ricerche filosofiche sull'essenza della libertà umana*, 1809), assumerà, nella fase finale «positiva» del suo pensiero, un atteggiamento anti-panteista, anche in funzione antihegeliana. È infatti Hegel l'ultimo e più illustre rappresentante della moderna concezione panteistica, benché egli rifiuti il termine «panteismo» se esso designa la semplicistica ed estrinseca identificazione di tutte le cose particolari, «le più pregiate come le più triviali», con la sostanza divina (*Enciclopedia*, par. 573). In realtà Hegel è il più coerente sostenitore dell'unità di finito e infinito, mondo e Dio; non però nel senso che la realtà, nelle sue particolarità empirico-accidentali, coincida con l'infinito, ma nel senso che il movimento dialettico del reale è in ogni momento manifestazione della totalità razionale e del suo infinito sviluppo. Con il tramonto dell'idealismo il problema del panteismo ha perso molto della sua importanza. Atteggiamenti panteistici sono ancora rilevabili nelle correnti monistiche di fine Ottocento e nei neorealisti del nostro secolo, come S. Alexander (*Spazio, tempo e divinità*, 1920) e A.N. Whitehead (*Il divenire della religione*, 1926).

Paolo (Tarso tra il 5 e il 15 - Roma 67 ca), apostolo e santo. Cittadino romano di famiglia giudaica della tribù di Beniamino (il suo nome ebraico era Sha'ûl), frequentò nella giovinezza la scuola di rabbi Gamaliele il Vecchio a Gerusalemme, e fu educato a profonda religiosità nella «setta» dei farisei. Il suo temperamento appassionato e irruente lo indusse a farsi persecutore del cristianesimo nascente e, secondo la testimonianza di Atti 7, 58, fu presente al martirio di Stefano. Proprio nell'esercizio di questa attività di persecutore della chiesa (38 ca), improvvisamente, sulla via verso Damasco, un'esperienza straordinaria (Atti 9, 4), che egli intese come apparizione del Cristo risorto glorioso, lo indusse alla conversione al cristianesimo, del quale divenne missionario sommo, soprattutto come apostolo dei pagani. L'avvenimento di Damasco fu decisivo nella biografia di Paolo, e segnò definitivamente l'impostazione del suo pensiero e della sua visione del cristianesimo, che egli sviluppò con originalità profonda, al punto da poter esserne indicato come il vero creatore. Paolo considerò il suo apostolato come missione sostanzialmente autonoma, ricevuta «non da parte di uomini... ma per mezzo di Gesù Cristo e da parte di Dio Padre» (Galati 1, 1). Ciò non esclude un confronto con la chiesa-madre, Gerusalemme, e con le sue autorità, Pietro, Giacomo e Giovanni: furono queste anzi a riconoscere che l'apostolato di Paolo avrebbe avuto il mondo pagano come proprio terreno (Galati 2, 9). Tale riconoscimento avvenne dopo il cosiddetto primo viaggio missionario (Atti 13-14) in cui Paolo da Antiochia, insieme con Barnaba e Marco, si era spinto nell'Asia Minore, fondando chiese aperte a cristiani di estrazione pagana (45-48 ca). L'indipendenza di Paolo si manifestò anche nei confronti di Pietro, cui egli rinfacciava di discriminare tra giudeo-cristiani e pagano-cristiani (Galati 2, 11-14). L'attività missionaria di Paolo proseguì con un secondo viaggio (Atti 15, 36-18, 22) che, muovendo da Gerusalemme, lo portò in Macedonia e quindi in Grecia, con una lunga sosta tra il 50 e il 52. Dopo il ritorno a Gerusalemme, la missione di Paolo proseguì (terzo viaggio missionario, Atti 18, 23-21, 16) con un nuovo passaggio in Asia Minore e una permanenza di tre anni a Efeso, donde probabilmente egli visitò Corinto; è pure probabile che patisse una prigionia a Efeso. Da Efeso Paolo si recò nuovamente in Macedonia, poi sostò a Corinto, donde scrisse ai Romani (56-58). Tornato a Gerusalemme via mare, venne arrestato dal comandante del presidio romano, trasferito a Cesarea e ivi detenuto per due anni; quindi si appellò al tribunale dell'imperatore e fu perciò inviato a Roma, dove giunse dopo una fortunosa navigazione e un naufragio a Malta. Prosciolto nel 63, si recò forse ancora in Grecia e in Spagna. Secondo l'unanime tradizione antica, morì martire a Roma.

• *Le lettere.* Il canone tradizionale delle lettere paoline, fissatosi a partire dal sec. IV, attribuisce a Paolo 14 lettere, a proposito delle quali però la critica ha sempre sollevato questioni di autenticità. Le lettere ai Romani, 1 e 2 Corinti, Galati, 1 e 2 Tessalonicesi (che, con qualche riserva per 2 Tessalonicesi, sono riconosciute autentiche) rappresentano una unità sufficientemente conchiusa sia dal punto di vista storico-personale sia da quello dottrinale. A un secondo gruppo di lettere, dette della prigionia o della cattività (la cattività romana del 61-63), appartengono quelle a Filemone, agli Efesini, ai Colossesi e ai Filippesi; esse rivelano un cambiamento di stile e un progresso della dottrina, i quali postulano una certa distanza dalle grandi epistole: si discute sull'autenticità della lettera ai Colossesi, e in misura maggiore della lettera agli Efesini. Infine, le lettere dette pastorali (1 e 2 Timoteo, Tito), legate tra loro per il fondo comune che rivelano, per la forma e per la situazione storica che suppongono, da molti studiosi sono considerate non autentiche e non possono in ogni caso essere anteriori alla prigionia romana; così che su di esse si riflette anche l'oscurità che grava sugli ultimi anni della sua vita. Sicuramente non può essere attribuita a Paolo la lettera agli Ebrei.

Le lettere di Paolo rivelano i tratti di una personalità acuta e appassionata; ma soprattutto esse testimoniano, con la totale dedizione al vangelo, la sua geniale interpretazione dell'evento di Cristo. Certo il pensiero religioso-teologico di Paolo sorse e si formò nel quadro del mondo ellenistico, nel quale egli, ebreo della diaspora, visse le sue prime esperienze; divenuto cristiano, incontrò, sin dalla conversione, il cristianesimo ellenistico. Tuttavia la sua ascendenza ebraica, e la formazione culturale e religiosa alla scuola dell'ebraismo rabbinico, rimasero gli elementi più profondi e caratterizzanti della sua figura spirituale così come della sintesi cristiana da lui elaborata. Già prima di Paolo la comunità cristiana aveva subito e in parte superato la crisi determinata dall'incontro con l'ellenismo; ma in lui il problema si ripropose, e proprio l'acutezza del suo riemergere lo indusse a una soluzione non solo più illuminante, ma per certi rispetti definitiva per il cristianesimo del futuro.

Non è, tuttavia, possibile tracciare una sintesi della dottrina che Paolo, con tratti rapidi ma incisivi, propone nelle sue epistole; vi appaiono i principali temi della riflessione cristiana primitiva, straordinariamente approfonditi e spesso presentati secondo prospettive innovatrici, così che la dottrina paolina merita un richiamo specifico pressoché in ogni voce di una teologia neotestamentaria. Particolarmente originale è la sua cristologia, nella quale il messaggio cristiano primitivo si sviluppa in un fecondo contatto con le concezioni ellenistiche. Emerge in Paolo soprattutto il valore salvifico dell'evento di Cristo, della sua morte e della sua risurrezione, attorno al quale si unificano i temi più specifici della dottrina: la giustificazione mediante la fede; la scansione della storia della salvezza — col problema del rapporto tra Antico e Nuovo Testamento, tra Legge e grazia — la quale si sviluppa all'interno di una prospettiva ove Cristo è non solo il mediatore della redenzione, ma il «primogenito» della stessa creazione, il Kurios o Signore glorioso, il «nuovo Adamo» e il «capo della chiesa»; la dimensione ecclesiologica della salvezza, e della testimonianza resa a Cristo nella storia; e infine le forme e le norme della vita cristiana ed ecclesiale, che Paolo sviluppa come nessun altro autore del Nuovo Testamento.

L'influenza di Paolo è stata ampia e profonda, non solo nella chiesa, ma nell'intera cultura cristiana: Agostino, Lutero, Kierkegaard, K. Barth sono solo alcuni di coloro che hanno innovato la teologia, talvolta in modo rivoluzionario, sotto lo stimolo della dottrina paolina, e in particolare con riferimento alla lettera ai Romani. *G. B.*

Paolo Veneto, pseudonimo di Paolo Nicoletti (Udine 1368 ca - Padova 1429), filosofo e teologo italiano. Formatosi alla scuola averroista padovana, fu vicario generale e poi provinciale dell'ordine degli eremitani di sant'Agostino. Insegnò a Padova dal 1408 al 1415. Esiliato a Ravenna per le sue posizioni teologiche non ortodosse, ottenne nel 1428 di poter ritornare a Padova. Commentatore aristotelico di orientamento averroista, vicino ai *calculatores* della scuola logica di Oxford (sec. XIV), è autore di una logica che si pone quale esempio rappresentativo dell'interesse logico medievale. Tra le sue opere: la *Logica magna*, più nota nella sua riduzione divulgativa (*Logica parva*); i *Sophismata*; le *Summulae logicae*; una *Summa philosophiae naturalis*; i commentari ai testi aristotelici: *Fisica, Della generazione e della corruzione, L'anima* e *Il cielo.*

papa, titolo riservato al vescovo di Roma che, in quanto successore di Pietro, esercita nella chiesa cattolica l'autorità primaziale attribuita da Cristo a Pietro in seno al collegio apostolico. Nei primi secoli del cristianesimo non esiste una dottrina del primato, anche se il vescovo di Roma gode nella prassi di un grande prestigio. Tale autorità va progressivamente aumentando, sia in rapporto a particolari situazioni storico-politiche (lotta contro le interferenze dell'imperatore di Bisanzio, alleanza con i franchi suggellata dall'incoronazione di Carlo Magno il giorno di Natale dell'800), sia per l'influsso del diritto romano e della figura dell'imperatore. Si afferma in questo contesto il concetto di *plenitudo potestatis*, per cui nella chiesa ogni potere deriva dal papa; espressioni come *summus pontifex* e *vicarius Christi*, che erano originariamente titoli episcopali, vengono ora riferiti esclusivamente al papa. La cattività avignonese (1305-1378) e poi lo scisma d'Occidente (1378-1417) con la contemporanea presenza di tre papi e con l'affermarsi della teoria conciliaristica (→ conciliarismo), secondo cui il concilio ecumenico costituisce l'organo supremo della chiesa, indeboliscono il prestigio del papato, che esce sì vittorioso dalla crisi, ma si trova alle prese con vivaci forze centrifughe. Per fronteggiarle e rafforzare la propria autorità, i papi invocano l'aiuto dei sovrani, concedendo in cambio privilegi in materia di nomine episcopali e di benefici nei «concordati dei principi». Il papa si presenta inoltre, nel Quattrocento, come un sovrano territoriale, che si inserisce nel gioco politico-diplomatico europeo per conservare lo stato e partecipa a operazioni militari, organizza spedizioni contro i turchi, favorisce congiunti e amici, trasforma Roma in un grande centro culturale e politico. La mondanità del papato rinascimentale solleva acri invettive (per Lutero il papa è l'Anticristo) o accorati appelli al rinnovamento.

Il concilio di Trento, convocato da Paolo III Farnese, che pur non definisce il primato di giurisdizione e l'infallibilità del papa, ne riconosce implicitamente la funzione preminente sui vescovi, sottomettendo i decreti alla sua conferma. Nella applicazione dei decreti tridentini il papato avvia un vigoroso processo di centralizzazione, parallelo a quello che si realizza nelle grandi monarchie europee. Sul piano dottrinale la teologia postridentina, soprattutto con il cardinale Roberto Bellarmino, teorizza la *plenitudo potestatis* (sia pure «indiretta» nella sfera temporale) del papa e la sua superiorità sul concilio, mentre pone in secondo piano la riflessione sulla chiesa. La dottrina della supremazia papale, priva di una chiara delimitazione tra i poteri del vescovo di Roma e quelli degli altri vescovi, determina nei secc. XVII e XVIII l'opposizione delle correnti gallicane (→ gallicanesimo) e febroniane (→ febronianesimo), che rivendicano la pienezza del potere di giurisdizione ai singoli vescovi nell'ambito della propria diocesi, riconoscono ai vescovi riuniti in concilio l'autorità suprema nella chiesa, negano al pontefice la competenza di decidere in materia di fede e di morale. Il concilio Vaticano I (1869-70), proclamando solennemente l'infallibilità del papa e il suo primato di giurisdizione, respinge l'ecclesiologia gallicana e febroniana. La definizione dogmatica del Vaticano I, contenuta nella costituzione *Pastor aeternus*, precisa che l'apostolo Pietro ebbe direttamente da Cristo il primato di giurisdizione; che egli deve avere, per volontà di Cristo, dei successori; che il romano pontefice è il successore dell'apostolo Pietro; che il potere primaziale è «pieno», «supremo», «ordinario» (cioè non delegato né straordinario), «immediato» (cioè esercitato direttamente senza alcun intermediario) in materia di fede, di morale e di disciplina. Secondo la dottrina del Vaticano I, perché il magistero papale possa qualificarsi infallibile devono verificarsi quattro condizioni essenziali: che il papa insegni non come persona privata, ma come pastore universale della chiesa; che il suo insegnamento verta su questioni di fede e di morale; che si rivolga a tutta la chiesa e non a una parte di essa; che intenda pronunciare giudizi definitivi vincolanti le coscienze. Il concilio Vaticano II ha riaffermato la dottrina del Vaticano I, ma ha collocato l'esercizio del primato papale all'interno della collegialità episcopale. Il protestantesimo non riconosce nella chiesa nessuna istanza autoritativa (quindi né papa, né concili di vescovi); le chiese ortodosse respingono il primato di giurisdizione e la infallibilità del papa, mentre accordano al papa un primato d'onore in quanto vescovo di Roma.

L'elezione del papa si è svolta storicamente in vari modi: nei primi secoli egli era scelto dal clero e dal popolo romano; ma per evitare le interferenze del potere politico, Niccolò II nel 1059 attribuì l'elezione ai cardinali, mentre al popolo e al clero rimase solo la prerogativa di acclamare l'eletto. Alessandro III stabilì che per l'elezione occorresse la maggioranza dei due terzi; Paolo VI ha escluso dall'elettorato attivo i cardinali che hanno superato gli ottant'anni.

Papini, Giovanni (Firenze 1881-1956), scrittore e filosofo italiano. Gran parte della sua biografia è legata alla fondazione di riviste militanti, tra cui «Leonardo» (1903-07), «La Voce» (1908), e «Lacerba» (1913-15). Contribuì allo svecchiamento della cultura italiana, coniugando diversi filoni innovatori dell'irrazionalismo europeo. Il suo eclettico pragmatismo fu soprattutto rifiuto di una nozione statica di verità, condotto attraverso un rinnovato umanismo (*Sul pragmatismo*, 1913), che giunge coerentemente a esiti nichilistici (*Il crepuscolo dei filosofi*, 1906; *Il tragico quotidiano*, 1906). In politica e nel dibattito culturale fu interventista e nazionalista, futurista e fascista, ma soprattutto difensore di una letteratura anti-accademica iconoclasta e fondata sulla fede retorica nella parola. Perfino la sua «conversione» al cattolicesimo (*Storia di Cristo*, 1921) fu nel segno della protesta e della paradossalità di Cristo. Solo nel secondo dopoguerra sembrò trovare una dimensione meno veemente e profetica, e forse proprio per questo non riuscì a completare un'opera in cui intendeva esprimere la *summa* del suo giudizio critico-religioso sull'umanità (*Giudizio universale*, postumo, 1957).

Paquda, Baḥja ibn (1050 ca - 1120 ca), teologo e filosofo ebreo spagnolo. Della sua vita si sa soltanto che fu *dajjan* (giudice) della comunità ebraica di Saragozza. È autore della celebre opera etico-religiosa *I doveri del cuore*, scritta in arabo nel 1080 ca, ma meglio conosciuta nella coeva versione ebraica. L'opera, che è stata paragonata all'*Imitazione di Cristo* per la sua influenza sulla pietà popolare, espone in dieci sezioni o «portici» i doveri della vita morale e dell'intima religiosità, in un quadro di ascetismo rigoroso, non comune nel pensiero ebraico. L'elezione di Israele è concepita da Paquda come fonte di doveri più numerosi e di una più grande responsabilità nei confronti di Dio. Paquda è anche autore di poesie liturgiche ispirate alla stessa dottrina dell'opera maggiore.

Paracelso, nome con cui è noto in Italia Philipp Theophrast Bombast von Hohenheim (Einsiedeln, Zurigo, 1493 - Salisburgo 1541), scienziato svizzero. Aggiungendo al proprio nome alcuni epiteti densi di riferimenti simbolici, si firmò in latino Philippus Aureolus Paracelsus Theophrastus Bombastus von Hohenheim. «Paracelsus», per es., è presumibile riferimento ad Aulo Cornelio Celso, non solo padre della medicina antica, con Ippocrate, ma dotto in ogni ambito del sapere. Di fatto, sembra che Paracelso si proponesse precisamente di attuare nella propria persona la figura del medico perfetto, esperto di ogni ramo dello scibile in quanto iniziato al segreto ultimo dell'uomo e della natura. Da questo punto di vista (che fu assunto nei suoi confronti, in diverse accezioni, da quanti subirono la sua influenza o celebrarono la sua figura: Shakespeare, J. Böhme, forse Spinoza, Goethe, C.F. Meyer, e nel sec. XX R. Steiner, E.G. Kolbenheyer, E. Pound), egli è uno dei protagonisti del pensiero del rinascimento: fin dal sec. XVI la sua figura fu collegata (in questa luce lo videro Goethe, O. Spengler, F. Gundolf) con quella leggendaria di Faust.

Paracelso, sulla cui vita concrebbe un apparato mitologico tale da sfidare ancora oggi le ricerche storiche, studiò a Basilea e probabilmente a Ferrara; fu allievo, inoltre, di Giovanni Tritemio, che sembra averlo introdotto alla *occulta philosophia* (astrologia, alchimia, qabbalah cristiana). Intorno al 1520 fu nel Tirolo per studiare le miniere, le caratteristiche dei minerali, le malattie dei minatori. Dal 1526 al 1528 circa, dopo alcuni viaggi per l'Europa cui la leggenda aggiunse improbabili itinerari in Asia e in Africa, sostò a Basilea, praticando e insegnando la medicina. Tra le sue opere si ricordano: *Undici trattati sull'origine, le cause, i segni e la cura delle singole malattie* (1520); *Tre libri di chirurgia* (1528); *La grande chirurgia* (1536); *Paramirum* (1562-75); *Paragranum* (1565). In questi testi si trovano alcune accurate osservazioni cliniche e le testimonianze di alcune scoperte chimiche. Il suo pensiero è però intimamente estraneo agli sviluppi successivi delle scienze naturali e della medicina. È un pensiero legato a modelli magico-mistici, per cui l'importanza della chimica ai fini della medicina consiste nella sua coincidenza con l'alchimia: chimica, per Paracelso, è ricerca sperimentale delle essenze di ogni sostanza, strumenti dell'*archeus* (neoplatonico «spirito della vita»). Grazie all'*archeus*, il mondo della materia terrena e della concretezza organica dell'uomo acquista senso (e conoscibilità iniziatica) nel quadro del segreto cosmico: quanto più l'iniziato si cala nell'esperienza materiale, accurata, ripetuta, tanto più egli evade dai limiti dottrinali e astratti della scolastica per accedere alla concreta veridicità dei simboli e dei miti.

paradigma, termine derivante dal gr. *parádeigma* che significa «modello» (o «progetto») ed «esempio». In Platone si trova usato in entrambe le accezioni; le idee sono infatti modelli o termini di paragone assoluti, conoscendo i quali è possibile decidere se qualcosa sia o non sia conforme a essi: per es. conoscendo che cosa è la santità, si può giudicare di un'azione se sia o non sia santa (*Eutifrone* 6*e*); le cose sensibili sono copie dei modelli intelligibili e il cosmo generato è prodotto dal demiurgo divino a imitazione di un paradigma eterno, il vivente in sé (*Timeo* 28*a* al.). Col significato invece di «esempio» o «caso esemplare», Socrate si considera, nell'*Apologia* (23*b*), un *parádeigma* di cui il dio si è servito per illustrare la condizione umana riguardo al sapere, che è appunto di non-sapere. Sempre in Platone, nel *Politico*, compare però un'accezione del termine diversa sia da quella di modello sia da quella di esempio, e prossima invece a quella di «analogia» (277*d*-278*c*). Aristotele, per il quale l'uso platonico del termine col significato di «modello intelligibile» è una pura metafora poetica (*Metafisica* I 9, 991*a* 20-22), assume *parádeigma* come termine tecnico della logica e della retorica col significato di «argomento fondato su un esempio» o «induzione retorica», dal particolare al particolare (*Analitici primi* II 24; *Retorica* II 20); è l'argomento che si trae da un caso noto per illustrare, grazie alla pregnanza dell'esempio che si è scelto, un caso meno noto o affatto ignoto.

Il termine 'paradigma' è entrato nel lessico specialistico dell'epistemologia contemporanea grazie al libro di T. → Kuhn, *La struttura delle rivoluzioni scientifiche* (1962). Le numerose accezioni nelle quali l'espressione è impiegata in quest'opera sono riconducibili, come ha spiegato lo stesso Kuhn nel *post-scriptum* all'edizione del 1969, a due significati fondamentali. Paradigma è, innanzitutto, la *matrice disciplinare* di una comunità di scienziati, cioè l'insieme degli impegni condivisi che condizionano la scelta e la soluzione dei problemi scientifici affrontati dai membri della comunità. Gli elementi costitutivi di una matrice disciplinare sono: *a*) le generalizzazioni simboliche, cioè le definizioni e gli schemi di leggi matematiche (per es. «*f*=*ma*», «gli elementi si combinano in proporzioni di peso costanti») che stanno alla base dei calcoli e dei ragionamenti deduttivi con i quali gli scienziati tentano di risolvere i problemi affrontati dalla loro comunità; *b*) i modelli (come l'atomismo, o il modello idrodinamico del circuito elettrico) che orientano, fornendo analogie e metafore dotate di valore descrittivo o soltanto euristico, la ricerca della soluzione dei problemi; *c*) i valori epistemologici (per es. accuratezza, semplicità, coerenza) che guidano la scelta tra soluzioni alternative; *d*) le concrete soluzioni di problemi scientifici (come il moto su un piano inclinato o il centro di oscillazione di un pendolo fisico) che sono entrate a far parte del patrimonio collettivo della comunità. Nella seconda accezione (già impiegata da Kuhn in un saggio del 1959, *La tensione essenziale*), paradigma è un *esemplare*, cioè una delle concrete soluzioni di problemi che fanno parte della matrice disciplinare di una comunità scientifica. Gli esemplari, secondo Kuhn, svolgono un ruolo fondamentale nel processo attraverso il quale gli scienziati imparano a risolvere i problemi della scienza normale, e ad applicare in situazioni sempre nuove le generalizzazioni simboliche accettate nella loro comunità di appartenenza. Ispirandosi alle riflessioni del secondo Wittgenstein sul *seguire una regola*, e alla teoria della *conoscenza tacita* di M. Polanyi, Kuhn sostiene, infatti, che gli scienziati acquistano la capacità di percepire situazioni diverse come simili tra loro in modo rilevante, cioè come punti di applicazione delle stesse generalizzazioni simboliche, sottoponendosi a un addestramento che comporta l'ostensione ripetuta (nei manuali o nelle esercitazioni di laboratorio) di esempi di applicazioni riuscite di quelle generalizzazioni; non diversamente da quanto avviene, per es., al bambino che impara a percepire volatili diversi come membri della specie delle anatre osservando campioni particolarmente rappresentativi di questa specie. Questa seconda accezione del termine 'paradigma' è, per Kuhn, la più importante: infatti, soprattutto a partire dagli esemplari è possibile individuare lo stile di ricerca caratteristico di una determinata comunità scientifica.

paradigmatica - sintagmatica, distinzione introdotta in linguistica da L. Hjelmslev sulla base della differenziazione saussuriana tra rapporti associativi e rapporti sintagmatici intercorrenti tra unità linguistiche. La paradigmatica, o asse paradigmatico, corrisponde alla dimensione della *langue*, o sistema, o codice; la sintagmatica, o asse sintagmatico, corrisponde alla dimensione della *parole*, o processo, o messaggio (→ *langue - parole*; → codice - messaggio). Si distinguono così rapporti paradigmatici (o di opposizione, nella terminologia di A. Martinet) tra unità linguistiche che possono occorrere in uno stesso enunciato ma che si escludono reciprocamente (e che costituiscono paradigmi), e rapporti sintagmatici (o di contrasto, nella terminologia di Martinet) tra unità che occorrono nello stesso enunciato (e che costituiscono sintagmi). F. de Saussure intendeva la sintagmatica come teoria dei sintagmi o combinazioni di due o più unità linguistiche di qualunque tipo, estensione e complessità. Se, da una parte, il linguista svizzero osservava che «nelle sottounità della parola vi sono già fatti sintagmatici», dall'altra faceva rientrare nella sintagmatica la stessa sintassi come teoria dei gruppi di parole.

paradiso, termine di origine persiana (da *pairidaeza*) che propriamente significa «giardino». Dal vocabolo persiano derivano sia il greco *parádeisos* sia l'ebraico *pardes*, che compare tre volte nell'Antico Testamento per indicare un parco. La versione greca dei Settanta (seguita dalle versioni latine) tradusse con *parádeisos* il termine ebraico *gan* (giardino) che figura nei capitoli 2-3 della Genesi: si tratta del paradiso terrestre, il giardino nel quale fu posta la prima coppia umana e dal quale essa fu scacciata a causa del peccato.

Mentre una parte della letteratura apocrifa ebraica e della letteratura rabbinica discusse a lungo sul luogo del paradiso terrestre, un'altra parte cercò di cogliere il valore simbolico del racconto, e vide nel ritorno al paradiso primordiale la finale condizione di felicità dei giusti.

Nel Nuovo Testamento il termine compare solo una volta, in occasione della promessa di Gesù al buon ladrone (Luca 23, 43); nella lettera agli Ebrei e nell'Apocalisse è annunciato non il paradiso ma il Regno di Dio, la condizione finale verso cui sono in cammino tutti i giusti, la Gerusalemme escatologica la cui attesa è imminente. Il ridimensionamento delle attese escatologiche successivo alla fase costantiniana porta a una fissazione dogmatica del termine: considerato come il premio ultraterreno riservato ai singoli eletti, il paradiso diviene oggetto del discorso intemporale sui novissimi (→ escatologia). Progressivamente si delinea anche la distinzione fra paradiso e cielo. Per Agostino, il cielo è il luogo della dimora comune e beata dei santi; tale beatitudine si realizzerà pienamente con la resurrezione dei corpi, per cui solo all'avvento della parusia i santi saliranno al sommo cielo, il paradiso. In polemica sottile con Agostino e con il suo tentativo di determinare la sede futura dei corpi dei beati si pone Scoto Eriugena, che ispirandosi ai padri greci (Massimo il Confessore, Gregorio di Nissa) afferma che il paradiso si distingue dal mondo non in termini spazio-temporali, «ma per la diversità dei rapporti interpersonali e il diverso grado di felicità» (*Periphyseon*, II, 538*ab*): Cristo risorto era in paradiso mentre appariva ai discepoli, avendo realizzato una diversa condizione esistenziale. Tale concezione si trasmetterà a un intero filone del pensiero mistico (Meister Eckhart, J. Ruysbroeck). Ma nel cristianesimo occidentale la linea agostiniana risulta assolutamente dominante, e subisce ulteriori approfondimenti a opera di Bonaventura da Bagnoregio e Tommaso d'Aquino, per i quali il luogo dei beati coincide con il cielo empireo posto al di là del firmamento. Nella scolastica lo stato di beatitudine degli eletti è ricondotto alla «visione beatifica» di Dio, ossia all'intuizione diretta dell'essenza divina. La più alta espressione letteraria della concezione scolastica del paradiso si trova espressa nella terza cantica della *Commedia* di Dante. Abbandonata l'insistenza sul carattere puramente intellettuale della beatitudine eterna, la teologia contemporanea vede nell'amore di Dio il fondamento universale e indefettibile della vita futura — successiva alla morte corporale — intesa come una «nuova creazione»; a essa partecipa tutto l'universo (i «nuovi cieli e la nuova terra» di Apocalisse 21, 1) e in essa sono conservati e valorizzati tutti gli aspetti positivi della vita terrena.

Fra le altre grandi religioni, una nozione analoga a quella di paradiso presentano lo zoroastrismo o → mazdeismo, l'Islam e alcune forme di buddhismo.

paradosso (dal gr. *pará*, contro e *dóxa*, opinione), termine applicato, nella sua accezione più ampia, a qualsiasi affermazione o ragionamento che contrasti con ciò che di solito è ritenuto ovvio. In un senso più specifico, si parla di paradosso quando una conclusione assurda, o che sembra tale, è ottenuta a partire da premesse plausibili attraverso pochi passaggi deduttivi in apparenza corretti (sono paradossi in questo senso, per es., i celebri argomenti usati da → Zenone di Elea per negare la realtà del movimento e della molteplicità). I paradossi che mettono capo a vere e proprie contraddizioni, cioè a conclusioni della forma 'A e non A', sono detti anche → antinomie. Appartengono a quest'ultima categoria alcuni paradossi la cui analisi ha avuto un posto importante nello sviluppo della logica contemporanea. Essi, secondo l'indicazione di F.P. Ramsey, si possono ripartire in due gruppi: da un lato i paradossi 'logici' o 'insiemistici', formulabili nel linguaggio della teoria degli → insiemi; dall'altro i paradossi 'semantici', che riguardano la nozione di verità e altre nozioni a essa collegate, come quella di definibilità.

• *Paradossi insiemistici.* (1) *Paradosso di Burali-Forti* (pubblicato nel 1897 da Cesare Burali-Forti, ma già noto a G. Cantor). Coinvolge le nozioni di insieme bene ordinato e di numero ordinale. A ogni insieme bene ordinato corrisponde un numero ordinale. Dato un qualunque insieme X di numeri ordinali, X risulta bene ordinato dalla relazione di minore o uguale, e si dimostra inoltre che il numero ordinale corrispondente a X non è elemento di X. Il paradosso sorge non appena si consideri l'insieme O di tutti i numeri ordinali: per quanto precede, il numero ordinale corrispondente a O non può essere elemento di O, e ciò contrasta con il fatto che, per definizione, O contiene tutti i numeri ordinali. (2) *Paradosso di Cantor* (1896). Uno dei teoremi fondamentali della teoria cantoriana degli insiemi dice che, dato un qualunque insieme X finito o infinito, l'insieme dei sottoinsiemi di X ha sempre una cardinalità maggiore di X. Applicando questo teorema all'insieme universale U, si ottiene che l'insieme dei sottoinsiemi di U ha una cardinalità maggiore di U. D'altra parte, essendo U l'insieme universale, l'insieme dei sottoinsiemi di U è incluso in U, e si dimostra facilmente che, se un insieme Y è incluso in un insieme Z, allora la cardinalità di Y è minore o uguale di quella di Z: di qui la contraddizione. (3) *Paradosso di Russell* (scoperto da B. Russell nel 1901, comunicato a G. Frege e pubblicato l'anno successivo). A differenza dei due precedenti, questo paradosso coinvolge soltanto le nozioni insiemistiche più elementari, cioè le nozioni di insieme e di elemento. Sia R l'insieme di tutti gli insiemi che non contengono se stessi come elemento; alla domanda se R sia elemento di R oppure no, non è possibile dare una risposta coerente. Assumiamo che R sia elemento di R: siccome gli elementi di R non sono elementi di se stessi, ne segue che neppure R è elemento di se stesso, e questo contraddice l'assunzione di partenza. Viceversa, assumiamo che R non sia elemento di R: allora R è fra gli insiemi che non sono elementi di se stessi, cioè fra gli elementi di R, il che, di nuovo, contraddice l'assunzione di partenza. Questi paradossi possono essere evitati assumendo che gli insiemi O, U e R in realtà non esistano. Naturalmente, una soluzione del genere impone di specificare poi in modo esplicito e preciso quali sono gli insiemi che esistono, e questo è il compito assolto dalle teorie assiomatiche degli insiemi (E. → Zermelo).

• *Esempi di paradossi semantici.* (1) *Paradosso del mentitore* (la cui prima formulazione sembra vada accreditata a → Eubulide di Mileto). Supponiamo che io dica «Io sto mentendo». Siccome 'mentire' significa dire il falso, ciò che affermo è vero se e soltanto se è falso. (2) *Paradosso di Richard* (pubblicato da J. Richard nel 1905). Sia D l'elenco in ordine alfabetico delle definizioni di numeri reali in lingua italiana (D è ovviamente un elenco infinito). Per ogni numero naturale n, sia r(n) il numero reale definito dalla definizione che occupa l'n-simo posto nell'elenco D. Si consideri ora la definizione seguente: «Il numero reale la cui parte intera è 0 e la cui n-sima cifra decimale è uguale a 1 se l'n-sima cifra decimale di r(n) è 0, ed è uguale a 0 altrimenti». Sia r il numero reale definito da questa definizione. Se nell'elenco D la definizione considerata occupa il k-simo posto, allora deve aversi $r = r(k)$. D'altra parte, per come la definizione è formulata, r e r(k) differiscono almeno nella k-sima cifra decimale, e quindi $r \neq r(k)$. (3) *Paradosso di Grelling* (presentato da K. Grelling nel 1908). Diciamo che un aggettivo è *eterologico* se non si applica veridicamente a se stesso (per es., l'aggettivo 'monosillabico' è eterologico, perché non è vero che 'monosillabico' è monosillabico). Basta riflettere un attimo per accorgersi che dalla definizione di 'eterologico' segue che 'eterologico' è eterologico se e soltanto se 'eterologico' non è eterologico. La soluzione più nota al problema dei paradossi semantici è quella proposta da A. → Tarski, che si fonda sulla distinzione tra → metalinguaggio e linguaggio-oggetto. *P. Ca.*

paradosso di Moore, → credenza, enunciati di.

paralogismo, ragionamento non valido con apparenza di validità. Alcuni vorrebbero distinguerlo dal sofisma in quanto in esso, a differenza che nel sofisma, non vi sarebbe la volontà di ingannare; ma per Aristotele, che introdusse il termine, paralogismo è ogni ragionamento errato quanto alla forma. In questo senso il termine è stato spesso usato nella tradizione logica (per es. *Logica di Port-Royal*, III, 19). Un caso particolare di paralogismo è quello della *quaternio terminorum*, in cui un termine è usato in due sensi diversi nelle due premesse di un sillogismo (e perciò la conclusione non segue validamente). Kant, nella Dialettica trascendentale della *Critica della ragion pura*, privilegia e generalizza questo caso particolare, chiamando paralogismi i ragionamenti «dialettici» su cui si basa la psicologia razionale, perché assumono il soggetto intorno a cui argomentano in un duplice significato (come soggetto formale e come sostanza, come io singolare e come sostanza semplice ecc.). Tali raziocini derivano dall'illusione della ragione umana — «inevitabile, benché non insolubile» — di poter applicare le «categorie» conoscitive a materiale non empirico.

paranoia, forma di delirio caratterizzata da convinzioni palesemente contrastanti con la realtà e immodificabili sia attraverso la logica sia attraverso l'esperienza (per es. convinzioni deliranti di persecuzione o di grandezza). Questa definizione, che risale alla psichiatria ottocentesca, si applica alla cosiddetta paranoia pura, corrispondente al «delirio cronico a evoluzione sistematica» degli autori classici. Oggi il termine non si usa esclusivamente in questa accezione specifica, anche perché la paranoia pura è rara (il concetto stesso è stato posto in discussione in quanto comparirebbero presto o tardi, nei soggetti affetti da paranoia pura, altri sintomi patologici, tipici della schizofrenia): oggi gli aggettivi «paranoico» e «paranoide» vengono usati correntemente nel linguaggio psichiatrico e anche in quello comune come sinonimi di «delirante». In particolare, si parla di schizofrenia paranoide per designare quei casi di schizofrenia caratterizzati dalla presenza di idee deliranti; e si parla di tendenze, disposizioni d'animo, processi di pensiero ecc. «di tipo paranoico», quando contengano evidenti gli spunti tipici del delirio, soprattutto del delirio di persecuzione. Il problema se la paranoia, o la tendenza a essa, sia fenomeno psicopatologico inquadrabile o meno nel campo della schizofrenia è tuttora controverso. Sembra però giustificato e verosimile ritenere che la disposizione della mente umana, in determinate circostanze, a elaborare stati d'animo e costruzioni ideative di tipo paranoico sia indipendente rispetto ai processi schizofrenici di destrutturazione dell'Io. Che si tratti di stati d'animo paranoici di riferimento e di persecuzione di tipo passeggero (per es. sotto l'influenza di determinate droghe), o che si prendano in considerazione le elaborazioni ideative croniche, tenaci e incoercibili di individui in condizione di isolamento psicologico-sociale (certi deliri rivendicativi, i deliri genealogici, le convinzioni deliranti parareligiose, le idee croniche di influenzamento e di persecuzione), in ogni caso le dinamiche psicologiche responsabili di questo tipo di patologia risultano nell'insieme meno gravi di quelle inquadrate nella schizofrenia.

parapsicologia, disciplina che intende studiare, in una prospettiva scientifica e con procedure sperimentali, i cosiddetti «fenomeni psichici paranormali», e soprattutto quelli relativi alla «percezione extrasensoriale» (o ESP, dall'inglese *extrasensorial perception*), cioè la telepatia, o trasmissione a distanza del pensiero, la chiaroveggenza o percezione al di là di oggetti opachi, la precognizione o percezione di eventi che devono ancora aver luogo, e la telecinesi o azione meccanica a distanza. A tutt'oggi lo status epistemologico della parapsicologia (chiamata anche «metapsichica» o «ricerca psichica») è assai fragile, e la stessa esistenza dei fenomeni paranormali continua a essere negata da molti rappresentanti della cultura occidentale, soprattutto di ispirazione positivistica. I parapsicologi, fra i quali non mancano fisici e biologi illustri, hanno tentato in vari modi di usare criteri scientifici di indagine, per es. ipotizzando nel caso della telepatia l'azione di un'energia fisica non rilevabile dagli strumenti attuali, e riducendo sistematicamente alla telepatia, ossia alla «più semplice» delle forme della percezione extrasensoriale, le forme più complesse e meno comprensibili in termini naturalistici, quali la precognizione e la chiaroveggenza; ma la mancanza di «ripetibilità» impedisce agli esperimenti parapsicologici di raggiungere lo stadio dell'evidenza scientifica.
La psicoanalisi freudiana non riconosce l'esistenza dei fenomeni paranormali, mentre Jung sostiene la legittimità e l'interesse dello studio di tali fenomeni. In India, e in altri paesi orientali, questi fenomeni vengono interpretati dalla cultura tradizionale in una prospettiva spiritualistica che non esclude il riferimento a leggi di carattere deterministico. Negli Stati Uniti la tradizione pragmatistica, meno incline di quella positivistica a definire a priori ciò che è scientifico e ciò che non lo è, ha agevolato le ricerche di parapsicologia, che hanno avuto due esponenti di spicco nello psicologo accademico J.B. Rhine e in G. Murphy, già presidente dell'Associazione americana di psicologia; ancora prima, W. James era stato un pioniere della parapsicologia, che in alcune università (come la Duke University) costituisce materia d'insegnamento ufficiale.

parentela, insieme di rapporti sociali intercorrenti tra individui che siano (o si ritengano simbolicamente) consanguinei oppure che appartengano a famiglie o gruppi (classi, stirpi ecc.) fra i quali vi siano legami matrimoniali. Fu con la pubblicazione di due opere di L.H. Morgan (*Sistemi di consanguineità e affinità della famiglia umana*, 1871, e *La società antica*, 1877) che le differenze tra le nomenclature di parentela usate dai popoli primitivi e quelle impiegate dagli europei cessarono di essere una curiosità etnografica per divenire oggetto d'indagine scientifica. Queste, in breve, le principali tesi di Morgan: *a*) le nomenclature di parentela (includendo in essa sia le relazioni tra consanguinei, stabilitesi mediante la nascita, sia quelle tra affini, stabilitesi mediante il matrimonio proprio o di un proprio parente) formano dei sistemi riconducibili a tre tipi fondamentali succedutisi nel corso dell'evoluzione sociale; *b*) ciascun tipo rispecchia la forma di famiglia (e in particolare la forma di matrimonio) che lo ha originato e può quindi essere usato, in quanto sopravvivenza ancora osservabile, per ricostruire forme di famiglia ormai scomparse; *c*) la ricostruzione di queste ultime è decisiva per chi voglia scoprire le tappe fondamentali dell'evoluzione sociale, perché le relazioni di parentela hanno costituito l'ossatura della «società antica» per tutto il periodo storico che ha preceduto l'affermarsi dello stato. Per es., i sistemi di parentela detti «classificatori» — che, a differenza dei sistemi «descrittivi» come quello europeo attuale, non distinguono tra parenti in linea retta e parenti collaterali, perché denominano con uno stesso termine il padre e suo fratello, la madre e sua sorella ecc. — rispecchiano una forma di famiglia nella quale il padre reale non era discernibile dallo zio paterno perché gruppi di fratelli sposavano gruppi di sorelle e la prole era comune («matrimonio di gruppo»).

L'ipotesi di Morgan che le nomenclature di parentela rispecchiassero le forme dell'organizzazione familiare e sociale, sebbene ancora condivisa da E.B. Tylor (*Sul modo di ricercare lo sviluppo delle istituzioni, applicato alle leggi del matrimonio e della discendenza*, 1899), da W.H. Rivers (*Parentela e organizzazione sociale*, 1914) e in parte anche da R. Lowie (*Esogamia e sistemi classificatori di parentela*, 1915), non resistette alla crisi generale dell'evoluzionismo. In *La storia del matrimonio umano* (1899) E. Westermack dimostrò che il matrimonio di gruppo non era mai esistito. A.L. Kroeber, in *Sistemi classificatori di parentela* (1909), sostituì alla spiegazione sociologico-evolutiva delle differenze esistenti tra le nomenclature di parentela una spiegazione psicologico-linguistica. Due le sue tesi principali: *a*) la distinzione tra sistemi classificatori e descrittivi è etnocentrica, perché considera una soltanto delle «categorie» al cui repertorio le lingue selettivamente attingono per classificare i vari gradi di parentela; ogni lingua distingue ciò che le altre confondono e viceversa; se invece della categoria «differenza tra parenti in linea retta e collaterale» Morgan avesse considerato, per es., la categoria «sesso della persona attraverso cui passa la relazione di parentela», si sarebbe reso conto che il nostro termine *zio* sarebbe apparso classificatorio a molti popoli primitivi e ai romani, che distinguevano tra *avunculus* (zio materno) e *patruus* (zio paterno); *b*) le nomenclature di parentela sono classificabili in base alla selezione che ciascuna lingua opera entro un repertorio universale di otto categorie, ma non hanno alcun rapporto con l'organizzazione sociale e tanto meno consentono di ricostruirne le forme arcaiche; chiamare con uno stesso termine il padre e lo zio paterno è una scelta linguistica, non la traccia di un arcaico matrimonio di gruppo.

La svolta principale negli studi sulla parentela si ebbe con A.R. Radcliffe-Brown, che respinse tanto le tesi di Morgan e di Rivers (suo maestro) quanto quelle di Kroeber, sostenendo in numerosi scritti, fra i quali spiccano *L'organizzazione sociale delle tribù australiane* (1931) e *Studio dei sistemi di parentela* (1941), i seguenti punti: *a*) ogni sistema di parentela include, oltre alla propria nomenclatura, anche un insieme integrato di diritti, di doveri e di norme di comportamento fra parenti sancite dal costume; *b*) entro tale insieme le regole di residenza e di discendenza (cioè di appartenenza a un qualche gruppo di parenti: lignaggio o clan, trasmesso per via patrilineare, matrilineare o bilaterale ecc.) hanno maggiore importanza delle forme di matrimonio; *c*) le nomenclature di parentela non sono estranee alle istituzioni sociali (come credeva Kroeber) né le rispecchiano (come credeva Morgan), bensì sono a esse funzionalmente legate, perché a ogni denominazione è connessa una certa serie di costumi che contribuiscono a mantenere la coesione sociale: se, per es., il padre e suo fratello sono chiamati con uno stesso termine, ciò non rispecchia un arcaico matrimonio di gruppo, bensì indica che nel presente i fratelli sono intercambiabili e hanno obblighi e diritti reciproci (alla morte dell'uno, l'altro è tenuto a sposarne la vedova e a mantenerne i figli ecc.).

La straordinaria mole degli studi successivi sulla parentela (a opera di R. Firth, M. Fortes, F. Eggan e altri) è rimasta sostanzialmente fedele al funzionalismo di Radcliffe-Brown, sebbene in un'ottica più attenta ai problemi connessi con la dinamica delle società. Si devono menzionare tuttavia almeno tre indirizzi che sotto molti lati se ne sono distaccati. *a*) C. Lévi-Strauss (*L'analisi strutturale in linguistica e in antropologia*, 1945, e *Le strutture elementari della parentela*, 1949) è tornato a privilegiare le forme di matrimonio rispetto alle regole di residenza e di discendenza, ritenendo che il matrimonio sia essenzialmente uno scambio di donne fra gruppi di parenti (lignaggi, clan, famiglie ecc.) e che proprio tale scambio costituisca la trama fondamentale di quelle relazioni sociali che distinguono l'uomo dall'animale, la cultura dalla natura: da qui, soprattutto in Francia, una messe ingente di studi sulla parentela dovuti ad antropologi seguaci dello strutturalismo di Lévi-Strauss. *b*) Secondo G.P. Murdock, le nomenclature di parentela sono classificabili in base alle categorie linguistiche proposte da Kroeber, ma il prevalere di una categoria invece di un'altra non è indipendente, come mostra la statistica, dalla presenza o meno di certe istituzioni sociali e, inoltre, il mutamento da un sistema di parentela all'altro avviene secondo un ordine evolutivo in molti casi irreversibile. *c*) I fautori della cosiddetta «analisi componenziale» (W.H. Goodenough, F.G. Lounsbury e altri) sono tornati ad analizzare, come Kroeber, i sistemi di parentela in termini linguistici senza tener conto della loro connessione con le istituzioni sociali. *S. Na.*

• *Strutture di parentela.* Le strutture di parentela rivestono in generale grande importanza nel fissare le modalità e le norme degli scambi matrimoniali, alla cui base si trova in tutte le società la proibizione dell'→ incesto. A tale riguardo, si opera in genere una distinzione fra cugini paralleli (figli di fratelli o figli di sorelle) e cugini incrociati (figli di un fratello e di una sorella), e mentre il matrimonio fra cugini paralleli è generalmente proibito, viene invece incoraggiato quello fra cugini incrociati (matrimonio preferenziale). In particolare, molte società prediligono il matrimonio fra un uomo e la figlia del fratello di sua madre (cugina incrociata matrilaterale). Secondo la concezione di Lévi-Strauss questo tipo di matrimonio è il più diffuso in quanto permette di instaurare la più vasta rete di scambi e quindi di creare il massimo delle relazioni sociali. I sistemi di parentela stabiliscono anche la regola di residenza (matrilocalità o patrilocalità), delimitano la composizione dei gruppi residenziali (la famiglia) e definiscono l'insieme degli atteggiamenti sociali connessi ai ruoli parentali, che sono prescritti dalla cultura. Le società possono anche costruire tipi di organizzazione in cui legami e ruoli sono stabiliti non dalla biologia ma dalla cultura. Per es., non in tutte le società il padre biologico coincide con il padre sociale, che può essere il fratello della madre, come spesso avviene nelle società matrilineari. Nella sua forma più semplice la famiglia è costituita da un uomo, una donna e i loro figli (famiglia nucleare). Tuttavia, secondo alcuni autori (R. Fox, *La parentela e il matrimonio*, 1967) solo la coppia madre-figlio è indicativa di un nucleo biologico: di norma il padre, se non accetta o non riconosce un legame istituzionale, si disinteressa del figlio biologico. Oltre alla famiglia nucleare, la più frequente oggi in Occidente, esistono la famiglia poligamica e la famiglia estesa. La famiglia poligamica è quasi sempre poliginica, è cioè costituita da un uomo con due o più mogli e i loro figli, e in rarissimi casi poliandrica, quando più uomini (spesso fratelli) sposano un'unica donna (un esempio è offerto da alcune popolazioni del Tibet). La famiglia estesa è costituita da due o più famiglie nucleari legate per linea paterna o materna e caratterizzate da residenza comune. La regola residenziale determina la configurazione della famiglia estesa: se la regola è patrilocale, i figli maschi, quando si sposano, continuano a vivere nella casa della famiglia d'origine e aggiungono al gruppo le proprie mogli e i propri figli; le figlie invece lasciano la casa paterna e vanno a vivere con la famiglia del marito. Nella famiglia matrilocale il procedimento è rovesciato: le figlie restano nella casa della madre con i loro mariti, e i figli maschi la lasciano per unirsi alla famiglia congiunta della moglie. Tuttavia, dopo un certo periodo di tempo, come nota lo stesso Lévi-Strauss, la famiglia finisce per stabilirsi nel gruppo del marito.

Pareto, Vilfredo (Parigi 1848 - Céligny, Ginevra, 1923), economista e sociologo italiano. Si laureò in matematica e fisica all'università di Torino e, nel 1870, divenne dottore in ingegneria presso il politecnico della stessa città. Dal 1870 al 1892 lavorò in alcune società ferroviarie e siderurgiche, partecipando attivamente alla battaglia liberista contro il protezionismo e il correlativo asservimento dello stato a interessi privati. Nel 1894 succedette a L. Walras nella cattedra di economia politica a Losanna; tra il 1890 e il 1905 pubblicò le sue principali opere economiche (*Corso di economia politica*, 1897-98; *Manuale di economia politica*, 1906); a partire dal 1897 si dedicò con impegno crescente allo studio e all'insegnamento della sociologia fino alla pubblicazione, nel 1916, del monumentale *Trattato di sociologia generale*.
Nel *Corso* e nel *Manuale* Pareto concepisce l'economia come la scienza che ha per oggetto le azioni logiche degli uomini, quelle in cui essi scelgono i mezzi obiettivamente adeguati al raggiungimento dei fini desiderati. Ciascun soggetto è mosso dai suoi fini («gusti») e agisce entro un ambito determinato dalle disponibilità di beni o dalla tecnologia («ostacoli»). Scopo dell'analisi economica è descrivere le condizioni dell'equilibrio finale tra gusti e ostacoli.
Lo studio della sociologia rappresenta per Pareto il logico completamento di quello dell'economia. Partendo dal modello meccanicistico dell'equilibrio economico generale, la sua sociologia si propone di rinvenire le condizioni che garantiscono l'equilibrio del sistema sociale. Gli elementi di questo sistema, che agiscono gli uni sugli altri, sono costituiti dalle azioni non-logiche, definite in negativo, come suggerisce il nome, rispetto alle azioni logiche. Azioni non-logiche sono quelle in cui non vi è consapevolezza dell'adeguatezza dei mezzi rispetto ai fini (come avviene per gli istinti del mondo naturale) e quelle in cui l'adeguatezza è solo soggettiva e non oggettiva (come avviene per le azioni del mondo umano basate su fattori normativi e culturali estranei alla conoscenza logico-sperimentale del soggetto). L'analisi di Pareto prende tuttavia le mosse dallo studio delle «teorie», nel senso di sistemi di credenze, associate alle azioni. Nella sociologia non sono importanti tanto le teorie logico-sperimentali, che riflettono fedelmente le azioni logiche (l'oggetto dell'economia), quanto le teorie non logico-sperimentali, che si possono considerare come degli indicatori delle azioni non-logiche (T. Parsons), costruiti più o meno esplicitamente sulla base di principi non logico-sperimentali. Queste teorie, per quanto scientificamente false, svolgono un ruolo centrale nella società, proprio perché fanno appello alle componenti non scientifiche che dominano il comportamento umano. Nel *Trattato* Pareto distingue all'interno delle teorie non logico-sperimentali

le *derivazioni* (argomentazioni quasi logiche con cui gli uomini razionalizzano a posteriori i loro istinti e sentimenti) e i *residui* (ciò che resta della teoria dopo averne scrostato la «vernice logica»). Sono questi gli elementi costitutivi del sistema sociale, quelli che danno a ogni società la sua particolare forma. L'applicazione più famosa di questo apparato teorico è costituita dalla teoria della circolazione delle élites. Per Pareto i residui sono sempre distribuiti in modo ineguale tra i membri della società, per cui ogni società risulterà divisa tra il gruppo dei più dotati (élite o classe dominante) e quello dei meno dotati (classe dominata). Ciò è vero in particolare a livello politico, dove la composizione per residui dell'élite e della classe dominata determina la forma politica della società e le sue condizioni di stabilità. La società in cui il ricambio dell'élite è garantito in modo continuo e regolare è la società ideale, che vive in condizioni di equilibrio dinamico. Se il ricambio cessa, la società può trovarsi in un equilibrio statico oppure in un disequilibrio che può portare al suo sovvertimento e a un nuovo sistema politico-sociale (rivoluzione). Ma, a differenza del materialismo storico o del darwinismo sociale, giudicati da Pareto dottrine pseudoscientifiche, in questa visione il passaggio da un sistema sociale a un altro non comporta alcun elemento di progresso.

Pareyson, Luigi (Piasco, Cuneo, 1918 - Milano 1991), filosofo italiano. È stato fra i primi interpreti italiani dell'esistenzialismo (*La filosofia dell'esistenza e C. Jaspers*, 1940; *Studi sull'esistenzialismo*, 1943) e ha contribuito in modo decisivo a rinnovare l'interpretazione dell'idealismo tedesco (*Fichte*, 1950; *Schelling*, 1975). Partendo dall'esistenzialismo ha elaborato (*Esistenza e persona*, 1950) una forma di personalismo in cui ha sempre più accentuato la dimensione ontologica. Nella filosofia classica tedesca ha evidenziato le possibilità di pensiero emergenti da quella dissoluzione dell'hegelismo che costituisce ancor oggi i termini dell'attualità filosofica. In opposizione all'estetica crociana dell'intuizione, Pareyson ha proposto un'estetica della formatività (*Estetica*, 1954). La produzione artistica, secondo Pareyson, ha un aspetto realizzativo, concretamente impegnato nelle materie e nelle tecniche, e un aspetto processuale e «tentativo», tipico di un «fare che mentre fa inventa il modo di fare».

Pareyson ha proposto anche una teoria dell'interpretazione come «conoscenza di forme da parte di persone», e quindi né unica né arbitraria, ma infinitamente molteplice in virtù dell'infinità propria non solo del suo soggetto ma anche del suo oggetto. Questa teoria, inizialmente chiamata a spiegare la costitutiva molteplicità delle filosofie, viene poi estesa a ogni forma di rapporto dell'uomo con la verità, in quanto rapporto in cui la verità è inoggettivabile ed è accessibile solo all'interno d'una formulazione personale, e l'interpretazione è rivelativa e storica al tempo stesso. Nell'ultima fase del suo pensiero Pareyson ha rielaborato e sviluppato i temi esistenzialistici, personalistici ed ermeneutici (*Filosofia dell'interpretazione*, 1988) della sua filosofia in una ontologia della libertà (*Filosofia della libertà*, 1989), secondo la quale non solo l'esistenza si definisce come libertà, ma l'essere stesso è libertà o, più radicalmente ancora, è il risultato della libertà, è quella positività che scaturisce dall'autoaffermazione di una libertà originaria che non presuppone nulla prima di sé. La realtà si presenta come gratuità, è «senza fondamento», e come tale «è appesa alla libertà». Occorre allora «abbandonare la centralità dell'essere e sostituire all'essere la libertà stessa». Muovendo da questo primato della libertà Pareyson affronta il male come problema cosmico e ontologico. In base alla riflessione schellinghiana sulla libertà, Pareyson ritiene che l'onnipotenza divina, in quanto assoluta, deve essere intesa anche come libertà di volere il male; la negatività, che in Dio è vinta e superata, sta per contro al centro della ambiguità della natura umana. In questa indagine, Pareyson si incontra con la meditazione di Dostoevskij (*Dostoevskij*, postumo, 1993), e — in continuità con la giovanile ispirazione esistenzialistica — con la problematicità metafisica e morale dell'uomo in quanto essere finito. La sofferenza inutile, come quella che tocca agli animali, ai bambini e agli idioti, che non possono riscattare il male che gli tocca nemmeno attraverso la consapevolezza riflessiva, diventa un paradigma antropologico influente, e insieme l'emblema del male metafisico.

Parkhurst, Helen (New York 1887-1959), pedagogista statunitense. Esponente dell'educazione progressiva ispirata a J. Dewey, elaborò e praticò un metodo educativo per l'insegnamento superiore noto come «piano di Dalton», dal nome della località nel Massachusetts dove aveva sede la scuola in cui tale metodo fu applicato a partire dal 1920. I concetti base su cui si fonda il metodo di Helen Parkhurst — che aveva collaborato in Italia con Maria Montessori dal 1914 al 1918 — sono la libertà dell'alunno e la collaborazione fra alunno e insegnante. Per mezzo di laboratori dotati di libri e strumenti per la ricerca, di schede su cui riportare i progressi ottenuti nell'apprendimento, e di programmi mensili «contrattati» con l'insegnante ed eseguiti in tutta libertà, la pedagogista americana intende essenzialmente sviluppare le capacità peculiari di ogni ragazzo attraverso un lavoro scolastico individualizzato. Opera principale: *L'educazione secondo il piano Dalton* (1922); assai interessante per l'esperienza diretta del mondo giovanile è *Esplorando il mondo del ragazzo* (1951).

Parmenide (attivo nella prima metà del sec. V

a.C.), filosofo greco. Secondo la testimonianza platonica (*Parmenide*, 127*a-c*) nacque a Elea, città della Magna Grecia, tra il 515 e il 510; secondo la cronologia di Apollodoro di Atene (in Diogene Laerzio, IX 23) nacque invece intorno al 540 e fu attivo negli ultimi anni del secolo. Le notizie degli antichi intorno alla sua vita si riducono a quella risalente al nipote di Platone, Speusippo, secondo cui egli avrebbe dato le leggi alla sua città. Alcuni lo fecero discepolo del pitagorico Aminia; altri (fra cui Aristotele, *Metafisica*, A 5, 986*b*, 22; e Platone, *Sofista*, 242*d*) di Senofane di Colofone. Molto dibattuto è il problema se Parmenide nel fr. 6 parlando dei «mortali bicefali» per i quali «l'essere e il non essere sono identici e non sono identici» sia in polemica con Eraclito, o se invece sia Eraclito (come sostenne K. Reinhardt, 1916) ad averne subito l'influenza; ma non sembrano esservi elementi sufficienti per sostenere l'una o l'altra tesi.

Parmenide è autore del poema didascalico *Sulla natura*, in esametri, che ancora si leggeva integralmente all'epoca di Simplicio (sec. VI d.C.), sebbene l'opera fosse divenuta ormai molto rara. Ne sono rimasti 19 frammenti per un totale di 154 versi. Il poema si apre con un prologo di 32 versi e si divide in due parti dedicate rispettivamente alla «verità» (*alḗtheia*) e all'«opinione» (*dóxa*). Il loro nesso è assai controverso: nei versi finali del prologo una «dea benevola» si rivolge all'autore giunto sul carro del Sole al di là delle porte del giorno e della notte e gli annuncia che ora deve essere informato di tutto, «sia del cuore che non trema della verità ben rotonda, sia delle opinioni dei mortali in cui non è vera sicurezza» (fr. B 1, 29-30; e anche fr. B 8, 50-52). La rivelazione filosofica della dea onnisciente riguarda dunque sia la verità divina sia le opinioni umane; quest'ultime sono insicure e la loro esposizione «ingannevole» (fr. B 8, 52). Inoltre la parte superstite del poema a esse dedicata è anche la più frammentaria: sembra contenere una filosofia della natura nello stile della tradizione ionica del sec. VI, con due principi contrari, il «fuoco etereo della fiamma» e la «notte buia», e una cosmologia da essi derivante. Il significato di questa parte dell'opera è variamente interpretato: per alcuni è puramente negativo e la *dóxa* parmenidea non sarebbe che l'esposizione critica delle varie filosofie della natura, ioniche e pitagoriche in particolare; per altri la «via dell'opinione» studierebbe il modo di essere dell'uomo in quanto bisognoso dell'inganno dell'apparenza e spinto perciò a costruirsi un mondo convenzionale, del quale appunto la *dóxa* parmenidea ricercherebbe le leggi; altri infine pensano che questa parte contenga l'ipotesi che l'autore considererebbe più verosimile per spiegare il mondo dei fenomeni sensibili. Resta il fatto che il sapere universale rivelato dalla dea al filosofo si compone di due «vie» o modi di ricerca nettamente distinti e contrapposti. La via della verità è, insieme al prologo (che possediamo integralmente grazie a Sesto Empirico, *Adversus mathematicos*, VII 111), la parte meglio documentata e di gran lunga più celebre del poema. L'esposizione della dottrina è contenuta nel fr. B 8, ma è preceduta dall'esame preliminare delle «vie» o modi possibili della ricerca che si aprono al filosofo (frr. B 2, B 3, B 6, B 7). Le sole vie di ricerca che si possono pensare formano un incrocio anch'esso variamente interpretato, ma il cui tratto distintivo è la voce *esti* («è») del verbo essere. Per alcuni si tratta del bivio formato dalla via «che è e che non è possibile non sia» (la via della verità) e dalla via «che non è e che è necessario non sia» (la via del puro non essere coincidente con quella del puro divenire enunciata al fr. B 6, e in generale col modo in cui si formano le opinioni mortali). Per altri invece è un trivio: *a*) la via del puro essere («che è e che non può non essere»); *b*) la via del puro non essere («che non è e che è necessario che non sia»); *c*) la via del puro divenire (in cui «l'essere e il non essere sono ritenuti identici e non identici», fr. B 6, 8-9); quest'ultima coincide con la via dell'opinione della seconda parte dell'opera, mentre la seconda rappresenterebbe il caso estremo e «imperscrutabile» del puro nulla.

Quale che sia l'incrocio effettivo, la via della ricerca della verità resta quella del «che è». Ma su questa via l'ostacolo è rappresentato proprio dalla voce «è» e dal suo significato in Parmenide. In particolare l'*esti* parmenideo è interpretabile in greco in almeno tre accezioni fondamentali: copulativa («è qualcosa»), esistenziale («esiste») o veridica («è vero»). Si pone inoltre il problema di quale sia il soggetto della voce «è», che in Parmenide è anonima. Alcuni la intendono come impersonale (sul tipo di «piove», in gr. *hýei*); altri con un soggetto sottinteso, per es. «l'essere (l'ente) *è*» (dove l'ente è a sua volta interpretabile come l'uno o il tutto o la natura o la realtà o l'esistenza stessa...), oppure «ciò che può essere pensato e detto *è*», o anche «ciò che può essere oggetto di ricerca...». Inoltre ognuna di queste interpretazioni, sia della voce *esti* sia del suo eventuale soggetto, dev'essere comprovata alla luce della effettiva dottrina di Parmenide svolta al fr. B 8, cioè rispetto alle sue tesi sulla verità. Per alcuni interpreti (a partire da G. Calogero) la verità parmenidea è la verità *logica* del principio di non contraddizione («è e non può non essere») e del terzo escluso («è o non è», fr. B 8, 16); e l'essere parmenideo è l'essere del giudizio, l'«è» dell'affermazione. L'ontologia parmenidea del fr. B 8 (conservatoci da Simplicio) è in effetti una concisa argomentazione condotta in forma deduttiva per circa 50 versi, e contiene l'intera dottrina dell'autore. Il frammento inizia elencando

sommariamente i «segni» lungo la via del «che è» che stanno a indicare le proprietà fondamentali dell'ente (*tò eón*, che è il soggetto del frammento): ingenerato e indistruttibile, intero, di un solo genere, immobile... Quindi procede col dedurre i vari segni a uno a uno dimostrandone la necessità. L'ente parmenideo, ciò che vi è e può essere oggetto di ricerca secondo la via della verità, è ingenerato e indistruttibile, è un intero continuo nello spazio e nel tempo, inalterabile e immobile, la cui durata esclude passato e futuro e si comprime in un puro presente, e la cui forma compiuta è «simile alla massa di una sfera ben rotonda».
L'influenza di Parmenide sul pensiero greco fu immensa; l'enigmatico *esti* della via della verità e l'*eón* deduttivo che s'incontra in essa esercitarono un'attrazione profonda su tutta la filosofia del sec. v a.C., dall'ontologia alla filosofia della natura, alla dialettica, all'etica.

parole, → langue - parole.

parsismo, la religione dei parsi, gli zoroastriani attuali. Allontanatisi dall'Iran all'epoca della conquista islamica (sec. VII d.C.), migrando progressivamente verso oriente, i seguaci dell'antica religione iranica (→ mazdeismo) si insediarono a Bombay intorno alla fine del sec. XVII, formandovi una comunità omogenea, legata alle proprie tradizioni e in genere di alto livello culturale, aperta all'influenza dei moderni costumi europei e presto assai prospera: comunità che ha contribuito in modo determinante alla crescita della città adottiva (dove risulta molto ben integrata) e alla formazione della grande industria indiana. Essa conta oggi più di 100.000 individui, mentre i parsi tuttora residenti in Iran (regione di Yazd e Kirman) ammontano a poche migliaia.
Gli aspetti più noti ed evidenti del parsismo consistono nel culto del fuoco e nelle torri del silenzio, dove i corpi dei defunti sono esposti agli uccelli predatori, mentre il contenuto dottrinario riproduce abbastanza fedelmente l'ortodossia mazdaica del tardo periodo sasanide: fede nel dio creatore Ahura Mazdā (Ōhrmazd), onnipresente, onnisciente e onnipotente, laddove il principio del male, Aṇra Mainyu (Ahriman), è limitato in durata e potere e privo di conoscenza reale; inesistenza del peccato originale e perciò rifiuto del fatalismo (aspetti volutamente sottolineati dai parsi in contrapposizione a cristianesimo e Islam), sopravvivenza della *fravashi* (il «doppio», una sorta di angelo custode) e dell'anima, assegnata dopo la morte — dal giudizio di Mihr, Srōsh e Rashnu — al cielo, o all'inferno, o al dominio intermedio; concezione positiva e ottimistica del fine dell'intera creazione, che sfocerà, al termine di un ciclo di dodicimila anni di tempo finito, nel rinnovamento (*frashkart*), cioè nell'annientamento del male e nella resurrezione corporea di tutti gli uomini a un'esistenza eterna perfetta e felice (elemento, questo, che i parsi valorizzano nei confronti dell'induismo).

Parsons, Talcott (Colorado Springs, Colorado, 1902 - Monaco di Baviera 1979), sociologo statunitense. Docente all'università Harvard fino al 1973, insegnò dapprima economia per passare poi a occuparsi di sociologia. La sua formazione deve molto all'influenza di autori europei come A. Marshall, V. Pareto, E. Durkheim, M. Weber, Freud e B. Malinowski, che contribuì a orientarlo, in contrasto con la tradizione degli studi sociologici americani, verso l'elaborazione di concetti e di teorie sistemiche. Sviluppando un'analisi strutturalfunzionalista della realtà (→ funzionalismo), Parsons individua da un lato i prerequisiti funzionali del sistema sociale e la struttura del sistema; dall'altro, le possibilità alternative negli orientamenti di valore e di azione che distinguono i vari tipi di società e l'interdipendenza esistente tra i sistemi di personalità e di cultura e il sistema sociale.
Nell'affrontare il classico problema dell'ordine, Parsons scorge nell'equilibrio sociale non una condizione di partenza, ma un esito complesso e precario dell'interazione di forze che compongono il sistema sociale. Egli individua nell'adattamento all'ambiente naturale, nel perseguimento di scopi di interesse collettivo, nell'integrazione dei ruoli, nel mantenimento e nella riproduzione delle motivazioni e del controllo sociale, i quattro requisiti funzionali della stabilità di un sistema sociale.
Secondo Parsons, la struttura sociale è composta da gruppi di soggetti svolgenti ruoli differenziati che si sono consolidati *oggettivamente* in base ai valori accettati nel processo di interazione sociale, e *soggettivamente* in seguito ai processi di interiorizzazione delle norme a cui i soggetti sono sottoposti. La struttura sociale appare così formata da istituzioni, da relazioni di ruolo e da aspettative che sorgono in chi svolge un determinato ruolo sociale. A ogni ruolo corrispondono determinati tipi d'azione. Vi possono però essere nei soggetti diversi orientamenti all'→ azione sociale, diversi «valori» che informano l'interiorizzazione delle norme. Parsons individua nelle dicotomie universalismo-particolarismo, realizzazione-attribuzione, affettività-neutralità affettiva, specificità-diffusione, orientamento in vista dell'ego-orientamento in vista della collettività ecc., le «variabili strutturali» che costituiscono diverse alternative di «valore» e di azione sociale a disposizione dei soggetti. La loro combinazione può dare adito a diversi tipi di relazione sociale e in ultima analisi di società. Le scelte dei soggetti appaiono largamente influenzate dal tipo di condizionamento culturale prevalente nel processo di socializzazione. La tendenza a conservare, presente nel sistema sociale (propria d'una struttura in cui v'è interdipendenza

delle varie componenti e in cui nessuna di queste ha la capacità autonoma di produrre variazioni), non significa, a detta di Parsons, assenza di mutamento nella realtà sociale, poiché possibili fattori di mutamento sociale provengono sia da altri livelli del sistema (per es. dai progressi nel campo scientifico e tecnologico, dall'acquisizione di nuove idee), sia da altri sistemi con cui quello considerato entra in relazione. Tra le opere si ricordano: alcuni studi sulla teoria dell'azione sociale e sul sistema sociale (*La struttura dell'azione sociale*, 1937; *Il sistema sociale*, 1951; *Verso una teoria generale dell'azione*, 1951, con E.A. Shils); libri e saggi che affrontano numerosi aspetti della società americana (*Struttura sociale e personalità*, 1964; *Teoria sociologica e società moderna*, 1967; *Sistema politico e struttura sociale*, 1969; *Sistemi di società*,1966 e 1971); i saggi dell'ultimo periodo (*L'università americana*, 1973, con G.M. Platt; *La struttura sociale e i mezzi simbolici dell'interscambio*, 1975; *I sistemi sociali e l'evoluzione della teoria dell'azione*, 1977, che contiene anche un testo autobiografico; e l'ultima opera (*La teoria dell'azione e la condizione umana*, 1978), in cui Parsons pone per la prima volta il problema della genesi dei valori culturali, che egli colloca nella religione, come ciò che orienta verso i significati generali dell'esistenza.

parusia, termine teologico di origine neotestamentaria indicante l'atteso ritorno (dal gr. *parousía*, presenza, arrivo) del Cristo in terra per unirsi ai suoi fedeli alla fine della storia. Numerosi passi neotestamentari attestano che le prime comunità cristiane, fondandosi sulla stessa predicazione di Cristo, ritenevano imminente la sua seconda venuta; a tale certezza si accompagnava la convinzione che fosse peraltro impossibile prevedere la data e le circostanze esatte di tale ritorno, poiché esso sarebbe dipeso solo dall'imperscrutabile disegno divino. Essendo rimaste deluse le aspettative più immediate, il concetto di parusia è stato detemporalizzato: la parusia tende a essere considerata come l'evento metatemporale coincidente con il giudizio universale. Le aspettative di un imminente ritorno di Cristo permangono in circoli minoritari, fedeli a un'esegesi letterale dell'Apocalisse, la quale fa coincidere la parusia con l'apertura del «millennio», cioè del periodo di mille anni durante i quali Satana verrà incatenato e si inaugurerà definitivamente il Regno di Cristo (→ millenarismo). Con la parusia si realizzeranno i «nuovi cieli» e la «nuova terra», nei quali la materia cesserà di essere corruttibile e ciascuna anima si ricongiungerà al proprio corpo.

Pascal, Blaise (Clermont 1623 - Parigi 1662), scienziato e filosofo francese. La prima educazione gli fu impartita dal padre, insigne magistrato e studioso di problemi fisici e matematici, stimato da dotti e scienziati quali M. Mersenne, P. de Fermat e G. de Roberval. Trasferitosi il padre a Parigi nel 1631, Pascal ebbe l'opportunità di frequentare con lui le riunioni settimanalmente organizzate da Mersenne, nelle quali si dibattevano le questioni scientifiche e filosofiche più attuali. Pascal si distinse precocemente per le proprie ricerche di geometria e di fisica: non aveva ancora sedici anni quando pubblicò il *Saggio sulle coniche*. Al 1646 risale il suo incontro con gli ideali del → giansenismo e col modello di austero cristianesimo di impronta agostiniana che aveva trovato un centro di elaborazione dottrinale nel monastero di religiose di Port-Royal; l'adesione al giansenismo segna l'inizio del nuovo interesse di Pascal per l'«étude de l'homme», senza che peraltro gli interessi scientifici, almeno in questa prima fase, ne risultino diminuiti. Lo stesso anno egli affronta i problemi sollevati dall'esperimento di Torricelli e inizia una serie di importanti ricerche sul vuoto e l'equilibrio dei fluidi. Frutto di questo lavoro sono, tra l'altro, i *Nuovi esperimenti intorno al vuoto* (1647). Al 1653-54 risalgono alcuni brevi ma importantissimi trattati sul calcolo combinatorio e su problemi del calcolo infinitesimale e del calcolo delle probabilità.

Negli scritti scientifici e metodologici di Pascal alla critica del principio di autorità nelle scienze si accompagna il rifiuto della commistione tra metafisica e scienze della natura. Le ipotesi, per Pascal, devono avere un esclusivo valore euristico: utili per guidare e interpretare le esperienze, sono subordinate ai risultati di queste. Emblematica del suo atteggiamento epistemologico è la convinzione che i sistemi cosmologici tolemaico e copernicano abbiano un eguale valore ipotetico. In questo atteggiamento «positivistico» della mentalità scientifica pascaliana è da ricercare la radice della polemica anticartesiana. Così, alla contraddittorietà logica del vuoto dalla quale Cartesio deduce l'impossibilità della sua esistenza in natura, Pascal può opporre gli esperimenti da lui condotti e dai quali escono definitivamente confermati i risultati dell'esperienza di Torricelli.

• *Port-Royal e la polemica antigesuitica.* Dopo una parentesi di vita mondana, Pascal avverte il richiamo della grazia, la cui descrizione troviamo in alcune pagine note col nome di *Memoriale*, e nel 1655 chiede ospitalità tra i «solitari» di Port-Royal (così veniva chiamato un gruppo di gentiluomini laici che vivevano dedicandosi alla meditazione e allo studio nei pressi dell'omonimo monastero). Risale a questo periodo la *Conversazione col signor di Saci su Epitteto e Montaigne* ove compare un tema che avrà pieno sviluppo nei *Pensieri* pascaliani: l'esaltazione stoica della grandezza umana da un lato e la dolente dissacrazione della natura umana operata dallo scettico Montaigne dal-

l'altro sono i due poli di un'antinomia inevitabile e insolubile al di fuori della fede. Solo il dogma del peccato originale e della redenzione possono dar conto della coesistenza di due verità antitetiche: la grandezza e la miseria dell'uomo. Di qui l'apprezzamento riservato da Pascal all'onestà mentale dello scettico; lo scetticismo si rivela infatti come l'unica posizione argomentabile al di fuori della fede.
Dopo la condanna del giansenismo e degli scritti in cui A. → Arnauld difende la posizione dei seguaci di Giansenio, questi decidono di diffondere presso un più ampio pubblico i termini della controversia teologica, e il compito è affidato all'abilità argomentativa di Pascal. Nascono le *Provinciali*, diciotto lettere (una diciannovesima è rimasta allo stato di abbozzo) scritte tra il 1656 e il 1657, nell'incrudirsi della battaglia tra gesuiti e clero gallicano da un lato e giansenisti dall'altro. Pascal si presenta con lo pseudonimo di Louis de Montalte e costruisce il personaggio del brav'uomo, privo dei raffinati strumenti della terminologia teologica, ma forte del proprio buon senso, grazie al quale risultano pienamente evidenziati la cavillosità e gli espedienti verbali su cui si fonda la condanna delle tesi di Arnauld. L'attacco si sposta ben presto dagli aspetti teologici della controversia — la dottrina della grazia — ai presupposti morali impliciti in una determinata configurazione del rapporto tra grazia divina e salvezza umana. Una dottrina come quella dei gesuiti, che subordini l'efficacia della grazia alla libera volontà dell'uomo, è il frutto coerente di una morale pagana, che sottovaluta i funesti effetti del peccato originale sulla natura umana e che al rigore del giudizio divino sostituisce le mediazioni umane, le capziosità, le giustificazioni che il probabilismo (→ morali, sistemi), la → casistica, la direzione delle intenzioni hanno approntato per assolvere ogni tipo di peccato.
• *L'apologetica dei «Pensieri».* Nel 1658 Pascal compie il suo ultimo lavoro scientifico, gli studi sulla cicloide. Scriverà nel 1660 a P. de Fermat: «La geometria è il più bel mestiere del mondo; ma, alla fine, è pur sempre un mestiere.» È la rinuncia definitiva alla sua più grande passione mondana, l'amore per la scienza. Sul finire del 1658 egli fissa il disegno di una grande opera apologetica, destinata a rimanere allo stato di abbozzo per il sopraggiungere della morte, nel 1662. Gli appunti, raccolti e sistemati dagli amici, vengono editi nel 1670 col titolo di *Pensieri del Signor Pascal sulla religione e su alcuni altri argomenti.* L'opera, nelle intenzioni di Pascal, si rivolge al «libertino», al mondano scettico erede della cultura umanistica, ma anche allo «spirito forte» impregnato del razionalismo seicentesco. Infatti la ragione umana, su cui per secoli si è fondata l'apologetica cristiana, da un lato si è dimostrata impotente a convincere lo scettico e dall'altro è divenuta l'arma della miscredenza e di quella costruzione della ragione trionfante che è la religione naturale. E qui Pascal trova modo di riprendere la polemica anticartesiana: il Dio della ragione, un Dio la cui funzione si riduca alla creazione delle verità matematiche e dell'ordine degli elementi, è il Dio dei pagani e degli epicurei. La nuova apologetica dovrà rivolgersi a un organo diverso dallo ragione, il *coeur*, l'intuizione, cui peraltro la *raison* si trova subordinata in ogni campo del sapere. «I principi si sentono, le proposizioni si dimostrano.» L'intuizione, fondamento della conoscenza razionale per Cartesio, è da Pascal affidata a un organo irriducibile alla ragione. Il modello del ragionamento matematico si trova poi del tutto impotente di fronte al mistero dell'uomo, per la cui comprensione si dovrà far riferimento ad altri strumenti di conoscenza, al sentimento, a quell'*esprit de finesse* che riesce a cogliere la contraddittorietà dell'esperienza umana, quella stessa contraddittorietà che, per propria essenza, la ragione matematica, l'*esprit de géométrie*, espunge dal proprio ambito. Ma non è solo la comprensione del mondo umano che richiede «finesse»: la scienza della natura pone ovunque problemi di fronte ai quali l'*esprit de géométrie* si rivela impotente, primi tra tutti i problemi di quell'infinito che domina l'universo della rivoluzione scientifica. Se l'evidenza matematica non trova posto nella meditazione etico-religiosa, la certezza morale e le prove storiche hanno invece un ruolo non trascurabile nel cammino dell'uomo verso Dio, assieme a quel metodo scientifico che aveva trovato applicazione nel campo delle scienze naturali; come le ipotesi fisiche, così il cristianesimo è vero non perché sia razionalmente dimostrabile a priori, ma perché «salva i fenomeni», è cioè la sola ipotesi che riesca a dar conto di un dato di fatto: l'esperienza della miseria infinita dell'uomo e quella della sua infinita grandezza, consistente nel privilegio del pensiero e della coscienza; coscienza, appunto, della propria miseria. L'uomo, dirà Pascal, è una «canna che pensa».
All'interno del rifiuto di un razionalismo teologico che pretenda di modellarsi sul ragionamento matematico, si comprendono gli aspetti più sconcertanti dell'apologetica pascaliana: la raccomandazione della prassi esteriore della fede per acquisire un costume che renda più facile l'accesso a Dio o l'argomento del *pari*, ossia della «scommessa» sull'esistenza di Dio, su cui è comunque conveniente puntare, dal momento che la posta in gioco è la vita eterna. Ma l'esortazione a osservare le pratiche religiose è anche frutto dell'assimilazione della lezione scettica montaignana: l'accoglimento della sua concezione dell'uomo, abbandonato al capriccio dei costumi che ne condizionano l'intera vita morale e associata. Di qui la raccomandazio-

ne del conformismo anche nelle scelte politiche e della vita associata, dal momento che l'uomo è condannato a non poter avere una morale razionalmente dimostrata (e di nuovo è il dogma del peccato originale che può dar conto dello spettacolo inquietante descritto dallo scettico libertino: la diversità dei costumi, l'arbitrio delle mode, il fatto che il confine tra il giusto e l'ingiusto sia segnato dai confini geografici dei paesi). *E. Sc.*

Pasqua, la festa più importante nella tradizione giudaica e in quella cristiana, che la riprende con l'aggiunta di nuovi motivi.

La festa giudaica è essenzialmente una commemorazione dell'esodo del popolo dall'Egitto, nell'ambito di una celebrazione conviviale (cena pasquale o *sèder*) i cui elementi fondamentali — gli azimi, l'agnello, la data stessa: 15 di nisan, cioè plenilunio di marzo — rinviano a una primitiva festività primaverile e insieme a una cultura di tipo pastorale: elementi successivamente caricati di nuovi contenuti sino a divenire veicolo della memoria della liberazione storica e del riscatto finale, escatologico, di Israele. Gesù stesso celebra la Pasqua con i suoi, e l'istituzione dell'eucaristia avviene nell'atmosfera della solennità pasquale ebraica.

La Pasqua cristiana assume come contenuto fondamentale la commemorazione della morte e della resurrezione del Signore: la sua stessa data (la domenica, dopo varie incertezze) sta a ricordare l'evento dell'apparizione del risuscitato ai discepoli. Questa festa si sviluppa poi nei primi secoli cristiani: il triduo pasquale, la quaresima ne anticipano la preparazione, il tempo liturgico post-pasquale ne amplifica la risonanza. Se ne arricchiscono anche i motivi: si aggiungono per es. l'adorazione della croce, la benedizione delle acque battesimali, il simbolismo della luce. L'importanza della Pasqua dipende pure dal fatto che durante la veglia pasquale i catecumeni venivano battezzati e ricevevano successivamente la comunione. Tale consuetudine venne però a perdersi di fatto con il diffondersi del battesimo dei bambini. La liturgia pasquale fu restaurata nel 1955 e ha subito poi l'influsso della generale riforma liturgica successiva al concilio Vaticano II. Il recupero del tema pasquale, anche grazie al contatto con le chiese ortodosse, ha avuto grande importanza nel movimento di rinnovamento della teologia e della spiritualità cattolica: a correzione di una spiritualità accentrata sull'ascesi e sulla preparazione alla morte, si è sottolineato come la croce del venerdì santo abbia il suo esito nella gloria della domenica di resurrezione. Teologi come Teilhard de Chardin hanno colto l'aspetto cosmico della Pasqua, già presente nella lettera ai Romani (cap. 8) di Paolo, dove l'universo intero appare coinvolto in una dinamica di morte e resurrezione. Il richiamo all'esodo, d'altro canto, ha fatto della Pasqua un punto di riferimento anche per quella «teologia politica», o «della liberazione», che ne coglie soprattutto il significato di riscatto umano e sociale.

passione, termine (dal gr. *páthos*) che designa anzitutto, in filosofia, il predicato generale o categoria dell'essere correlativo e complementare all'→ azione (Aristotele, *Categorie*, 4, 2*a*; 9, 11*b*; *Metafisica*, V, 21-22, 1022*b*, 15-20). In senso più ristretto, in quanto designa un fenomeno ricettivo, di modificazione e al limite anche di alterazione patologica, la passione concerne la conoscenza (in particolare la sensazione e l'intelletto passivo o potenziale: Aristotele, *Metafisica*, IV, 5-6, 1010*b*, 33; *L'anima*, II, 4, 416*b*, 5, 417-418*a*) e infine le cosiddette affezioni, tendenze, inclinazioni dell'anima di carattere intenso e durevole. Quest'ultima accezione del termine è quella che ha avuto maggiore diffusione e importanza nel corso della storia del pensiero filosofico.

• *Natura delle passioni.* Platone considera le passioni in rapporto alla ragione e rileva tra quelle e questa un contrasto radicale che egli esprime collocando le passioni nell'anima concupiscibile (situata nel ventre); da essa è distinta l'anima razionale, situata nella testa (*Repubblica*, IV, 439-440; *Timeo*, 69-71). L'anima concupiscibile è soggetta a impulsi, dovuti appunto a passioni e a sofferenze. Una terza anima, situata nel fegato e sede delle passioni irascibili, media in certo modo tra le prime due, appoggiando prevalentemente la ragione; ma soprattutto l'anima irascibile, più che subire affezioni, affronta, in base al «coraggio» (*thymós*), gli ostacoli che si frappongono all'azione. Da Aristotele la passione, secondo il significato originario della parola *páthos* (*passio*, *affectus*), viene considerata come un'alterazione (anche nel senso di malattia) subita dall'anima, ma tale da coinvolgere anche il corpo (*L'anima*, I, 403*a*). Questa concezione domina tutto il pensiero antico e medievale; in epoca moderna arriva fino a Leibniz, anche se Spinoza, pur recuperando il senso originario di «passività», dà della passione un'interpretazione del tutto originale (passione come idea inadeguata, contrapposta ad azione come idea adeguata, cfr. *Ethica*, III *de affectibus*, prop. III). Leibniz (*Nuovi saggi*, II, XX) distingue tra inquietudine, o desiderio ancora incosciente, e passione o desiderio consapevole. Condillac (*Trattato delle sensazioni*, I, C 3, p. 3) definisce la passione come un desiderio così intenso da non permettere ad alcun altro di affacciarsi. In questa direzione, la definizione di passione diventa quella di impulso o inclinazione dotata di grande intensità, che si impadronisce della mente dell'uomo impedendole di volgersi ad altro oggetto. Kant (*Antropologia pragmatica*, par. 73) distingue «l'inclinazione poco o punto governabile per mezzo della ragione», che è la passione, da «un sentimento di un piacere o di

un dolore attuale che non lascia sorgere la riflessione», che è l'emozione. Hegel (*Enciclopedia*, par. 473) definisce la passione come una determinazione unilaterale della volontà in base ad un'unica inclinazione. Il romanticismo ha visto le passioni come forze naturali incontrollabili e dotate di energia irresistibile.
Una prima classificazione delle passioni si basa sulla polarità piacere-dolore, alla quale fanno seguito le contrapposizioni derivate di amore-odio, letizia-tristezza, audacia-timore, speranza-disperazione ecc. (Aristotele, *Etica nicomachea*, II, 4, 1105*b*); una ulteriore distinzione può essere introdotta tra passioni relative ad appetiti corporei e passioni spirituali. Cartesio, che considera le passioni come modificazioni dell'anima prodotte dagli «spiriti animali» che dal cuore salgono al cervello e di qui si diffondono nei nervi (*Le passioni dell'anima*, 1649), individua sei passioni «semplici e primitive» (ammirazione, amore, odio, desiderio, gioia, tristezza) che danno luogo a trentaquattro passioni più particolari, per suddivisione delle prime. Tale schema è seguito da A. Geulincx nell'*Ethica* (1696), mentre Spinoza torna alla tradizionale polarità tra passioni opposte, anche se con diverso significato (aumento-diminuzione della propria potenza, letizia-tristezza).
• *Morale e passioni*. Una valutazione sostanzialmente negativa delle passioni si trova nella filosofia classica e medievale, in cui esse sono intese come alterazioni patologiche, limitative della libertà (Platone e soprattutto gli stoici). Nella filosofia moderna si assiste alla rivalutazione — operata dall'umanesimo — della carnalità e dell'uomo in tutte le sue facoltà (Bruno, Campanella ecc.). In Spinoza non c'è contrapposizione tra passioni e ragione, tra passioni e libertà, ma tra passività e attività, ossia idee adeguate o non adeguate: in nessun caso però ha senso parlare di libertà, giacché tutto proviene dalla necessità naturale. Una forte rivalutazione delle passioni e degli appetiti si ha con i libertini, e in seguito con quanti sostengono gli effetti benefici del lusso, nella disputa accesasi nel Settecento su questo argomento: ricordiamo in particolare l'apologia dei vizi e delle passioni fatta da B. de Mandeville nella *Favola delle api*. Su questa linea si muovono molti illuministi e l'utopista F.-M.-Ch. Fourier. Per Rousseau, invece, le passioni non fanno parte della natura originaria dell'uomo ma derivano da errate forme di socializzazione. Un ritorno al giudizio del tutto negativo sulle passioni è rappresentato dalla filosofia morale di Kant, che chiama le passioni «cancri per la ragion pura pratica e generalmente inguaribili» (*Antropologia pragmatica*, par. 81) e considera moralmente buona l'azione compiuta per rispetto della legge morale, senza alcun concorso di passioni, comprese le passioni generalmente considerate morali (amore del prossimo, generosità ecc.). Diversa da quella settecentesca è la rivalutazione delle passioni compiuta dal romanticismo, che pone l'accento non sull'edonismo e sul materialismo, ma sulla critica della ragione e dei suoi limiti, in particolare sulla sua incapacità di cogliere totalità organiche come la vita e le sue forze, che si manifestano nell'uomo appunto come passioni. Nel nostro secolo il problema delle passioni ha ricevuto una completa rifondazione da parte delle scienze dell'uomo, particolarmente da parte della psicoanalisi. Varie scuole filosofiche — in particolare la scuola di → Francoforte — hanno affrontato il tema della repressione-liberazione delle pulsioni. Più recentemente, una tematica specificamente filosofica delle passioni è stata ripresa da R. Bodei (*Geometria delle passioni*, 1991).

Pastore, Valentino Annibale (Orbassano, Torino, 1868 - Torino 1956), filosofo italiano. Ricoprì la cattedra di filosofia teoretica nell'università di Torino dal 1914 al 1939. Di formazione positivistica, estese i propri interessi a questioni di logica, epistemologia e filosofia generale. In sede epistemologica, si occupò della teoria della relatività e dei problemi posti alla filosofia dai progressi della fisica (*Del nuovo spirito della scienza e della filosofia*, 1907). In campo logico, elaborò una «logica del potenziamento», con il proposito di conferire una portata pratica alle proposizioni logiche, rendendole traducibili nelle equazioni della fisica (*Logica formale dedotta dalla considerazione dei modelli meccanici*, 1906; *Sillogismo e proposizione*, 1910). Infine, nell'ambito della filosofia generale, Pastore contribuì all'introduzione della fenomenologia e dell'esistenzialismo nel dibattito filosofico italiano (*La volontà dell'assurdo. Storia e crisi dell'esistenzialismo*, 1948).

patarini, o patari, termine (di discussa origine) con cui vengono designati i chierici e i laici che in Lombardia, e principalmente a Milano, si riconobbero in un movimento religioso-popolare che sostenne nella seconda metà del sec. XI la riforma morale e disciplinare del clero, opponendosi in particolare alla simonia e al nicolaismo, cioè al concubinato degli ecclesiastici. Il movimento prese le mosse dalla predicazione del diacono Arialdo e ricevette notevole impulso quando (1061) uno dei suoi principali esponenti, Anselmo da Baggio, fu eletto papa col nome di Alessandro II. Fondandosi sulle Scritture, Arialdo si rivolgeva direttamente al popolo milanese invitandolo a disertare i riti presieduti dal clero immorale e proponendo che i monaci e gli stessi laici supplissero alle funzioni dei chierici quando questi se ne dimostrassero indegni, a giudizio di un tribunale composto da laici. Caratteristico dei patarini fu il tentativo di realizzare un'esperienza religiosa fondata sulla vita comunitaria fra chierici e laici. Il movimento perdette di rilievo alla fine del secolo, dopo che molte sue richieste erano state accolte e che i suoi rappresentanti più radicali erano stati emarginati.

Patočka, Jan (Turnov 1907 - Praga 1977), filosofo cecoslovacco. Collaborò nel 1939, insieme a H.L. van Breda, L. Landgrebe e E. Fink, alla costituzione dell'Archivio Husserl di Lovanio. Nel dopoguerra insegnò all'università di Praga, dal cui incarico fu rimosso nel 1949 per motivi politici e reintegrato nel 1968. Promotore, con V. Havel e J. Hájek, del movimento dissidente «Charta 77», morì nel 1977, in seguito a un'interrogatorio da parte della polizia. Allievo di Husserl e di Heidegger a Friburgo, ha concentrato i suoi interessi sui rapporti fra conoscenza umana e mondo circostante. Nell'opera *Il mondo naturale come problema filosofico*, 1936, tematizza l'intero spettro della vita umana nelle sue relazioni con la natura. Di qui emerge una revisione del concetto husserliano di «mondo della vita», che diventa orizzonte di una cosmologia fenomenologica al cui centro non c'è più soltanto il soggetto trascendentale, ma la possibilità di un mondo senza soggetto. L'originalità della riflessione di Patočka si condensa nella nozione di «fenomenologia asoggettiva», che risente tanto dell'influsso heideggeriano, quanto di quello della cosmologia fenomenologica di Fink. Tra le sue opere: *Aristotele, i suoi predecessori e i suoi seguaci* (1964); *Introduzione alla fenomenologia di Husserl* (1966); *Saggi eretici sulla filosofia della storia* (1975); *Il movimento dell'esistenza umana. Scritti fenomenologici* (postumo, 1991).

patofobia, sinonimo di → ipocondria.

patriarcato, sistema sociale nel quale l'autorità e la proprietà familiare sono accentrate nelle mani dell'individuo più anziano di sesso maschile in ciascun gruppo di discendenza, e la loro trasmissione avviene in via maschile, di padre in figlio, spesso con privilegi per il primogenito. L'antropologia evoluzionistica dell'Ottocento discusse a lungo se il patriarcato fosse uno stadio di organizzazione sociale successivo al matriarcato (H.L. Morgan, J.J. Bachofen, F. Engels): ma tale ipotesi è stata abbandonata per la mancanza di qualsiasi documentazione sull'esistenza di un'organizzazione sociale fondata sul potere femminile. Gli esempi storici di società tipicamente patriarcali sono numerosissimi; fra le più note si possono citare quelle mongolica, semitica, cinese.

Patrizi, Francesco (Cherso, Dalmazia, 1529 - Roma 1597), filosofo italiano. Dopo aver studiato a Padova e Venezia, insegnò a Ferrara e Roma. Filosofo di ispirazione platonica, sviluppò nelle *Discussiones peripateticae* una vivace critica dell'aristotelismo, in quanto nemico della religione, e della scolastica, colpevole di aver fondato la fede sull'«empietà aristotelica». Di contro, Patrizi propose un ritorno al platonismo: se si insegnasse solo questa filosofia, anche i protestanti tornerebbero in seno alla chiesa cattolica. Una proposta che la chiesa non accettò; anzi l'opera di Patrizi *Nova de universis philosophia* (1591) fu messa all'indice nel 1597. In essa Patrizi espone la sua concezione del cosmo, secondo cui da Dio, definito come Uno e Bene, derivano in una gerarchia decrescente di perfezione, sapienza, vita, intelletto, anima, natura, qualità, forma e corpo. La conoscenza consiste dunque nel ritorno alla fonte originaria del tutto, cioè a Dio, attraverso un atto che è essenzialmente d'amore. L'idea che l'universo derivi da Dio per diffusione è esposta da Patrizi attraverso la ripresa della metafisica della luce, che si propaga dando vitalità e bellezza al cosmo. A Patrizi si devono anche il testo utopistico *La città felice* (1553), l'opera scientifica *Della nuova geometria libri* XV (1587), il trattato *Della retorica* (1562) e soprattutto il trattato *Della poetica* (1586), dove, confutando il concetto dell'arte come mimesi, egli apre una serrata polemica contro T. Tasso, colpevole a suo avviso di aver seguito ciecamente i dettami di Aristotele, mentre la poesia non nasce dal rispetto delle regole, bensì da un «divino invasamento».

Paul, Hermann (Salbke 1846 - Monaco di Baviera 1921), linguista tedesco. Studiò a Berlino e a Lipsia, e fu professore di filologia germanica all'università di Friburgo in Brisgovia (1874-93) e a Monaco (1893-1916). Germanista di grande valore, autore di numerose opere istituzionali, artefice di una celebre opera collettiva (*Lineamenti della filologia germanica*, 1891) e direttore con W. Braune ed E. Sievers di un'importante rivista di germanistica, è noto specialmente per i suoi *Principi della storia linguistica* (1880), più volte rieditі. Quest'opera, ancor oggi di fruttuosa lettura, offre un'estesa disamina del ruolo dell'analogia nella storia e costituisce la più ampia e argomentata esposizione della metodologia dei neogrammatici (decretando l'adozione di metodi assolutamente rigorosi nello studio scientifico del linguaggio, i neogrammatici sostenevano che i mutamenti fonetici procedono in accordo a leggi fisse che non ammettono deroghe se non in accordo con altre leggi).

pauliciani, setta dualistica diffusa nell'impero bizantino tra il sec. VII e il XII. La setta si può far risalire al siro Costantino di Manamali, che fondò a Kibossa, in Armenia, la prima comunità.

Perseguitati dall'imperatore Costantino IV Pogonato, i pauliciani si rifugiarono sulle rive del mar Nero, dove godettero una relativa tranquillità e furono tollerati dagli imperatori iconoclasti: Costantino V Copronimo concesse loro libertà di predicazione e ne favorì la diffusione in Tracia. Dopo aver parteggiato ora per i bizantini ora per gli arabi, in Tracia e in Bulgaria i pauliciani si fusero progressivamente con i →

bogomili, mentre una parte di loro passò all'Islam.
Dalle notizie che si posseggono (essenziale l'*Historia* di Pietro Siculo, un funzionario dell'imperatore Basilio I) si desume che la dottrina pauliciana riconosceva esclusivamente il Nuovo Testamento (tranne le lettere di Pietro, e con particolare venerazione per le lettere paoline), mentre rifiutava l'Antico Testamento. Essi davano della Scrittura un'interpretazione decisamente dualistica, che li portava a una netta opposizione tra spirito e materia, tra un principio malvagio (il signore di questo mondo) e uno buono (il signore del secolo futuro). Finivano perciò col negare l'incarnazione di Cristo, cui attribuivano una natura angelica, e rifiutavano i sacramenti in quanto questi implicano l'impiego di elementi materiali.

Paulsen, Federico (Langenhorn 1846 - Berlino 1908), filosofo tedesco. Insegnò filosofia e psicologia all'università di Berlino. Sulla scorta dell'energetismo di E. von → Hartmann e dello spiritualismo di R.H. → Lotze, e avvalendosi dell'argomento che l'interazione degli enti esperita a livello fenomenico è possibile solo sullo sfondo di una più profonda unità presupposta, Paulsen sostenne che l'universo è l'espressione fenomenica della divinità concepita non come Dio personale, ma come una forza superpersonale attiva e razionale presente nella natura e nella storia umana. Quest'ultima deve essere intesa nei termini di una teleologia evoluzionistica in cui il finalismo positivo presente nella natura è continuato a un più alto livello dall'umanità: la finalità etica suprema è fatta consistere, contro ogni edonismo, in uno sviluppo armonico di tutte le disposizioni umane, nella realizzazione della perfezione oggettiva dei fini immanenti alla vita. Opere principali: *Sistema di etica* (1889); *Introduzione alla filosofia* (1892); *Etica e politica* (1905).

Pavlov, Ivan Petrovič (Rjazan' 1849 - Leningrado 1936), fisiologo russo. Laureatosi nel 1875 in fisiologia animale presso l'università di Pietroburgo, studiò per due anni in Germania, e successivamente, tornato in patria, divenne professore di farmacologia presso l'Accademia medica militare di Pietroburgo e, dopo il 1895, docente di fisiologia presso l'università della medesima città. La sua lunga carriera scientifica fu dedicata allo studio esclusivo di tre problemi fisiologici: la funzione dei nervi cardiaci, la funzione delle ghiandole della mucosa gastrica e la funzione dei centri nervosi superiori del cervello. In relazione alle sue ricerche sulla mucosa gastrica egli ottenne nel 1904 il premio Nobel per la medicina; ma la sua fama mondiale e il rilievo che egli ha avuto nella storia della psicologia derivano dalla sua scoperta del → condizionamento, fondata su un grande numero di scrupolosissime ricerche su soggetti animali iniziate nel 1902 e concluse nel 1926. L'appartenenza di Pavlov alla storia della psicologia ha del paradossale: da un lato, difatti, il condizionamento, attraverso la mediazione prima di J.B. Watson e poi di tutti i comportamentisti, è diventato uno dei principali criteri interpretativi dell'intera scienza psicologica e in particolare dello studio sperimentale dell'apprendimento, e ha rappresentato il punto di passaggio qualitativo fra l'associazionismo soggettivistico della tradizione filosofico-empirica e un nuovo associazionismo oggettivistico e sperimentalistico; d'altro lato, per tutta la vita Pavlov mantenne un atteggiamento di profonda diffidenza nei confronti del progetto di una psicologia scientifica indipendente, e reagì addirittura con violenza ai tentativi di interpretare il «riflesso condizionato» in termini anche solo larvatamente psicologici anziché esclusivamente fisiologici; invitato al Congresso internazionale di psicologia del 1929, egli rispose dichiarando pubblicamente che l'invito non aveva alcun senso, data la lontananza fra i suoi interessi e quelli degli psicologi. Precocemente compresa e valorizzata dai comportamentisti nordamericani, l'opera pavloviana è stata alla base della psicofisiologia sovietica; nei paesi dell'Europa occidentale essa venne conosciuta in ritardo, e in Italia, in particolare, fu scoperta soltanto dopo la seconda guerra mondiale. L'opera principale di Pavlov è *I riflessi condizionati*, pubblicata in forma sistematica nel 1927, dopo una pubblicazione preliminare del 1923. Si ricordano anche le *Lezioni sul lavoro delle principali ghiandole digestive* (1887).

Peano, Giuseppe (Cuneo 1858 - Torino 1932), matematico e logico italiano. Gli si devono il primo esempio di integrazione per successive approssimazioni nella teoria delle equazioni differenziali ordinarie, e una delle prime presentazioni del calcolo vettoriale (fornita negli *Elementi di calcolo geometrico*, 1891, in cui egli si ricollegava alle ricerche di H. Grassmann). Al 1890 risale la scoperta dell'esistenza di una curva che percorre tutti i punti di un quadrato, cioè della possibilità di definire una rappresentazione univoca, suriettiva e continua (ma non differenziabile) del segmento unitario sul quadrato unitario. Insieme alla dimostrazione di G. Cantor dell'esistenza di una rappresentazione biunivoca, ma discontinua, di un segmento su una superficie, la curva di Peano costituì un momento decisivo nel processo di chiarificazione del concetto di dimensione. Del 1889 sono gli *Arithmetices principia nova methodo exposita*, che contengono un'assiomatizzazione della matematica in un linguaggio simbolico. Distinto il simbolismo per le operazioni logiche da quello per le operazioni matematiche (ma non gli assiomi logici da quelli aritmetici, distinzione che sarà invece stabilita nel 1891 in articoli apparsi sulla «Rivista di matematica»), sono prima di tutto forniti elementi di calcolo → proposizionale, delle classi e (limitatamente al caso di enunciati condizionali e di equivalenze) di calcolo → predicativo. Quest'ultimo fatto costituiva un'innovazione rispetto a G. Boole e E. Schröder, ma non rispetto a G. Frege, la cui opera, però, non era nota a Peano. Le nozioni matematiche primitive sono quattro: numero, uno, successore, identità. Gli assiomi sono nove. Quattro di questi trattano l'identità, gli altri cinque, che richiamano le indagini di R. Dedekind, sono gli ormai universalmente noti «assiomi di Peano». Informalmente: *1*) uno è un numero; *2*) il successore di un numero qualunque è ancora un numero; *3*) due numeri, i cui successori sono uguali, sono uguali; *4*) il successore di un numero non è mai uguale a 1; *5*) ogni classe che contiene 1, e che contiene il successore di *n* in tutti i casi in cui contiene *n*, contiene la classe dei numeri (o induzione matematica completa, formulata in termini di classi). Distinguendo una classe con un solo elemento dal suo elemento (e, più in generale, le proprietà di una classe da quelle degli individui che la compongono), Peano supera precedenti confusioni fra le relazioni di appartenenza, di inclusione e di uguaglianza. L'interesse predominante di Peano consiste nel ricercare miglioramenti tecnici circa i sistemi di notazione con cui viene presentata la matematica: in questa prospettiva si colloca l'opera di simbolizzazione della matematica intrapresa con il *Formulario matematico* (1894-1908, con la collaborazione di allievi). Minor rilievo viene invece dato all'analisi critica dell'apparato deduttivo, come risulta dalla mancata enunciazione di regole di inferenza (nozione che, per altro, non sembra sia adeguatamente distinta da quella di implicazione). Ne deriva che le prove sono costituite da sequenze di formule, la cui concatenazione riposa su argomentazioni logiche *intuitive*. Traspare qui la differenza tra il processo di assiomatizzazione (e simbolizzazione) e quello di → formalizzazione. Dopo il 1913 Peano si dedicò principalmente alla elaborazione e diffusione di linguaggi artificiali finalizzati alle comunicazioni scientifiche internazionali. Tale è il *latino sine flexione* fondato sulla sintesi delle forme ricorrenti con maggior frequenza in latino e nelle principali lingue europee, con una struttura grammaticale semplificata; Peano attese anche alla compilazione di un vocabolario di tale lingua, il *Vocabulario de interlingua* (1915).

peccato, termine del linguaggio religioso i cui molteplici significati si definiscono in stretto rapporto con le diverse concezioni religiose. Strettamente intrecciato con il concetto di colpa, quello di peccato ne ripercorre gli stadi di sviluppo. Così negli stadi più arcaici, al carattere puramente oggettivo, esterno e sociale della colpa, corrisponde una concezione del peccato come realtà malefica, che si diffonde tra gli uomini e li contamina quasi per forza propria, senza loro responsabilità. Vi si incorre, in generale, per la infrazione di tabù, ed è possibile liberarsene mediante forme rituali di purificazione: anche la fase più antica della religione biblica conosce il peccato involontario, e i relativi riti e sacrifici di espiazione. Peccato e colpa, allora, mal si distinguono dal più generale concetto di male, al quale, in alcune religioni e mitologie, soggiacciono anche gli dei. Lo sviluppo della religione e della coscienza religiosa conduce a una nuova intelligenza del peccato, nella quale acquistano importanza le infrazioni delle norme cultuali o l'usurpazione di diritti divini, dalle quali scaturiscono l'ira divina e i castighi che essa minaccia, se non la si plachi con espiazioni. Un salto qualitativo nella comprensione del peccato si compie quando a una concezione del carattere personale della divinità si accompagna la coscienza della irriducibilità dell'agire umano a sequenze di eventi puramente oggettivi, necessari e inevitabili, a causa dell'emergere della interiorità soggettiva, della libertà, e, di conseguenza, della responsabilità e della coscienza etica. Il peccato è interiorizzato, e corrisponde alla coscienza morale della colpa, nella quale l'effettività dell'azione compiuta e l'oggettività dell'ordine infranto contano meno della coscienza dalla quale l'agire è stato guidato. Nella Bibbia, in particolare, il peccato consiste nella negazione pratica, da parte dell'uomo, degli obblighi derivanti dall'alleanza con Dio. Perciò il peccato nell'Antico Testamento si configura essenzialmente come violazione della Legge (che esprime la volontà divina) e, nel Nuovo Testamento, come rifiuto della carità, con determinazioni tipicamente teologiche e cristologiche. Per questa via si passa da una concezione del peccato identificato con le singole azioni o con i concreti comportamenti dell'uomo (peccato personale-attuale), a un'idea di esso come dimensione costante dell'esistenza umana, e che trascende l'orizzonte personale dell'uomo singolo e della colpevolezza individuale (peccato originale). Siffatta concezione è già implicita nell'Antico Testamento, ove il peccato di Adamo, che dilaga incontenibilmente nel mondo, e la maledizione che ne segue evidenziano una situazione cosmica di peccato, che precede l'esistenza dei singoli. Nel Nuovo Testamento particolare rilievo assume la dottrina di Paolo, che concepisce il peccato come una forza insuperabile per gli uomini, e come la sfera della lontananza da Dio e della ribellione contro di lui. Fu facile a Paolo collegare con questa interpretazione quella della trasgressione di Adamo quale origine del peccato di tutti gli uomini e della loro nativa condizione di peccatori (Romani 5, 12sgg.). Di qui il cristianesimo trasse la sua dottrina del peccato originale, organicamente sistemata nella speculazione di Agostino, la quale non soltanto dominò per lunghi secoli la teologia cristiana, ma fu in parte accolta dal magistero ecclesiastico e definita nel concilio di Trento, mentre ebbe un influsso determinante sul pensiero dei riformatori. L'affermazione del peccato originale, di là dalle controversie confessionali, subì le contestazioni più radicali da parte del razionalismo illuministico; nuove difficoltà si levarono poi contro di essa da parte delle teorie evoluzionistiche e poligenistiche (→ evoluzionismo). Più in generale, la coscienza contemporanea ha messo in crisi la concezione tradizionale del peccato e della colpa; l'insistenza sulla prospettiva personale, che configura il peccato con tratti intimistici e individualistici, ha indotto ad attribuire scarso o nessun interesse al concetto di colpa nel quadro delle dottrine positivistiche e marxiste. Di contro, del concetto di colpa s'è appropriata la psicologia del profondo, la quale ha legato il senso di colpa alla esperienza che ogni uomo fa del complesso edipico, vissuto nella infinita varietà delle figure nelle quali si storicizza, e capace di condurre, quando non sia adeguatamente superato nella raggiunta maturità psichica, a nevrosi di maggiore o minore gravità. Rilievo ontologico acquista la colpa nella filosofia esistenziale di Heidegger (cfr. *Essere e tempo*), ove essa esprime il nulla abissale dell'uomo, che si ritrae in un'esistenza inautentica, obliandosi nelle cose. *G. B.*

Peckham, John (Lewes, Sussex, 1240 ca - Canterbury 1292), filosofo e teologo inglese. Appartenne all'ordine francescano; compì gli studi a Oxford e li completò a Parigi, dove fu allievo di san Bonaventura. Eletto arcivescovo di Canterbury (1279), svolse una energica azione pastorale per la moralizzazione del clero e l'indipendenza delle istituzioni ecclesiastiche da ingerenze politiche. Sul piano dottrinale Peckham è un seguace delle dottrine bonaventuriane: egli si schiera così a favore dell' → ilemorfismo anche in rapporto alla struttura delle creature spirituali, e ammette la pluralità delle forme in un composto e la presenza di una speciale illuminazione divina nell'intelletto umano. Oltre a diversi trattati di carattere scientifico, riguardanti l'ottica (*Perspectiva communis*), la geometria (*Tractatus spherae*), l'astronomia (*Theorica planetarum*) e la matematica (*Mathematicae rudimenta*), Peckham compose un commento alle *Sentenze*, delle *Quaestiones de anima* e una *Summa de ente et essentia*.

pedagogia, termine di origine greca (in gr. *paidagōgía* significa «educazione del bambino») designante la disciplina che ha per oggetto di studio le teorie, i metodi e i problemi relativi all'→ educazione. La natura e le caratteristiche di tale disciplina sono oggi controverse: ci si domanda se la pedagogia sia una disciplina a sé stante, con fini specifici, o rappresenti un insieme di molteplici discipline differenziate fra loro, se debba determinare i fini di un'educazione o descriverne le procedure e così via. Nel corso dei secoli e nel mondo occidentale la pedagogia aveva avuto per lo più il valore di un complesso di prescrizioni e di riflessioni desunte dall'esperienza e dal senso comune, da dottrine morali, politiche e religiose, che assumeva spesso forma letteraria piuttosto che scientifica o filosofica. Solo nella seconda metà del sec. XIX la pedagogia tese a proporsi come scienza o come filosofia dell'educazione da un lato, e come didattica sperimentale dall'altro. La natura e le caratteristiche della pedagogia sono connesse sia a ciò che s'intende per educazione sia a ciò che s'intende per sapere scientifico o filosofico. E siccome l'educazione è sempre strettamente legata alle varie forme di vita storicamente determinate, ogni concezione pedagogica, nel delineare i criteri della formazione umana e gli obiettivi dell'apprendimento, riflette gli ideali politici e gli interessi economici del proprio tempo. I concetti di socializzazione e di trasmissione culturale si rivelano così essenziali per la definizione di ogni progetto educativo, e del sapere pedagogico che li ha espressi.

• *La pedagogia come corollario dell'etica e della politica (Platone e Aristotele).* Nel mondo classico il discorso sull'educazione si è sviluppato all'interno di più vaste concezioni filosofiche, etiche o politiche. In Platone e in Aristotele il problema pedagogico emerge in connessione col problema politico dello stato e della vita morale. L'educazione vi è intesa come → paidéia, cioè come formazione generale dell'uomo e del cittadino, secondo criteri che rinviano a una vera e propria filosofia dell'educazione, ma che nel contempo relegano la pedagogia ad appendice pratica, subordinata alle discipline teoretiche e in esse alla fine dissolta.

• *La pedagogia come catechetica (Agostino e Tommaso).* La riflessione pedagogica medievale trova la sua più alta espressione nel *De magistro* di Agostino e nell'omonima opera di Tommaso. Il problema educativo vi viene affrontato sul piano della comunicazione tra maestro e allievo. Ciò segna da un lato il venir meno dell'interesse per il contesto sociale entro il quale la cultura classica aveva considerato il rapporto educativo, e consente dall'altro l'emergenza del concetto di insegnamento come insieme di condotte linguistiche determinate. Tuttavia il discorso pedagogico rimane confinato entro una problematica di tipo catechetico, fondata su preoccupazioni più teologiche, etiche e gnoseologiche che non schiettamente pedagogiche. Il problema dell'insegnamento viene collegato al problema della trasmissione dei contenuti di fede. Ciò determina un progetto educativo centrato sui contenuti dell'insegnamento piuttosto che sui modi della loro trasmissione.

• *La pedagogia come metodologia (Comenio e Pestalozzi).* L'esigenza di istruzione per tutti avanzata dalla riforma e quella di organizzazione metodologica delle nascenti istituzioni scolastiche offrono per la prima volta al discorso pedagogico un proprio campo di indagine teorica. La grande importanza di Comenio sta proprio nell'aver aperto alla pedagogia tale campo di studio teorico, nuovo e peculiare. Sarebbe erroneo ridurre il significato dell'opera di Comenio a una identificazione della pedagogia con la → didattica, e altrettanto erroneo attribuirgli una sintesi culturale di per sé innovativa sull'educazione. Egli operò sì una sintesi, ma nel senso che aggregò enunciati scarsamente innovativi in campo religioso, morale, politico, psicologico e filosofico ordinandoli in un discorso pedagogico organizzato intorno al concetto di metodo educativo. Ciò segnò la nascita di una pedagogia definibile come metodologia dell'educazione o *didactica magna.* L'ideale «pansofico» o di istruzione universale enunciato da Comenio, oltre a obbedire a principi religiosi e umanitari, si concreta nel fondamentale criterio della ciclicità dell'educazione. Occorre attendere l'opera di J.H. Pestalozzi per ritrovare, due secoli dopo, un discorso pedagogico altrettanto compiuto. Nonostante il linguaggio letterario, prescientifico, ideologico e filosoficamente fragile che dà forma ai suoi scritti, Pestalozzi riapre alla pedagogia un campo di riflessione autonoma e unificante così come non era avvenuto né con la gnoseologia applicata di Locke, né con l'utopia di Rousseau. Il ruolo centrale del bambino in quanto soggetto del processo educativo, l'organizzazione della scuola come istituzione fondamentale della società moderna, l'educazione popolare, sono esigenze che determinano in Pestalozzi lo sviluppo convergente di tematiche morali, religiose, psicologiche, politiche, sociali considerate in una prospettiva schiettamente pedagogica.

• *La pedagogia come utopia (Rousseau).* Un posto a sé occupa Rousseau. Sebbene la sua opera costituisca l'espressione più compiuta delle istanze di rinnovamento educativo avanzate dall'illuminismo, il suo contributo è così originale e radicale da non poter essere interamente ricondotto a un normale processo di continuità storica del sapere pedagogico. Egli pratica la pedagogia come utopia, come un «esperimento mentale» teso a eliminare tutte le variabili che nella realtà interferiscono nel controllo totale del processo educativo. Il pensiero di Rousseau rappresenta una svolta teorica nel discorso sull'educazione. Per Rousseau è l'educazione stessa che corrompe la natura umana, attraverso l'influsso della società e della cultura. La riflessione pedagogica, qui, non è soltanto ricerca del concetto di educazione, critica della società e della cultura, metodica di una educazione naturale, ma anche norma utopica che consente di identificare vita educativa e vita politica.

• *La pedagogia come metafisica applicata (Fröbel e Herbart).* Nell'opera di F. Fröbel e in quella di J.F. Herbart, espressioni peculiari del sapere educativo nel primo Ottocento, la pedagogia nasce direttamente da una concezione metafisica della realtà. Ciò non significa che Fröbel sia un astratto filosofo; anzi proprio dalla sua esperienza diretta nel campo dell'educazione pre-scolare egli ricava importanti elementi metodologici. Ma anche quando si arricchisce di componenti operative, il suo discorso è sempre animato da un pensiero metafisico che identifica Dio con la natura. La centralità del gioco e dell'attività spontanea, i «giardini d'infanzia», i «doni» come strutture solide elementari con cui costruire «forme di conoscenza» e «forme di bellezza», i «canti materni» e tutto quanto Fröbel ideò come apparato didattico discendono da tale pensiero. Herbart, a sua volta, dà un apporto fondamentale non solo alla riflessione sull'educazione, centrata sui concetti di «insegnamento educativo» e di «multilateralità degli interessi», ma soprattutto alla riflessione sulla pedagogia. Per la prima volta viene affrontato esplicitamente il problema d'una epistemologia pedagogica. Siamo sempre nell'ambito, per così dire, di una metafisica applicata, poiché tanto l'etica, che assegna alla pedagogia i fini, quanto la psicologia, da cui essa ricava i mezzi operativi, derivano i loro principi direttamente da una riflessione metafisica. Ma la trattazione herbartiana costituisce un paradigma a partire dal quale diventa possibile parlare di pedagogia come di un campo del sapere che tenta di autocomprendere la propria identità.

• *La pedagogia come filosofia (Gentile e Dewey).* Con G. Gentile la pedagogia viene esplicitamente intesa come filosofia. Ma se Gentile esibisce finalmente un concetto schiettamente teoretico di pedagogia, i suoi presupposti idealistici e spiritualistici rappresentano la più esplicita condizione di impossibilità di una ricerca educativa come scienza positiva. Completamente diverse sono le conseguenze dell'identificazione operata da J. Dewey tra filosofia e pedagogia. Lo strumentalismo deweyano, collegandosi con una psicologia funzionalistica e transazionale, e con assunti sociopolitici di tipo democratico, costituisce la radice più coerente della rivoluzione pedagogica contemporanea, quella comunemente nota col nome di → attivismo.

• *La pedagogia come psicopedagogia e come sociologia dell'educazione (l'attivismo e Durkheim).* L'opera di Dewey sta alla base della critica novecentesca all'educazione umanistica tradizionale e dà avvio a una metodologia educativa basata sull'esperienza attiva del bambino, specie in situazioni problematiche. Ma lo sviluppo scientifico della pedagogia prodotto dai movimenti di «educazione nuova», e soprattutto di «educazione progressiva» e di «scuola attiva», va anche fatto risalire all'epistemologia positivistica. Al di là della sua riduzione ideologica a spontaneismo, a «puerocentrismo», l'attivismo si pone come «pedagogia scientifica» in coerenza con l'estensione positivistica del metodo scientifico ai fenomeni umani. Sia pure con aspetti diversi è decisiva a questo riguardo, nei primi lustri del sec. XX, l'opera di Maria Montessori, di O. Decroly e di É. Claparède. La psicologia sperimentale diventa pedagogia sperimentale, anche se angustamente intesa nel senso di psicotecnica applicata alla scuola. Più in generale, la pedagogia sperimentale, avvalendosi di tecniche statistiche, si è occupata soprattutto dei problemi relativi al controllo delle procedure elaborate dalla didattica. E la pedagogia diventa → psicopedagogia. A parte si colloca il caso emblematico di E. Durkheim (comunque riconducibile anch'esso a una epistemologia positivistica), il quale avvia una sociologia dell'educazione di tipo descrittivo, che per altro si connette direttamente allo sviluppo interdisciplinare del discorso scientifico sull'educazione. La pedagogia tende ora, nel suo complesso, a porsi coerentemente come sintesi applicativa per l'educazione.

• *La pedagogia come critica dell'ideologia (marxismo e psicoanalisi).* Un'importante svolta teorica nel pensiero pedagogico contemporaneo è determinata dall'influenza del marxismo e della psicoanalisi. Quanto alla prima di queste influenze esterne, bisogna ricordare che solo in tempi recenti si può parlare di una pedagogia marxista (M.A. Manacorda, *Marx e la pedagogia moderna*, 1966); essa assume la concezione materialistica della storia come fondamento di una scienza specifica dell'educazione che miri principalmente alla critica della cultura ideologica (A. Broccoli, *Gramsci e l'educazione come egemonia*, 1969). La psicoanalisi agisce a sua volta o come autonomo contributo scientifico alla problematica educativa o come generica istanza antiautoritaria (S. Bernfeld, *Antiautoritarismo e psicoanalisi nella scuola*, 1919-29). Il riferimento a Freud consente in particolare l'elaborazione di una teoria pedagogica che tende a riportare il processo educativo ai suoi fondamenti di ordine istintuale. In quanto demistificazione dei mascheramenti inconsci con cui le istanze pulsionali tendono a emergere nella coscienza e dei meccanismi con cui l'Io tende a difendersene, anche la pedagogia psicoanalitica è una critica di prodotti ideologici (P. Bertolini, *Prospettive di collaborazione tra la pedagogia e la psicoanalisi*, 1967).

• *La pedagogia come teoria interdisciplinare (la pedagogia contemporanea).* La pedagogia contemporanea si propone come teoria interdisciplinare in funzione applicativa di una molteplicità di scienze dell'educazione (A. Visalberghi, *Pedagogia e scienze dell'educazione*, 1978). Essa si trova attualmente a dover superare la crisi dell'attivismo, culminata alla fine degli anni Sessanta con la contestazione studentesca e giovanile in genere (F. De Bartolomeis, *La ricerca come antipedagogia*, 1969; E. Becchi, *L'organizzazione della ricerca educativa*, 1975). Di fronte le stanno i problemi della alfabetizzazione nei paesi in via di sviluppo, della scolarizzazione di massa in una società industriale a economia recessiva, dell'istruzione professionale, dell'educazione permanente e ricorrente, della formazione extrascolastica, dell'acquisizione di un sapere tecnologico sempre più parcellizzato, e tutti gli altri problemi che investono le trasformazioni politiche e culturali del nostro tempo (E. Faure, *Rapporto sulle strategie dell'educazione*, 1972). I progetti emergenti sono quattro: c'è una linea pedagogica di tipo tecnologico, che si rifà soprattutto alla psicologia cognitiva, alla cibernetica e all'informatica, alla programmazione didattica di obiettivi educativi determinati, alle tecniche di valutazione dell'apprendimento elaborate dalla → docimologia, ai sussidi audiovisivi e così via (W.K. Richmond, *La rivoluzione nell'insegnamento*, 1967); c'è una linea pedagogica di dissenso politico, che si rifà soprattutto a un miscuglio antiautoritario di psicoanalisi, di marxismo e di spiritualismo, alla critica delle istituzioni scolastiche e familiari, al metodo della ricerca e del lavoro di gruppo (G. Snyders, *Pedagogia progressista*, 1975); ci sono poi una linea pedagogica cattolica e una linea pedagogica marxista, di tipo istituzionale, che operano la mediazione delle esigenze fondamentali avanzate da entrambe le prospettive precedenti sulla base del proprio tronco dottrinale (rispettivamente, M. Laeng, *L'educazione nella civiltà tecnologica*, 1969; B. Suchodolski, *Fondamenti di pedagogia marxista*, 1967). A questi progetti sono da aggiungere i diversi orientamenti epistemologici la cui varietà può essere compresa fra la completa riduzione della pedagogia alla filosofia, alla psicologia e alle altre scienze umane e, al polo opposto, un'auspicabile costituzione della pedagogia come disciplina specifica e distinta. *R. Ma.*

Peirce, Charles Sanders (Cambridge, Massachusetts, 1839 - Milford 1914), filosofo statunitense. Al padre Benjamin, famoso matematico della Harvard University, dovette soprattutto la sua grande cultura fisico-matematica, e alle proprie letture quella logico-filosofica. Dopo aver frequentato Harvard per due anni, dal 1859 al 1891 lavorò per il Servizio geodesico e costiero degli Stati Uniti. Si considerò soprattutto un logico, e tentò invano di ottenere una cattedra di questa disciplina; né riuscì a pubblicare *La grande logica*, la sola opera da lui porta-

ta a termine. Ebbe solo alcuni incarichi annuali di logica e filosofia della scienza all'università Johns Hopkins di Baltimora, al Lowell Institute di Boston e nella stessa Harvard. Visse gli ultimi vent'anni isolato e poverissimo, e lasciò una massa di manoscritti, acquistati dalla Harvard University. Essi furono parzialmente pubblicati, insieme agli articoli più importanti sparsi in varie riviste, come *Raccolta di scritti di Ch.S. Peirce* (6 voll., 1931-35, cui seguirono nel 1958 i voll. 7-8). Una prima antologia era apparsa col titolo *Caso, amore e logica* (1923).
La logica è intesa da Peirce in senso così lato da includere anche questioni psicologiche, gnoseologiche, metafisiche e perfino teologiche. Due sono le dottrine logiche fondamentali da lui opposte sia alla logica aristotelico-kantiana, sia a quella hegeliana: la *semiotica*, o dottrina dei segni, e la *faneroscopia*, o dottrina delle categorie. Secondo Peirce tutte le nozioni e le parole umane sono segni. Il loro riferimento all'oggetto può essere immediato o mediato da un altro segno: denotativo, se l'oggetto è indicato fisicamente; simbolico, se l'oggetto è invece rappresentato. In tal caso il segno va interpretato mediante un altro segno, detto interpretante, che può essere emotivo (il sentimento provocatoci dalla sua presenza), energetico (la nostra reazione fisica o mentale) o logico (il suo significato concettuale). Un significato concettuale non è un puro concetto, ma piuttosto un'abitudine mentale deliberatamente formata attraverso la ricerca. Essa mira a sostituire l'irritazione del dubbio con la sicurezza della persuasione, mediante una regola di azione, o regola pragmatica. Il *significato concettuale* di durezza (cioè la sua verità non astratta), per es., è espresso dalla seguente proposizione generale condizionale: «Se una certa sorta di sostanza è sottoposta a una certa sorta di azione ne conseguirà una certa sorta di risultato conforme all'esperienza sinora acquisita» (*Raccolta di scritti di Ch.S. Peirce*, 5.403); e in generale «il concetto di tutti i possibili effetti prodotti da un oggetto è il concetto completo di quell'oggetto» (*ibidem*, 5.2). Soprattutto a causa di questa tesi Peirce è considerato il fondatore del → pragmatismo. A differenza di W. James (per distinguersi dal quale egli preferì chiamare la propria filosofia *pragmaticismo*), Peirce pone l'accento non sulla singola azione, o sul suo risultato immediato, o sulla volontà di credere, ma sulla *generalità* delle persuasioni via via raggiunte, e continuamente verificate e corrette, dalla comunità dei ricercatori, ossia sulla razionalità e chiarezza delle nostre idee, condizione prima della loro operatività. La ricerca, o interpretazione, collettiva dell'esperienza procede all'infinito, sempre più approssimandosi, mediante l'autocorrezione, all'interpretazione finale, ossia alla verità, tuttavia mai raggiunta.
• *La metafisica ipotetica*. Peirce chiamò *fallibilismo* questa sua concezione della conoscenza, il cui evidente modello sono le scienze sperimentali. Chiamò invece *idealismo platonico* o anche *realismo scolastico* la tesi a essa complementare che l'approssimazione scientifica alla verità è possibile perché nella realtà agiscono tendenze alla razionalità, ossia all'ordine crescente. Le cosiddette leggi naturali, espresse dalla scienza nel suo linguaggio simbolico, non significano necessità, ma piuttosto spontanea tendenza alla legalità, «abitudine di prendere abitudini», che fa passare l'universo dal caos iniziale al perfetto ordine finale, dall'irrealtà alla realtà. La forza motrice del processo è l'*amore evolutivo*; il *caso*, da intendere come spontaneità e da calcolare come probabilità, è l'onnipresente correlato della legge; il termine del processo è l'Assoluto secondo, ossia la pienezza della realtà ma anche Dio rivelato (Dio creatore essendo l'Assoluto primo): l'oggetto di quella Verità finale è l'*indicativo*, cui tende il *condizionale* collettivo dell'interpretazione. Partito dalla logica delle scienze, Peirce costruisce così, in polemica con la metafisica e la teologia dogmatica ipostatizzatrici di astrazioni, una metafisica e una teologia *ipotetiche*, che si servono dell'abduzione (invenzione di ipotesi esplicative) più che dell'induzione e della deduzione, e constano principalmente di tre postulati: il *tichismo*, o ineliminabilità del caso, il *sinechismo*, o continuità tra la cosiddetta materia (in realtà «spirito dormiente») e lo spirito, l'*agapismo*, o energia evolutiva dell'amore cosmico.
La faneroscopia è poi una sorta di fenomenologia che, muovendo dalla definizione kantiana di numero come unità sintetica del molteplice, perviene a distinguere le tre *categorie* o *fanera*, o modalità ontologiche fondamentali e universali esibite dall'esperienza: la *primità*, o pura possibilità, o irrelatività, o unità originaria antecedente l'esistenza e il linguaggio, ma non la coscienza; la *secondità*, o relazione, o reazione, o esistenza di fatto, constatabile ma non conoscibile; la *terzità*, o mediazione di primo e secondo nella generalità dell'idea e della norma, l'integrazione del molteplice, la razionalizzazione. *Primo* è il caso, lo spirito, l'eterno presente, la pura possibilità logica, la coscienza immediata; *secondo* è la necessità, la materia, il passato, l'attuazione, l'esperienza; *terzo* è l'evoluzione, l'abitudine, il futuro condizionale, la potenzialità, l'interpretazione. Frammentario e spesso oscuro, ma profondo e originale, il pensiero di Peirce è all'origine non solo del pragmatismo, ma di tutte le correnti più vive della filosofia americana contemporanea: dal realismo critico alla filosofia dell'emergenza, dall'empirismo logico al comportamentismo, alla filosofia del linguaggio. Notevoli anche i suoi contributi di logica matematica, in specie la teoria delle matrici. *N. Bo.*

Pelacani, Biagio, → Biagio Pelicani di Parma.

pelagianesimo, corrente teologica che tende a sottolineare la capacità dell'uomo di operare la salvezza con le sue sole forze. I principali rappresentanti di questa tendenza furono: Pelagio (un monaco originario della Britannia o dell'Irlanda), Celestio (romano e poi prete a Efeso) e Giuliano, vescovo di Eclano, vissuti nei secc. IV-V. Nel loro pensiero esistono differenze non secondarie, anche se gli avversari tentarono di appiattirle. Il pelagianesimo si sviluppò prima nel contesto romano della lotta al fatalismo manicheo (→ manicheismo), e poi in quello africano, dove la chiesa stava per uscire dalla crisi provocata dal rigorismo donatista (→ donatismo). I pelagiani insegnavano che l'uomo non viene preordinato a un destino, ma merita un destino. I predestinati sono coloro che Dio ha previsto che sarebbero rimasti fedeli attraverso le prove. Non si dà trasmissione automatica del peccato originale; è vero infatti che in Adamo tutti hanno peccato, ma *exemplo, non forma*. Ogni uomo nasce così nelle stesse condizioni in cui nacque Adamo; il battesimo dei bambini non è finalizzato a cancellare un loro peccato, e la grazia è necessaria non per operare, ma «per operare più facilmente». Insistentemente avversati da Agostino, i pelagiani seppero difendersi abilmente; ciò non impedì però la loro condanna definitiva, pronunciata dal concilio di Cartagine del 418 e approvata poi da papa Zosimo. La controversia pelagiana valse a stabilire nella chiesa il principio della necessità assoluta della grazia per l'uomo in ordine alla salvezza.

Pentateuco, i primi cinque libri della Bibbia. Il termine deriva dal greco e significa «cinque astucci», cioè l'insieme di Genesi, Esodo, Levitico, Numeri, Deuteronomio. Gli ebrei denominarono questi libri Torah, «legge» o meglio «insegnamento». Il Pentateuco rappresenta il termine ultimo di un processo di accumulazione di materiale e di ordinamento durato parecchi secoli, e conclusosi verso il sec. IV a.C. Il tema attorno a cui il ricco e vario materiale si unifica è quello del raggiungimento della terra promessa ad Abramo e ai patriarchi, attraverso la serie di vicende che vedono in Mosè il protagonista. Dalla vocazione di Mosè prende appunto le mosse la narrazione dell'Esodo, culminante nella liberazione dall'Egitto e nell'alleanza del Sinai: intorno all'evento dell'alleanza si costituiscono le fondamentali istituzioni religiose, politiche, sociali di Israele, e il grande complesso della sua legislazione. A tutto questo la Genesi premette il grande affresco della creazione, della caduta e del diluvio, e la storia di Abramo e dei patriarchi. L'unità che il Pentateuco oggi presenta è dovuta alla tardiva redazione finale, nella quale confluiscono molteplici redazioni autonome, ancora riconoscibili sotto l'architettura complessiva. Sono tradizioni che hanno avuto lunga esistenza ed elaborazione allo stadio della trasmissione orale, prima di giungere a una redazione scritta, a sua volta profondamente rielaborata. La molteplicità dei nomi divini, le distinte versioni della creazione e del diluvio, il ricorrere di avvenimenti con tratti talvolta contrastanti sono alcuni tra i motivi che hanno determinato il sorgere del problema critico del Pentateuco, e si sono proposti come interrogativi alla ricerca, che ha dato adito, dal sec. XVIII ai giorni nostri, a molteplici ipotesi.

Oggi si è raggiunta una base comune di accordo sui fondamentali raggruppamenti che hanno rappresentato già uno strato della tradizione, e che nella ricostruzione retrospettiva appaiono come fonti del Pentateuco. La prima è la fonte detta jahwista (sigla J), sorta a Gerusalemme nel sec. IX a.C. o, prima ancora, al tempo di Davide e di Salomone, quale espressione della coscienza nazionale religiosa, suscitata dalla formazione del regno davidico. Testimonianza emblematica di questa fonte è la seconda narrazione della creazione (Genesi, 2, 4*b* sgg.). La seconda è la fonte elohista (sigla E), giunta alla sua elaborazione finale nel sec. VIII, che presenta una tradizione formatasi nel regno settentrionale, religiosamente più evoluta e meno antropomorfica di J, ma incapace di cogliere una prospettiva storica altrettanto vasta. Alla fonte E appartengono i momenti più caratteristici della storia di Abramo. I nomi delle due fonti derivano dai nomi in prevalenza usati nell'una o nell'altra per indicare Dio: Elohim nella fonte E, Jahweh nella fonte J. Esse furono probabilmente fuse dopo la caduta del regno di Israele nel 721. La terza fonte è rappresentata dal codice sacerdotale (sigla P, dal tedesco *Priesterkodex*), continuazione della grande legge sacerdotale, concluso alla fine dell'esilio, o immediatamente dopo: esso è soprattutto uno schema, nel quale però ricorrono anche materiali antichi. La sua fusione con J ed E va collocata verso il 400 a.C. Al codice sacerdotale appartiene per es. la prima narrazione della creazione (Genesi 1, 1-2, 4*a*), articolata secondo il ritmo della settimana. La quarta fonte, infine, è quella deuteronomista (sigla D), che presenta problemi specifici, e che prende il suo nome dal → Deuteronomio. Ognuna di queste fonti non solo manifesta tratti letterari e stilistici peculiari, ma anche una propria prospettiva interpretativa, teologica, che ancora traspare sotto la fusione redazionale. Come motivazione e criterio di tale fusione va riconosciuto quello che G. von Rad denomina il «credo storico di Israele», esemplificato dalla formula rituale di Deuteronomio 26, 1-11: la confessione delle grandi opere di Dio nella storia. Sebbene i criteri adottati dai critici, in passato, per stabilire la sequenza e la datazione dei documenti non siano più accettati rigidamente, essi valgono tuttavia ancora come riferimenti approssimativi per l'aspetto prevalente di ciascun documento; si ha così la sequenza approssimativa: J, E, D, P. Il Pentateuco costituisce, nella tradizione ebraica, il più importante gruppo di libri della Bibbia; nell'Antico Testamento esso rappresenta quello che nel Nuovo sono i Vangeli. Che per l'ebraismo il Pentateuco sia la Legge, non è dovuto soltanto alle norme vere e proprie in esso contenute, ma al fatto che gli stessi eventi storici narrati sono in realtà leggi nel senso più profondo del termine, cioè «segni» esemplari offerti a Israele. Anche questo aspetto giustifica l'accostamento del Pentateuco ai Vangeli.

pentecostalismo, movimento estatico-carismatico che, richiamandosi al significato della prima Pentecoste cristiana (Atti 2, 1-11), sviluppa un'azione di «risveglio religioso» nella chiesa. A differenza degli gnostici o di altri movimenti volti al rinnovamento delle istituzioni ecclesiastiche (bogomili, catari, albigesi), esso non pretende di offrire una soluzione esclusiva per l'accesso alla salvezza, ma vuole aprirsi a tutti i battezzati. Delle tre correnti fondamentali che costituiscono il pentecostalismo, due sono sorte in ambiente protestante e una nell'area cattolica. Il movimento raccoltosi intorno a Parham è conosciuto come «pentecostalismo classico» o «pentecostalismo tradizionale». Benché sconfessato dalle chiese battiste e metodiste per talune espressioni discutibili di autoesaltazione, e per la sua attesa di una prossima parusia, esso si diffuse rapidamente a Los Angeles e di lì in America ed Europa. A partire dagli anni Sessanta, gruppi di luterani, anglicani, episcopaliani e presbiteriani si avvicinarono all'esperienza carismatica e diedero origine al cosiddetto «neopentecostalismo». Tra i gruppi pentecostali, i più consistenti sono le «assemblee di Dio», sorte nel 1914 con sede centrale a Springfield (Missouri), con oltre 600.000 membri, e la «chiesa di Dio in Cristo», che ha sede a Memphis e conta oltre 400.000 membri neri. In tutto il mondo i pentecostali, che svolgono intensa attività missionaria, sono circa 30 milioni.

Dopo il Vaticano II anche in seno al cattolicesimo si è manifestato un forte richiamo ai valori dei carismi dello Spirito, mirante a superare il formalismo e l'individualismo religioso. Nel 1967 una trentina fra insegnanti e studenti dell'università cattolica di Duquesne, a Pittsburgh, si costituì come gruppo neopentecostale e nel 1971 il movimento approdò in Italia, introdottovi dal missionario canadese P.V. Gaudet. Esso si caratterizza come esperienza di preghiera, come itinerario di conversione e di maturazione spirituale, come amore per la Scrittura intesa non nel senso di istruzione su Dio ma di autocomunicazione di Dio stesso. Per evitare gli equivoci generabili dall'espressione «battesimo nello Spirito», che potrebbe far pensare a un'aggiunta o a un perfezionamento del battesimo sacramentale, i cattolici preferiscono parlare di «effusione dello Spirito», intendendo riferirsi alla coscienza della presenza di Dio, che comporta la partecipazione ai carismi (quali la glossolalia, il dono delle guarigioni, i ministeri, la profezia), ossia a quelle grazie particolari che lo Spirito concede al singolo, in rapporto alle responsabilità di cui è investito nella comunità cristiana.

Pepper, Stephen Coburn (Newark 1891-1972), studioso statunitense di estetica. La sua teoria estetica è fondata sull'analisi dei meccanismi psicologici che operano nell'arte. L'arte viene definita come una vivida e volontaria intuizione della qualità di un oggetto, e l'opera d'arte viene valutata secondo il grado di vivezza e di intensità emotiva che suscita. Secondo Pepper possiamo individuare tre modi di intendere l'oggetto artistico: il primo è l'oggetto-controllo che corrisponde alla struttura fisica dell'opera stessa; in secondo luogo si dà l'oggetto-percezione, che corrisponde alla conoscenza provvisoria e frammentaria a livello di percezione sensibile; infine l'oggetto-critico, che ci consente di valutare la «qualità» di un'opera d'arte e che risulta dalla sintesi dei primi due punti di vista. Pepper stesso, per distinguere la sua posizione da quelle empiriste, naturaliste e pragmatiste ha definito il suo punto di vista «contestualismo». Tra le opere: *La qualità estetica* (1938); *Il fondamento della critica* (1945); *I principi della valutazione artistica* (1945); *Il mondo dell'arte* (1955); *La sorgente del valore* (1958); *Etica* (1960).

percezione, termine usato da Cartesio, Locke, Leibniz e altri pensatori moderni per designare ogni atto di conoscenza. In questo significato più ampio è oggi però usato solo il verbo corrispondente (per es.: «percepire» la verità di una proposizione). Assai più diffuso è invece il senso più ristretto del termine, introdotto dagli stoici e poi conservatosi nel corso di tutta la storia della filosofia: quello di atto o funzione di conoscenza che si riferisce *immediatamente* a un oggetto *reale*, sia esso mentale o fisico. Quando il termine viene usato in questo secondo significato si distingue generalmente percezione da → sensazione: la percezione è un processo conoscitivo complesso che comprende, unificandole, una molteplicità di sensazioni (intese come fatti o dati elementari della coscienza sensibile) e le riferisce a un oggetto distinto dal percipiente e dagli altri oggetti. È questo il concetto di percezione esterna, da cui si suole distinguere la percezione dei propri stati interiori (sebbene l'uso dell'espressione «percezione interiore» sia oggi piuttosto raro). Della conoscenza percettiva si hanno sostanzialmente due interpretazioni: quella empiristico-associazionistica, che considera la percezione un prodotto dei meccanismi dell'associazione psicologica (per es. Hume, J. e J.S. Mill); e quel-

la trascendentalistica, che vede invece nella percezione un prodotto della spontaneità spirituale del soggetto giudicante: l'oggetto della percezione è una elaborazione dei dati sensoriali operata dalla coscienza secondo forme a priori. Estensione di questa interpretazione kantiana è quella idealistica che, abbandonato ogni riferimento al materiale sensibile esterno, concepisce il rapporto tra sensazione e percezione come la tappa iniziale dello sviluppo dello spirito da forme di conoscenza astratte e povere a forme sempre più ricche e concrete (così in Hegel e nella tradizione neohegeliana).
Contro l'interpretazione associazionistica si pronunciarono, alla fine del secolo scorso e all'inizio del nostro, varie scuole che peraltro non condividevano neppure l'interpretazione idealistica: in particolare il pragmatismo (Peirce e James), il neorealismo (Whitehead), lo spiritualismo evoluzionistico (Bergson), la fenomenologia (Husserl). Questi indirizzi, e soprattutto la corrente fenomenologica, prepararono in tal modo il terreno alla → Gestaltpsychologie, o psicologia della forma (Wertheimer, Köhler, Koffka), che condusse un attacco a fondo contro l'associazionismo largamente diffusosi nell'ambiente positivistico e recepito dai primi manuali di psicologia. Gli psicologi della forma sostengono che nella percezione si ha coscienza immediata di un tutto strutturato, il cui comportamento non è determinato dai suoi supposti elementi, ma da leggi strutturali interne al tutto (M. Wertheimer, *Sulla teoria della forma*, 1925). La percezione non si sviluppa dunque per una sintesi di elementi atomici o di sensazioni particolari, che risultano essere pure entità immaginarie, astrazioni artificiali e teoriche costruite dall'intelletto filosofico. La psicologia della forma confortò queste sue critiche con una serie imponente di prove sperimentali, in base alle quali cercò anche di determinare le condizioni dell'apparire delle forme o totalità e le leggi delle loro trasformazioni. Il limite della Gestalt, più volte rilevato, sembra però essere quello di intendere la percezione come qualcosa di autosufficiente, senza tenere conto delle «prestazioni» del soggetto percipiente in cui occorre reintegrarla; è questo il punto di vista del «funzionalismo percettivo» sviluppatosi verso la metà del nostro secolo (Bruner, Postman, Allport). Pur facendo propria la critica gestaltistica dell'associazionismo, esso sottolinea particolarmente le disposizioni soggettive, i bisogni, i fini ecc., come fattori codeterminanti l'atto percettivo. In questo quadro si è poi molto insistito sul carattere ipotetico della percezione: le percezioni sono punti di vista, *ipotesi*, sull'oggetto, suscettibili di modificazioni, approfondimenti, correzioni. Su questa scuola ebbe larga influenza il pragmatismo americano per la sua interpretazione della vita psichica come «transazione» (→ transazionalismo) tra organismo e ambiente. L'atteggiamento oggi prevalente tende a sviluppare questi punti di vista sul piano strettamente sperimentale e in ambiti rigorosamente delimitati che non pretendono di pervenire a visioni d'insieme ed esaustive. In questo quadro va ricordato il contributo dell'→ intelligenza artificiale, in particolare nell'area della percezione visiva (D. Marr, *La visione*, 1982).

percezione subliminale, percezione di cui il soggetto percipiente non è consapevole, perché gli stimoli che la costituiscono non raggiungono la sua soglia percettiva. Essa agisce sul soggetto sul piano inconscio e preconscio, e questa proprietà è stata sfruttata, anche se con un successo inferiore alle aspettative, dagli specialisti della propaganda e della pubblicità (i cosiddetti «persuasori occulti»).

Perelman, Chaïm (Varsavia 1912 - Bruxelles 1984), filosofo belga di origine polacca. Ha insegnato fino al 1978 all'università libera di Bruxelles. La sua riflessione muove dalla critica al concetto di ragione proposto dal razionalismo di matrice cartesiana. Secondo questa concezione, il campo della ragione è limitato a ciò che è certo e necessario, a ciò che può essere dedotto in modo astrattamente formale o ricavato per via empirico-sperimentale; a esso risulta dunque estraneo tutto il campo del probabile, del verisimile, di ciò che forma in generale l'oggetto del discorso tra gli uomini. Ma proprio all'interno di questo ambito del probabile, obbietta Perelman, avviene il confronto tra opinioni diverse e si giudica sui valori: se si recide ogni legame tra l'opinabile e il ragionevole, tutto ciò che non è scientificamente dimostrabile rimane in balia dell'irrazionale, del dogmatismo, della violenza. Con la sua opera principale, il *Trattato dell'argomentazione* (1958, con L. Olbrechts-Tyteca), Perelman intende riportare al campo della razionalità l'insieme degli argomenti usati nel discorso persuasivo. Nel fare ciò egli si ricollega espressamente ad Aristotele, il quale nella *Retorica* aveva elaborato l'idea di una «logica in situazione», che fosse da un lato tecnica — e quindi acquisibile razionalmente — e dall'altro tenesse conto dell'interazione sempre variabile tra parlante, discorso e ascoltatore. Compito di una «nuova retorica» è recuperare e adattare al nostro tempo le parti ancora vive di questa disciplina. L'oggetto del *Trattato* è quindi «lo studio delle tecniche discorsive atte a provocare o accrescere l'adesione delle menti alle tesi che vengono presentate al loro assenso». Queste indagini muovono dall'assunto che alla base di qualsiasi argomentare vi siano le medesime tecniche, usate però in maniera diversa a seconda dell'*uditorio* a cui il discorso, scritto o parlato, si rivolge. Se la logica formale ha sviluppato astrattamente i modi della dimostrazione, la teoria dell'argomentazione dovrà occuparsi prima di tutto di coloro a cui il discorso è diretto e dei diversi modi in cui, in differenti situazioni, gli uditori potranno essere persuasi. Il particolare rilievo conferito al concetto di uditorio chiarisce che l'argomentazione si riferisce sempre a una determinata condizione (sociale, storica ecc.). La relatività caratteristica dell'argomentazione è alla base della distinzione tra filosofie prime e filosofie regressive, che Perelman propone in *Retorica e filosofia* (1952). Le filosofie prime pongono dei principi fondanti ritenuti assolutamente veri: la loro messa in discussione comporterebbe la perdita di validità della filosofia che su di essi si basa. Le filosofie regressive, al contrario, considerano i propri assiomi come risultanti da una situazione particolare e determinata: se questa situazione si modifica, anche i principi dovranno essere sottoposti a revisione. Tra le altre opere: *La giustizia* (1963); *Diritto, morale e filosofia* (1968); *Il campo dell'argomentazione* (1970); *Il dominio retorico* (1977).

performativo-constativo, distinzione introdotta dal filosofo J.L. Austin nel saggio *Altre menti* (1946) e più compiutamente in *Come fare cose con le parole* (scritto tra il 1951 e il 1955 e pubblicato postumo nel 1962). Performativi sono quegli enunciati che non descrivono né constatano alcunché (perciò non sono né veri né falsi), ma la cui emissione comporta o si identifica con il compimento di un'azione. Per es. dicendo «Scommetto diecimila lire che domani piove» non si *asserisce* nulla, ma si *fa* qualcosa (per l'appunto, una scommessa): si compie una vera e propria azione, che modifica la realtà (in particolare, i rapporti tra le persone). Perché ciò avvenga, tuttavia, occorre che si diano alcune condizioni (dette «condizioni di felicità» del performativo): bisogna che vi sia una procedura socialmente accettata (come l'«istituzione» della scommessa, o della promessa, o del battesimo ecc.) di cui l'emissione dell'enunciato fa parte, che essa sia svolta correttamente e completamente, e che l'enunciato sia emesso nelle circostanze appropriate e dalle persone appropriate. Inoltre, se chi emette l'enunciato non ha l'atteggiamento giusto (per es., promette ma non si propone di mantenere) o non dà esecuzione all'impegno assunto, il performativo è sì riuscito — una promessa insincera, o non mantenuta, è comunque una promessa — ma, dice Austin, *abusato*. Sono invece constativi i normali enunciati descrittivi, che sono veri o falsi (come «Gli elefanti sono pachidermi»). Austin cercò di caratterizzare i performativi in base alla forma sintattica, al materiale lessicale ecc., senza ottenere risultati del tutto soddisfacenti: i performativi sono spesso in prima persona, ma non sempre («Vietato fumare»); certi verbi hanno frequentemente un uso performativo, ma hanno anche usi non performativi («Spesso prometto senza essere in grado di mantenere»). Queste difficoltà indussero Austin ad abbandonare la distinzione, in favore di un punto di vista per cui ogni enunciazione ha un aspetto performativo, o, come egli disse, *illocutivo*. Introdotta per analizzare certi problemi strettamente filosofici, la nozione di performativo fu largamente utilizzata in linguistica. All'inizio degli anni Settanta, alcuni linguisti generativisti eterodossi (J.R. Ross, G. Lakoff) introdussero la cosiddetta «ipotesi performativa»: ogni enunciato conterrebbe, implicitamente o esplicitamente, un verbo performativo che ne esprime la forza. Per es., «Gli elefanti sono pachidermi» equivarrebbe a «Affermo che gli elefanti sono pachidermi». L'ipotesi performativa si scontrò con difficoltà insuperabili sul piano descrittivo, e fu abbandonata alla fine degli anni Settanta. Essa è tuttavia ancora invocata da J. Habermas nella sua teoria della comunicazione.

Pergamo, scuola di → Alessandria, scuola filologica di.

peripatetici, appellativo con cui vengono designati i discepoli di Aristotele (→ Liceo).

persona, termine che, dal significato latino originario di «maschera teatrale» e quindi «personaggio», nello stoicismo tardo passò a qualificare l'individuo umano in quanto ha un ruolo, nel mondo, assegnatogli dal destino. Dai giuristi romani proviene l'uso del termine per indicare il soggetto di diritti, in contrapposizione per es. allo schiavo. E di qui l'opposizione fondamentale delle *persone* alle *cose* (nel gergo giuridico corrente si distinguono per es. «diritti personali» e «diritti reali»). La nozione venne usata anche a proposito del dogma della Trinità, per designare le tre «ipostasi» del Dio cristiano (Padre, Figlio e Spirito Santo); e sull'argomento si ebbero i conflitti dottrinali conclusi dal concilio di Nicea (325). San Tommaso definisce persona, in generale, «ogni individuo dotato di natura razionale». Nel pensiero moderno, è Locke ad assegnare alla nozione un significato specifico, identificando la persona con l'io, o coscienza, sotto l'aspetto morale, e ritenendola costituita dall'identità con sé attraverso il tempo (garantita dalla continuità della memoria) e solo per ciò suscettibile di responsabilità (→ identità personale). Per Kant l'uomo è persona in quanto portatore della legge morale e capace di → autonomia, e perciò degno di «rispetto», dotato di «dignità», e senza «prezzo» (contrariamente alle cose, che hanno un prezzo in quanto ammettono equivalenti). Il rispetto della persona in sé e negli altri è così per Kant il contenuto stesso dell'imperativo categorico, secondo la formulazione di quest'ultimo che suona: «Agisci in modo da trattare l'umanità, in te e negli altri, mai soltanto come mezzo, ma sempre anche come fine.» La comunità delle persone, retta da Dio, è definita da Kant come il «regno dei fini», in opposizione al mondo dei fenomeni naturali (*Fondamenti della metafisi-*

ca dei costumi, sez. III). In contrasto con Kant, Hegel limita il significato del termine «persona» al senso meramente giuridico, come designazione del detentore di diritti nell'ambito del diritto privato; pertanto, in quanto considerato come persona, l'uomo è ancora al livello più basso dello «spirito oggettivo». Nel corso del sec. XIX si viene affermando l'uso del vocabolo «personalità» nel linguaggio psicologico, in espressioni come «disturbi, o sdoppiamento ecc., della personalità». Contemporaneamente, si usa il termine «persona» per distinguere un Dio a cui vengano riconosciute intelligenza, volontà, libertà ecc., da un Dio concepito panteisticamente o dall'Assoluto degli idealisti tedeschi, del tutto impersonale. Nel nostro secolo, M. Scheler ha definito la persona in base al suo «rapporto col mondo», per la capacità di agire su di esso, e quindi il mondo come «il correlato della persona», sostenendo una corrispondenza fra ogni persona e il suo proprio mondo; ma è col → personalismo, nelle sue varie diramazioni, che il concetto ha acquistato una portata tanto centrale da essere assunto per designare un complesso di posizioni dottrinali.

personalismo, dottrina filosofica che considera la persona come principio ontologico fondamentale. Nella filosofia contemporanea il termine fu usato nel 1903 per indicare la propria filosofia da Ch. → Renouvier, che intendeva difendere contro il panteismo assolutistico della filosofia tedesca e il positivismo naturalistico della filosofia francese la dignità e il valore della persona umana. Sebbene Renouvier si rifacesse a J. Lequier e al cartesianismo religioso, tradizionalmente volto a liberare il pensiero cristiano dagli elementi di cosmologismo e naturalismo di derivazione greca, egli faceva valere in un orizzonte laico gli elementi teologici impliciti nel personalismo, dissociandoli dal loro legame originario con il cattolicesimo. Il personalismo di Renouvier ebbe ampia influenza su W. James e, per questo tramite, su tutto il pensiero americano, nel cui ambito l'istanza personalistica fu accolta da J. Royce e da W.E. Hocking in un quadro filosofico fondamentalmente idealistico.

Ruppero invece decisamente con tale idealismo i personalisti pluralisti (P. Bowne, G.H. Howison, R.T. Flewelling e S. Brightman), per i quali la realtà è da considerarsi come un complesso di personalità correlate e autonome, che hanno il loro centro e fondamento in un Dio trascendente e personale, impegnato come loro nella lotta contro il male e in nessun modo riconducibile all'Assoluto degli idealisti; queste tesi ebbero il loro organo di diffusione nella rivista «The Personalist» fondata a Los Angeles nel 1919. Elementi personalistici si ritrovano nell'esistenzialismo religioso (G. Marcel e N. Berdjaev), che riprende la polemica kierkegaardiana contro Hegel in nome dell'individualità e personalità umana. In questo ambito di pensiero è possibile distinguere due linee di sviluppo. La prima (personalismo sociale) fa capo a E. → Mounier e al movimento legato alla rivista francese «Esprit» (fondata nel 1932): essa è caratterizzata dall'esigenza di fondere l'istanza personalistica con quella comunitaria (in qualche modo Kierkegaard con Marx) e si traduce sul piano politico in una concezione mirante a superare sia i limiti dell'individualismo, il quale isola la persona dalla solidarietà con gli altri, sia quelli del collettivismo, che riduce la personalità a pura unità numerica. La seconda (personalismo ontologico) ha trovato la sua compiuta espressione nella filosofia di L. → Pareyson: partendo dalla concezione dell'esistenza come coincidenza di auto- ed eterorelazione, egli afferma come essenziale l'apertura ontologica della persona; in tal modo egli intende correggere l'intimismo spiritualistico di molti personalisti, incapace di raggiungere la trascendenza se non per giustapposizione eclettica.

È da segnalare anche un'altra accezione del termine, più ristretta, diffusa soprattutto nell'ambiente romantico (F. Schleiermacher, J.W. Goethe ecc.), per la quale il personalismo è la dottrina teologica che afferma la personalità di Dio e la sua distinzione reale dal mondo, in polemica con il panteismo idealistico. In seguito anche E. Dühring ha definito come «personalismo» la sua interpretazione del socialismo fondata sulla solidarietà sociale; ma questa accezione del termine ha avuto minor fortuna di quella ispirata allo spiritualismo cristiano.

personalità, organizzazione dinamica degli aspetti cognitivi, affettivi, motivazionali e volitivi dell'individuo. Il termine deriva dal latino *persona*, che indicava la maschera dell'attore, cioè il suo ruolo fisso nella rappresentazione; e ancora oggi il significato principale implicito nel termine è quello della fissità, della permanenza di un nucleo individuale irriducibile nella molteplicità e diversità dei comportamenti e delle situazioni ambientali. La personalità costituisce uno degli oggetti più ardui della ricerca psicologica, a causa del suo carattere complesso e difficilmente analizzabile sul piano sperimentale; sul concetto esistono inoltre varie e contrastanti teorie interpretative ed esplicative. Prescindendo dalla teoria psicoanalitica e dalle sue diverse derivazioni, che richiedono un discorso specifico (→ psicoanalisi), si menzionano le seguenti teorie psicologiche: quella comportamentistica, quella lewiniana, la teoria di G.W. Allport, la teoria di L.B. Murphy, e infine quella di H. Eysenck. Per i comportamentisti, l'elemento caratteristico della personalità è l'abitudine, intesa come associazione stabile fra determinati stimoli e determinate risposte. La teoria lewiniana pone la «persona» al centro del «campo psicologico», inteso come la totalità degli eventi psichici interdipendenti e coesistenti in un dato momento, e la differenzia in una serie di regioni ideali che vanno da quella percettivo-motoria alla personalità interiore. La concezione di Allport, definita «teoria dell'individualità» ed echeggiante alcuni temi del personalismo tedesco e francese, insiste sull'unicità e sull'irripetibilità intrinseca di ciascuna persona umana, per cui la classificazione in tipi o categorie psicologiche degli esseri umani costituisce un'impresa destinata all'insuccesso, e ogni individuo «è legge per se stesso». La teoria «bio-sociale» di Murphy tenta di integrare in un complesso armonioso le influenze biologiche e quelle sociali nella strutturazione della personalità, e insiste sul primato della motivazione come fattore strutturante, tanto sul piano dell'interiorità quanto su quello della percezione. Eysenck, infine, è stato fra i primi ad applicare l'analisi fattoriale allo studio della personalità.

personalità-cultura, scuola di, scuola etnologica americana, molto influenzata dalle teorie psicoanalitiche, il cui interesse si incentra sulla personalità dei membri di una società, considerata come prodotto e insieme come espressione caratteristica della cultura presa in esame. Gli iniziatori e principali esponenti di questa tendenza furono A. → Kardiner, R. Linton, E. Sapir, Ruth → Benedict, Margaret Mead. La cultura di ogni società ha come sostrato fondamentale un patrimonio di idee, di principi, di costumi, di reazioni comune a tutti i suoi membri: sono questi i cosiddetti «universali» della cultura. L'acquisizione della cultura da parte dell'individuo costituisce il processo di «inculturazione». Secondo C. Kluckhohn e A.H. Murray, tale processo si svolge soprattutto mediante un sistema di premi e di punizioni che finisce col legare i piccoli agli adulti in ogni società (*Personalità nella natura, nella società e nella cultura*, 1948). Nel 1932 Sapir aveva già rilevato (*Antropologia culturale e psichiatria*) che la personalità si modella attraverso un processo di «interazione» in cui entrano in gioco da una parte i materiali approntati dalla cultura (per es. attraverso le cure dell'infanzia e l'educazione) e dall'altra i bisogni fisici e psicologici dell'individuo, che non può accettare supinamente quei materiali stessi, ma deve elaborarli in modo da integrarli con i suoi bisogni. Più si approfondisce lo studio di questa «interazione» e più difficile diventa scindere la società, come unità culturale e psicologica, dall'individuo in quanto membro della società alla cui cultura egli deve adattarsi. Uno dei lavori più importanti dedicati allo studio dei rapporti che intercorrono tra personalità e cultura è tuttavia quello di Linton (*Il retroterra culturale della personalità*, 1945), secondo il quale gli antropologi hanno per lungo tempo considerato l'individuo come un semplice portatore di cultura, senza preoccuparsi di conoscere come lo diventi, o perché, in determinate circostanze, abbandoni questo ruolo passivo e divenga attivo fattore di mutamenti culturali.

personalità di base, o personalità fondamentale, concetto basato sul presupposto che esista un denominatore comune nella personalità degli individui appartenenti allo stesso gruppo e quindi alla stessa cultura: venne formulato dallo psicologo statunitense A. → Kardiner.

perversione, condotta o tendenza psicosessuale diversa dal coito o a esso non orientata. Generalmente vengono definite «perversioni» l'omosessualità, il feticismo, il sadomasochismo, il voyeurismo, il travestitismo, l'esibizionismo, la necrofilia, la coprofilia, il rapporto sessuale con animali. Nella psicopatologia prefreudiana (e anche oggi nel linguaggio comune) il concetto di perversione implica l'accettazione di una norma sessuale, altrettanto inequivocabile e assoluta quanto la norma morale. Con la psicoanalisi questa connotazione pesantemente normativa scompare, e le tendenze e condotte cosiddette pervertite vengono considerate componenti ineliminabili della sessualità, soprattutto nel corso del suo sviluppo.

pessimismo, → ottimismo-pessimismo.

Pestalozzi, Johann Heinrich (Zurigo 1746 - Brugg 1827), pedagogista svizzero. Si formò a Zurigo in un clima culturale molto vivo, attraversato da fermenti illuministici e da ideali filantropici e rousseauiani. Nel 1774, nella sua tenuta agricola di Neuhof, nel cantone di Berna, fondò un istituto educativo per bambini poveri che funzionò fino al 1779. Agli anni che seguirono appartengono alcuni fra i suoi scritti più importanti: *Veglia di un solitario* (1780), *Leonardo e Gertrude* (1781-87) — un romanzo in cui Pestalozzi divulgò le proprie idee per l'elevazione materiale e spirituale del popolo — e, soprattutto, le *Mie indagini sul processo della natura nello sviluppo dell'umanità* (1797), la sua opera di maggior rilievo sul piano speculativo.

Nel 1798 il direttorio elvetico gli affidò la direzione, a Stans, di un istituto educativo per i bimbi abbandonati. La faticosa esperienza, esposta nella *Lettera a un amico sul proprio soggiorno a Stans* (1807), durò solo cinque mesi, ma fu di grande importanza per una prima precisazione del metodo pedagogico di Pestalozzi. Nel 1800, egli aprì un proprio istituto nel castello della cittadina di Burgdorf. Sono di questo periodo *Come Gertrude istruisce i suoi figli* (1801) e il *Libro delle madri* (1803), opere nelle quali la famiglia viene vista come centro e modello del processo formativo e la madre quale figura educativa fondamentale nella prima infanzia. Nel 1804, Pestalozzi accettò l'offerta del governo democratico di Losanna e si trasferì nel castello di Yverdon, nel cantone di Vaud. La fama del maestro zurighese raggiunse in questi anni il suo apogeo: studiosi (tra cui F.W.A. Fröbel, M.me de Staël, R. Owen) accorsero da ogni parte d'Europa per osservare e studiare l'attività dell'istituto. Nel 1810, però, una commissione ispettiva diede parere sfavorevole sull'organizzazione educativa e didattica della scuola di Yverdon: nel 1825, Pestalozzi fu costretto a chiudere l'istituto e a ritirarsi a Neuhof, dove attese alla stesura de *Il canto del cigno*, in cui tracciò un bilancio della propria esperienza educativa.

Il pensiero pedagogico di Pestalozzi si basa sulla convinzione che tutte le facoltà dell'uomo si trovino in germe nel suo animo sin dalla nascita: di qui la necessità che l'educazione abbia inizio sin dalla culla, e abbia come fine lo sviluppo armonico di tali facoltà. La crescita dell'individuo, il passaggio cioè dalla «naturalità» dell'istinto alla piena coscienza e autonomia della «socialità» e dell'«eticità», deve avvenire quindi non mediante l'imposizione esterna di norme e valori precostituiti, ma stimolando in modo accorto e consapevole le facoltà proprie dell'uomo. Queste possono essere ricondotte a tre forme elementari: quella del cuore, principio e origine della religione; quella dell'arte, fondamento della tecnica e del lavoro; quella della mente, base della conoscenza e del sapere.

L'analisi teorica di Pestalozzi si sofferma soprattutto su quest'ultima, ricavandone i principi del metodo detto «intuitivo» od «oggettivo», poiché esso si basa sul concetto di intuizione, l'atto immediato attraverso il quale il bambino coglie le caratteristiche degli oggetti o delle immagini. Tali caratteri essenziali della realtà (il numero, la forma, la parola) sono la base di ogni ulteriore approfondimento concettuale ed è quindi da loro che Pestalozzi ricava le «materie» del suo corso elementare. Dallo studio del numero derivano l'aritmetica e il calcolo; da quello della forma, geometria, disegno, scrittura e lavori manuali; da quello infine della parola, derivano lingua e musica. Particolare valore assumono in questo schema le indicazioni fornite da Pestalozzi per il lavoro quale strumento educativo.

Le idee di Pestalozzi furono largamente diffuse dai molti educatori che avevano avuto esperienza diretta dei suoi metodi: egli ha il merito di aver rivendicato il diritto del popolo all'istruzione e di aver contribuito con le sue idee e le sue iniziative allo sviluppo della scuola elementare quale essa è oggi. *C. Er.*

Peterson, Erik (Amburgo 1890-1960), teologo e storico tedesco. Dopo lo studio della teologia evangelica, fu professore di Nuovo Testamento e storia della chiesa a Bonn. Convertitosi al cattolicesimo, insegnò a Roma liturgia della chiesa antica e storia delle religioni. *Il monoteismo come problema politico* (1935) è il suo libro più noto, a cui fanno riferimento ancor oggi sia gli oppositori sia i sostenitori della teologia politica.

Contro C. Schmitt, secondo cui, in base a una supposta analogia fra diritto e teologia, è necessario conoscere i concetti teologici per comprendere i concetti giuridici (che da quelli derivano), Peterson negò la possibilità di una teologia politica, affermando che fra teologia e politica non vi è alcuna corrispondenza. La teologia può essere data solo da un Dio sovrano che governa attraverso istanze intermedie. Lo schema tipico del monoteismo «un solo Dio, un solo mondo, un solo impero», a cui alcuni Padri della chiesa dovettero ricorrere per difendersi dall'accusa di essere nemici dello stato, non è contemplato dal cristianesimo primitivo; esso distrugge l'alterità escatologica propria della dottrina trinitaria che per la sua stessa natura non è imitabile 'ad extra'. Il mistero della Trinità esiste solo nella divinità stessa, dunque non v'è spazio per nessuna teologia che abusi dell'annuncio cristiano a fini politici. Altre opere: *Ricerche di storia delle forme e delle religioni* (1930); *Testimoni della verità* (1937); *Trattato teologico* (1951).

petizione di principio, in un'argomentazione (formale o informale), l'uso, in funzione di premessa, della tesi che si vuole dimostrare. Una petizione di principio dà luogo a un *circolo vizioso* (→ diallele).

Pettazzoni, Raffaele (San Giovanni in Persiceto, Bologna, 1883 - Roma 1950), storico delle religioni italiano. Professore all'università di Roma dal 1923, fu il primo titolare, in Italia, della sua disciplina; accademico d'Italia (1933), venne nominato presidente della Società internazionale di storia delle religioni nel 1950. Nel 1925 aveva fondato la rivista «Studi e materiali di storia delle religioni». Con l'opera *L'Essere Celeste nelle credenze dei popoli primitivi* (1922) Pettazzoni mirò a dimostrare che la nozione di Essere Celeste non può venir assunta come universale in senso assoluto, non soltanto perché manca presso alcune popolazioni (quali i tasmaniani, i vedda, i rubu, gli isolani dello stretto di Torres), ma anche perché, là dove la nozione è presente, l'Essere Celeste non è quasi mai oggetto di culto ma svolge una funzione secondaria in confronto alla figura dell'eroe culturale, del demiurgo.

Nel libro *L'onniscienza di Dio* (postumo, 1955) Pettazzoni chiarisce ancor meglio il suo pensiero, affermando che la nozione di Essere Supremo partecipa del carattere e della struttura propri della civiltà alla quale appartiene, presentando forme diverse. Ma si imbatte, così, in un'aporia legata ai suoi stessi presupposti concernenti l'onniscienza e l'onnipotenza di Dio. Pettazzoni, infatti, afferma che in una civiltà patriarcale l'Essere Supremo è concepito come padre, mentre in una società in cui la donna sia preminente è concepito principalmente come una figura femminile e materna, per cui la religione della Terra apparterrebbe in proprio alle civiltà agricole. Ma egli stesso osserva che la figura della Madre Terra contrasta con quella dell'Essere Supremo, che è onnisciente e onniveggente, mentre l'immagine divina femminile non ha mai questi attributi. Sebbene, quindi, accetti l'ipotesi di società organizzate con la preminenza di un potere femminile, Pettazzoni si imbatte poi nella limitazione della pienezza della divinità presente nell'immagine divina femminile che a quel potere dovrebbe corrispondere: una contraddizione, questa, che egli non è pervenuto a risolvere. Pettazzoni si è occupato, infine, del problema etico della coscienza del «peccato», rifiutando le tesi evolutive proposte da H. Webster (*Tabu - Uno studio sociologico*, 1942) e da R. Otto (*Il sacro*, 1917) e individuando le forme di una moralità delle popolazioni primitive soprattutto in rapporto all'idea della «onniscienza» dell'Essere Supremo, che quindi vede e sa tutto del comportamento degli uomini, e li punisce o li premia (*La confessione dei peccati*, 1929).

phrónēsis, termine greco che significa prudenza, saggezza pratica. Fino ad Aristotele il concetto di phrónēsis comprendeva tanto la conoscenza teorica della realtà quanto la condotta pratica virtuosa: per Socrate esso designava la conoscenza fattiva del Bene, e per Platone indicava sia la conoscenza del mondo delle idee sia la «virtù politica» dei reggitori dello stato. In questo senso, il suo arco semantico coincide con quello di *sophía* (sapienza), infatti i due termini sono considerati come equivalenti da Platone (*Repubblica*). È con Aristotele che si assiste alla netta separazione tra *sophía* e phrónēsis, che assume per la prima volta un significato tecnico. Ambedue sono virtù dianoetiche, cioè appartengono alla parte razionale dell'anima; ma mentre la *sophía* riguarda la conoscenza delle cose necessarie e immutabili e può venire considerata una sorta di «ragione teoretica», la phrónēsis conosce le cose contingenti e variabili e rappresenta il principio della «ragione pratica», vale a dire la guida razionale nella prassi («una disposizione pratica, accompagnata da ragione verace, intorno a ciò che è bene e male per l'uomo»; *Etica nicomachea VI* 5). La phrónēsis non è *epistêmē* (scienza) vera e propria, non procede cioè per dimostrazioni perché nel suo ambito tutto può essere diversamente da come è. E tuttavia essa non si identifica immediatamente con la virtù etica, dato che, quest'ultima attiene all'ambito extrarazionale, mentre la phrónēsis fa parte della sfera razionale. La virtù stabilisce i retti fini del comportamento morale, mentre la phrónēsis addita i mezzi idonei al conseguimento di questi fini. Quindi phrónēsis e virtù etica costituiscono i termini che confluiscono nell'azione morale.

piacere, nozione le cui implicazioni filosofiche divengono oggetto di discussione al tempo di Socrate e dei sofisti, con il delinearsi di un contrasto sempre più acuto tra l'individualismo emergente e la religione e i valori tradizionali declinanti. Socrate propose l'identificazione del piacere con la → virtù (*aretê*), ma è impossibile stabilire il senso specifico di tale identificazione, data l'ampiezza di significato del termine *aretê*, certo più affine alla *virtus* latina che non all'odierna accezione moralistica della parola «virtù». È un fatto del resto che le scuole socratiche mostrano un'opposta valutazione del problema: da un lato i cirenaici, con Aristippo, sostengono un totale → edonismo; dall'altro i cinici, con Antistene, giudicano il piacere un male che il saggio deve evitare. In particolare, per i cirenaici piacere e dolore costituiscono movimenti opposti e autonomi: il primo è un «movimento calmo», il secondo un «movimento aspro» (Diogene Laerzio, II, 87-89). Il piacere è inoltre inteso come un'esperienza puntuale e transitoria che può essere colta nella sua purezza solo se non viene mischiata col ricordo, l'attesa, il rimpianto, il desiderio. Il saggio accoglie pertanto il piacere senza pregiudizio, ma bada a possederlo senza esserne posseduto, poiché ciò equivarrebbe a cadere nella passione e cioè in un movimento aspro che genera dolore. I cirenaici discussero poi del rapporto tra piacere e felicità, giungendo con Egesia a capovolgere la tesi di partenza: vero piacere è l'assenza di ogni sensazione e vero bene è la morte. Rispetto ai cirenaici e ai cinici Platone assunse una posizione intermedia. Nonostante la tendenza ascetica di numerosi dialoghi che esaltano l'anima in opposizione al corpo e respingono pertanto i piaceri sensuali (si vedano, in particolare, il *Gorgia* e il *Fedone*), nella *Repubblica* e nelle *Leggi* la funzione del piacere viene riconosciuta nella sua positività, sia perché connessa con le attività delle tre anime (concupiscibile, irascibile, razionale), sia perché all'uomo conviene una vita «mista» di intelligenza e di soddisfazione corporea. In generale però i piaceri devono essere governati dalla ragione e solo i piaceri dell'anima sono «puri», in quanto durevoli e non frammisti al dolore (piacere e dolore, afferma Socrate nel *Fedone*, si oppongono e insieme si richiamano l'un l'altro, «come se fossero attaccati a un unico capo pur essendo due»).

Il tema del piacere occasionò nell'Accademia una vivace polemica alla quale parteciparono anche Eudosso e il giovane Aristotele. A tale dibattito si collega il *Filebo* in cui si teorizzano sia la riduzione del piacere ad armonia naturale sia il suo carattere di infinità e indeterminatezza, tesi con le quali Platone intendeva forse mediare le teorie che si contrapponevano all'interno della sua scuola. Per Aristotele il piacere non è un movimento né un dato naturale, ma ciò che si accompagna a un'attività che abbia condotto

a compimento, o in atto, le sue potenzialità (*Etica nicomachea*, 1174*b*-1175*a*); esso è dunque un'esperienza soggettiva della perfezione oggettiva. L'aspirazione al piacere è pertanto del tutto naturale e ogni attività genera, d'altra parte, un piacere proprio. Tuttavia, come vi sono attività convenienti e buone e anche il contrario, così vi sono piaceri convenienti e buoni e altri piaceri non buoni e sconvenienti. I primi sono quelli legati alle attività teoretico-contemplative, con le quali è infatti connessa la massima felicità; i secondi invece, meno buoni e talora del tutto cattivi, sono quelli derivati dalla vita vegetativo-sensibile. La prima definizione del piacere in relazione al *bisogno* venne invece avanzata da Epicuro: il piacere «in movimento» descritto dai filosofi cirenaici non è che l'istante (quasi impercettibile) in cui un bisogno viene soddisfatto e una mancanza viene colmata (*Epistola a Meneceo*, 128); ma il vero piacere e la felicità autentica consistono in una condizione stabile derivante dall'assenza di ogni bisogno o desiderio del corpo o dell'anima.
La filosofia cristiana mise l'accento sulla tendenza ascetica del platonismo e del neoplatonismo, condannando, assieme al corpo, i piaceri sensuali come fonte di peccato; in particolare la morale cristiana avversò la concupiscenza sessuale ed esaltò la castità e il disprezzo di ogni interesse o voluttà corporei. Nel corso del medioevo, tuttavia, varie sette ereticali si opposero a tale rigido ascetismo, che venne poi mitigato dal prevalere, in seno alla scolastica, dell'indirizzo aristotelico. Fu però l'umanesimo, col *De voluptate* (1431) di L. Valla, a rivalutare e a esaltare il piacere come reale movente dell'azione umana, tentando, in polemica con l'ascetismo medievale, un'audace sintesi tra l'etica «epicurea» e lo spirito dell'etica cristiana delle origini. Ma il riferimento all'etica epicurea, interpretata come libera esaltazione del piacere, si impose soprattutto a partire dal naturalismo rinascimentale, ispirando il pensiero di Montaigne, Gassendi e Hobbes. In seguito il principio del piacere venne posto a fondamento di un'etica schiettamente materialistica durante l'illuminismo (La Mettrie, Helvetius, d'Holbach), e poi fu visto come il criterio ultimo e autoevidente per la fondazione di un'etica sociale dall'utilitarismo di J. Bentham e J.S. Mill. Di contro all'eudemonismo illuministico perpetuatosi nel mondo anglosassone, le filosofie tedesche, da Ch. Wolff innanzi, distinsero il piacere dalla sensibilità; il piacere non è una sensazione, bensì la tendenza attiva a perpetuare una qualsiasi sensazione o stato, i quali di per sé non possono essere (in quanto sensibili) né piacevoli né spiacevoli. È a questa definizione che si riallaccia Kant, allorché qualifica la facoltà di provare piacere o dispiacere come propria dell'estetica, che in sé non ha nulla di sensibile ma risulta dalla contemplazione di forme belle. La spiritualizzazione del piacere non ne comporta però una moralizzazione. Mentre gli illuministi francesi e inglesi potevano sensatamente proporre una morale come orientata al perseguimento del piacere, per Kant l'autonomia dell'atto morale, che deve configurarsi come un fine per sé, esclude ogni apporto eteronomo cioè ogni finalità estrinseca, e quindi anche la ricerca del piacere e della felicità, che trasformerebbero l'imperativo categorico in un imperativo ipotetico (se vuoi essere felice, allora comportati in modo virtuoso). Questo genere di morale ipotetica non è tuttavia esclusa da Kant, ma solo subordinata, e viene infatti affrontata in sede di antropologia pragmatica. Da questo punto di vista, la critica materialistica della moralità kantiana, da L. Feuerbach a Nietzsche, costituisce una ripresa di motivi illuministici, ancorché in Nietzsche la situazione sia più complessa: bisogna bandire la morale in quanto sistematica repressione del piacere, ma non per questo il piacere, e la vita stessa, costituiscono un fine ultimo, che Nietzsche ravvisa piuttosto nella volontà di potenza come principio di autoaffermazione, di là così dal piacere come dalla vita e da qualunque altro principio utilitaristico o eteronomo; onde, per un'altra via, viene ribadita la subordinazione del piacere a imperativi o principi d'altro tipo.
Questa prospettiva è parzialmente ribadita da Freud (*Al di là del principio di piacere*, 1920), ma soprattutto in riferimento al pessimismo schopenhaueriano; Freud riconosce l'unico autentico piacere del vivente nel soddisfacimento delle → pulsioni, l'ultima delle quali, in contraddizione con le precedenti, consiste nella morte come regressione all'inorganico; si traccia perciò una antropologia negativa, che ravvisa una incompatibilità tra la vita, che non può che essere dolore, e il piacere, che si caratterizza come estinzione della vita. Di contro a questo, e con una parziale reviviscenza di elementi dell'eudemonismo illuministico, del moralismo estetico schilleriano, e di una lettura di Freud che ne valorizza il solo aspetto delle pulsioni vitali, H. Marcuse (*Eros e civiltà*, 1955) ripropone l'idea che il piacere consista nello stato di natura dell'uomo, revocato dalla repressione immanente alla civiltà specie moderno-borghese. In tempi più recenti si è affermata la tendenza a separare la discussione filosofica (per lo più improntata alla psicoanalisi) sull'essenza metafisica del piacere e la proposta di morali utilitaristiche che non escludono il riferimento eteronomo al piacere e alla felicità. Al primo livello, G. Deleuze (*L'antiedipo*, 1972, scritto con F. Guattari) ha insistito sulla contraddizione immanente alla identificazione — palese in Marcuse — tra desiderio e piacere, dove il primo indica all'evidenza l'assenza del secondo. Al secondo livello, la ripresa, basata sull'etica aristotelica e sulla sua rielaborazione

nel mondo anglosassone, di prospettive edonistiche e utilitaristiche, ha riaperto la discussione intorno al piacere in sede di razionalità pratica, di per sé stessa configurata come azione conforme a fini per lo più e ovviamente scelti tra i piacevoli.

Piaget, Jean (Neuchâtel 1896 - Ginevra 1980), psicologo svizzero. Fu allievo di E. Claparède, al quale succedette nella direzione dell'Istituto delle scienze dell'educazione dell'università di Ginevra. Dopo una giovanile formazione filosofica e logica, venne a contatto, alla scuola di Claparède, con gli scritti dei pragmatisti e soprattutto con l'opera di W. James. Ma i suoi interessi si rivolsero specialmente all'epistemologia, attraverso la mediazione di A. Lalande e L. Brunschvicg; e proprio per approfondire su base empirica la ricerca epistemologica egli si avvicinò alla psicologia (studiando fra l'altro il pensiero di A. Binet e di P. Janet, nonché la psicoanalisi, che tuttavia non lo soddisfece sul piano metodologico), e in particolare alla → psicologia dell'età evolutiva. Elaborata una propria originalissima metodologia di ricerca, Piaget dimostrò non solo (in continuità col pensiero di Claparède) la differenza qualitativa fra il pensiero adulto e il pensiero infantile, ma anche l'esistenza di fasi differenziate dello sviluppo cognitivo, prima di lui solo genericamente intuite e non evidenziate dall'applicazione dei test mentali sul tipo della «scala Binet». Razionalista convinto, Piaget lottò tutta la vita contro l'empirismo filosofico e l'associazionismo psicologico (contrapponendosi pertanto anche al → comportamentismo) sulla base dell'assunto che l'attività cognitiva costituisce una struttura estremamente complessa, irriducibile alle leggi della natura fisica e biologica di tipo elementare. Per questo suo antiriduzionismo, per essersi opposto al vitalismo bergsoniano, e per aver avvicinato fruttuosamente la tematica logica e quella psicologica (→ epistemologia genetica), Piaget può ben essere considerato il principale anticipatore dell'odierna psicologia cognitiva (→ cognitivismo).

Il contributo piagetiano alla conoscenza scientifica appartiene solo in parte alla psicologia (dei cui problemi non relativi ai processi cognitivi Piaget non s'interessò affatto), e appartiene all'epistemologia in una prospettiva empirico-genetica che rompe con la tradizione epistemologica occidentale. Le opere psicologiche di Piaget e quelle di epistemologia genetica sue e dei suoi collaboratori (circa sessanta, a partire dal 1936) possono essere tutte considerate come la realizzazione del programma di lavoro enunciato in un articolo del 1925: *Psicologia e critica della conoscenza*. Fra le sue opere si ricordano: *Introduzione all'epistemologia genetica* (3 voll., 1950); *Biologia e conoscenza* (1966); *Lo strutturalismo* (1968); *Saggezza e illusioni della filosofia* (1968); *Logica e psicologia* (1968); *Epistemologia delle scienze dell'uomo* (in collaborazione con vari autori, 1972). Scomparso Piaget, la sua opera è stata proseguita da B. Inhelder e altri presso il Centro internazionale e interdisciplinare di epistemologia genetica, fondato a Ginevra nel 1955 con l'aiuto della Fondazione Rockefeller.

Piccolomini, Francesco (Siena 1520-1604), filosofo italiano. Insegnò a Perugia e, dal 1561 al 1601, a Padova, dove fu in polemica con I. Zabarella, contro il quale rivolse gli scritti *Universa philosophia de moribus* (1583) e *Comes politicus pro recta ordinis ratione propugnator* (1596). Oggetto della polemica era la «scienza civile», il cui fine — secondo Piccolomini — è il «sommo bene». Esso si realizza progressivamente mediante il passaggio dell'uomo dalla *ferinitas* alla vita sociale. Compito dello stato è pertanto l'educazione alla libertà, che ha nella conoscenza del sommo bene e di Dio il suo più alto scopo. Autore di commenti ad Aristotele e di un trattato di retorica, Piccolomini espone nel dizionario filosofico *De rerum definitionibus* (1600) — *summa* del suo pensiero — un'originale teoria dell'anima. In essa sono distinte le facoltà inferiori del senso e della fantasia (prossime al corpo) dalla facoltà superiore della mente, che è visione dell'intelligibile e della libertà. Intento generale di Piccolomini è quello di conciliare filosofia aristotelica e dogma cristiano, ma nel suo pensiero sono presenti anche tendenze antinaturalistiche di derivazione platonica.

Pico della Mirandola, Giovanni (Mirandola, Modena, 1463 - Firenze 1494), filosofo italiano. Dopo aver studiato a Bologna e Ferrara, fu dal 1480 al 1482 a Padova, centro dell'aristotelismo, dove entrò in contatto con Nicoletto Vernia. Sotto la guida di Elia del Medigo, interprete di Averroè, studiò l'aristotelismo arabo ed ebraico. Per approfondire la conoscenza della filosofia scolastica, fu a Parigi nell'anno 1485-86. Dal 1484 si era stabilito a Firenze, dove strinse rapporti con Ficino e, alla fine della vita, si accostò a Savonarola. Nel 1485 indirizzò da Firenze, ad Ermolao Barbaro, la celebre lettera *De genere dicendi philosophorum*, in cui rivendicava la profondità di pensiero dei filosofi medievali, definiti rozzi da Barbaro perché privi di stile letterario. La denuncia che Pico fa della degenerazione dell'umanesimo, ormai ridotto a esercizio letterario, si connette con la sua concezione della filosofia, secondo cui tutte le scuole e tutti i pensatori hanno espresso un aspetto della verità: la verità è unica, dice Pico, e di conseguenza il pensiero umano è sostanzialmente unitario. Proprio per dimostrare la concordia di tutte le filosofie e di tutte le religioni, Pico pensò di organizzare a Roma un grande convegno di dotti e a questo scopo elaborò, quale programma per la discussione, le *Conclusiones philosophicae, cabalisticae et* *theologicae* (1486): 900 tesi tratte da fonti diversissime, da Ermete Trismegisto ad Aristotele, da Platone ad Averroè, da Tommaso d'Aquino alla qabbalah. Alcune delle tesi furono condannate da papa Innocenzo VIII e Pico si difese scrivendo l'*Apologia* (1487). Come introduzione alle 900 tesi, Pico scrisse la famosa orazione *De hominis dignitate*, in cui si sostiene che nell'universo l'uomo gode di una condizione privilegiata rispetto alle altre creature, giacché Dio non lo ha collocato in un punto fisso della gerarchia degli esseri, ma l'ha plasmato in modo tale che egli possa assumere tutte le forme, degenerare a bruto o innalzarsi ad angelo. Questa tesi è ripresa e sviluppata nello *Heptaplus* (1488), commento al Genesi, in cui Pico si riferisce spesso alla → qabbalah, che egli intende come una tecnica interpretativa, per cogliere, sotto l'apparenza dei simboli, il vero significato delle Sacre Scritture. Nel 1489 scrisse il *De ente et uno*, per dimostrare la concordanza tra il pensiero di Platone e quello di Aristotele.

Negli ultimi anni della sua vita lavorò alla stesura di un'opera contro l'astrologia, le *Disputationes adversus astrologiam divinatricem*, in 12 libri, opera alla quale non fu estraneo un certo influsso di Savonarola. L'attacco di Pico si svolge su vari piani: da un lato, l'astrologia è assurda, perché pretende di spiegare la varietà dei fenomeni del mondo sublunare e il loro continuo mutare con l'azione dei cieli, i quali, secondo l'insegnamento aristotelico, sono immutabili e incorruttibili, e quindi dovrebbero avere sul mondo terrestre un influsso costante. Dall'altro, l'astrologia divinatrice distrugge completamente ogni libertà dell'uomo, facendo dipendere le sue azioni dalle stelle e arrivando perfino a sottomettere a queste ultime l'avvento delle religioni e altri grandi fatti storici. La condanna di Pico non coinvolge però l'astrologia «matematica», o speculativa, quella che in modo scientifico cerca di individuare l'influsso degli astri sui fenomeni naturali. Diverso è l'atteggiamento pichiano nei confronti della magia, che gli appare come «il totale compimento della filosofia naturale». Essa permette all'uomo che sia capace di cogliere il legame di «simpatia», intercorrente fra le parti dell'universo, «la contemplazione più alta delle cose più segrete e, infine, la conoscenza di tutta la natura». La magia, «più che compier miracoli, fedelmente serve alla miracolosa natura»; ed inoltre l'ammirazione che essa genera nell'uomo di fronte all'opera di Dio lo spinge ancora di più alla fede e al culto del Signore. *P. La.*

Pier Damiani (Ravenna 1007 - Faenza 1072), monaco italiano, dottore della chiesa; santo. Dopo un periodo di ritiro e di impegno monastico, trascorso nell'eremo camaldolese di Fonte Avellana, venne creato cardinale-vescovo di Ostia (1057), e negli anni successivi svolse missioni diplomatiche in Francia e Germania e lottò contro due antipapi. Il rilievo della figura di Pier Damiani è dovuto soprattutto alla sua opera di riformatore della chiesa, che si iscrive nel movimento culminante con il pontificato di Gregorio VII (riforma gregoriana). Al suo contributo, come anche a quello di altri esponenti del rinnovamento benedettino del sec. XI, si devono alcuni fondamentali aspetti dell'assetto che il cattolicesimo ha mantenuto per tutto il secondo millennio: appoggio dei centri monastici alla supremazia papale, pratiche monastiche imposte anche al clero secolare. Sotto il profilo teologico, Pier Damiani rappresenta invece una posizione «arcaica», essendo esponente delle tendenze antidialettiche tipiche della teologia monastica, in contrasto con la nascente filosofia e teologia scolastica. Nel *De divina omnipotentia* egli mostra, tuttavia, di conoscere molto bene le regole della dialettica, discutendo il rapporto tra libertà e onnipotenza in Dio. Pier Damiani si domanda se Dio possa far sì che una cosa avvenuta non sia avvenuta e, prima di dare una risposta al quesito, prende in esame le caratteristiche dell'agire divino; mostra così come in Dio non ci sia successione di passato e di futuro, perché tutto gli è eternamente presente; sostiene inoltre che l'esistenza di una cosa dipende strettamente dall'essere pensata e voluta da Dio e che Dio, oltre a non poter fare il male, non può nemmeno volere il contraddittorio. All'interrogativo se Dio possa far non essere ciò che ha fatto, Pier Damiani risponde perciò negativamente: facendo non essere una cosa da lui voluta, Dio annullerebbe il volere precedente; un'eventuale risposta affermativa finirebbe cioè con il porre l'assurda ipotesi che Dio possa insieme volere e non volere la stessa cosa. Altre opere: *De perfectione monachorum*; *De sancta simplicitate*; *De vera felicitate*; *Contra errorem graecorum*.

Pier Lombardo, o Pietro Lombardo (Lumello, Novara, 1095 ca - Parigi 1160), teologo italiano. Per molti anni maestro di teologia della scuola cattedrale parigina, nel 1159 fu eletto vescovo della capitale francese. Nella sua più celebre opera, i *Libri quattuor sententiarum* (che furono scritti tra il 1142 e il 1158 e gli valsero l'appellativo di *magister sententiarum*), Pietro raccoglie in forma sistematica i «pareri» dei più prestigiosi maestri antichi e recenti del cristianesimo, dividendoli secondo due categorie di fondo: le realtà (*res*) e i simboli (*signa*). La trattazione delle realtà abbraccia i primi tre libri, dedicati rispettivamente a Dio, alle creature spirituali e alla natura umana, vista nelle sue condizioni di colpa e nelle possibilità di salvezza che le sono nuovamente offerte grazie all'opera redentrice di Cristo. Nell'ultimo libro Pietro tratta dei sacramenti, che sono i segni della grazia e della vita eterna. La sistematicità e la completezza dell'opera, oltre all'equilibrio che il maestro dimostra nel valutare le diverse tendenze dottrinali, hanno fatto sì che le *Sententiae* (l'opera è così denominata comunemente) fossero scelte come libro di testo nelle facoltà di teologia, a partire dalla prima metà del sec. XIII; il primo ad adottarle come manuale universitario fu Alessandro di Hales e l'adozione si mantenne sino a tutto il sec. XVI (commenti alle *Sententiae* furono composti da tutti i grandi maestri delle facoltà di teologia), quando esse furono progressivamente sostituite da altre *summae* di teologia, particolarmente dalla *Summa theologiae* di Tommaso d'Aquino.

pietismo, corrente religiosa formatasi in seno al luteranesimo tedesco nella seconda metà del sec. XVII e sviluppatasi nel XVIII, anche fuori della Germania. Contro la burocratizzazione delle chiese territoriali, la sclerotizzazione della pratica religiosa e l'irrigidimento della teologia scolastica protestante, il pietismo rivendicava un cristianesimo attivo, sostanziato di fervore (*pietas*) e fondato su una pratica morale rigorosa: una «religione del cuore» contro la «religione della mente». Mentre i riformatori ponevano l'accento sul problema della giustificazione, il pietismo fece della santificazione il suo tema di fondo. Iniziatore del pietismo fu l'alsaziano Ph.J. Spener (1635-1705) che, dopo avere studiato a Strasburgo e a Ginevra, venne a Francoforte sul Meno come pastore e qui istituì i *collegia pietatis*, piccole assemblee di cristiani impegnati nello studio del Nuovo Testamento e nell'approfondimento della propria esperienza interiore attraverso l'esame di coscienza e la mutua esortazione, ma anche con l'attenzione rivolta alle illuminazioni soprannaturali. Nel 1675 Spener — la cui formazione spirituale risente di molteplici influssi: da Taulero (l'*Imitazione di Cristo*) a J. Labadie e J. Arndt — compose i *Pia desideria, ovvero Viva aspirazione a un miglioramento a Dio gradito della vera chiesa evangelica*, nei quali denunciò i mali della chiesa luterana (mondanità, spirito di controversia, inclinazione al bere, oppressione del prossimo, ingiusta distribuzione delle ricchezze, falsa concezione della fede) e formulò una serie di rimedi sotto forma di «sei pii desideri»: diffondere più ampiamente la Sacra Scrittura e favorirne lo studio; restaurare il sacerdozio universale mettendo all'opera i laici accanto ai pastori; aggiungere alla conoscenza della dottrina la pratica delle virtù cristiane; dar prova d'amore nella polemica, rinunciando alle dispute virulente; sviluppare tra gli studenti di teologia un interesse alla salvezza tanto vivo quanto il loro zelo nello studio; rinnovare la predicazione incentrandola sul tema dell'uomo nuovo. Lo stesso richiamo a una vita cristiana severa caratterizza le opere di Spener contro il gioco (1680), contro il teatro (1687) e contro la danza (1690). Predicatore alla corte sassone di Dresda (1686-91) e poi parroco a Berlino, Spener potè influenzare la nuova università di Halle (1694), che divenne il centro del pietismo tedesco. Il programma di Spener fu raccolto e realizzato da A.H. Francke (1663-1727), che fondò a Halle e a Glauche scuole, orfanotrofi, laboratori artigianali, case di riposo, centri di diffusione della Bibbia e, primo fra i luterani, promosse missioni tra gli infedeli. Francke, che nell'università di Halle formò un'intera generazione di teologi, propose un austero itinerario spirituale che iniziava con il pentimento-conversione, si attuava per l'intervento impetuoso della grazia e approdava alla «rinascita»: questo spirito severo formò da un lato comunità pietiste che durarono fino alla metà del sec. XIX, soprattutto nella Slesia, e contribuì dall'altro alla formazione dell'etica militare prussiana e del patriottismo antinapoleonico. Un posto a sé occupa nel pietismo tedesco la «comunità dei fratelli» (*Brüdergemeine*), fondata dal conte N.L. von → Zinzendorf (1700-1760), discepolo di Francke, nella sua proprietà di Herrnhut in Slesia.

Il pietismo non creò mai chiese separate, ma accolse suggestioni provenienti da varie aree culturali e religiose: dalla già citata mistica tedesca (Taulero) e dalla *devotio moderna*, dalla mistica luterana (J. Böhme), dalla spiritualità cattolica (*Breve compendio di perfezione cristiana* del gesuita A. Gagliardi), dalla mistica cristiana orientale (esicasmo) ed ebraica (sabbatianismo, chassidismo), dalle correnti esoteriche (Rosacroce). A sua volta, l'influsso pietista è stato assai esteso anche al di fuori della spiritualità vera e propria: sulla musica religiosa protestante (H. Schütz, G.F. Händel, J.S. Bach), sulla letteratura tedesca preromantica e romantica (Schiller, Goethe, Novalis), sul pensiero di Rousseau e Kierkegaard. Come movimento di «risveglio» nell'ambito del luteranesimo, il pietismo ha paralleli, in seno alla chiesa anglicana, nel puritanesimo e soprattutto nel metodismo.

Pietro (Betsaida sec. I d.C.), apostolo e santo. Il suo nome originario era Simone figlio di Giona; come il fratello Andrea, pescatore, anch'egli fu forse dapprima discepolo di Giovanni Battista, e poi al seguito di Gesù, del quale divenne, con Giacomo e Giovanni, uno dei discepoli più intimi. I Vangeli testimoniano, già durante la vita di Gesù, una sua preminenza tra gli apostoli: non solo Pietro è partecipe di momenti particolari dell'esistenza di Gesù, quali la trasfigurazione e l'agonia, ma appare portavoce dei discepoli. A lui Gesù domanda particolare dichiarazione di amore (Giovanni 21, 15-18) e affida il compito di confermare i fratelli (Luca 23, 11 sgg.); lui proclama fondamento della chiesa, mutando il suo nome in Kêphâ, pietra, donde Pietro. Dai Vangeli appare anche come l'impetuosità del suo carattere lo induca talvolta a non comprendere Gesù, e persino a rinne-

garlo (Matteo 26, 69-75). La preminenza di Pietro è confermata da molteplici indizi, ed è ancora sostanzialmente presente ed evidente nelle vicende della chiesa primitiva, nonostante la riconosciuta autorità di Giacomo, e la posizione del tutto eccezionale di Paolo. Allontanatosi da Gerusalemme dopo il cosiddetto concilio apostolico (Atti 15), Pietro operò come missionario in Siria, in Asia Minore, in Grecia, e, con alta probabilità, concluse la sua vita a Roma, col martirio sofferto intorno al 67. A questo evento è legata la coscienza da parte del vescovo di Roma (→ papa) di essere il successore e il vicario nel «primato» che a Pietro fu attribuito nella chiesa. La questione del primato di Pietro e dei suoi successori fu centrale nelle controversie che videro la chiesa cristiana divisa prima tra Oriente e Occidente, poi tra cattolici e protestanti. Dopo l'epoca delle polemiche più dure e astiose, è oggi ravvisabile almeno un'attenuazione delle posizioni più radicali: tra i protestanti si inclina a riconoscere un effettivo primato di Pietro, limitato però al tempo della sua esistenza terrena; tra gli ortodossi, ad accettare anche un primato del vescovo di Roma, come *primus inter pares* (primato di onore, o di preminenza); tra i cattolici, l'affermazione dell'unicità e della specificità di questo primato — che ha ricevuto la sua ultima e solenne definizione nella dottrina dell'→ infallibilità (1870) — si accompagna alla consapevolezza della difficoltà di determinarlo in maniera precisa, e di distinguere quello che gli è essenziale dalle forme storiche del suo esercizio.
A Pietro si attribuiscono due lettere del Nuovo Testamento, la cui autenticità è però molto discussa. La prima di esse è rilevante come testimonianza della primitiva catechesi battesimale. Apocrifi sono il Vangelo e l'Apocalisse di Pietro.

Pietro Ispano (Lisbona 1220 ca - Viterbo 1277), filosofo portoghese, papa (dal 1276) con il nome di Giovanni XXI. Dopo aver studiato a Tolosa e Montpellier, insegnò a Siena e a Lisbona. Chiamato alla curia da papa Gregorio X come consigliere scientifico, divenne arcivescovo di Braga, in Portogallo, quindi cardinale arcivescovo di Frascati e infine papa. Il principale scritto di Pietro Ispano sono le *Summulae logicales*, composte verso il 1250. L'opera, un compendio di logica parzialmente modellato sui precedenti trattati di Guglielmo di Shyreswood e Lamberto di Auxerre, ebbe grande diffusione, anche perché il suo contenuto si accordava perfettamente con la soluzione gnoseologica del realismo moderato (→ universali, problema degli), prevalente nelle principali correnti filosofiche medievali. Dal punto di vista dottrinale, le *Summulae* possono essere divise in due parti. La prima, che ha per oggetto la cosiddetta *logica antiquorum*, comprende gli elementi dottrinali introduttivi, i predicabili, i predicamenti, i sillogismi, i topici e gli errori. La seconda è dedicata alla *logica modernorum* e riguarda le proprietà dei termini: i diversi tipi di *suppositio*, i termini relativi, gli ampliamenti e le restrizioni di significato, i termini distributivi. Numerosi altri scritti di carattere filosofico furono attribuiti a Pietro Ispano: egli fu certamente autore di un *De anima*, dei *Synkatēgorèmata* e di commenti a opere aristoteliche (tra cui *L'anima* e *Storia degli animali*). Delle sue opere di medicina, la più celebre è il *Thesaurus pauperum*, una sorta di enciclopedia medica riguardante le malattie più diffuse e i rimedi contro di esse; per ogni malattia sono raccolte varie ricette desunte dai migliori trattati antichi e contemporanei.

Pike, Kenneth Lee (Woodstock, Connecticut, 1912), linguista statunitense. Si occupò dal 1935 della descrizione di numerose lingue aborigene in America latina, Nuova Guinea, Africa ecc. per conto della Wycliffe Bible Translation Inc. (società per la traduzione della Bibbia). Professore di linguistica alla University of Michigan di Ann Arbor dal 1948, si è dedicato dapprima alla fonetica (*Fonetica*, 1943) e alla fonologia (*Fonemica*, 1947), elaborando successivamente una teoria complessiva del comportamento umano. I principi di tale teoria sono contenuti nella voluminosa opera *Il linguaggio in relazione a una teoria unitaria della struttura del comportamento umano* (1954, 1955, 1960), in cui vengono sviluppati alcuni spunti di L. → Bloomfield ed elaborata una forma di analisi definita «tagmemica» (dal gr. *tágma*, «disposizione ordinata»). Per essa, le strutture sintattiche di una lingua sono determinate tanto dalle varie classi di parole che possono figurarvi quanto dalle relazioni significative o funzioni che tra queste classi si instaurano (come «soggetto attivo di» ecc.). Ogni costruzione sintattica è costituita quindi da un dato numero di «posti», detti «tagmemi», ognuno dei quali è caratterizzato da una funzione ben definita. Notevole appare al riguardo la riconosciuta necessità, specie per le lingue non indoeuropee, di definire i tagmemi sulla base del funzionamento effettivo della lingua e non sulla base di categorie prestabilite derivanti dalla tradizione greco-latina.

Pinel, Philippe (Saint-André d'Alayrac, Linguadoca, 1745 - Parigi 1826), medico francese. Si dedicò agli studi classici prima di abbracciare la professione medica. Repubblicano, vicino alle posizioni filosofiche degli → idéologues, partecipò alle vicende della rivoluzione e gli venne affidata nel 1793, durante il terrore, la direzione dell'ospizio di Bicêtre, che accoglieva alienati mentali, prigionieri e agenti politici e personaggi che avevano motivo di far perdere le proprie tracce. A contatto con questa situazione estremamente complessa, Pinel inaugurò un'epoca nuova nell'atteggiamento verso la malattia mentale: in primo luogo cercò di identificare il malato mentale, separandolo dalle altre figure (di poveri, vagabondi, emarginati) cui era precedentemente assimilato. In secondo luogo interruppe qualsiasi pratica carceraria nei loro confronti, liberandoli letteralmente dalle catene, e li fece oggetto di indagine clinica e di osservazione, in modo che i disturbi, i sintomi, potessero essere colti in quanto espressione di un'esperienza patologica individuale e di un particolare atteggiamento nei confronti del mondo esterno in generale. Ciò implicava di lasciare ampio spazio a un «trattamento morale» della malattia, fondato sulla cura psicologica dei disturbi psichici. Così, per es., se la personalità di un malato mentale mette in evidenza passioni, abitudini, emozioni «anormali», su di esse si può agire, cercando di ripristinarne la normalità attraverso uno shock emotivo, energico e violento, che produca un cambiamento netto e duraturo. Oltre a ciò Pinel rifiutò una serie di pregiudizi della medicina tradizionale, tra cui quello che prevedeva il raddoppio della posologia farmacologica per gli alienati, rispetto agli altri pazienti. Dal 1795, dopo la reazione termidoriana, Pinel fu nominato direttore dell'ospedale della Salpêtrière, che diresse sino alla morte. Tra le sue opere: *Nosografia filosofica o il metodo dell'analisi applicato alla medicina* (1793); *Trattato medico-filosofico sull'alienazione mentale o la mania* (1801).

Pirrone di Elide (Elide, Peloponneso, 365 ca - 275 ca a.C.), filosofo greco. Fu considerato nell'antichità il fondatore dello scetticismo, che dal suo nome fu detto anche pirronismo. La tradizione lo vuole scolaro del megarico Brisone e intimo amico del democriteo Anassarco, col quale prese parte alla spedizione di Alessandro in Oriente, fino all'India, dal 334 al 324. Qui conobbe personalmente la sapienza indiana dei fachiri e dei gimnosofisti, da cui sembra rimanesse profondamente influenzato, colpito soprattutto dalla loro forza di volontà e indifferenza al dolore. Non scrisse nulla, se si eccettua un poema in lode di Alessandro il Macedone, ma il suo pensiero e il suo esempio di vita furono tramandati (nell'opera *Silli*) dal discepolo → Timone di Fliunte; e testimonianze sulla sua dottrina sono contenute nelle opere di Cicerone, Sesto Empirico, Diogene Laerzio ed Eusebio di Cesarea. Suoi scolari sembra siano stati anche Filone di Atene e il democriteo Nausifane di Teo, che fu maestro di Epicuro. Il pensiero di Pirrone, come si può desumere dalle testimonianze antiche (in particolare dal peripatetico Aristocle, attraverso Eusebio), si concentra sul tema della felicità come fine dell'uomo e sul suo conseguimento attraverso la filosofia. A tale scopo è necessario considerare tre cose: qual è la natura dei fatti; quale atteggiamento assumere nei loro confronti; e, infine, quali sono le conseguenze di tale atteggiamento. Pirrone, verosimilmente radicalizzando la critica democritea del sapere, dichiara le cose «indifferenti, senza misura e indiscernibili», tali cioè che né le sensazioni né le opinioni umane sono in grado di penetrarle. L'atteggiamento più conseguente di fronte a tale realtà imperscrutabile è dunque l'essere «senza opinioni, senza inclinazioni, senza turbamenti». E il risultato sarà dapprima l'*aphasía*, il non asserire né affermativamente né negativamente; quindi l'*ataraxía* o imperturbabilità, che è il fine della ricerca filosofica. L'*aphasía* pirroniana è stata avvicinata alla dottrina stoica e in seguito scettica (medio e tardo scetticismo) della *epochḗ* o sospensione del giudizio, da cui sembra tuttavia distinguersi in quanto non presuppone l'analisi dell'assenso in rapporto alla rappresentazione, ma la critica della credenza fondata sulla percezione sensibile.

Il pirronismo influenzò la media Accademia e tornò in auge tra i secc. I a.C. e II d.C., con Enesidemo, Agrippa, Sesto Empirico e Saturnino.

pirronismo, → Pirrone di Elide.

Pístis Sophía, titolo greco (che significa «fede-sapienza») dato dagli editori a uno scritto gnostico in lingua copta risalente ai secc. IV-V. È la traduzione di un perduto originale greco, databile intorno al sec. III e comprendente 148 capitoli: l'opera tuttavia non è integra e probabilmente vi sono confluiti scritti diversi e non contemporanei. Si può dividere in quattro parti: nella prima (capp. 1-62) Gesù, dodici anni dopo la sua resurrezione, si intrattiene con i discepoli e le pie donne e narra quanto vide e fece tra le entità ultramondane degli Arconti e degli Eoni: è qui riferita la caduta di Sophía e si riportano i suoi 13 inni penitenziali; la seconda parte (capp. 63-100) narra la liberazione di Sophía dal caos, il ristabilimento nella sua originaria sede celeste, i misteri superiori e il contrasto delle varie forze superiori; nella terza (capp. 101-135) Gesù espone quali devono essere gli insegnamenti degli apostoli, la funzione dei misteri, la sorte dei defunti, le pene, la purificazione, la condanna e la gloria eterne, la composizione dell'uomo, la predestinazione al bene o al male; nella quarta parte (capp. 136-148) segue la manifestazione del giudizio dopo la morte, la lunga serie di purificazioni, la distinzione dei peccatori e delle pene, gli esseri che giudicano l'anima ecc. Gli apostoli e le donne intervengono con domande e spiegazioni; gli interventi più numerosi (39 su 46) sono quelli di Maria Maddalena. L'opera è stata probabilmente intesa come rivelazione opposta e superiore ai Vangeli canonici, che indica una via di salvezza «gnostica», cioè conoscitiva, e insieme teurgica e magica (→ gnosticismo).

Pistoia, sinodo di, sinodo celebrato a Pistoia nel 1786 su iniziativa del vescovo Scipione de' → Ricci. All'assemblea, che per taluni aspetti pre-

corse l'opera di rinnovamento avviato quasi due secoli dopo dal Concilio Vaticano II, presero parte con voto deliberativo 250 membri fra «padri del concilio» (parroci, cappellani e canonici) e «consacerdoti» (regolari sacerdoti senza cura d'anime), che discussero su materiali preparati dai teologi P. Tamburini e D. Palmieri. Il decreto sinodale *Della fede e della chiesa* (sessione III), con l'accoglimento dei quattro articoli gallicani del 1682, rivelava la finalità di ristrutturare la costituzione della chiesa in senso episcopale-parrocchista, in un quadro di forte polemica antipapale e anticuriale. Nella IV e nella V sessione furono approvati i decreti sui sacramenti: il battesimo doveva essere amministrato unicamente nella parrocchia, onde restituire ai parroci una delle loro principali prerogative. Il sinodo proibì la molteplicità degli altari e la celebrazione simultanea delle messe, ribadì il dovere di distribuire la comunione durante la messa, sostenne la semplicità delle cerimonie, raccomandò ai sacerdoti la recita a voce alta delle parole del rito e soprattutto del canone. Nel settore penitenziale fu ritoccata la forma dell'assoluzione, vennero soppresse le indulgenze e le scomuniche e fu concessa ai parroci la facoltà di assolvere dai casi riservati. Il decreto sull'ordine stigmatizzava gli abusi del sistema beneficiario, cui si volle ovviare con l'istituzione di un unico patrimonio ecclesiastico amministrato dal vescovo. Il decreto sul matrimonio distingueva il contratto, per il quale fu ribadita l'esclusiva competenza della potestà laica, dal sacramento. La VI e ultima sessione dedicò alla preghiera un decreto ricco di autentica ispirazione religiosa.
L'assemblea dell'episcopato toscano (1787) respinse i deliberati del sinodo di Pistoia, e la bolla *Auctorem fidei* (1794) di Pio VI, che condannava 85 proposizioni del sinodo, segnò il definitivo declino del movimento che intorno a Ricci si era raccolto.

Pitagora (Samo 570 - Metaponto 490 ca a.C.), filosofo e scienziato greco. Della sua vita si hanno pochissime notizie certe. Da Samo, dove forse subì l'influenza di Ferecide e di Anassimandro, emigrò nella Magna Grecia; qui fondò a Crotone, intorno al 530 a.C., una scuola o setta che ebbe anche vasta influenza politica e si diffuse in altre città (→ pitagorismo). I viaggi di Pitagora in Egitto e a Babilonia, frequentemente riferiti dalla tradizione dossografica, sono almeno in parte leggendari. È quasi certo che non scrisse nulla, sicché i *Tre libri* e i *Versi aurei* attribuitigli sono presumibilmente falsificazioni dell'inizio dell'era cristiana o di poco antecedenti; secondo la testimonianza di Giamblico (*Vita di Pitagora*, 199), i primi scritti pitagorici resi pubblici furono infatti opera di Filolao. Venerato dai discepoli come un dio, Pitagora divenne presto una figura leggendaria. Le «vite di Pitagora», composte in tarda età neoplatonica e neopitagorica, non contengono più elementi storicamente attendibili, ma solo il frutto di una secolare quanto fantasiosa elaborazione di elementi originari e di altri via via aggiuntisi. È però quasi impossibile distinguere, entro il *corpus* complessivo delle testimonianze e dei frammenti, non solo gli elementi autentici del pensiero di Pitagora, ma anche (nonostante i tentativi di J. Burnet in *Antica filosofia greca*, 37 sgg.) le dottrine del primo pitagorismo da quello successivo. Già Aristotele assume la tradizione in blocco, ripetendo la formula generica «i cosiddetti pitagorici» (*Metafisica*, 985*b*). L'unico elemento sul quale concordano tutte le fonti riguarda la dottrina della metempsicosi, attestataci già da Senofane (Diels-Kranz, 21 B 7), che la critica con sarcasmo. È certo quindi che Pitagora creò a Crotone una setta religiosa la cui dottrina, ispirata all'orfismo, sosteneva la trasmigrazione delle anime, costrette a incarnarsi in successive «carceri» corporee, umane e bestiali, a causa di una colpa originaria da espiarsi sino alla finale purificazione o *catarsi*. Ma l'originalità della scuola, rispetto all'orfismo, dipese dall'introduzione della scienza come strumento di purificazione: innovazione che, nonostante i dubbi sollevati da taluni studiosi, deve attribuirsi allo stesso Pitagora, già definito da Eraclito *polymathês* («erudito»). In che consistesse propriamente tale scienza purificatrice è impossibile stabilirlo. È tuttavia ragionevole far risalire all'insegnamento di Pitagora la distinzione dei discepoli in *acusmatici* o «ascoltatori», ai quali era imposto il silenzio e una rigida disciplina di apprendimento, e *mathematici*, che avevano facoltà di far domande e di esprimere opinioni personali e ai quali erano rivelate le dottrine più profonde della scuola: questa divisione diede infatti origine a due fazioni contrapposte che, dopo la morte del maestro, si contesero la sua eredità ideale. È anche plausibile che l'insegnamento (*máthēma*) di Pitagora, trasmesso in forma dogmatica (secondo il celebre motto *autós éphē*, o *ipse dixit*, «lo ha detto lui»), avesse connessione con i numeri; varie testimonianze, tra cui Proclo, sostengono che Pitagora fu il primo a comprendere la validità generale del teorema che porta il suo nome (ma già noto agli antichi babilonesi) e a fondare sul rapporto di armonia che intercorre tra i numeri e i suoni della scala musicale la sua ricerca dell'*archê* o principio primo della natura. La scuola di Pitagora venne incendiata e distrutta nel corso di una sommossa popolare (i pitagorici erano fautori del partito aristocratico). La tradizione sostiene che Pitagora, scampato miracolosamente, fuggì a Locri. Di qui sarebbe andato a Taranto e poi a Metaponto, ove l'avrebbe colto la morte.

pitagorismo, movimento filosofico e scientifico

sviluppato nel sec. v a.C. dagli immediati seguaci di → Pitagora. La scuola pitagorica, alla quale erano ammesse anche le donne, imponeva agli adepti l'osservanza del celibato, la comunione dei beni, nonché regole, divieti e pratiche di purificazione del corpo e dell'anima. Tra queste ebbe particolare importanza la musica, che occasionò la scoperta del rapporto numerico che governa l'altezza dei suoni. È probabilmente da queste prime esperienze che si sviluppò l'interesse dei pitagorici per l'aritmetica, da essi intesa come teoria dei numeri interi. Il numero era concepito come collezione di più unità ed era raffigurato spazialmente (l'uno è il punto, il due la linea, il tre la superficie, il quattro il solido). La matematica pitagorica fu perciò un'«aritmogeometria» che favorì l'interpretazione del numero come *archḗ* o principio primo della realtà. Secondo Filolao «tutte le cose che si conoscono hanno numero; senza questo nulla sarebbe possibile pensare né conoscere» (Diels-Kranz, 44 B 11). Per i pitagorici gli elementi del numero sono poi, come riferisce Aristotele (*Metafisica*, 985*b*-986*a*), elementi di tutte le cose, poiché tutto l'universo è armonia e numero. Tali elementi sono anzitutto il dispari e il pari, ai quali corrispondono il determinato (*péras*) e l'indeterminato (*ápeiron*). Da qui derivano ulteriori opposizioni (maschio-femmina, luce-tenebra, buono-cattivo, retto-curvo ecc.) che mostrano la presenza, nella teoria dei numeri, di implicazioni morali, magico-religiose e cosmologiche. Valore emblematico rivestiva per es. il numero 10 (la divina *tetraktýs* sulla quale i pitagorici pronunciavano i loro giuramenti), risultante dalla somma dei primi quattro numeri e raffigurata come un triangolo equilatero che ha quattro unità (punti discreti o «pietruzze») per lato. L'unità stessa ha poi un valore particolare in quanto «parimpari», cioè partecipe della natura del pari e del dispari; essa infatti, aggiunta a qualsiasi numero, lo trasforma da pari in dispari e viceversa. Sulla base del numero si sviluppò anche l'ardita astronomia pitagorica, attribuita a Filolao e a Iceta. Al centro dell'universo vi è un fuoco, principio regolativo o forza che dirige i moti celesti. Intorno a esso ruotano, in ordine successivo, un primo pianeta chiamato Anti-Terra, poi la Terra che, tolta dal centro immobile dell'universo, passa al rango di pianeta; quindi la Luna, il Sole, i cinque pianeti e le stelle fisse. L'Anti-Terra, invisibile agli uomini, venne forse introdotta per spiegare le eclissi e anche, come riferisce Aristotele, per portare a dieci i corpi ruotanti intorno al fuoco centrale, in accordo con l'armonia universale raffigurata nella *tetraktýs*. Questa teoria cosmologica costituì un primo passo verso il sistema eliocentrico elaborato da Copernico, che infatti si riferì al pitagorismo come a una delle sue fonti. I pitagorici furono i primi a tradurre l'universo mitico in un «cosmo», cioè in un sistema razionalmente ordinato. La loro cosmologia obbediva peraltro anche a esigenze mistico-religiose: i moti dei corpi celesti, essendo regolati da rapporti numerici, producono un suono sublime («armonia delle sfere»), non percepibile dall'orecchio umano. E anche l'anima dell'uomo, che, come riferisce Alcmeone, è immortale per la sua somiglianza con la Luna, il Sole e gli astri, consiste di quell'armonia «musicale» tra elementi contrari che Simmia, discepolo di Filolao, espone nel *Fedone* platonico. Su tali concezioni si basa sia la nozione del divino o anima del mondo, sia l'etica fondata sulla giustizia e raffigurata da un numero quadrato: prodotto dell'eguale con l'eguale. L'anima, essendo immortale, è destinata, attraverso successive reincarnazioni, a ricongiungersi con l'anima universale o divina. Questa era la verità misterica, attinta dall'orfismo, che la setta pitagorica trasmetteva ai suoi adepti attraverso la contemplazione del numero e della sua armonia. I pitagorici furono pertanto i primi ad affermare la superiorità della vita contemplativa (*bíos theōrētikós*). Lo sviluppo dottrinario della scuola venne però interrotto dalla scoperta delle grandezze incommensurabili (per es. della incommensurabilità tra diagonale e lato del quadrato). La leggenda narra che tale segreto, tenuto a lungo nascosto, venne rivelato da Ippaso di Metaponto, donde l'aprirsi di crisi e di contese in seno alla scuola. Di fatto l'aritmogeometria si rivelò inadeguata ad affrontare i paradossi dell'infinito e del continuo (esposti per es. da Zenone di Elea) e dovette essere abbandonata: matematica e geometria presero direzioni diverse e indipendenti. Ma la crisi della scuola fu anche determinata da ragioni politiche. Fautori dell'aristocrazia, i pitagorici detenevano il potere in vari centri della Magna Grecia; vennero però travolti dalla grande rivoluzione democratica del 450 a.C. Molti di loro fuggirono in Grecia, dove fondarono un nuovo centro a Fleio; altri si stabilirono a Taranto, dove sopravvissero come forza politica sino alla metà del sec. IV a.C. ed ebbero Archita come principale esponente. A Siracusa furono attivi invece Ecfanto e Iceta, a Tebe Filolao, Simmia e Cebete, a Locri Timeo (che è ricordato da Platone, ma al quale taluni studiosi negano realtà storica).

Planck, Max Karl (Kiel 1858 - Gottinga 1947), fisico tedesco. Dai suoi primi studi, concernenti la nozione di entropia, Planck fu condotto ad affrontare un problema allora assai dibattuto, quello della distribuzione dell'energia nello spettro normale del calore raggiante (spettro del corpo nero), e così giunse, nel dicembre del 1900, a formulare l'ipotesi che segnò l'inizio della moderna fisica quantistica, ossia l'ipotesi secondo cui l'energia è costituita da elementi minimi indivisibili («quanti»). Proprio il fatto di aver dato l'avvio a quella che diventerà la meccanica quantistica, per più rispetti inconciliabile con la meccanica classica, indusse Planck ad affrontare il problema epistemologico, cioè a tentare una chiarificazione filosofica circa il metodo della scienza. Egli riaffermò a questo proposito i presupposti fondamentali sulla cui base si era costituita la fisica classica e che la nuova fisica quantistica sembrava aver dissolto: in primo luogo, il presupposto dell'esistenza indipendente del mondo fisico rispetto alla conoscenza che abbiamo di esso, e secondariamente l'assunzione di un determinismo causale che sta alla base della formulazione delle leggi fisiche (secondo Planck un ulteriore approfondimento dei fenomeni quantistici avrebbe potuto ricondurre la fisica ad assumere nuovamente il principio deterministico della causalità). Entrambe queste convinzioni furono presentate da Planck soltanto come ipotesi, anzi come una «fede» nell'ordine e nella struttura razionale della realtà, una fede che è però indispensabile affinché lo scienziato possa condurre la propria ricerca. Tra i suoi scritti di rilievo filosofico: *La conoscenza del mondo fisico* (1933) e *Autobiografia scientifica* (postuma, 1948).

Platone (Atene 427-347 a.C.), filosofo greco. È l'unico pensatore antico di cui ci rimangano integralmente le opere: una produzione vastissima, ricca di capolavori anche dal punto di vista letterario. Dalla sua impronta è profondamente segnato tutto il pensiero occidentale successivo; sicché il noto giudizio di A.N. Whitehead, secondo il quale la storia della filosofia europea non è che un seguito di chiose e di note in margine alle opere di Platone, esprime, dietro l'apparente paradosso, una verità profonda. In un momento storico decisivo per la vita politica greca, che vede l'avvento di una società profondamente rinnovata nei costumi, nei valori, nelle tecniche e nelle scienze, Platone si presentò come l'erede autentico di Socrate, in polemica tanto col naturalismo presocratico quanto col relativismo sofistico; ma, pur nella fedeltà al metodo del maestro, come attesta la predilezione per la forma del dialogo (e Socrate ne è quasi sempre il personaggio principale), la sua opera mostra un processo di ricerca ininterrotto, segnato da continui approfondimenti e anche da revisioni delle proprie dottrine.

• *Vita e opere.* Di famiglia aristocratica, si avviò alla filosofia seguendo l'eracliteo Cratilo; ma decisivo fu il suo incontro con Socrate, attorno al 408. Si allontanò da Atene subito dopo la morte di quest'ultimo (nel 399), recandosi a Megara, e poi nuovamente verso il 388, per un viaggio nell'Italia meridionale, dove a Taranto ebbe contatti con il pitagorico Archita e a Siracusa si legò d'amicizia con Dione, parente e consigliere del tiranno Dionigi. Tornato ad Atene, vi fondò nel 387 l'Accademia, la prima scuola di filosofia la cui esistenza sia certa. Nel 367 compì un altro viaggio a Siracusa: allora vi era al potere il giovane Dionigi II e Platone sperava di guidarlo a una riforma dello stato; ma il tentativo non ebbe successo (Dione fu esiliato e Platone trattenuto fino al 365). Del 361 è un terzo viaggio a Siracusa; nel tentativo di difendere Dione, Platone rischiò la vita e solo l'intervento di Archita gli consentì di tornare in patria. Il *corpus* delle opere di Platone, come ci è pervenuto, è formato dall'*Apologia di Socrate*, da 34 dialoghi e da 13 lettere: in tutto 36 titoli, che vennero raggruppati in 9 tetralogie dal grammatico Trasillo (sec. I d.C.). Questo ordinamento è tuttora seguito nelle edizioni critiche; ma non tutti i dialoghi sono ritenuti autentici. Sulle *Lettere* i pareri sono discordi; ma sono generalmente ritenute autentiche la VII e l'VIII. Quanto alla cronologia, la critica moderna ha puntato su tutti i dati disponibili, ma decisivo è risultato il criterio «stilometrico»; poiché è attestato che l'ultima opera di Platone sono le *Leggi*, si ha così un termine di riferimento, a partire dal quale le altre opere possono essere scaglionate all'indietro, sulla base della frequenza di un certo numero di stilemi, quali particelle, iato ecc. La classificazione complessiva, generalmente accettata, salvo qualche variante, è la seguente: *1*) dialoghi giovanili cosiddetti «socratici» (396-388 circa): *Apologia di Socrate*, *Critone*, *Ipparco*, *Ippia minore*, *Alcibiade primo*, *Protagora*, *Eutifrone*, *Liside*, *Carmide*, *Lachete*, *Ippia maggiore*, *Ione*, *Menesseno*. *2*) Dialoghi della maturità (scritti fra il primo e il secondo viaggio in Sicilia): *Gorgia*, *Menone*, *Eutidemo*, *Cratilo*, *Repubblica*, *Fedone*, *Simposio*, *Fedro*. *3*) Dialoghi della vecchiaia: *Teeteto*, *Parmenide*, *Sofista*, *Politico*, *Filebo*, *Timeo*, *Crizia*, *Leggi*; e le *Lettere*.

• *Dai dialoghi socratici alla teoria delle idee.* I primi dialoghi di Platone hanno argomenti prevalentemente di etica, ruotando intorno al tema della virtù: l'*Eutidemo* ha per oggetto la pietà, il *Liside* l'amicizia, il *Carmide* la saggezza, il *Lachete* il coraggio, l'*Ippia minore* la veracità. Ma nessuno di essi arriva a una conclusione netta; donde la definizione di «aporetici», comunemente usata per questi dialoghi. A una prima conclusione sul tema della virtù in generale giunge invece il *Protagora*: tutte le virtù si riducono a una sola, la sapienza (*sophía*), e perciò la virtù è suscettibile di insegnamento. Ne risulta un profondo intellettualismo: l'equazione virtù=sapienza implica che chi conosce il bene non può che seguirlo e che nessuno agisce male volontariamente, bensì solo per ignoranza. Il tema dell'identità della virtù nelle sue varie forme è sviluppato nel *Menone*: «Anche se sono di molti tipi, in tutte le virtù ha da esservi una sola forma, per cui sono virtù.» Quindi, per rispondere alla domanda che cos'è la virtù, occorre fissare gli occhi su una tale «forma» o «idea» (*êidos*). È questa la nozione che d'ora in poi sarà al centro di tutta la riflessione di Platone e che ne segna la novità maggiore rispetto al socratismo. Subito, nell' *Eutifrone*, la ricerca è rivolta a determinare «che cos'è in se stessa quella tale idea del santo per cui tutte le azioni sante sono sante», onde usarla come modello per giudicare ciò che è santo e ciò che non lo è. Contemporaneamente Platone procede a criticare le dottrine avversarie, cominciando dai sofisti. Nel *Gorgia* è esaminata l'arte retorica, che si propone la mera persuasione degli ascoltatori: un «credere non accompagnato dal sapere», dice Platone, perciò neppure una *téchnē*, ma solo un'*empeiría*, poiché non fondata sulla comprensione razionale della natura delle cose. Il *Menone*, dedicato alla critica dell'→ eristica, formula per la prima volta la teoria della reminiscenza, che rimarrà centrale nella gnoseologia di Platone. Attraverso domande opportune, Socrate riesce a far sì che uno schiavo, del tutto ignaro di geometria, pervenga da sé alla dimostrazione del teorema di Pitagora. Ciò è possibile, conclude Platone, perché l'anima dell'uomo ha acquisito la conoscenza della verità in una vita precedente e può quindi ricordarla (anamnesi). Per questa teoria Platone ricorre al mito orfico dell'immortalità dell'anima e della reincarnazione. Ma procede anche, nel *Fedone*, a una dimostrazione razionale dell'immortalità dell'anima, fondata sulla dottrina delle idee. Le idee sono realtà invisibili, stabili, sempre identiche a se stesse; e l'anima è capace di coglierle solo in quanto è simile «al divino e all'immortale». Il rapporto fra l'anima e le idee non è esaurito però dalla conoscenza intellettuale, ma investe tutt'intera la vita dell'uomo. Lo mostra il *Simposio*, dedicato al tema dell'amore (*éros*). L'amore è presentato, secondo il mito, come un demone, figlio di *póros* (risorsa) e *penía* (povertà), partecipe quindi della natura di ambedue: non ha la bellezza, ma la desidera, non ha la sapienza, ma aspira a possederla. Diversi sono i gradi della bellezza: dei corpi, dell'anima, delle leggi, delle scienze; e infine viene l'*idea* della bellezza, che costituisce il termine ultimo dell'ascesa dell'*éros*: «Bellezza eterna, che non nasce e non muore, non s'accresce né diminuisce.» Elevandosi fino all'idea, l'*éros* consente quindi il passaggio dall'ignoranza alla scienza. Un tema analogo tornerà nel *Fedro*, dedicato all'analisi della natura dell'anima.

• *La «Repubblica»*. Tutti i temi filosofici fin qui considerati vengono a organizzarsi nei dieci libri della *Repubblica*. Al centro di quest'opera è il problema politico, che è fondamentale nel pensiero di Platone, costituendo il fine della stessa speculazione filosofica. Il punto di partenza è dato dall'analisi della virtù della giustizia, ma rapidamente si passa dal piano individuale a quello dell'organizzazione politica: così il libro II della *Repubblica* analizza la genesi e la struttura dello stato, in funzione della ricerca di cosa sia giustizia e ingiustizia. Lo stato trae origine dalla necessità di soddisfare i bisogni naturali, dato che l'individuo non può essere in tutto autosufficiente. Si ha così una divisione dei compiti, fondata sulle attitudini, fra coloro che lavorano per soddisfare i bisogni primordiali: artigiani e commercianti. Via via che i bisogni si accrescono e la popolazione aumenta, la comunità ha l'esigenza di estendersi territorialmente, donde la pratica della guerra e quindi la formazione di una classe di guerrieri, «custodi» dello stato. A questo punto Platone abbandona la prospettiva della ricostruzione della genesi dello stato per passare alla delineazione dei criteri ai quali dovrebbe essere ispirata l'organizzazione di uno stato ottimo. Importanza decisiva ha l'educazione dei guerrieri, che Platone raccomanda sia fondata sulla musica e sulla ginnastica, e però bandisca le favole mitiche narrate dai poeti, poiché queste non rappresentano la divinità come è realmente, cioè buona e causa di bene, ma anzi come autrice essa stessa del male. Tale condanna della poesia rientra in quella condanna generale dell'arte che si trova nel libro X della *Repubblica*: la realtà è copia del mondo delle idee; l'arte, che è imitazione della realtà, è dunque copia di una copia, quindi allontana dalla verità. Inoltre, i «custodi» non dovranno avere beni personali, saranno mantenuti dagli altri cittadini e vivranno in comune. Una siffatta educazione riguarda anche le donne, giacché la differenza di sesso non implica differenza di attitudini. A questa nuova considerazione della donna Platone aggiunge la proposta dell'abolizione della famiglia per i «custodi»; uomini e donne si accoppiano secondo criteri stabiliti dallo stato e i figli non conosceranno i genitori, ma saranno allevati tutti insieme dallo stato. Non è comunque ai guerrieri che Platone affida il compito di governare, ma a una terza classe formata da un gruppo di sapienti, selezionati fra i «custodi». Così delineato lo stato ideale, Platone riprende l'indagine sulla natura della giustizia. Le virtù che producono uno stato buono sono quattro: sapienza, coraggio, temperanza e giustizia; ma, mentre le prime tre sono specifiche rispettivamente delle tre classi dei cittadini (governanti, guerrieri, lavoratori), la quarta è la virtù per cui ogni classe esplica il compito che le è proprio entro lo stato, senza invadere quello altrui, nel rispetto della gerarchia fra le classi. È ora possibile ritornare alla prospettiva individuale, sul presupposto che la struttura dell'anima di ogni singolo corrisponde alla struttura dello stato. Anche l'anima individuale è infatti composta di tre elementi: istinto, emotività e ragione. Pertanto, un uomo sarà giusto quando ognuna delle tre parti dell'anima adempirà alle sue funzioni e di conseguenza l'elemento razionale, so-

stenuto dall'emotività, dirigerà l'istinto. Questa tripartizione dell'anima si trova anche nel *Fedro*, nel mito della biga alata, tirata da due cavalli, uno bianco (anima irascibile o emotività) e uno nero (anima concupiscibile o istinto), e guidata da un auriga (anima razionale).
Raggiunta la definizione della giustizia, Platone dedica il resto dell'opera alla sapienza, appunto perché senza di questa — virtù suprema dell'individuo e specifica dei filosofi, reggitori dello stato — non si realizzerebbe neppure la giustizia. Nel libro VII della *Repubblica*, attraverso il mito della caverna, allegoria del processo della conoscenza umana, Platone mostra come il filosofo debba sollevarsi dalle cose sensibili alle idee e poi volgersi di nuovo a questo mondo, per governarlo nel modo migliore. Quattro sono i gradi della conoscenza così delineati: immaginazione (*eikasía*), che coglie immagini sensibili isolate; credenza (*pístis*), che coglie gli oggetti che a tali immagini danno luogo; ragione discorsiva (*diánoia*), che è conoscenza degli oggetti matematici; intelletto (*noûs*), che coglie le idee. Il passaggio dai primi due gradi della conoscenza, che costituiscono l'opinione (*dóxa*), agli altri due, che costituiscono la scienza (*epistêmē*), è presentato come il passaggio dalla visione del mondo sensibile a quella delle idee. Ma il grado della *diánoia* è a sua volta soltanto propedeutico rispetto al grado propriamente filosofico. Educato attraverso l'aritmetica, la geometria, la stereometria e l'armonia, il filosofo è in grado di pervenire conclusivamente alla dialettica, l'unica scienza che poggi su principi non ipotetici, quali sono le «idee». Fra queste ha una posizione preminente l'idea di → bene e Platone illustra tale preminenza con un celebre paragone: come il Sole rende visibili gli oggetti sensibili e dà vita e nutrimento alle cose, ma non si identifica con esse, così il bene fa sì che vengano conosciuti gli oggetti intelligibili, ai quali dà inoltre «l'esistenza e l'essenza», senza esaurirsi in essi. In questo modo l'intellettualismo etico, già presente nei primi dialoghi di Platone, viene a culminare nell'ontologizzazione del valore morale. Anche la nozione di *êidos* si precisa ulteriormente: esso è l'universale, semplice e uno, contrapposto alla molteplicità delle cose sensibili che ne partecipano. Questa partecipazione si configura ora come «imitazione», nel senso che l'idea è modello della cosa, ora come presenza dell'idea nella cosa, senza che perciò si attenui la separazione fra il mondo del divenire e quello dell'essere, costituito appunto dalle idee.
• *La revisione della dialettica.* I procedimenti da seguire nella dialettica vengono presentati nel *Fedro*: «ricondurre ad un'unica forma ciò che è molteplice e disseminato» (*synagoghê*) e «smembrare l'oggetto in specie, seguendo le nervature naturali, guardandosi dal lacerarne alcuna parte» (*diáiresis*). Platone insiste particolarmente su questo secondo aspetto; una volta divisa un'idea secondo le sue specie, ognuna di queste può, a sua volta, rappresentare un'idea che comprende ancora altre specie, cosicché il metodo della divisione permette di cogliere i rapporti e la gerarchia delle idee. È a questo punto però che a Platone si presentano una serie di gravi difficoltà concernenti la dottrina delle idee. Esse vengono indicate e analizzate nel più complesso dei suoi dialoghi: il *Parmenide*. Anzitutto, esistono idee per ciascuna delle realtà della nostra esperienza? La risposta è che per cose come giusto, bello, quiete, movimento, pluralità, unità ecc. ci sono certamente idee. È dubbio invece che ci siano idee di cose come uomo, fuoco, acqua ecc. Non ci sono certamente idee di cose come capello, fango, sudiciume ecc. Poi si pone il problema del rapporto fra idee e oggetti sensibili: come può un'idea essere partecipata da più oggetti, senza che la sua unità si frantumi nel molteplice? Inoltre, dal momento che l'idea è la forma unica sotto cui si raccolgono più oggetti, se noi consideriamo la totalità di essi più la loro idea, dovremo raccogliere il tutto sotto un'altra idea ancora e così all'infinito (è questo il cosiddetto argomento del «terzo uomo», di cui parla anche Aristotele nella *Metafisica*). Ma la difficoltà più grave, secondo Platone, è che «le cose della nostra esperienza sensibile, che pure hanno lo stesso nome delle idee, sono ciò che sono in relazione fra loro, e non rispetto ai generi» (uno schiavo, per es., è tale in rapporto a un uomo concreto che è il suo padrone, non in rapporto all'idea di padrone). Altrettanto vale a proposito delle idee (che ora Platone designa di preferenza col termine «genere»): sembra che esse debbano essere in rapporto solo fra loro, e non con le cose concrete. L'assoluta separatezza fra idee e cose renderebbe quindi vana la stessa affermazione dell'esistenza delle idee, in rapporto alla conoscenza della verità. Per uscire da quest'aporia, nel *Parmenide* Platone affronta la discussione del rapporto fra l'uno e i molti, fra l'essere e il non-essere, sostenendo che dell'essere, come concepito dagli eleati, non è lecito predicare alcunché, neppure che è uno, in quiete ecc. In alternativa, la posizione propria di Platone è enunciata nel *Sofista*: il non-essere non si contrappone all'essere come la sua negazione assoluta, ma è da intendersi come *diverso*, quindi come una negazione relativa, che ha una sua realtà al pari dell'essere. Quando infatti di un'idea o di una cosa si dice che essa *è*, non perciò si intende che si identifichi con l'idea stessa dell'essere, bensì che semplicemente ne partecipa, al pari delle infinite altre idee o cose, di cui si dice che sono. Analogamente avviene quando si procede ad attribuzioni di predicati: se di qualcosa, per es., si dice che è identico a se stesso, non perciò lo si identifica con l'identità stessa; tant'è vero che contemporaneamente si può di-

re di esso che è diverso da altri, ossia che partecipa anche della diversità. Essere, identità, diversità sono tre dei cinque «generi sommi» che Platone considera nel *Sofista*: gli altri due, quiete e movimento, sono esempi di idee che non possono essere predicate contemporaneamente di un medesimo soggetto (altrimenti avrebbe luogo una contraddizione); mentre anche questi due altri generi partecipano degli altri tre. In tal modo è indicata la varietà dei rapporti fra le idee: alcune infatti si partecipano reciprocamente e altre no. Di qui anche la giustificazione dei giudizi negativi: allorché si nega che alcunché appartenga a qualcosa, non si intende negare l'essere a quest'ultimo, bensì semplicemente asserirne la diversità nei confronti di quel che partecipa di tale predicato; e questo è l'unico senso legittimo della negazione dell'essere. Platone presenta una siffatta conclusione come il «parricidio» che è necessario compiere nei confronti di Parmenide. L'affermazione dell'esistenza del non-essere nel senso dell'*altro da* permette anche di risolvere il problema dell'errore (che già era impostato nel *Teeteto*): il discorso falso è quello che dice «cose diverse da quelle che sono».

• *L'ultimo Platone.* Oltre a riformulare la teoria delle idee, nell'ultima fase del suo pensiero Platone cerca di dare una nuova soluzione al problema morale. Nel *Filebo* si afferma che il bene, se deve essere qualcosa di perfetto e autosufficiente, non può che essere una «mescolanza», in giusta misura, di piacere e intelligenza; senza quest'ultima, infatti, si ignorerebbe completamente se si sta godendo o no; né può essere concepita una vita immune dal piacere e dal dolore. Il *Timeo* è dedicato alla trattazione della cosmologia, attraverso la presentazione di un «mito» verosimile. Non si dà scienza, infatti, se non di ciò che è stabile e certo e che si apprende col *noûs*; quel che nasce e muore, e si apprende con l'opinione, può tutt'al più dar luogo a un discorso probabile. Il cosmo materiale, per Platone, ha una causa, un principio, rappresentato dal Demiurgo, un artefice divino che ha tratto il mondo dal caos, dandogli ordine e forma, secondo un modello. Questo modello è il «Vivente in sé»: il mondo si presenta dunque come un grande organismo, dotato di un'anima (→ anima del mondo) e di un corpo. L'anima del mondo è formata dall'essenza dell'indivisibile, dall'essenza del divisibile e da una terza essenza, che è una mescolanza dell'identico e del diverso. Il corpo è rappresentato dai quattro elementi di Empedocle, terra, aria, acqua, fuoco, ai quali il Demiurgo dà una struttura di carattere geometrico, costituendoli in figure solide. Complessivamente, il mondo ha forma sferica (essendo la sfera la più perfetta delle figure) ed è dotato di moto circolare. Ma il Demiurgo non ha creato dal nulla, bensì ha tratto il mondo da una sorta di materia prima, un ricettacolo universale, assolutamente informe, giacché deve essere capace di accogliere tutte le forme: lo spazio (*chôra*). Lo spazio è il regno della necessità, di un mero meccanismo bruto, sul quale interviene l'intelligenza del Demiurgo. Nel mondo operano quindi due tipi di cause: quelle finali o primarie, di ordine intellettivo, e quelle meccaniche, subordinate alle prime. Pertanto, in Platone sono presenti tanto il meccanicismo quanto il finalismo, ma è il secondo a prevalere nettamente. Il *Timeo* prosegue con la descrizione della creazione dei pianeti e degli esseri viventi: ampio spazio è dedicato all'uomo, alle varie parti del corpo e dell'anima e alle loro funzioni.

Le *Leggi* sono l'ultima opera di Platone e rappresentano una revisione, probabilmente legata alle esperienze siracusane, delle sue teorie politiche ed educative. Platone critica l'educazione spartana, tutta incentrata su un'unica virtù, il coraggio; di contro, sostenendo che è la pace e non la guerra la condizione migliore per una città, Platone raccomanda un'educazione in cui al primo posto siano le virtù della saggezza e della giustizia. Comunque, al pari che nella *Repubblica*, anche ora l'educazione resta compito esclusivo dello stato attraverso le leggi. Quanto all'organizzazione dello stato, le preferenze di Platone si indirizzano ora verso una forma mista di democrazia e aristocrazia. La proprietà privata, che nella *Repubblica* era abolita, viene qui ripristinata nella forma della proprietà familiare, indivisibile e inalienabile, distribuita dallo stato (l'analisi della legislazione è seguita da Platone nei minimi dettagli). Particolarmente importante è l'elaborazione di una teologia astrale (fondata sull'idea dell'animazione dei corpi celesti) come religione di stato, elemento fondamentale di coesione e di stabilità; così che vanno combattute, anche attraverso sanzioni penali, non solo la religiosità popolare, ma soprattutto l'irreligiosità nelle sue varie forme. *P. La.*

• *La nuova immagine di Platone.* A partire dai primi anni Sessanta ha preso corpo in Germania, a opera dei rappresentanti della scuola di → Tubinga (H.J. Krämer e K. Gaiser in particolare), una nuova tesi sulla filosofia platonica, secondo cui il nucleo del pensiero del filosofo ateniese non andrebbe ricercato nell'opera scritta, cioè nei dialoghi, bensì nelle cosiddette «dottrine non scritte»; vale a dire in concezioni che Platone di proposito non avrebbe consegnato alla scrittura, ma comunicato direttamente a pochi allievi nell'ambito di un insegnamento orale. La ragione di tale atteggiamento va ricercata, secondo i sostenitori di questo indirizzo, nelle affermazioni relative ai limiti della scrittura contenute nella parte conclusiva del *Fedro*. Qui Platone rimprovera alla scrittura l'assenza di controllo del destinatario, la conseguente incapacità di difendersi dal rischio che la dottrina comunicata attraverso di essa venga fraintesa dal lettore e infine l'intrinseca inadeguatezza rispetto al compito di formulare le teorie filosofiche più importanti. Per tutte queste ragioni, all'opera scritta (i dialoghi) verrebbe assegnata una funzione introduttiva rispetto alle dottrine più importanti trattate sistematicamente solo in forma orale. Il contenuto delle «dottrine non scritte» ci è pervenuto grazie alla testimonianza di Aristotele e dei suoi commentatori antichi (Alessandro di Afrodisia e Simplicio). Da essi si può desumere che Platone concepì tutta la realtà (sensibile e intelligibile) come il prodotto dell'azione combinata di due principi supremi, l'Uno e la Diade indeterminata. Il primo, che si identifica con l'idea del Bene, costituisce la causa di tutto ciò che è unitario, ordinato, identico e positivo, mentre la Diade rappresenta il principio della molteplicità e del disordine. In questo modo, le idee non sono più l'istanza ontologica suprema, ma vengono «generate» da un principio di unità e da uno di molteplicità; e probabilmente proprio in base a tali principi Platone finì per identificarle con i numeri. L'interpretazione della «Scuola di Tubinga» in Italia è stata difesa e sviluppata da G. Reale.

platonismo, termine che, in senso stretto, designa gli sviluppi della scuola fondata da Platone, l'→ Accademia, dove, in un primo periodo, con Speusippo e Senocrate, prevalse un'interpretazione in senso pitagorico della teoria delle idee, identificate con i numeri matematici; successivamente, con Arcesilao e Carneade, l'Accademia assunse un indirizzo dichiaratamente scettico, per passare poi, nel sec. I a.C., all'eclettismo del cosiddetto *platonismo medio* (→ medioplatonismo). In un'accezione più ampia, il termine indica un complesso di posizioni teoriche, derivate dalla dottrina di Platone, che percorrono tutta la storia della filosofia occidentale, intrecciandosi e spesso anzi confondendosi con quell'indirizzo filosofico che va sotto il nome di → neoplatonismo. Schematicamente, tali posizioni sono: sul piano metafisico, la distinzione rigorosa fra mondo intelligibile e mondo sensibile, con l'affermazione della superiorità del primo sul secondo; sul piano gnoseologico, la svalutazione dell'esperienza e il primato dell'intuizione intellettuale. Di qui il disinteresse per le scienze fisiche a vantaggio della matematica (in quanto considerata una tappa intermedia verso la conoscenza delle entità metafisiche) e il modello di un superamento del sensibile attraverso un processo interiore che è insieme conoscenza e ascesi morale. Ciò è ritenuto possibile, in quanto le idee vengono considerate come innate (conformemente alla dottrina platonica dell'anamnesi), e l'anima è concepita come una sostanza spirituale, indipendente dal corpo (non è rara, nei filosofi di ispirazione platonica, la metafora del corpo come «prigione dell'anima») e immortale, la cui attività fondamentale è quella conoscitiva. Sul piano etico, il platonismo è caratterizzato da uno stretto legame fra la conoscenza e la morale, in base alla tesi dell'oggettività ideale del Bene, il quale è quindi anzitutto oggetto di conoscenza. Nelle dottrine che in qualche modo si richiamano al platonismo, prevale l'uno o l'altro di questi aspetti, a seconda delle epoche storiche e della personalità dei vari autori, ma soprattutto essi vengono utilizzati nel quadro di concezioni filosofiche complessivamente diverse da quella che storicamente era stata di Platone.

Quando, con la patristica, ebbe inizio il tentativo di elaborare il cristianesimo in un sistema dottrinale, in rapporto alle filosofie allora dominanti, fu proprio il platonismo a offrire il quadro filosofico più idoneo. Agostino dichiara esplicitamente che nessun filosofo si era avvicinato ai cristiani più dei platonici. Nell'intento di inserire il platonismo in un disegno cristiano, Agostino pensa ancora le idee come modelli eterni delle cose sensibili, ma le concepisce come interne a Dio, identificandole con la seconda persona della Trinità, il Verbo. Questo tema rappresenta il nucleo fondamentale dell'agostinismo puro, che si ritroverà, ancora nel sec. XIII, nei francescani come san Bonaventura. In Scoto Eriugena si avrà invece un'interpretazione neoplatonica delle idee, attinta essenzialmente da → Dionigi Areopagita, per cui le idee sussistono nel Verbo, ma non si identificano con esso, in quanto sono create dal Padre. La dipendenza delle idee da Dio si ritrova anche nella scuola di → Chartres, che la deriva da Boezio. In diverse cosmogonie dell'ambiente di Chartres, ispirate al commento di Calcidio al *Timeo*, si ritrova anche l'identificazione dello Spirito Santo con l'→ anima del mondo (già presente in Abelardo) e di questa, a sua volta, con la Natura; donde le venature panteistiche del naturalismo di Chartres. La presenza del platonismo subisce un'eclissi nel sec. XIII (salvo l'eccezione rappresentata dalla scuola francescana) con la diffusione dell'aristotelismo, il quale risulta tuttavia impregnato di temi neoplatonici, derivati dalla mediazione araba. Una vera e propria rinascita del platonismo ha inizio verso la fine del sec. XIV, con l'umanesimo italiano; l'istituzione di cattedre di greco nelle università e la diaspora dei dotti bizantini che vengono a insegnare in Italia fanno sì che si cominci a usare direttamente il testo di Platone (pressoché ignoto nel medioevo) e a tradurlo in latino. Fino alla metà del Quattrocento domina il Platone politico e morale, poi prevale nettamente un'ispirazione metafisica e religiosizzante: esemplare in tal senso è la *Theologia platonica* di M. → Ficino, il quale inoltre traduce in latino tutto Platone, ma anche Plotino e molti neoplatonici, e interpreta

Platone appunto in chiave neoplatonica. La tesi ficiniana di una tradizione filosofica senza soluzioni di continuità, che da Pitagora e l'orfismo, attraverso Socrate, Platone e Aristotele, giunge fino ai neoplatonici, avrà un influsso grandissimo sulla cultura del tempo e anche in seguito, soprattutto in pensatori con forti interessi religiosi.
Al platonismo ficiniano si richiamano, nel sec. XVII, gli esponenti della scuola di → Cambridge, come H. → More e R. → Cudworth, sostenitori dell'innatezza delle verità matematiche e dei principi morali, in polemica col materialismo hobbesiano. Altrettanto avverrà in Leibniz, anche con la rivendicazione del finalismo contro il meccanicismo. Ma a Platone s'erano già richiamati i protagonisti della rivoluzione scientifica, critici del finalismo, a cominciare da Galileo: oltre che per l'innatismo, anche per l'interpretazione in termini matematici della natura (sulla linea del *Timeo*), in polemica con la fisica qualitativa dell'aristotelismo scolastico.
La grande rottura della tradizione platonica si verifica con l'empirismo e l'illuminismo, allorché Platone è assunto a simbolo della metafisica trascendente. Anche Kant condivide questo atteggiamento critico; tuttavia, si richiama esplicitamente alla nozione di «idea» per caratterizzare gli oggetti della «ragione» (anima, mondo, Dio); e questa nozione diverrà centrale in Hegel. Più vicina al senso platonico è però la concezione che delle idee ha Schopenhauer, il quale, interpretandole come il primo grado dell'oggettivarsi della volontà, le considera quali forme e modelli universali. Successivamente, per quanto non sia più presente un vero e proprio platonismo, se non in qualche singolo pensatore, se ne parla tuttavia a proposito della concezione realistica degli enti logici e matematici, diffusa tra la fine dell'Ottocento e l'inizio del nostro secolo, da G. Frege al primo B. Russell (→ platonismo matematico). *P. La.*

platonismo matematico, nella definizione datane da P. Bernays nel 1935, tendenza a vedere gli oggetti matematici «distaccati da ogni legame con il soggetto riflettente». Questa tendenza ha radici molto lontane: in primo luogo in Platone stesso, il quale nella *Repubblica* sostiene che la matematica è «conoscenza di ciò che esiste eternamente, non di qualche cosa che viene ad essere in qualche momento e cessa di essere». G. Cantor ha esplicitamente ricordato che la sua visione della teoria degli insiemi risaliva a Platone (egli scrisse che: «l'insieme è qualcosa di simile all'idea platonica»). Anche B. Russell fu platonista (almeno all'inizio della sua attività filosofica), seguendo in questo il suo maestro, G. Frege. In epoca più recente il maggior sostenitore di un punto di vista platonista è stato K. → Gödel. I suoi maggiori contributi filosofici sono degli anni Quaranta e Cinquanta (in particolare si vedano *Che cosa è il problema del continuo di Cantor*, 1947 e *La logica matematica di Russell*, 1944). Gödel sostiene la realtà oggettiva degli oggetti matematici («classi e concetti possono esser concepiti come oggetti reali, cioè le classi come «pluralità di cose», e i concetti come proprietà e relazioni tra esse, entrambi esistenti indipendentemente dalle nostre definizioni o costruzioni»), ma non intende riconoscere statuto fisico a enti come numeri e funzioni: occorre solo che i concetti matematici generali «siano sufficientemente chiari che si possa riconoscere la loro bontà e la verità degli assiomi relativi». Una dimostrazione di come funziona questo approccio gödeliano si ha nella sua visione della cantoriana ipotesi del → continuo. Anche se formalmente si dimostra che essa è indipendente dagli assiomi, secondo Gödel si potrà dare risposta alla domanda. L'ipotesi deve essere vera o falsa. Il fatto che formalmente non vi sia alcuna risposta non dimostra che la risposta stessa non sia ottenibile per vie intuitive, che chiariscano meglio la struttura e la natura degli «oggetti» della teoria degli insiemi.

Plechanov, Georgij Valentinovič (Gudolovka, Tambov, 1857 - Terijoki, Finlandia, 1918) filosofo e uomo politico russo. Sostenitore di una rivoluzione sociale da realizzare mediante la lotta per le libertà politiche e lo sviluppo delle organizzazioni operaie, fu costretto all'emigrazione dal 1880 al 1917; entrò allora in contatto con gli ambienti del movimento operaio occidentale e maturò la sua definitiva adesione al marxismo teorico (fu il primo traduttore in russo, nel 1882, del *Manifesto del Partito comunista*) e alla prassi organizzativa per la costituzione di un partito della classe operaia. Fondatore a Ginevra (1883), con P.B. Aksel'rod e Vera Zasulič, della prima associazione russa di ispirazione marxista, il Gruppo per l'emancipazione del lavoro, diede inizio a una imponente opera di analisi e divulgazione degli insegnamenti di Marx (*Saggio sullo sviluppo della concezione monistica della storia*, 1895; *Saggio sulla storia del materialismo*, 1896; *La funzione della personalità nella storia*, 1898; *Le questioni fondamentali del marxismo*, 1908; *Il materialismo militante*, 1908-10), che ebbe una parte di primo piano nelle vicende che portarono alla costituzione del Partito operaio socialdemocratico russo (Minsk, 1898). Fondatore, con Martov e Lenin, del giornale «Iskra», polemista brillante, combatté il revisionismo, il neokantismo e la gnoseologia di K. Schmidt e P. von Struve, l'empiriocriticismo di A. Bogdanov. Nel 1903-04, sostenne contro Lenin una concezione dell'organizzazione del partito diversa dal centralismo democratico e più aderente al modello della socialdemocrazia tedesca. Allo scoppio della prima guerra mondiale si schierò tra i socialdemocratici «difensori del-

la patria» e dopo la rivoluzione del febbraio 1917 fu con la Zasulič e L. Deutsch sostenitore della politica di A.F. Kerenskij.
Studioso e teorico più che uomo di partito, Plechanov interpretò il marxismo soprattutto come un metodo di indagine delle leggi di sviluppo della storia, e in questo modo lo utilizzò non senza schematismi e semplificazioni. I suoi scritti sull'arte (tra i quali: *Lettere senza indirizzo*, 1899-1906; *Il movimento proletario e l'arte borghese*, 1908; *L'arte e la vita sociale*, 1912) furono comunque tra i primi tentativi di affrontare il problema delle radici di classe del giudizio estetico.

plèrōma, termine greco che significa «pienezza»: nella gnosi valentiniana (→ gnosticismo) designa la perfezione divina in quanto infinita pienezza includente in sé tutte le sue emanazioni. Sia nel pensiero neoplatonico sia in quello ermetico il termine è adottato a significare la perfezione del mondo intelligibile o l'essere divino come onnicomprensiva totalità d'essere, cui viene contrapposta la limitatezza e quindi la finitezza del mondo sensibile.

Plessner, Helmuth (Wiesbaden 1892 - Göttingen 1985), filosofo tedesco. Docente di filosofia a Colonia ed emigrato poi a Gröningen, in Olanda, nel 1951 venne chiamato alla cattedra di sociologia presso l'università di Göttingen. Pioniere dell'→ antropologia filosofica, sviluppò da profondo conoscitore della biologia, della zoologia e della medicina (e in particolare in un serrato confronto con la tradizione darwiniana), una teoria complessiva della sensazione basata su una filosofia del corpo radicalmente antidualistica. Egli inoltre teorizzò un figura dell'uomo nel cosmo come essere «eccentrico», non segnato cioè dalla «centricità» dell'istinto animale. Su queste basi elaborò, infine, una dottrina filosofico-sociale che trova il proprio campo d'indagine nel rapporto aperto fra uomo e società, da cui Plessner trasse, in ambito politico, una tesi avversa nei confronti di ogni ideologia comunitaristica. Opere principali: *L'unità dei sensi* (1923); *Limiti della comunità* (1924); *I gradi dell'organico e l'uomo* (1928); *Il potere e la natura umana* (1931); *Tra filosofia e storia* (1953); *Conditio humana* (1964); *Al di qua dell'utopia* (1966); *Antropologia filosofica* (1970).

Pletone, Giorgio Gemisto, → Gemisto Pletone, Giorgio.

Plotino (Egitto, Licopoli?, 205 - Campania 270), filosofo neoplatonico. A ventott'anni entrò nella scuola di Alessandria per seguire l'insegnamento di Ammonio Sacca (→ neoplatonismo) e là rimase per undici anni, sino a quando decise di seguire l'imperatore Gordiano III nella sua spedizione contro i persiani, per avere occasione di conoscere meglio la sapienza e la filosofia orientale. Dopo la sconfitta e la morte di Gordiano (244), Plotino riparò ad Antiochia e poi si trasferì a Roma, dove fondò una scuola. Dal suo insegnamento conseguì grande prestigio anche presso la corte e in particolare presso l'imperatore Gallieno, impegnato in un disegno di restaurazione morale e spirituale. Fu ventilato così anche il progetto di costruire in Campania una città, Platonopoli, dove sotto la guida di Plotino si sarebbe vissuto secondo i precetti platonici. Per molti anni Plotino non scrisse nulla, essendosi impegnato con altri amici a non divulgare l'insegnamento del maestro Ammonio Sacca; successivamente, avendo uno degli amici mancato alla promessa, ed anche per insistenza dei discepoli, egli stese numerosi trattati, che furono raccolti e pubblicati dal discepolo → Porfirio con il titolo di *Enneadi*. Si tratta infatti di sei raccolte di nove (in gr. *ennéa*) scritti ciascuna, a cui Porfirio premise una *Vita di Plotino* che rimane tuttora la fonte maggiore di notizie sul filosofo. Come dice lo stesso Porfirio, le *Enneadi* raggruppano gli scritti in un ordine non cronologico, ma sistematico, e precisamente: la prima contiene gli scritti di etica; la seconda quelli di fisica e cosmologia; la terza ancora quelli di cosmologia nel senso lato del termine, sì da toccare anche il problema del tempo, dell'eternità della contemplazione e dell'Uno; la quarta gli scritti sull'anima; la quinta quelli sull'intelletto e sulle idee; la sesta, infine, quelli sui generi dell'ente, l'essere e il bene.

• *L'ispirazione platonica.* Anche se Plotino tende a presentare i suoi scritti sostanzialmente come commenti e interpretazioni di Platone, in realtà essi costituiscono una grandiosa sintesi culturale dell'intero pensiero antico, non senza notevoli affinità con motivi della mistica e della spiritualità orientali (se di semplici affinità si tratti, o di effettive influenze orientali, è questione tuttora assai aperta e dibattuta). Così, anche se alcuni problemi del rapporto tra unità e molteplicità, tra intelletto e intelligibili, tra anima e mondo, erano già stati approfonditi da Platone, in Plotino essi vengono ripresi e rielaborati alla luce del confronto tra platonismo, aristotelismo, scetticismo, eclettismo e neopitagorismo che aveva caratterizzato l'età ellenistica. Di particolare incidenza — in lui — la tesi del medio platonismo secondo la quale le idee vanno intese come pensieri della divinità e non come una sorta di cosmo intelligibile a essa preesistente e da essa separato, e, viceversa, l'intelligenza divina non va intesa come atto puro, bensì come pensiero che si articola e si concreta nella molteplicità degli intelligibili. Il problema logico-dialettico dell'Uno e dei molti prende così un diverso e più ampio respiro e viene ad abbracciare l'intera realtà, o meglio il suo dispiegarsi in un processo graduale di allontanamento dall'Uno e di purificazione o ritorno verso l'Uno, processo entro il quale rientra pure la vita dell'uomo. Di Platone, infatti,

Plotino conserva e sviluppa la convinzione che la filosofia non sia un mero processo teoretico, ma, al contrario, uno sforzo di elevazione dell'anima che la purifica e la riporta a quella «piana della verità» dalla quale in fondo non si è mai veramente allontanata del tutto; e non è certo un caso che proprio con il neoplatonismo fioriscano le interpretazioni allegoriche della *Odissea* come rappresentazione poetica della situazione umana e del suo destino religioso. Se infatti la nozione plotiniana dell'Uno ingloba richiami a motivi pitagorici e neopitagorici e, più esattamente, un senso autenticamente «matematico», si tratta però di motivi perfettamente congruenti con la venatura misticoascetica che continuerà a operare in tutta la tradizione neoplatonica e passerà anche all'interno del cristianesimo o quanto meno di certe sue forme.

• *Il molteplice e l'Uno: le ipostasi.* Nell'universo, secondo Plotino, non c'è cosa che non tenda a un fine, ma questo fine non può a sua volta essere qualcosa che rimanda ancora a un fine oltre se stesso, e perciò è l'unità suprema a cui tutto aspira e da cui tutto deriva. Per definire poi il modo in cui Plotino spiega la derivazione del molteplice dall'Uno si è parlato spesso di «emanazione», ma, al di là dell'effettiva pertinenza o meno di questo termine, è indubbio che per Plotino ogni cosa, e quindi anche l'Uno o, meglio, soprattutto l'Uno, in quanto è, tende a esprimere e a espandere il suo essere proprio come una fonte di calore che, se è veramente tale, non può fare a meno di irradiarlo. In questo senso l'Uno è fonte primaria di vita, non perché, come il Dio cristiano, scelga liberamente di crearla o deliberatamente la persegua per un disegno provvidenziale, ma perché l'unità è — a qualsiasi livello — principio di realtà e, viceversa, non c'è realtà che non porti e manifesti ancora in sé l'impronta dell'unità da cui proviene. Quest'unità suprema è ineffabile e indefinibile (e questo tema sarà ampiamente recepito e sviluppato dalla «teologia negativa» a partire dal medioevo), poiché propriamente il termine Uno indica l'assenza di determinazioni finite e tali da escludersi reciprocamente, e non indica un contenuto positivo di pensiero, essendo il pensiero già condizionato intrinsecamente dalla dualità tra pensante e pensato. Più esattamente, l'Uno, come prima «ipostasi», è anche al di là dell'intelletto, che costituisce la seconda «ipostasi» derivante dalla prima, poiché l'intelletto, pur obbedendo a un'esigenza di unità e di unificazione, implica già l'alterità tra intelletto e intelligibili e la molteplicità degli intelligibili. A questo proposito è molto indicativa l'insistenza con cui Plotino rivendica il concetto di «materia intelligibile», giacché per lui la materia non è qualcosa di limitato alla sensibilità, ma è il principio che introduce la molteplicità nell'unità, l'ombra che porta la luce a frazionarsi e a estinguersi, e quindi è già intrinseca anche all'intelligibile, se l'intelligibile ha da essere molteplice. Per spiegare poi il nesso tra intelletto e intelligibili e degli intelligibili tra loro, Plotino ricorre a un paragone molto efficace, e non certo casuale, con la struttura del sapere scientifico. Scienza infatti non è un insieme di dati colti nella loro singolarità, poiché ciascun dato, preso nel suo isolamento, non è ancora «scienza», né propriamente intelligibile, ma lo diventa soltanto in quanto venga colto nel «sistema» di quella determinata scienza, la quale a sua volta non sussiste se non mettendo perennemente in relazione i suoi termini. In questo senso viene superata l'alterità tra intelletto e cosmo intelligibile e si comprende come il mondo delle idee non sia altro che il perenne concretarsi dell'attività dell'intelletto, e ciascuna idea, per così dire, sia il punto limite dell'attività dell'intelletto in una certa direzione. Se dunque all'interno dell'intelletto c'è una certa dinamica, si tratta però di una dinamica puramente logico-dialettica, mentre la dinamica concreta della vita nell'universo e nell'uomo si spiega soltanto con una terza «ipostasi», e cioè con l'anima. Mentre l'intelletto è piuttosto il principio dell'ordine intelligibile, l'anima è quella forza che trasmette l'intelligibile nel sensibile, lo plasma e lo mantiene secondo un rapporto intelligibile e in tal modo lo raccorda non soltanto all'intelletto, ma anche all'Uno. L'anima perciò è anzitutto anima cosmica, anima universale, che lega tutte le cose sensibili mediante un profondo rapporto di «simpatia» reciproca e le trattiene di fronte alla tendenza della materia a dissolverle e a disperderle. È quindi nell'anima che si incontrano eternità e tempo, o meglio è l'anima che genera il tempo secondo ritmi e pulsazioni che non sono commisurabili all'intelletto e all'Uno. Questa dottrina dell'anima cosmica e del nesso profondo tra l'anima umana e quella universale da una parte e quella delle cose sensibili dall'altra avrà notevole importanza per tutte le concezioni animistiche, monistiche e naturalistiche dal medioevo al rinascimento e al romanticismo; nella profonda consonanza e omogeneità tra macrocosmo e microcosmo sta il principio della loro comprensione reciproca, contro le concezioni dualistiche e antagonistiche del rapporto tra spirito e natura.

• *L'anima e il ritorno all'Uno: dialettica ed estasi.* Ma la posizione intermedia dell'anima tra intelligibile e sensibile è pure determinante in Plotino per intendere il problema del male, considerato anch'esso in un orizzonte non soltanto umano, ma cosmico, essendo il male precisamente un principio di dispersione volto a infrangere l'armonia e l'unità del tutto. L'anima si trova di fronte, dunque, a due vie, a seconda che accentui l'interesse per il sensibile, se ne appesantisca, vi rimanga impastoiata, op-

pure imbocchi la strada dell'unificazione e del ritorno verso l'intelligibile. In questa seconda via occupa una funzione determinante l'amore per la bellezza, quale manifestazione sensibile dell'intelligibile e dell'Uno nell'armonia delle cose; nella bellezza, cioè, si manifesta e si potenzia un eros platonicamente inteso, che ci porta a scorgere nella corporeità l'intelligibile, capace di attrarci verso il mondo delle idee. Questa fase più alta di purificazione e «ritorno» corrisponde alla dialettica, riproposta da Plotino nel senso platonico di sapere intellettivo supremo, di contro alla sua riduzione aristotelica a forma inferiore di sapere e alla concezione stoica che ne accentuava l'aspetto metodologico. Tuttavia neanche la dialettica può essere per Plotino la forma ultima del processo di purificazione, poiché non è ancora una riconquista piena dell'unità, esattamente come l'intelletto è un gradino inferiore all'Uno in quanto correlativo alla molteplicità degli intelligibili. Per la riconquista dell'unità è necessario un atto che vada al di là dell'intelligibile e che può essere descritto come un'«estasi», ossia un uscire da sé per identificarsi nell'Uno, immergendovisi come in una luce dove scompaiono tutti i contorni. Anche quest'aspetto del pensiero plotiniano non mancherà di avere notevole fortuna dal rinascimento al romanticismo, in tutte quelle forme di filosofia che in qualche modo ritengono che la vera e profonda realtà non sia attingibile con il pensiero discorsivo, ma soltanto con una forma di sapere intuitivo nel quale il pensiero discorsivo venga al tempo stesso integrato e superato.
Se dunque molti e diversi sono i motivi di «modernità» di Plotino, non si deve però dimenticare ciò che lo estrania profondamente dal cristianesimo e da molta parte del pensiero moderno: un sostanziale disinteresse per il tempo e la storia e anzi il rifiuto di attribuire loro un senso che ne consenta in qualche modo un giudizio dal punto di vista dell'uomo e del suo destino; per Plotino, invece, si può riconoscere un senso soltanto alla profonda consonanza dell'uomo e dell'universo con l'unità che insieme li stringe e li ordina.

pluralismo, in filosofia, termine indicante, in opposizione al → monismo, la dottrina che assume come originaria una pluralità di sostanze o elementi comunque qualificati. In questo senso si parla di pluralismo per la dottrina dei quattro elementi di Empedocle, per l'atomismo di Democrito ed Epicuro, per la filosofia dei «reali» di J. F. Herbart, per la filosofia delle «esperienze» di W. James e A.N. Whitehead, per certe forme di personalismo contemporaneo. Caratteristica comune di queste dottrine è quella di assumere la pluralità come originaria, senza che si possa privilegiare alcuno dei termini che entrano a costituirla e senza che le relazioni che ne derivano siano di implicanza o integrazione assoluta. In senso più lato, il termine «pluralismo» indica quelle dottrine che, pur ammettendo la derivazione della pluralità degli enti da un Ente supremo o Dio, accentuano, in opposizione al monismo assoluto, il carattere di autonomia di questi enti: tali per es. il pluralismo monadologico leibniziano e molte forme di spiritualismo ottocentesco, francese e tedesco, che a Leibniz si sono ispirate.

Plutarco di Cheronea (Cheronea, Beozia 45-125 d.C), letterato e filosofo greco. Soggiornò ad Atene, in Egitto e a Roma e dal 95 ricoprì la carica di sacerdote a Delfi. Di lui ci restano circa un centinaio di opere, che rappresentano solo una parte della sua produzione. I suoi scritti vengono divisi in due gruppi: *Le vite parallele*, biografie di personaggi eminenti riunite a coppie (un greco e un romano) e i *Moralia*, un gruppo di opere di argomento filosofico, scientifico, etico, religioso e pedagogico. In filosofia fu senz'altro platonico e al commento di alcuni passi dei dialoghi dedicò gli unici scritti propriamente filosofici che ci siano pervenuti: *Questioni platoniche* e *Sulla generazione dell'anima nel Timeo.* Filosofo dell'ellenismo, Plutarco fu uno degli ultimi rappresentanti della grecità. Riprese dallo → scetticismo accademico la sfiducia nei confronti della conoscenza sensibile e in genere della possibilità dell'uomo di pervenire a conoscenze certe nel campo fisico. Il suo platonismo possiede una marcata impronta teologica (cfr. il trattato *Iside e Osiride*) e cosmologica. Fu uno dei pochi platonici a ritenere che il mondo fisico avvesse un'origine temporale e quindi non fosse eterno e ingenerato. Nel campo dell'etica, in polemica diretta nei confronti dello stoicismo, fu sostenitore del controllo (non della soppressione) delle passioni e si sforzò di conciliare platonismo e aristotelismo.

pnêuma, sostantivo greco (letteralmente «soffio») che nei presocratici indica l'anima in quanto principio vitale, e acquista un'accezione tecnica con gli stoici, per i quali designa lo «spirito» divino con cui Dio dà vita alle cose e le dirige animandole. Come mezzo e tramite dell'azione divina intendevano lo *pnêuma* anche i pensatori rinascimentali influenzati dalle tradizioni magiche e occultistiche (Agrippa di Nettesheim, Paracelso, Giordano Bruno). In ambito cristiano il termine venne usato per tradurre l'ebraico *rûach* («soffio, vento, spirito») e in particolare per indicare lo Spirito Santo.

pneumatologia, o pneumatica, termine introdotto nel linguaggio filosofico da Leibniz (*Nuovi saggi*, Premessa) per designare la «scienza degli spiriti» ovvero «la conoscenza di Dio, delle anime e delle sostanze semplici in generale». In questo senso il termine venne ripreso e fatto proprio da Ch. Wolff per indicare l'insieme di quelle «scienze dello spirito» che sono la psicologia (scienza dell'anima) e la teologia naturale (scienza di Dio). Il vocabolo continuò a essere usato, con varie limitazioni, nella filosofia sette e ottocentesca. Così, per es., per Ch. A. Crusius pneumatologia è «la scienza dell'essenza necessaria di uno spirito»; per d'Alembert è «la prima parte della scienza dell'uomo» ossia «la conoscenza speculativa dell'anima umana». Un'analoga riduzione della pneumatologia alla sola psicologia si trova anche in J.G. Feder; e così per A. Rosmini la pneumatologia è esclusivamente scienza degli «spiriti creati» (uomini e angeli) e non invece di Dio. In ambito cristiano, «pneumatologia» è la dottrina sullo Spirito Santo, e «pneumatici» sono coloro che realizzano nella loro esistenza i doni dello Spirito.

poetica, termine che, nel pensiero classico e sino al Settecento, designò la precettistica concernente i criteri della produzione artistica e quelli del giudizio estetico. In questo senso la intese Aristotele nella *Poetica* (al titolo di questo scritto, *Perì poiētikês*, risale il termine stesso), e a questa duplice articolazione si richiamano testi come l'*Arte poetica* di Orazio o l'*Art poétique* di N. Boileau. Dopo che, nel Settecento, e principalmente per opera di A.G. Baumgarten, il giudizio di gusto sulla produzione artistica e sul bello in generale divennero oggetto di una disciplina specifica, l'→ estetica, la poetica passò a indicare semplicemente la precettistica intorno ai modi concreti del fare artistico. Più recente (del Novecento) è una diversa accezione del vocabolo, secondo cui per poetica si intende, in senso lato, l'impostazione programmatica di un singolo artista, o anche di una corrente o un movimento: per es. la poetica di Leopardi, di Stravinskij, di Cézanne, del verismo, del surrealismo ecc. (L. Pareyson, *Estetica*, 1954). E un suo significato più specifico dal punto di vista filosofico troviamo in P. Valéry: «Il termine «poetica» sembra essere appropriato, se lo si intende secondo la sua etimologia, cioè come «il nome di tutto ciò che ha da fare con la creazione o con la composizione di opere il cui linguaggio è insieme sostanza e mezzo», e non nel senso ristretto di raccolta di regole o di precetti estetici che concernono la poesia» (*Variété*, v, 1945). A questa concezione, per la quale non esiste una normativa estetica anteriore o ulteriore al fare artistico, che si risolve nell'atto della sua produzione (vanificando pertanto le ambizioni dell'estetica di poter «fondare» l'arte), si è richiamata in Italia la riflessione estetica post-crociana, e in particolare il pensiero di Pareyson, il quale ha elaborato una «teoria della formatività» per cui «formare significa fare, ma un tal fare che, mentre fa, inventa il modo di fare». Sempre a questa immanenza delle regole estetiche rispetto al prodotto artistico concreto, che rivaluta la poetica sottraendola all'ambito puramente operativo entro cui l'aveva confinata l'estetica, si richiama, ispirandosi a Pareyson, U. → Eco (soprattutto *Opera aperta*, 1962): nel suo pensiero, però, agiscono anche le influenze dei formalisti russi (V. Erlich, *Il formalismo russo*, 1955), i quali sin dagli anni Venti avevano elaborato una teoria dell'arte per cui la qualità estetica dell'opera risulta esclusivamente dalla sua forma, e per cui, di conseguenza, l'estetica si risolve completamente nella poetica.
Ai formalisti si richiamerà lo strutturalismo degli anni Sessanta (per es., R. Jakobson, «Linguistica e poetica», in *Saggi di linguistica generale*, 1963), dove con poetica (o *poiētikê*) si intende un'analisi dell'opera (letteraria, in primo luogo) che prescinde non solo da qualsiasi dato contenutistico, ma anche da ogni modalità interpretativa (sociologica, psicologica ecc.) estrinseca rispetto alle qualità *linguistiche* dell'opera stessa. In questa prospettiva, la poetica «in opposizione all'interpretazione di opere particolari (...) mira alla conoscenza delle leggi generali che presiedono alla nascita di ogni opera. Ma, in opposizione a scienze come la psicologia, la sociologia ecc., cerca quelle leggi all'interno della letteratura stessa (...). Ogni opera è allora considerata come la manifestazione di una struttura astratta e generale, di cui è una delle realizzazioni possibili» (T. Todorov, *Poetica*, 1973).

poiesi, termine che in Aristotele designa l'attività del produrre (dell'artigiano come dell'artista) in quanto distinta dall'azione e in quanto competenza di un peculiare genere di conoscenza. Secondo Aristotele le scienze teoretiche (filosofia, fisica, matematica) hanno per oggetto il necessario, mentre le scienze pratiche (etica, politica e discipline poietiche o produttive) hanno per oggetto il possibile (→ teoria-prassi). Se da un lato nella tradizione successiva il termine si lega a speculazioni metafisiche che non necessariamente coincidono con quella aristotelica (Plotino per es. chiamerà poietiche le cause efficienti, *Enneadi*, VI), dall'altro, istituendo una duplice opposizione rispetto al sapere teoretico e a quello pratico, esso si lega piuttosto a concezioni enciclopediche rimaste influenti fino in età moderna. Il medioevo fu sostanzialmente fedele allo schema aristotelico, fino a quando la tripartizione baconiana del sapere, basata sulle facoltà umane (scienze di memoria, di fantasia e di ragione), si sovrappose alla tipologia aristotelica, sostituendola. Tale suddivisione verrà posta alla base della *Enciclopedia* di D'Alembert, nel cui *Discorso preliminare* sono associate rispettivamente memoria-storia, ragione-filosofia e immaginazione-belle arti; queste coppie rivelano un'associazione sistematica tra fantasia e poiesi, che dal Settecento è al centro di una riflessione affidata disciplinarmente all'estetica.

Poincaré, Jules-Henri (Nancy 1854 - Parigi 1912), scienziato ed epistemologo francese.

Laureatosi nel 1879 all'Ecole Polytechnique con una tesi sulle funzioni definite da equazioni alle derivate parziali, insegnò alla Sorbona dal 1885 alla morte, occupando successivamente le cattedre di meccanica fisica e sperimentale, fisica matematica e meccanica celeste. Matematico e fisico-matematico fecondissimo, fornì contributi fondamentali in tutti i campi dell'analisi e della teoria delle funzioni, diede alla topologia algebrica il suo assetto moderno, espose e innovò tutte le parti della fisica matematica. Diffuse in Europa la conoscenza dell'elettrodinamica di Maxwell; e la sua comprensione dei problemi dell'elettrodinamica dei corpi in movimento lo portò a un passo dalla formulazione einsteiniana della relatività. Egli previde fin dal 1901 l'indipendenza dei fenomeni elettrici e ottici da un moto rettilineo uniforme dell'osservatore. Negli ultimi dieci anni della sua vita, partecipò attivamente al dibattito epistemologico sull'interpretazione delle nuove teorie fisiche (teoria della relatività e teoria dei quanti) e sui fondamenti della matematica, e ne fu uno degli interlocutori principali. Contro il logicismo di G. Peano, G. Frege e B. Russell, per cui la giustificazione di un concetto matematico consiste nella sua definibilità in termini di concetti logici, Poincaré sostenne una forma di intuizionismo (per certi aspetti affine a quello di → Brouwer): la giustificazione degli enti matematici sta nella loro costruibilità a partire da dati intuitivi. Un ente matematico non può essere costruito facendo riferimento a totalità non ancora costruite (*principio del circolo vizioso*): dalla violazione di questo principio derivano tra l'altro le antinomie della teoria degli insiemi. Esse possono certamente essere evitate introducendo opportuni artifici (come la teoria dei tipi di Russell); ma, per il suo modo di procedere puramente logico-definitorio e indipendente dal contenuto delle intuizioni matematiche, la teoria degli insiemi appare comunque a Poincaré come un «meraviglioso caso patologico», sostanzialmente estraneo alla matematica vera e propria. Mentre affidava all'intuizione il compito di fondare la matematica, Poincaré riteneva che le «verità» matematiche non riguardassero la realtà se non come forma convenzionale per la rappresentazione dei rapporti tra «enti inaccessibili». Analogamente, le teorie fisiche hanno una forma e una sostanza: la prima, che costituisce il vero e proprio apparato concettuale di una teoria, è puramente convenzionale, e perciò non può dirsi vera o falsa, ma può soltanto risultare comoda o scomoda. Come la geometria euclidea (interpretata come geometria fisica) non è più «vera» delle geometrie non euclidee, ma soltanto più comoda perché consente una rappresentazione più semplice dello spazio fisico, allo stesso modo le ipotesi fisiche in generale vengono assunte, abbandonate e eventualmente riprese in ragione della loro comodità, cioè della loro capacità di consentire un'organizzazione più semplice delle relazioni tra fenomeni. Queste posizioni di Poincaré si trovano esposte nelle tre opere principali che egli dedicò all'epistemologia: *La scienza e l'ipotesi* (1902); *Il valore della scienza* (1905) e *Scienza e metodo* (1909).

Polanyi, Michael (Budapest 1891 - Northampton 1976), scienziato e filosofo inglese di origine ungherese. Dopo aver studiato chimica a Budapest e a Berlino, ha insegnato prima fisica-chimica e poi scienze sociali presso l'università inglese di Manchester. In seguito è stato nominato Senior Research Fellow al Merton College di Oxford. Polanyi è venuto elaborando ed esponendo le sue vedute filosofiche negli anni di predominio della concezione neopositivistica dell'impresa scientifica. In polemica con tale concezione, il suo intento è stato quello di portare alla luce gli aspetti non del tutto «oggettivabili» e «palesabili» dell'attività di ricerca degli scienziati. Egli ha così insistito sulla presenza di una componente soggettiva e «tacita» nella conoscenza scientifica per giungere ad affermare l'ideale di una «conoscenza personale» in irresolubile contrasto con le concezioni deterministiche e comportamentistiche della personalità umana. Principali opere filosofiche: *Scienza, fede e società* (1946); *La logica della libertà* (1951); *Conoscenza personale. Verso una filosofia post-critica* (1958); *Lo studio dell'uomo* (1959); *Oltre il nichilismo* (1960); *La conoscenza inespressa* (1966); *Conoscere ed essere* (1969).

politici, sistemi, secondo la definizione classica di T. Parsons (*Sistema sociale*, 1951), l'insieme delle azioni e delle istituzioni sociali che hanno la funzione di dirigere una collettività verso scopi condivisi dai membri. Tale funzione è indispensabile alla riproduzione della collettività come sistema in grado di sopravvivere ai singoli. Più specificamente, secondo la concezione più diffusa presso i politologi a partire dai classici di H.D. Lasswell (*Potere, politica, personalità*, 1935-42), e G.A. Almond e B. Powell (*Politica comparata*, 1966), il sistema politico è costituito da quelle attività, istituzioni, organizzazioni che mantengono o tendono a ribaltare un determinato assetto del potere politico e determinate sue regole, e sono a tale funzione precipuamente dedicate, distinguendosi dal resto della società: lo stato, i governi, i partiti, i sindacati, i gruppi di pressione fanno parte dei sistemi politici delle società moderne. L'analisi sociologica si è rivolta finora quasi esclusivamente ai sistemi politici contemporanei. Ha abbandonato tipologie utilizzate nella storiografia (come principato, signoria, monarchia assoluta o costituzionale, repubblica ecc.), nella filosofia politica (come monarchia, aristocrazia, democrazia in Aristotele, repubblica e principato in Machiavelli ecc.) e nel diritto pubblico, che tali distinzioni ha codificato. I sistemi politici contemporanei paiono ai sociologi distinguersi non per i loro regimi, cioè per le regole giuridiche di attribuzione e funzionamento della sovranità, ma per il tipo e il numero di canali aperti alla rappresentanza politica dei membri della società, l'ampiezza della cittadinanza e la partecipazione che garantiscono. A partire dagli anni Cinquanta sono state così elaborate tipologie e teorie dei sistemi politici basate sul sistema elettorale vigente: maggioritario o proporzionale, e sulle sue conseguenze distorcenti o correttive della volontà politica collettiva (M. Duverger, *I sistemi politici*, 1963); teorie e tipologie dei sistemi partitici (monopartitici, bipartitici, multipartitici) e dei loro effetti sul governo (monopolio, alternanza, pluralismo, polarizzazione, frammentazione: G. Sartori, *Partiti e sistemi partitici*, 1973); teorie e tipologie sul modo in cui gli interessi economici e sociali in conflitto operano nei sistemi politici attraverso partiti, correnti, gruppi di pressione e vengono composti dalla mediazione dei governi (sistemi neocorporativi e sistemi consociativi secondo H. Wilenski e H. Liphart); teorie e tipologie sulla rappresentanza e la partecipazione, garantite nelle democrazie e di fatto negate nelle dittature, con numerose specificazioni date dall'ampiezza della cittadinanza (le grandi democrazie europee l'hanno a lungo negata alle donne, ai meno istruiti), dal tipo di partecipazione (repressa dalle dittature autoritarie ma organizzata dall'alto dalle dittature totalitarie), dal tipo di classi o élites detentrici del potere (militari, finanza e industria, politici di professione, borghesie coloniali ecc.: C. Friedrich, K. Schmitt, F. Neumann, S.P. Huntington e B. Moore sono gli autori più interessanti da questo punto di vista) e, infine, dal tipo di classi o di gruppi sociali che in vario modo e misura si mobilitano (secondo la «cleavage theory of politics» elaborata da S. Rokkan).

La contrapposizione tra sistemi politici democratici e sistemi politici dittatoriali è forse la più significativa nella sociologia politica. Dalla tesi di S.M. Lipset che la democrazia è l'istituzione culminante di una società partecipe, organizzazione del sistema politico caratteristica delle società più modernizzate (*L'uomo e la politica*, 1960), si è passati a quella di Moore, che vede nella democrazia uno degli esiti della modernizzazione, quella avvenuta in seguito a rivoluzioni dal basso, e nella dittatura il tipo di sistema politico caratteristico di una modernizzazione guidata dall'alto. La dittatura impone tremendi costi sociali per la modernizzazione, costi che vengono sopportati prevalentemente dai contadini, ma questi costi non sono stati certo risparmiati dalle democrazie: il caso dell'elevato costo sociale della stagnazione nella democrazia indiana è emblematico. Una vasta letteratura concorda nel considerare la dittatura come un aspetto della modernizzazione dei paesi sottosviluppati e spiega così il perché nel mondo i sistemi politici dittatoriali siano assai più numerosi di quelli democratici. Negli anni Settanta si sono fatti più pressanti i problemi della governabilità dei sistemi politici democratici e della loro efficacia nel risolvere i problemi di crisi economica e sociale. La teoria sistemica del sistema politico si è andata affermando come uno strumento adeguato per l'analisi di tali problemi a opera di D. Easton (1960) e di N. Luhmann (1973). Funzione del sistema politico è soprattutto il governo della complessità ambientale mediante incrementi della complessità del sistema stesso, pensato soprattutto come un grande operatore di trasformazione di input (domande politiche) in output (decisioni).

Le insoddisfacenti soluzioni politiche alla crisi sociale e istituzionale della fine degli anni Settanta, di fatto prolungatasi fino agli anni Novanta e intrecciatasi con la crisi dello stato sociale, hanno portato a parlare di ingovernabilità nelle democrazie mature e nelle società complesse come mancato autocontrollo del sistema politico, e in particolare dei partiti. La soluzione a tale ingovernabilità può consistere nella valorizzazione dei nuovi intrecci tra sociale e politico, mediante un'azione innovativa volta a interpretare e tradurre in termini istituzionali ciò che la società continuamente produce (C. Donolo e F. Fichera, *Il governo debole*, 1981).

Politzer, Georges (Nagyvárad, Ungheria, 1903-Mont-Valérien 1942), filosofo francese di origine ungherese. Studiò filosofia alla Sorbona e quindi insegnò nei licei di Moulins e Cherbourg. Militante comunista, fondò con H. Lefebvre varie riviste, tra cui «Philosophies» (1923), «La revue marxiste» (1928), primo organo teorico del marxismo francese d'ispirazione comunista, e la «Revue de psychologie concrète» (1929). Nel 1939 fondò con P. Langevin e H. Wallon, tra gli altri, la rivista «La pensée», che voleva essere espressione del razionalismo moderno, inteso come analisi dell'uomo e della società, in cui le singole discipline scientifiche (per es. la fisica, la fisiologia e la psicologia) dovevano essere considerate nella loro «sovradeterminazione» economica, alla luce del materialismo dialettico. Lo stesso gruppo diede vita all'Université Ouvrière: nei corsi che vi tenne, Politzer approfondì il senso della sua adesione al materialismo dialettico (*Principi elementari di filosofia*, pubblicati postumi; *Fine della psicoanalisi*, 1939). Membro attivo della resistenza dal 1940, nel 1942 venne catturato dai nazisti e fucilato.

L'opera principale di Politzer è la *Critica dei fondamenti della psicologia* (1928), in cui si muove una critica radicale alla psicologia classica e alla psicoanalisi, ritenute insufficienti rispetto a un progetto di psicologia concreta. Accogliendo spunti e indicazioni metodiche dal comportamentismo e dalla psicologia della Gestalt, Politzer si propone di definire il concreto come l'elemento capace di dar conto dell'individualità nella sua globalità, in rapporto con la natura. In particolare, per quanto riguarda la psicoanalisi, Politzer considera insoddisfacente l'interpretazione freudiana del sogno perché non si pone in maniera adeguata il problema dello specifico vissuto del singolo sognatore, non sfuggendo così completamente alla dimensione propria della psicologia oggettiva e astratta. Contemporaneamente a questo tentativo di fondare una psicologia concreta, Politzer svolge una critica serrata del bergsonismo, di cui mette in luce il carattere di filosofia formale, nonostante la pretesa di fondarsi sul qualitativo e sul vissuto (*La fine di una parata filosofica: il bergsonismo*, 1929).

Pomponazzi, Pietro (Mantova 1462 - Bologna 1525), filosofo italiano. Studiò a Padova, dove si laureò in medicina nel 1487. L'anno dopo ottenne ivi la nomina a professore straordinario di filosofia, in concorrenza con A. Achillini, secondo l'usanza padovana. Nel 1495 divenne ordinario di filosofia morale, succedendo a Nicoletto Vernia. Nel 1509, quando fu chiuso lo Studio di Padova in seguito agli avvenimenti della lega di Cambrai, Pomponazzi si trasferì a Carpi presso Alberto Pio. Nel 1510 passò a Ferrara e di qui a Bologna, dove l'anno dopo fu nominato professore di filosofia ordinaria e dove pubblicò, nel 1516, il *Tractatus de immortalitate animae*. In esso, seguendo l'interpretazione materialista di Alessandro di Afrodisia della dottrina aristotelica, egli negava l'immortalità dell'anima e stigmatizzava l'ignoranza e la superstizione dei frati. Queste affermazioni suscitarono scandalo e violente polemiche: il *Tractatus*, dedicato al veneziano F. Contarini, fu bruciato pubblicamente a Venezia, mentre l'autore venne denunciato a Roma. Qui Pomponazzi, pur protetto dal cardinale Bembo, subì l'imposizione della ritrattazione. Si difese quindi scrivendo l'*Apologia* e per rispondere agli attacchi dell'averroista Agostino Nifo compose il *Defensorium adversus Augustinum Niphum*. Queste polemiche tuttavia non lo distolsero dai suoi studi, tanto che nel 1520 poté completare a Bologna un'altra importante opera, il *De naturalium effectuum causis sive de incantationibus liber*, in cui attaccava le superstizioni magiche, pur difendendo l'astrologia naturale o fisica; secondo Pomponazzi tutti gli eventi sono naturali e non miracolosi e sono retti dai ritmi astrali e dalle congiunzioni planetarie. Sempre nel 1520 portò a termine a Bologna il *De fato, libero arbitrio, praedestinatione et providentia Dei*, in cui, ispirandosi al *De fato* di Alessandro di Afrodisia, sosteneva la tesi stoica secondo la quale tutto è governato da una fatalità naturale. Entrambi questi scritti, così come i numerosi corsi universitari sui testi di Aristotele (*quaestiones* ed *expositiones*), non furono pubblicati in vita da Pomponazzi, proprio per evitare polemiche del genere di quelle suscitate dal *De immortalitate*. Il *De incantationibus* vide la luce nel 1556 e il *De fato* nel 1567. Nelle sue opere Pomponazzi difende l'autonomia della ricerca filosofica dalla verità rivelata propria della religione; ritiene la ragione umana limitata e fallibile, e quindi incapace di dimostrare l'immortalità dell'anima individuale; considera infine la vita morale del tutto indipendente da quella religiosa, e la pratica della virtù fine a se stessa e non legata alla devozione verso la divinità. Sebbene in maniera sfumata e non esplicitamente, sembra inoltre sostenere la dottrina dell'ateismo politico, ossia la tesi dell'impostura delle religioni: ebraismo, cristianesimo e islamismo sarebbero stati fondati da tre «impostori», Mosè, Cristo e Maometto, allo scopo di sottomettere i popoli ribelli (*De immortalitate*, cap. XIV). Proprio per il modo anticonvenzionale di concepire i rapporti tra religione e filosofia, la posizione di Pomponazzi presenta caratteri notevolmente originali, che scaturiscono dal suo rifiuto del concordismo teologico di san Tommaso e dal suo abbandono del razionalismo universalistico averroista.

Popper, Karl Raimund (Vienna 1902), filosofo austriaco. Pur essendosi formato a stretto contatto con il circolo di → Vienna, non ne fece mai effettivamente parte, e la sua prima opera, *La logica della scoperta scientifica* (1934), ne rappresenta una critica radicale. Popper parte dalla critica humiana del procedimento induttivo, secondo la quale è logicamente impossibile giustificare una conclusione universale partendo dall'analisi di una somma finita di casi particolari, per contestare la possibilità stessa della verifica delle proposizioni scientifiche. Tuttavia, se nessun numero di esempi confermanti può giustificare la verità di una proposizione universale, un solo esempio contrario consente invece di dimostrarne la falsità, cioè di procedere alla sua *falsificazione*. È quindi la falsificabilità, e non la verificabilità, che costituisce il tratto caratteristico delle teorie scientifiche. È la direzione stessa dell'indagine che viene in tal modo invertita: non si muove dai fatti alla costruzione delle teorie, ma dalle teorie al loro controllo mediante i fatti. E poiché questo controllo avviene traendo deduttivamente dalle teorie le loro conseguenze osservabili, Popper designa il metodo da lui proposto come «ipotetico-deduttivo»: alla formulazione dell'ipotesi segue il suo controllo empirico mediante deduzione di fatti d'esperienza espressi in «asserzioni di base» (che si differenziano dai «protocolli osservativi» neopositivistici perché la loro accettazione presuppone sempre un accordo convenzionale in seno alla comunità dei ricercatori). Se le asserzioni di base non risultano in accordo con l'esperienza, la teoria viene falsificata e quindi abbandonata; se invece questo accordo sussiste, la teoria è assunta soltanto provvisoriamente come vera, poiché in realtà essa conserva sempre un carattere ipotetico e congetturale e può quindi sempre venir confutata da controlli futuri. A questo carattere provvisorio e congetturale delle ipotesi scientifiche Popper si è sempre mantenuto fedele in tutto l'arco della sua riflessione, anche quando, in successive riformulazioni delle proprie idee, ha sostenuto l'esistenza di una verità assoluta che costituisce la meta (sia pure come ideale regolativo nel senso kantiano) del cammino della scienza (*Congetture e confutazioni*, 1962), o quando è giunto a proporre una teoria della conoscenza che ha parecchi punti di contatto con il platonismo tradizionale, e cioè la teoria della conoscenza oggettiva o teoria del «Mondo 3» (*Conoscenza oggettiva*, 1972).

L'importanza che nella sua epistemologia riveste il principio di contraddizione della logica classica ha condotto Popper a una presa di posizione polemica nei confronti del metodo dialettico. In *Che cos'è la dialettica* (1937) Popper ha così sostenuto che il rifiuto del principio di contraddizione rende impossibile ogni indagine scientifica e razionale in genere, poiché è facile mostrare che, da una coppia di asserzioni tra loro contraddittorie, è possibile dedurre logicamente qualsiasi asserzione. A questo proposito si deve ricordare il «Methodenstreit», cioè la polemica circa il metodo tra la scuola del razionalismo critico di Popper e la scuola dialettica di Francoforte, polemica che ebbe il suo terreno di scontro al Congresso sociologico tedesco tenutosi a Heidelberg nel 1961. Mentre Th. W. Adorno e la sua scuola sostenevano che il metodo deve essere elaborato sulla base dell'effettiva configurazione dell'oggetto, e che quindi il metodo non può rifiutare la contraddizione se l'oggetto (qui: la società) è in se stesso contraddittorio, per il razionalismo critico popperiano non esistono contraddizioni nella natura delle cose, ma soltanto nel pensiero, e la conoscenza scientifica deve evitare le contraddizioni proprio per poter cogliere l'oggetto, proponendo delle congetture e controllandole *deduttivamente* (presupponendo quindi la validità del principio di contraddizione). Le divergenze a livello del metodo si riflettono evidentemente anche a livello della prassi sociale e politica: il rifiuto popperiano della dialettica è anche (soprattutto rispetto alla posizione marxiana) il rifiuto di previsioni che riguardino il corso storico nella sua totalità e che lo considerino come ineluttabilmente diretto verso una meta prefissata (nel caso di Marx, la società senza classi). Di fronte a questa dottrina, che Popper chiama «storicismo», egli difende la nozione di «previsione tecnologica», che procede per tentativi ed errori al pari del metodo scientifico da lui sostenuto. Mentre la «profezia» storicistica vorrebbe rivoluzionare la società come un tutto (da cui una meccanica sociale «olistica»), la previsione tecnologica dà vita a una «meccanica sociale gradualistica», nella quale ogni intervento è di dimensioni limitate, così che si possano correggere continuamente gli errori commessi. (*La società aperta e i suoi nemici*, 1945; *Miseria dello storicismo*, 1957). *M. Bu.*

• *L'ultimo Popper*. Nelle sue opere più recenti, in particolare nei tre volumi del *Poscritto alla Logica della scoperta scientifica* (1983), Popper ha sostenuto che l'impresa scientifica è irrealizzabile se non si svolge sotto le direttive di un «programma di ricerca metafisico». Tali programmi indicano alla scienza i problemi rilevanti, la direzione che la ricerca deve assumere, il tipo di spiegazione soddisfacente, il grado di profondità raggiunto da una teoria. Essi si collocano così all'inizio e alla fine del processo scientifico, dapprima come selettori di problemi e poi come criteri di valutazione dei risultati conseguiti. La stessa epistemologia di Popper è impensabile senza presupporre un programma di ricerca metafisico: la fede speculativa professata è il realismo metafisico, che postula l'esistenza di leggi naturali, cioè regolarità strutturali che soggiacciono al mondo fenomenico. Nel *Poscritto* Popper dichiara di non credere più alla demarcazione tra scienza e metafisica, sia perché idee e problemi metafisici hanno determinato per secoli lo sviluppo della scienza assumendo la funzione di idee regolative, sia perché alcuni programmi di ricerca metafisici, come l'atomismo, si sono gradualmente trasformati in teorie scientifiche.

Non perciò possiamo accettare indiscriminatamente ogni metafisica: si tratterà piuttosto di valutarne la fecondità nei confronti della situazione problematica con cui la teoria interagisce e la capacità di promuovere lo sviluppo della scienza.

Popper-Hempel, modello, la teoria della spiegazione scientifica delineata da K. Popper nella *Logica della scoperta scientifica* del 1934 (par. 12), ed elaborata da C.G. Hempel, prima nel saggio *La funzione delle leggi generali nella storia* (1942) e poi sistematicamente in *Aspetti della spiegazione scientifica* (1965). L'idea-chiave della teoria è che uno stato di cose S_n (*explanandum*) è spiegato se e solo se si può indicare un insieme di altri stati di cose accertati S_1-S_{n-1} (*condizioni iniziali*) e un insieme di regolarità nomiche L_1-L_m (*leggi di copertura*) tali che S_n segua logicamente dalla congiunzione di S_1-S_{n-1} e L_1-L_m (*explanans*). Hempel distingue due schemi di spiegazione, uno «nomologico-deduttivo» e uno «probabilistico-induttivo»: nel primo l'*explanandum* è l'effettivo occorrere di un evento e le leggi di copertura sono deterministiche; nel secondo l'*explanandum* è soltanto l'elevata probabilità di un evento e le leggi di copertura sono probabilistiche. La teoria si fonda sull'idea che spiegare e prevedere (o eventualmente retrodire) siano strutturalmente la stessa cosa. Essa lascia aperto il problema di fornire un'analisi del concetto di regolarità nomica che sia sufficiente a distinguerlo da quello della semplice generalizzazione priva di forza esplicativa e da quello della verità generale necessaria ma informativamente vuota: in mancanza di una tale analisi, la teoria non riesce a mostrare ciò che differenzia una spiegazione genuina da una pseudo-spiegazione puramente verbale. Questa preoccupazione teorica è perciò stata al centro della filosofia di Hempel stesso e di altri filosofi di ispirazione neo-empiristica come E. Nagel. La teoria delle leggi di copertura è stata criticata su più fronti: da coloro che hanno sottolineato la funzione esplicativa di modelli e analogie (come M.B. Hesse); da coloro che hanno rivendicato l'autonomo valore esplicativo dell'idealizzazione (come L. Nowak); da coloro che hanno rivendicato il valore autonomo delle spiegazioni teleologiche, tanto di quelle teleologico-funzionali (come alcuni teorici della cibernetica), tanto di quelle teleologico-intenzionali (come G.H. von Wright e W. Dray).

Popper-Lynkeus, Josef (Kolin, Boemia, 1838 - Vienna 1921), scienziato e filosofo austriaco. Alla sua attività di scienziato si devono importanti studi sull'elettricità e l'aerodinamica. In campo letterario e filosofico la sua fama è legata a *Il diritto di vivere e il dovere di morire* (1878), che è un'appassionata difesa del valore dell'esistenza individuale contro lo statalismo e il nazionalismo; a uno studio su Voltaire (*Voltaire, un'analisi del carattere*, 1905); e soprattutto alle *Fantasie di un realista* (1899), otto brevi racconti su vari temi filosofici e sociali. In uno di essi, Popper-Lynkeus (pseudonimo adottato per richiamare Linceo, l'eroe mitologico famoso per la sua vista acuta) anticipa alcune delle teorie sul sogno poi sviluppate da S. Freud (che lesse l'opera solo più tardi, e ne riconobbe l'affinità con le proprie dottrine). Fra gli altri suoi libri, va ricordato *L'individuo e la valutazione delle esistenze umane* (1910), in cui l'autore traccia i fondamenti di un'etica individualistica. L'opera di Popper-Lynkeus ebbe vasta risonanza nella sua epoca (presso pensatori come E. Mach, A. Einstein, S. Zweig, oltre a Freud), e fu una delle ultime espressioni di rilievo del pensiero filosofico-sociale della borghesia austriaca fedele alla dinastia, nel cui spirito tollerante egli vedeva l'erede della grande tradizione umanistica europea.

Porfirio (Tiro 233/234 - Roma 305), filosofo greco. Allievo di Origene a Cesarea, e del neoplatonico Cassio Longino ad Atene, nel 263 entrò nella scuola di Plotino a Roma; nel 270 succedette al maestro nella guida della scuola neoplatonica. A Porfirio va soprattutto il merito di aver pubblicato gli scritti di Plotino, raccogliendoli in sei *Enneadi* (cioè in libri di nove trattati ciascuno), e di averne tramandato la biografia (*Vita di Plotino*). In campo propriamente speculativo, egli sviluppò le tendenze etico-religiose del pensiero neoplatonico, accentuando il dualismo plotiniano di anima e corpo, e conferendo un maggior rilievo all'esperienza mistica e alle pratiche ascetiche mediante l'introduzione di elementi magico-misterici di origine orientale. Questa rivalutazione del misticismo si inscriveva però in un orizzonte di pensiero dichiaratamente greco e pagano: Porfirio avversò il cristianesimo (*Contro i cristiani*, 15 libri), e vi contrappose la tradizione etica e speculativa classica (*Vita di Pitagora*; *Introduzione alle categorie di Aristotele*, o *Isagoge*). L'*Isagoge*, in particolare, esercitò una larga influenza sia sul pensiero neoplatonico successivo, sia sulla cultura medievale, nella quale, attraverso i commentari di Mario Vittorino e di Boezio, tenne desto l'interesse per la logica aristotelica, ponendo tra l'altro, nei termini in cui fu poi lungamente discusso, il problema degli universali (→ universali, problema degli). Altre opere: *Della filosofia desunta dagli oracoli*; *Introduzione all'astrologia*; *Lettera al sacerdote Anebo*; *Cronografia*; *Sul ritorno dell'anima.*

Port-Royal, Logica di, opera filosofica (intitolata in realtà *La logica, o l'arte di pensare*) di A. → Arnauld, il massimo teologo del → giansenismo francese, e P. → Nicole, anch'egli teologo e polemista giansenista. Pubblicata per la prima volta nel 1662, l'opera passò attraverso sei successive edizioni durante la vita dei suoi autori, a testimonianza del grande successo incontrato, cui fece riscontro una profonda e durevole influenza sul pensiero europeo del Sei-Settecento. In realtà non è un trattato di logica, né nel senso odierno né nel senso medievale del termine; è invece un testo caratteristico della reazione contro la concezione tardoscolastica del rapporto tra la logica (identificata con la sillogistica aristotelica) e il metodo scientifico. Questa reazione, che era maturata soprattutto in Francia e in Inghilterra tra la fine del Cinquecento e l'inizio del Seicento e che accomunò Pietro Ramo e F. Bacone, P. Gassendi, Cartesio, Pascal e Locke, intendeva soprattutto denunciare l'inefficacia euristica dei metodi sillogistici, dal punto di vista di un'epistemologia che privilegiava la scoperta sulla sistemazione della conoscenza, e il «giudizio» (cioè l'intuizione di verità o principi non derivati per via inferenziale) sulla deduzione. Coerentemente con queste scelte epistemologiche, la logica di Port-Royal è esplicitamente diretta al perfezionamento della facoltà di giudizio, e quindi è orientata in senso mentalistico: le operazioni conoscitive e le stesse operazioni logiche sono intese come operazioni mentali, e queste sono raggruppate in quattro classi (concepire, giudicare, ragionare, ordinare) cui corrispondono le quattro parti in cui è divisa l'opera (la quarta è probabile sia interamente di Arnauld; le prime tre furono scritte congiuntamente dai due autori; l'opera è preceduta da due discorsi introduttivi, quasi certamente scritti da Nicole). La prima parte contiene una versione della teoria delle idee (in cui tra l'altro si nega che un'idea possa essere chiara senza essere distinta, e viceversa); le idee sono classificate secondo il loro oggetto (di cose, di maniere di cose, di cose modificate), secondo la complessità (semplici e composte), secondo il grado d'astrazione (individuali e universali). Viene introdotta, per la prima volta in modo chiaro, la distinzione tra comprensione ed estensione di un'idea, distinzione che, applicata alle espressioni linguistiche, è tuttora centrale nella teoria del significato. Si trova inoltre in questa parte una complessa e articolata teoria dei segni. Nella seconda parte le sezioni più interessanti riguardano l'analisi di diversi tipi di enunciati, in cui è evidenziato il carattere ingannevole di certe forme grammaticali, e sono adombrate distinzioni fondamentali tuttora correnti in filosofia del linguaggio (come quella tra asserzione e presupposizione). La terza parte espone in chiave mentalistica la teoria del sillogismo, e si sofferma a lungo sulle fallacie di ragionamento. La quarta parte è un trattato di metodologia: vengono teorizzati il metodo analitico (cioè il metodo cartesiano, la cui esposizione è infatti desunta dalle *Regulae* di Cartesio) e quello sintetico (cioè assiomatico; l'esposizione deriva dall'*Arte di persuadere* di Pascal). Nel contesto di una discussione dei criteri di attendibilità dei giudizi «storici» viene introdotta (con altre parole) la distinzione tra verità di ragione e verità di fatto, poi raccolta da Leibinz e destinata ad occupare una posizione centrale nel pensiero filosofico occidentale. La *Logica di Port-Royal* non fu dunque soltanto un manuale di cartesianismo; Arnauld e Nicole estesero in maniera originale, e contribuirono a diffondere in tutta Europa, la nuova «via delle idee».

Port-Royal, scuola di, → giansenismo.

Posidonio (Apamea, Siria, 135 - Rodi 51 a.C.), filosofo greco. Studiò ad Atene con il filosofo eclettico Panezio di Rodi, e successivamente fondò a Rodi una scuola dove ebbe per allievi Cicerone e Pompeo. Posidonio è il maggiore esponente dello stoicismo medio, di cui il suo pensiero incarna le tendenze eclettiche integrando la dottrina stoica originaria con apporti platonici e aristotelici. In particolare, egli deriva dal platonismo la concezione del cosmo come organismo vivente, del rapporto uomo-mondo inteso come dialettica tra microcosmo e macrocosmo, e la dottrina dell'immortalità e preesistenza dell'anima individuale (dottrina, questa, che contrasta fortemente con l'originario materialismo stoico). Ad Aristotele risale invece l'ipotesi, accreditata da Posidonio, dell'esistenza di un'anima appetitiva responsabile delle emozioni, che risultano pertanto come qualità positive, mentre nello stoicismo antico esse erano concepite semplicemente come malattie dell'anima. Delle 23 opere attribuite a Posidonio (*Della divinazione*, *Del dovere* ecc.) restano solo pochi frammenti.

positivismo, indirizzo filosofico assai composito, che sorse in Francia nella prima metà del sec. XIX, e nella seconda metà si sviluppò in tutti i paesi europei, a cominciare dall'Inghilterra. Il termine fu coniato da Saint-Simon, e venne poi adottato da → Comte (inizialmente suo discepolo) per designare lo stadio «scientifico» del sapere umano, in contrapposizione ai due stadi precedenti, qualificati da Comte come «teologico» e «metafisico». Per farsi «positiva», la filosofia deve anzitutto riconoscere il vero e unico sapere umano nelle scienze già sviluppatesi autonomamente (matematica, fisica, chimica, biologia), di contro alla pretesa tradizionale che la filosofia abbia oggetti privilegiati, o livelli della realtà suoi propri, inattingibili dalle scienze. Anziché la ricerca delle essenze o di principi superiori, il compito della conoscenza umana è solo quello di scoprire «leggi» di natura (sul modello della grande legge newtoniana della gravitazione universale), le quali poi non sono altro che descrizioni abbreviate dei fatti stessi, caratterizzate dalla loro capacità di previsione dei fenomeni. Per un altro verso, la filosofia deve promuovere l'ulteriore estensione dell'atteggiamento scientifico ai campi da esso non ancora investiti; e qui si tratta, per Comte, essenzialmente di fondare una nuova scienza, per la quale egli conia anche la denominazione poi rimasta nell'uso: la «sociologia», o scienza empirica dei fenomeni sociali, distinta in una «statica», che studia l'*ordine* sociale, e in una «dinamica» che studia il *progresso* sociale (per quanto riguarda il futuro dell'umanità, egli lo pensa come tutto affidato al diffondersi della mentalità positivistica). Se la fondazione della sociologia rimane il maggior merito storico di Comte, nell'ultima fase del suo pensiero egli dà invece un orientamento religioso e totalitario alle sue idee sul progresso futuro dell'umanità, fornendo un esempio caricaturale di profetismo romantico.

Il netto rifiuto di queste posizioni dell'ultimo Comte, e insieme il riconoscimento dei suoi meriti nella concezione delle scienze e della filosofia, si trovano nel saggio di J.S. Mill *A. Comte e il positivismo* (1865), che promosse la diffusione del positivismo in Inghilterra; anche se le radici del pensiero di Mill si trovano piuttosto nella tradizione humiana e in quella utilitaristica. In Inghilterra, come anche negli altri paesi europei, la ripresa (con enorme successo) del positivismo nella seconda metà del sec. XIX fu favorita dalla scoperta del principio dell'evoluzione biologica da parte di Ch. Darwin. La principale teoria di H. → Spencer, il maggior esponente del positivismo inglese, afferma infatti l'esistenza d'una legge universale dell'evoluzione (dall'omogeneo all'eterogeneo) considerata come valida per ogni campo della realtà, dalla materia cosmica alla psiche umana (mentre Darwin s'era limitato a sostenere il principio dell'evoluzione per le specie viventi). Quanto ai risvolti sociali e politici, il positivismo inglese fu nettamente individualistico e liberale (al contrario di quello comtiano); e — come tale — fu tipica espressione di una borghesia che vedeva il progresso nel pieno dispiegarsi della libera concorrenza, fuori da interventismi statali e da riformismi paternalistici. Altra caratteristica tipica del positivismo inglese fu l'→ agnosticismo. Questa posizione era già stata sostenuta, in Inghilterra, dai kantiani W. Hamilton e H.L. Mansel; e Spencer la fece sua con la dottrina dell'«Inconoscibile»: realtà assoluta, al di là di ciò che può scoprire la scienza, destinata a rimanere entro i limiti del relativo; e quindi di pertinenza della religione, anche se non determinabile neppure simbolicamente, come invece hanno preteso di fare tutte le religioni storiche. Anche l'agnosticismo ebbe enorme diffusione nell'Europa degli ultimi decenni dell'Ottocento. Una formulazione caratteristica è quella del fisiologo tedesco E. Du Bois-Reymond (1818-1896), nell'opera *I sette enigmi del mondo* (1880): si deve rispondere con un «ignorabimus» (ignoreremo sempre, e non soltanto ignoriamo ora) a questioni del tipo di quelle dell'origine della materia, della forza, del movimento, della vita, della sensibilità, della coscienza, del pensiero, del linguaggio ecc. Ma sempre nel seno del positivismo tedesco, a quest'opera di Du Bois-Reymond il fisiologo E.H. → Haeckel contrappose i suoi *Enigmi del mondo* (1899), rivolti ad affermare invece il → monismo, in una forma che era poi sostanzialmente un materialismo naturalistico. Anche il maggior positivista italiano, R. → Ardigò, criticò l'agnosticismo di Spencer, e inclinò verso posizioni materialistiche. Sebbene molto legato a quello francese e a quello inglese, il positivismo italiano non fu solo una corrente di importazione, ma riprese anche tematiche già presenti nel pensiero di G.D. Romagnosi, G. Ferrari e C. Cattaneo. Intanto in Francia il positivismo era stato riformulato da H. Taine e, più compositamente, da J.-E. Renan. Alla fine del secolo si sviluppò in tutt'Europa un movimento di reazione contro il positivismo (che era dilagato ben al di là del campo filosofico specialistico, diventando una mentalità comune delle classi colte), con il successo di filosofie irrazionalistiche o idealistiche, le quali coinvolgevano nella loro critica anche le stesse scienze, tendendo a riaffermare il primato della filosofia rispetto a esse. Per quest'operazione furono spesso utilizzate anche alcune tesi metodologiche dell'→ empiriocriticismo, che per parte sua continuava invece quell'ispirazione antimetafisica e quella ricerca analitica sui procedimenti delle scienze ch'erano state caratteristiche del positivismo alle sue origini. L'empiriocriticismo, d'altra parte, sarà uno dei presupposti dell'→ empirismo logico, movimento centrale nel nostro secolo (che è anche denominato, ma meno opportunamente, neopositivismo). *S. La.*

positivismo logico, → empirismo logico.

possibilità, una delle quattro → modalità fondamentali. Il concetto di possibilità è normalmente ritenuto interdefinibile con quello di → necessità mediante la definizione, già nota ad Aristotele, secondo cui è possibile ciò che non è necessariamente falso. La recente semantica per la logica modale ha fornito una definizione di possibilità che, pur essendo rigorosa, è apparentemente circolare, in quanto fa leva sulla nozione di → mondo possibile: una proposizione è possibile in un mondo dato quando è vera in almeno uno dei mondi possibili relativamente al mondo dato. Il rifiuto della dimensione del possibile accomuna gli empiristi antichi e moderni, che escludono si possa avere conoscenza di qualcosa non sperimentato attualmente. Il problema si ripropone al giorno d'oggi sotto forma di una controversia tra nominalisti (B. → van Fraassen) e realisti (D. → Lewis) circa la realtà dei mondi possibili, a proposito dei quali non mancano neppure soluzioni di tipo kantiano (possibilità come categoria dell'intelletto) o concettualista (possibilità come concepibilità). La nozione di mondo possibile si è rivelata abbastanza flessibile da rendere conto di altre nozioni di possibilità affermatesi nella storia del pensiero, come quella dei megarici (→ Diodoro Crono) che fatalisticamente identificavano la possibilità con l'attualità presente o futura, riducendo la logica modale alla logica del tempo (A.N. → Prior). Altre accezioni distinguibili di possibilità sono quella epistemica, sostenuta tra l'altro da Ch.S. → Peirce (possibile come «ciò che non è noto essere falso»), e quella deontica (possibile come «permesso da un codice etico»). La potenzialità aristotelica, o possibilità dinamica, non rientra invece facilmente nello schema della semantica a mondi possibili, dato che è derivata antropomorficamente dalla nozione di «capacità» umana, e lo stesso può dirsi della nozione di possibilità «tecnica», attribuita a ciò che rientra nel dominio dei metodi praticabili. La nozione più vicina a queste è quella di possibilità fisica, intesa come verità in almeno uno dei mondi fisicamente possibili (ossia dei mondi in cui valgono le leggi di natura conosciute). La nozione di legge di natura d'altro canto sembra inesplicabile senza ricorrere al concetto di possibilità, come è chiaro dalla richiesta che le leggi di natura debbano garantire la validità di periodi ipotetici della possibilità o della irrealtà. *C. Piz.*

postmoderno, il termine, entrato nella discussione filosofica nel 1979 con la pubblicazione di *La condizione postmoderna* di J.-F. Lyotard, ha conosciuto diversi usi disciplinari. Nel 1861 lo scienziato e filosofo francese A.-A. Cournot parlò di *post-histoire* (*Trattato sul concatenamento delle idee fondamentali nella storia*) in riferimento all'ipotesi hegeliana di un compimento (e dunque di una fine) della storia nell'età moderna, che consegnerebbe tutto ciò che segue a una condizione, per l'appunto, post-istorica. Ripresa da A. Toynbee (*Studio sulla storia*, 1934), la nozione di *post-histoire* ricorre anche nella filosofia della storia di O. Spengler, nelle interpretazioni hegeliane di A. Kojève, negli scritti di poetica di G. Benn e, più prossimamente, in A. Gehlen (*Quadri d'epoca. Pittura e post-histoire*, 1960). Di *postmodernismo* aveva invece parlato nel 1934 il critico letterario spagnolo F. de Oniz (*Antologia della poesia spagnola e ispano-americana*), per indicare il superamento del modernismo negli anni 1905-14. Senza relazione probabile con l'uso spagnolo, il termine postmodernismo fu usato, durante gli anni Sessanta, nella storia e nella critica letteraria americana, in riferimento alla generazione di autori nati intorno al 1930, le cui opere sono caratterizzate dal ricorso all'ironia o alla letteratura della letteratura (J.S. Barth, D. Berthelme, R. Coover, S.L. Elkin, W.H. Gass, J.C. Hawkes Jr., K. Vonnegut). L'ironia e un rinnovato storicismo eclettico è ancora il tratto con cui si è parlato di postmoderno in architettura a partire dagli anni Sessanta, prima negli Stati Uniti e poi in Europa, sia sul piano delle poetiche sia su quello della ricostruzione storiografica (R. Venturi e Denise Scott-Brown, *Imparando da Las Vegas*, 1972; Ch. Jencks, *Il linguaggio dell'architettura postmoderna*, 1977; P. Portoghesi, *Dopo l'architettura moderna*, 1980). Nel quadro dell'esaurimento dei motivi progressistici della modernità si può comprendere inoltre la tematizzazione della società post-industriale, intesa anche come neoconservatrice (D. Bell, *L'avvento della società postindustriale*, 1973; P. Steinfels, *I neoconservatori*, 1979). In questo contesto trova giustificazione il libro di Lyotard, in cui questi motivi storico-culturali sono fatti interagire con le istanze filosofiche del discorso hegeliano sulla fine della storia e sul tramonto del progetto moderno come promessa di emancipazione. Secondo l'ipotesi di Lyotard nell'età postmoderna si sconta il venir meno degli argomenti di giustificazione del sapere vigenti dall'illuminismo innanzi; la società informatizzata trasforma il sapere, in precedenza inteso come veicolo di emancipazione (illuminismo e marxismo) o come sapere assoluto e disinteressato (idealismo), in un bene di consumo e di scambio, la cui acquisizione e distribuzione costituisce un processo meccanico separato dalla formazione umana come cultura. In esplicita polemica con questa prospettiva si pone il giudizio di J. Habermas, formulato prima in forma saggistica («Il moderno. Un progetto incompiuto», discorso pronunciato per il conferimento del premio Theodor Adorno nel 1980), e poi sviluppato nel quadro di una reinterpretazione della filosofia da Nietzsche in poi (*Il discorso filosofico della modernità*, 1985; *Il pensiero post-metafisico*, 1989). Discostandosi dalla tematizzazione della dialettica dell'illuminismo in M. Horkheimer e in Adorno, Habermas vede nelle realizzazioni perverse della modernità il segno dell'incompiutezza del progetto illuministico, che va ripreso nuovamente elaborando il nesso tra ragione, modernità ed emancipazione, laddove il discorso sul postmoderno si configurerebbe come una forma di neoconservatorismo. Un'interpretazione filosofica della postmodernità connessa alla problematica heideggeriana dell'oltrepassamento della metafisica è stata di recente proposta da G. Vattimo in *La fine della modernità* (1985) e *La società trasparente* (1989).

post-strutturalismo, termine adottato, prevalentemente nel mondo anglosassone, per indicare i tratti comuni, negli anni Sessanta e Settanta, ad alcuni pensatori francesi (M. Foucault, G. Deleuze, J. Derrida, e lo psicoanalista J. Lacan) che avevano aperto un dialogo con le metodiche strutturalistiche invalse nelle scienze umane. Seguendo la polemica di C. Lévi-Strauss con J.-P. Sartre, i post-strutturalisti ritennero che non si dovesse accordare alcun privilegio gnoseologico e assiologico all'uomo e alla figura del *cogito* cartesiano, e suggerirono di procedere per contro a un esame delle forme simboliche (prima di tutte il linguaggio), che risultano costitutive della soggettività ben più di quanto non ne siano costituite. Nell'assunzione di fondo dello strutturalismo confluiva anche l'influsso della critica filosofica della coscienza di Nietzsche (Deleuze, *Nietzsche e la filosofia*, 1962), la ripresa dell'ideale nietzschiano di una genealogia della morale (ravvisabile in molte opere storiografiche di Foucault), e la radicalizzazione della valutazione ontologica del linguaggio secondo Heidegger (cfr. soprattutto Derrida, *Della grammatologia*, 1967). La critica della scienza operante, in forme diverse, così in Nietzsche come in Heidegger, e la polemica nietzschiana contro la ricerca di un fondamento ultimo (quale sarebbe ancora il ruolo della struttura) comportarono perciò che l'assunzione operativa dello strutturalismo si accompagnasse a una critica delle sue premesse epistemologiche e, più estesamente, metafisiche (Derrida, *La scrittura e la differenza*, 1967).

postulato, proposizione che, senza dimostrazione, viene assunta come vera (in genere per la sua apparente cogenza), allo scopo di mostrare come da essa derivi logicamente la verità di altre asserzioni. Nella terminologia logica corrente è usato come sinonimo di → assioma.

potenza, termine introdotto di recente nell'antropologia culturale italiana (I. Magli, *Introduzione all'antropologia culturale*, 1981) per indicare quella «forza» che l'uomo proietta fuori di sé oggettivandola, e che intuisce e sperimenta come «esterna» e più potente di lui. Il concetto, così inteso, copre un vastissimo ambito di sensazioni e comportamenti: per es., il campo della sessualità, circondata in tutte le culture da norme tabuizzanti che appunto ne rivelano la «potenza»; la parola, che esplica la propria potenza in occasioni «forti», nelle formule rituali e sacramentali, nel giuramento, nelle benedizioni e nelle imprecazioni, nel profetismo, o addirittura nelle pause del «silenzio» liturgico, ma che è anche alla base della capacità di «fondazione» del mito, inteso come momento originario e perfetto della creazione. Gli studi storico-religiosi hanno individuato numerosi fenomeni che possono venir compresi mediante la categoria di potenza (A. Di Nola, *Antropologia religiosa*, 1974); in particolare, la nozione di potenza sembra poter contribuire in modo decisivo a chiarire l'origine dell'idea di Dio, riconoscendo anche nel monoteismo (si pensi alla teoria del monoteismo primitivo di W. → Schmidt) un'espressione storica dell'esperienza di potenza. Ma anche molti altri fenomeni, quali il politeismo, il panteismo, numerosi miti di origine, possono trovare, almeno in parte, una spiegazione della radice che li accomuna nel fatto che rappresentano i loro oggetti primariamente come potenza. In generale, l'idea di potenza così intesa permette anche di riconoscere quel che vi è di comune tra magia e religione. Il concetto di potenza in tal modo sussume quello di → mana, soprattutto nel senso attribuitogli da E. → Durkheim (che vede nel mana una «forza anonima e impersonale» che passerebbe dal campo magico e religioso a quello di potere, come proiezione della collettività, e a quello scientifico con l'idea di energia); e quello di sacro, quale fu elaborato da R. → Otto e dagli autori della scuola fenomenologica (G. Van der Leeuw). Si veda anche → tabù.

potenza - atto, → atto; → Aristotele.

potere, termine designante il possesso, da parte di un soggetto individuale o collettivo, della capacità di raggiungere i propri fini in una sfera specifica della vita sociale, nonostante la volontà contraria di altri. Quando sia noto, il possesso di tale capacità di per sé rende più probabile la subordinazione della volontà contraria dell'altro alla volontà del soggetto, pur nei casi in cui questo non intraprende alcuna azione diretta a imporla. Ma per conseguire stabilmente i suoi effetti, tale capacità deve essere almeno saltuariamente messa in opera. Il *possesso* continuativo del potere è assicurato solamente dall'*esercizio* ricorrente, anche se discontinuo, di esso.

• *Potere potenziale e potere attuale.* Il possesso del potere, detto anche *potere potenziale*, al pari dell'esercizio del potere, detto *potere attuale*, si fonda su alcune condizioni che a fini analitici è bene tenere distinte, sebbene in ogni situazione reale esse tendano a presentarsi combinate fra loro in vari modi. *1*) Il soggetto del potere controlla e sa utilizzare un volume complessivo di conoscenze o informazioni superiore a quello che l'altro controlla e sa utilizzare, e impone quindi la propria volontà primariamente sulla base di tale superiorità tecnica. Questo aspetto del potere è detto appunto potere tecnico. *2*) Il soggetto controlla certe risorse (per es. mezzi di produzione) che sono necessarie all'altro per raggiungere i suoi scopi (per es. sostentare se stesso e la propria famiglia), ma che questi può utilizzare soltanto se si conforma in qualche misura al volere del soggetto, ovvero vi si subordina. Nei casi in cui prevale questa condizione si è dinnanzi al potere di disposizione. *3*) Il soggetto minaccia di impiegare, o di fatto impiega, mezzi tali da recare un danno diretto all'altro, nella sfera dei suoi interessi economici, morali, affettivi o altri, qualora questi non si conformi alla sua volontà. A questo riguardo si parla di potere di coercizione. *4*) Agendo eventualmente su terzi soggetti, o in generale sulla situazione in cui l'altro è vincolato ad agire, il soggetto limita la possibilità di questi di manifestare un volontà contraria, o al limite gli impedisce di formarsela. Qui si parla di potere di manipolazione. Il potere di disposizione e quello di coercizione sono le forme più antiche e diffuse, già note ai classici da Machiavelli a Marx. Il potere tecnico e quello di manipolazione sono forme emerse nelle società contemporanee. In esse più diffuso sembra il potere allo stato potenziale, studiato dai sociologi e scienziati politici più recenti (tra cui P. Bachrach, P.M. Blau, M. Foucault). Così definito e articolato, il concetto di potere appare nettamente separato da quello di *autorità*, che è la facoltà di emettere comandi attribuita e riconosciuta dagli stessi soggetti cui tali comandi si applicano; come pure da quello di *influenza*, che è la capacità di modificare il comportamento dell'altro mediante l'espressione, attuale o anticipata da questi, di un giudizio su materie in cui esso riconosce la superiore competenza del soggetto; come infine da quello di *dominio* che si riferisce a un assoggettamento stabile di una popolazione o classe al detentore di un potere. Da questa visione si è recentemente discostato H. Popitz (*Fenomenologia del potere. Autorità, dominio, violenza, tecnica*, 1986), che invece sussume sotto il concetto di potere i fenomeni dell'autorità, intesa come un genere di potere fondato sul prestigio, e del dominio, considerato il potere istituzionalizzato; a questi aggiunge, inoltre, la violenza, come espressione estrema del potere, e l'agire tecnico, che aumentando l'efficienza incrementerebbe il potenziale del potere sociale.

• *Concezione generativa e concezione distributiva del potere.* Nel dibattito secolare sulla fenomenologia del potere grande importanza hanno avuto la concezione *distributiva* e la concezione *generativa* del potere. Secondo la prima il potere va visto come una grandezza finita, per cui tutto il potere che un certo soggetto possiede a un dato momento appare sottratto a un altro, e viceversa; la seconda considera invece il potere come una capacità atta a crescere sulla base delle risorse che una collettività conferisce a un dato soggetto al fine di conseguire certi scopi di beneficio comune. La contrapposizione tra le due concezioni, riproposta negli anni Cinquanta da C.W. Mills e da T. Parsons, ma avente origini più lontane nel giusnaturalismo e nel positivismo giuridico, è più apparente che reale. In ogni situazione concreta si possono infatti osservare entrambi i casi. Così avviene, per es., nelle relazioni tra direzioni aziendali e lavoratori, dove il potere di controllare certi aspetti dell'organizzazione del lavoro o degli investimenti da parte delle prime diminuisce simmetricamente con l'aumento dell'analogo potere dei secondi; ma dove il potere delle organizzazioni sindacali di fronte alle direzioni, e all'esterno di fronte al governo, è precisamente generato dal sostegno dei lavoratori, e si riduce quando tale sostegno di massa viene a mancare. Ogni forma di potere comporta una maggiore disponibilità di *risorse* da parte di un dato soggetto rispetto ad altri. Le risorse più comuni sono la forza, ivi compresi la minaccia o l'uso di armi, la conoscenza tecnica o scientifica, il capitale o i mezzi di produzione, la legge e l'organizzazione. Quest'ultima risorsa ha particolare rilievo nel caso di soggetti collettivi, come le classi sociali, le categorie professionali, le associazioni politiche, o più semplicemente i dipendenti di un'azienda: il loro potere è infatti strettamente correlato alla capacità degli individui di agire solidalmente, ciò che può avvenire solo se essi raggiungono un adeguato grado di organizzazione.

La combinazione simultanea di più tipi di risorse moltiplica il potere, come avviene tipicamente con il massimo soggetto di potere del mondo moderno e contemporaneo, lo *stato*, nella cui capacità di organizzazione e di controllo della vita sociale si congiungono monopolio della forza legittima e grandi mezzi capitali, sapere burocratico e fondamentali norme di diritto.

• *Forme del potere.* Le principali classi di potere sono il *potere politico* e il *potere economico* (il cosiddetto *potere ideologico* essendo riducibile senza eccezioni all'uno e all'altro, oppure a qualche forma di autorità o di influenza). Entrambi presentano due lati, uno volto all'affermazione o alla conservazione, l'altro alla trasformazione del sistema politico ed economico esistente; in tutte le società essi si identificano, a lungo periodo, il primo con le forze di governo, il secondo con le forze sociali di opposizione. I conflitti originati dall'esercizio di queste forme di potere sono stati studiati da numerosi sociologi tra cui R. Dahrendorf, M. Crozier, A. Touraine, B. Moore, N. Poulantzas. L'ambito ultimo del potere politico è il mantenimento o la trasformazione dell'ordine sociale in essere, inteso come la struttura dei rapporti di scambio, di conflitto o di coalizione delle classi fra le quali è suddiviso il lavoro necessario per alimentare e riprodurre l'organizzazione complessiva della società. L'ambito proprio in cui si genera e si applica il potere economico è da vedersi nell'impiego e nella distribuzione dei mezzi di produzione, nella localizzazione delle unità produttive, nella direzione dei processi di accumulazione, nelle modalità di impiego delle forze di lavoro, nella distribuzione del reddito tra i diversi strati e classi di lavoratori. In molte società contemporanee esistono apparati burocratici, sia privati sia pubblici, i quali assommano in sé un grado elevatissimo di potere politico e di potere economico, rendendo spesso difficile dire dove l'uno comincia e l'altro finisce (C. Lindblom, *Politica e mercato*, 1977). Il sociologo della comunicazione N. Luhmann ritiene che sempre meno il potere si esprima con la coercizione, la violenza, la repressione fisica, e sempre più invece costituisca una forma di comunicazione sociale, che consente a un soggetto di scegliere, con una propria decisione, una alternativa per altri soggetti, riducendo per questi ultimi la complessità del mondo (*Potere e complessità sociale*, 1975). Il potere infatti, secondo Luhmann, non è altro che un codice di simboli generalizzati che rende possibile e disciplina la trasmissione di prestazioni selettive da un soggetto all'altro.

Il potere è una delle dimensioni fondamentali della → *stratificazione sociale*, correlata in vari modi con altre dimensioni quali la ricchezza e il prestigio: chi ha molto potere — insegna la storia — mira solitamente a conquistare un grado proporzionale di ricchezza e di prestigio, mentre questi sono usati altrettanto spesso per accrescere il potere di un individuo o di una collettività. Tuttavia, il profilo della piramide che descrive in ogni società la sovrapposizione, a un momento dato, di strati e classi sociali in termini di potere politico è di per sé un indicatore assai efficace dell'ordinamento, dei conflitti e della dinamica evolutiva della società considerata. *L. Ga.*

povertà, condizione di carenza dei beni e servizi che sono indispensabili per assicurare a un individuo o a un gruppo di individui la soddisfazione dei bisogni primari. Questa nozione di povertà è *assoluta*, considera cioè il fenomeno in base al tenore di vita che, misurato in termini di spesa totale o di quantità di alcuni beni e servizi, risulta inadeguato. Essa va tenuta distinta dalla povertà *relativa*, che interpreta la povertà come il mancato esercizio del diritto a un livello minimo di risorse.

Solitamente la povertà è misurata adottando il reddito monetario come grandezza di riferimento e individuando un particolare livello di reddito (per es., il 50% del reddito medio pro capite della popolazione), detto *linea di povertà*, per cui si definiscono poveri coloro che percepiscono un reddito inferiore. Il valore del reddito monetario adottato come linea di povertà è ovviamente da porre in relazione al contesto storico e geografico. La misurazione ha rilievo pratico nella decisione e nella valutazione dell'intervento pubblico contro la povertà.

La povertà è divenuta oggetto di studio delle scienze sociali in Inghilterra con la rivoluzione industriale. Th.R. Malthus ne attribuiva la causa alla sovrappopolazione e riteneva che essa potesse essere contenuta solo con un aumento del tasso di mortalità (attraverso guerre e carestie) o con una diminuzione del tasso di natalità (mediante restrizioni morali). N.W. Senior vedeva nella povertà un effetto degli intralci posti dallo stato al pieno funzionamento delle leggi economiche (libera concorrenza). All'opposto, Marx la ricondusse alla disoccupazione (l'«esercito di riserva» creato dal capitalismo industriale per continuare a sfruttare il lavoro) e giunse a vedere nella crescita capitalistica una tendenza all'immiserimento crescente dei lavoratori.

In realtà, mentre la disoccupazione è rimasta un problema cruciale delle economie avanzate (essa è al centro della riflessione di J. Keynes), la profezia marxiana è stata sostanzialmente smentita e la pauperizzazione della classe lavoratrice non è avvenuta per effetto sia dello sviluppo della produzione e del consumo di massa sia del *welfare state*. L'area di maggior concentrazione della povertà è costituita oggi dal cosiddetto Terzo Mondo, cioè dai paesi meno sviluppati. Ivi la povertà appare come una conseguenza della dipendenza economica e del sottosviluppo locale. A questa povertà, che è soprattutto rurale, si affianca quella urbana, delle periferie affollate da ex contadini e immigrati privi di mezzi di sussistenza (come già i vagabondi nella Londra del Settecento in seguito alle *enclosures*). Una causa culturale della povertà è stata messa in luce da O. Lewis (1959), secondo il quale esiste una cultura della povertà che si innesta sull'emarginazione e tende a riprodurre la condizione di povero. Disorganizzazione sociale delle comunità povere, scarsa coesione familiare, precoce iniziazione sessuale, senso di marginalità, debolezza dell'Io connotano la situazione culturale tipica dei gruppi emarginati nelle società orientate al profitto e al successo. Povertà e → marginalità sono pertanto fortemente correlate.

Oggi, nei paesi capitalistici sviluppati, alle vecchie forme di povertà si sono aggiunte nuove forme non soltanto materiali di privazione, ma di emarginazione e di indigenza socioculturale: vasti strati di lavoratori non più attivi e marginali, donne sole con figli, *homeless* ecc. In questi casi il fenomeno della povertà si è rilevato difficilmente comprimibile al di sotto di un certo livello, anche in presenza di energiche politiche sociali, e tende a espandersi in seguito alla riduzione dell'intervento statale da parte di governi conservatori. Alla fine degli anni Ottanta, negli Stati Uniti, le famiglie ufficialmente considerate sotto la linea di povertà erano oltre il 10% e le condizioni di deprivazione del sottoproletariato urbano erano per certi versi aggravate. D'altra parte, talvolta, le stesse politiche sociali contribuiscono a creare nuove forme di esclusione e di povertà (per es., in quanto disconoscono i principali bisogni dei poveri o riducono l'incentivo a uscire dalla condizione di indigenza).

L'economista e filosofo indiano A. Sen (*Povertà e carestia*, 1981; *Il tenore di vita*, 1986) ha indicato i limiti dei criteri che misurano il tenore di vita in termini di ricchezza, merci o utilità (le merci sono mezzi per altri fini), riconducendoli a una forma di feticismo della merce e ha proposto una ridefinizione di povertà in termini di *capacità*, ossia di opportunità che l'individuo ha di condurre liberamente la sua vita. L'impostazione di Sen supera la distinzione tra povertà *assoluta* e *relativa* e chiarisce le variazioni sul piano internazionale dei livelli di povertà. Alcune capacità, come quella di nutrirsi, possono richiedere più o meno gli stessi beni (cibo) senza riguardo per la ricchezza media della comunità nella quale l'individuo vive. Altre capacità, legate al decoro esteriore, agli obblighi sociali, all'informazione richiedono il possesso di beni il cui valore varia sensibilmente passando da una società più ricca a una meno ricca. Gli stessi livelli assoluti di capacità possono quindi presupporre quantità diverse di reddito e di merci. La povertà appare dunque assoluta nello spazio delle capacità e relativa nello spazio dei beni. Ma i livelli minimi socialmente accettati di capacità possono essere corretti verso l'alto a mano a mano che la società diventa più ricca.

Questo approccio multidimensionale alla po-

vertà sembra, tra l'altro, particolarmente adeguato a indagare, interpretare e misurare le «nuove povertà», che non trovano rigorosa sistemazione in un quadro interpretativo assoluto in cui il reddito monetario viene considerato come esclusivo indicatore di benessere.
Il tema della povertà è stato recentemente sviluppato anche dalla teoria della giustizia (J. → Rawls). In questo ambito il concetto di povertà è stato ricondotto a quello di ineguaglianza nella distribuzione di beni primari (coscienza del proprio valore, diritti e libertà, opportunità e poteri, reddito e ricchezza). Con una quantità maggiore di questi beni gli uomini possono garantirsi un maggior successo nel raggiungere i propri fini, quali che siano. In base ai requisiti di giustizia i beni primari sono distribuiti in modo tale che alcuni possono averne di più solo se ciò migliora la condizione dei meno favoriti.

pragmatica, nella tripartizione della semiotica proposta da Ch. → Morris (1938), lo studio delle relazioni tra i segni e i loro utenti. Nelle intenzioni di Morris, la denominazione faceva riferimento al pragmatismo, che più di altre correnti filosofiche aveva avuto attenzione per l'uso e la funzione effettiva dei segni (si pensi all'opera di Ch.S. Peirce). Nell'uso successivo, tuttavia, il rapporto col pragmatismo non ebbe parte alcuna. Lo statuto della disciplina rimase a lungo incerto: alcuni la identificavano con lo studio del modo in cui il significato di un enunciato dipende dal contesto fattuale in cui viene usato, e quindi con lo studio delle espressioni → indicali (come 'io', 'ieri', i dimostrativi ecc.), il cui valore semantico dipende dal parlante, dal luogo di emissione ecc.: così per es. Bar-Hillel (1954) e poi R. Montague (1968). Altri invece, interpretando la dipendenza dal contesto come dipendenza da assunzioni condivise o → presupposizioni, identificavano la pragmatica con la teoria delle condizioni di appropriatezza delle enunciazioni, e quindi, essenzialmente, con la teoria degli → atti linguistici nel senso di J.L. Austin e J. Searle. Questa seconda accezione finì per prevalere (dall'inizio degli anni Settanta), anche perché la teoria delle espressioni indicali era ormai a tutti gli effetti un capitolo della semantica formale. Nell'ambito di questa concezione della pragmatica, i contributi più importanti sono venuti dalla teoria della conversazione di H.P. → Grice e dalla teoria della pertinenza di D. Sperber e D. Wilson. La ricerca pragmatica, nata nell'ambito della filosofia del linguaggio, ha interessato sempre di più la linguistica, intrecciandosi con altre sottodiscipline come la linguistica testuale e l'analisi del discorso (→ conversazionale, analisi). Un capitolo a sé è invece rappresentato dalla cosiddetta «pragmatica della comunicazione umana», un indirizzo di ricerca proposto da P. → Watzlawick e altri in un volume del 1967 dallo stesso titolo: si tratta in questo caso di indagini psicosociologiche sulla comunicazione come forma di relazione interpersonale, guidate dalle note teorie di G. Bateson sulla metacomunicazione. Queste ricerche utilizzano anche concetti di pragmatica filosofica (come quello di atto linguistico), ma per il loro quadro d'insieme sono piuttosto imparentate con l'opera di E. → Goffman e con l'→ etnometodologia.

pragmatico, termine usato con una precisa connotazione filosofica da Kant, che contrappose il valore «pratico» (*praktisch*) della legge morale al carattere «pragmatico» (*pragmatisch*) degli imperativi della prudenza: la legge è valida a priori, questi ultimi invece si fondano su principi empirici perché «soltanto per mezzo dell'esperienza si può sapere quali inclinazioni da soddisfare esistano e quali siano le cause che possono produrre la loro soddisfazione» (*Critica della ragion pura*, B, 523-524). Conseguentemente, Kant chiamò «antropologia pragmatica» la considerazione empirica dell'agente umano, distinta dalla «metafisica dei costumi» che considera invece le azioni sotto il profilo morale «puro». È appunto riferendosi a queste distinzioni kantiane che Ch.S. Peirce introdusse il termine → pragmatismo (*pragmatism*) — e non «praticismo» o «praticalismo», che in Kant sono legati alla sfera morale — per indicare la propria teoria logica del significato connessa agli «abiti di risposta» pratici. Anche W. James adottò i termini «pragmatismo» e «pragmatico» per designare la propria posizione filosofica, rifacendosi però non a Kant, ma all'etimo della parola (dal gr. *prâgma*, fatto, azione) e al suo uso nella dottrina conoscitivo-morale di Protagora.

pragmatismo, movimento filosofico sorto negli Stati Uniti alla fine del secolo scorso e poi diffusosi anche in Europa. Il termine «pragmatism» venne coniato da Ch.S. Peirce intorno al 1872 nel corso degli incontri del «Metaphysical Club» di Cambridge, Massachusetts, comprendente, oltre a Peirce stesso, l'utilitarista darwiniano Ch. Wright, J. Fiske, F.E. Abbot, N. St. John Green, O.W. Holmes, J.B. Warner e W. James. Col termine pragmatismo, derivato dalla distinzione kantiana tra *praktisch* e *pragmatisch* (→ pragmatico), Peirce intendeva proporre una nuova teoria logica del significato, successivamente esposta nei saggi *La formazione della credenza* (1877) e *Come render chiare le nostre idee* (1878). Funzione del pensiero è quella di imporre una regola d'azione, un «abito», un comportamento, ovvero una «credenza» (*belief*); ne deriva che il concetto di un oggetto si identifica, senza residui, con i suoi effetti pratici concepibili. Le tesi di Peirce non ebbero immediata risonanza. Fu James a riprenderle, unitamente al termine «pragmatismo», nel saggio del 1898 *Concezione filosofica* *e risultati pratici* e poi nel celebre libro *Pragmatismo* (1907). James dichiarò di voler fare un uso «più ampio» della dottrina del significato di Peirce, in pratica traducendola in una teoria metafisica e morale della verità. «Vero» è per James ciò che dà luogo a conseguenze pratiche soddisfacenti, relativamente alle esigenze vitali più profonde degli individui. In tal modo James, in polemica col positivismo spenceriano e la sua teoria della conoscenza come «rispecchiamento», e accogliendo invece alcune suggestioni dell'evoluzionismo darwiniano, rivendicava il valore «pratico» della fede religiosa, le istanze della «volontà di credere» e delle «ragioni del cuore» in quanto dotate di un maggior valore di verità rispetto all'intellettualismo scientifico. Peirce definì «suicida» questo sviluppo essenzialmente irrazionalistico del pragmatismo e a partire dal 1904 (sebbene generalmente inascoltato) usò «pragmaticismo» (*pragmaticism*) per tener distinta la propria posizione da quella di James, divenuta nel frattempo molto nota. Sotto l'impulso di James il pragmatismo assurse a corrente di pensiero di importanza mondiale. Vi aderì J. Dewey, che, nella successiva versione «strumentalistica» da lui elaborata, ebbe a riconoscere, a partire dal 1914, anche i meriti di Peirce. G.H. Mead applicò il pragmatismo alla psicologia sociale e comportamentistica. Molto vicino alle posizioni pragmatistiche si dichiarò l'inglese F.C.S. Schiller, il cui «umanismo», opposto all'«antiumanismo» dei positivisti e degli hegeliani, mirava a una riduzione della logica ai bisogni pratico-psicologici ed emozionali degli individui concreti.

Partecipi dell'atmosfera pragmatistica degli inizi del Novecento possono considerarsi le posizioni di M. de Unamuno e di J. Ortega y Gasset, per la loro insistenza sulla superiorità del valore della fede e del sentimento rispetto all'intelletto e alla scienza. Analoghe affinità sono riscontrabili in Germania, nel «finzionismo» di H. Vaihinger o «filosofia del come se», ispirata alla funzione regolativa delle idee kantiane della ragione (i concetti e i principi della logica sono «finzioni utili» elaborate dallo spirito per affrontare con successo la realtà), mentre in Francia si rilevano analogie tra James e Bergson, sviluppate in particolare da E. Le Roy in campo religioso, e destinate a influire sul modernismo. In Italia G. Papini riprese gli elementi metafisici di James conferendo a essi accenti di esasperato irrazionalismo; in posizione più autonoma si svolse lo «sperimentalismo» di A. Aliotta, mentre G. Vailati e M. Calderoni si ispirarono prevalentemente a Peirce e a Dewey.

Nonostante i suoi sviluppi assai differenziati e la doppia anima che sin dall'inizio lo ispira (quella di Peirce, logica e «platonica», e quella di James, volontaristica ed empiristica), il pragmatismo si caratterizza per un nucleo centrale di convinzioni comuni che hanno il loro perno nella concezione dinamica e spontanea dell'intelligenza (*mind*) e della conoscenza. Accogliendo la tesi darwiniana delle variazioni spontanee che l'ambiente ha la funzione di accogliere o rifiutare, ma non di produrre, e facendo propri gli sviluppi ipotetico-statistici della metodologia scientifica contemporanea, in opposizione al meccanicismo positivistico, il pragmatismo cerca di svolgere evolutivamente e unitariamente il rapporto organismo-ambiente, soggetto-oggetto, individuo-società. La conoscenza non è un atto intuitivo immediato, ma è un processo interpretativo (Dewey parlerà di «manipolazione» dell'esperienza) in cui le idee non si limitano a riflettere la realtà e i «fatti», ma li trasformano e li producono. Analogamente, non si deve più ridurre il rapporto mente-corpo, uomo-natura, al dualismo cartesiano, ma lo si deve intendere alla luce di un interazionismo dinamico, libero da ogni impaccio metafisico e aprioristico. Queste idee generali ebbero rilevanti applicazioni in sede etica, religiosa, estetica, politica e sociale (soprattutto al tempo del New Deal), sino a sfociare in tentativi di rinnovamento radicale della psicologia e della pedagogia. In tal modo il pragmatismo, più che limitarsi a incarnare la filosofia dell'«americanismo», come talora si è polemicamente affermato, ha contribuito in maniera rilevante a determinare il clima culturale della «reazione al positivismo» sviluppatasi tra la fine del secolo scorso e l'inizio del nostro.

Dopo una lunga eclissi, determinata dal successo dell'empirismo logico negli Stati Uniti, temi pragmatisti sono riaffiorati nel pensiero di W.V.O. → Quine, che — come i pragmatisti — vede nella praticità e nell'efficacia predittiva i *soli* criteri di scelta di uno schema concettuale, sia esso il *framework* tecnico di una scienza naturale o un'ontologia metafisica (*Due dogmi dell'empirismo*, 1951). Negli anni Ottanta il ritorno di interesse per il pragmatismo assume connotati più precisi nell'opera di alcuni filosofi «post-analitici», come R. → Rorty (che si richiama a Dewey) e H. → Putnam (più vicino a Peirce e soprattutto a James).

pratico, tradizionalmente opposto in subordine al teoretico, l'ambito del pratico riceve una speciale riabilitazione nell'idealismo trascendentale che, riconoscendo la vera sostanza non nell'oggetto ma nel soggetto, è incline a vedere nell'agire non il contingente e l'aleatorio, ma il fondamento di ogni conoscenza. All'inizio di questa trasformazione è la filosofia di Kant, per il quale pratico è «tutto ciò che è possibile per mezzo della libertà». La libertà, però, non è ancora, per Kant, un veicolo di conoscenza, essendo un concetto speculativo che non abbisogna dell'esperienza per essere verificato; il suo legittimo campo di applicazione è l'ambito morale, dove non già la ragione dà legge ai fenomeni con una funzione puramente regolativa che Kant chiama tecnico-pratica, ma si fa legge a se stessa, ossia la ragion pura è per se stessa pratica in un regno che non ha nulla di sensibile (e dunque di passivamente sottomesso all'esistenza di oggetti). La valorizzazione di questa funzione etico-pratica della ragione, che la lega all'incondizionato e all'assoluto, è stato uno degli elementi più largamente recepiti nell'eredità kantiana. In un primo senso, quello che dal Fichte della *Dottrina della scienza* porta al Schelling delle *Lezioni sull'essenza della libertà umana*, si è trattato della identificazione dell'a priori, per cui lo spirito si presuppone al pensiero, con la libertà, e dunque con la prassi attraverso cui l'io pone se stesso e il non io. Ancora a questa tradizione, con tutte le modificazioni del caso, si richiama il Marx dell'undicesima tesi su Feuerbach secondo cui i filosofi, che sinora si sono occupati di interpretare il mondo, dovrebbero trasformarlo. Ovviamente questa concezione del pratico, che estende la libertà allo stesso ambito della conoscenza, presuppone il passaggio da una filosofia critica (dove il soggetto è libero moralmente ma gnoseologicamente condizionato) alla filosofia trascendentale come generalizzazione dello speculativo (dove, muovendo dall'assunto per cui l'atto di autoriflessione del soggetto è già una conoscenza, il pensiero viene assolutamente presupposto all'esperienza, divenendone il libero legislatore, in senso per l'appunto non tecnico-pratico, ma etico-pratico). Il ritorno a Kant dopo la stagione dell'idealismo, insistendo soprattutto sull'abuso immanente alla presupposizione del pensiero al reale, e riabilitando la nozione dei limiti invalicabili della conoscenza (ristretta ai fenomeni, subordinata all'intuizione e inabile allo speculativo), ha comportato una seconda riabilitazione del pratico, questa volta inteso non in senso speculativo, bensì in forma strettamente morale e come succedaneo all'esiguità e alle fallacie della conoscenza umana. Proprio il fatto che la ragione non possa pervenire che ai fenomeni, e al riconoscimento dei propri limiti, comporta che l'istanza ultima di decisione venga rimessa alla volontà, e dunque alla prassi. Qui la filosofia nel suo uso speculativo si sottomette alla pratica, ma non perché la ragione, passando dall'uso teoretico al pratico, estenda le proprie cognizioni, bensì perché la ragion pratica conferma l'invalicabilità dei limiti dell'esperienza. In questo senso il pragmatismo segue alla crisi prima dell'idealismo, poi del positivismo, e sancisce il carattere puramente pratico che una filosofia può assumere una volta che abbia rinunciato alla possibilità di un uso teoretico.

preconscio, termine psicoanalitico che indica i contenuti psichici assenti dal campo attuale della coscienza, ma che in esso possono in qualunque momento comparire (come i «ricordi», che sono per così dire riattivabili). Nella prima topica freudiana il preconscio costituisce un'istanza dell'→ apparato psichico ben differenziata rispetto all'inconscio; nell'*Interpretazione dei sogni* (1900) in particolare, Freud pone il preconscio fra l'inconscio e la coscienza, e separa il primo dal secondo mediante la → censura. Nella seconda topica freudiana il preconscio perde il carattere di istanza nettamente differenziata, e il termine a esso corrispondente viene usato prevalentemente in forma aggettivale, per connotare alcuni processi e contenuti relativi all'→ Io e al → Super-Io.

predestinazione, termine usato nel Nuovo Testamento per indicare la decisione con cui Dio dall'eternità ordina gli eletti alla salvezza. Il concetto compare già in alcuni passi dell'Antico Testamento, dove si accenna a un «libro della vita» nel quale sono scritti i nomi degli eletti; nei Vangeli Gesù parla di un regno preparato agli eletti fin dalla fondazione del mondo (Matteo 25, 34). Il tema è molto sviluppato nelle lettere di → Paolo, che riconduce la predestinazione al piano di Dio, il quale «da prima della fondazione del mondo [...] ci ha predestinati a essere suoi figli adottivi per mezzo di Gesù Cristo» (Efesini 1, 5). I testi biblici non presentano una dottrina sistematica della predestinazione, ma sottolineano la potenza della grazia divina sul peccato e l'intenzione di Dio di unificare tutti gli uomini in Cristo. Il concetto fu approfondito da Agostino nel quadro della controversia pelagiana (inizi del sec. V): egli sostiene che, in conseguenza del peccato originale, l'umanità è destinata alla dannazione, e che solo per la bontà di Dio un gruppo di uomini è predestinato alla vita eterna. L'interpretazione agostiniana, fortemente influenzata dalla polemica contro Pelagio, condizionò la riflessione teologica successiva. Nel solco agostiniano il benedettino Gotescalco (sec. IX) negò l'universalità della redenzione e sostenne una predestinazione alla vita eterna e una predestinazione alla dannazione (duplice predestinazione), attribuendo esclusivamente alla volontà di Dio la salvezza degli eletti e la dannazione dei peccatori. Gotescalco fu condannato da vari concili, che affermarono l'universale volontà salvifica di Dio e imputarono la dannazione al peccato dell'uomo e non alla prescienza di Dio. La dottrina di Gotescalco fu ripresa nei secc. XIV e XV dall'inglese J. Wycliffe e dal boemo J. Hus, condannati al concilio di Costanza (1414-18), ma soprattutto da Calvino, secondo il quale Dio, creatore e signore sovrano delle sue creature, dispone di esse secondo la sua volontà, e predestina alcune alla salvezza e altre alla dannazione. Questa rigida posizione provocò in seno al calvinismo vivaci controversie, soprattutto per iniziativa di uomini di formazione umanistica (Arminio e i suoi seguaci → arminiani): essi misero in guardia dal manicheismo che scinde l'umanità in due gruppi (l'uno in rapporto con Dio e l'altro in rapporto con il diavolo), e sostennero che la grazia è offerta a tutti gli uomini. La dottrina della predestinazione non ha tuttavia determinato nelle chiese calviniste atteggiamenti di rassegnazione e di fatalismo. Anzi, il calvinista si è sentito stimolato a cercare i segni dell'elezione divina in una vita conforme ai comandamenti di Dio. I principi di Calvino si ritrovano nella dottrina di C. Giansenio (1585-1638), secondo la quale Cristo non è morto per tutti gli uomini, ma solo per alcuni eletti, ai quali soltanto è elargita la grazia. Ma tra il sec. XVI e il sec. XVII anche in seno alla teologia cattolica si discusse se i giusti siano predestinati alla gloria *post praevisa merita* (cioè dopo la previsione da parte di Dio dei meriti) o *ante praevisa merita* (cioè anteriormente alla previsione dei meriti). Seguì la prima tendenza il gesuita L. de Molina (→ molinismo) che, influenzato dalle istanze dell'umanesimo spagnolo, assegnava alla creatura l'iniziativa primaria nell'ordine della salvezza e riconduceva l'azione divina a un concorso simultaneo, mentre il domenicano D. → Báñez postulava un influsso diretto di Dio sulla volontà umana, in modo che questa è determinata ad agire, e parlava di «premozione» divina. Nel 1594 la curia romana nominò una commissione cardinalizia incaricata di dirimere la questione (*congregatio de auxiliis*). Non essendo questa pervenuta a conclusioni univoche, Paolo V troncò nel 1607 la controversia, dichiarando lecite sia le posizioni di Báñez sia quelle di Molina. Oggi il problema della predestinazione è considerato nella prospettiva biblica, cioè secondo il disegno divino di salvezza universale come è espresso nella rivelazione; la riflessione teologica ha quindi abbandonato la discussione sottile e talvolta capziosa sugli aspetti più astratti della questione. Il problema è presente, oltre che nel giudaismo e nel cristianesimo, anche nel buddhismo primitivo e nell'Islam.

predicabili (dal lat. *praedicabilia*; in gr. *katēgoroúmena*), nome che la tradizione assegna alle nozioni di «accidente», «genere», «proprio» e «definizione» di cui tratta Aristotele nei *Topici*, considerandole come ciò che «ogni premessa e ogni problema manifestano o designano» (I 4, 101*b*, 17 sgg.); ma il termine viene riferito in particolare alla teoria fornita poi nell'*Isagoge* da Porfirio, che sostituì alla «definizione» la «differenza» e inserì la «specie». Il termine si oppone a «categorie» o «predicamenti» e designa in generale i tipi di predicazione possibile: ogni proposizione predica di un soggetto o una proprietà accidentale (Socrate è bianco) o un genere (Socrate è un uomo) o un proprio (l'uomo è l'animale che ha la parola) o una definizione reale (l'uomo è un animale razionale). Il termine è stato ripreso da Kant nella *Critica della ragion pura* (par. 10) per designare i concetti puri, ma derivati, dell'intelletto, in opposizione ai predicamenti o concetti puri primitivi: per es. forza, azione e passione sono predicabili derivati dalla categoria della causalità; presenza e resistenza da quella della reciprocità ecc.

predicamento, sinonimo di → categoria.

predicativismo, termine che indica una delle principali concezioni concettualiste, o costruttiviste, nel campo dei fondamenti della matematica. Il nome deriva dall'individuazione, da parte di B. Russell e J.-H. Poincaré, di una specie di definizioni, dette *impredicative*, in cui un certo ente matematico viene definito facendo riferimento a una totalità cui lo stesso ente appartiene: definizioni che si riteneva fossero alla base delle antinomie della teoria degli → insiemi. Nella sua opposizione alla matematica platonista (nei cui procedimenti sono profondamente implicati ragionamenti di tipo impredicativo: come risulta chiaramente, per es., dalla dimostrazione del teorema dell'esistenza di un minimo confine superiore in ogni insieme limitato di reali), il predicativismo si differenzia dall'→ intuizionismo poiché accetta l'infinito attuale, anche se solo limitato ai numeri naturali, la cui struttura viene assunta come la struttura base di tutta la matematica. I predicativisti procedono alla ricostruzione della matematica utilizzando solo la nozione di insieme predicativamente definibile, rinunciando dunque alla nozione di insieme qualunque. Non tutta la matematica è in tal modo ricostruibile. Nella critica predicativista del → platonismo è stata rilevata un'infondatezza logica, in quanto essa è basata sull'attribuzione — che è propria del predicativismo — di un ruolo *creativo*, e non *descrittivo*, alle definizioni matematiche. Assumendo infatti, come fa il platonismo, questo secondo punto di vista, è del tutto giustificabile un procedimento definitorio con il quale un'entità pensata come già *preesistente* possa venir *descritta* anche facendo riferimento a una totalità cui l'entità in questione appartiene. I principali sistemi di matematica predicativista sono costituiti dalla teoria ramificata dei tipi di → Russell (1908), dai sistemi contenuti nel *continuo* di H. → Weyl (1918), dal sistema Σ di Wang (1954) e dai sistemi costruiti da Feferman negli anni Sessanta.

predicativo, calcolo, il → sistema formale corrispondente a una data teoria delle leggi logiche basata su un linguaggio che prevede, oltre i connettivi, anche i → quantificatori. Il trattamento rigoroso della nozione di quantificatore esige che il linguaggio contenga simboli fungenti da variabili per individui, per es. x,y,... e talvolta anche simboli per variabili per predicati e relazioni, per es. X,Y,... Le formule *atomiche* del calcolo predicativo sono della forma soggetto-predicato oppure soggetto-relazione, dove i soggetti, i predicati e le relazioni possono essere anche dati come variabili. Le formule generali sono quelle ottenute per applicazione di connettivi o quantificatori a partire dalle formule atomiche. I due seguenti sono esempi di formule con quantificazione: *per ogni* x *si ha* A (x); *esiste un* Y *per cui* A(Y). Se ci si limita alla quantificazione su variabili individuali, si ha un cosiddetto calcolo predicativo *elementare* (o del primo ordine); se si ammette anche la quantificazione sulle variabili per predicati o relazioni, si ha un calcolo predicativo detto *del secondo ordine*. La differenza tra i due risulta fondamentale sul piano *espressivo*: le formule del calcolo predicativo del secondo ordine permettono di esprimere importanti nozioni che si dimostrano *inesprimibili* con il linguaggio del calcolo predicativo elementare. Inoltre la metateoria del calcolo predicativo del secondo ordine è un fenomeno piuttosto recente; le nostre conoscenze metalogiche sono quasi tutte concentrate sul calcolo predicativo elementare. Un esempio di calcolo predicativo elementare per la teoria logica classica dei quantificatori si ha considerando il quantificatore *esiste* e aggiungendo agli assiomi e regole d'inferenza per il calcolo → proposizionale classico i seguenti assiomi e regole. *Assiomi*: tutte le formule della forma *non*-A(x) *o esiste un* x *per cui* A(x). *Regola d'inferenza*: da A(x) *o* B segue *esiste un* x *per cui* A(x) *o* B (questa regola è applicabile solo quando la variabile x non compare nella formula B). Stante il fatto che tutti gli altri quantificatori, in particolare quello universale *ogni*, sono definibili a partire da *esiste*, si ha che il calcolo predicativo elementare è *completo*, ossia ogni legge logica classica è ottenibile a partire dagli assiomi per applicazione delle regole. Si dimostra invece che, in base a una naturale nozione di legge logica classica, il calcolo predicativo del secondo ordine è essenzialmente *incompleto*: esso *non* può rendere conto, con i suoi assiomi e regole, di *tutte* le leggi logiche.

predicazione, la relazione tra un predicato e i suoi argomenti (→ argomento). La logica tradizionale, da Aristotele in poi, tendeva a riconoscere solo predicati a un posto (identificando quindi, nell'enunciato '*a* è tra *b* e *c*', un soggetto [*a*] e un predicato [è tra *b* e *c*]). Nella logica contemporanea, da G. Frege e B. Russell in poi, si parla di predicati a 1, 2, 3, ... n posti: un enunciato come quello citato è analizzato come costituito da un predicato a 3 posti [*x* è tra *y* e *z*], applicato a tre argomenti, *a*, *b* e *c*. Questa analisi logica della predicazione è alla base del calcolo → predicativo. I predicati a n posti, n > 1, sono detti 'relazionali' (→ relazione). Come il termine predicato, così 'predicazione' è usato ambiguamente, per designare ora la relazione tra un'espressione linguistica predicativa ('è bianco') e uno o più sintagmi nominali ('Socrate'), ora invece la relazione ontologica tra un attributo (la bianchezza) e uno o più individui (Socrate).

preedipico, periodo, in psicoanalisi, il periodo dello sviluppo psicosessuale precedente la fase edipica. Secondo Freud, nel periodo preedipico è assente il cosiddetto triangolo edipico (bambino-madre-padre) perché il bambino vive esclusivamente l'attaccamento per la madre, senza vivere il padre come rivale. Secondo Melanie Klein, invece, l'analisi dei fantasmi più arcaici rivela la presenza della figura paterna fin dalla primissima relazione madre-figlio, per cui il periodo preedipico costituisce in realtà uno «stadio precoce dell'Edipo» nel quale il padre non è ancora presente come figura proibitrice.

preformazione, teoria della, o preformazionismo, teoria secondo cui le varie parti di un organismo sono già presenti in germe nell'uovo, e pertanto la formazione dell'organismo definitivo avviene semplicemente con lo sviluppo di tale struttura germinale. La teoria della preformazione si oppone perciò a quella dell'epigenesi, secondo cui l'organismo è il risultato di una formazione successiva delle sue parti durante lo sviluppo embrionale. Nei secc. XVII-XVIII la teoria della preformazione fu sostenuta da eminenti biologi, come M. Malpighi, C. Bonnet, A. von Haller, L. Spallanzani, i quali tentarono di darne anche una dimostrazione sperimentale (cfr. per es. l'opera di Malpighi, *De formatione pulli in ovo*, 1672). I sostenitori di tale teoria, detti «ovisti», non riuscirono mai tuttavia a prevalere definitivamente sui sostenitori della teoria opposta. Tra i filosofi che si occuparono del problema, Leibniz aderì alla teoria della preformazione e Kant, nel dare un quadro sistematico delle diverse teorie sulla formazione degli organismi — volendo integrare meccanicismo e teleologismo nella spiegazione di un fine della natura (*Critica del giudizio*, par. 81) —, distinse due diverse concezioni: l'occasionalismo e il prestabilismo. L'occasionalismo sostiene che in ogni accoppiamento di materia la causa suprema del mondo dia immediatamente la formazione organica. Il prestabilismo individua due tendenze: la prima, chiamata teoria dell'evoluzione, considera che la preformazione sia lo sviluppo dell'individuo singolo; la seconda concezione, o preformazione generica o epigenesi — difesa da Kant — sostiene che la potenza produttrice degli esseri che generano sia virtualmente già data, secondo un finalismo interno, caratteristico di ogni specie particolare. L'avvento dell'evoluzionismo e il progresso della ricerca biologica sperimentale hanno modificato radicalmente i termini del problema, rivelando il carattere puramente filosofico della opposizione tra preformazionismo ed epigenesi.

preghiera, in senso religioso, richiesta, domanda pressante, ma anche invocazione, benedi-

zione. Secondo la tipologia di F. Heiler (*La preghiera*, 1923), la preghiera può essere di due forme diverse: *preghiera profetica* (appello a Dio come salvatore) e *preghiera mistica* (aspirazione all'unione). Tipica della preghiera mistica è la percezione dell'ineffabilità di Dio, che non esclude necessariamente la richiesta, l'appello a Dio, anche se le sue caratteristiche principali sono il silenzio e la purificazione da ogni desiderio. Essa è puro raccoglimento che immerge l'uomo in un abisso percepito come più grande del mondo, e la sua conseguenza necessaria è il superamento di ogni desiderio. Oltre che dei mistici occidentali, questo tipo di preghiera è propria del buddhismo e, in genere, delle religioni orientali, non teistiche a differenza delle religioni fondate sulla rivelazione (ebraismo, cristianesimo, islamismo) in cui il rapporto con Dio si esprime in maniera dialogica. Oggi, nonostante le profonde differenze fra le due pratiche, gli ampi scambi culturali e spirituali con l'Oriente hanno creato forme di sintesi tra la preghiera cristiana e la meditazione yoga e buddhista.
La preghiera profetica è quella che pone in primo piano la relazione fra chi parla (aspetto antropologico) e colui a cui si parla (aspetto teologico). Essa viene formulata liberamente o in un linguaggio rituale. In questo tipo di preghiera la dimensione teologica è la più problematica. In senso rigoroso, infatti, Dio è inesprimibile, e il linguaggio religioso quindi rimane sempre nell'ambiguità della tensione fra la finitezza della lingua e la grandezza infinita di colui a cui il linguaggio vuol parlare, anche quando cerca di trascendersi attraverso la *via negationis* o la simbologia. Il simbolismo più intenso è sviluppato nel culto (la liturgia), che è una preghiera simbolico-reale (reale in quanto compie ciò che è celebrato), con un suo linguaggio, luoghi propri, tempi propri, e rituali ben definiti. La preghiera, oltre che sulla fede in Dio, si fonda sull'esperienza umana, sulla percezione del proprio io nel mondo. Il contesto della preghiera è infatti una situazione esistenziale che nasce dal desiderio, dall'attesa, dalla volontà di trascendimento, dalla consapevolezza del limite.

prelogiche, mentalità, → Lévy-Bruhl, Lucien.

presbiterianesimo, termine designante il tipo di organizzazione, proprio di alcune chiese protestanti di ispirazione calvinista, basato su «presbiteri», cioè pastori o ministri «anziani» laici. Si differenzia perciò sia dall'episcopalismo, conservato nell'anglicanesimo e in alcune chiese luterane, sia dal congregazionalismo radicale, che non distingue dignità e funzioni dei ministri da quelle del laicato. Ciascuna chiesa locale è retta dal concistoro, composto dal pastore e dagli anziani; il «presbiterio» è il consiglio composto dai pastori e dagli anziani dei vari concistori, il cui ufficio consiste nell'ordinare i nuovi ministri. Il sinodo, formato dai delegati dei diversi presbiteri, ha il compito di vigilare sulla dottrina e sulla disciplina delle comunità che gli appartengono. L'organo supremo è l'assemblea generale, composta di pastori e di anziani (di solito in uguale numero) eletti dai presbiteri. Sul terreno teologico il presbiterianesimo si ispira alla dottrina calvinista. Esso riconosce la Sacra Scrittura come *norma normans* e, in genere, la Confessione di Westminster del 1647 come *norma normata*. Il culto si fonda sulla lettura della Bibbia e sul sermone, mentre la Cena viene celebrata alcune volte all'anno. Nei secc. XVI-XVII le chiese presbiteriane sostennero il dovere dei magistrati di far adempiere le leggi della chiesa e affermarono il diritto di resistenza, anche con le armi, contro i magistrati che negassero il loro appoggio: le guerre combattute da olandesi, inglesi, scozzesi contro i loro principi si comprendono in questa prospettiva. Nella seconda metà del sec. XVI il presbiterianesimo si diffuse in Scozia, per iniziativa di J. Knox, e poi in Francia (→ ugonotti), nei Paesi Bassi, in Inghilterra (→ puritanesimo), nelle colonie inglesi dell'America settentrionale. Nel 1875 le chiese presbiteriane hanno costituito la World Alliance of Reformed and Presbyterian Churches. Oggi i presbiteriani sono più di 50 milioni.

presocratici, termine con cui si designano i filosofi greci vissuti prima di Socrate e, per analogia, i pensatori a lui contemporanei o addirittura anche più giovani di lui che non assorbirono l'impostazione radicalmente innovatrice del filosofare proposta da Socrate medesimo. Il termine denota perciò una categoria di carattere non puramente cronologico, bensì anche concettuale, indicando l'orizzonte di pensiero che si colloca al di qua della rivoluzione socratica.
I presocratici non costituiscono un blocco compatto di pensatori, ma si dividono in numerose scuole e tendenze. Una prima distinzione essenziale è quella fra i cosiddetti fisici o naturalisti e i sofisti. I primi incentrarono quasi per intero la loro attenzione sulla *phýsis* o natura (donde il nome); i secondi, invece, operarono uno spostamento dell'asse della speculazione dalla natura all'uomo, costituendo in tal modo il retroterra immediato della filosofia socratica. Mentre si rinvia il discorso sui → sofisti all'apposita voce, circa i naturalisti presocratici è da rilevare anzitutto che, secondo una distinzione di carattere geografico, essi si dividono in «ionici» e «italici». I primi sono così detti perché furono attivi nelle colonie greche orientali della Ionia, i secondi perché fiorirono nella Magna Grecia. Nella Ionia fiorì la prima triade di filosofi greci: Talete, Anassimandro e Anassimene, e ionico è da considerarsi anche Eraclito nativo di Efeso. I primi tre sono detti anche milesi, perché operarono nella città di Mileto. Senofane, il quale nacque nella ionica Colofone, fu attivo soprattutto nella Magna Grecia, e

quindi può considerarsi sia come anello di congiunzione fra ionici e italici, sia come italico. I pitagorici e gli eleati (Parmenide e Zenone) sono da considerare come i rappresentanti per eccellenza del gruppo degli italici. Questa distinzione geografica consente di rilevare come la filosofia greca sia nata nelle colonie, ai confini d'oriente e d'occidente, per il motivo che qui, prima ancora che nella madre patria, si erano sviluppate quelle condizioni socio-economiche e culturali che garantivano le libertà necessarie al sorgere della speculazione. Alla distinzione geografica, di cui s'è detto, se ne connette una di carattere speculativo: i filosofi ionici sono più accentuatamente fisici, in quanto pongono il principio di tutte le cose nell'acqua, nell'*ápeiron* (indefinito), nell'aria o nel fuoco, mentre gli italici sono, in un certo senso, più raffinati, in quanto pongono il principio di tutte le cose nei numeri (i pitagorici), oppure spostano il loro discorso da un piano cosmologico a un piano decisamente ontologico (→ eleatica, scuola). Per gli ultimi presocratici la distinzione geografica ha scarsa rilevanza, perché le idee filosofiche sono ormai entrate in circolazione in tutto il mondo greco. Con Anassagora e i suoi seguaci, poi, la filosofia fa ingresso in Atene, città destinata a diventare la sede per eccellenza del pensiero filosofico greco.

Un'altra distinzione, divenuta da tempo canonica, si basa sul contenuto del pensiero dei singoli presocratici, a seconda che ammettano un solo principio di tutte le cose, oppure molti. Quelli che ammettono un solo principio sono detti «monisti»; quelli che ammettono più principi sono detti «pluralisti». Sono monisti i milesi, Eraclito e gli eleati; sono pluralisti i pitagorici, Anassagora, Empedocle e gli atomisti. I pluralisti sono quelli che presentano un pensiero più complesso e più evoluto. Da qualche tempo gli studiosi parlano anche di «naturalisti eclettici»: si tratta dell'ultima generazione di naturalisti, attivi in Atene e contemporanei di Socrate, i quali tentarono un ritorno all'antico monismo ionico, sussumendo, nello stesso tempo, alcune delle istanze fatte valere dai pluralisti, in particolare da Anassagora. Il più illustre di questi fisici eclettici è Diogene di Apollonia, che ebbe influssi sulla prima fase del pensiero socratico. Le tappe essenziali del pensiero dei presocratici possono essere indicate nei seguenti punti. *1*) I milesi (Talete, Anassimandro e Anassimene) hanno formulato già in maniera chiara le proposizioni essenziali del pensiero filosofico di tipo occidentale, cercando cioè di ricondurre la totalità dei fenomeni a un unico fondamento o principio (*archḗ*) e di interpretare quelli in funzione di questo con un metodo squisitamente razionale. Con Eraclito il principio si determina espressamente, oltre che come fuoco, come *lógos*, come razionalità e come legge che si scandisce secondo una precisa dialettica. *2*) Con gli eleati, e in particolare con Parmenide, la filosofia presocratica giunge a formulare con chiarezza l'idea che le cose sono non come i sensi e l'esperienza le presentano, ma come la ragione le pensa, seguendo il proprio principio e la propria regola. La drastica posizione eleatica suscita tutta una serie di aporie, che si riconducono a questa principale: la logica della pura ragione sembra in contrasto con l'esperienza e con i fenomeni, al punto da essere costretta a negare i fenomeni medesimi. *3*) I pluralisti tentano di porre rimedio a questa contraddizione, cercando di salvare sia il principio fondamentale dell'eleatismo sia i fenomeni. Di qui l'introduzione di una «pluralità di principi» (i quattro elementi con l'amicizia e la discordia in Empedocle, le omeomerie e l'intelligenza motrice in Anassagora, gli atomi e il connesso movimento in Leucippo e Democrito). *4*) Su un piano diverso è invece costruito il pluralismo pitagorico, la cui formulazione originaria è anteriore all'eleatismo, anche se gli sviluppi più significativi della dottrina sono posteriori: una filosofia che ponga nel numero il principio è infatti necessariamente pluralistica, perché il numero come tale implica strutturalmente la molteplicità.

prestigio, nelle scienze sociali, termine indicante il risultato di una valutazione che la maggioranza dei membri di una classe sociale, di un gruppo etnico, religioso, professionale, di una comunità nazionale o locale, esprime nei confronti di una determinata collettività: a questa viene così assegnata una posizione di inferiorità o di superiorità rispetto ad altri gruppi sociali. Il prestigio di una collettività viene assegnato in base a diversi suoi attributi e caratteri, quali l'utilità sociale, il potere economico e politico, la ricchezza, il grado di istruzione, l'esercizio di un lavoro particolare (manuale o intellettuale, qualificato o no) o il possesso di qualità generali (come l'«intelligenza», l'«onestà» o altre «virtù»). È evidente quindi la connessione — anche se non necessariamente la coerenza — tra prestigio, status e potere. Il prestigio in effetti è considerato — con enfasi particolare nella teoria funzionalistica, ma in qualche misura in quasi tutte le analisi sociologiche — come una delle dimensioni fondamentali della → stratificazione sociale. Le scale di prestigio rivelano notevoli variazioni, anche all'interno di una stessa società, in relazione con la classe, l'età, il sesso ecc. di chi esprime il giudizio. Ma le ricerche finora condotte, soprattutto sul prestigio delle professioni, hanno anche dimostrato valutazioni piuttosto costanti. Le stesse professioni tendono a essere valutate allo stesso modo dagli stessi gruppi sociali, anche in società con diverso sistema politico ed economico.

presupposizione, in generale, condizione che un enunciato suppone realizzata, senza asserirne esplicitamente la sussistenza. Così si dice che l'enunciato 'I figli di Aldo sono tutti maschi' presuppone che Aldo abbia figli, e che 'Beatrice ha smesso di fumare' presuppone che Beatrice fumasse prima del momento dell'enunciazione. Il termine presupposizione fu introdotto nel linguaggio filosofico da P.G. Strawson (*Introduzione alla teoria logica*, 1952); ma il concetto era già stato usato da G. Frege nell'analisi delle descrizioni definite (→ descrizioni, teoria delle). Un enunciato come 'Lo scopritore delle orbite ellittiche dei pianeti morì in miseria' presuppone, ma non asserisce, che qualcuno abbia scoperto le orbite in questione. Se questa condizione non è realizzata, l'enunciato non è per Frege né vero né falso. Le presupposizioni la cui mancata realizzazione determina — come in questo caso, secondo Frege — una lacuna di valore di verità sono state spesso chiamate presupposizioni *semantiche*, in contrapposizione alle presupposizioni *pragmatiche*, che influiscono sull'appropriatezza di un enunciato, ma non sul suo valore di verità (E.L. Keenan, R. Stalnaker). Un esempio è la presupposizione associata alla parola 'persino': l'enunciato 'Persino sua moglie lo disprezza' presuppone (pragmaticamente) che sia inaspettato che la moglie lo disprezzi; se non è così (cfr. 'Persino sua moglie gli vuole bene') l'enunciato è inappropriato o «strano», ma non si può dire che non abbia un valore di verità. La nozione di presupposizione, analizzata tra gli altri da J.L. Austin, B. van Fraassen, Stalnaker, G. Gazdar, è stata applicata all'analisi di una grande varietà di casi in cui l'uso di un enunciato o di una parola sembra dare per scontato più di quanto è esplicitamente asserito (congiunzioni come 'ma' e 'soltanto', verbi fattivi, altri verbi come 'accusare', 'rifiutare', 'ammettere', 'fingere' ecc.). Con la diffusione della teoria della conversazione di H.P. → Grice, molti fenomeni linguistici che erano stati analizzati mediante il concetto di presupposizione sono stati interpretati mediante il concetto di *implicatura*.

Preti, Giulio (Pavia 1911 - Djerba, Tunisia, 1972), filosofo e storico della filosofia italiano. Laureatosi su Husserl, fece parte del gruppo raccoltosi attorno alla rivista «Studi filosofici», diretta da A. Banfi. Dal 1954 fu professore di filosofia al magistero di Firenze. Del primo periodo sono espressione la *Fenomenologia del valore* (1941) e *Idealismo e positivismo* (1943). Anche nello sviluppo maturo del suo pensiero saranno sempre presenti sia la fenomenologia husserliana sia il neokantismo, liberati dalle loro implicazioni metafisiche. Nel dopoguerra Preti trasse motivi di ispirazione tanto dal marxismo (attraverso le opere giovanili di Marx) quanto dal pragmatismo, nella sua forma deweyana. Ma l'atteggiamento di pensiero che egli trovò più congeniale, e verso il quale fece convergere le altre suggestioni filosofiche, fu l'empirismo logico. L'opera in cui rielaborò questa complessa esperienza di pensiero, propugnando una nuova cultura democratica perché antidogmatica, fu *Praxis ed empirismo* (1957), che suscitò un ampio dibattito, venendo a contrapporsi tanto alla tradizione spiritualistica e idealistica quanto allo storicismo e al marxismo scolastico. Dal punto di vista teoretico, è particolarmente notevole la sua interpretazione del neopositivistico «principio di → verificazione» non come un'asserzione conoscitiva, ma come «una regola di metodo», cioè come un enunciato normativo anziché fattuale. Tra le opere storiche sono da menzionare *Il cristianesimo universale di Leibniz* (1953), *Alle origini dell'etica contemporanea. A. Smith* (1957) e una *Storia del pensiero scientifico* (1957). Infine, nel clima d'un rinascente irrazionalismo, egli intervenne in difesa del pensiero critico e razionale, rivendicando l'autonomia teoretica delle scienze e della filosofia, con *Retorica e logica. Le due culture* (1968). Dopo la sua morte, molti suoi saggi sono stati riuniti (a cura di M. Dal Pra) nei due volumi dei *Saggi filosofici* (1976). Postume sono anche le *Lezioni di filosofia della scienza (1965-66)* (1989). Scritti minori sono raccolti in *Que será, será* (1970) e *Umanismo e strutturalismo* (1971).

previsione, la conoscenza umana e razionale del futuro, distinta perciò dalla prescienza divina e dal presentimento sensitivo. In questi termini, benché connaturata con ogni forma di comportamento umano, la previsione acquista una speciale rilevanza col sorgere delle scienze sperimentali. Da sempre era nota la possibilità di prevedere eventi naturali (per es. le eclissi) in base a calcoli matematici; l'ambizione della scienza moderna è stata di estendere a ogni ambito del conoscere questa facoltà. Ciò diviene tanto più importante in quanto il discredito della tradizionale categoria di causa in ambiente empiristico aveva ristretto le facoltà conoscitive dell'uomo al rinvenimento di regolarità e rimetteva tutta la validità dell'indagine alla possibilità di verificare la legge applicandola alla previsione di fenomeni. È il progetto esposto da Hume nella introduzione al *Trattato sulla natura umana* (1739-40): le scienze hanno l'obiettivo di determinare somiglianze, regolarità e conformità rispetto a leggi che consentono di prevedere fenomeni e processi. Anche nell'ambito dei fenomeni naturali questo scopo non può essere conseguito sempre con lo stesso successo, ma solo perché i dati su cui devono stabilirsi le somiglianze e le regolarità non sempre si possono ottenere in quantità sufficiente. Coerentemente a un tale assunto, la ricerca di regolarità in ordine alla previsione è ciò che per Comte, un secolo dopo Hume, caratterizza lo stadio scientifico o positivo della umanità, apertosi con Bacone, con Galileo e con Cartesio, e che adesso si tratta di estendere sistemati-

camente a ogni ambito d'azione e a ogni sfera d'interesse dell'umanità. Tipico di questa fase è per l'appunto il ricorso a leggi che non mirano a spiegare metafisicamente le cause di un fenomeno (il *perché* del suo accadere), bensì le costanti e i modi della sua ricorsività, che ne determinano la prevedibilità: «l'autentico spirito positivo consiste soprattutto nel *vedere per prevedere*, nello studiare ciò che è per concludere ciò che sarà, in base al dogma generale della invariabilità delle leggi naturali» (*Discorso sullo spirito positivo*, 1844).
Nella filosofia della scienza del Novecento si sottolinea che previsione e spiegazione hanno la stessa struttura logica (→ Popper-Hempel, modello): in entrambi i casi si tratta di dedurre la descrizione di un evento, E, da un insieme di condizioni iniziali $C_1, C_2..., C_n$, e da un insieme di leggi scientifiche $L_1, L_2..., L_m$. Nel caso della spiegazione l'evento è già avvenuto e si tratta di identificare le condizioni che l'hanno determinato, mentre nel caso della previsione le condizioni iniziali sono note, e si tratta di determinare l'effetto, che non ha ancora avuto luogo. Il *potere predittivo*, o capacità di previsione di una teoria scientifica, è la sua capacità di dedurre eventi non ancora verificatisi. Per K. Popper, quanto più grande è il potere predittivo di una teoria tanto maggiore è la sua *falsificabilità* (perché gli eventi previsti possono non verificarsi, falsificando la teoria) e quindi il suo *contenuto empirico*.

Priestley, Joseph (Fieldhead, Leeds, 1733 - Northumberland, Pennsylvania, 1804), filosofo e scienziato inglese. Con l'appoggio di B. Franklin pubblicò nel 1767 la *Storia e stato attuale dell'elettricità*, che gli valse la nomina a membro della Royal Society. La sua fama scientifica è soprattutto legata alle indagini sull'ossigeno (*Esperimenti e osservazioni su differenti tipi di gas*, 6 voll., 1774-86), che fecero di lui un diretto precursore di A.-L. Lavoisier, il quale ne apprezzò l'opera. Acceso estimatore della rivoluzione francese, subì persecuzioni politiche e la distruzione dei suoi manoscritti e del laboratorio donatogli dal conte di Shelburne. A seguito di questi fatti, nel 1794 emigrò negli Stati Uniti, dove godette di universale stima e della protezione di Jefferson. Priestley sviluppò l'→ associazionismo psico-fisico di D. Hartley (che espose e fece conoscere nel 1775 con l'opera *La teoria della mente umana di Hartley sui principi dell'associazione delle idee*), con l'intento di ridurre la psicologia al funzionamento del sistema nervoso. Questa tesi si allarga poi a un complessivo monismo delle forze (che si richiama anche a R.G. → Boscovich): forze fisiche e forze psichiche sono due aspetti complementari e paralleli dell'unica sostanza materiale (*Disquisizioni sulla materia e sullo spirito*, 1771). Altri scritti, di intento polemico, sono l'*Esame della ricerca di Reid* (contro la psicologia della scuola scozzese) e *La dottrina della necessità filosofica* (1777), nonché le *Libere discussioni sulla dottrina del materialismo* (1778), occasionate da una polemica con R. Price, che gli aveva opposto le sue *Lettere sul materialismo e la necessità filosofica*.

Prigogine, Ilja (Mosca 1917), chimico ed epistemologo belga di origine russa. Ha studiato chimica e fisica alla *Université Libre* di Bruxelles, specializzandosi nello studio della termodinamica dei processi irreversibili. Con le sue ricerche sulle *strutture dissipative* (sistemi aperti che consumano energia proveniente dall'esterno) ha stabilito che in un sistema amorfo, lontano dall'equilibrio termodinamico, piccole fluttuazioni casuali tendono a creare forme d'ordine assenti nel sistema originario. Premio Nobel per la chimica nel 1977, due anni dopo ha pubblicato, insieme con Isabelle Stengers, *La Nuova Alleanza*, un'opera epistemologica nella quale si sostiene che la scoperta del carattere creativo dei processi di aumento dell'entropia e di dissipazione dell'energia nei sistemi aperti impone una profonda revisione delle tradizionali immagini della natura: il mondo, nella nuova prospettiva, dev'essere pensato non più come un cosmo vivente (animismo), o come un orologio ben regolato (meccanicismo classico), o come una macchina in via di esaurimento (meccanicismo termodinamico), ma come un caos generatore d'ordine, paragonabile al disordine creativo dal quale emergono le opere d'arte. Di qui la possibilità di stabilire una *nuova alleanza* (diversa da quella animistica) tra → mondo della vita e mondo della natura: le forme di complessità sistemica che sono presenti nella sfera dei fenomeni organici o in quella della vita umana sono l'esito di una tendenza fondamentale della storia del nostro universo, e non il risultato casuale di una combinazione altamente improbabile di eventi naturali, come aveva sostenuto il biologo J. Monod in *Il caso e la necessità* (1970). Inoltre il tempo della nuova immagine della natura, misura delle evoluzioni interne ai processi irreversibili dell'universo, è più prossimo al «tempo vissuto» di H. Bergson e dei filosofi della vita che al tempo-illusione della fisica classica, semplice parametro del moto. In *La complessità* (1987, scritto con G. Nicolis) Prigogine ha tentato di trarre dalla termodinamica e dalla teoria dei sistemi dinamici un nuovo *vocabolario della complessità*, applicabile a tutti i fenomeni di organizzazione (dalle molecole alle strutture sociali).

primitivi, termine con il quale si indicano convenzionalmente tutti coloro che appartengono a culture e società caratterizzate da un elementare sviluppo tecnologico e dalla mancanza della scrittura. Tuttavia la nozione di «primitivo» ha dei limiti molto incerti e spesso risulta ambigua, sia perché accomuna indiscriminatamente complessi culturali diversi, sia perché, nel linguaggio comune, continua a essere assunta anche nel senso di «primordiale», secondo lo schema evoluzionistico ottocentesco che riteneva di poter ritrovare nei costumi dei «primitivi» contemporanei i costumi degli uomini preistorici, e ricostruire dal loro sistema di vita quello dell'umanità primordiale. Equiparati quindi a «selvaggi», a uomini allo «stato di natura», i primitivi sono stati guardati di volta in volta con occhio positivo o negativo a seconda che lo «stato di natura» venisse interpretato come condizione di inciviltà, vicina all'animalesco, oppure come simbolo ed esempio dell'autentica umanità, idealizzata nella sua spontaneità istintiva e sentimentale, non ancora corrotta dalla civiltà, secondo il cosiddetto «mito del buon selvaggio». Immagini ambedue astoriche, perché proiezioni di ipotesi prive di possibilità di verifica, ma soprattutto perché fondate sul modo in cui gli studiosi valutavano la propria cultura e la propria storia. I fattori presi in considerazione dai primi viaggiatori ed etnologi, di fronte a popoli le cui abitudini di vita erano così diverse da quelle europee, sono stati o quelli «etici», o quelli «tecnologici», o quelli «mentali». Così l'attenzione si è appuntata, da parte dei missionari, sulla nudità o su costumi sessuali ritenuti animaleschi come per es. la poligamia; da parte dei viaggiatori, sull'uso di strumenti di lavoro, di caccia o di guerra palesemente arretrati (bastoni da scavo, arco e frecce ecc.); e infine, da parte degli etnologi, sulla mancanza di conoscenze scientifiche e sul prevalere di atteggiamenti magici, che inducevano a considerarli mentalmente inferiori o infantili. D'altra parte anche il vedere i popoli primitivi come «selvaggi» viventi in un libero stato di natura era un modo per collocarli fuori della storia, e comunque faceva riferimento a un concetto di «civiltà» come coercizione nei confronti della bellezza e della «naturalità» dell'istinto, che impediva di comprenderne la «cultura», quali che fossero le sue forme, come specifica della specie *homo sapiens*. Tuttavia si continua, in etnologia e in antropologia, a usare il termine «primitivi» per tutte le popolazioni accomunate in qualche modo dalla povertà delle tecniche di sussistenza e dalla mancanza di scrittura, perché qualsiasi altro termine si introduca risulta altrettanto inadeguato, e implica pur sempre un giudizio di valore da parte di chi l'adopera: così, per es., popoli incivili, sottosviluppati, esotici, tribali, arcaici, tradizionali, illetterati, arretrati. Perché esistono popoli primitivi a noi contemporanei? Le risposte a un simile interrogativo sono molto difficili e certamente non esaurienti. Tuttavia una serie di fenomeni sembra influire in modo particolare sul carattere accumulativo e progressivo (il che non vuol dire in assoluto «migliore») di alcune culture, e sul carattere stazionario di altre (molte delle quali risultano oggi — dopo l'impatto con l'Europa e il colonialismo — addirittura in estinzione). Fra questi fenomeni si indicano di solito: il maggiore o minore contatto e scambio fra popolazioni diverse per ragioni geografiche e commerciali; la densità demografica di un gruppo, che rende più o meno complesse le funzioni e le dinamiche all'interno del gruppo stesso; le credenze religiose e l'atteggiamento verso la vita, come, per es., nei primitivi, il deliberato rifiuto della storia come divenire, e una concezione del tempo come «eterno ritorno» allo stato di perfezione originaria, il che produce una sorta di entropia nella vita sociale.

principio di costanza, criterio che costituisce il fondamento della teoria economica freudiana, secondo cui la somma di eccitazione presente nell'→ apparato psichico tende sempre a rimanere al livello più basso possibile; a questo risultato concorrono sia meccanismi che evitano le stimolazioni esterne, sia meccanismi che scaricano (→ abreazione) le tensioni endogene. Si tratta di un principio prettamente fisicalistico (o meglio mutuato dal paradigma concettuale della fisica newtoniana) presente fin dall'inizio nell'opera freudiana e condiviso da J. Breuer negli *Studi sull'isteria* del 1895, sebbene venga formulato da Freud in forma sistematica solo nel 1920, in *Al di là del principio di piacere*. Il principio di costanza trascende tuttavia in parte la dimensione fisicalistica (ossia il postulato per cui i processi psichici vanno soggetti ai medesimi meccanismi di trasformazione energetica dei processi fisici) e possiede una dimensione biologistica che lo avvicina notevolmente al «principio dell'omeostasi» formulato nel 1932 dal fisiologo W.B. Cannon, secondo il quale l'organismo si autoregola mantenendo invariata la composizione degli elementi sanguigni. In Freud, soprattutto nell'*Interpretazione dei sogni* (1900), i processi economici retti dal principio di costanza sono considerati paralleli all'alternarsi del piacere e del dispiacere nell'esperienza soggettiva: il piacere è parallelo alla diminuzione della tensione nell'apparato psichico, il dispiacere è parallelo all'aumento della tensione; egli tuttavia riconosce che in molti casi il piacere è accompagnato da un aumento della tensione.

principio di piacere, principio che secondo la psicoanalisi presiede al funzionamento dell'→ apparato psichico, il quale tenderebbe automaticamente e in ogni momento a liberarsi delle tensioni spiacevoli (si veda anche → processo primario - processo secondario). Formulando il principio di piacere, che non subisce notevoli evoluzioni nel corso di tutta la sua opera, Freud si riallaccia non tanto alla tradizione filosofica edonistica, quanto alla più recente (1848) concezione di T.G. Fechner, il quale interpreta il piacere non già come «meta» del comportamento, bensì come «determinante attuale» del medesimo. Un'altra caratteristica fondamentale della nozione freudiana di «piacere» consiste nel suo stretto nesso con processi e contenuti psichici *dereali* (come quelli onirici), cosicché il principio di piacere da un lato è lontano dalle tesi associazionistiche, funzionalistiche e comportamentistiche della psicologia generale (le quali tutte presuppongono il carattere *reale* dell'esperienza gratificante) e d'altro lato, nell'ambito della stessa psicoanalisi, si contrappone al → principio di realtà. Va infine rilevato che nell'opera *Al di là del principio di piacere* (1920) Freud abbozza la tesi (utilizzando il termine «nirvāṇa», derivato dal buddhismo e ripreso fra gli altri dalla psicoanalista inglese Barbara Low) della profonda affinità fra il piacere e l'annientamento (pulsione di morte).

principio di realtà, principio che secondo la psicoanalisi presiede al funzionamento dell'→ apparato psichico, e che compare, nel corso dello sviluppo psichico, dopo il → principio di piacere; mentre quest'ultimo impone la gratificazione per la via più breve, quella fantasmatica, il principio di realtà consente il rinvio della medesima in rapporto alle esigenze dettate dall'ambiente esterno (si veda anche → processo primario - processo secondario). Secondo la teoria freudiana, esposta soprattutto in *Precisazioni sui due principi dell'accadere psichico* (1911), il principio di piacere si evolve gradualmente e parzialmente in principio di realtà in seguito alla frustrazione del lattante, che non riesce a conseguire il pieno soddisfacimento per via esclusivamente allucinatoria; e questa evoluzione è resa possibile dalla comparsa del pensiero cosciente (inteso come capacità di discriminare fra il reale e l'irreale) e delle sue funzioni ausiliarie quali l'attenzione e la memoria. Nelle ultime opere freudiane tutto ciò viene riassunto nell'attribuzione del principio di realtà all'→ Io, scaturito dall'impatto fra l'→ Es e la realtà esterna. L'effetto strutturante del principio di realtà sul preesistente principio è diverso a seconda della natura delle pulsioni in gioco: nel caso delle pulsioni di autoconservazione, la realtà prende facilmente e irreversibilmente il posto dell'esperienza allucinatoria (per es. il bambino giunge a riconoscere nel seno o nel cibo degli oggetti reali capaci di soddisfarlo), mentre nel caso delle pulsioni sessuali il principio di piacere solo in parte, a fatica e non irreversibilmente si lascia trasformare in principio di realtà, soprattutto in seguito ai processi di identificazione caratteristici della fase edipica.

Pringle-Pattison, → Seth Pringle-Pattison, Andrew.

Prior, Arthur Norman (Masterton, Nuova Zelanda, 1914 - Oxford 1969), logico inglese. Esercitò la maggior parte della sua attività filosofica presso il Balliol College di Oxford. Partito da studi di etica e storia della logica, e influenzato dalla scuola logica polacca, ha legato il suo nome inizialmente a una ricostruzione del celebre «argomento vittorioso» di Diodoro Crono e in seguito all'elaborazione di una logica del tempo considerata come un ramo particolare della logica delle → modalità. In polemica con W.V.O. Quine, Prior ha insistito sulla ineliminabilità dei tempi verbali nell'analisi logica del linguaggio ordinario e scientifico. La logica proposta da Prior presenta due operatori modali primitivi, uno per il passato e uno per il futuro, e può essere assiomatizzata in modi alternativi, a seconda degli assunti che vengono presupposti circa la struttura del tempo e la natura del *medium* temporale. Opere principali sono: *Tempo e modalità* (1957); *Passato, presente e futuro* (1967); *Scritti sul tempo e sui tempi verbali* (1968).

probabilismo, → morali, sistemi.

probabilità, misura delle possibilità di occorrenza di un evento relativamente a una classe data di alternative. Il calcolo matematico delle probabilità fornisce uno strumento per calcolare i valori di probabilità complesse (per es., la probabilità che si verifichi e_2 dato che si sia verificato e_1; che si verifichi e_1 oppure e_2; e_1 e anche e_2 ecc.), data la probabilità iniziale di ciascun evento. L'applicazione concreta di tale calcolo presuppone quindi l'esistenza di un metodo per calcolare i valori relativi delle probabilità iniziali, e la definizione di tale metodo dipende dall'analisi filosofica del concetto di probabilità. Esistono a questo riguardo teorie alternative, rispetto alle quali il calcolo può considerarsi neutrale.

a) Teoria classica. Enunciata da P.-S. de Laplace nel *Saggio filosofico sulle probabilità* (1814), si basa sul principio di indifferenza: due eventi sono «equipossibili» a parità di ragioni del loro verificarsi. La probabilità di un evento viene allora definita come il rapporto fra il numero dei casi favorevoli al suo verificarsi e il numero dei casi equipossibili. Per es. la probabilità che l'esito del lancio di un dado non truccato sia un certo valore è 1/6.

b) Teorie logiche. La teoria classica lascia nel vago la nozione di ragione favorevole al verificarsi di un dato evento. Le teorie di J.M. Keynes, W.E. Johnson, R. Carnap e H. Jeffreys concordano nel riguardare la relazione fra un'ipotesi e le sue ragioni come una relazione logica fra proposizioni. In questa sua accezione, la probabilità di un'ipotesi viene definita da Carnap come la misura (calcolabile) della sua conferma in base alle proposizioni esprimenti dati osservativi.

c) Teorie frequentiste. In alternativa alla concezione classica, si può considerare la probabilità come la frequenza relativa di un evento in una serie casuale di eventi simili ripetibili. Essa si definisce allora come il *limite* della frequenza relativa al tendere all'infinito della successione degli eventi. In base a questa teoria, sviluppata soprattutto da R. von Mises e da H. Reichenbach, la probabilità va concepita come tratto globale di una classe indefinitamente numerosa di eventi (come avviene per es. in meccanica statistica), e non come misura della possibilità che un singolo evento ha di verificarsi.

d) Teorie soggettive. In base alla concezione elaborata da L.J. Savage e B. de Finetti, un'asserzione di probabilità esprime l'aspettativa di un individuo *S* relativamente al verificarsi di un evento. Il «grado di fiducia» di *S* nel verificarsi di *E* è una funzione dell'evidenza disponibile; partendo dall'ipotesi che *S* sia disposto a modificarlo in relazione al crescere dell'informazione, e in ottemperanza a certi requisiti di coerenza con il sistema complessivo delle sue aspettative, la probabilità soggettiva di *E* viene identificata con il grado di credenza «rettificata» o «ragionevole» di *S*.

e) Assiomatizzazione della teoria delle probabilità. Elaborata negli anni Trenta da A.N. Kolmogorov, fornisce un sistema formale di cui la teoria matematica o calcolo delle probabilità è un'interpretazione. Si dimostra che ogni funzione di credenza che soddisfi i requisiti di ragionevolezza soggettiva sopra visti, soddisfa gli assiomi di questo sistema. *R. De Mo.*

problematicismo, termine con cui vengono indicate generalmente quelle posizioni filosofiche (il pragmatismo, lo strumentalismo, lo storicismo ecc.) che rifiutano un sapere assoluto di tipo metafisico nonché la pretesa dogmatica di attingere verità sovrastoriche ed eterne. Il problematicismo non coincide con lo scetticismo o con il nichilismo, essendo contraddistinto soprattutto da un atteggiamento di apertura critica che si astiene dall'esprimere valutazioni definitive. Esemplari sono, in questo senso, le posizioni di Kant e di N. Hartmann nei confronti della metafisica, giudicata da entrambi «problematica» e «aporetica», ma tuttavia meritevole di considerazione filosofica per il carattere imprescindibile delle questioni che suscita. Il termine è stato particolarmente usato nell'ambito della filosofia italiana novecentesca: si pensi al problematicismo trascendentale di A. Banfi (*L'uomo copernicano*, 1950) e a quello situazionale di U. Spirito (*La vita come ricerca*, 1937; *Il problematicismo*, 1948). Per Banfi l'esperienza è strutturalmente problematica e perciò inattingibile da un pensiero dogmaticamente metafisico. Compito della ragione è pertanto quello di organizzare la realtà in sistemi aperti e progressivi, sempre di nuovo confrontando e modificando i progetti e i valori umani con l'inesauribile ricchezza e mutevolezza dell'esperienza. Per Spirito il problematicismo indica invece il fallimento della ricerca filosofica (culminante, a suo giudizio, con la crisi dell'attualismo gentiliano), in quanto le opzioni contrapposte della metafisica e dello scetticismo si rivelano entrambe dogmatiche e insostenibili. Al di là di tale fallimento non resta che abbracciare una concezione della vita come ricerca che non pretenda di costituirsi in un sistema filosofico, ma si configuri come un'«aspirazione alla filosofia», consapevole di non possedere alcuna verità definitiva, ma nel contempo aliena da ogni relativismo che pretenda di cancellare l'aspirazione umana nei confronti dell'assoluto.

processo primario - processo secondario, termini con cui, in psicoanalisi, si indicano le due diverse e antitetiche modalità di funzionamento dell'→ apparato psichico, corrispondenti rispettivamente al → principio di piacere e al → principio di realtà. Nel corso dello sviluppo psichico i processi primari, definiti da Freud anche «processi pieni o totali» (*Progetto per una psicologia scientifica*, 1895), precedono quelli secondari; essi sono caratterizzati dal libero fluire dell'energia psichica, che è regolata dai meccanismi dello spostamento e della condensazione, e hanno luogo nell'ambito del sistema inconscio; la loro esistenza è dimostrabile mediante l'analisi dei contenuti onirici — il cui significato sfugge alle regole del pensiero razionale, pur possedendo una propria precisa coerenza ed espressività — e attraverso l'esame della genesi dei sintomi nevrotici. Al contrario, i processi secondari sono caratterizzati dal fluire controllato o «legato» dell'energia psichica, e si pongono nell'ambito del sistema preconscio-conscio; essi coincidono con i processi mentali della tradizionale psicologia intellettualistica e introspezionistica, cioè con la coscienza e l'azione cosciente, il ragionamento, l'attenzione, il giudizio. Come il principio di realtà interviene a modificare il preesistente principio di piacere, così i processi secondari intervengono a modificare i preesistenti processi primari; l'istanza che presiede a questa funzione di modificazione e di controllo è l'→ Io, anche se in alcune modalità del suo funzionamento, e soprattutto nei meccanismi di → difesa patologica, l'Io soggiace alla logica del processo primario.

Proclo (Costantinopoli tra il 410 e il 412 - Atene 485), filosofo greco. Compiuti i primi studi ad Alessandria, si trasferì ad Atene, dove fu allievo dei neoplatonici Plutarco e Siriano; alla morte dello scolarca Domnino, gli succedette nella guida della scuola neoplatonica di Atene. Si devono a Proclo la sistemazione scolastica della dottrina neoplatonica, condotta attraverso il commento ai *Dialoghi* di Platone (ci rimangono i *Commentari* al *Timeo*, alla *Repubblica*, al *Parmenide*, all'*Alcibiade primo*, al *Cratilo*), e l'esposizione sistematica del neoplatonismo (*Istituzione teologica*, *Teologia platonica*). Proclo si propone di riunire in un unico corpo dottrinale le tradizioni religiose dell'antichità pagana, le acquisizioni della filosofia classica greca e gli esiti della scolastica neoplatonica ateniese. A tal fine, egli conferisce una forma sistematica alla dialettica triadica che sta alla base del pensiero neoplatonico, formalizzandone i tre momenti, e cioè il permanere (*monê*) della causa in se stessa; il procedere (*proódos*) dell'essere, che deriva da essa; il ritorno (*epistrophê*) dell'essere derivato alla causa originaria. I primi tre termini corrispondenti a questa dialettica sono l'Uno (la causa prima, inconoscibile e ineffabile), le Enadi (divinità supreme emanate dall'Uno) e l'Intelletto, a sua volta suddiviso in tre termini: l'essere, cioè l'oggetto dell'intelletto; la vita, ciò per cui si è e si conosce l'essere; e l'intelletto vero e proprio, cioè l'intelletto come soggetto. Attraverso ripartizioni sempre più sottili Proclo giunge a ricomprendere dentro al proprio sistema (in cui non casualmente Hegel vide una prefigurazione del proprio panlogismo) tutte le acquisizioni filosofiche, scientifiche e religiose del mondo antico, che per il suo tramite si tramandarono organicamente nel pensiero medievale.

Prodico di Ceo (tra il 470 e il 460 a.C.), filosofo greco. Più giovane di Gorgia e Protagora, fu contemporaneo di Socrate e di Democrito; di lui si sa che ricavò forti guadagni dall'insegnamento e che, primo tra i sofisti, ricoprì cariche politiche in Ceo. Delle ventitré opere che gli furono attribuite non ci restano che frammenti. Grande rinomanza ebbe nell'antichità il suo trattato sulle *Ore*, dove egli esalta, secondo i precetti dell'umanesimo sofistico, il valore morale delle decisioni e delle responsabilità del singolo (valore esemplificato nella parabola di Ercole al bivio tra vizio e virtù, contenuta nelle *Ore* ma tramandataci da Senofonte); sempre nelle *Ore*, Prodico elaborò un'interpretazione razionalistica del culto religioso, per cui la religione nascerebbe dal desiderio di ingraziarsi forze naturali utili al benessere umano (cfr. Sesto Empirico, *Contro i matematici*, IX, 18; Cicerone, *De natura deorum*, I, c. 42, par. 118): tale interpretazione lo fece annoverare tra gli atei. Di Prodico fu anche celebre il *Trattato di sinonimica*, il cui scopo era definire un rapporto univoco tra nome e cosa mediante una rigorosa classificazione delle sfumature lessicali intercorrenti tra i sinonimi; ridicolizzata da Platone, che ne sottolinea l'eccessiva sottigliezza (*Protagora*, 337*a-c*), la sinonimica di Prodico è in realtà molto affine al «quesito definitorio» di Socrate e alle ricerche di Democrito sulla natura convenzionale del linguaggio.

profetismo, termine indicante la funzione e l'attività del profeta, e la sua presenza come istituzione in numerose forme di religione. Profeta è colui che parla in nome di qualcun altro, in particolare della divinità; in senso largo, il vocabolo si applica a diverse categorie di persone: indovini, maghi, oracoli, interpreti di segni divini di vario genere, intesi come divine indicazioni. Talvolta è riservato a singoli o gruppi (detti nella Bibbia «figli di profeti») operanti nei templi o in luoghi sacri, quali veggenti o interpreti qualificati della divinità. Non raramente la loro attività si esercita in forme rituali assai complesse ed è accompagnata da fenomeni estatici o di entusiasmo, intesi come ispirazione e possessione divina, o comunque di spiriti.

Fenomeno specifico all'interno del generale profetismo è il profetismo ebraico: muovendo da forme iniziali non dissimili da quelle del loro ambiente religioso e culturale, i profeti biblici vanno acquistando una fisionomia propria soprattutto a partire dai secc. IX e VIII a.C. Essi non esercitano il profetismo come professione, sono isolati, la loro attività ha il carattere di una contingenza determinata dalla libera volontà divina; e la loro fisionomia è assolutamente religiosa, anche se possono e debbono coinvolgersi in situazioni e problemi storici, politici, sociali. Il loro messaggio profetico è la fede jahvista, alla quale instancabilmente cercano di ricondurre il popolo e i suoi governanti. In questo senso la loro profezia guarda meno al futuro che al passato, nel quale si sono stabilite le clausole di quell'alleanza che essi richiamano come motivo fondamentale della loro predicazione e della stessa esistenza del popolo. L'infedeltà all'alleanza è all'origine della loro protesta, che li vede talvolta in conflitto con il popolo, con i governanti, con il sacerdozio. Contro la degenerazione ritualistica del culto essi richiamano alla religione interiore, alla fedeltà intima all'alleanza, alla fede piena in Dio, alle implicazioni etiche e sociali che questa comporta. Solo in questa prospettiva il loro sguardo si apre al futuro, per annunciare o il castigo divino o il prevalere della misericordia, il cui ultimo orizzonte è la salvezza che mediante Israele si offrirà a tutti i popoli, in una rinnovata alleanza iscritta non più sulle tavole della Legge, ma nei cuori (Geremia 31, 31). Di alcuni di questi profeti, detti «profeti scrittori», sono giunti a noi anche scritti, raccolti e rielaborati spesso da loro discepoli (→ Bibbia).

Di profezia si parlerà ancora nel Nuovo Testamento, come di una attività nell'annuncio del vangelo; ma il nome, anche nell'uso cristiano, resterà riservato pressoché esclusivamente al grande profetismo biblico.

progresso, termine che, quando non sia accompagnato da specificazione (per es. il progresso della tecnica), indica una concezione della storia universale intesa come un percorso lineare e continuo, in cui le acquisizioni si cumulano e concorrono al miglioramento, che si suppone illimitato, delle condizioni materiali e morali del genere umano. Embrioni dell'idea si possono reperire già nel medioevo (è di Bernardo di Chartres la metafora degli uomini del suo tempo come nani sulle spalle di giganti, cioè degli antichi, e capaci perciò di vedere più lontano di loro), nel rinascimento (per es. in *La cena delle ceneri* di G. Bruno) e agli inizi dell'età moderna (in autori come Bacone, Cartesio, Pascal, Leibniz). Ma il concetto di progresso comincia ad assumere la sua fisionomia teorica precisa solo con la → «querelle des anciens et des modernes». Nella *Digressione sugli antichi e i moderni* (1688), Fontenelle sostiene che i moderni sono superiori agli antichi perché usufruiscono delle precedenti scoperte e su questa base costruiscono le premesse per progressi futuri, in un processo che «non avrà mai fine». L'abate di Saint-Pierre (*Osservazioni sul continuo progresso della ragione universale*, 1737) estende l'idea di progresso dal campo delle conoscenze a quello della vita sociale; per primo usa la metafora delle età dell'individuo come altrettante fasi della storia universale, la quale però non conosce, a differenza dei singoli individui, la vecchiaia e la morte. Il secolo dei lumi fu fecondissimo nel produrre filosofie della storia ispirate all'idea di progresso. Fa eccezione Rousseau, che dissocia progresso scientifico e tecnologico da progresso morale e vede anzi nel raffinamento delle scienze e delle arti la maggiore causa della decadenza dei costumi, ma in compenso fornisce all'idea di progresso la nozione di «perfectibilité», cioè l'idea dell'infinita modificabilità dell'uomo, sia come individuo che come genere, caratteristica che lo distingue da ogni altro animale e ne fa un *unicum* nell'intero universo. I contributi della filosofia dei lumi alla teoria del progresso sono molti e di diversa natura: una concezione laica della storia (Voltaire); l'idea del concorso delle arti e delle scienze al miglioramento delle condizioni complessive di vita (*Enciclopedia*, Discorso preliminare); l'idea della liberazione dal pregiudizio e dalla superstizione come condizione del perfezionamento infinito dell'uomo (in particolare Voltaire); l'antiautoritarismo, l'antitradizionalismo e l'invito alla libertà di pensiero (Kant, *Che cos'è l'Illuminismo?*); la scoperta del ruolo dell'opinione pubblica, come fattore di controllo sul potere politico; la curiosità per società diverse da quella europea — selvaggi, Cina — e la convinzione che esse rappresentino tappe evolutive rapportabili al nostro passato (tardo-illuministi, e in particolare Condorcet). Uno speciale contributo viene dalla scuola fisiocratica, per la sua dottrina delle forme economiche (caccia-pesca, pastorizia, agricoltura) e della loro successione in forme sociali progressive. Su questa linea si trovano: Turgot (*Discorsi*, 1756), il quale arricchisce la teoria di due leggi, quella dell'accelerazione del progresso indotta da ogni passo avanti compiuto dall'umanità, e quella degli stadi evolutivi dello spirito umano (lo stadio sovrannaturale, lo stadio filosofico, lo stadio scientifico); Condorcet (*Abbozzo di un quadro storico dei progressi dello spirito umano*, 1792), che insiste particolarmente sull'effetto di accelerazione prodotto dalla diffusione del sapere e dalla pubblica discussione, e fornisce il quadro sistematico del progresso universale.

Nell'ambito della filosofia classica tedesca, rientrano nella storia dell'idea di progresso la filosofia di Lessing (*Educazione del genere umano*, 1780); Herder (*Idee per una filosofia della storia dell'umanità*, 1784); Kant (*Idea di una storia universale dal punto di vista cosmopolitico*, 1784 cui la storia è vista come progressiva sostituzione di relazioni basate sul diritto a relazioni basate sulla forza); Fichte (*Tratti fondamentali dell'epoca presente*, 1806); Hegel (*Lezioni sulla filosofia della storia* 1837 la storia universale è considerata manifestazione dello spirito del mondo che, attraverso tappe successive incarnate in diversi popoli, raggiunge la compiuta libertà e autocoscienza); tuttavia la complessità filosofica di queste concezioni e la loro scarsa utilizzabilità come idee popolari, le allontanano alquanto dal filone principale. La forma definitiva dell'idea di progresso è piuttosto quella prodotta dalle elaborazioni francesi e inglesi del sec. XIX. Mentre nel Settecento l'idea aveva mantenuto una certa flessibilità e un prudente probabilismo, nel corso dell'Ottocento divenne rigida e unilineare: il progresso diventò una legge necessaria dell'evoluzione del genere umano, senza arresti né deviazioni (di qui la rivalutazione del medioevo, considerato invece dai progressisti settecenteschi come un'inversione di tendenza nel progresso). In Francia, le tappe fondamentali di questo cambiamento sono rappresentate da Saint-Simon e da Comte: il primo (*L'industria*, 1818; *Catechismo degli industriali*, 1824) formula una teoria della storia come passaggio dall'epoca militare, in cui il fine della società è la guerra, all'epoca industriale, in cui il fine è la produzione; il secondo (*Corso di filosofia positiva*, 1830-42) riprende e perfeziona la teoria degli stadi sulla base di una concezione evoluzionistica delle società umane, intese come organismi che seguono una parabola necessaria e utilizzano, al pari di ogni essere vivente, tutti i materiali che trovano, subordinandoli al loro fine; il progresso umano si svolge attraverso tre stadi fondamentali: quello teologico, quello metafisico e infine quello scientifico o positivo; le scienze possono essere classificate sulla base della loro complessità, che ne determina il passaggio da uno stadio a quello successivo. L'evoluzionismo di Darwin — progresso nella natura mediante la lotta per la sopravvivenza e la selezione dei migliori — offre all'idea di progresso un modello nuovo e di grandi capacità di impiego: gli individui — ma anche le forme di vita — più adatti, più capaci di organizzarsi in modo efficace, sopravvivono; dunque la realtà

è risultato di un processo selettivo in cui il meglio viene sempre premiato; il progresso diviene così una legge necessaria, senza invocare presupposti dogmatici, di tipo teologico o metafisico (H. Spencer, *Primi principi*, 1862). Il positivismo fornisce all'idea di progresso l'attrezzatura ideologica e le argomentazioni giustificative; nella seconda metà del sec. XIX l'idea è così diffusa che è impossibile indicarne i luoghi di reperimento. Nello stesso periodo tuttavia sono rinvenibili le radici della successiva critica e svalutazione dell'idea di progresso, a partire dal pessimismo di Schopenhauer (*Il mondo come volontà e come rappresentazione*, 1819) che considera il progresso illusorio, o addirittura come il trionfo di una catastrofica volontà irrazionale, e di E. von Hartmann, (*Filosofia dell'inconscio*, 1869) per il quale il processo dell'universo, di cui la storia umana è una parte, mira all'annientamento cosmico e produce un'infelicità crescente. Dopo il primo conflitto mondiale, H. von Keyserling (*Giornale di viaggio di un filosofo*, 1919) e O. Spengler (*Il declino dell'occidente*, 1818-22) hanno criticato la cultura dell'occidente considerandola espressione di un mondo in decadenza.
Nel nostro secolo l'idea di progresso è entrata in profonda e irreversibile crisi per il convergere su di essa di critiche provenienti da ambiti diversi. È stato mostrato come essa sia una sorta di autorappresentazione e giustificazione dell'era moderna, dei suoi valori e soprattutto dei paradigmi di razionalità (soprattutto scientifica e tecnologica) che l'hanno caratterizzata rispetto alle età precedenti: questa giustificazione avrebbe proprio nella costruzione dell'idea di progresso — di un percorso del genere umano di cui la modernità sarebbe l'ultima e più evoluta tappa — il suo pilastro centrale. Se nuove concezioni del tempo vanificano la rappresentazione di esso come unilineare e continuo (secondo Nietzsche per es., il tempo è circolarità, eterno ritorno e il progresso è illusorio; *Sull'utilità e il danno della storia*, 1874), la contrapposizione tra «Kultur» e «Zivilisation» (Th. Mann, *Considerazioni di un impolitico*, 1918) fornisce un nuovo argomento contro l'idea di un progresso generale, che coinvolga tanto scienze e tecnologia quanto cultura e valori. Altri, come Horkheimer e Adorno (*Dialettica dell'Illuminismo*, 1947) criticano il modello di emancipazione formulato dal pensiero occidentale e strettamente legato alla nozione di progresso, come gravemente inficiato dalla struttura del dominio e dalla razionalità strumentale (Max Weber), irrazionalmente cieca sul senso ultimo degli scopi che persegue. La fenomenologia di Husserl (*La crisi delle scienze europee e la fenomenologia trascendentale* 1954) mostra come i paradigmi di razionalità prodotti dalle scienze diano luogo a un sapere aporetico e contraddittorio, incapace di andare oltre e di fornire orientamenti complessivi. Dal canto loro le scienze etnografiche e antropologiche — in particolare Levy Strauss, *Razza e storia* 1952 — hanno mostrato come la deformazione etnocentrica pesi sulla definizione stessa di «civilizzati» e «primitivi» e sull'idea di una scala progressiva di conquiste culturali e sociali, che rappresenterebbero altrettanti «stadi» del cammino dell'umanità. Non esiste un'evoluzione unica e monodirezionale del cammino umano e soprattutto non è giustificato applicare a ogni civiltà i criteri tecnici e cumulativi che caratterizzano gli esiti (essi stessi discutibili se commisurati a valori o a differenti maniere di intendere le conoscenze e i loro usi sociali) della civiltà industriale europea. Più recentemente è stato messo in evidenza come il modello di uno sviluppo scientifico e tecnologico illimitato si sia rivelato del tutto fallace, mentre prende corpo lo spettro della catastrofe planetaria, per esaurimento delle risorse o per inquinamento irreversibile dell'ambiente. La crisi complessiva della «modernità» e della sua rappresentazione del mondo ha prodotto la nozione di → postmoderno (nozione che attraversa molte discipline, dalla filosofia alla sociologia all'arte; J.F. Lyotard *La condizione postmoderna*, 1979); in essa si esprime il congedo dai miti ottimistici dell'era moderna, e in particolare dai miti della ragione del progresso; essi appaiono come sostanzialmente simili ai miti di fondazione e di giustificazione che tutte le società e le culture si danno (e dunque illusori nella loro pretesa universalistica). *M. Mo.*

proiettive, tecniche, → test.

proiezione, termine psicoanalitico che indica l'operazione con cui il soggetto attribuisce all'altro (sia esso una persona o un oggetto) ciò che rifiuta o non vuole accettare come proprio (pensieri, sentimenti, desideri, tratti di personalità ecc.). Costituisce il più primitivo dei meccanismi di → difesa: di fronte a sollecitazioni endogene sgradevoli e intense, il soggetto reagisce in modo rudimentale, negandole come proprie e rigettandole sull'esterno. Freud ha parlato della proiezione soprattutto nel contesto dell'analisi della paranoia (*Caso Schreber*, 1911), la cui forma persecutoria può essere interpretata alla luce della seguente concatenazione: il paranoico odia una persona, ma non può accettare la paternità di questo odio; pertanto lo attribuisce a detta persona, e così, sentendosi vittima, si sente anche legittimato nel riodiarla. In questo modo la proiezione adempie alla propria funzione difensiva, secondo un paradigma che sussiste anche al di fuori della paranoia: per es. nella fobia, in cui il pericolo pulsionale viene proiettato nel mondo fisico esterno, e in espressioni tradizionalmente definite «normali» come l'animismo, la mitologia, la superstizione. I meccanismi proiettivi agiscono altresì in altre situazioni psichiche che non sono o, perlomeno, non appaiono patologiche: per es. in quella che Freud definisce «gelosia proiettiva», nella quale l'individuo attribuisce al partner il proprio desiderio d'infedeltà; o ancora in molti atteggiamenti rigidi ed estremistici, in particolare quelli razzistici, per cui l'individuo proietta su un determinato gruppo etnico o sociale caratteristiche (come la sporcizia, la doppiezza ecc.) che sono in lui presenti ma delle quali non vuole riconoscere l'esistenza.

prolessi, → anticipazione.

proposizionale, calcolo, il → sistema formale corrispondente a una data teoria delle leggi logiche basata su un linguaggio che si limiti ai → connettivi, ovvero non preveda i quantificatori. Le formule del calcolo proposizionale sono allora soltanto quelle ottenute a partire da proposizioni *atomiche*, della forma soggetto-predicato oppure soggetti-relazione, tramite applicazione di connettivi. Le proposizioni atomiche vengono per lo più indicate semplicemente con *lettere* (per es. *p*, *q*, ...). L'apparato deduttivo del calcolo proposizionale, cioè quello attraverso il quale si ottengono *formalmente* le leggi della teoria logica che interessa, è dato specificando opportuni *assiomi* e *regole d'inferenza*. A seconda del modo di dare quelli e queste, si distinguono nozioni di calcolo proposizionale tra loro significativamente diverse (calcoli alla Hilbert-Bernays, calcoli alla Gentzen ecc.), dove la diversità d'impostazione assume importanza a seconda dei particolari problemi metateorici che ci si pongano. Un semplice esempio di calcolo proposizionale per la logica proposizionale classica, cioè la teoria delle tautologie (→ verità, tavole di), è il seguente. Si consideri un linguaggio con i soli connettivi *non* e *o* (sappiamo che gli altri connettivi sono definibili a partire da questi due). *Assiomi*: tutte le formule del linguaggio della forma *A o non-A*. *Regole d'inferenza*: da *A* segue *B o A*; da *A* segue *A o A*; da (*A o B*) *o C* segue *A o* (*B o C*); da *A o B* e *non-A o C* segue *B o C*. Si dimostra che il calcolo è *completo*, ovvero che ogni tautologia è ottenibile a partire dagli assiomi per applicazione delle regole d'inferenza.

proposizione, in logica, l'unità di significato cui spetta un valore di verità (vero o falso o altri valori se sia data una → logica polivalente). Così definita, questa nozione è antica come la logica stessa, e coincide con quella aristotelica di *lógos apophantikós*, del «discorso» che non solo ha significato, ma è anche vero o falso. In questa classica caratterizzazione, la proposizione è ciò che è espresso da un enunciato assertorio, e si contrappone a ciò che è espresso da altri tipi di enunciati (comandi, domande, desideri ecc.). Ma la nozione moderna di proposizione si origina forse più direttamente dalla distinzione operata da G. Frege fra il *senso* espresso da un enunciato, dato dalle condizioni alle quali esso è vero, e la *forza* assertoria che può, ma non necessariamente deve, accompagnarne l'emissione o iscrizione (possiamo formulare un pensiero senza asserirne la verità). Questa distinzione costituisce una critica di principio alla teoria del significato sottesa alla logica tradizionale, basata sulla priorità dei *termini* (nomi propri e nomi comuni, questi ultimi fungenti alternativamente da soggetto e da predicato) sulla loro composizione in un *giudizio* (affermativo o negativo, universale o particolare). Infatti, l'analisi logica del significato che guida la costruzione del calcolo proposizionale e del calcolo predicativo conduce anzitutto a isolare come unità logiche di significato quelle espressioni (gli enunciati) per mezzo delle quali è possibile esprimere un senso compiuto, in secondo luogo conduce a determinare il significato delle espressioni componenti in termini del loro contributo alle condizioni di verità della proposizione espressa. La «copula» perde così il carattere ambiguo di connettivo portatore della qualità (affermativa o negativa) del giudizio per assimilarsi decisamente al predicato, la negazione diventa una funzione logica, e la circostanza che la proposizione (o la sua negazione) venga asserita in un «giudizio» oppure no trova espressione in un simbolo rigorosamente distinto da quelli deputati a esibire il *contenuto* dell'asserzione. Su questa base, ampiamente condivisa dalla ricerca logica moderna, è possibile generalizzare la nozione di forza in modo da includervi i differenti tipi di *atti* linguistici (→ atto linguistico): asserzioni, ma anche comandi, domande, auspici ecc. Una proposizione può allora considerarsi come il contenuto invariante di questi atti: posizione, questa, che fu sostenuta in diversi contesti da Husserl e da alcuni esponenti della filosofia analitica inglese (J.L. Austin, A.H. Price, P.F. Strawson). Questi ultimi, sviluppando alcune tendenze presenti nel pensiero dell'ultimo Wittgenstein, hanno contestato la rigida distinzione — che si trova in Frege e nei teorici della semantica formale applicata alle lingue naturali — fra il nucleo logico del significato, la cui unità è data dalla proposizione e la cui teoria consta di regole semantiche che correlano un linguaggio a un dominio di oggetti (→ modello), e la dimensione *pragmatica* del significato, cioè la dimensione dell'uso di una lingua in un contesto di convenzioni non solo linguistiche, ma radicate nella «forma di vita» delle comunità linguistiche. Gli sviluppi della semantica formale hanno parzialmente sdrammatizzato l'opposizione fra semantica e pragmatica; mentre la teoria semantica della proposizione ha beneficiato, a partire da R. → Carnap (1947), del rinnovato interesse per le logiche intensionali (→ estensione-intensione; → modalità).

Propp, Vladimir Jakovlevič (Pietroburgo, odierna Leningrado, 1895-1970), folclorista russo. Figlio di un ex colono tedesco, studiò a Pietroburgo, dedicandosi in particolare alla filologia slava. Laureatosi nel 1918, insegnò lingua e letteratura russa nelle scuole, poi letteratura tedesca all'università di Leningrado; nello stesso ateneo tenne in seguito la cattedra di folclore. Benché si sia interessato anche di altri problemi (*L'epos eroico russo*, 1958; *I canti popolari russi*, 1961; *Le feste agrarie russe*, 1963), il punto di partenza o il materiale privilegiato delle sue indagini è costituito dalla fiaba popolare, cui sono dedicati i suoi due studi fondamentali: *Morfologia della fiaba* (1928) e *Le radici storiche dei racconti di fate* (1946). Nella *Morfologia della fiaba* Propp ricerca un sistema di classificazione che permetta di chiarire in che cosa consista la fiaba prima di indagarne le origini. Rifiutato quindi il raggruppamento delle fiabe per tipi o per motivi, egli individua le costanti in base alle quali classificare le fiabe nelle «funzioni narrative», cioè, per usare la sua definizione, «nell'operato d'un personaggio determinato dal punto di vista del suo significato per lo svolgimento della vicenda»; tali funzioni sono in numero limitato e si combinano secondo una successione il cui ordine non muta anche in assenza di alcune di esse. Come il linguaggio, così la fiaba è un sistema normativo che impone determinate regole, lasciando contemporaneamente un certo margine di libertà: nella scelta dei personaggi che sorreggono le varie funzioni, negli attributi dei personaggi stessi, nelle motivazioni dell'intreccio. Nelle *Radici storiche* Propp passa da un'analisi sincronica a uno studio diacronico e, rifacendosi a impostazioni marxiste, vede la fiaba non come un prodotto del regime sociale nel cui ambito essa esiste, ma come residuo di una società non ancora divisa in classi: i vari elementi costitutivi rimanderebbero a riti e a miti collegati al momento dell'iniziazione e a quello della morte; l'impiego puramente artistico della fiaba è la nuova funzione sociale di un soggetto mitico, una volta sparito il regime sociale che lo aveva creato e il rituale cui era collegato. La *Morfologia della fiaba* ha avuto tuttavia una maggiore risonanza: fatta conoscere in Occidente da R. Jakobson a trent'anni dalla sua composizione, quest'opera ha costituito l'esempio di un metodo allargatosi dall'ambito della fiaba all'indagine delle leggi grammaticali della narratività.

Protagora (Abdera tra il 491 e il 481 a.C.), filosofo greco. Fu tra i più insigni esponenti della sofistica, tanto da meritare il rispetto dello stesso Platone, inflessibile oppositore dei sofisti, che gli dedicò l'omonimo dialogo. Di lui la tradizione dossografica racconta che fu stimato amico di Pericle e da questi incaricato di redigere le leggi per la colonia di Turi, fondata intorno al 440. Esercitò la professione di sofista per quarant'anni e morì in un naufragio all'età di settant'anni, secondo alcuni, di novanta secondo altri, mentre si recava in Sicilia bandito dalla città di Atene. Causa della condanna, per la quale anche tutte le sue opere furono bruciate sulla pubblica piazza, era stato uno scritto, in cui affermava di non poter accertare, riguardo agli dei, «né che sono né che non sono, opponendosi a ciò molte cose: l'oscurità dell'argomento e la brevità della vita umana» (Diogene Laerzio, IX, 51). Il principio fondamentale della sua filosofia, contenuto nell'opera principale *La Verità* o *Discorsi sovvertitori*, è che «di tutte le cose misura è l'uomo, di quelle che sono, per ciò che sono, di quelle che non sono, per ciò che non sono» (*ibid.*). Da un lato, tale principio esprime il fondamento stesso della riflessione filosofica, secondo cui momento essenziale della conoscenza del mondo è l'uomo come essere senziente e pensante (cfr. Aristotele, *Metafisica*, 1053*a* 31-*b* 3); ma d'altra parte, poiché l'uomo viene inteso come soggetto empirico e particolare, l'affermazione di Protagora scade a un relativismo gnoseologico per il quale non è che l'uomo ricapitoli e si appropri di qualità e relazioni oggettive (i fatti sono inconoscibili, secondo Protagora), ma ciascun individuo, nella molteplicità dei suoi stati transeunti, determina le cose nel loro essere. Da ciò consegue che nessuno può opinare il falso, poiché ciò che pare ai singoli individui nella particolarità del *qui* e *ora* è anche con certezza assoluta (Aristotele, *Metafisica*, 1062*b* 14); e consegue anche che, allo stesso tempo, ciascun oggetto diviene passibile di due ragionamenti contrapposti, secondo quanto affermava lo stesso Protagora (Diogene Laerzio, IX, 51): a questi una cosa pare bella, a quelli pare il contrario, e pertanto della medesima cosa si potranno predicare i termini opposti. La verità non è tuttavia la cosa così come appare; essa è, propriamente, questo stesso apparire, così che è il movimento ad assurgere a principio supremo, così dell'essere come della coscienza: «La materia — afferma Protagora — è fluttuante, e fluendo essa ininterrottamente, si verificano aggiunte al posto delle perdite, e le sensazioni mutano e variano secondo l'età e secondo le altre costituzioni dei corpi» (Sesto Empirico, *Schizzi pirroniani*, I, 217-219).

Il relativismo gnoseologico di Protagora non si traduce però in un relativismo pratico: se dal punto di vista gnoseologico non può esservi errore e falsità, perché ciascuna cosa è e non è allo stesso tempo, dal punto di vista pratico l'essere e il non essere non sono equivalenti, perché soltanto all'uno dei due spetta di essere il migliore e il più utile: come un buon agricoltore cercherà allora, attraverso cure appropriate, di «ingenerare nelle piante, quando siano ammalate, utili e sane sensazioni e disposizioni in luogo di quelle dannose» (Platone, *Teeteto*, 167*b-c*), così il sapiente, con le armi del discorso e dell'eloquenza, indirizzerà i cittadini verso ciò che sia più giusto e più utile per lo stato nelle vicende del suo divenire.

protensione, concetto della fenomenologia di Husserl, analizzato in particolare nell'opera *Per la fenomenologia della coscienza interna del tempo* (1928). Protensione indica il rapporto intenzionale originario fra la coscienza e gli oggetti di coscienza che non sono ancora presenti. In essa la coscienza è rivolta verso qualcosa che deve ancora essere afferrato, ma che viene già tematizzato nell'attesa che si presentifichi. Rappresenta la prima configurazione dell'attività di coscienza, in quanto proietta la vita intenzionale nel suo sviluppo per così dire storico. È una tendenza al soddisfacimento di aspettative, ma anche al raggiungimento di scopi e, in quest'ultimo senso, è la forma originaria della teleologia della coscienza e della ragione, che costituisce uno dei temi fondamentali dell'ultima fase del pensiero di Husserl. L'espressione avverbiale *protensive* si ritrova anche in Kant, *Critica della ragion pura*, A 805; B 834.

protestantesimo, il patrimonio dottrinale e istituzionale sviluppato dalla → riforma protestante. Il nome risale alla «protesta» che i principi e le città luterane della Germania elevarono alla dieta di Spira (1529) contro la decisione di Carlo V e della maggioranza degli «stati» di dar esecuzione alla condanna di Lutero e di proibire le innovazioni da lui promosse. Il protestantesimo si caratterizzò come contestazione radicale di istituzioni, dogmi, forme di culto, pratiche religiose della chiesa di Roma, al fine di ristabilire — secondo la Sacra Scrittura elevata a unica norma della fede — il «vero cristianesimo». Le prime forme di protestantesimo furono il luteranesimo, lo zwinglismo, il calvinismo, l'anglicanesimo, che fissarono ben presto il loro credo nelle → confessioni di fede: i luterani nella *Confessio augustana* o *Confessione di Augusta* (1530), i calvinisti francesi nella *Confessio gallicana* (1559), i calvinisti scozzesi nella *Confessio scotica* (1560), i calvinisti dei Paesi Bassi nella *Confessio belgica* (1561), la chiesa d'Inghilterra nei *Trentanove articoli* (1563). Ma accanto alla riforma classica (Lutero, Zwingli, Calvino) si svilupparono le correnti «radicali» degli → anabattisti, degli spiritualisti (S. Franck, V. Weigel, C. Schwenckfeld) e degli → antitrinitari (Fausto e Lelio Socini, G.G. Biandrata). Diverse sul piano dottrinale, liturgico e organizzativo, le varie chiese che avevano aderito alla riforma si ritrovarono unite su un motivo di fondo: la fiducia nella sovranità assoluta della grazia di Dio, che *sola* salva l'uomo, e il ripudio di ogni legalismo che pretenda di assicurare la salvezza. L'insistenza sull'aggettivo *sola* nelle formule *sola fides*, *sola gratia*, *solus Christus*, *sola Scriptura* esprime l'antagonismo nei confronti del cattolicesimo che afferma, invece, i binomi fede e opere, grazia e collaborazione dell'uomo, Cristo e chiesa, Scrittura e tradizione. Nonostante le confessioni di fede, il protestantesimo ha conosciuto ben presto al suo interno vivaci controversie teologiche. Così le chiese luterane hanno affrontato — subito dopo la morte di Lutero — dispute, (→ luteranesimo), anche aspre, volte a chiarire il pensiero originario del riformatore circa le opere e la grazia (maioristi, sinergisti, antinomisti, gnesio-luterani). In seno al calvinismo scoppiarono discussioni sulla interpretazione della dottrina della predestinazione nei suoi rapporti con la libertà dell'uomo. Alla posizione morbida di J. Arminius (→ arminiani), che era sensibile alle istanze umanistiche, si contrappose il rigido predestinazionismo di F. Gomar (→ gomarismo). Così alla corrente del → protestantesimo liberale, influenzata nel sec. XIX dall'interpretazione idealistica del cristianesimo e dalla critica razionalistica della Bibbia, hanno reagito nei primi decenni del sec. XX sia la «rinascita luterana», volta a una nuova comprensione dell'opera di Lutero (K. Holl, P. Althaus, F. Gogarten), sia la teologia dialettica di K. Barth. Il protestantesimo ha conosciuto anche movimenti di «risveglio», come il → pietismo in Germania e il → metodismo in Inghilterra, tesi a rivendicare — contro la sclerotizzazione della pratica religiosa, la compromissione col potere politico, l'irrigidimento della teologia irretita nella controversia — un cristianesimo attivo, sostanziato di fervore e di rigorosa pratica morale.

• *Le sette e gli organismi di coordinamento.* Mentre in Europa il luteranesimo e il calvinismo conservavano il predominio, nell'Inghilterra del sec. XVII e negli Stati Uniti (secc. XIX e XX) si formarono molteplici sette o chiese libere (mennoniti, battisti, quaccheri, mormoni, pentecostali, avventisti, fratelli) che, in antitesi alle «chiese stabilite» riconosciute dallo stato, si diedero una propria dottrina, una propria organizzazione, un proprio culto. I caratteri peculiari delle sette sono il ripudio dell'organizzazione gerarchica e sacerdotale, il rifiuto del battesimo degli infanti e l'assunzione del battesimo da adulti come atto consapevole e volontario, il culto fondato esclusivamente sulla Bibbia, il rilievo accordato all'ispirazione interiore, l'opposizione al mondo considerato luogo del Maligno, la tensione escatologica in attesa della seconda venuta di Cristo. Sul terreno dottrinale le sette assumono posizioni disparate, che vanno dall'antitrinitarismo all'attesa millenaristica, al cupo predestinazionismo, alla mescolanza di idee cristiane con elementi esoterici provenienti dalle religioni orientali. Le sette, muovendo dagli Stati Uniti, hanno sviluppato nel sec. XIX un'intensa attività missionaria in Europa. Per reagire allo stato di frammentazione del mondo protestante si costituirono, tra la fine del sec. XIX e l'inizio del sec. XX, organismi che raccoglievano in federazioni i gruppi di ispirazione affine. Così si formarono tra i calvinisti l'Alleanza riformata mondiale (1875), tra i metodisti la Conferenza metodista mondiale (1881), tra i battisti l'Alleanza battista mondiale (1905) e tra i luterani la Federazione luterana mondiale (1923). Ma a favorire il processo di ricomposizione fu soprattutto il movimento missionario, che denunciò il disagio dei popoli di colore di fronte alle diverse denominazioni in contrasto e qualche volta in lotta fra loro. Nel 1910 si giunse alla convocazione, a Edimburgo, di una Conferenza missionaria mondiale, e nel primo dopoguerra alla formazione di due organismi, «Vita e azione» (Life and Work, 1925) e «Fede e costituzione» (Faith and Order, 1927), con il compito di coordinare le iniziative del mondo protestante sia in campo pratico, sia in quello dottrinale. Nel 1948 nacque dai due organismi il Consiglio mondiale delle chiese, cui aderiscono oggi circa 250 denominazioni protestanti e le chiese ortodosse orientali, ma non la chiesa cattolica romana. Il Consiglio mondiale, che non intende essere una superchiesa, ma un luogo di incontro e di dialogo, ha organizzato conferenze mondiali delle chiese ad Amsterdam (1948), Evanston (1954), New Delhi (1961), Uppsala (1968), Nairobi (1975), Vancouver (1983) e Canberra (1991), che si sono cimentate con i problemi più brucianti del mondo contemporaneo (razzismo, diseguaglianze economiche e sociali, diritti della persona).

• *Protestantesimo e società moderna.* Il protestantesimo ha influenzato non solo la vita religiosa e le istituzioni ecclesiastiche, ma anche la politica, l'economia e l'arte. L'idea calvinista che il successo economico è un segno dell'elezione divina conferì slancio religioso allo spirito di iniziativa della borghesia mercantile anglosassone. Mentre le chiese luterane, affidando ai principi come «membri eminenti della chiesa» il compito di conservare la purezza della dottrina e di sorvegliare tutta la vita ecclesiastica, hanno favorito l'assolutismo principesco e pericolose compromissioni con il potere politico, il calvinismo, con la sua struttura ecclesiastica congregazionalista o presbiteriana, cioè fondata sulle comunità rette da anziani (presbiteri), e assolutamente autonome nel caso del congregazionalismo, ha contribuito alla formazione di repubbliche a base elettivo-rappresentativa (Svizzera, colonie inglesi d'America, Olanda). Se la riforma classica ha perseguitato il dissidente e ha trovato in ciò spesso l'appoggio dello stato, le sette hanno contribuito all'elaborazione del concetto moderno di tolleranza religiosa e all'affermarsi della separazione tra stato e chiesa. Nel campo dell'arte, le chiese luterane hanno promosso la musica religiosa, il canto corale, l'innografia, mentre il calvinismo, fedele al divieto veterotestamentario di creare immagini, ha escluso dalle chiese sculture e pitture. In seno al protestantesimo luterano e calvinista, a partire dalla fine della seconda guerra mondiale, sono rinate forme di vita monastica sia maschile, sia femminile (Taizé in Francia e Darmstadt in Germania), già presenti nell'anglicanesimo. *M. Ma.*

protestantesimo liberale, corrente teologica sorta in seno al protestantesimo, particolarmente luterano, nel sec. XIX e nei primi decenni del sec. XX. Applicando con radicalità il principio del libero esame, essa si oppose all'ortodossia protestante — conservatrice del dogma definito nelle confessioni di fede dei secc. XVI e XVII e delle forme di culto ereditate dalla riforma — e approdò a posizioni contestatrici del cristianesimo come dottrina rivelata, come chiesa e come culto. Il protestantesimo liberale non presenta un sistema unitario, ma un insieme di orientamenti diversi. Sul terreno biblico, con E. Renan (*Vita di Gesù*, 1863) e con A. von Harnack (*L'essenza del cristianesimo*, 1900), assunse le conclusioni della critica razionalistica della Bibbia, che espungeva il miracolo dai libri sacri e contestava la divinità e la stessa esistenza storica di Gesù (D.F. Strauss, F.Ch. Baur, B. Bauer), e studiò le origini cristiane prescindendo dalla tradizione ecclesiastica antica. Sul terreno filosofico-teologico fu influenzato dalla teologia dell'interiorità di F. Schleiermacher (*Discorsi sulla religione*), e dalle interpretazioni che del fenomeno religioso davano il criticismo kantiano e l'idealismo hegeliano: Lutero diventava il campione della libertà dello spirito, la riforma la sua clamorosa rivendicazione, i dogmi cristiani momenti necessari dello sviluppo dello spirito verso la pienezza dell'autocoscienza. In campo politico il protestantesimo liberale ha affermato il principio della separazione tra chiesa e stato e la libertà di coscienza. In conseguenza di questo orientamento di pensiero, la teologia delle facoltà teologiche è stata ridotta all'analisi filologica e storico-critica dei testi biblici, a un'interpretazione storico-sociologica del cristianesimo come idea e come fatto (E. Troeltsch), a una psicologia della religione (R. Otto), ovvero a una delineazione puramente etica del cristianesimo (Harnack). Il protestantesimo liberale si diffuse in Germania, Olanda, Svezia, Inghilterra, Stati Uniti, Francia, Svizzera e Italia. Nella Svizzera francese fu rappresentato da A. Vinet (1797-1847), in Italia da G. Luzzi (1856-1948) della facoltà valdese di teologia (*La religione cristiana secondo la sua fonte originaria*, 1939), in Inghilterra da S.T. Coleridge (1772-1834), in Francia da A. Réville (m. 1906), professore al Collège de France, e alla facoltà teologica protestante di Parigi. Contro il protestantesimo liberale si è sviluppata nei primi decenni del sec. XX una duplice reazione: da una parte la rinascita luterana, che ha condotto a una nuova comprensione della teologia di Lutero, dall'altra la teologia dialettica o teologia della → crisi, che ha avuto nel *Commento all'epistola ai Romani* di K. Barth la sua testimonianza più significativa (1919): Barth ha voluto ricondurre la teologia al suo oggetto che è la parola di Dio, e in tal modo recuperare la sostanza del messaggio cristiano. In campo cattolico il modernismo presenta qualche affinità con il protestantesimo liberale.

protocolli, termine introdotto dai membri del circolo di → Vienna per indicare le registrazioni del dato immediato o esperienza diretta. In seguito alla polemica sui protocolli avutasi nell'ambito del circolo tra M. Schlick da una parte e O. Neurath, R. Carnap, C.G. Hempel e indirettamente K. Popper dall'altra, con «enunciato» o «proposizione protocollare» ci si intende riferire alle asserzioni che costituiscono il punto terminale del processo di prova empirica delle altre asserzioni, ossia a quegli enunciati o proposizioni rispetto ai quali si giudica dell'adeguatezza fattuale degli asserti sottoposti a controllo empirico.

Proudhon, Pierre-Joseph (Besançon 1809 - Passy, Parigi, 1865), filosofo francese. Di umile famiglia, dovette abbandonare gli studi iniziati al collegio di Besançon per impiegarsi in una tipografia. Nel 1838 si trasferì a Parigi, dove continuò la propria istruzione, prevalentemente da autodidatta, e scrisse la sua prima opera, *La celebrazione della domenica*. Nel 1840 pubblicò *Che cos'è la proprietà*, cui faranno seguito altre due memorie di analogo argomento. I contatti con Marx, iniziati nel 1844, sfociarono presto in una rottura che si concreterà nella critica marxiana al proudhoniano *Sistema delle contraddizioni economiche o filosofia della miseria*, del 1846. Scrittore e pubblicista fecondo, Proudhon diresse periodici e lavorò all'attuazione di un sistema di prestito gratuito, ritenuto strumento indispensabile per realizzare la giustizia sociale. Partecipò alla rivoluzione del 1848 e dedicò a questa esperienza *Le confessioni di un rivoluzionario* (1849).

Punto centrale del pensiero di Proudhon è l'analisi della proprietà, che egli considera da un lato come struttura portante del privilegio sociale, dall'altro come cardine della resistenza degli individui e dei gruppi al dominio dello stato. «La proprietà è il furto; la proprietà è la libertà»: queste sono le massime che sintetizzano i due aspetti apparentemente contraddittori del pensiero proudhoniano. Proudhon distingue infatti l'aspetto originario e ineliminabile della proprietà, ossia il possesso dei mezzi di produzione, dal sistema in cui la proprietà dei mezzi di produzione si accentra in poche mani, il lavoro è separato dal godimento dei suoi frutti e la proprietà si trasforma in rendita parassitaria. È della proprietà intesa nel primo senso (propriamente, il possesso) che Proudhon sottolinea i vantaggi auspicandone la generalizzazione a tutti i lavoratori; su questa base, critica alcuni aspetti del comunismo contemporaneo, in particolare la teorizzazione di una società in cui la comunità divenga unica proprietaria dei mezzi di produzione: egli è convinto, in effetti, che in una tale società l'oppressione delle libertà individuali si accompagnerebbe a tutti i danni arrecati dalla proprietà parassitaria individuale. Proudhon pensa a una società in cui gli attributi dell'autorità centrale vadano restringendosi e in cui si costituiscano pluralità di associazioni, ognuna delle quali svolga una funzione autonoma creando legami con altre collettività sociali, anche al di là dei confini nazionali. È riferendosi a questo modello di governo, nel quale il massimo di libertà individuale dovrebbe conciliarsi con il massimo di armonia sociale, che Proudhon parla di anarchia.

provvidenza, termine designante l'azione attraverso cui Dio ordina le vicende storiche e gli eventi naturali. Mentre nella religione greca la nozione di provvidenza (*prónoia*) è sostanzialmente assente (giacché le sorti del mondo dipendono in ultima analisi dal fato, concepito come potenza superiore agli stessi dei), essa compare nella filosofia greca con Socrate, che la identifica con l'attività finalizzatrice di Dio, e con Platone, che la fa coincidere con l'ordinamento del cosmo operato dal Demiurgo. Aristotele nega l'esistenza della provvidenza: il motore immobile non può essere condizionato dalla conoscenza di realtà finite, perciò attrae a sé in modo necessitante ogni ente. L'esistenza di una provvidenza ordinatrice del cosmo è affermata dallo stoicismo, che la concepisce come razionalità e finalità immanente alla materia, e perciò la identifica con l'intreccio che lega necessariamente tutti gli esseri («fato» o «destino»). La fede in un Dio provvidente è l'elemento costitutivo dell'Antico Testamento: non solo Dio conosce, dispone e dirige ogni avvenimento terreno (nella successiva formulazione dogmatica cristiana è questa la provvidenza comune), ma entra a tal punto nelle vicende umane da stringere un patto di reciproca fedeltà, l'→ alleanza, con il popolo di Israele (questo caso di elezione particolare rientra nella cosiddetta provvidenza speciale). Nella dottrina cristiana è altresì corrente la distinzione fra provvidenza naturale (l'azione divina che si compie attraverso agenti naturali) e provvidenza soprannaturale (l'agire di Dio allorché si esplica in forme straordinarie).

Nella storia del pensiero, la principale obiezione all'affermazione di una provvidenza trascendente è venuta dall'esistenza del male nel mondo. La risposta apologetica elaborata da Boezio e ripresa da Leibniz si fonda sulla considerazione che il male non è effettivamente tale, in quanto la potenza di Dio sa trarre il bene anche da ciò che si presenta come male.

prudenza, una delle quattro virtù cardinali secondo lo schema di sant'Ambrogio (le altre tre sono la fortezza, la temperanza e la giustizia). Si tratta in sostanza delle virtù di cui parla Platone nella *Repubblica* e che Aristotele definiva etiche. Anche per Tommaso d'Aquino le quattro virtù cardinali rappresentano le virtù principali, in quanto basate sulla disciplina dei desideri e costitutive della perfezione morale; ma di queste la prudenza occupa il primo posto perché rappresenta il principio razionale dell'azione (*recta ratio agibilium* = ragionamento corretto relativo alle cose che si possono fare); essa appartiene perciò alla ragione e garantisce per suo tramite la condotta nell'ambito dell'agire pratico. Con il termine prudenza solitamente si traduce il vocabolo greco → *phrónēsis* che a partire da Aristotele designa la saggezza pratica, mentre in Socrate e in Platone possiede anche un significato teoretico-conoscitivo. La prudenza è dunque un sapere pratico che concerne i mezzi atti al raggiungimento di un determinato fine. Va tenuto tuttavia presente che in Aristotele essa non va concepita semplicemente come una facoltà strumentale, dal momento che non è separabile dai fini morali dell'azione. Cicerone deriva il sostantivo *prudens* da *providens* per indicare colui che è dotato di quella virtù intellettuale che gli consente di muoversi nell'ambito della prassi. Una certa connotazione strumentale del concetto sopravvive alla dottrina aristotelica: così in B. → Gracián y Morales e anche in Kant, che la intende come «l'abilità nella scelta dei mezzi per ottenere per sé il maggior benessere» (*Metafisca dei costumi*, 1797), connettendo quindi il suo significato al problema dei mezzi e alla questione del raggiungimento della felicità. Nel pensiero contemporaneo la problematica della prudenza è stata dibattuta nell'ambito del neoaristotelismo (A.Ch. → MacIntyre) che si propone la «riabilitazione della filosofia pratica».

Psello, Michele (Costantinopoli o Nicomedia 1018 - Costantinopoli 1078), erudito e filosofo bizantino. Insegnò filosofia a Costantinopoli ricoprendo incarichi politici presso la corte imperiale. Studioso, oltre che di filosofia, anche di teologia, storia, matematica, musica, Psello favorì la rinascita dell'interesse per la filosofia platonica e aristotelica in ambito bizantino (*Introduzione alla filosofia*; *Commentari* al *Timeo* di Platone, al *De interpretatione* e alla *Fisica* di Aristotele, agli scritti di Porfirio). Gli interessi speculativi di Psello vertono su questioni etiche e religiose (*Opinioni dei filosofi intorno all'anima*; *De omnifaria doctrina*), dove prevale l'ispirazione platonica; ma, in epoca medievale, gli venne attribuita anche una *Sinossi della logica aristotelica*, che risultò poi essere una traduzione greca delle *Summulae logicales* di → Pietro Ispano, effettuata nel sec. XV dall'erudito Giorgio Scholarios.

Pseudo-Dionigi, nome con cui viene comunemente indicato l'autore cristiano noto con lo pseudonimo di → Dionigi Areopagita.

Pseudo-Longino, nome con il quale fu indicato l'anonimo autore del trattato *Del Sublime* (→ sublime).

psichiatria, branca della medicina avente per oggetto la diagnosi, la terapia e la prevenzione delle malattie mentali (→ psicopatologia). Solo con l'inizio del sec. XIX la psichiatria acquista via via una fisionomia specifica, soprattutto perché il ricovero dei malati mentali nelle varie istituzioni assistenziali sorte in Europa e in America pone per la prima volta, e in termini precisi, il problema relativo alla differenziazione e alla classificazione delle sindromi psicopatologiche. Uno dei primi ad affrontare sistematicamente questo problema è il medico francese J. Esquirol, il quale, in una sua opera del 1838, introduce una distinzione fondamentale fra «pazzi» e «deficienti mentali»: i primi partono dalla normalità e approdano all'anormalità, contrassegnata da gravi turbe emotive o da deterioramento mentale (o da entrambi), mentre i secondi presentano i tratti dell'insufficienza mentale fin dalla nascita o dalla prima infanzia. Secondo Esquirol, inoltre, la deficienza mentale ammette molti livelli, il più grave dei quali è rappresentato dal cretinismo estremo (o idiozia); il criterio per identificare ciascuno dei livelli è rappresentato dal linguaggio del malato, che è tanto più elementare (fino a diventare inesistente) quanto più grave è la malattia. Negli stessi anni di Esquirol un altro medico francese, E. Séguin, si batte contro la concezione secondo cui la deficienza mentale è incurabile, e fonda nel 1837 il primo istituto preposto all'educazione dei bambini deboli di mente. Negli anni successivi gli psichiatri utilizzano intensivamente l'osservazione clinica e il metodo anatomo-patologico, e traggono molto vantaggio dalle scoperte neurologiche di autori come J.-M. Charcot, J. Babinski e P. Marie, tanto che la psichiatria imbocca decisamente la strada organicistica, ossia accetta il presupposto che le malattie mentali siano sempre e comunque determinate da lesioni o alterazioni del cervello, individuabili (come nel caso di un tumore al cervello) o non ancora individuabili; ed è proprio in quegli anni che si afferma il termine «neuropsichiatria», che sottintende appunto l'inscindibilità fra l'approccio neurologico e l'approccio psichiatrico, ovvero l'equazione fra malattia mentale e malattia neurologica: un termine rimasto in uso fino a oggi, anche se adesso esprime non più l'inscindibilità, bensì la ricerca dei rapporti fra i due approcci, psichiatrico e neurologico. Oltre a essere organicistica, la psichiatria di fine Ottocento è eminentemente descrittivistica, è volta cioè soprattutto a classificare le malattie mentali sulla base delle sindromi o famiglie di sintomi che le contraddistinguono; e in queste due caratteristiche fondamentali, l'organicismo e il descrittivismo, essa viene magistralmente rappresentata dall'opera di E. → Kraepelin, cui s'ispirano anche gli psichiatri italiani, fra cui va ricordato E. Morselli. Nella psichiatria odierna, dove la diffusione della psicoanalisi ha esercitato una qualche influenza sulla prassi psichiatrica, la clinica ha adottato un orientamento psicoterapico; molti psichiatri, tuttavia, hanno mantenuto il tradizionale orientamento organicistico, contestando qualunque forma di interpretazione psicogenetica dei sintomi e avvalendosi, invece, dei contributi delle scienze medico-biologiche, come la psicofarmacologia, la genetica, l'endocrinologia. Altri ancora, in una posizione intermedia hanno sostenuto la pertinenza dell'intervento psichiatrico solo nei casi di psicosi a base organica o di demenza senile, nei quali si ritiene opportuno ricorrere, esclusivamente o in aggiunta alla psicoterapia, a interventi sull'organismo del paziente: dalle terapie elettroconvulsivanti (elettroshock) agli psicofarmaci. L'attenzione all'incidenza dei fattori socioculturali sulla salute mentale (o psichiatria sociale), che ha portato in Italia alla chiusura dei manicomi (→ antipsichiatria), sembra non esercitare più alcuna influenza sull'organizzazione della prassi psichiatrica.

psichiatria legale, applicazione della psichiatria al disadattamento sociale di quei malati mentali che infrangono le leggi vigenti. Lo psichiatra legale tenta di stabilire in che misura una determinata azione dell'imputato è stata causata da fattori patologici che sfuggono al controllo e alla responsabilità morale dell'imputato stesso.

psichiatria sociale, orientamento interdisciplinare di recente fondazione (il primo congresso internazionale a esso dedicato ha avuto luogo a Londra nel 1964) focalizzato sullo studio, a scopo preventivo e terapeutico, dei complessi rapporti che intercorrono fra la salute mentale e i fattori socioculturali (quali, per es., l'influenza dei *mass media*). Anticipata dalla Scuola interpersonale della psichiatria di H.S. → Sullivan, che venne adottata dalla statunitense William Allanson Foundation, la psichiatria sociale si è successivamente sviluppata soprattutto in Europa, e negli autori francesi H. Baruk e R. → Bastide ha trovato due dei suoi più importanti esponenti. Secondo Baruk la psichiatria sociale include: lo studio dei disturbi psichici individuali in quanto interagiscano con la vita collettiva o la influenzino; lo studio dei disturbi psichici caratteristici di una determinata società in quanto tale, e che da essa si ripercuotono sui singoli individui che la compongono; lo studio delle interazioni fra la società e i malati mentali (in particolare: la genesi sociale di determinate malattie mentali, e la socializzazione dei malati). Quanto a Bastide, egli include sotto la denominazione di «psichiatria sociale» tre discipline distinte seppur interagenti: la psichiatria sociale in senso ristretto, limitata allo studio del comportamento sociale patologico ovvero allo studio della «desocializzazione» individuale, e strettamente collegata alla psicologia sociale intesa come scienza del processo di socializzazione; la sociologia delle malattie mentali, fondata sull'idea che la disorganizzazione delle personalità individuali vada di pari passo con la disorganizzazione della società, e mirante a stabilire le correlazioni fra determinati fatti sociali e determinate categorie di malattie mentali (alla sociologia delle malattie mentali compete altresì lo studio dell'organizzazione dell'ospedale psichiatrico e dei problemi relativi ai rapporti fra gli ammalati da un lato, e gli amministratori, i medici e il personale di servizio dall'altro); infine, secondo Bastide la psichiatria sociale include l'etnopsichiatria, la quale studia sia le concezioni dei popoli cosiddetti primitivi circa le malattie mentali, e le terapie da essi elaborate, sia le relazioni fra le malattie mentali (nelle loro varie sindromi) e determinati fatti etnici quali le forme di stratificazione, le classi d'età, la struttura della famiglia, il ruolo sociale della religione o della superstizione ecc.

psicoanalisi, disciplina che ha come proprio dominio specifico d'indagine la conoscenza dell'individuo attraverso il soggetto (nel senso che essa non procede assumendo un punto di vista neutrale ed esterno bensì attraverso quegli stessi processi psichici inevitabilmente soggettivi che condizionano l'esperienza conoscitiva). La psicoanalisi fu fondata alla fine del secolo scorso da S. Freud (che ne diede una definizione nel 1922) e successivamente sviluppata dallo stesso Freud e dai suoi allievi e continuatori. Nella concezione freudiana la psicoanalisi presenta tre aspetti fra loro strettamente collegati: essa si pone come un procedimento per l'indagine di processi psichici; come un metodo terapeutico (basato su tale indagine) per il trattamento dei disturbi nevrotici; come una serie articolata e complessa di conoscenze psicologiche acquisite per questa via che gradualmente si assommano e convergono in una disciplina scientifica.

• *Procedimento*. A partire dall'indagine pionieristica sulla struttura del sintomo isterico (→ isteria), la psicoanalisi si qualifica per la radicale assunzione del soggetto come protagonista di un'indagine su ciò (l'→ inconscio, l'→ *Es*) che di se stesso non gli è disponibile attualmente, e sulle cause di questa indisponibilità. Mediante la → associazione libera, si forma un tipo di discorso (associativo) che consente in modo progressivo l'espressione diretta o velata di processi psichici abitualmente latenti e che necessita di un lavoro di interpretazione dei contenuti rappresentativi e affettivi attuali. Il metodo dell'associazione libera, attuato con l'assistenza dello psicoanalista il quale assume un atteggiamento di neutralità benevola e di → attenzione fluttuante all'interno di un assetto operativo quanto più costante possibile, si basa sulla osservazione dei prodotti ideo-affettivi costituiti alla superficie conscia dell'→ Io del soggetto indagante e sulla sospensione del giudizio riguardo al loro significato. Nel procedimento standard, a poco a poco l'opposizione che inevitabilmente il soggetto inconsciamente elabora contro questo metodo di indagine assume la forma di una nevrosi (*nevrosi di transfert*), la quale non è altro che la riedizione altamente individualizzata e attualizzata delle soluzioni date in età infantile a → conflitti psichici fondamentali. In tale nevrosi l'immagine dello psicoanalista viene intensamente investita di affetti e individuata come l'oggetto del desiderio. La nevrosi di transfert comporta una → resistenza dal punto di vista del procedimento, in quanto arresta l'adesione del soggetto alla regola fondamentale (non nascondere nulla) e impedisce la ricostituzione cosciente dei → complessi patogeni; dal punto di vista della storia del soggetto essa è una ripetizione che si sostituisce alla costruzione del ricordo delle situazioni patogene originarie. In un paradigma ideale del procedimento standard, lo sviluppo di questa nevrosi si accompagna alla transitoria scomparsa della nevrosi che ha motivato l'analisi; e quanto più essa ha modo di potenziarsi senza essere precocemente allontanata, tanto più consente, tramite l'attività di interpretazione dello psicoanalista la ricostruzione della storia infantile del soggetto, il superamento della amnesia sostenuta dalla → rimozione e dagli altri meccanismi di → difesa dell'Io, la comprensione emotiva diretta da parte del soggetto di se stesso e il ritrovamento di un modo per elaborare altre soluzioni ai conflitti originari. Ma soprattutto questo corso consente, durante la nevrosi di transfert, di indagare processi e contenuti della vita psichica inconscia che si rivelano assolutamente preponderanti rispetto a ciò con cui il soggetto abitualmente si identifica.

• *Metodo terapeutico*. Fin dalle origini della psicoanalisi si è constato il dato ovvio che solo la sofferenza può motivare un soggetto a sottomettersi a un trattamento che (a parte le difficoltà materiali di costi e quantità di tempo impegnato) implica la necessità di riconoscere e affrontare aspetti (desideri, difese, fantasie, conflitti intrapsichici fra tendenze proibite e istanze censorie) di sé *contro* i quali è stata eretta la psiconevrosi. Contrariamente ai metodi → catartico e ipnotico (→ ipnosi) dai quali pure in parte deriva, la terapia psicoanalitica ottiene i suoi effetti migliori attraverso la riassunzione del conflitto da parte del soggetto. In definitiva ogni trattamento psicoanalitico riuscito ripercorre in modo personalizzato le fasi dello sviluppo della psicoanalisi: la valorizzazione dell'inconscio come universo che sfugge al dominio della coscienza e che anzi la determina, il riconoscimento di modalità specifiche dei processi psichici inconsci, il rilievo dei complessi patogeni, fino a giungere alla comprensione e alla esperienza di sé come individuo complesso ma anche lacerato e plurimo, che solo in apparenza risulta una unità. Questa comprensione di sé può essere rappresentata nella teoria attraverso la «finzione» dell'→ apparato psichico; ma essa va sperimentata e risperimentata nella terapia in un lavoro di rielaborazione che alla conclusione del trattamento il soggetto riconosce come interminabile (Freud, *Analisi terminabile e analisi interminabile*, 1937), perché senza fine (*unendlich*) è il lavoro che, secondo la nota espressione di Freud, può far giungere l'Io dov'era l'Es. Benché come metodo terapeutico la psicoanalisi abbia allargato dopo Freud le proprie capacità operative, le → nevrosi classiche (e in particolare le forme a eziologia mista, traumatica e psicogena, che del resto sono la maggioranza) costituiscono ancor oggi il campo in cui essa si applica con maggior successo. Per contro, la guarigione — termine medico che assume un valore molto limitato in psicoanalisi — di condizioni di disagio concettualizzabili diagnosticamente come → borderline o psicotiche (→ psicosi) pone problemi *tecnici* di terminabilità, di durata e di tollerabilità del trattamento (pure per l'analista), anche se le obiezioni teoriche a suo tempo formulate da Freud per le *nevrosi narcisistiche* (→ narcisismo) sono considerate attualmente in certo modo superate. L'uso esteso dei controtransfert — reazione dell'apparato psichico dell'analista al transfert dell'analizzando — come strumento tecnico è in questi casi necessario, ma richiede all'analista un lavoro elaborativo particolarmente difficile e prolungato: riconoscere e mantenere distinte le proprie tendenze a elaborare una nevrosi di transfert nei riguardi del paziente da quelle che portano alla sperimentazione del controtransfert.

• *La nuova disciplina scientifica*. La psicoanalisi comprende sia i singoli fenomeni e processi psichici scoperti sia la teoria generale dell'individuo, la *metapsicologia*, che colloca la psicoanalisi tra la psicologia e la biologia, dato che i poli e i limiti della ricerca psicoanalitica sono dati dai fenomeni psichici coscienti e dal corpo. Si può affermare che, all'interno di una concenzione sostanzialmente olistica e materialistica, la metapsicologia raffigura a livello teorico quanto il soggetto può conoscere di sé in quanto individuo e come può farlo: la distinzione tra mente e corpo perde dunque da questo punto di vista ogni senso che non sia quello descrittivo, mentre viene accentuata la differenziazione fra conoscenza psicoanalitica e pretese conoscenze obiettive. Queste ultime anzi, assieme alle religioni, alle mitologie, alle culture, costituiscono tipi di «psicologia proiettata all'esterno» e si prestano dunque loro stesse a una psico-analisi. La metapsicologia obbliga a ricostituire un fenomeno secondo vari punti di vista (economico, dinamico, topico) e a collocarlo in un insieme. Questa prospettiva ha permesso di mettere in luce molti fenomeni della vita psichica prima trascurati. L'individuazione delle caratteristiche e delle differenze tra → processo primario e processo secondario di pensiero, la scoperta delle specifiche modalità della psicosessualità infantile, il conflitto edipico, i → fantasmi originari, il trauma psichico, le → pulsioni come termine ultimo conoscibile dal soggetto, la nascita psicologica del bambino (M. Mahler), le vicissitudini della costituzione dell'oggetto psichico (M. → Klein) e quelle a esse collegate del → narcisismo (B. Grunberger, H. → Kohut) sono tutti processi la cui scoperta ha mutato la concezione dell'uomo nella nostra cultura. *A.A.S.*

• *Il movimento psicoanalitico.* La psicoanalisi si è organizzata sul piano istituzionale, soprattutto allo scopo di qualificare la propria specificità nei confronti di dottrine con essa incompatibili ma che talora ne mutuavano il linguaggio e nei confronti di quella che lo stesso Freud definì in un articolo del 1910 «psicoanalisi selvaggia», cioè una forma non autorizzata di intervento psicoanalitico. Le prime e più significative tappe di questo processo di istituzionalizzazione sono individuabili nel primo Congresso internazionale di psicoanalisi, svoltosi nel 1908 a Salisburgo, nella successiva fondazione della Società psicoanalitica di Berlino a opera di K. → Abraham e della Società psicoanalitica di Vienna presieduta da Freud, nella nascita (1910) della Società psicoanalitica internazionale (IPA, *International Psycho-Analitical Association*), nella fondazione (1911) da parte di E. Jones dell'Associazione psicoanalitica americana e nel 1913, a opera di S. → Ferenczi, della Società psicoanalitica di Budapest, e infine nella nascita (1920) della principale rivista del movimento psiconalitico, la «Internationale Zeitschrift für Psychoanalyse».

• *Gruppi dissidenti e neofreudismo.* Fin dall'inizio del secolo, e già all'interno della stessa cerchia degli allievi di Freud, si delinearono posizioni critiche ed ebbero luogo scissioni. Tra i contemporanei di Freud, le più radicali contestazioni provennero da A. → Adler nel 1911 e da C.G. → Jung nel 1913 (→ psicologia individuale e → psicologia analitica): entrambi, infatti, rifiutarono i presupposti epistemologici del freudismo in nome di un'ideologia non deterministica e, più esplicitamente nel caso di Jung, tendenzialmente spiritualistica. La posizione di Adler verrà in parte ripresa soprattutto negli Stati Uniti dai cosiddetti «culturalisti» (in particolare H.S. → Sullivan, K. → Horney e in parte E. → Fromm), i quali, influenzati dalle tesi dell'antropologia culturale e del → comportamentismo, insisteranno sulla relatività culturale dei concetti psicoanalitici e sul ruolo fondamentale dei fattori ambientali nel processo di genesi e di sviluppo della personalità. Un altro importante allontanamento dalla teoria e dalla prassi freudiana ai tempi di Freud fu quello di O. → Rank (1920), il quale ipotizzò nel «trauma della nascita» l'origine dell'angoscia (→ angoscia-ansia), come pure quello di W. → Reich, il quale nel 1927 inaugurò la cosiddetta «sinistra freudiana», identificando la sessualità con la genitalità, individuando nella repressione il meccanismo responsabile dell'insorgere della nevrosi e propugnando una rivoluzione sessuale contro l'ordine sociale tradizionale, fondato sulla famiglia monogamica e autoritaria. Oltre a queste e altre dissidenze più o meno radicali nei confronti del pensiero freudiano ortodosso, vanno ricordati alcuni autori che hanno mantenuto tale pensiero sostanzialmente inalterato nei suoi fondamenti epistemologici e metodologici, pur sviluppandolo, arricchendolo o modificandolo sotto alcuni rilevanti aspetti. Fra questi vanno menzionati in particolare Melanie → Klein e J. → Lacan, entrambi fondatori di scuole assai rappresentative nel panorama psicoanalitico. Allieva dei freudiani Ferenczi e Abraham, fin dalla fine degli anni Venti la Klein ha arricchito la psicoanalisi con lo studio del mondo fantasmatico del bambino molto piccolo, avvalendosi intensivamente della tecnica del gioco. Fra i suoi allievi vanno ricordati S. Isaac, D.W. Winnicott e W.R. Bion. Quanto a Lacan, egli abbandonò la Società internazionale di psicoanalisi per fondare (1964) l'Ecole Freudienne de Paris, da lui stesso disciolta nel 1980.

In Italia la Società internazionale di psicoanalisi è rappresentata dalla Società psicoanalitica italiana, fondata da E. Weiss, C. Musatti, N. Perrotti, E. Servadio e G. Tomasi di Lampedusa nel 1932. Osteggiata dalla chiesa cattolica o soppressa durante il fascismo, essa rinacque nel dopoguerra e conta attualmente circa 450 membri, distribuiti in tutta Italia; pubblica la «Rivista di Psicoanalisi». *S. Ma.*

psicoastenia, nevrosi descritta da P. Janet, e simile alla nevrosi ossessiva precedentemente descritta da Freud. Più esattamente, la somiglianza fra le due nevrosi riguarda il piano sintomatico, mentre sul piano eziologico vi sono profonde differenze: le inibizioni e i dubbi patologici sono determinati secondo Freud da un grave conflitto che monopolizza l'energia psichica del soggetto, mentre secondo Janet essi dipendono da una carenza nella sintesi mentale.

psicodinamica, termine generico usato per indicare sia l'insieme dei processi consci e inconsci che determinano la condotta umana, sia lo studio sistematico (indipendentemente dall'orientamento teorico e metodologico) della → motivazione nell'individuo sano e in quello psichicamente disturbato. Il concetto di psicodinamica presuppone quello, fisicalistico e deterministico, di una «energia» psichica capace di disporsi e di spostarsi nell'organismo vivente come una carica elettrica in un sistema fisico; concetto, quest'ultimo, caratteristico del primo Freud, particolarmente influenzato dal positivismo fisicalistico del tempo. Ed è infatti la → psicoanalisi la prima in ordine di tempo (e ancora oggi la più importante sul piano teorico) fra le concezioni psicodinamiche, sebbene tali possano essere definite anche le ipotesi e le teorie motivazionali non freudiane come quelle adleriane (→ psicologia individuale) e junghiane (→ psicologia analitica), e le ipotesi e teorie motivazionali della psicologia clinica (→ psicologia applicata) che, diversamente dalle prime, non attribuiscono al concetto di inconscio un ruolo esplicativo fondamentale: per es. quelle di C. → Rogers e di A. → Maslow.

psicodramma, tecnica psicoterapeutica consistente nel far assumere al soggetto, nell'ambito di una rappresentazione scenica improvvisata, un ruolo significativo in rapporto ai suoi disturbi comportamentali, alle sue esigenze motivazionali o alle sue fantasie; gli altri protagonisti della rappresentazione, detti «io ausiliari», sono i membri dell'équipe terapeutica, e gli spettatori (nelle forme di psicodramma che richiedono la loro presenza) possono intervenire con verbalizzazioni libere di vario tipo, e identificarsi a vari livelli con il ruolo svolto dall'attore principale. Introdotto da J.L. → Moreno verso la metà degli anni Venti e inteso come terapia di gruppo con una funzione principalmente catartica (in questa prospettiva i soliloqui del soggetto assumevano particolare importanza), lo psicodramma si è successivamente espresso in centinaia di varianti; dagli anni Quaranta ha assunto via via una prevalente impostazione psicoanalitica, allontanandosi così dall'impronta dichiaratamente antipsicoanalitica di Moreno, e perdendo il carattere di terapia catartica.

psicofisica, specializzazione della psicologia scientifica avente per oggetto la → sensazione, o più esattamente l'esplicitazione delle leggi che regolano i rapporti fra gli aspetti fisici e pertanto misurabili della stimolazione e i contenuti di coscienza sensoriali a essa corrispondenti. Nata nel 1850 dal pensiero di Th.G. → Fechner (volto alla ricerca di una definizione empirica del rapporto corpo-mente) ed espressasi inizialmente nella celebre legge di Weber-Fechner, la psicofisica costituì il cavallo di battaglia della nascente psicologia scientifica, e come tale rappresentò, intorno al 1870, una componente fondamentale del sistema wundtiano (W. → Wundt). Prototipo di tutte le successive concezioni psicologiche quantificazionistiche, essa rappresentò nei confronti della psicologia qualitativa anteriore al 1850 una rivoluzione paragonabile, su scala ridotta, alla rivoluzione galileiana nei confronti della fisica qualitativa aristotelica, e riassumibile nell'introduzione della misurazione in un ambito, quello psichico, tradizionalmente ritenuto «immateriale». Tuttavia, diversamente da quanto accadde nel caso della fisica galileiana, la psicofisica incontrò molte resistenze e opposizioni, fra le quali sono rimaste famose quelle di H. Bergson e di A. Aliotta, autore nel 1905 del volume *La misura in psicologia sperimentale*. Nonostante le critiche, la psicofisica non ha cessato di svilupparsi, soprattutto dopo l'opera di S.S. Stevens, a partire dalla seconda metà degli anni Trenta, e oggi costituisce uno dei settori più autenticamente scientifici della ricerca psicologica. Come in quella del passato, nella psicofisica contemporanea i metodi principali sono tre: quello «dell'errore medio», che fu inaugurato da A.W. Volkmann, quello «degli stimoli costanti», e quello «dei limiti». Gli sforzi degli psicofisici contemporanei sono rivolti soprattutto alla costruzione di sempre più attendibili «scale soggettive di sensazione».

psicofisiologia, o psicologia fisiologica, disciplina intermedia fra la neurofisiologia e la psicologia avente per oggetto i rapporti di dipendenza e di concomitanza fra i processi psichici e le funzioni del sistema nervoso, e come metodi quelli dell'anatomofisiologia associati all'osservazione comportamentale, nel contesto della sperimentazione di laboratorio. Il primo impulso alla ricerca psicofisiologica venne dalla scoperta (1861) di P. Broca relativa alla localizzazione della funzione linguistica in una zona circoscritta del sistema nervoso centrale. Negli ultimi decenni, grazie alla evoluzione delle tecniche fisiologiche e alla comparsa dell'elettroencefalografia, l'indagine psicofisiologica ha fatto grandi progressi, e si presenta ora come uno dei settori più scientifici della ricerca sui processi mentali. Nel recente passato l'approccio psicofisiologico è stato oggetto di dure critiche da parte di due correnti psicologiche antagoniste l'una all'altra, quella comportamentistica (soprattutto nella versione skinneriana) e quella psicofenomenologica; esso invece ha rappresentato l'aspetto preponderante e qualificante della scuola psicologica sovietica, il cui esponente principale è stato A.R. → Lurija. Oggi la contrapposizione fra la ricerca psicologica pura e quella psicofisiologica si è molto attenuata, e spesso psicologi e psicofisiologi lavorano insieme su problemi specifici relativi alla memoria, alla percezione e all'apprendimento. Recentemente la ricerca psicofisiologica si è ulteriormente specializzata dando luogo alla cosiddetta «psicochimica»: la biochimica del cervello ha infatti consentito di individuare rapporti abbastanza definiti fra gli stati di coscienza e le reazioni chimiche del sistema nervoso centrale.

psicolinguistica, lo studio dei meccanismi mentali che regolano la capacità umana di usare il linguaggio. Nata intorno alla metà degli anni Cinquanta, la psicolinguistica si è posta fin dall'inizio in stretto rapporto con la psicologia cognitivista, l'informatica e la linguistica generativa. Il suo obiettivo specifico è sviluppare una teoria coerente del modo in cui il linguaggio viene prodotto e capito, attraverso lo studio sperimentale dei processi di comprensione, produzione e acquisizione del linguaggio stesso. Negli anni Sessanta, sotto l'influenza della → grammatica generativo-trasformazionale secondo la quale la struttura sintattica della frase costituisce il nucleo del sistema linguistico, si è indagato principalmente il ruolo dei fenomeni sintattici nei processi di memoria e comprensione delle frasi. È stato così dimostrato sperimentalmente che parole costituenti una frase sintatticamente ben formata, anche se priva di senso, venivano ricordate meglio di parole presentate in sequenze non grammaticali; inoltre, brevi «click» o toni inseriti in diversi punti di una frase venivano percepiti preferenzialmente nei punti delimitanti un confine sintattico; infine, frasi con trasformazioni sintattiche sottostanti più complesse erano più difficili da elaborare di frasi analoghe in superficie ma con strutture sottostanti più semplici. Queste ricerche (G.A. Miller, Jerry Fodor, T. Bever, M. Garrett) tendevano a dimostare che la struttura sintattica della frase è effettivamente ricostruita e utilizzata nella comprensione. In seguito, e in corrispondenza di un processo di autonomizzazione della psicologia dalla linguistica, divenne sempre più chiaro il ruolo del significato nella comprensione. Intorno agli anni Settanta le strutture sottostanti alla comprensione vennero considerate di natura più semantica che sintattica, e l'indagine si volse ai condizionamenti reciproci tra sistema linguistico e sistema cognitivo (Bever). Si dimostrò (J. Bransford, J. Franks, H. Clark) che le rappresentazioni mentali costruite nel corso della memorizzazione e della comprensione vengono elaborate integrando il significato di più frasi e combinando le informazioni estratte dalla frase con quelle inferite dalla propria conoscenza del mondo. Vennero prese in considerazione anche unità più grandi della frase: storie, discorsi e conversazioni (W. Kintsch e T. van Dijk). Importante fu, al riguardo, l'apporto dell'→ intelligenza artificiale — in particolare le ricerche di R. Schank e R. Abelson sui «copioni» (*scripts*), i piani e gli scopi che guidano il comportamento linguistico.
Nel corso degli anni Settanta si sviluppa anche la ricerca su riconoscimento (visivo e uditivo), comprensione e lettura di parole. I principali modelli sono stati sviluppati da studiosi inglesi (J. Morton, J. Marshall, M. Coltheart), e hanno tratto impulso dall'indagine parallela della neuropsicologia cognitiva del linguaggio sui processi disturbati conseguenti a patologie quali l'afasia e la dislessia. La ricerca sulla rappresentazione mentale del significato delle parole è invece principalmente merito di P. → Johnson-Laird. La produzione del linguaggio ha sempre incontrato minor interesse della comprensione, soprattutto per la difficoltà di attuare uno studio sperimentale. Tuttavia, già alla fine degli anni Cinquanta e all'inizio dei Sessanta sono state studiate le esitazioni e le pause nel linguaggio spontaneo e indotto in laboratorio, in vista di ipotesi sulle unità di pianificazione della produzione. La principale fonte di dati è però costituita dagli errori compiuti dai parlanti nell'uso quotidiano del linguaggio. A partire dall'analisi degli errori sono stati costruiti alcuni modelli della produzione di frasi (particolarmente influente quello di Garrett), in cui viene ipotizzata una sequenza di stadi, da quelli di formulazione concettuale a quelli più periferici di realizzazione fonetica, passando per stadi sintattici e fonologici. Più recentemente, G. Dell ha proposto un modello parallelistico-interattivo, che interpreta i vari tipi di errori e altri fenomeni nei termini di un'interazione tra i diversi livelli della produzione, considerati da Garrett più autonomi l'uno dall'altro. La psicolinguistica *evolutiva* ha inizialmente seguito gli sviluppi delle psicolinguistica sperimentale, occupandosi negli anni Sessanta dell'apprendimento delle regole sintattiche e morfologiche da parte dei bambini (D. McNeill, D. Slobin). Negli anni Settanta, la ricerca si è orientata verso lo studio dei prerequisiti cognitivi dello sviluppo linguistico, occupandosi dello sviluppo del significato delle parole dei concetti, e della competenza pragmatica e comunicativa (Slobin, R. Brown, E. Bates, K. Nelson). Dopo una fase caratterizzata da un accentuato descrittivismo, si assiste ora di nuovo a un interesse per i meccanismi sottostanti l'acquisizione.
Attualmente, la ricerca psicolinguistica, sempre più integrata nella → scienza cognitiva, si occupa principalmente dei processi di riconoscimento delle parole e della comprensione della frase. Oltre allo studio del linguaggio scritto, ha avuto impulso la ricerca sul riconoscimento e sulla comprensione delle parole presentate uditivamente, e sui processi di segmentazione del parlato (W. Marslen-Wilson, A. Cutler). Alcune fra le ricerche più interessanti sono dedicate all'interazione fra informazioni lessicali, sintattiche e semantiche nella comprensione (M. Tanenhaus, W. Marslen-Wilson, L. Tyler). Altre correnti privilegiano

invece l'autonomia di una componente: quella sintattica (Janet Fodor, L. Frazier, C. Clifton) o quella lessicale-semantica (D. Swinney). Sono state poi introdotte nuove tecniche di analisi della comprensione, dette *on line*, che permettono di studiarla mentre il processo di elaborazione della frase è ancora in atto. Un'influenza crescente è inoltre esercitata dal → connessionismo, che utilizza la simulazione parallelistica di reti neurali (D. Rumelhart e S. McClelland). *C. Bu.*

psicologia, scienza che studia la condotta degli uomini e degli animali; nel caso di questi ultimi il termine «condotta» equivale a «comportamento rilevabile dall'esterno», mentre nel caso degli uomini include le funzioni psichiche o processi mentali (intelligenza, memoria, percezione ecc.) e le esperienze interiori o soggettive (sentimenti, aspettative ecc.), sia coscienti sia inconsce.

• *Origini e storia della psicologia.* Benché le conoscenze psicologiche siano state fin dagli albori della civiltà un elemento fondamentale delle costruzioni religiose, sociali, politiche e culturali (nell'Estremo Oriente schematizzate in apposite discipline strettamente legate all'esperienza religiosa) e abbiano trovato, nella cultura occidentale, una prima sistemazione all'interno della filosofia (da Aristotele alla scolastica, alla psicologia «razionale» ed «empirica» di Ch. Wolff), la storia della psicologia come scienza viene generalmente fatta cominciare nella seconda metà dell'Ottocento, quando l'indagine psicologica si apre alle metodologie delle scienze naturali. Da parte di alcuni storici, soprattutto di impostazione non positivistica, sono state però poste in luce le numerose linee di continuità esistenti, sul piano degli oggetti di indagine e talora persino dei metodi, tra le antiche psicologie filosofiche (in particolare quella aristotelica, ripresa e approfondita nel medioevo dai tomisti) dell'Occidente greco-latino e le correnti contemporanee della psicologia scientifica: tanto nelle prime quanto nelle seconde, infatti, si ritrovano la preoccupazione classificatoria e l'osservazione empirica, sia introspettiva sia comportamentale; e l'antica suddivisione della mente umana in «facoltà» rivive sostanzialmente inalterata nella moderna suddivisione in «funzioni» e «processi» psichici. Bisogna tuttavia riconoscere che a partire da W. → Wundt, verso il 1870, la psicologia acquista una dimensione radicalmente nuova assumendo i criteri metodologici della sperimentazione e della quantificazione; in questo senso appunto, identificando la storia della psicologia con la storia della psicologia sperimentale e quantificata, è lecito dire che quest'ultima ha poco più di cent'anni di vita.

Inizialmente, la psicologia scientifica ebbe come proprio centro la Germania (a Lipsia sorse il primo laboratorio psicologico moderno) e si sviluppò come disciplina accademica lontana dalle preoccupazioni utilitarie o applicative e focalizzata sullo studio della «mente generalizzata»: ossia non tanto sulle differenze interindividuali, quanto sulle leggi regolatrici dell'attività mentale comune a tutti gli uomini. Successivamente, spostatosi il centro degli studi psicologici negli Stati Uniti, verso l'inizio del secolo, l'influenza evoluzionistica e pragmatistica favorì il costituirsi di una psicologia interessata alle differenze interindividuali e sempre più applicata al contesto sociale, educativo, industriale. La ricerca pura non fu tuttavia abbandonata e, soprattutto a opera del → comportamentismo, ci si sforzò di migliorare le condizioni della sperimentazione in laboratorio e il rigore della quantificazione delle variabili sperimentali. A questa impostazione non mancarono le critiche, formulate soprattutto dagli psicologi di orientamento fenomenologico (in primo luogo i gestaltisti), secondo i quali l'eccessiva quantificazione uccide la qualità e la specificità del dato psichico. Negli anni Trenta la psicologia nordamericana, leader indiscussa della psicologia internazionale, si presentava suddivisa in correnti o scuole antagonistiche: soprattutto il → funzionalismo, il comportamentismo e il gestaltismo (→ Gestaltpsychologie).

Negli anni successivi queste scuole hanno sempre più attenuato la loro contrapposizione o addirittura si sono sciolte, come già era accaduto ai primi del Novecento nel caso dell'→ introspezionismo, la prima scuola della storia della psicologia. Le ragioni di questo particolare sviluppo sono soprattutto le seguenti. In primo luogo, le speranze riposte nel metodo sperimentale andarono scemando a mano a mano che gli psicologi prendevano coscienza della complessità delle variabili da manipolare, anche negli esperimenti più semplici come quelli relativi alla → percezione. In secondo luogo, il crescente successo delle teorie psicoanalitiche, costituite in una prospettiva radicalmente diversa da quella della tradizionale psicologia accademica, in certo modo espropriò gli psicologi di alcuni dei temi più rilevanti della loro ricerca. In terzo luogo, la psicologia dovette confrontarsi con discipline giovani e in pieno rigoglio, quali la sociologia, l'antropologia culturale, la neurofisiologia, la cibernetica, e da questo confronto uscì sostanzialmente indebolita. Negli anni recenti, essa ha scelto la strada della specializzazione: rinunciando alle grandi teorie del passato, si va sempre più occupando di microproblemi all'interno dei diversi settori della ricerca sperimentale, e non disdegna l'apporto di concettualizzazioni e tecniche extrapsicologiche, come la teoria dell'→ informazione, l'→ etologia o le tecniche microelettroniche di esplorazione cerebrale.

• *Il dibattito epistemologico in psicologia.* Sul

piano epistemologico, tuttavia, la psicologia contemporanea continua a presentare numerose fratture e contraddizioni. Epistemologi o filosofi della scienza tentano di definire da un lato le caratteristiche che accomunano la psicologia alle altre scienze naturali e umane, e dall'altro le caratteristiche che configurano il tipo specifico, attuale o ideale, della scientificità psicologica. Tra i principali punti di disaccordo sul piano epistemologico e metodologico, è possibile individuare per lo meno le seguenti contrapposizioni. In primo luogo vi sono quegli psicologi (e sono la maggioranza, specialmente nei paesi anglosassoni) che aderiscono alla linea scientifica tradizionale, quella naturalistica, che studia i processi psichici estraendoli dal loro contesto storico: prima ancora che in Wundt, è in J.F. → Herbart e nel suo psicologismo antistoricistico che questa prospettiva trova le proprie radici prossime; d'altro lato, un numero inferiore di studiosi, soprattutto europei (da G. Politzer e H. Wallon fino ai giorni nostri, a K. Holtzkamp), hanno tentato d'inserire l'indagine psicologica nella prospettiva del materialismo storico-dialettico, ribaltando il naturalismo classico e assegnando come oggetto a tale indagine non già l'individuo astratto, bensì la condizione storica specifica che caratterizza e dà senso alla condotta dell'individuo; una soluzione di compromesso fra queste due prospettive contrapposte è stata formulata dalla cosiddetta «etologia umana», che tenta d'integrare la tesi darwiniana relativa alla storicità della natura con la tesi materialistica relativa alla storicità della cultura. In secondo luogo si può individuare una contrapposizione tra gli psicologi di orientamento «mecanomorfico» e quelli di orientamento «antropomorfico»: i primi tendono a considerare l'evento psichico come assimilabile a un qualunque altro evento naturale; i secondi tentano invece di fornire modelli interpretativi quanto più possibile prossimi alla complessità dell'individuo concreto nella realtà quotidiana. Alla prospettiva mecanomorfica aderiscono le correnti classiche della psicologia accademica e soprattutto il comportamentismo, mentre alla prospettiva antropomorfica aderiscono correnti psicologiche più recenti, come la «psicologia della personalità» di W. Stern e G. Allport, le psicofenomenologie e le psicologie esistenziali di R. May e L. Lecky, la teoria della personalità di C. → Rogers e soprattutto la «psicologia umanistica» di A. → Maslow. In terzo luogo, esiste una contrapposizione fra gli psicologi di orientamento riduzionistico e quelli di orientamento antiriduzionistico (→ riduzionismo). In quarto luogo esistono psicologi (come i gestaltisti) che fanno ricorso al metodo fenomenologico, nel senso che recepiscono i dati psichici (percettivi, affettivi ecc.) nella loro immediatezza, così come appaiono di primo acchito al soggetto percipiente; mentre altri psicologi, di orientamento opposto, sottopongono i dati dell'esperienza immediata a una sorta di «filtro» o di esame logico preliminare. In quinto luogo, le psicologie di orientamento soggettivistico (→ soggettivismo), prevalentemente cliniche, si contrappongono a quelle di orientamento oggettivistico (il comportamentismo, anzitutto). In sesto luogo, va registrata la notevole tensione fra gli psicologi di orientamento quantificazionistico — che prediligono la sperimentazione di laboratorio e la ricerca sul campo con metodologie statistiche, nella convinzione che i dati psicologici possano e debbano essere tradotti in costrutti misurabili ed esprimibili sotto la forma di funzioni matematiche — e quelli di orientamento antiquantificazionistico, secondo i quali i dati psichici non sono suscettibili di misurazione come i dati fisici perché non costituiscono «continuità» omogenee. In settimo luogo, esiste un disaccordo di fondo fra gli autori di orientamento teoreticistico e quelli di orientamento antiteoreticistico: secondo i primi, tra i quali vi sono molti neocomportamentisti (a partire da C. Hull, negli anni Trenta) e i cognitivisti, la psicologia sperimentale ha bisogno, per progredire, di «teorie» e di «modelli» che presentino un alto livello di coerenza interna e di formalizzazione matematica (in questo senso esiste da molti anni quella che viene chiamata «psicologia matematica») e servano a costituire schemi esplicativi, interpretativi e soprattutto predittivi di eventi psichici quali i processi dell'apprendimento o i processi mnestici; al contrario, secondo gli psicologi antiteoreticisti, il cui più autorevole rappresentante è B.F. → Skinner, la psicologia deve rifuggire dalle costruzioni teoriche, che rischiano di condurla su un piano di astrattezza e di inverificabilità, e deve attenersi rigorosamente alle regole dell'esperimento codificato dalla tradizione baconiana e galileiana. Infine, un problema la cui soluzione divide gli psicologi contemporanei di orientamento sperimentalistico è quello relativo alle conseguenze e implicazioni etiche e deontologiche degli esperimenti condotti sull'uomo: infatti in molti casi occorre che il soggetto sia coscientemente ingannato dall'operatore sulle vere finalità dell'esperimento, il quale può richiedere che si induca nel soggetto uno stato psicologico spiacevole, come ansia, paura ecc. Per ovviare a questi problemi si è fatto ricorso alla psicologia animale e comparata, settore in cui fin dal secolo scorso i metodi sperimentali hanno avuto la massima diffusione e applicazione, come nel caso dei celebri esperimenti sul → condizionamento condotti da I.P. Pavlov.

• *La diffusione della psicologia in Italia.* Come negli altri paesi europei, in Italia la psicologia cominciò a diffondersi intorno al 1870, prevalentemente sotto forma di psicologia sperimentale. Il suo principale portavoce fu il filosofo R. → Ardigò, coadiuvato da altri positivisti come G. Sergi e G. Buccola. Successivamente, fino alla prima guerra mondiale, la nostra psicologia perse gradualmente l'iniziale impronta positivistica e si aprì all'influenza del pragmatismo inglese e nordamericano; autore molto letto all'epoca fu lo statunitense W. James, la cui opera venne tradotta e commentata dallo psichiatra e psicologo G.C. Ferrarotti, fondatore nel 1905 della «Rivista di psicologia», che divenne l'organo principale e per molto tempo esclusivo degli istituti di psicologia delle università italiane. Con l'avvento del fascismo le sorti della psicologia italiana declinarono, in particolare sul piano della ricerca pura, esplicitamente contestata dal neohegelismo e più specificamente dall'attualismo gentiliano. Nel 1923 la riforma Gentile della scuola decretò l'abolizione dell'insegnamento della psicologia nelle scuole italiane di ogni ordine e grado, e la sua sostituzione con la filosofia e la pedagogia di orientamento idealistico. Negli anni successivi, anche a causa dell'autarchia culturale imposta dal fascismo, la psicologia italiana perse sempre più terreno sul piano scientifico e istituzionale rispetto alla psicologia internazionale, e scelse la via meno impegnativa della → psicologia applicata. Nei settori applicativi, pur affrontati senza adeguate basi scientifiche, si segnalarono tuttavia studiosi come A. Gemelli, F. Banissoni, G. Vidoni. Ma la produzione psicologica propriamente scientifica era ormai riservata a pochissimi ricercatori, tra i quali spicca C. Musatti, erede della più importante scuola psicologica italiana degli anni precedenti, quella patavina di V. Benussi. Dopo il 1945 la psicologia italiana si è aperta in modo via via più accentuato alle influenze nordamericane, tanto sul piano sperimentale quanto su quello clinico e applicativo. *S. Ma.*

psicologia analitica, o psicologia del profondo, espressione designante la teoria di Jung e la pratica psicoterapeutica a essa relativa. All'interno di questo sistema i concetti psicologici hanno un valore esclusivamente funzionale, in quanto si riferiscono a funzioni della personalità e non a strutture stabili della psiche. Questa teoria si sviluppa intorno al concetto di *individuazione*, con il quale si intende il divenire della personalità. Il concetto di *personalità* viene inteso in maniera essenzialmente dinamico-dialettica: personalità è la totalità della vita psichica dell'individuo che si realizza lungo tutta la sua esistenza attraverso il dialogo tra la coscienza e l'inconscio e comporta l'attuazione del *Sé*, quale espressione individuale dell'universalmente umano. Anche il concetto del *Sé* è dinamico, perché si riferisce all'esperienza del continuo e progressivo superamento del conflitto che si svolge nell'uomo tra la coscienza e l'inconscio. Esso è espresso da un pronome personale in terza persona, perché il vissuto significato dal concetto è esperito come un processo che, pur realizzandosi tramite l'impegno personale dell'uomo, nello stesso tempo si svolge in lui e orienta la sua esistenza. Il concetto del *Sé* si riferisce quindi a una condizione esistenziale che risulta dalla conciliazione che l'uomo riesce a compiere, o che in lui si compie, momento per momento in maniera individuale, tra le pulsioni vitali autonome e le esigenze coordinatrici del soggetto, tra le istanze comportamentali di tipo collettivo e il bisogno di significanza individuale.

A partire da questa concezione dialettica del divenire umano, la struttura della psiche viene concepita in termini antitetici, di cui i principali sono la coscienza e l'inconscio. La *coscienza* è la funzione che riferisce i contenuti psichici all'Io. La condizione di coscienza scaturisce da uno psichismo inconscio che la precede e che, continuando a funzionare, ne minaccia la stabilità, pur costituendone il fondamento. Il concetto di coscienza non si limita alla sfera soggettiva, in quanto viene formulato anche il concetto di coscienza collettiva.

• *Inconscio individuale e inconscio collettivo.* L'*inconscio* è assunto, entro questa teoria, come un concetto-limite psicologico (non metafisico): esso copre tutti quei processi psichici che l'Io non riferisce a se stesso, ma sperimenta nell'ambito della personalità come qualcosa di estraneo alla propria facoltà di decisione. Le manifestazioni dell'inconscio vengono attribuite all'inconscio personale e all'inconscio collettivo. Le manifestazioni dell'*inconscio personale* trovano il loro riferimento nelle vicende della storia personale dell'individuo: ricordi perduti, esperienze che sono state rimosse, percezioni subliminali, e anche elaborazioni di pensieri, processi logici che sfuggono all'attenzione del soggetto. Le manifestazioni dell'*inconscio collettivo* trovano il loro riferimento nel patrimonio storico-culturale di comunità più o meno estese o dell'intera umanità. Esse si presentano non soltanto nei simboli onirici e nelle allucinazioni degli psicotici, ma anche nelle visioni dei mistici, nei miti e nei riti religiosi, nelle opere d'arte e nelle fondamentali intuizioni dell'umanità. Esse sono dette *archetipi.* L'archetipo è una possibilità di rappresentazione, ovvero una disposizione a riprodurre rappresentazioni tipiche, corrispondenti alle esperienze che l'umanità ha fatto nel processo di sviluppo della coscienza. Esso ha pertanto il significato di potenziale momento di sintesi dialettica tra la coscienza e l'inconscio.

L'archetipo si manifesta nel *simbolo.* Sicché i simboli, quali significanti degli archetipi, indicano le tappe di questa dialettica lungo il cammino dell'umanità. Il simbolo permette l'evolversi dell'uomo sul piano coscienziale, in quanto prospetta, mediante l'*analogo* dell'oggetto dell'istinto, la possibilità di sintesi dialettica tra natura e cultura. Questa concezione si situa in quella corrente ermeneutica che assume il simbolo con il significato di «rivelazione» e «accesso al sacro», e non in quella, propria della psicoanalisi, che lo assume con il significato di «dissimulazione».

I simboli archetipici esprimono, accanto a quelle comuni al genere umano, anche tematiche relative ai diversi organismi socioculturali, le quali strutturano i diversi miti nazionali, regionali, familiari; questi miti spiegano, dirigono e condizionano l'atteggiarsi dell'uomo nel mondo, perché l'archetipo induce (e qui sta la sua ambiguità) la ripetizione di esperienze di tipo collettivo. Sicché l'inconscio collettivo agisce, a livello di coscienza individuale, sia come progetto, sia come ostacolo per un suo ulteriore sviluppo. I complessi funzionali che mediano la dialettica coscienza-inconscio e individuale-collettivo sono a loro volta coppie di opposti: l'*Io* e l'*Ombra*, la *Persona* e la *Funzione animica*.

L'*Io* è quel complesso di rappresentazioni che costituisce il centro del campo della coscienza e che il soggetto sperimenta come identico e continuo con se stesso. Questo complesso di rappresentazioni consce, in cui viene riposta la propria identità, contiene tutto ciò che il soggetto sa di se stesso, o meglio tutte quelle caratteristiche del suo modo di essere che egli accetta in quanto d'accordo con i principi, gli ideali e i valori del contesto sociale in cui si riconosce. All'Io viene così a contrapporsi un alter-ego, ovvero la sua ombra.

L'*Ombra* è definibile come l'insieme di modalità e possibilità d'esistenza che il soggetto non vuole riconoscere come proprie perché negative, o non-valori, rispetto ai valori codificati nella coscienza, e che aliena da sé per difendere la propria identità, ma con il rischio di arrestare il divenire della personalità. L'Ombra non concerne solo l'individuo, ma riguarda anche, in quanto archetipo, l'inconscio collettivo. Anche la coscienza collettiva ha la sua Ombra. «Il diavolo», dice Jung, «è una variante dell'archetipo Ombra, vale a dire dell'aspetto pericoloso della parte oscura dell'uomo quando non è riconosciuta.» L'Io in quanto funzione mediatrice tra la coscienza e l'inconscio, tra l'individuale e il collettivo, deve costantemente riferirsi al mondo esterno e al mondo interiore e in questi riferimenti utilizza a sua volta due funzioni: la Persona e la Funzione animica.

La *Persona* corrisponde all'atteggiamento che il soggetto assume, in risposta a situazioni date, per agire sull'ambiente e adattarsi a esso, mediante un ruolo adeguato al collettivo in cui opera. La *Funzione animica* corrisponde all'atteggiamento che il soggetto assume nei riguardi del mondo interiore che agisce in lui. È una sorta di vita privata, laddove la Persona è la vita pubblica del soggetto. In questo atteggiamento privato trovano modo di esprimersi tutte quelle caratteristiche di una personalità che non rientrano nel ruolo assunto dalla Persona o che sono contrarie a esso. Nell'uomo questa funzione è chiamata *Anima*, al femminile, perché, adeguandosi la sua Persona agli schemi comportamentali considerati maschili in una data cultura, a livello della Funzione animica si trovano quelle sue caratteristiche umane che dalla stessa cultura vengono considerate femminili. Nella donna la Funzione animica viene chiamata *Animus*, al maschile, perché, adeguandosi la sua Persona al ruolo considerato femminile, nella Funzione animica vengono a esprimersi attitudini considerate maschili. Le modalità maschili e femminili di comportamento non sono attribuite a differenze strutturali della psiche: sono piuttosto considerate come attitudini generalmente umane, presenti contemporaneamente nell'uomo, e nella donna. Tra le attitudini maschili si riconoscono: l'attività, la razionalità, la capacità di controllo e di autodeterminazione, che costituiscono il principio maschile o *Logos*; tra quelle femminili si riconoscono: la ricettività, la passionalità, la disponibilità, che insieme costituiscono il principio femminile o *Eros*. Tramite la Funzione animica l'uomo si fa disponibile all'Eros e la donna arriva a disporre del Logos. Quando questo non avviene, il divenire si arresta nell'identificazione dell'intera personalità con il ruolo sociale. Sempre alla luce di questa visione dialettica viene elaborata una tipologia dinamica, la quale considera le caratteristiche comportamentali dell'uomo come modalità di orientamento e di atteggiamento nei confronti del mondo esterno e nei confronti del mondo interiore. Vengono distinti quattro modi di orientamento o funzioni: *pensiero*, *sentimento*, *intuizione*, *sensazione*; e due tipi di atteggiamento: *estroversione* e *introversione*. Trattandosi di modalità contrarie e incompatibili tra loro (come il pensiero e il sentimento oppure la sensazione e l'intuizione), alcune caratterizzano l'orientamento dell'Io verso il mondo esterno e quindi la Persona, mentre quelle a esse antitetiche caratterizzano l'orientamento verso il mondo interiore ovvero la Funzione animica. Queste modalità possono essere o complementari o conflittuali tra loro, a seconda che l'individuo accetti o rifiuti il dialogo tra l'Io e l'inconscio.

• *La libido come energia psichica.* A fondamento di questa concezione dinamica della psiche si pone un'elaborata concezione energetica, formulata da Jung nell'opera *L'energetica psichica* (1928). Qui viene postulato il concetto di *energia psichica*, con il nome di *libido*, nel significato di «insieme di tutte le manifestazioni vitali sul piano psichico». Questo concetto, preso esplicitamente a prestito dalla fisica, esclude qualsiasi attribuzione di qualità (come

quella sessuale), in quanto indica la tensione che si sviluppa tra poli opposti. Sulla base di questo modello, la vita psichica viene concepita come una costante manifestazione d'energia che scaturisce dalla contrapposizione di situazioni antitetiche, e l'istinto è a sua volta concepito come puro scarico di tensione.
In questa concezione energetica l'uomo viene posto proprio come fattore antientropico, in quanto riesce a trasferire sul simbolo, quale analogo dell'oggetto dell'istinto, la libido, che viene così orientata in un'attività coerente e unitaria, ovvero culturale, anziché annullarsi restando a livello di vita naturale. Come esempio di questo processo di *trasformazione della libido* Jung racconta (nell'opera citata) un rito che accompagna le prime attività produttive degli uomini. Il simbolo, quale *trasformatore di energia*, acquista pertanto valore centrale nel processo di sviluppo della coscienza, sia lungo la storia dell'umanità, sia in quel processo individuale che Jung chiama appunto processo di *individuazione*. È infatti l'attività simbolica, propria dell'inconscio collettivo, che guida il singolo lungo questo processo fino a prospettargli, con il simbolismo del *Sé*, la possibilità di un'integrazione dialettica tra la coscienza e l'inconscio, tra l'individuale e l'universale. Tuttavia il simbolo non ha sull'uomo un'azione determinante, perché resta all'uomo, quale soggetto, decidere se rifiutarlo o lasciarsi trasformare da esso. La condizione di chi accetta la trasformazione è ancora prospettata da un simbolo: il simbolo dell'*Eroe* che sfida la morte per riportare all'umanità un dono di conoscenza.
• *Interpretazione dei sogni e individuazione.* Nella concezione junghiana l'*individuazione* è un processo naturale, che l'autore stesso assume come «modello e linea direttiva» del trattamento psicoterapeutico, e la nevrosi è l'espressione sia di un arresto di questo processo, sia di una forte tendenza alla sua realizzazione; essa è pertanto considerata tanto dal punto di vista *causalistico* quanto dal punto di vista *finalistico*. Questa visione della nevrosi porta, nella pratica psicoterapeutica, a utilizzare dialetticamente sia il metodo *riduttivo* sia il metodo *costruttivo*: mentre il metodo riduttivo implica l'utilizzazione di modelli interpretativi adeguati alla problematica in atto, il metodo costruttivo, che consiste nell'accompagnare il paziente nella realizzazione del progetto esistenziale che l'inconscio gli rivela, chiama viceversa in gioco la personalità dell'analista. Il procedimento junghiano è quindi caratterizzato dal rifiuto di un rigorismo tecnico e dall'impegno personale dell'analista: questi infatti, per operare alla trasformazione del paziente, deve contemporaneamente trasformare se stesso.
Tutto ciò emerge soprattutto dalla concezione del *transfert*. Il transfert non è soltanto la ripetizione del modello di rapporto con le figure parentali (quando questo c'è, viene analizzato riduttivamente come nel metodo freudiano), ma coinvolge ancora una volta la problematica dei contrari. L'analista rappresenta per il paziente l'inconscio con cui questi deve entrare in rapporto, e così anche il paziente per l'analista; ne deriva una dialettica, tra l'inconscio dell'uno e l'inconscio dell'altro, che porta a una reciproca trasformazione. Questo processo è raffigurato nel simbolismo onirico come rapporto tra le rispettive figure animiche, che porta alla nascita di una nuova figura, simbolo del nuovo equilibrio raggiunto dai due.
Anche il sogno è considerato all'interno della problematica dei contrari. Esso non è, come per la psicoanalisi, l'espressione deformata di un desiderio rimosso, bensì la descrizione, mediante linguaggio simbolico, della situazione inconscia in rapporto a quella conscia del sognatore. In questo senso il sogno ha una *funzione compensatoria*, quando rivela all'individuo l'atteggiamento mancante o antitetico alla coscienza, e una *funzione prospettica* quando addita la possibile soluzione di un conflitto. Il sogno viene quindi interpretato sia in senso *causalistico*, in quanto determinato dalla situazione conscia dell'individuo, sia in senso *finalistico*, in quanto tende a modificare la stessa situazione conscia; sia sul piano *oggettivo*, quale riferimento a personaggi e vicende reali della vita del sognatore, sia sul piano *soggettivo*, quale raffigurazione di elementi psichici e vicende interiori del medesimo; e infine sia sul piano dell'*inconscio personale* sia sul piano dell'*inconscio collettivo*, in quanto una problematica personale, nel momento in cui coincide con una problematica universalmente umana, può esprimersi nel sogno o con simboli esplicitamente archetipici, o con simboli attinenti alla realtà quotidiana del soggetto, ma che si muovono entro motivi mitici. *S. Mo.*

psicologia applicata, utilizzazione sistematica e articolata delle teorie e dei metodi della → psicologia per la soluzione dei diversi problemi posti dalla vita quotidiana, sia individuale che collettiva. Mentre la psicologia «generale» (o «pura» o «fondamentale») mira a descrivere e spiegare la condotta umana, la psicologia applicata mira a controllarla e modificarla in funzione delle esigenze personali e sociali, mettendo in pratica le acquisizioni della ricerca psicologico-scientifica. Le prime applicazioni della psicologia (alle quali si erano dimostrati contrari i fondatori della psicologia come scienza autonoma, in particolare gli esponenti dell'→ introspezionismo, W. Wundt ed E.B. Titchener, e quelli della → Gestaltpsychologie) risalgono alla fine dell'Ottocento. Nel 1897 H. Ebbinghaus, il fondatore della ricerca sperimentale sulla memoria, condusse indagini sulla fatica degli scolari, e molti allievi diretti di

Wundt, soprattutto quelli di nazionalità statunitense, primo fra tutti J. McKeen Cattell, utilizzarono a scopi applicativi il metodo dei tempi di reazione e altri metodi nati nell'ambito dei laboratori. Il medesimo Cattell, inventore del termine → test, fondò nel 1890 la Psychological Corporation, la prima organizzazione psicologica nordamericana e mondiale esplicitamente diretta a servire gli interessi dell'istituzione scolastica e dell'industria. Durante e dopo la prima guerra mondiale il numero degli psicologi applicati, che inizialmente erano impiegati nella selezione e nell'orientamento del personale militare, crebbe vertiginosamente, soprattutto negli Stati Uniti, superando rapidamente il numero degli psicologi dediti alla ricerca pura. Anche in Italia, soprattutto in seguito all'incoraggiamento del regime fascista, nell'arco di tempo compreso fra le due guerre, la psicologia applicata (allora chiamata «psicotecnica») conobbe un periodo di popolarità e di iniziative, durante il quale si distinse specialmente A. Gemelli. Oggi la psicologia applicata copre una grande varietà di settori e si suddivide in un insieme di discipline che fanno tutte più o meno ricorso alla psicometria, cioè a test e reattivi mentali. Verso la psicologia applicata hanno assunto una posizione critica non solo gli esponenti della psicologia pura, che ne hanno contestato con vari argomenti la scientificità, ma anche una parte della cultura, soprattutto europea, che l'ha accusata, con particolare riferimento alle applicazioni all'industria, di servire esclusivamente interessi costituiti e più in generale di essere meramente funzionale alla società produttivistica. Si descrivono qui di seguito brevemente le principali e già consolidate forme di psicologia applicata.

La *psicologia differenziale* (il termine «differenziale» fu coniato da W. Stern nel 1900) ha per oggetto la natura e la grandezza delle differenze nei processi psichici fra singoli individui, o fra gruppi, o fra i due sessi, o fra classi d'età, fra classi sociali, fra culture, fra etnie ecc. Prima in ordine di tempo fra tutte le forme di psicologia applicata, la psicologia differenziale nacque come implicazione della tesi esposta da Ch. Darwin nell'*Origine della specie* (1859), secondo cui le differenze fra gli individui di una medesima specie sono responsabili dell'evoluzione di quest'ultima. F. → Galton fu il primo a cercare di tradurre in pratica la tesi darwiniana, tentando di definire le caratteristiche distintive degli individui geniali rispetto a quelle della popolazione totale (in *Il genio ereditario* del 1869) e fondando nel 1882 un laboratorio antropometrico nel quale registrò e misurò, differenziandole l'una dall'altra, un gran numero di prestazioni individuali, relative fra l'altro all'acutezza visiva e uditiva, alla forza muscolare, ai tempi di reazione. Nel 1895 A. → Binet e V. Henri pubblicarono un saggio intitolato *La psicologia delle differenze individuali*; negli anni successivi la psicologia differenziale andò affermando la propria autonomia con l'uso sempre più sistematico dei test nella forma del testing di massa (ovvero dei test applicati a intere categorie d'individui, come nel classico *Le caratteristiche mentali del sesso*, pubblicato nel 1903 da T. Thompson e contenente la prima analisi moderna di psicologia differenziale dei sessi).

La *psicologia clinica* è la più diffusa tra le applicazioni della psicologia: essa consiste nello studio psicologico approfondito dei casi individuali, in una prospettiva globalistica che considera il soggetto umano come totalità inscindibile. Si avvale dei risultati sperimentali acquisiti dalla psicologia generale, soprattutto nei settori della → personalità e della → motivazione, e di una metodologia il cui strumento principe è il «colloquio» coadiuvato dall'uso dei test, specialmente proiettivi come quello di Rorschach. L'individuo oggetto della psicologia clinica non è necessariamente malato o disturbato psichicamente: più comunemente può trattarsi di un individuo che chiede soltanto di essere consigliato e aiutato in una situazione della vita in cui si presenti un problema psicologico. Quando poi i conflitti del soggetto sono tali da entrare nella sfera della cosiddetta patologia, potrà rendersi necessario un intervento di tipo psicoterapeutico. Il primo a usare l'espressione «psicologia clinica» fu lo statunitense L. Witmer, fondatore nel 1896 di una Psychological Clinic per il recupero dei fanciulli svantaggiati. Successivamente — a partire dal 1909, quando lo psichiatra, anch'egli statunitense, W. Healy fondò a Chicago il Juvenile Psychopathic Institute per il recupero dei giovani delinquenti — fecero il loro massiccio ingresso nella psicologia clinica dapprima la psicoanalisi freudiana e poi tutte le psicologie dinamiche (junghiana, adleriana ecc.). Oggi lo psicologo clinico fa generalmente uso di nozioni derivate dalla psicoanalisi classica, benché un certo numero di psicologi clinici, come per esempio i rogersiani (→ psicoterapia), rifiuti la connotazione psicoanalitica.

Una forma di psicologia clinica preventiva è la *psicoprofilassi*, volta a prevenire, mediante un'opera individualizzata di informazione e di consiglio, l'insorgenza di condotte anomale o pericolose, quali sono quelle derivanti dall'uso dell'alcool o della droga; una forma particolare di psicoprofilassi, nota anche in Italia, è quella del parto, che mira a preparare la donna all'evento traumatico mediante lezioni teoriche, informazioni ed esercizi di varia natura.

La *psicologia industriale* è di gran lunga il settore più importante della «psicologia del lavoro», che ha per oggetto l'uomo (individuo o gruppo) nella situazione lavorativa; sostanzialmente, essa mira a stabilire le condizioni ottimali per l'adattamento dell'uomo all'ambiente tecnico, ovvero, secondo una tendenza più recente e liberale, per l'adattamento dell'ambiente tecnico alle esigenze psichiche dell'uomo; fra i suoi obiettivi primeggia quello della produttività aziendale, essendo l'azienda, pubblica o più spesso privata, la committente dello psicologo industriale. Il padre di questa applicazione della psicologia può essere considerato il tedesco H. Münsterberg, di cui nel 1913 comparve il volume *La psicologia e l'efficienza industriale*; ma già nel 1910 il francese J.-M. Lahy aveva fatto uso di test nell'esame degli operai di un'azienda. Dopo la prima guerra mondiale, in perfetta coincidenza con il rapido sviluppo del capitalismo nordamericano e del taylorismo, la psicologia industriale compì molti passi in avanti, in un clima propizio al motto dell'«uomo giusto al posto giusto». In particolare, nel 1920 E. → Mayo effettuò le prime ricerche sistematiche sulla monotonia del lavoro industriale, dando l'avvio a una serie di altre ricerche sul lavoro al nastro e sull'affaticamento, che in Italia vennero riprese soprattutto da A. Gemelli. Nel 1930, nell'ambito dell'università di Chicago, A. Kornhauser compì la prima ricerca sistematica sugli atteggiamenti dei lavoratori nei confronti del loro ambiente di lavoro, e specialmente a cominciare dal 1927 e fino al 1939 Mayo e altri psicologi e sociologi industriali della Harvard University condussero una ricerca a lungo termine, rimasta classica, nell'ambito degli stabilimenti di Hawthorne. Partiti da un'impostazione finalizzata all'immediato rendimento, essi approdarono alla consapevolezza dell'importanza delle «relazioni umane» intercorrenti fra i lavoratori come persone prima che come produttori. In questa evoluzione ebbero un peso determinante le ricerche inaugurate da K. → Lewin, all'inizio degli anni Trenta, sulla → psicologia sociale e sulla dinamica di gruppo.

La *psicologia commerciale* parte dal principio secondo cui un'azienda moderna, prima di produrre, deve conoscere i bisogni e le aspettative dei consumatori potenziali. Fra le tecniche della psicologia commerciale, oltre a quelle classiche come i sondaggi d'opinione e le ricerche di mercato, la più recente è l'analisi motivazionale, che si propone non solo di conoscere, ma di spiegare la situazione di mercato, allo scopo di elaborare gli strumenti atti a trasformarla a tutto vantaggio di un determinato tipo di produzione. A tale scopo essa ricorre sistematicamente a molti metodi psicologici e psicosociologici: interviste semidirettive, colloqui clinici, test d'atteggiamenti, test proiettivi, test d'immagini di marca, discussioni guidate di gruppo ecc. La ricerca motivazionale si esplica soprattutto nella fase della pubblicità, ma anche nelle fasi precedenti della scelta del mercato e del tipo ideale di consumatore, nella decisione sul prezzo del prodotto e infine nelle iniziative promozionali, nella distribuzione e nella vendita.

La *psicologia scolastica*, da non confondere con la → psicopedagogia, il cui settore applicativo e i cui strumenti sono molto più ampi e complessi, ha per oggetto la scolarizzazione dei bambini e degli adolescenti in tutto ciò che essa presenta di problematico, particolarmente nel caso degli alunni portatori di handicap fisici o psichici.

La *psicologia medica* consiste nelle conoscenze psicologiche che ogni medico dovrebbe avere e utilizzare nella sua interazione con i malati. Essa ha ricevuto un notevole impulso dall'opera di M. Balint e presenta rapporti sempre più stretti con la → psicosomatica.

La *psicologia politica* studia le condizioni necessarie all'ottenimento e al mantenimento del potere politico e le ragioni del suo decadimento; il suo terreno d'indagine preferenziale è costituito dai sondaggi d'opinione e dalla propaganda elettorale.

La *psicologia legale* studia, sotto diversi aspetti, le componenti psicologiche delle azioni delittuose. In quanto «psicologia criminale», studia la personalità dell'autore di reato; in quanto «psicologia giudiziaria», studia il contesto giudiziario nelle sue varie componenti (l'imputato, la vittima, gli avvocati, i giudici, e soprattutto i testimoni e i criteri adottati per vagliare l'attendibilità delle loro deposizioni); in quanto «psicologia carceraria, o penitenziaria o rieducativa», studia le condizioni di vita del carcerato e il significato psicologico della pena inflittagli; infine, in quanto «psicologia legislativa», essa tenta di esplicitare e migliorare i criteri psicologici adottati delle norme penali e civili. Gli psicologi legali lavorano in équipe con altri specialisti nell'ambito degli istituti di pena e dei centri di rieducazione per minorenni; a essi, inoltre, ricorrono i tribunali per minorenni nei casi di adozione e affidamento.

La *psicologia militare* studia i molteplici aspetti psicologici della realtà militare; in particolare essa tenta di definire le attitudini individuali a ruoli specifici, come quelli di comando e quelli che comportano la gestione di apparecchi complessi, ed elabora tecniche come quella della «guerra psicologica».

La *psicologia dello sport* ha per oggetto le varie componenti del fatto sportivo: dalla selezione e dall'addestramento degli atleti ai rapporti di squadra, alle motivazioni del tifo ecc.

La *psicologia geriatrica* studia i complessi problemi psicologici e psicosociali della terza età.

Le applicazioni della psicologia sono virtualmente illimitate, giacché per ogni nuova esperienza umana è pensabile una forma di psicologia applicata (si pensi alla «psicologia dell'astronauta»). Il problema essenziale consiste, oggi come ieri, nell'effettivo raggiungimento di un livello di scientificità, unica garanzia contro le strumentalizzazioni ideologiche che continuamente minacciano la psicologia applicata. *S. Ma.*

psicologia cognitiva, → cognitivismo.

psicologia dell'età evolutiva, o psicologia genetica, disciplina che studia il progressivo sviluppo e la progressiva organizzazione delle strutture psichiche (cognitiva, affettiva, linguistica, sociale) nel periodo compreso fra la nascita e l'adolescenza; si tratta di una disciplina indipendente, benché naturalmente legata alla psicologia generale, alla psicopedagogia e alla psicopatologia. Iniziatasi come «psicologia del bambino» nella seconda metà dell'Ottocento, è divenuta sempre più la scienza dello «sviluppo psichico» in quanto tale, allargando il proprio campo d'indagine fino ad articolarsi in tre direzioni distinte seppur intimamente connesse: lo studio delle caratteristiche psichiche che accomunano e di quelle che differenziano il bambino dall'adulto normale; lo studio delle modalità attraverso le quali le strutture psichiche semplici si sviluppano in strutture psichiche complesse; infine, lo studio dei fattori responsabili del suddetto sviluppo, suddivisibili nelle due grandi categorie dei «fattori ereditari» e dei «fattori ambientali», ovvero (nel linguaggio psicogenetico) della «maturazione» e dell'«educazione».

Nella seconda metà dell'Ottocento, sotto l'influsso dell'evoluzionismo, lo studio dell'infanzia entra a far parte delle discipline focalizzate sullo sviluppo biologico della specie e degli individui che la compongono. Così in Francia H. Taine (che come E. Renan entra in dura polemica con la psicologia introspezionistica wundtiana) pubblica nel 1876 una nota intitolata *Sull'acquisizione del linguaggio nei fanciulli e nella specie umana*, che può essere considerata l'atto di nascita della psicologia genetica; nel mondo anglosassone la rivista «Mind» pubblica nel 1877 l'articolo *Schizzo biografico di un bambino* di Ch. Darwin. Negli Stati Uniti è soprattutto G.S. Hall l'interprete, sul piano empirico, della nuova psicologia evoluzionistica dell'infanzia e dell'adolescenza. In quegli stessi anni anche gli psicologi funzionalisti (→ funzionalismo) si avvicinano allo studio dell'infanzia in una prospettiva evoluzionistica (cfr. *Lo sviluppo mentale nel fanciullo e nella razza*, di J.M. Baldwin), ma è a Hall e ai suoi collaboratori della Clark University che va riconosciuto il merito di avere introdotto per primi nella psicologia genetica, a partire dal 1890, la tecnica del questionario, che consente la raccolta di un gran numero di dati di provenienza diversa e ottenuti per via indiretta. Nei primi anni del Novecento cominciano gli studi sulle attività grafiche e plastiche del bambino (celebri quelli di H. Luquet e di H. Eng), e autori come E. Preyer ed Elsa Köhler compiono osservazioni dirette su aspetti specifici della vita psichica infantile, quali la percezione visiva e uditiva.

• *La psicologia genetica e i suoi sviluppi.* Dopo il 1910, con gli studi di W. Stern sul linguaggio e sulla personalità infantile e soprattutto con le prime ricerche autenticamente sperimentali di E.L. Thorndike e J.B. Watson sullo sviluppo motorio, sullo sviluppo affettivo e sull'apprendimento in età infantile, si compie un salto di qualità sul piano metodologico. Negli anni successivi, dopo il 1920, ha luogo la vera e propria «esplosione» della psicologia genetica, cui contribuiscono diversi orientamenti e vari autori, europei e americani. Fondamentale, in Europa, il contributo dello svizzero J. → Piaget, che nel 1923 pubblica *Il linguaggio del bambino*, cui seguono altri lavori d'importanza decisiva per la psicologia genetica. Nell'istituto ginevrino Rousseau, precedentemente diretto da E. Claparède e P. Bovet, due pionieri della psicologia genetica, Piaget e i suoi numerosi collaboratori, fra cui A. Rey e B. Inhelder, impiantano il più attivo centro mondiale di ricerca sullo sviluppo psichico, che si evolverà successivamente nel Centro internazionale di → epistemologia genetica, arricchito dalla collaborazione sistematica di non psicologi (logici, matematici ecc.); dapprima limitata ai paesi di lingua francese e penetrata in Italia relativamente tardi, l'influenza piagetiana si è estesa in seguito ai paesi anglosassoni costituendo uno dei principali poli della psicologia genetica nordamericana. Sempre in Europa sorgono la scuola viennese di Charlotte Bühler, focalizzata sui primi livelli dello sviluppo psichico infantile e sulle relazioni familiari dello scolaro, e il Laboratorio di psicobiologia infantile, fondato dal francese H. Wallon nel 1927; con le sue opere del 1932 (*Le origini del carattere nel bambino*) e del 1945 (*Le origini del pensiero nel bambino*), Wallon diventa, spesso in antitesi al pensiero piagetiano, uno dei punti di riferimento della psicologia genetica contemporanea, ed è uno dei primi autori a lanciare un serio ponte concettuale fra quest'ultima e la psicopedagogia, sulla base di un'interpretazione in termini globalistici dello sviluppo psichico. Quanto agli Stati Uniti, il loro più notevole rappresentante in campo psicogenetico è per molti anni A. Gesell, che nel 1925 pubblica *Lo sviluppo mentale del bambino in età prescolare*; negli anni Trenta e Quaranta la psicologia genetica si avvale dell'apporto del «movimento dei → test» e del grande movimento dell'«igiene mentale infantile», volto al recupero dei fanciulli «difficili» ed erede di un analogo movimento sorto in Europa alla fine dell'Ottocento e rappresentato in Italia da autori quali G.C. Ferrari e Maria Montessori. In America assai più che in Europa trovano terreno favorevole le concezioni gestaltiste (→ Gestaltpsychologie) dello sviluppo infantile come intrinsecamente unitario, riassunte da K. Koffka in *Lo sviluppo della mente* (1924).

• *L'influsso della psicoanalisi.* Importantissima è l'influenza esercitata sulla psicologia genetica dalla psicoanalisi, che però si esprime in forma sistematica solo dopo la pubblicazione — nel 1936 — dell'opera di Anna Freud *L'Io e i meccanismi di difesa* e dopo l'elaborazione, specialmente a opera della stessa Freud e di Melanie Klein, di una psicoanalisi specificamente infantile. La concezione psicoanalitica nelle sue molte varianti costituisce una delle principali componenti della psicologia genetica odierna, soprattutto per quel che concerne l'interpretazione dello sviluppo affettivo e psicosessuale (→ fase). Per quanto riguarda invece lo sviluppo infantile nelle altre aree (cognitiva, linguistica ecc.), gli psicogenetisti non hanno raggiunto un consenso definitivo. Secondo Piaget, lo sviluppo mentale passa attraverso una serie di stadi, da una fase iniziale caratterizzata da «sincretismo», cioè dalla globalità e dall'indifferenziazione delle attività percettiva e cognitiva, alla fase adulta, caratterizzata dall'analiticità e dalla differenziazione delle medesime attività. Fra le teorie psicogenetiche contemporanee che si pongono in parziale alternativa al pensiero piagetiano è quella di H. Werner, che individua non già nella «continuità o gradualità», bensì nel «disequilibrio» fra uno stadio evolutivo e quello seguente il fattore principale dello sviluppo cognitivo: quest'ultimo avviene cioè attraverso crisi periodiche che ristrutturano radicalmente e qualitativamente la preesistente organizzazione mentale dell'individuo. Nel pur importantissimo settore della psicologia dell'adolescenza non esiste oggi nulla di paragonabile, sul piano della sistematicità e della completezza, alle teorie esposte nel campo della psicologia dell'infanzia. Dopo il primo contributo di Hall (il volume *Adolescenza* del 1904), e prescindendo dalle interpretazioni più propriamente pertinenti al campo della psicoanalisi, la vita psichica adolescenziale è sempre stata un oggetto di studio solo marginale da parte degli psicogenetisti. Maggiori contributi in questo senso sono invece venuti dall'antropologia culturale, a cominciare dalle ricerche con cui, alla fine degli anni Venti, Margaret Mead mise in rilievo la relatività socioculturale della condizione adolescenziale e della sua durata. Un altro apporto interessante alla psicologia dell'adolescenza viene dalla psicologia sociale, nel cui ambito è stato messo in evidenza il ruolo fondamentale svolto dall'«immagine del proprio io» nel mondo psichico dell'adolescente.

• *Sviluppi recenti.* Le attuali tendenze di ricerca sono pertinenti a tre domini dello sviluppo: cognitivo (sociale e affettivo), comunicativo e linguistico (per quest'ultimo campo → psicolinguistica). Nello studio dello sviluppo cognitivo coesistono tre diversi approcci teorici: la teoria di J. Piaget, la teoria di L. Vygotskij e l'approccio *Human information processing.* La teoria di Piaget, che aveva esercitato un'influenza pressoché incontrastata sulla psicologia europea e americana nel corso degli anni Sessanta, ha subito in seguito un processo di revisione critica e rielaborazione, giustificato dall'individuazione di consistenti debolezze metodologiche (utilizzo di metodi intuitivi e di procedure non standardizzate) e teoriche (formulazione ambigua di alcuni concetti centrali, forte enfasi sull'esperienza fisica e logico-matematica del bambino a scapito dell'esperienza sociale e culturale, tendenza a sottovalutare la competenza logica del bambino in età prescolare e scolare). Contemporaneamente all'affermarsi di teorie e tendenze neo-piagetiane (J. Pascual-Leone, R. Case, K. Fischer) assistiamo, dalla fine degli anni Settanta in avanti, alla *riscoperta* della teoria di → Vygotskij da parte di un gruppo sempre più folto di psicologi, prevalentemente americani (Kaye; Rogoff & Lave; Wertsch). A differenza della teoria piagetiana, la teoria di Vygotskij propone un coerente tentativo di spiegare le origini sociali del pensiero e del linguaggio e individua nel processo di transizione dal piano interindividuale al piano intra-individuale la legge fondamentale di sviluppo della conoscenza. Infine l'approccio *Human information processing*, interno alla → scienza cognitiva, parte dall'idea che il funzionamento mentale dell'uomo possa essere assimilato a un sistema per l'elaborazione di informazioni. In termini evolutivi, questo approccio privilegia modelli basati sull'analisi della *prestazione* e spiega lo sviluppo cognitivo come funzione non tanto del cambiamento delle strutture logiche quanto della crescita di abilità di base quali memoria, attenzione, velocità di elaborazione dell'informazione.

Nello studio dello sviluppo sociale e affettivo, un'importante sintesi tra idee psicoanalitiche e concetti etologici è stata proposta da J. Bowlby (1969-73) e M. Ainsworth (1969). La *teoria dell'attaccamento* di Bowlby modifica e amplia la teoria freudiana della relativa irreversibilità delle esperienze precoci, minimizzando l'importanza attribuita ai controlli motivazionali di tipo libidico e accentuando il significato evoluzionistico (per la sopravvivenza della specie) dell' attaccamento che lega il bambino alla madre. Inoltre, nel corso degli anni Ottanta, si è andato affermando un nuovo approccio, spesso definito *interattivo-cognitivista*, secondo il quale le interazioni sociali precoci influenzano in misura significativa il successivo sviluppo cognitivo e linguistico del bambino. All'interno di questo approccio si tende, da un lato, ad analizzare e spiegare il comportamento sociale in termini cognitivi (*social cognition*), dall'altro a individuare le possibili determinanti sociali dello sviluppo cognitivo individuale (W. Doise e G. Mugny; J.S. Bruner). *S. Ma.*

psicologia dell'Io, indirizzo che la psicoanalisi assunse a partire dagli anni Trenta negli Stati Uniti e i cui maggiori rappresentanti furono H. Hartmann, E. Kris, R. Loewenstein, D. Rapaport. Pur mantenendosi all'interno del quadro descritto dalla metapsicologia freudiana, di cui si ritiene una semplice integrazione, la psicologia dell'Io modifica, in realtà, il senso complessivo dell'originario modello psicoanalitico. Da un lato, infatti, restaura, sulla scia delle osservazioni di Anna Freud, l'autonomia dell'Io; dall'altro privilegia, rispetto ai conflitti inconsci di Es, Io e Super-io, le relazioni che l'apparato psichico intrattiene con il mondo esterno. Con il proposito dichiarato di riportare la psicoanalisi all'interno della psicologia e della neurofisiologia, H. → Hartmann ritiene che l'Io (istanza ormai cooriginaria a quella dell'Es e non da quest'ultimo derivante, come per Freud) abbia la funzione di creare un equilibrio tra organismo e ambiente e di permettere il progressivo adattamento dell'individuo al proprio *habitat* naturale. Grazie anche all'opera di sistematizzazione di Rapaport e Kris, il complesso dei concetti spesso contraddittori della psicoanalisi può uscire dall'isolamento e farsi interlocutore credibile delle scienze sperimentali e statistiche, della psicologia cognitiva, delle scienze della natura in generale; ma il modello di psiche così proposto è distante dallo spirito iniziale della psicoanalisi. Esso testimonia la singolare ricezione dell'opera di Freud in America, contro cui polemizzarono tra gli altri Melanie → Klein J. → Lacan.

psicologia del Sé, indirizzo psicoanalitico postfreudiano dai confini poco precisi, che condivide con la → psicologia dell'Io il proposito di sistematizzare la psicoanalisi trasformandola in una scienza generale dello psichico. Ambedue le correnti hanno in comune anche il riferimento all'opera di H. → Hartmann, che aveva inteso l'Io come un'istanza autonoma e originaria (A. → Freud), e ne aveva sottolineato la funzione di rapporto con gli oggetti esterni. In tale prospettiva il → Sé può essere considerato l'oggetto «interno» dell'Io, il rapporto dell'io con se stesso. L'Io viene inteso come una struttura evolutiva data dalla sedimentazione degli oggetti interiorizzati (→ relazione oggettuale) su cui la scissione può sempre intervenire (W.R.D. Fairbairn). Nella psicologia del Sé confluiscono gli studi sul narcisismo, di cui già Freud aveva intuito l'importanza per la comprensione delle psicosi. Grazie a una maggiore attenzione dedicata agli stati psicotici presenti anche nello sviluppo psicologico dell'individuo normale, la psicologia del Sé ha consentito la sperimentazione di nuovi approcci terapeutici e nuovi paradigmi teorici. Sviluppatasi dapprima negli Stati Uniti e diffusasi negli anni Settanta anche in Europa, essa ha assorbito le concezioni di A. Adler (dove il «sé creativo» corrisponde all'istanza che rende significative le esperienze individuali) e quelle dei culturalisti neofreudiani — K. Horney (secondo cui il «sé attuale» coincide con la personalità reale, tanto conscia quanto inconscia, mentre il «sé idealizzato» è la personalità che il nevrotico crede di avere); E. Fromm (secondo cui il «vero sé» è l'insieme delle potenzialità individuali); e H.S. Sullivan (secondo cui il «sistema del sé» equivale ai tratti costanti e definitivi della personalità, selezionati fra molti altri possibili in seguito all'influenza dei rapporti interpersonali e in particolare di quelli tra i genitori e il bambino).

L'attenzione posta al disagio sociale proprio della società industriale ha condotto H. → Kohut, il maggior esponente negli Stati Uniti della psicologia del Sé, a una posizione lontana dall'originario modello freudiano. Mentre quest'ultimo è basato su un'idea di «Uomo colpevole» teso alla soddisfazione delle pulsioni, Kohut si è orientato verso l'idea di un «Uomo tragico», volto alla realizzazione del Sé. Egli, infatti, ha progressivamente abbandonato il metodo terapeutico classico per le patologie inquadrate dal conflitto edipico e si è dedicato all'analisi del Sé considerato come «centro di iniziative e contenitore di impressioni».

psicologia individuale, teoria psicologica elaborata da A. → Adler dopo il suo distacco da → Freud, avvenuto nel 1911; costituisce, col sistema freudiano (→ psicoanalisi) e la → psicologia analitica junghiana, la triade classica delle «psicologie del profondo». Le differenze tra la teoria di Adler e quella di Freud coinvolgono questioni di fondamentale importanza: in particolare, al determinismo freudiano Adler contrappone un modello di tipo finalistico o teleologico in cui il ruolo della coscienza è visto come più decisivo e determinante di quello dell'inconscio e l'individuo è considerato fondamentalmente consapevole delle proprie motivazioni e dunque, per ciò stesso, almeno in parte responsabile delle medesime. Secondo Adler, l'inscindibile unità della personalità si esprime nello «stile di vita», che si forma entro il quarto-quinto anno di vita e caratterizza in modo peculiare ogni singolo individuo. Gli obiettivi che ciascuno persegue sono però riconducibili, in ultima istanza, a una sorta di superobiettivo comune alla civiltà umana nel suo complesso: la «superiorità» intesa come autorealizzazione piena, che subordina a se stessa tutte le altre motivazioni, compresa quella sessuale. Anche il sentimento d'inferiorità agisce a vantaggio dell'individuo e della specie, incitandoli a miglioramenti qualitativi. Fondamentale nella formazione dello stile di vita individuale e nella genesi degli interessi sociali è considerato il ruolo della famiglia. La psicoterapia

adleriana si svolge «faccia a faccia» (cioè non sul classico lettino freudiano), non ricorre alle associazioni libere, considera il transfert solo come strumento facilitante del rapporto e non come strumento interpretativo, e presuppone da parte del terapeuta non già un atteggiamento neutrale, ma una strategia attiva, mirante a smascherare i falsi obiettivi del paziente e a fornirgli nuove mete galvanizzanti.
La concezione adleriana è stata criticata per la sua scarsa sistematicità e profondità. Ciononostante — e in buona parte grazie alla sua continuità con la tradizione spiritualistica occidentale, inconciliabile con le teorie freudiane — essa ha goduto di larga diffusione, specialmente negli Stati Uniti, dove da vari decenni esistono, fra l'altro, molti centri di orientamento infantile a essa ispirati. Il pensiero adleriano ha avuto inoltre una notevole influenza sulle cosiddette «neopsicoanalisi» di E. Fromm, K. Horney e H.S. Sullivan per quanto concerne la priorità del «sociale» sul «biologico» nella formazione psichica dell'individuo; sulla psicologia umanistica di A. → Maslow e sulla «terapia non direttiva» (→ psicoterapia) di C. Rogers, che da Adler mutuano concetti come «autorealizzazione», «sicurezza», «sé», «creatività»; e infine sulla psicoterapia infantile e di gruppo, attraverso l'opera di allievi quali R. Dreikurs e J. Bierer.

psicologia razionale, espressione introdotta da Ch. Wolff (*Psychologia rationalis*, 1732) per designare lo studio della natura e dell'attività dell'→ anima, considerata come la sede dei fenomeni intellettuali e morali.

psicologia sociale, disciplina autonoma (benché connessa con la psicologia generale) che ha per oggetto gli aspetti sociali del comportamento umano, riassumibili nei seguenti ambiti di ricerca: fattori socioculturali che presiedono al costituirsi della → personalità; componenti sociali delle singole funzioni psichiche; rapporto interpersonale; dinamica dei piccoli gruppi (intesi come totalità strutturate); psicologia dei grandi aggregati umani e dei *mass media*. Le origini remote della psicologia sociale risalgono alla filosofia sociale dell'antichità, divisa fra l'orientamento psicologistico, secondo cui le istituzioni sociali sono l'espressione delle caratteristiche e delle esigenze psichiche individuali (si pensi alla *Repubblica* di Platone e alla *Politica* di Aristotele; in epoca moderna, al pensiero di → Hobbes); e l'orientamento sociologistico, secondo cui il comportamento individuale è determinato dalle condizioni sociali (tesi che ha le sue lontane radici nel pensiero di Ippocrate; e si pensi, in età moderna, a → Rousseau). Anche nel nostro secolo la psicologia sociale resta caratterizzata da questi due orientamenti. Nata come disciplina indipendente alla fine dell'Ottocento, mentre la cultura europea era dominata dall'evoluzionismo, essa assunse dapprima un indirizzo prevalentemente psicologistico. All'inizio del nuovo secolo compare la *Psicologia dei popoli*, di W. Wundt, opera colossale ma destinata a essere rapidamente superata, soprattutto nella sua tesi centrale circa l'inapplicabilità del metodo sperimentale in psicologia sociale. Sempre all'inizio del Novecento, il filosofo e sociologo G. Simmel inaugura, con la sua *Sociologia* (1908), un genere di riflessione formalista che troverà dei continuatori in Germania; nello stesso 1908 compaiono nel mondo anglosassone le prime due introduzioni sistematiche alla nuova disciplina: la *Psicologia sociale* di E.A. Ross e l'*Introduzione alla psicologia sociale* di W. MacDougall, contrassegnate, in particolare quest'ultima, da un'interpretazione istintualistica del comportamento sociale. Nei paesi latini, in particolare in Francia e in Italia, lo psicologismo di questo primo periodo della psicologia sociale viene utilizzato come strumento ideologico dalla classe borghese al potere, che se ne serve per razionalizzare il significato delle frequenti rivolte popolari e del terrorismo di matrice anarchica; in tal senso vanno interpretate opere del primo Novecento quali *Psicologia collettiva morbosa* (1901) e *I suggestionatori e la folla* (1902) di P. Rossi e *L'intelligenza della folla* (1922) di S. Sighele in Italia, e, in Francia, la notissima *Psicologia delle folle* (1915) di G. Le Bon.
• *La psicologia sociale fra antropologia e sociologia.* Il panorama cambia radicalmente dalla fine degli anni Venti, quando la psicologia sociale assume via via connotati di modernità e scientificità. In primo luogo, le dottrine istintualistiche vengono messe in crisi irreversibile dalle tesi ambientalistiche propugnate, in modi diversi, tanto dal → comportamentismo watsoniano quanto dalla nascente antropologia culturale; in particolare, la tesi secondo cui l'aggressività non costituisce una tendenza innata nella specie umana e nelle specie animali, bensì una tendenza acquisita mediante l'apprendimento, viene in parte dimostrata sperimentalmente dal comportamentista Z.Y. Kuo; a favore della medesima tesi parlano le ricerche dell'antropologa Ruth Benedict; più in generale, le ricerche dei pionieri dell'antropologia culturale (soprattutto B. Malinowski, la Benedict e Margaret Mead), compiute fra il 1925 e il 1935, e quelle di altri autori che precorrono l'odierno interdisciplinarismo nelle scienze umane (come G. Bateson, J. Dollard, A.J. Hallowell, A. Kardiner, R. Linton, E. Sapir, J.W. Whiting) concorrono decisamente a relativizzare l'oggetto della psicologia sociale, nel cui ambito concettuale il criterio interpretativo di «cultura» prende il posto di quello tradizionale di «natura fissa immutabile», contribuendo al crescente impiego antiideologico della psicologia sociale. In secondo luogo, verso gli anni Trenta la

tendenza psicologistica viene notevolmente ridimensionata e corretta dall'influenza della sociologia. In questo periodo si iniziano anche i tentativi, spesso non convincenti, di differenziare l'oggetto e l'ambito della psicologia sociale rispetto a quello della sociologia; un certo consenso viene raggiunto nella formulazione secondo cui, da un lato, il contesto collettivo costituisce oggetto di studio di entrambe, ma, dall'altro, la sociologia s'interessa esclusivamente del significato sociale e delle determinazioni sociali dei comportamenti, mentre la psicologia sociale li esamina in quanto espressi e vissuti dai singoli individui. Questa differenziazione va poi sempre più perdendo d'incisività, parallelamente, per un verso, all'assunzione da parte della psicologia sociale di oggetti di studio tradizionali della sociologia (come le comunicazioni di massa) e, per altro verso, all'emergere della microsociologia, la quale affronta tematiche relative al rapporto interpersonale (per es. nell'opera di E. Goffman). In terzo luogo, nella seconda metà degli anni Trenta, la psicologia sociale rompe definitivamente con le speculazioni evoluzionistiche delle proprie origini e si dà uno statuto di scienza empirica tanto sul piano dei metodi quanto su quello delle concettualizzazioni.

• *La psicologia sociale come scienza sperimentale.* Ma il vero passaggio nel novero delle scienze psicologiche e il raggiungimento di un più adeguato criterio di demarcazione rispetto alla sociologia hanno luogo, sempre nella seconda metà degli anni Trenta, quando la psicologia sociale diventa *scienza sperimentale* nel senso stretto del termine (cioè utilizza soggetti e procedure in condizioni di laboratorio rigidamente controllate) in seguito alle ricerche inaugurate dallo statunitense M. Sherif e proseguite, in particolare, da S.E. Asch e E.W. Boward Jr. In quarto luogo, la psicologia sociale e in modo particolarissimo la nuova psicologia sperimentale dei piccoli gruppi subiscono dalla fine degli anni Trenta la forte influenza delle tesi e delle ricerche gestaltiste (→ Gestaltpsychologie) della scuola del Massachusetts capeggiata da K. → Lewin, che per primo evidenzia sistematicamente le proprietà del gruppo, inteso come «totalità», non riducibili alle proprietà dei suoi «membri», intesi come «parti». Le ricerche lewiniane preludono alla «psicologia sociale applicata», finalizzata al miglioramento delle relazioni interpersonali all'interno di gruppi specifici (una squadra di operai, un'unità militare ecc.) e destinata a un notevole sviluppo nell'ambito della cultura efficientistica nordamericana; infine le successive ricerche di Lewin (pubblicate nel 1939) sui diversi effetti del clima sociale autoritario, democratico e anarchico sul rendimento e sugli atteggiamenti aggressivi di un gruppo, da un lato aprono un campo d'indagine rilevante sul piano internazionale e dall'altro definiscono l'orientamento sociopolitico della psicologia sociale. Dagli anni Cinquanta la psicologia sociale nordamericana si è applicata sempre più all'analisi di aspetti e problemi circoscritti, sia nella ricerca empirica, sia sul piano della teorizzazione, ricorrendo a modelli interpretativi di tipo cognitivistico (→ cognitivismo) secondo un nuovo e promettente indirizzo mirante a mettere in luce i *significati* del comportamento sociale. La psicologia sociale contemporanea è inoltre fortemente influenzata dall'orientamento psicoanalitico, secondo una linea interpretativa che risale allo stesso Freud, soprattutto in relazione all'opera *Psicologia delle masse e analisi dell'Io* (1921). Questo riferimento a Freud è stato ripreso e approfondito da autori come E.H. Erikson e, in una prospettiva di conciliazione fra psicoanalisi e marxismo, dagli esponenti della scuola di Francoforte e, in particolare, da E. Fromm; su un piano meno teorico, la psicologia sociale ha risentito dell'influenza della psicoterapia di gruppo. Sia per la ricchezza continuamente rinnovata dei suoi oggetti di studio, sia per il numero dei ricercatori che a essa si dedicano, la psicologia sociale va assumendo importanza crescente tra le scienze umane contemporanee: importanza significativamente rilevabile dalla posizione di molti autori, secondo i quali la stessa psicologia generale dovrebbe diventare un capitolo della psicologia sociale. *S. Ma.*

psicologia sperimentale, → psicologia.

psicologia transculturale, in antropologia la prospettiva di ricerca che considera la formazione dei processi psicologici come culturalmente determinati. Essa non costituisce una disciplina riconosciuta a livello accademico, ma è piuttosto connotabile come reazione agli esiti riduzionisti del cognitivismo degli anni Cinquanta e Sessanta. La psicologia tansculturale non coincide con il relativismo culturale (→ Herskovits, Melville Jean). A differenza di quest'ultimo, essa dà meno spazio alla sfera dei «valori» e si concentra piuttosto sui processi cognitivi, studiandone la formazione in relazione al contesto culturale d'appartenenza. Fra le opere più recenti di psicologia transculturale: *Psicologia culturale*, a cura di J.W. Stigler, R.A. Shweder e G. Herdt (1990); *Il comportamento umano in una prospettiva globale: introduzione alla psicologia transculturale*, a cura di M.H. Segall, P.R. Dasen, J.W. Berry e Y.H. Poortinga (1991); J. Leff, *Psichiatria e culture* (1992).

psicologismo, termine con cui vengono qualificate (in genere dai loro oppositori) quelle posizioni filosofiche che riducono ogni contenuto conoscitivo ai meccanismi psicologici e ai fenomeni soggettivi della coscienza. La parola è frequente in V. Gioberti, che nell'*Introduzione allo studio della filosofia* precisa: «Definisco adunque il psicologismo un sistema che deduce l'intelligibile dal sensibile e l'ontologia dalla psicologia. Chiamerò ontologismo il sistema contrario.» In questo senso Gioberti considera psicologistici non solo l'empirismo e il fenomenismo, ma anche il cartesianesimo, il criticismo kantiano e l'idealismo tedesco. In modo più specifico e circoscritto il termine indica le posizioni di J.F. → Fries e di F.E. → Beneke, entrambe rivolte all'interpretazione e alla riduzione del trascendentale kantiano in termini di psicologia introspettiva e di antropologia (e perciò avversate duramente da Hegel). Se si vuole evitare di ricadere nella metafisica, dice Fries, bisogna assumere la descrizione dell'esperienza interiore come l'unico tipo di indagine non illusorio. All'«antropologia psichica» Fries si sforzò poi di ricondurre tutti i concetti delle scienze, della politica e della morale (*Manuale di antropologia psichica*, 1820). Con motivazioni in gran parte analoghe Beneke definì la psicologia «scienza fondamentale», di cui tutte le altre scienze sarebbero specificazioni (*Manuale di psicologia come scienza naturale*, 1833).

Col termine di psicologismo logico (o anche solo psicologismo) si fa inoltre riferimento a una corrente di pensiero sviluppatasi in Germania alla fine dell'Ottocento ma i cui fondamenti e principi sono in larga misura attinti dall'opera, soprattutto logica, di J.S. → Mill. Tra i suoi più tipici rappresentanti sono da ricordare F. F. Brentano, T. Lipps, C. Sigwart, L. Erdmann, E. Marty, W. Wundt. Nella sua *Psicologia dal punto di vista empirico* (1874-1911) Brentano intende ricondurre tutte le categorie logiche all'attività intenzionale della coscienza. In tal modo il «significato» di un concetto viene chiarito nei termini della sua «genesi» psichica. Allo psicologismo si oppose la corrente dei logicisti, che ebbe G. → Frege tra i suoi principali esponenti. Questi obiettava a Brentano che il carattere essenziale del concetto logico-matematico è indifferente al modo soggettivo della sua rappresentazione, nonché al fatto, del tutto accidentale rispetto alla sua obiettività ideale, di essere oppure no rappresentato in questa o quella coscienza empirica: «Interessa il significato del numero 3 e non come esso sorge nella coscienza.» La questione venne ripresa da E. → Husserl, il quale, sebbene inizialmente allievo di Brentano, rivolse allo psicologismo, nel primo vol. delle *Ricerche logiche* (1900), una serie di critiche radicali che segnarono in pratica il declino di questa scuola.

psicopatia, in una prima accezione, letterale e generale, qualunque forma di disturbo o malattia psichica; in un'accezione più specifica, un'anomalia psichiatrica della condotta, corrispondente alla «follia o imbecillità morale» diagnosticata da J.C. Prichard fin dal 1835, o allo «squilibrio mentale» descritto da V. Magnan, o ancora alla lombrosiana «predisposizione costituzionale a delinquere», definizione ripresa da E. Kraepelin nella sua classica codificazione delle malattie mentali. La condotta psicopatica è caratterizzata da una gravissima perturbazione della sfera morale, o addirittura dalla completa mancanza di quest'ultima, non necessariamente accompagnata da deficit intellettivo; il soggetto psicopatico, secondo molti autori fra cui H. Cleckley (*La maschera della normalità*, 1941), presenta le seguenti connotazioni comportamentali: assenza di sintomi nevrotici, incapacità di amare e di nutrire sentimenti comunque positivi (come la simpatia o la gratitudine), vita sessuale impersonale e non coinvolgente, falsità e insincerità sistematica, mancanza di sentimenti di colpa o di rimorso (o «apatia morale», secondo un'antica definizione), attribuzione sistematica agli altri delle proprie responsabilità, antisocialità non già occasionale o impulsiva, bensì costante e programmata, e sfociante molto spesso in condotte delittuose realizzate con freddezza, nella più completa indifferenza verso i codici etico-sociali; per quest'ultima caratteristica, da molti autori considerata fondamentale, nella psichiatria anglosassone la psicopatia viene generalmente chiamata «sociopatia». Infine, l'aggressività non costituisce una componente necessaria della condotta psicopatica.

Le cause della psicopatia sono lungi dall'essere state chiarite; in passato dominò l'interpretazione organicistica, sulla base del modello lombrosiano della «degenerazione»; oggi, seppur riformulata in altri termini (per es. di alterazione cromosomica), l'interpretazione organicistica sopravvive ma è diventata minoritaria rispetto all'interpretazione psicogena, che tuttavia non è affatto univoca nei diversi autori. Così, secondo alcuni di essi (fra cui Cleckley) la psicopatia rappresenta una forma di psicosi, essendo caratterizzata dalla mancata integrazione dell'affettività nel corso dei primi anni di vita; gli psicoanalisti di orientamento freudiano tendono a farla risalire ai primi rapporti del bambino con una figura materna inconsistente e ambigua, e sottolineano la presenza, nel soggetto psicopatico, di un Io debole, di un Super-Io arcaico, di un ideale dell'Io informe, e l'assenza, nel medesimo, dei meccanismi inconsci (per es. del meccanismo di difesa) responsabili delle nevrosi, perché manca del tutto la rimozione delle richieste pulsionali e il differimento del piacere. Nonostante l'incertezza sulla sua eziologia, la psicopatia è ampiamente presente come categoria diagnostica nell'ambito della psichiatria criminale e della medicina legale, e giustifica il ricovero del delinquente definito «psicopatico» in istituzioni di carattere speciale, intermedie fra il carcere e l'ospedale psichiatrico. Inoltre, traendo ispirazione dalla sindrome psichiatrica «psicopatia», alcuni diffusi test psicologici tentano di misurare i tratti della cosiddetta «personalità psicopatica o sociopatica» (secondo la definizione di K. Schneider), caratterizzata da una spiccatissima e irriducibile irresponsabilità sociale e antisocialità.

psicopatologia, disciplina indipendente, ma strettamente collegata alla psicologia, che ha per oggetto il funzionamento anormale dell'attività psichica e mira soprattutto a individuare, in una prospettiva sistematica, le cause specifiche delle diverse malattie mentali e dei diversi disturbi comportamentali. Di norma lo studio psicopatologico costituisce la premessa indispensabile all'intervento psicoterapeutico e l'indissociabilità fra il momento psicopatologico e quello psicoterapeutico rappresenta una delle caratteristiche centrali della psicoanalisi; questa, del resto, costituisce il più importante orientamento psicopatologico contemporaneo e la vera matrice storica della psicopatologia come disciplina indipendente, anche in quegli aspetti e caratteristiche che essa ha attinto più specificamente dalla psicologia. Altre due correnti di pensiero hanno fortemente influenzato la psicopatologia moderna. Da un lato, a partire dalla celebre opera di K. Jaspers *Psicopatologia generale* (1913), l'orientamento fenomenologico (→ analisi esistenziale), che ha trovato in E. Minkowski e in L. Binswanger i suoi principali rappresentanti e che, in nome dell'irripetibilità di ciascun vissuto patologico, prescrive l'atteggiamento di «comprensione empatica» come veicolo d'accesso all'universo significante del malato e si batte contro ogni dogmatismo nell'interpretazione del disturbo psichico. D'altro lato, la psicopatologia moderna ha recepito la lezione dell'evoluzionismo darwiniano, compendiata in campo psicopatologico dall'opera di J.H. Jackson. La teoria jacksoniana — ripresa dalla grande scuola psicopatologica francese dell'inizio del Novecento capeggiata da Th. Ribot, successivamente da neojacksoniani quali C. von Monakow e R. Morgue e ai giorni nostri da autori come H. Ey e J. Rouart — riguarda il funzionamento normale e patologico del sistema nervoso e interpreta la malattia mentale in termini di «regressione» o «dissoluzione».

Nata in Europa, la psicopatologia si è sviluppata soprattutto negli Stati Uniti, dove ha subito una svolta sul piano dell'impostazione e dei metodi, individuando il proprio campo di studio più nel comportamento oggettivamente rilevabile che nel vissuto interiore (o comportamentismo). Quanto al delicato problema dei criteri in base ai quali differenziare il comportamento «patologico» dal comportamento «normale», gli autori nordamericani hanno tentato di risolverlo in un'ipotesi di *continuità* che interpreta il primo come «esasperazione» o «deformazione» del secondo. In questo la psicopatologia odierna, sensibile alla lezione della psicoanalisi, si differenzia radicalmente dalla psichiatria tradizionale, che mirava a istituire una differenza qualitativa tra «normale» e «patologico» e a classificare le malattie mentali in categorie e sottocategorie di sintomi reciprocamente indipendenti. Dalla psicoanalisi essa deriva inoltre il criterio della «causalità genetica» (cioè la spiegazione del comportamento patologico adulto in base alle esperienze infantili del soggetto) e i concetti basilari di → conflitto psichico, meccanismi di → difesa, angoscia (→ angoscia-ansia); va precisato tuttavia che gli psicopatologi, soprattutto quelli nordamericani, definiscono il criterio della «causalità genetica» anche alla luce delle teorie psicologiche (non psicoanalitiche) dell'apprendimento e del condizionamento e integrano le nozioni psicoanalitiche fondamentali con concettualizzazioni desunte dalla psicologia sperimentale e dalla psicologia sociale.

La psicopatologia contemporanea si avvale di procedure cosiddette «longitudinali» e «trasversali». Fra le prime vanno ricordati: il «metodo genetico», che, attraverso la raccolta, effettuata a regolari intervalli di tempo e per la durata di anni, di osservazioni sistematiche di comportamenti individuali, mira a cogliere le fasi attraverso le quali si sviluppano le sindromi patologiche; e il metodo della «storia del caso clinico», consistente nella raccolta del maggior numero possibile di informazioni sul passato del paziente. Fra le procedure «trasversali» vanno ricordati tre principali metodi: il metodo «statistico», consistente nell'accertamento della frequenza relativa con cui si verificano, in condizioni diverse, le varie forme del comportamento patologico (a esso è riconducibile l'utilizzazione a scopo diagnostico di vari tipi di → test); il metodo dell'«analisi ambientale», che implica lo studio comparativo della patologia comportamentale in ambienti culturali eterogenei; infine, il metodo sperimentale. Quest'ultimo è lo stesso della psicologia tradizionale e, più in generale, di tutte le scienze naturali d'ispirazione baconiana e galileiana; esso tuttavia presenta, in psicopatologia, difficoltà di vario ordine. Alcuni esperimenti possono essere e sono stati effettuati con successo, e in questo caso i risultati, date le condizioni di controllo ottimale in cui sono stati ottenuti, presentano una rilevanza indubbia. Dove, per motivi etici, non sia possibile la sperimentazione sull'uomo (come nel caso delle «nevrosi sperimentali», ossia indotte), si è fatto ricorso a esperimenti di psicopatologia animale, i cui risultati però spesso non sono riferibili al comportamento patologico umano perché difficilmente estrapolabili (o estrapolabili solo per analogia e con molte limitazioni). *S. Ma.*

psicopedagogia, o psicologia dell'educazione, settore della psicologia applicata che utilizza i dati e le leggi della psicologia scientifica per lo studio e il controllo del processo educativo in tutti i suoi aspetti. Si muove alla confluenza del piano psicologico con quello pedagogico, ed esprime concretamente la propria specificità nell'elaborazione dei contenuti dei programmi scolastici e delle modalità didattiche, in relazione alle capacità cognitive e di apprendimento dell'allievo nelle diverse fasi del suo sviluppo mentale, apparentandosi così strettamente alla → psicologia dell'età evolutiva e alla psicologia generale sperimentale.

Tra la fine del Settecento e l'inizio dell'Ottocento, filosofi (tra cui Rousseau col suo celebre *Emilio o dell'educazione*) e pedagogisti dedicarono la loro attenzione ai problemi dell'educazione dell'infanzia nella nuova prospettiva liberale di umanizzare le pratiche educative. L'interesse per i «fanciulli criminali» fu un altro importante carattere della nuova prospettiva rieducativa, ma verso la fine del secolo esso venne integrato e gradualmente sostituito dall'interesse per la conoscenza scientifica e la valutazione del fanciullo normale nelle sue tappe evolutive. Fra i pionieri del nuovo indirizzo sono da ricordare gli psicologi sperimentalisti, che ritennero di poter fondare una pedagogia scientifica sulla base delle ricerche di H. Ebbinghaus relative al funzionamento della memoria umana (dopo il 1885); J. Dewey e E. Claparède, rappresentanti, in America e in Europa rispettivamente, di quel «funzionalismo» di cui ancora restano molte tracce nella speculazione psicopedagogica; Maria Montessori, la cui opera tocca più il settore della pedagogia propriamente detta che non quello della psicopedagogia; e soprattutto S. Hall, che per primo sottopose dei questionari agli insegnanti per analizzare le problematiche dell'insegnamento e fondò, nel 1891, la prima rivista specificatamente psicopedagogica, il «Pedagogical Seminary»; J. McKeen Cattell, che studiò, con l'ausilio di test, le differenze attitudinali fra gli allievi; E. Meumann, propugnatore all'inizio del secolo di uno sperimentalismo educativo precorritore di istanze odierne; A. Binet, sostenitore della tesi secondo cui ogni insegnante deve essere al contempo psicologo; infine E.L. Thorndike, che nel 1913 pubblicò il primo trattato di *Psicologia dell'educazione*.

Negli anni compresi fra le due guerre la psicopedagogia andò sempre più allineandosi fra le scienze empiriche, con un orientamento volto sia alla ricerca pura sia all'applicazione immediata. Successivamente, soprattutto negli anni Cinquanta e negli Stati Uniti, essa subì l'influenza della psicologia sperimentale, specialmente comportamentistica (ad allora risale la comparsa massiccia, nella prassi didattica, dell'istruzione programmata e delle «macchine per insegnare»), destinata però a essere ben presto superata da un'impostazione sperimentale circoscritta a un ambito esclusivamente psicopedagogico, ossia a soggetti umani in età scolare, sottoposti a un addestramento implicante l'apprendimento di materiale del tutto simile a quello scolastico. Nella prospettiva odierna, per molti versi «cognitivistica» (→ cognitivismo), un ruolo centrale è occupato dalle concettualizzazioni piagetiane. Appoggiandosi alle teorie di J. → Piaget sullo sviluppo intellettivo infantile, alcuni psicopedagogisti statunitensi, tra cui D. Berlyne e J. Bruner, hanno sostenuto la possibilità di accelerare la maturazione del pensiero mediante particolari programmi di addestramento. La psicopedagogista H. Taba ha contrastato questa impostazione, sostenendo che essa può determinare un arresto o addirittura un regresso dell'attività mentale. Un'altra tendenza molto vitale nella psicopedagogia odierna è quella scaturita dalle ricerche psicologiche sul «learning-set» («disposizione di apprendimento»), inaugurate nel 1949 dagli articoli *La formazione delle disposizioni di apprendimento* e *Imparare a pensare* di H.F. Harlow. Nell'ultimo decennio la psicopedagogia si è aperta anche alla teoria dell'informazione, interpretando il rapporto tra l'insegnamento e l'apprendimento in termini di «trasmissione di informazione». In Italia la ricerca psicopedagogica costituisce un'acquisizione culturale del secondo dopoguerra; fino ad allora, infatti, la ricerca scientifica era stata ostacolata dall'impostazione eminentemente filosofica della speculazione gentiliana relativa al rapporto fra insegnante e allievo (si veda in proposito il *Sommario di pedagogia come scienza filosofica*, pubblicato da G. Gentile nel 1913 e destinato a grande diffusione fra gli intellettuali italiani).

psicosi, termine psichiatrico, assunto anche dalla psicoanalisi, che indica una classe di malattie psichiche differenziabili dalle → nevrosi e dalle → psicopatie. Generalmente le psicosi vengono distinte in *organiche*, quando è evidenziabile un'alterazione del tessuto nervoso, e in *funzionali*, quando quest'ultima non è evidenziabile (il che non significa che essa venga necessariamente considerata come non esistente). Sia in psichiatria sia in psicoanalisi, le tre principali sottoclassi delle psicosi funzionali sono rappresentate dalla → schizofrenia, dalla psicosi → maniaco-depressiva e dalla → paranoia. Tuttavia, il quadro classificatorio e interpretativo delle psicosi è a tutt'oggi lungi dall'esser stato chiarito, e fra gli autori permangono molte differenze nell'uso del termine; alcuni di essi, per es., tendono a porre nella stessa sottoclasse la schizofrenia e la paranoia, e altri considerano non psicotica la schizofrenia di grado leggero; inoltre, esistono alcune sindromi definibili psicotiche, ma non riconducibili né alle tradizionali psicosi organiche né alle tradizionali psicosi funzionali; infine, secondo alcuni autori le psicosi funzionali hanno una base costituzionale, mentre secondo altri esse sono, come le nevrosi, puramente psicogene. Presente nella letteratura psichiatrica di lingua tedesca fin da prima del 1850, con il significato generale e indifferenziato di «malattia mentale» o «pazzia», il concetto di psicosi ha acquisito una propria specificità in rapporto al concetto antagonista di nevrosi, e in questa accezione è stato ripreso e approfondito da Freud e dalla scuola di Zurigo; anche oggi la sintomatologia delle psicosi viene generalmente definita soprattutto per contrasto con quella delle nevrosi, particolarmente chiarita dall'apporto psicoanalitico. Il quadro sintomatico delle psicosi può essere così caratterizzato: patologia, a tutti i livelli, più grave di quella caratteristica delle nevrosi, comprese le nevrosi gravissime; compromissione del «fondo» della salute mentale, con assenza di percezione o percezione strutturalmente deformata della realtà esterna, e con mancanza totale o parziale di rapporto cognitivo con la medesima; disgregazione a livelli profondi della personalità totale, con assenza o viceversa con ipertrofia dell'affettività (che in questo secondo caso, come nella psicosi maniaco-affettiva e più in generale nelle cosiddette «psicosi affettive», domina interamente la vita psichica del paziente) e spesso con regressione del comportamento a livelli primitivi; allucinazioni e deliri; gravi alterazioni del pensiero logico e della capacità linguistica e non linguistica di comunicare; grave disadattamento sociale (da non confondere con l'antisocialità che è caratteristica della → psicopatia); mancanza generale di «comprensibilità» dei sintomi (al contrario di quanto avviene nel caso dei sintomi nevrotici e psicosomatici); mancanza di consapevolezza, da parte del paziente, della sua condizione patologica (mentre il paziente nevrotico è generalmente consapevole della propria condizione).

• *Cause e terapie della psicosi.* Al di là del piano sintomatologico, gli psichiatri sono concordi (assieme ai neurologi) nell'individuazione di un'eziologia organica specifica nel caso di alcune psicosi: la psicosi arteriosclerotica, che si manifesta progressivamente, fra l'altro con la riduzione delle funzioni cognitive, con la comparsa di alterazioni del linguaggio come l'→ afasia, e con stati confusionali, e che è determinata dalla degenerazione delle arterie cerebrali, con conseguente difetto della circolazione del sangue; la psicosi senile o demenza senile, dovuta ad atrofia cerebrale diffusa; la psicosi tossica, dovuta a intossicazioni di varia natura, e in particolare la psicosi da farmaci, che scompare quando cessa l'assunzione del farmaco, e che è stata prodotta in condizioni sperimentali come «psicosi modello» allo scopo di studiare sia l'insorgenza dei meccanismi psicotici, sia l'azione specifica sul sistema nervoso di sostanze come la mescalina e l'LSD; la psicosi associata con malattie infettive acute, che può essere determinata principalmente dal tifo, dalla polmonite e dal reumatismo articolare acuto, e che generalmente regredisce con il regredire dello stato febbrile; la psicosi traumatica, determinata da lesioni organiche (per es. in seguito a un incidente stradale). In altri casi è altrettanto evidente che la psicosi insorge in seguito a un gravissimo trauma di carattere psichico e non organico, come avviene nelle psicosi reattive, provocate da eventi esterni quali la morte di una persona cara, o dall'orrore di una guerra o di un bombardamento («psicosi acuta da shock» riscontrata in molti soldati e caratterizzata da uno stato più o meno prolungato di completa incoscienza), o ancora da una condizione prolungata di confinamento o isolamento («psicosi carceraria»). Vi sono casi, tuttavia, in cui la differenziazione fra l'eziologia organica e quella ambientale è lungi dall'essere altrettanto netta, e per es. non tutti gli autori concordano con H. Mahler, secondo il quale la psicosi infantile può essere di due tipi: autistica (→ autismo), se la sua causa è individuabile in una debolezza costituzionale o congenita dell'Io, preesistente ai suoi rapporti con la realtà esterna e con la figura materna in particolare; e simbiotica, se sopravviene nel momento in cui il bambino rifiuta radicalmente di scindere il proprio iniziale rapporto unitario con la madre, e sviluppa fantasie di onnipotenza e allucinazioni, accompagnate dalla percezione del mondo esterno come globalmente ostile e distruttivo.

• *La psicoanalisi e l'eziologia delle psicosi funzionali.* Il contributo fornito da Mahler ci introduce al discorso psicoanalitico, in quanto la psicoanalisi, a partire da Freud, ha tentato di ricostruire in termini psicogeni analoghi a quelli usati per le nevrosi l'eziologia delle psicosi funzionali. Negli scritti freudiani appartenenti al periodo della seconda teoria dell'→ apparato psichico, la causa della psicosi funzionale viene individuata in una rottura fra l'Io e la realtà esterna, dovuta al premere delle richieste pulsionali provenienti dall'Es, le quali invece, nel processo di formazione della nevrosi, si piegano alle esigenze della stessa realtà esterna e vengono rimosse dall'Io (→ rimozione); in un primo momento del processo psicotico l'Io perde completamente la propria specificità rispetto all'Es, mentre in un secondo momento esso la recupera in modo solo parziale e altamente condizionato, cioè attraverso costruzioni deliranti corrispondenti ai desideri dell'Es e apportatrici di una sorta di surrogato del rapporto oggettuale. Successivamente, nell'ultimo periodo della sua vita (si veda, in particolare, il *Compendio di psicoanalisi*, 1938), Freud postulò alla base della psicosi funzionale un meccanismo di → difesa o di rigetto della realtà del tutto specifico, riconducibile al «diniego» del bambino che rifiuta di constatare l'assenza del pene nel corpo femminile e continua a percepirlo in opposizione al dettato della realtà oggettiva. Sul piano terapeutico, Freud considerava irrealizzabile l'analisi dello psicotico, la cui grave alterazione narcisistica (→ narcisismo) rende a suo parere impossibile l'instaurarsi, fra il medesimo e il terapeuta, del processo fondamentale del transfert; più recentemente, altri psicoanalisti hanno dimostrato la possibilità di stabilire con lo psicotico un certo tipo di transfert, qualitativamente diverso da quello che ha luogo nella terapia delle nevrosi, e fondato sulla percezione, da parte dello psicotico, della persona del terapeuta non già come «oggetto esterno», bensì come parte costitutiva della propria persona, spesso sotto la forma di «nemico irriducibile». Fra gli psicoanalisti di derivazione freudiana che hanno studiato i processi psicotici, si ricorda S. Ferenczi, che fra l'altro ha introdotto il concetto di «psicosi privata» (equivalente alla «nevrosi di carattere»), ammettendo così l'esistenza di un tipo di psicosi in qualche modo tollerata dall'Io; e si ricorda soprattutto Melanie Klein, la quale, traendo spunto dagli scritti di K. Abraham, ha contribuito a sfumare la distinzione fra psicosi e nevrosi, sostenendo in particolare l'esistenza di stadi di sviluppo psicotici nell'infanzia dell'individuo normale. *S. Ma.*

psicosomatica, studio sistematico — fondato sul postulato dell'inscindibile unità biologica (corpo-mente) della persona — dei fattori psichici e più esattamente emotivi (in particolare gli affetti aggressivi e ansiosi e le situazioni di conflitto) che svolgono un ruolo più o meno determinante nella genesi delle malattie del corpo. Per essere tale, il disturbo psicosomatico (o «nevrosi d'organo», secondo la definizione di O. Fenichel) deve al contempo essere psicogeno e caratterizzato da precise e obiettive disfunzioni fisiologiche dell'organismo; in tal modo esso si differenzia sia dalla malattia puramente organica, nella cui genesi non interviene alcun fattore emotivo, sia dai sintomi psicopatologici (come nel caso delle → nevrosi e delle → psicosi «reattive») cui la malattia puramente organica può dar luogo.

Concezione antichissima, la medicina psicosomatica si contrappone in particolare alla tradizione meccanicistico-riduzionistica della fisiologia ottocentesca, tradottasi sul piano medico in un'interpretazione esclusivamente organicistica della malattia e codificata dall'anatomopatologia virchowiana nei termini di un'assoluta separazione fra la vita psichica e la malattia, essendo individuate le cause di quest'ultima sempre e comunque nell'alterazione di uno o più organi. L'approccio psicosomatico si espresse in forma sistematica (a partire dalle opere *Studi sulla medicina psicosomatica*, 1948, di F. Alexander e Th. French; *Medicina psicosomatica*, 1949, di E. Weiss e O.S. Spurgeon; e soprattutto *Medicina psicosomatica: i suoi principi e le sue applicazioni*, 1950, di → Alexander) anche in seguito ai grandi cambiamenti nella concezione dell'uomo determinati dalla psicoanalisi e, in misura inferiore, per influsso delle dottrine psicologiche globalistiche, come quella di K. Goldstein. Fu appunto G.W. → Groddeck il primo a tentare nel 1927 un'interpretazione psicogenetica delle malattie organiche; lo stesso Alexander è di formazione psicoanalitica; una delle prime teorizzazioni relative agli stretti rapporti intercorrenti fra psicosomatica e psicoanalisi è quella dello psicoanalista clinico S. Nacht (*Introduzione alla medicina psicosomatica*, 1948, e *Dalla pratica alla teoria psicoanalitica*, 1950); inoltre altri autori, che pure assegnano alla psicosomatica uno status teorico meno ampio di quello della psicoanalisi, vedono nella prima il campo di «verifica medica» della seconda. Tra psicoanalisi ortodossa e psicosomatica sussistono tuttavia non poche differenze, sia sul piano teorico sia nella prassi terapeutica: la psicosomatica si pone come semplificazione della psicoanalisi: Alexander propone infatti una «psicoterapia breve», eventualmente associata alla somministrazione di psicofarmaci e fondata in parte sull'intervento attivo del terapeuta che spiega al paziente il linguaggio specifico dei suoi organi ammalati. Si aggiunga che, su un piano epistemologico generale, molti autori, a cominciare da Weiss, si oppongono all'assimilazione della psicosomatica da parte della psicoanalisi, preferendo conferirle lo status più «imparziale» e generale di «orientamento applicabile all'insieme della medicina», in una prospettiva in cui da un lato la psicosomatica stessa non corra il rischio di essere ridotta al ruolo periferico di una delle tante specializzazioni mediche, e dall'altro la medicina *in toto* — proprio grazie all'acquisita e diffusa coloritura psicosomatica — venga preservata dai pericoli dell'iperspecialismo e dell'ipermeccanizzazione. Al di là dei problemi relativi ai rapporti fra psicosomatica e psicoanalisi, la ricerca psicosomatica è ancora alle prese con problemi interni di carattere fondamentale (ovvero di conoscenza scientifica «pura»), la cui soluzione, mediante il concorso di tutte le scienze biologiche e della psicologia sperimentale, potrà consentire un notevole passo in avanti sul piano clinico-diagnostico e terapeutico. *S. Ma.*

psicostasia, termine della storia delle religioni designante quel giudizio del defunto consistente nella «pesatura dell'anima» (dal greco *psyché*, anima, e *stásis*, pesatura). Presente in varie religioni antiche e orientali, come il mazdeismo e il lamaismo, la psicostasia era particolarmente importante in quella egizia, dove è descritta e illustrata nel cap. 125 del *Libro dei morti*. Nel tribunale dell'oltretomba, presieduto da Osiri (da Ra nell'Antico Regno), e con l'assistenza di 42 giudici divini, il cuore del defunto, sede dell'anima, è posto sul piatto di una bilancia vigilata da Horo e da Anubi, mentre sull'altro piatto fa da contrappeso la piuma, simbolo di Maat, la giustizia. Se il cuore non è pesante di colpe e non smentisce così la dichiarazione di innocenza fatta dal defunto, i due piatti stanno in equilibrio. Durante il giudizio, il dio Thot funge da scriba, e un demone con testa di coccodrillo, la «grande divoratrice», è in attesa di divorare chi venga dichiarato colpevole (ma apposite formule magiche dovevano impedire questo evento). Una traccia di credenza nella psicostasia, o il suo ricorso come metafora, si trova sia nell'Antico Testamento (nel libro di Daniele 5, a proposito delle parole apparse sulla parete del convito di Baldassarre e alludenti a un suo giudizio mediante pesatura), sia nell'iconografia cristiana di san Michele arcangelo, raffigurato appunto con la bilancia in mano.

psicoterapia, qualunque forma di trattamento sistematico dei disturbi psichici, per via psicologica e prevalentemente attraverso l'interazione verbale fra il terapeuta e il paziente. In quanto terapia psicologica, cioè fondata sull'azione reciproca di due (o più) soggettività, la psicoterapia si contrappone alle terapie somatiche o fisiche della psiche; va tuttavia rilevato che quasi sempre queste ultime determinano indirettamente effetti psicoterapeutici e che molti medici associano — nei confronti del paziente — l'intervento farmacologico e l'intervento psicoterapeutico.

La storia della psicoterapia, dal passato più remoto fino ai nostri giorni, ci consente di distinguere diverse sue forme fondamentali. In primo luogo sono da ricordare le psicoterapie direttive e razionali, fondate sull'intervento attivo del terapeuta che usa tutta la propria autorità per consigliare, convincere, influenzare, consolare ecc. il paziente: l'interazione resta circoscritta al piano cosciente e razionale, come avviene per es. nella terapia «protreptica» di E. Kretschmer, basata sul concetto delle «idee-forza», o nelle psicoterapie d'appoggio, in cui spesso il terapeuta indica esplicitamente al paziente le mete psicologiche da raggiungere e lo aiuta, rafforzando la sua capacità di sopportare la frustrazione. In secondo luogo vanno citate le psicoterapie fondate sulla suggestione e sull'ipnosi, praticate anch'esse (come le psicoterapie direttive) fin dall'antichità, seppure in contesti magico-religiosi. In un terzo gruppo, vicino al precedente, sono da collocare le varie psicoterapie incentrate sui metodi di rilassamento progressivo e sulla presa di coscienza del corpo, dall'antichissimo yoga all'odierno training autogeno. A un quarto gruppo appartengono le psicoterapie basate sulla catarsi e praticate ancor prima che J. Breuer ne esplicitasse il meccanismo; il loro impiego odierno parte dal principio secondo cui ogni condotta aggressiva espressamente suscitata in condizioni controllate costituisce una catarsi che riduce la tendenza ad altre condotte aggressive in condizioni non controllabili. Di un quinto gruppo fanno parte le psicoterapie fondate sull'espressività e la drammatizzazione (lo → psicodramma, il sociodramma, il «role playing» con trama prefissata), che si fondano sulla progressiva presa di coscienza, da parte del paziente, dei suoi e degli altrui ruoli e atteggiamenti. A un sesto gruppo appartengono le psicoterapie d'ispirazione fenomenologica, come l'→ analisi esistenziale di L. Binswanger o la meno nota terapia esperienziale di Whitaker e Malone.

• *Le terapie psicoanalitiche o di ispirazione psicoanalitica.* Il settimo gruppo, quello oggi di gran lunga più importante, è costituito dalle terapie psicoanalitiche: anzitutto quella freudiana (→ psicoanalisi), poi quelle adleriana (→ psicologia individuale) e junghiana (→ psicologia analitica), infine quelle elaborate da vari psicoanalisti, quali F. Alexander, K. Horney, Melanie Klein, O. Rank («terapia della volontà»), W. Reich («analisi del carattere»), W. Stekel («analisi attiva»), E. Glover ecc. La caratteristica fondamentale che distingue le terapie psicoanalitiche da tutte le altre consiste nella loro natura interpretativo-ricostruttiva: partendo dal livello della verbalizzazione cosciente, il processo terapeutico di tipo psicoanalitico investe la sfera inconscia, individuando in essa i nodi conflittuali responsabili delle manifestazioni patologiche e conducendo il paziente a una ristrutturazione positiva della propria personalità attraverso la progressiva integrazione nella coscienza di elementi precedentemente inconsci. Alle terapie psicoanalitiche vanno collegate: le psicoterapie d'ispirazione analitica, le quali si fondano — ma non sotto tutti gli aspetti, e comunque in una prospettiva che varia in rapporto alle scelte individuali del terapeuta — su principi psicoanalitici, soprattutto freudiani; alcune forme psicoterapeutiche nate come risposta a tre critiche formulate nei confronti della psicoanalisi classica: la lunghezza del trattamento (mal conciliabile con le aspettative e le possibilità finanziarie del paziente medio) e la sua inapplicabilità ai bambini e agli stati psicotici. In risposta alla prima critica sono state elaborate, già al tempo di Freud, da un lato le psicoterapie individuali brevi e dall'altro le psicoterapie di gruppo. Le prime (fra cui quella messa a punto da S. → Ferenczi e la «psicoterapia focale» di M. → Balint) sono indicate, secondo molti, nel trattamento delle nevrosi in fase iniziale e in altri disturbi comportamentali reattivi a situazioni ambientali contingenti e passeggere; d'altra parte occorre rilevare che gli effetti terapeutici ottenuti in breve tempo sono spesso reversibili. Quanto alle psicoterapie di gruppo, quelle di derivazione analitica implicano il trattamento contemporaneo di molti pazienti sulla base di categorie freudiane (come nella terapia elaborata da S.R. Slavson) o talora adleriane. Entrate nell'uso comune soprattutto durante la seconda guerra mondiale, quando in Inghilterra e negli Stati Uniti il numero degli psicoanalisti si dimostrò insufficiente per il trattamento individuale delle nevrosi del personale militare, le psicoterapie di gruppo si sottrassero successivamente, almeno in parte, all'iniziale impostazione necessariamente utilitaria, per acquisire una dimensione teorica propria. In risposta alla seconda critica (l'inapplicabilità del trattamento psicoanalitico classico ai bambini), sono state elaborate varie forme di psicoterapia infantile d'ispirazione analitica, fra le quali va ricordata soprattutto la «terapia del gioco» elaborata da M. → Klein (il bambino viene lasciato giocare con i più vari oggetti alla presenza del terapeuta, che analizza le scelte e le modalità ludiche). Esistono anche psicoterapie infantili di ispirazione non analitica, come i «gruppi di gioco» per bambini difficili, fondate sul valore terapeutico dell'espressività (in questo caso non verbalizzata), e le terapie del gioco fondate sul principio della catarsi. In risposta alla terza critica, relativa all'inapplicabilità del trattamento analitico classico agli stati psicotici, alcuni psicoanalisti (tra cui F. Dolto, M. Mannoni, S. Lebovici, S. Nacht e M.A. Séchehaye) hanno elaborato diverse strategie per la psicoterapia analitica delle psicosi; in esse il terapeuta tenta l'interpretazione diretta delle parole e delle condotte dello psicotico, cercando di penetrare nel suo mondo interiore fino a condividerne la dimensione d'irrealtà.

• *Le terapie di derivazione psichiatrica e patologico-clinica.* Tra le forme contemporanee di psicoterapia, un ottavo gruppo deriva dall'ambito psichiatrico e patologico-clinico, in particolare la «terapia non direttiva» di C. Rogers, la «terapia interpersonale» di H.S. Sullivan e le varie terapie sociali e istituzionali. Nella terapia rogersiana il terapeuta si limita a incoraggiare, assumendo un atteggiamento di massimo ascolto e massima attenzione, le verbalizzazioni del paziente, generalmente relative ai sintomi patologici: non vengono forniti consigli o interpretazioni, e il soggetto è sempre ritenuto capace di risolvere da solo e con i propri mezzi le proprie difficoltà, nell'ottimistico postulato secondo cui ogni individuo possiede una tendenza naturale alla guarigione che in sede terapeutica chiede solo, per potersi esplicare compiutamente, di essere aiutata attraverso una progressiva presa di coscienza punteggiata dalla catarsi. La psicoterapia elaborata da Sullivan si fonda sul principio dell'importanza della socializzazione e dell'acculturazione nel processo di formazione della personalità individuale, concepita come struttura eminentemente plastica e reattiva; la terapia si svolge in un ambito che privilegia i fatti coscienti rispetto a quelli inconsci. Infine, nelle terapie sociali e istituzionali, nate negli ambienti ospedalieri e generalmente associate alla terapia occupazionale o ergoterapia, i pazienti vengono inseriti in gruppi particolarmente rispondenti alle loro necessità psicologiche. Questo orientamento può essere fatto risalire all'attività svolta in Inghilterra da un allievo di A. Adler, J. Bierer, che per primo concepì la trasformazione dell'ospedale psichiatrico in comunità terapeutica, con il coinvolgimento totale del personale paramedico oltre che di quello medico. In molti casi le terapie sociali (o «socioterapie»), di cui esistono molte varianti, vengono condotte in ambienti extraospedalieri, come la «terapia didattica di gruppo», di J.W. Klapman, o le modalità terapeutiche adottate dall'associazione statunitense Alcoholic Anonymous.

• *Terapie collocabili nell'ambito della psicologia accademica.* A un nono gruppo appartengono alcune psicoterapie fra loro assai diverse, ma accomunate dal fatto di derivare da teorie sorte nell'ambito della psicologia accademica e non nell'ambito clinico e psichiatrico. Si ricordano: la terapia comportamentale, in cui l'interazione verbale non è più l'aspetto qualificante dell'azione terapeutica; la terapia cognitiva (derivata dal → cognitivismo), che mira alla ristrutturazione del campo cognitivo del paziente; la terapia umanistica, derivata dalla teoria della motivazione di A. Maslow; e infine la terapia interazionale della scuola di Palo Alto, secondo cui il comportamento patologico, e in particolare quello definito «schizofrenico» dalla psicopatologia classica, dipende da una forma di comunicazione disturbata in cui prevale il modello del → doppio legame. In questi indirizzi psicoterapeutici la posizione del terapeuta è agli antipodi rispetto alla prospettiva psicoanalitica, in quanto egli assume un atteggiamento direttivo, trascura le analisi introspettive e in generale considera il disturbo psichico come derivante dal contesto di comunicazione in cui gli individui si trovano a interagire. Altre forme di psicoterapia non inquadrabili in categorie generali sono, in particolare, la musicoterapia e la «terapia gestaltica». Quest'ultima (che non ha nulla a che vedere con la Gestaltpsychologie) è stata elaborata da F.S. Perls: essa si fonda su premesse intuizionistiche e sull'importanza attribuita al «linguaggio del corpo» nel vissuto presente. *S. Ma.*

Pufendorf, Samuel (Chemnitz, Sassonia, 1632 - Berlino 1694), filosofo del diritto e storico tedesco. Seguace e continuatore dell'opera di Grozio e Hobbes, scrisse gli *Elementa jurisprudentiae universalis libri duo* (1660); ottenuta una cattedra a Heidelberg, vi insegnò diritto naturale internazionale fino a quando, in seguito alla pubblicazione del *De statu imperii* *germanici* (1667), in cui criticava la costituzione dell'impero, fu costretto ad abbandonare la Germania e a stabilirsi in Svezia, dove scrisse la sua opera fondamentale, il *De jure naturae et gentium* (1672). Secondo Pufendorf, nello stato di natura esistono già forme associative basate sull'eguaglianza e sull'assenza di autorità; ma siccome lo stato di natura, regolato dalle sole leggi naturali, è destinato al disordine, è necessario uscirne e fondare uno stato civile. Tale fondazione avviene mediante due atti distinti: il *pactum unionis*, in base al quale gli individui, appartenenti a società naturali, decidono di unirsi fra loro e di fondare un'unica *societas aequalis*; il *pactum subjectionis*, in base al quale viene istituito il sovrano cui viene delegato il potere, l'*imperium*. Il potere statuale, istituito dalla libera volontà degli associati e limitato dalle norme del patto, è tuttavia indivisibile e inalienabile: il contrattualismo di Pufendorf, pur con le cautele legate all'idea stessa di contratto, inclina verso una concezione assolutistica dello stato simile a quella di Hobbes. Il diritto positivo non deve essere in contrasto con il diritto naturale; però lo stato può, per motivi di sicurezza e di autoconservazione, sospenderne o modificarne le norme senza che questo contravvenga alla sua natura e alla sua funzione.

pūjā, termine sanscrito designante una varietà di riti religiosi indiani, di cui uno dei più comuni è quello che consiste principalmente nell'adorazione di un'immagine divina, sia nei templi sia nelle dimore private o nei vari tabernacoli presso i luoghi sacri. La pūjā si articola, di solito, in vari momenti: purificazione preliminare dell'offerente e dell'offerta (che oggi è, salvo eccezioni, incruenta, consistendo prevalentemente in riso, frutta, fiori, incenso); recita dei mantra, o formule sacre; consacrazione e adorazione dell'immagine. Ogni scuola o setta religiosa ha un proprio modello di pūjā, così che si possono avere molteplici riti, da quelli più semplici e «primitivi» a quelli più complessi. Non di rado la pūjā comprende anche la meditazione di certi principi metafisici e si estende, paradossalmente, perfino a religioni non teiste come il buddhismo (almeno in alcune sue scuole) e il giainismo. In tali casi la cerimonia non è rivolta a Dio, ma al Buddha, ai bodhisattva o ai tīrthaṃkara, maestri e mediatori tra l'uomo e il → nirvāṇa.

pulsione, termine psicoanalitico d'importanza centrale, utilizzato sistematicamente da → Freud a partire dal 1905 (*Tre saggi sulla teoria della sessualità*). La pulsione (in ted. *Trieb*) consiste in una «spinta», che ha la sua «fonte» in uno stato di tensione interno all'organismo, e che raggiunge la sua «meta» sopprimendo questo stato di tensione, vuoi nell'«oggetto» vuoi mediante l'«oggetto». Non essendo né una forza completamente somatica, né pura energia psichica, ma piuttosto processo dinamico al confine fra soma e psiche, la pulsione freudiana, di qualunque tipo essa sia, nasce nell'→ Es, ma agisce anche nell'ambito delle altre due istanze psichiche (→ Io e → Super-Io). Al contrario dell'«istinto» — un termine (in ted. *Instinkt*) che anche Freud talora utilizza, come molti autori prima di lui, e che pertanto nella terminologia psicoanalitica italiana non è da usarsi come equivalente di «pulsione» — essa non è preformata e prefinalizzata, bensì costruita nelle prime fasi dell'esistenza individuale, e polifinalizzata. La teoria delle pulsioni mantiene in Freud la struttura di un dualismo tra classi contrapposte. Così, nel primo periodo del suo pensiero, egli individua una classe di «pulsioni sessuali» come antagonistica a quella delle «pulsioni dell'Io» o «pulsioni di autoconservazione». La «pulsione sessuale», il cui «materiale» è costituito dalla → libido, è quella sulla cui base si esplica il processo fondamentale della → rimozione nell'ambito del → conflitto psichico; essa si manifesta, oltre che nella condotta sessuale, anche in rappresentazioni e condotte apparentemente lontanissime dalla sessualità: costituisce un risultato costruito al termine di una lunga evoluzione ontogenetica, nella quale il soddisfacimento genitale, corrispondente alla «pulsione sessuale unificata», precede (o meglio, può precedere, visto il carattere non necessario di tale evoluzione) i diversi soddisfacimenti locali (piacere d'organo), corrispondenti alle «pulsioni sessuali parziali» (orale, anale ecc.); queste ultime, inizialmente rilevabili in quella che Freud chiama la «perversione polimorfa» del bambino, non scompaiono mai del tutto nell'adulto; inoltre, il concetto di «pulsione parziale» è applicabile a tutte le pulsioni, e non solo a quelle sessuali, sebbene a queste ultime si applichi elettivamente. Quanto alle pulsioni di autoconservazione, esse corrispondono grosso modo alle grandi funzioni organiche (la nutrizione, la defecazione, l'attività muscolare ecc.): sono chiamate anche «pulsioni dell'Io» perché nel conflitto difensivo l'Io ricorre alla loro carica energetica.

Nella seconda concettualizzazione freudiana (*Al di là del principio di piacere*, 1920), vengono contrapposte «pulsioni di vita» a «pulsioni di morte». Le prime comprendono tanto le pulsioni sessuali quanto le pulsioni di autoconservazione; indicate con il termine «eros», esse sono finalizzate all'instaurazione e alla conservazione dell'«unità del vivente». Più forti di queste, tanto da prevalere sullo stesso → principio di piacere, sono le «pulsioni di morte»: identificabili nelle prime fasi della vita individuale con la tendenza all'«autodistruzione», esse si rivolgono successivamente verso oggetti esterni, specificandosi come «pulsioni d'aggressione» e «pulsioni di distruzione». Sono evidenziabili, per così dire, allo stato puro in quelle condizioni gravemente patologiche nelle quali sopravviene il silenzio delle pulsioni di vita, come nel caso della melanconia; ma soprattutto, e più in generale, secondo Freud la presenza delle pulsioni di morte è deducibile dall'incoercibilità e irriducibilità della → coazione a ripetere, che sfugge alla logica del conflitto fra il principio di piacere e il principio di realtà, e configura una ricerca attiva della sofferenza (e al limite della morte) finalizzata a se stessa.

purgatorio, termine che nella teologia cattolica designa lo stato di temporanea espiazione in cui si trovano quanti, peccatori, sono però morti in grazia di Dio. Molte delle concezioni religiose dell'uomo contemplano l'idea di uno stato successivo alla morte, differenziato a seconda dei «meriti» che il singolo ha acquisito nella vita terrena. Alcune associano a questo stato l'idea di una purificazione (per es. la → metempsicosi). La dottrina cattolica del purgatorio non si fonda su esplicite e dirette affermazioni bibliche: la rivelazione biblica parla però della possibilità di ulteriore conversione a Dio per quanti muoiono dopo essersi pentiti, e afferma il valore della preghiera ecclesiale per i morti (2 Maccabei 12, 39-45 e — discusso nella sua interpretazione — 1 Corinti 3, 10-15). La storia della teologia e della pietà ecclesiale attesta alcune costanti, e alcuni aspetti invece regressivi, nella dottrina del purgatorio, oggetto anche di controversie tra le diverse confessioni cristiane: i cristiani ortodossi affermano l'esistenza di uno «stato intermedio» di attesa e purificazione, ma contestano lo scadere materialistico della figurazione sotto cui una certa teologia occidentale rappresenta la condizione di «purgatorio» (in particolare il «fuoco» come localizzazione di esso). Con le confessioni riformate, il dissenso verte invece sulla questione del «merito», o del modo di concepire il rapporto tra Dio e l'uomo peccatore, e inoltre sulla questione del senso della preghiera per i defunti, connessa col nodo scottante delle «indulgenze». La riforma, coerentemente con il «sola fide», nega la necessità del purgatorio (cioè di una espiazione della pena dopo la remissione della colpa), e tanto più l'utilità delle indulgenze e delle buone opere. Il concilio di Trento riafferma la distinzione tra colpa e pena temporale «da espiarsi in questo secolo o nel futuro, in purgatorio».

La dottrina del purgatorio implica, nel suo nucleo essenziale, affermazioni di fondamentale importanza sull'uomo e sulla chiesa. Sull'uomo: tra il morire dell'uomo e il «morire in Cristo» c'è una distanza che è coperta dall'iniziativa purificatrice della vittoria di Cristo sul peccato e la morte, in quanto essa però si fa «interiore» all'uomo, in un processo che continua la conversione cristiana iniziatasi nella vita terrena (si pensi al linguaggio di certe esperienze mistiche di comunione con Cristo, che si presentano come affini a quelle della situazione di «purgatorio»). Sulla chiesa: in quanto comunità voluta da Cristo come «luogo» della remissione dei peccati, essa rimane solidale con i suoi membri in questa fase-limite del pellegrinaggio terreno. L'attuale ripensamento teologico del purgatorio, volutamente demitizzante, è diretto a ricuperarne i fondamenti biblici.

purificazione, termine designante un atto o rito, presente in varie religioni, che ha lo scopo di eliminare uno stato di impurità o di produrre uno stato di maggiore purità. Nei riti di purificazione, uno dei mezzi più usati (dalle religioni classiche all'ebraismo, dall'Islam all'induismo, al cristianesimo) è l'acqua: bagni, aspersioni, abluzioni con acqua fredda o calda, immersione in fiumi sacri. Altri mezzi sono l'aspersione con il sangue di una vittima sacrificale, il fuoco e le fumigazioni. Nel caso in cui è un'intera comunità a essere impura per l'azione di un suo membro, la purificazione può consistere nell'eliminazione, per esilio o uccisione, di quest'ultimo (si pensi al mito di Edipo). Molto diffusa è la pratica del capro espiatorio, per cui i mali e le impurità di una persona o di una comunità vengono scaricati su un animale o un oggetto, che viene poi allontanato o distrutto (diverso significato ha il rito del capro espiatorio biblico: → espiazione).

Nell'antica Roma, i riti di purificazione della città, dell'esercito o del popolo avevano particolare importanza. Dalla purificazione (*lustratio*) quinquennale, che veniva eseguita dai questori in occasione del censimento, è derivata la parola italiana «lustro».

puritanesimo, movimento di riforma sviluppatosi all'interno dell'anglicanesimo con l'intento di conformare la chiesa d'Inghilterra ai principi del calvinismo. Il termine «puritano» venne impiegato originariamente in Inghilterra, durante il periodo elisabettiano, in senso denigratorio nei confronti di quanti, pur accettando la dottrina anglicana, promuovevano una più radicale riforma dei costumi e dell'organizzazione ecclesiastica (rifiuto delle cerimonie e delle vesti liturgiche, dell'episcopato ecc.) e una più netta rottura nei confronti della dottrina e della chiesa romana. Il puritanesimo non è perciò una setta, ma piuttosto una tendenza del pensiero religioso, della spiritualità e dell'etica protestante che ispira e anima forme diverse di organizzazione ecclesiastica, prime fra tutte il → presbiterianesimo e il congregazionalismo. Il periodo in cui le forze puritane espressero il loro massimo impeto, sia in Inghilterra sia in America, coincise con gli anni del «lungo parlamento», della guerra civile e del governo di O. Cromwell (1640-58) e con i primi quattro decenni della colonizzazione del New England (1620-60).

Le fonti principali del pensiero filosofico-religioso del puritanesimo sono il calvinismo, un gruppo di autori classici opportunamente scelti come antesignani del cristianesimo (Virgilio, Cicerone, Seneca, Plutarco, Platone) e la cultura medievale (metafisica, etica, cosmologia, fisica e psicologia) purgata dei suoi aspetti «idolatrici» e «papisti». Uno dei più importanti mediatori tra queste fonti e il pensiero puritano fu Pietro → Ramo, il filosofo e umanista francese convertitosi al protestantesimo e morto nella notte di San Bartolomeo. Dalla sua logica i puritani, soprattutto quelli americani, derivarono l'idea di un ordinamento sistematico delle arti, presente *ab aeterno* nella mente di Dio, fondamento e modello della creazione del mondo (*eupraxía*). Compito della mente e della razionalità operosa dell'uomo è quello di ricostruirlo nelle sue connessioni. L'istanza umanistica presente nel pensiero puritano restituisce quindi piena dignità allo studio della natura, in quanto studio del disegno razionale della creazione e del governo del mondo. Sulla base di questi convincimenti i puritani inglesi si fecero promotori di una radicale riforma del sapere e del *curriculum* scolastico e accademico adottando il programma della *Instauratio magna* di Bacone.

Tuttavia, l'aspetto più originale e caratteristico del pensiero puritano è la cosiddetta «teologia federale» o «teologia del patto» (*covenant theologie*), sviluppante il motivo biblico del patto tra Dio e Abramo che fece degli ebrei il popolo eletto (di qui la nozione puritana di «Nuova Gerusalemme», cioè la comunità dei «rigenerati» o «eletti» o «santi visibili»). Ripresa dai riformatori svizzeri e dagli esuli protestanti inglesi durante il regno di Maria la Sanguinaria, la teologia federale giunse a compiuta formulazione nelle opere dei padri del puritanesimo inglese (Th. Cartwright e W. Perkins) e dei congregazionalisti della Nuova Inghilterra. In questi autori la dottrina del patto si articola a due livelli: quello delle opere e quello della grazia. Il patto delle opere consiste nella promessa della vita eterna fatta da Dio ad Adamo a condizione che questi obbedisse alla legge morale (ancora fondamento della vita morale degli uomini); la caduta di Adamo ha però determinato la perdita dei beni soprannaturali e la corruzione dei beni naturali e ha reso così inevitabile la dannazione del genere umano. Dio tuttavia non ha abbandonato l'uomo, ha sancito un patto con Abramo (poi rinnovato con Mosè), secondo il quale l'uomo avrà la salvezza purché creda in Cristo e nella sua opera redentrice. È questo il nuovo patto, quello della grazia, comprensibile attraverso la fede e l'irresistibile opera di Cristo e non, come il patto delle opere, attraverso la sola ragione. La teologia federale ha importanti conseguenze sulla concezione dell'organizzazione della chiesa. Poiché i cristiani hanno un patto con Dio, devono, in nome di questo patto, riunirsi in comunità e pregarlo pubblicamente. All'interno di questa comunità, la presenza del singolo individuo è giustificata da una generale vocazione a essere cristiano e da una vocazione particolare a compiere una determinata funzione, che l'individuo deve scoprire analizzando razionalmente le proprie risorse. Pur nelle diverse interpretazioni della teologia federale, il puritanesimo si sviluppò tra gli estremi di una religiosità tormentata e di una forte tendenza razionalizzante, apertamente ostile a ogni forma di misticismo e di abbandono emotivo. Nato in una società caratterizzata dal precoce tramonto delle gerarchie tradizionali (l'Inghilterra del tardo Cinquecento) e sviluppatosi in un mondo senza passato (l'America coloniale), il puritanesimo contribuì all'affermarsi di un nuovo modello di rapporti tra l'individuo e la società. *P. Ba.*

puro - impuro, → opposizioni.

Pusey, Edward Bouverie (Pusey, Oxford, 1800 - Ascot Priory, Berkshire, 1882), teologo anglicano. Nel 1833 aderì al movimento di → Oxford e collaborò, con J.H. Newman, alla pubblicazione degli *Opuscoli per il tempo presente* (1833-41). Ma, a differenza di Newman, rimase nella chiesa anglicana e continuò a diffondere i propri ideali ecumenici, nello spirito dell' → anglocattolicesimo e della «via media» (cioè la concezione dell'anglicanesimo come via media tra cattolicesimo e protestantesimo), già sostenuta da Newman. Assertore della presenza reale nell'eucaristia, della confessione auricolare e dell'assoluzione sacramentale, Pusey ebbe gran parte nel ristabilimento della confessione privata e degli ordini religiosi nella chiesa anglicana. Tra le sue numerose opere si ricordano: *La dottrina della presenza reale nei padri* (1855); *I concili della chiesa* (1857); i tre scritti di confronto con la chiesa cattolica intitolati *Eirenicon* (1865, 1869, 1870).

Putnam, Hilary (Chicago 1926), filosofo statunitense, professore di filosofia e matematica all'università Harvard. Discepolo dei neoempiristi H. Reichenbach e R. Carnap, ma anche profondamente influenzato dall'insegnamento di W.V.O. Quine, Putnam si occupò inizialmente soprattutto di logica e di filosofia della matematica. In seguito, i suoi interessi si estesero a quasi tutti i campi della ricerca filosofica. Nell'ambito della filosofia della mente, Putnam ha sostenuto una forma di funzionalismo: l'esistenza dei computers dimostra che le funzioni intelligenti non sono intrinsecamente legate a un determinato supporto materiale, quale il cervello umano; tipi differenti di *hardware* possono realizzare lo stesso *software*. Quindi, l'identità della mente va collocata a un livello di astrazione più alto di quello neurofisiologico: che certe funzioni siano di fatto realizzate solo da un determinato apparato non comporta che, concettualmente, esse debbano essere identificate con il modo di funzionare proprio di quell'apparato. Queste idee sono alla base del programma di ricerca che va sotto il nome di → scienza cognitiva; dal quale Putnam si è recentemente (*Rappresentazione e realtà*, 1987) allontanato, sostenendo che le credenze e gli altri atteggiamenti proposizionali, non potendo essere identificati con stati individuali di un soggetto (perchè il loro contenuto è determinato dall'ambiente fisico e sociale), non possono essere neanche stati funzionali. In filosofia del linguaggio, Putnam ha influito soprattutto per il suo contributo alla cosiddetta «teoria del riferimento diretto». In una serie di articoli (1962-75), di cui il più noto e complesso è *Il significato di 'significato'* (1975), Putnam sostenne che, per quanto riguarda i nomi «di sostanza e specie naturale» ('acqua', 'oro', 'limone', 'gatto' ecc.), se il significato di una parola è ciò che determina il suo riferimento, allora i significati non possono essere enti mentali, che stanno «nella testa» di chi parla il linguaggio. Anche se due parlanti associano a una parola (per es. 'acqua') lo stesso ente mentale, la parola può riferirsi a sostanze diverse a seconda che sia usata dall'uno o dall'altro; due parole (per es. 'olmo' e 'faggio') possono avere la stessa associazione mentale per un dato parlante, e tuttavia riferirsi a cose diverse; le associazioni mentali di un termine possono mutare, e non mutare tuttavia il suo riferimento (se anche scoprissimo un giorno che i gatti sono robot telecomandati da Marte, la parola 'gatto' continuerebbe a riferirsi ai gatti). Il riferimento dei nomi di specie naturale, che è istituito da un atto battesimale (come il riferimento dei nomi propri per S. → Kripke), è determinato dalle cose stesse: essere un gatto — e quindi aver diritto a essere chiamato 'gatto' — non è corrispondere a una certa definizione, ma avere la stessa natura dei *paradigmi* di gatto, cioè degli oggetti a cui la parola è stata originariamente applicata. Ciò che un parlante normale ha «in testa» in connessione con un nome di specie naturale non è il suo significato, ma uno *stereotipo*, cioè un insieme di informazioni considerate socialmente necessarie per un uso competente della parola, e che caratterizzano un tipico membro dell'estensione della parola, ma non ne determinano il riferimento. La tigre stereotipica ha il manto a strisce gialle e nere, ma una tigre albina è pur sempre una tigre. Molte di queste argomentazioni di Putnam sono intrecciate con una posizione metafisico-epistemologica che egli stesso ha chiamato «realismo metafisico»: secondo la quale «il mondo consiste di una totalità determinata di oggetti indipendenti dalla mente. C'è una e una sola descrizione vera e completa di come il mondo è», e la verità consiste in una qualche corrispondenza. A partire dalla fine degli anni Settanta, e in modo particolare in *Ragione, verità e storia* (1981), Putnam ha abbandonato questa posizione in favore del «realismo interno», per cui ogni domanda sul mondo (per es.: «Di quali oggetti consiste il mondo?») ha senso all'interno e dal punto di vista di una teoria. Da allora, Putnam si è soprattutto occupato di caratterizzare la sua posizione da un lato contro il realismo metafisico, dall'altro in contrapposizione a forme di relativismo (*La sfida del realismo*, 1987) come quella che egli identifica nelle tesi di R. → Rorty. Nei saggi raccolti in *Un realismo dal volto umano* (1990), Putnam ha accentuato la connessione del suo pensiero con la tradizione pragmatista, rappresentata da Ch.S. Peirce e soprattutto da W. James, nel cui «empirismo radicale» egli vede, essenzialmente il tentativo di associare strettamente le due nozioni di *realtà* e *comunità*: un'associazione condivisa dal secondo Wittgenstein, e anche dal «realismo interno» di Putnam stesso. Molti scritti importanti sono raccolti nei *Philosophical Papers* (1975-83).

qabbalah, termine ebraico (che significa «ricezione», e, parallelamente, tradizione) designante il complesso delle dottrine esoteriche e mistiche dell'ebraismo. Sulla questione dei rapporti reciproci e delle influenze tra la mistica ebraica e altri movimenti mistici, filosofici e religiosi (religioni persiane, neoplatonismo, gnosi, islamismo, cristianesimo ecc.) sono sorte tra gli studiosi della qabbalah vivaci discussioni e opinioni assai diverse: in genere si conviene che, qualunque sia il grado di tali influenze, il misticismo ebraico conserva una sua netta e specifica caratterizzazione, la quale si manifesta spesso nella notevole originalità delle dottrine ed è garantita dal legame ininterrotto con il patrimonio della letteratura canonica dell'ebraismo. Le dottrine della qabbalah sono esposte in un enorme complesso di scritti pubblicati (si calcola che possano essere due o tremila), in un numero ancora maggiore di manoscritti, e in un vastissimo patrimonio di tradizioni orali. Spesso è difficile o impossibile identificare gli autori di tali opere, e quindi giungere a una datazione sicura, poiché molte di esse comparvero anonime o con attribuzioni leggendarie.

• *I metodi della qabbalah.* Per quanto riguarda il metodo, la qabbalah si tiene sempre in stretto riferimento, almeno esteriore, con l'originaria tradizione dell'ebraismo: la → *halakhah* e la → *haggadah*. Spesso, anzi, gli scritti cabbalistici si presentano come un'esegesi della stessa Torah (Pentateuco). Bisogna però specificare che la qabbalah distingue diversi livelli di comprensione delle Scritture: vi è un significato esteriore e puramente legalistico della Legge, che ne costituisce la veste esterna; vi è un significato sottostante, più autentico, che ne è il corpo; ma ancora più profondo e autentico è il significato mistico della Legge, che solo i cabbalisti sanno scorgere, e questa è l'anima della Legge; vi è infine un senso intimo ed essenziale, l'anima dell'anima della Legge, che solo alla fine dei tempi sarà svelato. Per comprendere il significato mistico delle Scritture, la qabbalah ricorre spesso a metodi e tecniche complesse, che si fondano sul significato mistico attribuito alle lettere dell'alfabeto ebraico e sul loro valore numerico. Le tecniche più normalmente usate sono tre: *notariqon*, consistente nel ricavare il significato mistico di una parola usando ciascuna lettera di cui essa è formata come iniziale di un'altra parola; *gematriah*, che consiste nell'istituire un'equivalenza di significato tra parole formate da lettere i cui valori numerici danno somme uguali; *temurah*, consistente nello scambio delle lettere dell'alfabeto secondo regole fisse, in modo da trasformare una parola in un'altra. Tutte queste tecniche danno luogo a un'interpretazione allegorica dei testi, consona all'idea di una realtà invisibile, quella divina, di cui la realtà visibile è simbolo mistico. La problematica della qabbalah è molteplice e complessa, ma i nuclei fondamentali possono essere ridotti, in termini biblici, all'indagine sul «Dio nascosto» e sul «Dio vivente»: da una parte è ampiamente sviluppata la ricerca sull'essenza intima di Dio; dall'altra, la ricerca sul rapporto tra Dio e il mondo. A questi due nuclei fondamentali si collegano numerose altre indagini: dottrine psicologiche, fisiche, etiche, magiche ecc. In genere si distinguono due indirizzi fondamentali nella qabbalah: una qabbalah speculativa, che indaga sui problemi teosofici e cosmogonici, con l'obiettivo fondamentale di giungere alla conoscenza e all'illuminazione sui misteri di Dio e del mondo, e una qabbalah pratica, che indaga essenzialmente sui nomi di Dio e sui misteri delle lettere e dei numeri, con scopi magici.

• *Le origini e il primo millennio.* Il primo periodo del pensiero mistico sistematico ebraico (da alcuni considerato come una prima fase della qabbalah, da altri invece come una fase precabbalistica) giunge fino al sec. XI. Il suo momento di maggiore fioritura è intorno ai secc. III-IV d.C., ma affonda le radici in una tradizione mistica, ininterrotta anche se non sistematica, che lo collega con i movimenti apocalittici, con la *Mishnah* e il *Talmud*, e persino con la Bibbia. A conferma di ciò è sufficiente rilevare come le due tematiche fondamentali di tale periodo, che manterranno il loro ruolo centrale in tutta la qabbalah, il tema della creazione, *ma'asêh bereshîth* («l'opera della creazione») e il tema del trono di Dio, *ma'asêh merkavah* («l'opera del carro»), traggano la loro ispirazione rispettivamente dal cap. I della Genesi e dal cap. I di Ezechiele. In tale periodo è dominante l'obiettivo della conoscenza estatica del trono di Dio, del mondo segreto della sua divinità, raffigurato misticamente in una serie di «palazzi», abitati dalle potenze luminose che costituiscono la corte intorno a Dio, assiso sul trono. Le opere più caratteristiche di questo periodo sono gli *Hekhalôth* («Palazzi»), che descrivono appunto l'itinerario del mistico attraverso gli edifici divini, l'incontro con i vari «custodi delle porte», gli ostacoli e le difficoltà da superare, gli strumenti ascetici e magici necessari, e infine la contemplazione della gloria e della maestà del trono divino, chiamato anche «paradiso». Gli aspetti dominanti di questa esperienza mistica di Dio sono, dunque, la Maestà, il Timore e la Regalità: aspetti che sottolineano la consapevolezza della trascendenza di Dio. Tale trascendenza è paradossalmente sottolineata anche in altre opere della stessa epoca, come il singolare *Shi'ûr qomah* («misura del corpo»), trattato frammentario che in un linguaggio radicalmente antropomorfico descrive la figura di Dio, giungendo sino a darne le misure: il carattere gigantesco e «smisurato» di tali misure, però, fa sì che in questa descrizione siano ancor più accentuate, con la grandezza e la maestà, l'estraneità e la trascendenza di Dio. In questi e altri scritti di tale periodo ha uno spazio importante anche l'angelologia, nella quale spicca la figura di Enoch-Metatròn. La mistica della *merkavah* non si sofferma però particolarmente sulle implicazioni cosmogoniche della essenza e della vita divina. Tale problematica è invece il centro della speculazione del *Sefer jezirah* («Libro della creazione»), che riprende e sviluppa i temi della *ma'asêh bereshîth.* Quest'opera, molto breve, tratta della creazione del cosmo da parte di Dio attraverso le «trentadue meravigliose vie della Sapienza», che sono le dieci *sefirôth*, letteralmente «numeri» o «sfere», e le ventidue lettere dell'alfabeto.

La vera e propria qabbalah speculativa ebbe origine nel sec. XII nella Francia meridionale e in Spagna, dove si sviluppò la scuola di Gerona, tra i cui esponenti emergono Azriel ben Shelomoh e Mosè Nachmanide. I fondatori di questa scuola si ispirarono probabilmente alla dottrina di un cabbalista provenzale, Isacco il Cieco, che perciò è da taluni considerato come il vero iniziatore della scuola. Oltre a costoro è da ricordare, per l'originalità della sua dottrina, Isacco ibn Latif. Questa qabbalah speculativa ha sviluppato in opere di grande rilievo molti aspetti fondamentali della dottrina teofisica e cosmogonica, come la dottrina dell'*En Sof* («Infinito»), quella delle sefirôth, dell'*Adam Qadmôn* («uomo primigenio»), della *Shekhinah* («immanenza divina»), dei quattro universi (il mondo dell'emanazione, *azilûth*; il mondo della creazione, *beri'ah*; il mondo della formazione, *jezirah*; il mondo della produzione, *'asjah*), la dottrina delle anime, la metempsicosi e la dottrina del male: dalla sistemazione data da questi mistici a molti dei temi succitati ha preso le mosse la riflessione dello → *Zohar* o *Sefer Zohar* (*Libro dello splendore*), l'opera più rilevante per profondità speculativa, quella che costituisce il fulcro e il culmine della qabbalah medievale. In essa tutti i principali temi della speculazione cabbalistica vengono ripresi e sviluppati in modo sistematico. Dio, nella sua essenza più intima e nascosta, viene indicato come l'«Infinito» (*En Sof*), del quale nulla può essere scrutato né detto; perciò egli viene anche indicato come il «Nulla» (*Ajin*) o, con espressioni più metaforiche, come *Arîkh Anpîn* (la «lunga faccia» o «il longanime»), *'Atiqâ Qadishâ* («il santo vecchio») e altre. Sotto queste forme si indica misticamente il Dio nascosto, il discorso sul quale non può che restare nella forma della domanda *Mî* («Chi?»).

• *Le «sefirôth».* Dio, però, è anche un Dio che si rivela attraverso i suoi attributi, le sefirôth. Il termine può essere inteso nel significato di «sfere» di emanazione (sebbene la sua dipendenza dal termine greco, *sphâira*, da alcuni sostenuta, sia infondata), potenze, manifestazioni di Dio. I cabbalisti elencano dieci sefirôth, che vengono in genere indicate con i seguenti nomi: *1*) «Corona Eccelsa» (*Keter*); *2*) «Sapienza» (*Chokhmah*); *3*) «Intelligenza» (*Binah*); *4*) «Amore» (*Chesed*); *5*) «Giustizia» (*Dîn*); *6*) «Pietà» (*Rachamîm*); *7*) «Eternità» (*Nezach*); *8*) «Maestà» (*Hôd*); *9*) «Fondamento» (*Jesôd*); *10*) «Regno» (*Malkûth*). Spesso la prima *sefirah* (singolare di sefirôth) è identificata con l'En Sof, o comunque la distinzione tra i due termini è molto vaga. I cabbalisti si sono a lungo occupati delle relazioni che intercorrono tra le sefirôth; tra le tante teorie, emergono con maggior evidenza: *a*) un rapporto tra le sefirôth e i quattro mondi, dell'emanazione (prime tre sefirôth), della creazione (seconde tre sefirôth), della formazione (settima, ottava e nona sefirah) e della produzione (decima sefirah), che dà luogo a un rapporto trinitario all'interno dei primi tre gruppi di sefirôth; *b*) l'elemento sessuale, che distingue nei gruppi di sefirôth un elemento maschile, uno femminile e uno generato dall'unione dei primi due. Le immagini principali usate nella qabbalah per raffigurare il sistema delle sefirôth sono quella dell'albero, di cui l'En Sof rappresenta le radici e la linfa vitale, e i rami le manifestazioni (sefirôth), distinte ma collegate alla radice e tra loro, e quella dell'uomo, che nella sua figura mistica e archetipica, l'*Adam Qadmôn*, è «immagine di Dio», così da poter raffigurare nell'ordine organico delle varie parti del suo corpo le varie sefirôth. I problemi che sorgono nell'interpretazione del vero significato delle sefirôth sono innumerevoli, e gli stessi cabbalisti si applicarono intensamente alla loro soluzione, giungendo anche a punti di vista differenti tra scuola e scuola. Per quanto riguarda l'analogia della teoria delle sefirôth con quella neoplatonica dell'emanazione, e il carattere panteistico della teoria delle sefirôth, si deve osservare che, sebbene i cabbalisti, in particolare la scuola di Safed, abbiano a lungo discusso sulla natura delle sefirôth come attributi di Dio o come essenze separate, e siano arrivati a conclusioni diverse, la posizione predominante considera le sefirôth come un processo che avviene in Dio stesso, pur dando luogo contemporaneamente alla creazione della realtà cosmica; le sefirôth, dunque, sotto questo aspetto sono da intendersi in modo molto diverso dai gradi intermedi tra l'Uno e il mondo sensibile della teoria neoplatonica dell'emanazione. In secondo luogo, pur essendo presenti nella qabbalah tendenze panteistiche: il processo che si svolge nelle sefirôth è contemporaneamente un processo teogonico e cosmogonico; ma per lo più la concezione cabbalistica resta profondamente teistica, poiché, pur riconoscendo la presenza di Dio in ogni ordine di realtà, essa non trascura mai l'aspetto del Dio trascendente, della sua maestà, e non cade nella concezione impersonale di Dio, propria del panteismo: al contrario, nella qabbalah l'aspetto personale di Dio si realizza tanto più pienamente quanto più si manifesta la sua immanenza nell'uomo e nel mondo.

A questo nucleo di teorie teologiche e cosmologiche si associano, nella qabbalah, un gran numero di altre teorie, di diverso genere, fra le quali merita un cenno la concezione psicologica che afferma la presenza nell'uomo di tre anime: *nefesh*, l'anima vegetativa, *ruach*, quella animale, e *neshamah*, quella razionale, che costituiscono, non solo tre facoltà, ma anche tre gradi di perfezionamento del devoto.

• *La scuola di Safed.* La qabbalah conobbe un secondo momento di grande fioritura nel sec. XVI, con la scuola di Safed, in Galilea, i cui maggiori rappresentanti furono Mosheh Cordovero (1522-1570) e Jizchaq → Luria (1534-1572). Mentre Cordovero si dedicò soprattutto all'approfondimento sistematico della teologia mistica dello *Zohar*, e in particolare alla comprensione della natura delle sefirôth e del loro rapporto con l'En Sof, Luria approfondì il tema del rapporto tra Dio e mondo e il problema della redenzione, accentuando gli aspetti etico-messianici della qabbalah. La scuola di Safed, e Luria soprattutto, ebbero anche il merito di attenuare il carattere esoterico della qabbalah, e di trasformarla in una sorgente straordinariamente ricca di vita mistica e spirituale per tutto l'ebraismo. Non a caso, prevalentemente a Luria e alla sua interpretazione dello *Zohar* si richiamarono i vari movimenti mistici e messianici apparsi nella diaspora nei secoli seguenti, come il → sabbatianismo, il → frankismo e il → chassidismo polacco-russo.

• *I cabbalisti cristiani.* Enorme fu anche l'influenza della qabbalah sul pensiero filosofico e scientifico occidentale: rilevante, a tale proposito, il tentativo di sviluppare una qabbalah cristiana da parte di alcuni pensatori rinascimentali, sulla linea di quel sincretismo religioso che, d'altra parte, spingeva gli stessi a una sintesi tra pensiero cristiano e filosofia classica. Protagonisti di questo movimento furono Pico della Mirandola, il quale scrisse anche un'opera intitolata *Conclusiones cabbalisticae, numero* XLVII, *secundum secretam doctrinam sapientium Hebraeorum*, e J. Reuchlin, autore di due opere, *De verbo mirifico* e *De arte cabalistica.* L'influenza della qabbalah sul pensiero mistico rinascimentale è poi evidente nelle teorie di H.C. Agrippa di Nettesheim, di F. Zorgi e di J. Böehme. La qabbalah cristiana ebbe anche altri rappresentanti, meritevoli soprattutto di aver divulgato le dottrine cabbalistiche, come G. Postel, che tradusse in latino il *Libro della creazione*, Pistorius, che compose un repertorio degli scritti dei cabbalisti cristiani, Joseph de Voisin, che tradusse alcuni testi dello *Zohar*, A. Kircher, che espose le dottrine cabbalistiche nell'*Oedipus aegyptiacus*, e soprattutto K. von Rosenroth, che diede, nella sua *Kabbala denudata*, un'esposizione ampia e approfondita delle teorie cabbalistiche. Le teorie della qabbalah ebbero eco nel pensiero di filosofi moderni come Pascal, Leibniz e altri, oltre che nelle opere di grandi poeti come Milton. Anche nel campo della scienza, grazie alle sue accurate indagini di carattere fisico e soprattutto medico, la qabbalah influenzò l'alchimia e la filosofia naturale, ed è verosimile che tale influsso si sia esteso alla concezione dello spazio di Newton, data la presenza della qabbalah nella cultura inglese del suo tempo. *A. Po.*

quaccheri, termine, originariamente spregiativo (*quakers* significa «tremolanti»), con il quale vennero designati i membri della Società degli amici, la setta fondata in Inghilterra nel sec. XVII da G. → Fox. Fondamentale è per i quaccheri l'«illuminazione interiore» che il credente riceve direttamente da Cristo. Ogni uomo porta in sé una «scintilla divina» che deve essere esplicitata; il «lume interiore» non solo rischiara la mente, ma libera dall'angoscia del peccato, infonde la certezza del perdono, suscita la gioia di sapersi figli di Dio. Le riunioni dei quaccheri sono caratterizzate dal raccoglimento (*silent meeting*, riunione silenziosa) perché Dio si comunica nel silenzio dell'anima: la presenza dello spirito di Dio deve rivelarsi anche in modo visibile, attraverso il linguaggio estatico e il tremito delle membra (da cui il loro appellativo). Per il rilievo accordato all'illuminazione interiore i quaccheri tennero generalmente in poco conto le strutture ecclesiastiche, il clero, i sacramenti, la liturgia. La tendenza mistica influenzò anche la loro vita sociale: applicando alla lettera il discorso della montagna, essi rifiutarono il servizio militare, il giuramento, i titoli e le formule di cortesia; si dedicarono a molteplici iniziative umanitarie ed educative e propugnarono l'abolizione della schiavitù. Il movimento, che aveva ricevuto l'adesione di battisti e altri gruppi di dissidenza politico-religiosa, scontenti sia della chiesa anglicana sia del regime del puritano O. Cromwell, fu duramente perseguitato ed ebbe piena libertà solo con l'editto di tolleranza del 1689. I quaccheri si diffusero, in seguito, in Olanda, Germania, Polonia, Ungheria e nelle colonie inglesi d'America, soprattutto in Pennsylvania, dove W. Penn tentò di fondare uno stato quacchero pacifista. Nei secc. XIX e XX le missioni quacchere hanno raggiunto l'Asia, l'Africa e l'Oceania. I quaccheri sono oggi circa 200.000.

quadrato aristotelico, nella logica tradizionale, rappresentazione schematica delle relazioni che intercorrono fra proposizioni aventi lo stesso soggetto e lo stesso predicato, ma diverse per quantità e qualità. Il quadrato (noto anche come quadrato delle opposizioni) è tracciato di solito nel modo seguente:

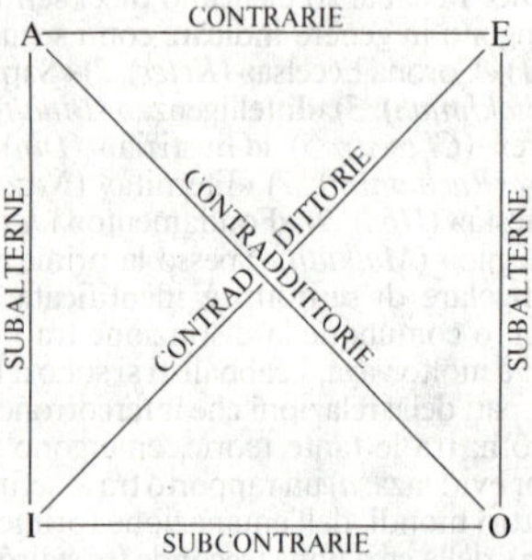

Secondo la quantità, le proposizioni si distinguono in universali e particolari; secondo la qualità, in affermative e negative. Pertanto, dati due termini, di cui uno (per es. «uomo») funge da soggetto e uno (per es. «saggio») da predicato, è possibile combinarli in quattro modi diversi, così da formare una proposizione *universale affermativa* («tutti gli uomini sono saggi»), una *universale negativa* («nessun uomo è saggio»), una *particolare affermativa* («qualche uomo è saggio») e una *particolare negativa* («qualche uomo non è saggio»). Tali «forme» proposizionali sono indicate rispettivamente dalle lettere A, E, I, O (dalle parole latine «affirmo» e «nego»). Se due proposizioni hanno la stessa quantità ma differiscono per qualità, allora non possono essere entrambe vere se sono universali, e non possono essere entrambe false se sono particolari; nel primo caso si parla di proposizioni *contrarie*, nel secondo caso di proposizioni *subcontrarie*. Se due proposizioni differiscono sia per qualità sia per quantità, allora la verità dell'una implica la falsità dell'altra, e viceversa; in tal caso le due proposizioni si dicono *contraddittorie*. Infine, tra due proposizioni di qualità identica ma diverse per quantità vige il rapporto di *subalternanza*, e la verità dell'universale (o *subalternante*) implica la verità della particolare (o *subalternata*). Quest'ultimo è uno dei principali punti di dissenso tra logica tradizionale e logica contemporanea. Per la logica contemporanea, infatti, una proposizione universale affermativa (A) del tipo di «Tutti gli S sono P» non implica la corrispondente particolare affermativa (I), cioè «Alcuni S sono P», perché A — al contrario di I — può esser vera senza che esistano S. Analogamente per le proposizioni negative.

qualia, gli aspetti irriducibilmente qualitativi dell'esperienza (→ qualità).

qualità, tra le → categorie distinte da Aristotele, quella che comprende le determinazioni che è pertinente enunciare in risposta alla domanda su *come* è la cosa, e in virtù delle quali la cosa è detta essere simile a o dissimile da altre. Nelle *Categorie* (8b-11a), Aristotele distingue quattro specie principali nella categoria della qualità: gli stati, le capacità, le apparenze sensibili, le figure. La scolastica medievale si attiene alla caratterizzazione aristotelica, mentre nella filosofia seicentesca la riflessione sulla qualità consegue nuovi significativi sviluppi. In primo luogo, grazie alla geometria analitica inaugurata da Descartes, la figura viene riportata all'ambito del numerico (sia pure a quello multidimensionale delle terne ordinate di numeri reali), e dunque alla quantità. In secondo luogo, si generalizza la polemica contro il concetto di capacità (e con esso contro quelli correlati di disposizione e di potere) ritenuto privo di valore esplicativo dagli scienziati di orientamento meccanicista: tali concetti devono potere essere analizzati in termini di possibilità dinamiche inerenti alle strutture materiali, in ragione di configurazione e movimento dei corpuscoli componenti. La polemica è particolarmente diffusa contro le cosiddette «qualità occulte» (come venivano chiamate le cause sconosciute degli effetti manifesti): per es., circola ampiamente (e viene ripresa anche da Molière) la satira del sapiente aristotelico come indagatore che si illude di spiegare il potere ipnotico dell'oppio postulando una indeterminata *virtus dormitiva*. Lo stesso concetto newtoniano di una forza di gravità parve criticabile a una parte degli scienziati meccanicisti, e soprattutto a quelli di ispirazione cartesiana, perché si ritenne che equivalesse appunto a una surrettizia riproposizione delle qualità occulte. La diffidenza nei confronti dei concetti di disposizione, capacità e potere è rimasta a lungo nel pensiero moderno. La piena ripresa di un interesse per tali concetti può essere fatta datare da *Controllabilità e significato* (1936-37) di R. Carnap, che si inserisce nel processo di graduale liberalizzazione dell'empirismo logico: la problematica dei concetti disposizionali, e quella connessa del condizionale → controfattuale, resta da allora oggetto di costante attenzione da parte di logici e filosofi del linguaggio. Un ruolo di particolare importanza ha assegnato a questi concetti G. Ryle, che in *Lo spirito come comportamento* (1949) ha interpretato come disposizioni al comportamento manifesto una parte significativa degli stati mentali. Inoltre nella filosofia moderna viene diffusamente criticato il presupposto aristotelico di una oggettività delle qualità sensibili. Il meccanicismo seicentesco riprende infatti l'idea, sostenuta dagli antichi atomisti (Diels, fr. 9), che sapori, odori, colori ecc. non fossero proprietà delle cose in sè stesse, bensì caratteri che noi proiettiamo sulle cose in virtù della struttura soggettiva dei nostri apparati percettivi: solo le proprietà geometrico-meccaniche appartengono alle cose stesse. Lo scienziato R. Boyle contrappone alla oggettività di queste ultime (qualità *primarie*) la soggettività delle qualità sensibili (qualità *secondarie*), ma la soggettività delle qualità sensibili è rilevata anche da Galileo (*Saggiatore*, in *Opere*, ed. naz. VI, p. 348), da P. Gassendi (*Opera omnia*, I, pp. 362-6), da Cartesio (*Mondo*, cap. 1; *Meditazioni*, 6), da Hobbes (*De corpore*, cap. 25, 3), da Locke (*Saggio*, II, 8, 9). Berkeley aveva rifiutato la contrapposizione delle qualità primarie alle secondarie, ma non la soggettività delle qualità secondarie: piuttosto, dal momento che noi siamo incapaci di formarci la nozione delle proprietà spaziali di una cosa in assenza di una nozione delle sue proprietà sensibili (le figure sono concepibili solo come delimitazione di campi caratterizzati da differenti qualità), egli ritiene che anche le determinazioni geometrico-meccaniche debbano essere intese come soggettive (*Principi della conoscenza umana*, I, par. 87). Kant conduce ai suoi estremi sviluppi la contestazione moderna dell'autonomia del qualitativo, proponendo di interpretare le qualità sensibili stesse come un particolare genere di quantità: le «quantità intensive», caratterizzate da un *grado* e distinte dalle «quantità estensive» spazio-temporali per il fatto di avere parti non suscettibili di essere separate le une dalle altre (non è possibile togliere un grado intermedio così come invece è possibile togliere un segmento da una linea); la varietà delle quantità estensive discende dalla forma dell'intuizione sensibile, quella delle quantità intensive dalla sua materia (*Critica della ragion pura*, B 202-218). Anche Hegel contesta l'autonomia concettuale della descrizione qualitativa e sostiene le esigenze della riduzione del qualitativo a un più complesso sistema di determinazioni. Nell'ambito della sua teoria delle categorie come possibili definizioni dell'assoluto, egli individua nella qualità una categoria più povera rispetto alla quantità: infatti il vero, pensato sotto la determinazione della qualità, non può essere inteso che come

finito e quindi suscettibile all'infinito di essere annullato nel corso del mutamento. Husserl interpreta il senso di tutta questa polemica moderna contro l'oggettività delle qualità sensibili quando descrive la realtà fisica come oggetto trascendente a cui rimanda l'oggetto dei sensi che abita lo spazio percettivo, ma che per parte sua è determinato solo matematicamente, esiste in uno spazio euclideo e può essere rappresentato soltanto per via di simboli (*Idee*, I, par. 40). D'altra parte, Husserl assume nei confronti dell'oggetto completamente geometrizzato l'atteggiamento puramente descrittivo caratteristico della fenomenologia: egli non presume, come aveva fatto il pensiero dei tre secoli precedenti, che tale oggetto costituisca la vera struttura della realtà fisica. Anche nella filosofia degli ultimi decenni è molto presente l'esigenza di non derealizzare il qualitativo: rivendicano realtà e irriducibilità dei *qualia* filosofi analitici come J. Margolis, F. Jackson, C. McGinn, e soprattutto Th. Nagel. Nagel ritiene che non sia possibile negare una consistenza ontologica ai differenti aspetti qualitativi con cui le cose sono vissute soggettivamente, a seconda delle differenti strutture degli apparati percettivi: per lui la realtà non coincide con l'oggettività e include anche ciò che è dato solo nell'esperienza soggettiva (*Che effetto fa essere un pipistrello?*; *Uno sguardo da nessun luogo*).
In senso logico, fino dall'antichità si è parlato di qualità dei giudizi per intendere la distinzione di questi in affermativi e negativi. Kant aggiunse l'ulteriore specie del giudizio «infinito»: quello della forma 'A è non-B'.

quanti, teoria dei, espressione con cui si indica un complesso di ipotesi vertenti sui fenomeni della cosiddetta microfisica; si tratta di ipotesi tuttora in corso di elaborazione e via via formulate nel corso di un complicato processo di assestamento tra idee teoriche e risultati sperimentali. Questo processo ha conosciuto la sua fase più importante nel primo trentennio del ventesimo secolo con la costruzione della meccanica quantistica, alla quale hanno variamente contribuito tutti i maggiori protagonisti della ricerca fisica novecentesca. Con la teoria quantistica si giunge essenzialmente a un superamento della tradizionale divisione fra la materia (concepita come un insieme di minuscole entità discrete individuabili nello spazio e nel tempo) e la radiazione (intesa come un fenomeno continuo e ondulatorio): le cosiddette particelle elementari sono passibili di descrizioni in termini di ondulatorietà e discontinuità; d'altra parte, i fenomeni di radiazione e di scambio di energia (emissione e assorbimento) possono essere progressivamente ricondotti all'ipotesi della discontinuità e della corpuscolarità. Le notevoli implicazioni filosofiche ed epistemologiche di questi sviluppi della scienza fisica sono state elaborate dalla «scuola di Copenaghen» (N. Bohr, W. Heisenberg, P. Jordan, L. Rosenfeld ecc.), soprattutto in riferimento al famoso principio di indeterminazione formulato da → Heisenberg nel 1927. Secondo questi autori, nella microfisica i fenomeni studiati non possono prescindere dagli effetti (o «azione di disturbo») provocati dall'osservatore, che va pertanto assunto come parte integrante del fenomeno. Ne derivano sia l'impossibilità di una «rigorosa separazione del mondo in soggetto e oggetto» (Heisenberg), sia l'impossibilità teorica (e non solo pratica, come accadeva per la fisica classica) di pervenire a una descrizione rigidamente deterministica dei fenomeni naturali. A causa della relazione di indeterminazione, infatti, risulta *di principio* esclusa la possibilità di quella conoscenza completa delle condizioni iniziali degli eventi spazio-temporali (o degli stati iniziali dei sistemi fisici) dalla quale ricavare, secondo la legge causale e il determinismo, tutti i successivi stati assoluti e obiettivi del mondo (secondo il programma ideale del meccanicismo di P.-S. Laplace di comprendere in un'unica formula matematica i movimenti dei più grandi corpi dell'universo e, insieme, quelli dell'atomo più leggero).
Ciò non comporta peraltro un'adesione dei teorici della scuola di Copenaghen all'idealismo o al fenomenismo, o comunque a filosofie che neghino l'oggettività scientifica e l'esistenza del cosiddetto mondo fisico; ma è indubbio che le loro posizioni filosofiche (criticate da altri maestri della fisica quantistica come M. Planck e E. Schrödinger) appaiono inconciliabili con il modello di spiegazione generale difeso, come l'unico scientificamente corretto, da A. Einstein: fornire «la descrizione completa di ogni situazione reale (individuale) che si suppone possa esistere indipendentemente da ogni atto di osservazione e di verifica». Alle obiezioni sollevate da più parti tanto in campo fisico quanto in sede filosofica, i teorici della scuola di Copenaghen hanno fatto fronte appoggiandosi anche a un altro famoso principio teorico già intravisto da Bohr nello stesso anno in cui Heisenberg formulava quello di indeterminazione: il principio di complementarità, secondo il quale i modelli ondulatorio e corpuscolare andrebbero considerati come due descrizioni parimenti legittime e necessarie dei fenomeni della microfisica. Definito da Schrödinger mascheramento verbale di una sconfitta teorica, tale principio è invece considerato da Bohr e dai suoi seguaci, non solo una soluzione del tradizionale dualismo onda-corpuscolo, ma anche un criterio estensibile alla ricerca biologica, per es. allo scopo di abbracciare in una visione unitaria gli aspetti fisico-chimici e propriamente vitali presentati dai fenomeni biologici.

quantificatori, in logica, le espressioni 'qualcosa' (quantificatore *esistenziale*) e 'ogni cosa'

(quantificatore *universale*), nonché le loro controparti simboliche (rispettivamente ∃ e ∀ nella notazione oggi più usata). Si deve a G. → Frege l'intuizione che i quantificatori possono essere pensati come denotanti concetti di concetti. Si consideri per es. l'enunciato 'Qualcosa si muove': lo si può parafrasare dicendo che il concetto denotato da 'si muove' ha estensione non vuota. Risulta perciò naturale pensare il quantificatore esistenziale come denotante il concetto "di secondo livello" sotto cui cadono tutti e solo quei concetti "di primo livello" la cui estensione è non vuota. Considerazioni analoghe rendono plausibile pensare il quantificatore universale come denotante il concetto di secondo livello sotto cui cadono tutti e solo quei concetti di primo livello la cui estensione contiene tutti gli oggetti.
L'analisi freghiana dei quantificatori viene oggi riespressa di solito dicendo che i quantificatori esistenziale e universale denotano insiemi di insiemi. Per riferirsi a espressioni qualsiasi, eventualmente diverse da 'qualcosa' e 'ogni cosa', che possono essere pensate come denotanti insiemi di insiemi, si parla di quantificatori *generalizzati*. In ambito logico-matematico lo studio dei quantificatori generalizzati fu avviato negli anni Cinquanta da A. Mostowski, mentre più di recente (soprattutto per merito di J. Barwise e R. Cooper) è stata riconosciuta anche l'importanza della nozione di quantificatore generalizzato per la semantica del linguaggio naturale.

quantità, tra le → categorie distinte da Aristotele, quella che comprende le determinazioni che esprimono la *grandezza* della cosa. Platone aveva sostenuto che la quantità è soggetta alla opposizione del grande e del piccolo, e tuttavia, essendo la piccolezza un concetto puramente negativo, aveva affermato anche che l'idea della quantità fosse unica (*Fedone*, 100-101). Aristotele invece rifiuta che il grande e il piccolo possano essere intesi come termini contrari. Egli definisce la quantità come ciò che è divisibile in parti determinate (che d'altronde non hanno esistenza in atto, ma solo in potenza), e stabilisce la distinzione tra la quantità numerabile, divisibile in parti discrete, e la quantità misurabile, divisibile in parti continue (*Metafisica*, V, 13). La scolastica medievale riprende diffusamente l'analisi aristotelica. Nel pensiero moderno, in connessione con l'emergere di una scienza meccanicistica della natura, la categoria della quantità viene ad assumere un ruolo tanto più importante quanto più appaiono povere e prive di valore esplicativo le determinazioni immediate e sensibili. Cartesio immagina così la possibilità di una scienza unificata nella forma di una «mathesis universalis», intesa appunto come scienza dell'«ordine o misura» (*Regole*, IV): idea che resta cruciale in tutto il pensiero di derivazione cartesiana, almeno fino alla rielaborazione che ne dà Leibniz. Anche Kant e Hegel si muovono nell'ambito della tradizione moderna che svaluta il potere euristico della categoria della → qualità. Hegel in particolare vede nelle categorie della quantità e della misura il punto di passaggio tra la logica dell'essere e la logica dell'essenza, che è caratterizzata dal rendersi manifesto di quei rapporti di mediazione che reggono, sia pure implicitamente, anche la prima (*Scienza della logica*, I, sez. 2-3). Nel pensiero contemporaneo, soprattutto a opera di E. Mach, H. Poincaré, N.R. Campbell e P.W. Bridgman, si sviluppa l'analisi rigorosa dei concetti di quantità, attraverso la definizione degli assiomi che valgono a caratterizzare una relazione d'ordine come una relazione di carattere quantitativo.
In senso logico, si è usato distinguere i giudizi secondo la quantità in universali (della forma 'Ogni A è B'), particolari (della forma 'Qualche A è B'), singolari (della forma 'x è B'), indefiniti (quando la quantità del giudizio non sia precisata). Tutta la materia della quantità del giudizio è stata poi elaborata in modo più rigoroso dalla logica contemporanea attraverso la teoria dei → quantificatori.

querelle des anciens et des modernes, espressione che designa il dibattito, sviluppatosi in Francia nella seconda metà del Seicento, tra i sostenitori della lingua e della letteratura classica antica e i sostenitori della lingua e della letteratura moderna. Sorto come polemica letteraria, il dibattito si spostò rapidamente su più ampie questioni filosofiche ed estetiche, tanto da costituire un momento decisivo del processo che condusse dal «libertinage érudit» (→ libertini) alle concezioni illuministiche, e al declino del classicismo in estetica. Accanto a N. Boileau (*Riflessioni su Longino*, 1692), il più autorevole sostenitore degli «antichi», si schierarono Racine, Arnauld, La Bruyère, Fleury, J. de La Fontaine (*Epistola a Huet*, 1687). Tra i «moderni» intervennero Desmarets de Saint-Sorlin (*Comparazione della lingua e della poesia francese con quella greca e latina*, 1674), Ch. Perrault (*Parallelo tra antichi e moderni*, 1688-97), Benserade, Charpentier, Fontenelle. La disputa risorse brevemente, all'inizio del Settecento, tra M.me Dacier (*Le cause della corruzione del gusto*, 1714) e H. de la Motte (*Riflessioni sulla critica*, 1715). Al centro della *querelle* si poneva essenzialmente l'antitesi, tipica della filosofia del Seicento, tra autorità e ragione, e quella, già illuministica, tra pregiudizio e progresso. I più radicali sostenitori degli antichi (in particolare H. de Longepierre, nel *Discorso sugli antichi*, 1687, a cui risposero Perrault e Fontenelle) affermavano l'impossibilità di «inventare», in arte, «effetti» pari alla grandezza dei modelli antichi; ai moderni non restava quindi che riprendere o «perfezionare» il già fatto. A questa tesi Perrault obiettò, in primo luogo, che era «quasi impossibile» agli antichi non inventare, perché costretti dalle necessità pressanti della natura; e, in secondo luogo, che il «perfezionamento» delle opere del passato si poneva comunque sempre a un grado superiore rispetto a esse. Sviluppando gli argomenti di Perrault, Fontenelle sostenne la tesi (condivisa da tutti i modernisti) dell'immutabilità della natura: poiché la natura è sempre identica a se stessa, è vano chiedersi se i suoi prodotti antichi siano superiori o inferiori a quelli moderni (la correlazione tra arte e natura era una delle tesi più care al classicismo, e agli stessi sostenitori degli antichi); piuttosto, occorre ammettere che sulla permanenza sostanziale della natura si articola il divenire delle opere (originate dalle «passioni» umane), in modo tale che i moderni, se pure privati dell'originalità assoluta degli antichi, possono essere avvantaggiati a due livelli: da un lato perché la ragione può servirsi positivamente delle opere già esistenti; dall'altro perché, esaminandole, può evitare di ripeterne gli «errori». Fontenelle precisava così per la prima volta la categoria storiografica di → progresso che più tardi sarebbe stata fondamentale per gli scritti storici di Voltaire, Turgot, Condorcet.

Quesnay, François (Méré, Seine-et-Oise, 1694 - Versailles 1774), economista francese. Naturalista di formazione (l'opera più importante del suo primo periodo è il *Saggio fisico sull'economia animale*, 1746), dopo aver praticato la medicina con molto successo collaborò all'*Enciclopedia* di Diderot e d'Alembert con articoli d'argomento economico e filosofico (*Evidenza*). L'opera *Quadro economico*, pubblicata nel 1758, a cui egli aggiunse poi un'*Analisi* divulgativa, ne fece l'iniziatore della → fisiocrazia.

quiddità, nella terminologia filosofica medievale, sinonimo di → essenza o forma di una cosa (ossia ciò che fa sì che una cosa sia quella e non un'altra). La quiddità (dal lat. *quid*, che cosa) viene espressa mediante la definizione logica ed è il prodotto dell'astrazione che viene operata dall'intelletto sulla realtà sensibile. Quidditativa è detta ogni questione, come pure ogni proprietà, la quale riguardi ciò che una cosa è (*quid sit*) e prescinda quindi dal fatto della sua esistenza (*an sit*).

Quidort, Jean, detto anche Giovanni di Parigi (Parigi 1260 ca - Bordeaux 1306), teologo e filosofo francese. Insegnò nella facoltà di teologia dell'università di Parigi, dove tuttavia incontrò vivaci opposizioni, le quali alla fine portarono alla sua destituzione. Fedele seguace di Tommaso d'Aquino, ne difese il pensiero e le dottrine in opere polemiche come il *Correctorium Corruptorii Thomae*. Nel *De potestate regia et papali* (1302-03) sostenne la separazione del potere politico da quello religioso e rivendicò il carattere fondamentalmente morale dell'autorità ecclesiastica, mentre attribuì il potere coattivo all'autorità civile.

quietismo, dottrina mistica che si propone il conseguimento dell'unione con Dio attraverso uno stato di «quiete», cioè di annullamento della volontà umana. Atteggiamenti quietistici sono presenti nelle religioni non cristiane (induismo, buddhismo, ermetismo, neoplatonismo), nel cristianesimo orientale (→ esicasmo) e in alcuni movimenti occidentali come i fratelli del → libero spirito, i begardi e gli *alumbrados* (→ illuminati). In senso più specifico il termine «quietismo» designa quelle correnti che durante il Seicento propugnarono un rapporto immediato con Dio, attraverso uno stato di passività e di inerzia, ottenuto con la sospensione di ogni attività intellettuale, l'annegamento della volontà, l'abbandono *perinde ac cadaver* in Dio. Il quietismo disprezza le attività ordinarie della vita cristiana (preghiere orali, meditazione, frequenza ai sacramenti, esercizi devoti, pratica della virtù), alle quali sostituisce la contemplazione, l'abbandono affettivo, il silenzio interiore, la «santa indifferenza», il «riposo in Dio». Pervenuta allo stato di «annichilazione», l'anima non può più peccare, anche se esteriormente sembra violare i comandamenti di Dio. In Italia, il *Breve compendio intorno alla perfezione cristiana* (1611) del gesuita A. Gagliardi anticipò gli atteggiamenti dei due più significativi esponenti del quietismo: il cardinale P.M. Petrucci (*Lettere e trattati spirituali e mistici*, 1679; *Il nulla delle creature e il tutto di Dio*, 1682; *Mistici enigmi disvelati*, 1683) e lo spagnolo M. de Molinos (*Guida spirituale*, 1675). Ma ad atteggiamenti quietistici si riallacciarono anche la confraternita di santa Pelagia, fondata dal laico milanese F. Casolo e diffusa soprattutto in val Camonica, i seguaci del canonico Ricasoli a Firenze, di suor Giulia De Marchi a Napoli e del prete umbro Lombardi, i Pii operai a Napoli, i preti secolari Cicogna a Venezia e Beccarelli a Brescia. Il quietismo italiano non si fondò su grandi figure, ma su una trama di gruppi e conventicole diffusi in tutta la penisola. Una delle cause di tale diffusione fu l'esigenza di reagire a un tipo di religiosità che si era andata via via irrigidendo in pratiche, metodi, schemi fissi, e di realizzare una vita interiore libera e immediata. Nel 1687 Innocenzo XI condannò 67 proposizioni estratte da scritti di Molinos; nel 1688 furono messe all'Indice le opere del cardinale Petrucci.

Mentre il quietismo italiano si basava sull'annichilimento delle potenze dell'anima e sulla totale passività, quello francese sviluppò, con F. Fénelon e M.me Guyon, la dottrina dell'amor puro, cioè totalmente disinteressato, e dell'abbandono totale alla volontà di Dio. Nel 1699 Innocenzo XII dichiarò che 23 proposizioni tratte dall'opera di Fénelon *Spiegazione delle massime dei santi sulla vita interiore*

(1697) erano scandalose e temerarie. Le condanne determinarono non solo il declino del quietismo, ma anche il crepuscolo della mistica.

Quine, Willard Van Orman (Akron, Ohio, 1908), filosofo e logico statunitense. Laureatosi in matematica sotto la guida di A.N. Whitehead, ha studiato negli anni Trenta in Europa, dove incontrò R. Carnap. In seguito ha insegnato filosofia alla università Harvard. I più importanti contributi logici di Quine sono relativi alla teoria degli → insiemi, di cui presenta, in *Nuovi fondamenti della logica matematica* (1937), un'originale assiomatizzazione, modificata nel successivo *Logica matematica* (1940). In uno dei suoi primi e più famosi saggi filosofici, *Due dogmi dell'empirismo* (1951), Quine attacca due presupposti fondamentali della versione neopositivista dell'empirismo (→ empirismo logico): la dicotomia di verità analitica e verità sintetica (→ analitici-sintetici, giudizi), e il → riduzionismo, la tesi, cioè, secondo la quale ogni enunciato dotato di significato è equivalente a un complesso logico di termini osservativi o, quanto meno, è associabile a un insieme determinato di possibili conferme o smentite empiriche. All'epistemologia riduzionista del primo neopositivismo Quine contrappone un *empirismo senza dogmi* (influenzato dall'olismo metodologico di P. Duhem), secondo il quale 1) ogni ipotesi affronta il tribunale dell'esperienza insieme a tutti gli altri enunciati che compongono l'edificio della scienza; 2) è sempre possibile scegliere, con un certo margine di libertà, il punto del sistema scientifico sul quale far gravare il peso di ogni smentita empirica; 3) tutti gli enunciati scientifici — compresi i protocolli osservativi e le verità tradizionalmente incluse nella sfera dell'analiticità — non sono in linea di principio immuni da correzioni empiriche (non esiste, pertanto, una precisa linea di confine tra analitico e sintetico). Con *Parola e oggetto* (1960) Quine affronta la questione del significato linguistico in una prospettiva che è insieme comportamentista (il linguaggio è un insieme di disposizioni al comportamento verbale) e verificazionista (il significato è determinato dall'insieme delle possibili situazioni comportamentali di conferma o smentita delle nostre teorie). Nel quadro di questa concezione viene presentato l'esperimento mentale della → *traduzione radicale*, riguardante l'impresa di un linguista che, venuto a contatto con esseri umani che si esprimono in una lingua a lui ignota, deve fondare le proprie traduzioni solo sull'osservazione del comportamento linguistico dei parlanti nativi. Con un esame dettagliato delle procedure di traduzione degli enunciati indigeni, Quine mostra che il linguista può legittimamente elaborare un numero indeterminato di *manuali di traduzione* diversi, tutti compatibili con i dati a disposizione, ma incompatibili tra loro. La corretta traduzione di gran parte degli enunciati indigeni non è determinabile, dunque, in modo assoluto, ma solo relativamente a uno tra i possibili manuali di traduzione. Una delle implicazioni fondamentali di questa conclusione, nota come *tesi dell'indeterminatezza della traduzione*, è che i singoli enunciati hanno un significato determinato non isolatamente, ma solo in quanto parte di un più vasto sistema linguistico (→ olismo). Sempre in *Parola e oggetto*, Quine presenta un piano di *regimentazione* degli enunciati del linguaggio ordinario, che consiste in una loro parafrasi nella notazione artificiale della logica elementare. Legate a questo progetto sono le riflessioni sull'*ontologia* del discorso scientifico, preparate da una proposta di analisi degli *impegni ontologici* delle teorie (esposta in *Su ciò che vi è*, 1948). Ogni teoria formulata nella notazione della logica elementare presuppone, secondo quest'analisi, solo l'esistenza di quegli oggetti che rientrano nel dominio di quantificazione delle sue variabili. In *La relatività ontologica* (1968) Quine, svolgendo alcune implicazioni della tesi dell'indeterminatezza del significato, precisa però che gli impegni ontologici di un linguaggio non possono essere fissati in modo assoluto, ma solo relativamente a un secondo linguaggio (non necessariamente diverso dal primo), la cui ontologia non sia, almeno momentaneamente, messa in discussione. Per quanto riguarda i criteri epistemologici dell'impegno ontologico, nessuna scelta, ha sostenuto a più riprese Quine, può essere fondata sul verdetto dell'esperienza (dal punto di vista dell'empirismo quiniano, gli oggetti fisici sono, al pari degli dei d'Omero, semplici *postulati culturali*). Le decisioni, in questo campo, devono essere affidate a ragioni di natura pragmatica; ed è sulla base di ragioni di questo tipo che Quine, richiamandosi al naturalismo pragmatista di J. → Dewey, fa proprio il punto di vista della moderna concezione scientifica del mondo. Dall'interno di questa concezione, inoltre, egli si batte, in molti dei suoi scritti, contro ogni compromissione nei confronti di entità di natura mentale o intensionale, esponendo le ragioni che militano a favore di una formulazione rigorosamente fisicalista (→ fisicalismo) ed estensionalista del discorso scientifico. Altre opere: *Filosofia della logica* (1970); *Le radici del riferimento* (1974); *Quidditates* (1987); *Ricerca della verità* (1990); le raccolte di saggi: *Dal punto di vista logico* (1953); *I modi del paradosso e altri saggi* (1966); *Relatività ontologica e altri saggi* (1969); *Teorie e cose* (1981). *M. Sc.*

rabbinismo, tendenza che si afferma nel giudaismo durante il periodo successivo alla distruzione del Tempio (70 d.C.), e che domina sino a diventare il tratto più caratteristico e universale del giudaismo stesso, pur non essendone, storicamente, l'unica direzione di sviluppo. Il rabbinismo (le cui posizioni fondamentali si trovano già nella scuola di rabbi Hillel, nel sec. I a.C., e nel movimento dei → farisei) riposa essenzialmente sulla normatività attribuita alla tradizione orale, accanto alla legge scritta: normatività quindi della *Mishnah* e del *Talmud*, e via via, con diverso peso, della dottrina e della giurisprudenza successive, accanto a quella, fondamentale, della Torah o Pentateuco. Nella lotta contro i → caraiti (secc. VIII-X), avversi alla tradizione orale, il rabbinismo, in ambiente sia islamico sia cristiano, in Occidente come in Oriente, prende coscienza di sé e si afferma con l'opera di grandi maestri e con una vasta produzione di responsi giurisprudenziali, di commenti alla Bibbia e al Talmud, assicurando la stessa fedelissima trasmissione del testo biblico. Attraverso il rabbinismo, il giudaismo controlla i rischi di deviazione insiti nel misticismo, nelle filosofie religiose, nei messianismi, nel pietismo, nell'assimilazione, curando la conservazione, ma anche l'adeguamento e la praticabilità, delle norme etico-religiose nei diversi contesti culturali in cui esso si trova a vivere.

Radcliffe-Brown, Alfred Reginald (Birmingham 1881 - Londra 1955), antropologo inglese. Considerato la figura più eminente, con B. → Malinowski, dell'antropologia inglese fra le due guerre, è noto principalmente per aver fondato, in antropologia, la scuola dello strutturalismo funzionalista e per averne applicato in particolare i principi allo studio dei sistemi di parentela (→ funzionalismo). La sua formazione unì gli studi di filosofia della scienza all'esperienza sul campo, acquisita durante due spedizioni etnografiche (la prima alle isole Andamane, a sud-est del golfo del Bengala, tra il 1906 e il 1908; la seconda nell'Australia nord-occidentale tra il 1910 e il 1912), i cui risultati furono riferiti nel saggio *Tre tribù dell'Australia occidentale* (1913) e nell'ampia monografia *Gli isolani delle Andamane* (1922).

Già in questi primi scritti Radcliffe-Brown dimostrò il suo progressivo distacco non solo dall'evoluzionismo di H. Spencer ma anche dal diffusionismo di W.H.R. Rivers, e si avvicinò invece, al pari di Malinowski, a una lettura di E. Durkheim che mettesse in risalto l'interrelazione funzionale tra i vari aspetti della vita sociale. Come Malinowski, egli rifiutava la «storia congetturale» degli evoluzionisti e dei diffusionisti in nome dell'aderenza al dato etnografico. Radcliffe-Brown, anzi, contrappose ancor più chiaramente di Malinowski il metodo storico dell'etnologia a quello scientifico dell'antropologia (*I metodi dell'etnologia e dell'antropologia sociale*, 1923) e nel saggio *Lo zio materno in Sudafrica* (1924) dette un esempio di come fosse possibile render conto di una determinata istituzione sociale non già ricorrendo a inverificabili congetture sulla sua origine storica, bensì individuando la sua «origine sociale» permanente nelle relazioni funzionali, empiricamente osservabili, che essa intrattiene con le altre istituzioni della società. Il periodo successivo al 1930 dimostrò tuttavia quanto diversa fosse la concezione che i due studiosi avevano dell'antropologia benché a entrambi si applicasse l'«etichetta» (da Radcliffe-Brown peraltro energicamente rifiutata) di funzionalisti. Malinowski, soprattutto negli scritti più tardi, cercava la funzione di ciascuna istituzione sociale nella risposta che essa dava a un bisogno biologico o psicologico, Radcliffe-Brown nel contributo che essa portava al funzionamento dell'intero sistema sociale (*Sul concetto di funzione nelle scienze sociali*, 1935). La concezione di Malinowski era pragmatistica, quella di Radcliffe-Brown organicistica; il primo accettava il concetto di «cultura» proposto dagli antropologi statunitensi, il secondo lo rifiutava e lo sostituiva con quello di «struttura sociale» (*Struttura sociale*, 1940), da intendersi come la rete delle relazioni sociali che lega gli individui di ciascuna società (attraverso obblighi giuridici e morali, precetti religiosi, norme di comportamento tra parenti ecc.) e ne consente il funzionamento e la stabilità.

Il rifiuto del concetto di cultura e del metodo storico implicava inoltre che l'antropologia sociale, in quanto ramo della sociologia comparata riservato allo studio dei popoli primitivi, adottasse, secondo l'esempio di Durkheim, gli stessi metodi delle altre scienze naturali. I saggi principali di Radcliffe-Brown sono raccolti in *Struttura e funzione nella società primitiva* (1952); *Una scienza naturale della società* (1957) e *Il metodo nell'antropologia sociale* (1958); la sua influenza fu vastissima, in patria e all'estero. Insegnante a Città del Capo (1920-25), Sydney (1925-31, dove fondò la rivista «Oceania»), Chicago (1931-37), Oxford (1937-46), Alessandria di Egitto (1947-49), e Grahamstown, in Sudafrica (1951-54), impresse una svolta decisiva agli studi sui sistemi di parentela australiani e africani; dette contributi importanti nel campo dell'antropologia religiosa e politica. Sono stati suoi allievi o seguaci grandi antropologi come M. Fortes, S.F. Nadel, F. Eggan e, E.E. Evans-Pritchard.

Radhakrishnan, Sarvepalli (Madras 1888-1975), filosofo e uomo politico indiano. Subì l'influsso della tradizione europea, ma restò fondamentalmente fedele al brahmanesimo, che reinterpretò alla luce degli studi storici e speculativi più avanzati. Fu autore di numerose opere in inglese, tra cui la *Filosofia indiana* (1923-27), nella quale espone la storia del pensiero indiano con intento teoretico e con quel metodo comparato che resterà tipico di altri suoi lavori, come *La filosofia delle Upaniṣad* (1924) e i commenti a diversi testi sacri dell'induismo. Di particolare interesse è la *Concezio-*

ne indù della vita (1927), opera che presenta l'induismo come un «modus vivendi et philosophandi» caratterizzato da larga tolleranza e apertura verso le altre religioni e le altre culture. Nel 1932 Radhakrishnan pubblicò la *Concezione idealista della vita*, un'analisi dell'idealismo indiano, da intendersi nel più ampio senso del termine, mentre un confronto con il pensiero europeo è svolto nell'ampio saggio *Religioni orientali e pensiero occidentale* (1939). Dal 1962 al 1967 fu presidente dell'Unione Indiana.

Radin, Paul (Łódź 1883 - New York 1959), antropologo e linguista statunitense di origine polacca. Già allievo di F. → Boas, si discostò dal maestro, in quanto convinto che per conoscere la cultura occorresse studiare gli individui. In *Tuono che scoppia: l'autobiografia di un indiano winnebago* (1926), Radin giunse a circoscrivere la storia a un solo individuo, riproponendo così, con l'uso della biografia, il problema ancora irrisolto del rapporto personalità-cultura (*Metodo e teoria dell'etnologia*, 1933). Nel saggio *La religione primitiva* (1937) Radin analizza il ruolo svolto dai legislatori religiosi e segnala l'importanza che, all'interno di alcune società (gli yoruba, i maori, i dakota ecc.), assume la formazione di una classe sacerdotale, in quanto essa definisce il patrimonio etico-religioso, con la produzione di inni e di canti, indispensabili per garantire la continuità della tradizione in una società senza scrittura; in tali inni e canti si esprimono, necessariamente, anche le ideologie funzionali al potere e al predominio sacerdotale. Partendo da questo dato Radin arriva a formulare, nelle culture primitive, una distinzione fra un atteggiamento religioso e un atteggiamento «laico», quale quello del *medicine-man*, che opera al di fuori dei gruppi sacerdotali tradizionali e si serve degli «spiriti», considerandoli esseri razionali quanto l'uomo, oppure eroi mitologici (*Transformer*, *Culture-Hero*, *Trickster*), che sarebbero soltanto, secondo Radin, degenerazioni dell'originaria idea di Dio monoteistica (*Il monoteismo presso i popoli primitivi*, 1924). Nell'uomo non-religioso delle società primitive, dunque, si coglierebbe una prima opposizione individuale alle strutture mitologico-religiose collettive (*L'uomo primitivo come filosofo*, 1927).

ragionamento, → argomento.

ragione, termine derivante dalla parola latina *ratio*, che dal linguaggio comune (dove significava «calcolo» o «rapporto», come ancora oggi in alcuni usi) venne assunta da Cicerone per tradurre il → *lógos* greco, il quale, oltre che «ragione», significava anche «discorso». Successivamente, con la scolastica medievale, esso acquisì un senso più specializzato, come traduzione di *diánoia*, in opposizione a *noûs*, a sua volta reso con *intellectus*.

• *Ragione e discorso.* In questo senso specifico, la conoscenza razionale è quella discorsiva, che procede cioè da premesse a conclusioni e poi da queste a conclusioni ulteriori, secondo il modello che nell'antichità era stato realizzato con la sistemazione euclidea della geometria e che Aristotele aveva formulato con la sua teoria del sillogismo apodittico. Già prima di Aristotele, Platone aveva contrapposto la conoscenza discorsiva a quella intuitiva, sostenendo la superiorità di questa su quella. Attraverso il neoplatonismo, questa tesi penetrerà poi nel pensiero cristiano, con sant'Agostino. Al di là delle diverse posizioni dottrinali, tutti i filosofi cristiani del medioevo concorderanno nel considerare la ragione come una facoltà esclusivamente umana, ritenendo che la conoscenza divina sia invece puramente intuitiva. La necessità di ricorrere ai procedimenti dimostrativi e argomentativi era unanimemente ritenuta un segno della finitezza della mente umana. In questo senso, la definizione corrente dell'uomo quale «animale razionale» manteneva il significato antico, indicando il privilegio dell'uomo rispetto agli altri animali, ma in più veniva a segnare anche la dissimiglianza dell'uomo dal suo creatore. La questione del rapporto della ragione con la fede rivelata fu poi il problema centrale in tutto il pensiero scolastico, dai suoi esordi fino alla sua crisi (→ fede; → scolastica). L'autonomia della ragione e il contrasto di essa con la fede vennero invece sostenute particolarmente dalla teoria della «doppia verità», che arriverà fino a Pomponazzi e al libertinismo francese del sec. XVII.

• *Ragione e calcolo. Ragione ed evidenza.* Nel Seicento, si produsse anche una rottura completa rispetto alla tradizione d'origine platonica e aristotelica, con Hobbes. Per Hobbes infatti la ragione è la facoltà suprema del conoscere. Mentre l'«intelletto» è semplicemente la capacità di comprendere le volontà e i pensieri altrui, la ragione è una sorta di «calcolo», consistendo in operazioni deduttive compiute su termini universali, a partire da opportune definizioni esplicite di essi. In tal modo è aperta agli uomini la possibilità della conoscenza scientifica, la quale non presuppone l'intuizione dei principi, bensì muove da convenzioni linguistiche; ma è aperta anche l'eventualità che gli uomini cadano nell'assurdo («nonsenso»), allorché, non seguendo il metodo giusto nell'uso della ragione, rimangano vittime di equivoci verbali, com'è avvenuto, secondo Hobbes, con la filosofia aristotelica e scolastica. La ragione è esclusivamente umana, per Hobbes, perché richiede l'uso del linguaggio articolato, senza il quale non si avrebbero gli universali; laddove la conoscenza non razionale, meramente empirica, che dà luogo tutt'al più alla «prudenza», può esser propria anche degli animali. In forme diverse, l'opposizione fra ragione ed esperienza si ritrova in tutto il pensiero dei secc. XVII e XVIII. Si pensi, per un verso, alla contrapposizione che Hume vede fra le «relazioni di idee», che consentono dimostrazioni, e le «materie di fatto», che non ammettono se non prove sperimentali, ma spesso non vanno oltre la mera probabilità; per un altro verso, si pensi all'opposizione che Leibniz istituisce fra le «verità di ragione» e le «verità di fatto», fondate su due principi diversi: rispettivamente quello di non contraddizione e quello di ragion sufficiente. Il tratto specifico del cosiddetto «razionalismo» moderno, da Cartesio alla scuola wolffiana, è la fondazione della ragione stessa sull'intuizione, nel quadro dell'epistemologia dell'→ evidenza. La ragione è definita come la facoltà di percepire chiaramente e distintamente le connessioni fra idee universali; ma siffatta percezione viene ricondotta all'intellezione intuitiva con l'argomento che, per quanto una catena deduttiva possa essere complessa, così da non mostrare immediatamente il nesso fra le premesse e le conclusioni, tuttavia ogni singolo passaggio dev'essere immediatamente evidente, non suscettibile cioè d'esser posto in dubbio, se si vuole che l'intera deduzione abbia il suggello della certezza. Il contrasto fra il razionalismo continentale e l'empirismo inglese, nei secc. XVII e XVIII, non verte però tanto su questa concezione quanto piuttosto sul problema dell'estensione della conoscenza razionale concessa all'uomo: mentre gli empiristi tendono progressivamente a limitarla quasi soltanto alla conoscenza matematica, i razionalisti la estendono a tutti i campi della conoscenza umana, assumendo la matematica a modello del metodo filosofico.

• *Ragione e intelletto.* Contro siffatta estensione si leverà Kant, il quale tornerà a opporre drasticamente la ragione all'→ intelletto. È in un ambito diverso da quello conoscitivo che la «ragion pura» funziona incondizionatamente: nell'ambito della vita morale, in quanto essa è l'organo della legge morale. Questa è infatti incondizionata («imperativo categorico»), prescindendo completamente dalla sensibilità, la quale dal punto di vista pratico coincide con l'amore particolaristico di sé, del singolo individuo. Il capovolgimento della concezione kantiana della ragione si ha in Hegel. Questi mantiene la tesi della superiorità della ragione rispetto all'intelletto; e assegna alla ragione il raggiungimento del «sapere assoluto», ritenendolo senz'altro possibile all'uomo, e anzi già realizzato, nella sostanza, dal suo sistema filosofico.

In gran parte del pensiero del sec. XIX e del XX l'appello alla ragione è in funzione antimetafisica e antispeculativa: la razionalità dell'uomo è affidata all'uso e alla diffusione di tecniche d'indagine controllate criticamente, nello spirito d'un nuovo illuminismo o nuovo empirismo. La ragione non si contrappone più all'intelletto (anche i pensatori che, come Bergson, sono tornati a combattere contro l'«intelletto» hanno opposto a questo, non già la ragione, ma l'intuizione, operando un singolare rovesciamento semantico rispetto alla tradizione classica), bensì al pensiero mitico e alla metafisica, in quanto privi della possibilità di controlli empirici. L'opposizione della ragione all'intelletto è rimasta soltanto in correnti che la riprendono direttamente da Hegel, come, nel nostro secolo, la scuola di Francoforte. *S. La.*

ragion sufficiente, principio di, principio formulato da Leibniz, il quale ne riconosceva varie anticipazioni nella storia del pensiero, in particolare nel principio dell'equilibrio di Archimede (se sui piatti di una bilancia sono posti pesi uguali, non c'è ragione per cui uno si abbassi e l'altro si alzi). Nella formulazione più generale (*Monadologia*, 32) suona così: niente può esistere o accadere, e nessuna proposizione esser vera, senza una ragione sufficiente perché sia così anziché altrimenti. Ragione *sufficiente*, nel senso in cui le «condizioni sufficienti» di un evento si distinguono da quelle semplicemente «necessarie». Si tratta cioè di una determinazione completa, tale che, se conosciuta, costituisce una spiegazione integrale. A rigore, il principio si applica tanto alle verità di ragione, o logicamente necessarie, quanto alle verità di fatto, logicamente contingenti. Ma per le prime è esaustivo il principio di non contraddizione, dal momento che logicamente necessario è ciò la cui negazione è contraddittoria. Le verità di fatto sono invece quelle, logicamente possibili, cioè non contraddittorie, la cui negazione non è tuttavia neppure essa contraddittoria. In questo caso, quindi, la ragione determinante per cui qualcosa è o è in un certo modo invece di non essere o di essere diversamente, non deriva dal principio di non contraddizione: in tal senso, Leibniz stesso presenta il principio di ragion sufficiente come quello che regge specificamente le verità di fatto. Per Leibniz la ragione determinante di tutto ciò che è reale è, da ultimo, la scelta divina del mondo migliore possibile; e questa stessa scelta ha la sua ragione determinante nella santità di Dio, per cui egli si adegua perfettamente a ciò che conosce essere il meglio.

Nel corso del sec. XVIII, nel pensiero tedesco, fu molto discusso il rapporto fra il principio di non contraddizione e quello di ragion sufficiente: in genere i wolffiani tendevano a riportare il secondo al primo, mentre Crusius ne sostenne l'irriducibilità. Per Kant il principio di ragion sufficiente s'identifica con quello di causalità, che per lui è irriducibile al principio di non contraddizione. Una sistemazione delle varie sottospecificazioni del principio elaborate nel sec. XVIII si trova nella dissertazione di A. Schopenhauer *La quadruplice radice del principio di ragion sufficiente* (1813): ragion sufficiente del divenire, o necessità causale; del conoscere, o necessità logica; dell'essere, o necessità matematica; dell'agire, o necessità della motivazione nelle scelte. Nel nostro secolo, Heidegger ha assunto il principio a tema di due sue opere: *L'essenza del fondamento* (1929) e *Il principio del fondamento*.

Rahner, Karl (Friburgo, Brisgovia, 1904 - Innsbruck 1984), teologo tedesco. A Friburgo frequentò i seminari di Heidegger e a Innsbruck fu poi docente di teologia dogmatica (1937-64); nel 1964 succedette a R. Guardini nella facoltà di filosofia dell'università di Monaco. Dopo una fase iniziale dedicata allo studio dei padri della chiesa e dei mistici medievali, pose l'attenzione sulla situazione pastorale della chiesa e sull'istanza di riforma della chiesa stessa. Per Rahner il punto di partenza dell'indagine filosofica è costituito dall'interrogazione circa le condizioni di possibilità di qualsiasi esperienza; tale interrogazione investe primariamente il soggetto conoscente, cioè l'uomo, in sintonia con le istanze emergenti del pensiero moderno, da Kant in poi. Analogamente sul piano teologico, accettata la realtà e la «fattualità» della rivelazione, la ricerca verte sulle sue premesse «naturali», che coinvolgono la responsabilità dell'uomo in quanto destinatario del messaggio rivelato. Di qui prende avvio la «svolta antropologica» della teologia di Rahner: l'uomo non deve essere considerato come un tema particolare accanto a Dio, come accade per lo studio degli angeli; l'uomo è incluso nella teologia in forza della sua propria natura, che è costitutiva apertura sull'essere e capacità di trascenderlo. Questa apertura, per cui l'uomo è in qualche modo tutte le cose, include l'aprirsi a Dio; l'uomo non può situarsi fuori dal suo rapporto con Dio. L'esperienza della grazia costituisce per Rahner il punto di partenza radicale della teologia dogmatica. La grazia è la realtà centrale del cristianesimo, e insieme si configura come una determinazione del soggetto spirituale tale da consentire di giungere all'immediatezza di Dio: è Dio stesso infatti che con la grazia realizza la tensione dell'uomo alla trascendenza, la quale non può essere esaurita dalla riflessione concettuale.
Tra i suoi scritti si ricordano: *Spirito nel mondo* (1939); *Uditori della parola. Per la fondazione di una filosofia della religione* (1941); *Scritti di teologia* (1954-63); *Saggi* (1965-66); *Nuovi saggi* (1968-69).

Raimondo di Sabunda, o di Sebonde o de Sebiuda (nato a Barcellona - Tolosa 1436), medico, filosofo e teologo spagnolo. Negli ultimi anni di vita compose il *Liber creaturarum* (pubblicato postumo nel 1484 col titolo *Theologia naturalis* e tradotto in francese da Montaigne nel 1569), in cui, seguendo le dottrine di Raimondo Lullo e di Nicola Cusano, cercava di dimostrare le verità di fede mediante lo studio delle creature e dell'uomo, piuttosto che ricorrendo alla Scrittura o ai padri. Raimondo rimproverava alla filosofia scolastica l'eccessivo uso delle deduzioni sillogistiche e del principio d'autorità, a scapito dell'indagine empirica.

Rāmānuja (Shriperumbudur, India del sud, 1017 ca - Shrirangam 1137), filosofo indiano. Di casta brahmanica, pellegrinò a lungo per l'India; trascorse l'ultima parte della sua lunghissima vita come sacerdote del tempio viṣṇuita di Shrirangam. Rāmānuja è il maggiore esponente della dottrina del → vedānta, detta *viśiṣṭādvaita* (non-dualismo qualificato). La sua filosofia si caratterizza per il suo realismo, in opposizione al cosiddetto illuminismo di Śaṃkara, onde le varie sfere della realtà, dalla materia (detta *acit*, insenziente) alle anime individuali (*cit*), hanno la loro radice in Dio (chiamato Brahman, Īśvara, Nārāyaṇa o Viṣṇu) e ne costituiscono come il corpo. La creazione, che si svolge secondo ritmi ciclici, determina le successive manifestazioni della materia, e il congiungimento delle anime con i corpi in base alla legge del → karman. Le anime raggiungono la liberazione allorché, eliminata l'ignoranza (*avidyā*), attingono la visione divina mediante i mezzi di salvezza, tra i quali la → bhakti resta primaria.

Ramo, Pietro, nome italianizzato di Pierre de La Ramée (Cuth, Piccardia, 1515 - Parigi 1572), logico e grammatico francese. Manifestò la sua decisa avversione all'aristotelismo sia nell'insegnamento sia negli scritti, particolarmente in due opere del 1543 (*Dialecticae institutiones* e *Aristotelicae animadversiones*), suscitando vivaci reazioni, tanto che il re Francesco I emise contro di lui un decreto di interdizione dall'insegnamento, revocato poi nel 1551 da Enrico III. L'ostilità nei suoi confronti però non si spense, trovando anzi ulteriore alimento nella sua conversione al calvinismo (1561). Fu ucciso durante la strage degli ugonotti nella notte di san Bartolomeo. Opere principali: *Dialettica* (1555); *Grammatica* (1572); *Collectaneae praefationes, Epistolae, Orationes* (postume, 1577); *Scholae in tres primas liberales artes* (postume, 1581-94). Alla logica aristotelica Ramo contrappone il proprio metodo «dialettico», che consta di due momenti: l' *inventio*, ossia la ricerca degli argomenti per risolvere una determinata questione, e la *dispositio*, cioè la loro disposizione razionale, comprendente anche il sillogismo. Questo metodo è, per Ramo, naturale, giacché riflette il modo in cui spontaneamente si forma il pensiero. La stessa spontaneità si esprime nel linguaggio; sulla base di questo principio, Ramo studiò la morfologia e la sintassi del francese, del greco e del latino. La sua opera ebbe molta fortuna, tanto che in vari luoghi (specialmente in Germania e Inghilterra) si formarono scuole di «ramisti».

Ramsey, Frank Plumpton (Cambridge 1903

-1930), filosofo e logico inglese. Studiò e insegnò a Cambridge. Fra i primi ad apprezzare ed esporre il *Tractatus logico-philosophicus* (1921) di L. Wittgenstein, avanzò critiche fondamentali ai *Principia mathematica* (1910-13) di A.N. Whitehead e B. Russell, operando la distinzione — poi divenuta classica — fra i paradossi «logici» e quelli «semantici», e mostrando come i primi siano eliminabili senza ricorrere alla parte più complessa della teoria russelliana dei tipi, la teoria degli ordini con il relativo e assai problematico assioma di riducibilità (→ Russell). In filosofia della scienza sviluppò un metodo per eliminare dal linguaggio delle teorie scientifiche il riferimento a entità teoriche, aprendo la via a certe indagini di tipo neoempiristico, particolarmente sensibili al problema dell'austerità dei linguaggi scientifici. Propose una teoria «soggettiva» della probabilità come misura del grado di «credenza parziale» di un individuo in presenza di opzioni alternative. In filosofia del linguaggio, suggestiva è la sua idea di trattare gli enunciati di generalità come esprimenti non *proposizioni*, ma *regole* per la costruzione di proposizioni effettive (particolari, empiricamente controllabili). I suoi scritti principali sono raccolti in *I fondamenti della matematica e altri scritti di logica* (postumo, 1931); altri scritti in *Fondamenti* (1978, a cura di D.H. Mellor); *Sulla verità* (1991, a cura di N. Rescher e U. Majer); e *Appunti su filosofia, probabilità e matematica* (1991, a cura di M.C. Galavotti).

Rank, Otto (Vienna 1884 - New York 1939), psicoanalista austriaco. Fece parte del cosiddetto comitato di Vienna, che raccoglieva i più stretti discepoli di Freud e svolse un'azione importante nel favorire lo sviluppo e la diffusione della psicoanalisi. Fondatore (1912) insieme a H. Sachs della rivista «Imago», fu redattore e poi direttore, dal 1919 al 1924, dell'«Internationale Zeitschrift für Psychoanalyse». Il suo contributo principale consiste nell'aver allargato la tematica psicoanalitica, in origine esclusivamente legata all'ambito della medicina, estendendola all'arte, alla letteratura e al mondo del mito, ai grandi personaggi storici e alle tradizioni popolari. Nel 1924, con *Il trauma della nascita e il suo significato psicoanalitico*, riconduceva l'angoscia psicologica all'esperienza traumatica della nascita, assunta a prototipo di tutte le situazioni possibili di pericolo. Questa tesi suscitò diffidenza e critiche da parte dei più stretti collaboratori di Freud, che la intesero come una deviazione dall'ortodossia. Inoltre Rank, che si era sempre rifiutato di sottoporsi ad analisi personale, introduceva nel trattamento terapeutico alcune novità rispetto alla prassi freudiana: soprattutto, riteneva che lo psicoterapista dovesse assumere un atteggiamento meno «neutro» e più «positivo», tale da favorire l'autodeterminazione e l'autodirezione del paziente. Tutto ciò lo portò nel 1926 alla rottura con la Società psicoanalitica (più che con Freud stesso, il quale serbò sempre grande stima nei suoi confronti). Si trasferì quindi a Parigi e infine, dal 1935, a New York, dove esercitò una notevole influenza. Tra le sue opere: *L'artista* (1906); *Il mito della nascita dell'eroe* (1909); *Il motivo dell'incesto nella poesia e nella saga* (1912); *Don Giovanni* (1922); *Lo sviluppo della psicoanalisi* (con S. Ferenczi, 1923); *Tecnica della psicoanalisi* (1926); *Oltre la psicologia* (postuma, 1941).

Ranke, Leopold von (Wiehe, Turingia, 1795 - Berlino 1886), storico tedesco. Fu professore all'università di Berlino; a partire dal 1834 diresse la «Historische Zeitschrift». Ritiratosi dall'insegnamento e ormai quasi cieco, si dedicò a partire dal 1879 alla dettatura della sua *Storia universale*, riuscendo a pubblicarne sei volumi (1880-1885) prima della morte.

L'imponente produzione storiografica di Ranke (ricordiamo ancora: *Storia dei popoli neolatini e germanici*, 1824; *Il papato romano, la sua chiesa, il suo Stato nei secc. XVI e XVII*, 1834-36; *Storia tedesca nell'epoca della riforma*, 1839-43), sebbene aliena da uno specifico interesse filosofico, contiene tuttavia notevoli spunti critici e metodologici (principalmente esposti nelle *Epoche della storia moderna*, 1888, ma risalenti a conferenze tenute nel 1854), i quali costituiscono una svolta nella concezione ottocentesca della storia. L'eredità romantica (derivata soprattutto da Goethe, Schleiermacher e Humboldt sulla linea di una considerazione religiosa della storia) si esprime in Ranke attraverso una radicale critica della storiografia hegeliana, critica intesa a ricondurre la storia dal piano delle «idee» a quello dei fatti «così come essi sono propriamente stati», attraverso la documentazione delle fonti e la critica comparata delle fonti medesime. Il processo storico non rappresenta per Ranke il semplice prodotto di una serie temporale di eventi, ma è interpretato come il dispiegarsi di idee e forze spirituali alla cui origine è una legge razionale che nella storia tende a realizzare un ordine morale. Il rapporto tra l'idea e l'evento storico è tuttavia concepito — in contrasto con Hegel — in modo strettamente *immanente*: da un lato l'idea insita nella storia non è suscettibile di una comprensione aprioristicamente separata dagli eventi, né d'altra parte nella comprensione della storia è possibile il passaggio dal particolare fenomenico all'universale dell'idea. In questa prospettiva, l'oggetto della storia non si lascia definire né in senso positivista come somma di semplici fatti, né in senso rigidamente speculativo mediante concetti universali; il suo significato si colloca piuttosto in una tensione al trascendente. L'intera opera di Ranke risulta così permeata da una profonda religiosità luterana: la storia umana, «geroglifico» della rivelazione di Dio, si manifesta come un insieme di epoche ciascuna delle quali, in rapporto alle idee che vi si esprimono, ha il proprio valore «immediatamente di fronte a Dio».

rappresentazione, termine indicante sia l'atto col quale la coscienza riproduce un oggetto esterno (per es. una cosa) o un oggetto interno (uno stato d'animo o un'immagine fantastica), sia il contenuto stesso di tale operazione riproduttiva. Platone nella *Repubblica* (VI, 509*d* -511*e*) indica con *eikasía* l'immagine «simile» alla cosa che si riflette nell'anima. Aristotele precisò la funzione intermedia della rappresentazione (*phantasía*) tra la sensazione e il concetto (*L'anima*, 428*b*, 432*a*), secondo quel procedimento astrattivo del conoscere che venne sistematicamente ripreso da san Tommaso (*De veritate*). Oltre che immagine per somiglianza della cosa, la rappresentazione costituisce il contenuto dell'atto intenzionale della mente che rende presenti alla coscienza anche le cose assenti. In opposizione ai tomisti, i nominalisti medievali considerarono invece la rappresentazione come semplice «segno» della cosa reale. Con Cartesio rappresentazione divenne sinonimo di idea (tanto innata quanto avventizia o fittizia): essa ha la sua realtà nello spirito, ma si riferisce alla realtà in sé della cosa rappresentata (*Meditationes*, III). Di qui la fondamentale questione che caratterizza tutto il pensiero moderno: se vi sia o non vi sia corrispondenza tra rappresentazione (come fatto psichico «interno») e realtà (come mondo «esterno»). Al problema si applicarono i maestri del razionalismo e dell'empirismo, pervenendo da un lato, con Hume, a considerare la rappresentazione come copia illanguidita delle primitive impressioni (o «idee semplici»: *Trattato*, I, par. 4), dall'altro, con Leibniz, a formulare una gradazione classificatoria degli oggetti dell'anima che va da rappresentazioni oscure e confuse (le sensazioni) alle rappresentazioni chiare e confuse (le immagini) e alle rappresentazioni chiare e distinte (i concetti: *Monadologia*, par. 60-62).
Nell'accezione leibniziana il termine «rappresentazione» (*Vorstellung*) si trasmise, tramite Ch. Wolff, alla filosofia tedesca tra Settecento e Ottocento e venne a designare, da Kant a K.L. Reinhold, Schopenhauer e J.F. Herbart, la natura rappresentativa della coscienza in generale. L'idealismo tedesco ribadì invece il carattere intermedio della rappresentazione, che è più generale della sensazione o intuizione, ma più particolare del concetto (Hegel, *Enciclopedia*, parr. 451 sgg.), fondandone inoltre la possibilità nella spontaneità dello spirito piuttosto che in una mera riproduzione passiva della sensazione per somiglianza. Questo carattere creativo della rappresentazione venne ribadito da O. Hamelin (*Saggio sugli elementi principali della rappresentazione*, 1901) e da B. Croce (*Estetica*, 1902), ma fu soprattutto la scuola fenomenologica, in opposizione alla psicologia associazionistica e sperimentale (Bain, Wundt, Ribot), a indicare nella rappresentazione un atto autonomo, in grado di «dar senso» alle datità sensoriali originarie. Richiamandosi al concetto medievale di intenzionalità, Husserl, nelle *Idee* (1913), rifiuta la tesi della coscienza come pura facoltà riproduttiva: nel rappresentarsi qualcosa, la coscienza «intende» direttamente l'oggetto; esso costituisce il *senso* unitario della rappresentazione, e non una cosa a sé stante di cui la rappresentazione fornirebbe il segno o la copia più o meno imperfetta. Tale posizione ispirò l'analisi strutturale della rappresentazione teorizzata dalla → Gestaltpsychologie. Sartre riprese l'intera questione negli scritti *L'immaginazione* (1936) e *L'immaginario* (1940). La coscienza non è una «scena» in cui appaiono e scompaiono «cose» come immagini e rappresentazioni: il rappresentare non è un riprodurre *dentro* la coscienza ciò che starebbe *fuori* di essa, ma è un volgersi intenzionale della coscienza all'oggetto reale ponendolo nel contempo come non esistente, come «nulla». In questo senso la rappresentazione, a differenza della sensazione e della percezione, che esigono l'esistenza reale dell'oggetto, manifesta la libertà immaginativa e creativa dello spirito umano.

Rask, Rasmus Kristian (Brøndekilde, Odense, 1787 - Copenaghen 1832), linguista danese. È considerato uno dei precursori della linguistica storica, assieme a F. Bopp. Autore di una *Introduzione alla lingua islandese o nordica antica* (1811), è noto specialmente per la sua memoria *Ricerca sull'origine della lingua nordica antica o islandese* (1814), apparsa dopo il *Saggio sul sistema di coniugazione* di Bopp, pur essendo stata redatta prima. In essa si avanza l'idea della parentela tra lingue, si propone una divisione in famiglie linguistiche, e si suggerisce la tesi che nell'accertamento delle genealogie linguistiche l'affinità grammaticale sia più probante di quella lessicale.

raskol, termine russo che significa «scisma» e designa appunto lo scisma nato in conseguenza delle riforme liturgiche introdotte nella chiesa russa dal patriarca Nikon (1605-1681), riforme che uniformavano la liturgia slava alla matrice greco-bizantina, anche in particolari minimi. I seguaci dell'antico rito — *raskolniki*, cioè scismatici, o *starovery*, cioè «vecchi credenti» — nonostante la dura persecuzione, crebbero di numero anche come reazione al riformismo del regno di Pietro il Grande (1682-1725), visto dai settari come l'Anticristo. I Vecchi credenti dotati di clero (*popovcy*) giunsero ad avere una struttura autonoma, con una gerarchia episcopale, quando (1846) un vescovo ortodosso dissidente, Ambrogio di Bosnia, si unì a loro. Questo portò presto a un riconoscimento statale del ramo fornito di gerarchia, mentre più clandestino rimase il ramo privo di clero, i *bezpopovcy*, che tendeva a dissolversi nel complesso amalgama delle sette russe. L'entità della presenza attuale dei Vecchi credenti è difficile da stabilire, ma le cifre delle ultime statistiche precedenti alla rivoluzione davano circa 15 milioni. La protesta dei *raskolniki*, sostanzialmente diretta contro la mondanità della chiesa, ha espresso attraverso i secoli figure di credenti e di martiri, come quella dell'arciprete P. Avvakum, all'inizio dello scisma. Lo stesso Tolstoj, nell'ultimo periodo della sua vita, fu influenzato dalla testimonianza di taluni membri dell'antico rito.

ratio studiorum, espressione designante l'insieme delle norme su cui si fondano la pedagogia e il «metodo di studi» (tale è il senso letterale di *ratio studiorum*) attuati nelle istituzioni scolastiche dei gesuiti. La prima *ratio studiorum* fu preparata, su invito della Compagnia di Gesù, dal preposito generale C. Acquaviva. Nel 1599 venne promulgata con valore di legge. Il corso di studi prevede un ciclo di cultura generale della durata di otto anni, cinque a indirizzo umanistico e tre a indirizzo filosofico. Nella prima parte, in cui tre anni sono dedicati allo studio della grammatica, uno all'«umanità» e uno alla retorica, assume valore centrale lo studio del latino, cui viene subordinato quello della storia, della geografia e del greco. Nella seconda parte lo studio della filosofia è integrato da cognizioni più propriamente scientifiche, riguardanti la matematica, l'astronomia, la fisica, la chimica. A questo ciclo seguono quattro anni di specializzazione teologica a livello universitario. Per quanto riguarda i metodi, la *ratio studiorum* sfrutta l'entusiasmo e lo spirito di emulazione propri dell'adolescenza, ricorrendo a premi e castighi, a gare individuali e di gruppo, all'organizzazione di recite, di declamazioni, di rappresentazioni teatrali anche pubbliche. I progressi dell'apprendimento vengono controllati dall'insegnante con esercitazioni, relazioni e ripetizioni periodiche. La *ratio studiorum* ha esercitato un forte influsso, tuttora sensibile, sull'organizzazione degli studi medi e superiori anche fuori della Compagnia.

Ratzel, Friedrich (Karlsruhe 1844 - Ammerland 1904), geografo e antropologo tedesco. Insegnò nelle università di Monaco e di Lipsia. Tra gli antropologi tedeschi che misero in discussione la teoria evoluzionistica fu il più legato alla dottrina del determinismo geografico, secondo cui lo sviluppo umano è condizionato in primo luogo dall'ambiente naturale. La geografia umana si era sempre posta il problema se vi sia una relazione costante fra l'uomo e l'ambiente, tale per cui, per es., si possa individuare un nesso fondamentale fra la religione dei popoli pastori e il quadro complessivo della vita pastorale; oppure se i diversi gruppi umani agiscano come portatori di energie inventive e trasformatrici sull'ambiente stesso. La questione, fattasi molto viva nel corso del sec. XIX (quando la geografia umana vera e propria si staccò dalla geografia fisica, sotto la spinta soprattutto della «filosofia dei popoli» di J.G. Herder), trovò nell'opera del geografo K. Ritter un indirizzo che assegnava il predominio alla ricerca umano-geografica su quella fisico-geografica. Partendo appunto dalle posizioni di Ritter, Ratzel ne sistematizzò i motivi principali, fondando l'antropogeografia come nuova disciplina (*Antropogeografia*, 2 voll., 1882-91). Il suo pensiero ebbe notorietà fino ai primi decenni del Novecento, incontrando però resistenza nella scuola geografica francese.

Ratzel affrontò la questione del parallelismo dei fatti culturali. Esaminando le forme dell'arco presenti presso le popolazioni dell'Africa occidentale, della Papuasia e della Melanesia, egli sostenne che le concordanze e le affinità fra vari elementi materiali e tecnici sono dovute non già a una pretesa costanza della natura umana (come aveva ritenuto A. → Bastian), ma a precisi rapporti storici e geografici atti a determinare la diffusione di un elemento da un centro originario in più aree. Altre opere: *Le razze umane* (1885-88); *Geografia politica* (1897).

Ravaisson-Mollien, Jean-Gaspard-Félix (Namur 1813 - Parigi 1900), filosofo francese. Studiò a Parigi con V. Cousin e a Monaco con F. Schelling. Nel 1837 si fece conoscere col *Saggio sulla metafisica di Aristotele* (pubblicato, con l'aggiunta di un secondo volume, nel 1846). Nel 1838 presentò come tesi di dottorato il suo scritto più importante, *L'abitudine*. Seguirono vari scritti di intento storico (*Filosofia contemporanea*, 1840; *Rapporto sullo stoicismo*, 1851; *Rapporto sulla filosofia in Francia nel sec. XIX*, 1868; *La filosofia di Pascal*, 1887) e di argomento archeologico (*Venere di Milo*, 1871). Gli ultimi saggi (*Metafisica e morale*, 1893, e *Testamento filosofico*, postumo, 1901) delineano le tesi di uno spiritualismo cristiano come «filosofia aristocratica ed eroica» in opposizione alla «filosofia plebea» del positivismo. Ravaisson si richiama a F.-P. → Maine de Biran nel proclamare la supremazia della «esperienza della coscienza», cioè della verità spirituale interiore, in quanto causa, essenza e principio di ogni realtà. La natura e la materia non sono che manifestazioni apparenti dello spirito di Dio. Esse si spiegano mediante il concetto di «abitudine», inteso come termine medio tra la pura natura e il puro spirito: l'abitudine è infatti il prodotto di una progressiva degenerazione dell'attività spirituale consapevole e libera. La ripetizione degli atti originariamente creativi e spontanei conduce a una riproduttività cieca, istintuale e infine meccanica, che assume l'aspetto della pura materialità. L'interpretazione della natura come spiritualità inconscia e automatica, che Ravaisson ricavò dalla scuola schellinghiana, ispirò la reazione al positivismo da parte di J.-E.-N. Lachelier, E. Boutroux, H. Bergson e dei pragmatisti W. James e Ch.S. Peirce.

Rawls, John (Baltimora, Maryland, 1921), filosofo statunitense. Professore a Harvard, ha proposto in numerosi saggi (*Giustizia come equità*, 1958; *Giustizia retributiva*, 1967; e nel trattato *Teoria della giustizia*, 1971) una teoria della giustizia distributiva che ha avuto vasta influenza. L'obiettivo di Rawls è di identificare criteri che regolino l'assegnazione della quota fondamentale di costi e benefici tra i partecipanti all'impresa sociale. I criteri proposti devono essere giustificati razionalmente: a questo scopo Rawls presenta due argomenti che si sviluppano parallelamente nella sua esposizione, l'argomento del contratto e quello intuitivo. Il primo argomento, che rivisita in modo originale il classico modello del contratto sociale (→ contrattualismo), fonda i principi di giustizia sulla dimostrazione che essi sarebbero preferiti se fossero oggetto di scelta razionale da parte di ipotetici cittadini. La scelta dei principi dev'essere non solo razionale, ma anche morale: perciò la situazione di scelta deve essere specificata in modo da garantire l'equità delle condizioni che, a loro volta, garantiranno l'equità della scelta stessa. L'argomento intuitivo vuole invece mostrare la plausibilità, da un punto di vista intuitivo, sia del modo in cui è descritta la situazione di scelta (posizione originaria) sia dei principi di giustizia. La posizione originaria prevede che i soggetti della scelta siano dotati di uguale libertà, siano razionali (nel senso standard della teoria economica), siano reciprocamente disinteressati e si trovino sotto un velo d'ignoranza quanto alla loro specifica condizione sociale: le sole informazioni di cui dispongono sono di carattere generale. Il dispositivo del velo d'ignoranza trasforma individui moderatamente egoisti in persone morali nel senso kantiano, mosse cioè non da interessi privati, ma solo da considerazioni universali. Nessuno sa quale sarà il suo piano di vita: ma, quale che esso sia, richiederà comunque certe risorse fondamentali (beni principali) quali la salute, la libertà, un reddito, certe competenze e una dose di autostima. Per ciascuno dei soggetti della scelta è dunque razionale massimizzare i beni principali; poiché d'altra parte non si sa quale posizione potrà capitare di ricoprire, è razionale optare, come criterio di distribuzione dei beni, per il *principio di maximin*, che massimizza i vantaggi per le posizioni più svantaggiate. Coerentemente con questa caratterizzazione della situazione di scelta, i principi di giustizia selezionati sono due. Per il primo, tutti hanno uguale diritto alla più estesa libertà compatibile con quella altrui. Questo principio è prioritario, in quanto dalla libertà dipendono la possibilità di scegliere il proprio piano di vita e il rispetto di sé. Il secondo (principio di differenza) è il vero e proprio principio distributivo: le sole disuguaglianze ammissibili sono quelle che possono produrre vantaggi per gli svantaggiati, e che sono connesse all'apertura universale di cariche e uffici. L'opera di Rawls (insieme a quella di Th. Nagel e altri) ha rappresentato un deciso ritorno della ricerca etica analitica a temi e problemi di etica normativa, dopo un lungo periodo di concentrazione quasi esclusiva su questioni di carattere metaetico (R. → Hare, Ch.L. → Stevenson).

razionalismo, termine con cui si è soliti qualificare tutte quelle filosofie che considerano la realtà governata da un principio intelligibile (il vero, il bene, l'idea, l'armonia, o anche la semplice necessità causale); questo principio sarebbe altresì accessibile al pensiero e omogeneo con l'evidenza razionale, o si identificherebbe infine con il pensiero stesso. In questa accezione il termine si contrappone a irrazionalismo e come tale trova le più svariate esemplificazioni nella storia della filosofia. Si può quindi parlare di razionalismo platonico (la realtà è ordinata secondo il modello ideale e finalistico del bene), oppure di razionalismo hegeliano (il processo del reale coincide con l'autorealizzazione della ragione o spirito); all'opposto, irrazionalista sarebbe Epicuro, per la cieca casualità combinatoria degli atomi che compongono le cose, oppure Schopenhauer, che considera tutta la realtà come manifestazione di una volontà vitale assurda, priva di scopi, fonte di dolore per tutti gli esseri. In modo analogo si può parlare di razionalismo etico (per es. l'«intellettualismo» socratico, opposto all'indifferenza pratica degli scettici) e di razionalismo religioso (le tesi dei deisti, miranti a identificare le verità rivelate con i dettami della «semplice ragione», come dirà a sua volta Kant).

• *Il razionalismo moderno e i suoi caratteri.* In un'accezione più ristretta e storicamente precisa, il termine «razionalismo» si applica a una corrente di pensiero sviluppatasi nel Seicento in Europa, sovente in polemica con la contemporanea corrente dell'empirismo. Questi due indirizzi si fusero poi in vario modo nell'illuminismo, culminando infine nel criticismo kantiano, che alle pretese del razionalismo assegnò al tempo stesso un fondamento e un limite invalicabile. Fondatore del razionalismo moderno si suole considerare Cartesio, e in effetti la filosofia cartesiana incarnò a lungo gli ideali razionalistici, influendo sulle scienze e su tutta la cultura europea. Tuttavia il fenomeno del razionalismo va ricondotto a origini più lontane e composite, connesse con l'affermazione della classe borghese nell'economia, nell'amministrazione e in generale nelle direttive politiche dei nuovi stati nazionali dell'Europa moderna. Tale affermazione fu accompagnata da una profonda rivoluzione delle istituzioni culturali, con l'imporsi delle libere accademie e della pubblica stampa sulle vecchie università medievali e con lo svincolarsi progressivo delle scienze particolari dalla metafisica scolastica. In sede strettamente politica i precursori del razionalismo furono Machiavelli, Bodin e T. Moro. Su questa linea, Grozio, che nel *De jure belli ac pacis* (1625) riconobbe esplicitamente l'identità di natura e ragione, applicò al diritto e alla politica quel procedimento matematico-dimostrativo che doveva costituire il modello generale di tutto l'indirizzo razionalistico. L'identificazione della ragione col procedimento matematico, del resto, da un lato rinvia alla tecnica commerciale, imprenditoriale e bancaria della classe borghese, che nella ragione matematica ravvisa anche uno strumento politico di affermazione antifeudale; dall'altro dà luogo all'incremento teorico delle scienze matematiche (da Tartaglia a F. Viète, che nel 1591 introdusse le lettere nell'algebra, a Galileo) e all'incremento delle tecniche e della «strumentalità» dell'indagine scientifica, che ebbe nel cannocchiale galileiano e nelle polemiche che ne accompagnarono l'uso scientifico un esempio tipico.

La nuova mentalità scientifica, oltre a investire le fondamentali questioni cosmologico-astronomiche e le connesse problematiche religiose e morali, si diffuse rapidamente in altri settori della ricerca, per es. nella medicina con W. Harvey e nella chimica con R. Boyle.

• *Razionalismo e metodo cartesiano.* Di tale complesso movimento storico, che nel razionalismo matematico trovava un suo punto di convergenza teorico-ideologico, il *Discorso sul metodo* (1637) di Cartesio rappresentò la sanzione più generale e sistematica, e insieme, come si usa dire, il «manifesto». Il *Discorso* si proponeva di ricostituire l'intero sapere sulla sola ragione, escludendo l'influenza dogmatica di ogni principio d'autorità religioso, morale o più in generale storico. Ciò comportava quella totale riforma del sapere che Cartesio aveva intuito sin dal 1619, in base alla scoperta di una nuova scienza universale dell'ordine e della misura (*mathesis universalis*) che, fondandosi su «catene di ragioni» chiare e distinte, doveva potersi applicare a ogni ramo dello scibile, compresa la morale, e avviarne in pratica la quantificazione *geometrica.* Analisi e sintesi, scomposizione e ricomposizione (si pensi alle cartesiane *Regulae ad directionem ingenii* del 1628 e alla conseguente *Logica di Port-Royal*) si impongono allora come schema di procedimento atto a rinvenire dietro l'apparente disordine dei fenomeni qualitativi l'ordine razionale che li costituisce, e a produrre *ex novo* (si pensi per es. all'*ars combinatoria* leibniziana del 1666) una «seconda natura» delle cose, a disposizione della volontà dominatrice e creatrice della ragione umana. Questo progetto culturale trovò le sue naturali applicazioni sia nel proposito di Hobbes di ridurre la morale al metodo geometrico euclideo (*De cive*, 1642), sia nell'*Ethica* (1677) di Spinoza, che per molti versi appare come la più grandiosa sintesi degli ideali del razionalismo. La controversia che su Spinoza si ebbe in Germania tra la fine del sec. XVIII e l'inizio del XIX costituisce così un ideale punto di svolta della moderna storia del pensiero, in cui i principi del razionalismo classico tramontano, ma per tradursi nelle nuove idealità dialettiche e storicistiche del razionalismo idealistico. Quest'ultimo, se per un verso è espressione caratteristica della cultura e della società borghese, per altro verso mostra i primi germi di quelle tendenze irrazionalistiche che percorrono numerose correnti del pensiero contemporaneo.

razionalità, in molte schematizzazioni delle odierne scienze sociali (economia, teoria delle decisioni ecc.), scelta dei mezzi e dei comportamenti più idonei al raggiungimento di determinati fini. Assunti come dati i gusti o i valori dei soggetti e il loro ordinamento, la razionalità della scelta è solitamente caratterizzata dalla *coerenza* e dalla *transitività* delle preferenze (tra qualunque coppia *a*, *b*, il soggetto preferisce l'una all'altra o è indifferente; se *a* è preferito a *b* e *b* a *c*, *a* è preferito a *c*) e dall'*ottimizzazione* di determinate grandezze (per es. massimizzazione dell'utilità per il consumatore, del profitto per l'impresa ecc.). Una problematica del tutto diversa presenta la definizione di razionalità nelle scelte collettive. Il problema, che per molti autori (in particolare, A. Bergson, 1938) coincide con quello dell'esistenza di una funzione del benessere sociale che possa essere massimizzata, è stato riproposto in termini originali da K. Arrow (1951, 1963) con il teorema dell'impossibilità, secondo il quale il passaggio da gusti individuali a preferenze sociali non può compiersi (nel rispetto di due proprietà logiche apparentemente piuttosto ovvie: razionalità collettiva o transitività e indipendenza dalle alternative irrilevanti) se non in modo autoritario o dittatoriale.

La nozione di razionalità individuale è associata di solito all'ipotesi della completa informazione sulle alternative disponibili (il che equivale a considerare irrilevanti i costi dell'informazione) e non considera la capacità di reazione del soggetto ai mutamenti dei parametri che descrivono le alternative stesse. Il modello di comportamento associato a una tale nozione di razionalità è stato accusato da molte parti di mancanza di realismo e di inefficacia e molti autori ne hanno proposto la modificazione o la sostituzione con modelli più complessi o fondati su ipotesi più attendibili. Negli anni recenti sono stati compiuti sforzi per estendere la teoria al fine di includere i problemi della scelta in condizioni di incertezza, della considerazione del tempo e del costo richiesti per procurarsi informazioni, del conflitto di interessi tra attori razionali (teoria dei giochi) ecc. Nell'elaborazione della teoria dei → giochi, J. von Neuman e O. Morgenstern hanno suggerito di massimizzare l'«aspettativa morale», definita come la media ponderata dell'utilità associata ai diversi eventi possibili risultanti da una data scelta, con pesi proporzionali alle probabilità degli eventi. Lipsey e Steiner (1969) hanno proposto di includere nella nozione di razionalità la conformità a norme e credenze. H. Friedman (1953) ha identificato la razionalità con la capacità di mantenersi operanti (di sopravvivere) e di conseguire sistematicamente una qualche misura di successo. A. Sen (1978) ha suggerito che gli ordinamenti di preferenze dell'individuo possono essere molteplici e a loro volta sistemati in un ordinamento etico. Simon, Shaw e Newell (1963) hanno posto l'accento sulla razionalità come creatività, caratteristica che consente al soggetto di affrontare la novità, di contribuire alla «formulazione stessa del problema» e di semplificarlo, in quanto «raramente la versione esatta di un problema concreto è trattabile in tutta la sua complessità». In proposito, H. Simon, nei suoi lavori sulla scienza dell'amministrazione (*Comportamento amministrativo*, 1947) ha proposto una nuova nozione di *razionalità limitata*, che tiene conto della sproporzione tra la capacità di elaborazione dell'informazione e di calcolo degli esseri umani e la complessità dell'ambiente in cui essi agiscono. In questa ottica, è razionale colui che esibisce un comportamento soddisfacente e non già un comportamento massimizzante. I potenti modelli formali di razionalità elaborati in questo secolo per applicare la ragione ai problemi della scelta peccano di eccessiva fiducia nelle capacità razionali dell'uomo (*Modelli dell'uomo*, 1957; *La ragione nelle vicende umane*, 1983). Nella stessa prospettiva neorazionalista, J. March e J.P. Olsen (*Ambiguità e scelta nell'organizzazione*, 1976), sostengono che gli attori sociali nell'adottare decisioni impiegano una gran varietà di metodi, considerati approssimazioni a standard razionali e talvolta ricette e azioni abitudinarie la cui coerenza razionale è in realtà contestabile.

In tutt'altra prospettiva, nell'ambito della fenomenologia sociale, A. Schutz ha individuato nella razionalità pratica una fondamentale proprietà organizzativa della vita sociale. Nella vita quotidiana fra la razionalità assoluta e la completa irrazionalità si situa una vasta gamma di azioni considerate «ragionevoli» dagli attori sociali: comprendere e spiegare queste significa prendere in considerazione le ragioni addotte per compierle (*Il problema della razionalità nel mondo sociale*, 1971). Una formulazione del principio di razionalità soggettiva allargata a comprendere le disposizioni o buone ragioni del soggetto agente si deve a R. → Boudon. Alla revisione della teoria ortodossa della razionalità J. → Elster ha dedicato gran parte delle sue opere. Pur non rinunciando alla nozione esplicativa di razionalità, egli ritiene che la versione dominante ne costituisca una caricatura; una vasta gamma di situazioni sociali concrete sono infatti caratterizzate da forme di irrazionalità, anziché di razionalità (*Ulisse e le sirene*, 1979; *Uva acerba*, 1983; *Giudizi salomonici*, 1989). La differenza rispetto ai modelli di scelta razionale non sta nella rinuncia a ricercare e adottare soluzioni ottimali, ma piuttosto nel fatto che l'uomo è costituito da una molteplicità di sé, irriducibili a unità (*L'io multiplo*, 1986).

La critica e la ricostruzione della concezione illuministica di razionalità dell'agire come fondamento della modernità è centrale nell'opera di J. → Habermas (*Teoria dell'agire comunicativo*, vol. I, *Razionalità nell'azione e razionalizzazione sociale*, 1981).

razionalizzazione, termine introdotto in psicoanalisi da E. Jones con l'articolo *La razionalizzazione nella vita quotidiana* (1908), indica l'atteggiamento mentale per cui l'individuo tenta di spiegare in modo coerente un proprio sentimento o comportamento o stile di vita di cui, in realtà, egli non coglie le vere motivazioni pulsionali. Generalmente applicata al «sintomo», la razionalizzazione non può essere propriamente considerata un meccanismo di → difesa, perché, a differenza di quest'ultimo, essa non è finalizzata direttamente contro la gratificazione pulsionale, bensì svolge il ruolo di mascheramento, a livello secondario, delle componenti del conflitto. La razionalizzazione può essere applicata anche al delirio, e in questo va assimilata all'«elaborazione secondaria» descritta da Freud, mediante la quale il sogno subisce una ristrutturazione intesa a renderlo meno «assurdo» e più comprensibile; nel caso del delirio, la razionalizzazione conduce alla sua sistematizzazione e, in definitiva, alla sua accettabilità.

razzismo, termine che indica le teorie e i comportamenti volti a realizzare e giustificare la supremazia di una «razza» sull'altra. In biologia una razza è una sottospecie distinta dalle altre della stessa specie per caratteri somatici e genetici. Tali variazioni, se hanno importanza per il biologo teoretico, non paiono averne sul piano pratico delle relazioni umane. Le distinzioni confezionate dagli antropologi fabbricatori di razze — ha sostenuto M.F.A. Montagu — costituiscono forse un buon sistema culinario, ma non una scienza (*La razza. Analisi di un mito*, 1942). La «sociologia della razza» si occupa del modo in cui una data popolazione è percepita e definita socialmente come una razza,

corrisponda essa o meno a una sottospecie biologica. L'ipotesi deterministica secondo cui alcune razze differiscono significativamente da altre in termini di capacità sia biologiche sia morali e intellettuali, propria di uno dei maggiori filoni della sociologia e dell'antropologia positivistiche tra la seconda metà dell'Ottocento e il primo ventennio del Novecento, sembra ormai tramontata. L'analisi sociologica degli ultimi decenni si è occupata principalmente delle implicazioni ideologiche e politiche del concetto di razza, dei fattori sociali dell'ideologia razzista oltre che delle razze come oggetto di specifiche definizioni e reazioni cognitive, affettive e valutative. In tempi più recenti si è verificato un fenomeno di slittamento dal concetto di razza al concetto di etnia, intesa come fondamento di specificità culturali ben definite e stabili che regolano l'interazione tra gruppi. Il concetto di etnia si presenta essenzialmente come una versione indebolita, storicamente meno compromessa, del concetto di razza; entrambi sono accomunati dalla tendenza ad attribuire a un gruppo dei caratteri che ne definiscano una sorta di statuto ontologico, il cui fondamento è biologico nel caso della razza, culturale nel caso dell'etnia. La riflessione su questi temi è stata molto stimolata negli ultimi anni da una inattesa recrudescenza di comportamenti razzisti: il fenomeno, dilagante oggi in Europa, è stato definito *nuovo razzismo* — negli Stati Uniti si parla invece di nuovo razzismo riferendosi alla convinzione, diffusa tra i bianchi, che i neri abusino del *welfare state*, rifiutino anche i migliori valori meritocratici del credo americano (M. Wieviorka, *Lo spazio del razzismo*, 1991). Il concetto di nuovo razzismo è stato utilizzato anche da P.-A. Taguieff, che ha distinto la nozione di *eterorazzizzazione*, in base alla quale l'individuo teorizza la propria superiorità per fondare il suo diritto a dominare sull'altro, da quella di *autorazzizzazione*, con la quale l'attore sociale rivendica i propri particolari tratti culturali per giustificare il suo diritto a difendere la propria identità a ogni prezzo e a escludere l'altro (*La forza del pregiudizio. Saggi sul razzismo e il suo doppio*, 1987).
I due tipi di razzismo rispondono a logiche diverse: l'una inegualitaria, basata sulla supposta superiorità di un gruppo rispetto all'altro, e l'altra differenzialista, modellata su una componente difensiva (i movimenti identitari oggi dilaganti in Europa si spiegherebbero con una logica di tipo differenzialista). Del razzismo come forma di nazionalismo «integrale», e delle sue connessioni con il concetto di classe (→ nazione), si sono recentemente occupati E. Balibar e I. Wallerstein (*Razza, nazione, classe. Le identità ambigue*, 1988).
Una parte della letteratura sociologica ha studiato l'identità etnica come sommatoria non di attributi culturali stabili che i diversi gruppi esibiscono nell'interazione, ma di pratiche di differenziazione che gli attori sociali *possono* mettere in atto in particolari circostanze, modificandole nel corso dell'interazione stessa, al fine di ottenere il controllo delle risorse oppure un reciproco riconoscimento. In quest'ottica l'etnicità si spiega come strumento di difesa e attacco. Dell'etnocentrismo inteso come manifestazione della dinamica mentale universale che tende a scindere in modo manicheo l'*in-group* dall'*out-group*, è stata data anche una lettura sociobiologica. La prospettiva evoluzionistica consente di considerare il fenomeno essenzialmente come un'inerzia filogenetica, non più adattiva, di comportamenti che nel nostro passato evolutivo erano invece adattivi; l'etnia costituirebbe infatti la super-famiglia alla quale si continuano ad applicare regole di condotta riservate un tempo agli affini biologici in senso stretto.
L'indagine sociologica infine si è molto dedicata negli ultimi anni allo studio della realtà migratoria analizzando meccanismi di integrazione degli immigrati nelle aree di attrazione e i processi di disorganizzazione e riorganizzazione sociale indotti dall'inserimento, nella popolazione autoctona, di forti quote di una popolazione immigrata. In quest'ambito il fenomeno dell'immigrazione è stato interpretato come opportunità (storicamente unica fino a ora soprattutto in quanto a dimensioni) di dialogo tra culture diverse, in vista di una società multirazziale e multiculturale (F. Ferrarotti, *Oltre il razzismo. Verso la società multietnica e multiculturale*, 1988).
Altre importanti opere sull'argomento: P.L. van den Berghe, *Razza e razzismo* (1967); R. Bastide, *Noi e gli altri* (1970); G.L. Mosse, *Il razzismo in Europa* (1978); *Razzismi e antirazzismi* (1986 a cura di A. Béjin e J. Freund); *Razzismo ed antirazzismo* (1992, a cura di P. Braham, A. Rattansi e R. Skellington).

realismo, termine usato (a partire dal sec. XV) per designare una delle alternative che nel medioevo si erano fronteggiate sul problema degli → universali, nella discussione circa il tipo di realtà a essi attribuibile: «realistiche» sono definibili tutte le posizioni che comunque riconoscano agli universali una realtà non esclusivamente concettuale o linguistica. I contrari del realismo sono pertanto il concettualismo e il nominalismo, posizioni filosofiche che prevalsero nel pensiero moderno, in particolare nelle correnti empiristiche.
Con Kant ha inizio la contrapposizione del realismo all'idealismo. In questo senso, forme di realismo sono le posizioni che riconoscono la realtà autonoma di ciò che i filosofi idealisti fanno invece dipendere dal pensiero, comunque poi concepiscano quest'ultimo (umano, divino o impersonale). Kant stesso si definisce realista in opposizione all'idealismo di Berke-

ley; mentre si definisce idealista per il fatto di negare l'oggettività dello spazio e del tempo, e di ritenere quindi la nostra conoscenza meramente fenomenica. Fichte, Schelling e Hegel si sono presentati talora come superatori del contrasto idealismo-realismo; ma sono universalmente ritenuti idealisti, anche se i loro idealismi risultano diversi tra loro e diversi da quello di Berkeley e da quello di Kant. La rivendicazione piena del realismo è invece propria di Herbart. Successivamente, i difensori del realismo, accomunati dalla tesi generale dell'irriducibilità dell'essere al pensiero, si sono differenziati, come indicano le tante qualificazioni da cui viene volta a volta accompagnata l'etichetta «realismo». Si parla per es. di realismo *metafisico* per indicare la posizione — sostenuta negli anni Settanta da S. → Kripke, da H. → Putnam e da molti altri — secondo cui il mondo consiste di una totalità determinata di oggetti in relazioni determinate, c'è una e una sola descrizione vera del mondo, e la verità consiste in una qualche forma di corrispondenza. Fa parte del realismo metafisico la difesa incondizionata del principio del terzo escluso: per ogni proposizione P, o P o non-P è vera (perché corrisponde a come stanno le cose), indipendentemente dalla nostra possibilità du accertarne la verità. Il realismo metafisico si contrappone perciò all'*antirealismo* di M.A.E. → Dummett, secondo cui un enunciato non può essere vero se non è possibile che sia verificato (e quindi il terzo escluso non si applica agli enunciati inverificabili). Per altro verso, il realismo (in tutte le sue forme) si oppone alle varie forme di *relativismo*, secondo cui ogni descrizione del mondo è vincolata a un punto di vista (presupposti, assunzioni ecc.), il mondo risulta diversamente articolato a seconda delle scelte linguistiche che si compiono in vista della sua descrizione, e perciò non ha senso parlare di una descrizione del mondo vera in virtù di «come stanno le cose». Posizioni relativistiche (spesso ricondotte all'opera di Wittgenstein e poi di Th. → Kuhn) sono state sostenute per es. da N. Rescher, D. Bloor, R. Rorty.

realismo critico, indirizzo filosofico teorizzato da sette autori americani (D. Drake, A.O. Lovejoy, J.B. Pratt, A.K. Rogers, G. Santayana, R.W. Sellars, C.A. Strong) in opposizione al neorealismo e all'idealismo. Il suo manifesto programmatico è costituito dai *Saggi di realismo critico* (1920). Con questo volume collettivo i realisti critici intesero denunciare i limiti teorici dei neorealisti (W.P. Montague, R.B. Perry, W.B. Pitkin e altri) nel loro tentativo di opporsi all'idealismo (*Il nuovo realismo*, 1912). Tali limiti dipendono essenzialmente dal considerare l'oggetto della conoscenza come immediatamente presente alla coscienza; da ciò deriva sia una ricaduta, involontariamente idealistica, nel monismo gnoseologico, sia l'impossibilità di distinguere la verità dall'errore, la percezione dall'allucinazione e dal sogno. La conoscenza è invece un processo di mediazione consistente nel conferire un'essenza al dato percettivo o stato psichico. Ciò comporta il riconoscimento di un fondamentale dualismo tra «essenze» e «cose o stati mentali»: questi ultimi hanno un'esistenza spazio-temporale, mentre le essenze sono pure non-esistenze che vengono *intuite* in connessione col presentarsi delle cose o stati mentali. Conoscenza vera si ha quando un'essenza è correttamente attribuita a un esistente spazio-temporale. Questo intuitivo attribuire essenze, prima ancora che un procedimento intellettivo, è una concreta risposta pratica degli organismi all'ambiente; anche gli stati mentali o il pensiero sono pertanto il risultato di una mediazione tra l'esistenza e l'essenza e non, come ritengono gli idealisti, realtà immediatamente conosciute e autoevidenti. Nello sviluppo di tale nucleo comune di idee i realisti critici, come già i neorealisti, presero vie diverse e indipendenti. Di particolare importanza sono sia l'elaborazione metafisica di → Santayana, sia il processo autocritico di → Lovejoy espresso in *La rivolta contro il dualismo* (1935) e *La grande catena dell'essere* (1936).

reattivi mentali, → test.

redenzione, termine del linguaggio religioso indicante la salvezza, la liberazione dal male che in qualunque modo minacci l'esistenza dell'uomo. È un'idea comune alle religioni che si propongono di fornire agli uomini, attraverso dottrine, riti, prescrizioni ecc., il mezzo per superare la situazione di infelicità che contraddistingue l'esistenza umana. La differenza fra le religioni si può appunto cogliere in rapporto alle diverse concezioni del «male» che tiene schiavo l'uomo e dei diversi modi proposti per superarlo. Nelle religioni orientali (induismo, buddhismo ecc.), in cui il male è identificato con la schiavitù alla concupiscenza o con l'esistenza di «io» separati o con la migrazione delle anime, il riscatto avviene mediante l'unione con l'Assoluto impersonale o con l'Assoluto-Dio. In quelle occidentali (cristianesimo, giudaismo, islamismo), in cui si insiste su un peccato che sta all'origine dell'umanità o sulla mescolanza del bene e del male, è attraverso la pratica religiosa che si supera tale situazione e si consegue la beatitudine, attributo della divinità stessa. Le religioni si distinguono, inoltre, in rapporto alla redenzione, in quanto attribuiscono o meno la funzione di «guida» al «Dio salvatore».

Il cristianesimo appartiene alle «religioni di redenzione» in cui l'azione di un Dio salvatore ha importanza centrale. In continuazione dell'idea biblica di redenzione, legata all'amore e alla bontà di Dio che libera gratuitamente il suo popolo e stipula con esso un'alleanza, il cristianesimo crede che questa redenzione si sia realizzata compiutamente in Gesù di Nazareth. La morte e resurrezione di Gesù è il segno che Dio ha dato all'umanità del suo impegno ad aiutare l'uomo a liberarsi dal male: Gesù accetta infatti di morire «per la remissione dei peccati» (Matteo 26, 28). L'aspetto redentivo dell'esistenza di Gesù si esprime negli scritti cristiani secondo le categorie culturali e religiose delle varie epoche. I Vangeli sinottici insistono sulla redenzione come realizzazione del Regno di Dio per opera del Cristo. Il *kērygma* della comunità post-pasquale pone maggiormente l'accento sul Signore glorificato che invia lo Spirito rinnovatore di ogni cosa. Paolo, educato nella tradizione farisaica, sottolinea che redenzione significa superamento della Legge; Giovanni, invece, insiste sull'amore di Dio rivelatosi in Cristo. Comune a tutti è poi l'interpretazione più antica: Cristo redime l'uomo perché fu obbediente a Dio fino alla morte; per questo Dio lo risuscitò e gli diede potere sopra ogni realtà. In seguito le riflessioni della teologia orientale e di quella occidentale si differenziarono notevolmente. Mentre la prima sviluppa una soteriologia che fa perno sulla «divinizzazione» dell'uomo («il Verbo si è fatto uomo per divinizzarci», sosteneva Atanasio), la teologia occidentale pone al centro la concezione sacrificale come riscatto dalla schiavitù del peccato. La redenzione è vista come «soddisfazione» che il Cristo rende al Padre per i peccati degli uomini. Si tratta di una interpretazione di derivazione giuridica che porterà a formule di carattere mitologico, assai diffuse specie in ambiente popolare, sul potere di Satana e sul pagamento di un riscatto da parte di Cristo. Solo con S. Anselmo (*Perché Dio uomo*) si giunge a una spiegazione più razionale, secondo la quale l'ordine della creazione è stato alterato per il peccato dell'uomo, e non essendo questi in grado di riequilibrare lo stato delle cose, Dio stesso si è fatto uomo in Gesù.

Oggi, recuperando da una parte le tematiche della soteriologia orientale e dall'altra l'aspetto storico della salvezza, si denunciano i limiti e il semplicismo di questa teoria e si insiste sulla capacità (la «grazia») che Dio, attraverso Cristo, ha offerto all'individuo di raggiungere un pieno sviluppo della propria umanità e di superare le contraddizioni della storia. Non è Dio che ha bisogno di riparazione, è l'uomo che deve superare l'alienazione di cui è vittima. La salvezza non è più identificata con l'«aldilà», ma ha acquistato una sua efficacia antropologica. Da qui l'eco politico e sociale che attualmente la dottrina della redenzione provoca anche in movimenti politici e in nuove tendenze teologiche vive nel Terzo Mondo (→ teologia). Ma la conseguenza più importante di questa nuova visione è la rivalutazione della resurrezione (nascita dell'«uomo nuovo») e dell'opera trasformatrice dello Spirito inviato da Gesù Cristo. *M. Cu.*

reductio ad absurdum, in logica, espressione latina («riduzione all'assurdo») designante il principio argomentativo per cui si arriva alla dimostrazione di una determinata tesi deducendo dalla sua negazione una proposizione che contraddice una diversa asserzione già dimostrata o comunque postulata. Se, per es., si vuole provare che «esiste un x che gode della proprietà P» (dove x varia, poniamo, sui numeri naturali), si procede assumendo l'ipotesi contraria (ossia che un tale x non esista). La tesi si considera poi dimostrata se si riesce a ricavare una contraddizione. Il carattere di procedimento indiretto che è proprio della *reductio ad absurdum* trova la sua ultima e fondamentale giustificazione nell'accettazione del principio del → terzo escluso, per cui se da un'ipotesi deriviamo una contraddizione, rivelandone l'intrinseca assurdità, siamo allora giustificati a dichiararla falsa e ad accettare come vera l'ipotesi contraria. Nel caso che (come fa per es. l'→ intuizionismo matematico) non si accetti il principio del terzo escluso e questa stretta connessione fra esistenza e non-contraddittorietà, saremmo invece giustificati ad accettare la validità della nostra ipotesi solo quando si sia fornita un'effettiva costruzione di un numero naturale k e una prova di $P(k)$. La *reductio ad absurdum* compariva già fra le trasformazioni per ridurre un sillogismo delle ultime tre figure a uno equivalente della prima figura, ed era uno dei metodi dimostrativi impiegati da Euclide. Utilizzato da G.G. → Saccheri per le sue indagini sul postulato delle parallele, ha poi trovato grandissima applicazione in logica e matematica, soprattutto quando si tratta con proprietà riferentisi a totalità infinite di oggetti (come nelle porzioni della teoria degli insiemi che concernono le cardinalità transfinite).

referente, → riferimento.

regola, termine generico usato per indicare qualsiasi prescrizione che non sia un comando particolare; talvolta è considerato interscambiabile con termini quali «massima», «norma», «metodo» ecc. Le regole sono prescrizioni che abitualmente mirano a promuovere regolarità di comportamento o esprimono regolarità osservabili in natura, il che spiega perché la nozione di regola sia spesso confusa con quella di regolarità. Il → pragmatismo e la filosofia del secondo Wittgenstein hanno messo l'accento sulla centralità di questo concetto, che nella teoria dei giochi linguistici si presenta in un'accezione affine a quella rigorosamente formulata dalla teoria dei giochi. Le regole non sono enunciati, in quanto non si possono considerare vere o false, e tuttavia ci sono regole come quelle di inferenza che non si possono nemmeno facilmente considerare come obblighi o permessi per l'azione. La chiarificazione del concetto di regola è attualmente un problema aperto per la filosofia analitica, che tende più a ricercare distinzioni entro di esso che non una sua riduzione a nozioni più semplici. Particolarmente feconda si è rivelata in questo senso la distinzione proposta da J.R. Searle tra regole costitutive (indispensabili allo svolgersi dell'attività da esse costituita) e regole regolanti (che disciplinano un'attività costituita indipendentemente).

regressione, termine che in psicologia e in psicopatologia indica, in senso generale, la retrocessione di un processo psichico a un punto precedente, più o meno remoto, del suo sviluppo. Nell'uso psicoanalitico, a partire da *L'interpretazione dei sogni* (1900) e *Tre saggi sulla teoria della sessualità* (1905) di Freud, è possibile distinguere tre forme di regressione, pur fra loro intimamente legate. La prima è la «regressione temporale», che può essere relativa all'oggetto, all'Io o alla libido; essa rimanda ai concetti di organizzazione libidica e di fasi nello sviluppo psicosessuale dell'individuo; per es., di un soggetto affetto da nevrosi ossessiva si può dire che vi è in lui una regressione alla fase anale. La seconda è la «regressione topica», che implica un'inversione non tanto temporale quanto logica e spaziale del processo psichico (e che naturalmente è intelligibile solo alla luce dell'ipotesi freudiana relativa alla differenziazione dell'apparato psichico in sistemi separati); la regressione topica per antonomasia è quella che avviene nel sogno, in cui i pensieri regrediscono allo stadio di immagini sensoriali, anziché evolversi verso la motilità (come avviene nella vita diurna). Infine, la terza forma di regressione è la «regressione formale», che presuppone una gerarchia delle funzioni psichiche, da quelle meno complesse e strutturate, come la sensazione, a quelle più complesse e strutturate, come il pensiero logico. Delle tre forme di regressione distinte da Freud, quest'ultima costituisce l'apporto meno caratteristico del sistema psicoanalitico, potendo essere facilmente assimilata alla nozione classica di regressione della psicopatologia janetiana e di derivazione jacksoniana.

Reich, Wilhelm (Dobrzcynica, Galizia, 1897 - Lewisburg, Pennsylvania, 1957), psicoanalista austriaco. Il più noto, con S. Ferenczi e O. Rank, fra i dissidenti freudiani della «seconda generazione» (dopo A. Adler e C.G. Jung), fu membro della Società psicoanalitica di Vienna dal 1920. Dopo precoci studi di biologia, si laureò in medicina nel 1922. Allievo di P. Federn e come lui di idee umanitarie e socialiste, si avvicinò a posizioni politiche rivoluzionarie dopo il 1927, entrando in conflitto con l'ortodossia freudiana. Fu attivo a Vienna prima del 1930 in consultori psicoanalitici popolari, poi a Berlino, dove collaborò con il Partito comunista tedesco occupandosi soprattutto dei problemi sessuali dei giovani e fondando la Sexpol (Associazione per la politica sessuale). Nel 1933, dopo la pubblicazione di *Psicologia di massa del fascismo*, fu espulso dal Partito comunista. Respinto dalla Società psicoanalitica (ne uscirà nel 1934), venne costretto all'esilio dal nazismo. Nel 1939 si stabilì negli Stati Uniti, dove fondò, nel Maine, un Orgone Institute. Dal 1947 entrò in conflitto con le autorità americane per le sue idee politiche e per il tentativo di curare le malattie fisiche attraverso ricerche sulla natura bioelettrica dei fenomeni sessuali. Accusato di ciarlataneria, rifiutò di comparire in giudizio. Nel 1956 fu condannato a due anni di prigione e alla distruzione di libri e apparecchi: imprigionato nel penitenziario di Lewisburg nel marzo del 1957, vi morì nel novembre. Il nome di Reich è legato al tema della liberazione e rivoluzione sessuale. Le sue opere principali, scritte fra il 1927 e il 1936 (*La funzione dell'orgasmo*, 1927; *Analisi del carattere*, 1933; *La rivoluzione sessuale*, 1936), contribuiscono al sorgere degli studi sull'autoritarismo e la famiglia, che in quegli anni furono al centro degli interessi della scuola di Francoforte. La teoria dell'orgasmo, la teoria del carattere e la tecnica dell'analisi del carattere sono le componenti fondamentali del sistema psicologico di Reich. La sanità psichica dipende dalla potenza orgastica, ma la nostra civiltà moralizzatrice e sessuofobica inibisce l'energia orgastica, producendo così effetti di stasi e resistenze che formano l'armatura caratteriale. Sarà compito dell'analisi del carattere smantellare le resistenze e liberare l'energia sessuale inibita. Reich vide quindi nella «lotta dei giovani per la liberazione sessuale» una premessa e una componente della lotta politica più generale. In linea col pensiero freudiano, Reich riconosce il ruolo predominante della sessualità nell'eziologia delle nevrosi, ma rifiuta le interpretazioni metapsicologiche volte all'affermazione di una pulsione di morte. L'energia sessuale o libido, espressione fondamentale dell'organismo del vivente, è una realtà strettamente legata all'attività del sistema neurovegetativo, manifestazione specifica di ciò che Reich chiama «orgone»: energia cosmica primordiale, onnipresente in natura, suscettibile di sperimentazioni e misurazioni, mediante speciali «accumulatori orgonici» che egli usava anche a scopi terapeutici. Altri scritti: *La lotta sessuale dei giovani* (1932); *Materialismo dialettico e psicoanalisi* (1934); *L'assassinio di Cristo* (1953).

Reichenbach, Hans (Amburgo 1891 - Los Angeles 1953), filosofo tedesco. Fu allievo di M. Planck, D. Hilbert, A. Einstein, M. Born ed E. Cassirer. Dopo aver insegnato discipline tecniche all'università di Stoccarda, fu professore di filosofia della fisica all'università di Berlino dal 1926 al 1933 e all'università della California dal 1938 alla morte. Membro del circolo di Berlino, che concordava nelle grandi linee con le posizioni filosofiche del circolo di Vienna, fu con R. Carnap direttore di «Erkenntnis», la rivista ufficiale del neopositivismo. Nel primo periodo della sua ricerca (*La filosofia dello spazio e del tempo*, 1928), si occupò in particolare dei fondamenti logici e metodologici della fisica, sostenendo tra l'altro la natura puramente convenzionale della scelta di una geometria piuttosto che di un'altra e l'importanza dell'elemento definitorio all'interno delle più importanti teorie fisiche (nella teoria della relatività, per es., Reichenbach considerava intuizione fondamentale di Einstein quella per cui la questione della simultaneità di eventi che accadono in luoghi diversi va «risolta» attraverso un'opportuna definizione, e non per via empirica). Con ciò, tuttavia, egli non aderì al filone del → convenzionalismo, poiché la conferma empirica restava il banco di prova della verità delle teorie e della significanza dei suoi enunciati; si distinse però dagli altri esponenti del positivismo logico in quanto non concepiva tale conferma come verificazione o equivalenza a un insieme di enunciati osservativi, bensì come l'assegnamento di un grado di probabilità. Egli si occupò inoltre dei problemi della fisica quantistica, vedendoli alla luce di una teoria complessiva della «spiegazione» fisica. Con i suoi *Elementi di logica simbolica* (1947) aprì la strada al trattamento logico-semantico del tempo verbale, introducendo le nozioni di «momento del discorso», «momento dell'evento» e «momento di riferimeno». Fra le altre opere: *Teoria della probabilità* (1935); *Esperienza e predizione* (1938); *Fondamenti filosofici della meccanica quantistica* (1944); *La nascita della filosofia scientifica* (1951).

Reid, Thomas (Strachan, Kincardineshire, 1710 - Glasgow 1796), filosofo scozzese. Studiò teologia e fu pastore a New Machardal. Dal 1752 insegnò filosofia al King's College di Aberdeen, e dal 1764 filosofia morale all'università di Glasgow. Nel 1764 pubblicò la *Ricerca sulla mente umana in base ai principi del senso comune*, in diretta polemica col *Trattato* di Hume. Del 1785 è la sua opera principale, i *Saggi sulle facoltà intellettuali dell'uomo*; del 1788 i *Saggi sulle facoltà attive della mente umana*, di argomento morale. Secondo Reid, Hume ha esteso all'anima la critica di Berkeley nei confronti dell'esistenza del mondo esterno. Tale critica muove però dal presupposto cartesiano e lockiano che la conoscenza abbia a che fare con «idee», e cioè con «rappresentazioni» e «immagini» mentali delle cose. A questa tesi, su cui si fonda tutto il pensiero moderno, Reid oppone quello che W. Hamilton definì «realismo naturale». Questo deriva dalla distinzione tra sensazione (*feeling*), come dato unicamente soggettivo e «affettivo», e percezione, intesa non come semplice apprensione dell'oggetto, ma anche come presenza diretta e immediata dell'oggetto appreso. Alla percezione si accompagna pertanto una «credenza» nella realtà dell'oggetto che è la base del «senso comune». Questa credenza «istintiva» appare del tutto giustificata, una volta che si sia confutata l'astratta teoria delle idee che è fonte del dualismo gnoseologico e dello scetticismo. Le tesi di Reid ispirarono la cosiddetta scuola scozzese del senso comune (che ebbe in H.L. → Mansel un suo continuatore a Oxford) e ulteriori elaborazioni pragmatistiche (Ch.S. Peirce si richiama espressamente a Reid per la sua «massima pragmatica»: *Implicazioni del pragmaticismo*, 1905). Diffuso in Francia all'epoca della restaurazione da V. Cousin e Th. Jouffroy, il pensiero di Reid venne studiato (e confutato, soprattutto in relazione alla tesi del «senso comune») da Kant. Anche P. Galluppi dedicò ampia attenzione a Reid, come acuto oppositore dell'empirismo.

reificazione, processo per cui una persona o un rapporto sociale si fanno *res*, «cosa». Il concetto è usato da Marx nell'analisi della merce del libro I del *Capitale* e sta a indicare il fenomeno per cui nella produzione di merci i rapporti sociali tra coloro che partecipano alla produzione si presentano come rapporti tra *cose*. Nel mondo capitalistico, infatti, tutti i rapporti sociali sono mediati dalla forma «merce», e in modo particolare il lavoro è ridotto alla merce forza-lavoro comprata e usata dal capitalista per produrre plusvalore. Il «feticismo della merce», che domina il modo capitalistico di produzione e che ha nel denaro come equivalente universale la sua massima espressione, produce anche la falsa coscienza per cui capitale, terra e lavoro appaiono, anziché condizioni della produzione artificiosamente separate, feticci che producono di per sé reddito: profitto, rendita e salario («formula ternaria» del libro III del *Capitale*).

La tematica del feticismo e della reificazione è centrale nell'elaborazione di G. Lukács (*Storia e coscienza di classe*, 1923), che amplia l'analisi marxiana e collega l'eliminazione del carattere personale e immediatamente sociale del lavoro, propria della società capitalistica, al prevalere dell'organizzazione razionale-astratta in tutti i settori della vita sociale: formalismo giuridico, taylorismo, burocratismo ecc. Secondo Lukács, solo la coscienza di classe del proletariato, in quanto ricompone la totalità del processo storico nella prassi rivoluzionaria, supera la reificazione. L'analisi lukacsiana della reificazione è stata ripresa in Francia da L. Goldmann (*Ricerche dialettiche*, 1959) ed è stata utilizzata da Th. W. Adorno, da H. Marcuse e dagli altri teorici della scuola di Francoforte. Il concetto di reificazione è centrale anche nella filosofia di Sartre, fondata fin dalle origini sul dualismo tra modo d'essere della coscienza e modo d'essere della cosa.

Reimarus, Hermann Samuel (Amburgo 1694-1768), filosofo tedesco. Seguace di Ch. Wolff e del → deismo, pubblicò nel 1754 il *Saggio sulle principali verità della religione naturale* in cui si nega l'esistenza dei miracoli (unico miracolo è la creazione) e si riconducono le verità religiose a verità di ragione, non bisognose di rivelazione divina. Questo razionalismo religioso è ribadito nella *Dottrina della ragione* (1756) e nelle *Riflessioni generali sugli istinti degli animali* (1760) in cui si sottolinea (contro Spinoza) il finalismo dell'universo preordinato da Dio per la felicità delle creature viventi. Queste opere ebbero vasta risonanza, ma Reimarus non osò pubblicare lo scritto più lungamente meditato (*Apologia di coloro che adorano Dio secondo ragione*). In esso si trovano l'esplicito rifiuto di ogni religione rivelata, la denuncia delle assurdità logiche e morali dell'Antico Testamento e la riduzione del Nuovo Testamento e della figura di Gesù a una vicenda prevalentemente politica interna all'ebraismo. Lessing pubblicò tra il 1774 e il 1778 alcune parti dell'*Apologia* col titolo *Frammenti di un anonimo*; altre parti apparvero nel 1787 e nel 1814, e nel 1862 D.F. Strauss pubblicò il riassunto dell'intera opera in *H.S. Reimarus e il suo scritto in difesa di coloro che adorano Dio secondo ragione*. Così l'opera di Reimarus, che portava a compimento la critica biblica di Bolingbroke, poté esercitare una sotterranea ma vasta influenza sul radicalismo religioso dell'illuminismo e del romanticismo, sino a ispirare posizioni schiettamente ateistiche e anticristiane.

reincarnazione, → metempsicosi.

Reinhardt, Karl (Detmold, Renania, 1886 - Francoforte sul Meno 1958), filologo e storico della filosofia tedesco. Insegnò filologia classica a Marburgo dal 1916 e a Francoforte dal 1923. Diede contributi originali allo studio del mito in Platone (sottolineando il carattere complementare di mito e logos in Platone e considerando l'«idea» come il tema comune dei miti platonici), allo studio del neoplatonismo (ponendo la «simpatia» come concetto centrale della cosmologia neoplatonica) ecc. Particolare importanza riveste la sua indagine su Parmenide che, facendo emergere il carattere strettamente logico e filosofico della teoria parmenidea dell'essere, si oppone a ogni interpretazione teologico-religiosa di essa. Sempre in questo contesto, Reinhardt individua, sulla base di queste categorie, due direzioni fondamentali di sviluppo della filosofia greca: una logico-filosofica (Anassimandro, Anassimene, Parmenide, Anassagora, Empedocle, Democrito), alla quale Reinhardt attribuisce la maggior importanza; e una seconda, teologico-mistica (Eraclito, Senofane, i pitagorici, Platone, Aristotele e le loro scuole). Sue opere principali sono: *Parmenide* (1916); *Posidonio* (1921); *Cosmo e simpatia* (1926); *I miti di Platone* (1927); *Posidonio, sull'origine e la degenerazione* (1928); *Sofocle* (1933).

Reinhold, Karl Leonhard (Vienna 1758 - Kiel 1823), filosofo tedesco. Di formazione illuministica, professore a Jena dal 1787 al 1794 e poi a Kiel, dopo un periodo di adesione al criticismo kantiano (1786-94), si avvicinò alle posizioni di Fichte e di F.H. Jacobi, per aderire poi alla concezione realistica di C.G. Bardili e, infine, occuparsi soprattutto di problemi di filosofia del linguaggio. Il suo contributo storicamente più significativo rimane comunque lo sforzo di affermare e diffondere il criticismo kantiano (soprattutto con le *Lettere sulla filosofia kantiana*, comparse prima nel «Deutscher Mercur», tra il 1786 e il 1787, e poi in nuova edizione ampliata in due volumi del 1790-92) e di darne una sistemazione adeguata attraverso la «filosofia elementare», ossia lo studio sistematico degli «elementi» fondamentali della coscienza con opere come il *Saggio di una nuova teoria della facoltà rappresentativa dell'uomo* (1789), i *Contributi alla rettifica dei malintesi avutisi sinora tra i filosofi* (2 voll., 1790-94) e il saggio *Il fondamento del sapere filosofico* (1791). A questo scopo si deve muovere da quello che Reinhold chiama il «principio di coscienza» e che egli formula nel modo seguente: «Nella coscienza la rappresentazione viene distinta dal rappresentato e dal rappresentante e riferita a entrambi.» Quest'impostazione del problema trascendentale — come esigenza di sistematicità e di una fondazione di essa in base agli «elementi» della coscienza come attività rappresentativa — ebbe notevole importanza per lo sviluppo dell'idealismo tedesco a fine Settecento, soprattutto attraverso il dibattito sollevato in merito da G.E. Schulze e ripreso poi da Fichte.

relativismo, termine con cui si può qualificare ogni concezione filosofica che non ammetta verità assolute nel campo della conoscenza o principi immutabili in sede morale. La prima espressione del relativismo, divenuta poi canonica, è quella di → Protagora che, indicando nell'uomo la «misura» di *ciò che è* e di *ciò che non è*, intendeva probabilmente confutare l'assoluta verità dell'essere parmenideo, contrapponendole l'opinione (*dóxa*), mutevole e contingente. Tale relativismo fu esteso da Protagora (e poi in genere dai sofisti) anche all'etica: non esistono valori assoluti e cose buone o cattive di per sé, cioè indipendentemente dalle circostanze, dalle esigenze e dagli scopi soggettivi. La generale relatività di tutti i giudizi fu la tesi principale degli scettici. Enesidemo classificò il carattere relativo dei giudizi in dieci *tropi* o argomenti (a causa delle differenze tra gli animali, tra gli uomini, tra gli organi di senso, per le condizioni in cui si trova il soggetto giudicante, per la sua collocazione rispetto all'oggetto ecc.). Nella filosofia moderna il relativismo assume caratteristiche teologico-metafisiche e psicologiche. Nel primo senso esso dipende (per es. in Cusano e in Bruno) dall'incongruenza tra la finitezza della mente umana e il carattere infinito della verità dell'universo. Nel secondo senso (in Montaigne, in Hume) il relativismo è considerato conseguenza della stessa natura umana, incapace di trascendere le proprie limitazioni, inclinazioni e abitudini corporee, sociali, personali (ciò che Bacone chiamava «idola specus»). In Pascal entrambi i motivi si trovano intrecciati. La teoria del relativismo della conoscenza è stata in seguito tematicamente svolta da W. Hamilton (*Lezioni di metafisica*, 1859) e da Mansel. Hamilton riconduce la relatività del conoscere a tre ragioni: la realtà si dà a conoscere non in se stessa ma nei suoi fenomeni o apparenze; tali fenomeni sono conoscibili solo se possono entrare in rapporto con le nostre facoltà; le nostre facoltà modificano inevitabilmente i fenomeni con i quali entrano in rapporto. Le tesi di Hamilton e Mansel influirono sul positivismo, che nell'appellarsi alla conoscenza scientifica ne riconobbe il carattere contingente, fattuale, legato all'esperienza, e perciò inadeguato nei confronti di ogni pretesa verità assoluta; sicché Spencer e altri positivisti professarono un rigoroso agnosticismo religioso. Ancor più radicale fu la posizione di E. Mach, dell'empiriocriticismo e del convenzionalismo (J.-H. Poincaré), che considerò le teorie scientifiche come pure generalizzazioni dell'esperienza, «utili» ma non «vere». Il relativismo gnoseologico e morale fu posto al centro del pragmatismo da W. James e da J.Ch.F. Schiller, che si richiamarono significativamente a Protagora. Ad analoghe conclusioni pervenne H. Vaihinger con la sua «filosofia del come se», che si ispirava però da un lato al criticismo kantiano, inteso come filosofia esemplarmente relativistica, dall'altro al «prospettivismo» nietzschiano: Nietzsche interpreta vitalisticamente l'esistenza e vede il reale come il configurarsi di un gioco di forme illusorie attorno alle quali si apre un conflitto ermeneutico dove la posta non è il conseguimento di un'inesistente verità assoluta, ma l'autoaffermazione del soggetto interpretante. Al concetto di vita si richiamarono anche W. Dilthey, G. Simmel e altri maestri dello storicismo. Con O. Spengler lo storicismo giunse alle sue conclusioni più radicalmente relativistiche e pessimistiche: ogni epoca storica è un'individualità organica, e tutti i suoi «valori» e le sue «certezze» sono destinati a un ineluttabile tramonto. Il relativismo appare del resto come un tratto largamente diffuso nel pensiero e nella cultura contemporanei, dall'idealismo «hegeliano» di un pensatore metafisico come F.H. Bradley alla pluralità delle logiche e dei linguaggi dei neopositivisti e del secondo Wittgenstein; dalla sociologia, dall'antropologia, dall'etnologia agli stessi fondamenti della fisica, con la teoria della relatività einsteiniana e con il principio di indeterminazione di Heisenberg. In questa pluralità di espressioni del relativismo si rispecchia del resto il generale atteggiamento antimetafisico della filosofia novecentesca.

relativismo culturale, → Herskovits, M.J.

relatività, teoria della, costruzione teorica fisicomatematica sviluppata da A. → Einstein in tre grandi tappe successive, scandite dalla formulazione della teoria della relatività speciale (1905), dalla teoria della relatività generale (1916) e infine dal tentativo di giungere a una teoria unificata del campo (negli anni intorno al 1950). Le implicazioni filosofiche di questa teoria, pur prescindendo dalle numerose interpretazioni che ne sono state date (per es. da E. Cassirer e da A.N. Whitehead), investono i concetti di spazio e tempo e, più in generale, l'epistemologia e la teoria della conoscenza. Anzitutto, la teoria della relatività speciale costituisce una sorta di inveramento della critica di E. → Mach al meccanicismo ottocentesco. Essa si fonda infatti su due postulati (una generalizzazione del principio di relatività galileiano e il principio della costanza della velocità della luce nel vuoto) che, diversamente da quanto avveniva nella fisica classica newtoniana, non consentono di attribuire un valore assoluto alle indicazioni di spazio e di tempo, come se questi fossero indipendenti dallo stato di moto del corpo o sistema di riferimento: ogni sistema di coordinate ha il suo tempo e il suo spazio particolari. Ciò non significa peraltro, come talora si è inteso, una relativizzazione di tutte le proprietà fisiche, perché la tesi della relatività dello spazio e del tempo discende direttamente dall'affermazione dell'invarianza delle leggi meccaniche, ottiche ed elettromagnetiche, a cominciare da quella concernente la velocità della luce nel vuoto rispetto a tutti i sistemi inerziali (ossia quelli che si muovono l'uno rispetto all'altro di moto rettilineo uniforme). Proprio questa invarianza affermata dalla relatività speciale trovò la sua migliore espressione matematica nella teoria del continuo tetradimensionale elaborata negli anni 1907-08 dal matematico H. Minkowski (uno dei professori di Einstein al Politecnico di Zurigo); in tale teoria, spazio in sé e tempo in sé decadono a «mere ombre» e vengono trattati come un'unica entità non separabile. Questo carattere di «assolutezza» si fa ancora più marcato nella teoria della relatività generale che, a differenza di quella speciale, prende in considerazione anche la legge di gravitazione e «le relazioni di questa con le altre forze della natura» (Einstein). Il principio della relatività generale asserisce l'equivalenza di tutti i sistemi di riferimento, quale che possa essere il loro stato di moto, ai fini di una formulazione delle leggi generali della natura. Per questa via essa conduce non soltanto a eliminare la nozione di moto assoluto, ma anche a mettere in crisi l'affermazione del carattere euclideo della geometria (metrica) dello spazio fisico: «Il comportamento geometrico dei corpi e la marcia degli orologi dipendono piuttosto dai campi di gravitazione, i quali, a loro volta, sono prodotti dalla materia» (Einstein). Sarà poi lo stesso Einstein a indicare le conseguenze epistemologiche e gnoseologiche della «detronizzazione» dell'euclidismo da lui operata: in una celebre conferenza tenuta a Berlino nel 1921, egli affermerà che «nella misura in cui le proposizioni della matematica si riferiscono alla realtà, esse non sono certe, e nella misura in cui sono certe, non si riferiscono alla realtà» (→ euclidea e non euclidee, geometrie).

Altri due importanti aspetti della costruzione relativistica einsteiniana che hanno un immediato rilievo filosofico sono costituiti dalle implicazioni cosmologiche (ossia dal fatto che la teoria della relatività porta all'interessante tesi di un universo finito ancorché illimitato) e dal tentativo di giungere a una teoria unificata del campo che elimini il binomio materia-campo e consideri quest'ultimo come unica realtà. Ulteriori implicazioni indirette — per l'influenza esercitata dalla teoria della relatività sull'epistemologia — riguardano l'intreccio tra teoria ed esperienza, la natura e la funzione delle cosiddette definizioni operative (→ operazionismo), la presenza di elementi convenzionali accanto a quelli empirici (→ convenzionalismo), il ruolo della semplicità nella scelta delle ipotesi.

relazione, in logica, ciò di cui si può dire che *intercorre* o *non intercorre* tra oggetti dati, così come una proprietà è ciò di cui si è soliti dire che un dato oggetto *gode* o *non gode*. Se leggiamo in termini di oggetti e proprietà una proposizione del tipo «*a* è più bello di *b*» siamo costretti a un'ambiguità: possiamo infatti intendere sia che la proposizione esprima la circostanza che l'oggetto *a* gode della proprietà che *b* è meno bello di lui, sia che esprima la circostanza che l'oggetto *b* gode della proprietà che *a* è più bello di lui. L'ambiguità è superata se conveniamo che, oltre alle proprietà, sia data anche un'altra categoria concettuale (ontologica), quella delle *relazioni*, e dichiariamo che detta proposizione esprime il fatto che la relazione «essere più bello di» *intercorre* tra gli oggetti *a* e *b*, presi in quest'ordine. Una relazione che intercorra tra due oggetti è detta *binaria*. Una relazione che intercorra fra tre oggetti, come nella proposizione «*a* è tra *b* e *c*», è detta *ternaria*. In generale si parla di relazioni *n*-arie. Il concetto di relazione può sussumere quello di proprietà: è sufficiente convenire che le proprietà altro non sono che relazioni *unarie*. Estensionalmente, una relazione *n*-aria è identificata con la classe di tutte le *n*-uple ordinate ($a_1, a_2, ..., a_n$) di oggetti $a_1, a_2, ..., a_n$, tra i quali, in quest'ordine, detta relazione intercorre. Così l'estensione di «essere più bello di» è la classe di tutte le coppie ordinate (*a*, *b*) tali che *a* è più bello di *b*. In tal modo le relazioni vengono sostanzialmente ridotte a *proprietà* di *n*-uple ordinate. Ciò non significa che la nozione di relazione sia concettualmente risolta in quella di proprietà; infatti occorre la *relazione* di ordine per comprendere la nozione di *n*-upla ordinata. Si conoscono eccellenti tentativi, d'altra parte, di ridurre quest'ultima nozione, se non a quella di proprietà di oggetti, almeno a quella di proprietà di proprietà. Resta comunque il fatto che base essenziale, esplicita o implicita, di ogni teoria delle proprietà è una *relazione*, ovvero la copula, che non può essere eliminata.

La *teoria logica delle relazioni*, o analisi sistematica delle proposizioni relazionali, fu intrapresa da A. De Morgan (1806-1871) e sviluppata da Ch.S. Peirce ed E. Schröder. Con la formalizzazione delle proposizioni relazionali è possibile render conto di inferenze che nel linguaggio della logica tradizionale (→ sillogismo) non trovano adeguata regimentazione; per es. l'inferenza da «Tutti gli ateniesi sono greci» a «Tutti i figli di ateniesi sono figli di greci».

relazione oggettuale, espressione che in psicoanalisi indica sia le modalità con cui l'individuo si pone in relazione con il mondo sia il modo con cui gli oggetti esterni influiscono sull'individuo in un'interazione costitutiva tra soggetto e oggetto. La nozione di relazione oggettuale è poco frequente nell'opera di Freud ed è legata soprattutto a M. → Klein. Se per Freud l'oggetto non è che un mezzo per procurare il soddisfacimento pulsionale, e la relazione con l'altro l'esito della tendenza a scaricarsi propria della pulsione (per es. la madre è considerata lo strumento di possibile gratificazione delle richieste istintuali del bambino, piuttosto che un'entità autonoma e interattiva), per la Klein le forze pulsionali non hanno il solo fine di scaricarsi con l'ausilio di oggetti qualsiasi, ma contengono in sé una direzione, prevedono una «relazione», benché innata e fantasmatica, con l'oggetto (materno). Dalla rielaborazione dell'impostazione kleiniana, mediata tuttavia dai contributi di A. → Freud e della → psicologia dell'Io, nasce la scuola delle relazioni d'oggetto (→ psicologia del Sé), di cui W.R.D. Fairbairn e D.W. → Winnicott sono stati fra i maggiori rappresentanti. Per Fairbairn il piacere non è l'obbiettivo finale dell'impulso, ma un mezzo per raggiungere il suo vero fine, cioè la relazione con l'altro, dove l'altro non è un derivato della fantasia inconscia, ma assume caratteristiche reali e concrete. Il bambino è così orientato verso gli altri «reali» fin dalla nascita, la sua ricerca di relazioni ha finalità adattive, di sopravvivenza, e la patologia diviene il riflesso di disturbi e interferenze nei rapporti con gli altri.

Winnicott invece ha studiato soprattutto il ruolo dell'ambiente, ponendo grande attenzione alle reali esperienze di frustrazione e sottolineandone il peso nello sviluppo psicologico. Alla scuola delle relazioni oggettuali è stata mossa l'accusa di non tener abbastanza conto delle differenze individuali: se la teoria freudiana aveva peccato nel dare poco risalto alla figura materna e quindi al contesto in genere, considerando i bambini unicamente rispetto agli istinti e in un contesto di relazioni neutre, una posizione teorica estremizzata rispetto alla nozione di relazione oggettuale può portare, al contrario, a considerare i bambini come innocenti in contesti patogeni. Più recentemente sembra farsi strada, tra queste posizioni, un tentativo di mediazione che all'attenzione per le forze pulsionali unisce la cura degli aspetti relazionali (O. → Kernberg).

relazione sociale, in sociologia, connessione tra due o più soggetti, individuali o collettivi, tale che dalla conoscenza del comportamento di uno di essi, in una determinata situazione, è possibile inferire il comportamento corrispondente dell'altro o degli altri. La nozione di relazione sociale coincide per larga parte con quella di interazione sociale. Relazioni sociali elementari, classificate secondo varie tipologie, sono state considerate da molti autori come le unità più semplici e primordiali della vita associata e quindi l'oggetto fondamentale dell'analisi sociologica. Tra i primi contributi rilevanti in questo senso, si ricorda quello di G. Tarde (*Le leggi dell'imitazione*, 1895), che identificò tre tipi fondamentali di relazione: imitazione, adattamento, opposizione. Le relazioni sociali nei loro aspetti esclusivamente formali sono state studiate da G. Simmel e da L. von Wiese. Definita la società «interazione tra individui», Simmel rivendica proprio alla sociologia, che paragona alla geometria, il compito di descrivere le forme di tale interazione, lasciandone il contenuto storico concreto all'analisi delle scienze sociali particolari (*Sociologia*, 1908). Per von Wiese (1933), che sviluppò l'impostazione di Simmel, le relazioni sociali sono le risultanti di due processi fondamentali di avvicinamento e di distanziamento. Il primo dà origine a relazioni di associazione, di collegamento; il secondo a relazioni di isolamento, di indipendenza. Si tratta di stati temporanei, che si ribaltano continuamente l'uno nell'altro.
Alla nozione di relazione sociale restituisce un concreto contenuto storico-culturale M. Weber, che accentua gli aspetti di intenzionalità dei soggetti agenti, definendo una relazione sociale «comportamento di più individui instaurato reciprocamente secondo il suo contenuto di senso e orientato in conformità» (*Economia e società*, 1922); egli dà anche un'interpretazione estensiva, applicandola a istituzioni e a realtà sociali complesse (i partiti politici, la chiesa, lo stato ecc.). T. Parsons, infine, ha elaborato, a partire dalla teoria di Weber, una tipologia di relazioni di ruolo e ha posto l'enfasi, piuttosto che sulla relazione tra due o più soggetti, sulle disposizioni a sviluppare certe relazioni sociali che da un lato sono acquisite dal soggetto attraverso la socializzazione, dall'altro gli sono prescritte dal sistema sociale.
E. Goffman ha sostenuto che la condotta degli individui è plasmata dalle interazioni drammaturgiche, durante le quali uomini e donne costruiscono immagini della loro identità. Gli attori sociali infatti, secondo Goffman, sono costantemente impegnati a gestire le loro relazioni con gli altri in modo tale da massimizzare la loro influenza sul pubblico e produrre reazioni favorevoli (*Relazioni in pubblico. Microstudi sull'ordine pubblico*, 1971).
Alcuni sociologi contemporanei hanno proposto di considerare la relazione sociale come nozione prima, non definibile. Individui e sistemi sono in buona misura prodotti dalle relazioni sociali, ma queste ultime non esistono *in actu* se non con, attraverso e nei soggetti che le attualizzano. A seconda del livello a cui vengono osservate, le relazioni sociali sono distinte in interazioni, organizzazioni, società. Solo pensare in termini relazionali consente di rappresentare adeguatamente la società post-moderna (P.P. Donati, *Teoria relazionale della società*, 1991).

religione, il complesso di credenze e atti di culto che esprime il rapporto dell'uomo con il sacro e con la divinità.
• *Caratteri generali*. La religione è divenuta oggetto di una specifica «scienza umana» solo in età moderna, all'interno del processo di differenziazione socioculturale che in Europa ha trasformato la cultura organizzata unitariamente, con i suoi postulati tra loro funzionalmente connessi di verità assoluta (metafisica), vita buona (etica e politica), conoscenza retta (scienza) e religione vera. A partire dalla seconda metà del sec. XVII diventa possibile per taluni concepire la religione quale sistema distinto dalla politica, dall'economia, dal diritto, dall'educazione, dalla scienza, e nel sec. XVIII la nascente antropologia comincia a distinguere (con Montesquieu) tra religione «vera» e religione «utile», a seconda della congruenza o meno di credenze e culti col carattere specifico della cultura di un popolo. Questa prima distinzione ha dato l'avvio allo studio comparativo di fatti religiosi diversi considerati sotto il profilo culturale, e si è cominciato a raccogliere un vasto materiale di conoscenze che alla fine del sec. XIX è stato composto nel quadro di una scienza delle religioni. Gli studiosi incontrano ancor oggi serie difficoltà nel definire le categorie interpretative dei fatti religiosi. La difficoltà più vistosa è «la disarticolazione delle realtà compiuta dal linguaggio» (H. Bergson, *Le due*

fonti della morale e della religione, 1932). Lo stesso vocabolo «religione», di origine latina, ha significati diversi in rapporto alle varie culture, benché sia di uso universale. È inoltre rilevante il fattore epistemologico: il modo di concepire la specificità delle «scienze umane» in relazione a un progetto di società pesa non poco sul modo in cui gli studiosi interpretano la valenza religiosa delle culture e le funzioni a essa attribuite. Su alcuni principi tuttavia la maggior parte degli specialisti concordano. Il primo è che spiegare le funzioni (psicologiche, sociali, comunicative ecc.) delle religioni non equivale a comprenderne il senso, né quanto alle intenzioni dei soggetti religiosi né quanto al valore della religione in generale. Il secondo è che la religione non è filosofia né teologia né ideologia, benché queste possano esserle inerenti e condizionarla. Il terzo è che non si deve partire da una definizione della religione aprioristicamente stabilita: se è inevitabile che lo studioso abbia una qualche precomprensione, comunque desunta, sull'essenza della religione, le definizioni per procedere a discriminare ciò che nei fenomeni antropologici è religione da ciò che non lo è devono poi essere tali da ammettere confutazioni e verifiche nel confronto con i fatti. Ogni definizione di religione è indice della concezione del mondo di chi la formula. Una definizione espressamente formulata con valore ipotetico e orientativo è per es. quella di M. Spiro (*Religione: problemi di definizione e spiegazione*, 1966): «La religione è un'istituzione consistente in una interazione, condizionata da moduli culturali, con esseri sovrumani culturalmente postulati». Due etimologie della parola latina *religio* furono familiari nel cristianesimo antico e medievale: quella che la riconduce al verbo *relegere*, con il senso di «considerare diligentemente le cose che concernono il culto degli dei» (Cicerone, *De natura deorum*, II, 28); e quella, proposta a correzione della precedente dallo scrittore cristiano Lattanzio, che la fa derivare da *religare* per designare «il vincolo di pietà che ci unisce a Dio» (*Divinae institutiones*, IV, 28). Quest'ultima etimologia, che mette in rilievo il carattere di relazione personale tra l'uomo e Dio e al contempo sottolinea la natura obbligante di tale relazione, fu preferita nei secoli successivi.

• *L'idea di religione dal medioevo all'illuminismo.* Nel medioevo, quando si configurò la *societas christiana* dalla struttura comunale-corporativa, venne a definirsi un nuovo e corrispondente modo di intendere la religione e la sua funzione. Per Tommaso d'Aquino la religione «propriamente implica l'essere ordinati a Dio» (*Summa theologiae*, II/II, q. 81, a.I): una definizione che è congruente alla funzione, assolta dalla chiesa con la sua legge e i suoi sacramenti, di ordinare *in unum* tutte le realtà mondane. Per quanto riguarda il modo di considerare le religioni non cristiane, tranne sporadiche eccezioni (come G. Boem, che nella sua opera *Omnium gentium mores, leges et ritus*, 1520, si sottrae al generale cristianocentrismo), rimasero in voga dal sec. III fino almeno al sec. XVIII cinque tesi (Pinard de la Boullaye, *Lo studio comparato delle religioni*, 1929-31). Secondo la tesi dei «livelli storici della rivelazione» (connessa alla dottrina stoica della legge morale universale), semi di verità, prefiguranti la rivelazione, sarebbero stati deposti da Dio in tutte le anime umane, fino al momento dell'incarnazione del Cristo, quando «la vera religione, che già esisteva, cominciò a essere chiamata cristiana» (Agostino). La tesi della «rivelazione originaria» ai progenitori del genere umano sostiene invece che, dopo il diluvio universale e la dispersione degli uomini, la rivelazione monoteistica originaria si sarebbe corrotta in politeismo e superstizione, specialmente per effetto dell'azione ingannatrice del clero pagano. Secondo la tesi del «plagio», i filosofi dell'antichità avrebbero conosciuto i libri della rivelazione mosaica e a essi si sarebbero ispirati. La tesi dell'«origine demonica» si rifaceva al mito tardo-giudaico del commercio di alcuni angeli scacciati dal paradiso con «le figlie degli uomini»: da tale commercio sarebbero nati gli dei dell'antichità. Infine, secondo la tesi detta «evemerismo» (dal filosofo greco Evemero) gli dei pagani sarebbero stati comuni mortali benefattori dell'umanità, prima eroicizzati perché servissero da esempio e poi divinizzati perché continuassero a beneficare.

Con la riforma protestante non solo l'unità teologica del cristianesimo si frantumò anche a livello istituzionale, ma fu favorita la tendenza a emanciparsi dalla religione; le scienze attesero quindi sempre meno la legittimazione dei loro principi dal concetto di Dio. Lo stato, che organizzava la società civile mediante un diritto fondato in natura e valido «anche se Dio non esistesse» (Grozio), instaurò con le chiese istituzionalizzate relazioni che si configurarono come un'alleanza (S. Pufendorf, *De habitu religionis christianae ad vitam civilem*, 1687; W. Warburton, *L'alleanza fra stato e religione*, 1741): alle chiese venne demandato il compito di affiancare e sostenere l'opera dello stato con l'obbligazione religiosa che persuade la coscienza all'osservanza della giustizia civile. D'altra parte lo spirito critico dell'illuminismo, specie con P. Bayle, stigmatizzando il demone della superstiziosa intolleranza presente in tutte le ortodossie religiose, prefigurò una società di «atei virtuosi», capaci di organizzarsi socialmente, contraddicendo il principio, fin allora indiscusso, che faceva della religione il vincolo fondamentale e insostituibile di ogni vivere associato. Al successo del principio di tolleranza nelle relazioni tra le confessioni religiose poco giovò, sotto il profilo politico, quella corrente di razionalismo religioso che va sotto il nome di → deismo e che, quanto alla definizione dei suoi assiomi — le verità fondamentali comuni alle diverse religioni: esistenza di Dio, obbligo di onorarlo con un culto spirituale e con rettitudine di vita, possibilità di espiare le colpe e ottenere il perdono dei peccati, premio o condanna nell'aldilà — si fa risalire al *De veritate* (1624) di Herbert di Cherbury. Troppo lontana era una siffatta «religione della ragione» dall'indole anche emozionale e misterica delle religioni vissute, come fecero notare nel corso del sec. XVIII, da prospettive diverse, Voltaire, Diderot, Hume e soprattutto G.E. Lessing, per il quale la religione è una «profusione di forze vitali», di cui un uomo si sente partecipe.

Tra i meriti culturali del razionalismo religioso è invece quello di aver favorito la nascente critica storico-filologica applicata alla Bibbia e in genere alla tradizione ebraico-cristiana. Influenze durevoli conserveranno, in questo settore, la *Storia critica dell'Antico Testamento* (1678) di R. Simon, gli scritti appartenenti alla corrente teologica tedesca detta dei «neologi», i *Frammenti* dall'*Apologia* di H.S. Reimarus pubblicati da Lessing (1774-78), fino agli studi di J.S. Semler (caratteristico il titolo di una sua opera: *La natura storica, morale e sociale della religione dei cristiani*, 1786). Intanto con l'*Origine delle favole* (1724) di B. de Fontenelle e specialmente con la *Scienza Nuova* (1725) di G.B. Vico prende avvio una considerazione antropologico-evolutiva delle religioni che verrà ripresa dagli studiosi di ispirazione romantica e più tardi dall'antropologia culturale del sec. XIX: le figure religiose e i miti degli antichi popoli sono interpretati come proiezioni della fantasia dell'umanità nella sua fase aurorale. Specialmente Vico rileva la funzione educativa della «poesia», cioè delle produzioni mitico-religiose, dei loro linguaggi, della loro connessione coi riti matrimoniali e funerari e con quegli elementi della civiltà che fanno gli uomini rispettosi di se stessi e degli altri. Sulla congruenza delle varie forme religiose con l'originario ambiente naturale, culturale, politico si sofferma Montesquieu (*Spirito delle leggi*, 1745), che distingue la funzione sociale della religione dalla sua veracità: la più vera e santa delle religioni può avere effetti disastrosi e la più falsa può essere seguita dai risultati più positivi quando si ha di mira l'equilibrio e l'integrazione di una società. Viene in tal modo posto uno dei problemi più ardui per il moderno funzionalismo religioso: spiegare se è possibile che una religione sia trasferita da un contesto socioculturale a un altro rimanendo integra e identica nella sua natura.

• *Verso una «scienza delle religioni»*. Sintesi delle principali esigenze religiose dell'illuminismo è l'ideale kantiano della «comunità etica» che trova nelle intenzioni della ragion pratica la garanzia dell'instaurabilità di un Regno di Dio sulla terra. In *La religione nei limiti della semplice ragione* (1793) la società ideale prende il nome di «chiesa invisibile» e serve da modello per ogni comunità reale; ma in ogni realizzazione pratica essa è minacciata dal «male radicale», cioè dall'insocievole egoismo degli uomini, che Kant giudica un mistero razionalmente assurdo ma insopprimibile, sicché la fondazione di un popolo di Dio sulla terra è un'impresa che non può essere compiuta dagli uomini, ma solo da Dio stesso. Tra i precursori della moderna scienza pragmatica della religione (ossia dell'inclusione razionalmente controllata di dottrine religiose nei sistemi politici a scopo educativo e di integrazione sociale) va indicato Rousseau: l'idea rousseauiana di «religione civile», che eleva i principi del deismo a costituzione morale dello stato, sarà in seguito ripresa dalla sociologia americana della religione del sec. XX quale modello latente di mantenimento del sistema dei valori che reggono la società (T. Parsons, R. Bellah, R. Fenn ecc.).

L'eredità trasmessa dal romanticismo alla scienza delle religioni può raccogliersi attorno all'idea di «produzione simbolica». Prima che G.F. Creuzer (*Simbolismo e mitologia dei popoli antichi*, 1810-12) indicasse nei simboli la coincidenza originaria tra l'epifania del divino nella natura e la spontanea espressività del pensiero, F. Schleiermacher aveva descritto (*Discorsi sulla religione*, 1799) l'essenza della religione come un processo che si compie dentro l'uomo precedendo tutti i miti, i libri, le forme culturali e le denominazioni che si danno del divino, e aveva indicato questo processo con la coppia congiuntiva *intuizione-sentimento* dell'Universo, o Infinito, assegnando quindi alla religione un campo proprio e distinto da quello della morale e da quello della metafisica. Più tardi (*La fede cristiana*, 1826), propose la definizione di religione come «sentimento di assoluta dipendenza», per sottolineare la presenza di Dio alla radice dell'autocoscienza umana. A Schleiermacher si deve una rivoluzione nelle scienze religiose paragonabile a quella compiuta da Kant nell'ambito delle scienze della natura: egli ha infatti sostenuto l'elaborazione di una tecnica interpretativa dei testi idonea a risalire alla stessa attività creatrice dell'autore, alla sua intenzionalità espressiva (*Ermeneutica*, 1838). Il tentativo di penetrare con lo strumento del linguaggio fino ai processi di formazione dei concetti e dei simboli religiosi fu ripreso da H. Usener (*Nomi delle divinità. Teoria della costituzione dei concetti religiosi*, 1896), che cercò di cogliere il nesso generale e tipico tra le rappresentazioni mitiche (fino a quelle delle religioni monoteistiche) e la virtù denotativa del linguaggio secondo la reciproca corrispondenza del loro sviluppo. Analogo tentativo era stato fatto da M. Müller (*Introduzio-*

ne alla scienza comparata delle religioni, 1874), per il quale gli uomini hanno sempre avuto un'intuizione dell'Infinito, espressa attraverso metafore (maestà del cielo, potenza vitale del Sole ecc.) che persero presto la loro qualità figurativa e designativa per concretizzarsi in personificazioni di divinità e di entità varie: i «nomi» (*nomina*) si sarebbero trasformati in «numi» (*numina*) per una «malattia del linguaggio».

• *Antropologia culturale e religioni.* Con Müller si può far iniziare la contemporanea «scienza delle religioni» (egli usò l'espressione *Religionswissenschaft* per la prima volta nel 1867): in questa nuova fase l'impulso più fecondo venne dall'antropologia culturale. Anche i primi antropologi fedeli al metodo comparativo istituito da F.B. Tylor (*Cultura primitiva*, 1873) cercavano le fonti genetiche della religione, come i romantici. Ma ora le coordinate culturali erano radicalmente mutate, e dominava il principio dell'evoluzionismo monopolare e organicistico, specie nella forma datagli da H. Spencer, secondo il quale tutto si sviluppa dal più semplice, omogeneo e indifferenziato verso il più complesso, eterogeneo e differenziato. Vigeva anche l'assunto comtiano che nell'umanità allo stadio primitivo il pensiero teologico rappresenta l'unico sbocco di situazioni vitali misteriose e contraddittorie, come mezzo d'assorbimento dell'insicurezza e fonte di solidarietà sociale. Si collegava l'«originario» con il «primitivo» e si credeva che una spiegazione delle religioni primitive (o «dei popoli senza storia») fosse valida anche per le origini di tutte le religioni antiche, e potesse spiegare l'essenza della religione in generale, secondo le sue strutture elementari, perduranti anche nelle religioni storiche più «evolute». Per Tylor la religione sarebbe «credenza in esseri spirituali» nata per deduzioni logiche sbagliate (nel loro genere non diverse da quelle compiute dalle moderne teologie naturali) dalla riflessione su esperienze quali la morte, gli stati ipnotici, soprattutto i sogni, che fecero postulare all'uomo primitivo l'esistenza di un principio vitale elementare (l'anima) in grado di staccarsi dal suo ambiente corporeo.

Un'intensa attività di ricerca nel segno di un evoluzionismo alla rovescia viene svolta nelle prime decadi del sec. XX dalla scuola di Vienna, animata da W. Schmidt. Pur muovendo da esigenze di carattere storicistico, questi autori ritengono di poter risalire a un monoteismo primordiale universale dell'umanità, di cui sono rinvenibili residui confusi od obliterati nelle religioni storiche. Una tarda variazione di queste vedute è proposta da A.E. Jensen, secondo il quale alla radice della maggior parte dei culti storici ci sarebbe un culto unico, lunare, tipico delle culture agricole, nel quale si ripetevano in guisa drammatica gli eventi del tempo mitico. Le singole teorie sulla religione primitiva (naturalismo, animismo, manismo, feticismo, totemismo, prelogismo ecc.) sono risultate tutte congetturali ed estrapolatorie (E.E. Pritchard, *Teorie sulle religioni primitive*, 1965), incapaci di spiegare esaustivamente l'origine, l'essenza e la funzione della religione. Mettendo tuttavia in risalto le relazioni tra le credenze-riti e fattori sociostrutturali (endo- ed esogamia, tabù, riti di passaggio, regalità mistica ecc.) esse hanno stabilito il compito dell'antropologia in rapporto alla scienza delle religioni: determinare come le credenze e le pratiche religiose influenzino le idee, i sentimenti, la vita pratica, le relazioni tra i membri del gruppo. I nuovi orientamenti prendono l'avvio con il funzionalismo pragmatico di B. Malinowski (*Magia, scienza e religione*, 1925), il quale vede nella magia e nella religione due risposte diverse ai bisogni vitali naturali dell'uomo. La magia è interpretata come un tentativo «tecnico» di governare la natura direttamente, attraverso un sapere speciale e una mitologia cristallizzata in formule rituali; la magia è dunque un complemento alle competenze tecniche razionali. La religione invece è orientata non all'utile, ma ai valori: le sue sanzioni tutelano la struttura della società e quindi essa è indispensabile all'integrazione sociale. Ordinare e integrare la personalità umana in relazione al suo ambiente vitale: questa è soprattutto la funzione che, sotto profili diversi, viene attribuita alla religione dagli studiosi del sec. XX. All'inizio del secolo ebbe molto successo il libro di W. James, *Le varietà dell'esperienza religiosa*, per il quale le fedi religiose non sono efficaci perché vere, ma sono vere perché efficaci, nel senso che producono equilibrio mentale negli individui.

• *Sociologia e religione.* E. Durkheim, fondatore della moderna sociologia delle religioni, era ben consapevole che la crescente divisione sociale del lavoro avrebbe implicato la crisi dell'ideale di unità sociale (secondo il criterio della solidarietà organica), ma egli riteneva ugualmente che una società senza un patrimonio di valori comuni è destinata al suicidio. Per Durkheim la consacrazione dei valori, cioè la loro trasformazione in obblighi morali sottratti al placito degli individui, spetta da sempre alla religione; egli perciò definisce la religione «un sistema solidale di credenze (rappresentazioni collettive) e di pratiche relative a cose sacre, ossia separate e interdette, le quali uniscono in una medesima comunità morale, chiamata chiesa, tutti coloro che vi aderiscono» (*Le forme elementari della vita religiosa*, 1912). Anche l'antropologo A.R. Radcliffe-Brown (*Struttura e funzione nella società primitiva*, 1952) — condividendo le ragioni di coloro che hanno cercato più nei comportamenti (cerimonie, riti) che nelle dottrine il manifestarsi dell'essenza culturale della religione (per es. W.R. Smith, *Lezioni sulla religione dei semiti*, 1907, secondo il quale la religione antica non era un sistema di fede, ma un complesso di pratiche e istituzioni alle quali ognuno si conformava senza discutere) — ha sostenuto che in ogni religione l'elemento essenziale è il senso di dipendenza dai principi che assicurano il benessere personale e l'integrazione sociale. C. Geertz, riassumendo l'orientamento interpretativo durkheimiano condiviso dall'antropologia anglosassone, ha definito la religione come «un sistema di simboli che agisce per instaurare atteggiamenti e motivazioni forti, onnipresenti, durevoli, mediante l'elaborazione di concetti relativi a un ordine generale dell'esistenza, e che investe tali concetti di un senso di positività che fa apparire i suddetti atteggiamenti e le suddette motivazioni come gli unici reali» (*La religione come sistema culturale*, 1966). V. Turner d'altra parte (*Il processo rituale*, 1969) si è concentrato sul momento «antistrutturale» della religione: le strutture sociali distinguono, separano, frantumano la solidarietà tra gli uomini; la ritualità religiosa celebra la negazione di queste strutture e recupera la dimensione comunitaria. Una funzione analoga è attribuita alla religione da N. Luhmann (*Funzione della religione*, 1977): nel mondo in cui tutto è contingente, mutevole, complesso la religione assicura che c'è un senso in ogni cosa e consente la trasformazione della contingenza che ci minaccia dall'esterno in contingenza interiorizzata, controllata dal codice religioso d'interpretazione. La differenziazione moderna del sistema religioso dagli altri ambiti del vivere sociale, da molti interpretata come processo di secolarizzazione, ossia come abbandono dei valori religiosi (S. Acquaviva, *L'eclissi del sacro nella civiltà industriale*, 1961), è vista al contrario da Luhmann come situazione favorevole alla religione, perché la sottrae alle crisi ricorrenti negli altri ambiti.

Critici nei confronti della spiegazione funzionalista sono quei sociologi e antropologi che concepiscono le scienze umane secondo il modulo della «critica delle ideologie» (per es. P. Bourdieu, *Genesi e struttura del campo religioso*, 1971; M. Godelier, *Rapporti di produzione, miti, società*, 1975) e che, ispirandosi al concetto marxiano della religione come sovrastruttura (K. Marx, *Sulla religione*, silloge a cura di L. Parinetto, 1971), ne rilevano la funzione ideologica «di parte». Paradigmatici sono in quest'ultimo senso lo studio di E. Bloch (*Thomas Müntzer teologo della rivoluzione*, 1921) sul movimento anabattista e in genere sulle sette millenaristiche, e quello di V. Lanternari (*Movimenti religiosi di libertà dei popoli oppressi*, 1960) sui movimenti di religiosità popolare profetica del Terzo Mondo.

In *Economia e società* (1922) M. Weber aveva messo in risalto l'incidenza del sentimento di *status* sociale sulla diffusione delle dottrine religiose (egli distingueva religioni rituali, religioni della redenzione e religioni soteriologiche, con le rispettive figure dello stregone, del sacerdote e del profeta) e la funzione aggregatrice e propulsiva delle personalità carismatiche. La sociologia weberiana delle religioni (*Raccolta di saggi sulla sociologia religiosa*, 1920-21) si collega però anche alla filosofia tedesca delle scienze umane e dei valori (W. Dilthey, H. Rickert), e al pari di questa tende a cogliere la struttura dei fenomeni storici (quindi anche delle religioni) come unità integrate di significato. Classica rimane l'analisi weberiana del concorso tra l'etica calvinista dell'adempimento religioso dei propri doveri mondani e lo «spirito del capitalismo», caratterizzato dalla metodica razionalità del comportamento economico. Anche E. Troeltsch, studiando le *Dottrine sociali delle chiese e dei gruppi cristiani* (1923), concludeva che il fenomeno religioso ha una sua autonomia e struttura interna, collegata al modo con cui il «Vangelo recepito» dagli attori sociali influenza il loro rapporto col mondo, determinato dalle condizioni sociologiche ed economiche. All'interno delle polarità adattamento-protesta, compromesso-denuncia, si costituiscono configurazioni religiose diverse: la «chiesa», che accetta il compromesso con il mondo; la «setta», che lo rifiuta; e il «misticismo», che cerca solo il rapporto immediato con la polarità religiosa del soggetto al di là del compromesso o del rifiuto della cultura del mondo.

• *Scuole e indirizzi di studio*. La scienza delle religioni ha origini comparatistiche. Il suo principio è che non si conosce la religione conoscendo una sola religione. La storia comparata delle religioni ha quindi sempre rivendicato a se stessa il valore di scienza generale delle religioni. Tuttavia questa disciplina manca di un criterio uniforme di interpretazione (e per taluni ciò torna a vantaggio della comprensione dei suoi oggetti). Al suo interno si raccolgono indirizzi e scuole diverse. L'orientamento morfologico-strutturale è legato a G. Dumézil. Gli studiosi di sanscrito della fine dell'Ottocento avevano supposto che l'unità dei linguaggi indoeuropei postulasse per corollario un'unità religiosa di base, ma non erano riusciti a comparare in modo soddisfacente miti e istituzioni provenienti da ambiti indoeuropei differenti. Dumézil individuò quella struttura di base (*Mito ed epopea*, 1968-73) e la definì come uno schema ideologico trifunzionale: la sovranità (regalità), la forza (guerrieri) e la fecondità, ciascuna con proprie divinità (a Roma: Iupiter, Marte, Quirino). Egli quindi mostrò che questo schema ideologico sottendeva le istituzioni sociali e religiose di culture differenti (romani, indiani, celti, germani), secondo articolazioni dei tre piani della struttura che danno luogo a esiti culturali differenti. Un approccio simile è quello di C. Lévi-Strauss, che nei sistemi religiosi

primitivi vede fondamentalmente sistemi di comunicazione.
La scuola europea a indirizzo storico-positivo è principalmente rappresentata dagli italiani R. Pettazzoni, U. Bianchi, A. Brelich, V. Lanternari, nonché da G. Lanczkowski, H. Ringgren, Z. Werblowski. Il metodo di ricerca elaborato da questa scuola consiste nell'analisi dei materiali raccolti e ordinati attraverso il criterio dell'analogia, tenuto conto del vario contesto storico e culturale. Tuttavia l'intuizione di fondo che guida la comparazione varia da autore ad autore, secondo la forma del suo «senso dell'umano», e di conseguenza variano le definizioni totalizzanti. Le tipologie usate hanno semplice valore classificatorio: religioni «etniche» o «fondate»; «nazionali» (contraddistinte dalla fusione di fatto sacrale e di comunità sociale organizzata: per es. l'ebraismo) oppure «universali» (misteri, cristianesimo, buddhismo); con o senza canone (in rapporto all'esistenza di una raccolta più o meno sacralizzata di narrazioni o regole, orali o scritte); «naturali» o «rivelate»; «dinamistiche» (credenza in una potenza impersonale), «animistiche» (credenza in spiriti personali), «teistiche» (credenza in divinità supreme); «mono/politeistiche» ecc.
• *Fenomenologia della religione.* L'indirizzo fenomenologico-comprensivo, avviatosi sotto l'influenza di R. Otto (*Il sacro*, 1917) e legato alla tematica delle «scienze dello spirito» (Dilthey), considera la religione essenzialmente come un'esperienza vissuta di tipo totale, una struttura unitaria dotata di senso, che lo studioso deve evocare per «empatia», intuire e ricostruire. Per Otto la religione può definirsi in senso generico esperienza del «sacro», del «numinoso», del «totalmente Altro», che è mistero fascinoso e tremendo. I fenomenologi (G. Van der Leeuw, R. Heiler, G. Mensching, J. Wach, C.J. Bleeker, E. Benz, H. Frick) tendono, attraverso il rilevamento della struttura di senso dominante nelle diverse religioni, a configurare «tipi» spirituali e astorici: per esempio, secondo la tipologia di Van der Leeuw, religione dell'allontanamento e della fuga (confucianesimo, ateismo), religione del combattimento (parsismo), religione della quiete (mistica), religione dello slancio e della figura (religione greca), religione dell'infinità e dell'ascesi (brahmanesimo), religione del nulla e della pietà (buddhismo), religione della volontà e dell'obbedienza (jahwismo), religione della maestà e dell'umiltà (islamismo) ecc. Da taluni autori i fatti religiosi vengono ordinati in cerchi concentrici attorno a un punto comune, un'essenza oggettiva, che sarebbe in vari modi «intenzionata» (nel senso fenomenologico del termine) in tutte le religioni (F. Heiler). Questo ramo dell'indirizzo fenomenologico sfocia nella teologia delle religioni (P. Tillich, W. Pannenberg, E. Benz, U. Mann), scienza del divino che si manifesta nella sacralità ed è fondamento dell'essenza creaturale. Meno radicale è la corrente (detta scuola di Chicago) che si ispira a J. Wach (*Scienza delle religioni. Prolegomeni ai suoi fondamenti teorico-scientifici*, 1924), promotrice di una fenomenologia «concreta» che metta in relazione i fatti religiosi nella loro individualità, ossia la dimensione storica, con la dimensione sistematica, criticamente curata nelle sue categorie (R. Baird, *La formazione delle categorie e la storia delle religioni*, 1971).
Prossima alla scuola fenomenologica è la «morfologia del sacro», di M. Eliade (*Trattato di storia delle religioni*, 1949), secondo cui è in virtù dell'esperienza religiosa che l'uomo distingue ciò che è vero e significante da ciò che è caotico e privo di senso. Il sacro è esperienza primordiale che rivela le strutture profonde dell'umano, e la scienza delle religioni non è, in fondo, che una grande ermeneutica antropologica. Sono infine da menzionare gli studiosi del cosiddetto «gruppo di lavoro di Groninga», promotori di un ripensamento complessivo dei problemi metodologici (T.P. Van Baaren e H.J. Drijvers, *Religione, cultura e metodologia*, 1973) in una prospettiva di studio delle religioni quali «funzioni di culture», attraverso procedimenti e criteri capaci di sottoporre a verifiche i risultati. *M.G. Lo.*

Renan, Joseph-Ernest (Tréguier, Bretagna, 1823 - Parigi 1892), scrittore e storico francese. Studiò a Parigi, avviandosi alla carriera ecclesiastica, ma nel 1845 una crisi religiosa gli fece abbandonare il seminario e lo indirizzò verso studi di filologia semitica e di esegesi biblica. Partecipò a due missioni archeologiche, una in Italia nel 1849 e l'altra in Egitto e nel Vicino Oriente nel 1860. Durante questo secondo viaggio iniziò a scrivere la *Vita di Gesù*, che — pubblicata nel 1863 — fu il primo dei sette volumi della *Storia delle origini del cristianesimo* (1863-81). La *Vita di Gesù* ebbe un grande successo in tutta Europa (e fece anche scandalo, tanto che all'autore fu tolta fino al 1870 la cattedra di ebraico al Collège de France): in essa si nega la divinità di Gesù, ma se ne accetta la storicità e se ne esalta l'esemplarità umana. Tale opera rivela i presupposti dell'atteggiamento di Renan di fronte alla storia e alla cultura: largamente debitore del positivismo francese, egli vuole attenersi ai fenomeni osservabili, rifiuta il soprannaturale e riconosce nella scienza la vera religione dell'umanità. La monumentale *Storia delle origini* venne poi integrata da Renan con una *Storia del popolo d'Israele* (5 voll., 1887-93). Anche se egli non ebbe una sua propria filosofia e riconosceva anzi esplicitamente di professare un dilettantismo scettico, che lo portava di volta in volta ad adottare il linguaggio deistico, panteistico o politeistico, nell'opera giovanile *L'avvenire della scienza* (1848, pubblicata nel 1890) diede un'interpretazione personale del concetto positivistico di → progresso. Per Renan l'universo è caratterizzato dal mutamento, che avviene secondo «leggi di progresso»; queste leggi reggono il cammino della ragione umana che diventa sempre più consapevole di sé. Alla fine di tale processo Dio sarà realizzato, ma non come una provvidenza creatrice bensì come un ideale immanente, che si configura come pieno sviluppo della coscienza e come raggiungimento del massimo di bellezza e moralità di cui la ragione è capace. L'evoluzione delle lingue e delle religioni è manifestazione dello sviluppo della ragione umana; di qui l'interesse peculiare di Renan per le discipline filologiche e storiche, che forniscono secondo lui la chiave per interpretare il processo dell'universo.

Renouvier, Charles (Montpellier 1815 - Prades, Pirenei Orientali, 1903), filosofo francese. Il suo pensiero attraversò due fasi: la prima neocriticistica, ispirata a Kant; la seconda personalistica, sotto l'influenza di J. → Lequier. Intento generale di Renouvier fu di opporsi alle filosofie dell'età della restaurazione (l'idealismo tedesco, il sansimonismo, il positivismo), nelle quali l'assolutismo metafisico e il determinismo storico costituivano il supporto teorico dell'autoritarismo politico, negatore degli ideali democratico-libertari dell'illuminismo (*Introduzione alla filosofia analitica della storia*, quarto e ultimo vol. dei *Saggi di critica generale*, 1854-64, poi rielaborato come quinto vol. nel 1896-97). Di qui il ricorso a Kant in funzione antimetafisica: si tratta però di un neokantismo del tutto personale che, oltre ad abolire il concetto di cosa in sé, riduce il mondo fenomenico alla categoria di «relazione» (non esistono realtà assolute, ma solo fenomeni in relazione reciproca e finita), cui seguono, come specificazioni, il numero, l'estensione, il tempo e la qualità. Ne deriva una concezione pluralistica dell'universo, aperta alle libere iniziative degli individui e sorretta da un Dio inteso come perfetto e finito: non monarca assoluto, ma ispiratore di un ordine morale che è compito degli uomini attuare. Di qui anche la polemica di Renouvier contro il cattolicesimo e le religioni positive (*Ucronia*, 1876) in nome di una religione filosofica. Nella seconda fase del suo pensiero (aperta dall'*Abbozzo di una classificazione sistematica dei sistemi filosofici*, 1882), Renouvier, sostituendo Cartesio e Leibniz a Kant (*La nuova monadologia*, con L. Prat, 1899), accentua il tema della libertà in senso spiritualistico (è la «persona», intesa come «volontà», la concreta e vivente categoria della relazione). Questa svolta spiritualistica, pur distinguendosi da ogni assolutismo e panteismo religiosi, utilizza temi cristiani e addirittura gnostici (Origene) in opposizione al naturalismo e al sociologismo positivista (*I dilemmi della metafisica pura*, 1901; *Il personalismo*, 1903). Si deve a Renouvier la fondazione della rivista «Critique philosophique» (1872-89), continuata poi dall'«Année philosophique».

Rensi, Giuseppe (Villafranca di Verona 1871 - Genova 1941), filosofo italiano. Laureatosi in giurisprudenza a Roma nel 1893, prese parte alle lotte del movimento socialista e, nel 1898, fu costretto a riparare esule in Svizzera. Rientrato in Italia nel 1908, dal 1917 insegnò filosofia all'università di Genova finché, nel 1934, fu allontanato dall'insegnamento per ragioni politiche. Nel primo periodo della sua elaborazione teorica, la posizione di Rensi è quella di un singolare misticismo che, dalla dialettica dell'idealismo assoluto, ricostruita e analizzata in tutte le sue antinomie, si sforza di far scaturire, anziché una soluzione immanentistica, l'istanza di una realtà assoluta capace di dirimere il groviglio e le contraddizioni di quella empirica (*La trascendenza*, 1914). Dopo la guerra, invece, si delinea via via come carattere centrale del suo pensiero la negazione del valore universale della ragione e l'ammissione di una sua irrimediabile scissione (*Lineamenti di filosofia scettica*, 1919). Il carattere contradditorio e relativo della ragione viene scoperto in tutti gli ambiti dell'esperienza umana, dalla politica (*La filosofia dell'autorità*, 1920) all'arte (*La scepsi estetica*, 1920) alla morale (*Introduzione alla scepsi etica*, 1921). Al carattere relativo e mutevole della ragione si contrappone — secondo Rensi — l'immediata esperienza fenomenica dei sensi. Proprio la negazione assoluta delle pretese del razionalismo dogmatico si rovescia però, nell'ultimo periodo della filosofia di Rensi, in un misticismo che fa appello al divino, al di là di tutte le illusioni e le pretese umane (*Testamento filosofico*, 1939; *Lettere spirituali*, postume, 1943).

repressione, in psicoanalisi, l'operazione conscia mediante la quale il soggetto esclude dal proprio campo attuale di coscienza e trasferisce nel sistema preconscio — oppure letteralmente sopprime — un contenuto psichico (idea, giudizio, sentimento ecc.) sgradevole o moralmente imbarazzante. In quanto operazione conscia, la repressione va distinta dalla → rimozione.

resistenza, termine che in psicoanalisi indica le modalità verbali e comportamentali con cui il paziente sottoposto all'analisi contrasta il proprio accesso all'inconscio. Nello sviluppo del pensiero freudiano la nozione di resistenza svolge un ruolo di primo piano, perché definisce un'operazione psichica non interpretabile e non contrastabile con i mezzi della suggestione e dell'ipnosi, e tale da richiedere la specifica innovazione della tecnica psicoanalitica. Fenomeno clinicamente incontrovertibile, e che si manifesta in diverse forme, tutte finalizzate al mantenimento del nevrotico nel suo stato patologico, la resistenza non è stata univocamente interpretata da Freud come uno dei fattori responsabili dell'insorgere di tale stato; difatti, al di là della formulazione, da lui sempre mantenuta, secondo cui la resistenza è direttamente proporzionale all'avvicinamento al nucleo centrale della nevrosi, nella prima fase del suo pensiero, coincidente con la prima topica, egli tende ad attribuirla al rimosso in quanto tale, mentre nella seconda fase, coincidente con la seconda topica, tende ad attribuirla esclusivamente all'Io, e pertanto ad avvicinarla ai meccanismi di difesa. Successivamente, in *Inibizione, sintomo e angoscia* (1926), quest'ultima soluzione è messa da parte, in quanto viene affermata l'esistenza di due forme di resistenza (quella dell'Es, derivante dalla coazione a ripetere, e quella del Super-Io, derivante dal bisogno di punizione) irriducibili alle tre forme di resistenza caratteristiche dell'Io (cioè la → rimozione, la resistenza di transfert e il vantaggio secondario della malattia).

responsabilità, termine entrato nell'uso della lingua francese e di quella inglese nel penultimo decennio del sec. XVIII, inizialmente nel vocabolario giuridico ma presto anche con un'accezione morale. Il tedesco dispone di due termini diversi (*Haftbarkeit* e *Verantwortlichkeit*). Nell'accezione giuridica la responsabilità è un istituto suddiviso in responsabilità civile (l'obbligo di indennizzare i danni prodotti) e responsabilità penale (la situazione per cui si è soggetti a una pena per via di un'infrazione commessa). Nell'accezione morale, la nozione compare nelle discussioni sulla libertà, designando la situazione di un agente consapevole e libero nei confronti delle conseguenze che una sua scelta ha causato e che egli era in grado di prevedere. M. Weber è autore di una fortunata distinzione fra etica dell'→ intenzione (in cui rientrano tutte le morali cristiane, e di cui la morale kantiana è l'esempio più conseguente) ed etica della responsabilità, l'etica adeguata alla moderna situazione di disincantamento del mondo (*Il significato della avalutatività delle scienze sociologiche ed economiche*, 1917). Nella teoria psicologica degli stadi dell'evoluzione morale di L. Kohlberg, un equivalente dell'etica dell'intenzione è collocato al livello convenzionale, un equivalente dell'etica della responsabilità al livello postconvenzionale, che rappresenta il punto di arrivo dell'evoluzione (*Saggi sullo sviluppo morale*, 2 voll., 1981-1984). Un'etica della responsabilità è stata riproposta recentemente da H. → Jonas (*Il principio responsabilità*, 1979), mentre tutta una sensibilità influenzata dall'esistenzialismo, di cui E. → Lévinas può essere considerato esponente emblematico (*Umanesimo dell'altro uomo*, 1972), ha fatto della responsabilità nei confronti dell'altro l'idea chiave dell'etica in quanto tale. La distinzione responsabilità-intenzione è ricalcata dalla distinzione, entrata in uso dagli anni Cinquanta nell'etica angloamericana, fra consequenzialismo e posizioni deontologiche. Il primo considera moralmente buone le azioni che producono conseguenze buone. Dato che la bontà delle conseguenze va oltre il benessere o la felicità, l'utilitarismo rappresenta un caso particolare di consequenzialismo.

resurrezione, nel linguaggio religioso, il ritorno alla vita dopo la morte e, in particolare, il ritorno alla vita di Gesù dopo la morte in croce e la sepoltura. Comune alle mitologie pagane (che di solito ricollegavano il risorgere al ciclo vegetativo, all'interno di una concezione della storia come eterno ritorno), il tema della resurrezione era diffuso negli ambienti giudaici (soprattutto farisaici) del tempo di Gesù. La concezione cristiana presenta la resurrezione generale di tutti gli uomini alla fine dei tempi (ammessa anche dall'ebraismo e dall'islamismo) quale conseguenza della resurrezione di Gesù Cristo, affermata come il mistero centrale di tutto il cristianesimo: «Se Cristo non è stato resuscitato, vana è dunque la nostra predicazione e vana è pure la nostra fede» (1 Corinti 15, 14). Gli scritti del Nuovo Testamento e la tradizione cristiana delle origini vedono infatti nella resurrezione la conferma del carattere messianico di Gesù, perché in lui Dio ha realizzato tutte le promesse fatte a Israele, e, attraverso Israele, a tutti i popoli. Per questo Paolo continua a ripetere che ciò è avvenuto «secondo le Scritture»: resuscitando Gesù, Dio ha realizzato in lui le promesse antiche. Gesù risorto ha superato la situazione umana storica; per questo la «storicità» della resurrezione non è riducibile a qualcosa di verificabile. Le apparizioni del risorto testimoniano che non si è di fronte ad allucinazioni soggettive; solo una certa affinità, tuttavia, può consentire il riconoscimento di una persona che ha superato la condizione del direttamente verificabile, e tale affinità è data dalla fede. In questo senso, la resurrezione è opera della potenza di Dio che trascende ogni possibilità di verifica diretta da parte dell'uomo. Proprio sull'interpretazione della storicità della resurrezione si sono soffermate le analisi più recenti dei teologi circa l'evento pasquale. Di contro a una teologia ridotta ad apologetica, che concepiva la realtà della resurrezione alla pari di qualsiasi avvenimento di cronaca, si è delineata una interpretazione esistenziale della resurrezione. Per R. Bultmann la resurrezione si configura come il rivestimento mitologico del fatto che la morte sulla croce non è una semplice morte umana, ma è il luogo dell'apparizione di una nuova comprensione di sé da parte dell'uomo. Per F. Gogarten la morte di Cristo è resurrezione in quanto inaugura un modo nuovo di essere dell'uomo di fronte a Dio. G. Ebeling interpreta la resurrezione come il passaggio dal Gesù storico, annunciatore della fede, al Cristo risorto, fondamento della fede. Fra il Gesù della storia e il Cristo della fede c'è continuità (per l'identità personale), ma anche discontinuità (per la libertà che è concessa dalla fede in Cristo). Anche per reagire a queste posizioni, le quali, cercando di superare un falso concetto di storicità, rischiano di negare la realtà stessa dell'evento, altri teologi (W. Pannenberg, J. Moltmann, U. Wilckens) hanno ricondotto la storicità della resurrezione al cambiamento, verificabile, avvenuto nei discepoli di Gesù. L'evento ha dunque una «verità oggettiva» (Moltmann), che si carica di significato teologico perché si vede in esso l'atto di fedeltà di Dio alle sue promesse e l'apertura di un nuovo orizzonte di speranza per l'uomo.

retorica, arte dell'eloquenza; è la più antica delle discipline concernenti il linguaggio.

• *La retorica antica.* Nata nel sec. v a.C. dai processi sui diritti di proprietà in Sicilia, la retorica diviene ben presto ateniese. Empedocle, Corace e Tisia sono i primi retori, seguiti di lì a poco dai → sofisti (Gorgia soprattutto). In quest'epoca essa si definisce anzitutto come tecnica della persuasione ed è quindi caratterizzata essenzialmente dal suo aspetto pragmatico. Si compone di tre parti principali: *1*) l'*inventio*, o ricerca degli argomenti: l'oratore, in possesso del tema del suo discorso (la *quaestio*), attinge gli argomenti (per convincere e commuovere) da un complesso di luoghi (*tópoi*), che nei primi tempi «funzionavano» come caselle vuote (e si presentavano spesso sotto forma di una serie di domande: *quis? quid? ubi? quibus auxiliis? cur? quomodo? quando?*) e che poi si riempirono di contenuti (luoghi comuni, nel senso moderno di stereotipi). *2*) La *dispositio*, o disposizione degli elementi così riuniti, secondo un ordine generale del discorso che comprende un *exordium*, con il quale l'oratore cerca di conciliarsi l'uditorio (*captatio benevolentiae*) e annuncia il piano della sua argomentazione (*partitio*); una *narratio*, in cui si riportano semplicemente i fatti; una *confirmatio*, nella quale vengono esposti gli argomenti dell'oratore e una *confutatio*, nella quale sono confutati quelli dell'avversario; infine un *epilogus*, che ricapitola le varie tappe e mira a commuovere il pubblico. *3*) L'*elocutio*, che ha lo scopo di dar forma ai diversi elementi del discorso e si avvale di figure o ornamenti (*colores rhetorici*).

Questo programma è grosso modo lo stesso per tutti i discorsi, che si suddividono in tre generi: *1*) il *deliberativo*, in cui l'oratore mira a consigliare ciò che è utile e a sconsigliare ciò che è dannoso; *2*) il *giudiziario*, in cui si tratta di difendere il giusto e accusare l'ingiusto, al fine di condurre i giudici a prendere una decisione; *3*) il *dimostrativo* o *epidittico* (introdotto da Gorgia), la cui funzione è di lodare ciò che è bello e biasimare ciò che è brutto.

Avversario dei sofisti, veri e propri formalisti del discorso, Platone rifiuta una retorica (*logografia*) che abbia per oggetto nient'altro che il verosimile, vale a dire l'illusione e l'adulazione, e le contrappone una retorica filosofica, la dialettica (*psicagogia*), che ha per oggetto il vero e presuppone un autentico dialogo con l'altro. Meno intransigente, Aristotele riserva un posto importante alla retorica, che egli definisce come «l'arte di scoprire i mezzi di persuasione possibili in riferimento a qualsiasi argomento», avvicinandola alla dialettica in quanto scienza del verosimile, contrapposta alla logica, scienza del necessario. La retorica aristotelica si configura innanzitutto come una retorica del ragionamento, il cui strumento centrale è l'entimema, o sillogismo approssimativo, che si fonda su delle premesse verosimili fornite dall'*endóxa*, cioè dall'opinione comune.

A partire dal sec. II a.C. la retorica aristotelica viene introdotta a Roma, specialmente da Cicerone (*De inventione oratoria*, *De oratore* ecc.), il quale la pragmatizza, anche perché è lui stesso oratore. Quintiliano con il suo *De institutione oratoria*, diviso in 12 libri dedicati all'educazione dell'oratore, ci fornisce senza dubbio il trattato di retorica più completo e più chiaro di tutta l'antichità. Egli vi propone tra l'altro una prima teoria della *scrittura*, dalla quale prende l'avvio una trasformazione destinata ad accentuarsi nei secoli seguenti: mentre Aristotele aveva badato a distinguere la *retorica* come arte del discorso in pubblico dalla *poetica* come arte della poesia (il termine designava a quell'epoca i vari generi della letteratura, e soprattutto la tragedia), ora le due discipline tendono a confondersi, tanto che la retorica diventerà in un certo modo una seconda poetica (questa infatti verrà chiamata, più tardi, «seconda retorica»). Nel corso dei primi secoli della nostra era, l'obiettivo pragmatico immediato cede dunque a poco a poco il posto all'obiettivo estetico: l'antica retorica del ragionamento si evolve nella direzione della retorica classica dello stile. Contemporaneamente forse alle istituzioni repubblicane scompare l'eloquenza a vantaggio della letteratura, mentre delle tre grandi parti della retorica l'*elocutio* finisce per soppiantare le altre due.

• *Il discredito della retorica.* Nel medioevo la retorica ridotta in questi termini si colloca in una struttura didattica assai rigida, il *trivium*, fra la *grammatica* e la *dialectica* (o *logica*) e si vede progressivamente relegata in secondo piano sotto l'incalzare delle altre due scienze della parola. L'arretramento delle sue posizioni è confermato nel Cinquecento, quando P. → Ramo si propone di connettere l'*inventio* e la *dispositio* alla dialettica, lasciando alla retorica soltanto il campo delle *figure*. Da allora essa non poteva non cadere di nuovo in discredito, come era accaduto alla retorica dei sofisti all'epoca di

Platone e di Aristotele, ma in questo caso si era lasciata ridurre allo studio dei «vani ornamenti» del discorso. E il discredito fu tanto maggiore in quanto nel Seicento comparve, con Cartesio, un nuovo valore, l'*evidenza*, che rese più che sospetta l'idea di verosimiglianza applicata al ragionamento (la sua fortuna fu grande invece nel campo letterario). È così che Port-Royal ci ha lasciato una *Grammatica* e una *Logica* ma nessuna retorica (→ Port-Royal, Logica di). Tuttavia, dal rinascimento al romanticismo i trattati di retorica si moltiplicano (i due più famosi sono quello di Du Marsais del 1730 e di Fontanier, del 1823), diventando sempre più ingegnosi nella classificazione delle figure stilistiche: la distinzione principale è quella fra i *tropi*, figure che concernono il significato delle parole (l'*ornamento difficile* della retorica medievale) e le *figure* propriamente dette, che concernono la forma o il referente degli enunciati (ed è l'*ornamento facile*).
L'individualismo esasperato dei romantici, il loro desiderio di esprimere le passioni, la loro fede in una lingua priva di ogni artificio, e lo storicismo che caratterizza l'Ottocento nel suo complesso, non si confanno a una scienza sincronica del generale, che pretende di guidare gli affetti applicando al linguaggio delle griglie già pronte. Fu così che V. Hugo mosse guerra alla retorica, che morì praticamente per più di cento anni.
• *La ripresa della retorica nel Novecento.* All'inizio del nostro secolo una parte dell'eredità della retorica viene assunta da due nuove discipline: *1*) la stilistica; *2*) la teoria del testo, così come viene praticata dai formalisti russi. P. Valéry avrebbe desiderato una rinascita della retorica antica. E sembra che oggi ciò sia un fatto compiuto: da alcuni anni sono state imboccate due vie feconde di risultati al fine di ricondurre sulla scena il nome e la cosa stessa. *1*) Ch. Perelman e i suoi collaboratori (*La nuova retorica - Trattato dell'argomentazione*, 1958), constatando che la logica moderna si è identificata con la logica formale aristotelica degli *Analitici* e ha trascurato la teoria dell'argomentazione sviluppata dai *Topici*, si propongono di riprendere tale teoria per continuarla e ampliarla, integrando la dialettica antica (arte della controversia con un interlocutore attivo, contrapposta alla retorica che si occupava solo dei discorsi pronunciati davanti a un uditorio passivo) alla nuova retorica. *2*) Accanto a questa ripresa generalizzante dell'*inventio* e del progetto iniziale dell'antica disciplina, si è avuto, più di recente, un recupero generalizzante — in un altro senso — dell'*elocutio* da parte della critica strutturalistica: questa, soprattutto in conseguenza del suo formalismo e del suo obiettivo decisamente sincronico, ritrova una profonda affinità con la materia retorica, limitata a dire il vero al campo delle figure e spesso solo ad alcune di esse (la metafora innanzitutto). La letteratura comunque non figura più come l'unico dominio di studio dei meccanismi delle figure: la pubblicità, il cinema, l'inconscio ecc. si rivelano oggi come linguaggi più che mai carichi di retorica (si pensi alle indagini condotte in quest'ambito da G. Genette, T. Todorov, H. Cohen e dal gruppo di Liegi).
A partire dagli anni Ottanta, alcuni filosofi (I. Hacking, R. Rorty, in Italia M. Pera) hanno evidenziato gli aspetti retorici del discorso scientifico. L'argomentazione scientifica «reale» — a differenza delle esposizioni manualistiche — non avrebbe una struttura ipotetico-deduttiva, ma sarebbe caratterizzata dalla ricerca della persuasione, con i mezzi argomentativi che sono il tradizionale oggetto della retorica. Per alcuni (D.N. McCloskey, *La retorica dell'economia*, 1985) questa analisi è implicitamente svalutativa, se non del discorso scientifico, certamente delle sue pretese di oggettività e razionalità assoluta; per altri, invece, si tratta di mostrare come il dibattito scientifico si conformi a criteri di ragionevolezza più che a un ideale di razionalità astratta; altri ancora sono interessati alla varietà di modelli argomentativi o *stili di ragionamento* che caratterizzano diversi momenti della storia della scienza. In tutte queste posizioni è evidente l'influenza della filosofia della scienza di Th. → Kuhn, P. → Feyerabend e I. → Lakatos. *R. Mar.*

Ricardo, David (Londra 1772 - Gatcomb Park, Gloucestershire, 1823), economista inglese. Stimolato dalla riflessione sui problemi economici contemporanei (l'inflazione, la povertà, gli effetti del protezionismo sulla crescita economica), dopo il suo ritiro dagli affari (era stato agente di cambio, poi banchiere e fortunato operatore di borsa) si occupò (*Principi dell'economia politica e delle imposte*, 1817) di relazioni più generali quali quelle determinate dalla distribuzione del reddito fra le tre grandi classi sociali: proprietari terrieri, capitalisti, lavoratori. Isolata la rendita, perché destinata per definizione a spese improduttive, considerati i salari dati dal livello di sussistenza e ricavato il profitto per differenza tra il prodotto e gli input di produzione (supposti omogenei) relativi al meno fertile dei terreni messi a coltura (quello cioè per il quale non si paga rendita), Ricardo pervenne a una teoria «conflittuale» della distribuzione e, da questa, a una teoria pessimistica della crescita economica, comprendente la previsione di un finale «stato stazionario». Lo sviluppo capitalistico avrebbe portato alla messa a coltura di terre sempre meno fertili, per provvedere alla sussistenza dei lavoratori, e con ciò stesso avrebbe fatto declinare il saggio di profitto, riducendo l'incentivo dei capitalisti a investire, fino al mero rimpiazzo dei mezzi di produzione distrutti dall'uso e alla costanza delle quote distributive. Da questa condizione

di stazionarietà il sistema economico non si sarebbe riscosso se non attraverso l'introduzione di tecniche più produttive o un vantaggio comparato nel commercio internazionale dei beni-salario (la teoria dei vantaggi comparati è anch'essa un contributo di Ricardo all'analisi economica).
Nello sforzo di determinare prodotto e input produttivi in termini omogenei, non influenzati dal variare dei prezzi, Ricardo fu spinto a ricercare una misura invariabile del valore nella quantità di lavoro direttamente o indirettamente incorporato nella produzione di un bene. Nonostante le difficoltà insite in questa scelta (restava insoluto il problema del passaggio dal valore a un sistema di prezzi tale da assicurare la necessaria uniformità del saggio di profitto nei vari settori), essa influenzò → Marx, che vi vide l'intuizione di una spiegazione causale del valore. L'influsso di Ricardo è rintracciabile anche nella concezione antagonistica dei rapporti sociali di produzione in Marx e nella sua teoria della caduta tendenziale del saggio di profitto.

Riccardo di San Vittore (morto nel 1173), teologo e filosofo scozzese. Recatosi a Parigi in giovane età, entrò nel convento di San Vittore, ove ebbe per maestro Ugo, al quale succedette come priore nel 1141. I suoi principali scritti teologici sono: *De Trinitate*; *Quomodo Spiritus Sanctus est amor Patris et Filii*; *De Verbo incarnato*; *De praeparatione animi ad contemplationem* (o *Beniamin minor*); *De gratia contemplationis* (o *Beniamin maior*). Riccardo fu, dopo Ugo, il maggior maestro della scuola di → San Vittore. Muovendo dal presupposto agostiniano della fede (*De Trinitate*, I, 1), egli cercò di chiarire il processo della conoscenza, che ricondusse alle tre fonti dell'esperienza, della ragione e della rivelazione. L'utilizzazione armoniosa di queste tre componenti consente la dimostrazione, non solo possibile ma necessaria, delle verità cristiane (*De Trinitate*, I, 4). In particolare Riccardo formulò le dimostrazioni dell'esistenza di Dio e della sua trinità con argomentazioni divenute classiche nella scuola francescana. Egli analizzò inoltre la via mistica che conduce a Dio, fondata sulle tre facoltà dell'immaginazione (o percezione sensibile), della ragione (o pensiero discorsivo) e dell'intelletto («occhio spirituale» che vede le cose invisibili: *De gratia contemplationis*, III, 9). A esse corrispondono il pensare, il meditare e il contemplare; la contemplazione, attraverso sei gradi fondamentali, sale dalla perfezione e bellezza del mondo sensibile sino alla visione della divinità. Quest'ultima meta comporta un'estasi (*excessus mentis*, alienazione della mente) conseguibile solo per l'intervento della grazia. Riccardo simboleggia i gradi della via mistica con i figli che Giacobbe ebbe da Lia e da Rachele. L'ultimo di essi, Beniamino, è il simbolo di quello sprofondarsi dell'anima nella conoscenza di sé che è premessa dell'alienarsi della mente in Dio. Il nascere di Beniamino comporta allora il morire di Rachele, cioè il venir meno della ragione per fare spazio alla contemplazione mistica (*De praeparatione*, 73). Ragione e fede si saldano così nell'unità del cammino verso Dio.

Ricci, Scipione de' (Firenze 1741 - Rignano, Firenze, 1809), ecclesiastico e riformatore italiano. Si formò a Roma, Pisa e Firenze in ambienti filogiansenistici e anticuriali. Divenuto vicario generale dell'arcivescovo di Firenze, allacciò un rapporto epistolare con l'abate francese G. Dupac de Bellegarde della chiesa scismatica di Utrecht, e frequentò gli anticurialisti della corte granducale. Eletto vescovo di Pistoia e Prato (1780), promosse una vasta azione riformatrice, nella quale esigenze di pietà «regolata» di ascendenza muratoriana si intrecciavano con istanze illuministiche, giansenistiche, febroniane (→ febronianesimo). Ricci prese posizione contro la devozione al Sacro Cuore (1781), controllò le vite dei santi e le reliquie per espungerne gli elementi spuri, scarnificò le devozioni, sopprimendo novene, tridui e ottavari e accentuando il culto eucaristico e la lettura della Bibbia. Nel 1783 incominciò a pubblicare gli *Opuscoli interessanti la religione* (17 voll., 1783-89), che comprendevano opere di giansenisti italiani e traduzioni di trattati, prediche, pastorali di giansenisti francesi, olandesi e austriaci. Per favorire la partecipazione del popolo alla liturgia, egli introdusse il volgare nella messa, e affermò la centralità della parrocchia. Da qui la polemica contro gli ordini religiosi, considerati forze particolaristiche, e l'insofferenza per le loro chiese non parrocchiali. Per sanzionare autorevolmente le sue istanze riformatrici e indicarle come esempio ad altre diocesi, Ricci celebrò a → Pistoia, nel 1786, un sinodo che rappresentò l'episodio più significativo del giansenismo italiano. La posizione di Ricci fu però indebolita dalla partenza per Vienna del granduca Pietro Leopoldo I divenuto imperatore, a seguito della quale egli diede le dimissioni (1791).

Richards, Ivor Armstrong (Sandbach, Cheshire, 1893 - Londra 1979), studioso di estetica e critico letterario inglese, fu professore di letteratura inglese alla Harvard University. Le sue ricerche mirano a individuare la specificità del messaggio estetico, definito come espressione di una *funzione emotiva* particolare, che si contrappone alla *funzione conoscitiva* assolta dal linguaggio comune e scientifico. Mentre la funzione conoscitiva (o «simbolica») del linguaggio ha per scopo «la registrazione, la sistemazione, l'organizzazione e la comunicazione dei riferimenti», la funzione emotiva mira a «esprimere o suscitare sentimenti o atteggiamenti» (*Il significato del significato*, cap. VII, scritto con K.R. Ogden, 1923). Gli studi intorno alla funzione emotiva e ai meccanismi della sua produzione hanno condotto Richards a una rivalutazione della retorica classica, in quanto trattazione sistematica della funzione emotiva (*La filosofia della retorica*, 1937), e al tentativo di conferire un fondamento scientifico alla critica letteraria (*Principi della critica letteraria*, 1924; *Scienza e poesia*, 1925; *Come leggere una pagina*, 1942).

Richter, Johann Paul Friedrich, → Jean Paul.

Rickert, Heinrich (Danzica 1863 - Heidelberg 1936), filosofo tedesco. Allievo di W. Windelband, gli succedette nel 1916 alla cattedra di Heidelberg e alla direzione della scuola di Baden che, con E. Troeltsch, B. Bauch e H. Münsterberg, sviluppò il → neokantismo della scuola di Marburgo in una «filosofia dei valori» fondata sulla distinzione tra scienze della natura e scienze dello spirito. Riprendendo da Windelband tale partizione (*I limiti della formazione dei concetti nelle scienze della natura*, 1896-1902; *Scienze della cultura e scienze della natura*, 1899), Rickert ne sottolinea il carattere metodologico: non vi sono oggetti specifici delle scienze della natura o dello spirito perché la stessa realtà «diviene natura se la consideriamo in riguardo all'universale, diviene storia se la consideriamo in riguardo al particolare e all'individuale». I concetti scientifici mirano infatti alla generalizzazione, cioè a «leggi», mentre la storia si rivolge agli eventi individuali in quanto essi incarnano i «valori» costitutivi di una determinata civiltà. Ciò non significa che lo storico sovrapponga un giudizio di valore ai fatti: egli si limita a riconoscere i valori così come si presentano. Né da ciò deriva che i valori siano relativi e transeunti (Rickert polemizza contro il relativismo storicistico e contro l'irrazionalismo e il nichilismo di Nietzsche, Dilthey, Simmel, James e Bergson: *La filosofia della vita,* 1920). Il problema dell'essenza del valore è l'oggetto specifico della filosofia, che Rickert intende come analisi rigorosa dell'atto conoscitivo (*La definizione*, 1888; *L'oggetto della conoscenza*, 1892; *La logica del predicato e il problema dell'ontologia*, 1930). I valori non appartengono al mondo reale e tuttavia sussistono come eterne essenze indipendenti dal soggetto e dall'oggetto. La loro rivelazione si manifesta nell'atto del giudizio, in quanto esso è appunto un valutare che istituisce il campo dei significati (cfr. la raccolta postuma di saggi *Immediatezza e significato*, 1939). La filosofia deve dunque classificare i valori. Rickert indica in proposito sei «domini»: logica, estetica, mistica, etica, erotica, filosofia della religione; a cui corrispondono altrettante «concezioni del mondo»: intellettualismo, estetismo, misticismo, moralismo, eudemonismo, teismo o politeismo (*Sistema di filosofia*, 1921; *Problemi fondamentali della filosofia*, 1934). Nella sua sistematicità la filosofia può aspirare alla compiutezza formale dell'analisi; quanto ai contenuti essa deve invece riconoscere la propria inadeguatezza storica e il proprio ineliminabile carattere di «sistema aperto»: i valori sono infatti norme eterne e metastoriche che si danno però a conoscere solo nello svolgimento progressivo della storia della cultura.

Ricoeur, Paul (Valence 1913), filosofo francese. Dopo aver insegnato filosofia morale nella università di Strasburgo, ha tenuto la cattedra di storia della filosofia alla Sorbona e, successivamente, all'università di Nanterre. Muovendo dall'esistenzialismo e dalla fenomenologia, a cui dedicò i suoi primi studi (*Gabriel Marcel e Karl Jaspers*, 1947; *Karl Jaspers e la filosofia dell'esistenza*, 1947, in collaborazione con M. Dufrenne; introduzione e traduzione francese delle *Idee* di Husserl, 1950), Ricoeur si è orientato verso una filosofia ermeneutica (→ interpretazione), che riconosce nel linguaggio della religione, del mito e della poesia la condizione di possibilità e il significato ultimo del pensiero e della volontà. Secondo Ricoeur, però, le eventualità rivelative del linguaggio sono possibili solo quando non lo si consideri una semplice funzione comunicativa, come avviene nella linguistica e nella semiologia (per le quali il linguaggio è un insieme di *segni*, che rinviano a significati univoci); ma vi si isolino anche *simboli*, dotati sia di una referenza linguistica immanente, sia di una pluralità di referenti religiosi, mitici e poetici, il cui significato viene a coincidere con il senso ontologico e trascendente dell'esistenza umana (*La sfida semiologica*, 1974). Se considerato in questa dimensione simbolica, il linguaggio non è soltanto il veicolo di una comunicazione, ma diviene l'oggetto di una interpretazione (*Il conflitto delle interpretazioni*, 1969): Ricoeur ha concepito dunque la propria filosofia come una *epistemologia del simbolo.* In *Finitezza e colpa* (1960, seconda sezione della *Filosofia della volontà*, il cui primo volume, *Il volontario e l'involontario*, è stato pubblicato nel 1950), vengono esaminate le espressioni simboliche del male in campo religioso, nelle quali il riferimento linguistico a una esperienza quotidiana (portare un peso, percorrere una via tortuosa ecc.) simboleggia l'esperienza trascendente del sacro, della dannazione e della salvezza. In *Della interpretazione. Saggio su Freud* (1965), Ricoeur analizza la dialettica tra il significato manifesto del sogno, che trae il proprio materiale espressivo dall'esperienza diurna, e la sua referenza latente, che indica le volontà e i desideri profondi del soggetto. In *La metafora viva* (1975), si prende in esame il processo metaforico nella poesia, nella quale l'uso simbolico di immagini e significati usuali illumina quelle dimensioni mitiche e trascendenti nelle quali l'uomo riconosce il senso della sua vita. Contro la teoria (invalsa nella trattatistica retorica settecentesca) della metafora come sostituzione di un senso proprio attraverso un senso figurato, Ricoeur rivendica altresì il carattere autonomo della referenza metaforica, capace di rifigurare originalmente un mondo, e non già soltanto di dire le stesse cose in forma ornata. Di qui, seguendo l'indicazione aristotelica della metafora come breve mito, Ricoeur ha consacrato un ampio studio (*Tempo e racconto*, 3 voll., 1983-85) alla narrazione come processo, anche euristico irriducibile alla semplice denotazione, e imprescindibile nella stessa attività scientifica e filosofica. Altre sue opere recenti: *Dal testo all'azione* (1986); *Se stesso come un altro* (1990).

ricorsività, teoria della, uno dei capitoli fondamentali della logica matematica. Il concetto di «funzione ricorsiva» venne introdotto negli anni Trenta allo scopo di delimitare, in termini matematicamente rigorosi, la classe delle funzioni di numeri naturali computabili algoritmicamente (→ algoritmo). Furono proposte varie definizioni alternative: in termini di sistemi di equazioni (K. Gödel, S.C. Kleene), di λ-definibilità (A. Church), di automi ideali (A.M. Turing) ecc. L'equivalenza dei diversi approcci venne interpretata come una prova del fatto che essi fornivano davvero una caratterizzazione adeguata della nozione informale di «funzione computabile». Questa convinzione fu codificata nella cosiddetta «tesi di Church», della quale non è possibile dare, in linea di principio, una dimostrazione rigorosa, e che tuttavia è dotata di una innegabile plausibilità.

Strettamente connesse con il concetto di funzione ricorsiva sono le nozioni di insieme decidibile e semidecidibile. Un insieme A di numeri naturali si dice *decidibile* (formalmente: ricorsivo) qualora esista un algoritmo per decidere, dato un qualunque numero naturale n, se n appartiene ad A oppure no. Un insieme A di numeri naturali si dice *semidecidibile* (formalmente: ricorsivamente enumerabile) quando esiste un algoritmo che permette di «generare» l'uno dopo l'altro tutti i suoi elementi. Si dimostra con facilità che ogni insieme decidibile è semidecidibile, ma non viceversa.

Mediante la tecnica dell'*aritmetizzazione*, i teoremi di un sistema formale possono essere identificati con un insieme di numeri naturali; perciò ha senso parlare di sistemi formali ricorsivamente enumerabili e ricorsivi. Mentre il requisito dell'enumerabilità è per lo più inglobato nella definizione stessa di sistema formale, la maggior parte dei sistemi formali con cui si ha a che fare di solito non sono ricorsivi. Infatti nel 1936 Church dimostrò l'indecidibilità dell'aritmetica elementare e, in un secondo tempo, della logica dei predicati del primo ordine.

Oltre che in logica, la teoria della ricorsività ha trovato applicazioni anche in altri settori della matematica. Un esempio interessante è costituito dalla soluzione del «decimo problema di Hilbert». Un'equazione è detta *diofantea* se è della forma $P(x_1, ..., x_n) = 0$, dove $P(x_1, ..., x_n)$ è un polinomio a coefficienti interi. Sorge allora il quesito: esiste un algoritmo che consenta di stabilire, data una qualsiasi equazione diofantea, se essa ha una soluzione intera? Utilizzando i concetti e le tecniche della teoria della ricorsività, a questa domanda è stata data una risposta negativa da Matijasevič nel 1970.

Tra gli sviluppi della teoria ricorderemo la cosiddetta teoria della ricorsività generalizzata e la teoria della complessità. La prima è nata dal tentativo di estendere a domini diversi da quello dei numeri naturali il concetto di funzione ricorsiva; questo nuovo punto di vista ha condotto a una migliore comprensione di certi risultati della teoria classica, e all'individuazione di legami profondi fra la teoria della ricorsività e altre branche della logica, in particolare la teoria degli insiemi. Quanto alla teoria della complessità, essa è stata stimolata dall'esigenza di applicazioni pratiche nell'ambito della «computer science», e consiste in un tentativo di classificare le funzioni ricorsive in base al grado di difficoltà del loro computo.

riduzionismo, termine che designa ogni concezione epistemologica secondo la quale: 1) fenomeni di un certo tipo (F) sono identici a fenomeni di tipo diverso e più fondamentale (F^*); 2) concetti applicabili ai fenomeni di tipo F possono in linea di principio essere tradotti in concetti applicabili ai fenomeni di tipo F^*; 3) le leggi che spiegano i fenomeni di tipo F sono in linea di principio derivabili dalle leggi che spiegano i fenomeni di tipo F^*. Verificandosi le precedenti condizioni si può affermare che la scienza dei fenomeni di tipo F è *riducibile* alla scienza dei fenomeni di tipo F^*. Adottando questa posizione in ambito biologico, i teorici del riduzionismo *meccanicista* o *fisicalista* hanno sostenuto che tutti i fenomeni della vita possono essere descritti e spiegati mediante concetti e leggi di tipo fisico-chimico. In ambito psicologico, i teorici del *comportamentismo* hanno identificato i processi psichici con le condizioni neurofisiologiche del loro verificarsi, sostenendo, di conseguenza, che la psicologia è destinata a risolversi integralmente nella neurofisiologia. La scuola dell'individualismo metodologico, infine, ha postulato che i fenomeni sociali siano analizzabili negli stessi termini (psicologici, biologici e fisico-chimici) utilizzati per analizzare il comportamento degli individui che vi sono coinvolti.

In una seconda accezione, accolta soprattutto nella letteratura epistemologica di lingua inglese, il termine designa la tesi — propria della prima fase del movimento neopositivista (→ empirismo logico) — secondo cui i termini e gli enunciati di tutte le teorie scientifiche sono in linea di principio traducibili (mediante definizioni esplicite o mediante enunciati di riduzione) nei termini e negli enunciati di un linguaggio osservativo di base.

Riehl, Alois (Bolzano 1844 - Neubabelsberg 1924), filosofo tedesco. Noto esponente del neokantismo, oltre alla sua opera maggiore, *Il criticismo filosofico e il suo significato per la scienza positiva* (2 voll., 1876-87), ha pubblicato: *Lineamenti realistici* (1870); *Concetto e forma della filosofia* (1872); *Contributi alla logica* (1892); *Introduzione alla filosofia contemporanea* (1903); *Logica e teoria della conoscenza* (1907); *F.W. Nietzsche. L'artista e il pensatore* (1923); *Studi filosofici* (postumi, 1925). Fautore di un'interpretazione realistica di Kant che si richiama a H. Helmholtz, Riehl vede nel tentativo idealistico di oltrepassare il limite della cosa in sé kantiana (→ noumeno) una deformazione delle reali intenzioni del criticismo, che conduce a gratuite postulazioni metafisiche. Contrariamente agli interpreti idealisti di Kant, Riehl afferma che non c'è contraddizione logica nel sostenere che l'oggetto, pur entrando in rapporto con la coscienza, mantiene un'esistenza indipendente da quel rapporto. La scienza, del resto, può cogliere un aspetto o residuo genuinamente obiettivo della realtà in sé in quanto, come già diceva Helmholtz, riconduce la regolarità dei fenomeni a «leggi» matematiche. È in tali leggi che le forme a priori del soggetto e la realtà in sé trovano una mediata corrispondenza. Del tutto estraneo alla scienza risulta invece il problema dei «valori»: essi non sono infatti oggetto di conoscenza, ma di pratica partecipazione affettiva e di «saggezza morale». A questo riguardo Riehl giudica esemplare l'opera di Nietzsche, come tentativo metascientifico di creare nuovi valori culturali e morali.

Riemann, Bernhard (Breselenz, Hannover, 1826 - Selasca, Novara, 1866), matematico tedesco. Studiò a Gottinga con M. Stern e K. Gauss e a Berlino con P.G. L. Dirichlet, interessandosi però anche di fisica e di filosofia (in particolare del pensiero di J.F. Herbart). Di qui il carattere unitario e l'intento sintetico tra diversi campi della scienza che fanno del lavoro di Riemann un punto di arrivo della matematica classica e, al tempo stesso, il momento essenziale di nuove prospettive e sviluppi. Laureatosi nel 1851 a Gottinga con la celebre memoria *I fondamenti di una teoria generale delle funzioni di una variabile complessa*, presentò nel 1854, per la libera docenza, due grandi lavori (pubblicati postumi nel 1867): *Sulle ipotesi che stanno alla base della geometria* e *Sulla rappresentabilità di una funzione mediante una serie trigonometrica*. L'argomento della prima è «il problema di costruire, partendo dal concetto generale di grandezza, il concetto di grandezza pluridimensionale». Una grandezza pluriestesa è suscettibile di diversi rapporti metrici, e lo spazio, di conseguenza, «non è che un caso particolare di grandezza a tre dimensioni». Da questi principi deriva l'impossibilità di dedurre le proposizioni della geometria dai concetti generali di grandezza; le proprietà che distinguono lo spazio da ogni altra grandezza immaginabile di tre dimensioni «non possono essere legate che all'esperienza». La certezza «naturalmente evidente» della geometria euclidea, tradizionalmente assunta dal pensiero (anche filosofico) come modello di verità assoluta, è per Riemann ridotta nel novero della probabilità, se pur «assai considerevole rispetto ai limiti di osservazione», dove è chiara la lezione di Gauss e della filosofia di Herbart. Riemann sviluppa pertanto una geometria ellittica fondata sul postulato che per un punto non è possibile condurre alcuna retta parallela a una retta assegnata. Questa concezione troverà applicazione nella teoria generale della relatività che assumerà il punto di vista dello «spazio-tempo riemanniano» (le leggi dei fenomeni fisici conservano la stessa forma rispetto a qualsiasi osservatore). Lo spazio di Riemann non soltanto non è euclideo (→ euclidea e non euclidee, geometrie), ma neppure può essere determinato a priori, poiché i fenomeni che si svolgono nello spazio influenzano lo spazio medesimo. Di qui le basi della geometria differenziale moderna e l'intima fusione di geometria e fisica.

Riesman, David (Filadelfia 1909), sociologo statunitense. Ha insegnato scienze sociali nell'università di Chicago e alla Harvard. Tra le sue opere, la più nota è *La folla solitaria. Studio sul carattere americano in transizione* (1950), in cui si postula l'evoluzione del carattere sociale in correlazione con il ritmo di incremento demografico, attraverso tre tipi di personalità: diretta dalla tradizione, autodiretta, eterodiretta. Quest'ultimo tipo, che secondo Riesman prevale negli USA e in generale nelle società avanzate, è determinato dal giudizio del gruppo dei pari e dai mezzi di comunicazione di massa. L'immagine della società americana proposta da Riesman (che però ha indagato soprattutto il comportamento della classe media urbana delle grandi città) è quella di una società pluralistica, in cui innumerevoli gruppi di interesse competono per orientare a proprio favore l'attività legislativa e amministrativa dello stato. Tra le altre sue opere: *Visi nella folla* (1952), rielaborazione di materiali raccolti per *La folla solitaria*; *Thorstein Veblen, un'interpretazione critica* (1953); *Individualismo riconsiderato* (1954); *A che serve l'abbondanza?* (1964); *L'america al bivio pedagogico* (1965); *La rivoluzione accademica* (1968, in collaborazione con C. Jencks).

riferimento, la relazione tra un'espressione linguistica e ciò che essa designa; e anche l'entità stessa designata (detta più propriamente *referente*, o anche *denotazione*). Già gli stoici (→ stoicismo) avevano distinto, accanto al significato di un'espressione, «ciò che è», l'oggetto di cui si parla: per es. la persona fisica designata da un nome proprio come 'Dione'. Nella filosofia del linguaggio medievale, la teoria della → *suppositio* è essenzialmente una teoria del riferimento per i sintagmi nominali ('Carlo', 'qualche uomo', 'una donna' ecc.), che contempla anche il caso in cui un'espressione si riferisce a se stessa come segno (*suppositio materialis*), come in «Carlo ha cinque lettere». Nei secc. XVII-XIX, vengono avanzate varie teorie del → significato che tematizzano la relazione di riferimento. Per J.S. Mill (*Logica*, 1843, 1, 1, 5) si deve distinguere tra termini «connotativi», che denotano ciò che denotano in virtù della loro connotazione, e termini non connotativi, che denotano direttamente. Per es., 'bianco' si riferisce alle cose bianche in forza dell'attributo della bianchezza, che il termine *connota*; invece un nome proprio come 'Cesare' si riferisce a ciò che denota — l'uomo Cesare — direttamente: «i nomi propri sono attaccati agli oggetti stessi, e non dipendono dall'esistenza continuata di nessun attributo dell'oggetto». Al contrario, per Frege (*Senso e denotazione*, 1892) il riferimento è sempre — quindi anche nel caso dei nomi propri — mediato da ciò che egli chiama il *senso* dell'espressione (corrispondente per molti aspetti alla connotazione di Mill), che «contiene il modo in cui l'oggetto viene dato»; anche se non sempre a un senso corrisponde un riferimento (ci sono espressioni sensate, come 'la serie meno convergente', che non hanno alcun riferimento). La posizione di Frege è stata largamente accettata nella prima metà del sec. XX, e fino all'inizio degli anni Settanta: per Carnap, per es. (*Significato e necessità*, 1947), l'estensione di un'espressione linguistica — il suo referente — è determinata dalla sua intensione (→ estensione-intensione). In tutte queste teorie, l'idea intuitiva comune è che un'espressione si riferisce a qualcosa in virtù di ciò che essa significa, del contenuto di pensiero che è associato a essa. Questa immagine del riferimento è stata messa in discussione da S. Kripke per quanto riguarda i nomi propri: per Kripke, che si richiama esplicitamente a Mill, il rapporto tra un nome proprio e il suo referente è diretto, non mediato da un contenuto descrittivo: il riferimento è instaurato da un atto di battesimo, e trasmesso di parlante in parlante in virtù delle loro interazioni reali (che costituiscono una *catena causale*), sostenute dall'intenzione di conformarsi all'uso stabilito del nome. Lo stesso Kripke e H. Putnam hanno esteso questa analisi ai nomi di specie naturale ('acqua', 'tigre' ecc.): il loro riferimento non è determinato da un contenuto descrittivo (l'«idea» di un carnivoro a strisce gialle e nere, mettiamo), ma da un originario atto di battesimo, e dalla relazione reale di identità di natura che accomuna le tigri, o i campioni di acqua. Più recentemente, altri filosofi (tra cui D. Kaplan) hanno generalizzato la teoria all'intero linguaggio: il riferimento non è mai mediato da contenuti descrittivi o cognitivi, ma è sempre diretto. Come i nomi propri si riferiscono (direttamente) a individui, così i predicati si riferiscono direttamente a proprietà. Questa posizione («teoria del riferimento diretto»), che è perfettamente speculare a quella di Frege, non nega che alle espressioni linguistiche possano essere associati contenuti cognitivi di vario genere, ma nega che tali contenuti svolgano un qualsiasi ruolo rispetto al riferimento.

riflessione, termine che, in Aristotele e negli scolastici, indica la conoscenza che l'intelletto ha di sé, in quanto non soltanto conosce, ma anche sa di conoscere. Questa conoscenza di secondo livello, implicita in ogni atto dell'intelletto, diventa esplicita allorché l'intelletto assume a oggetto se stesso. Nel solco del neoplatonismo, la capacità dell'intelletto di riflettere su di sé è assunta anche dagli scolastici quale segno della sua immaterialità. Nella filosofia moderna, Locke considera la riflessione, o «senso interno», come una delle due fonti di tutte le nostre idee: attraverso la sensazione abbiamo le idee che ci vengono dall'esterno, con la riflessione abbiamo le idee delle nostre operazioni mentali, come percepire, dubitare, credere, ragionare, volere, desiderare ecc. Per Hume, invece, la riflessione riproduce nel pensiero le «impressioni» immediate (immagini ed emozioni) che già si siano avute, dando così origine alle «idee», che si distinguono dalle impressioni corrispondenti solo per il loro minor grado di forza e vivacità. Kant distingue fra la riflessione «logica» e la riflessione «trascendentale»: la prima è la comparazione di molteplici rappresentazioni, per trovarne le note comuni oppure diverse; la seconda è la determinazione delle relazioni reciproche fra le cose, secondo quattro coppie di concetti: identità e diversità, comunanza e opposizione, interno ed esterno, materia e forma. Ma a proposito di queste relazioni è essenziale distinguere fra le cose in quanto fenomeni, cioè come date dalla sensibilità, e le cose come pensate dal mero intelletto; giacché, se non si compie questa distinzione, si cade in quella «intellettualizzazione dei fenomeni» che Kant rimprovera a Leibniz. Si consideri, per es., a proposito della coppia identità-diversità, il principio leibniziano dell'identità degli indiscernibili: che due cose che non abbiano alcuna differenza interna siano una cosa sola, in quanto identiche, si può sostenere soltanto se le si considerano intellettualmente; ma, perché esse rimangano *due*, e non siano la medesima cosa, anche se intellettualmente sono indistinguibili, è sufficiente che si trovino collocate in due punti diversi dello spazio; il che però può essere appreso (secondo Kant) solo attraverso la sensibilità, essendo lo spazio una forma di quest'ultima (Anfibolia dei concetti della riflessione, in appendice all'Analitica trascendentale, nella *Critica della ragion pura*). Per Fichte, la riflessione è la considerazione astratta per cui l'Io si pensa come contrapposto al proprio oggetto, e quindi come limitato da questo, anziché comprendere che l'oggetto è prodotto dall'Io stesso. Questo significato sarà presente anche in Hegel: l'intelletto riflettente tiene separati soggetto e oggetto, in contrasto con la «ragione». La riflessione è pertanto l'atteggiamento tipico del pensiero comune, delle scienze e della metafisica tradizionale, fino a Kant incluso. Tuttavia Hegel dà anche un altro significato alla nozione di riflessione, del tutto obiettivo: la riflessione è la relazione reciproca fra i concetti puri che si oppongono l'uno all'altro, in coppia, come rispettivamente positivo e negativo; dei quali ognuno contiene entro di sé l'altro ed è in unità con esso. In questo senso, la riflessione è per Hegel costitutiva del pensiero puro e del reale, significando l'immanenza reciproca degli opposti: acquisirne consapevolezza significa elevarsi alla ragione, di contro all'astrattezza in cui si mantiene l'intelletto. Le due accezioni di riflessione presenti in Hegel vengono quindi a contrapporsi: la riflessione quale atteggiamento intellettualistico consiste nel rifiuto di ammettere quella riflessione oggettiva, quale struttura del Logos, che viene invece consaputa dalla ragione. Per Husserl, la riflessione è identificata con la coscienza; e quindi si devono distinguere la riflessione «naturale», prefilosofica, e la riflessione «fenomenologica», la quale presuppone l'→ epoché come sua condizione.

riflesso condizionato, → apprendimento; → condizionamento.

riforma cattolica, movimento di risveglio religioso che nei secc. XV e XVI si prefisse di sanare, all'interno della chiesa cattolica, la crisi che aveva coinvolto la teologia, le istituzioni ecclesiastiche e la vita religiosa. La teologia insisteva ormai su una concezione preminentemente giuridica della chiesa. Le istituzioni ecclesiastiche si trovavano legate alle strutture temporali in un nodo inestricabile; come sovrano temporale inserito nel gioco diplomatico e politico europeo, il papa partecipava a operazioni militari e organizzava crociate contro i turchi. Per sostenere le spese della politica papale, la curia romana ricorreva a un esasperato fiscalismo, soprattutto attraverso lo sfruttamento del sistema beneficiario. Vescovadi, abbazie, canonicati con annessi pingui benefici erano divenuti appannaggio delle grandi famiglie o erano appetiti dai sovrani per i loro cortigiani. La mondanizzazione dell'episcopato si riverberava sul clero secolare e regolare e sull'intero popolo cristiano. Contro tutto questo, laici ed ecclesiastici invocavano una riforma *in capite et in membris* e proponevano il ritorno alle origini cristiane. La riforma cattolica non iniziò nel «capo», ma nelle «membra», attraverso l'impegno della santificazione personale: in seno agli ordini monastici e mendicanti si formarono congregazioni che si proponevano di tornare alla → osservanza rigorosa della regola; tra i laici si svilupparono in modo spontaneo gruppi che perseguivano una vita di pietà autentica. Tra questi gruppi, sono da ricordare: i cosiddetti «fratelli e sorelle della vita comune», sorti già alla fine del sec. XIV nei Paesi Bassi e in Germania, gli oratori del Divino Amore che praticarono in Italia l'attività caritativa in favore dei condannati a morte, degli orfani e dei colpiti da malattie veneree (i cosiddetti «incurabili»), il circolo di Murano, che raccolse durante gli anni burrascosi della lega di Cambrai alcuni giovani patrizi veneziani (P. Giustiniani, V. Quirini, G. Contarini) e il gruppo di Brescia (Laura Mignani, Stefania Quinzani, Angela Merici, Beatrice Stella). Alle istanze della → *devotio moderna* dei Paesi Bassi e dell'evangelismo si riallacciavano le correnti dell'umanesimo teologico — rappresentate in Francia da Lefèvre d'Etaples, in Inghilterra da J. Colet e da T. Moro, in Germania da J. Reuchlin, in Italia da G. Sadoleto e da Contarini, ma soprattutto da Erasmo — che propugnavano un nuovo modo di fare teologia, basato sulle fonti bibliche accostate nelle lingue originali. Occupano un posto di primo piano tra le correnti della riforma personale gli ordini di recente fondazione (cappuccini, fatebenefratelli) e le nuove congregazioni di chierici regolari (teatini, somaschi, barnabiti, gesuiti ecc.), costituite da sacerdoti (chierici) che esercitavano la cura d'anime, ma che alla maniera dei religiosi vivevano secondo una «regola».

Va ricordata, nel campo dell'apostolato femminile, l'iniziativa di Angela Merici, che nel 1535 fondò la compagnia di sant'Orsola per accogliere le donne consacrate a Dio, ma operanti nel mondo, e attive nell'assistenza delle orfane, nella cura delle malate e nell'insegnamento della dottrina cristiana; la compagnia di sant'Orsola inaugurò un'esperienza di grande rilievo, proprio perché si svolgeva fuori dai binari della clausura. Anche tra i vescovi non mancò chi lavorò attivamente alla riforma della propria diocesi. In Italia figure eminenti di pastori furono L. Giustiniani a Venezia, Antonino a Firenze, Tavelli a Ferrara, Barozzi a Padova, Albergati a Bologna, Nicola Cusano a Bressanone, G.M. Giberti a Verona, G. Seripando a Salerno. Vescovi riformatori si distinsero in Spagna (fra gli altri, il cardinale F. Jiménez de Cisneros), in Germania, in Inghilterra (come J. Fisher, poi martire, e il cardinale R. Pole), in Francia.

L'azione delle correnti della riforma personale era tuttavia frammentaria ed episodica, non in grado di promuovere la riforma generale della chiesa. Sarebbe stato necessario coinvolgere il papato: ma i papi del rinascimento non affrontarono la riforma con l'impegno necessario. Lo stesso concilio Lateranense V (1512-17), convocato da Giulio II e continuato da Leone X, elaborò un programma inadeguato: quando si chiuse, divampò la riforma protestante, che lacerò la cristianità, ma ridestò forze che erano sopite e acuì nel papato la consapevolezza della necessità della riforma. Paolo III (1534-49) introdusse nel collegio cardinalizio uomini sensibili alle istanze riformatrici (G.P. Carafa, Contarini, Pole, Sadoleto), sostenne le nuove congregazioni di chierici regolari, in particolare la compagnia di Gesù, promosse la stesura di un piano di riforma generale della chiesa, il *Consilium de emendanda ecclesia* (1537), e soprattutto convocò il concilio di → Trento (1545-63), che recepì alcune delle istanze fondamentali della riforma cattolica e conferì a esse vigore di legge. Il papato, che nei primi decenni del sec. XVI era stato tiepido sostenitore della riforma, si impegnò ora ad attuare e far attuare i decreti conciliari: ma lo spirito della → controriforma, mutati i tempi e gli uomini, risultava ormai assai diverso, nella sua compattezza dottrinale, istituzionale e giuridica, dalla pluralità delle istanze spirituali, culturali e morali espresse dagli animatori della riforma cattolica.

riforma gregoriana, movimento di rinnovamento ecclesiastico che trae la propria denominazione dal suo principale ispiratore, il monaco Ildebrando, divenuto papa col nome di Gregorio VII (1073-85). Diffuso in tutta Europa, l'ideale di riforma risultò operante soprattutto in Italia. Qui già verso la metà del sec. XI avevano agito movimenti religiosi e popolari (i → patarini in Lombardia e i monaci vallombrosani in Tuscia) che si opponevano alla compravendita di benefici ecclesiastici (simonia) e al concubinato del clero (nicolaismo). La loro azione era stata appoggiata da settori della gerarchia romana, in particolare dal cardinale Umberto di Silva Candida, il quale, facendo leva su un certo rinnovamento dogmatico e disciplinare, intendeva ampliare e rendere definitiva la recente rottura fra chiesa d'Occidente e chiesa d'Oriente. Le disposizioni di Umberto, che invalidavano le ordinazioni simoniache, furono oggetto di aspro dibattito all'interno dello stesso schieramento riformatore, specialmente da parte di Pier Damiani. L'assunzione dell'iniziativa innovatrice direttamente da parte dei pontefici Niccolò II, Alessandro II e infine Gregorio VII contribuì a definire gli obiettivi dei riformatori: furono gradualmente abbandonate le istanze di rinnovamento della chiesa in senso pauperistico, mentre il tema centrale divenne la questione della difesa della *libertas ecclesiae* dalle ingerenze dei grandi signori laici e dell'imperatore. Ogni bene appartenente al patrimonio ecclesiastico fu considerato inalienabile, e venne respinta ogni intromissione imperiale nella elezione del papa e nelle nomine episcopali. Al termine della lotta per le investiture fra Gregorio VII e l'imperatore Enrico IV, risultarono indebolite nello schieramento gregoriano le tensioni riformatrici, mentre si accentuò la visione centralistica e gerarchica della chiesa: l'opera più nota e caratteristica di quest'ultima fase è il *Liber de vita christiana* di Bonizone da Sutri.

riforma protestante, movimento religioso del sec. XVI che fu all'origine del → protestantesimo. Il suo inizio si fa risalire al 31 ottobre 1517, quando Martin Lutero rese pubbliche 95 tesi che discutevano principalmente il valore delle indulgenze, largamente diffuse nella chiesa come fonti di beni spirituali per i fedeli e di ingenti vantaggi finanziari per le casse ecclesiastiche. La riforma ruppe l'unità della cristianità occidentale che per circa 15 secoli, tra crisi ed espansioni, era stata il denominatore comune della vita dei popoli europei. Tale separazione superò per importanza lo stesso scisma d'Oriente: con essa infatti si ebbe una lacerazione profondissima, non solo della chiesa occidentale nel suo insieme, ma anche delle singole comunità cristiane, delle famiglie e spesso delle coscienze, divise tra la fedeltà alla chiesa tradizionale e la coerenza con l'impellente necessità di purificazione e di riforma della chiesa afflitta da grave decadenza.

• *Le cause della riforma.* Di fronte alle implicazioni non solo religiose ma anche sociopolitiche della riforma, assume particolare importanza la determinazione delle cause. Anzitutto bisogna riconoscere la natura essenzialmente religiosa ed ecclesiale degli atteggiamenti e delle esperienze dei primi riformatori e del vasto movimento di consensi che li circondò. Chi ha voluto fare della riforma un avvenimento sociale o economico o chi, come il nazismo, ha visto in essa esclusivamente una corrente nazional-politica, ne ha colto al massimo un aspetto e certo non il più importante. In realtà tutto il primo periodo della riforma, tra il 1517 e il 1525 almeno, è stato dominato dalla forte personalità di Lutero e dall'esperienza religiosa che egli maturò attraverso lo studio appassionato e approfondito della Bibbia. La crisi che egli vive tra il 1512, quando diventa professore di Sacra Scrittura, e il 1514 è una delle crisi più caratteristiche delle anime religiosamente impegnate, derivando dal senso della sproporzione tra qualsiasi azione della propria vita e l'esigenza divina di perfezione. Il bisogno di certezza della validità del proprio rapporto con Dio, e quindi della garanzia della propria salvezza, e il pensiero della terribile giustizia divina verso il peccatore non trovarono per Lutero né chiarimento né conforto nelle correnti nominaliste della teologia medievale, nel cui ambito era stato educato. Il principio nominalista secondo cui l'uomo è capace di giungere all'amor di Dio con le sue sole forze era continuamente contraddetto dalla pressione del peccato, dal doloroso ricadere dopo ogni assoluzione che, come tanti altri cristiani, Lutero sperimentava. La pace interiore, la garanzia della salvezza gli venne invece dalla lettura della Bibbia e soprattutto dalla meditazione della Lettera di san Paolo ai Romani, per mezzo della quale egli raggiunse la certezza interiore che, dopo il sacrificio di Cristo, la giustizia di Dio non è più rivolta alla condanna del peccatore, ma alla sua elevazione. Un'esperienza di questo genere non era né fuori né contro la chiesa; ma egli si convinse di essere stato investito da Dio stesso del compito di riformare il cristianesimo. Tra il 1513 e il 1517 maturò una critica serrata ai voti religiosi, alle pratiche devozionali, alle indulgenze e, fatto ancor più rilevante, ai sacramenti, a tutto ciò insomma che, secondo la teologia cattolica tardomedievale, tendeva ad ammettere una capacità dell'uomo a meritare la vita eterna e quindi sembrava diminuire il valore del sacrificio di Cristo. Contemporaneamente egli sviluppò un altro tipo di critiche, già assai diffuso a quel tempo, contro la decadenza morale della chiesa. La denuncia di tale decadenza veniva rinnovata da più parti da un secolo e mezzo, ma si era espressa in sporadiche iniziative isolate, senza mai portare alla generale riforma di cui quasi tutti riconoscevano la necessità. Lutero riprese questo filone, accusando la chiesa romana di avere tradito la purezza originaria e promuovendo un'effettiva riforma dal basso.

• *La nuova teologia.* Da questa esperienza religiosa e da queste critiche nasce la teologia luterana, che informerà di sé tutta la riforma. Le sue tesi fondamentali sono: la giustificazione per mezzo della sola fede in Cristo, in quanto lo stato di colpa in cui si trova l'uomo non è modificabile da alcun atto umano; la «teologia della croce», secondo la quale la morte in croce di Cristo non è solo l'elemento principale della salvezza dell'uomo, ma ne è l'unica causa; il principio della «sola Scrittura», intesa come unica fonte normativa della fede e della dottrina cristiane e come criterio supremo cui deve essere sottoposto tutto il magistero ecclesiastico. Queste tesi non potevano conciliarsi con la tradizione e con le strutture della chiesa cattolica romana: la salvezza eterna diventava opera esclusivamente divina, la chiesa non poteva che trasformarsi in una chiesa di predestinati, lasciando cadere o almeno relativizzando radicalmente molti dei suoi elementi portanti, quali il primato del papa, la struttura gerarchica, il sacerdozio ministeriale. La riforma denunciava quindi il cattolicesimo come deformazione del Vangelo; Roma era indicata come la nuova Babilonia e il papa come l'Anticristo dell'Apocalisse.

• *Successo della «protesta».* Benché le critiche contenute nelle 95 tesi non fossero sostanzialmente diverse da altre già pubblicate, esse divennero una scintilla dalle conseguenze imprevedibili, dato il particolare clima di irrequietezza religiosa in cui si inserivano. Intorno a Lutero si raccolsero le simpatie di molti cristiani delusi e disgustati da una chiesa decadente ed inerte, presente sempre più esclusivamente con un'oppressiva politica fiscale. Accanto a questi si schierarono i nuovi ceti borghesi imprenditoriali, che non vedevano di buon occhio le fughe di capitali (come provento della vendita delle indulgenze e delle tasse ecclesiastiche) dal loro paese verso Roma, e addirittura intravedevano la possibilità di mettere le mani sull'ingente patrimonio ecclesiastico. Inoltre la protesta di Lutero e i suoi scritti del 1520, sia teologici (*De libertate christiana*) sia riformatori (*De captivitate babylonica ecclesiae*), traevano vantaggio dall'estrema fluidità in cui versava la teologia cattolica e dai fermenti di rinnovamento, di libertà, di minor ossequio all'autorità costituita che serpeggiavano negli ambienti intellettuali di tutta Europa. La coscienza, da parte degli spiriti più avvertiti, della dissoluzione del «sistema» medievale creava un clima di simpatia per chi come Lutero affermava un atteggiamento religioso libero, almeno inizialmente, da ogni dogmatismo. Il fatto stesso che l'opposizione al riformatore venisse dagli ambienti più compromessi negli abusi esistenti consolidò nei suoi confronti le simpatie degli spiriti più religiosamente sensibili (come Erasmo da Rotterdam e parecchi altri umanisti europei). Alla fortuna di Lutero giovò inoltre l'ambiguo atteggiamento del clero tedesco, nel quale confluirono la preoccupazione di non urtare un'opinione pubblica così largamente favorevole nei confronti della riforma e gli influssi delle teorie conciliaristiche (→ conciliarismo). Questa fortuna della riforma non venne affatto scalfita dalla bolla *Exsurge Domine* di Leone X che, dopo lunghi anni di inerzia e di disinteresse da parte di Roma, il 15 giugno 1520 dichiarava eretiche, o comunque condannabili, 41 proposizioni tratte dagli scritti di Lutero. Oltre che in Germania, la riforma si diffuse in Danimarca, Svezia, Norvegia e Finlandia, dove, tra il 1523 e il 1530, si affermarono altrettante chiese nazionali luterane, cancellando ogni traccia della chiesa cattolica romana.

• *Sviluppo dottrinale e normativo.* Lutero fu portato dalla dinamica stessa del movimento, di cui era ormai il capo riconosciuto, a formulare in rigide proposizioni la nuova ortodossia luterana, che ben presto egli mostrò di saper difendere anche con la forza contro altri gruppi riformatori (gli → anabattisti) o movimenti socio-religiosi, come i poveri cavalieri o il movimento dei contadini. Egli formulò altresì un completo ordinamento disciplinare e cultuale: scomparvero la messa privata (cioè celebrata senza l'assistenza dei fedeli), la confessione auricolare, i digiuni; alla messa venne tolta la parte essenziale del canone, e la comunione fu distribuita sotto le due specie, del pane e del vino. I monasteri maschili e femminili furono aboliti, mentre fu largamente praticato il matrimonio dei preti. La fede riformata, che era stata «protestata» nella dieta di Spira del 1529 (donde il nome di «protestante»), trovò una precisa e completa formulazione dottrinale nella *Confessione augustana* (→ confessione di fede), elaborata da Melantone, il principale discepolo di Lutero, e presentata nel 1530, alla dieta di Augusta, all'imperatore Carlo v. A causa dello sviluppo dottrinale e normativo e della sua diffusione geografica, la riforma si delineava ormai sempre più come una confessione religiosa diversa dal cattolicesimo, anche se sempre interna al cristianesimo (→ luteranesimo).

• *La riforma non luterana.* Mentre il luteranesimo conquistava il centro-nord dell'Europa, altri tipi di protesta contro il cattolicesimo si esprimevano in Svizzera e in Francia. A Zurigo nel 1519 U. Zwingli, un predicatore dalla profonda formazione umanistica, si faceva notare per i suoi attacchi contro le indulgenze e per il suo richiamo al Vangelo «senza commenti». Più filosofo che teologo, più preoccupato della ricerca della verità che della certezza della propria salvezza, Zwingli sostiene che il male e il peccato fanno parte organica della creazione e quindi non possono risalire che a Dio onnipotente. Ne deriva una rigorosa predestinazione degli eletti. Il punto di assoluto dissenso con Lutero riguarda la negazione, da parte di Zwingli, della presenza reale di Cristo nell'eucaristia e l'interpretazione spirituale di tutti i vocaboli che si riferiscono al cibo (pane = Vangelo, mangiare = credere ecc.). Per questo i suoi seguaci vennero chiamati sacramentari.

G. Calvino, di origine francese, rappresenta nella storia della riforma un momento di rilancio, il completarsi del movimento e il suo estendersi a dimensioni mondiali, proprio quando Lutero entra in una fase di ripiegamento e la chiesa romana prende coscienza della necessità di un'energica resistenza. Benché fortemente influenzato dagli scritti di Lutero e Melantone, Calvino incentra la propria teologia su Dio piuttosto che sul problema della salvezza. Il fatto che egli sia laico lo libera da ogni complesso nei confronti del compito storico di ogni uomo, che è anzi per Calvino un dono e un comando di Dio. L'oggetto della vita interiore si sposta così dal cielo alla terra e le due vocazioni, umana e cristiana, sono strettamente collegate, tanto che egli tenterà di realizzare a Ginevra uno stato dove l'uomo possa essere fedele a entrambe. Da ciò si comprende come l'influsso di Calvino abbia fatto del protestantesimo la religione per eccellenza dei paesi in fase di espansione (Paesi Bassi, Francia, Inghilterra, America settentrionale).

• *La riforma in Italia.* Lungo le vie tradizionali del commercio, dal 1519 in poi, si moltiplicarono in Italia i centri di diffusione delle opere di Lutero e degli altri riformatori. Venezia ne fu il centro più importante, anche per la stabile residenza di mercanti tedeschi. Si cominciò pure a leggere la Bibbia in una traduzione italiana, del fiorentino A. Brucioli. Ma, sia per la forte sorveglianza e repressione esercitata dall'inquisizione romana, istituita nel 1542 appositamente per la lotta al protestantesimo, sia per le profonde radici della fede tradizionale, sia infine per una più diffusa abitudine alla polemica anticlericale che non suscitava scandalo e non portava a dissensi sul piano dogmatico, il protestantesimo italiano è sempre rimasto una somma di casi individuali, più o meno frequenti e significativi. Mentre nel Veneto un vescovo, P.P. Vergerio, dichiarava la propria fede luterana, la corte di Ferrara con Renata di Francia, dopo un soggiorno dello stesso Calvino, diventava il centro di diffusione del calvinismo, penetrato anche tra i valdesi delle valli piemontesi. Le file dei riformati italiani furono assai esigue, tanto per l'emigrazione dei medesimi in paesi protestanti (per es. da Lucca), quanto per un fenomeno designato da Calvino con il nome di «nicodemismo» (la posizione di coloro i quali continuano a praticare i riti della chiesa cattolica, dando a essi un'accezione diversa secondo le nuove dottrine riformate, senza incorrere così nei rigori dell'inquisizione). *G. Al.*

Rignano, Eugenio (Livorno 1870 - Milano 1930), filosofo italiano. Tra i fondatori, nel 1907, della rivista «Scientia», fu influenzato soprattutto dal positivismo evoluzionistico inglese, e condusse ricerche in campo psicologico e biologico incentrate sull'ipotesi di una «proprietà mnemonica» della sostanza vivente in virtù della quale questa sarebbe in grado di riprodurre stati fisiologici specifici prodotti per la prima volta dall'azione del mondo esterno. Tale nozione permetteva a Rignano di assumere, nel campo della biologia teorica, una posizione intermedia tra vitalismo e meccanicismo. Mentre infatti va negata, come propone il meccanicismo, l'esistenza di finalità immanenti ai sistemi viventi, si deve però riconoscere a questi sistemi una teleonomia specifica, che si può spiegare mediante l'ipotesi che un certo comportamento di adattamento all'ambiente lasci una *traccia mnemonica* di natura materiale persistente e trasmissibile per via ereditaria.

Opere principali: *Di un socialismo in accordo con la dottrina economica liberale* (1901), che risente fortemente dell'influsso marxista; *Sulla trasmissibilità dei caratteri acquisiti* (1907); *Psicologia del ragionamento* (1920); *La memoria biologica. Saggio di una nuova concezione filosofica della vita* (1922).

rigorismo, termine che compare in francese all'epoca della contrapposizione fra giansenisti e gesuiti (sec. XVII) per indicare la teologia morale dei primi, in opposizione a quella dei secondi designata con il termine lassismo (→ morali, sistemi). L'uso di questi termini è attestato da Bayle alla voce «Rigoristes» del *Dizionario*. E. Kant riprende il termine dandogli un senso meno specifico: rigoristi sono coloro che non ammettono in morale l'esistenza di azioni indifferenti, o che rifiutano un valore morale ad azioni determinate da moventi diversi dal rispetto della legge morale (*La religione nei limiti della semplice ragione*, I, «Osservazione»). L'etica kantiana a sua volta è stata considerata un esempio paradigmatico di morale rigorista. Kant chiama «latitudinari» coloro che adottano un atteggiamento opposto a quello dei rigoristi, discostandosi dall'accezione prevalente del termine (→ latitudinarismo).

rimostranti, → arminiani.

rimozione, termine che in psicoanalisi indica il processo inconscio mediante il quale il soggetto esclude dalla coscienza determinate rappresentazioni connesse con una pulsione (generalmente di natura sessuale) il cui soddisfacimento implicherebbe il non soddisfacimento di altre richieste provenienti dall'Io o dal Super-Io. La rimozione va quindi distinta dalla → repressione (che si svolge a livello cosciente) e costituisce una componente di molti meccanismi di → difesa patologici, nonché della vita psichica normale. Nella rimozione s'intrecciano reinvestimenti, disinvestimenti e controinvestimenti, che si riferiscono non già alla pulsione in quanto tale, né all'→ affetto, bensì ai «rappresentanti» della pulsione, costituiti da idee o ricordi o immagini mentali. Secondo Freud, che della rimozione cominciò a parlare fin dai suoi primi studi sull'isteria e che a essa dedicò un saggio specifico nel 1915, il fatto che determinate rappresentazioni possano essere rimosse comporta non solo l'azione di un'istanza superiore all'inconscio, ma anche una sorta di «attrazione» esercitata da un nucleo preesistente di altre rappresentazioni inconsce; in altre parole, la rimozione «secondaria» presuppone l'esistenza di una rimozione «originaria» o «primaria», che agisce esclusivamente mediante un permanente controinvestimento, costituitosi nel corso di esperienze soggettive molto precoci e comunque precedenti alla formazione del Super-Io. A questo «rimosso originario» si aggregano tutte le successive rappresentazioni rimosse dell'esperienza individuale, le quali, essendo per loro natura indistruttibili, tendono incessantemente a riaffiorare alla coscienza «approfittando» di condizioni temporanee facilitanti, come l'aumento della spinta pulsionale o la diminuzione del livello di controinvestimento. Questo «ritorno del rimosso» avviene generalmente attraverso vie indirette, sotto forma di «compromesso» fra il rimosso stesso e la rappresentazione rimovente.

rinascimento, termine già presente nella cultura del sec. XVI e che divenne concetto storiografico nell'Ottocento, a opera di alcuni storici (J. Michelet, G. Voigt ecc.), che indicarono nella civiltà culturale e artistica rinascimentale l'inizio dell'età moderna. A imporre il termine all'attenzione generale, facendolo diventare di uso corrente, fu però la celebre opera di J. Burckhardt, *La civiltà del rinascimento in Italia* (1860), che rimase a lungo l'interpretazione più accettata del rinascimento e rappresentò il punto di partenza obbligato per le successive revisioni, anche in senso polemico. Secondo Burckhardt, con l'età rinascimentale, sostanzialmente irreligiosa, si era squarciato il velo «tessuto di fede, d'ignoranza infantile», con cui il medioevo aveva avvolto sia l'uomo sia il mondo: la scoperta della natura e dell'individuo rappresenta, per Burckhardt, il carattere fondamentale del rinascimento nella concezione della vita umana. La netta contrapposizione al medioevo, per cui Burckhardt faceva proprio il punto di vista degli stessi umanisti, fu il bersaglio polemico della cosiddetta «rivolta dei medievalisti». Nel tentativo di rivalutare proprio quell'età che gli umanisti avevano definito «di mezzo» (giudicandola come una fase di barbarie, separante l'antichità classica dall'età loro), i «medievalisti» si mossero in più direzioni: per un verso retrodatarono l'inizio del periodo rinascimentale (donde la tesi di un rinascimento del sec. XII o del XIII), per l'altro verso attribuirono al rinascimento continuità col medioevo. Pertanto la definizione del concetto da un lato implica un problema di periodizzazione, dall'altro assume tratti profondamente diversi, a seconda dei punti di vista sotto i quali venga preso in esame: quello della storia politica, della storia religiosa, artistica, economica ecc. L'estrema diversificazione delle interpretazioni sembrerebbe quasi vanificare il concetto, ridurlo a un'etichetta che copre contenuti profondamente dissimili. Proprio constatando una tale situazione e, nel contempo, l'impossibilità di fare a meno di categorie storiografiche periodizzanti, D. Cantimori propose di privilegiare il punto di vista della storia intellettuale, sostenendo la continuità — nella storia europea dal Trecento al Settecento (da Petrarca a Rousseau, per esemplificare) — dell'ideale dell'educazione umanistica, nonostante fatti traumatici come la riforma, le guerre di religione ecc. Siffatta continuità era stata del resto proclamata dagli stessi illuministi (basti ri-

cordare, in proposito, il *Discorso preliminare* che d'Alembert scrisse per l'*Enciclopedia*).
Quanto alla storia della filosofia, la periodizzazione corrente identifica col termine «rinascimento», all'ingrosso, il pensiero di circa due secoli, il XV e il XVI: il rinascimento avrebbe cioè inizio con l'→ umanesimo, ma con la rivoluzione scientifica, nel Seicento, si aprirebbe un'altra epoca del pensiero occidentale. Anche se il dibattito sul rapporto fra il rinascimento e la nuova scienza non si può considerare del tutto concluso, tuttavia, generalmente, si sottolinea il contrasto tra la nuova scienza matematica della natura, in quanto meccanicistica, e alcune tendenze dominanti nel pensiero del sec. XVI: animismo, magia, astrologia. Caratteristica fondamentale del pensiero del rinascimento è infatti il → naturalismo, il quale però si fonda o su una concezione della natura di tipo animistico (Telesio) o sulla magia e l'astrologia (Campanella), connessa sia con l'aristotelismo (Pomponazzi) sia con la metafisica neoplatonica (Bruno e Campanella). Inoltre, in alcuni pensatori (come Pomponazzi e Bruno) il ricorso alle scienze occulte assume una funzione nettamente anticristiana. È significativo, del resto, che anche in grandi scienziati — come per es., Copernico e Keplero — rimanga intatta la fede nell'astrologia e nella magia.
Un importante contributo al progresso scientifico è dato, nel rinascimento, dalla messa in circolazione dei testi della scienza classica, fra i quali si dà grande importanza a quelli che trattano della meccanica, «il paradiso delle scienze matematiche» come la definì Leonardo, cui si devono alcune geniali anticipazioni dei princìpi che costituiranno il fondamento della nuova scienza. Sempre al naturalismo possono legarsi le riflessioni sulla politica e la storia formulate da Machiavelli, il fondatore della moderna scienza politica. Nella sua concezione ciclica della storia, che vede gli stati nascere, decadere e successivamente rigenerarsi, tornando «ai princìpi», è possibile trovare un richiamo, oltre che a fonti classiche (Platone, Polibio ecc.), anche a dottrine astrologiche, a volte esplicitamente citate da Machiavelli stesso. *P. La.*

rinforzo, → condizionamento.

rispecchiamento, teoria del, → materialismo dialettico.

risveglio, movimento di rinascita religiosa nell'ambito del protestantesimo: è caratterizzato dalla mobilitazione delle risorse emozionali del cristianesimo e da una predicazione di massa. La prima ondata di risveglio (il cosiddetto Great Awakening del 1734) cominciò nell'America del nord in seguito alla predicazione di J. Edwards; ma l'epicentro fu, dal 1739, proprio l'Inghilterra industriale; il pastore anglicano J. → Wesley sperimentò una profonda emozione religiosa (la «conversione del cuore»), e riuscì a comunicarla a centinaia di migliaia di ascoltatori; il movimento che si raccolse attorno a lui si chiamò poi → metodismo. Ma gli effetti del risveglio andarono al di là della chiesa metodista vera e propria, e si estesero ai battisti, alle chiese negre americane, e, più recentemente, al → pentecostalismo, segnando della loro impronta anche le vecchie chiese protestanti europee. Espansione missionaria, diffusione della Bibbia, enorme sviluppo delle opere sociali furono il risultato dell'influenza del risveglio sul protestantesimo ottocentesco. Lati meno positivi sono una certa diffidenza nei confronti della riflessione teologica, un moralismo angusto e una venatura di spirito settario.

rito, nell'accezione più generale, ogni atto o complesso di atti alla cui esecuzione presiedono norme rigorosamente codificate (questo significato si riscontra, del resto, nel linguaggio giuridico-processuale, di ascendenza romana, e nell'ampia gamma degli usi metaforici del termine); nell'accezione più tecnica, che è la più antica e originaria, il rito va posto in connessione con la religione, con il mito, con le tecniche di accostamento al sacro: assume allora il significato di atto religioso eseguito debitamente, secondo le norme. Esso adempie alla funzione di incanalare l'esperienza religiosa rendendola «praticabile», nel senso di consentirne la ripetizione quando ciò sia necessario, e di aprirla a un maggior numero di persone, sottraendola all'unicità irripetibile dell'esperienza mistica. Attraverso il rito (e particolarmente nella celebrazione della festa) gli eventi, le figure, le parole, i miti salienti della tradizione religiosa vengono resi attuali, significativi, normativi per i fedeli. Con il rito, l'uomo religioso affronta i momenti critici dell'esistenza (nascita, pubertà, matrimonio, guerra, morte) con la garanzia di preservare l'identità propria e della comunità. Il rito accompagna, peraltro, anche le azioni più comuni del vivere: il nutrirsi, l'assopirsi, la pratica sessuale, il gioco ecc., ossia quelle realtà fondamentali che alle origini, e ancor oggi nell'esperienza infantile o nevrotica, dovettero esser percepite come rischiose e decisive, «sacre» appunto. In questa luce, intendere il rito come cerimoniale o come etichetta («rituale») appare un fraintendimento del senso originario del rito stesso, il quale adempie, come si è detto, a una funzione difensiva, ma assolve anche al ruolo di incoraggiare e sostenere nei momenti difficili e nelle svolte capitali del vivere umano.
La posizione qui esposta risale fondamentalmente ai lavori di E. De Martino, cui si deve appunto l'aver sottolineato nel rito la funzione di rispondere a quelle che egli chiamava «crisi della presenza». In queste, dinanzi allo scontro tra soggetto e natura (il proprio corpo, vicende provocate dall'uomo o eventi naturali ostili), il singolo si sente minacciato nel proprio stesso «essere al mondo»: il rito aiuta a sopportare e a

superare l'ostacolo, fornendo stereotipi e modelli di comportamento oggettivi e rassicuranti, perché garantiti dalla tradizione. Questa posizione ha il vantaggio di cogliere la peculiare «utilità» del rito (che per sé si configura come comportamento «inutile» per eccellenza): utilità che sta nel restituire l'individuo alla società e al suo compito storico, sorretto e incoraggiato da un positivo contratto con la potenza extramondana. La scuola sociologica facente capo a E. Durkheim, del resto, già esaltava la funzione sociale del rito, che restituisce e rinnova il legame comunitario, e in questo senso si muoveva anche la scuola funzionalista (B. Malinowski), secondo cui il rito è sempre volto a ricostituire l'integrità del gruppo.

La fenomenologia religiosa (per es.: G. Van der Leeuw) ha individuato le varie forme del rito, a seconda delle funzioni sopra accennate (per es. → iniziazione o passaggio, propiziazione, espiazione), e ne ha distinto i momenti (preparazione, esecuzione, conclusione: avvicinamento e distacco dal sacro). La psicoanalisi ne ha messo in luce l'universalità e le radici profonde, mostrando la presenza della ritualità — in senso lato — in una serie di comportamenti non strettamente religiosi, o cogliendo la deformazione nevrotico-ossessiva del rito o comunque la sua continua presenza in un mondo solo apparentemente secolarizzato. Il primo e più critico contributo in questo senso è stato quello di Freud, con il saggio del 1907 su *Comportamenti ossessivi e pratiche religiose*, in cui si metteva in luce l'analogia tra riti e cerimoniale nevrotico. La scuola junghiana, com'è noto, è molto attenta agli aspetti simbolici e rituali, e la sua produzione, diversamente da quella freudiana, non si preoccupa di condurre a chiarezza razionale (cioè fondamentalmente alla situazione edipica e alle sue varianti) intuizioni e immagini presenti nel complesso patrimonio mitologico e rituale dell'umanità.

È poi tuttora viva la discussione sui rapporti tra rito e magia (confini rigorosi sono spesso difficilmente tracciabili), sul problema se il rito supponga il mito, sulle relazioni tra rito e mistica (spesso fra loro in conflitto), tra rito e legge (i cui confini non sono sempre anch'essi facili a distinguersi): ma in tutti questi casi solo un approccio storico, che affronti caso per caso, può portare a soluzioni chiare, e magari di volta in volta diverse.

Nell'ambito giudaico e in quello cristiano, il rito è presente, essenzialmente, sotto il profilo della commemorazione festiva (in ebraico *zikkaròn*, in gr. *anámnesis*) degli eventi salvifici fondanti: per l'ebraismo, liberazione dall'Egitto, rivelazione e dono della Legge, alleanza; per il cristianesimo, nascita, morte, risurrezione, ascensione del Cristo, pentecoste, il tutto visto come compimento di figure, di simboli, di profezie dell'Antico Testamento. Ma accanto a questo aspetto del rito, che assolve alla funzione festiva, di trasportare il credente nel tempo e nella sfera originaria della salvezza (pur senza estraniarlo dalla storia, anzi restituendolo a essa con una nuova consapevolezza dei suoi compiti), esiste anche nelle grandi tradizioni monoteistiche l'altra funzione, quella di consacrare il quotidiano: benedizioni, preghiere, gesti che accompagnano i credenti nella vita di ogni giorno, e che nell'ambito cristiano assumono talvolta il nome di «sacramentali». Nella tradizione popolare, spesso recepita dai rituali soprattutto nell'alto medioevo, non è difficile scorgere tracce della pietà precristiana, mentre in alcuni casi il rito sconfina decisamente nella magia e nella «superstizione». La riforma protestante, ben consapevole di questi sconfinamenti, e appellandosi alla condanna vetero- e neotestamentaria dell'idolatria, vi ha posto argine, attraverso una drastica semplificazione del rito. A suo modo anche la controriforma cattolica si propose di combattere gli abusi e di indurre a maggior sobrietà e uniformità negli usi liturgici e paraliturgici. Il recente rinnovamento liturgico cattolico, dal canto suo, ha cercato di ricondurre i riti ai valori centrali della tradizione biblica cristiana: talvolta però i risultati sono il prodotto di un intellettualismo che contraddice i caratteri più profondi del rito. *P.C. Bo.*

rivelazione, termine che, nell'accezione più generale, designa l'atto con cui la divinità manifesta qualcosa agli uomini, o anche ciò che essa manifesta. Il momento essenziale, nella rivelazione, è l'automanifestarsi di Dio. In questo senso si parla di rivelazione in numerose religioni: induismo (→ śruti), mazdeismo (→ Avesta), ebraismo, cristianesimo, Islam ecc. La specifica fisionomia che il rivelarsi di Dio assume è naturalmente in stretto rapporto con le diverse concezioni teologiche.

Nell'Antico Testamento la rivelazione si presenta in forma così radicale, da intendersi non come apparizione del già noto, ma come manifestazione originaria di Dio, che nel rivelarsi definisce non solo la prospettiva del suo intervento, ma in un certo senso (etico e non metafisico) il suo stesso essere: così egli si rivela come l'unico vero essere, signore della storia, ma anche premuroso nei confronti degli uomini, al punto da unirsi stabilmente al suo popolo mediante un'alleanza. La rivelazione di Dio risulta legata a precise vicende storiche (liberazione dall'Egitto, alleanza del Sinai, conquista della terra promessa), che rappresentano gli eventi fondativi della storia della salvezza. Nella presenza e nella prossimità di Dio all'uomo si disvelano la sua santità, la sua trascendenza e assolutezza, la sua potenza, alla quale nulla sfugge né delle vicende dell'uomo né degli avvenimenti del mondo. Lo stesso riconoscimento di Dio come creatore del mondo presenta i tratti

di un'interpretazione eziologica della potenza di Dio manifestatasi nella storia sacra.
Nel cristianesimo questa impostazione si approfondisce sino all'affermazione giovannea: «La Parola si fece carne» (Giovanni 1, 14). Gesù di Nazareth è la rivelazione di Dio e, insieme, la via al Padre; ma il suo rapporto con il Padre è così intimo e totale che espressione suprema ne appare la formula «Io e il Padre siamo una cosa sola» (Giovanni 10, 30). Per converso, il Dio di Cristo altri non può essere che colui che in lui si manifesta, né altrimenti che come in lui si manifesta. La concentrazione cristologica è assoluta: la risurrezione di Gesù diventa il compimento della rivelazione, perché in Gesù risorto tutti i credenti risorgeranno. Si adempiono così le promesse veterotestamentarie di salvezza totale dell'uomo, il quale è ammesso a partecipare definitivamente della vita divina. La successiva riflessione teologica non è stata sempre coerente con questa radicalità; le esigenze del confronto con le culture pagane hanno spesso obliato la funzione di Cristo quale automanifestazione di Dio, per insistere sulla rivelazione naturale di Dio nel creato. Negli ultimi secoli inoltre la rivelazione è stata ridotta a un sistema di verità, espresse nelle proposizioni di fede, che si pretendevano manifestate da Dio perché non altrimenti accessibili alla ragione umana, e non spiegabili adeguatamente da essa: i «misteri» soprannaturali. Il dialogo interconfessionale e gli orientamenti del concilio Vaticano II hanno portato a un superamento di questa tendenza, in favore di una concezione meno intellettualistica e più biblica.

rivoluzione, nell'accezione più ampia, qualsiasi sviluppo capace di modificare radicalmente caratteristiche significative dell'organizzazione sociale: in questo senso si parla di rivoluzione industriale, tecnologica, culturale ecc. Nell'ambito della teoria politica, è l'azione mirante a introdurre nell'organizzazione sociale — attraverso il mutamento brusco e, di solito, violento del sistema di governo — profonde modificazioni nella distribuzione della ricchezza, del potere e del prestigio sociale a favore di alcuni settori della società e a danno di altri.
Nella visione che ebbero di se stessi gli ideologi rivoluzionari fino al tardo sec. XVIII, la rivoluzione era soprattutto la riaffermazione di un ordine naturale violato da un regime dispotico. Più tardi, per l'influenza del marxismo, che si era proposto di descrivere le leggi di movimento della società capitalistica, la rivoluzione fu vista come il risultato ineluttabile della contraddizione tra sviluppo delle forze produttive e vecchi rapporti di produzione: come le rivoluzioni borghesi in Inghilterra e in Francia avevano promosso l'instaurazione di rapporti di produzione capitalistici, così la rivoluzione proletaria avrebbe realizzato, insieme con la massima espansione delle forze produttive, l'abbattimento di ogni forma di sfruttamento. Questa previsione non si è avverata. Dopo la rivoluzione russa d'ottobre, diretta da un'élite ristretta che era riuscita a mobilitare le masse contadine, la via rivoluzionaria è stata seguita soprattutto da paesi che uscivano da una situazione coloniale o semicoloniale al fine di assicurare il ricambio della classe dirigente (partito unico rivoluzionario) e l'impulso alla modernizzazione e allo sviluppo economico (intervento diretto dello stato nell'economia, pianificazione).
Nonostante l'eterogeneità dell'ispirazione ideologica delle rivoluzioni dell'età moderna e contemporanea e la diversità delle situazioni in cui sono avvenute, gli scienziati sociali hanno rilevato nel loro svolgimento notevoli uniformità. Tra le cause scatenanti hanno particolare rilievo la guerra, la lotta per l'indipendenza nazionale, il disconoscimento, da parte di un regime conservatore, di diritti politici e di status a classi sociali emergenti che hanno una chiara percezione dell'importanza della loro posizione nella società ecc. È stato notato che difficilmente la rivoluzione scaturisce da un inasprimento dell'oppressione. Tocqueville osservò che in nessun paese dell'Europa continentale come nella Francia prerivoluzionaria le istituzioni feudali facevano sentire meno il loro peso, la piccola proprietà contadina era più diffusa, l'amministrazione più accentrata. Da queste e da analoghe considerazioni Tocqueville trasse la sua idea di rivoluzione come semplice accelerazione di un processo, destinato comunque a compiersi, di adattamento dello stato politico allo stato sociale. Ancora a Tocqueville si deve l'osservazione che, in genere, i rivoluzionari non sono i più poveri e sfruttati in assoluto, ma appartengono a strati sociali con status squilibrato (benestanti ma privi di prestigio e potere, istruiti ma subalterni ecc.) cui l'ordine esistente nega prospettive di mobilità sociale e di inserimento. Anche autori contemporanei hanno sottolineato che la maggioranza dei leaders rivoluzionari degli ultimi due secoli provenivano dal ceto medio. Ciò suggerirebbe che il senso di frustrazione, la rivolta di fronte all'ingiustizia, il desiderio di potere ecc. sono più importanti, nella formazione di un rivoluzionario, delle ristrettezze economiche. Il decorso del processo rivoluzionario è stato schematizzato dai sociologi C. Brinton e C. Edwards nella seguente successione di fasi: paralisi dell'attività economica, richiesta di partecipazione politica, rigetto di tale richiesta e presa del potere; dualismo di poteri tra l'organizzazione dei rivoluzionari più radicali e il regime riformato dei rivoluzionari più moderati; «terrore» dei radicali al potere; normalizzazione.

Roberto Grossatesta, nome italianizzato di Robert Greathead (Stradbrock, Suffolk, 1175 ca - Lincoln 1253), filosofo e teologo inglese.

Francescano, cancelliere e maestro di teologia a Oxford e poi vescovo di Lincoln, fu l'iniziatore di un movimento che, contro la diffusione dell'aristotelismo, propugnò il ritorno al platonismo agostiniano. Di qui la sua insistenza sulla superiorità della volontà rispetto all'intelletto e la ripresa del concetto agostiniano di illuminazione divina, temperato tuttavia col ricorso all'intelletto agente degli averroisti (*De veritate*; *De scientia Dei*; *De unica forma omnium*; *De ordine emanandi causarum a Deo*; *De statu causarum*; *De libero arbitrio*). Il tratto più caratteristico della personalità di Roberto Grossatesta è l'interesse rivolto ai fenomeni naturali, interesse che egli trasmise al discepolo R. Bacone e ai successivi maestri dell'agostinismo oxoniense. Per primo egli sostenne l'utilità della matematica nello studio della natura; enunciò inoltre il principio secondo il quale la natura opera nel modo più breve e ordinato possibile, principio che, ripreso da F. Bacone e Galileo, verrà chiamato legge dell'economia dei fenomeni naturali. La fisica di Grossatesta si fonda su un'originale teoria della luce, che egli intende come causa e forma prima di ogni realtà corporea e ragione ultima della bellezza del mondo visibile (*De luce*; *De iride*; *De colore*; *De lineis, angulis et figuris seu de fractionibus et reflexionibus radiorum*). Buon conoscitore del greco, Grossatesta tradusse l'*Etica nicomachea* di Aristotele e vari scritti di Giovanni Damasceno, di Dionigi Areopagita e di Massimo di Crisopoli.

Robinet, Jean-Baptiste-René (Rennes 1735-1820), filosofo francese. Nella sua opera principale, *Sulla natura* (4 voll., 1761-66), temi speculativi e istanze etiche si intrecciano per dar luogo a una visione manichea del mondo secondo la quale Dio e il male, per quanto opposti, sono entrambi necessari; la soppressione del male sarebbe contraddittoria, e Dio non può agire contraddittoriamente. Bene e male si bilanciano nella natura e nella società secondo una proporzione che sostanzialmente non varia. Non si può quindi parlare di progresso; l'individuo stesso, da questo punto di vista, perde ogni significato, e valori come l'uguaglianza e la fraternità non hanno giustificazione. Nel campo della filosofia della natura Robinet si avvicina, per certi aspetti, a una concezione evoluzionistica. Partendo dalla tesi che tutto l'universo, dalle piante all'uomo, è animato e capace di riprodursi, egli giunge a disporre tutte le specie, viventi e non viventi, lungo un'unica «scala» di esseri, e concepisce così l'idea che ciascuna specie naturale sia frutto di un tentativo della natura di svilupparsi a partire da un «prototipo» elementare verso forme di organizzazione più complesse. Tra le altre sue opere: *Considerazioni filosofiche sulla gradazione naturale delle forme dell'essere* (1768); *Dizionario universale delle scienze morali, economiche, politiche e diplomatiche* (1777-83).

Rogers, Carl (Chicago 1902 - La Jolla, California, 1987), psicologo statunitense. Ideatore della «terapia non direttiva» o «terapia centrata sul cliente» (→ psicoterapia), è uno degli autori il cui pensiero ha maggiormente influenzato la pratica psicologico-clinica contemporanea. Prima della seconda guerra mondiale si occupò di problemi attinenti alla prevenzione della criminalità negli adolescenti «difficili». Questa esperienza lo indusse a scoprire nella condotta umana una serie diversificata di motivazioni, non completamente riconducibili al paradigma psicoanalitico del «conflitto di natura sessuale». Nel 1944 fondò, presso l'università di Chicago, un centro di consulenza per studenti che ebbe molto successo e contribuì a fornirgli la base empirica del suo metodo terapeutico. Il metodo di Rogers, strutturato su una base dichiaratamente pragmatistica che lo pone agli antipodi del sistema freudiano, fa largo uso dei sistemi tecnologici moderni, in particolare della registrazione audiovisiva degli incontri clinici. Con la «psicologia umanistica» di A. → Maslow, esso si colloca entro un orientamento generale alternativo tanto alla psicoanalisi quanto alle terapie comportamentali. In Europa l'influenza di Rogers si è avvertita più sul piano psicologico che su quello propriamente psicologico-clinico; in Francia il suo principale interprete è M. Pagès, mentre in Italia si riconoscono nell'indirizzo rogersiano molti psicologi di cultura cattolica. La sua opera principale è *Counseling e psicoterapia* (1942); altre opere: *La terapia centrata sul cliente* (1945) e *Lo sviluppo della personalità* (1961).

Róheim, Géza (Budapest 1891 - New York 1953), etnologo e psicoanalista ungherese, esponente della scuola di → personalità-cultura. Dopo aver studiato etnologia a Berlino e a Lipsia, si sottopose ad analisi presso S. Ferenczi, decidendo quindi di consacrare i suoi studi a un tentativo di sintesi fra la psicoanalisi e l'antropologia. Nel 1938, a causa delle persecuzioni naziste, emigrò negli Stati Uniti. Fu il primo studioso a riprendere in considerazione la possibilità di analizzare i dati dell'etnologia con gli strumenti della psicoanalisi, dopo il tentativo compiuto da Freud con *Totem e tabù*. A questo scopo effettuò ricerche nell'Australia centrale, presso la tribù degli arunta, nella Nuova Guinea e nella riserva degli indiani yuma della California. Fedele seguace di Freud, sostenne, in contrasto con B. Malinowski, che «alla radice di tutti gli eventi socioculturali psicologicamente rilevanti si trova il complesso di Edipo» (M. Harris), e che i metodi psicoanalitici hanno validità universale giacché «possono darsi molti tipi di personalità, ma un solo inconscio» (*Psicoanalisi e antropologia*, 1950). Su questa base Róheim ha tentato di spiegare anche le funzioni dei «riti», in particolar modo di quelli di iniziazione. Il complesso traumatizzante di origine sessuale non sarebbe trasmesso ereditariamente — secondo la dottrina di Freud sull'orda primordiale e il possesso delle donne — ma acquisito durante l'infanzia attraverso le diverse tecniche di allevamento; si avrebbero, perciò, una introiezione e un superamento di questo trauma con la negazione delle immagini infantili, che verrebbero riferite, invece che ai genitori, a figure demoniche. La funzione del rito è dunque, secondo Róheim, quella di ridurre l'angoscia che l'uomo introietta nella situazione edipica, permettendogli di proiettarla all'esterno, su spiriti malefici. Opere: *Il totemismo australiano* (1925); *L'enigma dello specchio* (1943); *Origine e funzione della cultura* (1943); *Gli eterni del sogno* (1945).

Rolando da Cremona (morto nel 1259 ca), teologo e filosofo italiano. Insegnò nella facoltà delle arti dell'università di Bologna; nel 1219 entrò nell'ordine domenicano. Professore di teologia all'università di Parigi, scrisse una grande *Summa theologiae* e un' *Expositio libri Iob*. Mentre nella tradizione agostiniana Dio è definito come *summum bonum*, Rolando è il primo a identificare Dio con l'*Esse a se*, ossia con la prima causa incausata da cui tutto dipende. Pur non condividendo l'ottimismo di molti teologi circa la conciliabilità delle dottrine aristoteliche con il cristianesimo, Rolando dimostra di conoscere tutte le opere di Aristotele, comprese quelle di metafisica e di fisica, allora ritenute sospette dall'autorità ecclesiastica.

Romagnosi, Giandomenico (Salsomaggiore, Piacenza, 1761 - Milano 1835), giurista e filosofo italiano. Fu il maggior continuatore della tradizione illuministica nell'Italia della restaurazione. Nelle opere di filosofia del diritto (*Genesi del diritto penale*, 1791; *Introduzione allo studio del diritto pubblico universale*, 1805; *Assunto primo della scienza del diritto naturale*, 1820) combatté il contrattualismo, sostenendo che la società non ha origine convenzionale ma è del tutto naturale. Essa ha per scopo la tutela dei diritti naturali degli individui, e il diritto penale si giustifica quale strumento di «difesa sociale». Negli opuscoli del 1792-93 *Cosa è eguaglianza* e *Cosa è libertà* Romagnosi criticò il giacobinismo. Nel periodo napoleonico egli insegnerà in varie università del Regno Italico e collaborerà alla redazione dei nuovi codici; mentre dopo la restaurazione conoscerà il carcere e si vedrà precluso anche l'insegnamento privato a causa delle sue idee liberali. Agli ultimi anni della sua vita risalgono le opere di teoria della conoscenza (*Che cosa è la mente sana?* e *Vedute fondamentali sull'arte logica*) e di filosofia della storia (*Cosa è l'incivilimento*, 1832). Alla critica dell'«intellettualismo» s'accompagna, in queste opere, la critica del «sensualismo» (così Romagnosi chiama la tesi che fa derivare tutte le idee dai sensi). Nella conoscenza umana operano tanto il *me* quanto il *non me* esterno: di nessuno dei due conosciamo l'essenza, ma siamo almeno certi dell'esistenza di entrambi, perché altrimenti non si spiegherebbe il conoscere. L'intelletto non è una *tabula rasa*, ma ha un «potere logico» suo proprio, non derivabile da altro. Tuttavia l'uomo non è soltanto individuo; e la parte più importante della filosofia è quella «civile», che studia l'«uomo sociale», cioè l'uomo nella sua concretezza, com'è dato dalla storia, secondo gli sviluppi dell'«incivilimento». Al di fuori di questa prospettiva, c'è sempre il rischio della metafisica astratta. La civiltà non è naturale, poiché nell'uomo ce n'è solo la possibilità; del resto, di fatto, essa è *dativa*, anziché *nativa*, essendo sorta una volta sola, in Asia, e di qui essendosi trasmessa variamente nel resto del mondo. Il culmine della civiltà è rappresentato per Romagnosi dalla contemporanea società borghese, regno del «merito civile» — nella libera concorrenza che incrementa l'operosità e l'inventività — e dell'«opinione illuminata», contro le superstizioni del passato.

romana, religione, considerata nel suo complesso, la religione romana arcaica si caratterizza per la mancanza pressoché assoluta di ogni mitologia e di ogni genealogia associate alle molteplici figure del suo politeismo. Dalle testimonianze pervenuteci, tuttavia, risulta che ci fu un tempo — presumibilmente intorno al sec. VIII a.C. — in cui questa mitologia esisteva, ma che venne presto dimenticata oppure lasciò il campo, nel periodo tardo della repubblica e sotto l'impero, alla mitologia greca. Tale «dimenticanza» è stata variamente interpretata. In sede storico-religiosa, si è visto in essa il risultato di un'opera di riduzione cultuale attuata in obbedienza al prevalere della teoria dello stato sulla realtà religiosa (G. Wissowa, *Religione e culto dei romani*, 1912), o la conseguenza di una demitizzazione giuridico-formale (C. Koch, *Il Giove romano*, 1937) in forza della quale si realizzò una sorta di storicizzazione e attualizzazione nella realtà storica dell'antico patrimonio mitologico (D. Sabbatucci, *Lo stato come conquista culturale*, 1975). Tutto ciò è stato riassunto, in sede fenomenologica, da K. Kerényi, il quale ha messo in luce nella religione romana la prevalenza di uno stile religioso centrato sul «mito vissuto» (*La religione antica*, 1940). Che il mito sia «vissuto» significa che, in luogo della sua narrazione, nella realtà religiosa romana si incontra la sua rappresentazione nelle forme concrete di una cultualità strettamente intrecciata con i motivi quotidiani della vita politica. Per i romani, gli eventi mitici non sono avvenimenti cosmici e originari completamente staccati dalla storia effettua-

le del loro mondo. Piuttosto, mito e storia finiscono per confluire entro una visione religiosa di carattere nazionale e politico, in cui i fatti mitici acquistano efficacia incarnandosi nella cultualità del presente. Qui hanno la loro radice i tratti specifici della religiosità romana, il cui atteggiamento antimetafisico è particolarmente attento alla valorizzazione delle realtà concrete e immediate della vita religiosa.
Un posto di primo piano occupano la paura dei prodigi e la superstizione, nonché tutti i tipi di teofanie negative, che la religione romana si sforzava di esorcizzare con la più minuta e formale osservanza delle regole rituali. Si tratta di uno spirito giuridico che ha lasciato la sua impronta al termine stesso destinato in seguito a indicare i rapporti fra l'uomo e l'invisibile: nella sua originaria accezione latina, *religio* indica infatti l'atteggiamento di scrupolo rispetto ai riti da compiere. La *religio* e la *pietas* a essa legata si fondano esclusivamente sull'esatto compimento dell'azione cerimoniale, nel quale si esaurisce il compito della *iustitia* umana nei confronti degli dei (M. Eliade, *Storia delle credenze e delle idee religiose*, 1978). Da questo esasperato formalismo derivano tanto la tendenza alla proliferazione dei riti, quanto l'inclinazione ad attribuire una competenza specifica e insostituibile a ciascuno dei collegi sacerdotali o augurali che, sotto il controllo dello stato, presiedevano al culto pubblico (*rex sacrorum*, flàmini, pontefici, vestali). Questa formalistica sacralizzazione cultuale è una dimensione religiosa che coinvolge tutte le entità organiche collettive, dalla *gens* alla famiglia. Anche nel culto privato, infatti, che ha uno svolgimento autonomo e parallelo a quello pubblico, le celebrazioni cultuali sotto la direzione del *pater familias* accanto al focolare domestico, in onore degli antenati (i penati e i lari), oppure le feste (*Parentalia*, *Lemuria*) in onore dei defunti (i mani) hanno un sottinteso risvolto pragmatico, sono dominate dalla ricerca di un'efficacia ritualistica che garantisca, in ogni istante del tempo profano, l'ordine del mondo.
Muovendo dalla constatazione di questo realismo dello spirito religioso romano, l'analisi comparatistica, rappresentata soprattutto dall'opera di G. Dumézil, ha individuato l'attiva presenza nella pratica cultuale romana dell'antica mitologia indeuropea, caratterizzata da una specialistica articolazione funzionale delle attribuzioni divine (*Juppiter Mars Quirinus*, 1941-48; *La religione romana arcaica*, 1974): l'antica mitologia continuerebbe a operare in base alla sua formula gerarchica originaria — la tripartizione divina nelle tre funzioni della sovranità magico-giuridica, della forza guerriera e della prosperità e fecondità economica — attraverso la più antica triade romana, quella capitolina di Giove, Marte e Quirino (completata da Giano e da Vesta). Il carattere peculiare della religiosità romana sta tuttavia nel fatto che a Roma l'eredità indeuropea si è espressa in categorie temporali, già a partire dalla trasfigurazione che la più antica annalistica ha compiuto della storia arcaica della città, personificando nella successione cronologica dei primi re romani l'atemporalità di quelle funzioni divine. A causa di tale storicizzazione, è illusorio pensare di cogliere dopo l'età arcaica i caratteri originari e autentici della religione romana nel cangiante succedersi di divinità in seno al suo pantheon, man mano che la crescente potenza politica di Roma la poneva in contatto con nuove religioni e mitologie. *G. Ca.*

romanticismo, termine derivante dall'aggettivo *romantic*, che alla fine del Seicento designava in Inghilterra il carattere «romanzesco» o avventuroso del *romance*, cioè del romanzo cavalleresco medievale. Nel Settecento il termine si applicò poi al mondo gotico e medievale in genere, opposto all'antichità classica: in tale accezione esso fu introdotto in Germania da H.W. Gerstenberg e da J.G. Herder, autori nei quali la rivalutazione della poesia medievale e della cultura e dello spirito popolari — temi tipici della successiva estetica romantica — sono già chiaramente teorizzati. Analoga funzione di stimolo svolsero talune idee dello *Sturm und Drang* che ispirarono F. Schlegel e Novalis; tra esse in particolare la nota distinzione schilleriana tra → «ingenuo» e «sentimentale», cui corrisponde l'opposizione tra «classico» e «romantico», destinata ad assumere in seguito un significato metastorico là dove i due termini saranno presi a simbolo di opposte categorie dello spirito (B. Croce, *Breviario di estetica*, 1913).
La prima scuola romantica fu rappresentata dal cenacolo raccoltosi a Jena, in Germania, intorno alla rivista «Athenaeum» (1798-1800). Di esso furono protagonisti i fratelli Schlegel, Novalis, J. Tieck e Schelling. Quasi contemporaneamente le idee romantiche si svilupparono anche a Berlino, con W.H. Wackenroder e soprattutto con F. Schleiermacher, autore dei *Discorsi sulla religione* (1799) opera che, con i *Discorsi alla nazione tedesca* (1807-08) di Fichte, è tra i capolavori del pensiero romantico. Dopo la morte di Novalis (1801) il gruppo di Jena si sciolse, ma le idee romantiche si diffusero rapidamente in Germania e poi in Europa, sia attraverso l'opera svolta dagli Schlegel a Berlino, a Vienna e nelle principali capitali europee, sia per l'eco sollevata dal celebre libro *De l'Allemagne* (1813) di Madame de Stäel.
Molto si è discusso e si discute su quale sia l'essenza innovatrice e originale delle tesi romantiche. I temi tradizionalmente indicati come tipicamente romantici (rivalutazione del sentimento e della fede; amore per la storia, con particolare attenzione per il medioevo, oppure per l'esotico e per una grecità idealizzata; esaltazione degli aspetti irrazionali, mistici e magici del-

la vita; libera espressione della creatività soggettiva con l'adozione di forme «aperte», frammentarie, aforistiche, liriche ecc.) si ritrovano infatti in larga misura già nella cultura settecentesca e nello *Sturm und Drang*.

• *Romanticismo e filosofia.* Dal punto di vista filosofico l'indirizzo romantico si caratterizza inizialmente per il tema fichtiano della riflessione trascendentale, come sviluppo idealistico della dialettica di Kant, che intende liberare lo spirito da ogni limitazione esteriore (è lo stesso Io che pone i propri contenuti come Non-Io). Tale sviluppo assume anche la forma di una celebrazione romantica dello spinozismo (da Fichte a Schleiermacher e a Schelling), inteso come nostalgia dell'infinito nel finito, della totalità nella parte, del divino nella natura, di cui è strumento essenziale l'«intuizione». Di qui quella coincidenza paradossale tra arte e filosofia che trova in Schelling il suo massimo teorizzatore; ma di qui anche il cruciale tema dell'«ironia» come riconoscimento della parzialità manchevole di ogni forma o realtà singola che viene così vanificata tramite la «critica», affinché, oltre questa dissoluzione, possa tralucere l'idea della forma infinita. È noto il rilievo mosso ai romantici da Hegel in relazione sia al «sapere immediato» della fede, dell'intuizione e del sentimento, sia all'ironia come movimento di nullificazione di ogni contenuto oggettivo (*Enciclopedia*, par. 575). All'«arbitrio vuoto» e alla «cattiva infinità» romantica Hegel oppone la propria mediazione dialettico-concettuale; e tuttavia l'identificazione del sapere con l'assoluto e del finito con l'infinito rivelano anche in Hegel una profonda ispirazione romantica, particolarmente manifesta nella *Fenomenologia dello spirito* (1807). In modo analogo, la diffusione delle idee romantiche nella filosofia europea della prima metà dell'Ottocento va ben oltre il nucleo delle concezioni della scuola jenese e investe in generale i concetti di provvidenzialismo storico, di evoluzione e di libertà dello spirito, influendo su pensatori e indirizzi anche lontani: per es. sul positivismo di Comte e sulle sue conclusioni misticheggianti, non meno che sull'unità di storia, destino e rivelazione in V. Gioberti; sul trascendentalismo di R.W. Emerson come sull'eclettismo spiritualistico di V. Cousin o sul biografismo «titanico» di Th. Carlyle.

Caratteristica generale dei diversi «romanticismi» filosofici è l'abbandono dello spirito messianico e rivoluzionario del primo romanticismo, con il suo afflato critico e nichilistico, in favore di una tendenza restauratrice, evidente tanto nel tardo-romanticismo viennese, ancora ispirato da Schlegel dopo la sua conversione al cattolicesimo, quanto nel romanticismo di Monaco (F. von Baader, C.G. Carus) e nel romanticismo mistico di Heidelberg (Görres, Creuzer, Arnim, Grimm). Il pensiero romantico si caratterizza allora per la polemica contro la meccanica e artificiale logica del progresso moderno e per l'idealizzazione nostalgica dei rapporti sociali pre-moderni, ispirati a un cristianesimo non ancora corrotto dalla riflessione critica. In questo ambito si collocano la polemica contro il «razionalismo» hegeliano condotta dallo Schelling nelle *Lezioni monachesi* (1836-37) e l'esaltazione delle forze e delle sorgenti irrazionali della vita, nonché del substrato profondo dello spirito e dei suoi lati «notturni»: questi motivi, già avanzati in chiave pessimistica da Schopenhauer e da E. von Hartmann, hanno poi finito per caratterizzare il pensiero del cosiddetto secondo romanticismo, o anche (ma si tratta di una interpretazione del tutto arbitraria) il significato complessivo dell'esperienza romantica europea.

Rorty, Richard (New York 1931), filosofo statunitense. Già docente all'università di Princeton, insegna attualmente all'università della Virginia (Charlottesville). Di formazione analitica, è noto in Europa soprattutto per aver proposto, a cominciare dalla seconda metà degli anni Settanta, una mediazione tra filosofia del linguaggio ordinario, pragmatismo ed ermeneutica. In *La filosofia e lo specchio della natura* (1979), Rorty suggerisce di abbandonare la concezione (comune tanto al positivismo quanto alla fenomenologia) della filosofia come «scienza rigorosa»: la preoccupazione fondamentale della filosofia, almeno a partire dal XVII secolo, è stata di formulare una teoria generale della rappresentazione (una teoria del modo in cui la mente si rappresenta il mondo esterno in maniera accurata e adeguata), e di assumerla come paradigma di obiettività e razionalità per tutta la cultura. Secondo Rorty, lo scetticismo di Wittgenstein nei confronti della nozione di «corrispondenza alla realtà», la riduzione, operata da J. Dewey, della ricerca scientifica a un'impresa storicamente e socialmente determinata, il rifiuto, in Heidegger, di identificare la verità dell'essere con la verità della scienza, consigliano di mettere da parte il vocabolario della filosofia scientificamente orientata, in favore di una filosofia storico-letteraria che promuova il dialogo sociale invece che l'indagine fisicalista. Come nel pensiero europeo-continentale dopo la fenomenologia e l'empirismo logico, così anche nel pensiero anglo-americana degli ultimi vent'anni, la filosofia ha rinunciato a porsi il compito della fondazione della legittimità delle pretese conoscitive, sia le proprie sia quelle delle altre discipline. Essa si accontenta di essere un «genere di scrittura», un discorso caratterizzato da un particolare stile espressivo e dal richiamo esercitato su un certo pubblico; allo stesso titolo che, per es., il romanzo e la poesia (*Conseguenza del pragmatismo*, 1982).

Questa trasformazione nella filosofia si accompagna, secondo Rorty, all'avvento di una società «post-filosofica», in cui la collettività non sente il bisogno di alcuna fondazione o legittimazione riflessiva, allo stesso modo in cui, con l'imporsi della scienza moderna, tra Sette e Ottocento è venuto meno il bisogno di vincoli religiosi e trascendenti. Né la filosofia né tantomeno la religione o la scienza assicurano la coesione del tessuto sociale: prevale piuttosto, e ciò è sufficiente secondo Rorty, un atteggiamento morale di simpatia e solidarietà verso i propri simili, un sentimento de-teorizzato della comunità (*Contingenza, ironia e solidarietà*, 1989), animato dalla ricerca non della verità, ma della felicità, e dalla indignazione morale verso la crudeltà e la limitazione della libertà. Tra le opere di Rorty si ricordano inoltre: l'introduzione all'antologia da lui curata, *La svolta linguistica* (1967); i due volumi miscellanei di scritti filosofici, *Oggettività relativismo e verità* (1991) e *Saggi su Heidegger ed altri* (1991).

Rosacroce, società esoterica operante in Germania all'inizio del sec. XVII. Il suo manifesto fu la *Fama fraternitatis*, edito anonimo a Kassel nel 1614, che propugnava la rigenerazione del mondo in prospettiva interiore e mistica. La *Fama* narra la vita del personaggio mitico Christian Rosenkreutz, che, dopo avere a lungo viaggiato, avrebbe fondato in Germania una confraternita esoterica; nel 1604, centoventi anni dopo la sua morte, si sarebbe scoperta la tomba di Rosenkreutz, che — secondo il testo — custodiva formule magiche e norme di vita. Nel 1615 uscì a Francoforte una *Confessio fraternitatis*, che annunciava il ritorno della luce persa dagli uomini con la caduta di Adamo, e nel 1616 furono pubblicate a Strasburgo le *Nozze chimiche di Cristiano Rosenkreutz* di Johann Valentin Andreae, teologo luterano di Tubinga, che descrivevano l'itinerario della salvezza mediante l'illuminazione e l'estasi. L'opera di Andreae catalizzò l'attenzione di alchimisti, medici, astrologi, teosofi, cultori di scienze occulte, che si riunirono in confraternite diffuse anche in Francia, Austria, Paesi Bassi e Inghilterra. Tra gli adepti si ricorda il medico inglese Robert Fludd (1574-1637), che scrisse un *Trattato apologetico* (1617). Si colgono nei Rosacroce tracce delle profezie gioachimite, di Dionigi Areopagita, della mistica renano-fiamminga (Eckhart, Taulero, J. Ruysbroeck), delle visioni utopiche di Campanella, della tradizione alchimistica di J. Arndt e della qabbalah. Gruppi di Rosacroce sono sorti nel sec. XX in Francia, in Inghilterra e negli Stati Uniti con la finalità di pubblicare testi della setta e di incrementare gli studi esoterici. La maggiore di queste associazioni è l'Ancient Mystical Order Rosae Crucis.

Roscellino (Compiègne 1050 - morto nel 1120), filosofo e teologo francese. Insegnò a Compiègne, a Loches, dove ebbe come scolaro Abelardo, e quindi a Tours. Di lui non ci è pervenuta che una lettera ad Abelardo; conosciamo il suo pensiero attraverso i giudizi dei suoi avversari Anselmo, Abelardo e Giovanni di Salisbury. È celebre per essere stato il primo sostenitore del nominalismo nella disputa sugli universali (→ universali, problema degli): secondo Roscellino, solo gli individui esistono realmente, i concetti universali non hanno alcun corrispettivo nella realtà e non sono altro che nomi nel senso di meri suoni (*flatus vocis*), cioè alterazioni fisiche delle corde vocali e vibrazioni atmosferiche. Connesso con il nominalismo è il suo triteismo, con cui egli negava l'unità delle persone nella Trinità: come l'umanità non è nulla di per sé, poiché la sua realtà si risolve tutta in quella dei singoli uomini, così la divinità non è qualcosa di comune alle tre persone divine; ognuna di esse è una cosa unica e singolare. Per questa tesi Roscellino fu condannato nel concilio di Soissons (1092), e fece atto di sottomissione.

Rosenkranz, Karl (Magdeburgo 1805 - Königsberg 1879), filosofo tedesco. Seguace di F. Schleiermacher, nel 1828, quando divenne professore a Halle, passò allo hegelismo, dedicandosi prevalentemente a opere di estetica, come il *Manuale di storia generale della poesia* (1833), tradotto poi in italiano da F. De Sanctis. Allorché la scuola hegeliana si divise in una destra e in una sinistra (→ hegeliana, destra e sinistra), Rosenkranz prese posizione contro entrambe, qualificandosi come il maggior rappresentante del «centro», ispirato a un liberalismo moderato, che caratterizzerà anche la sua azione politica nel biennio 1848-49. Nel 1844 pubblicherà la *Vita di Hegel*, importante anche per i molti inediti del maestro che faceva conoscere. Nel frattempo era salito, a Königsberg, sulla cattedra ch'era stata di Kant e di Herbart, e per tutto il resto della sua attività tentò una revisione dello hegelismo sulla base di motivi tratti da questi due pensatori. Oltre che autore di una *Storia della filosofia kantiana* (1840), fu editore delle opere di Kant. Nei confronti di Hegel, le sue correzioni maggiori furono il ritorno alla distinzione fra pensiero e realtà, quindi fra logica e metafisica, e la sostituzione della dialettica con un «metodo genetico» o evolutivo, ispirato alla biologia e alla linguistica contemporanee (*Sistema della scienza*, 1850; *Scienza dell'idea logica*, 1858-59). Importante anche *Vita e opere di Diderot* (1866).

Rosenzweig, Franz (Kassel 1886 - Francoforte 1929), filosofo ebreo tedesco. Fu allievo di H. Rickert e di F. Meinecke e conseguì il dottorato di filosofia a Berlino nel 1912 (la tesi sarà pubblicata con il titolo *Hegel e lo stato*, nel 1920). L'anno dopo, una profonda crisi religiosa lo indusse a trasferirsi a Berlino presso la «Scuola superiore per la scienza del giudaismo» diretta da H. Cohen, con un interesse per la religione e la spiritualita ebraica culminato nella traduzione tedesca della Bibbia in collaborazione con M. Buber (*La Scrittura e la sua traduzione in tedesco*, 1936). Direttore dal 1920 del Freies Jüdisches Lehrhaus di Francoforte, entrò in contatto con la vivace cultura ebraica della città (Buber, E. Fromm, G.G. Scholem). Nel 1924 ottenne la cattedra di filosofia e teologia ebraica presso l'università di Francoforte. Opere principali: *La stella della redenzione* (1921); *Il nuovo pensiero* (1925); *Scritti minori* (postuma, 1937). Importanti anche le *Lettere*, edite nel 1935.

Già nella sua tesi di dottorato Rosenzweig vede nella hegeliana idea dello stato la teorizzazione dello stato nazionale totalitario realizzato poi da Bismarck. Non si tratta di una semplice contestazione liberalistica, ma di una critica che trova il proprio fondamento parte nella filosofia dell'esistenza, parte nell'umanitarismo scettico appreso dai suoi maestri storicisti e neokantiani, cui si aggiunge in un secondo momento l'apporto della riscoperta fede ebraica. *La stella della redenzione* muove dal rifiuto dell'idealismo assoluto, per rivendicare la concretezza dell'io e degli aspetti finiti dell'esistenza annunciata dal «nuovo pensiero» di Schopenhauer, Kierkegaard, Nietzsche, che non verte più sulla essenza del mondo, ma sul suo valore. Al centro della filosofia dell'esistenza di Rosenzweig è il motivo (già presente in Cohen, e che si riallaccia al tema neokantiano del primato della pratica) della crucialità dell'azione e dell'esistenza, cui si aggiunge (Rosenzweig iniziò la stesura del libro al fronte, nel 1917, e la proseguì nella crisi postbellica) quello del nulla e della morte come segni di una trascendenza radicale, che si riflette nella dimensione del futuro. Tale dimensione, carica di valenze messianiche che differenziano la posizione di Rosenzweig dalle filosofie dell'esistenza dell'età sua, è l'autentica temporalità esistenziale poiché «senza cessare di essere futura è nondimeno presente» nella comunità umana, in quel rapporto e dialogo tra le persone che costituisce il «noi» come spazio della redenzione dell'uomo e di Dio.

Rosmini Serbati, Antonio (Rovereto, Trento, 1797 - Stresa, Novara, 1855), filosofo e teologo italiano. Studiò nella facoltà teologica dell'università di Padova (1816-19) e fu ordinato sacerdote nel 1821. Nel 1828 fondò la congregazione religiosa dei «rosminiani» (Istituto della Carità). Sul piano filosofico, tutta la sua attività mirò a restaurare l'accordo della filosofia con la religione contro il sensismo e l'illuminismo, denunciati per le loro conseguenze distruttive tanto in sede teorica quanto in sede politica. Cominciò dall'affrontare il tema tipico del sensismo, con il *Nuovo saggio sull'origine delle idee* (1830), per passare poi alla morale (*Principii della scienza morale*, 1831; *Antropologia in servigio della scienza morale*, 1838; *Trattato della coscienza morale*, 1839), alla politica (*Filosofia della politica*, 1839; *Filosofia del diritto*, 1845) e alla teologia (*Teodicea*, 1845). Dopo la parentesi (1848) di attività politica e diplomatica per conto del governo piemontese, improntata a un liberalismo assai moderato, scrisse ancora una *Psicologia* e una *Logica*. Altre opere verranno pubblicate postume come il *Saggio storico-critico sulle categorie e la dialettica*, l'*Antropologia soprannaturale* e la *Teosofia* (una sintesi complessiva, rimasta incompiuta). Nel campo propriamente religioso è celebre il suo scritto *Le cinque piaghe della santa Chiesa*, composto nel 1832, pubblicato nel '48 e subito messo all'indice: esso infatti contiene coraggiose proposte di riforma della chiesa che troveranno realizzazione soltanto nel concilio Vaticano II.

Nell'etica, nella psicologia e nella teologia, Rosmini segue le dottrine di Agostino e Tommaso, sostenendo la convergenza dei due dottori della chiesa. Maggiormente caratterizzate dallo spirito dell'epoca sono invece le sue dottrine giuridiche e politiche: la morale comanda il rispetto dei diritti naturali e individuali della persona, dei quali è fondamentale quello della proprietà privata; l'ideale è quello d'una società civile «pura», in cui cioè l'intervento dello stato sia ridotto al minimo. Assai più originale è la gnoseologia di Rosmini, fondata su un ritorno all'innatismo di tipo agostiniano, ma limitato a una sola idea: quella dell'essere (esistenza). L'«essere ideale», lume della ragione, è l'essere «possibile», da distinguere da qualsiasi ente particolare e dall'esistenza attuale. È l'idea più generale e astratta che si possa avere (simile all'«Essere» con cui comincia la Logica di Hegel, ma in contrasto polare col Nulla), dotata di caratteristiche tali (oggettività, semplicità, necessità, universalità, immutabilità) per cui deve provenire da Dio stesso: essa è conoscenza «abituale», cioè presente in qualsiasi altra idea, e si impone con evidenza (intuizione intellettuale) allorché la riflessione si soffermi su di essa. Tra l'ideale e il reale c'è la differenza che passa fra l'intelletto puro da una parte e, dall'altra, il senso e il sentimento. Per Rosmini, la sensazione è irrimediabilmente soggettiva (è questo un punto decisivo d'accordo col sensismo e di contrasto col tomismo), in quanto modificazione di quel «sentimento fondamentale» del nostro corpo che ci accompagna sempre; e l'oggettività si ha solo in quanto la sensazione e il sentimento soggettivo vengono investiti dall'idea dell'essere, dando così luogo all'idea d'un ente reale. L'idea dell'essere è quindi l'elemento formale della conoscenza, che s'unisce a quelli materiali in una «sintesi a priori», o «percezione intellettiva». Fornendo le idee delle cose particolari, questa fornisce immediatamente le idee di sostanza e causa, e rende possibile la formazione delle idee universali e astratte e di quelle complesse. La funzione oggettivante dell'idea dell'essere garantisce comunque per Rosmini il realismo gnoseologico di contro a quello scetticismo (o fenomenismo) che rappresenta altrimenti la conclusione logica della tesi della soggettività delle sensazioni e del sentimento. Il concetto della sintesi a priori è derivato da Kant; ma l'idea rosminiana dell'essere non è una mera categoria, perché la sua funzione formale nel conoscere è condizionata dalla sua derivazione dall'Essere supremo stesso: l'essere ideale è qualcosa di «divino» presente nell'uomo; anche se non va confuso con Dio (di contro alle accuse di panteismo), poiché Dio, persona assoluta, non può certo esser scambiato con un concetto generalissimo.

Rothacker, Erich (Pforzheim 1888 - Bonn 1965), filosofo e storico della filosofia tedesco. Professore di filosofia a Heidelberg dal 1926 e a Bonn dal 1928, fondò nel 1955 l'«Archiv für Begriffsgeschichte». Attento a sottolineare la concreta storicità della natura umana, indagò dapprima i presupposti ontologici della «Scuola storica» da Hegel a W. Dilthey (*Introduzione alle scienze dello spirito*, 1920). In seguito studiò non solo storicamente ma anche sistematicamente e nella propria autonoma logica la → *Weltanschauung* che ogni scienza presuppone, mostrandone l'intreccio dinamico con la vita e le sue «decisioni» (*Logica e sistematica delle scienza dello spirito*, 1926), in particolare con le diverse modalità culturali attraverso cui i popoli, impegnati nella «lotta per l'esistenza», rispondono alle sfide del mondo-ambiente (*Filosofia della storia*, 1934; *Uomo e storia*, 1944). All'indagine delle culture intese come stili di vita suscitati da una «intuizione creativa» dedicò la propria antropologia, fondata sul riconoscimento del carattere integralmente culturale di ogni aspetto dell'esistenza (*Problemi dell'antropologia culturale*, 1942; *Antropologia filosofica*, 1964).

Rousseau, Jean-Jacques (Ginevra 1712 - Ermenonville, presso Senlis, 1778), filosofo e scrittore svizzero di lingua francese.

• *Vita e opere*. La vita di Rousseau fu particolarmente inquieta e densa di avvenimenti. Orfano di madre — morta nel metterlo al mondo — visse i primi anni a Ginevra col padre e il fratello maggiore, che ben presto però partì per la Germania senza dare più notizie di sé. Jean-Jacques, su cui il padre riversava l'amore per la sposa perduta ma anche il rancore legato a questa perdita, visse anni inquieti ed esaltati in un rapporto intenso col padre, che si alimentava di quotidiane interminabili letture, tratte dalla ricca biblioteca lasciata dalla madre. In seguito a una rissa il padre dovette fuggire per sottrarsi alla prigione e Rousseau fu affidato a uno zio, presso il quale visse alcuni anni a Bossy, studiando con il pastore Lambercier. Lavorò poi come scrivano e come apprendista incisore. Nel tempo libero coltivava la lettura e ne traeva una tendenza alla fantasticheria e alla solitudine che gli rimase per tutta la vita. Una sera in cui si era spinto fuori le mura in una delle consuete passeggiate, non essendosi accorto del passar del tempo rimase chiuso fuori: fu questa l'occasione per andarsene e cominciare, a soli sedici anni, una vita di vagabondaggi e di avventure. Accolto da un prete cattolico, fu da questi inviato presso la neoconvertita Madame de Warens (chiamata poi da Rousseau «Maman»), presso la quale cominciò un soggiorno lungo e ricco di affetti. Per questa matura signora Rousseau concepì un intensissimo amore filiale, che solo più tardi si mutò in passione amorosa; la relazione assai irrequieta che ne nacque fu punteggiata da litigi e fughe (a Lione, a Friburgo, a Losanna, Ginevra, Berna, Parigi), sopportate pazientemente dall'amica; ma nel 1744 fu lei a porre fine al rapporto: tornando da un viaggio, Rousseau ebbe l'amara sorpresa di trovare il suo posto occupato da un altro; perciò fu costretto ad andarsene e a trovarsi un'occupazione. Intanto era stato convinto da Madame de Warens a convertirsi al cattolicesimo, cosa che aveva fatto assai a malincuore: a Torino aveva frequentato il corso per catecumeni e ne aveva tratto una pessima impressione della religione cattolica e della sua morale accomodante. Ripreso il suo vagabondare, fu prima a Lione come precettore, quindi a Parigi, dove lavorò come copista di musica e poi come segretario, anche al seguito dell'ambasciatore francese a Venezia. Di nuovo a Parigi, fece rappresentare in una casa privata la sua opera lirica *Le Muse galanti* (1745); e conobbe Madame d'Epinay che lo introdusse nel mondo intellettuale e nei salotti della capitale, dove incontrò, fra gli altri, Diderot e Condillac. Cominciò a collaborare all'*Encyclopédie* con articoli di carattere musicale e con la voce «Economia politica».

Nel 1750 l'Accademia di Digione bandì un concorso sul tema:«Se il progresso delle scienze e delle arti abbia contribuito a migliorare i costumi». Colto da un'ispirazione improvvisa, Rousseau svolse il tema dando una risposta negativa (*Discorso sulle scienze e le arti*, 1750); fu dichiarato vincitore e da un momento all'altro divenne un uomo famoso. Non volle tuttavia approfittare della notorietà: si rifiutò di farsi presentare al re e si ritirò a vivere in una soffitta, guadagnandosi da vivere come copista di musica. Le sue eccentricità gli alienarono le simpatie degli amici «philosophes», che del resto egli cominciava a disprezzare come produttori di una cultura inutile e corruttrice. Alcuni anni dopo, in occasione di un altro concorso bandito dalla stessa Accademia, Rousseau scrisse il *Discorso sull'origine e i fondamenti della diseguaglianza tra gli uomini* (1755), che

ebbe grande risonanza. Intanto si riavvicinò al calvinismo e a Ginevra, ove tornò accolto con tutti gli onori. Guastatisi definitivamente i rapporti con i filosofi parigini, interruppe ogni collaborazione con l'*Encyclopédie*; scrisse a d'Alembert la *Lettera sugli spettacoli* (1758), polemizzando con il progetto di insediare a Ginevra un teatro stabile; e contro Voltaire scrisse la *Lettera sulla provvidenza* (1756), nella quale rifiutava il suo pessimismo teologico, sostenendo che dei mali che colpiscono l'umanità è responsabile solo lo sviluppo storico distorto e le cattive istituzioni che ne sono la conseguenza. Ritiratosi nella dimora dell'Ermitage (presso Montmorency in Francia), offertagli da Madame d'Epinay, continuò ad attendere ai suoi studi, scrivendo la *Giulia o la nuova Eloisa* (1761), *Emilio o dell'educazione* (1762) e il *Contratto sociale* (1762). Queste due ultime opere gli suscitarono l'ostilità delle autorità politiche e religiose; privo ormai della protezione dei «philosophes», Rousseau dovette rifugiarsi in Svizzera e quindi in Inghilterra, chiamatovi da Hume; ma, venuto in contrasto col filosofo inglese, rientrò in Francia, dove finì le *Confessioni*, cominciate nel 1765, e i *Dialoghi*. Morì nel castello del marchese di Girardin, in seguito a un'improvvisa malattia.
Altre opere: *Narciso* (commedia, 1752); *Lettera a Christophe de Beaumont* (1763); *Lettere dalla montagna* (1764); *Meditazioni di un viandante solitario* (postuma, 1782); *Dialoghi: Rousseau giudice di Jean-Jacques* (postuma, 1789). Scrisse libretto e musica delle opere liriche *Le feste di Ramiro* e *L'indovino del villaggio* (1752), oltre alle citate *Muse galanti*.
• *Civiltà e ineguaglianza. Il patto sociale.* Già con il primo *Discorso* Rousseau manifestava una posizione che, pur aderendo per molti aspetti a quella dei «philosophes», rompeva però il fronte dello schieramento su alcuni punti importanti, in particolare là dove valutava il progresso delle scienze e delle arti come negativo per il miglioramento della vita morale e della libertà degli uomini (contro le tesi che sorreggevano l'impresa dell'*Encyclopédie*). Il bilancio pessimistico del cammino del genere umano si approfondiva nel secondo *Discorso*. Nel primo, il confronto era tra il mondo civilizzato e quello delle città-stato greche o della Roma repubblicana: vi si esaltavano le virtù degli antichi e la semplicità dei costumi, si additavano i guasti della cultura moderna, corruttrice, egoistica; nel secondo, si ricostruiva la storia dell'umanità a partire da un ipotetico «stato di natura», non concepito però — alla maniera dei giusnaturalisti — come la base sociale naturale su cui sorge lo stato, bensì come una condizione primitiva e ferina, in cui l'animale-uomo non si distingue ancora dagli altri animali e non conosce alcuna forma di socialità. Alcuni dei capisaldi del → giusnaturalismo, come la naturalità della famiglia o della proprietà, venivano da Rousseau del tutto liquidati. La ricostruzione rousseauiana faceva dipendere da catastrofi naturali il costituirsi dei primi nuclei sociali, sulla base dei quali si sarebbe sviluppato ciò che è propriamente «umano»: il linguaggio, le passioni, le tecniche e le arti, il lavoro. Solo a questo punto si può istaurare un rapporto di diseguaglianza, non sulla base di differenze originarie e naturali, ma sulla base di eventi casuali che permettono ad alcuni di accaparrare i beni esistenti (la terra) costringendo gli altri a vendere il proprio lavoro per sopravvivere. Su questa base iniqua viene elevato lo stato, come sanzione dell'ineguaglianza e della sopraffazione. Il problema della costruzione dello stato, non più in una prospettiva critica ma in senso deontologico, è l'argomento del *Contratto sociale*. Al centro della dottrina dello stato di Rousseau c'è la nozione di volontà: lo stato nasce attraverso un contratto per cui ciascuno rinuncia alla libertà illimitata della condizione di natura, non però per consegnarsi nelle mani di un sovrano (*pactum subiectionis*), bensì per ricevere da ogni altro membro della comunità la stessa rinuncia: questo atto di alienazione dà origine a una persona sociale, il sovrano, la cui volontà è la volontà generale. Il potere sovrano viene esercitato dall'assemblea di tutti i membri della comunità riuniti insieme: ogni legge che viene espressa dalla volontà generale ha per oggetto il bene generale, non l'interesse di qualche gruppo. Il potere sovrano è inalienabile: non può essere esercitato da un rappresentante eletto per legiferare in nome dell'assemblea. Inoltre è indivisibile e unico (contrariamente a quanto veniva prevalentemente sostenuto dai teorici dello stato, per es. da Montesquieu): esecutivo e giudiziario non sono poteri separati, ma emanazioni del potere sovrano. Un particolare rilievo ha il problema dei rapporti tra stato e religione: ci sono tre tipi di religione, quella dell'uomo, o religione interiore, che non interferisce con lo stato; quella del cittadino, che si identifica con lo stato stesso; e quella che, non identificandosi affatto con lo stato, pretende di avere un eguale potere. Quest'ultima, la religione della chiesa cattolica, è la peggiore e deve essere privata di ogni potere; la seconda è quella che più giova alla coesione dello stato, ma che rende i cittadini fanatici; la prima, apparentemente la migliore, pesa tuttavia in modo negativo sui costumi dei cittadini, rendendoli imbelli e facile preda della rassegnazione: il cristianesimo evangelico è la religione degli sconfitti e degli schiavi. Lo stato non deve comunque intervenire sulle opinioni dei cittadini se non quando queste minacciano l'integrità dello stato stesso; la religione civile, che deve contenere il minimo di articoli di fede e morale, avrà come primo e fondamentale principio quello della tolleranza religiosa.

• *La formazione dell'uomo e la comunità ideale.* Delineati in tal modo i compiti del cittadino, Rousseau indaga sui doveri dell'uomo. È questo l'argomento dell'*Emilio*, romanzo pedagogico che parte dal presupposto di una natura umana originariamente buona e poi corrotta da cattive istituzioni. La formazione di Emilio verrà perciò sottratta ai cattivi influssi della vita sociale e si compirà nella solitudine campestre, in un rapporto quasi esclusivo col precettore; quando l'uomo sarà formato e fortificato, solo allora affronterà la vita sociale e potrà diventare buon cittadino. Occorre anzitutto che il fanciullo non incontri inutili divieti o limitazioni della sua libertà: il divieto lo farà diventare o ribelle e ostile, o rassegnato e schiavo. D'altro canto l'educatore si guarderà dall'assecondare le fantasie immotivate opponendo un diniego fermo e risoluto, senza rimproveri o punizioni. Un principio fondamentale è quello dell'educazione mediante l'azione, non mediante la parola, che non ha nessuna efficacia sulla mente di un fanciullo; l'inopportunità, per es., di rovinare oggetti sarà resa evidente al bambino facendogliene subire il danno; i diritti della proprietà e la sua inviolabilità gli appariranno chiari quando avrà lui stesso intrapreso una coltura e se ne vedrà portare via i frutti. In generale, nel processo educativo, dovrà essere tenuto presente che nulla è insegnabile ma tutto dovrà essere «trovato» dall'educando: il precettore disporrà intorno a lui le occasioni di scoperta e di invenzione; in tal modo Emilio scoprirà da solo l'uso degli strumenti e le verità morali che regolano i rapporti tra gli uomini: percorrerà *en raccourci* il cammino del genere umano senza commetterne gli errori. Nell'apprendistato quotidiano, a contatto col mondo delle cose (gli uomini, come si è visto, dovranno fino a un certo punto restargli lontani), Emilio dovrà imparare a ridimensionare la propria infantile onnipotenza e a scoprire l'indipendenza del mondo naturale e delle sue leggi. Le poche persone ammesse alla sua frequentazione dovranno perseguire il soddisfacimento dei loro naturali bisogni, incrociando quelli analoghi di Emilio e imponendogli in tal modo il rispetto reciproco. Un altro principio di grande importanza è quello della necessità di «perdere tempo»: in netta opposizione con tutte le pedagogie efficientistiche, Rousseau sottolinea non solo la verità — divenuta poi ovvia — che un bambino non è un uomo ancora immaturo, bensì un individuo con caratteristiche proprie; ma anche che il processo educativo ha tutta la sua forza nell'estrema lentezza dei passi che compie via via: proprio perché ha bisogno di un periodo eccezionalmente lungo prima di essere autonomo, l'animale-uomo ha compiuto quei passi giganteschi sulla via della perfettibilità che sono preclusi all'animale.

All'idea di formazione dell'uomo che presiede al progetto dell'*Emilio*, appartiene la concezione rousseauiana della divisione del lavoro come fonte di mutilazione dell'uomo e di perdita di libertà. L'ideale di Rousseau è quello di una comunità di individui autosufficienti che restaurino una sorta di indipendenza primitiva: di fatto, contadini - artigiani - piccoli proprietari che producano in vista della soddisfazione dei loro bisogni, in un'economia che sostanzialmente non conosce il mercato e lo sviluppo; nel lusso, ossia nella produzione del superfluo che alimenta l'industria e crea espansione della domanda, Rousseau vede il principale nemico dell'eguaglianza e della libertà degli uomini.

Vastissima è stata l'influenza esercitata da Rousseau sulla formazione della mentalità e della cultura romantica. Nel campo specificamente filosofico, è emblematica la definizione di Kant, che parlò di Rousseau come del Newton del mondo interiore, e che ne subì l'influenza soprattutto nel campo dell'etica. A Rousseau si rifecero, nel loro pensiero politico, gli idealisti (soprattutto Fichte) e Marx, i cui rapporti con Rousseau sono tuttora oggetto di indagini e discussioni. Determinante fu il pensiero di Rousseau anche per il successivo sviluppo della pedagogia; non solo perché influenzò direttamente Kant, J.H. Pestalozzi, F.W.A. Fröbel, ma anche perché, diffuse l'idea che l'educazione non debba limitarsi a perpetuare da una generazione all'altra l'ordine esistente, e debba invece elaborare modelli di vita nuovi e alternativi: idea che percorre in varia misura tutta la pedagogia moderna. *M. Mo.*

Royce, Josiah (Glass Valley, California, 1855 - Cambridge, Massachusetts, 1916), filosofo statunitense. Studiò alla Johns Hopkins University e poi in Germania, a Lipsia e a Gottinga, dove approfondì, sotto la guida di R.H. Lotze, la conoscenza di Hegel. Tornato in patria, insegnò a Harvard. È il massimo esponente dell'idealismo americano, che egli fuse con le tesi del pragmatismo di W. James e di C.S. Peirce. Il problema di fondo dell'idealismo di Royce è quello di render compatibile l'assoluto hegeliano con le differenze reali degli individui, sormontando le conclusioni negative di F.H. Bradley, che Royce affronta nel primo volume della sua opera maggiore, *Il mondo e l'individuo* (2 voll., 1900-01). La natura relazionale del pensiero comporta un processo infinito di continui rimandi che rende inattingibile, secondo Bradley, l'assoluto. Appellandosi alla teoria matematica delle classi di G. Cantor e J.W.R. Dedekind, Royce applica all'assoluto la concezione dell'infinito come «sistema autorappresentativo»: in ogni sua parte l'infinito è totalmente presente, pur restando la parte un'immagine definita e autonoma dell'infinito. In tal modo il mondo si configura come una totalità dinamica articolata dai percorsi delle «idee»

individuali che cercano la loro conferma pragmatica nella realtà oggettiva; ma questa realtà non è altro che la coscienza onnicomprensiva di Dio in cui sono da sempre contenute tutte le possibilità individuali degli intelletti finiti. Panteismo e individualismo si troverebbero così conciliati.
Ma in *Il problema del cristianesimo* (1913) Royce affrontò nuovamente la questione, assumendo a base la teoria dell'interpretazione e la semiotica di Peirce. Il mondo si presenta allora come un insieme di «segni» che stimolano il processo interpretativo delle menti; queste danno vita a serie infinite di processi interpretativi che trovano la loro verità non in se stesse, ma nell'infinito incremento di una «comunità» universale in cui il mondo e gli interpreti, per il medio del «segno interpretante», si compongono dinamicamente in unità. Tale teoria viene riferita da Royce al concetto cristiano di «comunità religiosa» e di «ecclesia» (la «comunità ideale» di cui parla san Paolo) e su di esso egli fonda una morale della «fedeltà» (*loyalty*); la fedeltà corrisponde all'amore cristiano per la comunità intesa come «personalità superiore». La morale dell'individuo consiste infatti nella fedeltà a un compito sopraindividuale, il che però comporta una solidarietà pratica con gli altri individui e cioè un riconoscimento comune e «pubblico» di tale compito. Ciò conduce infine a postulare una Persona Morale Assoluta che, comprendendo e armonizzando le volontà particolari e contrastanti, realizza progressivamente la Grande Comunità come significato ultimo del mondo. Sul fondamento della morale della comunità e della fedeltà Royce tentò anche una rivalutazione idealistica delle dottrine sociali del pragmatismo, con l'intento di produrre all'interno della civiltà industriale una profonda rivoluzione spirituale. Queste dottrine di Royce sono oggi in parte riprese, al di fuori del contesto idealistico, dall'ermeneutica (→ interpretazione). Altre opere: *L'aspetto religioso della filosofia* (1885); *Lo spirito della filosofia moderna* (1892); *La concezione di Dio* (1895); *Studi sul bene e sul male* (1898); *La concezione dell'immortalità* (1900); *Lineamenti di psicologia* (1903); *La filosofia della fedeltà* (1908); *La speranza della Grande Comunità* (1916); *Lezioni sull'idealismo moderno* (postuma, 1919).

Rozanov, Vasilij Vasil'evič (Vetluga, Kostroma, 1856 - Sergeevskij Posad, Mosca, 1919), scrittore e filosofo russo. Partecipò ai celebri «Raduni filosofico-religiosi di San Pietroburgo» e alle sedute della società religioso-filosofica di Mosca e Pietroburgo; esercitò un'influenza fortissima sulla letteratura e la filosofia russe del suo tempo. Rozanov è stato chiamato il «Nietzsche russo» per la sua polemica contro il cristianesimo e il razionalismo moderno in nome dei valori vitali. I valori vitali che egli difende, però, non sono tanto quelli della forza e della potenza quanto quelli della quotidianità, della vita familiare come il luogo in cui si compie il sacro mistero della generazione e in cui si possono affermare rapporti interumani creativi. La fede nella natura umana e il tenero amore per l'uomo soggiacenti al suo pensiero si espandono in una religione cosmica, tendente a sacralizzare la vita e il sesso, che egli concepisce come l'elemento che in maniera misteriosa connette l'uomo con la totalità della natura. La sua dura polemica con il cristianesimo (con il cristianesimo occidentale prima, poi con quello «storico» in generale, infine con il Cristo stesso) come religione antimondana e antivitale lo porta a una ripresa dell'Antico Testamento (in cui sarebbe presente una valutazione positiva del sesso e della procreazione) e delle religioni pagane. È stato tuttavia osservato che il suo rapporto con il cristianesimo non è di semplice opposizione (egli sembra, in qualche modo, subirne costantemente il fascino) e che la sua visione commossa della divinità della natura è da riportarsi alla tradizione del → sofianismo russo, più che a quella del panteismo. Opere principali: *La leggenda del Grande Inquisitore di F. Dostoevskij* (1891); *Nel mondo dell'oscuro e dell'incerto* (1901); *Presso le mura della chiesa* (1906); *Foglie cadute* (1913-15); *Apocalisse del nostro tempo* (1918-19).

Ruge, Arnold (Bergen, Rügen, 1802 - Brighton 1880), pensatore tedesco. Dopo aver subito il carcere come liberale, fu professore di filosofia a Halle (*L'estetica platonica*, 1832; *Nuova scuola preparatoria di estetica*, 1837). Seguace di Hegel, allorché la scuola si divise in una destra e in una sinistra, Ruge si schierò con quest'ultima, fornendole (1838) un organo con gli «Hallische Jahrbücher», che in seguito (1841), per sfuggire alla censura prussiana, dovette trasferire a Dresda (dove uscirono fino al 1843 col titolo di «Deutsche Jahrbücher»). Ruge favorì il passaggio della sinistra hegeliana dalla polemica religiosa a quella politica; notevole è il suo saggio *La filosofia del diritto hegeliana e la critica del nostro tempo* (1842). Ispirandosi a Feuerbach e anticipando la critica di Marx alla filosofia politica di Hegel, egli sostenne che questi ha assolutizzato, deducendoli aprioristicamente come conformi alla ragione, degli istituti politici e sociali contingenti, quali la monarchia ereditaria e il maggiorascato, contro cui deve invece esercitarsi la critica della ragione, strumento principale del progresso. In contatto con Marx rimase fino alla pubblicazione, curata da entrambi a Parigi, dei «Deutsch-französische Jahrbücher» (1844). Dall'esilio in Francia e in Svizzera tornò in patria nel 1848, e fu deputato al parlamento nazionale, su posizioni democratiche (*L'istituzione della democrazia in Germania o lo stato popolare e la libertà socialdemocratica*). Durante il successivo esilio in Inghilterra, si accostò invece, sempre più, alla politica di Bismarck.

ruolo, in sociologia, comportamento che ci si attende da parte di chi occupa una data posizione sociale. Benché il concetto sia presente in molti autori (James, Baldwin, Dewey negli Stati Uniti; Bergson, Durkheim, Janet, Nietzsche in Europa), la sua prima elaborazione sistematica è generalmente attribuita al filosofo statunitense G. H. Mead (*Mente, sé e società*, 1934). Per Mead i ruoli costituiscono una parte fondamentale della personalità, che si forma gradualmente sin dall'infanzia nel rapporto con gli altri. I ruoli sono un elemento fondamentale del processo di socializzazione e integrazione: il loro carattere di prevedibilità e stabilità consente la comunicazione tra gli individui tramite un meccanismo per cui il soggetto adotta mentalmente gli atteggiamenti dell'altro, «prende il ruolo dell'altro»; inoltre il soggetto, adottando verso se stesso l'atteggiamento degli altri, si vede come l'altro lo vedrebbe, la qual cosa gli permette di controllare continuamente la sua condotta. Se per Mead quindi il ruolo è utile all'individuo, le elaborazioni successive del concetto, soprattutto negli Stati Uniti, hanno messo in luce — del ruolo — l'utilità sociale. R. Linton (*Lo studio dell'uomo*, 1936) lo definisce come l'insieme delle condotte richieste a un soggetto quando ricopre una determinata posizione sociale, è cioè l'aspetto dinamico di uno status; in T. Newcomb (*Psicologia sociale*, 1950) e in T. Parsons (*Il sistema sociale*, 1951; *Verso una teoria generale dell'azione*, in collaborazione con Shils, 1952) risulta ancor più accentuato il suo carattere prescrittivo, di modello cui adeguarsi. Questa funzione normativa che il ruolo adempie sembra, per la maggior parte degli autori statunitensi, collegata al desiderio di fissare a priori le funzioni e i comportamenti adeguati alle varie posizioni, così da assicurare al quadro sociale una relativa stabilità. Tra le numerose critiche a quest'approccio è particolarmente proficua quella di M. Crozier e E. Friedberg (*Attore sociale e sistema*, 1977): essi sottolineano come gli individui tendano istintivamente a sfuggire alle regole e alle aspettative imposte dai ruoli al fine di conservare un margine di libertà e di imprevedibilità.

Alcuni autori hanno messo in rilievo, rifacendosi al suo significato etimologico (dal latino medievale *rotulus*, il «rotolo» dov'era scritta la parte dell'attore), l'aspetto di mascheramento, di inautenticità del ruolo. In J.L. Moreno (*Lo psicodramma*, 1946) esso designa nello stesso tempo una persona immaginaria creata da un drammaturgo e l'interpretazione che ne dà un attore, la sua realizzazione sulla scena. Il ruolo ha quindi una dimensione prescrittiva e cristallizzata in un modello, ma contemporaneamente anche un aspetto spontaneo e creativo. E. Goffman (*La vita quotidiana come rappresentazione*, 1959), pur utilizzando la definizione classica di ruolo, ne ha sottolineato l'aspetto di rappresentazione e di recitazione: ciò non implica necessariamente che il soggetto vi aderisca, ma piuttosto che la «parte» sia credibile per gli altri.

La scuola di Francoforte ha messo in luce l'ideologia soggiacente al concetto di ruolo, proprio in quanto esso si presenti come avalutativo. Rifacendosi alla teoria marxista, gli studiosi francofortesi considerano i ruoli come momenti effettivi di estraniazione, collegati alla divisione del lavoro propria della società borghese (cfr. in particolare T.W. Adorno, *Scritti sociologici*, 1972). La connotazione negativa attribuita da questi autori ai ruoli sembra prospettare un loro superamento, che appare tuttavia problematico, poiché ciò che sembra ineliminabile è la loro funzione di mediazione tra la dimensione individuale e il sistema sociale. La fusione tra queste due dimensioni, l'una più propriamente psicologica, e l'altra sociologica, la sintesi creativa delle loro prospettive teoriche e metodologiche è stata recentemente presa in considerazione come possibile chiave di volta per la comprensione del comportamento sociale (*Personalità, ruoli e comportamento sociale*, a cura di W. Ickes e E.S. Knowles, 1982).

Ruskin, John (Londra 1819 - Brantwood, Lancashire, 1900), critico e storico inglese dell'arte. La sua importanza nella storia della critica estetica è affidata in massima parte ai tre volumi sui *Pittori moderni* (1843, 1846, 1856). I giudizi che Ruskin vi esprime e che influenzeranno grandemente la cultura inglese del secondo Ottocento si basano su una concezione dell'arte che è in sostanza una riaffermazione dell'organicismo romantico: la creazione artistica è un atto interiore di intuizione e fantasia (tra i «maestri» di Ruskin in questo campo: W. Wordsworth, S.T. Coleridge e Th. Carlyle). La natura è opera divina e l'artista deve cogliere dalla natura la bellezza «tipica», che è simbolo degli attributi della divinità (infinità, unità, quiete ecc.). In *Le pietre di Venezia* (1851-53) egli ripropone quello che era stato il tema principale del saggio *Le sette lampade dell'architettura* (1849): il gotico come stile «naturale», cioè intimamente legato alle esigenze spirituali di popoli attivi nella storia. Il decadere del gotico è per Ruskin da ricondursi alla decadenza spirituale della civiltà: quando si interruppe il legame organico tra individuo e collettività venne meno anche il mondo di forme artistiche che era espressione di quella condizione felice. Su questa base si fonda la polemica di Ruskin contro il modo di produzione capitalistico e contro la macchina, che distrugge il rapporto creativo dell'uomo con la natura. È questo un tema che avrà una grande influenza sulla cultura più tarda e non solo inglese (tutta la rinascita delle arti applicate della fine secolo si rifarà, almeno in parte, a questo goticismo ideale di Ruskin, poi sviluppato da W. → Morris).

Russell, Bertrand Arthur William (Trelleck, Galles, 1872 - Plas Penrhyn, Galles, 1970), logico e filosofo inglese. Figlio del visconte di Amberley e nipote di lord J. Russell, ricevette un'educazione privata fino a quando, nel 1895, entrò al Trinity College di Cambridge, dove studiò matematica e filosofia. Il suo pensiero subì dapprima l'influenza dell'idealismo di F.H. Bradley, di cui è testimonianza il *Saggio sui fondamenti della geometria* (1897), poi ebbe una repentina svolta determinata dalla partecipazione al congresso internazionale di filosofia del 1900, in cui Russell conobbe le teorie di G. Peano. Questo cambiamento è immediatamente rilevabile in *Un'esposizione critica del pensiero di Leibniz*, di quello stesso anno. In essa si sostiene che la metafisica idealista — essendo fondata su una logica di ascendenza aristotelica che attribuisce un rilievo troppo esclusivo al nesso soggetto-predicato e misconosce, per contro, il concetto di relazione — conduce a dottrine essenzialmente monistiche e alla negazione della pluralità degli esistenti. Di qui il passaggio di Russell al realismo (orientamento propugnato allora anche da G.E. → Moore), che permea i *Principi della matematica* (1903). Tale passaggio comporta la piena adesione al programma di ricostruzione della matematica in termini logici, sulla linea di G. Cantor e G. Frege.
Tuttavia, la scoperta della famosa antinomia della teoria «ingenua» degli insiemi (→ paradosso) e la riflessione sulle tesi logico-ontologiche di A. → Meinong portarono Russell ad abbandonare il suo iniziale platonismo, secondo cui ogni termine significante (compresi «la montagna d'oro» e «l'attuale re di Francia») denota qualcosa di reale, per aderire a una concezione più vicina al nominalismo, che prevede un'ontologia più economica. In *Sulla denotazione* (1905), gli enunciati contenenti espressioni apparentemente denotative (per es. «L'attuale re di Francia è calvo») vengono parafrasate in modo da far «sparire» il sintagma problematico («l'attuale re di Francia») in favore di una combinazione di predicati che si applicano (o non si applicano) a individui (→ descrizioni, teoria delle). Questa prospettiva riduzionista è omogenea a una distinzione epistemologica che Russell avrebbe teorizzato alcuni anni dopo (1911): ogni conoscenza è o *diretta* (*by acquaintance*) o *per descrizione* (*by description*); la conoscenza per descrizione è riducibile a quella diretta mediante l'analisi logica.
Negli anni tra il 1912 e la fine della prima guerra mondiale, la riflessione di Russell è strettamente intrecciata con quella del suo allievo L. Wittgenstein, che in quegli anni lavorava alla stesura del *Tractatus logico-philosophicus*; il momento di massima consonanza è rappresentato dalla *Filosofia dell'atomismo logico* (1918-19), in cui Russell teorizza un'ontologia di oggetti, fatti atomici e fatti complessi, vicina a quella del *Tractatus* (→ atomismo logico).
Nel frattempo, Russell aveva atteso (insieme con A.N. Whitehead) alla redazione dei tre volumi di *Principia mathematica* (1910-13), gigantesco sforzo di riduzione della matematica alla logica basato sulla teoria dei → tipi. Grazie alla teoria dei tipi, questa nuova realizzazione del programma logicista evita le antinomie, ma è costretta a far ricorso a due principi di cui — come notò subito Wittgenstein — è assai dubbia la natura strettamente *logica*: l'*assioma dell'infinito*, secondo cui esiste almeno un insieme infinito, e l'*assioma di riducibilità*, secondo cui ogni funzione proposizionale è estensionalmente equivalente a una funzione *predicativa* (cioè a una funzione di ordine immediatamente successivo a quello del suo argomento: se gli argomenti sono individui, una funzione predicativa è un predicato del primo ordine). La problematicità di queste assunzioni portò col tempo a dubbi radicali sulla realizzabilità del programma logicista (→ fondamenti della matematica).

• *Etica e politica.* Alla ricerca logica Russell affiancava nel contempo un intenso impegno politico, che nel 1916 gli costò il lettorato di cui era titolare a Cambridge e nel 1918 sei mesi di carcere per le sue attività pacifiste. In numerosi saggi venne esplicitando le sue concezioni etiche e sociali, dagli *Elementi di etica* (1910), ancora legati a una visione ontologica dei valori morali, a successivi scritti in cui, in accordo con le proprie convinzioni empiriste, Russell distingue nettamente giudizi di fatto e giudizi di valore: questi ultimi cadono al di fuori del campo di pertinenza della scienza. Più in generale, Russell riconduce l'attività umana all'impulso e al desiderio mossi dalla ricerca dell'amore e della felicità; questi scopi trovano la loro negazione nei valori assoluti, nel dogmatismo e nel fanatismo, che Russell non si stanca di combattere sia in ambito politico (*Teoria e pratica del bolscevismo*, 1920; *Libertà e organizzazione*, 1932; *Storia delle idee del secolo XIX*, 1934; *Il potere*, 1938), sia in ambito religioso (*Perché non sono cristiano*, 1927). Nelle argomentazioni addotte da Russell, non sempre molto rigorose, si palesa in verità uno iato tra il soggettivismo etico propugnato e la strenua difesa del valore della libertà, concepita, secondo le linee di pensiero del liberalismo classico, come salvaguardia dell'individuo e delle sue potenzialità. Tra il 1927 e il 1932, con l'aiuto della seconda moglie, Russell tentò di tradurre le sue concezioni etico-sociali in un programma pedagogico (*Educazione e ordine sociale*, 1932), creando una scuola sperimentale che diede però risultati alquanto deludenti. Tra il 1927 e il 1932 insegnò in diverse università americane (da un ciclo di conferenze di questo periodo prese forma la nota *Storia della filosofia occidentale*, 1945), costretto a frequenti cambiamenti di sede a causa delle sue vedute liberali e anticonformiste in materia di sessualità e di educazione. Accuse analoghe avevano del resto già colpito nel 1927 il libro *Matrimonio e morale*, preso però a simbolo della sua attività di scrittore, che gli assicurò il premio Nobel per la letteratura nel 1950. Al 1963 risale la creazione della Atlantic Peace Foundation, con compiti di studio e di ricerca, e della Bertrand Russell Peace Foundation contro la corsa agli armamenti e in favore dei popoli oppressi. Appoggiandosi a quest'ultima, nel 1966 Russell riuscì a istituire un tribunale internazionale contro i crimini di guerra (il «Tribunale Russell»), che riconobbe gli Stati Uniti colpevoli di genocidio in Vietnam. Un interessante, vivido autoritratto intellettuale e morale si delinea in *Il mio sviluppo filosofico* (1959) e nelle pagine della *Autobiografia* (1967-69), dove risalta l'isolamento a cui Russell fu spesso costretto dalle sue coraggiose idee. Altre opere: *I problemi della filosofia* (1912); *La nostra conoscenza del mondo esterno* (1914); *Introduzione alla filosofia matematica* (1919); *L'analisi della mente* (1921), *L'analisi della materia* (1927); *Ricerca su significato e verità* (1940); *La conoscenza umana* (1948); *Logica e conoscenza* (1956); che raccoglie importanti articoli scritti tra il 1901 e il 1950. Nel 1983 è stata pubblicata la *Teoria della conoscenza* (1913), che Russell aveva abbandonato per le critiche di Wittgenstein.

Ruysbroeck, Jan (Ruysbroeck, Bruxelles, 1293 - Groenendael, Brabante, 1381), teologo e mistico fiammingo. Dal 1343 fu animatore di una libera comunità religiosa nella foresta di Groenendael. Nella sua opera, maturata in un clima di vita religiosa comunitaria e laicale, l'ascetismo monastico di ispirazione dionisiana e agostiniana si incontra e si fonde con i temi del misticismo tedesco (→ Eckhart; → Taulero). Nello *Specchio della salvezza eterna* Ruysbroeck si sofferma sull'espressione biblica «Dio creò l'uomo a sua immagine e somiglianza», interpretandola nella linea di Eckhart: la parte più nobile dell'anima umana è specchio e frammento del divino. In questa prospettiva, che insiste sull'esperienza interiore, Ruysbroeck afferma che «il regno di Dio è il Cristo che vive in noi. È lui il paradiso vivente». Per attingere il divino è necessario percorrere un itinerario di perfezione in tre tappe, che egli descrive nel trattato *L'ornamento delle nozze spirituali*. Innanzitutto è necessario dedicarsi pienamente alla vita attiva, esercitando quotidianamente l'amore per gli altri e la rinuncia a se stessi; successivamente si passa alla vita affettiva, in cui la propria volontà si annulla e ci si abbandona a Dio, ritrovandone la presenza nell'intimo dell'anima; infine vi è la vita contemplativa, condizione eccezionale riservata a pochi, cui sono concessi rapimenti estatici anticipatori della visione celeste. Fra le altre sue opere: *Il regno degli amanti di Dio*, *Il libro della più alta verità*, *Il libro delle dodici beghine*.

Ryle, Gilbert (Brighton 1900 - Whitby 1976), filosofo inglese. Dopo aver studiato a Oxford, vi insegnò dal 1945 al 1968. È stato direttore della rivista «Mind». Formatosi nell'ambito della filosofia analitica inglese, Ryle ne accetta la concezione della ricerca filosofica, intesa come attività di analisi del linguaggio quotidiano, ma rinuncia (per es. nel saggio *Espressioni sistematicamente fuorvianti*, 1931-32) all'ambizione ontologica dell'atomismo logico di esibire la struttura logica del reale, e limita il compito della filosofia stessa a quello di dissipare le perplessità filosofiche che derivano dal fraintendimento della struttura del linguaggio. Il motivo principale di tale fraintendimento è costituito, secondo Ryle, dagli *errori categoriali*, i quali consistono nell'assegnare certi concetti a categorie cui in realtà essi non appartengono. Così, per es., gli enunciati «Il signor Rossi è simpatico» e «L'uomo medio è alto un metro e settanta» presentano una forma grammaticale simile (soggetto + predicato), ma sarebbe un errore categoriale assegnare l'uomo medio alla stessa categoria del signor Rossi, vale a dire a quella degli individui umani. In questi errori sta la radice di molti interrogativi metafisici che l'analisi rivela come falsi problemi, come domande «prive di senso». (Nell'esempio citato, è pertinente chiedere se il signor Rossi vive a Roma, ma sarebbe del tutto privo di senso chiedere se l'uomo medio vive a Roma.) Frutto di un errore categoriale è, per Ryle, il dualismo ontologico di mente e corpo. In *Lo spirito come comportamento* (*The Concept of Mind*, 1949) egli mostra come i discorsi sulla mente non debbano essere interpretati come vertenti su uno speciale *oggetto* (la mente) che sarebbe altro rispetto al corpo, ma come relativi in parte a modi di comportamento, in parte a disposizioni al comportamento. Con una immagine che ebbe grande fortuna, Ryle battezzò la concezione dualista «il mito dello spettro nella macchina». La funzione della filosofia, tuttavia, non è per Ryle puramente negativa; l'analisi linguistica serve anche a stabilire, mediante lo studio logico degli enunciati in cui certi concetti compaiono, una sorta di «cartografia logica» di quei concetti, cioè a determinare quali enunciati siano compatibili con quelli in cui essi compaiono, quali siano deducibili e così via. In tal modo diventa possibile definire l'ambito logico entro cui un concetto è legittimamente applicabile. Ora, più concetti formano «universi discorsivi» complessi, relativamente ai quali si possono fare le stesse confusioni categoriali che si fanno in riferimento a concetti singoli. Queste confusioni di secondo grado sono alla radice, secondo Ryle, di quasi tutti i tradizionali *dilemmi* filosofici; così, per es., la domanda se sia giusto accettare la visione del mondo fisico che ci viene presentata dalla fisica e dalla neurofisiologia, oppure se convenga accogliere quella che ci viene proposta dalla nostra esperienza quotidiana, è frutto di una classica confusione tra universi di discorso distinti e inconfondibili (*Dilemmi*, 1954).

sabato, termine di origine ebraica (forse da *shabath*, cessare) designante il settimo giorno della settimana. Secondo la Bibbia è un giorno di riposo assoluto, che interrompe il lavoro dell'uomo volto a dominare e trasformare la natura, e gli ricorda che non è lui il padrone del tempo e del mondo. La concezione biblica riconduce il sabato al culto, anche se le norme liturgiche vere e proprie sono un elemento secondario rispetto a quelle relative al riposo, che è il vero culto sabbatico. Perciò le norme sul riposo hanno avuto un'ampia e minuziosa definizione nella letteratura rabbinica. Esse vertono sulla nozione di *melakhah* o «azione» proibita, non in quanto faticosa o servile, ma in quanto trasformatrice, secondo un disegno umano, della natura. Al tema del riposo (che accomuna nel sollievo dalla fatica anche gli schiavi e gli animali) il sabato associa quello della gioia, espresso dall'appellativo di *'oneg*, «delizia» (Isaia 58, 13), e dall'affermazione che esso è il più prezioso dono fatto da Dio a Israele, come «memoriale» sia del riposo divino al termine della creazione sia della liberazione di Israele dall'Egitto: queste due diverse e antichissime connessioni «storiche» del sabato sono enunciate rispettivamente dal decalogo di Esodo 20, 2 sgg., e da quello di Deuteronomio 5, 6 sgg. Nello stesso tempo il ritorno alle origini e all'alleanza, implicito nel sabato, è anche un'immagine, con tensione escatologica, del riposo futuro, nel sabato eterno.

Sull'origine del sabato sono state formulate molte ipotesi, ma la maggior parte degli studiosi ne colloca oggi la genesi in ambito cananeo o israelitico, e vi ravvisa un'istituzione appartenente agli strati più antichi della religione ebraica. Nella riflessione ebraica postbiblica, sviluppata dal midrash e dalla qabbalah e penetrata anche nella liturgia sinagogale, il sabato è chiamato «regina», con riferimento alla decima *sefirah* (→ qabbalah), e «sposa», in rapporto nuziale con Israele o con Dio.

sabbatianismo, movimento religioso e mistico ebraico, sviluppatosi a partire dal sec. XVII, che accoglie e porta alle loro più radicali conseguenze due esigenze molto vive nell'ebraismo moderno: la rinascita dell'attesa messianica, in seguito alle persecuzioni da questo subite in varie parti del mondo; l'opposizione alla sclerotizzazione legalistica e ritualistica dell'ortodossia rabbinica. Il sabbatianismo prende il nome da Shabbetaj Zevì (Smirne 1626 - Dulcigno, Montenegro, 1676), che nel 1665 si proclamò messia. Intorno a lui si radunò un gruppo di fedeli, tra cui spicca Nathan di Gaza, che si presentò come il profeta di Shabbetaj Zevì e diede le formulazioni più importanti e originali delle teorie teologiche e mistiche. Il sabbatianismo si rifà a un'interpretazione eterodossa della → qabbalah (soprattutto dello *Zohar* e delle dottrine di J. Luria), per elaborare una concezione messianica in cui, oltre agli aspetti spirituali e mistici, sono sottolineati anche gli aspetti storici e politici della liberazione messianica. In particolare, il sabbatianismo afferma che il messia, prima di manifestarsi pienamente e trionfalmente al mondo, quando si sia interamente realizzata la redenzione (*tiqqûn*), deve scendere nell'abisso del male per liberarne le scintille di luce che non riescono a innalzarsi da sole nel processo di redenzione. Secondo un eminente rappresentante del sabbatianismo, A.M. Cardoso (che era stato marrano), Israele, per i propri peccati, avrebbe meritato di perire nell'apostasia senza eccezioni: Dio l'avrebbe liberato da questo destino della trasgressione, imponendola solamente al suo messia, in sostituzione di tutto il popolo. Da queste considerazioni nasce l'antinomismo (ossia l'infrazione della Legge), che è la caratteristica più evidente del sabbatianismo. Tale teoria ha però anche un aspetto positivo: secondo il sabbatianismo, la Legge va infranta perché essa vale solo per l'antico ordine del mondo, mentre nel nuovo ordine inaugurato dal messia si instaura una nuova Legge, che dal punto di vista della vecchia appare sovversiva e peccatrice. Di qui nasce anche la convinzione che gli aderenti al sabbatianismo, in quanto sono gli eletti del nuovo mondo, non siano imputabili per le loro azioni, poiché non si trovano più sotto la vecchia Legge. Queste considerazioni portarono a una sorta di teorizzazione dell'apostasia, che fu anche messa in pratica da alcuni aderenti; anzitutto lo stesso Shabbetaj Zevì, che si convertì all'Islam; altri esempi si hanno nella setta dei «convertiti» (in turco *dönmeh*), passati anch'essi all'Islam pur conservando usi ebraici, e nei seguaci di J. Frank (→ frankismo), molti dei quali abbracciarono il cattolicesimo.

Il sabbatianismo prese forme diverse, alcune più moderate e quasi illuministiche, altre più radicali: taluni consideravano la trasgressione della Legge come compito esclusivo del messia, e quindi non conformavano la loro condotta a questi principi; altri ritenevano che il messia dovesse costituire anche il modello di tutti gli eletti, e che perciò ognuno dovesse realizzare l'antinomia nella propria vita. Il movimento, nonostante le scomuniche rabbiniche, ebbe vasta diffusione nel bacino mediterraneo, in Lituania, in Italia e nei Balcani, e provocò una profonda crisi nelle comunità ebraiche, divisesi tra sabbatiani e antisabbatiani. *A. Po.*

Sabellio (sec. III), teologo di origine africana. Giunto a Roma verso il 217, ottenne la fiducia di papa Callisto, da cui tuttavia fu in seguito scomunicato. Sabellio sostenne una concezione trinitaria nota come → modalismo e caratterizzata dall'affermazione dell'unità radicale della sostanza divina; le persone non sarebbero che «modi» di apparire dell'unica essenza. Dio è concepito come una monade, che si presenta ora come Padre (nell'Antico Testamento), ora come Figlio (nel compimento della redenzione), ora come Spirito Santo (nell'azione di vita e di salvezza). La dottrina di Sabellio è conosciuta anche come «patripassianismo», perché finisce con l'attribuire anche a Dio Padre le sofferenze della passione di Cristo.

Saccheri, Giovanni Girolamo (Sanremo 1667 - Milano 1733), matematico e logico italiano. Membro della compagnia di Gesù, insegnò filosofia e teologia a Torino e matematica a Pavia. Del 1697 è la *Logica demonstrativa*, in cui egli fornisce una sistemazione assiomatica della sillogistica e discute un principio inferenziale che costituisce una variante della → *reductio ad absurdum*. Questo principio consiste nell'assumere come ipotesi la contraddittoria della proposizione che deve essere provata, e nel dedurne il risultato richiesto ricorrendo a una dimostrazione ostensiva e diretta. In *Euclides ab omni naevo vindicatus* (1733) cercò di provare, secondo il suddetto principio deduttivo, che il postulato delle parallele è una verità necessaria poiché segue anche dalla sua negazione, che viene specificata in queste due ipotesi: *a*) due linee rette hanno sempre un punto di intersezione; *b*) per un punto non giacente su una data retta passano diverse rette che non incontrano la retta data. La confutazione di *a*) è permessa dall'assunzione della lunghezza infinita della retta: ammettendo invece che ogni retta abbia una lunghezza finita r, *a*) è compatibile con gli altri postulati euclidei, e ciò che in questo modo si ottiene è la geometria non euclidea ellittica di B. Riemann. La confutazione di *b*) è invece viziata da un vero e proprio errore logico. Per dimostrarne la falsità, infatti, Saccheri mostra che se fosse vera, allora due rette parallele avrebbero una perpendicolare comune in un punto all'infinito, il che, dice, «ripugna alla natura della retta». Quella che si opera qui è una ingiustificata estrapolazione all'infinito di proprietà valide nel finito. Nonostante questa errata conclusione, dettata probabilmente da una dogmatica fede nel carattere assoluto della geometria euclidea, è rilevantissima la serie di proposizioni che Saccheri ottiene cercando di confutare *b*). Queste proposizioni sono dei veri e propri teoremi di geometria non euclidea, corrispondenti al sistema iperbolico che sarà elaborato da N.I. Lobačevskij intorno al 1830.

sacerdozio, nella storia delle religioni, la funzione di rappresentare il divino (o la divinità) presso gli uomini o, viceversa, di rappresentare l'umano presso la divinità.
L'origine del sacerdozio va ricondotta alle funzioni religiose e cultuali esercitate dal capo della famiglia, del clan o della tribù. Il possesso e il controllo di una potenza benefica o malefica — il mana — è l'elemento caratteristico del sacerdozio; ed esso è riconosciuto al capo naturale quando vi sia la convinzione che in lui si concentri la forza del gruppo. Successivamente si verifica una differenziazione delle funzioni: il sacerdozio si specializza, fino ad acquistare una fisionomia professionale; oltre che le funzioni strettamente rituali, cultuali e sacrificali, ai sacerdoti si attribuiscono altri poteri e facoltà: essi sono spesso maghi, indovini, oracoli, sapienti ecc. La trasmissione ereditaria del sacerdozio può essere sostituita da una varietà di forme di investitura, attraverso riti di ordinazione quali l'imposizione delle mani, l'unzione, la purificazione, le iniziazioni ecc. Allo specializzarsi del sacerdozio corrisponde anche il definirsi di particolari abiti o acconciature, e di forme di vita (per es. il celibato), mediante i quali si intende garantire la permanenza del potere sacro; all'interno dell'istituto, si determina la divisione in gruppi e in classi, talora gerarchicamente ordinate in forme molto rigide; e sorge il problema del rapporto delle gerarchie sacre con il potere politico e sociale, rapporto che si è configurato storicamente in modi diversi, dall'armonica integrazione ai conflitti più aperti. Il sacerdozio ha inciso per molte vie sulla cultura delle varie epoche: talvolta esso è stato il depositario e il monopolizzatore della conoscenza sviluppatasi nei vari ambiti; spesso ha promosso la formazione culturale e morale, o ha agito come stimolo nei diversi settori artistici, soprattutto in quelli funzionali al culto.
• *Il sacerdozio nell'ebraismo e nel cristianesimo.* Il sacerdozio dell'antico Israele presenta un'evoluzione dai sacerdoti capi-famiglia al re-sacerdote. L'organizzazione pubblica del sacerdozio in Israele si pose come problema ai tempi della unificazione davidica del regno e del culto, sempre più accentrato in Gerusalemme, sino alla progressiva distruzione dei santuari periferici e alla fine del sacerdozio in essi operante. Il sacerdozio si trasmetteva di padre in figlio, nella tribù di Levi, esclusivamente tra i discendenti di Aronne; al suo interno divenne poi dominante la famiglia di Sadoc, che apparve ai tempi di David, per quanto restino oscuri i suoi ascendenti genealogici. Dopo l'esilio, solo i membri della famiglia di Sadoc furono detentori del sommo sacerdozio; i membri della tribù di Levi non discendenti dalla famiglia di Aronne (i leviti) esercitavano funzioni inferiori. Divisi in 24 classi, i sacerdoti prestavano a turno il servizio nel tempio, secondo un ordine sorteggiato. Loro compiti erano l'istruzione

nella Legge durante le solennità religiose, la raccolta delle decime e in particolare la celebrazione dei sacrifici, l'amministrazione e la sorveglianza del tempio. Nell'Antico Testamento, oltre che sezioni di carattere narrativo, trattano del sacerdozio i testi giuridici, che ne definiscono accuratamente compiti e prerogative. Un'impronta decisiva del sacerdozio nella stessa formazione degli scritti veterotestamentari è attestata dal cosiddetto codice sacerdotale, noto con la sigla P (→ Pentateuco).
Il rapporto di Gesù con il sacerdozio ufficiale è complesso: egli ne riconosce l'autorità, ma insieme lo sottopone a una critica che solleverà contro di lui un'irriducibile ostilità, sino alla richiesta della sua morte (di qui la luce negativa sotto la quale vengono presentati nei Vangeli i sommi sacerdoti). Quando la comunità cristiana primitiva comincia a separarsi dalla comunità giudaica e si dà istituzioni proprie nelle quali il primo posto spetta agli apostoli, cui sono subordinati presbiteri (o anziani), diaconi, episcopi, dottori, senza una netta connotazione gerarchica, il titolo di sacerdote viene riservato al sacerdozio giudaico o pagano. La lettera agli Ebrei, in un particolare contesto, indica Gesù come il vero sommo sacerdote, e interpreta in termini cultuali la sua opera redentrice. Da lui potrà essere indicato come popolo sacerdotale quello che egli ha acquisito con la sua redenzione (1 Pietro 2, 5-10). Lo sviluppo successivo del cristianesimo, sia occidentale sia orientale, ha portato a una concentrazione delle funzioni sacerdotali in tre livelli: diaconi, presbiteri (preti) e vescovi. Si riconosce un potere proprio del sacerdozio, e lo si distingue in potere di *ordine*, che abilita soprattutto alla funzione cultuale, e di *giurisdizione*, che condiziona l'esercizio delle attività sacerdotali nella comunità concreta, secondo norme giuridiche definite. Momenti ulteriori nella definizione del sacerdozio sono stati il suo assimilarsi al monachesimo, lo svilupparsi della coscienza gerarchica, il prevalere del giuridicismo nell'interpretazione della sua funzione e della sua realtà, che è andata di pari passo con l'assunzione di funzioni prima spettanti al laicato cristiano, e ancora con lo sviluppo di una mistica del sacerdozio, la quale ha accentuato le prerogative del sacerdozio ministeriale (mentre la riforma contesterà ogni carattere sacerdotale ai ministeri ecclesiastici). Solo con il recente movimento biblico e con le indicazioni teologiche del Vaticano II si sono avuti un recupero dell'idea di sacerdozio universale dei fedeli e la ricerca di una nuova articolazione del rapporto fra diaconato, presbiterato ed episcopato. *G. B.*

sacramento, nella chiesa cattolica, segno sensibile istituito da Cristo per conferire la grazia. La Bibbia e la chiesa dei primi secoli non conoscono una dottrina esplicita dei sacramenti. È con Origene e Ambrogio, ma soprattutto con Agostino, che si pongono le basi di una teologia sacramentaria. Per Agostino il sacramento è segno visibile di una realtà invisibile, in cui l'elemento materiale costituisce con la parola l'essenza dell'azione sacramentale (nel battesimo, per es., l'acqua e le parole del ministro simboleggiano la purificazione dell'anima). Ma il sacramento non si limita a simboleggiare una realtà interiore: in virtù dell'azione salvifica di Cristo, esso «produce» la realtà che significa. Dopo Agostino fu Ugo di San Vittore ad approfondire il concetto di sacramento, precisandone tre elementi costitutivi: il carattere di segno, la istituzione da parte di Cristo, il conferimento della grazia santificante. Anche il numero dei sacramenti restò incerto per lungo tempo. Solo nel sec. XII si definì con Pietro Lombardo il numero di sette, che, accettato da san Tommaso, fu autorevolmente stabilito dal concilio di Firenze (1439): battesimo, cresima o confermazione, eucaristia, penitenza o confessione, estrema unzione o unzione degli infermi, ordine sacro, matrimonio. La teologia sacramentaria di Agostino e di Ugo di San Vittore esercitò un'influenza profonda sui teologi della grande scolastica e in particolare su san Tommaso, che introdusse i concetti di «materia», per designare l'elemento materiale, e di «forma», per designare le parole che conferiscono valore sacramentale alla materia. Il sacramento possiede un'efficacia in sé, e agisce per virtù propria, indipendentemente dalla bontà morale del ministro. Ministro dell'eucaristia, della penitenza e dell'unzione degli infermi è il sacerdote, della cresima e dell'ordine sacro il vescovo; ministri del matrimonio sono gli sposi stessi. Solo il battesimo può, in caso di necessità, essere amministrato da chiunque, anche non battezzato, purché intenda fare ciò che fa la chiesa. Tre sacramenti, il battesimo, la cresima e l'ordine, imprimono un «carattere indelebile», per cui non possono essere ripetuti.
Secondo la teologia della riforma, i sacramenti sono due: il battesimo e l'eucaristia o Santa Cena. La *Confessione augustana* (1530) parla anche «dell'ordine ecclesiatico» (art. XIV), per cui la predicazione della parola di Dio e l'amministrazione dei sacramenti competono a coloro che dalla comunità sono stati chiamati a tali funzioni (*rite vocati*); ma è una norma di disciplina, non un vero sacramento. A una svalutazione totale dei sacramenti giunsero, tra i protestanti, gli spiritualisti (S. Franck, K. Schwenkfeld, J. Böhme) e gli antitrinitari. Il concilio di Trento, nella settima sessione (3 marzo 1547), affrontò la dottrina generale dei sacramenti, di cui fu ribadito il numero settenario, e definì, contro il simbolismo dei calvinisti, il loro carattere di «segni efficaci» della grazia istituiti da Cristo. In particolare, contro le posizioni calvinista e zwingliana, che sostenevano una presenza puramente spirituale di Cristo nell'euca-

ristia, il concilio affermò la presenza reale di Cristo (→ transustanziazione). Il concilio sostenne inoltre l'efficacia *ex opere operato* (ossia «per virtù propria») del sacramento, mentre nel protestantesimo i sacramenti sono efficaci *ex opere operantis*, ossia in rapporto alla bontà morale del ministro e di chi li riceve.

sacrificio, offerta — a una divinità, a un'entità extra-umana, a un defunto o a un vivente divinizzato — di doni, spesso di animali e talvolta di esseri umani. La forma e le concezioni del sacrificio variano naturalmente col variare dei contesti culturali, delle mitologie, delle teologie, così che è difficile elaborare una teoria unitaria del sacrificio. L'elemento essenziale, comunque, è costituito appunto dall'offerta di un oggetto sacro che adempie alla funzione di intermediario tra uomo e divinità e viene, per così dire, prima «posto in mezzo» tra i due e quindi «tolto di mezzo», per creare o ri-creare un'immediatezza di comunione che si rinnova ogni qual volta il gesto sacrificale viene ripetuto. Questo «togliere di mezzo» può essere una vera e propria distruzione, o un'espulsione affinché si faccia nuovo spazio alla potenza superiore, oppure un'appropriazione mediante la manducazione: allora le energie sacrali passano dalla vittima ai celebranti, vengono cioè incorporate quasi fisicamente e si crea una situazione di comunicazione conviviale con la divinità (aspetti, questi ultimi, messi in luce da W.R. → Smith a proposito delle antiche religioni semitiche). Come ogni altra forma di rito, così il sacrificio, quando non è concepito come riconoscimento e omaggio reso all'essere superiore, ma come operazione volta a forzare la benevolenza della divinità, confina con pratiche magiche. Il sacrificio ha anche una rilevanza sociale, studiata soprattutto da E. Durkheim, che ha colto in esso il momento della rifondazione del corpo sociale. Questa linea di riflessione è stata ripresa recentemente, per es. da R. Girard (*La violenza e il sacro*, 1972), che vede nel sacrificio il ricostituirsi della coesione sociale attraverso l'individuazione e la distruzione (o l'espulsione) di una vittima esemplare (il cosiddetto «capro espiatorio»), su cui si scaricano le tensioni e la violenza reciproca che distruggerebbero altrimenti la comunità. In *Totem e tabù* (1913) Freud riconduce il sacrificio alla situazione edipica primordiale, tanto nella storia sociale quanto nella storia individuale (il *totem* è appunto un sostituto del padre). Anche la storia dell'ebraismo e del cristianesimo conosce il sacrificio. Nella Bibbia, la pratica sacrificale è regolata con grande precisione dalla legislazione sacerdotale (Levitico), soprattutto con riguardo ai sacrifici nel tempio. Una serie di atti sacrificali scandisce la storia del popolo eletto: Caino e Abele, l'offerta di Isacco, i sacrifici che sigillano le alleanze: di Noè dopo il diluvio, di Abramo, di Mosè sul Sinai. La critica dei profeti non risparmia i sacrifici, sottolineando il valore primario della «giustizia». La pratica sacrificale prosegue, imponente, sino alla caduta del tempio nel 70 d.C. È anche vero, però, che la pietà dei Salmi e dei libri sapienziali e tutta la pratica cultuale sinagogale della diaspora (già nei secoli precedenti la fine del tempio) dovettero accentuare gli aspetti spirituali del sacrificio, inteso come lode e come sottomissione alla divina volontà. Su questa linea si colloca sostanzialmente anche Gesù: egli non sembra essersi scontrato frontalmente con la pratica sacrificale, ma certamente preferì insistere sulla «misericordia» e sulle disposizioni etiche interiori. L'ampia utilizzazione della tematica sacrificale a proposito dell'accettazione obbediente della morte da parte di Gesù appare, all'esegesi e all'indagine storica, più frutto della riflessione della comunità cristiana primitiva che elemento sicuramente appartenente all'autocoscienza di Cristo. Sembra perciò improbabile che egli vi abbia fatto diretto ricorso, anche se parole come quelle dell'ultima cena (il sangue del nuovo patto) debbano in qualche modo appartenere alla suprema consapevolezza di Gesù stesso. Ma temi come quello dell'agnello immolato (come in Paolo, in Giovanni e nell'Apocalisse) o come quello del sommo sacerdote che immola se stesso (lettera agli Ebrei) sono senza dubbio elaborazioni teologiche successive. La celebrazione eucaristica, nella tradizione cattolica, viene ben presto posta in rapporto con il sacrifico della croce: rapporto discusso in numerose teorie (→ messa). La teologia, nelle sue più recenti tendenze, ha reagito contro l'abuso delle categorie sacrificali, sia perché esse finiscono per ridurre il cristianesimo a culto, sia perché un'eccessiva accentuazione della dimensione sacrificale nella figura di Gesù comporta la riduzione della vocazione cristiana a una sorta di autoimmolazione, a imitazione di quella del fondatore. *P.C. Bo.*

sacro - profano, → opposizioni.

sadducei, antico partito religioso e politico ebraico. L'origine del nome è incerta: di solito lo si connette con Sadoc o Zadoq, sommo sacerdote all'epoca di Salomone, capostipite della famiglia che tenne il sommo sacerdozio fino a Onia III (m. 171 a.C.). I sadducei costituivano l'aristocrazia ebraica (la classe sacerdotale e le famiglie a essa legate): le convergenze di interessi per quanto riguarda il controllo del tempio, e i rapporti con l'ellenismo e la politica estera, più che un programma religioso, possono essere stati gli elementi determinanti della formazione di questo partito, che, sebbene privo di compattezza ideologica, si caratterizzava per conservatorismo politico e religioso, aristocratico distacco dal popolo e simpatia per l'ellenismo. In particolare, i sadducei si opponevano ai farisei e a Gesù per la loro interpretazione arcaizzante della Legge, di cui si consideravano i custodi autentici; respingevano perciò quelle dottrine non esplicitamente attestate dalla Legge, e accolte invece dai farisei, come la resurrezione dei morti, l'esistenza degli angeli, la tradizione orale, l'universalismo, e vedevano con sospetto sia il sorgere di movimenti escatologici sia le attese messianiche. Dopo la distruzione del tempio (70 d.C.) scomparvero completamente dal panorama dell'ebraismo.

Sade, Donatien-Alphonse-François de (Parigi 1740-1814), romanziere e filosofo francese. Di nobile famiglia, fu educato dai gesuiti nel collegio parigino Louis-le-Grand. Fin dal 1763 si trovò coinvolto in una serie di scandali che lo portarono a trascorrere in carcere trent'anni della sua vita; scrisse in prigione la maggior parte delle sue numerose opere, tra cui si ricordano: il *Dialogo tra un prete e un moribondo* (1782); *Le 120 giornate di Sodoma* (1785); i romanzi *Justine ovvero le disavventure della virtù* (1791); *Aline e Valcour* (1795); *La nuova Justine seguita dalla storia di Juliette, sua sorella* (1797); inoltre *La filosofia nel boudoir* (1795) e *I crimini dell'amore* (1800).

La filosofia di Sade, di cui si fanno portavoce in lunghe digressioni i personaggi dei romanzi, trova un luogo di sintesi più sistematica nei due dialoghi «filosofici», il *Dialogo tra un prete e un moribondo* e *La filosofia nel boudoir*. Nel primo, un moribondo espone al prete che lo vuole convertire il proprio sistema ateo: l'idea di Dio è inconcepibile per la mente umana, ed è impossibile credere in qualcosa che non si riesce a concepire. La nozione di Dio, dunque, invece di svolgere una funzione esplicativa nei confronti dei misteri della natura, pone a sua volta un inutile e insolubile problema supplementare. La tradizione del materialismo illuministico offre al sistema ateo sadiano gli argomenti «fisici»: solo una materia inerte comporterebbe la necessità di postulare un creatore, ma il movimento è proprietà fondamentale della materia, che dunque possiede in sé il principio di organizzazione. Da analoga tesi Sade, in *Justine*, farà discendere la confutazione dell'immortalità dell'anima. Il pregiudizio dell'immortalità dell'anima è frutto dell'orgoglio umano e dell'utilità politica di una dottrina che, stabilendo un diseguale destino nell'aldilà, permette di legittimare come decretata da Dio l'ineguaglianza su questa terra. L'argomento dell'impostura è da Sade applicato anche alla critica delle religioni positive e viene amplificato fino a colpire quel razionalismo deista che nel Settecento aveva conosciuto larghissima diffusione: se l'uso politico del cristianesimo ha avuto come scopo il dominio e la difesa della proprietà nobiliare, il → deismo è il nuovo strumento ideologico elaborato per analoghi fini dalla borghesia emergente. Nel *Dialogo* si va delineando quella filosofia della natura che formerà il nucleo centrale del pensiero sadiano: la natura ha egualmente bisogno dei vizi e delle virtù, ed entrambi sono frutto della sua attività; l'uomo non è libero e la nozione di responsabilità morale non ha dunque alcun fondamento. Nel *Dialogo*, la natura viene presentata come neutrale nei confronti del vizio e della virtù. Nella *Filosofia nel boudoir*, invece, essa mostra la propria preferenza per il vizio e la distruzione, da cui dipende lo stesso movimento della vita. Sade abbandona qui l'idea di un equilibrio naturale in cui distruzione e creazione sono ugualmente legittime, per privilegiare il vizio e la crudeltà, tema questo che diviene centrale nel ciclo di romanzi dedicati alla virtuosa (e perciò infelice) Justine e alla sorella Juliette, prospera e viziosa. Il vizio è superiore alla virtù perché si fonda sul piacere fisico, dato di fatto incontestabile, mentre alla base dalla virtù c'è solo un diletto morale o «di opinione». Ma poiché il crimine ha una giustificazione più alta nel principio di distruzione richiesto dalla natura, esso si distaccherà sempre più dall'immediatezza del piacere fisico: Sade esalta così i «delitti gratuiti» del filosofo, progettati a tavolino, nella calma delle passioni. Ma se la natura, con i tormenti che infligge alle creature, mostra la propria preferenza per la distruzione e legittima la tendenza al male presente nell'uomo, la nozione stessa di male appare problematica in un sistema deterministico in cui le azioni umane sono interamente necessitate. La soluzione sadiana, in *Juliette*, sarà quella di liberare l'uomo dal meccanismo naturale: la creatura umana non solo è indifferente alla natura, ma non le è indispensabile; l'uomo appartiene al caso piuttosto che alla legge naturale: perciò il delitto è possibile e se l'uomo nel male serve la natura, il suo è un volontario e libero servire.

Considerato dalla critica ora quale scrittore osceno ora come estensore del primo catalogo «scientifico» delle perversioni sessuali, ora come ribelle ora come rivoluzionario, ora come negatore ora come esaltatore della natura, Sade assume interesse specifico per la cultura filosofica anche come punto di approdo e di verifica delle contraddizioni del materialismo ateo settecentesco: i conflitti tra gli egoismi umani escludono in Sade la conciliazione in un interesse collettivo; impossibile si rivela il tentativo dei «philosophes» di conciliare natura e ragione, virtù e felicità; il determinismo rende impossibile la costruzione di una nuova etica. L'eredità del materialismo ateo si scontra in Sade con un mutamento radicale della prospettiva di fondo: la natura sadiana, infatti, non ha niente in comune con la dea benevola che d'→ Holbach — a Sade tanto presente — invocava a conclusione del *Sistema della natura*.

sadismo-masochismo, termini originariamente non psicoanalitici ripresi e ridefiniti dalla psicoanalisi. In sessuologia, a partire dalle opere classiche di R. Krafft-Ebing e H. Ellis, «sadismo» (dal nome del marchese de Sade) designa la perversione sessuale per cui il soggetto trae godimento dalla sofferenza che infligge ad altri, mentre «masochismo» (dal nome dello scrittore L. von Sacher-Masoch) designa la perversione opposta, nella quale cioè il soggetto trae godimento dalla sofferenza che riceve da altri (generalmente di sesso opposto al suo); «sadomasochismo», poi, designa il frequente combinarsi nel medesimo soggetto delle due perversioni. Nelle opere freudiane i concetti di sadismo e di masochismo travalicano l'ambito della perversione sessuale e vengono assunti come prototipi, rispettivamente, dell'«attività» e della «passività» in quanto poli opposti e complementari della vita psichica intrasoggettiva e intersoggettiva. Più in particolare, è possibile distinguere due forme di sadismo, seguendo da un lato l'indicazione contenuta nei *Tre saggi sulla teoria della sessualità* (1895) di S. Freud, e dall'altro gli scritti della scuola kleiniana: il sadismo come fusione di sessualità e di violenza, e il sadismo come aggressività priva di componenti sessuali. Quanto al masochismo, negli scritti freudiani è possibile distinguerne cinque forme: il masochismo «primario», in cui la pulsione di morte si fonde con la libido ed è rivolta contro il soggetto che la esprime; il masochismo «secondario», in cui il masochismo primario attrae un'aggressività ovvero un sadismo inizialmente eterodiretto; il masochismo «erogeno», che coincide non tanto con la perversione definita dalla sessuologia, quanto con il fattore determinante della medesima, e cioè il nesso piacere-sofferenza; il masochismo «femminile», legato alle componenti «passive» presenti sia nella donna sia nell'uomo; e infine il masochismo «morale», riconducibile al bisogno di punizione o al senso di colpa, per cui l'individuo si autopunisce senza provare alcun piacere sessuale. Diversamente da quanto avviene nella sessuologia tradizionale, in psicoanalisi il masochismo e il sadismo vengono considerati componenti inscindibili di un'unica realtà psichica; anche se, nell'ultimo Freud, dopo l'introduzione del concetto di pulsione di morte, la priorità in termini genetici spetta al masochismo, per cui il soggetto sadico gode nel far soffrire l'altro solo in quanto s'identifica inconsciamente con lui, e quindi gode nel far soffrire se stesso.

saggezza, il termine comprende alcuni concetti centrali del pensiero antico e non ha un solo equivalente nella lingua greca: a seconda dei casi, traduce sia termini connotati in senso intellettuale (come *sophía*) sia termini con significato morale (*phrónēsis*, ma anche *sōphrosýnē*). Tuttavia, in epoca arcaica fino a Socrate, saggezza ha l'immediato equivalente greco nel termine *sophía*, che indica la conoscenza teorica dell'ordine del mondo e la carica morale di cui l'uomo, in possesso di questa conoscenza, è portatore. Eraclito (fr. 112) afferma che «l'essere saggi è la più grande virtù e la saggezza consiste nel dire la verità e agire secondo la natura». La connessione tra momento teorico e momento pratico è valida anche per Platone, secondo il quale la conoscenza del mondo delle idee non è separata dalla pratica della virtù politica. È con Aristotele che avviene una sorta di sdoppiamento: il significato del termine *sophía* si restringe a designare la «sapienza» teoretica propria di chi conosce i principi supremi della realtà, mentre la saggezza pratica è circoscritta alla dimensione morale e viene indicata dal termine → *phrónēsis*.

Nelle filosofie ellenistiche la saggezza diventa la virtù suprema e la figura del saggio (*sophós*) incarna l'ideale dell'uomo che realizza alla perfezione l'arte del vivere. Per gli Stoici il saggio è colui che conosce l'ordine immutabile e fatale degli eventi e vi si adegua in modo convinto e partecipe. La saggezza diventa quindi la conoscenza teorica dell'ordine necessario del mondo e l'accettazione pratica del proprio destino in questo ordine. Nella filosofia neoplatonica la saggezza si configura come la capacità di contemplare e vivere la dimensione dell'assoluto.

La progressiva emancipazione dall'ordine teologico del mondo riproporrà, nell'età moderna, la prospettiva ellenistica, col fiorire di una letteratura di massime e riflessioni concernenti la condotta mondana dell'uomo (*Saggi* di Montaigne, *La saggezza* di P. Charron, *Massime* di La Rochefoucauld), mentre un'altra corrente di pensiero, riprendendo l'intellettualismo socratico, sarà incline a ridurre l'ambito autonomo dell'agire pratico per farlo rifluire nel campo teoretico — Cartesio, Spinoza, Leibniz (*Sulla saggezza*), sino alla «saggezza del mondo» (*Weltweisheit*) o «della storia» in Hegel.

Sahlins, Marshall (Chicago 1930), antropologo statunitense. Professore all'università di Chicago. È autore di opere sulla stratificazione sociale in Polinesia e di importanti studi teorici: *Economia dell'età della pietra* (1972), dove vengono esposte alcune tesi relative alla natura del «modo di produzione domestico»; *Cultura e utilità* (1976), in cui si propone una distinzione fra la società capitalista e quelle «primitive» sulla base del diverso significato che esse assegnano alle attività pratiche; *Una critica antropologica della sociobiologia* (1976), che si oppone alla riduzione delle scienze dell'uomo al paradigma biologico; infine, *Storie d'altri* (1981) e *Isole di storia* (1985) propongono una lettura dei rapporti evento-struttura largamente improntata alle suggestioni dello strutturalismo linguistico.

Saint-Cyran, Jean Du Vergier de Hauranne abate di (Bayonne 1581 - Parigi 1643), teologo francese. Studiò teologia a Lovanio, dove si addottorò nel 1604. Intorno al 1610 conobbe a Parigi Giansenio, con il quale strinse amicizia e approfondì lo studio dei padri della chiesa (soprattutto sant'Agostino) e dei concili. Sacerdote nel 1618, si stabilì dapprima a Tours e poi a Poitiers, ricevendo dall'arcivescovo della città l'abbazia di Saint-Cyran, da cui prese il nome (1620). Iniziò nel contempo a frequentare P. de Bérulle, il cui pensiero doveva influenzare profondamente la sua spiritualità: motivi tipicamente berulliani sono la devozione al Verbo incarnato, l'insistenza sul tema dell'annientamento interiore, il senso acuto della grandezza di Dio e della miseria dell'uomo. Nel 1633 Saint-Cyran fu scelto da madre Angélique Arnauld come direttore spirituale del monastero di Port-Royal, che essa aveva appena riformato. E in questa veste egli diffuse il proprio ideale ascetico, ispirato alle fonti bibliche e patristiche, libero da incrostazioni e da superstizioni, alieno da accomodamenti. Come Bérulle, anche Saint-Cyran si oppose alla politica del cardinale Richelieu e per questo, nel 1638, fu imprigionato. Subì anche l'influsso di Francesco di Sales, di cui, pur non condividendone l'antropologia ottimistica, accettò senza riserve l'affermazione del ruolo centrale della carità nella vita interiore.

Saint-Martin, Louis Claude de (Amboise 1743 - Aulnay, Parigi, 1803), teosofo francese. È considerato il massimo rappresentante della reazione mistica all'illuminismo in Francia. A Bordeaux, dove era di stanza come ufficiale, frequentò la loggia massonica di ispirazione magico-teurgica fondata da Martinez de Pasqually. Abbandonata in seguito la carriera militare, intraprese una lunga serie di viaggi in Europa, nel corso dei quali entrò in contatto con i numerosi circoli mistico-esoterici fiorenti nella seconda metà del sec. XVIII. Tutta l'opera di Saint-Martin è una violenta polemica contro l'empirismo e il materialismo illuministici, ai quali egli oppone la sua concezione mistica e spirituale dell'uomo, capace, mediante un processo di rinascita e di rigenerazione interiore, di liberarsi dai vincoli della materia in cui è precipitato in seguito al peccato originale. Alla «via esteriore» della magia e delle pratiche teurgiche sostenuta dal suo maestro de Pasqually, Saint-Martin antepone la «via interiore» della morte e rinascita mistica, l'unica attraverso la quale l'uomo possa tornare realmente a Dio. Il suo pensiero evolve così dall'originaria prospettiva magico-gnostica verso la mistica cristiana. Decisivo a questo proposito fu il suo incontro con l'opera di J. Böhme, di cui divenne ammiratore entusiasta e traduttore. Saint-Martin esercitò una notevole influenza nell'ambito della reazione romantica e tradizionalista all'illuminismo, sia in Francia (J. de Maistre, L.-G.-A. de Bonald) sia soprattutto in Germania (G.H. Schubert, F. von Baader), dove contribuì alla riscoperta romantica di Böhme. Opere principali: *Gli errori e la verità, ossia gli uomini richiamati al principio della scienza universale* (1775); *Quadro naturale dei rapporti che esistono tra Dio, l'uomo e l'universo* (1782); *L'uomo del desiderio* (1790); *Ecce homo* (1792); *L'uomo nuovo* (1796); *Lo spirito delle cose* (1801).

Saint-Simon, Claude-Henry de Rouvroy conte di (Parigi 1760-1825), filosofo e storico francese. Educato nell'ambiente aristocratico della provincia, ebbe forse come precettore d'Alembert. Fece parte del corpo di spedizione francese durante la rivoluzione americana e partecipò, seppure marginalmente, agli avvenimenti della rivoluzione francese. Cominciò a scrivere durante l'età napoleonica (*Lettere di un abitante di Ginevra ai suoi contemporanei*, 1803; *Introduzione ai lavori scientifici del sec. XIX*, 1808), rivolgendosi agli intellettuali e ai governi perché avviassero una riorganizzazione della società tale da porre alla direzione di tutti i settori le scienze e le arti rifondate in un sistema unitario del sapere. L'idea di un'età «positiva» e scientifica, governata da scienziati e *industriels* (i grandi industriali e banchieri visti acriticamente come guide naturali dei lavoratori e con essi solidali) in luogo delle classi oziose dei nobili e dei militari, fu sviluppata in collaborazione con lo storico A. Thierry in *Della riorganizzazione della società europea* (1814). In tale opera si patrocina l'unione tra i popoli europei sotto la guida della Francia e dell'Inghilterra e si abbozza una filosofia della storia nella quale il progresso necessario è scandito nell'alternanza di epoche «organiche», come furono l'antichità e il medioevo, e di epoche «critiche», come fu il periodo che dalla riforma protestante porta alla rivoluzione francese. Nel 1816 Saint-Simon pubblicò la rivista «L'industria» raccogliendo intorno a sé numerosi esponenti del mondo economico, finanziario e scientifico. Dal 1817 al 1824 ebbe a collaboratore il giovane Comte, con il quale scrisse *Del sistema industriale* (1820-22) e il *Catechismo degli industriali* (1823-24), e pubblicò il periodico «L'organizzatore» (1819-20). In esso sostenne la celebre «parabola» sull'inutilità dell'aristocrazia e delle altre classi improduttive. Dopo la rottura con Comte il suo pensiero assunse un carattere marcatamente etico-religioso, ed egli indicò nel miglioramento delle condizioni della «classe più numerosa e più povera» il fine ultimo della riorganizzazione scientifica della società. Nell'incompiuto *Nuovo cristianesimo* (1825) Saint-Simon lasciava ai suoi seguaci un messaggio sociale che lo fa annoverare tra i «socialisti utopisti». L'aspetto del suo pensiero che ebbe maggior fortuna fu l'idea di una civiltà fondata sul lavoro industriale, nella quale la produzione è centralmente pianificata e i produttori partecipano del prodotto proporzionalmente alle prestazioni fornite. La sua figura si colloca, per la prima fase, nell'interessante intreccio fra tardo illuminismo e nascente positivismo; per l'ultima fase, egli appare come iniziatore del filone scientistico e tecnocratico del socialismo.

saintsimonismo, → sansimonismo.

śaiva-siddhānta, sistema filosofico-religioso indiano, fondato sulla tradizione dello śivaismo. Il trattato *Śiva-jñāna-sittiyar* di Arulnandi si oppone alla scuola non-dualista (*advaita-vedānta*) di Śaṇkara, sostenendo la distinzione reale tra Dio, anime individuali e mondo. Dio opera per mezzo della sua → śakti, articolata in conoscenza, azione e desiderio, e causa strumentale della creazione. Causa materiale è invece la → māyā, substrato del mondo il quale si evolve ciclicamente, mentre il Signore, il dio Śiva, non è che la causa efficiente. Le anime individuali, dette Paśu, che si trovano nella condizione terrena, sono limitate dal condizionamento del *mala* (impurità), dal quale si possono liberare, per grazia divina, tramite la conoscenza salvifica, sì che, una volta svincolate dal → karman, dalla māyā e dalla ignoranza, potranno raggiungere la vita eterna, in intima unione con Śiva.

śakti, nelle religioni indiane, la divina energia creatrice o la potenza cosmica. Essa è venerata anche nella sua forma ipostatica, quale consorte di Śiva, di cui rappresenta l'attività strumentale. È oggetto di culto particolare della setta chiamata śaktismo, che si distingue in una «destra», di carattere devozionale incentrato sull'adorazione della dea Kālī, e in una «sinistra», di impostazione più esoterica. Appartengono a quest'ultima atti rituali simbolici ritenuti contrari alle norme dell'etica indù.

Salmanticensi, termine con cui sono abitualmente denominati i testi di due corsi, rispettivamente di teologia dogmatica e di teologia morale, scritti nel sec. XVII da alcuni carmelitani scalzi, maestri nel collegio di Salamanca. I dodici volumi del *Cursus theologicus* (1631-1712) furono scritti da Antonio della Madre di Dio (1585 ca-1640 ca), Domenico di Santa Teresa (1606-1654) e Giovanni dell'Annunciazione (1633-1701), con la collaborazione di altri tre studiosi per il trattato *De paenitentia*. Il *Cursus theologiae moralis* (4 voll., 1665-68) fu invece scritto da Francesco di Gesù Maria (m. 1677), Andrea della Madre di Dio (m. 1674) e Sebastiano di San Gioacchino (m. 1714). L'orientamento dottrinale dei Salmanticensi è rappresentato dalle tesi della scuola tomistica del tempo; per le dottrine filosofiche essi si attengono al *Cursus complutensis*, ampia esposizione delle dottrine scolastiche fatta dai maestri del collegio di Alcalá.

salvezza, termine usato nella storia delle religioni per indicare la completa e perfetta realizzazione dell'uomo. La salvezza è generalmente intesa come il superamento o il riscatto dalla finitezza, dal dolore e dalla morte. In quanto mira a infrangere il limite spazio-temporale e in quanto promette una condizione assolutamente diversa da quella presente, ogni prospettiva di salvezza è rivolta al passato o al futuro. Sono caratteristici del primo caso i miti imperniati sull'idea di un ritorno a un'originaria età dell'oro o a una vita edenica precedente la colpa; nel secondo caso l'attesa si concentra sul tempo escatologico e sulle modalità individuali e collettive per avvicinarne la venuta. Questa è intesa ora come il diretto risultato dell'azione e delle opere umane, ora come un dono gratuito divino; al suo conseguimento può risultare necessaria la figura di un «mediatore» che ponga in comunicazione il divino e l'umano, il «salvatore» appunto.
Nell'ebraismo la salvezza ha un'accentuata caratterizzazione storica e collettiva, con un riferimento specifico agli eventi fondatori: la promessa di Dio nei confronti del popolo di Israele, liberato dalla schiavitù dell'Egitto, troverà piena realizzazione nel tempo messianico, atteso nei salmi e nella letteratura profetica. Nel cristianesimo la salvezza, la vita vera ed eterna, è offerta ai credenti con la venuta del Cristo; nell'attesa della parusia, la chiesa ne protrae l'azione nel mondo, divenendo essa stessa sacramento di salvezza. Particolare attenzione è stata rivolta nella teologia contemporanea alla questione dei rapporti fra salvezza e liberazione da forme di oppressione sociopolitica. La salvezza include la liberazione umana, ma la trascende in due direzioni: anzitutto essa si riferisce a realtà che «occhio non vide né orecchio mai udì» (1 Corinti 2,9), quali il perdono dei peccati, la resurrezione dei morti, la visione di Dio; inoltre, in quanto il suo pieno compimento è annunciato per il futuro, essa opera come costante principio critico nei confronti di ogni realizzazione umana di giustizia sociale.

samaritani, gruppo etnico-religioso della Palestina (gli abitanti di Samaria), avente il suo centro di culto, anziché a Gerusalemme, sul monte Garizim, presso la città di Sichem (odierna Nablus). Il nome dato dai samaritani a se stessi, *shamerîm*, cioè «custodi (della Legge)», è probabilmente quello originario; i nomi *shomronîm* «abitanti di Samaria, samaritani» e *kûtîm* «abitanti di Kutha» (città babilonese che contribuì al ripopolamento di Samaria dopo la deportazione assira), con cui essi sono chiamati dagli ebrei, hanno un'originaria allusione spregiativa all'impurità etnica dei samaritani. Lo scisma dei samaritani dal giudaismo ufficiale, avvenuto per cause ancora sconosciute, si data tra il 400 e il 200 a.C.: allo scisma seguì l'erezione, sul monte Garizim, di un tempio, distrutto da Giovanni Ircano nel 128 a.C. L'avversione tra ebrei e samaritani (accusati dai primi di sincretismo) fu costante, e se ne trovano tracce nel

Nuovo Testamento (Giovanni 4, 9). Ancora numerosi nel sec. XVI (sono note comunità in Palestina, a Damasco e al Cairo), i samaritani sono oggi ridotti a poche centinaia (ma di recente hanno registrato una tendenza all'aumento) e vivono a Nablus e a Holon, sobborgo di Tel Aviv. Essi si ritengono seguaci del più antico culto ebraico, istituito da Giosuè sul monte Garizim, e celebrano ancora il sacrificio sullo stesso monte in occasione della Pasqua. Conservano un sommo sacerdozio e una linea sacerdotale fatta risalire ad Aronne, ma oggi soltanto levitica, dopo l'estinzione dell'unica famiglia sacerdotale nel sec. XVII; praticano un culto di tipo sinagogale, e riconoscono come libro sacro il solo Pentateuco (la definizione del canone biblico ebraico è infatti assai posteriore allo scisma), e Mosè come unico profeta; attendono un messia profeta, il Taheb «restauratore».

sāṃkhya, sistema filosofico indiano. È esposto in maniera sistematica nelle 72 strofe della *Sāṃkhya-kārikā*, redatta nei primi secoli dell'era cristiana, ma le sue origini risalgono probabilmente al periodo delle *Upaniṣad*. La filosofia del sāṃkhya ha subito, lungo l'arco della sua evoluzione, alcuni cambiamenti, ma non ha modificato le sue tesi metafisiche basilari riguardanti la distinzione tra natura (*prakṛti*) e spirito (*puruṣa*) e la loro separabilità. La «salvezza», per il sāṃkhya, consiste nel prendere coscienza, da parte dell'uomo, della spiritualità a lui inerente e nel raggiungere, una volta svincolato dal *saṃsāra* o ciclo delle rinascite, lo stato di assoluta trascendenza. Anche la natura, come lo spirito, è un dato originario, ed è caratterizzata da tre elementi costitutivi (detti *guṇa*) che sono: *sattva* o essenza, *rajas* o energia e *tamas* o massa; e che hanno, ognuno, proprietà specifiche: illuminante, mobile e stimolante, inerte e ostruttiva. Dal vario combinarsi dei tre *guṇa* hanno origine le determinazioni sensibili, di cui fanno parte anche i processi psichici dell'uomo, inclusa l'attività intellettiva. Lo spirito non ha alcuna attività, ma è come una luce che rende possibile la funzione conoscitiva. Sul piano gnoseologico il sāṃkhya riconosce tre mezzi di conoscenza valida: percezione, inferenza e parola degna di fede. Quest'ultima è da intendersi, specificamente, come la parola sacra dei testi rivelati (→ śruti).

saṃsāra, termine della religione indiana indicante la metempsicosi. Per il → buddhismo il continuo rinascere in nuove esistenze (siano esse umane o animali) è dovuto alla sete di vita e di essere, causa di dolore. Perciò la salvezza si raggiunge liberandosi dal saṃsāra attraverso l'estinzione del desiderio o → nirvāṇa. Anche l'→ induismo concepisce la liberazione (*mokṣa*) come cessazione della «ruota» del saṃsāra, conseguita mediante l'osservanza della legge morale (→ dharma).

Śaṅkara, o Śaṅkarācārya (India meridionale sec. VIII d.C.), filosofo indiano. È il massimo esponente del monismo assoluto o della scuola non-dualista (*advaita-vedānta*). Nell'intento di fondare razionalmente l'essenza della dottrina brahmanica, Śaṅkara cercò soprattutto di dimostrare che l'unica realtà è quella del brahman-ātman, cioè verità, coscienzialità e infinitudine, che a noi si manifesta come il nostro sé più intimo, come immediata coscienza cui è riconducibile ogni nostro conoscere. Il brahman è il fondo permanente di ogni esistere ed è «causa» ultima di tutte le cose, tramite la strumentalità della → māyā, o potere creativo, che è d'altro lato anche potere illusionante. Se l'uomo volesse identificare il brahman con la propria esperienza sensibile, resterebbe prigioniero della māyā. Ma disponendo egli del ragionamento, del conoscere analogico e infine della realizzazione suprema o esperienza del sé, può pervenire alla vera sapienza: ossia all'identificazione del proprio sé con il → brahman non-duale, suprema beatitudine. In tal modo viene dissipata l'*avidyā* o ignoranza, causa della trasmigrazione, o meglio di ogni falsa conoscenza o fallace credenza. Il pensiero śaṅkariano costituisce un momento sintetico di alto valore speculativo nello svolgersi della filosofia indiana, e Śaṅkara è per molti, ancora oggi, il maestro e il modello della mediazione tra le varie confessioni religiose dell'induismo.

sansimonismo, termine con cui si indica la dottrina che, dopo la morte di → Saint-Simon (1825), fu divulgata e sistematizzata da un gruppo di suoi seguaci, molti dei quali provenivano dall'Ecole Polytechnique, ed erano guidati da B.-P. Enfantin (1796-1864); questi diede alla scuola una struttura gerarchica e il carattere di una setta religiosa. Sotto la direzione di A. Bazard (1791-1832) fu pubblicato il manifesto *La dottrina sansimoniana* (1828-30), nel quale si elaboravano le idee economiche del maestro introducendo l'abolizione del diritto di successione ereditaria e l'idea di una banca centrale che presiedesse alla pianificazione delle attività produttive. Enfantin accentuò la singolare mescolanza tra misticismo e scientismo che doveva portare il gruppo a compiere numerosi viaggi in Oriente (dove esso si fece anche promotore di iniziative pratiche come il taglio del canale di Suez). Dopo la rivoluzione del 1830, i sansimoniani, attraverso l'adesione di P. Leroux, direttore di «Le Globe», promossero una campagna di stampa sia contro i legittimisti sia contro Luigi Filippo, in nome di un ordine sociale fondato sulla gerarchia delle competenze e sul potere dei dirigenti industriali. Furono caratteristiche della scuola la critica della politica (che doveva deperire a vantaggio dell'amministrazione «scientifica» delle cose), in particolare la critica della democrazia politica intesa come disordine; e la disponibilità a servirsi di qualsiasi governo che sembrasse propenso ad appoggiare i suoi progetti. Nel gruppo sansimoniano si formarono sia alcuni importanti socialisti francesi dell'Ottocento, sia esponenti della finanza e dell'industria. Esso perse compattezza e rilievo nella seconda metà del secolo.

Santayana, George (Madrid 1863 - Roma 1952), filosofo e scrittore statunitense di origine spagnola. Studiò filosofia alla Harvard University con J. Royce e W. James, e a Berlino con F. Paulsen e P. Deussen. Insegnò a Harvard sino al 1912; visse poi in Inghilterra, in Francia e in Italia. Santayana è l'esponente di maggiore spicco del → realismo critico americano. La sua prima opera sistematica (*La vita della ragione*, 5 voll., 1905-06) descrive in termini evoluzionistici il processo spirituale della natura. Nell'uomo si compendiano la vita animale, la vita razionale e la vita dello spirito. Questi tre livelli si rispecchiano in altrettante epoche della storia psicologica e sociale umana. Con *La vita della ragione* Santayana manifesta quella compenetrazione di naturalismo (o «materialismo», com'egli diceva) e di spiritualismo orientaleggiante che è un tratto costante del suo pensiero. Non c'è spirito che non sia «incarnato», e i tre livelli (istintuale, razionale e contemplativo) non si escludono né si superano, essendo ognuno, nel proprio ambito e modo, «vero» e irriducibile. Questa complessa posizione trova sviluppo nei *Regni dell'essere* (4 voll., 1927-40), che sono i regni della materia, della verità, dell'essenza e dello spirito. A fondamento del suo pensiero Santayana pone ora la distinzione platonica tra esistenza ed essenza. La prima compendia il mondo della natura, inclusi i fenomeni psichici, in quanto luogo degli accadimenti spazio-temporali. Le essenze costituiscono invece un regno infinito di pure idee la cui realtà, fuori dal tempo e dallo spazio, non ha il carattere dell'esistenza, che è dominata dalla lotta e dal divenire, dalla necessità e dal caso. Le essenze sono immutabili, eterne, puramente individuali; il loro essere si risolve nel loro apparire nell'esperienza come «qualità» del percepire, dell'immaginare, del pensare. Esse svolgono anche una funzione simbolica nel processo conoscitivo. Gli organismi infatti sono connessi tra loro dalla vita fisiologica e dai bisogni dell'azione; in questa situazione vitale nasce una fede istintiva e pratica (*Scetticismo e fede animale*, 1923), la quale tuttavia, per tradursi in conoscenza, deve ricorrere a descrizioni simbolico-qualitative che implicano sempre un certo grado di confusione, errore e perfettibilità. La conoscenza, avendo di mira la verità razionale, incarna un ideale pratico e attivo. Indipendentemente da esso si pone invece la vita dello spirito, che è contemplazione inattiva, paga della pura fruizione di sé medesima. È nella contemplazione che le essenze si svelano come «valori», distinti da ogni contingenza esistenziale; è in questa dimensione che il poeta e il mistico pervengono alle loro visioni delle pure qualità estetiche e morali. La contemplazione implica il superamento di ogni interesse e passione vitale, nonché l'accettazione della morte, così come è esemplata dalla passione del Cristo. Pur persistendo nel dichiararsi materialista e ateo, Santayana si pose sulle tracce non solo della filosofia indiana, ma anche dell'immagine evangelica del divino incarnato (*L'idea di Cristo nei Vangeli*, 1964). In *Dominazioni e poteri* (1951) egli prese infine posizione contro il capitalismo e il comunismo e contro tutte le moderne forme di oppressione della libertà individuale. Il suo pensiero è oggi raccolto quasi per intero nei 15 voll. delle *Opere* (1936-40). Oltre al giovanile *Il senso della bellezza* (1896) e ad alcuni scritti di carattere storiografico (*L'egotismo nella filosofia tedesca*, 1916; *Carattere e opinione negli Stati Uniti*, 1920; *Il platonismo e la vita spirituale*, 1927; *Alcune svolte nel pensiero filosofico moderno*, 1933), si ricordano i *Soliloqui in Inghilterra e successivi* (1922); i *Dialoghi nel Limbo* (1925-26); i tre volumi autobiografici *Persone e luoghi* (1951) e infine i saggi letterari *Interpretazioni di poesia e religione* (1900) e *Tre poeti filosofici: Lucrezio, Dante e Goethe* (1910).

santi, termine designante, in diverse tradizioni religiose, gli eletti da Dio o i modelli di virtù religiosa proposti quali esempi per i fedeli. Assente nel protestantesimo, il culto dei santi è invece un elemento dogmaticamente importante nella chiesa cattolica e in quella ortodossa. Nel Nuovo Testamento e nella chiesa delle origini, «santi» sono tutti i fedeli che hanno risposto alla vocazione divina; con le prime persecuzioni si tramanda la memoria dei martiri, testimoni esemplari della fede accolti nel regno di Dio, dei quali si invoca la protezione durante le celebrazioni liturgiche. Con l'estendersi delle pratiche devozionali e il moltiplicarsi dei modelli agiografici, la chiesa stabilisce una normativa per regolare il culto dei santi (il primo processo di canonizzazione si ebbe nel 993, a opera di papa Giovanni XV). Sul piano canonico, si distinguono attualmente la beatificazione e la canonizzazione: la prima attribuisce il titolo di «beato» e permette il culto in un ambito limitato; la canonizzazione conferisce il titolo di «santo» ed estende il culto alla chiesa universale, con officiatura propria in un giorno determinato dell'anno liturgico.

San Vittore, scuola di, centro per lo studio della teologia, della filosofia e del diritto fondato a Parigi verso il 1108 da Guglielmo di Champeaux, che si ritirò nell'abbazia di San Vittore con i suoi discepoli dopo la nota polemica con Abelardo sul problema degli → universali. I monaci della scuola vivevano secondo la regola di sant'Agostino; Guglielmo, Ugo e Riccardo furono i primi priori; a essi vanno aggiunti, come maestri significativi di questo indirizzo, Goffredo e Gualtiero. Caratteri dominanti della scuola furono il misticismo e l'esaltazione della fede, non tuttavia in opposizione agli studi e alle esigenze della ragione, che furono egualmente difesi e coltivati dai maestri vittorini, con l'unica eccezione della condanna della filosofia contenuta nel libello polemico *Contra quattuor labyrinthos Franciae* attribuito a Gualtiero. La storiografia più recente ravvisa anzi nell'impegno filosofico il tratto peculiare del misticismo dei vittorini. Essi, in particolare → Ugo e il suo discepolo → Riccardo, si sforzarono di trovare un fondamento dell'umana ragione nei temi agostiniani dell'illuminazione dell'anima e della grazia. Di qui la dottrina dell'«innatismo» dei principi di verità, che i vittorini formularono per primi in forma compiuta. Su questa dottrina si innesta una complessa indagine psicologica volta a chiarire sia l'atto conoscitivo naturale, sia i gradi successivi della meditazione e della contemplazione che, con l'ausilio della fede e della grazia, si inoltrano nella comprensione e nell'intuizione delle verità soprannaturali. A Ugo di San Vittore è inoltre riconosciuto il merito di aver realizzato, nel *De sacramentis christianae fidei* (1136-41), la prima grande opera di teologia sistematica, cui si accompagna, come apporto di tutta la scuola, un'analoga sistemazione dell'antropologia e dell'etica. L'opera dei vittorini rappresenta pertanto una delle prime e più compiute espressioni del contemperamento scolastico tra scienza e fede, inteso — in senso platonico e agostiniano — come collocazione e sviluppo delle verità razionali entro la luce e l'ispirazione delle presupposte verità della rivelazione religiosa.

Sapienza, o Sapienza di Salomone, libro deuterocanonico dell'Antico Testamento. Scritto in greco nel sec. II o I a.C., in ambiente alessandrino, si presenta come un piccolo trattato teologico, destinato agli ebrei che soffrono nella diaspora emarginazione e persecuzioni; ma insieme ha intenti di formazione religiosa e di annuncio della fede biblica, in un ambiente nel quale la cultura ellenistica impegna a un continuo confronto. In una prima parte (capp. 1-5) si polemizza contro le filosofie pessimistiche e materialistiche, e, insieme a una chiara differenziazione della sorte dei giusti da quella dei malvagi dopo la morte, si enuncia la dottrina non tradizionalmente biblica dell'immortalità dell'anima.

La seconda parte (capp. 6-9) sviluppa una sorta di riflessione sulla sapienza, alla quale si attribuisce una funzione di mediazione sia cosmica, sia salvifica, che ne fa premessa assai prossima al Logos giovanneo. La terza parte (capp. 10-19) è una meditazione sulla storia sacra fino all'esodo di Israele dall'Egitto, nel quale Dio ha dispiegato la sua potenza e la sua sapienza; a questi eventi l'autore del libro contrappone la miseria dei culti idolatrici riprendendo le tradizionali critiche della letteratura profetica e sapienziale.

Sapir, Edward (Lauenburg, Pomerania, 1884 - New Haven 1939), linguista statunitense di origine tedesca. Laureatosi in germanistica, orientò i suoi interessi, sotto l'influsso di F. Boas, verso la linguistica generale, l'antropologia e lo studio delle lingue amerindie. Dal 1925 al 1931 insegnò all'università di Chicago, poi alla Yale University. L'opera principale di Sapir, *Il linguaggio* (1921), è uno dei testi classici della linguistica del Novecento. Il linguaggio appare a Sapir come un fatto culturale di estrema complessità, che occorre affrontare con strumenti diversificati e nuovi e di cui è essenziale mettere in luce da un lato la natura radicalmente storica, dall'altro l'inscindibilità dal pensiero. Approfonditi entrambi questi aspetti, Sapir elabora una prospettiva generale che è stata spesso interpretata come una forma di relativismo linguistico. Linguaggio e pensiero si determinano reciprocamente nel senso che, se è vero che il primo serve a esprimere il secondo, è altrettanto vero che lo condiziona o, addirittura, contribuisce a «formarlo»; ogni lingua cela in sé una metafisica, una concezione del mondo, una cultura, che influiscono sul pensiero dei parlanti fornendo loro l'apparato concettuale attraverso il quale essi elaborano culturalmente il reale. D'altra parte, Sapir vede il linguaggio come un'attività umana che varia senza che sia possibile assegnare a priori dei limiti a tale variazione; e questa sua concezione può essere interpretata come una presa di posizione contro ogni tentativo di individuare, nell'evoluzione di lingue diverse, leggi costanti di validità universale. Non va, tuttavia, dimenticata la fiducia che Sapir nutre nella possibilità di descrivere scientificamente le caratteristiche strutturali di una singola lingua e il suo divenire storico.

Sartre, Jean-Paul (Parigi 1905-1980), filosofo francese. Proveniente da una famiglia della borghesia intellettuale, studiò psicologia e filosofia dal 1924 al 1927 all'Ecole normale supérieure, insieme a R. Aron, G. Canguilhelm, J. Hyppolite, M. Merleau-Ponty e P. Nizan. Con quest'ultimo, cui lo legò una fraterna amicizia, lavorò alla traduzione (1927) del *Trattato di psicopatologia* di K. Jaspers. Attraverso Aron venne a contatto con il pensiero di Husserl e di Heidegger, che potevano offrirgli gli strumenti di quella «filosofia concreta» cui aspirava la generazione filosofica formatasi in Francia tra gli anni Venti e Trenta in rottura con l'idealismo neokantiano e lo spiritualismo professati in quegli anni dalla cultura accademica.

• *Dalla psicologia fenomenologica a «L'essere e*

il nulla». Nel 1933-34, Sartre succedette a R. Aron come borsista all'Istituto francese di Berlino, e qui studiò principalmente il pensiero di Husserl, da cui trasse il concetto di → intenzionalità della coscienza, interpretandolo come trascendenza ineliminabile della coscienza verso il mondo e le cose: la coscienza è sempre «coscienza-di-qualcosa» e pertanto non può costituire il fondamento per un ritorno spiritualistico all'interiorità né essere sostanzializzata in principio metafisico separato. Anche l'io, da questo punto di vista, è un «oggetto psichico», un referente dell'attività intenzionale della coscienza (*La trascendenza dell'Ego*, 1936-37; *Un'idea fondamentale della fenomenologia di Husserl: l'intenzionalità*, 1939).

Il primo progetto filosofico di Sartre è una vasta indagine di psicologia fenomenologica, che si traduce nei tre saggi *L'immaginazione* (1936); *Abbozzo di una teoria delle emozioni* (1939) e *L'immaginario* (1940). Fondandosi sulla fenomenologia e sulla psicologia della Gestalt, Sartre critica in questi studi la cultura psicologica francese, ancora dipendente dalla matrice positivistica e da una nozione naturalistica dei «fatti psichici». L'emozione e l'immaginazione sono tipi organizzati di coscienza, un particolare modo di rapportarsi al mondo e di conferirgli un significato globale, una forma dell'esistenza umana. La funzione immaginativa è al centro della psicologia fenomenologica sartriana perché gli permette di evidenziare la proprietà della coscienza di distanziarsi dalle cose e dai fatti, annullando la totalità dell'esistente in vista di significati che la coscienza liberamente pone. Con questi studi Sartre cominciò a fissare i capisaldi della sua ontologia fenomenologica, fondata sulla complementarità contraddittoria dell'essere della coscienza (il «per-sé»), come libertà assoluta che dà significato globale ai dati della situazione, e dell'essere del mondo (l'«in-sé» o Essere per antonomasia), come realtà fattuale massiccia e opaca, che è il supporto e il residuo irriducibile dell'attività intenzionale della coscienza. Nel romanzo filosofico *La nausea* (1938) l'in-sé è descritto nella sua pienezza brulicante, rispetto alla quale il protagonista si sente «di troppo» e prova l'esperienza metafisica dell'assurdità dell'esistenza e della sua totale contingenza. Il tema della libertà assoluta della coscienza è poi il motivo conduttore dell'opera di maggior respiro del primo Sartre, *L'essere e il nulla* (1943), che già nel titolo annuncia il dualismo ontologico tra il «nulla» della coscienza perpetuamente tesa al superamento della fatticità verso i possibili e l'«essere» come presenzialità bruta di cui si può soltanto enunciare che «è ciò che è».

Su questo impianto Sartre sviluppa un'analitica con risvolti marcatamente etici. La libertà assoluta della scelta genera l'angoscia di fronte ai possibili e il sentimento di una responsabilità altrettanto assoluta; il tentativo di eludere la responsabilità e la libertà conduce ai comportamenti di scacco propri della «malafede», cioè della coscienza che tenta di assumere il modo d'essere delle cose attraverso il ricorso alla *routine* reificata dei ruoli e delle gerarchie sociali. È il mondo inautentico dei valori consacrati dalla tradizione nel quale si rifugiano i *salauds*, i borghesi «sudicioni» presi di mira nella *Nausea* e nella raccolta di novelle *Il muro* (1939). Ma alla denuncia della malafede non fa riscontro, in *L'essere e il nulla*, l'indicazione di un possibile modo d'essere positivo o autentico del soggetto. Il rapporto con l'altro si configura negativamente come reciproca riduzione a oggetto (a «in-sé») fin dall'esperienza primaria dello «sguardo», per cui «l'essenza del rapporto tra le coscienze è il conflitto». Il senso ultimo delle diverse scelte analizzate dalla «psicoanalisi esistenziale» (cui è dedicato un capitolo di *L'essere e il nulla*) è il progetto di raggiungere un'impossibile sintesi di in-sé e per-sé, che corrisponde all'idea di Dio, assoluta libertà e insieme assoluta necessità. In questo senso «l'uomo è una passione inutile» e il libro si conclude con l'ammissione dell'equivalenza negativa delle scelte e con lo scacco ontologico dell'esistenza.

• *Esistenzialismo e marxismo. La ragione dialettica.* I temi dell'«esistenzialismo ateo» divennero popolari nell'immediato dopoguerra anche grazie ai numerosi lavori teatrali di Sartre (tra cui *Le mosche*, 1943, e *A porte chiuse*, 1945) e ai romanzi del ciclo «I cammini della libertà» (1945-49). Il «negativismo» sartriano divenne l'aroma ideologico della moda esistenzialistica in Francia proprio mentre Sartre, che aveva fatto parte marginalmente della resistenza, cercava di sottolineare gli aspetti etico-politici del suo esistenzialismo, riqualificandolo come dottrina umanistica dell'impegno e dell'assunzione di responsabilità storiche nella denuncia di tutte le alienazioni e le oppressioni, in rapporto dialettico con il marxismo (1945: fondazione, insieme a Simone de Beauvoir, M. Merleau-Ponty e altri, della rivista «Les temps modernes»; 1946: il saggio *L'esistenzialismo è un umanismo*). In una prima fase Sartre cerca di dare vita a un raggruppamento politico di «terza forza» (il Rassemblement démocratique révolutionnaire, 1948-49) e intende proporre il proprio esistenzialismo come filosofia rivoluzionaria della libertà in sostituzione del determinismo marxistico (*Materialismo e rivoluzione*, 1946, e *Che cos'è la letteratura*, 1947, raccolti poi come la maggior parte dei suoi saggi in *Situazioni*). In una seconda fase, nel clima di sempre più radicale contrapposizione di schieramenti determinata dalla guerra fredda, sceglie di sostenere il Partito comunista e l'URSS, rimanendo tuttavia un «compagno di strada» con posizioni indipendenti e talvolta critiche.

Sul piano teorico inizia un complesso lavoro di avvicinamento al marxismo, inteso come «orizzonte insuperabile del nostro tempo» e filosofia concreta della classe operaia (*I comunisti e la pace*, 1952-54). Questa nuova fase, che comporta rotture dolorose, prima con A. Camus e poi con Merleau-Ponty (1953), approda nel 1957 alle *Questioni di metodo* e nel 1960 alla *Critica della ragione dialettica*, opera che riformula i principi dell'esistenzialismo sartriano per renderli adatti a quell'analisi del sociale che, secondo i postulati di *L'essere e il nulla*, risultava impossibile. Sotto il profilo metodologico Sartre respinge il materialismo dialettico sovietico e critica il marxismo stalinistico come «scolastica della totalità» che liquida l'individuo e il particolare. Un marxismo autentico dovrebbe integrare anziché respingere l'apporto esistenzialistico, che è in grado di fornire un'antropologia e una teoria del soggetto di cui il marxismo manca. La lotta di classe ha come portatori gli individui concreti e la storia è sintesi di molteplici totalizzazioni individuali. Il marxismo potrà ridiventare dottrina «euristica» solo se utilizzerà le mediazioni offerte dalla psicoanalisi, dalla microsociologia e dalle altre scienze umane. Queste tendono a privilegiare i sistemi e le strutture e a usare una ragione analitica di tipo positivistico derivata dalle scienze naturali; perciò i loro strumenti metodologici devono essere riformulati all'interno della comprensione dialettica del mondo umano. Ma per far questo la ragione dialettica deve fondare la propria intelligibilità, partendo dalla *praxis* individuale che si intreccia, nell'ambito della materia lavorata, con la *praxis* degli altri. Sartre mantiene lo schema di fondo della sua ontologia della libertà, ma da un lato intende ora la libertà come condizionata e non più assoluta, dall'altro introduce come oggetto centrale di analisi gli insiemi «pratico-inerti», cioè tutte le realtà sociali che si presentano come oggettivazione alienata delle *praxis* individuali nell'ambito della «rarità» o penuria materiale. L'analisi delle condizioni formali dell'agire storico mette in luce la circolarità tra momento autentico del «gruppo in fusione» che si strappa dalla passività e dall'inerzia in un'azione comune e momento dell'inevitabile ricaduta nella «serie», cioè nell'eterodeterminazione in esteriorità delle pratiche che, combinandosi, danno luogo all'alienazione della libertà in controfinalità, iscritta negli utensili e nelle istituzioni.

La liberazione del gruppo come assunzione di identità collettiva e necessaria contro-violenza è anche la tematica centrale dei numerosi saggi che Sartre dedica alla guerra in Algeria e ai problemi della decolonizzazione (prefazioni a Nizan e a F. Fanon, 1960-61). Nel 1964 è insignito del premio Nobel per il libro autobiografico *Le parole*, ma lo rifiuta. Dopo la *Critica*, approfondisce il tema dell'individuo come «universale singolare» (*Kierkegaard vivo*, 1966), si impegna nella polemica contro la cultura strutturalistica che sta diventando dominante in Francia (*Conversazione sull'antropologia*, 1966), e scrive una monumentale biografia di G. Flaubert nella quale mette a prova gli strumenti analitici elaborati nell'incontro tra esistenzialismo e marxismo (*L'idiota di famiglia*, 1971-72). Dopo la rottura con i comunisti e l'URSS in occasione del maggio '68 e dell'invasione sovietica della Cecoslovacchia, Sartre si lega all'estrema sinistra e ai «maoisti» francesi, e sostiene attivamente la pubblicazione del quotidiano di opposizione «Libération» (la storia di questo periodo è ripercorsa in collaborazione con Ph. Gavi e P. Victor in *Ribellarsi è giusto*, 1974). Divenuto quasi cieco, il filosofo affida l'incessante rielaborazione del suo pensiero, che si è nuovamente allontanato dal marxismo, ad ampie interviste (*Autoritratto a 70 anni*, 1975), giungendo alle soglie della morte a riaffermare un'etica della solidarietà e della fraternità come dimensione primaria ed essenziale dell'animale uomo (in «Le Nouvel Observateur», 1980). *C. Pi.*

Šaumjan, Sebastian Konstantinovič (Tbilisi, Georgia, 1916), linguista georgiano. Ricercatore presso l'Accademia delle Scienze dell'URSS dal 1954, dal 1966 al 1974 ha insegnato linguistica all'università di Mosca; trasferitosi negli USA, ha insegnato a Yale dal 1976 al 1986. Nella comunità scientifica sovietica, Šaumjan è stato protagonista del recupero della tradizione strutturalista (*Sull'essenza della linguistica strutturale*, 1956) e della ricezione del generativismo. In *Linguistica e dinamica* (1965) Šaumjan intende la grammatica generativa come un modello adeguato dei meccanismi sintattici nascosti all'osservazione che reggono il funzionamento della lingua al livello semantico. La grammatica è un costrutto elaborato in un sistema deduttivo di ipotesi; essa simula i processi sintattici non osservabili, ma non coincide con questi. A differenza dei modelli di N. Chomsky, quello di Šaumjan non genera strutture di una lingua naturale, ma oggetti di un sistema formale che di tali strutture sono l'analogo funzionale. Per Šaumjan, il livello della sintassi rappresentato nel modello è comune a tutte le lingue perché costituisce l'articolazione linguistica del significato, che viene definito come costante sottesa ai processi traduttivi ed è pertanto universale. La teoria semantica, che fonda il modello della grammatica applicativa, è esposta nelle *Questioni filosofiche di linguistica teorica* (1971) e in *La grammatica applicativa come teoria semantica delle lingue naturali* (1974).

Saussure, Ferdinand de (Ginevra 1857 - Vufflens, Vaud, 1913), linguista svizzero. Nacque in una famiglia di intellettuali e di scienziati;

studiò linguistica a Lipsia e a Berlino, e insegnò dapprima all'università di Parigi (dal 1880), dove ebbe tra gli altri allievi A. Meillet, M. Grammont e P. Passy. Trasferitosi nel 1891 a Ginevra, tenne la cattedra di sanscrito e di lingue indoeuropee, cui si aggiunse (1906) quella di linguistica generale. Fu appunto in tre corsi di linguistica generale (1906-07, 1908-09, 1910-11) che Saussure maturò le sue concezioni fondamentali. A Ginevra ebbe per allievi C. Bally, A. Riedlinger e A. Séchehaye, che avrebbero poi curato la pubblicazione delle sue lezioni.

Ingegno scientifico precocissimo, Saussure pubblicò ventunenne un'opera che suscitò sorpresa e ammirazione tra gli specialisti, il *Saggio sul sistema primitivo delle vocali nelle lingue indoeuropee* (1879). Questo scritto rivoluzionò le teorie sulla natura del sistema vocalico dell'indoeuropeo, e costituì un'importante anticipazione teorica, dato che, sulla base della pura considerazione del sistema linguistico, Saussure vi postulava l'esistenza di entità vocaliche astratte, definite in base alla loro funzione strutturale e non alla loro realtà fonetica. Ma la fama di Saussure è legata al *Corso di linguistica generale* (edito nel 1913 a cura degli allievi sopra citati), che è all'origine della parte più significativa della linguistica contemporanea, specialmente di quella indicata globalmente col nome di strutturalismo, e ha contribuito in misura determinante all'edificazione della linguistica come scienza. Le nozioni di base della linguistica strutturalista sono di derivazione saussuriana (sincronia-diacronia, langue-parole, struttura, segno, arbitrarietà, commutazione), così come lo è l'attenzione, oggi assai viva e feconda, nei confronti dello statuto teorico della scienza linguistica. Le opere minori di Saussure furono riunite nel 1922 in una *Raccolta di pubblicazioni scientifiche*. L'edizione critica del *Corso*, resa possibile dalle fondamentali ricerche interpretative di (K. Gödel) e di T. De Mauro, è stata iniziata nel 1967 da R. Engler.

scena primaria, o scena originaria, nozione introdotta da Freud nel 1897 per indicare in senso lato un'esperienza infantile traumatizzante, organizzata in forma di scenario, e in senso ristretto il → fantasma (scaturito da eventi reali o supposti) in cui il bambino assiste al coito dei genitori. In questa seconda accezione, che è quella comunemente adottata quando si parla di «scena primaria o originaria», quest'ultima costituisce un fantasma iscritto nel più remoto passato ontogenetico e filogenetico, e pertanto appartenente alla categoria del «mito». Secondo Freud (che ha sviluppato l'argomento in *L'uomo dei lupi*, 1918), la scena primaria suscita angoscia, sia perché il bambino non può comprendere l'atto dei genitori, sia perché tende a interpretare il coito come azione violenta del padre nei confronti della madre. La nozione di scena primaria è stata oggetto di un ampio dibattito tra Freud e Jung.

scetticismo, termine (dal gr. *sképsis*, ricerca, dubbio) con cui si indica, in generale, l'atteggiamento di chi nega ogni possibilità di conoscere il vero; storicamente, lo scetticismo è una corrente filosofica che sorge e si sviluppa nel mondo antico (secc. IV a.C.-II d.C.), ed è tradizionalmente suddivisa in tre fasi: pirronismo, scetticismo dell'Accademia e neoscetticismo. La prima, che risale a Pirrone e a Timone di Fliunte suo discepolo, si colloca tra la seconda metà del sec. IV e il sec. III a.C.; la seconda si radica nell'Accademia platonica con Arcesilao di Pitane e Carneade nei secc. III e II a.C., mentre la terza si estende per il periodo che va dalla fine del sec. I a.C. a tutto il sec. II d.C., e si distingue a sua volta nel cosiddetto neopirronismo dialettico di Enesidemo e di Agrippa, e nel neopirronismo empirico di Sesto.

Nel pirronismo la scepsi si determina come negazione dell'esistenza di un significato assoluto della realtà: le cose sono tutte egualmente incerte e indiscernibili, sì che di fronte a esse è saggio rimanere senza opinioni e approdare all'*aphasía*, cioè alla sospensione di ogni discorso positivo, e, sul piano pratico, alla *ataraxía* o imperturbabilità, che sole possono dare all'uomo la felicità e con ciò realizzare il fine ultimo dell'indagine filosofica.

Nella seconda fase, quella detta «accademica», lo scetticismo radicalizza le proprie posizioni: innanzitutto evita di avanzare una propria verità e si limita a esaminare criticamente le tesi dei dogmatici (in particolare degli stoici), mettendone in luce contraddizioni e incertezze; ciò che occorre è porsi in un atteggiamento di *epochḗ* o sospensione totale dell'assenso (Cicerone, *Lucullo*, XVIII, 59; XXI, 67; Sesto Empirico, *Contro i matematici*, VII, 156-157), al punto però che lo stesso discorso scettico non si sottragga alla radicalità del dubbio: noi non possiamo neanche affermare di sapere di non sapere, sostenevano concordemente Arcesilao (Cicerone, *Varrone*, XII, 45) e Carneade (Cicerone, *Lucullo*, IX, 28). Anche in sede pratica, il criterio del «ragionevole» di Arcesilao e del «persuasivo» di Carneade si configurano sì come la guida all'azione, ma senza alcuna pretesa dogmatica: essi non sono ciò che ci condurrà alla felicità, ma un orientamento alla prassi secondo il riconoscimento di ciò che è conveniente e opportuno, e secondo la considerazione di un numero preponderante di ragioni (probabilismo) che suscitano la nostra credenza.

Nella terza fase (neoscetticismo o neopirronismo) al centro della speculazione sta il problema della *epochḗ*: con Enesidemo e Agrippa compito principale diviene quello di formulare in modo organico tutte le «obiezioni» (*trópoi*) opponibili alle costruzioni dogmatiche. Ma poiché, anche qui, il significato dei *trópoi* è quello della negazione radicale dell'esistenza del vero, la negazione non si pone essa stessa come criterio dogmatico di verità, bensì solo come negazione che nega, oltre il suo oggetto, anche se stessa, e non dà valore di verità al proprio negare. Anche Sesto Empirico interpreta allo stesso modo la tropologia, quando afferma che le espressioni scettiche «si possono annullare da se stesse, circoscrivendo se stesse con le cose di cui si dicono; così le medicine purganti, non solo cacciano dal corpo gli umori, ma anche se stesse espellono insieme con gli umori» (*Schizzi pirroniani*, I, 206).

• *Lo scetticismo nel pensiero moderno.* Mentre lo scetticismo antico conclude negando la possibilità di qualsiasi verità, in età moderna lo scetticismo si configura con tratti meno rigidi, presentandosi piuttosto come affermazione della soggettività della coscienza. Nel rinascimento — dove l'espressione più significativa dello scetticismo è rappresentata da Montaigne (*Apologia di Raimondo di Sabunda*) — l'illusione della verità viene ancora una volta dissolta attraverso il rilievo delle contraddizioni tra percezioni e tra concetti, in cui incorre il soggetto quando voglia presentarsi come norma unitaria e costante del vero. Ciò che Montaigne contesta al pensiero moderno è la capacità del sapere umano di cogliere leggi universali del reale, in nome di una pretesa armonia tra l'essere e il pensiero. Ma, di contro al carattere incerto della conoscenza del mondo esterno, lo scetticismo rinascimentale avverte, nel campo della morale, il contenuto stabile e positivo dell'autocoscienza, che, avendo il suo centro di gravità in se stessa, si presenta — in contrapposizione ai contenuti delle leggi positive, della convenzione e della religione — come espressione di una legge naturale, nella sua essenza immutabile e identica per tutti. Nel Settecento, il passaggio dello scetticismo a radicali posizioni soggettivistiche si compie con la filosofia di → Hume. Nel suo pensiero, mediante il ricorso a fattori extralogici ed extrarazionali, come la credenza e il senso comune, lo scetticismo si presenta come uno «scetticismo mitigato», che concilia la critica teorica radicale con l'accettazione di criteri soggettivi del vero, adeguati alle necessità della vita umana.

Appare così abbastanza netta l'opposizione tra scetticismo antico e scetticismo moderno: mentre quest'ultimo si volge soltanto contro il pensiero razionale e pone come vero il contenuto della coscienza sensibile, lo scetticismo antico, pur riducendosi anch'esso ai fatti della coscienza, non dà mai loro l'investitura della verità. Il risultato di entrambi è la soggettività del sapere, ma mentre i moderni affermano la sensazione come criterio di verità, gli antichi dimostrano la soggettività di ogni sapere, mettendo in rilievo la non-verità di tutto ciò che vuol passare per vero, sia esso sensazione o pensiero. La radicalità del loro dubitare è dunque «la negatività cosciente e universale; come cosciente, essa dimostra, come universale, estende a tutto la sua non verità dell'oggettivo» (G.W.F. Hegel, *Lezioni sulla storia della filosofia*). Ma proprio in questo atteggiamento radicale di universale negazione della verità oggettiva, lo scetticismo è da considerarsi, secondo il giudizio di Hegel, non già come «il più pericoloso [...] avversario della filosofia», ma come momento positivo di essa, che non nega la mutevolezza delle cose né si sottrae alla necessità della conoscenza pensante.

Scheler, Max (Monaco 1874 - Francoforte 1928), filosofo tedesco. Insegnò a Jena, Monaco, Colonia e Francoforte. Decisivo fu per lui, già scolaro di W. Dilthey e G. Simmel e profondamente influenzato da Nietzsche, l'incontro con la fenomenologia di Husserl. Scheler si riservò il compito di affrontare con il metodo fenomenologico il campo dell'etica, trascurato da Husserl; e lo svolse con *Il formalismo nell'etica e l'etica materiale dei valori* (1916), che rimane la sua opera più importante, e con *Essenza e forme della simpatia* (1923). Gli scritti successivi sono rivolti in gran parte alla fondazione della sociologia della conoscenza (*Scritti di sociologia e di dottrina delle visioni del mondo*, 4 voll., 1923-24; *Le forme del sapere e la società*, 1926 ecc.); mentre quelli più specificamente filosofici, come *La posizione dell'uomo nel cosmo* (1928) e *La visione filosofica del mondo* (postumo, 1929), si segnalano per l'abbandono della concezione cristiana di Dio, precedentemente sostenuta, a favore di una concezione panteistico-storicistica, secondo la quale Dio si realizzerebbe progressivamente nel corso della storia umana. L'etica di Scheler si contrappone tanto all'empirismo e al naturalismo quanto a Kant. Dell'etica kantiana rifiuta nettamente il formalismo, e perciò si qualifica come «materiale». La materia pura dell'etica sono i «valori», da non confondere coi beni, oggetti empirici che incorporano i valori; del tutto oggettivi, cioè autonomi rispetto agli atti con cui vengono appresi, i valori sono assoluti ed eterni. Essi possono esser colti solo intuitivamente, attraverso l'esperienza emozionale pura, che è irriducibile tanto alla razionalità quanto alla sensibilità empirica, ed è caratterizzata dall'intenzionalità (nel senso husserliano). Una tale esperienza «apprende» i valori; i quali pertanto non sono affatto prodotti dagli uomini o riducibili a oggetti di desideri o aspirazioni. Analogamente vengono appresi anche i rapporti fra i valori, altrettanto oggettivi e assoluti. I rapporti fra i valori sono colti specificamente dall'atto puro del «preferire» (anteporre e posporre), ben diverso dall'atto empirico dello scegliere fra beni diversi. Scheler propone la seguente gerarchia dei valori: si muove dai valori sensibili (il piacevole di contro allo spiacevole), si passa a quelli vi-

tali e poi a quelli spirituali (estetici, conoscitivi, giuridici ecc.) per concludere con il valore supremo della santità. Il fondamento ultimo della scoperta dei valori è comunque unitario: è l'amore; e le infinite differenze fra gli individui, a questo riguardo, spiegano la varietà delle apprensioni individuali dei valori e della loro gerarchia. Il valore propriamente morale (il buono, di contro al cattivo) non è poi un valore a sé stante, ma è costituito invece dalla conformità del volere e dell'agire dell'individuo alla propria apprensione dei valori e della loro gerarchia: il valore morale ha quindi per presupposto e per contenuto, sempre, altri valori.
Ad apprendere i valori è, per Scheler, la «persona», non l'io o l'individuo. Quest'ultimo è costituito dagli «stati» emozionali; mentre solo la persona è capace degli «atti» che hanno per oggetto i valori, a cominciare dall'amore. Infatti, l'io è capace di simpatia, benevolenza, pietà ecc., ma non di amore (come Scheler illustra in *Essenza e forme della simpatia*). La persona è l'unità concreta dei suoi atti intenzionali: non sta al di là, o al di sotto, di essi, ma neppure ne risulta come una somma. Correlato di ogni persona è il suo proprio «mondo»: si danno tanti mondi quante sono le persone. Ogni mondo è sempre il mondo di una persona; e questa è essenzialmente «apertura» a un mondo. Oltre la molteplicità dei mondi delle singole persone, un mondo unico, che tutti li comprenda, è pensabile solo come correlato di una persona infinita, Dio. Infine, non si danno solo le persone singole, ma anche persone collettive; e anzi ogni persona singola si conosce come membro di alcune comunità. Queste vengono classificate da Scheler in corrispondenza della sua gerarchia dei valori, a seconda della classe di valori su cui esse rispettivamente si fondano; e si hanno così, in successione ideale, la massa, la comunità vitale, la società o comunità giuridica, e infine la comunità d'amore, di cui è esempio precipuo la chiesa. Siffatte prospettive sono alla base anche delle teorie sociologiche che Scheler elaborò nell'ultimo periodo della sua attività.

Schelling, Friedrich Wilhelm Joseph (Leonberg, Württemberg, 1775 - Bad Ragaz, San Gallo, 1854), filosofo tedesco.

• *Vita e opere.* Dimostratosi particolarmente precoce negli studi medi e ginnasiali, già nel 1790 viene ammesso allo *Stift* di Tübingen, una sorta di seminario protestante dove venivano formati i futuri ecclesiastici del ducato attraverso lo studio della filosofia e della teologia; qui stringe amicizia con Hölderlin e Hegel. Nel 1792, per conseguire il titolo di Magister, scrive la dissertazione *Antiquissimi de prima malorum humanorum origine philosophematis Genes. III. explicandi tentamen criticum et philosophicum*, ispirata a quell'interesse per il problema del mito a cui si deve pure *Sui miti, le leggende storiche e i filosofemi del mondo più antico* (1793). Del 1795 sono due scritti in cui Schelling si confronta con il pensiero fichtiano e, in genere, con i problemi della filosofia trascendentale: *Sulla possibilità di una forma della filosofia in generale* e *Sull'Io come principio della filosofia e sull'incondizionato nel sapere umano*; tra il 1795 e il 1796 compaiono le *Lettere filosofiche sul dogmatismo e sul criticismo*, dove Schelling tratta ampiamente problemi teologici, religiosi e metafisici, facendo riferimento al dibattito sullo → spinozismo, allora in corso in Germania, al problema del rapporto tra kantismo e religione e al rifiuto della concezione tradizionale della creazione. Come Fichte e Hegel, anche Schelling, invece di seguire la carriera ecclesiastica, si impiega come precettore, e durante il soggiorno a Stoccarda e a Lipsia ha occasione, in tale veste, di occuparsi del problema del diritto, pubblicando tra il 1796 e il 1797 la *Nuova deduzione del diritto naturale*.
Sempre a Lipsia, dove frequenta la locale università, egli si dedica in particolare alla filosofia della natura (*Idee per una filosofia della natura*, 1797; *Sull'anima del mondo: ipotesi di fisica superiore per illustrare l'organismo universale*, 1798). Alla filosofia trascendentale sono invece prevalentemente dedicati i saggi comparsi nel 1797 nel «Philosophisches Journal», e in parte ristampati nel 1809 con il titolo *Saggi illustrativi sull'idealismo della dottrina della scienza*. Nel 1798 Schelling incontra Goethe e Schiller a Weimar e, in parte per influenza di Goethe, matura la sua chiamata come professore all'università di Jena, allora centro della filosofia idealistica, grazie all'insegnamento di Reinhold e Fichte. Nel raggiungere la nuova sede Schelling si trattiene a Dresda, dove incontra i maggiori esponenti del romanticismo dell'epoca, da Novalis ai fratelli Schlegel. Del periodo di Jena sono il *Primo abbozzo di un sistema di filosofia della natura* (1799) e il *Sistema dell'idealismo trascendentale* (1800), opera quest'ultima tra le più organiche ed efficaci di Schelling, che vi considera in un disegno unitario lo sviluppo dello spirito e della natura secondo un ordine ascendente volto ad attingere l'assoluto mediante un'intuizione intellettuale di tipo estetico. Seguono, oltre ad alcuni saggi di filosofia della natura, l'*Esposizione del mio sistema di filosofia* (1801) e il dialogo *Bruno o il principio divino e naturale delle cose* (1802); risale pure a questi anni la pubblicazione della «Zeitschrift für spekulative Physik» (1800-01), divenuta poi «Neue Zeitschrift für spekulative Physik» (1802), destinata a diffondere la nuova filosofia della natura. Con l'arrivo a Jena di Hegel nel 1801 si riannoda, sia pure per breve tempo, l'amicizia tra i due antichi condiscepoli dello *Stift* di Tubinga: dalla loro collaborazione nasce il «Kritisches Journal der Philosophie»

(1802-03), che segna anche il periodo della loro massima vicinanza speculativa. Nel 1803 Schelling passa all'università di Würzburg, dove rimane fino al 1806, e, insieme con A.Fr. Marcus, fonda gli «Jahrbücher der Medizin als Wissenschaft» (1805-08), intesi a promuovere i rapporti tra medicina e filosofia della natura. Nel 1804 pubblica *Filosofia e religione* e ancora in questo periodo, riprendendo motivi dei corsi tenuti a Jena, scrive la *Filosofia dell'arte* (comparsa soltanto postuma).

Nel 1806, a seguito della pace di Presburgo che stacca Würzburg dalla Baviera, Schelling preferisce trasferirsi a Monaco come membro dell'Accademia delle Scienze. Nel 1808 diviene segretario generale dell'Accademia delle arti figurative. Di quel periodo, in cui hanno notevole importanza i contatti con F. von Baader, filosofo della natura e studioso di mistica e teosofia, sono lo scritto polemico contro Fichte *L'esposizione del vero rapporto della filosofia della natura con la dottrina migliorata di Fichte* (1806) e uno dei testi schellinghiani speculativamente più densi e significativi, le *Ricerche filosofiche sull'essenza della libertà umana* (1809). Dopo un breve periodo trascorso a Stoccarda nel 1810, dove tiene alcune importanti conferenze pubblicate postume, Schelling torna a Monaco, lavorando intensamente a *Le età del mondo* (opera, anche questa, postuma) e pubblicando nel 1812 uno scritto polemico contro Jacobi, da cui era stato accusato di panteismo e, al limite, di ateismo: *Monumento dello scritto sulle cose divine del Signor F.H. Jacobi*. Dal 1820 al 1827 vive a Erlangen, tiene nuovi corsi e cicli di conferenze, e nel 1827 torna a Monaco chiamato alla cattedra di filosofia nella nuova università; qui, tra l'altro, tiene il celebre corso, pubblicato anch'esso postumo, sulla filosofia moderna, nel quale delinea anche storicamente il rapporto tra «filosofia negativa» e «filosofia positiva». Nel 1841, infine, viene chiamato a Berlino per contrastare l'influenza dell'insegnamento hegeliano; e tra gli ascoltatori delle sue lezioni, durate fino al 1843, non mancarono uomini destinati a incidere, in modi diversi, nel pensiero filosofico, come per es. S. Kierkegaard, L. Feuerbach, F. Engels, J. Burckhardt e M.A. Bakunin.

• *La filosofia della natura; l'idealismo estetico.* Fin dai suoi inizi, anche se formulato in un linguaggio di stampo fichtiano, il pensiero di Schelling mostra una forte originalità, che va dall'interesse per il pensiero mitologico — interesse destinato a trovare più ampio sviluppo nell'«ultimo» Schelling — alla concezione della natura non quale semplice strumento della libertà, bensì come il corrispondente più concreto della coscienza, dotato di interna vita, organicità e finalità. In questo Schelling — come del resto gran parte della filosofia romantica della natura, a cominciare da von Baader — si riallaccia non solo e non tanto al concetto di organismo e di finalità della *Critica del giudizio* di Kant, quanto piuttosto ai *Principi metafisici della scienza della natura* del 1796, dove Kant aveva riconosciuto indispensabile, per il costituirsi della fisica, sostituire una concezione dinamica della natura a quella puramente matematica o meccanica. Proprio per applicare la matematica alla natura — condizione, questa, della scientificità della fisica — è necessario, secondo Kant, ammettere che la materia non sia costituita da atomi separati da spazi vuoti, ma da forze in rapporto reciproco di azione e reazione, e quindi «costruire» la materia mediante i principi newtoniani di «attrazione» e «repulsione». Per Schelling tuttavia questa «costruzione» ha il torto di rimanere «analitica», assumendo semplicemente le forze come date, mentre occorre invece rintracciarne l'origine in quel principio unitario da cui scaturisce anche la vita della coscienza e che Fichte aveva inteso come opposizione tra Io e Non-io. Prende corpo così l'idea di un completo parallelismo tra natura e coscienza, nel senso che allo sviluppo di forme sempre più alte e complesse di coscienza corrisponde il «potenziamento» della natura, ossia il riprodursi del rapporto di «polarità» tra le forze contrapposte a livelli e in forme sempre più alti e complessi, dall'unità del cosmo al meccanismo universale, per giungere infine all'organismo. Meccanismo e organismo non sono dunque più due termini contrapposti o due principi alternativi nella concezione della natura, bensì rientrano in un processo teleologico unitario in cui la *natura naturans* si esprime nella *natura naturata* per giungere sino alle soglie della coscienza, di cui costituisce una sorta di preistoria, di vita pietrificata. La filosofia della natura, quindi, non è affatto una parte più o meno isolata o limitata della filosofia, ma è inscindibilmente legata alla filosofia trascendentale da un rapporto di reciprocità, per cui non è possibile approfondire l'una senza giungere all'altra, e senza giungere da entrambe a quell'idealismo «assoluto» che è alla loro base e che ne è l'unità. Ideale e reale non sono che le due facce del medesimo e identico processo, e soltanto un idealismo relativo che sia limitato alla coscienza e alla soggettività può essere contrapposto al realismo, ma non l'autentico idealismo «assoluto» che spiega lo scindersi di ideale e reale e il loro ritorno all'unità. «Organo» di tale idealismo, però, non potrà essere né lo spirito teoretico, né lo spirito pratico, ancora condizionati dall'opposizione tra soggetto e oggetto, ideale e reale, ma soltanto una forma di sapere intuitivo, dove però l'intuizione non va intesa (come nel caso dell'intuizione sensibile) quale semplice ricettività, bensì come unità profonda di produttività e di ricettività, di conscio e di inconscio, di libertà e di natura, ossia come dotata di quelle caratteristiche che Kant aveva già individuato nel sentimento estetico.

• *Dalla filosofia dell'identità al problema della libertà.* A questa fase del pensiero schellinghiano tra Sette e Ottocento, considerata appunto come una forma di idealismo «estetico», segue, nei primi anni dell'Ottocento, la cosiddetta «filosofia dell'identità». Non soltanto Schelling accentua in questo periodo il carattere di identità, di indifferenza proprio dell'assoluto, ma sviluppa la filosofia della natura in forma di una «fisica speculativa» dove la scientificità della conoscenza della natura viene ancorata alla necessità delle sue articolazioni interne e, in ultima analisi, al carattere vivo, dinamico delle «idee» quali principi «formatori» di tutta la realtà, dalla natura alla storia, dall'arte alla religione. Una tappa molto importante nel passaggio dalla filosofia dell'identità agli ultimi sviluppi del pensiero schellinghiano è costituita poi dalle *Ricerche filosofiche sull'essenza della libertà umana*, del 1809, dove si afferma una concezione addirittura drammatica della vita dell'assoluto. Dio infatti, per essere veramente tale, per essere libero e personale, deve superare e appropriarsi di quel «fondamento» che lo condiziona come sua interna natura, quasi come una sorta di fondamento oscuro e abissale (sono qui ripresi concetti tipici della mistica tedesca e soprattutto di J. Böhme). Proprio questo contrasto e questo divenire della divinità spiega poi l'origine del male, considerato necessario affinché ci sia la manifestazione della vita e dell'amore divino, che ha senso solo come suo superamento. Anche nell'uomo il male si spiega pertanto in riferimento a questa tensione interna a Dio e, precisamente, si attua quando l'uomo, invece di vivere e accettare il dramma della divinità, tende a staccarsi e a contrapporglisi, a farsi principio di se stesso. Questa prospettiva, com'è dato di vedere soprattutto dagli inediti su *Le età del mondo*, si allarga poi a un vero e proprio dramma cosmogonico e teogonico al tempo stesso: la vita divina vi appare come un conflitto necessario di «potenze» in base al quale soltanto si può comprendere il limite del «mondo» e del «presente» in cui viviamo, e che richiede un «passato» e un mondo anteriore, proprio come rinvia a un «futuro» e a un mondo ulteriore. Dio infatti è costituito da due momenti o «potenze» opposte, che sono affermazione e negazione, espansione e contrazione, esistenza e fondamento, e che richiedono di essere superate in una terza «potenza», libera e indipendente rispetto alle altre due; ma questo può avvenire solo in un'alternanza cosmica e storica, per cui la vera realizzazione dell'infinito non è quella espressa dalla sua astratta rappresentazione come un progresso lineare illimitato, ma quella che lo vede come una compiuta circolarità.

• *La mitologia e l'empirismo filosofico.* In questa linea si inserisce pure il ritorno schellinghiano ai problemi della mitologia, in polemica contro tutte le interpretazioni riduttivistiche che la consideravano frutto di un puro arbitrio o di un travestimento intenzionale e strumentale di fatti storici e di eventi naturali o, ancora, come una manifestazione primordiale della coscienza. Per comprendere la mitologia, al contrario, bisogna collocarsi in una prospettiva del tutto diversa e «anteriore» rispetto al nostro modo attuale di avere «coscienza», e rievocare quella «catastrofe» cosmica ed esistenziale per cui l'uomo è stato sbalzato fuori dall'unità edenica con l'essere e lasciato in preda a forze che gli si sono presentate come figure mitologiche. La chiave per intendere la mitologia — dice Schelling — non è certo l'«allegoria», la pretesa di ricondurla a un significato concettuale presupposto, bensì la «tautegoria», ossia il senso che emerge dal suo sviluppo stesso: uno sviluppo che va dalle concezioni astrali a quelle antropomorfiche delle divinità, costituenti il preludio della «rivelazione», ossia del presentarsi di Dio all'uomo come persona e nella sua interna forma di persona. La filosofia della mitologia e quella della rivelazione si riallacciano in questo modo, nell'ultimo Schelling, alla concezione di un «empirismo filosofico» che, ovviamente, è del tutto diverso, anzi opposto, rispetto all'empirismo moderno (fondato su una concezione dell'esperienza limitata ai dati sensibili e a posteriori).

Autentica esperienza invece è quella che si apre a cogliere il manifestarsi effettivo di Dio, tanto nella natura quanto nella storia e nella rivelazione, e anzi comprende che l'esplicitarsi di Dio è il «fatto» più vero e originario. A questo scopo però è necessario distinguere esattamente «filosofia negativa» e «filosofia positiva». La prima infatti indica il pensiero puro, logicamente autosufficiente che vuole tutto dimostrare ed esaurire nello sviluppo dell'idea e di cui la formulazione più alta e coerente è la logica hegeliana; la seconda è invece un pensiero che riconosce l'insufficienza dei procedimenti puramente logici e apodittici ed è disposto a confrontarsi con ciò che è opposto e irriducibile a esso, e, cioè, anzitutto e soprattutto Dio, che gli si rivela in modo inesauribile.

• *Interpretazioni della filosofia schellinghiana.* Che il pensiero schellinghiano presenti una tale vastità di disegno e una tale ricchezza di sviluppi interni lo si è però rilevato solo gradualmente, attraverso la pubblicazione e lo studio di una vasta serie di inediti che abbracciano la filosofia dell'arte, della storia, della mitologia, della rivelazione, l'«empirismo filosofico», la storia della filosofia come tensione tra «filosofia negativa» e «filosofia positiva» ecc. Si spiega dunque che per molto tempo sia invalso lo schema, in fondo di origine hegeliana, per cui il maggior contributo apportato da Schelling sarebbe stato l'aver rivendicato — in contrapposizione a Fichte — il momento della natura e dell'oggettività all'interno dell'idealismo tedesco: il superamento sarebbe poi avvenuto nell'idealismo hegeliano, sintesi di soggettività e di oggettività. Così pure è indubbio che Schelling nel suo tempo influì soprattutto promuovendo la filosofia romantica della natura e l'interesse per gli aspetti filosofici del pensiero scientifico, o meglio degli sviluppi delle scienze, particolarmente nella chimica, nello studio dell'elettricità e del magnetismo, nella medicina e nella biologia. Tuttavia già nell'Ottocento non mancò una diffusione ed efficacia del pensiero schellinghiano in altri campi: in quello estetico, anche nel mondo anglosassone, soprattutto attraverso S.T. Coleridge; in campo filosofico-religioso nella stessa Germania attraverso il «teismo speculativo»; in Francia attraverso il personalismo di Ch. Secrétan; soprattutto, infine, nel mondo slavo, attraverso le correnti «slavofile» e quelle misticheggianti. Nel Novecento, poi, si è avuta una generale rinascita di interesse per Schelling con la diffusione di motivi esistenzialistici, come dimostrano l'attenzione che vi hanno dedicato in Francia G. Marcel già con la tesi sul rapporto tra Coleridge e Schelling; in Germania K. Jaspers, in una chiave di lettura piuttosto biografico-esistenziale, e Heidegger, che identifica nelle *Ricerche* del 1809 il momento conclusivo dell'intero idealismo tedesco come «volontà di sistema». Più in generale, la riscoperta dell'«ultimo» Schelling ha portato nel nostro secolo a sottolineare e a rivendicare la sua potenziale funzione antihegeliana, e la sua peculiare riaffermazione della religione, della rivelazione e del cristianesimo che non va a scapito dei loro legami con la mitologia e con la storia, come per certi versi avviene nella polemica antihegeliana di Kierkegaard. *V. Ve.*

schema, termine (dal gr. *schêma*, forma o figura) che in matematica designa la «figura geometrica», piana o solida; nell'uso filosofico appartiene in particolare alla tradizione atomista (Leucippo, Democrito, Epicuro). Secondo Democrito, gli atomi differiscono per forma, ordine e posizione, non per qualità; la differenza più importante riguarda la forma, per cui gli atomi stessi sono detti anche «forme» o «figure» (*rhysmoí, schêmata, idéai*). In Aristotele è usato come termine logico per designare la «figura sillogistica».

In Kant (*Critica della ragion pura*, Analitica trascendentale, II 1) lo «schema trascendentale» è una rappresentazione intermedia fra sensibilità e intelletto, che rende possibile l'applicazione delle categorie ai fenomeni, cioè l'elaborazione dell'esperienza sensibile alla luce dei concetti puri dell'intelletto. I vari schemi trascendentali si dividono secondo i quattro gruppi di categorie, per es. lo schema della quantità, che è il numero, e lo schema della sostanza, che è la permanenza del reale nel tempo. Lo schema kantiano non è un'immagine, ma una regola a priori dell'immaginazione, e più esattamente una determinazione a priori del tempo secondo le varie categorie; cioè definisce il modo di essere di una categoria nel tempo (per es. la sostanza come durata) e attraverso il tempo opera la sintesi del fenomeno e del concetto.

schema corporeo, consapevolezza del proprio corpo e delle sue posture e movimenti. L'espressione, introdotta dal neurologo P. Schilder e sostanzialmente equivalente a «modello o schema posturale», intende esprimere la rappresentazione unitaria e immediata che ciascuno possiede del proprio corpo e delle sue funzioni, indipendentemente dagli stimoli che provengono dall'ambiente esterno e al di là delle sensazioni cinestesiche e visive riferibili soltanto a singole parti e funzioni del corpo stesso. Qualora lo schema corporeo venga alterato, ne conseguono errori nella valutazione dei rapporti spaziali, allucinazioni caratterizzate dalla percezione del proprio corpo come estraneo, o più generalmente false percezioni relativamente a determinate parti o funzioni del corpo; nel caso abbastanza frequente del cosiddetto «arto fantasma», per es., il paziente operato continua a percepire come esistente un arto che in realtà gli è stato amputato: il che dimostra come egli sia legato all'immagine o schema corporeo elaborato prima della perdita di quell'arto.

Schillebeeckx, Edward (Anversa, 1914), teologo cattolico belga, di ordine domenicano. Dopo la classica formazione tomista, un lungo soggiorno a Parigi, dove entrò in contatto con M.D. Chenu, influenzò fortemente il suo pensiero. Ha insegnato prima a Lovanio e poi a Nimega. Principale ispiratore del *Nuovo catechismo olandese*, ha contribuito attivamente al concilio Vaticano II, ed è fra i fondatori della rivista «Concilium».

La riflessione di Schillebeeckx si fonda sulla coscienza dell'inadeguatezza del pensiero rispetto alla realtà divina: l'uomo ha un'intuizione fondamentale di Dio, ma i concetti in cui questa intuizione viene tradotta, essendo necessariamente inadeguati e storicamente condizionati, rivelano parzialmente la realtà di Dio; essi possono soltanto imprimere una direzione, un senso verso tale realtà. In questa prospettiva la teologia viene intesa come comprensione dell'esperienza cristiana, per giungere alla quale è insufficiente affidarsi a una teologia storica (→ Chenu): bisogna, piuttosto, passare a una vera ermeneutica che riguardi, oltre l'intelligenza dei testi, la loro attualizzazione e la loro rilevanza esistenziale. Diviene allora centrale il rapporto tra teoria e prassi, in quanto solo l'ortoprassi, realizzando un nuovo avvenire (*L'intelligenza della fede*, 1972), permette un'interpretazione dell'ortodossia. In questa visione della realtà la cristologia viene intesa come «storia di una particolare esperienza d'incontro che identifica ciò che essa esperimenta, cioè dà un nome all'esperimentato»: *Gesù, la storia di un vivente* (1974); *Cristo, la storia di una nuova prassi* (1977); *Umanità. La storia di Dio* (1989).

Schiller, Ferdinand Canning Scott (Altona, Germania, 1864 - Los Angeles 1937), filosofo inglese. Figlio di un commerciante indiano di origine tedesca, studiò a Oxford, dove fu anche professore sino al 1926. Trasferitosi negli Stati Uniti, tenne corsi all'università di Los Angeles. Oltre a *Gli enigmi della Sfinge: studio sulla filosofia dell'evoluzione* (1891), sua prima e più compiuta opera, ha scritto numerosi saggi (*Assiomi e postulati*, 1902; *Pragmatismo e umanismo*, 1909; *Scoperta scientifica e prova logica*, 1917), interventi critici e recensioni, poi raccolti in vari volumi. Con il termine «umanismo» Schiller ha definito la sua posizione, per molti aspetti affine al pragmatismo volontaristico di W. James e allo strumentalismo di J. Dewey. Egli insiste sul carattere psicologico-emozionale della conoscenza e sulla funzione essenzialmente pratica della scienza. Di qui la sua polemica contro la logica formale antica e moderna in quanto gioco intellettualistico avulso dai reali interessi e bisogni vitali. Il carattere soggettivo e pragmatico sia del conoscere sia dei valori morali (per il quale egli si rifà come modello a Protagora) non va inteso però né in senso spiritualistico (James), né in senso antimetafisico (Dewey). L'umanismo di Schiller si configura, al contrario, come una metafisica evoluzionistica concernente il mondo, l'uomo e Dio. Il mondo è il regno increato del puro disordine materiale e dell'impersonale assenza di scopi; le sue coesistenze interagenti producono però l'uomo, che trasforma l'universo, secondo i suoi sentimenti e scopi, in un'unità progressiva e storica. Proprio all'uomo, che è il risultato più alto del processo evolutivo, l'esistenza si rivela allora come mistero (l'«enigma della Sfinge»). Nell'uomo coesistono la spinta verso l'ordine e il regno dei fini («Faust») e lo spirito del disordine e della negazione («Mefistofele»), destinato quest'ultimo a essere vinto, in ultima istanza, dalla forza redentrice di Dio. Dio infatti è la coscienza personale e la causa finale dell'universo che, in collaborazione con l'uomo, opera verso la perfezione ultima di un puro regno degli spiriti finiti e imperituri.

Schiller, Johann Christoph Friedrich (Marbach, Stoccarda, 1759 - Weimar 1805), poeta, drammaturgo e filosofo tedesco. Dopo aver studiato medicina all'Accademia militare di Stoccarda, Schiller nel 1780 prende servizio come medico militare nell'esercito del ducato. Frattanto i suoi interessi letterari, nutriti da intense letture di Lessing, Klopstock, Shakespeare e venati da una profonda ispirazione rousseauiana, si concretano nel dramma *I masnadieri* (1781). Lasciato il servizio militare, Schiller vive successivamente a Mannheim, Lipsia, Dresda, dove nel 1783 scrive il *Don Carlos.* Nello stesso anno si trasferisce a Weimar, dove lavora ad alcuni saggi di storia e stringe amicizia con Wieland, Herder, Goethe. Nel 1789 viene chiamato alla cattedra di storia nell'università di Jena, e vi tiene la prolusione sul tema *Che cosa significa e a qual fine si studia la storia universale.* Nel 1791 avviene il suo incontro decisivo con la *Critica del giudizio* di Kant: dallo studio di quest'opera Schiller trae lo spunto per tutta una serie di saggi di estetica, tra i quali di particolare importanza *L'arte tragica* (1791); *Il patetico* e *Grazia e dignità* (1793); le *Lettere sull'educazione estetica dell'uomo* (1795); *Della poesia ingenua e sentimentale* (1800), dove trova ampio spazio il confronto con i problemi della classicità e del classicismo. Nel 1799 Schiller lascia l'insegnamento e si ritira definitivamente a Weimar dove lavora ai suoi ultimi grandi drammi.

Il pensiero schilleriano si incentra su un forte senso morale della libertà, un senso morale che è tragico, ma la cui tragicità non si chiude nella rassegnazione al destino, esprimendosi invece in forma «sublime» come ricerca, sia pur nel contrasto e nella sofferenza, di una superiore armonia e giustificazione della storia. Improntata a un forte sentimento morale è pure la concezione schilleriana dell'→ «anima bella», che sa far trionfare la «dignità» della legge, senza che questo vada a scapito della «grazia», ossia dello sviluppo armonico e organico di tutte le forze dell'uomo. Quest'ideale di grazia e dignità insieme, nel quale si è vista una ripresa della greca «kalokagathía», porta Schiller ad avvicinarsi alla filosofia dell'«umanità» elaborata da Herder e da Goethe negli ultimi decenni del Settecento, e, al tempo stesso, a cercare un approfondimento dell'etica kantiana che ne espunga gli elementi rigoristici e conflittuali. A questo scopo Schiller si richiama precisamente alla tematica della *Critica del giudizio* e in particolare al concetto di «libero giuoco» delle facoltà, che per Kant è alla base del sentimento estetico e che per Schiller può diventare principio di un'«educazione estetica» non soltanto individuale, ma storica. Caratteristica essenziale e negativa della civiltà è infatti la scissione dell'uomo in se stesso e nella società, attraverso la divisione del lavoro e il progressivo inaridimento delle coscienze, cui può porre rimedio soltanto un'educazione che recuperi il senso dell'armonia perduta. Su questa linea, nella quale Schiller assegna al teatro una funzione del tutto particolare, quale strumento per la formazione di una nuova umanità, si inserisce la distinzione tra poesia «ingenua» e poesia «sentimentale», che non indica soltanto due tipi diversi di arte, ma anche due diverse condizioni dell'uomo, e precisamente il suo stato di armonia e di conciliazione con la natura in sé e fuori di sé, oppure il suo stato di riflessione, di ricerca di un'armonia perduta e ormai soltanto ideale (→ ingenuo-sentimentale). Questa distinzione assumerà notevole importanza nel romanticismo, che se ne varrà per contrapporre il mondo moderno a quello classico e pertanto continuerà a utilizzare le premesse schilleriane anche per un programma di rivolta contro il moralismo e il classicismo di Schiller stesso. Il senso di un'armonia perduta e di una scissione inerente alla civiltà moderna occuperà pure un posto notevole nella formazione del pensiero hegeliano e in particolare nella concezione hegeliana del compito storico della filosofia quale superamento delle lacerazioni e scissioni dell'uomo moderno. L'efficacia del pensiero di Schiller non è però limitata all'«età di Goethe», ma, attraverso tutto l'Ottocento (periodo nel quale Schiller viene esaltato e mitizzato come «vate» delle libertà popolari e nazionali), giunge fino al nostro secolo, quando invece viene raccolto soprattutto il suo richiamo alla funzione liberatrice del gioco, collegata anche di recente alla critica della società industriale avanzata in chiave psicoanalitica e sociale (H. Marcuse). *V. Ve.*

schizofrenia, termine psichiatrico che indica una categoria di psicosi endogene funzionali a decorso lento e progressivo e caratterizzate dalla «dissociazione» in parti reciprocamente indipendenti della vita psichica del soggetto (dal gr. *schízein*, scindere, dividere, e *phrēn*, mente, senno); è stato introdotto nel 1911 da E. Bleuler, in sostituzione della «demenza precoce» diagnosticata da E. → Kraepelin. Secondo Bleuler, tale dissociazione colpisce anzitutto la sfera concettuale, alterando il corso normale delle associazioni mentali, e può essere assimilata alla modalità di funzionamento dell'inconscio descritta da Freud. Tra i sintomi particolarmente frequenti nella schizofrenia si ricordano: l'ambivalenza generalizzata e intensa verso persone, situazioni od oggetti; l'alterazione dell'attenzione e in particolare della capacità di concentrazione; le allucinazioni percettive (soprattutto uditive) e «psichiche» (nelle quali il malato, in uno stato di coscienza lucida, percepisce direttamente, senza mediazioni sensoriali, quasi «per telepatia», idee, ordini o commenti relativi al suo comportamento); il → delirio, che, a differenza di quello caratteristico della paranoia, non è mai molto sistematizzato; infine numerosi disturbi del linguaggio, sia nel lessico (linguaggio metaforico e simbolico, paralogia, neologismi ecc.), sia nella sintassi (linguaggio telegrafico, paragrammatismo, schizofasia o linguaggio totalmente incomprensibile). Da Bleuler in poi le sindromi schizofreniche vengono distinte in «acute» e «croniche», e fra queste ultime si distinguono la schizofrenia «paranoide» (→ paranoia), la schizofrenia «catatonica» (caratterizzata da un totale distacco cognitivo del soggetto dall'ambiente circostante, fino alla quasi scomparsa del movimento corporeo), e la schizofrenia «ebefrenica»; nel caso di quest'ultima, che altera prevalentemente il tono dell'umore e colpisce il soggetto nell'età postpuberale, l'affettività diminuisce fino a scomparire, e predomina l'apatia in concomitanza con il permanere dell'espressione mimica delle emozioni (manierismo, riso immotivato, sorriso enigmatico ecc.). Sul piano dell'eziologia di questa affezione, molti autori insistono sul ruolo dei meccanismi biologici di trasmissione ereditaria, poiché sembra un dato acquisito che il genitore schizofrenico ha una maggiore probabilità, rispetto agli altri genitori, di avere un figlio affetto dalla stessa malattia. Nella prospettiva psicoanalitica i meccanismi responsabili della schizofrenia, nonostante le indicazioni fornite in proposito da Freud e da Melanie Klein, rimangono ancora ampiamente da indagare. Freud ha individuato nella schizofrenia il predominio della rimozione, come nell'isteria, e ne ha posto la → fissazione predisponente nel periodo di vita che coincide con il passaggio dall'autoerotismo all'amore oggettuale.

schizotimia, o schizoidismo, termine psichiatrico che indica una marcata tendenza alla chiusura e all'isolamento psichico, tendenza che può degenerare in → schizofrenia. Nella tipologia di E. Kretschmer (→ tipologia somatica) il temperamento schizotimico, cui si contrappone il ciclotimico (→ ciclotimia), è caratterizzato dall'oscillazione fra la sensibilità e la freddezza, e dalla profondità delle reazioni intime, le quali, invece di avere una risonanza immediata e di breve durata, come avviene nella ciclotimia, subiscono processi di elaborazione e di intellettualizzazione che ne prolungano nel tempo la risonanza. Sul piano dei rapporti interpersonali il soggetto schizotimico è notevolmente contenuto e impacciato, oppure abilissimo nell'utilizzare il formalismo sociale allo scopo di difendere la sfera privata, il che ingenera negli altri un'impressione di freddezza. Capace di grandi sacrifici in nome di ideali astratti, che richiedono l'adesione dell'intelligenza più che dell'affettività, l'individuo schizotimico va soggetto a episodi di collera fredda, che si scarica solo lentamente e appare determinata dall'accumulo di piccole frustrazioni per un lungo periodo di tempo; questo tipo di collera è pertanto diversa dagli scoppi collerici del ciclotimico, destinati a esaurirsi rapidamente e determinati da eventi esterni facilmente identificabili. Sul piano cognitivo il pensiero del soggetto schizotimico è caratterizzato dal continuo passaggio dall'astrazione tenace e sistematica alla dissociazione e viceversa.

Schlegel, August Wilhelm von (Hannover 1767 - Bonn 1845), critico e letterato tedesco. Studiò a Gottinga, in particolare filologia classica, alla scuola di H. Heine. Dal 1795 collaborò alla rivista di J.C.F. Schiller, le «Horen»; l'anno dopo si trasferì a Jena, dove sarà, col fratello minore Friedrich, uno dei principali animatori del circolo raccoltosi intorno alla rivista «Athenaeum». Dal 1804 entrò al servizio di Madame de Staël. Dal 1819 fino alla morte insegnò all'università di Bonn. Benché il nome di Schlegel sia legato soprattutto alla sua attività di letterato (in particolare alle traduzioni in tedesco da Shakespeare e da Calderón) e di infaticabile animatore culturale (a lui si deve, fra l'altro, l'impulso dato dal romanticismo alla scoperta della letteratura orientale), la sua opera è non meno importante in sede di critica filosofico-estetica. Qui il suo apporto è consistito soprattutto nella puntualizzazione di talune importanti teorie protoromantiche (*Lezioni sulle belle lettere e l'arte*, 1801-04, e *Lezioni sull'arte drammatica e sulla letteratura*, 1808). Di particolare rilievo è la sua teoria della poesia, elaborata in rapporto con una riflessione sulle origini del linguaggio. Al principio la lingua è pura espressione, in seguito essa diviene invece arbitrio e convenzione: la poesia può però intervenire a «guarire» la lingua da questo carattere astratto e arbitrario. La poesia è infatti una riformulazione del linguaggio originario a un più alto grado di consapevolezza; essa segna un ritorno all'uso simbolico e «metaforico» della lingua primitiva, dove il segno non è arbitrario ma fa tutt'uno con l'oggetto. A Schlegel si deve inoltre la formulazione più coerente che il programma estetico romantico abbia dato dell'idea di forma organica, ovvero dell'opposizione fra l'organico e il meccanico. L'opera d'arte s'inserisce a pieno titolo fra gli organismi della natura: come la natura infatti — dice Schlegel, rifacendosi a concezioni anticipate da K.P. Moritz — anche l'arte non ha bisogno di imitare. Se la forma meccanica è arbitraria, quella organica è naturale, e può definirsi come una «forma interna» capace di rivelare immediatamente il contenuto che la sottende.

Schlegel, Friedrich von (Hannover 1772 - Dresda 1829), critico e filosofo tedesco. Studiò giurisprudenza a Gottinga e a Lipsia, dedicandosi insieme a uno studio approfondito della letteratura e della cultura greche. Nel 1798 fu tra i fondatori di «Athenaeum», organo del primo cenacolo romantico di Jena. Tenne poi corsi e lezioni private a Parigi (1802) e a Colonia (1804-05). Nel 1808 si convertì al cattolicesimo e negli anni successivi entrò al servizio del principe di Metternich e della corte austriaca. A Vienna sarà ancora l'animatore di un movimento tardoromantico raccoltosi intorno alla rivista «Concordia» (1820-23). Schlegel esordisce come filologo e studioso dell'antichità, ma già i suoi due primi libri (*Greci e romani* del 1797, che contiene il fondamentale saggio *Sullo studio della poesia greca*, e l'incompleta *Storia della poesia dei greci e dei romani* del 1798) si configurano, più che come puri contributi filologici, come un esame critico dei rapporti che intercorrono fra il mondo antico e quello moderno. Si trova qui delineata una contrapposizione fra la poesia *oggettiva* del mondo classico e quella *interessante* della modernità che è, per diversi aspetti, simile alla posteriore distinzione schilleriana fra l'ingenuo e il sentimentale. L'intenzione di questi lavori ubbidisce ancora a postulati di natura classicistica, poiché il loro scopo è quello di contrapporre alla frammentazione e all'artificialità del mondo moderno, retto dall'intelletto astratto, l'armonica, istintiva naturalezza dell'antichità. L'urgenza di superare la negatività della condizione moderna induce poi Schlegel a mettere in secondo piano gli studi storico-filologici e a concentrare decisamente i suoi interessi nel campo della riflessione filosofico-estetica. È quanto accade a partire dai frammenti pubblicati nel 1797 su «Lyceum», una rivista berlinese, nei quali si fa già palese la dimensione problematica che lo porterà negli anni successivi a delineare su «Athenaeum», con gli amici del circolo di Jena, il programma romantico. Alla radice della formulazione dell'ideale romantico sta il bisogno di riscattare la negatività della condizione presente, promuovendo la risoluzione delle sue contraddizioni in una nuova sintesi. Sterile è abbandonarsi al rimpianto per la classicità perduta: bisogna invece riconoscere che l'arte moderna ha in sé il potenziale per trascendere la sua astratta soggettività e per rinnovare il carattere oggettivo della cultura antica, tramite un processo di autoriflessione. Rifacendosi all'impostazione critica di Kant e di Fichte, Schlegel delinea così, nel suo periodo protoromantico, l'idea di una poesia *trascendentale*, di una «poesia della poesia» capace di mediare in una superiore sintesi il contrasto fra la bella antichità e la lacerazione del tempo presente. Quest'idea ha il suo coronamento nell'abbozzo di teoria del «romanzo» contenuto nel *Dialogo sulla poesia* del 1800, che si propone un superamento delle vecchie poetiche normative dei generi, sul modello di quanto realizzato da Schlegel stesso col romanzo *Lucinde* (1799).

Dopo la fine del circolo di Jena, l'attività filosofica di Schlegel consisterà, prima della conversione del 1808, soprattutto nel tentativo di dare una forma sistematica, nei corsi e nelle lezioni, alle idee espresse in forma di frammento o di aforisma al tempo di «Athenaeum» (*Lezioni filosofiche del 1804-06*, raccolte a cura di C.H.J. Windischmann). L'ultimo periodo, quello austriaco, della riflessione filosofica schlegeliana si colloca invece sotto un segno mistico e religioso, assai diverso da quello critico del periodo protoromantico. Schlegel considera ora definitivamente chiusa la storia dell'idealismo tedesco, che vede riassunta nel suo decorso ciclico dai quattro sistemi di Fichte e di Schelling da un lato (che rappresentano la pura speculazione teorica), di Kant e di Jacobi dall'altro (che rappresentano l'istanza pratica della fede). Il compito che resta ancora da assolvere è quello dell'elaborazione di un nuovo spiritualismo fondato sull'esperienza cristiana. Mettendo da parte sia il metodo puramente razionale sia il semplice abbandono al sentimento nella fede, bisogna porre l'attenzione sul principio della personalità umana e sulla realtà della vita, nella quale la filosofia ha il suo coronamento. All'elaborazione di queste idee sono dedicati i due cicli di lezioni viennesi sulla *Filosofia della vita* (1827) e sulla *Filosofia della storia* (1827), nonché quello tenuto a Dresda nel 1828 sulla *Filosofia del linguaggio e della parola.* *G. Ca.*

Schleicher, August (Meiningen 1821 - Jena 1868), linguista tedesco. Dopo studi filosofici che lo accostarono al pensiero hegeliano, si dedicò alla linguistica storica, che insegnò all'università di Praga e (dal 1857) a quella di Jena. I suoi primi studi furono dedicati a questioni di fonetica storica greca (*Ricerche di linguistica comparata*, 1848) e al lituano (*Manuale di lingua lituana*, 1856-57), in cui mostrò l'esistenza di tratti indoeuropei arcaici. L'analisi del mutamento linguistico, in specie di quello fonetico, lo portò a cercare e a individuare le leggi che regolano tale fenomeno, anticipando in questo i neogrammatici: egli giunse quindi ad affermare la possibilità di ricostruire, seguendo a ritroso le leggi dell'evoluzione fonetica, fasi linguistiche non documentate e di conoscere, data una famiglia di lingue, la lingua madre o «protolingua» (*Ursprache*). Nella sua opera più importante, *Compendio di grammatica comparata delle lingue indogermaniche* (1861), e nell'opuscolo *La teoria darwiniana e la linguistica* (1863), Schleicher formulò la fortunata e suggestiva ipotesi, oggi tuttavia rifiutata, dell'albero genealogico per l'interpretazione e la rappresentazione della parentela linguistica indoeuropea, e sostenne che le lingue, al pari di organismi naturali, nascono, si sviluppano e decadono secondo leggi indipendenti dalla volontà degli uomini. Di conseguenza la scienza che le studia, da lui chiamata «glottica», atterrebbe più alle scienze naturali che a quelle morali. In questo modo, e pur con i limiti di un certo schematismo, Schleicher portò la linguistica storica dal piano della mera comparazione a quello della ricostruzione. Schleicher inoltre riprese e migliorò i principi di classificazione delle lingue già formulati dai fratelli von Schlegel, proponendo le denominazioni, ancora correnti, di lingue isolanti, agglutinanti, flessive, nel cui alternarsi volle vedere una manifestazione della triade dialettica hegeliana.

Schleiermacher, Friedrich Daniel Ernst (Breslavia 1768 - Berlino 1834), filosofo e teologo tedesco. Studiò all'università di Halle, centro dell'illuminismo filosofico e teologico. Visse in seguito come cappellano in diverse località della Prussia e poi, dal 1796, a Berlino; qui entrò in contatto con i romantici di «Athenaeum», specialmente con F. von Schlegel. Sono di questi anni i *Discorsi sulla religione* (1799) e i successivi *Monologhi* (1800); a Berlino Schleiermacher concepì con Schlegel il progetto di tradurre tutto Platone, progetto che porterà a termine da solo. Sia le idee dei *Discorsi sulla religione*, sia i suoi legami con il gruppo romantico berlinese, indussero la gerarchia ecclesiastica protestante ad allontanare Schleiermacher da Berlino; dopo un periodo trascorso come predicatore di corte a Stolpe, in Pomerania, egli cominciò però la sua fortunata carriera accademica a Halle (1804-06) e in seguito di nuovo a Berlino, dove fu decano della facoltà teologica fino alla morte. Le posizioni giovanili dei *Discorsi* si svilupparono e modificarono in una serie di scritti di carattere teologico ed etico (*Lineamenti essenziali di una critica della morale sino ai nostri giorni*, 1803; *La fede cristiana*, 1821-22) e nei corsi accademici, pubblicati postumi (*Opere complete*, 31 voll., 1834-64).
Schleiermacher ha segnato un'impronta nella cultura tedesca soprattutto come teologo. Sul piano filosofico il suo pensiero, sebbene non abbia dato luogo a una costruzione sistematica paragonabile a quelle dei grandi contemporanei (Schelling, Hegel), può considerarsi l'espressione filosofica più genuina del primo romanticismo. Al centro dei *Discorsi sulla religione*, e anche delle altre opere, sta l'idea che l'esperienza religiosa si caratterizzi come una intuizione, o sentimento, dell'infinito. Nell'intuizione si stabilisce un rapporto *immediato* che pone il singolo in relazione diretta con l'infinito. Rispetto all'«assoluta» storicità dell'individuo e della sua esperienza religiosa, ogni teologia, e anche ogni formulazione scritturale o dogmatica, appaiono come cristallizzazioni irrigidite, «mausolei» la cui verità è solo nell'esperienza vissuta. In *Fede cristiana*, senza rinnegare queste premesse, Schleiermacher rivolgerà un'attenzione più positiva ai dogmi e in genere all'aspetto istituzionale della religione, intesi come mezzi attraverso cui, storicamente, possiamo venire in contatto con le esperienze religiose da cui traggono origine; così Gesù è chiamato il Salvatore non primariamente in quanto vittima sacrificale, ma in quanto individuo in cui si è realizzata pienamente la subordinazione di ogni aspetto della personalità al sentimento religioso; la sua azione di salvezza si esercita sui cristiani che attraverso la chiesa entrano in rapporto con lui, in un modo che non è essenzialmente diverso da quello in cui agiscono altre grandi individualità storiche de-

terminanti per intere epoche e civiltà. L'attenzione alla singolarità e storicità dell'esperienza ispira anche la dottrina etica di Schleiermacher, che non è anzitutto dottrina degli imperativi o delle virtù, ma dottrina dei *beni*, cioè delle concrete realizzazioni in cui l'uomo è riuscito a unificare ragione e natura dal punto di vista della ragione; concepita così, l'etica si configura come una sorta di teoria della cultura; non a caso W. Dilthey, che è considerato il massimo teorico delle moderne «scienze dello spirito», fu un attento studioso di Schleiermacher. Un prolungamento dell'interesse etico si può considerare anche l'ermeneutica di Schleiermacher, cioè la sua teoria dell'interpretazione: al centro di essa sta il problema di comprendere i testi come espressioni di individualità singolari, costituite come tali, però, proprio dal loro rapporto immediato all'infinito. Benché costituisca l'aspetto meno sistematico del suo pensiero, l'ermeneutica rappresenta la prima formulazione di un insieme di tematiche che hanno acquisito progressivo rilievo nella filosofia contemporanea, da Dilthey a Heidegger e alle più recenti teorie dell'→ interpretazione.

Schlick, Moritz (Berlino 1882 - Vienna 1936), filosofo tedesco. Laureatosi con M. Planck, insegnò fisica all'università di Kiel e, dal 1922, filosofia delle scienze induttive a Vienna, succedendo alla cattedra di E. Mach e L. Boltzmann. I primi saggi di Schlick affrontano il tema della gnoseologia filosofica nel suo rapporto con la scienza (in particolare con la relatività einsteiniana) al fine di chiarire la connessione tra proposizioni simbolico-deduttive o «conoscitive» ed «esperienze immediate» (*L'essenza della verità nella logica moderna*, 1910; *Il significato filosofico del principio di relatività*, 1915; *Spazio e tempo nella fisica presente*, 1917; *Teoria generale della conoscenza*, 1918; *Il significato della fisica moderna è criticistico o empiristico?*, 1924).

La conoscenza del *Tractatus* (1922) di L. Wittgenstein orientò poi Schlick verso l'analisi del linguaggio e due fondamentali problemi: quello del criterio di significanza degli enunciati e quello della conoscibilità della natura. Quanto al primo, Schlick enuncia il celebre principio di → verificazione: «Il significato di una proposizione è il metodo della sua verifica» (*Saggi raccolti 1926-36*, postumo, 1938). Ne deriva che le proposizioni della metafisica, in quanto inverificabili, sono insignificanti. Il compito della filosofia deve essere quello di chiarire gli enunciati, in particolare scientifici, per es. ridefinendo nozioni essenziali come quella di causalità, posta in crisi dalla fisica quantistica (*La causalità nella fisica contemporanea*, 1931; *Sono convenzioni le leggi di natura?*, 1935; *Legge e probabilità*, 1935; *Teoria dei quanti e conoscibilità della natura*, postumo, 1937).

Queste idee costituiscono il primo nucleo del neopositivismo (→ empirismo logico) che ebbe infatti origine dal seminario diretto da Schlick e poi denominato circolo di → Vienna. Alcuni esponenti di esso (O. Neurath, R. Carnap) posero in discussione il «criterio empirico di verificabilità» enunciato da Schlick, opponendogli il carattere convenzionale degli enunciati osservativi (i cosiddetti «protocolli»). Questo dibattito caratterizzò la prima fase del neopositivismo, conclusasi con la morte di Schlick (*Sul fondamento della conoscenza*, 1934; *Significato e verificazione*, 1936). Vanno infine ricordati gli scritti dedicati da Schlick all'etica, volti a sostenere una morale del rinnovamento e del libero gioco degli interessi creativi contro la morale del dovere: *La saggezza. Saggio di una teoria della felicità*, 1908; *Questioni di etica*, 1930; nonché gli scritti postumi *Filosofia della natura* (1948) e *Natura e cultura* (1952).

Schmidt, Wilhelm (Hörde, Westfalia, 1868 - Friburgo, Svizzera, 1954), etnologo tedesco. Missionario cattolico, fondò nel 1906 la rivista internazionale «Anthropos», che divenne il centro di un nuovo indirizzo nelle ricerche etnografiche e storico-religiose. Insegnò all'università di Vienna e Friburgo e diresse il Museo etnografico lateranense di Roma. Schmidt fu con F. Graebner (*Il metodo dell'etnologia*, 1911) il fondatore della scuola storico-culturale (detta anche scuola di → Vienna). Suo principale tema di ricerca fu l'origine dell'idea di Dio e la nascita delle rappresentazioni religiose nelle società primitive, spiegate nel quadro dei → cicli culturali, in base al presupposto che tutti i cicli culturali posteriori ai «primitivi», e cioè le culture primarie, secondarie e terziarie, non presentano mai una nozione dell'Essere Supremo così chiara e determinata come le culture «primitive». La credenza in un Essere Supremo rientra perciò in un'antichissima cultura umana, appartenente ai gruppi oggi indicati come primitivi, e costituirebbe, quindi, un vero «monoteismo primordiale», poi offuscatosi e decaduto, ma di cui si ritrovano residui presso i popoli etnologici attuali. Schmidt teorizza l'esistenza di un periodo «matriarcale», che corrisponderebbe allo sviluppo dell'agricoltura e al sorgere della religione della Madre Terra e di una mitologia lunare (quindi femminile per l'analogia Luna-donna). Le tesi di Schimdt, che hanno dominato per un lungo periodo la ricerca etnologica, sono state criticate soprattutto per la loro indimostrabilità. Opere principali: *L'origine dell'idea di Dio* (12 voll., 1912-55); *Manuale di storia comparata delle religioni* (1930); *Manuale di metodologia storico-culturale dell'etnologia* (1937).

Schmitt, Carl (Plettenberg, Westfalia, 1888 - 1985), filosofo tedesco del diritto e dello stato. Fu allievo a Monaco di M. Weber. Laureatosi

in giurisprudenza nel 1910, dal 1921 fu professore a Greifswald, Bonn, Colonia e Berlino, sino al 1945, anno in cui, con la caduta del nazismo, fu privato della cattedra e arrestato. Successivamente assolto, si ritirò a vita privata. Durante il regime hitleriano Schmitt era stato membro del Consiglio di stato prussiano e presidente dell'associazione dei giuristi nazionalsocialisti. Tra le sue opere: *Romanticismo politico* (1919); *La dittatura* (1921); *Teologia politica* (1922); *Dottrina della costituzione* (1928); *Legalità e legittimità* (1932); *Il «nomos» della terra nel diritto internazionale del Jus Publicum Europaeum* (1950).
In *Teologia politica*, Schmitt parte dalla constatazione che, nello stato moderno, non esiste più una legittimità tradizionale (quella, per es., delle monarchie ereditarie). In questa situazione diventa decisiva la questione di *chi* decide, di quale è il luogo e il soggetto della sovranità. La dottrina dello stato di diritto identifica lo stato con l'ordinamento giuridico, con l'oggettività impersonale della norma, che dice solo *come* si deve decidere, ma non *chi* deve decidere. Per avere significato ed efficacia, la norma deve operare all'interno di un ordine stabilito, di una «normalità». Bisogna *creare* la normalità perché la norma possa valere; per questo l'eccezione è logicamente anteriore alla normalità, in quanto lo stato di eccezione si verifica allorché si deve produrre la situazione nella quale possano avere efficacia norme giuridiche. È qui che si impone il problema della sovranità: sovrano è chi decide sullo stato di eccezione. Ogni ordine — e quindi ogni possibilità concreta di validità di un ordinamento giuridico — riposa su una decisione, non su una norma. Per chiarire come si configuri il problema della sovranità nello stato del sec. XX, Schmitt elabora una teoria delle trasformazioni dello stato in rapporto al mutare del centro di riferimento spirituale delle diverse epoche. La successione dei centri di riferimento va dal teologico del sec. XVI, attraverso il metafisico, proprio del razionalismo seicentesco, il morale del sec. XVIII, l'economico del sec. XIX, fino al Novecento, che si caratterizza come l'epoca della tecnica. Questi passaggi costituiscono un processo di successiva neutralizzazione: lo spostamento del centro di riferimento avviene quando questo diventa un campo di lotta e il nuovo centro di riferimento si pone come terreno di neutralizzazione di questo conflitto. Ma l'epoca della tecnica conclude il processo di neutralizzazione, in quanto la tecnica non può essere un terreno neutrale come i precedenti centri di riferimento. Proprio perché essa serve a tutti, a ogni forma di vita organizzata, non può valere come centro di riferimento e dirigere come settore centrale gli altri settori della vita sociale, essendo piuttosto la forma comune a tutti i settori. Di qui si può dedurre una trasformazione sostanziale del concetto di «politico»: se non esiste più, nell'epoca della tecnica, un centro di riferimento in base al quale lo stato si definisce come un'entità univoca e determinata, che si distingue e si contrappone ai gruppi e agli affari non statali e non politici, tutti i settori prima soltanto «sociali» cessano di essere non statali e non politici. Compare allora lo stato *totale*, in cui diventa insufficiente ed errata la equiparazione di «politico» e «statuale» propria dello stato classico. Schmitt propone quindi, come criterio che fissi la specificità e l'autonomia del «politico», la distinzione di *amico* e *nemico*. Il nemico non è il concorrente o l'avversario in una discussione, come nel liberalismo economico e politico, ma è l'*altro* in senso esistenziale, con il quale è possibile il caso estremo di un conflitto che non può essere risolto da un sistema di norme prestabilite. Nel concetto di «politico», costruito sulla irriducibile alterità esistenziale del nemico, si precisa quindi il fondamento decisionistico (→ decisionismo) che assicura coerenza a tutto il pensiero di Schmitt. Il concetto di stato presuppone quello di «politico»: l'unità politica dello stato che fa valere la normalità legale presuppone la possibilità reale del nemico, presuppone la decisione sul caso critico, sull'eccezione non riconducibile alla norma. *F. Fu.*

Scholem, Gershom Gerhard (Berlino 1897 - Gerusalemme 1982), filosofo e storico ebreo tedesco. Svolse i suoi studi a Berlino (dove strinse amicizia con W. Benjamin, in un clima fortemente influenzato dagli insegnamenti di W. Dilthey e soprattutto di E. Troeltsch), Jena, Berna e Monaco, passando dalla matematica alla filosofia alle lingue orientali. Aderì fin da studente al movimento sionista, e su quella base mirò a impadronirsi della tradizione culturale e religiosa dell'ebraismo. Nel 1922 presentò la tesi di dottorato, una traduzione e commento del *Sefer Bahir* (*Libro del fulgore*, primo testo cabalistico tramandato), pubblicata nel 1923. Iniziavano così i suoi studi della → qabbalah, basati sulla conoscenza diretta dei testi, e rivolti contro ignoranze e pregiudizi di vario genere (sia quelli razionalistici, radicati anche nell'intellettualità ebraica, sia gli entusiasmi di tipo romantico). La sua opera, che culmina in scritti come *Le grandi correnti della mistica ebraica* (1941) e *La qabbalah e il suo simbolismo* (1960), non è riducibile semplicemente a un lavoro filologico, nonostante la ricchezza dei richiami bibliografici e la riscoperta di numerosi testi classici dell'ebraismo. Neppure basta dire che si tratta di una ricerca influenzata da uno storicismo che già trascende la propria impostazione metodologica: Scholem fu sempre attento a fornire una sintesi interpretativa, una valutazione della mistica ebraica che attui un recupero delle peculiarità dell'ebraismo e insieme inserisca tali elementi in una riflessione filosofica più generale, fino a toccare l'impianto problematico dei rapporti fra pensiero mitico, religione e definizione della filosofia.

Scholz, Heinrich (Berlino 1884 - Monaco 1956), teologo, filosofo e logico tedesco. Studiò a Berlino e a Erlangen. Insegnò teologia e filosofia della religione a Berlino, e successivamente filosofia a Kiel. Proprio a Kiel venne a conoscenza dei *Principia mathematica* di A.N. Whitehead e B. Russell, che orientarono decisamente i suoi interessi in direzione della logica, della matematica, della fisica e della storia di tali discipline. Nel 1929 Scholz ebbe una cattedra di filosofia a Münster, dove, nel 1943, fondò l'Istituto per la logica matematica e la ricerca sui fondamenti. Egli tuttavia legò costantemente interessi logici e teologici, sia motivando i primi con argomenti metafisico-teologici, sia sottoponendo ad analisi logica argomentazioni metafisiche o teologiche del passato, come per es. il celebre argomento ontologico di sant'Anselmo. Dal punto di vista filosofico, egli affermò una concezione platonizzante sorretta da un'approfondita conoscenza delle posizioni filosofiche e logiche di Leibniz, B. Bolzano e G. Frege. In logica osteggiò tanto il formalismo, per la sua incapacità di dar conto della semantica dei linguaggi formalizzati, quanto il costruttivismo, per le arbitrarie limitazioni antropocentriche che esso poneva alla logica. Tra le sue numerose opere: *Filosofia della religione* (1921); *Logica matematica* (1952, in collaborazione con H. Hermes); *Schizzo di storia della logica* (1921); *Lineamenti di logica matematica* (postumi, 1961, terminati da G. Hasenjaeger) e gli importanti saggi raccolti in *Mathesis Universalis* (postumi, 1961).

Schopenhauer, Arthur (Danzica 1788 - Francoforte sul Meno 1860), filosofo tedesco.

• *Vita e opere.* Nato da una facoltosa famiglia di commercianti, fu educato a Danzica e ad Amburgo. Dal 1797 al 1799 soggiornò in Francia, a Le Havre; e dal 1803 al 1804 viaggiò in Olanda, Svizzera, Austria, con due permanenze prolungate in Francia e in Inghilterra. Dopo la morte del padre, avvenuta (forse per suicidio) nel 1805, si trasferì a Weimar con la madre, scrittrice, che lo introdusse nei circoli letterari di C.M. Wieland e di Goethe. Egli però non approvava né la vita mondana, né la condotta della madre, che riteneva immorale; nel periodo di Weimar condusse quindi vita solitaria, completando le proprie conoscenze dei classici latini e greci, e iniziando lo studio delle filosofie orientali. Iscrittosi nel 1809 alla facoltà di medicina dell'università di Göttingen, dove ascoltò le lezioni dello scettico G.E. Schulze, si trasferì nel 1811 alla facoltà di filosofia dell'università di Berlino, dove seguì i corsi di F. Schleiermacher e di Fichte. Nel 1813 conseguì la laurea in filosofia, a Jena, con una tesi *Sulla quadruplice radice del principio di ragion sufficiente*, pubblicata in quello stesso anno a Weimar; e nel 1816 veniva stampato, a Lipsia, il suo trattato *Sulla vista e i colori*, in difesa delle teorie scientifiche di Goethe. I temi di queste due dissertazioni giovanili confluiranno nell'opera maggiore di Schopenhauer, *Il mondo come volontà e rappresentazione*, composta a Dresda tra il 1814 e il 1818, ivi pubblicata nel 1819, e accolta, inizialmente, con grande freddezza. Dopo un soggiorno in Italia (1818-19), Schopenhauer conseguì la libera docenza a Berlino nel 1820, nonostante un contrasto con Hegel; ma i suoi corsi (tenuti nello stesso orario di quelli di Hegel) ebbero scarso successo, tanto da fargli abbandonare l'insegnamento dopo un semestre. Lasciata Berlino, viaggiò ancora, in Svizzera, Italia e Germania; tornò a Berlino nel 1825, con l'intenzione di riprendere i corsi: ma lo scarso seguito e l'epidemia di colera del 1831 lo indussero a rinunciare definitivamente alla carriera accademica. Nel 1833 si stabilì a Francoforte, dove trascorse il resto della sua vita. Solo nel 1836 riprese le pubblicazioni, dando alle stampe il saggio *Sulla volontà nella natura*. A esso seguirono due dissertazioni di etica, *Sulla libertà del volere* (1839) e *Sul fondamento della morale* (1840), pubblicate in un volume nel 1841 con il titolo *I due problemi fondamentali dell'etica*. Scarso interesse destarono le riedizioni del *Mondo* (1844, con un volume di supplementi) e della *Quadruplice radice* (1847). Ma con la pubblicazione dei *Parerga e paralipomena* (1851), scritti diversi di filosofia, letteratura, diritto, composti con uno stile brillante e accessibile, la fortuna letteraria di Schopenhauer crebbe notevolmente, in Germania e fuori (specialmente in Francia e in Inghilterra). Andò esaurita la seconda edizione del *Mondo*, e nel 1859 ne fu stampata una terza.

• *La trasformazione del kantismo. Il mondo come rappresentazione.* La filosofia di Schopenhauer si pone all'intersezione di apporti culturali eterogenei: il razionalismo illuministico, di cui però rifiuta l'istanza ottimistica; il romanticismo, anche se Schopenhauer avverserà costantemente l'idealismo; e la tradizione religiosa della mistica, cristiana ma specialmente orientale (Schopenhauer scrive che la comprensione del suo pensiero è facilitata dalla conoscenza delle *Upaniṣad* indiane). L'apporto filosofico più rilevante è però costituito dalla filosofia kantiana, da cui Schopenhauer deriva la distinzione fondamentale tra fenomeno e noumeno, anche se poi si discosta radicalmente dagli intenti di Kant per il significato che attribuisce ai due concetti. Per Kant il fenomeno è l'unico dato conoscibile all'intelletto umano, e il noumeno assume la funzione di un concetto limite. Per Schopenhauer, invece, il fenomeno, inteso come rappresentazione, è pura apparenza; e il noumeno, inteso come volontà, è in qualche modo esperibile. All'analisi del fenomeno come rappresentazione è dedicato il primo libro del *Mondo*, in cui Schopenhauer espone la propria gnoseologia, che estremizza i risultati dell'estetica trascendentale kantiana. In Kant gli *a priori* dell'esperienza sono lo spazio e il tempo; Schopenhauer, per contro, concepisce la rappresentazione come rapporto tra soggetto e oggetto nell'atto conoscitivo, anteriore anche allo spazio e al tempo, i quali si danno entro la rappresentazione stessa: «Il mondo è una mia rappresentazione (...) Se c'è una verità che si può affermare *a priori*, è proprio questa: essa infatti esprime la forma di ogni esperienza possibile e immaginabile: la quale forma è più universale di tutte le altre, e cioè del tempo, dello spazio e della causalità, perché tutte queste implicano già la prima» (*Mondo*, I, 1). È dunque solo all'interno della rappresentazione che si danno spazio, tempo e causalità; e nella rappresentazione (che è il rapporto tra soggetto e oggetto) l'oggetto esiste per il soggetto solo in base all'*azione* che esso esercita nello spazio e nel tempo. Questa azione si verifica secondo nessi di causa ed effetto: la conoscenza della causalità viene quindi a coincidere con la conoscenza della razionalità che governa il mondo della rappresentazione; la causalità (l'unica categoria kantiana conservata da Schopenhauer, che si fregia di aver «buttato dalla finestra» le altre undici), che è ciò da cui procede tutto e che non procede da nulla, costituisce il *principio di ragion sufficiente* per la comprensione del mondo dei fenomeni. I modi in cui il soggetto comprende i rapporti causali tra gli oggetti iscritti nel mondo della rappresentazione sono quattro; in essi consiste la quadruplice radice del principio di ragion sufficiente. Esposte in dettaglio nella dissertazione del 1813, le quattro modalità del principio di ragion sufficiente vengono solo accennate nel *Mondo*, e sono: *a*) il *principium rationis sufficientis fiendi*, cioè del divenire, che manifesta la causalità fisica nelle *cose naturali*; *b*) il *principium rationis sufficientis cognoscendi*, cioè del conoscere, che regola la relazione logica tra le conclusioni e le premesse nelle *conoscenze razionali*; *c*) il *principium rationis sufficientis essendi*, cioè dell'essere, che, presiedendo ai rapporti tra le parti dello spazio e del tempo, regola la concatenazione degli enti aritmetici e geometrici, fondando la necessità delle *conoscenze matematiche*; *d*) il *principium rationis sufficientis agendi*, cioè dell'azione, che è la causalità naturale vista non dalla parte dell'oggetto — come nel caso *a*) — ma in quella del soggetto, e che regola i rapporti tra le azioni facendole dipendere da motivi, stimoli, eccitazioni, presiedendo così alla necessità *morale*. Schopenhauer insiste sul fatto che questi modi non appartengono né solo al soggetto conoscente, né soltanto all'oggetto conosciuto, ma alla rappresentazione come relazione tra soggetto e oggetto. E sostiene che le filosofie precedenti hanno frainteso il principio di ragione, riponendolo o esclusivamente nell'oggetto (il materialismo) o semplicemente nel soggetto (l'idealismo); e che si sono avvalse di una sola delle quattro modalità del principio di ragione.

• *La volontà.* In base al quadruplice principio di ragion sufficiente, il mondo della rappresentazione risulta completamente determinato. Ma in esso non si esaurisce la totalità del mondo: perché, al di sotto della rappresentazione (che è fenomeno, pura apparenza, come un velo sugli occhi dell'uomo) sta la volontà, che è il fondamento della rappresentazione. All'esposizione dei caratteri della volontà è dedicato il secondo libro del *Mondo*, che costituisce la metafisica del pensiero di Schopenhauer. La via d'accesso al mondo come volontà è, per il soggetto, il corpo. Per il soggetto conoscente, infatti, il corpo non è soltanto un oggetto tra gli altri (e come tale semplicemente iscritto nella rappresentazione); esso è dato anche «come qualcosa di immediatamente conosciuto da ciascuno, e che viene designato con il nome di volontà» (*Mondo*, II 18). Il volere, e l'azione del corpo che ne consegue, non si rapportano secondo una relazione causale, ma sono un'unica cosa: il volere coincide con l'azione. Il corpo dunque risulta essere la conoscenza *a posteriori* della volontà, e ne dimostra l'esistenza al di sotto della rappresentazione. Il mondo della volontà, che fonda quello della rappresentazione, è svincolato dai caratteri di quest'ultimo: mentre la rappresentazione era determinata da spazio, tempo e causalità (costituenti il *principium individuationis*, il quale isolava i fenomeni), la volontà sarà invece *unica*; e se la rappresentazione era regolata dal principio di ragione, la volontà sarà *irrazionale*. (Su ciò si fonda quello che, nel Novecento, sarà definito come l'irrazionalismo di Schopenhauer, in quanto la ragione agisce solo nel mondo della rappresentazione, che è fondato dalla volontà, la quale, dunque, non è sottoposta alla ragione.) La volontà è quindi un principio unitario e irrazionale; e si oggettiva nella rappresentazione secondo gradi diversi, ognuno dei quali costituisce un'*idea* nel senso platonico, cioè un modello eterno o una specie che si moltiplica nella rappresentazione per opera di spazio, tempo e causalità. Al grado più basso di oggettivazione della volontà si trovano le forze generali della natura (come la forza di gravità o il magnetismo); seguono quindi, in un processo ascendente, le forze che governano la vita delle piante e degli animali; infine, nell'uomo, la volontà diviene ragione, agisce secondo motivi determinati.

• *La liberazione dalla volontà: l'estetica.* Ma la volontà unica, oggettivatasi e individuatasi nei singoli esseri, si trasforma nel principio di una lotta perenne, che contrappone gli egoismi individuali; di qui, l'unitarietà della natura (dovuta al fatto che essa è rappresentazione di un'unica volontà), ma anche la lotta incessante che contrappone gli esseri naturali. Si tratta allora di sottrarsi alla volontà di vivere che lacera il mondo della rappresentazione: le vie di questa liberazione sono indicate nel terzo e nel quarto libro del *Mondo*, che costituiscono rispettivamente l'estetica e l'etica del pensiero di Schopenhauer. Una prima via di liberazione dalla volontà di vivere è l'arte. In essa, scrive Schopenhauer, l'uomo non si contrappone ad altri esseri individuati, ma contempla le idee in quanto essenze universali e generiche, sottratte al *principium individuationis* che domina il mondo della rappresentazione. L'arte costituisce dunque una rappresentazione indipendente dal principio di ragione, cioè dai nessi causali e necessitanti che regolano la conoscenza e producono l'antagonismo; e alla contemplazione dell'idea, in quanto è sottratta al principio di ragione, non perviene la conoscenza pratica, ma il genio, che «consiste nell'attitudine (...) a fare astrazione dalle cose particolari, la cui essenza si riconosce nelle relazioni, e a riconoscere le idee: infine, a porre se stesso quale correlato delle idee: in altre parole, ad abbandonare la natura d'individuo, per sollevarsi a soggetto puro della conoscenza» (*Mondo*, III, 37). E, come le idee sono gradi diversi dell'oggettivazione della volontà (dalle forze naturali al volere umano), così esiste una gerarchia delle arti, che corrisponde a questa gradualità. In essa, si procede dall'architettura, che è oggettivazione del grado più basso e materiale della volontà, e si risale, attraverso la scultura, la pittura, la poesia, sino alla tragedia, dove si manifesta il grado più elevato della volontà, quella umana: per giungere alla musica, che non è più oggettivazione della volontà — in quanto non è rappresentazione — ma è volontà pura.

• *L'etica e l'ascesi.* La contemplazione estetica costituisce dunque una liberazione dalla volontà; ma è parziale, perché transitoria. La liberazione definitiva avviene nel territorio dell'etica; a esso è dedicato il quarto libro del *Mondo*. Il problema che si pone Schopenhauer è come possa l'uomo, che è schiavo della volontà, liberarsi da essa. Per un verso l'uomo è fenomeno, dunque è sottoposto alla legge di causalità, e non è libero; per un altro, è noumeno, ed è nuovamente asservito, non alla rappresentazione, ma alla volontà. Liberare la volontà significherebbe sancire un antagonismo, che già di fatto esiste, e che oppone il soggetto agli altri esseri. Si tratta quindi di affrancarsi dalla volontà di vivere, il che può avvenire solo attraverso la comprensione della natura intrinsecamente negativa della volontà: la quale non è che un susseguirsi interminabile di bisogni e desideri, al cui appagamento segue la noia. Di questa negatività — nella cui analisi il pessimismo (→ ottimismo-pessimismo) di Schopenhauer si esplicita pienamente — sono testimonianza il mondo, la natura e la storia. Diversamente che nella *Teodicea* di Leibniz, il nostro non è il migliore dei mondi possibili, ma il peggiore: tanto che se fosse solo lievemente peggiore, non potrebbe esistere. E la natura, che è mossa da un finalismo che potrebbe indurre a considerarla ottimisticamente, si cura solo della sopravvivenza della specie, trascurando l'individuo. Infine, la storia non è progresso e perfezionamento, ma incessante ripetizione di un unico destino, quello del bisogno e della mancanza che governano la volontà. Fattosi consapevole di questa negatività, l'uomo è indotto ad abbandonare la volontà di vivere, che ora gli appare come un male (anzi, come l'origine stessa del male), per accedere alla *noluntas*, alla «nolontà», in cui consiste la liberazione. Questa ha tre gradi. Il primo è quello della *giustizia*, per cui l'uomo riconosce se stesso e i propri simili come rappresentazione di una volontà unica; e pone freno alla lotta tra gli individui. Il secondo è quello della *bontà*, intesa come amore e compassione per gli altri, che sono pari a noi e al nostro destino («Ogni amore puro e sincero è pietà», *Mondo*, IV, 67). Il terzo livello è l'*ascesi*, che si distingue radicalmente dalla giustizia e dalla bontà. Nell'ascesi, infatti, l'uomo non si sforza di mitigare la propria volontà nutrendo sentimenti di compassione per i propri simili, ma prova ripugnanza per la volontà stessa di vivere. L'ascesi è l'«orrore dell'uomo per l'essere di cui è espressione il suo proprio fenomeno, per la volontà di vivere, per il nocciolo e l'essenza di un mondo riconosciuto pieno di dolore» (*Mondo*, IV, 68). Caratteri dell'ascesi sono la castità (in quanto ogni amore implica un'affermazione della volontà di vivere), e poi la rassegnazione, la povertà e il sacrificio. Con la negazione della volontà di vivere si conclude *Il mondo come volontà e rappresentazione*, un testo in cui si condensa l'intero pensiero di Schopenhauer. I tratti distintivi di una simile riflessione, la sfiducia nella ragione e il pessimismo, eserciteranno una potente suggestione sulla cultura dell'Ottocento e del Novecento, in campo letterario (Tolstoj, Maupassant, Kafka, Th. Mann) oltre che in quello filosofico. Il giovane Nietzsche si dichiarerà discepolo di Schopenhauer; alla concezione schopenhaueriana della volontà si richiameranno Bergson e Freud; e ancora in filosofi che si muovono in aree di riflessione variamente lontane da quella di Schopenhauer, come per es. M. Horkheimer e Wittgenstein, si trovano tracce del suo pessimismo. *M. Fe.*

Schröder, Ernst (Mannheim 1841 - Karlsruhe 1902), logico e matematico tedesco. Insegnò al Politecnico di Zurigo e a quello di Karlsruhe. In ambito più propriamente matematico le sue ricerche si orientarono verso la teoria delle equazioni a variabili reali, ma i suoi interessi e contributi preminenti si collocano nel campo dei fondamenti della matematica — ove fu tra i primi a riconoscere il valore dell'opera di G. Cantor — e della logica, di cui pose in secondo piano le motivazioni filosofiche rispetto agli strumenti tecnici. Schröder appartenne a quel filone di pensiero che mirava a ricondurre le leggi della logica all'algebra, in una prospettiva diametralmente opposta a quella, per es., di G. Frege. La sua posizione è ampiamente svolta nelle *Lezioni di algebra della logica* (1890-1905) in cui, apportando modifiche al sistema di G. → Boole, in modo da rispettare opportune leggi di dualità, riuscì a dargli la struttura di un'algebra a due valori. Di particolare interesse è lo sviluppo dato da Schröder all'algebra delle classi e a quella delle relazioni, in sintonia con quanto fatto contemporaneamente da Ch.S. Peirce.

Schrödinger, Erwin (Vienna 1887-1961), fisico austriaco. Professore dal 1921 al Politecnico di Zurigo e successore, nel 1927, di M. Planck sulla cattedra di fisica teorica dell'università di Berlino, diede un fondamentale contributo alla nascita della moderna teoria quantistica. Nel 1933 fu insignito del premio Nobel per la fisica. All'avvento del regime nazista si trasferì in Irlanda. In quegli anni si dedicò anche agli studi epistemologici, volti in particolare ad approfondire i rapporti tra fisica e biologia: giunse così a prospettare l'introduzione dei metodi della fisica quantistica nella ricerca biologica. Queste riflessioni, pubblicate col titolo *Che cos'è la vita?* (1944), influenzarono, sia pure in modo indiretto, lo sviluppo della biologia molecolare. Le riflessioni epistemologiche di Schrödinger concernono il rapporto tra l'uomo come oggetto della conoscenza e la visione scientifica della realtà. Quest'ultima tende a considerare la soggettività umana come un oggetto materiale, scontrandosi con paradossi e antinomie, e con l'assurda riduzione dei valori umanistici e religiosi a pura irrealtà e insensatezza (*Scienza e umanismo*, 1956). La soluzione di questa difficoltà è indicata da Schrödinger in un ritorno al concetto greco di saggezza, che deve completare e accompagnare la ricerca scientifica correggendone l'unilaterale soppressione della soggettività e della complessiva personalità dell'uomo (*La natura e i greci*, 1954).

Schuchardt, Hugo (Gotha 1842 - Graz 1927), linguista tedesco. Allievo di A. Schleicher a Jena e di F. Diez a Bonn, insegnò filologia romanza dapprima a Halle, poi, dal 1876 al 1900, a Graz. Grande studioso di lingue romanze, esaminate anche nei loro aspetti più marginali (come le lingue creole a base romanza), Schuchardt affermò, in anni in cui la dottrina neogrammatica predominava, il valore creativo dell'attività linguistica del parlante, e sostenne l'intervento delle imprevedibili forze della cultura (anche antropologicamente intesa) sui mutamenti linguistici. Opere principali: *Il vocalismo del latino volgare* (3 voll., 1866-68); *Studi creoli* (in 8 parti, 1882-90); *Studi baschi* (1893); *Etimologie romanze* (1897 e 1899); *Sulle leggi fonetiche. Contro i neogrammatici* (1885), dove il concetto di uniformità e di ineccepibilità dei mutamenti linguistici viene sottoposto a dura critica sulla base di fattori sociali e culturali. Schuchardt fu attento anche agli aspetti della letteratura e del folclore connessi con la lingua (*Ritornello e terzina*, 1874). Una cospicua raccolta dei suoi scritti fu allestita da L. Spitzer nel 1922 (*Breviario di H. Schuchardt*).

Schulze, Gottlob Ernst (Heldrungen, Turingia, 1761 - Göttingen 1833), filosofo tedesco. Fu professore a Helmstädt dal 1788 al 1810 e, in seguito, a Göttingen dove ebbe come discepolo Schopenhauer. È noto anche con il nome di Enesidemo dal titolo di una sua opera che ebbe un certo peso nello sviluppo dell'idealismo tedesco (*Enesidemo*, 1792). Schulze vi riafferma la validità dello scetticismo di Hume anche contro la filosofia critica di Kant e la filosofia elementare di K.L. Reinhold, perché né l'una né l'altra sarebbero riuscite a fondare in modo veramente scientifico e dimostrativo la filosofia come conoscenza dell'*a priori*. Ma questa, sottolinea Schulze, è una semplice constatazione «di fatto», non un'affermazione «di principio»; che Kant e Reinhold siano rimasti sospesi tra empirismo e dogmatismo, e dunque in una posizione sostanzialmente contraddittoria, non significa che tale contraddizione non possa in futuro essere superata e la filosofia trascendentale fondata adeguatamente: indicazione, questa, raccolta e sviluppata poi da Fichte. Nell'altra sua opera che ebbe una certa risonanza, la *Critica della filosofia teoretica* (2 voll., 1801), Schulze manifesta invece una sfiducia più radicale circa le possibilità dell'uomo di giungere a una conoscenza veramente certa; per questa sua posizione egli venne attaccato aspramente da Hegel in una recensione del 1802, nella quale lo scetticismo moderno, impersonato appunto da Schulze, viene accusato di fondarsi in modo dogmatico e superficiale sulla coscienza e sulle sue rappresentazioni, invece di metterle in questione come aveva fatto lo scetticismo antico.

Schuppe, Wilhelm (Brieg, Slesia, 1836 - Breslavia 1913), filosofo tedesco. Fu professore a Greifswald dal 1873 al 1910, e dal 1897 diresse la «Zeitschrift für immanente Philosophie», organo della «filosofia dell'immanenza» di cui Schuppe era l'esponente di maggior rilievo. Cultore di filosofia del diritto, dedicò a questi studi numerose pubblicazioni, oggi rivalutate in quanto anticipatrici della scienza del diritto inteso come «pura legalità», secondo criteri metodologici che rivelano in lui un pioniere della concezione neopositivistica dell'unità della scienza. Tra i suoi scritti filosofici, oltre all'opera principale *Abbozzo di gnoseologia e logica* (1894), si ricordano: *Logica gnoseologica* (1878); *Fondamenti dell'etica e filosofia del diritto* (1881); *La filosofia dell'immanenza* (1897); *Il problema della responsabilità* (1913). Tesi di fondo della «filosofia dell'immanenza» è che l'oggetto, in quanto contenuto di coscienza, è immanente alla coscienza stessa. Questa posizione intende rifiutare sia il «realismo trascendente» sia l'idealismo, che misconoscono l'essenziale coappartenenza di mondo e pensiero, soggetto e oggetto, sulla quale da sempre si fonda giustamente il senso comune. Nella coscienza vanno poi distinti gli aspetti individuali da quelle caratteristiche comuni che costituiscono la coscienza propria della specie umana o «coscienza generale» (*Abbozzo*, par. 45); su di esse si fondano le verità della logica e della scienza. Il realismo di Schuppe, affine per vari aspetti all'empiriocriticismo, venne ulteriormente radicalizzato da O. → Külpe.

Schutz, Alfred (Vienna 1899 - New York 1959), filosofo e sociologo austriaco. Studiò diritto ed economia a Vienna. Prima dell'invasione nazista dell'Austria emigrò a Parigi e, nel 1939, negli Stati Uniti, dove insegnò nella New School for Social Research e partecipò con M. Farber alla fondazione della International Phenomenological Society. Nel 1932 aveva pubblicato *La struttura significante del mondo sociale*; postumi apparvero i saggi del periodo americano (*Raccolta di scritti*, 3 voll., 1962-66). Allievo di Husserl, Schutz intende avviare una fondazione fenomenologica delle scienze sociali. Egli si distacca tuttavia da Husserl nel considerare l'intersoggettività «non un problema di costituzione che può essere risolto nella sfera trascendentale, ma una datità del mondo della vita». Il problema generale delle scienze sociali è quello di non ridurre gli uomini, in quanto oggetti del loro studio, a mera «cosalità», confondendo il procedere metodico e le sue formalizzazioni e astrazioni con l'essere stesso della realtà sociale. L'uomo studiato dalla sociologia non è un oggetto del campo dell'osservatore, ma è un «pre-interprete» del proprio campo d'azione. Il compito del fenomenologo è pertanto quello di descrivere le strutture in cui il mondo dell'intersoggettività o mondo sociale si costituisce nell'esperienza quotidiana. L'accento posto sulle strutture della quotidianità è sicuramente il principale apporto di Schutz alla sociologia, e il suo contributo più innovativo alla fenomenologia. Egli ha analizzato il *common sense*, il «mondo a portata di mano», la «praticità»; in *Il problema della rilevanza* (postumo, 1970) ha analizzato in particolare i sistemi di rilevanza, cioè quegli insiemi di concetti pratici e non discussi sulla cui base si attribuisce importanza ai vari aspetti del mondo. Schutz tentò di allargare questi temi a un'antropologia filosofica, che rimase però solo abbozzata; egli ispirò tuttavia un metodo che ha trovato applicazione nei lavori di numerosi sociologi contemporanei (P. Berger, Th. Luckmann, H. Garfinkel).

Schweitzer, Albert (Kaysersberg, Alsazia, 1875 - Lambaréné, Gabon, 1965), teologo, musicologo e medico missionario tedesco. Pastore protestante a Strasburgo, si dedicò dapprima agli studi teologici; successivamente, maturata la decisione di farsi missionario, approfondì gli studi di medicina. Nel 1913 fondò un ospedale a Lambaréné, allora nell'Africa Equatoriale Francese, dove svolse fino alla morte un'intensa attività filantropica e caritativa. Nel 1953 ricevette il premio Nobel per la pace. Fu inoltre un apprezzato organista, studioso di J.S. Bach, alla cui conoscenza offrì contributi di notevole valore critico, come il libro *J.S. Bach, il musicista poeta* (1905). Nelle sue opere teologiche — fondamentale *Da Reimarus a Wrede* (1906), ristampata nel 1913 con il titolo *Storia della ricerca sulla vita di Gesù* — Schweitzer, prendendo spunto dalle posizioni di J. Weiss, sostiene la teoria della «escatologia conseguente»: Gesù concepì come significato centrale, non solo della sua predicazione, ma della sua vita stessa, la venuta imminente del Regno di Dio. Anche Paolo (*La mistica dell'apostolo Paolo*, 1930) e le prime comunità cristiane condivisero la convinzione di Gesù. Il ritardo della parusia costrinse le comunità cristiane a spostare l'attenzione dal futuro al presente e a trasformare l'escatologia in una storia della salvezza. Il riconoscimento dell'«errore di Gesù» spinse Schweitzer a trascurare l'orizzonte escatologico e a volgere l'attenzione piuttosto all'ideale etico. L'etica dell'amore resta il contenuto durevole e universale del messaggio cristiano. Nelle sue opere di maggior rilievo filosofico, tra cui *Filosofia della civiltà* (1923) e *La mia vita e il mio pensiero* (1931), Schweitzer pone il «rispetto per la vita» come principio etico fondamentale: la vita è il più alto valore; bene è tutto ciò che serve a conservarla e ad aumentarla, male tutto ciò che le porta danno.

sciamanesimo, complesso di elementi magico-religiosi incentrato sulla figura di uno sciamano, e caratteristico soprattutto della vita culturale dei popoli dell'area artica e paleosiberiana. Come ha dimostrato M. Eliade (*Lo sciamanesimo e le tecniche arcaiche dell'estasi*, 1951) lo sciamanesimo non è una religione vera e propria, ma un'esperienza religiosa di carattere mistico le cui componenti — vocazione, ascesi, visioni, estasi — sono presenti in numerose e differenti religioni. Lo sciamano (dal tunguso *šaman*, tradotto di solito «chi è in stato di estasi») è colui al quale il gruppo riconosce la funzione di «mediare» con il mondo trascendente degli spiriti o delle divinità. Nella sua forma più completa, lo sciamanesimo sviluppa spes-

so un «dono» o vocazione, che può anche essere una predisposizione psicopatologica ad «avere rapporto» con il mondo degli spiriti. Questa predisposizione, caratterizzata soprattutto da una labilità neurovegetativa, deve però diventare, attraverso un tirocinio iniziatico, una tecnica atta a provocare l'estasi. La fine del periodo di iniziazione viene sancita da un rito di consacrazione eseguito dal «padre-sciamano», che è generalmente lo sciamano anziano che ha provveduto a istruire il novizio. Lo sciamano si può porre in contatto col mondo divino in due modi: attraverso l'invasamento, la possessione da parte degli spiriti, oppure attraverso il viaggio estatico nel loro mondo (U. Harva, *Le rappresentazioni religiose dei popoli altaici*, 1938). Sia la possessione sia l'estasi si presentano con un'esibizione di «poteri», quali l'insensibilità al dolore e l'iperresistenza alle ferite. Una volta entrato in contatto con il mondo degli spiriti, lo sciamano diventa un mediatore che guida all'aldilà l'anima del defunto, dà inizio alla stagione della caccia in modo che questa riesca fruttuosa, e infine svolge la sua più importante funzione quando qualcuno del suo gruppo è colpito da grave malattia.
Per la fenomenologia di tipo psicopatologico che presenta, lo sciamanesimo è stato oggetto di molti studi. Fra i vari sintomi è stato particolarmente studiato quello che appare come una costante: l'inversione sessuale. Lo sciamano presenta, dall'età puberale in poi, caratteristiche sempre più femminili, fino a giungere a una esplicita omosessualità, che gli permette di prendere in moglie un individuo del suo stesso sesso. L'omosessualità trova la sua spiegazione in chiave mitologica nel fatto che il vero marito dello sciamano non può essere altri che lo spirito che lo possiede. Secondo Eliade, la differenza fondamentale fra uno psicotico e uno sciamano è che lo sciamano è in grado di provocare e di dominare con la sua volontà il *raptus* (*trance*, allucinazione, estasi), per cui questo diventa semplicemente un mezzo tecnico inserito utilmente in una particolare visione religiosa del mondo. G. Devereux, pur riconoscendo il carattere patologico dei sintomi sciamanici, nota tuttavia che lo sciamano partecipa di una struttura psicopatologica che è comune a tutto il gruppo entro il quale opera, per cui la sua psicosi sarebbe soltanto l'epifenomeno dell'inconscio etnico di tutta una cultura malata (*Saggi di etnopsichiatria generale*, 1970).

scienza, filosofia della, branca della ricerca filosofica avente a oggetto i problemi più generali posti dal sapere scientifico, tanto nella forma delle discipline logiche e matematiche, quanto nella forma delle scienze naturali e umane (fisica, chimica, biologia, psicologia, sociologia, storiografia ecc.). Intesa in senso rigoroso, come indagine di natura essa stessa scientifica, la filosofia della scienza è una disciplina relativamente recente (sec. XIX); il che non significa che prima di tale periodo non si possano trovare precise anticipazioni della sua attuale problematica: si pensi, per es., alla discussione platonica circa i caratteri distintivi della *epistêmē* di contro alla *dóxa*; alla dottrina aristotelica della scienza; alla teoria del metodo elaborata tra il Cinquecento e il Seicento da autori quali Bacone, Galileo e Cartesio; a tutto il dibattito metodologico che accompagnò la nascita e lo sviluppo della scienza moderna; e infine al tipo di indagine gnoseologica condotta da Kant tanto nei *Prolegomeni ad ogni futura metafisica* quanto nei *Primi principi di una scienza della natura* e in talune parti del cosiddetto *Opus postumum* nelle quali viene sviluppata una fondamentale concezione dell'esperimento scientifico già anticipata nella *Critica della ragion pura*. Ma, nonostante la presenza di tali aspetti nella tradizione filosofica occidentale, solo nell'Ottocento — in connessione con le profonde trasformazioni sperimentali e concettuali delle scienze fisiche e logico-matematiche che dovevano condurre all'assetto novecentesco di tali discipline — comincia quel processo di crescita e di emancipazione della filosofia della scienza che, in quasi un secolo, avrebbe portato al costituirsi di una disciplina specialistica abbastanza autonoma rispetto, in particolare, alla gnoseologia o teoria della conoscenza.
• *La filosofia della scienza come disciplina autonoma rispetto alla gnoseologia*. Le prime, fondamentali tappe di questo processo di emancipazione possono essere considerate: il conflitto fra l'apriorismo di W. → Whewell e l'induttivismo di J.S. → Mill nella cultura inglese dell'Ottocento; lo sviluppo della cosiddetta «nuova critica della scienza» e del movimento convenzionalistico nella cultura francese tardo-ottocentesca e proto-novecentesca grazie ad autori quali G. Milhaud, H. Poincaré e P. Duhem; l'opera di von Helmholtz e di R. Hertz in Germania e quella di E. Mach e L. Boltzmann in Austria (critica del meccanicismo, significato filosofico delle geometrie non euclidee, ruolo della teoria nella ricerca scientifica ecc.); le ripercussioni filosofiche degli sviluppi delle scienze fisiche e logico-matematiche a cavallo fra i due secoli (crisi dell'euclideismo e del determinismo in connessione con la nascita della teoria della relatività e della meccanica quantistica); definitiva affermazione del metodo assiomatico e ipotetico-deduttivo nel pensiero fisico e matematico; dibattito sui fondamenti della matematica, con il pieno sviluppo della moderna logica simbolica e il contrasto fra il logicismo fregeano-russelliano, l'intuizionismo brouweriano e il formalismo hilbertiano. Infine, l'ultima tappa di questo processo di emancipazione può essere vista, oltre che nel lavoro dei logici polacchi della scuola di Leopoli-Varsavia (K. → Twardowski), nella nascita e nello

sviluppo, nella prima metà del nostro secolo, della filosofia della scienza di impronta più o meno rigorosamente neoempiristica a opera di autori quali M. Schlick, H. Reichenbach, R. Carnap, P. Frank, H. Feigl, E. Nagel ecc. In essa, infatti, confluiscono e trovano un'organica sistemazione sia i risultati della riflessione neopositivistica sul significato filosofico delle fondamentali acquisizioni scientifiche appena ricordate, sia il sistematico impiego delle tecniche di analisi, di argomentazione e di esposizione legate alla nuova logica simbolica, sia ancora l'assimilazione di molte concezioni epistemologiche precedenti, anche di quelle meno note (per es. della concezione elaborata intorno agli anni Venti dal fisico inglese N.R. Campbell).

• *Filosofia della scienza ed empirismo logico.* A partire all'incirca dagli anni Cinquanta l'epistemologia neoempiristica è stata sottoposta a una serie concentrica di critiche della più varia provenienza, che hanno condotto a un certo declino di quel tipo d'approccio, con la conseguente nascita o rinascita di indirizzi diversi, quali il falsificazionismo popperiano (le cui prime formulazioni risalgono agli anni Trenta), la tradizione francese novecentesca (E. Meyerson, A. Koyré, G. Bachelard, F. Gonseth e il gruppo di «Dialectica»), l'epistemologia genetica di J. Piaget, alcune forme di neokantismo che si rifanno alla lezione epistemologica di H.R. Hertz e alla filosofia del linguaggio del «secondo» Wittgenstein (N.R. Hanson, S. Toulmin ecc.), l'olismo di W.V.O. Quine, il relativismo di T.S. Kuhn, la metodologia dei programmi di ricerca scientifica di I. Lakatos, l'anarchismo metodologico di P.K. Feyerabend, il nuovo empirismo di M. Hesse, e l'epistemologia evoluzionistica di D.T. Campbell e di K. Lorenz, la quale presenta non poche affinità con certi aspetti del pensiero dell'ultimo K. Popper e dell'ultimo Quine. In conseguenza di tutto ciò, il panorama attuale si presenta assai più vario e sfaccettato di quanto non apparisse negli anni di predominio del positivismo logico. Diversamente da allora, inoltre, oggi si guarda con grande interesse al tema della dinamica delle teorie e del processo di crescita della conoscenza scientifica, argomento che gli empiristi logici avevano quasi del tutto trascurato. E tuttavia, nonostante queste rilevanti differenze, anche la gran parte della filosofia della scienza più recente aspira a conservare quei caratteri di scientificità, di professionalità e di specializzazione che essa era venuta gradualmente conquistando nel corso del cosiddetto «processo di liberalizzazione dell'empirismo» (→ empirismo logico). Lo attestano i lavori di A. Grünbaum, H. Putnam, P. Suppes, J. Sneed, W. Stegmüller, B. van Fraassen, L. Nowak ecc., nei quali l'allontanamento anche marcato da varie tesi dell'epistemologia neoempiristica e l'assimilazione di molti dei risultati legati all'ampio dibattito sul falsificazionismo popperiano e sulla crescita della conoscenza scientifica si accompagnano al sistematico impiego — che è tipico dei neopositivisti — delle più raffinate tecniche di analisi logica e matematica.

• *I campi fondamentali d'applicazione della filosofia della scienza.* Per quanto concerne gli argomenti della filosofia della scienza, essi possono venir distinti, per comodità di esposizione, in cinque gruppi fondamentali, pur essendo naturalmente numerosi e tutt'altro che trascurabili i legami fra tali raggruppamenti.

1) Problemi relativi a quella che può essere chiamata un'opera di chiarimento e di precisazione delle nozioni strutturali del discorso scientifico. Uno dei compiti principali della filosofia della scienza è infatti quello di offrire una delucidazione dei concetti basilari e più generali (ossia comuni alle varie discipline) in cui si articola il discorso scientifico. Così, per es., mentre le ricerche scientifiche particolari tendono in ultima analisi alla costruzione di adeguate spiegazioni o teorie concernenti questo o quello specifico dominio di fenomeni osservati, la filosofia della scienza mira invece, fra le altre cose, a elaborare le nozioni astratte e generali (indipendentemente dai loro contenuti specifici) di ipotesi o teoria scientifica, di legge scientifica, di spiegazione scientifica e così via. In questo gruppo di questioni può essere fatto rientrare il famoso problema della demarcazione fra scienza e pseudoscienza, oppure — per esprimersi nei termini non del tutto equivalenti dell'empirismo logico anziché della filosofia popperiana — del criterio empiristico di significanza conoscitiva. Lo studio di questo problema, infatti, tenta di stabilire i requisiti generali che un enunciato o un sistema più o meno complesso di enunciati deve soddisfare per essere considerato scientifico o provvisto di significanza conoscitiva; ed è noto che, mentre la soluzione neoempiristica si è originariamente imperniata sul principio di → verificazione, quella popperiana ha fatto invece leva sul principio di → falsificazione. Oggi, comunque, si tende per lo più a ritenere che da nessuno di questi due principi possa scaturire una risposta adeguata, ed è anzi assai diffusa la convinzione che non sia possibile tracciare una *netta* linea di confine fra il discorso scientifico e quello pseudoscientifico, come per es. fra la scienza e la metafisica.

2) Un secondo gruppo di argomenti riguarda la classificazione delle diverse discipline scientifiche e i fondamenti delle varie scienze. Rientra in questo ambito la questione se, ed eventualmente come, sia possibile tracciare una distinzione fra le scienze cosiddette «formali» (la logica e le varie branche della matematica) e le scienze empiriche o «reali», a loro volta distinte in scienze della natura (fisica, chimica, biologia ecc.) e in scienze umane (psicologia, antropologia, sociologia, storiografia ecc.). La prima di tali distinzioni ha dietro di sé una lunga tradizione filosofica risalente per lo meno a Platone. Nel pensiero novecentesco essa è stata difesa soprattutto dagli empiristi logici che, appoggiandosi alla distinzione analitico-sintetico (→ analitici-sintetici, giudizi) e alla negazione dell'esistenza di giudizi sintetici a priori (→ a priori-a posteriori), hanno sostenuto il carattere a priori e analitico delle scienze formali e il carattere a posteriori e sintetico di quelle empiriche o reali. Questa concezione, però, è entrata in crisi con le critiche che sono state mosse, da più parti, sia alla distinzione fra enunciati analitici ed enunciati sintetici sia a quella fra conoscenza a priori e conoscenza a posteriori. Quanto alla tesi della differenza *metodologica* fra scienze della natura e scienze dell'uomo (fra *Naturwissenschaften* e *Geisteswissenschaften*), essa è tipica dello storicismo tedesco e delle attuali correnti ermeneutiche; ma è stata ed è contestata da tutti quegli autori che, a cominciare dagli empiristi logici, operano per l'ideale dell'unificazione delle scienze e sostengono la sostanziale unità del metodo scientifico. Va comunque tenuto presente che ogni disciplina scientifica particolare, sia che appartenga alle scienze della natura sia che appartenga alle scienze dell'uomo, presenterà sempre anche problemi filosofici suoi particolari e si dovrà quindi parlare non soltanto di una filosofia della scienza in generale, ma anche di una specifica filosofia della logica, della matematica, della fisica, della psicologia, della storiografia ecc. Possono infine essere fatti rientrare in questo arco di problemi le analisi dei rapporti intercorrenti fra le varie discipline e teorie scientifiche, a cominciare dalla questione del cosiddetto «riduzionismo», ossia dei tentativi di ridurre un certo dominio di oggetti a un altro, una certa teoria a un'altra (per es. il dominio della biologia a quello della fisica-chimica, la psicologia alla biologia ecc.).

3) Un terzo gruppo di problemi concerne il rapporto teoria-esperienza nella ricerca scientifica. Rientrano in tale settore tanto le discussioni sull'esistenza di una dicotomia tra linguaggio teorico e linguaggio osservativo, quanto le ricerche volte a chiarire la natura dell'esperimento scientifico (un importante contributo a tale argomento può essere considerato la famosa critica di P. → Duhem alla possibilità di esperimenti cruciali) e della struttura logica dell'inferenza scientifico-sperimentale con le contrapposizioni, divenute ormai classiche, fra razionalismo ed empirismo e fra deduttivismo e induttivismo a proposito dei criteri di valutazione e di accettazione delle ipotesi scientifiche (→ conferma, teoria della) e della giustificazione dell'→ induzione. Sempre in questo ambito possono essere fatti rientrare temi quali il ruolo della idealizzazione nella costruzione scientifica e quello della semplicità nella scelta delle ipotesi e delle teorie, e infine la formazione dei concetti e delle teorie nella scienza empirica con la trattazione dei connessi problemi della misurazione, della classificazione, delle regole di corrispondenza e dei vari tipi di definizioni (intensionali ed estensionali, operative e puramente teoriche, contestuali e nominali).

4) Un ulteriore gruppo di problemi, oggi strettamente collegati tra loro, riguarda il processo di sviluppo della conoscenza scientifica e la portata conoscitiva delle teorie scientifiche: ci si chiede, cioè, se le costruzioni teoriche della scienza vadano considerate descrizioni più o meno accurate e particolareggiate dell'effettiva costituzione della natura, oppure, al contrario, comodi strumenti intellettuali con cui gli uomini hanno ritenuto utile e opportuno organizzare le loro rappresentazioni mentali della struttura interna del cosiddetto mondo reale. Insieme al tema della struttura logica dell'inferenza scientifica, questi sono forse gli argomenti in cui la filosofia della scienza mantiene un più immediato legame con le indagini gnoseologiche tradizionali. Infatti, il dibattito sulla crescita della conoscenza scientifica (Popper, Kuhn, Feyerabend, Lakatos, Laudan) ha portato non soltanto a una rinnovata contrapposizione a proposito del carattere cumulativo dello sviluppo scientifico, ma anche a un acceso contrasto fra gli assertori del valore oggettivo, assoluto e sovrastorico della verità scientifica e gli assertori della natura relativa e storicamente condizionata delle valutazioni circa la validità delle ipotesi e teorie scientifiche. D'altro canto, la gamma di posizioni che possono essere assunte e sono state di fatto assunte sul problema della portata conoscitiva delle teorie scientifiche copre l'intero arco delle concezioni gnoseologiche tradizionali: realismo più o meno accentuato, soggettivismo, idealismo, fenomenismo, convenzionalismo, strumentalismo e positivismo.

5) Infine, l'ultimo gruppo di problemi concerne i rapporti intercorrenti tra la scienza da una parte e le altre forme della cultura (arte, religione, politica, morale ecc.), nonché l'organizzazione economico-sociale dall'altra. Rientrano in questa tematica la trattazione dei problemi concernenti i condizionamenti storici dell'opera degli scienziati, le implicazioni sociali dell'organizzazione e dei risultati del lavoro scientifico e, più in generale, il rapporto fra l'attività scientifica e il mondo dei valori e della prassi. *P. Pa.*

scienza, sociologia della, disciplina che mira a spiegare il modo in cui strutture, processi e azioni sociali, interni e/o esterni rispetto al sistema scienza, orientano e condizionano l'attività degli scienziati. In questa prospettiva la scienza costituisce un sottosistema del sistema socioculturale, che, insieme con i sistemi comunitario, politico ed economico, rappresenta il primo livello di differenziazione di una società moderna. Il sistema scienza si compone a sua volta di quattro sottosistemi: oggettuale (il dominio materiale degli oggetti di indagine), concettuale (il dominio dei concetti e dei modelli da applicare agli oggetti di indagine), finalistico (il dominio degli scopi dell'attività scientifica) e pragmatico (il dominio delle implicazioni pratiche dell'attività scientifica). Quando agisce nel suo ruolo di produttore di scienza, lo scienziato è un attore sociale che si muove tra questi sub-spazi; compiendo delle scelte cognitive e pratiche all'interno di alcuni di questi e stabilendone le modalità di rapporto con gli altri, egli elabora una particolare concezione di scienza (L. Gallino, *L'incerta alleanza*, 1992). Nell'analisi dei processi sociali *entro* il sistema scienza, la sociologia si sofferma particolarmente sui processi di riproduzione delle singole discipline, sulle politiche delle scienze per accrescere la loro quota di risorse, sulla stratificazione sociale degli scienziati. Nella società contemporanea il sistema scienza pare aver acquisito un notevole grado di autolegittimazione; esso tende a riprodursi socialmente e culturalmente facendo riferimento soprattutto a se stesso (→ autoriferimento); questa prospettiva è stata esplorata in dettaglio da N. Luhmann in *La scienza della società* (1990). Esaminando le relazioni del sistema scienza con *gli altri* sistemi sociali, la sociologia della scienza ha evidenziato come nelle società moderne questa sia stata considerata un mezzo per accrescere le proprie probabilità di sopravvivenza da parte del sistema economico e politico, e come invece sia il sistema socioculturale (di cui la scienza pare far parte) sia quello comunitario vi abbiano visto più frequentemente un mezzo di potenziale disadattamento (dato che la scienza si è spesso opposta alle relazioni particolaristiche, affettive e locali che contraddistinguono sia il sistema comunitario sia certe strutture portanti del sistema socioculturale).

A partire dalla metà degli anni Settanta si è affermato in sociologia cognitiva — la branca della sociologia della scienza che studia in particolare i processi sociali soggiacenti alla conoscenza scientifica — il cosiddetto Programma Forte della scuola di Edimburgo (D. Bloor, *Conoscenza e immaginario sociale*, 1976). Uno dei suoi enunciati di base è che le teorie scientifiche sono sempre sottodeterminate dai fatti, e quindi la scelta tra esse è condizionata dall'intervento, più o meno evidente, di fattori sociali esterni. Alcuni studiosi, detti *internisti*, considerano minimo il condizionamento sociale della conoscenza; essi sono convinti che le scelte dello scienziato siano determinate da una considerazione strettamente razionale delle relazioni tra teoria e dati. Questa concezione è stata condivisa dagli stessi sociologi della conoscenza per lo meno fino alla rottura epistemologica operata da T.S. Kuhn con *La struttura delle rivoluzioni scientifiche* (1962). *Esternisti* sono invece definiti quanti ritengono tendenzialmente elevato il condizionamento sociale della conoscenza scientifica (un'analisi delle rispettive posizioni si trova in D.L. Hull, *Scienza come processo*, 1988). Occorre peraltro notare che l'origine sociale di alcuni concetti-base delle conoscenze scientifiche era già stata sottolineata da E. Durkheim, e che l'influenza dei fattori sociali sulla conoscenza scientifica fu evidenziata da Marx e da molti autori marxisti. L'inizio del dibattito sulla non neutralità della scienza è databile almeno al 1931, anno in cui durante un congresso internazionale di storia della scienza a Londra un gruppo di studiosi sovietici (N. Bucharin, E. Colman, B. Hessen, M. Rubinstein) sottolinearono le radici economiche e sociali dei concetti scientifici. Di lì prese inizio un movimento culturale contro la scienza pura che si sarebbe esteso presto agli Stati Uniti e a tutta l'Europa (M. Polanyi, *Conoscenza personale*, 1958). Nel medesimo periodo un gruppo di studiosi nordamericani cominciava una serie di lavori che avrebbero costituito il primo nucleo della sociologia della scienza nell'accezione accademica dell'espressione; tra di essi spiccano P.A. Sorokin (*Dinamica sociale e culturale*, 1937, vol. II, *Fluttuazione di sistemi di verità etica e diritto*) e R.K. Merton (*La sociologia della scienza*, 1973, che comprende saggi scritti dal 1937 in avanti). Tali lavori riguardano essenzialmente la scienza come istituzione e come organizzazione, vale a dire la cosiddetta «storia esterna» della scienza; Merton, per es., riconosceva l'influenza dei fattori sociali sull'organizzazione, sugli indirizzi e sui sistemi di insegnamento della scienza, e tuttavia non riteneva che essi influissero sulla produzione in senso stretto delle conoscenze. Storicamente la prima intrusione del pensiero sociologico nel nucleo della ragione scientifica risale agli esponenti della teoria critica della società, che accusarono la prospettiva empiristica di connessione con il modo di produzione borghese (M. → Horkheimer). La riflessione sulle conseguenze sociali e ambientali connesse allo sviluppo della scienza, di solito mediate dalla tecnologia, ha aperto in anni più recenti il dibattito sulla responsabilità degli scienziati (E. Agazzi, *Il bene, il male e la scienza*, 1992; H. Lenk, *Tra scienza ed etica*, 1992). Su questo ultimo punto: → tecnocrazia.

scienza cognitiva, programma di ricerca interdisciplinare sulle funzioni e i processi cognitivi, che coinvolge filosofia, linguistica, psicologia, intelligenza artificiale e neuroscienze. La nascita del programma si fa generalmente risalire a due convegni svoltisi entrambi nel 1956. Al convegno di Dartmouth (J. McCarthy, M.

Minsky, A. Newell, H. Simon) fu «fondata» l'intelligenza artificiale. Pochi mesi dopo, al Simposio sulla teoria dell'informazione del M.I.T. (cui parteciparono G.A. Miller, N. Chomsky, Newell e Simon), lo psicologo Miller espose la tesi secondo la quale la memoria umana a breve termine è limitata a sette unità di informazione, e Newell e Simon presentarono la «macchina per la teoria logica», la prima dimostrazione completamente computerizzata di un teorema. Non meno importanti per la nascita della scienza cognitiva furono i lavori filosofici di H. Putnam dell'inizio degli anni Sessanta, in cui fu formulata l'«analogia computazionale» che è alla base del funzionalismo: la mente sta al cervello come il *software* di un computer sta al suo *hardware*. L'identità delle funzioni e dei processi cognitivi è indipendente dal loro supporto materiale (così come lo stesso *software* può essere realizzato da *hardware* diversi), sicché essi possono, da un lato, essere studiati anche indipendentemente dalla loro realizzazione cerebrale, e, dall'altro, possono essere realizzati anche da sistemi artificiali. La scienza cognitiva si propone appunto di studiare i processi cognitivi (percezione, ragionamento, comprensione e produzione del linguaggio ecc.) attraverso la loro simulazione sul calcolatore. Il calcolatore è quindi, per la scienza cognitiva, il terreno della sperimentazione delle teorie — una sperimentazione che sarebbe spesso difficile eseguire su soggetti umani — e un potente stimolo alla produzione di teorie completamente esplicite (perché devono poter essere realizzate da programmi). Si è discusso se e fino a che punto il calcolatore, o le attuali architetture dei sistemi artificiali di calcolo, rappresentino anche un vincolo limitativo per la scienza cognitiva: per es., si è obiettato che i processi cognitivi realizzati dal cervello umano sono basati su un'elaborazione parallela (molti processi di elaborazione avvengono contemporaneamente, interagendo gli uni con gli altri) e quindi non possono essere veramente simulati da architetture di calcolo sequenziali, come quelle che caratterizzano il calcolatore di J. von Neumann. Critiche di questo genere sono alla base del → connessionismo, che è a volte considerato un programma alternativo a quello della scienza cognitiva. Quest'ultima ha comunque ottenuto successi importanti con la teoria della visione di D. Marr (*La visione*, 1982), la teoria del ragionamento sillogistico di Ph. → Johnson-Laird e varie altre ricerche.

scienze dello spirito, → Geisteswissenschaften.

sciiti, termine designante i musulmani seguaci della *scī'a*, «partito» (*di 'Alī*). Essi affermano che, dopo Maometto, il più meritevole di esser capo (*imām*) della comunità era 'Alī, cugino e genero di Maometto, quindi il suo parente più prossimo e nel contempo rappresentante dei pii credenti della prima ora. A questo primo sciismo, nato con le guerre civili del califfato di 'Uthmān o 'Othmān (644-656) e di 'Alī (656-661), si aggiunsero idee di tipo religioso connesse con la questione della maggiore o minore sacralità del capo della comunità. Si sogliono distinguere uno sciismo «estremo», cioè l'ismailismo (→ ismailiti) e comunità affini; uno sciismo «medio» o imamita o duodecimano (→ imamiti); e uno sciismo «moderato» (zaiditi). Gli aggettivi «estremo», «medio» e «moderato» hanno un valore indicativo e vanno intesi soprattutto in accezione religiosa (lo zaidismo fu politicamente spesso più estremo degli altri). Sono condivise da tutte le comunità sciite la tesi che i tre primi califfi furono usurpatori, perché Maometto aveva esplicitamente designato 'Alī a succedergli, e la convinzione che l'imamato (la qualità di capo della comunità islamica) possa aversi solo in un discendente di Maometto attraverso sua figlia Fātima e il marito 'Alī, genero e cugino del profeta. Anche i califfi omayyadi e abbasidi, di conseguenza, sono ritenuti usurpatori dagli sciiti. In dogmatica gli sciiti sono in genere → mu'taziliti. Il minore o maggiore estremismo è per lo più misurato dai trattatisti ed eresiografi secondo il grado di venerazione o santificazione dell'imām. È comune agli sciiti, in ogni caso, il concetto della infallibilità e impeccabilità dell'imām, cui ci si rivolge come guida e interprete autorevole degli scritti sacri, mentre il califfo dei sunniti ha potere essenzialmente esecutivo, e lo studio della legge e la sua interpretazione sono prerogativa dei dottori giuristi. Attualmente gli sciiti, di tutte le tendenze, non superano l'8-10% dei musulmani del mondo, e sono presenti soprattutto in Iran (dove lo sciismo duodecimano è religione di stato), Iraq e Pakistan.

scintoismo, o shintō, la religione nazionale del Giappone. Con l'espressione *shintō* (letteralmente «via degli dei») si è indicata, dopo il sec. IV d.C., la religione giapponese autoctona in quanto distinta e contrapposta alla nuova fede del *butsudō* (letteralmente «via del Buddha»). Quest'ultima si affermò rapidamente nel paese, senza mai soppiantare del tutto la tradizione religiosa rivale, ma anzi intrecciandosi con questa in una serie di esperienze sincretistiche di grande interesse. Lo shintō non è una religione rivelata, ma un politeismo naturalistico ed etnico non chiaramente distinguibile da ogni altro aspetto della cultura nipponica; per cui anche oggi si giustifica l'ascrizione alla tradizione scintoista di innumerevoli valori e costumi, che plasmano la vita delle città ma, soprattutto, delle campagne giapponesi. Il *Kojiki* (spesso, ma assai impropriamente, definito «la Bibbia dei giapponesi») e il *Nihongi* — i due maggiori testi scintoisti, entrambi del sec. VIII — citano una serie di divinità primordiali, su cui tuttavia il mito non si sofferma, per dilungarsi invece su una coppia divina, Izanagi e Izanami, dalla quale, attraverso complesse vicende, ricevono vita numerose altre divinità e le isole stesse del Giappone. La morte di Izanami rende protagonista Izanagi di una sfortunata ricerca agli inferi, che ricorda da vicino il mito di Orfeo. Perduta per sempre la consorte, Izanagi dà vita ad altre divinità, tra le quali spiccano la dea del Sole (Amaterasu), cui è assegnato il cielo, e Susanoo, divinità tempestosa i cui atti sacrileghi contro la sorella inducono quest'ultima a rinchiudersi in una grotta, privando così gli dei e gli uomini della sua forza fecondatrice. Questa vicenda (e i modi della sua conclusione) ricordano a loro volta il mito di Demetra. Tuttavia l'ordine ritorna e Susanoo viene esiliato nella località di Izumo, dove egli e i suoi successori regnano fino al momento in cui rinunciano ai loro diritti a favore di un nipote di Amaterasu, Ninigi, inviato a regnare sulle isole giapponesi. Da Ninigi nascerà Jimmu Tennō, considerato il fondatore della dinastia ancor oggi regnante, la quale riceve così dalla sua origine solare la consacrazione del diritto a reggere il «paese degli ottomila dei».

Nell'esperienza shintō è centrale il concetto di *kami*, che solitamente si traduce come «dio» o «dei», ma che indica più genericamente qualunque forza o personalità superiore e che rivela una chiara origine animistica. Vi sono kami di ogni forza o aspetto della natura, oppure di persone morte ma delle quali si ritiene ancor viva l'influenza sulla realtà terrena. Uno dei kami più popolari, Hachiman, è un antico e semileggendario imperatore; e all'imperatore Mutsuhito (Meiji), che fu l'artefice della modernizzazione del secolo scorso, è dedicato un importante sacrario nel centro di Tokyo. Questa divinizzazione *post mortem* di esseri umani non presuppone necessariamente una positività etica; essa può riguardare infatti anche una cortigiana o un ladrone in quanto dotati di una carica vitale non consueta. In generale, si tratta di una caratteristica che ha inciso soprattutto nella dimensione politica dello shintō (come si è detto precedentemente) e che, con il culto appunto dell'imperatore Meiji, è divenuta momento fondamentale dell'esperienza nipponica durante la prima metà del sec. XX. In questa fase il paese ha mutuato in misura assai profonda istituzioni e valori dall'Occidente; ma allo stesso tempo ha rivendicato in modo estremo la propria specificità di «paese degli dei», governato da un «dio vivente», sorgente prima della sovranità e di ogni potere.

Privo di istanze etiche, lo shintō è piuttosto una religione della purezza, nella quale la violazione delle norme tradizionali deve essere composta grazie a una serie di adempimenti rituali. Rilevante importanza rivestono la divinazione e le pratiche di ordine magico. Imperniato sugli aspetti naturali e sociali dell'esistenza, lo shintō rivela una concezione non particolarmente sviluppata dell'aldilà pur essendo la tradizione ricca di canti e di usanze funebri, nonché di miti e leggende che parlano di quanto avviene, dopo la morte, all'anima (o alle anime, perché più d'una è la realtà psichica che si attribuisce a ciascun essere vivente). Ma lo shintō è soprattutto una religione della vita. Infatti, i giapponesi odierni sono spesso allo stesso tempo buddhisti e scintoisti, amando celebrare con cerimonie scintoiste i momenti lieti dell'esistenza (nascita, matrimonio) e vivere secondo gli usi buddhisti le ricorrenze tristi (funerali). Accanto a questa forma di sincretismo vissuto, conviene ricordare che, sul piano teorico, la convivenza delle due religioni è stata giustificata grazie a diverse dottrine, soprattutto a quella che considerava i kami come incarnazioni particolari di Buddha e di bodhisattva.

scisma, termine che nel linguaggio religioso designa una divisione all'interno della comunità ecclesiale (in questo senso appare in san Paolo, nella prima Lettera ai Corinti). Più tecnicamente il vocabolo è usato a partire da Ireneo di Lione (fine sec. II), e soprattutto da Agostino in poi, distinguendosi tra scisma, come rottura della comunione senza divergenze sulle verità essenziali della fede, ed eresia, che invece consiste nel rigetto di verità di fede. Con il consolidarsi dell'organizzazione gerarchica della chiesa romana, si definiscono «scismatici», secondo il diritto canonico, coloro che non sono in comunione con il pontefice romano. I sacramenti amministrati dagli scismatici, secondo la dottrina tradizionale (e non solo cattolica), sono validi: sicché la situazione di scisma si può indefinitamente prolungare con l'esistenza di due chiese o gerarchie «parallele». È da dire che la distinzione tra scisma ed eresia è spesso solo teorica, giacché gli scismi investono sempre, in qualche modo, anche aspetti dottrinali.

Causa di scisma nell'antichità fu il diverso atteggiamento assunto dalle chiese dinanzi al problema dei *lapsi* (coloro che avevano abiurato per le pressioni dell'autorità pagana durante le persecuzioni) e dinanzi alla nuova situazione creatasi con il riconoscimento del cristianesimo come «religione lecita», con Costantino. Così in Africa il → donatismo rifiutò per secoli di entrare in comunione con la chiesa cattolica, nonostante gli sforzi di Ottato di Milevi e di Agostino. In seguito, sin dall'inizio del secondo millennio, la chiesa bizantina si allontanò da quella romana (la rottura viene fatta risalire ufficialmente al 1054, ma il processo di reciproca estraneità, teologica e culturale, data dai secoli immediatamente precedenti). Tra il 1378 e il 1417 la chiesa cattolica occidentale fu poi travagliata dal cosiddetto scisma d'Occidente, che divise Roma e Avignone. La situazione di scisma più grave e tuttora non sostanzialmente sanata è quella, già citata, tra chiesa romana e chiesa greco-ortodossa. Sotto il profilo teologico le divergenze, benché non irrilevanti (→ *Filioque*), non sono tuttavia tali da spiegare la vastità e la lunghezza della separazione, che trova i suoi reali motivi nelle rivalità politiche e nel timore, da parte greco-ortodossa, dell'autoritarismo cattolico-romano.

Fatti nuovi sono intervenuti di recente: il concilio Vaticano II, nel decreto sull'ecumenismo, ha insistito sull'esistenza di una certa comunione, per quanto imperfetta, con i battezzati delle altre confessioni cristiane; nel 1965 è stata revocata la reciproca scomunica tra le chiese di Roma e di Costantinopoli. È comunque evidente che solo una profonda trasformazione nelle strutture e nella coscienza delle due chiese può portare ad avvicinamenti duraturi, come invece non lo furono i tentativi di unione falliti nel passato (concilio di Lione, 1274, e concilio di Ferrara-Firenze, 1438-39). È probabilmente la stessa teologia della comunione che deve trovare nuove formulazioni: il problema di fondo è quello della visibilità della comunione e delle modalità di attuazione della comunione stessa nel pluralismo delle esperienze ecclesiali.

scolastica, termine con cui viene comunemente designata la produzione filosofica, teologica e scientifica del medioevo. La denominazione è da ricondurre al fatto che, dal sec. VI al XIV, l'elaborazione della cultura avvenne prevalentemente nelle scuole: nelle scuole plebane, (legate alla pieve), monastiche, cattedrali prima, nelle università poi. *Scholasticus* è tanto il maestro, quanto lo studente delle scuole medievali. Benché la diversità delle situazioni storiche e delle istanze che hanno ispirato i maestri non consenta di stabilire un minimo comun denominatore teoretico, uno dei temi largamente dibattuti in tale epoca fu comunque quello del rapporto fra la rivelazione religiosa e l'ambito scientifico in senso lato (le sette arti liberali, le arti meccaniche, la medicina, il diritto). Per questo motivo, oltre che di «scolastica latina», si parla di «scolastica araba», in riferimento al confronto tra cultura filosofico-scientifica e Corano che ispirò gli intellettuali musulmani; si parla inoltre di «scolastica bizantina» per indicare il costante confronto con la Bibbia operato dai maestri bizantini. Dal punto di vista storico, si è soliti distinguere la prima scolastica (cui appartengono le scuole fiorite tra il sec. VI e il XII) dall'apogeo della scolastica (sec. XIII) e dalla tarda scolastica (sec. XIV). Sono state tuttavia abbandonate le qualifiche di «età preparatoria» o di «periodo di decadenza» attribuite rispettivamente alla prima e alla tarda scolastica, in quanto riflettevano valutazioni preconcette oppure parziali.

Le discipline che maggiormente progredirono nell'età della scolastica furono la filosofia e la teologia: la divisione agostiniana (→ agostinismo) del sapere in sapienza (l'insieme delle conoscenze relative a Dio e alle sostanze spirituali) e scienza (l'insieme delle conoscenze mondane), venne superata con l'ingresso in Occidente del corpus degli scritti di Aristotele (→ aristotelismo). Da Aristotele derivò una diversa idea di scienza, intesa come quel procedimento razionale, rigorosamente deduttivo, cui segue una conclusione universale e necessaria. Gli scolastici del sec. XIII (Alberto Magno, Tommaso d'Aquino, Duns Scoto) applicarono il metodo scientifico allo studio della rivelazione, affermando che anche la teologia è una scienza; tesi, questa, che fu messa in discussione dai maestri del sec. XIV (Occam, Holkot, Gregorio da Rimini). Mentre gli studiosi dell'età umanistica e rinascimentale proseguirono sulla linea critica dell'ultima scolastica, approdando a una netta divisione degli ambiti tra teologia, filosofia e scienze positive, la ripresa della scolastica verificatasi nei secc. XIX e XX (→ neoscolastica) ha insistito sulla validità del tomismo come sistema rappresentativo dell'intera produzione medievale.

scopofilia, piacere di natura sessuale determinato dal «guardare» (in gr. *skopêin*), e simmetrico all'→ esibizionismo. La scopofilia può essere relativa agli organi sessuali di un'altra persona, oppure ai propri o più in generale al proprio corpo (in questo caso si parla di «autoscopofilia»). Secondo la psicoanalisi, la scopofilia costituisce una delle → pulsioni parziali che normalmente, nel corso dello sviluppo psicosessuale (→ fase), vengono integrate sotto il primato della genitalità caratteristica dell'adulto.

scotismo, l'indirizzo filosofico e teologico degli autori che si rifanno alle dottrine di G. → Duns Scoto. Tesi caratteristiche dello scotismo, rispetto agli altri sistemi scolastici, sono: l'univocità del concetto di ente; la teoria della distinzione formale come intermedia tra la distinzione reale e quella di ragione; l'ecceità, ossia principio formale dell'individuazione; l'autonomia della volontà rispetto alle indicazioni dell'intelletto; l'impossibilità di dimostrare razionalmente l'immortalità dell'anima umana e l'onnipotenza divina. Tra i principali seguaci dello scotismo nel sec. XIV sono da ricordare: Antonio Andrea, Giovanni di Bassoles, Landolfo Caracciolo, Giovanni di Rodington, Guglielmo Rubiò, Andrea di Novocastro. Nel sec. XV professarono le dottrine di Duns Scoto: Pietro Tartaret, Guglielmo di Vorillon, Graziano da Brescia, Giovanni di Colonia, Francesco Licheto. Nel sec. XVII il rifiorire degli studi scotistici portò alla fondazione, in Roma, del collegio di Sant'Isidoro a opera di Luca Wadding (morto nel 1657), cui si deve la prima edizione completa delle opere di Duns Scoto.

Scoto Eriugena, Giovanni o Giovanni Scoto Erigena (attivo nel sec. IX), filosofo irlandese. Nacque nel primo quarto del sec. IX e nell'847 si trasferì dall'Irlanda in Francia, dove divenne insegnante alla scuola palatina. Aderendo all'invito di Incmaro di Reims e di Pardulo di Laon, compose il *De praedestinatione* (851), opera rivolta a controbattere la teoria di Gotescalco circa la doppia predestinazione. Ma egli si spinse troppo nella direzione opposta a quella di Gotescalco, insegnando che Dio non predestina nessun uomo a essere dannato in eterno, per cui la sua opera venne condannata dal concilio di Valenza (855). Dopo aver compiuto una nuova traduzione dal greco degli scritti di Dionigi Areopagita, Scoto tradusse gli *Ambigua* e le *Quaestiones ad Thalassium* di Massimo il Confessore, il *De hominis opificio* di Gregorio Nisseno e l'*Ancoratus* di Epifanio. La frequentazione dei padri orientali segnò un mutamento di prospettiva del pensiero di Scoto, che aveva conosciuto solo opere di grammatica e di dialettica scritte da autori latini: nacque perciò in lui il progetto di un'opera filosofica nella quale esporre in modo sistematico la concezione, fondamentalmente neoplatonica, di tutta la realtà che egli aveva assimilato dai testi greci. L'opera venne composta tra l'864 e l'866 e fu intitolata *Periphyseon* (il titolo, più noto, di *De divisione naturae* è stato apposto successivamente); in essa è descritto il processo dialettico di divisione e di riunificazione dell'unica natura in quattro zone distinte: la natura che non è creata e che crea (Dio Padre); la natura che è creata e che crea (le idee archetipe); la natura che è creata e non crea (le cose sensibili); la natura che non crea e che non è creata (Dio come fine di tutta la creazione). Il processo di creazione o divisione è inteso come una successione di teofanie: Dio, che è la causa prima, tende per necessità intrinseca a manifestarsi; tale necessità non è però costrizione, dal momento che è Dio stesso a porre le leggi della propria manifestazione, le quali fondano poi l'essere delle cose molteplici e individuali. Dio, la cui essenza è inconoscibile, si manifesta nell'essenza di tutte le cose (Dio è *essentia omnium*) e ciò avviene perché, secondo Scoto, il conoscere di Dio si identifica con la sua attività creativa, dapprima nella seconda natura, quando Dio conosce tutte le cose nella segreta intimità del Verbo, e successivamente quando appare, obiettivandosi nelle entità finite spazialmente e temporalmente circoscritte, pur senza perdere la propria trascendenza.

Al processo di divisione (l'*exitus* dei neoplatonici) segue il ritorno di tutte le cose a Dio (*reditus*), alla base del quale c'è l'istanza di unità che spinge gli esseri a desiderare il proprio completamento nell'unione definitiva con Dio. La morte, che rappresenta la massima dispersione, coincide con la prima tappa del ritorno, cui segue la resurrezione dei corpi e la perfetta intellezione nella vita beata.

Il sistema eriugeniano costituisce un tentativo di sintesi fra la teologia apofatica o negativa, secondo la quale l'uomo conosce di Dio solo ciò che non è, e la teologia catafatica o affermativa, per la quale l'uomo può attribuire a Dio le perfezioni finite in modo superlativo (Dio è *super-ens, super-bonum* ecc.), attraverso l'identificazione di logica, gnoseologia e cosmologia, necessaria per afferrare la struttura più intima della realtà, alla cui radice sta l'essenza divina. Ignorato per circa due secoli, il pensiero di Scoto esercitò notevole influsso nel sec. XII, quando le sue dottrine vennero studiate nelle scuole e originarono sistemi tendenzialmente panteistici con Amalrico di Bène e Davide di Dinant. La condanna di questi due filosofi da parte dell'autorità ecclesiastica portò anche alla condanna delle opere di Scoto (1225).

scotomizzazione, termine (dal gr. *skótōma*, oscuramento) che in psicoanalisi indica un meccanismo di difesa cosciente, mediante cui l'individuo restringe il proprio campo psichico (per es. percettivo) allo scopo di proteggersi dagli elementi spiacevoli o frustranti in esso contenuti.

scozzese, scuola, scuola filosofica fondata da Th. Reid ad Aberdeen intorno al 1760, e che ebbe in seguito i suoi principali centri nelle università di Glasgow e di Edimburgo. La scuola scozzese reagì alle conclusioni scettiche dell'empirismo di D. Hume (che negava la realtà delle sostanze materiali e spirituali) e anche all'idealismo esasperato di G. Berkeley, rivendicando le tesi del → senso comune: la percezione non è una conoscenza di idee o di rappresentazioni mentali, ma è in rapporto immediato con la realtà degli oggetti che ne sono causa. Da ciò deriva quella «credenza istintiva» circa l'esistenza del mondo esterno e dell'io che non ha bisogno di ragionamenti per essere dimostrata, né può da essi venir confutata. Così la scuola (detta anche «scuola del senso comune» e del «percezionismo») intendeva difendere le tradizionali verità religiose; esse vennero particolarmente rivendicate da J. Beattie e da J. Oswald, discepoli di Reid e suoi successori nell'università di Aberdeen quando egli passò a Glasgow per raccogliervi l'eredità di F. Hutcheson e A. Smith e assorbirne, nella prospettiva del senso comune, l'insegnamento morale. A questa prima fase della scuola seguì quella di Edimburgo, iniziata da D. Stewart e continuata da Th. Brown e J. Mackintosh. A questi succedettero, già in pieno Ottocento, H. Calderwood e Th.S. Baynes, che diffuse le teorie sulla scuola scozzese nell'università di St. Andrews. Iniziatore di una terza fase, all'inizio del sec. XIX, si considera W. → Hamilton, che tentò una fusione del «senso comune» con il criticismo kantiano e che, di tutta la scuola, fu uno degli esponenti di maggiore rilievo e originalità. J. McCosh, allievo di Hamilton a Edimburgo, portò queste concezioni negli Stati Uniti, ove esse influirono sulla nascita del → pragmatismo (e in particolare su Ch.S. → Peirce). In precedenza la scuola scozzese si era fatta conoscere in Francia e in Italia attraverso l'opera di V. Cousin e P. Galluppi. Nella seconda metà dell'Ottocento gli ultimi maestri scozzesi di Glasgow e di Edimburgo (G.D. Morell, J. Veitch, A.C. Fraser, S.S. Laurie, J.F. Ferrier) tentarono sia un ritorno alle tesi dell'empirismo classico di Hume e Berkeley, sia una loro fusione eclettica con l'idealismo postkantiano. Ma dissolsero l'identità e l'originale autonomia della scuola, sicché essa si esaurì confluendo in vario modo nelle diverse correnti del pensiero inglese contemporaneo.

scrittura, insieme finito di significanti visivi o grafemi convenzionalmente usati per rappresentare, conservare e trasmettere informazione. In questa definizione, che non è limitata alle scritture storiche orientate-alle-lingue, rientrano definizioni pur generali come quella, data da I.J. Gelb, di sistema di intercomunicazione umana mediante segni visibili convenzionali, o quella di sistema di significanti visivi di significanti linguistici, corrente dopo F. de Saussure. In realtà Saussure, distinti due tipi di scrittura, cioè un tipo fonetico (comprendente scritture sillabiche e alfabetiche) e un tipo ideografico (per es. la scrittura cinese), connetteva soltanto i significanti delle scritture del primo tipo ai significanti linguistici (rispettivamente a sillabe e consonanti-vocali), mentre considerava i significanti delle scritture del secondo tipo correlati ai segni linguistici nel loro complesso, o addirittura alle idee. Da parte sua, Baudouin de Courtenay interpretava gli ideogrammi come direttamente associati con concetti extralinguistici. Egli definiva inoltre come grafemi sia gli elementi più semplici di una scrittura sia gli equivalenti o correlati psicologici di questi elementi. Oggi si definiscono come grafemi i significanti visivi che costituiscono le unità minime di una scrittura.

Una grafematica o grammatologia (così la chiamò Gelb, prima di J. Derrida) come studio generale, tipologico, diacronico e sincronico, delle scritture alfabetiche e non alfabetiche, storiche e artificiali, della quale sono branche l'epigrafia, la paleografia e persino una teoria della notazione, non può essere viziata da glottocentrismo, cioè dall'assunzione che tutte le scritture siano sistemi di rappresentazione solo del piano dell'espressione o del piano del contenuto di lingue o di messaggi linguistici, e che gli altri sistemi di notazione visiva e convenzionale semplicemente non siano scritture. Sono state proposte diverse classificazioni delle scritture, pressoché tutte semioticamente ingenue e glottocentriche. Una delle più condivise distingue tra scritture pittografiche, logografiche, logosillabiche, sillabiche e alfabetiche, in base ai tipi di grafemi o di combinazioni di tipi di grafemi che le costituiscono: si è parlato di pittogrammi in riferimento a significanti visivi di tipo «figurativo» i cui significati sarebbero «significati concreti» o comunque «significati linguistici», mentre come ideogrammi o logogrammi sono stati classificati significanti visivi i cui significati sarebbero sempre «significati linguistici», ma questa volta «astratti»; infine, come fonogrammi sono stati definiti i significanti delle scritture fonetiche (sillabiche e alfabetiche), cioè quelli usati per rappresentare intere sillabe o singole consonanti e vocali. Ai pittogrammi (petrogrammi e petroglifi), risalenti fino al paleolitico, è stata recentemente riconosciuta «astrattezza», oltreché «convenzionalità», cioè il carattere di notazione sintetica avente la funzione di «trasmettere una concettualizzazione». Il tipo di scrittura logosillabica, che presenta come elementi sia logogrammi (o ideogrammi) sia fonogrammi, è documentato in Mesopotamia, Egitto, Anatolia e Cina: sumeri, egizi, assiro-babilonesi, ittiti, cinesi, con percentuali diverse nella distribuzione dell'uso di logogrammi e fonogrammi (precisamente sillabogrammi), non vanno oltre questo stadio di sviluppo. Il tipo alfabetico di scrittura deriva da quello sillabico attraverso l'analisi delle sillabe in unità minori, successive e indivisibili: le consonanti e le vocali. A queste sono associate lettere o grafemi: il cosiddetto processo di fonetizzazione dei significanti visivi, iniziatosi con i sumeri, fu portato a termine dai greci con la costituzione di una scrittura alfabetica. Un'altra classificazione distingue tra frasogrammi (o rappresentazioni di interi messaggi linguistici per volta), logogrammi (o ideogrammi), morfemogrammi (o rappresentazioni delle parole per → morfemi), sillabogrammi e fonogrammi (cioè grafemi rispettivamente di scritture sillabiche e alfabetiche).

Studi di casi di agrafia e alessia, cioè dei disturbi della scrittura e della lettura fino alla perdita completa delle capacità di scrivere e leggere (e si tratta di disturbi che solitamente coesistono), forniscono risultati rilevanti per una grammatologia non ingenua dal punto di vista neurosemiotico. Quando un individuo impara a leggere e scrivere, di solito tramite l'area corticale sulla faccia laterale dell'emisfero sinistro definita giro angolare, o plica curva, si stabiliscono le associazioni acustico-visive e visivo-cinestetiche necessarie a correlare i caratteri scritti o grafemi ai suoni verbali, col duplice risultato di conferire valore linguistico alle lettere dell'alfabeto e di permettere l'analisi delle sequenze sonore di una lingua parlata nei singoli suoni componenti. Questo per le scritture alfabetiche. L'uso misto di ideogrammi e fonogrammi nel sistema della scrittura giapponese è considerato dai neurolinguisti un'occasione preziosa per uno studio contemporaneo della capacità di scrivere e leggere fonogrammi e della capacità di scrivere e leggere ideogrammi. Il sistema della scrittura giapponese è infatti costituito attualmente di *kanji* (caratteri cinesi o ideogrammi) e di due tipi di *kana* (o fonogrammi). Lo studio di casi di afasia in parlanti giapponesi ha dimostrato che in compiti sia di scrittura sia di lettura gli afasici mostrano un disturbo selettivo a carico del sistema d'uso dei fonogrammi, mentre la scrittura e la lettura di ideogrammi risultano relativamente risparmiate. Di qui è uscita rafforzata l'ipotesi che alessia, agrafia e, in certa misura, anche la difficoltà di trovare parole abbiano origine da una disconnessione tra aree visive e aree uditive, entrambe le aree restando integre. Così, soltanto per la codificazione e decodificazione (→ codice-messaggio) di messaggi linguistici con scritture alfabetiche è indispensabile l'integrazione dei sistemi uditivo e visivo: se quest'ultima risulta compromessa, risultano compromesse le possibilità d'uso d'una scrittura di tipo alfabetico, ma non di tipo ideografico. *C. Pr.*

Sé, in ambito psicologico e psicoanalitico, termine usato per indicare — con significati diversi e prospettive a volte contrastanti — il nucleo centrale dell'→ identità personale, talvolta accentuandone il valore di realtà oggettiva e impersonale, in altri casi quello di realtà soggettiva ed esperienziale. Ereditato dalla psicologia filosofica, che lo assumeva per testimoniare l'alterità dell'anima rispetto al corpo, il «Sé» è passato nella psicologia contemporanea come una categoria puramente descrittiva attraverso la mediazione, fra gli altri, di W. James, che attribuisce al Sé la funzione di rappresentare il nucleo permanente nei molteplici cambiamenti somatici e psichici, soggettivi e comportamentali che caratterizzano l'esistenza individuale. La connotazione del concetto di Sé è molto ambigua, se l'inglese *self* indica in modo generico e colloquiale l'essere coscienti della propria dimensione interiore, il tedesco *Selbst* allude invece a un'essenza interiore. Usato raramente e in modo generico da Freud, il concetto del Sé è entrato progressivamente a far parte del vocabolario teorico e clinico della psicoanalisi. Direttamente implicato nella controversa problematica legata al → narcisismo e ai processi di costruzioni dell'identità personale e della soggettività, il Sé, da un lato, sembra rinviare a un principio «strutturale» della globalità dell'organizzazione psichica. In tal senso il Sé presuppone un'istanza coesiva, armonizzante, spontanea e naturale, che coincide, anche se solo potenzialmente, con l'autocoscienza. A questa tesi fa capo la psicoanalisi americana in cui sono confluite sia la scuola «neofreudiana» di E. Fromm, K. Horney, A.S. Sullivan sia la psicologia «umanistica» di A. Maslow, G. Allport e C. Rogers; sino ad arrivare a H. → Kohut, il quale colloca il Sé al centro della sua teorizzazione e dichiara la visione freudiana oltrepassata. Dall'altro lato, il Sé rinvia a un significato esclusivamente esperienziale, connesso alle vicissitudini esistenziali del soggetto: indica, cioè, un'esperienza soggettiva e non una realtà oggettiva. Tale significato si ricollega all'uso pragmatico teorizzato da Locke e W. James, e maggiormente presente in autori come M. Balint, E. Jacobson D.W. Winnicott, O. Kernberg, dove il Sé si riferisce solo all'esperienza del soggetto in rapporto alla propria vita vissuta e alla propria interiorità.

A un contesto differente appartiene poi l'archetipo del Sé elaborato dalla → psicologia analitica di Jung, dove il Sé rappresenta il luogo virtuale della totalità psichica in cui si armonizzano le componenti consce e inconsce, personali e transpersonali.

Ad un contesto differente appartiene invece l'archetipo del Sé elaborato dalla → psicologia analitica di Jung, dove il Sé rappresenta il luogo virtuale della totalità psichica, il centro che armonizza i varii «complessi a tonalità affettiva» che compongono e lacerano la psiche, la méta del processo d'individuazione.

Searle, John Roger (Denver, Colorado, 1932), filosofo statunitense. Dal 1959 insegna all'università di California a Berkeley. Formatosi a Oxford alla scuola dei «filosofi del linguaggio ordinario» (J.L. Austin, H.P. Grice, P.F. Strawson), Searle ha elaborato in forma sistematica le indicazioni teoriche di Austin sugli → atti linguistici. Il suo primo libro (*Atti linguistici*, 1969) è molto vicino alle posizioni di Austin: gli atti linguistici sono aspetti o dimensioni dell'uso del linguaggio, di ciò che *si fa* pronunciando una frase. Searle distingue atti di quattro tipi (enunciativi, proposizionali, illocutivi, perlocutivi), ma è esclusivamente interessato agli atti proposizionali e illocutivi; in particolare, egli sottopone a dettagliata analisi l'atto illocutivo della promessa, di cui individua nove condizioni di riuscita. Questa analisi è intesa da Searle come paradigma di analisi degli atti illocutivi. In *Fondamenti della logica illocutiva* (1985, con D. Vanderveken), Searle ha dato una versione ancora più sistematica e formalizzata della teoria dell'illocuzione. Per queste sue ricerche Searle è considerato uno dei fondatori della → pragmatica moderna, e i suoi concetti sono largamente usati in questo campo. Egli tuttavia non accetta la distinzione tra semantica (teoria del significato) e pragmatica (teoria dell'uso di espressioni dotate di significato) presupposta da molti studi di pragmatica: piuttosto ritiene che significare, e dire qualcosa dotato di significato, siano aspetti dell'illocuzione, e rientrino perciò nel campo della teoria degli atti linguistici; la quale tende quindi a configurarsi come teoria generale del linguaggio (o almeno come la sua parte fondamentale). Nella teoria, un posto centrale è occupato dal concetto di *intenzione* (la descrizione di un atto linguistico fa riferimento essenziale alle intenzioni del parlante); questo stesso concetto e quello di → intenzionalità sono in primo piano nei suoi lavori successivi. In *Menti, cervelli e programmi* (1980) Searle ha attaccato il programma dell'→ intelligenza artificiale «forte», cioè di quella corrente di pensiero che non si limita a considerare il computer come un utile strumento di studio della mente umana, ma sostiene che, se opportunamente programmato, esso è una mente, e può, per es., comprendere un linguaggio. Searle sostiene che le macchine sono in grado di manipolare sintatticamente simboli, ma non di interpretarli (cioè di comprenderne il significato, o di attribuirgliene uno): solo il cervello umano è capace di intenzionalità. L'argomentazione di Searle è suffragata da un esperimento mentale ormai famoso e molto discusso, quello della «camera cinese»: supponiamo che uno di noi sia rinchiuso in una stanza, e gli vengano passati dei simboli cinesi, insieme a regole — in italiano — che fanno corrispondere a certi insiemi di simboli altri insiemi di simboli. La persona chiusa nella stanza non sa che i primi sono domande in cinese, e i secondi le risposte (in cinese) a quelle domande; tuttavia, se segue le regole, il suo comportamento «linguistico» sarà indistinguibile da quello di un parlante cinese. Come in questo caso non saremmo propensi a dire che l'uomo comprende il cinese (nonostante la sua capacità di manipolare simboli), così non lo diremmo nel caso di una macchina che disponesse di programmi analoghi alle istruzioni di cui dispone l'uomo nella stanza. Il saggio di Searle ha suscitato numerose risposte, e la discussione su di esso è ancora in corso. In *Dell'intenzionalità* (1983) Searle ha proposto una teoria generale dei fenomeni mentali, in cui questi vengono considerati come fenomeni primitivi — cioè irriducibili a enti o fenomeni «più profondi» — e reali quanto i fenomeni biologici, come la fotosintesi o la digestione. L'intenzionalità sarebbe una proprietà di alcuni eventi mentali (come la percezione) e non di altri (come l'ansia o l'eccitazione). In scritti successivi, come *Menti, cervelli e scienza* (1984) e *La riscoperta della mente* (1992) Searle ha proseguito la sua polemica contro il → cognitivismo in filosofia della mente. *M. An.*

secolarizzazione, termine che originariamente indica il trasferimento sotto il controllo laico (il *saeculum* contrapposto all'eterno) di beni appartenenti alla chiesa. In questo senso il termine venne utilizzato alla fine della guerra dei Trent'anni, all'epoca delle trattative per la pace di Westfalia. Più tardi si prenderà a parlare di secolarizzazione anche in ambito teologico e filosofico, per indicare il mondanizzarsi di principi o concetti religiosi. Se, a partire dalla metà dell'Ottocento, l'idea di secolarizzazione, principalmente grazie alla «Secular Society» londinese, assume il senso di una liberazione del mondo e delle sue istituzioni dall'influenza della chiesa, agli inizi del Novecento il suo significato si rovescia, attraverso la teologia liberale e in particolare con il libro di E. Troeltsch, *Il significato del protestantesimo nella formazione del mondo moderno* (1911), in cui si sostiene la scaturigine cristiana della modernità. Questa tesi ispira anche le analisi di M. Weber, negli studi di *Sociologia delle religioni* (1920-21). L'etica protestante, quella del puritanesimo di derivazione calvinista, ha infatti sciolto ogni legame magico, simbolico tra Dio e il mondo così da promuovere la nascita del capitalismo e un processo di razionalizzazione che rischia di avvolgere, come una sorta di «gabbia d'acciaio», tutte le sfere dell'esistenza. In ogni caso, soprattutto nell'ambito della teologia protestante, l'idea di secolarizzazione continua a mantenere un significato sostanzialmente positivo nel suo connettersi al consenso verso la modernità. Il problema si propone sotto nuove vesti nel dopoguerra, quando l'affacciarsi di un benessere diffuso mette in questione il ruolo della fede e della teologia. In questo quadro ha un rilievo fondamentale l'opera di F. Gogarten, *Destino e speranza dell'epoca moderna* (1953), dove si delinea la distinzione tra secolarizzazione e secolarismo: la prima è un autentico prodotto del cristianesimo nel suo protendersi verso il mondo, mentre il secondo indica gli effetti perversi del processo. Il secolarismo costituisce un autofraintendimento delle istituzioni mondane che tendono a divinizzarsi, e a sostituirsi alla dimensione propriamente religiosa. La teologia radicale e la teologia della morte di Dio (fra i cui rappresentanti vanno annoverati a vario titolo J.A.T. Robinson, H. Cox, J.B. Metz, W. Hamilton, Th. Altizer, G. Vahanian, Dorothee Sölle, P. van Buren) sembrano configurarsi prevalentemente come una radicalizzazione dei contenuti positivi della secolarizzazione, come un'ulteriore enfatizzazione del significato della *kénosis*, della caduta di Dio in Cristo fattosi uomo, intesa come apertura del mondo. In ambito filosofico ha invece particolare rilievo il libro di K. Löwith, *Significato e fine della storia* (1949), secondo cui le filosofie della storia non sono che la secolarizzazione dell'escatologia sacra, dove però alla fine dei tempi viene sostituita l'idea di progresso. In polemica con Löwith, H. Blumenberg; in particolare, in *Legittimità dell'età moderna* (1966), contesta l'esistenza di una continuità tra l'escatologismo cristiano e l'idea illuministica di progresso, mettendo così in questione l'interpretazione della modernità come secolarizzazione.

Secrétan, Charles (Losanna 1815-1895), filosofo svizzero. Fu professore all'università di Losanna. Concepì la filosofia come riflessione interiore che manifesta all'uomo la sua libertà, in quanto nella propria interiorità l'uomo trova il principio del dovere; ma si tratta di una libertà finita, che si esplica nei limiti posti dalla natura fisica. Ora, la libertà finita può essere mantenuta nel suo significato solo se è affermata nell'orizzonte di una libertà infinita, qual è quella di Dio, che fonda insieme la libertà umana e i suoi limiti naturali. Dio è persona, essere libero che si pone come tale, e, non abbisognando di nulla, crea unicamente in vista della creatura voluta per se stessa, ed è quindi puro amore. Separata da Dio, la creatura sprofonda nel nulla, e per essere (ed essere autenticamente) deve distinguersi da Dio con un atto che la unisca a lui: il nome di questo atto è amore. L'amore che attende l'amore è il senso ultimo della creazione. L'unione libera con Dio, dopo la rottura dell'unità naturale che esisteva prima del peccato, è il fine della storia, che consiste nella creazione di una comunità universale fondata sull'amore. La filosofia di Secrétan segna il punto di incontro della tradizione spiritualistica francese con la filosofia del tardo Schelling anti-hegeliano. Essa riscopre Cartesio come filosofo della libertà ed enuclea le categorie basilari del personalismo cristiano, che fa consistere la sostanzialità della persona nella sua libertà e capacità di amare. Fra le sue opere: *La filosofia della libertà* (2 voll, 1849); *La ragione e il cristianesimo* (1863); *Il principio della morale* (1884); *La civiltà e la credenza* (1887).

Sefer jezirah, titolo (che in ebraico significa «libro della creazione» o «della formazione») di un'antica opera cabbalistica ebraica, la più importante prima dello → *Zohar*. Attribuita pseudepigraficamente al patriarca Abramo, è datata dagli studiosi tra il sec. III e il VII d.C., e situata in ambiente palestinese o babilonese. La dottrina dell'opera, che rientra nel filone mistico delle speculazioni sulla creazione, si fonda sulle «trentadue meravigliose vie della Sapienza», cioè sulle dieci sefirôth (→ qabbalah) e sulle ventidue lettere dell'alfabeto ebraico: con la potenza delle dieci «cifre» o emanazioni, e delle lettere dell'alfabeto, Dio crea e ordina il cosmo, di cui quindi il linguaggio diviene la misteriosa struttura.

sefirôth, → qabbalah.

segno, in linguistica, entità costituita di un → significante e di un → significato, secondo la concezione di F. de Saussure, e analizzabile in relazione a un piano dell'espressione e a un piano del contenuto, secondo la concezione di L. Hjelmslev (→ espressione - contenuto). Si deve a Saussure la considerazione del segno linguistico come elemento di un sistema di segni o codice (→ codice - messaggio; → *langue - parole*).

Sellars, Roy Wood (Egmondville, Canada, 1880 - Ann Arbor, Michigan, 1973), filosofo statunitense. Docente nell'università del Michigan, fu autore di numerosi scritti, tra i quali: *Realismo critico* (1916); *Saggi di filosofia* (1917); *Naturalismo evolutivo* (1921); *Saggi di logica* (1925); *Principi e problemi di filosofia* (1926); *La filosofia del realismo fisico* (1932). Egli propose un «naturalismo dell'emergenza», secondo cui l'universo è articolato in livelli dotati di strutture specifiche e irriducibili a quelle dei livelli precedenti, dalle quali pure sono emerse. Per es., le strutture mentali, o percezioni coscienti, utilizzano le strutture cerebrali, ma rappresentano una nuova dimensione della realtà. Su queste basi Sellars sviluppò la sua personale visione del realismo critico: una teoria della conoscenza per cui i giudizi conoscitivi sono intenzionali e simbolici, cioè non descrivono e tanto meno riproducono gli oggetti esterni, ma interpretano le percezioni come loro rappresentazioni. I canoni interpretativi risentono del condizionamento naturale e sociale; perciò la verità è «pubblica» e la conoscenza può essere descritta sia in termini di «comportamento», dal punto di vista «esterno», sia in termini di «strutture», dal punto di vista «interno». Completa e soddisfacente è solo l'integrazione delle due descrizioni. Simbolici, interpretativi e pubblici, quindi non meramente soggettivi, sono anche i giudizi di valore: muta solo, rispetto ai giudizi conoscitivi, il modo dell'«intenzionalità», che tiene conto più degli interessi «estetici» che di quelli «operativi» del soggetto. Sellars intendeva opporsi, con questa sua teoria, sia al naturalismo meccanicistico e al realismo ingenuo dei positivisti, sia al naturalismo epifenomenistico e all'«essenzialismo» gnoseologico di G. Santayana, insieme al quale fu tuttavia tra i coautori dei *Saggi di realismo critico* (1920).

Sellars, Wilfrid (Ann Arbor, Michigan, 1912 - Pittsburgh, Pennsylvania, 1989), filosofo statunitense. Ha insegnato all'università dell'Iowa e a Pittsburgh. Figlio di R.W. Sellars, a Parigi venne a contatto con il pensiero e la politica marxista e negli anni della depressione militò nel movimento socialista statunitense. La sua formazione accademica fu tuttavia tipicamente angloamericana, legata da un lato all'emigrazione neopositivista, dall'altro alla tradizione analitica oxoniense. Nell'ambito della filosofia analitica, cui appartiene pienamente, Sellars occupa una posizione originale, e relativamente isolata, per l'orientamento sistematico del suo pensiero, per l'apertura a diverse influenze filosofiche — dalla fenomenologia husserliana a Hegel — e per la tendenza a radicare le sue teorizzazioni nei classici, in particolare nei grandi filosofi del sec. XVII (Cartesio, Locke, Spinoza, Leibniz) e soprattutto in Kant. Per Sellars lo scopo della filosofia è fornire una visione articolata e integrata della posizione dell'uomo nell'universo. Se anche la realtà è interamente conoscibile e anzi determinata come tale dalla scienza, e le persone stesse possono, in linea di principio, essere descritte in modo esauriente in termini scientifici, tuttavia non tutti i discorsi umani sono riducibili al discorso scientifico: il «linguaggio delle persone», cioè quello in cui parliamo degli uomini e delle loro azioni, non può ridursi al linguaggio scientifico perché è necessariamente intenzionale. Ciò non comporta tuttavia che le persone siano dotate di una particolare realtà, eterogenea rispetto alle entità di cui la fisica asserisce l'esistenza: contrariamente a W.V.O. Quine, Sellars non ritiene che vi sia perfetta corrispondenza tra le forme del discorso e gli impegni ontologici che esso assume. In un saggio del 1956, *Empirismo e filosofia della mente*, Sellars critica radicalmente la nozione di dato immediato, che aveva svolto un ruolo determinante in molti testi fondamentali della filosofia analitica, da B. Russell a R. Carnap, sostenendo che ciò che viene trattato come puro dato è in realtà fin dall'inizio categorizzato attraverso il linguaggio. Soprattutto per queste sue posizioni, Sellars è considerato uno dei padri della «svolta post-analitica» nella filosofia di lingua inglese.

semantica, lo studio del significato. In senso lato, la semantica è antica quanto l'interesse della filosofia per il → significato: per es. la teoria stoica del *lektón* (→ stoicismo) e le teorie medievali della → suppositio appartengono a pieno titolo alla semantica. Il termine 'semantica' fu coniato (con riferimento al gr. *sēmáinein*, indicare, significare) nel 1883 da M. → Bréal, che intendeva indicare con esso una scienza linguistica attenta al rapporto tra le articolazioni e le trasformazioni della lingua e i bisogni espressivi umani. Questa accezione del termine non ha peraltro avuto fortuna: nel corso del XX sec., il termine è stato piuttosto impiegato in relazione a concetti intuitivi come quelli di significanza (cioè l'esser dotato di significato) e sinonimia (identità di significato); in relazione a fenomeni come la nominazione (l'uso di parole per designare oggetti, → riferimento) e la verità-falsità fattuale; in relazione a processi come la spiegazione del significato, quale è socialmente realizzata per es. dai dizionari di lingua. In ambito *filosofico*, la ricerca semantica (a opera di autori come G. → Frege, L. → Wittgenstein, A. → Tarski, R. → Carnap) si è incentrata sulla nozione di *condizioni di verità* di un enunciato. Comprendere un enunciato, secondo il *Tractatus* di Wittgenstein, è sapere a quali condizioni esso è vero, cioè come deve essere fatto il mondo affinché esso sia vero. Questa nozione si è rivelata fruttuosa soprattutto al fine di determinare la struttura semantica *composizionale* delle espressioni di un linguaggio, cioè il modo in cui il valore semantico di espressioni complesse dipende da quello dei loro costituenti. Passi significativi su questa strada sono stati compiuti da B. Russell con l'analisi delle condizioni di verità degli enunciati contenenti → descrizioni, da Tarski con l'analisi degli enunciati quantificati, da Carnap con l'analisi delle → modalità, e infine da R. Montague per molte strutture linguistiche naturali (→ grammatica di Montague). In questa tradizione la semantica è fin dall'inizio intrecciata con la logica: per es. la logica proposizionale può essere interpretata come l'analisi del significato dei connettivi ('e', 'o', 'se... allora...' ecc.), cioè come l'analisi del modo in cui il valore di verità di un enunciato composto mediante connettivi dipende dai valori di verità degli enunciati che ne sono i costituenti. Dopo Tarski, questo genere di ricerca (detta a volte *semantica formale* perché fa un uso essenziale degli strumenti della logica formale) ha applicato all'analisi del significato gli strumenti matematici della *teoria dei modelli* (*semantica modellistica*): il valore semantico di un'espressione viene caratterizzato dalla sua interpretazione in un modello o in una struttura di modelli, dove per 'interpretazione' si intende una funzione che assegna valori semantici alle espressioni atomiche del linguaggio interpretato, e determina in funzione di essi i valori semantici delle espressioni complesse. I valori semantici, a loro volta, sono entità insiemistiche più o meno complesse. Tali metodi consentono di esplicitare al massimo la struttura semantica composizionale delle lingue naturali, anche se dicono ben poco sul significato dei costituenti atomici (le parole). Questo programma di ricerca ha tuttavia incontrato un limite serio nell'analisi degli enunciati di *atteggiamento proposizionale* (→ credenza, enunciati di), che non sembrano passibili di analisi composizionale.

In ambito *linguistico*, si è soliti distinguere una semantica *storica*, che si occupa dei mutamenti di significato attraverso le varie fasi dell'evoluzione di una lingua, e una semantica *strutturale*, che è lo studio delle *relazioni di senso*, come la sinonimia, l'*iponimia* (inclusione tra sensi: 'rosa' è iponimo di 'fiore'), l'*antonimia* (opposizione tra sensi: 'maschio' è antonimo di 'femmina'). La semantica linguistica, al contrario di quella logico-filosofica, si è sempre concentrata sul significato delle parole, più che sulle strutture composizionali del linguaggio. Negli anni Venti e Trenta, è stata elaborata in quest'ambito di ricerca la nozione di *campo lessicale* (Porzig, Trier, Weisgerber): un insieme di parole di una lingua connesse da relazioni sintagmatiche e paradigmatiche (→ paradigmatica-sintagmatica), per es. l'insieme dei termini di colore, o dei termini di parentela. Sempre in ambito linguistico, gli anni Cinquanta hanno visto la diffusione dell'*analisi componenziale* (J. Katz e altri): le parole vengono analizzate nei loro componenti semantici ('uomo', per es., è analizzato come MASCHIO & ADULTO & UMANO, una congiunzione di concetti astratti) in modo tale che le relazioni di senso tra parole, e le relazioni inferenziali tra enunciati, diventino deducibili. Negli anni Ottanta sono state proposte teorie alternative, come quella basata sulla nozione di *frame* (Ch.J. → Fillmore).

semiologia, → semiotica.

semiosi, il processo in cui qualcosa funziona come segno, secondo la definizione di Ch. Morris, che ha distinto quattro componenti della semiosi: ciò che agisce come segno (veicolo segnico), ciò cui il segno si riferisce (designato), l'effetto su un interprete (interpretante) e chi usa il segno (interprete).

semiotica, o semiologia, disciplina che studia la natura dei segni (dal gr. *sēmêion*, segno), la loro produzione, trasmissione, interpretazione ecc. Come disciplina autonoma (che cerca di costituirsi a scienza), la semiotica è un fenomeno del nostro secolo, ma le sue origini sono lontanissime nel tempo: basti ricordare gli spunti semiotici dell'*Organon* aristotelico, la distinzione stoica di significante e significato, la pedagogia e la teologia «semiotiche» di Agostino, i trattati dei → modisti (secc. XIII-XIV) e la filosofia del linguaggio di Port-Royal. Se questa è la «preistoria» della semiotica, essa conosce poi un lungo periodo di gestazione in età moderna: Locke dedica l'ultima parte del *Saggio sull'intelletto umano* (1690) alla «semiotica» intesa come dottrina dei segni (e soprattutto dei segni più comuni: le parole), e J.H. Lambert, seguendo l'esempio di Locke, dedica parte del suo *Nuovo Organon* (1764) alla «semiotica» intesa come dottrina della conoscenza simbolica in generale e del linguaggio in particolare. Questa semiotica filosofica, strettamente legata alla gnoseologia, ha poi i suoi continuatori nell'Ottocento, per es. in B. Bolzano (*Dottrina della scienza*, 1837) e in E. Husserl (*La logica dei segni*, 1890, ma pubblicato solo nel 1970).
I due «padri» della semiotica contemporanea sono però Ch.S. → Peirce e F. de → Saussure. (Da questa duplice paternità è derivata anche la duplice denominazione: «semiotica» in ambiente anglofono, e «semiologia» in ambiente francofono; oggi, comunque, prevale la prima.) Il primo, ricollegandosi anche alla tradizione della semiotica filosofica dei due secoli precedenti, getta le basi della semiotica come disciplina autonoma. Lo stato frammentario dei suoi scritti semiotici, pubblicati postumi con le altre opere (*Scritti raccolti*, 8 voll., 1931-58), ha reso e rende ancora oggi difficile una piena ricezione della sua opera di pioniere. Fra gli aspetti più importanti della sua teoria vanno ricordati: la nozione di «interpretante» (un segno che ne interpreta un altro) e la tripartizione dei segni in indici, icone e simboli a seconda che abbiano un rapporto di contiguità, di similarità o convenzionale col loro referente. A Peirce si richiama Ch. Morris, autore, fra l'altro, dei *Fondamenti di una teoria dei segni* (1938) e di *Segni, linguaggio, comportamento* (1946). L'originalità di Morris sta soprattutto nell'aver tentato una sintesi fra istanze pragmatiste e aspetti dell'analisi linguistica elaborata dal neopositivismo. I segni possono venir studiati, secondo Morris, da tre diversi punti di vista: quello semantico (cioè nel loro rapporto col referente), quello sintattico (nel loro rapporto di combinazione reciproca), quello pragmatico (nel loro rapporto con chi ne fa uso).
Indipendentemente da questa semiotica di parte filosofica, de Saussure nel suo *Corso di linguistica generale* (postumo, 1916) progetta una scienza di cui la linguistica è parte: la «semiologia», che ha il compito di studiare «la vita dei segni nel quadro della vita sociale». Molti concetti e teorie della «linguistica sincronica» di de Saussure (la nozione di lingua come «sistema di differenze»; la teoria del segno come entità bifacciale composta di significante e significato; la dicotomia rapporti sintagmatici - rapporti associativi ecc.) hanno una rilevanza semiologica generale. Così gran parte del lavoro teorico degli strutturalisti (che in un modo o nell'altro si richiamano a de Saussure) può essere letta anche in relazione al problema della possibilità di estendere i concetti e le teorie saussuriane alla semiologia generale: contributi in tal senso sono per es. la teoria della «connotazione» di L. Hjelmslev, la teoria dei «fattori della comunicazione» di R. Jakobson e la teoria della «doppia articolazione» di A. Martinet. La semiologia d'ispirazione saussuriana si è poi divisa in due grandi correnti: la prima, che ha il suo capostipite in E. Buyssens (*I linguaggi e il discorso*, 1943) e di cui sono rappresentanti di primo piano G. Mounin e soprattutto L. Prieto, si autodefinisce «semiologia della comunicazione» e si dedica all'analisi di quei sistemi di segni fortemente codificati in cui è primaria l'intenzione comunicativa (per es., oltre le lingue, i segnali stradali, i segnali marittimi, l'alfabeto Morse e quello Braille, vari tipi di numerazione ecc.); la seconda corrente o «semiologia della significazione», il cui rappresentante più prestigioso è stato R. Barthes, prende invece in esame tutti i fenomeni «significativi» da un punto di vista sociologico: i sistemi d'oggetti d'uso (per es. la moda, l'auto ecc.), le comunicazioni di massa, le arti ecc. Accanto a questa corrente, U. → Eco ha sviluppato il progetto di una rigorizzazione filosofica della semiotica, nel quadro di un progetto enciclopedico di filosofia delle forme simboliche (*Trattato di semiotica generale*, 1975; *Semiotica e filosofia del linguaggio*, 1984). *L. Am.*

Seneca, Lucio Anneo (Córdoba 4 ca a.C. - Roma 65 d.C.), filosofo e letterato latino. Figlio di L.A. Seneca detto il Retore, ebbe a Roma per maestri il neopitagorico Sozione e gli stoici Papirio e Attalo. Seguì la carriera politica, fu precettore di Nerone e poi, quando questo divenne imperatore (54), suo massimo consigliere. Caduto in disgrazia, nel 62 si ritirò dalla vita pubblica, ma tre anni dopo, accusato di complicità nella congiura dei Pisoni, ricevette da Nerone l'ordine di suicidarsi. La sua morte stoica è narrata da Tacito in una celebre pagina degli *Annali*. Dei suoi numerosi scritti ci sono rimasti, oltre a nove tragedie e ai due trattati *De clementia* e *De beneficiis*, i *Dialogi* o *Dialogorum libri* (comprendenti sette scritti di argomento morale e tre *Consolationes* filosofiche, genere allora in voga), 124 *Lettere a Lucilio*, anch'esse di argomento morale con riferimento alla vita pratica, e infine i *Naturalium quaestionum libri VII*.

Nonostante le numerose influenze (in particolare neopitagoriche e neoplatoniche) e l'assenza di novità sul piano dei fondamenti teoretici, l'opera di Seneca è una delle più alte espressioni dell'etica stoica. Egli concepisce la filosofia come ricerca della virtù e pratica della libertà. L'universo è compenetrato dall'azione provvidenziale di Dio, e gli uomini sono tutti come le membra di un unico grande corpo. Di qui derivano sia il dovere del rispetto verso tutti gli esseri viventi, sia i temi famosi della carità verso gli umili, gli infelici, persino i malvagi (che sono in realtà «ammalati» delle loro passioni) e gli schiavi. Gli accenni alla fratellanza tra gli uomini e alla spiritualità di Dio fecero sorgere la leggenda della nascosta adesione di Seneca al cristianesimo e di un suo carteggio con san Paolo, ancora ricordato da sant'Agostino. In realtà la «patria comune» di tutti gli uomini cui Seneca si riferisce rimane la terra, e l'amore e la socievolezza sono concepiti come una forza razionale e naturale, senza reali analogie con il concetto di divinità giudaico-cristiano. Piuttosto, l'originalità di Seneca consiste nel concepire la virtù stoica secondo l'ideale supremo della «humanitas», cioè non soltanto come autonomia spirituale che rifugge aristocraticamente dai costumi e dalle opinioni del volgo e che preferisce il suicidio pur di non condividere l'ingiustizia pubblica e privata, ma anche come attiva partecipazione sociale e concreta sollecitudine e amicizia per tutti gli uomini, in uno sforzo comune di liberazione dai mali fisici e morali.

Senocrate (Calcedonia 396 - Atene 314 a.C.), filosofo greco. Discepolo di Platone, alla morte del maestro abbandonò, come Aristotele, l'Accademia per il disaccordo con il nuovo scolarca Speusippo. Alla morte di questi gli succedette alla guida dell'Accademia, dal 339 alla morte. Dei suoi scritti ci sono giunti solo alcuni frammenti. Senocrate diede sistemazione all'ultima fase matematizzante del pensiero di Platone, accentuando l'influenza pitagorica che è palese nella concezione dell'anima come «numero che muove se stesso» (da intendersi come anima del mondo) e nella trasformazione dell'Uno e della Diade, in quanto principi della realtà e del movimento, in divinità maschile e femminile. A differenza di Platone, che distingueva i numeri ideali dai numeri matematici, e di Speusippo, che considerava solo i numeri matematici, Senocrate identificava idee, numeri matematici e divinità. Questa assimilazione delle idee ai numeri è espressamente criticata da Aristotele nella *Metafisica* (1028*b*). È probabile che la riduzione senocratea delle categorie alla semplice distinzione tra «ciò che è in sé e per sé» e «ciò che è relativo ad altro» abbia a sua volta un intento antiaristotelico. Secondo Sesto Empirico (*Contro i matematici*, VII, 16), Senocrate divide la filosofia in dialettica (logica), fisica ed etica. La sua cosmologia prevede il mondo sopraceleste intelligibile, il mondo celeste intelligibile e sensibile e il mondo infraceleste sensibile. Il cielo e le stelle sono considerate divinità, ma anche nel mondo inferiore agiscono forze divine e demoniche. La sua etica, distinguendo i beni dell'anima, del corpo e della vita esteriore, pone come sommo bene la virtù, identificata platonicamente con la felicità. Alla virtù più pura, alla vita più felice, perviene il filosofo.

Senofane (attivo nei secc. VI-V a.C.), poeta e filosofo greco. Della sua lunga vita si sa che lasciò la patria, Colofone, nel 545 e che viaggiò poi per tutta la Grecia e la Magna Grecia cantando, come rapsodo, le sue composizioni poetiche. Dei due poemi *La fondazione di Colofone* e *La colonizzazione di Elea* non ci è pervenuto nulla. Gli è attribuito un trattato *Sulla natura* cui vanno forse riferiti vari frammenti sull'estensione infinita dell'universo, sull'origine di tutti gli esseri dall'acqua e dalla terra, sull'origine dei fossili ecc. Si conservano alcuni frammenti delle *Elegie* e dei *Silli*, poemi satirici rivolti polemicamente contro l'antropomorfismo religioso di Omero ed Esiodo. Un'antica tradizione — già accolta da Platone (*Sofista*, 242*d*) e da Aristotele (*Metafisica*, 986*b*) e poi ribadita dal trattato anonimo *De Melisso Xenophane et Gorgia*, da Teofrasto e Simplicio — considera Senofane fondatore della scuola di Elea e maestro di Parmenide. Parte della critica moderna contesta però il valore storico di questa testimonianza, oppure (K. Reinhardt) ne inverte il senso, considerando Senofane allievo e continuatore della filosofia dell'essere di Parmenide.

Ma l'originalità essenziale del pensiero di Senofane concerne piuttosto l'ambito della morale. In una fase cruciale della civiltà greca, già avviata alla critica del mito e al pensiero logico, Senofane si fa banditore, contro gli ideali individualistici e competitivi dell'aristocrazia, di una *agathḗ sophíē*, cioè di una «saggezza apportatrice di bene» utile al progresso della polis. In questa luce vanno intesi sia il frammento in cui si disprezzano i privilegi accordati alla vigoria fisica e ai vincitori di gare sportive e si esaltano invece le doti dell'intelligenza e dell'abilità tecnica, sia il frammento in cui si afferma che gli dei «non rivelarono sin dall'inizio ogni cosa ai mortali, ma questi col passare del tempo trovano cercando ciò che è meglio» (Diels, B 18).

Con ciò si accorda la nuova concezione del divino (o di «ciò che conviene al dio»: B 26): contrariamente a Omero e a Esiodo, che hanno attribuito alle divinità i costumi viziosi degli uomini e ne hanno determinato i poteri e le forze a imitazione dei mortali (B 11-14), gli dei, senza bisogno di mutar luogo e con la sola forza del pensiero, muovono ogni cosa (il dio infatti «tutto intero pensa, vede e ode»: B 23-24). Questa rivendicazione della spiritualità del divino non va intesa in senso monoteistico, che è concezione estranea alla mentalità greca, ma come riforma morale dell'→ antropomorfismo proprio della religione olimpica, e come critica razionalistica degli antichi miti cosmogonici e teogonici che narrano le lotte e le violenze dei Titani, di Cronos e di Zeus.

Senofonte (Atene 430 ca - Corinto 355 ca a.C.), storico e scrittore greco. Fu per qualche tempo seguace di Socrate. Le notizie biografiche, che si ricavano dalle sue stesse opere e da Diogene Laerzio (II, 48-59), ce lo presentano come un aristocratico ostile alla democrazia ateniese e incline alla vita avventurosa. Partecipò nel 401 alla spedizione di Ciro il Giovane contro Artaserse e poi alla famosa ritirata dei diecimila mercenari greci che descrisse nell'*Anabasi*. Seguì il re di Sparta Agesilao in varie imprese. Esiliato a Scillunte, compose qui le sue opere, ritirandosi in seguito a Corinto. Oltre alle opere storiche e politiche (*Anabasi*; *Elleniche*; *Ciropedia*; *Agesilao*; *Economico*; *Costituzione di Sparta*), Senofonte ha scritto le seguenti opere di interesse filosofico: *Detti memorabili di Socrate*, *Apologia di Socrate*, *Simposio* e *Ierone o della tirannide*. Privi di ogni originalità speculativa, questi scritti sono importanti per la storia della filosofia in quanto costituiscono la principale fonte, dopo Platone, intorno alla vita e alla dottrina di Socrate. Il valore storico della testimonianza di Senofonte è da sempre oggetto di discussioni e valutazioni anche opposte. Alle tesi (prevalenti nel secolo scorso) che giudicano la testimonianza di Senofonte attendibile e addirittura più probante rispetto a quella di Platone si sono opposti H. Maier (il quale avanza il sospetto che Senofonte abbia attinto prevalentemente dall'opera di Platone), Th. Gomperz e altri ancora: Senofonte, per la sua incapacità di comprendere il pensiero di Socrate, non sarebbe una fonte autorevole e ciò troverebbe conferma nell'incoerenza e prolissità dei contenuti, nell'incapacità di sceverare gli aspetti profondi da quelli superficiali della personalità socratica e infine nell'intento stesso, scopertamente apologetico, degli scritti. Resta il fatto però che alcuni tratti della psicologia di Socrate e alcuni elementi del suo pensiero (l'identificazione di virtù e sapere, l'intento educativo del dialogare ecc.) trovano in Senofonte una conferma storica non irrilevante.

sensazione, termine designante, in generale, quel contenuto del conoscere che è distinto dall'atto intellettuale o concettuale. Nella sensazione vanno poi distinte la qualità, ossia il suo contenuto specifico, e la quantità o intensità, il cui variare in relazione allo stimolo è stato per la prima volta ridotto a legge da G.Th. Fechner, nella seconda metà del secolo scorso. Il concetto di sensazione (che è variamente interpretato dalle diverse scuole filosofiche) è talora distinto da quello di percezione: la prima indicherebbe la pura affezione e cioè il dato elementare avvertito dalla coscienza in connessione con lo stimolo corporeo, mentre la seconda, riferendo l'affezione a un oggetto esterno, darebbe inizio a un'attività conoscitiva vera e propria. La psicologia contemporanea però, e in particolare la → Gestaltpsychologie, nega l'esistenza delle cosiddette sensazioni elementari che, unendosi per associazione (Hume, J.S. Mill), costituirebbero le basi del conoscere sensibile. D'altra parte è evidente che la sensazione, in quanto momento del processo conoscitivo, non può non essere accompagnata dalla coscienza di sentire o «sentir di sentire», come già notavano Aristotele e poi Campanella. Ad Aristotele la storia del pensiero filosofico deve la prima analisi sistematica della sensazione (*De anima*, *De sensu et sensibilibus*, *De memoria et reminiscentia*), preceduta dalle osservazioni svolte da Platone (*Fedone*, *Teeteto*, *Sofista*), il quale già distingue il carattere passivo del sentire (*áisthēsis*) dall'atto creativo e formativo del pensiero (*noûs*). Aristotele però non condivide la svalutazione platonica della sensazione e fonda invece su di essa l'intero processo della conoscenza: il sentire, sebbene insufficiente a dar compimento all'atto del conoscere, è però indispensabile al pensare, poiché ogni conoscenza ha la sua origine nei sensi (questo sarà il significato della massima, ancora rivendicata da Locke, *nihil est in intellectu quod prius non fuerit in sensu*). Aristotele distingue poi il «sensibile proprio» (o contenuto specifico di ognuno dei cinque sensi) e il «sensibile comune» (ciò che tutti avvertono, come il moto, il numero, la figura e la grandezza). Inoltre egli ammette un «sesto senso» o «sensorio comune», cui è affidato il compito di unificare i dati dei cinque sensi in un unico contenuto sensitivo.

Queste analisi aristoteliche (assieme alle osservazioni delle scuole scettica, epicurea e stoica sul contenuto di verità del sentire) costituiscono la base e il punto di riferimento di tutta la successiva riflessione filosofica sino all'età moderna, quando il problema della sensazione viene reimpostato a partire dal problema dell'evidenza soggettiva dell'anima cartesianamente distinta e opposta al corpo. Se la sensazione ha in Aristotele un intrinseco carattere rivelativo delle cose, nel pensiero moderno essa decade spesso a immagine meramente coscienziale di cui si discute l'attendibilità rispetto alla

realtà oggettiva (→ qualità). Per altra via si riduce invece la sensazione a un grado confuso e oscuro di conoscenza (Leibniz), oppure la si sottomette all'influenza delle forme a priori del soggetto (Kant) o, come nell'idealismo, all'interna autodeterminazione dialettica della ragione.
Nel pensiero contemporaneo la fenomenologia di Husserl ha invece rivendicato il carattere rivelativo del sentire, nello sforzo di superare le aporie dualistiche della filosofia moderna: la sensazione è manifestazione della «cosa stessa» nelle sue originarie «sintesi passive» che sono costitutive, come dirà Heidegger approfondendo le analisi husserliane, dell'«essere nel mondo» dell'uomo. Alla fenomenologia si ispira anche la già ricordata Gestaltpsychologie nelle sue analisi strutturali e formali della percezione e del conoscere sensibile, analisi a loro volta critiche nei confronti delle astrazioni dell'empirismo e dell'idealismo.

sensismo, termine designante (assieme al meno usato «sensualismo») quelle dottrine filosofiche che riducono ogni contenuto e atto del conoscere al sentire, ovvero a un processo trasformativo della sensazione, senza ricorrere ad altri principi o facoltà non sensibili. Nel pensiero antico una concezione rigorosamente sensistica sembra fosse sostenuta già dai sofisti (l'anima non è nient'altro che sensazioni, affermava Protagora) e poi, con maggiori articolazioni, dagli stoici. Ma è solo nel pensiero moderno, a partire dal naturalismo rinascimentale di Campanella, che il sensismo si afferma; e lo fa con piena coerenza in Hobbes e Gassendi, i quali peraltro si richiamano a tesi stoiche ed epicuree. Particolarmente nel *De corpore* (1655) Hobbes riconduce a unità i tre piani delle realtà fisiche, fisiologiche e psichiche, dove queste ultime non sono che il riflesso delle prime. Il maestro più rappresentativo del sensismo fu però → Condillac. Nel *Saggio sull'origine delle conoscenze umane* (1746) e nel *Trattato delle sensazioni* (1754) egli intende dimostrare che memoria, attenzione, giudizio, valutazione, desiderio, volontà non sono che «sensazioni trasformate». Il sensismo di Condillac influì sull'illuminismo materialista, ispirando sviluppi morali e sociali, oltre che psicofisiologici, in La Mettrie, Helvétius, Diderot e d'Holbach. Anche in Italia il sensismo di Condillac, soprattutto per l'esposizione divulgativa fornita da padre Soave, ebbe vasta diffusione, ispirando le concezioni giuridico-morali di A. Genovesi, G. Romagnosi, M. Gioia, G. Beccaria e Pietro Verri e trovando applicazione anche in sede estetica (F. Algarotti, S. Bettinelli). Il sensismo teorico di Condillac (vivamente attaccato in Italia da P. Galluppi e da A. Rosmini) non resse alle critiche del trascendentalismo kantiano, dell'idealismo e dello spiritualismo francese del primo Ottocento. Il sensismo ebbe rilievo storico come elemento dell'ideologia illuministica, volta a rivendicare, in uno sforzo di rinnovamento politico e sociale, i fondamenti materiali e naturali dei valori.

senso comune, espressione che riveste vari significati, il più antico risalente ad Aristotele, secondo il quale essa designa la percezione dei «sensibili comuni» (figura, numero, grandezza, stasi ecc.), cioè dei contenuti che appartengono a ogni → sensazione. Ma il senso o sensorio comune è anche la facoltà cui pertiene il compito sia di confrontare i contenuti dei diversi sensi, sia di unificarli in un unico atto percettivo, sia infine di accompagnare ogni sensazione con la coscienza di sentire (*De anima*, 425*b*, 427*a*). Tale funzione dell'anima è riconosciuta anche dagli stoici e come tale ripresa da Cicerone, nel quale però la locuzione «senso comune» acquisisce, in accordo con le discussioni delle scuole stoica, epicurea ed eclettica, una nuova accezione, in quanto designa il «consenso universale», ossia l'ambito di quelle verità sulle quali conviene la maggior parte degli uomini. Un uso tecnico dell'espressione si ripresenta nel sec. XVIII a opera di Th. Reid, fondatore della scuola → scozzese o scuola del senso comune: per un «originario istinto» la mente umana intuisce quelle credenze (per esempio nell'esistenza del mondo esterno o nel principio di causa) che costituiscono il fondamento di verità di ogni conoscenza (*Ricerca sulla mente umana in base ai principi del senso comune*, 1764). L'espressione «senso comune» è però anche riferita in genere al cosiddetto «buon senso» o alla «sana ragione», ai quali per es. fa appello Cartesio nel *Discorso sul metodo*. Infine, non è infrequente nella filosofia moderna un riferimento negativo al senso comune, assunto come sinonimo di pregiudizio diffuso e di opinione volgare e acritica.

sentimento, in generale, stato affettivo più durevole dell'emozione e meno intenso della passione. Il pensiero antico non distingue tra → passione (*páthos*) e sentimento; solo col pensiero moderno, volto all'analisi e alla definizione della sfera della soggettività, il sentimento in quanto nozione specifica acquisisce un'autonoma rilevanza concettuale. Ciò è in particolare evidente nella dottrina cartesiana delle «passioni», dove il sentimento, inteso come «passione spirituale», ossia non derivante dal corpo, viene spiegato come un'azione dell'anima su se stessa dalla quale però l'anima si trova trascinata e avvinta come se essa fosse ridotta a oggetto passivo da una forza estranea (*Passioni dell'anima*, 25-28). A partire da questa accezione cartesiana il concetto di sentimento ha incontrato sviluppi e approfondimenti molteplici, che abbracciano l'ambito della morale e dell'estetica, ma spesso si estendono anche alla metafisica e alla teoria della conoscenza.
• *Il sentimento come facoltà conoscitiva.* La di-

rezione conoscitiva è già delineata dal sentimento o «sentire del cuore» che Pascal oppone al conoscere razionale e alla mera percezione empirica; il sentimento viene così identificato con la facoltà che coglie intuitivamente i principi (tempo, spazio, movimento, numero) che fondano l'attività della ragione, cioè l'inferenza logica e il calcolo. In direzione opposta alla soluzione pascaliana, Leibniz intende il sentimento come un grado di conoscenza inferiore, perché ancora oscura e confusa, rispetto alla conoscenza intellettiva. La posizione leibniziana venne ripresa, fra gli altri, da A.G. Baumgarten, da J.N. Tetens e da J.F. Herbart; per Baumgarten il sentimento ha anche una funzione autonoma, consistente nell'offrire la percezione del «bello», cioè di un valore indipendente ed eterogeneo rispetto alle verità logico-conoscitive (*Aesthetica*, 1750-58). In tal modo Baumgarten introduceva nella cultura tedesca il concetto di sentimento elaborato dal pensiero inglese e ripreso da autori quali Rousseau e Vauvenargues («il sentimento ci forza a credere ciò che la riflessione, troppo debole, non osa decidere»: *Riflessioni*, 151), aprendo la strada alla sistemazione kantiana del problema.

• *I sentimentalisti.* La scuola inglese dei cosiddetti sentimentalisti ebbe il suo iniziatore e massimo rappresentante in A.A.C. → Shaftesbury, il quale sostenne il carattere innato del sentimento morale, di cui anche il bello e il vero costituiscono componenti essenziali (*Ricerca sulla virtù e il merito*, 1699). Tali tesi vennero riprese da J. Butler e F. → Hutcheson. L'analisi del sentimento culmina in Hume che, pur respingendo l'ottimismo neoplatonico dei sentimentalisti, affida al sentimento un valore conoscitivo pari a quello dell'attività razionale, ma gli riconosce poi un carattere fondante in sede morale: è dal sentimento che derivano infatti tutte le inclinazioni della cui realizzazione la ragione si fa puro strumento pratico (*Ricerca sui principi della morale*, 1751). Da Hume viene inoltre teorizzata la rilevanza estetica del sentimento, in relazione al problema dell'universalità o singolarità del concetto di gusto. Se la bellezza è un sentimento, «bello» è ciò che viene così valutato da colui che giudica. Non può esistere pertanto un criterio universale a priori del giudizio estetico, sebbene possa darsi una generalità a posteriori del consenso come «considerevole uniformità del sentimento tra gli uomini» (*Saggi*, II). A Hume si ricollegano sia le indagini di D. Hartley circa l'origine, anche fisiologica, dei sentimenti di piacere e di dolore (*Osservazioni sull'uomo*, 1749), sia la morale della simpatia di A. Smith (*Teoria dei sentimenti morali*, 1759).

• *Il sentimento in Kant.* La grande tradizione dei sentimentalisti inglesi trovò in Kant, relativamente al problema morale, il suo critico più puntuale. Secondo Kant, il sentimento (*Gefühl*) è la forma emozionale soggettiva del sentire (ciò che nel sentire o recepire in generale appartiene intimamente ed esclusivamente al soggetto). In quanto «sensazione riferita unicamente al soggetto» (*Critica del giudizio*, I, I, 3), il sentimento è una facoltà autonoma, suscettibile di analisi critica come le facoltà dell'intelletto, della ragione e della volontà. Sul sentimento si fondano i giudizi riflettenti, relativi al piacere e al dispiacere in quanto connessi con la rappresentazione di un oggetto o di un'idea. Tali giudizi, in quanto soggettivi, non hanno alcun riferimento all'esistenza delle cose esterne, poiché non sono le cose a determinarli, ma il modo in cui le rappresentazioni di esse vengono accolte (*Osservazioni sul sentimento del bello e del sublime*, 207). I giudizi riflettenti o del sentimento riguardano pertanto il campo estetico, «scevro da ogni interesse», e l'ambito della finalità o teleologia universale in quanto modo di sentire i fenomeni naturali in accordo con le nostre esigenze morali. Esiste nondimeno anche per Kant l'eventualità di un *sentimento morale*, sebbene in senso proprio il sentimento riguardi sempre la *sensibilità*, la quale è inadeguata a fondare le norme morali (queste devono necessariamente escludere ogni inclinazione empirica). L'unico sentimento morale ammesso da Kant è il «rispetto di sé» (o degli altri), che deriva dall'osservanza della legge morale e che si configura come effetto (e non movente) della conformità dell'agire alla regola prescritta dalla ragione (*Critica della ragion pratica*, I, I, III).

• *Il sentimento nell'età romantica.* Il romanticismo radicalizza la concezione kantiana del sentimento come facoltà autonoma. Il sentimento diviene l'attitudine a cogliere l'infinito, sia in forma poetica (F. von Schlegel, F. Hölderlin), sia religiosa (F. Schleiermacher: «La religione è sentimento e gusto dell'infinito», *Discorsi sulla religione*, 1799). Come intuizione spirituale il sentimento guadagna così una posizione particolare rispetto alle altre facoltà; esso è svincolato, soprattutto nell'artista e nel «genio», da ogni legge (von Schlegel, Schelling), e tuttavia questa eccezionalità è talora vista anche come emozione negativa, come «struggimento» (*Sehnsucht*), in cui convivono il male e il desiderio. Contro l'ipertrofia del concetto romantico di sentimento e la sua indeterminatezza, incapace di trascendere la singolarità soggettiva e di accedere alla ragione, polemizza Hegel nell'*Enciclopedia* (par. 447 sgg.); ma proprio in opposizione al razionalismo hegeliano Schopenhauer affida al sentimento della pietà il fondamento dei valori morali. La metafisica romantica del sentimento ha del resto continuato a esercitare un'influenza sul pensiero successivo, in particolare in funzione antipositivistica. Sono da ricordare al riguardo la rivalutazione del sentimento operata da H. Bergson, che lo intese come facoltà capace di penetrare, oltre lo schermo delle astratte schematizzazioni intellettuali, l'essenza metafisica della realtà (*Introduzione alla metafisica*, 1903), e il concetto metafisico-naturalistico di sentimento (*feeling*) elaborato da A.N. Whitehead per superare il dualismo epistemologico tra soggetto e oggetto, spirito e natura, quantità e qualità (*Processo e realtà*, 1929).

• *L'analisi fenomenologico-esistenziale*. Un nuovo indirizzo alle indagini sul sentimento venne fornito dalla prospettiva fenomenologica, a partire dal tentativo husserliano di fondare il concetto di intersoggettività sull'«intuizione simpatetica» (*Einfühlung*: cfr. *Meditazioni cartesiane*, v). Ma è soprattutto M. Scheler a elaborare tematicamente il problema, differenziando il sentimento dall'emozione e chiarendone la natura intenzionale. Se gli «stati emotivi» sono puramente fenomenici, il sentimento svolge invece la duplice funzione trascendentale di costituire la reazione del soggetto alla situazione emotiva, e di manifestare, in tale reazione, il campo dei «valori»; prima di qualsiasi giustificazione metafisica, morale o religiosa, il sentimento istituisce autonomamente i valori, cioè i sensi universali della vita, che è compito del fenomenologo descrivere nella loro qualità emergente (*Il formalismo nell'etica e l'etica materiale dei valori*, 1913-16). L'esistenzialismo riprese il concetto di sentimento elaborato dalla fenomenologia, ma ispirandosi anche alle tesi pascaliane e soprattutto kierkegaardiane. Per Heidegger la «situazione emotiva» è una delle strutture fondamentali dell'esistenza; in particolare il sentimento dell'«angoscia» apre alla rivelazione del nulla e all'esperienza anticipatrice della morte come possibilità più propria dell'uomo (*Essere e tempo*, 1927; *Che cos'è la metafisica?*, 1929). A tale tematica si richiama anche J.-P. Sartre nelle sue celebri analisi relative al sentimento della «nausea», col quale si manifesta la radicale contingenza dell'esistenza umana, «assediata» dalla opaca e assurda impenetrabilità del mondo (*L'essere e il nulla*, 1943).

Serres, Michel (Agent 1930), epistemologo e saggista francese. Membro dell'Académie Française e direttore del «Corpus des Œuvres de philosophie en langue française». Di formazione scientifico-matematica, Serres ha proposto una ripresa del progetto positivistico nel quadro dello strutturalismo. Egli però, rispetto al positivismo dell'Ottocento e al neopositivismo novecentesco, non assume la teoria della scienza come riferimento esclusivo per la teoria della conoscenza. L'epistemologia contemporanea deve recuperare l'ideale leibniziano di una mediazione fra i saperi umanistici e i metodi propri delle scienze della natura (*Il sistema di Leibniz e i suoi modelli matematici*, 2 voll., 1968; i saggi raccolti nei 5 voll. di *Hermès*, 1969-80). La prospettiva leibniziana pare particolarmente adatta alla comprensione della scienza contemporanea in quanto, a differenza del cartesianesimo, non mira a conseguire evidenze di coscienza e idee chiare e distinte, ma piuttosto si occupa delle relazioni formali che organizzano i diversi ambiti del sapere, così da permettere il riconoscimento di costanti e analogie metodiche in campi che, quanto agli oggetti trattati, sono affatto eterogenei. Muovendo da questo assunto, Serres si è occupato anche di estetica, ravvisando in talune espressioni artistiche il corrispettivo, e in qualche caso l'anticipazione, di prospettive scientifiche (*Gioventù. Su Jules Verne*, 1974; *Fuochi e segnali di bruma. Zola*, 1975; *Estetiche su Carpaccio*, 1975). Altre opere: *Lucrezio e l'origine della fisica* (1977); *Roma. Il libro delle fondazioni* (1983); *I cinque sensi* (1985); *Le origini della geometria* (1993).

Serveto, Michele, o Miguel Servet (Vilanova de Sixena, Lérida, 1511 - Ginevra 1553), medico e riformatore religioso spagnolo. Dopo avere studiato diritto a Tolosa, dove si accostò per la prima volta al protestantesimo attraverso i *Loci communes* di Melantone, entrò al servizio di J. de Quintana, confessore di Carlo v, e compì numerosi viaggi in Europa. Veniva intanto maturando la sua contestazione della dottrina trinitaria, che espose nel *De Trinitatis erroribus* (1531). Sostenendo che Dio è uno e le tre persone non sono che sue semplici modalità, Serveto non negava interamente la Trinità, ma si avvicinava al → modalismo della chiesa antica. Rifiutò anche il battesimo dei bambini e considerò la Cena un nutrimento puramente spirituale. Costretto a lasciare la Germania, si rifugiò a Parigi, dove coltivò gli studi di medicina con A. Vesalio e scoprì la circolazione polmonare del sangue. In seguito si trasferì a Vienne nel Delfinato, esercitandovi la professione medica presso l'arcivescovo; e qui compose la sua opera principale (*Christianismi restitutio*, 1553), pubblicata anonima, nella quale annunciava vicina la fine dell'anticristianesimo papista ed esponeva compiutamente le sue idee antitrinitarie. Calvino, cui era stata richiesta l'approvazione dell'opera prima della pubblicazione, negò il benestare, anzi appoggiò la denuncia dell'autore all'Inquisizione. Arrestato a Vienne, Serveto riuscì a fuggire e si diresse verso l'Italia. Durante il viaggio si fermò a Ginevra per ascoltare Calvino, ma fu riconosciuto, arrestato e, dopo un lungo processo, condannato al rogo (1553). L'esecuzione divise i capi del protestantesimo: a Calvino e a quanti l'approvavano si oppose il riformatore S. Castellion, con il trattato *De haereticis, an sint persequendi* (1554); Calvino scrisse a sua volta la *Defensio ortodoxae fidei* (1554), nella quale sostenne il diritto di uccidere gli eretici. Il pensiero di Serveto è sostanzialmente eclettico: in esso si ritrovano elementi neoplatonici, ermetici, arabi, nel quadro di una concezione mistico-panteistica dell'universo.

sessualità, insieme degli aspetti psichici (soggettivi e comportamentali) legati alla funzione riproduttiva animale e umana. La concezione oggi prevalente della sessualità è quella psicoanalitica, cui s'ispira anche, in larga misura, la sessuologia contemporanea. Secondo Freud, le nozioni di sessualità e di → pulsione sessuale vanno intese in un senso molto ampio, al di là dell'interpretazione preformazionistica, secondo la quale la condotta sessuale è governata da un istinto di conservazione della specie rigidamente finalizzato al coito. Più esattamente, nella concezione freudiana il piacere sessuale non deriva soltanto dal funzionamento degli organi genitali, bensì da tutta una serie di altre attività corporee che iniziano nella prima infanzia e che, al di là delle apparenze, non sono finalizzate al soddisfacimento di un bisogno fisiologico primario (come la fame o la sete); è questo il caso, per es., della suzione del pollice da parte del bambino, che non soddisfa il bisogno alimentare (come potrebbe far pensare la partecipazione della zona orale), bensì la pulsione sessuale, che anche nella sessualità genitale dell'adulto (soprattutto nelle forme di piacere preliminare, come nel bacio) vedrà la suddetta partecipazione della zona orale. Lo stesso vale per altre zone somatiche, come quella anale (→ zone erogene; → fase).

Sesto Empirico (180-220 d.C.), medico e filosofo greco. È la nostra fonte più importante per la conoscenza dello scetticismo antico. È ignoto il suo paese di provenienza, ma sicuramente soggiornò ad Alessandria, ad Atene e a Roma; il soprannome di Empirico sembra dovuto alla sua appartenenza alla scuola della medicina empirica. La sua opera scettica è giunta per intero fino a noi; sono andati perduti invece i suoi scritti di medicina, le *Memorie mediche* e le *Memorie empiriche*, che forse costituivano una stessa opera, e un trattato *Sull'anima*. L'opera scettica di Sesto comprende le *Ipotiposi* o *Schizzi pirroniani*, in tre libri, che è anche il suo primo scritto; *Contro i dogmatici*, in cinque libri, e *Contro i matematici*, in sei libri. Il primo libro degli *Schizzi* espone i principi dello scetticismo (la cosiddetta «scepsi generale»), mentre i restanti libri contengono la critica della filosofia dogmatica, cioè della logica, della fisica e dell'etica, particolarmente di quelle di indirizzo stoico; critica poi ripresa e ampliata negli scritti *Contro i dogmatici*. L'opera *Contro i matematici* è invece un'ampia requisitoria contro le arti liberali: grammatica, retorica, aritmetica e geometria, astronomia e musica. Gli argomenti filosofici di Sesto non sono originali, ma derivano dalla precedente tradizione scettica, di cui rappresentano una sistemazione lucida ed esauriente. Il suo indirizzo di pensiero, empirico e pragmatico, privilegia le credenze ordinarie della vita comune (*bíos*) e il sapere pratico delle tecniche; è un'apologia filosofica del senso comune, che nasce dalla critica serrata delle contraddizioni della filosofia.

Šestov, Lev, pseudonimo di Lev Isaakovič Schwarzmann (Kijev 1866 - Parigi 1938), filosofo russo. Lasciata la Russia nel 1920, si stabilì a Parigi, dove fu professore presso l'Istituto di studi slavi. Fra le sue opere: *L'idea del bene in Tolstoj e Nietzsche* (1900); *La filosofia della tragedia. Dostoevskij e Nietzsche* (1903); *La notte di Getsemani. Pascal* (1923); *Kierkegaard e la filosofia esistenziale* (1936); *Atene e Gerusalemme* (1938).

Secondo Šestov, la filosofia deve continuamente richiamarci al mistero che ci circonda, insegnandoci a vivere nell'incertezza e nell'ignoto. Questa intuizione fondamentale lo portò a una critica del razionalismo, la quale si richiama al pensiero di Nietzsche e Dostoevskij e si accompagna alla ripresa del tema pascaliano dell'opposizione fra il Dio filosofico e il Dio religioso: in questo movimento di pensiero incontra Kierkegaard e l'esistenzialismo, che egli intende depurare da ogni «residuo» razionalistico. Il razionalismo si qualifica per lui proprio come rifiuto del mistero: al mistero dell'essere che si può cogliere solo nella tragicità dell'esistenza umana, esso sostituisce un sistema di «conoscenze evidenti» che esigono obbedienza incondizionata da parte dell'uomo (sia in campo teoretico sia in campo morale). Il peccato originale — afferma Šestov — non deve essere compreso in termini etici od ontologici, ma gnoseologici: esso è legato alla concupiscenza del sapere, che genera l'apparizione del generale, dell'obbligatorio, dell'universale, dell'inevitabile. Per Šestov la liberazione dell'uomo non viene dalla conoscenza e dalla scienza, ma solo dalla grazia divina che libera l'uomo dalla loro tirannia e gli riapre la via alla libertà edenica; ma la via al paradiso passa attraverso l'inasprimento dei conflitti e della disarmonia, attraverso lo shock della disperazione che rompe la banalità quotidiana e apre all'esperienza della tragedia.

Seth, James (Edimburgo 1860-1924), filosofo inglese. Professore negli Stati Uniti e, dal 1898, a Edimburgo, elaborò, assieme al fratello Andrew, una filosofia di indirizzo neoidealistico, sviluppando in particolare il problema morale. In *Libertà come postulato etico* (1891) e soprattutto nella sua opera più fortunata e diffusa, *Studio sui principi etici* (1894), Seth affronta criticamente le due opposte tendenze del naturalismo e dell'idealismo assoluto, che a suo parere negano entrambe il valore della persona e rendono così impossibile la fondazione dell'etica come scienza normativa. Quest'ultima non deve poi rivolgersi alla ragione piuttosto che alla sensibilità (come accade nel rigorismo kantiano), ma all'intera personalità umana, il cui compito morale è quello di svilupparsi dall'individualità naturale a quella ideale. Quanto ai fondamenti teoretici della sua etica, Seth si richiamava espressamente all'indirizzo neoidealistico inaugurato dal fratello, indirizzo al quale collaborò anche col volume *Filosofi inglesi e scuole di filosofia* (1912).

Seth Pringle-Pattison, Andrew (Edimburgo 1850-1931), filosofo inglese. Insegnò a Cardiff, St. Andrews ed Edimburgo. Dal 1897 assunse il cognome di Pringle-Pattison. Formatosi alla scuola del neohegelismo inglese, dopo il volume *Da Kant a Hegel* (1882), in cui già compaiono spunti originali, propugnò un nuovo indirizzo dell'idealismo con il saggio *Filosofia come critica delle categorie* (nel vol. miscellaneo *Saggi di critica filosofica*, 1883, che si presentò come il manifesto programmatico della nuova tendenza). La sua opera principale è *Hegelismo e personalità* (1887). In polemica con Th.H. Green, F.H. Bradley e B. Bosanquet, Seth rifiutò l'ipostatizzazione dell'Io nell'Assoluto, dividendo il campo degli idealisti inglesi tra assolutisti e personalisti. Nella sua rivendicazione della personalità individuale egli corresse Hegel con un ritorno a Kant, seguendo un cammino che da un lato lo avvicinò alle posizioni spiritualistiche di R.H. Lotze, dall'altro lo condusse, a partire dal 1897, ad accogliere la tradizione teistica, sia pur rifiutando la trascendenza assoluta di Dio e sottolineando invece l'unione dialettica della persona divina con l'intersoggettività umana (*Due lezioni sul teismo*, in *Il posto dell'uomo nel cosmo e altri saggi*, 1897; *L'idea di Dio alla luce della recente filosofia*, 1920; *Studi di filosofia della religione*, 1930; *Lezioni sul realismo*, 1933, postumo).

setta, termine (collegato etimologicamente all'idea di «seguire» una certa condotta di vita e una certa dottrina) che designa, nella tipologia classica di E. Troeltsch, quella particolare configurazione dei movimenti religiosi comunitari, soprattutto cristiani, distinti tanto dalla chiesa, quanto dall'«individualismo mistico». La setta, spesso formatasi per distacco dalla chiesa, si caratterizza per il rifiuto di una gerarchia interna e per il radicale egualitarismo (che spesso non impedisce, anzi esalta l'autorità del capo carismatico), per il rigorismo dottrinale, e soprattutto etico, e di conseguenza per la netta contrapposizione al mondo circostante e per la grande compattezza interna del gruppo. Configurazioni settarie si danno anche nell'antichità cristiana; per analogia, il termine può essere applicato all'ambito giudaico e islamico. Ma è all'evangelismo medievale e a quello dei movimenti nati dalla riforma che più si attaglia la tipologia sopra richiamata, sebbene si parli, per l'antichità cristiana, di sette gnostiche e sia stato definito talvolta come «settario» perfino l'ambito in cui nascono il Vangelo e le lettere di Giovanni. Al rigore etico del settarismo minoritario cristiano, accanto a vicende segnate da violenza e intolleranza (che non possono essere ascritte sempre e solo alla maggioranza persecutrice), la storia della cultura occidentale deve molto più di quanto sia in genere disposta a riconoscere, perché è nella tradizione settaria, soprattutto anglosassone, che trovano le proprie origini molti fermenti radicali e libertari che, laicizzatisi, hanno perso memoria, appunto, delle loro origini.

setting, termine inglese (indica lo scenario in cui si svolge un avvenimento) impiegato in psicoanalisi per indicare il campo della relazione tra analista e paziente regolato da un insieme di condizioni prestabilite in modo da consentire l'analisi di particolari contenuti affettivi (→ proiezione; → transfert-controtransfert) non valutabili altrimenti. Queste condizioni — il ritmo delle sedute, la loro durata, il pagamento, la posizione sdraiata o seduta del paziente, il divieto di incontrarsi altrove, l'atteggiamento distaccato o empatico dell'analista ecc. — hanno acquisito, dalla loro iniziale formulazione risalente a Freud, una progressiva sistematizzazione e hanno subito revisioni e modifiche parallelamente allo sviluppo teorico della psicoanalisi e alla trasformazione della tecnica terapeutica. Si è così via via delineata — a carico soprattutto dell'atteggiamento dell'analista, e anche per l'ingresso di patologie più gravi e per l'attenzione alle prime fasi di sviluppo del bambino — una visione del setting che tende a privilegiare l'accoglimento, il supporto, il contenimento (W.D. Winnicott e W.R. Bion). Analogamente è venuto mutando il significato da attribuire al controtransfert, non più considerato come pericolosa ridondanza di problemi emotivi dell'analista, ma piuttosto come inevitabile presenza di quest'ultimo all'interno della relazione, nonché necessario strumento di comprensione della relazione medesima.

Seuse, Heinrich, → Suso, Enrico.

Severino, Emanuele (Brescia 1929), filosofo italiano. Allievo di G. Bontadini, insegna attualmente filosofia teoretica all'università di Venezia. Fin dai lavori giovanili — *La struttura originaria* (1958) e *Studi di filosofia della prassi* (1962) — Severino elabora una originale interpretazione del nichilismo, poi ripresa con nuovi sviluppi nelle opere successive. Il nichilismo viene inteso come il contenuto essenziale del pensiero e della storia dell'Occidente, animati dalla persuasione che «l'ente sia niente», cioè dalla pretesa di conferire realtà al divenire. Ammettere il divenire significa infatti asserire che l'essere possa non essere più, il che equivale a negare che davvero sia. Questa concezione non è puramente teoretica o contemplativa, ma risponde alla volontà di dominio e di potenza che anima sin dall'origine l'Occidente: la nullità dell'ente è infatti la condizione alla quale diventa possibile (e necessario) il gesto del dominio, che è insieme ragione strumentale e volontà assoggettatrice della natura. Il destino nichilistico dell'Occidente si manifesta nel corpo stesso del linguaggio, dove il sistema grammaticale della flessione, tipico delle lingue indoeuropee, documenta la caduta nel regime del divenire (*Destino della necessità*, 1980). La volontà di potenza assume del resto forme sempre nuove e «sempre più potenti» — la metafisica come progetto razionale del mondo, la scienza moderna come calcolo e previsione, la tecnica infine come esecuzione operativa di quel calcolo — secondo una logica per cui il progetto di dominio appare come il fatale tentativo di surrogare la pienezza negata dell'essere ridotto a niente. Se il nichilismo così inteso è l'aberrazione costitutiva dell'Occidente (*Essenza del nichilismo*, 1972; *Gli abitatori del tempo*, 1978; *Techne*, 1979; *La filosofia futura*, 1989), l'unico rimedio consisterà nel ritorno a un'ontologia di tipo «parmenideo», che smascheri l'illusione fondamentale del divenire e renda così possibile una diversa e non più alienata modalità dell'agire umano.

Shabbetaj Zeví, → sabbatianismo.

Shaftesbury, Anthony Ashley Cooper conte di (Londra 1671 - Napoli 1713), filosofo inglese. Compiuti gli studi classici, soggiornò in Francia, Italia e Olanda. Nel 1695 entrò in parlamento con il partito whig, ma il suo impegno politico fu breve e saltuario, anche per la malferma salute. Nel 1699 pubblicò la *Ricerca sulla virtù e il merito*. Nel 1708 la sua *Lettera sull'entusiasmo*, contro il fanatismo religioso, sollevò vivaci polemiche. Nel 1709 apparvero *Il moralista* e *Sensus communis*, seguiti nel 1710 dal *Soliloquio o consiglio a un autore* e nel 1711 dalle *Riflessioni miscellanee*. Nello stesso anno Shaftesbury raccolse questi scritti nei tre volumi delle *Caratteristiche di uomini, maniere, opinioni, tempi*. Durante gli ultimi due anni di vita, trascorsi a Napoli, si dedicò a studi di estetica componendo saggi e abbozzi, inclusi nelle successive edizioni postume delle *Caratteristiche*, mentre l'ampio saggio *Plastica, o l'origine, il progresso e la potenza delle arti del disegno*, mai compiuto, fu pubblicato nel 1914 col titolo di *Caratteristiche seconde o il linguaggio delle forme*.

Nel clima delle polemiche di fine Seicento relative all'etica e alla religione, Shaftesbury sostiene l'autonomia della morale dalla religione e dalla politica, ravvisandone la fondazione nel sentimento o «senso morale». Contro Hobbes, egli nega che la condizione naturale dell'uomo sia caratterizzata da pure inclinazioni egoistiche, giacché a queste si accompagnano naturali tendenze alla «simpatia» e alla collaborazione sociale. Da questo istinto socievole emerge poi un «atto riflessivo del sentimento», o «senso morale», che consente l'immediata e intuitiva percezione interiore del bene e del male, del giusto e dell'ingiusto, e quindi la valutazione etica. Questa si basa sul comune senso dell'ordine, dell'armonia e dell'equilibrio, sicché il sentimento etico rivela la sua profonda affinità col sentimento estetico, secondo quell'unità di bello, buono e vero che è propria della tradizione platonica. In questo quadro va collocato il ricorrente tema dell'→ ironia: col suo rivelare la disarmonia delle azioni viziose (nonché dei comportamenti superstiziosi e fanatici), l'ironia diviene strumento ideale per correggere ed educare l'uomo alla virtù e all'equilibrio. Shaftesbury eredita in tal modo la tradizione neoplatonica inglese, riducendola però a una dimensione di pensiero totalmente laica, e nel contempo apre la via all'etica illuministica di Hutcheson e Butler e al deismo. Da quest'ultimo peraltro egli si distingue (*Il moralista* I, II) per il rifiuto del razionalismo astratto, al quale oppone una concezione panteistico-vitalistica della realtà, sostanzialmente ottimistica e lontana tanto dal pessimismo hobbesiano della ragione quanto dal pessimismo teologico dei calvinisti.

L'influenza di Shaftesbury fu ampia e profonda anche oltre i confini dell'Inghilterra. La sua concezione unitaria e immanente della natura come totalità vivificata da una «forma interiore» influì, per es., su Herder e su Goethe; e il tema del «genio», che deriva dal concepire l'arte come attività spontanea, intuitiva e creativa, influenzò l'estetica di Lessing e la *Critica del giudizio* di Kant.

Shammaj (50 ca a.C. - Gerusalemme 30 ca d.C.), dottore ebreo, fondatore della scuola esegetica chiamata «casa di Shammaj», tradizionalmente considerata in opposizione alla scuola del suo collega → Hillel il Vecchio. Dal confronto dialettico tra le scuole ebbero origine le più chiare formulazioni dottrinarie del giudaismo farisaico, poi raccolte nei testi canonici della *Mishnah* e del Talmud. In genere, mentre nelle opinioni di Hillel si suole vedere un atteggiamento tollerante, aperto e universalistico, tendente a ricercare l'accordo tra la Legge scritta e la tradizione orale e a realizzare l'adeguamento delle norme religiose alla storia e alla società, l'esegesi di Shammaj è considerata legata a criteri restrittivi, letterali e rigidi. Tuttavia un esame attento delle formulazioni halakiche (→ halakhah) che vanno sotto il nome di Shammaj rivela che non sempre egli assunse l'atteggiamento chiuso e rigorista attribuitogli polemicamente dagli oppositori.

sharī'a, termine arabo (che significa «via») designante la legge religiosa islamica. Tutto il comportamento del musulmano deve essere regolato dalla «via» stabilita da Dio e conosciuta dall'uomo per mezzo di forme dirette o indirette di rivelazione. Quattro sono le fonti della sharī'a: il Corano, la Sunna, il consenso (*iğmā'*) dei giuristi e, in posizione meno rilevante, il ragionamento analogico (*qiyās*). Coloro che studiano la scienza della Legge (*'ilm*) sono detti *'ulamā* (ulema). Quattro sono le scuole giuridiche ufficiali (talora dette «riti») riconosciute ancora oggi: la hanafita, la malikita, la sciafiita e la ḥanbalita (→ Islam).

Sidgwick, Henry (Skipton, Yorkshire, 1838 - Cambridge 1900), filosofo inglese. Professore di filosofia morale a Cambridge, ottenne grande notorietà col volume *Metodi dell'etica* (1874) e con la sua opposizione al nascente neoidealismo inglese. Nel 1882 fondò la Società di ricerca psichica, tuttora specializzata nello studio dello spiritismo.

Tra le opere di Sidgwick vanno ricordati i lavori di economia e politica (*Principi di economia politica*, 1883; *Lo scopo e il metodo della scienza economica*, 1885; *Elementi di politica*, 1891; *Lo sviluppo della politica europea*, postumo, 1903) e gli scritti di etica (*Lineamenti di storia dell'etica*, 1879; *Etica pratica*, 1898; e i postumi *Lezioni sull'etica di Green, Spencer e Martineau*, 1902; *Prospettiva e relazioni della filosofia*, 1902; *La filosofia di Kant e altri saggi*, 1905). Sidgwick intende sviluppare un'analisi dell'etica indipendente dai principi della metafisica e della religione. La sua è un'indagine puramente descrittiva dei comportamenti morali dell'uomo e dei criteri normativi che li informano. Questi ultimi si riconducono alla «perfezione» e alla «felicità», la quale a sua volta può essere o la felicità propria o quella dell'umanità in generale. Da questa tripartizione discendono le tre fondamentali etiche dell'*intuizionismo* (per es. l'etica kantiana fondata sull'imperativo categorico come immediato «fatto di ragione»), dell'*edonismo egoistico* (Epicuro) e dell'*edonismo utilitaristico* (J. Bentham e J.S. Mill). La distinzione tra questi due tipi di edonismo e la dimostrazione della loro incompatibilità costituiscono il lato originale del lavoro di Sidgwick e la spiegazione del suo successo nella cultura anglosassone.

Sigieri di Brabante (1235 ca - Orvieto 1282), filosofo fiammingo. Professore nella facoltà delle arti dell'università di Parigi dal 1266 al 1277, fu l'iniziatore dell'→ averroismo latino, corrente filosofica che sosteneva l'aristotelismo nella versione più fedele ai testi dello Stagirita. Ciò comportava l'accettazione, sul piano della ricerca filosofica, di teorie contrarie alla dottrina cristiana tradizionale, quali l'eternità del moto e della materia e la negazione della provvidenza divina. Ma la tesi di Sigieri che maggiormente sconcertò i teologi del tempo riguardava l'antropologia: seguendo l'esegesi di Aristotele proposta da Averroè, il maestro brabantino nelle *Quaestiones in tertium de anima* (1269) insegnava che l'intelletto (agente e possibile) è una sostanza separata dall'uomo, di natura spirituale e unico per tutta la specie umana. Di conseguenza il singolo uomo non possiede in proprio alcuna facoltà intellettiva: la sua struttura psichica è identica a quella degli altri animali superiori, dai quali si distingue solo per la maggiore potenza della fantasia, organo unificatore delle rappresentazioni sensibili o fantasmi. È l'intelletto unico che determina la produzione delle specie intellettive o concetti universali. Siccome l'avvio al processo intellettivo è dato dai fantasmi che sono nell'uomo, si può dire — non senza un margine di equivocità — che quando l'unico intelletto conosce, anche l'uomo singolo conosce. Questa spiegazione presentava due gravi difficoltà per un cristiano, come rilevò Tommaso d'Aquino nel *De unitate intellectus contra averroistas* (1270): negando l'esistenza di un'anima intellettiva individualizzata, si negava di conseguenza l'immortalità personale dell'uomo; inoltre non si spiegava il dato comune di esperienza interna, in base al quale ogni singolo uomo ritiene di essere protagonista delle proprie attività conoscitive, che risultano diversificate nei soggetti anche quando l'oggetto da conoscere è il medesimo. Nel 1270 le tesi dell'aristotelismo radicale di Sigieri vennero censurate anche dall'autorità ecclesiastica parigina. Sigieri scrisse allora due nuovi trattati, *Quaestiones de anima intellectiva* (1273) e *Quaestiones super librum de causis* (1275-76), in cui modificava parzialmente le proprie posizioni: anzitutto egli dichiarava che le tesi avanzate nei suoi scritti dovevano considerarsi valide solo nell'ambito dell'indagine filosofica; se l'insegnamento rivelato discorda dalle conclusioni della filosofia aristotelica, il pensatore cristiano deve accettare come definitivo il dato della rivelazione. In tal modo Sigieri prospettava una diversificazione della verità per gradi, e perciò evitava di cadere nell'erronea affermazione della doppia verità: per Sigieri la verità rivelata è congenitamente superiore rispetto al livello della verità filosofica.

Il maestro brabantino modificò parzialmente anche il monopsichismo: pur continuando a insegnare che l'anima intellettiva, spirituale ed eterna, non può essere forma di un corpo materiale e corruttibile, Sigieri ammise che si poteva prospettare un'unità operativa fra l'uomo singolo e l'unico intelletto, conseguente al fatto che le operazioni di quest'ultimo partecipano al processo conoscitivo che l'uomo sviluppa con le proprie facoltà sensitive, interne ed esterne.

Le sue posizioni rivedute non convinsero però i teologi (tra cui Bonaventura e Tommaso). Dopo la condanna del vescovo di Parigi nel 1277, Sigieri si appellò al papa, ma a Orvieto, sede della curia papale presso la quale Sigieri stava in attesa di una sentenza definitiva, egli venne pugnalato dal chierico che gli faceva da segretario, colto da una crisi di follia.

Altre sue opere importanti: *Quaestiones in*

physicam (1270-71); *De aeternitate mundi* (1272); *Quaestiones logicales* (1272); *Quaestiones in metaphysicam* (1273).

Sigieri di Courtrai (1288 ca - 1341 ca), filosofo belga. Professore nella facoltà delle arti dell'università di Parigi (1309), fu poi nominato procuratore della Sorbona (1315). La sua opera principale è costituita da una *Summa modorum significandi*, nella quale vengono lucidamente definiti i compiti della grammatica speculativa (→ modisti). I generi grammaticali e le loro specie sono correlativi ai generi e alle specie dell'ordine reale: il nome e il pronome sono le parti del discorso che hanno il compito di significare ciò che nella realtà è stabile, mentre il verbo e il participio enunciano ciò che è soggetto al divenire. Le particelle indeclinabili non appartengono all'essenza del linguaggio, ma servono solamente a renderlo più adeguato. Sigieri fu autore inoltre di commenti ad alcune opere logiche di Aristotele, di due trattati di logica formale (*Ars priorum*, *Fallaciae*) e di numerosi *Sophismata*.

significante, nella concezione del segno linguistico proposta da F. de Saussure, l'immagine acustica che è associata (nella mente del parlante) al concetto o → significato. Di Saussure è anche l'affermazione della linearità, o dimensione temporale, dei significanti linguistici.

significato, il contenuto comunicativo di un'espressione linguistica. Quattro modelli hanno soprattutto influenzato il modo di concepire il significato: a) della denominazione; b) dell'idea associata; c) della reazione suscitata; d) delle condizioni di verità. Dalle teorie che subiscono l'influenza di (a), il significato tende a essere pensato sul modello della relazione tra il nome e il suo portatore (tra 'Napoleone' e Napoleone) (→ riferimento). Le espressioni linguistiche sono tendenzialmente assimilate a *nomi* di varie entità, concrete, come gli individui, o astratte — ma non meno «reali» — come le proprietà: conoscerne il significato è sapere di che cosa sono il nome. Questa posizione, che risale al *Cratilo* di Platone (→ linguaggio, filosofia del), fa sentire la sua influenza in J.S. Mill, nel *Tractatus* di L. Wittgenstein, e più recentemente in S. → Kripke e nella teoria del riferimento diretto (dove il modello è assunto nella sua forma più pura). Si noti che le posizioni — frequenti per es. nella filosofia medievale — secondo cui il significato di un termine generale come 'bianco' o 'cavallo' è un'*essenza*, intesa come entità astratta, non mentale anche se coglibile dalla mente, sono più vicine a questo modello che non a quello dell'«idea associata». Quest'ultimo, anch'esso molto antico, prevale in modo assoluto nei secc. XVII-XVIII: il significato di un'espressione linguistica è un'entità mentale a essa associata (il significato di 'giallo' è l'idea o la sensazione di giallo). Sono eredi di questa posizione quelle teorie semantiche — spesso interne alla → scienza cognitiva o alla → intelligenza artificiale — che identificano i significati con rappresentazioni mentali, e la comprensione del linguaggio con la costruzione di una rappresentazione mentale. Il modello (c) è caratteristico della teoria del linguaggio del → comportamentismo: il significato è l'insieme delle risposte comportamentali suscitate da un'emissione linguistica. In questa forma, tale posizione ha avuto scarsa e breve fortuna; ne resta qualche traccia in quelle teorie degli → atti linguistici che si presentano come teorie del significato (e non solo come integrazioni di una teoria del significato). Il modello (d), infine, si differenzia nettamente dai precedenti per il fatto di privilegiare, come unità semantica, l'*enunciato* (dichiarativo) rispetto al nome o comunque alle parole singole. In questa concezione — originata da G. Frege e, più esplicitamente, dal *Tractatus* di Wittgenstein — il significato delle parole è definito, indirettamente, come il loro contributo alle condizioni di verità degli enunciati di cui sono costituenti. Il significato di un enunciato, a sua volta, coincide con le sue *condizioni di verità*: comprendere un enunciato è sapere a quali condizioni esso è vero, cioè come dev'esser fatto il mondo affinché esso sia vero. Questa concezione prevale nella → semantica formale del Novecento, e trova la sua esplicitazione più piena nella → grammatica di Montague.

sikhismo, comunità religiosa dei sikh o «discepoli», sorta dall'insegnamento di Guru → Nānak (1469-1538). Sulla scia di → Kabīr (uno dei maggiori riformatori dell'induismo e fautore dell'incontro tra Islam e induismo), egli insegnò una fede rigorosamente monoteistica, opposta a ogni forma di idolatria. L'unicità di Dio nel sikhismo è espressa dal numerale «uno» ed è seguita dalla sacra sillaba → OṂ, che rappresenta il simbolo dell'assoluta verità. Dio è l'unico creatore di tutto ciò che esiste (degli esseri visibili come degli invisibili); egli è eterno, onnipervadente, beato e autosussistente, e può essere conosciuto mediante la grazia del guru. La figura del guru (maestro e capo ispirato da Dio) ha, nel sikhismo, una posizione fondamentale. Nove sono i maestri che storicamente si sono succeduti l'uno all'altro; il quinto guru raccolse in un libro (successivamente ampliato) gli scritti di quelli precedenti, insieme a parecchie composizioni di Kabīr e di altri santi: il libro, intitolato *Ādi Granth* o *Granth Sahib* (il libro nobile), costituisce il fondamento religioso del culto, della morale e della vita sociale dei sikh. Il sikhismo, più che la rinuncia ascetica, insegna la legge del dovere e del distacco; l'uomo deve evitare «i cinque fuochi»: il desiderio, l'avidità, l'ira, l'attaccamento e l'egoismo. L'uomo troverà la propria salvezza allorché si renderà conto di formare un tutto con l'umanità intera; anche se i corpi sono separati, non si de-

ve dimenticare che una è la luce che illumina tutti gli uomini, e che in questa luce ognuno deve trasformarsi. Al *viyoga* (processo di separazione che avviene al momento della creazione degli individui) seguirà il *samyoga* cioè l'unione con Dio e con tutte le creature. Per il raggiungimento di tale unione occorrono: fede, pace, amore universale.
Il decimo guru, Govind Singh (all'inizio del sec. XVIII), dette un'impronta militaristica alla setta, per difendere i suoi seguaci dall'oppressione dell'imperatore moghul che intendeva convertirli forzatamente all'Islam: il sikhismo si trasformò così in un gruppo sociale — fondato su nuove basi, intercastali, su particolari costumi e sul patto di difendere la propria fede fino alla morte — che impegnò duramente anche le truppe inglesi tra il 1845 e il 1849. Nel 1965 i sikh, che sono circa sei milioni e mezzo, hanno ottenuto la costituzione di una provincia autonoma nell'Unione Indiana.

Silesio, Angelo, pseudonimo di Johann Scheffler (Breslavia 1624-1677), mistico e poeta tedesco. Addottoratosi a Padova in medicina e filosofia, nel 1653 si convertì dal luteranesimo al cattolicesimo. Ordinato sacerdote nel 1661, visse i suoi ultimi anni in convento. L'opera di Silesio costituisce una vera e propria *summa* della tradizione mistica tedesca da Meister Eckhart a G. Taulero, J. Böhme, J. Ruysbroeck e D. Czepko, alla quale Silesio si ispirò anche per la forma della sua opera principale, *Il pellegrino cherubico* (1657). Oltre a vari scritti apologetici, raccolti nella *Ecclesiologia* (1677), egli scrisse *La santa delizia dell'anima* (1657) e *Descrizione materiale delle quattro ultime cose* (1675). I temi centrali della meditazione mistica — in particolare la dottrina del distacco da tutto ciò che è finito, l'annichilimento di sé, la preghiera come silenzio e l'*unio mystica* con l'essere divino — trovano nei versi di Silesio una sintesi straordinaria per vigore speculativo e intensità lirica. Particolarmente audace è la tesi della compenetrazione tra umano e divino. L'uomo è in Dio, ma anche Dio è nell'uomo; se l'uomo si annulla, «Dio non può vivere neppure un attimo» (*Il pellegrino cherubico*, I, I, 8). Largamente diffusi, gli scritti di Silesio costituirono un punto di riferimento costante della cultura religiosa tedesca dal pietismo al romanticismo.

sillogismo, in Aristotele, l'argomentazione logica in cui, poste due premesse, ne deriva di necessità una conclusione. Lo studio del sillogismo, iniziato da Aristotele negli *Analitici Primi*, costituisce la parte più caratteristica e importante della logica formale tradizionale. Quando si parla di sillogismo senza ulteriori specificazioni ci si riferisce di solito al cosiddetto *sillogismo categorico*. Un sillogismo categorico è costituito da tre proposizioni categoriche, di cui una (la *conclusione*) segue logicamente dalle altre due (le *premesse*); l'esistenza del nesso inferenziale deriva dal fatto che le tre proposizioni hanno, a due a due, un termine in comune. Un esempio tipico di sillogismo categorico è il seguente:

Tutti gli uomini sono mortali
Tutti i greci sono uomini } (Premesse)
Dunque, tutti i greci sono mortali (Conclusione)

Il predicato della conclusione è detto *termine* (o *estremo*) *maggiore*, e la premessa in cui compare, *premessa maggiore*; il soggetto della conclusione, invece, è detto *termine* (o *estremo*) *minore*, e la premessa in cui compare *premessa minore*; infine, il termine comune alle due premesse è detto *termine medio*. Nell'esempio fatto, il termine maggiore, il termine minore e il termine medio sono rispettivamente «mortale», «greco» e «uomo»; la premessa maggiore è la prima e la premessa minore la seconda. In base alla posizione occupata dal termine medio nelle due premesse, i sillogismi possono essere suddivisi in quattro *figure*. Nella *prima figura* il termine medio è soggetto nella premessa maggiore e predicato nella minore; nella *seconda figura* è predicato in entrambe; nella *terza figura* è soggetto in entrambe; nella *quarta figura*, infine (non considerata da Aristotele, e introdotta soltanto in seguito), è predicato nella maggiore e soggetto nella minore. All'interno di ciascuna figura, i sillogismi possono poi essere ripartiti in varie classi, dette *modi*, a seconda della quantità e della qualità delle premesse e della conclusione. Da un punto di vista astrattamente combinatorio, i modi possibili sono 256, ma solo in un numero ristretto di casi (19 in tutto) si ha a che fare con modi *validi*, in cui la conclusione segue davvero dalle premesse. A ciascuno dei modi validi i logici medievali attribuirono un nome; eccone l'elenco completo:

1ª figura	*2ª figura*
Barbara	Cesare
Celarent	Camestres
Darii	Festino
Ferio	Baroco

3ª figura	*4ª figura*
Darapti	Baralipton
Felapton	Celantes
Disamis	Dabitis
Datisi	Fapesmo
Bocardo	Frisesomorum
Ferison	

Questi nomi non sono completamente arbitrari, ma sono stati scelti in modo da inglobare parecchie informazioni interessanti. Anzitutto, dalle vocali di ciascun nome si può ricavare la quantità e la qualità delle premesse e della conclusione del modo corrispondente; basta applicare due semplici regole: *1*) le prime due vocali si riferiscono rispettivamente alla premessa maggiore e alla premessa minore, mentre la terza vocale si riferisce alla conclusione; *2*) le proposizioni universali affermative sono indicate da *a*, le universali negative da *e*, le particolari affermative da *i* e le particolari negative da *o*. Così, per es., Felapton è il modo della terza figura in cui la premessa maggiore è universale negativa (*e*), la premessa minore è universale affermativa (*a*) e la conclusione è particolare negativa (*o*); ecco un sillogismo di questo tipo:

Nessun delfino vive sulla terraferma
Tutti i delfini sono mammiferi
Dunque, qualche mammifero non vive sulla terraferma.

Oltre alle vocali, anche alcune delle consonanti contenute nei nomi dei modi hanno un significato ben preciso: esse indicano, infatti, in quale maniera i modi della seconda, terza e quarta figura possono essere *ridotti* a (cioè, derivati da) quelli della prima figura. Nella maggior parte dei casi, lo schema della riduzione è il seguente: dato un sillogismo, si applica anzitutto ad alcune delle proposizioni che lo compongono un'operazione di inferenza immediata che va sotto il nome di *conversione*; talvolta le due premesse vengono scambiate; poi si osserva che le nuove proposizioni danno luogo a un sillogismo della prima figura. In un paio di casi, una riduzione di questo tipo non è praticabile, e si fa ricorso allora a una procedura più complessa, detta *riduzione «per impossibile»*. Se si vogliono informazioni più precise concernenti i singoli modi, basta — come si è detto — esaminare i nomi corrispondenti. Le regole da tenere in considerazione sono le seguenti: *1*) la consonante iniziale indica il modo della prima figura che interviene nella riduzione (così, se la consonante iniziale è *B*, il modo in questione sarà Barbara, se la consonante iniziale è *C*, sarà Celarent ecc.); *2*) se una vocale è seguita da *s*, allora alla proposizione cui la vocale si riferisce va applicata una *conversione semplice* (che consiste nello scambiare i termini della proposizione, lasciando immutate quantità e qualità); *3*) se una vocale è seguita da *p*, allora alla proposizione cui la vocale si riferisce va applicata una *conversione «per accidens»* (che comporta non solo uno scambio dei termini, ma anche un mutamento di quantità); *4*) la lettera *m* indica che le premesse vanno invertite, così che la maggiore diventi minore e viceversa; *5*) la lettera *c*, infine, indica la *riduzione «per impossibile»*. Supponiamo, per es., di voler ridurre il sillogismo seguente, della terza figura:

Alcuni filosofi sono pazzi
Tutti i filosofi sono individui innocui
Dunque, alcuni individui innocui sono pazzi

Si tratta, evidentemente, di un sillogismo in Disamis. La presenza della lettera *s* dopo le due *i* ci dice che la premessa maggiore e la conclusione vanno sottoposte a una conversione semplice; otteniamo così le due proposizioni seguenti:

Alcuni pazzi sono filosofi
Alcuni pazzi sono individui innocui

Inoltre, siccome nella parola Disamis compare la lettera *m*, le due premesse vanno invertite.
La consonante iniziale *D*, infine, ci informa che la procedura di riduzione descritta conduce a un sillogismo in Darii; così è, infatti:

Tutti i filosofi sono individui innocui
Alcuni pazzi sono filosofi
Dunque, alcuni pazzi sono individui innocui

La *riduzione «per impossibile»*, che si applica ai modi Baroco e Bocardo, consiste nel mostrare la validità di un sillogismo con l'assurdità del sillogismo contraddittorio di prima figura. La procedura è la seguente: si omette la premessa rappresentata dalla vocale seguita da *c* (la premessa minore nel caso di Baroco, la maggiore nel caso di Bocardo), e al suo posto si pone la contraddittoria della conclusione. Poi si osserva che, dalle due nuove premesse in questo modo ottenute, segue (in Barbara) la contraddittoria della premessa del sillogismo di partenza che si è tralasciata. Consideriamo, per esempio, un sillogismo in Baroco:

Tutti i ladri temono la prigione
Alcuni uomini politici non temono la prigione
Dunque, alcuni uomini politici non sono ladri

Il sillogismo in Barbara ottenuto mediante la *riduzione «per impossibile»* sarà il seguente:

Tutti i ladri temono la prigione
Tutti gli uomini politici sono ladri
Dunque, tutti gli uomini politici temono la prigione

dove la conclusione contraddice la premessa minore del sillogismo di partenza.
A fianco del sillogismo categorico, di cui si è trattato fin qui, i manuali di logica tradizionale annoverano anche sillogismi di tipo diverso. Ricorderemo i *sillogismi modali*, nelle cui premesse e nella cui conclusione possono comparire espressioni come «è necessario», «è possibile» ecc., e i *sillogismi ipotetici*, che sono regole di derivazione della logica proposizionale (per es., il *modus ponens*: «Se i salari son bassi, gli operai scioperano; ma i salari sono bassi; dunque, gli operai scioperano»). *P. Ca.*

sillogismo pratico, per Aristotele, un sillogismo

la cui conclusione è un'azione (*De Motu Animalium* 701a10-40). Un esempio di Aristotele (*Etica nicomachea* 1147a5) è il seguente:

Il cibo asciutto è adatto a ogni essere umano
Questo cibo è asciutto
Io sono un essere umano
Questa è una porzione di tale cibo
Quindi questo cibo è adatto a me.

G.H. von Wright, nei suoi contributi alla → logica deontica, ha dato uno spazio al sillogismo pratico inteso come esempio di argomentazione logicamente valida (*Le varie forme della bontà*, 1963; *Ragione pratica*, 1983). Tuttavia, egli afferma, il termine è stato usato per designare molte cose diverse: «la grande oscurità della dottrina del sillogismo pratico di Aristotele è dovuta in parte a incapacità di tracciare le distinzioni necessarie». Per sillogismo pratico si può intendere: a) uno schema di ragionamento in cui sia le premesse sia le conclusioni sono norme; b) uno in cui una premessa normativa e una premessa fattuale portano a una conclusione normativa; c) uno che illustri come bisogni e necessità naturali generino necessità pratiche di azione (come nell'esempio di Aristotele). Un esempio (del tipo b) di von Wright è il seguente:

a vuole prendere il treno in tempo
A meno che *a* corra non prenderà il treno in tempo
Quindi *a* deve correre.

Questo ragionamento sarebbe un esempio di argomentazione logicamente conclusiva, in quanto la 'necessitazione' pratica della volontà all'azione (cioè la connessione fra la volizione di un fine, la comprensione di una necessità naturale e la decisione di agire) è al contempo una connessione logicamente necessaria.

simbolo, termine (dal gr. *symbállo*, «metto insieme»), designante in origine le due metà di un oggetto che, spezzato, può essere ricomposto avvicinandole: in tal modo ogni metà diviene un segno di riconoscimento. Da questa primitiva funzione pratica il termine ha poi derivato una funzione rappresentativa (uno «stare in luogo di»), per cui il simbolo si avvicina strettamente al segno, sino talora a confondersi con esso, come accade in particolare nella tradizione filosofica anglosassone da Hobbes a Peirce e poi nella «logica simbolica» dei neopositivisti o positivisti logici. Il carattere semantico del simbolo è per es. definito da Ch. Morris un segno di più alta convenzionalità rispetto ai segnali, poiché esso è prodotto dal suo interprete come sostituto di altri segni di cui è sinonimo. In linea generale però il simbolo si distingue nettamente dal segno. Secondo la definizione di Hegel (*Enciclopedia*, par. 458), il segno «rappresenta un contenuto del tutto diverso da quello che ha per sé», cioè tra il segno e ciò che esso significa vi è un rapporto di reciproca indifferenza e convenzionalità; il simbolo invece «è più o meno il contenuto che esso esprime come simbolo»: qui infatti il contenuto non è indifferente, poiché tra simbolo e oggetto simbolizzato si pongono relazioni di somiglianza o analogia (per es. la bilancia per simboleggiare la giustizia e simili).

Nell'uso filosofico il simbolo ha trovato una sua rilevante funzione nel neoplatonismo e nel cristianesimo, secondo le prospettive della teologia mistica. Ogni grado dell'emanatismo plotiniano è infatti immagine simbolica del grado superiore. Entro tale contesto si pone anche la differenza capitale tra simbolo e allegoria, differenza che ha influenzato la storia del concetto sino a oggi. Mentre l'allegoria appartiene alla sfera del dire (*lógos*) e abbisogna pertanto della convenzionalità linguistica, nel simbolo il significato è già contenuto nella sua mera immediatezza sensibile. Nella dimensione del simbolo è pertanto racchiuso uno sfondo metafisico che presuppone segrete affinità, quasi una mistica compenetrazione reciproca, tra il mondo visibile e il divino invisibile. Nella tradizione cristiana il rapporto del simbolo con l'allegoria è così determinato dal peso volta a volta assunto nella coscienza teologica dall'esperienza della storia. Là dove più forte è stata la sua influenza, sia come urgenza della realizzazione messianica (cristianesimo delle origini) sia come coscienza di un'abissale frattura tra l'umano e il divino (mondo barocco, età moderna), il simbolo ha generalmente lasciato il posto all'allegoria, come nell'esegesi biblica «figurale» (H. de Lubac, *Esegesi medioevale*, 1959) oppure nell'arbitrarietà del significato allegorico barocco (W. Benjamin, *Origine del dramma barocco tedesco*, 1928). Il simbolo è invece nettamente prevalso negli indirizzi teologici di derivazione neoplatonica, meno inclini a porre al centro dell'incontro fra l'uomo e Dio il problema della storia e della mediazione mondana (tipica la scuola di Alessandria, da Filone a Clemente e Origene, ma poi ancora sant'Agostino, ove il simbolo è un mezzo atto a penetrare l'infinita ricchezza dell'unità divina).

• *Il simbolo nel pensiero moderno.* In epoca moderna la tematica teologica trapassa nella riflessione estetica, resasi ormai autonoma. In generale la differenza tra simbolo e allegoria rispecchia la differenza tra estetiche di impostazione classicistica (da Hegel a Lukács), che nel simbolo vedono realizzata la conchiusa organicità dell'opera, ed estetiche di derivazione romantica (da F. von Schlegel a Benjamin), che riscoprono l'allegoria, non come freddo e intellettualistico strumento retorico, ma come espressione dell'inconciliabile frattura tra forma e contenuto, arte e realtà: tensione che rimanda, come già nel barocco, a una persistente e non redenta scissione tra storia ed eternità. Alla radice di tale impostazione estetica sta peraltro anche la scoperta vichiana del simbolismo delle umanità primitive, che ha poi trovato ampi sviluppi nell'antropologia moderna (per es. nella «simbolica naturale» di M. Douglas), nello studio romantico del mito (J.J. Bachofen) e infine nella psicoanalisi di Freud e nella psicologia del profondo di Jung, in relazione al simbolismo onirico. L'analisi filosofica più generale del problema del simbolo, anche in relazione ai campi sopra ricordati, è stata elaborata da E. Cassirer mediante il concetto di «funzione simbolica». Lo spirito umano si caratterizza infatti per la sua capacità di unificare e dar senso al molteplice sensibile in virtù di funzioni simboliche originarie quali il linguaggio, il mito, la conoscenza concettuale (*Filosofia delle forme simboliche*, 1923-29). Più direttamente riferita all'ambito della logica e del linguaggio comune è l'analisi fenomenologica e poi ermeneutica del simbolo, inteso come segno speciale, pluristratificato, contraddistinto cioè da un «più di senso» rispetto al nudo segno e quindi da una sua irriducibilità alle regole formali e astratte della logica (H. Corbin, M. Eliade, P. Ricoeur, H.G. Gadamer).

Simmel, Georg (Berlino 1858 - Strasburgo 1918), filosofo e sociologo tedesco. Professore straordinario a Berlino nel 1901, dal 1914 fu ordinario a Strasburgo. La prima fase del suo pensiero è caratterizzata dal tentativo di inserire la tradizione kantiana nel positivismo evoluzionistico di Th.G. Fechner, H. Spencer e Ch. Darwin (*Sulla differenziazione sociale*, 1890; *I problemi della filosofia della storia*, 1892; *Introduzione alla scienza morale*, 1892-93; *Filosofia del denaro*, 1900). Con la crisi del positivismo, Simmel si avvicinò al neokantismo e alla filosofia dei valori di W. Windelband e H. Rickert, nonché alla fenomenologia di Husserl. Questa fase, pur muovendo dal riconoscimento di forme e valori ideali che sovrastano l'accidentalità empirica del mondo fenomenico, presenta una prevalente tendenza relativistica (*Kant. Sedici lezioni*, 1904; *Kant e Goethe*, 1906; *La religione*, 1906; *Schopenhauer e Nietzsche*, 1907; *Sociologia. Ricerca sulle forme di associazione*, 1908; *Problemi fondamentali della filosofia*, 1910; *Cultura filosofica*, 1911; *Goethe*, 1913; *Rembrandt*, 1916). Problema centrale per Simmel è ora la critica della conoscenza storica: i valori e lo svolgimento della civiltà non sono riconducibili alla causalità naturale. Lo storico non può dunque pervenire a una conoscenza oggettiva del passato; egli deve piuttosto mirare a una penetrazione psicologica che gli consenta di rivivere i caratteri dell'epoca che sta indagando. La «comprensione» storica rivela allora una molteplicità di mondi (religione, filosofia, arte, scienza) che coesistono, fondandosi ognuno su un proprio principio organizzativo. Nell'individuo tali mondi si trovano l'uno accanto all'altro, senza richiedere mai una conciliazione definitiva. La pluralità dei mondi e il loro sviluppo vengono studiati da Simmel alla luce di una concezione «biologica» della vita spirituale: in ogni sfera si afferma progressivamente una tendenza organica (Simmel oppone l'organicismo di Goethe al meccanicismo di Kant, Rembrandt alla pittura rinascimentale); essa è espressione dell'autopotenziarsi della vita, la quale seleziona quelle verità che la favoriscono, mentre accantona come falso ciò che le è dannoso. Questa identificazione tra verità e utilità vitale manifesta la vicinanza di Simmel al pragmatismo di W. James, all'evoluzionismo spiritualistico di H. Bergson e soprattutto a Nietzsche.

• *La filosofia della vita*. Di qui la terza e ultima fase della sua opera in cui Simmel sviluppa una concezione vitalistica, o una vera e propria «filosofia della vita», in cui si accentuano le tendenze mistiche (si veda il saggio del 1912 *Sulla filosofia della religione*) miranti a superare il relativismo della fase precedente. La vita si manifesta ora come contrasto tra lo spirito e le sue stesse forme. Lo spirito vitale deve continuamente sormontare la non-vita di ciò che è semplice esistenza e deve nel contempo trascendere l'irrigidirsi delle forme spirituali medesime, in quanto destinate a cadere nella non-verità. Questo contrasto non può mai metter capo a una verità definitiva e assoluta. Anche la filosofia non può che essere espressione di «tipi» o forme molteplici della spiritualità umana (per es. la concezione del mondo schopenhaueriana e, nello stesso tempo, il suo opposto specifico quale è incarnato da Nietzsche). In ognuno di questi tipi la vita pulsa per un attimo, per poi passar oltre: la metafisica della vita non può trovare espressioni adeguate e definitive della sua verità (*L'intuizione della vita. Quattro capitoli metafisici*, 1918). Tale contrasto tra la vita e le forme è infatti l'elemento necessario in cui vive la vita stessa. Esso si esprime in vari modi: nella morte, dove la vita non conosce soltanto la propria cessazione, ma anche il suo limite immanente, in un'anticipazione che presuppone un'esperienza del tempo diversa da quella della successione irreversibile degli «ora»; la morte diventa così capacità di individuazione, giacché solo ciò che è unico e irripetibile può propriamente morire. Un'altra espressione del contrasto è il dovere morale, sentito come autonoma capacità normativa. Il contrasto, infine, costituisce ciò che Simmel chiama la «tragedia della cultura», cioè la tendenza sempre perdente delle forme culturali a conservarsi contro la vita che le ha prima incorporate e poi superate. Nel mondo contemporaneo la resistenza delle forme si riduce progressivamente: la vita manifesta un'avversione definitiva per la forma in quanto tale; a ciò corrisponde allora una «tragedia sociale»: l'individuo rifiuta sempre più di sottomettersi passivamente alle forme e istituzioni sociali, donde una permanente conflittualità che si pone alla base del processo stesso di socializzazione (*Il conflitto della cultura moderna*, 1918). L'influsso di Simmel, che ha avuto tra i frequentatori delle sue lezioni berlinesi E. Bloch, G. Lukács, M. Buber, R. Pannwitz, è stato notevole sia sul pensiero filosofico, sia su quello sociologico (anche americano). L'esistenzialismo, poi, ha ripreso alcuni dei temi da lui affrontati; si pensi in particolare all'originale trattazione del problema della morte e del tempo. *C. Si.*

Simon, Herbert (Milwaukee, Wisconsin, 1916), economista e scienziato cognitivo statunitense. Docente nel dipartimento di Psicologia dell'università Carnegie-Mellon di Pittsburgh, nel 1978 ha ricevuto il Premio Nobel in economia per le sue ricerche nel campo dei processi decisionali all'interno delle organizzazioni economiche. Di fronte alla → complessità crescente dell'ambiente in cui si svolgono i processi decisionali, si rivela impraticabile, secondo Simon, un comportamento basato sulla razionalità neoclassica, che tende alla massimizzazione di un obiettivo definito con precisione e presuppone una conoscenza esatta e completa dell'ambiente in cui si opera. Riconoscendo esplicitamente le limitazioni e i ritardi con cui un agente si adatta a variazioni del proprio ambiente, Simon ha elaborato criteri per la scelta di obiettivi «soddisfacenti», definendo in tal modo un nuovo concetto di razionalità («razionalità limitata», *bounded rationality*). Il suo metodo prevede lo sviluppo di modelli computazionali che simulano i processi decisionali basati sulla razionalità limitata. Fin dalla metà degli anni Cinquanta, Simon ha svolto — spesso insieme ad A. Newell — un'attività di ricerca di portata più generale in intelligenza artificiale e nella → scienza cognitiva, di cui è uno dei padri. È dovuta a Newell e Simon l'*ipotesi del sistema fisico di simboli* (1976), che è alla base dell'interpretazione simulativa e cognitivista dell'→intelligenza artificiale; agli stessi autori si devono inoltre significative realizzazioni di sistemi artificiali nell'area del *problem-solving*, e in particolare in quelle della dimostrazione di teoremi e della scoperta scientifica. Opere principali: *Il comportamento amministrativo* (1947); *Modelli umani* (1957); *Organizzazione* (1958); *Direzione d'impresa e automazione* (1960); *Le scienze dell'artificiale* (1969); *Modelli di scoperta* (1977); *La ragione nelle vicende umane* (1983).

simonia, il commercio di beni intrinsecamente spirituali o di beni temporali intimamente connessi con beni o con funzioni spirituali. Il termine deriva da Simon Mago, che — secondo quanto è riferito in Atti 8, 12-24 — chiese a Pietro di vendergli, dietro compenso in denaro, la capacità di far scendere lo Spirito Santo su chi avesse voluto.
Il problema della simonia si pose in tutta la sua drammaticità durante l'età feudale, quando i principi s'impadronirono dei beni ecclesiastici o esercitarono su di essi una pesante tutela. I patroni delle chiese private presero l'abitudine di cedere le investiture dietro compenso, di alienare liberamente i beni ecclesiastici o dotarne amici e familiari. La simonia (intesa ormai come accettazione dell'investitura laica) fu duramente colpita da papa Gregorio VII e dagli altri riformatori del sec. XI (Pier Damiani, Umberto di Silva Candida): la lotta contro di essa costituì uno dei motivi principali dell'azione ecclesiastica durante la lotta per le investiture.

simpatia, termine che nel greco classico designava la capacità che le cose avrebbero di influenzarsi a vicenda. Secondo gli stoici è dalla simpatia che dipende l'ordine del cosmo. Per Plotino la simpatia «è come un'unica corda tesa che quando viene toccata a un capo trasmette anche all'altro capo il movimento... anche nell'universo c'è un'armonia unica» (*Enneadi* IV 4,41). Dal neoplatonismo la nozione passa alle filosofie della natura rinascimentali, per es. in Campanella (*De sensu rerum* IV 1). Bandita dai cartesiani in quanto esempio di → qualità occulta, è ripresa nel sec. XVIII da Hume, che ne restringe l'ambito al mondo morale. Intorno alla nozione di simpatia Hume edifica la sua teoria del giudizio morale, vedendovi un'alternativa alle fondazioni razionalistiche della legge di natura e all'improbabile assunzione dell'esistenza di un senso morale. La simpatia è la propensione che abbiamo a ricevere per comunicazione «le inclinazioni e i sentimenti degli altri» (*Trattato della natura umana*, 1739-40, II 1,11). A. Smith complica la teoria morale basata sulla simpatia — che per lui è «la facoltà di partecipare alle emozioni degli altri, quali che siano» (*Teoria dei sentimenti morali*, 1759, I 1,3) — mediante l'introduzione della figura dello *spettatore imparziale*, che fa da terzo fra i due termini del rapporto simpatetico, regolando l'intensità della partecipazione simpatetica e svolgendo così la funzione di meccanismo di universalizzazione del giudizio morale simpatetico. Secondo J. Bentham i sentimenti simpatetici costituiscono una delle basi (accanto all'interesse egoistico) dell'utilitarismo. In seguito la nozione è stata ripresa soltanto da M. → Scheler nella sua fenomenologia della vita morale (*Essenza e forme della simpatia*, 1923): per Scheler la simpatia, al contrario della *fusione emotiva* (o *contagio emotivo*), è una forma di partecipazione affettiva che non comporta l'assimilazione dello stato emotivo altrui.

Simplicio (sec. VI), filosofo greco. Studiò ad Alessandria, ove fu allievo di Ammonio di Ermia, e successivamente ad Atene, alla scuola di

Damascio. Dopo la chiusura della scuola d'Atene (529), gli venne precluso l'insegnamento; Simplicio decise allora di impegnarsi nella stesura di commentari ad alcune delle principali opere filosofiche dell'antichità; ci sono giunti diversi suoi commentari a opere aristoteliche (*Categorie, Fisica, Il cielo, L'anima*) e un commentario al *Manuale* di Epitteto. L'intento filosofico di Simplicio è quello di conciliare platonismo e aristotelismo, avvalendosi delle sistemazioni eclettiche dei neoplatonici: così, per es., la materia di Aristotele viene identificata con il non-ente di Platone, come già avevano fatto Plotino e Porfirio. In psicologia egli ammette l'esistenza di un intelletto separato dagli individui, in stretta analogia con le ipostasi intellettive del neoplatonismo; in etica Simplicio sviluppa le indicazioni razionalistiche e aristocratiche della tradizione stoica, variamente riprese dalla cultura del suo tempo.

sinagoga, luogo di culto ebraico. Il termine, di origine greca (*synagōghḗ*, congregazione), designava originariamente le riunioni di israeliti che avevano in comune non solo la fede fondamentale, ma anche la lingua e tradizioni cultuali più specifiche; in seguito il termine passò a designare quello che sarà pure detto «scuola», cioè l'edificio di culto e di studio (e, in epoca recente, tempio). Ma ancora in epoca neotestamentaria l'uso è tanto fluido, che si può parlare di una sinagoga (riunione) cristiana (Giacomo 2, 2). Il culto sinagogale accompagna la diaspora e con essa si sviluppa. Quanto alle origini, si deve perciò pensare al sec. VI a.C. e alla diaspora babilonese, anche se l'istituzione è più chiaramente documentata a partire dai secoli immediatamente precedenti l'era volgare. Insieme con il tempio, la sinagoga costituisce il luogo cultuale fondamentale per l'ebraismo antico. Ma mentre il culto nel tempio è regolato dallo stesso testo biblico ed è legato a speciali situazioni spazio-temporali (e finisce con il 70 d.C.), la sinagoga rimane sempre praticabile attraverso il tempo e convoglia la pietà ebraica, in concreto, assai più del tempio stesso. La liturgia sinagogale, pur nella varietà dei riti e delle tradizioni, è essenzialmente liturgia della parola, con canti, letture, predicazione, e (a differenza di quella del tempio) non è monopolio sacerdotale, ma viene eseguita dai «laici». La storia della sinagoga si intreccia con quella cristiana, sia perché è nella sinagoga che i primi cristiani sono reclutati dalla predicazione apostolica in diaspora, sia perché il culto sinagogale offre i modelli più prossimi alla preghiera cristiana. Questi rapporti di dipendenza (sia pure difficilmente confessati) si trasformano più tardi in rivalità e conflitto aperto, sicché nel simbolismo medievale chiesa e sinagoga rappresentano, anche nell'iconografia, le due grandi tradizioni religiose contrapposte.

sincategorematico, si dice di espressioni linguistiche che la logica tradizionale distingue dai → termini, in quanto non sono dotate di significato autonomo, ma hanno la funzione di mostrare la forma dei giudizi. Rientrano fra le espressioni sincategorematiche quelle che la logica moderna tratta come → connettivi (*e, o, se... allora...* ecc.) e → quantificatori (*alcuni, tutti, ogni, nessun* ecc.).

sincretismo, termine che in origine (in Plutarco) indicava l'unione dei cretesi, noti per le loro discordie intestine, di fronte a un comune nemico esterno; nell'uso comune il vocabolo è venuto poi a significare la fusione di dottrine religiose, e anche filosofiche, diverse. Più che designare una sintesi o conciliazione armoniosa e profonda, il sincretismo si riferisce prevalentemente a fenomeni di giustapposizione che, proprio per la loro superficialità e occasionalità storica, non pervengono a risultati durevoli e a sviluppi originali. Nella storia della religione e del pensiero sono esempi tipici di sincretismo la fusione, tentata da Siriano nel sec. V, del platonismo con l'orfismo e l'astrologia caldaica, e ancor più il tentativo gnostico (nei secc. II e III d.C.) di fondere il cristianesimo con le filosofie pagane. In generale sono proprio i primi secoli del cristianesimo — caratterizzati da un intreccio assai vario di dottrine religiose orientali, filosofia greca, superstizioni e riti pagani innestati sul tronco della nuova spiritualità cristiana — a offrire gli esempi più frequenti e tipici di sincretismo. Anche il *Corpus hermeticum* (→ ermetica, filosofia), che influenzò la cultura dell'umanesimo, può considerarsi il prodotto della mentalità e della pratica sincretistiche.

sincronia-diacronia, distinzione introdotta in linguistica da F. de Saussure per definire due dimensioni di analisi di una lingua ai suoi diversi livelli: sincronia è uno stato di lingua come sistema di elementi, e l'analisi sincronica è l'analisi di uno stato di lingua; diacronia è invece la successione degli stati sincronici di una lingua, e analisi diacronica è intesa da Saussure non come analisi della storia di un sistema linguistico, bensì come analisi, nel tempo, di singoli elementi linguistici. Furono gli studiosi russi N. Trubeckoj, R. Jakobson e J. Tynjanov i primi a reinterpretare la diacronia come storia di un sistema linguistico e dunque l'analisi diacronica come analisi della storia del sistema, ma anche ad affermare la complementarità delle analisi sincronica e diacronica, nonché a estendere la distinzione sincronia-diacronia all'analisi di tutto il dominio della cultura (a partire dal breve scritto di Tynjanov e Jakobson *Problemi di studio della letteratura e della lingua*, 1928).

sinderesi, termine (in gr. *sintḗrēsis*, esame, conservazione) ricordato da san Gerolamo nel suo *Commento a Ezechiele* come sinonimo di quella parte dell'anima abitualmente definita coscienza (I, c. I); in san Tommaso esso mantiene il senso originario di tendenza verso il bene e di fuga dal male (*Summa theologiae*, 1, 1 q. 94, art. 1). Lo stesso significato di attitudine dell'anima a riconoscere i primi principi morali è attestato in tutta la scolastica, che sulla scorta dei testi precedentemente citati concepisce la sinderesi, o *scintilla conscientiae*, come la parte dell'anima non toccata dal peccato originale. Nello stesso senso di funzione attiva della coscienza il termine si ritrova in J.-B. Bossuet (*Trattato sulla conoscenza di Dio e di se stesso*, cap. I par. 7), mentre in età contemporanea è caduto in disuso.

Sinesio (Cirene 370 - Tolemaide 415), filosofo greco. Studiò alla scuola neoplatonica di Alessandria, dove ebbe come maestra Ipazia. Convertitosi al cristianesimo, nel 409 venne nominato vescovo di Tolemaide da Teofilo, patriarca di Costantinopoli. Il neoplatonismo di Sinesio è molto vicino a quello di Giamblico, pur essendo influenzato da tutti gli indirizzi della filosofia greca e dalla tradizione religiosa cristiana, gnostica ed ermetica. Dio è visto al vertice della scala dell'essere, sommamente trascendente, uno in sé, ma spinto dalla propria pienezza di essere a generare dapprima lo Spirito e poi, con la collaborazione dello Spirito, a generare il Figlio. All'estremo opposto dell'unità divina sta la materia intesa come limite e dispersione; tra Dio e la materia sono situati gli spiriti: essi sono distribuiti in una scala gerarchica di perfezione decrescente, che vede al grado più basso l'anima umana, costretta dai legami con la materia. L'anima, che è figlia di Dio, aspira però a liberarsi dalla materia, il che accade con la morte del corpo e con la successiva risalita dell'anima lungo tutta la gerarchia delle intelligenze, sinché essa torna beata presso Dio. Opere principali: *Elogio della calvizie*; *Racconti egiziani sulla provvidenza*; *Dione*; *Lettere*; *Discorso sulla regalità*. Sinesio compose anche nove *Inni*, alcuni di contenuto pagano, altri di ispirazione cristiana, intessuti tutti di elementi filosofici neoplatonici.

Singer, Peter (Melbourne 1946), filosofo morale australiano. Ha studiato filosofia a Melbourne e Oxford, insegna alla Monash University a Clayton (Australia). È esponente del nuovo corso della filosofia morale anglosassone che ha rotto con il tradizionale privilegio accordato alla metaetica e si è concentrata sulla filosofia morale applicata. In *Democrazia e disobbedienza* (1973) Singer affronta un tradizionale tema della filosofia politica; mentre in *Morale pratica* (1979) si occupa di una serie di problemi morali attuali: eutanasia, aborto, ineguaglianza razziale e sessuale ecc. Le soluzioni sostenute si appoggiano a un «utilitarismo della preferenza», che erige a criterio non il piacere o l'assenza di dolore ma la soddisfazione delle scelte fondamentali del più grande numero di esseri senzienti. *Liberazione animale* (1975, nuova ed. ampliata, 1990); *Il movimento di liberazione animale* (1985) e *Diritti animali, obblighi umani* (1976, con T. Regan, a sua volta autore di *I diritti animali*, 1983) affrontano il tema dello «specismo». Per specismo Singer intende il pregiudizio per cui si darebbero obblighi morali di tutela solo nei confronti di membri della nostra stessa specie — così come per razzismo si intende la discriminazione che attribuisce particolari obblighi morali solo nei confronti della nostra razza. Anche gli animali, sostiene Singer, devono essere inclusi nella comunità morale, perché anche loro sono in grado di provare piacere e dolore. Gli uomini hanno nei confronti degli animali il dovere della *non-maleficenza*, ossia di non causare loro sofferenza, principio su cui si fonda il movimento della «liberazione animale». Singer ha scritto inoltre *Il circolo che si espande: sociobiologia ed etica* (1981) e ha curato il *Manuale di etica* (1991).

sinolo, termine (dal gr. *sýnolon*, insieme, intero) che nella *Metafisica* aristotelica indica quel composto di forma immanente e materia che costituisce la sostanza individuale concreta: «Intendo indicare, per esempio, come materia il bronzo, come forma la figura rappresentata, come composto di entrambe la statua cioè il sinolo» (*Metafisica*, VII, 3, 1029*a*, 1-5). Inoltre, tutti gli oggetti naturali sono sinoli, composti di elementi formali e materiali.

sintagma, ogni espressione linguistica cui è possibile attribuire una struttura — cioè che può essere divisa in parti costituenti — conformemente alle regole di una qualche grammatica. Sono quindi sintagmi (per una grammatica) quelli che la grammatica identifica come frasi o come possibili costituenti (complessi) di una frase: così, per una grammatica normale, nella frase 'Paolo ama la frutta', 'ama la frutta' e 'la frutta' sono sintagmi, 'Paolo ama la' non lo è (→ sintassi).

sintagmatica, → paradigmatica - sintagmatica.

sintassi, settore della linguistica che concerne i tipi di combinazioni tra unità o segmenti linguistici dotati di significato, all'interno di enunciati. F. de Saussure faceva rientrare la sintassi, come teoria dei gruppi di parole, nella sintagmatica (→ paradigmatica - sintagmatica). Ch. Morris, più in generale, ha inteso come sintattica la parte della semiotica che riguarda le relazioni tra segni (non solo linguistici). Le ricerche sintattiche del Novecento sono caratterizzate da due direzioni di modellizzazione, rispettivamente definibili come analitica (cioè di analisi o decostruzione delle unità massime in unità minime) e sintetica (cioè di sintesi o costruzione delle unità minime in unità massime), e gli obiettivi che esse condividono con gli studi concernenti altri livelli linguistici sono la determinazione e la definizione delle unità d'analisi e delle relazioni tra queste unità, o

strutture sintattiche. La descrizione dei diversi schemi che costituiscono le strutture sintattiche delle lingue dipendono anche dai criteri di analisi scelti e dalle procedure che ne derivano. Tra i modelli funzionali (→ funzionalismo), i più importanti sono quelli proposti da L. Tesnière, H. Frei, A. Martinet. Tra i modelli strutturali (→ strutturalismo linguistico) vanno citati: quello, risalente a V. Mathesius, basato sulla prospettiva funzionale della frase, distinta in tema-rema (coppia parzialmente corrispondente ad altre proposte successivamente: topic-comment e dato-nuovo); quello in costituenti immediati (→ distribuzionalismo); quello tagmemico (→ tagmemica) e quello stratificazionale (→ stratificazionalismo). Per i modelli generativo-trasformazionali si veda → grammatica generativo-trasformazionale.
Se la linearità o ordinamento lineare dei significanti linguistici negli enunciati costituisce una caratteristica delle lingue, gli enunciati o messaggi linguistici non sono però tutti caratterizzati da strutture sequenziali (o successioni di elementi, tali che ciascuno di essi è determinato sintatticamente solo da quello che lo precede). I rapporti di dipendenza o determinazione si instaurano anche tra elementi tra loro non contigui e questo vale sia per componenti di una stessa frase (morfemi, parole) sia per frasi componenti di enunciati più complessi. Si hanno in questi casi strutture gerarchiche. Il distribuzionalismo ha parlato di costituenti discontinui appunto nel caso di unità linguistiche composte di due o più costituenti tra loro non contigui (cioè con interposizione di qualche altro costituente, per es. *sempre* in *l'ho sempre detto*). Casi di strutture gerarchiche si hanno anche con intere frasi, per cui nell'ambito del generativismo si parla di strutture incluse e incassate. Fondamentali i contributi del generativismo alla teoria e alle ricerche sintattiche: tra essi si richiamano qui soltanto la nozione di ricorsività (o possibilità di applicazione ripetuta) delle regole e quella di creatività sintattica (→ lingua).

sintattica, studio della dimensione sintattica della → semiosi, e in generale il settore della → semiotica che concerne le relazioni tra segni, secondo Ch. Morris.

sintesi, → analisi - sintesi.

sintetici, giudizi, → analitici - sintetici, giudizi.

sionismo, termine che designa il movimento culturale e politico ebraico, sorto verso la metà del sec. XIX, mirante alla riappropriazione della terra di Israele, come elemento intrinseco all'identità del popolo ebraico. Le modalità di questa riappropriazione furono oggetto di lunghi dibattiti, che si collocano sullo sfondo più generale del risveglio delle nazionalità nell'Ottocento europeo. All'origine del movimento sta perciò non solo l'aspirazione secolare al ritorno alla propria terra, aspirazione espressa anche da tendenze dell'ortodossia rabbinica nel sec. XIX, ma soprattutto l'opera di intellettuali come M. Hess (1812-1875), inizialmente amico e collaboratore di Marx, ma divisosi in seguito da questo anche per il diverso modo di porsi dinanzi alla «questione ebraica»: Hess avanzò l'idea di un ritorno alla terra d'Israele nel suo libro *Roma e Gerusalemme* (1862). Solo però con l'opera di Th. Herzl (1860-1904) e con il I congresso sionistico (Basilea, 1897), il movimento assunse la concretezza di un progetto, che però si diede volti differenti: si ebbero così il «sionismo socialista» di A.D. Gordon, il «sionismo spirituale» laico di Ahad ha-'am, il «sionismo religioso» di Rav Kuk, il «sionismo sintetico» di Ch. Weizmann, fusione di azione pratica dei pionieri e mediazione politica (e fu questa la formula vincente). Al sionismo si opposero sia l'ebraismo ormai assimilato nelle altre nazionalità, sia quello ortodosso più tradizionale, che considerava essenziale alla condizione ebraica la dispersione, la diaspora. Gli eventi successivi alla nascita dello stato d'Israele (1948) hanno influito sull'ideologia sionista, ponendo il problema del rapporto tra la sua carica utopica (o ideale) e lo stato, mentre, per i nemici di questo, il termine «sionismo» è stato considerato polemicamente sinonimo di colonialismo e addirittura di razzismo: una polemica alla cui base, ben più che elementi politici contingenti, sta il nesso essenziale — irrinunciabile per l'ebraismo — tra religione e terra di Israele.

Sismondi, Jean-Charles-Léonard Simonde de (Ginevra 1773-1842), economista e storico svizzero. Di formazione culturale inglese (ma legato anche all'Italia) e di orientamento liberale, cominciò come divulgatore dell'economia politica di A. Smith (*Della ricchezza commerciale*, 1803), per passare poi a ponderose opere storiche, imperniate sul momento politico, nella convinzione che siano le istituzioni a dar forma alla società e allo spirito pubblico: *Storia delle repubbliche italiane del Medioevo* (20 voll., 1809-18), celebrazione della libertà dei comuni medievali, destinata a esser sopraffatta dai regimi signorili e dal prepotere clericale (donde la risposta di A. Manzoni, su quest'ultimo punto, nelle *Osservazioni sulla morale cattolica*); *La letteratura del Sud dell'Europa* (1813), orientata in senso romantico, e rivolta a cogliere i nessi fra la letteratura, la società e la politica; e la *Storia dei francesi* (31 voll., di cui 2 postumi, 1821-44). All'economia ritornò con i *Nuovi principi di economia politica* (1819) e gli *Studi sull'economia politica* (1838), denunciando i disastrosi effetti sociali dello sviluppo della grande industria inglese, per le condizioni di vita in cui il capitalismo riduceva il «proletariato». Questa critica, improntata a motivi umanitari, in polemica con la scuola di D. Ricardo, verrà qualificata da Marx ed Engels, nel *Manifesto del partito comunista*, come l'espressione d'un socialismo piccolo-borghese, che vorrebbe por rimedio allo sviluppo economico moderno con un sostanziale ritorno al passato (corporazioni nella manifattura, ed economia patriarcale nelle campagne).

sistema formale, in logica, risultato ultimo del processo di → formalizzazione delle teorie. La nozione di sistema formale (s.f.), quale oggi la conosciamo, è frutto degli studi di D. → Hilbert e della sua scuola. Un s.f. è costituito, in generale, da due serie di regole ben definite. Regole di *formazione*, che ne determinano il linguaggio (simbolico), fissando l'insieme dei *simboli primitivi* e individuando — nell'insieme di tutte le sequenze finite di simboli primitivi — quelle sequenze che costituiscono i *termini* e le *formule* (intuitivamente, i «nomi» degli oggetti di cui parla la teoria formalizzata nel sistema e le sue «proposizioni»); e regole di *inferenza*, che, nell'insieme di tutte le formule, individuano quelle formule particolari che costituiscono gli *assiomi* e inoltre fissano il concetto di → *dimostrazione*. Le dimostrazioni, in un s.f., risultano essere semplicemente delle sequenze finite di formule: quelle ottenute a partire dagli assiomi per reiterata applicazione delle regole di deduzione. L'ultima formula di una dimostrazione è detta *teorema*. In generale è caratteristica fondamentale di tutte queste regole la loro *effettività*: esse permettono di decidere meccanicamente, in un numero finito di passi, se un dato segno è un simbolo primitivo, se una qualunque sequenza di simboli primitivi è un termine o una formula, se una qualunque formula data è un assioma, se una data sequenza di formule è una dimostrazione. (Va osservato che dalla effettività della nozione di dimostrazione non discende quella della nozione di teorema: le regole, infatti, non forniscono in generale un metodo per accertare, data una qualunque formula, se questa possiede una dimostrazione e, in caso affermativo, per costruirla.) Il senso ultimo della sostituzione, a teorie intuitive, di corrispondenti s.f. è che, in tal modo, le teorie diventano totalmente oggettivate e si rende così possibile una rigorosa *scienza delle teorie*, o → *metateoria*. Tutte le teorie perfettamente assiomatizzate ammettono descrizioni in termini di s.f. Esistono anche s.f., più spesso detti *sistemi semiformali*, con caratteristiche diverse da quelle descritte; taluni, per es., possiedono un insieme di simboli primitivi molto astratto, poniamo non-numerabile o indecidibile, altri ammettono formule o dimostrazioni anche di lunghezza infinita. Per questi, come per gli altri, vale sempre il fatto che sono oggetti di feconda ricerca metateorica. Data una formula del linguaggio di un s.f., diciamo che essa è *valida* quando è soddisfatta da ogni possibile interpretazione (→ modello). Fra i più importanti problemi che concernono i s.f. ricordiamo: la *completezza semantica* (se tutte le formule valide sono teoremi); la *categoricità* (se tutti i modelli del s.f. sono fra loro isomorfi); la *completezza sintattica* (se ogni formula del sistema è o dimostrabile o refutabile); la *coerenza* (se non sono dimostrabili una formula e la sua negazione). Ulteriori problemi riguardanti i s.f. sono l'*indipendenza* e la *decidibilità*: la prima vale quando nessuno degli assiomi è dimostrabile a partire dagli altri, la seconda quando esiste un metodo effettivo per determinare se una qualunque formula è o no un teorema.

È possibile mostrare che ampie e significative classi di s.f. sono semanticamente complete. Per quella fondamentale teoria che è la teoria dei numeri, si dimostra invece che i più importanti s.f. corrispondenti, pur semanticamente completi, sono incompleti sintatticamente, indecidibili e non categorici.

sistema sociale, insieme dei rapporti che collegano le parti di cui si compone una società. L'analisi della società come sistema sociale risale al sec. XVII ed è stata sviluppata secondo due prevalenti prospettive: l'una che si rifà al paradigma meccanicistico della fisica sociale, l'altra a quello organicistico della fisiologia sociale. Rappresentanti del primo indirizzo furono anzitutto i filosofi razionalisti del sec. XVII (in particolare Hobbes, ma anche Leibniz, Spinoza, Cartesio) i quali concepivano la società come un tutto il cui equilibrio era determinato dai rapporti di attrazione e di repulsione di individui e gruppi. Particolare attenzione era riservata alla possibilità di misurare i rapporti tra le parti della società, come se fossero componenti di un sistema meccanico. È quanto tentò nel sec. XIX il matematico belga A. Quételet, proponendosi di derivare, dall'analisi dei dati statistici relativi a determinati fenomeni sociali, la conoscenza dei loro rapporti interni, la loro struttura sistemica. Il maggior rappresentante di questo indirizzo nel sec. XX, V. Pareto, ha ipotizzato che l'equilibrio, stato normale di un sistema, possa essere infranto da individui o gruppi (molecole) che contrastano con altri per sentimenti e predisposizione ad agire (residui). Più fortuna del paradigma meccanicistico ha avuto il paradigma organicistico: C.-H. Saint-Simon, Comte, H. Spencer paragonano il sistema sociale a un organismo animale soggetto a leggi naturali non modificabili dalla volontà individuale. In particolare, Saint-Simon ricorre all'idea di sistema sociale per esprimere la struttura dei nuovi rapporti sociali che si determinano nell'emergente società industriale; Comte sottolinea, parlando di «organismo sociale», l'unitarietà della società, concetto ripreso da Spencer per indicare un corpo sociale all'interno del quale le varie componenti svolgono funzioni specifiche. In una prospettiva diversa, Marx concepisce i vari elementi

del sistema sociale (forze produttive, rapporti di produzione, struttura di classe, rapporti giuridici, ideologia, fenomeni culturali ecc.) come strettamente interdipendenti in una totalità, di cui il *primum* logico è costituito dai rapporti di produzione.
La trattazione più completa della società esplicitamente definita come sistema sociale è opera di T. Parsons (*La struttura dell'azione sociale*, 1937; *Il sistema sociale*, 1951). Per Parsons le unità costitutive di un sistema sociale sono rappresentate da «azioni sociali», ossia da orientamenti tramite i quali la disposizione soggettiva del bisogno sceglie una direzione specifica per tradursi in azione. Esiste pertanto una interpenetrazione tra cultura, personalità e sistema sociale, di cui il ruolo costituisce l'elemento di contatto. A loro volta, i ruoli previsti da un sistema sociale rispondono a quattro imperativi: adattamento all'ambiente naturale, realizzazione di uno scopo, integrazione delle subunità, conservazione delle strutture latenti. Da ciò emerge che, per Parsons, il sistema sociale è un organismo sostanzialmente in equilibrio, che tende di per sé a riprodursi tal quale, ma che è soggetto al cambiamento se sopravvengono, dall'esterno, fattori che determinano reazioni in uno o più elementi, reazioni che a loro volta si ripercuotono lungo tutta la struttura del sistema stesso (tali sono, per es., i progressi tecnologici, le variazioni della popolazione, l'introduzione di nuove nozioni scientifiche, o di nuove idee religiose, filosofiche, politiche ecc.)
Assai diversa e per certi versi opposta a quella di Parsons è la prospettiva di P. Sorokin, il quale attribuisce particolare rilievo alla funzione di consolidamento dei sistemi sociali svolta dal diritto: i sistemi sociali si producono infatti in base alle interazioni che vengono istituzionalizzate attraverso l'emanazione di norme cui tutti i soggetti devono aderire. Lo studio dei sistemi sociali è stato infine affrontato facendo ricorso alla teoria generale dei sistemi (W. Buckley, *Sociologia e teoria dei sistemi*, 1967). Secondo questa teoria, un sistema sopravvive non perché preserva il proprio equilibrio, ma perché sa rispondere efficacemente alle sfide dell'ambiente esterno e alla sua complessità, articolandosi al proprio interno e rendendo più efficaci i propri meccanismi di governo, controllo e regolazione. Questo approccio considera tutti i «tipi di relazione come flussi di informazione» e mette l'accento sullo scambio tra ambiente interno ed esterno e sui processi di modificazione interna che questo scambio produce. Su una originale applicazione della teoria generale dei sistemi N. Luhmann ha elaborato un concetto di società come sistema di tutti i sistemi sociali. Nella società vengono istituzionalizzati i meccanismi fondamentali volti alla riduzione della complessità; creando, in tal modo le premesse strutturali alle quali possono allacciarsi gli altri sistemi sociali (→ autoriferimento) (*Teoria della società o tecnologia sociale*, con J. Habermas, 1971; *Sistemi sociali. Fondamenti di una teoria generale*, 1984).
Tentativi di riorientare lo studio dei sistemi sociali sono stati effettuati recentemente con il ricorso a metodi basati sulla simulazione al computer; essi consentono di mediare tra la dimensione quantitativa e quella qualitativa della sociologia e di sottolineare gli aspetti dinamici dei fenomeni in esame (R.A. Hanneman, *Costruzione di teorie assistita dal computer*, 1988).

sistemi, teoria generale dei, ramo della scienza e della filosofia contemporanee, nato dapprima in stretto contatto con le applicazioni di carattere tecnico e scientifico, ma poi voltosi sempre più a studi e ricerche di natura teorica ed epistemologica autonoma: da ricordare, in particolare, i lavori filosofici e matematici di L. von → Bertalanffy (*Lineamenti di teoria generale dei sistemi*, 1950), quelli di A. Rapoport, e le considerazioni sociologiche di W. Boguslaw (*I nuovi utopisti*, 1965) e di C. W. Churchman (*Filosofia e scienza dei sistemi*, 1968). Alla base della teoria dei sistemi sta la consapevolezza dell'insufficienza del classico schema causale-deterministico (e in generale di tutte le ipotesi meccanicistiche) per spiegare le complesse e vastissime interazioni che caratterizzano la società tecnologica avanzata, e che ne condizionano l'esistenza sia sul piano tecnico sia su quello umano e sociale. Soprattutto in seguito agli sviluppi dell'automazione, della cibernetica e della biologia, si sono proposti nuovi modelli interpretativi, appunto i *sistemi*, più atti a cogliere e a descrivere la complessità dei fenomeni: questi vengono visti non come entità astrattamente isolate e dissezionabili in parti, o comunque spiegabili secondo il principio della causalità lineare, ma come globalità da studiarsi nell'interazione dinamica delle parti. Secondo la concessione terminologica che Bertalanffy fa alle categorie del pensiero tradizionale, la nuova scienza è pertanto una visione non più atomistica ma organicistica della realtà, in quanto è attenta soprattutto ai momenti dell'organizzazione, del controllo e della struttura dell'interazione fra i fenomeni. Come tale, essa è scienza della *totalità*, ma non in senso metafisico: essa infatti appronta peculiari strumenti di analisi matematica e si pone come prospettiva interdisciplinare in stretto contatto con la → cibernetica, la teoria dell'→ informazione, la teoria dei → giochi e delle decisioni, la teoria degli automi, la ricerca operativa e soprattutto l'ingegneria dei sistemi come scienza della progettazione dei sistemi uomo-macchina. La teoria dei sistemi si muove quindi all'interno di un'ottica interdisciplinare di unificazione e integrazione delle discipline scientifiche, e viene pertanto detta teoria *generale* dei sistemi, venendo così distinta dalle singole teorie relative a particolari sistemi o a gruppi di sistemi di un certo tipo (meccanici, elettronici, biologici, sociali): ma va ricordato che è proprio dello spirito della teoria dei sistemi evitare classificazioni rigide (si ammette solo quella fondamentale fra sistemi *aperti*, come l'organismo, e *chiusi*, come le entità della fisica tradizionale) ed elaborare piuttosto il principio dell'isomorfismo delle scienze, convalidato dall'esistenza di un numero ridotto di espressioni matematiche semplici, applicabili alla descrizione dei fenomeni più diversi.

śivaismo, corrente dell'induismo che riunisce i devoti del dio Śiva. Il culto particolare di questo dio si affermò in India tra il sec. I e il VII d.C.: nel corso di questo lungo periodo si andò formando un corpus di testi, gli *Āgama* (28 principali e 128 secondari), che contengono le dottrine relative al rito, al culto delle immagini, all'edificazione dei templi, alla condotta etico-sociale. Lo śivaismo si articola in due correnti principali, quella del nord (Kashmir) e quella del sud. La prima privilegia gli aspetti speculativi, e concepisce Śiva come coscienza cosmica, unica e immutabile, eppure in continua vibrazione, come una fiamma che mai si spegne: processo grazie al quale il Dio si manifesta nel dispiegarsi del cosmo e delle coscienze individuali; la liberazione di queste ultime si compie perciò riconoscendo l'identità dell'anima con Dio e compiendo così a ritroso il processo della manifestazione. Lo śivaismo del sud si distingue da quello del nord per aspetti dottrinari (l'anima individuale, nonostante la liberazione, non è identica a Dio), ma soprattutto in quanto privilegia l'amore e la partecipazione del fedele verso Dio e del Dio verso il fedele, che si esprime in un'attitudine di emozione intensa, colma d'affetto e di timore (→ bhakti): questa fede, e non la conoscenza, apre dunque la via della liberazione e dell'incontro con il Dio.

Skinner, Burrhus Frederik (Susquehanna, Pennsylvania, 1904-Cambridge, Massachusetts, 1990), psicologo statunitense. Professore di psicologia presso le università del Minnesota, dell'Indiana e di Harvard (dal 1947), fu uno dei principali rappresentanti contemporanei del → comportamentismo, di cui incarnò l'anima più radicale nella piena ortodossia watsoniana (J.B. → Watson), in polemica con i rappresentanti del cosiddetto «neocomportamentismo» (da C.L. Hull a E.C. → Tolman). Egli sostenne il metodo sperimentale come unico criterio di scientificità, di contro alla semplice osservazione empirica, al metodo clinico, all'elaborazione statistica, e soprattutto in aperta polemica con ogni forma di «teorizzazione»; e considerò il criterio oggettivistico come unico paradigma dell'indagine psicologica, assumendo il «comportamento direttamente osservabile dall'esterno» come unico oggetto dell'indagine stessa, e liquidando la soggettività e l'introspezione, rispettivamente come oggetto e come metodo dell'indagine. Skinner fu il più coerente difensore della tradizione positivistica e induttivistica della psicologia, contro tutte le «tentazioni» speculative che periodicamente emergono all'interno di essa. Maestro di molti fra i più importanti psicologi nordamericani contemporanei (come per es. K. Spence e J.G. Holland), Skinner fondò nel 1958 il «Journal for the Experimental Analysis of Behavior», che (diversamente dalle altre riviste psicologiche americane ed europee) ospita esclusivamente contributi di carattere sperimentale. Fra le sue opere principali ricordiamo: *Il comportamento degli organismi* (1938); *La scienza e il comportamento umano* (1953); *Il comportamento verbale* (1957); *Analisi del comportamento* (1961, in collaborazione con Holland); *La tecnologia dell'insegnamento* (1967).

Skinner Box, → condizionamento.

Skolem, Thoralf (Sandsväz 1887 - Oslo 1963), matematico e logico norvegese. Il suo nome è legato a un teorema che afferma, per ogni teoria dotata di un → modello, l'esistenza di un modello della teoria che sia finito o numerabile (teorema di Löwenheim-Skolem). Applicato alla teoria degli insiemi, in cui si dimostra l'esistenza di insiemi infiniti di cardinalità maggiore di quella numerabile, il teorema sembra comportare, paradossalmente, l'esistenza di un modello numerabile per una teoria che asserisce l'esistenza di un insieme più che numerabile. Secondo Skolem, il paradosso scompare quando si consideri la cardinalità come relativa a un sistema di assiomi: per una data teoria, l'insieme dei sottoinsiemi di un insieme infinito può risultare non numerabile perché la teoria non dispone dei mezzi per enumerarlo (l'insieme di coppie in cui consiste l'enumerazione *non* è nel modello). Di notevole importanza per lo sviluppo della teoria della → ricorsività sono poi i suoi studi sull'aritmetica. Tra le sue opere: *Una relativizzazione delle nozioni matematiche fondamentali* (1958).

slavofilismo, corrente filosofico-culturale sviluppatasi in Russia nella prima metà dell'Ottocento: A.S. → Chomjakov, J. Kireevskij (1806-1856), J. Samarin (1819-1876) e K. Aksakov (1817-1860) ne furono i rappresentanti filosofici più celebri. Lo slavofilismo si opponeva alla tesi degli «occidentalisti», per la quale la Russia avrebbe dovuto continuare la propria modernizzazione (iniziata da Pietro il Grande) seguendo l'esempio dell'Occidente. Per gli slavofili, invece, la Russia doveva sviluppare i caratteri originali della propria cultura, in base ai quali avrebbe potuto salvare non solo se stessa ma anche l'Occidente, altrimenti destinato alla decadenza. Mentre nel razionalismo occidentale filosofia e teologia avevano preso un carattere di speculazione astratta, nell'ambito della

cultura russa e della religiosità ortodossa si erano conservati la pienezza interiore dello spirito e il principio della libertà religiosa: ciò aveva sviluppato gli ideali di una società e di una chiesa caratterizzate da unità organica interiore e non condizionate da costrizioni esterne. Si trattava di un'esigenza concernente anche il piano economico, dove gli slavofili si richiamavano alla tradizione comunitaria e assembleare della campagna russa. Il loro atteggiamento verso l'Occidente non era però, almeno per i più colti, di mera ripulsa: piuttosto essi ritenevano che gli stessi elementi validi elaborati dalla civiltà occidentale potevano essere salvati, purché venissero radicati nella tradizione spirituale russo-ortodossa. Nell'elaborare filosoficamente queste tesi, essi utilizzarono elementi della filosofia di Schelling (così Chomjakov e Kireevskij) e trassero spunti dalla filosofia della storia hegeliana, pur sempre con concessioni a Schelling (così Samarin e Aksakov).
Il dibattito tra slavofili e occidentalisti rimase vivo sino ai primi decenni del Novecento (e oltre, se si considerano, per es., taluni temi di A.I. Solženicyn).

Smelser, Neil J. (Kahoka, Missouri, 1930), sociologo statunitense. Laureatosi in sociologia a Harvard e in economia ad Oxford, insegna dal 1958 all'università di California a Berkeley. Ha acquisito notorietà principalmente per l'opera *Economia e società* (1956) scritta in collaborazione con T. Parsons. In quest'opera la teoria economica, la disciplina cioè che si occupa dei problemi della produzione e distribuzione di beni e servizi funzionalmente necessari al mantenimento materiale e al benessere relativo di individui e collettività, è considerata come un caso speciale della teoria generale dei sistemi sociali. Così definita, la teoria economica descrive il sottosistema che risponde alle esigenze adattive della società nel suo complesso (→ funzionalismo).
Smelser ha dedicato particolare attenzione al tema del cambiamento sociale: se ne è occupato in primo luogo applicando il modello di differenziazione strutturale (→ differenziazione sociale) ai mutamenti nella vita familiare e comunitaria delle classi lavoratrici inglesi dell'inizio del XIX secolo (*Il mutamento sociale nella rivoluzione industriale*, 1959). In seguito ha analizzato l'interrelazione sistematica dei processi di cambiamento che costituiscono lo sviluppo economico e sociale (*Struttura sociale e mobilità nello sviluppo economico*, 1966, con S.M. Lipset). Infine ha raccolto saggi che interpretano il rapporto tra cambiamento sociale e modernità alla luce della differenziazione funzionale, dell'idea di autopoiesi (→ autoriferimento) e del concetto di nuovi movimenti sociali (*Cambiamento sociale e modernità*, 1992, con H. Haferkamp). Altre opere: *La comparazione nelle scienze sociali*, 1976; *Manuale di sociologia*, 1981; *Manuale di sociologia*, 1988 (a cura di); *Economia e società*, 1990, con A. Martinelli.

Smith, Adam (Kirkcaldy, Scozia, 1723 - Edimburgo 1790), economista e filosofo sociale scozzese. Discepolo del filosofo F. Hutcheson, conobbe Hume, e a Oxford nel 1751 ottenne prima la cattedra di logica e poi quella di filosofia morale all'università di Glasgow, dove restò fino al 1763. Nel 1759 pubblicò la prima delle sue opere, *Teoria dei sentimenti morali*, in cui riprendeva e sviluppava la filosofia sociale già esposta dal suo maestro Hutcheson nel senso di una «morale della simpatia»: l'uomo è mosso e guidato nelle sue azioni dal desiderio di ottenere l'approvazione, e quindi la simpatia, dei suoi simili: in prima istanza, l'approvazione e la simpatia concreta dello «spettatore reale», più in generale, l'approvazione di quello «spettatore imparziale» che è dato dalla propria coscienza e che dovrebbe corrispondere in astratto all'approvazione della collettività. Dal 1764 al 1766 Smith visitò la Francia e, attraverso Hume, ebbe l'opportunità di conoscere F. Quesnay, V.R. de Mirabeau, A. Morellet, R.-J. Turgot. Nel 1776 pubblicò le *Ricerche sopra la natura e le cause della ricchezza delle nazioni*, che può essere considerato il primo trattato organico di economia politica. L'opera è divisa in cinque libri, che trattano rispettivamente: del rapporto fra divisione del lavoro e produttività e della distribuzione del reddito, dell'accumulazione, dello sviluppo economico dall'impero romano in poi in breve *excursus*, delle teorie economiche precedenti quella smithiana (mercantilisti, fisiocratici), della finanza pubblica. In ciascuno di questi campi Smith raccoglieva i frutti di un vasto lavoro preparatorio, svolto oltre che da Hume e Locke, da economisti quali R. Cantillion, W. Petty e Quesnay. La ricchezza delle nazioni, secondo Smith, dipende da due elementi: la quota dei lavoratori produttivi (cioè produttori di beni materiali, secondo l'interpretazione prevalente di una definizione che in Smith non è univoca) sul totale della popolazione e la produttività di ciascun lavoratore. Nel tempo la produttività aumenta man mano che progredisce la divisione del lavoro, che è favorita dall'espansione dei mercati, a sua volta legata allo sviluppo economico. Il prodotto viene ripartito tra le classi sociali: lavoratori, capitalisti e proprietari terrieri sotto forma di salario, saggio del profitto e rendita. In questo quadro si colloca il liberismo smithiano. Ogni operatore economico agisce sul mercato mosso esclusivamente dal suo interesse individuale; ma l'influenza di domanda e offerta sui prezzi, e di questi sulle decisioni degli operatori, agisce come una «mano invisibile» che genera un continuo adeguamento tra produzione e domanda. L'operare della «mano invisibile», che trasforma l'egoismo individuale nel benessere collettivo, richiede però che i produttori siano liberi di spostarsi da un settore all'altro, cioè che ogni attività economica sia aperta all'ingresso di nuovi operatori, in grado di entrare in concorrenza con i vecchi operatori già stabiliti nel mercato. Anche l'intervento pubblico nell'economia deve essere limitato allo stretto necessario (giustizia e difesa) e soprattutto deve evitare di introdurre vincoli inutili all'operare delle forze di mercato.

Smith, William Robertson (Keigin, Aberdeenshire, 1846 - Cambridge 1894), etnologo scozzese. La sua opera più importante è *La religione dei semiti* (1889), in cui propose nuove e originali ipotesi sulle origini del sacrificio. Fino a quel momento, infatti, gli studi sul significato dell'«offerta» alla divinità erano stati sempre basati sulla tradizione classica greco-romana e tendevano pertanto a interpretare il sacrificio come un dono utilitaristico (teoria, questa, sostenuta anche da E. Westermarck). Smith, invece, orientò la sue ricerche sulle aree semitiche e su quelle totemiche australiane, servendosi anche degli studi di J.F. MacLennan, suo maestro, il quale aveva chiaramente delineato la struttura dell'esogamia presso le culture primitive mettendo in luce l'esistenza e l'importanza del totemismo (*Il matrimonio primitivo*, 1876). Smith assunse quest'ultimo come «forma elementare della vita religiosa» (voce «sacrificio», in *Enciclopedia Britannica*, 1885), scoprendone i residui nelle religioni semitiche, in connessione con antiche strutture matrilineari. Il sacrificio totemico è la consumazione collettiva di un animale, identificato con lo stesso corpo del dio; esso è «comunione mistica o partecipazione alimentare alle carni del dio», così come è compartecipazione sacramentale e comunitaria del dio e degli offerenti allo stesso pasto. Il sacrificio avrebbe, così, la funzione di rinsaldare e rinnovare i vincoli di parentela e di identificazione fra il dio (animale totemico) e il gruppo, e al tempo stesso quella di stabilire uno scambio di energia, di «potenza», fra le due parti partecipanti al pasto.

Smith fu anche fra i primi studiosi di antropologia a rilevare la natura dinamica e interfunzionale del rapporto fra mito e rito, affermando la priorità storica di questo su quello: il mito sarebbe esclusivamente la narrazione eziologica dell'azione che lo precede. Con le sue tesi Smith influenzò notevolmente il pensiero di S. Freud circa l'origine della religione, centrata sulla colpa, sulla necessità della vittima sacrificale e sulla «ripetizione rituale».

L'influsso maggiore fu però quello esercitato su E. → Durkheim, che nella sua opera riprese l'idea di una determinazione sociale del pensiero religioso. Smith aveva già espresso questa idea sia nella teoria del sacrificio di comunione sia privilegiando il piano dell'azione su quello psicologico come terreno d'analisi del fenomeno religioso. Secondo Smith, infatti, gli individui, nascendo, sono introdotti in un contesto rituale che è quello della loro società. È da questo dato che bisogna partire per capire la natura della credenza religiosa e non, come facevano gli antropologi evoluzionisti suoi contemporanei, dai dati della coscienza individuale (E. → Tylor).

sobornost', termine teologico russo, che equivale a «cattolicità», ma anche a «conciliarità, unanimità». Durante il sec. XIX, nel momento in cui l'ortodossia russa si interroga sulla propria identità e missione, e ha luogo il rinnovamento teologico ed ecclesiologico ispirato allo → slavofilismo, la nozione di sobornost' assume particolare rilievo come parola chiave per designare il carattere della vera chiesa, e, in subordine, la chiesa ortodossa stessa. Il maggiore teorizzatore e divulgatore dell'idea fu A.S. → Chomjakov, nella cui apologetica la chiesa ortodossa rappresenta la comunione d'amore di contro all'autoritarismo cattolico-romano e all'individualismo protestante. Sobornost' viene quindi a significare capacità di partecipare alle decisioni della chiesa da parte di tutti i gradi e le funzioni presenti nella comunità, dal laicato all'episcopato. Il tema della sobornost', attraverso la più recente rielaborazione di N. Afanas'ev (1893-1966), è confluito nell'ecclesiologia cattolica e nelle affermazioni del Vaticano II sulla collegialità episcopale.

socialismo, termine che, in senso lato, designa tutte le teorie sull'organizzazione politica e sociale propugnanti una riforma della società e dello stato che abbia come fine essenziale la giustizia sociale e come mezzo la socializzazione e/o la statalizzazione delle risorse economiche. Più specificamente il concetto ha origine nel quadro delle contraddizioni sociali derivanti dallo sviluppo della rivoluzione industriale in Europa e indica negli anni Trenta del secolo XIX «i fautori di questo o quello dei molti sistemi sociali che, pure in lotta fra loro, erano uniti dalla comune avversione per l'individualismo prevalente nell'economia e per la preminenza accordata alle questioni politiche, rispetto a quelle economiche e sociali» (G.D.H. Cole, *Storia del pensiero socialista*, I, 1953).

• *Le origini. Socialismo utopistico e socialismo scientifico.* Il termine *socialist* venne probabilmente usato per la prima volta nel 1827 sulla rivista oweniana «Co-operative Magazine» e *socialisme* fu usato nel 1832 su «Le Globe», organo dei sansimoniani diretto da P. Leroux; proprio a opera di Leroux ebbe la prima diffusione attraverso la «Revue encyclopédique» (che ne pubblicò anche un tentativo di definizione: *Sull'individualismo e il socialismo*, 1833) e «L'Encyclopédie nouvelle». I principali gruppi socialisti erano in Francia i sansimoniani e i fourieristi, in Inghilterra gli oweniani, accomunati dalla critica della politica e dal privilegiare la «questione sociale», dalla critica della proprietà privata, dalla sperimentazione di modelli comunitari di vita, dalla fiducia nell'educazione delle giovani generazioni come strumento essenziale per il superamento dell'individualismo. Nel 1839 questi gruppi furono chiamati «socialisti utopisti» dall'economista J.-A. Blanqui nella sua *Storia dell'economia politica*, mentre si cominciava a distinguere tra socialismo e comunismo (L. von Stein, *Socialismo e comunismo nella Francia contemporanea*, 1842). La denominazione di «socialismo utopistico» fu consolidata dalla classificazione della letteratura socialista e comunista operata da Marx e Engels nel *Manifesto del partito comunista* (1848): a proposito di C.-H. Saint-Simon, Ch. Fourier, R. Owen, essi riconoscono il valore critico delle «loro affermazioni positive sulla società futura, per es. l'abolizione del contrasto fra città e campagna, della famiglia, del guadagno privato, del lavoro salariato, l'annuncio dell'armonia sociale, la trasformazione dello stato in una semplice amministrazione della produzione», ma attribuiscono allo scarso sviluppo del proletariato e della lotta di classe il fatto che «questi sistemi ravvisano bensì il contrasto fra le classi... ma non scorgono dalla parte del proletariato nessuna funzione storica autonoma, nessun movimento politico che gli sia proprio». Marx ed Engels valutano positivamente il «socialismo e comunismo critico-utopistico», distinguendolo nettamente dal socialismo «reazionario» (rappresentato dagli scrittori che idealizzano i rapporti sociali dell'Ancien Régime e dal socialismo filosofico tedesco di M. Hess e di K. Grün) e dal socialismo «borghese» di P.-J. Proudhon, che non mette in questione la sostanza dei rapporti capitalistici di produzione; tuttavia essi contrappongono al «socialismo utopistico» il proprio «socialismo scientifico», che vede nella formazione del proletariato industriale il portatore reale della trasformazione comunistica della società e nella lotta di classe rivoluzionaria il metodo della trasformazione; e che individua nelle contraddizioni oggettive del modo capitalistico di produzione l'indizio della sua fine necessaria e del necessario passaggio a un superiore modo di produzione. Sono elementi di differenza che Engels ribadisce e sviluppa nei capitoli dell'*Anti-Dühring* raccolti in *L'evoluzione del socialismo dall'utopia alla scienza* (1888). La denominazione di «comunista» assunta dalla Lega dei giusti nel 1847 e dal *Manifesto* di Marx ed Engels denota il classismo del nuovo orientamento rispetto ai precedenti «sistemi socialisti». Nelle prefazioni del 1888 e del 1890 al *Manifesto* Engels sottolinea come nel 1847 «socialisti» fossero i seguaci di Owen e di Fourier e i più vari gruppi di riformatori sociali, «comunisti» quei gruppi operai che si erano organizzati su basi radicali, come i seguaci di E. Cabet e di W. Weitling: «Nel 1847 socialismo significava un movimento borghese, comunismo un movimento operaio.»

Questa distinzione perdette significato nella seconda metà del sec. XIX e fu recuperata polemicamente dal leninismo nel periodo della rivoluzione sovietica e della fondazione dei partiti comunisti. Il partito operaio tedesco di ispirazione marxista, fondato a Eisenach nel 1869, aveva infatti preso il nome di Partito socialdemocratico (nel senso di partito della democrazia sociale) e socialdemocratico si chiamò anche dopo la fusione avvenuta nel 1875 con l'organizzazione operaia lassalliana (F. → Lassalle). Proprio nella *Critica del Programma di Gotha* (1875), che scrisse in occasione dell'unificazione, Marx distinse due «fasi della società comunista»: quella transitoria della dittatura del proletariato, nella quale dominano ancora l'orizzonte giuridico borghese e la ripartizione del prodotto sociale in base alle prestazioni di lavoro, e «una fase più elevata», caratterizzata dalla scomparsa della divisione del lavoro e delle classi e dall'abbondanza della produzione sociale, in cui vige il principio «Da ognuno secondo le sue capacità, a ognuno secondo i suoi bisogni», distinzione per la quale la tradizione marxista successiva ha usato i termini di «socialismo» e di → «comunismo».

• *Socialismo e comunismo.* Nel Partito socialdemocratico tedesco, che divenne il punto di riferimento dei partiti socialisti aderenti alla Seconda internazionale (1889), si sviluppò la tendenza dei socialisti riformisti che consideravano invecchiata e da «rivedere» la dottrina di Marx sulle contraddizioni crescenti del capitalismo, la polarizzazione tra le due classi sociali antagonistiche, la transizione rivoluzionaria verso il comunismo. Il «revisionismo» di E. → Bernstein (*I presupposti del socialismo e i compiti della socialdemocrazia*, 1899) — elaborato a contatto con il riformismo del movimento operaio inglese e della «Fabian Society» di G.B. Shaw e di S. Webb — non solo negava la concentrazione oligopolistica della proprietà e la proletarizzazione dei ceti intermedi, ma affermava che lo stato liberaldemocratico non era più l'organo del dominio della borghesia cui contrapporre la «dittatura del proletariato», e che poteva anzi diventare lo strumento della graduale trasformazione socialista del sistema economico e della piena democrazia; il socialismo doveva liberarsi dall'eredità deterministica e dalla filosofia dialettica della storia per diventare conquista pragmatica quotidiana da un lato, ideale etico dall'altro. Contro questa tendenza polemizzò sia la corrente rivoluzionaria di sinistra, che ebbe le formulazioni teoriche di maggiore rilievo negli scritti della polacca Rosa Luxemburg, sia il «centrismo ortodosso» di K. Kautsky. La Luxemburg elaborò l'analisi del «crollo» finale del capitalismo

che lasciava spazio soltanto all'alternativa di socialismo o barbarie e tracciò la prospettiva della rivoluzione proletaria come processo di sempre più ampio e spontaneo coinvolgimento delle masse in esperienze dirette di lotta. Kautsky considerava indispensabili al socialismo gli apparati burocratici centrali dello stato e combatteva come radicalismo anarchico la fiducia nella spontaneità rivoluzionaria e nella democrazia diretta.
Ancora più complesso nei primi quindici anni del secolo fu il panorama del socialismo russo. Nel 1901 l'eredità politica del populismo ottocentesco, che aveva delineato un socialismo agrario sulla base delle comunità contadine e aveva poi praticato la cospirazione e il terrorismo contro l'autocrazia zarista, fu raccolta dal Partito socialista rivoluzionario. A esso si contrappose il marxismo del Partito operaio socialdemocratico, fondato da G.V. → Plechanov, che si divise nel 1903 nella corrente dei menscevichi, che prevedevano uno sviluppo di tipo occidentale per la Russia dopo la caduta dello zarismo, e nella corrente dei bolscevichi, tra i quali Lenin che attribuì al proletariato, guidato da un partito di rivoluzionari di professione rigidamente accentrato (*Che fare?*, 1902), il compito di realizzare anche la fase «democratico borghese» del processo rivoluzionario legando a sé la massa dei contadini.
Il crollo dell'internazionalismo socialdemocratico di fronte all'imperialismo e alla guerra mondiale e il successo del leninismo in Russia aprirono una profonda frattura nel movimento operaio. I maggiori teorici della socialdemocrazia marxista condannarono l'esperienza sovietica come un tentativo volontaristico in una situazione arretrata che necessariamente metteva capo a una dittatura terroristica del partito e della burocrazia di stato e, in prospettiva, a una dittatura personale (Kautsky, *Terrorismo e comunismo*, 1919). Ma anche nell'ala sinistra della socialdemocrazia, che appoggiò incondizionatamente la rivoluzione di ottobre, la versione leninista della «dittatura del proletariato» suscitò critiche radicali (Luxemburg, *La rivoluzione russa*, 1918). Il contrasto tra socialisti e comunisti raggiunse i toni più aspri in seguito all'analisi fatta dalla Terza internazionale della crisi del '29 come premessa a una nuova fase rivoluzionaria; i socialisti vennero indicati come l'ultimo puntello della borghesia e come «socialfascisti».
Il marxismo sovietico aveva irrigidito quella che in Marx si presentava come fase di transizione al comunismo sviluppato facendone una formazione economico-sociale autonoma, con proprie leggi economiche e proprie forme giuridiche e politiche.
• *Socialismo e «welfare state»*. Il socialismo statalistico ha avuto, d'altra parte, una varia fenomenologia teorica e pratica anche in Occidente. In risposta alla crisi del '29 i socialismi occidentali, e in special modo il laburismo inglese e le socialdemocrazie scandinave, elaborarono un modello di politica economica, concordata dal governo con le imprese e i sindacati, al fine di correggere gli squilibri derivanti dal mercato e un intervento di politica fiscale fortemente progressiva per garantire a tutti i servizi sociali e un livello minimo di reddito alle classi meno abbienti: il *welfare state*, stato di benessere, stato assistenziale o stato dei servizi sociali (come preferì chiamarlo uno dei suoi teorici, W.H. Beveridge, che era stato all'inizio del secolo vicino al socialismo fabiano). La politica del *welfare state* fu attuata a partire dagli anni Trenta in Svezia e dopo la seconda guerra mondiale in Gran Bretagna e negli altri paesi europei dove i partiti socialisti promossero alcune nazionalizzazioni e forme di «capitalismo organizzato», con un rapporto variabile tra stato e mercato a seconda delle congiunture economiche e politiche e con vari modi di coinvolgimento dei lavoratori nella «democrazia industriale». Significativo fu l'abbandono formale del marxismo, dell'idea dell'antagonismo di classe, della fine dell'abolizione della proprietà privata (con lo slogan «concorrenza in economia nella misura del possibile, pianificazione nella misura del necessario»), da parte della socialdemocrazia tedesca al congresso di Bad Godesberg del 1959.
• *Crisi dello stato sociale e crollo del «socialismo reale»*. Alcune caratteristiche del *welfare state* sono diventate parte integrante del rapporto contemporaneo tra stato e società, accettato anche da forze politiche che non derivano dalla cultura socialista. Il liberismo è divenuto in gran parte una finzione ideologica mentre la realtà, perlomeno nei paesi europei, presenta tratti più o meno marcati di corporativismo sociale nel quadro politico liberaldemocratico. A partire dagli anni Settanta lo stato sociale ha comunque dimostrato difficoltà e limiti oggettivi (sovraccarico di domanda, ipertrofia e inefficienza degli apparati statali, insufficienza delle entrate fiscali ecc.), dando luogo a numerose analisi critiche di ispirazione marxista (J. O.'Connor, *La crisi fiscale dello stato*, 1974) o neo-liberista.
Negli anni Ottanta era nel contempo sempre più evidente la crisi dei regimi di «socialismo reale» marxista-leninista, cioè dell'Unione Sovietica e dei paesi da essa dipendenti, fondati economicamente sulla pianificazione centralizzata e politicamente sul sistema del monopartitismo comunista, paesi nei quali la «costruzione del socialismo» era stata caratterizzata dal rafforzamento degli apparati repressivi di stato e delle gerarchie burocratiche in contrasto con gli ideali di eguaglianza e di autogoverno dei lavoratori proprio della tradizione *teorica* socialista. Dalla clamorosa denuncia del «culto della personalità» e dei crimini stali-

niani fatta da Chruščëv nel 1956 ai tentativi di riforma radicale di M. Gorbačëv (segretario del Pcus dal 1985 al 1991) il sistema politico ed economico del «socialismo reale» si mostrava rigido e scarsamente riformabile. La caduta del muro di Berlino nel 1989, la fine dell'Unione Sovietica nel 1991, l'emergere di nazionalismi aggressivi nell'Est, hanno segnato una svolta storica le cui conseguenze sono difficilmente valutabili.
In modi diversi si può parlare di profonda crisi dei socialismi all'Est e all'Ovest, nelle diverse forme divergenti e conflittuali che ha storicamente e teoricamente assunto, e della necessità di una ridiscussione critica di tutta la storia del socialismo. *C. Pi.*

socializzazione, in un'accezione ampia, l'apprendimento di specifiche forme di comportamento sociale; in un'accezione più ristretta, processo che attraverso meccanismi di scambio, interazione, acquisizione, adattamento, porta i minori, i bambini, inseriti in una determinata collettività, a preferire specifici modelli di comportamento, concezioni della realtà, stili di vita, capaci di caratterizzare la loro identità e azione sociale. In questo senso, il termine venne introdotto nel dibattito sociologico negli anni Trenta, quando gli studi dei processi di socializzazione erano già stati avviati. I modi di intendere il processo di socializzazione variano a seconda delle diverse concezioni della società. Tra i funzionalisti, gli autori che, come T. → Parsons, pongono l'accento sulle condizioni della coesione e della stabilità del sistema sociale, riconoscono al processo di socializzazione — in parallelo a un sistema di premi e di punizioni — l'importante funzione di trasmettere regole, modelli di comportamento, idee, concezioni della realtà, motivazioni, che legittimano l'ordine sociale. La socializzazione viene quindi intesa come apprendimento di competenze e di ruoli sociali, come integrazione nella comunità, quasi come acculturazione.
Altri autori, più attenti alle condizioni del soggetto, attenuano l'interpretazione della socializzazione come rigido adeguamento a ruoli e competenze sociali, considerandola come un processo di formazione della personalità nel quale il soggetto, per quanto forti siano i condizionamenti del sistema sociale, non può essere considerato soltanto passivo. Si intende in tal modo per socializzazione un processo in cui il socializzato interagisce col socializzante. Incentrato sulla formazione della personalità è il contributo di G.H. Mead (*Mente, sé e società*, 1934), che, indagando i meccanismi della socializzazione, mette in luce la funzione di identificazione sociale e di acquisizione di ruoli che ha per il bambino l'assunzione «dell'atteggiamento dell'altro». In una prospettiva marxista, gli studiosi della scuola di Francoforte hanno analizzato forme di controllo sociale sottese ai processi di socializzazione (con particolare attenzione all'istituzione familiare), mentre L. Althusser ha considerato la famiglia e la scuola «apparati ideologici di stato», con la funzione di riprodurre le condizioni della produzione capitalistica.
Nella realtà contemporanea sembra però notevole da un lato la molteplicità delle agenzie di socializzazione, dall'altro la loro incapacità di esprimere una medesima concezione della società e dell'integrazione sociale dei soggetti. Inoltre, le crisi di legittimazione che investono le società industriali avanzate (perdita di funzione delle istituzioni tradizionali; crisi della funzione di rappresentanza dei partiti; caduta delle speranze collettive) contribuirebbero a rendere più labili i rapporti dell'individuo col sistema sociale e meno orientati all'integrazione sociale i processi di socializzazione.
Nell'epoca di mass-media, inoltre, la pluralizzazione dei mondi che gli individui vivono fin dall'inizio della loro esperienza sociale condurrebbe da socializzazioni di tipo verticale a socializzazioni più aperte, transitorie, incomplete e differenziate. «Vetrina dei mass-media» e «fai-da-te del consumo culturale» appaiono come uno dei terreni che individui e gruppi prescelgono per elaborare strategie adeguate a questa pluralizzazione, come testimoniato per es. dall'attitudine esplorativa dei telespettatori rispetto a un'offerta televisiva sempre più complessa e sofisticata (M. Morcellini, *Passaggio al futuro. La socializzazione nell'età dei mass media*, 1992).

società, la popolazione insediata su un determinato territorio, i cui componenti condividono una medesima cultura e una identità collettiva, e intrattengono tra di loro rapporti economici, politici, nonché affettivi, complessivamente più intensi e organici di quelli che intrattengono con appartenenti ad altre collettività. Espressione di codesti rapporti sono le strutture — parentali, comunitarie, economiche e politiche (che includono anche le strutture militari) — per mezzo delle quali la stessa popolazione provvede ai propri bisogni di sopravvivenza e riproduzione biologica, materiale e culturale.
Il termine, che ricorre con grande frequenza sia nel linguaggio comune sia nei linguaggi specializzati, ha assunto in sociologia significati molto diversi. Esso è stato utilizzato per indicare un tipo emergente di relazioni sociali artificiali, impersonali, mediate dal mercato e fondamentalmente contrattuali, opposto a quello che lo aveva storicamente preceduto nella forma di comunità (F. → Tönnies); oppure un tipo concreto di collettività, distinto dalla comunità per la presenza di un centro di dominio (H. Freyer). La sociologia evoluzionistica ottocentesca ha inteso la società come un organismo, sottoposto a leggi naturali omologhe a quelle regolanti l'evoluzione delle specie animali (H. →

Spencer). Con E. Durkheim e V. Pareto si afferma la tendenza a impiegare il termine società per indicare non tutta la realtà sociale (che comprende anche cultura, mentalità, morfologia degli insediamenti umani ecc.), bensì il piano delle relazioni osservabili tra i membri di una collettività; da Pareto in avanti tale livello si definirà → sistema sociale. Questa concezione rifluirà nel → funzionalismo degli anni Quaranta e Cinquanta: T. Parsons definisce società quel sistema sociale che contiene in sé tutti i prerequisiti essenziali per il proprio mantenimento come sistema autosufficiente. La distinzione, operata dai funzionalisti, di un livello, connesso ma distinto da quello della cultura o della personalità, fu teorizzata anche da un loro critico, P.A. → Sorokin. Le moderne teorie dei sistemi hanno condotto N. Luhmann all'elaborazione di un concetto di società come sistema sociale complessivo (sistema di tutti i sistemi sociali) autoreferenziale (→ autoriferimento).
Indirizzi più recenti vedono in una teoria relazionale la prospettiva adeguata alla cosiddetta società postmoderna (→ postmoderno). Superando organicismi, dicotomie e circolarità, studiare e comprendere la società significa analizzare le reti di relazioni che la costituiscono e in cui gli individui interagiscono ripetutamente (analisi di rete). Il tentativo di riassumere i caratteri originali delle società dell'età moderna e contemporanea rispetto a quelle precedenti si è tradotto in ambito sociologico in una serie di tipologie dicotomiche; tra le più note si collocano la distinzione tra società semplici e complesse (H. Spencer ed E. Durkheim), tra società sacrali e secolarizzate (H. Becker), tra società rurali e urbane (R. Redfield); e ancora, tra società tradizionali e società moderne, tra società dominate da istituzioni, in ultimo luogo militari, e società industriali, dove la base del potere e dell'assetto istituzionale sono l'impresa industriale e il mercato. Una classificazione più complessa e articolata è quella che distingue le società sulla base delle formazioni economico-sociali in esse predominanti; le società individuate su questa base, realizzatesi storicamente in numerose varianti e sottotipi, sono l'asiatica, l'antica, la feudale, la borghese e la socialista.
Recentemente molti studiosi hanno rilevato che è in corso una transizione verso una forma nuova di società, non più essenzialmente basata sull'industrialismo; a proposito si è parlato di società dell'informazione, società dei servizi o società del sapere. Si è pertanto diffusa la voga di far precedere i più diversi termini riferiti alla società dal prefisso *post* (per es., società post-moderna). La nozione che è divenuta più comune è quella di società post-industriale, impiegata per la prima volta da D. → Bell negli Stati Uniti e da A. → Touraine in Francia. Tutte queste definizioni sono accomunate dall'enfasi posta sulla crescita delle occupazioni nel settore dei servizi a scapito di quelle tipiche della produzione di beni materiali. Nell'accezione di Bell, il sapere codificato (vale a dire l'informazione sistematica e coordinata) costituisce la principale risorsa strategica da cui dipende la società; scienziati, informatici, ingegneri e professionisti impegnati nella creazione e distribuzione di tale sapere tendono a sostituirsi come gruppi sociali dominanti ai dirigenti e agli imprenditori del vecchio sistema (→ tecnocrazia).

società civile - stato, termini che nella filosofia politica moderna vengono progressivamente a esprimere una distinzione e quindi un'opposizione relativa tra momenti del processo associativo. Secondo il modello dell'origine dello stato fornito dal → giusnaturalismo e dal → contrattualismo, valido in maniera pressoché costante da Hobbes sino a Kant, *societas civilis* si contrappone a *societas naturalis* ed è sinonimo di società politica e quindi di stato. Questo, come entità sociale e politica sovraordinata agli interessi particolari di individui e gruppi, nascerebbe per contrasto con uno stato primitivo dell'umanità in cui l'uomo vive senza altre leggi che le naturali, con l'istituzione di un potere comune che solo è capace di garantire agli individui associati alcuni beni o diritti fondamentali, altrimenti minacciati dall'esplosione di conflitti la cui soluzione è affidata esclusivamente all'autotutela. Ma con l'identificazione di stato di natura e stato selvaggio la società civile finisce per contrapporsi non soltanto al modello astratto dello stato di natura, bensì anche alle società dei primitivi, per cui società civile acquista il senso di società acculturata. La distinzione tra le due accezioni di società civile (come società politica e come società civilizzata) diventa centrale in Rousseau, che descrivendo nel *Discorso sull'origine e i fondamenti della disuguaglianza tra gli uomini* (1755) il passaggio dallo stato di natura a quello della società civile fa riferimento alla seconda accezione. Tanto che questa forma sociale viene caratterizzata nei termini di una «guerra permanente» che ricorda lo stato di natura hobbesiano: la società politica sorgerà allora sulla base del contratto sociale come un recupero dello stato di natura e un superamento della società civile. Sulla base di una variante (già stoica) della nozione di società, intesa come organismo o super-organismo, e del concetto di destinazione dell'individuo come animale sociale (secondo una linea che va da Aristotele al Rousseau del *Contratto sociale*), Hegel vede invece nella società civile una fase imperfetta e preparatoria dello stato come realizzazione dell'idea, una particolarizzazione della sostanza etica in persone, famiglie o individui. Rispetto allo stato come totalità, la società civile comprende il sistema dei bisogni, quindi l'amministrazione della giustizia, infine la polizia e la corporazione, cioè gli organi che hanno cura degli individui (*Lineamenti di filosofia del diritto*, 1821). Marx riprende il concetto hegeliano di società civile, capovolgendone però il rapporto con lo stato: lo stato si spiega ora come l'esito della società civile, almeno nella società borghese moderna (*bürgerlich* in tedesco significa sia civile sia borghese), tanto che il rapporto società civile-stato si può anche leggere come un rapporto → struttura-sovrastruttura. La società prestatale, cioè il regno della forza irregolare e illegittima, è per Marx ancora lo stato, che, in quanto regno della forza, ovvero «violenza concentrata e organizzata dalla società» (*Capitale*), non costituisce l'abolizione né il superamento, bensì il prolungamento dello stato di natura come stato *storico*, o *preistorico* dell'umanità, non soltanto immaginario o fittizio. Il rovesciamento del rapporto tra società civile e stato operato da Marx segna una rottura ancor più generale con l'intera tradizione della filosofia politica moderna. Mentre questa tende a vedere nella società prestatale una sottostruttura reale ma effimera, destinata a essere risolta nello stato (in una filosofia della storia che procede verso un sempre maggiore perfezionamento di tale ente) o nel ripristino di uno stato di natura, Marx considera lo stato puramente e semplicemente come una sovrastruttura rispetto alla società prestatale: il luogo dove si formano e si svolgono i rapporti materiali di esistenza, perfezionabile, ma solo in quanto destinato a estinguersi nelle futura società senza classi. Su questa reimpostazione marxiana, A. Gramsci opera un riaggiustamento servendosi dell'espressione «società civile» non per contrapporre la struttura alla sovrastruttura, ma per distinguere nell'ambito della sovrastruttura il momento della direzione culturale (o quello della formazione e trasmissione dei valori, ovvero del consenso) da quello del dominio politico (o della coazione). Si torna, così, in parte, al significato originario di società civile, senza però abbandonare la tesi marxiana della priorità della struttura.

Socini, Fausto (Fausto Paulo Sozzini, lat. *Socinus*, da cui Socini; Siena 1539 - Luclawice, Cracovia, 1604), riformatore religioso. Fondatore del movimento del → socinianesimo, Socini rifiuta le dispute scolastiche e accentua la questione della salvezza per la fede. Da qui ha origine la sua teologia fondata unicamente sulla Scrittura e su un acuto senso della finitezza dell'uomo. Egli si applicò, come molti nell'età sua, a una critica strettamente filologica e razionalistica della Bibbia, intesa però come un'ermeneutica terminologica, in cui risultò centrale per la sua cristologia l'interpretazione del concetto di *lógos*: per Socini, è attraverso la parola, e in modo eminente attraverso Cristo, che Dio si dà a conoscere; perciò a Cristo competerebbe l'appellativo (ma solo l'appellativo) di Dio in quanto rappresentante più eccellente dell'umanità. Cadono così, per un verso, i dogmi della trinità, dell'incarnazione ecc. D'altro canto, con l'umanità di Cristo è affermata una minore distanza tra uomo e Dio, il che dà spazio a un ottimismo che porta a negare il peccato originale (l'uomo risulta mortale solo per la sua costituzione fisica) e a sostenere il libero arbitrio e la necessità della libertà di coscienza. Il Cristo di Socini, infatti, salva non già espiando il peccato, ma, in quanto uomo esemplare, ispirando amore negli uomini e facendo sì che Dio si scordi dell'errore umano; viene perciò meno la possibilità di una giustificazione per sola fede. Tra le sue opere hanno particolarmente rilievo il *De auctoritate Sanctae Scripturae*, il *De Jesu Christo servatore*, che respinge il valore espiatorio del sacrificio di Cristo e sostiene che la sua azione salvatrice si compie attraverso l'esempio, imitando il quale l'uomo ottiene la salvezza, e la *Christianae religionis brevissima institutio*.

socinianesimo, corrente teologica antitrinitaria (→ antitrinitari) che prende nome dal suo fondatore, Fausto Socini il quale aveva a sua volta raccolto l'eredità dottrinale dello zio Lelio (Siena 1525 - Zurigo 1562). Stabilitosi nel 1579 in Polonia, dove la struttura feudale permetteva la dissidenza religiosa, perseguitata o mal tollerata negli stati nazionali, Fausto Socini esplicò la sua azione tra i *fratres poloni* (antitrinitari polacchi). Dopo la sua morte fu redatto, con la documentazione da lui lasciata, il *Catechismo di Rakan* (1605-09), che costituisce la grande dichiarazione di fede sociniana.

Nel socinianesimo confluirono le posizioni antitrinitarie di M. Serveto, esigenze del movimento anabattista (radicalismo evangelico nei problemi sociali), spunti della tradizione umanistica (concezione etica della religione), motivi della dottrina di Juan de Valdés (ripudio dell'espiazione vicaria di Cristo), istanze della filologia di Lorenzo Valla. I sociniani organizzarono in Polonia chiese che celebrarono sinodi a Rakan nel 1612 e nel 1618. Espulsi dalla Polonia nel 1658, si stabilirono in Transilvania, Moravia, Ungheria, Germania, Francia, Olanda, Inghilterra e America settentrionale. Essi influenzarono gli arminiani, i mennoniti e i *dissenters* (non conformisti) inglesi, nonché U. Grozio, Spinoza, i deisti inglesi e gli illuministi tedeschi. Per tutto il Seicento, sociniano significò persona che applica il proprio spirito critico ai fatti della religione, che svaluta la dimensione dogmatica, che propugna un ideale di cristianesimo razionale, umanitario, pacifista, a forte contenuto etico.

sociobiologia, studio delle basi biologiche del comportamento e dell'organizzazione sociale di tutti i tipi di organismi viventi, incluso l'uomo. Le indagini condotte in questo recente campo di ricerca tendono a correggere la concezione della natura umana come «tabula rasa», completamente plasmabile e plasmata da storia, società e cultura. Quest'ultima concezione, fatta propria dall'antropologia e dalla sociologia contemporanee, aveva in passato consentito a tali scienze di reagire al determinismo biologico del positivismo naturalistico ottocentesco (che si espresse tra l'altro nelle teorie razziste) e di svilupparsi autonomamente. Ma aveva anche messo in ombra i limiti biologici della varietà e plasmabilità storica e socioculturale della natura umana e fatto trascurare un ampio settore di ricerca. La sociobiologia prende le mosse dalla teoria neodarwiniana dell'evoluzione delle specie (E.O. Wilson, *Sociobiologia: la nuova sintesi*, 1975), sostenendo che l'evoluzione procede per selezione naturale delle specie che manifestano la maggiore idoneità complessiva a riprodursi. Il comportamento sociale degli animali e dell'uomo troverebbe nel patrimonio genetico individuale i supporti alle scelte che favoriscono la realizzazione di tale idoneità. Controverso tra i sociobiologi è il modo in cui si eserciti tale forma di determinismo: le posizioni variano da quella che sostiene una corrispondenza puntuale tra geni e comportamenti (E.B. Wilson) a quella che affida a tratti culturali (i memi) il ruolo di replicatori delle caratteristiche capaci di rendere più idonea la specie «uomo» (R. Dawkins). Le posizioni intermedie sottolineano come il condizionamento del patrimonio genetico riguardi predisposizioni naturali plasmabili dall'ambiente ovvero la generica capacità dell'uomo di produrre cultura (P.A. Barash). Le maggiori difficoltà della ricerca sociobiologica — e le perplessità dei suoi critici — riguardano i metodi di verifica sperimentale delle ipotesi proposte, difficilmente praticabili soprattutto nel caso dell'uomo. Obiezioni sono state anche mosse ai suoi presupposti teorici: in particolare alla teoria neodarwiniana dell'evoluzione naturale, contestata da molti biologi a favore di altre che fanno meno affidamento su un meccanismo evolutivo casuale, molto lento a produrre nuovi tipi del vivente. Il contributo della sociobiologia alla teoria sociologica si può riassumere nel concetto di riproduzione biopsichica, una delle forme fondamentali di riproduzione di ogni formazione sociale: la capacità filogenetica di autopoiesi e replicazione che conserva a ogni sistema vivente la propria identità si coniuga con la capacità, ontogenetica e specificamente umana, fondata su una particolare conformazione della corteccia cerebrale, di rappresentare se stessi nei propri rapporti con l'ambiente (cfr. l'*Introduzione* di L. Gallino a *Sociobiologia e natura umana*, 1980).

sociodramma, tecnica elaborata da J.L. → Moreno in una prospettiva socioterapeutica. Diversamente dallo → psicodramma, che mira a risolvere i conflitti interpersonali, il sociodramma mira a risolvere, attraverso una rappresentazione drammatica che favorisce la catarsi, i conflitti di ruolo e di gruppo.

sociolinguistica, scienza del comportamento verbale nei suoi aspetti sociologici. La sociolinguistica mette in luce e analizza le correlazioni tra fenomeni o tratti linguistici (a livello fonologico, grammaticale, lessicale) e fenomeni o tratti sociologici (età, sesso, stratificazione sociale, attività ecc. dei parlanti; formalità, informalità ecc. delle situazioni comunicative ecc.); essa mira cioè a isolare quelle varianti o varietà linguistiche che marcano fenomeni di ordine sociologico, comprese le diverse relazioni sociali tra i partecipanti alle situazioni comunicative. In complesso, secondo la formula di J.A. Fishman, obiettivo della sociolinguistica è determinare *chi* parla *quale varietà* di *quale lingua*, *quando*, *a proposito di che cosa* e *con chi*. Si distinguono una macrosociolinguistica come studio dei sistemi linguistici usati negli eventi comunicativi di una comunità linguistica, e una microsociolinguistica come analisi di singoli eventi comunicativi, della competenza comunicativa di singoli membri di una comunità linguistica (→ competenza-esecuzione). Si possono individuare tre classi di varietà linguistiche all'interno di una stessa lingua in base a tre diversi parametri, e cioè in base al rapporto tra varietà e situazioni d'uso (si parla in questo caso di varietà funzionali-contestuali o di subcodici e registri linguistici), in base al rapporto tra varietà e distribuzione geografica dei parlanti (si parla in questo caso di varietà geografiche o di idioletti, dialetti, lingue regionali, lingue nazionali: → dialettologia) e, infine, in base al rapporto tra varietà e stratificazione sociale dei parlanti (si parla in questo caso di varietà sociali). Si suole indicare come repertorio linguistico l'insieme delle varietà a disposizione di una comunità linguistica, e si è riscontrato che le differenze di repertorio linguistico tra i membri di una comunità linguistica sono solitamente isomorfe alle differenze di classe sociale. Si ha unilinguismo nel caso di una comunità il cui repertorio linguistico comprenda una sola lingua con le sue varietà, e plurilinguismo (bilinguismo ecc.) nel caso in cui siano compresenti più lingue. Si distingue dal bilinguismo la diglossia quando, di due lingue o di due varietà linguistiche, una è studiata a scuola ed è usata soprattutto in situazioni formali (lingua di prestigio, sistema egemonico o dominante), mentre l'altra è usata nelle conversazioni quotidiane, nelle comunicazioni orali ecc. La prima è percepita come «elevata», la seconda come «bassa». Tra le lingue in contatto (per es. in rapporto di bilinguismo o di diglossia) avvengono fenomeni di interferenza, ossia di modificazione reciproca, che possono portare anche a lingue diverse dalle prime (si hanno cioè lingue miste: franche, creole, *pidgins*). La ricerca microsociolinguistica concerne i fattori sociologici che intervengono in un evento comunicativo e condizionano la scelta delle varietà linguistiche ecc., e giunge a mettere in evidenza e ad analizzare le regole delle interazioni linguistiche, ossia le regole della conversazione e del discorso (si inserisce qui anche la problematica dei rapporti tra tipi di discorso e gruppi sociali). Come unità dell'interazione linguistica o evento linguistico viene considerato atto linguistico (→ linguistici, atti). Per l'insieme delle componenti che intervengono in una situazione comunicativa, si vedano → comunicazione e → pragmatica.

Le varietà entro una stessa lingua (per cui si parla, come si è detto, di subcodici, registri, dialetti sociali ecc) furono già studiate, agli inizi dello strutturalismo, da J. Baudouin de Courtenay e dai suoi allievi (scuola di Pietroburgo), prima che dai linguisti del circolo di Praga (i quali nelle *Tesi* del 1929 immaginarono una «dialettologia funzionale» come studio appunto di «dialetti funzionali» o varietà non geografiche di una lingua); ma tale eterogeneità si è rivelata alle ricerche sociolinguistiche della seconda metà del Novecento come una eterogeneità ordinata (ci si riferisce in particolare alle ricerche avviate da W. Labov): essa ha portato a rivedere l'originaria concezione chomskiana di → competenza, mettendo definitivamente in crisi una concezione omogenea di lingua di origine ottocentesca. Nella competenza linguistica (come componente di una più ampia competenza comunicativa) di ogni individuo coesistono più varietà linguistiche, anche quando lo stesso individuo «conosce una sola lingua». La competenza linguistica è qui intesa come repertorio linguistico, come capacità di usare un insieme assai complesso e composito di risorse linguistiche. *C. Pr.*

sociologia, termine coniato nel 1824 dal filosofo francese A. Comte e proposto al pubblico nella XLVII lezione del suo *Corso di filosofia positiva* (1839), in luogo dell'espressione «fisica sociale» in uso dal Seicento, per designare lo «studio positivo dell'insieme delle leggi fondamentali proprie a fenomeni sociali». Da Comte in poi, il predicato «positivo» e il suo derivato «positivismo» riflettono l'intenzione di studiare la società come un fatto naturale, in modo analogo — sotto il profilo metodologico — a quanto fanno le scienze fisiche e biologiche per altri aspetti del mondo vivente e non vivente. Vero punto di distacco dal filone di studi «scientifici» sulle società umane (Montesquieu, → Condorcet, Turgot) sviluppatosi con l'→ illuminismo, al quale pure Comte si ricollegava, il positivismo ha segnato profondamente il cammino della sociologia. Nel quarantennio in cui si consolidava quella che verrà chiamata (da Ch.W. Mills) la tradizione classica di questa disciplina, i suoi maggiori rappresentanti furono: in Inghilterra, H. → Spencer, che nei *Principi di sociologia* (1876-96) inserì le società umane nel grande quadro dell'evoluzione naturale, aggiungendo al livello organico (gli organismi, le società animali) il livello del superorganico (le strutture sociali, la cultura); in Francia, E. Durkheim, fondatore con *Il suicidio* (1897) di una metodologia della ricerca sociale — adattata dalla *Logica* di J.S. Mill — che poneva al centro dell'analisi la misura della correlazione tra due o più variabili e che ha costituito come tale, sino a oggi, il modello base delle ricerche sociologiche; e, in Italia, V. → Pareto, che nel *Trattato di sociologia generale* (1916) studiò le leggi dell'equilibrio sociale, della circolazione delle élites e dei fattori che rendono non logiche la maggior parte delle azioni umane.

Indirizzo di gran lunga dominante in quasi tutti i paesi europei (Russia compresa), negli Stati Uniti e nell'America latina, il positivismo sociologico fu invece duramente osteggiato in Germania. W. Dilthey definì la sociologia, a causa della sua pretesa di individuare le leggi generali di funzionamento della società, il prodotto d'una «gigantesca utopia». Il fondatore della sociologia tedesca, F. → Tönnies, cercò di mediare tra le istanze dello storicismo, ostile alla nozione di regolarità ricorrenti negli avvenimenti storici, e le esigenze della ricerca sociale, introducendo una distinzione — apparsa ben presto insostenibile — tra sociologia pura e sociologia applicata. La sociologia pura si doveva occupare, secondo Tönnies, di classificare le forme e i processi della socialità, e non era quindi tenuta a porsi alcun problema di verifica di leggi sociali; da parte sua, la sociologia applicata si sarebbe occupata di ricerche empiriche che non hanno necessità di essere governate da una teoria sociologica generale. Fu M. → Weber, che pure si muoveva entro un quadro di riferimenti antipositivistici, a ricongiungere processo storico, elaborazione teorica e ricerca empirica, mediante l'analisi dei modi in cui l'agire individuale si trasforma nel corso della storia, pur conservando una struttura di fondo, articolata in motivazioni, scopi e valori di riferimento, che lo rende accessibile all'analisi scientifica.

Il periodo tra le due guerre mondiali segnò in modo cospicuo la storia della sociologia. Dato che la sua stessa esistenza contrastava con l'ideologia al potere, l'insegnamento della sociologia venne soppresso nella Russia sovietica subito dopo la rivoluzione, in Italia agli inizi degli anni Venti e in Germania con l'avvento del nazismo. Per contro, gli studi sociologici continuarono a svilupparsi rigogliosamente negli Stati Uniti, favoriti da diversi fattori, quali il riformismo degli anni Trenta, la tradizione di critica sociale che ritrovava nella sociologia una veste più consona ai nuovi tempi, e un'organizzazione universitaria molto più flessibile di quella europea. Un importante apporto al rafforzamento della sociologia statunitense provenne inoltre dall'afflusso di numerosi studiosi europei, in specie tedeschi e austriaci, che il nazifascismo aveva forzato all'esilio e che trovarono rifugio e lavoro nelle università di quel paese, diffondendo in esse, e in particolare nelle scienze sociali, i vigorosi germi del neopositivismo (→ empirismo logico) nato sul vecchio continente. Dopo il 1945, la sociologia statunitense, divenuta in prevalenza neopositivistica, e facilitata dalle sue stesse radici europee oltre che dal peso politico acquisito dagli Stati Uniti nell'Europa sconfitta, improntò fortemente la rinascita degli studi sociologici in Europa per circa un ventennio. Solamente negli anni Settanta il recupero da parte dei sociologi europei di altri indirizzi della loro tradizione intellettuale, in primo luogo lo storicismo, la fenomenologia e il marxismo, ha cominciato a restituire un profilo autonomo agli studi europei di sociologia, e a influire sulla stessa evoluzione della sociologia americana.

• *Concetti fondamentali della sociologia*. La sociologia si è sviluppata essenzialmente come uno studio volto a comprendere i caratteri originari della modernità (→ modernizzazione), ossia la peculiare natura delle → società uscite dalla rivoluzione industriale e dalle rivoluzioni borghesi (fine Settecento-prima metà dell'Ottocento). Grande spazio hanno preso in tale studio le tipologie che contrappongono il vecchio e il nuovo mondo sulla base di due soli caratteri, giudicati particolarmente rappresentativi dell'uno e dell'altro. Sono state così proposte le tipologie che oppongono le società *semplici* alle società *complesse*, distinzione introdotta da Spencer e tuttora attuale, come mostra il dibattito contemporaneo sulla complessità sociale (J. Habermas, N. Luhmann e altri); le società fondate sullo → *status* alle società fondate sul *contratto* (H.S. Maine); le società *rurali* alle società *urbane* (R. Redfield); le società dominate dal senso del *sacro* alle società orientate verso valori *secolari* (H. Becker); le società *industriali* alle società *postindustriali* (R. Aron, A. Touraine, D. Bell). I limiti di simili tipologie, che tendono ad appiattire in una definizione unitaria le differenze di sviluppo sociale e culturale osservabili in tutte le società, hanno stimolato l'elaborazione di tipologie più articolate, derivanti dalla combinazione di molteplici caratteri, così da aderire il più possibile alle diverse realtà locali. Tra gli autori che si sono cimentati nel tentativo di giungere a descrizioni globali, ma empiricamente fedeli, dei principali tipi di società spiccano G. → Gurvitch (*La vocazione attuale della sociologia*, 1950) e T. → Parsons (*Sistemi di società*, 1966 e 1971).

In ogni società è dato osservare diseguaglianze più o meno grandi tra chi dispone di molte risorse economiche e chi ne è quasi privo, tra chi governa e chi è subordinato alla volontà dei governanti, tra chi conta molto nelle decisioni collettivamente rilevanti che si prendono in un'azienda, in un'amministrazione pubblica o privata, in una scuola o in una città, e chi conta poco. Le risposte date dai sociologi alle domande circa le cause di tali diseguaglianze, e delle variazioni di esse che si registrano nelle varie società e da un'epoca all'altra, si compendiano nei concetti (e nelle connesse teorie) di → classe sociale e → stratificazione sociale, di → potere, dominio e → conflitto sociale. Classe e strato, o stratificazione, sono concetti complementari che, ove siano usati unilateralmente, portano a interpretare in modo assai differente le cause delle diseguaglianze sociali. Se si fa riferimento esclusivo al concetto di classe, la società appare come un sistema di gruppi che competono tra loro per assicurarsi risorse scarse; di conseguenza, quel che è dato all'uno è tolto all'altro, e il conflitto tra i diversi gruppi è inevitabile. Invece, se ci si riferisce al concetto di stratificazione, la società si presenta come un sistema che distribuisce compensi differenziali (reddito, ma anche potere e prestigio), commisurati in parte al modo in cui una certa attività viene valutata dalla collettività, in parte ai costi monetari e non monetari che un individuo ha sopportato per diventar capace di svolgere quell'attività. In questo caso ciò che è dato a ciascuno non appare necessariamente sottratto ad altri.

Nella realtà, ogni individuo appartiene contemporaneamente a una sola classe ma a parecchi strati sociali, dato che esistono diversi criteri di stratificazione: economico (individui stratificati in base al reddito), politico (individui stratificati in base alla posizione che occupano nel sistema politico), professionale (livello di qualifica o prestigio della professione), scolastico (livello di scolarità), religioso (posizione della religione cui si appartiene nella società), etnico ecc. La posizione di un individuo, e i compensi che ne ricava, dipendono a un tempo e dalla classe e dai vari strati cui appartiene. Per poter comprendere i complicati processi sociali che sono all'origine di molte forme di diseguaglianza bisogna dunque ricorrere congiuntamente ai concetti di classe e di strato.

I concetti interrelati di potere, dominio e conflitto hanno conosciuto vicende alterne nella storia della sociologia. Se ne occuparono ampiamente vari sociologi tra la fine dell'Ottocento e l'inizio del Novecento, in specie coloro che trattarono il problema delle origini dello stato (L. Gumplowicz, G. Ratzenhofer, F. Oppenheimer), sino all'opera maggiore di Weber (*Economia e società*, postuma, 1922), la cui parte centrale è interamente dedicata all'analisi delle forme di dominio succedutesi nella storia, e delle loro pretese di legittimazione. Nei decenni successivi, l'affermazione sopra ricordata dell'indirizzo neopositivistico portò in primo piano i problemi metodologici dell'analisi sociologica, e con essi i fenomeni più minuti della vita sociale, a scapito dello studio delle strutture fondamentali di una società; i concetti di potere, dominio e conflitto subirono quindi una lunga eclisse. Essi ripresero a circolare nella cultura sociologica verso la metà degli anni Cinquanta, quando opere di sociologia «critica» come per es. *La élite del potere* di Ch.W. Mills (1956) e la crescente influenza del pensiero marxista ridiedero slancio agli studi sulle grandi strutture politiche ed economiche del mondo contemporaneo, dalle quali deriva per certi gruppi — come già in passato — la capacità di avere regolarmente la meglio sulla volontà contraria di altri gruppi (essenza del potere), ovvero di imporre a una società intera la loro particolare concezione dell'ordine sociale (essenza del dominio).

L'espressione → mobilità sociale si riferisce al movimento nello spazio sociale (spesso collegato a movimenti nello spazio fisico, come nel caso delle emigrazioni o del cambiamento del quartiere di residenza) che un individuo appare compiere passando da una classe a un'altra, o da uno strato a un altro, superiore o inferiore, in termini di reddito, potere o prestigio, a quello di provenienza. Gli studi sociologici sulla mobilità sociale — che si può dire abbiano avuto inizio ai primi del Novecento con le ricerche di Pareto sulla «circolazione della classe eletta», per trovare una sistemazione classica in *La mobilità sociale* di P.A. → Sorokin (1927) — traggono la loro importanza da due ragioni di fondo. Infatti, un individuo «mobile», che appartiene a una certa classe sociale ma proviene da un'altra, è un tipo diverso, sotto il profilo psicologico e culturale, e quindi politico, da un individuo che è invece nato e vissuto sempre nella medesima classe. Socializzato e inculturato in una classe diversa, egli non sarà mai in condizione di conoscere per intero i codici linguistici, i simboli, i costumi, i meccanismi delle relazioni interpersonali della classe di arrivo. Perciò la presenza d'una quota rilevante di individui «mobili» entro una qualsiasi classe sociale fa sì che essa tenda ad agire, come soggetto collettivo, in modo ben diverso da quello che ci si potrebbe aspettare ove si prendessero in esame solamente le coordinate oggettive di tale classe nella società. In secondo luogo, si ritiene che un tasso elevato di mobilità sia un fattore che contribuisce ad alleviare i conflitti sociali.

Sperimentare una certa mobilità sociale significa passare da una posizione in cui si fruiva di una certa combinazione di reddito, potere e prestigio, a una posizione in cui si fruisce di una combinazione differente delle tre risorse, migliore o peggiore della prima. In sintesi, l'individuo «mobile» passa da uno status a un altro, più elevato o più basso. Di origine molto antica, giacché risale al diritto romano, il concetto di status è stato usato dai sociologi dapprima in una accezione che sottolineava in esso la componente del prestigio, di quello che Weber chiamava «l'onore di ceto»; ma da vari decenni si è affermata un'accezione più ampia, che congloba nello status non soltanto la componente del prestigio, ma anche il reddito o la ricchezza, il potere o l'autorità attribuiti a chi occupa una data posizione nella società. Tale concezione dello status come insieme dei compensi socialmente attribuiti a un individuo risulta assai efficace per spiegare molti tipi di azione sociale. Le ricerche provano infatti che un individuo non è motivato ad agire solamente dal desiderio di migliorare il proprio status in assoluto, ma anche da quello di raggiungere uno status più equilibrato, nel quale le tre principali componenti siano relativamente proporzionate tra loro; ovvero uno status il quale, alto o basso che sia, al confronto di quello goduto da altri individui (detti *gruppo di riferimento*) appaia equo.

Un posto preminente hanno occupato nella sociologia del Novecento i concetti di → azione sociale, → ruolo e → sistema sociale. Dopo le fondamentali analisi di Weber, un'azione viene detta «sociale» se chi la compie si rivolge coscientemente a un altro soggetto, tenendo conto — nel fare ciò — della sua posizione, dei suoi atteggiamenti e caratteri, e anticipando nella mente le sue reazioni. L'azione sociale si dirige sempre a uno scopo, piccolo o grande, e per conseguirlo deve indurre un qualche mutamento nell'azione dell'altro. Tuttavia, molte azioni che si compiono quotidianamente non sono del tutto libere od occasionali, bensì appaiono in elevata misura condizionate da regole, norme, prescrizioni di fare e non fare: appaiono cioè strutturate in un *ruolo*, al fine di rendere prevedibile il modo in cui un individuo tende ad agire in determinate circostanze. Complesso coordinato di norme, il ruolo rappresenta il primo livello dell'organizzazione sociale. Un insieme di ruoli integrati fra loro, di modo che ciascun individuo facente parte dell'insieme conosce con relativa precisione che cosa può aspettarsi dagli altri, e che cosa gli altri si aspettano da lui, prende il nome di *sistema sociale*. Il concetto di sistema sociale è al tempo stesso uno dei più antichi e dei più moderni di cui si serva la sociologia. Presente *in nuce* già nei lavori di fisica sociale del Settecento e di statistici-sociologi dell'Ottocento (A. Quételet), è stato potentemente sviluppato da Pareto e dai funzionalisti di metà Novecento, in specie Parsons. Le applicazioni del concetto di sistema all'analisi dei fenomeni sociali hanno ricevuto nuovo impulso dalla cosiddetta *teoria generale dei → sistemi*. Il concetto di sistema deve la sua utilità al fatto di poter venire applicato

a collettività di qualsiasi scala — da un piccolo gruppo fino alla società intera — offrendo un linguaggio e una tecnica d'analisi che rimangono costanti, pur nel mutare dei punti di riferimento empirico, nel passaggio da un livello all'altro.
Dovunque esistano regole, norme, prescrizioni di ruolo — sottolineò tra i primi Durkheim — si verificano in modo affatto naturale e inevitabile violazioni più o meno gravi di esse. Questi fenomeni sono studiati dalla sociologia sotto il nome di → devianza sociale. Intesa come un atto o serie di atti, anche verbali, che i membri di una collettività giudicano come una violazione più o meno seria d'una norma che essi rispettano, la devianza presuppone sempre che ci si riferisca in modo specifico a una collettività determinata, poiché lo stesso atto che appare deviante in una collettività spesso non lo è in un'altra. Simile impostazione relativistica, da cui il concetto di devianza non può prescindere, è stata portata all'estremo negli anni Sessanta e Settanta dalla cosiddetta teoria dell'etichettamento (*labeling theory*). Per essa non esiste alcun atto che sia in sé deviante; esistono solamente definizioni sociali di ciò che costituisce devianza. Anziché ricercare le motivazioni che spingono certi individui a compiere atti devianti, la *labeling theory* propone di studiare invece quali sono i motivi che inducono una collettività a definire deviante un certo atto, e che cosa capita a un individuo dal momento che viene etichettato come deviante. Alla *labeling theory*, cui va riconosciuto il merito d'avere fatto avanzare sostanzialmente gli studi propriamente sociologici della devianza, fino a tempi recenti ancora impregnati di astratta tradizione giuridica, è stato obiettato che esistono atti, dal furto all'omicidio, che sono considerati in tutte le società forme di devianza molto gravi, cioè crimini, la cui definizione come tali non appare in alcun modo dipendere dalla cultura o dai rapporti di potere esistenti sul posto.
Un concetto diffuso negli studi sociologici, dopo aver conosciuto in altre vesti una lunga fortuna negli studi economici e politologici, è quello di *effetti perversi* dell'azione sociale (R. → Boudon). Molte azioni di individui che mirano a conseguire certi scopi si combinano tra loro in modo da produrre effetti non previsti e non desiderati, col risultato che una quota consistente di attori, e talvolta tutti, falliscono lo scopo per la sola ragione di averlo perseguito simultaneamente ma individualmente. La teoria degli effetti perversi spiega efficacemente l'insuccesso di molte leggi di riforma, in campo urbanistico, sanitario, scolastico, e molti fenomeni che il senso comune inclina invece ad attribuire alle macchinazioni di centri di potere occulti. Più recentemente sono entrati nella teoria sociologica nuovi concetti, come → autoriferimento, → complessità sociale, → globalizzazione, intorno ai quali il dibattito è molto vivace
L'applicazione di questi concetti, e di molti altri qui tralasciati per brevità, a settori particolari della società, come l'industria, la vita religiosa, il diritto, la scuola ecc., ha dato origine col tempo a numerose sociologie speciali, quali la sociologia industriale, la sociologia religiosa, la sociologia del diritto e dell'educazione ecc. Le sociologie speciali non vanno però considerate come semplici derivazioni della sociologia generale, poiché è proprio dal vivo delle ricerche empiriche condotte nel loro ambito che emergono, si affinano e incessantemente si modificano i concetti e le teorie (da quelli inseparabili) in cui si articola il sapere sociologico. *L. Ga.*
• *Metodi e tecniche.* L'analisi sociologica trae da teorie quali il funzionalismo, la teoria dei sistemi e la teoria dell'interazione sociale (non suscettibili direttamente di verifica empirica) orientamenti e proposizioni generali — diverse e talora anche contraddittorie — che R.K. Merton (*Teorie e struttura sociale*, 1949) ha definito *teorie speciali* o *teorie di medio raggio*. Esse corrispondono, grosso modo, ai concetti fondamentali dell'analisi sociologica (ruolo, organizzazione, devianza ecc.) e sono, secondo alcuni autori, le «vere» teorie, perché sono verificabili o falsificabili mediante il confronto coi dati delle proposizioni da esse dedotte. Per es., la concezione parsonsiana del sistema sociale non è globalmente e direttamente verificabile; la teoria dei ruoli da essa derivabile lo è, poiché per es. una relazione misurabile tra tasso di attività femminile e numero dei divorzi — indicativa di una contraddizione tra due ruoli, familiare e lavorativo, che altera l'equilibrio di un sistema sociale determinato — se verificata, costituirebbe una prova a favore della teoria funzionalista dei ruoli. La *concettualizzazione* sociologica consiste in un continuo movimento tra livelli diversi di astrazione: la teoria generale, le teorie speciali, i segni e le misure della realtà empirica. Le *tecniche* di ricerca, la *logica* che presiede al loro impiego, le sue premesse *epistemologiche* sono oggetto della *metodologia* sociologica.
Storicamente, la sociologia si è sviluppata, a partire dalle opere di Durkheim e di Weber, come ricerca empirica, integrata a un'impresa teorica, privilegiando (per quantità di indagini prodotte) le teorie sociologiche e le metodologie che muovono da presupposti empirici (in senso lato) e comportano atti e pratiche cognitive controllabili intersoggettivamente e riproducibili. Sono estranee alla sociologia le filosofie che negano l'attività cognitiva autonoma dell'uomo.
Tra le tecniche *quantitative* usate dalla sociologia, la più nota è la *survey*, inchiesta che si conduce mediante interviste a un campione di individui scelti in modo casuale, al fine di cono-

scere caratteristiche, atteggiamenti, comportamenti della popolazione cui il campione appartiene. Questo metodo, sviluppato negli Stati Uniti tra le due guerre da sociologi provenienti dall'Europa (P.F. Lazarsfeld) e da istituti demoscopici (Gallup) e codificato in *Disegno della ricerca e analisi sociologica* (1955) da H. Hyman, consente al ricercatore di produrre direttamente il dato. Strumento di concettualizzazione, nel senso sopra indicato, è qui il questionario, che deve essere elaborato in modo da garantire il passaggio dal concetto sociologico più astratto a una domanda che risulti comprensibile e sensata per l'intervistato. La survey è un metodo sincronico: replicata periodicamente sullo stesso campione (*panel*), può fornire indicazioni sull'evolversi di un fenomeno.

Un'altra famiglia di tecniche molto usata nella ricerca sociologica è l'analisi di serie storiche (*time-series analysis*). In questo caso il sociologo elabora dati per lo più prodotti da altri per scopi diversi: si pensi alle statistiche demografiche ed economiche nonché alle statistiche sugli scioperi, l'istruzione, la sanità, i consumi ecc. raccolte dalle autorità pubbliche (nei paesi più industrializzati fin dagli inizi del sec. XIX) e da organizzazioni private. L'analisi delle statistiche sociali, economiche, politiche, anche non disposte in serie storica (per es., relative a più luoghi comparati a un tempo dato ecc.), è comunque una componente fondamentale dell'analisi sociologica, non meno che di quella storica, economica ecc. dalle quali differisce per la diversa interpretazione ed elaborazione dei dati. I progressi dell'informatica hanno molto contribuito all'affermazione dei metodi quantitativi, riducendo sensibilmente i costi dovuti alle procedure iterative spesso occorrenti alla ricerca sociologica.

Il problema della trasformazione della qualità in quantità, cioè della misurazione di caratteri qualitativi, che ha impegnato la ricerca sociologica fin dalla fine del sec. XIX, è stato affrontato con le tecniche di *scaling* messe a punto da R. Likert, L.L. Thurstone, R. Guttman. Dati non numerici ma qualitativi sono stati resi suscettibili di trattazione matematica e statistica senza far loro perdere il significato originario (P.F. Lazarsfeld, *Metodologia e ricerca sociale*, 1967).Un altro settore dei metodi di analisi sociologica è rappresentato da una famiglia di modelli di elaborazione di dati mediante calcolatore, a scopo di classificazione e di interpretazione: *factor analysis, cluster analysis, Multiple Classification Analysis* ecc. Per quanto riguarda la *spiegazione causale* sono stati messi a punto metodi volti a individuare fattori causali latenti (*latent structure analysis*) e modelli causali non rigidamente deterministici, interattivi o retroattivi, atti a spiegare processi di scelta in condizioni di elevata complessità (modelli sistemici e morfogenetici). Come in altre scienze (cfr. R. Thom, *Stabilità strutturale e morfogenesi*, 1976), anche in campo sociologico è stata introdotta la distinzione tra previsione e spiegazione quando il processo causale, nella complessità delle sue determinanti, è inaccessibile a un modello per definizione semplificante ma efficace (tecniche di simulazione).

I metodi *qualitativi* di indagine, sviluppati per lo più da sociologi con posizioni filosofiche storicistiche, hanno ricevuto recentemente rinnovata attenzione da parte dei teorici della sociologia fenomenologica.

L'*osservazione* («esterna» o «partecipante») resta il principale metodo qualitativo ed è applicata per lo più a «casi» singoli, ritenuti significativi per la conoscenza di un fenomeno sociale (per es., un'azienda, per studiare l'organizzazione; una comunità, per studiare l'integrazione ecc.). È il principale metodo per trovare ipotesi esplicative e teorie speciali, verificate poi con questo stesso metodo o con metodi quantitativi a seconda dell'oggetto d'indagine. Spesso è associato a una famiglia di metodi e di tecniche di analisi e di produzione di dati che comprende: *autobiografie*; raccolta di *testimonianze*; analisi del contenuto (*content analysis*) di materiali scritti, visivi, sonori; si pensi alle opere di F. Thomas e W.I. Znaniecki sui contadini polacchi in patria e in America, allo studio di T.W. Adorno sulla personalità autoritaria, alle analisi dei mass-media dovute a M. McLuhan e J. de Sola Pool.

Il sociologo che si accosta alla storia segue spesso la strada della comparazione (Weber, i sociologi contemporanei che si occupano di «comparative history» come I. Wallerstein, C. Tilly, B. Moore, C.H. Maier). Quando la comparazione è il fine principale della ricerca, come avviene in ambito funzionalista per verificare qualche teoria dell'evoluzione sociale, si parla di «metodo comparativo». Si tratta di un orientamento caratteristico del funzionalismo di Parsons, M. Levy ecc. che si pone come teoria generale della società ed è stato ripreso poi da politologi come G. Almond, R. Bendix, S.P. Huntington. Una logica comparativa è, però, intrinseca a qualsiasi ricerca che non si limiti a una mera descrizione dell'esistente (cfr. J.S. Mill).

La comparazione storico-sociale consente al ricercatore di individuare omologie strutturali tra contesti diversi e con esse di verificare ipotesi (di spiegare, per es., vie di sviluppo diverse). Lo strumento concettuale utilizzato a questo scopo è il tipo ideale: l'accentuazione unilaterale di caratteristiche di un fenomeno storico-sociale, collegate tra loro da un nesso teorico, è divenuta con Weber una delle procedure principali della ricerca sociologica. La versione neoempiristica di questa procedura, il concetto di tipologia elaborato da Lazarsfeld, viene considerata alla base della stessa concettualizzazione sociologica dei fenomeni. Lo scopo ultimo di un'indagine sociologica, come di ogni altra indagine scientifica, è quello di spiegare una variazione con un'altra variazione: il capitalismo piuttosto che altri sistemi economici con l'ascesi del protestantesimo piuttosto che di altre religioni; il suicidio piuttosto che la vita con l'anomia piuttosto che con l'integrazione sociale, per ricordare i due classici esempi di Weber e Durkheim. Ma la ricerca sociologica nel suo complesso non rifiuta metodi e tecniche non quantitative-esplicative e anzi, in quanto segue una logica di *scoperta* scientifica e non solo di *verifica*, le incrementa (→ scienza, filosofia della). Ciò significa che alle regole rigorose di impiego di metodi e tecniche che meglio garantiscono l'attendibilità delle verifiche, il carattere intersoggettivo della conoscenza raggiunta e la riproducibilità dei suoi risultati, non sono sacrificate le possibilità di scoprire nuovi fenomeni, ipotizzare nuove relazioni, pensare nuovi concetti, qualora siano precluse da quelle regole e tecniche e invece aperte da altre. Ciò spiega la tendenza delle indagini sociologiche migliori a usare spesso più metodi e tecniche insieme, quantitative e qualitative, e a svilupparle tutte, avendo come principale criterio quello di impiegare le tecniche più confacenti alle caratteristiche dell'oggetto indagato, del problema del ricercatore, del suo quadro di riferimento concettuale. *S. Sc.*

sociometria, tecnica elaborata dallo psichiatra J.L. → Moreno allo scopo di mettere in evidenza i rapporti interpersonali all'interno dei gruppi umani. La sociometria parte dall'osservazione comune relativa all'esistenza — ovunque vi siano individui interagenti (in una classe, in una squadra di lavoro, in una unità militare ecc.) — di raggruppamenti *spontanei* indipendenti e spesso opposti a quelli ufficiali o istituzionali, e si propone di farli emergere al di là dello schermo frapposto da questi ultimi. Strumento fondamentale della sociometria è il «questionario sociometrico», che ha lo scopo di svelare il reticolo di attrazioni e repulsioni spontanee esistenti entro un dato gruppo, mediante una serie di domande che sollecitano ogni componente del gruppo a esprimersi in termini di «scelta», di «rifiuto» o di «indifferenza» nei confronti di ognuno degli altri membri. Le risposte al questionario vengono elaborate e quantificate, tradotte cioè in «punteggi sociometrici», i quali definiscono la posizione occupata da ciascuno dei componenti del gruppo nel reticolo di attrazioni e repulsioni interpersonali; particolarmente importante è il punteggio relativo allo «status sociometrico», che corrisponde al numero di volte in cui ogni individuo è stato scelto dai compagni, indipendentemente dall'ordine di graduatoria e dall'intensità delle scelte. Inoltre, il raffronto fra i vari punteggi consente di accertare il grado di reciprocità nelle scelte, di differenziare gli individui semplicemente ignorati da quelli attivamente rifiutati, e di appurare il livello di integrazione interna globale del gruppo. Di norma, data la naturale dinamicità dei raggruppamenti spontanei, non esiste una correlazione elevata fra due o più serie di punteggi sociometrici, ottenuti in due o più somministrazioni successive del medesimo questionario al medesimo gruppo; pertanto, al questionario sociometrico è inapplicabile il «criterio di fedeltà», il quale è valido invece nel caso dei test e dei questionari che misurano caratteristiche presumibilmente costanti nel tempo. Un importante sussidio della tecnica sociometrica è rappresentato dal «sociogramma» (generalmente di forma circolare), che rende immediatamente e visivamente percettibili i nessi, per quanto complessi e differenziati, intercorrenti fra gli individui che hanno risposto al questionario.

sociopatia, → psicopatia.

socioterapia, → psicoterapia.

Socrate (Atene 470/469-399 a.C.), filosofo greco. Suo padre, Sofronisco, era scultore, e sua madre, Fenarete, era levatrice (Platone, *Teeteto*, 149*a*). Si tramanda che anche Socrate abbia fatto lo scultore prima di dedicarsi alla filosofia. Durante la guerra del Peloponneso (431-404) prese parte come oplita a varie operazioni, dando prova di valore. La stessa forza d'animo dimostrò nella vita politica, quando per es. (406/405), come membro del Consiglio dei cinquecento, fu il solo a opporsi a un procedimento illegale con cui si volevano giudicare sommariamente gli strateghi vincitori alle Arginuse, accusati di non essersi adoperati per salvare i feriti e i naufraghi dopo la battaglia. Due anni dopo si rifiutò a rischio della vita di arrestare il democratico Leonte di Salamina, come gli aveva ordinato Crizia, capo dei Trenta tiranni e un tempo membro del suo circolo di amici. Lo salvò la caduta della tirannide e il ritorno della democrazia. Ma la sua figura dovette apparire nella restaurata democrazia, dopo le prove della guerra e della tirannide, troppo compromessa con uomini come Alcibiade e Crizia; e l'insegnamento spregiudicato di Socrate ai giovani ateniesi dovette sembrare troppo «sofistico» e nocivo per le credenze e i valori tradizionali della *pólis*. Così nel 399 fu denunciato per empietà e corruzione dei giovani da Meleto, dietro cui stava un potente uomo politico di parte democratica, Anito. È probabile che i suoi accusatori volessero solo esiliarlo, ma Socrate non accettò compromessi e subì il processo e la condanna a morte, eseguita nella primavera di quell'anno.

• *Il pensiero attraverso le testimonianze.* Poiché Socrate non ha scritto nulla, la sua vita e il suo pensiero si ricostruiscono solo attraverso le testimonianze antiche, in particolare quelle di Aristofane, Platone, Senofonte e Aristotele. L'immagine di Socrate che se ne trae è alquanto problematica e controversa. La fonte più antica, *Le Nuvole* di Aristofane, condensa nella sua parodia di Socrate almeno tre differenti personalità: il sofista senza scrupoli che, come Protagora di Abdera, si fa pagare profumatamente per il suo insegnamento, consistente nel saper imporre l'argomento debole o ingiusto a discapito dell'argomento forte o giusto; il filosofo naturalista e ateo come Anassagora di Clazomene, e in genere la tarda speculazione ionica di Diogene di Apollonia; e l'intellettuale ascetico e ritirato dal mondo nel chiuso del suo «pensatoio», della sua «officina di pensieri» (*phrontistḗrion*). Al contrario, gli altri due testimoni diretti dell'ultimo Socrate, Senofonte e Platone, insistono sulla indifferenza di Socrate (almeno a partire da un certo momento della sua vita) nei confronti della filosofia della natura, sul suo concentrare l'indagine sui valori etici ed estetici, e sul conflitto fra la dialettica socratica (la «nobile sofistica» di cui parla Platone) e l'educazione dei sofisti e maestri di retorica della seconda metà del sec. v. Infine, Aristotele, che pur non avendo conosciuto Socrate di persona era stato per vent'anni vicino a Platone e quindi fondava la sua informazione su fonti sicure, riassume lucidamente, con la precisione analitica del lessico filosofico del sec. IV, i punti salienti del pensiero socratico: l'identità di sapere e virtù; l'«invenzione» dell'universale, oggetto della definizione; l'induzione. Aristotele ribadisce inoltre l'interesse esclusivo di Socrate per le «virtù etiche» e individua nella sua ricerca della definizione reale dei valori, e quindi dell'universale etico ed estetico, l'impulso decisivo per la teoria delle idee platonica. Ma Socrate, a differenza di Platone, non avrebbe separato l'universale dai particolari concreti che lo esemplificano, pur distinguendolo nettamente da essi (Aristotele, *Metafisica*, I, 6, XIII, 4 e 9).

• *Dalla filosofia della natura alla dotta ignoranza*. Il primo periodo della vita di Socrate si svolse nell'Atene di Pericle, divenuta luogo d'incontro della cultura greca del tempo. Socrate fu dapprima in contatto, verosimilmente, col tardo naturalismo ionico di Anassagora (il quale fece parte del circolo di Pericle per trent'anni, dal 459 al 429) e del suo scolaro, l'ateniese Archelao, da cui sembra fosse introdotto alla filosofia della natura. A questo periodo sembrano risalire i suoi probabili incontri con Parmenide e Zenone (fra il 450 e il 445) e coi sofisti Protagora, Prodico e Ippia (nel 433-432), narrati da Platone rispettivamente nel *Parmenide* e nel *Protagora*. Nel *Fedone* platonico Socrate dirà di avere lasciato lo studio della natura, anche nella forma in apparenza promettente datagli da Anassagora, per trovare rifugio nei *lógoi*, nei ragionamenti o discorsi. Certo la sua vita dovette essere segnata, a un certo punto, da una crisi intellettuale non solo nei confronti dei propri giovanili interessi naturalistici, ma più in generale verso la cultura ateniese dell'età di Pericle e le sue figure dominanti, il fisico Anassagora e il sofista Protagora. La crisi dovette precipitare intorno al 430, quando, si pensa, Socrate ricevette tramite l'amico Cherefonte quell'oracolo delfico che decise — come testimoniano concordemente Platone, Senofonte e Aristotele — della sua vita e del suo impegno filosofico. Il secondo periodo della vita di Socrate sarà da lui dedicato interamente a quello che nell'*Apologia* platonica (23*c* 1) egli chiama il suo «servizio del dio», un servizio esclusivo che lo farà vivere in estrema povertà e lo porrà in conflitto con molti suoi concittadini. L'oracolo, interrogato da Cherefonte, aveva risposto che nessuno era più sapiente di Socrate. Questi, saputo il responso e non ritenendosi affatto sapiente, lo considerò un enigma e si diede a ricercarne il senso interrogando quelli che considerava più sapienti di lui, i politici, i poeti, gli artigiani della sua città. Dopo una lunga ricerca che gli costò fra l'altro molte inimicizie, riconosciuti i limiti dei saperi acquisiti, poté dare una soluzione all'enigma: ciò che il dio voleva dire in realtà era che *nessun* uomo è sapiente, e a tale scopo si era servito di Socrate come di un esempio, volendo significare che l'uomo più sapiente è quello che, come Socrate, riconosce che il proprio sapere non vale nulla rispetto alla vera sapienza (Platone, *Apologia di Socrate*, 23*a-c*). Il motivo della «dotta ignoranza» di Socrate risale almeno agli anni Venti se già Aristofane ne parla come caratteristico del suo insegnamento (*Le nuvole*, 842). Sciolto così l'enigma dell'oracolo, Socrate si dedicò interamente al compito che il dio gli aveva prescritto: educare gli altri, in particolare i giovani, alla conoscenza di sé, del proprio non sapere, della propria condizione umana, e alla cura della propria anima.

• *La ricerca della virtù*. La tradizione antica ha fatto di Socrate il primo filosofo del *bíos*, del modo di vivere dell'uomo, e delle «virtù» o valori etici ed estetici della vita umana. Lo strumento della ricerca, la → dialettica, fu da lui usato a un fine diverso da quello dei sofisti: esso divenne mezzo di purificazione intellettuale (mediante l'*élenchos* o «confutazione» del presunto sapere dell'interlocutore), ma anche di produzione intellettuale per le anime filosoficamente dotate (la → maieutica socratica). La ricerca etica ed estetica, in particolare, avanzava un problema che era estraneo alla cultura sofistica del tempo, cioè la domanda di una definizione dei valori, espressa nell'interrogativo «che cosa è *X*?». Tale domanda divergeva dal tradizionale quesito dialettico che si limitava a opporre una tesi e un'antitesi per ogni questione (per es. «se la virtù è insegnabile o non è insegnabile»), e interrogava piuttosto sul significato universale di ciascun valore. In questo senso l'etica di Socrate è un'etica filosofica, autonoma sia dalle credenze ancestrali della comunità sia dagli intenti educativi della prima sofistica. Un tipico procedimento socratico è l'uso di «parabole» o esempi tratti dalle arti e mestieri, per stabilire in analogia ai casi particolari una legge o un principio universali; ciò che appunto Aristotele chiama l'induzione socratica dai particolari all'universale. Una induzione eminentemente etica e rivolta a contrastare, con la ricerca di una definizione delle varie virtù, sia la inconsistenza dei valori correnti sia l'immoralismo (e il sottinteso culto della forza) della dialettica sofistica e del suo appello alla natura contro le leggi. L'esigenza della definizione sembra tuttavia in contrasto col motivo «delfico» dell'ignoranza umana e della dotta ignoranza di Socrate in particolare, con la sua «sterilità» maieutica, col suo interrogare senza mai rispondere, col fatto che, per es., i dialoghi socratici di Platone non danno mai una definizione positiva delle varie virtù. È l'accusa sollevata dai sofisti contro Socrate di «ironia», cioè di dissimulazione del proprio sapere; ma è anche il rimprovero che gli muove Clitofonte nell'omonimo dialogo platonico, quando afferma che egli è bensì un maestro nell'arte di esortare alla virtù, ma è poi incapace di darne una definizione, lasciando amici e scolari alle prese con definizioni diverse e contrastanti. Tuttavia, se in effetti manca una definizione socratica delle singole virtù (giustizia, coraggio, temperanza ecc.), l'insegnamento di Socrate non sembra però riducibile a una pura esortazione alla ricerca e alla pratica della vita virtuosa. Insieme al carattere esemplare e parenetico, le fonti antiche sono concordi nell'attribuire alla morale socratica almeno una dottrina positiva della virtù, quella secondo cui ogni virtù è conoscenza, dalla quale si ricava che ogni azione malvagia è frutto di ignoranza e quindi in qualche modo involontaria. Il cosiddetto «paradosso socratico» consiste appunto nel ritenere che conoscere la virtù sia essere virtuosi, così come conoscere, per es., la matematica è essere matematici. L'altra fondamentale dottrina positiva dell'etica socratica è quella della cura di sé come scopo autentico della vita umana, dove il sé è l'anima definita attraverso la sua funzione, il suo *érgon*, che è quella di dominare il proprio corpo; per cui la conoscenza di sé come cura dell'anima diviene *sōphrosýnē* o «temperanza», e si oppone all'*akrasía* o mancanza di dominio del proprio sé corporeo, che è il venir meno dell'anima a se stessa e alla propria funzione. *W. Ca.*

socratiche, scuole, denominazione di quelle scuole filosofiche — la → megarica, la cinica (→ cinici) e la cirenaica (→ cirenaici) — che non solo diffusero l'insegnamento e lo spirito socratico, ma elaborarono in modo originale aspetti particolari della dottrina del maestro. Per distinguerle dall'altra grande scuola socratica, la platonica, la tradizione le ha chiamate «minori», in riferimento soprattutto alla personalità dei loro fondatori e seguaci, non certo paragonabile a quella di Platone. Oggetto della speculazione di tali scuole fu, secondo la lezione socratica, la determinazione di che cosa sia il bene.

sofia, → phrónēsis.

sofianismo, o sofiologia, termine designante una corrente teologico-mistica del pensiero russo moderno. Tale corrente, rappresentata specialmente dai filosofi V.S. Solov'ëv, P. Florenskij e S.N. Bulgakov, oltre che dai poeti simbolisti A. Blok e V.I. Ivanov, riprende il concetto di *sophía* (intesa quale sapienza di Dio, da lui distinta e intermediaria tra l'uno e il molteplice) proprio del cristianesimo orientale, ripensandolo attraverso il neoplatonismo rinascimentale, il misticismo di J. Böhme e la liturgia bizantina. Per Solov'ëv questa «sapienza» si rivela nel Cristo e si attua nella chiesa, è l'«eterna amica», l'«essere reale e femminile: la vera e pura e intera umanità»; per Bulgakov si va progressivamente realizzando nella storia, è l'«eterna femminilità»; per Florensckij esprime la stessa Trinità e vi partecipa come «quarta ipostasi». In tutti i sofiologi essa rappresenta il momento panenteistico e gnostico del cristianesimo, ed è quasi un'aspirazione a ritrovare o includere l'elemento femminile nel divino per mezzo e all'interno della riflessione teologica cristiana.

sofisma, termine (in gr. *sóphisma*, artificio, ragionamento capzioso) già presente in Platone col significato di «pseudo-argomento filosofico» (*Repubblica*, VI, 495*a*), e il cui uso si afferma con Aristotele come sinonimo di «sillogismo eristico» (*Topici*, VIII, 11, 162*a* 16), cioè di argomento non valido da un punto di vista formale, «che sembra concludente, ma non lo è (*Topici*, VIII, 12, 162*b* 3-5). Il sofisma è dunque uno pseudosillogismo o «deduzione apparente», i cui vizi di forma o «fallacie» (secondo la terminologia scolastica) sono studiati da Aristotele negli *Elenchi* (o *Confutazioni*) *sofistici*. Aristotele distingue due tipi di fallacie: quelle dovute al linguaggio (*parà tèn léxin, in dictionem*) e quelle estranee a esso (*éxōtĕs léxeōs, extra dictionem*). Le fallacie del primo tipo comprendono l'omonimia, l'anfibolia, la *fallacia compositionis* (congiunzione di termini disgiunti), la *fallacia divisionis* (disgiunzione di termini congiunti), le fallacie di accentazione («àncora»/«ancóra») e quelle dovute alla forma dell'espressione. Tra le fallacie del secondo tipo (che comprende fra le altre l'*ignoratio elenchi*, consistente nel confutare una tesi attribuendole un senso diverso) la sola fallacia formale da un punto di vista logico è quella del conseguente, che si ha quando si suppone che il condizionale si converta; per es.: «Se x ha la febbre, allora x è caldo. Ma x è caldo, dunque x ha la febbre.»

sofista, termine che ha un significato positivo, di sapiente o maestro di sapienza, e uno, opposto, di elaboratore di ragionamenti falsi e capziosi. Nel primo caso è assunto nel suo senso più rigoroso sia dal punto di vista etimologico (la parola deriva da *sofìzesthai*, che in origine non ha valore negativo, significando «operare o parlare abilmente»), sia da un punto di vista storico, in quanto è certamente in riferimento a questo significato originario che i primi «sofisti» si diedero essi stessi tale nome, presentandosi sulle pubbliche piazze come educatori e maestri di sapienza. I più noti furono Protagora di Abdera, Gorgia di Lentini, Prodico di Ceo e Ippia di Elide, attivi già prima della nascita di Platone e quando questi era ancora un fanciullo. Una certa valenza negativa del termine è testimoniata già in fonti contemporanee a questi antichi educatori: soprattutto, la loro attività era vista come illecito desiderio di indagine razionale dei problemi fisici e morali, fonte di scetticismo religioso, oppure come arte non disinteressata e mercenaria, giacché i sofisti esercitavano il loro insegnamento dietro compenso. Ma «sofista» come sinonimo di «falso dialettico» cominciò a essere usato da Platone nei dialoghi della maturità, dove si polemizza aspramente contro quei discepoli di Socrate che, maestri nell'arte di contraddire su tutto, si facevano, proprio per ciò, sostenitori e divulgatori di una scienza apparente e priva di verità (*Sofista*, 232*b*-233*c*). Questa seconda generazione di sofisti, di cui fecero parte personaggi come Callicle, Antifonte, Trasimaco e Crizia, fece propria dunque l'accentuazione di un'istanza critica negativa, esaurendo e riducendo la ricerca filosofica a contesa verbale, finalizzata alla lotta politica (→ eristica).

Se l'uso linguistico comune ha fatto propria la identificazione platonica di sofista e falso dialettico o mistificatore della parola, è tuttavia storicamente più corretta la prima accezione positiva del termine sopra indicata, riferita solo a quei filosofi del sec. V che apertamente si qualificarono come tali e consapevolmente si inserirono nell'antica tradizione pedagogica dei poeti, musici, profeti e ginnasti (*Protagora*, 316*d*-317*c*). Ciò che cambia rispetto a tale tradizione è la finalità dell'educazione, segno della mutata situazione storico-sociale: non si tratta più infatti di ammaestrare i discendenti della stirpe nobiliare alla aristocratica virtù eroica, bensì di educare gli uomini, membri del nuovo stato democratico, alla *aretḗ* politica, intesa non tanto come osservanza delle leggi, quanto come conoscenza dei mezzi con i quali l'individuo può acquistare successo negli affari e potenza fra il popolo (*ibid.*, 318*e*-319*a*), anche indirizzandolo alla scelta del giusto. C'è chi, come Ippia, considerò come mezzo più idoneo il sapere enciclopedico, chi, come Protagora, lo sviluppo della totalità delle energie spirituali, chi le discipline formali quali la grammatica (Prodico), la retorica e la dialettica (Gorgia, e l'anonimo autore dei *Discorsi duplici*), in quanto atte a cogliere i molteplici aspetti di una questione, ponendo in rilievo i più conformi al proprio scopo e adombrando gli altri. Ma ciò che è importante osservare è che a tutte queste posizioni è sotteso un nuovo concetto di cultura (→ *paidéia*), che riconosce nel sapere la potenza formatrice dell'uomo, e solo alla superiorità effettiva delle qualità, e non al privilegio del sangue, accorda il diritto dei capi.

soggettivismo, in filosofia, ogni posizione che riduce la realtà o l'essere al → soggetto. Il termine è usato per lo più in senso polemico, e perciò ha un significato assai vago. V. Gioberti, nella *Introduzione allo studio della filosofia* (1850), chiama il soggettivismo «psicologismo» e lo individua come carattere, da respingere, di tutta la filosofia moderna inaugurata dal *cogito* cartesiano. Più in generale, si parla di soggettivismo come sinonimo di → relativismo, per tutte quelle posizioni che negano l'esistenza di criteri di verità e di valore in qualche modo indipendenti dal soggetto e tali da condizionarlo.

In psicologia, si intende per soggettivismo un orientamento generale secondo cui la scienza psicologica ha come scopo primario lo studio della soggettività umana intesa come l'esperienza cosciente nelle sue diverse forme, espressioni e contenuti (significati, intenzioni, stati d'animo ecc.). Il soggettivismo si contrappone all'oggettivismo psicologico (di cui il → comportamentismo rappresenta la varietà principale), che considera lo studio della soggettività irrealizzabile in una prospettiva scientifica autenticamente naturalistica.

Oltre che nell'→ introspezionismo, oggi scomparso dalla scena psicologica, il soggettivismo si è concretizzato in quattro indirizzi psicologici indipendenti e spesso ostili l'uno all'altro: il soggettivismo puro o «ipercoscienzialistico», quello psicofenomenologico, quello funzionalistico e il soggettivismo psicoanalitico. Il soggettivismo puro, rappresentato da autori come M. Calkins, W. Stern, G. Allport, W. MacDougall, A. Maslow, identifica la soggettività con l'interiorità cosciente, e ne individua il nucleo nell'autocoscienza o coscienza riflessa, intesa come il senso irriducibile della propria identità personale, finalizzato a se stesso e non all'esigenza di sopravvivenza dell'organismo; in questa prospettiva, l'ambiente esterno in certo modo si contrappone alla soggettività cosciente, detentrice esclusiva di tutti i significati, e il comportamento, inteso come qualcosa di scisso dalla medesima, è solo un fatto fisico irrilevante dal punto di vista psicologico.

Diversamente, nel soggettivismo psicofenomenologico — rappresentato da autori come D. Snygg, A.W. Combs, R.B. MacLeod, e che presenta alcune affinità con la → fenomenologia — la soggettività viene per così dire «incarnata» nel comportamento manifesto, considerato inscindibilmente esterno e interno, mentale e fisico, dotato di significato in quanto tale, e non in virtù di una investitura continuamente rinnovata e proveniente dalla coscienza. Per certi aspetti, il soggettivismo psicofenomenologico si avvicina ad alcune forme di neocomportamentismo, specialmente a quella di E.Ch. → Tolman, soprattutto nel riconoscimento del carattere intrinsecamente e irriducibilmente intenzionalistico della condotta umana.

Quanto al soggettivismo funzionalistico, esso accomuna sistemi psicologici fra loro tanto diversi quanto lo sono il → funzionalismo nordamericano ed europeo, il sistema piagetiano, una parte dell'etologia umana di derivazione evoluzionistica, e diverse forme di → cognitivismo; il suo carattere distintivo sta nel subordinare il «coscienzialismo» a un più generale «mentalismo», cioè nel rilevare la coerenza e l'autonomia della maggior parte dei processi mentali umani rispetto alla coscienza che di essi si ha o si può avere; esso considera quindi la coscienza riflessa o autocoscienza come una qualsiasi altra struttura cognitiva: lungi dall'essere un dato primitivo e fondante, il senso d'identità personale è solo il prodotto finale e occasionale di una lunga e complessa evoluzione tanto biologica quanto culturale.

soggetto, termine derivato dal latino *subiectum*, che traduce alla lettera il gr. *hypokéimenon*, ossia «ciò che soggiace, sottostà» (permanendo nel variare delle determinazioni).

In Aristolele il soggetto è anzitutto la materia come presupposto della forma. In questo senso la materia è *ipostasi*, *substantia*. In secondo luogo, soggetto è però anche l'individuo, in quanto punto di riferimento o di supporto dei suoi attributi o accidenti. Questa struttura ontologica trova puntuale rispecchiamento nella struttura logica del giudizio, dove il soggetto è ciò di cui si predica qualcosa, non potendo egli stesso diventare mai predicato di qualcos'altro; il soggetto, in altri termini, è ciò che permane alla base di ogni possibile predicazione. La filosofia scolastica fece propria l'impostazione aristotelica del problema, contrapponendo però i termini «soggettivo» e «oggettivo» in un modo che era estraneo alla mentalità greca. Contrariamente all'uso moderno, gli scolastici intesero l'«essere soggettivo» come ciò che designa l'esistenza reale, mentre l'«essere oggettivo» nomina l'esistenza delle cose nella mente (→ oggetto); tuttavia proprio questa contrapposizione è la premessa della grande rivoluzione «soggettivistica» del pensiero moderno. Essa si inaugura con Cartesio, il quale da un lato resta fedele all'uso scolastico del termine «soggetto» inteso come sostanza, dall'altro però, distinguendo la sostanza pensante da quella estesa, apre la via al tema moderno del valore delle «rappresentazioni», col quale la questione del soggetto perviene a una radicale trasformazione. Il *cogito* infatti, come sostanza pensante, concepisce se stesso e il mondo attraverso quegli attributi che sono le «idee»; il grado di evidenza e il valore di verità delle idee o rappresentazioni si impone allora come problema filosofico dominante. Attraverso Hobbes, Locke, Leibniz, Berkeley e Hume il termine «soggetto» verrà sempre più identificato con l'attività senziente e pensante dell'io. Questo processo culmina in Kant, per il quale il soggetto è l'«io penso» o coscienza trascendentale (distinta peraltro dal soggetto psicologico o empirico), mentre l'oggetto è la realtà in sé delle cose e del mondo. Il successivo sviluppo idealistico del pensiero kantiano radicalizza ulteriormente la via imboccata dal pensiero moderno. Da Fichte a Hegel, da Croce a Gentile e a Husserl la realtà «oggettiva» viene in vario modo assimilata o ricondotta all'attività del soggetto o spirito, sicché l'identificazione tipicamente moderna tra soggetto e coscienza pensante diviene il caposaldo della filosofia, sia che essa opti per una soluzione idealistica o spiritualistica, sia che preferisca assumere il punto di vista dell'empirismo positivistico che al soggetto trascendentale oppone il soggetto empirico della psicologia e delle scienze umane. L'imporsi di tali scienze nella cultura contemporanea è anzi un'ulteriore riprova del carattere soggettivistico, antropologico e «umanistico» del pensiero moderno rispetto a quello antico, come già L.A. Feuerbach mise in rilievo nel secolo scorso. In tempi recenti, tuttavia, la preminenza del soggetto e la sua identificazione con la «coscienza» sono state in vario modo rifiutate. Emblematico il «decentramento del soggetto» di cui parla M. Foucault, annunziando nel contempo la «morte dell'uomo» e la crisi delle correlative scienze umane. Questi esiti sono stati preparati dalla critica marxista della coscienza come sovrastruttura ideologica, dalla scoperta freudiana dell'inconscio, dalla linguistica e dall'etnologia strutturali di F. de Saussure e C. Lévi-Strauss. In tali ricerche il soggetto si configura come un «effetto di superficie», dominato da leggi e strutture ignote alla coscienza. In sede filosofica la «sovranità del *cogito*» è stata posta in questione da A.N. Whitehead (il soggetto è in realtà un «supergetto»: punto di arrivo di un processo condizionante), dal «prospettivismo» di Nietzsche (soggetto e coscienza sono «maschere» di impulsi vitali più profondi), dall'ontologia fenomenologica di M. Merleau-Ponty (mondo e coscienza sono intrecciati in un'«ambiguità» irresolubile) e infine da Heidegger, che vede nell'astratta contrapposizione dualistica di soggetto e oggetto il vizio d'origine di tutta la filosofia occidentale.

sogno, produzione psichica che ha luogo durante il sonno ed è caratterizzata da emozioni, percezioni e pensieri relativi a persone, situazioni o oggetti generalmente vissuti dal sognatore come reali e solo più raramente accompagnati dalla consapevolezza della loro irrealtà. Nel sogno le caratteristiche dell'esperienza cosciente diurna sono notevolmente alterate. In particolare, la coscienza onirica è totalmente svincolata dalla necessità di adattamento all'ambiente esterno reale ed è interamente governata dalle leggi dell'affettività, che prescindono dalle norme logiche e sociali; lo spazio e il tempo sono irreali, cioè il soggetto può essere contemporaneamente in due posti diversi, e insieme attore e spettatore della medesima scena; non vale il principio logico dell'«identità», per cui, per es., la persona sognata può essere vissuta dal sognatore come due diverse persone contemporaneamente e senza contraddizione. Queste caratteristiche rendono conto della difficoltà di tradurre il sogno nel linguaggio logico-discorsivo dell'esperienza diurna. Un'altra caratteristica dell'esperienza cosciente onirica è costituita dal valore simbolico dei suoi contenuti.

Centrale nell'esperienza psichica umana, il sogno è stato oggetto di amplissime trattazioni teoriche sin dall'antichità (si veda in proposito la sommaria esposizione della letteratura precedente nella *Interpretazione dei sogni* di Freud, 1900). Aristotele, che al sogno consacra due brevi trattati nei *Parva naturalia* (*Dei sogni*, appunto, e *Della divinazione nel sonno*) fornisce una completa trattazione della fenomenologia e dell'eziologia del sogno. Secondo la definizione aristotelica condivisa da tutta la tradizione, il sogno «è una sorta di immagine che compare nel sonno» (*Dei sogni*, 3, 462 a). In generale esso si colloca sul piano dell'immaginazione, intesa come facoltà di conservare l'immagine di qualcosa anche senza la sua presenza nell'intuizione: «l'immaginazione in realtà è un movimento prodotto dal senso quand'è in atto: ora il sogno par che sia un'immagine (e noi diciamo sogno l'immagine prodotta durante il sonno sia in maniera assoluta, sia in qualche maniera): è chiaro, pertanto, che il sognare appartiene alla facoltà sensitiva, e le appartiene in quanto è immaginativa» (*Dei sogni*, 1, 459 a). Perciò, quando l'anima si chiude nel sonno alle sensazioni esterne, si producono delle connessioni libere dell'immaginazione, legate a sensazioni precedenti e non attuali, e queste sono per l'appunto i sogni; lo status di queste immagini separate dalla sensazione che le ha prodotte può essere paragonato a quello dei proiettili che si muovono anche quando il percussore non li tocca più. Aristotele parla, come si è visto, di immagini prodotte sia in maniera assoluta, sia in qualche maniera; si intende con questa espressione il dato, facilmente accessibile nell'esperienza di chiunque, che sensazioni presenti al dormiente possono tradursi, sotto altre spoglie, in immagini oniriche (il bubbone della peste viene tradotto nel sogno di don Rodrigo nell'elsa di una spada).

Se facilmente spiegabile è il carattere e l'eziologia del sogno, più serie questioni filosofiche insorgono al livello gnoseologico. Manca a tutt'oggi un criterio che sappia garantire che la vera vita sia quella che si svolge nella veglia. In Aristotele il problema è affrontato in via capovolta: se durante il sonno uno si accorge di sognare, avrà le immagini del sogno, ma qualcosa dal suo interno gli dirà che quelle immagini non raffigurano alcunché di realmente presente. Il vero problema è che questa convinzione, che separa il sonno dalla veglia e che può occasionalmente apparire anche nel sogno, non può fondarsi su se stessa, ossia potrebbe essere a sua volta un sogno. È il tema barocco svolto da Calderón de la Barca in uno dei suoi drammi maggiori, *La vita è sogno* (1635). Quanto il problema sia centrale e difficilmente solubile è dimostrato dal fatto che nello stesso giro d'anni Cartesio (*Meditationes de prima philosophia*, 1641) lo risolve attraverso la postulazione di un intervento soprannaturale: solo la veracità divina, che si fa garante della verità delle mie conoscenze, può assicurarmi del fatto che il *cogito*, di cui ho solo una certezza d'esperienza, sia realtà e non sogno. La prova cartesiana avendo poco corso in ambiente empiristico, si impose un altro criterio di distinzione, più labile ma positivo, quello secondo cui i sogni rappresentano una vita psichica discontinua, mentre la coscienza diurna si appoggia sopra una continuità per cui noi ci ricordiamo di vivere la stessa vita che vivevamo prima di addormentarci. Ripreso da Schopenhauer ne *Il mondo come volontà e rappresentazione* (1819), questo argomento è quello a cui si fa ricorso nel senso comune per risolvere il problema della distinzione tra vita cosciente diurna e vita onirica.

Lo studio empirico dell'esperienza onirica, condotto con categorie psicologiche, può essere fatto risalire all'inizio del secolo scorso, quando risultò chiaro che le stimolazioni esogene sul corpo del soggetto dormiente svolgono un certo ruolo nella determinazione dei contenuti onirici, e che in questo processo le percezioni oniriche risultanti sono sempre di natura visiva e auditiva, anche se le stimolazioni interessano altri sensi. Sempre all'inizio del secolo scorso si scoprirono altri dati interessanti, come il fatto che il cieco nato sogna solo immagini auditive, mentre in chi diventa cieco dopo l'infanzia il sogno continua a essere caratterizzato prevalentemente da immagini visive. Tuttavia, queste e altre scoperte hanno solo una limitata portata esplicativa; pertanto il vero inizio dell'indagine scientifica sul sogno si colloca nel nostro secolo, in coincidenza con la pubblicazione, da parte di Freud (nel 1900), dell'*Interpretazione dei sogni*, opera fondata sull'analisi rigorosa dei sogni dell'autore stesso.

• *Il sogno e la psicoanalisi.* A grandi linee, il sogno — nelle parole di Freud «via regia verso la scoperta dell'inconscio» — è considerato nella sua funzione di «appagamento di desiderio», che viene soddisfatto in via allucinatoria. Soprattutto nell'adulto, in cui l'espressione diretta della → pulsione è ostacolata dalle istanze di controllo (censura onirica), i desideri riescono a emergere alla coscienza solo a prezzo di un «travestimento» in chiave simbolica, che assume varie forme enucleabili in sede d'interpretazione. Più esattamente, secondo Freud, il «lavoro del sogno» consiste in una serie di operazioni che trasformano un → «contenuto latente» in «contenuto manifesto»: la trasformazione, che dà luogo a una «deformazione» priva di elementi originali, assolve la funzione di «mascheramento» in un contenuto manifesto accettabile all'Io, spesso rappresentato dai «resti diurni» (ricordi di eventi della vita diurna) e in particolare dai cosiddetti «sogni diurni» ossia dalle fantasticherie della vita diurna. I meccanismi del lavoro onirico — che sono i medesimi responsabili dei sintomi nevrotici — sono di natura primaria (→ processo primario-processo secondario) e consistono nella → condensazione, nello → spostamento, nella «raffigurabilità» e nell'«elaborazione secondaria». Mediante l'«interpretazione», che compie un cammino esattamente inverso rispetto a quello del lavoro onirico, il «contenuto manifesto», cioè il materiale del sogno ricordato e riferito dal soggetto, cede progressivamente il posto al «contenuto latente», che è quello che interessa ai fini dell'avanzamento dell'analisi. Infine, sempre secondo Freud, il sogno assolve la funzione biologica di «protettore» o «guardiano» del sonno, poiché il mascheramento dei desideri rimossi ne consente un parziale appagamento, impossibile se essi si esprimessero direttamente e liberamente: ciò infatti determinerebbe un'angoscia che condurrebbe al risveglio.

• *Lo studio neurofisiologico del sogno.* Recentemente, all'indagine psicoanalitica della vita onirica si è aggiunta l'indagine neurofisiologica, che soprattutto dopo l'opera di W.C. Dement (*Un saggio sui sogni: il ruolo della fisiologia nella comprensione della loro natura*, 1965) ha raggiunto uno stadio sistematico e un notevole livello descrittivo ed esplicativo. Sul piano descrittivo, l'elettroencefalografia e la registrazione dei movimenti oculari hanno evidenziato l'esistenza di due tipi di sonno; quello profondo o NREM, caratterizzato dalla mancanza di sogni, e quello leggero o REM (dalle iniziali delle parole inglesi «rapid eye movements») caratterizzato introspettivamente dalla presenza del sogno e comportamentalmente dal rapido movimento coniugato dei due occhi, che invece nel sonno NREM si muovono molto lentamente. Ipotizzata da G. Ladd fin dal 1892 (*Contributi alla psicologia dei sogni visivi*) e verificata sperimentalmente da E. Aserinsky e N. Kleitman nel 1953 (*Periodi regolari di motilità oculare e di fenomeni concomitanti durante il sonno*), la regolare concomitanza fra lo svolgersi del sogno e i movimenti REM, associati alla crescita del livello generale di vigilanza dell'organismo (aumento del battito cardiaco, della velocità del respiro, della pressione sanguigna e del flusso sanguigno corticale), ha consentito ai ricercatori l'acquisizione di una serie di risultati particolarmente rilevanti sul piano scientifico. Sul piano esplicativo, l'indagine neurofisiologica ha condotto ad alcune ipotesi di notevole interesse, e in particolare a quella (di W.R. Hess) secondo cui il sogno rappresenterebbe una compensazione allucinatoria dell'azione reale: questa infatti risulta governata, nella vita diurna, dal sistema nervoso simpatico-adrenergico o «ergotropo», il quale non è ostacolato (come invece avviene nel sogno) dal sistema nervoso parasimpatico-colinergico o «trofotropo», particolarmente attivo nello stato di sonno profondo privo di sogni. Risultando dalla discordanza funzionale tra i due sistemi, il sogno assolve, secondo questa ipotesi, un ruolo biologico primario, soddisfacendo un bisogno fondamentale dell'organismo. Ciò è confermato da una serie di dati sperimentali, da cui emerge che la privazione selettiva di sonno REM determina in soggetti umani uno stato di grave stanchezza, ansietà e irritabilità; che un'analoga privazione, prolungata nel tempo, determina la morte dei soggetti animali; che il soggetto umano insonne cronico presenta i movimenti REM in numero notevolmente inferiore alla media; che i soggetti privati del sogno durante una notte sognano molto più della media la notte successiva; che in condizioni sperimentali di isolamento sensoriale compaiono in breve tempo rappresentazioni visive analoghe a quelle oniriche.

Sul piano interpretativo, sono state mosse alcune critiche alla teoria freudiana della funzione del sogno, tanto a partire dai risultati della ricerca empirica quanto a partire da diverse impostazioni teoriche. In particolare, secondo alcuni psicologi cognitivisti (→ cognitivismo) il sogno ha una funzione essenzialmente conoscitiva, ossia consente di accedere a un materiale ideativo diverso e più rilevante di quello presente alla coscienza nella vita diurna. Malgrado le grandi differenze che per altri versi le separano, questa interpretazione presenta una certa affinità con l'interpretazione junghiana, secondo la quale il simbolismo onirico costituisce un insostituibile strumento conoscitivo di aspetti del reale non conoscibili mediante il procedere razionale della coscienza diurna e pertanto va preservato dall'«interpretazione» di tipo freudiano che può solo ucciderne la capacità espressiva. Per Jung, infatti, il sogno — come ogni altra espressione dell'inconscio — non è sempre interpretabile, sulle basi di un contenuto rimosso, causalisticamente, ma esso può essere inteso in senso prospettico-finalistico, come se rappresentasse in forma simbolica una linea di sviluppo potenziale del processo psichico. Essendo una funzione autonoma dell'inconscio, il sogno può allora svolgere il ruolo di *compensazione* di atteggiamenti unilaterali della coscienza del sognatore. *S. Ma.*

Sohn-Rethel, Alfred (Parigi 1899 - Brema 1990), filosofo tedesco dell'economia. Studiò a Heidelberg e Berlino con E. Cassirer e A. Weber. Solo nel 1970 pubblicò il suo primo libro, *Lavoro intellettuale e lavoro manuale. Per la teoria della sintesi sociale*, nel quale sono raccolti i risultati di una riflessione più che cinquantennale. In seguito ha pubblicato: *Economia e struttura di classe del fascismo tedesco* (1973); *Il denaro, l'apriori in contanti* (1976); *Forma-merce e forma-pensiero* (1978); *Teoria sociologica della conoscenza* (1985). Partendo da un'approfondita lettura del *Capitale* di K. Marx, Sohn-Rethel si pose il problema del rapporto tra la struttura formale della merce e il costituirsi della soggettività trascendentale che sta alla base dello sviluppo scientifico e tecnologico dell'Occidente. Per confermare la tesi del materialismo storico, cercò di mostrare come il pensiero astratto abbia la sua origine nella «forma» che la merce assume nello scambio: il pensiero astratto nasce contemporaneamente dalla moneta coniata, che è appunto la raffigurazione sensibile dell'astrazione dello scambio. Quel che governa intellettualmente la produzione delle merci non è propriamente richiesto dal lavoro manuale, ma corrisponde all'esigenza astratta dello scambio. L'analisi della forma dello scambio di merci compiuta da Marx appare quindi a Sohn-Rethel interrotta, perché non mostra l'effetto che lo scambio di merci produce sul possessore delle merci, non mostra cioè il costituirsi della coscienza trascendentale. Comprendere l'origine della distinzione tra lavoro intellettuale e lavoro manuale significa soprattutto intendere le ragioni della critica e del superamento di tale distinzione.

Solger, Karl Wilhelm Ferdinand (Schwedt 1780 - Berlino 1819), filosofo tedesco. Fu professore di filosofia all'università di Berlino dal 1811 fino alla morte. Suoi scritti principali: *Erwin. Quattro dialoghi sul bello e sull'arte* (1815), *Dialoghi filosofici* (1817), e, postumi, *Gli inediti e il carteggio* (2 voll., 1826, a cura di F. Raumer e di L. Tieck) e *Lezioni di estetica* (1829). All'interno del pensiero romantico l'opera di Solger si caratterizza per alcuni aspetti specifici come l'accentuazione del tema del nulla e della funzione estetico-metafisico-religiosa dell'ironia artistica. La stessa forma del suo pensiero, e cioè l'aver privilegiato il dialogo, corrisponde alla convinzione che il momento negativo della realtà non può venir superato né in una forma di sapere intuitivo né in una forma di sapere concettuale e speculativo, bensì va continuamente mantenuto aperto nella sua caratteristica di divenire e di passaggio. Del resto il concetto di nulla ha rilevanza non soltanto filosofica, ma anzitutto religiosa, perché la creazione stessa non è altro che l'annientarsi, il sacrificarsi di Dio nella creatura, come dimostra in modo esemplare la figura di Cristo. Nell'arte, poi, è dato non soltanto di cogliere, ma anche di realizzare l'incontro tra idea e finitezza del reale (l'apparenza sensibile), in modo che la loro opposizione non venga soppressa, ma viva come perenne tensione e movimento.

solipsismo, dottrina filosofica che sostiene l'evidenza assoluta, ma anche invalicabile, dell'io individuale (*solus ipse*) o dei contenuti di coscienza. Ne deriva un idealismo soggettivo che nega la realtà (o la possibilità di dimostrare e attingere la realtà) del mondo esterno e degli altri soggetti. In questa versione metafisica il solipsismo ha trovato espressione in N. Malebranche e in G. Berkeley, i quali consideravano indispensabile il ricorso a Dio come unico garante dell'oggettività del conoscere. Il solipsismo di Cartesio ha invece una funzione più propriamente metodologica: l'*ego* deve rifarsi alle proprie evidenze interiori per acquisire una base indubitabile donde far successivamente scaturire la dimostrazione razionale dell'esistenza di Dio e del mondo (*Meditationes de prima philosophia*). In senso analogo il solipsismo è stato rivendicato anche da Husserl: proprio tornando in sé l'io si scopre costituito dagli altri io, sicché l'intersoggettività sarebbe più originaria e fondante rispetto alla soggettività singola (*Meditazioni cartesiane*, V). Tale passaggio costituisce nondimeno uno dei nodi problematici della fenomenologia husserliana, nel suo tentativo di distinguersi dall'idealismo (*La crisi delle scienze europee e la fenomenologia trascendentale*, parr. 53-55), e come tale è stato criticato e respinto da M. Scheler, Heidegger e altri. In chiave idealistica il solipsismo (denominato nel Settecento «egoismo» o «egotismo», cfr. Ch. Wolff, *Psychologia rationalis*, par. 28) è stato discusso da Kant (che ne ravvisa la radice in Cartesio) e da Fichte (che lo giudica teoreticamente inconfutabile, e tuttavia insostenibile in sede morale, dove emerge un'originaria «fede pratica» nell'esistenza degli altri soggetti: *La missione del dotto*, II). Ad analoghe conclusioni perviene Schopenhauer (*Il mondo come volontà e rappresentazione*, II,

19): l'«egoismo teoretico» possiede la coerenza della pura follia; esso non abbisogna di confutazione (che è impossibile), ma di cure.
Nel pensiero contemporaneo una nuova versione del solipsismo si trova in Wittgenstein e in R. Carnap. Per il primo si tratta di un solipsismo più propriamente linguistico, riferibile alla tesi fondamentale del *Tractatus logico-philosophicus*, secondo cui «i limiti del mio linguaggio sono i limiti del mondo». Per Carnap invece (*La struttura logica del mondo*) il fondamento del conoscere è il «flusso d'esperienza» (*Erlebnisstrom*), anonima presenza che precede la distinzione dell'io e della cosa. Questo puro «c'è» dell'esperienza è pertanto un dato coscienziale originario, valicabile solo per analogia e somiglianza. Tale tematica, che ha le sue origini nel concetto di «esperienza pura» elaborato da R. Avenarius e da E. Mach, è stata poi più volte discussa da B. Russell e dai neopositivisti. Essa tuttavia era stata già affrontata dall'ultimo W. James (*Saggi di empirismo radicale*) e da Ch.S. Peirce, A.N. Whitehead, G. Santayana e altri esponenti del neorealismo novecentesco.

Solov'ëv, Vladimir Sergeevič (Mosca 1853 - Uzkoe, Mosca, 1900), filosofo e teologo russo. Da giovane viaggiò in Europa e in Egitto, dove ebbe la visione mistica della Sofia-Sapienza, elemento essenziale della sua concezione religiosa (→ sofianismo). Dal 1876 insegnò all'università di Mosca; passò quindi al ministero dell'educazione a Pietroburgo, ma nel 1881 fu sospeso dall'incarico per motivi politici. Profondo conoscitore della cultura ebraica e del cristianesimo (cui dedicò i tre studi su *Gli ebrei e il cristianesimo*), Solov'ëv scrisse numerose opere cristologiche, fra cui dodici *Lezioni sulla divino-umanità* (1881), nelle quali difese il dogma di Calcedonia sulla duplice natura di Cristo. L'incarnazione di Cristo costituisce la tappa conclusiva di una graduale manifestazione di Dio nella storia, dal politeismo al cristianesimo, attraverso buddhismo, platonismo e giudaismo. Cresciuto nell'→ ortodossia, ma animato da sensibilità ecumenica, Solov'ëv venne considerato eretico per aver accolto elementi dottrinali cattolici, quali la concezione dello sviluppo del dogma e la tesi del primato papale. Egli concepisce la chiesa come una libera società teocratica; nella sua forma perfetta, essa realizzerà l'unione delle diverse chiese e la convergenza fra chiesa e stato, che sarà sancita dall'alleanza fra la dignità regale dello zar, la dignità sacerdotale del papa e quella profetica della riforma protestante. Fra le altre opere di Solov'ëv si ricordano: *I fondamenti spirituali della vita* (1884); *Sulla giustificazione del bene* (1897) e i *Tre dialoghi* (1899), l'ultimo dei quali contiene la «Leggenda dell'Anticristo»; nel racconto, di intonazione autobiografica, è descritta la venuta dell'Anticristo in terra e la sua sconfitta a opera di un futuro secondo concilio ecumenico di Gerusalemme.

Sombart, Werner (Ermsleben 1863 - Berlino 1941), sociologo tedesco. Formatosi come economista, insegnò a Breslavia, nella scuola commerciale superiore di Berlino, e dal 1917 all'università di Berlino. La sua opera principale, *Il capitalismo moderno* (1902), e ancor più la sua prima opera, *Socialismo e movimento sociale nel sec. XIX* (1896), contribuirono a introdurre nelle scienze sociali tedesche il pensiero di Marx. Nel *Capitalismo moderno*, di cui diede molte edizioni ampliate fino al 1927, Sombart analizzò sia i fattori culturali che favoriscono la formazione della imprenditorialità e la diffusione dello spirito economico borghese, sia i fattori tecnici ed economici che strutturano l'organizzazione economica e sociale del capitalismo, e mostrò come quest'ultima richieda vasti mutamenti della composizione demografica e del mercato del lavoro, la razionalizzazione dei bisogni personali e collettivi e dell'organizzazione delle aziende. In *Gli ebrei e la vita economica* (1911), sostenne la tesi dell'influenza positiva degli ebrei sulla nascita del capitalismo. Dedicò la sua attività più matura alla riflessione metodologica sulla scientificità della ricerca storico-sociale (*Le tre economie politiche*, 1930). Con *Il socialismo tedesco* (1934), tentò infine di conciliare le proprie teorie con l'ideologia del nazionalsocialismo. Con M. Weber, Sombart è considerato il fondatore della sociologia economica.

somiglianza di famiglia, → universale.

Sorel, Georges (Cherbourg 1847 - Boulogne-sur-Seine 1922), teorico politico francese. Figlio di un commerciante, studiò all'Ecole Polytechnique di Parigi e svolse la professione di ingegnere civile alle dipendenze dello stato in Algeria e in Francia. Si dimise nel 1892 per ritirarsi a Boulogne-sur-Seine e dedicarsi a studi di filosofia politica e di scienze sociali. Formatosi sulle letture di P.-J. Proudhon, di Nietzsche, di Marx e di H. Bergson, di cui seguì i corsi al Collège de France, tentò una rielaborazione originale, con forti accentuazioni etiche e idealistiche, di concetti desunti da questi autori, modificando via via le sue posizioni in rapporto alle vicende politiche e ai dibattiti teorici che impegnarono la sinistra europea tra la fine dell'Ottocento e i primi decenni del Novecento. All'inizio degli anni Novanta aderì al marxismo, collaborò alle riviste «L'ère nouvelle» e «Devenir social» e strinse rapporti con A. Labriola e altri socialisti italiani; partecipò al dibattito sul revisionismo su posizioni per certi aspetti vicine a quelle di B. Croce, con il quale ebbe un nutrito carteggio (anche per Sorel il marxismo non è una teoria scientifica, ma un canone empirico utile all'azione). Separandosi sempre più dal socialismo parlamentare e riformistico che faceva capo a J. Jaurès, criticò a

fondo qualsiasi tentativo di organizzazione della classe operaia in partito politico e identificò il nucleo rivoluzionario del marxismo nella «guerra di classe» che si auto-organizza spontaneamente a partire dalle condizioni immediate di esistenza del proletariato; diventò così uno dei teorici del sindacalismo rivoluzionario francese, o anarco-sindacalismo. In *L'avvenire socialista dei sindacati* (1898), ripreso poi nei *Materiali per una teoria del proletariato* (1919), in *Le illusioni del progresso*, *La decomposizione del marxismo*, e soprattutto nella raccolta di articoli intitolata *Riflessioni sulla violenza* (tutti pubblicati nel 1908), Sorel sviluppò una polemica radicale contro la «mediocrità» della democrazia parlamentare, l'economicismo e il materialismo, la filosofia della storia ottimistica che le organizzazioni socialiste avrebbero ereditato dall'utilitarismo e dal razionalismo borghesi. Il fattore essenziale del mutamento storico è per Sorel la violenza proletaria, sorta di slancio vitale bergsoniano creatore di nuovi valori etici e sociali. Suo momento culminante è lo «sciopero generale», che Sorel non intende come mezzo per raggiungere risultati determinati — per molti settori socialisti del tempo questo risultato era il suffragio universale — ma come *mito* propulsivo di azione: «un complesso di immagini capace di evocare con la forza dell'istinto tutti i sentimenti che corrispondono alle diverse manifestazioni della guerra ingaggiata dal socialismo contro la società moderna».
Deluso dagli anarco-sindacalisti, Sorel si avvicinò nel 1910 alla destra della «Action française», quindi condannò la partecipazione della Francia alla prima guerra mondiale, infine aggiunse alla quarta edizione delle sue *Riflessioni sulla violenza* una *Difesa di Lenin* (1919), la cui figura gli sembrò essere «il marxismo vivente suscitato dalla decomposizione del socialismo parlamentare»; ma guardò anche con simpatia alle prime manifestazioni del fascismo, dimostrando ancora una volta l'ambiguità teorico-politica di un pensiero che fu rivendicato da orientamenti politici opposti.

sorite, in filosofia, termine (dal gr. *sōrós*, cumulo) che designa l'argomento di → Eubulide di Mileto contro la molteplicità. In logica, sorite indica il *prosillogismo*, o sillogismo composito, nelle sue due forme possibili: quella regressiva (o aristotelica), dove il predicato di ciascuna premessa costituisce il soggetto della premessa successiva, in una sequenza di più premesse intermedie tale per cui il predicato della conclusione risponde al soggetto della premessa maggiore (*A* è *B*; *B* è *C*; *C* è *D*; *D* è *E*; dunque *A* è *E*); e quella progressiva (o goclenica, da R. → Goclenio che per primo la formulò), dove invece la conclusione di un sillogismo costituisce la premessa maggiore del sillogismo successivo (*D* è *E*, *C* è *D*, dunque *C* è *E*; *C* è *E*, *B* è *C*, dunque *B* è *E*; *B* è *E*, *A* è *B*, dunque *A* è *E*). In retorica, infine, si intende per sorite ogni cumulo di premesse, e ogni sequenza di sillogismi tronchi.

Sorokin, Pitirim Aleksandrovič (Turya, Ucraina, 1889 - Winchester, Massachusetts, 1968), sociologo e filosofo statunitense di origine ucraina. Insegnò a Pietroburgo, a Praga e poi negli USA, nell'università del Minnesota e a Harvard. Nelle sue opere principali (*La dinamica sociale e culturale*, 1937-41; *Società, cultura e personalità*, 1947) Sorokin ha elaborato un complesso sistema d'interpretazione, in termini organicistici e idealistici, della dinamica delle società e della storia umana. A tre sistemi distinti e parziali di verità e di valore (ideazionale, fondato sulla rivelazione religiosa; sensista, per il quale l'unico criterio di giudizio è dato dall'esperienza sensoriale; idealistico, che costituisce una sintesi o una forma intermedia tra gli altri due) corrispondono nella storia tre tipi fondamentali di sovrasistemi socioculturali, che si fondano appunto su quelle premesse conoscitive e morali. Ma come nessuna delle tre forme di verità coincide con la verità integrale, così nessuno dei tre sovrasistemi-tipo rappresenta uno stadio di un processo unidirezionale. Ogni sistema può rafforzarsi o declinare o passare a uno stadio tipico differente, di modo che la dinamica delle trasformazioni assume la forma della fluttuazione ciclica dei tre tipi fondamentali. Ma più che per i suoi tentativi di sistemazione, Sorokin ha influenzato la storia delle scienze sociali in particolare con la distinzione tra società, cultura e personalità (1947), che precede di alcuni anni l'analoga tripartizione delineata da T. Parsons. A un'altra sua opera, *Mobilità sociale* (1927), si deve la diffusione della nozione stessa di mobilità e la proposta di un sistema di categorie analitiche coerenti (posizione sociale, spazio sociale, distanza sociale ecc.), unite a un'analisi delle forme, dei fattori, dei canali e delle conseguenze della mobilità, che anticipa gran parte dei temi di ricerca successivi. Importanti per la mole di informazione raccolta e per sintesi critica sono le sue opere di storia del pensiero sociologico (*Le teorie sociologiche contemporanee*, 1928; *Teorie sociologiche di oggi*, 1966).

sostanza, termine (dal lat. *substantia*, traduzione del gr. *ousía*) che nell'uso comune significa «ciò che uno possiede», gli «averi» o «sostanze»; nell'uso filosofico invece, a partire da Platone, esso assume i significati di «esistenza», di «modo di essere» di ciò che «realmente è», cioè delle idee, e inoltre di «idea dell'essere» e di «essenza»; infine, con Aristotele, assume il significato tradizionale di «sostanza» o «fondamento» della realtà.
• *La concezione aristotelica*. La teoria aristotelica della sostanza è esposta per la prima volta nelle *Categorie*, e poi ripresa ampliata e modificata nella *Metafisica*. Nelle *Categorie* la so-

stanza è in primo luogo la «sostanza prima», o individuo (*tóde ti*, «questo qualcosa» o «la cosa così e così», «la cosa singola»), per es. l'uomo tal dei tali, questo tavolo, questa pianta ecc.; è definita come «ciò che non è detto di un soggetto né è in un soggetto», ed è distinta dalla «sostanza seconda», cioè dai generi e dalle specie naturali (animale, uomo ecc.), e opposta alle proprietà accidentali (qualità, quantità ecc). Nella *Metafisica* Aristotele sostiene che il problema di ogni filosofia, cioè «che cosa è l'ente?», si riduce al problema di che cosa sia la sostanza, perché l'ente, ciò che vi è, è in primo luogo la sostanza. Si distinguono tre tipi di sostanza: *1*) la sostanza sensibile ed eterna, cioè i corpi celesti; *2*) la sostanza sensibile e peritura, cioè i corpi del mondo sublunare, piante, animali ecc.; *3*) la sostanza immutabile. Le sostanze del primo e del secondo tipo sono composte e il problema è di sapere quale parte di esse è la sostanza fondamentale. La scelta ricade fra quattro accezioni di sostanza, che sono: I) il soggetto o sostrato materiale (*hypokéimenon*); II) il genere (*génos*); III) l'universale (*kathólou*); e IV) l'essenza (*tí esti*). Quest'ultima è per Aristotele quella fondamentale. La sostanza in senso proprio della *Metafisica* aristotelica è l'*essenza* o *specie formale* (*êidos*), immanente in ciascun individuo, che è appunto «sinolo» o composto di materia e forma. Delle sostanze composte Aristotele tratta nella *Fisica* e nel *Cielo*, mentre il problema delle sostanze immutabili è affrontato nel libro XII della *Metafisica*. La loro esistenza è presupposta dal fatto che il movimento naturale è perenne e quindi postula un primo motore immobile, che muova come causa finale, senza essere a sua volta in movimento.

• *Il pensiero medievale e l'età moderna.* Il concetto platonico-aristotelico di sostanza costituì un punto di riferimento costante per il pensiero medievale. Gli scolastici vi introdussero specificazioni e distinzioni; parlarono per es. di «sostanza trascendentale» (la sostanza divina in quanto prescinde dalla separazione di essenza ed esistenza) e di «sostanza predicamentale» (i generi e le specie sotto i quali si raccolgono gli enti finiti e creati). Con l'età moderna prese invece avvio un processo sia di trasformazione sia di dissoluzione del concetto classico di sostanza. Il primo venne inaugurato da Cartesio, che alla tradizionale sostanza divina come unità di essenza e di esistenza affiancò le due sostanze «derivate» del pensiero (*res cogitans*) e della materia (*res extensa*). Di qui la polemica anticartesiana di Spinoza: se la sostanza, come lo stesso Cartesio dice, è «ciò che è in sé e si concepisce di per sé», né il pensiero né l'estensione sono sostanze. L'estensione infatti, in quanto divisibile all'infinito, non è «in sé»; il pensiero, a sua volta, non essendo causa di se stesso (*causa sui*), può essere «concepito», cioè colto nella sua essenza, solo risalendo alla sostanza infinita di Dio. Queste critiche preludono alla soluzione spinoziana del problema della sostanza intesa come unità del divino con l'ordine geometrico dell'universo. Sussistendo assolutamente in se stesso, Dio «si concepisce» attraverso infiniti attributi, due dei quali sono il pensiero e l'estensione (gli unici accessibili all'uomo, che ne è costituito nella sua realtà di «modo» della sostanza divina). Questa soluzione generò le note accuse di panteismo e di ateismo e motivò la correzione leibniziana intesa a salvaguardare la concezione cristiana relativa ai rapporti tra Dio e gli enti creati. All'unica sostanza divina inglobante ogni aspetto dell'universo, Leibniz affianca pertanto una molteplicità infinita di sostanze create (monadi), le quali si «concepiscono» (ovvero realizzano la propria essenza) mediante l'unità della loro visione dell'universo in Dio. Ogni monade concepisce così il medesimo universo, ma dal suo particolare «punto di vista», il che salvaguarderebbe appunto la sostanzialità degli individui.

• *Le concezioni di Locke, Berkeley, Hume.* A questi sviluppi razionalistici del concetto di sostanza si affiancò peraltro il processo di dissoluzione iniziato da Locke, il quale non nega l'esistenza di una realtà ultima, sia materiale sia spirituale (secondo il dualismo delle *res* cartesiane), ma rileva che tali supposte realtà non cadono nell'esperienza e non possono pertanto venir conosciute. Noi conosciamo soltanto le proprietà o accidenti delle cose (per es. le qualità di una mela) e ne deriviamo riflessivamente e per composizione un'idea di sostanzialità intesa come supporto o fondamento di quelle proprietà. Tale fondamento non è però più che la somma delle sue proprietà: in se stesso è puramente inconoscibile e vuoto (conosciamo le qualità della mela, non la «sostanza mela»). Tale posizione venne criticata da Berkeley: non c'è ragione di supporre delle sostanze materiali esterne e inconoscibili; dal momento che conosciamo solo idee (percezioni), bisogna coerentemente concludere che la materia non è che un'idea posta da Dio nello spirito dell'uomo. In tal modo la soluzione di Berkeley si apparenta, ma con maggiore radicalità, a quelle dell'→ occasionalismo (Malebranche) e di Leibniz. Ma con Hume anche la sostanza spirituale viene poi negata come mero prodotto dell'associazionismo psichico; dietro le «impressioni» non c'è che l'abitudine a percepire una certa costanza nell'esperienza; questa abitudine psicologica viene indebitamente scambiata per un sostrato ontologico.

• *Il criticismo kantiano e l'idealismo assoluto.* Muovendo da tale conclusione scettica Kant ripropone il problema della sostanza nell'ambito delle sue categorie dell'intelletto, in quanto funzioni trascendentali del conoscere. Ciò consente di legittimare il carattere universale e necessario del concetto di sostanza, ma a prezzo della sua totale subiettivazione (cioè come modo di ordinare l'esperienza da parte dell'«io penso»: «rivoluzione copernicana») e col risultato, per certi versi ancora «lockiano», di negare alla sostanza ogni validità ontologica: per l'uomo l'esperienza può configurarsi solo sotto il profilo di cose o sostanze (causalisticamente connesse), ma quale realtà in sé corrisponda a tali entità sostanziali dell'esperienza non è possibile sapere né dire. Con Kant il dibattito sulla sostanza conclude, per così dire, la sua fase «classica». Nel passaggio dal criticismo all'idealismo si determina invece quell'ulteriore sviluppo che fa della sostanza un concetto dinamico, opposto all'idea di immutabilità e di «fondamento inconcusso» ereditata dal pensiero greco. La sostanza si configura allora come «processo»: o dell'Io (Fichte) o dell'assoluto (Schelling e Hegel). Tale processo coinvolge la natura e la storia (come nel positivismo evoluzionistico) o si caratterizza soprattutto per i suoi fondamenti strutturali socioeconomici (Marx e Engels). Così si può dire che la sostanza tenda a risolvere unitariamente in sé la tradizionale opposizione tra sostrato e fenomeno, soggetto e predicato, essenza ed esistenza, privilegiando il secondo termine dell'alternativa: il fenomeno, come nella fenomenologia di Husserl, oppure l'esistenza nel suo primato rispetto all'essenza, come nell'esistenzialismo sartriano.

• *Il pensiero contemporaneo.* Il carattere dinamico del concetto contemporaneo di sostanza trova una delle sue più compiute realizzazioni nella nozione di «supergetto» avanzata da A.N. → Whitehead; ciò che dà senso al processo della realtà non è un soggetto sostanziale presupposto, ma un soggetto in cammino e in via di costituzione, un supergetto, appunto, che eredita e porta a compimento il processo della sua stessa generazione. In ciò è peraltro da vedere una ripresa moderna del concetto hegeliano di spirito come sostanzialità dinamico-dialettica. Nell'ambito della filosofia analitica, alcuni (come A.J. Ayer e il tardo Russell) hanno sostenuto che la nozione di sostanza come soggetto di proprietà è incompatibile con un empirismo rigoroso, e hanno identificato i normali oggetti fisici con «fasci» (*bundles*) di proprietà. Altri invece (come G. Bergmann) hanno sostenuto che l'idea di oggetti distinti ma qualitativamente indistinguibili è del tutto coerente e plausibile, e che ogni oggetto incorpora un costituente che è altro rispetto alle proprietà che associamo all'oggetto. Bergmann ha chiamato questi costituenti «individui nudi» (*bare particulars*). Essi non sono, tuttavia, sostanze nel senso aristotelico: gli oggetti che Aristotele considerava sostanze sono costruzioni a partire da elementi ontologici più primitivi (gli oggetti del senso comune non sono cose, bensì fatti). Altri ancora (come P.F. Strawson) hanno difeso l'irriducibilità ontologica e il carattere sostanziale degli oggetti del senso comune, spesso sostenento una qualche forma di essenzialismo.

soteriologia, → redenzione.

Souriau, Étienne (Lilla 1892 - Parigi 1979), filosofo ed estetico francese. Insegnò filosofia ed estetica nelle università di Aix-en-Provence, di Lione e, dal 1941, alla Sorbona. Nel 1948 fondò, con R. Bayer e Ch. Lalo, la «Revue d'esthétique». Di formazione spiritualistica, orientò il proprio pensiero nella direzione di una filosofia personalistica, nella quale assume un rilievo decisivo il concetto di «instaurazione», il processo dialettico per cui l'individuo perviene, attraverso un progressivo perfezionamento, alla realizzazione dell'essere che gli è proprio (*L'astrazione sentimentale*, 1925; *L'instaurazione filosofica*, 1939; *Diversi modi di esistenza*, 1943). Il concetto di instaurazione, che presiede alle attività etiche e teoretiche dell'individuo, è però, nella visione di Souriau, di natura essenzialmente estetica, in quanto la progettualità che informa la vita e il pensiero individuale si modella sulla base di meccanismi «formativi» (cioè di forme ideali di vita) analoghi alla progettualità che anima l'artista nella produzione delle sue opere (*L'avvenire dell'estetica*, 1929; *La corrispondenza delle arti*, 1947; *Le duecentomila situazioni drammatiche*, 1950; *Il senso artistico degli animali*, 1965).

Spaventa, Bertrando (Bomba, Chieti, 1817 - Napoli 1883), filosofo italiano. Fin dalla giovinezza aderì all'hegelismo, notevolmente diffuso a Napoli prima del '48. In seguito, esule in Piemonte, fu impegnato in battaglie pubblicistiche contro i gesuiti e i moderati, su posizioni prima democratiche avanzate e filosocialiste, e poi liberali. Dal 1861 professore di filosofia all'università di Napoli, fu l'ideologo della Destra storica, con la sua teorizzazione dello «Stato etico». Nel primo corso napoletano (noto col titolo datogli da G. Gentile, *La filosofia italiana nelle sue relazioni con la filosofia europea*) sostenne che il pensiero moderno era sorto in Italia, nel rinascimento, con Campanella e Bruno, e poi era stato proseguito da Vico, precursori rispettivamente di Cartesio, Spinoza e Kant; e interpretava idealisticamente Rosmini e Gioberti, come i corrispettivi italiani, seppur in forma inconsapevole, di Kant e di Hegel. Per Spaventa il superamento del contrasto fra A. Rosmini e V. Gioberti, i quali s'erano rispettivamente accusati di psicologismo e di ontologismo, era rappresentato da una nuova metafisica, la «metafisica della mente» inaugurata da Hegel. La rielaborazione spaventiana della logica di Hegel (intitolata da Gentile *Logica e metafisica*, 1867) ne è in realtà una riforma, ispirata a quella di K. Fischer. Il Nulla che per Hegel si oppone all'Essere, nella prima triade della logica, per Spaventa è l'«atto del pensare», che si afferma di contro all'immobilità dell'Essere; in seguito Spaventa accentuerà ulteriormente il primato del pensiero sull'essere, concludendo su posizioni soggettivistiche, più vicine a Fichte che a Hegel, dalle quali prenderà poi le mosse Gentile. L'ultima parte della vita di Spaventa fu impegnata nella battaglia contro il positivismo, in difesa dell'a priori e del pensiero speculativo, come mostra anche la sua opera postuma *Esperienza e metafisica.*

spazio, nel senso ordinario di «spazio fisico», estensione illimitata in tutte le direzioni nella quale — secondo la nostra intuizione del mondo reale — si collocano i corpi materiali. La riflessione filosofica sul concetto di spazio ha risentito, nel corso dei secoli, delle varie teorie o credenze cosmologiche, scientifiche e religiose che con tale concetto si sono intrecciate.

• *Le dottrine antiche dello spazio.* Alle origini del pensiero greco l'influenza predominante è quella della cosmogonia mitica. Da Pitagora agli eleati e agli atomisti il concetto di spazio viene messo in relazione con i primi sviluppi dell'aritmo-geometria pitagorica. Zenone di Elea, con i suoi celebri paradossi, mette in luce le difficoltà inerenti a uno spazio concepito dai pitagorici in modo geometrico, divisibile all'infinito. Le difficoltà logiche sollevate dagli eleati vengono aggirate da Leucippo e Democrito, che riducono lo spazio al vuoto infinito che circonda gli atomi materiali. Né Platone né Aristotele, però, accolgono il meccanicismo democriteo, sicché solo in età moderna l'idea di uno spazio vuoto elaborata dagli atomisti troverà nuovi sviluppi. Platone tenta nel *Timeo* una ripresa del concetto pitagorico di «regione» (*chôra*), intesa come spazio cosmico originario in cui la materia primordiale e le forme ideali si compenetrano dando vita all'universo. Per Aristotele, invece, lo spazio si identifica con il luogo (*tópos*) o limite dei corpi; lo spazio dell'universo risulta pertanto dall'insieme di tutti i limiti corporei. Ne deriva che lo spazio è un'entità finita coincidente con l'ultimo cielo delle stelle fisse. L'universo aristotelico non è dunque situato in alcun «luogo» o spazio e non comprende, né all'interno né all'esterno, il vuoto. In polemica con Aristotele gli stoici e gli epicurei pensano lo spazio come un'estensione infinita e incorporea, che si estende oltre i limiti del cosmo: secondo Lucrezio (*De rerum natura*, V), una freccia scagliata oltre i confini dell'universo finisce sempre in qualche luogo o spazio. La concezione stoica, unitamente a quella neoplatonica, che considera lo spazio come un'emanazione dell'Uno divino, domina l'alto medioevo, mentre la tarda scolastica preferisce collegarsi alle concezioni aristoteliche.

• *Lo spazio nel pensiero moderno.* Con l'avvento della moderna scienza matematica della natura il concetto di spazio acquista una realtà sostanziale e autonoma. Cartesio considera infatti l'estensione come l'attributo specifico della sostanza materiale, governata dalle pure leggi meccaniche del moto (→ meccanicismo). Newton introduce il concetto fisico di «spazio assoluto», pur ravvisando nello spazio anche una sorta di *sensorium Dei*, di organo sensoriale col quale Dio imprime nella materia il movimento. Al sorgere dell'età moderna, dunque, influenze fisiche, cosmologiche e teologiche si intrecciano ancora nella concezione dello spazio. Contro la soluzione proposta da Newton si batte peraltro Leibniz, in una celebre polemica col newtoniano S. Clarke. Leibniz nega la realtà oggettiva e assoluta dello spazio: lo spazio è l'«ordine di coesistenza» dei corpi e dunque qualcosa di relativo e non separabile da essi. Egli nega che lo spazio possa ridursi a mera estensione, essendo questa una semplice conseguenza delle forze («forza viva») che agiscono nell'universo. Le obiezioni di Leibniz non si limitano peraltro a criticare la concezione fisico-naturale dello spazio newtoniano; esse risentono delle più generali polemiche contro la scienza sollevate da empiristi e spiritualisti. In Berkeley e in Hume lo spazio si riduce a mera funzione psicologica: sia ad associazione delle idee percepite dalla vista e dal tatto, sia ad associazione di impressioni contigue. Di qui il grande tentativo kantiano di salvare l'oggettività della scienza newtoniana, senza peraltro postulare uno spazio assoluto in sé. Lo spazio diviene in Kant un a priori formale della intuizione sensibile e cioè una struttura trascendentale (universale e necessaria) di ogni possibile esperienza. Il tentativo kantiano di tenere unite scienza e filosofia ha poco seguito nell'Ottocento. L'elaborazione puramente concettuale della nozione di spazio tentata nei sistemi idealistici di Schelling e di Hegel (per i quali lo spazio è il modo in cui lo spirito assoluto o idea si aliena nella natura) non influisce sulle ricerche fisiche, che si attengono allo sperimentalismo newtoniano. Anche le critiche degli spiritualisti francesi, da J.-G.-F. Ravaisson-Mollien a H. Bergson (che rivelano l'astrattezza intellettualistica del concetto fisico e meccanico di spazio e propongono invece di concepire la spazialità come un arresto ripetitivo, un'«abitudine» che si instaura nello sviluppo spirituale della natura), non distolgono la fisica dalle sue concezioni tradizionali. È solo con la rivoluzione scientifica di Einstein che il concetto di spazio torna a essere oggetto di comuni dibattiti tra filosofi e scienziati. In particolare sono A.N. Whitehead, S. Alexander e G.H. Mead a tener conto del concetto einsteiniano di spazio-tempo e a tentarne una più generale spiegazione filosofica che non sia in contrasto con i risultati della fisica. Nel contempo, tuttavia, il concetto di spazio continua a svilupparsi in sede puramente filosofica, presso le correnti della fenomenologia e dell'esistenzialismo, il cui scopo è quello di ricostruire la genesi dell'esperienza vissuta dello spazio. Tale analisi fenomenologica, avviata da Husserl, trova sviluppi in J.-P. Sartre, in M. Merleau-Ponty e soprattutto in Heidegger, che considera lo spazio una struttura originaria dell'«essere-nel-mondo» dell'uomo: l'uomo infatti si costituisce, come coscienza «incarnata», mediante un quotidiano «commercio manipolante e usante» con le cose, e la condizione di tale commercio è appunto l'«esser vicino» e l'«esser lontano» dell'uomo che si «spazializza» nel mondo e anzi «ha» un mondo come luogo del suo «progettarsi» come esistente.

Spearman, Charles (Londra 1863-1945), psicologo inglese. Formatosi in diverse università tedesche, compì ricerche sulla percezione spaziale sotto la direzione di W. Wundt. Nel 1904 pubblicò un articolo destinato a divenire famoso: *L'intelligenza generale determinata e misurata oggettivamente*; in esso fece la sua comparsa ufficiale l'algoritmo dell'analisi fattoriale che costituisce la base della teoria dell'intelligenza di Spearman. Professore di psicologia presso l'University College di Londra dal 1911, pubblicò nel 1927 la sua opera principale: *Le capacità umane, loro natura e misurazione*. L'approccio di Spearman alla misura dell'intelligenza consiste nella rappresentazione di ogni prestazione intellettiva individuale mediante la somma di due valori, che rappresentano l'uno il contributo di un fattore generale presente in varia misura in ogni prestazione, l'altro il contributo di un fattore specifico caratteristico di quella particolare prestazione. In altri termini la misura dell'intelligenza di un soggetto impegnato a superare una qualsivoglia prestazione tiene conto di entrambi questi fattori, essendo quello generale assimilabile all'intelligenza generale.

speculativo, termine che nel suo primo significato indica ogni conoscenza che non persegua un fine pratico, ossia tecnico o morale (→ contemplazione; → teoria-prassi). Kant introduce un altro significato — divenuto poi prevalente nell'uso moderno — definendo speculativo l'uso teoretico della ragione in quanto si contrappone alla «conoscenza naturale» e si pone al di là di ogni esperienza possibile (ovvero, il tentativo di costruire, con il solo ausilio della ragione, proposizioni sintetiche a priori riferite comunque alla realtà; *Critica della ragion pura*, L'ideale della ragion pura, VII). Questa accezione si consolida quando Hegel la fa propria, rovesciando però la valutazione kantiana. L'aggettivo adoperato da Kant per designare ogni indagine dell'inesperibile viene infatti adoperato da Hegel per designare la conoscenza effettuale, dato che questa, per sua essenza, si colloca al di là dell'esperienza (comprese le scissioni e opposizioni che appaiono all'intelletto) al fine di coglierne i fondamenti. Inoltre, essendo proprio della filosofia dimostrare la necessità dei suoi oggetti, l'aggettivo indica per Hegel il pensiero che considera la realtà come razionalità, la razionalità come reale, ed entrambe come necessità. Tale modalità di pensiero, quindi, concepisce il reale come una totalità interconnessa e si interroga sul fondamento della sua unità, sull'assoluto, procedendo in base al metodo della → dialettica; ossia essa «concepisce l'unità delle determinazioni nella loro opposizione» (*Enciclopedia* parr. 79-82). E poiché in tal modo la dialettica assume i dati positivi come → momenti, pensiero speculativo ed esperienza finiscono per non escludersi: al contrario, nel contesto della sua interpretazione di Aristotele, Hegel afferma che «l'empirico colto nella sua sintesi è il concetto speculativo» (*Storia della filosofia I*, I).

Spencer, Herbert (Derby 1820 - Brighton 1903), filosofo inglese. Compì studi a carattere scientifico e, come egli stesso racconta, maturò le prime convinzioni evoluzionistiche leggendo i *Principi di geologia* di Ch. Lyell. Dalle argomentazioni di Lyell contro J.-B. Lamarck, infatti, Spencer trasse lo spunto per una «parziale accettazione» della teoria evoluzionistica. Nel 1850 pubblicò la sua prima opera di rilievo, la *Statica sociale*, dove il principio evoluzionistico viene applicato alla vita sociale; e nel 1855 videro la luce i *Principi di psicologia*, dove è la vita psichica e spirituale a essere studiata dal punto di vista evoluzionistico. Dal 1858 Spencer lavorò a un grande piano di filosofia evoluzionistica, e precisamente a un «sistema di filosofia sintetica», che si concretò nelle seguenti opere: *Primi principi* (1862); *Principi di biologia* (2 voll., 1864-67); *Principi di psicologia* (2 voll., 1870-72); *Principi di sociologia* (3 voll., 1876-96); *Principi di etica* (5 voll., 1879-92); tra le altre opere si ricordano: *Educazione* (1861); *La classificazione delle scienze* (1864); l'importante saggio *Individuo e Stato* (1884) che è un quasi-manifesto dei principi liberali e l'*Autobiografia* (postuma, 1904).

• *Evoluzionismo e filosofia*. L'evoluzionismo di Spencer, formatosi in gran parte indipendentemente da quello di Ch. Darwin, se ne distingue nettamente, perché non è tanto un'elaborazione dottrinale di risultati dell'esperienza e dell'osservazione, quanto piuttosto una concezione generale della realtà, sia naturale sia storica e sociale. Dappertutto infatti, secondo Spencer, si può constatare il formarsi progressivo di un ordine che va dal semplice al complesso, dal disorganico all'organico, dall'omogeneo all'eterogeneo. Legge generale dell'evoluzione è infatti l'integrazione della materia e la concomitante dissipazione del moto, processo durante il quale la materia passa da uno stato omogeneo indefinito a un'eterogenità definita e coerente e il moto sottostà a una trasformazione analoga.

Nell'universo, cioè, non si assiste soltanto a un moltiplicarsi di parti e di forme, ma anche e soprattutto a un aumento della chiarezza con cui queste parti sono distinte l'una dall'altra. La miglior controprova è offerta da quanto accade (in campo naturale o in campo sociale) quando un organismo si corrompe o si dissolve: i suoi organi perdono la loro specificità e assumono forme confuse, come nei tumori, mentre nella società i diversi poteri si dissolvono in un'unità disorganizzata di entità sociali fluide e in conflitto. Delineare la legge dell'evoluzione e i suoi sviluppi non significa però poterne spiegare la causa ultima, e per questa via Spencer ritiene sia possibile una conciliazione tra filosofia e religione i cui conflitti, esasperatisi specialmente nell'età moderna, sono dovuti a una confusione di compiti e di campi. Al di là di ciò che è comprensibile e che spetta alla filosofia spiegare, occorre ammettere l'Inconoscibile, a cui appunto si riferisce la religione. Per questo riconoscimento dei limiti della ragione, che non si conclude però in una negazione dell'assoluto, la posizione di Spencer è apparsa vicina a quella di Kant, ma essa se ne distingue nettamente per il modo di concepire la ragione stessa, in senso sia teoretico che pratico: Spencer infatti ammette un a priori, ma come risultato dell'evoluzione, e non come struttura inerente all'essere razionale finito in quanto tale. Se infatti la conoscenza non è altro che lo sforzo di tenere il sistema di relazioni interne all'organismo (e più specificamente interne all'individuo cosciente) in costante equilibrio con quelle proprie dell'ambiente, qualsiasi verità o principio conoscitivo sarà frutto di questo processo di adattamento. Ci saranno allora verità e principi a priori per l'individuo che li ha ereditati dalla specie, ma non per la specie stessa, che li viene via via acquisendo attraverso un lento processo di accumulazione; e lo stesso dovrà dirsi per i principi morali.

• *La sociologia.* Passando dal nesso generico tra individuo e specie al loro concreto rapporto nelle diverse forme di società, Spencer continua ad affermare nel modo più rigoroso la prevalenza del principio evoluzionistico. Le diverse forme di vita sociale sono frutto lento e motivato di processi di organizzazione, per cui certe funzioni si sono consolidate e hanno dato luogo a leggi morali e sociali, destinate però esse stesse a mutare con l'evolversi della vita sociale e il sorgere di nuove esigenze. Questo mutamento, secondo Spencer, sarà un progresso qualora si lasci libero giuoco al conflitto tra le classi: qualsiasi forma di intervento o dirigismo statale, sia pur motivato con esigenze di democrazia e di umanitarismo, in realtà non fa che impedire il progresso e riprodurre il tipo più arcaico di civiltà, quella rigidamente retta da un ordinamento «militare». Nella civiltà «industriale», invece, devono scomparire le forme di controllo esterno, che frenano l'emergere (attraverso l'evoluzione) di nuovi ordinamenti e assestamenti destinati a portare al l'«uomo nuovo», ossia a un tipo di uomo per il quale l'adempiere alle funzioni sociali corrisponderà allo sviluppo della sua stessa natura e nel quale bisogni pubblici e privati verranno pertanto spontaneamente a coincidere.

Spener, Philip Jacob, → pietismo.

Spengler, Oswald (Blankenburg am Harz 1880 - Monaco 1936), filosofo tedesco. Studiò matematica, scienze naturali, economia politica. Nel 1904 si laureò con una tesi su Eraclito. Nel 1918 e 1922 apparvero le due parti della sua opera principale, *Il tramonto dell'Occidente*, che ottenne subito un enorme successo di pubblico. In seguito Spengler pubblicò numerosi saggi politici, raccolti in volume nel 1932, in cui attaccò la repubblica di Weimar difendendo posizioni conservatrici. Per un certo periodo giudicò positivamente anche il nazismo (prefazione ad *Anni decisivi*, 1933). Nel 1931 aveva inoltre pubblicato l'opuscolo *L'uomo e la tecnica. Contributo a una filosofia della vita*; dopo la sua morte apparvero vari volumi di discorsi, frammenti e lettere.

Nel *Tramonto dell'Occidente* Spengler vuole scoprire la forma che ogni civiltà (*Kultur*) incarna nel suo svolgersi: in questo senso egli parla di una *morfologia* della storia universale. Alla logica meccanica delle scienze naturali egli contrappone una logica organica che coglie il complesso delle manifestazioni di una *Kultur* come un organismo biologico. Il «mondo come natura» è per la conoscenza scientifica un insieme di fenomeni sparsi nello spazio, legati tra loro da nessi causali: Spengler chiama la morfologia dei fenomeni intesi in questo senso «sistematica». Il «mondo come storia», invece, si manifesta attraverso fenomeni unici e irripetibili, tali da indicare una certa direzione nel tempo, un destino: egli chiama la morfologia di questi fenomeni «fisiognomica». Questi due diversi atteggiamenti di fronte al mondo non stanno sullo stesso piano: il mondo appare infatti come «natura» solo nella maturità di una *Kultur*, mentre originariamente esso appare come «storia». La logica meccanica che la scienza scopre con le sue osservazioni deriva in ultima analisi dalla logica organica: ogni «divenuto» ha sempre come presupposto un «divenire». Il mondo è originariamente colto soltanto dalla *Erlebnis*, l'esperienza immediata della vita. Si intrecciano qui la visione goethiana di una «natura vivente» e la concezione nietzscheana dell'assenza di una razionalità nello sviluppo della storia.

• *La visione biologica della storia.* Allo schema rassicurante di un progresso che, partendo dall'antichità, raggiunge la nostra epoca, Spengler sostituisce una «forma» della storia che riproduce la ciclicità dell'organismo biologico: le possibilità che ogni *Kultur* possiede si realizzano secondo il ritmo millenario che la vita impone. Ogni *Kultur* è quindi un organismo indipendente, completamente chiuso entro il suo orizzonte; esaurito lo slancio creativo derivante dal risvegliarsi di una grande anima dall'informe stato primitivo ancora indifferenziato, dalla «terra» e dal «sangue», essa si riduce a organismo irrigidito, a *Zivilisation*, lo stato che precede il tramonto della *Kultur* e il ritorno alla condizione primitiva. Le civiltà non si edificano quindi le une sulle altre, ma si sviluppano ciascuna riferendosi a uno stato originario, a una razza e a un determinato ambiente geografico, elementi che poi portano sempre con sé, come ciò che devono realizzare, la loro eredità biologica. Il pluralismo culturale proposto da Spengler esclude ogni possibilità di comunicazione tra le civiltà: ogni *Kultur* ha un suo proprio mondo simbolico che non può essere trasferito in un'altra *Kultur*. L'analisi contenuta nel *Tramonto* è quindi generalizzante da una parte, in quanto scopre una morfologia della storia universale, e individualizzante dall'altra, in quanto riconduce ogni manifestazione storica all'organizzazione interna di una *Kultur*.

Applicato alla civiltà occidentale, questo schema mostra, secondo Spengler, che il suo slancio iniziale, millenario, si è esaurito. Così alla religione succede il socialismo come irreligione, l'economia non è più diretta dalla politica, mentre il denaro è diventato il punto di riferimento per ogni realizzazione. Intanto la vita si concentra in poche metropoli, lasciando che il resto della terra decada a provincia. La tecnica stessa, l'espressione più propria dell'uomo «faustiano», non è più il privilegio di uomini superiori. La rivolta delle masse e dei «popoli di colore» (compresi i popoli dell'Europa meridionale e orientale) trasforma la tecnica in bruta strumentalità, privandola del suo carattere aristocratico. Alla civiltà occidentale dovrà pertanto succedere una civiltà russa. Ma prima della ricaduta nella barbarie deve ancora venire la fase del cesarismo.

Di fronte a tutto questo l'individuo può soltanto accettare il destino che la necessità storica gli impone. La necessità storica percorre il suo cammino anche contro la volontà del singolo. Il *Tramonto* si conclude col motto *ducunt fata volentem, nolentem trahunt*.

speranza, attesa viva e fiduciosa di un bene futuro; è elemento costitutivo di molteplici esperienze religiose e posizioni filosofiche. In numerosi passi dell'Antico Testamento, dalla letteratura sapienziale in poi, Dio stesso è detto «speranza» e «fiducia». Nel Nuovo Testamento la speranza è un tema specifico della riflessione di Paolo. Nella successiva elaborazione della dottrina morale della chiesa, la speranza è compresa fra le virtù teologali, dopo la fede e prima della carità, cui è intimamente unita.

Nella filosofia contemporanea il concetto di speranza è introdotto da E. → Bloch (*Il principio speranza*, 1954-59). Al pensiero di Bloch si è ispirata la «teologia della speranza», la cui formulazione è legata a J. → Moltmann; ma il principio-speranza opera in numerose altre correnti della teologia contemporanea. Nella linea aperta da K. Barth, secondo il quale «lo sperare si attua nel fare il passo successivo», la teologia politica attribuisce valore teologico fondamentale alla prassi trasformatrice, che si alimenta alla speranza nel Regno promesso: in questo senso J.B. Metz parla di una «escatologia creatrice».

Speusippo (Atene 393 ca - 339 a.C.), filosofo greco. Succedette a Platone, suo zio, nella direzione dell'Accademia, intorno al 347. Diogene Laerzio (IV, 1) tramanda che, colto da paralisi, «disperato e vecchio, pose spontaneamente fine alla sua vita» dopo soli otto anni di scolarcato. La povertà dei frammenti superstiti non consente di delineare con chiarezza il suo pensiero. Si sa comunque che Speusippo abbandonò completamente la dottrina delle idee, forse perché esse, in quanto generi e classi definite, gli sembravano una guida sterile e infida per la ricerca di quelle relazioni di somiglianza e dissomiglianza che sole, nella loro totalità, possono definire una cosa in modo esatto. Egli accettò tuttavia un punto fondamentale della teoria platonica, e cioè l'esistenza di essenze separate al di là del mondo sensibile (tali i numeri), cui però non attribuì alcun rapporto con le cose. Concepì infatti la realtà come strutturata secondo diversi ordini (numeri, grandezze, anima e corpi sensibili), ciascuno con i propri principi e disposti in modo tale che ognuno di essi non contribuisce all'essere degli altri.

Spinoza, Baruch (Amsterdam 1632 - L'Aia 1677), filosofo olandese.

• *Vita e opere*. Di famiglia ebraica emigrata dal Portogallo per motivi di religione, viene educato in una scuola ebraica; successivamente entra in contatto con ambienti sia cristiani sia miscredenti; appreso il latino, studia Cicerone e Seneca, gli scolastici e i filosofi contemporanei, come Bacone e Cartesio (più tardi, Hobbes). Insofferente della chiusa ortodossia ebraica, nel 1656 viene scomunicato e bandito dalla Sinagoga, sotto l'accusa di eresia. Impedito di partecipare all'attività commerciale della famiglia, opta per una dignitosa povertà, esercitando il mestiere di pulitore di lenti per cannocchiali e microscopi. Nel 1660, trasferitosi in un villaggio presso Leida, scrive un *Breve trattato su Dio, l'uomo e la sua felicità* (che verrà ritrovato solo nel secolo scorso in una versione in olandese). Intanto comincia a lavorare all'opera a cui attenderà per tutta la vita, se pure con interruzioni: l'*Ethica more geometrico demonstrata*; e avvia anche il *Tractatus de intellectus emendatione* (incompiuto), una sorta di introduzione alla filosofia, con la delineazione dei diversi gradi della conoscenza umana. Nel 1663 pubblica un'esposizione della metafisica di Cartesio (*Principia philosophiae cartesianae*) con un'appendice di *Cogitata metaphysica* suoi propri, e si trasferisce vicino all'Aia (poi, nel 1670, in città). Entra in relazione con Chr. Huyghens e H. Oldenburg, segretario della Royal Society di Londra, e con Jan de Witt, capo dell'opposizione liberale alla politica dei principi d'Orange e alfiere della tolleranza religiosa, dal quale riceve una pensione. Nel 1670 pubblica, anonimo, il *Tractatus theologico-politicus*, subito esecrato come empio e blasfemo e condannato tanto dai protestanti quanto dai cattolici. La tesi dell'opera è che in uno stato non tirannico ognuno ha il diritto di pensare come vuole e di esprimere liberamente il proprio pensiero, senza che l'autorità politica s'immischi nelle questioni che riguardano solo la coscienza dei singoli. La salvaguardia della libertà di coscienza richiede quindi una completa laicità dello stato. Quanto alla fede religiosa, essa si esaurisce nell'obbedienza e si estrinseca nella pratica della giustizia e della carità verso il prossimo. Questo è infatti quanto la Bibbia insegna costantemente; tutto il resto che vi si trova dipende dalla mentalità delle epoche in cui vissero i profeti e gli apostoli o dal loro temperamento individuale. Spinoza non esprime ancora la sua concezione della divinità, quale si trova esposta nell'*Ethica*, adattandosi alla concezione personalistica di Dio, nell'intento di purificarla al massimo; ma non rinuncia a una critica filologica del testo biblico e a una critica razionalistica della credenza nei miracoli, che destarono entrambe scandalo. Egli pensa che, una volta purificata, la fede religiosa serva a guidare alla virtù la maggioranza degli uomini, incapace di elevarsi alla ragione; mentre ad accedere alla verità è solo la filosofia. Dopo la rovina di de Witt, Spinoza rinuncia anche a una cattedra di filosofia all'università di Heidelberg, per non compromettere la propria libertà di pensiero; si propone di pubblicare l'*Ethica*, ma vi rinuncia in seguito alle avvisaglie delle persecuzioni da parte dei teologi, pronti a denunciarlo come ateo; lavora a un *Tractatus politicus*, che rimane incompiuto ma viene pubblicato, subito dopo la sua morte, in un volume (*Opera posthuma*) che comprende anche l'*Ethica*, il *De intellectus emendatione* e l'epistolario. Già nei primi decenni dopo la sua morte, la dottrina di Spinoza, interpretata come equivalente all'ateismo, fu oggetto di condanne indignate, ma fu anche utilizzata dai libertini; e si andò formando una sorta di mito attorno alla sua figura, quale esempio di «ateo virtuoso».

• *Dio e il mondo.* Di contro a Cartesio (e alle successive impostazioni critiche, da Locke a Kant, che muoveranno dal problema preliminare delle possibilità e dei limiti della conoscenza umana), Spinoza rifiuta che si ponga un problema del metodo del conoscere, preliminare rispetto al conoscere in atto. Come la luce in contrasto con le tenebre, altrettanto la verità si manifesta da se stessa in contrasto col falso: è indice, o norma, tanto di sé quanto del falso. Di siffatta concezione della verità è testimonianza la conoscenza matematica: allorché si ha una conoscenza chiara e distinta, si è immediatamente consapevoli della sua verità e non è possibile alcun dubbio. Per raggiungere la verità anche in filosofia, basta quindi tener fermo il criterio dell'evidenza, liberandosi dai pregiudizi indotti dai sensi, dall'immaginazione e dal linguaggio, oltre che dalle credenze tradizionali. Conformemente a questa concezione, Spinoza può muovere direttamente da Dio, anziché dagli enti del mondo o dal soggetto umano, prendendo a fondamento la definizione del concetto di «sostanza». Tutta l'*Ethica* (che espone un intero sistema di filosofia, comprendendo anche la metafisica, la teoria della conoscenza e la psicologia) è infatti costruita «more geometrico», sul modello euclideo: definizioni, assiomi, proposizioni (teoremi) con le relative dimostrazioni, corollari e scolii. La sostanza, dunque, si definisce come ciò che è in sé (non inerisce in altro) e si concepisce per sé, anziché in base ad altro; e da questa sola definizione Spinoza deduce tutte le caratteristiche della sostanza: esistenza necessaria (coincidenza di essenza ed esistenza), eternità, infinità, unicità e indivisibilità. L'unicità della sostanza è affermata tanto contro la pluralità delle sostanze create riconosciuta dai filosofi cristiani, quanto contro la distinzione cartesiana di due generi di sostanze, quelle spirituali e quelle materiali. Per Spinoza, pensiero ed estensione sono invece due «attributi» dell'unica sostanza (gli unici che noi uomini conosciamo, fra gli infiniti che dobbiamo riconoscere alla sostanza in ragione della sua infinità); e le cose del mondo, corpi e anime, sono solo «modi», o determinazioni particolari di questi attibuti, e quindi ineriscono nella sostanza stessa. Gli enti finiti non hanno sostanzialità, appunto perché non hanno in se stessi la ragione del loro essere, ma derivano da altro; mentre la sostanza, o Dio, è «causa di se stessa», oltre che causa degli enti finiti, perché altrimenti deriverebbe anch'essa da altro, non sarebbe cioè in sé e concepibile solo per sé, in contrasto con la definizione menzionata. La sostanza è pensata da Spinoza come essenzialmente attiva: Dio è potenza e produttività infinita. Ma la sua attività non è una libera creazione, bensì una causalità necessaria e immanente: tutto proviene da Dio con la medesima necessità con cui la conclusione di un teorema matematico deriva dalle premesse, e tutto è in lui e per lui, senza alcuna autonomia anche soltanto parziale. Immaginare che Dio sia dotato di intelletto e volontà, che prima conosca il possibile e si ponga dei fini e poi decida liberamente quanto realizzare fuori di sé, è grossolano antropomorfismo, che proietta in Dio l'illusoria convinzione degli uomini d'esser dotati del libero arbitrio. La causalità di Dio, al pari di quella che si riscontra nel mondo fra i modi finiti, è solo efficiente: anche il finalismo è un'illusione antropomorfica, che non spiega alcunché (è «asilo dell'ignoranza»), come mostrano la matematica, la quale non conosce fini ma solo connessioni necessarie, e la nuova scienza della natura, che è meccanicistica. A differenza che nell'uomo, tuttavia, in Dio la necessità coincide con la libertà, se per libero s'intende ciò che è determinato ad agire non da altro, ma solo dalla necessità della propria natura. Il pregiudizio della creazione e della trascendenza di Dio rispetto al mondo è sorto per l'impossibilità di spiegare altrimenti come da un essere concepito come solo spirituale provenga anche la materia. Invece, dall'assioma che una causa non può essere eterogenea rispetto all'effetto, deriva che Dio è caratterizzato anche dall'attributo dell'estensione, o corporeità; e così la difficoltà è tolta. Attribuire l'estensione a Dio non dà poi luogo ad alcuna nuova difficoltà, una volta che la si pensi come infinita e omogenea, non composta né divisibile in parti: quelle che ci appaiono come parti della materia, o corpi distinti, sono solo «modi» dell'estensione infinita.

• *I modi infiniti.* Ogni attributo della sostanza è infinito ed eterno, in quanto esprime la sostanza infinita ed eterna; ma ognuno di essi la esprime solo nel suo genere (il pensiero come pensiero, l'estensione come estensione, e così via); mentre la sostanza, appunto in quanto è espressa da infiniti attributi, o costituita dalla totalità di essi, è infinitamente infinita. Tra un attributo e un altro (e quindi fra i modi finiti appartenenti ad attributi rispettivamente diversi) non c'è causalità reciproca, bensì soltanto un rapporto di corrispondenza, pur nella reciproca indipendenza, garantito dal fatto che sono tutti espressioni della medesima sostanza. Quanto al rapporto fra gli attributi e i modi finiti, per attenuare lo iato fra infinitezza e finitezza, eternità e tempo (o «durata»), Spinoza introduce dei «modi infiniti» e eterni, con funzione mediatrice: rispetto all'attributo dell'estensione, il modo infinito è il movimento (e la quiete), che dà forma a tutto l'universo materiale; rispetto all'attributo del pensiero, è l'«intelletto infinito», che è la totalità delle menti finite. Questa dottrina, piuttosto oscura, mostra tuttavia come il panteismo di Spinoza non significhi un'immediata e semplicistica identificazione di Dio con ogni e qualsiasi cosa del mondo. È vero che ogni cosa è in Dio; ma Dio è distinto da esse appunto come l'infinità dalla finitezza, l'eternità dalla durata, e la necessità libera dalla necessità determinata estrinsecamente. Per esprimere questa differenza, Spinoza ricorre alla distinzione scolastica fra la «natura naturans» e la «natura naturata» (la differenza passa tra Dio e i suoi attributi, da una parte, e i modi, infiniti e finiti, dall'altra). La formula «Deus sive natura» va quindi intesa come riferita alla natura naturante, anche se la derivazione da questa della natura naturata è necessaria e costituisce una realizzazione di Dio stesso attraverso l'esplicazione della sua attività. Ogni modo finito è così determinato da altro a esistere e a operare, in un duplice senso: all'interno della natura naturata, si ha la serie infinita della causalità reciproca fra i modi finiti (una serie diversa in corrispondenza di ogni diverso attributo della sostanza, senza interferenze fra di esse); ma si ha anche la causalità complessiva della natura naturante rispetto ai modi finiti, attraverso quelli infiniti (da questo angolo visuale anche i modi finiti vengono considerati «sub specie aeternitatis», in quanto appunto necessarie esplicazioni di Dio). In entrambe le prospettive, l'orizzonte è quello della totalità; mentre è inadeguata la considerazione isolata d'una singola cosa finita o d'un singolo evento, che li fa apparire come contingenti, tali cioè che potrebbero pur non essere. Nell'orizzonte della totalità, invece, la contingenza si rivela come un'illusione, determinata dai limiti della nostra conoscenza: consideriamo contingente l'esistenza o l'agire di una cosa, quando ignoriamo le cause per cui esiste o agisce. Data la necessità con cui ogni cosa procede da Dio e la connessione necessaria fra di esse, se una sola venisse meno, verrebbe meno il tutto e Dio stesso. Così, tutto il possibile si realizza, ché altrimenti Dio non sarebbe potenza assoluta, se qualcosa potesse realizzarsi e tuttavia non si realizzasse; e tutto ciò ch'è reale è nel contempo anche necessario. Negando la contingenza, Spinoza rifiuta quindi la distinzione fra le modalità del possibile, del reale e del necessario; e contro questa conclusione si rivolteranno i pensatori successivi, come Malebranche e Leibniz, individuandovi il centro del pensiero di Spinoza.

• *L'immaginazione e le passioni.* Una cosa singola esprime in un determinato modo la potenza di Dio, ed è caratterizzata essenzialmente dalla tendenza attiva (*conatus*, o «sforzo») a perseverare nel proprio essere (nient'altro sono, nell'uomo, gli appetiti, i desideri e le volizioni). Questo sforzo è favorito o contrastato dall'azione delle altre cose, tutte caratterizzate dalla medesima tendenza, sicché ognuna subisce effetti, positivi e negativi, dal rapporto con le altre. Negli individui umani, l'avvertire tali effetti, provocati dalle cose e dagli altri uomini, dà luogo alle «passioni»; e di queste quelle fondamentali sono infatti la gioia e la tristezza, determinate rispettivamente dall'incremento o dalla diminuzione del proprio grado d'essere e di potere. Tutte le altre passioni ne derivano attraverso combinazioni e specificazioni dovute alle varie circostanze. All'analisi di esse (amore e odio, paura e speranza, orgoglio e umiltà, invidia, gelosia ecc.) Spinoza dedica la terza parte dell'*Ethica*, rivelando grande finezza di penetrazione psicologica. In generale le passioni sono idee confuse che l'anima subisce nella misura in cui non si eleva alla conoscenza razionale. L'anima umana, o mente, è parte dell'intelletto infinito ed eterno, determinata nella sua individualità dall'essere, anzitutto, «idea del corpo» (di quel corpo a cui volgarmente si dice che l'anima è unita). Non che il corpo possa mai causare un'idea (o viceversa), data l'indipendenza reciproca degli attributi della sostanza; ma, data la corrispondenza o parallelismo fra essi («l'ordine e la connessione delle idee è identico all'ordine e alla connessione delle cose»), a ogni affezione del corpo corrisponde l'idea di essa. Ne consegue che l'idea che costituisce la mente umana è in realtà composta di molte idee, che corrispondono alle diverse affezioni che il corpo subisce dagli altri corpi. La conoscenza che si ha in tal modo è però del tutto priva di oggettività, in quanto è conoscenza degli altri corpi solo per gli effetti che essi hanno sul nostro; è composta di «immagini» (percepite attualmente o, attraverso le tracce lasciate dall'esperienza, rievocate per memoria e associazioni mentali), ossia di idee confuse e incomplete, deformate dalla prospettiva soggettiva. Nessuna idea è propriamente falsa, ma quelle sensibili sono «inadeguate», appunto perché parziali, e così danno luogo alle passioni. Queste sono del tutto naturali, rientrando nella connessione necessaria della natura naturata: non devono essere deprecate come vizi o peccati, che non si danno in natura, ma considerate con lo stesso atteggiamento con cui i geometri considerano le linee, le superfici e i solidi. Né serve appellarsi alla ragione o alla volontà, contro di esse: una passione non può infatti venir contrastata se non da un'altra passione più forte, e la volontà non è che un nome astratto per designare le nostre volizioni, sempre determinate e particolari. L'illusione della libertà del volere sorge dal fatto che siamo coscienti dei nostri desideri, ma normalmente ignoriamo le cause di essi: analogamente, anche una pietra che cade, se fosse cosciente del proprio movimento e nel contempo lo desiderasse, si crederebbe libera. Anche le nozioni del bene e del male, dell'ordine e del disordine, sono solo immaginazioni, al pari di quelle del bello e del brutto, determinate dalla particolarità del punto di vista rispetto al quale si giudicano cose ed eventi, a seconda che ci piacciano o dispiacciano, ma prive di obiettività in rapporto alla totalità del mondo, che è quel che è per necessità. Le medesime cose infatti sono piacevoli per alcuni e spiacevoli per altri o indifferenti per altri ancora. I giudizi di valore richiedono il confronto delle cose reali con dei modelli ideali astratti, di come esse dovrebbero essere, a seconda delle nostre preferenze; ma le nozioni astratte, e così tutti i concetti universali, non hanno alcuna realtà e sono solo enti, non di ragione, ma di immaginazione, favoriti dai termini generali di cui abbondano le lingue. In tal modo Spinoza afferma un intransigente nominalismo.

• *La ragione e la virtù.* Il potere della mente umana varia assai da individuo a individuo; e non è limitato al livello dell'immaginazione. Al di sopra, c'è il livello della ragione, che è la conoscenza filosofica delle leggi della natura e della necessità di essa, tale che comprende ogni singola cosa nella connessione con tutte le altre e nella loro derivazione da Dio; pertanto è il livello delle idee «adeguate». Superiore alla ragione è solo un grado ulteriore della conoscenza, intuitivo anziché discorsivo, che Spinoza presenta con accenti mistici: è l'unificazione dell'intelletto umano con quello infinito ed eterno, «amore intellettuale di Dio», che porta al di sopra dell'individualità e del tempo, beatitudine riservata al saggio. Alla differenza fra l'immaginazione e la ragione corrisponde la differenza fra le passioni, che la mente subisce, e l'attività della mente. Delle passioni si è schiavi, mentre la ragione dà all'uomo l'unica libertà che non sia immaginaria, che non è arbitrio, ma, al contrario, riconoscimento della necessità naturale stessa e serena accettazione di essa. È qui evidente la ripresa della morale stoica, da parte di Spinoza; e il suo intellettualismo etico: la virtù è tutt'uno con la razionalità e questa coincide con la liberazione dalle passioni. Tuttavia, anche per suggestione di Hobbes, Spinoza non presenta affatto la virtù come astratto dovere, né come ascetismo: la virtù è essenzialmente potenza e non consiste in altro che nella illuminata ricerca del proprio utile. L'uomo virtuoso è quello dotato di attività e di forza in misura maggiore di chi rimane succube delle passioni; e raggiunge il proprio utile in quanto conosce in che esso consista veramente, di contro agli inganni in cui cade chi si affidi alla conoscenza per immagini. La virtù è la realizzazione più sicura dell'impulso fondamentale all'autoconservazione e al potenziamento del proprio essere. La filosofia non è meditazione sulla morte, ma incremento della vita; il saggio è l'uomo libero dalla paura della morte (anche perché non partecipa alle superstizioni del volgo), e in genere da tutti i sentimenti deprimenti, che sono poi quelli che portano anche ai contrasti fra gli uomini. Non tutte le passioni si equivalgono, infatti, dal punto di vista della ragione: di per sé la gioia è senz'altro positiva, mentre la tristezza è sempre negativa. È per questo che il saggio non risponde all'odio con l'odio, e non cede all'ira, sapendo che tutto avviene per necessità, ma neppure cede alla compassione, sapendo che niente garantisce che le azioni ispirate da questa passione vadano davvero a vantaggio del prossimo. Altrettanto negativo è il giudizio della ragione sull'umiltà, il pentimento, il timore e così via. Non si tratta, naturalmente, di giudizi moralistici, che s'accompagnino a deplorazioni o propongano agli uomini quel che essi dovrebbero fare, sebbene inevitabilmente talora anche Spinoza sembri esprimersi in questo modo; ma si tratta della illustrazione del grado più alto di forza e intelligenza che si trovi fra gli uomini. Un uomo è tanto migliore di altri quanto più agisce secondo la ragione; ma quel che ognuno è e fa non dipende dalla sua scelta, bensì dalla sua natura individuale e dal complesso della natura. Da parte di tutti gli avversari tradizionalisti si vedrà qui una distruzione dell'idea della responsabilità morale; e Spinoza la professa esplicitamente (in alcune lettere): per la medesima necessità per cui un triangolo ha tre angoli e non è un cerchio, un uomo è malato e un altro è vizioso; e dal punto di vista razionale non ha senso lamentarsene o rimproverarsene. Le pene comminate dalla società hanno la loro giustificazione nel principio dell'utilità comune; non sono da intendere come retribuzione rispetto al male fatto, ma solo come esigenze di difesa sociale: l'azione di condannare un uomo non è diversa dall'azione di sopprimere un animale rabbioso, che da nessuno viene ritenuto responsabile. Quanto alle pene e ai premi immaginati dalle religioni in una vita ultraterrena, sono anch'essi pregiudizi che non resistono alla ragione. Essi portano a concepire indegnamente Dio, quale legislatore e giudice, sul modello dei sovrani terreni, come se desiderasse alcunché da parte degli uomini e questi potessero agire in un modo o in un altro; e a concepire indegnamente anche la virtù, come se essa non avesse in se stessa il proprio premio (e l'abbandono alle passioni la propria pena in se stesso), ma fosse da seguire per obbedienza a una autorità esterna e per una speranza mercenaria di compenso estrinseco. Con questa ripresa della concezione stoica della virtù, nel quadro della critica della superstizione religiosa, Spinoza contribuisce potentemente alla moderna affermazione dell'autonomia della morale. *S. La.*

spinozismo, termine con cui si designa la dottrina di → Spinoza o quella dei suoi seguaci in Olanda, Francia e Inghilterra, ma che nella storia della filosofia è venuto sempre più a indicare un modello di pensiero di estrema coerenza. Muovendo dal principio dell'unità e unicità della sostanza, Spinoza aveva infatti sviluppato mediante dimostrazioni, articolate anche esteriormente come quelle della geometria, un'intera trattazione della metafisica, della gnoseologia, della morale ecc., che sembrava difficilmente attaccabile dal suo interno e che, soprattutto, come aveva gia messo in rilievo P. Bayle nel celebre articolo *Spinoza* del suo *Dizionario storico-critico* (1697), sembrava portare inesorabilmente all'ateismo.
Capisaldi dello spinozismo erano infatti la negazione delle cause finali, considerate come semplice frutto dell'ignoranza di quelle meccaniche; la negazione della sostanzialità delle creature, ridotte a «modi» dell'unica sostanza e da essa distinte e distinguibili solo negativamente; il parallelismo rigoroso tra pensiero ed estensione, tra anima e corpo, per cui l'unica libertà concepibile era la consapevolezza della necessità razionale. È questo il senso in cui lo spinozismo nella filosofia classica tedesca, da Jacobi a Fichte, viene assunto come modello della filosofia razionalistica e materialistica: un modello a cui è inevitabile arrendersi se si vuol basare la filosofia puramente sulla dimostrazione (Jacobi), o se non si ammette alla base della filosofia un atto di libertà (Fichte). Ma, al di là del suo rigore metafisico, lo spinozismo ha avuto pure notevole rilievo in sede di ermeneutica e di filosofia della religione. Secondo Spinoza, la religione e la rivelazione, infatti, non hanno fondamento o valore teoretico, né possono quindi essere giudicate secondo criteri conoscitivi, poiché riguardano invece la vita pratica, la «virtù», e rispondono quindi sul piano storico a un'esigenza pedagogica nel senso lato del termine. Ora è precisamente il rifiuto di qualsiasi elemento antropomorfico (ivi compreso il concetto di persona) nella concezione della divinità e l'interpretazione della religione in chiave morale a caratterizzare la posizione di Lessing, intorno al cui spinozismo o meno si scatena, negli ultimi anni del Settecento, una polemica avviata da Jacobi e destinata ben presto ad andare molto al di là della figura di Lessing e a investire la natura e l'attualità dello spinozismo stesso. Come frutto del tutto imprevisto e involontario della polemica si ha così una vera e propria rinascita dello spinozismo, a opera soprattutto di Herder e di Goethe, che ripropongono la tesi dell'unità di Dio e natura, liberandola però dal «metodo geometrico» di Spinoza, considerato come fuorviante e deformante, e integrando la concezione della sostanza con quella di «forza» in senso leibniziano. Il rapporto tra la sostanza e i modi, tra la *natura naturata* e la *natura naturans*, cessa così di essere puramente negativo e meccanico, e i modi appaiono come espressioni vive della sostanza, tanto nella natura, quanto nella storia; e la sostanza, a sua volta, appare come forza e vita infinita che nella natura e nella storia ha i suoi organi infinitamente e individualmente articolati. Lo spinozismo alimenta così in Herder una visione della storia come sviluppo e progresso interno che si contrappone alla «teodicea» ispi-

rata a una concezione della divinità come persona; in Goethe una visione sostanzialmente estetica della realtà come giuoco infinito di forme in continua metamorfosi, giuoco in cui siamo immersi e coinvolti; in Schelling il disegno di una «fisica speculativa» capace di integrare concezione dinamica e concezione meccanica della natura entro la prospettiva unitaria dell'assoluto come identità. Se dunque nell'illuminismo lo spinozismo influisce soprattutto in campo metafisico e teologico, nel romanticismo esso opera invece come principio monistico e naturalistico, sia pur non privo di implicanze religiose, ma di una religiosità ormai assai più estetica che etica.

Špir, Afrikan Aleksandrovič (Eližavetgrad, odierna Kirovograd, 1837 - Ginevra 1890), filosofo russo. Studiò a Heidelberg e a Lipsia; in seguito, si trasferì in Svizzera. La sua riflessione muove dal dissidio fra l'esistenza del male e dell'errore, e l'irriducibile aspirazione del nostro essere al bene e alla verità. Si tratta di un dualismo che, sulle orme di Kant, Špir si sforza di riportare alle stesse radici della nostra attività conoscitiva. Questa è, infatti, scissa fra l'illusoria realtà dei contenuti rappresentativi del senso e la coscienza di una norma a priori, il principio dell'identità logica, la quale sola conferisce validità al pensiero, pur venendo continuamente contraddetta dall'esperienza. Il principio a priori dell'identità non è soltanto un criterio formale, bensì assolve alla funzione ontologica di rivelare, sia pure solo sul piano dell'intuizione, l'esistenza di una realtà superiore, perfetta e incondizionata. Da questo contrasto, in sé inesplicabile, fra l'assoluto e l'empirico si genera la realtà del dolore, che trasforma in un compito pratico l'insolubilità del problema teoretico: nel dolore è racchiusa un'aspirazione morale e religiosa alla liberazione dal male che guida l'uomo a realizzare il bene, cioè la parte divina del suo essere. Opere principali (scritte in tedesco e francese): *Pensiero e realtà* (1873); *Moralità e religione* (1874); *Giusto e ingiusto* (1879).

spirito, termine con cui si traduce il greco *pnêuma*, che nella più antica accezione significava «respiro», «aria», «soffio animatore» (in lat. *spiritus*). Gli stoici intesero lo *pnêuma* come energia che dà la vita a tutta la realtà, principio vitale, «anima del mondo»; la medicina antica e medievale lo concepì come sostanza materiale mobile e sottilissima (lo *spiritus corporeus* o *animalis*), e ancora Cartesio, nel *Trattato sulle passioni dell'anima*, considerava gli «spiriti animali», prodotti dal sangue e inviati al cervello dalle arterie, il fondamento fisiologico dell'attività psichica. Sin dalle origini, tuttavia, il pensiero cristiano intende lo *pnêuma* anche in senso immateriale, come soffio divino animatore dell'universo (in questa accezione verrà ripreso da Bruno nel rinascimento) e infine come anima di Dio e poi dell'uomo (già in Filone l'Ebreo, quindi in Origene e in san Paolo, che contrappone lo «spirito» alla «carne»). La teologia e la filosofia cristiane parlano pertanto, oltre che dello Spirito Santo, di «spiriti puri» (Dio e gli angeli) e di «spiriti infiniti», dai quali si distinguono gli «spiriti finiti», cioè le anime umane. Quest'ultima contrapposizione si trova ancora teorizzata nella filosofia moderna da Leibniz (*Monadologia*) e da Berkeley (*Trattato sui principi della conoscenza umana*), mentre Cartesio usa il termine «spirito» come sinonimo di sostanza pensante. Nel pensiero illuministico, invece, lo spirito si distingue dall'anima: quest'ultima, nella sua realtà psichica, deriva dalla natura, mentre il primo è inteso come prodotto dell'educazione e dei costumi sociali (Helvétius, *Sullo spirito*; ma si pensi anche allo «spirito delle leggi» indagato da Montesquieu).

Nel contempo il termine, come oggetto di scienze occulte e cioè nel senso del moderno «spiritismo», trova elaborazione in Swedenborg e in altri, suscitando la reazione critica di Kant nel saggio *I sogni di un visionario* (ovvero «di uno che vede spiriti») del 1766. Per parte sua, Kant usa il termine «spirito» nella *Critica del giudizio* e nell'*Antropologia* per designare il potere produttivo e l'originalità creativa della ragione, e in questa accezione il termine ispirò la filosofia romantica (in particolare Schelling), che ne fece tuttavia un uso metafisico ben oltre i limiti formali del criticismo kantiano. Da qui (ma anche dalla tradizione illuministica di Montesquieu) deriva la prima accezione hegeliana del concetto di spirito (*Geist*) elaborata da Hegel nella *Fenomenologia dello spirito* del 1807 e poi allargata a sistema complessivo nell'*Enciclopedia*, con le distinzioni tra spirito soggettivo, oggettivo e assoluto. La straordinaria ampiezza e profondità speculativa che si accompagna alla utilizzazione hegeliana del concetto si trasmise alle successive riprese dello hegelismo (in particolare alla «filosofia dello spirito» di B. Croce, con la quadripartizione dello spirito nelle categorie dei «distinti», e alla *Teoria generale dello spirito come atto puro* di G. Gentile); ma tale influenza si esercitò, sebbene in forma più indiretta, anche sulla distinzione tra «scienze dello spirito» e «scienze della natura» proposta alla fine dell'Ottocento da W. Windelband, che riprendeva la problematica sviluppata da W. Dilthey nella *Introduzione alle scienze dello spirito* (→ Geisteswissenschaften).

Entro tale clima posthegeliano è da porsi anche lo spiritualismo di H. Lotze. Altra natura e origine speculativa presentano invece sia la corrente dello → spiritualismo, che si rifà alla tradizione cristiano-medievale, a Cartesio, Pascal e Maine de Biran, sia la filosofia dei valori di M. Scheler e *Il problema dell'essere spirituale* di

N. Hartmann, che si ispirano alla fenomenologia husserliana.

Spirito, Ugo (Arezzo 1896 - Roma 1979), filosofo italiano. Allievo di G. Gentile, fu professore di politica ed economia corporativa nell'università di Pisa e successivamente di filosofia nelle università di Messina, Genova e Roma. Dopo aver aderito all'attualismo gentiliano, elaborò una posizione nota come «problematicismo», la quale muove dalla constatazione della contraddittorietà di tutte le tesi della metafisica occidentale (attualismo compreso), in quanto esse mirano a definire il tutto e così lo trascendono, rendendolo parte di una nuova realtà che sfugge alla definizione (*Il problematicismo*, cap. II). Il problematicismo è almeno cosciente di questa contraddizione e aspira ad annullarla in una più immediata fruizione della vita intesa come «ricerca», come «arte», come «amore», nella rinunzia a ogni giudizio e nel riconoscimento della centralità di ogni cosa, di ogni punto dell'universo (onnicentrismo). Da ultimo Spirito ha ravvisato nella scienza, come superamento di ogni mito e dottrina filosofica, l'esperienza che muove inarrestabilmente l'uomo contemporaneo verso la comprensione della verità problematica e onnicentrica, non senza peraltro rilevare gli aspetti degenerativi della odierna cultura di massa e di un'umanità incapace di conferire un principio unitario al pensiero e all'azione. Opere: *Il pragmatismo nella filosofia contemporanea* (1921); *Storia del diritto penale italiano* (1925); *I fondamenti dell'economia corporativa* (1932); *Scienza e filosofia* (1933); *La vita come ricerca* (1937); *La vita come arte* (1941); *Il problematicismo* (1948); *La vita come amore* (1953); *Cristianesimo e comunismo* (1958); *Nuovo umanesimo* (1964); *Il comunismo* (1965); *Dal mito alla scienza* (1966); *G. Gentile* (1969); *Dall'attualismo al problematicismo* (1976).

Spirito Santo, nella teologia cristiana, la terza persona della → Trinità. Nel linguaggio biblico il termine «spirito» (ebr. *rûach*, gr. *pnêuma*) significa propriamente «soffio», «vento», «energia vitale» in quanto manifestata nel respiro. Di qui la sua assunzione a figura della potenza di Dio, con la quale egli opera avvenimenti straordinari e misteriosi sia nella creazione, sia attraverso le imprese sovrumane di certi uomini da lui scelti. Mossi dallo Spirito di Dio appaiono i condottieri di Israele, i suoi re; più ancora i profeti, da Mosè in poi; un'effusione straordinaria dello Spirito consacrerà il Messia e il «servo sofferente» del Signore (Isaia 11, 2; 42, 1). Soprattutto in questi passi, lo Spirito appare principio non solo di avvenimenti esteriori, ma anche di una trasformazione dell'uomo che tocca profondamente le dimensioni morali e religiose; ne è ulteriore conferma la numerazione dei doni dello Spirito sparsi sul re messianico (Isaia 11). Sotto la guida dello Spirito, il servo del Signore di Isaia diverrà il mediatore di una nuova alleanza; e il profeta di Isaia, 61, 1-4, annuncerà la buona novella e ristabilirà la giustizia e il giudizio. Così lo Spirito non solo è integrato nella fede dell'alleanza, ma ne diviene fattore decisivo: alla sua effusione è legata la nuova alleanza, alla quale garantirà la perfetta fedeltà del nuovo popolo (Ezechiele 36, 25-27; Geremia 31, 31 sgg.)

L'accostamento e l'assimilazione dello Spirito alla sapienza è uno dei segni nei quali si manifesta la tendenza a fare di esso un'ipostasi divina: una tendenza cui si oppone, impedendone lo sviluppo, il rigoroso monoteismo ebraico biblico e postbiblico, che preferisce la denominazione Spirito Santo, a quella di Spirito di Dio.

Nel Nuovo Testamento riappare in sostanza la concezione veterotestamentaria dello Spirito quale operatore di prodigi, e forza che abilita a particolari missioni assegnate da Dio. La sua azione raggiunge in Gesù quella pienezza che i profeti avevano preannunciato per i tempi messianici: dalla nascita al battesimo, dal deserto delle tentazioni ai momenti cruciali della vita pubblica, lo Spirito, che nel battesimo ha sigillato la divina missione di Gesù, appare protagonista. Il dono dello Spirito caratterizza la comunità messianica: lo Spirito agisce nella purificazione del singolo e della comunità dalla ingiustizia, dal peccato. Momenti peculiari di questa attività purificatrice sono il battesimo e la remissione dei peccati; ma tutta la vita cristiana, in quanto vita del redento e santificato da Cristo, è opera dello Spirito, il quale, comunicato mediante l'imposizione delle mani, arricchisce la comunità con la varietà dei suoi doni («carismi»). Il tratto più nuovo col quale il Nuovo Testamento presenta lo Spirito è però il suo rapporto con Gesù: lo Spirito di Dio è Spirito di Gesù, che egli, dal momento della sua glorificazione, invierà ai discepoli, come avviene di fatto a partire dalla solenne teofania della Pentecoste. Espressione suprema di questo rapporto è la formula: «Il Signore è lo Spirito» (2 Corinti 3, 17). Qui si profila l'ultimo decisivo tratto che lo Spirito assume: quello di persona divina, connumerabile, con il Padre e il Figlio, nella formula battesimale enunciata da Matteo (28, 19). Ma le affermazioni più chiare in proposito vanno ricercate nel discorso d'addio di Gesù ai suoi discepoli riferito da Giovanni, incentrato sulla promessa dell'invio dello Spirito e sull'indicazione delle sue funzioni come «paraclito» (assistente e consolatore). Nei secoli successivi la dottrina dello Spirito è stata elaborata teologicamente, sino alla definizione della sua piena divinità, nel concilio di Costantinopoli (381). Un altro momento saliente fu la controversia tra la chiesa greca e quella latina sul → *Filioque*. *G. B.*

spirituali, movimento di francescani (sec. XIII-XIV) che si oppose alle attenuazioni della Regola operate dalla maggioranza dell'ordine. Richiamandosi direttamente all'originario progetto francescano di una fraternità caratterizzata dall'assoluta povertà e rinuncia a ogni privilegio, gli spirituali intesero porsi in ideale continuità con i primi compagni di Francesco, che ne avevano applicato la Regola e il Testamento *sine glossa*, nella loro integrità. Dalla prima generazione francescana gli spirituali si distinsero per la loro concezione della storia, ispirata in primo luogo alle dottrine di → Gioacchino da Fiore. Essa si caratterizzava per la netta contrapposizione fra chiesa carnale e chiesa spirituale; per la convinzione che fosse imminente la venuta dell'Anticristo, identificato da alcuni spirituali (→ Ubertino da Casale) con lo stesso pontefice; per l'attesa di un'età escatologica di povertà e di pace terrena — il terzo «stato» — nella quale la chiesa sarebbe stata guidata dai *viri spirituales* previsti da Gioacchino.

I principali gruppi di spirituali operarono nella Francia meridionale (Pietro di Giovanni → Olivi), in Toscana (Ubertino da Casale) e nelle Marche (Angelo Clareno). L'ostilità presente nella chiesa e nell'ordine francescano nei loro confronti assunse particolare vigore ai tempi di papa Giovanni XXII. A partire da questo periodo gli spirituali furono denominati spregiativamente «fraticelli» o «fraticelli de paupere vita» per distinguerli dai seguaci di Michele da Cesena, detti «fraticelli de opinione». Organizzati da Clareno in un ordine autonomo non riconosciuto dalla chiesa, i fraticelli sopravvissero lungo tutto il sec. XIV in alcuni conventi isolati e romitori delle Marche e della Calabria.

spiritualismo, corrente filosofica sviluppatasi in Francia e in Italia con intenti polemici verso il positivismo, lo scientismo e il materialismo, ai quali oppose un ritorno alla metafisica di ispirazione cristiano-agostiniana. Il primo a usare il termine per definire la propria posizione fu, nell'Ottocento, V. Cousin. Lo spiritualismo ottocentesco si caratterizza per un recupero dell'interiorità coscienziale agostiniana e della trascendenza dell'essere divino (A. Rosmini, V. Gioberti), e per la rivendicazione della superiore verità del pensiero e del carattere complessivamente spirituale della realtà, secondo le tesi tradizionali di Cartesio, Pascal, Malebranche e Maine de Biran. Soprattutto in questa seconda accezione, lo spiritualismo si diffuse in Francia per opera di F. Ravaisson, Ch. Renouvier, J. Lachelier, E. Boutroux, H. Bergson e M. Blondel.

Nel nostro secolo la tradizione spiritualistica si è precisata in due correnti, che ne hanno espressamente rivendicato il nome e la tematica essenziale. La prima è sorta in Francia nel 1934 con la collana «Filosofia dello spirito» fondata da L. Lavelle e R. Le Senne, nei quali il tradizionale intimismo spiritualistico si intreccia con le istanze del contemporaneo esistenzialismo, inteso però in accordo con i valori cristiani. La seconda corrente è sorta, negli stessi anni, in Italia, sia come opposizione all'idealismo neohegeliano e al suo immanentismo (ma anche come sviluppo originale di taluni aspetti dell'attualismo di Gentile), sia come differenziazione dalla neoscolastica. Con quest'ultima lo spiritualismo italiano (principalmente rappresentato da A. Carlini, il suo iniziatore, A. Guzzo, L. Stefanini, F. Battaglia, M.F. Sciacca e R. Lazzarini) ha in comune l'ispirazione cristiana e cattolica e la tesi della trascendenza di Dio, ma se ne distingue per il ricorso all'atto dello spirito soggettivo anziché alla nozione oggettiva dell'essere come punto di partenza del filosofare, e per il metodo dell'analisi dell'interiorità, preferito all'inferenza razionale (di tradizione tomistica) dei neoscolastici.

Spitz, René (Vienna 1887 - Denver 1974), psicoanalista austriaco. Fu una delle personalità di maggiore rilievo della scuola freudiana. Nel 1938 si stabilì a New York, dove prestò la propria opera presso il Mount Sinai Hospital. Collaborò in seguito con l'università del Colorado e fu membro dell'Istituto di psicoanalisi di Chicago. Opere principali: *Il primo anno di vita del bambino* (1958); *Il no e il sì: saggio sulla genesi della comunicazione* (1959). La sua ricerca si svolse principalmente nell'ambito della psicologia dell'Io. Attraverso una particolare tecnica di osservazione del bambino, la *screen analysis*, Spitz individuò nello sviluppo infantile alcuni «periodi critici» durante i quali l'integrazione dei differenti fattori evolutivi porta alla formazione di una nuova struttura psichica: egli definì tali strutture successive «organizzatori», e indicò nella «risposta del sorriso», nell'«angoscia dell'estraneo» e nell'«inizio del no» alcuni tra i segnali della comparsa di un nuovo «organizzatore». La ricerca di Spitz fu particolarmente incisiva nel segnalare i danni specifici arrecati allo sviluppo infantile dalla «frustrazione precoce» e dalla carenza di cure materne.

spostamento, termine che in psicoanalisi indica il trasferimento dell'intensità di una rappresentazione ad altre rappresentazioni meno intense collegate alla prima da catene associative. Nel sogno lo spostamento svolge un ruolo fondamentale, facilitando la → condensazione e la raffigurabilità, mediante il passaggio da una rappresentazione astratta a una rappresentazione concreta (per es. dall'idea della morte all'immagine di un cimitero). Nella genesi dei sintomi nevrotici lo spostamento svolge un ruolo difensivo; nelle sindromi fobiche, per es., lo spostamento dell'importo d'investimento sulla rappresentazione di un oggetto di per sé indifferente o neutro assolve la funzione difensiva consistente nel definire in maniera univoca e nel circoscrivere la fonte dell'angoscia.

Spranger, Franz Ernest (Berlino 1882 - Tubinga 1963), filosofo, pedagogista e psicologo tedesco. Allievo di W. Dilthey, insegnò a Lipsia dal 1912, quindi a Berlino e a Tubinga. Spiritualista, mosso allo studio della psicologia da un dominante interesse filosofico, rivolse la massima attenzione agli aspetti collettivi e socializzanti della psicologia cercando di cogliere la dimensione storica dell'esperienza psicologica e culturale in genere. Diede importanti contributi alla caratterologia, delineando una tipologia sistematica della psicologia individuale; definì così la struttura dell'uomo teoretico, dell'uomo sociale, dell'uomo religioso, dell'uomo estetico, dell'uomo economico ecc. Particolare rilievo all'interno del suo sistema riveste l'esperienza del dovere, che è il fondamento e il superamento del semplice descrittivismo e oggettivismo psicologico e che consente di approdare alla sfera della normatività. A questo livello si schiude per Spranger la possibilità vera di comprendere l'essenza umana, in una dimensione religiosa che fondi la trascendenza divina, rispetto alla quale è collocato l'uomo. Tra le opere: *Cultura ed educazione* (1912); *Forme di vita. Psicologia scientifica ed etica della personalità* (1914); *Ambiente e cultura* (1919); *Popolo, stato ed educazione* (1932); *Prospettive pedagogiche* (1951); *Studio ed esperienza di vita* (1954).

śruti, termine sanscrito che letteralmente significa «ascolto [della parola sacra]», usato per indicare le Scritture rivelate dell'induismo. L'intero corpus è articolato in quattro raccolte di inni in versi dette Saṃhitā (Ṛgveda, Yajurveda, Sāmaveda, Atharvaveda) alle quali si accompagnano trattati liturgici in prosa (→ Brāhmaṇa), testi mistico-religiosi (Āraṇyaka) e infine le → Upaniṣad, opere filosofiche chiamate anche → vedānta (fine del → Veda) poiché ne costituiscono la parte conclusiva. La śruti, nel suo insieme, viene considerata autoritativa e veridica da parte di tutti gli indù, anche se alcuni raggruppamenti religiosi non la ritengono esclusiva fonte di rivelazione.

Stallo, John Bernard (Damme, Bassa Sassonia, 1823 - Firenze 1900), educatore, giurista e filosofo della scienza statunitense di origine tedesca. Sostenitore, da giovane, della *Naturphilosophie* tedesca (*Principi generali della filosofia della natura*, 1848), diede poi, nella fase più matura del suo pensiero, un rilevante contributo alla filosofia della scienza tardo-ottocentesca con l'opera *I concetti e le teorie della fisica moderna* (1882; 2ª ed. 1885, con un'importante risposta ai critici). Il punto di partenza dell'analisi critico-epistemologica di Stallo è costituito dalla tesi, avanzata da alcuni studiosi di linguistica comparata, che ogni sistema linguistico distinto implica una data teoria metafisica. Egli sottolinea quindi l'aspetto selettivo della conoscenza e mira soprattutto a portare alla luce quelle assunzioni ontologiche che continuano ad annidarsi nel discorso scientifico nonostante le proclamate tendenze antimetafisiche degli scienziati. Con le sue opere egli si propone di contribuire a risolvere i contrasti fra le teorie classiche e i nuovi dati sperimentali, giungendo a risultati affini, per certi aspetti, a quanto in Europa venivano elaborando scienziati quali E. Mach e J.-H. Poincaré.

Starobinski, Jean (Ginevra 1920), saggista svizzero di lingua francese. Laureatosi in lettere e medicina, è approdato alla critica dopo studi psichiatrici e psicoanalitici. Dal 1953 al 1957 ha insegnato letteratura francese all'università di Baltimora, passando poi a quella di Ginevra. Si è rivelato una delle voci più originali della *nouvelle critique* con i saggi *Montesquieu secondo Montesquieu* (1953) e *La trasparenza e l'ostacolo. Saggio su Jean-Jacques Rousseau* (1958), in cui le dottrine di Rousseau sono lette come una trama teorica che Rousseau sembra condannato a tessere per raccontare e giustificare l'uomo Jean-Jacques. Si tratta in realtà del tema della «scrittura» in quanto operazione ormai staccata dalle regole letterarie e retoriche del «discorso classico», incapaci di contenere l'anelito espressivo e autobiografico dell'individuo moderno. In *L'occhio vivente* (1961) ha condotto un'influente analisi delle opere di P. Corneille, J. Racine, Montesquieu e Stendhal, con un'impostazione che cerca di definire i rapporti tra scrittore e spazio letterario, tra la spontaneità dell'autore e la presenza necessitante di miti, simboli, archetipi culturali. In questo orizzonte metodico si impostano anche i suoi scritti successivi: *L'invenzione della libertà* (1964); *Le parole sotto le parole* (1968); *Ritratto dell'artista da saltimbanco* (1970); *1789. I sogni e gli incubi della ragione* (1973); *Tre furori* (1974); *L'occhio vivente II: la relazione critica* (1979); *Montaigne. Il paradosso dell'esperienza* (1983); *La malinconia allo specchio* (1989).

stato, → società civile-stato.

status, termine che nell'antica Roma designava la condizione giuridica di una persona e che viene impiegato dalle scienze sociali contemporanee (sociologia, antropologia sociale e culturale, psicologia sociale) in due accezioni alquanto diverse. In un'accezione più restrittiva, diffusa soprattutto nelle scienze sociali anglosassoni, lo status è la valutazione di cui è oggetto una persona o un gruppo sulla base di certe sue proprietà, che possono derivare sia dagli sforzi del soggetto, come la capacità professionale (nel qual caso si parla di status *acquisito*), sia da fattori indipendenti dalla sua volontà, come l'affiliazione etnica o religiosa alla nascita (nel qual caso si parla di status *ascritto*). In questa accezione status è dunque sinonimo di prestigio. In un'accezione più estensiva, preferita dalle scienze sociali che si rifanno alla tradizione tedesca e francese, si individua invece

nello status l'insieme dei compensi attribuiti a un soggetto oppure a un gruppo per il fatto che esso occupa una determinata posizione nella società o in un suo specifico settore. Questi compensi includono generalmente, oltre al prestigio, qualche forma di ricchezza o reddito, e di potere o autorità. È possibile che essi risultino relativamente equilibrati tra loro, ma spesso, come mostra la storia, essi sono squilibrati. Questa condizione viene detta *incongruenza* di status ed è uno dei più potenti motivi dell'azione umana.
In tutte le società lo status che una persona possiede viene manifestato esternamente per mezzo di simboli negli abiti, nell'arredamento, nella parola del soggetto e nel comportamento degli altri nei suoi confronti. Questi simboli, come mostrano i cerimoniali di cui sono soggetto e oggetto al tempo stesso i capi di stato, spesso pertengono a una posizione sociale in quanto tale, e non all'individuo che la occupa in un dato momento.
Il concetto di status è strettamente collegato, oltre che al concetto di posizione sociale, a quello di ruolo. Se il ruolo è l'insieme delle norme che prescrivono certi comportamenti a chi occupa una posizione, lo status è l'insieme dei compensi, in senso lato, che spettano allo stesso individuo qualora egli si conformi entro certi limiti alle norme stesse.
Steffens, Heinrich (Stavanger, Norvegia, 1773 - Berlino 1845), filosofo e naturalista tedesco. Seguì a Jena (1798) le lezioni di Schelling e frequentò gli esponenti della nuova generazione romantica (F. Schlegel, Novalis, L. Tieck, F. Schleiermacher). Voltosi alla geologia sotto la guida di A.G. Werner, fu poi professore a Halle, dal 1811 a Breslavia e dal 1832 a Berlino. La sua opera, nata dall'adattamento della filosofia di Schelling ai problemi delle scienze naturali (*Contributi alla storia naturale interna della Terra*, 1801), procede dall'individuazione del nesso organico tra macrocosmo dell'universo e microcosmo umano, alla proposta di una nuova teoria e metodologia naturalistica (*Fondamenti di una filosofia delle scienze naturali*, 1806), per volgersi quindi a una sintesi, in chiave religiosa , del rapporto tra volizione politica e necessità etica (*Antropologia*, 1822; *Filosofia cristiana della religione*, 1839).
Stein, Edith (Breslavia 1891 - Auschwitz 1942), filosofa tedesca. Fu a Gottinga dal 1912 al 1916, frequentandovi il gruppo dei fenomenologi. L'incontro con M. Scheler consentì alla Stein, che discendeva da famiglia ebraica ma che negli anni dell'università si dichiarava atea, di entrare in contatto con la concezione religiosa cattolica e di maturare progressivamente la conversione, culminata nel battesimo (1922). Negli anni di Gottinga, la Stein aveva contribuito a riordinare i manoscritti di Husserl, oggi pubblicati come secondo e terzo volume delle *Idee per una nuova fenomenologia pura*. Passò quindi a insegnare filosofia al Deutsches Institut di Münster. Negli stessi anni avviò un'assidua frequentazione dei pensatori cristiani, in particolare di Tommaso d'Aquino; nacque così in lei il progetto di inserire la dottrina dell'intenzionalità, propria della scuola fenomenologica, nella rielaborazione della filosofia scolastica. Nel 1933 la Stein entrò nel Carmelo di Colonia e assunse il nome di suor Benedicta a Cruce. Per sfuggire alle persecuzioni razziali dei nazisti, nel 1938 si rifugiò a Echt, in Olanda; ma da qui venne prelevata nell'agosto del 1942 e trasferita ad Auschwitz. Opere principali: *La fenomenologia di Husserl e la filosofia di san Tommaso d'Aquino* (1929); *Essere finito ed eterno* (postuma, 1950); *La scienza della croce* (postuma, 1950).
Stein, Heinrich von (Coburgo 1857 - Berlino 1887), filosofo tedesco. Visse in stretto contatto col circolo di Bayreuth, ove conobbe F. Liszt e R. Wagner; in seguito fu libero docente a Berlino, ove diffuse attivamente le idee estetiche di quel circolo. Nelle sue opere principali, in parte pubblicate postume (*Eroi e mondo*, 1883, saggio preceduto da una introduzione di Wagner; *L'origine della nuova estetica*, 1886; *Goethe e Schiller*, 1893; *Lezioni di estetica*, 1897; *Per la cultura dell'anima*, 1906), Stein compì un'ampia revisione dell'estetica dei secc. XVIII e XIX alla luce del concetto di creatività. In analogia alla creazione divina del mondo, per Stein la vera creazione dell'uomo è l'arte. La conoscenza, che non è in grado di esaurire il significato del mondo, è inferiore alla creazione artistica, la sola in grado di cogliere completamente questo significato.
Steiner, Rudolf (Kraljevica, Croazia, 1861 - Dornach, Basilea, 1925), filosofo austriaco. Compì gli studi a Vienna laureandosi in filosofia nel 1891. Grande influenza ebbe su di lui la conoscenza della filosofia della natura di Goethe (degli scritti scientifici goethiani curò anche un'edizione). Trasferitosi a Berlino, aderì alla Società teosofica, ma se ne staccò nel 1913 per fondare la Società antroposofica con centro a Dornach in Svizzera, nel «Goetheanum» appositamente costruito. L'antroposofia si distingue dalla teosofia per il maggior rilievo conferito alla natura e al destino dell'uomo. Centro della dottrina è la distinzione, nell'uomo, di sette principi (dal corpo fisico a quello etereo e astrale, dall'io all'io spirituale, allo spirito vitale e finalmente all'uomo-spirito). Con la morte il corpo fisico si dissolve, mentre quelli etereo e astrale accompagnano l'io in un periodo di sonno profondo che precede una successiva incarnazione. Il ciclo delle rinascite, coinvolgendo l'intero cosmo attraverso millenni di evoluzione (di cui è evento centrale l'incarnazione del *lógos* nel Cristo e la sua comparsa sulla terra), è destinato a concludersi con l'u-

niversale ritorno allo spirito puro. Questa dottrina viene trasmessa agli adepti mediante un processo di iniziazione che conduce alla percezione interiore delle realtà ultrasensibili. Anche la storia umana è interessata all'universale processo di liberazione spirituale; di qui l'importanza attribuita da Steiner alle attività di riforma sociale, tradotte in pratica nel cenacolo di Dornach. Tra gli scritti più noti di Steiner: *La filosofia della libertà* (1894); *Concezioni del mondo e della vita nel XIX secolo* (2 voll., 1900-01); *Teosofia* (1904); *Il compito della scienza dello spirito* (1916); *Enigmi dell'anima* (1917).

Stern, Louis William (Berlino 1871 - Poughkeepsie, Stati Uniti, 1938), psicologo tedesco. Studiò filosofia a Berlino e quindi insegnò ad Amburgo sino al 1933; emigrò negli Stati Uniti all'avvento del nazismo. Per Stern la psicologia è lo strumento che consente di costruire un sistema filosofico e una conoscenza dell'uomo completa. Al centro delle sue concezioni sta il concetto di persona, che esprime un'individualità finalizzata e complessa, auto-organizzata e in grado di stabilire relazioni con l'ambiente a tre livelli: quello biologico, quello psicologico e quello valutativo, il più elevato, che consente di istituire una gerarchia di valori. La persona è una sintesi di elementi non riducibili soltanto ai dati ereditari e ambientali, e in cui estrema importanza rivestono la funzione linguistica e il livello dell'intelligenza. Un interesse fortemente filosofico lo portò a studiare in particolare gli atteggiamenti consapevoli e lo sviluppo dell'intelligenza: al suo nome è anche legato il metodo di misurare il livello di essa per mezzo del rapporto tra età mentale ed età cronologica (quoziente d'intelligenza). Tra le sue opere: *Persona e cosa* (1906); *Psicologia differenziale* (1911); *Psicologia della prima infanzia* (1914); *L'intelligenza del bambino e dell'adolescente* (1920); *Studi sulla scienza della persona* (1930).

Stevenson, Charles Leslie (Cincinnati 1908-1978), filosofo statunitense. Professore all'università del Michigan, ha dedicato gran parte della sua attività alla filosofia morale (*Etica e linguaggio*, 1944; *Fatti e valori*, 1963). Muovendo dalle tesi fondamentali del neoempirismo (irriducibilità dei termini etici a significati descrittivi e natura emotiva di essi), in polemica tanto col naturalismo quanto con l'intuizionismo, ha dato una formulazione classica alle posizioni non cognitiviste ed emotiviste in etica. Stevenson interpreta il significato emotivo in riferimento ad «atteggiamenti», anziché a meri sentimenti immediati; riconosce la presenza anche d'una componente descrittiva nei giudizi etici, per cui il disaccordo fra due persone può vertere sugli atteggiamenti, ma anche sulle «credenze» relative ai fatti; sottolinea la funzione pragmatica del linguaggio morale (anche per influenza di J. Dewey), in quanto rivolto a cambiare gli atteggiamenti altrui attraverso la forza della suggestione di cui sono carichi i termini etici. Per Stevenson, «questo è buono» significa: «Io approvo questo» (proposizione dichiarativa) «e tu fa' altrettanto» (proposizione imperativa, volta a influire sugli atteggiamenti altrui); oppure: «questo ha tali e tali caratteristiche», ma, qualificando appunto come *buono* ciò che ha tali caratteristiche, chi parla esprime la propria approvazione e si propone di agire sull'atteggiamento di chi ascolta. Quest'ultimo è, secondo Stevenson, lo schema delle «definizioni persuasive», tali cioè che, mentre propongono di ridefinire in un certo modo un dato termine, quanto al suo significato descrittivo, contemporaneamente gli mantengono il significato emotivo o valutativo di cui esso è carico, convogliandolo così sulla nuova definizione. Chi dica, per es.: «La vera democrazia è...», intende sfruttare la suggestione positiva che normalmente s'accompagna al termine «democrazia».

Stewart, Dugald (Edimburgo 1753-1828), filosofo scozzese. Allievo di Th. Reid, insegnò matematica e filosofia nell'università di Edimburgo. Tipico rappresentante della scuola del «senso comune», ne espose i principi con esemplare chiarezza negli *Elementi della filosofia della mente umana* (3 voll., 1792, 1814, 1827), nei *Lineamenti di filosofia morale* (1793) e nella *Filosofia delle facoltà attive e morali dell'uomo* (1828). Il contributo più originale di Stewart riguarda l'analisi delle nozioni comuni di bello e di sublime, di immaginazione e di fantasia (*Saggi in materia di gusto*, raccolti nei *Saggi filosofici*, 1810). I suoi scritti, tradotti in francese, influirono sul pensiero estetico europeo dell'Ottocento. È inoltre da ricordare che Stewart difese l'originalità dei principi dell'empirismo lockiano rispetto alla scuola sensistica francese di Condillac (*Considerazione generale dei principi della metafisica, dell'etica e della filosofia politica a partire dalla rinascita delle lettere in Europa*, in *Enciclopedia Britannica*, 1815 e 1821).

stilistica, disciplina che studia lo stile da un punto di vista linguistico (e allora sarà un settore della linguistica) o da un punto di vista semiotico generale, in particolare nelle arti verbali e non-verbali (e allora si colloca alla convergenza di critica e storiografia letteraria e artistica, poetica, retorica, estetica, psicoanalisi ecc.). Lo stile (quando non è inteso nel senso di varietà linguistica o sotto codice: → sociolinguistica) può essere considerato come deviazione — scarto statisticamente analizzabile — rispetto alla norma, cioè alla lingua come insieme di varietà già codificate o di tipi linguistici con proprie frequenze. Interesse semiotico generale rivestono i rapporti tra stile e creatività linguistica individuale: lo stile verrebbe così a collocarsi tra la creatività secondo regole (stile

come insieme di scelte o di nuove attualizzazioni particolari, da parte di un parlante, delle possibilità consentite da una lingua) e la creatività che intacca o cambia le regole e si esprime in innovazioni linguistiche, a diversi livelli, più o meno appariscenti e recepibili e riprese da altri parlanti.
La stilistica linguistica è stata finora soprattutto analisi, anche statistica, di messaggi o testi *scritti*, in particolare di quelli considerati di carattere «poetico» e «letterario»; tuttavia una stilistica del parlato fu avviata già da Ch. Bally, che metteva in relazione le scelte linguistiche del parlante (di fronte a più possibilità o risorse consentitegli dalla lingua) con le sue condizioni affettive. In relazione alle arti, i fenomeni stilistici sono stati considerati e analizzati anzitutto dai formalisti russi (in primo luogo V. Šklovskij e R. Jakobson), e poi dal gruppo della scuola di Praga (in particolare ancora Jakobson e J. Mukařovský), sulla base di una concezione «linguistica» precisata come semiologia delle arti già in *L'arte come fatto semiologico* (1934) di Mukařovský.

Stilpone di Megara (Megara 360 ca - 280 ca. a.C.), filosofo greco. Appartenne alla scuola megarica, che sotto la sua guida raggiunse l'apogeo per poi declinare rapidamente con l'affermarsi delle nuove filosofie ellenistiche. Secondo Diogene Laerzio, fu autore di nove dialoghi, dei quali nulla c'è però pervenuto. Stilpone criticò la logica discorsiva; in particolare ritenne impossibile ogni forma di giudizio affermativo: per essere valido, il giudizio «Socrate è buono» implica l'identità di soggetto (Socrate) e predicato (buono), per cui diventa impossibile attribuire tale predicato (buono) a un altro soggetto. A questa critica, secondo Stilpone, sfugge solo il giudizio di identità («L'uomo è l'uomo»). Obiezioni vennero sollevate da Stilpone anche alla dottrina platonica delle idee: se le idee sono universali, non designano nessuna realtà in particolare; dunque non designano nulla. Sul piano etico, Stilpone difese l'autarchia e l'apatia come ideali del saggio: dovendo bastare a se stesso, il saggio deve essere superiore ai bisogni; non deve pertanto avere bisogno nemmeno degli amici. Il pensiero di Stilpone ebbe molta influenza sull'etica stoica e, soprattutto, sugli orientamenti della scuola scettica.

stimolo-risposta, → comportamentismo.

Stirling, James Hutchinson (Glasgow 1820 - Edimburgo 1909), filosofo scozzese. Introdusse la filosofia hegeliana in ambiente britannico e diede impulso a quella rinascita dell'hegelismo che si ebbe in Gran Bretagna alla fine del secolo XIX. Il «segreto» di Hegel, secondo Stirling, è Kant: come Aristotele ha dato espressione adeguata alla dottrina socratica dell'universale astratto, così Hegel ha portato a perfezione la dottrina dell'universale concreto presente in Kant. La filosofia hegeliana si pone pertanto al culmine della filosofia moderna, come quella di Aristotele è al culmine di quella greca. Stirling utilizzò polemicamente le tesi hegeliane contro il positivismo empiristico ed evoluzionistico ai fini di una fondazione filosofica dei principi del cristianesimo. Opere: *Il segreto di Hegel* (2 voll., 1865); *W. Hamilton* (1865); *Introduzione a Kant* (1881); *Darwinismo* (1894).

Stirner, Max, pseudonimo di Johann Kaspar Schmidt (Bayreuth 1806 - Berlino 1856), filosofo tedesco. Dopo aver studiato a Berlino (dove ascoltò Schleiermacher e Hegel) e a Erlangen, dal 1839 Stirner insegnò in un collegio femminile. Frequentò il circolo dei «Liberi», i giovani hegeliani berlinesi, e collaborò alle loro riviste, ponendosi in luce come esponente radicale dell'hegelismo di sinistra. Nel 1845 pubblicò il suo capolavoro, *L'Unico e la sua proprietà*, seguito da una *Storia della reazione* (2 voll., 1852) e da vari scritti polemici e occasionali. Stirner fa sua la posizione di Feuerbach secondo la quale «per l'uomo l'ente sommo è l'uomo»: Dio non è che un'ipostasi dell'egoismo umano. Ma Stirner rifiuta poi, in polemica con gli hegeliani di sinistra (Feuerbach, Bauer, Marx ed Engels, che lo criticheranno violentemente nell' *Ideologia tedesca*), ogni conversione umanistica e immanentistica dei contenuti teologici: l'Autocoscienza assoluta, l'Umanità, la Società, il liberalismo e il socialismo non sono che nuovi fantasmi e feticci che alienano l'uomo singolo. Ogni ideale che pretenda di subordinare l'individuo è una forma patologica di ossessione e di pregiudizio che si traduce nella schiavitù delle gerarchie, sia che esse si appellino a Dio oppure al dovere e all'altruismo sociale. La libertà autentica non ha altro principio, centro e fine che l'io singolo. Essa coincide con il diritto dell'io alla proprietà di se stesso, la quale si manifesta nella *volontà* di disporre di ogni cosa. Per l'io singolo anche gli altri io sono *oggetti* e non persone, *mezzi* del suo interesse, e magari anche del suo amore, perché, dice Stirner, l'amore degli altri uomini mi rende felice e tale sentimento è incarnato nella mia natura, ma non perché vi sia una legge che mi impone di amare. Ne deriva che l'unica unione possibile tra uomini liberi non è una società comunque gerarchizzata, ma un'associazione che ogni io considera un mezzo per moltiplicare le sue forze. Essa è perseguibile non mediante una rivoluzione (che finisce sempre per instaurare nuove gerarchie e nuovi *ideali* alienanti), ma con una insurrezione dei singoli. Queste idee costituirono la base delle dottrine anarchiche, che fecero di Stirner il loro profeta. L'egoismo radicale di Stirner ha, rispetto all'antihegelismo di L. Feuerbach, di Kierkegaard o di Schopenhauer, la sua innegabile originalità in ciò: che esso non si appella ad alcuna definizione o idea generale dell'uomo. La questione, dice Stirner, non è «che cosa è l'uomo», ma «chi», e la risposta è che «Io, l'Unico, sono l'uomo». Questo io è una *forza* naturale, un *fatto* inesprimibile, poiché ogni espressione verbale o concetto lo trascende e snatura. L'io singolo è «volontà di potenza» in espansione, pura e nichilistica forza vitale senza altro significato oltre se stessa. Sicché emblematicamente Stirner può concludere l'*Unico* con la frase: «Io ho riposto la mia causa nel nulla».

stoicismo, scuola filosofica ellenistica fondata ad Atene da Zenone di Cizio verso il 300 a.C. La sua prima sede fu la *Stoà poikílē*, cioè il «portico dipinto» da Polignoto (donde il nome di «Scuola del portico», o semplicemente *Stoà*): qui Zenone teneva lezione di fronte a un pubblico numeroso. Si vogliono distinguere nella storia dello stoicismo tre periodi: *Antica Stoà* (in cui, tra i secc. III e II a.C. succedettero a Zenone come scolarchi Cleante di Asso e Crisippo di Soli, massimo sistematore della dottrina e considerato il secondo fondatore dello stoicismo); *Media Stoà* (che si svolse tra i secc. II e I a. C. comprendendo la cosiddetta scuola siriaca, di cui furono principali esponenti Panezio di Rodi e Posidonio di Apamea; questa fase fu caratterizzata da un accentuato eclettismo per l'assimilazione di elementi epicurei, di motivi platonico-aristotelici e di temi religiosi orientali; la scuola ebbe notevole influenza sulla cultura romana); *Nuova Stoà* (secc. I-III d.C.: a una certa influenza della morale cinica si accompagnò in questa fase il ritorno al pensiero stoico delle origini; fiorì lo stoicismo romano con Seneca, Epitteto e Marco Aurelio). Di questi ultimi tre filosofi ci sono rimasti gli scritti, sono andati perduti invece quelli di tutti i maestri precedenti (tranne un *Inno a Zeus* di Cleante).

Il pensiero stoico ci è noto da numerose testimonianze indirette, talora ostili e spesso distanti cronologicamente. In particolare è difficile distinguere gli apporti rispettivi dei primi tre capiscuola, dai quali deriva la sistemazione della dottrina (secondo l'uso ellenistico) in logica, fisica ed etica. Le tesi relative a queste ultime due discipline conservarono ampia notorietà attraverso i secoli e conobbero varie riprese nel pensiero moderno; la logica stoica è stata invece rivalutata soltanto nel nostro secolo. Rispetto alle contemporanee scuole scettica ed epicurea lo stoicismo presenta una minore coesione dottrinale, ma proprio il suo eclettismo corrispose a quelle esigenze di sintesi politico-culturale, sociale e religiosa che caratterizzarono l'età dei regni ellenistici prima e l'impero romano poi. Il finalismo provvidenzialistico della fisica stoica, la morale del dovere e del sacrificio, il cosmopolitismo giuridico ispirarono gli uomini colti e i ceti dirigenti, mentre la fusione di credenze religiose diverse, la ripresa della mantica di origine caldea e le nozioni di fato e di destino vennero incontro al bisogno di una fede consolatoria avvertito dalle grandi masse umane, sovrastate da nuove e remote realtà politiche e da miserie economiche e spirituali. Di qui la fortuna dello stoicismo nel mondo antico e il tradursi di numerose dottrine stoiche nel cristianesimo e poi nel patrimonio culturale comune dell'Occidente.

• *La logica*. Per primo Zenone denominò «logica» la scienza dei discorsi. Essa si divide in retorica e dialettica. Mentre la prima studia il «discorso continuo», la seconda comprende la grammatica (introdotta da Crisippo nel senso ancora attuale del termine) e la logica in senso stretto, che studia le rappresentazioni, le proposizioni, i ragionamenti. L'analisi delle rappresentazioni ha il suo perno nel «criterio di verità»: vera è la «rappresentazione catalettica», variamente intesa dai filosofi stoici. In generale essa comporta la comprensione concettuale («prolessi») della sensazione tramite l'«assenso», cioè mediante un atto di giudizio relativo alla veridicità della rappresentazione stessa. L'assenso rinvia poi al criterio dell'*evidenza*: se una rappresentazione «non ha nulla contro di sé», è evidente e perciò vera; in caso contrario bisogna «sospendere l'assenso». Crisippo, per difendere la dottrina dell'assenso dalle critiche degli scettici, enumerò vari gradi e condizioni di evidenza. La logica studia poi la proposizione e il ragionamento, fondati sul «significato» (*lektón*, «esprimibile»), che gli stoici ebbero il merito di individuare per primi e che è un aspetto ancora attuale del loro pensiero. Ogni proposizione collega infatti tre elementi: il significante, ovvero la parola (per es. il suono «Dione»); la cosa significata (Dione in carne e ossa); e ciò che la parola significa (il «significato»). I primi due elementi sono corporei (sono «cose»), mentre il terzo è incorporeo e, come tale, può esercitare tra essi una funzione logica di collegamento. Ora, è il significato (e non le «cose») che può essere vero o falso, dando luogo a quelle unità logiche minimali che sono le proposizioni elementari, come direbbero i logici moderni («è giorno», «c'è il sole»). Più proposizioni compongono il ragionamento, che può essere «concludente» (solo formalmente corretto) o «vero» (cioè corretto nella forma e vero nel contenuto). Crisippo studiò la connessione tra proposizioni elementari per stabilirne le condizioni formali di veridicità. Esito principale fu la dottrina dei cinque → anapodittici, o schemi di inferenza la cui validità è assunta senza poter essere dimostrata.

• *La fisica*. La concezione cosmica degli stoici unisce elementi eraclitei, pitagorici, platonici, aristotelici e anche elementi attinti dalla cultura orientale. Il mondo è composto di materia e di fuoco, che è nel contempo un *lógos*, una ragione divina o spirito vivificante (*pnêuma*, «ragione seminale»). L'universo è perciò un immenso essere vivente penetrato dall'anima divina («anima del mondo»); esso ha una sua vita o «ciclo» che si compie quando tutti gli astri tornano nella stessa posizione dell'inizio del mondo: è questo il «grande anno» nel quale si verifica una «conflagrazione cosmica» che riconduce tutti gli elementi al caos originario e al fuoco divino. Successivamente l'universo rinasce e percorre un nuovo ciclo analogo al precedente. Di qui le nozioni stoiche di «destino» (ogni accadimento del mondo è «fatale») e di «provvidenza» divina che governa le cose in base al fine destinato; di qui anche la possibilità della mantica o predizione, contro la quale tanto si era accanito Epicuro nel suo lucido razionalismo. Ma il cosmo stoico, col suo finalismo e la perfezione divina che lo compenetra, è proprio l'opposto di quello epicureo. Anche l'uomo possiede l'anima o *pnêuma*, scintilla del fuoco divino; l'anima gode di una immortalità relativa, poiché potrà conservarsi sino al compimento del proprio ciclo cosmico. Crisippo limitava tale privilegio alle sole anime dei sapienti che nella vita avevano collaborato a realizzare l'ordine cosmico provvidenzialmente stabilito dagli dei.

• *L'etica.* La fondamentale massima stoica è «vivi secondo natura», cioè secondo il *lógos* divino che è in tutte le cose. Di qui un'etica del *dovere* razionale che si oppone all'edonismo e fa propria la dottrina cinica della «virtù» intesa come saggezza. Le azioni sono pertanto o doverose, o contrarie al dovere, o indifferenti (né virtuose né viziose, ma corrispondenti a quelle cose indifferenti che sono per es. la salute, la bellezza, la ricchezza e i loro contrari: di esse lo stoico non si cura, pur riconoscendone preferibili alcune piuttosto che altre). Ciò che lo stoico ha il dovere di evitare sono le passioni (vere e proprie malattie dell'anima); a esse oppone l'*apatia*, astenendosi da qualsiasi azione ingiusta, sia vivendo in solitudine, sia, se costretto dalle circostanze, ricorrendo anche al suicidio piuttosto che mancare al dovere (pratica che venne applicata da vari maestri stoici e che entrò nel costume morale antico). In generale lo stoico non giudica le cose buone o cattive secondo criteri personali, ma dal punto di vista del tutto, cioè del *lógos* divino. Anche la legge che governa la società è universale e «naturale». L'uomo è cittadino del mondo ed è libero. Le leggi e le consuetudini storiche che violano tali diritti naturali, come la schiavitù, sono frutto della malvagità umana. Quest'etica cosmopolitica si accompagnò, nel periodo romano della Stoà, al dovere di un attivo impegno politico-sociale, alieno però da passioni di parte e da ingiustizie e violenza. È l'ideale del saggio incarnato dall'imperatore Marco Aurelio.

storia, termine derivante dal greco *historía*, che originariamente significava «descrizione, resoconto»; e questo significato generico è rimasto vivo a lungo nel pensiero europeo (per es. nell'espressione «storia naturale»). Già nell'antichità, tuttavia, il vocabolo si era anche specializzato a indicare il resoconto delle azioni umane e degli eventi conseguenti: un genere letterario assai presente nella letteratura greca (Erodoto, Tucidide ecc.) e in quella latina (Livio, Tacito ecc.). Oltre che la narrazione (e l'eventuale interpretazione e spiegazione) degli eventi prodotti dagli uomini, il termine passò poi a indicare anche gli eventi stessi, nella loro obiettività; e di qui deriva un'ambiguità fondamentale. Si considerino espressioni correnti come per es. «preistoria» o «popoli senza storia» (per indicare i cosiddetti primitivi): con esse non s'intende ovviamente l'assenza di azioni ed eventi umani, ma soltanto di documenti scritti e resoconti. Modernamente, in italiano si può sciogliere l'ambiguità ricorrendo al termine «storiografia» (d'origine seicentesca) per indicare il racconto e l'eventuale interpretazione, riservando così al termine «storia» il significato oggettivo. In questo modo, comunque, la storia viene a contrapporsi alla «natura», intendendo con quest'ultimo termine per l'appunto tutto quanto non sia il risultato dell'attività umana. Tuttavia in quest'ambito generale (indagato da tutte le scienze umane o sociali, oltre che dalla storiografia), un significato ancora più specifico del termine «storia» è dato dal riferimento imprescindibile alla successione temporale (diacronia) mentre per indicare l'opposto della «natura», in senso generale, si preferisce usare per es. il termine «cultura». Casi paradigmatici di questo significato specifico sono espressioni come «epoca storica» o «evento storico» (talora nel senso enfatico di «storicamente rilevante»). Con questo stesso significato il termine «storia» è infine passato nelle scienze della natura, in espressioni come «storia della terra» o «storia della vita», per indicare l'evoluzione geologica e quella biologica.

• *Le concezioni provvidenzialistiche.* Nella cultura antica, fin dalle origini (con i logografi ionici dei secc. VI- V a.C., e con i primi annalisti romani), la storiografia ebbe sempre una delimitazione monografica. Per Aristotele caratteristica dello storico è di descrivere fatti particolari (a differenza del filosofo, che considera ciò che è universale) e realmente accaduti (a differenza del poeta). L'idea di una storia universale dell'umanità si farà avanti solo con il pensiero cristiano, attraverso l'integrazione — nella cornice del racconto biblico — anche della storia greca e romana. Tuttavia, interpretazioni globali della vicenda dell'umanità, indipendenti dai fatti attestati, sono ben presenti già nel pensiero classico; dove si alternano, e più spesso si combinano insieme, per es. in Platone, due concezioni di carattere mitico: quella della decadenza da uno stato originario di perfezione (l'età dell'oro); e quella ciclica (eterno ritorno), per cui si distinguono varie epoche, o stadi, che si succedono, e si considera siffatta successione come destinata a ripetersi indefinitamente nel tempo. La concezione ciclica della storia avrà una reviviscenza nel pensiero del rinascimento (si pensi a Machiavelli), nel quadro d'un naturalismo proposto in alternativa al cristianesimo. La combinazione di essa con la concezione provvidenzialistica cristiana sarà invece caratteristica di G.B. Vico. La grande novità portata dal cristianesimo nella considerazione della vicenda complessiva dell'umanità era appunto consistita nel rifiuto più netto della concezione ciclica. Tale vicenda continua a esser articolata in grandi epoche (secondo Agostino: senza la legge, sotto la legge, sotto la grazia); ma viene ora ad aprirsi la prospettiva del futuro, non più destinato alla ripetizione del già avvenuto. Ciò dipende dal dogma centrale del cristianesimo: l'incarnazione di Dio è un evento unico, irripetibile, che segna in modo irreversibile la vicenda dell'umanità. Garanzia della concezione cristiana della storia è il concetto di Provvidenza, secondo il quale i fini che gli uomini e i popoli si propongono nel loro operare sono strumentali rispetto al disegno divino, che si realizza appunto attraverso i progetti e le azioni degli uomini, senza che questi intendano e neppure sappiano di collaborare alla realizzazione del volere di Dio. In tal modo la storia umana è caratterizzata da un finalismo intrinseco, e acquisisce lo statuto di processo necessario, giacché la casualità è esclusa come incompatibile con l'idea della Provvidenza. La più tipica espressione di questo complesso dottrinale è, alle origini, *La città di Dio* di sant'Agostino. Essa dominerà in tutto il pensiero medievale e continuerà a esser presente nel pensiero successivo. Una riformulazione esemplare è costituita, verso la fine del sec. XVII, dal *Discorso sulla storia universale* di J.-B. Bossuet.

La crisi della concezione cristiana della storia, dopo gli attacchi rinascimentali e libertini attraverso la riproposizione della concezione ciclica, in genere fondata sull'astrologia, si ebbe con l'illuminismo, in particolare con Voltaire. Ma successivamente, attraverso le interpretazioni metafisiche dell'idea illuministica di → progresso, la concezione provvidenzialistica conobbe una traduzione in termini laici, più o meno immanentistici, ma sempre caratterizzati dal finalismo e dal necessitarismo. La più tipica espressione di questa tendenza è la filosofia della storia di Hegel, fondata appunto sull'idea dello «sviluppo» necessario dello Spirito, attraverso i diversi mondi storici (mondo orientale, o della libertà di uno solo, il despota; mondo classico, o della libertà di alcuni, con le repubbliche antiche; mondo cristiano-germanico, o della libertà di tutti, con le monarchie moderne); e sull'idea dell'«astuzia della ragione», ennesima riformulazione del principio che, senza proporselo e non essendone coscienti, gli uomini e i popoli realizzano un disegno che oltrepassa i loro progetti consapevoli. Queste idee, tuttavia, avevano già accompagnato tutto il pensiero tedesco a partire da Kant (particolarmente per il saggio *Idea d'una storia universale dal punto di vista cosmopolitico*); esse inoltre si ritrovano anche nel positivismo di A. Comte, particolarmente nella seconda fase del suo pensiero. Quanto al marxismo, si discute tuttora se esso rappresenti una delle più vigorose alternative, rispetto al finalismo e al necessitarismo nella concezione della storia, o se invece non ne sia che una delle ultime espressioni. La questione fondamentale è quella del passaggio dalla società attuale al socialismo, e su essa i pensatori richiamantisi al marxismo si sono effettivamente divisi, presentandosi però tanto gli uni quanto gli altri come interpreti fedeli dello spirito, se non di tutte le formulazioni, della dottrina. Più recentemente, la concezione della storia come processo necessario, di realizzazione dello spirito e della libertà, e come sviluppo «dal bene al meglio», è stata sostenuta da B. Croce, nonostante che egli abbia anche denunciato il carattere metafisico, e il fondamento esplicitamente o implicitamente teologico, delle concezioni di questo tipo.

• *La critica illuministica e il materialismo storico.* L'espressione «filosofia della storia» risale a Voltaire, che così intitolò, alla metà del sec. XVIII, l'introduzione alla sua grande opera *Saggio sui costumi e lo spirito delle nazioni*. Affrontare filosoficamente la storia significava anzitutto, per Voltaire, assumere un atteggiamento razionalistico di critica delle fonti, per liberare il passato dalle tradizioni mitologiche e dalle invenzioni favolistiche. Inoltre, egli andava bene al di là dei limiti delle tradizionali «storie universali», sia nel senso cronologico, risalendo a tempi assai più remoti di quello assegnato dalla Bibbia alla creazione, sia nel senso geografico, includendo nel suo quadro le grandi civiltà orientali, estranee al racconto biblico. In realtà, con la sua celebrazione dell'altezza raggiunta da siffatte civiltà, e in particolare da quella cinese, Voltaire rifiutava la concezione unilineare dello sviluppo dell'umanità, basata sostanzialmente sulle tradizioni ebraica e classica. Questa concezione aveva dominato fin allora, e avrebbe dominato anche in seguito, per es. con Hegel, da cui il mondo orientale sarà semplicemente premesso a quello greco-romano, a rappresentare la prima epoca della storia universale. Infine, in contrapposizione alla storiografia tradizionale, essenzialmente politica, tutta incentrata sulle vicende dei sovrani e delle guerre, Voltaire spostava l'attenzione sulla storia della società, presso i vari popoli e nelle diverse epoche, con particolare attenzione per i fenomeni della mentalità collettiva. Da questo punto di vista riacquistavano valore di testi-

monianza indiretta le stesse credenze mitiche e tradizioni leggendarie, in rapporto ai loro tempi (la Bibbia, per es., diventava semplicemente il documento attestante la tradizione nazionale del modesto popolo ebraico, al pari di Omero per quanto riguardava la Grecia arcaica e così via). Quanto al «progresso», Voltaire lo considerava dovuto essenzialmente all'iniziativa di grandi uomini, e particolarmente di sovrani illuminati; e lo individuava soprattutto nello sviluppo della razionalità, nella diffusione di sentimenti umanitari (tolleranza religiosa), nel fiorire delle arti belle e nell'incremento della tecnica. Ma il raggiungimento di tutto ciò non aveva per Voltaire alcuna garanzia superiore alla volontà e all'intelligenza degli uomini.
Atteggiamenti non dissimili si ritrovano anche in alcuni pensatori scozzesi che nella seconda metà del sec. XVIII posero al centro delle loro ricerche la «storia della società civile» (come suona il titolo del celebre *Saggio* di A. Ferguson, oltre al quale sono da ricordare anche A. Smith, W. Robertson, J. Millar). Ma in questo caso l'ispirazione fondamentale proveniva da *Lo spirito delle leggi* di Montesquieu, che aveva proposto anch'egli d'oltrepassare il livello meramente politico, per ritrovare le condizioni (naturali, demografiche, economiche, morali ecc.) capaci di spiegare le forme che gli ordinamenti giuridici e la costituzione dello stato assumono presso i vari popoli. Quanto allo sviluppo complessivo dell'umanità, i pensatori in questione lo videro caratterizzato dalla successione di quattro grandi «stadi», dipendenti dal diverso modo in cui gli uomini si procurano il sostentamento: lo stadio selvaggio, allorché il sostentamento è fornito dalla raccolta dei frutti spontanei della terra e dalla caccia e dalla pesca; lo stadio barbaro, proprio dei popoli nomadi che allevano il bestiame; lo stadio agricolo, col quale si entra nella civiltà, comincia la proprietà privata della terra, si istituisce lo stato politico ecc.; e infine lo stadio commerciale, che garantisce l'ulteriore sviluppo economico della società. La questione di quale sia l'elemento fondamentale della storia umana, e l'individuazione di esso nel modo della produzione e distribuzione della ricchezza, sarà poi al centro del → materialismo storico. Marx ed Engels contrapporranno questa teoria alle concezioni «ideologiche» della storia, intendendo quelle concezioni che invece assegnino posizione dominante a elementi come la religione, o il pensiero filosofico, o il diritto, o lo stato. Il punto di riferimento critico più prossimo era la filosofia della storia di Hegel, ch'era una concezione essenzialmente politica della storia umana e alla quale s'accompagnava inoltre la tesi del primato della filosofia rispetto a tutte le altre sfere della vita e della cultura. Dopo la formulazione del materialismo storico, fino a oggi, è sempre continuato il dibattito sui problemi da esso sollevati. La critica più corrente a esso rivolta è quella di unilateralità del rapporto posto fra il livello economico, inteso quale «base» o «struttura» della società, e gli altri, indicati globalmente dai marxisti come la «sovrastruttura». Benché già i classici del marxismo avessero problematizzato tale rapporto, riconoscendo anche l'efficacia della sovrastruttura sulla struttura, tuttavia i critici del marxismo sostengono in alternativa concezioni pluralistiche dei rapporti d'efficacia reciproca fra i diversi livelli della vita storica dell'umanità. Fra i maggiori rappresentanti di questa posizione si può ricordare M. Weber, all'inizio del nostro secolo.

• *La discussione sulla storiografia nei secoli XIX e XX.* Nel frattempo, nel corso del sec. XIX s'era venuta sviluppando in forma esplicita la riflessione sul metodo della storiografia, anche in rapporto alle discipline ausiliarie (principalmente la filologia, «formale» e «reale»). Il manuale metodologico classico è l'*Istorica* (1859) di J.G. Droysen. Parallelamente si affermavano quelle che si sarebbero chiamate «scienze umane»: dall'economia politica (costituitasi in scienza già nel corso del sec. XVIII) alla sociologia, all'etnologia, alla linguistica ecc. In conseguenza di questa fioritura si è posta la questione del rapporto fra la storiografia e gli altri modi di investigazione della medesima realtà che è oggetto della storiografia. La differenza principale, sempre riconosciuta assai largamente, è che la storiografia ha un'intenzione individualizzante, mira cioè ai tratti che specificano un fenomeno rispetto agli altri eventualmente simili a esso, raggruppabili in una stessa classe; mentre le scienze sociali hanno un'intenzione generalizzante, mirano cioè a rilevare i tratti comuni a più fenomeni d'un medesimo tipo, così da raggrupparli in classi, per l'appunto, e da studiarli in modo astratto. Di qui deriva anche la centralità della diacronia nella storiografia, di contro all'adozione di una prospettiva essenzialmente sincronica da parte delle scienze umane. La questione se la storiografia possa essere considerata una «scienza» dipende dal significato che si dà a quest'ultima nozione: se la si considera caratterizzata da un'intenzione generalizzante, come avviene normalmente, allora difficilmente la qualifica di «scienza» potrà esser attribuita alla storiografia. Qualora alla tesi del carattere individualizzante della storiografia si aggiunga l'ulteriore tesi che, proprio per ciò, essa avrebbe un privilegio epistemologico rispetto alla considerazione generale e astratta, allora si ha lo → storicismo. In particolare, B. Croce sostenne la superiorità della conoscenza storica su qualsiasi altra forma di conoscenza, con l'argomento che queste altre sarebbero tutte spurie in quanto procedenti per «pseudoconcetti», o schemi astratti, rispondenti a utilità pratiche, ma incapaci di penetrare davvero la realtà. Il presupposto metafisico di questa concezione è che la realtà, che per Croce è spirituale, è un fluire continuo i cui momenti sono unici, irripetibili. In tal modo la regola metodologica che compito dello storico è di specificare al massimo i tratti individuali dei fenomeni che studia veniva fondata su una tesi ontologica, che storicamente s'inseriva nel movimento di reazione idealistica contro la scienza tipico dell'inizio del nostro secolo (si pensi, per es., a H. Bergson). *S. La.*

storicismo, termine designante sia una specifica corrente di pensiero nata in Germania alla fine dell'Ottocento, sia un più generale atteggiamento del sapere del quale G.B. Vico può essere considerato il precursore. Nei primi anni del Settecento, Vico sollevò il problema di una «scienza nuova» che si rivolgesse al concreto mondo delle azioni umane e alla «storia ideale eterna» quale si manifesta nei corsi e ricorsi della civiltà. Proprio il pensiero del Settecento — che pure è accusato tradizionalmente di antistoricismo — pose variamente la storia al centro dei suoi interessi, elaborando la nozione di → progresso: si possono citare a questo proposito A. Ferguson, Voltaire, Turgot e Condorcet, i quali ispirarono anche la sociologia positivistica di Comte. Promotore di una diversa comprensione storica dell'uomo fu invece J.G. Herder, che vide nella storia un'evoluzione e un realizzarsi progressivo dell'essenza umana, secondo un piano provvidenziale divino, portando a compimento le intuizioni di G.E. Lessing, e promuovendo d'altro lato la rivoluzione romantica, in seno alla quale lo storicismo, come nome e come atteggiamento, giunse a consapevole maturazione. Storicistiche si possono considerare le posizioni di Novalis, F. von Schlegel, Schelling, e in particolare quella di Hegel, nella cui opera la «storia del mondo» viene ricondotta al divenire dialettico della coscienza. Il modello hegeliano (→ dialettica) venne in seguito ripreso e trasformato dal → materialismo storico marxista; soprattutto sotto questa forma lo storicismo nel suo senso più generico è ancora ben presente nella cultura contemporanea. Nel suo significato più ristretto e preciso, lo storicismo indica una corrente di pensiero che si ricollega alla storiografia tedesca del secondo Ottocento (L. von Ranke, J.G. Droysen), la quale sottopose a critica la filosofia della storia romantica in nome di un «realismo storiografico» libero da dogmi dialettici; questa corrente si sviluppò in due momenti relativamente autonomi, in Germania e in Italia. Fra i principali storicisti tedeschi si annoverano W. Dilthey, W. Windelband, H. Rickert, G. Simmel, M. Weber, O. Spengler, E. Troeltsch, K. Mannheim e F. Meinecke; tra gli italiani, B. Croce e A. Gramsci.

• *Lo storicismo tedesco.* Il termine «storicismo» acquista un valore ben determinato soltanto nel periodo compreso fra le due guerre mondiali, allorché intorno al concetto si apre in Germania un vasto dibattito. Il teologo Troeltsch (*Lo storicismo e i suoi problemi*, 1922) oppone naturalismo e storicismo come due direzioni antitetiche lungo le quali può orientarsi il soggetto conoscente: la prima, che fonda la possibilità delle scienze naturali, è rivolta ai rapporti quantitativi fra le grandezze corporee; la seconda, che rende possibile il conoscere storico, è rivolta all'autocomprensione che lo spirito, in quanto manifestantesi nel tempo, può avere di sé. Lo storico Meinecke (*La nascita dello storicismo*, 1936), concludendo di fatto il dibattito aperto da Troeltsch (al quale erano intervenuti, fra gli altri, Mannheim, E. Rothacker, M. Scheler e Heidegger), indica i due caratteri distintivi dello storicismo nel metodo *idiografico* (vale a dire volto alla conoscenza di ciò che è «singolare» e «individuale» invece che generale o tipico) e nel concetto di *sviluppo*: comprendere un evento storicamente significa considerarlo, per un verso, come una manifestazione singolare e irripetibile dello spirito, e per un altro come momento di un processo temporale continuo indirizzato verso una qualche meta. Tutto quello che è umano è storico, vive e muta nel tempo; ma ciò non implica — secondo Troeltsch e Meinecke — alcuna caduta nel relativismo: gli eventi storici, anzi, devono la loro singolarità e irripetibilità (in opposizione agli eventi naturali, che sono retti da leggi) proprio al fatto che si trovano in rapporto con l'Assoluto, con Dio. Meinecke proietta indietro nel tempo lo storicismo, sino a farlo risalire a quella nuova concezione «dinamistica» della vita affermatasi in Germania nel periodo compreso fra Leibniz e Goethe e poi tradita — a suo avviso — da Hegel. Ma, in effetti, tanto il concetto di storicismo proposto da Troeltsch e Meinecke quanto la loro preoccupazione di evitarne possibili esiti relativistici restano incomprensibili se non si tiene conto del movimento di pensiero che, immediatamente alle loro spalle, si era interrogato sui fondamenti della conoscenza storica e delle scienze sociali.

I caratteri essenziali di questo movimento di pensiero, che può essere considerato come lo storicismo tedesco in senso proprio, sono già delineati in W. → Dilthey. Egli infatti: *a*) distingue, in polemica con il positivismo di Comte, tra scienze della natura e scienze dello spirito (o scienze storiche, o dell'uomo: → Geisteswissenschaften) e ricerca, neokantianamente, le condizioni di possibilità di queste ultime; *b*) fonda la precedente distinzione epistemologica su una distinzione ontologica fra natura e mondo storico, intendendo quest'ultimo come l'opera degli uomini e non già, alla stregua dei romantici o di Hegel, come il manifestarsi, nel tempo, dello spirito, dell'Assoluto o di Dio. Le scienze della natura «spiegano», scoprono tra gli eventi relazioni causali formulabili secondo leggi universali e necessarie; le scienze dello spirito invece «comprendono», colgono il significato irripetibile di ogni evento storico (sebbene si avvalgano anche delle generalizzazioni di una «psicologia descrittiva e analitica»), rivivendo le «connessioni dinamiche» che lo legano al contesto della sua epoca e stabilendo un nesso interno intuitivamente evidente tra il passato e il presente, tra l'oggetto conosciuto e l'«esperienza vissuta» del soggetto conoscente. Alla categoria di causa le scienze dello spirito sostituiscono quelle di vita, scopo, significato e valore. Esse identificano soggetto e oggetto, consentono la comprensione del mondo umano da parte dell'uomo: una comprensione che può essere solamente storica, perché «l'uomo (stesso) è un essere storico». Tutto ciò che è umano (società, culture, valori, conoscenze) si forma nel corso del tempo e la storia, essendo opera degli uomini, non ha alcun fine ultimo, trascendente o comunque assoluto cui tendere. Ma ciò non implica alcun relativismo — secondo Dilthey — perché tutte le verità e tutti i valori, sebbene siano relativi ciascuno alla propria epoca, si iscrivono pur sempre entro il comune orizzonte della storicità umana. Dopo Dilthey la riflessione sulle scienze dello spirito (o della cultura, o sociali ecc.) si accentra intorno a due temi: la possibilità, per lo studioso del mondo storico, di compiere o meno delle generalizzazioni, e il contrasto fra assolutezza e storicità dei valori. Per quanto concerne il primo tema, W. → Windelband e H. → Rickert separano nettamente le «scienze idiografiche» da quelle «nomotetiche» (cioè volte alla formulazione di leggi generali), mentre G. → Simmel e soprattutto M. → Weber rivendicano la legittimità di formulare generalizzazioni anche nel campo delle scienze sociali. La stessa comprensione storico-idiografica perderebbe di obiettività — secondo Weber — se lo storico rinunciasse ad alcuni concetti generali (o «tipi ideali») come, per es., «capitalismo», «medioevo» o «rinascimento». Accanto alla storiografia è possibile dunque una «sociologia comprendente» (che influenzerà, tramite G. Lukács, il marxismo occidentale e, tramite T. Parsons, la sociologia statunitense). Per quanto concerne il secondo tema, Simmel e O. → Spengler portano alle estreme conseguenze il relativismo implicito in Dilthey (sebbene quest'ultimo, come si è visto, tentasse di sfuggirvi). Secondo Simmel, verità e valori epocali non sono che forme effimere provvisoriamente cristallizzatesi entro il flusso della vita e destinate a venire da questa nuovamente inghiottite. Secondo Spengler (seguito poi da A.J. Toynbee), le civiltà sono destinate a nascere, crescere e perire sempre chiuse in se stesse: nessuna verità o valore può sopravvivere alla civiltà cui appartiene. Troeltsch e Meinecke (e, prima, Rickert) rivendicano contro questo esito relativistico dello storicismo la presenza di Dio nella storia; ma ritornano così a quella posizione romantica dal cui rifiuto Dilthey aveva preso le mosse.

• *Lo storicismo nella cultura italiana.* Quanto differente sia lo storicismo italiano rispetto a quello tedesco emerge chiaramente dalla critica che B. → Croce rivolge a Meinecke in *La storia come pensiero e come azione* (1938), dove alla fede nell'esistenza di un mondo soprastorico di idee e di valori si contrappone la concezione dello «storicismo assoluto», secondo la quale «la vita e la realtà è storia e nient'altro che storia». Quest'ultima formula, se allontana Croce da Meinecke, lo distingue implicitamente ancor più da Dilthey, perché in essa sono contenute, mediante la riduzione della realtà a spirito e dello spirito a storia, due tesi che contrastano profondamente con quelle corrispondenti dello storicismo tedesco: *a*) per Croce la natura non ha alcuna autonomia rispetto allo spirito; di conseguenza le scienze naturali sono degradate a perseguire scopi meramente pratico-utilitaristici e l'unica forma ammissibile di autentica conoscenza è quella storico-idiografica, alla cui metodologia è riducibile la filosofia stessa (per Dilthey, scienze della natura e dello spirito godono, nei rispettivi ambiti, di pari dignità teorica); *b*) per Croce la storia è storia dello spirito infinito, è progressiva ascesa alla libertà; per Dilthey invece è storia degli uomini concreti, legati alla finitezza e relatività della propria epoca. L'immanentismo crociano può evitare il rischio del relativismo — pur escludendo l'esistenza di un Assoluto fuori della storia — solamente alla condizione di accettare quella concezione hegeliana, rifiutata da Dilthey, secondo la quale è la storia stessa che costituisce l'Assoluto nel suo proprio farsi. In definitiva, mentre lo storicismo tedesco è figlio del neokantismo, quello italiano coincide con il neoidealismo crociano e trova le proprie fonti ispiratrici, come precisa Croce stesso, in Vico e in Hegel.

Dopo il 1940 lo storicismo tedesco è scomparso in quanto corrente filosofica autonoma, anche se parte della sua lezione si è trasfusa in altre filosofie come l'esistenzialismo, la fenomenologia, l'ermeneutica ecc. Lo storicismo italiano è invece sopravvissuto nel dopoguerra — grazie al successo postumo di A. → Gramsci — sotto una forma marxista, antispeculativa e antiteleologica apparentemente opposta alla filosofia idealistica di Croce, mentre di quest'ultima il gramscismo ha in realtà conservato alcune tesi essenziali come la storicità del reale e il carattere privilegiatamente storico-idiografico della conoscenza del mondo umano.

• *Le critiche allo storicismo.* Nel corso del nostro secolo, allo storicismo si è contrapposto particolarmente lo → strutturalismo, definito dalla tesi del primato epistemologico della sincronia nei confronti della diacronia. Nato sul terreno della linguistica, lo strutturalismo è stato poi esteso all'ambito delle scienze umane, particolarmente a opera di C. Lévi-Strauss e appunto in funzione antistoricistica. In alcune versioni, compresa quella di Lévi-Strauss, anche lo strutturalismo non ha evitato di ricorrere a prospettive di carattere metafisico, di tipo platonizzante (la «struttura» come la realtà vera, in contrapposizione alla fenomenicità delle sue manifestazioni temporali). La posizione più liberale è di rinunciare a stabilire gerarchie a priori fra la storiografia e le altre forme di conoscenza del mondo umano, riconoscendo che l'una e le altre rispondono a programmi di ricerca diversi, tutti pienamente legittimi, in quanto giustificati volta a volta dal fine proposto all'indagine.

Dalla discussione critica dello storicismo è motivato anche tutto il dibattito sulla natura del conoscere storico che si è avuto nell'epistemologia di orientamento empiristico. Contro la dualità fra scienze della natura e scienze dello spirito, sostenuta dallo storicismo tedesco, rivolse la sua critica O. Neurath, l'unico dei neopositivisti che si interessò seriamente di storiografia, nel quadro del programma dell'unità della scienza; ma col risultato di ridurre sostanzialmente la storiografia a una forma di sociologia comportamentistica. Lo «storicismo» contro cui polemizza vivacemente K. Popper (per es. in *La miseria dello storicismo*, 1944) è da lui inteso come definito dalla tesi metafisica dell'esistenza di pretese leggi necessarie del processo storico, indipendenti dagli individui, con la conseguenza che sarebbero possibili vere e proprie profezie storiche: il che, secondo Popper, è avvenuto con Hegel e poi col marxismo. Della storiografia, Popper sottolinea la precarietà epistemologica, nel confronto non soltanto con le scienze naturali, ma anche con le scienze sociali. Anche per influenza di Popper, il successivo dibattito sulla storiografia, nel quadro della filosofia analitica, si è aggirato sulla questione delle «leggi generali» in rapporto alla conoscenza storica. Una delle due posizioni estreme è rappresentata dal neopositivista C.G. Hempel, il quale riduce a una differenza meramente di grado la diversità fra la storiografia e le scienze naturali. L'altra posizione estrema, al polo opposto, è rappresentata da W. Dray (*Leggi e spiegazione in storia*, 1957), che nell'ambito della filosofia analitica riprende le posizioni storicistiche (unicità degli eventi storici, metodi della «comprensione» simpatetica), che erano state introdotte in Inghilterra, negli anni compresi fra le due guerre, da Collingwood. Vicino a questa seconda soluzione è anche G. von Wright, nell'opera *Spiegazione e comprensione* (1971). Posizioni intermedie sono invece sostenute da P. Gardiner (*La natura della spiegazione storica*, 1952) e da A.C. Danto (*Filosofia analitica della storia*, 1965).

storico-culturale, scuola, scuola etnologica (nota anche come scuola di Vienna) fondata nei primi anni del Novecento da W. → Schmidt e F. Graebner e sviluppatasi prevalentemente nei paesi di lingua tedesca, in stretta relazione con la teoria dei → cicli culturali.

stratificazionalismo, concezione linguistica, proposta e sviluppata da S.M. Lamb a partire dagli anni Sessanta, che considera la lingua come un sistema di sei strati o livelli (ipofonemico, fonemico, morfemico, lessemico, sememico e ipersememico), ciascuno con proprie unità che si combinano secondo un insieme di regole, definite sintassi o tattica, per costituire unità dello strato successivo. Le frasi vengono analizzate in lessemi o morfemi, con risultati analoghi all'analisi in costituenti immediati (→ distribuzionalismo). Lo studio della connessione o combinatoria dei significati lessicali all'interno degli enunciati è definito lessotattica ed è strettamente correlato alla morfotattica o studio della combinatoria dei morfemi in parole. La «predicazione» viene considerata struttura semotattica fondamentale, includente, oltreché il verbo centrale, vari tipi di partecipanti. Una caratteristica fondamentale dello stratificazionalismo, almeno nei suoi sviluppi più recenti, consiste nella descrizione della struttura linguistica non mediante un sistema di regole, bensì in termini di una rete di relazioni: le unità linguistiche si configurano così come punti o posizioni in un reticolato relazionale.

stratificazione, disposizione verticale dei gruppi sociali (o degli individui di una società o di una comunità) lungo un continuum, in modo tale da formare una serie di strati sovrapposti e contigui, omogenei ciascuno al proprio interno e con caratteristiche proprie. Tali strati, che in certe condizioni coincidono con delle classi (→ classe sociale), sono delimitati dalla misura in cui appaiono distribuite tra gli individui alcune proprietà, quali ricchezza, potere, prestigio. La disposizione della popolazione in strati di questo tipo è indicativa di forme di disuguaglianza, la quale a sua volta comporta forme di → mobilità di individui o gruppi da uno strato a un altro.

Benché l'idea di una società divisa in gruppi sovrapposti sia riscontrabile in quasi tutti i pensatori sociali già fin dall'antichità, la prima trattazione sistematica del concetto di stratificazione sociale si deve a P. Sorokin (1927); tale impostazione ha continuato a influenzare pressoché tutta la letteratura sociologica degli Stati Uniti. La sociologia europea ha invece subito maggiormente l'influenza delle teorie di Marx, per cui il concetto di classe si definisce oggettivamente all'interno di una struttura e di una rete di relazioni tra una classe e le altre classi. Gli strati, per contro, non indicano se non fasce so-

vrapposte (analogamente alle fasce geologiche), la cui delimitazione dipende per lo più dai criteri adottati dal singolo ricercatore. Vi sono tuttavia autori che fanno un uso indifferenziato dei due termini. Altri utilizzano il concetto di strato per l'analisi interna delle classi.
La più completa trattazione della stratificazione sociale si deve ai funzionalisti T. Parsons, K. Davis e W. Moore. Per Parsons uno strato si distingue da un altro perché gli individui a esso appartenenti occupano posizioni sociali simili, dispongono di redditi omogenei, hanno analogo prestigio e accedono a un'analoga quota di potere; in altre parole hanno uguale status sociale, da cui consegue anche che sono paragonabili per comportamenti, livello e stile di consumi. Per Davis e Moore la stratificazione corrisponde a una necessità funzionale: la limitatezza dei beni e delle risorse di cui dispone una società fanno sì che le capacità richieste vengano raggiunte dagli individui che posseggono particolari talenti solo dopo un periodo di addestramento più o meno lungo e gravoso (in termini economici e di fatica); le ricompense — intese come diritti, prestigio e stima ottenuti e guadagni realizzati — sono perciò commisurate alle risorse investite dall'individuo per la sua formazione e proporzionali all'importanza funzionale della mansione svolta. Questa teoria è stata ampiamente criticata da vari sociologi, anche statunitensi, tra cui M.W. Tumin, il quale rileva come l'universalità del fatto riscontrato non ne giustifichi l'esistenza; come la stessa esistenza di una stratificazione limiti l'effettiva realizzazione dei talenti, dato che non tutti hanno le possibilità di acquisire le competenze adatte, e come il concetto di importanza funzionale sia legato agli interessi dell'élite dominante.
Nello studio della stratificazione occorre individuare: *a*) le unità d'analisi (l'individuo o la famiglia, o un gruppo etnico, o un gruppo religioso ecc.); *b*) i criteri di graduazione delle unità (prestigio, potere, ricchezza, altre proprietà); *c*) i meccanismi di reclutamento (per acquisizione o per ascrizione); *d*) i canali e il tasso della mobilità da uno strato a un altro. Le forme possibili di stratificazione comprendono una gamma di tipi che stanno tra due estremi teorici: dall'assenza totale di mobilità, tipica di un sistema castale, in cui l'appartenenza è per ascrizione ed è esclusa ogni forma di mobilità, a un sistema in cui ogni membro può occupare ogni posizione, con tasso altissimo di mobilità. Esistono svariati modelli di stratificazione a seconda della consistenza dei singoli strati individuabili; è pertanto possibile raffigurare in grafici il profilo della disuguaglianza esistente nelle varie società: grafici piramidali rispecchiano società con una élite ristretta e strati inferiori molto estesi, la forma a cipolla riflette società a sviluppo avanzato con notevole consistenza dei ceti medi. Gli studi empirici sulla stratificazione sociale si sono svolti essenzialmente lungo due direzioni: la rilevazione oggettiva e quella soggettiva. Il primo metodo consiste nel collocare le unità d'analisi lungo una scala e nell'attribuirle ai vari strati in base a indicatori di posizione quali: reddito, professione, istruzione, qualità e livello dei consumi, abitazione, partecipazione politica ecc. Il secondo invece si basa sulla autoidentificazione del soggetto intervistato e sulla propria autocollocazione in uno strato. Nel far ciò si ottengono diverse rappresentazioni della società (dicotomica, funzionale, graduata, sintetica, aclassista, secondo lo schema di S. Ossowski). Infine è possibile l'uso di un metodo misto in cui si fa ricorso a criteri oggettivi e all'autocollocazione, alla percezione delle distanze sociali ecc. (cfr. le scale di gradazione sintetica di Ossowski). Tra le molte indagini sulla stratificazione sociale, sviluppatesi soprattutto negli Stati Uniti, sono da ricordare le inchieste di W.L. Warner (*Yankee City*, 1941-59) e di R. Centers (*La psicologia delle classi sociali*, 1949), nonché gli studi più recenti di O.D. Duncan, che hanno prodotto l'omonima scala per la misurazione del rango sociale delle professioni, un prezioso strumento per l'analisi della stratificazione. In Italia occorre ricordare il lavoro svolto in questa direzione da A. de Lillo e A. Schizzerotto (*La valutazione sociale delle occupazioni. Una scala di stratificazione occupazionale per l'Italia contemporanea*, 1985).

Stratone di Lampsaco (Lampsaco prima metà del sec. III a.C.), filosofo greco. Fu allievo di Teofrasto e precettore di Tolomeo II Filadelfo alla corte di Alessandria. Alla morte del maestro venne ad Atene per assumere la direzione del Liceo, carica che mantenne per diciotto anni (Diogene Laerzio, V, 58) fino alla morte, avvenuta tra il 270 e il 268. I pochi frammenti delle sue opere che ci sono pervenuti non rendono giustizia alla sua fertilissima attività scientifica, che ebbe larga e duratura influenza sullo sviluppo posteriore delle scienze naturali. Contro la teoria platonico-aristotelica dei luoghi naturali, egli stabilì una concezione unitaria del mondo e della materia: posta infatti la gravità come proprietà comune a tutti gli elementi, spiegò la tendenza del fuoco e dell'aria a spostarsi verso l'alto come l'effetto dell'impulso impresso da una materia più pesante (terra e acqua) a una meno pesante (aria e fuoco, appunto). Fenomeni quali la propagazione della luce, dell'elettricità, del magnetismo e del calore furono da lui spiegati nell'ambito di un'ipotesi corpuscolare della materia che ammetteva l'esistenza del vuoto tra un corpuscolo e l'altro.
Ma, a differenza della teoria atomistica, Stratone nega sia l'esistenza in natura di un vuoto continuo al di là degli interstizi corporei, sia l'o-

riginaria indifferenza e omogeneità qualitativa della materia. Dal punto di vista metodologico, Stratone fu il primo nell'antichità a usare in modo ampio e sistematico esperienze ed esperimenti nell'investigazione della natura, convinto dell'importanza della «dimostrazione sensibile» e del suo primato sulla dimostrazione logica per il progresso della conoscenza. Coerentemente a questo atteggiamento rinunciò a qualsiasi spiegazione teologica nell'ambito naturale, affermando, secondo quanto attesta Cicerone, che «non esiste altro dio che la natura, e questa è principio d'ogni nascere e d'ogni morire, e non ha forma né sentimento» (Cicerone, *De natura deorum*, I, 35).

Strauss, David Friedrich (Ludwigsburg 1808-1874), filosofo e teologo tedesco. Formatosi a Tubinga alla scuola di F.C. Baur, e in un primo tempo sensibile alle istanze del pietismo e del misticismo, si avvicinò poi al pensiero di Hegel, dal quale trasse ispirazione per una *Vita di Gesù* (1835); scrisse poi ancora, nel 1842, *La fede cristiana nel suo sviluppo e nella lotta con la scienza moderna* e, in tarda età, *L'antica e la nuova fede*. Nella prima opera, che qualifica Strauss come il capofila della «sinistra» hegeliana (la prima divisione esplicita degli hegeliani fra «destra», «sinistra» e «centro» la tracciò del resto lo stesso Strauss in un suo scritto del 1837), egli applica il concetto hegeliano di religione all'interpretazione e alla critica delle Sacre Scritture, proponendo la dottrina della religione come mito. Muovendo dalla teoria di Hegel secondo la quale la verità della religione è la stessa della filosofia, ma nella forma della *rappresentazione* o *immagine*, Strauss formula la teoria del mito come idea espressa in immagini: tale è per lui l'essenza di tutte le religioni, e della religione cristiana in particolare, sì che fra religione cristiana e filosofia hegeliana v'è a un tempo identità di contenuto e differenza nella forma in cui tale contenuto — l'identità di finito e infinito, l'unità di Dio e dell'uomo — è espresso. L'immagine di Gesù Cristo è l'espressione di questa unità, ma appunto come mito. Nel pensiero di Strauss, pertanto, l'immanentismo logico hegeliano è condotto alle sue estreme conseguenze, e nelle opere successive alla *Vita di Gesù* assumerà sempre più la forma di un panteismo: approderà gradualmente — sotto la spinta delle dottrine evoluzionistiche nel frattempo affermatesi — a un naturalismo mistico in cui l'oggetto della fede religiosa non è più la ragione hegeliana nel suo rapporto con lo spirito finito, ma l'universale armonia delle forze cosmiche.

Strauss, Leo (Kirchhain, Assia, 1899 - Annapolis, Michigan, 1973), filosofo politico ebreo tedesco. Emigrato negli Stati Uniti dopo l'ascesa del nazismo, insegnò alla New School for Social Research di New York e poi all'università di Chicago. La sua opera è una critica della filosofia politica europea in nome del pensiero greco. L'Occidente, dimentico dei suoi presupposti greci, si è separato anche dal retaggio della rivelazione biblica, seguendo una progressiva decadenza iniziata col cristianesimo. Allievo di Heidegger, sul piano metodologico Strauss rifiuta l'approccio ai classici proprio dello storicismo e della sociologia che leggono i testi come espressione dell'epoca in cui sono sorti, e l'epoca in relazione al divenire storico; ciò porterebbe a dei falsi prospettici, e anzitutto a vedere nei pensatori i portavoce di età che spesso li disconobbero (*Che cos'è la filosofia politica?*, 1959). Se i testi non sono l'espressione di un'epoca, e se la storia non procura l'istanza ultima di riferimento, noi possiamo sempre interpretare un pensiero ritrovandone la validità metastorica. È su questo impianto di matrice platonica che Strauss può dunque argomentare la superiorità del pensiero politico classico su quello moderno, sottomesso al modello scientistico. Quest'ultimo ha portato a una concezione democratica della politica, fonte del relativismo e del nichilismo, a loro volta prodromi delle tirannidi o del disordine per mancanza di leggi. Rispetto al modello classico ideale, che afferma la priorità del razionalismo etico, il pensiero moderno, inaugurato da Machiavelli (*Pensieri su Machiavelli*, 1958), scinde l'etica dalla politica e la razionalità dai valori, rendendo politica e filosofia strumenti del potere e degli interessi dominanti. La scelta a favore del liberalismo, che Strauss compie in *Liberalismo antico e moderno* (1968), non va pertanto intesa come un'adesione ai principi liberali e primo fra tutti al valore della libertà negativa dei moderni, bensì come una riscoperta dell'originario liberalismo, coincidente con la virtù della liberalità. Se il diritto naturale classico garantisce universalità e richiede eguale rispetto per ciascuno, ciò non significa, secondo Strauss, che il governo possa essere di tutti poiché la direzione dello stato esige un'educazione al senso delle cose pubbliche che è di pochi, cioè dei migliori per natura: solo una oligarchia illuminata può evitare la subordinazione della morale al dominio della tecnologia, premessa della tirannide moderna.

Strawson, Peter Frederick (Londra 1919), filosofo inglese. È tra i massimi rappresentanti della cosiddetta «scuola analitica di Oxford». Nel suo articolo del 1950 *Sul riferimento*, egli attaccò la teoria delle descrizioni di B. Russell, sostenendo che l'esistenza di un oggetto denotato dalla descrizione «il tal-dei-tali» non è *asserita* da una qualsiasi asserzione contenente tale descrizione, ma è una → presupposizione essenziale perché l'asserzione possa ricevere un valore di verità: nel caso che il tal-dei-tali non esista, dunque, l'asserzione non è falsa, ma semplicemente priva di valore di verità. L'errore russelliano è fondato, secondo Strawson, su una confusione tra significanza di un *enunciato* (*sentence*) e valutabilità di un'*asserzione* (*statement*): anche se un enunciato ha significato, possiamo *usarlo* per fare un'asserzione priva di valore di verità. In seguito Strawson prese posizione contro la teoria della verità come corrispondenza e difese in *Introduzione alla teoria logica* (1952) l'autonomia di una logica del linguaggio ordinario (che in seguito egli avrebbe chiamato «logica filosofica») nei confronti della logica formale. L'opera più interessante di Strawson, comunque, è *Individui* (1959), che egli presenta come un saggio di «metafisica descrittiva», tendente cioè a esaminare lo schema concettuale nei cui termini noi pensiamo, e non a produrre uno schema concettuale diverso (come invece farebbe a suo avviso una «metafisica correttiva»). In questo saggio egli dimostra come il nostro schema sia una singola struttura spazio-temporale nella quale tutti i particolari hanno il loro posto, argomenta a favore del carattere basilare dei corpi materiali e della primitività del concetto di persona (da non risolversi per lui in un corpo da un lato e una coscienza pura dall'altro), e tenta infine di introdurre un criterio soddisfacente per la distinzione soggetto-predicato negli enunciati. Altre opere: *I limiti del senso* (1966) e *Logica filosofica* (1967).

stregoneria, → magia.

strumentalismo, termine filosofico col quale J. → Dewey ha inteso distinguere il suo → pragmatismo da quello di W. → James e di F.C.S. → Schiller. Le premesse dello strumentalismo risalgono alla riduzione, operata da Ch.S. → Peirce, dell'azione mentale (o più in generale del pensiero) a un'operazione interpretativa di segni, ovvero a quella parte della → semiotica che Ch. → Morris ha definito pragmatica. Tale premessa è alla base delle varie direzioni di indagine della scuola di → Chicago e ha ispirato in particolare la psicologia sociale di G.H. → Mead, che ha più volte manifestato il suo accordo con lo strumentalismo deweyano. Quest'ultimo ha peraltro una portata più generale e concerne l'intero campo della logica e della teoria della conoscenza. La logica, innanzitutto, è per Dewey una «teoria dell'indagine» e ogni indagine è strumentale, nel senso che mette capo a uno strumento per l'azione. Cade così la tradizionale distinzione fra attività teoretiche e pratiche. Ogni conoscenza, in quanto produce una trasformazione delle condizioni di fatto, è in ultima analisi una «tecnica», un'«operazione manuale», sicché le «idee» non sono altro che piani di operazione sulle cose, strumenti ideali che devono tradursi in strumenti pratici. Sapere scientifico e sapere comune in tal modo si congiungono. Analogamente, lo strumentalismo rifiuta la classica distinzione filosofica fra soggetto e oggetto. Questi termini vanno intesi non come sostanze, ma come poli di una relazione problematica, di una concreta «transazione» (→ transazionalismo). Il polo soggettivo, cioè, è un'emergenza strumentale della fase critica e riorganizzativa dell'esperienza che ha, come polo correlativo, un oggetto specifico, esso pure strumentale, quale è emerso dal medesimo processo di esperienza.

strutturalismo, orientamento di pensiero e di ricerca sviluppatasi prevalentemente in Francia durante gli anni Cinquanta e Sessanta, che si propone di trasferire nell'ambito delle scienze umane metodi e modelli esplicativi mutuati dalla → Gestaltpsychologie, ma soprattutto dallo → strutturalismo linguistico. La linguistica novecentesca, dalla pubblicazione del *Corso di linguistica generale* di F. de Saussure (1916) e dalla ricezione del formalismo russo, ruota infatti intorno a una definizione della lingua che rifiuta ogni atomismo positivisitico e descrive tale entità come una struttura, in base cioè alle connessioni interne che ne legano gli elementi. La lingua viene intesa come una totalità i cui elementi si condizionano a vicenda e anzi si costituiscono e si rendono percepibili solo tramite il loro rapportarsi (o differenziarsi) reciproco. Le caratteristiche della lingua, e più in generale di ogni entità assimilabile a un sistema segnico, permetterebbero quindi di operarne un'analisi immanente, senza fare ricorso a fattori esterni (in particolare, a quelli storico-genetici). L'assunzione di tale paradigma metodico (ancor prima dello svilupparsi della tendenza a trarne conseguenze filosofiche più generali) comporta il ridimensionamento dei paradigmi concorrenti. Contro l'atomismo logico, in primo luogo, lo strutturalismo nega per ogni campo fenomenico l'esistenza di elementi primi determinabili e conoscibili allo stato isolato: soprattutto C. → Lévi-Strauss, raccogliendo la nozione di struttura come modello esplicativo valido per le scienze umane (*Antropologia strutturale*, 1958), polemizzò contro l'empirismo affermando che la struttura non è il risultato di una astrazione che registri costanti e varianti di un sistema, ma è piuttosto la condizione del riconoscimento di tali varianti o ricorrenze, come un trascendentale. In secondo luogo, l'abbandono dei modelli esplicativi genetici comporta il rifiuto di ogni prospettiva storicistica: essenziale è invece la comprensione del rapporto di interdipendenza fra i vari elementi dell'unità considerata (la cosiddetta relazione sincronica), mentre i mutamenti che si verificano in essa (diacronia) appaiono in ultima analisi secondari, riconducibili a quella invariante. In particolare contro lo storicismo come considerazione longitudinale della realtà, cioè come sua interpretazione in termini di divenire, sviluppo ecc., si afferma il primato di una sua considerazione trasversale (*cross-section*), cioè di un'ottica che consideri il dato fenomenico come un sistema di rapporti relativamente costante e uniforme; il sistema così registrabile non è certo ritenuto statico, poiché ammette una considerazione diacronica oltre che sincronica. In terzo luogo, visto che la struttura si presenta come un'entità oggettiva, immanente all'osservabile, lo strutturalismo implica un atteggiamento anti-idealistico e anti-umanistico, cioè l'opposizione a ogni filosofia che, come la fenomenologia e l'esistenzialismo, muova invece dalla coscienza o dal vissuto del soggetto intesi come momenti primari. La coscienza, infatti, sarebbe solo il riflesso di meccanismi inconsci che la producono, il soggetto (del discorso, della conoscenza, della relazione sociale ecc.) il prodotto di un codice o di un ordine simbolico impersonale. Nell'esigenza più generale della definizione (non solo per via negativa) e promozione del proprio metodo, infine, lo strutturalismo tende non solo a interpretare in termini di sistema dei campi specifici di indagine, ma soprattutto a mostrare come i diversi sistemi specifici analizzati in vari campi disciplinari si corrispondano o condividano tratti analoghi. Per circa un ventennio l'antropologia culturale (Lévi-Strauss), la critica letteraria (R. Barthes, G. Genette), la psicoanalisi (J. Lacan), l'esegesi marxistica (L. Althusser), la filosofia della cultura (M. Foucault), e specialmente la linguistica (R. Jakobson, E. Benveniste, A.J. Greimas), apparvero così appartenere a una comune area culturale, affiancati da esponenti di altre correnti di pensiero che pure hanno fatto largo uso dei concetti di forma, sistema e struttura (per es. lo strutturalismo funzionalistico di A.R. Radcliffe-Brown o quello di T. Parsons, l'epistemologia genetica di J. Piaget ecc.). Tuttavia, dopo gli anni di maggiore successo, lo strutturalismo ha segnato una battuta d'arresto, o almeno ha mostrato di non possedere la posizione egemonica che pareva essergli riservata (→ post-strutturalismo). Negli anni Settanta, da un lato, si sono sempre più accentuate le critiche all'ambiguità del rapporto fra struttura e storia delineato dal suo maggiore esponente, Lévi-Strauss. D'altro lato, dopo che l'impostazione strutturalistica ebbe costretto le scienze umane a definire in modo più rigoroso il loro oggetto, liberandosi dai postulati evoluzionistici e adottando invece il concetto di cultura che sta alla base dell'→ antropologia culturale moderna, si sono sviluppate forme di approccio ai fenomeni e ai materiali culturali che, pur provenendo da autori che hanno subito la suggestione dello strutturalismo, tendono a contraddirne le implicazioni ideologiche, o preferiscono riferirsi agli sviluppi contemporanei dell'ermeneutica. Anche nell'ambito delle indagini linguistiche lo strutturalismo è sensibilmente receduto dalla posizione di metodo privilegiato che aveva alla fine degli anni Cinquanta, per lasciare il posto alla corrente generativistica promossa dagli studi di N. Chomsky. Infine, guardando allo sviluppo recente dei termini teorici piuttosto che ai riaggiustamenti della geografia disciplinare, va almeno registrata la diversa assunzione di concetti già posti alla base dello strutturalismo nella teoria generale dei → sistemi. *P. Ko.*

strutturalismo linguistico, termine con cui si indicano talora una o più scuole linguistiche del Novecento, talora tutte, in quanto post-saussuriane (→ linguistica). Caratteristico della metodologia strutturale, la cui prima codificazione si ha nel *Corso di linguistica generale* (1916) di F. de Saussure, è il principio di immanenza, cioè la limitazione dell'analisi e della modellizzazione linguistiche agli enunciati (ai loro elementi, e alle relazioni tra elementi) con esclusione di tutto ciò che concerne le enunciazioni (parlanti, situazioni ecc.). Altro tratto caratterizzante è la differenziazione tra gli enunciati e i codici, dei quali i primi sono intesi come realizzazioni (→ codice-messaggio): differenziazione già espressa nella dicotomia saussuriana di → *langue-parole*. Nel complesso, la metodologia strutturale assume come coordinate di analisi delle lingue le dimensioni → paradigmatica-sintagmatica, → espressione-contenuto e → sincronia-diacronia, nonché una griglia o insieme gerarchico di livelli e di unità di analisi, insomma una tassonomia, che ne rivela chiaramente il carattere descrittivistico e classificatorio, sia nella direzione del → distribuzionalismo (per le osservazioni critiche mosse da N. Chomsky si veda → grammatica generativo-trasformazionale), sia nella direzione della → glossematica.

In relazione agli studi sintattici, l'analisi strutturale, condotta a partire da enunciati realizzati (in particolare, da un insieme chiuso di enunciati, definito *corpus*) quale base empirica, ha portato a trascurare fenomeni come la creatività linguistica (→ lingua), che è merito della grammatica generativo-trasformazionale aver rimesso in luce. D'altra parte, l'esigenza di obiettività espressa nel principio di immanenza, sopra richiamato, ha portato all'esclusione, dagli studi strutturali, delle ricerche sull'enunciazione, cioè sulle condizioni e sui processi di produzione e comprensione degli enunciati, esclusione ereditata anche dalla grammatica generativo-trasformazionale, preoccupata finora più della competenza che non dell'esecuzione (→ competenza-esecuzione). Grazie anche alle tecniche di analisi e ai modelli messi a punto da → psicolinguistica e → sociolinguistica, appare sempre meno giustificato limitare le ricerche linguistiche ad analisi e modellizzazioni immanenti. E l'allargamento della base empirica è un'esigenza che pone seri problemi anche alla grammatica generativo-trasformazionale.

struttura sociale, nozione impiegata in antro-

pologia e in sociologia — con accezioni diverse — per indicare una trama di relazioni di interdipendenza non contingenti tra un insieme di elementi della realtà sociale o culturale. L'antropologo funzionalista A.R. Radcliffe-Brown distingue tra struttura sociale e forma strutturale. Il primo concetto indica l'insieme statico e sincronico dei rapporti sociali che si stabiliscono tra ruoli variamente differenziati, oggetto diretto dell'osservazione e della ricerca empirica. Il secondo concetto costituisce invece un'astrazione intesa a riconoscere la forma generale o normale di un rapporto al di là delle variazioni particolari. A questa seconda accezione si avvicina l'espressione «struttura sociale» usata da molti antropologi sociali britannici successivi (M. Fortes, R. Firth, E.E. Evans-Pritchard, S.F. Nadel). L'identificazione rigorosa della struttura sociale con formule generali e astratte di interrelazione è propria dello strutturalismo antropologico francese. C. Lévi-Strauss intende la struttura sociale come insieme di regole di trasformazione costruite dal ricercatore astraendo dalle relazioni empiricamente osservabili; da questo punto di vista la struttura si situa su un piano del reale diverso da quello della realtà storica ed empirica. Del tutto differente appare la strada seguita dall'antropologia americana. Per P. Murdock il concetto di struttura sociale designa le combinazioni di elementi che appaiono più frequentemente correlati in base a certi coefficienti di associazione. Per altri autori statunitensi (R. Linton, R.H. Lowie) la nozione indica semplicemente certi modelli o aspetti dell'organizzazione della cultura «ideale». Nell'ambito del funzionalismo sociologico, per T. Parsons, che ha tentato una sintesi di diverse accezioni, la struttura coincide con l'insieme delle relazioni di ruolo. Nell'ambito del materialismo storico, invece, la struttura di una formazione sociale è identificata con il complesso dei rapporti di produzione, che costituiscono la base economica sulla quale sorge la «sovrastruttura» politica, giuridica ecc. (→ struttura-sovrastruttura).
A partire dalla fine degli anni Settanta, un nuovo approccio basato sul concetto di rete (*social network approach*) ha introdotto una radicale revisione nell'osservazione della struttura sociale e dei complessi problemi di integrazione tra livelli di analisi. Sviluppatasi come tecnica descrittiva, l'analisi di rete consiste essenzialmente nella individuazione e ricostruzione dei legami esistenti tra le unità osservate, al fine di metterne a fuoco i rapporti sociali. Le reti così rilevate costituiscono altrettante strutture sociali (P.V. Marsden e N. Lin, e S.D. Berkowitz, a cura di, *Strutture sociali. Un approccio di rete*, 1988).

struttura-sovrastruttura, coppia terminologica assunta da Marx e Engels e poi ripresa nel materialismo storico a designare i termini del rapporto tra modo di produzione (la costituzione economica della società che organizza i rapporti lavorativi fra gli individui) e la relativa coscienza sociale, nonché le sue espressioni istituzionali (culturali, giuridiche, politiche). In opposizione a Hegel, infatti, Marx sostiene il carattere sovrastrutturale della coscienza e personalità umana, il suo essere cioè costituita dai rapporti di produzione materiale preesistenti a cui l'uomo accede per far fronte ai propri bisogni. Di questi rapporti la coscienza è il risultato, non un presupposto: perciò anche la coscienza collettiva e le forme storicamente assunte dalle società dipendono dai rapporti economici via via prevalenti (*Per la critica dell'economia politica*, 1859). A ogni modo, Marx non sostiene un fatalismo economico per cui le condizioni materiali costringerebbero l'uomo a determinate forme di vita sociale. Negli stessi rapporti economici, già in quanto dipendono dalle tecniche (di produzione, di scambio ecc.), l'uomo entra come elemento attivo e condizionante. Perciò la condizionalità che la struttura economica esercita sulle sovrastrutture sociali è, almeno parzialmente, un'autocondizionalità dell'uomo nei confronti di sé. In seguito, Engels parlerà di un «rovesciamento della prassi storica», cioè di una reazione della coscienza umana alle condizioni materiali, opposta all'azione di queste su quella (nozione ripresa e sviluppata nella dottrina della rivoluzione del leninismo). Tuttavia, dal punto di vista di Marx, tale rovesciamento non appare necessario: non è la sovrastruttura ad agire sulla struttura, bensì l'uomo che, intervenendo con le sue tecniche, muta la struttura economica e si autocondiziona per il suo tramite. Su un altro versante, Engels combatte le prime interpretazioni riduzionistiche (economicistiche, tecnologicistiche ecc.) del materialismo dialettico e precisa il rapporto reciproco fra struttura e sovrastruttura in termini di azione e reazione. Seguendo questo spunto, negli sviluppi del materialismo dialettico come metodo di interpretazione storica si introdurranno allora le nozioni di sfasatura temporale, di ritardo negli influssi, di temporalità autonoma della struttura e della sovrastruttura ecc. Entrambe le interpretazioni engelsiane (sovrastruttura come epifenomeno, e come complesso sociale dotato di una capacità di controreazione), tuttavia, considerano la sovrastruttura come staccata da una base, mentre lo stesso Marx, oltre a delineare una distinzione analitica fra le due, avanza un concetto di economia che non si riduce a designare la produzione dei beni, ma si estende all'indagine delle tecniche e dei rapporti sociali, per cui i momenti economici si trovano a essere insieme oggetti e soggetti della prassi sociale. Nel Novecento le elaborazioni marxiane ed engelsiane conosceranno, oltre alle sistematizzazioni e semplificazioni dell'ortodossia, riconsiderazioni variamente radicali. Secondo A. Gramsci, in particolare, viene meno l'equivalenza fra struttura e → società civile-stato, per cui, diversamente che in Marx, la società civile gramsciana è già un momento della sovrastruttura. Ancora, nel marxismo strutturalista degli anni Sessanta, l'analisi della struttura, tema primario del *Capitale*, e in particolare l'analisi del feticismo delle merci svolta da L. Althusser, porta a ripensare il rapporto condizionante struttura-sovrastruttura in quanto inserito all'interno della struttura complessiva, o struttura dominante, della società. In tale prospettiva, un insieme di diversi livelli strutturali definisce la struttura gerarchica della società, caratterizzata dall'alterna dominanza delle diverse strutture (per es. di parentela, politica, economica ecc.) nel corso del tempo. In questo modo cade ogni rapporto dicotomico (magari del tipo essenza-fenomeno) fra struttura e sovrastruttura, nelle quali si legge piuttosto un reciproco condizionamento tra entità organiche esistenti in forma autonoma.

Stumpf, Karl (Wiesentheid, Baviera, 1848 - Monaco 1936), psicologo e filosofo tedesco. Insegnò a Würzburg, Praga, Halle, Monaco e Berlino, ed ebbe fra i suoi allievi E. Husserl. I suoi lavori più importanti restano quelli di psicologia, logica e teoria della conoscenza, fra i quali ricordiamo: *L'origine psicologica della rappresentazione dello spazio* (1873); *Psicologia e teoria della conoscenza* (1891); *Sensazione e rappresentazione* (1918); *Teoria della conoscenza* (postumo, 1939). Prendendo le mosse da una serrata critica dello psicologismo, Stumpf sostiene l'immediata unità dell'oggetto dell'attività conoscitiva, insistendo al tempo stesso sulla distinzione da operarsi fra i contenuti immediati della sensazione e le funzioni psichiche, il cui compito è quello di elaborare quei contenuti. In generale, nel campo della teoria della conoscenza, la sua tesi più universalmente nota e importante è quella relativa al «carattere complesso» delle percezioni sensoriali; per Stumpf, infatti, non si può parlare propriamente di una o più sensazioni determinate, ma soltanto fare riferimento a complessi variamente articolati di percezioni sensoriali. Questa concezione non fu priva di influssi sull'elaborazione della psicologia della Gestalt da parte di W. Köhler, che fu infatti discepolo di Stumpf (→ Gestaltpsychologie). Vanno infine ricordati i fondamentali studi dedicati da Stumpf alla psicologia della percezione sonora e in generale dei fenomeni auditivi, condensati nell'opera *Psicologia del suono* (1883-90), che resta senz'altro il suo capolavoro.

Sturm, Johannes (Schleiden, Eifel, 1507 - Strasburgo 1589), pedagogista tedesco. Fondò il Gymnasium protestante di Strasburgo, una famosa scuola pubblica municipale, primo esempio di tale istituzione nell'umanesimo della riforma; comprendeva un livello elementare e un livello secondario. Sturm vi realizzò una concezione educativa basata sulla continuità e sull'obbligatorietà delle lezioni, su un organico numeroso di studenti, sulla gradualità dell'insegnamento, sul privilegio accordato alle lingue classiche rispetto alla lingua materna, e alle materie umanistiche rispetto all'insegnamento scientifico e matematico. Opere principali: *De literarum ludis recte aperiendis liber* (1538); *Epistulae classicae* (1565).

Suárez, Francisco (Granada 1548 - Lisbona 1617), filosofo e teologo spagnolo. Entrato giovanissimo nella Compagnia di Gesù (1564), insegnò filosofia a Segovia e teologia a Valladolid; tra il 1580 e il 1585 commentò la *Summa theologiae* di san Tommaso presso il Collegio Romano. Rientrato in Spagna, fu professore ad Alcalá e a Coimbra. L'ampia opera dottrinale di Suárez esprime lo sforzo di rivitalizzare la tradizione scolastica adeguandone linguaggio e prospettive al clima controriformistico spagnolo. In una delle sue prime opere, il *De Verbo incarnato* (1590), egli tenta di superare l'opposizione esistente fra scotisti e tomisti riguardo al tema dell'incarnazione: egli concorda con Tommaso nel rilevare che la maggior parte dei passi della Scrittura attribuisce la causa dell'incarnazione di Cristo alla volontà di redimere l'uomo dal peccato, ma aggiunge anche che la Bibbia considera l'incarnazione come piena manifestazione della gloria divina; la sua realizzazione storica non può perciò «dipendere» dal peccato dell'uomo. Oltre che nei commenti alla *Summa*, l'interesse di Suárez per la prospettiva aristotelico-tomista (→ tomismo) si manifesta in numerose altre opere, la più nota delle quali si intitola *Disputationes metaphysicae* (1597). Nei *Varia opuscola theologica* (1599) e nel *De vera intelligentia* (1605, edita nel 1655), egli interviene nella disputa sulla grazia che opponeva i gesuiti ai domenicani. Per contemperare l'affermazione della grazia divina con quella della libertà umana, egli propone la teoria del congruismo, affine alla soluzione di L. de Molina (→ molinismo). Dio non determina direttamente la volontà umana; ma, prevedendo gli avvenimenti futuri contingenti attraverso una forma speciale di conoscenza (la *scientia media*), elargisce all'uomo la grazia adeguata (*gratia congrua*), affinché possa operare il bene attraverso l'esercizio del libero arbitrio. Le dottrine politiche e giuridiche di Suárez sono esposte nel *De legibus ac Deo legislatore* (1612), opera che si impernia sulla distinzione fra diritto naturale e diritto delle genti: entrambi si estendono a tutti gli uomini, ma il primo è superiore al secondo, dal momento che i suoi precetti sono espressione diretta della legge eterna; il diritto delle genti è di istituzione umana, e contiene usi e costumi comuni a quasi tutte le nazioni.

subcontrarie, proposizioni, → quadrato aristotelico.

sublimazione, termine che in psicoanalisi indica il meccanismo responsabile di molte attività umane di tipo superiore (come la ricerca scientifica e la creazione artistica) le quali, sebbene siano in apparenza prive di qualsiasi riferimento alla → sessualità, derivano invece dalle → pulsioni sessuali parziali (cioè dalle componenti perverse e non genitali della sessualità) e dalle pulsioni aggressive. Generalmente l'oggetto dell'attività che risulta dal processo di sublimazione è socialmente connotato in termini molto positivi (come nel caso, per l'appunto, della produzione scientifica o artistica, o in quello della professione medica o infermieristica). Malgrado il suo evidente interesse come criterio esplicativo degli aspetti più caratteristici e apparentemente più irriducibili della condotta umana, il concetto di «sublimazione» è stato assai poco elaborato da Freud e dai primi psicoanalisti, che fra l'altro si sono quasi del tutto limitati a postulare la sublimazione delle pulsioni sessuali, mentre gli psicoanalisti successivi hanno affrontato il problema relativo alla sublimazione delle pulsioni aggressive. In particolare, non è facile indicare le caratteristiche che differenziano la sublimazione dal meccanismo della → rimozione. Uno dei rari testi in cui Freud esemplifica il lavoro della sublimazione, nel campo della produzione intellettuale e artistica, è *Un ricordo di infanzia di Leonardo da Vinci* (1910); mentre sul piano della terapia analitica lo stesso Freud non ne fornisce alcuna esemplificazione, pur affermandone al contempo l'importanza ai fini del buon esito della terapia stessa. Secondo alcuni psicoanalisti, la pulsione sessuale parziale denominata → scopofilia (o voyeurismo), consistente nel «piacere di guardare», potrebbe essere all'origine dell'insaziabile curiosità intellettuale che contraddistingue il ricercatore scientifico. Secondo Anna Freud (*I meccanismi di difesa*, 1937), la sublimazione fa parte dei meccanismi di difesa normali, più che non di quelli patologici.

sublime, termine designante un tipo di esperienza estetica — fatta oggetto di ampia discussione — che è distinta da quella del bello. Il problema del sublime, in riferimento alla retorica e all'estetica, ha il suo luogo d'origine in un passo del *Fedro* platonico (245*a*), dove si afferma che «chi giunga alle soglie della poesia senza il delirio delle Muse, convinto che la sola abilità lo renda poeta, sarà un poeta incompiuto e la poesia del savio sarà offuscata da quella dei poeti in delirio». La questione del sublime venne ampiamente dibattuta dai retori del sec. I a.C., divisi tra i sostenitori della retorica asiana di tono grandioso ed enfatico e gli atticisti (come Cecilio di Calatte, autore di un trattato *Del sublime*) che prediligevano invece un'elegante e accurata mediocrità stilistica. La polemica ci è testimoniata dal celebre trattato *Del sublime* [*Perì hýpsous*] conservato in un manoscritto del sec. X e attribuito a un Dionisio Longino, da taluni identificato (ma con scarsa attendibilità) con Dionigi d'Alicarnasso (noto scrittore dell'età di Augusto) o con Cassio Longino (erudito del sec. III d.C.). L'autore resta per ora un ignoto retore del sec. I d.C. il quale identifica il sublime col bello e ne ravvisa la genesi non nella perfezione dello stile, ma nel vigore dell'ispirazione e nella nobile passione come «risonanza di una grande anima». In tal modo l'anonimo autore subordina la precettistica formale al valore primario dell'ispirazione interiore o «divina follia». Il trattato, riscoperto nel 1554 e tradotto da N. Boileau nel 1674, venne ripreso da J. Addison sullo «Spectator» (1711-12). Addison, fraintendendo il senso del testo, pose per primo quella distinzione tra bello e sublime che doveva costituire un tema centrale dell'estetica sino a tutto l'Ottocento. La sua prima elaborazione è opera di E. Home e soprattutto di E. Burke (*Ricerca filosofica sull'origine delle idee del sublime e del bello*, 1756) che considera il bello e il sublime tra loro opposti. Il sublime non nasce dal piacere della misura e della forma bella, né dalla contemplazione disinteressata dell'oggetto, ma ha la sua radice nei sentimenti di paura e di orrore suscitati dall'infinito, dalla dismisura, da «tutto ciò che è terribile o riguarda cose terribili» (per es. il vuoto, l'oscurità, la solitudine, il silenzio ecc.; riprendendo questi esempi Kant dirà: sono sublimi le alte querce e belle le aiuole; la notte è sublime, il giorno è bello). Questo «orrore dilettevole» identificato da Burke consente così l'inserimento dell'informe e del «brutto naturale» nell'ambito dell'esperienza estetica.

Tale tesi, diffusa in Germania da M. Mendelssohn, venne ripresa da Kant nelle *Osservazioni sul sentimento del bello e del sublime* (1764) e soprattutto nella Analitica del sublime della *Critica del giudizio* (1790). Qui Kant ripete e approfondisce la fenomenologia empirica di Burke: il sublime non deriva, come il bello, dal libero gioco tra sensibilità e intelletto, ma dal libero conflitto tra sensibilità e ragione. Si ha pertanto quel sentimento misto di sgomento e di piacere che è determinato sia dall'assolutamente grande e incommensurabile (la serie infinita dei numeri o l'illimitatezza del tempo e dello spazio: *sublime matematico*), sia dallo spettacolo dei grandi sconvolgimenti e fenomeni naturali che suscitano nell'uomo il senso della sua fragilità e finitezza (*sublime dinamico*). Ma l'originalità di Kant consiste nell'aver impostato in modo trascendentale il problema: l'origine del sentimento del sublime non è nell'oggetto contemplato, bensì nel soggetto, nella «disposizione d'animo che risulta da una certa rappresentazione che occupa il giudizio riflettente» (*Critica del giudizio*, par. 25). In tal modo la ragione, costitutivamente volta all'incondizionato noumenico, può superare il limite fenomenico della sensibilità e pervenire alla conoscenza della propria superiore dignità ed essenza, non tramite un concetto (che darebbe luogo alle contraddizioni dialettiche della metafisica) ma in forza di un'emozione costitutiva della natura umana. Il sublime si pone così ai confini tra l'estetica e l'etica, come ribadì F. Schiller nei due saggi *Sul sublime* del 1793 e del 1801, affidando al sentimento del sublime una funzione educativa che corona e completa la fondamentale educazione estetica dell'uomo. La matrice kantiana è ugualmente riconoscibile nella concezione del sublime come presenza dell'infinito nel finito espressa da F. Schelling (*Sistema dell'idealismo trascendentale*, 1800) e nella terza parte di *Il mondo come volontà e rappresentazione* di A. Schopenhauer. In quest'ultimo tuttavia si capovolge la posizione morale kantiana, poiché il sublime, come il bello, non è più rivelazione di valori soprannaturali, ma intuizione dell'essenza dell'universo in quanto governato dalle cieche forze della natura. Hegel infine definisce arte del sublime l'arte orientale, per l'incapacità di esprimere in forme «classicamente» adeguate l'idea divina. La condanna di B. Croce, che negava al sublime una genuina valenza estetica, ravvisandovi un esclusivo riferimento alla problematica morale, spiega la recente rinascita dell'interesse per il sublime nel quadro della riflessione estetica e poetologica. In particolare, Jean-François Lyotard ha proposto (*L'entusiasmo*, 1986; *Lezioni sull'analitica del sublime*, 1991) una interpretazione del sublime inteso come lo spirito dell'avanguardia artistica che, nel rifiuto della figuratività e della bellezza come pacificazione, mira a rappresentare l'irrappresentabile o, più precisamente, a manifestare in via indiretta l'insufficienza di ogni rappresentazione rispetto all'ideale estetico.

sufismo, denominazione della corrente di maggior rilievo della mistica islamica (il termine deriva dal nome della veste di lana — in arabo *ṣūf* — dei primi asceti musulmani). Lo status della mistica nell'islamismo è complesso, legato alle contraddizioni, del resto feconde, presenti nella figura stessa di Maometto, mistico estatico, che riceve direttamente da Dio la rivelazione e che tuttavia non propone mai come modello queste sue esperienze, ma si esprime soprattutto come grande legislatore politico-religioso, impersonando così un ruolo di leader carismatico più che di asceta o di «uomo spirituale». L'esigenza mistica percorre comunque tutto l'Oriente, e la rivelazione coranica — accanto ai ben noti e prevalenti tratti cosiddetti «teocratici» — contiene elementi che, tra i secc. VII e X, vengono sviluppati sino a divenire base di un movimento ascetico-mistico quale appunto il sufismo. Tali elementi sono per es. il senso escatologico (precarietà dell'esistenza), l'invito alla continua preghiera (menzione litanica del nome di Dio, o *dhikr*), l'abbandono totale a Dio; essi assumono importanza centrale nelle prime esperienze «monastiche» intorno alla metà del sec. VII, in cui hanno un ruolo centrale il rifiuto del mondo, il ritiro, solitario o in compagnia con altri asceti (le future «confraternite»), il pentimento, la direzione spirituale, l'esame di coscienza, la ricerca dell'unione totale con Dio, ottenuta in momenti estatici, che talvolta sono favoriti da danze e musiche.
Si discute sulle possibili influenze religiose non islamiche sul sufismo: nonostante la difficoltà di documentarle precisamente, se ne ammette generalmente l'esistenza, soprattutto da parte del monachesimo cristiano siriaco. La ricerca mistica culmina, come si è detto, nell'unione con Dio, in cui il mistico giunge talvolta a enunciazioni estreme: non solo la proclamazione «io sono Dio» di al → Ḥallāğ, ma prima ancora quella di al-Bisṭāmi (prima metà del sec. VIII), che gridava «Lode a me», invece che «Lode a Dio»: enunciazioni che non vanno tuttavia intese in senso panteistico, ma restano sempre in un contesto spirituale dominato dalla rigorosa confessione dell'unità di Dio. Grande sistematore della mistica islamica fu al → Ghazālī, che contemperò ricerca spirituale e accettazione del quadro legalistico tradizionale. Ancora oggi il sufismo vive in alcune aree islamiche; sarebbe tuttavia errato ravvisarvi — come accade in taluni ambienti cristiani — la manifestazione più rilevante della religiosità islamica e l'interlocutore privilegiato nel dialogo interreligioso, data la grande prevalenza, nel quadro islamico attuale, della dimensione legale e teologico-politica.

suggestione, processo psichico per il quale l'individuo accetta, senza compiere alcuna verifica razionale, un contenuto mentale o una condotta provenienti da altri individui o istituzioni oppure da lui stesso (in quest'ultimo caso si parla di «autosuggestione»). La suggestione ha un meccanismo ideativo-motorio che assomiglia a quello dell'imitazione (caratteristica del bambino nei confronti dell'adulto) e svolge, sotto forma di «suggestione da prestigio» (accettazione acritica, e dettata da motivi sociali, di determinati atteggiamenti), un ruolo importante nei rapporti interpersonali, e pertanto il suo studio costituisce un capitolo della psicologia sociale. In passato la suggestione è stata utilizzata in alcune forme di psicoterapia. Come indicò fra i primi Benussi, la suggestione — più specificatamente l'autosuggestione — rappresenta la componente essenziale del processo ipnotico (→ ipnosi). Oggi gli psicologi tendono a fare un uso limitato del concetto di suggestione in quanto criterio esplicativo o, meglio, tentano di scomporlo in componenti scientificamente più rilevanti; e ciò soprattutto per reazione alla psicologia positivistica di fine Ottocento, la quale riteneva erroneamente di poter spiegare con il meccanismo della suggestione la quasi totalità della vita psichica normale e patologica.

Sullivan, Harry Stack (Norwich, New York, 1892 - Parigi 1949), psichiatra statunitense. Docente all'università del Maryland, fu tra i fondatori della Washington School of Psychiatry e della rivista «Psychiatry». Promotore di un approccio psicosociale all'interno della metodologia psichiatrica, operò uno spostamento nell'analisi della personalità, dai rapporti e conflitti intrapsichici a quelli interpersonali, formulando una teoria basata sulla nozione di «campo relazionale», secondo la quale la personalità individuale è un prodotto dell'interazione di campi di forza interpersonali, intesi molto concretamente come l'insieme delle situazioni sociali nelle quali il soggetto si è venuto a trovare nel corso della sua vita (*Teoria interpersonale della psichiatria*, 1953). Di qui il convincimento che la malattia mentale abbia origine da una perturbazione nelle relazioni interpersonali. Sullivan definì «dinamismo interpersonale» un processo di interazione tra soggetti che facilita o impedisce il consolidarsi di relazioni interumane soddisfacenti (dinamismi familiari, dinamismi paranoici ecc.). In *Il colloquio psichiatrico* (1954) il rapporto medico-paziente non è più concepito secondo lo schema sano-malato, ma come un tentativo di reciproca comprensione nel quale lo psichiatra, nella sua qualità di esperto, si pone al servizio del paziente. Sullivan intese svincolarsi da una metodologia diagnostica e terapeutica individualizzante attraverso una visione più attenta ai dinamismi che strutturano il soggetto. Fra le sue opere: *La moderna concezione della psichiatria* (1946); *Studi clinici* (postuma, 1956).

Sulzer, Johann Georg (Winterthur 1720 - Berlino 1779), filosofo svizzero. Dopo aver compiuto studi di teologia a Zurigo, attraverso il contatto con J.J. Bodmer e J.J. Breitinger fu attratto dai problemi dell'estetica. Trasferitosi a Magdeburgo nel 1724, entrò in rapporto con gli ambienti culturali berlinesi (J. Gleim, Eulero, Maupertuis ecc.), e divenne prima membro (1750) e poi (1775) direttore della classe di filosofia dell'Accademia delle scienze. Oltre all'opera più celebre e fortunata, *Teoria generale delle belle arti* (4 voll., 1771-74), va ricordata la raccolta di *Scritti filosofici vari* del 1773. La *Teoria generale*, che è una enciclopedia di temi estetici e critici, mostra una posizione — storicamente assai significativa — di superamento della concezione edonistica dell'arte e di affermazione della portata morale, sociale e storica della poesia, contro ogni forma di puro decorativismo. Se da un lato Sulzer appare come l'esponente delle correnti illuministiche, in particolare per il suo porre l'accento sul concetto di perfezione e di felicità cui l'arte può e deve condurre facendo leva sul senso del bello, per altro verso egli sviluppa, all'interno di tale prospettiva, motivi che andranno oltre l'illuminismo attraverso l'estetica kantiana. Sulzer rivendica infatti la specificità tanto del «bello» quanto dell'«arte bella» (distinta — quest'ultima — dall'arte come semplice processo tecnico o «meccanico») e del relativo sentimento, attraverso un'ampia analisi della peculiarità del gusto e del suo rapporto con il genio.

summa, termine latino usato dai pensatori medievali per indicare l'esposizione sistematica di una data materia (filosofia, teologia, astronomia ecc.). L'origine delle *summae* va ricondotta al genere letterario dei florilegi o delle sentenze; già nell'alto medioevo l'esigenza di avere un'esposizione completa delle verità rivelate, stante la difficoltà di procurarsi i manoscritti rari e costosi, portò all'uso frequente di compendi ed estratti, detti latinamente *sententiae*. Con Anselmo di Laon, questo genere compì i maggiori progressi: ci sono pervenute diverse raccolte di *sententiae*, provenienti dalla scuola di Laon, nelle quali non ci si limita più a riportare il testo del maestro, ma si introducono riflessioni nuove, sviluppi personali del tema. Abelardo trasformò poi le sentenze in compendi sistematici e ragionati delle verità rivelate. Per esprimere questo carattere nuovo si ricorse al termine *summa*: lo usarono per primi Abelardo stesso (a proposito della sua *Introductio ad theologiam*) e Ugo di San Vittore (a proposito del suo *De sacramentis*). Su questa linea sistematica si muovono il *Decretum* di Graziano e i *Libri quattuor sententiarum* di Pietro Lombardo, che furono i modelli principali delle *summae* del sec. XIII; la *Summa theologiae* e la *Summa contra gentiles* di Tommaso d'Aquino; la *Summa universae theologiae* di Alessandro di Hales; la *Summa de creaturis* di Alberto Magno.

Sumner, William Graham (Paterson, New Jersey, 1840 - Englewood, New Jersey, 1910), sociologo statunitense. Dopo essere stato pastore presbiteriano, ricoprì dal 1872 l'incarico di docente di scienze politiche e sociali a Yale. La sua opera rappresenta in modo significativo le tendenze e le contraddizioni della sociologia evoluzionistica tra Ottocento e Novecento. In una prima fase, condizionata dal pensiero di H. Spencer e da certi aspetti dell'etica protestante, i suoi lavori si muovono nell'ambito del darwinismo sociale, del quale Sumner fu considerato in America l'esponente più autorevole. In saggi dal titolo trasparente (*L'assurdo sforzo di rifare il mondo*; *Il potere e l'azione benefica del capitalismo* ecc.) Sumner fonda la propria difesa del ruolo «naturale» della borghesia sulle nozioni di lotta per l'esistenza e di selezione naturale, insistendo sugli effetti benefici della concorrenza, della disuguaglianza e del potere dei capitani d'industria. A partire dal 1893 egli si dedicò a un imponente lavoro di ricerca comparata sulle culture, conducendo a termine la sua opera fondamentale, *Costumi di gruppo* (1906), che fornì allo sviluppo della sociologia e dell'antropologia una serie di stimoli e concetti importanti. I costumi di gruppo (*folkways*) sono usanze collettive imitate e ripetute, e quindi fissate in modelli di comportamento, perché rivelatesi efficaci per l'azione sociale e per l'ordine della società. Dai *folkways* Sumner distingue i *mores*, che costituiscono la componente ufficiale coercitiva e stabile della normativa. Costumi collettivi e *mores* sono il fondamento delle istituzioni e in genere della vita sociale. Importante è anche la distinzione tra *in-groups* (o gruppi «del noi») e *out-groups* (gruppi «del loro»): i primi sono caratterizzati da atteggiamenti che Sumner qualifica come etnocentrici, introducendo così una nozione destinata ad avere molta fortuna nella letteratura antropologica e sociologica successiva.

Sunna, termine arabo (che significa «condotta, comportamento») designante una delle quattro fonti della teologia e del diritto musulmani, insieme al Corano, all'*iğmā'* o consenso e al *qiyās* o analogia. Essa consiste in un detto, in un fatto o in un silenzio (inteso come tacito assenso) di Maometto in determinate circostanze della sua vita: condotta cui è stata attribuita efficacia normativa perché ispirata da Dio, e che diviene fonte di diritto per risolvere determinati quesiti giuridici. Fonti della Sunna sono i racconti (*ḥadīth*) che riferiscono appunto di un determinato comportamento di Maometto e che sono stati trasmessi oralmente da una catena di testimoni. Lo studio di questi ḥadīth è oggetto di una particolare scienza che ha tra i suoi compiti quello di accertarne l'autenticità.

sunniti, i seguaci dell'ortodossia musulmana (→ Sunna; → Islam).

superamento, → Aufhebung.

Super-Io, termine con cui Freud nella sua seconda teoria dell'→ apparato psichico designa una delle tre istanze della personalità (le altre due sono l'→ Es e l'→ Io). Il Super-Io, che nasce da una differenziazione dell'Io, è parzialmente inconscio, e pertanto, pur svolgendo una funzione di controllo e di autocritica, non coincide con il concetto di «coscienza morale» della tradizione etica occidentale. Preceduto e preparato — nella prima fase del pensiero freudiano — da concetti quali «censura» e «senso di colpa», il termine «Super-Io» compare per la prima volta in *L'Io e l'Es* (1923), in seguito allo studio, da parte di Freud, della melanconia e del lutto patologico, che lo convincono dell'esistenza, al di là dell'Io, di un'istanza autonoma che continuamente si pone a giudice più o meno severo dell'Io stesso. Geneticamente, il Super-Io, sempre secondo Freud, compare come istanza differenziata in concomitanza col venir meno del complesso edipico, cioè dopo i cinque anni di vita, quando il bambino interiorizza il divieto, sacrificando a esso il desiderio incestuoso e in qualche modo compensandolo mediante l'identificazione con i genitori. Successivamente, ai divieti provenienti dai genitori si aggiungono quelli provenienti dalle istituzioni sociali e religiose, ed è da essi che il Super-Io trae un ulteriore rafforzamento. Molti psicoanalisti contemporanei ritengono, al contrario di Freud, che il Super-Io si formi in un'età molto più precoce di quella corrispondente al declino del complesso edipico, o perlomeno ritengono che già nelle prime fasi della vita individuale compaiano alcuni elementi embrionali del successivo Super-Io; in particolare, secondo Melanie Klein il Super-Io compare fin dalla → fase orale, in seguito all'introiezione degli oggetti buoni e degli oggetti cattivi.

Al concetto di «Super-Io» vanno strettamente associati i concetti di «ideale dell'Io» e di «Io ideale»; in *L'Io e l'Es* Freud identifica l'ideale dell'Io con il Super-Io, mentre in altri scritti, tanto anteriori quanto successivi a questo, e in modo particolare nell'*Introduzione al narcisismo* (1914), egli ricorre a tale espressione per indicare il metro con lui l'Io valuta non già il proprio livello di moralità, bensì il proprio livello di efficienza reale, e assegna alla convergenza degli ideali dell'Io dei vari individui un ruolo fondamentale nella costituzione del gruppo sociale (*Psicologia delle masse e analisi dell'Io*, 1921). Quanto all'io ideale (che Freud non distingue dall'ideale dell'Io) secondo alcuni autori postfreudiani (fra cui D. Lagache e H. Nunberg) esso corrisponde a una formazione narcisistica inconscia distinta e anteriore rispetto al Super-Io, e caratterizzata da un ideale di onnipotenza dovuto allo stato originario di indistinzione dell'Io rispetto all'Es, oppure all'identificazione primaria con la madre vissuta come onnipotente.

suppositio, nella filosofia del linguaggio medievale, la relazione di riferimento tra un'espressione linguistica e ciò per cui essa sta («Dicitur suppositio quasi pro alio positio»: Guglielmo di Occam, *Summa logicae* I, 72). Teorie della suppositio anche notevolmente differenti l'una dall'altra furono proposte da Guglielmo di Shyreswood, Pietro Ispano, Guglielmo di Occam e molti altri. Nella teoria di Occam, un termine ha suppositio per una cosa se (e solo se) esso è «predicato veracemente di quella cosa». Di conseguenza, la suppositio di un termine è determinata dall'insieme delle proposizioni vere in cui il termine compare; ma nell'uso più frequente, la suppositio di un termine è concepita come relativa a ciascuna proposizione a cui il termine appartiene. Un termine *soggetto* «sta per» l'oggetto di cui il predicato della proposizione è predicato; un termine *predicato* «sta per» l'oggetto che fa da soggetto alla proposizione. Per es. nella proposizione «Socrate è bianco» il predicato 'bianco' ha suppositio per Socrate, cioè «sta per» Socrate. Per i vari tipi di suppositio: → linguaggio, filosofia del.

Suso, Enrico, nome latinizzato di Heinrich Seuse (Überlingen, Costanza, 1290 ca - Ulma 1366), filosofo e mistico tedesco. Lettore a Costanza, venne allontanato dall'insegnamento per la difesa che egli svolse delle dottrine del suo maestro Meister Eckhart. Unica fonte di notizie su di lui è la *Vita di Suso* redatta da Elisabeth Stagel, primo esempio di biografia della letteratura tedesca. Suso scrisse il *Libretto della verità* (1327 ca); il *Libretto dell'eterna saggezza* (1328-30 ca, poi ampliato nell'*Horologium sapientiae*); *Prediche*, *Lettere* e l'*Esemplare* (a correzione di inesattezze apparse nelle sue opere). Nel *Libretto della verità* è svolto il tema neoplatonico del ritorno dell'uomo a Dio, mediato dal Cristo; fonte palese di questo scritto è il pensiero dello Pseudo-Dionigi l'Areopagita. Ma il capolavoro di Suso è il *Libretto dell'eterna saggezza*, la cui influenza fu assai vasta e il cui valore, dopo un periodo di oblio, venne riscoperto nel secolo scorso. In quest'opera, che ben rappresenta lo spirito della mistica tedesca, l'anima, inquieta per la vana ricerca della verità e della pace, dialoga col Cristo e trova, nella contemplazione dell'umanità sofferente di Gesù, congiunta alla divina trasfigurazione, la via della possibile liberazione e catarsi.

sviluppo mentale, → psicologia dell'età evolutiva.

Swedenborg, Emanuel (Stoccolma 1688 - Londra 1772), scienziato e mistico svedese. La prima fase della sua attività fu interamente rivolta alle scienze naturali, secondo le concezioni meccanicistiche di Cartesio e Newton che egli studiò nell'università di Uppsala e in Inghilterra. Assessore dell'Istituto minerario di Stoccolma, pubblicò l'*Opera philosophica et mineralia* (1734); *Oeconomia regni animalis* (3 voll., 1740-41, 1747); *Regnum animale* (1747); in questi ultimi scritti è particolarmente indagato il problema del rapporto tra corpo e anima. Sin dal 1736 Swedenborg comincia però a sperimentare visioni, alterazioni della personalità psicosomatica e stati paranormali che lo conducono a una profonda crisi religiosa, culminata nel 1745 a Londra, quando egli si crede investito da Dio del compito di fornire una nuova interpretazione delle Sacre Scritture. A questa impresa dedica la seconda parte della sua vita, sia ispirando la chiesa della «Nuova Gerusalemme», fondata dai suoi seguaci e tuttora fiorente, sia traducendo le sue visioni e i suoi colloqui con gli spiriti dell'aldilà in ponderose opere, la più celebre delle quali (*Arcana coelestia*, 8 voll., 1749-56) è ironicamente criticata da I. Kant nei *Sogni di un visionario spiegati con i sogni della metafisica* (1766). È autore inoltre di *De nova Hierosolyma* (1758), di *Vera christiana religio* (1771) e dei *Diari*, ove sono annotate le sue allucinazioni ed esperienze extrasensoriali. Il pensiero teosofico-spiritico di Swedenborg si rifà alla tradizione neoplatonica (di cui aveva studiato in Inghilterra la versione fornitane dalla scuola dei platonici di Cambridge): il mondo è l'infinita emanazione dello spirito divino; esso è popolato e percorso da influssi buoni e malvagi, incarnati da esseri soprannaturali angelici e diabolici; l'uomo (che è in piccolo un'immagine dell'intero universo) è libero di scegliere tra questi impulsi, e il suo perfezionamento spirituale continuerà anche dopo la morte del corpo e secondo il carattere di ciascun individuo.

Szasz, Thomas Stephen (Budapest 1920), psichiatra e psicoanalista statunitense di origine ungherese. Trasferitosi negli Stati Uniti, si laurea in medicina a Cincinnati (1944), e successivamente completa la formazione medica (in psichiatria e neurologia) a Chicago. Ha esercitato presso numerosi ospedali e poi nel Medical Center della State University of New York. Politicamente attivo nel movimento antipsichiatrico (→ antipsichiatria) degli anni Sessanta-Settanta, nelle sue opere (*Il mito della malattia mentale*, 1961; *L'etica della psicoanalisi*, 1965; *Ideologia e pazzia*, 1970; *I manipolatori della pazzia*, 1970) ha tentato, sulla base di una critica al modello psichiatrico tradizionale, di ridefinire la nozione di follia in nome dei diritti individuali, contro le spinte autoritarie della psichiatria tradizionale.

Szilasi, Wilhelm (Budapest 1889 - Friburgo 1966), filosofo ungherese. Insegnò a Budapest, e dopo il 1920 (insieme a L. Landgrebe, E. Fink, J. Patočka) frequentò a Friburgo, dove poi insegnò nel secondo dopoguerra, i corsi di Husserl e le riunioni dei fenomenologi. Rifacendosi anche alle prospettive di Heidegger, trattò soprattutto il rapporto tra filosofia e scienze naturali e, in special modo, il ruolo della filosofia come modello disciplinare. Prese inoltre in esame il pensiero di Platone, Aristotele e Kant, tentando di operare fra le loro dottrine epistemologiche una mediazione guidata da un particolare interesse per la filosofia del linguaggio (*La scienza come filosofia*, 1945; *Potenza e impotenza dello spirito*, 1946; *Introduzione alla fenomenologia di E. Husserl*, 1959; *Filosofia e scienza della natura*, 1961). Negli scritti raccolti in *Fantasia e conoscenza* (1969) sviluppò una nozione di immaginario affine a quella lacaniana (basata cioè sulla definizione di inconscio come sede di ciò che non viene comunicato, né a sé, né ad altri) recepita dall'antipsichiatria, specie in area britannica.

Szondi, Peter (Budapest 1929 - Berlino 1971), germanista e teorico della letteratura ebreo ungherese. Negli anni 1948-54 studiò a Zurigo, seguendo i corsi di Th. Spoerri ed E. Staiger.

Nel 1956 pubblicò la tesi, *Teoria del dramma moderno*, e nel 1961 la tesi di abilitazione, *Saggio sul tragico*. Insegnò alla Freie Universität di Berlino nel 1956, dove appoggiò i movimenti studenteschi. Fin dal primo lavoro, Szondi rivolse il proprio interesse al fatto letterario inteso come evento particolare e alla sua genesi, senza tuttavia accogliere le premesse antropologiche e ontologiche della critica stilistica di Staiger; mirò invece a fondarsi su una teoria dei generi come storia dei generi, e per delinearne la dialettica non si rifece alle correnti dottrine del materialismo storico, bensì alle diverse indicazioni di W. Benjamin, Th.W. Adorno, G. Lukács. La sua proposta assumeva così la forma di una metodica in cui riflessione critica, poetica e filosofica cercavano un rapporto di continuità e di reciproca integrazione. Il pensiero estetico dell'età di Goethe gli apparve come il momento storico più favorevole a una «scienza della letteratura», in cui lo studio delle opere d'arte è ancora legato tanto a una più ampia ricerca speculativa, quanto all'atto della loro produzione. Contro l'intreccio di metodiche positivistiche e comparativistiche dominanti la critica letteraria, rivendicò la considerazione del testo (passo, opera o *opus*) non come epifenomeno o espressione di fatti extraletterari, bensì come un'entità autonoma e anzi individuale, ma il cui senso non è ineffabile, in quanto è segnato dall'adorniana «logica dell'essere prodotto» (*Saggio sull'ermeneutica filologica*, 1962). Anche l'ermeneutica filosofica apparve a Szondi sempre più un sistema di procedure che, per motivi opposti, minacciano di ridurre le opere d'arte a espressioni di filosofemi e necessitano quindi di una revisione basata sulla tradizione filologica (*Introduzione all'ermeneutica letteraria*, 1975).

tabù, forma francesizzata — di uso comune — del termine originale polinesiano *tabu*, che indica la particolare condizione di persone, di luoghi, di tempi, di oggetti, verso i quali è necessario compiere o evitare determinati atti, che in tutti gli altri casi sarebbero vietati oppure permessi. La nozione è stata introdotta in Europa nel 1777 dal capitano J. Cook, che aveva notato il termine in diverse isole del Pacifico (Tonga, Sandwich, Isole della Società). L'identificazione di base fra «tabù» e «sacro» (questo, però, individuato soltanto come → mana) è dovuta a W. Ellis, il quale afferma (*Ricerche polinesiane*, 1829) che «tabù» esprime sostanzialmente una connessione con gli dei. La prima sistemazione tipologica dei tabù, con la raccolta di tutti i possibili materiali del folclore europeo, delle tradizioni classiche antiche, dei costumi delle popolazioni etnologiche d'America, dell'Asia e dell'Africa, è stata fatta dall'etnologo britannico J. Frazer in varie opere, ma soprattutto in *I tabù e i pericoli dell'anima* (1911). Frazer mette in rilievo i comportamenti tabuizzati che riguardano i rischi di perdita e fuga dell'anima e di «esposizione» della potenza vitale o di particolari potenze, quali quelle del sacerdote, del mago ecc. Il tabù è dunque, per Frazer, un meccanismo che sacralizza e difende talune persone, oggetti o realtà, e quindi costituisce un aspetto negativo della magia. Si ha pertanto un isolamento delle persone e delle cose tabuizzate, che è di per sé ambivalente, e che le rende, nello stesso tempo, sacre e impure. Nella scuola sociologica francese — che vede nel sacro una «proiezione» del potere della collettività — M. Mauss definisce i tabù come «riti negativi», opposti ai vari riti positivi, quali i sacrifici, la comunione ecc. Egli sostiene che le costrizioni e le proibizioni sono il segno distintivo dell'azione diretta della società (*Saggio di una teoria generale della magia*, 1902-03). Nella stessa direzione si muove E. Durkheim, che chiama i tabù «interdetti», e fissa il concetto che il tabù è legato al sacro e gli esseri sacri sono, per definizione, esseri «separati». Tutto il sistema degli interdetti ha la sua radice nella distinzione e nell'antagonismo fra sacro e profano, e serve a circoscrivere la contagiosità del sacro (*Le forme elementari della vita religiosa*, 1912). È difficile, tuttavia, comprendere il meccanismo della tabuizzazione, che scatta immediatamente come necessità di «separare» il sacro dal profano, senza tener presente il concetto di → potenza, come campo del «sacro», molto più vasto di quello della religiosità, e tale da spiegare l'ambivalenza dell'«impurità», della «contaminazione». Le tabuizzazioni cui sono assoggettate le donne in tutte le società a causa delle loro funzioni fisiologiche (mestruazioni, gravidanza, parto, puerperio, allattamento), e che fanno sì che esse vengano isolate, evitate (la «capanna della mestruante» è appunto il luogo dove le donne si debbono ritirare in tutti questi periodi), non si spiegano direttamente con il «sacro», ma con il fatto che esse sono ritenute in contatto con il mondo della potenza, perché è attraverso il loro corpo che passa la vita, che viene dall'al-di-là, dal prima della vita e dal dopo la morte. Se questo «contatto» le rende pericolose, contaminanti per gli uomini, la loro pericolosità si esprime, però, come «impurità», e le esclude da tutto ciò che è «sacro». Le donne sono, cioè, «congenitamente impure» (A. Adkins, *Merito e responsabilità. Uno studio sui valori greci*, 1960).

Del tabù si è largamente occupato Freud, che pone un tipico parallelismo fra tabù etnici e tabù individuali nevrotici, presenti nelle nevrosi ossessive (*Totem e tabù*, 1913). La nevrosi ossessiva, come «delirio di toccare», dipende da un fatto fondamentale che si è manifestato nella prima infanzia, il «piacere di toccare», che è stato proibito. A Freud riesce però difficile spiegare come siano sorte queste ossessioni, per cui egli fa ricorso a ipotesi sulle «origini» che, in quanto tali, sono inverificabili. Alcuni studiosi hanno tentato, in un secondo tempo, di rivedere le varie concezioni sul tabù, per circoscriverle nei diversi contesti culturali. In questo senso ha operato, per es., B. Malinowski, nell'ambito della sua concezione funzionalistica della cultura. I *tabù dinamici* sarebbero, per Malinowski, quelli connessi con particolari condizioni di rischio, per es. con le azioni che servono a produrre e a ottenere dei beni necessari all'esistenza. Questi tabù sono particolarmente evidenti nel sistema di scambi cerimoniali *kula*: durante il viaggio delle canoe nei vari arcipelaghi della Nuova Guinea orientale (*Gli Argonauti del Pacifico Orientale*, 1922), le donne sono tenute a particolari comportamenti, come piangere o non piangere, non uscire, non avere rapporti sessuali ecc. Ma quello che Malinowski crede di spiegare — e cioè che «se una donna si comportasse male, la canoa del marito andrebbe lentamente» — non appare affatto spiegato, perché il *tabù* sta appunto a sottolineare la connessione fra ciò che fa la donna e ciò che succede nell'oceano lontano da lei, cosa che è del tutto al di fuori di una «funzionalità» concreta. A. Radcliffe-Brown ritiene che sia il tabù stesso a determinare una condizione di ansia e di angoscia, secondo un *istinto di paura* che sarebbe proprio dei primitivi e dei bambini (*Tabù*, 1939). Si rientra così nell'ambito delle ipotesi di tipo psicologico, il che testimonia quanto sia complesso e ancora insufficientemente spiegato il fenomeno della tabuizzazione. *I. Ma.*

tagmemica, concezione proposta e sviluppata dal linguista statunitense K.L. → Pike, a partire dagli anni Cinquanta, per l'analisi delle lingue e in generale di tutto il comportamento umano che presenti la proprietà di essere strutturato. Secondo la tagmemica, ogni lingua è strutturata in tre modi (fonologia, grammatica e lessico) interrelati, ma con un grado considerevole di indipendenza reciproca. Unità della tagmemica è il tagmema come «posto» in una struttura o funzione grammaticale, insieme con la classe di elementi che possono occupare quel posto: per es., come tagmema necessario per l'analisi della lingua inglese è indicato il «nome-come-soggetto», dove «nome» si riferisce a una classe di morfemi o parole intersostituibili o paradigmaticamente correlate, capaci di soddisfare una certa funzione grammaticale, e «soggetto» si riferisce alla funzione che può essere svolta da una o più classi di elementi.

Taine, Hippolyte (Vouziers, Ardenne, 1828 - Parigi 1893), storico, saggista e filosofo francese. Dopo gli studi alla Ecole Normale e un periodo di insegnamento in provincia, si fece conoscere col *Saggio sulle favole di La Fontaine* (1853), seguito dal *Saggio su Tito Livio* (1856), dai *Saggi di critica e storia* (1856) e dalla *Storia della letteratura inglese* (1863), opere che gli valsero la cattedra di estetica e storia dell'arte nella Scuola delle belle arti di Parigi (1864). All'ambiente accademico, allora dominato dallo spiritualismo eclettico di V. Cousin, Taine oppone una critica circostanziata e pungente nei *Filosofi francesi del XIX secolo* (1857). Nel trattato *Sull'intelligenza* (1870), oltre a esaminare criticamente le dottrine psicologiche contemporanee, egli tentò una sintesi originale dell'idealismo hegeliano con il fenomenismo di J.S. Mill e con il positivismo evoluzionistico di H. Spencer. Il suo intento principale era la riduzione della filosofia a psicologia (includente l'antropologia e la linguistica), alla quale veniva applicato il metodo della scomposizione delle immagini che Taine riteneva altrettanto scientifico quanto la scomposizione, da parte del fisiologo, dell'organismo in cellule. Ne derivava la dissoluzione di ogni sostanzialismo spiritualistico e del dogmatismo metafisico relativo all'anima e al mondo esterno: l'una e l'altro risultavano essere processi di aggregazione dialettica riducibili alle percezioni milliane e alla legge dell'evoluzione dal semplice al complesso di Spencer. I risultati più originali furono però raggiunti da Taine nel campo dell'estetica (*Filosofia dell'arte*, 1865; e i diari che sono tra i capolavori del genere: *Viaggio ai Pirenei*, 1855; *Viaggio in Italia*, 1866; *Note sull'Inghilterra*, 1872): l'opera d'arte non è un prodotto casuale, ma è il frutto (riducibile come ogni fatto storico a cause determinate) del clima, della situazione economico-geografica e della vita socio-politica. Come tutti i fenomeni indagati dalla filosofia della storia anche la «facoltà dominante» dell'artista è una funzione della *razza*, dell'*ambiente* fisico e sociale e del *momento* (cioè della somma delle forze storiche e naturali che agiscono deterministicamente sugli individui).

I limiti di queste tesi, che costituiscono peraltro uno dei più significativi esempi di estetica positivistica, si palesano soprattutto nei tentativi classificatori svolti da Taine secondo i tre criteri della generalità dell'idea, del valore morale e della pienezza dell'espressione, criteri che consentirebbero di disporre le opere d'arte in una ideale scala di valori; oppure nella pretesa di periodizzare le epoche della storia dell'arte in base alle categorie hegeliane di tesi, antitesi e sintesi. Queste analisi, se hanno il merito di sollevare la critica estetica a dignità storico-scientifica, lasciavano peraltro irrisolto il problema filosofico dell'essenza dell'opera d'arte che lo stesso Taine considerava non riducibile, nel suo momento creativo, agli elementi critico-genetici. Dopo la sconfitta della Francia nel 1870, Taine si dedicò alla monumentale opera storica *Le origini della Francia contemporanea* (6 voll., 1875-93), rimasta incompiuta nella sua terza parte.

Altre opere: *Il positivismo inglese. Studi su J.S. Mill* (1864); *Nuovi saggi di critica e di storia*

(1878); *Ultimi saggi di critica e di storia* (1892); *Epistolario* (4 voll., postumo, 1904-07).

Talete di Mileto (Mileto secc. VII-VI a.C.), filosofo greco. Il «più saggio dei sette sapienti»: così la tradizione presenta quest'uomo leggendario (cfr. Diogene Laerzio, I, 28-33), del quale non ci è pervenuto alcun frammento né alcuna opera, se mai ne scrisse (*ibid.*, I, 23). Le testimonianze ce lo presentano come una personalità multiforme, dotata di ingegno pratico e speculativo. Aristotele ne fa un esperto della crematistica (*Politica*, 1259*a* 6-22), cioè dell'arte di procacciar ricchezze, ed Erodoto ce lo presenta ora come ingegnere militare al seguito di Creso (Erodoto, *Le storie*, I, 75), ora come uomo politico, sostenitore di una federazione di città ioniche contro i persiani (*ibid.*, I, 170). Fu anche matematico e astronomo: secondo la tradizione dossografica, preannunciò un'eclisse totale di Sole (probabilmente quella del 28 maggio 585) e osservò l'ineguaglianza del ciclo dei solstizi. Gli vengono anche attribuiti numerosi teoremi di geometria (Proclo, *Commento al primo libro degli Elementi di Euclide*, 157, 250-251, 299, 352) e la scoperta di un metodo per determinare l'altezza delle piramidi, misurandone l'ombra a quell'ora del giorno in cui l'ombra di un qualunque corpo, agevolmente misurabile, è di lunghezza pari all'altezza del corpo che la proietta (Plutarco, *Convivio dei sette sapienti*; Plinio il Vecchio, *Storia naturale*).

Ma ciò che fa di Talete un pensatore originale e l'iniziatore della riflessione filosofica è l'atteggiamento scientifico, radicalmente nuovo, con il quale affronta l'indagine della natura: per lui non si tratta più di raccontare in forma poetica le origini del mondo o di ricondurre la molteplicità del reale al mistero insondabile del Caos, ma di ricercare un principio razionale interno alla natura stessa, causa del suo divenire. È per questo che, nel I libro della *Metafisica* di Aristotele, Talete viene indicato come il «progenitore» di quella filosofia che ricerca la natura stabile al di là del mutamento, vale a dire quel sostrato permanente di cui tutte le cose sono costituite, «primo inizio del loro divenire e [...] termine ultimo, procedendo verso il quale esse si distruggono» (*Metafisica*, 983*b* 6-10). Tale natura è, secondo Talete, l'acqua, ma già Aristotele, che non doveva possedere più notizie precise intorno alla sua dottrina, non sa dire quali argomentazioni la sostenessero: se perché «il nutrimento di tutte le cose è umido», o se perché «i semi di tutte le cose hanno natura umida» (*ibid.*, 983*b* 12-16).

Talmud, termine, derivante dalla radice ebraica *lmd* («studiare»), che designa sia lo studio in generale sia, in particolare, il complesso dell'esegesi della → *Mishnah*, raccolto nelle due compilazioni dette Talmud palestinese o di Gerusalemme e Talmud babilonese. Il Talmud è quindi formato dal testo della *Mishnah* e dall'esegesi dei dottori amorei («espositori»), che viene indicata con il nome di *Gemarâ*. Tale esegesi mira a risolvere le contraddizioni interne dei testi mishnici, a chiarire i punti oscuri (non soltanto sulla base dell'interpretazione giuridica e ritualistica della → halakhah, ma anche su quella a carattere omiletico-edificante della → haggadah) e a sviluppare un'ampia casistica etico-giuridica e rituale.

La *Gemarâ* non si riferisce a tutti i sei ordini della *Mishnah*, perché gli amorei, con motivazioni diverse a seconda della loro origine palestinese o babilonese, ne hanno ignorato le sezioni prive di interesse pratico e immediato per i nuclei ebraici entro i quali operavano, a causa delle mutate condizioni storiche e socioeconomiche.

Il Talmud palestinese si estende a 39 trattati della *Mishnah*, è probabilmente opera collettiva dei maestri delle accademie di Cesarea, Seffori e Lidda e risale alla metà del sec. IV o all'inizio del sec. V d.C. Esso presenta notevoli differenze da quello babilonese: la principale è costituita dal metodo di discussione, che nel primo è più sintetico e rifugge dalle minuziose analisi contraddittorie e dall'esegesi sistematica dei testi mishnici, riducendo e spesso omettendo completamente i materiali omileticonarrativi che nel Talmud babilonese costituiscono più di un terzo dell'intera opera. La lingua del Talmud palestinese è l'aramaico occidentale, ricco di imprestiti lessicali dal greco. La diffusione del Talmud palestinese nella diaspora ebraica fu assai limitata, e la sua autorità canonica venne accettata soltanto dalle comunità dell'Italia meridionale, che nel medioevo erano legate all'ebraismo palestinese da stretti vincoli religiosi e culturali.

Il Talmud babilonese è il prodotto dell'opera esegetica delle varie generazioni di amorei, succedutesi nelle tre grandi accademie di Sura, Pum Beditha e Nehardea. La redazione dell'opera risale probabilmente agli inizi del sec. V d.C.: la sistemazione testuale definitiva si fa rimontare all'epoca dei «saborei» (dalla radice ebraica *sbr*, «emettere opinioni»), i discepoli degli ultimi amorei, che avrebbero messo per iscritto l'ultima tradizione orale, nella versione attribuita al capo dell'Accademia di Sura, Rabina II (morto nel 499 d.C.). Nel Talmud babilonese il dibattito è indirizzato talvolta verso la formulazione di una norma legale obbligante e definitiva, talvolta alla presentazione di una gamma di soluzioni possibili. Il Talmud babilonese presenta l'esegesi di poco più di 36 dei 63 trattati della *Mishnah*, tuttavia è un'opera assai più vasta del Talmud palestinese, e normalmente occupa venti volumi in folio per circa 6000 pagine. La lingua è l'aramaico orientale, parlato dagli ebrei di Babilonia, con larghe infiltrazioni ebraiche. Arricchito di numerosi commenti (cinque sono riprodotti in tutte le edizioni a stampa), il Talmud babilonese costituisce la base del pensiero, della prassi e della coscienza ebraica fino all'età moderna (e ancor oggi per l'ebraismo ortodosso). Dal sec. XIII al XVI, numerosi furono gli interventi censorii, i sequestri e i roghi del Talmud, oggetto di calunnie (talvolta su istigazione di ebrei convertiti) e di appassionate difese (per es. da parte dell'umanista J. Reuchlin).

tantrismo, termine designante un insieme di dottrine rituali, mitologiche, etiche, di carattere iniziatico-esoterico, formatesi a partire dai secc. IV-V d.C. al di fuori dell'ortodossia brahmanica indiana. Deriva dal vocabolo sanscrito *tantra* (propriamente «trama», e quindi «testo»), con il quale si indicano i testi canonici dello śivaismo, del viṣṇuismo e dello śaktismo. Più comunemente viene chiamato tantrismo quello che dovrebbe dirsi śaktismo, essendo incentrato sul culto della → śakti, aspetto femminile della divinità, succedaneo dei culti della Gran Madre dei tempi preistorici.
Il sincretismo filosofico e il ritorno a pratiche rituali di tipo individuale, nonché l'apertura, di diritto, anche alle caste inferiori e la vasta assimilazione di elementi autoctoni dell'India hanno consentito al tantrismo una notevole diffusione; ma alcune delle sue sette, a causa di eccessi rituali contrastanti con la morale brahmanica o buddhista tradizionale (uso della carne e del vino, pratiche sessuali illecite ecc.), sono state emarginate. Sussistono tuttora, invece, quegli elementi tantrici dottrinali e rituali che sono stati incorporati soprattutto nello śivaismo e nel viṣṇuismo. Di particolare interesse è l'uso dei *mantra*, formule invocatorie e mistiche di carattere simbolico, incentrate sul valore metafisico e cultuale della Parola (Vāc), espressione suprema del divino e principio primo della creazione.

tao, concetto fondamentale del pensiero cinese. Insieme con la duplice nozione di → *yin* e *yang*, costituisce una costante della storia della religione e della filosofia cinesi, sin dalla più remota antichità. Il termine significa ancora oggi, nel linguaggio comune, «via, cammino» (e, per estensione, «corso delle cose») e sta a indicare il principio di movimento che agisce in ogni processo naturale: movimento inteso non come moto meccanico, ma come flusso vitale e continuo che forma il tessuto stesso della realtà. L'elemento dinamico del tao è dovuto all'alternanza delle due forze complementari e opposte, lo yin (principio femminile, passivo, freddo) e lo yang (principio maschile, attivo, caldo), la cui azione combinata presiede ai mutamenti di tutto l'universo. Il tao — che per i filosofi taoisti (→ taoismo) costituisce l'elemento primo nel quale bisogna immedesimarsi con abbandono per sfuggire alle limitazioni della vita sociale — è tuttavia una nozione cui fanno riferimento anche le altre scuole di pensiero cinesi, compresa quella confuciana, con variazioni di contenuto a seconda delle epoche e delle tendenze.

taoismo, termine che designa sia un sistema filosofico sia una religione organizzata, derivati entrambi dall'insegnamento di uno dei grandi filosofi cinesi dell'antichità, Lao-Tzu, che la tradizione vuole contemporaneo di Confucio (secc. VI-V a.C.). Il *Tao Teh-ching* (Libro della via e della virtù), in cui sono raccolti pensieri e massime di Lao-tzu, costituisce la base del taoismo assieme agli scritti di due tra i suoi maggiori discepoli, Chuang-tzu e Lieh-tzu. Il punto di partenza dei pensatori taoisti non è filosofico ma religioso-magico e si fonda su discipline (alimentari, respiratorie, igieniche) molto più antiche, già praticate dagli sciamani allo scopo di ritardare indefinitamente l'invecchiamento dell'individuo (assicurando una immortalità spirituale e materiale allo stesso tempo) e di temprare il corpo fino a renderlo capace di affrontare, nell'universo, «viaggi» in stato di estasi. Su questa base di tradizioni magico-sciamaniche si sarebbe sviluppata la filosofia taoista, che oppone al rigore morale, ai riti, all'organizzazione socio-politica confuciani, un ideale di vita autonoma, naturale, libera e gioiosa. Tutte le miserie di questo mondo derivano da intralci, da aggiunte superflue e deformazioni, imposte alla natura dalla cultura, che indeboliscono il «principio vitale». È quindi indispensabile, allo scopo di condurre una miglior vita, ritrovare la perfetta semplicità dell'essere allo stato primordiale conformandosi ai ritmi della vita universale. Bisogna essere come il Grande Tutto, il quale è silenzio, quiete e perfetta indifferenza. Partendo dall'esempio della natura che è caratterizzata, almeno in apparenza, dal non-agire (*wu wei*), i filosofi taoisti si dedicarono alla riflessione sul principio cosmico, che dà origine alla sostanza e alla forma dell'essere nel suo persistere e nel suo mutare. Tale principio si identifica con il → *tao* e in esso agisce una virtù o forza vitale, il *teh*, che si esplica pienamente in chi si identifica il più possibile con il tao adottando un comportamento inattivo, passivo, senza sforzo e senza scopo. Questa virtù derivante dal «non-agire» è dunque puramente vitalistica e amorale, tuttavia anche i taoisti, a partire da Lao-tzu, non sfuggono alla preoccupazione, comune a tutto il pensiero cinese, di dare regole di vita valevoli per l'umana convivenza sociale: se un governante vuole attenersi al tao, deve ridurre al minimo l'ingerenza della politica nella vita dei suoi sudditi, secondo la massima del *Tao Teh-ching* «se io pratico il non-agire, il popolo si trasforma da solo». Il taoismo, le cui idee erano troppo utopistiche perché un governo potesse adottarle, fu riconosciuto come dottrina ufficiale soltanto per un breve periodo, nel sec. VIII, mentre per duemila anni lo stato cinese ebbe invece un'impronta confuciana. Il taoismo esercitò nondimeno una profonda influenza su tutto il pensiero cinese contribuendo alla concezione del potere (fondato in parte sul possesso di particolari requisiti magico-religiosi) e delle teorie di governo. Notevole è stato poi l'apporto del pensiero taoista all'arte, alla letteratura e soprattutto alla poesia. Molti studiosi riconoscono infine al taoismo il merito di avere fatto progredire la chimica e la medicina attraverso l'alchimia e la ricerca di erbe medicamentose che dovevano assicurare l'immortalità. Ma a tali pratiche i taoisti si dedicarono solo quando, nel sec. II a.C., con Chang Tao-ling (famoso taumaturgo che divenne il primo «Maestro celeste») il taoismo si strutturò come religione.

Fu proprio la fama di guaritore di Chang Taoling a favorire il diffondersi di un credo religioso eclettico, ispirato ai principi filosofici taoisti, ma influenzato sia da elementi buddhisti sia da più antiche pratiche e credenze della religione popolare. Nel pantheon taoista, sotto alla divinità suprema Yuhuang (l'Imperatore di Giada), che è una rozza antropomorfizzazione del tao originario, trovano posto tutte le divinità tradizionali della vita quotidiana mutuate dal substrato preesistente della religione popolare, oltre a numerosi uomini deificati, considerati «santi» (*sheng*) e patroni dei vari ceti sociali e delle categorie produttive. A partire dal sec. VII il taoismo ebbe una grande fioritura e a Lao-tzu furono dedicati templi commemorativi. Sul modello buddhista vennero fondati monasteri e furono introdotte norme monastiche anche per i laici. Nella Cina settentrionale ebbe diffusione soprattutto la setta del «Tao della verità completa», più interessata alla ricerca della perfezione individuale, mentre al sud ebbe maggiore sviluppo la setta del «Tao dell'unità ortodossa», dedita prevalentemente alle ricerche alchimistiche e a pratiche quali l'esorcismo, la fabbricazione di amuleti, la necromanzia e l'astrologia. La degenerazione superstiziosa ha segnato il limite del taoismo come religione e al tempo stesso ha costituito la condizione del suo successo presso le masse popolari. Esso, d'altra parte, ha sempre mantenuto nei secoli una profonda carica eversiva rispetto alla ortodossia confuciana dominante, e spesso è stato ispiratore di rivolte contadine antidinastiche. Anche presso la classe colta il taoismo come sistema filosofico non è mai venuto meno, e ha rappresentato un filone perenne del pensiero cinese come ideologia permissiva della vita privata, contrapponendosi e integrando l'ideologia della vita pubblica, imperniata invece sui rigidi canoni confuciani. *R. Pi.*

Tarde, Gabriel (Sarlat, Dordogna, 1843 - Parigi 1904), sociologo francese. È noto soprattutto per i suoi studi di psicologia sociale della folla, di cui è considerato il fondatore. I comportamenti collettivi gli apparvero governati dalla «legge dell'imitazione», che egli teorizzò come un meccanismo fondamentale della riproduzione delle società, dei loro valori, delle loro istituzioni, e anche del loro mutamento, poiché le invenzioni si diffondono per imitazione (*Le leggi dell'imitazione*, 1890; *L'opinione e la folla*, 1902). Fu autore anche di studi di criminologia comparata (*La filosofia penale*, 1890) in cui cercò di confutare la teoria dell'ereditarietà dei fattori criminogeni di C. Lombroso. A coronamento della sua opera elaborò una teoria sociologica generale che vedeva nei principi di imitazione, adattamento, opposizione le fonti della trasformazione politica e sociale, in polemica con le dottrine coeve, che privilegiavano invece il ruolo delle grandi personalità nella storia (*La logica sociale*, 1895; *Le leggi sociali*, 1898).

Tarozzi, Giuseppe (Torino 1866 - Padova 1958), filosofo italiano. Allievo di R. Ardigò, insegnò a Palermo e a Bologna. Mirò principalmente a depurare il positivismo dalle sue implicazioni metafisiche, concentrandosi sul problema del determinismo, che egli riconosce come strumento logico della scienza per comprendere i fatti sotto leggi generali, ma che critica come concezione metafisica. Questa deriva da una tendenza fatalistica, che ha origine in uno scambio ingiustificato fra la necessità logica e la necessità reale e in un finalismo non dichiarato. Il fatto singolo e l'atto dello spirito si sottraggono al determinismo: essi sono liberi e indipendenti. Il mondo della natura, pertanto, e soprattutto il mondo dello spirito, sono un insieme di virtualità libere, tra le quali la mente può ravvisare un ordine e delle analogie, ma senza negarne la libertà reale. La contingenza della realtà, concepita come «continuità virtuale tra i fatti», apre la prospettiva sulla possibilità di una virtualità trascendente, senza limiti, da cui proceda l'essere e l'ordine della realtà, cioè dell'esistenza di Dio. Opere principali: *Apologia del positivismo* (1928); *L'esistenza e l'anima* (1930); *La ricerca filosofica* (1936); *La libertà umana e la critica del determinismo* (che raccoglie i suoi più importanti saggi teorici, 1937); *Cinquant'anni di studi* (in «Archivio della cultura italiana», 1939); *L'infinito e il divino* (1951).

Tarski, Alfred (Varsavia 1902 - Oakland, California, 1983), logico e matematico polacco. Trasferitosi nel 1939 negli Stati Uniti, insegnò matematica all'università di Berkeley. Si è occupato di metamatematica dei sistemi formali, teoria degli insiemi, semantica, teoria dei modelli, algebra, geometria. Pur essendo stato attratto da concezioni nominaliste, non si è mai sentito vincolato a esse, come è testimoniato dalla sua piena accettazione e libera utilizzazione dei concetti e metodi infinitisti della teoria degli insiemi. Particolarmente importanti

sono stati i suoi studi di semantica (*Il concetto di verità nei linguaggi formalizzati*, 1935), che hanno profondamente influenzato la filosofia e l'epistemologia. Tarski stabilisce due condizioni di adeguatezza per una definizione di verità: una condizione di adeguatezza *formale*, per cui la definizione non deve generare contraddizioni, e una condizione di adeguatezza *materiale*, per cui una definizione di verità per un linguaggio L deve rendere deducibili tutti gli enunciati della forma «N è vero (in L) se e solo se *p*», dove 'N' è il nome di un dato enunciato di L, e '*p*' è la sua traduzione nel → *metalinguaggio* in cui la definizione è formulata. Tarski formulò una definizione di verità per un determinato linguaggio formale (il linguaggio del calcolo → predicativo del prim'ordine) e mostrò che tale definizione era conforme ai suoi due criteri, era cioè davvero una definizione *di verità* per quel linguaggio. In generale, non è banale che una definizione sia *dimostrabilmente* conforme ai criteri di Traski. Con essi, e specialmente col criterio di adeguatezza materiale, Tarski riteneva di aver esplicato la nozione intuitiva di verità, che identificava con quella che la tradizione filosofica ha chiamato della «verità come corrispondenza» con la realtà; ma che la concezione tarskiana della verità sia effettivamente impegnata con questa o quella concezione tradizionale, è stato messo in dubbio da molti.
Partendo da un esame delle antinomie semantiche (come quella del mentitore), Tarski arrivò alla conclusione che in nessun linguaggio formale coerente, contenente la teoria ricorsiva dei numeri, è definibile la nozione di verità (cioè l'insieme di tutti gli enunciati veri). Mentre i teoremi di K. → Gödel limitavano la potenza dimostrativa di un sistema formale, il risultato di Tarski può essere interpretato come una limitazione delle sue capacità espressive. Fondamentali anche i lavori di Tarski nell'ambito della teoria degli insiemi (dove si è occupato, fra l'altro, di questioni connesse ai cardinali inaccessibili e all'assioma di scelta) e della teoria dei modelli (→ modello): ricordiamo i suoi risultati sulla categoricità, le generalizzazioni del teorema di Löwenheim-Skolem, e il metodo di decisione per la geometria e l'algebra elementare. Opere principali: *Introduzione alla logica* (1951); *Logica, semantica, metamatematica* (raccolta di saggi scritti dal 1923 al 1938; 1956).

Tatarkiewicz, Wadyslaw (Varsavia, 1886-1980), filosofo polacco. Allievo a Marburgo di H. Cohen e di P. Natorp, insegnò a partire dal 1923 all'università di Varsavia. È soprattutto noto per la sua ampia *Storia dell'estetica* (1962-67) che va dalla Grecia antica al Settecento e in cui egli integra l'esame e la classificazione concettuale delle teorie estetiche con lo studio della storia dell'arte e dei trattati di poetica, pittura, architettura, giungendo a individuare, accanto alle teorie esplicite, l'«estetica implicita» di ciascuna epoca, presente in forma inespressa nelle opere d'arte. A questa impostazione globale del problema estetico fanno riscontro il lavoro propriamente storiografico di Tatarkiewicz (*Storia della filosofia*, 1931; *Sull'arte polacca dei secoli XVII-XVIII*, 1966) e quello teorico, sistematico e classificatorio, le cui ascendenze sono ravvisabili negli studi giovanili su Aristotele e nell'idea neokantiana di una storiografia filosofica intesa come «storia di problemi». Ma l'originalità del metodo di Tatarkiewicz si caratterizza per il rifiuto di rigide «etichette» interpretative, grazie all'impiego di ciò che egli chiama «concetti a domino», ossia di nozioni che non sono identificabili con una definizione, ma che invece, nel loro mutare nel tempo, costituiscono specie di costellazioni, ognuna delle quali, nel suo insieme, rappresenta il complessivo significato teorico (ricco di spessore storico) del concetto. Di questo tipo sono nozioni come «bello», «arte», «poesia», «forma» (*Parerga*, 1979). Tra le sue opere si ricordano inoltre: *La via alla filosofia* (1971); *La via attraverso l'estetica* (1972) e *Storia di sei concetti* (1975), che costituisce l'ideale completamento della *Storia dell'estetica*.

Taulero, Giovanni, nome italianizzato di Johannes Tauler (Strasburgo 1300 ca - 1361), teologo e mistico tedesco. Entrato giovanissimo nell'ordine domenicano, studiò a Colonia, ove forse conobbe E. Suso e Meister Eckhart. Trasferitosi a Basilea (1339), vi fondò il movimento religioso degli «amici di Dio», che si diffuse rapidamente nella valle del Reno. Taulero non scrisse nulla; le sue prediche furono trascritte dai discepoli. Fra le numerose pervenute, allo stato attuale ne sono considerate autentiche 84. Egli vi espone una sintesi di dottrine tomiste e neoplatoniche; e distingue nell'uomo un elemento sensibile e animale (l'uomo esteriore) da uno intelligibile e spirituale (l'uomo interiore), comprendente le tre facoltà dell'anima (memoria, intelletto, volontà), e il «fondo dell'anima», che è l'ideale luogo di contatto fra Dio e l'uomo. Più precisamente, Taulero distingue due principi operanti nel «fondo dell'anima»: il primo, chiamato per lo più «cima» e «scintilla dell'anima», indica la sua disposizione ad accogliere il divino; il secondo, espresso dal concetto di *Gemüth* (ossia aspirazione originaria, indole affettiva), indica l'elemento attivo e dinamico presente in essa. Mossa dal *Gemüth*, l'anima può compiere il percorso che la condurrà, attraverso un itinerario ascetico, sino alla mistica unione con Dio.

tautologia, nella logica tradizionale, proposizione in cui il predicato «dice lo stesso» (*tò autò léghei*) del soggetto: per es. «i quadrupedi hanno quattro zampe». Nella logica moderna, il termine designa le verità logiche del calcolo proposizionale (→ verità, tavole di).

Tawney, Richard Henry (Calcutta 1880 - Londra 1962), storico e sociologo inglese. Studente e poi docente al Balliol College di Oxford e all'università di Glasgow, dal 1931 insegnò storia economica alla London School of Economics. La sua opera principale, *La religione e le origini del capitalismo* (1926), integra gli studi di M. Weber su questo argomento, dimostrando come la separazione delle sfere economica e morale-religiosa sia avvenuta in seguito a un reciproco adattamento tra calvinismo ed economia capitalistica. La tesi di Weber ne esce attenuata, ma il suo metodo di ricerca arricchito. In altre opere Tawney analizzò le caratteristiche e i problemi di una società capitalistica pienamente sviluppata qual era l'Inghilterra del suo tempo, definendola una *Società acquisitiva* (1920), in cui gli interessi individuali contrastano con la pubblica utilità. Tawney ricercò la loro conciliazione nella formulazione di un programma politico laburista, che avesse come cardine l'eguaglianza di opportunità per tutti i membri di una società (*L'eguaglianza*, 1931): notevole rilievo sociologico vi ha l'analisi degli ostacoli alla realizzazione di tale programma, nel contesto inglese del tempo.

taylorismo, o organizzazione scientifica del lavoro, studio dei procedimenti lavorativi, inaugurato dall'ingegnere statunitense F.W. Taylor (1856-1915) allo scopo di aumentare la produttività del lavoro di fabbrica attraverso la scomposizione delle mansioni, l'individuazione di compiti ben definiti da assegnare a ciascun esecutore, la programmazione della produzione. Per estensione, qualsiasi forma di organizzazione del lavoro che comporti parcellizzazione e perdita di contenuto intellettuale e professionale delle mansioni.

L'organizzazione tayloristica si basa su una rigida distinzione tra lavoro manuale e lavoro intellettuale. L'operaio vi è visto come un mero esecutore, motivato al lavoro non dal suo contenuto ma esclusivamente dalla sua remunerazione, resa variabile per mezzo di premi di produzione e del cottimo. All'operaio non si richiede la conoscenza di un mestiere, poiché le operazioni che gli vengono assegnate sono elementari, realizzabili con minimo spreco di tempo e di energia, secondo una sequenza prescritta da specialisti; e parimenti gli vengono fissati la quantità di produzione da effettuare giornalmente e il ritmo di lavoro, saggiato da «operai allenatori». Anche a livello impiegatizio e direzionale Taylor proponeva una rigida distinzione tra programmazione, esecuzione, controllo, assegnando ai quadri intermedi la routine esecutiva e lasciando liberi i dirigenti di trattare i casi eccezionali e le deviazioni dalla norma.

Il metodo tayloristico ebbe larghissima applicazione dapprima negli Stati Uniti (stabilimenti Ford, 1913), successivamente in Europa, diffondendo i sistemi di lavorazione in serie e a catena. Ne derivarono, da un lato la privazione di senso e di valore formativo di gran parte delle attività lavorative dei salariati (fenomeno già riconosciuto da Marx nel secolo precedente); dall'altro lato un forte accrescimento della capacità produttiva del lavoro umano, che si accompagnò allo sviluppo di un mercato di massa (una conquista irrinunciabile, se non a prezzo di un drastico abbassamento del livello di vita).

Affermatosi in presenza di un'economia in espansione e di abbondante forza-lavoro non qualificata e non sindacalizzata, il taylorismo ha mostrato i suoi limiti di fronte a un mercato del prodotto più incerto, a lavoratori scarsamente sensibili a incentivi economici, alle soluzioni organizzative alternative offerte da innovazioni tecnologiche (elettronica ecc.). La parcellizzazione e la ripetitività dell'organizzazione tayloristica, insieme con alcune peculiarità del mercato del lavoro delle economie industriali più evolute, sono generalmente ritenute tra le cause principali della demotivazione nei confronti del lavoro di fabbrica.

tecnica, termine che in origine comprende ogni insieme di regole atte a dirigere efficacemente un'attività. Nell'*Etica nicomachea* Aristotele distinse due forme di azione, *prâxis* e *téchnē*: mentre la prima ha il proprio scopo in se stessa, la seconda è sempre al servizio di altro, come un mezzo. In questo senso, la tecnica non era diversa né dall'arte, né dalla scienza, né da qualsiasi procedimento o operazione atto a raggiungere un effetto qualsiasi, e il suo campo si estendeva su tutte le attività umane.

Lo sviluppo delle scienze naturali e in particolare l'incremento della loro fruibilità a partire dalla metà del XVIII sec. stimolò la genesi di teorie della tecnica all'interno della filosofia sociale — e quindi il sorgere delle prime posizioni pessimistiche nei confronti della tecnica (Rousseau). In ogni caso, in età illuministica né i fautori né gli avversari di questa distinguono ancora tra gli effetti generali del rischiaramento e le conseguenze del continuo perfezionarsi delle tecnologie concrete. Inoltre, nei secc. XVII e XVIII è ancora rara la distinzione fra scienza e tecnica, emersa attraverso un lungo processo di classificazione delle pratiche, che solo alla fine del secolo scorso e nei primi decenni del nostro ha finito per connotare come tecnica il sottogruppo delle pratiche umane concernenti il comportamento nei confronti della natura diretto alla produzione di beni. Fra i contemporanei, anche a fronte del coinvolgimento globale della ragione occidentale nella critica della tecnica (in Th.W. Adorno, o nell'Husserl di *La crisi delle scienze europee*), la tecnica e la scienza su cui questa si fonda sono state spesso giudicate una degradazione o un tradimento della ragione autentica, asservita a scopi meramente utilitaristici. Quanto al panorama attuale, anche rispetto ai filoni dell'apologia della tecnica o delle tecnologie alternative, ai dibattiti avviati dall'ecologia e dalla bioetica, alla riflessione sul rapporto tecnica-comunicazione universale (→ postmoderno), va rilevata la peculiarità filosofica dell'interpretazione heideggeriana. Al di là delle analisi e delle valutazioni dei fenomeni storici che essa determina, la tecnica non è per Heidegger frutto di alcun tradimento della ragione, ma è solidale — prima ancora che con la scienza — con la metafisica. Essa è necessariamente indirizzata verso il nichilismo in quanto i suoi artefatti sono segnati da una particolare modalità che concepisce l'essere come ente tecnicamente manipolabile, e la ragione come razionalità rispetto a scopi tecnici.

tecnocrazia, sistema sociale nel quale il potere politico è attribuito a tecnici e a esperti, in quanto detentori di conoscenze oggettive e neutrali, rilevanti nell'azione di governo. C.-H. Saint-Simon teorizzò per primo la necessità di affidare ai protagonisti della nuova società industriale, tra cui gli scienziati e i tecnici d'industria, il governo della cosa pubblica. Circa un secolo più tardi, negli Stati Uniti, T. Veblen (*Gli ingegneri e il sistema dei prezzi*, 1921) sostenne che solo la soppressione del sistema di mercato a opera di una programmazione diretta da tecnici avrebbe potuto superare diseguaglianze e conflitti sociali generati dall'industrializzazione. La diffusione delle grandi imprese e la separazione — nella società per azioni — della proprietà dei mezzi di produzione dalla loro gestione furono interpretate da J. Burnham (*La rivoluzione dei tecnici*, 1941) come aspetti di un processo che avrebbe sostituito la classe dei manager alla classe dei capitalisti, con risultati non dissimili da quelli prodotti dalla rivoluzione bolscevica in Russia e dal nazismo in Germania.

Nel secondo dopoguerra la contrapposizione tra tecnocrazia e democrazia rappresentativa si è ripresentata in relazione a *1*) la crescente importanza attribuita nella società postindustriale all'informazione (informatica, telecomunicazioni ecc.); *2*) la diminuita partecipazione politica nelle democrazie industriali avanzate. Particolarmente attenti a questa problematica sono stati J.P. Meynaud (*La democrazia*, 1966), H. Marcuse (*L'uomo a una dimensione*, 1968), A. Touraine (*La società postindustriale*, 1969), N. Luhmann (*Potere e complessità sociale*, 1973).

Opposta alla vecchia classe media basata sugli affari è la nuova élite, come fu definita nei primi anni Settanta la classe media emergente basata sull'industria della conoscenza e costituita da tecnocrati che trattano la produzione e distribuzione di beni non materiali, o di servizi. Un'analisi comparata condotta recentemente in America e in Europa occidentale sulla cultura di questa nuova élite ha rivelato un inatteso compromesso storico tra settori significativi delle due classi, che consente di parlare non solo di nuova classe ma anche di nuovo capitalismo (*Tecnocrati nascosti. La nuova classe e il nuovo capitalismo*, H. Kellner e F.W. Heuberger, a cura di, 1991).

tecnologia, in sociologia, l'impiego di conoscenze scientifiche in procedimenti diretti a scopi pratici nella sfera della produzione, dei trasporti, delle comunicazioni, dei servizi, dell'educazione e della distribuzione. Così definita, la tecnologia occupa una posizione intermedia tra tecnica e scienza, non potendo essere identificata né con la prima, che prescinde dallo studio scientifico, né con la seconda, che non mira prioritariamente a risultati pratici. Per estensione, di tecnologie si parla al plurale anche per indicare i prodotti (materiali e immateriali) derivanti da tale attività applicativa. In *Lineamenti fondamentali di critica dell'economia politica*, (1857-58) e poi in modo sistematico nel *Capitale* (1867) già Marx usava il termine tecnologia per riferirsi all'applicazione della scienza ai processi produttivi dell'industria e ai trasporti; sostanzialmente il significato del termine non è mutato, anche se si sono enormemente estesi i suoi designati. In contrasto con questa accezione, prevalente in sociologia, etnologi e antropologi culturali intendono invece per tecnologia la totalità delle tecniche praticate da una popolazione. La sociologia tedesca aveva prestato particolare attenzione al cosiddetto «spirito della tecnica» — inteso come volontà di assoggettare il mondo al dominio razionale dell'uomo sfruttando la conoscenza dei nessi della natura — in quanto importante fattore culturale all'origine della tecnologia moderna (W. Sombart, *Il capitalismo moderno*, 2ª ed., 1916; L. von Wiese, *Tecnologia*, in A. Vierkandt, *Manuale di sociologia*, 1931).

Per quanto da sempre la tecnologia trasformi l'ambiente naturale e sociale, l'ampiezza, la rapidità e la profondità delle modificazioni indotte da essa in questo scorcio di secolo sono senza precedenti, e ancor più cospicue sono le trasformazioni ormai non solo prevedibili ma certe che condurranno nella società del futuro (*Tecnologia domani*, A. Ruberti, a cura di, 1985). Meccanizzazione e automazione hanno portato a un rilevante aumento della produttività fisica del lavoro, alla diminuzione dei costi per unità di prodotto e alla riduzione (e spesso alla scomparsa) dei lavori con un elevato contenuto di manualità e fatica fisica. Informatica e telematica stanno cambiando il mondo: velocità di elaborazione e trasmissione delle informazioni, unitamente a potenza e capacità di memoria, nonché economicità, consentono simultaneità di effetti e il superamento delle distanze, provocando una omogeneizzazione

della cultura a livello planetario. Di tali processi i sociologi hanno anche additato i rischi (AA.VV., *Razionalità sociale e tecnologie dell'informazione*, 1973). In direzione di una progressiva → globalizzazione della vita sociale operano anche le tecnologie dei trasporti. Le tecnologie chimiche e biologiche hanno recato a una consistente frazione della popolazione mondiale notevoli benefici (si pensi allo straordinario allungamento della vita media verificatosi nell'ultimo secolo). Infine le tecnologie militari contribuiscono a definire l'orizzonte entro il quale stati e individui debbono organizzare la propria vita. La tecnologia contemporanea può essere considerata il prodotto plurisecolare di almeno tre macrofattori collegati fra loro: le scelte tecnologiche individuali, anche quotidiane, attraverso le quali gli uomini tendono a crearsi una nicchia che consenta loro di sopravvivere e riprodursi più a lungo e nella maniera migliore possibile; il modo di produzione capitalistico, spinto a porre la scienza al servizio delle tecniche di fabbricazione industriale dalla necessità di trarre il massimo ricavo dal tempo di lavoro; infine la guerra o il periodo di preparazione a essa, durante il quale risulta massimo il tasso di attività innovativa, molto spesso applicata nell'uso industriale e domestico (J. Blamont, *La cifra e il sogno. Storia politica della scoperta scientifica*, 1993).
Se è semplice considerare separatamente alcuni effetti sociali macroscopici della diffusione di singole tecnologie, non altrettanto agevole risulta la valutazione realistica del loro impatto complessivo a lungo periodo sull'ambiente, sull'individuo e sulle società umane. Il crescente dominio della tecnologia su tutte le sfere della società e i danni da essa arrecati all'ambiente naturale hanno stimolato il dibattito sociologico sui suoi effetti o sulle sue conseguenze sociali. Il problema diventa allora quello del limite oltre il quale la tecnologia, prima servilmente neutrale, non solo non aggiunge più nulla all'idoneità biologica e culturale delle popolazioni umane o dei sistemi socio-culturali, ma anzi comincia a ridurla. La *tecnologia politica*, intesa come scienza e pratica della tecnologia fondata su una revisione radicale delle analisi costi-benefici, sulla costruzione di nuovi indicatori biosociali e sulla considerazione delle conseguenze della tecnologia in molteplici direzioni (compresa quella delle generazioni future), rappresenta una possibilità di ri-orientamento della tecnologia verso forme finalizzate consapevolmente alla sopravvivenza individuale e collettiva (L. Gallino, *I decisori tecnologici tra razionalità locale e irrazionalità globale*, 1991).

Teeteto (Atene tra il 415 e il 413-369 a.C.), filosofo greco. A Cirene fu discepolo del matematico Teodoro; si trasferì poi a Eraclea, e infine ritornò ad Atene, dove entrò nell'Accademia e fu scolaro e amico di Platone, che gli intitolò un dialogo. Non ci sono giunte notizie di contributi particolari di Teeteto alla filosofia, sebbene la sua presenza nell'Accademia testimoni il suo interesse per la disciplina. Per quanto riguarda l'indagine matematica, egli si occupò, come Teodoro, del problema dell'irrazionale quadratico e di stereometria: probabilmente fu il primo ad applicare in stereometria i metodi di costruzione mediante la linea e il circolo, già introdotti nella planimetria. A Teeteto è attribuita anche la costruzione dei cinque poliedri regolari, di cui anche Platone parla nel *Timeo*.

Teilhard de Chardin, Pierre (Sarcenat, Alvernia, 1881 - New York 1955), scienziato, filosofo e teologo francese. Entrò nella Compagnia di Gesù nel 1899 e fu ordinato sacerdote nel 1911. Interessatosi sin dalla giovinezza di fisica e di geologia, si dedicò in seguito a studi di paleontologia: prese parte, fra l'altro, alla spedizione scientifica in Cina (1926) che portò alla discussa scoperta del sinantropo. Teilhard si propose di allargare il campo della propria riflessione scientifica al dibattito cosmologico e teologico, il che suscitò diffidenza e critiche negli ambienti ufficiali della chiesa cattolica. Alla concezione materialistica del darwinismo e del positivismo egli oppose una cosmologia che, pur assumendo il principio dell'evoluzione, e anzi estendendolo alla realtà spirituale, ne rifiutava l'interpretazione puramente deterministica e materialistica. Teilhard espresse in questi termini i principi della sua fede e della sua concezione dell'universo: «Credo che l'Universo è un'Evoluzione. Credo che l'Evoluzione va verso lo Spirito. Credo che lo Spirito si compie in qualcosa di Personale. Credo che il Personale supremo è il Cristo-Universale» (*In che modo io credo*). La materia originaria, secondo Teilhard, contiene già in sé la «coscienza» come elemento organizzativo, per cui l'evoluzione si configura come un processo non puramente deterministico, ma anche teleologico. L'evoluzione dalla pre-vita (mondo inorganico) alla vita («biosfera») tende alla produzione del mondo dell'uomo e del pensiero («noosfera»), come al suo culmine. L'uomo non è ancora tuttavia il punto finale: l'universo, e in esso l'uomo e la sua storia, tendono a un «punto omega»: il Cristo cosmico, punto di aggregazione di tutta l'umanità («cristosfera»). Opere principali (tutte postume): *Il fenomeno umano* (1955); *La comparsa dell'uomo* (1956); *La visione del passato* (1957); *L'ambiente divino* (1957); *L'avvenire dell'uomo* (1959).

teismo, in senso lato, ogni dottrina filosofica o religiosa che affermi l'esistenza di Dio (l'opposto, quindi, di ateismo). È però più diffuso un uso ristretto del termine che, designando la credenza in un Dio personale, trascendente, creatore e provvidente, oppone teismo a → panteismo e a → deismo. A questo significato ristretto fa per primo esplicito riferimento R. Cudworth nella prefazione di *Il vero sistema intellettuale dell'universo* (1678), mentre Voltaire (*Dizionario filosofico*) e altri esponenti dell'illuminismo usano il termine «teismo» per indicare la posizione dei deisti. La distinzione tra teismo e deismo viene definitivamente fissata da Kant: il deista — scrive Kant — «ammette che noi possiamo con la semplice ragione conoscere un essere originario, di cui abbiamo un concetto trascendentale, come di un essere che ha ogni realtà e non si può determinare di più»; il teista invece «afferma che la ragione è in grado di determinare di più l'oggetto secondo l'analogia con la natura, ossia come un essere che per intelletto e libertà contenga in sé il principio originario di tutte le cose». In conclusione: il deista «crede in un Dio» assumendolo come semplice «causa del mondo»; il teista «crede in un Dio vivente» e personale, evitando ogni confusione panteistica (*Critica della ragion pura*, Dialettica trascendentale, II, cap. III, sez. 7). Oltre che caratterizzare il pensiero patristico e scolastico, il teismo è presente nel pensiero moderno, in N. Malebranche, G. Berkeley e Leibniz. Una sua ulteriore specificazione è il cosiddetto «teismo speculativo» della prima metà del sec. XIX (I.H. Fichte, C.H. Weisse, H. Ulrici e altri), movimento raccoltosi intorno alla «Zeitschrift für Philosophie und spekulative Theologie» (1837-48), poi «Zeitschrift für Philosophie und philosophische Kritik» (1818-1819), con l'intento di reagire al panteismo logico hegeliano, senza peraltro abbandonare le premesse dell'idealismo classico. Questa posizione, definita anche «tardo idealismo», si avvicina e si ispira all'ultima fase del pensiero di Schelling, a sua volta impegnato a combattere l'immanentismo hegeliano. Nel pensiero contemporaneo il teismo trova espressione in J.S. Mill (*Tre saggi sulla religione*, 1874), W. James, F.C.S. Schiller e A.N. Whitehead, i quali ammettono la personalità di Dio, ma ne negano l'onnipotenza, in generale per non attribuire a Dio la causa del male («teismo finitistico»). Di tendenza opposta è invece il «teismo assolutistico» di J. Royce (*Il concetto di Dio*, 1902), che cerca di conciliare l'idealismo hegeliano con la trascendenza di un Dio personale. Infine, anche una corrente dell'esistenzialismo si è definita teistica (L. Stefanini, *Esistenzialismo ateo ed esistenzialismo teistico*, 1952); essa ha avuto i maggiori rappresentanti in L. Šestov, N. Berdjaev e G. Marcel.

teleologia, termine che letteralmente significa «dottrina della finalità» ed è quindi sinonimo di → finalismo; ma si usa anche come sinonimo di → finalità.

teleologico, argomento, dimostrazione dell'esistenza di Dio basata sul concetto di «fine» (in gr. *télos*). San Tommaso la espone, riprendendone la formulazione da Averroè (che a sua volta si rifaceva al pensiero greco): le cose naturali, anche se prive di intelligenza, appaiono tutte ordinate in ragione di un fine; quindi deve esistere un'intelligenza che così le ordina e che si pone come supremo fine; tale fine è appunto Dio. L'argomento teleologico venne confutato da Hume nei *Dialoghi sulla religione naturale* perché fondato su analogie antropomorfiche (come l'ordine dei materiali di una casa rinvia a un architetto intelligente, così l'ordine cosmico rinvierebbe all'intelligenza divina) e perché la cosiddetta finalità naturale (invero tutt'altro che perfetta e «divina») potrebbe essere il prodotto casuale e contingente di ciechi accomodamenti materiali. Anche Kant, nella Dialettica della *Critica della ragion pura*, dichiara insufficiente questo argomento, che egli chiama «fisico-teologico»; esso rinvia alla prova cosmologica e quest'ultima alla prova ontologica. Tutte queste «prove» però, con la loro pretesa di valicare il mondo fenomenico, non «dimostrano» nulla: semplicemente rivelano una disposizione del cuore umano e una meta puramente ideale della ragione.

Telesio, Bernardino (Cosenza 1509-1588), filosofo italiano. Studiò fisica, medicina e filosofia a Padova dal 1527 al 1535. Ritiratosi a meditare in un convento benedettino sino al 1544-45, soggiornò in seguito a Roma, Napoli e Cosenza. Nel 1565 apparvero i primi due libri del suo capolavoro, *De rerum natura juxta propria principia*, completato in nove libri nell'edizione del 1586. Il discepolo Antonio Persio pubblicò postumi (1590) i *Varii de rebus naturalibus libelli*. Il naturalismo rinascimentale trova in Telesio la sua espressione più genuina, di cui è componente essenziale la critica dell'aristotelismo. Ciò che soprattutto Telesio contesta ad Aristotele è la pretesa di ricavare i principi della natura dalla ragione, mettendo capo a quelle vacue astrazioni che sono i concetti di forma, atto, potenza ecc. L'indagine deve invece procedere *non ratione sed sensu* (proemio al *De rerum natura*), e il senso rivela appunto che ciò che agisce in natura non sono le forme o le cause finali, ma le «forze», intese come cause meccaniche o *principia agentia*. Esse si riducono a due: il *caldo*, forza dilatante e principio di movimento; e il *freddo*, forza condensante e principio di immobilità. Queste forze sono incorporee ed esigono perciò un terzo elemento o principio che funga come loro sostrato; esso è la *terra*, per sua natura immobile e inerte, posta al centro dell'universo. Dall'incontro tra il calore (di natura solare e celeste) e la terra si generano tutti gli esseri, variamente «animati» a seconda della quantità di calore e di movimento che contengono. Vi è dunque unità e continuità in natura e la differenza tra gli esseri inorganici, i vegetali, gli animali e l'uomo è solo di grado e non di qualità (ilozoismo e panpsichismo). Telesio riconosce nondimeno all'uomo anche

un'anima soprannaturale («sostanza altra dallo spirito seminale, veramente divina e infusa da Dio stesso»), testimoniata dalla rivelazione ma deducibile anche dal bisogno innato che l'uomo ha del divino (VIII, 8) e dalla sua esigenza di una giustizia ultraterrena, la quale postula a sua volta l'immortalità spirituale dell'uomo (VIII, 15).
Nonostante tali concessioni alla teologia cristiana, Telesio sviluppa la gnoseologia e l'etica in base a principi puramente naturali. L'intera conoscenza si fonda sulla sensazione, cioè sul calore e sul movimento («è la stessa sostanza che nell'uomo sente e ragiona; la sostanza che ragiona non è affatto diversa da quella che sente»: VIII, 16). Alla base del sentire è il contatto immediato o mediato con la cosa (VII, 8), sicché tra i cinque sensi il tatto è quello fondamentale. Dalla sensazione si sviluppano la memoria e l'immagine, e da queste infine il paragonare e l'inferire dell'intelletto, che procede come il senso «per similitudine», ma in modo più imperfetto e aleatorio (VIII, 3). La morale telesiana si fonda a sua volta su un coerente edonismo sensistico: il contatto con le cose genera le sensazioni di piacere e di dolore, che costituiscono i principi del bene e del male (IX, 2, 27). L'etica si riduce pertanto al principio dell'autoconservazione dell'individuo, al cui fine collabora la *virtù*, intesa come valutazione intelligente. Calcolando ciò che è veramente utile e vantaggioso, essa può rifiutare un piacere presente in vista di un maggior piacere futuro o di una più certa autoconservazione. Su tale principio si fonda il vivere sociale (IX, 3, 12), nonché la generale massima per la quale la virtù e il vizio trovano il loro premio e la loro punizione nelle conseguenze naturali che determinano (VII, 27; IX, 16, 23, 27).
La novità delle idee di Telesio (che occasionò la condanna ecclesiastica del *De rerum natura*), e in particolare il ricorso al concetto di forza in opposizione alle forme aristoteliche, diede origine a numerose polemiche; la più nota fu quella con F. Patrizi, il quale oppose a Telesio che anche il suo concetto di massa corporea o terra non è sensibilmente esperibile, al pari dei concetti della fisica aristotelica. L'influenza di tali polemiche portò alla formazione in Italia di due grandi scuole: quella settentrionale di ispirazione aristotelica e quella meridionale telesiana, che si affrontarono in dispute roventi. Telesio influenzò anche il pensiero di Campanella; F. Bacone apprese dal *De rerum natura* (I, 17) il principio che solo mediante l'esperienza l'uomo potrà, non solo conoscere, ma anche dominare la natura; Hobbes ne ammirò e imitò la gnoseologia e l'etica naturalistiche; più in generale l'empirismo, il sensismo e l'utilitarismo videro in Telesio il loro iniziatore e ispiratore.

Temistio (Paflagonia, 315 ca-388 ca), filosofo greco. Scrisse numerosi commenti e parafrasi delle opere di Aristotele, alcuni dei quali ci sono pervenuti: quelli degli *Analitici secondi*, della *Fisica*, del libro *Sull'anima*, de *Il cielo*, del libro V della *Metafisica*; altri, come pure alcuni commenti a Platone, sono andati parzialmente o totalmente perduti. Ci sono ancora pervenute alcune sue opere originali: *Sulla virtù* (in una traduzione siriaca) e 34 *Discorsi politici*. La sua filosofia è eclettica; egli si ispira specialmente ad Aristotele e a Platone, le cui filosofie egli considera sostanzialmente concordanti. Temistio ritiene compito della filosofia l'imitazione della divinità, la quale però, non rivelandosi direttamente, lascia agli uomini la scelta della strada per ricercarla: ciò spiega la pluralità e la discordia delle posizioni filosofiche e religiose, e la positività di tale pluralità. Egli dimostra diffidenza verso le innovazioni del neoplatonismo, che a suo parere si allontana illegittimamente dalla via classica di Platone e di Aristotele.

tempio, luogo privilegiato dell'epifania del divino, distinto dallo spazio esterno profano, e comunemente identificato con architetture sacre adibite al culto. Originariamente la parola tempio indica un principio di ordinamento dello spazio in cosmo, cioè in tutto-ordinato secondo il suo valore originario, essenziale e divino. La forma architettonica del tempio imita e simbolizza l'ordine «vero» dell'universo nelle sue dimensioni sia spaziali sia temporali. Perciò il tempio può essere definito come il «luogo della simbolizzazione del cosmo». Etimologicamente il vocabolo deriva dalla radice del verbo greco *témnein* («tagliare», quindi «delimitare») e di *témenos* («recinto sacro»). Possono considerarsi templi un giardino sacro, una terrazza (come il tempio solare egiziano con al centro un obelisco o piramidion), una grotta (come quella dei misteri mitraici), una capanna o tabernacolo, ma anche una montagna sacra (come le «case di Dio» comuni nelle religioni del Vicino e Medio Oriente), una città santa (come Babele o Gerusalemme, edificate sul centro del mondo), una torre (come la *ziqqurat* mesopotamica) e forse perfino il palo-totem che alcune tribù nomadi portano con sé. I romani chiamavano *templum* anche la regione del cielo corrispondente alla regione terrestre consacrata dagli áuguri. Varrone (*De lingua latina*, VII, 7, 9) fa derivare *templum* da *tueri* («guardare») e Festo spiega che tempio è il luogo dal quale ogni parte del mondo può essere vista. Questi autori rilevano pure l'analogo valore semantico di *templum* e *contemplare*.
In Mesopotamia la più antica costruzione sacra fu la capanna di canne, eretta in un giardino che era simbolo del paradiso. Ivi la dea Ishtar si univa in nozze sacre con il re. La capanna sacra, rimasta fino a oggi nel culto della setta gnostica dei → mandei nella Babilonia meridionale, venne poi sostituita da piccoli edifici circolari

(*thóloi*), simili a quelli che si ritrovano più tardi nel mondo greco (Delfi, Epidauro, Samotracia). Il tempio sumerico era costituito da un complesso di edifici disposti su pianta quadrata o rettangolare, con una cella centrale visibile dall'esterno, e da un'alta torre, la già citata ziqqurat, (che significa «cima della montagna»). In Babele, il più famoso dei templi era quello detto Esagila («tempio dell'alto tetto»), la cui ziqqurat aveva il nome simbolico di «casa del fondamento del cielo e della terra» ed era costituita da sette quadrati sovrapposti, con base e altezza di 90 m. Il numero sette era quello dei «sette duci del cielo e della terra», ossia i sette pianeti. Sul piano più alto, l'ultimo polo dell'universo, nella festa di capodanno (*akitu*) Marduk celebrava le sue nozze sacre con la dea paredra, rappresentata da una sacerdotessa. Anche nella Palestina ebraica il tempio aveva riferimenti cosmici: il tempio edificato da Salomone in Gerusalemme sorge su quello che verrà considerato l'ombelico della terra, e presenta elementi cultuali che richiamano quelli babilonesi. Nel tempio iranico ricorrono espressioni simboliche proprie delle religioni indo-europee, il fuoco celeste e l'acqua. Esso era quadrato, racchiudeva una fonte ed era sormontato da una cupola che significava la volta del cielo e il fuoco stellare. Anche in India e in Cina il tempio è considerato la riproduzione dell'universo: i templi indiani costruiti all'aria aperta (dopo i più antichi rupestri) e che si diffusero fuori dell'India a Srī Lanka, a Giava, in Thailandia, in Birmania, hanno una struttura cubica sormontata da un tetto piramidale a gradi e sono circondati da vasche o fossati, modelli della «montagna cosmica», con l'oceano che la circonda.

Il simbolismo cosmico è documentato anche per il tempio etrusco, che, secondo la testimonianza di Varrone, era riferito a tre piani cosmici (trimundio): cielo, terra, regioni ipoctonie. Questo riferimento condizionava anche l'attività rituale relativa alla costruzione delle città e degli edifici pubblici e quella divinatoria (tecniche epatopatiche, fulgurali, augurali). Il tempio era definito dall'aruspice, che, guardando dalla posizione degli dei, con la nuca rivolta a settentrione, tracciava con il «lituo» (bastone liturgico col manico curvo) due linee congiungenti i quattro punti cardinali e incrociantisi sulla sua testa ad angolo retto. La linea tracciata secondo il meridiano (*cardo*, asse del tempio e *axis mundi*) delimitava lo spazio in parte destra e sinistra, fausta e infausta, mentre la linea tracciata secondo il parallelo limitava la parte anteriore (*ántica*) e posteriore (*póstica*). Lo spazio quadripartito del tempio universale veniva suddiviso ulteriormente in sedici reparti. I segni in movimento (fulmini, uccelli) erano divinati in base al loro spostarsi dalla sede d'apparizione a un punto terminale, secondo il movimento e l'orientamento. Nell'aruspicinia il fegato degli animali era diviso in spazi omologati al tempio celeste. Nell'*augurium* romano, all'antico strato etrusco si sovrappose la nozione greca di «orientazione»: l'augure ha il volto a oriente. Secondo gli agrimensori romani la *delimitatio* del tempio è fatta risalire a Giove e all'atto della costituzione genetica dell'ordine del mondo. Lo schema religioso delle coordinate del tempio viene trasferito a tutte le espressioni della vita giuridica e sociale. Alla *delimitatio* è per es. legata la distinzione tra *ager publicus* e *ager adsignatus* nel diritto pubblico romano.

Anche la basilica paleocristiana, che presenta elementi mutuati da tradizioni diverse e una vasta interazione di significati simbolici, possiede uno spiccato carattere cosmico: si pensi alla direzione dell'altare verso oriente, all'albero della croce e ai suoi bracci che definiscono le quattro regioni del cielo, al fonte battesimale, alla navata centrale che, come *cardo*, conduce al santuario sovrastato dalla volta absidale raffigurante il cielo e Cristo sedente quale *Cosmocrator*. La parola chiesa (latino *ecclesia*), indicante la comunità dei fedeli, nel medioevo passò a indicare il tempio, architettonicamente e figuratamente concepito quale simbolo plastico della comunione dei santi. *M.G. Lo.*

tempo, nozione che costituisce uno dei problemi costanti della riflessione filosofica e scientifica. Alle origini del pensiero greco il concetto di tempo — come misura del perdurare delle cose mutevoli e come ritmica successione delle fasi in cui si svolge il divenire della natura — si presenta ancora profondamente influenzato dal mito, dalle speculazioni cosmogoniche e dalla tradizione orfica, che indica in Crono il padre di tutte le cose e parla di «cicli del tempo» come ruota del destino in cui tutti gli esseri eternamente rinascono.

È con Parmenide che il tempo comincia ad assumere quel senso problematico che lo caratterizza come questione filosofica, in quanto esso viene opposto all'eternità e immutabilità dell'essere e quindi ricondotto all'ambito della mutevole opinione sensibile. Ma il testo in cui il problema del tempo viene affrontato per la prima volta in tutta la sua filosofica pregnanza è il *Timeo* di Platone. Qui (37*d*) il tempo viene definito «immagine mobile dell'eternità» che «procede secondo il numero». Tale immagine è il cielo, che con i suoi astri fornisce la misura del divenire temporale; di esso sono parti l'«era» e il «sarà», sebbene solo l'«è» ne incarni la dimensione autentica come punto di congiunzione (che Platone chiama anche «istante») tra tempo ed eternità. Il primo imita la seconda in quanto, nell'aspetto del cielo, «si muove in circolo secondo il numero» (38*a*). Ma bisogna poi aggiungere che tutto l'universo è per Platone una traduzione visibile dell'anima invisibile,

col che vengono gettate le basi di quel nesso tra tempo e pensiero che è reso esplicito da Aristotele e che resterà costante nella filosofia occidentale.
Nella *Fisica* Aristotele definisce il tempo «il numero del movimento secondo il prima e il poi» (219*b*): il tempo è quindi «il numerato e il numerabile», il che rinvia però al «numerante» («ciò che numera»). Questo è appunto l'anima: «se è vero che nella natura delle cose soltanto l'anima, o l'intelletto che è in essa, hanno la capacità di numerare, risulta impossibile l'esistenza del tempo senza quella dell'anima» (223*a*). Nell'anima il tempo e l'eterno si congiungono tramite l'«istante»; esso è condizione del tempo, «ma non è una parte del tempo»: «Se il tempo non fosse, l'istante non sarebbe, e se non fosse l'istante non sarebbe il tempo» (220*a*). A queste proposizioni farà ancora eco Hegel: «Il tempo è l'essere che mentre è, non è, e mentre non è, è», cioè «il divenire intuìto» nell'«ora» (*Enciclopedia*, par. 258; nella nota Hegel aggiunge: «il tempo è il principio medesimo dell'io=io, della pura autocoscienza»).

• *«Soggettività» e «oggettività» del tempo.* La relazione del tempo col pensiero e anzi la sua totale interiorizzazione e riduzione a «estensione dell'anima», a successione di stati psichici tramite la memoria e l'anticipazione, è espressa in celebri proposizioni da Agostino nelle *Confessioni* (XI, 14) e del *De civitate Dei* (XI, 5). Ma con Agostino e in generale col pensiero cristiano la concezione del tempo abbandona la ciclicità pagana per assumere una direzione lineare-progressiva: tempo è condizione della *storia* mondana che dalla caduta di Adamo procede verso la dimensione del riscatto e del ritorno a Dio, per approdare infine alla «consumazione del tempo» e al trionfo dell'eternità spirituale. A questa concezione psicologica ed escatologica si affianca, a partire dal rinascimento, la nuova concezione scientifica del tempo, fondata sulla meccanica galileiana. Quest'ultima concepisce il tempo come una serie idealmente reversibile di istanti omogenei; serie che consente la riduzione del movimento a leggi quantitativo-matematiche e l'applicazione del calcolo infinitesimale. Di qui il concetto newtoniano di tempo assoluto o tempo cosmico. Ma alla fisica newtoniana si oppongono sia gli empiristi (Locke, Berkeley, Hume), che ribadiscono il carattere psicologico della temporalità e quindi il valore di pura astrazione o finzione intellettuale del tempo fisico, sia Leibniz, che nel tempo ravvisa «un ordine di esistenze successive» (*Lettere*, G III, 622), cioè qualcosa di «ideale» e non un «essere reale». Questa frattura tra tempo scientifico ed esperienza temporale viene colmata da Kant. Egli critica a sua volta il concetto dogmatico di temporalità oggettiva o cosmica e vede nel tempo la forma a priori dell'intuizione empirica (cui si riduce anche lo → spazio), cioè la condizione «soggettiva» del molteplice sensibile; d'altra parte, poiché tale condizione riveste carattere universale e necessario (ed è tramite tra le categorie intellettive unificate dalla sintesi dell'autocoscienza e l'intuizione sensibile), il tempo è la forma trascendentale per eccellenza nella costituzione della *oggettività* del conoscere. È su questa «oggettività trascendentale», e non dogmatica, che riposa il carattere universale della fisica e della scienza in genere, in quanto la scienza si rivolge ai fenomeni dell'esperienza e questi hanno nella forma del tempo la condizione a priori della loro esperibilità.

• *La crisi della temporalità classica.* La soluzione kantiana fece da cerniera alla discussione del problema del tempo nella filosofia contemporanea, ma di fatto non influenzò il pensiero scientifico. Quest'ultimo entrò in crisi per proprio conto verso la metà dell'Ottocento con la scoperta della irreversibilità dei fenomeni termodinamici, la quale non si concilia con l'omogeneità equivalente degli istanti temporali della meccanica classica: ogni istante è qui eterogeneo rispetto al precedente e la serie non può essere invertita. (Nel caso specifico: abbassando il livello termico di un sistema, non si riottiene la stessa quantità di lavoro impiegata; una parte dell'energia termica si «degrada» e non si ritrasforma in lavoro). Ma anche per altra via il concetto classico di temporalità entrò in crisi, con la scoperta della non-unicità della serie temporale: non esiste un tempo unico e universale per tutti gli eventi fisici. Da un lato ciò condusse alla unificazione di tempo e spazio in un *continuum* quadridimensionale (H. Minkowski); dall'altro si pervenne, tramite gli esperimenti di A.A. Michelson e E.W. Morley e le ipotesi di H.A. Lorentz e G.F. Fitzgerald, alla teoria della → relatività di A. Einstein, che adottò a sua volta la tesi dell'unità spazio-temporale. Le conseguenze più generali della relatività vennero discusse da epistemologi come H. Poincaré e da filosofi come A.N. Whitehead, G.H. Mead, S. Alexander, E. Cassirer e H. Bergson. Quest'ultimo fu anche il critico più accanito del tempo «spazializzato» della fisica, al quale oppose la concreta esperienza interiore del tempo come «durata»: esperienza qualitativa e «metafisica» irriducibile a misure «esterne» (*Durata e simultaneità*, 1922). Il problema metafisico del tempo venne riproposto da Husserl mediante l'analisi fenomenologica del «vissuto» coscienziale e delle sue «estasi», cioè del reciproco implicarsi — nella *presenza* — della «ritenzione» del passato e della → protensione del futuro (*Per la fenomenologia della coscienza interna del tempo*, 1905-11). Da queste analisi muove Heidegger, che pone il problema del tempo come questione cardine dell'esistenzialismo e anzi dell'intera storia della metafisica occidentale. A quest'ultima, che privilegia da sempre la dimensione del presente, Heidegger oppone il momento del futuro. Il tempo è infatti condizione dell'esistenza intesa come «progetto» e insieme come «decisione anticipatrice» che riconosce e accoglie l'invalicabile finitudine esistenziale dell'uomo in quanto «essere per la morte». Questi temi sono stati sviluppati anche da J.-P. Sartre. Ma Heidegger ha poi insistito (già in *Essere e tempo*, 1927, e successivamente in *Tempo ed essere*, 1962) sul senso «ontologico» del problema del tempo, in quanto luogo di quella verità «destinale» e «storica» dell'essere che l'intera metafisica del tempo, interpretato come «presenza» connessa alla coscienza, ha frainteso e obliato, concludendo infine nel nichilismo relativistico della scienza e nel soggettivismo «umanistico» della filosofia. *C. Si.*

tempo di reazione, in psicologia applicata, l'intervallo di tempo che intercorre fra la presentazione dello stimolo e l'inizio della risposta comportamentale. La misura del tempo di reazione (che corrisponde alla cosiddetta «prontezza di riflessi» del linguaggio non scientifico) viene effettuata mediante uno strumento denominato cronoscopio, e costituisce uno dei criteri di valutazione in alcuni test.

teodicea, termine coniato da Leibniz (*Saggi di teodicea*, 1710) e che etimologicamente significa «dottrina del diritto e della giustizia di Dio»; ma Leibniz stesso lo impiega nel senso generale di dottrina della giustificazione di Dio rispetto al male presente nel creato, e questo senso generale è quello ch'è rimasto al termine. Nel sec. XIX, particolarmente in Francia, invalse l'uso d'intenderlo come sinonimo di «teologia razionale».

Teodoreto, → padri della chiesa.

Teodorico di Chartres (sec. XII), filosofo e teologo francese. Fratello minore di Bernardo di Chartres, fu maestro nella scuola nel 1121. Verso il 1140 insegnò a Parigi, ove fu suo discepolo Giovanni di Salisbury. Tornato a Chartres come cancelliere nel 1141, vi morì intorno al 1155. Tra i suoi scritti più importanti: *Heptateuchon*, manuale delle sette arti liberali; *Hexaemeron* o *De septem diebus*, commento al Genesi; due commentari al *De Trinitate* e al *De hebdomadibus* (*De bono et malo*) di Boezio. È merito di Teodorico l'aver introdotto a Chartres, accanto alla cultura umanistica, una nutrita cultura scientifica mediante la traduzione di testi greci e arabi. Tale cultura è in particolare utilizzata nell'*Hexaemeron*, in cui, abbandonate le tradizionali interpretazioni allegoriche della Bibbia, la nascita dell'universo viene spiegata col ricorso alla causa materiale e con un continuo riscontro col *Timeo* di Platone. Di qui la tesi secondo la quale la creazione divina si arresta alla produzione dei quattro elementi; in seguito la «fabbrica del mondo» procede autonomamente secondo la propria razionale struttura, riducibile al moto matematico di atomi o particelle elementari. In sede teologica Teodorico, sotto la prevalente influenza di Scoto Eriugena e di Boezio, elabora l'originale tesi dell'«esemplarismo»: Dio è *forma essendi* di ogni cosa; come tale Dio è in ogni cosa («Deus est omnia»). L'esito panteistico di tale dottrina è però evitato col ricorso alla tesi del carattere «esemplare» dell'unità divina: come la serie dei numeri presuppone l'unità da cui deriva, così la molteplicità delle creature presuppone un'unità trascendente in cui essa si ritrova «esemplata» e come «complicata nella semplicità divina». In tal modo Teodorico introduce concetti che saranno ripresi nel sec. XV da Nicola Cusano.

Teodorico di Vriberg o Dietrich von Freiberg (1250 ca - 1310 ca), filosofo e teologo tedesco. Appartenne all'ordine domenicano e in diverse scuole dell'ordine svolse la sua attività di insegnante. La sua opera fu ispirata dal tentativo di conciliare la concezione emanatistica dell'universo, propria dei neoplatonici (Teodorico ammirava particolarmente il sistema di Proclo), con i principi della metafisica agostiniana e della psicologia aristotelica. Ne risulta un sistema eclettico, al cui interno Teodorico riproduce spesso le posizioni di Avicenna; in aperto contrasto con Tommaso d'Aquino, egli sviluppa inoltre una lettura fortemente neoplatonizzante delle opere di Alberto Magno. Originale il suo trattato sull'arcobaleno (*De iride*), in cui tenta di spiegare il fenomeno su basi geometriche, giungendo sino alla determinazione dell'ordine dei colori nel raggio rifratto e nello spettro solare. Opere principali: *De intellectu et intelligibili*; *Tractatus de esse et essentia*; *De tempore, de mensuris durationis*; *Tractatus de quidditatibus entium*.

Teodoro di Cirene (Cirene seconda metà del sec. IV - prima metà del sec. III a.C.), filosofo greco. Fu uno degli esponenti più autorevoli della scuola cirenaica, anche se alcuni tratti della sua dottrina, testimoniata soprattutto da Diogene Laerzio (II, 86; 97-104), denotano aspetti più vicini ai cinici che non ai cirenaici: così il cosmopolitismo, la svalutazione dell'amicizia e la difesa di un atteggiamento libero in materia di rapporti sessuali. Per il suo atteggiamento polemico nei confronti della religione fu soprannominato «l'Ateo», anche se dalle testimonianze non è possibile accertare se la sua dottrina negasse in linea di principio la credenza nella divinità ovvero la credenza negli dei della mitologia. Nel campo della morale Teodoro approfondì e raffinò l'edonismo di Aristippo, nel senso che considerò scopo finale ed elemento essenziale dell'eudemonia non il piacere momentaneo, bensì il sentimento interiore della gioia e serenità (*chará*), al quale il saggio può approdare attraverso l'attività dell'intelletto e la pratica della giustizia. Questi dunque, in quanto mezzi più efficaci per il conseguimento di quel fine, furono da lui considerati come beni supremi, e mali i loro opposti, mentre piacere e dolore furono annoverati tra le cose indifferenti.

Teodoro di Mopsuestia, → padri della chiesa.

teofania (dal greco *theós*, dio e *pháinesthai*, mostrarsi, apparire), manifestazione di Dio. L'idea della manifestazione diretta della divinità è presente nel pensiero religioso arcaico (il dio può comparire nei sogni come accade nei poemi omerici). Il termine 'teofania' viene usato in senso tecnico da → Scoto Eriugena, per indicare che tutta la realtà, sia intelligibile sia sensibile, costituisce una manifestazione di Dio. In verità, Scoto interpreta la creazione come teofania nel senso che ogni livello ontologico, dipendente direttamente da Dio, rivela in sé la sua causa, cioè Dio stesso. La teofania presuppone l'idea che Dio «si fa» nel reale nel momento stesso in cui lo crea. Per Scoto la prima manifestazione divina è costituita dalle «cause primordiali», dai «prototipi» di ogni realtà, che corrispondono in definitiva alle «idee». Ma anche la natura sensibile, come molteplicità derivante dalle cause primordiali, rappresenta una forma di teofania, poichè in essa si manifesta la causa efficiente di tutta la realtà. È importante tenere presente che sia le cause primordiali sia il mondo sensibile non sono enti radicalmente separati tra loro e dalla loro causa, bensì momenti del processo divino che ha il suo epilogo nel ricongiungimento dell'essere con Dio.

Forme di teofania si possono probabilmente riconoscere anche nel pensiero greco. Si pensi, in generale, alle ontologie orientate in senso immanentistico come lo stoicismo, e prima ancora il pensiero di Eraclito. Per gli stoici la realtà in tutte le sue forme andava sostanzialmente identificata con la divinità e in questo senso costituiva una vera e propria teofania. Ma anche il neoplatonismo, con l'idea che ogni ente (ideale e materiale) porta con sè una traccia del principio ontologico supremo (l'Uno), può essere considerato una forma di teofania. Presumibilmente proprio l'ontologia neoplatonica, in particolare quella dinamico-processuale di → Proclo, costituisce l'antecedente della concezione di Scoto.

Teofrasto (Ereso, Lesbo, fra il 373 e il 370 - Atene 287 ca a.C.), filosofo e scienziato greco. Figlio di un ricco fabbricante di stoffe, venne assai giovane ad Atene, dove frequentò l'Accademia quando Platone era ormai vecchio. Alla morte di Platone, seguì Aristotele al Liceo, dove divenne il suo allievo preferito e infine, per volontà del maestro, suo successore nella direzione della scuola (322-287 ca).

Scrisse opere di carattere storico-filosofico, come le *Opinioni dei fisici*; opere di logica, dove sviluppò la teoria del ragionamento disgiuntivo e di quello ipotetico, ampliando il numero dei sillogismi; opere morali, tra le quali meritano di essere ricordati i *Caratteri*, schizzi di tipologie morali tratteggiati con fine umorismo; opere fisiche, come il trattato *Sul fuoco*, dove, sulla base di una grande quantità di precise osservazioni, Teofrasto rielaborò la teoria aristotelica dei quattro elementi. Altre sue opere, le *Cause dei processi vegetali* e la *Storia delle piante*, inaugurano invece la ricerca scientifica in biologia: la prima studia la fisiologia delle piante, la seconda, più antica, è un trattato di sistematica vegetale in cui l'autore, utilizzando una ricchissima messe di materiale raccolto in gran parte durante le spedizioni militari di Alessandro Magno, dà notizie sulla coltura e distribuzione geografica della flora con un rigore scientifico e uno studio del particolare ancora oggi apprezzato. Rilevante è altresì il criterio metodologico che ispira l'opera di Teofrasto, teso ad affermare la superiorità della conoscenza analitica e a bandire dal campo della scienza biologica gli sterili parallelismi, sia morfologici sia funzionali, tra organi animali e organi vegetali. Conviene infine ricordare un altro scritto di Teofrasto, il frammento intitolato *Metafisica* che, seppure breve, è significativo della indipendente personalità dell'autore, che avanza una critica nei confronti di due punti rilevanti della dottrina del maestro: qui infatti Teofrasto da una parte respinge la teoria del primo motore quale origine del moto universale, riaffermando per contro, insieme ai naturalisti ionici, l'attività e il movimento come qualità originarie ed intrinseche ad ogni oggetto naturale, sia terrestre sia celeste. Dall'altra, avanza seri e radicali dubbi sulla universalità del principio teleologico operante nella natura: la presenza di mammelle nei mammiferi maschi, lo sviluppo eccessivo e ingombrante delle corna del cervo, le inondazioni, le siccità e i diluvi, la precarietà delle condizioni utili alla nascita e alla nutrizione degli animali sono solo alcuni tra gli esempi addotti da Teofrasto per evidenziare le resistenze che la natura oppone al finalismo. Abusare allora, nella scienza fisica, del principio teleologico significa contrastare la comprensione scientifica del mondo, quando non addirittura precluderla.

teogonia, termine che designa il processo di formazione del mondo divino (e il racconto di tale processo), generalmente ispirato a un principio genealogico. Nelle tradizioni mitologiche o dottrinali delle diverse religioni non monoteistiche, si possono facilmente individuare due momenti successivi, o articolazioni, del discorso teogonico. A una fase originaria, in cui un essere supremo ha creato il mondo, la vita e gli uomini, succede una fase nel corso della quale questo essere, che si caratterizza come una divinità del cielo (M. Eliade, *Trattato di storia delle religioni*, 1948), si separa dagli uomini e, pur senza venir completamente dimenticato, si ritira a poco a poco dalla viva realtà religiosa. Il suo posto è occupato da altre divinità, più concrete e dinamiche, più vicine all'uomo. Mentre la figura del dio celeste assume così sempre più i tratti di un vero e proprio *deus otiosus* (Eliade), la teogonia presenta nuove gerarchie divine, costituite in genere dai figli, dagli inviati o comunque da emissari inferiori dell'essere supremo primitivo, che continuano a occuparsi della creazione, a perfezionarla o a conservarla. In questo momento — allorché gli dei uranici primitivi sono sostituiti da esseri nei quali si accentuano le caratteristiche di forza e potenza delle funzioni divine, rese procreative e specializzate in senso tecnico — il processo teogonico tende a risolversi senza soluzione di continuità in processo cosmogonico. In termini storico-evolutivi, questo passaggio dalla primitiva idea del dio celeste (W. Schmidt, *L'origine dell'idea di dio*, 1926; R. Pettazzoni, *L'Essere Celeste nelle credenze dei popoli primitivi*, 1922) alle nuove divinità della potenza si può leggere come un passaggio dalle religioni preistoriche del paleolitico al nuovo universo del neolitico. Il ruolo decisivo occupato qui dalla scoperta dell'agricoltura si palesa nella rilevanza che assumono nelle nuove genealogie teogoniche, insieme con il culto degli antenati, le grandi divinità ctonie femminili e i loro paredri maschili. Nel corso di questa transizione, durante la quale teogonia e cosmogonia tendono a confondersi in seguito all'emergere di divinità funzionali che presiedono alle diverse sfere dell'agire umano (di quello tecnico in primo luogo), il posto del primitivo Essere Celeste viene occupato spesso da una figura che si colloca fra la divinità suprema e l'umanità. È questa la figura ambivalente del demiurgo, ovvero di ciò che la letteratura etnologica ha chiamato il *trickster* (P. Radin, *La religione primitiva*, 1940). Il demiurgo-*trickster* si differenzia dagli esseri supremi primitivi, ovvero dai «creatori di base» che pongono le prime condizioni di esistenza del mondo (U. Bianchi, *Teogonie e cosmogonie*, 1960), in quanto esso, in certo modo, crea il mondo in sottordine, trasformandolo e modificandolo in base a criteri che sfuggono agli uomini. L'introdursi, in età storica, della figura del demiurgo nelle costruzioni teogoniche ha soprattutto il significato di rendere drammatico il problema della creazione e di dischiudere l'accesso al grandioso tema etico della lotta fra le potenze del bene e quelle del male. Infatti l'agire del demiurgo, che simula parodisticamente il vero operare del dio, finisce col gettare il dubbio sul senso complessivo della creazione, interpretata come il prodotto maligno di un principio pseudo-divino. Tale è appunto l'intenzione peculiare di quelle teogonie che si potrebbero definire anti-cosmogoniche. Differentemente dalle teogonie positive, che nel processo della creazione vedono il chiaro ordinarsi dell'indistinto caos originario in una perspicua e razionale molteplicità, le teogonie anti-creazionistiche leggono nel mondo il frutto di un atto demiurgicamente malvagio che ha infranto per sempre l'indistinta pienezza del divino originario. Fra queste teogonie anti-cosmogoniche si possono annoverare le speculazioni indiane del → vedanta e delle → Upaniṣad, la dottrina orfica dell'uovo primordiale, il dualismo professato dal → mazdeismo e, infine, la negazione buddhistica dello stesso essere. A esse si oppongono, in età storica, le concezioni creazionistiche delle grandi religioni monoteistiche, ebraica, cristiana e islamica, per le quali il venire all'esistenza degli esseri finiti e molteplici non significa rottura di un'originaria indistinta unità divina, bensì partecipazione a un assoluto che ha i tratti distinti di un'entità personale.

teologia, termine designante dapprima la conoscenza relativa agli dei, e poi la scienza di Dio e delle cose divine.

• *Nozione e partizioni*. Il vocabolo *theologhía*, che si trova in Aristotele nel significato di considerazione metafisica dell'essere dal punto di vista della causa prima («filosofia prima»), entra progressivamente nel linguaggio cristiano: già usato da Giustino, da Clemente Alessandrino, da Origene, si afferma in Eusebio di Cesarea e in Dionigi Areopagita con il significato di «conoscenza vera di Dio», attinta mediante la fede e l'esperienza mistica. Con la → scolastica il termine assumerà il significato tecnico di «scienza delle verità rivelate», di riflessione sistematica e critica sulla dottrina cristiana, nel momento in cui l'aristotelismo comincerà a fornire alla cultura cristiana gli strumenti logici e metafisici per un'indagine razionale sui dati della rivelazione, contenuti nella Scrittura e nella tradizione. Entrambe le accezioni di «teologia» (in senso lato, come conoscenza di Dio mediante la fede; in senso tecnico e scolastico, come spiegazione razionale del dato rivelato) restano ancora nell'uso corrente: sicché si parla di teologia anche là dove non sussiste l'utilizzazione di particolari strumenti speculativi o scientifici. Del resto, la tensione tra ragione e fede è immanente alla teologia stessa: se infatti la fede esige dalla ragione un'obbedienza totale, l'atteggiamento dei teologi variò dal rifiuto più radicale all'assunzione più rigorosa dell'impegno razionale. Dopo la teologia scolastica, cui si deve appunto la prima riflessione sulla nozione e sul metodo della teologia, ulteriori vicende riguardanti la storia della chiesa (soprattutto la riforma protestante) e la storia della cultura (soprattutto lo sviluppo autonomo delle discipline storiche e del metodo storico-critico) hanno condotto alla suddivisione della teologia in diverse discipline, accomunate dall'oggetto (la rivelazione), ma distinte quanto al metodo d'indagine. Si distingue così principalmente un ramo storico e positivo (esegesi, teologia biblica, patrologia, storia del dogma) e un ramo speculativo e sistematico (teologia dogmatica, teologia morale, teologia mistica). Oggi tuttavia si tende a sminuire il rigore delle partizioni settoriali; sempre maggiore importanza assumono, da un lato, l'indagine storica e positiva, dall'altro il contatto con discipline originariamente estranee alla tradizionale nozione di teologia: le indagini sociologica, psicologica, religioso-comparata tendono ad assumere maggior peso. Superata (soprattutto da parte cattolica, dove l'autorità stessa aveva insistito in tempi recenti sul primato della tradizione scolastica) la rigida affermazione della normatività assoluta di una teologia sulle altre, si riconosce l'esistenza di una pluralità di teologie. Si riconosce inoltre l'esistenza di elaborazioni teologiche operanti sin dall'inizio della storia del cristianesimo, dotate di consistenza autonoma e destinate a sussistere anche indipendentemente dal cristianesimo stesso. Così la teologia veterotestamentaria, se da un lato confluisce nella teologia cristiana primitiva, non cessa d'altra parte di vivere autonomamente nel giudaismo, sia sotto forma di indagine esegetica (→ *midrash*) con particolare riguardo all'interpretazione della legge (→ Talmud), sia, nel medioevo, sotto forma di teologia speculativa, a contatto con l'aristotelismo (→ Maimonide, 1135-1204). E va anche ricordato come la teologia veterotestamentaria, attraverso la tradizione giudaica e quella cristiana (monofisita e nestoriana), confluisca nell' → Islam, che conosce, contemporaneamente alla scolastica latina, importanti sistemazioni speculative (Avicenna, 980-1037; al-Ghazālī, 1059-1111; Averroè, 1126-1198).

• *La teologia del Nuovo Testamento.* Se nell'insegnamento di Gesù è difficile scorgere vere e proprie preoccupazioni teologiche, è invece importante riconoscere nella comunità cristiana primitiva una esigenza di illuminare la figura di Gesù, le sue opere e le sue parole, e la realtà stessa della chiesa, alla luce di una riflessione teologica che si basa prevalentemente sull'Antico Testamento, ma non rifugge dagli apporti della cultura filosofico-religiosa del mondo ellenistico. Negli stessi Vangeli sinottici (Matteo, Marco, Luca) affiora una problematica teologica concernente per es. la persona di Cristo, il rapporto tra ebrei e cristiani, la missione verso i pagani, l'atteggiamento verso la legge giudaica e verso l'autorità romana, il culto, il ritardo della → parusia (il ritorno di Cristo). Ancora più esplicita è la dimensione teologica negli altri scritti neotestamentari. Nel quarto Vangelo e nelle lettere di Giovanni spicca la meditazione sul «mondo», sulla creazione sottomessa al peccato e avvolta nell'oscurità, in cui irrompe la luce della rivelazione di Dio, mediante l'incarnazione della sua Parola. Negli Atti degli Apostoli c'è la meditazione sulla storia della comunità cristiana, guidata dallo Spirito in tutti i suoi momenti, movimenti e persone. Soprattutto l'epistolario di Paolo è ricco di elementi teologici. Tipicamente paoline sone la centralità della riflessione sulla condizione umana, segnata dall'equivalenza tra legge, peccato, morte, e la dialettica tra la legge, impotente a giustificare il peccatore, e la fede fiduciosa nel Cristo che dà la salvezza. Altro motivo essenziale della teologia paolina è la concezione della chiesa come «organismo» di tutti i credenti, del quale Cristo è il capo.

• *La teologia dell'età patristica.* Nei secoli successivi all'età apostolica (età patristica) la teologia cristiana presenta una fase apologetica contro ebrei e pagani, e soprattutto contro lo → gnosticismo, che tenta la risoluzione del cristianesimo in una visione dualistica e mitologica (Ireneo di Lione, Clemente Alessandrino, Tertulliano). Accanto all'elemento polemico e apologetico, emerge nell'opera di Origene il primo tentativo di sistemazione teologica, in cui una profonda conoscenza biblico-esegetica si sposa all'utilizzazione di vari elementi filosofici, specialmente neoplatonici. Il tentativo di Origene è accompagnato e seguito da quelle tensioni e quei conflitti con l'autorità ecclesiastica che segnano tutta la storia della teologia, e che emergono soprattutto nelle svolte decisive. Nella lotta contro l'arianesimo, il nestorianismo e il monofisismo, la cristologia e la teologia trinitaria ortodosse ricevono la loro classica sistemazione, cui si connette anche un'antropologia teologica. I tratti di quest'ultima sono diversi in Oriente e in Occidente. In Oriente, con Atanasio, Gregorio Nazianzeno, Basilio, Gregorio Nisseno, si insiste sulla salvezza come «divinizzazione» dell'uomo e dell'universo attraverso l'incarnazione del Verbo. Questo modo di pensare continua a vivere nella teologia bizantina e nella tradizione greco-ortodossa e slavo-ortodossa, anche a motivo della concezione del culto come mistica trasfigurazione dell'uomo e del cosmo. In Occidente, con Agostino e la lotta contro il pelagianesimo, si insiste piuttosto sulla dimensione «personalistica» della salvezza: essa è risultato di un dialogo continuo tra l'uomo peccatore e Dio che si riconcilia con lui. La teologia che si sviluppa in seguito negli ambienti monastici non è caratterizzata da grande vigore speculativo né da forti personalità. In essa domina la meditazione sulle Scritture, secondo la linea dei commentari patristici, e, come in questi, viene fatto ampio uso dell'interpretazione allegorica: parole, fatti, figure dell'Antico e del Nuovo Testamento assumono valore simbolico, ciò che consente di collegare variamente e di attualizzare i diversi momenti della storia «sacra».

• *La teologia scolastica.* Per gli autori dell'alto medioevo, da Agostino a Bernardo, la teologia

non solo nasce dalla Scrittura, ma termina in essa; sia il trattamento filologico del testo ispirato, sia la sua allegorizzazione simbolica non si discostano dalla base letteraria. Il ricorso ad apparati esegetici presi a prestito dalla grammatica, dai lapidari, dai bestiari incomincia a essere abbandonato nel sec. XII, soprattutto con Ugo di San Vittore, il quale si orienta verso un'ermeneutica storica (che dà il primato alla storia della salvezza), per cedere definitivamente il posto, nel sec. XIII, alla teologia come *sacra doctrina* (Tommaso d'Aquino), che privilegia la riflessione metafisica e antropologica nella rilettura della Bibbia: nel testo sacro si cercano gli sviluppi di quei temi che più propriamente aiutano l'uomo ad approfondire l'immagine del suo mondo interiore ed esteriore, e si mira a una concezione unitaria del sapere e a un coinvolgimento totale del soggetto nello sforzo per raggiungere l'ultimo fine beatificante.
Ciò avviene grazie all'introduzione in Occidente di tutto il *corpus* filosofico di Aristotele; sotto l'influsso dell'epistemologia aristotelica il metodo della teologia si fa logico-deduttivo e il suo procedimento si può così schematizzare: da due premesse note, in quanto esplicitamente contenute nella Scrittura e nella tradizione (la seconda premessa può essere anche, in forza dell'«analogia» tra l'ordine creaturale e quello divino, una verità «naturale») si ricava una conclusione nuova, che arricchisce il patrimonio teologico. Per es.: Cristo è re; il re gode del potere giudiziario: dunque Cristo ha il potere giudiziario. Ricorrendo a questo metodo, illustrato con un esempio (tomistico) che ne mette in luce anche i limiti, è possibile precisare le affermazione bibliche sulla regalità di Cristo. I dati della rivelazione (Dio, gli angeli, Cristo, la grazia, i sacramenti ecc.) sono esaminati attraverso l'applicazione di categorie filosofiche (materia-forma, sostanza-accidenti, potenza-atto, vari tipi di causalità ecc.) Al massimo esponente della teologia scolastica, Tommaso d'Aquino, si deve, fra l'altro, l'affermazione del primato dell'esistenza nel rapporto essenza-esistenza: questa distinzione sarà trasmessa alla filosofia moderna, sia pure in un contesto ben diverso da quello teologico. La filosofia aristotelica impronta di sé diverse scuole teologiche (oltre ai domenicani, anche Duns Scoto e la scuola francescana) e opera anche al di fuori dell'area cristiana, nel pensiero arabo ed ebraico.

• *La teologia nell'età moderna.* Già nel sec. XIV, con Guglielmo di Occam, la fiducia scolastica nella ragione speculativa viene meno. L'atteggiamento critico della teologia occamistica influenza profondamente Lutero, e per suo tramite la teologia protestante. Questa, appellandosi all'unico fondamento scritturistico (*sola Scriptura*), afferma il ruolo esclusivo della fede (*sola fides, sola gratia*) e sottolinea la situazione di separazione dell'uomo da Dio, superabile solo con la fede nella croce di Cristo (*theologia crucis*). Alla teologia riformata si oppone da parte cattolica, nel sec. XVI, la teologia controversistica (F. Suárez, R. Bellarmino). Nei secc. XVIII e XIX si affermano la critica illuministica, materialistica e immanentistica alla religione, ma anche la rivalutazione romantica e storicistica delle religioni positive; e allo scetticismo positivistico farà riscontro il metodo storico-positivo nell'interpretazione dei testi. L'idealismo hegeliano, in particolare, si presenta anche come reinterpretazione del cristianesimo in termini razionalistici. Nozioni essenziali alla Bibbia e alla tradizione teologica vengono assunte e tradotte in una visione che, nell'intenzione hegeliana, le «supera» portandole a suprema chiarezza: Spirito, alienazione, riconciliazione, incarnazione — categorie essenziali al pensiero hegeliano — sono di chiara provenienza teologica. In tal modo si intende riconciliare la filosofia con la religione, «dimostrandone la verità e la ragione». La reazione di Kierkegaard alla risoluzione del cristianesimo in un sistema dominato dalla necessità logica è importante per intendere gli sviluppi della teologia contemporanea. Kierkegaard afferma la separazione tra Dio e natura, tra eterno e temporale, tra finito e infinito, non essendo possibile mediazione o conciliazione se non nell'istante della fede, che è appunto rivelazione di Dio nel tempo. L. Feuerbach e Nietzsche criticano la religione intendendola come proiezione in Dio di esigenze e immagini umane. Nel frattempo, in clima positivistico e di rinnovato storicismo, si assiste nelle varie chiese (e, parallelamente, nell'ambito dell'ebraismo soprattutto tedesco e anglosassone) a un fervore di indagine critica e di contatto con le fonti. In campo cattolico, mentre l'autorità favorisce la ripresa scolastica e neotomistica, il → modernismo si esprime soprattutto come proposta di rinnovamento ecclesiale e teologico mediante il ritorno a una essenzialità biblica. Alle spalle è l'opera di A. von Harnack, con le esigenze di semplificazione teologica, di recupero di una «essenza del cristianesimo», quale emerge da una lettura dei Vangeli che si vorrebbe non pregiudicata dall'ortodossia dogmatica, e sostenuta dalla moderna critica storica (E. Troeltsch critica l'ingenuità metodologica della proposta di Harnack, pur condividendone sostanzialmente i contenuti). Anche all'interno della chiesa ortodossa, soprattutto russa, si profilano esigenze di rinnovamento teologico. Sotto un certo influsso dell'idealismo tedesco (la filosofia positiva di Schelling), oltre che della tradizione specifica greco-bizantina, si delinea la sintesi sofiologica (V. Solov'ëv, S. Bulgakov, P. Florenskij): la mediazione tra creatore e creatura è affidata alla Sophía o Sapienza divina (→

sofianismo), strettamente connessa con la Spirito Santo e la Vergine Madre di Dio. A sua volta, la Vergine Madre non ha del tutto cancellato — e in parte ha assorbito — l'antica figura russa della Madre Terra, che fa sentire la sua presenza, insieme a influenze ancora una volta idealistico-romantiche, nello → slavofilismo. Questo movimento teologico-politico ha il suo principale esponente nel teologo laico A.S. → Chomjakov, e la sua grandiosa voce letteraria in F. Dostoevskij.

Con le vicende drammatiche delle due guerre mondiali anche i toni del discorso teologico cambiano profondamente. Alla teologia liberale succede la teologia dialettica o della → crisi (K. Barth, F. Gogarten, E. Thurneysen) che si muove sulla scia di Kierkegaard, ma riprende più direttamente il pensiero dei grandi riformatori, in particolare Calvino, e polemizza con la teologia romantica, in primo luogo con l'ermeneutica di F.D.E. Schleiermacher, da un lato, con la → demitizzazione del messaggio neotestamentario proposta dal biblista R. Bulteann (influenzato da Heidegger), dall'altro. I teologi della crisi accentuano la trascendenza di Dio, accessibile solo alla fede, e la contrappongono alla religione, intesa come modalità umana (vana) di approccio al divino. Discepolo, e poi critico, di Barth è il teologo luterano, ucciso dai nazisti, D. Bonhoeffer, che nelle sue lettere dal carcere abbozza il progetto di una interpretazione «non religiosa» del cristianesimo, in cui Dio è posto «nel mezzo del villaggio»: il suo pensiero diverrà la fonte dei più vivi e interessanti rinnovamenti teologici del dopoguerra, sia tra i protestanti sia tra i cattolici.

Lo stesso percorso si ritrova a grandi linee nella teologia ebraica, che passa dalle formulazioni «liberali» di L. Baeck all'approccio drammatico di F. Rosenzweig, il quale, nella *Stella della redenzione*, sviluppa un complesso sistema strutturato sulle tre tappe di creazione, rivelazione e redenzione messianica, nella quale sarà coinvolto il mondo intero. Sempre in ambito ebraico, teologia e filosofia si fondono nel neochassidismo di M. Buber (il pensiero dialogico) e di A.J. Heschel, e nell'esegesi talmudica (oltre che nei saggi teorici sull'«altro») di E. Lévinas. Un filosofo ebreo di formazione marxista, E. Bloch, incide sulla storia della teologia (sulla teologia della → speranza di J. Moltmann, su una certa teologia politica cattolica), con il tentativo di congiungere all'ispirazione marxista il ricupero di aspetti eversivi, utopici, rivoluzionari dell'esperienza religiosa.

Nell'ambito cattolico, al consolidarsi delle strutture ecclesiastiche corrisponde una riflessione teologica viva e dinamica soprattutto sul versante ecclesiologico. Si trattava, in primo luogo, di evidenziare gli aspetti più interiori — il «corpo mistico di Cristo» — della grande organizzazione visibile, e poi di por mano alla riforma dell'istituzione, sulla spinta di istanze via via più forti a partire dagli anni Cinquanta (ma i presupposti si possono già rinvenire in pensatori isolati dell'Ottocento, quali J.A. Möhler, A. Rosmini, J.H. Newman). Così, intorno agli anni del Concilio Vaticano II, la riflessione teologica si è impegnata soprattutto a definire la natura della chiesa e l'indole del ministero ecclesiastico sulla base della tradizione delle varie confessioni: si è in tal modo giunti ad approfondire la natura dell'episcopato e della collegialità episcopale, riequilibrando, sia pure prudentemente, l'enfasi posta dal Vaticano I sul primato papale.

Alla fine degli anni Sessanta, in relazione a importanti trasformazioni politiche e culturali (speranze riformistiche e rivoluzionarie, utopismo del '68), la teologia cominciò a confrontarsi più direttamente con le posizioni avanzate del neomarxismo e dell'umanesimo laico. Questa tendenza, che accomunava spesso le avanguardie teologiche al di là della propria estrazione confessionale, in una riconduzione (e talora riduzione) del cristianesimo a ortoprassi, ha due esiti teologici di particolare rilevanza: la «teologia politica» e la «teologia della liberazione». La prima ha il suo esponente nel teologo cattolico J.B. Metz, che ne offre una sintesi in *Sulla teologia del mondo* (1968): nel confronto con l'affermazione del primato della ragion pratica (Kant) e della prassi sociale (Marx), mediate dall'elaborazione della scuola di Francoforte, Metz formula il messaggio escatologico del cristianesimo, sviluppandone le implicazioni sociali e politiche. A questo programma aderisce anche Moltmann, la cui «teologia della speranza» riceve dalla teologia politica un diverso spessore storico e sociale.

Alla fine degli anni Sessanta nell'America latina nasce la «teologia della liberazione» (G. Gutierrez, L. Boff), che, partendo dalla situazione di povertà delle masse latino-americane, elabora, alla luce della fede, una prassi trasformatrice dei rapporti di dipendenza e oppressione. Negli stessi anni, e in una cornice teologica molto affine, si formulano la «teologia nera» (negli Stati Uniti il teologo J. Cone, in Sudafrica il vescovo D. Tutu e A. Boesak), e la «teologia femminista» (R. Radford Ruether, E. Schlusser Fiorenza negli Stati Uniti, E. Moltmann Wendel in Germania), che ha anche una notevole corrispondente ebraica (negli Stati Uniti la rivista «Lilith»).

Nel frattempo, dall'ambito ecclesiologico la problematica di molti teologi sistematici andava volgendosi verso il tema più centrale e meno ecclesialmente autocentrato della cristologia. Si sono registrati qui interventi importanti, come quello di E. Schilebeeckx, il quale ha avvalorato con una ricca documentazione neotestamentaria una immagine di Gesù come il vivente che annuncia il Regno di Dio, ponendo se stesso in secondo piano. Un altro tema, impostosi negli anni Ottanta, anche come conseguenza della sempre più sofferta attenzione, sia da parte ebraica, sia da parte cristiana, alla cosiddetta «teologia di Auschwitz» (o dell'Olocausto, o Shoà), è la domanda su Dio, sulla conciliabilità o meno in lui di onnipotenza, bontà e comprensibilità: da R. Rubenstein a T. Katz e E. Berkovits, da E. Wiesel a H. Jonas, da A. Cohen a E.R. Fackenheim tra gli ebrei, da Moltmann e Metz a G. Dossetti a I. Mancini tra i cristiani, la meditazione sul silenzio di Dio ha portato spesso all'affermazione paradossale di una sua debolezza, che trova i suoi antecedenti storici nella teologia ebraica della Shekhinà (o immanenza «debole» di Dio) e in quella cristiana della → kenosi.

La teologia della Shoà è divenuta una voce così centrale nel panorama odierno, cioè molti decenni dopo lo sterminio del popolo ebraico, perché nel frattempo le chiese occidentali, cattolica ed evangeliche, hanno sviluppato una «teologia cristiana dell'ebraismo», non soltanto come aspetto della più generale teologia ecumenica oggi molto impegnata, ma come indispensabile condizione dell'autocoscienza cristiana: tra i suoi più noti esponenti sono da ricordare ancora Metz, C. Thoma, F. Mussner, N. Lohfink, M. Cunz, M. Remaud, L. Swidler, P. Stefani, C.M. Martini. All'inizio degli anni Novanta, accanto ai tre percorsi teologici dell'ecumenismo, della Shoà o dell'interrogazione a Dio, e della complementarietà ebraico-cristiana, sono da porre in evidenza l'ermeneutica teologica (I. Mancini) e l'«ecoteologia», sintetizzata dalla formula «Giustizia, pace, integrità del creato», e venuta alla ribalta mondiale nelle due grandi assise ecumeniche di Basilea (1989) e Seul (1990).

Se la teologia (e l'esegesi biblica, qui non toccata ma ricchissima di sviluppi) è oggi impegnata con grande varietà di interessi al di là delle delimitazioni confessionali, le istituzioni ecclesiali appaiono più preoccupate del consolidamento interno e dell'espansione esterna, favorita dalla crisi della secolarizzazione e da una ripresa di attrazione per il sacro. A queste si affiancano diffuse emergenze di fondamentalismo o di destra religiosa, che naturalmente poco o nulla aggiungono alla teologia contemporanea (lefevrismo, alcuni «movimenti», chiese fondamentaliste americane, sette, gruppi ebraici ultraortodossi), teologia che per la prima volta vede, in tutto l'ambito cristiano, impegnati non solo ecclesiastici, ma laici, uomini e donne.

teologia tedesca (*Theologia Deutsch*), trattato anonimo di teologia mistica, composto a Francoforte nella seconda metà del sec. XIV e pubblicato per la prima volta da Lutero (1516). Sulla scia della grande corrente mistica renana del Trecento, l'opera sviluppa una teologia negativa, con insistenti richiami al tema della introspezione proprio delle filosofie neoplatoniche. La dottrina della salvezza, conseguita mediante l'opera redentrice della grazia divina nell'intimità del singolo uomo, affascinò il giovane Lutero, che decise di sostituire il titolo originario dell'opuscolo (*Libretto della vita perfetta*) appunto con quello di *Teologia tedesca*, per significare la distanza delle tesi in esso contenute dalle linee della teologia latina cattolica.

Teone di Smirne (sec. II), filosofo greco. Esponente della media Accademia al tempo dell'imperatore Adriano, ci è noto per l'opera *Nozioni matematiche utili per la conoscenza di Platone*, giuntaci quasi per intero. In questa trattazione sistematica, dove sono evidenti gli influssi del neopitagorismo, Teone espone l'aritmetica, la geometria piana, la stereometria, l'astronomia e la musica così come si sono sviluppate dal tempo di Aristotele sino ai suoi giorni. Tale esposizione intende preparare sia la comprensione della filosofia platonica, che ha nelle matematiche un costante punto di riferimento, sia la conoscenza della felicità, della saggezza e della stessa divinità, in accordo con la simbologia matematica del neoplatonismo e del neopitagorismo. In questi ambiti l'opera di Teone costituisce una fonte storica di non secondario valore.

teoria critica, → Francoforte, scuola di.

teoria-prassi, termini alternativi in rapporto di coordinazione gerarchica o di contrasto, centrali nella storia delle definizioni filosofiche. Mentre Erodoto adopera i termini *theōrêin* e *historêin* per designare i momenti metodici della storiografia, i filosofi ionici (→ ionica, scuola) conferiscono al primo termine il senso di osservazione spirituale di enti astratti. Ha origine così il problema del rapporto fra conoscenza ed empiria, che nella filosofia, sorta come nuova disciplina eminentemente speculativa, genera l'ulteriore problema della coordinazione fra sapere e agire. Una prima risoluzione sistematica è offerta da Platone, che nell'attività contemplativa (l'«afferrare intuitivamente le forme eterne intelligibili»), intesa come la forma più alta della conoscenza, combina scienza pratica («insita per sua natura nelle azioni») con scienza conoscitiva, puramente teoretica (il cui modello esemplare è l'aritmetica). Di portata maggiore sarà la rete di distinzioni tracciata da Aristotele nella *Metafisica*, dove è la prassi il termine generico che, via via definito, determina il senso del conoscere. Qui la *prâxis* viene intesa come: 1) movimento e vita in generale, distinte dal loro compimento (in dio e in ogni vivente); 2) *enérgheia* delle funzioni biologiche, distinta dal compimento dell'esistenza umana; 3) forma di vita, concetto che comprende sia il *bíos theōrētikós* (la vita dedicata alla «osservazione pensante delle cose»), sia la prassi in senso stretto, intesa come azione esercitata verso l'esterno (compresa la vita civile-politica); 4) azione etica, come distinta dalla *poíēsis* (la produzione tecnica e materiale di un'opera separata dall'azione che la pruduce). Tale schema concettuale si stabilisce poi nella triade *diánoia* (conoscenza cercata per se stessa) / *phrónēsis* (conoscenza applicata saggiamente al comportamento) / *téchnē* (conoscenza adoperata per fare qualcosa). Nei secoli successivi l'impianto aristotelico si semplificherà nella triade *theōría* / *prâxis* / *póiēsis*, finché rimarrà recepita fondamentalmente la distinzione fra ragione teoretica (il ragionamento volto a intendere ciò che è vero, nonché la facoltà di svolgerlo) e pratica (la facoltà di cogliere e giudicare i mezzi utili per uno scopo e di impiegarli, nonché il ragionamento su ciò che vogliamo e non vogliamo fare e da cui risulta una decisione).

Questa base sistematica sarà pressoché universalmente riconosciuta fino alla stagione illuministica e all'operazione con cui Ch. Wolff assegna lo statuto di disciplina alla filosofia pratica, definendola la scienza «che dirige l'azione libera mediante regole generalissime» (divisa in etica, economia, politica). Nell'impostazione classica giunta qui al massimo della sua semplificazione si inserisce così l'elemento soggettivistico della libertà e della decisione volontaria, e inizia la dissoluzione degli schemi premoderni. Kant, basandosi proprio sulla definizione wolffiana, restringe infatti ulteriormente la definizione tradizionale di prassi: → pragmatico è solo ciò che è possibile per la libertà, e quindi la ragione teoretica in quanto ragione che costruisce le conoscenze intellettuali (per es. quelle scientifiche) si distingue da quella pratica in quanto ragione che riflettendo sulle possibilità dateci dalla libertà della volontà genera conoscenze relative alla condotta morale (ed è fonte di sentimenti e intuizioni religiosi). Fichte tenterà di risolvere tale dicotomia mediando il versante pratico e quello intellettuale della ragione in un sistema dove lo *Streben* (il tendere infinito) ha per suo principio, l'io assoluto, il ruolo di momento ancipite, conoscitivo e produttivo insieme. Hegel procederà diversamente nell'eliminazione della stessa dicotomia nel proprio sistema, definendo cioè come astratta e semplicemente naturale ogni prassi (intendendo come tale ogni attività del vivente rivolta verso l'esterno), mentre la sua critica del pensiero morale come pensiero del dover essere toglierà ogni spazio sistematico a una filosofia pratica intesa in senso classico.

Di qui in avanti, il panorama postidealistico (antiidealistico) risulta percorso principalmente da varie proposte di negazione radicale di un'opposizione gerarchica teoria-prassi, sia nel quadro delle varie critiche empiristiche al coscienzialismo, sia in quello di proposte razionalistiche ma antiteoretiche come il → pragmatismo, sia, infine, nel respingere ogni distinzione di principio fra teoria e prassi (con rifiuti di tipo vitalistico, irrazionalistico, ovvero basati sul riduzionismo delle nuove scienze umane). Più complessa e influente sarà la soluzione del giovane Marx che ricomprende i due concetti della tradizione nel concetto di critica come «prassi filosofica» e pone così le basi del concetto di *prâxis* e del suo sviluppo, anche fuori del successivo materialismo dialettico. In Marx, infatti, non è in questione una semplice riduzione della coppia teoria-prassi al secondo dei due termini, poiché la *prâxis* comprende sia la «prassi materiale» come attività reale, l'insieme dei rapporti di produzione e di lavoro (che determina comunque la formazione delle idee), sia l'azione trasformatrice esercitata (anche intellettualmente) su tali rapporti. Tra le principali elaborazioni contemporanee della nozione di *prâxis* (influenzate pure dalla teoria critica e da altre dottrine filosofiche come la fenomenologia, l'umanesimo esistenzialistico ecc.) si incontra così la differenziazione del concetto marxista di «prassi sociale» operata da J. → Habermas, che vi distingue l'interazione lavorativa dall'agire comunicativo e dall'agire tecnico-strumentale. Su questa base, per Habermas la teoria è una presa di coscienza del senso della prassi (che è quindi sia oggetto della teoria, sia il suo riferimento immanente) — il che, definita la prassi non meramente tecnica in termini di un interesse riconoscibile solo all'interno del processo conoscitivo, giustifica l'adozione della coppia concettuale conoscenza-interesse. Fuori dell'area di influenza diretta del marxismo si colloca invece il movimento della riabilitazione della filosofia pratica, guidato da pensatori neoaristotelici, esponenti dell'ermeneutica, del costruttivismo e della teoria critica (in particolare da J. Ritter, che si riallaccia a H.-G. Gadamer e H. Arendt). Più autonoma è, ancora, la posizione di M. Foucault che orientandosi sulla coppia concettuale sapere-potere introduce la nozione di «prassi discorsiva» per designare ogni attività che miri alla produzione di rapporti e relazioni (retoriche, politiche, ma anche conoscitive ecc.) in base a regole (anche linguistiche) sempre immanenti alle pratiche reali. *P. Ko.*

teosofia, nell'accezione tradizionale, la conoscenza sapienziale del divino. La teosofia antica si riconnette generalmente a esiti mistici della speculazione religiosa, sul tipo di quelli prevalenti nella tradizione orientale e riscontrabili in Occidente nell'ambito del neoplatonismo e della patristica greca. In età moderna, la teosofia rinasce, come opposizione al dogmatismo razionale della filosofia scolastica, nella mistica protestante tedesca (J. Böhme) e più tardi nella nuova dottrina religiosa propugnata dalla Società teosofica, fondata nel 1875 a New York dalla russa Elena Blavatsky, che ne definì i postulati teorici soprattutto in *Iside svelata* (1877) e nella *Dottrina segreta* (1888-97). Il movimento della Società teosofica ebbe una grande fortuna tra gli ultimi anni dell'Ottocento e i primi del Novecento. In seguito, la sua influenza scemò, a causa anche delle numerose scissioni, tra cui si ricordano quella di R. → Steiner (il fondatore dell'«antroposofia») avvenuta nel 1913 e quella, nel 1929, di Krishnamurti, il quale sciolse quell'«ordine della stella d'Oriente» che, secondo le predizioni di Annie Besant, doveva preparare l'avvento, nella figura di un giovane indù, di un nuovo «Istruttore del mondo». Dal punto di vista dottrinale, il proposito della Società teosofica era quello di ricondurre l'uomo moderno, prigioniero delle nuove visioni materialistiche o degli ormai avvizziti dogmi delle chiese cristiane, alle fonti dell'antica sapienza, soprattutto orientale. L'accesso a queste fonti, però, era iniziatico, poiché si basava soprattutto su esperienze medianiche e visioni personali in grado di accogliere le rivelazioni di certi «maestri invisibili», i «grandi custodi dell'umanità», considerati l'origine dell'ispirazione teosofica.

terapia comportamentale, insieme di tecniche psicoterapeutiche fondate sui principi del condizionamento classico, miranti alla modificazione del comportamento manifesto del paziente. Applicazione del → comportamentismo, la terapia comportamentale è antitetica alla psicoanalisi e alle psicoterapie d'ispirazione analitica, in quanto non fa alcun riferimento a stati soggettivi non riportabili a comportamenti obiettivamente rilevabili. Tra le varie tecniche della terapia comportamentale ricordiamo la «terapia avversiva», che tenta di eliminare determinati comportamenti indesiderabili (come per es. la dedizione all'alcool o alla droga, o il mangiar troppo o l'onicofagia ecc.) associandoli alla somministrazione di stimoli sgraditi (come una scarica elettrica o un farmaco che provoca la nausea). La critica principale che viene rivolta alla terapia comportamentale è che essa si limita ad agire sul piano dei sintomi, lasciando inalterate le condizioni patogene del profondo.

Teresa d'Ávila (Ávila 1515 - Alba de Tormes, Salamanca, 1582), mistica spagnola dottore della chiesa; santa. Carmelitana dal 1536, volle ripristinare l'osservanza della regola primitiva all'interno del suo ordine, che era allora decaduto. Nel 1562 fondò il primo monastero riformato ad Ávila (per il quale scrisse le costituzioni) e negli anni successivi altri sedici. Con la collaborazione di Giovanni della Croce, nel 1568 avviò pure la riforma dell'ordine maschile. Tra le opere di Teresa sono da ricordare la *Vita* (1562-65); il *Cammino di perfezione* (1562-69), le *Fondazioni* (1576-82) e il *Castello interiore* (1577), nelle quali confluiscono i frutti delle sue letture (sant'Agostino, Gregorio Magno, i mistici renani del Trecento, l'*Imitazione di Cristo*), ma soprattutto delle sue esperienze mistiche. Il *Castello interiore*, che è una delle massime opere della letteratura religiosa spagnola, consta di sette stanze o mansioni (*moradas*), in ciascuna delle quali l'anima dimora per attuare progressivamente la purificazione di sé e giungere all'unione con Dio. Teresa ha distinto infatti nella figurazione del castello, che è l'anima in cui Dio ama abitare, tre gradi iniziali o di orazione discorsiva, in cui l'anima rinuncia al peccato e progredisce sulla via della virtù, e quattro gradi di orazione passiva, cosiddetta perché Dio spoglia l'anima della sua volontà ponendola in condizione di volere soltanto quello che egli vuole. Nella quarta dimora infatti l'anima, illuminata dalle prime grazie mistiche, comincia a gustare la dolcezza di Dio e gode di una pace profonda. Nella quinta dimora, divenuta insensibile alle cose della terra, essa ha una prima esperienza dell'intimità con Dio, che si accresce nella sesta dimora, in cui celebra il suo «fidanzamento spirituale». Nella settima dimora, con il «matrimonio spirituale», l'anima raggiunge il vertice della vita mistica. Per esprimere gli alti gradi della contemplazione, Teresa ricorre spesso a immagini e similitudini che rivelano un bisogno di concretezza e una tendenza antintellettualistica: così, per significare l'unione con Dio nel matrimonio spirituale, Teresa usa la metafora del «piccolo ruscello che va a finire nel mare da cui non è più possibile separarlo». Ma ricorrono anche immagini che meglio esprimono la permanenza e la distinzione delle due persone, quella umana e quella divina. La mistica di Teresa, infatti, non è né monistica né solipsistica, e vi hanno gran parte la coscienza ecclesiale e la solidarietà con i fratelli.

Teresa di Lisieux (Alençon, Normandia, 1873 - Lisieux 1897), religiosa francese; santa. Carmelitana dal 1888 con il nome di Teresa del Bambino Gesù, nella sua breve e travagliata esistenza maturò la dottrina spirituale nota come «piccola via», un programma ascetico accessibile a tutti i cristiani, anche ai più semplici. La «piccola via» è fatta di confidenza e di abbandono filiale tra le braccia di Dio e si contrappone alla «grande via» che, ansiosamente protesa ad accumulare meriti, «misura, conta, calcola» e finisce per compiacersi della propria perfezione e dimenticare Dio. Nel concetto teresiano di «infanzia spirituale» si intrecciano coscienza della propria piccolezza e senso della inesauribile misericordia di Dio, capace di colmare tutte le deficienze e di «trasformare il nulla dell'uomo in fuoco». Tra il gennaio del 1895 e il luglio del 1897 Teresa scrisse, per ordine della sua superiora, la *Storia di un'anima*, in cui delineò con grande semplicità il suo itinerario spirituale. L'opera, subito sottoposta a manipolazioni e travisamenti che avevano accreditato un'immagine di Teresa sdolcinata e conforme al devozionismo ottocentesco, è uscita in edizione critica solo nel 1956.

Terman, Lewis Madison (Johnson County, Indiana, 1877 - Palo Alto, California, 1956), psicologo statunitense. Ottenuto nel 1910 un incarico presso la Stanford University, iniziò una ricerca sulla scala di intelligenza Binet-Simon, in seguito alla quale pubblicò una prima revisione della scala stessa (→ test). Durante la prima guerra mondiale prestò servizio con l'incarico di direttore di ricerca per lo sviluppo di test mentali per l'esercito. Tornato a Stanford, nel 1922 divenne professore e fu a capo del dipartimento di psicologia fino al 1942. Nel 1937, insieme a M.A. Merril, pubblicò una nuova revisione della scala Binet-Simon che ne permetteva una più estesa applicazione. La sua attività si svolse quasi totalmente nel campo della psicologia differenziale attraverso la messa a punto di reattivi mentali. La sua opera principale è *La misurazione dell'intelligenza* (1916).

termine, vocabolo della logica tradizionale, di uso quanto mai fluttuante e diversificato. Nell'accezione più ristretta (conforme alla definizione aristotelica di *óros* negli *Analitici Primi*) sono termini le espressioni che possono figurare come soggetto o come predicato in una proposizione categorica (per es. 'uomo' e 'razionale' in 'Ogni uomo è razionale'). Nella teoria del → sillogismo, il termine *minore* e il termine *maggiore* sono rispettivamente il soggetto e il predicato della conclusione, mentre il termine *medio* è quello che compare soltanto nelle premesse. In un senso più ampio, la logica tradizionale chiama 'termine' tutte le espressioni semplici dotate di un significato autonomo; in questo secondo caso si può distinguere fra termini → *categorematici* (che sono quelli significanti di per se stessi: per es. 'uomo') e termini → *sincategorematici* (che hanno invece significato solo in connessione con altre espressioni: per es. 'ogni', 'e', 'oppure').

In logica matematica, sono dette usualmente 'termini' (o 'termini singolari') le espressioni di un linguaggio formale che denotano elementi dell'universo di discorso: per es. le variabili individuali (che denotano relativamente a un'assegnazione), le costanti individuali e, se il linguaggio contiene costanti funzionali, le espressioni ottenute combinando le costanti funzionali con un numero appropriato di termini.

terminismo, nome con cui viene indicato l'indirizzo dei maestri di logica che insegnarono nelle università europee nei secc. XIV-XV. Benché la parola venga spesso usata come sinonimo di «nominalismo», si tratta di due nozioni differenti: il nominalismo rappresenta una delle soluzioni al problema degli → universali (quella per cui l'universale è solo un nome, un suono convenzionale); il terminismo è invece una metodologia filosofica, che consiste nell'usare i termini nella loro accezione più rigorosa, badando cioè sia alla loro carica semantica, sia alla disposizione sintattica all'interno del discorso. Già con Occam si impone la distinzione tra termine e concetto: mentre il primo designa, in generale, qualsiasi segno, mentale, orale o scritto, l'ambito dei concetti abbraccia solamente i segni intenzionali, ossia coincide con il termine mentale. Ulteriori sviluppi del terminismo si hanno con G. → Buridano: il termine orale è espressione significativa dei concetti, attraverso i quali l'intelletto si rappresenta le realtà extramentali. Mentre la significatività dei termini orali (o parole) è volontaria, risultato di un'istituzione convenzionale (*ad placitum*) dei linguaggi umani, la significatività dei concetti è naturale, frutto dell'atto conoscitivo del soggetto.

Tra i seguaci del terminismo vanno ricordati: R. Holkot, Gregorio da Rimini, Alberto di Sassonia, Nicola di Autrecourt, Giovanni di Mirecourt, Paolo della Pergola, Paolo Veneto, Pietro da Mantova, Rodolfo Strode, Gaetano da Thiene.

Tertulliano, Quinto Settimio Florente (Cartagine 160 ca - 220 ca), teologo africano. Dopo aver esercitato l'avvocatura a Roma, si convertì al cristianesimo (195 ca) e fece ritorno in Africa. Cominciò allora la sua attività di teologo e controversista, rivolgendo la sua polemica prima contro la cultura classica e la sapienza mondana, quindi contro la stessa chiesa cattolica. Risalgono al primo periodo l'*Ad Nationes* (197), violento attacco al paganesimo, e il celebre *Apologeticum* (197). In quest'opera si mostra il carattere superstizioso delle pratiche religiose pagane e vengono difese le virtù civili dei cristiani, dei quali si sottolinea il lealismo nei confronti dell'impero. Nell'*Adversus Praxean*, rivolto contro il patripassiano Prassea (→ modalismo), Tertulliano espone la propria dottrina trinitaria; per definire le relazioni esistenti fra Padre, Figlio e Spirito Santo, egli adotta — primo fra gli scrittori latini — i concetti di trinità e di persona, come pure la formula «una sostanza e tre persone». I temi fondamentali sviluppati da Tertulliano nell'opera antignostica *Adversus Marcionem* (5 libri, 207-212) sono la bontà del creatore del mondo, l'identità di Cristo con il messia annunciato nell'Antico Testamento e la continuità fra Antico e Nuovo Testamento. A partire dal 207 ca, Tertulliano si avvicinò al rigorismo dei montanisti (→ montanismo) ed entrò in polemica con la chiesa cattolica. Fra le numerose opere di questo secondo periodo vanno ricordate il *De pudicitia*, in cui si rivendica ai soli «uomini spirituali» e non alla chiesa visibile e gerarchicamente organizzata il diritto di perdonare i peccati, e il *De ieiunio adversus psychicos* in cui si difende l'esercizio rigoroso del digiuno contro il lassismo dei cattolici. Comune all'intero arco della produzione dottrinale di Tertulliano è l'atteggiamento di diffidenza e di polemica nei confronti della vita sociale e culturale del tempo. In particolare egli è ostile alle rappresentazioni teatrali (*De spectaculis*, 197-200), alla moda femminile (*De cultu foeminarum*, 2 libri, 197-201; *De virginibus velandis*, anteriore al 207), alle arti e professioni civili (*De idololatria*). Alcuni punti dottrinali di Tertulliano rivelano l'eterogeneità delle fonti cui si è ispirato, come l'influsso della tradizione stoica nella concezione materialistica dell'anima (→ traducianesimo), ma la teologia cristiana delle origini gli deve la rigorosa difesa del dogma contro le tendenze vanificatrici dello gnosticismo, e l'insistenza sull'umanità di Cristo in opposizione al → docetismo.

terzo escluso, principio che, insieme al principio di non contraddizione, è tradizionalmente considerato come costituente il nucleo della logica classica. Esso afferma che ogni proposizione dotata di significato è vera o falsa, o, equivalentemente, che di due proposizioni contrarie ne vale necessariamente una. L'importanza di questo principio è testimoniata dall'uso tacito, e talvolta quasi inconscio, che di esso è stato fatto in ogni branca del sapere. In logica e matematica la grande applicazione del terzo escluso è dovuta al fatto che esso è il fondamento delle prove indirette (→ *reductio ad absurdum*). Alla base di queste applicazioni c'è una concezione del significato e della verità matematica che è propria del cosiddetto → platonismo matematico, per il quale la matematica tratta di oggetti esistenti indipendentemente dall'attività del matematico: le asserzioni matematiche hanno un significato che le rende vere o false indipendentemente dal fatto che si sia effettivamente riusciti a riconoscere il loro valore di verità. Ne consegue che, una volta che è stata definita una determinata totalità, anche infinita, è possibile procedere come se gli elementi di questa totalità fossero dispiegati di fronte ai nostri occhi. Se la totalità in questione è quella dei numeri naturali, allora la validità di «Esiste un numero che gode della proprietà *A*, oppure non esiste» segue dalla possibilità (ovviamente ideale) di esaminare simultaneamente tutti gli infiniti casi *A* (0), *A* (1),... Allora, o si trova almeno un n che gode di *A*, oppure non esiste alcun n tale che vale A(n). Similmente, definendo la nozione di insieme come un «tutto» di oggetti distinti e definiti della nostra intuizione o pensiero, G. → Cantor spiegava la «definitezza» come possibilità (di principio), fondata sul terzo escluso, di determinare sia se un qualunque oggetto è o no un elemento dell'insieme, sia se due elementi dell'insieme, nonostante diversità formali nel modo di essere dati, sono tra loro uguali oppure no.

Nel corso del Novecento, la validità del terzo escluso è stata decisamente negata dai rappresentanti dell'→ intuizionismo matematico, per i quali questo principio, come in genere tutti quelli della logica ordinaria, è perfettamente legittimo se applicato a collezioni finite, ma non ha più validità assoluta in relazione a collezioni infinite. Di qui la diversa interpretazione — fornita dagli intuizionisti — degli operatori logici, in conseguenza della quale il rifiuto del terzo escluso diventa estremamente plausibile. La sua accettazione, infatti, equivarrebbe ad asserire che siamo in grado o di fornire una prova di qualsiasi asserzione matematica o di portare effettivamente a contraddizione l'ipotesi dell'esistenza di una tale prova.

tesi - antitesi, → dialettica.

test, o reattivo mentale, misurazione obiettiva e standardizzata di un campione di comportamento, utilizzata nella ricerca psicologica e prevalentemente in tutti i settori della psicologia applicata, per analizzare le differenze fra le reazioni psichiche (di un determinato tipo) di più individui oppure le differenze fra le reazioni psichiche del medesimo individuo in diversi momenti o condizioni. A cominciare dal primo test della storia della psicologia, il Binet-Simon per la misura dell'intelligenza, molti test sono graduati in base alla difficoltà delle domande. Le prove che costituiscono il test non devono essere necessariamente affini a quelle della condotta che si vuol prevedere, ma è necessario che, precedentemente alla somministrazione del test, sia stata dimostrata l'esistenza di una corrispondenza empirica fra le prove e la condotta in oggetto, e al limite l'affinità apparente fra i due elementi può essere nulla. La «standardizzazione» del test implica l'esistenza di un'uniformità di procedura, sia esso individuale o collettivo, affinché abbia senso la comparazione fra i diversi punteggi del medesimo individuo o di più individui. L'uniformità è ottenuta in gran parte mediante le istruzioni particolareggiate che l'esaminatore del test fornisce al soggetto esaminato; mediante un'attenta presentazione delle prove, mantenendo invariate le parole, le pause, l'inflessione di voce ecc., onde limitare al massimo la comunicazione di messaggi impliciti differenziati sulla natura delle prove; e mediante la standardizzazione delle condizioni ambientali in termini ottimali (illuminazione adeguata, buona aerazione, assenza di disagi o distrazioni, e soprattutto esistenza, nel soggetto, di motivazioni a collaborare).

Diffusissimi negli Stati Uniti, a partire dagli anni della prima guerra mondiale, quando furono massicciamente impiegati a opera di R.M. → Yerkes, i test sono diventati una sorta di patrimonio specifico della cultura nordamericana, e sono presenti in quasi tutte le sue istituzioni, dall'amministrazione alle forze armate, al mondo del lavoro, all'iter scolastico e universitario, anche se di recente sono stati oggetto di un vasto movimento di critica d'ispirazione cognitivistica, che ha rilevato la loro fragilità

teorica e l'insufficienza della conoscenze scientifiche attuali circa le attività psichiche che essi pretendono di misurare; un'altra critica, di carattere prevalentemente etico-sociale, è venuta dalla psicologia umanistica nordamericana, secondo la quale i risultati dei test offrono un'immagine riduttiva della personalità umana, e non colgono mai il vero «specificum» individuale; infine, vanno ricordate, in Europa, le critiche marxiste relative all'uso ideologico dei test, in quanto strumenti di sfruttamento e di controllo capitalistico, critiche espresse ufficialmente dal regime sovietico a partire dal 1936, e attenuatesi solo in coincidenza col XVIII congresso internazionale di psicologia tenutosi a Mosca nel 1966.
La prima utilizzazione di questionari e di scale di valutazione lette con metodo statistico risale al 1884 ed è dovuta all'inglese F. → Galton; poco dopo, l'americano J. → Cattell discusse a Lipsia la sua tesi di dottorato sulle differenze interpersonali nel → tempo di reazione, rompendo con la tradizione psicologica avviata da W. Wundt, interessata esclusivamente ai fatti psichici generali; allo stesso Cattell si deve l'introduzione, nel 1890, dell'espressione «test mentale» in psicologia. I test di Cattell, somministrati annualmente a studenti medi e superiori, avevano come scopo la misura del livello intellettivo, ma furono sottoposti, all'inizio del Novecento, a una critica fondamentale da parte del francese A. → Binet, secondo il quale l'intelligenza non poteva essere misurata in termini di semplici funzioni isolate. Nel 1905 Binet e Simon costruirono la prima «scala metrica di intelligenza» richiesta dal ministero francese della pubblica istruzione per identificare e separare i bambini ipodotati. Prototipo di tutti i moderni test di intelligenza, il test di Binet-Simon venne applicato anche in Italia da G.C. Ferrari ed ebbe grande successo negli Stati Uniti dopo la traduzione di Goddard-Healy (1910-11) e l'adattamento di L.M. Terman (1916). Negli anni successivi il numero dei test andò aumentando, ed essi si diversificarono in base agli aspetti della condotta umana da misurare; si svilupparono inoltre (inizialmente sotto l'impulso di un allievo di Galton, K. Pearsons) le procedure statistiche indispensabili alla loro corretta utilizzazione.
• *Tipi di test.* A partire dagli anni Quaranta, la quantità e la varietà dei test in circolazione imposero una serie di classificazioni valide a tutt'oggi. È possibile classificare i test in base a cinque tipologie: *a*) «test individuali» e «test collettivi»; *b*) «test di rendimento» e «test carta e matita», a seconda che esigano la manipolazione di determinati materiali o la stesura delle risposte su un apposito modulo; *c*) «test di velocità» e «test di potenza», a seconda che siano basati sul numero di domande cui il soggetto è in grado di rispondere in un determinato periodo di tempo, o sulla difficoltà delle domande cui il soggetto è in grado di rispondere correttamente; eventualmente le due prestazioni possono essere combinate; *d*) «test verbali» e «test non verbali», questi ultimi di varia natura: figurativa, geometrica, numerica ecc.; *e*) a seconda della «finalità» per cui è costruito il test, tre categorie generali, a loro volta suddivise in sottocategorie: «test di intelligenza generale», «test di abilità o attitudini specifiche» e «test di personalità».
I test di intelligenza seguono il prototipo di Binet, migliorato dopo il 1916, quando Terman — sviluppando un'indicazione di L.W. → Stern (1911), nell'ambito dell'adattamento (denominato Terman-Stanford) del test di Binet alla popolazione statunitense — introdusse il concetto di «quoziente d'intelligenza» (Q.I.) ottenuto dividendo l'età mentale (E.M.) ricavata dal test per l'età cronologica (E.C.) e moltiplicando il quoziente per il numero fisso 100. L'impiego della scala Terman-Stanford, migliorata in senso statistico da M. Merrill nel 1960, resta circoscritto ai soggetti in età evolutiva. Fra i test di intelligenza individuale per adulti, il più noto è quello elaborato nel 1939 da D. Wechsler e perfezionato nel 1955 (WAIS, ossia Wechsler Adult Intelligence Scale). Fra gli altri test di intelligenza, due dei più usati sono il D 48 e le Matrici Progressive 38; inoltre, uno dei primi test di intelligenza non verbali è il «test del labirinto», elaborato nel 1914 e successivamente migliorato da S.D. Porteus: è applicabile anche a soggetti affetti da handicap vari, per i quali esiste inoltre una serie di test differenziati in base ai vari handicap. La misura di attività intellettive specifiche, come la memoria o l'attenzione, può essere ricavata da alcune prove costitutive dei test di intelligenza generale; esistono inoltre molti test specifici, come il «test Toulouse-Piéron di sbarramento» per la misura dell'attenzione concentrata. I test della seconda categoria generale hanno lo scopo di misurare attitudini o abilità specifiche più o meno indipendenti dal livello di intelligenza individuale, e sono utilizzati soprattutto per la selezione di lavoratori o apprendisti. Alla terza categoria generale appartengono infine i numerosissimi «test di personalità», i più utilizzati in psicologia applicata e soprattutto in psicologia clinica. Molti di questi si presentano sotto forma di questionari, come il noto Minnesota Multiphasic Personality Inventory (MMPI), inizialmente costruito per misurare il disadattamento di tipo psichiatrico e dotato di una grande affidabilità, che si basa sull'esistenza obiettiva di correlazioni statistiche altamente significative.
• *La tecniche proiettive.* Al di là dei questionari, l'odierna indagine della personalità si avvale soprattutto delle tecniche proiettive, che costituiscono lo strumento diagnostico per eccellen-

za dello psicologo clinico e hanno raggiunto un buon livello di elaborazione, benché, a causa della complessità del materiale, si pongano a un livello di precisione inferiore rispetto ai test psicometrici. La prima fra le tecniche proiettive fu il «test di associazione di parole», introdotto nel 1904 da Jung; successivamente esse si moltiplicarono, finché nel 1939 le loro comuni caratteristiche furono chiaramente definite da un articolo di L.K. Frank, pubblicato sull'«American Journal of Psychology» e intitolato *I metodi proiettivi per lo studio della personalità*, in cui per la prima volta era usata l'espressione «metodi proiettivi» in relazione al citato test junghiano, al test di H. Rorschach (1921) e al Thematic Apperception Test (TAT) di H.A. Murray. Nelle tecniche proiettive il soggetto viene posto di fronte a un compito poco strutturato (al contrario di quanto avviene nei test psicometrici), tale cioè da consentirgli un'ampia gamma di risposte o interpretazioni; il principio diagnostico è fondato sull'ipotesi che in queste il soggetto proietti le proprie caratteristiche di personalità, normali o patologiche. Le due tecniche proiettive più utilizzate sono il Rorschach e il TAT. La psicodiagnosi fondata sul Rorschach è una delle più complete esistenti; inoltre la valutazione delle risposte si fonda su una procedura altamente precisa e standardizzata. Per la sua importanza, il Rorschach costituisce un settore a sé stante nella psicologia diagnostica e clinica; su di esso esiste una vastissima letteratura scientifica. Il TAT non è invece stato rigorosamente valutato sul piano statistico e ammette una maggiore partecipazione intuitiva dell'operatore nella valutazione delle risposte. Di esso esiste anche una versione per bambini (CAT), elaborata da L. e S. Bellak. Un grande aiuto metodologico è stato fornito ai test di tutti i tipi dall'«analisi fattoriale», un trattamento matematico dei dati empirici con cui è possibile appurare il numero dei fattori necessari per spiegare le correlazioni presenti in una serie di test, e in che misura ciascun fattore si esprime all'interno di ciascun test. Introdotta prima della seconda guerra mondiale nei test d'intelligenza da C.E. Spearman (*Le capacità dell'uomo*, 1926) e da G.L. Thurstone (*Le capacità mentali primarie*, 1938), l'analisi fattoriale è stata sviluppata più recentemente da diversi autori, fra cui in particolare J.P. Guildford. Diversi procedimenti matematici sono inoltre utilizzati nell'ambito di quasi tutti i test. I principali test hanno avuto un adattamento italiano. *S. Ma.*

testimoni di Geova, setta religiosa nordamericana di ispirazione millenaristica, fondata nel 1878 da Ch.T. Russell (1852-1916), commerciante di Pittsburgh che aveva assorbito le idee degli avventisti. Già denominata «Studiosi internazionali», nel 1931 la setta assunse il nome attuale; a Russell succedette il giudice J.F. Rutherford (1869-1942), che le diede grande sviluppo. I testimoni di Geova attendono in un futuro vicino il combattimento finale che opporrà — nella simbolica località di Armagheddon — le forze di Geova a quelle del diavolo. Satana sarà sconfitto e incatenato, i morti risorgeranno, e Geova stabilirà sulla terra il millennio della sua signoria, un'epoca di prosperità, pace e felicità. Alla fine del millennio Satana verrà liberato: e gli uomini, se resisteranno ai suoi inganni e saranno fedeli, parteciperanno con Cristo alla gloria del nuovo regno; se reprobi, conosceranno la seconda morte, cioè saranno dissolti. I testimoni di Geova rifiutano la dottrina della Trinità, dell'immortalità dell'anima e non riconoscono Gesù Cristo come Dio, ma come un essere superiore che ha ricevuto lo spirito di Dio attraverso il battesimo nel fiume Giordano, per cui essi praticano il battesimo per immersione. Non hanno clero né edifici di culto, ma solo «sale del regno» (*Kingdom halls*) nelle quali si raccolgono per lo studio della Bibbia. Sul piano etico si oppongono in modo radicale a qualunque chiesa o setta e respingono qualsiasi coinvolgimento politico, perciò rifiutano il servizio militare e civile, il giuramento e il voto. Per questo durante il regime nazista in Germania furono sottoposti a dure persecuzioni, che essi affrontarono con coraggio, e ancor oggi l'obiezione di coscienza li espone a frequenti sanzioni penali. I testimoni di Geova praticano, secondo la legge ebraica, l'astinenza dalle carni con sangue e rifiutano le trasfusioni. La loro dottrina è un sincretismo di teologia liberale (Cristo è salvatore ma non è Dio), di esegesi letterale della Bibbia e del radicalismo etico caratteristico di alcune sette americane (mormoni, quaccheri). I testimoni di Geova sono oggi circa due milioni.

testo, → linguistica testuale.

Tetens, Johannes Nikolaus (Tetenbüll, Holstein, 1736 - Copenaghen 1807), filosofo tedesco. Dapprima professore di filosofia e matematica a Bützow e a Kiel, nel 1789 abbandonò l'insegnamento per la carriera politica. Fra i maggiori rappresentanti dell'illuminismo tedesco, contribuì allo sviluppo della psicologia e della teoria della conoscenza. Nella sua opera maggiore (*Ricerche filosofiche sulla natura umana e sul suo sviluppo*, 2 voll., 1776) Tetens si sforza di conciliare il punto di vista dell'associazionismo empiristico (Locke, Condillac, Hume) con il razionalismo di Leibniz e di Ch. Wolff. Egli ammette il ricorso all'esperienza, ma questa non basta da sola a spiegare la conoscenza. Accanto alle passive «rappresentazioni originarie» bisogna ammettere una spontanea attività dell'intelletto: le prime forniscono la *materia* della conoscenza, l'intelletto la *forma*; terminologia che anche Kant farà propria. A sua volta Kant influenzò Tetens con la dissertazione *Intorno alla forma e ai principi del* *mondo sensibile e di quello intelligibile* (1770), che sosteneva la natura formale e a priori dello spazio e del tempo. Per questa via Tetens riconduce ogni atto conoscitivo alla istituzione di rapporti nell'intelletto; percepire significa infatti distinguere, paragonare, subordinare causalisticamente. Sorge però il problema, che Tetens lascia irrisolto ma che lucidamente pone, se i rapporti introdotti dall'intelletto nell'esperienza siano gli unici possibili e in che misura possano definirsi universali e necessari; è lo stesso problema che condurrà Kant alla svolta trascendentale del 1781.

teurgia, termine di origine greca (da *theourghía*, fabbricazione di dei) designante una sorta d'arte magica con la quale si riteneva di esercitare costrizioni sulle divinità, perché si incarnassero temporaneamente in qualche oggetto (in genere dentro una statua). Nata nell'ambito del neoplatonismo come espressione della religiosità del sistema, la teurgia era fondata sulla conoscenza (*gnosi*) della vera essenza della divinità, culminante nella conoscenza del vero e puro nome: poiché il puro nome rinchiude in sé l'essenza di ciò che denomina, esso consente a chi lo conosce di avere influssi sull'essere denominato. Il primo autore che si autodefinì «teurgo» fu Giuliano il Caldeo (sec. II d.C.), il presunto autore degli *Oracoli caldaici*; i pensatori che più valorizzarono la teurgia furono però Porfirio, Giamblico (*Dei misteri*) e Proclo (*Della tecnica ieratica*). L'aspetto tecnico richiesto dall'arte teurgica, ossia la fabbricazione delle statue, era contraddistinto da un rituale complesso (segni e formule magiche) e da una teoria mitologica, in base alla quale si attribuivano certi poteri e determinate figure alle singole divinità. Con la scomparsa del neoplatonismo la teurgia cadde in disuso, anche in seguito alla netta opposizione del cristianesimo; ebbe una temporanea ripresa nel rinascimento, con lo sviluppo delle scienze occulte.

Thanatos, termine greco che significa «morte»: → eros; → Eros - Thanatos.

Thom, René (Montbéliard 1923), matematico francese. Professore dal 1953 all'Institut des Hautes Etudes Scientifiques di Parigi. Thom ha elaborato la *teoria delle catastrofi*, un tentativo di modellizzazione matematica di quei processi discontinui di formazione e scomparsa di forme macroscopiche (specialmente biologiche) che, assunti dalla fisica aristotelica a modello di ogni mutamento naturale, non sono descrivibili con il linguaggio matematico della fisica moderna. La teoria delle catastrofi — nata negli anni Cinquanta ma esposta molto più tardi in *Stabilità strutturale e morfogenesi* (1972) e in *Modelli matematici della morfogenesi* (1981) — fornisce una rappresentazione matematica dei concetti di *forma* (tipo topologico di una funzione), *stabilità strutturale* (invarianza del tipo topologico della funzione in relazione a piccole perturbazioni della funzione stessa), e soluzione di continuità o *catastrofe* (cambiamento del tipo topologico di una funzione determinato da piccole perturbazioni). Thom ha dimostrato che le catastrofi hanno una forma strutturalmente stabile, e sono classificabili in base al loro tipo topologico. Egli ha illustrato le implicazioni filosofiche della teoria matematica in un libro-intervista, *Parabole e catastrofi* (1983), e negli articoli raccolti in *Apologia del lógos* (1990). In *Abbozzo di una semiofisica* (1988) ha tracciato i lineamenti fondamentali di una teoria generale delle forme significanti, proponendo una lettura attualizzante della fisica aristotelica.

Thomasius, Christian (Lipsia 1655 - Halle 1728), filosofo tedesco del diritto. Docente di diritto a Lipsia (1681-87), si trasferì poi a Berlino e quindi a Halle. Thomasius fu il primo degli illuministi tedeschi e tra i primi rappresentanti dell'illuminismo europeo. Prosecutore dell'opera di S. → Pufendorf nel campo del diritto naturale, sostenne la libertà di pensiero contro l'intolleranza religiosa, al fine di separare la filosofia dalla teologia, il diritto dalla morale. Egli distinse tre principi fondamentali dell'attività umana: l'*honestus* («fa' a te stesso quello che vuoi che gli altri facciano a se stessi»); il *justum* («non fare all'altro quello che non vuoi sia fatto a te»); il *decorum* (fa' agli altri quello che vuoi che altri facciano a te»). Tali principi corrispondono rispettivamente alla morale, al diritto e alla politica. Opere principali: *Institutiones jurisprudentiae divinae* (1688); *Fundamenta juris naturae et gentium ex sensu communi deducta in quibus secernentur principia honesti, justi ac decori* (1705); *Paulo plenior historia juris naturalis* (1719).

Thoreau, Henry David (Concord, Massachusetts, 1817 - 1862), scrittore statunitense. Studiò a Harvard, e si dedicò poi per un breve tempo all'insegnamento; quindi, grazie alla buona posizione economica della famiglia, poté impegnarsi esclusivamente nell'attività letteraria. La filosofia di Thoreau, come quella di R.W. Emerson, da cui Thoreau differisce per una venatura pessimistica, rientra in quel movimento eclettico anglo-americano che va sotto il nome di *trascendentalismo*, e che si caratterizza per una fusione di istanze etiche, religiose e speculative. Nella versione di Thoreau confluiscono le influenze del pensiero orientale, dei romantici inglesi (S.T. Coleridge e W. Wordsworth), dell'idealismo tedesco e della filosofia romantica della natura. È infatti soprattutto il rapporto tra l'uomo e la natura a interessare Thoreau, che ne dà una lettura polemica nei confronti della nascente industrializzazione. Opere principali: *Una settimana sui fiumi Concord e Merrimack* (1849); *La disobbedienza civile* (1849); *Walden o la vita nei boschi* (1854); *In difesa del* *capitano John Brown* (1859); *Diario* (14 voll., postumo, 1906).

Thorndike, Edward Lee (Williamsburg, Massachusetts, 1874 - Montrose, New York, 1949), psicologo statunitense. Rappresentante dell'associazionismo psicologico, studiò con W. James presso la Harvard University, nella quale iniziò ricerche sull'apprendimento animale, poi approfondite presso la Columbia University di New York: condotte in chiave associazionistica, queste indagini utilizzavano tutte le risorse del metodo sperimentale, al cui sviluppo Thorndike contribuì in prima persona inventando ingegnose apparecchiature (→ labirinto e *puzzle box*) che sarebbero state adottate (seppur in altra prospettiva) dai comportamentisti. Su consiglio di J.M. Cattell, Thorndike si volse in un secondo tempo allo studio dell'apprendimento umano, da cui tentò di estrapolare, rivedendole e correggendole, le leggi da lui evidenziate nel settore dell'apprendimento animale; e si interessò altresì di problemi pedagogici (→ psicopedagogia) e della teoria e tecnica dei → test mentali. L'opera più significativa di Thorndike è *L'intelligenza animale: uno studio sperimentale dei processi associativi negli animali* (1898). Vanno inoltre ricordate: *Psicologia pedagogica* (1903), *Elementi di psicologia* (1905), *Introduzione alla teoria delle misurazioni mentali e sociali* (1924), *L'apprendimento umano* (1931).

Thurstone, Louis Leon (Chicago 1887 - Chapel Hill, Carolina del Nord, 1955), psicologo statunitense. Si dedicò soprattutto a studi di psicofisica, compiendo numerosi esperimenti sulla misura delle soglie sensoriali. Negli anni Trenta, per influsso delle sue indagini, si sviluppò negli USA l'analisi fattoriale e comparvero le sue opere più importanti: *Analisi multifattoriale* (1931) e *Capacità mentali fondamentali* (1938). Si devono a Thurstone notevoli contributi alla soluzione di problemi metrici nella psicologia sperimentale: egli si pose, sulla scia di Ch. → Spearman, l'obiettivo di studiare, mediante l'algoritmo dell'analisi fattoriale, la struttura dell'intelligenza, superando però la concezione bifattoriale elaborata da Spearman; la soluzione fattoriale di Thurstone è detta «centroide», in quanto considera le varie entità psicologiche sotto forma di altrettanti fattori collocati tutti sullo stesso piano e diversificati soltanto per l'intensità dei rispettivi contributi al compimento della prestazione intellettiva.

Tilgher, Adriano (Resina, Napoli, 1887 - Roma 1941), filosofo italiano. Formatosi al di fuori di ogni scuola accademica, brillante giornalista e polemista, fu tra i primi acuti interpreti di Pirandello (*Studi sul teatro contemporaneo*, 1924; *Primi scritti di estetica*, 1930). Partito da una sorta di ottimismo etico, in cui si fondono motivi trascendentalistici e pragmatistici, mutò prospettiva sotto l'influsso della crisi seguita alla prima guerra mondiale. Dalla coscienza della crisi Tilgher fu portato a elaborare una dottrina gnoseologica relativistica e un'etica antimetafisica e antirazionalistica. In ogni costruzione conoscitiva entra un elemento «casualistico» e contingente: il sapere consiste nella riduzione del molteplice all'unità, una riduzione mai raggiunta, che rimanda al fondamento della vita immediata in cui l'uno e i molti non si oppongono ma sono originariamente uniti. L'unità della vita si dirompe anche sul piano etico, dove non è possibile *la* morale, ma solo *le* morali, come tipi di vita diversi, o *stili*. Data la indeterminatezza della natura umana, questi stili sono innumerevoli; Tilgher analizza tuttavia quattro stili di vita che considera fondamentali: dell'eroe, dell'asceta, del santo e del saggio. Tali stili sono fra loro inconciliabili, non gerarchizzabili e ancora una volta rimandano alla vita nelle sue tensioni problematiche. In polemica con lo storicismo idealistico, da lui ridotto a teologia della storia, giustificazione e adorazione del fatto, Tilgher fa valere la sua concezione casualistica anche nell'ambito della storia, giungendo a un profondo pessimismo sul futuro della civiltà: egli era convinto che la nuova guerra mondiale, esplosione di nazionalismi esasperati e del razzismo, avrebbe generato, comunque fosse finita, solo un approfondimento del disagio e una acutizzazione della tragicità del mondo moderno. Opere principali: *Teoria del pragmatismo trascendentale* (1915); *La crisi mondiale* (1921); *Lo spaccio del bestione trionfante. Stroncatura di G. Gentile* (1925); *Filosofi e moralisti del Novecento* (1932); *Filosofia delle morali* (1937); *Il casualismo critico* (1941); *Diario politico* (postumo, 1946).

Tillich, Paul (Starzeddel, Brandeburgo, 1886 - Chicago 1965) teologo statunitense di origine tedesca. Divenuto pastore nel 1912, dal 1919 al 1933 insegnò filosofia e teologia in diverse università della Germania. A Berlino, subito dopo la fine della prima guerra mondiale, venne a contatto con il movimento dei socialisti religiosi, di cui fu uno dei teorici. Questa attività religioso-politica ne fece un avversario del nazionalsocialismo. Quando nel 1933 Hitler giunse al potere, Tillich, privato dell'insegnamento, lasciò la Germania e si trasferì negli Stati Uniti. Professore di teologia filosofica nell'Union Theological Seminary di New York (1933-1955), egli insegnò successivamente alla Harvard University (1955-62) e a Chicago. Tipico della riflessione di Tillich è il tenace rifiuto di tenere separate teologia e filosofia da una parte, religione e politica dall'altra: si possono così riscontrare nella sua opera vaste influenze della filosofia romantica tedesca, ma altresì una costante attenzione alla situazione storica. Nella situazione presente Tillich sottolinea soprattutto due fenomeni: la fine dell'epoca borghese-protestante, e la «condizione proletaria». Questi fatti lo inducono a pensare che il protestantesimo ha ormai esaurito un ciclo storico basato sulla sintesi con la società e l'ideologia borghesi, e deve rispondere ai problemi del tempo presente recuperando, con le altre chiese, il «principio protestante» (cioè la capacità di critica profetica nei confronti di tutti gli ordinamenti civili e religiosi). Tillich critica perciò l'immanentismo e l'ottimismo propri del marxismo, e afferma energicamente che nessuna società può essere autentica senza un rinnovato rapporto con l'Incondizionato (cioè con la trascendenza divina). Opere: *Teologia sistematica* (3 voll., 1951-63); *Il coraggio di essere* (1952); *Amore, potere e giustizia* (1954); *Dinamica della fede* (1957); *Teologia della cultura* (1959); *L'eterno presente* (1963).

Timone di Fliunte (Fliunte 325 - Atene 230-225 ca), filosofo greco. Esercitò l'arte del mimo nella città natale. Recatosi a Megara intorno al 300, divenne discepolo di Stilpone. Nel 295 ca conobbe Pirrone e divenne suo allievo. Dopo la morte di Pirrone (275), si recò ad Atene, dove rimase fino alla morte insegnando retorica e filosofia. Le sue opere più importanti, di cui possediamo alcuni frammenti, sono il dialogo *Pitone*, i *Silli* e un trattato *Sulle sensazioni*. Timone svolse essenzialmente il ruolo di sostenitore e divulgatore del pensiero di → Pirrone di Elide. Il suo intento divulgativo sembra provato dal carattere popolare dei *Silli*, in cui Timone mira a dimostrare, con gli strumenti della dialettica e della satira, la discutibilità o addirittura l'infondatezza dei principi che le varie scuole filosofiche consideravano evidenti e su cui costruivano i loro sistemi. Questa posizione scettica nei confronti di ogni verità e di ogni opinione deve condurre all'unico atteggiamento ragionevole, ossia al silenzio (*aphasía*), condizione fondamentale per il conseguimento della saggezza, che consiste nell'imperturbabilità dell'animo (*ataraxía*) e nell'adattamento alle situazioni e ai costumi in mezzo ai quali si vive.

Tinbergen, Nikolaas (L'Aia 1907 - Oxford 1988), etologo olandese. Professore di zoologia sperimentale dal 1936 al 1947 all'università di Leida e, dal 1951, di comportamento animale a Oxford. Insieme a K. Lorenz e a K. von Frisch, con i quali ha diviso il premio Nobel 1973 per la medicina, è riconosciuto come uno dei fondatori dell'etologia positiva, di cui il suo *Studio dell'istinto* (1951) è considerato il manifesto. Ciò che in esso si rivendica è lo studio del comportamento animale attraverso l'osservazione diretta (dai primi anni del secolo il comportamento animale veniva infatti analizzato in laboratorio e in funzione dello studio della psicologia umana). Fondamentale, per realizzare i nuovi criteri di ricerca sistematica, fu l'introduzione — dovuta a Tinbergen — dei *releaser*, speciali dispositivi di innesco in grado di riprodurre (attraverso particolari forme, colori e movimenti) l'oggetto che dovrebbe provocare la reazione dell'animale. Possono in questo modo essere selezionati sia l'immagine che provoca una determinata reazione (per es. i caratteri attraverso i quali il piccolo riconosce la madre), sia il tipo stesso di reazione (per es. gli atteggiamenti che vogliono comunicare aggressività). Si è scoperto così come comportamenti e movimenti apparentemente assurdi rappresentino in realtà rituali molto precisi e finalizzati a determinati scopi. In *Il comportamento sociale degli animali* (1953) Tinbergen dà una motivazione di tipo finalistico-meccanicistico agli atti più importanti dell'animale.

Tindal, Matthew (Beer Ferrers, Devon, 1656 - Oxford 1733), filosofo inglese. Studiò giurisprudenza a Oxford, dove divenne *fellow* nel 1678. Convertitosi al cattolicesimo nel 1685, tornò all'anglicanesimo nel 1688. Brillante pubblicista, sostenne le tesi del → giusnaturalismo (*Saggio sull'obbedienza ai poteri supremi*, 1694; *La libertà di stampa*, 1698). Il suo spirito polemico trova soprattutto espressione nell'anticlericalismo (*I diritti della chiesa cristiana proclamati contro quella romana*, 1706); questa è la base di partenza delle tesi del → deismo, condotte da Tindal alla massima radicalità e coerenza. Tale posizione è espressa nella sua opera maggiore (*Cristianesimo antico come la creazione*, 1730), il cui secondo volume, lasciato manoscritto dall'autore alla morte, venne bruciato dalle autorità ecclesiastiche ed è quindi perduto. Sebbene incompiuta, l'opera sollevò aspre polemiche e, tradotta in tedesco nel 1741, diffuse il deismo anche in Germania. Intento di Tindal è di ricondurre la rivelazione alla ragione. Questa è nell'uomo una facoltà universale e immutabile, e solo su di essa si fondano la legge morale e la religione naturale, la credenza cioè in un Dio creatore razionale del mondo. Di questi originari fondamenti le religioni positive sono invece un travisamento irrazionale e mitologico, realizzato prevalentemente dalle caste sacerdotali. Solo il cristianesimo, per quel che concerne i contenuti sostanziali, non è un'impostura: il Vangelo non fa che ribadire le verità della religione naturale comune a tutti gli uomini. Tuttavia anche il cristianesimo, sia per l'influenza degli elementi mitici contenuti nella Bibbia (il peccato originale ecc.), sia per le imposizioni dogmatiche e liturgiche operate dalla chiesa, si è progressivamente corrotto. Ma, secondo Tindal, questi elementi spuri verranno infine eliminati dall'azione del libero pensiero in lotta contro gli interessi e le resistenze delle gerarchie ecclesiastiche.

tipi, teoria dei, sistema logico-insiemistico di cui esistono due versioni: la teoria dei tipi semplici e la teoria dei tipi ramificati. Comune a entrambe le versioni è la ripartizione dell'universo di discorso in classi disgiunte, dette appunto tipi, e l'idea che non abbia senso affermare o negare che x è elemento dell'insieme y se x e y sono del medesimo tipo. Ciò impedisce l'insorgere dei → paradossi: per es., *il paradosso di Russell* viene evitato perché nel linguaggio della teoria dei tipi la proprietà di non essere elemento di se stesso non è esprimibile. Nella teoria dei tipi semplici i tipi sono identificati nel modo seguente: una certa classe di individui (cioè di entità cui non è attribuita nessuna struttura insiemistica) costituisce il tipo 0; inoltre, per ogni numero naturale n maggiore di 0, la totalità degli insiemi i cui elementi sono di tipo n-1 costituisce il tipo n. Così, in pratica, il tipo 1 conterrà gli insiemi i cui elementi sono individui, il tipo 2 conterrà gli insiemi i cui elementi sono insiemi di individui, il tipo 3 conterrà gli insiemi i cui elementi sono insiemi di insiemi di individui ecc.

Questa versione della teoria fu proposta negli anni Venti da L. Chwistek e F. → Ramsey. Storicamente, però, essa è preceduta dalla teoria dei tipi ramificati, che B. → Russell delineò in un celebre articolo del 1908 (*Logica matematica basata sulla teoria dei tipi*) e sviluppò quindi nei *Principia Mathematica*, scritti in collaborazione con A.N. → Whitehead e pubblicati fra il 1910 e il 1913. La teoria di Russell si ispira al cosiddetto «principio del circolo vizioso», secondo cui se un'entità è definita facendo riferimento a una certa totalità, non può appartenere a sua volta a quella totalità (→ predicativismo). Nell'intento di rispettare questo principio, Russell costruisce la sua teoria in modo tale che il tipo di un insieme risulti fissato in base a un duplice criterio: non solo in base al tipo dei suoi elementi (come nella teoria dei tipi semplici), ma anche in base al grado di complessità della definizione con cui l'insieme è stato introdotto. Questo secondo parametro corrisponde all'ordine del tipo, che può essere rappresentato per mezzo di un numero naturale. Al tipo degli individui è assegnato ordine 0: inoltre, se per definire un insieme x si fa riferimento a tipi il cui ordine massimo è n, x apparterrà a un tipo il cui ordine è n+1. Ci sarà un solo tipo di ordine 1: il tipo degli insiemi i cui elementi sono individui e che sono definiti quantificando esclusivamente su individui. Ci saranno invece due tipi di ordine 2: infatti, fra gli insiemi definiti facendo riferimento esclusivamente ai tipi di ordine 0 e 1 bisogna distinguere, da un lato, quelli i cui elementi sono individui, e dall'altro, quelli i cui elementi sono insiemi del tipo di ordine 1. I tipi di ordine 3 saranno quattro, perché un insieme definito facendo riferimento soltanto ai tipi di ordine 0, 1 e 2 può avere elementi che appartengono a uno qualunque dei quattro tipi di ordine 0, 1 e 2. E così via: in generale, i tipi di ordine n saranno 2^{n-1}.

Russell riteneva che la teoria dei tipi ramificati fosse una teoria puramente logica, e che perciò riformulando al suo interno tutta quanta la matematica si sarebbe dimostrato che la matematica non è altro che logica (→ fondamenti della matematica). In pratica, però, per attuare questo programma Russell dovette apportare alla sua teoria modifiche *ad hoc*. La ramificazione dei tipi senza ulteriori accorgimenti, infatti, intralcia la formulazione di risultati anche basilari della matematica classica (per es., se si cerca di definire al modo solito la minima limitazione superiore di un insieme x di numeri reali, si ottiene un numero reale di ordine diverso da quello degli elementi di x). Per ovviare a questo genere di problemi, Russell fece ricorso al cosiddetto *assioma di riducibilità*: se x è un insieme qualunque e n è l'ordine dei suoi elementi, allora esiste un insieme y che ha gli stessi elementi di x e che è di ordine n+1 (un insieme siffatto, il cui ordine è il minimo ordine compatibile con quello dei suoi elementi, si dice 'predicativo'). Nonostante la sua efficacia per superare le difficoltà di cui si è detto, questo assioma è in se stesso poco plausibile, e sembra addirittura in contrasto con le motivazioni concettuali addotte all'inizio da Russell per sostenere la necessità della ramificazione. *P. Ca.*

Tipiṭaka, denominazione (che in lingua pāli significa «i tre canestri») del canone buddhistico → hīnayāna. Nonostante le cospicue manomissioni e gli evidenti ampliamenti, esso riporta più fedelmente di ogni altro testo della letteratura buddhistica l'originaria dottrina del Maestro. La sua fissazione viene fatta risalire dai critici sec. I a.C.

tipologia linguistica, la classificazione delle lingue secondo tipi, indipendentemente dalla considerazione della loro parentela genetica. La tipologia linguistica su base morfologica, rappresentata nell'Ottocento dai fratelli Schlegel e da W. von Humboldt, è stata ripresa nel Novecento in modo originale dal linguista ceco V. Skalicka (*Un costrutto tipologico*, 1966). I «tipi» di Skalicka, che riprendono quelli della tradizione, sono cinque: agglutinante, flessivo, isolante, polisintetico, introflessivo. Ma per Skalicka nessuna lingua rappresenta, né può rappresentare, un tipo in modo puro: ogni lingua possiede in un diverso dosaggio tutti i tipi. Così, come ha mostrato lo studioso tedesco H. Geckeler (*Sulla tipologia dell'italiano a partire dalla tipologia di Skalicka*, 1989), in italiano una forma come 'cantiamo' rappresenta il tipo flessivo; 'ho cantato' il tipo isolante; 'cantamelo' il tipo agglutinante; 'tagliacarte' il tipo polisintetico; coppie come 'sappi'/'seppi' o 'date'/'diate' quello introflessivo. Ma i tratti che si riportano al tipo flessivo e, in misura minore, a quello isolante sono predominanti sugli altri. Invece, per es. in ungherese il tipo agglutinante predomina su tutti gli altri. Una nuova tipologia basata non più su caratte-

ristiche esclusivamente morfologiche, ma soprattutto sintattiche, è sorta a opera di J.H. → Greenberg, che ha utilizzato l'idea di R. Jakobson secondo la quale nella lingua vigono principi formali di implicazione. Un principio di implicazione è quello per cui se una lingua presenta un tratto A, presenterà anche il tratto B. Sulla base di un campione statistico di 30 lingue, di origine e distribuzione geografica diversa, controllato da Greenberg stesso, e in seguito da molti altri studiosi, su innumerevoli altre lingue del mondo, il *primum* implicativo è stato identificato nell'ordine relativo dei tre elementi: Soggetto (S), Oggetto (O) e Verbo (V). A seconda che una lingua presenti l'ordine fondamentale SVO, VSO o SOV (gli altri ordini sono rari, o del tutto inesistenti), è possibile prevedere, almeno in una certa misura, la presenza di altri fenomeni grammaticali. Per es. una lingua VSO può avere solo preposizioni, una lingua SVO presenta prevalentemente preposizioni, una lingua SOV può avere solo postposizioni (casi). La tipologia di Greenberg ha suscitato molte discussioni.
Tra le applicazioni, particolarmente interessanti sono quelle che mettono in rapporto l'evoluzione linguistica con la tipologia, come negli studi di Th. Vennemann e di W. Lehmann. Quest'ultimo riporta sotto l'unica formula del tipo SOV i vari caratteri del protoindoeuropeo ricostruito (*Sintassi protoindoeuropea*, 1974). Rispetto a questo punto di partenza, l'evoluzione di molti rami dell'indoeuropeo si può descrivere come un passaggio progressivo da SOV a SVO. Il latino rappresenterebbe una fase di transizione, le lingue romanze, compreso l'italiano, un tipo SVO quasi del tutto coerente. Le lingue celtiche, pure appartenenti al gruppo indoeuropeo, rappresentano il tipo VSO. Ma i due tipi sarebbero strettamente apparentati, se non addirittura due manifestazioni della stessa cosa.

tipologia somatica, ricerca sistematica delle correlazioni fra determinati indici morfologici del corpo umano e determinate caratteristiche della personalità. Fra le molte classificazioni tipologiche, ricordiamo quelle, rimaste classiche e sottoposte a molte verifiche empiriche, di E. Kretschmer (1925) e di W.H. Sheldon (1942 e 1954). La tipologia di Kretschmer si fonda sull'osservazione di casi patologici, in base all'assunto secondo cui la malattia determina un'esagerazione caricaturale della tipologia di base che macroscopizza quest'ultima e pertanto ne facilita l'individuazione. I tipi kretschmeriani sono quattro, di cui tre principali e uno accessorio: il tipo picnico-ciclotimico, predisposto alla psicosi maniaco-depressiva e caratterizzato sul piano somatico dalla predominanza delle misure trasversali e di circonferenza; il tipo leptosomico (o astenico) - schizotimico, predisposto alla schizofrenia e caratterizzato sul piano somatico dalla predominanza delle misure verticali; il tipo atletico-viscoso, predisposto all'epilessia essenziale e caratterizzato sul piano somatico dalla robustezza dei tessuti muscolari e ossei; infine il tipo displasico, predisposto all'epilessia e che riunisce molte varietà dismorfiche. Secondo Kretschmer e molti altri autori, soprattutto di lingua tedesca, la suddetta tipologia corrisponde anche a differenze sul piano fisiologico (funzionamento delle ghiandole endocrine e metabolismo). Quanto alla tipologia di Sheldon, essa si fonda, al contrario di quella kretschmeriana, sull'osservazione di soggetti normali, e consiste in un sistema morfologico a tre dimensioni (ectomorfica, mesomorfica, endomorfica), che corrispondono ad altrettanti stadi evolutivi dei tessuti derivati dai tre foglietti embrionali (ectoderma, mesoderma ed endoderma). Queste tre variabili, molto simili ai tre tipi principali della tipologia kretschmeriana, sono correlate secondo Sheldon a tre categorie generali di personalità: alla variabile ectomorfica corrispondono tratti di ipersensibilità sia sul piano emotivo sia su quello intellettivo e artistico, e una tendenza alla solitudine e alla vita interiore; alla variabile mesomorfica corrispondono tratti di dinamismo, facilità e sincerità nei rapporti sociali, e tendenza all'esercizio fisico; infine, alla variabile endomorfica corrispondono tratti di passività, socievolezza e tendenza alla vita sedentaria.

Titchener, Edward Bradford (Chichester, 1867 - Ithaca, New York, 1927), psicologo inglese. Allievo di W. Wundt a Lipsia, si trasferì poi negli Stati Uniti, divenendo direttore del laboratorio di psicologia sperimentale presso la Cornell University. Estraneo all'emergente cultura americana a cavallo del secolo, pragmatistica e utilitaristica, Titchener raccolse attorno a sé un gruppo selezionatissimo di allievi, che volle significativamente denominare «sperimentalisti» per differenziarli dalla massa degli psicologi inclini in varia misura alla speculazione filosofica. Di Titchener sono rimaste classiche, nella storia della psicologia, le critiche rivolte (verso il 1910) agli psicologi funzionalisti, accusati di un'adesione semplicistica e filosofeggiante alle tesi evoluzionistiche e di scarso impegno sperimentalistico, e quindi (dopo il 1913) ai seguaci del comportamentismo watsoniano, accusati di dimenticare il vero e unico oggetto della psicologia scientifica, cioè la soggettività umana. La più nota fra le opere di Titchener è la *Psicologia sperimentale* (quattro volumi pubblicati fra il 1901 e il 1905), contenente le più dettagliate istruzioni mai pubblicate sulla conduzione dell'esperimento psicologico nei suoi aspetti procedurali e strumentali. Vanno ricordati inoltre l'articolo programmatico *I postulati della psicologia strutturalistica* (1898); e il volume *Trattato di psicologia* (1909-10).

Tocqueville, Alexis-Charles-Henri Clérel de (Verneuil, Seine-et-Oise, 1805 - Cannes 1859), storico e pensatore politico francese. Può essere considerato il maggior teorico della democrazia moderna e, insieme, uno degli ultimi classici del pensiero politico occidentale. Tocqueville infatti, nella tradizione di Montesquieu, e diversamente da Marx, è soprattutto interessato alla democrazia come forma di potere che permette, più di ogni altra, di governare e di armonizzare i diversi interessi della società. Nella sua prima opera importante, *Della democrazia in America* (1835-40), scritta dopo un soggiorno americano nel 1830, Tocqueville compie un'analisi fondamentale della peculiare libertà degli Stati Uniti d'America, riconducendo l'esistenza di un regime democratico in America a due fattori. In primo luogo, l'unicità del territorio, al tempo stesso immenso e isolato, che consentiva una frontiera mobile, e impediva sia i conflitti territoriali sia la chiusura della società in un sistema di caste o strati definiti. In secondo luogo, il fattore religioso: poiché i coloni americani appartenevano a sette cristiane diverse, essi avevano edificato una società fondata su comunità locali indipendenti e al tempo stesso necessariamente tolleranti verso ogni confessione. Entrambi questi fattori avevano reso possibile una costituzione federale in cui la solidarietà degli stati era presupposta dall'autonomia dei governi locali. Tocqueville non ignorava i limiti intrinseci alla democrazia americana. L'importanza dei fattori locali e l'utilitarismo economico si traducevano facilmente nel disinteresse per la politica in quanto tale e in un certo provincialismo. Egli prevedeva dunque una progressiva decadenza della democrazia politica degli Stati Uniti, qualora lo sviluppo economico fosse divenuto l'unico imperativo della società americana. Nonostante queste riserve, il viaggio americano gli aveva offerto una lezione fondamentale per l'analisi delle forme di governo europee. La libertà non si fondava solo sulla virtù e su principi assoluti ma anche sulla limitazione reciproca degli interessi.

La seconda grande opera di Tocqueville, *L'ancien régime e la rivoluzione* (1856), è per contro un'analisi della cultura illiberale della Francia e quindi delle condizioni che hanno reso più probabile il dispotismo sul continente europeo. In Francia il dispotismo è stato rovesciato, con la Rivoluzione, in nome di una libertà assoluta che ha reso impossibile la cultura della mediazione e della legalità. Lo stato in Francia non si è edificato a partire dalla base, da un patto tra comunità libere e diverse, ma a partire da una costituzione *assoluta* che conteneva le condizioni della propria dissoluzione. Infatti la Rivoluzione aveva ricevuto in eredità dall'*ancien régime* uno stato centralizzato e dispotico. Analogamente, se il pluralismo religioso era in America una condizione essenziale del federalismo democratico, la lotta fra cristianesimo e ateismo aveva introdotto un mortale conflitto religioso nella vita politica della Francia.

La chiave della concezione politica di Tocqueville sta nel principio dell'eguaglianza sociale come fondamento della libertà (*Della democrazia in America*): non si tratta certamente di una uguaglianza *economica* (che abolirebbe una delle condizioni stesse della democrazia, cioè il perseguimento dell'interesse legittimo), ma di quella uguaglianza nella vita pubblica, indipendentemente dalle differenze individuali di status e di ricchezza, che egli vedeva ampiamente praticata in America. Mentre in Europa, dove l'esiguità dei territori nazionali e i tradizionali conflitti religiosi rendevano impossibile l'applicazione del modello americano, solo le monarchie costituzionali potevano garantire (come in Inghilterra) questa minima condizione di democrazia.

Toland, John (Redcastle, Londonderry, 1670 - Putney, Londra, 1722), teologo e filosofo irlandese. Cattolico di nascita, si convertì all'anglicanesimo a sedici anni. Studiò a Glasgow e a Edimburgo, dove si laureò nel 1690. Dopo un soggiorno in Olanda, si recò a Oxford, dove compose la sua opera principale, *Il cristianesimo senza misteri* (1696), che gli alienò le simpatie della chiesa anglicana a causa delle tesi razionalistiche in essa espresse, ma che suscitò l'interesse di Leibniz e procurò a Toland l'appoggio della regina di Prussia, Sofia Carlotta, alla quale dedicò le *Lettere a Serena* (1704), polemiche contro Spinoza e ispirate a motivi materialistici. Nel 1702 si stabilì a Londra.

Il fine di *Il cristianesimo senza misteri* era sostanzialmente apologetico: l'autore si proponeva di dimostrare la perfetta ragionevolezza della fede; e sosteneva che la ragione è superiore alla rivelazione solo «nel senso medesimo in cui una grammatica greca è superiore al Nuovo Testamento: perché noi ci serviamo della grammatica per intendere la lingua, così come della ragione per intendere il senso di quel libro» (*Cristianesimo senza misteri*, sez. III). Avvicinatosi al deismo naturalistico e panteistico di Shaftesbury e di M. Tindal (*Apologia di Matthew Tindal* in appendice alla terza edizione, del 1702, del *Cristianesimo senza misteri*), Toland polemizzò con le deviazioni del cristianesimo storico, alle quali opponeva la religione naturale del cristianesimo primitivo, e si pronunciò infine esplicitamente contro l'autorità della rivelazione, proponendo un'interpretazione naturalistica dei miracoli biblici e una religione naturale di stampo ormai completamente illuministico (*Nazareno, ovvero la cristianità ebrea, gentile e maomettana*, 1718; *Tetradymus*, 1720; *Pantheisticon, sive formula celebrandae solidalitatis socraticae*, 1720).

tolleranza, termine che — nel suo senso originario, e ancor oggi più proprio — indica la mancata repressione (con la violenza fisica o con altri mezzi) di opinioni ritenute false, o di comportamenti ritenuti dannosi o comunque sbagliati: la tolleranza, quindi, riguarda in primo luogo l'autorità politica, e presuppone che essa faccia proprio un sistema di credenze e di giudizi di valore negativi nei confronti dei comportamenti e delle opinioni «tollerate». Oggi è però diffuso, accanto a questo, un altro senso del termine, per cui un'autorità politica o anche una persona singola sono dette tolleranti quando si astengono dal penalizzare — anche soltanto con un giudizio di valore sfavorevole — opinioni e comportamenti difformi dai propri. Questa seconda accezione del vocabolo è derivata dalla prima attraverso il dibattito sulla tolleranza e l'evoluzione delle istituzioni sociali e politiche, che hanno realizzato forme via via diverse di tolleranza.

L'uso originario del concetto, a cui si connette il primo senso del termine, è legato al dibattito sulla repressione del dissenso religioso nell'Europa della riforma protestante (secc. XVI-XVII). Il problema della tolleranza si pose cioè inizialmente in forma esplicita come problema della tolleranza *religiosa*. Sotto altro nome, il problema era, tuttavia, già sorto nell'antichità: nel mondo greco, l'accusa di «ateismo» aveva motivato la persecuzione di varie personalità, fra cui Socrate. Nel mondo romano, la persecuzione dei dissenzienti religiosi era spesso motivata politicamente, per il nesso che veniva instaurato tra il riconoscimento della divinità dell'imperatore e il riconoscimento della sua autorità politica. I dissenzienti si difesero spesso con un argomento che sarà usato anche nell'età moderna per sostenere la tolleranza: il dissenso religioso non comporta né corruzione morale, né antagonismo politico; si può essere sudditi leali dell'autorità politica anche senza condividerne le idee religiose. L'uso di questo argomento da parte delle comunità cristiane perseguitate o sospettate (lo si trova già accennato da Paolo, Atti 24, 11-16) non impedì al cristianesimo, una volta divenuto religione di stato, di perseguitare a sua volta gruppi di dissenzienti (catari, valdesi, albigesi) accusandoli di corruzione morale e sovversione.

• *Basi teoriche del concetto di tolleranza religiosa.* Fino alla riforma, la rivendicazione della tolleranza religiosa non osò quasi esprimersi, e del resto il dissenso non ebbe mai le dimensioni e la «visibilità» con cui si presentò nei secc. XVI-XVII. La riforma, dando luogo a una proliferazione di confessioni religiose, creò una situazione in cui il problema della tolleranza (e dell'intolleranza) si poneva con grande urgenza come problema politico: quasi ogni sovrano si trovò a fare i conti con più comunità religiose che gli erano sottoposte politicamente, ma dissentivano da lui in materia di religione. Le comunità perseguitate e molti pensatori indipendenti rivendicarono la tolleranza religiosa usando argomenti che furono poi più volte ripresi e sono ancor oggi adoperati anche in altri contesti. Un argomento spesso invocato fu quello *etico*, nato in ambienti umanistici (Erasmo da Rotterdam, Lefèvre d'Etaples) e usato anche da Sebastiano Castellione e da Locke (soprattutto nella prima *Lettera sulla tolleranza*, 1689): la persecuzione è violenza e quindi si oppone direttamente alla carità cristiana; la tolleranza è un corollario del dovere della fraternità. Negli stessi ambienti ebbe origine un argomento che si può definire *latitudinaristico*, da uno dei gruppi intellettuali che caratteristicamente lo proposero (quello dei latitudinari inglesi, sviluppatosi nella seconda metà del Seicento): le divergenze religiose che motivano le persecuzioni riguardano solo punti oscuri e controversi della dottrina cristiana, mentre le dottrine indispensabili e sicuramente attestate sono di fatto condivise da tutte le chiese, sicché la persecuzione è insensata. Questo argomento fu sostenuto anche da chi identificava le verità fondamentali con il nucleo razionale della religione cristiana, alla luce del quale vivere una propria esperienza religiosa individuale, al di fuori delle chiese e delle loro divisioni. In questa seconda versione (che la ricerca umanistica delle «verità fondamentali» contribuì a produrre) l'argomento latitudinaristico fu usato da sociniani (→ socinianesimo) e deisti (→ deismo), fino a diventare l'argomento principe di Voltaire. Di origine del tutto diversa sono gli argomenti *politici*, che sostengono la tolleranza in quanto bene (o male minore) per lo stato. Così Locke, nel *Saggio sulla tolleranza* (1667), sosterrà che la persecuzione è dannosa allo stato perché produce la coalizione dei dissenzienti e trasforma il dissenso religioso (di per sé innocuo) in opposizione politica. La separazione tra stato e chiesa (che è spesso un corollario degli argomenti politici per la tolleranza) fu sostenuta, per tutt'altre ragioni, anche da alcune sette minoritarie (battisti mennoniti, quaccheri). Questo tipo di argomentazioni — basato sul fatto che il soggetto delle scelte religiose è la coscienza individuale, su cui la violenza repressiva è inefficace oltre che illegittima — fu ripreso da Spinoza, Bayle e Locke. Chiara è la sua radice teologica calvinistica. L'argomento più usato da Locke (specialmente nella *Terza lettera per la tolleranza*, 1692) è però quello di tipo *relativistico*: in campo religioso è possibile solo la convinzione soggettiva, ma non una certezza paragonabile a quella che si raggiunge nelle scienze; ciò è provato dal fatto che opinioni opposte sono sostenute con uguale abbondanza di argomenti. La verità in nome della quale si perseguita il dissenso è sempre la verità di qualcuno; l'evidenza con cui il persecutore ritiene che essa gli si manifesti non può che essere soggettiva. Questi ragionamenti, di origine libertina, sono alla base del secondo uso, oggi corrente, del termine «tolleranza»: come non si è in grado di giustificare la verità assoluta delle proprie credenze, così non si è autorizzati a bollare come errori le opinioni diverse dalla propria.

• *La tolleranza politica.* Tutte le argomentazioni citate non si estendevano, nell'intenzione dei loro autori, alla tolleranza delle opinioni politiche dissenzienti, che la maggior parte dei fautori della tolleranza religiosa esplicitamente escludevano. La tolleranza delle opinioni politiche è una rivendicazione del liberalismo ottocentesco: un suo tipico sostenitore fu J.S. Mill (*Sulla libertà*, 1859). Si devono a Mill anche l'estensione del soggetto della tolleranza dall'autorità politica all'«opinione pubblica», e l'interpretazione della persecuzione non solo come repressione legale, ma anche come pressione sociale contro il dissenziente. La struttura delle argomentazioni a favore della tolleranza politica (o, oggi, della tolleranza in materia di morale, o di comportamenti devianti, politici e no) è però più o meno la stessa in tutti i casi: i fautori della tolleranza sosterranno che la repressione è in sé male (argomento etico), o che è futile perché si accanisce contro differenze inessenziali (argomento latitudinaristico), o che viola i diritti della coscienza individuale conculcando scelte che riguardano solo chi le compie (argomento settario-calvinistico), o che è controproducente per chi la mette in opera (argomento politico), o che si fonda su un insostenibile dogmatismo (argomento relativistico); e in tutti i casi si preciserà che le opinioni e i comportamenti di cui si auspica la tolleranza non implicano necessariamente conseguenze deleterie. *D. Ma.*

Tolman, Edward Chace (Newton, Massachusetts, 1886 - Berkeley, California, 1959), psicologo statunitense. Principale esponente del neocomportamentismo e precursore dell'odierno → cognitivismo, studiò psicologia con E.B. Holt a Harvard. Trasferitosi all'università di Berkeley, dove divenne professore di psicologia animale, condusse ricerche sull'apprendimento dei ratti in condizioni di controllo sperimentale, e sviluppò la propria teoria «eretica», fondata sui concetti di «comportamento molare o globale» (in contrapposizione al «comportamento molecolare o elementare» di J.B. Watson) e di «comportamento direzionale o finalizzato» (in contrapposizione al «comportamento meccanico» dello stesso Watson). L'approccio di Tolman, pur rifiutando decisamente il metodo dell'introspezione, riconosceva però l'esistenza e il ruolo della soggettività e della coscienza attraverso l'attribuzione di «finalità» al comportamento dell'organismo vivente. Inoltre, il suo sistema ha notevole interesse per la storia della psicologia, perché, attraverso il concetto di «variabile intermedia», esso immette un costrutto teorico non direttamente osservabile in un contesto sostanzialmente oggettivistico e rigorosamente sperimentalistico. Vicino sotto molti aspetti alle tesi gestaltiste, e duramente criticato dai comportamentisti ortodossi per il suo metodo definito spregiativamente «mentalistico», Tolman pubblicò nel 1932 la sua opera principale, *Il comportamento finalizzato negli animali e negli uomini*. Da ricordare anche *Una nuova formula per il comportamentismo* (1922) e *Una definizione comportamentistica della coscienza* (1927).

Tomasio, Cristiano, nome italianizzato di Christian → Thomasius.

tomismo, il sistema filosofico-teologico di Tommaso d'Aquino e dei suoi seguaci. Dottrine caratteristiche del tomismo sul piano filosofico sono: il realismo critico in gnoseologia, l'analogia dell'ente, la distinzione reale fra l'essenza e l'esistenza, la necessità di dimostrare a posteriori l'esistenza di Dio, l'unicità della forma sostanziale nei composti corporei. Nel campo teologico, accanto all'affermata conciliabilità di natura e grazia, si sostiene la possibilità di applicare il metodo scientifico alla teologia (la teologia come scienza).

Il pensiero di Tommaso non ebbe un'accoglienza favorevole dai suoi contemporanei: alcune sue tesi vennero condannate nel 1277 dall'autorità ecclesiastica di Parigi e di Oxford; erano incriminate le sue scelte aristoteliche a proposito dell'ilemorfismo, giudicate troppo pericolose per la dottrina tradizionale circa l'anima dell'uomo. L'opposizione al tomismo venne soprattutto dalla scuola francescana, che professava l'agostinismo, ripreso e aggiornato da san Bonaventura. Le polemiche fra scuola domenicana e scuola francescana cessarono solo con la canonizzazione dell'Aquinate (1323), che ebbe come conseguenza la revoca delle condanne del 1277. Fino alla seconda metà del sec. XV, tuttavia, il tomismo rimase circoscritto all'ordine domenicano, cui appartennero i più famosi interpreti degli scritti di Tommaso: Giovanni Capreolo (1380-1444), Tommaso de Vio, detto il Gaetano (1468-1534), Francesco Silvestri, detto il Ferrarese (1474-1528). Fra i primi seguaci non domenicani del tomismo figurano i gesuiti spagnoli: F. Vitoria, F. Toledo, B. Pereira, P. Fonseca e F. Suárez. La rinascita del tomismo nel sec. XIX avvenne a opera di un gruppo di studiosi italiani: V. Buzzetti, i fratelli D. e S. Sordi, L. Taparelli d'Azeglio, G. Pecci e G. Sanseverino sono da considerare gli ispiratori ideali dell'enciclica *Aeterni patris* (1879), che segnò ufficialmente l'inizio del neotomismo o → neoscolastica.

Tommaso d'Aquino (Roccasecca, Frosinone, 1221 - Fossanova, Latina, 1274), teologo e filosofo italiano; santo.

• *Vita e opere.* La sua formazione intellettuale

avvenne dapprima nell'università di Napoli, dove frequentò la facoltà delle arti (1239-43); maturata la decisione di entrare nell'ordine domenicano, nonostante l'opposizione dei genitori, si trasferì nello studio dei frati predicatori di Parigi e qui frequentò la facoltà di teologia (1245-48) sotto la guida di Alberto Magno. Dopo quattro anni di soggiorno a Colonia, al seguito di Alberto, nel 1252 Tommaso tornò a Parigi per iniziare la carriera universitaria, che lo vide dapprima baccelliere incaricato di leggere la Bibbia (1252-54), poi baccelliere col compito di commentare le *Sentenze* di Pier Lombardo (1254-56) e infine maestro reggente di teologia (1256-59). Negli anni del baccellierato e del primo magistero parigino, compose il *De ente et essentia*, breve trattato di terminologia filosofica, i commenti alle *Sentenze* di Pier Lombardo, al *De Trinitate* e al *De hebdomadibus* di Boezio, al *De divinis nominibus* di Dionigi Areopagita. Pur nel rispetto del pensiero degli autori esaminati, in questi scritti Tommaso lascia trasparire un orientamento personale circa il metodo teologico e i rapporti tra teologia e filosofia; molta attenzione egli riserva alle nuove problematiche culturali che l'Occidente cristiano sta elaborando, legate soprattutto alla diffusione delle traduzioni latine degli scritti di Aristotele e dei filosofi arabi. Nel decennio 1259-69 Tommaso soggiorna in diverse città d'Italia, impegnato prima come professore, poi come teologo della corte pontificia; contemporaneamente egli attende alla stesura di commentari alle principali opere aristoteliche: dalla *Metafisica* alla *Fisica*, al *Trattato sul cielo*, all'*Etica a Nicomaco*. In questa singolare impresa Tommaso ha come modello la grande parafrasi di Aristotele fatta da Alberto Magno; egli preferisce tuttavia impegnarsi in un minuzioso commento letterale del testo, nell'intento di meglio attingere l'impianto speculativo e la disposizione organica delle opere aristoteliche. Lo sforzo di comprensione e di assimilazione di autori diversi fra loro, quali erano i padri della chiesa e i maestri di scuola peripatetica, portò Tommaso a progettare una nuova sintesi del pensiero cristiano, che da un lato assumesse i contenuti essenziali della millenaria tradizione teologica e dall'altro lato non precludesse l'acquisizione del rigoroso metodo di indagine proprio della sistemazione aristotelica del sapere. Nacquero così le due maggiori opere di Tommaso: la *Summa contra gentiles* (la critica più recente colloca la composizione di quest'opera negli ultimi anni di vita di Tommaso, tra il 1269 e il 1273) e la *Summa theologiae* (iniziata nel 1269 e rimasta incompiuta alla morte dell'autore).

• *Teologia e filosofia.* Alla teologia Tommaso rivendica il carattere di scienza, che le compete in forza del principio di subalternazione: le premesse su cui si basano i ragionamenti del teologo sono desunte dalla rivelazione; pur non essendo evidenti all'intelletto del credente, esse risultano evidenti alla mente di Dio che le ha rivelate. La teologia è pertanto scienza subalternata alla scienza divina; essa ha per oggetto il rivelabile e possiede un'unità intrinseca perché considera tutto in rapporto a Dio, principio e fine dell'universo. La filosofia gode di una propria autonomia, garantita dalla struttura della mente umana, capace, per volontà del creatore, di giungere alla verità. Teologia e filosofia sono pertanto due vie di accesso all'unica verità; esse trovano un punto di incontro nella teologia razionale, che comprende alcune verità (esistenza e attributi personali di Dio, immortalità dell'anima dell'uomo) le quali, pur essendo contenute nella rivelazione, sono dimostrabili con procedimenti razionali. Circa la dimostrazione dell'esistenza di Dio, Tommaso respinge la prova ontologica di Anselmo d'Aosta: seguendo le istanze della teologia negativa dello Pseudo-Dionigi, egli non ritiene possibile una definizione dell'essenza divina come quella anselmiana, e cioè la deduzione dell'esistenza attraverso un'analisi immediata. Egli elabora perciò delle dimostrazioni a posteriori (nella *Summa theologiae* ne elenca cinque), che dall'analisi del divenire proprio dell'universo sensibile risalgono a Dio, visto come motore immobile (prima via), causa efficiente incausata (seconda via), essere necessario e perfettissimo (terza e quarta via), supremo ordinatore dell'universo (quinta via). La validità delle prove tomistiche dell'esistenza di Dio poggia sull'assunto che il reale è intelligibile: se non si affermasse l'esistenza di Dio, si finirebbe con il postulare un processo all'infinito nella serie degli enti soggetti al divenire; ma ciò è contraddittorio, perché, tolto il principio, viene meno la ragion d'essere degli enti sensibili, cioè la realtà cessa di essere intelligibile. Il nome più proprio di Dio è quello di Essere sussistente (*Ipsum Esse subsistens*): Tommaso vede in esso la fusione del dato biblico (nell'Esodo Dio si definisce *Qui sum*=Io sono) con il vertice della speculazione filosofica, che congiunge l'onnicomprensività dell'essere con la modalità più radicale dell'autodeterminazione, la sussistenza. Alla nozione di essere sussistente si riconducono gli attributi propri di Dio, già individuati nella filosofia greca e araba (semplicità, attualità, infinità) o manifestati dalla rivelazione cristiana (Trinità, provvidenza, amore).

• *Antropologia e cosmologia.* Alla base dell'antropologia tomistica sta la concezione ilemorfica di Aristotele: l'uomo è un sinolo di materia (corpo) e forma (anima). Pur ammettendo con Aristotele che l'anima è forma sostanziale del corpo, Tommaso afferma che l'anima dell'uomo è spirituale e sussistente, possiede cioè un essere autonomo rispetto al corpo. A differenza dal corpo, infatti, l'anima conosce l'universale

e ha l'autocoscienza; essa pertanto non muore quando il corpo si corrompe.
Quanto alla dottrina aristotelica dell'intelletto, Tommaso si distacca polemicamente (*De unitate intellectus contra averroistas*, 1270) dall'interpretazione di Averroè, condivisa da Sigieri di Brabante (→ averroismo), secondo la quale ci sarebbe un unico intelletto, agente e possibile, per tutta la specie umana; per il fatto che ogni uomo avverte di essere il soggetto di molteplici conoscenze, si deve infatti ammettere la presenza in lui di una facoltà intellettiva, dotata di una duplice funzione, quella di liberare (astrarre) le rappresentazioni sensibili dalle determinazioni spazio-temporali (intelletto agente), e quella di ricevere la rappresentazione astratta, in modo da conoscerla nella sua carica di universalità concettuale (intelletto possibile). Attraverso i concetti si costruisce il mondo della conoscenza: pur essendo prodotto dall'intelletto, il concetto universale ha un suo fondamento nella realtà extramentale, dove esiste allo stato potenziale; la natura intrinseca delle cose infatti è indifferente al modo di essere particolare o universale. L'individualità è conferita agli enti dalle determinazioni quantitative della materia, mentre l'universalità è il risultato del processo astrattivo dell'intelletto.
Il geocentrismo aristotelico funge da supporto alla concezione dell'universo propria di Tommaso: il movimento delle sfere celesti, dotate di una materia eterea (o quintessenza), è regolato da sostanze spirituali; i corpi sublunari sono distribuiti secondo il luogo che compete alla loro natura, che a sua volta è determinata dalla prevalenza di alcuni fra gli elementi costitutivi: i corpi pesanti, in cui prevalgono terra e acqua, stanno in basso; i corpi in cui prevalgono gli elementi leggeri (aria, fuoco) stanno in alto. La struttura gerarchizzata dell'universo fisico trova corrispondenza in quella, altrettanto gerarchizzata, dell'universo spirituale, al cui vertice è posto Dio, essere dalla perfezione somma e ineguagliabile, mentre al grado più basso delle sostanze spirituali si trova l'anima dell'uomo. Nell'uomo Tommaso trova il punto di incontro tra il naturalismo aristotelico e lo spiritualismo cristiano: «il supremo nel genere dei corpi, ossia il corpo umano dalla complessione equilibrata, viene a toccare l'infimo nel genere delle sostanze intellettive».
• *Etica e politica.* L'etica a sua volta si richiama a una struttura gerarchizzata di fini: ogni cosa ha un fine da conseguire, e questo fine coincide con l'idea divina in base alla quale, in quanto creatura divina, è stata modellata. Sul concetto di fine si fonda quello di legge, intesa come via al fine. È la legge naturale, definita da Tommaso come «partecipazione della legge eterna nella creatura razionale», che consente di raggiungere la felicità, alla quale l'uomo è naturalmente portato; la legge divina rende invece possibile l'accesso a una beatitudine soprannaturale, che eccede le possibilità proprie dell'uomo, anche se non ne mortifica le aspirazioni: «la grazia non toglie la natura, ma la perfeziona».
Analizzando le forme di governo sancite dalla tradizione classica, monarchia, aristocrazia e democrazia, Tommaso afferma che nessuna di esse va giudicata a priori illecita; diventano illecite quando degenerano in tirannide, e questo pericolo non lo corrono solamente la monarchia o l'aristocrazia, ma anche ogni democrazia che non rispetti la giustizia. All'interrogativo circa l'origine del potere legislativo Tommaso risponde che esso deriva ai governanti da Dio, ma non immediatamente, bensì attraverso il consenso del popolo; viene in tal modo respinta la dottrina teocratica, per la quale l'autorità civile deriverebbe da Dio attraverso il romano pontefice, e si afferma la distinzione (nuova per il contesto medioevale) di ambiti e di sovranità fra potere civile e potere religioso.
Oltre alle opere già menzionate, sono importanti per lo sviluppo del pensiero di Tommaso le raccolte di *Quaestiones disputatae* (*De veritate, De potentia, De malo, De spiritualibus creaturis*), i commenti biblici (*Expositio super Job, Lectura super quattuor Evangelia, Lectura super epistolas sancti Pauli*) e diversi trattati monografici (*De regimine principum, Compendium theologiae, De substantiis separatis*). *A. Gh.*

Tönnies, Ferdinand (Oldenswort, Schleswig, 1855 - Berlino 1936), sociologo e filosofo tedesco. Abilitatosi in filosofia nel 1881, insegnò nell'università di Kiel. La sua opera principale (*Comunità e società*, 1887) studia la dinamica storico-sociale, in polemica sia col positivismo, sia con la dialettica marxista (*Marx. Vita e dottrina*, 1921). Il processo sociale è caratterizzato, secondo Tönnies, da due modelli opposti. Il primo definisce la «comunità» (*Gemeinschaft*). Esso è il prodotto della *volontà organica* che dà spontaneamente vita ai rapporti naturali e originari della famiglia e della vita comunitaria fondata su legami sentimentali e su valori profondi quanto inconsapevoli (autorità, pietà, lealtà ecc.); la coesione tra i soggetti non è di tipo istituzionale, ma si basa su rapporti personali concreti. Il secondo modello definisce invece la «società» (*Gesellschaft*). Esso è il prodotto della *volontà arbitraria* e della riflessione intellettuale, che organizza i rapporti in base a leggi e contratti. Questo secondo modello è stato perfettamente intuito nei suoi principi da Hobbes, che può considerarsi il padre della sociologia moderna (*Hobbes. Vita e dottrina*, 1896). La società si caratterizza per la separazione tra gli individui, meri «soggetti di potenza» per i quali non esiste una volontà comune se non in virtù della finzione dello scambio, che stabilisce un valore oggettivo di riferimento per tutti i soggetti. Nasce così la civiltà urbana e industriale, essenzialmente utilitaristica e razionalistica. Le masse sociali presentano pertanto una molteplicità di individui e di classi che restano egoisticamente indipendenti, secondo una convivenza che si regge sulla convenzione e non sulla concordia. Queste analisi sono state in seguito utilizzate da Tönnies per formulare una complessiva filosofia o teoria della storia (*Lo sviluppo della questione sociale*, 1907; *Critica dell'opinione pubblica*, 1922; *Introduzione alla sociologia*, 1931; *Spirito dell'epoca moderna*, 1935). Lo sviluppo storico vi appare pessimisticamente caratterizzato come un progressivo passaggio dalla «cultura» del popolo alla «civiltà» dello stato. A partire da Tönnies, *Kultur* e *Zivilisation* diventano così i poli di una dicotomia che, in forme diverse, è presente in tutto il dibattito filosofico e sociologico tedesco fino alla crisi di Weimar.

topica, la teoria dei «luoghi» (*tópoi*) dell'argomentazione dialettica e retorica, cioè dei «dispositivi» logici usati per trovare le premesse della conclusione a cui si vuole giungere. La dottrina risale ai *Topici* aristotelici, opera in cui si esaminano i luoghi notevoli relativi ai quattro «predicabili», cioè all'accidente, al genere, al proprio e alla definizione. In Kant si ha invece la nozione di «luogo trascendentale» inteso come «il posto che noi assegniamo a un concetto nella sensibilità o nell'intelletto puro» (*Critica della ragion pura*, Nota alla anfibolia dei concetti della riflessione). Alla topica logica di Aristotele si contrappone così una «topica trascendentale», che determina il luogo e quindi l'uso di ciascun concetto nella sensibilità o nell'intelletto, evitando l'anfibolia dei concetti di riflessione.

totemismo, termine usato nell'ambito dell'etnologia e della storia delle religioni per indicare un complesso di credenze relative a una figura animale o vegetale, che in talune culture sono alla base dell'organizzazione sociale. La parola *totem* fu introdotta nelle lingue occidentali dal viaggiatore inglese J.K. Long (1791) e proviene dalla lingua ojibwa degli indiani dei Grandi Laghi, in cui il vocabolo *ototeman* significa «egli è del mio clan» (della mia parentela). Per lungo tempo gli antropologi hanno creduto che il totemismo costituisse una forma sociale tipica di tutte le società primitive, basata sulla supposta relazione fra un individuo o gli appartenenti a un gruppo umano (tribù, clan, famiglia ecc.) e una realtà naturale, rappresentata prevalentemente da un animale (più raramente da un vegetale o da pietre e altri oggetti). L'animale totemico sarebbe l'emblema del clan, il suo spirito custode, in alcuni casi l'antenato mitico o l'eroe fondatore culturale. Per questo, tutti gli appartenenti a un determinato totem si riconoscono parenti fra loro e, di conseguenza, non mangiano la carne dell'animale-totem e non possono contrarre matrimonio se non all'esterno del gruppo (regola dell'esogamia). Gli studi scientifici sul totemismo furono avviati da J. Frazer, che in *Totemismo* (1887) cercò di presentare una sintesi sistematica delle scoperte intorno al fenomeno. Dopo di lui, W.R. Smith, profondo studioso della cultura semitica, individuò nel totemismo la radice di tutte le religioni, vedendone analogie nel «sacrificio della vittima» così come è concepito nell'antica religione ebraica (*Lezioni sulla religione dei semiti*, 1889). Una interpretazione originale fornì poi A. Van Gennep (*Lo stato attuale del problema totemico*, 1920), che considerò il totemismo come un sistema di classificazione della realtà, mentre W. Schmidt e la scuola storico-culturale lo interpretavano in base a un'ipotesi «economica», che spiegava il divieto di mangiare l'animale-totem con la necessità di preservare certi animali per farne oggetto di scambio con altri gruppi (*Popoli e culture*, I vol. *Società ed economia dei popoli*, 1925). Un'interpretazione di tipo psicologico fu proposta, invece, da L. Lévy-Bruhl, che includeva il totemismo nella sua teoria della «partecipazione mistica» (1922), e da Freud che, in *Totem e tabù* (1913), vedeva nel sacrificio totemico una delle forme collettive di liberazione dal complesso di Edipo, dal senso di colpa derivato dall'uccisione del padre e dalla sua consumazione cannibalica nell'orda primitiva. Nell'ambito dell'indirizzo sociologico, E. Durkheim si occupò del totemismo, restringendone però l'area all'organizzazione clanica australiana, considerata come la più semplice e primaria nella scala sociale evolutiva.

Ma già dal 1910 in poi, il concetto stesso di totemismo era stato sottoposto a revisioni e a critiche radicali. F. Boas, R. Lowie, A. Goldenweiser cominciano da allora a delineare una tesi che condurrà a negare qualsiasi realtà al totemismo, inteso soltanto come il prodotto di un sistema di classificazione di fenomeni propri delle culture primitive e per noi difficilmente comprensibili. Nella discussione del problema prendono posizione via via i più importanti antropologi: B. Malinowski vede nel rapporto dell'uomo con l'animale una condizione affettiva derivante dal fatto che l'uomo attribuisce all'animale poteri superiori ai propri, e lo colloca in una posizione intermedia fra se stesso e la natura; A.R. Radcliffe-Brown individua nel totemismo un fenomeno di «ritualizzazione» dei rapporti fra uomo e animale, analogo al sistema rituale che gli uomini instaurano per le cose e gli avvenimenti che hanno una profonda influenza sul benessere del gruppo; infine, C. Lévi-Strauss (*Il totemismo oggi*, 1962) rileva l'infondatezza delle principali teorie sul fenomeno e mette in risalto il continuo deterioramento subito dalla nozione di totemismo nella storia dell'etnologia, prevedendone perciò la completa sparizione come categoria scientifica. Ma l'aver eliminato il concetto di totemismo non ha fatto scomparire la serie di fenomeni ai quali il termine si riferiva. Il rapporto fra uomo e animale continua a presentare aspetti misteriosi, non soltanto a livello etnologico, ma in tutte le culture, compresa la nostra.

Toulmin, Stephen (Londra 1922), filosofo e storico della scienza inglese. Addottoratosi a Cambridge nel 1948, insegna a Oxford, Melbourne, Leeds, e poi in varie università degli Stati Uniti. In *Etica e Ragione* (1950) dà inizio al *good reasons approach* (poi ripreso da K. Baier e J. Rawls), secondo il quale nell'indagine etica si deve partire dalla domanda «qual è il significato di "bene"?», accompagnata da un secondo interrogativo: «quando una ragione è una *buona* ragione per un giudizio morale?». Toulmin condivide con i non-cognitivisti l'idea che gli enunciati morali siano usati per modificare il comportamento, e con i naturalisti l'idea che questi enunciati siano anche asserzioni fattuali. Il problema del rapporto tra fatti e valori (*is-ought question*) è, secondo Toulmin, mal posto (*L'abuso della casistica: storia del ragionamento morale*, 1988, con A.R. Jonsen). In *Introduzione alla filosofia della scienza* (1953) e in *Previsione e comprensione* (1961) introduce idee wittgensteiniane in filosofia della scienza, indebolendo la distinzione fra enunciati teorici ed enunciati osservativi e proponendo una concezione olistica delle teorie. Egli critica inoltre il primato della logica formale proponendo lo studio delle argomentazioni «incomplete», come quelle caratteristiche del dibattito giudiziario (*Gli usi dell'argomentazione*, 1958). Ha tentato di elaborare una nuova teoria della conoscenza basata su un approccio evoluzionistico, che tenga conto delle acquisizioni scientifiche in ambiti come la psicologia, la neurofisiologia, la biologia (*L'intelletto umano*, 1972). Altre opere: *La Vienna di Wittgenstein* (1973, con A. Janik); *Il ritorno alla cosmologia: la scienza postmoderna e la teologia della natura* (1982).

Touraine, Alain (Hermenonville, Francia, 1925), sociologo francese. Docente all'università di Nanterre, è direttore del Centre d'étude des mouvements sociaux di Parigi presso la Ecole Pratique des hautes études en sciences sociales. Le sue opere sono incentrate soprattutto sulla sociologia del → lavoro (*L'evoluzione del lavoro operaio alla Renault*, 1955) e sui → movimenti sociali, secondo un approccio i cui principi metodologici sono stati esposti in *Sociologia dell'azione* (1965). Seguendo un'impostazione definita «sociologia azionalista», Touraine sostiene che la società è definita dalla sua storicità e dalla sua capacità di prodursi da se stessa, attraverso l'azione dei gruppi sociali, le lotte, le pressioni e i negoziati (→ azione sociale). Compito della sociologia è elaborare nuovi metodi di ricerca che individuino la dimensione conflittuale delle condotte e che rivelino, a partire dall'analisi dei movimenti sociali emergenti nelle società di capitalismo maturo, i diversi significati dell'azione collettiva (*La produzione della società*, 1973; *Per la sociologia*, 1974; *La voce e lo sguardo*, 1978). Nella società contemporanea (che egli definisce post-industriale; → società) giocano nuovi attori sociali, che si collocano al di là del conflitto tra operai e classe imprenditoriale (*La società post-industriale*, 1969). In ogni tipo di società esiste, secondo Touraine, un movimento di contestazione che ha il ruolo di protagonista; dopo il declino del movimento operaio il conflitto centrale si è spostato dal mondo del lavoro al campo della cultura. Di fatto da decenni ormai le nuove lotte si dirigono contro quelle forme di dominazione che, estendendosi ben al di là della produzione, toccano l'insieme della vita sociale a livello dei consumi, dell'informazione, dell'educazione (*La coscienza operaia*, 1966; *Il movimento di maggio. Il comunismo utopico*, 1968; *Il movimento operaio*, 1984, scritto in collaborazione con M. Wieviorka e F. Dubet). Nella crisi della modernità Touraine scorge le condizioni per il ritorno del soggetto in quanto tale al centro dei rapporti e dei conflitti sociali: l'emergere prepotente di nuovi soggetti (come le donne o le minoranze) è espressione di una esigenza di libertà creatrice (*Il ritorno dell'attore sociale*, 1984; *Critica della modernità*, 1992).

Toynbee, Arnold Joseph (Londra 1889 - York 1975), storico e filosofo inglese. Insegnò filologia classica a Oxford, letteratura e storia bizantina all'università di Londra e storia internazionale alla London School of Economics. Dal 1925 diresse il Royal Institute of International Affairs. Le sue prime opere sono dedicate al mondo classico e ai problemi della politica contemporanea (*Le nazionalità e la guerra*, 1915; *La nuova Europa*, 1915; *La questione occidentale in Grecia e in Turchia*, 1922; *Pensiero storico greco*, 1924; *Civiltà e carattere greci*, 1924; *Il mondo dopo la conferenza della pace*, 1925). A partire dagli anni Trenta, Toynbee si volse alla riflessione filosofica sulla storia della civiltà, dando avvio alla sua opera fondamentale: *Uno studio della storia* (12 voll., 1934-61). In polemica col determinismo e con i procedimenti filosofici di O. Spengler, che giudica arbitrari, Toynbee costruisce la sua visione complessiva del processo storico della civiltà attraverso un metodo empirico e induttivo. I risultati della sua monumentale ricerca possono sintetizzarsi nella scoperta del carattere alternativo dei ritmi storici (a fasi dinamico-creative seguono fasi di irrigidimento e di stasi), nonché del nesso tra ambiente e risposta sociale. La teoria della genesi, dello sviluppo e della dissoluzione della civiltà è svolta in particolare nei primi sei volumi dell'opera, che ne costituiscono la parte filosoficamente più rilevante e sono

stati compendiati in una *Sintesi* a opera di D.C. Somervell. Secondo Toynbee, la nascita e lo sviluppo della civiltà non è deterministicamente riconducibile a fattori biologici e geografici; l'ambiente funge solo da stimolo, da occasione o da «sfida» ma è poi decisiva la «risposta» del gruppo sociale, che è imprevedibile e autonoma. La civiltà continua a crescere se, adeguandosi progressivamente ai dati dell'ambiente, tende a interiorizzarli procedendo verso l'ideale dell'autodeterminazione assoluta. In caso contrario la civiltà si arresta, la società si chiude nella ripetitività delle risposte istituzionalizzate e alla fine si verifica un crollo per l'incapacità suicida di rinnovarsi.
In base a questi criteri esplicativi Toynbee ha proposto, nelle ultime opere, un'analisi della civiltà contemporanea (*Civiltà alla prova*, 1948; *Il mondo e l'Occidente*, 1952; *Approccio di uno storico alla religione*, 1956; *Cambiamento e costume*, 1966). La società contemporanea gli pare caratterizzata dalla trasformazione del ceto dirigente da minoranza creatrice a oligarchia oppressiva; di qui le contese sociali tra proprietari e proletari e le divergenti concezioni di vita.

tradizionalismo, movimento di pensiero che insiste sui valori positivi della tradizione. Dal punto di vista storico, esso è una corrente dottrinale sorta in Francia agli inizi dell'Ottocento, in polemica sul piano culturale con l'illuminismo e su quello politico con il liberalismo. Suoi principali esponenti furono H.-F.-R. de Lamennais, autore del *Saggio sull'indifferenza in materia di religione* (4 voll., 1817-23), L.-G.-A. De Bonald e J. de Maistre. Ritenendo che ogni conoscenza metafisica, morale e religiosa derivi da una rivelazione originaria di Dio, il tradizionalismo (che fu condannato da Gregorio XVI, nel 1832, con l'enciclica *Mirari vos*) implica da un lato una svalutazione delle capacità della ragione umana (→ fideismo), dall'altro l'affermazione che ogni forma di progresso, modificando il presente, altera il rapporto con il passato e allontana dalla perfetta condizione originaria. Sul piano sociale e politico il tradizionalismo si tradusse in un atteggiamento ostile agli esiti della rivoluzione francese e in un tentativo di riproporre l'*ancien régime*.

tradizione, l'atto del trasmettere qualche cosa da persona a persona. Qualunque fenomeno sociale, che non si esaurisca nello spazio di una generazione, è oggetto di tradizione. La tradizione assume particolare rilevanza nell'ambito religioso, in quanto ogni religione è un fenomeno sociale in cui è determinante sia l'atto di riunirsi da parte di più persone per far esperienza di ciò che è «sacro» mediante riti religiosi, sia la volontà di perpetuare di generazione in generazione questi comportamenti, nella speranza di raggiungere una perfezione e una salvezza presente o futura, terrena o metastorica. La tradizione religiosa è importante specialmente nelle religioni rivelate, che le demandano il compito di conservare il più fedelmente possibile la teofania originaria e tutto ciò che la divinità ha comunicato. Ma poiché la tradizione è un atto di uomini verso altri uomini, essa risente dei condizionamenti storici e culturali: si verifica quindi continuamente una sorta di tensione dialettica tra l'oggetto della tradizione, i modi in cui essa è trasmessa e le sue interpretazioni.
Nel cristianesimo la tradizione ha sempre rappresentato un luogo teologico, cioè un elemento determinante per la vita della comunità ecclesiale e per lo sviluppo del patrimonio dottrinale. Il corpo delle Scritture, riconosciuto come divinamente ispirato da tutte le confessioni cristiane, è esso stesso prodotto, sia per l'Antico che per il Nuovo Testamento, da una tradizione orale precedente. Ma quando si parla di tradizione in ambito cristiano, ci si riferisce più specificamente al processo di interpretazione del dato rivelato che si sviluppa all'interno della comunità fin dai tempi apostolici. Tale processo è ritenuto possibile in quanto la rivelazione è più ampia della Scrittura, nel senso in cui la realtà (rivelazione) ha uno spessore diverso dalla notizia (Scrittura) che di essa ci informa. Si è creato così un corpo di dottrina e di prassi (i monumenti della tradizione) assai ampio, in cui è possibile distinguere due grandi ambiti: la tradizione apostolica, che comprende ciò che gli apostoli stessi hanno trasmesso, e le tradizioni della chiesa, il cui soggetto attivo è la chiesa nell'accezione ampia di popolo di Dio (gerarchia e fedeli). La tradizione propriamente ecclesiastica ancor oggi riconosciuta da tutte le confessioni cristiane comprende i canoni dei primi quattro concili ecumenici e gli scritti dei padri della chiesa fino ai secc. X-XI. Nuovi problemi sono nati quando l'autorità della tradizione non è più stata misurata in rapporto con la sua fedeltà nell'interpretare le Scritture, con la sua prossimità al nucleo centrale del deposito della fede, con l'antichità della sua origine e con il consenso universale che suscitava, ma si è voluto stabilire un criterio giuridico per cui la tradizione valeva per l'autorità giuridica di chi la emanava, determinando una progressiva identificazione fra tradizione e magistero, soprattutto papale. Nel sec. XVI una contrapposizione esasperata tra testo sacro e tradizione ha portato alla linea della *sola Scriptura* della riforma protestante, contro la rigida difesa della tradizione operata dalla chiesa cattolica. La ricerca teologica del sec. XX, in tutto l'ambito cristiano, ha tentato di superare questa contrapposizione: teologi evangelici, come K. Barth, hanno riscoperto la non totale sovrapponibilità di Rivelazione e Scrittura; in campo cattolico il rifiuto del concilio Vaticano II di accettare l'espressione «duplice fonte della Rivelazione» (Scrittura e Tradizione) ha significato l'avvio

di una ricerca teologica che ha riaffermato la funzione interpretativa della tradizione: la Scrittura non si interpreta da sola, ma con l'aiuto della tradizione, formata dal consenso dei fedeli e autenticata dalla testimonianza della gerarchia. *A. Al. Ni.*

traducianesimo, teoria secondo la quale l'anima umana viene trasmessa ai figli attraverso l'atto della generazione (*per traducem seminis*). Il traducianesimo è stato sostenuto da Tertulliano, mentre Agostino, pur considerandolo una spiegazione plausibile della trasmissione del peccato originale all'anima umana sin dal primo istante della sua unione con il corpo, lo rifiutò, in quanto contrastante con l'insegnamento biblico del creazionismo, per il quale le anime degli uomini sono create direttamente da Dio. Una ripresa del traducianesimo si ebbe con J. Frohschammer, che nello scritto *Difesa del generazionismo* (1845), assegnò all'azione dei genitori un'efficacia creatrice anche riguardo all'anima dei figli. La dottrina traducianista è stata più volte condannata dalla chiesa.

traduzione, la resa di un testo in un'altra lingua, che ne lasci, per quanto è possibile, immutato il senso. Già oggetto di riflessione, in età precristiana, da parte di autori come Cicerone e Orazio, è solo all'interno della tradizione dell'esegesi biblica che la traduzione è diventata, in Occidente, materia di dibattito teorico. Dal *De optimo genere interpretandi* di Girolamo (395) alla *Lettera sulla traduzione* di Lutero (1530), al centro della riflessione cristiana è stato il rapporto tra l'esigenza di rispettare la *lettera* del messaggio divino e quella di non tradirne lo *spirito*. I traduttori dei testi sacri si sono quindi divisi in due tendenze, l'una fedele al principio della *traduzione letterale*, l'altra disposta a ricorrere alla *traduzione libera* pur di non sacrificare la comprensibilità del testo sacro («non verbum de verbo», raccomanda Girolamo, massimo esponente, insieme con Lutero, di questa seconda tendenza, «sed sensum exprimere de sensu»). Con l'affermarsi, tra Sette e Ottocento, della concezione del linguaggio come forma ed espressione dello spirito di un popolo, pensatori come J.G. Herder, J.W. Goethe, W. von Humboldt, F. e A.W. Schlegel e F. Schleiermacher hanno richiamato l'attenzione su una nuova alternativa, quella tra *traduzione parodistica* e *traduzione integrale* (Goethe), tra traduzione che «muove l'autore verso il lettore» e traduzione che «muove il lettore verso l'autore». Il primo genere, di cui le versioni classiciste delle grandi opere poetiche dell'antichità sono, per i romantici, l'esempio più significativo e discutibile, adegua il testo alla sensibilità contemporanea, annullando, così, la distanza storica che lo separa dall'universo spirituale del traduttore. Proprio allo scopo di far apprezzare questa distanza, invece, l'altro genere tende a creare un'«estensione della capacità di significare e di esprimere della lingua» (W. von Humboldt), con l'impiego di forme espressive nuove, spesso ricalcate dalla lingua del testo tradotto, che dischiudono al lettore un orizzonte culturale diverso dal suo.

La traduzione è stata, in quest'ultimo secolo, materia di una fiorente letteratura tecnica (si veda, per tutti, G. Mounin, *Teoria e storia della traduzione*, 1965), che ha preso in esame i generi e i metodi della traduzione, la formazione e le condizioni di lavoro del traduttore professionale, le prospettive della traduzione automatica. Ai problemi della riflessione romantica, oltre che alla tradizione escatologica ebraica, si è invece collegata la speculazione di W. Benjamin su *I compiti del traduttore* (1923). Alla goethiana *traduzione integrale* Benjamin attribuisce il compito di accorciare la distanza che separa la lingua del traduttore da quella *lingua pura* in cui sarà annullato il divario tra pensiero ed essere che si annida nel linguaggio dall'epoca della dispersione babilonese. Il problema che nel Novecento ha dominato la riflessione teorica sulla traduzione è stato, comunque, quello dei *limiti* dell'impresa del traduttore. I progressi della linguistica e dell'antropologia culturale hanno posto le basi per una riflessione sistematica sugli ostacoli che incontra la trasposizione dei valori fonetici, sintattici e semantici di un testo da una lingua all'altra. Su un piano più speculativo, nell'*Estetica* (1902) B. Croce ha sostenuto la tesi dell'impossibilità della traduzione, intesa come riproduzione fedele dell'unità costitutiva del linguaggio (l'espressione estetica individuale). Nell'ambito della filosofia analitica, e nella prospettiva della teoria comportamentista del significato linguistico, W.V.O. Quine in *Parola e oggetto* (1960) ha invece difeso la tesi della indeterminatezza della traduzione: il tentativo di tradurre gli enunciati di una lingua ignota fondandosi soltanto sull'osservazione del comportamento dei parlanti nativi (*traduzione radicale*) può in linea di principio approdare a un numero indeterminato di *manuali di traduzione* diversi, tutti compatibili con i dati a disposizione, ma incompatibili tra loro. Collegata al tema della traduzione è la tesi dell'*incommensurabilità* delle teorie scientifiche alternative, enunciata nei primi anni Sessanta dagli epistemologi T. Kuhn e P.K. Feyerabend. Con il variare delle credenze teoriche, hanno sostenuto questi autori, cambia anche il linguaggio nel quale le teorie sono formulate; successivi sistemi di asserzioni teoriche non sono dunque confrontabili da un punto di vista epistemologico, perché gli enunciati dell'uno sono *intraducibili* in quelli dell'altro. Contro questa tesi, e, più in generale, contro la tendenza della letteratura filosofica e antropologica di questo secolo a enfatizzare le difficoltà della traduzione è sceso in campo un altro filosofo analitico, D. → Davidson, con uno scritto (*Sull'idea stessa di uno schema concettuale*, 1973) intorno al quale negli anni Ottanta si è aperta un'ampia discussione filosofica. *M. Sc.*

tragico, termine della discussione poetologica o estetologica sulla forma d'arte della tragedia (e sul paradosso a essa legato di suscitare il senso del bello ritraendo eventi dolorosi e traumatici) e, in seguito, della riflessione etica ed esistenziale sulla vita umana in generale o sulla scena complessiva del mondo. Il punto di partenza implicito o esplicito di tali discussioni è quasi sempre la definizione aristotelica della tragedia come «imitazione di vicende che suscitano pietà e terrore e che mettono capo alla purificazione di tali emozioni» (*Poetica*, 6). Quanto al moderno trasporsi del problema dal piano poetologico al piano metafisico o esistenziale, le prime fasi di questo processo si possono individuare storicamente in tre interpretazioni. La prima, quella di Hegel, afferma che il conflitto tragico pur avendo sostanzialità ed effettualità non si conserva come tale, ma trova la sua giustificazione solo in quanto contraddizione superata. A questa interpretazione si oppose Schopenhauer, tenendo ferma l'irrisolubilità del conflitto; per Schopenhauer, la tragedia «è la rappresentazione della vita nel suo aspetto terrificante»: in questo senso essa «costituisce un segno della natura propria del mondo e dell'essere» (*Il mondo come volontà e rappresentazione*, par. 51). Ma, specie di fronte alle reiterate osservazioni secondo cui se portata all'estremo anche la certezza di un fato maligno o di un'ingiustizia immanente toglie, come la certezza dell'armonia, ogni carattere propriamente tragico al conflitto, rimase viva e venne continuamente rilanciata nell'Ottocento una terza concezione, avanzata da Schiller nello scritto *Sulla poesia ingenua e sentimentale*. In questo saggio il tragico viene presentato come una manifestazione della poesia sentimentale, che rappresenta il conflitto tra il reale e l'ideale e che si divide nei generi satirico ed elegiaco. Nella satira il poeta prende a suo oggetto il reale, considerandolo manchevole rispetto all'ideale, e quando l'insufficienza del reale è rappresentata mediante il conflitto tra il reale e le nostre esigenze morali si ha la «satira seria», cioè il tragico, che più che un semplice genere poetico si rivela un modo della riflessione etica. Tuttavia, l'interpretazione del tragico che finisce per scalzare i presupposti della speculazione estetica e metafisica ottocentesca è quella di Nietzsche, che muove dalla visione di un mondo classico privo di equilibrio definitivo. La sua prima formulazione è data in *La nascita della tragedia*; qui l'uomo greco è descritto come capace di scorgere l'orribile e l'assurdo nell'esistenza e di trasfigurarli in uno spirito apollineo (→ apollineo-dionisiaco), domando e assoggettando l'orribile, che così diventa il sublime (cioè l'oggetto della tragedia), e liberandosi dal disgusto per l'assurdo, che così diventa il comico (cioè l'oggetto della commedia; *La nascita della tragedia*, par. 7).

training autogeno, tecnica di autorilassamento con effetti psicoterapeutici (in particolare nei casi di ansia cronica e di disturbi psicosomatici), inizialmente insegnata dal terapeuta al soggetto e quindi praticata autonomamente da quest'ultimo. Il training autogeno, elaborato negli anni Trenta dal medico berlinese J.H. Schultz, presenta notevoli affinità con l'autoipnosi e con lo yoga, e consiste nel progressivo apprendimento di una serie di esercizi di «concentrazione psichica passiva» finalizzati a migliorare l'equilibrio neurovegetativo, la funzionalità vascolare e il tono muscolare, nonché il vissuto soggettivo.

Tran, Duc Thao (Vietnam 1917), filosofo vietnamita. Trasferitosi in Europa negli anni Trenta, studiò all'Ecole normale supérieure di Parigi, e poi condusse un'attività di ricerca presso l'Archivio Husserl di Lovanio. Ritornò definitivamente in patria nei primi anni Cinquanta. In *Fenomenologia e materialismo dialettico* (1951) operò una trasformazione della fenomenologia, sostituendo all'io trascendentale l'uomo storicamente reale, al → mondo della vita il mondo reale, e concludendo che il vissuto, ossia l'*Erlebnis* di coscienza, è un aspetto astratto della vita effettuale. Questi passaggi comportano un uso delle categorie del marxismo-leninismo al fine di superare i presupposti idealistici della fenomenologia. In questo senso, l'innesto tentato da Tran si inserisce nella storia della fenomenologia francese e nei suoi contatti con il marxismo (da J.-P. Sartre a M. Merleau-Ponty, da K. Axelos a J.T. Desanti). Nel 1973 ha pubblicato le *Ricerche sull'origine del linguaggio e della coscienza*.

transazionalismo, orientamento psicologico facente capo all'università statunitense di Princeton, e rappresentato principalmente da A. Ames, H. Cantril e H. Ittelson. Il concetto di «transazione», derivato da J. Dewey, indica quegli eventi psichici le cui componenti sono non già precostituite, bensì determinate dalla loro partecipazione attiva agli eventi stessi. Un esempio macroscopico di transazione è rappresentato dalla percezione, che secondo i transazionalisti deve essere considerata come un processo eminentemente attivo (e non già come una semplice reazione a stimoli provenienti dall'ambiente esterno), in cui il soggetto percipiente è coinvolto come totalità inscindibile e mediante cui egli non solo struttura ma addirittura crea il mondo delle proprie esperienze. Ad Ames, in particolare, si devono gli esperimenti del «trapezio ruotante» e della «camera distorta», rimasti classici nell'ambito della psicologia della percezione.

transfer, termine usato dalla psicologia sperimentale dell'apprendimento per indicare l'effetto di un compito di apprendimento su un altro compito di apprendimento: se l'effetto è facilitante, si parla di «transfer positivo»; se l'effetto è inibente, si parla di «transfer negativo».

transfert-controtransfert, termini psicoanalitici. Il transfert (o traslazione), nella sua accezione più generale, è l'atteggiamento emotivo (positivo o negativo) del paziente nei confronti del suo psicoanalista; in un'accezione più specifica, è il processo col quale il paziente proietta sulla figura del proprio psicoanalista affetti (→ affettività), pensieri e condotte originariamente relativi a persone della propria esperienza precedente l'analisi, e in particolare relativi a persone facenti parte del proprio nucleo familiare. In un transfert negativo il vissuto di ostilità del paziente verso il terapeuta può essere in realtà rivolto verso il padre (magari già morto) del paziente stesso. Il transfert, com'è stato rilevato dallo stesso Freud, non costituisce una caratteristica esclusiva della situazione analitica, bensì è presente in molteplici situazioni interpersonali (come nel rapporto fra medico e malato, fra maestro e allievo, fra ipnotizzatore e ipnotizzato ecc.); ma è nella situazione analitica, e soltanto in essa, che il transfert viene interpretato e utilizzato dal terapeuta ai fini della guarigione del paziente. Diversamente da altri concetti cardine della psicoanalisi, quello di «transfert» è stato elaborato da Freud in forma molto graduale, tanto che nei suoi primi scritti esso indica soltanto una delle modalità di spostamento dell'affetto da una rappresentazione a un'altra rappresentazione. A partire dal 1912 (*La dinamica del transfert*), e in gran parte come conseguenza dell'avvenuta scoperta e sistematizzazione del complesso edipico, Freud individua nel transfert tutta la forza dei prototipi infantili, elabora la nozione fondamentale di «nevrosi di transfert» come sostituto guaribile della nevrosi originaria, e nello scritto *Al di là del principio di piacere* (1920), che inaugura la seconda fase del suo pensiero, conferisce al transfert una dignità teoretica oltre che metodologica, nella misura in cui la → coazione a ripetere i prototipi infantili, che lo caratterizza, viene assunta a dimostrazione dell'ineliminabilità del → fantasma inconscio.

Il controtransfert consiste nella risposta inconscia dello psicoanalista al transfert del suo paziente. Scarsamente elaborato da Freud, che ne parla quasi esclusivamente nel contesto delle argomentazioni giustificative dell'analisi didattica, il concetto di controtransfert ha invece assunto una notevole importanza (tanto sul piano metodologico quanto sul piano teorico) nella psicoanalisi post-freudiana, intervenuta spesso in situazioni cliniche (come quelle relative a pazienti bambini e a pazienti psicotici) nelle quali l'inconscio del terapeuta è costretto a venire allo scoperto più di quanto non avvenisse nella classica situazione clinica freudiana, concernente pazienti adulti e nevrotici.

transustanziazione, in teologia, la dottrina secondo la quale, all'atto della consacrazione eucaristica durante la messa, la sostanza del pane e quella del vino si trasformano rispettivamente in quella del corpo e del sangue di Cristo, rimanendo immutate le sembianze esterne. Questa dottrina ebbe una prima formulazione nel sec. IX, quando, contro i sostenitori di una presenza puramente simbolica, Amalario di Metz e Pascasio Radberto insistettero sulla necessità di ammettere la presenza reale del corpo e del sangue del Signore nell'eucaristia. Per definire meglio sul piano concettuale tale convinzione, nei secoli successivi si ricorse al termine *transubstantiatio*, che compare per la prima volta in Ildeberto di Lavardin (m. 1133) e fu giudicato molto appropriato dal concilio di Trento (sessione XIII, ottobre 1551). Il vocabolo «transustanziazione», come pure la dottrina connessa, sono stati respinti da Lutero e da quasi tutte le chiese riformate, che oscillano fra una fede nella presenza reale insieme alla sostanza del pane e del vino (companazione o consustanziazione), e una interpretazione puramente simbolica. Nella teologia cattolica contemporanea si discute sull'opportunità di mantenere il termine «transustanziazione», dato che quello di «sostanza» ha perso il senso metafisico della tradizione classica in favore di un significato fisico; l'adeguatezza del termine è stata invece affermata in alcune encicliche papali (*Humani generis* di Pio XII, 1950, e *Mysterium fidei*, 1965, di Paolo VI).

trascendentale, nel lessico della scolastica medievale (e della filosofia moderna prima di Kant), aggettivo qualificante le nozioni che erano considerate specificazioni del concetto di «ente». Alla sua origine sta la tesi che — come quella di «ente» è la nozione di maggiore universalità pensabile, estendendosi a ciascun essere — così anche le sue specificazioni «trascendono» in generalità le categorie (nel senso aristotelico). San Tommaso ha enumerato cinque nozioni trascendentali, oltre quella di *ens*: *res*, *unum*, *aliquid*, *verum*, *bonum*. *Res* è sinonimo diretto di *ens*; l'*unità* si dice di ogni cosa considerata in se stessa, e ogni cosa è detta *aliquid* in rapporto alle altre; la *verità* e la *bontà* indicano la rispondenza perfetta di ogni cosa con l'intelletto e la volontà del creatore (non vanno quindi confuse, in questa accezione trascendentale, con la verità e la bontà come possibili qualificazioni della conoscenza e dell'agire degli uomini). A rinnovare il significato del termine è Kant, che ha definito come trascendentale, propriamente, la riflessione filosofica sugli elementi a priori della conoscenza umana: a rigore, quindi, non le intuizioni pure o le categorie sono trascendentali, bensì solo le discipline filosofiche relative a esse, cioè rispettivamente l'*estetica trascendentale* e la *logica trascendentale*. In questo senso, trascendentale si oppone a psicologico. Tuttavia, Kant stesso ha usato disinvoltamente il termine anche come sinonimo di «a priori», quindi in opposizione a «empirico»; e quest'uso è rimasto quello prevalente in seguito, nelle varie forme di idealismo, a partire da Fichte e Schelling, che hanno appunto qualificato come trascendentale l'Io assoluto, da loro sostituito all'«Io penso» (o «appercezione trascendentale») di Kant. Anche Husserl, per es., denomina trascendentale l'esperienza pura, che si realizza in virtù dell'*epoché* nei confronti dell'esistenza naturale. Infine, Kant ha adoperato il termine anche in un terzo senso, che lo avvicina al significato di «trascendente»: allorché denomina come «uso trascendentale» delle categorie la illegittima estensione di esse alle «cose in sé», in contrapposizione all'«uso empirico» delle categorie in rapporto ai fenomeni. «Trascendenti» sono, per Kant, gli oggetti delle idee della ragione (anima, mondo e Dio); mentre l'uso trascendentale delle categorie si ha allorché non si distingua tra fenomeni e cose in sé.

trascendentalismo, termine che si applica a quegli indirizzi filosofici che assumono da Kant il fondamento → trascendentale dell'esperienza: l'oggetto non è reale e conoscibile «in sé», ma in quanto è sottoposto a condizioni formali a priori che sono proprie del soggetto, del pensiero o in generale dello spirito. In questo senso Fichte definì «idealismo trascendentale» la sua metafisica dell'Io e del Non Io; analogamente Schelling elaborò un «sistema dell'idealismo trascendentale» e Schopenhauer chiamò «trascendentale» la riflessione volta, non alle cose, ma alla coscienza di esse in quanto mere rappresentazioni. Questi tre usi del termine, sebbene originati dal criticismo, oltrepassano e modificano il senso del metodo trascendentale kantiano, in quanto pervengono, in un modo o in un altro, a una metafisica dell'assoluto (l'Io, l'identità di natura e spirito, la volontà). Più rispettoso delle intenzioni kantiane è il «trascendentalismo logico» di H. Rickert, W. Windelband, A. Spir e in generale della scuola del → neokantismo. Indipendente da Kant è invece il «trascendentalismo» americano di R.W. Emerson (che nel 1836 fondò un Trascendental Club in opposizione al materialismo e all'utilitarismo illuministici); questa scuola ha infatti il carattere di un idealismo panteistico e romantico che si richiama prevalentemente a Schelling e a Hegel. Sempre a Hegel, ma interpretato come sviluppo dell'«analitica» kantiana, si riferisce il «neotrascendentalismo» italiano di G.E. Barié (*Il concetto trascendentale*, 1956). Negli stessi anni ebbe una certa eco in Italia il «trascendentalismo della prassi» elaborato da M. Dal Pra e A. Vasa con intenti antiidealistici e un orientamento prassistico che cercava di unire la tradizione empiristica e pragmatistica anglosassone con il marxismo.

trascendenza, termine che, in contrapposizione a → immanenza, indica, in senso attivo, il movimento dell'andar oltre, o al di sopra, rispetto a qualcosa assunto come termine di riferimento; ma che indica anche lo stato di trovarsi oltre, o sopra, rispetto a qualcosa d'altro (in questo senso è più o meno sinonimo di «esterno a...», o «irriducibile a...»). Prima di Kant, gli usi del termine sono sporadici. Sant'Agostino, per es., dice che, per trovare la verità, l'uomo deve non soltanto rivolgersi entro di sé, ma anche «trascendere» se stesso, in quanto essere mutevole. Nella tradizione neoplatonica, l'Uno è considerato trascendente anche rispetto all'Essere; e altrettanto viene detto di Dio nelle varie teologie negative. Genericamente, l'attribuzione della trascendenza a Dio significa la incommensurabilità della sua natura rispetto alla comprensione umana; e in matematica si qualificavano come trascendenti le nozioni non riducibili a un numero finito di operazioni. A fissare la coppia trascendenza-immanenza è Kant, con definizioni di tipo epistemologico: in riferimento all'«esperienza possibile» agli uomini. Trascendenti sono allora i concetti che oltrepassano la possibilità della nostra esperienza, pretendendo illusoriamente di determinare l'incondizionato; come avviene, secondo Kant, con le tre «idee» della ragione: l'anima, il mondo (come totalità assoluta dei fenomeni spaziali) e Dio. Questo significato epistemologico della nozione di trascendenza è rimasto tipico delle correnti empiristiche, nel quadro delle loro critiche della metafisica: anzi, correntemente, in quest'ambito, si ha una sorta di identificazione dei due termini «trascendenza» e «metafisica» (al contrario che in Kant, per il quale, oltre la metafisica trascendente, si dà la metafisica immanente); contemporaneamente, però, l'opposizione immanenza-trascendenza assume anche un significato ontologico. Per es., l'idealismo, da Fichte in poi, si presenta come affermazione dell'immanenza di ogni realtà nell'Io assoluto, o nello Spirito, o nell'atto del soggetto che pensa, e così via, negandosi che alcunché sia esterno o irriducibile rispetto a questi termini. Sul versante opposto, la difesa della trascendenza in senso ontologico, in riferimento al concetto di Dio, è propria delle filosofie teistiche, come lo spiritualismo cristiano o il neotomismo. Oltre che di queste correnti, l'affermazione della trascendenza del reale rispetto alla coscienza umana è caratteristica delle varie forme del realismo moderno (in contrapposizione all'idealismo), e particolarmente della fenomenologia di Husserl e degli sviluppi che ha avuto, appunto in direzione realistica, per un verso con N. Hartmann e per un altro con Heidegger. In tali pensatori è presente anche il senso attivo del termine «trascendenza», per indicare l'oltrepassamento di sé che la coscienza (o l'Esserci, per Heidegger) compie in direzione dell'altro da sé.

Trendelenburg, Friedrich Adolf (Eutin 1802 - Berlino 1872), filosofo tedesco. Studiò a Kiel, a Lipsia e a Berlino, dove fu allievo di F. Schleiermacher e di Hegel; dal 1833 insegnò a Berlino. In polemica con la filosofia contemporanea, e in particolare con Hegel e con J.F. Herbart, egli sostenne una «concezione organica del mondo», avente come modello la filosofia di Aristotele. Il rapporto tra essere e pensiero è garantito, secondo Trendelenburg, dalla corrispondenza tra il movimento come fatto della realtà oggettiva e il «movimento costruttivo», come l'a priori nel pensiero, condizione dell'esperienza. Per questo le categorie sono «concetti fondamentali sia oggettivi che soggettivi». Al movimento, con le sue categorie, Trendelenburg associa, come fondamento dell'essere, il fine; la concezione organica del mondo è una concezione finalistica: questo carattere distingue l'idealismo, di matrice platonica, dal meccanicismo, di origine democritea. Nella concezione finalistica di Trendelenburg ha un posto di rilievo anche l'indagine etica, in cui l'umanità è posta come l'obiettivo fondamentale dell'azione morale; la società e lo stato come spazio di realizzazione dell'individuo nel suo valore universale. Opere principali: *Ricerche logiche* (1840); *Chiarimenti circa gli elementi della logica aristotelica* (1842); *Storia della dottrina delle categorie* (1846); *L'idea morale del diritto* (1849); *La metafisica di Herbart* (1854-56); *Diritto naturale fondato sull'etica* (1860).

Trento, concilio di, diciannovesimo concilio ecumenico della chiesa cattolica (1545-1563). Richiesto da più parti della cristianità come unica via per promuovere la riforma della chiesa e sanare la frattura tra cattolici e protestanti, fu convocato da Paolo III a Mantova il 23 maggio 1537 e poi a Vicenza, ma non ebbe inizio per la ripresa della guerra tra Carlo V e Francesco I. Solo dopo la conclusione della pace di Crépy (1544) il concilio si poté aprire il 13 dicembre 1545 a Trento, città soggetta politicamente all'impero, ma posta geograficamente in Italia, e perciò gradita sia a Carlo V e ai principi tedeschi sia al pontefice. Partecipavano alle congregazioni generali e alla promulgazione dei decreti solo i vescovi, i superiori generali degli ordini religiosi e gli abati; i teologi e i canonisti, che fungevano da esperti dei padri conciliari, partecipavano alle congregazioni particolari, ma solo con voto consultivo.

• *I decreti conciliari.* Nella IV sessione (8 aprile 1546), contro i protestanti che dichiaravano la Sacra Scrittura unica norma della fede, il concilio affermò che la rivelazione è contenuta sia nei libri della Bibbia, di cui veniva ribadito il numero tradizionale (canone), sia nelle tradizioni apostoliche. La traduzione in latino della Bibbia, fatta da san Girolamo (*Vulgata*), fu riconosciuta autentica, cioè con valore ufficiale, ma non furono proibite né le edizioni della Bibbia nelle lingue originali, né la traduzione nelle lingue volgari. Il decreto sul peccato originale (sessione V del 17 giugno 1546) affermò, contro il pessimismo dell'antropologia luterana come contro l'ottimismo di tipo pelagiano (→ pelagianesimo), che il peccato di Adamo, trasmesso a tutta l'umanità, è tolto dal battesimo, anche se rimane nell'uomo la concupiscenza (che non è peccato in senso vero e proprio, ma «fomite» del peccato). Nella sessione VI (13 gennaio 1547), fu approvato il decreto sulla giustificazione; la dottrina conciliare sulla giustificazione ha in comune con la concezione luterana la convinzione che solo per i meriti di Cristo gli uomini possono essere giustificati, ma se ne distacca affermando la necessità della cooperazione dell'uomo al processo di giustificazione. La VII sessione (3 marzo 1547) trattò la dottrina dei sacramenti, di cui fu ribadito il numero settenario, definì il loro carattere di segni efficaci della grazia istituiti da Cristo, promulgò i decreti sul battesimo e la cresima. Ai decreti dogmatici si affiancarono decreti di riforma. Nella sessione V il concilio stabilì che presso ogni chiesa cattedrale e ogni monastero fosse istituita una cattedra per il commento della Bibbia, e nella sessione VI approvò norme sulla residenza dei vescovi. Dopo un'interruzione di alcuni anni, nel 1551 il concilio riprese la discussione sui sacramenti e in particolare sull'eucaristia, la penitenza e l'estrema unzione. Contro le posizioni calviniste e zwingliane definì la presenza reale di Cristo sotto le specie del pane e del vino, mentre nei confronti del luteranesimo affermò la dottrina della → transustanziazione. Nel 1552 comparvero a Trento alcuni inviati dei protestanti tedeschi, ma i colloqui non approdarono ad alcun risultato. Sospeso nello stesso anno, il concilio riprese i suoi lavori solo il 18 gennaio 1562. Fu per primo affrontato il problema della residenza dei vescovi che era già stato trattato nel primo periodo, mentre nelle sessioni successive il concilio affermò, contro la dottrina protestante del sacerdozio universale dei fedeli, l'esistenza della gerarchia nella chiesa e dichiarò che l'episcopato era di istituzione divina. Non vennero definiti né il primato di giurisdizione del papa, né il rapporto tra il potere del papa e il potere dei vescovi. Di grande importanza fu l'istituzione dei seminari per la formazione ascetica, culturale e pastorale dei candidati al sacerdozio. Nella sessione XXIV il concilio prescrisse i concili provinciali ogni tre anni e i sinodi diocesani ogni anno, stabilì la visita pastorale ogni anno, e delineò un'immagine di vescovo e di prete dedita alla cura delle anime. Nella XXV e ultima sessione (3-4 dicembre 1563) fu promulgato un lungo decreto sulla riforma dei religiosi, e in campo dottrinale vennero approvati i decreti sul purgatorio, le indulgenze, il culto dei santi e le immagini sacre. Non potendo, per mancanza di tempo, redigere un catechismo e riformare i libri liturgici (messale e breviario), il concilio affidò il compito al pontefice.

• *Effetti del concilio.* Il concilio di Trento non realizzò la finalità principale che si era prefisso, cioè la ricomposizione dell'unità della chiesa, ma riuscì a impostare la riforma disciplinare reclamata sin dal secolo precedente. In campo dottrinale non si propose di presentare in modo completo e organico l'intera dottrina cattolica, ma solo di rispondere alle contestazioni dei protestanti, e svolse questo compito con sobrietà e prudenza, evitando le formulazioni di scuola e i temi controversi. Per quattro secoli, fino al concilio Vaticano II, il cattolicesimo sarà improntato, in molti suoi aspetti, dallo spirito della → controriforma, di cui il concilio tridentino è appunto il momento di avvio e la fonte. Soprattutto profondo sarà il suo influsso sulla ecclesiologia e sulle forme della pietà popolare, irrigidendo la prima in un centralismo papale modellato sulle monarchie assolute, ed estraniando la seconda da una liturgia anch'essa gerarchica ed elitaria. *M. Ma.*

Trimūrti, nell'induismo, triade divina costituita dalle supreme divinità Brahmā, Viṣṇu e Śiva, rispondenti alle tre precipue funzioni di Dio — creare, conservare, riassorbire l'universo — secondo i cicli evolutivo-involutivi del cosmo. La Trimūrti è espressione del sincretismo religioso tendente a unificare aspetti, attributi e forme divine di origine diversa e un tempo considerate come indipendenti l'una dall'altra o subordinate l'una all'altra.

Trinità, espressione con cui i cristiani indicano l'esistenza di tre persone in un unico Dio. La Trinità è definita dai teologi il mistero fondamentale della fede cristiana ed è presentata come l'esempio del vero e proprio mistero nella sua forma assoluta, cioè di una verità di cui l'uomo non può accertarsi senza la fede in una rivelazione divina e il cui contenuto egli non può comprendere direttamente, ma solo indirettamente con un procedimento analogico. Questo mistero attiene all'essenza stessa di Dio e, mentre differenzia la fede cristiana da tutte le altre religioni, rappresenta anche la chiave di interpretazione degli altri elementi del cristianesimo. Il contenuto essenziale e vincolante, proclamato cioè come dogma, della fede trinitaria si può esprimere con una formula che caratterizza le professioni di fede cristiane: per Cristo, nello Spirito Santo al Padre. Dunque il Dio unico esiste e vive come Padre, Figlio e Spirito Santo secondo la progressiva rivelazione che egli ha fatto di sé nella Bibbia.

• *Le fonti bibliche.* L'Antico Testamento proclama infatti il Dio unico e adombra talora una pluralità all'interno di questa unicità con le espressioni «angelo del Signore», «parola di Dio», «spirito di Dio», «sapienza». Tale terminologia rivelerà la sua pregnanza solo alla luce della successiva rivelazione neotestamentaria. Il Nuovo Testamento annuncia la venuta del Figlio di Dio nel mondo mediante l'incarnazione, e l'invio dello Spirito Santo che perpetua nei secoli l'opera salvifica del Figlio. Nel Vangelo di Matteo si trova la testimonianza principale, almeno relativamente ai tre Vangeli sinottici, della tripersonalità di Dio nel comando che Gesù dà ai discepoli di andare a battezzare «nel nome del Padre, e del Figlio, e dello Spirito Santo» (28, 19). Le tre persone appaiono tutte insieme come la fonte della vita divina che secondo la fede cristiana viene comunicata nel battesimo, mentre la congiunzione «e» ripetuta due volte è interpretata come l'affermazione di una parità ontologica. È invece il prologo del Vangelo di Giovanni che anticipa con sintetica incisività quello che sarà il tema di fondo di tutto il Vangelo giovanneo: il rapporto del Verbo (il Figlio) col Padre, la cui amorosa intimità costituisce il fondamento del loro essere uniti (unico Dio) e insieme distinti nella diversità delle relazioni che li uniscono. È ancora in Giovanni, nel discorso dell'ultima cena (14, 16), che lo Spirito viene più volte presentato come persona distinta dal Padre e dal Figlio, in quanto avvocato, testimone, spirito di verità che procede dal Padre.

• *La tradizione ecclesiastica.* Se con il Nuovo Testamento si conclude la rivelazione del numero delle divine persone, il termine «Trinità» viene usato sia in Oriente (Teofilo di Antiochia) che in Occidente (Tertulliano) a partire dalla fine del sec. II, e la fede trinitaria è un dato consolidato già nel Credo o Simbolo apostolico, nella liturgia battesimale e nelle formule di invocazione (dossologie) dei secc. II e III. Ma tale dottrina non poteva non porre sempre nuovi problemi, soprattutto in relazione all'ambiente culturale in cui la comunità cristiana si radicava. Il cristianesimo, come l'ebraismo, si era situato fin dalle origini in un alveo rigidamente monoteista rispetto alle religioni, tutte politeistiche, che lo circondavano; un Dio trino non apriva qualche spiraglio verso possibili cedimenti politeisti? D'altra parte era esigenza dei cristiani — talvolta chiamati a testimoniare con la vita la propria fede nel Cristo — non avere incertezze sull'identità di Gesù di Nazareth, figlio di Dio; ma tale identità poteva risultare solo da una corretta interpretazione dei rapporti trinitari. I grandi concili antichi di Nicea (325) e di Costantinopoli (381) hanno operato per risolvere le vivacissime dispute trinitarie ricorrendo alle categorie, ai concetti e al linguaggio della sofisticata cultura ellenistica, che peraltro era già presente nel *lógos* del prologo di

Giovanni. Da questi due concili venne formulato il Simbolo niceno-costantinopolitano: in esso è proclamata, contro Ario (→ arianesimo), la consunstanzialità del Figlio con il Padre, cioè un'unità di natura e di sostanza (*ousía*) che non elimina la distinzione e la divinità dello Spirito Santo contro coloro (→ macedoniani) che lo ritenevano una creatura del Figlio. Questo simbolo di fede, confermato settant'anni dopo dal concilio di Calcedonia (451), venne considerato intangibile dai concili antichi. Per questo, quando la chiesa carolingia all'inizio del sec. IX, aggiunse l'espressione → *Filioque* per indicare che lo Spirito procede e dal Padre e dal Figlio, suscitò violente reazioni da parte della chiesa greca. Tali reazioni portarono allo scisma del 1054, a partire dal quale la chiesa greca si autodefinì ortodossa perché fedele alla formulazione più antica. La fede trinitaria ha subito accentuazioni profondamente diverse nelle varie aree culturali: infatti nell'area greco-orientale si è prestata particolare attenzione alla presenza e all'azione dello Spirito, mentre l'area occidentale ha sviluppato un atteggiamento prevalentemente cristocentrico. Tale fede è sempre rimasta tuttavia il fondamento comune di tutte le confessioni cristiane, a eccezione degli → antitrinitari.

La Trinità — tre figure come espressione di un'unica realtà divina e cosmica — è presente anche nella speculazione dell'induismo. Si può ipotizzare che si tratti di una elaborazione speculativa delle triadi, elemento mitico presente in epoca più arcaica (→ Trimūrti). *A. Al. Ni.*

Troeltsch, Ernst (Haunstetten, Augusta, 1865 - Berlino 1923), filosofo e storico della cultura tedesco. Nel 1915 divenne professore di filosofia a Berlino. Dopo la guerra aderì con convinzione alla repubblica di Weimar, sostenendo i principi della democrazia pura e la necessità di un «compromesso» tra lavoratori e borghesia. Entrato nel Partito democratico tedesco, dal 1919 al 1921 fu sottosegretario all'istruzione. Fin dall'inizio si delinea come centrale nel suo pensiero la problematica del rapporto tra religione e storia e più in generale tra norme o valori e storia. Se negli scritti di fine secolo Troeltsch affronta tale problematica sullo sfondo di una «ontologia della ragione» e di una concezione della storia ispirate alla tradizione idealistica e romantica, da Fichte e Schleiermacher a Hegel e Ranke (*Storia e metafisica*, 1898; *Sul metodo storico e dogmatico nella teologia*, 1900), nell'importante saggio del 1902 su *L'assolutezza del cristianesimo e la storia delle religioni* egli si ricollega piuttosto al neokantismo e alla filosofia dei valori di W. Windelband e H. Rickert (cfr. anche *Una moderna filosofia della storia*, 1903). In questa prospettiva si situano le ricerche di filosofia della religione del primo decennio del Novecento, anche se Troeltsch sottolinea le difficoltà del trascendentalismo neokantiano e avverte l'esigenza di rapportare gli a priori alle «cose stesse» ed è spinto in una direzione che egli stesso ne *I miei libri* (1922) riconosce come un inconsapevole avvicinamento alla «scuola fenomenologica». A Heidelberg Troeltsch sente, inoltre, il fascino di M. Weber, le cui indagini s'incontrano con i suoi studi sulle relazioni tra cristianesimo e sviluppo politico-sociale e culturale del mondo moderno e contribuiscono a renderlo consapevole dei limiti di una storiografia puramente «ideologica» e della centralità della «teoria marxista di struttura-sovrastruttura». Su questo fondamento si sviluppano le indagini storico-sociologiche riunite in *Le dottrine sociali delle chiese e dei gruppi cristiani* (1912), in cui Troeltsch mette in evidenza il nesso tra la storia del pensiero teologico ed etico cristiano e l'attiva forza di consociazione e produzione di modelli sociologici scaturienti dall'idea cristiana e dal contatto di questa con le formazioni economico-sociali e politiche circostanti. Attraverso il problema sociologico egli viene spinto a considerare con sempre maggior interesse i rapporti tra l'aspetto teorico e filosofico della storia e l'indagine empirica da un lato e una teoria dei valori o etica dall'altro. È questo l'ambito tematico dei saggi raccolti e rielaborati nel suo libro più significativo, *Lo storicismo e i suoi problemi* (1922), al cui centro si colloca il problema del rapporto tra storia e vita già lucidamente posto da Nietzsche. Di fronte all'intreccio di storicismo e nichilismo, la riflessione di Troeltsch si condensa intorno al «circolo» tra storia ed etica: la stessa «logica formale della storia», fondata sui concetti di «individualità» e «sviluppo», esige la svolta in una «filosofia materiale della storia», che non è però «una costruzione teleologica della graduale realizzazione di uno scopo», ma «una teleologia della volontà che nel momento-presente plasma e trasfigura il proprio passato in futuro», delineando una nuova «sintesi culturale» del presente (*Lo storicismo e i suoi problemi*, cap. II).

tropo, termine usato da Aristotele per indicare i vari modi del → sillogismo. In retorica il termine designa fin dall'antichità il «volgimento» di una voce dal significato originario e proprio a uno figurato (traslato). In questo senso sono tropi: metafora, metonimia, sineddoche, antonomasia, antifrasi, iperbole ecc. In un altro senso, nella filosofia antica si chiamano tropi i modi scettici della sospensione dell'assenso. Sono gli argomenti usati dallo scetticismo greco per dimostrare la inconsistenza delle tesi dogmatiche (in particolare delle varie dottrine della tradizione filosofica) e quindi la necessità di sospendere il giudizio al riguardo. Si distinguono dieci tropi più antichi, attribuiti a Enesidemo di Cnosso, e cinque più recenti, attribuiti ad Agrippa. I dieci tropi più antichi sono: *1*) la differenza fra gli animali e quindi fra le loro rappresentazioni; *2*) la differenza fra gli uomini; *3*) la differenza fra le sensazioni; *4*) la differenza fra le varie circostanze; *5*) la differenza di posizione, intervallo o distanza e luogo; *6*) la differenza delle mescolanze; *7*) la differenza fra gli oggetti quanto a grandezza e struttura; *8*) la differenza delle relazioni; *9*) la differenza di frequenza e rarità degli incontri fra chi giudica e le cose; *10*) la differenza di costumi, leggi, credenze e scelte di vita. I cinque tropi più recenti sono invece: *1*) il tropo della «dissonanza», cioè della diversità delle opinioni, in particolare fra le varie filosofie e fra la filosofia e la vita comune; *2*) il regresso all'infinito; *3*) la relazione soggetto-oggetto, per cui si può parlare dell'oggetto solo come fenomeno, cioè in quanto appare a un soggetto giudicante, e non come realtà in sé; *4*) il tropo dell'ipotesi, che si ha quando i dogmatici assumono qualcosa senza dimostrarlo; *5*) il diallele o circolo vizioso.

Vi sono ancora altri due modi scettici di sospensione del giudizio, elencati da Sesto Empirico (*Schizzi pirroniani*, I 178-179), che riguardano *1*) l'impossibilità di comprendere una cosa per se stessa, e *2*) l'impossibilità di comprenderla attraverso un'altra cosa. Insieme ai tropi della sospensione dell'assenso la tradizione scettica registra anche otto modi di confutazione delle spiegazioni causali dei dogmatici, dovuti anch'essi a Enesidemo di Cnosso (Sesto Empirico, *Schizzi pirroniani*, I 180-186).

Trotzendorf, Valentin (Troitschendorf, Görlitz, 1490 - Legnica 1556), pedagogista tedesco. Mutò il suo vero nome, Friesland, in quello che portava allora il suo villaggio natale. Seguace di Lutero e Melantone, nel 1524 divenne direttore della scuola ducale di Goldberg, nei pressi di Liegnitz, l'attuale Legnica, dove impartì un insegnamento basato sui contenuti fondamentali dell'umanesimo, e organizzò la vita comunitaria secondo le strutture dell'antica repubblica romana. Secondo tale modello storico, venivano distribuiti ruoli e mansioni e venivano elette le cariche «pubbliche» (tra le altre quelle di senatore, console, censore) con lo scopo di concedere agli allievi possibilità di autonomia e autogoverno, e nel proposito di educarli a una libera accettazione della disciplina scolastica e di collegare l'istruzione alle attività sociali, rendendola più accattivante di un gioco. Opere principali, postume: *Catechesis* (1558); *Precationes* (1564).

Trubeckoj, Nikolaj Sergeevič (Mosca 1890 - Vienna 1938), linguista russo. Condusse dapprima ricerche di folclore e di storia religiosa, dalle quali fu indotto all'esame dei fatti linguistici; e venne quindi acquisendo una eccezionale competenza nel campo delle lingue caucasiche, ugrofinniche e paleoasiatiche. Nell'ambito dell'indoeuropeistica, dopo essere stato allievo a Lipsia (1913-14) di F.K. Brugmann, A. Leskien e altri neogrammatici, si interessò di questioni di ricostruzione linguistica. Costretto a lasciare la Russia a seguito della rivoluzione, riparò a Rostov, poi a Costantinopoli, a Sofia e infine a Vienna, dove insegnò filologia slava dal 1922 fino alla morte. Geniale studioso di questioni letterarie (nell'ottica elaborata dai formalisti russi, coi quali fu in contatto), autore di fondamentali studi sulla storia delle lingue slave, è ricordato principalmente come fondatore della → fonologia e formulatore della prima e più completa sistemazione della teoria fonologica strutturale. Entrato in rapporto col circolo linguistico di Praga (R. → Jakobson), sottoscrisse le *Tesi* che i suoi membri presentarono al primo congresso internazionale degli slavisti (Praga, 1929), e si impegnò nell'elaborazione della teoria fonologica, da lui sviluppata in numerosi lavori (*Per una teoria generale dei sistemi fonologici vocalici*, 1929; *La fonologia attuale*, 1933; *Il sistema morfofonologico del russo*, 1934; *Introduzione alle descrizioni fonologiche*, 1935; *La neutralizzazione delle opposizioni fonologiche*, 1936 ecc.). Questa mole di ricerche, in cui Trubeckoj si valeva della sua enorme esperienza delle lingue più svariate, culminò nel volume, apparso postumo, *Fondamenti della fonologia* (1939).

Tubinga scuola di, espressione designante gli indirizzi e i teologi formatisi nella facoltà teologica dell'università di Tubinga a partire dalla fine del sec. XVIII. Fondata nel 1477, con il diffondersi della riforma protestante — e con il passaggio a essa del duca del Württemberg — la facoltà teologica divenne luterana (1534). Nel tardo Settecento la «scuola» fu caratterizzata dal confronto tra la dogmatica luterana e il pensiero critico dell'illuminismo e di Kant; il dogmatico G.C. Storr fu dal 1777 al 1797 il principale rappresentante di questo indirizzo, che cercava una giustificazione razionale della realtà soprannaturale; furono suoi allievi Hegel, Schelling e Hölderlin. In un secondo momento la scuola teologica fu caratterizzata dall'insegnamento di F.C. Baur, docente di storia della chiesa e dei dogmi dal 1826 al 1860. Egli interpretò secondo un metodo genetico-evolutivo la storia delle origini cristiane, ipotizzando un rapporto dialettico tra le opposte tendenze del «petrinismo» e del «paolinismo», che avrebbero dato luogo alla più tardiva sintesi ecclesiastica; suoi allievi furono gli storici E. Zeller e K. Holl. Le conseguenze più radicali della considerazione storica delle origini cristiane furono tratte da un altro allievo, D.F. Strauss. Nella *Vita di Gesù rielaborata criticamente* (1835), Strauss interpretò i Vangeli come espressioni mitiche di verità razionali, applicando ad essi i criteri di analisi della mitologia comparata. Questo metodo ebbe un forte influsso su alcune correnti dell'esegesi protestante e anche sulla teologia del modernismo (A. Loisy). Nel 1817 si costituì a Tubinga anche una facoltà teologica cattolica, con l'aggregazione dell'istituto teologico di Ellwangen. Dotata di cinque cattedre e a contatto con un ambiente molto stimolante, la scuola cattolica di Tubinga si dedicò alle indagini storiche per mostrare la continuità dello sviluppo dogmatico e organizzativo del cattolicesimo; alla ricerca di nuove concettualizzazioni razionali per l'esposizione dogmatica; a un confronto serrato con il protestantesimo. J.S.Drey, J.G. Herbst, J.B. Hirscher, J.A. → Möhler furono i principali maestri della prima generazione ed ebbero validi continuatori nella seconda metà del secolo: J.E. Kuhn fu un sistematico di grande valore per la teologia della grazia; K.J. Hefele si dedicò alla storia dei concili, F.X. Funk alla patristica; K. Bihlmeyer preparò un documentatissimo manuale di storia ecclesiastica, che, nelle riedizioni curate da H. Tüchle, è ancora tra i più diffusi. Nel sec. XX O. Schilling sviluppò la teologia morale, K. Adam l'apologetica con opere sulla figura di Gesù. Negli ultimi decenni J.R. Geiselmann si è posto come lo storico e il divulgatore delle idee e dei metodi di questa originale scuola teologica che non è stata sommersa dalla neoscolastica tomista. A Tubinga ha esercitato il proprio magistero teologico anche H. Küng, rimosso dall'insegnamento per intervento della curia romana nel 1979.

Tugendhat, Ernst (Brno 1930), filosofo tedesco di origine morava. Iniziati gli studi filosofici negli Stati Uniti, si è laureato a Friburgo con una tesi su Aristotele. Ha conseguito la libera docenza a Tubinga nel 1966; attualmente è ordinario alla Freie Universität di Berlino. Allievo di Heidegger, proprio nel tentativo di approfondire l'idea, sviluppata dal maestro, di una irriducibilità della coscienza a coscienza oggettuale, si è accostato alle problematiche della filosofia analitica anglo-americana. Per Tugendhat gli interessi teoretici che hanno guidato la filosofia fino dalle sue origini possono essere soddisfatti nella loro interezza solo dalla costituzione di una «semantica formale». Già nell'interpretazione ontologica del lavoro filosofico inaugurata da Aristotele con la domanda sull'ente in quanto ente, infatti, il problema generale del significato è stato indebitamente ridotto a quello dell'oggetto. L'orientamento oggettuale della ricerca filosofica caratterizza, sia pure in termini diversi, anche il pensiero moderno, che ha sostituito all'ontologia l'analisi della coscienza. I limiti dell'orientamento oggettuale possono essere superati solo muovendo dalla prospettiva di G. Frege, che ha individuato nell'enunciato l'unità semantica basilare. La riflessione storica sul problema dell'autocoscienza ha condotto inoltre Tugendhat a modificare le sue vedute in campo morale: dopo avere in un primo tempo sostenuto che la fondazione delle norme etiche sia assimilabile alla giustificazione teoretica di asserzioni, egli ha sottolineato sempre più nitidamente la connessione dell'etica col riferimento a sé implicato dalla coscienza, in quanto atto pratico fondato su rapporti intersoggettivi. Tra le sue opere: *Introduzione alla filosofia analitica* (1976); *Autocoscienza e autodeterminazione* (1979); *Problemi di etica* (1984).

Turing, Alan Mathison (Londra 1912-1954), matematico inglese. Studiò a Cambridge e a Princeton. Durante la seconda guerra mondiale, lavorando per l'*intelligence* inglese, contribuì in maniera determinante a decifrare il codice segreto nazista. In seguito, presso l'università di Manchester, collaborò alla realizzazione di uno dei primi calcolatori elettronici. I suoi interessi scientifici si indirizzarono allo studio della → ricorsività, nel cui contesto diede un'analisi della nozione di «procedura effettivamente calcolabile», in termini di «macchine». Negli anni Trenta, allo scopo di chiarire il concetto intuitivo di computabilità effettiva nell'ambito dei suoi studi sulla ricorsività, Turing definì una macchina ideale, che si compone di un nastro potenzialmente infinito (ossia che, pur venendo usato sempre solo uno per una porzione finita, non presenta un limite di lunghezza prefissato) suddiviso in caselle, ognuna delle quali o è vuota o ha impresso un simbolo costituente l'«alfabeto» della macchina. Si ipotizza anche di disporre di un numero di indicatori — anch'esso potenzialmente infinito — che descrivono lo «stato interno» della macchina. Questa resta completamente definita quando venga fornito un elenco di istruzioni che specifichino le operazioni che essa deve compiere in dipendenza dal contenuto della casella esaminata e del particolare stato interno in cui si trova. Le operazioni che la macchina può eseguire possono essere di due tipi: spostarsi per considerare la casella immediatamente alla destra o alla sinistra di quella in esame, oppure cancellare o imprimere un simbolo. Dopo ognuna di queste operazioni lo stato interno può restare invariato o essere opportunamente modificato. Secondo Turing, una funzione è computabile se esiste una macchina di Turing (ossia un insieme di istruzioni) in grado di calcolarla. Si osservi che, nonostante l'esiguità dei mezzi a disposizione (viene osservata *una sola* casella per volta e si dispone di *un solo* simbolo), le macchine di Turing sono in grado di computare qualsiasi funzione computabile dal più potente degli elaboratori elettronici. L'idealità della macchina a cui si è fatto cenno è data semplicemente dall'essere definita anche nei casi in cui il computo della funzione richiederebbe un insieme di istruzioni di stesura materialmente impossibile per motivi di spazio e di tempo. Nell'articolo *Macchine calcolatrici e intelligenza* (1950) Turing propose di sostituire la domanda «Le macchine possono pensare?» con il seguente problema: è possibile progettare una macchina che sia estremamente difficile identificare come tale nel corso di una conversazione «cieca», in cui cioè l'interlocutore umano non vede il suo partner, e comunica con lui solo attraverso messaggi scritti? Questa situazione sperimentale è detta «test di Turing», e la sua discussione ha avuto un ruolo notevole nel dibattito sull'→ intelligenza artificiale. L'opinione di Turing era che per la fine del secolo i progressi della tecnologia avrebbero reso naturale parlare di macchine pensanti. Altre opere: *Sui numeri computabili, con un'applicazione al problema della decisione* (1936-37); *Computabilità e lambda-definibilità* (1937).

tuziorismo, → morali, sistemi.

Twardowski, Kazimierz (1866-1938), filosofo polacco. Discepolo di F. → Brentano, è autore di numerose opere (*Idea e percezione*, 1892; *Sulla dottrina del contenuto e dell'oggetto delle rappresentazioni*, 1894; *Immagini e concetti*, 1898; *Scritti filosofici*, 1927; *Saggi*, 1938) in cui riprese e sviluppò le concezioni del maestro. Ma la sua importanza sta soprattutto nella sua opera di insegnante presso l'università di Leopoli. È infatti con lui che ebbe origine la cosiddetta scuola di Leopoli-Varsavia da cui sono provenuti i maggiori esponenti della filosofia analitica polacca del Novecento: J. Łukasiewicz, T. Kotarbiński, S. Leśniewski, A. Tarski, K. Ajdukiewicz ecc.

Tylor, Edward Burnett (Camberwell, Londra, 1832 - Wellington, Somerset, 1917), antropologo inglese. Professore a Oxford dal 1896 al 1909, utilizzò tutte le fonti allora disponibili per uno studio comparativo circa l'origine e l'evoluzione delle culture, analizzando linguaggio e scrittura, uso dei nomi e degli utensili, forme matrimoniali e costumi religiosi (*Ricerche sulla storia primitiva dell'umanità e lo sviluppo della civiltà*, 1865); e compì inoltre indagini sul campo, in America centrale e nel Messico (*Anahuac, o il Messico e i messicani, antichi e moderni*, 1861). Fu il primo tra i grandi antropologi a mettere a frutto le testimonianze dell'archeologia, rifacendosi alle teorie di Ch. Lyell (*L'antichità dell'uomo*, 1863), di cui utilizzò la distinzione nelle «tre età», distinguendo inoltre l'età della pietra non levigata dall'età della pietra levigata (rilevante la sua voce «Antropologia» per l'*Enciclopedia Britannica*, 1878). Tylor fu il primo a basare il metodo comparativo su dati statistici, anticipando così quello che sarà il moderno lavoro interculturale di studiosi come G.P. Murdock. Nel saggio *Su di un metodo di ricerca dello sviluppo delle istituzioni, applicato alle leggi del matrimonio e della discendenza*, in «Journal of the Royal Anthropological Institute», XVIII (1889), Tylor si avvalse di un campione di più di trecento società, calcolando le percentuali di probabilità di associazione tra residenza postmatrimoniale, discendenza e → *couvade*: associazioni che permettono di comprendere i fenomeni dell'esogamia, dell'endogamia, dei matrimoni tra cugini incrociati e i divieti d'incesto. Il metodo comparativo fu applicato anche all'analisi delle cosiddette «sopravvivenze» (termine usato per la prima volta da Tylor nell'opera *Cultura primitiva*, 1871), cioè di processi, usanze, opinioni rimasti in vita per forza d'abitudine in una società ormai diversa da quella originaria e spesso caricatisi di nuovi significati.
L'importanza di Tylor è comunque quella di aver per primo tentato una nuova definizione di «cultura», inglobante tutti i modi di vita di un gruppo umano, tanto che si fa appunto risalire al 1871, anno di pubblicazione di *Cultura primitiva*, la data di nascita ufficiale dell'antropologia culturale. (Per quanto riguarda l'opera di Tylor nell'ambito della teoria religiosa, si veda → animismo.)

Tyrrell, George (Dublino 1861 - Storrington, Sussex, 1909), teologo irlandese. Educato in una famiglia calvinista, divenne prima anglicano, poi cattolico. Nel 1879 entrò nella compagnia di Gesù. Ordinato sacerdote, dopo alcuni anni di insegnamento filosofico, svolse attività di predicatore, conferenziere e pubblicista. I suoi principali scritti di questo periodo sono: *Nova et vetera* (1898); *Olio e vino* (1900); *Lex orandi* (1903); *Lex credendi* (1906). In essi egli sostenne la prevalenza dell'elemento affettivo e volitivo, individuando l'essenza della religione nel sentimento di dipendenza dall'assoluto, nella fede e nella preghiera (*lex orandi*), e opponendosi alla rigidità degli schemi dogmatici (*lex credendi*). Espulso dalla compagnia (1906) e scomunicato (1907) per le pubbliche proteste contro l'enciclica *Pascendi* di Pio X, egli andò accentuando la propria polemica contro il magistero nelle pubblicazioni *Tra Scilla e Cariddi* (1907) e *Cristianesimo al bivio* (1909). Postumi uscirono i *Saggi sulla fede e sull'immortalità* (1914) e l'epistolario (1920). Personalità vivissima, fu una delle vittime più famose della crisi culturale modernista (→ modernismo).

Ubertino da Casale (Casale Monferrato 1259-1330 ca), teologo italiano. Entrato giovanissimo nell'ordine francescano, studiò teologia a Parigi e fu poi lettore a Firenze (1285-89), ove entrò in contatto con Pietro di Giovanni Olivi. Si dedicò quindi alla predicazione, divenendo l'esponente più autorevole degli → spirituali italiani. Esiliato alla Verna (1305), vi compose la sua opera principale, l'*Arbor vitae crucifixae Iesu*, in cinque libri. I primi quattro contengono una vita di Gesù, il quinto una interpretazione in chiave apocalittica della storia della chiesa. Per la ripartizione delle sette età, l'identificazione di san Francesco con l'angelo del sesto sigillo, e l'attesa di un'epoca escatologica di pace e di povertà sotto la guida di un «papa angelico», Ubertino riprende letteralmente la *Lectura super Apocalipsim* dell'Olivi. Si distacca dal maestro allorché identifica la figura dell'Anticristo mistico con personaggi storici, i pontefici Bonifacio VIII e Benedetto XI, e riconosce nella curia papale la Babylon apocalittica. Fra le altre sue opere, si ricordano un'*Apologia Olivi* (1311), memoriale in difesa delle dottrine teologiche e pauperistiche del maestro, e un *Tractatus de altissima paupertate Christi* (1322).

Ugo di San Vittore (Hartingham? 1096 ca - San Vittore, Parigi, 1141), teologo e filosofo di origine sassone. Giunto a Parigi in giovane età, verso il 1118 entrò nell'abbazia di San Vittore, dove fu allievo di Guglielmo di Champeaux. Cominciò l'insegnamento intorno al 1125 e nel 1133 divenne priore della scuola di → San Vittore, della quale fu anche uno dei principali maestri. Tra i suoi scritti, in parte perduti, alcuni riguardano l'insegnamento della filosofia (*Didascalion* o *Eruditionis didascalicae libri VII*; *Epitome in philosophiam*; *De unione corporis et spiritus*); altri sono di contenuto mistico (*De arca Noe morali*; *De arca Noe mystica*; *Soliloquium de arrha animae*; *De vanitate mundi*). La sua opera principale è *De sacramentis christianae fidei*, composta tra il 1136 e il 1141: si tratta della prima grande *summa* teologica medievale, il cui intento è di aprire la via alla comprensione delle Scritture distinguendo in esse l'*historia* (o senso letterale) e l'*allegoria* (o senso profondo). A differenza del mistico San Bernardo, Ugo si propone di mostrare la perfetta congruenza di ragione e fede. Il sapere infatti non è superfluo (*Didascalion* VI, 3), poiché «tutte le arti naturali servono alla scienza divina» (*De sacramentis*, Prolusione). Questa unità del sapere sacro e profano si articola nei modi paralleli della illuminazione e della rivelazione (che provengono da Dio) e della investigazione rivolta all'anima e alle cose esterne (che è affidata all'uomo). La fede si salda così con la ragione in quanto la prima non ha per oggetto l'«incredibile», ma solo ciò che trascende la ragione (il «mirabile»), senza negarla. Di qui anche la duplice dimostrazione razionale dell'esistenza di Dio: dalla certezza (tipicamente agostiniana) dell'anima che si sa e si scopre finita ed esige perciò una causa creatrice, e dalla certezza delle cose esterne che, nella loro caducità, esigono a loro volta un Creatore (*De sacramentis*, 1, 3, 6-10).

Ugo di San Vittore (come poi tutta la scuola dei Vittorini) dedica assidua cura all'indagine antropologica e psicologica, in particolare alla ricerca di un termine intermedio tra l'anima e il corpo, l'intelletto e la sensibilità, il quale spieghi la fusione delle due opposte nature nell'uomo e il loro concorrere nell'atto della conoscenza. Tale termine è indicato nell'«immaginazione», che è grado inferiore dello spirito e vertice superiore del senso (*De unione corporis et spiritus*, 288). Oltre la scienza e il pensiero (*cogitatio*), si innalza la meditazione (*meditatio*), che è sforzo di penetrazione razionale del mistero e prepara la contemplazione mistica (*contemplatio*), la quale può rivolgersi alle creature o allo stesso Creatore. Quest'ultimo grado è concepito agostinianamente come uno sprofondarsi nell'abisso interiore dell'anima: «Colui che entra in sé e penetrandovi si trascende, sale veramente verso Dio» (*De vanitate mundi*, 2). La fama di Ugo, sia per la sua sapienza sia per l'intensa esperienza mistica che quel sapere coronava, fu nel medioevo grandissima; egli è in effetti una delle personalità di maggior rilievo della filosofia scolastica agostiniana e offrì non pochi elementi alla successiva sintesi del tomismo.

ugonotti, termine (forse adattamento fonico del tedesco *Eidgenossen*, ossia confederati) con cui si designano i calvinisti francesi. Verso la metà del sec. XVI essi erano già così numerosi in Francia da costituire una chiesa riformata nazionale, che nel 1559 celebrò a Parigi il suo primo sinodo, formulò una professione di fede (la *Confessio fidei gallicanae* abbozzata dallo stesso Calvino) e diede vita a una organizzazione ecclesiastica i cui membri provenivano da tutti i ceti sociali: contadini, artigiani, mercanti, nobili, magistrati, grandi del regno, intellettuali (fra questi: Pietro Ramo, Agrippa d'Aubigné e Clément Marot). In questa prospettiva il problema degli ugonotti acquistò anche dimensione politica, nel senso che gli oppositori della politica filospagnola dei Guisa appoggiavano la causa protestante. Dopo il fallimento dei tentativi di pacificazione promossi dalla regina madre Caterina de' Medici (colloquio di religione di Poissy, 1561; editto di Saint-Germain, 1562), la situazione esplose in una serie di guerre intestine culminate nella strage della notte di San Bartolomeo (1572), nella quale, per ordine della regina Caterina, furono uccisi nella sola Parigi tremila ugonotti. L'eccidio si estese poi all'intera Francia. Il conflitto cessò con l'ascesa al trono di Enrico IV di Borbone (1589), che si convertì dal calvinismo al cattolicesimo (1593), e con l'editto di Nantes (1598) proclamò la religione cattolica religione dominante, imponendo la restaurazione del culto cattolico ovunque fosse stato soppresso, ma nel contempo concesse la libertà di culto agli ugonotti, l'eguaglianza di diritti civili con i cattolici e una serie di garanzie, tra le quali la più importante fu il possesso di duecento piazzeforti. L'editto garantiva la possibilità di una pacifica convivenza tra cattolici e protestanti; ma il processo di accentramento e di consolidamento della monarchia francese si scontrò con le prerogative degli ugonotti. Toccò a Richelieu stroncare la loro organizzazione politica e militare, conquistando le piazzeforti (La Rochelle cadde nel 1628) e sottomettendo la Linguadoca, ultimo focolaio della loro resistenza. Nel 1685 Luigi

XIV, deciso a sradicare dal suo regno ogni dissenso religioso, revocò l'editto di Nantes e attuò anche con le armi la ricattolicizzazione della Francia. Ciò provocò l'esodo di molti ugonotti (circa 200.000) in Svizzera, Olanda e Germania, con grave danno dell'economia del paese, poiché gli esuli erano provetti artigiani e commercianti. Nel 1702 scoppiò nella regione delle Cevenne una insurrezione a carattere millenaristico ispirata dagli ugonotti (camisardi), che fu soffocata nel sangue. Pur sottoposti a persecuzioni nel corso del sec. XVIII, gli ugonotti riuscirono a sopravvivere, fino a che nel 1787 ottennero il parziale riconoscimento dei loro diritti civili e nel dicembre del 1789 la libertà religiosa.

uguaglianza, termine rilevante del linguaggio etico e politico, in quanto — come già aveva osservato Aristotele — elemento essenziale della giustizia. Sia che si tratti di giustizia retributiva o correttiva, cioè concernente la punizione per un danno fatto ad altri, sia che si tratti di giustizia distributiva, cioè concernente l'assegnazione dei benefici derivanti dalla cooperazione sociale, sembra evidente che i casi simili devono essere trattati similmente e quelli dissimili diversamente. Tuttavia — come ha sottolineato Ch. Perelman — tale criterio *formale* dell'uguaglianza è del tutto inutile, perché nel mondo non ci sono mai due casi esattamente simili, e perciò la somiglianza è di solito individuata attraverso leggi o norme invalse, le quali possono essere ingiuste. Pertanto la mera imparzialità (formale) è condizione necessaria ma non sufficiente per l'uguaglianza come giustizia, e il vero problema consiste nel trovare un criterio *materiale* di uguaglianza che consenta di stabilire quale sia l'aspetto simile pertinente da considerare.
Quando si affronta questo problema, il principio dell'uguaglianza diventa controverso: gli utilitaristi (come J. Bentham e J.S. Mill, e più recentemente R.B. Brandt) negano che si tratti di un principio etico indipendente; esso, se mai, dipende dal principio di utilità e va affermato solo se nelle condizioni storiche date aumenta la felicità generale. Altri osservano che l'uguaglianza di tutti gli uomini è una concezione tipica dell'epoca moderna, in cui l'affermazione dell'uguaglianza come «diritto umano» garantisce a chiunque la tutela dall'aggressione ingiustificata, per cui a nessuno si deve imporre la sofferenza senza ragione sufficiente. In questa prospettiva, tematizzando un'intuizione già presente in Bentham, P. → Singer osserva che l'uguaglianza va estesa anche agli animali non-umani capaci di soffrire. Soprattutto per quanto riguarda l'aspetto retributivo, i problemi dell'uguaglianza si chiariscono considerando (W.K. Frankena) che essa presuppone un rapporto di proporzione tra certi beni «P», da distribuire a due soggetti, A e B, in base a un criterio di distribuzione «Q», che può essere espresso nella seguente formula:

$$\frac{\text{la quantità di A di P}}{\text{la quantità di B di P}} = \frac{\text{la quantità di A di Q}}{\text{la quantità di B di Q}}$$

La controversia tra chi sostiene e chi nega l'uguaglianza riguarda il criterio di distribuzione Q. Chi nega l'uguaglianza sostiene che P deve essere distribuito in proporzione a un Q che i soggetti possiedono in quantità o gradi o forme diverse, come la ricchezza, il rango, l'impegno o il merito mostrato, il lavoro profuso; mentre chi afferma l'uguaglianza ritiene che P debba essere fondamentalmente distribuito in maniera uguale, e questo o perché il Q considerato (per es. la comune umanità) è effettivamente presente in maniera uguale in tutti gli individui rilevanti (uguaglianza *sostanziale*); oppure perché, pur non essendoci alcun Q pertinente posseduto in maniera uguale da tutti gli individui interessati, questi *devono* essere trattati in modo uguale, almeno finché non ci sia una ragione per il contrario (uguaglianza *procedurale*). Quest'ultima posizione presuppone che l'uguaglianza non richieda giustificazioni, e che l'onere della prova ricada su chi sostiene il trattamento disuguale. Infatti, la maggiore e minore quantità di Q sembra o dipendere dalla fortuna naturale (talenti fisici o intellettuali ecc.) o dalla fortuna sociale (ricchezze, rango ecc.), cioè da fattori indipendenti dalle scelte volontarie dell'individuo, per cui sembra ingiusto consentire che l'individuo ne sia avvantaggiato. Il «merito» sembra sfuggire a questa obiezione, e forse per questo è stato spesso fatto valere come criterio, da Aristotele a vari autori contemporanei, come W.D. Ross. Tuttavia, sembra un criterio da prendere in considerazione solo dopo che tutti hanno avuto uguale opportunità di manifestare i propri meriti, una condizione certamente non ancora realizzata. Di qui l'importanza della controversia sulle «uguali opportunità», assai viva nella filosofia contemporanea. In questo senso, molti sostengono che una fondamentale uguaglianza distributiva sia giusta, pur ammettendo eccezioni e correzioni nel caso di situazioni particolari (handicap ecc.) o nel caso in cui si tratti di incentivare il benessere sociale. *Ma. Mo.*

Ulrici, Hermann (Pförten, Bassa Lusazia, 1806 - Halle 1884), filosofo e teologo tedesco. Fu professore a Halle e diresse la «Zeitschrift für Philosophie und philosophische Kritik». Fra le sue opere principali: *Il principio e il metodo della filosofia di Hegel* (1841); *Il principio fondamentale della filosofia* (2 voll., 1845-46); *Sistema di logica* (1852); *Fede e sapere* (1858); *Dio e la natura* (1862); *Dio e l'uomo* (2 voll., 1866-73); e inoltre opere di filologia e di estetica come la *Storia dell'arte greca* (2 voll., 1835) e i

Saggi sulla storia dell'arte come estetica applicata (1877). Ulrici denuncia il soggettivismo e il formalismo del pensiero hegeliano: il pensiero è condizionato dal contenuto che in esso si esprime, sicché un puro pensiero, come quello presupposto dal sistema hegeliano, è una contraddizione, e non è in grado di dimostrare il valore oggettivo delle categorie logiche, che si limitano a esprimere il momento formale del pensiero, mentre il contenuto di questo non può che provenire dall'esperienza concreta. Di categoria in categoria, il pensiero perviene al concetto di un Incondizionato quale suprema causalità e tale concetto autorizza il passaggio dalla filosofia alla teologia, che Ulrici svolge in senso teistico, sostenendo quindi la personalità di Dio e la dottrina della creazione, senza però rifiutare quelle istanze del panteismo logico hegeliano che pongono in Dio la condizione necessaria e sufficiente del movimento logico del pensiero e della consistenza ontologica del mondo.

ultramontanismo, termine designante gli indirizzi culturali di quanti, in Francia, Germania, Inghilterra, cioè «al di là dei monti», aderivano alle posizioni della chiesa romana, in opposizione ai movimenti rivendicanti l'indipendenza da Roma (quali il gallicanesimo, il giansenismo, il febronianesimo e il giuseppinismo). Sul piano dottrinale l'ultramontanismo (fra i cui esponenti si possono annoverare J. de Maistre e il primo Lamennais) affermò l'autorità del papa sui vescovi e sulle chiese nazionali e, contro il → conciliarismo, la supremazia del pontefice romano sul concilio. Il termine conobbe una grande fortuna nel sec. XIX e servì a designare, nel clima della restaurazione, la corrente che propugnava l'importanza del papato come autorità suprema della chiesa e come guida morale della società.

umanesimo, termine adoperato per la prima volta da storici ottocenteschi e ricollegabile al termine «umanista», già in uso a partire dalla fine del Quattrocento per indicare il letterato che si occupava delle *humanae litterae*, cioè degli studi classici.

• *Filologia e retorica.* Il carattere fondamentale dell'umanesimo è infatti il ritorno agli antichi, il culto del mondo classico. Questo atteggiamento, che generalmente si fa risalire a Petrarca, implicò, nella coscienza stessa degli umanisti, una rottura col medioevo, che fu apertamente proclamata. I secoli che separavano gli umanisti dall'antichità erano considerati un'epoca di oscurità e di barbarie, colpevole di aver adulterato l'ideale classico di umanità e di cultura, al quale occorreva invece tornare per assumerlo come modello. Così, fra il Trecento e il Quattrocento, gli umanisti, attraverso appassionate ricerche nelle biblioteche d'Europa, riportarono alla luce testi classici che il medioevo aveva ignorato o conosciuto solo in modo indiretto. Questi testi venivano trascritti e ampiamente diffusi, come testimoniano gli epistolari umanistici, documenti letterari fra i più significativi dell'epoca e che ben rendono l'idea del fervore intellettuale del tempo e della molteplicità e frequenza delle relazioni fra i dotti. La novità di questo studio del mondo antico non sta però solo nella maggior quantità di autori classici conosciuti rispetto al medioevo, ma anche nel particolare atteggiamento che gli umanisti ebbero nei confronti della classicità. Proprio perché in mezzo c'era la «barbarie» medievale, gli umanisti videro l'antichità come qualcosa di distaccato rispetto a loro, come un'epoca storica determinata, che occorreva studiare criticamente, onde liberarla dalle incrostazioni che il medioevo vi aveva sovrapposto: restituire i testi della classicità nella loro forma originaria voleva dire soprattutto recuperare il significato autentico di quella civiltà, confrontarsi con essa, per dar vita a un nuovo modello di cultura, a un'umanità nuova. Questo fu, nel Quattrocento, il senso profondo della «filologia», che ebbe i suoi massimi rappresentanti in Valla e Poliziano. In entrambi l'analisi filologica tende alla ricostruzione dei significati concettuali espressi attraverso le parole, da quello originario a quelli che vi si sono sovrapposti. Perciò Poliziano rivendicava con orgoglio ai «grammatici» il compito di interpretare i testi dei filosofi antichi. In polemica col platonismo ficiniano, alla dialettica come intesa da Platone e Plotino («remota nimis nimisque etiam fortassis ardua») egli contrapponeva una dialettica che era essenzialmente *ars sermocinalis*, un'arte cioè linguistico-grammaticale; di qui l'elogio della retorica, necessaria là dove occorra affidarsi alla persuasione, cioè nell'arte del governo e nelle scienze morali, elogio che è del resto un *tópos* della letteratura umanistica, non solo italiana. Queste posizioni avranno infatti larga diffusione in Europa, da Rodolfo Agricola a Ludovico Vives, a Pietro Ramo, dando luogo, particolarmente con quest'ultimo, a un capitolo nuovo della storia della logica.

• *La rinascita del platonismo.* Un contributo di rilievo allo studio del mondo antico fu offerto dai dotti bizantini, che già verso la fine del Trecento cominciarono ad arrivare in Italia: da Emanuele Crisolora, che nel 1397 inaugurò l'insegnamento del greco a Firenze, a Bessarione e a Pletone, giunti in Italia in occasione del concilio di Ferrara. Cominciò così a diffondersi la conoscenza della lingua greca, che permise, fra l'altro, di accedere direttamente ai testi della filosofia classica, campo nel quale l'umanesimo operò una netta scelta a favore del platonismo. In effetti, anche se la tradizione aristotelica non venne mai meno (il suo centro più importante fu l'università di Padova), si può dire che il Quattrocento segnò la rinascita del platonismo, il cui esponente più illustre fu Marsilio Ficino, fondatore, a Firenze, dell'Accademia platonica. Egli rappresentò, per così dire, un punto di svolta nell'età umanistica. Il primo umanesimo, dalla fine del Trecento ai primi decenni del Quattrocento, fu caratterizzato a Firenze (che ne fu il centro) da un forte impegno «civile»: i suoi esponenti principali, come L.C. Salutati e L. Bruni, erano uomini attenti ai problemi politici del proprio tempo, attivamente impegnati nella vita cittadina, per i quali la cultura era parte integrante della attività pubblica (si pensi a Salutati e al suo elogio, durante la guerra degli Otto Santi, della libertà fiorentina, erede della libertà romana). L'avvento dei Medici segnò a Firenze un mutamento di clima, che rifletteva del resto la situazione nazionale. Sotto lo splendore delle signorie si intravedevano già i segni di quella crisi politica italiana che esploderà alla fine del secolo. Gli intellettuali diventarono o funzionari al servizio dei signori o ornamento delle corti. Marsilio Ficino rifletté in pieno questa crisi: completamente ritirato dalla vita pubblica, si diede a interpretare il pensiero del passato alla luce di un sincretismo religioso capace di unificare cristianesimo e platonismo, i misteri orfici e la tradizione ermetica, Agostino e i padri della chiesa: è la «pia philosophia», una sapienza religiosa, un sapere iniziatico, riservato ai dotti, da cui è esclusa la gran massa degli uomini. Questo ideale di concordia delle varie dottrine filosofiche, che era contemporaneamente aspirazione a un rinnovamento religioso (peraltro assai diffusa nell'umanesimo, da Salutati a L. Valla, a Erasmo), animò le 900 tesi elaborate da Pico della Mirandola per un grande convegno fra dotti da tenersi a Roma. Lo stesso Pico portò alla sua più compiuta espressione, nell'*Oratio de hominis dignitate*, uno dei temi più caratteristici dell'umanesimo, l'antropocentrismo. La celebrazione dell'uomo, per la centralità della sua posizione nell'universo, si ritrova un po' in tutti gli umanisti, da Poggio a G. Manetti, a M. Palmieri, allo stesso Ficino e rappresenta, per così dire, il punto in cui si coagulano i fermenti innovatori dell'umanesimo. Pertanto un momento emblematico della crisi del pensiero umanistico si può indicare nella polemica di Montaigne, pur profondamente nutrito di cultura umanistica, contro l'antropocentrismo.

• *La diffusione dell'umanesimo.* Se l'umanesimo, ai suoi esordi, fu fenomeno essenzialmente italiano, verso la fine del Quattrocento esso cominciò a diffondersi in molti paesi europei, soprattutto a opera di letterati che, attraverso viaggi in Italia, vennero a contatto con la nuova cultura. Si pensi, per es., a Lefèvre d'Etaples che, a seguito di un viaggio a Bologna e a Firenze, ove entrò in contatto con Ficino e l'Accademia platonica, svolse un'attiva opera di diffusione del platonismo ficiniano nell'ambiente filosofico parigino, ancora dominato dalle correnti scolastiche. Analogamente, in Inghilterra, a diffondere il nuovo spirito umanistico fu soprattutto G. Colet, dopo un soggiorno a Firenze (1493), dove fu uditore di Ficino e Pico. Anche in Germania ci furono letterati (Agricola, Reuchlin) che presero la via dell'Italia, per dedicarsi poi al rinnovamento degli studi nel proprio paese. In Spagna, la diffusione dell'umanesimo ebbe un tramite importante nel regno di Napoli, sul cui trono sedeva appunto un sovrano spagnolo, Alfonso d'Aragona, alla cui corte si recarono alcuni fra i più celebri umanisti, come Valla, Bessarione, il Panormita ecc. La cultura umanistica penetrò anche nell'est europeo, dove i centri più importanti furono la corte di Mattia Corvino in Ungheria e quella degli Jagelloni in Polonia.

• *Umanesimo e filosofia.* Quanto al significato dell'umanesimo in rapporto con la storia della filosofia, è ancora aperto il dibattito fra chi lo considera un movimento essenzialmente artistico e letterario, privo di rilevanza speculativa, e chi vi vede, invece, l'emergere di una nuova concezione dell'uomo, che si esprime nella rottura con le forme tradizionali del filosofare. Nel lessico filosofico corrente si parla di umanesimo, in senso teorico, per definire tutte le posizioni che accentuino il valore dell'uomo in contrapposizione a Dio o alla natura, o che intendano rivendicarne i diritti contro le minacce che alla persona umana verrebbero dall'organizzazione economica e sociale o dallo sviluppo della tecnica. Non c'è alcun nesso col significato storico del termine «umanesimo», salvo il fatto che già nell'umanesimo del Quattrocento era tipico il tema della «dignità dell'uomo». Per quanto riguarda il pensiero moderno, si parla di umanesimo soprattutto in riferimento a L. Feuerbach, che usò egli stesso il termine per caratterizzare la propria posizione antiteologica e antispeculativa; e al giovane Marx, che nei *Manoscritti economico-filosofici* del 1844 riprese appunto l'umanesimo di Feuerbach per contrapporre il comunismo al capitalismo. Ma successivamente, nelle cosiddette *Tesi su Feuerbach* e nell'*Ideologia tedesca*, Marx criticò l'umanesimo feuerbachiano come una concezione ancora «speculativa» (nonostante le intenzioni), in quanto fondata sull'idea di un'«essenza» eterna, metastorica, dell'uomo, e propose, in alternativa, l'idea che la natura dell'uomo è storica, determinata essenzialmente dall'insieme dei rapporti sociali (a cominciare da quelli di natura economica) in cui volta a volta si trovi a vivere. Tuttavia, alcuni interpreti continuano a qualificare come umanistico anche il marxismo maturo (in contrapposizione all'economicismo), mentre altri, come per es. L. Althusser, individuano nell'umanesimo uno dei principali obiettivi critici di un marxismo che voglia essere scientifico. Nel nostro secolo, la questione dell'umanesimo si è riaperta anche in connessione con l'esistenzialismo, per le posizioni contrastanti assunte da J.-P. Sartre (*L'esistenzialismo è un umanismo*, 1946) e da M. Heidegger (*Lettera sull'umanismo*, 1947). La critica dell'umanesimo esistenzialistico è tipica dello strutturalismo filosofico francese (C. Lévi-Strauss, M. Foucault); in genere, questa discussione s'incrocia con quella sullo → storicismo. *P. La.*

Unamuno, Miguel de (Bilbao 1864 - Salamanca 1936), filosofo e scrittore spagnolo. Di formazione cristiana, pur essendo divenuto ateo in seguito, mantenne un interesse costante per il problema religioso. Professore di greco presso l'università di Salamanca, inaugurò la sua speculazione «asistematica» (che sarà esposta in una serie di scritti di intonazione anche letteraria) muovendo da una critica radicale all'insufficienza del razionalismo e dell'idealismo. La maggior parte dei sistemi filosofici ha il proprio fondamento in un'impostazione astratta, la quale non considera il singolo individuo, bensì un soggetto generale, universale, fuorviante perché inesistente. Ogni meditazione sulla vita deve invece vertere non sul vivere in generale, ma sulla *propria* vita. Nell'uomo, oltre alla contraddittorietà caratteristica della libertà, vi è un'esigenza di trascendere la propria limitazione spazio-temporale. Sviluppando questa impostazione, di cui vede le premesse in pensatori quali Spinoza, Pascal e Kierkegaard, Unamuno ritiene che una concezione deista della divinità sia insufficiente rispetto al vero bisogno umano, soddisfatto esclusivamente da un dio personale, concepito come «esperienza diretta» e non come essere separato dall'esistenza: un dio-amore rispetto al quale la fede è effetto di una scelta e non di un abbandono. Tale problematica sta alla base anche della sua vasta produzione squisitamente letteraria, sia narrativa sia lirica. Tra le opere saggistiche più importanti vanno ricordate: *Sul purismo* (1895); *Vita di Don Chisciotte e Sancho* (1905); *La mia religione ed altri saggi* (1910); *Soliloqui e conversazioni* (1911); *Contro questo e quello* (1912); *Del sentimento tragico della vita negli uomini e nei popoli* (1913); *L'agonia del cristianesimo* (1931). Nel 1911 Unamuno tradusse in spagnolo l'*Estetica* di B. Croce.

unitarianismo, termine designante la dottrina teologica e i gruppi cristiani che nel sec. XVI affermarono l'unicità assoluta di Dio, negando i dogmi della Trinità e della incarnazione e di conseguenza la divinità di Cristo. Queste idee, sostenute dallo spagnolo M. → Serveto, attecchirono in Italia e fra gli esuli italiani in Svizzera. Perseguitati da cattolici e da protestanti, gli unitariani trovarono ospitalità in Polonia e Transilvania, dove costituirono, a partire dalla metà del sec. XVI, proprie comunità, soprattutto per iniziativa di G. Biandrata e di F. → Socini. Questi organizzò in sistema le loro dottrine e cementò l'unione tra i vari gruppi. Nell'unitarianismo la Bibbia rimase, come nelle chiese della riforma, l'autorità suprema, ma fu interpretata secondo criteri razionalistici: Gesù è considerato un uomo, dotato di virtù divine, e redentore non per la sua morte ma per il suo esempio e la sua parola. Socini, con gli altri antitrinitari italiani, richiamò i credenti a un forte impegno etico fondato sull'osservanza del discorso della montagna, e fu assertore della libertà di coscienza, perché nessuno può presumere di avere il monopolio della verità religiosa. Nell'età della controriforma, gli unitariani furono espulsi dalla Polonia; sopravvissero in Transilvania e nei Paesi Bassi, dove si fusero con gli arminiani e i mennoniti. In Inghilterra, la dottrina si diffuse nel sec. XVIII soprattutto grazie all'iniziativa di J. Priestley, e Th. Lindsey, uscito dall'anglicanesimo, fondò la prima comunità a Londra nel 1744; nel 1825 fu istituita la British and Foreign Unitarian Association. In America, l'unitarianismo cominciò a diffondersi nella seconda metà del sec. XVIII, coagulando sociniani, anabattisti e seguaci di Priestley e di Lindsey, e costituì la American Unitarian Association che oggi conta circa 120.000 membri. I maggiori teologi dell'unitarianismo furono, nel sec. XIX, W.E. Channing (1780-1842) e R.W. Emerson (1803-1882).

universale (in gr. *kathólou*), ciò che è comune ai membri di un insieme omogeneo, oppure il genere (*ghénos*) rispetto alla specie (per es. «mammifero» rispetto a «uomo», «cavallo», «cane» ecc.), e anche l'essenza (*êidos, idéa, ousía*) che è propria di molti (per es. «razionale» detto degli uomini ecc.). L'atto di nascita dell'universale come problema filosofico è solitamente assegnato all'interrogazione socratica, in quanto essa, chiedendo *che cos'è* qualcosa (per es. la virtù, il coraggio, la sapienza ecc.), mira appunto a definire l'essenza universale per cui tutte le azioni o cose simili appartengono a una comune natura. Aristotele parlò, in proposito, di scoperta socratica di quel procedimento induttivo che astrae da più cose ciò che esse hanno in comune, e che le caratterizza appunto per quel che esse sono. È noto ciò che obiettarono i cinici, e poi Platone, al procedimento astrattivo: come si può ricavare l'universale dai particolari se questi non sono già identificati come *quei* particolari e in tal modo connessi in un insieme omogeneo? Ma come identificarli e connetterli se non in base alla preventiva conoscenza di ciò che quei particolari hanno in comune, vale a dire la loro universale essenza?

Viene posta così la questione «ontologica» relativa all'universale e al concetto, destinata ad accompagnare tutta la storia del pensiero occidentale. Di essa è parte essenziale l'ambiguità della soluzione aristotelica del problema. Uni-

versale è — per Aristotele — ciò che si predica «per natura» di più enti; «per natura» significa che il carattere dell'universalità deve coincidere con l'essenza (*ousía*) degli enti considerati e non con qualche loro determinazione accidentale e transeunte: per es., che la somma degli angoli interni di un triangolo equivalga a due angoli retti è una determinazione universale del triangolo perché appartiene a esso in virtù della sua essenza (*Analitici posteriori*, 73*b* 31); ed è proprio perché questa determinazione viene stabilita sulla base dell'essenza del triangolo che essa può essere estesa a ogni altro triangolo particolare (ibid. 74*a* 25 sgg.). Entro questi presupposti Aristotele affermerà che non può esservi scienza se non dell'universale. Da ciò si ricava che l'universale rimanda, in Aristotele, a un fondamento ontologico, che è poi la «sostanza» considerata non nella sua singola realtà materiale e potenziale, ma in quanto essa riveste una forma in atto. D'altra parte, la forma è anche ciò che appartiene in proprio all'attività dell'intelletto, la cui capacità logica di cogliere l'universale e di *produrlo* come concetto è, in ultima istanza, resa possibile dall'atto del pensiero divino in cui le forme si trovano preventivamente intuite come tali («in atto»), prima e al di là di ogni individuazione materiale («in potenza»).
La scolastica medievale tentò in vari modi di chiarire quel rapporto tra aspetto logico e aspetto ontologico dell'universale che in Aristotele era rimasto sostanzialmente non risolto (→ universali, problema degli). Dai dibattiti degli scolastici presero corpo le fondamentali impostazioni che dominarono il pensiero moderno, opponendo gli empiristi (gli universali sono meri segni o nomi delle cose, ricavati per astrazione) ai razionalisti (gli universali sono il riflesso nelle cose e nell'anima delle idee in base alle quali Dio ha creato il mondo). Solo a partire da Kant la questione perviene a una svolta, poiché l'universale, inteso come concetto trascendentale, unifica in sé la funzione logica e il riferimento ontologico. In quanto forma e condizione a priori dell'esperienza, gli universali o categorie dell'intelletto (→ categoria) costituiscono infatti gli «oggetti trascendentali» del mondo fenomenico. Nonostante la sua trascendentalità «copernicana», l'universale kantiano resta prevalentemente formale e astratto: esso si *applica* ai dati materiali, ma questi gli preesistono. Di qui l'esigenza idealistica di trasformare il trascendentale kantiano in un «assoluto» interamente autodeterminantesi in forza di un'attività produttiva originaria.
È Hegel, in particolare, che solleva il pensiero ad attività infinita che, nel produrre se stessa, produce anche l'universale o concetto (*Enciclopedia*, par. 20). Ma il concetto, poi, non è una mera astrazione dell'intelletto, ma la vivente dinamicità della ragione concreta (o spirito) che è tutt'uno col divenire dialettico della realtà. Per questo J.H. Stirling coniò, a proposito di Hegel, l'espressione «universale concreto»: «Come Aristotele, aiutato da Platone, ha reso esplicito l'*universale astratto* che era implicito in Socrate, così Hegel, aiutato da Fichte e da Schelling, ha reso esplicito l'*universale concreto* che era implicito in Kant» (*Il segreto di Hegel*, Prefazione). Il carattere concreto, e cioè «storico», del concetto di spirito è stato sviluppato in seguito anche da B. Croce, che lo ha contrapposto polemicamente agli pseudoconcetti della scienza, giudicati pure astrazioni utilitaristiche (*Logica*, 1, 3). Analogamente — ma anche diversamente — G. Gentile: l'universale non è la mera astrazione dei e dai particolari, ma è «quella universalità concreta che è unità di parte e tutto: la parte nel tutto e il tutto nella parte» (*Sistema di logica*, par. 6). Questa unità è l'atto stesso del pensiero che vivifica ogni contenuto riattualizzandolo in sé come proprio «pensato». La filosofia contemporanea ha in genere rifiutato l'universale concreto dell'idealismo, per le sue componenti «metafisiche»; a esso ha opposto il ricorso alla prassi (pragmatismo, marxismo) in quanto fonte dei significati e dei valori socialmente riconosciuti e perciò, in questo senso, universali. Quanto all'«universale astratto», la sua teoria tende a identificarsi con la teoria del → concetto. Una novità significativa, introdotta nella filosofia contemporanea da Wittgenstein, è l'idea di *somiglianze di famiglia*. Non sempre, secondo Wittgenstein, un nome comune è applicato sulla base di una essenza comune o «universale», condivisa da tutti gli oggetti o fenomeni per cui il nome è utilizzato: per esempio nel caso dei giochi è impossibile rintracciare un insieme di caratteri che sia posseduto da tutti i giochi (e soltanto dai giochi). Come in una famiglia un membro può avere gli occhi uguali a quelli della madre, il mento del padre e camminare come il nonno, ma non c'è un insieme di caratteristiche comuni a tutti i membri della famiglia, così un gioco assomiglia ad altri giochi per alcuni aspetti e ad altri ancora per altri aspetti, in «una rete complicata di somiglianze che si sovrappongono e si incrociano a vicenda». Questa idea, che mette in discussione l'associazione tradizionale (ribadita da G. Frege) tra concetti e insiemi di condizioni necessarie e congiuntamente sufficienti per la loro applicazione, ha avuto largo impiego in psicologia cognitiva (teoria dei *prototipi* di E. Rosch e altri), in antropologia e nelle scienze sociali in generale.

universali, problema degli, questione filosofica dibattuta nel corso del sec. XII tra i pensatori scolastici. Il problema fu occasionato da un passo della *Isagoge* di Porfirio tradotto e commentato da Boezio, nel quale Porfirio affrontava il problema della natura dei termini universali di genere e specie (come «animale», «uo-

mo», «cavallo», «sostanza» e simili), proponendone cinque definizioni risolutive. Gli scolastici ripresero tali definizioni, ma le discussero secondo una mentalità ed esigenze culturali diverse da quelle del pensiero pagano. L'interpretazione prevalente fu quella platonico-agostiniana di sant'Anselmo o di Guglielmo di Champeaux; essa fa corrispondere agli universali realtà o idee effettivamente esistenti nella mente di Dio («realismo»); i termini del pensiero rimandano dunque a una struttura ontologica che sta al di sopra della realtà materiale ed empirica del mondo, che ne costituisce l'essenza e funge da modello creazionistico. A questa interpretazione si opposero i nominalisti che, come Roscellino, considerano gli universali puri segni convenzionali o «nomi» delle cose. Gli universali non hanno altra realtà al di fuori di quel movimento d'aria che impiega la voce nel pronunciarli; essi sono appunto *flatus vocis*, come diceva Roscellino.
Il problema passò ben presto dall'ambito puramente logico a quello teologico. A Guglielmo di Champeaux, che sosteneva la concezione realistica sino al punto di far corrispondere un'«essenza materiale» a ogni universale, si mosse l'accusa di trasformare la Trinità cristiana in un vero e proprio «triteismo»; Roscellino venne invece accusato di vanificare ogni distinzione fra le tre persone della Trinità e di ridurle a puri nomi. Contro queste tesi contrapposte si mosse Abelardo: sia i realisti sia i nominalisti assimilano l'universale a una «cosa» (*res*): l'essenza trascendente per i primi, la *vox* per i secondi. Invece l'universale non è nulla di materiale che stia negli individui o fuori di essi: l'universale è *sermo*, «significato» logico e linguistico, nel senso di «ciò che si può predicare di molti». In questa soluzione, che si suol definire «concettualistica», è evidente l'influenza della logica stoica che Boezio fece conoscere in Occidente unitamente alla logica aristotelica. A essa si richiamerà successivamente anche Occam. Ma il problema specifico degli universali trovò una sua soluzione di compromesso con Alberto Magno e san Tommaso. Di fronte alle varie alternative, se l'universale possedesse una sua realtà che precede le cose individuali (*ante rem*), se esso fosse nelle cose (*in re*), o se esso derivasse dalle cose per astrazione (*post rem*), essi le accolsero tutte insieme con appropriate giustificazioni. Gli universali infatti sono *ante rem* in quanto, nella mente divina, preesistono al mondo degli individui creati; sono *in re* poiché, mediante la creazione, Dio li pone nelle cose come loro essenza; e sono infine *post rem* poiché la mente dell'uomo, in quanto gli universali sono nelle cose essendovi stati posti da Dio, può estrarveli a posteriori mediante un processo astrattivo, trasformandoli così in immagini mentali, in concetti e infine in parole e segni convenzionali. Così, alla predominante interpretazione neoplatonica si sostituiva un più diretto ricorso alla formulazione aristotelica del problema dell'→ universale o concetto.

universali linguistici, proprietà e meccanismi comuni a tutte le lingue, il cui studio risale al sec. XVII, ai grammatici di Port-Royal: sulla base del postulato che la lingua è una rappresentazione del pensiero logico, e identificando l'«ordine naturale dei pensieri» con quello espresso dalla frase francese, essi progettarono una grammatica generale. La ricerca sugli universali linguistici si è intensificata a partire dagli anni Sessanta. N. → Chomsky ha messo al centro del suo programma di ricerca la descrizione della Grammatica Universale, intesa come il sistema di restrizioni che la facoltà del linguaggio impone alla struttura di qualsiasi lingua; mentre J.H. → Greenberg con i suoi collaboratori ha svolto indagini empiriche a larghissimo raggio, alla ricerca di tratti universali concepiti come relazioni condizionali (se una lingua ha la caratteristica X, avrà anche la caratteristica Y).

uno, termine introdotto da Platone nel *Parmenide*, per indicare il principio di unità che soggiace alla molteplicità delle idee e dei fenomeni, date le difficoltà inerenti alla teoria della partecipazione delle cose alle idee. Tale nozione (*en*) sviluppa il concetto pitagorico di → monade (unità originaria da cui deriva la serie dei numeri) e prefigura quella dell'uno assoluto: ente non determinato da altri, necessariamente esistente, principio e fondamento dell'esistenza degli enti apparenti. Alla definizione dell'unità (*monás*), di ciò che è uno «per sé», o in quanto semplice (privo di parti), o in quanto totalità (costituito da parti non separabili), si applica Aristotele nella *Metafisica* (v, 6), distinguendo innanzitutto quattro modi dell'unità predicabile: quella di un continuo (per es. una linea); di un sostrato la cui forma rimane uguale nelle sue specie (per es. una medesima quantità di una medesima sostanza); di un genere comune a più specie; di una definizione essenziale e invariabile. Ma, inoltre (ivi, x, 1-3), Aristotele distingue le domande «a quali cose si assegna il termine *uno*?» e «qual è il concetto del termine *uno*?», e giunge a identificarlo con l'«indivisibile», a definirlo come «principio del numero in quanto numero» (perché «misura della quantità» e non perché esso stesso numero) e, soprattutto, ad assimilarlo all'essere in quanto predicato sommamente universale. Ancora su tali argomenti si basa l'operazione di Plotino, che, fra le diverse specie di unità contemplate da Aristotele, si appunterà su quella formale o sostanziale, trattando quindi la *monás* come lo *en* platonico. Ne deriva così il concetto di uno ipostatico (→ ipostasi), cioè della divinità o del bene in quanto fondamento e principio (unico e unitario) trascendente, sia rispetto all'essere («Bisogna che prima di tutte le cose ci sia alcunché di semplice e di altro da tutto ciò che viene dopo: e questo è in se stesso, non si mescola con ciò che lo segue, ma può esservi in qualche modo presente»; *Enneadi* v, 4, 1), sia rispetto all'intelligenza (il che impone di servirsi dei mezzi dialettici della teologia negativa: «Si può adoperare questa parola [Uno] per cominciare la ricerca con un termine che designi la massima semplicità: ma infine bisogna negare questo stesso attributo che non merita più degli altri di designare quella natura che non può essere attinta dall'udito, né compresa da colui che la nomina, ma soltanto da colui che la contempla», ivi, v, 5, 6). In questo modo, Plotino raggiunge una concezione dell'uomo come entità semplice e immutabile da cui dipende, partecipandovi, ogni altro esistente («Separati dall'Uno gli esseri non ci son più»; *Enneadi* vi, 9, 1). Su questa base riposa il suo → emanatismo, e la gerarchia dell'essere che ne deriva (insieme alla dottrina del fluire degli enti dall'Uno per tornare all'Uno) è stata largamente ripresa nella teologia medievale. In tale contesto, va rilevata ancora l'originalità di Tommaso, che approfondisce la determinazione dell'uno ipostatico nei termini della sua unicità, quando afferma che la proposizione «Dio è Uno» (ovvero: include tutte le cose e in nulla è incluso) si regge sulla definizione di «uno» come di ciò che non è la specie di un genere, dove «genere» va a sua volta inteso come una determinazione che può essere partecipata da più specie (*Summa* I, q. 3, a. 5). Nella modernità, a parte gli sviluppi mistici e panteistici del concetto di uno-monade che attraverso Nicola Cusano ispirano il platonismo rinascimentale (Giordano Bruno) e infine il romanticismo (Schelling), inizia una decisa critica del concetto di unità sostanziale, la cui prima istanza può essere individuata in Locke. Questi, infatti, denuncia tale concetto come abusivo e fuorviante per chi voglia intendere le varie specie di identità di cui abbiamo cognizione (*Saggio sull'intelletto umano* II, 27, 8), e imposta così un argomento che starà al centro di diverse posizioni antimetafisiche (o soggettivistiche) di tipo analitico.

Upaniṣad, termine designante un gruppo di scritti speculativi dell'induismo, che costituiscono la parte conclusiva del → Veda e che furono composti tra il sec. IX e il VI a.C. Il termine sanscrito *upaniṣad* indica l'atto di sedersi ai piedi di un maestro e attesta il carattere esoterico di insegnamenti impartiti a discepoli idonei a riceverli. Tali discepoli potevano appartenere a qualsiasi ceto sociale e a qualsiasi casta, né erano discriminati secondo il sesso: tra gli interlocutori dei brani dialogici compaiono infatti principi e servi, sacerdoti e donne. Le dottrine upaniṣadiche riguardano temi di carattere metafisico (essenza della realtà ultima), antropologico (l'uomo e il suo destino), religioso-escatologico (mezzi per ottenere la salvezza). Ma le soluzioni proposte non sono omogenee, anche se sostanzialmente affini o convergenti: alcune avranno sviluppi successivi, soprattutto in quella corrente che proprio alle Upaniṣad si ispira, il → vedānta. Particolare interesse hanno le analisi della realtà del → brahman e dell'→ ātman, che sfociano nella metafisica del non-dualismo, ma anche la devozione religiosa verso il Dio uno, concepito in forma personale, e la contemplazione di esso nel creato. In alcune Upaniṣad compaiono per la prima volta la teoria del *saṃsāra*, o trasmigrazione, e la «legge» del → karman. Sul piano etico, le Upaniṣad insegnano, da un lato, la rinuncia al mondo in vista dei beni superiori della contemplazione, ma, dall'altro, non escludono la morale tipica della vita familiare e sociale, che comporta il compimento del dovere quotidiano e degli obblighi rituali. La natura composita dei testi non ha creato difficoltà agli interpreti posteriori, i quali hanno cercato di armonizzarne le istanze in un orientamento unitario proponendo il passaggio dalla vita attiva a quella contemplativa in base alla dottrina dei quattro stadi della vita o *āśrama* (→ induismo). Alla raccolta delle quattordici Upaniṣad classiche, o canoniche, seguono numerose altre, scritte in tempi diversi, fino a raggiungere il numero simbolico di 108 (anche se, in realtà, le Upaniṣad ispirate alle varie correnti religiose sono ancora più numerose).

La concezione filosofico-religiosa espressa dalle Upaniṣad ebbe nell'India antica una larghissima influenza; la sua diffusione in Europa è dovuta anche a Schopenhauer, che ne assunse alcuni motivi nel suo sistema.

utilitarismo, in senso lato, dottrina che assume l'utile come criterio dell'azione e fondamento della felicità e del bene, o più in generale come principio dei valori morali. Tale dottrina ha le sue origini nel pensiero greco: stando alle testimonianze, sembra già compiutamente articolata in Protagora e, con inclinazioni più nettamente edonistiche, nei cirenaici e negli epicurei. In età moderna, essa fu ripresa da B. Telesio e soprattutto da Hobbes; ma è con J. Bentham, alla fine del sec. XVIII, che assunse l'aspetto di scuola o di definita corrente di pensiero, alla quale J.S. Mill applicò il termine di utilitarismo. Bentham fu consapevole di ricavare il «principio dell'utile» da pensatori a lui vicini come C.-A. Helvétius, F. Hutcheson e C. Beccaria, ai quali vanno aggiunti A. Smith, J. Priestley (che nel *Saggio sul governo* del 1786 definì scopo della società la massima felicità possibile per il più gran numero di persone) e anche Spinoza («Per bene si intende ciò che sappiamo in modo certo esserci utile»: *Etica*, IV, definizione I). Bentham definì l'utilità come ciò che produce vantaggio, piacere, bene o felicità, intendendo questi termini come sinonimi. Utile quindi è ciò che, «minimizzando» il do-

lore, «massimizza» il piacere. Il che comporta l'esigenza di distinguere nelle cose e nelle azioni (di «calcolare», diceva Bentham), non le conseguenze prossime o immediate, ma quegli effetti che contribuiscono realmente a un benessere ampio e durevole.
Qui si radica il principio sociale dell'utilitarismo, in quanto non c'è vero utile per l'individuo se esso non favorisce anche il maggior bene possibile per tutti; e d'altra parte questa sanzione sociale dell'utile generale è per gli utilitaristi la radice unica e concreta di ogni → valore, compresi quelli più alti e «disinteressati». Fu J. Mill (*Analisi dei fenomeni della mente umana*, 1829) a mostrare il meccanismo psichico-associativo attraverso il quale ciò che è originariamente oggetto di egoistici sentimenti di utilità si trasforma, alla fine, in percezione di valori e moventi disinteressati: egli ricostruì dunque la genesi naturale della simpatia e della benevolenza sociali, che Bentham aveva assunto come semplici istinti originari. Su questa base J.S. Mill ampliò il concetto di utile e di piacere stabilito da Bentham in riferimento a criteri meramente quantitativi o di «algebra morale»: ciò che caratterizza il piacere è la sua qualità; questa è relativa al grado di raffinatezza del sentire cui l'individuo, tramite l'educazione e l'esempio, può pervenire (*Utilitarismo*, 1863). In tal modo J.S. Mill inseriva nell'utilitarismo inglese l'influenza dell'umanitarismo di A. Comte e ne preparava la diffusione nel positivismo evoluzionistico di H. Sidgwick e di H. Spencer. La scuola utilitaristica (che ebbe il proprio organo nella «Westminster Review») esercitò vasta influenza in sede politica, ispirando riforme sociali di impronta liberale, e in sede economica (T.R. Malthus, D. Ricardo, R. Owen). Essa suscitò peraltro opposizioni da parte dei romantici S.T. Coleridge e Th. Carlyle, del kantiano W. Hamilton e, in nome della morale cattolica, di A. Manzoni.

utopia, termine (dal gr. *ou*, non, e *tópos*, luogo) che significa letteralmente «non luogo», cioè «luogo che non esiste»: fu coniato da Th. More per la sua opera omonima (1516), descrizione di uno stato ideale perfetto, retto sul principio della eguaglianza economico-giuridica dei cittadini. Nella comune accezione la parola «utopia» è venuta quindi a significare qualsivoglia idea o progetto che si prefigga scopi nobili e giusti, ma irrealizzabili nella pratica. Oltre a More, e sull'esempio della *Repubblica* di Platone, altri filosofi e scrittori del Cinquecento e del Seicento elaborarono varie utopie politiche, delle quali le più note sono la *Città del Sole* di T. Campanella, *La città felice* di F. Patrizi e la *Nuova Atlantide* di F. Bacone. Sempre in riferimento al pensiero politico, ma in un senso peggiorativo o spregiativo, l'appellativo di «utopisti» venne attribuito ai sostenitori del socialismo del primo Ottocento (Saint-Simon, Owen, Fourier, Proudhon), in contrapposizione al socialismo «scientifico» propugnato da Marx e F. Engels. Il socialismo dei primi sarebbe utopistico perché, disconoscendo l'importanza della lotta di classe e l'inevitabilità della rivoluzione, pretenderebbe di modificare con mezzi pacifici o comunque inadeguati la struttura economico-politica della società capitalistica. Nel pensiero contemporaneo il tema dell'utopia ha conosciuto nuovi e significativi sviluppi, per es. nella scuola di Francoforte (dalla *Dialettica negativa* di T.W. Adorno ai recenti scritti socio-politici di J. Habermas) e ancor più in E. Bloch (*Spirito dell'utopia*, 1918; *Il principio speranza*, 1954-56). La concezione contemporanea dell'utopia manifesta un'evidente ispirazione rousseauiano-kantiana, come ha rilevato Ágnes Heller (*La filosofia radicale*, 1978). Fu infatti Rousseau a osservare, nella prefazione dell'*Emilio*, che tutti i «realisti», nemici dell'utopia, con la scusa di volersi attenere solo a ciò che è «fattibile», finiscono per difendere «quel che si fa». Riferendosi a Rousseau, il giovane Fichte a sua volta osservava, nell'introduzione ai *Contributi per rettificare i giudizi del pubblico sulla rivoluzione francese* (1793), che intanto la storia aveva mostrato come molti progetti considerati utopici «non fossero poi così completamente inattuabili». Fu Kant però a fornire una fondazione concettuale della funzione dell'utopia nella storia. La fondazione kantiana si basa sulla funzione «regolativa» delle idee trascendentali: sebbene le idee della ragione non siano costitutive dell'esperienza (come invece lo sono le categorie conoscitive dell'intelletto), esse tuttavia orientano e guidano il mondo fenomenico verso finalità transfenomeniche e metastoriche, imponendo in tal modo il progressivo affermarsi, nella storia, del diritto sulla forza, della pace universale perpetua sulla guerra hobbesiana di tutti contro tutti.
In termini espliciti Bloch ha parlato della funzione positiva dell'utopia, in quanto essa, attraverso lo strumento della critica, agisce come forza propulsiva reale della storia. In Bloch, come anche nella Heller e nello stesso Adorno, si attua così un ripensamento del marxismo che abbandona il realismo «scientifico» hegelo-marxista per aderire alla grande tradizione utopica di stampo platonico-kantiano. Questa posizione è illustrata anche da H. Marcuse, il quale nella *Fine dell'utopia* osserva che è oggi necessario «perseguire l'idea di una via al socialismo che dalla scienza porti all'utopia e non, come ancora credeva Engels, di una via che dall'utopia porti alla scienza».

Vaihinger, Hans (Nehren, Württemberg, 1852 - Halle 1933), filosofo tedesco. Di formazione prevalentemente kantiana (fu dal 1897 il primo direttore della rivista «Kant-Studien» e fondò nel 1905 la Kant-Gesellschaft), insegnò nelle università di Strasburgo e di Halle. Fra le sue opere: *Commento alla Critica della ragion pura di Kant* (1881-99); *Nietzsche come filosofo* (1876); *Filosofia del «come se»* (1911). La filosofia del «come se» intende fornire un «sistema delle finzioni teoretiche pratiche e religiose dell'umanità» sul fondamento di un «idealismo positivistico». Vaihinger considera il pensiero e la conoscenza unicamente come mezzi per il raggiungimento di fini vitali. La scienza stessa riposa su concezioni inadeguate, soggettive, immaginarie, il cui accordo con la realtà è fin da principio dichiarato indimostrabile, che possono essere anche fra loro contraddittorie, ma che tuttavia servono a fini di importanza essenziale, in quanto ci consentono di padroneggiare la realtà, intesa a sua volta come massa di rappresentazioni. Esse sono «finzioni» utili che tuttavia agiscono «come se» fossero vere, e la presa di coscienza di questo loro carattere ne permette un uso più scaltrito e fecondo. Questo carattere non è però solo proprio delle rappresentazioni scientifiche, ma anche di quelle etico-religiose, che corrispondono nella loro varietà a bisogni vitali diversi. Tali bisogni sono a loro volta determinati dalla costituzione generale dell'uomo e dalle particolari circostanze in cui essa si viene a trovare: Vaihinger intende in questo modo far rivivere nel quadro del suo pensiero, di carattere sostanzialmente pragmatico, motivi del neocriticismo soprattutto nella versione che di esso diede A. Lange (aprioristica capacità del pensiero di organizzare l'esperienza esterna, capacità che si fonda tuttavia sulle disposizioni organiche dell'uomo) e motivi prospettivistici nietzschiani (l'accento sulle circostanze concrete, sulle diverse caratteristiche personali degli uomini).

Vailati, Giovanni (Crema 1863 - Roma 1909), filosofo e storico della scienza italiano. Allievo e assistente di G. → Peano a Torino fino al 1899, insegnò poi nei licei e negli istituti tecnici. Nel 1904 si stabilì a Firenze, dove diede vita alla rivista «Leonardo», insieme all'amico e collaboratore M. Calderoni e ai giovanissimi G. Papini e G. Prezzolini. La rivista, che fu un episodio caratteristico della vita culturale italiana di quegli anni, era di indirizzo dichiaratamente pragmatista: ma, mentre il «pragmatismo» di Papini e Prezzolini si riconnetteva agli aspetti più irrazionalistici delle posizioni di W. James e di F.C.S. → Schiller, quello di Vailati e Calderoni aveva piuttosto dei punti di contatto con il pensiero di Ch.S. → Peirce; più in generale, costituiva un aspetto minore ma omogeneo della ricerca epistemologica euroamericana di quegli anni, legata alle diverse influenze di E. → Mach e di F. → Brentano, e consistente in indagini precise su problemi come la «nuova logica», il linguaggio della scienza fisica, la natura delle operazioni mentali umane e il loro rapporto con la costituzione delle scienze. L'esperienza di Vailati restò però, in Italia, isolata. Le sue ricerche più significative sono quelle sul linguaggio scientifico e filosofico: l'indagine circa l'incidenza delle confusioni linguistiche nella storia della scienza (*Osservazioni su le questioni di parole*, 1899), l'analisi delle metafore attraverso cui viene rappresentata la deduzione (*I tropi della logica*, 1905), la disamina delle argomentazioni dilemmatiche (*Il linguaggio come ostacolo alla eliminazione di contrasti illusori*, 1908). Vailati appartiene quindi pienamente, insieme a Peirce, J.E. Moore e M. Schlick, al movimento di pensiero che troverà espressioni diverse nell'→ empirismo logico e nella filosofia → analitica. I suoi articoli e prolusioni sono raccolti nel volume postumo degli *Scritti* (1911).

vaisésiika, sistema filosofico indiano. Le sue basi sono esposte nel *Vaiśeṣika-sūtra* di Kaṇāda, opera non anteriore all'era cristiana, anche se alcune teorie in essa contenute risalgono a un periodo precedente. Il *Vaiśeṣika-sūtra* sembra opporsi radicalmente al buddhismo per la sua concezione realistica e sostanzialistica del cosmo e dell'uomo. Le sei categorie fondamentali della sua metafisica sono: sostanza, qualità, azione, universalità, particolarità e inerenza. Le sostanze possono essere visibili e invisibili, materiali e non materiali, eterne e non eterne. Tutto ciò che è composto e dipende da altro è transitorio; le sostanze semplici invece sono indipendenti, immutabili, eterne. Le sostanze non percepibili vengono inferite in base ai loro effetti o alle qualità che posseggono. Così possiamo conoscere lo spazio, il tempo, l'aria, l'etere, gli *aṇu* (elementi ultimi della realtà materiale), il *manas* (mente) e l'*ātman* (spirito). L'esistenza dell'ātman, che ha il manas come proprio strumento, è colta nell'autocoscienza, allorché si dice «Io», individualmente, ed è inferita come fonte delle operazioni del conoscere. Anche le sacre scritture attestano l'esistenza e la pluralità delle anime, che si differenziano tra loro e si distinguono da Īśvara, il Signore.

L'evoluzione teistica del sistema porrà in seguito l'accento sull'importanza della grazia divina per ottenere la salvezza ultima, e sulla necessità di osservare il → dharma in quanto espressione della divina volontà.

La conoscenza, secondo il vaiśeṣika, si realizza mediante la percezione (che include anche quella yogica), l'inferenza, il ricordo e l'intuizione, quest'ultima tipica dei saggi. In campo logico, il vaiśeṣika risulta strettamente legato al → nyāya, con cui, in tempi recenti, è venuto a formare un unico sistema. La sillogistica del nyāya viene in tal modo assunta quale metodo per assicurare un più corretto uso dell'inferenza.

Valdés, Juan de (Cuenca 1490 ca - Napoli 1541), riformatore spagnolo. Studiò all'università di Alcalá (1527-29) e frequentò la corrente spirituale degli alumbrados (→ illuminati). Attraverso il fratello Alfonso, segretario alle lettere latine dell'imperatore Carlo V, entrò in contatto con Erasmo, di cui condivise la critica e la diffidenza verso tutti gli elementi esterni del cristianesimo (cerimonie, forme di pietà vicine alla superstizione), il desiderio della pace come condizione e frutto della vita cristiana, il rifiuto di un'apologetica fanatica. Fin dal suo primo libro, uscito anonimo ad Alcalá nel 1529 con il titolo *Dialogo della dottrina cristiana*, Valdés pone alla base della propria concezione ascetica l'identità tra cristianesimo e vita di perfezione, alla quale dunque tutti sono chiamati e non solo i monaci. Il pensiero di Valdés è fortemente cristocentrico e partecipa alle grandi dispute teologiche del tempo sul rapporto tra redenzione, grazia e salvezza degli uomini. Per le violente opposizioni al suo libro, egli lasciò la Spagna e, dopo un breve soggiorno a Roma, approdò a Napoli, dove nel 1536 diede vita a un centro di spiritualità e di dibattito teologico cui aderirono personaggi famosi come Bernardino Ochino, Pietro Vermigli, Marcantonio Flaminio e Giulia Gonzaga. Il problema della fede e delle opere in rapporto alla salvezza fu uno dei temi principali di discussione del cenacolo napoletano, e certamente la salvezza «per fede» (non «per la sola fede», che è espressione tipicamente luterana) era la formula preferita. Valdés lasciò tracce profonde come maestro spirituale, ma non intese mai fondare un movimento religioso; i tentativi di interpretare la sua opera come quella di un luterano non hanno trovato sufficienti fondamenti storici. Altri suoi scritti importanti sono l'*Alphabeto christiano* (1536), che è un dialogo con la duchessa Giulia Gonzaga, e le *Cento e dieci divine considerazioni* (1550).

valdesi, seguaci di un movimento medievale di rinnovamento religioso, trasformatosi poi in chiesa evangelica di tipo calvinista. Alle sue origini sta la personalità di Valdès, comunemente chiamato Valdo, mercante lionese vissuto tra il sec. XII e il XIII: verso il 1174 egli decise di donare tutti i suoi beni ai poveri, e di mettersi a predicare il vangelo al popolo. Questa sua convinzione trovò un'eco immediata fra le masse popolari della Francia meridionale, in mezzo alle quali i seguaci di Valdo, o valdesi, si ponevano come comunità di poveri («poveri di Lione» furono presto chiamati) consacrati alla libera predicazione. A differenza dei → catari essi non pretendevano però di avere alcuna originalità teologica, e desideravano semplicemente richiamare la chiesa al suo mandato missionario. Questa delimitazione ideale nei confronti dei catari portò tutta un'ala dei valdesi a rientrare nell'ambito disciplinare della chiesa cattolica.

Intanto però la predicazione valdese aveva trovato un'eco inattesa nell'Italia settentrionale, dove aveva rapidamente attratto a sé i residui dei principali movimenti ereticali lombardi. Da questa sintesi nacque il secondo, e più duraturo tipo di valdismo medievale: dai → patarini i valdesi ricevettero un orientamento «donatista», cioè la tesi dell'invalidità dei sacramenti amministrati dal clero corrotto e simoniaco; dagli umiliati ereditarono il gusto per la vita comunitaria, l'apprezzamento del lavoro professionale e il rifiuto del giuramento; dai seguaci di Arnaldo da Brescia una certa ostilità verso il potere papale. In Lombardia, di conseguenza, il movimento valdese si radicalizzò, assumendo le caratteristiche di vera e propria «chiesa di opposizione», e affermando la propria autonomia anche nei confronti dei confratelli d'oltralpe (colloquio di Bergamo, 1218). Da Milano, i «poveri lombardi» irradiarono la predicazione valdese in tutta Europa. Per far fronte sia alle esigenze della missione, sia ai pericoli della repressione inquisitoriale, i valdesi elaborarono un'organizzazione originale: un corpo di predicatori itineranti e celibi (i «barba») percorrevano a due a due vaste regioni per «edificare» i nuclei di credenti, con una predicazione fondata su testi biblici appresi a memoria. Nei centri più importanti si trovavano «ospizi», tenuti da donne (la cui predicazione era normalmente accettata), e che servivano come punto di riferimento clandestino per gli isolati della diaspora e per gli itineranti. Nelle località più appartate si trovavano «scuole», cioè centri di formazione; un «barba majoralis» esercitava un ufficio di sovrintendenza generale.

La riforma protestante pose i valdesi di fronte al problema di aderire o meno a questo nuovo movimento: nel 1532 i «barba» riuniti insieme al popolo decisero l'adesione alla riforma di tipo elvetico-strasburghese (sinodo di Cianforan). Gradualmente, il vecchio movimento ereticale si trasformò in una tipica chiesa riformata, presto percorsa da una profondissima influenza calvinista, mai più cancellata; vennero edificati templi per la pubblica predicazione; i «barba» si trasformarono in «pastori» dotati di formazione accademica; si creò una rete di scuole; una traduzione biblica venne commissionata al riformato francese P.-R. Olivétan; un'organizzazione sinodale disciplinò la vita della chiesa; più tardi fu adottata una confessione di fede di tipo apertamente calvinista. Da quel momento ebbe inizio, per i valdesi, un'epoca di persecuzioni, durata circa due secoli quasi ininterrottamente. Furono perseguitati da Emanuele Filiberto, ma ottennero poi la libertà religiosa (accordo di Cavour, 1561); nuovamente oppressi, deportati ed espulsi (1686-87) da Vittorio Amedeo II, riuscirono, dal Vaud attraverso la Savoia, a rientrare nelle loro valli («glorioso rimpatrio») e a riconciliarsi col re. Nel 1848 ottennero da Carlo Alberto l'emancipazione.

La chiesa valdese (che conta oggi ca 46.000 membri di cui 20.000 ca in Italia e Francia) non ha una teologia né un'organizzazione originale; essa segue le linee fondamentali dell'impostazione calvinista, rinnovate nel nostro secolo da K. Barth. Ogni chiesa locale gode di una vasta autonomia; tutte le chiese insieme si esprimono nel sinodo annuale (formato da pastori e laici), che detiene le massime responsabilità dottrinali e organizzative. Un comitato esecutivo, la «tavola valdese», presieduta da un moderatore, mantiene i necessari collegamenti pastorali e amministrativi. La chiesa valdese ha realizzato un'integrazione con la chiesa metodista italiana.

Valentino (sec. II d.C.), teologo gnostico egiziano. Insegnò ad Alessandria (fino al 135) e poi a Roma (fino al 160). Il suo pensiero risulta dalla fusione sincretistica di tradizioni giudaico-cristiane con il neoplatonismo, la gnosi sethiana e l'encratismo. All'origine delle cose Valentino colloca Abisso, principio maschile, e Silenzio, principio femminile, dalla cui unione nascono Intelletto e Verità; questi generano poi il Verbo e la Vita, che a loro volta generano l'essenza eterna dell'uomo e la chiesa. La generazione prosegue con una schiera di ventidue → eoni, che, insieme con la prima ogdoade (gruppo di otto divinità primordiali), formano il → plērōma. Al termine della complessa serie delle generazioni di eoni compare la concupiscenza (Achamoth), materia senza forma che viene immediatamente espulsa dal pleroma. Per rimediare a questa situazione, Intelletto e Volontà generano due nuovi eoni, Cristo (maschio) e Spirito Santo (femmina), destinati a insegnare agli altri l'amore e il rispetto del supremo Abisso; dal desiderio comune di tutti gli eoni nasce invece Gesù, un essere divino capace di purificare la concupiscenza e renderla materia fertile. Su questa linea di dualistica contrapposizione fra materia e spirito si colloca anche l'antropologia di Valentino, il quale peraltro afferma che la salvezza rimane inaccessibile a gran parte dell'umanità. Egli scrisse un *Vangelo della verità* (recentemente scoperto), mentre Ippolito ci ha conservato l'inizio di un salmo in cui Valentino ricorda una delle sue visioni; altri frammenti dei suoi scritti sono riportati negli *Stromata* di Clemente Alessandrino.

Valéry, Paul (Sète 1871 - Parigi 1945), scrittore francese. Durante gli studi all'università di Montpellier, e più tardi a Parigi, dove si stabilisce nel 1894, frequenta i maggiori letterati e pensatori della sua epoca, tra cui Gide e Mallarmé, che lo spingono a pubblicare le prime poesie su riviste legate al Simbolismo. Un elemento essenziale nella vita di Valéry è costituito dalla crisi del 1892, la famosa «notte di Genova» (paragonata dai biografi alla «notte» di Pascal), in seguito alla quale il giovane poeta si impone il distacco da ogni «cosa vaga» dello spirito, in grado di turbare la lucidità superiore dell'intelletto: il sentimento, l'istintività, la letteratura. Da queste riflessioni scaturiscono gli interessi scientifici e matematici di Valéry, i cui influssi sono avvertibili nell'*Introduzione al metodo di Leonardo da Vinci* (1895) e nella creazione del personaggio di Teste (*La serata con Monsieur Teste*, 1896), il «mistico senza Dio», la coscienza assoluta, indenne dai turbamenti e dalle insidie della sensibilità.

Il ritorno all'esercizio poetico, rivalutato in quanto «gioco difficile» dell'intelletto con il linguaggio, avviene per Valéry con la composizione della *Giovane Parca*, pubblicata nel 1917, in cui la *poietica* valériana si rivela come filiazione e congedo del simbolismo di Mallarmé, e procede verso una fabbricazione cosciente che possa superare la dicotomia fra pensiero e scrittura poetica.

Ma oltre che per la sua produzione letteraria, essenziale nella storia letteraria del Novecento, Valéry è oggi attentamente studiato in ambito filosofico (si veda in particolare il saggio di Karl Löwith, *Paul Valéry*, 1971) per il monumentale *corpus* di annotazioni costituito dai *Quaderni* (scritti ogni mattina all'alba, dal 1894 al 1945, e pubblicati in edizione fotostatica fra il 1957 e il 1961). Nei *Quaderni* sono contenute fondamentali osservazioni estetiche, linguistiche, epistemologiche, da cui emerge il profondo interesse di Valéry per la modellizzazione del mentale e per i processi di formazione del pensiero umano, non dal punto di vista psicologico o psicoanalitico ma da quello noetico e strutturale.

Valéry ha con la filosofia un rapporto controverso. Ritiene infatti che troppo spesso, nella sua lunga storia, il pensiero teoretico si sia ridotto a una sterile astrazione verbale, fatta di parole e concetti ambigui, su cui i filosofi vanamente si interrogano, e individua la necessità di un metodo lucido e rigoroso in grado di precisare gli scopi, i termini e le finalità della ricerca. Oggetto principale del pensiero deve essere la struttura del pensiero stesso, la sua traduzione nel linguaggio e nel concreto processo del Fare artistico. L'estetica di Valéry nasce dunque dall'autoriflessione della mente nel corso del proprio atto creativo, dalla concreta analisi del linguaggio umano e dall'inesausta attenzione per i meccanismi e le condizioni di funzionamento dell'intelligenza nel suo percorso di conoscenza e creazione.

Valla, Lorenzo (Roma 1407-1457), filosofo e filologo italiano. Professore di retorica a Piacenza e Pavia, visse alcuni anni (1437-48) a Napoli, alla corte di Alfonso d'Aragona. Al 1431 risale la sua prima grande opera, *De voluptate*, successivamente rielaborata nei tre libri *De vero falsoque bono*. Nel periodo napoletano scrisse *Elegantiae latinae linguae* (1435-44); *De libero arbitrio* (fra il 1435 e il 1439); *Dialecticae dispu-*

tationes (1439); *De falso credita et ementita Constantini donatione* (1440); *De professione religiosorum* (1442) e i tre libri *Historiarum Ferdinandi regis Aragoniae* (1445-46). Nel 1448 tornò a Roma, dove aprì una scuola per l'insegnamento della retorica e scrisse *In Novum Testamentum ... adnotationes* (1449) e altre opere minori.

Il *De vero falsoque bono* è un attacco durissimo all'etica stoica, come è esposta nei primi quattro libri del *De consolatione philosophiae* di → Boezio. Contro l'etica stoica, che proclama la rinuncia a ogni piacere, la repressione delle passioni come condizione per il raggiungimento della virtù (*honestas*), Valla difende l'epicureismo, sostenendo che la grande massa degli uomini agisce invece in vista di un unico scopo: il piacere, identificabile in realtà con l'utile, il quale si rivela la vera molla dell'agire umano. Le leggi furono emanate e gli stati fondati solo per l'utilità che gli uomini speravano di trarne. E questo vale anche per le arti liberali. Se dunque la natura ci spinge alla ricerca del piacere, lo stoicismo, disprezzando il naturale agire degli uomini, opera uno stravolgimento della natura stessa e si configura come un ideale etico così sovrumano da essere raggiungibile solo da pochi eletti. Di contro a questo aristocraticismo, che è in realtà demenza e ipocrisia, l'epicureismo appare come un'etica davvero per tutti gli uomini, interprete autentica della natura. Il piacere ricercato dal cristiano è però quello celeste, che è superiore e spesso in contrasto con quello terreno, ma è pur sempre un piacere, qualcosa che dà gioia; la prospettiva edonistica dunque si conserva, pur entro un'interpretazione cristiana.

Nel *De libero arbitrio* oggetto della confutazione valliana è di nuovo Boezio, questa volta il quinto libro della *Consolatio*, che discute il problema del rapporto fra libero arbitrio dell'uomo e prescienza divina. Attraverso la critica delle argomentazioni di Boezio, Valla attacca in realtà le distinzioni e le sottigliezze di tutta la filosofia scolastica. I concetti di eternità, prescienza e onnipotenza divina sono incomprensibili all'uomo, che nulla conosce fuori del tempo. Occorre anzitutto distinguere in Dio sapienza e volontà: e a rendere necessari gli eventi non è la conoscenza, ma la volontà di Dio. E neppure gli angeli, dice Valla, possono sapere per quali motivi la volontà divina «uno indura e di un altro ha misericordia». L'uomo deve essere umile di fronte a Dio e pensare che se «scientia divinorum utilis est, utilior caritas». Il dialogo di Valla sbocca quindi in un esito fideistico, che eserciterà una profonda suggestione sugli uomini della riforma, in particolare su Lutero e Calvino. Ancora contro la scolastica, e questa volta anche contro Aristotele, sono dirette le *Dialecticae disputationes*; alla logica astratta e formalistica della tradizione aristotelico-scolastica Valla oppone un'interpretazione razionale del linguaggio. Le categorie aristoteliche vengono ridotte a tre: sostanza, qualità e attività. Bisogna spiegare il significato esatto delle parole, liberarle dalle incrostazioni che le distinzioni sofistiche degli scolastici vi hanno accumulato sopra, ristabilendo il nesso fra *verba* e *res*. Solo dopo questo lavoro sarà possibile passare all'arte dialettica. Strumento indispensabile, in questo processo di revisione, è la filologia, che in Valla acquista un significato assai ampio, giacché nelle parole degli uomini si rispecchia il loro modo di pensare e quindi la loro storia. In questa prospettiva la polemica antiscolastica di Valla acquista la sua vera dimensione: il medioevo, corrompendo la purezza del latino, ha perduto insieme la sostanza profonda di quella civiltà. Restaurare la latinità vuol dire operare un radicale rinnovamento della cultura. Le *Elegantiae* non sono solo un repertorio linguistico o un'opera di grammatica, che ritaglia nella latinità un periodo e uno stile privilegiato, quello ciceroniano, perché assurga a modello, ma anche un'opera di storiografia. Il VI libro tratta del significato di diversi vocaboli, importanti per la filosofia, la teologia e la giurisprudenza. Esemplare in tal senso la discussione del concetto di *persona*, come inteso nella teologia scolastica a partire da Boezio, che Valla riduce a *qualitas*; quest'analisi sarà ripresa dagli eretici italiani del Cinquecento, per es. da Serveto, nella loro polemica antitrinitaria. Valla applica poi gli strumenti filologici a un testo famoso come la *Donazione* di Costantino (che dimostra falsa con argomentazioni giuridiche e linguistiche) e anche ai testi sacri. Il valore storico, dirompente, delle annotazioni *In Novum Testamentum* sta proprio nella rivendicazione del diritto a esaminare criticamente, seppure solo sul piano filologico, il testo sacro: non a caso, in piena controriforma l'opera fu messa all'indice dal concilio di Trento. Nel *De professione religiosorum* l'analisi linguistica coinvolge anche i contenuti, quando Valla rivendica la qualifica di «religiosus» a chiunque sia «fidelis»: la «regola» e la volontà divina sono la stessa cosa e a essa sono tenuti tutti gli uomini. *P. La.*

valore, termine che, in senso stretto, concerne la sfera economica, come già appare dal vocabolo greco *axía* (prezzo, valore ecc.): dal greco sono derivati i termini «assiologia» e «assiologico», in riferimento a tutto ciò che riguarda il valore (l'etica, il bene, il fine ultimo ecc). Preso in quest'ultimo e più ampio senso, il problema del valore ricopre l'intero ambito della morale e con esso si confonde. Da ciò deriva che del concetto di valore si possono dare una trattazione impropria e indiretta comprendente l'intera storia del pensiero etico e in generale filosofico sino alla metà del secolo scorso; una trattazione tecnica riguardante la nozione di valore in economia; una trattazione specifica concernente la filosofia dell'ultimo secolo in cui la questione del valore è emersa in modo autonomo, dando vita, tra l'altro, a una vera e propria «filosofia dei valori».

• *Valore ed etica.* Il valore, nel senso di ciò che è buono e utile, ebbe una prima trattazione nell'età dei sofisti. Fu Protagora a sostenere da un lato un radicale relativismo etico: ogni uomo è misura di ciò che per lui ha valore. I valori (*chrêmata*), relativi e mutevoli, sostituiscono pertanto la stabilità dell'essere parmenideo. D'altro lato è anche vero che alcune opinioni e valutazioni rivelano maggiore utilità di altre. Di qui il compito educativo della retorica protagorea: usare l'arte dialettica per far prevalere il discorso che ha più forza e valore (*kréittōn lógos*) sul discorso di minor valore o più debole (*hḗttōn lógos*), sebbene entrambi non siano in sé né veri né buoni. A tale relativismo etico si oppose Platone, sostenendo quell'unità ideale ed essenziale di bene, bello e vero che costituì da allora il fondamento ontologico e metafisico di ogni nozione di valore. In tal modo il problema del valore si confondeva con i concetti di essere e di verità o, come dicevano gli scolastici, con le nozioni «trascendentali» nelle quali si specificano i modi fondamentali della creazione divina (*esse, verum, bonum*: san Tommaso, *De veritate*).
Solo a partire da Kant cominciano a emergere le premesse per una trattazione indipendente del problema del valore, sulla base della distinzione tra «essere» e «dover essere». Quest'ultimo si configura come una sfera di norme e di fini universali e oggettivi la cui validità, realtà e autonomia sono accresciute per il fatto che essi si riferiscono non già a un oggetto empirico, ma a qualcosa che ha una propria essenzialità metaempirica. La via è così aperta per uno studio dei valori intesi come oggetti autonomi e indipendenti dal campo delle realtà meramente esistenti.

• *Il valore economico.* Il concetto di valore in senso economico comincia a imporsi a partire da Hobbes, che definisce il «valore di un uomo» in base «al prezzo che si pagherebbe per l'uso del suo potere» (*Leviatano*, 10). Quale fosse in generale il valore dei beni e con quale criterio si potesse calcolare divenne in seguito uno dei problemi centrali delle riflessioni degli economisti. Dapprima si ritenne che tale valore dipendesse dall'utilità intrinseca della cosa. In questo senso si orientarono le ricerche di R. Cantillon, W. Temple e F. Hutcheson. W. Petty e Locke cominciarono invece a intuire quella connessione tra valore e lavoro che è il fondamento della scienza economica e che A. Smith ebbe il merito di analizzare per primo. Egli non si limitò a stabilire genericamente che è il lavoro a creare il valore delle merci, ma pose anche l'essenziale distinzione tra «valore d'uso» (l'utilità *sociale* della merce) e «valore di scambio». Quest'ultimo è chiarito dal principio in base al quale lo scambio delle merci è in realtà lo scambio del lavoro necessario a produrle, sicché «il lavoro è stato il primo prezzo, la moneta pagata in origine per l'acquisto di tutte le cose». Da questi principi ha preso avvio l'evoluzione del concetto di valore nell'economia classica da Ricardo a Marx, nonché la sua critica riconsiderazione nell'economia contemporanea da W. S. Jevons e L. Walras a J. M. Keynes e altri.

• *I valori e la filosofia dei valori.* Una trattazione autonoma del problema filosofico dei valori venne inizialmente ispirata dalla rinascita del kantismo nella seconda metà del sec. XIX. In particolare fu H. Lotze a impostare il problema dell'«essere valido» come campo delle finalità ultime dalle quali il processo della realtà è strutturalmente diretto (*Microcosmo*, 1856-64). La questione si sviluppò in seguito nelle tre principali direzioni dello psicologismo, della filosofia dei valori e della fenomenologia. Un posto a sé occupa la figura di Nietzsche, che esercitò peraltro ampia influenza con la tesi secondo la quale ogni società organizza la propria esperienza storica in base a tavole di valori che essa giudica assoluti ed eterni e che sono in realtà il frutto di scelte «vitali» ispirate dalla «volontà di potenza»; di qui deriva anche l'esigenza, secondo Nietzsche, di un «rovesciamento di tutti i valori» per superare la crisi nichilistica della civiltà occidentale. L'indirizzo psicologistico ebbe come principali esponenti A. Meinong e Ch. von Ehrenfels, entrambi allievi di F. Brentano e influenzati anche dagli economisti austriaci, come F. von Wieser. Nelle *Ricerche psicologiche sulla teoria del valore* (1894) Meinong poneva in relazione la «grandezza del valore» con l'intensità del «sentimento valutativo», mentre Ehrenfels (*Teoria sistematica del valore*, 1897) proponeva di misurare il valore in base alla sua «desiderabilità» o «desiderio potenziale». La *filosofia dei valori* sviluppata da W. Windelband e dalla scuola del Baden mirava invece a salvaguardare kantianamente l'oggettività del valore dalle componenti psicologiche. I valori concernono per Windelband l'ambito «idiografico» dei fatti storici in cui «ha valore solo ciò che è unico». La «scienza critica dei valori» è pertanto la filosofia, in quanto essa riflette quella ricerca mai conclusa di valori universali che caratterizza appunto l'uomo come soggetto storico distinto da ogni altro ente naturale (*Storia e scienza della natura*, 1894). La windelbandiana filosofia dei valori venne continuata da H. Rickert, il quale distinse il «regno dei valori» dal «mondo della realtà». Tra essi funge da mediatore il «regno del significato», che pertiene all'uomo. La filosofia deve pertanto interpretare i valori che si esprimono in ogni accadimento storico (*Scien-

za della cultura e scienza della natura, 1899) e infine classificarli, come Rickert fece nel *Sistema di filosofia* (1921) distinguendoli in sei sfere: logica, estetica, mistica, etica, erotica e religiosa. La scuola del Baden fu infine rappresentata da H. Münsterberg il quale, nella *Filosofia del valore* (1908), propose a sua volta una minuziosa classificazione dei «valori vitali» e «culturali», tentando una sintesi delle premesse kantiane con i metodi della psicologia sperimentale.
Sotto la più diretta influenza dello storicismo di W. Dilthey si sviluppò invece l'analisi dei valori di M. Weber. Nel saggio *Il senso dell'«avalutatività» delle scienze sociologiche ed economiche* (1917) questi rifiutò la trascendenza metafisica dei valori sostenuta dai neokantiani: i valori posseggono soltanto una «trascendenza normativa» in quanto essi valgono come termini di riferimento dell'agire che si concretano, in varia misura, nella storia. Ma nel realizzarsi i valori rivelano anche la loro intrinseca conflittualità reciproca che non li rende per nulla incondizionatamente validi. L'uomo, in cui il contrasto tra i valori emerge in modo essenziale, è perciò costretto a una scelta problematica e storicamente condizionata e caduca.
Contro i neokantiani e la loro distinzione tra essere e dover essere si espresse anche B. Croce (*I giudizi di valore*, 1909) che considerò il valore o uno «pseudo concetto» empiricamente classificatorio o un altro nome per indicare lo spirito nelle sue interne distinzioni categoriali.
La scuola fenomenologica ebbe come maggior esponente M. Scheler, che si oppose al formalismo kantiano: i valori, pur non essendo empirici, sono «materiali», nel senso che corrispondono al «sentimento intenzionale» della coscienza e ne costituiscono il contenuto determinato. I valori non sono percepibili dall'intelletto, bensì tramite l'esperienza emozionale della coscienza. Ciò non significa che i valori siano contenuti psichici: l'uomo «è solo il luogo e l'occasione dell'emergere dei valori» che hanno la loro origine nella coscienza divina (*Il formalismo nell'etica e l'etica materiale dei valori*, 1916). Anche N. Hartmann sottolineò il carattere originariamente emozionale dei valori che egli interpretò in senso rigorosamente realistico: la percezione del valore può variare e anche mancare del tutto, ma i valori sussistono in una propria idealità indipendente dalla coscienza intenzionale (*Etica*, 1926). Alla scuola fenomenologica si opposero, in nome della concezione cristiana del valore, R. Le Senne e L. Lavelle.

Van Fraassen, Bas (Goes, Olanda, 1941), logico ed epistemologo statunitense di origine olandese. Insegna all'università di Princeton. Nel panorama della filosofia della scienza, van Fraassen occupa un posto di rilievo per le sue posizioni empiristiche e anti-realiste sulla natura della conoscenza scientifica; le sue tesi sono esposte in *L'immagine scientifica* (1980). Contro il realismo scientifico, la posizione secondo la quale «la scienza mira a trovare una descrizione vera dei processi inosservabili che spiegano quelli osservabili», van Fraassen propone un «empirismo costruttivo», secondo cui il solo scopo della scienza è fornirci teorie empiricamente adeguate. Il nodo del contendere è costituito dallo status ontologico delle entità teoriche e dalla verità delle teorie scientifiche.
Riprendendo la tradizione empiristica e positivista (ma rifiutando la psicologia degli empiristi classici e la centralità del linguaggio dei neoempiristi) van Fraassen afferma che accettare una teoria non significa ritenere che le entità teoriche da essa impiegate siano effettivamente esistenti; ciò che conta è solo il contenuto empirico delle teorie, le quali si devono limitare a fornire un resoconto veritiero di ciò che è osservabile, considerando le strutture ulteriori postulate come mezzi per raggiungere tale scopo. A questa richiesta di «salvare i fenomeni» egli aggiunge la consapevolezza che «accettare una teoria piuttosto che un'altra implica anche impegnarsi in un programma di ricerca, continuare il dialogo con la natura nel contesto di uno schema concettuale invece che di un altro». Van Fraassen ha inoltre significativamente contribuito allo studio delle logiche non-classiche (logiche libere, logica della meccanica quantistica) e alla semantica formale delle lingue naturali (teoria delle supervalutazioni). Altre opere: *Introduzione alla filosofia del tempo e dello spazio* (1970); *Semantica formale e logica* (1971); *Derivazione e controesempio* (1972, con K. Lambert).

Vangelo, termine indicante il nucleo centrale della rivelazione cristiana. In senso proprio e originario, vangelo (dal gr. *euanghélion*, buona novella) è l'«annuncio» della venuta di Gesù Cristo e del compimento delle attese messianiche del popolo di Israele; esso non implica un patrimonio culturale o dottrinale, ma riguarda un evento storico avente valore di salvezza proposta a tutti gli uomini. Il Vangelo cominciò a essere tramandato oralmente, come avveniva per l'insegnamento dei rabbini di quel tempo; le prime comunità cristiane ricorsero ai racconti di coloro che avevano conosciuto Gesù e ai detti o alle espressioni significative di Cristo trascritte e trasmesse dai discepoli. Già verso la metà del sec. I il moltiplicarsi dei problemi teologici e morali nelle comunità pose l'esigenza di stabilire la storia di Gesù e di determinare il significato della sua esperienza. Furono così composti i Vangeli, i quali quindi, a causa della loro genesi, vanno considerati non alla stregua di documenti storici, ma come testimonianze di fede, composte per rispondere a interrogativi e problemi sorti fra i credenti. Al termine di un processo di selezione avvenuto all'interno della chiesa, i Vangeli ufficialmente riconosciuti, detti «canonici», furono distinti dagli «apocrifi». Fra questi ultimi, cui venne negata attendibilità dottrinale e storica, i principali sono il Protovangelo di Giacomo, lo Pseudo-Matteo, il Vangelo di Pietro, il Vangelo di Tomaso e le Memorie di Nicodemo. I Vangeli canonici sono quattro. I primi tre (Marco, Matteo, Luca) sono detti sinottici in quanto risultano, sul piano letterario, strettamente collegati. Marco è all'origine di questa tradizione; da Marco dipendono Matteo e Luca, i quali si servono anche di una fonte comune, sconosciuta a Marco e andata perduta, detta fonte Q. Le divergenze redazionali dipendono dalle differenti problematiche teologiche e pastorali presenti nelle comunità per cui furono originariamente compilati. Il quarto Vangelo, attribuito a Giovanni, risulta composto più tardi, verso la fine del sec. I.

Mentre i sinottici pongono al centro i temi del Regno di Dio e dell'identità di Gesù (figlio dell'uomo-figlio di Dio), nel quarto Vangelo emerge in primo piano il mistero salvifico di Cristo. Abbandonato il genere parabolico, caratteristico dei Vangeli precedenti, Giovanni affronta già nel celebre Prologo la questione della divinità di Cristo, con un linguaggio teologico denso di suggestioni platoniche. Cristo è il Logos incarnato, il Verbo di Dio che ha assunto una natura umana esistenzialmente concreta. Il significato della presenza del divino nella storia è chiarito attraverso il costante ricorso ai temi della luce, della verità e della vita; la narrazione della passione e morte di Gesù è interamente orientata a mostrare come la croce non rappresenti una sconfitta ma sia segno di gloria e di vittoria sul mondo.

Sin dai primi secoli (→ padri della chiesa) il contenuto dei Vangeli è stato oggetto di ricerche esegetiche, storiche e teologiche. Tre sono i principali orientamenti presenti nella teologia neotestamentaria del Novecento, e ciascuno di essi contrassegna una fase successiva della ricerca. La lettura storico-critica dei Vangeli è caratterizzata dal tentativo di ricostruire il testo nella sua genesi progressiva, risalendo, attraverso le successive stratificazioni, sino alle forme letterarie originarie, alla storia della redazione e della trasmissione testuale. Uno dei principali fautori del metodo storico-critico nella prima metà del Novecento, R. → Bultmann, lo abbandonò optando per l'ermeneutica esistenziale, caratterizzata dal coinvolgimento diretto del soggetto nell'orizzonte della ricerca; il lettore dovrà comprendere, infatti, non tanto la genesi letteraria del testo, quanto l'interrogazione esistenziale di fondo con cui esso continua a interpellare l'uomo di fede. Più di recente, sono stati avviati tentativi di interpretazione dei Vangeli contrassegnati dal valore attribuito alla prassi: fra i più noti, la cosiddetta «lettura materialistica» (F. Belo), la quale considera elemento fondamentale dei Vangeli la prassi messianica di Gesù, il complesso di pratiche materiali di liberazione dal male fisico e di reintegrazione sociale degli esclusi che egli attuò in relazione alle attese politico-religiose della sua comunità. *G. L. Po.*

Van Gennep, Arnold (Ludwigsburg 1873 - Bourg-la-Reine, Parigi, 1957), etnografo francese di origine tedesca. Professore presso l'università di Neuchâtel (Svizzera), direttore della «Revue d'ethnographie et de sociologie», si dedicò in particolare al folclore europeo e francese. Elaborò una teoria, che è rimasta fondamentale negli studi etnologici e antropologici, per spiegare i riti che, in modo simile in tutte le culture, preparano e sanciscono il «passaggio» di una persona da uno status sociale a un altro. Rientrano nella categoria dei «riti di passaggio» quelli connessi con la nascita, i riti di → iniziazione, i riti matrimoniali, quelli funerari, i riti legati ai cicli agricoli e quelli destinati a scandire il tempo sociale. Tutti questi riti sono contraddistinti da tre fasi: il distacco dalla situazione iniziale (la «morte» simbolica), la fase liminale o di «margine» (densa di pericoli perché la condizione umana è in trasformazione e quindi indefinita) e l'acquisizione del nuovo status («rinascita» simbolica). Il punto centrale della teoria di Van Gennep è il concetto di «margine» nel senso di vigilia, di preparazione a un atto importante, concetto che permette di giungere alla comprensione di elementi essenziali che differenziano il sacro dal profano. Le sue opere principali sono: *I riti di passaggio* (1909); *La formazione delle leggende* (1910); *Manuale di folclore francese contemporaneo* (1938-58).

Vanini, Giulio Cesare (Taurisano, Lecce, 1585 - Tolosa 1619), filosofo italiano. Studiò legge a Napoli e teologia a Padova. Dopo aver viaggiato attraverso l'Italia e la Germania, nel 1612, in Inghilterra, abbandonò il cattolicesimo. Nel 1615 pubblicò a Lione l'*Amphiteatrum aeternae providentiae* e nel 1616, a Parigi, il *De admirandis naturae reginae deaeque mortalium arcanis*. Dopo un periodo trascorso a Tolosa, venne processato dall'inquisizione (1618), condannato per eresia e ateismo e, l'anno seguente, mandato al rogo. Profondamente influenzato dall'aristotelismo di Averroè, di P. Pomponazzi e di G. Cardano, Vanini critica in modo radicale la religione rivelata, in nome di una concezione della divinità come totalmente immanente alla natura. Tutti i dogmi della religione rivelata vanno reinterpretati razionalmente, mentre i miracoli hanno una spiegazione naturale che non contraddice le leggi del determinismo universale. All'interno di questa visione razionalistica e materialistica della natura, Vanini nega che il mondo abbia avuto origine per creazione e asserisce che lo spirito è materiale e l'anima umana mortale.

Varisco, Bernardino (Chiari, Brescia, 1850-1933), filosofo italiano. Professore all'università di Roma dal 1906 al 1925, fu accademico dei Lincei e senatore. Dopo studi scientifici approfonditi, Varisco aderì al positivismo, sviluppando in particolare il problema dell'atto del pensiero in senso psicofisico (*Scienza e opinioni*, 1901). Per uno svolgersi interno di tale problematica, abbandonò progressivamente il positivismo (*La conoscenza*, 1905) per aderire infine a una posizione spiritualistica che ammetteva una pluralità metafisica di monadi autocoscienti, tesi in evidente rapporto con la tradizione leibniziana da un lato e rosminiana dall'altro. In questa fase emerge in primo piano la questione dell'immanenza e trascendenza del soggetto assoluto divino, assunto come fondamento ultimo del policentrismo spirituale al quale l'intero universo è ricondotto (*I massimi problemi*, 1910; *Conosci te stesso*, 1912). Di qui il passaggio finale al teismo; esso comporta l'abbandono del pluralismo coscienzialistico che è il tratto comune e più originale di tutte le precedenti fasi del pensiero di Varisco, sebbene l'autonomia dei soggetti venga in qualche modo salvaguardata col ricorso al concetto dell'«autolimitazione» divina in favore della realtà individuale della persona umana (*Sommario di filosofia*, 1928; *Dall'uomo a Dio*, postumo, 1939). Nonostante la sua complessa evoluzione, il pensiero di Varisco ha mantenuto ferma l'opposizione al neoidealismo crociano e gentiliano, criticandone le pretese immanentistiche e il rifiuto della scienza, e ispirando in tal modo il realismo di P. Carabellese, che fu allievo di Varisco all'università di Roma.

Vaticano II, concilio, ventunesimo concilio ecumenico della chiesa cattolica (1962-65). La sua convocazione rappresentò già di per sé una novità teologica di rilievo: infatti correnti autorevoli della teologia contemporanea ritenevano chiusa la stagione dei concili con la proclamazione dell'→ infallibilità papale (1870). Secondo i discorsi programmatici di Giovanni XXIII, scopo generale del concilio doveva essere la promozione dell'unità tra i cristiani; inoltre il concilio doveva avere carattere pastorale e non dogmatico, nel tentativo di rivestire la sostanza della fede con formulazioni adeguate ai tempi. I lavori si svolsero in quattro distinti periodi; nella pausa tra il 1° e il 2° periodo Giovanni XXIII morì e fu eletto Paolo VI, che portò il concilio a conclusione. I grandi movimenti liturgico, biblico ed ecumenico che avevano caratterizzato la vita ecclesiale europea della prima metà del secolo, così come le esigenze delle chiese latino-americane, africane e asiatiche ispirarono i dibattiti, che subito rivendicarono la sovranità del concilio respingendo tutti gli schemi preparatori tranne quello liturgico. I testi predisposti e approvati dai padri conciliari comprendono 4 costituzioni, 9 decreti e 3 dichiarazioni. Le costituzioni (sulla liturgia, la chiesa, la parola di Dio e la chiesa nel mondo) esprimono il nucleo dell'insegnamento del concilio; tra gli altri testi hanno particolare rilievo il decreto sull'ecumenismo e la dichiarazione sulla libertà religiosa. Il grande tema del concilio è stato certamente la chiesa, della quale sono stati messi in luce aspetti che per più di un millennio erano rimasti in ombra: la chiesa come mistero di salvezza, che richiama la totale signoria del Cristo sulla terra; la chiesa come popolo di Dio peregrinante; la chiesa che si esprime nella chiesa universale ma è presente a pieno titolo anche nelle chiese locali. Il vescovo recupera la propria identità di pastore; egli riceve il proprio mandato da Cristo stesso mediante la consacrazione episcopale, che lo impegna non solo a reggere la propria chiesa ma anche a esercitare la «sollecitudine» per la chiesa universale in seno al collegio episcopale. Il collegio dei vescovi riunito intorno al papa è organo supremo per la guida della chiesa e intende realizzare in essa un'armonica presenza della figura di Pietro e degli apostoli («collegialità episcopale»). Il concilio intese anche affermare la partecipazione della chiesa alla storia degli uomini e la rinuncia ai propri privilegi, sforzandosi di superare l'immagine tradizionale della chiesa come cittadella arroccata da secoli contro un mondo nemico. In questa attenzione agli uomini si iscrive la dichiarazione sulla libertà religiosa. L'atteggiamento profondamente mutato verso le altre confessioni cristiane (presenti al concilio con loro osservatori) trova significativo riscontro nella espressione «chiese sorelle» del decreto sull'ecumenismo, mentre la costituzione *Dei verbum* ha riportato la Sacra Scrittura al centro della vita ecclesiale, dopo che cinque secoli di preoccupazioni antiprotestanti avevano reso i cattolici diffidenti ed estranei alla Bibbia; infine la costituzione sulla liturgia, consentendo l'uso delle lingue volgari nella messa, ha restituito al culto la sua funzione di atto dell'intera comunità. Al di là dell'attuazione (spesso lenta e talvolta variamente ostacolata) dei decreti conciliari, il Vaticano II rappresenta, nella teologia, nella prassi e nella coscienza del cattolicesimo, la fine dell'epoca inaugurata dal concilio di → Trento.

Vattimo, Gianni (Torino 1936), filosofo italiano. Allievo di L. Pareyson all'università di Torino e di H.-G. Gadamer all'università di Heidelberg, ha insegnato estetica all'università di Torino, dove attualmente insegna filosofia teoretica. Vattimo è uno dei principali esponenti dell'ermeneutica contemporanea. Egli riprende la tesi di Gadamer secondo cui l'essere che può venir compreso è linguaggio: la verità non consiste dunque nella conformità della proposizione alla cosa — secondo i canoni della vecchia metafisica trasferiti nel pensiero scientifico moderno —, bensì nella trasmissione di un

patrimonio storico e linguistico che rende possibile e orienta la comprensione del mondo. Il bisogno di verità come oggettività è la caratteristica non della modernità compiuta, ma di una umanità ancora primitiva che cerca di esorcizzare i pericoli cui è esposta attraverso il ricorso a principi primi, fondamenti inconcussi e concezioni globali. Nietzsche, l'autore che insieme a Heidegger ha posto le basi dell'ermeneutica filosofica contemporanea, vedeva nella dissoluzione dei fondamenti il principio di una duplice emancipazione: sia come liberazione *dal* simbolico, dalle credenze metafisiche, sia come liberazione *del* simbolico, cioè come possibilità di sperimentazione di nuove forme di vita e di pensiero. Di qui la necessità per la filosofia di rinunciare a qualsiasi ruolo fondativo e di configurarsi piuttosto come un «pensiero debole» e come una 'ontologia dell'attualità', capace di accompagnare e di edificare l'umanità in un mondo che non ha ormai bisogno di assoluti.
Più recentemente, questa prospettiva emancipativa si è arricchita di una filosofia della storia posta sotto il segno della secolarizzazione, intesa come presa di congedo dal terrore mitico e dalle sue razionalizzazioni. La storia non porta verso il meglio, come nel perfettismo illuminista e idealista, ma si allontana dal peggio; l'anamnesi storica di questo allontanamento ha il valore di una teodicea indebolita e di una terapia. Tra le sue opere: *Essere storia e linguaggio in Heidegger* (1963); *Poesia e ontologia* (1968); *Il soggetto e la maschera. Nietzsche e il problema della liberazione* (1974); *Le avventure della differenza* (1980); *Il pensiero debole* (1983, con P.A. Rovatti); *La fine della modernità* (1985); *La società trasparente* (1989); *Etica dell'interpretazione* (1990). Ha inoltre curato la traduzione italiana di *Verità e metodo* (1972) di Gadamer.

Veblen, Thorstein (Cato, Wisconsin, 1857 - Menlo Park, California, 1929), economista e sociologo statunitense. Si laureò in filosofia a Yale nel 1884. Nel 1892 ricevette un incarico di insegnante presso l'università di Chicago. Contemporaneamente entrò nella redazione del «Journal of Political Economy» e avviò una collaborazione al «Quarterly Journal of Economics», con una serie di articoli che costituiranno la base della sua *Teoria della classe agiata* (1899). Veblen riteneva che la scienza economica del suo tempo costituisse solo una prima approssimazione alla realtà economica degli Stati Uniti, per la cui piena comprensione era necessaria una teoria della concreta evoluzione del sistema capitalistico. Nella sua prima opera, che è anche la più famosa, Veblen, anticipando alcuni temi degli studi successivi sul consumismo, analizzò il «consumo opulento» e lo «spreco opulento» delle classi sociali più elevate, in quanto simboli di status sociale e strumenti di una competizione diretta ad accrescere il prestigio individuale. Vi è anche abbozzata l'opposizione, sviluppata poi in altri lavori dallo stesso Veblen, tra *business* e *industry*, intesi rispettivamente come l'aspetto dell'attività economica finalizzato alla ricerca del profitto e l'aspetto tecnologico dell'attività economica, ovvero la sua vocazione a massimizzare la produzione di beni e servizi. Da questa impostazione deriva l'importanza del ruolo assegnato da Veblen ai tecnici e ai lavoratori produttivi nell'evoluzione del sistema economico verso un ordinamento di tipo socialista.
Altre opere: *Teoria dell'impresa* (1904); *L'istinto della produzione e lo stato delle arti industriali* (1914); *La Germania imperiale e la rivoluzione industriale* (1915). Nel dopoguerra Veblen assunse la direzione della rivista «The Dial» dove pubblicò una serie di articoli (poi raccolti in *Gli ingegneri e il sistema dei prezzi*, 1919) dedicati a un'analisi attenta del bo lscevismo, il che gli valse inquisizioni e sospetti. Dal 1920 al 1926 insegnò alla New School for Social Research e nel 1923 pubblicò *Proprietà assenteista e impresa*, forse la sua opera maggiore, in cui intravedeva il prevalere degli interessi costituiti della società capitalistica, sostenuti dalla classe militare, e la caduta in una nuova barbarie.

Vecchi cattolici, → veterocattolicesimo.

Veda, termine, che in sanscrito significa «scienza», designante la più antica produzione religiosa in lingua sanscrita, composta fra il 1500 e l'800 ca a.C. Comunemente, però, s'intende per Veda l'insieme delle opere fondamentali di questo complesso (di cui le altre — eccettuate le → Upaniṣad — costituiscono commenti e integrazioni), ossia Ṛgveda, Sāmaveda, Yajurveda e Atharvaveda. Il Ṛgveda (Veda degli inni), la cui stesura fu conclusa intorno al 1000 a.C., è costituito dalla raccolta di 1028 inni dedicati alle numerose divinità del politeismo indiano; essi risultano suddivisi in 10 libri di epoca e derivazione diverse. Secondo una concezione più antica, il creatore dell'universo sarebbe sorto dallo smembramento del *Paruṣa*, maschio primordiale; secondo una teoria più recente e spirituale, dall'emergere come «desiderio» di un principio di vita. Il Sāmaveda (Veda delle melodie) raccoglie 1810 strofe, quasi tutte tratte dal Ṛgveda, destinate ad accompagnare i grandi sacrifici. L'Atharvaveda (Veda delle formule magiche), più recente del Ṛgveda, comprende 731 inni suddivisi in 20 libri. In generale più vicino alla sensibilità e ai problemi quotidiani dell'uomo, contiene formule magiche, incantesimi amorosi, preghiere da recitare nelle diverse situazioni della vita comune; in altri inni di carattere filosofico si avvicina invece alle Upaniṣad. Lo Yajurveda (Veda delle preghiere) infine, suddiviso in 40 sezioni, è una raccolta di preghiere, per la maggior parte composte con

versi tratti dal Ṛgveda. Il complesso di queste opere è ritenuto (insieme con Brāhmaṇa, Āraṇyaka e Upaniṣad) frutto della rivelazione (→ *śruti*) divina di Brahmā.
La mitologia vedica presenta non poche somiglianze con quella aria o indoeuropea; è facile scorgere infatti le correlazioni tra Zeus-Jupiter e Dyauspitar, tra Marte e i Marut, tra il dio Pan e il dio Pūṣan ecc. Vi sono, tuttavia, anche altre divinità che non trovano esatto riscontro nella mitologia indoeuropea. La tradizione indiana suddivide gli dei vedici in dei del cielo, della atmosfera e della terra e stabilisce tra loro gerarchie non univoche; per es. Varuṇa viene considerato il dio sovrano e custode dell'ordine universale, colui che punisce e assolve i peccatori, e ha sempre al suo fianco un altro dio, Mitra, garante dell'alleanza universale che consente l'armonia del cosmo e della vita. Ma vi è anche un altro «capo», Indra, dio della folgore e signore degli dei, che, accompagnato dai Marut (divinità giovanili e guerriere), ottiene vittorie sugli avversari degli dei e assicura trionfi agli ari, conquistatori dell'India. Non meno celebri le divinità solari come Sūrya e Uṣas (l'aurora) o quella del fuoco (Agni), che è anche il dio del sacrificio rituale. La religione vedica era incentrata sul sacrificio (*yajña*), incruento e cruento (erano previsti anche sacrifici umani). Eseguito e tramandato da una casta sacerdotale e patrocinato dalla casta dei guerrieri, il rituale vedico perse, col tempo, gran parte della sua importanza, a mano a mano che le esegesi liturgiche tendevano a interpretarlo simbolicamente e che gruppi religiosi contestavano il valore magico del sacrificio nonché il predominio dei brahmani, e promuovevano quella religione più interiorizzata che sfocerà poi nelle speculazioni delle Upaniṣad. Sebbene l'ossequio al Veda sia, almeno formalmente, pressoché panindiano, non tutte le divinità vediche hanno conservato uguale importanza. L'orientamento verso il panteismo e verso il monoteismo che già traspare in alcuni inni speculativi del Veda e in alcune parti dei Brāhamaṇa, degli Āraṇyaka e delle Upaniṣad, si farà gradualmente sempre più chiaro, fino a che le divinità vediche saranno considerate soltanto manifestazioni multiformi dell'unico Dio.

vedānta (in sanscrito, «fine dei Veda»), sistema filosofico indiano che si ispira alle → Upaniṣad e ne esplicita criticamente le questioni metafisiche. Le scuole del vedānta fanno capo ad alcuni grandi maestri come → Śaṅkara (sec. VIII), → Rāmānuja (sec. XI), → Nimbārka (sec. XII), Madhva (sec. XIII) e Vallabha (sec. XV), e assumono la loro denominazione dal tipo di metafisica che le caratterizza, cioè, rispettivamente: *kevala-advaita* (semplice non dualismo), *viśiṣṭa-advaita* (non dualismo qualificato), *dvaitādvaita* (dualismo e non dualismo), *dvaita* (dualismo) e *śuddha-advaita* (non dualismo puro). Tali espressioni si riferiscono al rapporto del cosmo e dell'uomo rispetto al brahman, rapporto che può essere inteso appunto come unità-identità, come unità differenziata, come unità articolata (dualismo e non dualismo), come distinzione (tra Dio, mondo, individui) e infine come identità pura (individuo, cosmo e Dio costituiscono una unità inscindibile, senza alcuna mediazione). Le enunciazioni di siffatte metafisiche appaiono semplicistiche e perfino paradossali se non si tiene conto delle problematiche storico-speculative che le hanno condizionate. L'induismo filosofico, infatti, all'epoca di Śaṅkara, ha dovuto polemizzare con le rivali scuole eterodosse, specie con il buddhismo; al tempo stesso, ha cercato di armonizzare le diverse proposte metafisiche contenute nelle Upaniṣad: il vedānta è quindi, inizialmente, il tentativo di rispondere coerentemente a una quantità di problemi di ordine gnoseologico, logico, fenomenologico ed etico, senza venir meno alla fedeltà religiosa. Le scuole del vedānta posteriori a Śaṅkara (il cui non dualismo pareva troppo astratto) hanno accolto le istanze antropologiche e gli sviluppi dell'induismo, giungendo a favorire la devozione verso un Dio concepito in forma personale e perfino incarnata (→ avatāra). Si trattava però anche di formulare una metafisica che non contraddicesse né alla evidenza logica né all'esperienza: di qui la serie dei commentari e sottocommentari scritti per illustrare i testi base del vedānta, che, oltre alle Upaniṣad, sono il *Brahmasūtra* (o *Vedāntasūtra*) e la → *Bhagavadgītā*.

Venn, John (Drypool 1834 - Cambridge 1923), logico inglese. Visse e insegnò tutta la vita a Cambridge, abbandonando negli ultimi anni la logica e l'epistemologia per studi antiquari. Non fu un pensatore originale, ma soprattutto un efficace e lucido espositore. In logica (*Logica simbolica*, 1881) difese G. Boole dalle critiche di W.S. Jevons, e accettò solo in piccola parte le innovazioni di quest'ultimo rispetto alla logica booleana, cui peraltro apportò egli stesso qualche modifica. Empirista ortodosso, fu seguace di J.S. Mill in epistemologia (*Principi di logica empirica o induttiva*, 1889), manifestando peraltro un certo scetticismo verso il metodo induttivo, che a suo giudizio era applicabile solo quando i possibili esiti dell'induzione erano stati anticipatamente circoscritti. Diede una formulazione classica della teoria frequentista della probabilità (*La logica del caso*, 1866).

Ventura di Raulica, Gioacchino (Palermo 1792 - Versailles 1861), filosofo e teologo italiano. Fu preposito generale dell'ordine dei teatini (1830-33). Benché si professasse scolastico e tomista, aderì al → tradizionalismo, subendo in particolare l'influenza di de Bonald. In effetti concepì la filosofia cristiana come filosofia non «inquisitiva» (mirante a scoprire qualcosa di ignoto, che in definitiva non trova mai), ma «dimostrativa» o «credente» (mirante a dimostrare una verità già sentita come tale, ma che ancora attende dimostrazione e delucidazione). Nello sviluppare questa concezione della filosofia, poi, egli sostenne che l'uomo non può giungere a verità di ordine metafisico se non attraverso la parola rivelata. Questa comprende verità naturali e verità soprannaturali che costituiscono il patrimonio comune dell'umanità e sono l'oggetto della filosofia, la quale però non può di per sé scoprirle ma solo elaborarle razionalmente in un sistema. I suoi scritti sono raccolti in *Opere complete* (31 voll., 1862-63) e *Opere postume* (3 voll., 1863).

Vera, Augusto (Amelia, Terni, 1813 - Napoli 1885), filosofo italiano. Compì gli studi a Parigi e soggiornò a lungo in Svizzera, Francia e Inghilterra. Nel 1860, tornato in Italia, fu professore all'Accademia scientifico-letteraria di Milano e poi all'università di Napoli. Fra le sue opere: *Il problema della certezza* (1845); *Introduzione alla filosofia di Hegel* (in francese, 1855); *Ricerca sulla scienza speculativa e sperimentale* (in inglese, 1856); *La filosofia dello spirito di Hegel* (in francese, 1867-70); *Introduzione alla filosofia della storia* (1869); *Il problema dell'Assoluto* (1872-82). Come rivelano i titoli delle opere, Vera dedicò gran parte della sua attività alla diffusione e al commento del pensiero hegeliano, di cui offrì ampi estratti e traduzioni in un periodo in cui pochi erano in grado, in Italia e in Francia, di accedere all'originale. Egli può essere considerato un hegeliano di destra, per l'accentuazione dell'autonomia e trascendenza dell'Idea nei confronti dello spirito umano. Particolare attenzione dedicò alla filosofia della natura, fondendo motivi di polemica antifichtiana, diretti a rivendicare alla natura una sua dialetticità interiore, con spunti derivati dal contatto con l'ambiente filosofico inglese. Il suo pensiero (che si distingue nettamente da quello di B. → Spaventa, inteso a una soggettivizzazione dello hegelismo in senso immanentistico) non fu senza influenza su altri hegeliani italiani, come D. Jaja (per la filosofia della natura) e S. Maturi (per l'esigenza religiosa di salvaguardare una qualche trascendenza dell'Idea).

Vergote, Antoine (Kotrijk 1921), teologo cattolico belga. Dopo la laurea in teologia e filosofia, si specializza in psicologia e psicoanalisi (è membro dell'Ecole Freudienne de Paris). La sua ricerca teologica è caratterizzata dalla riflessione su quelle articolazioni interne dei significati che appartengono alla teologia come alla psicoanalisi. Secondo Vergote le due scienze non sono estranee l'una all'altra, ma anzi presentano fondamentali punti di contatto: fede cristiana e psicoanalisi hanno infatti come oggetto comune il desiderio, il corpo, la morte, la colpa, il padre, la relazione intersoggettiva. In questa prospettiva la teologia si connota come archeologia dei dati cristiani, indagine sulle strutture fondamentali dell'essere umano e sulle implicazioni culturali dei significati cristiani. L'esame psicoanalitico dell'inconscio offre materiale di riflessione alla teologia perché esplora la struttura elementare dell'essere umano. Questa è basata su una rete simbolica che determina il linguaggio, la stessa su cui si fonda la comunicazione fra uomo e Dio (Verbo incarnato). Opere: *La teologia e la sua archeologia* (1974); *Interpretazione del linguaggio religioso* (1974); *Liberare Dio liberare l'uomo* (1977).

verificazione, principio di, il criterio di significanza empirica proposto dal positivismo logico, in base al quale un enunciato che non sia analitico è dotato di significato «cognitivo» o fattuale se e solo se la sua verità o falsità risulta accertabile mediante osservazioni empiriche. Un enunciato, insomma, è significante se e solo se può essere verificato.

Uno dei problemi più gravi che i sostenitori del principio di verificazione hanno dovuto affrontare riguarda la natura della conoscenza che è passibile di verificazione: si tratta di conoscenza certa o solo probabile, al pari di quella di tutte le ipotesi scientifiche? La soluzione adottata inizialmente dai positivisti logici (F. Waismann, M. Schlick e altri) fu la prima, nota come criterio di *verificabilità forte*: un'asserzione S ha significanza empirica se e solo se c'è un insieme finito non contraddittorio $O_1 ... O_n$ di asserzioni osservative di base tali che S implica ed è implicato dalla congiunzione di $O_1 ... O_n$. Le difficoltà di questa soluzione sono numerose e insolubili. Per es., un'asserzione universale esprimente una legge scientifica non è equivalente alla congiunzione di un numero finito di asserzioni osservative e quindi non è verificabile in modo conclusivo; inoltre, mentre un'asserzione esistenziale («qualcosa è rosso») è verificabile, in base al criterio proposto la sua negazione («nulla è rosso») non lo è, essendo un'asserzione universale; ancora, il criterio in questione presuppone che le asserzioni osservative siano verificabili esse stesse in modo definitivo. Quest'ultima difficoltà solleva una questione centrale: esistono verificazioni conclusive? Ciò equivale a chiedersi se la certezza delle asserzioni osservative sia assoluta. A.J. Ayer in *Linguaggio, verità e logica* (1936) osserva che tale certezza non è mai più che probabile: «Il fatto è che con il linguaggio non si può indicare un oggetto senza delinearlo. [...] E delineando la situazione non ci si limita a «registrare» un contenuto sensoriale; in un modo o nell'altro lo si classifica sempre. [...] Nessuna autentica proposizione sintetica può essere ostensiva, né, dunque, assolutamente certa.» Ayer propone dunque un criterio di *verificabilità debole*: una proposizione ha significanza empirica se da essa e da eventuali altre premesse sono deducibili una o più asserzioni osservative che non si potrebbero dedurre dalle sole altre premesse. Insieme a quella di Ayer vanno ricordate anche le numerose proposte di «liberalizzazione» del criterio empiristico di significanza conoscitiva avanzate da R. Carnap tra gli anni Trenta e gli anni Cinquanta. Esse mirano tutte a una formulazione rigorosa della teoria verificazionale del significato che, pur non concedendo spazio alla metafisica, non escluda dal dominio del discorso conoscitivamente significante anche parti essenziali del discorso scientifico. Tuttavia, oggi sono ben pochi gli epistemologi convinti che mediante esse si possa tracciare una netta linea di confine tra il discorso scientifico e quello pseudoscientifico.

verità, termine fondamentale, non soltanto nel discorso filosofico, ma anche nel discorso comune e in quello scientifico; è tuttavia alla filosofia che spetta peculiarmente d'indagare il suo significato. La domanda è: che cosa vuol dire qualificare qualcosa come «vero» (o «falso»)? Naturalmente, a proposito della verità c'è anche un altro interrogativo, che sembra ancora più importante: a quali condizioni è giustificato qualificare qualcosa come vero (o come falso)? Questa seconda questione, tradizionalmente indicata come la questione del criterio (o dei criteri) della verità, fa quindi tutt'uno col cosiddetto problema della conoscenza. Ovviamente, le impostazioni e le soluzioni d'un siffatto problema sono le più varie, lungo tutta la storia del pensiero occidentale, e di questo esse costituiscono infatti una grossa porzione. Nella presente voce ci si limita invece alla questione del *significato* della nozione di verità, rimandando per il resto, oltre che alle voci sui singoli filosofi, alle voci generali → gnoseologia e → scienza, filosofia della.

• *Verità della proposizione e verità ontologica.* Storicamente la ricerca sul significato della nozione di verità è stata affrontata da Aristotele nella *Metafisica* e all'inizio del *De interpretatione*. Anzitutto, Aristotele limita l'applicazione sensata delle qualifiche di «vero» e «falso» al discorso apofantico (dichiarativo), cioè alle proposizioni affermative o negative, escludendola tanto per gli elementi del discorso isolati gli uni dagli altri (come un nome da solo o un verbo da solo) quanto per i discorsi che non siano apofantici (come per es. le preghiere, i comandi ecc.). L'alternativa vero o falso si applica quindi solo a una parte di ciò che è dotato di significato (poiché dotati di significato possono essere anche gli elementi del discorso presi da soli o anche i discorsi non apofantici); ma la significatività è comunque una condizione preliminarmente necessaria perché tale alternativa sia pertinente (è qui già implicita l'importante conseguenza che, per poter essere falsa, una proposizione deve però essere dotata di significato, e, se è invece priva di significato, allora non può essere falsa).

Questo modo di considerare la verità, quale eventuale proprietà delle proposizioni, è rimasto presente in tutto il pensiero occidentale, sino a oggi; tuttavia, si è talora contestato che esso sia l'unico legittimo. Nella tradizione platonizzante (anche se terminologicamente non in Platone medesimo) si trova infatti anche un'accezione ontologica della nozione di verità, intesa del tutto indipendentemente dal pensiero e dai discorsi degli uomini: come l'Essere «vero» o la Realtà «vera» (nel senso in cui nel linguaggio comune si dice per es. che qualcosa è vero oro — in contrasto con ciò che dell'oro abbia solo l'aspetto ingannevole — o qualcuno è un vero eroe). In questo senso, «vero» si contrappone non al falso o all'erroneo, bensì a ciò che è soltanto apparente (come i sogni, di contro alle percezioni da svegli) o comunque dotato d'un grado di realtà inferiore e derivato (come le cose sensibili, nel platonismo, in quanto copie delle idee). Col cristianesimo si ebbe addirittura la identificazione della verità con Dio stesso (secondo il Vangelo giovanneo: «Io sono la via, la verità, la vita») e in particolare, nel quadro del dogma trinitario, con il Verbo o Logos divino. Ma il dogma della creazione imponeva poi un'attribuzione della verità (naturalmente nel senso ontologico) anche alle cose sensibili, dal momento che ogni elemento del creato, anche il più modesto, è necessariamente conforme all'idea archetipa, presente nell'intelletto divino, in base alla quale esso è stato creato. E per questo motivo il termine «vero» venne annoverato, dalla scolastica, fra i termini cosiddetti → trascendentali. Nel lessico scolastico, questa è la verità «metafisica», da distinguere dalla verità «logica», relativa cioè alla conoscenza umana, e dalla verità «morale», che è la semplice sincerità o veridicità. Ma già san Tommaso avvertiva che il senso più proprio della nozione di verità rimaneva il secondo, come a suo tempo definito da Aristotele. Poi, nel pensiero moderno, da parte di Hobbes, Spinoza, Locke ecc., si ebbe il rifiuto più drastico dell'accezione ontologica. Tuttavia, essa ha trovato una reviviscenza imponente con Hegel; il quale, al culmine della sua logica, identifica l'«Idea» con la verità, ma avvertendo che non si tratta della verità che può trovarsi nelle proposizioni (meglio definibile come «esattezza»), bensì del «Vero in sé e per sé», ossia dell'→ Assoluto stesso.

• *La verità come corrispondenza.* Quanto al contenuto della nozione di verità, Aristotele la definisce come conformità d'una proposizione con la realtà: una proposizione è vera se i fatti sono come essa dice che sono, o se non sono come essa dice che non sono, e falsa negli altri casi. Aristotele sottolinea che, anche se la verità d'una proposizione implica che i fatti siano come essa dice che sono, tuttavia la ragione per cui essa è vera è che i fatti sono come essa dice che sono. Vi è cioè una radicale asimmetria fra discorso e realtà, in rapporto alla verità. Questa concezione della verità — qualificata talora come «realistica» e comunemente denominata «concezione della verità come corrispondenza» (san Tommaso la esprimeva con la formula: → adaequatio rei et intellectus) — è stata nettamente prevalente su qualsiasi altra fino al nostro secolo, nel quale ha conosciuto alcune contestazioni; ma anche nel nostro secolo ha trovato difensori. Fra questi difensori sono da segnalare B. Russell e A. Tarski. Particolarmente in *Significato e verità* (1940) Russell sostiene che il dominio della verità è assai più esteso di quello della conoscenza, ossia che la nozione di verità non è riducibile a quella di verifica. Diversamente, una proposizione non sarebbe né vera né falsa, nel caso che non fosse verificata o falsificata; mentre, conformemente al principio del terzo escluso, secondo Russell una proposizione non priva di senso è di fatto vera o falsa (e non si dà altra possibilità) anche se non si ha alcun modo d'accertarlo, e anzi anche se per avventura non si ha alcuna opinione al riguardo, come avviene del resto a ogni individuo per le infinite questioni alle quali non gli accade mai di rivolgere la mente. A rendere vere o false le proposizioni (e già, originariamente, le credenze che vengono espresse dalle proposizioni) è la presenza o assenza d'una determinata relazione, comunemente denominata «corrispondenza», per l'appunto, fra la proposizione (o la credenza) e uno o più fatti, del tutto indipendentemente dall'esperienza che di questi ultimi si abbia o non si abbia. Così, certamente si è convinti di qualcosa sulla base di determinate esperienze dirette o indirette (per es. documenti storici ecc.), ma il convincimento è vero o falso solo «a causa» dei fatti a cui esso si riferisce. Quanto a Tarski, in *Il concetto della verità nei linguaggi formalizzati* (1933) e poi nel saggio *La concezione semantica della verità* (1944) egli ha elaborato una formulazione rigorosa della concezione della verità come corrispondenza. Questa concezione consiste nella tesi che la proposizione «*A* è *B*», per es., è vera se e solo se *A* è *B*; ma da ciò discende che «vero» (o «falso») è un predicato di secondo livello, in quanto si riferisce alla menzione d'una proposizione (o al «nome» di essa, come si ottiene per es. con la convenzione di scriverla fra virgolette). Una proposizione, infatti, può venir usata, come avviene più comunemente, per parlare di ciò di cui essa parla, ma può anche venir «menzionata», come avviene allorché si parli proprio di essa, in quanto proposizione; e questo è il caso che si verifica quando d'una proposizione si dica per l'appunto che essa è vera (o falsa). È quindi necessario distinguere fra il linguaggio-oggetto, ossia quello in cui si usa una determinata proposizione per parlare d'altro, e il metalinguaggio, ossia quello in cui si parla della proposizione stessa. Solo con questa distinzione, ignota ai linguaggi naturali, è fra l'altro possibile evitare il famoso paradosso del mentitore (all'incirca: nel caso che qualcuno dica «Io mento», quel ch'egli dice è vero se e solo se non è vero), che fin dall'antichità rappresentava l'antinomia tipica relativamente alla nozione di verità. Per Tarski, la concezione della verità come corrispondenza è del tutto neutrale dal punto di vista filosofico, cioè quanto a presupposti epistemologici o metafisici. Essa significa solo che l'asserzione (o il rifiuto) della proposizione *p* implica l'asserzione (o il rifiuto) della proposizione metalinguistica «*p* è vera»; sicché negare questa concezione della verità equivarrebbe a sostenere che «*A* è *B*» è vera se e solo se *A* non è *B*. E in effetti la concezione della verità come corrispondenza opera talora anche all'interno delle concezioni che si presentano come alternative a essa.

• *Alternative alla verità come corrispondenza.* Queste concezioni sono: quella della verità come coerenza; quella della verità come conformità a regole; quella pragmatistica della verità; e la concezione cosiddetta «performativa». Sotto l'etichetta di concezione della verità come coerenza vanno tuttavia due concezioni radicalmente differenti: una metafisica, sostenuta dai neohegeliani inglesi fra Ottocento e Novecento, per es. da F.H. Bradley, per cui completamente vero (in quanto completamente coerente) è soltanto l'Assoluto stesso, privo di qualsiasi molteplicità (siamo quindi nel caso dell'accezione ontologica della nozione di verità); e una empiristica, sostenuta da (o meglio attribuita ad) alcuni pensatori neopositivisti, come O. Neurath o C.G. Hempel, per cui una proposizione può essere confrontata solo con altre proposizioni (è la tesi della non trascendibilità del linguaggio). La concezione della verità come conformità a regole è talora attribuita a Kant; ma erroneamente, giacché questi condivideva la concezione della verità come corrispondenza, anche se la considerava filosoficamente irrilevante. Essa è invece la concezione propria dei neokantiani come W. → Windelband e H. → Rickert, concordi nel ridurre l'oggettività della conoscenza umana alle caratteristiche dell'universalità e necessità. Anche della concezione pragmatistica della verità si hanno due varianti notevolmente differenti. Ch.S. Peirce e J. Dewey l'hanno sostenuta in riferimento al contesto della ricerca empirica e quindi al metodo sperimentale di verifica, con i suoi caratteri di pubblicità, controllabilità ecc., nel quadro d'una critica delle metafisiche. Invece, W. James e F.C.S. Schiller hanno ridotto la questione della verità d'una credenza a quella della sua utilità (vitale, psicologica) per il singolo individuo, proprio a proposito delle credenze metafisiche e teologiche, che contemporaneamente venivano pur riconosciute come inverificabili; donde la dottrina della «volontà di credere». Formulazioni non molto differenti si trovano anche presso Nietzsche. Infine, la più recente concezione della verità è stata sostenuta particolarmente da P.F. Strawson: dire che una proposizione è vera non significa attribuirle un predicato che descriva una sua proprietà, bensì significa qualcosa come «sono d'accordo», «approvo»; e in tal modo si compie l'azione di dichiarare il proprio accordo, nello stesso senso per cui, se uno dice «lo prometto», con ciò non descrive alcunché, bensì compie direttamente l'azione del promettere. Di qui la qualificazione di questa concezione della verità come performativa (→ performativo-constativo), o esecutiva. Da siffatta concezione, largamente criticata, risulta tuttavia chiaro qualcosa di incontrovertibile attorno alla nozione della verità in generale, quale che sia la concezione che se ne adotti: come, col qualificare «vera» (o «falsa») una proposizione, non si aggiunga alcunché al significato di essa. Questa constatazione ha portato talora a sostenere la non indispensabilità del termine «vero» (dire: «*p* è vera» sarebbe un modo ridondante di dire semplicemente *p*); ma essa risulta anche in perfetto accordo con l'interpretazione di tale termine come di carattere metalinguistico, secondo la proposta avanzata da Tarski a illustrazione della concezione classica della verità.

• *La verità nell'esistenzialismo.* Per completezza, sarebbe da menzionare anche una concezione esistenzialistica della verità, dal momento che la questione è stata affrontata tanto da Heidegger (segnatamente in *Dell'essenza della verità*, 1943) quanto da K. Jaspers (*Sulla verità*, 1947); ma, più che di concezioni della nozione di verità (paragonabili a quelle menzionate, pur nella diversità anche la più forte), si tratta di tesi sul rapporto dell'uomo con la Verità. Secondo Heidegger, che insiste sul senso etimologico della parola che in greco significa verità (*alētheia*: alla lettera, «non nascondimento»), essa consiste in una sorta di autorivelazione dell'Essere, che tuttavia non è mai completa. Per Heidegger, infatti, anche quando si rivela, nel contempo l'Essere si sottrae all'ente. Per Jaspers, la verità è l'autorivelazione dell'esistenza singola: ogni esistenza *è* a se stessa la sua propria verità. Dal momento che però i singoli sono in rapporto reciproco, ognuno è in rapporto con la verità altrui; come avviene nel processo della comunicazione, sempre aperto. L'unicità e la pluralità della verità s'accordano, secondo Jaspers, nella tensione continua verso quella Verità, totale e definitiva, che è tuttavia irraggiungibile (se si pensa diversamente, si cade nel dogmatismo). *S. La.*

verità, tavole di, metodo semantico della logica proposizionale per determinare il valore di verità di una proposizione in funzione dei valori di verità delle proposizioni atomiche che ne sono i costituenti. Nel caso della logica classica (e di molti altri sistemi di logica) il metodo delle tavole di verità è un metodo di → decisione, nel senso che consente di determinare, in un numero finito di passi, se una proposizione è una legge logica; infatti una proposizione è una legge logica se e solo se è una *tautologia*, cioè assume valore 'Vero' per qualsiasi combinazione di valori di verità dei suoi costituenti (una proposizione che assume sempre valore «Falso» è invece una *contraddizione*).

La storia delle tavole di verità risale fino alla logica stoica e megarica, ma la loro prima esplicita descrizione ed elaborazione è opera di Peirce (1880), e sono poi state estensivamente riprese, intorno al 1920, da Łukasiewicz, Post e Wittgenstein. Se i valori di verità sono due, *vero*, V, e *falso*, F, allora si dice che siamo in presenza di una logica *bivalente*. Se sono più di due, la logica è detta *polivalente*. Supponiamo di avere due valori di verità, V e F. Consideriamo la proposizione complessa *non*-A. La tavola di verità della negazione è data dalla prescrizione che se A ha valore V, allora *non*-A ha valore F e che se A ha valore F, allora *non*-A ha valore V.

A	*non*-A
V	F
F	V

Consideriamo ora tutti i connettivi binari, cioè quelli che come la congiunzione producono una nuova proposizione a partire da due proposizioni date A, B. Ovviamente, nel determinare il valore di verità di una proposizione composta, bisognerà tener conto di tutte le possibili combinazioni dei valori di verità delle sue proposizioni componenti. Essendo due le proposizioni, ed essendo due i valori di verità che ognuna può assumere, dovremo considerare quattro possibili combinazioni: A, B entrambe vere, A vera e B falsa, A falsa e B vera, A, B entrambe false. È combinatoriamente dimostrabile che un connettivo binario, qualunque esso sia, è caratterizzato, in termini di valori di verità, da una delle seguenti sedici tavole di verità. Per esempio: la tavola 12 è la tavola della congiunzione; la 2 quella della disgiunzione (inclusiva); la 4 quella dell'implicazione.

A	B	1	2	3	4	5	6	7	8	9	10	11	12	13	14	15	16
V	V	V	V	V	V	F	V	V	F	V	F	F	V	F	F	F	F
V	F	V	V	V	F	V	V	F	F	F	V	V	F	V	F	F	F
F	V	V	V	F	V	V	F	F	V	V	V	F	F	F	V	F	F
F	F	V	F	V	V	V	F	V	V	F	F	V	F	F	F	V	F

verità eterne, in sant'Agostino, le verità logiche e matematiche in quanto necessarie e quindi immutabili. Tutti i pensatori medievali le hanno considerate contenute nell'intelligenza (o cristianamente nel «Verbo») di Dio, ma sottratte alla sua scelta. Ciò vale anche nel caso di quei pensatori, quali Duns Scoto e Occam, che hanno invece concepito come dipendenti dalla scelta di Dio i valori morali. A estendere quest'ultima tesi anche alle cosiddette verità eterne (e alle «essenze») è stato invece Cartesio, anche se per ragioni di prudenza egli non diede molta pubblicità a questa dottrina (la espose comunque, per es., in appendice alle *Meditazioni filosofiche*). Se non si pensa che Dio abbia creato, o deciso liberamente, anche le verità logiche e matematiche, si viene a sottometterlo a una sorta di fato, togliendogli il carattere dell'onnipotenza. Se Dio è davvero onnipotente, ne consegue che avrebbe ben potuto decidere che la somma degli angoli interni d'un triangolo, per es., non fosse uguale a 180 gradi, e così via; anche se noi uomini non riusciamo a comprenderlo. Non riusciamo a comprenderlo, appunto perché Dio ha voluto invece che questa e le altre analoghe valgano come verità necessarie, per noi. Ma l'ha scelto del tutto arbitrariamente, indifferentemente, nella sua assoluta sovranità. Analogamente, le cose create sono «buone» (come dice la Bibbia), non già perché corrispondano a un qualche modello presupposto, ma per il semplice fatto che sono state volute da Dio così come sono; e altrettali sarebbero state comunque egli per avventura avesse deciso di produrle. La discussione di questa dottrina, del tutto priva di precedenti, attraversa tutto il sec. XVII, da Spinoza a N. Malebranche, da Leibniz a P. Bayle.

Vernia, Nicoletto (Chieti 1420 - Vicenza 1499), filosofo italiano. Fu discepolo di Paolo della Pergola e di Gaetano da Thiene nell'università di Padova, dove insegnò dal 1465. Seguace dell'interpretazione averroistica di Aristotele, aderì al → monopsichismo, alla cui esposizione dedicò il trattato *De intellectu*. Quando però il vescovo di Padova, Pietro Barozzi, con l'editto *Contra disputantes de unitate intellectus* (1489) censurò duramente tale insegnamento, Vernia si trasferì a Pisa. Successivamente rinunciò al nuovo incarico e nelle *Quaestiones de pluralitate intellectus* (1492) ritrattò le tesi averroistiche in favore della dottrina tomistica sull'intelletto. Negli altri scritti di filosofia, composti quasi tutti prima del 1492, Vernia sottolinea la differenza tra metafisica e filosofia naturale e afferma la dipendenza dell'anima dal corpo quanto all'agire; riduce inoltre il problema della natura del corpo animato al problema del moto; infine, nella questione se il cielo sia animato, Vernia conclude che al moto dei cieli presiedono intelligenze separate.

Verri, Pietro (Milano 1728-1797), economista e filosofo italiano. Fondatore, con il fratello minore Alessandro, del circolo Società dei Pugni e della rivista «Il Caffè» (1764-66), fu uno dei principali esponenti dell'illuminismo lombardo, e promosse un processo di rinnovamento sia con i suoi scritti teorici (di politica, economia, etica) sia con la sua azione nell'amministrazione imperiale austriaca. Alla sua attività di polemista si collegano, oltre a numerosi scritti pubblicati su «Il Caffè», le *Osservazioni sulla tortura* (1777), dove Verri riprende le tesi esposte da C. Beccaria nel suo *Dei delitti e delle pene*. Più originale è il suo pensiero economico. Fautore dapprima della teoria mercantilistica del mercato chiuso (*Elementi di commercio*, 1760), Verri si orientò poi verso un totale liberismo economico (*Riflessioni sulle leggi vincolanti principalmente nel commercio dei grani*, composto nel 1769 e pubblicato nel 1796; *Meditazioni sull'economia politica*, 1771, in cui anticipa alcune tesi di A. → Smith). In etica, Verri si ispirò a Rousseau, e sostenne che la felicità consiste nell'equilibrio tra i nostri desideri e le nostre possibilità di soddisfacimento; ma, a differenza di Rousseau, affermò che questo stato di ragionevole benessere si consegue attraverso uno sforzo di progresso culturale, e non mediante un ritorno alla condizione naturale (*Meditazioni sulla felicità*, 1763). Nel *Discorso sull'indole del piacere e del dolore* (1773; citato da Kant nell'*Antropologia prammatica*) si rifece agli → *idéologues*, formulando una teoria negativa del piacere per cui il benessere consiste nella sospensione del dolore, che è quindi l'unica sensazione dotata di realtà.

veterocattolicesimo, movimento e chiesa fondati da un gruppo di sacerdoti e di laici tedeschi e svizzeri, che respinsero il dogma dell'infallibilità papale e il primato di giurisdizione del pontefice romano proclamati dal concilio Vaticano I (1870), perché li ritenevano in contrasto con la Sacra Scrittura e la «vecchia» tradizione della chiesa. Il nucleo originario dei Vecchi cattolici (in tedesco *Altkatholiken*) fu costituito da un gruppo di professori universitari, fra i quali I. von Döllinger di Monaco e J.F. von Schulte di Praga. Döllinger fu scomunicato nel 1871 dall'arcivescovo di Monaco; la medesima censura canonica colpiva nel 1872 altri teologi. Nel settembre del 1871 si tenne a Monaco il primo congresso dei Vecchi cattolici, che decise, nonostante l'opposizione di Döllinger, di dar vita a una chiesa: furono fondate parrocchie e fu eletto vescovo J.H. Reinkens, che nel 1873 ricevette la consacrazione da parte di un vescovo della chiesa giansenista di Utrecht e creò una diocesi in Germania con sede a Bonn. Il movimento si diffuse, oltre che in Germania, in Austria e Svizzera: presso l'università di Berna fu istituita una facoltà teologica che ancora esiste. Il movimento non si limitò alla posizione anti-infallibilista: ben presto ripudiò il dogma della immacolata concezione di Maria, abolì il celibato ecclesiastico e la confessione auricolare, introdusse la lingua volgare nella messa. Queste riforme furono contestate da taluni gruppi del movimento; lo stesso Döllinger, che paventava l'isolamento dalla chiesa, non vi aderì formalmente. Nel 1889 i vescovi vecchio-cattolici e la chiesa di Utrecht costituirono l'Unione di Utrecht (con primate onorario l'arcivescovo di Utrecht), a cui aderirono poi altre chiese vecchio-cattoliche (Polonia, Boemia, Iugoslavia ecc.), sulla base dottrinale della *Dichiarazione di Utrecht*, che si rifà al patrimonio dogmatico del primo millennio cristiano. Dal 1932 l'Unione di Utrecht (che oggi conta circa 560.000 membri) è in piena intercomunione con la chiesa anglicana. Al veterocattolicesimo, per le sue motivazioni teologiche, aderirono soprattutto intellettuali e ceti borghesi.

Vico, Giambattista (Napoli 1668-1744), filosofo italiano. Di famiglia povera, compì studi letterari, filosofici e giuridici sostanzialmente da autodidatta, soprattutto nel corso dei suoi soggiorni a Vatolla nel Salernitano (1686-95), come precettore privato. Di questo periodo ci rimane una canzone, *Affetti di un disperato*, di ispirazione lucreziana; mentre nella *Autobiografia* (1725) Vico cancellerà qualsiasi traccia dei suoi contatti giovanili con le tendenze innovatrici, d'ispirazione atomistica o cartesiana, che avevano allora cominciato a diffondersi anche a Napoli, ma erano state subito represse dall'autorità. Ottenuto nel 1699 il modesto incarico di professore di eloquenza nell'università di Napoli, dedicò tutta la sua vita allo studio e alla meditazione, travagliato da gravami familiari, preoccupazioni finanziarie, frustrazioni e risentimenti. Solo nel 1732 otterrà un riconoscimento più consistente, con la nomina a storiografo regio.

• *La polemica antirazionalistica*. A parte gli scritti letterari, quelli storici e l'*Autobiografia*, fra gli scritti minori sono da ricordare le sei *Orazioni inaugurali* pronunciate dal 1699 al 1706 (ma, nel testo che ne abbiamo, riscritte più tardi), dove ancora appaiono riconoscimenti all'atomismo e a Cartesio, ma già si affaccia anche la polemica contro la pretesa d'una scienza matematizzante della natura: polemica destinata a diventare sempre più forte a partire dall'orazione del 1708 *De nostri temporis studiorum ratione*. Contro il razionalismo cartesiano Vico difende i diritti della fantasia e della memoria, senza le quali non è possibile neanche la poesia; rivendica il valore della retorica e dell'eloquenza; contesta l'idea di un'unicità del metodo della ricerca e degli studi; sostiene la peculiarità della scienza morale e politica, che, presupponendo il libero arbitrio dell'uomo, non è suscettibile di certezza assoluta. Contro l'apriorismo, Vico si richiama anche a F. Bacone, che d'ora in poi diventa uno dei suoi «autori», da aggiungere a Platone, il filosofo dell'uomo «qual dee essere», e a Tacito, lo storico dell'uomo «qual è» (più tardi aggiungerà anche Grozio). All'interno dell'opzione per lo sperimentalismo e il congetturalismo, in polemica col razionalismo, si delinea anche l'adozione — da parte di Vico — di quel criterio della verità per cui si può conoscere con verità soltanto ciò di cui si sia autori («verum ipsum factum», identità del vero col fatto): criterio che in seguito Vico applicherà originalmente alla storia umana. Per il momento, con un cenno già nel *De nostri temporis studiorum ratione*, ma soprattutto nello scritto del 1710 *De antiquissima Italorum sapientia*, e nelle due *Risposte* a un recensore di esso, Vico si limita a riprendere tale criterio nella formulazione che n'era stata data da alcuni pensatori anticartesiani, come per es. Gassendi e Hobbes: noi conosciamo perfettamente le proposizioni matematiche, perché siamo noi a produrle, attraverso le nostre postulazioni arbitrarie, definizioni e costruzioni, mentre non ci è possibile un'altrettale conoscenza della natura, appunto perché non siamo stati noi a crearla. In questo modo, una concezione nettamente convenzionalistica della matematica, in alternativa al platonismo, è utilizzata da Vico per rivendicare i limiti intrinseci della conoscenza umana, contro l'empia pretesa della fisica apriori di Cartesio di porsi dal punto di vista di Dio stesso. Anche il tema d'avvio della metafisica cartesiana, l'argomento «cogito, ergo sum», è criticato da Vico: così si ha «coscienza» della propria esistenza (cosa di cui del resto nessuno scettico ha mai dubitato), ma non «scienza» del proprio pensare, appunto perché si ignora in qual modo il pensiero si produca.

Come suggerisce il titolo, nel *De antiquissima Italorum sapientia* Vico presenta le proprie tesi filosofiche come restauratrici di verità d'origine egizio-ionico-etrusca, possedute originariamente dagli antichi italici: di esse sarebbe rimasta traccia nella lingua latina, seppur in forma oscura e imbarbarita, così che potrebbero venir ricostruite attraverso una ricerca etimologica. Quest'idea d'una sapienza arcaica successivamente corrottasi era caratteristica della tradizione neoplatonica ed ermetica; e a siffatta tradizione ci riporta anche quanto sappiamo delle dottrine che Vico si proponeva di sostenere in quel *Liber physicus*, poi non compiuto, che, insieme a un *Liber moralis*, avrebbe dovuto seguire al *De antiquissima* (questo era presentato, in effetti, quale *Liber metaphysicus*, con funzione di fondazione nei confronti degli altri due). A più d'un secolo di distanza dall'inizio della scienza moderna e alla vigilia dell'illuminismo, Vico rifiuta esplicitamente il principio d'inerzia e le leggi del moto della nuova fisica; in polemica con l'atomismo e con la riduzione cartesiana della materia a estensione, pensa la corporeità come apparenza fenomenica: nel profondo, la natura è composta invece di «punti metafisici», o centri di forza immateriali, e animata dal → conatus, o «virtù indefinita di muovere», eccitato da Dio. Le somiglianze di queste posizioni con alcuni elementi del pensiero di Leibniz sono del tutto esteriori, data la completa estraneità di Vico al dibattito interno alla scienza moderna della natura. Egli si presenta come difensore della tradizione platonica contro il pensiero nuovo; e d'impronta tardo-rinascimentale è il vitalismo esoterico, che Vico oppone al meccanicismo fiorito nel secolo precedente. Questa scelta di campo retriva continuerà ad animare le solitarie battaglie di Vico contro tutta la cultura contemporanea: a Cartesio, R. Boyle, Locke, s'aggiungeranno ben presto, fra gli avversari, anche Hobbes, Spinoza, Pufendorf e P. Bayle. Ma nelle opere successive al *De antiquissima*, entro la cornice di siffatte polemiche tradizionalistiche, si delineerà anche il pensiero più originale di Vico relativo alla storia e alla civiltà umana.

• *La scienza della storia.* Dopo la prova d'una metafisica e il progetto d'una fisica, che non avranno più alcun seguito, tutto l'interesse di Vico si sposta definitivamente su un nuovo terreno. Vico dedicherà infatti il resto della sua vita alla elaborazione e rielaborazione continua di un'unica opera. Egli cominciò nel 1720-22 con *Il diritto universale*, comprendente, oltre che una *Sinopsi*, due libri: *De universi iuris uno principio et fine uno* e *De constantia iurisprudentis*; quindi si diede alle varie stesure dei *Principi d'una scienza nuova dintorno alla natura delle nazioni*, pubblicate rispettivamente nel 1725 (nota come *Scienza nuova prima*), nel 1730 (*Scienza nuova seconda*, seguita da quattro serie di *Correzioni, miglioramenti e aggiunte*) e nel 1744 (*Scienza nuova terza*).

La «scienza nuova» è la scienza della storia umana, della cui possibilità è garante il principio dell'identità del vero col fatto: poiché del mondo umano, fatto di istituzioni (linguaggio, miti, leggi ecc.), è certamente autore l'uomo, anche se assistito dal concorso divino, di esso all'uomo è anche possibile la conoscenza. Così Vico superava l'alternativa in cui s'era venuto invece a trovare nel 1710, quando aveva considerato inconoscibile nella sua essenza profonda il mondo reale della natura, ma d'altra parte irreale il mondo perfettamente conoscibile delle nostre finzioni matematiche. Per procedere alla costruzione della nuova scienza, egli pensa che occorra abbandonare il dualismo tradizionale tra la «filosofia», conoscenza del vero, e la «filologia», o conoscenza del certo, ossia di ciò che è accertabile di fatto sul passato (si tratta quindi d'una «filologia» intesa nel senso più largo). I principi della nuova scienza si trovano a priori, quindi, nella natura della nostra mente di uomini, comune a tutti gli individui; e perciò è garantito l'accordo di essi con quanto si apprende con la filologia sul passato dell'umanità (a questa convinzione corrisponde anche la disinvoltura con cui Vico s'industria talora a far corrispondere i dati storici ai propri schemi). D'altronde, poiché i tempi meno noti sono i più antichi, su questi occorrerà concentrare l'indagine, illuminando le scarse tracce che di essi ci restano appunto con quanto sappiamo sulla nostra mente umana. Ora, se c'è qualcosa di chiaro sulla mente umana è che in essa la ragione si sviluppa da ultimo, dopo lo sviluppo del senso e poi della fantasia; ed ecco allora Vico proiettare questo schema, tratto dalla considerazione della psicologia individuale, sulla storia dell'umanità, o meglio di tutte le singole «nazioni» in cui storicamente l'umanità s'è articolata: «Gli uomini prima sentono senz'avvertire, dappoi avvertiscono con animo perturbato e commosso, finalmente riflettono con mente pura.» Si hanno pertanto tre stadi storici, o tre «età», attraverso cui sono destinate a passare tutte le nazioni: l'«età degli dei» (ossia dei miti religiosi primitivi), l'«età degli eroi», o del dominio signorile (come è esemplificata per es. dai poemi omerici), e infine l'«età degli uomini», caratterizzata dalla comparsa del pensiero filosofico e delle codificazioni legislative.

• *La sapienza poetica.* Vico opera così la rottura più completa con la tesi d'una «sapienza riposta» dell'umanità primitiva, che egli stesso aveva sostenuto ancora nel *De antiquissima*, ma che era sostenuta in genere da tutta la tradizione ermetizzante e aveva improntato largamente le ricerche sui miti antichi, attraverso le prevalenti interpretazioni di essi in chiave allegorica. Al contrario, per Vico, i miti, che rappresentano la parte fondamentale d'ogni cultura primitiva, vanno intesi come manifestazione d'una fantasia spontaneamente animistica e antropomorfica, somigliante a quella che ancora attualmente domina nei bambini. Alla comprensione di questa «sapienza poetica» magica, arazionale, ha finora fatto ostacolo una doppia «boria», dice Vico: quella dei dotti e quella delle nazioni, desiderosi i primi di riportare il più addietro possibile, nel tempo, le proprie dottrine, e le seconde la propria civiltà. Ma, per riconoscere nella sua autonomia la sapienza poetica, è necessario nel contempo anche rinunciare a giudicare antistoricamente le credenze più arcaiche alla luce del pensiero razionale, sulla base della civiltà europea moderna. I due estremi da evitare sono dunque l'illusione di ritrovare una «sapienza riposta» celata dietro la lettera delle antiche favole, ma anche il disprezzo razionalistico per le superstizioni arcaiche, come se esse fossero prive di senso. Per l'enunciazione limpidissima di siffatti principi metodologici, ancor più che per gli esempi di applicazione concreta, Vico può essere considerato uno dei fondatori di quelle scienze che studiano la «cultura» umana in senso antropologico. Quanto al suo contributo all'estetica (particolarmente celebrato da Croce), si tenga presente che la protesta contro le poetiche intellettualistiche e il gusto classicistico s'accompagna alla tesi del carattere intrinsecamente barbarico e arazionale della poesia: di qui l'esaltazione vichiana dei poemi omerici come del più alto esempio di poesia di tutti i tempi; la soluzione di quella che poi si sarebbe chiamata la questione omerica nel senso dell'origine anonima e popolare dei due poemi; l'esaltazione anche di Dante, in quanto espressione della «barbarie ritornata» nel medioevo, nonostante la sua dottrina filosofica e teologica. L'identificazione vichiana di un'attività dello spirito umano, com'è la poesia, con determinati stadi di sviluppo dell'umanità, quelli barbari, dipende da un'altra identificazione sempre tacitamente ricorrente nella *Scienza nuova*: quella della poesia col mito.

• *Corsi e ricorsi storici. Gli stadi della civiltà.* L'interpretazione del medioevo come «barbarie ritornata» esemplifica la dottrina vichiana dei «ricorsi» storici: una volta che le nazioni hanno compiuto il loro «corso», pervenendo alla civiltà razionale, può anche darsi l'eventualità che riprecipitino nella barbarie, peggiore di quella primitiva, e debbano allora ricominciare un percorso che li riporti alla civiltà una seconda volta. Ma Vico non sostiene che questo sia un destino inevitabile per ogni nazione (si realizza piuttosto allorché si producano divisioni intestine ed egoismi individuali, dissolutori della comunità, cui non si riesca a por rimedio). Più che sottoscrivere il determinismo ciclico tipico del naturalismo antico e rinascimentale (si pensi a Machiavelli), Vico intende sostenere la precarietà della civiltà e della razionalità, come mai garantite definitivamente, ma sempre suscettibili di venir perdute dagli uomini. Dove invece la sua concezione è nettamente deterministica è a proposito del «corso» delle nazioni: il passaggio attraverso le tre età (degli dei, degli eroi e degli uomini) è pensato da Vico come inevitabile per ogni nazione. È ciò che egli denomina «storia ideale eterna»: una sorta di schema tipico a cui si uniformano le storie empiriche delle varie nazioni, anche se con scarti tanto inevitabili quanto irrilevanti nella sostanza. Così, secondo Vico, sarebbero addirittura relativamente uniformi i tempi che le varie nazioni trascorrerebbero nei primi due stadi. Per conciliare questa convinzione col dato di fatto di popoli ancora al livello primitivo o barbaro nel sec. XVII d.C. (dato di fatto reso particolarmente evidente dalle nuove conoscenze sui popoli extraeuropei in seguito alle grandi scoperte geografiche), Vico pensa che le varie nazioni si siano costituite, dando così inizio alla propria età degli dei, in epoche assai diverse le une dalle altre. Gli uomini non sono infatti vissuti sempre in società, secondo Vico; ma hanno conosciuto anche un periodo di «erramento ferino», più o meno protratto nel tempo nelle varie zone del mondo (per es., nel Vicino Oriente più breve che nell'Estremo Oriente e quivi più breve che in America). È questo lo stadio dei «bestioni», ossia di uomini animaleschi, privi di qualsiasi legge e addirittura del linguaggio articolato, che Vico descrive assai vividamente, riprendendo una concezione tipica della tradizione epicurea. Senonché, a differenza che per gli epicurei, per Vico un tale stadio non è quello originario dell'umanità, bensì quello in cui gli uomini decaddero dopo il diluvio universale narrato dalla Bibbia, a causa della loro empietà, che in tal modo veniva punita da Dio; e inoltre gli ebrei furono preservati dal passare per un tale stadio: in ciò consisté il loro privilegio di popolo eletto. La differenza fra il popolo eletto e tutti gli altri risiede per Vico nel modo in cui nei due casi ha operato la Provvidenza divina: nel primo caso miracolosamente, cioè con un'assistenza particolare, e negli altri naturalmente. È accaduto così, tanto naturalmente quanto provvidenzialmente, che l'umanità si sia risvegliata nei «bestioni», al culmine del loro abbrutimento, in occasione di qualche evento naturale traumatico (per es., fulmini) che, destando il timore di un'immaginata potenza superiore, indusse al pudore e alla pietà (are, matrimoni, sepolture), e a dare pertanto inizio a quello stadio delle «famiglie», ossia di piccole comunità a regime patriarcale, che è la cosiddetta età degli dei. All'origine del cammino che è destinato a portare alla civiltà gli uomini precedentemente abbrutiti c'è dunque, per Vico, anzitutto il risorgere del sentimento religioso, anche se nelle forme politeistiche che sono tipiche appunto dei popoli primitivi e barbari. L'affermazione che senza religione non si dà società è rivolta da Vico contro la celebre tesi contraria sostenuta da Bayle nei *Pensieri sulla cometa*; così come l'affermazione del dualismo tra storia ebraica e storie profane è indirizzata contro tutti i tentativi di trattare la Bibbia al pari degli altri testi antichi e di registrare le affinità o i rapporti fra le credenze ebraiche e le mitologie degli altri popoli; e l'affermazione che il corso storico delle nazioni (e il loro eventuale «ricorso») è retto dalla Provvidenza divina, anche se senza interventi miracolosi, è rivolta contro tutti i miscredenti dell'epoca, epicurei sostenitori del caso o fatalisti alla Spinoza. Questi, che per lungo tempo sono stati interpretati come infingimenti diplomatici a cui Vico sarebbe ricorso per rendere accetta la propria opera alla dominante mentalità cattolica, appaiono oggi come gli effettivi moventi ideali del suo pensiero, anche se certamente questo non si riduce a essi. *S. La.*

Vienna, circolo di, circolo filosofico, denominato anche «Associazione Ernst Mach», frequentato dai maggiori esponenti viennesi del movimento neopositivistico (→ empirismo logico). Fu organizzato a partire dal 1925 da M.

Schlick, filosofo e fisico, chiamato nel 1922 alla cattedra viennese di filosofia delle scienze induttive, già di E. Mach e L. Boltzmann. Fra i frequentatori abituali del circolo di Vienna furono: O. Neurath, studioso di economia e sociologia, impegnato fra l'altro nelle attività del gruppo dei socialisti liberali viennesi; H. Hahn, matematico, che contribuì particolarmente alla diffusione della concezione «tautologica» della logica e della matematica; P. Frank, docente di fisica teorica all'università di Praga; R. Carnap, la figura di maggior rilievo filosofico del gruppo, al quale si devono le formulazioni più rigorose della filosofia neopositivistica, e i suoi più interessanti sviluppi successivi alla fase «viennese»; H. Feigl, che già dal 1931 diffuse in America le dottrine neoempiristiche; F. Waismann, studioso e interprete di Wittgenstein, in seguito professore a Cambridge, dove fornì originali contributi allo sviluppo della filosofia → analitica; V. Kraft, filosofo fra i primi a istituire un'analisi logica dei giudizi di valore. In seguito si unirono al circolo i matematici K. Menger e G. Bergmann, oltre a K. → Gödel, uno dei massimi logici di questo secolo.
Fra gli studiosi che, pur senza appartenere al circolo, ebbero con i suoi esponenti incontri fecondi va menzionato almeno il praghese H. Kelsen, filosofo del diritto, padre del «formalismo giuridico». Momento essenziale alla definizione delle basi sistematiche del neopositivismo viennese fu la lettura da parte dei membri del circolo, nel 1926, del *Tractatus logico-philosophicus* di → Wittgenstein. Il programma filosofico del gruppo trova espressione concisa in *La concezione scientifica del mondo: il circolo di Vienna* (1929), «manifesto» firmato da Hahn, Neurath, Carnap e Feigl. Gran parte della produzione teorica del circolo fu affidata alle pagine della rivista «Erkenntnis» (1930-40), la cui storia coincide con il periodo di stretta collaborazione dei viennesi con gli studiosi del gruppo organizzato a Berlino da H. Reichenbach (la rivista fu diretta congiuntamente da quest'ultimo e da Carnap). L'uccisione da parte di uno studente nazista di Schlick, nel 1936, segnò la fine del circolo, i cui membri furono poco dopo costretti all'emigrazione. Il gruppo viennese diede espressione alla fase iniziale di un movimento destinato a rinnovare il panorama culturale europeo e americano: negli scritti di questa fase si riflette la parte più ambiziosa del programma neopositivistico, la rifondazione su basi esclusivamente logiche ed empiriche dell'intera conoscenza umana, e la sua ricostruzione in un linguaggio unificato della scienza.

virtù, termine che tanto in greco (*aretê*) quanto in latino (*virtus*) aveva in origine il significato di eccellenza d'una qualche qualità, come si rivela nei suoi effetti; e non era quindi limitato all'agire degli uomini. Nella concezione classica della vita, la virtù umana era soprattutto la forza d'animo, non disgiunta dalla vigoria fisica. Questo significato della parola tornerà nel rinascimento: si pensi a Machiavelli, per il quale la «virtù» (in opposizione alla «fortuna») sarà la capacità di dominare le circostanze in funzione dei propri scopi, indipendentemente dal giudizio morale e religioso su di essi e sui mezzi impiegati. Modernamente, a questa concezione antica e rinascimentale della virtù si rifarà Nietzsche, per indicarvi la «volontà di potenza», in opposizione all'ascetismo delle menzognere virtù cristiane.
• *Classificazioni delle virtù. Moralità e saggezza.* L'elaborazione filosofica della nozione di virtù s'accompagna in Grecia allo sviluppo dell'etica, della quale viene subito a costituire il concetto centrale (e lo rimarrà poi sempre, almeno fino a Kant). Secondo Platone, le virtù proprie dell'anima umana dipendono tutte dal dominio della parte razionale di essa sulle parti irrazionali (e hanno il loro corrispettivo esatto nell'ottimo stato politico, in quanto costituito da classi diverse di cittadini). Nella *Repubblica* sono illustrate le quattro virtù che, a partire da sant'Ambrogio, tutto il pensiero cristiano chiamerà «cardinali» (ossia principali): la temperanza nei confronti dei desideri, la fortezza o coraggio, la saggezza (o «prudenza») e la giustizia. Quest'ultima riassume in sé tutte le altre virtù, assicurando l'armonia nella vita dell'uomo (e dello stato); ma la saggezza (che Platone non distingue dalla «sapienza» stessa) consiste nel dominio della razionalità nella vita dell'uomo, e quindi è la condizione stessa della vita virtuosa.
Altrettanto centrale risulta la saggezza in Aristotele; ma essa è ora ben distinta dalla «sapienza» e, rispetto a questa, in posizione inferiore. Per Aristotele, la saggezza è una virtù «dianoetica» (appartiene cioè alla parte razionale dell'anima), ma riguarda la condotta complessiva della vita, e quindi fissa i criteri per le virtù «etiche», ossia relative all'agire. In quanto virtù dianoetica, la saggezza è conoscenza filosofica; ma, a differenza delle altre virtù dianoetiche, rivolte o puramente alla conoscenza («intelletto», «scienza», «sapienza») o alle tecniche («arte»), ha per oggetto l'attività pratica. Questo non significa che, secondo Aristotele, per praticare le virtù etiche sia necessario essere filosofi; altrimenti, per praticarle, occorrerebbe attendere l'età matura, mentre le virtù etiche (o i vizi a esse contrari) vengono acquisite nella giovinezza. Al contrario, una vita eticamente virtuosa è la condizione per accedere alle stesse virtù dianoetiche. L'educazione etica è fornita dall'esempio che danno gli uomini che si rivelano saggi praticamente, nella condotta della loro vita (o che tali sono ritenuti comunemente, dalla maggior parte dei cittadini). Il criterio della virtù etica, che il filosofo elabora il-

lustrando in che consista la saggezza, è quello della medietà rispetto a vizi che sono rispettivamente contrapposti, ma che contrastano entrambi con la virtù. All'illustrazione delle varie virtù etiche è dedicata la maggior parte dell'*Etica nicomachea*, con analisi minute che hanno avuto molta influenza su tutta la riflessione psicologica e morale successiva (e si ricordino anche le analisi, connesse, contenute nella *Retorica*). Quanto all'elaborazione del concetto stesso di «virtù», contenuta nel libro II, Aristotele insiste sul suo carattere di «disposizione»: virtuoso (o vizioso) non è un atto singolo in quanto tale, ma solo l'«abito» o abitudine a un certo tipo di atti; anche se questa a sua volta deriva dalla pratica effettiva di atti conformi. Di qui deriva la centralità del problema dell'educazione morale dei giovani, nell'età in cui le disposizioni e le attitudini si formano, fissandosi per il resto della vita. Aristotele ritiene che la virtù sia insegnabile (una celebre questione ch'era stata dibattuta prima dai sofisti e poi da Socrate nei dialoghi platonici), anche se più con l'esempio che con precetti astratti. Essa non è «per natura», appunto perché dipende dalla ripetizione di determinate azioni, le quali all'origine sono senz'altro sotto il nostro controllo. Aristotele vuole evitare l'ascetismo platonico, e riconosce che per la felicità debbono pur essere sufficientemente favorevoli anche le circostanze che non dipendono dal volere dell'individuo e quindi dalla sua virtù: a questa condizione, la realizzazione delle virtù etiche assicura la felicità. Ma, caratteristicamente, l'*Etica nicomachea* si conclude con l'affermazione che una felicità ancora più alta, più somigliante alla beatitudine divina, è assicurata dalla «sapienza», pura teoria rivolta alla contemplazione di ciò che è immutabile ed eterno, del tutto eterogeneo rispetto a quel mondo del divenire nel quale si svolge invece la vita pratica degli uomini.

La saggezza, o prudenza, mantiene la sua centralità, e diventa anzi l'unica virtù, tanto nella morale epicurea quanto in quella stoica. Ma gli epicurei la intendono come calcolo razionale dei piaceri, a seconda della loro intensità, durata ecc.; mentre gli stoici la contrappongono alle «passioni», in una prospettiva ascetica. L'ideale del saggio stoico è la liberazione completa dalle passioni («apatia»); a esse non si deve prestare l'assenso, e non bisogna neppure lasciare che esse ci turbino. La virtù è premio a se stessa e assicura automaticamente la felicità, anche in condizioni di vita che gli uomini non saggi considererebbero quanto mai infelici. Semmai, per chi non raggiunga l'ideale del saggio, sono da formulare regole di condotta che evitino comunque la smodatezza delle passioni, ispirandosi al criterio di ciò che più è «conveniente» (o «opportuno») nella vita privata e sociale. La concezione stoica della virtù conoscerà una imponente reviviscenza, nel pensiero moderno, fra il sec. XVI e il XVII; e a essa si ispireranno anche Cartesio (il quale individua tuttavia la virtù somma proprio in una particolare «passione»: la magnanimità) e Spinoza, per il quale non è che la beatitudine sia il premio della virtù, ma la virtù stessa è beatitudine.

• *Virtù morali e virtù teologali.* Il cristianesimo introduce l'idea di virtù soprannaturali, comunemente dette «teologali» (fede, speranza, carità), in contrapposizione a quelle, puramente umane, considerate dall'etica antica. Ma il rapporto fra questi due livelli è assai diverso, a seconda del rapporto che le varie correnti teologiche stabiliscono fra la natura umana, per l'appunto, e il sovrannaturale. Mentre san Tommaso recupererà l'etica aristotelica, limitandosi a sostenere la superiorità delle virtù teologali rispetto a quelle «cardinali», Agostino aveva invece dichiarato senz'altro «false» le virtù umane, come praticate dai pagani: «vizi splendidi», ma pur sempre vizi, perché motivati dall'orgoglio umano (desiderio della gloria), anche quando hanno indotto fino al sacrificio eroico di sé per il vantaggio della patria terrena. L'unica virtù vera è la carità, l'amore di Dio; ma questo è opera solo di Dio, che lo infonde negli eletti indipendentemente dal loro operare: altrimenti la grazia sarebbe superflua. Questa concezione rivivrà nel Cinquecento, con la riforma protestante; e nel Seicento anche in campo cattolico, con il giansenismo.

• *Virtù come sacrificio e virtù come spontaneità.* Nel pensiero moderno, la concezione della virtù oscilla fra due estremi opposti: ora la virtù è intesa come sacrificio di sé, ora come spontaneità, impulso naturale. La prima concezione fu adottata anche con intenzione libertina, per es. da P. Bayle e da B. de Mandeville, per argomentare che la realizzazione uniforme della vera virtù, ammesso che sia possibile, porterebbe alla rovina delle società, il cui benessere è invece frutto dei vizi degli uomini, anche se ipocritamente non lo si vuol riconoscere: le pretese «virtù pubbliche» sono l'altra faccia dei «vizi privati». Per un altro verso, come sacrificio di sé (a vantaggio della propria patria) è intesa anche la «virtù» di cui parla Montesquieu nel quadro della sua sociologia politica: la virtù è la caratteristica dei cittadini delle repubbliche nel loro fiorire (in contrasto all'«orgoglio» che domina nei regimi monarchici e alla «paura» che domina in quelli dispotici). La concezione della virtù come impulso naturale è invece propria dell'etica inglese, che, in polemica con Hobbes, si fonda sul «senso morale» della benevolenza (Shaftesbury, Hutcheson) o della simpatia (Hume, Smith). E questa concezione ottimistica della natura umana improntera gran parte del deismo settecentesco; così come troverà ancora espressione, in seguito, nella teoria dell'→ anima bella.

La più drastica riaffermazione della virtù come

sacrificio, in contrasto con le inclinazioni sensibili e gli interessi individuali, è rappresentata dalla morale di Kant. Per Kant la «dottrina della virtù» si distingue essenzialmente dalla «dottrina del diritto» (così suonano le due parti in cui è divisa la *Metafisica dei costumi*), in quanto nel caso del diritto si ha di mira solo la conformità esteriore di un'azione rispetto a una norma, indipendentemente dall'intenzione per cui l'azione venga compiuta, mentre la virtù consiste tutta e soltanto nell'intenzione di rispettare la legge morale, per l'appunto, indipendentemente da qualsiasi altra motivazione e da qualsiasi considerazione degli eventuali risultati dell'azione. La virtù è pertanto la sottomissione, da parte della volontà, a ciò che è comandato dall'«imperativo categorico». Questo esprime la forma che la legge morale ha nell'uomo e in genere in ogni eventuale ente razionale finito: un imperativo (e quindi la virtù) presuppone infatti che non si dia un'adeguazione spontanea della volontà alla legge, ma per ciò sia necessario contrastare inclinazioni che portano in direzione contraria. L'adeguazione spontanea è la «santità», ma questa è propria solo di Dio: la legge morale è identica per Dio e per gli uomini, secondo Kant; ma Dio non ha doveri, appunto perché in lui niente contrasta con la legge morale, e quindi non ha neppure virtù, propriamente parlando. Il rigorismo della concezione kantiana della virtù, con la tesi che la virtù coincide con l'«autonomia» della volontà, ricorda la morale stoica; ma Kant rifiuta lo stoicismo, in quanto questo ha preteso che in tal modo venga soddisfatta anche l'esigenza di felicità dell'uomo. Proprio perché è un ente finito e vive nel mondo sensibile determinato dalla necessità meccanica, secondo Kant l'uomo ha bisogno della felicità, ma nel contempo niente assicura che la raggiunga in questo mondo; e d'altra parte la ragione morale richiede, per il criterio della giustizia, che si dia una felicità proporzionata alla virtù di ogni persona (e un'infelicità proporzionata al vizio). A questo complesso di esigenze Kant propone una soluzione attraverso la fede razionale nell'immortalità dell'anima e nell'esistenza di un Dio giudice giusto, secondo la dottrina dei «postulati» della ragion pura pratica. Tutt'intera la concezione morale di Kant verrà criticata da Hegel, che vedrà nella sua dottrina della virtù una tipica espressione del soggettivismo moderno, in contrasto con l'«eticità» che fiorì nell'antichità e che Hegel considera superiore alla mera moralità (intesa come il livello delle «virtù private») anche per quanto riguarda il tempo presente. In seguito, la nozione di virtù in generale è praticamente scomparsa dalla problematica dell'etica, dal momento che la posizione centrale è stata acquisita da altre nozioni, come quella di bene morale («buono») o quella di «dovere». Ma anche nell'etica contemporanea è ancora ben vivo l'interesse per alcune fra quelle che una volta erano considerate virtù specifiche: particolare rilevanza ha, per es., la nozione di giustizia. *S. La.*

Vischer, Friedrich Theodor (Ludwigsburg 1807 - Gmunden 1887), filosofo tedesco. Studiò teologia a Tubinga, dove strinse amicizia con D.F. Strauss, di cui condivise la critica religiosa. I suoi interessi, però, si volsero ben presto all'estetica con l'opera *Sul sublime e sul comico* (1837). Dal 1846 al 1857 si dedicò alla composizione di una vasta *Estetica o scienza del bello*; quest'opera, di stampo hegeliano, è divisa in tre parti, dedicate rispettivamente: alla metafisica del bello, il cui compito è di sviluppare il concetto di bello nella sua pura universalità contenente già in sé un insieme di momenti (sublime e comico); alla considerazione dell'esistenza oggettiva (natura) e soggettiva (fantasia) del bello; all'unione di soggetto e oggetto nell'arte e nelle singole arti. Vischer realizza tuttavia un'inconsapevole erosione del principio hegeliano dell'identità di bello e vero (il bello come percezione sensibile del vero), attraverso il concetto di *superficialità del bello.* Egli operò poi una revisione delle proprie concezioni scrivendo la *Critica della mia estetica* (1866-1873), in cui polemizzava con l'indirizzo formalistico sviluppato da R. Zimmerman sulla linea inaugurata da J.F. → Herbart, e avviava una reimpostazione della propria estetica su basi esclusivamente psicologiche. Questa nuova estetica verrà sviluppata da Vischer durante l'ultimo periodo della sua attività in *Il sogno* (1875); *Il simbolo* (1887) e *Il bello e l'arte* (postumo, 1898).

Vischer, Robert (Tubinga 1847 - Vienna 1933), critico e filosofo dell'arte. Figlio di Friedrich Theodor, insegnò storia dell'arte a Breslavia, Aquisgrana e Gottinga. Come storico si sottrasse al dominante clima positivistico in opere che, pur fondate su una sicura conoscenza filologica, si aprivano a considerazioni estetiche (*Luca Signorelli e il rinascimento italiano*, 1879; *Studi sulla storia dell'arte*, 1886; *Rubens*, 1904). Come teorico è soprattutto ricordato per aver introdotto il fortunato termine *Einfühlung* (empatia), che egli credette di aver coniato, ma che scoprì poi esser già comparso in J.G. Herder. Nei saggi *La sensazione ottica della forma* (1873), *L'atto estetico e la forma pura* (1874) e *Sulla considerazione estetica della natura* (1890), il concetto non assume connotazioni principalmente psicologiche (come nei successivi teorici dell'empatia) ed è impiegato per spiegare il bello naturale più che il bello artistico. A questo scopo Vischer — partendo dalla considerazione che «il contenuto di un paesaggio è il nostro proprio essere, ma immerso nell'essere sconosciuto della natura» — distinse nell'empatia quattro momenti: animazione dall'intimo dell'immagine; accostamento sensoriale alla sua superficie; ricreazione simbolica della forma; senso di essa.

viṣṇuismo, termine designante, nell'→ induismo, l'insieme delle correnti religiose che adorano Viṣṇu quale dio supremo, misericordioso, signore degli dei e immune dall'estinzione o assorbimento finale. Le radici dottrinali del viṣṇuismo sono da ricercarsi nella teologia della *Bhāgavadgītā* e in altre opere dei primi secoli dell'era cristiana, affini, per molti aspetti, al cosiddetto śaktismo. La teologia viṣṇuita si è venuta poi arricchendo degli apporti di grandi filosofi come → Rāmānuja, → Nimbārka, → Caitanya, ognuno dei quali ha avuto e ha tuttora seguaci, organizzati in associazioni cui si appartiene più per tradizione di casta o per luogo di origine che per elezione personale. Il viṣṇuismo, che con lo → śivaismo e lo śaktismo (→ śakti) costituisce una delle tre maggiori sette dell'induismo, ha ispirato grandi poeti mistici, come Kabīr (sec. XV) e Tulsī Dās (sec. XVI).

vita, filosofia della, espressione che definisce una tendenza di pensiero impostasi alla fine del sec. XIX in opposizione al positivismo e all'intellettualismo. Le premesse di tale tendenza vanno ravvisate già nel primo romanticismo tedesco, che sentì l'esistenza storica come tensione irresolubile tra infinito e finito, come continua dissoluzione delle forme nelle quali la vita prende di volta in volta corpo. Secondo F. Schlegel, il mostrarsi dell'infinito nel finito, che è il nucleo essenziale della rivelazione cristiana, costituisce il senso della romantica filosofia della vita, alla quale Schlegel dedicò a Vienna nel 1827 quindici lezioni. Alle premesse romantiche si collegano direttamente Schopenhauer e Nietzsche, i quali insistono, con finalità opposte, sul carattere attivo della vita come smascheramento di quelle filosofie che hanno cercato la certezza nella staticità: Schopenhauer per mostrare l'irrazionalità della volontà di vita e il suo carattere cieco e insensato; Nietzsche per stabilire un rapporto tra la vita come crescita e i valori e le forme come residui irrigiditi di quella crescita. Per Nietzsche la vita non è mai, neppure in senso biologico e come voleva il darwinismo, conservazione e adattabilità. Il vivente che non cresce può soltanto declinare. Il carattere diveniente, instabile, prospettico della vita rifiuta ogni atteggiamento che pretenda di disporre di certezze universalmente valide: scienza, religione, morale e in genere tutta la cultura dell'uomo moderno hanno perso il contatto con la vita proprio nel tentativo di mantenere un legame con tali certezze. Anche O. Spengler ha insistito sulla perdita di vitalità della civiltà occidentale e perciò sul suo inarrestabile declino, mentre M. de Unamuno e J. Ortega y Gasset hanno avanzato l'esigenza di una «vitalizzazione della ragione» come risposta alla crisi. La vita diviene in tal modo, da concetto meramente biologico, fonte perenne dei valori e del loro rinnovarsi. Un ulteriore contributo alla filosofia della vita è da ravvisarsi nella distinzione operata da W. Dilthey tra scienze dello spirito e scienze della natura; soltanto alle prime è dato infatti di «rivivere» la vita che ha animato un certo «mondo culturale», non con l'intento di scoprire leggi ricorrenti, ma per esperire l'individualità irripetibile dell'evento storico indagato. La vita non è per Dilthey né un'entità metafisica, né un semplice concetto biologico: essa è piuttosto ciò che entro l'orizzonte di ciascuna epoca storica allude a una pienezza per la quale quell'orizzonte è ancora insufficiente. Alla vita si riferisce anche Husserl; il «mondo della vita» (*Lebenswelt*) è quello strato primario di operazioni e di evidenze precategoriali al quale bisogna sempre ritornare per comprendere il senso delle categorie intellettuali e in particolare delle astrazioni scientifiche. Tale tematica venne sviluppata — in riferimento all'esperienza vitale delle emozioni come fondazione dei valori — da M. Scheler. Alle forme storiche diltheyane si riporta invece G. Simmel: l'essenza della vita è quella appunto di trascendere le forme storiche nelle quali essa si è via via manifestata; tali forme, nella loro natura finita, non possono esaurire infatti il contenuto vitale, la cui inarrestabile esigenza non è solo quella di essere (come voleva Nietzsche) «più vita», ma addirittura di essere «più che vita»: compito ideale di fronte al quale ogni forma storica rivela la sua inadeguatezza. Più vicina a Husserl è invece la posizione di H. Bergson, che nella vita ravvisa il superamento delle mediazioni e dei simboli astratti del pensiero concettuale in direzione di un pensiero immediatamente intuitivo. Ma nella insistenza sul concetto di «slancio vitale» come forza spirituale e metafisica Bergson rivela anche la sua essenziale vicinanza alla tradizione spiritualistica francese, che da Ravaisson a Renouvier e a Boutroux aveva rivendicato, già nell'Ottocento, il carattere creativo delle forme vitali, in polemica col positivismo.

vitalismo, termine riferentesi alle dottrine che sostengono la peculiare specificità dei fenomeni della vita e quindi la loro irriducibilità ai fenomeni meccanici e alla dinamica puramente fisico-chimica del mondo inorganico. Al vitalismo può essere ricondotta la biologia di Aristotele, ripresa nel medioevo dagli scolastici; si tratta di un vitalismo «ilemorfistico», che considera cioè le funzioni vitali come un principio intrinseco alla natura e alla forma del vivente. In senso più ristretto e più comune si definiscono invece vitalistiche le dottrine che nella seconda metà del sec. XVIII si opposero al → meccanicismo, ipotizzando, per spiegare il fenomeno della vita, un principio formativo, o «forza», che agisce come causa finale. Questo vitalismo moderno, nel tentativo di conciliare i risultati della scienza col finalismo della tradizione, non identificò più la vita con l'anima o principio animatore spirituale. Per esempio i medici della scuola di Montpellier — e tra essi in particolare P.-J. Barthez (1734-1806) che fu anche collaboratore dell'*Encyclopédie* — immaginarono il principio vitale come una forza inconsapevole che agisce quale principio organizzatore a livello molecolare. Anche Buffon e Lamarck condivisero taluni aspetti del vitalismo, che si trovò peraltro in gravi difficoltà nei primi decenni dell'Ottocento di fronte ai progressi della biologia e in particolare di fronte alla realizzazione della sintesi dell'urea sulla base di soli elementi inorganici (1828), alla formulazione del principio della conservazione dell'energia (1842) e infine alla teoria darwiniana (1859) che spiegava la formazione degli organismi viventi con l'accumulo di eventi casuali provenienti dall'ambiente fisico. Contro questi nuovi dati e teorie scientifiche i vitalisti (o neovitalisti) tentarono di dimostrare, anche su base sperimentale, l'esistenza nell'organismo vivente di una «finalità primaria» irriducibile ai dati e all'influsso dell'ambiente. Tale finalità primaria prese nomi diversi negli scienziati e pensatori della fine del sec. XIX: «forza vitale» nel biologo C. Bernard (1813-1878); «forza dominante» nel biologo J. Reinke (1849-1931); «psicoide» ed «entelechia» nel biologo e filosofo H. Driesch (1867-1941), «slancio vitale» in H. Bergson. L'entelechia è l'«agente non meccanico», fuori dello spazio e del tempo, che può suscitare la vita ma che non è descrivibile in termini naturali positivi.

La tesi dell'autonomia della biologia dalle scienze fisico-matematiche è sostenuta anche da J.J. von Uexküll (1864-1944), che pone accanto alla materia e alla forza un terzo elemento, decisivo per l'osservazione scientifica: la «forma biologica». Essa non è propriamente un fine ma una funzione cui il singolo organismo vivente è già adattato nel momento stesso in cui percepisce l'ambiente circostante. Non esiste quindi un unico ambiente naturale, ma tanti quante sono le forme biologiche. Ogni forma è dunque perfetta entro i margini del suo ambiente. Il darwinismo, considerando l'uomo come culmine dell'evoluzione e quest'ultima come un processo di accumulo, trascura la necessaria pluralità degli ambienti, nonché il fatto per cui ogni forma vivente già dovrebbe possedere l'adattamento accumulato per sussistere, come di fatto accade, in un ambiente autonomo. Il vitalismo di Uexküll non rimanda più a una forza estranea alle leggi della natura, ma alla coerenza strutturale della vita. Negli ultimi decenni tuttavia, in forza dei decisivi sviluppi della biologia molecolare e della genetica, l'antica discussione tra vitalisti e meccanicisti ha perso molto della sua attualità e del suo interesse.

Vitoria, Francisco de (Vitoria o Burgos tra il 1483 e il 1492 - Salamanca 1546), teologo spagnolo. Entrato giovanissimo nell'ordine domenicano (1502), studiò a Parigi, ove divenne dottore in teologia (1523); insegnò quindi a Valladolid e Salamanca. La sua opera di teologo, filosofo e giurista si basa su una profonda conoscenza delle dottrine tomiste, della cui ripresa nella Spagna del sec. XVI egli fu il principale fautore. Nelle sue dodici *Relectiones theologicae*, commenti a opere di san Tommaso nati dall'insegnamento, Vitoria espone i principi del moderno diritto internazionale. Alla base della convivenza umana egli pone il diritto naturale. Fondandosi su di esso, la ragione umana stabilisce il diritto delle genti (*ius gentium*), comprendente le norme giuridiche positive comuni all'intera umanità. L'esigenza che i principi del diritto delle genti vengano effettivamente rispettati nei rapporti fra i diversi stati impone la codificazione di un diritto internazionale (*ius inter gentes*). Vitoria considera fra l'altro la questione della colonizzazione spagnola dell'America, assumendo una posizione critica nei confronti dei colonizzatori. La condizione di barbarie delle popolazioni indigene rende legittima la loro colonizzazione a fini strettamente civilizzatori, ma non autorizza l'adozione di pratiche coercitive e violente nei loro confronti.

Vittorino da Feltre (Feltre tra il 1373 e il 1378 - Mantova 1446), pedagogista italiano. Fu allievo a Padova di Biagio Pelicani, e a Venezia studiò il greco alla scuola di Guarino Veronese. Dopo diverse esperienze educative, fondò a Mantova, dove era stato invitato dal duca Gianfrancesco I Gonzaga perché si occupasse dell'educazione dei suoi figli, la più famosa scuola-convitto dell'epoca, la «Casa giocosa». Vittorino vi accolse, oltre ai figli del duca, altri giovani nobili e alcuni fanciulli meritevoli anche se privi di mezzi, realizzando concretamente, in maniera continua e sistematica, l'ideale educativo dell'umanesimo italiano, e veneto in particolare, che tendeva a un completo e armonico sviluppo dell'uomo nella sua dimensione intellettuale, etica, culturale e fisica. Da un lato si dava, quindi, grande importanza alle attività sportive, e alla musica, alla danza, al canto e alla pittura; dall'altro si tendeva a realizzare un insegnamento intellettuale di tipo enciclopedico, basato su una cultura generale relativa alle discipline, alle opere e alle lingue classiche. Tali contenuti ricevevano, grazie alla personalità di Vittorino, paterna e severa insieme, particolare vitalità ed efficacia.

Vives, Juan Luis (Valenza 1492 - Bruges 1540), umanista e filosofo spagnolo. Studiò a Parigi e insegnò a Lovanio e a Oxford. Nel 1529 si stabilì a Bruges. Amico di Erasmo da Rotterdam e di Tommaso Moro, fu uno dei protagonisti della fioritura umanistica nell'Europa del nord. Polemica antiscolastica, rivendicazione del valore dell'esperienza, diffidenza nei confronti della metafisica, sono tratti del pensiero di Vives che lo accomunano agli altri grandi umanisti suoi contemporanei. In particolare, la sua rivendicazione di un cristianesimo concretamente pratico e non astrattamente speculativo è assai prossima a quella di Erasmo. Specialmente rilevanti sono le sue dottrine psicologiche e pedagogiche. In psicologia, insistendo sull'analisi delle strutture e delle funzioni psichiche, Vives anticipò di molto i metodi della psicologia analitica e descrittiva. In pedagogia, affermò la necessità di tener conto della peculiare indole del fanciullo, individuabile solo sulla scorta di un'indagine psicofisiologica. Nei suoi trattati edificanti e religiosi appaiono evidenti i nessi che legano la sua spiritualità a quella della tradizione mistica spagnola. Opere principali: *In Pseudo-dialecticos* (1519); *De disciplinis* (1531); *Rhetorica sive de ratione dicendi* (1533); *De anima et vita* (1538); *De veritate fidei christianae* (1543).

Voegelin, Eric (Colonia 1901 - Palo Alto, California, 1985), filosofo e politologo tedesco. Insegnò dapprima nell'università di Vienna. Nel 1938 emigrò negli Stati Uniti, dove insegnò in varie università. Nel dopoguerra gli fu affidata a Monaco la cattedra che era stata di Max Weber. Nel 1969 ritornò negli Stati Uniti, dove insegnò all'università di Stanford. Tra le sue opere: *La nuova scienza della politica*, (1952); *Scienza, politica e gnosi* (1959); *Anamnesi* (1966); *Ordine e storia* (5 voll., 1956-87). Secondo Voegelin l'esistenza dell'uomo nella società politica è storica, e una teoria della politica che voglia affrontare le questioni di principio deve essere al tempo stesso una filosofia della storia. Da questa convinzione nasce il progetto monumentale (di cui l'incompiuto *Ordine e storia* rappresenta una parziale esecuzione) di una ricostruzione della storia che, rovesciando l'interpretazione positivistica e muovendo da una critica interna della sociologia weberiana, disegni la curva ascendente dell'umanità, che culmina nella venuta di Cristo. Nel mondo moderno, secondo Voegelin, si manifestano germi regressivi, a causa del prevalere di tendenze totalitarie di ascendenza gnostica; a questi egli contrappone la restaurazione dei principi della tradizione greca e cristiana, intesi non come semplice ritorno, ma come riconquista attraverso uno sforzo esistenziale e speculativo.

volontà, attività propria dello spirito o della soggettività autocosciente. Con l'intelletto o ragione, occupa una posizione di assoluta preminenza tra le facoltà spirituali. Come tale preminenza vada intesa e spiegata è uno dei principali problemi della riflessione filosofica, sebbene la questione acquisti il massimo rilievo solo a partire dalla speculazione cristiana. Nel pensiero greco è infatti prevalente la tendenza a subordinare la volontà, come principio dell'azione, all'intelletto, in quanto facoltà del conoscere che propone al volere i suoi scopi e contenuti, dal momento che non si può volere ciò che non si conosce. Per Socrate e Platone, anzi, il volere è a tal punto sottomesso al conoscere che la volizione malvagia è ricondotta all'ignoranza, e la buona alla sapienza; chi conosce veramente il bene non può infatti non volerlo, sicché nessuno è «volontariamente malvagio». Tali tesi sono ancora in generale condivise da Aristotele, che tuttavia fornisce una così ampia e acuta descrizione dell'atto volitivo da porsi per alcuni tratti oltre l'intellettualismo platonico. L'uomo infatti «ha in sé il principio delle azioni», il che spiega l'efficacia delle leggi, dei premi e dei castighi (*Etica nicomachea*, 1113*b*). Bisogna nondimeno distinguere l'intelletto teoretico da quello pratico; quest'ultimo è mosso dall'«appetito», cioè dalla concupiscenza o brama sensibile; ma sopra l'appetito si colloca la parte «ragionevole» dell'intelletto pratico, la quale è disponibile a seguire i dettami dell'intelletto teoretico o ragione. La volizione umana nasce dunque dall'incontro di appetito e ragione, la quale, oltre ad approvare l'oggetto appetibile (o a rifiutarlo), «delibera» circa i mezzi conformi al fine dell'azione, li «sceglie» e infine dà luogo alla volizione concreta che si determina nell'azione (in gr. *boúlēsis*, volontà, deliberazione). L'analisi aristotelica è però pratico-naturalistica, in quanto la meta più alta assegnata alla volontà non supera la semplice saggezza o felicità mondane.

Ben diversa è la situazione per il pensiero cristiano, il quale assegna alla volontà umana il compito di conformarsi alla volontà di un Dio creatore del mondo (Giovanni, 14, 15 sgg.) e organizza la propria antropologia intorno alla nozione di peccato, come colpa originaria della volontà che, pur conoscendo il bene (cioè il comando divino), ha osato trasgredirlo. A ciò va aggiunto che le verità della rivelazione religiosa sorpassano essenzialmente l'ambito della ragione e, per essere accolte, esigono un atto di fede, cioè un volere, che non può venir previamente giustificato e garantito dall'intelletto. Di qui il carattere prevalentemente volontaristico del pensiero cristiano, che è soprattutto evidente nella corrente neoplatonica, da Agostino ad Anselmo, da Enrico di Gand a Duns Scoto e a Occam, col quale il volontarismo raggiunge gli esiti più radicali, proclamando il carattere totalmente a-razionale della volontà divina e della creazione del mondo. Al polo opposto sta l'aristotelismo di san Tommaso che, pur riconoscendo la superiore dignità della volontà quando essa abbia per oggetto Dio, ribadisce però la supremazia dell'intelletto, in quanto esso ha in sé la ragione stessa del bene al quale la volontà deve tendere (*Summa theologiae*, I,82). Il dualismo tra volontà e intelletto si ripropone

nel pensiero moderno, per es. con le posizioni emblematiche di Cartesio e di Spinoza e, poi, di Fichte e di Hegel. Per Cartesio la volontà è nell'uomo una facoltà più estesa dell'intelletto; essa deve concedere l'assenso pratico alle idee, e poiché può essere indotta a darlo prima che l'intelletto abbia conseguito una conoscenza chiara e distinta delle cose, è la volontà stessa la causa dell'errore, sia pratico sia conoscitivo (*Meditazioni*, IV). All'opposto, per Spinoza la volontà è già inclusa nel pensiero, in quanto questo, come attributo divino, è *causa sui*. Volontà e intelletto sono dunque un'unica facoltà (*Etica*, II, 49, corollario) e l'idea della libera volontà divina (e tanto più umana) è semplicemente illusoria. Con Kant il tema del primato della volontà si precisa nel concetto di «volontà buona»; essa determina la forma dell'agire morale in base all'imperativo categorico, cioè all' *autonomia* della «ragione pura pratica» che è a se stessa legislatrice di contro alle inclinazioni sensibili. Questo primato unicamente formale (poiché una congruenza immediata e totale della volontà con l'«ideale» della ragione sarebbe possibile solo a una «volontà santa») diviene in Fichte principio metafisico dell'Io trascendentale, il quale è, prima che teoretico, pratico (*Dottrina della scienza*). Il volere è così l'originaria essenza dell'autocoscienza e il «dover essere il senso ultimo del suo essere» (*Sistema della morale*). Tale riduzione dell'essere alla volontà è invece respinta da Hegel, per il quale — come già per Spinoza — la ragione, intesa come ciò che determina il suo proprio contenuto, «è lo stesso *volere*» (*Enciclopedia*, par. 468).
Va osservato però che tutto il pensiero contemporaneo si è in vari modi opposto al razionalismo hegeliano, confermando il primato fichtiano della volontà, sia interpretandolo alla luce del concetto di prassi (marxismo, pragmatismo, strumentalismo), sia svolgendolo nelle varie direzioni del → volontarismo, sia infine avviandolo — in senso opposto alle intenzioni idealistiche di Fichte — a una conclusione pessimistica e irrazionalistica. Momenti fondamentali di tale ultima direzione sono la «volontà di vivere» di Schopenhauer, la «volontà inconscia» di E. von Hartmann, e infine la «volontà di potenza» di Nietzsche.

volontarismo, termine con cui si qualificano quelle filosofie che sostengono il primato della volontà e degli aspetti sentimentali ed emotivi (per es. della fede o, come diceva Pascal, dello «spirito di finezza») sull'intelletto e sulle capacità e verità razionali. In questo senso generale esso può applicarsi a tutto il pensiero cristiano e a taluni pensatori moderni quali Fichte, Schopenhauer o Nietzsche. In un'accezione più precisa il termine «volontarismo», introdotto per la prima volta nell'uso filosofico da F. Tönnies (in un articolo su Spinoza del 1883), si riferisce ad alcune specifiche correnti di pensiero che, tra la fine del secolo scorso e l'inizio del Novecento, si opposero al positivismo, allo scientismo e al razionalismo, rivendicando, in veste nuova, i temi tradizionali dello spiritualismo (per es. Maine de Biran, Renouvier, Lachelier, Boutroux). Esponente tipico di questa tendenza fu M. → Blondel, che in *L'azione* (1893) analizza il pensiero riconducendolo al fondamentale contrasto tra volontà volente e volontà voluta. A questa tematica si ispirarono L. Laberthonnière e altri per dar vita al → modernismo, in polemica con l'intellettualismo della teologia tradizionale di impronta scolastica. Su questo sfondo di idee si innestò anche il pragmatismo di W. James, che con le tesi di *La volontà di credere* (1897) può considerarsi uno degli esponenti più tipici e più fortunati del volontarismo. L'indirizzo di James ebbe vasta eco anche in Italia (G. Papini e la rivista «Il Leonardo»), ove se ne accentuarono gli aspetti irrazionalistici. Nel contempo si imponeva il bergsonismo che, pur sostenendo l'unità inscindibile di volontà e intelletto, poneva a base di tale unità lo «slancio vitale», con esiti che avvicinavano la posizione di H. Bergson al pragmatismo jamesiano. Tali esiti sono particolarmente evidenti in E. Le Roy, nel quale bergsonismo, pragmatismo e modernismo religioso sono sintetizzati e danno luogo a un'espressione tipica della tendenza volontaristica nel pensiero contemporaneo.

Voltaire, pseud. di François-Marie Arouet (Parigi 1694-1778), filosofo e letterato francese.
• *Dalla polemica libertina alla metafisica deistica.* Educato dai gesuiti del collegio parigino Louis le Grand (1704-1711), si formò alla cultura classica, al gusto della competizione e del successo, in contrasto con le idee gianseniste dell'ambiente familiare. Fondamentali per la sua formazione dovevano anche rivelarsi i precoci contatti con l'ambiente libertino di circoli intellettuali parigini come la Société du Temple, luogo di incontro di liberi pensatori. Già nel 1717, con la pubblicazione di una satira contro i costumi del reggente, il suo gusto dissacratorio e anticonformista gli valse un anno di prigione alla Bastiglia. Uscito dal carcere, mise in scena (1718) con accoglienza trionfale il primo di una lunga serie di lavori teatrali, *Edipo*, una tragedia che inaugurava il suo modo di fare del teatro un mezzo di propaganda «filosofica». La tragica vicenda di Giocasta ed Edipo, vittime del fato e degli dei, riproponeva il dibattito sul dio terribile del giansenismo, e il testo si venava di insinuazioni miscredenti e libertine nell'attacco ai preti e agli oracoli. Nel periodo trascorso tra il 1726 e il '29 in Inghilterra (dove pubblicò fra l'altro l'*Enriade*, epica celebrazione della politica di tolleranza religiosa di Enrico IV) Voltaire visse esperienze decisive per la sua formazione. Il deismo, cui si era

avvicinato negli anni parigini, trovò oltre Manica un momento di stimolante confronto con la grande tradizione del razionalismo inglese. Ma furono soprattutto la scienza di Newton e l'empirismo di Locke che gli diedero quel che ancora gli mancava: un sistema del mondo e una filosofia. Newton e Locke apparvero a Voltaire come coloro che avevano dissipato le fantasie metafisiche di Cartesio e Malebranche fondando sull'esperienza la nuova filosofia dell'uomo e dell'universo. All'esperienza inglese sono dedicate le *Lettere filosofiche* o *Lettere inglesi* (1729-32, pubblicate nel 1734), ove Voltaire tratta gli argomenti che più gli stanno a cuore: tolleranza religiosa, libertà politica, nuova scienza, deismo. In appendice alle *Lettere* aggiungerà poi uno scritto su Pascal, e così l'intera opera assumerà il carattere di una presa di distanza dalla grande filosofia del Seicento, sia per quanto riguarda i sistemi di metafisica sia per quanto riguarda l'apologetica cristiana. Quando Voltaire tornò dall'Inghilterra, le *Lettere inglesi* vennero condannate, e furono bruciate dal boia di Parigi; minacciato dalle autorità, Voltaire si ritirò nel castello di Cirey, in Lorena, dove rimase un decennio dedicandosi a studi filosofici e letterari e coltivando sempre più forti interessi scientifici. Ivi compose il *Trattato di metafisica* (1734); *Il mondano* (1736); apologia in versi del lusso; i *Discorsi in versi sull'uomo* (1734-38); gli *Elementi della filosofia di Newton* (1737), semplice ma accurata esposizione della fisica newtoniana, e la *Metafisica di Newton* (1741). Nel *Trattato* e nella *Metafisica* Voltaire prosegue la polemica contro Malebranche, Spinoza e Leibniz, rifiuta le idee innate, elabora il proprio deismo e la concezione di un Dio newtoniano, grande «orologiaio del mondo», fa propria l'ipotesi lockiana secondo cui la materia è capace di pensiero, e argomenta la materialità e mortalità dell'anima.

• *La nuova visione della storia.* Tornato in favore presso i grandi, Voltaire, dopo un periodo di frequentazione e di compromissione con l'ambiente di corte, accolse l'invito a recarsi presso Federico II a Berlino. Qui pubblicò la prima edizione di *Il secolo di Luigi XIV* (1753) e redasse il *Dizionario filosofico*. Della sua vocazione di storico Voltaire aveva già dato prova nella *Storia di Carlo XII* (1731), ma è con l'opera su Luigi XIV che ha inizio quel profondo cambiamento nella metodologia storica che apparirà pienamente realizzato nel *Saggio sui costumi e lo spirito delle nazioni* (1756) e nella *Storia della Russia sotto Pietro il Grande* (1759). Invece di far perno sulle vicende dinastiche e sugli episodi di guerra, Voltaire pone al centro dell'interesse storico le arti, i costumi, le rivoluzioni dello spirito umano. Contro l'interpretazione provvidenzialistica, il cui esempio più illustre era il *Discorso sulla storia universale* di J.-B. Bossuet, egli afferma una concezione laica della storia, abbandonando il punto di vista della storiografia cristiana, che aveva privilegiato la vicenda del popolo ebraico. In questa prospettiva i documenti della storia sacra, e in particolare la Bibbia, perdono il loro valore di testi rivelati per assumere la veste di preziose fonti di documentazione sugli usi e i costumi dell'antichità. L'orizzonte storico voltairiano si dilata sia nel tempo sia nello spazio: la cronologia biblica è negata e gli inizi della presenza dell'uomo sulla terra sono enormemente allontanati nel tempo; entrano sulla scena della storia popolazioni da sempre trascurate: i caldei, i persiani, ma soprattutto i cinesi, mitizzati da Voltaire anche grazie al felice incontro del deismo con le massime di Confucio, erette a simbolo della morale naturale. La storia perde così ogni carattere provvidenzialistico, in armonia con i principi della filosofia di Voltaire, nella quale la divinità regola il mondo con leggi uniformi, universali ed eterne, che non conoscono deroghe né per vendetta né per provvidente bontà.

Intanto i racconti filosofici *Il mondo come va* (1746); *Zadig* (1747); *Memnone* (1750); *Micromega* (1752) segnano il progressivo distacco di Voltaire dall'ottimismo dei primi anni. La catastrofe tellurica che sconvolge Lisbona nel 1755 è il trauma definitivo; il bersaglio polemico si sposta dalla visione tragica dell'uomo di Pascal all'ottimismo di Leibniz; nascono il *Poema sul disastro di Lisbona* del 1756 e *Candido* del 1759: i temi sono ora la meditazione sulla miseria dell'uomo e la critica all'antropocentrismo. Voltaire abbandona definitivamente la teoria della libertà dell'uomo sostenuta nel *Trattato di metafisica*, ma l'accettazione della dimensione del dolore della vita umana e del determinismo non lo rende né apatico né scettico di fronte ai problemi della società del tempo. Gli ultimi venti anni della sua vita, trascorsi a Ferney, in territorio francese alle porte di Ginevra, sono dominati dall'impegno umanitario e propagandistico, prosecuzione ideale dell'impegno che aveva animato negli anni giovanili la difesa della tolleranza religiosa e che lo aveva portato a esaltare la libertà civile nelle tragedie repubblicane, il *Brutus* (1730) e la *Morte di Cesare* (1733). Ora Voltaire suscita «casi» destinati a far rumore (come l'«affaire Calas», moderno esempio di persecuzione religiosa), appoggia la soppressione dei vecchi parlamenti giudiziari, aderisce con entusiasmo alla politica economica di Turgot. La propaganda per la libertà civile e per lo stato di diritto contro il dispotismo degli innumerevoli centri di potere operanti in Francia domina i numerosi scritti di occasione e i brevi trattati degli ultimi anni. Dell'attività filosofica di questo periodo si ricordano il *Trattato sulla tolleranza* (1763); le *Questioni sui miracoli*, la *Filosofia della storia* (1765); il *Filosofo ignorante* (1766);

l'*A,B,C* (1769); *Bisogna prender partito* (1772); le *Questioni sull'Enciclopedia* (1776 sgg.). *E. Sc.*

vortici, teoria dei, concetto di importanza centrale già nella cosmologia antica, e particolarmente nell'atomismo. A riprenderlo fu Cartesio, intendendolo come l'unico modello adeguato a una concezione meccanicistica del cosmo, che non facesse cioè ricorso a «qualità occulte». Per Cartesio, ha forma di vortice o turbine il movimento della materia celeste (etere) attorno a un centro occupato da una stella o da un pianeta, la cui posizione nel cosmo e il cui movimento di rotazione sono determinati appunto dal vortice. Vortici minori sono compresi entro vortici maggiori: per es., quello della Luna entro quello della Terra, e questo entro quello del Sole. Un siffatto sistema dipende all'esclusione del vuoto in natura: il movimento di un vortice è determinato dalla forza centrifuga che gli è propria (per il principio d'inerzia), e dal contrasto che essa trova nella forza centrifuga propria degli altri vortici, con cui ognuno è a contatto da tutte le parti. A questa spiegazione dei movimenti di rotazione e di rivoluzione dei corpi celesti senza alcun ricorso a una forza di attrazione si contrapporrà il sistema cosmologico di Newton; al quale, a loro volta, i cartesiani rivolgeranno l'accusa di resuscitare le «qualità occulte» della scolastica, postulando una forza che agirebbe non per contatto, ma a distanza.

Vossler, Karl (Hohenheim, Württemberg, 1872 - Monaco di Baviera 1949), filologo e critico tedesco. Si formò agli studi romanistici con H. Morf e insegnò nelle università di Heidelberg, Würzburg e Monaco (dal 1911). In Germania rappresentò la linguistica idealistica di ispirazione crociana. Sostenendo la natura estetica dell'espressione, Vossler, con Croce, identifica la scienza linguistica con la stilistica, considerando le tradizionali articolazioni della linguistica (sintassi, morfologia, fonetica) pure partizioni di comodo. La dimensione estetica sarebbe anche alla base del mutamento linguistico, visto come la manifestazione di una modificazione del gusto e come innovazione nella creazione linguistica individuale. La continuità, pur nel cambiamento, di una tradizione linguistica dipenderebbe dall'inerzia della lingua, che non è sempre toccata nella sua interezza dalla innovazione estetica. Vossler insistette sulla necessità di considerare la storia della lingua nell'ambito della storia della cultura e della civiltà, come appare in *Civiltà e lingua di Francia. Storia del francese letterario dagli inizi fino a oggi* (1929). Tra le altre sue opere: *Positivismo e idealismo nella linguistica* (1904); *La lingua come creazione e come sviluppo* (1905) e *Spirito e civiltà nella lingua* (1925), che riprendono il tema del primato dell'estetica nella considerazione storica delle lingue.

voyeurismo, → scopofilia.

vudu, o vodu, termine che nelle lingue fon (Dahomey) designa un dio, uno spirito o un oggetto carico di potere sacro. La parola ha poi designato la religione popolare dell'isola di Haiti, risultato della mescolanza del patrimonio tradizionale dei neri (provenienti soprattutto dal Dahomey) e del cattolicesimo. Con la superficiale conversione degli schiavi al cattolicesimo si formò, già a partire dalla metà del sec. XVIII, quel singolare sincretismo, sia di credenze sia di riti, che è di fatto, nonostante i vari tentativi di repressione, la religione della maggioranza degli haitiani. Alla base della mitologia sono i *loa* (termine che viene tradotto talora con «misteri» e «santi» o «angeli»): un pantheon ricchissimo perché accoglie continuamente nuove entità. Essi sono divisi in due grandi categorie: i *rada*, benevoli, paterni, olimpici; e i *petro*, ctonii, malefici. Alcuni loa sono identificati con santi cattolici. Il culto, realizzato attraverso una forma di invasamento, è affidato a gruppi di fedeli indottrinati da un «prete» (*papa-loa*) o da una sacerdotessa (*maman-loa*) che hanno un proprio santuario (*humfo*). Il rituale (che comprende danza, canto, sacrifici di galli e di altri animali) si articola in cerimonie di iniziazione (*kanzo*), riti agricoli e mortuari, e forme di magia nera, come l'«invio dei morti», nel quale un vivente diviene preda di uno o più defunti, o come la trasformazione dell'anima di un defunto in *zombi*, vale a dire in un «morto vivente».

vuoto, spazio sgombro, limite e luogo della materia esistente. Alle sue origini, la questione del vuoto si connette con l'interpretazione del movimento e la necessità di spiegarlo. Il vuoto è dunque estraneo a un sistema quale quello parmenideo, che interpreta la vicenda del mondo percepibile e il mondo percepibile stesso come illusione, parvenza, e in cui l'unica realtà è l'essere indifferenziato e immutabile. Dall'opposta affermazione di una dignità ontologica del mondo esperibile deriva negli atomisti antichi l'esigenza di «salvare i fenomeni», ammettendo il vuoto come condizione del movimento degli atomi. Così, quando Aristotele argomenterà contro l'esistenza del vuoto (*Fisica*, IV, 6-9) si troverà nella necessità di dar conto del movimento e lo farà ribaltando la questione: non solo nel plenum è possibile un movimento rotatorio, ma è proprio il vuoto che impedirebbe il movimento quale noi lo esperiamo: nel vuoto, infatti, un corpo dovrebbe muoversi con velocità infinita; inoltre non esisterebbe il movimento violento, dal momento che questo tipo di movimento richiede il contatto continuo tra il movente e il mosso. Infine, poiché il luogo di un corpo è relativo alla posizione dei corpi che lo circondano, e poiché il movimento è spostamento da un luogo all'altro, un corpo nel vuoto non avrebbe né luogo né, quindi, possibilità di movimento.

Fin dall'antichità, inoltre, particolari esperienze sembravano condurre alla negazione del vuoto: il fenomeno delle pompe appariva spiegabile solo ammettendo una tendenza naturale che causerebbe l'attrazione dei corpi nello spazio per prevenire la formazione del vuoto; un principio — questo dell'«horror vacui» — poi divenuto luogo comune nel pensiero della scolastica. Tale argomento doveva ricevere definitiva smentita sperimentale in epoca moderna a opera di Evangelista Torricelli. Al di là della sua verificabilità empirica il vuoto continuò a costituire un problema filosofico e metafisico negli anni della rivoluzione scientifica: l'adesione all'atomismo portò Gassendi ad affermarne l'esistenza, mentre Cartesio, in conseguenza dell'identificazione di estensione e sostanza corporea, considerò la nozione di vuoto come in sé contraddittoria. Uno spazio vuoto, infatti, sarebbe esteso e dotato di dimensioni: ne conseguirebbe che il niente (il vuoto) può avere proprietà. Leibniz, al contrario di Cartesio, considerava il vuoto logicamente possibile, ma lo escludeva perché incompatibile con la perfezione divina. Questa, infatti, deve tradursi nella creazione di un universo perfetto e un tale universo implica la presenza di tutta la materia possibile. Che l'esistenza o l'inesistenza del vuoto non siano verità analitiche è anche dottrina kantiana. Peraltro, l'inesistenza del vuoto sarà argomentata da Kant in termini di teoria fisica nei *Primi principi metafisici della scienza della natura*, sulla base di forze espansive sufficienti a vincere a brevi distanze la forza attrattiva di gravitazione.
Il problema del vuoto, dopo Kant, ha perso rilevanza filosofica. Anche in sede fisica, la ridefinizione della materia in termini di forza e l'interpretazione dello spazio come «potenzialmente attivo» escludono una ripresa della classica nozione di vuoto dell'atomismo antico.

Vygotskij, Lëv (Gomel 1896 - Mosca 1934), psicologo sovietico. Studiò all'università di Mosca e si occupò di psicologia e psicopatologia educativa e dello sviluppo. La sua opera più importante, *Pensiero e linguaggio* (postuma, 1934), fu messa al bando nel 1935 dallo stalinismo perché divergente dall'impostazione pavloviana, ma fu ripresa negli anni Cinquanta e da allora ha influenzato grandemente sia la psicologia sovietica sia quella occidentale. Il suo contributo principale riguarda lo studio dei processi cognitivi e l'origine del linguaggio. Vygotskij distingue fra linguaggio come strumento di comunicazione e linguaggio come regolazione del comportamento; nello sviluppo del bambino, all'opposto di J. Piaget, egli ritiene che la funzione interpsichica del linguaggio preceda quella intrapsichica: il linguaggio nasce quindi dalla interazione individuo-ambiente, pur essendo basato su possibilità strutturali innate, e solo in seguito diviene linguaggio «interno» contribuendo alla strutturazione del pensiero. La scuola di Vygotskij (scuola storico-culturale sovietica) si è occupata soprattutto dei condizionamenti socio-culturali dei processi mentali: dopo il fondatore, gli esponenti principali ne sono stati A. Leont'ev e A.R. Lurija.

Wackenroder, Wilhelm Heinrich (Berlino 1773 - 1798), scrittore tedesco. Nato in una famiglia della borghesia protestante berlinese, ricevette una rigida educazione che contrastava con la sua natura incline all'arte e a una religiosità ricca di tratti estetizzanti. Negli anni del liceo nacque un'amicizia con lo scrittore Ludwig Tieck (1773-1853), che svolse un ruolo fondamentale nell'evoluzione intellettuale di entrambi. Fu avviato dalla famiglia agli studi di giurisprudenza, cui si dedicò controvoglia. Una morte precoce contribuì allo scarso riconoscimento della sua opera presso i contemporanei.
Di Wackenroder uscirono anonimi nel 1796 gli *Sfoghi di un monaco amante dell'arte*, e, nel 1799, furono edite postume da Tieck, con suoi interventi e interpolazioni, le *Fantasie sull'arte*. Gli *Sfoghi* sono uno dei testi inaugurali del romanticismo. Tema centrale è la riscoperta del Cinquecento tedesco che viene accostato al rinascimento italiano. Dürer e Raffaello sono i due poli ideali, alternativi e complementari che si affacciano in questi scritti, quale modello, per congiungere alle tradizioni avite della Germania, la bellezza platonicamente intesa. Accanto al linguaggio dell'arte, secondo Wackenroder, va posto quello della natura; entrambe sono «lingue meravigliose», in cui si rinnova la Rivelazione divina. Le *Fantasie* — che hanno come oggetto centrale non più la pittura ma la musica — sembrano invece costituire il risvolto negativo del percorso sopra delineato. La musica è infatti puro linguaggio dell'interiorità, e di un'interiorità che ha perduto la relazione con il mondo, e si trova così prigioniera di se stessa.

Wahl, Jean (Marsiglia 1888 - Parigi 1974), filosofo francese. Fin dal 1920, con *Filosofie pluraliste inglesi e americane*, si mostrò interessato a una riflessione sulla molteplicità dell'esperienza che evitasse le chiusure dei sistemi. In *Verso il concreto* (1932) espresse il disagio di una generazione che tentava di uscire dagli schemi dell'idealismo neo kantiano e dello spiritualismo tipico della filosofia francese del primo Novecento. Pur senza appartenere strettamente a una corrente, Wahl divenne così una figura di rilievo nello sviluppo degli studi fenomenologici ed esistenzialistici, cui diede un importante contributo con *L'infelicità della coscienza nella filosofia di Hegel* (1930), prima rivalutazione in Francia degli scritti giovanili e dei temi hegeliani meno riconducibili al sistema della maturità, e con *Studi kierkegaardiani* (1938), che risentono della consuetudine intellettuale con G. Marcel. Perseguitato in quanto ebreo e costretto a emigrare negli Stati Uniti, Wahl ritornò dopo la guerra in Francia, dove insegnò alla Sorbona e pubblicò numerosi studi (*Quadro della filosofia francese*, 1946; *Piccola storia dell'esistenzialismo*, 1947; *Trattato di metafisica*, 1953; *Studio sulla «Introduzione alla metafisica» di Heidegger*, 1956). Diresse, infine, per vari anni la «Revue de métaphysique et de morale».

Waismann, Friedrich (Vienna 1896 - Oxford 1959), filosofo austriaco. Allievo di M. Schlick, partecipò attivamente alle discussioni del circolo di Vienna. Profondamente influenzato dal pensiero di Wittgenstein, nel 1937 si trasferì a Cambridge e poi a Oxford. Nella sua *Introduzione al pensiero matematico* (1936) egli utilizza una serie di spunti wittgensteiniani sulla filosofia della matematica per sviluppare la propria critica delle concezioni logiciste e formaliste della matematica. Anziché definire il concetto di numero, per es., conviene secondo Waismann fornire una descrizione delle regole d'uso della parola «numero»; analogamente il problema dei fondamenti della matematica va risolto in quello della specificazione delle convenzioni soggiacenti alla matematica stessa intesa come «gioco linguistico». Nei *Principi della filosofia linguistica* (1965) i temi e gli strumenti di indagine elaborati dalla filosofia analitica inglese e dal secondo Wittgenstein vengono sviluppati da Waismann al fine di approntare una grammatica filosofica del linguaggio comune. L'elaborazione di questo strumento gli permette di mettere in rilievo come gran parte dei tradizionali problemi filosofici si dissolva, rivelandosi frutto di usi scorretti del linguaggio.

Walzer, Michael (New York 1935), filosofo statunitense della politica. E' professore nella School of Social Science dell'Institute for Advanced Studies di Princeton. Il suo punto di vista è più interpretativo che analitico; tuttavia, si distanzia dal relativismo radicale implicito in certe posizioni ermeneutiche o decostruzioniste. La sua metaetica è critica dei punti di vista astrattamente imparziali da cui definire principi universalmente validi, ma non condivide il particolarismo di certe impostazioni comunitarie e multiculturali: Walzer sostiene invece una forma di minimalismo morale, cioè un universalismo limitato. La sua teoria politica riconosce l'importanza delle comunità e delle lealtà particolari per la qualità della vita individuale e sociale, ma afferma anche l'imprescindibilità della comunità politica come sfera pubblica superiore e neutrale rispetto ai gruppi sociali, come luogo di un'appartenenza più vasta — quella alla cittadinanza — e come strumento necessario per la giustizia distributiva e per la protezione del singolo. L'elemento comunitario si trova così saldamente coniugato alla tradizione *liberal* e all'aspirazione socialista alla giustizia sociale, nel rispetto del pluralismo dei beni e dei gruppi sociali. Opere principali: *La rivoluzione dei santi* (1965); *Guerre giuste e ingiuste* (1977); *Sfere di giustizia* (1983); *Interpretazione e critica sociale* (1988); *L'intellettuale militante* (1989).

Warburg, Aby (Amburgo 1866 - 1929), storico dell'arte. Compì gli studi a Bonn e Strasburgo. A lui si deve la fondazione della Biblioteca Warburg per la scienza della cultura trasformata poi nel celebre Istituto che nel 1933 fu trasferito a Londra. Warburg è uno degli studiosi che hanno promosso il rinnovamento della storia dell'arte tra Otto e Novecento. Nonostante la sua formazione positivistica e l'influsso di uno storico hegeliano come K. Lamprecht, Warburg fu sensibile al rinnovamento filosofico della fine del secolo scorso. L'interesse per la storia sociale delle emozioni e per il conflitto tra razionalità e irrazionalità nell'arte rinascimentale lo avvicinarono all'opera di Nietzsche. Ma fu soprattutto J. Burckhardt a rappresentare per Warburg il tipo ideale dello storico, sensibile alle passioni umane ma capace di trascenderle in una visione superiore ed equilibrata. Warburg è interessato, al di là dei tradizionali problemi estetici, al rapporto tra simbolo e significato nelle rappresentazioni artistiche. Nasce qui la sua ricerca pionieristica sulla simbologia astrologica e sul suo ruolo nell'arte rinascimentale, e soprattutto sulla trasmissione dei simboli dall'antichità classica all'arte moderna. Un suo grande progetto rimasto incompiuto («Mnemosyne») avrebbe dovuto individuare i simboli classici che, attraverso trasformazioni secolari, riescono a influenzare l'arte moderna. Questi interessi di ricerca portano Warburg a occuparsi di antropologia e storia della religione più che di storia dell'arte in senso stretto. È in questo ambito che i suoi contributi agli studi artistici, per quanto frammentari, sono più fecondi. Egli contribuisce infatti ad allargare all'antropologia e alle scienze della cultura l'ambito della storia dell'arte. Con lui ha inizio la cosiddetta scuola «iconologica», che introduce nella storia dell'arte direzioni di ricerca attente al ruolo dei miti, alle influenze astrologiche e scientifiche (F. Saxl e E. Panofsky), alla psicoanalisi (E. Gombrich e E. Kris), alla sociologia e alla storia sociale (R. Wittkower). I suoi scritti furono raccolti e pubblicati postumi sotto il titolo *La rinascita del paganesimo antico*, 1932.

Ward, James (Hull 1843 - Cambridge 1925), filosofo e psicologo inglese. Fu professore a Cambridge dal 1897. Si propose di reagire alla psicologia associazionistica del positivismo a favore di una interpretazione organicistica della realtà psicologica. Egli estese la sua concezione alla metafisica, criticando anche in questo campo l'interpretazione «naturalistica» della realtà propria del positivismo. Gli atomi e le altre nozioni della fisica sono mere astrazioni di cui lo scienziato si serve per descrivere la realtà esterna e non si possono pertanto assolutizzare dimenticando la soggettività che le produce. L'approccio alla realtà deve essere di tipo storico: la storia ha come suo punto di partenza l'esperienza quotidiana, l'individuo concretamente preso nel vivo delle sue relazioni ambientali. L'ambiente stesso deve però essere concepito nella sua concretezza al di fuori di ogni riduzionismo scientifico, per non rendere insignificante l'attività finalistica dell'uomo che in esso si svolge. La filosofia di Ward sfocia in una sorta di pluralismo simile a quello di altri rappresentanti della filosofia anglo-americana (W. James, F.C.S. Schiller ecc.) in quanto considera la realtà come un complesso di soggetti variamente interagenti. Da questo pluralismo egli si distacca, tuttavia, per l'accentuazione dell'elemento teistico in senso tradizionale: Dio è concepito da Ward come la fonte e il fine ultimo del mondo; Egli ha volontariamente limitato la sua potenza per assicurare la libertà delle creature muovendole con il suo amore a un progressivo superamento del male. Per questi suoi aspetti la filosofia di Ward si avvicina allo spiritualismo di R.H. Lotze, che può essere considerato il suo vero maestro. Fra le sue opere: *La relazione della fisiologia alla psicologia* (1875); *Naturalismo e agnosticismo* (1899); *Il regno dei fini, o pluralismo e teismo* (1911); *Principi di psicologia* (1918); *Saggi di filosofia* (postumo, 1927).

Washburne, Carleton Wolsey (Chicago 1889 - New York 1968), pedagogista statunitense. Sovrintendente scolastico nella cittadina di Winnetka, alla periferia di Chicago, elaborò e sperimentò (1919) nelle locali scuole pubbliche un metodo didattico basato su un programma minimo di istruzione comune e su progetti di attività creative. Il «piano di Winnetka» teorizzava un tipo di educazione progressiva mirante a soddisfare le tre fondamentali esigenze del ragazzo: autoespressione, sicura autonomia, integrazione sociale. Secondo tale teoria, il sapere non deve essere astratto dalla vita, ma va legato agli interessi dell'allievo; a questo scopo i vari settori della conoscenza non devono essere isolati, ma messi in reciproco rapporto. Inoltre, la difficoltà dell'attività scolastica va adeguata allo stadio di sviluppo dell'allievo; la disciplina non è imposta, ma accettata dalla classe democraticamente organizzata in vista di obiettivi comuni. Oggetto dello studio sono, in particolare, i problemi legati alla vita della comunità umana. Opere principali: *Le scuole rinnovate di Winnetka* (1931); *Filosofia vivente dell'educazione* (1940); *Che cos'è l'educazione progressiva?* (1942); *Il bene del mondo* (1954).

Watson, John Broadus (Greenville, South Carolina, 1878 - Woodburg, Connecticut, 1958), psicologo statunitense. Docente presso l'università John Hopkins dal 1908 al 1920, in questo periodo gettò le basi del → comportamentismo. Eletto, nel 1915, alla presidenza dell'Associazione psicologica americana, diresse i periodici «Psychological Review» (dal 1908 al 1915) e «Journal of Experimental Psychology» (dal 1915 al 1927). I suoi lavori rimasti classici nella storia della psicologia sono il manifesto behaviorista del 1913, intitolato *La psicologia considerata dal punto di vista comportamentistico*, che portava critiche fondamentali alla psicologia introspezionistica (→ introspezionismo) e alla psicologia animale, antropomorfica, degli psicologi funzionalisti della scuola di Chicago; e il volume *Il comportamento: introduzione alla psicologia comparata* (1914), in cui il ricorso alla sperimentazione sugli animali veniva presentato come il solo mezzo capace di far uscire la psicologia dalla non scientificità interpretativa. Nel 1925 Watson pubblicò il volume *Comportamentismo*, in cui raccoglieva i suoi scritti successivi al 1920; e nel 1928 *La cura psicologica del bambino e del fanciullo*, contenente una proposta di educazione normativa fortemente contraria alle tesi permissivistiche.

Watzlawick, Paul (Villach, Austria, 1921), psicoterapeuta statunitense; lavora al Mental Research Institute di Palo Alto ed è professore di psichiatria e scienza del comportamento a Stanford. Ha studiato filosofia e lingue moderne alla Ca' Foscari di Venezia e poi psicoterapia all'Istituto C.G. Jung di Zurigo. È il principale autore di *Pragmatica della comunicazione umana* (1967), scritto in collaborazione con J.H. Beavin e D.D. Jackson. Watzlawick si occupa soprattutto degli effetti pratici della comunicazione. Egli individua due livelli di astrazione nella comunicazione: il primo riguarda il *contenuto* di un messaggio, il secondo la *relazione* che intercorre fra i partner della comunicazione. La comunicazione sulla natura di una relazione, la *metacomunicazione*, avviene quasi sempre attraverso segnali impliciti e non verbali, o «analogici» secondo la terminologia informatica (intonazione della voce, gesti, espressioni facciali). Tali segnali, invece di corrispondere ad asserzioni denotative sugli oggetti, contribuiscono a definire il contesto di un'interazione. In particolare, Watzlawick, sia in quest'opera sia in quelle successive come *Cambiamento* (1974, con J.H. Weakland e R. Fisch) e *Il linguaggio del cambiamento* (1977), studia i paradossi e i fraintendimenti nella comunicazione, quando l'interferenza dei due livelli di comunicazione può comportare un effetto paralizzante per il destinatario di un messaggio. È il caso dei modelli di comunicazione definiti già da G. → Bateson come «doppi legami», caratterizzati da ingiunzioni che implicano una coppia di messaggi incongruenti che a un tempo esigono e proibiscono determinate azioni. L'approccio clinico di Watzlawick consiste nel rendere terapeutica la stessa comunicazione paradossale. In *Il linguaggio del cambiamento*, Watzlawick descrive alcune tecniche per realizzare un cambiamento nell'«immagine del mondo» del paziente (identificata come fonte di problemi psicologici) sulla base della grammatica dell'emisfero cerebrale destro, il quale è dotato di una funzione emotiva-non verbale prioritaria, sul piano terapeutico, rispetto a quella verbale-razionale dell'emisfero sinistro. Successivamente, Watzlawick ha curato l'antologia *L'invenzione della realtà* (1984) e ha pubblicato alcuni scritti divulgativi (*Istruzioni per rendersi infelici*, 1983; *Di bene in peggio*, 1986) in cui presenta una visione ironica della «saggezza» di tutti i giorni.

Webb, Sidney James (Londra 1859 - Liphook, Hampshire, 1947), sociologo e uomo politico inglese. Membro eminente della Fabian Society, deputato laburista, due volte ministro, insieme con la moglie Beatrice Potter (Standish House, Gloucester, 1858 - Liphook, Hampshire, 1943) fu uno dei teorici della democrazia industriale anglossassone. Attraverso numerose opere di carattere storico, economico e sociologico (*Storia del tradeunionismo*, 1894; *Democrazia industriale*, 1897; *L'amministrazione locale inglese*, 1906-29), i Webb sostennero la possibilità della transizione della Gran Bretagna verso un socialismo tendenzialmente egualitario per mezzo di un'evoluzione graduale in cui avrebbero avuto un ruolo attivo il sindacato, gli enti locali e il movimento cooperativistico. Fondatori della London School of Economics (1895) e del prestigioso settimanale «The New Statesman» (1913), i Webb sono anche ricordati per l'analisi, sostanzialmente benevola, del regime staliniano (*Comunismo sovietico: una nuova civiltà?*, 1935), scaturita da un viaggio in URSS compiuto nel 1932.

Weber, Alfred (Erfurt 1868 - Heidelberg 1958), economista e sociologo tedesco. Fratello di Max Weber, insegnò a Praga e, dal 1907, a Heidelberg; nel 1933 fu costretto dal regime nazista ad abbandonare l'insegnamento. Come economista, diede un contributo fondamentale alla teoria della localizzazione delle imprese (*Teoria della localizzazione dell'industria*, 1909). Nell'ambito della sociologia della cultura è nota la distinzione elaborata da Weber tra civiltà (*Zivilisation*) e cultura (*Kultur*), che sviluppa in modo originale e fecondo quella espressa da F. → Tönnies. Secondo Weber è compito del sociologo, di fronte alla problematicità dell'epoca moderna, interrogarsi sul destino imposto al nucleo spirituale del movimento della cultura dal processo sociale e di civilizzazione. Definito il regno della civiltà come il regno «intermedio» del funzionale e dell'utile e la cultura come l'espressione e la liberazione dello spirituale nella sostanza, Weber individua l'articolarsi del processo storico nelle relazioni dinamiche tra queste due sfere (la dinamica di civilizzazione e il movimento della cultura) e il processo sociale. Il processo di civilizzazione genera nuove conformazioni strutturali della società alle quali rispondono periodi di rinnovata produttività culturale, che agiscono a loro volta sulle altre sfere. È dunque scorretto risolvere il concetto di cultura in quello di civilizzazione, poiché in tal modo si nega l'articolazione della struttura storica in sfere onticamente separate, ciascuna delle quali è portatrice di qualità oggettive diverse del processo storico (*Storia della cultura come sociologia della cultura*, 1935). In questa prospettiva Weber tentò di interpretare la storia universale (e in particolare le conseguenze del regime nazista) e il destino dell'uomo contemporaneo: *Il tragico e la storia* (1943); *Congedo dalla storia svoltasi sino ad oggi. Superamento del nichilismo?* (1946); *Il terzo e il quarto uomo. Sul senso dell'esistenza storica* (1953).

Weber, Max (Erfurt 1864 - Monaco 1920), sociologo tedesco. Nato da famiglia di tradizione liberale, già in età giovanile partecipa alle discussioni del Verein für Sozialpolitik, associazione costituita dai «socialisti della cattedra» insieme a liberali e socialdemocratici. Dopo alcune ricerche sulla divisione del lavoro e sull'economia agricola, l'interesse di Weber si orienta sulla metodologia delle scienze sociali e dell'economia. Tra il 1903 e il 1906 scrive i principali saggi sul metodo: *Roscher e Knies e i problemi logici della scuola storica dell'economia politica* (1903-06); *L'oggettività conoscitiva della scienza sociale e della politica sociale* (1904) e gli *Studi critici intorno alla logica delle scienze della cultura* (1906). Negli stessi anni pubblica l'opera cui deve gran parte della sua notorietà: *L'etica protestante e lo spirito del capitalismo* (1904). Le ricerche che Weber porterà ancora a termine riguardano in particolare la sociologia della religione e la sociologia del potere, in stretta connessione con la posizione politica da lui assunta negli anni della nuova Germania di Weimar, per la quale pensa a una compresenza di democrazia parlamentare e di potere carismatico. Degli ultimi anni si ricordano le conferenze all'università di Monaco: *Scienza come professione* (1919) e *Politica come professione* (1919). La «summa» delle analisi sociologiche di Weber uscirà postuma: *Economia e società* (1922).

• *Il metodo delle scienze storico-sociali*. L'opera di Weber muove dal tentativo di evitare tanto l'assimilazione positivistica delle scienze sociali alle scienze naturali, quanto la caratterizzazione diltheyana delle scienze dello spirito nei termini psicologici della comprensione delle *esperienze vissute*: negli scritti sul metodo delle scienze storico-sociali, Weber da un lato rivendica la specificità della conoscenza dei fenomeni culturali, e dall'altro intende garantire l'oggettività dei risultati cui tali ricerche pervengono. La condizione preliminare dell'oggettività di tali scienze è posta da Weber nel carattere di *avalutatività*, quale risulta dalla netta demarcazione fra l'accertamento dei fatti empirici, dominio della scienza, e la formulazione di giudizi di valore, la cui valutazione è per Weber «questione di fede». La seconda condizione dell'oggettività risiede nel carattere di spiegazione causale dei fenomeni culturali, una causalità che concerne la relazione individuale fra fenomeni storici e non la sussunzione di questi entro un sistema di leggi generali, come avviene per le scienze naturali.

La possibilità di stabilire relazioni esplicative tra fenomeni storici è vincolata a presupposti soggettivi o, secondo l'espressione che Weber riprende da H. Rickert, a una *relazione ai valori*, capace di attribuire significato culturale alla molteplicità empirica. Tali valori che orientano la ricerca non pretendono alla validità incondizionata, come nel neokantismo, ma si pongono come principi di scelta unilaterali e mutevoli, legati alle condizioni storiche della ricerca, in base a cui lo storico svolge un'opera di articolazione prospettica e una preliminare elaborazione concettuale dei dati. Il costrutto mentale che organizza la conoscenza storica, definito da Weber *tipo ideale*, opera una riduzione della complessità empirica al fine di rendere intelligibile il fenomeno storico che si vuole indagare. Concetti come cristianesimo, feudalesimo, capitalismo, sono appunto risultati di questa operazione logica. La validità di un costrutto idealtipico non può venire accertata a priori: l'unico criterio è «quello dell'efficacia per la conoscenza di concreti fenomeni culturali», la capacità di dare buona prova di sé come strumento di ricerca.

La costruzione dell'idealtipo comporta il ricorso al *sapere nomologico* (secondo la terminologia neokantiana), cioè a regole generali del divenire storico che registrano le uniformità di comportamento empiricamente accertate. La funzione strumentale dei concetti idealtipici e in genere del sapere nomologico consente allo storico di formulare quei *giudizi di possibilità oggettiva* che costituiscono la particolare procedura di imputazione causale delle scienze storico-sociali.

I giudizi di possibilità oggettiva permettono l'esclusione di quegli elementi del processo reale che si rivelano causalmente irrilevanti, tramite «asserzioni su ciò che sarebbe accaduto nel caso di un'esclusione o variazione di certe condizioni» (*Studi critici intorno alla logica delle scienze della cultura*, 1906, parte II). Se l'esclusione ipotetica di alcune componenti causali configura un effetto differente da quello osservato nel processo reale, si può parlare di *causazione adeguata*, mentre, se il processo simulato non si discosta in misura rilevante da quello reale, si deve riscontrare una *causazione accidentale*. L'oggettività delle scienze sociali non risiede, in tal modo, nell'adeguazione della proposizione alla struttura ontologica della realtà: la determinazione di una causa adeguata non individua fattori causali necessari, ma le condizioni rilevanti per la spiegazione di un fenomeno culturale.

• *Razionalità e razionalizzazione.* Nel saggio *Alcune categorie della sociologia comprendente* (1913) Weber definisce l'oggetto d'indagine specifico della sociologia: le uniformità dell'agire umano, quali si riscontrano nei comportamenti dotati di senso e orientati verso l'atteggiamento di altri individui. La facoltà dell'*intendere*, propria della sociologia comprendente, è preposta all'individuazione dell'intenzione soggettiva di senso che caratterizza l'agire umano.

Definito in tal modo l'ambito di pertinenza della sociologia (che si distingue da quello della storiografia, destinata ad accertare le concrete relazioni causali fra i fenomeni), Weber propone una tipologia dell'agire sociale in base all'orientamento di senso. L'agire sociale può essere determinato: *1*) in modo *razionale rispetto allo scopo*; *2*) in modo *razionale rispetto al valore*; *3*) in modo *affettivo*; *4*) in modo *tradizionale* (*Economia e società*, 1922, parte I, cap. I).

L'agire razionale rispetto allo scopo è orientato in vista dei mezzi ritenuti adeguati per realizzare un certo scopo: si tratta di una razionalità puramente formale, differente dai tipi d'azione che assumono lo scopo come valore incondizionato a prescindere dalla considerazione dei mezzi disponibili (è il caso della razionalità rispetto al valore e dell'*etica dell'intenzione*) e da altri motivati da stati d'animo o da abitudini acquisite. La *razionalità formale* è un costrutto idealtipico che permette di spiegare le altre forme dell'agire sociale in termini di maggiore o minore vicinanza al tracciato ideale, come deviazioni dal corso puramente razionale. Sul piano storico, l'affermazione della razionalità rispetto allo scopo ha determinato la formazione e lo sviluppo del capitalismo. La progressiva applicazione del calcolo razionale, che nell'amministrazione burocratica si dispiega compiutamente, ha prodotto quella che Weber chiama la *razionalizzazione* o *il disincanto del mondo.*

Il disincanto del mondo comporta la perdita di legittimità di ogni pretesa alla validità incondizionata dei valori, lo scacco di ogni riferimento a una filosofia della storia, l'impossibilità di reperire un significato univoco che ordini concettualmente la realtà.

Oltre a individuare nel processo di razionalizzazione l'*essenza* del capitalismo, Weber ha ricondotto all'etica intramondana della religione protestante, in particolare calvinista, lo *spirito* del capitalismo (*L'etica protestante e lo spirito del capitalismo*, 1904-05). Tale relazione condizionale, dalla religione all'economia, costituisce una netta alternativa metodologica al materialismo storico, che postula la dipendenza di ogni processo storico dalla struttura dei rapporti sociali di produzione. Weber è fautore di una sociologia che non determini dogmaticamente, ma volta per volta, il senso del condizionamento fra i fenomeni storico-sociali. Inoltre, rispetto a Marx, Weber non considera la *situazione di classe* come determinante esclusiva dell'azione sociale: la *situazione di ceto*, attraverso differenze negli stili di vita e nel prestigio dovuto alla professione, rende più complessa e fluida la struttura delle classi sociali. Oltre a costituire un sistematico termine di confronto per il marxismo, l'opera di Weber interviene in posizione privilegiata, anche se spesso in chiave problematica, nelle formulazioni teoriche delle tre principali scuole sociologiche del Novecento: nella teoria funzionalista di T. Parsons; nell'indirizzo fenomenologico di A. Schütz; nell'approccio sistemico sostenuto da N. Luhmann. *M. Vo.*

Weil, Eric (Parchim, Meclemburgo, 1904 - Nizza 1977), filosofo francese di origine tedesca. Allievo di E. Cassirer, nel 1932 si trasferì in Francia, dove insegnò all'Ecole Pratique des Hautes Etudes, quindi alle università di Lilla e di Nizza. Fu collaboratore di A. Koyré alle «Recherches philosophiques», e fondatore, con G. Bataille, della rivista «Critique». La filosofia di Weil si muove prevalentemente nell'orizzonte del pensiero hegeliano, ma interpretandolo in modo originale, secondo una prospettiva incline ad accogliere alcune tesi del kantismo. Weil teorizza così una fondazione etica della ragione e del linguaggio: la natura, sostiene, è silenzio, non-senso, violenza; la storia stessa non è altro, apparentemente, che un insieme disorganico di conflitti. L'introduzione di una certa ragionevolezza e coerenza in ciò che avviene è dovuta alla decisione dell'uomo razionale, che contrappone alla naturale volontà di potere e di conquista una opposta «volontà di senso», e ricostruisce il discorso storico totale in cui si integra la pluralità dei discorsi particolari. Queste tematiche, sviluppate soprattutto in *Logica della filosofia* (1950), ricompaiono in altri testi di Weil, come *Filosofia politica* (1956); *Filosofia morale* (1961); *Filosofia e politica* (1965), e nella raccolta *Saggi e conferenze* (1971). In queste opere, e particolarmente in *Filosofia morale* (par. 12), Weil esamina il realizzarsi della filosofia in un ambito oggettivo, integrando la morale kantiana con la dottrina dell'eticità e dello stato formulata da Hegel. La morale è l'ambito effettivo dell'universalità: predicando la conformità di ogni atto individuale al principio del consenso universale, essa impedisce all'uomo di interrompere, con un atto insensato o irragionevole, la continuità del tessuto storico della ragione, ossia di mettere la ragione in conflitto con se stessa. Provvista di questa funzione limitativa di riduzione degli impulsi irrazionali, la morale fa parte di un ambito essenzialmente negativo e formale; è come il momento astratto della storia (che per Weil, come per Hegel, è il territorio dell'effettuarsi dell'Idea, solo che in Weil l'Idea è Discorso, espressione della «volontà di senso»); mentre la politica ne è il momento concreto, la fase in cui il senso diviene direzione, programma. È dunque nella politica, e più precisamente nello stato, che la morale si fa morale «vivente», entrando decisamente nel dominio del «senso concreto», in cui il discorso è opera oggettiva.

Weil, Simone (Parigi 1909 - Ashford, Kent, 1943), pensatrice religiosa francese. Allieva di R. Le Senne e di Alain, insegnò filosofia in vari licei francesi. Per due anni abbandonò l'insegnamento e lavorò in fabbrica, allo scopo di vivere la condizione operaia; partecipò poi con i repubblicani alla guerra civile spagnola (1936). Nel 1937 ebbe a Solesmes quell'esperienza mistica che doveva aprirla decisamente al pensiero cristiano. Nel 1940 abbandonò Parigi per l'invasione tedesca: si rifugiò dapprima a Marsiglia e poi negli Stati Uniti. Di qui passò in Inghilterra dove lavorò per l'organizzazione «France Libre». Morì nel sanatorio di Ashford, a seguito delle privazioni che aveva voluto imporsi. Opere principali (postume): *L'ombra e la grazia* (1947); *La prima radice* (1949); *La conoscenza soprannaturale* (1950); *Lettere a un religioso* (1951); *La condizione operaia* (1951). Nel suo pensiero trovano espressione, al di fuori di ogni ordine sistematico, intuizioni nate da un'esperienza di vita spirituale molteplice e intensamente vissuta. Una certa unità si può tuttavia ravvisare nell'ispirazione etico-religiosa: la sua stessa militanza sindacale e politica iniziale (più anarchica che marxista) trova infatti le sue ragioni in una posizione etica fondamentale, quella di mettersi sempre dalla parte degli oppressi. Nel quadro di questa posizione etica, maturò la sua critica al marxismo e il ritrovamento di Platone: in Marx la Weil critica il materialismo, la riduzione delle idee a pura espressione di un gioco di forze, la fede che il meccanismo sociale lasciato alle sue leggi materiali produca il bene. Contro la filosofia necessitaristica della storia, la Weil riafferma l'esigenza etica: «nel regno spirituale il male non produce che male e il bene non produce che bene». L'affermazione della miseria umana, della sua lontananza dalla perfezione divina, contro ogni illusione che l'uomo possa autoredimersi attraverso la dialettica, è un aspetto fondamentale del suo pensiero. Di qui il carattere dualistico e tendenzialmente gnostico della trascrizione intellettuale della sua intuizione misticoreligiosa. Questa è imperniata sul concetto di decreazione: «... La creazione è un'abdicazione ...La creazione e il peccato originale non sono che due aspetti per noi differenti di un atto unico di abdicazione di Dio. E l'incarnazione e la passione sono altresì aspetti di questo atto. Dio si è vuotato della sua divinità e ci ha riempiti di una falsa divinità. Vuotiamoci di essa; questo è il fine dell'atto che ci ha creati. In questo stesso atto, Dio con la sua volontà creatrice mi mantiene l'esistenza perché io vi rinunci» (*La conoscenza soprannaturale*). A tale intuizione è possibile riportare gli aspetti più significativi del suo pensiero: l'idea di «ordine» e di «obbedienza» che costituiscono quasi una trascrizione in termini cristiani del tema dell'*amor fati*, la concezione della «scienza» (nel senso greco del termine) come strumento di purificazione, la valutazione massima del mondo greco (il cui motivo sarebbe quello del riconoscimento della miseria umana e della infinita trascendenza della perfezione divina) nei confronti dell'ebraismo (il cui motivo sarebbe solo quello del monoteismo, idea di per sé poco originale perché tutti i popoli di tutti i tempi tenderebbero a essa). Più complessa risulta la sua posizione nei confronti della chiesa cattolica, in cui la Weil non si decise a entrare, ravvisandovi il pericolo di oppressione della vita spirituale per la sua organizzazione terrena di origine romana; pensava inoltre che, entrandovi, avrebbe trovato un troppo facile riparo, che l'avrebbe allontanata dall'esperienza religiosa più profonda del cristianesimo (l'esperienza terribile della solitudine del Cristo prima della passione). *G. Ri.*

Weininger, Otto (Vienna 1880 - 1903), filosofo austriaco. Si dedicò dapprima allo studio della matematica e delle discipline scientifiche, volgendosi in seguito allo studio della filosofia, dove subì in modo determinante l'influenza del pensiero kantiano. Dopo la laurea, si dedicò alla stesura della sua opera capitale, *Sesso e carattere*, apparsa nel 1903; in quello stesso anno, morì suicida. Postumi apparvero i saggi *Delle cose ultime* (1907) e il *Diario* (1917). Pur presentandosi esteriormente coi tratti di una caratterologia scientifica, nella quale assai marcata è l'impronta della mentalità positivistica dominante all'inizio del secolo, l'opera di Weininger è in realtà una vera e propria metafisica del sesso, il cui scopo è quello di gettare le basi per l'avvento di una nuova spiritualità. L'elemento maschile e quello femminile vengono afferrati «in sé», allo stato puro, come idee platoniche o archetipi in grado di spiegare tutta la variegata gamma dei comportamenti empirici umani. Così, in questa tipologia, il polo maschile è l'incarnazione del principio soprannaturalistico che presiede alla costituzione di ogni ambito razionale e disciplinato dell'esistenza, dal diritto alla morale, fino alla stessa logica che determina l'organizzazione obiettiva del mondo in seno al suo apparato categoriale. Per contro, il principio femminile rappresenta, nelle sue due principali varianti, demeterica e afroditica, il vuoto abisso di una sfera naturalistica che tende senza tregua a vanificare, entro la sua caotica irrazionalità, tutte le conquiste della ragione. La redenzione dell'umanità, e in primo luogo delle donne, dalla demonicità infera dell'«eterno femminino», nel quale va compreso anche in termini razziali lo spirito giudaico nel suo complesso, è il presupposto, secondo Weininger, per un suo distacco dalla prigionia della natura e per l'accesso a uno stato di superiore, sovrana libertà.

Weiss, Edoardo (Trieste 1889 - Chicago 1970), psicoanalista italiano. Laureatosi in medicina a Vienna nel 1914, si formò in psicoanalisi alla scuola diretta da Freud, e fin dal 1913 fu membro effettivo dell'Associazione Psicoanalitica Internazionale. Nel 1918 si trasferì da Vienna a Trieste divenuta italiana, e in questa città esercitò, unico fra gli italiani dell'epoca, la professione di psicoanalista fino al 1931. Trasferitosi a Roma, continuò a esercitare ma si dedicò soprattutto alla diffusione della psicoanalisi, in un clima sociopolitico e culturale tendenzialmente avverso a quest'ultima. Nel 1932, avvalendosi della collaborazione di F. Banissoni, C. Musatti, G. Dalma, E. Servadio, N. Perrotti e R. Merloni, fondò la «Rivista Italiana di Psicoanalisi», che nel 1934 venne ridotta al silenzio da un'azione combinata del regime fascista e della gerarchia ecclesiastica, contrari alla diffusione delle concezioni psicoanalitiche. Nel 1935 Weiss riuscì, grazie alla stima personale di Freud, a far ammettere nella severa Associazione Psicoanalitica Internazionale la Società Psicoanalitica Italiana, da lui stesso fondata nel 1925 a Teramo, insieme allo psichiatra M. Levi Bianchini e ad altri medici italiani. Nel 1939, in seguito alle leggi razziali, egli dovette lasciare l'Italia ed emigrare negli Stati Uniti, dove proseguì, a Chicago, la propria attività professionale e scientifica. Di livello internazionale furono i contributi scientifici di Weiss, in particolare gli articoli sulla resistenza, sull'introiezione e sul Super-Io, pubblicati sulla «Rivista Italiana di Psicoanalisi», e la monografia intitolata *Agorafobia. Isterismo d'angoscia* (1936). Preceduto da una breve prefazione di Freud, nel 1931 uscì il volumetto *Elementi di psicoanalisi*, la prima opera italiana di seria introduzione ai concetti freudiani.

Weisse, Christian Hermann (Lipsia 1801-1866), filosofo tedesco. Insegnò filosofia presso l'università di Lipsia, dal 1828 fino alla morte. Con I.H. Fichte fu il massimo esponente del → teismo speculativo. Già agli inizi della sua carriera prese posizione nei confronti di Hegel (*Sulla situazione attuale della scienza filosofica con particolare riguardo al sistema di Hegel*, 1829), partecipando attivamente alle polemiche fra la destra e la sinistra hegeliane. Il suo programma di riforma del pensiero hegeliano in senso teistico, già delineato nel *Sistema di estetica* (1830), si definì in *L'idea della divinità* (1833) e nei *Fondamenti di metafisica* (1835): muovendo dalla constatazione che il punto debole del sistema hegeliano è la determinazione del rapporto fra logica e realtà concreta, Weisse si propone di salvaguardare la validità della logica sfuggendo al panlogismo, il che significa per lui non confinare la realtà nell'irrazionale o nel subrazionale, ma riconoscere in essa un «di più positivo» (*positives Mehr* che non neghi la razionalità logica, ma la trascenda: non irrazionale né subrazionale ma piuttosto «più che razionale»). Nutrendosi di stimoli tratti da Schelling, Weisse ritiene che la dottrina del «di più positivo» spezzi la circolarità hegeliana e rimandi a una libera creazione divina, oggetto di conoscenza storica ma non irrazionale, poiché il primo fondamento logico-razionale in Dio non è rifiutato, bensì soltanto posto *all'inizio*, ed è *condizione*, ma non *causa*, dell'esistenza del mondo, la cui causa risiede invece nella libertà. L'opera fondamentale di Weisse è la *Dogmatica filosofica* (1855-62), in cui la teoria del fondamento logico e del «di più positivo» diviene teoria del rapporto fra la pura possibilità di essere (o «assoluto negativo») e la libera attuazione di questa possibilità, quindi l'esistenza: è in gioco un rapporto fra «negativo» e «positivo» in cui Weisse, pur nella sua autonoma originalità, si mostra senz'altro debitore dello Schelling posthegeliano. Direttore, con Fichte, della «Zeitschrift für Philosophie und spekulative Theologie», scrisse ancora opere di carattere storico-esegetico come *La storia evangelica* (1838) e, sin dal 1847, preconizzò il ritorno a Kant nel volume *In qual senso la filosofia tedesca deve oggi di nuovo guardare a Kant*.

Weizsäcker, Carl Friedrich von (Kiel 1912), fisico tedesco. Dopo aver studiato a Copenaghen con N. Bohr, fece parte dal '36 dell'Istituto Max Planck e dal '46 fu docente di fisica teorica all'università di Gottinga. Tra le sue opere si ricordano: *L'immagine del mondo della fisica* (1943); *La responsabilità della scienza nell'era atomica* (1957); *Cartesio e la scienza moderna della natura* (1959); *Fede cristiana e scienza della natura* (1959); *L'importanza della scienza* (1964); *Pensieri sul nostro futuro* (1966). Da un punto di vista strettamente scientifico, l'importanza di Weizsäcker è legata alle sue ricerche sulla scissione nucleare e alla sua teoria sull'origine del sistema planetario. Come W. Heisenberg, egli sviluppò una critica alla concezione deterministica e meccanicistica della fisica classica in base alle risultanze probabilistiche della fisica quantistica e al principio di indeterminazione. Proseguendo i tentativi compiuti da G. Birkhoff e da J. von Neumann, cercò di definire nuovi modelli logici che risultassero conformi con lo schema matematico della teoria dei quanti, introducendo il concetto di «grado di verità» di un'affermazione. A partire dal principio di indeterminazione, Weizsäcker afferma che «l'essere è anteriore alla conoscenza, ma solo la conoscenza sa che cosa è l'essere» e che «la natura è prima dell'uomo, ma l'uomo è prima della scienza naturale», definendo così l'inscindibile connessione tra soggetto e oggetto della conoscenza, interpretazione tipica del gruppo di Copenaghen.

Weltanschauung, termine tedesco che significa, letteralmente, «visione (o concezione) del mondo». Già presente nella cultura tedesca della fine dell'Ottocento (e segnatamente nell'opera di E. Dühring e di H. Gomperz), il concetto di Weltanschauung assume una rilevanza propriamente filosofica con W. Dilthey (*I tipi di visione del mondo*, 1911), il quale usa il termine per designare i diversi modi di rapportarsi alla realtà nel suo assieme che definiscono un'epoca storica (di conseguenza le concezioni metafisiche che caratterizzano una età della storia sarebbero la generalizzazione di dati culturali artistici o filosofici che ne incarnano con particolare pregnanza lo spirito).

Wertheimer, Max (Praga 1880 - New Rochelle, New York, 1943), psicologo cecoslovacco. Capostipite della → Gestaltpsychologie, studiò filosofia presso l'università di Praga, dove seguì fra l'altro l'insegnamento di Ch. von Ehrenfels, le cui teorie olistiche costituiscono uno dei principali precedenti storici del gestaltismo stesso. Successivamente studiò filosofia e psicologia a Berlino e, con O. Külpe, a Würzburg. Dal 1912 al 1916 insegnò a Francoforte, e nel 1917 si stabilì a Berlino, da dove emigrò nel 1933 in seguito alla persecuzione del regime hitleriano; si trasferì allora negli Stati Uniti, presso la New School for Social Research di New York. Gli scritti di Wertheimer sono classici nella storia della psicologia scientifica: gli *Studi sperimentali sulla percezione del movimento* (1912), con la demolizione su base empirica dei presupposti elementistici dell'introspezionismo, costituirono l'atto di nascita del gestaltismo e più in generale della sperimentazione psicofenomenologica; *Il pensiero produttivo* (1920) fu la prima indagine sistematica sui processi cognitivi superiori.

Wesley, John (Epworth, Lincolnshire, 1703 - Leatherhead, Londra, 1791), ecclesiastico inglese, fondatore del → metodismo. Compì gli studi teologici a Oxford e fu ordinato prete anglicano nel 1728; a Oxford diresse un gruppo devoto (*holy club*), fondato dal fratello Charles e impegnato nello studio della Bibbia e nell'assistenza ai poveri e ai carcerati. Recatosi nell'America settentrionale per cooperare alla fondazione di una nuova colonia, la Georgia, vi rimase due anni ed entrò in contatto con i fratelli moravi, attingendovi la concezione di un cristianesimo imperniato sulla salvezza per fede e fondato su un filiale rapporto d'amore con Dio. Tornato in Inghilterra, nel 1739 intraprese quella predicazione itinerante, vigorosa nel denunciare il peccato e nell'esortare alla rigenerazione morale, che per un cinquantennio assorbì tutte le sue energie. Preoccupato più della dimensione etica che di quella dogmatica, Wesley pose l'accento sulla esigenza della conversione personale, della testimonianza interiore dello Spirito Santo e della santificazione, che si attua adempiendo i precetti dell'amore di Dio e del prossimo, e abbandonandosi con impegno totale all'opera salvifica di Dio. Wesley ha lasciato un *Diario*, che è un importante documento spirituale, lettere, opuscoli e migliaia di sermoni.

Wessenberg, Ignaz Heinrich Karl (Dresda 1774 - Costanza 1860), ecclesiastico tedesco. Educato in una famiglia imbevuta di giuseppinismo e di → febronianesimo, collaborò con K. Th. von Dalberg, arcivescovo di Magonza, che lo nominò suo vicario generale nel 1802 e lo ordinò sacerdote dieci anni più tardi. Wessenberg svolse un'intensa attività pastorale, animata dalla volontà di purificare la chiesa tedesca dalle «superstizioni» romane: introdusse la lingua tedesca nella messa, nell'amministrazione dei sacramenti, nel breviario e nel rituale, proscrisse come pratiche superstiziose i pellegrinaggi, le processioni, le devozioni popolari, i digiuni e le pie confraternite, rimosse le statue dalle chiese per riportarle all'austerità antica, contestò il celibato ecclesiastico, si oppose alla recita del rosario e alla confessione frequente, ripudiò la scolastica. Febroniano acceso, sostenne che la costituzione della chiesa è imperniata sul collegio episcopale e che il concilio ecumenico, in quanto espressione della chiesa universale, è superiore al papa. Al congresso di Vienna, come plenipotenziario del duca di Dalberg, sollecitò la conclusione di un concordato unico per tutta la confederazione germanica, che avrebbe dovuto favorire la formazione di una chiesa nazionale tedesca; ma non ottenne successo per l'opposizione del cardinale Consalvi. Nel 1821 la Santa Sede smembrò la diocesi di Costanza, a cui Wessenberg apparteneva, e nel 1827 lo costrinse a rinunciare ai suoi incarichi. La sua influenza perdurò nella Germania meridionale, e ne risentirono i Vecchi cattolici e il modernismo.

Weyl, Hermann (Elmshorn, Schleswig-Holstein, 1885 - Zurigo 1955), matematico e fisico tedesco. In *Spazio, tempo, materia* (1918) espose importanti risultati di carattere matematico concernenti non solo la teoria della relatività, sia speciale sia generale, ma anche la teoria del campo elettromagnetico. Successivamente, in varie pubblicazioni, sottolineò la grande importanza della teoria dei gruppi per la meccanica quantistica. Rilevante in queste come in altre sue indagini è il carattere di interdisciplinarità. Esemplare, in questa prospettiva, è uno dei suoi ultimi lavori, *La simmetria*, in cui questa nozione è esaminata da vari punti di vista: fisico, geometrico, matematico, filosofico, estetico. Questa impostazione è probabilmente legata all'influenza della fenomenologia husserliana, cui Weyl, soprattutto nei suoi primi lavori, si richiama espressamente. Nel campo dei fondamenti della matematica Weyl, che era partito da una sua propria elaborazione delle istanze del → predicativismo (*Il continuo*, 1918), aderì poi, all'inizio degli anni Venti, all'→ intuizionismo, dal quale si allontanò in seguito per accettare in parte una concezione secondo la quale la scelta di una posizione filosofica va rapportata ai diversi ambiti operativi (l'intuizionismo, per es., è il più adatto per le questioni della teoria elementare dei numeri, ma quando si considera la strumentazione matematica necessaria per le indagini fisiche è più conveniente adottare la posizione hilbertiana). Come per i predicativisti, anche per Weyl la sequenza infinita degli interi positivi è un oggetto matematico legittimo. Su questa base (e attraverso le operazioni logiche di intersezione, complementazione ecc., nonché l'operazione matematica di costituzione di nuove entità che si dispongono gerarchicamente a seconda della complessità degli enti cui si è fatto riferimento) Weyl costruisce il suo continuo «atomistico» che, ovviamente, ben poco conserva della nozione classica (infatti è enumerabile, sebbene non possa essere enumerato all'interno del sistema).

Whewell, William (Lancaster 1794 - Cambridge 1866), storico della scienza e filosofo inglese. Per la maggior parte della sua vita visse e insegnò all'università di Cambridge. Fu autore di opere scientifiche (per lo più espositive), di scritti di filosofia morale e soprattutto di due importanti testi di storia e filosofia della scienza: *Storia delle scienze induttive* (3 voll., 1837) e *Filosofia delle scienze induttive fondata sulla loro storia* (1840). Quest'ultima fu poi riedita in tre parti: *Storia delle idee scientifiche* (2 voll., 1858); *Novum Organon renovatum* (1858); *Sulla filosofia della scoperta* (1860). Contro J.S. Mill, Whewell sostenne che l'induzione poteva essere definita soltanto come metodo effettivamente usato nella costruzione delle scienze che si dicono induttive, e non astrattamente e indipendentemente da esse. E le scienze induttive non si costruiscono per generalizzazioni successive dei fatti osservati, ma mediante l'invenzione e il controllo di «congetture fortunate». Il procedimento di formazione di un'ipotesi scientifica non è mai logicamente corretto, sicché l'idea di una «logica induttiva» è del tutto futile. Un'ipotesi induttiva non nasce per generalizzazione, ma come connessione di fatti osservati; un'ipotesi fortunata e rigorosamente controllata viene incorporata nell'esperienza, sicché noi «vediamo» le cose come conformi all'ipotesi. Perciò «i fatti di oggi sono le ipotesi di ieri»: l'errore dell'empirismo, secondo Whewell, consiste nel non riconoscere che i cosiddetti «fatti» incorporano le ipotesi scientifiche già accreditate. In queste sue teorie, Whewell fu influenzato da Kant; ma contro Kant egli sostenne che le «idee fondamentali» non sono già da sempre elementi della struttura della ragione, ma diventano tali quando si siano dimostrate feconde nell'organizzazione dell'esperienza.

Whitehead, Alfred North (Ramsgate, Kent, 1861 - Cambridge, Massachusetts, 1947), matematico e filosofo inglese. Insegnò matematica al Trinity College di Cambridge, all'University College di Londra e all'Imperial College of Science and Technology di Kensington, rivestendo anche importanti incarichi amministrativi e pedagogici (l'esperienza teorica di questi ultimi è raccolta nel volume *I fini dell'educazione e altri saggi*, 1924). Nel 1924 venne chiamato a una cattedra di filosofia alla Harvard University, dove influì su G.H. Mead, J. Dewey, W.V.O. Quine e in generale sul neorealismo americano. La prima opera di Whitehead è il *Trattato di algebra universale* (1893), che costituisce una ripresa — in chiave moderna — dell'ideale leibniziano della fondazione di tutte le scienze sul calcolo logico. Di qui il progetto, elaborato e svolto in collaborazione con B. → Russell, dei *Principia Mathematica* (3 voll., 1910-13), un'opera fondamentale in cui la matematica viene ricondotta interamente alla logica. I due autori trassero da tale lavoro opposte conseguenze filosofiche. Sin dal 1905, del resto, Whitehead aveva iniziato quella revisione critica del concetto classico di mondo materiale, ancora fondato su principi newtoniani, che troverà piena espressione nelle opere epistemologiche della seconda fase del suo pensiero (*L'organizzazione del pensiero*, 1917; *Ricerca sui principi della conoscenza naturale*, 1919; *Il concetto di natura*, 1920; *Il principio della relatività*, 1922, in cui Whitehead sviluppa, tra i primi, il senso scientifico e filosofico della teoria della relatività di A. Einstein). In questi scritti Whitehead critica la separazione tradizionale tra qualità primarie e secondarie, nonché l'errore della «concretezza mal posta», consistente nel considerare come reali, al posto degli oggetti concretamente percepiti, le astrazioni fisico-matematiche e i concetti teorico-operativi della scienza. Con *La scienza e il mondo moderno* (1925) inizia la terza e ultima fase, «metafisica», del pensiero di Whitehead, che trova in *Processo e realtà* (1929) la sua più compiuta espressione. Altre opere: *Il divenire della religione* (1926); *Simbolismo* (1927); *La funzione della ragione* (1929); *Avventure di idee* (1933); *Modi del pensiero* (1938); *Scienza e filosofia* (1947).

La funzione generale della ragione, e quindi della filosofia, è, secondo Whitehead, un «graduale avvicinamento delle idee di chiarezza e generalità». Contrariamente alla pretesa cartesiana di muovere da premesse evidenti, la filosofia deve prendere le mosse dalla complessa e multiforme esperienza della vita e tentarne una generalizzazione teorica, consapevole che ogni teoria è un «azzardo» e una semplificazione astratta e inadeguata, bisognosa di continue correzioni. Questo cammino della conoscenza (o «avventura delle idee») rispecchia del resto l'evoluzione e la natura stessa della realtà, la quale non è riducibile, come riteneva la metafisica classica, alle semplici relazioni della sostanza con le sue qualità (qui si vedono i frutti della logica delle relazioni sviluppata nei *Principia*), né al dualistico rapporto tra soggetto e oggetto. La realtà è più fedelmente descrivibile come un *processo*, costituito da *eventi* in connessione reciproca. Ogni evento può essere a sua volta descritto sia come soggetto sia come oggetto, a seconda che determini la «prensione» di un altro evento rendendolo sua parte componente, o che invece venga «preso» da un altro evento e divenga parte di esso. Il soggetto, d'altronde, non è il punto di partenza del processo, ma anzi il punto di arrivo o «supergetto», cioè il fine verso il quale il processo tende. Così pure è errato identificare, come fanno gli idealisti, il soggetto con l'autocoscienza, che è un caso particolare e piuttosto raro di supergetto, che si verifica come punto di arrivo dello specifico aggregato di eventi costituito dal corpo umano. (Qui Whitehead appare vicino, come già agli esordi logici, a un organicismo di tipo leibniziano.) Oltre che dagli eventi il processo è poi costituito da forme e strutture ricorrenti che Whitehead chiama «oggetti eterni». Essi definiscono il regno della relazione e del possibile e sono in sé «astratti», sino a quando non entrino nella concreta «occasione attuale» di un evento. In tal caso l'oggetto eterno determina il modo e la qualità della prensione, cioè il modo in cui un evento si collega con altri (prende e viene preso); esso determina altresì l'incamminarsi del processo verso il regno dell'apparenza e del simbolico (nonché della possibilità dell'«errore»), le cui più alte fasi saranno per l'uomo la sensazione e il concetto. Al più alto grado gli oggetti eterni costituiscono infine i «valori», cioè i sentimenti di bene, bello e vero che si realizzano occasionalmente nel processo. Di qui la singolare concezione del divino proposta da Whitehead: Dio è insieme la «natura originaria», in quanto contiene in sé la totalità degli oggetti eterni, e la «natura conseguente», come realizzazione progressiva, interna al processo, di tutti i possibili valori dell'esistenza. Dio, dice Whitehead, non è il creatore del mondo, ma il suo salvatore: egli è la possibilità del valore e anche il principio della sua realizzazione; ogni evento — compreso il male che è nell'esistenza — trova in Dio la sua ultima giustificazione e interpretazione.

Whitney, William Dwight (Northampton, Massachusetts, 1827 - New Haven, Connecticut, 1894), linguista statunitense. Insegnò dal 1854 sanscrito e dal 1869 grammatica comparata allo Yale College. Fu editore di testi vedici, traduttore dal sanscrito, iniziatore degli studi di indologia in America; il suo nome è legato soprattutto a una fortunatissima *Grammatica sanscrita* (1879) e al saggio teorico *La vita e lo sviluppo del linguaggio* (1875). In questo lavoro, e in altri scritti di linguistica generale e indoeuropea (*Linguaggio e studio del linguaggio*, 1867, rielaborato in *Il linguaggio e il suo studio, con particolare riferimento alla famiglia delle lingue indoeuropee*, 1876), Whitney affermò la socialità delle istituzioni linguistiche, fondata, come già secondo Aristotele, sulla convenzione che associa un significante a un significato senza che tra essi sussista un legame naturale e necessario. La mancanza di tale legame implica che il rapporto fra i due termini sia considerato arbitrario. Così, pur professando una concezione tradizionale delle idee e dei significati come esistenti autonomamente al di fuori della storia e dei parlanti, Whitney introdusse nella linguistica una nozione (quella di arbitrarietà, appunto) che acquisterà grande rilievo nel pensiero di F. de Saussure e negli sviluppi saussuriani.

Whorf, Benjamin Lee (Whinthrop, Massachusetts, 1897 - Wethersfield, Connecticut, 1941), linguista statunitense. Seguì le lezioni di E. Sapir alla Yale University, e qui divenne lettore di antropologia nel 1937-38. I suoi primi lavori furono dedicati alle lingue messicane; si possono menzionare tra l'altro la *Linguistica azteca* (1928) e la *Linguistica comparata del gruppo uto-azteco* (1935), cui va aggiunto l'infelice tentativo su *La scrittura maya e la sua decifrazione* (1935). Incoraggiato da Sapir, studiò poi la lingua hopi (parlata nella California meridionale): *Alcune categorie verbali hopi* (1938) e *La lingua hopi* (postumo, 1946). Le notevoli particolarità di queste lingue, così diverse da quelle europee, indussero Whorf a sostenere una versione radicale di relativismo linguistico, per cui le categorie della lingua determinerebbero la visione del mondo, se non addirittura la forma del pensiero, dei parlanti. Quest'idea, già avanzata in forma meno estrema dal suo maestro, venne chiamata negli anni Cinquanta «ipotesi Sapir-Whorf». Tra gli articoli che Whorf pubblicò su questo argomento vanno citati: *Scienza e linguistica* (1940); *La relazione del pensiero abituale e del comportamento con la lingua* (1941); *Lingua e logica* (1941); *Linguaggio, pensiero e realtà* (postumo, 1942). I suoi scritti più importanti furono raccolti nel 1956 in un volume intitolato appunto *Linguaggio, pensiero e realtà*.

Wiener, Norbert (Columbia, Missouri, 1894 - Stoccolma 1964), matematico statunitense. Addottoratosi all'età di diciott'anni alla Harvard University, con una tesi di logica matematica, studiò anche in Europa con B. Russell e D. Hilbert. Insegnò, a partire dal 1919, al MIT di Cambridge (Massachusetts). Dopo aver dato fondamentali contributi nel campo della teoria matematica dei processi stocastici e della previsione, Wiener si occupò, negli anni della seconda guerra mondiale, dei problemi del controllo automatico delle armi belliche. Stimolato da queste ricerche, elaborò il progetto di una scienza generale della regolazione del controllo, da lui battezzata → *cibernetica*, e presentata in un libro di grande successo (*La cibernetica, ovvero il controllo e la comunicazione nell'animale e nella macchina*, 1948). Da allora, pur continuando a occuparsi di matematica generale, si dedicò prevalentemente allo sviluppo e alla divulgazione della nuova disciplina.

Winckelmann, Johann Joachim (Stendal, Prussia, 1717 - Trieste 1768), teorico e storico dell'arte tedesco, comunemente riconosciuto quale fondatore dell'archeologia moderna. Compì i suoi studi a Halle (teologia), Berlino e Jena (matematica e medicina). Nel 1755, sovvenzionato dal re di Prussia, intraprese un viaggio di studio a Roma, dove, convertitosi al cattolicesimo, poté godere dell'appoggio di alti prelati. Nel 1758 visitò Napoli, Ercolano, Pompei e Firenze. Nel 1763 divenne ispettore generale delle antichità per la città di Roma e il Lazio. Nel 1768 fu invitato a Vienna dall'imperatrice Maria Teresa, ma, sulla via del ritorno in Italia, morì assassinato a Trieste.

La teoria estetica winckelmanniana si fonda su un concetto «formale» di bellezza; ciò che rende bello un oggetto è un *quid* indefinito non riconducibile ad alcun particolare visibile. Modello di figura bella è per Winckelmann la statua greca rappresentante la divinità olimpica, *exemplum* del processo di trasfigurazione necessario alla realizzazione di un'opera d'arte; in essa viene infatti trascesa la particolarità-materialità del corpo umano, che si trasfigura in universalità poiché il corpo diviene simbolo di un'umanità perfetta, priva di passioni. In base a tale convinzione — fondata su un'idea di bellezza le cui caratteristiche essenziali sono la «nobile semplicità», la misura, l'armonia, la «quieta grandezza» — egli giunge a una vera e propria mitizzazione dell'arte greca classica che costituirà un preciso punto di riferimento per il classicismo del sec. XVIII. La sua estetica è decisamente antirealistica: le immagini offerte dalle opere d'arte sono «astratte» dalla natura, dai corpi e non ne sono una semplice riproduzione. Non solo, ma l'artista non deve mai turbare — con i propri affetti — la serenità dell'opera. L'opera d'arte come «espressione»

(*Ausdruck*) è anzi il frutto più incompleto della bellezza, che trova invece la propria realizzazione più alta quando diviene semplice «grazia». Opere principali: *Considerazioni sull'imitazione delle opere greche in pittura e scultura* (1754); *Sulla grazia delle opere d'arte* (1759); *Osservazioni sull'architettura nell'antichità* (1762); *Trattato sulla forza del sentimento del bello e sul suo insegnamento* (1764); *Storia dell'arte nell'antichità* (1764); *Saggio sull'allegoria, con particolare riferimento all'arte* (1766); *Considerazioni sulla storia dell'arte* (1767).

Windelband, Wilhelm (Potsdam 1848 - Heidelberg 1915), filosofo tedesco. Allievo di K. Fischer e di H. Lotze, insegnò nelle università di Zurigo, Friburgo, Strasburgo e Heidelberg. Fu tra i promotori del ritorno a Kant e iniziatore della «filosofia dei valori» (→ valore) e della neokantiana scuola del Baden. Notevole importanza e influenza ebbe la sua attività di storico della filosofia (*Storia della filosofia moderna*, 2 voll., 1878-80; *Storia della filosofia occidentale nell'antichità*, 1888; *Manuale di storia della filosofia*, 1892). Nei suoi scritti teorici, raccolti nei 2 voll. dei *Preludi* (1884), opera molto accresciuta nelle successive edizioni, Windelband propugna un recupero del criticismo kantiano in opposizione al positivismo. A differenza delle scienze naturali, che riguardano la *quaestio facti*, la filosofia, come aveva inteso Kant, concerne la *quaestio iuris*, non cioè l'essere, ma il dover essere. Ciò significa che oggetto della filosofia sono i «valori» e i «giudizi valutativi». Nel formulare qualsiasi giudizio valutativo, ogni coscienza empirica trova in sé norme e regole che si impongono categoricamente: la radice di queste norme è quella che Windelband chiama la «coscienza normale». Essa è costituita da un insieme di valori ideali, o di norme metaempiriche, che *devono poter* determinare ogni scelta empirica relativa al vero (logica), al buono (etica) e al bello (estetica), affinché tale scelta possa aspirare all'universalità. Il giudizio valutativo non riguarda pertanto ciò che è di fatto riconosciuto, ma ciò che deve o dovrebbe venir riconosciuto al fine di adeguare la coscienza empirica alla coscienza normale e alle sue idealità normative. La tensione tra giudizi di fatto e giudizi di valore non è mai completamente superabile, e caratterizza l'esistenza dell'uomo in quanto essere libero; su di essa si fonda anche, per Windelband, la possibilità della religione.

Parallela alla distinzione tra giudizi di fatto e giudizi valutativi — ma non identificabile con essa — è la distinzione su cui Windelband fonda la sua teoria della conoscenza storica nella conferenza del 1894 *Storia e scienza della natura* (che intende anche correggere l'impostazione data da W. Dilthey al medesimo problema nella *Introduzione alle scienze dello spirito* del 1883). Windelband caratterizza le scienze naturali come scienze di *leggi* che hanno di mira il generale (scienze «nomotetiche»); le scienze storiche, o dello spirito, riguardano invece gli eventi singoli e le figure irripetibili e uniche (scienze «idiografiche»). La distinzione non è tuttavia di oggetti, ma di metodi: anche il mondo della natura, per es. gli esseri viventi, può essere sottoposto a una considerazione idiografica, che guardi ai tratti peculiari di ogni organismo; e, viceversa, i comportamenti umani possono essere studiati da un punto di vista generalizzante.

La filosofia dei valori di Windelband, sviluppata anche da H. → Rickert, esercitò ampia influenza sul pensiero del primo Novecento ed ebbe una certa eco in Italia, ove contribuì a ispirare la filosofia dello spirito di B. Croce, in particolare con la sua proposta di articolare le categorie della filosofia nella logica, nell'etica e nell'estetica, articolazioni o «distinzioni» che Croce fece proprie aggiungendovi l'«economica».

Winnicott, W. Donald (Plymouth, Devon, 1896 - Londra 1971), psicoanalista inglese. L'approccio teorico di Winnicott, se anche si può collocare a metà tra la scuola di Melanie Klein e quella di Anna Freud, non si identifica mai in un modello rigido cui ricondurre l'esperienza clinica, ma, al contrario, tende a valorizzare la varietà dei fatti osservati e la loro inesauribile interpretabilità, in una visione fiduciosa nelle capacità di adattamento del soggetto e nelle sue tendenze naturali a risolvere i conflitti. L'elemento centrale della teoria di Winnicott è costituito dall'attività del gioco, considerato anche il luogo paradigmatico del rapporto terapeutico in cui analista e paziente riconoscono i confini dell'esperienza comune solo nella mediazione con l'altro. Sul modello del gioco, Winnicott introduce il concetto di «spazio transizionale», una sorta di luogo virtuale in cui è possibile mediare il dualismo rigido tra spazio interiore e spazio esteriore. Dopo la nascita, il bambino sperimenta la funzione di contenimento empatico svolta dalla madre e abbandona lo stadio di fusione originaria reagendo alle pressioni che gli provengono dal suo ambiente. In questa delicata fase di passaggio dalla dipendenza assoluta all'indipendenza, il bambino perde il suo stato di onnipotenza — in cui s'illude di essere il creatore dell'oggetto esterno — e ottiene in cambio la permanenza dell'oggetto. La nuova distanza venutasi a creare è occupata dagli «oggetti transizionali» (animali di peluche, pezzetti di stoffa ecc.) che mediano pre-simbolicamente il rapporto con la madre-ambiente, consentendo al bambino di abitare uno spazio di relativa indifferenziazione tra *dentro* e *fuori*, tra *me* e *non-me* e allo stesso tempo di elaborare creativamente la sua separazione dalla madre. Le mancanze materne contribuiranno al processo di distacco del bambino, il quale, a sua volta, per far fronte ai propri impulsi provocherà la formazione di un falso Sé, che avvolge e protegge il vero Sé, e viene attivamente implicato nella genesi del disturbo mentale. Fra le opere più importanti si ricordano: *Il bambino e il mondo esterno* (1957); *Dalla pediatria alla psicoanalisi* (1958); *Sviluppo affettivo e ambiente* (1965); *Dal luogo delle origini* (1940-71); *Gioco e realtà* (1971); *Il bambino deprivato* (postumo, 1984); *Sulla natura umana* (postumo, 1988).

Wisdom, John Terence Dibben (Londra 1904), filosofo inglese. È stato professore di filosofia a Cambridge dal 1952. Nell'evoluzione del suo pensiero filosofico si possono distinguere due momenti, caratterizzati dalla diversa risposta che Wisdom dà al problema centrale della sua indagine, quello della funzione della filosofia. Nelle opere *Interpretazione e analisi* (1931) e *Costruzioni logiche I-V* (serie di cinque saggi comparsi su «Mind» dal 1931 al 1933) viene analizzata la nozione di «costruzione logica». Diremo che un'entità X è una costruzione logica a partire dalle entità $y_1, y_2,...$ se tutte le asserzioni su X sono traducibili in asserzioni su $y_1, y_2,...$ L'importanza filosofica del concetto in questione appare evidente se si tiene presente che esso costituisce uno strumento efficacissimo di «riduzione» di tutti i dati dell'esperienza ad altre entità, ritenute fondamentali e in qualche modo «ontologicamente prioritarie». Nello stesso tempo la nozione di costruzione logica permette di sfuggire alle difficoltà cui va incontro la concezione empirista degli oggetti come «aggregati di dati sensoriali». Infatti, dire che gli oggetti materiali sono costruzioni logiche a partire da dati sensoriali non è un'asserzione relativa al mondo, bensì al linguaggio: significa affermare che certe asserzioni sono traducibili in altre.

La prima risposta che Wisdom dà al problema della funzione della filosofia è che questa si riduce all'analisi delle costruzioni logiche. Nel secondo periodo, contraddistinto dal profondo influsso esercitato su di lui dal secondo Wittgenstein, la risposta di Wisdom subisce uno spostamento di accento. In saggi come *Perplessità filosofica* (1936) e *Metafisica e verificazione* (1938) la funzione della filosofia appare non più tanto quella di «chiarire la struttura del mondo», quanto quella di chiarire la natura delle domande relative alla struttura del mondo. Il discorso non riguarda più, quindi, i procedimenti di riduzione tipici dell'analisi filosofica, ma piuttosto le motivazioni che spingono a dare, a un certo problema, una risposta riduzionista oppure «trascendentalista» (secondo la quale, per es., gli oggetti materiali sono entità ultime e inanalizzabili). Non si tratta più, quindi, di risolvere perplessità filosofiche, ma di chiarirne le motivazioni profonde; in questo senso la filosofia svolge un ruolo analogo a quello della psicoanalisi (*Filosofia e psicoanalisi*, 1953). Altre opere: *Problemi della mente e della materia* (1934); *Altre menti* (1952); *Paradosso e scoperta* (1965).

Witelo (Polonia tra il 1230 e il 1235 ca - morto dopo il 1275 ca), filosofo e scienziato polacco di origine tedesca. Il suo nome è probabilmente un diminutivo di Wito o Wido e di esso esistono diverse altre grafie: Vitellio, Vitello ecc. Studiò a Parigi e a Padova, e nel 1269 fu a Viterbo; qui dovette conoscere Guglielmo di Moerbeke, al quale è infatti dedicata la sua opera principale, *Perspectiva* (composta non prima del 1270). Oltre a questo, ci è rimasto un solo suo scritto, il *Tractatus de primaria causa poenitentiae et de natura daemonum*. La *Perspectiva* di Witelo, che utilizza largamente la *Perspectiva* o *De aspectibus* di Alhazen, si compone di dieci libri, il primo dei quali fornisce le conoscenze matematiche necessarie per lo studio dei problemi ottici, svolto nei nove libri successivi; questi, in cui predominano le considerazioni geometriche, affrontano un vasto campo di argomenti, dai caratteri della propagazione della luce alla teoria della visione, ai fenomeni della riflessione e della rifrazione. Il quadro filosofico generale all'interno del quale Witelo colloca la propria trattazione dell'ottica è definito da una concezione metafisica della luce di carattere neoplatonico, che si connette alle posizioni di Roberto Grossatesta e di Ruggero Bacone: l'origine di tutte le cose è la luce divina, la quale, diffondendosi nelle sostanze intellettive e, mediante queste, nelle sostanze inferiori, trasmette loro l'essere, l'intelligibilità e l'ordine.

Wittgenstein, Ludwig (Vienna 1889 - Cambridge 1951), filosofo austriaco. Apparteneva a una famiglia ricca e influente, al centro della vita intellettuale viennese; ciò condizionò in modo determinante la formazione della sua personalità. Anche se la sua istruzione non fu di tipo umanistico, ma prevalentemente scientifica e tecnica (come era naturale per il figlio di un grande industriale dell'acciaio), la sua sensibilità lo rese pienamente partecipe di tutti i problemi e le tensioni caratteristiche della crisi culturale europea degli anni intorno alla prima guerra mondiale. Dopo aver studiato ingegneria a Berlino, si specializzò in aeronautica a Manchester; avendo maturato un interesse per questioni di matematica pura e di fondamenti della matematica, nel 1911 si trasferì a Cambridge per studiare con B. Russell, di cui divenne amico.

• *Il «Tractatus logico-philosophicus»*. Nel 1913 Wittgenstein iniziò a scrivere su argomenti di filosofia della logica; continuò a prendere appunti negli anni della guerra (a cui partecipò come volontario nell'esercito austriaco) e nel 1918 aveva pronto il manoscritto dell'unica opera di cui curò la pubblicazione, il *Tractatus logico-philosophicus.* Il libro uscì una prima volta nel 1921, in un'edizione tedesca che Wittgenstein non aveva approvato; l'anno successivo fu ripubblicato con traduzione inglese a fronte e un'introduzione di Russell, che contribuì a dargli notorietà. Il *Tractatus* è una successione di pensieri, per lo più brevi, numerati in modo che risulti chiara la loro connessione tematica e l'importanza relativa di ciascuno. Gli argomenti trattati sono, nell'ordine, la costituzione del mondo (inteso come totalità di fatti) e le caratteristiche delle immagini che ci facciamo dei fatti, i caratteri specifici delle immagini linguistiche dei fatti, cioè delle proposizioni (forma logica, senso, verità e falsità), la definizione generale della proposizione come funzione di verità di proposizioni elementari, la determinazione di ciò che può essere detto sensatamente nel linguaggio. A titolo di corollario delle sue tesi sul linguaggio e la logica, Wittgenstein prende posizione su molti problemi «classici» della filosofia, dall'Io al numero, dalla natura delle leggi scientifiche al concetto di dimostrazione, ai problemi del valore, della vita e della morte.

L'intenzione teorica principale del *Tractatus* è però la determinazione delle condizioni di sensatezza del linguaggio in generale (e quindi di ciascun particolare linguaggio): Wittgenstein intende mostrare come dev'essere il mondo se le proposizioni del linguaggio devono poter avere un senso determinato. In quanto ricostruisce le condizioni a priori della determinatezza del senso delle proposizioni (che è assunta come un fatto), il *Tractatus* è stato avvicinato alla *Critica della ragion pura* di Kant; l'opera di Wittgenstein differisce però profondamente da quella di Kant per la sua *neutralità epistemologica*, cioè per il fatto di prescindere completamente da ogni particolare mediazione conoscitiva tra linguaggio e mondo. Il pensiero è identificato con il linguaggio (non con l'insieme delle proposizioni intese come segni sensibili — sequenze di suoni o macchie d'inchiostro sulla carta — ma con le proposizioni in quanto dotate di senso, cioè in quanto raffigurazioni dei fatti); e il problema di come, in ciascun caso, i fatti del mondo giungano a essere raffigurati dal linguaggio non è considerato pertinente per la comprensione della logica del linguaggio. Per questa sua eliminazione di uno specifico piano mentale, intermedio tra linguaggio e realtà, e per la netta distinzione tra problemi epistemologici e problemi concettuali (o di logica del linguaggio), il *Tractatus* contribuì, insieme alle opere di G. Frege e, in maniera diversa, di Russell e G.E. Moore, alla formazione della prospettiva filosofica analitica (→ analitica, filosofia). Individuando le condizioni a cui una proposizione è sensata, il *Tractatus* determina come prive di senso le proposizioni caratteristiche della metafisica, dell'etica, dell'estetica e in generale tutte le proposizioni la cui analisi fa vedere che non sono immagine di alcun fatto del mondo. I neopositivisti del circolo di → Vienna interpretarono in senso svalutativo questa mancanza di senso dei discorsi non scientifici; per Wittgenstein invece essa testimoniava solo dell'impossibilità di parlare di ciò che più importa. Dopo la pubblicazione del *Tractatus*, ritenendo di aver risolto «nell'essenziale» i problemi filosofici ma anche di aver mostrato «quanto poco sia fatto dall'essere questi problemi risolti» (*Prefazione* al *Tractatus logico-philosophicus*), Wittgenstein non vide ragione di proseguire nell'attività filosofica. Ottenne quindi un diploma di maestro e insegnò in scuole di montagna austriache (1920-26), scrivendo anche un glossario per le scuole elementari.

• *Il «secondo» Wittgenstein.* Nel 1927, per l'insistenza di M. Schlick, Wittgenstein, che si trovava nella sua città per seguire la costruzione della casa della sorella (che egli stesso aveva progettato), tornò a discutere di filosofia, incontrandosi a più riprese (fino al 1932) con i filosofi del circolo di Vienna. Le sue posizioni di questo periodo sono registrate negli appunti di quei colloqui, presi da alcuni partecipanti, e nelle note di Wittgenstein pubblicate postume col titolo di *Osservazioni filosofiche* (1964). Su parecchi punti (interesse per questioni epistemologiche, scetticismo sulla capacità della logica — e dei linguaggi artificiali di cui essa si serve — di analizzare in maniera del tutto soddisfacente il linguaggio quotidiano) queste posizioni appaiono già lontane dal *Tractatus.* E fu soprattutto l'insoddisfazione per la filosofia del *Tractatus* a indurre Wittgenstein a tornare a occuparsi professionalmente di filosofia a Cambridge, dove insegnò, con varie interruzioni, tra il 1930 e il 1947. Gli sembrava che la concezione del linguaggio contenuta nella sua opera giovanile rendesse ragione di una parte molto piccola del nostro uso effettivo del linguaggio, e che anche rispetto a questa piccola parte il suo atteggiamento fosse stato troppo «filosofico», propenso alla formulazione perentoria di tesi generali più che all'analisi di singoli casi di uso del linguaggio e alla problematizzazione di certezze. Nel suo insegnamento e negli appunti successivi al 1930, Wittgenstein ripudiò varie dottrine del *Tractatus*: che la funzione dei nomi nel linguaggio sia univocamente caratterizzata dal loro «stare per» gli oggetti che designano; che ogni enunciato sensato sia, in ultima analisi, un nesso di nomi propri di oggetti semplici; che ogni enunciato sensato debba essere analizzabile come funzione di verità di enunciati elementari. Ma la differenza fra il «primo» e il «secondo» Wittgenstein è soprattutto una differenza di stile filosofico. Il *Tractatus* è una sequenza ben ordinata di aforismi in forma assertoria; i manoscritti successivi al 1930

(tutti editi postumi) si presentano piuttosto come successioni di domande, esempi e analogie, in cui molto di rado viene raggiunta una conclusione di carattere generale.
Dopo il 1930 e specialmente a partire dal 1932 Wittgenstein intese soprattutto mostrare che non è possibile formulare una teoria del linguaggio come un tutto; il linguaggio, così come è effettivamente usato dagli uomini, è un insieme di espressioni che svolgono funzioni assai diverse nell'ambito di pratiche e procedimenti disparati (che Wittgenstein chiamò «giochi linguistici»), disciplinati da regole diverse e non date una volta per tutte, ma suscettibili di innovazione. Le condizioni dell'uso sensato di un'espressione linguistica, che il *Tractatus* aveva considerato univocamente determinabili per tutto il linguaggio, dipendono dal gioco linguistico nell'ambito del quale l'espressione è usata. Costantemente Wittgenstein si propose di descrivere fedelmente gli usi effettivi del linguaggio, contro ogni tentativo di irreggimentazione filosofica o logica del linguaggio comune, anche proveniente da persone e ambienti che avevano visto nel *Tractatus* una fondamentale fonte di ispirazione. Per questo aspetto, l'insegnamento di Wittgenstein fu all'origine dell'orientamento detto «filosofia del linguaggio comune», prevalente in Inghilterra per tutti gli anni Cinquanta; anche se l'assunzione dell'uso comune come *norma* di un uso corretto del linguaggio gli era estranea, e caratterizzò piuttosto l'atteggiamento di J.L. → Austin. Il pensiero del «secondo» Wittgenstein si diffuse, oltre che attraverso l'insegnamento, grazie a raccolte di appunti dettati da lui stesso o presi dagli studenti che seguivano le sue lezioni: per es. il *Quaderno blu* (appunti del 1933-34) e il *Quaderno marrone* (1934-35). Alla sua morte Wittgenstein lasciò il manoscritto di un libro pronto per la pubblicazione (le *Ricerche filosofiche*, 1953) e migliaia di pagine di appunti manoscritti, in fasi diverse di elaborazione. Gli esecutori testamentari pubblicarono successivamente varie raccolte tratte da questo *corpus*; tra le principali, *Osservazioni sui fondamenti della matematica* (1956; 2ª ed. 1978); *Grammatica filosofica* (1969); *Della certezza* (1969); *Osservazioni sulla filosofia della psicologia* (2 voll., 1980). *D. Ma.*

Wolff, Christian o Christian Wolf (Breslavia 1679 - Halle 1754), filosofo tedesco. Dietro presentazione di Leibniz, nel 1706 fu chiamato dall'università di Halle a insegnare matematica. I suoi interessi andavano però ben al di là di tale campo di ricerca, come dimostrano gli scritti di questo periodo, che, stesi in tedesco e non in latino, contribuirono a diffondere il suo pensiero in una cerchia più vasta rispetto al mondo accademico. Questi scritti furono raccolti dall'autore sotto il titolo generale di *Pensieri razionali*. Federico Guglielmo I gli tolse poi la cattedra a causa delle proteste dei colleghi di ispirazione «pietista» (in particolare di H. Franke e J. Lange), che nel suo razionalismo intravedevano un misconoscimento della concezione religiosa dell'uomo. Wolff si trasferì allora a Marburgo, ma nel 1740 ritornò a Halle (dove insegnò fino alla morte) grazie alla protezione del nuovo re, Federico II. Sono di questo secondo periodo le opere in latino, nelle quali è esposto in modo sistematico tutto il suo pensiero filosofico: *Philosophia rationalis sive Logica* (1728); *Philosophia prima sive Ontologia* (1729); *Philosophia moralis sive Ethica* (1750-53); *Oeconomica* (1750). L'originalità di Wolff consiste nell'aver posto l'esigenza di un metodo di indagine razionale: è questa la genesi del cosiddetto metodo «della fondazione», che tanto influsso esercitò su tutto l'illuminismo tedesco, compreso Kant. Con esso Wolff intendeva fornire la ragione di un adeguato strumento di ricerca, che dimostrasse la possibilità intrinseca di ogni singolo passo compiuto dalla ragione stessa. Ogni scienza rigorosa doveva dunque richiamarsi al principio di «non contraddizione», attraverso l'analisi o la deduzione in quanto fondamento di ogni «possibile». Di qui la distinzione di un duplice tipo di conoscenza o di scienza: la prima si costituisce appunto in base al principio di non contraddizione, attraverso l'analisi o la deduzione (si tratta della conoscenza «scientifica» o «superiore»); la seconda si occupa invece induttivamente o sperimentalmente dei rapporti tra le idee e i fatti storici (abbiamo così la conoscenza «inferiore» o «sensibile»). Benché priva di originalità, l'esposizione wolffiana del sapere filosofico riproponeva la speculazione classica e scolastica con un linguaggio spesso nuovo. Essa influenzò quindi molti pensatori del sec. XVIII (J.C. Gottsched, A.G. Baumgarten, M. Knutzen, H.S. Reimarus, M. Mendelssohn, J.H. Lambert), suscitando contemporaneamente il dissenso di altri (A.F. Hoffman, C.A. Crusius, P.L. Maupertuis).

Woodbridge, Frederick James Eugene (Windsor, Canada, 1867 - New York 1940), filosofo statunitense. Insegnò filosofia nell'università del Minnesota e alla Columbia di New York. In varie opere, tra cui *Il fine della storia* (1916); *Il regno della mente* (1926); *Il figlio di Apollo: i temi di Platone* (1929); *Natura e mente* (1937); *Saggio sulla natura* (1940), propose una metafisica non normativa, ma descrittiva, ove motivi platonici e spinoziani si mescolano ad altri naturalistici e comportamentistici. Secondo Woodbridge, lo spirito non è soggetto, ma struttura ideale e atemporale, soggiacente sia alla materia sia alla coscienza. Uno solo è l'ordine delle idee e delle cose: nella conoscenza, che come l'esistenza è evento temporale e naturale, le idee fungono da segni del reale. A sua volta la struttura ideale rintracciabile nell'universo rinvia a un Bene supremo, fonte e garanzia di ogni valore.

Wright, Georg Henrik Von (Helsinki 1916), filosofo finlandese. Allievo di Wittgenstein e suo immediato successore all'università di Cambridge, Von Wright ha dedicato al maestro vari saggi (poi raccolti in *Wittgenstein*, 1982) e ha curato (insieme a E. Anscombe e a R. Rhees) la pubblicazione dei suoi appunti inediti. Svolge attualmente attività di ricerca presso l'Accademia di Finlandia. Von Wright ha dato contributi importanti alla logica modale (suo è uno dei sistemi più «classici», il sistema T) e ha creato la logica deontica (la logica dell'obbligatorio, del vietato e del permesso) e la logica dell'azione (*Norma e azione*, 1963). L'opera in cui segue più da vicino l'insegnamento di Wittgenstein è forse *Le varie forme della bontà* (1963), un'indagine sull'uso del termine 'buono' che ne mostra l'irriducibilità a una singola definizione. Ma anche in *Spiegazione e comprensione* (1971) egli fa sua l'indicazione wittgensteiniana secondo cui la comprensione dell'agire umano (e quindi delle società, della storia ecc.) non consiste in una spiegazione del tipo di quelle fornite dalle scienze naturali, perché non può non fare riferimento a norme e scopi riconosciuti dagli agenti di cui si intende comprendere il comportamento. In *Tempo, cambiamento e contraddizione* (1969) Von Wright ha proposto un'interessante interpretazione della nozione di «contraddizione reale», mostrando come l'assunzione della continuità del tempo e del cambiamento comporti che la realtà debba in certi casi essere descritta come contraddittoria.

Wundt, Wilhelm Max (Neckarau, Mannheim, 1832 - Grossbothen, Lipsia, 1920), psicologo tedesco. Studiò presso le università di Tubinga e di Heidelberg, e presso l'università di Berlino collaborò alle ricerche di J. Müller, uno dei maestri della fisiologia meccanicistica ottocentesca. Dal 1857 al 1874 insegnò fisiologia a Heidelberg, e per alcuni anni fu assistente di H. von Helmholtz. Presso l'università di Heidelberg, Wundt inaugurò, a partire dal 1867, un corso regolare di «psicologia fisiologica». Nel 1875 divenne professore di filosofia nell'università di Lipsia, e nei successivi anni gettò le basi sperimentali e teoriche della nuova scienza psicologica, di cui fondò nel 1881 la prima rivista ufficiale, «Philosophische Studien». Sempre a Lipsia, condusse studi approfonditi di logica, etica e di quella che egli denominò «psicologia dei popoli». Wundt ebbe il grande merito di sintetizzare in un'opera colossale le tesi e i risultati empirici di carattere psicologico emersi nell'ambito della fisiologia, della psicofisica fechneriana, dell'evoluzionismo darwiniano e, prima ancora, della filosofia empirica anglosassone. Nel 1879 fondò a Lipsia il primo laboratorio di psicologia sperimentale nella storia della psicologia scientifica. Le teorie psicologiche wundtiane influenzarono gli psicologi europei e americani per almeno due generazioni, e costituirono la matrice concettuale da cui ebbero vita indirizzi pur fra loro in parte contrapposti, quali il → funzionalismo e soprattutto l'→ introspezionismo. Ma il principale contributo wundtiano fu di tipo metodologico, e consistette nella rigorosa codificazione del metodo sperimentale nell'ambito della ricerca psicologica, e nel rilievo dato all'accurata identificazione, allo stretto controllo e all'esatta quantificazione delle variabili psichiche, che nel laboratorio di Lipsia erano circoscritte ai processi sensoriali semplici, ma che successivamente (già a opera di un contemporaneo di Wundt, O. Külpe) si sarebbero estese ai processi mentali complessi. Wundt, tuttavia, fu anche sostenitore di una «psicologia filosofica», che i suoi eredi si affrettarono a mettere da parte per il suo carattere di inverificabilità sul piano empirico: ci riferiamo soprattutto al «volontarismo» wundtiano, secondo cui la «reazione psichica», che segue le fasi della «stimolazione», della «percezione» e dell'«appercezione», è caratterizzata da un «atto di volontà» che è l'equivalente del «libero arbitrio» della tradizione filosofica spiritualistica, e che riassume e sintetizza tutti gli aspetti della personalità. L'opera principale di Wundt è *Fondamenti di psicologia fisiologica* (1873-74). Tra gli altri suoi scritti si ricordano i due volumi della *Logica* (1880-83) e i nove volumi della *Psicologia dei popoli* (1900-20).

Wycliffe, John o John Wyclif (Hipswell, Yorkshire, 1320 ca - Lutterworth, Leicestershire, 1384), riformatore inglese. Studente a Oxford, vi si laureò in teologia, probabilmente nel 1372, e fu professore nella stessa università per quasi tutta la sua vita. Dal 1376 si legò strettamente al Principe Nero (figlio di Edoardo III) e poi a Giovanni di Gand, duca di Lancaster e reggente d'Inghilterra fino al 1381; e con i suoi scritti circa il contenuto del *dominium* (*De dominio divino* e *De civili dominio*) divenne un acceso difensore dei diritti della corona contro le pretese del papa. Egli sostenne la tesi, peraltro non nuova, della superiorità del potere regale, in quanto rappresentante della divinità di Cristo, sul potere sacerdotale. Dietro questi suoi atteggiamenti politici stavano precise intuizioni teologiche: prima fra tutte, il senso dell'immediatezza di Dio, unico signore del mondo, che non delega il proprio dominio ad alcuno e di fronte al quale l'uomo non può meritare nulla. Wycliffe esprimerà sempre nei suoi scritti questo senso profondo della grazia e, insieme, un altrettanto vivo senso del peccato che, tra gli altri mali, ha introdotto nel mondo il «mio» e il «tuo». Queste premesse teologiche lo portano ad alcune conclusioni concrete che toccano i punti più discussi della struttura ecclesiastica dell'epoca. Solo a chi è in grazia Dio concede di possedere, per cui i preti indegni possono essere privati dei loro benefici e le attribuzioni fatte da un papa che non viva secondo il Vangelo sono nulle. La percezione della immediatezza del rapporto con Dio, della gratuità totale della salvezza e, sul piano storico, la divisione della chiesa in tre obbedienze papali durante lo scisma d'Occidente portarono Wycliffe a privilegiare la Scrittura rispetto all'insegnamento ecclesiastico e a desiderare un ritorno alla chiesa primitiva. Di qui i suoi attacchi contro le ricchezze dei monaci, la corruzione nella chiesa, la pratica delle indulgenze e tutte le altre pratiche esteriori che non potevano garantire uno stato di grazia. Nel 1378 egli si ritirò dagli impegni politici, e i suoi interessi divennero sempre più esclusivamente teologici; compose in quegli anni il trattato *De veritate Sacrae Scripturae*, in cui la Bibbia è presentata come il criterio ultimo per giudicare la stessa chiesa, e il *De ecclesia*, in cui la chiesa è definita *universitas praedestinatorum*. Progettò inoltre una nuova traduzione inglese della Bibbia, che fu realizzata da alcuni suoi seguaci. Il momento di rottura più profondo tra Wycliffe e il mondo ecclesiastico si ebbe a proposito della discussione sull'eucaristia (nel trattato *De Eucharistia* egli rifiutava la dottrina della transustanziazione). L'insurrezione popolare del 1381, a cui Wycliffe fu estraneo benché favorevole, sembrò però a molti trarre ispirazione da alcune sue tesi circa la giustizia sociale. D'altra parte, probabilmente verso il 1380, era nato intorno a lui il movimento dei «poveri preti», predicatori popolari laici e itineranti, accesi accusatori dell'ingiustizia sociale, detti → lollardi dai loro avversari. Il 17 maggio 1382 si arrivò alla condanna, da parte dell'arcivescovo di Canterbury, di 24 proposizioni tratte dalle sue opere; egli non subì però nessuna pena. La condanna venne postuma, nel 1415, dal concilio di Costanza, e le sue ceneri vennero sparse al vento nel 1428. Le idee di Wycliffe non esercitarono un influsso durevole in Inghilterra, ma si diffusero invece in Boemia, attraverso gli studenti cechi di Oxford, e furono recepite da Jan Hus, il quale tradurrà pure in ceco il *Trialogus* (trattato di Wycliffe sull'eucaristia).

Yates, Frances A. (Southsea 1899 - Londra 1981), storica inglese della cultura e della filosofia. Avvicinatasi ai metodi dell'Istituto Warburg a partire dal 1937, si distinse come una delle maggiori autorità negli studi sull'età del rinascimento. In particolar modo si occupò delle radici ermetiche di questa epoca (*Cabbala e occultismo nell'età elisabettiana*, 1979), della sua tradizione iconologica e del suo simbolismo (*Astrea. L'idea di impero nel Cinquecento*, 1975). Infrangendo gli schemi della storiografia tradizionale, la Yates adottò metodi enciclopedici e interdisciplinari e rivendicò la centralità di pensatori e filoni di pensiero fino ad allora trascurati. Di qui gli studi volti a ridimensionare l'importanza dell'umanesimo per la nascita del pensiero moderno e la rivalutazione di quel sincretismo platonico ed ermetico, noto come «cabbala cristiana» (→ qabbalah), che anima il pensiero di Giordano Bruno (*Giordano Bruno e la tradizione ermetica*, 1964), confluisce nell'arte della memoria come tecnica magica di controllo del reale (*L'arte della memoria*, 1966), ed è ancora il cuore, insieme all'alchimia, del movimento rosacrociano fino a metà del XVIII secolo (*L'illuminismo dei Rosacroce*, 1972).

Yerkes, Robert Mearns (Bucks County, Pensylvania, 1876 - New Haven, Connecticut 1956), psicologo statunitense. Professore prima di zoologia e poi di psicologia animale a Harvard e a Yale, e presidente (dal 1916) dell'Associazione Psicologica Americana, occupa un posto rilevante nella storia della psicologia soprattutto perché fu il primo ad applicare i test a un grande numero di individui (più esattamente, le centinaia di migliaia di reclute che durante la prima guerra mondiale furono sottoposte all'«Army Alpha Testing Program»); e inoltre fu il primo, a partire dal 1901, a utilizzare sistematicamente gli animali in ricerche psicologiche sperimentali, inaugurando un importante filone poi ripreso dai gestaltisti e dai comportamentisti. Nel campo della psicologia animale Yerkes condusse importanti ricerche sull'apprendimento delle scimmie antropomorfe, e mise in rilievo, in quest'ambito, l'effetto della paura. Yerkes tentò anche uno studio scientifico della sessualità umana, inaugurando così una linea di ricerca proseguita poi dal «rapporto Kinsey». Tra le sue opere più importanti: *I primati: uno studio della vita degli antropoidi* (1919); *I test mentali per l'esercito* (1920) e *L'esame psicologico nell'esercito degli Stati Uniti* (1921).

yin e yang, denominazione delle due categorie che dominano tutta la filosofia cinese. La tradizione fa risalire questi due concetti ai primi astronomi, altri studiosi attribuiscono la loro origine all'arte divinatoria. Si tratta di due energie primarie opposte: yin simboleggia il femminile, il tenebroso, l'umido, il negativo ecc.; yang il maschile, il luminoso, il secco, il positivo ecc. Tutte le sostanze, gli oggetti, i ritmi dell'universo sono dominati da questa alternanza polare; il mondo non presenta nessuna apparenza che non risponda a un ordine ciclico, all'alternarsi di due manifestazioni opposte e complementari, e nemmeno il tempo sfugge a questa polarità. Le speculazioni su yin e yang sono state particolarmente sviluppate dal taoismo, dove il *tao* sembra essere la suprema congiunzione degli opposti. Nella simbologia divinatoria yin è rappresentato dalla linea spezzata, yang dalla linea intera, linee che vengono combinate in vari modi. È ben nota anche la rappresentazione simbolica dei due «principi» mediante un cerchio, diviso in due metà simmetriche da una linea curva e colorato alternamente in bianco e nero.

yoga, → induismo.

Yorck von Wartenburg, Paul (Berlino 1835-1897), filosofo tedesco. Studiò giurisprudenza a Breslavia, seguendo contemporaneamente le lezioni del filosofo schellinghiano Chr.J. Branis (1792-1873), che esercitò notevole influenza sulla formazione del suo pensiero. Nel 1866 pubblicò *La catarsi di Aristotele e l'Edipo a Colono di Sofocle*; nel 1871 strinse amicizia con W. Dilthey, con cui intrattenne un importante epistolario, pubblicato postumo nel 1923; ugualmente postumi uscirono il *Diario italiano* (1927) e *Coscienza e storia. Un frammento dagli inediti filosofici* (1956). L'interesse per l'opera di Yorck si è manifestato soprattutto all'interno dello storicismo, dell'ermeneutica e dell'ontologia, da Dilthey a Heidegger, a H.G. Gadamer. Yorck critica infatti quello storicismo in cui prevale ancora un criterio di semplice «confronto» (al limite, di tipo estetico) tra le diverse forme di vita storica, che finisce col ridurle a dati conoscibili dall'esterno, senza che la stessa coscienza storica vi sia coinvolta. Una concezione critica della storicità, invece, deve compiere una storicizzazione radicale della coscienza stessa, considerando la storicità come costitutiva della vita e viceversa. Questa polemica contro lo storicismo si inserisce in una valutazione complessiva dell'intero corso del pensiero filosofico o, meglio, delle «posizioni della coscienza» susseguitesi dalla grecità a oggi. È alla prima grecità che risale infatti un atteggiamento puramente «oculare», e quindi sostanzialmente estetico e contemplativo, al quale se ne venne contrapponendo più tardi uno etico-operativo, volto a privilegiare — rispetto all'«occhio» — la «mano» e quindi la tecnica; con il cristianesimo si è affermato un senso più profondo e originario della vita nel rapporto con sé e con l'altro, mentre nel mondo moderno è prevalsa una prospettiva «costruttivistica» e di dominio della realtà, prospettiva che è però ormai al tramonto.

Zabarella, Iacopo (Padova 1533-1589), filosofo italiano. Esponente della scuola aristotelica padovana, fu un seguace dell'esegesi di Alessandro di Afrodisia: egli identifica l'intelletto agente con Dio, fonte di ogni conoscenza, e quindi il solo capace di rendere intelligibili gli oggetti. Molta importanza hanno le sue ricerche di logica: egli tenta di risolvere il problema dell'induzione e del metodo scientifico all'interno della logica aristotelica, sviluppando la teoria sillogistica in direzione del concetto moderno di induzione analitica. È celebre la controversia che oppose Zabarella a F. Piccolomini e B. Petrella circa la struttura logica della scienza (*ordo doctrinae*) e l'ordine secondo cui essa viene acquisita (*via doctrinae*). Oltre a commenti a molte opere aristoteliche (*Analitici secondi*, *Fisica*, *De anima*), Zabarella scrisse: *De methodis*, *De regressu* (compresi in *Opera logica*, 1578); *De naturalis scientiae constitutione* (1586); *De rebus naturalibus* (postuma, 1590).

Zamboni, Giuseppe (Verona 1875 - Bosco Chiesanuova, Verona, 1950), filosofo italiano. Fu professore di «gnoseologia e criteriologia» all'Università Cattolica del Sacro Cuore di Milano dal 1921. Mosso dall'esigenza di rapportare il pensiero neoscolastico a certi aspetti della filosofia moderna, entrò ben presto in polemica con gli altri rappresentanti della filosofia neoscolastica. Il problema fondamentale della filosofia è per Zamboni quello dei «fondamenti immediati della nostra conoscenza»: esso deve essere risolto nei quadri di una «filosofia dell'esperienza elementare, immediata e integrale» o «gnoseologia pura». Tale filosofia conduce a distinguere fra il campo dell'esperienza sensibile e quello dell'esperienza sovrasensibile. Egli esclude che il concetto di ente o sostanza possa essere ricavato per astrazione dall'esperienza sensibile: il contenuto dell'esperienza sensibile ci dà solo l'attualità fenomenologica, non quella ontologica, del mondo esterno. Solo l'esperienza sovrasensibile che è «l'autoesperienza o esperienza dell'io» è la base reale e sperimentale del concetto di ente. In essa è l'unica esperienza della sostanza: il concetto di sostanza ci è dato nella coscienza che abbiamo di noi stessi come enti individuali, sostanziali, intelligenti o persone. L'attività e sostanzialità dapprima sentite in noi vengono disindividualizzate e universalizzate per poi essere riindividualizzate sulla base della distinzione di io e non-io che ci è fornita dalla coscienza, nella quale si ha consapevolezza di modificazioni non dipendenti da noi e nella quale si raccolgono le testimonianze di altri uomini che ci danno notizia di sentirsi sostanza come ciascuno di noi. Proprio perché i soggetti sono individui sostanziali, essi non possono essere ridotti a modi o accidenti dell'Assoluto, e si apre così la via a una metafisica creazionistica. Fra le opere: *Introduzione al corso di gnoseologia pura* (1929); *Verso la filosofia* (1935); *La persona umana* (1940); *Itinerario filosofico dalla propria coscienza all'esistenza di Dio* (1946).

Zanotti, Francesco Maria (Bologna 1692-1777), filosofo, fisico e matematico italiano. Fu dal 1723 segretario e dal 1766 presidente dell'Accademia delle Scienze bolognese. Amico di Fontenelle, si volse essenzialmente alla diffusione delle teorie newtoniane in Italia, e alla difesa delle dottrine fisiche di Cartesio in merito alla questione, sollevata da Leibniz, delle «forze vive» (*Della forza che chiamano viva*, 1752). L'opera più originale di Zanotti è il testo su *La* *forza attrattiva delle idee* (1747), dove, applicando le leggi newtoniane dell'attrazione tra i corpi celesti (cui dedicò nel 1762 la dissertazione *De viribus celestibus*), sostenne che le idee vanno soggette a fenomeni di «elettrizzazione» e di «magnetismo»: «sfregandosi» le une con le altre rimangono attaccate, e danno luogo ai legami logici; la memoria stessa non è altro che «l'idea di qualche cosa congiunta con l'idea di un certo tempo in cui la stessa cosa si offerì all'animo». Zanotti prefigurava così le teorie associazionistiche, anticipando le tesi di D. Hartley. Nel 1754 pubblicò *La filosofia morale secondo i peripatetici*, in cui, polemizzando con Maupertuis (da lui accusato di epicureismo), sostenne che la felicità dell'uomo non è posta unicamente nel piacere, poiché si possono felicemente compiere azioni per il puro amore della virtù, senza riguardo agli effetti piacevoli o spiacevoli che ne derivano. Egli affermò inoltre, nel *Ragionamento sopra un libro francese del signor di Maupertuis* (aggiunta nel 1763 alla seconda edizione del testo), l'esistenza di una profonda analogia tra la morale stoica e quella cristiana. Fu anche autore di un trattato *Dell'arte poetica* (1758), considerato una delle più rilevanti elaborazioni settecentesche dell'estetica di Aristotele.

Zarathushtra, o Zoroastro (nella forma occidentalizzata del nome, derivante da quella greca), profeta iranico cui la tradizione attribuisce la fondazione della religione omonima, lo zoroastrismo (→ mazdeismo). L'epoca in cui visse — la storicità di Zarathushtra è però oggi messa in dubbio da molti studiosi — può essere fissata tra il 1000 e il 600 a.C., e la sua attività si svolse sicuramente nell'Iran orientale. I pochi dati che si possono considerare obiettivi si ricavano tutti dalle *Gāthā*, le parti dell' → *Avesta* a lui direttamente attribuite: appartenente alla famiglia degli Spitama, allevatori di cavalli, sacerdote addetto al canto degli inni (*zaotar*), sposato e padre di due figli, venne perseguitato per la religione che proclamava e ottenne il primo riconoscimento pubblico solo a quarant'anni con la conversione del re (*kavi*) Vishtāspa. Molto più ricca, naturalmente, è la sua leggenda, risalente a nuclei assai antichi, forse precedenti l'*Avesta*, ed elaborata nel corso dei secoli fino al tardo periodo sasanide: concepimento «miracoloso», in quanto gli elementi della sua personalità preesistono nel mondo alla nascita; nascita segnata da eventi soprannaturali (l'infante ride, circondato da una luce infinita); confutazione, fin da giovinetto, degli eretici e ritiro nel deserto; viaggio e iniziazione presso il dio Ahura Mazdā e gli Amesha Spenta nel corso di visioni estatiche; lotta col principio del male (Asira Mainyu o Arimane); conversioni e guarigioni miracolose, fino alla conservazione nel lago Kasaoya (Hamūn) del suo seme, che feconderà, all'inizio di ognuno dei tre ultimi millenni della storia, tre vergini da cui nasceranno i tre salvatori futuri.

Quale che sia la storicità di Zarathushtra — molti elementi più significativi della sua leggenda si inquadrano infatti in una realtà rituale — gli aspetti fondamentali della dottrina delle *Gāthā* sono, oltre alla polemica contro le forme eccessive di sacrificio e contro l'uso di narcotici, la fede in Ahura Mazdā (che in avestico significa «Signore Pensante», «Signore Saggio») come dio unico, e la speculazione intesa a chiarire il rapporto fra l'unico e il molteplice, fra la sostanza spirituale e il mondo fenomenico: speculazione all'interno della quale vanno inquadrate le figure dei sei Amesha Spenta, gli «immortali santi», concepiti come organi o aspetti del dio supremo e dotati ognuno di un corrispondente nel mondo materiale.

In Occidente, già per i greci Zoroastro era un personaggio mitico, comunque una figura di «saggio» e di iniziato, e l'immagine è perdurata (basti pensare a Nietzsche) fino all'epoca delle ricerche storico-religiose e della diffusione dei loro risultati.

zen, scuola buddhista che prende nome dalla forma giapponese (*zen*) del termine cinese *ch'an*, a sua volta derivato dal sanscrito *dhyāna* (meditazione). Il ch'an, dopo aver conosciuto ampia fioritura in Cina (se ne fa risalire l'inizio al «patriarca» Hui-neng, 638-713), fu importato in Giappone nel 1215 per opera del monaco Eisai, che aveva appreso in Cina il buddhismo della scuola ch'an detta *lin-chi* (in giapponese *rinzai*). Un altro monaco, Dōgen, si recò anch'egli in Cina, dove studiò il buddhismo *ts'ao-t'ung* (in giapponese *sōtō*) e nel 1227 istituì, in Giappone, una nuova scuola di meditazione. Entrambe le scuole si ispirano al → *mahāyāna*, ma senza sottolinearne l'aspetto metafisico: soltanto la prassi etica e la contemplazione «senza oggetto» vengono considerati i mezzi più validi per raggiungere l'illuminazione, ossia quello stato di trasparenza che permette di autorealizzarsi in modo perfetto. Non si tratta, tuttavia, di una ricerca di sé, o di una forma di isolamento, bensì di una compenetrazione della realtà in modo che nulla e nessuno si opponga ad altro. L'illuminazione (*satori*) è una conoscenza sperimentale del mondo della identità o della unità dell'essere, che traspare nel mondo visibile e nella quotidianità in cui viviamo. Ogni elemento sensibile viene ad acquisire enorme importanza: dal filo d'erba alla goccia di rugiada, fino agli esseri viventi, compresi gli insetti. Un grande maestro disse: «prendete anche un solo granello di polvere e in esso si manifesterà il mondo nella sua integrità».

La scuola sōtō è oggi assai conosciuta, anche in Occidente, poiché raccomanda la pratica della meditazione detta *zazen* (meditazione stando seduti), nella posizione yogica detta «del loto», seguendo il ritmo del respiro, senza idee né pensieri. E ciò per ottenere il «vuoto di sé», vale a dire lo «spazio», e accogliere così l'illuminazione, che avverrà, per così dire, da sola, allorché, dopo lunghi esercizi, lo spirito si sarà dilatato e sarà giunto a uno stato di coscienza più profondo di quello ordinario. Non meno importante è, per la scuola rinzai, il metodo del *koan* (rifiutato invece dalla scuola sōtō). Il koan è un enigma, o un problema insolubile, o un paradosso logico, che il maestro propone al discepolo per aiutarlo a scoprire l'inadeguatezza di ogni sforzo razionale a penetrare la realtà ultima: solo quando il discepolo ha raggiunto un certo grado di maturazione e può accettare il paradosso propostogli, il koan diverrà un mezzo per tenergli occupata la mente — senza pretesa di trovare una soluzione logica — e, infine, produrrà il vuoto della coscienza. Sebbene apparentemente povero di contenuti concettuali, lo zen ha influenzato gran parte della produzione letteraria e artistica giapponese, dal teatro *nō* alla pittura, da alcuni celebri «diari» all'architettura dei templi e dei giardini, dalla cerimonia del tè alla disposizione dei fiori (*ikebana*), al judo e al kendo (una specie di scherma). Esso inoltre è subito divenuto l'ideologia dei samurai: esito paradossale, viste le premesse non violente e antimondane di questa religione, ma dovuto al fatto che il guerriero trovava nell'insegnamento zen un motivo per il distacco e la concentrazione al tempo stesso, attitudini che dovevano renderlo insuperabile in battaglia e indifferente davanti alla morte.

Zenone di Cizio (Cizio, Cipro, 333 - Atene 263 a.C.), filosofo greco. Fenicio di origine e di lingua madre, si trasferì nel 313 ad Atene, dove frequentò le lezioni dell'accademico Polemone, del megarico Diodoro Crono e del cinico Cratete. Attorno al 300 iniziò a tenere proprie lezioni sotto il Portico Dipinto (*Stoà Poikílē*, da cui il nome di «stoicismo» per indicare la sua dottrina filosofica) e fondò la propria scuola, di cui fu a capo fino alla morte. Ancora sotto l'influsso cinicizzante di Cratete scrisse un'opera intitolata *La repubblica*; scrisse in seguito una ventina di altre opere, tra cui *I segni*, *Il discorso*, *La natura*, *La vita secondo natura*, *Le passioni*. Tutti i suoi scritti sono andati perduti; dato che le testimonianze posteriori sullo stoicismo si rifanno in genere alle formulazioni più elaborate di Crisippo, è molto difficile isolare la personalità filosofica di Zenone da quella dei suoi successori. Sono comunque certamente da ascrivere a lui sia gli assunti fondamentali dello stoicismo — l'esistenza di un ordine insieme razionale e naturale delle cose e la nozione di bene come accordo pieno dell'individuo con tale ordine — sia la scansione del sistema dottrinale in logica, fisica ed etica. In logica Zenone elaborò a fondo la teoria del linguaggio e quella della conoscenza (mentre la logica in senso stretto fu elaborata da Crisippo). La sua fisica e la sua etica ebbero un accento più naturalistico e biologizzante di quelle dei suoi successori. Il mondo per Zenone è permeato in tutti i punti da una vitalità naturale, che si manifesta primariamente in fenomeni biologici come la riproduzione e la nutrizione (nella quale, per es., si ha tra individuo e ambiente un interscambio, che è il modello dell'integrazione necessaria dell'individuo nel mondo). L'intero campo dei fenomeni naturali è regolato dalla circolazione di questa forza vitale, che tiene uniti cielo e terra e determina le vicende di ciascuna cosa al loro interno. L'etica si fonda sulla costituzione naturale dell'uomo: nulla garantisce che le convenzioni sociali, in varia misura pervase da irrazionalità e passioni, siano in accordo con la natura; esse pertanto sono considerate con forte distacco dal saggio stoico. Questa versione cinicizzante dell'etica stoica si attenuerà progressivamente, forse già a partire da Zenone stesso.

Zenone di Elea (sec. V a.C.), filosofo greco. Nacque a Elea, la Velia dei Romani (Salerno), tra il 490 e il 480 a.C. secondo la cronologia che si desume da Platone (*Parmenide*, 127*a-c*): Zenone era di circa venticinque anni più giovane di Parmenide e nel 455-452 avrebbe avuto quarant'anni; invece secondo Diogene Laerzio (IX 25), che dipende da Apollodoro di Atene, la sua nascita risalirebbe non molto prima né molto dopo l'inizio del sec. V. Fu intimo scolaro di Parmenide e con lui si sarebbe recato ad Atene verso la metà del secolo incontrandovi il giovane Socrate, come narra Platone. Pericle avrebbe assistito alle sue lezioni (Plutarco, *Vita di Pericle*, 4-5), e si è supposto un suo incontro col sofista Protagora (Simplicio, commentario ad Aristotele, *Fisica*, VII 250*a* 19).

A differenza del maestro, Zenone scrisse un'opera in prosa: ne restano solo cinque frammenti ritenuti autentici, dei quali i più estesi ci sono conservati grazie al citato commento di Simplicio alla *Fisica* aristotelica. Il carattere dello scritto zenoniano era essenzialmente polemico nei confronti degli avversari della dottrina di Parmenide, di cui si confutavano le tesi dimostrando che da esse derivavano conclusioni impossibili o, come si legge in Platone (*Parmenide*, 128*d*), «ancora più ridicole» di quelle della tesi parmenidea dell'unità e immutabilità dell'ente. Lo scritto si divideva in varie parti, che Platone chiama *lógoi* o «argomenti», ognuna delle quali conteneva un certo numero di «ipotesi» o assunzioni ipotetiche della forma «se *p*» (dove *p* era una delle tesi degli avversari di Parmenide). La prima ipotesi del primo argomento, per es., era «se esistono molte cose», dalla quale era fatta discendere la conseguenza assurda «allora sono insieme simili e dissimili». Questo metodo, che prefigura la dimostrazione indiretta di una tesi mediante la riduzione all'assurdo della tesi contraddittoria, valse a Zenone da parte di Aristotele il titolo di «inventore della dialettica» (Diogene Laerzio, VIII 57, IX 25; Sesto Empirico, *Contro i matematici*, VII 7), e da parte di Platone (*Fedro*, 261*d*) quello di «Palamede Eleate» (Palamede era l'eroe omerico celebre per le sue invenzioni).

Sul contenuto degli argomenti zenoniani ci informano soprattutto Aristotele nella *Fisica* e Simplicio. Gli argomenti più noti si dividono in due gruppi: quelli contro l'ipotesi della *pluralità* degli enti («se esistono molte cose») e quelli contro l'ipotesi del *movimento*. Si conoscono inoltre altri due argomenti, uno contro l'esistenza del *luogo*, e l'altro detto del *grano di miglio* (si veda oltre); quest'ultimo, secondo la tradizione, sarebbe stato sottoposto da Zenone al sofista Protagora. Proclo nel suo commento al *Parmenide* di Platone afferma che i *lógoi* zenoniani erano in tutto quaranta. L'ipotesi in discussione (che interpreti recenti hanno voluto attribuire specificamente alla matematica pitagorica dei punti indivisibili, ma che rispecchia piuttosto i dati del senso comune e ogni teoria filosofica diversa dal monismo parmenideo) è quella della pluralità degli enti. I quattro argomenti a noi noti contro il movimento formano invece un gruppo a sé, forse riconducibile a quello delle antinomie del molteplice. Anche di quest'ultime si conoscono quattro argomenti: *1*) se vi sono più cose, allora sono simili e dissimili a un tempo; *2*) se vi sono più cose, allora ogni cosa è inestesa e ogni cosa è infinitamente estesa; *3*) se vi sono più cose, allora sono finite di numero e sono infinite di numero; *4*) se vi sono più cose, allora sono uno e sono molti. Gli argomenti contro il movimento sono: *5*) la Dicotomia; *6*) l'Achille e la tartaruga; *7*) la Freccia; *8*) lo Stadio. Il paradosso dello spazio o del luogo dice invece che: *9*) se ogni cosa che esiste è in uno spazio e lo spazio esiste, allora lo spazio è in uno spazio; e così via all'infinito. Infine il paradosso del grano di miglio sembra riguardare la percezione sensibile e i suoi limiti: *10*) se un grano di miglio cadendo non fa rumore, come può farlo allora un medimno di grani di miglio?

La struttura logica dei vari paradossi zenoniani è stata oggetto di un intenso lavoro di interpretazione. I più celebri, quelli contro il movimento, sono stati studiati e confutati da Aristotele nel libro VI della *Fisica*. Essi presuppongono un infinito attuale dello spazio e del tempo che rende impossibile percorrere o superare ogni distanza. Così per es. nella Dicotomia se esiste un movimento da A a B, tale movimento deve percorrere la metà di AB, la metà della metà di AB, e così via all'infinito; ma nulla può coprire un numero infinito di distanze. Alla Dicotomia si riduce anche il paradosso di Achille e della tartaruga; mentre il paradosso della freccia riguarda l'immagine del tempo inteso come un insieme di infiniti istanti, in ognuno dei quali la freccia è ferma: pertanto la freccia in volo è in realtà sempre ferma. *W. Ca.*

Zermelo, Ernst (Berlino 1871 - Friburgo in Brisgovia 1953), matematico tedesco. Al suo nome è legato uno dei più importanti sistemi assiomatici di teoria degli → insiemi (esposto nelle *Ricerche sui fondamenti della teoria degli insiemi*, 1908). Zermelo individuò la radice delle antinomie che avevano scosso la costruzione «ingenua» di G. → Cantor nell'uso troppo liberale del principio di comprensione, cioè nell'assunzione che a ogni data condizione corrisponde un determinato insieme (quello contenente tutte e sole le entità che soddisfano la condizione). Questo principio venne rimpiazzato da Zermelo con uno più ristretto che permette di *isolare*, attraverso l'imposizione di una determinata condizione, un sottoinsieme di un insieme già dato, e, inoltre, con un assioma che garantisce l'esistenza di certi insiemi elementari. La ricostruzione della teoria degli insiemi avviene allora sulla base della cosiddetta *struttura cumulativa dei tipi*. A partire da un dominio D di individui (cioè non-insiemi), si procede, attraverso le operazioni definite dagli assiomi, alla costruzione di insiemi di individui, quindi di insiemi di insiemi di individui ecc. Fra gli altri assiomi, è particolarmente importante l'assioma di scelta, che asserisce l'esistenza, per ogni insieme x di insiemi non vuoti e a due a due disgiunti, di un insieme che ha esattamente un elemento in comune con ogni elemento di x. Cantor lo aveva già usato, seppure inavvertitamente, e a esso avevano già fatto riferimento B. Levi e G. Peano. A Zermelo spetta il merito di averlo introdotto esplicitamente nel 1904, quando lo impiegò nella sua prima prova del teorema del buon ordinamento, e, inoltre, di averlo difeso dalle obiezioni dei predicativisti (in effetti è del tutto plausibile sulla base della struttura cumulativa dei tipi). Perfezionato, nei primi anni Venti, da A. Fraenkel e T. Skolem, il sistema assiomatico di Zermelo è usato oggi dalla quasi totalità dei matematici come una base per la teoria degli insiemi e per l'intera matematica.

zervanismo, o zurvanismo, termine designante una scuola teologica del → mazdeismo. Essa tentava di conciliare in una soluzione di carattere filosofico-teologico il dualismo fondamentale tra lo spirito del bene (Ahura Mazdāh) e lo spirito del male (Angra Mainyu o Arimane). Lo zervanismo interpretava Ahura Mazdāh e Arimane come figli gemelli di un unico iddio, Zurvān (il Tempo), e assegnava a uno dei gemelli la scelta del male. Anticipando il manicheismo, esso trasponeva su un piano metafisico e cosmogonico la distinzione tra bene e male che nel mazdeismo, invece, non si identificano con spirito e materia, dato che anche la materia è, almeno in principio, una creazione buona.

Zimara, Marco Antonio (San Pietro in Galatina, Lecce, 1460 - Padova 1532 ca), filosofo e medico italiano. Allievo di Pomponazzi, insegnò filosofia nell'università di Padova dal 1525 al 1532. Tipico esponente dell'averroismo padovano, fu soprattutto storico e interprete delle filosofie di Aristotele e di Averroè. Le sue opere costituiscono un'utile guida per orientarsi nel complesso dibattito filosofico sviluppatosi in Italia all'interno delle correnti aristoteliche e averroistiche nella prima metà del Cinquecento. Opere principali: *Solutiones contradictionum in dictis Averrois* (1508); *Tabula dilucidationum in dictis Aristotelis et Averrois* (1537); *Theoremata seu memorabilium propositionum limitationes* (1539). Importanti sono anche le sue edizioni di testi di Giovanni di Jandun e di Alberto Magno.

Zimmermann, Robert von (Praga 1824 - Vienna 1898), filosofo ed estetico austriaco. Insegnò filosofia nelle università di Olmütz, Praga e Vienna. Derivò da J.F. Herbart la concezione secondo la quale le idee sono *forme* che assolvono una funzione normativa sia nella conoscenza sia nell'azione (le idee logiche sono le forme che presiedono alla ricerca scientifica; quelle estetiche governano insieme l'agire pratico e la produzione artistica propriamente detta). A partire da queste premesse, Zimmermann elaborò una estetica di impostazione dichiaratamente formalistica, in aperto contrasto con le teorie dell'arte di Hegel e di F.Th. Vischer. In *Estetica generale come scienza delle forme* (1865), egli sostenne che compito dell'estetica è individuare ed esporre ordinatamente, depurandole da ogni elemento soggettivo ed empirico, le idee (o «concetti-modello») che presiedono alla produzione e alla fruizione artistica; e che i rapporti formali così ricavati sono l'unica causa del piacere estetico, il quale risulta pertanto indipendente da qualsiasi dato contenutistico. Alla sua attività teoretica Zimmermann affiancò ricerche di storiografia filosofica, accreditando per primo la tesi che A.G. Baumgarten sia stato il fondatore dell'estetica (*Storia dell'estetica come scienza filosofica*, 1858).

Zinzendorf, Nikolaus Ludwig von (Dresda 1700 - Herrnhut 1760), teologo tedesco. Aristocratico sassone, era giudice a Dresda quando si trovò nella necessità di soccorrere un gruppo di rifugiati evangelici provenienti dalla Moravia; già molto influenzato dal → pietismo germanico, vide in questa occasione una chiamata divina, e dedicò la sua vita e i suoi beni alla creazione di un rifugio adeguato per questi «moravi». Li accolse così nella sua proprietà, che chiamò *Herrnhut* («Pascolo del Signore»), e organizzò la loro vita dal punto di vista sia economico che spirituale: su uno sfondo luterano (giustificazione per fede) Zinzendorf inserì l'organizzazione morava (piccoli gruppi comunitari) e il tipico calore pietista. Il risultato fu una creazione religiosa originale, che ben presto uscì dai limiti della piccola comunità di Herrnhut: colonie di «fratelli moravi», o «ernuti», si costituirono così in tutto il mondo, facendosi notare per la salda organizzazione e per l'afflato missionario. Il «risveglio» di J. Wesley non fu altro che una trasposizione a livello di massa (→ metodismo) dell'esperienza ernuta. Ma i «fratelli moravi» continuarono a esistere, dimostrando fra l'altro una notevole autonomia spirituale nei confronti del loro fondatore, di cui ridimensionarono l'eccessiva sentimentalità, pur continuando a usare gli splendidi inni da lui composti, e continuando a inserirsi nelle più diverse situazioni missionarie con la sobria fermezza di un gruppo consapevolmente minoritario.

Zivilisation, → cultura - civiltà.

Znaniecki, Florian (Swiatniki 1882 - Champaign, Illinois, 1958), sociologo statunitense di origine polacca. Formatosi in Europa, lavorò per anni nell'università di Chicago con W.I. Thomas alla famosa ricerca *Il contadino polacco in Europa e in America* (1918-20). Tornato in Polonia, dove insegnò nell'università di Posen, contribuì a diffondervi la ricerca sociologica, ma senza mai perdere i contatti con il mondo accademico americano, che, in seguito alla invasione nazista della Polonia, lo acquisì definitivamente tra i suoi membri. Il contributo di Znaniecki allo sviluppo della sociologia concerne gli orientamenti culturali e il loro mutamento in situazioni che, come le migrazioni, disorganizzano la vita sociale e i valori delle comunità. Le tecniche di indagine ideate da Znaniecki, quali l'autobiografia e l'analisi del contenuto della stampa popolare, hanno successivamente avuto ampia applicazione nell'ambito delle ricerche qualitative, che l'autore stesso teorizzò in un'opera dedicata alla induzione analitica come metodo della sociologia. Gli studi di psicologia sociale e le analisi del comportamento concreto indussero Znaniecki a elaborare una teoria «creativa» dell'azione sociale: in polemica con la teoria deterministica dominante, in *Azione sociale* (1936) egli sostenne che l'azione umana si realizza col graduale modificarsi del suo proposito iniziale in rapporto alla situazione.

Zohar, o *Sefer zohar*, titolo (che in ebraico significa «splendore», «libro dello splendore») della massima opera della mistica ebraica, testo canonico della qabbalah. Attribuito dalla tradizione a Shim'ôn bar Jochaj, dottore palestinese del sec. II d.C., *Zohar* appare in Spagna negli ambienti cabbalistici verso la fine del sec. XIII. Fin d'allora tale attribuzione fu posta in dubbio: si ritenne infatti che l'opera fosse stata composta da Mosheh de León (1240-1305 ca), il quale si sarebbe servito del nome del famoso rabbino palestinese per favorire la diffusione del suo scritto. Tale questione è stata dibattuta a lungo tra gli studiosi moderni: H. Graets accusa Mosheh de León di falso, altri studiosi considerano lo *Zohar* come una raccolta di testi risalenti a epoche e origini varie. G. Scholem, sulla base di un'accurata e precisa indagine critica storico-religiosa, sostiene che il testo, o quantomeno la maggior parte di esso (18 sezioni su 21), deve essere attribuito a Mosheh de León. Formalmente lo *Zohar* può essere considerato un → midrash omiletico al Pentateuco e ad altre parti della Bibbia; è scritto in aramaico artificiale e poco corretto, e comprende una collezione di 21 trattati e scritti vari. I principali sono: *Il libro dell'arcano*, commento mistico ai primi capitoli della Genesi; *La grande assemblea* e *La piccola assemblea*, descrizione dell'estasi mistica di Shim'ôn bar Jochaj e del suo cenacolo; *I segreti del Pentateuco*, un insieme di spiegazioni allegoriche ed enigmatiche del testo biblico; *I segreti delle lettere*, sul valore numerico e mistico del tetragramma divino; *L'omelia del segreto*, commento mistico al Pentateuco nella forma letteraria del midrash (che, secondo Scholem, sarebbe il nucleo originario dello *Zohar*); *Il fedele pastore*, ampio commentario mistico ai precetti rituali del Pentateuco; *Ordini dello Zohar*, trattato sulla creazione del mondo. Shim'ôn bar Jochaj è il protagonista di molte leggende e rivelazioni di questi trattati, talvolta insieme a suo figlio Eleazar. Il discorso si sviluppa senza un disegno organico, elaborando in forme molteplici e variamente intrecciate e ripetute una sorta di teologia mistica dell'ebraismo, in cui confluisce la precedente riflessione cabbalistica su Dio, i suoi nomi, la cosmologia, le lettere dell'alfabeto, l'antropologia, l'angelologia ecc. (per le principali dottrine, si veda → qabbalah). La fama e l'autorità dello *Zohar* sono state enormi nella mistica ebraica posteriore, in parte fino a oggi, e l'opera ha anche interessato pensatori non ebrei, soprattutto nei secc. XV-XVII.

zone erogene, quelle zone del corpo la cui stimolazione determini un'eccitazione sessuale. Secondo la psicoanalisi (S. Freud, *Tre saggi sulla teoria della sessualità*, 1905), tutto il corpo è potenzialmente una zona erogena, anche se le regioni uretro-genitale, anale e orale sono predisposte più di altre all'erogeneità (per es. la suzione del pollice da parte del bambino predispone all'erogeneità della regione orale nell'adulto). Nella prospettiva psicoanalitica l'erogeneità è intesa come una variabile quantitativa, soggetta a ridistribuzioni nell'organismo e determinata dalle modalità specifiche della stimolazione e manipolazione materna nelle prime fasi dello sviluppo infantile (→ fase), oltre che da fattori di natura anatomo-fisiologica.

zoosemiotica, settore di ricerca all'intersezione di etologia, zoologia e semiotica, concernente la comunicazione animale, intraspecifica e interspecifica, cioè i comportamenti di segnalazione dei circa due milioni di specie esistenti. Il termine è stato coniato nel 1963 da T.A. Sebeok, in opposizione ad antroposemiotica o semiotica della comunicazione umana.
La comunicazione animale, secondo Sebeok, può essere studiata in analogia con la tripartizione dovuta a Ch. Morris per la → semiotica in generale, e si avrà: una zoosintattica (analisi delle combinazioni dei segni animali, indipendentemente dai loro specifici significati o dalla loro collocazione ecologica), una zoosemantica (che invece concerne i significati e la loro collocazione ecologica) e una zoopragmatica (che considera l'origine dei segni, cioè la loro fonte o emittente, la loro trasmissione attraverso canali, in relazione alle capacità sensoriali degli animali, e gli effetti sui destinatari e riceventi).
La comunicazione animale, come quella umana, avviene come elaborazione e trasmissione in parallelo di informazioni attraverso molteplici canali o modalità sensoriali. Anche nella comunicazione animale esistono «silenzi» e «dialetti» (cioè variazioni — dovute a differenze geografiche — nel comportamento comunicativo di alcune specie animali, quali api, uccelli ecc.). Sebeok e altri ricercatori hanno anche cominciato a parlare di componenti zoosemiotiche della comunicazione umana.

zoroastrismo, → mazdeismo.

Zoroastro, → Zarathushtra.

Zwingli, Huldrych (Wildhaus, San Gallo, 1484 - Kappel, Zurigo, 1531), riformatore svizzero. Di famiglia contadina, compì gli studi universitari a Vienna e Basilea, dove lesse Tommaso d'Aquino e Aristotele. Ordinato sacerdote nel 1506 e nominato parroco di Glarona, si consacrò allo studio del Nuovo Testamento greco, degli scrittori dell'antichità classica, dei padri della chiesa e degli umanisti Pico della Mirandola ed Erasmo da Rotterdam. Imbevuto di spiritualità umanistico-erasmiana, stigmatizzò le degenerazioni della pietà popolare e della riflessione teologica e propugnò il ritorno alla semplicità della chiesa primitiva. Divenuto nel 1518 parroco della cattedrale di Zurigo, fece della città, fino alla morte, il campo della sua attività di predicatore e di uomo politico. Nella seconda metà del 1520, attraverso lo studio di san Paolo e di sant'Agostino, egli maturò l'esperienza interiore che, in modo indipendente da Lutero, lo portò a distaccarsi dal cristianesimo etico di Erasmo e a concepire la salvezza come opera della grazia, con l'esclusione dei meriti, la fede come fiducia nella misericordia di Dio, la Sacra Scrittura come unica norma in materia di fede e di morale. Con l'appoggio delle autorità cittadine, che aveva saputo conquistare alla sua causa, Zwingli soppresse, come pratiche superstiziose, le processioni, le devozioni alla Madonna e ai santi, i digiuni, i sacramenti tranne il battesimo e la Cena, rimosse o distrusse le immagini sacre dalle chiese, abolì il celibato ecclesiastico e i voti monastici, chiuse i monasteri e destinò i loro beni all'assistenza dei poveri e al culto. Gli oppositori, sia cattolici sia anabattisti, furono duramente perseguitati. In un pubblico dibattito con i rappresentanti del vescovo di Costanza, organizzato nel 1523 dalle autorità di Zurigo, Zwingli sostenne che la Sacra Scrittura è superiore alla chiesa, e che la chiesa non ha bisogno né del papa né dei vescovi né di preti ordinati. Introdusse la lingua tedesca nella liturgia e stabilì pubbliche letture della Bibbia. Il pensiero teologico di Zwingli è esposto organicamente nel *De vera et falsa religione commentarius* (1525). In quest'opera, che è il primo trattato teologico della riforma, egli afferma la presenza puramente spirituale di Cristo nella Cena: dottrina che Zwingli ribadì poi nel colloquio di Marburgo del 1529 con Lutero, sanzionando le profonde divergenze dei due riformatori sull'eucaristia. La riforma di Zwingli si propagò oltre Zurigo, nei cantoni di Berna, Basilea, Sciaffusa, dominati dalla borghesia mercantile. Nello scontro delle loro forze con quelle dei cantoni cattolici, avvenuto a Kappel (1531), i protestanti vennero però sconfitti e Zwingli cadde in battaglia. Sul piano istituzionale, la sua eredità fu soverchiata dal calvinismo; ma lo zwinglianesimo esercitò un influsso profondo sull'orientamento ideale della riforma svizzera, e incise soprattutto sugli aspetti sociali del suo messaggio.

Appendici

Cronologia
Notazioni logiche
Sistemi di assiomi
Philosopher's Index
Riviste filosofiche
Strumenti di lavoro

Cronologia

Date	*Eventi*	*Autori*	*Opere*
VIII sec. ca			*Poemi omerici*
VIII-VII sec.		Zarathustra	*Gāthā* (attribuita)
		Esiodo	*Le opere e i giorni*
621	Legislazione di Dracone		
prima metà VI sec.		Anassimandro	*Della natura*
594	Legislazione di Solone		
587	Conquista e distruzione di Gerusalemme da parte di Nabucodonosor		
metà VI sec.		Anassimene	*Sulla natura*
seconda metà VI sec.	Senofane di Colofone fonda la Scuola di Elea		
	Pitagora di Samo fonda a Crotone una comunità filosofica		
VI-V sec.		Gauthama Buddha	*Discorsi* (trascrizione I sec. a.C. ca)
		K'ung Fu-tzu (Confucio)	*Dialoghi*
inizio V sec.		Eraclito	*Sulla natura*
prima metà V sec.		Lao-tzu	*Tao Teh Ching* (attribuita)
		Parmenide	*Sulla natura*
		Empedocle	*Sulla natura*
metà V sec.		Anassagora	*Sulla natura*
461-29	Età di Pericle		
seconda metà V sec.		Protagora	*La verità*
		Gorgia	*Sul non ente, o sulla natura*
404	Fine della guerra del Peloponneso. Alfabetizzazione corrente nell'Attica		
399	Processo e morte di Socrate		
396-47		Platone	*Dialoghi*
387	Fondazione dell'Accademia platonica		
seconda metà IV sec.	Accademia antica (347-316)	Aristotele	*Organon*; *Metafisica*
IV-III sec.		Epicuro	*Sulla natura delle cose*

Date	*Eventi*	*Autori*	*Opere*
335	Aristotele fonda il Liceo		
323	Morte di Alessandro Magno		
319 ca		Teofrasto	*Caratteri*
316	Accademia media (316-241)		
306	Fondazione del «giardino» di Epicuro		
301	Zenone apre la Stoa		
300 ca		Euclide	*Elementi*
III-II sec.	Traduzione greca della Bibbia (dei Settanta)		
284	Tolomeo Filadelfo fonda la Biblioteca di Alessandria		
160	Nuova Accademia (160-80)		
86	Silla porta a Roma i trattati di Aristotele		
55 ca		Lucrezio	*De rerum natura*
metà I sec.	Sistemazione del *Corpus Aristotelicum* a opera di Andronico di Rodi		
47	Primo incendio della Biblioteca di Alessandria		
1	Secondo la tradizione (Dionigi il Piccolo, IV sec.) inizio dell'era cristiana; la nascita di Gesù va collocata però fra il 7 e il 3 a.C.		
33	Data tradizionale della morte di Gesù Cristo		
45	Primo viaggio di Paolo ad Antiochia		
seconda metà I sec.	Platonismo medio		
	Filosofia giudaico-alessandrina		
50 ca			*Del sublime*
62		Seneca	*Lettere a Lucilio*
70	Distruzione del Tempio di Gerusalemme		
95		Giovanni	*Apocalisse* (attribuita)
II-IV sec.			*Corpus Hermeticum*
100 ca		Epitteto	*Manuale*
140 ca		Tolomeo	*Almagestum*
166-78		Marco Aurelio	*Ricordi*
180 ca	Fondazione della scuola teologica di Alessandria	Sesto Empirico	*Schizzi pirroniani*
prima metà III sec.	Fondazione della scuola neoplatonica	Diogene Laerzio	*Vite dei filosofi*
202-15		Clemente Alessandrino	*Stromata*
230	Fondazione della scuola teologica di Cesarea		

Date	*Eventi*	*Autori*	*Opere*
248		Origene	*Contro Celso*
254-70		Plotino	*Enneadi*
270 ca		Porfirio	*Isagoge*
313	Editto di Milano		
325	Concilio di Nicea (condanna di Ario)		
370	Fondazione della scuola teologica di Antiochia		
391	Secondo incendio della Biblioteca di Alessandria		
397-401		Agostino	*Confessioni*
410	Sacco di Roma		
metà V sec. ca		Proclo	*Teologia platonica*
500 ca		Dionigi Areopagita	*De divinis nominibus*
525		Boezio	*De consolatione philosophiae*
529	Giustiniano chiude la Scuola di Atene		
	Abbazia di Montecassino		
622	Egira di Maometto: ha inizio la cronologia musulmana		
625-36		Isidoro di Siviglia	*Etimologie*
642	I Bizantini abbandonano Alessandria		
742		Giovanni Damasceno	*Fonte della conoscenza*
750	Dinastia Abbaside (750-1258), traduzione dei filosofi greci in arabo		
786	Alcuino chiamato da York a reggere la Schola Palatina		
839	Il califfo al-Mamun fonda a Baghdad la Casa della sapienza		
863	Cirillo e Metodio cristianizzano la Grande Moravia		
864-66		Scoto Eriugena	*De divisione naturae*
910	Fondazione della scuola monastica di Cluny		
980	Fondazione della scuola cattedrale di Chartres		
prima metà XI sec.		Avicenna	*Libro della guarigione*
1010	Fondazione della scuola cattedrale di Parigi		
1054	Scisma d'Oriente		
1077-78		Anselmo d'Aosta	*Proslogion*
		Gaunilone	*Liber pro insipiente*

Date	*Eventi*	*Autori*	*Opere*
1095		al-Ghazālī	*Destructio philosophorum*
1098	Abbazia di Cîteaux		
1108	Fondazione della scuola monastica di San Vittore		
1118-37		Abelardo	*Dialettica*
1122	Concordato di Worms		
1126	A Toledo Aristotele viene tradotto dall'arabo	Bernardo di Clairvaux	*De diligendo Deo*
1142-58		Pier Lombardo	*Libri quattuor sententiarum*
1158	Università di Bologna		
1159		Giovanni di Salisbury	*Policraticus*
1170		Mosè Maimonide	*Guida degli smarriti*
1175 ca		Gioacchino da Fiore	*Liber concordiae Novi et Veteris Testamenti*
1180 ca	Università di Parigi	Averroè	*Destructio destructionis*
1204	Seconda conquista e sacco di Costantinopoli da parte dei Crociati		
1210	Federico II (1210-50)		
1214	Università di Oxford		
1215	Magna charta	Roberto Grossatesta	*De luce*
1216	Ordine dei Domenicani		
1222	Università di Padova		
1240 ca		Alberto Magno	*Summa de creaturis*
1259		Bonaventura da Bagnoregio	*Itinerarium mentis in Deum*
1266		Ruggero Bacone	*Opus maius*
1269-73		Tommaso d'Aquino	*Summa theologica*
1277	Condanna dell'aristotelismo a Parigi		
1300 ca		Duns Scoto	*Opus oxoniense*
1305-08		Raimondo Lullo	*Ars generalis ultima*
1313-14		Eckhart	*Quaestiones de esse*
1324		Occam	*Summa logicae*
1348	Università Carlo a Praga		
1420	Ian Hus, Articoli di Praga		
1439	Concilio di Firenze, i dotti greci entrano in rapporto con l'Italia		

Date	Eventi	Autori	Opere
1450 ca	Stampa a caratteri mobili (Gutenberg)		
1450		Cusano	*Idiota*
1453	Caduta di Costantinopoli		
1462	Accademia platonica fiorentina		
1492	Cacciata degli ebrei dalla Spagna		
1494	Edizioni aldine		
1511		Erasmo da Rotterdam	*Elogio della follia*
1513		Machiavelli	*Il Principe*
1516		Tommaso Moro	*Utopia*
1517	Le 95 Tesi di Lutero		
1525		Lutero	*De servo arbitrio*
1530	Francesco I fonda il Collège de France		
1534	Compagnia di Gesù		
1537	Istituzione della Bibliothèque Nationale		
1543		Copernico	*De revolutionibus orbium coelestium*
		Pietro Ramo	*Dialecticae institutiones*
1545	Concilio di Trento (1545-63)		
1551	Collegio romano		
1555	Pace di Augusta (Cuius regio eius religio)		
1559	Calvino fonda l'Accademia Ginevrina		
	Index librorum prohibitorum		
1576		Jean Bodin	*I sei libri della repubblica*
1580		Montaigne	*Saggi*
1581	Dichiarazione di indipendenza dei Paesi Bassi		
1584		Giordano Bruno	*De la causa, principio e uno*
1589	Legge della caduta dei gravi (Galilei)	Giovanni Botero	*Della ragion di stato*
1597		Francisco Suárez	*Disputationes metaphysicae*
1598	Editto di Nantes, agli ugonotti sono garantite libertà di coscienza e di culto		
1600	Rogo di Giordano Bruno		

Date	Eventi	Autori	Opere
1602		Tommaso Campanella	*La città del sole*
1605		Francesco Bacone	*Instauratio magna (Novum organum 1620)*
1609	Legge sul moto dei corpi celesti (Keplero)		
1622		Jakob Böhme	*De signatura rerum*
1625		Ugo Grozio	*De iure pacis ac belli*
1632		Galileo Galilei	*Dialogo sopra i due massimi sistemi del mondo*
1635	Académie Française		
1636	Università Harvard		
1637		Cartesio	*Discorso sul metodo*
1641		Cartesio	*Meditationes de prima philosophia*
1649	Rivoluzione inglese (Cromwell)		
1658		Hobbes	*De homine*
1662		Arnauld - Nicole	*Logica*
1664		La Rochefoucauld	*Massime*
1666		Leibniz	*De arte combinatoria*
1670	Fondazione dei Collegia Pietatis	Pascal	*Pensieri*
		Spinoza	*Tractatus theologico-politicus*
1677 (postuma)		Spinoza	*Etica*
1679	Habeas Corpus		
1681		Bossuet	*Discorso sulla storia universale*
1684	Calcolo infinitesimale (Leibniz, Newton)		
1685	Revoca dell'Editto di Nantes		
1687		Newton	*Philosophiae naturalis principia mathematica*
1688	Rivoluzione gloriosa	Malebranche	*Colloqui sulla metafisica e sulla religione*
1689	Dichiarazione dei diritti		
1690		Locke	*Saggio sull'intelletto umano*
		Locke	*Trattati sul governo*
1694	Università di Halle		

Date	*Eventi*	*Autori*	*Opere*
1697		Bayle	*Dizionario storico-critico*
1700	Accademia delle Scienze di Berlino		
1705		Thomasius	*Fundamenta juris naturae et gentium ex sensu communi deducta in quibus secernentur principia honesti, justi ac decori*
1710		Leibniz	*Saggi di teodicea*
		Berkeley	*Trattato sui princîpi della conoscenza umana*
1713	Calcolo delle probabilità (Bernoulli)		
1714		Leibniz	*Monadologia*
1728		Hutcheson	*Saggio sulla natura e la direzione delle passioni*
1729		Wolff	*Philosophia prima sive Ontologia*
1730		Vico	*Scienza nuova seconda*
1746		Condillac	*Saggio sull'origine delle conoscenze umane*
1748		Hume	*Ricerca sull'intelletto umano*
		La Mettrie	*L'uomo-macchina*
		Montesquieu	*Lo spirito delle leggi*
1749		Buffon	*Storia naturale*
1750		Baumgarten	*Aesthetica*
1751		D'Alembert - Diderot	*Enciclopedia*
1755	Università di Mosca		
1757		Burke	*Indagine filosofica sull'origine delle nostre idee sul sublime e sul bello*
1758		Helvétius	*Dello spirito*
1758-59		Linneo	*Systema Naturae* (x ed.)
1759		Voltaire	*Candido*
1762		Hamann	*Aesthetica in nuce*
		Rousseau	*Il contratto sociale*

Date	Eventi	Autori	Opere
1764		Beccaria	*Dei delitti e delle pene*
1770		Holbach	*Sistema della natura*
1776	Dichiarazione d'indipendenza americana	Smith	*Ricerche sopra la natura e le cause della ricchezza delle nazioni*
1781		Kant	*Critica della ragion pura*
1784		Herder	*Idee per una filosofia della storia dell'umanità*
1788		Kant	*Critica della ragion pratica*
1789	Dichiarazione dei diritti dell'uomo e del cittadino		
1790		Goethe	*La metamorfosi delle piante*
		Kant	*Critica del giudizio*
1794		Fichte	*Fondamenti dell'intera dottrina della scienza*
1795		Condorcet	*Abbozzo di un quadro storico dei progressi dello spirito umano*
1796		Laplace	*Esposizione del sistema del mondo*
1799		Schleiermacher	*Discorsi sulla religione*
1800		Schelling	*Sistema dell'idealismo trascendentale*
1801		Destutt de Tracy	*Elementi d'ideologia*
1804	Codice napoleonico	Jean Paul	*Avviamento allo studio dell'estetica*
1806	Fine del Sacro Romano Impero di nazione germanica		
1807		Hegel	*Fenomenologia dello spirito*
1808	Ecole Normale Supérieure		
1809		Schelling	*Ricerche filosofiche sull'essenza della libertà umana*
1810	Università di Berlino		
1812		Hegel	*Scienza della logica*
1814		Savigny	*Sulla vocazione del nostro tempo per la legislazione e la scienza giuridica*

Date	*Eventi*	*Autori*	*Opere*
1817		Hegel	*Enciclopedia delle scienze filosofiche*
1819		Schopenhauer	*Il mondo come volontà e rappresentazione*
1821		De Maistre	*Le serate di San Pietroburgo*
1829		Cousin	*Corso di storia della filosofia*
1830		Comte	*Corso di filosofia positiva*
1835		Tocqueville	*Della democrazia in America*
1836		W. von Humboldt	*Sulla differenza della struttura linguistica dell'uomo e sulla sua influenza sullo sviluppo spirituale del genere umano*
1840		Trendelenburg	*Ricerche logiche*
1841		Feuerbach	*L'essenza del cristianesimo*
1843		Kierkegaard	*Aut-aut*
		Mill	*Sistema di logica*
1845		Stirner	*L'Unico e la sua proprietà*
1848		Marx - Engels	*Manifesto del Partito comunista*
1854		Boole	*Indagine sulle leggi del pensiero*
1859		Darwin	*L'origine delle specie*
1862	Nomina di Bismarck a Primo ministro prussiano (1871-1890 Cancelliere del Reich)		
1863	Associazione generale degli operai tedeschi (primo Partito socialista)		
1864	Prima Internazionale		
1865	Leggi dell'ereditarietà (Mendel)		
1867		Marx	*Il capitale*
1869	Concilio Vaticano I, dichiarazione dell'infallibilità papale (1869-70)		
1874		Boutroux	*Sulla contingenza delle leggi di natura*
		F. Brentano	*Psicologia dal punto di vista empirico*
1883		Dilthey	*Introduzione alle scienze dello spirito*

Date	Eventi	Autori	Opere
1884		Frege	*I fondamenti dell'aritmetica*
1887		Nietzsche	*Genealogia della morale*
		H. Cohen	*Il fondamento dell'etica kantiana*
1889		Bergson	*Saggio sui dati immediati della coscienza*
1892		Frege	*Senso e denotazione*
1893		Blondel	*L'azione*
1896		Bergson	*Materia e memoria*
1900	Teoria dei quanti (M. Planck)	Freud	*L'interpretazione dei sogni*
		Husserl	*Ricerche logiche*
1902		Croce	*Estetica*
1903		Moore	*Principia Ethica*
1904		M. Weber	*L'etica protestante e lo spirito del capitalismo*
1905	Teoria della relatività ristretta (A. Einstein)	Mach	*Conoscenza ed errore*
1907		W. James	*Pragmatismo*
1909		Lenin	*Materialismo ed empiriocriticismo*
1910		Russell-Whitehead	*Principia mathematica*
1912		Durkheim	*Le forme elementari della vita religiosa*
1913		Saussure	*Corso di linguistica generale*
1914	Prima guerra mondiale (1914-18)		
1915	Teoria della relatività generale (A. Einstein)		
1916		Gentile	*Teoria generale dello spirito come atto puro*
		Pareto	*Trattato di sociologia generale*
1917	Rivoluzione di Ottobre	Croce	*Teoria e storia della storiografia*
1918		Spengler	*Il tramonto dell'Occidente*
1919	Terza Internazionale	Jaspers	*Psicologia delle visioni del mondo*

Date	*Eventi*	*Autori*	*Opere*
1921		Wittgenstein	*Tractatus logico-philosophicus*
1922		Lévy-Bruhl	*La mentalità primitiva*
		M. Weber	*Economia e società*
1923	Riforma Gentile della scuola italiana	Lukács	*Storia e coscienza di classe*
		Cassirer	*Filosofia delle forme simboliche*
1925		Dewey	*Esperienza e natura*
1926	Meccanica quantistica (Heisenberg, Born)		
1927		Heidegger	*Essere e tempo*
1928	Teoria dei giochi (von Neumann)		
1930		Ortega y Gasset	*La ribellione delle masse*
1931-58 (postuma)		Ch.S. Peirce	*Raccolta di scritti*
1932		Jaspers	*Filosofia*
1933	Prime leggi razziali in Germania	Tarski	*Il concetto di verità nei linguaggi formalizzati*
1934		Carnap	*La sintassi logica del linguaggio*
		Popper	*La logica della scoperta scientifica*
1936		Benjamin	*L'opera d'arte nell'epoca della sua riproducibilità tecnica*
1937		T. Parsons	*La struttura dell'azione sociale*
1939	Seconda guerra mondiale (1939-45)		
1940		A. Gehlen	*L'uomo*
		Benjamin	*Tesi di filosofia della storia*
1943		Sartre	*L'essere e il nulla*
1945		Merleau-Ponty	*Fenomenologia della percezione*
1946	Primo calcolatore elettronico (ENIAC)		
1947		Carnap	*Significato e necessità*
		Adorno - Horkheimer	*Dialettica dell'illuminismo*

Date	Eventi	Autori	Opere
1949		Lévi-Strauss	*Le strutture elementari della parentela*
		Ryle	*Lo spirito come comportamento*
1950		Heidegger	*Sentieri interrotti*
		Piaget	*Introduzione all'epistemologia genetica*
1951		Quine	*Due dogmi dell'empirismo*
1953		Wittgenstein	*Ricerche filosofiche*
1954 (postuma)		Husserl	*La crisi delle scienze europee e la fenomenologia trascendentale*
1956	XX Congresso del PCUS		
1957		Chomsky	*Le strutture della sintassi*
1960		Gadamer	*Verità e metodo*
		Quine	*Parola e oggetto*
1961		Levinas	*Totalità e infinito*
1962		Austin	*Come fare cose con le parole*
		Kuhn	*La struttura delle rivoluzioni scientifiche*
1966		Foucault	*Le parole e le cose*
		Lacan	*Scritti*
1967		Derrida	*Della grammatologia*
1971		Rawls	*Teoria della giustizia*
1972		Kripke	*Nome e necessità*
1979		Lyotard	*La condizione postmoderna*
		Rorty	*La filosofia e lo specchio della natura*

M. Fe. e *P. Ko.*

Notazioni logiche

• *Notazioni insiemistiche.* Sebbene la teoria degli insiemi non sia parte della logica, in logica si fa spesso ricorso a nozioni insiemistiche, ed è perciò opportuno conoscere almeno la simbologia di uso più comune.

Un insieme è una collezione di oggetti. Gli oggetti di cui un insieme è costituito sono detti suoi *elementi*. Per indicare che a è elemento dell'insieme b (o, come anche si suole dire, che a *appartiene* a b) si scrive a ∈ b. Un insieme con un numero finito di elementi può essere rappresentato elencando gli elementi in questione tra parentesi graffe: così, per es., {0, 1, 2} sarà l'insieme i cui elementi sono i numeri 0, 1 e 2. Per rappresentare l'insieme i cui elementi sono tutti e soli quegli oggetti che possiedono una certa proprietà, si può scrivere {x | ... x ...} (oppure {x: ... x ...}), dove '... x ...' esprime il possesso da parte di x della proprietà in questione: per es., {x | x è un numero dispari} rappresenta l'insieme dei numeri dispari. Il cosiddetto *insieme vuoto*, vale a dire l'insieme privo di elementi, si indica con ∅. Un'importante relazione fra insiemi è la relazione di inclusione. Diciamo che l'insieme a è *incluso* nell'insieme b (oppure che a è un *sottoinsieme* di b) se ogni elemento di a è anche un elemento di b: in tal caso possiamo scrivere a ⊂ b. Una notazione alternativa è la seguente: per esprimere il fatto che a è un sottoinsieme di b si scrive a ⊆ b, riservando la scrittura a ⊂ b per il caso in cui a è un sottoinsieme *proprio* di b, vale a dire un sottoinsieme di b diverso da b stesso.

Se a e b sono insiemi, (a ∪ b) e (a ∩ b) indicano rispettivamente l'*unione* di a e b e l'*intersezione* di a e b, cioè, rispettivamente, l'insieme i cui elementi sono tutti quelli di a più tutti quelli di b, e l'insieme i cui elementi sono gli elementi comuni ad a e a b. Inoltre, (a – b) indica la *differenza* di a e b, cioè l'insieme i cui elementi sono gli elementi di a che non appartengono anche a b. Dati due oggetti qualunque c e d, <c, d> è la

Tavola riassuntiva delle notazioni insiemistiche

a ∈ b	a è elemento di b
{a, b, ...}	l'insieme i cui elementi sono a, b, ...
{x | ... x ...} {x : ... x ...}	l'insieme i cui elementi sono gli oggetti x tali che ... x ...
∅	l'insieme vuoto
a ⊂ b a ⊆ b	a è un sottoinsieme di b (se per indicare che a è un sottoinsieme di b si scrive a ⊆ b, si può scrivere a ⊂ b per esprimere il fatto che a è un sottoinsieme *proprio* di b)
(a ∪ b)	l'unione di a e b
(a ∩ b)	l'intersezione di a e b
(a – b)	la differenza di a e b
<c, d>	la coppia ordinata di c e d
(a × b)	il prodotto cartesiano di a e b
Pa P(a)	l'insieme dei sottoinsiemi di a
$\aleph_0$	il numero cardinale dell'insieme dei numeri naturali
ω	il più piccolo ordinale infinito

coppia ordinata il cui primo membro è c e il cui secondo membro è d. Se a e b sono insiemi, $(a \times b)$ denota il *prodotto cartesiano* di a e b, cioè l'insieme delle coppie ordinate $<c, d>$ tali che $c \in a$ e $d \in b$. L'insieme dei sottoinsiemi di un insieme dato a (detto anche *insieme potenza* di a o *insieme delle parti* di a) si indica di solito con Pa o con P(a).

La teoria degli insiemi estende agli insiemi infiniti le nozioni di numero cardinale e di numero ordinale. Il più piccolo numero cardinale infinito, che è il numero cardinale dell'insieme dei numeri naturali, si indica abitualmente con $\aleph_0$ (il simbolo $\aleph$ è alef, la prima lettera dell'alfabeto ebraico; $\aleph_0$ si legge «alef con zero»). Con ω si indica invece il più piccolo ordinale infinito, che corrisponde al tipo d'ordine dell'insieme dei naturali ordinato dalla relazione di minore o uguale.

• *Notazioni logiche*. La simbologia logica non è completamente standardizzata. Qui presenteremo i tipi di notazione più comuni, ma in certi testi può capitare di imbattersi in notazioni un po' diverse da queste.

Cominciamo dai cosiddetti *connettivi proposizionali*. Se α è un enunciato, $\sim\alpha$ (leggi «non α») sarà la *negazione* di α, vale a dire l'enunciato che è vero se α è falso e falso se α è vero. Invece di $\sim\alpha$, si può scrivere anche $\neg\alpha$ oppure $-\alpha$. Se α e β sono enunciati, $(\alpha \wedge \beta)$ (leggi «α e β») sarà la *congiunzione* di α e β, cioè l'enunciato che è vero se e soltanto se α e β sono entrambi veri, mentre $(\alpha \vee \beta)$ (leggi «α o β») sarà la *disgiunzione* di α e β, cioè l'enunciato che è vero se e soltanto se è vero almeno uno dei due enunciati α e β. Notazioni alternative per la congiunzione sono $(\alpha . \beta)$ e $(\alpha \,\&\, \beta)$. Il *condizionale* con antecedente α e conseguente β, cioè l'enunciato che è sempre vero tranne nel caso in cui α è vero e β è falso, si può scrivere $(\alpha \supset \beta)$ oppure $(\alpha \rightarrow \beta)$ (questi enunciati si leggono «se α allora b» oppure «α implica β»). L'ultimo dei connettivi proposizionali più comunemente usati è il *bicondizionale*: $(\alpha \equiv \beta)$ o $(\alpha \leftrightarrow \beta)$ (leggi «α se e soltanto se β») è l'enunciato che è vero se α e β sono entrambi veri o entrambi falsi, e falso altrimenti.

Nelle notazioni fin qui introdotte le parentesi svolgono un ruolo essenziale: per es., un enunciato della forma $(\sim\alpha \wedge \beta)$ ha un significato ben diverso da quello di un enunciato della forma $\sim(\alpha \wedge \beta)$, e tuttavia l'unica differenza è costituita appunto dalla collocazione delle parentesi. Un tipo di notazione logica che non fa ricorso alle parentesi è la cosiddetta *notazione polacca*, che non è mai stata molto diffusa ma che è bene conoscere perché impiegata in testi di autori importanti. In notazione polacca, la negazione di α è Na, mentre la congiunzione, la disgiunzione, il condizionale e il bicondizionale di α e β sono rispettivamente $K\alpha\beta$, $A\alpha\beta$, $C\alpha\beta$ e $E\alpha\beta$. Così, la distinzione fra $(\sim\alpha \wedge \beta)$ e $\sim(\alpha \wedge \beta)$ corrisponde, in notazione polacca, alla distinzione fra $KN\alpha\beta$ e $NK\alpha\beta$.

Per esprimere ciò che nel linguaggio naturale si esprime con «ogni cosa» e «qualcosa» si adoperano in logica *quantificatori* e *variabili*. Per es.,

Tavola riassuntiva delle notazioni logiche

$\sim$ $\neg$ $-$ N (notazione polacca)	negazione
$\wedge$ • & K (notazione polacca)	congiunzione
$\vee$ A (notazione polacca)	disgiunzione
$\supset$ $\rightarrow$ C (notazione polacca)	condizionale
$\equiv$ $\leftrightarrow$ E (notazione polacca)	bicondizionale
$\forall$ ( ) Π (notazione polacca)	quantificatore universale
$\exists$ E Σ (notazione polacca)	quantificatore esistenziale

per esprimere il fatto che ogni cosa è identica a se stessa, si può scrivere $\forall x(x = x)$ (oppure $(\forall x)(x = x)$), che si legge «per ogni x, x è identico a x». Qui x è una variabile e $\forall$ è il cosiddetto *quantificatore universale*. Per esprimere il fatto che qualcosa è diverso dal numero 15, invece, si può scrivere $\exists x(x \neq 15)$ (oppure $(\exists x)(x \neq 15)$), che si legge «per qualche x, x è diverso da 15» oppure «esiste almeno un x tale che x è diverso da 15». Il simbolo $\exists$ è il cosiddetto *quantificatore esistenziale*. Anche nel caso dei quantificatori ci sono notazioni alternative. Alcuni scrivono (x) invece di $\forall$x, e Ex invece di $\exists$x. Chi si attiene alla notazione polacca, per il quantificatore universale usa il simbolo Π e per il quantificatore esistenziale il simbolo Σ.

Altre notazioni sono illustrate nell'Appendice sui sistemi di assiomi.

• *Notazioni metalogiche*. Fra i simboli metalogici (cioè usati per parlare delle proprietà sintattiche e semantiche dei linguaggi logici) i più comuni sono $\vdash$ e $\models$. Si adopera il simbolo $\vdash$ per esprimere la relazione sintattica di *derivabilità*: se A denota un insieme di enunciati e se α è un enunciato, $A \vdash \alpha$ significa che α è *derivabile* dagli enunciati appartenenti ad A. Spesso si scrive $\alpha_1, ..., \alpha_n \vdash \alpha$, dove $\alpha_1, ..., \alpha_n$ sono enunciati, invece di $\{\alpha_1, ..., \alpha_n\} \vdash \alpha$. Inoltre, si scrive $\vdash \alpha$ invece di $\varnothing \vdash \alpha$.

Consideriamo adesso il simbolo $\models$, che serve per riferirsi a relazioni di tipo semantico. Se α è, come prima, un enunciato, e se *S* denota una struttura sulla quale è interpretato il linguaggio cui α appartiene, allora $S \models \alpha$ significa che α è vero in *S*. Invece se A denota un insieme di enunciati, $A \models \alpha$ significa che α è *conseguenza logica* di A, cioè che α è vero in tutte le strutture in cui sono veri gli enunciati appartenenti ad A. Con $\models$ si usano abbreviazioni analoghe a quelle sopra illustrate a proposito di $\vdash$: si può quindi scrivere $\alpha_1, ..., \alpha_n \models \alpha$ invece di $\{\alpha_1, ..., \alpha_n\} \models \alpha$ e $\models \alpha$ invece di $\varnothing \models \alpha$ (in altri termini, $\models \alpha$ significa che α è vero in tutti i modelli, cioè che è un enunciato logicamente valido).

Tavola riassuntiva delle notazioni metalogiche

$A \vdash \alpha$ (A insieme di enunciati)	α è derivabile dagli enunciati appartenenti ad A
$\alpha_1, ..., \alpha_n \vdash \alpha$	$\{\alpha_1, ..., \alpha_n\} \vdash \alpha$
$\vdash \alpha$	$\varnothing \vdash \alpha$
$S \models \alpha$ (*S* struttura)	α è vero in *S*
$A \models \alpha$ (A insieme di enunciati)	α è conseguenza logica di A
$\alpha_1, ..., \alpha_n \models \alpha$	$\{\alpha_1, ..., \alpha_n\} \models \alpha$
$\models \alpha$	$\varnothing \models \alpha$

P. Ca.

Sistemi di assiomi

Si riportano qui di seguito alcuni sistemi di assiomi per teorie logiche e matematiche particolarmente significative. In primo luogo viene presentata la formalizzazione della logica dei predicati classica. Poi si passa a sistemi di logica alternativi o integrativi della logica classica (la logica intuizionista è un esempio del primo tipo, la logica modale del secondo). Si conclude con gli assiomi per la teoria degli insiemi di Zermelo-Fraenkel e per l'aritmetica di Peano.

• *Logica dei predicati classica*
Una fra le tante assiomatizzazioni possibili della logica dei predicati classica è la seguente.

Assiomi:
1. $(\alpha \supset (\beta \supset \alpha))$
2. $((\alpha \supset \beta) \supset ((\alpha \supset (\beta \supset \gamma)) \supset (\alpha \supset \gamma)))$
3. $((\alpha \wedge \beta) \supset \alpha)$
4. $((\alpha \wedge \beta) \supset \beta)$
5. $(\alpha \supset (\beta \supset (\alpha \wedge \beta)))$
6. $(\alpha \supset (\alpha \vee \beta))$
7. $(\beta \supset (\alpha \vee \beta))$
8. $((\alpha \supset \gamma) \supset ((\beta \supset \gamma) \supset ((\alpha \vee \beta) \supset \gamma)))$
9. $(\sim\sim\alpha \supset \alpha)$
10. $((\alpha \supset \beta) \supset ((\alpha \supset \sim\beta) \supset \sim\alpha))$
11. $(\forall x\alpha \supset \beta)$ dove β è il risultato della sostituzione in α delle occorrenze libere di x con un termine t libero per x in α
12. $(\alpha(t) \supset \exists x\alpha(x))$ dove β è il risultato della sostituzione in α delle occorrenze libere di x con un termine t libero per x in α

Regole:
Modus Ponens: da α e $(\alpha \supset \beta)$ si può derivare β.
Generalizzazione: da $(\alpha \supset \beta)$ si può derivare $(\alpha \supset \forall x\beta)$ purché α non contenga occorrenze libere della variabile x.
Esistenzializzazione: da $(\alpha \supset \beta)$ si può derivare $(\exists x\alpha \supset \beta)$ purché β non contenga occorrenze libere della variabile x.

(Nota terminologica. Un'occorrenza di una variabile x in una formula α è detta «vincolata» se è contenuta in una sottoformula di α della forma $\forall x\beta$ o $\exists x\beta$. Un'occorrenza di una variabile x in una formula α è detta «libera» se non è vincolata. Un termine t è detto «libero per x in α» se nessuna delle occorrenze libere di x in α è contenuta in una sottoformula di α della forma $\forall y\beta$ o $\exists y\beta$ dove y è una variabile contenuta in t).

Gli assiomi 1-10 insieme con la regola del Modus Ponens costituiscono un'assiomatizzazione della *logica proposizionale classica*.
Sono possibili anche assiomatizzazioni più concise. Per esempio, come assiomi proposizionali ci si può limitare a prendere 1 e 2 più

$((\sim\alpha \supset \sim\beta) \supset ((\sim\alpha \supset \beta) \supset \alpha))$.

O addirittura si può ridurre l'assiomatizzazione della logica proposizionale a quanto segue:

$(((((\alpha \supset \beta) \supset (\sim\gamma \supset \sim\delta)) \supset \gamma) \supset \varepsilon) \supset ((\varepsilon \supset \alpha) \supset (\delta \supset \alpha)))$.

(Le assiomatizzazioni alternative appena menzionate assumono come connettivi proposizionali primitivi soltanto $\supset$ e $\sim$. I connettivi restanti possono essere introdotti come abbreviazioni, ponendo per esempio $(\alpha \wedge \beta) = \sim(\alpha \supset \sim\beta)$ e $(\alpha \vee \beta) = (\sim\alpha \supset \beta)$).

La *logica dei predicati con identità* comporta l'aggiunta degli assiomi seguenti:

$\forall x x = x$
$\forall x \forall y (x = y \supset (\alpha(x, x) \supset \alpha(x, y)))$.

• *Logica intuizionista*
Un sistema di assiomi per la logica intuizionista si ottiene dal primo dei sistemi di assiomi per la logica classica sopra riportati sostituendo l'assioma 9 con

$(\alpha \supset (\sim\alpha \supset \beta))$.

• *Logica polivalente*
Riportiamo a titolo di esempio un'assiomatizzazione della logica proposizionale trivalente di Łukasiewicz. La semantica di questa logica prevede l'assegnazione a ciascuna formula di uno dei tre valori seguenti: vero, falso, indeterminato. Una formula $\sim\alpha$ è vera se α è falsa, falsa se α è vera, e indeterminata se α è indeterminata. Una formula $(\alpha \supset \beta)$ è falsa se α è vera e β è falsa, indeterminata se α è vera e β è indeterminata oppure se α è indeterminata e β è falsa, e vera in tutti gli altri casi. Una tautologia è, al so-

lito, una formula vera per qualsiasi assegnazione di valori alle formule atomiche. L'insieme delle tautologie della logica trivalente di Łukasiewicz coincide con l'insieme dei teoremi derivabili attraverso la regola del Modus Ponens dagli assiomi 1 e 2 della logica classica più gli assiomi

$((\sim\beta \supset \sim\alpha) \supset (\alpha \supset \beta))$
$((\alpha \supset \sim\alpha) \supset \alpha) \supset \alpha)$.

La disgiunzione e la congiunzione possono essere introdotte ponendo $(\alpha \vee \beta) = ((\alpha \supset \beta) \supset \beta)$ e $(\alpha \wedge \beta) = \sim(\sim\alpha \vee \sim\beta)$.

• *Logica libera*
Un modo di assiomatizzare la logica libera consiste nel modificare la logica dei predicati con identità sostituendo gli assiomi 11 e 12 rispettivamente con

$((\forall x\alpha(x) \wedge \exists x\, x = t) \supset \alpha(t))$
$((\alpha(t) \wedge \exists x\, x = t) \supset \exists x\alpha(x))$.

• *Logica paraconsistente*
I sistemi C_n $(1 \leq n \leq \omega)$ di logica proposizionale paraconsistente di Newton da Costa sono caratterizzati come segue:

C_1 = assiomi 1-9 della logica classica più gli assiomi seguenti:

$(\alpha \vee \sim\alpha)$
$(\beta^\circ \supset ((\alpha \supset \beta) \supset ((\alpha \supset \sim\beta) \supset \sim\alpha)))$
$((\alpha^\circ \wedge \beta^\circ) \supset ((\alpha \wedge \beta)^\circ \wedge (\alpha \vee \beta)^\circ \wedge (\alpha \supset \beta)^\circ)$

Regola del Modus Ponens.

C_n $(1 < n < \omega)$ = assiomi 1-9 della logica classica più gli assiomi seguenti:

$(\alpha \vee \sim\alpha)$
$(\beta^{(n)} \supset ((\alpha \supset \beta) \supset ((\alpha \supset \sim\beta) \supset \sim\alpha)))$
$((\alpha^{(n)} \wedge \beta^{(n)}) \supset ((\alpha \wedge \beta)^{(n)} \wedge (\alpha \vee \beta)^{(n)} \wedge (\alpha \supset \beta)^{(n)})$

Regola del Modus Ponens.

C_ω = assiomi 1-9 della logica proposizionale più $(\alpha \vee \sim\alpha)$.
Regola del Modus Ponens.

In quanto precede, α° è un'abbreviazione di $\sim(\alpha \wedge \sim\alpha)$. Inoltre $\alpha^{(n)}$ è un'abbreviazione di $(\alpha^1 \wedge \ldots \wedge \alpha^n)$, dove α^k sta per $\alpha^{\circ \ldots \circ (k\ \text{volte})}$.

• *Logica modale*
$L\alpha$ e $M\alpha$ significano rispettivamente: «è necessario che α» e «è possibile che α» (invece di $L\alpha$ si può anche scrivere $\Box\alpha$, e invece di $M\alpha$ si può scrivere $\Diamond\alpha$). Il sistema di logica modale proposizionale T si ottiene aggiungendo alla logica proposizionale classica gli assiomi e la regola seguenti:

$(L\alpha \supset \alpha)$
$(L(\alpha \supset \beta) \supset (L\alpha \supset L\beta))$

Regola di Necessitazione: se si è derivato α, si può derivare $L\alpha$.

Sistemi più forti di logica modale proposizionale sono

S4 = T più l'assioma $(L\alpha \supset LL\alpha)$
B = T più l'assioma $(\alpha \supset LM\alpha)$
S5 = T più l'assioma $(M\alpha \supset LM\alpha)$.

• *Logica deontica*
Un sistema di logica deontica si ottiene aggiungendo alla logica proposizionale classica gli assiomi e la regola seguenti:

$P(\alpha \vee \beta) \equiv (P\alpha \vee P\beta)$
$(P\alpha \vee P\sim\alpha)$

Regola di Estensionalità: da $(\alpha \equiv \beta)$ si può derivare $(P\alpha \equiv P\beta)$.

$P\alpha$ significa: «α è permesso». Altri operatori deontici possono essere introdotti per definizione: così si può porre
$O\alpha$ («α è obbligatorio») = $\sim P \sim \alpha$; $V\alpha$ («α è vietato») = $\sim P\alpha$; $I\alpha$(«α è indifferente») = $(P\alpha \wedge P\sim\alpha)$.

• *Logica temporale*
Un sistema minimale di logica temporale proposizionale si ottiene aggiungendo alla logica proposizionale classica gli assiomi e la regola seguenti:

$(G(\alpha \supset \beta) \supset (G\alpha \supset G\beta))$
$(H(\alpha \supset \beta) \supset (H\alpha \supset H\beta))$
$(\alpha \supset GP\alpha)$
$(\alpha \supset HF\alpha)$

Regola di Generalizzazione Temporale: se si è derivato α, si possono derivare $G\alpha$ e $H\alpha$.

$H\alpha$, $G\alpha$, $P\alpha$ e $F\alpha$ significano rispettivamente: «è sempre stato vero che α», «sarà sempre vero che α», «è stato vero almeno una volta che α», «sarà vero almeno una volta che α».

• *Teoria degli insiemi di Zermelo-Fraenkel*
Logica dei predicati con identità più gli assiomi seguenti:

$\forall x \forall y(\forall z(z \in x \equiv z \in y) \supset x = y)$ (assioma di estensionalità)
$\exists y \forall x \sim x \in y$ (assioma dell'insieme vuoto)
$\forall x \forall y \exists z \forall u(u \in z \equiv (u = x \vee u = y))$ (assioma della coppia)
$\forall x \exists y \forall u(u \in y \equiv \exists v(v \in x \wedge u \in v))$ (assioma dell'unione)
$\forall x \exists y \forall u(u \in y \equiv \forall z(z \in u \supset z \in x))$ (assioma dell'insieme potenza)
$\exists y(\forall x(\forall z \sim z \in x \supset x \in y) \wedge \forall x \forall z((x \in y \wedge \forall u(u \in z \equiv (u \in x \wedge u = x))) \supset z \in y))$ (assioma dell'infinito)
$(\forall x \exists z \forall y(\alpha(x, y) \equiv y = z) \supset \forall u \exists v(\forall y(y \in v \equiv \exists x(x \in u \wedge \alpha(x, y)))))$ per ogni formula α in cui non vi sono occorrenze libere delle variabili z e u (schema di rimpiazzamento)
$(\exists x \alpha(x) \supset \exists x(\alpha(x) \wedge \forall y(y \in x \supset \sim \alpha(y))))$ per ogni formula α (schema di fondazione)

La teoria di Zermelo-Fraenkel può essere arricchita con l'aggiunta dell'assioma seguente:

$\forall x(\forall y(y \in x \supset \exists z z \in y) \supset \exists v \forall y(y \in x \supset \exists u \forall z((z \in v\, z \in y) \equiv z = u))))$ (assioma della scelta)

• *Aritmetica di Peano*

Logica dei predicati con identità più gli assiomi seguenti:

$\sim \exists x(S(x) = 0)$
$\forall x \forall y(S(x) = S(y) \supset x = y)$
$\forall x(x + 0 = x)$
$\forall x \forall y(x + S(y) = S(x + y))$
$\forall x(x \times 0 = 0)$
$\forall x \forall y(x \times S(y) = ((x \times y) + x))$
$((\alpha(0) \wedge \forall x(\alpha(x) \supset \alpha(S(x)))) \supset \forall x \alpha(x))$ per ogni formula α (schema di induzione)

S denota la funzione che a ogni numero naturale associa il suo successore. *P. Ca.* e *D. Ma.*

Philosopher's Index

Il principale *data base* di argomento filosofico è quello del Philosopher's Index, prodotto dal *Philosophy Documentation Center* dell'Università di Bowling Green (Ohio 43403, USA). Il Philosopher's Index fa parte del sistema DIALOG, ed è accessibile da qualsiasi terminale collegato a DIALOG (in ogni grande università italiana e in molte delle piccole esiste almeno un accesso a DIALOG). Il Philosopher's Index registra libri e articoli di argomento filosofico e di argomenti affini dal 1940, con una prevalenza del materiale in lingua inglese ma con una presenza cospicua di opere in altre lingue, compreso l'italiano. Ciascun *record* (relativo a un articolo o a un libro) include informazioni bibliografiche complete e — in molti casi — un *abstract* dell'opera.

Il Philosopher's Index può essere interrogato

a) per autore

b) per argomento

c) per stringhe di testo incluse nel titolo (per es., la richiesta TRUTH/TI darà come esito l'elenco dei *records* nel cui titolo figura la parola 'truth')

d) per stringhe di testo incluse nell'*abstract*, (che è quasi sempre in inglese), (per es., la richiesta UNIVERSAL(W)LAW/AB avrà come esito l'elenco dei *records* nel cui *abstract* è inclusa l'espressione 'universal law')

e) per combinazioni booleane dei precedenti: per es., (TRUE OR TRUTH?) AND MATHEMATICS/DE darà i *records* il cui argomento è il vero o la verità in filosofia della matematica

f) in molti altri modi. Per i dettagli conviene consultare il manuale del Philosopher's Index, che è fornito insieme ai manuali di DIALOG.

Inoltre, il *Philosophy Documentation Center* fornisce, a un prezzo modesto, il *thesaurus* del Philosopher's Index, cioè l'elenco delle chiavi di ricerca per argomento.

Il costo della ricerca è circa 1000 Lit. per minuto di collegamento (ottobre 1992).

Il risultato di una consultazione può essere stampato *off-line* (al costo di 195 Lit. per ogni *record* completo - ottobre 1992) in vari formati alternativi: si può ottenere ad esempio solo l'elenco delle unità bibliografiche (autore, titolo, luogo e data di pubblicazione ecc.), o l'elenco dei *records* con annesso *abstract*, o l'elenco di unità titolo + *abstract* (senza informazioni bibliografiche).

Nel caso degli articoli, è possibile ottenere — ordinandola via calcolatore — la fotocopia dell'articolo che si desidera, attraverso il servizio di prestito interlibrario collegato con il Philosopher's Index. Questo servizio va usato con misura, anche per il costo non bassissimo.

Del Philosopher's Index esiste anche una versione cartacea; gli aggiornamenti sono pubblicati in fascicoli quattro volte l'anno, sempre a cura del *Philosophy Documentation Center* di Bowling Green. *D. Ma.*

Riviste filosofiche

Nel mondo vengono pubblicate circa 600 riviste filosofiche di un qualche rilievo. L'elenco ragionato che segue considera le più importanti, attenuando questo criterio solo per i periodici italiani. Non vengono annoverate le riviste che hanno cessato le pubblicazioni.

■ Riviste italiane

Tra le riviste italiane la prima a essere pubblicata è stata la *Rivista di filosofia*, nata nel 1909 sotto gli auspici della *Società Filosofica Italiana* e quindi con un indirizzo «ecumenico». Fino agli anni Venti fu diretta da un comitato comprendente E. Juvalta, A. Faggi, G. Vailati, B. Varisco, A. Pastore. Nel 1927 la rivista si staccò dalla *Società Filosofica Italiana* e fino al 1943 gravitò intorno alla figura di Piero Martinetti e alla sua opposizione filosofica al fascismo. Nel 1945, sotto la direzione di N. Bobbio poi affiancato da N. Abbagnano, iniziò una nuova serie con il programma di promuovere le tesi del «neoilluminismo»: l'uso critico della ragione come costruzione umana e non come dato assoluto, per perseguire «l'umanizzazione del mondo». Vicini ad Abbagnano e Bobbio furono innanzitutto la filosofia della scienza di L. Geymonat, la scuola di G. Solari (in particolare L. Firpo), E. Garin, E. Paci. La *Rivista di Filosofia* diede anche espressione alle ricerche sulla filosofia della scienza del *Centro di Studi Metodologici* di Torino. Attualmente ospita in particolare studi di storia della filosofia.
Prima della guerra, tuttavia, la filosofia italiana subiva l'egemonia dell'idealismo di B. Croce e di G. Gentile. Il primo diffuse la sua presenza attraverso *La Critica* (1903-51); il secondo fondò nel 1920 il *Giornale critico della filosofia italiana* e lo diresse fino alla morte (1944). Il titolo riprende il *Kritisches Journal der Philosophie* di Hegel e Schelling: con esso Gentile riprendeva anche il proposito di comporre filosofia e storia della filosofia, secondo il principio per cui l'analisi storica attualizza il passato in una teoria presente e viva. L'unità programmatica della rivista non nacque come unità di scuola, ma secondo questo principio dell'attualizzazione spirituale comune. La rivista è ora l'organo della *Fondazione Giovanni Gentile*. È diretta da Eugenio Garin, che è succeduto a Ugo Spirito. In opposizione all'idealismo attualistico nacque a Genova nel 1921 la *Rivista internazionale di Filosofia del diritto* per iniziativa di G. Del Vecchio. Esordì con un'impostazione neokantiana e antigentiliana, subì poi l'influenza dell'idealismo (F. Battaglia, W. Cesarini Sforza), ma fu in seguito aperta alle più diverse tendenze, dalla filosofia positiva del diritto ai temi giusnaturalistici. È ora edita a Milano sotto la direzione di S. Cotta. Contro il nascente idealismo italiano si era già schierata la *Rivista di Filosofia Neo-Scolastica*, fondata nel 1909 da padre Agostino Gemelli. Essa si proponeva di combattere, insieme all'idealismo, il positivismo, allora in pieno rigoglio. Nel 1921 divenne l'organo della facoltà di Lettere e Filosofia dell'università Cattolica del Sacro Cuore. Essa tende a stabilire un dialogo tra la *philosophia perennis* della scolastica e il pensiero contemporaneo. Tra i collaboratori del dopoguerra: C. Mazzantini, G. Bontadini, C. Fabro, F. Olgiati, S. Vanni-Rovighi. Autonomo rispetto all'attualismo fu anche l'*Archivio di filosofia*, fondato da Enrico Castelli nel gennaio del 1931 come organo della *Società Filosofica Italiana*, subentrando alla rivista *Lógos*. Dal 1945 l'Archivio pubblica solo fascicoli monografici per lo più su temi del pensiero contemporaneo, con l'eccezione di alcuni volumi dedicati all'umanesimo e al rinascimento. Ha tenuto vivo, dopo la guerra, il dibattito su tematiche teologico-religiose (sulla demitizzazione, sulla secolarizzazione) in un orizzonte di confluenza tra teologia e filosofia.
Dopo la guerra la filosofia italiana, superata l'egemonia dell'idealismo, manifesta la sua vivacità anche nella fondazione di nuove importanti riviste. Innanzitutto, la *Rivista critica di storia della filosofia*: ha iniziato le pubblicazioni a Milano sotto la direzione di Mario Dal Pra nel 1946, quando era viva l'esigenza di superare gli schemi teorici che l'idealismo italiano aveva sovrapposto alla ricerca storiografica. Ha un occhio di riguardo per la storia della filosofia del linguaggio. Nel medesimo anno 1946 nacque il *Giornale di Metafisica* per iniziativa di M.F. Sciacca; ora è pubblicato a cura del *Centro di Studi filosofici cristiani* di Gallarate e dell'Istituto di Filosofia dell'università di Genova. La rivista è sorta come organo dello spiritualismo cristiano e si è dedicata alla critica

dell'attualismo gentiliano e dello storicismo. Prosegue la tradizione platonico-agostiniano-rosminiana e ha stabilito un legame duraturo con la scuola francese affine. A Torino Augusto Guzzo fondò nel 1950 *Filosofia*; vi hanno collaborato fino agli anni Sessanta soprattutto Guzzo e i suoi allievi, che hanno in seguito esercitato una certa influenza sul pensiero italiano contemporaneo: L. Pareyson e il suo allievo G. Vattimo, V. Mathieu, V. Verra, F. Barone, G. Riconda, N. Bosco. Sotto la direzione attuale di Vittorio Mathieu ha perduto i caratteri di scuola e assunto un indirizzo storico-ermeneutico. Nel 1951 compare *Aut Aut*, fondata a Milano da Enzo Paci, che si proponeva di prender posizione rispetto alla crisi dell'epoca e del pensiero contemporanei — da cui il titolo kierkegaardiano. Sotto la direzione di Paci la rivista si è orientata intorno all'esistenzialismo, al pragmatismo e alla fenomenologia. Ora, diretta da Pier Aldo Rovatti, si occupa di temi del pensiero contemporaneo con particolare riguardo alla multiforme eredità di Heidegger. Nel 1956 nasce la *Rivista di Estetica* per iniziativa di Luigi Stefanini; Luigi Pareyson, che ne diventò ben presto autorevole animatore, l'ha diretta per lungo tempo — da ultimo insieme a Luciano Anceschi. Si caratterizza per una concezione dell'estetica strettamente filosofica. È ora pubblicata a cura della cattedra di estetica del Dipartimento di Ermeneutica Filosofica dell'università di Torino, sotto la direzione di Gianni Vattimo.

Negli anni successivi alcuni nuovi periodici filosofici hanno assecondato una generale tendenza alla specializzazione. Nel 1966 viene fondata la *Rassegna bibliografica di storia della filosofia*, una rivista annuale che si propone di assistere gli studi di storia della filosofia provvedendo a raccogliere informazioni circa ciò che è stato in ciascun anno pubblicato sui maggiori periodici specializzati. È pubblicata dall'Istituto di Filosofia dell'università di Parma. Nel 1978 nasce *Epistemologia*: è diretta da Evandro Agazzi e si occupa di filosofia della scienza, pubblicando articoli in italiano e in inglese. Nel 1986, *Filosofia e Teologia*, che raccoglie i maggiori studiosi, italiani e stranieri, del rapporto tra il pensiero filosofico e il cristianesimo. Tra le riviste di indirizzo neotomista si ricordano *Gregorianum*, edito dal 1920 dall'università Gregoriana di Roma, e *Sapienza*, fondata dall'Ordine dei Domenicani nel 1948 a Bologna. Dal 1956 è l'organo ufficiale del *Centro italiano di studi scientifici, filosofici e teologici*. Il titolo — si dichiara nel primo fascicolo — «rivendica alla filosofia e alla teologia il loro carattere sapienziale e giudicativo, sottaciuto o negato dallo storicismo e dallo scientismo».

Tra i periodici di più recente fondazione, si ricordano l'*Annuario filosofico*, fondato nel 1985 da L. Pareyson, G. Riconda e V. Verra, che raccoglie studi teorici e storici proponendosi di rinnovare, ove necessario, le categorie storiografiche; di diffondere nuove interpretazioni di filosofie del passato; di «riportare in circolazione correnti e autori meno studiati» ma attuali; di «segnalare l'urgenza di tematiche oggi poco frequentate ma non per questo meno decisive nell'attualità». Esce in volumi annuali, a partire dal 1986. Con la stessa cadenza viene pubblicato l'annuario *Filosofia* (*'86, '87, '88...*), fondato da Gianni Vattimo, al fine di chiamare «i protagonisti della ricerca filosofica occidentale a fare il punto sui temi più dibattuti nel corso dell'anno».

È invece semestrale *Teoria*, nata nel 1981 e diretta da Vittorio Sainati e Renzo Raggiunti. Fino al 1990, dedicava un fascicolo all'ermeneutica e uno alla logica e alla filosofia del linguaggio. Dal 1991 ha rinunciato a questa bipartizione e si occupa prevalentemente di ermeneutica. Anche *Iride*, nata nel 1986, è semestrale; si occupa prevalentemente di filosofia contemporanea, dall'ermeneutica alla filosofia della scienza. Da ricordare infine *Paradosso*, comparsa nel 1992 e diretta da M. Cacciari, S. Givone, C. Sini e V. Vitiello; ha dedicato i primi numeri al concetto di natura, per una riflessione sul nichilismo e sulla tecnica.

■ Riviste in lingua francese

Alcune tra le più prestigiose riviste continentali sono francesi. Innanzitutto, la *Revue philosophique de la France et de l'étranger*, fondata a Parigi nel 1876 da Théodule Ribot; ebbe nei primi decenni un orientamento positivistico e si occupò prevalentemente di teoria della conoscenza secondo un approccio psicologico. Tra i collaboratori di questo periodo: W. Wundt, H. Spencer, J.S. Mill, R.H. Lotze, C. Lombroso, E.v. Hartmann. Da segnalare il contributo di Ch.S. Peirce nelle annate 1878-79 su «La logique de la science». Verso la fine del secolo l'interesse psicologico abbandonò il positivismo e si orientò verso l'anti-intellettualismo di H. Bergson. Alla morte di Ribot nel 1916 L. Lévy-Bruhl tenne la direzione fino al 1939, proseguendo l'allontanamento dal positivismo (divennero collaboratori della rivista E. Gilson e R. Ruyer). Fino al 1952 fu direttore E. Bréhier, cui seguirono P. Masson-Oursel, P.-M. Schuhl e Y. Bres. Oggi la rivista è dedicata alla filosofia teoretica e alla critica dei fondamenti storici delle posizioni teoretiche. È pubblicata dalle *Presses Universitaires de France*. Una delle più autorevoli riviste filosofiche europee è anche la *Revue de Métaphysique et de Morale*; fu fondata a Parigi nel 1893 da Xavier Léon con un programma antipositivistico, che già allora metteva in guardia dalla frammentazione specialistica della filosofia. Il riferimento alla filosofia «morale» era all'inizio polemico nei confronti della filosofia speculativa tedesca

e richiamava il carattere originale della tradizione filosofica francese. Dopo il successore di Léon, Dominique Parodi (1935-55), diresse la rivista Jean Wahl, che ne confermò, con l'interesse per l'esistenzialismo e la fenomenologia, l'indirizzo metafisico e morale. Vi hanno collaborato: H. Bergson («L'Intuition philosophique», 1911), G. Marcel, B. Croce, G. Gentile, A.N. Whitehead, M. de Unamuno, E. Gilson. L'attuale direttore è Paul Ricoeur, che ha affiancato la filosofia ermeneutica alla fenomenologia e all'esistenzialismo, proseguendo la differenziazione della speculazione francese rispetto a temi propri della filosofia tedesca. Una particolare attenzione alla filosofia tedesca ha sempre contraddistinto gli *Archives de Philosophie*, fondati dai Gesuiti francesi nel 1923 secondo un programma che intendeva comporre le nozioni acquisite dalla tradizione con la progressività affermata dalla modernità. Fino al 1955 erano redatti presso l'Ecole des Hautes Etudes di Vals-près-Le-Puy in forma di quaderni monografici; in seguito hanno assunto la forma tradizionale delle riviste filosofiche. Dal 1970 vengono redatti presso il *Centre d'Etudes et de Recherches Philosophiques* di Parigi.
Due altri periodici in lingua francese di rilievo internazionale sono di area specializzata: uno è la *Revue d'Esthétique*, che esce dal 1948 a cura della *Société Française d'Esthétique*. È stata fondato da Ch. Lalo, E. Souriau e R. Bayer con un programma di indagine aperto alle scienze umane; nel 1965 è iniziata una nuova serie sotto la direzione di E. Souriau e M. Dufrenne. L'altro è *Logique et analyse*, che prosegue in una nuova serie internazionale (dal 1958) il Bollettino del *Centre National Belge de Recherches de Logique*. È pubblicato a Lovanio. A Lovanio si pubblica anche una delle numerose e importanti riviste di lingua francese che si occupano di filosofia cristiana e/o di teologia, la *Revue philosophique de Louvain*, di orientamento neoscolastico, fondata dal cardinale Mercier nel 1894; è pubblicata dalla *Société philosophique de Louvain* (Belgio) ed è l'organo del locale *Institut supérieur de philosophie*. Confronta criticamente la scolastica con la scienza e la filosofia contemporanee, occupandosi di filosofia ma anche di scienze biologiche, morali e sociali. Ha ospitato molti contributi sul rapporto tra Heidegger e Aristotele. Il celebre *Répertoire bibliographique*, ora pubblicato separatamente, è nato nel 1895 come appendice della rivista. Del medesimo indirizzo è anche la *Revue des sciences philosophiques et théologiques*, che è stata fondata dall'ordine Domenicano della Facoltà francese di filosofia e teologia del Saulchoir (Etiolles, Seine-et-Oise) nel 1907. Oltre al contributo scientifico, dispensa molte informazioni sulla produzione filosofica e teologica, compiendo uno spoglio sistematico di un centinaio di riviste. La *Revue des sciences religieuses*, fondata nel 1921, è invece pubblicata dalla Facoltà di teologia di Strasburgo. Si occupa di filosofia della religione, di storia delle religioni e in particolare del cristianesimo; di dogmatica, di morale, di pastorale, di esegesi, di diritto canonico e liturgia. La *Revue Thomiste* si occupa di teologia e filosofia ed è stata fondata dai Domenicani francesi nel 1893 per sostenere la ripresa del tomismo auspicata da Leone XIII. È l'organo della «Ecole de théologie St-Maximin (Var)».

■ Riviste tedesche

Tra le più antiche riviste filosofiche tedesche è l'*Archiv für Geschichte der Philosophie*, fondato nel 1888 da Ludwig Stein, allievo di E. Zeller; fu diretto da un comitato composto da Stein, H. Diels, W. Dilthey, B. Erdmann e Zeller. Era, naturalmente, dedicata agli studi storici della filosofia. Nel 1895 si fuse con i *Philosophische Monatshefte*, che dal 1868, per iniziativa di J. Bergmann, si occupavano dei rapporti tra filosofia e scienze e filosofia e società. Paul Natorp, ultimo direttore dei *Philosophische Monatshefte*, dopo la fusione si occupò della parte teorica di un *Archiv der Philosophie* che per la sezione storica era costituito dall'*Archiv für Geschichte der Philosophie*. Dopo alcuni cambiamenti nel titolo e anche nell'indirizzo, deviato verso la sociologia, nel 1931 il figlio di Stein, Arthur, ricondusse la rivista agli argomenti di storia della filosofia, chiamando nel comitato di direzione E. Cassirer, A. Koyré, H. Rickert, E. Spranger. L'*Archiv* fu poi sospeso dal 1933 al 1959. Dal 1960 la rivista è guidata da una redazione tedesco-statunitense. Nel 1888 nacque (a Fulda) anche il *Philosophisches Jahrbuch*, di orientamento cattolico, sotto gli auspici della «Görres-Gesellschaft»; si ricollega alla tradizione tomistica secondo l'invito dell'enciclica *Aeterni Patris* di Leone XIII. Si occupa perciò del confronto tra il pensiero cristiano e la modernità; soprattutto nella prima metà del secolo la rivista ha inteso quel confronto come la ricerca della conciliazione tra fede e scienza. È pubblicata a Monaco di Baviera. L'*Archiv für Rechts-und Sozialphilosophie*, fondato nel 1907 a Monaco, è l'organo della *International Association for Philosophy of Law and Social Philosophy*. Pubblica articoli in tedesco, inglese e francese. L'attuale redazione è a Düsseldorf.
Hanno rilevanza internazionale, a motivo della storia della fortuna del pensiero di Kant e Hegel, anche *Kant-Studien* e *Hegel-Studien*. I primi, organo della «Kant-Gesellschaft» dal 1904, sono stati fondati nel 1896 da Hans Vaihinger. Non si occupano solo di Kant e di filologia kantiana. Vi hanno collaborato i maggiori studiosi di Kant (E. Adickes, M. Scheler, E. Boutroux, E. Caird, E. Cassirer, R. Eucken, A. Riehl, N. Kemp Smith). Sotto gli auspici

della rivista vengono pubblicati importanti supplementi (*Ergänzungshefte*) che ospitano interventi più lunghi di un articolo. Gli attuali direttori sono Gerhard Funke e Joachim Kopper. La rivista *Hegel-Studien* esce a Bochum (Germania) in numeri annuali a partire dal 1961. È pubblicata in connessione con la *Hegel-Kommission der Deutschen Forschungsgemeinschaft* e la *International Hegel Association*. Sotto la direzione di F. Nicolin e O. Pöggeler, pubblica solo su Hegel. Tra le riviste pubblicate nel dopoguerra si ricordano le più celebri. La *Zeitschrift für philosophische Forschung*, edita a Monaco; fondata nel 1946 senza un indirizzo di scuola, pubblica ricerche storiche e sistematiche ed è diretta da Otfried Höffe. Il *Philosophischer Literaturanzeiger*, che dal 1948 offre, in fascicoli bimestrali, una ventina di ampie recensioni sulle nuove pubblicazioni filosofiche, soprattutto tedesche. La *Philosophische Rundschau*, fondata nel 1953 a Heidelberg, è stata diretta per lungo tempo da H.-G. Gadamer e H. Kuhn; si occupa di critica dell'attualità filosofica e di analisi storica; gli attuali direttori sono R. Bubner e B. Waldenfels. I *Neue Hefte für Philosophie*, fondati nel 1973 a Heidelberg, sono l'espressione della ricca attività filosofica di quella sede universitaria. Hanno carattere monografico e sono diretti da R. Bubner, K. Cramer e R. Wiehl. Di indirizzo neoscolastico è l'importante *Theologie und Philosophie*, pubblicata dai Gesuiti della Facoltà di teologia e filosofia di St. Georgen (Francoforte); è stata fondata nel 1926 dai Gesuiti tedeschi del Collegio di S. Ignazio di Valkenburg (Olanda), con il titolo «Scholastik». Ha cambiato titolo nel 1966 per sottolineare l'apertura dell'impostazione scolastica agli sviluppi teologici e filosofici odierni.

■ Riviste in lingua inglese

Circa le riviste in lingua inglese, occorre precisare che sono quasi sempre internazionali; la distinzione per area linguistica, che si è praticata fin qui in modo un po' artificioso e per comodità, è quindi nel loro caso ancor meno giustificata nei fatti.

Tra le riviste filosofiche anglo-americane la più famosa è *Mind*, uno dei più autorevoli periodici filosofici del mondo. Fondato nel 1876 da George C. Robertson, professore di «filosofia della mente» e logica nell'università di Londra. Nella prima serie (1876-91) fu coltivato un indirizzo psicologico, nel quale la rivista riconosceva il terreno comune e l'istanza unificatrice delle diverse scuole filosofiche e si ricollegava alla tradizione tedesca di H. Helmholtz e W. Wundt. Tra i collaboratori di questo periodo B. Bosanquet, F.H. Bradley, W. James, J. Royce. Nella seconda serie, sotto la direzione di G.F. Stout (1892-1920), *Mind* ospitò i primi contributi di B. Russell e G.E. Moore, sul finire del secolo, inaugurando una tradizione di autorevoli interventi. Il prestigio di *Mind* deriva anche dalle peculiari caratteristiche della scuola filosofica anglosassone, che predilige gli interventi concisi e sobri. I dibattiti di *Mind* si sono così giovati di articoli influenti come «The Refutation of Idealism» di Moore (1903), «On Denoting» di Russell (1905), «Demonstration of the Impossibility of Metaphysics» di Ayer (1934). Tra i collaboratori più noti: H.A. Prichard, C.L. Stevenson, N. Malcolm, P.F. Strawson, N. Goodman, G.E.M. Anscombe. La diffusione del pensiero di Wittgenstein è stata favorita dagli articoli pubblicati dai suoi discepoli su *Mind* ancor prima della comparsa delle opere postume. Dopo Stout hanno diretto la rivista Moore (dal 1921 al 1947), G. Ryle (dal 1948 al 1971) e D.W. Hamlyn. È pubblicata dalla *Mind Association* a Oxford. *The Journal of Philosophy* è invece pubblicato dalla Columbia University di New York ed attualmente è la più prestigiosa rivista filosofica americana; è l'organo dell'*American Philosophical Association*, di cui diffonde gli atti. Fondato nel 1904 da Frederick J.E. Woodbridge e Wendell T. Bush, ha ospitato moltissimi studi di e su Dewey ed è informata alle tradizioni del pragmatismo e della filosofia analitica. La definizione del «positivismo logico» apparve su questa rivista nel 1931 a opera di Herbert Feigl e Albert Blumberg. Un'altra importante rivista della tradizione analitica è *The Philosophical Review*, edita dalla *Sage School of Philosophy* della Cornell University di Ithaca (NY, USA). Fondata nel 1892, ebbe all'inizio un indirizzo idealistico. Dopo la morte del fondatore (James E. Creighton, 1924) si è avvicinata alla prevalente tradizione americana della filosofia analitica. Fra i suoi interventi ebbe notevole risonanza l'articolo «Meaning and Verification» di Moritz Schlick (1936) in risposta a C.I. Lewis, «Experience and Meaning» (1934). Sotto la direzione di Max Black ha ospitato i contributi dei maggiori filosofi della tradizione analitica (W.V.O. Quine, G. Ryle — famosi i suoi articoli del 1953 sulla filosofia del linguaggio comune — P.F. Strawson, J. Rawls ecc.). Gode di una tradizione prestigiosa *Erkenntnis*, che è stata negli anni Trenta l'organo del Circolo di Vienna, rilevando gli *Annalen der Philosophie und philosophischen Kritik*, sotto la direzione di Rudolf Carnap e Hans Reichenbach (Lipsia-L'Aia 1930-39). Dal volume VIII in poi (1939-40) la rivista fu pubblicata dalla università di Chicago con il titolo «The Journal of Unified Science (Erkenntnis)». Dopo un lungo intervallo, ha ripreso nel 1975 le pubblicazioni sotto la direzione di C. Hempel, W. Stegmüller e W.K. Essler. Ha sempre perseguito un linguaggio unitario delle scienze, che superi la scissione tra le scienze naturali e le scienze dello spirito. La nuova serie diretta da Hempel ha dato spazio all'epistemologia post-positivista (Th. Kuhn) e a temi filosofici esterni alla filosofia della scienza. Un'altra prestigiosa rivista oxoniense, accanto a *Mind*, è *Analysis*, fondata nel 1933. Si occupa di filosofia analitica e di logica e ha subìto dal suo esordio l'influenza del pensiero di Moore, di Russell e anche di Wittgenstein. Ospita solo articoli brevissimi in forma di *disputationes* tra argomentazioni e obiezioni. Vi hanno collaborato R. Carnap, M. Schlick, C. Hempel, A.Y. Ayer, F. Waismann, M. Macdonald, A. Church, K. Popper, G. Ryle, Y. Bar-Hillel.

Accanto a queste riviste di solida tradizione, molti periodici anglo-americani di più recente fondazione riguardano la logica, la filosofia del linguaggio e l'epistemologia.

Una nota a parte per il periodico di recensioni inglese, *Philosophical Books*, nato nel 1960. Pubblicato a Oxford, diffonde in ogni numero una trentina di accurate recensioni e discussioni, di cui una molto estesa, sulle recenti pubblicazioni, in particolare nell'ambito della filosofia analitica.

Philosophy of Science è pubblicato dalla Michigan State University ed è l'organo della *Philosophy of Science Association*, presieduta nel 1992 da B.C. van Fraassen, R.N. Giere e Th. S. Kuhn.

Synthese è una «rivista internazionale di epistemologia, metodologia e filosofia della scienza», molto autorevole, diretta da J. Hintikka.

The British Journal for the Philosophy of Science, nato nel 1950, è l'organo ufficiale della *British Society for the Philosophy of Science*, la cui *membership* è internazionale. Si propone di «studiare la logica, il metodo e la filosofia della scienza, con riferimento anche alle varie scienze speciali, comprese quelle sociali». È pubblicata a Londra sotto la direzione di Donald A. Gillies.

Il *Journal of Philosophical Logic*, fondato nel 1972, è pubblicato in Olanda ma redatto presso i dipartimenti di filosofia delle università di Toronto (Canada) e Pittsburgh (Pa, USA). Si occupa di teorie logiche e di studi filosofici condotti con metodi formali; in questo ambito si può annoverare tra le riviste più prestigiose.

The Journal of Symbolic Logic, nato nel 1936 a Menasha (Wisconsin), è l'organo della *Association for Symbolic Logic* e ne riflette il carattere internazionale. È molto utile per l'aggiornamento costante della bibliografia sulla logica formale. Nel numero di dicembre del 1936 (con un supplemento del dicembre 1938) è stata pubblicata a cura di Alonzo Church una bibliografia sulla logica simbolica da Leibniz (*Dissertatio de arte combinatoria*, 1666) al 1935. La rivista è ora pubblicata dal dipartimento di matematica della UCLA, California.

Linguistics and Philosophy. A Journal of Natural Language Syntax, Semantics, Logic, Pragmatics, and Processing, è stata fondata negli USA nel 1977.

Il *Notre Dame Journal of Formal Logic*, nato nel 1960, si occupa di logica matematica, storia della logica, teorie del significato. Ha sempre dedicato una particolare attenzione alla logica modale. È pubblicato dall'università dell'omonima città dell'Indiana (USA).

Vi sono poi riviste di recente fondazione che si propongono di riconnettere gli studi specialistici al linguaggio e ai problemi tradizionali della filosofia. Tra queste la più importante è *Noûs*, fondata nel 1967 da Hector-Neri Castañeda; è stata redatta presso l'università dell'Indiana (USA) fino alla morte del fondatore (1991). Si occupa della tradizione analitica ma è attenta anche agli sviluppi della filosofia europeo-continentale. Fino al 1992 ha pubblicato gli atti della *Central Division* dell'*American Philosophical Association*. *Philosophical Studies*, fondata nel 1950 da H. Feigl e W. Sellars, si occupa di epistemologia, di logica filosofica, di filosofia del linguaggio e di etica. Autorevole anche l'*American Philosophical Quarterly*, fondato nel 1964 e pubblicato a Pittsburgh (Pensylvania, USA), sotto la direzione di Nicholas Rescher. Anche *Philosophy*, una rivista inglese, organo del *Royal Institute of Philosophy* fondato nel 1925, si caratterizza per una particolare apertura a temi anche esterni alla tradizione analitica e per lo sforzo di evitare ermetismi specialistici.

Vicina alla tradizione analitica anglo-americana e «particolarmente interessata alle applicazioni della logica formale e della linguistica alla filosofia» (vol. I, n. 1-2, 1971) è anche la rivista israeliana *Philosophia*.

Tra le riviste più antiche si citano ancora *The Monist*, una delle prime riviste americane, fondata con un programma positivistico nel 1888 da Paul Carus. Il titolo fa riferimento alla funzione della filosofia di unificare e coordinare i risultati delle singole scienze. Tra i collaboratori: J.-H. Poincaré, E. Mach, D. Hilbert, Russell. Fu sospesa nel 1936; dal 1963 ha ripreso le pubblicazioni con fascicoli monografici pubblicati a La Salle (Illinois, USA). La più antica rivista filosofica tra quelle ancora attive è *Ratio*, che però oggi ha perso la passata autorevolezza: fondata nel 1847, esce ora in un'edizione inglese (Oxford) e in una tedesca (Francoforte). Nella rivista si sono avvicinate due tradizioni molto diverse come quella tedesca e quella inglese attraverso la mediazione della scuola di J.F. Fries, intorno al problema della conoscenza e a un'interpretazione psicologista e anti-idealistica del pensiero di Kant. Propugna l'eredità popperiana del razionalismo critico.

Si discosta dalla tradizione analitica *Philosophy and Phenomenological Research*, l'organo ufficiale della *International Phenomenological Society*, formatasi nel '39 a New York. La rivista fu fondata nel 1940. Il titolo riprende lo *Jahrbuch für Philosophie und phänomenologische Forschung* (Halle, 1913-30), fondato da E. Husserl. Prima dell'ermeneutica, la fenomenologia ha esercitato negli USA l'unica influenza della filosofia europeo-continentale, costituendo un caposaldo a Buffalo (NY). Nei primi anni, la rivista ha pubblicato tre articoli poco conosciuti di Husserl: «Notizien zur Raumkonstitution» (Nr.1 e 2, 1940), «Phänomenologie und Anthropologie» (1941) e «Persönliche Aufzeichnungen» (1956). Anche la *Review of Metaphysics*, fondata nel 1947, si ricollegava a una tradizione non analitica. Oggi accoglie contributi provenienti da diverse scuole filosofiche. Pubblica estratti di articoli di altre riviste, scritti dagli autori stessi. Nella sezione informativa dà notizia, in liste annuali, delle dissertazioni di laurea accettate nei dipartimenti di filosofia statunitensi e canadesi ed elenca i *visiting professor* ospiti negli USA.

Fra le riviste specializzate in Estetica si ricordano: *The British Journal of Aesthetics*, fondato a Londra dalla *British Society of Aesthetics* nel novembre del 1960; è stato diretto da Harold Osborne per lungo tempo. La sua impostazione è filosofica più che storico-critica, informata alla tradizione analitica ma anche all'ermeneutica continentale e al pensiero di Heidegger. È attento al rapporto tra l'estetica e le poetiche. Il *Journal for Aesthetics and Art Criticism*, organo della *American Society of Aesthetics*, è stato il primo periodico in lingua inglese dedicato all'estetica, ed è nato nel 1941 a Baltimora (Maryland, USA). Ora è pubblicato dalla Temple University di Philadelphia (Pennsylvania, USA), sotto la direzione di J. Fisher. Dal 1945 al 1963 la rivista è stata diretta da Th. Munro.

Si citano infine il *Journal of the History of Philosophy*, fondato nel 1963 a Berkeley (California, USA) e diretto da R. Popkin e R. Watson; *Political Studies*, tra le più autorevoli riviste di teoria politica, fondata del 1952 e pubblicata a Oxford (UK) e Cambridge (Massachusetts, USA); *Zygon: Journal of Religion and Science*, pubblicato dall'università di Chicago, nato nel 1966 e particolarmente attento ai problemi della bioetica. *L. B.*

Strumenti di lavoro

Non solo per chi si occupa di filosofia professionalmente, ma per chiunque vuole approfondire la conoscenza di un autore, di una scuola, o di un problema filosofico specifico, è indispensabile sapersi orientare fra un certo numero di opere di prima consultazione che forniscono le informazioni di base e indicazioni per lo sviluppo della ricerca. Elenchiamo di seguito questi strumenti di lavoro, dividendoli in tre grandi gruppi: consultazione generale; opere di riferimento sulla storia della filosofia; opere di riferimento sulle singole discipline filosofiche.

Consultazione generale

■ Dizionari ed enciclopedie

I primi sono dedicati all'illustrazione della terminologia filosofica e alla storia dei concetti; le seconde comprendono oltre ai termini concettuali anche nomi di autori e di movimenti. Tra i dizionari, oltre al classico A. Lalande, *Dizionario critico di filosofia* (1902-23), Milano 1971 (che rispecchia la cultura filosofica francese degli anni successivi al positivismo), il più utile e ampio, in italiano, è quello di N. Abbagnano, *Dizionario di filosofia*, Torino 1961. Il migliore dizionario filosofico attualmente disponibile è però probabilmente l'*Historisches Wörterbuch der Philosophie*, a cura di J. Ritter, Basilea-Stoccarda 1971 e sgg. (ancora in corso di completamento, sono già usciti otto volumi). Per le enciclopedie, in italiano ci si deve riferire all'*Enciclopedia filosofica* a cura del Centro di studi filosofici di Gallarate, 6 voll., Firenze 1967-69. Per l'area di pensiero anglosassone va tenuta presente la *Encyclopedia of Philosophy* edita da Macmillan, 8 voll., Londra-New York 1967. Sotto forma di dizionari ordinati alfabeticamente si sono cominciati a pubblicare di recente anche dei riassunti delle opere classiche della tradizione filosofica: per es., il *Lexikon der philosophischen Werke*, a cura di F. Volpi e J. Nida-Rümelin, Stoccarda 1988.

■ Bibliografie

Per studiare un autore o un problema filosofico bisogna cominciare a compilare una bibliografia aggiornata dei libri sul tema. A questo scopo si devono tener presenti sia i manuali di bibliografia filosofica, sia i bollettini bibliografici periodici, sia le bibliografie specializzate sui singoli autori che, soprattutto per i grandi classici, sono state via via pubblicate. Di queste ultime, quando esistano, diamo notizia nella sezione di questa appendice dedicata alla storia dei singoli periodi e autori. Manuali di bibliografia filosofica: sono per lo più opere dei decenni passati, giacché oggi si ricorre soprattutto ai bollettini periodici. Due i manuali principali: G.A. De Brie, *Bibliographia philosophica 1934-45*, Bruxelles 1950-54 (2 voll., dedicati rispettivamente agli studi storici e ai testi sulle varie discipline filosofiche); e G. Varet, *Manuel de bibliographie philosophique*, 2 voll., Parigi 1956. Per la bibliografia filosofica successiva al 1948, lo strumento di consultazione indispensabile è il *Repertoire bibliographique de la philosophie*, trimestrale a cura dell'Istituto di filosofia dell'università di Lovanio, che registra la grandissima parte delle pubblicazioni filosofiche, libri e articoli; il quarto fascicolo di ogni anno è dedicato alle recensioni. È di consultazione relativamente facile, soprattutto per la parte riguardante gli autori: nell'indice analitico di ogni annata, sotto il nome di un autore si rimanda a tutto ciò che dell'autore e sull'autore si è pubblicato nel periodo considerato. Ai problemi delle grandi branche della filosofia (metafisica, morale, estetica ecc.) è dedicata la seconda parte di ogni fascicolo. Dal 1967, si è affiancato al *Repertoire* il *Philosopher's Index*, per cui si veda sopra l'appendice apposita.

■ Storie generali della filosofia

Le storie della filosofia sono esse stesse, per lo più, opere filosoficamente orientate, in cui il materiale è esposto secondo schemi che dipendono più o meno esplicitamente da scelte teoriche dell'autore. Qui, prescindendo dalla discussione su tali orientamenti teorici, elenchiamo solo alcune delle opere ampie oggi più generalmente in uso. Alcune di esse sono aggiornamenti e ampliamenti di testi classici di storiografia filosofica risalenti all'Ottocento: per es. il grande manuale di F. Ueberweg, *Grundriss der Geschichte der Philosophie* (uscito a Berlino tra il 1862 e il 1866) che, aggiornato da K. Praechter, B. Geyer e altri, è stato da ultimo ristampato a Basilea nel 1951-53 in 5 voll. Particolarmente utili sono ancora oggi le parti sulla filosofia antica e su quella medievale. Ma i manuali a cui riferirsi attualmente sono: la *Storia del pensiero filosofico e scientifico*, diretta da L. Geymonat, 6 voll., Milano 1970-72; la *Storia della filosofia*, di N. Abbagnano, 3 voll., Torino 1966, completata di recente con un quarto volume su *La filosofia contemporanea*, a cura di G. Fornero, Torino 1991; F. Copleston, *Storia della filosofia* (originalmente uscita tra il 1946 e il 1966), 9 voll., Brescia, 1966-84; e la *Storia della filosofia* diretta da M. Dal Pra, Milano 1975-78, in dieci volumi. Un modo di accostarsi alla storia delle idee filosofiche del passato collocandole nel contesto della recezione e delle interpretazioni che ne sono state date è quello esemplificato egregiamente dalle *Questioni di storiografia filosofica*, a cura di V. Mathieu, 3 voll., Brescia 1975, che dà per ogni autore classico una storia e una breve antologia delle principali interpretazioni; per il pensiero contemporaneo, l'opera è completata da tre volumi curati da A. Bausola, Brescia 1978. Un esempio di storia della filosofia non ordinata per autori ma per problemi è quello rappresentato dal *Manuale di storia della filosofia* di W. Windelband (1892), 2 voll., Palermo 1939. Per un primo accostamento ai testi della tradizione filosofica, è utile anche ricorrere all'amplissima *Grande Antologia Filosofica* pubblicata, con il contributo di vari autori, dall'editore Marzorati di Milano, 1954-85, (35 voll.): riporta una scelta piuttosto ampia dei testi di ciascun autore, con accurate introduzioni critiche e bibliografie.

La storia della filosofia. I periodi e gli autori classici

Anche per questa sezione, ci limiteremo a indicare un numero ristretto di opere che, indipendentemente dallo specifico orientamento teorico che le ispira, sono considerate oggi punto di riferimento indispensabile per un primo orientamento sui grandi periodi della storia della filosofia e sui principali autori.

■ Filosofia antica

Alcuni dei testi ottocenteschi sulla filosofia antica sono ancora oggi ampiamente utilizzati, specialmente per lo studio di autori e aspetti del pensiero antico su cui mancano ricerche più recenti. È il caso, soprattutto, dell'opera di E. Zeller, *La filosofia dei greci nel suo sviluppo storico* (1844-55), tradotta in italiano e aggiornata da R. Mondolfo, Firenze 1932 e sgg. (vari volumi); e di Th. Gomperz, *Pensatori greci* (1896-1909), 4 voll., Firenze 1933-45. Tra i testi più recenti ricordiamo: W.K.C. Guthrie, *A History of Greek Philosophy*, Cambridge 1962-80, che si ferma ad Aristotele; F. Adorno, *La filosofia antica*, 2 voll., Milano 1961-65; G. Reale, *Storia della filosofia antica*, 5 voll., Milano 1980. Sono inoltre da tener presenti, per il taglio antropologico della presentazione, le opere di E.A. Havelock, *Cultura orale e civiltà della scrittura. Da Omero a Platone* (1963), Bari 1973; J.P. Vernant, *Mito e pensiero presso i greci* (1965), Torino 1970. Infine, W. Jaeger, *Paideia. La formazione dell'uomo greco* (1934-47), 3 voll., Firenze 1936-59.

• *I presocratici*. I testi (così come ci sono pervenuti per lo più attraverso le citazioni in autori antichi più tardi) sono raccolti da H. Diels, *Die Fragmente der Vorsokratiker*, Berlino 1903; opera aggiornata e rivista da W. Kranz, ivi 1934, che si cita normalmente solo con i nomi dei due autori Diels-Kranz. Traduzione italiana dei frammenti a cura di G. Giannantoni, Bari 1969 e 1981. Per una presentazione complessiva, si vedano le storie della filosofia antica citate, e inoltre: i testi raccolti da H.G. Gadamer, *Um die Begriffswelt der Vorsokratiker*, Darmstadt 1983; F. Laurenti, *Introduzione a Talete, Anassimandro, Anassimene*, Roma-Bari 1986.

• *Socrate*. Sul problema Socrate (personalità, dottrina, opera ecc.): V. De Magalhaes-Vilhena, *Le problème Socrate. Le Socrate historique et le Socrate de Platon*, Parigi 1952. La monografia classica su Socrate è quella di H. Maier, *Socrate. La sua opera e il suo posto nella storia* (1913), 2 voll., Firenze 1978.

• *Platone*. Edizione del testo greco delle opere a cura di J. Burnet, 6 voll., Oxford 1892-1906, più volte ristampata; testo con traduzione francese a fronte, a cura di vari autori, 14 voll., Parigi (ed. Les Belles Lettres) 1920-64; l'ultimo vol. è un lessico. Traduzioni italiane: *Dialoghi politici e lettere*, a cura di F. Adorno, 2 voll., Torino 1953; *Dialoghi filosofici*, a cura di G. Cambiano, 2 voll., Torino 1970; *Opere complete*, a cura di vari autori, 9 voll., Bari 1971; la traduzione più recente è a cura di G. Reale, *Tutti gli scritti*, Milano 1991. Si veda inoltre il *Lexicon platonicum* di F. Ast (1835-38), Bonn 1956, un indice analitico dei termini platonici, che rinvia, come tutte le edizioni moderne, alla paginazione dell'edizione classica dello Stephanus, Parigi 1578. Monografia classica: A.E. Taylor, *Platone. L'uomo e l'opera* (1926), Firenze 1968. Sono inoltre da vedere: P. Friedländer, *Platone* (1928-30), 3 voll., Firenze 1979; L. Stefanini, *Platone*, 2 voll., Padova 1932-35; L. Robin, *Platone* (1935), Milano 1968. Sulle tesi avanzate di recente dalla «scuola di Tubinga» circa l'importanza delle dottrine non scritte per il significato di tutta la filosofia platonica si veda: G. Reale, *Per una nuova interpretazione di Platone*, Milano 1987. Tra gli studi degli ultimi decenni, vanno soprattutto ricordati quelli di H.G. Gadamer, *Studi platonici*, 2 voll., Genova 1982-84.

• *Aristotele*. La prima edizione critica delle opere è quella curata da I. Bekker, 2 voll., Berlino 1831, alla quale ci si riferisce sempre nelle citazioni (pagina, colonna, riga), e a cui rimanda anche l'*Index aristotelicus* di H. Bonitz, Berlino 1870 (ristampe recenti). Edizioni di singoli testi sia nella collezione Oxford Classical Texts, sia nella collana Les Belles Lettres (con trad. francese a fronte). Trad. italiana della maggior parte delle opere a cura di G. Giannantoni, 4 voll., Bari 1973. Per la *Metafisica*, si vedano le edizioni con commento di C.A. Viano, Torino 1974 e G. Reale, Milano 1978. Fondamentale per gli studi su Aristotele è stata l'opera di W. Jaeger, *Aristotele; prime linee di una storia della sua evoluzione spirituale* (1923), Firenze 1935. Monografie complessive: W.D. Ross, *Aristotele* (1952), Milano 1971; I. Düring, *Aristotele* (1966), Milano 1977. Una introduzione molto utile e completa è quella di G. Reale, *Introduzione ad Aristotele*, Roma-Bari 1986.

• *Plotino*. Testo e trad. italiana delle *Enneadi*: a cura di V. Cilento, Napoli 1986; a cura di G. Faggin, Milano 1992. Monografie su Plotino: P. Hadot, *Plotin ou la simplicité du regard*, Parigi 1963; a carattere introduttivo: A. Magris, *Invito al pensiero di Plotino*, Milano 1986; M. Isnardi Parente, *Introduzione a Plotino*, Roma-Bari 1989.

■ La patristica e il medioevo

□ Patristica

I testi sono stati raccolti nell'Ottocento da J.P. Migne, nelle due serie *Patrologia latina* (abbreviato per lo più in Migne, Pl), 221 voll., Parigi 1844-55 e *Patrologia graeca* (Migne, Pg), 161 voll., ivi 1857-66. Edizioni più accessibili delle opere dei Padri si trovano nella collezione «Sources chrétiennes» delle Editions du Cerf, Parigi (testo e traduzione francese a fronte), e di vari editori italiani (UTET, Città Nuova, Edizioni Paoline, SEI). Una buona presentazione generale dei temi e delle figure principali è data da H. Von Campenhausen, *I padri della Chiesa latina* (1960), Firenze 1969; Id., *I padri della Chiesa greca* (1965), Brescia 1967.

• *Agostino*. Opere: oltre che in varie edizioni parziali, sono ora in corso di pubblicazione (testo latino con trad. italiana a fronte) presso l'editrice Città Nuova, Roma 1965 e sgg. Monografia classica su S. Agostino è quella di E. Gilson, *Introduzione allo studio di Sant'Agostino* (1929), Casale Monferrato 1984. Inoltre: H.I. Marrou, *St. Augustin et la fin de la culture antique*, Parigi 1937; A. Guzzo, *Agostino contro Pelagio*, Torino 1930; P. Brown, *Agostino d'Ippona* (1967), Torino 1971.

□ Filosofia medievale

E. Gilson, *La filosofia nel medio evo. Dalle origini patristiche alla fine del XIV secolo* (1922 e 1944), Firenze 1973; D. Knowles, *L'evoluzione del pensiero medievale* (1962), Bologna 1984; C. Vasoli, *La filosofia medievale*, Milano 1961.

• *Anselmo d'Aosta*. Opere: è in corso un'edizione del testo con trad. francese a fronte, Parigi 1986 e sgg. Varie edizioni e traduzioni di singoli scritti. Studi: S. Vanni Rovighi, *Introduzione ad Anselmo d'Aosta*, Roma-Bari 1987. Sul problema della «prova ontologica» è classico lo scritto di K. Barth, *«Fides quaerens intellectum»* (1931), contenuto nel vol. *Fede e rivelazione*, Milano 1965.

• *Tommaso d'Aquino*. Opere: edizione completa a cura di P. Fiaccadori, Parma. 1852-73, 25 voll. Ancora in corso è l'edizione critica, detta edizione Leonina, iniziata a Roma nel 1882. Traduzioni italiane e edizioni di singole opere sono largamente disponibili. Tra di esse: *Somma Teologica*, 27 voll., Firenze 1949-70; *Somma contro i Gentili*, Torino 1975. Lessici: L. Schütz, (1981), Thomas-Lexikon rist. Stoccarda 1965. Studi: E. Gilson, *Le thomisme* (1919), Parigi 1965; M.D. Chenu, *Introduzione allo studio di San Tommaso d'Aquino* (1950), Firenze 1953. Bibliografie: *Rassegna di lettura tomistica*, Roma-Napoli, 1966 e sgg.

• *San Bonaventura*. Studi: E. Gilson, *La philosophie de St. Bonaventure*, Parigi 1924; S. Vanni Rovighi, *San Bonaventura*, Milano 1974. Bibliografie: J.G. Bougerol, *Bibliographia bonaventuriana (c. 1850-1973)*, Roma 1974.

■ Filosofia moderna

Studi complessivi e monografie su singoli periodi e problemi: E. Cassirer, *Storia della filosofia moderna* (1906-20), 4 voll., Torino 1952-58: è una storia del problema della conoscenza, che però serve bene di introduzione generale a tutta la problematica filosofica della modernità.

□ Umanesimo, rinascimento e origini della scienza moderna

Studi generali: E. Cassirer, *Individuo e cosmo nella filosofia del rinascimento* (1927), Firenze 1963; P.O. Kristeller, *Renaissance Thought*, 2 voll., New York 1961-65; E. Garin, *La cultura filosofica del rinascimento italiano*, Firenze 1961; Id., *Dal rinascimento all'illuminismo*, Pisa 1970; C. Vasoli, *Umanesimo e rinascimento*, Palermo 1969; P. Rossi, *I filosofi e le macchine*, Milano 1962; A.R. Hall, *La rivoluzione nella scienza 1500-1750* (1954), Milano 1986; A.

Koyré, *Dal mondo chiuso all'universo infinito* (1957), Milano 1970.

• *N. Cusano*. Opere: *Scritti filosofici*, a cura di G. Santinello, Bologna 1965; *Opere filosofiche*, a cura di G. Federici Vesovini, Torino 1972. Studi: E. Vansteenberghe, *Le cardinal Nicolas de Cues* (1920), Francoforte-New York 1963. Una interpretazione molto caratterizzata in senso teoretico è quella di K. Jaspers, *Nikolaus Cusanus*, (1964), Monaco-Zurigo 1987.

• *T. Campanella*. Opere: *Tutte le opere di T. Campanella*, a cura di L. Firpo, Milano 1954 e sgg. (ancora in corso). Studi: L. Firpo, *Ricerche campanelliane*, Firenze 1947; N. Badaloni, *Tommaso Campanella*, Milano 1965.

• *G. Bruno*. *Opere italiane*, edite a cura di G. Gentile e V. Spampanato, riv. da G. Aquilecchia, Firenze 1985; *Opera latine conscripta* (1879-81), Napoli-Firenze 1962. Bibliografie: V. Salvestrini, *Bibliografia di G. Bruno (1582-1950)*, Firenze 1958. Studi: N. Badaloni, *La filosofia di G. Bruno*, Firenze 1955; P. Rossi, *Clavia universalis. Arti mnemoniche e logica combinatoria da Lullo a Leibniz*, Milano-Napoli 1960; F.A. Yates, *G. Bruno e la tradizione ermetica* (1964), Roma-Bari 1981.

• *F. Bacone*. Opere: *The Works of F. Bacon* (1887-92), Stoccarda-Bad Canstatt 1986 e sgg.; *Scritti filosofici*, a cura di P. Rossi, Torino 1975. Studi: F.H. Andersen, *The Philosophy of F. Bacon*, Chicago 1948; P. Rossi, *F. Bacone: dalla magia alla scienza*, Bari 1957.

□ Razionalismo ed empirismo

Studi generali sul razionalismo: ancora fondamentale è F. Bouillier, *Histoire de la philosophie cartesiènne*, 3ª ed., 2 voll., Parigi 1868. Inoltre: P. Hazard, *La crisi della coscienza europea. 1680-1715* (1935), Torino 1946.

• *Cartesio*. Opere: *Oeuvres de Descartes*, a cura di C. Adam e P. Tannery, 11 voll., Parigi 1897-1909; riedita ivi 1982 sgg. Bibliografie: G. Sebba, *Bibliographia cartesiana*, L'Aia 1964. Studi: H. Gouhier, *La pensée religieuse de Descartes*, Parigi 1924; Id., *La pensée métaphysique de Descartes*, ivi 1987; J. Laporte, *Le rationalisme de Descartes*, ivi 1945; F. Alquié, *La découverte métaphysique de l'homme chez Descartes* (1950), ivi 1987; A. Del Noce, *Riforma cattolica e filosofia moderna. I: Cartesio*, Bologna 1965; G. Crapulli, *Introduzione a Descartes*, Roma-Bari 1988 (una presentazione rapida ma completa).

• *Hobbes*. Opere: *The English Works*, 11 voll., e *Opera philosophica quae latine conscripsit omnia*, 5 voll., entrambe a cura di W. Molesworth, Londra 1839-45. Varie traduzioni italiane di singoli scritti. Studi: A.G. Gargani, *Hobbes e la scienza*, Torino 1971; R. Polin, *Politique et philosophie chez Th. Hobbes*, Parigi 1952; a carattere introduttivo: A. Pacchi, *Introduzione a Hobbes*, Roma-Bari 1986.

• *Spinoza*. Opere: *Opera*, a cura di C. Gebhardt, 4 voll., Heidelberg 1925. Varie edizioni e traduzioni italiane: tra di esse, l'*Etica* a cura di G. Gentile, Bari 1915. Monografia classica su Spinoza è quella di S. von Dunin Borkovski, *Spinoza*, 4 voll., Münster 1933-36. Altri studi fondamentali: V. Delbos, *Le problème morale dans la philosophie de Spinoza et dans l'histoire du Spinozisme*, Parigi 1893; L. Brunschvicg, *Spinoza et ses contemporains*, ivi 1896; A. Guzzo, *Il pensiero di Spinoza* (1924), Firenze 1980; H.A. Wolfson, *The Philosophy of Spinoza* (1934), 2 voll., Cambridge Mass. 1983; P. Marinetti, *Spinoza* (1939), postumo, Napoli 1987; P. Cristofolini, *Spinoza per tutti*, Milano 1993. Bibliografie: *A Spinoza Bibliography 1971-1983*, Leida 1984; C. Santinelli, *Spinoza in Italia. Bibliografia degli scritti italiani su Spinoza dal 1675 al 1982*, Urbino 1983.

• *Leibniz*. Opere: edizione critica, *Saemtliche Schriften und Briefe*, Berlino 1923 e sgg. ancora in corso, in italiano; *Saggi filosofici e lettere*, a cura di D.O. Bianca, 2 voll., Torino 1967-68. Studi: E. Cassirer, *Leibniz System in seinen wissenschaftlichen Grundlagen* (1902), Hildesheim 1962; G. Preti, *Il cristianesimo universale di Leibniz*, Milano 1953; Y. Belaval, *Leibniz critique de Descartes*, Parigi 1960; M. Mugnai, *Astrazione e realtà. Saggio su Leibniz*, Milano 1976; N. Rescher, *Leibnizian Introduction to His Philosophy*, Londra 1979; V. Mathieu, *Introduzione a Leibniz*, Bari 1976. Bibliografie: *Leibniz-Bibliographie. Die Literatur ueber Leibniz bis 1980*, Francoforte 1984.

□ Empirismo

• *Locke*. Opere: edizione a cura di H.P. Nidditch, Oxford 1975 sgg. (in corso). Gli scritti principali sono tradotti in italiano: tra di essi; *Saggio sull'intelletto umano*, a cura di M. e N. Abbagnano, Torino 1972; *Scritti sulla tolleranza*, a cura di D. Marconi, ivi 1977; *Scritti filosofici e religiosi*, a cura di M. Sina, Milano 1979. Studi: A. Carlini, *La filosofia di J. Locke*, 2 voll., Firenze 1920-21; C.A. Viano, *J. Locke. Dal razionalismo all'illuminismo*, Torino 1960. Bibliografie: R. Hall - R. Woolhouse, *80 Years of Locke Scholarship*, Edinburgo 1983.

• *Berkeley*. Opere: *Works*, a cura di A.A. Luce e Th.E. Jessop, 9 voll., Londra 1948-57. In italiano: *Trattato sui principi della conoscenza umana* e *Dialoghi tra Hylas e Filonous*, a cura di M.M. Rossi, Bari 1955. Edizione commentata delle opere, a cura di A.C. Fraser, 4 voll., Londra 1871. Studi: E. Cassirer, *Berkeleys System*, Giessen 1914; M.M. Rossi, *Saggio su Berkeley*, Bari 1955; G. Brykman, *Berkeley. Philosophie et apologétique*, Parigi 1984. Bibliografie: Th.E. Jessop, *A Bibliography of G. Berkeley*, ed. riveduta, L'Aia 1973.

• *Hume*. Opere: *Philosophical Works*, a cura di T.H. Green e T.H. Grose, 4 voll., Londra

1874-75. In italiano: *Opere*, a cura di E. Lecaldano e E. Mistretta, 2 voll., Roma-Bari 1971. Studi: N. Kemp Smith, *The Philosophy of D. Hume* (1943), New York 1983; A. Santucci, *Sistema e ricerca in D. Hume*, Bari 1969.

□ Illuminismo, Vico, Kant

Studi generali sull'illuminismo: E. Cassirer, *La filosofia dell'illuminismo* (1932), Firenze 1967; P. Hazard, *La pensée européenne au XVIIIème siècle de Montesquieu à Lessing*, 3 voll., Parigi 1946; P. Casini, *La filosofia dell'illuminismo*, Bari 1978; S. Moravia, *Filosofia e scienze umane nell'età dei Lumi*, Firenze 1982.

• *Rousseau*. Opere: *Oeuvres complètes*, a cura di M. Launay, Parigi 1967 sgg., in corso. In italiano: *Opere*, a cura di P. Rossi, Firenze 1972. Studi: I. Fetscher, *La filosofia politica di Rousseau* (1960), Milano 1972; H. Gouhier, *Les méditations métaphysiques de J.J. Rousseau* (1970), Parigi 1984; J. Starobinski, *La trasparenza e l'ostacolo* (1971), Bologna 1982.

• *Vico*. Opere, a cura di F. Nicolini, 8 voll., Bari 1914-41; *Autobiografia, Poesie e Scienza nuova*, a cura di P. Soccio, Milano 1983. Studi: fondamentali per la diffusione del pensiero di Vico nel Novecento sono quelli di B. Croce, *La filosofia di G.B. Vico*, Bari 1911; e G. Gentile, *Studi vichiani*, Messina 1915. Di contro agli intenti teoretici di Croce e Gentile, la storiografia successiva ha cercato di leggere Vico in rapporto al suo tempo: v. per esempio: P. Rossi, *Le sterminate antichità. Studi vichiani*, Pisa 1969; D.Ph. Verene, *Vico. La scienza della fantasia* (1981), Roma 1984; P. Burke, *Vico*, Oxford-New York 1985. A carattere introduttivo N. Badaloni, *Introduzione a Vico*, Roma-Bari 1988.

• *Kant*. Opere: *Saemtliche Werke*, a cura dell'Accademia delle Scienze di Berlino, 23 voll., Berlino 1902-55. Studi: E. Cassirer, *Vita e dottrina di Kant* (1918), Firenze 1977; P. Martinetti, *Kant* (1943), Milano 1968; sul periodo precritico: A. Guzzo, *I primi scritti di Kant*, Napoli 1920; Id., *Kant precritico*, Torino 1924. Sulla *Critica della ragion pura*: C. Cantoni, *E. Kant. La filosofia teoretica* (1879), Milano 1907; N.K. Smith, *A commentary on Kant's Critique of Pure Reason* (1918), New York 1963. Sull'etica: V. Delbos, *La philosophie pratique de Kant*, Parigi 1905. Sul problema della scienza: V. Mathieu, *La filosofia trascendentale e l'«Opus postumum» di Kant*, Torino 1958; C. Luporini, *Spazio e materia in Kant*, Firenze 1961. Sulla filosofia del diritto: G. Solari, *Studi storici e di filosofia del diritto*, Torino 1949. Sulla *Critica del giudizio*: L. Pareyson, *L'estetica di Kant* (1950), Milano 1984. Opere a carattere introduttivo: G. Riconda, *Invito al pensiero di Kant*, Milano 1987; I. Mancini, *Guida alla «Critica della ragion pura»*, Urbino 1982. Lessici: è in corso di pubblicazione un *Kant-Index*, a cura di N. Hinske, Stoccarda-Bad Canstatt 1985 e sgg.

■ L'Ottocento

□ Romanticismo

Studi generali: R. Haym, *La scuola romantica tedesca* (1870), Milano-Napoli 1965; O. Walzel, *Il romanticismo tedesco* (1908), Firenze 1924; R. Ayrault, *La genèse du romantisme allemand*, 2 voll., Parigi 1961. Sugli aspetti estetici: W. Benjamin, *Il concetto di critica nel romanticismo tedesco* (1920), Torino 1982; P. Szondi, *La poetica dell'idealismo tedesco*, Torino 1974; e l'antologia *L'absolu littéraire*, a cura di J.L. Nancy e Ph. Lacoue Labarthe, Parigi 1978.

• *Schleiermacher*. Opere: *Kritische Gesamtausgabe*, a cura di H.H. Birkner, Berlino 1980 e sgg. In italiano: *Discorsi sulla religione e Monologhi*, a cura di G. Durante, Firenze 1947; *Opere scelte*, a cura di G. Moretto, Brescia 1981 sgg. (previsti 8 voll.). Studi: G. Scholtz, *Die Philosophie Schleiermachers*, Darmstadt 1984; R. Osculati, *Schleiermacher. L'uomo, il pensatore, il cristiano*, Brescia 1980. Sull'etica: W. Dilthey, *L'etica di Schleiermacher* (1864), Napoli 1974, a cura di F. Bianco; G. Moretto, *Etica e storia in Schleiermacher*, Napoli 1979. Sull'ermeneutica: G. Vattimo, *Schleiermacher filosofo dell'interpretazione*, ivi 1968.

□ Idealismo

Studi generali: R. Kroner, *Von Kant bis Hegel* (1921-24), 2 voll., Tubinga 1961 (improntata a uno schema hegeliano); N. Hartmann, *La filosofia dell'idealismo tedesco* (1923-29), Milano 1972.

• *Fichte*. Edizioni delle opere: a cura di I.H. Fichte, postume; e a cura di F. Medicus, 6 voll., Lipsia 1908-12. In corso una nuova edizione critica a cura di R. Lauth e H. Jacob, Stoccarda 1962 sgg. Studi: A. Massolo, *Fichte e la filosofia*, Firenze 1948; L. Pareyson, *Fichte* (1950), Milano 1976; A. Philonenko, *La liberté humaine dans la philosophie de Fichte*, Parigi 1966; Id., *L'oeuvre de Fichte*, ivi 1984; R. Lauth, *La filosofia trascendentale di Fichte*, (1984), Napoli 1986. Bibliografie: H.M. Baumgarten-W. Jacobs, *J.G. Fichte-Bibliographie*, Stoccarda 1978 e sgg.

• *Schelling*. Opere: *Saemtliche Werke*, a cura di M. Schroeter, Monaco 1927-29; *Ausgewaehlte Schriften*, a cura di M. Frank, 6 voll., Francoforte 1985. Oltre alle numerose traduzioni italiane di singole opere, si veda l'antologia a cura di L. Pareyson, *Schelling*, Torino 1975. Studi: X. Tilliette, *Schelling. Une philosophie en devenir*, 2 voll., Parigi 1970; G. Semerari, *Introduzione a Schelling*, Bari 1971. Inoltre: W. Schultz, *Die Volelndung des deutschen Idealismus in der Spaetphilosophie Schellings* (1955), Pfullingen 1975; A. Bausola, *Lo svolgimento del pensiero di Schelling*, Milano 1969; F. Moiso, *Vita natura libertà. Schelling (1795-1809)*, Milano 1990.

• *Hegel.* Opere: dopo l'edizione ottocentesca curata dai discepoli di Hegel (19 voll., Berlino 1832-45, rist. ivi 1887) e quella a cura di G. Lasson e J. Hoffmeister, pubblicata presso il Meiner di Lipsia-Amburgo, è in corso un'edizione critica a cura di F. Nicolin e O. Poeggeler, Lipsia-Amburgo 1968 sgg. Studi: per un primo orientamento, V. Verra, *Introduzione a Hegel*, Roma-Bari 1988. Si veda inoltre, come presentazione complessiva, la sezione su Hegel del cit. N. Hartmann, *La filosofia dell'idealismo tedesco*, Milano 1972. Sebbene non abbiano il carattere di monografie complessive, sono però molto utili i seguenti studi: A. Kojève, *Introduction à la lecture de Hegel*, Parigi 1947 (trad. it. parziale: *La dialettica e l'idea della morte in Hegel*, Torino 1948); J. Hyppolite, *Genesi e struttura della «Fenomenologia dello spirito» di Hegel* (1946), Firenze 1972; A. Leonard, *Commentaire littéral de la logique de Hegel*, Parigi 1974; C. Cesa, *Il pensiero politico di Hegel. Guida storica e critica*, Bari 1979. Inoltre: B. Croce, *Saggio sullo Hegel* (1913), Bari 1967; P. Martinetti, *Hegel* (1943), Milano 1985; R. Bodei, *Sistema ed epoca in Hegel*, Bologna 1975; N. Bobbio, *Studi hegeliani*, Torino 1981. Bibliografie: K. Steinhauer, *Hegel-Bibliographie*, Monaco 1980. Lessici: H. Glockner, *Hegel-Lexikon* (1934-35), 2 voll., Stoccarda 1957; H. Reinicke, *Hegel Register*, Francoforte 1979.

□ La filosofia dopo l'idealismo

• *Schopenhauer.* Opere: *Saemtliche Werke*, a cura di A. Huebscher, 7 voll., Wiesbaden 1946-50. Bibliografia: A. Huebscher, *Schopenhauer Bibliographie*, Stoccarda 1981. Studi: presentazioni introduttive: I. Vecchiotti, *A. Schopenhauer. Storia di una filosofia e della sua «fortuna»*, Firenze 1976. Inoltre: P. Martinetti, *Schopenhauer*, Milano 1941; G. Riconda, *Schopenhauer interprete dell'Occidente*, Milano 1969.

• *Destra e sinistra hegeliana. La sinistra hegeliana*, antologia curata e introdotta da K. Loewith (1960), Roma 1982; *Gli hegeliani liberali*, antologia a cura di H. Luebbe (1962); ed. italiana a cura di C. Cesa, Bari 1974.

• *Marx e il marxismo.* Opere: *Marx-Engels Werke*, 39 voll., Berlino 1956-70. Una nuova edizione completa (*Marx-Engels Gesamtausgabe*) si è iniziata a Berlino nel 1975. In italiano: *Opere di Marx Engels*, edizione completa prevista in 50 voll., Roma 1972 e sgg. Studi: i principali studi su Marx sono interpretazioni impegnate sia teoreticamente sia politicamente: Così anzitutto i lavori di G. Lukács, *Storia e coscienza di classe* (1923), Milano 1967; e K. Korsch, *Marxismo e filosofia* (1923), ivi 1966, decisivi per tutte le successive interpretazioni novecentesche. Inoltre: J. Hyppolite, *Saggi su Marx e Hegel* (1955), Milano 1965; K. Axelos, *Marx pensatore della tecnica* (1961), ivi 1963; L. Althusser, *Per Marx* (1965), Roma 1967. Di carattere più storico espositivo, anche sulla storia del marxismo le opere di I. Fetscher, *K. Marx und der Marxismus*, Monaco-Zurigo 1985; L. Kolakowski, *Main currents of marxism*, Oxford 1978.

• *Kierkegaard.* Opere: oltre alle edizioni nell'originale danese (*Samlede Vaerker*, 15 voll., Copenaghen 1920-36), l'edizione più completa è quella tedesca a cura di E. Hirsch, 26 voll., Dusseldorf-Colonia 1950-66. In italiano, oltre all'ampia antologia a cura di C. Fabro, *Opere*; Firenze 1972, e al *Diario*, sempre a cura di C. Fabro, 12 voll., Brescia 1980-83, esistono numerose traduzioni di singoli scritti. Bibliografie: J. Himmelstrup-K. Birketsmith, *S. Kierkegaard. An International Bibliography*, Copenaghen 1962. Studi: a carattere introduttivo S. Spera, *Introduzione a Kierkegaard*, Roma-Bari 1983; e W. Schulz, *Kierkegaard. Existenz und system*, Pfullingen 1967. Opere classiche su Kierkegaard sono quelle di J. Wahl, *Etudes kierkegaardiennes*, Parigi 1938; L. Pareyson, *Studi sull'esistenzialismo*, Firenze 1943. V. inoltre le raccolte di saggi di vari autori: *Kierkegaard vivant*, Parigi 1966 (con scritti, tra altri, di Heidegger, Jaspers, Sartre, Marcel); *S. Kierkegaard*, a cura di H. Schrey, Darmstadt 1971; *Materialien zur Philosophie Kierkegaards*, a cura di M. Theunissen e W. Greve, Francoforte 1979.

□ Il positivismo

Studi generali: W.M. Simon, *Il positivismo europeo nel XIX secolo* (1963), Bologna 1980; L. Kolakowski, *La filosofia del positivismo* (1966), Bari 1974; *Scienza e filosofia nella cultura positivistica*, a cura di A. Santucci, Milano 1982; *L'età del positivismo*, a cura di P. Rossi, Bologna 1986; S. Poggi, *Il positivismo*, Roma-Bari 1987 (a carattere introduttivo). Si veda inoltre il breve ma utilissimo saggio di D. Marconi, *Positivismo*, in *Il mondo contemporaneo*, a cura di N. Tranfaglia, II/4 Firenze 1981.

• *Comte.* Opere: traduzione italiana parziale del *Corso di filosofia positiva* a cura di F. Ferrarotti, 2 voll., Torino 1967; *Antologia di scritti sociologici*, a cura di F. Ferrarotti, Bologna 1977. Studi: A. Negri, *Introduzione a Comte*, Roma-Bari 1983; H. Gouhier, *La jeunesse d'A. Comte et la formation du positivisme*, 3 voll., Parigi 1934-41; L. Geymonat, *Filosofia e filosofi delle scienze*, Milano 1960. V. inoltre le opere generali sul positivismo elencate sopra.

• *Spencer e Mill.* M.A. Toscano, *Malgrado la storia. Per una lettura critica di H. Spencer*, Milano 1980; F. Restaino, *J.S. Mill e la cultura filosofica britannica*, Firenze 1968.

☐ Neokantismo e storicismo

Studi generali: H.L. Ollig, *Der Neukantianismus*, Stoccarda 1979; H. Dussort, *L'école de Marbourg*, Parigi 1963; A. Poma, *La filosofia critica di H. Cohen*, Milano 1988. P. Rossi, *Lo storicismo tedesco contemporaneo*, Torino 1977 (una serie di approfondite monografie su Dilthey, Windelband, Rickert, Simmel, Weber, Spengler, Troeltsch, Meinecke); R. Aron, *La philosophie critique de l'histoire* (1938), Parigi 1964; G. Marini, *Dilthey e la comprensione del mondo umano*, Milano 1965; F. Bianco, *Introduzione a Dilthey*, Roma-Bari 1985; *Il dibattito sullo storicismo*, a cura di F. Bianco, Bologna 1978; M. Ferraris, *Storia dell'ermeneutica*, Milano 1988.

• *Nietzsche*. Opere, a cura di G. Colli e M. Montinari, sia in edizione originale (de Gruyter, Berlino 1967 e sgg.) sia in italiano (Milano 1964 sgg.). Bibliografie: H.W. Reichert-K. Schlechta, *International Nietzsche Bibliography* (1960), Chapel Hill, N.C., 1968; aggiornata periodicamente dai volumi annuali delle «Nietzsche Studien» che escono a Berlino dal 1972 (de Gruyter). Studi: sulla vita e il pensiero, C.P. Janz, *Nietzsche* (1978-79), 3 voll., Bari 1980-82. Con il pensiero di Nietzsche si sono misurati quasi tutti i grandi filosofi del Novecento: per questo, si veda M. Ferraris, *Nietzsche e la filosofia del Novecento*, Milano 1989, oltre all'ampia introduzione dello stesso Ferraris alla riedizione de *La volontà di potenza*, Milano 1992. Utilissime sono anche le ampie note che accompagnano i vari volumi dell'edizione Colli-Montinari. Per una introduzione rapida si veda: G. Vattimo, *Introduzione a Nietzsche*, Roma-Bari 1985, con bibliografia e storia delle interpretazioni.

■ Il Novecento

Opere generali: oltre alle sezioni specifiche dei manuali di storia generale della filosofia citati all'inizio, si veda: R. Klibansky, *Contemporary Philosophy*, 4 voll., Firenze 1969-71. Sulla filosofia italiana: E. Garin, *Cronache di filosofia italiana* (1955), 2 voll., Bari 1966; *La filosofia italiana dal dopoguerra a oggi*, con saggi di vari autori, Roma-Bari 1985; R. Bubner, *Modern German Philosophy*, Cambridge 1981; H. Schneider, *Storia della filosofia americana* (1946), Bologna 1963; F. Valentini, *La filosofia francese contemporanea*, Milano 1958; V. Descombes, *Le même et l'autre. Quarantecinq ans de philosophie française (1933-78)*, Parigi 1979. Su momenti e aspetti specifici del pensiero del novecento segnaliamo alcune opere di orientamento generale.

☐ La reazione al positivismo

H. Stuart Hughes, *Coscienza e società. Storia delle idee in Europa dal 1890 al 1930* (1958), Torino 1967.

☐ Il pragmatismo

M.R. Konvitz-G. Kennedy, *The American Pragmatists*, Gloucester, Mass., 1963 (antologia di testi); A. Santucci, *Il pragmatismo in Italia*, Bologna 1963; J.P. Murphi, *Pragmatism from Peirce to Davidson*, con intr. di R. Rorty, Boulder-San Francisco-Oxford 1990.

☐ Neopositivismo e filosofia analitica

F. Barone, *Il neopositivismo logico*, 2 voll., Bari 1977; J.R. Weinberg, *Il positivismo logico* (1936), Torino 1950; *Il neoempirismo*, a cura di A. Pasquinelli, Torino 1969 (antologia di testi); *The Linguistic Turn*, a cura di R. Rorty, Chicago, Ill. 1967 (antologia di testi); J.O. Urmson, *L'analisi filosofica. Origini e sviluppi della filosofia analitica* (1956), Milano 1974; D. Antiseri, *Dal neopositivismo alla filosofia analitica*, Roma 1966; J.J. Rajchman - C. West, *Post-Analytic Philosophy*, New York 1985.

☐ Fenomenologia ed esistenzialismo

A. Civita, *Introduzione alla fenomenologia*, Milano 1984; M. Farber, *Prospettive della fenomenologia* (1966), Firenze 1969; E. Franzini, *Fenomenologia*, Milano 1991; S. Zecchi, *La fenomenologia*, Torino 1983 (antologia); H. Spiegelberg, *The Phenomenological Movement. A historical Introduction* (1960), 2 voll., L'Aja 1982; J. Wahl, *Esquisse pour une histoire de l'existentialisme*, Parigi 1949; L. Pareyson, *Studi sull'esistenzialismo* (1943), Firenze 1971; Id., *Esistenza e persona* (1946), Genova 1985; E. Paci, *L'esistenzialismo*, Torino 1953; P. Prini, *Storia dell'esistenzialismo*, Roma 1971.

☐ Marxismo e teoria critica

G.E. Rusconi, *La teoria critica della società*, Bologna 1968; A. Schmidt-G.E. Rusconi, *La scuola di Francoforte*, Bari 1972.

☐ Dallo strutturalismo all'ermeneutica

M. Ferraris, *Differenze. La filosofia francese dopo lo strutturalismo*, Milano 1981; R. Barilli, *Tra presenza e assenza*, (1974), Milano 1981; J. Bletcher, *L'ermeneutica contemporanea* (1980), Bologna 1986; M. Ferraris, *Storia dell'ermeneutica*, Milano 1988.

☐ Classici del Novecento

• *Bergson*. V. Jankélévitch, *Henri Bergson* (1931), Brescia 1991; J. Chevalier, *Henri Bergson* (1926), ivi 1937; H. Gouhier, *Bergson et le Christ des Evangiles*, Parigi 1961; V. Mathieu, *Bergson. Il profondo e la sua espressione* (1954),

Napoli 1971; G. Deleuze, *Il bergsonismo* (1966), Milano 1983.

• *Dewey. The Philosophy of J. Dewey*, a cura di P.A. Schilpp, New York 1951; V. Verra, *Naturalismo umanistico e sperimentale di J. Dewey*, Torino 1950; A. De Maria, *Invito al pensiero di Dewey*, Milano 1990.

• *Croce.* P. Bonetti, *Introduzione a Croce*, Roma-Bari 1984. E. Agazzi, *Il giovane Croce e il marxismo*, Torino 1962; E. Paci, *Esistenzialismo e storicismo*, Milano 1950; A. Bruno, *La crisi dell'idealismo nell'ultimo Croce*, Bari 1964; *B. Croce trent'anni dopo*, a cura di A. Bruno, Bari 1983.

• *Gentile.* A. Lo Schiavo, *Introduzione a Gentile* (1974), Roma-Bari 1986; H.S. Harris, *The Social Philosophy of G. Gentile*, Urbana, Ill., 1960 (sull'ultimo Gentile); V.A. Bellezza, *La problematica gentiliana della storia*, Roma 1983; S. Romano, *G. Gentile. La filosofia al potere*, Milano 1984 (ha carattere prevalentemente biografico e storico); A. Del Noce, *G. Gentile. Per una interpretazione filosofica della storia contemporanea*, Bologna 1990 (una lettura molto teoreticamente marcata).

• *Wittgenstein.* A.G. Gargani, *Introduzione a Wittgenstein*, Bari 1973; A. Kenny, *Wittgenstein* (1973), Torino 1984; D. Marconi, *L'eredità di Wittgenstein*, Bari 1987; *Capire Wittgenstein*, a cura di M. Andronico, D. Marconi, G. Penco, Genova 1988. Sul *Tractatus*: G.E.M. Anscombe, *Introduzione al «Tractatus» di Wittgenstein* (1959), Roma 1966; G. Piana, *Interpretazione del «Tractatus» di Wittgenstein*, Milano 1973.

• *Husserl.* Oltre agli scritti sulla fenomenologia citati sopra, si veda: X. Tilliette, *Breve introduzione alla fenomenologia husserliana*, Lanciano 1983 (a cura di E. Garulli); S. Vanni Rovighi, *La filosofia di E. Husserl*, Milano 1939; E. Paci, *Tempo e verità nella filosofia di Husserl*, Bari 1963; Id., *Funzione delle scienze e significato dell'uomo*, Milano 1963 (sulla *Krisis*).

• *Heidegger.* G. Vattimo, *Introduzione a Heidegger* (1971), Roma-Bari 1985; U. Galimberti, *Invito al pensiero di Heidegger*, Milano 1986 (entrambi a carattere introduttivo). Si vedano inoltre P. Chiodi, *L'esistenzialismo di Heidegger*, Torino 1947; K. Loewith, *Saggi su Heidegger* (1960), Torino 1966; *Heidegger. Perspektiven zur Deutung Seines Werkes*, a cura di O. Poeggeler, Koenigstein 1984; Id., *Il cammino di pensiero di M. Heidegger* (1963, 1990), Napoli 1991; G. Vattimo, *Essere, storia e linguaggio in Heidegger* (1963), Genova 1989; J. Beaufret, *Dialogue avec Heidegger*, 3 voll., Parigi 1973-74; H.G. Gadamer, *I sentieri di Heidegger* (1983), Genova 1987.

• *Jaspers. La filosofia dell'esistenza e Karl Jaspers* (1940), Casale 1983; P. Ricoeur, *G. Marcel et K. Jaspers*, Parigi 1948; A. Caracciolo, *Studi jaspersiani*, Milano 1958; X. Tilliette, *K. Jaspers*, Parigi 1960; G. Penzo, *Jaspers. Esistenza e trascendenza*, Roma 1985.

• *Sartre.* S. Moravia, *Introduzione a Sartre*, Roma-Bari 1973; F. Jeanson, *Le problème moral et la pensée de Sartre*, Parigi 1947; P. Chiodi, *Sartre e il marxismo*, Milano 1965; A Bausola, *Il problema della libertà. Introduzione a Sartre*, ivi 1971; F. Fergnani, *La cosa umana. Esistenza e dialettica nella filosofia di Sartre*, Roma-Bari 1978.

Le discipline filosofiche

■ Logica

Introduzione generale ai problemi della logica: M. Dalla Chiara, *La logica*, Milano 1974; D.C. Makinson, *Temi fondamentali della logica moderna*, Torino 1979; *Verità e dimostrazione*, a cura di C. Ciliberto, Milano 1978; C. Mangione, *Elementi di logica matematica*, Torino 1964; A. Tarski, *Introduzione alla logica e alla metodologia delle scienze deduttive* (1941), Milano 1969; E.J. Lemmon, *Elementi di logica* (1965), Bari, 1975. Storie: W.D. Kneale, *Storia della logica* (1962), Torino 1972; *La logica del pensiero antico e medievale*, a cura di P. Gennesini, Firenze 1976; C. Mangione - S. Bozzi, *Storia della logica. Da Boole ai nostri giorni*, Milano 1993. Antologie di testi: *La logica del Novecento*, a cura di E. Casari, Torino 1981. Manuali: E. Casari, *Lineamenti di logica matematica*, Milano 1959; G. Lolli, *Lezioni di logica matematica*, Torino 1978.

■ Filosofia del linguaggio

Antologie di testi di autori classici della disciplina: *La struttura logica del linguaggio*, a cura di A. Bonomi, Milano 1973; *Semantica e filosofia del linguaggio* (1952), a cura di L. Linsky, ivi 1969; R. Rorty, *The linguistic turn*, Chicago, Ill., 1967. Inoltre: M. Santambrogio, *Introduzione alla filosofia analitica del linguaggio*, Bari 1989; G. Chierchia - S. McConnell-Ginette, *Significato e grammatica* (1990), Padova 1993; E. Picardi, *Linguaggio e analisi filosofica*, Bologna 1992; A. Bottani - C. Penco, *Significato e teorie del linguaggio*, Milano 1991. Sulla teoria degli atti linguistici, v. l'antologia a cura di M. Sbisà, *Gli atti linguistici*, Milano 1978; e inoltre il manuale di S.C. Levinson, *La pragmatica* (1983), Bologna 1985.

■ Epistemologia

Gli sviluppi dell'epistemologia moderna hanno, com'è ovvio, accompagnato lo sviluppo della scienza. Sarà dunque da tener presente l'ampia *Storia della scienza moderna e contemporanea*, a cura di P. Rossi, 3 voll. in 5 tomi., Torino 1989. Tra le altre opere di storia del pensiero scientifico, sono indispensabili, oltre a numerosi scritti di A. Koyrè, come *Dal mondo chiuso all'universo infinito* (1957), Milano 1970, i seguenti scritti: M. Boas, *Il rinascimento scientifico 1450-1630* (1962), Milano 1973; A.R. Hall, *La rivoluzione scientifica, 1500-1800. La formazione dell'atteggiamento scientifico moderno* (1962), Milano 1976; Th. Kuhn, *La rivoluzione copernicana. L'astronomia planetaria nello sviluppo del pensiero occidentale* (1957), Torino 1972 — con una applicazione in concreto della nota teoria dei paradigmi proposta dall'autore nel saggio su *La struttura delle rivoluzioni scientifiche* (1962) Torino 1969 —; I.B. Cohen, *La rivoluzione nella scienza* (1985), Milano 1988; P. Rossi, *I filosofi e le macchine (1400-1700)*, Milano 1962. Presentazioni manualistiche dei problemi dell'epistemologia: E. Nagel, *La struttura della scienza. Problemi di logica della spiegazione scientifica* (1961), Milano 1968; E.R. Braithwaite, *La spiegazione scientifica: Uno studio sulla funzione della teoria della probabilità e delle leggi nella scienza* (1953), Milano 1966; C.G. Hempel, *Aspetti della spiegazione scientifica* (1965), Milano 1986; W.C. Salmon, *Quarant'anni di spiegazione scientifica. Scienza e filosofia 1948-1987* (1989), Padova 1992. Un panorama molto utile dell'epistemologia contemporanea è quello di W.H. Newton-Smith, *The Rationality of Science*, Boston-Londra 1981.

■ Etica

Introduzioni generali, storie dell'etica: L. Sichirollo, *Morale e morali*, Roma 1985: contiene una bibliografia accurata sui principali momenti della storia dell'etica; O. Dittrich, *Geschichte der Ethik* (1923-32), 4 voll., Aalen 1964 (di impostazione neokantiana); H. Sidgwick, *Methods of Ethics* (1874), New York 1966; A. MacIntyre, *A Short History of Ethics*, New York 1966 — di MacIntyre si veda anche *Dopo la virtù*, 1981, Milano 1988: un'opera teorica ma con molte trattazioni di storia dell'etica —; C.A. Viano, *Etica* (1975), Milano 1981. Inoltre: G. Bastide, *Les grands thèmes moraux de la civilisation occidentale*, Grenoble 1943; C.C. Brinton, *A history of western morals*, Londra 1959; J. Maritain, *La filosofia morale. Esame storico e critico dei grandi sistemi* (1964), Brescia 1979; *Morale*, a cura di A. Negri e A. Guerra, 2 voll., Firenze 1965 (ampia antologia di testi, con introduzioni e bibliografia). Sull'etica contemporanea: *Teorie etiche contemporanee*, a cura di C.A. Viano, Torino 1990; e inoltre: G.J. Warnock, *Filosofia morale contemporanea* (1967), Roma 1974; gli scritti di A.C. Ewing, A. Guzzo, G. Bastide nel quarto volume del già citato *Contemporary Philosophy* a cura di R. Klibansky (Firenze 1971). Sull'etica nella tradizione analitica: U. Scarpelli, *Filosofia analitica: norme e valori*, Milano 1962; C. Lecaldano, *Le analisi del linguaggio morale. «Buono» e «dovere» nella filosofia inglese dal 1903 al 1965*, Roma 1970.

■ Estetica

Storie generali: W. Tatarkiewicz, *Storia dell'estetica* (1960), 3 voll., Torino 1979-84 (arriva fino al settecento); *Momenti e problemi di storia dell'estetica*, con saggi di vari autori, 4 voll., Milano 1959-61. S. Givone, *Storia dell'estetica*, Roma-Bari 1988 (con, in appendice, un saggio di M. Ferraris sulle attuali tendenze del dibattito sulle arti; e una vasta bibliografia ragionata a cura di F. Vercellone). Sono inoltre da tener presenti: la sezione storica della *Estetica come scienza dell'espressione e linguistica generale*, di B. Croce (1902), Bari 1973; *Estetica*, a cura di A. Plebe, Firenze 1963 (amplissima antologia con introduzioni e bibliografia); *Estetica moderna* (1977), a cura di G. Vattimo, Bologna 1983 (antologia con ampia introduzione storica); *Trattato di estetica*, a cura di M. Dufrenne e D. Formaggio, 2 voll., Milano 1981 (presentazione storica e sistematica dei problemi dell'estetica); L. Ferry, *Homo Aestheticus. L'invenzione del gusto nell'età della democrazia* (1990), Milano 1991. Estetica del Novecento: G. Morpurgo-Tagliabue, *L'esthétique contemporaine. Une enquete*, Milano 1960 (il panorama più ampio e accurato dell'estetica del nostro secolo); inoltre: E. Migliorini, *Introduzione all'estetica contemporanea*, Firenze 1980; *Estetica tedesca oggi* a cura di R. Ruschi, Milano 1900.

□ Estetica delle singole arti

R. Wellek, *Storia della critica moderna* (1965), 4 voll., Bologna 1969; W.K. Wimsatt-C. Brooks, *Breve storia dell'idea di letteratura in Occidente* (1957), 3 voll. in 4 tomi, Torino 1973-75; L. Venturi, *Storia della critica d'arte* (1936), Torino 1964; A. Hauser, *Teoria dell'arte* (1958), Torino 1969; *Meaning in Architecture*, a cura di C. Jencks e G. Baird, Londra 1969. - M. Mila, *L'esperienza musicale e l'estetica*, Torino 1950; E. Fubini, *L'estetica musicale dal Settecento a oggi*, ivi 1964. - R. Demarcy, *Eléments d'une sociologie du spectacle*, Parigi 1973; G. Aristarco, *Storia delle teoriche del film*, Torino 1951; F. Casetti, *Teorie del cinema dal dopoguerra ad oggi*, Roma 1978; G.F.

Bettetini, *Cinema: lingua e scrittura*, Milano 1968.

□ Estetica e antropologia

Arte e società primitiva, a cura di G. Scoditti, Roma 1975; *Estetica e antropologia*, a cura di G. Carchia e R. Salizzoni, Torino 1980 (antologie di testi con introduzione e bibliografia ragionata).

■ Filosofia della politica

Storie e introduzioni generali ai problemi: G.M. Sabine, *Storia delle dottrine politiche* (1937 e 1950), Milano 1953; *Storia delle idee politiche, economiche e sociali*, a cura di L. Firpo, Torino 1973 sgg.; N. Bobbio, *La teoria delle forme di governo nella storia del pensiero politico*, Torino 1976; G. Fassò, *Storia della filosofia del diritto*, 3 voll., Bologna 1968; N. Bobbio-M. Bovero, *Società e stato nella filosofia politica moderna*, Milano 1979; *Manuale di scienza della politica*, a cura di S. Bartolini e G. Pasquino, Bologna 1986 - Su momenti e problemi specifici: A. Passerin D'Entreves, *La dottrina del diritto naturale* (1954), Milano 1980; S. Maffettone, *Utilitarismo e teoria della giustizia*, Napoli 1982; A. Seligman, *L'idea di società civile* (1992), Milano 1993.

■ Filosofia della religione

M.M. Olivetti, *Filosofia della religione come problema storico*, Padova 1974; I. Mancini, *Filosofia della religione* (1968), Genova 1986; B. Gherardini, *La seconda riforma. Uomini e scuole del Protestantesimo moderno*, 2 voll., Brescia 1966 (una storia della teologia protestante e dei suoi numerosi riflessi sulla filosofia della religione); C. Ciancio-G. Ferretti-A.M. Pastore-U. Perone, *In lotta con l'angelo. La filosofia degli ultimi due secoli di fronte al cristianesimo*, Torino 1989. Si veda anche il *Dizionario delle religioni*, a cura di G. Filoramo, Torino 1993. *G. Va.*

Finito di stampare il 15 settembre 1993 dalla Garzanti Editore s.p.a., Milano